清總部

主　編：葉　舟

編纂人員：李志茗　何方昱　徐　濤　張　生　馮志陽　蔣寶麟　江文君　趙　婧　陳　磊　王　健

《清總部》提要

本總部下設一百二十九部，所涉時代爲清朝時期，包含上起清太祖、清太宗，下迄譚嗣同、秋瑾等歷史人物。因《中華大典》體例不得采用一九一一年以後出版諸書，且中國歷來有不爲生人作傳之傳統，故所收人物以卒於一九一一年爲下限，如溥儀、袁世凱、章太炎、孫中山等均限於體例未能列入其中。現存相關史籍數量繁多，編纂中盡可能廣泛收録，同時作了必要的甄别取捨。

本總部各部下設綜述、雜録、藝文三緯目。因限於《大典》體例，綜述無法采用《清史稿》，故以《清史列傳》爲主體，同時參考選用周駿富所編《清代傳記叢刊》中所收録傳記、行述、碑記等爲基本資料，以資料權威性爲序編排。另清朝諸帝在本朝大多無專纂之本紀，故將綜述資料擴大至《編年分典》中已使用之《清實録》中的部分内容，擇其與其个人生平密切相關者用之。

雜録分備録、備論兩部分。備録主要收録别傳、筆記、年譜及方志和詩文總集中之小傳等；備論主要包括傳記中贊語、評曰、史臣曰等，詩文中的謚議、祭文、詔制等，詩文序跋與詩話詞話之評述，以及時人評價評論文字。其排列均以作者出生年代之先後爲序。

藝文所收材料以詩歌爲主，包括弔唁、祭奠、贈言及自述生平等内容，大部分見於各家别集中，又有收入《道咸同光四朝詩史》及《晚晴簃詩鈔》等詩歌總集中的相關内容。其排列均以作者出生年代之先後爲序。

目録

清太祖部

綜述

《太祖實録》卷一　癸未春二月甲申朔。先是，蘇克蘇滸河部圖倫城有尼堪外蘭者，陰搆明寧遠伯李成梁，引兵攻古勒城主阿太章京，及沙濟城主阿亥章京。成梁授尼堪外蘭兵符，率遼陽、廣寧兵二路進。成梁圍阿太章京城，遼陽副將圍阿亥章京城。城中見兵至，逃者半，被圍者半。遼陽副將遂克沙濟城，殺阿亥章京，復與成梁合兵攻古勒城。阿太章京妻乃上伯父禮敦巴圖魯之女，景祖聞古勒城兵警，恐女孫被陷，偕顯祖往救。既至古勒城，見成梁兵方接戰，遂令顯祖俟於城外，獨入城，欲攜女孫歸。阿太章京不從，顯祖俟良久，亦入城探之。成梁攻古勒城，其城據山依險，阿太章京守禦甚堅，數親出，繞城衝殺，成梁兵死者甚衆，不能克，因責尼堪外蘭起釁敗軍之罪，欲縛之。尼堪外蘭懼，請身往招撫，即至城大呼，紿之曰：「大兵既來，豈遂舍汝而去，爾等危在旦夕，主將有命，凡士卒能殺阿太來降者，即令爲此城之主。」城中人信其言，遂殺阿太以降。成梁誘城内人出，男婦老弱盡屠之。尼堪外蘭復搆明兵，併害景祖、顯祖。上聞之大慟，勃然震怒，往詰明邊吏曰：「我祖、父何故被害？汝等乃我不共戴天之讐也，汝何辭？」明遣使謝曰：「非有意也，誤耳。」乃歸。二祖喪，與敕三十道、馬三十匹，復給都督敕書。上謂使臣曰：「害我祖父者，尼堪外蘭所搆也，必執以與我，乃已。」明使臣曰：「前因誤害，故與敕書、馬匹，又給都督敕書，事已畢，今復過求。我當助尼堪外蘭築城於甲版，令爲爾滿洲國主矣。」於是國人信之，皆歸尼堪外蘭。上同族寧古塔諸祖子孫至堂子立誓，亦欲害上，以歸尼堪外蘭，尼堪外蘭又迫上往附。上曰：「爾，吾父部下人也，搆明兵害吾祖、父，恨不能手刃汝，豈反從汝偷生，人能百歲不死乎？」自是恨益深。適蘇克蘇滸河部撒爾湖城主諾米納之兄瓜喇，爲尼堪外蘭所譖，明撫順所守吏責治之。諾米納與同部嘉木湖寨主噶哈善哈思虎、沾河寨主常書及弟楊書俱忿恚，相議曰：與其倚賴此等人，何如附愛新覺羅寧古塔貝勒也。議定，遂來歸。上椎牛祭天，將與盟。四部長言於上曰：「念我等首先效順，幸愛如手足，毋以編氓遇我。」言畢，乃盟。上思復祖、父讐，以顯祖遺甲十三副，謀伐尼堪外蘭，時年二十有五。

秋八月庚戌朔，上復率兵征尼堪外蘭於甲版，時撒爾湖城諾米納、奈喀達陰遣人告之，尼堪外蘭遂棄地奔撫順所迤東河口臺，欲進邊。上以兵躡其後。明邊兵出口，擊逐尼堪外蘭。我兵見之，疑明兵督尼堪外蘭來戰，遂勒兵立營。是夜，尼堪外蘭乘機遁。其部下有同遁者復逃回，言曰：不戰何也？明兵乃擊逐尼堪外蘭，不容入邊耳。上還，乃追怒曰：「若非諾米納、奈喀達往告之，尼堪外蘭已成擒矣。」尋諾米納、奈喀達謂上曰：「渾河部之杭甲及扎庫木二路，汝勿侵；東佳及把爾達二城，吾讎也，可取其地畀我。否則吾不容爾兵由吾邊界行也。」上聞言愈怒。噶哈善哈思虎，及常書、楊書忿然曰：「不先破諾米納，吾等皆附諾米納矣。」上從其言，遂定破諾米納之計，佯與諾米納約，合兵往攻把爾達城，紿之曰：「爾可率師先戰。」諾米納不從。上曰：「爾不戰，我當先之，爾兵仗悉予我。」諾米納信焉，果以兵仗授我軍。上既得兵仗，遂將諾米納、奈喀達及其兵盡誅之，取撒爾湖城而回。棄城逃散之衆有來歸者，上悉還其妻孥，遣之。其衆復修撒爾湖城以叛。尼堪外蘭族屬及先附國人相謂曰：「尼堪外蘭前爲追兵所迫，幾至危亡，往而奔明，明尚不容，且擊逐之，豈肯築城甲版，令爲滿洲主乎？」遂皆背之。尼堪外蘭懼，攜其子及近屬兄弟數人，逃於鵞爾渾，築城居之。上以同母妹妻噶哈善哈思虎，六祖寶實之子康嘉與綽奇、塔覺善三人同謀，糾合哈達國萬汗兵以渾河部兆佳城長李岱爲嚮導，劫上所屬瑚濟寨而去，分所獲於中途。上部將碩翁科羅巴圖魯安費揚古及巴遜率十二人追及之，奮勇突入，敗哈達兵，殺四十人，復獲所掠而還。

甲申春正月己卯朔。先是，兆佳城李岱引哈達來侵，至是，上率兵征之，途遇大雪，至噶哈嶺，路險峻難登，時諸叔兄弟勸上回兵，上不允，曰：「李岱，我同姓兄弟，乃自相戕害，反爲哈達嚮導，豈可恕耶？」遂鑿山爲磴，軍士鱗次立，以繩束馬，曳之踰嶺，至兆佳城下。時索長阿之子龍敦預使人密告李岱，李岱聞之，鳴角集衆，登城以待。衆曰：「彼有備，未易攻，姑回兵便。」上曰：「吾固知其有備而來，何遽回耶？」遂督衆圍城，攻克之，獲李岱，宥其死而豢養之，乃還。

《太祖實録》卷二　乙酉秋九月戊辰朔，上率兵攻蘇克蘇滸河部安土瓜爾佳城，破之，斬其城主諾一莫混而歸。

丙戌夏五月乙未朔，上率兵攻渾河部播一混寨，克之。

秋七月甲午朔，上率兵攻哲陳部托漠河城，適值雷雨，遂罷兵歸。上復率兵往招撫之。下其城，即星馳往征尼堪外蘭。越相鄰爲難諸部，徑攻鵞爾渾城，克之。時尼堪外蘭他出，索之弗獲，有城外居民四十餘人，猝遇兵，率男婦他遁。前行一人，戴氊笠，被青綿甲，上見之，疑爲尼堪外蘭，遂奮身入四十人中。衆矢交發，射上中胷貫肩下，被創三十餘。上猶鏖戰不退，射殪八人，斬一人，擊敗其衆。回至鵞爾渾城，斬城內漢人十九人。又執被箭者六人，即以其箭深入之，令帶箭傳諭明之邊吏執送尼堪外蘭，不然且興兵征明矣。遣之，乃旋師。明邊吏使人復曰：「尼堪外蘭既歸我，豈便執送，爾自來殺之可也。」上曰：「爾等叵測，將誑我耶。」使者又言：「毋親往，以少兵來，即執與汝。」於是，上命齋薩率四十人往。尼堪外蘭見之，欲登臺以避，明人去其梯，執尼堪外蘭付齋薩，斬之而歸。明自此歲輸銀八百兩、蟒緞十五匹，通和好焉。

《太祖實録》卷三　己亥二月辛亥朔，上欲以蒙古字製爲國語頒行，巴克什額爾德尼、扎爾固齊噶蓋辭曰：「蒙古文字，臣等習而知之，相傳久矣，未能更製也。」上曰：「漢人讀漢文，凡習漢字與未習漢字者皆知之；蒙古人讀蒙古文，雖未習蒙古字者亦皆知之。今我國之語，必譯爲蒙古語讀之，則未習蒙古語者不能知也。如何以我國之語製字爲難，反以習他國之語爲易耶？」額爾德尼、噶蓋對曰：「以我國語製字最善，但更製之法，臣等未明，故難耳。」上曰：「無難也，但以蒙古字合我國之語音，聯綴成句，即可因文見義矣。吾籌此已悉，爾等試書之，何爲不可？」於是，上獨斷，將蒙古字製爲國語，創立滿文，頒行國中，滿文傳布自此始。

辛丑，是年，上以諸國徠服人衆，復編三百人爲一牛彔，每牛彔設額真一。先是，我國凡出兵校獵，不計人之多寡，各隨族黨屯寨而行。獵時，每人各取一矢，凡十人設長一，領之，各分隊伍，毋敢紊亂者，其長稱爲牛彔額真。至是，遂以名官。

癸卯春正月戊午朔，上自虎攔哈達南岡移於祖居蘇克蘇滸河、加哈河之間赫圖阿喇地築城居之，以牛羊犒築城夫役者三。

丙午冬十二月乙未朔，台吉恩格德爾又率蒙古國五部落喀爾喀諸貝勒之使，進駝馬來朝，尊上爲神武皇帝。自此，蒙古各部落每歲來朝，絡繹不絕。

戊申春三月戊子朔，上命長子阿爾哈圖土門貝勒褚英、姪台吉阿敏，率兵五千，征烏喇國，圍其宜罕阿麟城，克之，斬千人，獲甲三百，俘其衆以歸。時烏喇貝勒布占泰與蒙古科爾沁貝勒瓮阿代合兵出烏喇城二十里，駐兵遥望，知非我軍之敵，遂相約而還。

上欲與明通好，謂羣臣曰：「語云，念人之惡，崇朝而作，式好無尤，歷世難求。吾欲與明昭告天地，同歸於好。」遂會明遼東副將及撫順所備禦，同勒誓辭於碑，刑白馬祭天。其誓辭曰：「兩國各守邊境，敢有竊踰者，無論滿洲漢人，見之，殺無赦。若見而不殺，殃及不殺之人。明若渝盟，其廣寧巡撫、總兵、遼東道副將、開原道參將等官均受其殃。滿洲渝盟，殃亦及之。」誓畢，遂建碑於沿邊諸地。

《太祖實録》卷四　壬子春正月丙申朔，上聞蒙古國科爾沁貝勒明安之女甚賢，遣使往聘，明安許焉，送女至。上具車服以迎，筵宴如禮。

癸丑春正月己未朔。先是，上以布占泰悔罪求和，當守約弗渝，及一年，聞布占泰以其女薩哈廉、子綽啓鼐，及十七臣之子送葉赫爲質，娶上所聘女，又幽上二女，上遂親率大兵往征之。時布占泰期以是月丙子，送其子質葉赫，而我師先一日至，攻取烏喇孫扎泰城，督兵進克郭多、俄漠二城，駐營。翼日，布占泰率兵三萬，越伏爾哈城而軍。時統軍貝勒大臣皆欲戰，上止之曰：「征伐大國，豈能使之遽無孑遺乎？」仍以前言申諭之。上子貝勒代善、姪貝勒阿敏、大臣扎爾固齊費英東、額駙何和里、達爾漢、侍衛扈爾漢、巴圖魯額亦都、碩翁科羅、巴圖魯安費揚古五人，及衆貝勒皆奮然曰：「我士飽馬勝利在速戰，所慮者，布占泰不出耳。今彼兵既出，平原廣野，可一鼓擒也。舍此不戰，厲兵秣馬，將何爲耶？儻布占泰竟娶葉赫女，辱何如之。後雖征討，夫復何益。」上曰：「我仰荷天眷，自幼用兵以來，雖遇勁敵，無不單騎突陣，斬將搴旗。今日之役，我何難率爾等身先搏戰，但恐貝勒、諸大臣或致一二被傷，實深惜之，故欲計出萬全，非有所懼而故緩也。爾衆志既孚，即可決戰。」因命取鎧胄被之。諸貝勒、大臣及軍士聞上言，皆踴躍，懽聲雷動，三軍盡甲。上遂定策，諭軍士曰：「儻蒙天眷祐，破敵衆，即乘勢奪門，克其城，毋使復入。」乃進兵。布占泰率兵三萬，經伏爾哈城而來，令軍士步行列陣以待。兩軍距百步許，我兵亦下馬步戰，矢交發如雨，呼聲動天。上奮然挺身而入，諸貝勒、大臣率軍士鼓勇縱擊，大敗烏喇兵，十損其六七，餘皆棄兵甲逃竄。遂乘勢奪門，克其城。上登陣坐西門樓，悉樹我軍旗幟。布占泰率敗兵不滿百人，急還城下，見我軍旗幟，大驚而奔。復遇貝勒代善率精兵邀擊之，布占泰勢不能敵，遂遁，又損兵過半，餘皆潰走，布占泰僅以身免，投葉赫國而去。我軍獲馬匹、甲冑、器械無算，盡收撫其所屬城邑，駐軍十日，大賚有功將士。烏喇敗兵來歸者，悉還其妻子僕從，編戶萬家，其餘俘獲分給衆軍，乃班師。

乙卯。上既削平諸國，每三百人設一牛彔額真，五牛彔設一甲喇額真，五甲喇設一固山額真，每固山額真左右設兩梅勒額真。初設有四旗，旗以純色爲別，曰黄，曰紅，曰藍，曰白。至是添設四旗，參用其色鑲之，共爲八旗。行軍時，地廣則八旗竝列，分八路；地狹則八旗合一路而行。隊伍整肅，節制嚴明，軍士禁喧囂，行伍禁攙越。當兵刃相接時，披堅甲執長矛大刀者爲前鋒，被輕甲善射者從後衝擊，俾精兵立他處勿下馬，相機接應。每預籌方略，瞭如指掌，戰則必勝。克城破敵之後，察核將士戰功必以實，有罪者，雖親不貰，必寘之法；有功者，雖仇不遺，必加之賞。用兵如神，將士各欲建功立名，每聞征伐，靡不懽忻効命，攻則爭先，戰則奮勇，威如雷霆，捷如風雨，所至無敵，丕烈昭焉。又置理政聽訟大臣五人，扎爾固齊十人，佐理國事。

《太祖實録》卷五　天命元年丙辰春正月壬申朔，四大貝勒代善、阿敏、莽古爾泰、皇太極及八旗貝勒大臣率羣臣集殿前分八旗序立。上陞殿登御座，衆貝勒、大臣率羣臣跪。八大臣出班跪進表章，近侍侍衛阿敦巴克什額爾德尼接表，額爾德尼跪，上前宣讀表文，尊上爲覆育列國英明皇帝。於是，上乃降御座，焚香告天，率貝勒、諸臣行三跪九叩首禮。上復陞御座，衆貝勒、大臣各率本旗，行慶賀禮。建元天命，以是年爲天命元年。時上年五十有八。

天命二年丁巳春正月丁卯朔，初上納蒙古科爾沁貝勒明安女已六年，至是聞明安來，甲戌，上偕妃率衆貝勒大臣，迎至百里外富爾簡岡，與明安馬上接見，即於其處大宴之。明安獻橐駝十，馬牛各百。丁丑，隨上入城，上以禮優遇，每日設筵宴，間日則大宴焉。留之一月，明安辭歸，賜以人四十戶，甲四十副，及幣帛等物，送三十里，踰宿而還。

天命三年戊午春正月丙子，黎明，月將落時，有黄氣貫月中，其光廣二尺許，月之上約長三丈，月之下約丈餘。上見之，謂貝勒大臣曰：「天意如此，汝等勿疑，吾計已決，今歲必征明矣。」

二月辛卯朔，上諭貝勒、諸臣曰：「朕與明成釁，凡七大恨，其餘小忿更難悉舉，宜往征之。」議定，欲伐木治攻具，恐爲衆所覺，乃以繕治諸貝勒馬厩爲名，遣七百人伐木，以備攻具。

夏四月壬寅，巳刻，上率步騎兵二萬征明，臨行，書「七大恨」告天。

《太祖實録》卷六　天命四年己未二月。

是月，明萬曆帝以我國兵勢日盛，懼爲彼國患，將逞志於我，集大兵來攻。以山海關總兵杜松、趙夢麟，保定總兵王宣，遼陽總兵劉綎，遼東總兵李如柏，開鐵總兵馬林，遼陽副將賀世賢，大同副將麻岩，廣寧道張銓，海蓋道康應乾，遼陽道閻鳴泰，開原道潘宗顔，統兵二十萬，至遼東。經略楊鎬，遣我國逃卒齎書來，以軍期告，號大兵四十七萬，於三月十有五日，乘月明時分路進發。而明兵先期會於瀋陽城，其左翼中路，以杜松、王宣、趙夢麟，張銓督兵六萬，由渾河出撫順關；其右翼中路，以李如柏、賀世賢、閻鳴泰督兵六萬，由清河出鴉鶻關；其左翼北路，以馬林、麻岩、潘宗顔督兵四萬，由開原合葉赫兵，出三岔口；其右翼南路，以劉綎、康應乾督兵四萬，合朝鮮兵出寬奠口，向董鄂路。期於三月一日出邊，分四路進攻，竝趨我都城。

《太祖實録》卷七　天命五年庚申春正月丙申，遣使碩色吳巴什齎書報察哈爾林丹汗，曰：「聞察哈爾汗來書稱四十萬蒙古國主巴圖魯成吉思汗，致書水濱三萬滿洲國主神武英明皇帝云云。爾奈何以四十萬蒙古之衆，驕吾國耶？我聞明洪武時，取爾大都，爾蒙古以四十萬衆敗亡殆盡，逃竄得脱者僅六萬人，且此六萬之衆，又不盡屬於爾。屬鄂爾多斯者萬人，屬十二土默特者萬人，屬阿索式、雍謝布、喀喇沁者萬人。此右三萬之衆，固各有所主也，於爾何與哉？即左三萬之衆，亦豈盡爲爾有。以不足三萬人之國，乃遠引陳言，驕語四十萬，而輕吾國，爲三萬人，天地豈不知之。吾固不若爾四十萬之衆也，不若爾之勇也，因吾國之少且弱也。遂仰蒙天地眷佑，以哈達、輝發、烏喇、葉赫、暨明之撫順、清河、開原、鐵嶺等八處悉授予焉。來書以廣寧係爾貢賦之地，俾我勿征，若征，將牽制我。夫使我一人有郄，宜爾爲此言也。今我一人，毫無怨尤，乃以異姓之明，廣寧一城之故，慢天地眷祐之主，爲此輕薄之言，豈不抗天意，倒行而逆施耶？吾惟開誠布公，仰格蒼旻，錫我神武，綏我福禄，爾豈未之聞乎？爾焉能不利於我哉？且爾之往廣寧也，所獲錙銖之利，豈爾能興師轉戰，多克堅城，彼畏而與爾耶？抑姻婭和好，愛而與耶？如愛而與，錙銖之利，受之何爲？且爾果能復爾大都，暨三十四萬蒙古之衆，則爾之出此言也宜矣。昔吾未征明之先，爾曾與明搆兵，盡失其甲冑、駝馬、器械，僅得脱去。其後再搆兵，格根戴青貝勒之從臣，竝十餘人被殺，毫無所獲而回。爾侵明者二，有何虜獲？克何名城？敗何勁旅乎？夫明豈真以此賞厚汝耶？以我征伐之故，兵威所震，男子亡於鋒鏑，婦女守其孤嫠，明畏我，姑以利誘汝耳。且明與朝鮮言語雖殊，服制相類，二國尚結爲同心。爾與我言語雖殊，服制亦類，爾果有知識，來書宜云，明，吾深仇也，皇兄征之，天地眷佑，俾墮其城，破其衆，願與天地眷祐之主合謀，以伐深仇之明。如是立言，豈不甚善與？乃不思祈福於天，全令名，立大業，惟利是嗜，以有限金帛，而與我素無嫌怨之國，甘心搆怨，皇天后土，寧不鑒之。」察哈爾林丹汗得書，執我使臣碩色吴巴什，繫拜星所居城。先是察哈爾林丹汗使臣康喀兒拜虎爲我國所羈，至是我國使臣亦被繫。上風聞我使臣見殺，欲誅其使者。四貝勒諫曰：「恐吾之使臣，未必見殺也，或傳聞者誤耳。察哈爾國有從康喀兒拜虎來者，同被羈留，當遣之，俾持書往，約以期歸我使者，踰期，戮未晚。」上從其言，遂遣同來之人齎書往，與之期。若還吾使者，吾亦俾爾使康喀兒拜虎還，否則必殺毋赦。踰期，復不至。又北蒙古五部落喀爾喀貝勒，屢使人來，言我使臣碩色吴巴什，察哈爾林丹汗已斬之祭旗矣。上復待之月餘，謂諸貝勒大臣曰：「今踰期月餘，吾使被殺無疑也。」遂誅康喀兒拜虎。後碩色吴巴什密與守者謀，脱杻械，偕之潛出，徒步逃歸。

天命六年辛酉春正月甲申，上率四大貝勒及台吉德格類、濟爾哈朗、阿濟格、岳託等，對天地焚香祝曰：「天，父也。地，母也。今以暴國肆虐，奉命征之。其烏喇、輝發、哈達、葉赫，同一語音之國，已蒙垂祐，悉以授予。既而征明，又得撫順、清河、開原、鐵嶺諸城。及明四路來侵，盡殲其衆，無非天地之默相也。吾所禱於皇天后土者，吾子孫中縱有不善之人，俾勿同氣推刃，開戕害之端。其不善之人，惟天誅之。若不俟天誅，存心戕害，天地鑒之，奪其算，無克永年。或於昆弟之中，有所行悖亂者，不忍傷殘，以義理所在，殷勤教誡，感格愚頑，使自悔悟。天地其眷顧之，神祇其呵護之。願我子孫，祚永百世，以及萬年。用兹虔告，尚其無咎既往，鑒乃來兹。」

《太祖實録》卷八　天命七年壬戌三月己亥，衆貝勒問上曰：「基業天所予也，何以寧輯休命？天所錫也，何以凝承？」上曰：「繼朕而嗣大位者，毋令强梁有力者爲也。以若人爲君，懼其尚力自恣，獲罪於天也。且一人縱有知識，終不及衆人之謀。今命爾八子爲八和碩貝勒，同心謀國，庶幾無失。爾八和碩貝勒内，擇其能受諫而有德者，嗣朕登大位。若不能受諫，所行非善，更擇善者立焉。擇立之時，若不樂從衆議，艴然變色，豈遂使不賢之人，任其所爲耶？至於八和碩貝勒，共理國政，或一人心有所得，言之有益於國，七人宜共贊成之。如己既無才，又不能贊成人善，而緘默坐視者，即當易此貝勒，更於子弟中，擇賢者爲之。易置之時，若不樂從衆議，艴然變色，豈遂使不賢之人，任其所爲耶？若八和碩貝勒中，或以事他出，告於衆勿私往。若入而見君，勿一二人見，其衆人畢集，同謀議以治國政，務期斥姦佞，舉忠直可也。」上集貝勒、大臣議曰：「我國家承天眷佑，遂有遼東之地。但今遼陽城大，年久傾圮。東南有朝鮮，北有蒙古二國，俱未弭帖。若舍此征明，恐貽内顧憂。必更築堅城，分兵守禦，庶得固我根本，乘時征討也。」貝勒大臣諫曰：「舍見居之城郭室廬更爲創建，毋乃勞民耶。」上曰：「今既與明搆兵，豈能即圖安逸？汝等所惜者，一時小勞苦耳，朕所慮者大也。苟惜一時之勞，何以成將來遠大之業耶？朕欲令降附之民築城，而廬舍各自營建。如此，雖暫勞亦永逸已。」貝勒、大臣皆曰善。遂築城於遼陽城東五里太子河邊，創建宫室，遷居之，名曰東京。

《太祖實録》卷九　天命九年甲子春正月辛酉，上命大貝勒、二貝勒、三貝勒、四貝勒，及台吉阿巴泰、岳託、阿濟格、寨桑古、濟爾哈朗、杜度等統兵，移額駙恩格德爾并其弟莽果爾代所部人民家産，既至東京。上出城，迎額駙恩格德爾至張義站，大宴之，賜恩格德爾及其弟莽果爾代雕鞍、良馬，貂裘各一，恩格德爾子囊努克、門都、苔哈，莽果爾代子滿朱習禮，各賜猞狸猻裘。還京，復賜恩格德爾及莽果爾代、囊努克、門都、苔哈、滿朱習禮田，并田卒、耕牛、金銀、錦綺、貂鼠、猞狸猻皮、布疋，及室廬器用諸物，賚予甚厚。又以平魯堡人民，賜恩格德爾撫有之。

《太祖實録》卷一〇　天命十一年丙寅正月，上率諸貝勒、大臣統兵征明。庚申，次東昌堡。翼日，渡遼河，軍行分左右翼，排列曠野，一翼直届南海岸，一翼越遼東至廣寧大路，前後相繼，絡繹不絶，莫測首尾，旌旗劍戟如林。前鋒精鋭至西平堡，獲明諜者訊之，知明右屯衛守兵千人、大凌河兵五百人、錦州城兵三千人，此外人民，隨地散處。大軍兼程而進，至右屯衛。其城守參將周守廉率軍民已遁。明舟運之糧，積貯海岸，上留將八人，統步卒四萬，命悉移貯右屯衛，大軍前進。明錦州城守遊擊蕭升、中軍張賢、都司吕忠，松山參將左輔、中軍毛鳳翼，及大凌河、小凌河、杏山、連山、塔山七城守將軍民，聞我軍至，皆震懾，焚其廬舍糧儲而遁。丁卯，大軍至寧遠，越城五里，横截山海關大路駐營。縱所俘還，俾入寧遠城，告曰：「汝等此城，吾以兵二十萬來攻，破之必矣。城内官若降，吾將貴重之，加豢養焉。」寧遠道袁崇焕答曰：「汗何故遽爾加兵耶？錦寧二城，汝國既得而棄之，以所棄之地，吾修治而居，寧各守其地以死，詎肯降耶？且汗稱來兵二十萬，虚也，約有十三萬。我亦不以來兵爲少也。」上欲攻城，命軍中備攻具。戊辰，我兵執楯薄城下，將毁城進攻。時天寒土凍，鑿穿數處，城不墮，軍士奮勇攻擊間，明總兵滿桂、寧遠道袁崇焕、參將祖大壽，嬰城固守，火器礮石齊下，死戰不退。我兵不能攻，且退。翼日，再攻，又不能克而退。計二日攻城，傷我遊擊二人，備禦官二人，兵五百人。庚午，聞寧遠城南十六里外，海中有覺華島，其山海關外兵丁糧芻俱舟運於此。上命吴訥格，率所部八旗蒙古，更益滿兵八百，往取覺華島。我兵至，見明防守糧儲參將姚撫民、胡一寧、金觀，遊擊季善、吴玉、張國青，統兵四萬，營於冰上，鑿冰十五里爲壕，列陣以車楯衛之。我軍奪壕口入擊之，遂敗其兵，盡斬之。又有二營兵，立島中山巔，我軍衝入，敗其兵，亦盡殲之，焚其船二千餘，並所積糧芻，高與屋等者千餘所乃還，與大軍會。辛未，上還軍，至右屯衛，悉焚其糧。二月壬午，上至瀋陽。上自二十五歲起兵以來，征討諸處，戰無不捷，攻無不克。惟寧遠一城不下，不懌而歸。

八月丙午，上大漸，欲還京，乘舟，順太子河而下，使人召大妃來迎。入渾河，大妃至，泝流至靉雞堡，距瀋陽城四十里。庚戌，未刻，上崩。在位凡十一年，年六十有八。

雜録

備録

陳康祺《郎潛紀聞二筆》卷二《太祖教訓諸公主》 天命八年，太祖御八角殿訓諸公主以婦道，毋陵侮其夫，恣意驕縱，違者罪之。按：唐宋平行執笄盥饋之儀，宋荆國以寶帶器幣爲壽，傳之史册，久爲嘉談。我朝當戎衣戡伐之年，即已敕宫闈箴，修明陰教，夭桃襛李，此王化之所由基與。

陳康祺《郎潛紀聞二筆》卷一三《太祖躬行節儉》 太祖嘗出獵，雪初霽，恐草上浮雪霑濡，攝衣而行。侍衛輩私語曰：「上何所不有，而惜一衣耶？」太祖聞之，笑曰：「吾豈無衣而惜之，吾常以衣賜汝等，與其被雪沾濡，何如鮮潔爲愈。躬行節儉，汝等正當效法耳。」自是八旗臣民，無敢以褕衣華服從事者。

陳康祺《郎潛紀聞二筆》卷一五《太祖敷教明刑》 太祖高皇帝自天命元年丙辰建元以後，益勤勞國政，靡間晝夜。每五日一視朝，焚香告天，宣讀古來嘉言懿行，及成敗興廢所由，訓誡國人。以議政五大臣參決機密，以理事十大臣分任庶務。國人有訴訟，先由理事大臣聽斷，仍告之議政大臣，覆加審問，然後言於諸貝勒。衆議既定，猶恐或有冤抑，令訟者跪上前，更詳問之，明核是非。故臣下不敢欺隱，民情皆得上達，國内大治。蓋敷教明刑，其難其慎，早具帝者規模矣。

陳康祺《郎潛紀聞二筆》卷一五《葉赫貝勒識太祖爲非常人》 初葉赫貝勒揚吉努識太祖爲非常人，言我有幼女，俟其長，當奉侍。太祖曰：「汝欲締姻盟，盍以年長者妻我？」揚吉努曰：「我非惜長女不予，恐未足稱嘉耦。幼女容儀端重，舉止不凡，堪爲聰睿貝勒配耳。」太祖因聘焉，是爲孝慈高皇后，誕生太宗文皇帝。堯門軒渚，代緒遥遥，聖女來歸，實啟萬年靈長之祚，蓋非吕公、竇毅輩僅識英物者，所能等觀已。

陳康祺《郎潛紀聞二筆》卷一五《太祖設四關與明互市》 太祖朝，環境諸國，均已削平，境内所産東珠、人葠、紫貂、黑狐、猞猁猻諸珍異之物，足備服用。明國亦遣使通好，歲以珍幣聘問，爰於撫順、清河、寬甸、靉陽設四關口互市，以通商賈。而長白山之鴨緑江路，尚有抗阻，太祖乃遣兵招撫之，盡收其衆，時辛卯年春正月也。

陳康祺《郎潛紀聞二筆》卷一五《太祖擊敗葉赫哈達(二則)》 太祖擊敗葉赫哈達等於古哷山一役，九部合兵，分三路來侵。上遣武理堪往偵，由東路行百里許，度嶺，羣鴉競噪，若阻其行者，欲還，鴉乃散。再行，鴉復噪，飛鳴撲面，幾不能前。武理堪異之，馳歸以告。太祖命由札喀路向渾河部偵之，亟馳往，果見敵兵。

太祖聞葉赫兵來，時已夜半，恐我軍昏夜出，致驚國人，傳語諸將，旦日啟行，遂就寢甚酣。妃富察氏呼上覺，謂曰：「九國兵來攻，何反酣寢耶？豈方寸亂耶？懼之耶？」太祖曰：「我果懼，安能酣寢？吾若負彼，天必厭之，安得不懼？今我順天命，安疆土，彼不我悦，糾九國之兵，以戕害無咎，天必不佑也。」安寢如故。次日，祝告堂子以行，果獲大捷，斬級四千，獲馬三千匹，鎧甲千副。正正堂堂，以整以暇，而破九部三萬之衆，自此軍威大震，遠邇懾服矣。

備論

《太祖實錄》卷一《太祖高皇帝實錄序》 朕惟帝王，誕膺圖籙，混一寰區，經營締造之勤，日不暇給矣。於以承敘萬年，詒謀百世。金匱石室之藏，勳猷燗焉。煌煌乎上聖之宏模，太平之駿業也。我太祖承天廣運聖德神功肇紀立極仁孝睿武弘文定業高皇帝，躬首出之姿，啟維新之運，上承乾眷，下順人心。當起兵之初，屬犀兕者僅十有三領，而戰勝攻克靡堅不摧，應變雷動，乘機電發，用能覆九姓之銳師，掃四路之勁旅。諸部羣雄，以次剗削，遼瀋之域，悉隸疆索。蓋勇智本於天錫，至仁之所以無敵也。迨大勳既集，聖德益隆。十有一年之間，修政教度，淳風厚俗，明賞信罰，從諫親賢。先節儉以防奢侈，崇寬大以滌煩苛。創國書以立文字之準，垂訓誡以永法守之傳。其時遠邇悅來，聲教四訖，肇開一統，無外之規，度越古今，昭垂無極，猗歟休哉，何其盛也。朕嗣守丕基，作求世德，覲耿光而如在，對方策以遹追。特命儒臣，詳加纂輯，朕復敬慎考詳，悉心裁定，爲實錄，合凡例目錄共十二卷。朝夕式觀，以申繼序紹庭之志。其在我後嗣子孫，循省是編，於櫛風沐雨之勤勞，可以知積累之艱焉；於文謨武烈之顯承，可以識燕貽之厚焉。不愆不忘，以率舊章，則紹衣祖德者，即所以克享天心。卜年卜世之長，庶於茲可以益信矣。是爲序。

進實錄表

光祿大夫、禮部尚書、武英殿大學士臣覺羅勒德洪，誠惶誠恐稽首頓首上言。伏以皇輿肇啟，建萬邦作親之規模；聖德緝熙，昭百代纘承之道法。溯經綸於草昧，偉略天開；考紀載於圖書，淵衷日煥。思憲章之紹述，必簡冊之編摩。欽惟太祖承天廣運聖德神功肇紀立極仁孝睿武弘文定業高皇帝，虹電發祥，雲雷應運。奮一旅而不階尺土，乘六位而底定多方。鴨綠潛龍，川嶽皆成王氣；白山躍馬，草木亦助神威。【略】率先儉勤，培國氣於忠厚；綜覈名實，勵政本於英明。惟十一載，祈天永命之精心；實億萬年，聖子神孫之家法。大統由茲克集，帝業於焉肇基。勇功固歷代希聞，恩義更累書難罄。洪惟皇帝陛下，丕承鴻烈，式廓前光。治化協水火工虞，聲教訖東西南朔。益固無疆，歷服允符。累洽有道曾孫，念當年之沐雨櫛風，躬勤跋履；開今日之梯山航海，世躋昇平。累洽重熙，愈信貽謀弘遠；永清大定，寧志締造艱難。嚮有高廟，遺謨未定，一朝實錄特開，史局用紀隆勳。

《太祖高皇帝實錄序》 粵稽自古帝王，乘時建極，膺天命而佑下民，豐功駿烈，垂諸史乘，炳炳麟麟。是以紀言紀事，必詳且核焉。況於聖人首出，開物成務，經緯天地，奠麗河山，智勇沉深，謨猷訏遠，布爲法則，著爲章程，將使後世子孫繼繼承承，遵循罔軼，詎不重歟。洪惟太祖承天廣運聖德神功肇紀立極仁孝睿武端毅欽安弘文定業高皇帝，以聖神文武之姿，受天眷命，誕興東土，爰整義旅，遹求厥寧，九國連兵相向，一怒而討平之，明人四路來攻，亦剋日盡殲於境外。師出有名，光明俊偉，威愛竝立，近服遠懷。當是時，羣部來歸，英豪響附，奮迹遼瀋之間，而號令行於萬里。帝業之興，何其神也。由是，天人協應，建國紀元，修明庶政，教育羣倫，創國書，分旗制，申軍令，定禮儀。經營締造之際，旰食宵衣，不遑暇逸。顧乃綱舉目張，傳之億萬年而不可易，心法治法與二帝三王有同揆也。太宗文皇帝纘天登阼，命儒臣敬輯實錄，規模略備，聖祖仁皇帝復加蒐考，修纂成書，尊藏內府，竝貯史宬。惟是山川疆土，以及臣僚名氏，前後間有異同，清漢之文，或簡或繁，未經畫一。我皇考世宗憲皇帝懼有舛訛，特開史館，重加校訂，按日進呈，親爲閱定。朕纘承丕緒，仰體前徽，用復潔誠，披覽卷帙，如舊繕錄一新。祗祗乎見開國之鴻謨，昭垂統之大業。《書》曰「監於先王成憲，其永無愆」，《詩》曰「昭茲來許，繩其祖武」，於以率攸行而保天祐，其敢忘紹庭上下之思哉。謹序。

錢謙益部

綜述

《清史列傳》卷七九《錢謙益傳》 錢謙益，江南常熟人。明萬曆三十八年一甲三名進士，授翰林院編修。天啓元年，充浙江鄉試正考官。五年，聽勘御史崔呈秀作《東林黨人同志録》，列謙益名，御史陳以瑞亦疏劾之，罷歸。

崇禎元年，起官，不數月，洊擢詹事、禮部侍郎。會推閣臣，謙益慮禮部尚書温體仁、侍郎周延儒並推，則名出己上，謀沮之；囑其門人給事中瞿式耜言於主推者，擯體仁、延儒，以成基命及謙益等十一人列上。先是，謙益主試浙江時所取士錢千秋首場文用「一朝平步上青天」句，分置七義結尾，爲給事中顧其仁舉發，謙益先伺知，即具疏劾奸人金保元、徐時敏僞作關節，撞騙得賄，下刑部鞫訊。時敏、保元皆遣戍，千秋逾年始至，亦論遣，謙益奪俸。至是，體仁追論謙益賄賣關節，不當預選；延儒亦言會推名雖公，主持者止一二人，餘皆不敢言，即言徒取禍耳。莊烈帝御文華殿召對延儒諸臣，謙益辭頗屈，命禮部進千秋卷閱竟，責謙益。謙益引罪，遂褫職，下法司議，以謙益自發在前，不宜坐；體仁復言獄詞出謙益手。詔下九卿、科道再勘，乃坐杖論贖。千秋荷校死。十年，常熟人張漢儒訐謙益貪肆不法，巡撫張國維、巡按路振飛交章白其冤，乃下刑部逮訊，謙益嘗爲太監王安作碑文，爲司禮曹化淳所知，及獄急，求救於化淳。體仁聞，密奏交結狀，化淳時見信任，自請按治，刑斃漢儒，且發體仁他罪狀，體仁引疾罷，獄乃解。謙益削籍歸。

十七年，流賊李自成陷京師，明臣史可法、吕大器等議立君江寧，謙益陰推戴潞王常淓，與馬士英議不合；及福王由崧立，謙益懼得死罪，上疏頌士英功，士英乃引謙益爲禮部尚書。謙益復力薦閹黨阮大鋮等訟冤，大鋮遂爲兵部侍郎而憾東林，仍不時會捕，獲妖僧大悲，欲引謀立潞王事，盡誅東林諸人，謙益亦預焉，士英不欲興大獄，乃已。

本朝順治二年五月，豫親王多鐸定江南，謙益迎降，尋至京候用。三年正月，命以禮部侍郎管秘書院事，充修《明史》副總裁。六月，以疾乞假，得旨馳驛回籍，令巡撫、巡按，視其疾痊具奏。五年四月，鳳陽巡撫陳之龍擒江陰人黄毓祺於通州法寶寺，搜出僞總督印及悖逆詩詞，以謙益曾留黄毓祺宿其家，且許助貲招兵，入奏，詔總督馬國柱逮訊。謙益至江寧訴辯：「前此供職内院，邀沐恩榮，圖報不遑，況年已七十，奄奄餘息，動履藉人扶掖，豈有他念？哀籲問官，乞開脱。」會首告謙益從逆之盛名儒逃匿不赴質，毓祺病死獄中，乃以謙益與毓祺素不相識，定讞。馬國柱因疏言：「謙益以内院大臣歸老山林，子姪三人新列科目，榮幸已極，必不喪心負恩。」於是得釋，歸。越十年死於家。

乾隆三十四年六月，諭曰：「錢謙益本一有才無行之人，在前明時身躋膴仕，及本朝定鼎之初，率先投順，洊陟列卿。大節有虧，實不足齒於人類。朕從前序沈德潛所選《國朝詩别裁集》，曾明斥錢謙益等之非，黜其詩不録，實爲千古綱常名教之大關。彼時未經見其全集，尚以爲其詩自在，聽之可也。今閲其所著《初學集》、《有學集》，荒誕悖謬，其中詆謗本朝之處，不一而足。夫錢謙益果終爲明朝守死不變，即以筆墨騰謗，尚在情理之中；而伊既爲本朝臣僕，豈得復以從前狂吠之語，列入集中？其意不過欲借此以掩其失節之羞，尤爲可鄙可恥！錢謙益業已身死骨朽，姑免追究。但此等書籍，悖理犯義，豈可聽其留傳？必當早爲銷毁，其令各督撫將《初學》、《有學集》於所屬書肆及藏書之家，諭令繳出，至於村塾鄉愚，僻處山陬荒谷，並廣爲曉諭，定限二年之内盡行繳出，無使稍有存留。錢謙益籍隸江南，其書板必當尚存，且别省有翻刻印售者，俱令將全板一併送京，勿令留遺片簡。朕此旨實爲世道人心起見，止欲斥棄其書，並非欲查究其事，通諭中外知之。」三十五年，上覽錢謙益《初學集》，御題詩曰：「平生談節義，兩姓事君王。進退都無據，文章那有光？真堪覆酒甕，屢見詠香囊。末路逃禪去，原爲孟八郎。」

四十一年十二月，詔於國史内增立《貳臣傳》，諭及錢謙益反側貪鄙，尤宜據事直書，以示傳信。四十三年二月，諭曰：「錢謙益素行不端，及明祚既移，率先歸命，乃敢於詩文陰行詆謗，是爲進退無據，非復人類。若與洪承疇等同列《貳臣傳》，不示差等，又何以昭彰癉？錢謙益應列入乙編，俾斧鉞凜然，合於《春秋》之義焉。」

雜録

備録

王士禛《分甘餘話》卷四　錢先生藏書甲江左，絳雲樓一炬之後，以所餘宋槧本盡付其族孫曾，字遵王。《有學集》中跋述古堂宋版書，即其人也。先生逝後，曾盡鬻之泰興季氏，於是藏書無復存者。聞今又歸崑山徐氏矣。

金埴《不下帶編》卷三　錢牧齋狎一歌童，甚愛之。一日有詩送其入燕，而洒涕爲別。熊侍郎文舉次韻以譏之云：「金臺玉峽總滄桑，細雨梨花枉斷腸。惆悵虞山老宗伯，浪垂清淚送王郎。」

王應奎《柳南隨筆》卷二　某宗伯既娶柳夫人，特築一精舍居之，而顔之曰我聞室，以柳字如是，取《金剛經》「如是我聞」之義也。一日，坐室中，目注如是，如是問曰：「公胡我愛？」曰：「愛汝之黑者髮，而白者面耳。然則汝胡我愛？」柳曰：「即愛公之白者髮，而黑者面也。」侍婢皆爲匿笑。

方浚師《蕉軒隨録》卷二　錢牧齋宗伯入聖朝後，思欲掌樞要，專史席，二者俱違其意，故鬱鬱不樂，終爲有文無行之人。恭讀純皇帝題謙益《初學集》詩曰：「平生談節義，兩姓事君王。進退都無據，文章那有光？真堪覆酒甕，屢見詠香囊。末路逃禪去，原爲孟八郎。」大哉王言，足以鑒小人之肺腑矣。

繆荃孫《藝風堂雜鈔》卷三　海虞錢宗伯謙益，一代偉人，操宇内文章之柄，一時名流奔走翕集。晚自號蒙叟，賓朋諧謔，觴詠風流，躋貴仕，享高年，邇來文人罕見其匹，然其大節或有可議。本朝罷官南歸，有無名氏題虎邱以誚之曰：「入洛紛紜興太濃，蓴鱸此日又相逢。黑頭已是羞江總，青史何曾屬蔡邕。昔去幸寬沈白馬，今歸應悔賣盧龍。最憐攀折章臺柳，掩亂秋風問阿儂。」又嘗作詩贈歌童，纏綿哀艷，熊侍郎文舉和韻以諷之，曰：「金臺玉殿總滄桑，細雨梨花枉斷腸。惆悵虞山老宗伯，浪垂清淚送王郎。」錢見之不懌者累日。柳是，字如是，吴人，初名楊影憐。《三國識略》

牧翁殿試後，得小璫宫報，謂：「狀頭已定錢公。」司禮諸監俱飛帖致賀，傳臚前一夕，所知投刺者絡繹户外，牧翁亦過信，喜極。比曉榜發，狀頭乃吴興韓敬。蓋敬賄巨璫，藉以潛易也。錢恨甚。後韓敬以京察見黜，疑錢擠之，亦恨甚。牧翁與浙人水火，自奪狀頭始。

《吾炙集》、《投筆集》，皆牧翁晚年所作，觸犯忌諱，藏此書者，多秘之。《投筆集》爲族子遵王注，而《吾炙集》標遵王詩爲首。遵王博學好古，注《初學》、《有學》兩集，牧翁深器之，謂能紹其緒云。後逼柳夫人投繯，遵王亦在内。詩注刻本，忌諱語全删却。

牧翁極經史淹貫之能，其讀書法：每種各有副本，凡遇字句新奇者，即從副本摘取，黏于正本上格，以便尋覽。蓋正本或係宋、元精刻，不欲輕用丹黄也。

一門生具腆儀，走幹僕，自遠省奉緘于牧翁，内列古書中僻字數十條，懇師剖晰。牧翁逐條裁答，復出己見，詳加論定，中有「昔昔鹽」三字尚待凝思，柳姬如是從旁笑曰：「太史公腹中書乃告窘耶？是出古樂府，《昔昔鹽》乃歌行之一耳；『鹽』宜讀『行』，想俗音沿訛也。」牧翁亦笑曰：「吾老，健忘，若子之年，何待起予！」

初吴江盛澤有名妓曰徐佛，善畫蘭，能琴，四方名流連鑣過訪。其養女曰楊愛，色美于徐，而綺談雅什亦復過之。崇禎丙子春，婁東有張庶常溥告假歸。溥固復社主盟，名噪海内者。過吴泊舟垂虹亭，訪佛于盛澤之歸家院，值佛他出，愛出迎。溥一見傾意，携至垂虹亭，繾綣而别。愛于是竊喜，自負，誓擇博古好學爲曠代佚才者從之。聞虞山有錢學士謙益者，實爲當今李、杜，欲一望見其豐采，乃駕扁舟來虞，爲士人装，坐肩輿造錢，投謁，易楊以柳，易愛以是。刺入，錢辭以他往，蓋目之爲俗士也。柳于詩内已露色相，牧翁得其詩，大驚，詰閽者曰：「昨投刺者，士人乎？女子乎？」閽者曰：「士人也。」牧翁愈疑，急登輿訪柳于舟中，則嫣然美姝也。因出其近體七言就正，錢心賞焉；視其書法得虞、褚兩家遺意，又心賞焉。相與絮語者終日，臨别，錢謂柳曰：「此後以柳姓是名相往復，吾且字子以『如是』，爲今日證盟。」柳諾。此爲錢、柳作合之始。

柳嘗至松江以刺投陳卧子，陳性嚴厲，且視其名帖自稱「女弟子」，意滋不悦，意不之見答。柳恚，登門詈陳曰：「風塵中不辨物色，何足爲天下名士！」洎遇牧翁，歸乃昌言於人曰：「天下惟虞山錢學士始可言才，我非才如錢學士者不嫁。」錢聞之大喜，曰：「天下有憐才如此女子者乎！我非才如柳者不娶。」時牧翁適喪偶，因倣元稹《會真》詩體作《有美生》百韻以貽之，藻詞麗句，窮極工巧，遂作金屋貯阿嬌想矣。

庚辰冬月，柳歸于錢，牧翁爲築一室居之，顔其室曰「我聞」，取《金剛經》「如是我聞」之意，以合柳也。除夜促席圍鑪，相與餞歲，柳有《春日我聞室》之作，詩曰：「裁紅暈碧淚漫漫，南國春來已薄寒。此去柳花如夢裏，向來煙月是愁端。畫堂消息何人曉？翠幙容顔獨自看。珍重君家蘭桂室，東風取次一憑闌。」蓋就新去故，喜極而悲，駿裙之恨方殷，解佩之情愈切矣！

辛巳初夏，牧翁以柳才色無雙，小星不足以相辱，乃行結褵禮于芙蓉舫中，簫鼓遏雲，蘭麝襲岸，齊牢合巹，九十其儀。于是琴川紳士沸焉騰議，至有輕薄子擲甎彩鷁、投礫香車者。牧翁吮毫濡墨，笑對鏡臺，賦《催妝詩》自若，稱之曰「河東君」，家人稱之曰「柳夫人」。

當丁丑之獄，牧翁侘傺失志，遂絶意時事，既得章臺，欣然即有終老温柔之願。年已六十矣，黝顔鮐背，髮已皤然；柳則盛鬋堆鴉，凝脂竟體。燕爾之夕，錢戲柳曰：「吾甚愛卿髮黑膚白也。」柳亦戲錢曰：「吾甚愛君髮如妾之膚，膚如妾之髮也。」因作詩曰：「風前柳欲窺青眼，雪裏山應笑白頭。」

牧翁于虞山北麓搆樓五楹，扁曰「絳雲」，取《真誥》絳雲仙姥下降，仙好樓居以況柳，以媚柳也。牙籤萬軸，充牣其中，置繡幃瓊榻，相與日夕晤對。錢《集》中所云「争先石鼎搜聯句，薄怒銀燈算劫棊」，蓋紀實也。牧翁披吟之好，晚而益篤。國史校讎，惟河東君是職，臨文或有探討，柳輒上樓翻閲，雖縹緗盈棟，而某書、某卷隨手抽拈，百不失一。或用事微訛，旋爲辨證。牧翁悦其慧解，益加憐重。

國朝録用前朝耆舊，牧翁赴召，旋罣吏議放還，由此益專意吟詠。河東君侍左右，好讀書以資放誕。客有挾著述願登龍門者，雜沓而至，幾無虚日。錢或倦見客，柳即出與酬應。或貂冠錦襪，或羽衣霞披，清辯泉流，雄談蜂起，座客爲之傾倒。客當答拜者，則肩筠輿，隨女僕，代主人過訪于逆旅；即事拈題，共相唱和，竟日盤桓。牧翁殊不介蔕，嘗曰：「此吾高弟，亦良記室也。」戲稱爲「儒士」。

庚寅，絳雲樓災，錢攜柳移居于紅豆莊。其地有紅豆一株，故名。良辰勝景，錢偕柳必放舟湖山佳處，其《中秋日攜内出游》詩曰：「緑浪紅闌不帶愁，參差高柳蔽城樓。鶯花無恙三春侣，蝦菜居然萬里舟。照水蜻蜓依鬢影，窺簾蛺蝶上釵頭。相看可似嫦娥好？白月分明浸碧流。」柳依韻和曰：「秋水春山淡暮愁，船窗笑語近紅樓。多情落日依蘭棹，無藉流雲傍彩舟。月幌歌闌尋麈尾，風牀書亂覓搔頭。五湖烟水常如此，願逐鴟夷泛急流。」其餘篇什，多附見牧翁《有學集》，不盡載也。

大江以南藏書之富，無過于錢，自絳雲樓災，其宋元精刻皆成劫灰。世傳《絳雲樓書目》，乃牧翁暇日想念其書，追録記之，尚遺十之三。故第在東城，其中書籍無恙，北宋《前》《後漢書》幸存焉。初，牧翁得此書僅出價三百餘金，以《後漢書》缺二本，售之者固減價也。牧翁寶之如拱璧，偏屬書賈，欲補其缺。一書賈停舟于烏鎮，買麪爲晚食，見鋪主人于敗簏中取書二本作包裹，諦視，則宋板《後漢書》也；賈心動竊喜，因出數枚錢買之，而首葉已缺，賈向主人求之，主人曰：「頃爲對隣裹麪去，索之可也。」乃并其首葉獲全，星夜來常，錢喜欲狂，款以盛筵，予以廿金，是書遂爲完璧。其紙質、墨色炯然奪目，真藏書家不世寶也！入本朝，爲居要津者取去。

牧齋一日赴親朋家宴，肩輿歸，過迎恩橋，輿夫蹉跌，致主人亦受倒仆之驚，忽得奇疾，立則目欲上視，頭欲翻于地，卧則否。屢延醫者診治不效，時邑有良醫俞嘉言，適往他郡治疾，亟遣僕往邀。越數日，俞始至，問致疾之由，遽曰：「疾易治，無恐。」因向掌家曰：「府中輿夫强有力善走者，命數人來。」于是呼至數人，俞命飫以酒飯，謂數人曰：「汝輩須儘量飽飡，且可嬉戲爲樂也。」乃令分列于庭之四角，先令兩人夾持其主并力疾趨，自東則疾趨之西，自南則疾趨至北，互相更换，無一息停，主人殊苦顛播，俞不顧，益促之驟。少頃，令息，則病已霍然矣。時他醫在旁，未曉其故。俞曰：「是因下橋倒仆，左邊第幾葉肝搐摺而然；今扶掖之疾走，抖擻經絡，則肝葉可舒，既復其位，則本氣敷暢，而頭目安適矣。此非藥餌之所能爲也。」牧齋益神其術，稱爲「聖醫」。

順治二年乙酉五月，豫王兵渡江，南京諸臣相率迎降，致禮幣有至萬金者。牧齋獨致禮甚薄，蓋欲表己之廉潔，柬端細書：「太子太保、禮部尚書兼翰林院學士臣錢謙益百叩首，謹啟上貢。計開：鎏金銀壺一具，法琅銀壺一具，蟠龍玉杯一進，宋製玉杯一進，天鹿犀杯一進，葵花犀杯一進，法琅鼎杯一進，文玉鼎杯一進，法琅鶴杯一對，宣德宫扇十柄，真金川扇十柄，弋陽金扇十柄，百子宫扇十柄，弋奇金扇十柄，真金杭扇十柄，真金蘇扇四十柄，銀鑲象箸十雙。右啟上貢。」又：「順治二年五月二十六日，太子太保、禮部尚書兼翰林院學士臣錢謙益。」時郡人張滉與豫王之記室諸暨曾王佐善，因得見牧翁送禮帖而記之以歸；又語滉曰「錢翁捧帖入府，叩首墀下，致詞于王前。王爲色動，接禮甚歡」云。

乙酉五月，柳夫人勸牧翁曰：「是宜取義全大節，以副盛名。」牧翁有難色，柳奮身欲入池中，持之不得入。是時，長洲沈明倫館于尚書家，親見其事。後牧翁偕柳出游拂水山莊，見石澗流泉，澄潔可愛，牧翁濯足其中而不勝前卻，柳笑曰：「此溝渠水，豈秦淮河耶？」牧翁有恧容。【略】

弘光僭立，牧翁應召，柳夫人從之，道出丹陽，同車攜手；或令柳策驢，而已隨其後，私語柳曰：「此一幅《昭君出塞圖》也。」邑中遂傳「錢、柳扮昭君妝，炫煌道路」。吁！衆口固可畏也！

牧齋游虎邱，衣一小領大袖之服，一士前揖，問此何服，牧翁對曰：「小領者，遵時王之制；大袖者，乃不忘先朝耳。」士謬爲改容曰：「公真可謂『兩朝領袖』矣！」

繆荃孫《藝風堂雜鈔》卷三 公諱謙益，字受之，中萬曆三十八年庚戌科進士第三人。先是，萬曆二十一年，奉「並封三王」之命，顧涇陽先生爲吏部主事，疏争甚切，又移内閣書，尋被謫。已而召還，復削籍，歸，講學於東林書院，天下大夫士之進德修業、敦尚風節及爲國本拜杖、謫戍、革職、降調者，皆歸之。故時稱東宫爲「大東」，東林爲「小東」。我國家門户之分，始於此。貞皇帝即位，盡召還諸君子，公以遭憂還家，十年未出，補翰林院編修，管理誥敕撰文。天啟元年，典浙江鄉試。既報命，尋以病乞假。四年，升左春坊左諭德、兼翰林院編修，充經筵日講官，歷詹事府少詹事，纂修神宗皇帝《實録》。當閹人用事，凡當日之争國本，究梃擊，議紅丸，請移宫者，盡目爲東林黨人，各以他事考死，禁錮，追家財，而奪誥命。公既與諸君游，於楊忠烈公誼尤篤，得除名。烈皇帝即位，公與文文肅公、姚文毅公同日賜環，除詹事府詹事，禮部右侍郎、兼翰林院侍讀學士。上鋭意求治，注意閣員，會推及公，而温體仁、周延儒不得與；延儒睞體仁追論公典浙江試事，廷辯不白，天下謂之「閣訟」，竟削籍。延儒、體仁相繼入閣，復相軋，延儒罷去。於是大夫士之尚風節、談經濟者，以及諸生老將，盡在公門矣。體仁慮公之復出也，與常熟奸民張漢儒比，漢儒以他事訐公及瞿文忠公於朝，逮繫刑部獄，已，廠衛以蜚語聞，盡得漢儒輩奸狀，體仁罷去，公得解。既而鳴鏑銅馬，騷動中外，江南士民爲桑土計者，欲叩閽援豫、楚例請以公備禦東南，上亦於甲申三月十一日賜環召公，而遇十九日之變。山東、河南各藩先後南下，獨潞王已渡江，公議推戴討賊，而提督鳳陽僉都御史馬士英先會各路總兵官移書南京部院，迎福王於江浦。福王即位，召公禮部尚書，協理詹事府詹事，充經筵講官。公疏言四事，曰：嚴内治，定廟算，振紀綱，恤人才。而恤人才有三，曰：資幹濟，雪冤滯，拯流移。前此異同藩棘一旦破除，非得已也。以恩例加太子太保。弘光元年二月，請修國史，疏曰：「臣壯歲登朝，留心史事，二十餘年，揚扢討論，差有端緒。昔宋臣司馬光編修歷代《通鑑》，乞就冗官，以書局自隨。臣願以先例，即家開局。」上命在任料理。尋改掌部事。四月癸酉，揚州告急。上召對百僚，公請收用都督陳洪範。上曰：「國家未嘗不收人，收來皆不得其用。」君臣默然而罷。時洪範使北歸，已受北劄招諭江南，公不知也。上疏請自督師救揚州，不許。五月初十，上出狩，洪範輩紿公以南宋、金人之約，公信之。人多就公謀進止，公曰：「事至此，惟有作小朝廷以求治耳。」擬致書北軍前，移草於總督京營戎政忻城伯趙之龍，之龍屏不用，竟以降表去。公泣，語其館賓沈明掄曰：「子憶朱勝非事乎？未知得爲朱勝非否！」洪武門開，慟哭而出。北師入京，乃謬爲招諭，陰圖伺隙，不得已而行文種、范蠡之事，計復不售，北軍挾之去，以前資浮沈數月，自免歸。送公歸者起兵山東，被獲，因得公手書，并逮公，鋃鐺三匝至北，乃解歸。以隱語作「楸枰三局」寄廣西留守太保瞿公，以「洗眼方藥」寄舊輔新建姜公，帛書蠟丸，梯山航海。戊子五月，爲人牽引，有江寧之逮，訟繫踰年，復解。會安西將軍李定國以永曆六年七月克復桂林，承制以蠟書命公及前兵部主事嚴栻聯絡東南，乃日夜結客，運籌部勒，而定國師還。於是一意學佛，殫心教典，凡十年而卒。公文章貫穿經史，蒐羅百家，地負海涵，不可窮詰。而周規折矩，不失程量。遠軌昌黎、眉山，近準潛溪、震川。指陳邊疆，則畫沙聚米；鉤考因革，則尺度權衡；甄別黨部，則絲分縷積；排纂箋注，如沐日月而鑿鴻濛。尤長於金石文字。鋪張揚厲，振動激昂；區明忠烈而雹掣霜飛，洒恥發潛而天愁鬼泣。乙酉以後，摇筆伸紙輒旁皇彳亍，非杜甫《北征》之詩，即班彪《王命》之論，不特《詠宫槐》，歌「彼稷」已也。丙戌、己丑，蒐討國史，部居州次，起例發凡，以報乙酉二月之命。而祝融甚之，與所論次《昭代文集》百餘卷蕩爲煨燼，獨《初學集》一百卷、《有學集》五十卷及《列朝詩集》、《楞嚴蒙鈔》諸書行世。公與人交有終始。會試出孫高陽孫文忠公之門，文忠殉難，訃至，爲位於寢門之内，朝夕上奠，制喪服哭之。與新安布衣程孟陽爲詩友，築耦耕堂與居，孟陽死，論詩必稱孟陽。於前後死國之臣，必經紀其家，大聲疾呼，罔所顧忌。激引後進，提耳加膝。然勤於好士，暗於知人，人或叛之，不以爲戒。崇禎庚辰、辛巳間，延儒再召，疑忌未消，公乃寄情聲伎，稍以自汙，近陳平之婦人，開馬融之絳帳。趙德甫校讎《金石》不離易安之堂，蘇子瞻「不合時宜」獨出朝雲之口。語在《河東君傳》。嗚呼！公不死，爲東林之門户羞；公死，而東林之門户絶。東林以國本爲終始，而公與東林爲終始者也。初，諸君子之争國本也，顯皇帝原無易儲之心，而内閣之迎合有迹；孝皇帝實無窈兕之討，而羣小之集菀是謀。三十年中，諸君子拜杖、謫戍、革職、禁錮，之死不悔，非爲顯皇帝及孝皇帝争，而與羣小争也。貞皇帝賓天，羣小遂呈身閹寺，諸君子考死、禁錮矣。烈皇帝登極，焚要典，定逆案，諸君子心事炳於日星。及體仁以浙闈關節訐公，上始疑秉節不違之人亦有背公營私之事，諸君子乃重足而立，或坐不温席，以至甲申三月，上雖悔之，已無及矣。上既殉宗社，公與姜新建謀立潞王，以各藩未定所在，而潞王先渡江，急欲承統，系鎮人心，號召海内，共圖討賊。因馬士英、李沾欲張皇定策之功，遂以奉潞王之議爲回護當年爲争國本三案之人。舊輔之孫訟言往時密揭之事，以自託於上，而上不納也。士英引阮大鋮爲出柙之虎，盡起羣奸，至欲悉補兩朝之法家、佛士，拜杖、謫戍、革職、降調、考死、禁錮者，舉爲孝皇帝及孝寧太皇太后之亂臣賊子。甲申十二月乙卯，原任通州副總兵王伯時疏言：神宗皇帝時，諸臣借言國本，必欲傾陷恭皇帝及孝寧太后於不測，祖后受朋奸陷害，身處危疑攢鏃之地者三十年，今皇上承統報復，當不在闖賊後。幸上明聖，置不問。恭皇帝者，孝皇帝初謚也。弘光元年三月十九日，上命百僚望祭烈皇帝、后於太平門外。阮大鋮後至，大言曰：「誤先帝者，東林諸臣也。不盡殺東林諸臣，不足以謝先帝。」小人將合算五朝，牽連大獄，以公爲射的。左良玉之反也，小人磨勵以須矣。故曰：東林以國本爲終始，而公與東林爲終始者也。使公於上出狩時，以死從烈皇帝在天之靈，先後與倪文正、李忠文諸公陟降左右，不爲東林增重乎？然公實欲爲所欲爲耳。欲爲朱勝非而不能，欲爲申包胥而不得，一誤再誤，三木囊頭，頻年貫索，其與當日之拜杖、謫戍、考死、禁錮者，殊塗同歸，而不知者以爲歧路亡羊也。豈不悲哉！公死而後，誰復有楚、韓家世思報仇而破産、邯鄲大姓爲倡義而捐軀者乎！故曰：「公不死爲東林之門户羞，公死而東林之門户絶也。」公出錢武肅王之後，天下知與不知，皆稱虞山先生，晚自號東澗遺老。

備論

《貳臣傳》卷一〇　乾隆三十四年六月，諭曰：錢謙益本一有才無行之人，在前明時身躋膴仕，及本朝定鼎之初，率先投順，洊陟列卿，大節有虧，實不足齒于人類。朕從前序沈德潛所選《國朝詩别裁集》，曾明斥錢謙益等之非，黜其詩不録，實爲千古綱常名教之大關。彼時未經見其全集，尚以爲其詩自在，聽之可也。今閲其所著《初學集》、《有學集》，荒誕悖謬，其中詆謗本朝之處，不一而足。夫錢謙益果終爲明朝守死不變，即以筆墨騰謗，在情理之中。而伊既爲本朝臣僕，豈得復以從前狂吠之語，列入集中，其意不過欲借此以掩其失節之羞，尤爲可鄙可恥。錢謙益業已身死骨朽，姑免追究。但此等書籍悖理犯義，豈可聽其留傳？必當早爲銷毁。其令各督撫將《初學》、《有學集》于所屬書肆及藏書之家諭令繳出。至于村塾鄉愚，僻處山陬荒谷，並廣爲曉諭。定限二年之内，盡行繳出，無使稍有存留。錢謙益籍隸江南，其書板必當尚存。且别省有翻刻印售者，俱令將全板一併送京，勿令留遺片簡。朕此旨爲世道人心起見，兹止欲斥棄其書，並非欲查究其事，通諭中外知之。三十五年，上觀錢謙益《初學集》御題詩曰：平生談節義，兩姓事君王。進退都無據，文章那有光。真堪覆酒甕，屢見咏香囊。末路逃禪去，原爲孟八郎。四十一年十二月，詔于國史内增立貳臣傳，諭及錢謙益反側貪鄙，尤宜據事直書，以示傳信。四十三年二月，諭曰：「錢謙益行素不端。及明祚既移，率先歸命，乃敢于詩文陰行詆謗，是爲進退無據，非復人類。若與洪承疇等同列貳臣傳，不示差等，又何以昭彰癉？錢謙益應列入乙編，俾斧鉞凛然，合于《春秋》之義焉。」

龔煒《巢林筆談》卷二《錢謙益與龔鼎孳》　虞山與合肥，真兄弟也。其才望同，其官位同，其出處亦同。而柳妓與顧妓，又兄弟也。其所事同，其専寵同，其妖蠱亦同。是夫是婦，總不足當童夫人一笑。

陳康祺《郎潛紀聞初筆》卷八《嚴武伯不愧古之義俠》　虞山錢宗伯下世，其族人夙受卵翼者，妄意室中之藏，糾合亡賴少年，譁於宗伯愛妾所謂河東君者之室，詬厲萬端，河東君遂自殺。同縣嚴生武伯不勝其憤，鳴鼓草檄，以聲厥罪，宗伯之家始安。夫宗伯以前朝魁碩，宗匠儒林，晚節摧頽，至盡喪其數十年談忠説孝之面目，其人誠不足論。第其生前獎借孤寒，陶成後進，一旦聲華澌滅，而平日依草附木之輩，遂反唇而肆其訾謷，迄於家室漂搖，姬妾畢命，葛帬練帔，孤雛可憐，亦未始非人情之過薄。河東君一死報主，地下老尚書，不知相對作何語。若嚴生者，可不謂古之義俠與？

陳康祺《郎潛紀聞初筆》卷一〇《錢謙益貢物單》　順治乙酉，豫王下江南，殘明諸臣，咸致重幣，以虞山錢牧齋所獻爲最薄，蓋自表其廉潔也。其所具柬帖，第一行細書「太子太保禮部尚書翰林院學士臣錢謙益」，尾亦如之。其貢品，乃鎏金銀壺、法琅銀壺各一具，蟠龍玉杯、宋製玉盃、天鹿犀杯、葵花犀盃、芙蓉犀杯、法琅鼎盃各一進，法琅鶴盃、銀鑲鶴盃各一對，宜德宮扇、真金川扇、弋陽金扇、戈奇金扇、百子宮扇、真金杭扇各十柄，真金蘇扇四十柄，銀鑲象箸十雙。右見謙益鄉人《柳南隨筆》。以是爲薄，則厚者可知。天生真人，混一區夏，銀瀆貴戚，無非命世之英豪，果可以厚幣邀福與？王鐸以下諸人，何喪心病狂，至於此極。

藝文

黄宗羲《南雷詩曆》卷二《錢宗伯牧齋》　四海宗盟五十年，心期末後與誰傳。憑裀引燭燒殘話，囑筆完文抵債錢。問疾詩事：宗伯臨歿，以三文潤筆，抵喪葬之費，皆余代艸。紅豆俄飄迷月路，美人欲絶指箏絃。皆身後事。平生知己誰人是，能不爲公一泫然。

代善部

綜述

《碑傳集》卷一鄭虎文《和碩禮烈親王代善傳》 代善，太祖高皇帝第二子也。性忠果，英勇過人，從征哈達、輝發、葉赫等國，論功授貝勒。瓦爾喀蜚攸城人苦烏喇國布占泰之虐，乞附於我，丁未歲，太祖命與貝勒舒爾哈齊、褚英等率兵往徙之。乘夜行，夜晦，光見大纛上，取視無有，復樹之，光如初。舒爾哈齊疑之，欲回兵，代善不可，遂進兵，盡收環城屯寨五百户，令侍衛扈爾漢護之先行，布占泰邀諸路不得進。次日，大軍至，代善及褚英各率兵五百分路夾擊。代善從馬上攫貝勒博克多胄而斬之，並斬其子，生擒貝勒胡里布及常住父子。時天大雪寒冽，敵兵棄甲走，僵仆相屬，斬獲無算。太祖嘉其功，賜名古英巴圖魯。癸丑年，太祖征布占泰，代善從，時烏喇三萬人越伏爾哈城，而衆軍皆願戰。太祖欲緩之，將遣使申諭，代善進曰：「我士飽馬騰，利在速戰，所慮者布占泰不出耳。今彼兵既出，平原曠野，可一鼓擒也。」太祖從之。時布占泰令步軍列陣以待，兩軍距百步許，代善隨太祖親突陣，大敗之，遂克其城。布占泰遁走，代善復統精兵截戰，又敗之，布占泰僅以身免。天命元年，太祖正大號，授大貝勒四人，以代善爲首。三年太祖伐明，大軍兩路進，會天雨，太祖欲還軍，代善曰：「我與明和好久矣，因其不道，是以興師，今既臨其境，若遽旋師，將與明復修和好乎？抑相仇怨乎？軍行遠地，誰能諱之，天雖陰雨，禦雨有具，何慮焉？且天降此雨，以懈明邊將之心，使吾出其不意，是雨利於我不利於彼也。」太祖善其言，遂進兵，下撫順、東州、馬根單三城及堡寨共五百餘處。大軍已出關，明廣甯總兵張承廕等來追，時太宗爲四貝勒，與代善率兵迎擊之，盡殲其衆。四年正月，往守札喀關。

二月，明大發兵四路來侵。太祖率師親征，代善先行，遂過札喀關，集兵以待。太宗以祀事後至，謂急宜往護界藩山築城夫役，遂赴界藩山，斬敵百人，敗明總兵杜松等於薩爾滸山。時明總兵馬林營尚間崖，總兵潘宗顔營斐芬山，互爲犄角。太祖命步兵接戰，方傳諭，敵兵自西突至，代善呼曰：「兵已進矣。」即怒馬迎戰，直入其陣，諸貝勒繼之，敵遂敗，斬獲過半。明總兵劉綎由寬甸路來犯，據山岡以拒我師，太宗督兵上擊，代善率左翼兵自西夾攻之，敵大潰，殺劉綎於陣。八月，太祖以葉赫貝勒金台石、布揚古助明來侵，往討其罪，執金台石於東城殺之，布揚古及布爾杭古居西城，聞之懼，代善諭降之，葉赫悉平。六年三月，大軍取瀋陽，敗明來援瀋陽總兵李秉誠兵，逐北四十里。七月，鎮江城守將叛投明將毛文龍，同莽古爾泰率兵遷金州民於復州。十一年八月，太祖上賓，代善於諸子最長，而功德隆茂，衆望尤屬太宗。代善子貝勒岳託、薩哈璘共議，告代善曰：「四貝勒才德冠世，深契先帝聖心，衆皆悦服，當速繼大位。」代善曰：「此吾素志也。」遂作議書，言紹承大統，必得聖君，始能戡亂致治，以成一統。自顧德薄，願共推戴四貝勒嗣位。入朝遍示諸貝勒大臣，衆皆喜以告。太宗辭讓再三，代善言益切，衆議亦堅，太宗乃從之。十一月，率兵征蒙古喀爾喀札魯特布，執貝勒巴克與其二子，及喇什希布、代青、桑噶爾等寨。十四貝勒殺鄂爾寨圖，盡俘其衆而還。天聰元年，與貝勒阿敏及子貝子碩託率兵攻明錦州，圍其城。三年十一月，從太宗伐明，逼北京，敗明大同總兵滿桂、宣府總兵侯世禄援兵于德勝門，追殺至隘口，幾盡敵。十二月，隨太宗攻薊州，會山海關兵來援，距城二里許，與我師遇，遂立營，環車楯鎗礮以自固。代善麾左翼四旗護軍攻其東面，破之。四年，明兵部尚書劉之綸率兵至遵化，營於山，環山圍之，招之綸降，不從，遂縱兵擊破其營，無得脱者。五年，明臺軍殺我遊牧兵，掠駝馬去，同貝勒濟爾哈朗以礮攻克其營，留兵守之。時我師圍明大淩河城，明遣兵援，距城十五里而軍，右翼兵衝入敗之，生擒明監軍道張春等。春見太宗不跪，太宗怒，欲誅之。代善進曰：「我前此所獲無不收養，且此人既以死忠爲貴，奈何殺之以遂其志乎。」太宗悦，遂赦春。六年，征察哈爾，遂伐明，奉命同莽古爾泰統軍繼進，受和而還。八年，復從太宗伐明，出榆林口，與子貝勒薩哈璘、碩託等率兵自喀喇俄保人邊，攻克得勝堡，城守參將李全自縊，遂駐兵朔州。十年四月，改元崇德，大封功臣，晉代善爲和碩兄禮親王。十二月，從太宗征朝鮮，受其降以歸。三年，太宗征喀爾喀，同鄭親王濟爾哈朗等留守，並監築遼陽都爾鼻城。八年八月，太宗上賓，世祖章皇帝嗣位，郡王阿達禮及貝子碩託謀立睿親王多爾衮，代善發其謀，俱伏誅。碩託爲代善第二子，阿達禮則其孫也。順治元年，朝元日，世祖命上殿毋拜，以優異之。五年薨。子滿達海襲。是年新定例，凡諸王葬給銀五千兩，世祖以代善功德茂著，倍賜之，立碑紀功。康熙十年，追謚烈，復立碑以表於墓。

《清史列傳》卷一《和碩禮親王代善》 代善，太祖高皇帝第二子。初封貝勒。歲丁未正月，與兄褚英隨太祖弟貝勒舒爾哈齊往徙東海瓦爾喀部斐悠城新附人户。軍夜行，大纛上有光，舒爾哈齊疑非吉兆，欲旋師。代善、褚英持不可，遂進收屯寨，大敗烏拉兵萬衆於路。代善追及其統兵貝勒博克多，縱馬，左手攫其胄而斬之。太祖嘉代善奮勇克敵，賜號古英巴圖魯。

癸丑正月，太祖親征烏拉，既攻克遜扎塔、郭多、鄂謨三城，布占泰率兵三萬越富勒哈城結營。諸將皆欲戰，太祖曰：「征伐大國，豈能遽使無孑遺乎？」代善率諸將奏言：「我士飽馬騰，利速戰，所慮者布占泰不出耳！今彼既出，平原廣野，可一鼓擒也。舍不戰，厲兵秣馬何爲？」太祖曰：「我仰荷天眷，雖遇勁敵，無不單騎突陣，斬將搴旗。今何難身先搏戰，但恐爾等或致一二被傷，故欲計出萬全。爾衆志既孚，即可決戰。」因命進，烏拉兵亦出，陣距百步許。代善隨太祖臨陣，奮戰大破之，遂克其城。代善邀擊潰衆，殪過半。布占泰竄葉赫，所屬城邑皆降，編户萬家。

丙辰，太祖建元天命，封代善及舒爾哈齊長子阿敏、太祖第五子莽古爾泰、與太宗文皇帝並爲和碩貝勒。國中稱代善爲「大貝勒」，阿敏爲「二貝勒」，莽古爾泰爲「三貝勒」，太宗文皇帝爲「四貝勒」。天命三年四月，上以七大恨告天，興師征明。行二日，雨，欲旋師。代善曰：「我與明和久矣，因其不道，故興師。今既臨境，若遽旋，將與明復修好乎？抑相讐怨乎？興兵之名，安能隱之！天雖雨，吾軍士皆有製衣，弓矢亦有備雨具，何慮霑濕？且天降此雨，以懈明邊將心，使吾進兵出其不意耳。是雨利我，不利彼也。」上曰：「善。」夜將半，遂進。霽，月出，分隊馳。昧爽，圍撫順城。明遊擊李永芳以城降，東州、瑪哈丹二城及臺、堡、寨五百餘皆下，籍降衆以還。既出明邊二十里，聞明總兵張承廕等率兵萬來追，代善同四貝勒返戰。上遣巴克什額爾德尼諭止之，代善駐兵於邊，令復奏曰：「彼若待我，我則與戰；若不待，是必走矣。當乘勢追襲，無使我兵寂然歸，致謂怯也。」上然之。亦移師入邊，破其三營，斬承廕及副將頗廷相、參將蒲世芳、遊擊梁汝貴等。

四年正月，命率大臣十六、兵五千守扎喀關，以防明來侵。尋，撤還。三月朔，偵明兵四萬出寬甸，侵我南路；六萬出撫順，侵我西路。上以南路有兵五百駐防，親出禦西路，命代善前行。偵者又告明兵六萬出清河路。代善曰：「清河界道仄崎嶇，未能驟至，當先禦撫順兵。」遂與侍衛扈爾漢等過扎喀關，四貝勒以祀事後至，言界藩山上有築城夫役，宜急衛之。代善方進兵太蘭岡，欲設伏待敵，從四貝勒言，直趨界藩。見明兵攻吉林崖者約二萬，又一軍列薩爾滸山，與阿敏、莽古爾泰及諸將議曰：「吉林崖衛夫役兵僅四百，急增千人助之，俾登山馳下衝擊，以右翼兵夾攻之；敵衆在薩爾滸山者，以左翼兵當之。」遂遣千人往吉林崖，上至，詢知，諭分右翼二旗兵與左翼四旗兵合，先破薩爾滸山敵營，其夾攻吉林崖之右翼二旗兵，仍如議。於是合六旗兵趨薩爾滸山，明兵出陣發槍礮，我兵仰射之，奮力衝擊，不移時，破其營；而前往助吉林崖兵千人自山下擊，右翼二旗兵渡水直前夾攻，陣斬明總兵杜松、王宣、趙夢麟等。是夜，明兵別由開原出三岔口者，其總兵馬林率三萬人營尚間崖，監軍道潘宗顏率萬人營斐芬山。翌日，上率四貝勒擊明遊擊龔念遂、李希泌兵一萬於斡琿鄂謨。代善以三百餘騎馳至尚間崖，見林結方營，掘壕三匝，壕外火器兵居前，繼列騎，宗顏軍其西三里，即馳騎告。時上已破念遂等，不待四貝勒收兵，親臨尚間崖，傳令士皆下馬步戰。左翼二旗兵下者方四五十人，明兵已自西突至，代善告敵至，即躍馬直入陣，衆軍奮進，斬獲過半。翌日，上駐界藩，代善請以二十騎先歸都城，探南路敵遠近，上亦於是夜還都城。代善奉命偕諸貝勒統先至軍士禦明總兵劉綎，甫出瓦爾喀什窩集，見綎兵至阿布達哩岡，四貝勒以右翼兵登山，代善以左翼兵出其西，夾攻之，明兵大潰，綎歿於陣。旋收降助明之朝鮮將士以還。

七月，從上攻克明鐵嶺城，敗助明之蒙古兵。八月，上親征葉赫，圍其貝勒錦台什所居東城，代善同衆貝勒圍其貝勒布揚古所居西城。東城下，布揚古及其弟布爾杭古大懼，乞盟，代善諭降之，葉赫遂平。六年三月，上親征明瀋陽，四貝勒先敗明總兵李秉誠、朱萬良、姜弼等。代善偕其長子岳託追四十里，斬馘甚衆。七月，鎮江城降將陳良策叛投明總兵毛文龍，上命同莽古爾泰遷金州民於復州。

十一年八月，太祖龍馭上賓，岳託偕弟薩哈璘議以告父代善曰：「四貝勒才德冠世，深契先帝聖心，衆皆悦服，當嗣大位。」代善曰：「此吾素志也！天人允協，其誰不從？」代善告阿敏、莽古爾泰及衆貝勒，皆曰善，遂合詞請太宗文皇帝嗣位。太宗文皇帝讓再三，代善言益懇切，衆議亦堅，乃從之。十月，征蒙古喀爾喀扎嚕特部，擒貝勒巴克與其二子及岱青、多爾濟、拉什希布、桑阿爾齋等，斬貝勒鄂爾齊圖，俘其屬户而還。

天聰元年五月，從上圍明錦州，聞明兵自山海關來援，迎擊之，遂薄寧遠城，殪敵無算。因溽暑，班師。三年十月，從上征明，入洪山口，克遵化，趨京城北土城關之東駐營。明大同總兵滿桂、宣府總兵侯世禄率援兵至德勝門，敗之。十二月，攻克良鄉，還，破敵永定門南，遂從上閲薊州形勢。明兵五千自山海關至，距城二里許與我遇，遂立營，環列車楯、槍礮。代善麾左翼四旗護軍攻其東，破之。四年正月，明兵部侍郎劉之綸以兵至遵化登山營，代善率衆環圍之，招之綸降，不從，遂攻破其七營；之綸遁巖中，爲我軍射殪，擒遊擊、守備各一。

五年三月，命諸貝勒直言時政，代善奏曰：「刑罰不中，民有怨言，由讞獄之不得人，宜選易之。」八月，從上圍明大凌河城，正紅旗圍西北，代善軍爲策應。城外守臺明兵害我遊牧十人，掠駝馬去。代善同貝勒濟爾哈朗等以礮攻克其臺，留兵守。九月，明監軍道張春、總兵吴襄等率兵四萬自錦州來援，距城十五里。代善從上統兵二萬往擊，至則敵已陣，槍礮齊發，聲震天地，我騎縱横馳突，飛矢如雨，敵敗卻，襄及其副將桑阿爾齋遁。春等復收潰衆立營，黑雲起，大風自西來，敵乘風縱火，勢甚熾，將偪我軍，天忽雨，反風，敵營燬，死者甚衆。我軍合攻之，陣斬副將張吉甫、滿庫、王之敬，生擒春及副將張洪謨等。春見上不跪，上欲誅之，代善奏曰：「前所俘無不收養，此人欲以死成名，奈何殺之以遂其志？」上赦春。

先是天命六年二月，太祖命代善、阿敏、莽古爾泰同太宗分月直，佐理事。及天聰三年正月，太宗以諸兄宜節勞，諭以弟姪代直，每御殿，命代善、阿敏、莽古爾泰列坐左右，不令下坐。至是，禮部參政李伯龍請定朝會班次儀制，下諸貝勒會議，謂莽古爾泰不可並坐。代善言：「我等奉上居大位，仍並列坐，甚非心所安。請上南面中坐，我與莽古爾泰侍坐於側，外國蒙古諸貝勒坐我等下。」衆皆曰：「善。」遂定議。六年五月，從上征察哈爾，行二旬，過興安嶺，聞林丹汗遁，移師趨歸化城，入明大同、宣府境，以書示沙河堡、得勝堡、張家口諸守將，議和而還。八年五月，從上征明，出榆林口，至宣府境，分兵自喀喇鄂博攻克得勝堡，遂由朔州趨馬邑。八月，會大軍於大同，以俘獲獻御營而還。

崇德元年四月，晉封和碩兄禮親王。十二月，從上征朝鮮，降國王李倧。二年二月，班師。七月，因征朝鮮時違旨，以所獲糧飼馬及選護衛溢額等事，集諸王、貝勒、貝子、大臣等，諭曰：「朕於兄禮親王極愛敬，何竟不體朕意？」又諭曰：「王等於朕雖盡恭敬，朕亦不喜，必須正身行義相輔佐，朕始嘉賴焉。」三年二月，上親征喀爾喀，王與鄭親王濟爾哈朗等留守。十二月，以失朝，自檢舉，部議罰鍰，上免之。四年十一月，從上獵於葉赫，至英格布占，王射麈，馬仆，傷足。上見之，馳下馬，親爲裹創，酌金巵勸飲，因泣下，諭曰：「朕以兄年高，不可馳馬，曾屢勸兄，奈何不自愛？」遂罷獵，命乘輿齊行，日十五里或二十里。八年八月，世祖章皇帝嗣位，王集諸王、貝勒、大臣議，以鄭親王濟爾哈朗、睿親王多爾衮同輔政。又發貝子碩託、郡王阿達禮欲立睿親王私議，令法司鞫，誅之。碩託乃王第二子，阿達禮則王第三子穎親王薩哈璘子也。

順治元年，朝元旦，命上殿毋拜。二年春，王復來。五年十月，薨，年六十有六。賜祭葬銀萬兩，立碑紀功。康熙十年六月，追謚曰烈，復立碑表墓。今上乾隆十九年九月入祀盛京賢王祠。四十三年正月，詔以王與鄭親王濟爾哈朗、睿親王多爾衮、肅親王豪格、克勤郡王岳託並太祖、太宗、世祖時戮力行間，櫛風沐雨之親藩，宜配饗太廟；又以王等茂著壯猷，克昭駿烈，初封嘉號，當長延奕禩，詔現襲禮親王爵之康親王復封號曰禮。

雜録

備録

昭槤《嘯亭雜録》卷九《先禮烈王骹箭》 先禮烈王所遺箭一，鏃與笴皆以木爲之。鏃長今尺六寸，徑三寸，圍九寸，周圍有觚稜者六，窅處穿孔，數亦如之。笴長三尺六寸，括之受弦處，寬可容指，非挽百石弓者，不能發而中之。按《唐六典》：「鳴箭曰骹。」《漢書》亦云：「鳴鏑，髐箭也。」字書或作髇。吴萊詩「遠矣鳴髇箭」，皆此物也。世代敬藏於廟，余命王處士嘉喜繪爲圖，延諸名士題之。其中吴舍人嵩梁、孫太守爾準詩爲最，因録之。吴蘭雪詩云：「烈王腰間大羽箭，射馬射人經百戰。耳後勁風啼餓鴟，箭力所到無重圍。皂鵰翻雲虎人立，一洞穿胸鬼神泣。陣前奮胄摧賊鋒，雪夜斫壘收奇功。邊牆踏破中原定，帝銘彤弓拜家慶。箭傳三尺六寸長，百石能開猿臂强。白翎金幹不可得，此物摩挲存手澤。王有名馬能報恩，事見《汪堯峯文集》。作歌我昔貽王孫。千金駿骨市誰買，三脊狼牙幸猶存。願王寶此功載旌，楛矢貢已來周廷。」孫平叔詩云：「白羽森森開素練，云是烈王腰下箭。心知是畫猶膽寒，何況沙場親眼見。沙場餓鴟叫鳴鏑，箭鋒所向無堅敵。敵人未識六鈞弓，魂陊晴霄飛霹靂。我朝弧矢威八荒，賢王赤手扶天閶。薩爾滸戰如昆陽，二十萬衆走且僵。電閃横馳克勒馬，蹴踏明騎如排牆。入關三發歌壯士，定鼎一矢摧天狼。廓清海宇仗神物，肯射草間兔與獐。勳成麟閣銘殊績，垂竹東房存手澤。狼牙鴨嘴不可得，獨此流傳有深識。我聞唐代傳掄髀，主皮禮射尊周膠。即今金革永不試，楛矢枉自隨包茅。文孫七葉慎世守，寓意已比彤弓弨。」

陳康祺《朗潛紀聞初筆》卷八《禮烈親王所乘馬》 禮烈親王，太宗文皇帝兄也。天聰間，薩爾滸山之戰，殲明兵四十萬，王功尤多。他如葉赫、烏拉諸部衆受降伐畔，亦復靡役不從，載在琅書，炳如星日矣。相傳王所乘馬各克勒，國語稱棗爾馬，皁青駿尾者也，高七尺，長丈咫。是馬腹下旋毛如鱗，識者謂之龍種。每聞鼓鼙聲，輒矯首歕鬣，摧陷當衝。嘗病蹶，自跑地出泉，洗創即痛，軍中呼曰聖水。蓋天祐大東，房屋應瑞，元氣之厚，雖一物亦神駿不凡也。馬舊有圖，藏禮王府，汪琬爲作傳，翁方綱爲長歌。

備論

昭槤《嘯亭雜録續録》卷二《明人論先烈王》 嘗讀全謝山《鮚埼亭集》，載明人夏吏部允彝言曰：「東國乃能恪遵成命，推讓其弟。又能爲之扞禦邊圉，舉止與聖賢何異，其國焉得不興？」蓋謂先烈王讓國事也。其時傳聞異辭，尚不知先王擁戴文皇出於至誠，高皇帝初無成命也。董崇如與友人書云：「東國部主雖老，其子某雄鷙非常，才略不出曩霄公之下，將來邊警尚未已也。」是二人爲明臣僕，乃推尊烈王至此，當時神武英略，洵可知矣。

清太宗部

綜述

《太宗實録》卷一　天命十一年八月庚戌，太祖高皇帝崩。大貝勒代善子貝勒岳託、薩哈廉兄弟共議，至其父代善所，告曰：「國不可一日無君，宜早定大計。四大貝勒才德冠也，深契先帝聖心，衆皆悦服，當速繼大位。」代善曰：「此吾夙心也。汝等之言天人允協，其誰不從。」遂與岳託、薩哈廉定議。翼日，諸貝勒大臣聚於朝。代善以其議告大貝勒阿敏，莽古爾泰及諸貝勒阿巴泰、德格類、濟爾哈朗、阿濟格、多爾袞、多鐸、杜度、碩託、豪格等，皆喜曰：「善。」議遂定。乃合詞請上即位。

上又不允，自卯至申，衆堅請不已，然後從之。遂擇九月朔庚午吉日，三大貝勒、諸貝勒大臣及文武各官聚於朝，具法駕，設鹵簿，上率諸貝勒羣臣焚香告天，行九拜禮畢，上即皇帝位。諸貝勒大臣、文武官員行朝賀禮。時上年三十有五。詔以明年丁卯爲天聰元年。

丙子，上諭曰：「工築之興，有妨農務。從前因城郭邊牆事關守禦，故勞民力役，事非得已，朕深用憫念。今修葺已竣，嗣後有頹壞者止令修補，不復興築，用恤民力，專勤南畝，以重本務。其村莊田土，八旗移居已定，今後無事更移，可使各安其業，無荒耕種。如各牛彔所居有窪下不堪耕種願遷移者，聽之。至於滿漢之人，均屬一體，凡審擬罪犯，差徭公務，毋致異同。其諸貝勒大臣併在外駐防之人，及諸貝勒下牧馬管屯人等，有事往屯，各宜自備行糧，有擅取莊民牛羊雞豚者，罪之。私與者章京屯撥什庫，亦坐罪。若屯撥什庫有欲徇情供給者，以己所畜雞豚供之，毋得於牛彔下斂取。其田獵採捕之事，立有規條，須先告知本固山貝勒，與貝勒屬下人同往。凡邊内狼狐貉獾雉魚等物，各聽其採捕，惟麅鹿不許逐殺，恐疲馬力，有妨武事。並禁止邊外行獵，違者均罪之。至通商爲市，國家經費所出，應任其交易，漏税者罪之。若往外國交易，亦當告知，諸貝勒私往者，罪之。」

九月丁丑。先是，漢人每十三壯丁編爲一莊，按滿官品級分給爲奴。於是，同處一屯漢人每被侵擾，多致逃亡。上洞悉民隱，務俾安輯，乃按品級每備禦止給壯丁八，牛二，以備使令，其餘漢人分屯别居，編爲民户，擇漢官之清正者轄之。又凡有告訐，所告實則按律治罪，誣者反坐。又禁止諸貝勒大臣屬下人等私至漢官家需索馬匹鷹犬，或勒買器用等物及恣意行遊，違者罪之。由是漢人安堵，咸頌樂土云。上以經理國務，與諸貝勒定議，設八大臣。正黄旗以納穆泰，鑲黄旗以額駙達爾哈，正紅旗以額駙和碩圖，鑲紅旗以侍衛博爾晉，鑲藍旗以顧三台，正藍旗以拖博輝，鑲白旗以車爾格，正白旗以喀克篤禮，爲八固山額真，總理一切事務。凡議政處，與諸貝勒偕坐共議之。出獵行師，各領本旗兵行，凡事皆聽稽察。又設十六大臣，正黄旗以拜尹圖、楞額禮，鑲黄旗以伊孫、達朱户，正紅旗以布爾吉、葉克書，鑲紅旗以吴善、綽和諾，鑲藍旗以舒賽、康喀賴，正藍旗以屯布禄、薩璧翰，鑲白旗以吴拜、薩穆什喀，正白旗以孟阿圖、阿山爲之，佐理國政，審斷獄訟，不令出兵駐防。又設十六大臣，正黄旗以巴布泰、霸奇蘭，鑲黄旗以多内、楊善，正紅旗以湯古代、察哈喇，鑲紅旗以哈哈納、葉臣，鑲藍旗以孟坦額、孟格，正藍旗以昂阿喇、色勒，鑲白旗以圖爾格、伊爾登，正白旗以康古禮、阿達海爲之，出兵駐防，以時調遣，所屬詞訟，仍令審理。

冬十月己酉，上命大貝勒代善、阿敏，貝勒德格類、濟爾哈朗、阿濟格、岳託、碩託、薩哈廉、豪格等，率精鋭萬人，往征蒙古喀爾喀扎魯特部落。并遺書聲其罪。【略】上率大貝勒莽古爾泰，貝勒多爾袞、多鐸、杜度出城送至蒲河山岡而還。

《太宗實録》卷二　天聰元年丁卯春正月丙子，命大貝勒阿敏，貝勒濟爾哈朗、阿濟格、杜度、岳託、碩託統大軍往征朝鮮。上諭曰：「朝鮮屢世獲罪我國，理宜聲討。然此行非專伐朝鮮也。明毛文龍近彼海島，倚恃披猖，納我叛民，故整旅徂征。若朝鮮可取，則並取之。」因授以方略，令兩圖之云。

二月戊戌朔己亥，遣書蒙古奈曼部落袞出斯巴圖魯。

《太宗實録》卷三　夏四月癸丑，上於巳刻出城，次於武靖營之野。凱旋諸貝勒先至，相距八里外駐營。是夕，議定相見之禮。乙丑，遣書察哈爾國濟農合吉奈曼部落袞出斯巴圖魯。

五月丙寅朔，辛未，上親率諸貝勒將士征明。出撫近門。卯刻，謁堂子，西發，由上榆林至遼河駐營。甲戌，上至廣寧舊邊，選精鋭爲前哨，擊敵捉生，察訊明兵虛實。仍分兵三隊，命貝勒德格類、濟爾哈朗、阿濟格、岳託、薩哈廉、豪格率護軍精騎爲前隊；上與大貝勒代善、阿敏、莽古爾泰、貝勒碩託及總兵官固山額真等，統大軍居中；令攻城諸將率綿甲軍及厮卒等攜雲梯挨牌等物爲後隊。乙亥，上入白土場邊，晚至廣寧，乘夜進發。前隊兵執明哨卒至，訊之，知右屯衛以兵百人防守小凌河，大凌河修城未竣，亦以兵駐防，錦州城繕修已畢，馬步卒凡三萬人。丙子，上率兩黄旗、兩白旗兵直趨大凌河，明守城兵棄城遁。我前鋒兵二十人馳擊之，并敗其哨卒，追殺至錦州城下，城門閉，明潰兵不得入，越錦州城而逃，復遇我前隊兵，盡殺之。大貝勒代善、阿敏、貝勒碩託率正紅、鑲紅、鑲藍旗兵直趨錦州，遂圍其城。大貝勒莽古爾泰率正藍旗兵直趨右屯衛。各路兵竝攜所俘獲，會於錦州，距城一里駐營。

《太宗實録》卷四 九月戊午朔，庚申，上將征蒙古察哈爾國，遣使諭西北降附外藩蒙古科爾沁國諸貝勒，喀喇沁部落塔布囊等敖漢、奈曼及喀爾喀部落諸貝勒，令各率所部兵，會於所約之地。甲戌，是日，大宴來會諸貝勒。巴克什希福奉使科爾沁國還，奏言科爾沁諸貝勒俱不至，惟土謝圖額駙奧巴、哈談巴圖魯、滿朱習禮已率兵起行，自行侵掠，掠畢，然後與我軍合。上大怒，復遣希福率健士八人往邀土謝圖額駙，速令來會。乙亥，喀喇沁部落之頭目蘇布地杜棱率衆塔布囊以兵來會。朝見，獻財幣馬匹，上悉却之。賜之宴，竝賜喀喇沁兩次來會頭目甲胄。

《太宗實録》卷五 天聰三年己巳春正月丁巳朔，上即位。仍令三大貝勒分月掌理。至是，上集諸貝勒八大臣共議。因令八大臣，傳諭三大貝勒：「向因直月之故，一切機務，輒煩諸兄經理，多有未便。嗣後可令以下諸貝勒代之，儻有疎失，罪坐諸貝勒。」三大貝勒皆稱善。遂以諸貝勒代理直月之事。

夏四月丙戌朔，上命儒臣分爲兩直。巴克什達海，同筆帖式剛林、蘇開、顧爾馬渾、托布戚等四人，繙譯漢字書籍。巴克什庫爾纏，同筆帖式吴巴什、查素喀、胡球、詹霸等四人，記注本朝政事，以昭信史。初，太祖製國書，因心肇造，備列軌範。上躬秉聖明之資，復樂觀古來典籍。故分命滿漢儒臣繙譯記注，欲以歷代帝王得失爲鑑，併以記己躬之得失焉。

冬十月壬子朔，癸丑，巳刻，上親統大軍伐明，謁堂子啟行。以來朝蒙古喀喇沁部落台吉布爾噶都，曾受賞於明，熟識路徑，用爲進兵嚮導。乙卯，大軍次都爾鼻地方扎，上命俟大軍凱旋時再議。於是允塞特爾塞冷朝見。丙寅，蒙古科爾沁國土謝圖額駙奧巴、圖美、孔果爾、達爾漢台吉、石訥明安戴青、伊爾都齊、吴克善卓禮克圖台吉、哈談巴圖魯、多爾濟、大桑噶爾寨、小桑噶爾寨、瑣諾木、喇巴什希、木寨、巴達禮、綽諾和、布達席理、達爾漢巴圖魯、塞冷、拜思噶爾、額參、達爾漢卓禮克圖、達爾漢台吉之子，二十三貝勒，以兵來會。上率兩大貝勒及諸貝勒，迎至三里許，遇之，下馬拜天，行三跪九叩頭禮，還。

冬十月辛未，上遂統大軍前進。頒敕諭於八固山額真，諭曰：「朕仰承天命，興師伐明。拒戰者，不得不誅。若歸降者，雖雞豚勿得侵擾，俘獲之人，勿離散其父子夫婦，勿淫人婦女，勿掠人衣服，勿拆廬舍祠宇，勿毁器皿，勿伐果木。如違令殺降、淫婦女者，斬。毁廬舍祠宇，伐果木，掠衣服及離大纛入村落私掠者，鞭一百。又勿食明人熟食，勿酗酒。聞山海關内，多有鴆毒，更宜謹慎。勿以乾糧飼馬，或馬匹羸瘦，可量煑豆飼之；肥者，止宜以草秣之，俟休息時，再飼以糧。凡採取柴草，勿得妄行，須聚集衆人，以一人爲首。有離衆馳往者拏究。如有故違軍令者，將不行嚴禁之固山額真、甲喇額真、牛彔額真，一併治罪。」

乙亥，大軍次老河。上集諸貝勒大臣，各授以計，分兵前進。命貝勒濟爾哈朗、岳託率右翼四旗兵及右翼蒙古諸貝勒兵，於二十六日夜半進攻大安口，至遵化城合軍。其斬關攻城，遇敵進勦之事，令諸貝勒相機而行。又命貝勒阿巴泰、阿濟格率左翼四旗兵及左翼蒙古諸貝勒兵，從龍井關攻入。於是，上與大貝勒代善、莽古爾泰，暨衆貝勒率大軍繼發。戊寅，上督大軍入邊，攻克洪山口城，駐師城内。總兵官楊古利率護軍百名，至遵化城駐營。辛巳，上發洪山口，至遵化，大貝勒莽古爾泰自漢兒莊來與大軍合。

十一月丙申，是日，上至通州，渡河，駐營通州城北。【略】辛丑，大軍起行，逼燕京。上統大軍，營於城北土城關之東，兩翼兵營於東北，哨兵馳告。

《太宗實録》卷六 天聰四年庚午，春正月丙戌，上率諸貝勒入城，環視東街，出東門，城中官民咸擁道環跪，懽呼萬歲。因留貝勒濟爾哈朗、薩哈廉統兵一萬守城。上率大軍向山海關進發。

二月己未，是日，遺書明國君。【略】上自天聰三年十月征明抵燕京，轉克遵化、永平、灤州、遷安諸地，至是班師。命貝勒阿巴泰、濟爾哈朗、薩哈廉偕文臣索尼、甯完我、喀木圖率正白、鑲紅、正藍三旗將士鎮守永平府，文臣鮑承先、白格率鑲黄、鑲藍二旗將士鎮守遷安縣，以灤州係邊地，命固山額真圖爾格納、穆泰爲帥偕文臣庫爾纏及高鴻中率正黄、正紅、鑲白三旗將士守之，又命察哈喇爲帥偕文臣范文程率蒙古八旗將士鎮守遵化。於是駐蹕灤河，留軍三日。敘將士戮力行間攻克城池功，分別陞職。

《太宗實錄》卷七　六月乙卯，命諸貝勒大臣及文武各官軍士等，集闕下。上御殿，諸貝勒大臣等，議大貝勒阿敏十六罪狀具奏。上命貝勒岳託宣示於衆，其議曰：「阿敏怙惡不悛，由來久矣。【略】」上不忍加誅，從寬免死，幽禁之。

《太宗實錄》卷八　天聰五年辛未，春正月壬午，造紅衣大將軍礮成，鐫曰：「天祐助威大將軍。天聰五年，孟春吉日造。督造官總兵官額駙佟養性，監造官游擊丁啓明，備禦祝世廕，鑄匠王天相、竇守位，鐵匠劉計平。」先是，我國未備火器，造礮自此始。

二月丁亥，上出閱新編漢兵。命守戰各兵分別兩翼，使驗放火礮鳥鎗。以器械精良，操演嫺熟，出帑金大賚軍士。

《太宗實錄》卷九　六月癸亥，上親定功臣襲職例。凡他國諸貝勒，舉國來歸，有當本國無事時，傾心向化而來歸者，或陣亡，或病故，其功均子孫世襲罔替。有身迫禍患不得已而來歸者陣亡，准襲五次，病故准襲三次。凡我將士，每臨陣率先功多，及一二次率先攻克城池功大者，或陣亡，或病故，各照原官世襲罔替，仍察其平時有無罪過，另行酌定。有告發叛逆，及亂國大罪者，量授官職，准襲六次。凡自他國子身來歸，當本國無事時者陣亡，准襲四次，病故，准襲二次。有在本國身迫禍患，不得已而子身來歸者，陣亡，准襲二次，病故，准襲一次。至於無職之人有值我兵危急時，或當先戰死，或首先登城死者，量授官職，准襲二次。有擒獲姦細授職者，陣亡，准襲一次，病故，不准襲。

秋七月庚辰，上集諸貝勒大臣議，爰定官制，設立六部。

九月丁亥，上率親隨護軍，并額爾克楚虎爾貝勒多鐸所部親隨護軍二百營、兵一千五百，佟養性所部舊漢兵五百，及車盾往擊錦州援兵，留車兵在後。上前行，見錦州城南塵起，遣前哨圖魯什、勞薩率兵二百往覘之。上命衆軍止於中途，率親隨護軍二百與多鐸同往。上踵軍後，緣山潛行，會錦州兵七千出城，逐圖魯什等至小凌河岸，突近上前。上甫擐甲，隨行兵不過二百，遂渡河直衝而入，明兵七千不能當，潰遁。追擊至錦州城，明兵墮壕死者甚衆。是役也，多鐸與敵交鋒，墜馬，馬逸入敵陣，有查符塔者見之，即以其馬乘之還軍。時貝勒阿濟格所部及留後軍俱至，敵兵復出步軍，列車盾大礮鳥鎗於城壕外，騎兵隨其後，距里許而陣。上陳兵，將復衝之，敵兵望風遠遁，追及其步營，並擊敗之，斬

副將一員，生擒把總一員，於是收軍。庚寅，上命營內厮卒執旗幟，向錦州馳騁揚塵，僞爲錦州援兵至。距城十里，聲礮不絕。上率護軍伏於山內，城中見之，祖大壽等遂率兵出城，至西南隅來攻我兵所得之臺，豎梯將攻，宗室篇古及葉臣、鄂本兑、貝勒明安四營兵齊出，進擊之，明兵大敗。上率所伏軍掩至，敵知墮計，奔入城。我軍陣斬敵兵十七人，於臺下生擒一人，敵兵中傷死者百餘人。副將石廷柱復擒蒙古騎兵一人至，上命斬之。自是，大壽等閉城，不敢復出。

《太宗實錄》卷一〇　閏十一月庚子朔，諭曰：「朕令諸貝勒大臣子弟讀書，所以使之習於學問，講明義理，忠君親上，實有賴焉。聞諸貝勒大臣有溺愛子弟，不令就學者，得毋謂我國雖不讀書，亦未嘗誤事與？獨不思昔我兵之棄灤州，皆由永平駐守貝勒失於救援，遂致永平、遵化、遷安等城相繼而棄，豈非未嘗學問、不明理義之故乎？今我兵圍明大凌河城，經四越月，人皆相食，猶以死守，雖援兵盡敗，凌河已降，而錦州、松山、杏山猶不忍委棄而去者，豈非讀書明道理、爲朝廷盡忠之故乎？自今凡子弟十五歲以下、八歲以上者，俱令讀書。如有不願教子讀書者，自行啓奏。若爾等溺愛如此，朕亦不令爾身披甲出征，聽爾任意自適，於爾心安乎？其咸體朕意毋忽。」

《太宗實錄》卷一一　天聰六年壬申，春正月己亥朔，上兩旁設二榻，命大貝勒代善、貝勒莽古爾泰坐。諸貝勒先朝賀畢，命議政諸貝勒入殿內左右列坐。次歸附察哈爾、喀爾喀諸貝勒朝賀。次總兵官額駙佟養性率漢官，次八固山額真各率本旗官，次大凌河新降各官，次阿祿部落貝勒塔賴、楚虎爾率部衆，次教職雜職等官，各行朝賀禮。次朝鮮國使臣總兵鄭義行朝賀禮，陳貢物於庭。朝罷，上以兄禮詣代善第拜之。上即位以來，歷五年所，凡國人朝見，上與三大貝勒，俱南面坐受。自是年更定，上始南面獨坐。初，八旗諸貝勒率大臣朝見，不論旗分，惟以年齒爲序。自是年始，照旗分，以次朝見。

夏四月戊辰朔，上率大軍往征察哈爾。出撫近門，謁堂子。畢，大軍西發。命貝勒阿巴泰、杜度及總兵官額駙楊古利，鑲白旗固山額真副將伊爾登、管舊漢兵總兵官額駙佟養性等留守。

《太宗實錄》卷一二　秋七月丁酉朔，命塔布囊達雅齊率官八員、精兵八十人齎書，【略】是日，上率大軍還至孔果爾俄博地方駐營。

九月丙申朔，癸卯，先是，蓋州之地，未設兵防守，至是，復修其城，移民以實之。命副將石國柱、遊擊雅什塔率齊爾格申、根布祿、寨山扈什、察哈喇、董阿密、杳努

薩哈納托爾撒、海塞等，統兵六百人，前往防戍。

《太宗實錄》卷一三　二月壬辰朔，丁酉，上以疆土日闢，必資保障，欲沿邊築城，以便戍防。因遣貝勒濟爾哈朗築岫巖城，貝勒阿巴泰築攬盤城，貝勒阿濟格築通遠堡城，貝勒杜度築鹻場城，分兵駐守。念築城兵役勞苦，以羊犒之。

《太宗實錄》卷一六　天聰七年癸酉，冬十月庚申朔，壬戌，遣國舅阿什達爾漢、塔布囊達雅齊等往外藩蒙古諸國宣布欽定法令。

《太宗實錄》卷一八　夏四月丙辰朔，辛酉，上諭曰：「朕聞國家承天創業，各有制度，不相沿襲，未有棄其國語反習他國之語者。事不忘初，是以能垂之久遠，永世弗替也。蒙古諸貝子自棄蒙古之語，名號俱學喇嘛，卒致國運衰微。今我國官名俱因漢文從其舊號，夫知其善而不能從，與知其非而不能省俱未爲得也。朕纘承基業，豈可改我國之制，而聽從他國？嗣後我國官名及城邑名，俱當易以滿語，勿仍襲總兵、副將、參將、遊擊、備禦等舊名。凡賞册書名，悉爲釐定。五備禦之總兵官爲一等公，一等總兵官爲一等昂邦章京，二等總兵官爲二等昂邦章京，三等總兵官爲三等昂邦章京，一等副將爲一等梅勒章京，二等副將爲二等梅勒章京，三等副將爲三等梅勒章京，一等參將爲一等甲喇章京，二等參將爲二等甲喇章京，遊擊爲三等甲喇章京，備禦爲牛彔章京，代子爲驍騎校，章京爲小撥什庫，旗長爲護軍校，屯撥什庫仍舊名。凡管理不論官職，管一旗者，即爲固山額真。管梅勒者，即爲梅勒章京。管甲喇者，即爲甲喇章京。管牛彔者，即爲牛彔章京。管護軍纛額真，即爲護軍統領。管護軍甲喇額真，即爲護軍參領。其瀋陽城稱曰「天眷盛京」，赫圖阿喇城曰「天眷興京」。毋得仍襲漢語舊名，俱照我國新定者稱之。若不遵新定之名，仍稱漢字舊名者，是不奉國法恣行悖亂者也，察出，決不輕恕。

五月丙戌朔，丁未，上率大貝勒代善、貝勒阿巴泰、德格類、阿濟格、多爾袞、多鐸、岳託、薩哈廉、豪格、左翼超品公楊古利、八旗護軍統領、護軍參領及護軍等，於卯刻出盛京撫近門，謁堂子，列八纛，鳴角奏樂拜天。畢，大軍西行，出上榆林口，至達代塔前駐營。

《太宗實錄》卷一九　天聰八年甲戌，六月乙卯朔，戊寅，遣國舅阿什達爾漢、巴克什布爾福，諭蒙古諸貝勒曰：「科爾沁國額爾濟格貝勒之子噶爾珠塞特爾、海賴、布顏代、塞布壘、白谷壘等，凡遇興師，既不隨行，又違法令。於出兵後，侵無主之國，掠其牲畜。朕以其爲歸順之國，不念其惡，猶欲保全而覆育之，乃彼受朕豢養之恩，安享逸樂，竟不知德，嘗欲叛朕，奔察哈爾國。今果叛往索倫，爲其族兄弟科爾沁土謝圖濟農、扎薩克圖杜稜、孔果爾、吳克善等追獲。噶爾珠塞特爾等，俱已被殺。朕心猶爲憫惻。蓋朕視諸貝勒猶臂指然，今殺彼，猶傷吾指也。朕原欲宣布德化，招集人民，使之共臻安樂。乃諸貝勒不獲令終，皆朕教化未洽之所致也。今阿祿部落杜稜、濟農之子弟達喇海、薩陽等，又踰所限之地駐牧，按律應以軍法從事。朕心不忍，爾衆貝勒可議罪具奏。」蒙古諸貝勒奏曰：「誠如上諭，噶爾珠塞特爾等背叛作孽，自殞其身。阿祿部落達喇海、薩陽等越上所限駐牧之地，按律當誅。但念伊等雖違法越限，猶能自歸，請加寬宥，免死，各罰駝百，牲畜千，家人十戶。」上曰：「所議良是。應罰之物，或全追，或追其半，俟朕再加裁酌。」

《太宗實錄》卷一九　秋七月乙酉朔，己丑，命貝勒阿濟格，和碩墨爾根戴青貝勒多爾袞，額爾克楚虎爾貝勒多鐸率護軍統領等，正白旗固山額真昂邦章京阿山，鑲白旗固山額真梅勒章京伊爾登，阿祿翁牛特部落孫杜稜，察哈爾新附土巴濟農，額林臣戴青，多爾濟塔蘇爾海，俄伯類，布顏代，顧實等諸軍，自巴顏朱爾格地方，入龍門會兵於宣府。上親率貝勒阿巴泰，和碩貝勒豪格，超品公楊古利，護軍統領正黃旗固山額真納穆泰，鑲黃旗固山額真梅勒章京達爾哈，漢軍固山額真昂邦章京石廷柱，馬光遠，王世選，天佑兵都元帥孔有德，總兵官耿仲明，天助兵總兵官尚可喜，嫩科爾沁國土謝圖濟農巴達禮，扎薩克圖杜稜，額駙孔果爾，卓禮克圖台吉吳克善等，入上方堡，由宣府攻略朔州一帶，定議四路兵俱於七月初八日入邊。

《太宗實錄》卷二〇　九月甲寅朔，上行抱見禮。次謁大貝勒代善。次諸貝勒互相見。賜大宴。

冬十月甲申朔，己丑，禮部和碩貝勒薩哈廉傳諭工部曰：「太祖山陵應建寢殿，植松木，立石獅、石象、石虎、石馬、石駝等，俱倣古制行之。」

《太宗實錄》卷二一　二月壬午朔，丁亥，是日，編審內外喀喇沁蒙古壯丁，共一萬六千九百五十三名，分爲十一旗。【略】此次編審壯丁時，諭令凡年六十以下，十八以上，竝從本地方帶來漢人，每家所有壯丁若干名，俱照例編審。其目不能視，足不能行，手不能持者，不入編審內。如諸貝勒塔布囊及一切人等有隱匿壯丁不送編審者，或經人舉首，出首之人，准其離主。將所隱之人入官，仍交刑部照例治以隱匿之罪。其十家之長，罰馬一。永著爲令。

《太宗實錄》卷二三 五月庚戌朔，己巳，上召集文館諸臣，諭之曰：「朕觀漢文史書，殊多飾辭，雖全覽無益也。今宜於遼、宋、金、元四史內，擇其勤於求治而國祚昌隆，或所行悖道而統緒廢墜，與夫用兵行師之方略以及佐理之忠良、亂國之姦佞，有關政要者，彙纂繙譯成書，用備觀覽。至漢文正史之外，野史所載，如交戰幾合，逞施法術之語，皆係妄誕，此等書籍，傳之國中，恐無知之人信以爲真，當停其繙譯。又見史臣稱其君者，無論有道無道概曰『天子』。殊不知皇天無親，惟德是輔，必有德者乃克副『天子』之稱。今朕承天佑，爲國之主，豈敢遂以爲天之子，爲天所親愛乎？儻不行善道，不體天心，則天命靡常，寧足恃耶！朕惟有朝乾夕惕，以仰邀天鑒而已。」

《太宗實錄》卷二五 冬十月戊寅朔，己卯，遣納海、俄莫克圖、巴雅超哈爾喀濟海、席唐阿、張屯、俄里喀等，率每牛彔護軍各一名，齎書，赴明北邊長城界喜峯口、潘家口、董家口等處。書曰：「滿洲國皇帝致書於明國執事大臣：向日用兵原非我之本願。邊外葉赫與我原係一國，後彼無端啓釁，爾朝廷乃力助之，與我國遂多仇隙。雖然，予見百姓之死亡流離，心甚惻焉，每欲議和，各享太平。乃比年以來遣人致書不啻數次，而爾朝廷大臣不顧人民疾苦，竟無一言相報。是爾國之人民憂苦死亡非予之咎，乃爾君臣之過也。夫予欲和之心，不過爲百姓故耳。今後凡我大軍所至，有敢逆命拒戰者，殺之，避匿山林者，俘之。若安居不動輸誠款附者，其本省地方一物不取，室廬田產秋毫無犯，此番進兵斷不似從前輕返也。」

《太宗實錄》卷二八 天聰十年丙子，三月丙午朔，辛亥，改文館爲內三院。一名內國史院，一名內秘書院，一名內弘文院。分任職掌，內國史院職掌記注皇上起居詔令，收藏御製文字。【略】

夏四月乙亥朔，己卯，大貝勒代善、和碩貝勒濟爾哈朗、和碩墨爾根戴青貝勒多爾衮、和碩額爾克楚虎爾貝勒多鐸【略】及滿洲蒙古漢人文武各官，恭請上稱尊號。管吏部和碩墨爾根戴青貝勒多爾衮捧滿字表文。上諭曰：「數年來，爾諸貝勒大臣，勸朕受尊號，已經屢奏。但朕若受尊號，恐上不協天心，下未孚民志，故未允從。今內外諸貝勒大臣復以勸進尊號再三固請。朕重違爾等之意，弗獲堅辭，勉從衆議。朕思既受尊號，豈不倍加乾惕，憂國勤政。唯恐有志未逮，容有錯誤，唯天佑啟之。爾諸貝勒大臣既固請朕受尊號，若不各倍共乃心

職，贊襄國政，於爾心安乎？」於是令儒臣遍諭諸貝勒大臣。畢，衆皆踴躍歡欣，行三跪九叩頭禮而出。乙酉，上以受尊號，祭告天地，受寬溫仁聖皇帝尊號。建國號曰大清。改元爲崇德元年。

《太宗實錄》卷二九 崇德元年丙子，五月甲辰朔，丁巳，上諭都察院諸臣曰：「爾等身任憲臣，職司諫諍。朕躬有過，或奢侈無度，或誤譴功臣，或逸樂遊畋，不理政務，或荒耽酒色，不勤國事，或廢棄忠良，信任姦佞，及陟有罪黜有功，俱當直諫無隱。至於諸王貝勒大臣如有荒廢職業，貪酒色，好逸樂，取民財物，奪民婦女，或朝會不敬，冠服違式，及欲適己意，託病偷安而不朝參入署者，該禮部稽察。若禮部徇情容隱，爾等即應察奏。或六部斷事偏謬，及事未審結誑奏已結者，爾等亦稽察奏聞。凡人在部控告該部王，及承政未經審結又赴告於爾衙門者，爾等公議。當奏者奏，不當奏者，公議遣之。明國陋規，都察院衙門亦通行賄賂之所，爾等當互相防檢，有即據實奏聞。若以私讎誣劾，朕察出，定加以罪。其餘章奏，所言是朕即從之，所言非亦不加罪，必不令被劾者與爾面質也。爾等亦何憚而不直陳乎？至於無職庶人，禮節錯誤，不必指奏。我國初興制度，多未嫻習，爾等教誡而寬釋之可也。」

《太宗實錄》卷三二 十一月辛未朔，以往征朝鮮，外藩蒙古諸王貝勒各率兵會於盛京。是日，上命和碩鄭親王濟爾哈朗留守盛京，多羅武英郡王阿濟格駐牛莊，備邊防敵，多羅饒餘貝勒阿巴泰駐噶海城，收集邊民防敵。壬申，上親統大軍，往征朝鮮。命和碩禮親王代善、和碩睿親王多爾衮、和碩豫親王多鐸、多羅貝勒岳託、多羅貝勒豪格、多羅安平貝勒杜度及固山貝子等隨征。固山額真等分左右翼，率諸軍卯刻出城。右翼兵由往東京大路至渾河岸排列，左翼兵由往撫順大路排列。巳刻上出撫近門，設鹵簿吹螺奏樂，謁堂子，行三跪九叩頭禮。畢，復於堂子外立八纛，吹螺奏樂，拜天，行三跪九叩頭禮。畢，遂起行。

《太宗實錄》卷三三 崇德二年丁丑，春正月辛丑朔，庚午，朝鮮國王李倧以漢江口濱海之地及江華島城既失，妻子及羣臣盡被俘獲，身復受困南漢，日夕城陷，八道人民流離四散，各道援兵皆被擊敗，宗社將覆，無計可免。上降敕曉諭赦過宥罪，許其歸降。於是，棄兵器，服朝服，率文武羣臣齎上明國所給敕印，自南漢山城來朝。

《太宗實錄》卷三四 二月辛未朔，壬申，上自朝鮮班師。命和碩睿親王多爾衮、多羅安平貝勒杜度率滿洲蒙古漢人大軍，攜所俘獲在後行。又命貝

子碩託、恭順王孔有德、懷順王耿仲明、智順王尚可喜率每牛彔甲士四人及三王下全軍舁紅衣礮十六位並朝鮮戰船五十艘，往取明皮島。上率諸王貝勒大臣護軍班師，朝鮮國王李倧率其羣臣出王京十里外跪送。

夏四月庚午朔，己卯，和碩睿親王多爾袞攜朝鮮國王子及其大臣子至渾河岸，留之，先入盛京。

《太宗實錄》卷三七 秋七月丁卯朔，乙未，分漢軍爲兩旗。以昂邦章京石廷柱爲左翼一旗，固山額真；昂邦章京馬光遠爲右翼一旗，固山額真，照滿洲例，編壯丁爲牛彔。

《太宗實錄》卷三九 冬十月乙未朔，定曆法。頒滿洲蒙古漢文曆。

《太宗實錄》卷四〇 崇德三年戊寅，春正月乙丑朔，甲午，戌刻，世祖章皇帝生，上之第九子也。聖母大皇太后時爲永福宮莊妃，娠十一月誕生。

二月乙未朔，丁酉，上親征喀爾喀。率和碩豫親王多鐸、多羅武英郡王阿濟格、多羅郡王阿達禮、多羅貝勒岳託、固山貝子衆大臣及護軍，午刻出撫近門，謁堂子。畢，起行。命和碩禮親王代善、和碩鄭親王濟爾哈朗、和碩睿親王多爾袞、多羅安平貝勒杜度、多羅饒餘貝勒阿巴泰等留守，併監築遼陽都爾鼻城。

《太宗實錄》卷四二 六月壬辰朔，庚申，更定蒙古衙門爲理藩院。先是，土默特部落古祿格、抗古、陶虎圖美多爾濟、特濟、拜都喇大諾爾布、小諾爾布等二十二人，原係土默特部落博碩克圖汗所屬，後察哈爾汗征服之，遂爲察哈爾所屬。及察哈爾汗逃奔湯古忒國，古祿格等遂散居山谷間。我國遣額爾德尼達爾漢喇嘛收其潰散之民，遂來降。至是，以其衆編立旗，分牛彔，設固山額真、梅勒章京、牛彔章京，仍依品級，各授以世職。

秋七月壬戌朔，丙戌，先是，六部、都察院、理藩院、滿洲蒙古漢人承政，每衙門各三四員，其餘皆爲參政，官止二等。至是，范文程、希福、剛林等，奏請每衙門止宜設滿洲承政一員，以下酌量設左右參政、理事、副理事、主事等官，共爲五等。上可其奏。

《太宗實錄》卷四三 八月辛卯朔，癸丑，命和碩睿親王多爾袞爲奉命大將軍，以多羅貝勒豪格、多羅饒餘貝勒阿巴泰副之，統左翼軍；多羅貝勒岳託爲揚武大將軍，以多羅安平貝勒杜度副之，統右翼軍；兩路征明。

《太宗實錄》卷四四 冬十月庚寅朔，己亥，達雅齊衛寨桑、多羅額駙畢喇西喇斯希布等，自張家口貿易還。是日，辰刻，上謁堂子，行禮拜纛。畢，率大軍向山海關進發。出邊駐蹕。

十一月己未朔，辛酉，大軍進發山海關。丁卯，上親統大軍至中後所。祖大壽兵在城下，見我軍至，退入城內。

《太宗實錄》卷四五 崇德四年，二月己丑朔，丁酉，命多羅武英郡王阿濟格率將士征明。壬寅，上親統大軍征明。巳刻，出懷遠門西發。壬子，上登松山南岡，相度城垣形勢，指示孔有德、耿仲明、尚可喜、石廷柱、馬光遠曰：【略】癸丑，四鼓，孔有德、耿仲明、尚可喜、馬光遠、石廷柱兵，各移礮前進。五鼓，舉礮，松山兵出城迎戰，爲我軍射退入城。於是用紅衣礮攻。至未時，城堞盡毀，止餘城垣。明守城副將金國鳳死守，用草木填其頹處，以爲捍蔽。上命滿洲諸將竪梯攻城，俱踴躍爭進。和碩禮親王代善奏曰：「日將暮矣，明日攻之何如？」上從其言，召諸將還。

三月戊午朔，己卯，復以紅衣礮移近松山城攻之。上親率四旗護軍兵馳往錦州，縱兵攻其山寨，敗之。沿山搜勦。復分兵勦殺兩夜。其逃入臺者，以紅衣礮攻破之。

《太宗實錄》卷五一 崇德五年，三月壬午朔，己亥，命和碩鄭親王濟爾哈朗爲右翼主帥，多羅貝勒多鐸爲左翼主帥，率官兵往修義州城，駐劄屯田。令明國山海關外寧錦地方不得耕種。

夏四月壬子朔，庚辰，以和碩鄭親王濟爾哈朗、多羅貝勒多鐸率師圍明寧錦等處，兼屯田義州，修築城垣。上親往巡視。命和碩睿親王多爾袞、和碩肅親王豪格、多羅安平貝勒杜度、多羅饒餘貝勒阿巴泰及衆貝子大臣等，留守盛京。

五月辛巳朔，上自臧家堡起行，至葉家堡駐蹕。壬寅，上率八旗護軍騎兵向錦州進發，命漢軍攜紅衣礮前行。至錦州東五里，近臺布列。令漢軍前進，舉礮攻克其臺。復令內大臣侍衛等誘錦州敵兵至，擊斬之。

《太宗實錄》卷五二 八月庚戌朔，己未，命希福、朱馬喇、啓心郎布丹等，率八家商人及公以下，牛彔章京以上家人，往張家口交易。

九月己卯朔，丙戌，命和碩鄭親王濟爾哈朗、多羅武英郡王阿濟格、多羅郡王阿達禮、多羅貝勒多鐸、羅洛宏等，率滿洲蒙古漢人將士一半，往代和碩睿親王多爾袞等圍錦州松山。

《太宗實録》卷五三　十二月丁未朔，庚戌，命和碩睿親王多爾衮、和碩肅親王豪格、多羅安平貝勒杜度、多羅饒餘貝勒阿巴泰，率將士之半，往代和碩鄭親王濟爾哈朗等圍困錦州。

《太宗實録》卷五七　崇德六年，八月甲辰朔，上聞明洪承疇等率兵十三萬，來援錦州，親統大軍往征之。先是，初六日，多羅睿郡王多爾衮、多羅肅郡王豪格自錦州軍中，遣詹代、安泰奏報，明國會集各省兵來拒我師，我兵擊敗其三營，獲馬五百五十匹，敵兵來者甚衆等語。壬戌，上至松山，陳師於松山、杏山之間，横截大路駐營。上率大軍先至松山。繼於松山、杏山之間，自烏欣河南山，至海，横截大路，綿亘駐營。甲子，敵兵犯我鑲紅旗汛地，我軍擊却之。師還，敵襲我後，相距百步，上復令轉戰，張黄蓋率數人往來指揮布陣，敵望見，悉倉皇遁走。壬申，多羅貝勒多鐸等還營。又命内大臣超品公塔瞻、伊爾登率八旗護軍參領各一員，每旗精兵五十名，往高橋設伏。方出營，遇明步兵千人自杏山潰遁，爲我前鋒兵所追。塔瞻、伊爾登等復率兵協追，俱斬之，遂至高橋設伏。遇明騎兵八十、步兵六百，自杏山逃遁，塔瞻、伊爾登等盡殲之。是役也，計斬殺敵衆五萬三千七百八十三，獲馬七千四百四十四、駱駝六十六、甲胄九千三百四十六副。明兵自杏山南至塔山，赴海死者甚衆。所棄馬匹甲胄，以數萬計。海中浮屍漂蕩，多如鳧鷖。上神謀勇略，制勝出奇，破明兵一十三萬，如摧枯拉朽，指顧而定。

《太宗實録》卷五九　崇德七年二月辛丑朔，辛酉，圍守松山。多羅肅郡王豪格、多羅郡王阿達禮、多羅貝勒多鐸、羅洛宏等，自軍中遣安泰、扈葉等奏報，明松山副將夏承德自城内遣人密搜敵兵殺之，生擒明總督洪承疇、巡撫邱民仰、總兵王廷臣、曹變蛟、祖大樂，遊擊祖大名、祖大成，總兵白廣恩之子白良弼等。

三月庚午朔，己卯，大軍自上年三月，掘壕防守，更番出戍，圍困錦州，至是年三月，歷年一載。明援兵盡絶，城内糧盡，饑民相食。祖大壽戰守計窮，又聞松山已失，乃率衆官出城，至和碩鄭親王濟爾哈朗、多羅睿郡王多爾衮軍前，叩首乞降。

《太宗實録》卷六〇　五月己巳朔，癸酉，命擒獲明國總督洪承疇、總兵祖大壽、董協、祖大樂，革職總兵祖大弼，副將夏承德、高勳、祖澤遠等，朝見。上召洪承疇、祖大壽、祖大樂、夏承德、祖大弼入殿内，命坐於左側，賜茶問洪承疇曰：「朕觀爾明主宗室被俘，置若罔聞。至將帥率兵死戰，或陣前被擒，或勢窮降服，必誅其妻子，否則没入爲奴者，何故？此舊規乎，抑新制乎？」洪承疇奏曰：「昔無此例。今因文臣衆多，臺諫紛争，各陳所見，以聞於上，遂致如此。」上曰：「今日之文臣固衆，昔之文臣亦豈少耶！特今君暗臣蔽，故多枉殺。似此死戰被擒勢蹙歸降之輩，豈可戮彼妻子？即其身在敵國，可以財幣贖而得之，亦所當爲，何至坐妻子以死徒之罪乎？其無辜寃濫亦甚矣。」洪承疇垂涕叩首奏曰：「皇上此諭，真至仁之言也。」

《太宗實録》卷六一　崇德七年，六月己亥朔，甲辰，初，漢軍止設四旗，至是編爲八旗。以祖澤潤、劉之源、吴守進、金礪、佟圖賴、石廷柱、巴顔、墨爾根侍衛李國翰八人爲固山額真。祖可法、張大猷、馬光輝、祖澤洪、王國光、郭朝忠、孟喬芳、郎紹貞、裴國珍、屯泰、何濟吉爾、金維城、祖澤遠、劉仲金、張存仁、曹光弼爲梅勒章京。

《太宗實録》卷六三　冬十月戊戌朔，辛亥，命多羅饒餘貝勒阿巴泰爲奉命大將軍，與内大臣圖爾格統領將士，往征明國。

《太宗實録》卷六四　崇德八年，二月乙丑朔，庚寅，諭禮部曰：「前有禁令，除部册紀載有名寺廟外，不許另行修建。如不遵從前禁約擅行創建修整者，或經部中察出，或被傍人及奴僕首告，治以重罪。其該管牛彔章京撥什庫，亦罪之。」

三月甲午朔，辛酉，更定六部處分條例。

《太宗實録》卷六五　六月癸亥朔，庚寅，諭户兵二部曰：「各旗下所有伊蘇忒、喀喇車里克部落之閒散蒙古，無得令其隱漏。户部宜清察人丁，編入牛彔。兵部再加察核，俱令披甲。其現在滿洲旗下察哈爾、喀爾喀等部落蒙古亦當察其壯丁增減，勿令混匿。至於諸王貝勒貝子公等家下閒散蒙古，亦編爲小旗，設護軍校管轄之。」

八月壬戌朔，庚午，是夜亥刻，上無疾，端坐而崩。上在位十有七年，壽五十有二。

雜録

備録

昭槤《嘯亭雜録》卷一　天聰己巳，文皇帝欲伐明，先與明巡撫袁崇焕書，申講和議。崇煥信其言，故對莊烈帝有「五載復遼」之語，實受文皇給也。帝乃因其不備，假科爾沁部道，自喜峯口洪山入，明人震驚，薊遼總督劉策潛逃。帝率八旗勁旅抵燕，圍之匝月，諸將爭請攻城，帝笑曰：「城中痴兒，取之若反掌耳。但其疆圉尚强，非旦夕可潰者，得之易，守之難，不若簡兵練旅以待天命可也。」因解圍向房山，謁金太祖陵返，下遵化四城，振旅而歸。偉哉帝言，雖周武觀兵孟津，何以異哉？明人罔知深謀，如姚希孟輩，反謂本朝夙無大志，真蠡測之見也。

太宗天資敏捷，雖於軍旅之際，手不釋卷。曾命儒臣翻譯《三國志》及《遼》、《金》、《元史》，性理諸書，以教國人。嘗讀《金世宗本紀》，見其申女真人學漢人衣冠之禁，心偉其語。曾御翔鳳樓傳諭諸王大臣，不許褒衣博帶以染漢人習氣，凡祭享明堂，必須手自割俎以昭其敬。諄諄數千言，詳載聖訓。故純皇帝欽依祖訓，凡八旗較射處，皆立臥碑以示警焉。

本朝自攻撫順後，明人望風而潰，無敢攖其鋒者，惟明巡撫袁崇煥固守寧遠，攻之六月未下。高皇拂然曰：「何戇兒乃敢阻我兵力？」因罷兵歸。故文皇深蓄大仇，必欲甘心於袁。己巳冬，大兵既抵燕，崇煥千里入援，自恃功高。文皇乃擒明楊太監監於帳中，密劄鮑承先在帳外作私語曰：「今日上退兵乃袁巡撫意，不日伊即輸誠矣。」復陰縱楊監歸。明莊烈帝信其間，乃立磔崇煥。舉朝無以爲枉者，殊不知中帝之間也。

松山既破，擒洪文襄歸。洪感明帝之遇，誓死不屈，日夜蓬頭跣足，罵詈不休，文皇命諸文臣勸勉，洪不答一語。上乃親至洪館，解貂裘與之服，徐曰：「先生得無冷乎？」洪茫然視上久之，歎曰：「真命世之主也！」因叩頭請降。上大悅，即日賞賚無算，陳百戲以作賀。諸將皆不悅，曰：「洪承疇一羈囚，上何待之重也？」上曰：「吾儕所以櫛風沐雨者，究欲何爲？」衆曰：「欲得中原耳！」上笑曰：「譬諸行者，君等皆瞽目，今獲一引路者，吾安得不樂也！」衆乃服。乃毛西河謂洪初不降，繼命優人誘惑。洪故閩人，夙習好男寵，因之失節。何厚誣之甚。故明帝初聞其死，設壇以祭，非無因也。

陳康祺《郎潛紀聞二筆》卷一《本朝肇基王業》 我朝以明神宗四十四年丙辰，太祖皇帝始俯順諸貝勒大臣恭上尊號，建元天命。太宗嗣位，建元天聰。天聰九年，以收服察哈爾全部，獲歷代傳國玉璽。明年四月，始建國號曰大清，改元崇德。國人初尊太祖爲聰睿貝勒，至天命九年，恭上尊號曰覆育列國英明皇帝。太宗崇德元年，羣臣恭上尊號曰寬溫仁聖皇帝。昔成周豳岐肇業，太王、王季，猶待追崇，不若聖朝天造經綸，戡亂攻昧，當洪基俶建之初，已赫然有撫中國、子萬民氣象也。

陳康祺《郎潛紀聞二筆》卷一《太宗伐明》 天聰三年，太宗以明國屢背盟誓，親統大兵征之。入洪山口，克遵化城，遂由薊州進規燕京，駐營城北土城關之東，復移駐南海子，距關廂僅二里。諸貝勒請攻城，太宗諭曰：「朕仰承天眷，攻城必克，所慮者儻失我一二良將，即得百城亦不足喜。」遂止弗攻。聖人智勇天錫，猶審幾遵養如此，唐之太宗、宋之藝祖，瞠乎後矣。

陳康祺《郎潛紀聞二筆》卷一《本朝開國方略(九則)》 天命十一年，設八旗大臣。天聰二年，定文館職司；五年設六部；六年定城守官三年考察之例；八年定八旗職官名；十年更定內三院。崇德元年，定內院官制，設都察院；二年設八旗議政大臣；三年設理藩院，定部院制；八年設禮部、蒙古理事官。此我朝澄敘官儀之始。

太祖乙卯年定八旗軍制。太宗天聰三年三月，定軍令於外藩；八月，定行軍賞罰例；五年，定出征軍制。崇德八年，定軍律。此我朝整敕戎行之始。

天命五年六月，設納言之木於門外。天聰五年，令貝勒大臣盡言直諫。此我朝下詔求言之始。

天命二年，令詳慎訟獄。天聰九年，禁徇私枉斷。崇德五年肆赦。此我朝明刑弼教之始。

太祖乙卯年，令羣臣舉賢才；五年令貝勒大臣子弟就學；三年授舉人、生員官階，優免丁役。此我朝興賢勸學之始。

天聰六年，行新定朝儀。崇德元年，行太廟薦新禮；三年諭禮部申明禁令；八年定內外相見禮。此我朝班朝肅廟之始。

太祖甲寅年，令國人屯田曠土。太宗天聰九年，禁濫役妨農。崇德元年，禁屯積米穀，令及時耕種；二年令各屯堡及時勸農。此我朝重農貴粟之始。

天聰元年，發帑賑饑；二年，發帑資民嫁娶。崇德二年，諭貸粟資民；六年，以歲歉諭行備荒事例。此我朝孚惠民生之始。

天命八年，勖羣臣勤職；十一年，勖諸貝勒毋習逸樂。崇德二年，諭諸大臣勤修國政；七年，諭諸王貝勒勤修政事。此我朝誡諭臣工之始。

已上九則，均見《開國方略》。我祖宗一隅肇造，業業兢兢，當周豳商亳之始基，已姚典姒謨之畢備。攷其時，正明國末造，君闇臣煬，百度寖弛，無復綱紀，興亡之故，蓋不待王師入關，真人定鼎，而早可瞭然。後有萬年，殷鑒不遠，聖子聖孫，作求世德。念之哉！戒之哉！

陳康祺《郎潛紀聞二筆》卷一 一《太宗寬宥石廷柱之戇直》 太宗嘗與羣臣論邊事當以吕尚爲法。忠勇公石廷柱對曰：「吕尚能專制閫外生殺，故所向有功。今臣等若有過，下所司逮訊，雖佐領以下，亦當與之比肩對簿，其何以堪。」大臣以其言過戇，請議處，上特寬宥。

備論

《太宗實録》卷首《進實録表》 光禄大夫禮部尚書武英殿大學士臣覺羅勒德洪等誠惶誠恐，稽首頓首上言。伏以帝治弘開，肇啟無疆之烈；聖人善述，聿揚丕顯之謨。大業炳於中天，儀型如覩；隆猷垂於百代，典册爲昭。必慎編摹，方成信史。欽惟太宗應天興國弘德彰武寬温仁聖睿孝隆道顯功文皇帝，天錫智勇，性備中和。奠山河社稷之安，集禮樂車書之盛。仁恩淪於率土，義問訖於遐陬。奮天討於西陲，藩部咸共玉帛；耀神威於東海，島人悉隸版圖。錦城淩水之師，王靈丕赫；杏岫松山之捷，廟算無遺。締造邦家，成高皇未竟之志；勵精政事，答上天垂佑之心。列八幟而筦軍符，設六曹而分庶職。詔忠良以獻替，勅獄訟以寬仁。學校蔚興，農桑用勸。至誠服物，大度容人。視臣僚如腹心，上下聯爲一體；合滿漢如臂指，中外何啻一家。十七載創業艱難，邇安遠服；億萬禩貽謀悠遠，綱舉目張。在御則天下歸仁，升遐斯萬方哀痛。懿軌傳之可久，鴻猷美不勝書。洪惟皇帝陛下峻德克明，孝思維則。登民生於仁壽，躋世道於升恒。以經天緯地之文，兼靖亂除殘之武。大經大法，允符二帝三王；是訓是行，茂紹祖功宗德。獨念文廟一朝實籙，曾經章皇申命重編。未告成書，特開史局。

《太宗實録》首卷三《進實録表》 光禄大夫經筵講官太保議政大臣保和殿大學士總理兵部事三等伯加十六級臣鄂爾泰，光禄大夫經筵日講官起居注太保兼太子太保保和殿大學士仍兼管吏部尚書翰林院掌院事三等伯加十二級臣張廷玉，光禄大夫經筵講官太子太保東閣大學士兼禮部尚書加五級臣徐本等，誠惶誠恐，稽首頓首上言。伏以皇猷纘緒，萬年綿長發之祥；聖孝崇先，四海仰作求之德。溯貞元之會合，能養晦斯致純熙；緬謨烈之昭垂，惟修明益徵悠遠。爰求舊典，編摩不憚再三；聿有成書，校勘總歸畫一。欽惟太宗應天興國弘德彰武寬温仁聖睿孝敬敏昭定隆道顯功文皇帝，道符精一，功配生成。奮武揆文，驗羣情之翼戴；體仁和義，卜繼序之綿延。原夫潛邸龍蟠，裕大業於撫軍監國；迨夫中天日麗，運神機於受籙膺符。仗鉞誓天，每寓止戈之義；升香告廟，早成還矢之勳。安反側以東巡，億兆人懽呼受吏；執鞭箠而西狩，千百國拱手稱藩。景命將歸，輸忱日衆。方當中原鼎沸，羣有望於攀鱗；而乃上將雲屯，獨無心於逐鹿。業垂成而弗取，振旅旋師；德遠届而增修，恤民養士。善繼善述，體高皇佑啟之心；惟恤惟休，貽奕世昇平之福。列八旗以肅軍政，設六曹以定官常。解網行仁，懸鞀納諫。開誠心而布公道，中外歸仁；絀不肖而獎忠良，賢愚向化。十餘載荆榛霜露，丕基兼豐鎬二京；萬斯年風虎雲龍，景運邁唐虞三代。凡此緯地經天之業，盡歸金匱石室之藏。洪惟皇帝陛下，仁孝性成，聰明天授。對羹牆而如見，紹衣之治象重光；飭丹雘以維勤，堂構之心源若接。洪鈞密運，本同符於帝典王謨；義問昭宣，實繩武於祖功宗德。念此一朝實籙，允爲百世儀型。恭承聖祖仁皇帝御極以來，分曹纂輯，而武功文命，早彙合於瑶編；仰見世宗憲皇帝勤政之日，設局參稽，而揚烈覲光，每披尋於清夜。爲彝紀爲訏謨，已同日月光華之著；或人名或地理，偶有見聞同異之差。述先志以校紬，播新綸而訓迪。

洪承疇部

綜述

《清史列傳》卷七八《洪承疇傳》　洪承疇，福建南安人。明萬曆四十四年進士。天啓時，任浙江提學道，遷布政使參議，又遷陝西督糧參政。崇禎二年，流賊王左掛掠宜川城堡，承疇勦之，俘斬三百餘人，遁去。三年，授延綏巡撫。王左掛既降復叛，承疇誅之。尋與總兵杜文煥敗流賊張獻忠於清澗縣。

四年，擢陝西三邊總督。五年，同總兵曹文詔、賀虎臣等剿賊慶陽、平涼，擊斬賊渠可天飛等，降其將白廣恩。文詔復蹙賊耀州錐子山，賊黨殺獨行狼等以降。承疇戮四百人，餘皆散遣。七年，監督河南山陝川湖軍務，加太子太保、兵部尚書。時賊聚陝西至二十餘萬，高迎祥最强，自稱闖王，李自成屬焉。蹂躪鞏昌、臨洮及隴州。承疇檄總兵賀人龍、左光先合擊，破之。賊衆竄陷靈寶、汜水、滎陽。八年，承疇出潼關討賊，次信陽，諸將畢會，賊見河南兵盛，復分路奔還陝西，張獻忠亦掠鳳翔，與高迎祥合，副將艾萬年、柳國鎮戰死。文詔請行，承疇謂曰：「非將軍不能滅此賊！吾兵已分，無可策應，將由涇陽趨淳化爲後勁。」文詔乃自寧州進真寧，參將曹變蛟敗賊於湫頭鎮，乘勝逐北，不及顧，文詔遇賊伏，轉戰數里，聲援絶，自刎死。承疇方追賊涇陽、三原間，未至淳化，賊勢益熾。

時有言承疇統轄太廣，勢難兼顧者，乃以盧象昇總理江北、河南、山陝、川湖軍務，督理關外兵；而承疇專督關内兵。值高迎祥掠武功、扶風以西，李自成掠富平、三原以東，承疇率兵躡自成，大敗之渭南、臨潼，別遣將擊迎祥，亦敗蹙東走。尋爲巡撫孫傳庭擒送京師，磔死。賊黨推自成爲闖王。十年，自成陷寧羌，入七盤關，分三路寇掠。承疇令總兵曹變蛟等赴援，由洮河轉戰，自成敗竄西羌界。十一年，自成謀犯蜀，承疇檄總兵馬科、左光先等扼之，乃東遁。曹變蛟設伏潼關之南原，大破賊，自成遁高雄。兵部尚書楊嗣昌劾承疇縱賊往來秦蜀，逾久無功，削宫保、尚書。

十二年授薊遼總督。是年冬，我朝兵征明錦州及寧遠，總兵金國鳳拒戰於寧遠城北山岡，偕其二子俱没於陣。承疇疏言：「國鳳前守松山，兵不滿三千，卒保孤城，以事權專，號令一，而人心肅也。迨擢任大將，兵近萬人，反致殞命，非其才力短，由營伍紛紜，人心不一也。自今設連營節制之法，凡遇警，守城及出戰，惟總兵官號令是聽，庶心齊軍肅矣。」十三年，總兵祖大壽以錦州圍困告急，承疇出山海關駐寧遠，疏請調宣府、大同諸鎮兵，俟俱集，合關内外兵十五萬，又必芻糧足支一歲，乃可戰可守。十四年三月，宣府總兵楊國柱、大同總兵王樸、密雲總兵唐通各率兵至，與玉田總兵曹變蛟、薊州總兵白廣恩、前屯衛總兵王廷臣、山海總兵馬科、寧遠總兵吴三桂，凡八大將，合兵十三萬，馬四萬，朝議以兵多餉難，令職方郎中張若麒趣戰，乃進次松山。八月，楊國柱戰死，以山西總兵李輔明代之。曹變蛟營乳峰山岡，諸軍列七營於松山城北，屢出兵，戰輒敗卻。既而伺我大兵歸營，復來犯，望見太宗文皇帝張黄蓋，親督大兵布陣，皆披靡退遁。大兵遵上方略，度明兵乘夜出犯，分路堵截奮擊，遂窮追，悉殲殪之。曹變蛟率步騎犯鑲黄旗汛地者一，犯正黄旗汛地者四，復夜突御營，連敗卻，身中創，奔還松山。王樸、吴三桂、唐通、馬科、白廣恩、李輔明相繼走。大兵由杏山西邊及高橋發伏衝潰，自海濱至桑阿爾齋堡又爲分駐大兵掩殺，諸總兵僅以身免，張若麒匿漁船遁。承疇先後喪士卒五萬三千七百餘人。

太宗文皇帝以敕諭承疇及所屬將士曰：「朕率師至此，料爾援兵聞之，定行逃遁。遂豫遣兵圍守杏山，使不得入，自塔山南至於海，北至於山，及寧遠東之連山一切去路，俱遣兵邀截。又分兵各路截守，爾兵逃竄，爲我兵斬殺者，積屍遍野；投海溺水者，不可勝數。今爾錦州、松山救援兵已絶，朕思及此，乃天意佑我也。爾等宜自爲計，如以爲我軍止圍松、錦，其餘六城未必即困。殊不知時勢至此，不惟六城難保，即南北兩京，明亦何能復有耶？朕昔征朝鮮時，圍其王於南漢山，朕詔諭云：『爾降，必生全之。』及朝鮮王降，朕踐前言，仍令主其國。後圍大凌河，祖總兵來降，亦不殺之，爾等所素聞也。朕素以誠信待人，必不以虚言相誑。爾等可自思之！」九月，承疇謀突圍出，悉出城中步騎夜犯鑲黄旗驍騎營，正白、鑲白兩旗漢軍營，敗還，傷斃千人。十二月，聞關内援兵三千赴援，將至，復出兵六千，夜犯正紅旗護軍營、正黄旗蒙古營，爲矢礮所殪者四百二十人，從杏山遁，伏發截殺者五百七十餘人，敗退城下，因門閉不得入，投降者三千餘人。關内赴援兵竟駐寧遠，終不進。承疇欲戰，則力不支；欲守，則糧已竭；欲遁，不敢成隊而出。與曹變蛟、王廷臣，巡撫邱民仰，兵備道張斗、姚恭、王之楨等，坐困城中。越一月，副將夏成德遣人赴大軍通款，以其子舒爲質，相約內應。大兵夜樹梯登城，破斬曹變蛟、王廷臣、邱民仰等，生擒洪承疇，送盛京贍養之。祖大壽知承疇就擒，因率錦州諸將以城降。明訛傳承疇已死，予祭十六壇，建祠都城外，與邱民仰並列。莊烈帝將親臨奠，俄聞承疇降乃止。本朝崇德七年四月，都察院承政張存仁上言：「臣觀洪承疇欣欣自得，僥倖再生。是仰慕真主，思效用於我國者，宜速令薙髮，酌加任用。」五月，召見崇政殿，承疇跪門外，奏曰：「臣將兵由松山援錦州，曾經數戰，冒犯軍威，聖駕一至，衆兵敗没。臣坐困松山，糗糧罄絶，人皆相食，城破被擒，自分應死。蒙皇上矜憐不殺，而恩養之。今令朝見，臣自知罪重，不敢入。」上諭曰：「彼時與我軍交戰，各爲其主，朕豈介意？朕之擊敗十三萬兵，得松、錦諸城，皆天也。天道好生，善養人者，斯合天道，朕故恩沾及爾。爾但念朕撫育之恩，盡心圖報可耳。」尋命隸鑲黃旗漢軍。

順治元年四月，睿親王多爾袞征明，承疇從，師次遼河。聞流賊李自成已陷京師，洪承疇因陳進兵策曰：「我軍之强，天下無敵。宜先布號令，示此行特埽除亂逆，不屠人民，不焚廬舍，不掠財物。其開門歸降，及爲內應立大功者，破格封賞。法立令行，此要務也。」又言：「向見流賊遇弱則攻，遇强則走。今聞我軍至，必遁而西。宜從薊州、密雲疾行而前，賊若走則以精騎追之；若仍據京城以拒我，則破之更易。至入關路隘，我兵皆不便履險，恐賊伏精鋭邀我，宜改騎爲步，從高覘之，俾步前馬後。比入邊，則步卒皆馬兵也。抵京之日，連營城外，以斷西路諸援兵，則賊可一戰而殲矣。」五月，大軍擊走流賊，定京師。承疇奉旨仍以太子太保、兵部尚書兼都察院右副都御史原銜，入內院佐理機務，遂爲祕書院大學士。

二年閏六月，豫親王多鐸定江南，明福王朱由崧就擒。上命承疇往駐江寧，鑄給「招撫南方總督軍務大學士」印，賜敕便宜行事。承疇既至，疏列降順之明南京翰林、科道、卿寺、部屬等一百四十九人，請令赴部録用。是時，明唐王朱聿鍵自號隆武，據福建，其大學士黃道周引閩兵出浙江開化，明御史金聲家居休寧，受聿鍵部院職，募鄉兵十餘萬屯績溪。明魯王朱以海據紹興，高安王朱常淇據徽州，蘄水王朱術輡次子常㴒冒族兄樊山王舊稱，結寨英山、潛山間，又有朱由榷冒稱金華王據饒州，朱誼石冒稱樂安王，朱誼泐冒稱瑞昌王，分據溧陽、興化、金壇鄉村，聯結江南北黨與，謀犯江寧。承疇檄提督張天禄，總兵卜從善、胡茂楨等，分路進征，擒金聲於績溪，擒黃道周於婺源，先後解至江寧，諭降，不從，斬之。明故官荊本徹、李守庫、徐君美等據崇明，承疇檄總兵李成棟征之，斬守庫，擒君美，降其城，本徹竄入海。

三年正月，承疇查知江寧人有叛應朱誼石、朱誼泐者，於距城五十里之西溝池，捕斬萬德華等五十餘人。又閉城搜捕五十餘人，鞫實郭世彦、尤琚等三十一人，誅之。未幾，朱誼石、朱誼泐合衆二萬來犯，火攻神策門，我兵先分出朝陽、太平二門堵截，乃啓神策門衝擊，大敗之；追至攝山，擒斬無算。尋檄總兵馬得功、卜從善等勦潛山司空寨，斬守寨頭目石應璧等，生擒朱常㴒，搜婺源嚴杭山，擒朱常淇及其監軍道江于東、職方司許文玠等，復擒朱誼泐及其經略韋爾韜，總兵楊三貫，夏含章等於句容、丹徒，擒朱由榷及其族人朱常洊、朱常沘、朱常涫於饒州、鄱陽湖，擒朱誼泐之弟朱誼貴及瑞昌王下軍師趙正於宿松縣之洿池，並請旨斬之。明給事中陳子龍家居華亭，潛結太湖潰衆，遥附朱以海，承疇遣參領索布圖往捕，子龍投水死。四年四月，駐防江寧總管巴山、張大猷奏柘林遊擊陳際可擒賊謝堯文，獲明魯王封承疇國公，及其總兵王斌卿致承疇與巡撫土國寶書，有「伏爲內應，殺巴、張二將，則江南不足定」語。上獎巴山等嚴察亂萌，而諭慰承疇、國寶曰：「朕益知賊計，真同兒戲。因卿等皆我朝得力大臣，故反間以圖陰陷。朕豈墮此小人之計耶？」

十月，巴山等以察獲遊僧函可、金臘等五人，攜有謀叛蹤跡，牒承疇鞫訊。承疇疏言：「函可乃故明尚書韓日纘之子，出家多年。乙酉春，自廣東來江寧，印刷《藏經》。值大兵平江南，久住未回。今以廣東路通，向臣請牌回里。臣因韓日纘是臣會試房師，遂給印牌，及城門盤驗，經笥中有福王答阮大鋮書稿，字失避忌，又有《變紀》一書，干預時事。其不行焚毁，自取愆尤，與隨從之僧徒金臘等四人無涉。臣與函可世誼，應避嫌，不敢定擬。謹將書帖、牌文，封送內院。」得旨，下部察議，以承疇徇情私給印牌，應革職。上以承疇奉使江南，勞績可嘉，宥之。承疇以江南湖海諸寇俱削平，又聞其父已卒於閩，請解任守制，乃調宣大總督馬國柱爲江南江西河南總督，命承疇俟假滿，仍回內院任事。五年四月，至京。六年，充《太宗文皇帝實録》總裁官，充會試正考官。遇恩詔，加少傅兼太子太傅。八年閏二月，命管都察院左都御史事。尋甄别諸御史，分爲六等，擬差用魏琯等二十二人，內陞陳昌言等二人，外轉張煊等十一人，又王世功等十七人，外調、降用、革任有差。五月，張煊疏劾吏部尚書陳名夏植黨行私諸款，有「囑承疇庇其門生李嵩陽留任御史，及太僕少卿黃徽元因承疇姻戚驟陞正卿」等語，並劾承疇不請旨私送其母回閩；又屢與名夏及尚書陳之遴聚集火神廟，屏左右密議逃叛。下王、貝勒、大臣集質。名夏辯釋，承疇以送母回閩未奏明，自引罪；至火神廟會議數次，則皆御史因甄別商酌應差用及陞調革降者也。吏部尚書譚泰坐焻誣陷逃叛，焻死。未幾，譚泰以他罪伏法。上鑒焻由譚泰黨庇名夏冤死，優予贈廕，革名夏任。詳見《名夏傳》。承疇復自引罪，得旨：「聚議不必懸揣，送母回閩未奏，爲親甘罪，其情可原，仍留任以責後效。」九年五月，丁母憂，命入直如故，私居持服，賜其母祭葬。

九月，欽天監奏太白星與日爭光，流星入紫微宮。時大臣議請駕往邊外迎達賴喇嘛，承疇同大學士陳之遴疏言：「日者人君之象，太白敢與爭光；紫微宮者人君之位，流星敢於突入。上天垂象，誠宜警惕。且今年南方苦旱，北方苦潦，歲饑盜起，處處入告，非聖躬遠幸之時。達賴喇嘛自遠方至，則遣一大臣接迎，已足見優待之意，亦可服蒙古之心，何勞聖躬親往？」疏入，傳諭曰：「卿等諫朕勿往迎喇嘛，此言甚是，朕即停止。嗣後國家一切機務，詳明敷陳，毋有隱諱。」

十年正月，調弘文院大學士。五月，調國史院大學士。時明桂王朱由榔居安隆，流賊遺黨一隻虎、郝摇旗、孫可望、李定國等俱假封號，以招集散亡，聯結梟健，踞黔滇，掠楚粵。上命承疇經略湖南、廣東、廣西、雲南、貴州，特晉太保兼太子太師、兵部尚書、都察院右副都御史。諭之曰：「湖南、兩廣雖漸底定，滇黔阻遠，尚未歸誠。朕將以文德綏懷，不欲勤兵黷武，而遠人未喻朕心，時復蠢動，必得夙望重臣，曉暢民情，練達治理者，相機撫剿，方可敉寧。朕徧察廷臣，惟爾允當斯任，前招撫江南，已有成效。兹命綏靜南方，聽擇要地駐劄，俟滇黔既定，善後有人，即命還朝，以慰朕眷想。」承疇奏言：「臣年逾六十，理宜退休。乃荷特授經略之任，伏願時諭吏、户、兵三部，仰承聖意，俾臣得竭力展布，剿撫中機。」上即命内院以特假便宜條款詳列敕書，傳示内外遵行，並允承疇奏薦以原任大學士李率泰爲兩廣總督，與平南王尚可喜、靖南王耿繼茂駐守廣東，改撥土賊未靖之江西省屬承疇，鑄給「經略湖廣、江西、雲南、貴州内院大學士」印。十一月，承疇疏言：「湖廣有孫可望抗拒於南，郝摇旗、一隻虎等肆毒於北，彼或由澧州而犯常德，或截岳州以犯湘潭，則我腹背受敵。廣西有李定國眈眈思逞，距桂林二百里，惟附郭之臨桂縣與靈川、興安二縣及全州，未爲所踞。我兵若由桂林進剿，而彼自靖沅乘虛潛襲，則我首尾難顧。宜防守嚴密，乃可隨機援剿。」上命寧南大將軍陳泰率八旗兵往湖廣，與承疇商駐要地；又詔繼茂移鎮桂林，以聯聲援。

十二年二月，上諭兵部曰：「前以湖廣寇氛未靖，殃及生民，曾有言增遣滿洲兵，攜家口駐防武昌。今念沿途水陸居民及驛遞，必至騷擾；所駐之地，又須撥給房屋、田土，其爲民累，更有不可勝言者。近聞五省經略輔臣洪承疇在彼操練兵卒，軍威殊壯，招徠撫輯，民情安悅，無須增置攜家口兵，前所遣兵，仍照常更換。」六月，可望遣其黨劉文秀、盧明臣、馮雙禮等分犯常德、岳州、武昌，承疇與大將軍陳泰遣兵邀擊，大敗之。明臣墮水死，雙禮中創遁，文秀竄貴州。八月，詔頒賞承疇及所統將領有差。十一月，承疇以寶慶府震雷徹夜，具疏自劾，上慰諭之。十三年二月，諭曰：「日者賊渠孫可望等猖狂犯順，夜襲常德。爾同大將軍陳泰遣發官兵，水陸追剿，大獲全勝。良由籌畫有素，調度合宜，用能張撻伐之偉略，杜窺伺之狡謀。已頒懋賞，仍賜特諭，彰朕嘉悅之意。」是年，考滿，晉太傅，仍兼太子太師，廕一子入監。十四年十月，孫可望率所屬官百餘、兵數千，自貴州赴長沙納款。上命承疇同寧南大將軍貝子洛託相機收取貴州。

十五年二月，疏言貴州地勢情形及三路進取雲南機宜，尋與洛託會師常德，由辰州、沅州進征，檄偏沅巡撫袁廓宇招降靖州，並苗兵赴鎮遠西二十里山口堵禦。沿途擒斬收降甚衆。四月，抵貴陽城中，文武官俱先遁。承疇疏言：「自常德、辰、沅至鎮遠、貴陽，重關高嶺，石徑尖斜，大雨將及半月，泥濘三尺。滿洲兵謂從來出征，未有如此之難；馬匹疲斃，未有如此之甚。然皆不顧艱難，奮勇當先，漢軍、緑旗兵緊隨而進。不五十日剿逆撫順，貴州全省底定，皆皇上德威遐暢之所致也。」上命信郡王多尼爲安遠大將軍，率師之貴州，與四川、廣西兵會期進攻雲南。六月，承疇疏言：「臣前有三路進取全局一疏，冀不致兵衆擁集，爭糧乏食。及至貴州，見各府州縣衛所，僅留空城，即有數百、數千石米穀，八旗兵陸續經過，一二日輒罄盡。惟省倉存米七千餘石，稻穀四千餘石，足供一月食用。臣所統兵，皆分布鎮遠、偏橋、興隆、清平、平越等處，各自買米，并尋野菜和米充飢。投誠官兵暫駐三四日，即改發天柱、會同、黔陽等縣，及沅州以就糧。貴州山深地冷，收穫皆在九月。臣遣官勸諭軍民、土司、苗民預納本年秋糧之半，接濟滿洲兵月米。今四川一路兵，駐於遵義、烏江休息，有舊日遺糧處；廣西一路駐獨山州，兵亦可就近購糧。又聞信郡王大兵自六月初旬自荆州進發，所需口糧尤多數倍。臣已檄催沅州糧米，速運鎮遠積貯，令隨征各官分路採買，令長沙、常德各道府製備布口袋二萬餘，并梭套、木架、繩索解送鎮遠。又於天柱、思南、石阡、思州、平越各府州縣衛所，及土司苗人，募夫役，給工食，逐站遞運至平越及新添衛所，可不誤師期矣。」九月，改内院爲殿閣，授承疇武英殿大學士。是月，承疇奉詔赴平越會議，信郡王由中路過關嶺、鐵索橋，抵雲南省城，計一千餘里，解餉銀三月，攜糧十五日；運礮漢軍攜糧二十五日；平西王吳三桂由遵義過七星關抵雲南省城，計一千五百餘里，先中路兵十日起行；征南將軍卓布泰因南寧有賊屯踞，離遠難以兼顧，議沿貴州、廣西邊界平浪、永順、鎮遠，繞出安隆所，直趨黃草壩、羅平州，抵雲南省城，計千八百餘里，先四川兵十五月起行。既定議，承疇還貴陽，遵旨同大將軍洛託駐守，遣經略右標提督張勇等隨信郡王進征，擊走由榔、鞏昌王白文選於盤江。

十六年正月初三日，三路兵並薄雲南省城，由榔與李定國、白文選等竄永昌，餘衆以城降。承疇疏言：「臣前料理湖南、廣西，幸皇上俯鑒愚忱，有請俱允，俾得地方支持。今雲南新闢，係臣經略管轄之内，必親往相度，乃能區處得宜。故不待詔諭，即日就道。貴州有一大將軍洛託彈壓，巡撫趙廷臣綏輯，可無他慮。惟雲南尤爲險遠，土司種類最多，治之非易。故前元朝用親王坐鎮，明朝以國公沐英世守，乞敕議政王、貝勒、大臣爲久長計，留兵駐鎮，俾邊疆永賴敉寧。」閏三月，又疏言：「臣自黔赴滇，經過白水、文水、曲靖、馬龍、楊林等處，於三月二十六日抵雲南省城。信郡王先於二月初二日令貝子尚善領兵同平西王吳三桂、征南將軍卓布泰等追剿，至永昌、騰越及南甸土司，李定國、沐天波等擁由榔奔緬甸。其國公賀九義，伯李成爵、李如碧、廖魚，將軍鄒自貴、馬得鳴等，收集潰兵，分遁元江、順寧、雲龍、瀾滄、麗江諸處邊外，雲南迆西及迆東，在在可虞竊犯。民間遭兵火殘毀，飢餓載道，死無虛日。在永昌一帶，更爲慘烈，週圍數百餘里，杳無人烟。追剿大兵，因無糧不能久駐，而省城糧米，以湖南官斗市糴，每石需銀十三兩有奇。是以分駐宜良、富民、羅次、姚安、賓川、臨安、新興、澂江、陸涼等處就糧。臣知皇上明鑒萬里，自有宸斷碩畫，俾邊臣得以遵奉。」疏入，上已命吳三桂駐鎮雲南，又諭户、兵二部曰：「雲貴新入版圖，百姓皆朕赤子，念十餘年來逆寇李定國等竊踞南服，民多在水火之中，困於誅求，生計日蹙，疾痛莫告。今大兵所至，羣黎歸命，歡若更生。但聞兩省地方，生理未復，室廬殘毀，田畝荒蕪，俯仰無資，衣食艱窘。朕每念及，不勝惻憫。至南征大兵，閱歷險阻，長驅深入，糧餉恐有時不繼。今特發内帑銀三十萬兩，爾部即遣官刻期齎往經略軍前，以十五萬兩賑濟兩省窮民，其十五萬兩令經略臣收貯。現今三路大兵如有需餉甚急者，宜行接濟。」

八月，承疇疏言：「兵部密咨大兵宜速進緬甸，以靖根株，令臣相機布置。臣受任經略，目擊凋敝景象，及土司降卒觀望情節，不可謀迫，須先安内，乃可剿外。李定國等竄孟艮等處，山川皆極險遠，兼瘴氣爲害，必霜降後方消。明年二月青草將生，瘴即復起，計自出兵、駐兵、回兵，僅閱四月，恐亦未能窮追遠剿。況屢聞李定國等勾連土司，覬由景東、元江復入廣西各土司，私授劄印，歃血爲盟，伺隙起釁，若一聞大兵西進，勢必共思狂逞，避實突虛。大兵相隔已遠，不能回顧，而留駐省城之兵亦未及堵禦，致定國等縱逸，所關匪細。臣審度時勢，權量輕重，謂今年秋冬宜暫停進兵，俾雲南迆西殘黎，稍藉秋收，以延殘喘，盡力春耕，以圖生聚，而數萬大兵又得養鋭蓄威，居中制外。俾定國等不能窺動静以潛逃，土司不能伺釁隙以狂逞。絶殘兵之勾連，斷降兵之反側，則飢飽勞逸，勝算皆在於我。料定國等潛藏邊界，無居無食，瘴癘受病，内變易生，機有可俟。是時兵餉芻糧輳備，土司苗蠻漸服，殘兵降卒已安，并調撥將兵次第齊集，責成防禦，然後進剿，庶爲一勞永逸，固内剿外長計。」疏下議政王、貝勒、大臣會議，如所請，暫停進兵。十月，以目疾乞解任，得旨還京。十八年，聖祖仁皇帝御極，承疇乞休，允致仕，命察敘招撫經略功，予三等輕車都尉世職，准襲四次。康熙四年二月，卒。賜祭葬如例，謚文襄。

子士銘，由順治十二年進士，官至太常寺少卿，兼襲世職。

雜録

備録

趙翼《簷曝雜記》卷六　聞之故老云：明崇禎十五年松山爲我朝兵所敗，傳聞督師洪承疇已殉難。崇禎帝卹典極隆，賜祭十六壇。其子弟在京，已刻行狀，散弔客。方祭第十四，崇禎帝將親祭，《通鑑輯覽》謂賜祭十六壇。而承疇生降之信至。後金聲起兵徽州，與門人江天一俱敗。總督洪承疇諭降，天一誦崇禎祭承疇文以愧之。承疇入本朝，爲江南等省經略，又爲川、湖、雲、貴經略，歸歿於京師，其子弟又刻行狀，不復敍前朝事，即從本朝入關起。有輕薄子得其兩行狀，訂爲一本，以作笑端云。按承疇歷官，惟在前朝勦流賊最勞勩也，本朝國史未必敍其在前朝之事，賴《紀略》一書纖屑備載。蓋其在前朝實有鞠躬盡瘁之忠，不可泯沒者，不必復責其半途失節也。

昭槤《嘯亭雜錄》卷一《用洪文襄》 松山既破，擒洪文襄歸。洪感明帝之遇，誓死不屈，日夜蓬頭跣足，罵詈不休，文皇命諸文臣勸勉，洪不答一語。上乃親至洪館，解貂裘與之服，徐曰：「先生得無冷乎？」洪茫然視上久之，歎曰：「真命世之主也！」因叩頭請降。上大悅，即日賞賚無算，陳百戲以作賀。諸將皆不悅，曰：「洪承疇一羈囚，上何待之重也？」上曰：「吾儕所以櫛風沐雨者，究欲何爲？」衆曰：「欲得中原耳！」上笑曰：「譬諸行者，君等皆瞽目，今獲一引路者，吾安得不樂也！」衆乃服。乃毛西河謂洪初不降，繼命優人誘惑，洪故閩人，夙習好男寵，因之失節。何厚誣之甚。故明帝初聞其死，設壇以祭，非無因也。

備論

法式善《存素堂文集》卷二《洪文襄公年譜序》 年譜之書，大抵因其人有高出一世之才，而無高出一世之位，與高出一世之功而後作也。唐之昌黎、杜陵，宋之東坡、山谷，金之遺山，元之道園，皆後人慨慕其遺行，恐其湮沒，爲之詳考博稽，勒成一書，垂之奕禩。若洪文襄公者，既有其才，復有其位其功者矣，年譜奚以輯？輯之蓋其六世孫某奉文襄遺事，泣而告予曰：「閱世以來，族姓繁衍，讀書者少，遺籍漸散。先人之筆記銘志狀誄絶少存者，不有以甄綜之，將恐日亡日軼，後來者不獲考尋祖考之德功、事言。上負國恩，下隳先業，其若子孫何？」余固辭不獲，乃彙其斷爛文字，旁徵諸稗史叢書，及史館之軼聞瑣事，用呂大防、洪興祖諸家分編昌黎年譜之例，以月繫年，以事繫月，釐然井然。取材於《明史紀事本末》、《綏寇紀略》、《八旗通志》，間附以家乘，其於文義字句，有剪裁，無增益，徵信益以志慎也。若其不可知者，則寧闕之以待補云。

范文程部

綜述

《清史列傳》卷五《范文程傳》　范文程，瀋陽人。曾祖鏓，明嘉靖時官兵部尚書。祖沉，瀋陽衛指揮同知。父楠，未仕。

文程少好讀書，穎敏沉毅，與兄文寀並爲生員。天命三年，大兵克撫順，文程年二十有一。太祖高皇帝見而器之，召與語，知其熟於當世之務，使隨行。及取遼陽，度三岔，攻西平，下廣寧，皆參謀帷幄。天聰三年，以文館官從太宗文皇帝伐明，入薊門，克遵化，招服潘家口、馬蘭峪等五城。會我師在大安爲敵所圍，文程以火器進攻，圍解。太宗自將臨永平，令守遵化。敵兵掩至，文程率先力戰，敵敗走。論功，授三等輕車都尉世職。五年，師圍大凌河城，文程招降西山一臺，命即統其衆。六年，太宗詢廷臣伐明之策，文程與甯完我等言：「我軍如欲深入，當乘其無備，直抵北京，訊其和否，毀山海關水門而歸，以壯軍威。計所從入，惟雁門關爲便。並諭沿路人民，俟版圖歸我，酌免賦稅，示愛養意。」太宗嘉納之。

崇德元年，授秘書院大學士。初，八旗置都統，衆議首推文程。太宗曰：「此職一軍耳，朕方資爲心膂，其別議之！」時文程所領皆樞密事，每入對，必漏下數十刻始出；或未及食息，復奉召入。凡宣諭各國敕書，率撰擬以進。至是，改文館爲内三院，遂有是命。八年，世祖章皇帝嗣位，命以其族屬隸鑲黃旗。

順治元年，睿親王多爾袞將統兵伐明，文程上議曰：「迺者明之流寇煽亂，其君若臣不能相保。雖天數使然，良由我先皇帝憂勤肇造，諸王大臣夾輔沖主，忠格蒼穹，上帝潛爲啓佑也。竊惟承丕業以垂休萬禩者，此時；失機會而貽悔將來者，亦此時。何以言之？中原荼苦已極，黔首無依，思歸令主，以圖樂業。明之受病，已不可治。其土地人民，不患不得，患得而不爲我有耳。曩者棄遵化，屠永平，一再深入而返。彼以我爲無大志，縱來歸附，未必撫恤，因懷攜貳。今日有已服者，有未服宜撫者，是當申嚴紀律，秋毫勿犯；復宣諭以昔日不守内地之由，及今進取中原之意。官仍其職，民復其業，錄賢能，恤無告，大河以北，可傳檄而定也。此行或直趨北京，或相機攻取，必於山海長城以西，擇一堅城頓兵而守，以爲門户。惟諸王察之！」大軍遂發，文程從。師渡遼河，明山海關總兵吴三桂以闖賊陷北京來乞師，文程曰：「自闖寇猖狂，中原塗炭，近且傾覆京師，戕厥君后，此必討之賊也。我國家上下同心，兵甲選練，誠聲罪以臨之，恤其士夫，拯厥黎庶，兵以義動，何功不成乎？」復言：「好生者天之德也，兵者聖人不得已而用之，自古未有嗜殺而得天下者。國家欲統一區夏，非乂安百姓不可。」於是申嚴紀律，妄殺者有罪。既敗流賊二十萬於山海關，我兵長驅而西，民多逃匿。文程草檄宣諭曰：「義兵之來，爲爾等復君父仇，所誅者惟闖賊。師律素嚴，必不汝害。」民心遂安。

師入北京，建議備禮葬明崇禎帝。時宫闕灰燼，百度廢弛，文程收集諸曹册籍，布文告，給軍需，事無巨細，咸與議焉。明季賦額屢增，而籍皆燬於寇，惟萬曆時故籍存，或欲於直省求新册，文程不可，曰：「即此爲額，猶恐病民，豈可更求哉？」自是天下田賦悉照萬曆年間則例徵收，除天啓、崇禎時諸加派，民獲蘇息。二年正月，敍功，晉二等男。十月，江南既平，上疏言：「治天下在得民心，士爲秀民，士心得則民心得矣，宜廣其途以蒐之。請於丙戌會試後，八月再行鄉試，丁亥二月再行會試。」從之。三年、四年兩充會試主考官。五年，晉一等男，賜「巴克什」號。六年正月，充纂修《太宗實錄》總裁官。二月，復爲會試主考官。七年，遇恩詔，加一雲騎尉世職。

八年正月，晉二等子。閏二月，大學士剛林以黨附睿親王多爾袞獲罪，其删改《太祖實錄》，辭連文程，並議罪。先是，三年二月，睿親王誡大學士等宜時具條奏，文程以凡有聞見即面啓，無庸具本對。王曰：「爾素有疾，毋過勞，自後可早出休沐。」逾數月，甘肅巡撫黄圖安請終養，部議借端規避，應革職。文程白鄭親王濟爾哈朗曰：「終養乃人子至情，不宜如部議。」睿親王怒其不先白己也，下法司論罪，既而釋之。後文程因不合睿親王意，時稱疾家居。至是，世祖以文程在盛京時不附貝勒碩託，後亦不附睿親王，衆所共知，免其罪，革職留任。未幾，復原職。

九年，遇恩詔，晉一等子。十月，任議政大臣。疏曰：「臣見直省土地荒蕪，賦虧餉絀，國家大害在此；然屯田可興，國家大利亦在此。昔明太祖嘗言：『養兵百萬，不費民間一粒。』亦當元季亂後，地曠行屯故耳。今湖廣、江西、河南、山東、陝西五省寇亂日久，人民稀少，請設興屯道綜理之，同知分理之。地之無主者，即爲官屯；其有主而拋棄者，多方招徠，過期不至，乃爲官屯。凡土著、流户願來耕者，均給以地，量助牛、種，官分子粒三之一，三年後爲永業。編行保甲，使守望相助。其無本者，官給傭值。則遠近饑民，聞風踵至，亦救荒之術也。初屯之時，所收糧草，皆道廳留貯，出陳易新，爲次年加墾計；其難久存者，就近撥供兵馬，僱舟車起運，勿僉點屯民，動用屯牛，則屯事得永久矣。又興屯之處，府縣有司聽屯道提調，理屯同知惟屯道管轄。如開墾日增，撫按特薦，倣邊俸例三年陞二級，以酬其勞，其不職者嚴糾之，所當信賞必罰也。」疏上，命諸王大臣會議舉行。

十一月，以科道官當睿親王攝政時劾大學士馮銓降革者，彙原疏進呈御覽，世祖曰：「諸臣所劾誠當，何爲以此罷耶？」文程曰：「諸臣疏劾大臣，無非爲君爲國，皇上當思所以愛惜之！」世祖遂諭吏部俱以原官起用。十年，請令部院三品以上大臣各舉所知，不論滿漢，不拘資格，不計親疎，取正直才守之人，堪任何官，列疏奏聞。一官可舉數官，數官可舉一官，將姓名彙置御前，不時召對；察其議論，核其行事，遇缺請旨簡用。若用後稱職，保舉官加以優典，否則量罪連坐。詔允所議。十一年八月，加少保兼太子太保。時遣官赴各省恤刑，因疏言：「前此遣滿漢大臣巡方，慮有擾民，是以停止。今四方水旱災傷，紛紛見告，亦應請停止。其現禁重囚，敕各巡撫詳勘，以可矜可疑者奏聞，裁定。」從之。

九月，以疾乞休，奉諭曰：「大學士范文程任事多年，忠誠練達，朕所倚賴。乃近以積勞成病，未得旦夕奏效，深繫朕懷！暫令解任調攝，俟病痊召用。」特晉太傅兼太子太師，頻賜藥餌存問。十四年，詔晉秩一級，圖其像藏之内府。聖祖仁皇帝嗣位，奉命祭告太宗山陵。康熙五年，卒，年七十。賜祭，立碑，謚文肅。五十二年，御書「元輔高風」以額其祠。

文程經事四朝，寵錫優異。在盛京時，列聖皆呼其官而不名。以其形貌頎偉，所賜衣冠皆特製。居恒言：「治天下惟在得賢。」庶官有才者，不以一眚掩，湔除拔擢，時爲奏請焉。謝政後，居別墅中，以詩書、騎射教子弟。性廉慎，樂施與，器量淵深，人莫窺其喜怒。子六人，承斌襲一等子爵，承謨、承勳別有傳。

雜録

備録

談遷《北游録・紀聞下》 滿洲興學倡于范文程。始試百四十人。入庠歲考有三等。上者賞絹二匹。

王士禛《池北偶談》卷一〇 文肅范公文程家法最嚴，子弟不稍假色笑。長子官户部侍郎，次子官翰林學士，往往侍立終日，不命之坐不敢坐。故忠貞承謨歷官督撫，皆以清節著聞，終殉逆藩之難，論者以爲家教云。忠貞弟承勳，今爲雲貴總督侍郎。

昭槤《嘯亭雜録》卷二 范文肅公文程爲宋忠宣公裔。國初仗劍謁軍門，太祖曰：「名臣後，宜厚待之。」遵化四城之役，公守灤州，獨得保全闔郡生靈。大兵入關時，公參決帷幄，勸睿忠王秋毫無犯，爲明帝發喪，並護送倪文貞公靈柩南歸，凡忠義之士皆褒獎之。

陳康祺《郎潛紀聞初筆》卷八《瀋陽范氏》 國初瀋陽范氏，勛業鼎盛。文肅公文程，翼贊龍飛，爲我朝阿衡、尚父。康熙初，三孽不靖，忠貞公承謨方撫閩，三年土室，卒殉封疆，又爲我朝睢陽、常山。偉略藎忠，後先踵起，洵海内第一世家。康祺按：范氏自有明中葉，由吴往戍，蓋文正公裔孫也。名相雲礽，閱五百餘年又成閥閱，世皆謂天平冢地使然。天平山，屬蘇州，文正祖墓在焉。不知文正父子，世德鬱積，實足致公侯復始之祥。而天祚聖清，蚤於前朝全盛之年，預置高平一脈於大東，爲異日真人之佐命。事關興廢，豈區區疑龍撼龍之説所能爲功哉？

陳康祺《郎潛紀聞二筆》卷一《范文肅三大議》 巨清開國元輔，在漢臣中必首推范文肅公文程，其遭遇如漢之留侯、明之誠意，而建樹宏遠則過之。世傳其三大議，尤足固根本。流賊破明燕京，吴三桂來乞師，睿親王召公籌策。公曰：「賊惡稔矣，可一戰破。惟好生者天之道，古未有嗜殺人而得天下者，國家欲統一方夏，非乂安百姓不可。」王用其言，入關，申嚴紀律，妄殺者罪，遂定京師；一大議也。明季賦額屢增，民不堪命，公廷對請用萬曆時額，從之，天下大悅：二大議也。闖、獻亂後，土曠民稀，公條上軍屯事宜，詔議行之，流亡漸集，裁兵不譁：三大議也。公以孔孟之學術，爲伊旦之經綸，張、劉兩文成，烏足語此。

陳康祺《郎潛紀聞三筆》卷三《列聖呼范文肅官而不名》 范文肅公文程在盛京時，列聖皆呼其官而不名，以其形貌頎偉，御賜衣冠，皆出特製。蓋其時漢臣在班列者尚寥寥，公獨受股肱心膂之寄也。

孔有德部

綜述

《清史列傳》卷七八《孔有德傳》 孔有德，遼東人。初與耿仲明爲明總兵毛文龍部校，文龍善遇之。及文龍爲督師袁崇煥所殺，副將陳繼代領部衆。有德謂不足共事，偕仲明走登州，巡撫孫元化官遼久，謂遼人可用，奏授步兵左營參將。

大兵圍大淩河急，元化令騎八百赴援，行數日，兵乏食，肆掠村堡，有德繩以法，兵益譁。小校李應元，參將李九成之子也。九成爲元化齎金市馬，耗其金，懼誅，遇應元於吳橋，欲倡叛，有德與合謀，還掠陵縣、臨邑、商河、齊東、德平、青城、新城，遂趨登州，圍之。約仲明及都司陳光福内應，城破，以元化素有恩，勿殺，釋之去。收遼人三千餘，會旅順副將陳有時、廣鹿島副將毛承祿亦叛明來合，兵勢益壯。衆推有德爲王，有德曰：「今方起事，何敢遽膺王號？」衆强之，乃自稱都元帥，鑄印登壇，署官屬：九成爲副元帥，仲明、有時、承祿、光福爲總兵官，應元爲副將，四出攻掠。明以保定、天津、昌平諸鎮兵會剿，逾年弗能制，議用遼人之在寧遠者，使總兵祖大弼、吳襄督之，圍登州。九成、有時出戰死，有德慮不支，遣部將來我朝納款。集戰艦突圍出，泛海過旅順口，明總兵黄龍以水師截擊，應元死於陣，承祿、光福被擒；朝鮮兵復邀之於鴨緑江。

天聰七年四月，命諸貝勒統兵駐岸受降，明兵及朝鮮兵不及追。有德偕仲明攜人衆輜重來歸，給田宅於遼陽。六月，召赴盛京，上帥諸貝勒出德盛門十里至渾河岸，行抱見禮，親酌金卮勞之，賜敕印，授都元帥。尋隨貝勒岳託征明旅順，破其城，黄龍自刎死。有德收遼人數百自屬。及還，有德墜馬傷手，留遼陽。詔慰之曰：「都元帥遠道從戎，良亦勞苦。行間一切事宜，實獲朕心。至於贊襄招撫，尤大有裨益。不謂勞頓之身，又遭銜蹶之失。適聞痊可，大慰朕懷。」又傳諭曰：「卿所攜紅衣大礮，已運至通遠堡矣，即付卿，令軍士時時演習。」八年正月，御殿，命與八貝勒同列第一班行禮，遣官爲營第宅。有德疏辭曰：「臣自歸附以來，蒙恩賜賚服物田宅，已極周渥。今更勞睿慮，爲臣治室宇，臣心實切不安。惟願皇上勉圖進取，俾中原底定，民庶康寧。斯時以華屋賜臣，臣乃受之無愧也。」奉旨：「進取之事，難以預料，惟仰賴上天之垂祐耳。若得如所言，天下底定，更有酬庸之典。今爲營第宅，聊示優異，其勿辭！」三月，詔定有德軍營纛旗之制，以白鑲皂，別於滿洲及舊漢軍，號天祐兵。四月，因有德於朝臣往來遼陽者，悉躬迎款宴，諭止之；並令禮部，凡有德遣使詣盛京，給館餼。

八月，從上征明，由大同入邊，擊敗敵騎於代州城西，俘斬甚衆。九年，有德以新附人民日衆，偕仲明輸糧助餉，上以歸附人民，糧已足用，卻之。崇德元年四月，封恭順王。十二月，獲大礮及輜重，從上征朝鮮，敗其援兵。二年，隨武英郡王阿濟格攻克皮島，賜蟒服、銀幣。先是，旅順之役，諸貝勒疏言有德、仲明所屬將士，當投誠時，爭占官廨及富家宅，藉稱戚屬，多取俘獲人户，上以來歸未久，置勿問。至是，復有言其部衆違法妄行者，諭令申嚴約束，毋蹈故轍。三年，上征明錦州，有德偕仲明及智順王尚可喜，都統石廷柱、馬光遠等，以神威將軍礮攻克錦州城西臺，戚家、石家諸堡，又招降大福堡，賜所俘獲。四年，從征松山，礮擊毀城堞。明守將金國鳳乘夜葺城，拒益力。有德議鑿地道攻之，明總兵祖大壽自錦州遣蒙古兵三百人城，多方防禦，不能鑿，我兵遂還。六年，率兵更番圍錦州，破明兵於杏山。七年，賜服物及降户。時漢軍始分八旗，有德請以衆部隸漢軍，於是隸正紅旗。八年，從大軍取明中後所、前屯衛。

順治元年四月，隨諸王貝勒入山海關，擊敗流賊李自成，追剿至望都。十月，上御皇極門宴賚之。尋以豫親王多鐸爲定國大將軍，有德率兵從。二年，破自成於潼關，遂定西安，移師下揚州、江寧，分克江陰縣，乃班師，賚蟒服、良馬、黄金百兩、白金萬兩。命還鎮遼陽，操兵馬，俟調遣。三年，授平南大將軍，征湖南，並可喜受節制。初，自成棄西安走襄陽、武昌，竄死九宫山，其黨李錦、高必正、郝摇旗、王進才、藺養成、牛有勇、袁宗第、劉體純等衆數十萬，走長沙，常德，爲明巡撫何騰蛟招降，請於桂王朱由榔，授總兵，與舊將黄朝宣、楊國棟、李茂功、黄晉、吴興、蕭曠、姚有性、張光璧、劉承胤、董英、曹志建分據湖南。由榔以武岡爲奉天府，自桂林徙居之。有德至岳州，進兵長沙，擊走進才，殲其衆，下湘潭；敗朝宣兵，克衡州，斬朝宣及其四子；取祁陽，進克寶慶，斬茂功、晉、興，及步騎萬餘，遂薄武岡。由榔與騰蛟走桂林，承胤、英降。光璧集沅州萬餘衆拒戰，副都統藍拜等破之，取沅州，分兵克靖州，斬曠、有性。五年，克辰州。湖南諸郡邑底定。進平廣西全州，並招降興安、灌陽、銅仁苗峒二百餘。奉詔班師，宴勞，賚黑狐、紫貂、冠服、彩帛、鞍馬、黄金二百兩、白金五千兩。六年五月，賜金册金印，改封定南王。

命統兵征廣西，攜家駐衡州。先是，有德自湖南班師，南昌總兵金聲桓、廣東提督李成棟相繼叛，湖南郡邑復爲錦、摇旗、進才、宗第等侵據。上命鄭親王濟爾哈朗、順承郡王勒克德渾統兵討之，恢復長沙、衡州、寶慶諸郡，而馬進忠猶據武岡。進忠者明季流賊十三家之一，自稱「混十萬」。明將左良玉招降之，良玉死，歸由榔，爲總兵。至是，與其黨曹志建、鄭恩受、劉禄、胡光榮、林國瑞、黄順祖、向文明等寇擾靖州、永州、郴州，窺寶慶。十月，有德至衡州，遣副將董英、何進勝斬恩受於燕子窩，自督兵永州，擊走賊衆數萬，俘斬過半。七年正月，攻武岡，陣擒禄、光榮等，進忠負創遠竄，武岡、靖州俱復。志建踞龍虎關，有德移兵永州，分布攻圍，大破之，擒國瑞，順祖於興寧，文明率衆五萬降。捷聞，得旨嘉獎。十二月，有德拔桂林，由榔先遁，擒斬其王、侯、官屬四百餘。桂林、平樂二府底定。八年正月，有德奏移藩屬駐桂林。尋遣總兵馬蛟麟等進克柳州、梧州二府，象州、馬平、雒容、柳城、融縣、懷遠、蒼梧、藤縣、容縣、岑溪、懷集、北流諸縣悉平。復遣總兵線國安、馬雄、全節分三路進取，有德赴廣州，廉州策應，恢闢思恩、南寧、慶遠諸郡。

九年四月，有德疏言：「臣荷先帝節録微勞，錫以王爵。恭遇聖主當陽，正四海永清之日。南粤東西、八閩，尚未全歸版圖。臣謬辱廷推，駐防閩海。同時有固辭粤西之役者，蓋因其地最荒僻，民少山多，百蠻雜處，諸孽環集，底定難驟期也。臣自念受恩至渥，必遠闢巖疆，始敢伸首丘夙願，故毅然以粤西爲請。受命以來，道過湖南，伏莽猶蔓延六郡，拮据一載，咸與埽除。乃進征粤西，仰藉威靈，所向克捷。賊黨或竄或降，雖土司瑶、伶、俍、僮，古稱叛順靡常者，亦漸次招徠，受我戎索。粤西業已底定，臣生長北方，遇南荒煙瘴不習。每解衣自視，刀箭瘢痕，宛如刻劃。風雨之夕，骨痛痰湧，一昏幾絶。臣年邁子幼，乞聖恩垂鑒，即敕能臣受代，俾臣得早覲天顔，優游緑野。」疏入，奉旨：「覽王奏，悉知功苦。但南疆未盡寧謐，還須少留，以俟大康。」先是，有德以黔賊孫可望附桂王竊伺楚、粤，請敕剿撫。將軍續順公沈永忠撥重兵駐防沅州，以扼楚、粤門户，復令線國安、全節、馬雄分守南寧、慶遠、梧州。未幾，桂王將李定國、白文選陷沅州、靖州、武岡。永忠自寶慶告急，有德遣兵赴援，至全州，永忠已棄寶慶退湘潭。七月，定國由間道逼桂林。時城中守兵無多，賊晝夜環攻，有德登城禦，爲矢中額，仍指揮擊賊。及聞城北山嶺已爲賊踞，令家衆舉火焚室，曰：「城亡與亡，大義也。」遂自縊。事聞，上震悼，謚武壯。

大兵復桂林，女四貞以櫬歸京師，賜祭葬，立碑墓道。給四貞白金萬兩，並視郡主食俸。復諭禮部曰：「定南武壯王孔有德航海來歸，屢建功績。迨朕平定天下，有德剿巨寇，靖南服，開闢廣西，勤勞懋著。不意桂林之役，衆寡不敵，精忠自矢，竟以身殉，義烈允彰。應立祠致祭。」於是部議立祠，春秋致祭，以其妻白氏、李氏陪祀，皆殉節桂林者也。一子名廷訓，當桂林陷時，爲定國掠去。十六年，大兵定雲南，隨征總兵李茹春舊爲有德護衛，訪知廷訓於十五年十二月爲定國所殺，乃收其骸骨，乞歸葬。奉旨：「定南王子久陷滇中，尚冀大兵克取，來京有日。據奏慘遭逆害，深可憫惻。下部議卹。」特予祭葬。

雜録

備録

昭槤《嘯亭雜録》卷一《收孔耿二王》 皮島自誅毛文龍後，衆皆解體，孔有德等據登、萊叛，爲明將擊敗，逃入海嶠，流離無所歸。文皇帝聞之，乃命達文成公等往相撫綏，招孔、耿二王至盛京。上親迎至都門，賞賚甚厚，即日授都招討印，命其兵爲天祐，故其將卒皆用命。尚平南、沈續順等相繼歸降，明皮島遂墟。

備論

金武祥《粟香五筆》卷八《性因上孔定南王書》 性因上孔定南書曰：山僧，梧水之罪人也。承乏掖垣，奉職無狀。繫錦衣獄，幾死杖下。今夏編戍清浪，以道路之梗，養疴招提，皈命三寶，四閲月於兹矣。車騎至桂，咫尺階前，而不欲通，蓋以罪人自處，亦以廢人自棄，又以世外之人自恕也。今且有不得不一言於左右者。故督師大學士瞿公、總督學士張公，皆山僧之友也，已爲王所殺，可謂得死所矣。敵國之人，勢不並存。忠臣義士，殺之而後成名，兩公豈有遺憾於王？即山僧亦豈有所私痛惜於兩公哉。然聞遺骸未殯，心竊惑之。古之成大業者，表揚忠節，如出天性。殺其身而敬且愛其人，若唐高祖之於袁君素，周世宗之於劉仁贍是也。我明太祖之下金陵，於元御史大夫福壽既葬之矣，復立祠以祀之。其子犯法當死，又曲法以赦之。盛德美名，于今爲烈。至如元世祖祭文天祥，伯顔恤汪立信之家，豈非與中華禮教共植彝倫者耶？山僧閒嘗論之，衰國之忠臣，與開國之功臣，皆受命於天，同分砥柱之任。天下無功臣則世道不平，天下無忠臣則人心不正。事雖殊軌，道實同源。兩公一死之重，豈輕於百戰之勳哉？王既已殺之，則忠臣之忠見，功臣之功亦見矣，此又王見德之時也。請具衣冠，爲兩公殮。瞿公幼子允宜存恤，張公無嗣，益可哀矜，並當擇付親知歸葬故里。則仁義之譽王，且播於無窮矣。如其不爾，亦許山僧領屍，隨緣藁葬，揆之情理，亦未相妨。豈可使忠義之士如盜賊寇讎，必滅其家，狼藉其肢體，而後快於心耶？夫殺兩公于生者，王所自以爲功也。禮兩公於死者，天下後世所其以王爲德也。物外閒人，不辭多口，既爲生死交情，不忍嘿嘿，然於我佛冤親平等之心，王者澤及枯骨之政，聖人維護綱常之教，一舉而三善備矣。山僧跛不能履，敢遣侍者以書獻，敬候斧鉞，惟王圖之。

藝文

《皇清文穎》續編卷九一　永城《過孔武壯王有德墓》　王本尼山後，支分遼水東。風雲需際會，草澤見英雄。皮島才初展，吳橋計漸窮。天教投上國，時至樹宏功。締造膺皇眷，招徠錫命隆。師仍提舊部，銜獨授元戎。袍解豐貂暖，鏇張秘殿融。直將心腹待，應竭股肱忠。兵特稱天祐，恩尤出聖衷。鼓鼙勞乍効，銀幣賚何豐。國號承基大，宗王拜爵同。威揚平壤外，聲震塞垣中。降將開山海，偏師佐鄧馮。賊氛旋拉朽，明業已飄蓬。定鼎邀殊賞，爲屏冠上公。自茲頻討亂，所向輒横空。捷屢馳吳楚，銘兼勒華嵩。定南封更晉，攘外獎宜崇。疆圉偏多事，干城合鞠躬。蠻方琛未獻，粵徼道宜通。遠統貔貅往，親蒙矢石攻。桂林除跋扈，梧野起疲癃。反側行看盡，功名惜未終。潢池妖復熾，萑澤孽潛龍。大帥成孤注，危城倚上穹。來援音杳杳，出戰勢怱怱。冠裂肝俱碎，袍沾血盡紅。肯將身落賊，爭覺氣如虹。素帛全遺體，丹忱報宣聰。盟無虧帶礪，軍竟化沙蟲。馬革酧專閫，牛眠敕考工。烈名標武壯，曠典荷帡幪。我偶紆吟轡，人還說故宮。由來能擇主，浩歎緬英風。

耿仲明部

綜述

《清史列傳》卷七八《耿仲明傳》 耿仲明，遼東人。初與孔有德同爲明總兵毛文龍部校，後隨有德走登州，巡撫孫元化並用爲參將。及有德反吴橋，其黨李梅者通洋事覺，皮島總兵黄龍繫之獄。仲明弟仲裕爲龍部下都司，謀作亂，龍捕斬之，疏請正仲明主使罪。時有德還攻登州，仲明遂糾將士之舊籍遼東者爲内應。城陷，有德自稱都元帥，仲明自稱總兵，招致島中副將陳有時、毛承禄等，龍遣副將尚可喜、金聲桓撫定諸島。時天津有裨將孫應龍者，大言於衆曰：「仲明兄弟與我善，我能令其縛有德來。」巡撫鄭宗周予以兵二千，從海道往。仲明聞之，亟僞爲有德首以紿之，應龍舟師抵木城，延之入，猝縛斬之，殲其衆，得巨艦以禦黄龍兵。後有德出攻萊州，敗還，明兵合圍登州。

仲明隨有德攜人衆輜重來歸。本朝天聰七年四月，命給田宅於遼陽，安輯部衆，召見宴勞，授仲明總兵官，恩賚優禮同有德。尋隨貝勒岳託征明旅順，多斬獲。八年二月，有德劾仲明侵漁所部財物，致告訐者衆。仲明旋入奏引咎，翼日，召有德諭曰：「耿總兵謂訐彼之人，不可留於部下，欲改隸元帥，以圖和好，甚爲合禮。其善撫之！」復召諭仲明曰：「爾以訐告之人改隸元帥，其黨尚有留部下者，宜善加撫養，勿念舊惡！若日後懷仇虐使，是爾不思報國，止爲身謀也。倘若其人越分妄行，自作罪孽，國法具在，朕亦安肯姑容？」是年秋，從征明，由大同入邊，至代州，屢敗敵兵。仲明每奉命出征，輒與有德偕，其軍纛旗，亦以白鑲皂，號天祐兵。崇德元年四月，封懷順王。十一月，從征朝鮮，敗其援兵。二年，攻克皮島，賚蟒服、銀幣。旋以部衆違法妄行，諭申嚴約束，毋蹈故轍。三年，從征明，攻克錦州城西臺、戚家、石家諸堡，又招降大福堡，賜所獲人户、牲畜。自是上親征松山、杏山、塔山，及遣諸王貝勒攻錦州、寧遠，仲明皆率兵從，與有功。七年八月，奏請令部衆隸八旗漢軍，於是隸正黄旗。九月，部下參領石明雄訐仲明匿所獲松山、塔山人户，私收叛逃伏誅之馮有時骸骨致祭，及殺斃無辜諸款狀，鞫實，罰白金千兩。八年九月，隨鄭親王濟爾哈朗征明，取中後所、前屯衛。十一月，部下參領宋國輔、潘孝及明雄合謀害仲明，仲明以聞，下法司鞫實，斬國輔等，籍財産給仲明。

順治元年四月，隨睿親王多爾衮入山海關，擊敗流賊李自成，追剿至望都。十月，上御皇極門，宴賚之。尋隨豫親王多鐸由河南征陝西。二年，破自成於潼關，進取西安。移師征江南。凱旋，賚貂裘、蟒服、良馬，黄金百兩，白金萬兩，還鎮遼陽。三年，同有德征湖南，既至長沙，分兵擊敗明桂王總兵楊國棟於牛皮灘，合攻衡州、祁陽及武岡，皆克之，擒其總兵郭肇基。五年，振旅還京，賚黑狐、紫貂、冠服、彩帛、鞍馬、黄金二百兩、白金五千兩。六年五月，賜金册、金印，封靖南王。命同平南王尚可喜率兵二萬征廣東，攜家以隨。仲明既行，其部下副都統陳紹宗，參領劉養正，佐領張起鳳、魏國賢，收留隱匿逃人事覺，諭仲明曰：「陳紹宗、劉養正、張起鳳、魏國賢雖有航海來歸之功，今隱匿逃人，是犯不赦之條矣。曩遣王南征，以爲腹心可寄，必能利益國家，何乃縱屬誘掠，實出意外。其攜去隨征者甚衆，即嚴察械歸，毋隱。」仲明奉諭，旋察出三百餘人，械歸，上疏引罪。法司議仲明應削王爵，罰白金五千兩，命從寬免削爵。仲明未及聞命，十一月，次吉安，自縊死。七年，禮部議遣官致祭，睿親王謂其非令終，不當予祭，王爵亦不當襲。

八年，上親政，乃以其子繼茂襲王爵，别有傳。

雜録

備録

《碑傳集》卷六朱彝尊《懷順王晉封靖南王耿公仲明墓表》 開國輔運推誠宣力武臣靖南王既薨三十年，天子命反葬遼東。於是王孫多羅額駙太子太保鎮平將軍昭忠自福州護遺骸以北，葬有日矣。和碩額駙太子太保聚忠請爲文表其墓。按王自登州航海攜軍民械器歸太宗文皇帝，功在草昧，多不勝書，具載《實録》，今以聚忠所能記憶者，述其大略，表墓道焉。

王諱仲明，字雲臺，先世山東人，徙蓋州衛。生而面深黑，手掌潔白如玉，軀體偉長，倜儻有大志，疎于財，多智謀。以登州參將來降，太宗嘉悦，給總兵官敕印。崇德元年四月冊封懷順王。從攻旅順口，克之，止勿屠戮。從攻朝鮮，擊破援師，拔其城。朝鮮平，還治戰艦，從攻皮島，取之。是歲大饑，斗栗白金一兩，王轉粟以賑，全活島民無算。從攻松山、杏山、塔山、中後所、前屯衛，王令將士屯田，次第克之。順治元年，世祖章皇帝治師討賊，入山海關。方是時賊鋒甚銳，聚黨十萬，迎戰關門，王率所部兵奮擊，大破之，乘勝追逐，至慶都縣，又破之。賊軍委金帛于路以緩追者，王號令夙嚴，將士無利心，追奔益疾，躡至潼關，復大破之。李自成走死，旋徇河南諸府，悉下。遂渡淮拔揚州，下江南，所至功居最。四年，進兵湖南，抵武岡，擒梟將劉肇基，收湖南。六年五月，世祖以金冊金印封爲靖南王，俾定廣東，統軍作鎮南海。王盡散其貲給軍士，運以車牛，軍士咸樂附。是年師次吉安府，王薨于軍。

世祖念王開國勳，旋冊王長子繼茂襲封靖南王。王性純孝，友愛二弟，宗鄗貧不能婚葬，輒傾囊以助。人有小德，雖一飯未嘗忘報。軍所至以招徠爲先務，圍城破，軍令當屠，必力爭于親王之統軍者。松山之戰，明總兵官王廷臣死焉，王與有舊，贖其尸焚而瘞之。或以訐王，太宗嘉王之義，勿罪也。自王薨後，子忠敏王函王骨載之行間，始厝于廣州，繼移厝福州，蠻煙瘴雨之交，烽燧矢石相向，而遺骸得以無墜，不可謂非厚幸。惟天子仁聖，始終念王之功，王之精爽亦有以答之，存著其號，亡顯其名，卒歸葬于鄉井。釣游羽獵之場，弓冶之地，距太宗寢園密邇，魂氣彷徉，在帝左右，王之靈庶無憾于泉下矣。王生于某年月日，其葬于蓋州馬蘭峪也在某年月日，厥配贈太妃郭氏、李氏袝焉。

竊嘗覽觀載記，曩代功臣封爵之典，逮及苗裔，盟以白馬，信以丹書，俄而獲罪至酎金小過，奪其侯封，每致慨報功之薄。若王則紹封奕世，其次尚主爲近臣，或專閫于外。迨王孫精忠逆命，天子猶加恩于王暨王諸孫如故。嗚呼，本朝所以待開國勳臣者厚矣。凡此皆宜表諸石，以昭垂無窮者也。

尚可喜部

綜述

《清史列傳》卷七八《尚可喜傳》 尚可喜，遼東人。父學禮，明東江遊擊，戰歿於樓子山。崇禎初，可喜爲廣鹿島副將，值皮島兵亂，總兵黄龍不能制，可喜率兵入皮島，斬亂者，龍鎮島如故。及龍以旅順之戰死，沈世魁代。部校王庭瑞、袁安邦等構可喜，誣以罪。世魁檄可喜赴皮島，舟發廣鹿，風大作，不克進。世魁檄愈急，可喜心疑，偵得其情，歎曰：「吾家世捐軀報國，娼嫉者反欲擠之死地耶？」遂還據廣鹿，遣部校盧可用、金玉奎赴我朝納款，時天聰七年十二月也。上遣使齎貂皮賚之。

八年正月，可喜舉兵，略定長山、石城二邑，擒明副將二，合衆數千户，攜軍器、輜重，航海來歸。命安輯於海城，贍給糗糧、牲畜，並以我兵征旅順時所獲可喜親黨二十七人與之。四月，詔至盛京，賜敕印，授總兵軍營纛旗，以皂鑲白，號天助兵。尋從征明，由宣化入邊，至代州，俘獲甚衆。崇德元年四月，封智順王。十二月，從征朝鮮，明年，朝鮮降。可喜乘其戰艦，取明皮島，斬世魁。賚蟒服、金銀帶幣。有家僮訐其私得人户、金帛、牧畜，法司以奏，諭曰：「此豈王自得，必散於衆兵耳。其勿訊。」三年，從征明錦州，屢攻臺堡，更番駐牧，遇敵輒敗之。七年，錦州下，賜所俘及降户。可喜奏請以部衆歸隸漢軍，於是隸鑲藍旗。八年，隨鄭親王濟爾哈朗征明，取中後所、前屯衛。

順治元年四月，隨睿親王多爾衮入山海關，擊敗流賊李自成，追至望都，斬賊將谷可成等。十月，上御皇極門宴賚之。尋隨英親王阿濟格討流賊出邊，趨綏德。二年二月，英親王駐師米脂，時自成兄子錦踞延安，可喜議令諸軍分攻旁邑，斷賊援應；獨簡精兵，攻克延安城，錦竄遁。會豫親王多鐸已破潼關，定西安，可喜奉詔與英親王追剿自成，分兵攻克鄖陽、荆州、襄陽諸郡，降賊將王光恩、苗時化等。復與英親王合兵，下九江。聞自成竄死九宫山，乃班師。賜朝服、良馬，還鎮海城。三年八月，同恭順王孔有德、懷順王耿仲明征湖南。自成之竄死也，李錦與其黨郝摇旗、王進才等擁衆數十萬，走長沙、常德，降於明桂王朱由榔，分據湖南郡邑。可喜至岳州，擊走摇旗於道州，有德、仲明分克衡州，擊敗錦；至長沙，擊敗進才，復攻取桂陽、寶慶、武岡諸郡邑，湖南底定。五年九月，凱旋，賚黑狐、紫貂、冠服、彩帛、鞍馬，黄金二百兩，白金二千兩。

六年五月，改封平南王，賜金册、金印，統將士征廣東，攜家駐守。時廣東尚附由榔，可喜至南雄，破其城，斬守將楊傑等三十餘員，兵數千。七年正月，克韶州府及清遠縣，桂王總兵吴六奇等迎降。二月，師次廣州，守者於城外密布礮臺，城西樹木城，濬河三道通海，路泥淖。我兵不能攻擊，深壕築壘困之，值暑雨鬱蒸，弓矢解膠，久相持。招降其紅旗水師總兵梁標相及黨千餘，增造戰船，別募水師二千，以供調遣。桂王總督杜永和，國公陳邦傅，伯馬寶等糾衆萬餘迎戰，敗者再。復招降其總兵郝尚久、黄應傑於潮州、惠州，分遣將士守其地。十月，江西諸路兵赴調者踵至，可喜令軍士舍騎徒行涉淖，冒矢石奮戰，毁其城，據城西樓堞，以礮擊城西北隅，城圮，軍士畢登，斬守將范承恩及兵民萬餘，追剿餘衆至海濱，溺死者無算。奏捷，得旨嘉獎。八年，遣總兵許爾顯、徐成功攻克肇慶、羅定、高州、雷州。時流賊張獻忠遺黨孫可望、李定國降由榔，自貴州、雲南侵廣西。九年，桂林、梧州、南寧、平樂、潯州、横州俱爲定國所陷，東犯化州、吴川。可喜遣兵赴援，同提督線國安、總兵全節，以次恢復。十一年，定國以萬餘衆擾高州、雷州、廣州、薄肇慶。可喜統兵至三水縣，聞定國圍新會，結營山巔，設伏沿江要隘；自率精鋭，合靖南將軍朱瑪喇所部禁旅，涉險進攻，定國弗能抗，引衆遁，伏兵邀擊之，斬殺過半。復遣副都統畢力克圖等追剿至横州，所過郡邑悉復。十三年，賜敕記功，歲增藩俸千兩。

是時粤地皆隸版圖，而土賊間作，且遥結海賊鄭成功，爲海濱郡邑患。十七年，僞將軍鄧耀入踞海康，可喜發兵剿之，耀遁走交趾。僞寨長蕭國隆既降復叛，糾其黨洪彪、周祥、勞泰、陳期新等分據恩平、開平、陽春、陽江之山寨，劫掠廣州、肇慶。可喜遣兵剿平山寨，擒斬彪、祥、泰、期新，及賊衆千餘。國隆窮蹙，投水死。有周玉者，番禺蜑户也。黨甚衆，其繒船數百，三帆八棹，衝浪若飛。玉糾之習水戰，助海寇。可喜募從征，署玉爲遊擊。十八年，議遷沿海居民於内地，俾避寇擾，大吏令盡撤繒船泊港汊，遷其孥於城邑。玉遂糾黨爲亂，自稱恢粤將軍，以林輔邦爲軍師，所至焚掠，殘破順德縣。可喜發兵剿之，斬級二千餘，擒玉及輔邦，餘黨譚琳高、黄明初等竄據東涌海島。可喜檄水師進剿，琳高就擒，亂乃定。康熙三年，碣石總兵蘇利叛，可喜統兵征討，戰於海豐，陣斬之，殲賊衆數千，復碣石衛城。敘功，復加歲俸千兩。四年三月，諭曰：「近聞廣東人民，爲王屬下兵丁擾害，失其生理。此皆將領不體王意，或倚爲王親戚，以小民易欺，唯圖利己，恣行不法之故。自今務嚴加約束，以副委任。」十年，疏稱有疾，請令長子之信代理軍事，詔如所請。

十二年三月，疏請以兩佐領甲兵及藩屬孤寡老幼自隨，歸老遼東海城。奉旨：「覽奏，具見恭謹，能知大體，朕心深爲喜悅。」疏下户、兵二部議，令挈諸子藩屬十五佐領，悉移歸。十一月，逆藩吴三桂反，詔停撤藩，仍留鎮。三桂以逆書誘叛，可喜執其使，以逆書呈奏。十三年二月，逆藩耿精忠據福建反，廣西將軍孫延齡亦叛踞桂林。可喜獲延齡檄有「三藩並變」之語，上疏言：「臣與耿精忠爲婚姻，今精忠反，不能不踧踖於中。惟捐軀矢志，竭力保固嶺南，以表臣始終之誠。」又言：「吴三桂遣賊兵二萬屯黄沙河，若與孫延齡兵聯合，勢益猖獗。請就近移師，同臣剿賊。」諭曰：「王累朝舊勳，性篤忠貞，朕心久已洞悉。覽奏披瀝悃忱，深爲可嘉，其益殫心進剿，以副倚任。」命大軍之駐江西者，分遣會剿。四月，潮州總兵劉進忠叛附精忠，可喜令次子都統之孝討之，疏言：「臣衆子中惟之孝堪繼臣職。至軍機事宜，雖衰老尚能指揮調度，不致有誤封疆。」十月，諭曰：「王爲國抒忠，厥功懋著。當兹軍興之際，督提撫鎮以下，俱聽王節制。文武官員，聽選補奏聞。一切調遣兵馬及招撫事宜，亦聽王酌行。」

十四年正月，封可喜平南親王，之孝授平南大將軍。是時，簡親王喇布統師江西，因三桂、精忠結連爲寇，未能以重兵達粵。粵東之連州、惠州、博羅、河源、長寧、龍門、增城、從化土賊蠢動，可喜發兵征剿，屢奏捷。劉進忠求援於海賊鄭錦，錦遣賊萬餘助之，勢猖獗。叛鎮祖澤清踞高州，引廣西賊衆連陷雷州及德慶、開建、電白諸邑。可喜連章告急，詔趣簡親王遣兵速進。十五年正月，復言：「臣病日劇，臣子之孝出兵潮州，恐省城或有不測，請遣威望大臣駐鎮。」疏入，諭曰：「王實心爲國，計慮周詳。朕與王情同父子，誼若手足。覽疏未竟，朕心惻然。但王駐鎮日久，措置咸宜，軍民依賴。若必遣大臣，恐事未週知，王可於諸子中擇才略素著者，遣赴潮州理軍務，大將軍尚之孝回省城，侍王左右，扞衛封守。王其加意調護，以慰朕念。」諭未及至粵，三桂驅賊逼肇慶，誘之信從逆，可喜卧疾，弗能制，憤甚，自縊，左右解之，甦，遂不起。十月，卒。十六年，之信歸順，迎大軍入粵，襲父爵。之孝還京，敕部議可喜卹典，謚敬。

二十年五月，諭廷臣曰：「尚可喜當閩城皆叛，矢志不移。臨殁，猶被服太宗文皇帝所賜朝衣，言死後必葬於海城，魂魄有知，仍事先帝。其忠誠之心，始終無二。今尚之孝往迎骸骨，俟至都門，即以奏聞。」九月，櫬至丁字沽，遣内大臣、學士、侍衛各一員往奠，諭曰：「王素篤忠貞，人盡知王，天下安得有事？朕又念王至老懷誠，克殫忠蓋，殊傷悼之！」賜白金八千兩，葬海城，立碑墓道。之信尋論罪除爵，家屬俱歸旗，詔以可喜昔年海城田宅賜其第七子之隆，設佐領二，以其一爲可喜守墓。

雜録

備録

《碑傳集》卷六《盛京通志·平南敬親王尚可喜傳》　尚可喜，遼東人。初爲明廣鹿島副將，航海來歸，授總兵官，從征宣化、代州，俘獲甚衆。崇德元年，封智順王。明年，從克皮島。七年，請以所部隸漢軍，遂爲漢軍鑲藍旗人。八年，從克中後所、前屯衛二城。順治二年，從入關，追擊流賊李自成至望都，斬其將谷可成。尋從英親王阿濟格道塞上，自榆林趨綏德，追勦自成兄子錦于延安。會豫親王多鐸已破潼關定西安，可喜遂與親王追勦自成於湖北，別將兵徇下郎陽、荆州、襄陽諸郡，降僞將王光恩、苗時化等，復合大軍連敗賊，東下九江。自成走死九公山，乃班師鎮海城。自成死，錦與其黨郝摇旗、王進才等擁衆數十萬走長沙、常德，降于明桂王朱由榔，分據湖南郡邑。三年，可喜偕恭順王孔有德、懷順王耿仲明往征之，連敗錦，進才于岳州、長沙，進取桂陽，擊走摇旗於道州，分兵克衡州、寶慶、武岡諸州郡，湖南底定。五年，凱旋。會提督李成棟以廣東叛附由榔，六年，成棟敗死信豐，而由榔諸僞官猶分據廣東諸郡，乃改封可喜平南王，統師征之，進克南雄，斬其將楊樸等二十餘人。七年，克韶州、清遠，降其將蘇利、吴六奇。師次廣州，成棟子元允與僞總督杜永和、僞國公陳邦傳、僞伯馬寶等屢以衆拒戰，並擊敗之，復以間招降僞總兵郝尚久、黄應傑於潮州、惠州。於是廣州勢漸孤，而州城三面阻水，守者於城外密布礮臺，引水繞之三匝，猝不可攻，又其地炎蒸多雨，弓矢解膠，久相持未下。可喜乃檄江西諸兵會剿，既至，潛遣人夜決礮臺下水，令軍士藉薪徑渡，奪礮臺，以礮擊城西北隅城圮，軍士畢登，斬守將范承恩。城中兵皆潰，追殺潰衆至海濱，溺死無算，元允竄肇慶，永和等竄瓊州。奏捷，得旨嘉獎。八年，遣總兵許爾顯、徐成功攻克肇慶、羅定、高雷諸州郡，永和亦以瓊州降，廣東悉平。而流賊張獻忠之遺黨李定國據滇黔以附由榔，寇掠廣西。九年，連陷桂林、梧州、南康、平樂、潯州、横州，東犯化州、吴川。可喜遣兵赴援，定國引去。十一年，定國復東犯高州、雷州、廉州，薄肇慶，可喜統兵至三水，聞定國轉攻新會，密授計將士設伏沿江要隘，自率精鋭攻定國營。定國敗遁，伏兵起擊之，斬馘過半。又遣副都統畢力克圖等追剿，至横州，所陷郡邑悉復。可喜遂留守廣東。廣東寇亂初定，而土賊間作，遥結閩賊鄭成功爲沿海郡邑患，可喜檄兵剿賊渠鄧耀于海康，剿蕭國隆、洪彪、周祥等于恩平、開平、陽春、陽江，耀走交趾國，隆投水死，彪、祥等悉就擒，斬之，蓋順治十七年事也。

聖祖即位，詔遷沿海民于内地，番禺蜑户周玉者自稱恢粤將軍，煽沿海民爲亂，所至焚掠，可喜遣兵擒之。康熙三年，總兵蘇利以碣石叛，躬率兵迎戰海豐，陣斬利，復碣石衛城。十二年，疏請歸老遼東，方下所司議，適逆藩吴三桂以雲南叛，詔留鎮如故。三桂以逆書誘可喜，可喜執其使送京師。十三年，逆藩耿精忠以福建叛，廣西將軍孫延齡以桂林叛，可喜獲齡檄，有三藩變語，乃上疏自白，並請發師協剿，詔慰諭之，命江西兵助可喜殲賊。尋潮州總兵劉進忠叛附精忠，可喜令次子之孝討之。十四年，加封可喜親王，授之孝平南大將軍。是時簡親王喇布統師出江西，爲三桂、精忠所阻，未得達粤，粤東土賊乘間竊發，可喜檄兵剿之，屢捷，進忠亦屢敗求援，精忠不能應，乃以潮州附成功子錦。錦遣賊萬餘助戰，勢猖甚，叛鎮祖澤清復踞高州，引其黨連陷雷州、廉州，及德慶、開建、電白諸邑。可喜連章告急，詔趣簡親王速進兵，迄未得達。明年，可喜以寇氛方熾，不即撲滅，積憂成疾，日益篤，而三桂驅賊逼肇慶，誘其長子之信從逆，可喜卧疾弗能制，憤甚自縊。左右救之，甦，遂不起，及革，曰：「我死必返葬海城，魂魄有知，猶可給役先帝左右。」遂服太宗所賜衣而卒，年七十有三。明年，之信悔罪自歸，迎大軍入粤。敕議可喜卹典，謚曰敬。二十年，之孝奉其喪歸葬海城。聖祖

以可喜忠誠無二，遣内大臣往祭，立碑墓道。

備論

《劉禮部集》卷一一《元功垂範録序》 《元功垂範録》一卷，吏部考功司郎中尹源進撰，又《續編》一卷，平原張永格撰。蓋敍平南王尚可喜事，推本家乘，上徵國史，援引比附，不免褒獎過實。然如篇中所載，鏖戰廣州則勇足致命，矜全佛山則仁能愛人，卻鄭成功横海之師，綴李定國鴟張之衆，底定東粤，帶礪開藩，可謂功在社稷者哉！漢祖推食許韓信以假王，南陽奮績委彭寵以大郡，何則？勢有重輕，則取乎權變；時有緩急，惟高乎術略。我世祖章皇帝天錫智勇，率土歸心。惟神也，故能通天下之志；惟幾也，故能成天下之務。平南以熊羆之任，爲不貳之臣，本非劉項争衡之時，遠邁漁陽突騎之助。時無樗里三至之毁，不著錢馼遷坐之誠，故勳録乎金版，義彪乎木册，封侯疏爵，澤及偏裨，佩紫懷黄，施及孫子。迨夫三桂首禍，閩逆效尤，將成唐室藩鎮之憂，猝有七國反書之報。然而同功一體，能消英布之嫌；隴底會師，光昭竇融之節。不吴不敖，知天知人，天王嘉吴芮之忠，南粤無尉陀之僭。洎乎芒星夜霣，妖鳥晨飛，佳城鬱鬱，游魂首邱，大樹茫茫，疾風掩闕。百身之贖，重錫詔言，十世之宥，以勸能者。鄉使襲位繼統之子，不忘回首面内之思，服勞王家，世篤忠績，庶使異姓侯表，特美長沙，隴西士人，無愧李氏。之信悖惑，隳其家聲，私造淮南之謀，妄受公孫之璽，曾不崇朝而身膏乎碪鑕，宫潴乎荆棘，躬圭無磐石之固，信誓少大河之安，傷矣！猶賴前人之勳，聖朝不廢周勃，支子續絳侯之封；張敖尚主，食襄内之邑。蓋之如天，容之如地，德莫厚焉，刑莫威焉。是故無其實而喜其名者，削無德而望其福者，約無功而處其禄者，辱禍必握。賈子曰：曩令樊、酈、曹、灌據數十城而王，今雖以殘亡可也。令信、越之倫，列爲徹侯而居，雖至今存可也。由此言之，非三代之法，則封建之勢不得行；非五等之規，則臂指之效罕順。大都偶國雖以平南餘澤，而繼世悖亂，難保其終。《易》曰：「負且乘致寇至。」此之謂也。

黃宗羲部

綜述

《清史列傳》卷六八《黃宗羲傳》 黃宗羲，字太沖，浙江餘姚人。年十四，補諸生。父尊素，明天啟間官御史，以抗直死魏閹之難。宗羲年十九，袖長錐入京頌冤，至則魏閹已磔，即疏請誅曹欽程、李實；又於對簿時，錐許顯純流血，毆崔應元胸，拔其鬚，歸祭其父。又與吳江周延祚等錐牢子葉咨、顏文仲，應時立斃。時欽程已入逆案，宗羲復於對簿時，錐實。獄竟，偕同難諸子弟設祭詔獄中，哭聲如雷，聞禁中。及歸，從劉宗周遊，姚江末派援儒入釋，宗羲力摧其說。時稱禦侮陳貞慧等作南都防亂揭，署名日，被難諸家推宗羲居首。福王時，阮大鋮案揭中姓名欲殺之，會大兵至，得免。尋歸浙東，糾合黃竹浦子弟數百人，隨諸軍於江上，時呼世忠營。大兵定浙，宗羲間行歸家，遂奉母里門，畢力著述。既而請業者日至，乃復舉證人書院之會於越中，以申宗周之緒。其後東之鄞，西之海寧，皆請主講，守令亦或與會，然非其志也。康熙十八年，詔徵博學鴻儒，掌翰林院學士葉方藹欲薦之，宗羲辭以疾，且言母老。十九年，左都御史徐元文監修《明史》，薦宗羲，辭如初。及詔取所著書關史事者，宣付史館。二十九年，上訪求遺獻，刑部尚書徐乾學復薦宗羲，仍不出。然宗羲雖不在史館，而史局每有疑事必諮之。

宗羲之學，雖出宗周，不恣言心性，教學者，說經則宗漢儒，立身則宗宋學。嘗自謂受業蕺山時，頗喜爲氣節斬斬一流，所得尚淺，憂患之餘，始多深造。又謂明人講學，襲《語録》之糟粕，不以《六經》爲根柢，束書而從事於游談，更滋流弊，故學者必先窮經。然拘執經術，不適於用。欲免迂儒之誚，必兼讀史。又謂讀書不多，無以證理之變化；多而不求於心，則爲俗學。故上下古今，穿穴羣言，自天官地志、九流百家之教，無不精研。所著《易學象數論》六卷，謂聖人以象示人者七：有八卦之象，六爻之象，象形之象，爻位之象，反對之象，方位之象，互體之象。後儒之爲僞象者四：納甲也，動爻也，卦變也，先天也。乃崇七象而斥四象。又謂遁甲、太乙、六壬，世謂三式，皆主九宮以參人事。乃以鄭康成太乙行九宮者證太乙，以《吳越春秋》占法、《國語》伶州鳩之對證六壬，以訂數學，其持論皆有依據。《授書隨筆》一卷，則太原閻若璩問《尚書》而告之者。《春秋日食曆》一卷，辨衛樸所言之謬。《律呂新義》二卷，少時取餘杭竹管斷之爲十二律，與四清聲試之，因廣其說。《孟子師說》二卷，以宗周《四書》諸解獨少《孟子》，乃疏其舊說爲之。其書闡發良知之旨，推究事理，不爲空疏無用之談，亦不盡主姚江之說。

史學則欲輯《宋史》而未就，僅存《叢目補遺》三卷；又輯《明史案》二百四十四卷；其《明史》有三例：一國史取詳年月，一野史取當是非，一家史備官爵世系。《明史稾》出於萬斯同，斯同之學出於宗羲也。天文則有《大統法辨》四卷，《時憲書法解新推交食法》一卷，《圓解》一卷，《割圜八線解》一卷，《授時法假如》一卷，《西洋法假如》一卷，《回回法假如》一卷。其後梅文鼎本《周髀》言天文，世驚爲不傳之秘，而不知宗羲實開之。又著《明儒學案》六十二卷，敘述明代講學諸儒流派分合得失甚詳；後又輯《宋儒學案》、《元儒學案》，以誌七百年儒學源流。又《明文海》四百八十二卷，彙集明人文集二千餘家，擷其菁華，典章人物，燦然具備，與十朝國史亦多彈駁參正。文集則有《南雷文案》、《吾悔》、《撰杖》、《蜀山》諸集，及《詩集》，後又分爲《南雷文定》，晚年復定爲《文約》，《文定》十一卷，《文約》四卷。又《深衣考》一卷，《今水經》一卷，《四明山志》九卷，《歷代甲子考》一卷，《二程學案》二卷。尚書湯斌嘗曰：「黃先生論學如大禹導山導水，脈絡分明，吾黨之斗杓也！」

紹興府知府李鐸欲以爲鄉飲大賓，宗羲遺書曰：「宗羲蒙聖天子特旨，召入史館，庶人之義，召之役則往役，筆墨之事亦役也。宗羲時以老病堅辭不行，聖天子憐而許之。今之鄉飲酒，亦奉詔以行者也。若召之役則避勞而不往，召爲賓則貪養而飲食衎衎，是爲不忠。」卒辭之。三十四年，卒，年八十六。弟宗炎、宗會，並負異才，有「三黃」之目。子百家。

雜録

備録

金埴《不下帶編》卷一　餘姚黄徵君梨洲宗羲硯銘云：「毋酬應而作，毋代人而作，毋因時貴而作。寧不爲人之所喜，庶幾對古人而不怍。」觀此銘而其人如見已。

金埴《不下帶編》卷二　餘姚黄徵君太沖宗羲，號梨洲。之稱詩也，一以「詩中有人」爲訓。有執卷仰可者，徵君初閲之曰：「杜詩。」再閲之連聲曰：「杜詩，杜詩。」其人欣形於色，徵君乃徐詔之曰：「詩則杜矣，但不知子之詩安在？豈非詩中無人耶！」其人爽然自失，退而遜心苦志以求之者兩載，復抉又切。以仰可，則徵君首肯曰：「是則子之詩矣！」予友萬磁州西郭承勳曾述此一節，因識之。

備論

《國朝耆獻類徵初編》卷四〇四全祖望《神道碑銘》　魯國而儒者一人，矧其爲甘陵之黨籍，厓海之孤臣。寒芒熠熠，南雷之村，更億萬年，吾銘不泯。

公有《日本乞師紀》，但載馮侍郎奉使始末，而於己無豫，諸家亦未有言公曾東行者。乃《避地賦》則有曰：「歷長埼與薩斯瑪兮，方粉飾夫隆平；招商人以書舶兮，七昰緣於東京。予既惡其汰侈兮，日者亦言帝殺。夫青龍返旆而去行兮，胡爲乎泥中。」則是公嘗偕馮以行，而後諱之，顧略見其事於賦。予以問公孫千人，亦愕然不知也。事經百年，始攷得之。

《國朝耆獻類徵初編》卷四〇四全祖望《答問學術帖子》　南雷自是魁儒，其受業念臺時，尚未見深造。國難後，所得日進，念臺之學得以發明者，皆其功也。兼通九流百家，則又軼出念臺之藩，而窺漳海之室。然皆能不詭於純儒，所謂雜而不越者是也。故以其學言之，有明三百年無此人，非夸誕也。惟是先生之不免餘議者則有二。其一則黨人之習氣未盡。蓋少年即入社會，門户之見深入而不可猝去，便非無我之學。其一則文人之習氣未盡。不免以正誼明道之餘技，猶留連於枝葉，亦其病也。斯二者，先生殆亦不自知，時時流露，然其實爲德性心術之累不少。苟起先生而問之，亦必不以吾言爲謬。過此以往，世之謗先生者皆屬妄語，否則出於仇口也。當湖謂夏峯與先生自是君子，惜其教學者不甚清楚，此蓋有朱陸之見存，故云。然當湖之弟子其卓然可傳者安在？並未見有萬公擇、董吴仲其人者，以是知輕議前輩之難也。若謂先生以故國遺老，不應尚與時人交接，以是爲風節之玷，則又不然。先生集中蓋累及此。一見之《余若水志》，有曰：「斯人生天地之閒，不能一無干涉。身非道開，難吞白石，體類王微，嘗資藥裹。以是歎活埋土室之難也。」一見之《鄭平子序》，有曰：「王炎午生祭文丞相，其風裁峻矣。然讀其與姚牧庵書，殷殷求其酬荅，蓋士之報國，各有分限，正亦未可刻求也。」是可以知先生之所以自處，固有大不得已者。蓋先生老而有母，豈得盡廢甘旨之奉？但使大節無虧，固不能竟避世以爲潔。及觀其《送萬季野北行詩》戒以勿上河汾太平之策，則先生之不可奪者又確如矣，是固論世者所當周詳攷覈而無容以一偏之詞定之者也。先生始末，見於予所作墓碑已盡矣。惟是所以備他山之石者，則本不應見之碑文，故因明問而詳及之。

《國朝耆獻類徵初編》卷四〇四全祖望《書〈明夷待訪録〉後》　《明夷待訪録》一卷，姚江黄太沖徵君著，同時顧亭林貽書，歎爲王佐之才，如有用之，三代可復。是歲爲康熙癸卯，年未六十，而自序稱梨洲老人。萬西郭爲予言，徵君自壬寅前魯陽之望未絶，天南訃至，始有潮息煙沈之歎，飾巾待盡，是書於是乎出。蓋老人之稱，所自來已，原本不止於此，以多嫌諱弗盡出。今并已刻之，板亦燬於火。徵君著書兼輛，然散亡者什九，良可惜也。

藝文

宋犖《西陂類稿》卷一一《寄黄梨洲徵君》　文獻南雷尚未湮，望從郤聘愈嶙峋。忠端氣節傳先世，顧及交游號黨人。大業名山驚乍拜，暮年撰杖擬相親。中原應社俟嬴倡，已自垂髫向往頻。應社倡自朝宗，所以應復社也。

潘問奇《拜鵑堂詩集》卷四《書黃梨洲文集後》 歎息鞭笞及薦紳，大權金虎與宮鄰。淚沈白馬多冤鬼，天遣清流有後人。禹廟龍蛇三月路，姚江風雨百年身。招魂怕上中丞墓，載酒橫經事已陳。

趙懷玉《亦有生齋詩集》卷二《二老吟・餘姚黃宗羲》 餘姚近通儒，仍世篤忠貞。十九雪父冤，禁中已知名。師收干城衛，鄉賴月旦評。然灰清議凜，閩鐸先幾明。踉蹌還故里，整頓支殘營。由江而遡湖，屢舉際垂成。亦屬有天幸，九死得更生。舟中猶講學，海外空乞兵。洎乎奉庭闈，蕭然守柴荆。覽該經史廣，思貫天人精。少隨甘陵部，老作柴桑氓。身後期速朽，葬制援邠卿。所惜蟠際才，未曾見施行。

《晚晴簃詩彙》卷一二九朱興悌《餘姚懷黃梨洲先生》 扁舟浮海後，故國感沈淪。鉤黨收名士，辭榮列逸民。風高黃竹浦，交盡白衣人。石室鴻文富，停橈一問津。

多爾袞部

綜述

《碑傳集》卷一鄭虎文《和碩睿忠親王多爾袞傳》 睿親王多爾袞，太祖高皇帝第十四子也。生而聰慧多智，謀略絶人。天聰二年三月，與弟多鐸從太宗征察哈爾，大捷，振旅還瀋陽。於途中大宴羣臣，以多爾袞初出征即有功，喜甚，特賜號墨爾根岱青貝勒。三年九月，從伐明，逼燕京，擊敗明袁崇焕、祖大壽援兵二萬。五年八月，隨太宗攻克大凌河。是年初設六部，命掌吏部事。六年五月，略明歸化城黄河一帶，降其民。七年六月，多爾袞陳伐明之策，曰：「宜乘春時整士卒，待我耕種既畢，彼穀將熟，入邊直逼燕京，截其援兵，殘燬屯堡，因糧於敵，爲久駐計，可坐而待其斃也。」八年五月，從太宗伐明，分道入邊，略朔州，至五臺山而還。九年六月，獻伐所獲山西俘，並所收察哈爾全部。

崇德元年四月，以功封和碩睿親王。八月，伐明，率右翼兵由錦州入。十二月，從征朝鮮。别從容甸路取昌州，敗敵衆，克江華島。三年二月，監築遼陽都爾弼城。七月，更定各衙門官制。十月，授奉命大將軍，與岳託分道伐明。分兵入邊，長驅北京，迤西千里，將卒皆潰。略地至山西界，復東趨臨清，破濟南，克城四十餘，十七戰皆捷。賜馬五匹，銀二萬兩。六年六月，代濟爾哈朗圍錦州，敗其援兵。八月，明經略洪承疇以兵十三萬來援，軍容甚盛。太宗聞之，親統大軍渡遼河，疾馳六日，至七家堡。多爾袞請進軍，駐松、杏之間，太宗從之。明松山諸將見黄幄羽葆軍逼山而營，大懼，謀夜遁。多爾袞率兵趨塔山大路，横擊之。潰兵沿山至海，死者相枕藉，明總兵吴三桂等單騎奔入杏山，乃率兵還。七年三月，復與濟爾哈朗圍錦州。明總兵祖大壽力竭，以城降。四月，又破塔山、杏山，關門以東盡入版圖。

八年八月，世祖章皇帝即位。代善等集諸貝勒大臣，議以多爾袞與濟爾哈朗同輔政。先是，阿達禮等謀立多爾袞，多爾袞與代善發其謀，誅之。順治元年四月，將大舉南征。世祖御篤恭殿，賜多爾袞大將軍敕印，加殊禮，錫以御用纛。

蓋時流寇李自成已破燕京，明山海關總兵吴三桂遣其將郭雲龍等致書請兵。多爾袞以書報之曰：「我國向欲與明修好，屢爲致書。明之君臣不計國家喪亂，軍民塗炭，曾無一言相答。是以整師三入，蓋示意於明，欲其君臣勢屈而通好也。若今日則不復出此，惟有底定中原，與民休息而已。今聞崇禎帝滅於流賊，不勝髮指。用率仁義之師，沈舟破釜，誓不返旌，期必滅賊，出民水火。伯遣使致書，深爲喜悦。夫伯思報王恩，與流賊不共戴天，誠忠臣之義也。伯雖向守遼東，與我爲敵，今勿因前故，尚復懷疑。昔管仲射桓公中鈎，桓公用爲仲父，以成霸業。伯若率衆來歸，必封以故土，晉爲藩王。國讐可報，身家可保，世世子孫，長享富貴，當如河山之永也。」師次連山，三桂復請速進兵。多爾袞得書，率兵夜馳，踰甯遠，次沙河，距山海關十里。三桂報賊已出邊，立寨栅。多爾袞隨命諸王等率精兵迎擊之，敗賊將唐通於一片石。師至山海關，三桂開關親出迎。多爾袞謂三桂曰：「爾歸營，令爾兵繫白布爲識，恐與賊混，致誤殺也。」使之先驅，遂入關。時李自成所率賊二十餘萬，皆久歷戰陣，殊剽悍，恃其衆，陣於關内，自北山亘海。我兵少，對賊布陣，不能横及海岸。多爾袞集諸王貝勒大臣謂曰：「流賊横行久，獷且衆，不可輕擊也。吾觀其陣大，相去遠，首尾不能顧。可鱗次集我兵，對賊陣尾，伺其氣衰，突擊之，必勝。努力破此，則大業成矣。勿越伍躁進，違節制。」陣既列，令三桂居右翼之末，先悉其衆搏戰，賊力鬭，圍開復合。戰良久，我兵從三桂陣右突出，衝賊中堅。萬馬騰躍，飛矢雨墮。天大風，沙石飛走，擊賊如雹。自成方登高岡觀戰，知爲我兵，膽俱落，急策馬，下岡走。我兵無不一當百，追奔四十里。賊衆大潰，自相踐踏，僵尸徧野，溝水盡赤。自成奔還京師。乃以馬步兵一萬隸三桂，追賊向北京。多爾袞與諸將誓曰：「此行志在滅賊救民，以安天下。勿殺無辜，掠財物，焚廬舍。不如約者罪。」五月，整兵入燕京，以帝禮葬崇禎帝，發喪三日。遣武英郡王阿濟格等分道追自成，連破之。自成走西安，燕京附近各城俱納款，畿輔肅清。山東、山西以次悉定。乃定議，迎世祖都燕京。

時明南京諸臣擁立福王朱由崧，稱帝號。其大學士史可法督師揚州。多爾袞欲招之使降，令南來副將韓拱薇等賫書致可法，曰：「予向在瀋陽，即知燕京物望，咸推司馬。後入關破賊，得與都人士相接，識介弟於清班，曾託其手勒平安，拳致衷緒，未審以何時得達。比聞道路紛紛，多聞金陵有自立者。夫君父之讐，不共戴天。《春秋》之義，有賊未討則故君不得書葬，新君不得書即位，所以防亂臣賊子，法至嚴也。闖賊李自成稱兵犯闕，手毒君親，中國臣民不聞加遺一矢。平西王吳三桂介在東陲，獨效包胥之哭。朝廷感其忠義，念累世之夙好，棄近日之小嫌，爰整貔貅，驅除狗鼠。入京之日，首崇懷宗帝后謚號，卜葬山陵，悉如典禮。親郡王將軍以下，一仍故封，不加改削。勳戚文武諸臣咸在朝列，恩禮有加。耕市不驚，秋毫無擾。方擬秋高氣爽，遣將西征，傳檄江南，連兵河朔，陳師鞠旅，戮力同心，報乃君國之仇，彰我朝廷之德。豈意南州諸君子苟安旦夕，弗審事機，聊慕虛名，頓忘實害。予甚惑之。國家之撫定燕都，乃得之於闖賊，非取之於明朝也。賊毀明朝之廟主，辱及先人。我國家不憚征繕之勞，悉索敝賦，代爲雪恥。孝子仁人，當如何感恩圖報，茲乃乘逆寇稽誅，王師暫息，遂欲雄據江南，坐享漁人之利。揆諸情理，豈可謂平？將以爲天塹不能飛渡，投鞭不足斷流耶？夫闖賊但爲明朝祟耳，未嘗得罪於我國家也。徒以薄海同仇，特伸大義。今若擁號稱尊，便是天有二日，儼爲勍敵。予將簡西行之鋭，轉旆東征，且擬釋彼重誅，命爲前導。夫以中華全力，受制潢池，而欲以江左一隅，兼支大國，勝負之數，無待蓍龜矣。予聞君子之愛人也以德，細人則以姑息。諸君子果識時知命，篤念故主，厚愛賢王，宜勸令削號歸藩，永綏福禄。朝廷當待以虞賓，統承禮物，帶礪山河，位在諸侯王上，庶不負朝廷伸義討賊，興滅繼絶之初心。至南州羣彥，翩然來儀，則爾公爾侯，列爵分土，有平西之典例在，惟執事實圖利之。輓近士大夫好高樹名義，而不顧國家之急。每有大事，輒同築舍。昔宋人議論未定，兵已渡河，可爲殷鑒。先生領袖名流，主持至計，必能深惟終始，甯忍隨俗浮沈，取舍從違，應早審定。兵行在即，可西可東。南國安危，在此一舉。願諸君子同以討賊爲心，毋貪一身瞬息之榮，而重故國無窮之禍，爲亂臣賊子所笑，予實有厚望焉。《記》有之，惟善人能受盡言。敬布腹心，佇聞明教。江天在望，延企爲勞。書不宣意。」可法遣人報書曰：「南中向接好音，法隨遣使，問訊吳大將軍，未敢遽通左右。非委隆誼於草莽也，誠以大夫無私交，《春秋》之義。今倥偬之際，忽捧琬琰之章，真不啻從天而降也。循讀再三，殷殷致意，若以逆賊尚稽天討，煩貴國憂，法且感且泣，敬爲貴國一詳陳之。我大行皇帝敬天法祖，勤政愛民，真堯舜之主也。以庸臣誤國，致有三月十九日之事。法待罪南樞，救援無及。師次淮上，凶聞遂來。地坼天崩，山枯海泣。嗟乎！人孰無君，雖肆法於市朝，以爲泄泄者之戒，亦奚足謝先皇帝于地下哉！爾時南中臣民哀慟如喪考妣，無不撫膺切齒，欲悉東南之甲，立翦兇仇。而二三老臣謂國破君亡，宗社爲重，相與迎立今上，以繫中外之心。今上非他，神宗之孫，光宗之猶子，而大行皇帝之兄也。名正言順，天與人歸。五月朔日，駕臨南都，萬姓夾道歡呼，聲聞數里。羣臣勸進，今上悲不自勝，讓再讓三，僅允監國。迨臣民伏闕屢請，始以十五日正位。南都從前鳳集河清，瑞應非一，即告廟之日，紫雲如蓋，祝文升霄，萬目共瞻，欣傳盛事。大江湧出柟梓數十萬章，助修宮殿，豈非天意也哉！越數日，遂命法視師江北，刻日西征。忽傳我大將吳三桂借兵貴國，破走逆成，爲我先皇帝后發喪成禮，掃清宮闕，撫輯羣黎。且罷薙髮之令，示不忘本朝。此等舉動，振古鑠今。凡爲大明臣子無不長跽北向，頂禮加額，豈但如明諭所云『感恩圖報』已乎？謹於八月薄治筐篚，遣使犒師，兼欲請命鴻裁，連兵西討。是以王師既發，復次江淮。乃辱明誨，引《春秋》大義來相詰責。善哉乎！推言之。然此文爲列國君薨，世子應立，有賊未討，不忍死其君者立說耳。若夫天下共主，身殉社稷，青宮皇子，慘變非常，而猶拘牽不即位之文，坐昧大一統之義。中原鼎沸，倉卒出師，將何以維繫人心，號召忠義？紫陽《綱目》踵事《春秋》，其間特書，如莽移漢鼎，光武中興，丕廢山陽，昭烈踐祚，懷愍亡國，晉元嗣基，徽欽蒙塵，宋高纘統，是皆于國讐未翦之日，亟正位號。《綱目》未嘗斥爲自立，率以正統與之。甚至如玄宗幸蜀，太子即位靈武，議者訾之，亦未嘗不許以行權，幸其光復舊物也。本朝傳世十六，正統相承，自治冠帶之族，繼絶存亡，仁恩遐被。貴國昔在先朝，夙膺封號，載在盟府，甯不聞乎？今痛心本朝之難，驅除亂逆，可謂大義復著于《春秋》矣。昔契丹和宋，止歲輸以金繒；回紇助唐，原不利其土地。況貴國篤念世好，兵以義動，萬代瞻仰，在此一舉。若乃乘我蒙難，棄好崇讐，規此幅員，爲德不卒。是以義始，而以利終，爲賊人所竊笑也。貴國豈其然？往先帝軫念潢池，不忍盡戮，勦撫並用，貽誤至今。今上天縱英明，刻刻以復仇爲念。廟堂之上，和衷體國，介冑之士，飲泣枕戈。忠義民兵，願爲國死。竊以爲天亡逆闖，當不越于斯時矣。語曰：『樹德務滋，除惡務盡。』逆賊未服天誅，諜知捲土西秦，方圖報復。此不獨本朝不共戴天之憾，抑亦貴國除惡未盡之憂。伏乞堅同仇之誼，全始終之德，合師進討，問罪秦中，共梟逆賊之頭，以洩敷天之憤。則貴國義聞，炤燿千秋，本朝圖報，惟力是視。從此兩國世通盟好，傳之無窮，不亦休乎？至於牛耳之盟，則本朝使臣久已在道，不日抵燕，奉盤盂從事矣。法北望陵廟，無涕可揮。身陷大戮，罪應萬死。所以不即從先帝于地下者，實爲社稷之故。傳曰：『竭股肱之力，繼之以忠貞。』法處今日，鞠躬致命，克盡臣節，所以報也。惟殿下實昭鑒之。」多爾袞接書，知可法不能屈，遂定議下江南。

九月，世祖車駕至京師，加封多爾袞爲叔父攝政王。是年冬，遣豫親王多鐸南征江南，英親王阿濟格西征逆闖。十二月，河南平。二年，陝西、湖廣及江南平。又遣貝勒博洛平浙江、福建，肅親王豪格平四川。於是天下羣盗皆盡。五年十二月，大同總兵姜瓖叛。六年二月，多爾袞征之。會有言喀爾喀將犯邊者，乃遣别將討瓖，自出張家口擊喀爾喀。七年十二月，師還至喀喇城，薨。世祖率王貝勒大臣等迎其喪於東直門外。

八年二月，蘇克薩哈等首告多爾袞薨時，其侍女烏爾庫尼將殉，呼近侍羅什博爾惠等，告以多爾袞曾製八團龍補黄袍等衣，囑令潛置棺内，羅什等如言以殮。又多爾袞欲於永平圈房率衆移駐，與和洛會等密議已定，特以出獵稽遲，未行。事聞，經王大臣等定議，追削王爵，並黜宗室。乾隆四十三年正月，上諭廷臣曰：「睿親王首先統衆入關，定國開基，厥功最懋。顧以誣告謀逆，經諸王定罪除封。其時我世祖章皇帝尚在沖齡，未嘗親政也。朕每覽實録，見王之立心行事，實能篤忠藎，感厚恩，深明君臣大義，爲史冊所罕覯。乃令王之身後，久抱不白之冤於泉壤，心甚憫焉。假令當時王之逆迹稍有左驗，削除之罪果出我世祖聖裁，朕亦寧敢復翻成案？乃實由宵小奸謀，搆成冤獄。而王之政績，載在實録，皆有大功，而無叛跡，又豈可不爲昭雪？著加恩復還睿親王封號，追謚曰「忠」，補入玉牒。補繼襲封照親王園寢制度，修其塋墓。仍令太常寺春秋致祭，並配享太廟。」

《清史列傳》卷二《和碩睿親王多爾袞》 多爾袞，太祖高皇帝第十四子。初封貝勒。天聰二年二月，上征察哈爾多羅特部，大敗之敖穆倫，俘獲萬餘。以多爾袞從征有功，賜號墨爾根岱青。三年十月，從上自龍井關入明邊，與三貝勒莽古爾泰等攻漢兒莊，降之。十一月，先驅赴通州，相視渡河，捕哨卒。從上攻明北京，敗寧遠巡撫袁崇焕、錦州總兵祖大壽援兵於廣渠門外。十二月，遇明山海關援兵於薊州，殲之。四年二月，上自灤河旋蹕，多爾袞與莽古爾泰先行，破敵營，斬級六十，獲馬八。

五年三月，命諸貝勒直言時政，多爾袞奏曰：「讞獄重務，凡任事諸臣，當悉心詳議，不可苟且塞責。」七月，初設六部，命掌吏部事。八月，從上圍大凌河城，明兵出誘戰，多爾袞偕諸將衝入陣，敵驚擾，死者百餘，城上礮矢齊發，我將士有陣歿者。上切責其從官曰：「定例，遇敵時，貝勒坐鎮軍中，令諸將率兵擊之。今貝勒輕自進戰，爾等何不阻止？儻有疏失，爾等死不足蔽辜矣。」十月，大壽以錦州降，多爾袞與貝勒阿巴泰等以兵四千隨大壽作潰奔狀，城内兵分路迎，並爲我軍擊敗。事詳《饒餘郡王傳》。

六年五月，從上征察哈爾，與貝勒濟爾哈朗俘其部衆千餘於歸化城西南黄河岸。七年六月，詔問征明及朝鮮、察哈爾三者何先，奏言：「宜整兵馬，乘穀熟時，入明邊圍北京，截其援兵，毁其屯堡，爲久駐計，可坐待其敝也。」八年五月，從上征明，入龍門口，敗明兵，克保安州。事詳《英親王傳》。略朔州，至五臺山而還。先是，我軍征察哈爾，林丹汗西渡河，欲奔唐古特，行至大草灘，病卒。其子額哲率千餘户留托里圖。九年二月，上命多爾袞同貝勒岳託、薩哈璘、豪格統兵一萬招之。四月，至錫喇珠爾格，降其台吉索諾木及所屬千五百户，進偪托里圖，恐其衆驚潰，按兵不動。額哲母，葉赫貝勒錦台什女孫也，其弟南楚暨族叔祖阿什達爾漢，皆爲我大臣，遣宣諭慰撫。額哲遂奉其母，率宰桑、台吉等衆迎降。時鄂爾多斯部濟農誘額哲往附，既盟且行矣，追留之，諭「盡返所攜察哈爾人衆，不然，即移兵討」。濟農懼，盡送於軍。六月，師還渡河，岳託率兵千衛降衆駐歸化城。多爾袞與兩貝勒攜額哲及宰桑、台吉等征明，自平魯衛至朔州，毁寧武關，略代州、忻州、崞縣、黑峯口及應州，斬級六千餘，俘獲無算，仍由歸化城攜降衆還。察哈爾有元玉璽，交龍紐，鐫漢篆曰「制誥之寶」，順帝失之沙漠。越二百餘年，有牧山麓者，見羊不食草，以蹄撅地，發之，乃璽，歸於元裔博碩克圖汗，後爲林丹汗所得。至是，多爾袞令額哲獻於上，衆貝勒大臣以蒙古悉臣服，且得前代璽，表上尊號。事具《穎毅親王傳》。

崇德元年四月，晉封和碩睿親王。八月，上以武英郡王阿濟格、饒餘貝勒阿巴泰統師征明，已越北京，諭王同豫親王多鐸等征山海關，以牽制明兵。至錦州，收降城中士人胡有陞、張紹禎、門世文、門世科、秦永福等，聞武英郡王奏捷，乃班師。十二月，從上征朝鮮。二年正月，同肅親王豪格别從寬甸路入長山口，克昌州，敗其兵於寧邊城下；又以五千人追敗其黄州援兵萬五千，進攻江華島，以紅衣礮擊潰船四十，乘勝入島，殲伏兵千餘，克其城，獲朝鮮王妃及其二子，國王李倧窮蹙乞降。上班師，命王約束後軍，攜朝鮮質子李溰、李淏及大臣子以還。

三年二月，上親征喀爾喀，以王與禮親王代善等留守，並監築遼陽都爾弼城，逾月工竣，改名屏城；復同阿巴泰董治盛京至遼河大路，廣十丈，高三尺，夾以壕。八月，授奉命大將軍，統左翼兵征明。自董家口東登山，毀邊牆入，掩其無備，取青山營。遣人約右翼兵會通州河西，越北京至涿州，分兵八道，右傍西山麓，左沿運河，長驅並進。自北京西千里內，明將卒皆潰遁，略地至山西界而還。復東趨臨清，渡運河，攻濟南，破之。還略天津、遷安，由太平寨出青山關。凡二十餘戰，皆捷，克城四十餘，降者六，俘戶口二十五萬有奇。四年四月，凱旋，賜馬五、銀二萬兩。

五年六月，同肅親王等赴明義州屯田，諭以駐營近錦州，斷敵往來路。至則攻克錦州城西九臺，盡刈其禾稼；又攻克小凌河西二臺。七月，明兵五百出錦州城，夜襲我鑲藍旗營，擊卻之，斬八人。明總督洪承疇至寧遠，分兵據杏山，營城下；擊敗其騎兵，獲馬七十。上遣人傳諭曰：「王等但固守營壘，俟敵來犯，乃擊之。」是月，敵兵千餘出戰，卻復入，擊斬甚衆，獲馬百餘。旋復斬其出樵者八十六人，又追斬明兵夜入義州洑我屯卒者。九月，敗敵杏山城北，擊松山援兵，獲馬匹、甲仗。六年三月，攻廣寧山城，擊松山援兵，斬二百四十及出獵小凌河之錦州兵百七十餘。

是時圍錦州之王、貝勒等移營去城三十里，又令每旗一將校率每佐領下甲士五人先歸。上遣鄭親王濟爾哈朗往代，傳諭王曰：「前令爾等圍錦州，由遠漸近以困之。今離城遠駐，致敵人田獵輓運，任意往來，軍律何在？若久駐馬疲，當徧察以定去留，仍嚴懲不善牧者；乃均派遣還，尤屬錯謬。其由何人倡議，各指名擬罪。」王回奏：「臣因敵兵在錦州、松山、杏山三城，聞其馬皆牧他處；若彼來犯，可更番抵禦。是以遣每旗官一員率佐領下五人還牧馬，修治甲胄、器械。又因舊駐近城處草盡，移遠就牧。皆臣倡議，應治臣罪。」上又遣內大臣等至遼河傳諭曰：「朕愛爾過於諸子弟，賚予獨厚，以爾勤勞國政，恪遵朕命故也。今於圍敵緊要之時，離城遠駐，遣兵歸家，何違命若此？其自行議罪。」王奏：「臣識庸慮短，背違諭旨，罪應死。」上命降爲郡王，罰銀萬兩，奪兩佐領戶口。

六月，同肅郡王往代鄭親王等圍錦州。承疇率王樸、李輔明、唐通、白廣恩、曹變蛟、馬科、王廷臣、吳三桂八大將，合兵十三萬，次松山，屢迎戰。王擊卻之，以敵兵多，請濟師。上親統大軍疾馳六日，至戚家堡，遣大學士剛林諭王以立營高橋。王令剛林代奏：「聖駕親臨，臣等勇氣倍增，惟務進攻。但明兵甚衆，臣等屢攻戰，微有損傷；若再速戰，恐力不及。遽立營高橋，慮敵人潛約錦州、松山兩處兵夾攻。請上駐營松山、杏山間。」上從之，自烏欣河南山至海，聯營列營。明兵屢犯我鑲藍旗、鑲紅旗諸汛，既敗卻，伺我軍歸營，輒來犯。上張黃蓋指揮布陣，明將士望見，皆潰遁。王偕貝子洛託等趨塔山大路橫擊之，敵死者相枕藉；遂攜紅衣礮攻克塔山外四臺，擒明副將王希賢等。三桂、樸由杏山奔寧遠。九月，王還盛京。十一月，往代貝勒杜度等圍錦州。七年二月，下松山城，承疇就擒。三月，克錦州，大壽以城降。四月，移師克塔山城，殲官屬及兵七千，復以礮攻杏山城，管糧官朱廷榭、副將呂品奇降，盡毀松山、塔山、杏山三城，乃班師。七月，敘功，復爵和碩睿親王。

八年八月，世祖章皇帝即位，禮親王集諸王、貝勒、大臣議，以鄭親王與王輔政。王自誓曰：「如不秉公輔理，妄自尊大，天地譴之！」越日，郡王阿達禮潛語王曰：「王正大位，我當從王。」貝子碩託亦言：「內大臣及侍衛皆從我謀，王可自立。」王遂與禮親王發其謀，阿達禮、碩託並伏誅。十二月，同鄭親王集衆定議，罷諸王、貝勒、貝子管理六部。順治元年正月，卻朝鮮國王李倧餽物，告鄭親王及諸大臣曰：「朝鮮國王因予取江華島時，全其妻子，常以禮來餽，較諸王獨厚，向曾奏聞先帝受之。今我等輔政，誼無私交，不當受。」遂定議禁外國餽送諸王、貝勒。是月，鄭親王集內三院、六部諸大臣，諭以凡政事先白王，書銜名亦先之。三月，都統和洛會等訐肅親王怨王不立己，語言悖妄，因集衆定讞，削肅親王爵，以議政大臣揚善等諂附謀亂，誅之。

四月，上御篤恭殿，授王奉命大將軍印，給御用纛蓋，敕便宜行事，率武英郡王、豫郡王、恭順王孔有德、懷順王耿仲明、智順王尚可喜等征明。師次翁後，明平西伯吳三桂自山海關書來請兵。王得書，即移錦州紅衣礮向山海關，復三桂書曰：「我國向欲與明修好，屢致書，明君臣不計國家喪亂，生民塗炭，曾無一言答。是以整師三入，蓋示意於明，欲其熟籌通好。今則不復出此，惟底定中原，與民休息而已。今聞流賊攻陷京都，崇禎帝慘亡，不勝髮指！用率仁義之師，沉舟破釜，誓不返旌，必滅賊出民水火。伯遣使致書，思報主恩，與流賊不共戴天，誠忠臣之義，勿因向守遼東與我爲敵，尚復懷疑。昔管仲射桓公中鈎，桓公用爲仲父，以成霸業。伯若率衆來歸，必封以故土，晉爲藩王。國讎可報，身家可保，世世子孫，長享富貴。」

師次連山，三桂復遣使請速進，夜馳踰寧遠，次沙河，距關十里，三桂報賊已出邊立寨。王令諸王迎擊，敗賊將唐通於一片石。師至關，三桂出迎。王令三柱歸營，兵各以白布繫肩爲識，恐與賊混致誤殺，使先驅入關。時李自成率賊二十餘萬，自北山橫亘至海列陣待。我兵少，對賊布陣不及海岸。王令曰：「流賊橫行久，獷且衆，不可輕擊。吾觀其陣大，相去遠，首尾不能顧。可鱗次集我兵，對賊陣尾，伺其氣衰，突之必勝。努力破此，則大業成矣。勿違節制，越伍躁進。」陣既列，令三桂兵居右翼末，悉衆搏戰。是日大風揚沙蔽天，咫尺莫辨。賊力鬭良久，我軍呼譟者再，風遂止。從三桂陣右突出，衝賊中堅，萬馬騰躍，飛矢雨墮。自成方登高岡觀戰，知爲我兵，膽落，急策馬下岡走。我兵無不一當百，追奔四十里，賊大潰遁回京都。王即軍前承制進三桂爵平西王，下令關內軍人皆薙髮，以馬步兵萬隸三桂，先驅追賊。乃誓諸將曰：「此行除暴救民，滅賊安天下。勿殺無辜，勿掠財物，勿焚廬舍。不如約者，罪之。」仍諭官民以取殘不殺，共享太平之意。自關以西，各城堡百姓逃竄山谷者，皆還鄉里，薙髮迎降。遂以捷音馳奏。

五月朔，師次通州。自成已先一日焚宮闕，載輜重西遁。王令諸王同三桂各率所部追賊。翌日，王入京師，明文武百官率軍民老幼焚香跪迎朝陽門外，設故明鹵簿，請乘輦。王曰：「予法周公輔成王，不當乘輦。」諸臣以周公負扆攝政固請，王曰：「予來定天下，不可不從衆意。」乃乘輦入武英殿，下令安輯百姓，飭將士皆乘城，毋入民舍。有卒屠民家犬，射傷犬主，斬以徇，民皆安堵如故。爲崇禎帝發喪三日，具帝禮葬，歸順諸臣俱以明原官任事。武英郡王等追賊至望都，自成奔西安，畿輔諸城俱納款。分遣都統覺羅巴哈納、石廷柱，葉臣及侍郎王鼇永等招撫山東、山西、河南，以京城內外經賊蹂躪，鰥寡孤獨無生計者，飭所司贍養。告官吏軍民曰：「養民之道，莫大於省刑罰，薄稅斂。自明季禍亂，刁風日競，以越訴誣告爲常，設機構訟，敗俗傷財，心竊痛之！自今嘉與維新，凡五月初二日昧爽以前，罪無大小，悉行宥免。違諭興訟，即以所告罪罪之。鬭毆、婚、田細事，就有司告理，重大經撫按結案。非機密重情，毋得入京越訴。訟師誣陷良民，加等反坐。前朝敝政，莫如加派，遼餉外又有剿餉、練餉，數倍正供，遠者二十年，近者十餘載，天下嗷嗷，朝不及夕。更有召買，糧料諸名目，巧取殃民。今與民約，額賦外，一切加派，盡予刪除。如官吏仍混徵暗派，察實治罪。」

時明福王朱由崧自立於江寧，其大學士史可法督師揚州，又設江北四鎮，沿淮、徐置戍卒。王欲招之降，令南來副將韓拱薇等致書可法曰：【略】

可法旋遣人答書曰：【略】書至，宣付內院。

先是，畿輔初定，王遣輔國公屯齊喀、和度等迎上駕，奏言：「京師形勢宜建都，皇上宅中圖治，宇內朝宗，可慰天下仰望心。」至是，率諸王迎駕於通州。十月，上御皇極門，賜冊寶，封叔父攝政王，建碑紀績；復豪格肅親王爵；晉阿濟格爲英親王，同三桂，可喜由邊外趨綏德；復多鐸豫親王爵，同有德、仲明由河南趨西安剿賊，定後，豫親王還征江南。二年五月，鄭親王等議定攝政王儀制，視諸王有加禮。王曰：「上前未敢違禮，他處如議行。」翌日入朝，見諸臣皆跪，遂回輿，責大學士剛林等曰：「諸臣何故跪？此皇上之朝門也，他處行此禮尚可，乃行之朝門，豈有竟受之理？其諭衆官知之！」御史趙開心疏言：「攝政王見諸臣跪迎即回，因諸臣徒知尊王而不知王之尊皇上也。以叔父之親，兼攝政之尊，原與諸王有異，然羣臣謁王，當與朝見皇上禮不同，宜明定儀制。又正號必先正名，上諭稱『攝政叔父王』，叔父惟皇上得稱之，若臣庶皆稱，則尊卑無異。臣以爲當於『叔父』上加一『皇』字，庶上下辨而名義定。」疏下禮部，議行。六月，豫親王克揚州，可法死之，遂下江寧，擒由崧於蕪湖，江南平。

閏六月，英親王剿賊至武昌，東下九江，故明寧南侯左良玉之子夢庚率衆降，遂班師。七月，王致書豫親王曰：「王遣貝勒博洛等招撫常州、蘇州、杭州、紹興諸府，降故明潞王朱常淓、淮王朱常清，已悉知之。大兵日久勞苦，王可率諸將士還京。南京改稱江南省，應天府改爲江寧府，王量留兵交貝勒勒克德渾、都統葉臣駐守。朱氏在任，改補他職，所貯留充饟。洪武陵設太監四名，守陵兵四十名，給地供祭祀。投誠官或來京，或彼處安置，王其酌行之。」又致書英親王曰：「爾等先稱流賊盡滅，李自成已死；後又言戰敗賊兵凡十三次。則先稱殲賊，竟屬虛語。今又聞自成遁江西。爾等既稱在江西候旨，何竟啓行？」八月，英親王還京，王令停遣官出迎。尋議英親王出征時罪，降郡王，事具本傳。十月，誡浙江總督張存仁曰：「各官之任，曾屢飭盡忠勤職，毋諂媚饋遺本王。爾爲封疆大吏，宜表率僚屬，爾乃送本王緞、茶。豈前諭未之聞耶？後勿復如此。」

是月，同鄭親王、肅親王入謝上賜良馬恩，出，諭曰：「凡遇朝賀大典，朕受王禮。若此等小節，無與諸王同。」王奏：「上年幼沖，臣不敢違禮。俟上春秋鼎盛，凡有寵恩，自不敢辭。」十二月，集諸王、貝勒、貝子、公、大臣等，遣人傳語，以尊崇皇上，戒諂媚己，且曰：「太祖、太宗所貽之業，予必力圖保護。俟皇上春秋鼎盛，即行歸政。」又曰：「前所以不立肅親王者，非予一人意，因諸王大臣皆曰：『若立肅親王，我等皆無生理。』是以不立。」傳語畢，惟豫親王不答，使者還報，復遣傳語曰：「昔太宗賓天時，予在朝門幄中坐，爾與英王跽請即尊位，謂兩旗大臣屬望我者多，諸親咸皆來言。予時以死自誓，乃已。此言豈烏有耶？」豫親王語塞，諸王請議其罪，王以事在赦前，且誡令自省，非欲加罪，免之。

三年正月，遣肅親王征四川流賊張獻忠。二月，集尚書公英俄爾岱等語曰：「予爲上攝政，惟恐事多闕誤，生民失所，日夜焦思，又素嬰風疾，勞瘁弗勝。予有過毋或瞻徇，其一一指陳。至國家事，各有專屬，户部惟英俄爾岱，内院惟范文程、剛林、甯完我、額色特是賴。皆當勉力，勿憚勞。」又言：「諸王均宜優養安榮，其拜跪儀文，殊爲可省。日者肅親王出師，予爲祖道，以金鞍良馬解贈，王屈體而受，予心惻至今。因欲禁此禮，爾等爲我善諭之。」五月，率諸王大臣出安定門送豫親王征蘇尼特部，諭將帥皆宜躬先臨陣，奮勇破敵，勿退後，冒虚名。八月，豫親王擊敗喀爾喀部土謝圖汗、碩雷汗，凱旋。王迎之烏蘭諾爾，宴賚出征王、貝勒及外藩台吉等。四年七月，集各部尚書、啓心郎等諭曰：「内大臣、禮部會以豫親王功懋，應晉『輔政叔王』。予初亦念及，以王爲予季弟，猶豫未果。今復思黜陟爲國家鉅典，烏容瞻徇？爾等與諸王議行。」又誡豫親王曰：「汝繼予輔政，其益加勤勉！」尋罷鄭親王輔政，復阿濟格親王。十二月，以風疾不勝跪拜，從諸王大臣議，元旦節上前行禮後起立以待，其進酒入班行跪禮，俱停止。

五年二月，肅親王平四川凱旋，王以肅親王徇隱隨征護軍統領希爾根冒功事，又欲擢用罪人揚善之弟吉賽，戒飭再三，不引咎，令諸王大臣論罪，幽繫之。七月，王視三桂子應熊服黄紗衣，詰之，乃豫親王所與，罰豫親王銀二千兩。十二月，大同總兵姜瓖叛，遣副都統阿喇善等助英親王圍剿。

六年二月，王自將征大同，次固爾班口。有碩雷汗下七人來歸，言碩雷汗兵馬距十日程。王因出張家口趨喀爾喀，行三日，以馬瘠，且道乏水，罷，仍移師討瓖。三月朔，次桑乾河，先遣官招撫渾源州、應州。越數日，應州從賊參將張祖壽、山陰從賊知縣顔永錫各詣軍前降。師薄大同，遣人諭瓖曰：「渾源負固不服，已克平；應州、山陰皆效順。予今來此，速開門迎降，當宥爾。今不降，勢迫後降，亦不從。與其自取死亡，不如速歸順。」瓖抗拒如故。端重郡王博洛、承澤郡王碩塞復代州，敬謹郡王尼堪剿賊太原，率都統阿賴等，屢戰皆捷，斬僞巡撫姜輝，王即軍中晉封三郡王爲親王，告之曰：「爾等向不在貴寵列，予以同係太祖孫，加錫王爵，位次俸禄，不得與大藩等。」王先歸。四月，以貝子務達海、鎮國公屯齊喀等征大同，令英親王還京。六月，英親王遣人啓王以輔政德豫親王子不當優異，鄭親王不當稱「叔王」，而自請爲「叔王」。王拒之曰：「豫王功多，且舊封親王，其子多爾博，予養爲子，多尼應襲王爵，何謂優異？鄭王雖叔父子，封親王亦久，爾原爲郡王，何得妄思越分？」英親王復請營府第，王乃數其擅加大同衆官銜及諸罪，令後勿預部事、接漢官。并誡衆曰：「諸王及内大臣有干預部院政事，及内外漢官升降者，不論言之是非，即治罪。予於各官應遷者遷，應降者降，豈如明偏聽人言，輕爲進退耶？至諸王於非所屬官員，私傳至府者，罪在諸王；聽傳往者，罪在衆官。如遇應傳之事，諸王必先啓奏，方許。」又諭禮部曰：「予師行在外，所出政令，必諭六部。都察院、鑾儀衛之事，原設印信，不便攜行。今倣古制，别鑄印各一，加『行在』二字。以後差遣侍衛，用鑾儀衛印。」

七月，復統師征大同。行十餘日，遣護軍統領索渾、希爾根助親王滿達海剿賊寧武關，獵於阿嚕什巴爾台等處而還。入寧武關，僞總兵劉偉、僞道趙夢龍等降，大同僞總兵楊振威等斬瓖及其兄弟首獻軍前，賊黨以次削平。九月，一等輕車都尉希福自以奉使外藩勞，匄王優用，王以其自請，諭内大臣等議罪，應棄市，令免死，革職，不許隨朝及往來諸王大臣家。十月，以喀爾喀二楚虎爾嘗犯邊，統師討之，徵敖漢、扎嚕特、察哈爾、烏喇特、土默特、四子部落各以兵會。至喀屯布拉克，不見賊，乃班師。十二月，王妃博爾濟吉特氏薨，以玉册寶追封爲敬孝忠恭正宫元妃。七年正月，納肅親王妃博爾濟吉特氏，並遣官選女子於朝鮮。二月，令部不須題奏者，付親王滿達海及端重親王、敬謹親王料理。五月，率諸王貝勒獵山海關，令親王多尼，順承郡王勒克德渾，貝子務達海、錫翰，鎮國公漢岱並議政。是月，朝鮮送女至，王親迎之於連山，即日成婚。六月，獵中後所，責隨獵王、貝勒等不整行列罪，罰貝勒屯齊、尚善，貝子扎喀納鍰有差；宥親王滿達海罰，申戒之。

七月，王欲於邊外築城清暑，令户部計額徵地畝人丁數，加派直隸、山西、浙江、山東、江南、河南、湖廣、江西、陝西九省銀二百四十九萬兩有奇，輸工用。王尋以悼妃故有疾，錫翰與内大臣席訥布庫等詣第，王怨曰：「頃予罹此莫大之憂，體復不快。上雖人主，念此大故，亦宜循家人禮，一爲臨幸。若謂上方幼沖，爾等皆親近大臣也。」又曰：「爾等毋以予言請駕臨。」錫翰等出，王遣人追止之，不及。於是上幸王第，王責錫翰等罪，降罰有差。八月，遣禮部尚書阿哈尼堪迎朝鮮王李淏之弟，阿哈尼堪啓理部事諸王，以理事官恩國泰自代。事覺，議罪，革阿哈尼堪職；罰親王滿達海銀三千兩；降端重親王、敬謹親王爲郡王；各罰銀二千兩。

十一月，王以疾率諸王貝勒獵邊外。十二月，薨於喀喇河屯，年三十有九。上聞震悼，親率王、貝勒、大臣縞服迎奠東直門外，允議政王大臣請：部院事仍令滿達海、博洛、尼堪三王理之。八年正月，議以王嗣子多爾博襲封親王，俸禄視諸王三倍，用物同御用者撤去，裁護衛百員爲六十。議入，得旨：「朕之初心，本欲於攝政王歸政之後，優禮酬報，不意王中道捐棄，未遂朕懷。今多爾博應特加恩禮，所議裁去護衛四十，朕殊不忍，其仍留八十員。」尋以王近侍蘇克薩哈、詹岱爲議政大臣，復博洛、尼堪親王，詔各省輸助築城銀盡抵今年額徵錢糧。

二月，蘇克薩哈、詹岱等首告王薨時，其侍女吴爾庫尼將殉，呼從官羅什、博爾惠、蘇拜、穆濟倫告以王曾製八補黄袍，令與大東珠朝珠、黑貂褂潛置棺内；又王欲於永平圈房，以兩旗官兵移駐；與都統和洛會等共定逆謀，因出獵稽遲未行。都統譚泰亦首言王納肅親王妃，并令肅親王子至第較射，和洛會以惡言詈之。於是鄭親王濟爾哈朗、巽親王滿達海、端重親王博洛、敬謹親王尼堪及内大臣等疏言：「昔太宗文皇帝龍馭上賓，諸王大臣共矢忠誠，翊戴皇上，因方在沖年，令臣濟爾哈朗與睿親王多爾袞同輔政。逮後多爾袞獨專威權，不令濟爾哈朗預政，遂以母弟多鐸爲『輔政叔王』，背誓肆行，妄自尊大，以皇上之繼位盡爲己功。又將太宗文皇帝昔年恩養諸王大臣官兵人等爲我皇上攻城破敵、剿滅賊寇之功，全歸於己。其所用儀仗、音樂、衛從俱僭擬至尊，造府與宫闕無異，擅用織造緞匹，糜庫貯金銀。將皇上侍臣伊爾登、陳泰一族及所屬人丁，剛林、巴爾達齊二族，盡收入己旗。又擅自誑稱太宗文皇帝之即位，原係奪立，以挾制中外。又搆陷威逼，使肅親王不得其死，遂納其妃，且將户口財産不歸公，俱以肥己。又誘皇上侍臣額爾克岱青、席訥布庫等，欲令附己。凡一切政事及批票本章，不奉上命，槩稱詔旨，擅作威福，任喜怒爲黜陟。僭妄背理，不可枚舉。又不令諸王、貝勒、貝子、公等入朝辦事，令日候府前，竟以朝廷自居，顯有悖逆心。臣等從前畏其聲威，今蘇克薩哈等首告逆謀，詳鞫皆實，應追治其罪，削爵，黜宗室，籍財産入官，其嗣子多爾博給信親王多尼。」疏入，得旨，如議行。閏二月，追論王私閲《太祖高皇帝實録》，令大學士剛林等削書其母殉葬時事，剛林等治罪如律。

十二年，詔内外大小官直言時政，吏科副理事官彭長庚、一等子許爾安各上疏頌睿親王元功，請復爵號，修其墓。下王大臣議，鄭親王濟爾哈朗、貝勒尚善等奏：「長庚言：『太宗文皇帝創業盛京，諸王俱樹勳勞，而睿親王之功爲冠；又與諸王堅持盟誓，扶立皇上，鞠躬任事。』考自太宗文皇帝創業，遴諸王分理六曹，從未以多爾袞功大，推爲冠首。皇上嗣膺大寶，王大臣等同心翊贊，亦非多爾袞獨效忠誠。又言：『遇奸人煽惑，離間骨肉，如郡王阿達禮、貝子碩託私謀擁戴，乃執大義，立置典刑。』查阿達禮、碩託之伏法，由謀於禮親王代善。禮親王遣諭多爾袞，言詞迫切，多爾袞懼罪及己，始行舉首。又言：『奉命統兵，收拾明疆，大權在握，關内關外，咸知有攝政王一人。是時皇上沖齡，遠在盛京，彼若肆然自帝，誰能禁之？而乃先驅綏定，恭迎聖駕。』查多爾袞克取明疆，並非秉權獨往，先是臣濟爾哈朗率兵攻克明中後所、前屯衛、中前所三城凱旋，乃遣多爾袞往收燕京。彼時燕京不過一空城耳，即他王攻取，亦勢在必克，有何偉績？又言：『當其初薨，尚無異議。爲時無幾，朝論紛起，論罪削爵，毁滅過甚。』查多爾袞亡後，禮數甚渥，因近侍首告逆蹟，審實始追奪爵號，何謂朝論紛起、毁滅過甚？又言：『詢之故老，聽之傳聞，前後予奪之同，似不相符。』查長庚分屬新進，所詢故老何人？所得傳聞又是何語？又言：『肅親王妃瀆亂一事，愆尤莫掩。然功多罪少，應存議親議故之條。』查多爾袞將肅親王無因戕害，收其一妃，又以一妃私與其兄英親王，此罪尚云輕小，何罪爲大？多爾袞議親是矣，肅親王又皇上何人，獨非親乎？又言：『私匿帝服御用等物，必由彼傳諭織造早晚齎送，暫貯王府。』查多爾袞專製帝服隨身備用，伊侍女密囑潛置棺内，經首告始搜出，並非暫貯之物。又言：『方今皇上宵旰求寧，而水旱相繼，似同風雷之警。』伏思多爾袞在日，豈無水旱之虞？即今日亦並無風雷之警，何得以《金縢》比擬？又言：『賜之昭雪，復其爵號，一以彰太祖之有子，太宗之有弟，皇上開創之有臣；且以見太宗知人之明，並以勵諸王作忠之氣，幽明交感，災眚可弭。』率皆狂惑之心，悖妄之語。至於援引成王周公事蹟，以比睿王，尤屬乖謬。夫武王繼商而立，封周公之子伯禽於魯，特命周公攝守國政。多爾袞攝政，曾奉有太宗之特命乎？周公誅管叔，放蔡叔於郭鄰，以其同武庚叛也。肅親王亦曾有叛情乎？且多爾袞圖肅親王元妃，又以一妃與英親王，周公曾有此行乎？與其黨同謀，離間皇上，侍衛勒幸其第。周公又有此行乎？以避痘爲名，奉皇上遠幸邊外西喇塔喇地方，侍衛不及百人，又乏扈從之兵，時經長夏，勢甚孤危。周公又有此行乎？與弟豫親王及英親王子勞親造府，糜帑數百萬，致兵餉空虚，以他物抵充。周公又有此行乎？於海子内，建避痘處所，私動内帑，擅差部員，苦累官工。夫皇上一切營建，止用內府工匠，而彼竟私役官工。周公又有此行乎？尤可異者，多爾袞欲離皇上，私與其黨定計，駐永平；又擅娶朝鮮國王族女，一女不足其願，又娶一女，未至而身亡；又太宗時，英親王被論，因罰出公遏必隆等三佐領，及至燕京，多爾袞擅給還英親王；又將黄旗下剛林、和洛會、巴爾達齊三族取入伊旗。又皇上六近臣曾各盟誓效忠，而多爾袞偪勒敗盟；又違例於八旗選美女入伊府，並於新服喀爾喀部索取有夫之婦；又濫費公帑，將織造江南、蘇、杭緞匹，私爲己有，充賞比倖。種種不法情狀，衆目共見，其餘瑣細敗檢之事，不可枚舉。長庚、爾安乃妄稱功侔周公，結黨煽亂，應論死，家産籍没，妻子爲奴。」詔從寬，並流徙寧古塔，許爾安所襲父定國世爵，准定國他子襲。

乾隆三十八年二月，諭曰：「睿親王多爾袞當世祖章皇帝沖齡踐阼時，攝政有年，威福自專，不能恪盡臣節。身殁之後，因其屬人首告，經諸王大臣定罪除封，成案具在。第念我朝定鼎之初，睿親王實先統衆入關，肅清京輦，檄定中原，前勞未可盡泯。今其後嗣廢絶，而塋域之在東直門外者，歲久益就榛蕪，亦堪憫惻！著交內務府派員往視繕葺，仍爲量植松楸，並准其近支王公等以時祭埽，用昭朕篤念成勳之意。」四十三年正月，諭曰：「睿親王多爾袞當開國時，首先統衆入關，埽蕩賊氛，肅清宫禁，分遣諸王，追殲流寇，撫定疆陲。一切創制規模，皆所經畫。尋即奉迎世祖車駕入都，定國開基，以成一統之業，厥功最著。顧以攝政有年，威福不無專擅，諸王大臣未免畏而忌之，遂致殁後爲蘇克薩哈等所搆，授款於其屬人首告，誣以謀逆，經諸王定罪除封。其時我世祖章皇帝實尚在沖齡，未嘗親政也。夫睿親王果萌異志，則方兵權在握，何事不可爲？且吴三桂之所迎，勝國舊臣之所奉，止知有攝政王耳，其勢更無難號召；即我滿洲大臣心存忠篤者，自必不肯順從，然彼誠圖爲不軌，無難陰除異己，以逞逆謀。乃不於彼時因利乘便，直至身後以斂服僭用明黄龍衮，指爲覬覦之證，有是情理乎？況英親王阿濟格，其同母兄也，於追捕流賊回京時，誑報李自成身死，且不候旨班師，睿親王即遣員斥責其非，並免王公等往迎之禮；又因阿濟格出征時，脅令巡撫李鑑釋免逮問道員及擅至鄂爾多斯、土默特取馬，令議其罪，降爲郡王。平日辦理政務，秉公持正若此，是果有叛志無叛志乎？又《實録》載：『睿親王集諸王、貝勒、貝子、公、大臣等，遣人傳語曰：「今觀諸王、貝勒、大臣等，但知諂媚於予，未見有尊崇皇上者，予豈能容此？昔太宗升遐，嗣君未立，英王、豫王跪請予即尊位，予曰：『若必如此言，予即當自刎。』誓死不從，遂奉皇上纘成大統。似此危疑之日，以予爲君，予尚不可；今乃不敬皇上而媚予，予何能容？自今以後，有盡忠皇上者，予用之愛之；其不盡忠、不敬事皇上者，雖媚予，予不爾宥也。」且云：「太宗恩育予躬，所以特異於諸子弟者，蓋深信諸子之成立，惟予能成立之。」』每覽《實録》至此，未嘗不爲之墮淚。則王之立心行事，實能篤忠蓋，感厚恩，深明君臣大義，尤爲史册所罕覯。使王彼時如宋太宗之處心積慮，則豈肯復以死固辭而不爲邪説摇惑耶？乃令王之身後，久抱不白之冤於泉壤，心甚憫焉！假令王之逆跡稍有左驗，削除之罪，果出於我世祖聖裁，朕亦寧敢復翻成案。乃實由宵小奸謀，搆成冤獄，而王之政績載在《實録》者，皆有大功而無叛逆之跡，豈可不爲之昭雪乎？前於乾隆三十八年因其塋域久荒，特敕量爲繕葺，並准其近支祭埽。然以王之生平，盡心王室，尚不足以慰彼成勞，朕以爲應加恩復還睿親王封號，追謚曰忠，補入《玉牒》，並令補繼襲封，照親王園寢制度修其塋墓，仍令太常寺春秋致祭。其原傳有未曾詳敘者，並交國史館恭照《實録》所載敬謹輯録，增補《宗室王公功績傳》，用昭彰闡宗勳至意。」於是多爾袞追復舊封，配享太廟，其睿親王爵，世襲罔替。八月，入祀盛京賢王祠。

雜録

備録

陸以湉《庸閑齋筆記》卷一一《復封攝政睿親王册文》 本朝攝政睿親王，輔世祖定天下，有周公之功。身殁未幾，被誣削奪。高宗登極，昭雪復封，誠千秋曠典也。兹于《皇朝文典》中，見追復封册文，敬録于左：

闡宗勳于故府，典重睦親；察往跡于遺聞，義彰繼絶。念精白具徵，信史兼偉代以昭垂；宜平反追褒，爰書焕明綸而光復。爾多爾袞造邦翊運，作翰宣勞。入關克展壯猷，遂集勳以大定；當軸更襄碩畫，爰攝政以多年。羣不逞怨積于生前，「莫須有」反誣諸地下。值沖歲未親幾務，衆因矯命以除封；詎深文竟指斂衣，久令銜冤于没世。朕恭稽《實録》，惻念純誠。拒二王勸進之勤，誓死力全顧託；成一統廓清之業，奉迎式肇基圖。扃尊親則切誠羣工，持法紀則靡私同氣。貞心如揭，軌事咸存。祚以世封，圭準懿藩之舊；列之瑶牒，仍延似續之常。葺園寢而祀秩春秋，侑廟廡而位循伯仲。傳以表勳，謚以褒忠。兹復封爲和碩睿親王，世襲罔替，錫之册命。於戲！削除匪出于聖裁，獄久成爲不白；功伐久彰于實典，忱尤耿其如丹。遠昭盈篋之誣，篤棐期風百世；載錫維城之命，沈淪庶雪九原。式慰爾靈，垂休無斁。

備論

龔璛《存悔齋集》卷一〇《賜睿親王初祭文》 王功曰勳，逾百年而始封胙復；支子爲後，遡六世而墜緒綫承。金縢之媲周公，天真特鑒；圭葉之肦唐叔，史得補書。愴華星倏黯於一朝，潔儐豆爰將於初奠。感予求舊，藹厥令終。惟王恭謹守躬，清勤宣力。表暉崇翰，實郇滕雍部之本支；展牒懿親，與康簡顯平而更號。念乃祖以孤忠開國，曾蒙謗雪斂衣；迨爾躬以降爵起家，何幸榮加錫土。奉先皇之恩，勗敍九族，耑掌宗藩；膺重寄於懷，徠長六盟，典司賓客。上旗統率，咸整龍驤；近衛趨承，班嚴豹仗。僂年來之勛績，左右忘勞；端公族之粹型，從容中節。夕歸桂邸，西園之果樹蕭然；日侍萱帷，南陔之華跗粲若。方冀長承眷倚，益茂寵光；昨初寒甫遣采薪，謂有喜宜占勿藥。卿僚遣視，疾佇速瘳；宗戚遽殂，疏留遺慟。是用輟朝舉典，賜奠親臨。睹故家之僅有垣墉，憐殁後之併無塋域。卹金半萬，俾營松檟之封；越日兩旬，載敕蕙椒之設。嗚呼！一王繼絶，懷哉圭組之遺；廿載服勞，慰爾醴筵之告。靈其不昧，庶克歆承。

吳三桂部

綜述

《清史列傳》卷八〇《吳三桂傳》　吳三桂，遼東人。父襄，明崇禎初，官錦州總兵。三桂由武舉隨征陣，累敍秩，後襄坐失機下獄，擢三桂總兵。以守寧遠有功，欲倚以禦流賊，封平西伯，並起襄提督京營，令薊遼總兵王永吉徙寧遠兵五十萬入衛，三桂留精鋭殿後。甫至山海關，聞流賊李自成陷京師，入衛兵已潰，不敢前。自成脅襄，以書招之，乃進次灤州。先是，三桂嘗就嘉定伯周奎飲，悦歌女陳沅，以千金購之。聞邊警，遄行，奎送沅於襄所。至是，爲賊將劉宗敏掠去。三桂聞之，作書絶父，馳歸山海關，遣副將楊坤、遊擊郭雲龍來我朝借師，時順治元年四月。

睿親王多爾衮奉世祖章皇帝命，統帥至寧遠，三桂上書曰：「流賊逆天犯闕，僭稱尊號，罪惡已極，天下共憤。三桂受國厚恩，欲興師問罪，奈力弗敵。爰泣血求助，乞王速整旅入關，與三桂合兵，直抵都城，埽除虐焰，昭示大義。此千載一時也！」睿親王得書，許即進兵，且曰：「伯誠率衆來歸，當裂土封王。」三桂聞自成執襄置軍中，糾衆二十萬東，益發使趣大兵，距山海關十里。三桂以賊分趨關外來告，睿親王遣兵擊賊於一片石，賊敗遁。明日，三桂率衆迎睿親王，令三桂兵肩繫白布爲識，遂統帥入關。自成營北山，横亘至海。大兵對賊布陣，三桂居右翼末，悉出精鋭搏戰。時大風揚沙，戰良久，未決，大兵呼聲再振，風止，從三桂陣右衝賊中堅，騰躍合擊，大破賊，追奔四十里。是日，睿親王令關内軍民皆薙髮，進三桂爵爲平西王，分隸步騎兵二萬，先驅討賊。自成遂殺襄於永平，返京師，盡屠襄家屬，載輜重遁。三桂與英親王阿濟格等追至望都，屢戰皆捷，賊走山西，乃班師。世祖御皇極門授平西王敕印，設宴，賜銀萬兩。尋以英親王爲靖遠大將軍，三桂從，由邊外趨綏德。二年，克延安、鄜州，剿自成於襄陽、武昌，東下九江。召還京，宴勞，命赴鎮錦州。三桂以所給田多磽薄，請益，復爲所屬將校何進忠、楊坤、郭雲龍、吳國貴、高得捷等百二十餘人請世職，屬吏童達行、陳全國、許榮昌、錢法裕等請優擢；又以父襄、母祖氏、弟三輔俱爲自成戕，乞贈卹。並得旨俞允。三年，入覲，賜銀二萬兩。

五年，命移鎮漢中。六年，與都統李國翰敗賊於階州，剿宜君、同官、滿城、宜川、安寨、清澗、定邊、榆林、府谷賊，次第平。八年八月，入覲，賜金敕、金印，敕偕國翰征四川。流賊張獻忠之滅也，餘黨孫可望、李定國、白文選等遁川南，因明桂王朱由榔稱帝於粤，降附之，並竊王號，擁驍健，擾川北。九年，三桂分兵復成都、嘉定、敍州、重慶，就食綿州駐師。未幾，可望糾倮儸衆五萬圍保寧，巡按御史郝浴告急，三桂移兵擊走之，奉詔頒賚將士，私以冠服與浴，浴不受，疏劾三桂擁兵觀望狀。三桂摘疏中「親冒矢石」語，劾浴欺罔冒功，浴坐謫徙。三桂敍功，歲增俸千兩。子應熊，尚主爲和碩額駙，授爵三等子，尋加少保兼太子太保。

十四年，定國隨由榔入雲南，可望與定國有隙，戰敗，赴長沙大軍降。敕三桂爲平西大將軍，國翰爲定西將軍，進征貴州。十五年，發漢中，過保寧、順慶，至合州，盡獲沿江戰艦，定國等據石壺關諸險。三桂令騎行山麓，步陟巔，以礮發其伏，悉驚潰，遂下遵義，克開州。國翰卒，三桂還駐遵義。時經略大學士洪承疇、寧遠大將軍宗室洛託，由湖南進貴陽，征南將軍卓布泰由廣西進都勻，安遠大將軍信郡王多尼統禁旅至，三桂馳會於平越府之楊老堡，議三路出師：三桂自遵義赴天生橋，聞文選據七星關遂繞出烏撒土司境，進霑益州；信郡王進曲靖府，敗文選；卓布泰進羅平州，敗定國。十六年正月，合攻雲南省城，由榔奔永昌。二月，三桂同貝勒尚書卓布泰進征南州，破文選於玉龍關，渡瀾滄江，下永昌。由榔先遁，我兵渡潞江，偵定國設伏磨盤山，分八隊迎擊，斬殺過半；乘勝取騰越州，追至南寧，乃振旅由永昌、大理、姚安還。由榔部將馬寶、李如碧、高起隆、劉之復、塔新策、王會、劉偁、馬惟興、楊武、楊威、高應鳳、狄三品等，及景東、蒙化、麗江、東川、鎮雄諸土司，先後歸順。詔三桂鎮雲南，信郡王與卓布泰等班師，留都統伊爾德、卓羅等分軍駐守；並諭吏、兵二部：「凡雲南省文武官舉黜及兵民一切事，命三桂暫行總管。俟數年後補授，仍照舊例。」

時由榔奔緬甸，文選奔木邦，定國欲迎還由榔，緬人不許；定國脅以兵，緬人益固拒，乃屯孟艮，復謀入滇，以由榔印劄誘元江土司那嵩内應，那嵩遂與降將高應鳳倡叛。十月，三桂由石屏進圍其城，掘壕困之，逾月乃破，斬應鳳，那嵩自焚死，以其地爲元江府。十七年，部臣會計雲南省俸餉歲九百餘萬，議撤滿洲兵還京，裁綠旗兵五萬之二。三桂謂邊疆未寧，兵力難減，宜如舊時。三桂陰懷異志，其藩下副都統楊珅說以先除由榔，絶人觀望。三桂乃疏請發兵入緬，殄滅由榔，其略曰：「前者密陳進兵緬甸事，奉諭曰：『若勢有不可，慎勿強。』又諭曰：『務詳審斟酌而行。』臣今籌畫再三，竊謂渠魁不殄，有三患二難：李定國、白文選等以擁戴爲名，引潰衆肆擾，其患在門户；土司反覆，惟利是趨，一被煽惑，遍地蜂起，其患在肘腋；投誠將士豈無繫念故主者，邊關有警，攜貳乘機，其患在腠理。且滇中米糧騰踊，輸輓絡繹，耕作荒而逃亡衆，養兵難，安民亦難。惟及時進剿，净盡根株，乃一勞永逸計。」疏下廷臣議行。並遣學士麻勒吉、侍郎石圖赴滇密籌機宜，奏至，命内大臣公愛星阿爲定西將軍，率禁旅同三桂進征。三桂既請頒敕印於南甸、隴川、干崖、盞達、車里諸投誠土司示鼓勵，復傳檄緬甸懸賞格，令擒由榔獻。緬人久苦定國攻擾，請大兵擊走定國，願獻由榔。

十八年正月，三桂遣土官至緬示師期，令於猛卯迎我師，以副都統何進忠、總兵沈應時、馬寧等，率師由騰越出，過隴川宣撫司。二月朔，至猛卯，緬人與定國戰，道阻。越二旬，緬使乃至，以緬人望大兵剿除定國告。會瘴發，進忠等撤兵入邊。三桂奏俟霜降後瘴息，再進。四月，遣總兵馬寶、高起隆，遊擊趙良棟等，剿馬乃土司龍吉兆，進攻七十餘日，破賊巢，斬吉兆，以其地爲普安縣。九月，三桂同愛星阿及前鋒統領白爾赫圖，都統果爾欽、遜塔等督兵，次大理秣馬。逾月，出騰越，取道南甸、隴川、猛卯，别遣總兵馬寧、王輔臣分兵二萬，取道姚關、鎮康、孟定；又慮灣甸、猛密二土司爲定國煽惑，擋我後，留總兵張國柱以兵三千屯南甸。十一月，會師木邦，文選毁錫箔江橋走茶山，我兵行三百餘里，瀕江結筏以濟。三桂令馬寧等率偏師追文選，而自與愛星阿趨緬。時定國走景線，緬甸屢得三桂檄，恐由榔自戕，密使人防守，盡殺其從官。十二月，我兵次舊晚坡，離緬城六十里。緬使詣大軍請遣兵進蘭鳩江濱扞衛，遂執由榔及其親屬獻軍前。文選爲馬寧等追及於猛養，率衆數千降。三桂振旅還。康熙元年，奏捷，聖祖仁皇帝賜敕嘉獎，晉親王，並命貴州省亦屬管轄。愛星阿班師。是年四月，由榔死於雲南。三桂以定國在景線，恐其由車里入寇，令提督張勇領兵萬餘，分布普洱、元江防剿。未幾，定國死，三桂遣人招撫遺衆。定國子嗣興，偕黨千餘人降。二年，遣總兵王會等剿隴納山蠻，搗其巢，擒斬賊渠。三年，遣總兵劉之復、李世耀由大方、烏蒙分剿水西土司安坤、烏撒土司安重聖，竝斬之，以其地設府治，改比喇爲平遠，大方爲大定，水西爲黔西，烏撒爲威寧。四年，奏裁雲南省綠旗兵五千有奇。五年，剿土司禄昌賢於隴箐，取寨數十。迤東土賊俱平，設開化府永定州。

六年，三桂疏辭總管任。初，三桂逐由榔入緬，經略洪承疇以巖疆難靖，援明黔國公沐英世鎮例，請移藩久鎮。三桂遂奉詔鎮滇，其藩屬五丁出一甲，甲二百設一佐領，積數十佐領，轄以左、右都統，設前、後、左、右援剿四鎮，總兵、副將皆自擇，分降兵萬有二千爲十營，以馬寶等十人爲總兵。凡文武職官，竝擅除擢。復請敕雲南督撫受節制，移駐提督於大理、總督於貴陽，踞由榔所居五華山故宫爲藩府，增華崇麗；藉沐天波莊田爲藩莊。假濬渠築城爲名，廣徵關市榷税，鹽井、金礦、銅山之利，厚自封殖。御史楊素蘊嘗劾其專擅，三桂摘疏中「防微杜漸」語，請旨詰問，素蘊以「防微杜漸，古今通義」覆奏，事遂寢。至是，三桂因目疾辭總管任，下部議，如各省例，歸總督、提督、巡撫管理。雲貴總督卞三元、雲貴提督張國柱、貴州提督李本深交章修三桂勞績，謂：「苗蠻叵測，非任三桂，恐邊釁日滋。請敕仍總管。」得旨：「王以精力日減，奏辭，故允所請。若令復理事務，恐其過勞。如邊疆遇有軍機，王自應經理。」尋晉應熊爲少傅兼太子太傅，命赴滇視疾，即還京。

三桂益欲攬事權，構釁苗蠻，藉端用兵不休；私割舊隸麗江府之中甸與番衆屯牧，通商互市。迨卞三元歸養，甘文焜爲總督，三桂惡其不附己，詐稱邊寇，檄赴剿。比至，復稱寇遁，檄還藩屬將弁，糜俸餉百餘萬。近省輸輓不給，徵諸江南，歲二千餘萬。偶絀，則連章入告；既贏，不復請稽核。當是時，平南王尚可喜、靖南王耿精忠與三桂分鎮邊疆，專兵柄，稱「三藩」，天下賦半爲所耗，而三桂驕恣尤甚。會可喜引疾，以子之信代理軍事，願移藩遼東。詔從所請。十二年七月，三桂亦詭疏請移藩，且言：「所部繁斥，昔自漢中入滇，漸次分移，閱三歲始竣。今生齒彌增，乞賜土地，較世祖時所給錦州、寧遠諸區倍廣，俾安輯得所。」疏入，下户、兵二部議。時廷臣有言三桂鎮服苗蠻，不可移者；户部尚書米思翰、兵部尚書明珠等，以苗蠻既平，三桂不宜仍鎮雲南，議應如所請，徙藩山海關。上命議政王、貝勒、大臣會核，復有言雲南撤藩必多撥禁旅駐守，紛擾民驛，且致京城兵力減，宜仍令三桂留鎮，與米思翰、明珠等異議。奏入，上念藩鎮久握重兵，恐滋蔓生變，非治安長計。特允三桂撤歸錦州，遣侍郎哲爾肯、學士傅達禮齎詔諭三桂曰：「王鎮守巖疆，厥功懋焉！但年齒高，久駐遐荒，朕眷懷良切，故允王所請。王其率屬北來，永保無疆之休！已命所司飭庀周詳。王至，即有寧宇，無以爲念。」

九月，哲爾肯、傅達禮至滇，三桂期以十一月二十四日行，陰與左都統吳應麟，右都統吳國貴，副都統高得捷，壻夏國相、胡國柱謀亂，部署腹心扼關隘，入者聽，出者有禁。先三日邀巡撫朱國治脅之叛，弗從，榜殺之。集四鎮十營總兵馬寶、高起隆、劉之復、張足法、王會、王屏藩等，聽調遣，自稱「天下都招討兵馬大元帥」，蓄髮，易衣冠。哲爾肯、傅達禮被留；按察使李興元、知府高顯辰、同知劉崑抗賊不屈，具楚毒，置之瘴地。顯辰仰藥死，提督張國柱、永北總兵杜輝、鶴慶總兵柯鐸、布政使崔之瑛、提學道國昌等，竝從逆，受僞職。三桂遂致逆書於平南、靖南二藩，及黔、蜀、楚、秦官吏舊相識者，要約黨附，發兵反，幟色白，步騎皆以白氈爲帽。馬寶先驅至貴陽，提督李本深應之，總督甘文焜聞變，馳書荆州告川湖總督蔡毓榮，復趣經理移藩之郎中党務禮、員外郎薩穆哈、主事辛珠、筆帖式薩爾圖詣闕告變；自率數騎趨鎮遠，辛珠、薩爾圖爲賊追殺，鎮遠副將江義得逆書以兵圍文焜，文焜自刎于吉祥寺。貴州巡撫曹申吉，黔西總兵王永清、沅州總兵崔世禄降賊，賊進陷沅州、辰州。十二月，党務禮、薩穆哈馳至京，奏聞。上召議政王、大臣諭曰：「吳三桂已反，荆州乃咽喉要地，關係最重。遣前鋒統領碩岱率每佐領前鋒各一，疾馳赴荆州守禦，以遏賊勢。命都統尼雅、韓赫業、朱滿，副都統席布、根特、穆占等，率師分馳武昌、西安、漢中、安慶、兗州諸要地，供調遣。諭吏、兵二部曰：「吳三桂藩下人在直隸各省出仕者，雖有父子兄弟在雲南，概不株連治罪，各宜安心守職，無懷疑慮。其通行曉諭之。」議政王大臣等以應熊及其從官不可宥，請逮治。得旨暫行拘禁，事平分別請旨。

尋命順承郡王勒爾錦爲寧南靖寇大將軍，統師之荆州。詔削三桂爵，宣詔中外曰：「逆賊吳三桂當明季闖賊入京時，窮蹙來歸。我世祖章皇帝念其輸款投誠，授之軍旅，錫封王爵，開閫滇南。迨及朕躬，特晉親王，重託心膂。本年七月自請移歸故土，朕憫其久在邊疆，年已衰邁，欲令其父子祖孫得以完聚，遂允其請，爲之區畫居處，資給行糧。又特遣大臣往滇宣諭朕懷，可謂禮隆情至，蔑以加矣。詎意吳三桂性類窮奇，中懷狙詐，寵極生驕，徑行反叛。背豢養之恩，逞鴟張之勢，横行兇逆，塗炭生靈，理法難容，神人共憤。今削其爵，遣將統禁旅撲滅，刻期蕩平。但念陷賊官員兵民，或心存忠義，不能自拔。大兵一至，玉石莫分，朕心甚爲不忍！爰頒敕通行曉諭，各宜安分自保，無聽脅誘，即或誤從賊黨，但能悔罪歸誠，悉赦已往，不復究治。其有能擒斬吳三桂投獻軍前者，即以其爵爵之；有能誅縛賊渠，及以兵馬城池歸命自效者，論功從優敘録。朕不食言。」十三年正月，三桂僭稱周王元年，遣僞總兵楊寶蔭陷常德，僞將軍夏國相陷澧州，張國柱陷衡州，吳應麟陷岳州、長沙，副將黄正卿、參將陳武衛以城獻賊，襄陽總兵楊來嘉、副將洪福叛據穀城、鄖陽山寨，並爲三桂僞將軍。

三桂自雲南至常德具疏付哲爾肯、傅達禮還奏，上諭部臣曰：「覽吳三桂奏章，乖戾詞語，妄行乞請。諸王大臣咸以吳三桂怙惡不悛，其子孫即宜淩遲處死，義難寬緩。朕思亂臣賊子，孽由自作，刑章具在，衆論僉同，朕亦不得曲貸之也。但以吳應熊久在近侍，朕心不忍，著將吳應熊及其子吳世霖處絞，其餘幼子俱免死入官。」六月，命貝勒尚善爲安遠靖寇大將軍，與順承郡王分兵進討。尚善移書三桂曰：「王以亡國餘生，乞師殄寇。蒙恩眷顧，列爵分藩。迄今三十年，富貴寵榮之盛，近代人臣罕比；而末路晚節，頓效童昏，自取顛覆，僕竊爲王不解也。何者？王藉言興復明室，則曩者大兵入關，奚不聞王請立明裔；且天下大定，猶爲我計除後患，翦滅明宗，安在其爲故主效忠哉？將爲子孫謀創大業，則公主，額駙曾偕至滇，其時何不遽萌反側？至遣子入侍，乃復背叛，以陷子於刑戮，可謂慈乎？王之投誠也，祖考皆膺封錫，今則墳塋毁棄，骸骨委於道路，可謂孝乎？爲人臣僕，迭事兩國，而未嘗全忠於一主，可謂義乎？不忠、不孝、不義、不慈之罪，躬自蹈之，而欲逞志角力，收服人心，猶厝薪於火而云安，結巢於幕而云固也，何乃至是！殆由所屬將弁煽激生變耳。如即輸誠悔罪，聖朝寬大，應許自新，毋蹈公孫述、彭寵故轍，赤族亡身，爲世大僇。」三桂得書，不報。

是時雲南、貴州、湖南爲三桂所據，通番市，以茶易馬，結倮羅助戰，伐山木，造層樓巨艦，散滇鑄錢，爲文曰「利用」。自詡蓄積素盈，兼綜庫金倉粟，輝耀富饒，以餌黨羽，勢日猖獗。大兵固守荆州、武昌、襄陽、宜昌諸郡，禦擊僞將軍劉之復、陶繼智、王會等，未及渡江進剿。逆書所至煽動，福建則耿精忠，廣西則將軍孫延齡、提督馬雄，四川則提督鄭蛟麟、總兵吳之茂、譚弘，陝西則提督王輔臣，竝附三桂，據地叛。輔臣以三桂逆書誘甘肅提督張勇，勇斬其使。三桂遣人與達賴喇嘛通好，達賴喇嘛爲上書乞赦罪，上弗許，分遣康親王傑書等率師討之，諭趣貝勒尚善進征岳州。三桂使僞將軍吳應麟、廖進忠、馬寶、張國柱、柯鐸、高起隆等抗大兵。又分道窺江西，一由大江達南康境，陷都昌；一由長沙入袁州境，陷萍鄉、安福、上高、新昌。上命安親王岳樂爲定遠平寇大將軍，統師至江西。復以簡親王喇布爲揚威大將軍，統師鎮江南。十四年正月，諭岳樂曰：

「湖南一隅，四方羣寇所觀望，必速滅吳三桂，底定湖南，則各地小醜聞風自散。今荆州兵未能渡江，而岳州兵又難驟進，宜由袁州直取長沙：一以斷賊饟道，一以分賊兵勢，一以扼廣西咽喉，一以固江西門户。烏合之衆，自當瓦解。荆州大兵即可乘機直追，況寧羌告變，川賊必通楊、洪二賊，窺我鄖襄，擾我南鄧，侵我荆州後路。揆其大勢，進兵斷不容緩；且延至夏月，霪雨連綿，大兵坐守日久，不但戰馬多斃，糧餉亦恐不繼。是進兵湖南，不待再決計矣。王於江西要地，宜速行整理，稍有就緒，即進取湖南，勿誤機會。」是時安親王遣兵復都昌、上高、新昌、安福，賊堅守萍鄉，於醴陵築木城以捍長沙，於岳州城外掘壕三重，環竹木爲坑穽，於洞庭湖峽口攢立桁樁，阻舟艦。凡列營陸地，悉設鹿角，挨排以阻騎兵。

三桂自常德至松滋，布賊船於虎渡上游，截荆岳大兵，使不相應。揚言將攻荆州，決隄灌城，潛分岳州賊衆踞宜昌東北之鎮荆山，糾王會、楊來嘉、洪福掠穀城、鄖陽、均州、南漳。順承郡王令貝勒察尼、都統宜理布等擊敗之，賊勢稍沮。十五年，三桂糾僞將軍七人犯廣東，以從逆大理府知府馮甦爲僞廣東巡撫，授尚之信僞招討大將軍。時可喜病篤，之信遂降三桂。簡親王奉詔移師南昌，安親王剿萍鄉，走夏國相，下醴陵、瀏陽，進攻長沙。三桂遣僞將胡國柱益兵守長沙，馬寶、高起隆由岳州赴援，别遣僞將軍韓大任、高得捷等陷吉安，踞之，拒大兵於螺子山，分犯新淦，屯泰和，復陷醴陵，窺萍鄉，斷安親王軍後。三桂自松滋移屯嶽麓山。是歲，撫遠大將軍圖海征陝西，招降王輔臣；僞將軍吳之茂屢爲靖逆將軍張勇所敗，遁還四川。康親王征福建，招降耿精忠、尚之信、馮甦並通款於簡親王。延齡之妻四貞，定南王孔有德女也，與延齡謀歸順。三桂使從孫世琮襲桂林，誘延齡殺之，肆掠柳州、横州、平樂、南寧。

十六年，貝勒尚善分營馬三千，佐安親王軍。三桂邀奪於七里臺，時簡親王攻吉安，既久，三桂頻遣賊赴援，相持弗能下。上命征南將軍穆占由岳州進，與安親王夾攻長沙，賊不能復顧吉安，悉潛遁。吉安賊困蹙，韓大任等棄城宵竄。三桂自嶽麓徙衡州，驅賊衆分犯江西南安、廣東韶州，竝助世琮掠廣西。十七年，安親王復平江、湘陰，僞將軍林興珠降。穆占攻永興，拔之，茶陵、攸縣、酃縣、安仁、興寧、郴州、宜章、臨武、藍山、嘉禾、桂陽、桂東十二城俱復。簡親王與江西總督董衛國進剿韓大任於寧都，大任由萬安走福建，降。簡親王移駐茶陵，三桂糾衆犯永興，都統宜理布、護軍統領哈克山戰歿。賊踞河外營，又犯郴州，前鋒統領碩岱等戰失利，還永興。是歲，三桂年六十有七，僭稱帝，僞號昭武。既行慶賀禮，有犬登其案而坐，三桂惡其不祥，遂病噎。八月，病劇，口噤，取其孫世璠於雲南，未至，三桂死，閉城四日，調賊圍永興者入城，賊黨擁立世璠於貴陽，改僞號曰洪化。任僞大學士方光琛、僞國公郭壯圖爲腹心。

時貝勒尚善屢敗賊洞庭湖，薄岳州城，尚善疾卒。命貝勒察尼代爲大將軍，調諸路水師協剿，斷賊糧道。諭諸路將軍以三桂既死，賊黨必潰，宜進兵速剿。復命内外臣工曾隸三桂屬下者，齎敕招撫陷賊官民，諭曰：「自逆賊煽亂，所在官民多被誘惑，陷身賊中，莫能自拔。朕已洞悉情形，屢頒敕諭，廣示招徠，開其自新之路。今逆首已伏天誅，念在彼脅從文武官員兵民，皆朕赤子，素受國家恩養，非必甘心從賊。或志存忠義，遲徊待時；或勢被迫驅，無由歸化；朕甚憫焉！爾等往布德音，相機勸諭，令翻然悔悟，爭先來歸。有密謀内應，擒斬賊渠，及率領兵民獻城納款者，俱赦其罪，論功敘録。爾等殫心籌畫，以副朕意。」十一月，僞總統吳應麟糾僞將軍江義、巴養元、杜輝駕巨艦二百餘，乘風犯柳林觜，貝勒察尼合水師，棹輕舟，飛越賊艦，發礮擊之，毀過半，賊溺死無算。應麟復糾衆五千犯陸石口，爲討逆將軍鄂訥、前鋒統領杭奇擊走。杜輝有子在軍，通使謀歸順，事泄，應麟殺輝。十八年，賊黨日構隙，貲且匱，饟運不繼。岳州賊乏食，僞總兵陳華、李超、王度沖等率人衆舟艦降。應麟收殘卒，挾輜重，走長沙，賊衆震恐，亦棄城遁。華容、安鄉、湘潭、衡山各歸順。順承郡王自荆州渡江，賊之在虎渡上游鎮荆山者，皆潰走。僞將軍洪福分剿松滋、松江、宜都、石門、慈利、澧州，進取常德。賊縱火焚廬舍、舟艦遁。僞巡撫李益陽、僞按察陳寶鑰、僞總兵黄志功降。簡親王克衡州，入城駐守，降僞官百餘。取祁陽、耒陽及寶慶府。時吳國貴踞武岡，吳應麟踞辰州，胡國柱踞辰龍關。將軍穆占復永明、江華、東安、道州、永州，僞將軍柯鐸降。安親王自衡州克新寧，復武岡。國貴以二萬衆據楓木嶺，迎戰大敗，中礮死。世琮亦敗於廣西，負重傷，竄死。僞將軍郭義偕僞官數十人降。

十九年正月，勇略將軍趙良棟破賊成都，奮威將軍王進寶破賊保寧，僞將軍王屏藩、陳君極自殺，吳之茂就擒。建威將軍吳丹克重慶，楊來嘉降。三月，貝勒察尼復辰龍關，克辰州、沅州，楊寶蔭、崔世禄降。吳應麟、胡國柱走貴陽，世璠令國柱偕王會、高起隆、夏國相掠四川，陷瀘州、敘州及永寧縣。上命吳丹、趙良棟於黔蜀要路，增兵禦賊，相機進取。簡親王定廣西，安親王、順承郡王、貝勒察尼還京，以貝子彰泰代爲定遠平寇大將軍，蔡毓榮爲綏遠將軍，授方略，同將軍穆占、總督董衛國由沅州進征。十月，克復鎮遠府，僞將軍張足法等敗走，遂下平越，趨貴陽。世璠偕應麟奔雲南，僞侍郎郭昌同文武僞官二百人降。十一月，大兵復遵義、安順、石阡、都勻、思南等府；敗賊於永寧州，追剿至公雞背鐵索橋，賊焚橋遁。土司龍天祐、沙起龍、李廷試各率屬助戰，築盤江浮橋以濟師，僞將軍李本深降。

二十年正月，僞總兵高起隆、夏國相、王會、王永清擁衆二萬餘，屯平遠西南山；僞將軍線緎、巴養元、鄭旺、李繼業擁衆萬餘據盤江西坡。大兵分道進，土司安勝祖等相助協剿，賊敗潰，王會降，斬僞巡撫張維堅，普安、平遠、黔西、大定諸府州竝復。征南大將軍賚塔奉詔自廣西進雲南，連敗僞將軍張足法、何繼祖、詹養、王有功於石門坎、新城所、黄草壩諸隘，遂抵曲靖府。二月，會彰泰、蔡毓榮軍於嵩明州，分隊進。世璠勒步騎萬餘，列象陣，離城三十里拒戰。自卯至酉，大兵五合五勝，進薄城，陣斬僞將軍胡國柄、劉起龍及僞總兵九人，賊衆自相蹂躪死者枕藉，降臨安、永順、姚安諸路。僞總兵及平遠敗竄之高起隆、僞東平公張國柱自大理來降。世璠以圍急，趣馬寶、胡國柱、夏國相自蜀赴援，將軍趙良棟與都統希福，提督桑峨等分路邀擊，寶由尋甸攜妻子至楚雄，聚賊屯烏木山潰敗，同養元、鄭旺、李繼業赴姚安降。胡國柱由麗江、鶴慶入雲龍州，窮蹙自縊死。國相敗走廣西，總兵李國樑、土司儂朋合圍於西板橋，國相度不能脱，與王永清、江義等乞降。十月，彰泰、賚塔、蔡毓榮、趙良棟合攻雲南省城，圍之數重，僞將軍何進忠、林天擎、線緎、黄明謀擒世璠及壯圖以獻，世璠、壯圖皆自殺。進忠等率屬迎降。穆占與都統馬齊先入城，籍賊黨屬，擒光琛及其子學潛、從子學範，磔軍門，戮世璠屍，函首馳獻闕下。雲南、貴州、四川、湖廣諸省悉平。

十二月，恩赦天下，詔曰：「朕蚤夜孜孜勤求化理，期於兵革寢息，海宇乂安。不意逆賊吳三桂負國深恩，倡爲變亂，陰結奸黨，同惡相援。滇、黔、閩、浙、楚、蜀、關、隴、兩粤、豫章之間，所在驛騷，肆騁痛毒。吳三桂僭稱僞號，逆焰彌滋，負罪尤甚。朕躬行天討，分命六師，剿撫竝施，德威互濟。或縶殞於闕下，或駢戮於師中，擒剿誅鋤，以次收服。乃吳三桂既膺神殛，逆孫吳世璠猶復鴟張，踞六詔之一隅，延殘喘以拒命。朕惟賊患一日不除，則民生一日不靖，策勵將士，屢趣師期，於是虎旅協心，進迫城下。賊衆計窮勢蹙，通款軍門，兇渠授首。師克之日，市肆不擾，邊境晏如。捷書既至，上慰郊廟社稷之靈，下抒中外臣民之憤，神人胥悦，遐邇騰歡。念自變亂以來，軍民荼苦，如在水火。披堅執鋭，卒歲靡寧。行齎居送，千里相望。被兵之地，既罹於鋒刃；供億之衆，復困於徵輸。朕憫恤民艱，不忍加賦，間施權宜之令，用濟征繕之需，意在除殘，事非獲已，而身處宫寢之内，外廑閭閻之依，夜寐夙興，旰食不暇。惄焉思治，八載於兹。今羣逆削平，疆宇底定，悉翦歷年之蟊賊，永消異日之隱憂。用是蕩滌煩苛，維新庶政，大沛寬和之澤，冀臻熙皞之風。誕告天下，咸使聞知。」諭議政王大臣曰：「曩者平南王尚可喜奏請回籍，朕與閣臣面議。圖海言斷不可遷移，莫洛、米思翰、蘇拜、明珠、塞克德等言應遷移。其餘竝未言遷移，吳三桂必致反叛也。議事之人至今尚多，試問當日曾有言吳三桂必反者否？及一聞叛亂，多有退而非毁，謂遷移所致。若彼時朕諉過於議撤者，盡行誅戮，則含寃泉壤矣。朕自少時以三藩勢焰日熾，不可不撤，豈因三桂反叛，遂諉過於人耶？今逆賊雖已削平，而瘡痍尚未全復，宜恤兵養民，宣化以致太平也。」又諭曰：「陷賊之人，有曾爲大吏靦顔從逆受僞職者，名節棄滅，大玷人臣之誼。惟歸順之後，功可抵罪，量予留任。餘悉罷黜。」法司以雲南械繫逆屬，按律議辟入奏，詔如議：凡助逆肆惡、勢迫始降之高起隆、張國柱、巴養元、鄭旺、李繼業等皆棄市，妻女財産籍入官；馬寶、夏國相、李本深、王永清、江義皆磔死，親屬坐斬；懸世璠首於市，析三桂骸骨，傳示天下。

乾隆四十五年，館臣進《唐桂二王本末》，未載三桂擒由榔事，諭曰：「《通鑑輯覽》附録之載唐王、桂王，所以匹於宋之帝昺、帝昰，以示萬世之實録也。館臣以吳三桂爲叛臣，不書其擒桂王由榔事，而以屬之愛星阿。夫愛星阿固爲定西將軍領兵，而三桂彼時實爲平西大將軍，且立意殄滅由榔，三患二難之議，發自三桂；即後之進兵，檄緬甸，驅李定國，降白文選，皆出自三桂之籌畫，其功固不可泯也。然其籌畫，豈實爲我國家哉？彼時已具欲據滇黔而有之之心，由榔、定國、白文選在，伊豈能據之哉？且自古權奸無時無之，亦無地無之。三桂之必欲滅由榔，實猶近日之阿睦爾撒納之必欲滅達瓦齊，達瓦齊而在，阿睦爾撒納必不能據準噶爾，則彼之爲我宣力，皆所以自爲也。今昔相形，三桂之奸計畢露，又何不可功則功之而罪則罪之乎？其依國史《三桂傳》盡載其入緬事莫删。昔許子將之相曹操，兩言撮其要，而操亦喜。適所舉二人，頗甚類之，亦在用之而已矣，又在先覺之，俾毋出我範圍而已矣。」

雜録

備録

金武祥《粟香五筆》卷八《明桂王致吳三桂書》 曩見舊鈔本，有順治十八年十一月前明永曆桂王朱由榔致書大清平西王吳三桂，曰：將軍新朝之勳臣，舊朝之重鎮也。世膺爵秩，藩封外疆，烈皇帝之之於將軍可謂甚厚。詎意國遭不造，闖賊肆惡，突入我京城，殄滅我社稷，逼死我先帝，殺戮我人民。將軍志興楚國，飲泣秦庭，縞素視師，提兵問罪。當日之本衷，原未泯也。奈何憑藉大國，狐假虎威，外施復仇之虛名，陰作新朝之佐命。逆賊授首之後，而北方一帶土宇非復先朝有也。南方諸臣不忍宗社之顛覆，迎立南陽。何圖枕席未安，干戈猝至。宏光殄祀，隆武就誅。僕於此時幾不欲生，猶暇爲宗社計乎？諸臣强之再三，謬承先緒。自是以來一戰而楚地失，再戰而東粵亡，流離驚竄，不可勝數。幸李定國迎僕於貴州，接僕於南安。自謂與人無患，與世無爭矣。而將軍忘君父之大德，圖開創之豐功，督師入滇，覆我巢穴。僕由是渡沙漠，聊借緬人，以固吾圉。山遥水遠，言笑誰歡？祇益悲矣。既失世守之山河，苟全性命于蠻服，亦自幸矣。乃將軍不避艱險，請命遠來，提數十萬之衆，窮追逆旅之身，何視天下之不廣哉？豈天覆地載之中，獨不容僕一人乎？抑封王錫爵，猶欲殲僕以徼功乎？第思高皇帝櫛風沐雨之天下，猶不能貽留片地，以爲將軍建功之所。將軍既毁我室，猶欲取我子，讀《鴟鴞》之章，能不慘然心惻乎？將軍猶是世禄之裔，即不爲僕憐，獨不念先帝乎？即不念先帝，獨不念二祖列宗乎？即不念二祖列宗，獨不念己之祖若父乎？不知大清何恩何德於將軍，僕又何仇何怨於將軍也。將軍自以爲智，而適成其愚，自以爲厚，而反覺其薄。弈禩而後，史有傳，書有載，當以將軍爲何如人也？僕今者兵衰力弱，煢煢孑立，區區之命，懸於將軍之手矣。如必欲僕首領，則雖粉身碎骨，血濺草萊，所不敢辭。若其轉禍爲福，或以遐方寸土仍存三恪，更非敢望。儻得與太平草木同霑雨露於聖朝，僕縱有億萬之衆，亦付於將軍，惟將軍是命，將軍臣事大清，亦可謂不忘故主之血食，不負先帝之大德也。惟冀裁之。武祥按，桂王於順治十八年在緬之赭硜，七月間其從官盡爲緬人所殺，是書未知出何人之手。十二月初三日，緬酋即遣數十人，至桂王所，連坐擁之去，遂并其眷屬送三桂軍。明年四月，三桂殺之。或謂三桂非殺桂王，不足以昭擒渠服遠之功，而堅大清之信任。或又謂三桂非果戮力大清也，正欲藉興朝之力，盡翦明宗枝葉。而李定國、白文選又皆其比肩委質之人，勢難並立，亦因此盡事殲除，而後可營窟滇南，不虞後患。此皆三桂之隱情，桂王區區尺一之書，何足以激發其天良哉？

《虞初新志》卷一一 圓圓，陳姓，玉峯歌妓也，聲甲天下之聲，色甲天下之色。崇禎癸未歲，總兵吳三桂慕其名，齎千金往聘之，已先爲田畹所得。時圓圓以不得事吳，怏怏也，而吳更甚。田畹者，懷宗妃之父也，年耄矣。圓圓度流水高山之曲以歌之，畹每擊節，不知其悼知音之希也。甲申春，流氛大熾。懷宗宵旰憂之，廢寢食。妃謀所以解帝憂者於父，畹進圓圓。圓圓掃眉而入，冀邀一顧，帝穆然也，旋命之歸畹第。時闖師將迫畿輔矣，帝急召三桂對平臺，錫蟒玉，賜上方，託重寄命，守山海關。三桂亦慷慨受命，以忠貞自許也。而寇深矣，長安富貴家胥皇皇，畹憂甚，語圓圓。圓圓曰：「當世亂而公無所依，禍必至。曷不締交於吳將軍，庶緩急有藉乎？」畹曰：「斯何時？吾欲與之繾綣，不暇也。」圓圓曰：「吳慕公家歌舞有時矣，公鑑於石尉，不借人看。設玉石焚時，能堅閉金谷耶？盍以此請，當必來，無卻顧。」畹然之。遂躬迓吳觀家樂，吳欲之而故卻也，强而可。至則戎服臨筵，儼然有不可犯之色。畹陳列益盛，禮益恭。酒甫行，吳即欲去。畹屢易席，至邃室，出羣姬調絲竹，皆殊秀。一淡妝者，統諸美而先衆音，情豔意嬌。三桂不覺其神移心蕩也，遽命解戎服，易輕裘，顧謂畹曰：「此非所謂圓圓耶？洵足傾人城矣。公寧勿畏而擁此耶？」畹不知所答，命圓圓行酒。圓圓至席，吳語曰：「卿樂甚。」圓圓小語曰：「紅拂尚不樂越公，矧不逮越公者耶？」吳頷之。酣飲間，警報踵至，吳似不欲行者，而不得不行。畹前席曰：「設寇至，將奈何？」吳遽曰：「能以圓圓見贈，吾當保公家，先於保國也。」畹勉許之。吳即命圓圓拜辭畹，擇細馬馱之去，畹爽然無如何也。帝促三桂出關，三桂父督理御營名驤者，恐帝聞其子載圓圓事，留府第，勿令往。三桂去，而闖賊旋拔城矣。懷宗死社稷，李自成據宮掖，宮人死者半，逸者半。自成詢內監曰：「上苑三千，何無一國色耶？」內監曰：「先帝屏聲色，鮮佳麗。有一圓圓者，絶世所希。田畹進帝，而帝卻之。今聞畹贈三桂，三桂留之其父吳驤第中矣。」是時驤方降闖，闖即向驤索圓圓，且籍其家，而命其作書以招子也。驤俱從命，進圓圓。自成驚且喜，遽命歌，奏吳歈。自成蹙額曰：「何貌甚佳而音殊不可耐也。」即命羣姬唱西調，操阮筝琥珀，已拍掌以和之，繁音激楚，熱耳酸心。顧圓圓曰：「此樂何如？」圓圓曰：「此曲祇應天上有，非南鄙之人所能及也。」自成甚嬖之，隨遣使以銀四萬兩犒三桂軍。三桂得父書，欣然受命矣。而一偵者至，詢之曰：「吾家無恙耶？」曰：「爲闖籍矣。」曰：「吾至當自還也。」又一偵者至，曰：「吾父無恙耶？」曰：「爲闖拘繫矣。」曰：「吾至當即釋也。」又一偵者至，曰：「陳夫人無恙耶？」曰：「爲闖得之矣。」三桂拔劍砍案，曰：「果有是，吾從若耶？」因作書答父。略曰：「兒以父蔭，待罪戎行，以爲李賊猖狂，不久即當撲滅。不意我國無人，望風而靡。側聞聖主晏駕，不勝眥裂。猶意吾父奮椎一擊，誓不俱生，不則刎頸以殉國難，何乃隱忍偷生，訓以非義。既無孝寬禦寇之才，復愧平原罵賊之勇。父既不能爲忠臣，兒安能爲孝子乎？兒與父決，不早圖賊，雖置父鼎俎旁以誘三桂，不顧也。」隨效秦庭之泣，乞王師以勦巨寇。先敗之於一片石，自成怒，戮吳驤，併其家人三十餘口。欲殺圓圓，圓圓曰：「聞吳將軍捲甲來歸矣，徒以妾故，又復興兵。殺妾何足惜？恐其爲王死敵，不利也。」自成欲挈圓圓去，圓圓曰：「妾既事大王矣，豈不欲從大王行？恐吳將軍以妾故而窮追不已也。王圖之，度能敵彼，妾即褰裳跨征騎。」自成乃凝思。圓圓曰：「妾爲大王計，宜留妾緩敵，當説彼不追，以報王之恩遇也。」自成然之。於是棄圓圓，載輜重，狼狽西行。是時也，闖膽已落，一鼓可滅。三桂復京師，急覓圓圓。既得，相與抱持，喜泣交集。不待圓圓爲闖致説，自以爲法戒追窮，聽其縱逸而不復問矣。旋受王封，建蘇臺，營郿鄔於滇南，而時命圓圓歌。圓圓每歌《大風》之章以媚之，吳酒酣，恒拔劍起舞，作發揚蹈厲之容。圓圓即捧觴爲壽，以爲其神武不可一世也。吳益愛之，故專房之寵，數十年如一日。其蓄異志，作謙恭，陰結天下士，相傳曰多出於同夢之謀。而世之不知者，以三桂能學申胥，以復君父大讎，忠孝人也，曷知其乞師之故，蓋在此而不在彼哉！厥後尊榮南面，三十餘年，又復浪沸潢池，致勞撻伐，跋扈艷妻，同歸殲滅，何足以償不子不臣之罪也哉？陸次雲曰：「語云『無徵不信』，圓圓之説有徵乎？曰：有。徵諸吳梅村祭酒偉業之詩矣。梅村效《琵琶》《長恨》體，作《圓圓曲》以刺三桂，曰『衝冠一怒爲紅顏』，蓋實録也。三桂齎重幣，求去此詩，吳勿許。當其盛時，祭酒能顯斥其非，卻其賂遺而不顧，於甲寅之亂，似早有以見其微者。嗚呼！梅村非詩史之董狐也哉。」

張山來曰：「吳三桂未叛時，予讀祭酒《圓圓曲》，不解所謂。甲寅後，友人因爲予言其故，深服先生先見之明。今讀此傳，益知《圓圓曲》之妙也。」

又曰：唐陳鴻作《長恨傳》，白居易因譜爲歌。今雲士乃因歌作傳，詳略之際，較之前人稍難，誠足輝映後先矣。

藝文

《皇清文穎》卷五一徐嘉炎《鐃歌鼓吹曲·殲渠魁》 吳三桂伏天誅，逆黨漸自解散也。渠魁倡亂脅從多，滇池夜郎阻天戈。襄荆沙含毒短狐，風號閩粵皆揚波。念爾功微賞已過，輒背信誓摇山河。天用斬厲正厥辜，鬼瞰神怒誅獨夫。惠迪則吉從逆凶，逆臣安獲邀考終。天家王鈇威無窮，廟謨符合聲應響，先天弗違如指掌。君不見王敦崔杼皆前死，斲棺剉骸無漏網。

顧炎武部

綜述

《清史列傳》卷六八《顧炎武傳》　顧炎武，初名絳，字寧人，江南崑山人。生而雙瞳子，中白邊黑，讀書一目十行。年十四，爲諸生。耿介絶俗。與同里歸莊善，時有「歸奇顧怪」之目。見明季多故，棄舉業，講求經世之學。炎武三世俱爲顯宦，母王氏守節，孝於姑，明亡，不食卒。叛僕陸恩見炎武家中落，欲告炎武通海。炎武沉之水，僕壻投里豪，復訟之，繫奴家，危甚。會曲周路澤農救之，得免，遂去之山東，墾田長白山下。復北歷關塞，墾田於雁門之北、五臺之東。後客淮安，萊州黄氏有獄，詞連炎武，乃赴山東聽勘。富平李因篤營救之，獄始白。自是往還河北，最後至華陰，置田五十畝，因定居焉。

生平精力絶人，自少至老，無一刻離書。所至之地，以二羸二馬載書，遇邊塞亭障，呼老卒，詢曲折，有與平日所聞不合，即發書對勘；或平原大野，則於鞍上默誦諸經注疏。嘗謂經學即理學，自有舍經學以言理學者，而邪説以起；不知舍經學，則其所謂理學者，禪學也。於同時諸人，雖以苦節推孫奇逢、李容，以經世之學推黄宗羲，而論學則皆不合。其與友人論學云：「百餘年來之爲學者，往往言心言性，而茫然不得其解也。命與仁，夫子所罕言；性與天道，子貢所未得聞。性命之理，著之《易傳》，未嘗數以語人。其答問士則曰『行己有恥』，其爲學則曰『好古敏求』，其告哀公明善之功，先之以博學，顔子幾於聖人，猶曰『博我以文』，自曾子而下，篤實無如子夏，言仁則曰『博學而篤志，切問而近思』。今之君子則不然，聚賓客門人數十百人，與之言心言性，舍多學而識以求一貫之方，置四海之困窮不言，而講危微精一，是必其道高於夫子，而其弟子之賢於子貢也。我弗敢知也。《孟子》一書言心言性，亦諄諄矣，乃至萬章、公孫丑、陳代、陳臻、周霄、彭更之所問，與孟子之所答，常在乎出處、去就、辭受、取與之間。是故性也，命也，天也，夫子之所罕言，而今之君子之所恒言也。出處、去就、辭受、取與之辨，孔子、孟子之所恒言，而今之君子之所罕言也。愚所謂聖人之道者如之何，曰『博學於文』，曰『行己有恥』。自一身以至於天下國家，皆學之事也。自子臣弟友以至出入往來、辭受取與之間，皆有恥之事也。士而不先言恥，則爲無本之人；非好古多聞，則爲空虚之學。以無本之人而講空虚之學，吾見其日從事於聖人，而去之彌遠也。」

炎武之學，大抵主於斂華就實，凡國家典制、郡邑掌故、天文儀象、河漕兵農之屬，莫不窮原究委，考正得失。撰《天下郡國利病書》百二十卷，遍覽諸史、圖經、文編、説部之類，取其關於民生利病者，且周流西北，歷二十年其書始成。别有《肇域志》一編，則考索之餘，合圖經而成者。尤精韻學，撰《音論》三卷，言古韻者始自明陳第，然創闢榛蕪，猶未邃密。炎武乃推尋經傳，探討本原。又《詩本音》十卷，其書主陳第詩無協韻之説，不與吴棫《本音》争，亦不用棫之例，但即本經之韻互考，且證以他書，明古音原作是讀，非由遷就，故曰《本音》。又《易音》三卷，即《周易》以求古音，考證精確。又《唐韻正》二十卷、《古音表》二卷、《韻補正》一卷，皆能追復三代以來之音，分部正帙而知其變。又撰《金石文字記》、《求古録》，與經史相證，而《日知録》三十卷，尤爲精詣之書，蓋積三十餘年而後成。其論治綜覈名實，於禮教尤兢兢，謂風俗衰，廉恥之防潰，由無禮以維之，常欲以古制率天下。炎武又以杜預《左傳集解》時有闕失，作《杜解補正》三卷。其他著作，有《石經考》、《九經誤字》、《五經異同》、《二十一史年表》、《歷代帝王宅京記》、《營平二州地名記》、《昌平山水記》、《山東考古録》、《京東考古録》、《譎觚十事》、《菰中隨筆》、《救文格論》、《亭林文集詩集》，並有補於學術世道。

國朝稱學有根柢者，以炎武爲最。又廣交賢豪長者，虚懷商榷，不自滿假。作《廣師篇》云：「學究天人，確乎不拔，吾不如王錫闡；讀書爲己，探賾洞微，吾不如楊瑀；獨精《三禮》，卓然經師，吾不如張爾岐；蕭然物外，自得天機，吾不如傅山；堅苦力學，無師而成，吾不如李容；險阻備嘗，與時屈伸，吾不如路澤農；博聞强記，羣書之府，吾不如吴任臣；文章爾雅，宅心和厚，吾不如朱彝尊；好學不倦，篤於朋友，吾不如王弘撰；精心六書，信而好古，吾不如張弨；至於達而在位，其可稱述者，亦多有之，然非布衣之所得議也。」康熙十八年，詔舉博學鴻儒科，次年，修《明史》，大臣争薦之，並力辭不赴。二十一年，卒，年七十。

雜録

備録

陳康祺《郎潛紀聞初筆》卷三《顧亭林先生勤學》 亭林先生自少至老，手不釋書，出門則以一羸二馬，捆書自隨。遇邊塞亭障，呼老兵詣道邊酒壚，對坐痛飲，咨其風土，考其區域。若與平生所聞不合，發書詳正，必無所疑乃已。馬上無事，輒據鞍默誦諸經注疏，遇故友若不相識，或顛墜崖谷，亦無悔也。精勤至此，宜所詣淵涵博大，莫與抗衡與。

陳康祺《郎潛紀聞初筆》卷三《顧亭林先生峻厲》 亭林先生嘗曰：「北方之人，飽食終日，無所用心。南方之人，羣居終日，言不及義，好行小慧。」其甥東海學士延之夜飲，怒曰：「古人飲酒卜晝不卜夜，世間惟淫奔、納賄二者夜行，豈有君子而夜行者乎？」其峻厲若此。

陳康祺《郎潛紀聞初筆》卷七《亭林先生壽序》 壽序諛詞，自前明歸震川始入文稿。然每觀近今名人集中，偶載一二，亦罕有不溢美者。本朝惟潘次耕檢討耒《亭林先生六十序》，頗有關係。其言曰：「漢自黨人議起，海内名德，網羅殆盡，而鄭康成獨全於禁錮之餘，黄巾不入其里，徒衆數千人，昭烈修弟子禮，所注經籍，百代宗之。隋季綱紀文章蕩然，文中子挺生其時，慨然有宏濟之志，獻策不用，家居著書，河汾之間，才俊如雲，卒贊貞觀太平之治。」以此比儗亭林，方見命世大儒，遭罹厄會，實由天厭明德，留此寒泉碩果，藉以開興朝文運之先，非如李二曲、王船山，律己堅貞，僅僅守采薇之節者可比。然非先生，莫能當此也。或今世文士識力若潘次耕者，容或易遇，而所撰題目，非肉食貴官，即詞賦名士，或竟語録劄記之儒者，以及多牛足穀之富翁。碑銘誌傳，無一人可傳文之人，但求文能傳人之文，執筆浩歎，又豈獨壽序然與。按：檢討《遂初堂集》亭林壽序後，有《戴耘野六十壽序》，末段有「噫嘻悲矣！豈不痛哉」等語。施之今人，其子孫肯飾於屏幛乎？即此，見壽序之不可爲。

陳康祺《郎潛紀聞初筆》卷八《顧閻李諸公之撝謙》 亭林先生《廣師篇》云：「學究天人，確乎不拔，吾不如王錫闡。讀書爲己，探賾洞微，吾不如楊雪臣。獨精三禮，卓然經師，吾不如張爾岐。蕭然物外，自得天機，吾不如傅山。堅苦力學，無師而成，吾不如李容〔顒〕。險阻備嘗，與時屈伸，吾不如路安卿。博聞强記，羣書之府，吾不如吴任臣。文章爾雅，宅心和厚，吾不如朱彝尊。好學不倦，篤於朋友，吾不如王宏撰。精心六書，信而好古，吾不如張弨。」百詩先生論人物，嘗稱吴志伊之博覽，徐勝力之强記，自問不如。

陳康祺《郎潛紀聞四筆》卷四《顧炎武讀書法》 亭林先生年少時，教授鄉里，每年以春夏温經，約士友中聲音宏敞者四人，設左右坐，各置注疏本於前，先生居中，其前亦置經本，使一人誦，而同人聽之，遇其中字句不同，或有疑義者，詳問而辨論之。凡讀二十紙，則易一人，周而復始，計一日温書一百紙。《十三經》畢，接温三史，或南北史。亭林之學，宜其精熟而博通也。此法較吾鄉程氏《分年課程》尤爲切密，開門授徒者，盍取則焉？

繆荃孫《藝風堂雜鈔》卷四 顧亭林，古所謂義士不合於時，以游爲隱者也。居恒侍奉極儉。辭受之際，頗有權衡。四方之游，必以圖書自隨，手所鈔録，皆作蠅頭行，楷，萬字如一。每見予輩或宴飲終日，輒爲攢眉。客退，必戒曰：「可惜一日虚度矣！」其勤厲如此。

備論

《國朝耆獻類徵初編》卷四〇〇《顧炎武》 先生兀兀，佐王之學，雲雷經綸，以屯被縛，渺然高風，寥天一鶴，重泉拜母，庶無愧怍。下士而繫國家之興亡，匡居而知天下之利病，此古今所稱軼倫絶羣也。而或狃於習俗，無以闢學問出處之大，能闢之，又深加諱忌，使緜歷久遠，其心隱而其跡微，雖目爲閎雅辨通，競相崇奉，而其人之真終不出。崑山顧亭林先生運丁陽九，確然抱夷齊之志。當是時我朝龍興，網羅遺逸，風聲暨大巖谷，拂巾振褐，咸翩翩集闕廷下。假令先生赴徵召，抒所藴蓄，足以濟世用。追溯平生，未嘗一食明禄，列科目，後人評騭，固不得與失節者次比。即偕萬季野輩白衣領史職，事竣而退，超乎簪紱榮利之外，亦可塞時望，返初念，兩無所負。而乃甘心泥伏重經，同邑葉訒庵及其甥徐原一公肅之推轂，屹若貞石，甚至欲自誓以死。吁！豈不難哉。余嘗觀秦漢問經術之儒，申公、轅固等莪不就辟，最初則魯諸生三十餘，夙戒謏言，而習儀、縣蕞招之即來。至因叔孫通薦舉，阿曰聖人其不肎行，而詆通之事十，主者僅兩生耳。蓋介守之孚覯久矣。然此兩生卒黯汶未聞以撰述名。先生既鴻飛冥冥，而綜覽百氏，上下數千年，理亂之故，洞悉源流，匪獨《肇域志》一編，凡有論說，罔弗關朝章國典，吏治民生，旁逮音韻金石，得其片長，已堪自表異。竊謂隗力之雄，似宋王厚齋、顧厚齋膺宏詞選，入元雖不顯，猶作學官，視先生不能無愧色焉。且夫先生之意，正自不止此。方其往來南北，氣沈而情愴，睠懷金陵京闕，黍離之悲也；海上諸詩，精衛之義也；攄哀感事，屈子哀郢之思也；圖孝陵，拜昌平十三陵，唐處士冬青之泣也。而尤於山川阨塞，地形險易，隨所到備羅胷中。厥後返樸全真，託諸肥遯，猶復棄故土，旅寓秦關，流離困頓而不悔。時惟濟陽張稷若同玆微尚。故二人相視莫逆，而操行之苦，吾鄉沈耕巖差與髣髴。幸聖政寬大，不事敦迫，俾優游以老。所著書多入《四庫》，近者《儒林傳》並爲臚敘。然則高風持前代之終，而碩學開昭代之始，舍先生其誰與歸？今先生族裔出藏像，徧乞題識。猥及余，因獲肅觀之。貌清古，具秋氣，衣冠由舊，欽挹之餘，迺作贊曰：有雲在天，可望不可攖。有松在山，可仰不可攀。先生卓哉，廢也中權。爲鉅儒，爲逸民，游必載書，客猶墾田。哀哀賢母，斷粒而死。報國匪男，遺言毋仕。矢秋霜之令儀，歷危機而弗磨；知天命之所屬，野歌哭兮奚爲。昔友歸莊，非迂則怪，流俗讆語，曾不蔕芥。卻聘之文尚留，蹈海之風孰作。謝園廬於魏舒，冐蒲輪之並驅。羌陳編兮獨抱，振絶業乎千秋。嗚呼！薇耶，蕨耶，竟成其節耶？學何徹耶，行何潔耶？我題此圖，滌毫冰雪，皭然無緇，塵之湼耶。

藝文

《晚晴簃詩彙》卷五八王圖炳《顧林亭》 平林落日野王臺，太息斯人一草萊。白馬青袍愁事去，綠蓑皁帽好歸來。虞卿窮老書千卷，陶令高閒酒百杯。回首風塵淪落客，江南詞賦子山哀。

多鐸部

綜述

《碑傳集》卷一　馮培《和碩豫通親王多鐸傳》　豫親王多鐸，太祖高皇帝第十五子也。初授貝勒。天聰二年三月，與多爾袞從太宗往征察哈爾多羅特部，大捷，太宗喜語諸貝勒曰：「兩幼弟初領偏師輒有功，宜賜美名。」於是號多鐸爲額爾克楚瑚爾。五年九月，太宗親率軍擊明錦州，多鐸從以二百人敗錦州兵七千於城下，又敗明兵於大淩河。七年六月，詔問羣臣伐明與朝鮮、察哈爾宜何先？多鐸言宜伐明，直入長城，圖久長之計，先其大者，則其餘自滅，且隨我所求而自至矣。八年七月，太宗親伐明，多鐸從，同貝勒阿濟格等率兵入龍門，會大軍於宣府，遂入邊，擊敗明兵，略保安州，克之，戮其守將。往會太宗於應州城，獻俘。八月，同多爾袞等略朔州，隨攻大同，敗明兵於城南。太宗以明國必調甯遠、錦州兵往山西救援，命多鐸爲帥，率精兵入明廣甯，以遲其救援，先遣石廷柱、阿山等趨錦州。會錦州總兵祖大壽遣副將劉應選等率兵來拒，遇大淩河西，阿山等以兵寡馳告，多鐸疾馳，敗劉應選所部兵，俘獲無算。凱旋獻俘，太宗迎勞五里外，以多鐸初專閫外，能出奇取勝，嘉獎之，賜良馬五，甲五。

崇德元年四月，晉封和碩豫親王，兼理禮部事。十二月，從太宗征朝鮮，累戰皆有功，遂降朝鮮。四年八月，兼理兵部事。十一月，同貝勒豪格略錦州、甯遠，斬總兵金國鳳等。五年三月，奉命爲左翼總統，與濟爾哈朗往修義州城駐防屯田。六年三月，代多爾袞圍錦州、松山，繞錦州城立營浚濠，爲久駐計，城中惶恐。守門蒙古諾木齊、武巴什縋書約降，祖大壽知有異志，欲以計擒之。諾木齊等即執兵拒，外城蒙古亦執兵助，既接戰，聲聞關外。多鐸與濟爾哈朗至城下援之，闕內蒙古縋援兵入，與明兵戰於城上，明兵敗，大軍遂入關，徙其民義州。捷奏至，太宗大悅。四月，復敗明杏山、松山援兵。八月，明經略洪承疇以八總兵十三萬衆來援錦州。太宗親統大軍往征之，疾馳六日，環松山而營。明兵宵遁，遣貝子博洛等追擊之，並簡精兵付多鐸令設伏，遂夾擊吳三桂等兵，敗之。尋又奉命圍松山，城內夜出兵來犯，擊敗之，斬首千餘級。十二月，承疇自松山率兵夜出來犯，多鐸令沿濠射之，悉敗去，城中益困。七年二月，松山副將夏承德密遣約降爲內應，以其子舒出質，夜半諸將上舉梯登城，城遂克，生擒承疇及巡撫邱民仰等。七月，敘功加封多羅豫郡王。八年四月，疏言，當今之勢，宜暫息兵以農務爲急，衣食豐足，舉國慶豫，再有舉行未晚也。

順治元年四月，從多爾袞入關，破流賊，定燕京。十月，晉和碩德豫親王。時明福王朱由崧自立於南京，稱大號，遣兵扼淮徐爲割據計，而李自成尚據陝右。多鐸奉命爲定國大將軍，率師南征。二月，由河南進兵，克陝西，趨潼關，凡三敗李自成之衆，斬獲無算，賊守將皆望風降附。復戰於潼關，大軍奮勇衝擊，呼聲動天地，縱橫掩殺，漫山彌野，自成精銳略盡，遁至西安，不復能成軍拒守。多鐸師渡潼關濠口，斬僞將馬世堯。師至西安，自成奔商州，南走湖廣，追之不及。二月，捷聞，世祖以流寇既竄，西安平定，關中撫綏事宜付英親王阿濟格等，命多鐸率大軍由河南趨淮揚，討江南之稱號自立者。四月，渡淮，趨揚州，招諭守揚閣部史可法等降，不從，攻克其城，獲可法等斬之。五月，師至南京，文武官數百員馬步兵二十三萬有奇，皆迎降，南京平，追擒福王於蕪湖。捷聞，世祖嘉悅，遣侍臣赴軍中慰勞焉。多鐸復遣兵敗馬士英之衆，降潞王朱常淓，江浙悉定。七月，詔以貝勒勒克德渾爲平南大將軍代多鐸還。十月，凱旋，世祖御殿，以多鐸統軍以來功最大，晉封和碩德豫親王，賜黑狐帽，貂朝衣及玲瓏鞍馬，金五千兩，銀五萬兩。三年五月，蘇尼特部騰吉思等叛奔喀爾喀，詔以多鐸爲揚威大將軍往征。七月，多鐸等至譽噶爾察克山，聞騰吉思在袞噶魯台，星夜疾進三日，追及於額克特山，獲其妻子及牲畜。喀爾喀土謝圖汗以兵二萬邀大軍於札濟布喇克之地，多鐸擊敗之，追逐三十餘里。次日，碩雷汗復率兵三萬至，又擊敗之，追逐二十餘里。十月凱旋，世祖出安定門迎勞。四年七月，御太和殿，册封爲輔政叔德豫親王，賜金千兩，銀萬兩，鞍馬一，册文稱定鼎中原以來所建功勳卓越等倫云。六年三月薨。七年三月命立碑紀功。九年三月，鄭親王濟爾哈朗等會議多鐸係多爾袞同母弟，應削王爵。世祖念其勳勞，止追降郡王。康熙十年五月，追謚曰通。

乾隆四十三年，上諭廷臣曰：豫親王從睿親王入關，肅清京輦，即率師西平流寇，南定江浙，實爲開國諸王戰功之最，乃以睿親王誣獄株連，降其親王之爵，後又改封信郡王。以王之勛績超邁倫等，自應世胙原封，以章殊眷。著仍追復親王，還號爲豫，一體配享太廟。

多鐸子多尼征故明桂王朱由榔於雲南，敗李定國、白文選之衆，所向克捷，襲封郡王。順治十八年薨，謚宣和。

《清史列傳》卷二《多鐸傳》 多鐸，太祖高皇帝第十五子。初封貝勒。天聰二年二月，從上征多羅特部有功，賜號額爾克楚呼爾。三年十月，從上征明，由龍井關入，同貝勒莽古爾泰、多爾袞以偏師圍漢兒莊城，降之，遂會大軍克遵化，進薄京城。明寧遠巡撫袁崇焕、錦州總兵祖大壽以兵二萬來援，屯廣渠門外，諸貝勒敗之，追至壕，多鐸以幼後，潰卒來犯，卻之。十二月，旋師薊州，遇明援兵自山海關來，距城二里許列陣，多鐸同諸貝勒擊殲之。五年三月，命諸貝勒直言時政，多鐸奏曰：「臣未預理刑，其中公私不得知。但觀法司諸臣，實心任事、秉公執法者少，當令明習法律，遵守成規。」八月，從上圍明大淩河城，正白旗兵圍東北，多鐸軍爲策應，旋同大貝勒代善等克近城臺堡。九月，明援兵七千出錦州，拒我前鋒，軍於小淩河岸，上以兵二百馳擊，敵潰遁。多鐸追迫錦州，墜馬，馬逸入敵陣，乃乘軍校札福塔之馬而還。越十日，明援兵四萬距大淩河十五里列營，多鐸從上擊敗之。十一月，同貝勒濟爾哈朗往塔山東，沿海截隘，俘百餘人。六年五月，從上征察哈爾，林丹汗遁，同濟爾哈朗、多爾袞等俘其衆千餘於歸化城西南黃河岸。

七年六月，詔問征明及朝鮮、察哈爾三者何先，奏言：「我兵非怯鬬，止攻山海關外城，豈可必得？攻關外城與攻北京城，名雖不同，勞苦則一。宜直入關，庶可饜士心，成久遠計。且相機審時，古語有之。若緩旦夕，敵漸知備，固城池，修根本，何隙之可乘？我何愛於明？祇念士卒勞苦，姑與和。若時可取，原不待再計。至察哈爾，且勿加兵；朝鮮已和，勿遽絶；惟先圖其大者。如蒙天佑得之，餘隨所求皆至矣。」八年五月，從上征明，入龍門口，敗明兵，克保安州。事詳《英親王傳》。復略朔州，至五臺山，還。從上擊敗明兵於大同城南。九年五月，上先遣諸貝勒征明山西，度明必調寧遠、錦州兵往援，命多鐸以軍入寧、錦界牽制之。遂由廣寧進，以都統阿山、石廷柱率兵四百前驅，大壽令副將劉應選、吴三桂、劉成功、趙國志合錦州、松山兵三千五百營大淩河西。多鐸甫過十三山站，阿山等遣人以敵數報，多鐸盡率所部馳擊，塵蔽天，明兵驚潰。我軍兩路追擊，一至錦州，一至松山，斬應選及軍官八人、兵五百，擒遊擊曹得功等，獲馬二百餘、甲冑無算。翌日，攻克一臺，回駐廣寧邊境，旬餘乃還。駕出懷遠門五里迎勞，諭嘉其初專閫外，能出奇取勝，賜良馬五、甲五。

崇德元年四月，晉封和碩豫親王。六月，命掌禮部事。八月，同睿親王多爾袞征明錦州，降胡有陞等，由義州還。十二月，從上征朝鮮，由沙河堡領兵千繼前鋒軍至朝鮮國都，其國王李倧遁南漢山城，進圍之；其臣在外者以兵二萬餘援，城中兵亦出，屢擊之，皆捷。迎上駐城西，獻所獲馬、械，命分賚有差。二年正月，朝鮮全羅、忠清兩道援兵列營南漢山，命多鐸往視。朝鮮兵拒山下，敗之，追奔上山，值雪，陰晦，乃還。旦，復進，朝鮮兵已拔營遁，收其馬千餘。三年九月，上至演武場送睿親王征明，王以目疾甫愈，不至，命俟睿親王班師議罪。仍從上征明錦州，由蒙古托克博倫界分道，同貝子博洛率護軍及土默特兵入明境，俘斬哨卒十餘，攻克桑阿爾齋舊所居之大興堡，斬守備及壯丁二百，俘其户口，道擒大壽諜二人。詔往助鄭親王濟爾哈朗軍，將過中後所，大壽以兵來襲，傷我兵九人，掠馬三十。王且戰且退，斬三十人，夜達鄭親王營。翌日，薄中後所城，上統師至，敵不敢出。四年五月，議前不送出師及中後所失士馬罪，降多羅貝勒。八月，命掌兵部事。十月，同肅親王豪格征明寧遠，敗敵城北山岡，斬總兵金國鳳及其二子。五年三月，命同鄭親王分統左右翼兵往義州，葺城屯田，逾月畢工，墾田東西四十里。復同迎蒙古多羅特部蘇班岱等降衆，敗明兵，賜御廄良馬一。事詳《鄭獻親王傳》。

十一月，圍錦州，夜伏兵桑阿爾齋堡，旦，敵至，敗之，追至塔山，斬級八十餘，獲馬二十。六年三月，復同鄭親王圍錦州，收其守郛蒙古將諾木齊等，屢敗明兵杏山、松山間。事俱詳《鄭獻親王傳》。八月，明總督洪承疇以八總兵、十三萬衆來援錦州，上親統大軍臨之，自盛京馳六日，環松山而營，明兵震怖，宵遁。上命多鐸設伏，明總兵吴三桂、王樸從杏山奔寧遠，我前鋒兵自杏山西逐之至高橋，伏起，殺敵無算。九月，上旋蹕，留多鐸與諸王更番圍松山，城中兵夜出，犯鑲黃旗營，敗之，斬級千餘。十二月，又犯正黃旗、正紅旗營，沿壕射卻之，殪四百餘人。七年二月，明松山副將夏承德遣通款，以其子舒出質，約内應，夜半，梯而登，生擒承疇及巡撫邱民仰，總兵王廷臣、曹變蛟、祖大樂等。七月，敘功，晉封多羅豫郡王。十月，貝勒阿巴泰由黃崖口征明薊州，命多鐸屯寧遠邊境，牽制明兵，至則遣人入略，俘百餘人。敵出，戰敗之，多獲牲、械。八年四月，因聖躬違和，有事祈禱，疏言：「兵不得已而用，今日之勢，宜暫息兵。至國中興作，俟規模既定，然後舉行，但當以農務爲急。農務克勤，則庶民衣食豐足；衣食豐足，則舉國慶豫，聖躬長享安和矣。此後舉行，未晚也。」

順治元年四月，隨睿親王入山海關，破流賊李自成。十月，晉封和碩豫親王。時明福王朱由崧自立於南京，設江北四鎮，扼淮、徐爲割據計。上命多鐸爲定國大將軍，統師南征，值河南奏流賊肆掠懷慶，詔先剿賊河南。十二月，至孟津，遣護軍統領圖賴先渡河，走賊守將黄士欣等，沿河十五寨堡望風歸附。至陝州，賊將張有曾壁靈寶縣城外，拔之。雎州明總兵許定國、玉寨首領李際遇降。進距潼關二十里，賊據山列營，前鋒統領努山、鄂碩等攻破之，圖賴復率騎掩殺甚衆。僞汝侯劉宗敏遁。二年正月，賊將劉方亮犯我營，卻之。自成親率步騎迎戰，大軍進擊，殲其步卒，賊騎奔，夜屢來犯，皆敗還。賊鑿重壕，立堅壁，大軍發巨礮進攻。更疊戰，方酣，賊騎三百横衝我師，貝勒尼堪、貝子尚善等躍馬夾擊，賊敗衄。都統恩格圖等躡之，斬獲甚衆。諸軍連破賊營，屍滿壕塹，委軍械、甲冑彌野。自成精鋭略盡，遁還西安。僞吴山伯馬世堯率所部七千餘衆降。大軍入關，獲世堯所遣致書自成者三人，並世堯斬以徇。越二日，師至西安，自成已先五日燬室廬，挈子女、輜重出藍田口，竄商州，南走湖廣。

二月，奏捷，諭嘉「壯猷偉略，調度有方」，命以陝西事付英親王阿濟格，即由河南趨淮、揚，討南京之稱號自立者。是月，旋師河南，流賊僞平南伯劉忠迎降。三月，分徇南陽、開封，親統師趨歸德，州縣望風納款。所至撫兵民，設官屬，疏請速鑄給印信，以防詐僞，從之。詔獎「方收關、陝，旋定中原，剿寇安民，勳庸茂著」。賜實飾佩刀、鏤金鞓帶。四月，趨泗州，明守將焚橋遁，遂夜渡淮，直趨揚州，距城二十里立營，令鎮國將軍漢岱等前驅，獲船三百餘。翌日，薄城，招諭明大學士史可法、翰林學士衛胤文等降，不從；攻七日，克其城，擒斬之。五月，師至揚子江北岸，明鎮海伯鄭鴻逵等以水師分守瓜洲、儀徵。我軍左右對敵列營，相持三日，造船二百餘，留左翼兵駐江北岸，遣鎮國將軍拜音圖等直渡江，副都統李率泰引大軍次渡。福王聞揚州失守，遁太平。

大軍至南京，明忻城伯趙之龍、魏國公徐州爵、大學士王鐸、禮部尚書錢謙益等迎降，收文武官數百員，馬步兵二十三萬有奇。王入駐城中，安撫居民，令投誠軍悉歸伍；遣貝勒尼堪、貝子屯齊等追福王於太平，復走蕪湖，欲渡江，圖賴等邀之江口，明靖國公黄得功迎戰，敗，中流矢死，總兵田雄、馬得功縛福王及其妃歸我軍。諭嘉「王與諸臣同心協力，克奏膚功」，遣侍衛赴軍勞之。初，福王走太平，其大學士馬士英挾福王母南走杭州，議奉潞王朱常淓拒守。六月，貝勒博洛等趨杭州，士英迎戰，敗，渡錢塘江逃，常淓率衆降；淮王朱常清亦自紹興來降。浙東西悉歸順。王承制改南京爲江南省，疏授江寧巡撫、安慶巡撫以下官三百七十三人。有僞稱杜陽王煽亂廬江，無爲知州以聞，遣總兵吴勝兆等剿平之。尋奉詔俟貝勒勒克德渾至江寧俘福王等，還京。十月，凱旋，上行郊勞禮於南苑，晉封和碩德豫親王，賜黑狐帽、紫貂朝服、金五千兩、銀五萬兩、馬十、鞍二。

三年五月，蘇尼特部騰機思、騰機特等叛奔喀爾喀，詔集外藩諸蒙古兵於克魯倫河，以多鐸爲揚威大將軍，同承澤郡王碩塞統師追剿。七月，師至盈阿爾察克山，聞騰機思在衮噶嚕台，星夜疾進三日，敗賊於諤特克山，斬台吉茂海，渡圖拉河，追至布爾哈圖山，斬騰機特子二、騰機思孫三及喀爾喀台吉十三人，盡獲其家口、輜重。師次扎濟布喇克，喀爾喀土謝圖汗兩子以兵二萬，碩雷汗子以兵三萬，兩路迎戰，我師奮擊，大捷，追奔三十餘里。先後斬級數千，俘千餘人，獲駝千九百、馬二萬一千一百、牛萬六千九百、羊十三萬五千三百有奇。十月，凱旋，上出安定門迎勞，宴之。所獲牲畜，悉頒賚將士，加賜王鞍馬一。四年七月，晉封輔政叔德豫親王，賜金千兩、銀萬兩、鞍馬二，增册文稱「定鼎中原以來，所建功勳，卓越等倫」云。六年三月，薨，年三十有六，立碑紀功。

九年三月，鄭親王濟爾哈朗等議多爾衮既削封爵，多鐸係其母弟，應追降郡王，從之。康熙十年六月，追謚曰通。乾隆四十三年正月，諭廷臣曰：「豫親王多鐸從睿親王入關，肅清京輦，即率師西平流寇，南定江、浙，實爲開國諸王戰功之最。乃以睿親王之誣獄株連，降其親王之爵，其後又改封信郡王。雖至今承襲罔替，但以王之勳績超邁等倫，自應世胙原封，以彰殊眷，豈可以風影微眚，輒加貶易？」命追復親王及封號，並配饗太廟。八月，入祀盛京賢王祠。

雜録

備録

昭槤《嘯亭雜録》卷一《太和門箭》　豫通親王下江南時，王鐸、錢謙益等迎降，王未察其誠僞，命都統舒穆禄譚泰往偵之。公至太和門，門扉爲故明舊物，生鐵包裹，甚爲堅厚，公拔矢射之，洞穿其扉，明人驚駭，以爲神力，今其箭猶存。

每翠華南幸時，有司飾其楉羽以示威德焉。

備論

汪學金《井福堂文集》卷一《恭擬祭豫親王文》 稽舊勳於翊運，推恩光復始之封；延世賞於分維，感逝備飾終之禮。勤宣未沬，表令範於親賢；哀軫爾深，副隆儀於惇叙。重陳嘉薦，用示殷懷。惟王稟潤瑶瑜，升華衮紱。紹屏藩之遺緒，早播休聲；溯櫛沐之成勞，遹追顯號。俾司旗務，用資總統之長；爰掌宗盟，克寄本支之重。方冀懋膺眷注，流慶澤於璿源；何圖倏謝芳華，掩祥輝於玉邸。誼聯屬籍，寵賁彝章。於戲！嗣茅社以酬庸，册府之榮名勿替；醊椒筵而述誄，宗潢之渥典頻施。式是苾芬，庶其歆格。

魏裔介部

綜述

《碑傳集》卷一一任啟運《太子太傅保和殿大學士兼吏部尚書魏公傳》 公姓魏氏，名裔介，字石生，柏鄉人。性沈默寡言笑。順治三年成進士，由庶常改給諫，歷工科、吏科，居憂起補兵科。當是時，天下初定，公忼慨敢言事，首請舉經筵以隆治術，又應詔言上下之情未通，滿漢之氣中閡，請召對羣臣，虛心咨訪，仍令史官記注。十年正月，世祖臨朝，定一月三朝之制，又言逃人宜寬，蠲賦宜信。會畿輔水，陳狀，世祖爲立發帑金二十四萬。又言用兵當先蜀，次粵西，則滇黔自然瓦解。其後三路進兵如公策。世祖知公可大用，擢太常少卿，遷左副都御史。召至中和殿，面諭曰：「朕知卿，用卿非由薦舉。」時順治十二年也。公感激，益發抒所欲言。十四年，進左都御史，因日食陳六事：一湔洗敢言之臣，二罷土木之工，三寬催科以優循吏，四督撫奉行恩詔不可稽遲，五酌增五品以下官俸，六減南方戍兵歲省供億百萬，乃可俟時大舉。皆得旨允行。俄以公罪革官，仍視事如故。明年春，侍講筵，請法天以行仁政，恤煢獨，掩骴骼，課農桑。其因事納忠，皆此類也。明年恩詔還職，以建言多裨國是，特加太子太保。先是，公策海寇情勢，籌控禦方略，至是鄭孽突犯鎮江，遂請設水師鎮京口，至今爲定制。又明年，世祖下詔罪己，并令羣臣自陳，公慨然痛自陳劾，落太保，直糾首輔劉正宗。世祖震怒，又以公不早言，竝下獄，然卒直公，出之。時方大旱，出之日，甘霖沛焉。

十八年，聖祖即位，輔政大臣議加練餉五百萬，公力争得免。康熙元年，言雲南戍兵宜撤，獨荆襄控制滇黔川粵，宜選大將，宿重兵，以杜亂萌。及吴逆作亂，人服其先見。自入諫垣，至是先後二百餘疏，內贊政典，外籌軍務，皆中機要，兩聖人或行或不即行，要未嘗有知而不言者，號稱敢言第一。二年攷績，復加太子太保，晉吏部尚書，補內秘書院大學士，贊機政。九年，典會試，得人最盛。十年，以疾告，優詔許之。明年，《世祖實録》成，加太子太傅。公既歸，益務讀書，所著集百餘卷。蓋閑居十六年乃卒，壽七十有一。

謹案原編，有《軍屯疏》、《明季利弊論》、《復黄菉園書》、《請召對羣臣疏》、《請因變修省疏》、《知府久任疏》、《請停察荒疏》、《踏勘蝗荒議》八首，已見《經世文編》，今不録。

《清史列傳》卷五《魏裔介傳》 魏裔介，直隸柏鄉人。順治三年進士，由庶吉士授工部給事中。五年二月，疏請舉行經筵日講，以隆治本，得旨報聞。是年，充山西鄉試正考官。六年，轉吏科給事中。丁母憂歸。九年，補原官。疏請時御正殿，晉接羣臣，令部院科道等官面奏政事。又言：「各州縣間遇災荒，既經報部，其例得蠲緩錢糧，即予停徵，以杜吏胥欺隱。並就各州縣所有積穀及存貯之銀，先行賑貸。」疏並下所司議行。先是，江南既定，明兵部尚書張縉彦赴招撫大學士洪承疇軍前投誠。至是，河南巡撫吴景道援恩詔薦舉，部議予録用。裔介疏言：「縉彦在明朝，身任中樞，值流賊李自成逼北京，匿不以報，有盧杞、賈似道之奸，而庸劣過之。若復列朝班，恐貽羞士類。乞敕部擯棄，以協輿論。」疏下部察議，以事在赦前，予外用。十一年，裔介遷兵科都給事中，疏劾「剿撫湖南將軍續順公沈永忠當流賊孫可望犯辰州時，擁兵坐視不救，致總兵官徐勇、辰常道劉昇祚等守城力竭戰死，乞賜罷斥，以懲庸懦」。疏下所司察議，永忠罷任，削爵。十二年，疏劾福建提督楊名高禦剿怠玩，致漳州郡邑爲海賊鄭成功淪陷，名高坐罷任。是年，遷太常寺少卿，尋擢左副都御史。

十三年，疏劾大學士陳之遴心術不端，營私植黨。之遴旋奉詔解任，發遼陽閒住。時孫可望盤踞貴州，鄭成功鴟張海島，裔介疏言：「孫賊借峒蠻爲助，而峒蠻之甘爲所用，弗歸順我朝者，因欲收其舊有之敕印也。宜命在事諸臣加意招徠，給以新敕印，其舊者聽其存留。俟向化有年，再籌收繳，則歸順者多，助賊者少。至鄭賊自明天啓之季，作亂海上，已三十年。我之水師無多，若揚帆大海以擣其巢，非所素練，惟於沿海要地，增兵築堡，使賊船不得泊岸搶掠。俟其疲於遠涉，坐而受困，然後招其攜貳，散其黨與，海患可以漸平。」又請定教官每年考察之例，令學政刊布明儒薛瑄、王守仁等講學諸書，以培真才。並下部議行。十四年二月，擢左都御史。四月，因欽天監推算次月日月交食，裔介上疏請廣言路，停緩工量，寬州縣催科考成，速清恩赦應釋滯獄，減調移之兵，節供應之費。上嘉其奏，下部詳議行。七月，同左副都御史能圖等疏請更定世職襲例，上以所奏似有受囑徇私情事，召集詰問，下部論罪，能圖倡議變亂成例，革世職；裔介坐附和，應革職。詔從寬留任，尋遇恩詔復職。十六年，論獎勤勞奉職諸臣，加裔介太子太保。

十七年二月，裔介以京察自陳，得旨：「御史巡方，屢以貪贓敗檢。魏裔介爲臺臣長，曾未據實糾參，殊負委任。削去太子太保，並所加一級，仍舊供職。」會陝西巡撫張自德爲給事中金漢鼎疏劾贓款解任，給事中孫光祀因劾裔介曾以洮岷道劉逵致託自德，故稔知自德貪婪，不敢糾劾，詔裔介回奏。裔介言不劾自德，由聞見不廣，劉逵赴任時，曾與自德書，言當教誨之，勉作循吏。上以裔介既吐真情，予免議。五月，疏劾大學士劉正宗、成克鞏欺罔附和諸罪，詔正宗、克鞏回奏，未得實，下法司勘鞫，並革裔介職，與質訊。正宗獲罪，籍沒入旗；克鞏革職，留任；裔介復原官。時因雲南、福建用兵，裔介疏請敕部綜計軍需，足用即停止加派直省州縣錢糧。得旨，除已派外，其未派者並行停止。

聖祖仁皇帝康熙元年，雲南平，裔介疏言：「雲南既有吳三桂藩兵數萬及督、提兩標綠旗兵，則滿洲兵可撤。但滇、黔、川、楚之遼闊，不以滿洲兵鎮守要地，倘戎寇生心，恐鞭長不及。荆、襄乃天下腹心，宜擇一大將，領滿洲兵數千，常駐其地，無事則控扼形勢，可以銷奸宄之萌；有事而提兵應援，可以據水陸之勝。」疏下部議，部臣援順治十一年奏設武昌駐防有擾驛累民不准行之諭旨，寢其事。裔介復請移舊駐武昌之湖廣總督於荆州，部議從之。二年，遷吏部尚書。三年，擢保和殿大學士。六年，充纂修《世祖章皇帝實録》總裁官。遇恩詔，加一級。

九年，充會試正考官。是年四月，内院承旨會同吏、禮二部選新進士六十人，試以文字，分擬上、下、中三等人奏，上親定二十七人爲庶吉士。御史李之芳疏劾裔介先以閲擬上卷之二十四名，私令家人通信，招搖納賄；並劾裔介於其兄魏裔魯任運使敕書擅自更改，令統轄知府；前此遇恩詔予廕時，裔介候缺未補，乃以其子魏嘉朦混得廕；又劾裔介與班布爾善比匪相倚，引用私人爲實録館纂修、提調，越格優敘。班布爾善者，以黨鼇拜伏誅之大學士也。詔裔介回奏，裔介言：「閲卷非臣一人，通信納賄，有何證據？臣兄魏裔魯任運使敕書，未經閲看；廕子由吏部題明恩准，皆有案可稽。至謂臣與班布爾善比匪，則前此同在内院，遇事輒相爭論。以鼇拜之勢焰，臣足跡不登其門，況班布爾善與臣同官，豈肯比匪？之芳所指越格優敘私人，構誣皆屬無據。由臣服官以來，彈劾無所避忌，如劉正宗黨類切齒於臣者，十年於茲。之芳係正宗同鄉，售其報復之謀，難逃聖明洞鑒。」因請賜罷斥歸田。疏入，下吏部會質，裔介一一辯釋，之芳爭執不已，言：「劉正宗居安丘，我居武定，非親非故，彼獲罪身死已久，謂我爲之報復。爾是大學士，能令朝中直隸人爲爾報復耶？伏讀世祖章皇帝諭旨，嚴戒被論之人反唇讐訐，爾何敢悖旨！」於是裔介自引咎，部議魏嘉廕生，雖非朦混，但候補官無得廕之例，應革去；之芳所劾事屬有因，係言官，應免議。裔介於奉旨回奏原款外，牽引已結案之劉正宗等，殊屬不合，應削加級，罰俸一年。得旨：「魏裔介削級罰俸，俱寬免，益勤慎供職，副朕宥過之意。」

明年正月，以老疾乞休，得旨：「卿才品優長，簡任機務，正資贊理。覽奏，患病，情詞懇切，准解任回籍調理，病痊起用。」十一年，《實録》告成，加太子太傅。二十五年四月，卒，賜祭葬如例。雍正十年，入祀賢良祠。所著有《兼濟堂集》及《希賢録》諸書。乾隆元年，上念裔介與尚書湯斌等未邀易名之典，詔予追謚，謚曰文毅。

雜録

備録

《國朝耆獻類徵初編》卷三《魏裔介》 國初名臣二魏公，世人多以蔚州爲巨擘。今觀二公家乘，蔚州初爲馮銓所重，雖云座主，究係比昵匪人。後又以海昌株連罷官，及復召後，以撤藩事請誅明、米二公，乃蹈袁盎故轍。又以地震請誅索相，以應災咎，亦有違宋璟之心。至吳逆叛時，首建招撫之策，有七旬苗格之語，雖曰持重，幾誤國事。至柏鄉相公居諫垣時，首劾張縉彦，爲明莊烈復仇。其後屢劾劉正宗、陳之遴諸閣臣，爲章皇帝所引重。至請罷吳三桂居滇南一疏，尤爲預測奸謀。其要語曰：「滇黔蜀粵地方遼遠，今將滿兵遽撤，恐一旦有變，有鞭長莫及之虞。再荆襄爲天下腹心，設滿兵駐防，以一重臣督之，無事控制邊區，以消姦宄窺測之心；有事驅除，以通四方水陸之道」之語，尤爲卓識。使當時用其言，可無三逆同叛之禍，其相業勝蔚州多矣。

備論

《碑傳集》卷一一徐乾學《光祿大夫太子太傅禮部尚書保和殿大學士加一級柏鄉魏公裔介墓誌銘》 從盈必大，始封天啟。參國趙魏，蕃昌施祉。高平鄭國，頻復其始。緜延蘊崇，篤生夫子。翊我興運，官用儒起。道宏言傳，匡輔鄉理。移病致位，弗俟年齒。星終踰四，徜徉閭里。急流勇退，自贊云爾。稽古典學，著厥統系。壽考彌性，隮予仰止。赤志商封，銘藏奚委。宅兆食墨，固安歸體。利其後人，綏福百祀。

于成龍部

綜述

《漢名臣傳》卷六《于成龍列傳》 于成龍，山西永寧人。順治十八年，由副榜貢生授廣西羅城知縣。聖祖仁皇帝康熙六年，總督盧興祖等言，羅城在深山之間，猺獞頑悍，成龍潔己愛民，建學宫，創養濟院，任事練達，堪列卓異。是年，遷四川合州知州。八年，遷湖廣黄州府同知。十三年二月，擢武昌知府。值逆藩吴三桂踞湖南，大兵將進征，巡撫張朝珍檄成龍于咸寧縣境造浮橋濟師，甫成，雨水衝激橋圮，部議革職。時吴逆散布僞劄，煽誘湖北州縣人民，麻城、大冶、黄岡、黄安各山寨皆叛應之。朝珍以成龍素爲黄州人民信服，令往麻城招撫，成龍單騎直入賊寨，諭脅從者免罪，賊衆遂降，復督兵擒斬大冶賊黄金龍、鄒君升等。朝珍疏言：黄屬四十八寨接連數省，舊爲盜藪，伏莽易發，必得成龍彈壓，請復成龍職，即以爲黄州府知府。上允之。成龍尋復率黄岡知縣李繼政、千總李茂昇等，集鄉勇二千人，偕營兵搜剿賊，擊潰賊衆于石子山及牧馬崖，擒僞總兵鮑世榮、僞遊擊何士榮、僞參將陳正澈、鄧少興等。十五年十月，丁繼母憂，總督蔡毓榮等奏令在任守制。十六年十月，增設江防道于黄州，擢成龍任之。十七年六月，遷福建按察使。十八年九月，巡撫吴興祚等言，成龍執法決獄不狥情面，屢伸冤抑，案牘無停，不濫准一詞，不輕差一役，而刁訟風息，擾害弊除，捐增監獄口糧，徧濟病囚醫藥，倡贖被掠良民子女數百口，資給路費遣歸，屏絶所屬饋送，性甘淡泊，吏畏民懷，爲閩省廉能第一。疏入，旨：于成龍清介自持，才能素著，允稱卓異。是月，遷福建布政使。

十九年二月，擢直隸巡撫。時直隸不設總督，保定有守道，管布政使事；有巡道，管按察使事。與通、永、霸、昌、大名、口北、天津諸道各以所司之事達巡撫。成龍既蒞任，戒州縣私加火耗，餽上官節禮，尋據道府揭報不職知縣，劾罷數員，而知縣有以道府因無節禮，誣揭捏報攙訴成龍者。九月，成龍疏言：「自督撫監司以及州縣上下，名義不容紊越，未有如直屬之逞訐上官體統倒置者。臣六月抵任，撿結舊案，如前撫臣金世德之清慎明決，而已故知縣施延寶、夏顯煜侵欠庫銀盈千累萬，被劾後反訐告；道府劾尤成風，恬不知怪。臣任事後，以驅除貪吏，拯救民生爲務。據道府揭報，察其已甚者參劾以示懲創，隨有知縣訐告道府兩案，皆摭拾往事、混肆污衊之言，且不由守巡兩道，徑以騐文封送，似此悍藐，將來道府必懷投鼠忌器之嫌，而隱忍養奸，法紀頹靡。如果道府不法而撫臣姑容恣害，應重罪撫臣；若道府揭報屬官而屬官反噬挾制，應加嚴處分，以肅法紀。」疏下，部確議督撫姑容不法道府降三級調用，屬官首告上司在上司揭報後者不准理，革其職，已革職者刑部議罪，定爲例。十月，疏言：「宣府所屬東西二縣與懷安、蔚州二衛有水衝沙壓地千八百頃有奇，小民包糧爲累，經前撫臣金世德具疏請豁，部議令照舊征收。臣履任後勘明，衝壓益甚，耕耨無期，窮黎綿力幾何，奚堪永遠包賠。荒糧一日不除則民生一日不遂，雖目今師旅未息，需餉尚殷，而滇黔餘孽指日蕩平，此後軍需無虞不足，況合計四處荒地糧不過三千餘石，銀僅一千餘兩，在國計爲涓滴之捐，而數千餘户貧民得免包賠，皆頂戴皇仁矣。」疏下部議，令確勘取結，自二十年始豁免錢糧。十二月，疏言：「宣府所屬東西兩城及萬全左右前衛、懷安、蔚州、保安、紫溝、西陽等處俱報夏災，又被秋災，已奉恩旨分別緩征，並平糶積貯糧石。近據通判陳天棟報陳，東西二城二十餘日間飢死者不下數十人，城坊閙市日有僵仆窮民。伏思平糶糧石止救稍能措糴之民，而不能救囊無一錢殭卧待斃之民。即再疏請賑，候部議覆，奉旨允行，亦須一月，此一月之内民之飢死者又不知凡幾矣。臣仰體皇上惠愛元元至意，委保定府同知何如玉等馳赴東西二城及前衛、懷安等處動支平糶倉糧，確察飢困不能謀生窮民每口賑給二斗，俾少延月餘，其善後之舉容臣與守道等酌議，另行題請。」疏入，下部議，尋奉詔，即以平糶米石賑濟。十二月，疏劾青縣知縣趙履謙征額賦銀一萬餘兩，多收火耗三千餘兩，領庫銀一錢賑濟，侵蝕入已，及勒索報災册費等欵，請革職治罪。

二十年正月，入覲。諭曰：「爾爲今時清官第一，殊屬難得。聞爾昔在黄州，土賊嘯聚，爾往招之，即時投順解散，何以致之？」成龍奏曰：「臣惟宣布皇上威德，未有他能。」上問：「屬吏亦有清廉者否？」成龍以知縣謝錫衮、同知何如玉、羅京對命。户部遣員外郎葉倫會同成龍賑濟宣府各處飢民，詔蠲免本年額征、積年帶征錢糧，及房税。七月，成龍疏言：宣府被災地方房税已蒙恩免征，而真定府屬獲鹿、井陘、曲陽、平山、靈壽五縣因夏旱二麥無收，其房税銀兩請緩至來年。下部議，從之。九月，詔曰：朕巡行近畿，至霸州，見其田畝窪下，多遭水患，小民生計無知，何以供給正賦？著察明，酌量蠲免。成龍疏言：「霸州水淹地方，先經疏報，勘明成災十分九分者一千五百四頃有奇。部覆照例免本年錢糧十之三，計額征銀六千三百八十兩有奇，應蠲一千九百餘兩。今仰邀睿照洞悉民困，特恩軫恤，應將本年錢糧破格全蠲。」得旨俞允。又疏言：「直屬監司廳明等官求其與盜案脫然無累，得預陞轉之例者，十不能三四。此案未獲，彼案復增，一案幸完，數案未結，甚有一日而失盜之案數家，經年累月，攢眉無策。在州縣身任地方，既不能消弭于未然，又不能緝獲于事後，責無可諉，降調允宜。但既降級去任，接緝之官事不切己，搜捕玩延，强盜反多漏網。若議處降一級者，仍留原任，能獲一半以上，開復原降之級，于懲過之中寓以勸勉，必能悉力擒拏，不致兇徒倖免。至于薦舉卓異行取，乃朝廷超拔人才之典，而亦督撫諸臣盡其以人事君之義，每因一二案未完，格于定例，遠大之器，困于百里，深爲可惜。前見江寧撫臣慕天顔，以現有錢糧未完處分之知縣林象祖、任辰旦題請行取，奉特旨俞允。仰見皇上憐才之殷，初未欲以成例限人。直隸盜案處分與江南錢糧相等，非無品行卓越、才具優長如林、任二令者，應無論盜案之銷否，一體薦揚，以備擢用。其捕盜同知、通判雖專司督緝之任，但所屬有十餘州縣及二三十州縣者，竟同各州縣一體處分，似屬過甚。武職議處既有專汛，兼轄、統轄之等差，則同知、通判亦當視兼轄武職例。至督緝道員定例罰俸之外，停其陞轉。臣思方面大吏或由京官改授，或由外吏陞任，率多練達之才，及其年力精壯，正可矢圖報効，乃因督緝議處，無復進階之期，更爲可惜。在承緝官固應停其陞轉，限年緝獲，而督緝者既已罰俸，似可免其停陞。」疏下部議，不准。奉諭曰：「朕巡視畿輔，自山海關以西，永平以東，一面傍海，一面臨邊，盜賊無地潛藏，故剽刦猶少。至玉田、豐潤、遵化、薊州、霸州、保定諸處，民居稠密，盜賊所以繁也。今處分之例太嚴，恐官民俱累。其令九卿等詳議。」尋議：承緝不獲未及二年者免離任，督緝道員限滿罰俸免停陞。十二月，成龍疏言：「臣早年失恃，繼母李氏勸勉撫育。臣初任知縣，欲奉母之任而力有不能及，任黄州知府正值兵興，終未遂迎養之私。尋聞母病故，督撫諸臣題留在任守制，由是抱哀供職，馳驅軍旅之間，而臣母停柩在家，不遑顧也。今滇南逆孽蕩平，我皇上誕敷文德，首扶植綱常，敦崇倫理，臣謬任巡撫，代宣聖化，亦惟以綱常倫理教人。際太平盛時，非復從前多事，若不歸葬，是貪戀顯榮，忘親背義，對屬臨民之際，先自懷慚歎，又何以教人乎。伏乞允臣回籍葬母，完此一生大事，則犬馬餘年皆圖報聖恩之日。」疏入，得旨：「覽奏，情辭懇切，准假三個月回籍葬母，事竣速赴任供職。」

越六日，特旨授江南江西總督。前此因江西用兵，分設江西總督，至是復併爲一。二十一年正月，成龍疏言：「臣乞歸葬母，奉有欽定假期，而新承簡命，未可久遲赴任，謹循前年直隸守道護理撫印之例，以守道董秉忠暫護直撫印務，臣即回籍葬母，事畢赴新任。再有陳者，前歲舉劾案内，臣以直隸守道董秉忠、阜城知縣王燮薦舉，去年遵旨往宣府賑濟飢民，以南路通判陳大棟薦舉。王燮已准行取，其董秉忠、陳大棟均未予註册，而賢績已達天聽。此外，柏鄉知縣邵嗣堯、高陽知縣孫宏業俱堪磨練；通州知州于成龍具恬淡之性，優通變之才；霸州州判衛濟賢凜清白之操，化浮囂之氣，並堪大用。茲值離任之際，不敢隱蔽，特列名上陳，以盡舉賢之悃。」疏入，報聞，下吏部，邵嗣堯等准註册。六月，疏言：「江蘇現届三年舉劾之期，臣自四月任事，虛衷察訪，屬員有立身以名節自勵而設施未洽民情，行己在清濁之間，而舉動未擾民怨，蓋賢非循卓之尤，不賢非汚墨之甚，恐舉之劾之不足以爲未舉未劾者愧勵，請暫停此次舉劾。其賢者，臣獎進誘掖，徐觀厥成，特疏題薦；不賢者，教誡以期自新，倘怙惡不悛，亦特疏糾參，無稍姑容。」疏下所司知之。是月，江寧知府缺出，成龍請敕廷臣會推清操久著、幹練成效，與通州知州于成龍、霸州州判衛既齊相類者，吏部以知府無會推例議上。上命即以通州知州于成龍陞補江寧知府。十二月，疏言：臣自入境受事，細事必出于躬親，勺水必凜于夙夜，凡屬吏進見，多方訓誨，隨事整飭，察其所守之誠僞，訪其數政之寬嚴，亦莫不爭相濯磨，矢志奮勵。未幾，而或以盜案，或以逋欠，或以違限，屢有處分。今遇計典，悉與舉薦之例不符。如江蘇布政使丁思孔，歷任既久，參罰因多，既不敢違例以入卓異之列，又不敢拘例以蹈蔽賢之愆，現將入覲，乞親賜諮訪，破格擢用。」疏下，吏部、都察院以毋庸議覆奏。得旨：「丁思孔准爲卓異。」旋即擢任偏沅巡撫。

二十二年十月，督造漕船副都御史馬世濟還京，疏言：「總督于成龍向有聲譽，初到江南，美名如故，聞其自任用中軍田萬侯之後，人多怨言。臣奉差在南，見其年近古稀，景迫桑榆，道路嘖嘖，咸謂田萬侯欺矇督臣，倚勢作弊，因未有實據，難以入告。由督臣衰暮不能精察，故匪人得以播弄而敗善政。且各有司衙門皆有督臣親筆告示，汚衊各官。如果各官不法，何難自簡題參？若俱循良，豈可憑空淩辱？顯係小人播弄督臣，令其虛張聲勢，就中取利。請罷黜田萬侯，並令成龍休致。」疏下部議。部臣以馬世濟所言未有實據，令成龍明白回奏。成龍奏：「臣到江南，期以興利除害，察吏安民，仰報知遇。無奈兩江之吏治、營務、刑名、錢穀繁劇實甚，臣晝夜拮据，躬親料理，從不敢寄耳目于左右。然近習難防，或有窺伺欺弄，臣亦安能保其必無。憲臣馬世濟疏稱中軍田萬侯倚勢作弊，臣實未之覺察也。至于告示一節，或地方之利弊、民生之疾苦，臣有見聞，即通行禁飭，無非以利害禍福之言痛切告誡，其詞未免過于峻厲，似涉穢言污辱。憲臣馬世濟疏稱小人播弄，令其虛張聲勢，就中取利，臣亦未之覺察也。此皆臣之衰邁昏瞶，何以自解。若夫臣之年近古稀，景迫桑榆，久在皇上洞鑒之中，雖殫精竭慮，不敢稍自寬假。然氣衰力疲，龍鍾之狀，大非昔北，臣又何敢自諱。乞勅部嚴加議處，以爲大臣溺職有初鮮終者之戒。」疏下部察議，兵部言：成龍既稱田萬侯倚勢作弊，就中取利，未之覺察，應革田萬侯副將職。吏部言：成龍既自稱景逼桑榆，衰邁昏瞶，應令其休致。上命成龍留任，田萬侯降調用。

二十三年三月，江蘇巡撫余國柱入爲左都御史，安徽巡撫涂國相陞任湖廣總督，成龍兼署兩巡撫事。四月，卒於官，年六十有八。諭部予卹，部臣以成龍曾降五級，奏得旨予開復。祭葬如典禮，謚曰清端。七月，内閣學士錫住勘問海疆還，上問曰：「爾到江南，聞原任總督于成龍居官如何？」錫住奏：「成龍居官甚清，但因輕信，或爲屬員欺罔。」上曰：「于成龍因在直隸居官甚善，朕特簡任總督，既到江南，有人言其變更素行，病故後知其始終廉潔，甚爲百姓所稱，殆因素性梗直，與之不合者挾仇讒害，造作屬下欺罔等語，是爲不肖之徒所嫉耳。居官如于成龍者有幾？」十一月，上南巡至江寧，諭知府于成龍曰：「爾務效前任總督于成龍，正直潔清，乃無負朕優眷。」回鑾，諭大學士等曰：「國家澄叙官方，首重廉吏，其治行最著者尤當優加異數，以示褒揚。原任江南江西總督于成龍操守端嚴，始終如一，朕巡幸江南，延訪吏治，博採輿評，咸稱居官清正，實天下廉吏第一，應從優褒卹，爲大小臣工勸，其詳議以聞。」御製詩云：「服官敦廉隅，抗志貴孤潔。」又云：「江上見甘棠，遺愛輿人説。」尋允廷臣議，加太子太保，廕一子入監。世宗憲皇帝雍正十年入祀賢良祠。孫準，官至江蘇巡撫，別有傳。

雜録

備録

趙慎畛《榆巢雜識》卷下《于成龍》 于成龍，號北溟，山西永寧州人。由副榜貢生起家，康熙中，官至兩江總督。剛方清節，著於朝野，爲一代名臣。卒官之日，敝衣粗飾，囊橐皆空。贈太子太保，謚清端。始，江寧駐防滿兵驕縱不法；三藩未靖，緑旗兵時有徵調，皆宿民舍，責以貢給。成龍立誅滿兵之擾民者，題請兵丁行坐有糧，不得入人家。至今賴之。後其子準以特蔭官至巡撫。削籍十餘年，憲皇帝猶傳旨召見。初，清端由直撫遷兩江任，奏帶通州牧于成龍補江寧守，不以同名爲嫌。未幾升臬司，不十日，命督理高寶下河事務，再遷直撫，入爲總憲，出爲總河，亦有名於時。字振甲，奉天旗人，謚勤襄。

《國朝學案小識》卷六《永寧于先生》 先生諱成龍，字北溟，號于山。由知縣歷官兩江總制。聖賢之學，體用一源，有真體者必有真用，有真用者必有真體。如先生者所謂，有真用者也，而真體即於用中見之。《自省六戒》曰：朝廷設官分職皆爲治民，而與民最親莫如州縣。近來積弊成習，親民者反以累民，甚有不知廉恥爲何物，而天理人心四字置之高閣不問矣。噫！吏治日壞，如倒狂瀾，何時止乎。用是偶採成言，兼參時弊，陳列六則，朝夕省觀，自爲猛惕。倘反是道也，王法不及，必有天殃及之矣。謹列于左：一曰勤撫恤。州縣之官稱爲父母，而百姓呼爲子民，顧名思義，古人所以有保赤子之喻也。夫保赤者必時其飲食，謹其寒煖，事事發於至誠；保民者亦當規其饑寒，勤其勸化，事事出於無僞，無僞則有實心。縱力有不及，與事有掣肘，然此心自在，即於萬分中體認一分，亦百姓受福處也。昔陽城云撫字心勞，知撫字必從心出，由心而發，隨事加恤，更有裨益。若徒從外面摭拾一二便民好事以爲得意，亦市名也，其去殘忍者幾希耳，是不可不戒。一曰慎刑法。草木禽魚皆有生命，不可恣意殺伐，況人爲萬物之靈，其肌膚手足悉胞與也。人不幸而涉詞訟，又不幸而於詞訟中受刑罰，雖十分不可寬，必須求一分稍可寬處，此呂叔簡戒刑書内所以有不輕撻不就撻之説也。至於囹圄福地，昔言已及，當思入此者皆無知小民，或有冤枉，極可哀痛，自然稍加體念。若徒任意禁獄，與任意加刑，甚有徇情面，恣苞苴，以下民之皮膚供長吏行私之具者，或身或子孫定遭奇禍，是不可不戒。一曰絶賄賂。爲貧而仕，雖委吏乘田，止爲禄養，未嘗於禄養之外有別徑也。若舍此而外，多求便利，即爲暮夜楊伯起之四知言之，已可懔矣。昔人云士大夫若愛一文，不值一文。又云從來有名士，不用無名錢。試思長吏於民，論到錢處，亦何項爲有名乎？夫受人錢而不與人幹事，則鬼神呵責，必爲犬馬報人。受人財而替人枉法，則法律森嚴，定當妻子連累。清夜省此，不禁汗流，是不可不戒。一曰杜私派。小民最苦，額徵尚且難應，未知私派從何起也。不過頻年來軍需緊急，如解馬賠馬與兵馬行糧草豆銜途供應，動以千百，無計可支，故有派之民間，俟日後銷價給發者。如近來行糧價值，檄行刊附由單之末，以防發民短少之弊，是部院大臣亦疑州縣爲先取民而後發價矣。不知先取後發，雖至公無私，小民之揭借其利已經數倍，況長吏派一錢則胥吏派數錢，長吏派一斗則胥吏派數斗，有極不堪命者乎？何如稍挪正供，現價現買，而即力請上臺迅速開銷，并由單價值亦多此一番周折。昔人云：「於不得已中求一分擔當，即人民利益處也。」至於因公苛斂，任意誅求，種種乘機自利，不啻爲盜取人，定然自有後禍，是不可不戒。一曰嚴徵收。小民正供自有額賦，外此分釐非可苟也。近來徵收立法，著令自封禁絶火耗，上之所以嚴州縣者，可謂周且密矣。夫爲州縣而受上之禁飭，即使無弊自好者尚覺汗顏。至爲州縣而并禁飭之不靈，倘有自欺，則有心者將視爲何等乎？古人云錢糧一節，若肯請減，其善無量。今錢糧不能減，而去其錢糧中加增之弊亦與減錢糧彷彿，況鳩形鵠面，此等困苦小民欲陰搜其膏血。縱令安然無事，滿載還家，後日亦必生流蕩子孫以覆敗之者，是不可不戒。一曰崇節儉。天生財物，固供人用，然必存不得已而用之之心方能用度相繼。倘奢侈任意，飲食若流，無論暴殄，固犯譴訶，即費用必思取給，是亦壞心術之萌蘖也。夫長吏近民，雖自己足食，尤當思民之無食者，自己披衣，亦當思民之無衣者。推此一心，縱令衣食淡薄，尚且不能消受，而猶欲起侈麗之想乎？鄭俠語人云：無功於國，無德於民，若華衣美食，與盜何異。夫衣食甚細而至以盜相推，此充類至盡，惟恐長吏之稍奢也，是不可不戒。此六者，語語從心上箴砭，不言克治存省而克治存省備矣。他若弭盜條約，明以立法，威以成仁，所歷之地無不服教畏神者此也，先生之真體用也。初選羅城，榛狉狑狼之區也，山獠不遵法，難制，相識者多止之。先生謂：義不辭難。慨焉有吞猺獞餐烟瘴死而不爲少屈氣概。及入境，榛莽滿目，先生朝捕賊，夜枕刀，約會鄉民，申明保甲。截路劫搶者，緝而誅之；嘯羣擾害者，剿而滅之；頑梗不畏殺者，以剥皮。爲令三年而盜風息，民乃得安。書其功者稱之爲勇。余曰非勇也，仁也，仁於民，故勇於除害民者也。由是而合州，而黄州，而至總制兩江，皆此法此意也。勇之至，仁之至也。之任江南，騾車一輛，與幼子共乘之。在制府兩載餘，日食麄糲一盂，粥糜一匙，侑以青菜，終年不食肉味，江南人號爲于青菜。嘗徒步微行，早晚出入僧舍中，於是人人轉相驚愕，各有一于總督在眉睫間，彷彿如或見之，舉凡面赤鬚白，形貌微似者，即皆屏息而避焉。其素經創懲革面自新者言及，輒泣下曰：吾賴于青天，乃有今日。吁！先生之清，令人畏，令人服，令人感泣，何若是其神也。則以其出於誠也，真體真用於是乎見之，夫而後知先生之政書，即先生之學案也。天下之言清者，孰如先生，天下之言勇者，又孰如先生，曰仁曰誠，先生可無愧矣。

《政學録初稿》卷五　公嘗曰：「人命至重，何敢鹵莽，自非精察確訊，冤殺一人便應償一人命。」故多徒步獨行，或策蹇疾驅，雜於田夫旅人中，街談巷語，疑情得悉，即遣使往察，人亦不敢欺，冤者多所釋。一日遣呼一盜，盜懼，公曰：「毋懼，吾知若已改行矣，行獎若。若爲盜而官不知，官之闇也；若改行而官不知，亦官之闇也。」今釋若，可傳語若黨，一改行，官知之且賞之；不改行，官亦知之，必誅之矣。賜酒食放歸。又訊一盜曰：「若竊也，幸未至死，若知某某非巨盜乎？非汝竊比，然能自新，吾亦赦之。」今釋若歸語之。以是羣盜斂跡。

《從好録》

陳康祺《郎潛紀聞初筆》卷一二《于清端築長牆以禦響馬》　于清端公撫直隸，於大道築長牆，以禦響馬，實一時良法，後以勞民罷之。趙恒夫有詩曰：「百里長牆攔賊馬，緑林昨夜繞宫街。」語含諷刺，似未諒立法之意。

陳康祺《郎潛紀聞初筆》卷一四《于清端嗜酒》　吴三桂之變，全楚震動，土匪蠭起。時于清端守武昌，威惠素著，勦撫兼施，計擒大冶賊黄金龍，斬之，降其衆數千。捷聞，巡撫張公朝珍持露布示僚屬曰：「人謂我不當用醉漢，今定何如？」蓋清端嘗襄事秋闈，陪大吏觴兩使者，抵掌論時事，飲數十巨觥，闈中皆笑公酒狂，故張公及之也。康祺按：今屬吏見長官，多囁嚅逡巡，拘守儀節，公獨於皇華公讌之座，侃侃直言，靡所避忌。恐此時豪氣已足吞逆藩而有餘，況金龍一無賴賊哉？

陳康祺《郎潛紀聞二筆》卷三《于清端之廉儉》 國朝賢臣，必以于清端爲清廉第一。羅城非人所居，即王愷、石崇到此，豈復能豪舉。公之得力，在動心忍性，不必以儉德稱也。自江防遷閩臬，舟將發，趣人買蘿蔔至數石。人笑曰：「賤物耳，何多爲？」公曰：「我沿途供饌，賴此矣。」其自北直赴江甯也，與幼子賃驢車一輛，各袖錢數十文，投旅舍，未嘗煩驛遞公館也。在制府署，日惟啖青菜，江南人或呼爲「于青菜」。僕從無從得茗，則日採衙後槐葉啖之，樹爲之禿。諸子冬衣褐，或木棉袍，未嘗製一裘。官楚時，長公子將歸，署中偶有醃鴨，剖半與之。民間有「于公豆腐量太狹，長公臨行割半鴨」之謡。公卒之日，僚吏見牀頭敝笥中，惟綈袍一襲，靴帶二事，瓦甕中粗米數斛，鹽豉數器而已。公之賢，不僅以廉儉見，特公之清操苦節，表裏一致，尤爲人所難能。若夫身爲大臣，但能卻苞苴，安澹泊，於國計民生，坐視其窳敗惰媮而絶無補救，然則植木偶於庭，並水不飲，不更愈於祇飲盃水者乎？

陳康祺《郎潛紀聞二筆》卷三《于清端盼念饑民》 于清端羅田之治，備載政書，稍諳掌故者，耳熟能詳矣。既貴而後，清操如故。康熙二十年，公方以兵部尚書總督江南、江西，在官日食粗糲，佐以菜把。年饑，屑糠雜米爲粥，舉家食之，客至亦以進，謂曰：「如法行之，可留餘以振饑民也。」

清端晚歲，或有以甚語聞者，公心動。時熊文端罷相居江甯，一日，過文端舍，坐梧桐樹下，語及之。文端曰：「公亦慮此耶？大丈夫勘得透時，雖生死不可易，何況其他？」公曰：「敬受教。」其明年，乞休弗許，再過文端，有憂色。文端厲聲曰：「遂忘梧桐樹下語耶？」未幾，公卒於官。康祺按：本朝名臣踵接，康熙間尤衆正盈庭。至清貞介特如于公，不可謂非鐵漢，然憂讒畏譏，賢者不免，卒賴天子神聖，末路保全，公亦可無憾已。熊文端梧桐樹下數言，良臣蹇蹇，良友偲偲，全是一腔浩氣。

陳康祺《郎潛紀聞三筆》卷七《于清端在故鄉築堡禦盜之議論》 于清端家山西永甯之鄉僻，明末盜起西鄙，里中築堡於公先壠旁。形家者言，堡成不利于氏，公笑曰：「我里千家保聚，獨我家不利，害少而利多，堡當築矣。」堡成，卒無害。此舉於公特瑣瑣，然世有持一衿半刺之貴，凌壓鄉里者，聞公言當知媿矣；世有惑星禽壬遁之言沮撓大計者，聞公事益當知悟矣。或曰：此公父時燈事。

陳康祺《郎潛紀聞三筆》卷七《于清端深得羅城縣民心》 于清端令羅城，拊循殘氓，悉除諸禁，誠意惻惻感人。民皆以田賦親輸公手，或留數錢置案上，公問何意，曰：「阿耶不要火耗，不謀衣食，甯酒而不買乎？」公感其意，留數錢，計得酒一壺而止。公居羅城久，從僕或散去或死。羅人益憐公，每晨夕集問安否，問斂金錢跪進云：「知阿耶清苦，我曹供些少鹽米費耳。」公笑謝曰：「我一人何須如許物，可持歸易甘旨，奉汝父母，如我受也。」民快快持去。一日，聞公家人來，羅民則大喜，奔譁庭中，言阿耶人來，好將物安家去，又進金錢如初。公又笑謝曰：「此去吾家六千里，單人攜貲，適爲累耳。」麾使去，民皆伏泣，公亦泣，卒不受。比公遷知合州，羅民遮道呼號：「耶今去，我儕無天矣。」追送數百里，哭而返。一卧者獨留不去，公問故，曰：「民習星卜，度公橐中貲，不及千里，民技猶可資以行也。」公感其意，因不遣去。會霪雨，貲盡，竟藉其力得達。公一生得力在羅城，羅城治蹟，莫詳於公政書中與荊雪濤書。康祺每讀是篇，竊謂非公不能感羅城民至此。有友人宦游江南者，慨然曰：非羅城民恐亦不能惑公至此也，其然。

備論

《國朝名臣言行録》卷六 公生而莊毅，不苟頻笑，及壯須髯若神，慷慨喜立事，能辛苦，才智絶人，好讀書而不喜章句。曰：「學者要識得道理，麵頭作去，何用呻吟佔畢爲。」彭紹升撰《事狀》

公清嚴忠直，勤勞治事，官吏無不敬畏，歸於廉慎。及卒，將軍、都統、察屬來至寢室，見周身布被一箇，中袍一襲，鞾帶二事，堂後米及鹽豉數盎而已。平時心憚公者俱感動流涕。士民立祠於清涼山。《戴傳》

《碑傳集》卷六五熊賜履《兵部尚書兼都察院右副都御史總督江南江西于公成龍墓誌銘》 嗚呼噫嘻！爲龍中之芝，爲駕中之騏。踐之益堅，紲之益馳。物理既如斯，天道其易知。嗚呼噫嘻！廉吏不可爲也，而可爲如或疑之，請視茲辭。

《碑傳集》卷六五陳廷敬《兵部尚書總督江南江西清端于公傳》 陳廷敬曰：「異時吾陽城楊公繼宗，天下稱清白吏所首指名者也。予爲史官時，陽城田侍御在京師，京師一老嫗往來侍御家，問嘗謂語云：『某不愛錢，豈楊繼宗耶。』楊公去嫗時二百一十餘年矣，而嫗能稱說之，蓋當時名聞天下，後世婦人女子猶皆習聞其名而尊美焉。凡爲士者可不欽慕乎哉？予感嫗言，而心識之。其後與衛文清公周祚、魏敏果公象樞、布政畢公振姬數公者遊，數公天下之所謂廉吏也，皆晉人，在陽城二三百里間。夫天下清白吏不易得，而爲世所指名者乃獨多，在於晉可謂盛矣，乃今又得于公。于公之清操偉烈，章章如是，千百年下必有如老嫗之稱揚公者，可無以余文爲也。獨是余公之鄉人也，既多賢人之迭出于其鄉，而又嘗職在史官，親見聞公之行事，廢名臣之烈，湮鄉先生之蹟，咎莫重焉，故次敘之。傳曰：『高山仰止，景行行止，雖不能至，然心嚮往之。』余生賢人之鄉，而志其操行，亦將以爲取斯也。」

王夫之部

綜述

《碑傳集》卷一三〇余廷燦《王先生夫之傳》 先生姓王氏，名夫之，字而農，號薑齋，先世本揚州高郵人。明永樂初，有官衡州衛者，遂爲衡州衡陽人。家世以軍功顯，父字武夷，始以文學知名，中天啟辛酉副榜，先生即其季子也。明既亡，隱於湘西之石船山，學者稱船山先生。先生少負儁才，讀書十行俱下，一字不遺，年二十四，與其兄介之同舉崇禎壬午鄉試，以道梗不赴會試。明年，張獻忠陷衡州，設僞官，招降士紳，其不屈者縛而投諸湘江。先生走匿南嶽雙髻峯下，賊執其父以爲質，先生引刀自刺其肢體，舁往易父，賊見其徧創也，免之，父子俱得脱。

甲申，李自成陷北京，懷宗徇社稷，先生涕泣不食者數日，作《悲憤詩》。乙酉，我師下金陵。當是時，我朝既得兩京，天下雲集響應，而明之藩封庶孽奔竄於湖湘滇黔粤閩間者往往始稱監國，繼假位號，以恢復爲名。先生少遭喪亂，未見柄用，及是顧念累朝養士深恩，痛憫宗社顛覆，誠知時勢萬不可爲，猶且奮不顧身，慨然一出而圖之。明藩有稱隆武年號者，使其督師何騰蛟屯湖南，制相堵允錫屯湖北，兩湖兵燹塞野，又歲大旱。時李自成死於九宫山，餘黨降者號爲忠貞營，尚復蹂躪潛漢閒，洶洶有反側之勢。堵、何兩人本措置無術，又相持不相能，先生憂其必敗也，亟上書於司馬章曠，請調和南北兩軍，以防潰變。司馬不聽，先生默而退。卒之賊黨猖獗，司馬以憂憤死，堵、何二人遭閔凶而勢不可支矣。

丁亥，我師下湖南，先生南走桂林，大學士瞿式耜用疏特薦先生。以丁父憂，請終制，既服闋，即就起行人司行人。是時桂藩駐肇慶，國命所系則瞿式耜與其少傅嚴起恒，然紀綱已大壞，獨給諫金堡、丁時魁、劉湘客、袁彭年、蒙正發五人者志在振刷，而内閣王化澄、悍帥陳邦傅、内豎夏國祥等爲姦邪巨魁，深嫉此五人，目爲宫庭五虎，逮繫獄中，將置之死。先生約中舍管嗣裘走告嚴起恒曰：「諸君棄墳墓捐妻子壹意從王於刀劍中，而黨人殺之，則志士解體，雖欲效趙氏之明白慷慨以亡國，誰與共亡者？」起恒感其言，力請於廷。化澄黨參起恒，先生亦三上疏參化澄，化澄恚甚，必欲殺先生，會有降帥高必正者救之，得不死，返桂林，復依瞿式耜。聞母病，間道歸衡，至則母已殁。

其後瞿式耜殉節於桂林，嚴起恒受害於南甯，先生知勢愈不可爲，遂決計老牖下矣。壬寅，聞緬甸亦覆没，明之藩封庶孽稱監國假位號者至是殄盡，先生遂浪遊於浯溪、郴州、耒陽、晉甯、漣邵閒，所至人士慕從者輒益衆，先生輒辭去。最後歸衡陽之石船山，築土室名曰觀生居，晨夕杜門，蕭然自得，乃著《四書讀大全説》、《周易内傳外傳》、《大象解》、《詩廣傳》、《尚書引義》、《春秋世論》、《家説》、《左氏傳續博議》、《禮記章句》並諸經《裨疏》各若干卷。作《通鑑論》三十卷、《宋論》十五卷、《莊子解》、《莊子通》、《楚詞通釋》、《搔首問》、《俟解》、《噩夢》各種。又注釋《老子》、《吕覽》、《淮南》，評選古今詩各若干卷。自明統絶祀，先生著書凡四十年，其學深博無涯涘，而原本淵源，尤神契《正蒙》一書，於清虚一大之旨、陰陽法象之狀，往來原反之故，靡不有以顯微抉幽，晰其奥窔。其自序曰：【略】

戊午春，吴逆僭號於衡，僞僚有以勸進表相屬者。先生曰：「某本亡國遺臣，所欠一死耳，今汝亦安用此不祥之人哉？」遂逃入深山，作《祓禊賦》。吴逆既平，湖南中丞鄭公端聞而嘉之，屬郡守某餽粟帛請見，先生以病辭，受其粟，反其帛。未幾，卒於石船山，葬大樂山之高節里，自題其墓曰明遺臣王夫之之墓。自銘曰：「抱劉越石之孤衷，而命無從致；希張横渠之正學，而力不能企。幸全歸於兹邱，因銜恤以永世。」子二人，攽、敔。敔字虎止，能紹其家學者。先生家故貧，著書筆札多取給於故友及門人家，書成，因以授之，不自收拾，藏於家者蓋無幾焉。

《清史列傳》卷六六《王夫之傳》 王夫之，字而農，湖南衡陽人。兄介之，邃於經學，明亡，匿不復出，著有《周易本義質》四卷、《詩經遵序》十卷、《春秋四傳質》十二卷。夫之少負儁才，讀書十行俱下，與兄介之同舉崇禎十五年鄉試。流賊張獻忠陷衡州，設僞官招夫之，夫之走匿。賊執其父爲質，夫之引刀自刺肢體，舁往易父，賊見其創也，免之，父子俱得脱歸。既而何騰蛟屯湖南，堵胤錫屯湖北，不相能，夫之上書章曠，請調和兩軍，曠不能用。順治四年，大兵下湖南，夫之入桂林依大學士瞿式耜。嘗三上疏劾王化澄，化澄欲殺之，會有救者得不死。聞母病，乃間道歸。築土室石船山，名曰「觀生居」。

杜門著述，其學深博無涯涘。以漢儒爲門户，以宋五子爲堂奥，所作《大學衍》、《中庸衍》皆力闢致良知之説，以羽翼朱子。而於《正蒙》一書，尤有神契，精繹而暢衍之，爲《正蒙注》九卷，《思問録内外篇》各一卷。以爲張子之學上承孔、孟之志，下救來茲之失，如皎日麗天，無幽不燭，聖人復起，未之能易。惟其門人未有，殆庶世之信從者寡，道之誠然者不著，是以不百年而異説興；又不二百年而邪説熾。因推本陰陽法象之狀，往來原反之故，反覆辨論，所以歸咎上蔡、象山、姚江者甚峻。

所著諸經有《易》、《書》、《詩》、《春秋稗疏》，共十四卷。其説《易》不信陳摶之學，亦不信京房之術，於先天諸圖及緯書雜説排之甚力，而亦不空談玄妙附合老莊之旨。其説《尚書》，詮釋經文，多出新意，駁蘇軾《傳》及蔡《傳》之失，大都辭有根據，不同游談。其説《詩》，辨正名物訓詁，以補傳箋諸説之遺，不爲臆斷。《辨叶韻》一篇，持論明通，足解諸家之轇轕。其説《春秋》，考證地理，多可以糾杜《注》之失。國朝經學繼起者無慮百十家，然諸家所著有輒爲夫之所已言者，如子糾爲齊襄公子之説，梁錫璵據爲新義；翬不書族，定姒非謚之説，葉酉亦據爲新義：皆未見其書也。

他著有《周易内外傳》、《大象解》、《尚書引義》、《詩廣傳》、《禮記章句》、《春秋家説》、《世論》、《續左氏傳博議》、《四書》、《稗疏》、《訓義》、《俟解》、《讀四書大全説》、《諸經考異》、《説文廣義》、《讀通鑑論》、《宋論》、《永曆實録》及注釋《老》、《莊》、《呂覽》、《淮南》、《楚辭》、《薑齋詩文集》等書，凡三百餘卷，後人彙刊之爲《船山遺書》。

康熙間，吴逆在衡湘，夫之又逃入深山。吴逆平，巡撫鄭端嘉之，餽粟帛請見。夫之以病辭，受粟反帛。三十一年，卒，年七十四。時海内儒碩，推餘姚黄宗羲、崑山顧炎武。夫之多聞博學，志節皎然，世謂相亞云。

夫之同時又有郴州喻國人，辰溪米元偶，衡山譚瓊英、劉宗源，皆以明亡不仕，講學衡湘間，著書授徒，成就甚衆。

雜録

備録

《國朝書獻類徵初編》卷四〇三《王夫之傳》 右衡陽王先生著書五十二種，已見三十八種，都三百二十三卷，著録於四庫者曰《周易稗疏》四卷、《考異》一卷，曰《尚書稗疏》四卷，曰《詩稗疏》四卷、《考異》一卷，曰《春秋稗疏》二卷，凡六種。存目於四庫者，曰《尚書引義》六卷，曰《春秋家説》三卷，凡二種。舊已刊者，曰《周易大象解》一卷，曰《春秋世論》二卷，曰《四書稗疏》一卷，《考異》一卷，曰《老子衍》一卷，曰《莊子解》三十三卷，曰《楚辭通釋》十四卷，曰《正蒙註》四卷，曰《思問録》二卷，曰《俟解》一卷，凡十種。外文集、詩集、詩餘、詩話復有數卷，皆奇零不成部帙，餘俱鈔本。其未見者，存佚不可知。舊刊之本類坊刻，且日久漫漶，顯鶴病之，嘗慨然發憤，思購求先生全書，精審鋟木，嘉惠來學。以是强聒於人，無應者。道光己亥，寓長沙，時方輯《沅湘耆舊集》，徵求先生遺詩。一日先生族裔有居湘潭名世全者，介其友歐陽君兆熊訪余於城南旅寓，以先生詩集來，且具道先生六世孫承佺具藏先生各種遺書於家，世全將謀壽諸梨棗，余大喜過望。次年春，遂開雕於長沙，以校讐之役屬吾邑人鄒漢勳。其後二年，次第刊成《周易内傳》十二卷、《周易大象解》一卷、《周易稗疏》二卷、《考異》一卷、《周易外傳》七卷、《書經稗疏》四卷、《尚書引義》六卷、《詩經稗疏》五卷、《考異》一卷、《詩廣傳》五卷、《禮記章句》四十九卷、《春秋稗疏》二卷、《春秋家説》七卷、《春秋世論》五卷、《續春秋左氏傳博議》二卷、《四書授義》三十八卷、《四書稗疏》二卷、《考異》一卷，大凡十八種，都百五十卷。書成，以全書目録寄示，顯鶴乃僭書其後，曰：

班史有言，古之儒者，博學虖六藝之文。六藝者，王教之典籍，先聖所以明天道、正人倫，致至治之成法。自孔子殁而大道微，七十子之徒遺言墜緒不絶如縷，遭秦燔滅，蕩然無存。漢興，收拾餘燼，始立專門，各抱一經，私相授受，亦互相嫉妒。馬、鄭諸儒始貫穿羣籍，鑚研訓詁，迄其蔽也，雜於讖緯，墮於支離破碎。魏晉以後，崇尚虚無，流爲佛老，學術紛歧，世運榛塞，聖人之道唏矣。唐代義疏之作具有端緒，而是非得失，未有折衷。宋世真儒出，羣經乃有定論。至於近代學者疾陋儒，空談心性，逸於考古，遂至厭薄程、朱，專考求古人制度名物以爲博，甚則刺取先儒删落踳駁謬悠之論以爲異。而一二天資高曠之士，又往往誤於良知之説，敢爲高論，狂瞽一世，著書愈多，聖道愈蔀。先生不然。生平論學，以漢儒爲門户，以宋五子爲堂奥。而學道淵源，尤在《正蒙》一書。以爲張子之學，上承孔孟之志，下救來茲之失，如皎日麗天，無幽不燭，聖人復起，未之能易。惟其門人未有殆庶者。而當時鉅公，如富、文、司馬諸公，張子皆以素位隱居，末由相爲羽翼。其道之行，曾不得比於邵康節之數學，而世之信從者寡，道之誠然者不著。是以不百年，而異說興；又不一百年，而邪說熾。其推本陰陽法象之狀，往來原反之故，反復辯論，累千百言，所以歸咎上蔡、象山、姚江者甚峻。或疑其言太過，要其議論精卓，踐履篤實，粹然一軌於正，固無以易也。先生生當鼎革，竊自維先世爲明世臣，存亡與共。甲申後，崎嶇嶺表，備嘗險阻。既知事之不可爲，乃退而著書，竄伏祁、永、漣、邵山中，流離困苦，一歲數徙其處，最後乃定居湘西蒸左之石船山，築觀生居以終。故國之戚，生死不忘，其志潔而芳，其言哀以思，百世下猶將聞風興起，況生同里閈，親讀其書者乎？當是時，海內儒碩，北有容城，西有盩厔，東南則崑山、餘姚，而亭林先生爲之魁。先生刻苦似二曲，貞晦過夏峰，多聞博學，志節皎然，不愧顧、黄兩先生。顧諸君子，肥遯自甘，聲名亦炳，羔幣充庭，干旌在野。雖隱逸之薦，鴻博之徵，皆以死拒，而公卿交口，天子動容，其志易白，其書易行。先生竄身猺峒，絶跡人間，席棘飴荼，聲影不出林莽，門人故舊又無一有氣力者爲之推挽，殁後四十年，遺書散佚。其子敔始爲之收輯推闡，上之督學宜興潘先生，因緣得上史館，立傳儒林。而其書仍湮滅不傳，後生小子至不能舉其名姓，可哀也已。當代經師後先生而起者，無慮百十家，所言皆有根柢，不爲空談，蓋經學至本朝爲極盛矣。然諸家所著有據爲新義，輒爲先生所已言者，《四庫總目》於《春秋稗疏》曾及之。以余所見，尤非一事，蓋未見其書也。近時儀徵相國哀輯《國朝經解》，刻於廣南，所收甚廣，猶不及先生，其他更何論已。先生出處本末，略見潘宜興、儲六雅、全謝山、余存吾諸文集中，鄧顯鶴增輯《楚寶文苑》亦有傳，不具述，獨詳述先生學業之大者著於篇，使世之讀先生書者有所考焉。

備論

《國朝耆獻類徵初編》卷四〇三 贊曰：先生可謂篤信好學，蒙難而能正其志者。方明之亡，先生非不知事不可爲，然且窮老盡氣，奔竄於荒巖絶徼間，發讜論，攻憸邪，終擯不用，而始隱伏著書，其志可哀也矣。若横渠以《禮》爲堂，以《易》爲室，所稱四先生之學，柱立不祧者。而著《正蒙》一書，尤窮天地之奥，達性命之原，反經精義，存神達化，朱子亦謂其廣大精深，未易窺測。先生究察於天人之故，通乎晝夜幽明之原，即是書暢演精繹，與自著《思問録》内外二篇，皆本隱之顯，原始要終，朗然如揭日月。至其扶樹道教，剖析數千年學術源流分合同異，自序中羅羅指掌，尤可想見先生素業。雖其逃名用晦，遯跡知稀，從遊蓋寡，而視真西山、魏了翁以降，姚、許、歐吴諸名儒，僅僅拾雒、閩之糟粕，以稱理學，其立志存心，淺深本末，相距何如也。學使宜興潘太史宗洛稱先生爲前明之遺臣，我朝之貞士，是固然已。而其立文苑儒林之極，闡微言絶學之傳，則又有待於後之推闡先生者矣。

圖海部

綜述

《國朝耆獻類徵初編》卷二《圖海》　圖海，滿洲正黃旗人，姓馬佳氏，父名穆哈達，世居綏芬。圖海初由筆帖式加員外郎銜。順治二年，改國史院侍讀。八年，遷祕書院學士。九年，恩詔予騎都尉世職。越歲，授弘文院大學士，列議政大臣。十二年，加太子太保，命攝刑部尚書事。明年，考滿，加少保。十五年，命同大學士巴哈納等校訂律例，旋以承審江南考試作弊事遲延，削加銜。明年，侍衛阿拉那與公額爾克戴青家奴毆於市，刑部審理失實，上詰問，圖海不以實對。下廷臣察議，以其負恩溺職論死，奉旨寬免，削職。十八年正月，世祖龍馭上賓，遺命起用。聖祖仁皇帝御極，即於是年授正黃旗滿洲都統。

康熙二年七月，蜀流賊郝搖旂、劉體純、李來亨等嘯聚湖廣鄖、襄山中，命爲定西將軍，副靖西將軍、都統穆里瑪率禁旅會楚、蜀之師討之。至則與總督李國英、提督鄭蛟麟、總兵俞奮起，於大海、署護軍統領根特等連營困之。賊以兵三千犯奮起營，圖海率兵邀擊，敗之。賊又連犯諸營，各分兵夾擊，咸潰敗。未幾，郝搖旂爲副都統杜敏擒斬於黃草坪，劉體純相繼破滅，惟李來亨擁衆據茅麓山，恃險負固。圖海等率兵圍之，絶其聲援，外則搜勦餘寇略盡，賊勢窮蹙，來亨闔門自經死。僞公、僞將軍以下僞官五百八十餘人，兵八千八百餘名降，執斬僞新樂王及僞官七人，兵六千餘名，俘其家口三千餘衆而還。

六年，晉弘文院大學士，加世職爲一等輕車都尉。會纂修《世祖章皇帝實録》，充總裁官。七年，命測儀象。八年，命録刑部重囚。並稱旨。九年，奏乞解機務，專力戎行，上慰留之。十一年，命清理刑獄。十二年冬，吴三桂叛。十三年，耿精忠亦叛。聖祖以籌餉需才，命攝户部尚書。十四年三月，疏請敕禁外省軍需不得私派，夫役不得先期拘集，錢糧不得額外科斂，詞訟重者速審速結，小者不得濫准滋累，衙蠹土豪不得魚肉善良。奉旨允行。

是月，察哈爾布爾尼劫其父阿布奈以叛，圖海奉命爲副將軍，同撫遠大將軍信郡王鄂扎率師往討。四月，師次達祿，布爾尼設伏山谷，賊以兵三千人來拒我師。我師進攻，伏發，撓我士馬待兵。圖海分兵迎擊，賊以四百騎繼至，力戰殲之。布爾尼乃悉衆出，用火器拒戰。圖海令嚴陣以待。賊敗復聚，連擊大破之，招撫人户一千三百餘，布爾尼僅以三十騎遁去。時科爾沁額駙沙津以兵會勦，遇布爾尼於扎魯特境，追及，斬之。察哈爾平。班師，聖祖御南苑大紅門迎勞之。敘功，晉一等男。

十五年二月，聖祖以貝勒洞鄂攻叛將王輔臣於平涼，未克，命圖海爲撫遠大將軍，率護軍每佐領各二名赴陝，總轄全省，貝勒洞鄂以下咸聽節制。三月，至平涼，明賞罰，申約束，軍威大振，賊衆聞之懼。諸將請乘勢攻城，圖海曰：「仁義之師，先招懷而後攻伐。吾奉天威，討兹兇豎，無慮不克。顧念城中數十萬生靈，無非朝廷赤子，遭賊劫掠至此，覆巢之下，殺戮必多。俟其向化歸誠，以體聖主好生之德，不更美乎？」城中軍民聞者莫不感泣，咸思自拔以出，賊勢由是日蹙。五月，奪虎山墩。虎山墩者，在平涼城北，高數十仞，賊首以精兵通西北餉道。圖海曰：「此平涼之咽喉也。得此，則餉道絶，城不攻而下矣。」即率兵仰攻，賊萬餘列火器以死拒戰。圖海令兵番休迭進，自巳至午，戰益奮，斬僞總兵二人，賊被殺及墜崖死者無算，遂奪其墩據之，俯視城中，如在掌握，因發大礟擊其城中營。城中洶懼，輔臣乃乞降。隨以其情上聞，詔赦輔臣罪，撫慰之。

六月，圖海劄授七品官周昌爲參議道，齎詔入城。翌日，輔臣遣僞布政使龔榮遇等率士民獻軍民册，又遣其子繼正等繳所受吴逆僞敕印劄，然猶疑懼觀望。圖海復令周昌同其兄子前鋒侍衛保定往諭，輔臣乃率衆薙髮降。圖海令副都統吴丹入城撫定，秋毫無所犯。平涼被圍日久，城中食盡，加以鋒鏑之餘，死亡過半，因令地方官賑窮乏，掩胔骼，其老弱之轉徙不能歸者，遣將士分送安插，遠近帖然。初，周昌往招輔臣時，言昌母孫氏殉節死，願以身報國，爲母請旌，因請往。至是奏旌其母，又奏蠲秦省被兵及轉餉各州縣賦，皆從之。

是月，遣振武將軍佛尼勒敗賊將吴之茂於牡丹園，又敗之於西和縣北山，將軍穆占進攻鞏門，敗賊於紅崖，復禮縣。於是，僞巡撫陳彭、慶陽僞總兵周養民、嘉峪關僞總兵王好問、關山僞副將孔蔭雄共率僞官九百餘員、兵四萬八千餘名，相繼降，隴右悉平。八月，奉上諭：「圖海器識老成，才猷練達，贊襄機務，宣力累朝，以文武之長才，兼忠愛之至性，勞績茂著，克副倚任，朕心深爲嘉悦！於軍功議敘外，應從優加恩，以示朕眷注忠勤、酬答勳庸至意。」遂晉封三等公，世襲罔替。

時漢中、興安賊猶據守平涼、慶陽初定，人心未寧，奏請分兵防守諸隘，緩攻漢、興，別遣一旅赴湖廣會勦吳逆。奉旨令圖海親率精鋭以行。圖海以陝西反側未安，慮有變，九月，疏陳其狀。聖祖因授穆占爲都統，佩征南將軍印，率師赴楚，留圖海鎮守陝西。十二月，議取漢中、興安，奏調緑旗兵，檄提督孫思克赴秦州，趙良棟赴鳳翔，以將軍侯張勇、將軍王進寶各引兵助之，期以明年正月二十日如所約至。下張勇等會議以聞，勇等謂宜視夏秋收穫豐歉，再圖進取。圖海以漢、興山路險峻，夏秋多霪潦，賊守益堅，請如前奏。十六年正月，議上，上慮克復漢、興後，宜設重兵，轉餉不易；若視夏秋，則頓師縻餉，亦屬非計。諭令守諸要隘，分兵赴荆州會勦吳逆。議遂寢。三月，招撫韓城等縣僞總兵喬斌以下官百有餘員。四月，遣兵進逼禮縣、益門，先後敗賊於五盤山、喬家山、塘坊廟、芭蕉園、沙窩諸處，復塔什堡。是年九月，賜服物，並御製詩二章。十七年二月，奏請分兵兩路，進取漢中、興安，旋奉密諭止之。閏三月，將軍佛尼勒等敗賊於牛頭山、香泉，四川總督周有德等敗賊於秦嶺，復潼關堡五寨。四月，慶陽賊袁本秀受吳逆僞劄，作亂。圖海發慶陽、宜君、延安三營兵，會王進寶兵討之，斬本秀於衛遠溝，餘衆潰散。十二月，疏請輕騎赴京面奏事宜，許之。十八年二月，還陝。

五月，賊犯棧道益門鎮各口，奏請提督趙良棟進臨武寨，相機而行，俟擊破賊壘，分道征進。時湖廣、廣西平，聖祖諭亟殲寶雞之賊，恢復漢、興，以平蜀地。七月，破益門鎮，賊毁偏橋，兵不能進，疏其狀以聞。聖祖以其怯懦易退，嚴督之。九月，進取漢中、興安，分兵四路，圖海親率將軍佛尼勒等由興安進，總兵官程福亮爲後援，駐守舊縣關；諸路將軍畢力克圖、提督孫思克等由略陽進，總兵官朱衣客爲後援，駐守西河；諸路將軍王進寶、總兵官費雅達等由棧道進，總兵官高孟爲後援，駐守寶雞；提督趙良棟由徽縣進，剋日並發。

十月，圖海師次鎮安縣，分兵爲二隊，進攻僞總兵王遇隆於火神崖，敗之，渡乾玉河，奪梁河關，僞將軍韓晉卿遁入四川。是月，王進寶復漢中，趙良棟復徽縣、略陽，畢力克圖復成縣，又復階州，降僞副將王光生以下官十九員、兵三百二十名。十一月，復興安，降僞將軍謝四、僞總兵王永世以下官三百八十二員、兵萬四千三百餘名。平利、紫陽、石泉、漢陰、洵陽、白河及湖廣竹山、竹谿、上津等縣皆下之。是月，畢力克圖遣參將康調元復文縣，僞洮岷道王文衡降。先是，王進寶、趙良棟捷音先至，聖祖以圖海、畢力克圖等遲緩，切責之。至是捷聞，得旨嘉奬，下部議其功。尋命率大軍之半駐守鳳翔。十九年正月，命赴漢中轉餉，以濟蜀師。九月，陝西總督哈占由保甯直上，擊賊譚宏，命發兵爲聲援，以分賊勢。

是月，獲奸民楊起隆。初，起隆於康熙十二年詐稱爲朱三太子，謀作亂於京師。正黄旗周公直家奴陳益聚衆十人於家，將起應之。公直首其事，圖海即率兵圍之，陳益等悉就縛。至是，并獲起隆送京師。

二十年正月，賊犯四川敍州諸處，調副都統翁愛率所部兵往援，復奏請親行，諭仍駐漢中，防守秦、蜀。七月，以疾還京，尋具疏乞休，聖祖慰留之。十二月，卒。累官至太子太傅、中和殿大學士，兼吏部尚書，正黄旗都統，封三等公，世襲。謚文襄，賜祭葬如典禮。明年，《太宗文皇帝實録》告成，以圖海曾充監修總裁官，追贈少保，仍兼太子太傅。二十二年，御製碑文，立石墓道。雍正二年，加贈一等忠達公，配享太廟。尋命建專祠，復御製文刻石以旌之。崇祀陝西名宦祠。子諾敏襲爵，見《大臣表》。國史館本傳。

《國朝耆獻類徵初編》卷二《圖海》　圖文襄公諱海，馬佳氏。輔翊世祖、聖祖二朝，功業卓然。初，公爲中書舍人，負寶從世祖之南苑，上心識其人，欲重用之，恐人不服，因謂衆輔臣曰：「某中書舉趾異常，當置於法。」衆以無罪請。上曰：「否則立置卿相，方可滿其願也。」因立授内閣學士。不數年，洊至大學士。康熙初，奏茅麓山之捷。甲寅冬，吳三桂既叛，察哈爾復蠢動。事聞，聖祖憂之。孝莊文皇后曰：「圖海才略出衆，可當其責。」上立召公，授以將印。

茅麓山在鄖陽界，毗連三省，廣數千里。明末時，流賊餘黨郝摇旂等竄入其中，復有明疏宗某，郝摇旂等崇奉爲主，恃險假息。康熙初，命圖文襄公海爲督師，同川督李公國英、護軍統領穆公哩瑪率三省兵會勦。諸將皆於層巖陡壁間草衣卉服攀援荆葛而進。逾年，始蕩平其巢穴。故今京師中諺語有其事險難者，則曰「又上茅麓山耶」，則當日之形勢可知矣。

公器識沈毅，好讀書，羽檄旁午時，披覽不輟，將略由天授，不主故常。察哈爾之役，時禁旅方南征，宿衛盡空，詔選八旗家奴之驍健者付公北征。公較閲畢，即起行，不許信宿，所過州縣村堡，騷掠者悉不問。至賊境，下令曰：「察哈爾，元之後裔，數百年珍寶山積，我軍能破之，富且百倍於此。」衆踊躍，無不以一當百，遂大破之。尋請豁所過宣府等處田賦，以卹邊氓。蓋驅烏合以禦方張之寇，非此無以得其死力，淮陰所謂「驅市人而使戰，用不測之威，施不測之賞也」。公之隨機應變多類此。

《國朝臣工言行記》卷二　圖海，姓馬佳氏，滿洲正黄旗人。中和殿大學士，封三等公，追贈少保，加封一等忠達公。謚文襄。公天資忠愨，具文武才。康熙二年，以定西將軍下湖廣，討流賊餘黨李來亨等，平之。十一年，拜中和殿大學士。明年，平南王尚可喜奏請撤兵歸遼東，詔諸大臣面議，公獨力言不可。已而滇閩告變，大軍南下。公請敕督撫，一切軍需不得私派民間，其應用夫役不得先期拘禁。詔速行之。旋以副將軍平察哈爾布爾尼之亂。時陝西提督王輔臣反，應吳三桂，殺經略大學士莫洛于寧羌，結川賊與大兵相距平涼。十五年春，授公爲撫遠大將軍討輔臣，大戰平涼城下，破其軍，遂絶其餉道。輔臣乞降，許之，令副都統吳丹率數騎入城，撫其民。止諸軍不得入，飭有司振窮民，掩骼埋胔，護流亡婦稚還之鄉里。餘賊以次納欵，關隴遂平。《測海集》

平涼之戰，諸將請急攻城，公曰：「仁義之師，先招懷而後攻伐。吾奉天威討兹凶豎，無慮不克。顧念城中數十萬生靈無非朝廷赤子，覆巢之下殺戮必多。俟其歸化向誠，以體君上好生之德，不更美乎？」城中軍民聞者，無不感泣，咸思自拔以出。賊勢由是日蹙。有虎山墩者，在平涼城北，高數十仞，賊守以精兵，通西北餉道。公曰：「此平涼之咽喉也，得此則餉道絶，城不攻自下矣。」即率兵仰攻。賊萬餘列火器以死拒戰，公令兵番休迭進，自巳至午戰益奮，斬僞總兵二人，賊被殺及墜厓死者無筭，遂奪其墩據之，俯視城中，如在掌握。全城洶洶，輔臣乃乞降。《知今録》下同。

平涼被圍既久，城中食盡，加以鋒鏑之餘，死亡過半。公令地方官妥爲安撫，遠近帖然。又分遣振武將軍佛尼勒等收復西和、禮縣。於是固原僞巡撫陳彭、慶陽僞總兵周養民、嘉峪關僞總兵王好問等共率僞官九百餘員，兵四萬八千餘名相繼降。上諭「奬之，有「贊襄機務，宣力累朝，以文武之長才，兼忠愛之至性」等語。

雜録

備録

王士禛《池北偶談》卷九《圖文襄厚德》 大學士謚文襄圖海公，既定平涼，軍中論功，取諸將偏裨士卒記功牌報部；記過牌悉聚焚之，不以語人。其厚德如此。子諸敏公，今爲刑部尚書，人以爲陰德之報。前（實）〔寶〕雞令高君某云，在軍前親見之。

備論

《碑傳集》卷四《太子太傅中和殿大學士文襄公圖海傳》 仙李柯條，布於中州。南東西祖，門才並優。曰趙曰衛，世在衮職。如旦有禽，方尹有陟。高陽之里，司方發英。文敏之後，我公篤生。先皇則哲，爰立作相。我后繼序，資公翼亮。公之入告，謀猷必嘉。公之秉機，弼諧孔多。盈庭者言，或非其是。公析以辭，易恚而喜。有典有策，掌故不齊。公也博通，寧藉考稽。謙尊而光，道廣能峻。廉而不劌，若握瑜瑾。師僚先後，廊肆共居。靡有蔕介，一德作孚。惟公勤勞，夙夜匪懈。霖雨區中，覃被徼外。令德令儀，不顯其光。黼黻皇猷，大業休昌。時際唐虞，世登仁壽。景福嘉名，臯夔是友。公之徂謝，朝野告哀。台衡忽拆，棟幹斯摧。乃度鮮原，乃考幽宅。銘公洪伐，千禩無泐。

藝文

孫雄《四朝詩史》甲集卷二魏源《讀國史館列傳》 君不見萇宏碧血東周涴，解謝諸侯彌尾大。家令朝衣赴東市，馳詔何曾濞兵止。萇鼂甯必命世才，漢周須要尊風雷。直壯曲老星昭回，名其爲賊氣乃摧。康熙不翻撤藩案，莫洛明珠米思翰。肯爲武庚罪姬旦，從來濟國猶濟川。中流風颶楫須專，令人慷慨康熙年。中和殿大學士圖海

施琅部

綜述

《碑傳集》卷一五陶元藻《靖海侯施琅傳》 琅字尊侯，號琢公，晉江之海濱人。貌魁梧，方頤廣額，膂力絶人。幼時遊里中定光庵，詣神稽首，見神隨拜起，以語衆，衆未之信也。比長，隨族父武毅伯福於軍中。時主兵者募壯士，有鼎重千鈞，命諸壯士舉，咸以不能對，惟琅曰能，從容舉於手，翔步庭中數巡，仍置於其所，衆乃異之。既而從戎，討山寇有功，授遊擊。時唐王聿鍵僭號福州，授爲左衝鋒。嘗統偏師迷入榛莽，有虎導之行，始與前軍會。前軍望見琅與虎偕，争趨救，虎逸，琅笑曰：「微虎吾何由至此。」衆大驚。明亡，鄭成功羅致之，爲左先鋒，相得甚，軍儲卒伍及機密大事悉與謀。嗣因成功將掠粤之惠潮以佐餉，琅不可，成功弗懌。復有將弁犯法當誅，成功爲之解，琅不從，由是成功疑其背己，欲殺之。琅覺，宵奔，自度海上人皆成功牙爪，渡必不能脱，緣山而行，山故多洞，乃匿於洞中。俄而追者數十騎果至，火光燭天，大索巖穴，琅所匿洞忽生棘刺，索者不可得，歸報成功。成功喟然歎曰：「吾留一患與中原矣。」琅父大宣、弟顯遂被害。越數日，琅從洞中出，晝伏宵行，乃抵於晉，從定遠將軍解福州圍，授同安副將。破洒州壘，擒其騎將，降萬餘人，陞總兵官，旋陞水師提督。成功卒，子經猶據廈島。

康熙元年，琅密陳金、廈可取狀。上嘉納焉，即命便宜行事。遂率將士搏其島，克之，降萬八千人。晉秩右都督、靖海將軍，入爲内大臣，封伯爵。而島既破，經收殘卒數千竄臺灣。僞將劉國軒以澎湖險要據澎湖。經死，子克塽繼，士卒漸衆，仍抗命猖獗如初。二十年，内閣學士李光地又陳臺灣可取狀，并薦琅才可用，總督姚啓聖亦奏琅能，仍出爲水師提督，加太子少保，駐廈門。明年六月，將興師，籌畫指揮，統其權於制府，而親率其旅在提督軍門，適候南風，或言不利於行者，琅曰：「吾泊舟地離賊遠，北風起，舟從風飄散，非二三日不能集。今夏至前後二十餘日，風微浪静，夜可泊洋，聚而觀釁，不過七日，舉之必矣。且國軒爲鄭氏梟將，澎湖破則臺灣不戰而自下也。」遂行，入澎故道皆爲賊據，官軍不得泊，因次八罩灣。水駛石惡，忽潮漲石盡没，得平坦以渡。國軒築短牆，置腰礮環二十里，琅遣前鋒藍理等奪艦直入。會南潮發，爲疾流所壓，賊舟四合，琅親督師䑸衝其圍，總兵官吴英繼之，殺賊將大小七十、賊兵二千，取虎井桶、盬盤嶼。遂督師分三隊，東指雞籠山爲奇兵，西指牛心灣爲疑兵，中又分三股攻賊堅壘。賊堅拒良久，總兵官林賢率先陷陣，大師繼至，呼聲振撼波濤。自辰至申，焚賊舟百餘，殺其將三百，兵萬二千有奇。凡海洋占候，雲合風生，雷鳴風止。將戰時，黑雲起，國軒方椎牛置酒相賀帳中，忽聞雷鳴，賊軍皆錯愕無措，遂大敗，遁歸臺灣。我軍乘勝趨臺，國軒就縛，克塽降。果如出師時琅所料。蓋琅家於海濱，知澳島險易，又向依鄭氏，熟悉其上下軍情故也。臺灣平，琅由海道報捷，七日抵京師，而啟聖以飛騎由内地入奏，後琅二日抵京。

仁皇帝嘉琅功，封靖海侯，世襲罔替。琅還朝，以步履艱，命侍臣扶掖上殿，恩賚有差。年七十六，卒於官，謚襄壯。子世綸、世驃、世范。范襲侯爵。驃爲水師提督，以康熙六十年朱一貴叛征討有功，贈太子少保，謚勇果，其克臺亦以六月，與琅平臺之期先後相符云。

贊曰：余聞琅泊軍安平海，有廢井，拜之而泉沸，其精誠感格，與漢貳師刺山泉湧者何異焉？又聞鹿耳門有鐵板沙，沈伏水底，舟人必量水而行，門甚狹，又難連檣並進。當琅師抵門，海水驟漲四尺，舟得並駕而入。則平臺之績，雖曰人力，豈非天命與？然琅不過一海濱力士耳，卒能除國患，復父仇，忠孝兩全，勳名赫奕，嗚呼，琅亦人傑也哉。

《碑傳集》卷一五施德馨《施襄壯公傳》 公諱琅，字尊侯，琢公其號，閩之晉江人也。族世里居，别見先代譜牒，不具志。父達一贈公，舉丈夫子三人，公其仲也。將誕，母太夫人洪夢鼓樂從天神迎寶鏡來授母，曰室小，請置諸祠堂，覺而生公。少倜儻不類恒兒，薦紳莊公際昌一見大異。里有神宇曰定光庵，公垂髫赴塾，每詣神稽首，見神隨之拜起，知者咸異焉。既而贈公遭外釁，家落。公年未及冠，學書未成，棄而習戰陳劍擊諸技，於兵法無不兼精，智勇爲萬人敵。當明之崇禎癸未，隨族父武毅伯福軍中。時主兵者募壯士，置鐵鼎中庭，重不下千觔，集健卒數千人，莫有舉者。公熟視曰：「無難耳。」奮袂舉行數十武，徐置其所，容色無纖毫異。又主兵之帳下有素以力著者，莫能撓其臂，與公角，竟折之。主兵者駭曰：「神力也。」會泉郡山寇四起，當事稔公能，命領兵勦捕，後先廓清山寨二百餘，所活民命不勝計。觀察曾公櫻偉其功，欽禮焉。比漳寇葉鎮、徐晃輩憑陵都邑，毒燄張甚，公奉檄進討。鎮素猛鷙，號莫敵，公接戰，揮大刀斷其頸，賊衆驚潰，遂擒徐晃，降其衆。當事上其功，授游擊將軍。復追賊入潮陽，草薙禽獮，鋭莫敢攖，所招降傑魁數十輩。

崇禎甲申明祚覆於闖賊，時際興朝定鼎，宏光猶建號江以南，以公將略素著，由參戎晉副總兵。越丙戌，隆武從閩中建號，擢公僉都督，任左衝鋒，守杉關，有「百戰居先」之獎。公奮力功多，爲同輩所忌。嘗統偏師前進，而忌者後軍不繼，勢倉皇，公故示鎮定，竟前薄而營。因乘夜從間道旋師，迷入榛莽中，有羣虎前行導引，得與諸軍合。值廣信之師敗，諸軍皆潰，公冒越山谷，不辨道所向，遇嶺上老人纖屨，詳晝指示，以綰髻簪謝之，笑不受，不數武回顧，則失之矣。蓋公之生平危而獲佑，其靈異類如此。

既而承當事委從海道出粵東，戰勝攻克，人以岳家軍目之。亡何值粵師之亂，公知勢不可爲，獨念丈夫功名不容泯没，須得當以自見也，則率衆星馳，自南雄抵潮郡。潮將郝尚久者，陽犒師牛酒，而陰召諸部圖公，則拔衆走饒平，踞守閲月，突圍出。且戰且行，連日夜間關險阻，從弟肇璉、肇序皆隨没軍中。而先是在潮陽所招降戰士多散處村落間，公至，皆迎拜擁護以行，遂集勁卒，得八百人，至黄崗鎮暫憩焉。當是時閩事既敗，永曆猶建號粵中，鄭成功託故明藩封，棲海上，素悉公英名，欲倚以爲重，遮入海，禮遇初甚渥，凡軍事必咨商及。有告以公嘗夢爲北斗第七星者，鄭心忌之，會以糧匱議剽掠粵中，公正色以阻。有標弁得罪，恃鄭氏親，匿逃於鄭所，公申軍法，禽斬之，復攖其怒，遂執公禁舟中，並分禁贈公及家屬。公弟顯時統兵惠潮間，聞信馳歸省，亦被執禁譙樓焉。而守公舟者爲林習山帳下校，林故敬事公，屬其善待。會有以危狀白，公覽畢，佯哂曰：「此易與耳。」守者詢以故，公曰：「藩欲吾輸金二千。吾業有千餘，再告貸數百則足矣。」守者信爲然，薄暮則令守卒二十餘人，隨往借貸。行漸至寥曠所，公故坐不行，守者疑，環而前執，公起，仆數卒，提守者揮擊，皆辟易，遂脱身。夜二鼓，鄭氏果遣人欲害公，見已遁，歸報，乃環島偏索。而公實匿石穴中，已五日，無從得食，潛行山谷間，遇田夫問道，詰以行旅不當太早，爾何爲者。稍近物色之，則錯愕長跪曰：「爾非施公乎，本藩懸賞格購公急，猶在此乎？」欷歔泣下。因留公至家，告其母，烹伏雌炊粥以獻。其人貧而孝，公義之。匿數日，謀他適，潛引十餘里，拜泣曰：「公行矣，誓爲公死，勿敢洩。」以故公得乘夜潛達於蘇茂所焉。茂，故公部將，時爲鄭氏左先鋒，爲人磊落，抱義氣，見公悲且喜，匿之寢室。且日置酒召公諸舊將，則有鄭文星、張猷、楊文、林照與其弟福等畢會，酒既酣，談及公，茂故責諸將不實力搜索，諸將憤懟之。越日，復召飲，怒責如初。猷、照憤不自勝，投匕箸起曰：「若爲公心腹，背義若此，吾曹何面目與俱生？」文及文星解而翼之出，且令居外待，吾入探其情，入執茂手曰：「君今日情事，豈別有機關乎？」茂察其真誠，乃曰：「君輩其仗義，是吾心也。」遂實告以公今在是，則與入寢室，擁抱而泣，皆曰：「勢急矣。」謀脱公計，而鄭氏已蹤跡至茂家，搜甚悉。茂匿公牀被中，茂妻坐其前，故搴幃示之搜者，視無有乃去。是夜艤舟，以所親勁卒翼公揚帆北渡。鄭氏偵知召訊，茂披陳大義，一無所隱，鄭陽獎而釋之，後終以脱公故殺茂。時武毅伯福已歸本朝，駐安平，聞公信，潛駕舟相待，得入内地。此天之所以玉成豪傑，不使泯没，而爲本朝建奇功者也。鄭氏聞公脱身，頓足曰：「唉，吾不幸結此禍胎，貽將來一大患。」蓋知之矣。當公匿山中時，有欲掖公弟顯脱者，顯曰：「吾去則索吾兄必更急，且慮并及雙親，爾曹速爲吾兄計，勿以吾爲念。」及聞公脱，則悲歌慷慨，仰天自奮曰：「吾旦暮慮父子兄弟俱死無爲耳，今兄得生，勝吾生十倍，復何憾哉！」顯英勇，名與公並，嘗鞭馬疾馳，遇棚隘，手扼其上枋，足夾馬，馬不能前，提戈縱横敵陣中，無不披靡者。其孝友根于天性，雖被禁無怨言。從贈公遇害，神色不撓，稱當世烈丈夫云。事具公所爲弟傳中。

順治八年辛卯，公駐安平，方枕戈謀復仇，值當事有異議，撤安平兵，公乃仗劍之粵中，從封疆巨帥平定高、瓊、雷、廉諸州，再克潮陽。復假歸泉郡，投閑無事，常與泉中賢士大夫交。楊公錫璜者，勝國遺簪也，重公才望，爲忘年友，常見公獨居深念，鬱鬱不得志，慰之曰：「公非常人也，何患不雪仇建勳，拄侯印肘後？吾子孫猶世世席公庇也。」歲丙申，海氛洊熾，定遠大將軍以公宿望，習海上情形，命爲前部，揚旗出烏龍江口，而賊屯盡解。制府李公率泰剡公勞績於朝，授副總兵，遂領前鋒，薄閩安鎮羅星塔，諸賊兵到處無不克者。旋移駐同安，與廈門賊壘相對，公運方略捍禦，前後擒其驍將數十輩，所招降萬餘人，賊由是氣奪，而瀕海獲少安焉。既而朝旨命大司馬蘇公納海躧選沿海邊界，見公戰守機宜，有古大將風，列疏入告，特旨晉僉都督，總同安兵。康熙元年壬寅，擢提督福建水師。自茲秉鉞專閫，而公始克展壯猷矣。

越年，上遣兵曹郎黨公古里察閩疆形勢，公爲密陳金、廈諸島可取狀。比歸奏，天子可其策，復命古里就公詢機宜，遂卜期進兵。時陸師出金沙遇賊失利，制府持重，檄公暫止者再。公業有成策，鼓將士乘風波直薄金門、廈門，連戰克之，賊帥倉皇不相顧，遁歸臺灣，其文武諸僞職領樓船接踵歸誠者萬八千餘衆，凡鄭氏積年所盤踞東南諸島悉平。册功授右都督。明年，挂靖海將軍印，統諸鎮征勦臺灣，往往爲颶風所阻，未克濟師。既而公復密陳邊患宜靖一疏，亟欲爲掃平臺灣計。上覽疏，召詣闕面陳所見。時戊申三月也。公至京，朝議循於招撫，撤水師提督，授公内大臣，晉爵伯。於時從容禁近，每朝退，熟覽二十一史，鑒古今成敗及名臣言行可法者，一時賢公卿習與交遊，皆嘖嘖稱有郤縠儒將風。計近光十有餘載，會閩省以逆藩煽亂，海氛乘之復熾。時公長子世澤以繼伯兄故在閩，年少知兵，平南、甯海二將軍奇其才，以副總兵參段將軍事。段北人，不諳地利，爲賊所困，糧空援絶，段帥死之，澤被獲。賊素聞其能，必欲降之，羈守誘脅，終不屈，遂爲所害。公聞之，雖痛猶曰：「兒能死國事，可無愧矣。」而是時東南億萬户漁鹽耕織咸失業，天子惻然念之。歲辛酉，進諸廷臣詢勦取臺灣方略，咸謂海波不測，難以制勝，逡巡謝不任。天子念壯猷碩畫無出公右者，召宴内廷，諮進討事，公拜稽首具陳海上肆毒幾六十年，夫十日十二子相對數窮六十，其將復平。今卜之天時，揆之人事，鄭氏氣數决不能再延。且臣料其一二巨帥雖號桀驁，以臣視之，非臣敵也。因度己度彼，條奏甚悉。上大悦，晉公太子少保，復畀節鉞提督全閩水師。陛辭日，上臨軒勞之曰：「平海之議，惟汝予同，其努力無替朕命。」

十月，公至軍，練兵整船，泊平海衛以需大舉。衛地斥鹵，舊惟一井，僅供百家，以遷界，泉涸多年，軍中艱於得水。公就井拜禱，甘泉立湧，足供萬竈炊，因勒石曰師泉，志異也。當是時，議欲乘南風直擣澎湖，先扼其咽喉，而同事者多枘鑿。公疏奏，力以自任，特奉專征俞旨，而諸鎮臣吴公英、林公賢、朱公天貴、陳公龍、楊公嘉瑞、陳公昌皆以所部兵屬焉。遂於癸亥六月議進師。咸謂盛暑不利征戰，公曰：「無憚暑，兵法不曰出不意攻無備乎？且不聞澎湖爲南風澳乎？」先聚米作地勢示諸將，曰如此入港，如此泊船，如此進戰，不用命者無赦。因大書諸將弁姓名於各船風篷之上，以辨進退，别賞罰。十四日乙酉，由銅山進發，越日，奪猫嶼、花嶼，晚泊八罩水垵澳。當是時，賊已將僞鎮營官兵眷口監羈於臺灣紅毛、赤嵌二城，堅其死戰。及至澎湖，據各險要爲壁，蜂集大小戰艦，於天妃宫上下添築礟城十餘座，凡可登岸處盡築短牆，置腰銃，環二十餘里，星羅碁布。丁亥，公督親標前鋒船七隻，直入賊䑸，副鋒五船繼進，斬殺賊衆無算，焚燬賊船一十四隻。時值南潮正發，前鋒舳艫壓疾流逼近賊壘，賊艘復合協攻。公親駕樓船衝入，賊望見旌麾，皆環迫鉤舟接戰，公傷眼，以帕漬血示無恙，督戰益急。在船將校皆奮擊殺敗賊船，隨援出前鋒諸船，而公子世驃、猶子世騄亦冒矢石繼至。會天晚，暫收西嶼。是日殺賊將大小七十餘員，賊兵二千餘衆。戊子，全䑸復收八罩，嚴申軍令，分别首功，犒以賞金，鼓吹旌之。縛不用命者將斬以徇，出紅白二劄令總兵官各書功罪，以憑入告。各鎮弁皆股栗匍伏，願立功自贖，具連保狀，方并宥之。己丑，取虎井桶盤嶼。庚寅，公駕小舟親度要害，設疑兵，布置諸所，以分賊勢，而又故作羸師以張之。癸巳，分布戰艦，以五十隻從東畔蒔入雞籠嶼爲奇兵夾攻，以五十隻從西畔暫入牛心灣爲疑兵牽制，而以五十六隻居中，分爲八股，各作三疊，餘八十隻爲後援。公居中指揮調度，直撲賊巢，賊舟四面齊出迎戰，礟矢雨集，烟燄蔽天，咫尺莫辨。我師奮勇，呼聲撼波濤，無不一當十，百當千。自辰至申，鏖戰，賊被焚殺，浮屍蔽海，水爲之赤。計焚殺賊將四百餘輩，賊兵萬二千有奇，降賊將百六十有五，賊兵四千八百五十有奇，獲樓櫓甲仗器械不計。賊帥勢窮，奪小舟從吼門遁走，而賊之精鋭全覆没矣。當其將戰，時礟雲乍起，颶信將發，軍中咸有怖色，忽雷聲震，雲盡風收，視海波恬如也。此公之精誠英勇有以格天者。

是役也，凡七日兩夜，而克澎湖三十六島，安撫居民，無秋毫犯。或謂鄭氏有仇于公，今敗殘之餘，譬猶釜魚籠鳥，宜急撲滅，以雪前恨。公曰：「噫，吾奉命專征，爲國爲民耳，天威咫尺，豈敢先吾私怨，若能銜璧來歸亦爲之疏奏。」於是悉放所獲卒歸臺灣，給以口糧，其傷者濟以醫藥。居臺之賊衆紛相告曰：「公仁人也。」莫不感泣，引領内向。鄭氏已窮蹙，而又覘公無屠戮意，乃齎表詣軍門乞降。公爲疏奏，八月，統師入臺灣，市肆不驚，耕耘如故，士民簞食壺漿，遮道以迎，謂我等見公如見父母，但恨晚耳。即殊方雕題諸衆向不屈于賊者，皆重譯來歸，願奉本朝制度。而前此内地軍民被獲于賊者皆僕婢畜之，公悉按其籍遣歸，凡明之宗室王子避地海外各流落貧窘耕種草地度活，公疏奏其梗概，請釋歸，俾安置得所焉。是賊之假明號以蹂躪東南數十年者，原止爲夜郎自大，草竊荒餘耳。當露布奏捷時，適際中秋令節，上覽奏大悦，即解賜所御龍袍，製五言詩，親灑宸翰，記其忠勇性成，韜鈐夙裕，勇奪其氣，誠致其歸，所以褒寵公者，非尋常戰功所敢望。遂加授靖海將軍，晉封靖海侯，世襲罔替，并優敘從征各將士。

臺灣既平，上從公請留置郡縣，建學宫，立營制，其田賦議者仍鄭氏舊。公以海邦新造，正宜輕税以示國恩，乃力疏陳懇，上嘉納之，得減賦額十之四。已復樞臣入閩，議徙新附駐外省，公洞悉利害，疏請就本省安置，一力擔當，絶不以市恩避衆謗。蓋公素熟陸宣公奏議，凡先後入告諸疏，皆以真肺腑呈於筆札，不假記室，以故言言剴切，悉動天聽。戊辰，朝京師，上命宗室侍衛額駙禮部諸大臣設供張三迎遂次，陛見暢春苑，復召對乾清宫，温旨慰勞，問地方得失甚悉，公拜手攄誠以對。上命詞臣徐嘉炎橐筆記主臣投合盛事，蓋異數也。

癸酉，復入覲，公春秋七十餘，上顧其步履稍艱，敕侍臣扶掖拜起，賜坐，奏對，因奏臣老力衰，海疆重任，願賜解職依闕下。上温諭再三，謂朕用汝心，不在手足，俟二十年後方如所請耳。公拜恩還任，越三載，以病薨于官，年七十有六。時康熙丙子三月二十一日也。遺疏入，上震悼久之，詔贈太子少傅，謚襄壯，命禮臣從優議卹，賜葬敕建碑文，諭祭者三。閩中紳士軍民聞公薨，皆巷哭失聲，羣立祠，歲時祀之，在在奉爲明神，有所禱輒應云。

公容貌魁偉，沈毅有謀略，用兵務持重，計出萬全，不銖銖摹古人兵法，而出奇動與之合。至于臨大敵，決大疑，守之堅定，衆咻不揺，故戰無不克。而常以不殺爲念，終立蓋世奇勳，無異曹武惠之下江南也。嘗著五花陣法，指授諸將，至今傳習。從公部曲起家至方面大帥者，指不勝屈。平居喜賓客，禮接士大夫，雖功高位重，秉圭仗鉞，猶促膝談書史，論古人事當否，亹亹不倦。雅重儒行，捐修文廟，爲士望所歸。知音樂，嘗集諸詞客製新聲譜之樂府，饒有東山逸趣。其待桑梓甚有恩，凡關民間利弊，必咨當道興革之。遇歲凶，則糴諸鄰境，以濟民食。郡之兩石橋，跨江横亘，俱遭寇氛焚毁，公鼎新之，而利涉有賴焉。至天性孝友，事贈公與太夫人定省罔倦。被難後，若節春秋，雖備隆享祀，益滋飲恨，悲不自勝。撫弟顯之子韜尤篤，曰：「吾弟骨血惟此耳，吾忍以己子加吾猶子乎？」拓建大小宗祠，展親之事，以次修舉。任同安時，值瀕海播遷，爲構廬舍，給資斧，以安諸子姓之失所者，方之范文正公之置義田，其意豈異耶。公有子八人，孫數十人，皆彬彬以文名武略著。其所以纘公緒，慰公志而爲邦家之光者，蓋如川之方至云。

德馨曰：余觀古之大帥，秉鉞登壇，建不世奇功，萬里而取封侯者，歷代有之，若公生於斯，帥於斯，樹勳錫爵於斯，後先數十載皆不出吾閩中，豈不卓卓稱僅事哉。説者以公爲閩中川岳降神，雖功拓疆土，澤被瀕海數省，而吾桑梓暨諸族姓尤蒙其休焉，非虚言也。余生也晚，不及見公少壯時事，而得諸宗親父老所傳聞，蓋十有八九矣，因筆之，以垂家乘焉。

雜録

備録

《碑傳集》卷一五李光地《施將軍逸事》 施將軍名琅，閩之晉江人。值明亂，少而從戎，嘗隨大學士黄公道周出仙霞關，知事不可爲，輒以偏裨，有所建陳。公報之曰：「君言是也，顧吾大臣仗義守死而已，倘有他奇變可以佐時，君輩行矣，勉之。」遂謝黄公去。明亡，寄食海上，鄭氏嫉害公，不相容，因公艙中，欲殺之，公以計遁脱，鄭遂殺其父若弟。公歸本朝，用戰功數年間至大帥，佩將軍印。召入爲内大臣，列伯爵。余素未深知公，一夕就公獨下詰，道及順治己亥年事，余曰：「社稷之靈也，令賊不屯兵城下，驅而徑前者，是誠可危。」公笑曰：「宜何向？」余曰：「循山而東奈何？」公曰：「南北步馬不相若久矣。衆寡勞逸又懸，所在雖響應作聲勢，實觀望不能爲之助也。纔涉北地與官軍交，賊立盡耳。」余又曰：「向彼舍短用長者，委堅城，泝江而上，所過不留，直越荆襄，呼召滇粵三逆藩與之連結，揺動江以南，以撓官軍，則禍甚於今日矣。棄舟楫之便而敝攻圍，故知賊無能爲也。」余以是知公能。明年，天子以海患久未熄，復起公提督水師，專平海事。越二年，余請急家居，邂逅公小店中，雨甚，稍憩。余曰：「公出師在此月，然衆皆言南風不利，公必犯之何也？」公曰：「賈豎之言也。夫北風日夜猛，夜則更甚。自此至澎湖，舟戴星行，就能魚貫相尾，幸而不散，然島嶼悉賊據，到彼未能一戰奪之，舟無泊處，坐與行殊，風浪飄泊，軍不能合也，將何以戰？夏至前後二十餘日，風微夜静，海水平如練，可以抛舟泊洋，聚而觀釁。不過七日，舉之必矣。用北風者，徒幸萬一，南風則十全之算也。然節候月離旬日間當有颶風，亦偶間歲不起，此則天意，非人慮所及。又賊將劉者爲彼魁傑，設以他將守澎湖，雖敗未服也，必用再戰。如守澎者劉或死或敗，則勢盡膽喪矣，臺灣可不戰而下。」余喜曰：「寇平矣。」公笑曰：「何相信也。」余曰：「聞爲將者必識天時地理，利害向背，較將之智力。公兼之矣，能無平乎？」公以六月十四日舟發銅山，十六日至澎湖，二十二日剋勝果，在七日中。戰之日，東南角微雲起，劉方調遣拒敵，望見喜甚，須臾雷聲殷殷動，劉推翻食案，歎曰：「天命矣。」海行占風者以雲起爲風兆，聞雷則散云。劉敗後乘小舟走至臺灣，憂沮無復戰意，率先納土，悉如公料。先是，明季鄭之祖芝龍，海大寇也，歸誠後貴顯，嘗朝京師，過龍虎山，有異人爲決未來事，語甚隱，然意若跨土稱孤，爭衡南面者，末云「金雞唱，龍種消」。公辛酉生，其專征又以辛酉年，龍種者芝龍之孫也。余十五六時便聞斯語，後二十餘年而驗。

贊曰：此余所聞見於公者，雖其子若孫不知也。公以功晉封侯爵，及後裔史臣當有傳，故紀其逸事云爾。

藝文

《晚晴簃詩彙》卷一《清聖祖賜施烺詩》 海氛之不靖，艅艎出没，波濤震驚。海濱居民，魚鹽蠶織，耕穫之利，咸失其業。朕心恒憫惻焉。邇者滇黔隴蜀，湖湘百粵，悉底敉甯。蕞爾臺灣，阻險負固。爾施烺銜命徂征，決策進取，樓船所指，將士一心，遂克島門，迫其營窟。勇以奪其氣，誠以致其歸。捷書到闕，時值中秋，對此佳辰，欣聞凱奏，念瀛壖赤子，獲登袵席，用紓南顧之憂，惟爾丕績。即解是日所御之衣馳賜，載褒以詩。島嶼全軍入，滄溟一戰收。降帆來蜃市，露布徹龍樓。上將能宣力，奇功本伐謀。伏波名共美，南紀盡安流。

《四朝詩史》甲集卷二魏源《讀國史館列傳》 君不見長鯨鏖戰海水立，夜颶震天轟霹靂。澎湖蕩潏蛟宫岌，劇賊飛將兩勍敵。那數昆陽與赤壁，溟嶠天吴日横吸，安得六丁重下擊。靖海侯施琅

姚啓聖部

綜述

《國朝耆獻類徵初編》卷一五九　姚少保啓聖，字熙止，浙江會稽縣人也。生於明天啟四年甲子。十歲能文，十三歲補弟子員。美丰儀，性豪蕩不羈。喜任俠，膂力過人。國初，江南甫定，公遊通州。有土豪侮之，公怒，赴軍前請以家財佐軍，求判通州，許之，乃權知州事。既至，立執豪，杖殺之，棄官去。久之，於蕭山縣城外見兩健卒驅二女行，一老翁隨之哭；問之，其女也，被掠。公佯慰老翁，勸之歸；又好言勸卒，稍稍資翁金。卒許諾，各俛首解囊，公忽奪拔其佩刀，手刃兩卒仆地下，縱翁暨二女去。事聞，捕之急，遂亡命江湖數年，乃易姓名，籍於旗。

康熙二年癸卯，旗下開科，公舉第一，授廣東香山縣知縣。當是時，雲貴既平，明永曆亡，所封延平王鄭成功遠據臺灣且死，子經微弱，其將黃梧以海澄降，遂取廈門，海烽俱熄，内外宴然，稱太平。三藩者，平西王吳三桂，守雲南；平南王尚可喜，守廣東；靖南王耿精忠，守福建。三桂、可喜與精忠之祖仲明俱明降將，破明有大功，封王。三桂且執永曆殺之，加親王。故使三人屏藩南服，統强兵宿將備非常，於是三藩之勢傾天下。公初至香山，澳門賊霍侶成弄兵，大吏不能制，公以計擒之。復叛，又率奇兵縛以歸，海始靖。而督、撫忌公才，顧以通海劾公，將置公死。公夜見平南王，以危語動之。王上疏白其枉，督、撫皆自殺，而公罷官。

初，公將授室，聞里何氏女英異，有神力；其父嘗設宴，女出汲，注水三斛，左右手挈其二而口銜其一以歸，乃聘之。生子儀，年十五，力舉千斤，能驅駟馬、駕奔車，自後掣之，馬躑躅不能進。十二年冬十二月，吳三桂反。十三年，耿精忠亦反。尚可喜初不反，其子尚之信脅以反。所在響應，天下震動。公掀髯笑曰：「豎子反乎？吾視若等池中蛙耳，何能爲？」朝命親王某帥禁旅討精忠，公與子儀募健兒數百赴軍前。王大喜，令擊紫閬山、楓橋諸賊，悉平之。授温處道僉事。益募兵自爲一旅，進破石塘，奪楊梅岡，威名大振。先是，精忠反，使人招鄭經。經至，精忠復拒之，將士多爲經内應者。經於是取泉、漳諸府，復據廈門，日與精忠連兵。精忠戰數敗，公又使儀破其驍將曾養性於温州。十五年，大軍入仙霞關，長驅向福州。精忠以公往說，遂降。乃以公爲福建布政使司布政使，仍率其衆從征勦。是時，尚之信亦降，吳三桂頓兵湖南不出，惟叛將劉進忠據潮州，與經爲聲援，而三桂將韓大任在汀，亦謀歸經。大任者，爲三桂守吉安，被圍久，三桂不救，乃棄吉安由贛趨汀；爲人多知、善戰，人呼爲「小韓信」。公曰：「是可棄以資賊乎！」單騎至其軍，說降之。因以其軍臨潮，招進忠，進忠亦降。精忠之降也，鄭經退師廈門，未幾，泉、漳賊蜂起，招經。十七年二月，經使其將劉國軒、吳淑、何佑等，復犯泉、漳，大軍屢敗。公援漳，敗賊於壁鑪。而海澄公黃芳世、都統伯穆黑林敗績於灣腰樹，提督段應舉戰於祖山頭復大敗，走保海澄，國軒進兵圍之，勢甚張。六月，即漳州拜公兵部左侍郎兼都察院右副都御史，總督福建。數日，海澄陷，滿、漢兵死者萬數千人。國軒乘勝破長泰、同安，分略南安、安溪、惠安、永春、漳平，俱下之。七月，圍泉州，福建大震。王公、將軍衆十餘萬，觀望不敢進。公分兵救泉，上疏陳機宜，請急救泉、漳，而廣儲偫、繕城隍，扼險要，鼓勵將士以待。又乘間復平和、漳平以牽制之。賊攻泉兩月，幾拔，聞援兵將至，解而西。九月，偪漳州，精兵三萬，號十萬，壁於龍虎、蜈蚣諸山，距城數里，金鼓沸地。公以蠟丸五檄泉州兵來援，不至，城中洶懼。時耿精忠仍爲靖南王，與滿洲賴將軍同在漳拒賊，合兵不滿萬，相顧無人色。公笑謂之曰：「恐乎？賊狃勝而驕，謂我不能戰。若出不意奮擊之，賊必敗。賊敗，即不復能師。滅賊、平海，在此舉矣。戰也！」乃督兵出戰。公貌魁岸，長髯，目有芒，閃閃偪人。儀更雄偉，長七尺，挽弓四鈞，百步外命中洞甲。結壯士鍾寶、張黑子、趙二、王三癡等十人爲股肱，皆勇冠三軍。公自募牙兵千人，益之以大任之卒爲三千人，皆慓悍敢死，無不一當百，儀常帥爲軍鋒，故所向披靡。及與國軒戰，國軒大敗，陣斬其將鄭英、劉正璽等十餘人，斬首四千餘級，生擒千二百人，溺死無算，擄獲軍資、器械不可勝計。國軒奔海澄。於是乘勢復長泰、同安，而賊不敢復出矣。

公善招撫，開「修來館」以納降，不惜金錢重賄，多行反間以攜其黨。賊無義，輕叛服，啗以利即降。不終歲，將士降者二萬餘人。公笑曰：「吾但以賊攻賊，賊亡無日矣！」然海澄瀕海負險，孱齒廈門，賊因險爲壘，塹重阻深，峻不可犯。金門、海壇、臭塗澳諸島，艨艟鉅艦相望，守其固。相持一年不決。公以其閩大治水軍，請復設水師提督，而分兵絶其餉道，賊乏食日窘。會吳三桂死，其黨退保雲貴，賊勢益孤。其五鎮將廖琠、黄靖等以數千人同日降，何遜、鄭奇烈、陳士愷等各以其衆先後降。十九年，公會巡撫都御史吳興祚、提督萬正色合兵，水陸大舉。而招經所倚大將朱天貴亦叛經降。賊大懼，公乘間進兵，連破其十九寨，賊崩潰。而公遣間賂經嬖臣某，使爲内應；謀泄，經殺之，株連數百人，衆益叛，遂敗。經倉卒棄海澄、金、廈，率衆遁歸臺灣，福建悉平。

初，經之祖芝龍，明天啓時爲海賊；崇禎元年受撫，授游擊，使防海，海汛止澎湖。澎湖南有島曰臺灣，袤二千餘里，沃饒，産五穀，紅毛地也。福建饑，芝龍請取臺灣屯田以資軍食，朝廷許焉。芝龍遂率衆驅紅毛屯之，建五城以守，官資其利，而鄭氏益富强。及隆武即位福建，封芝龍爲公，弟鴻逵等俱列侯，而芝龍陰送款於大軍之下福建者，其子成功力諫，不聽，隆武遂亡。芝龍自謂大功，當封王，而大軍紿之入營，執而北。成功走海上，號召其衆十餘萬，據廈門，奉永曆正朔；與大軍相距二十年，多所殺傷，民困供應不聊生。己亥，入犯江甯，敗去，乃據臺灣。朝廷慮其爲患無已，悉遷沿海居民於内地。民多失業，益困。及耿、鄭之亂，用兵數年，殺掠、流離、死亡億萬，不可勝數；幸而存者，供斂資糧、械器，剥膚椎髓莫能給，驅役動數百千萬，加之饑饉。而軍所駐，奪民居并其妻女，繫老弱爲奴，晝夜鞭箠亂下，死者又無數。公惻然傷之。十八年，上平海機宜十四事，即有「減滿兵」之請。及海澄、金、廈平，遂請親王班師。疏三上，乃允。而禁旅驅繫男婦二萬餘人以歸，公重賂王，請王令「軍中敢有挈歸良民男女者斬」。而公則以金贖之。凡捐二十餘萬金，悉贖以還民。又請開界復民田墓廬舍，悉降卒仰食者墾其閒曠而列戍於其外，所以安内而攘外也。乃市牛、種給之，而數十年閩人患害無所控告者，悉除之，民始慶更生焉。

施琅者，故鄭氏將。其叔曰施福，菜傭也，芝龍并倚任之。琅夙梟雄，爲鄭經所重，因一倖臣欲殺琅，琅遂來降。初以爲水師提督，疑其貳，召入京，罷水師提督。公與賊相拒海澄，計非水師不能克，請復其軍。因薦琅，不用。及金、廈平，中外無復以臺灣爲事，公獨謀殄滅之。二十年正月，鄭經死，子少，國内亂，因請乘機進取。復以百口保薦琅，朝廷乃使代萬正色，公厚資助之，欲其相輔成功。而琅知鄭氏必亡，乃密疏請獨以師進。二十一年五月，將由銅山蘇尖開洋，乘南風以攻澎湖。公曰：「乘南風，不如北風。蓋澎湖南唯娘媽宮一澳可泊舟，使賊困守未能克，我軍退將無所據。若其北澳甚多，進退俱便。澎湖一下，乘風直擣臺灣，如破竹矣。」且時方夏，颶風不時作，不利，遂不果。二十二年癸亥，琅卒請留公廈門，獨帥師。六月，向澎湖，國軒果守娘媽宮逆戰，殺總兵朱天貴等，將士多戰死。琅敗，漂泊海上，不敢歸。數日颶風不作，而賊黨呂韜等前密受公檄，自臺灣間使招琅。琅復進，海水頓長，遂克澎湖，蓋天幸也。閏六月，國軒以鄭經子舉臺灣降。鄭氏自明末蟠踞海嶠，歷四世六十餘年，經雖敗歸，尚以永曆紀年，至是而明之年號始絶云。

公初晉尚書，子溯洲世職。而公厚養將士，造器甲、火攻戰艦，用間招攜撫順，前後捐金三四十萬，吏部計例應加級至四百有餘，乃加太子少保。及克澎湖，先登陷陣，皆公所養將士；軍資賞賚，出於公者猶十餘萬。臺灣平，琅封靖海將軍、靖海侯，而公不復序，鬱鬱疽發背，即以是年十一月卒。閩人無貴賤老幼，莫不流涕，肖公像祠之。其歸葬也，送者號咷數百里，至今猶祠祭之不衰焉。鄭芝龍之初起也，廈門有浮石，文云「生女滅雞，十億相倚」，人莫能解。及臺灣平，乃知十億，兆也；女兆，姚也；鄭藏酉，酉，雞也；滅雞，滅鄭也。計公之生，鄭氏初起；鄭滅，而公亦卒。是天特以滅鄭氏而生公，而公之生，豈偶然哉！儀以都督僉事充狼山總兵官，後補偏沅，卒於任。耿精忠以福建平，召入京，與諸叛磔於市。韓大任歸公，未幾，亦召入，發旗下披甲，以事鉗縶之，數年始釋。二十八年，噶爾旦入犯，隨大軍出禦，死於陣。

野史氏曰：吾聞姚公之令香山也，幾陷不測；既能官，識者多悲其不遇，而公之志浩然不衰。未幾，遂建殊勳，五年秉節鉞而平海，非氣運所關之人哉！其成功赫赫，烏能或之先也。閩人德之，如周之思召公。蓋其所以造福於閩者，其德甚大而功甚偉。有《閩頌彙編》紀其詳，兹不具載。公姓姚，名啓聖，字熙止，浙之會稽人。生而倜儻，以豪聞。弱冠時，路遇健兒刼一女子行，其翁隨之哭，牽持洶洶。公大怒，即奪健兒佩刀，殺健兒，縱翁與二女子去，而己逃入旗。聖祖登極，公以布衣上疏，請八旗開科，遂舉康熙二年鄉試，宰廣東香山縣。明末，廣東寇災，民税不登，知縣坐負課獄繫者七人。公嘆曰：「明年，增吾爲八矣。」乃張樂置酒，出七人於獄，痛飲之。爲辦裝遣歸，而通牒大府云：「七令名下應追金十七萬，已於某月日收庫訖。」督撫驚，疑公巨富，代償督行善，而不知公故寒士，實未辦作何償也。居亡何，三藩反，天子命康親王南征。公謂其友吳興祚曰：「我罪禍大，非佐王立奇功不得脱。欲説王，非子不可。」吳許諾，乃予金五干，俾通門闌之廝；又陰探王好彈，爲造十萬丸，銀泥封，雜施五采，藉吴獻之。吴亦貌王立，甚口，熟悉八閩阸塞、錢糧兵馬之數。王與語大悦，飛檄廣東，辟公參謀。督撫知爲公所賣，迫於王命，不得已將所虧帑，强海商填庫，而遣公行。

當是時，閩王耿精忠脅鄭經同反。經者，成功之子，據臺灣者也。先一年，其將黄梧以海澄、廈門降。經爲精忠所誘，復煽遺孽據廈門，使其將劉國軒等拒王師。會精忠已爲浙督李之芳所敗，窘乞降。王不許。公請於王曰：「此二賊者，如韓遂、馬超，不離之，卒難破也。請許精忠降而專攻經。」王許之。公招降潮州賊劉進忠、汀州賊韓大任，皆滇逆吴三桂黨也。王嘉其功，奏授温處僉事道，再擢福建布政使。公率子儀攻紫閬山，破之，又擒賊將曾養性於温州。上知公可大用，加兵部侍郎銜，總督福建，以吴興祚爲巡撫。

康熙十七年，海澄公黄芳、世都統穆黑林等戰敗於祖山頭，退保海澄。國軒攻陷之，乘勝取長泰、同安。進圍泉州，再偪漳州。兵號十萬，壁於龍虎、蜈蚣兩山，軍容甚盛。城中兵少，公以五蠟丸檄泉州兵來援，不至。耿精忠悔其降，大慟。將軍賴塔欲棄城走。公曰：「賊驟勝而驕，謂我不能軍也。請不戰以懈之，而出奇以破之。」命閉城門，韜弓卧鼓。忽一日天大霧，公吹篳篥者三。壯士鍾寶等突開城，持長戈先登，而公自率精兵五千繼之。呼聲震天，賊不辨衆寡，自相蹈籍，陣遂亂，自辰至酉，斬首四千，生禽千五百人。國軒敗走。海澄公收復長泰、同安等處，進攻海澄。海澄者，濱海地也，峻而險。賊據之，築塹高數丈，排列艨艟，守金門諸島，密若布棋，相持一年不決。公開修來館招降人，奏設水師提督，練水戰，分遣散兵擾其餉道，賊漸乏食。十八年，吴三桂死，其五鎮將黄靖等相繼來降，經大將朱天貴亦降，賊勢愈蹙。十九年，公會同巡撫吴興祚、提督萬正色水陸進兵，攻海澄，克之。賊逃歸臺灣。

先是，鄭有梟將曰施琅斬經嬖來降，上授水師提督，屢立戰功。公知琅熟悉海道，奏取臺灣非琅不可。又奏鄭經死，子少，國内亂，時不可失。上乃使公與琅同進兵。琅請由銅山蘇尖開洋，乘南風攻澎湖；公欲待北風，直趨臺灣。彼此意不合，各有奏聞。會南潮驟發，舳艫乘疾流偪壓賊壘，被賊圍困。琅駕樓船衝突入圍，公率兵相助。至鹿耳門，門仄水淺，鼓之，舟不得上。賊據高處，曳足觀，揚揚自得。公禱天妃廟借水。明日大戰，颶發，水驟長一丈，舟並行如鳥張翼而上。賊錯愕不知所爲，哭曰：「天也，夫復何言！」國軒與鄭經子克塽面縛反接，以臺灣降。自康熙十三年用兵，至二十二年福建平。天子晉公兵部尚書、太子少保，授琅靖海將軍，封靖海侯。

公身長七尺，白皙，兩目精光四射。手勒奔馬，用弓至二十石。麾下所養奇材劍客，皆能得其死力。臨陣時，應變如神。而性慈，不妄殺戮。先是，閩人困軍供，十室九匱。當事者遷沿海居民於内地，界而圍之，越者死，民多流離。滿兵奴其老稚，鞭箠號呼。公受總督印，即奏滿兵不宜水土，宜撤歸。又奏康王體尊，不宜久暴於外，宜先班師。疏三上，天子報可。兵歸者，猶驅子女北行。公向王涕泣，求下令嚴禁，而私傾家財贖之。凡捐金三十萬，贖所俘二萬餘人還閩中；又請開海界，復民田廬，聽降卒墾荒土，資其生，列戍於外，以防衛之。閩人歡呼祝延，處處肖公像爲生祠。

初，廈門有石文云：「生女滅雞，十億相倚。」人多不解。及臺灣平，或曰：「十億，兆也；加女，姚也。鄭字酉旁，雞也，滅雞，滅鄭也。當芝龍起事時，公始生。傳四世六十年，而爲公滅。公滅鄭之次年，疽發背薨。

《清史列傳》卷八《姚啓聖傳》 姚啓聖，浙江會稽人。順治十六年，附族人籍，隸鑲紅旗漢軍。由康熙二年舉人授廣東香山知縣。八年，以擅開海禁，罷任。

十三年，逆藩耿精忠據福建叛，遣賊衆陷浙江温州府城及台、處二府屬縣。聖祖仁皇帝命康親王傑書統師進討，啓聖捐貲募兵，赴軍前効力。委署諸暨縣，同守備黄河清剿平紫瑯山土賊。十四年正月，康親王疏陳啓聖勞績，得旨授浙江温處道，隨都統拉哈達剿平松陽、宣平二縣。十五年八月，同副都統沃申、總兵陳世凱剿賊石塘，焚其木城，斬獲甚衆，乘勝復雲和縣。十月，康親王進征福建，耿精忠降。

尋以啓聖爲福建布政使。時海賊鄭錦踞漳、泉、興化，大軍進剿。啓聖籌備甲胄、弓矢及戰馬，以備軍用。十七年五月，總督郎廷佐奏啓聖自攜兵千餘，令其子姚儀統領，隨大軍剿賊，屢著捷功。其贍兵、購馬、製械，先後用銀五萬餘兩，皆出己貲。得旨嘉獎。尋擢福建總督。值賊陷海澄、長泰、同安、惠安、平和等縣。啓聖條上十疏：一、請調福寧鎮兵會同八旗兵及浙江提標兵，剿賊泉州，調衢州、贛州、潮州三路兵，剿賊漳州；一、酌給投誠官兵俸餉，以安反側；一、願自捐糧米，增募督標兵五千；一、薦舉浙江賢能文武官二十員，請令赴閩調遣；一、增價糴穀一萬石、米五千石，貯備軍食；一、分兵防守要路，設站運餉；一、請復設漳浦、同安兩鎮總兵官；一、閩省經制兵舊有五萬一千七百餘名，請增設一萬八千名，俟賊平裁撤；一、嚴禁管兵官以厮役冒占兵額；一、申明臨陣勝敗賞罰格，以振軍心。疏下議政王大臣得詳議，惟衢、贛、潮三路兵皆在要地，未便調閩；又既增督標兵，毋庸再廣通省經制額；餘並如所請行。七月，啓聖同海澄公黃芳泰遣兵由永福進，復平和及漳平二縣。

九月，賊帥劉國軒等犯漳州，啓聖同將軍賚塔、都統沃申等率兵進剿，大破賊於蜈蚣山，復長泰縣。敘功，晉正一品階。復遣其子儀率兵抵同安，賊棄城遁，追斬偽副將林欽等。十月，啓聖同副都統吉勒塔布、提督楊捷等敗劉國軒於江東橋，又敗之於潮溝。十八年正月，劉國軒糾黨吴淑、何佑等踞郭塘、歐溪頭，欲斷江東橋，以犯長泰。啓聖同賚塔、楊捷及巡撫吴興祚等遣兵邀擊，大破之，先後招降偽官四百餘員、賊兵一萬四千餘名。五月，劉國軒、吴淑等率賊萬餘，謀奪江東橋、榴山寨，啓聖同賚塔、石調聲擊敗之，至太平橋、潮溝，殺賊千餘。十九年二月，同賚塔、楊捷、石調聲等督兵攻復海澄縣。時提督萬正色先克海壇，啓聖同賚塔及總兵趙得壽、黃大來等分兵七路並進，破賊十九寨；又別遣將弁乘潮渡海，克取金門、廈門，招降偽將軍朱天貴、楊彪等。是年秋，恢復長泰等縣。敘功，晉兵部尚書、太子太保。

二十年四月，左都御史徐元文疏劾之，曰：「啓聖自爲香山縣知縣，穢蹟彰聞，革職提問，永不敘用。祇以逆孽變亂，子身戎行，遂冒軍功，驟致節鉞。正當殫力竭忠，以報恩遇，不謂素性乖張，舉措輕妄，以虛詞爲實事，以乾沒爲己貲。其言欺罔無據，其心險側不平。臣請略舉數端，有大可駭者：大臣官員侵占民利，煌煌嚴禁，而啓聖前者妄請借司庫銀十二萬兩，經營取息，可駭者一；啓聖自陳疏稱家無片瓦，而以臣所聞，啓聖揮霍金錢，不異泥沙，題報軍前捐錢十五萬兩有奇，此銀不從天降，不由地出，謂非剋軍餉、朘民膏，臣不信也，可駭者二；閩省民困已極，啓聖不能加意存撫，乃拆毀民居，築園亭水閣，日役千人，舞女歌兒充牣房闥，又强取長泰縣鄉紳戴璣孫女爲妾，委其兄戴法署教官，物議沸騰，可駭者三；海壇進師，啓聖力爲阻撓，一則曰不敢輕舉喪師辱國，一則曰不敢以封疆爲兒戲，及恢復海壇，繼取金門、廈門，又言當直取臺灣，其始則欲養寇，其繼又欲窮兵，可駭者四；啓聖有卒數萬，與海壇萬餘之賊相持三載，不能成功，乃欲令水師提督統新降之衆，遠涉波濤，以圖萬一之僥倖，繼因詞窮理屈，即自請出師，漫無佈置，始爲是語以塞人口，可駭者五；吴興祚、萬正色平海奏功，啓聖心懷慚恧，詭向侍郎溫岱云：『正色密遣人與偽都督朱天貴約定投誠，隨讓海壇而去。』其言尤爲不根，海壇賊遁之後，朱天貴尚爾狂逞，啓聖疏云：『廈門雖經恢復，而朱天貴實爲後患。』則所云『讓去』者，顯係妄造，臣不知啓聖何心，與驅除海逆者作難如此，可駭者六；總兵封疆大吏，乃因欲行譏譖，長跪部臣之前，失大臣體，可駭者七。兵部據啓聖之言，以爲興祚等冒濫軍功，賴皇上聖明，洞鑒萬里，令即行議敘。自此勞臣吐氣，人心莫不鼓舞。克海賊者既有功，則妒功者自應有罪。總之啓聖恣睢放誕，險詐欺誣，委以封疆，甚非八閩蒼生之福。乞敕部確察嚴議，以爲人臣詭譎行私者戒。」

疏入，命啓聖回奏。尋奏言：「臣於康熙十七年十月進兵至鳳凰山，因一時投誠者甚多，犒賞不繼，與撫臣吴興祚議及外省貿易，頗有微息，前督臣李率泰、經略臣洪承疇曾借資爲之，遂冒昧上疏，未蒙俞允。臣等雖因公起見，然不應以瑣事上瀆宸聰。臣自入仕京中，未有産業，而軍前捐銀十五萬有奇者，香山革職後貿易七年，頗積微貲，併臣浙江祖業變價，及親朋借貸，經年累月，而後有此數。臣視師漳南，於康熙十七年七月巡邊至省，見總督衙門被耿精忠屯偽官兵居住，以致拆毀倒塌。臣因捐貲修整，每日所用匠夫不過數十名，各給口糧工價。棚外有員役搭蓋小房，令其自行拆去。至臣妾數人，俱有子女，年已老大，並無歌兒舞女；强取戴璣孫女，更無其事。教官戴法乃前督臣郎廷相批委者，臣到任時，戴法已署事八月矣。康熙十八年十一月，臣有密陳進剿機宜清字一疏，請水陸各分五路進兵，內稱『轉盼來春南風一起，船隻難行，又須坐守一年，徒費錢糧』。臣彼時尚爾踴躍，豈至次年輒肯遲滯？且撫臣一經拜疏出師，臣即會同將軍楊捷親領弁兵進攻烏嶼、海倉，併十九寨，上下夾攻，以分賊勢。至得廈門之後，即攻臺灣。臣先於十八年九月，有密陳一統規模清字一疏，云：『前得廈門，棄而不守，亦不再攻臺灣，將船隻盡燬，以致海賊復起，我兵無船可用。今託皇上洪福，如得廈門之後，即進剿臺灣，不難破卵覆巢。』是臣欲攻臺灣，始終如一，非既得廈門，方請宜取臺灣也。及十七年九月，臣等大敗海賊於蜈蚣山，實因兵單，不能分取海澄、觀音山等處。至十月中，催各路官兵到漳，而賊已深溝高壘矣。平南將軍臣賚塔、撫臣吴興祚、提臣楊捷及臣等會商，若止於陸路進兵，斷難必勝，決須水陸夾攻。臣百端籌畫，不敢輕舉，貽悞封疆，審有可取之機，方敢上疏自請督師，始爲是言也。侍郎臣溫岱入奏之言，臣得之朱天貴。天貴六月到漳，招撫投誠之說，天貴言之而臣始知之。總之撫臣、提臣拜疏出師，則平賊之首功已定，臣何所容其慚妒乎？溫岱曾云：『總督、提督俱要和衷。』臣因望闕跪誓，不肯負恩，豈能部臣乎？總之，臣任閩三載，雖無妬功之心，實有溺職之罪。伏祈敕部嚴加議處，另簡賢能，庶臣心安而臣心白矣。」疏入，報聞，下部知之。

二十一年二月，敘恢復海澄，克取金門、廈門功，予騎都尉世職，加一雲騎尉。時鄭錦已死，次子克塽仍其僞爵，稱延平王，凡事皆決之劉國軒等。遣人賫書，願稱臣入貢，不薙髮登岸，如琉球、高麗例。啓聖以奏，上不許，諭趣水師提督施琅進征。二十二年六月，施琅擊敗賊衆，取澎湖。八月，啓聖至澎湖，經理糧餉。是月，施琅定臺灣，鄭克塽、劉國軒等皆降。啓聖還福州。十一月，卒，年六十。明年九月，部議啓聖修理船隻、軍械，浮冒帑金四萬七千兩有奇，應追繳。上以啓聖素著勞績，免之。

雜録

備録

《國朝耆獻類徵初編》卷一五九　劉國軒敗澎湖凱旋，琅於海道奏捷，七日抵京師。少保遣飛騎由內地馳報，遲琅二日，琅已先封靖海侯矣。少保生平慷慨仗義，揮金如土；又能恤文人，於各州縣多置學田，以培寒畯。

《新世説》卷二　姚熙之爲福建總督，開海界，復民業，私傾家財，贖難民二萬餘人，閩人肖像祀焉。

姚名啓聖，浙江會稽人。生而倜儻，以豪聞。康熙十七年，總督福建。初，濱海居民輸賦外，又私餉鄭成功，以求免劫掠。當事遂定沿海之界，而內遷其民，越界者死，民多蕩析離居。公請開海界，復民業，聽降卒墾荒，兼收魚鹽蜃蛤利，而分屯列戍以衛之。滿兵北歸，驅子女以行。公涕泣啓康王，令軍中敢攜良民者死，而私傾家財以贖之。凡捐金二十萬兩，贖難民二萬餘人。

備論

《國朝耆獻類徵初編》卷一五九　銘曰：有嬀之後，河嶽降精。其噓爲風，其唾爲霆。東甯小醜，化爲長鯨。藉口故國，以希横行。濤狂霧毒，祝融厭腥。遠竄未僵，終待觀兵。公笑而起，不震不驚。麾以黃鉞，繫以朱纓。舵樓閑閑，風帆盈盈。佽飛桓桓，水犀薨薨。閈使繹繹，降幡繩繩。所鬭者知，豈事力征。天時地利，不爽神明。誰違公言，幾喪其旌。危關失險，一夜潮平。甲螺稽首，百輩來廷。（甲螺，紅夷頭目之名。）莫彼南極，浮石早徵。功成身隕，君子無爭。其不朽者，三受降城。宛委山頭，想見英靈。

李光地部

綜述

《清史列傳》卷一〇《李光地傳》 李光地，福建安溪人。康熙九年進士，改庶吉士，授編修。十二年，充會試同考官，尋以省親乞假歸。

十三年，逆藩耿精忠叛，海賊鄭錦乘虛入泉州，脅耿精忠修好，覬久踞其地。光地奉親避匿山谷間，錦與精忠並遣人誘之降，光地以死固拒。十四年五月，密疏陳破賊機宜，言：「臣自二賊構亂以來，遁迹山谷中。賊遣人延致再三，臣以死固拒，幸未污清節以辱朝廷。然踪迹孱危，尚未知草莽孤臣能再睹天日與否？蟲蟻微命，不敢自惜。惟事機緩急，安危所繫，未嘗不魂飛情切，謹冒險求徹天聽。伏惟八閩疆宇褊小，糧税稀薄，自二賊割據，誅求鞭撲，民間之膏髓無復存者。糧盡兵疲，而賊之勢已窮矣。南來大兵，誠宜以急攻爲主，不可假以歲月，恐生他變。然所謂攻之急者，不可不審也。耿逆方悉力於仙霞、杉關，鄭賊亦并命於漳、潮之界，惟汀州小路與贛州接壤，賊所置守禦不過千百疲卒。竊聞大兵分道南來，皆於賊兵多處盡力鏖戰，而不知出奇以搗其虛，此計之失也。臣度仙霞連浙江，杉關連江西，漳、潮連廣東，此三方者，本地守土之兵自足以控制之。其汀州一路，宜因賊防之疏，選精兵萬人或五六千人，詐爲入廣之兵，道經贛州，遂轉而向汀州，爲程七八日耳。二賊聞急趨救，非月餘不至，則大軍入閩久矣。此所謂避實擊虛，迅雷不及掩耳也。賊方悉兵外拒，内地府、州、縣盡致空虛，大軍果從汀州小路横貫其腹，則三路之賊不戰自潰。且漳州守臣黄芳度嬰城固守，以待大軍，此不可以不急救，而汀、漳相近，接應尤極便易。伏乞密飭領兵官偵諜虛實，隨機取效，仍恐小路崎嶇，更須使鄉兵在大軍之前，步兵又在馬兵之前，庶幾萬全，惟皇上裁決施行。」時道路梗阻，置疏蠟丸中，遣家僮夏澤間道出杉關赴京，因同里内閣學士富鴻基奏入。聖祖仁皇帝諭大學士等曰：「編修李光地不肯從逆，避入山中。具疏遣人前來，密陳地方機宜。具見矢志忠貞，深爲可嘉！下兵部錄其疏，令領兵大臣等知之。」

時廣東叛亂，大兵在江西者阻守贛州、南安，未能入閩；惟在浙江者，屢敗賊兵，由衢州進克仙霞關，遂復建寧、延平，耿精忠乞降。康親王傑書駐師福州，令都統拉哈達、賚塔等進剿海賊，並訪問光地。十六年正月，拉哈達復泉州，知光地離安溪縣七十里，結寨而居，遣人以所奉上諭宣示之，光地往見拉哈達於漳州軍營。拉哈達白之康親王，王以「光地歷遭賊亂，顛沛不渝，矢志爲國，始終不肯從逆，以全名義，應予表揚」。疏聞，下部從優議敍。部議於額外陞爲侍講學士來京任事，遇額缺扣抵。得旨，李光地著於額外陞爲侍讀學士。九月，光地行至福州，丁父憂歸。

十七年閏三月，同安賊蔡寅詭擁明裔，以白布纏頭爲號，結衆萬餘，掠安溪。光地募鄉勇百餘人，扼險防禦，戒諸鄉人毋資賊糧。賊飢困解去。六月，鄭錦之僞總統劉國軒等陷海澄、漳平、同安、惠安等縣，復犯泉州，斷萬安、江東二橋，南北援絶，泉州幾不守。光地使善泅者從水關入，勉慰以堅守無恐，援兵即至；分遣兄弟親戚迎寧海將軍拉哈達、巡撫吴興祚兩路兵。時拉哈達駐師漳州，值江水泛漲，長泰大路阻隔，導之由漳平、安溪小路。光地之叔李日煜率鄉勇百餘，芟闢荆棘，以木接護衝圮窄岸，其溜深馬難涉者，築浮橋以待。光地自出迎十里外，具牛羊雞豚等物，饋勞大軍，又倡率里人輸送米糧。大軍遄行無阻，直達泉州。賊驚駭，竄入海。拉哈達具疏詳述光地志切滅賊、接濟軍需狀，得旨：「李光地當閩省變亂之初，殫竭忠貞。今又遣人迎接大兵，指引道路，修平險隘，搭造浮橋，饋送食物，率領民兵備辦糧米，供給兵丁口糧。矢志滅賊，實心爲國，深爲可嘉！著從優議敍。」尋允部議，授爲學士，服滿赴京，遇缺即補。

十二月，光地疏言：「前者蒙皇上念孤臣三載蒙難之艱，及萬里獻書之悃，閩疆甫定，遽録微臣。臣行至途中而聞訃，銜哀守制，更遭賊亂。臣自知與賊義不俱生，鼓勵宗親毁家紓難。幸而封疆元戎赴援之速，臣親叔日煜率鄉兵百餘人度石珠嶺，迎將軍拉哈達之兵於漳平；親弟光垤、光垠等以鄉兵千人度白鴿嶺，迎巡撫吴興祚之兵於永春。乃將帥仰奉威靈，拯百萬垂危之命，延及臣家，微臣其何功之有哉？伏讀旨意，據將軍拉哈達題敍之疏，授臣學士。俯伏之餘，震懼隕越。以將軍拉哈達率滿、漢萬餘之兵，行朝天、石珠嶺鳥道之險，馬瘏僕痡，千里赴難，推美於臣，而臣儼然遂蒙優敍，典雖至渥，心則何安？又念臣資質蠢愚，了無才藻，獨從少爲《六經》、《性理》章句之學，粗有倫緒。自壬子、癸丑間以翰林編修，簪筆侍從，爾時固已仰承聖訓。每自念此生得以章句末學，執經敷義，少佐高深，此臣之願也。至於館閣學士之職，主於贊畫樞機，分裁文獻，自非老成知軍國大體及有文章聲望者不能稱也。臣年纔三十餘，筮仕日淺，典故未諳，文采不贍，豈宜冒昧而服大僚？近年以來，未有具疏辭官之例；然離職家居，而再次超擢，亦當代僅行之曠典。臣豈敢拘於成格，受爵不讓？況臣在制未終，身猶凶人，不敢服其命服，以拜朝命。伏乞俯允所請，先錄戰守文武紳士之勳，使微臣終制赴闕，仍以講讀之官，仰侍清光，披衍經義，庶微臣無不度德之譏，朝廷有不僭賞之美。」疏入，奉諭：「已有成命，著即祗遵，不必辭。」

十九年八月，至京，諭不必候缺，即任內閣學士。光地奏鄭錦已死，子克塽幼，部下爭權，宜急取之，且言素習海上情形之內大臣施琅可任，上從其言。詳見《施琅傳》。光地又疏言：「耿精忠罪狀顯著，諸王大臣等正在會議渠魁當治，脅從當寬，皇上自有睿裁，無俟微臣置喙。惟是臣舊同官原任編修陳夢雷者，當耿逆之變，家居省會，有七旬父母，不能脫逃。及賊以令箭白刃逼脅伊父，夢雷遂爲所折，勒授編修，固辭觸怒，改降戶曹員外，託病支吾。律以抗節捐軀之義，其罪固不能辭矣。獨其不忘君父之苦心，經臣兩次遣人到省密約，真知確見，有不敢不言者。當耿逆初變，臣遁迹深山，欲得賊中虛實，密報消息。臣叔日煜潛到其家探聽，夢雷涕泣，言隱忍偷生，罪當萬死；然一息尚存，當布散流言，離其將帥，散其人心，庶幾報國家萬一。臣叔回述此語，臣知其心之未喪也。至十四年正月，耿、鄭二賊連和，臣聞國家方行招撫之令，因遣人往約其或勸諭耿逆歸誠，或播流言離間二賊之好，使大兵得乘機進取。夢雷言賊勢空虛，屢欲差人抵江、浙軍前迎請大兵，奈關口盤詰難往，因詳語各路虛實，令歸報臣。此臣密約兩次，知其心實有可原者也。比臣入京，始聞因變亂阻隔，訛傳不一，有逆黨希圖卸擔，信口誣捏者，甚有因藩下僞學士陳昉姓名誤指爲陳夢雷者。今皇上削平叛亂，明正是非，使陳夢雷果爲僞學士，甘心從逆，是狗彘之流，臣雖手刃之市朝，尚有餘恨。今大兵凱旋在即，陳夢雷託病被降情節，親王、將軍一一可問。至兩次受臣密約，皆在患難之中，冒死往來之迹，非容旁人質證。臣若緘密不言，其誰能知之？臣斷不敢爲朋友而欺君父，伏惟睿鑒。」疏下吏部，以陳夢雷歸正後不即赴京，業經革職，寢議。尋法司議磔耿精忠，擬陳夢雷從逆應斬，得旨，從寬免死。

二十一年五月，光地乞假送母回里。二十五年七月，赴京，仍命不必候缺，即任原官。十月，授翰林院掌院學士，充日講起居注官，兼充經筵講官。二十六年正月，教習庶吉士。三月，以母病乞歸省，命懸缺以待。二十七年四月，至京，禮部劾奏光地在途遷延，以三品卿員弗及叩謁孝莊文皇后梓宮，請交吏部議處。吏部議降五級調用，得旨寬免。

初，光地陛辭，奏對，謂侍讀學士德格勒學博文優。踰月，德格勒同尚書陳廷敬、湯斌，侍郎徐乾學等召試乾清宮，上閱卷畢，諭曰：「評論古人易，評論時人難。如德格勒每評論時人學問，朕心不以爲然，故召爾等面試，妍媸優劣，今已判然。人之學問原有一定分量，真僞易明。若徒肆議論，則不自量矣。」未幾，德格勒爲掌院學士庫勒訥以私抹起注事劾罷，論罪。至是，命廷臣詰問光地，光地自咎愚迷妄奏，乞賜處分。上曰：「李光地前奏『德格勒所學甚博，文章甚優，善占《易》卦』。德格勒又稱：『李光地若以總督、提督任用，令同伊母赴任，則來；若於別處任用，必不肯來。』因伊等互相奏陳，欲辨其真僞優劣，特加考試。迨將德格勒治罪，又有稱德格勒被朕左右之人誣陷冤枉坐罪者。今李光地至，朕欲明白此事，故令詢問。據稱德格勒所作之文，全無文氣，甚屬陋劣，應治李光地妄奏之罪。但李光地前爲學士時，凡議事不委曲從人，臺灣之役，衆人皆言不可取，獨李光地以爲必可取，此其所長。除妄奏德格勒外，別無妄奏之處。姑從寬免罪，令仍爲學士。嗣後勿再妄冀外任，並希圖回籍，宜痛加省改，勉力盡職。」

九月，充武會試正考官。二十八年五月，改通政使。十二月，擢兵部右侍郎。三十年二月，充會試副考官。九月，同侍郎博霽、徐廷璽奉命與原任河道總督靳輔往視黃河應修險工。三十一年正月，繪圖還奏。詳見《靳輔傳》。三十三年正月，提督順天學政。四月，聞母喪，得旨：「提督順天學政，關係緊要。李光地特行簡用，著在任守制。」光地疏言：「苫塊餘生，重荷聖恩之厚，聖知之深，敢不以殘喘自效。顧蟲蟻微情，乞給假治喪，往返九月，於本年十二月抵任，并日夜之力，歲、科兩試可以看閱周詳，報竣無誤。」御史沈愷曾、楊敬儒交章論劾，一言：「光地誠以君命爲重，當於三年考畢之後，回籍終制。乃聞其請假九月，即使星夜奔馳，將來歲、科兩試，勢必潦草塞責。況九月以後，親喪未遠，遂忍絳帳錦衣，談笑論文乎？」一言：「皇上作人念殷，故暫爲行權計。然在皇上不妨行權，在大臣必當守經。爲光地者哀籲再三，聖意未有不俯允者。乃竟以治喪九月爲請，方今王道蕩平，屬在武臣，尚許回籍守制，況敎詩說禮之大臣，豈可靦顏充位？」是日，命光地仍遵前旨行。

翼日，給事中彭鵬劾之曰：「光地閔罹母喪，宜哀痛瀝情，得請乃已。然後聖主擇人取士之心，以光地固辭而彌見；光地爲子奔喪之孝，得聖主俞允而益彰。忽以三年之通喪，請爲九月之給假，於禮則悖，於情則乖，於詞則不順。聖德含容，不忍明斥其罪。臣以爲宜留者一，不可留者十。光地由翰林驟躋學士、侍郎，原因蠟丸封表，上達宸聰，完節常經，獨蒙異數。正當借此教育士類，使真才輩出，仰答主恩；而有母訃至，奉旨留任，蓋報稱之心切而哀痛之情微。其宜留者此耳。臣以爲不可留者何？伏讀《上諭十六章》，首曰敦孝弟以重人倫。督學風化之表也，不乞守制而請給假，非所以體《上諭》教孝意也。此光地之不可留者一也。臣前任三河知縣，恭逢太皇太后梓宮經臨，伏見校尉換班，聖躬護視，天顏哀瘠，至念追慕真誠，亘古仁孝，臣民皆當則傚。此光地之不可留者二也。光地與臣同鄉，臣踽踽涼涼，歲一二至。獨聞其母訃，即刻趨弔，聽其號泣，慘若嬰兒，想彼肝腸寸寸斷矣。勉强衡文，必多恍惚。此光地之不可留者三也。先遭閩變，頗矢忠貞，未聞不孝而能忠者也。請假九月之疏出，天下皆議其後，並歎其先。此光地之不可留者四也。弗請守制，清議沸騰。有絶不赴弔者，以談理講道如光地，爲珪爲璋，倏忽瓦裂。此光地之不可留者五也。光地疏稱荷聖知之深，殘喘自効，請假九個月，不誤學差。僉謂九月大功服，談言微刺。此光地之不可留者六也。定例，生童匿喪應試，褫革嚴處。萬一犯者起而詰曰：『侍郎衰絰何至此？』光地何辭以對？此光地之不可留者七也。學校所以教天下之爲臣思忠，爲子思孝，故登其堂曰明倫。光地以不祥之身，儼然而登，奈橋門環視何？此光地之不可留者八也。本年正月，皇上面議諸臣於禮義廉恥難進易退，三申意焉。試問光地今日禮乎，義乎？進退難易之謂何？悖聖訓而失本心。此光地之不可留者九也。度光地之心，必曰『君命也，詎何敢辭』？臣聞宋臣富弼母喪，五起之固辭，且曰：『起復金革之變禮，不可施於平世。』仁宗許之，《綱目》大書以垂訓後世。又宋孝宗起復劉珙，六疏固辭，發明曰：『《綱目》書固辭，予之也。』我皇上堯、舜比隆，教孝教忠，必無有辭之而弗允者矣。此光地之不可留者十也。數日之内，長安道上，無不指光地爲貪位而忘親，司文而喪行，大損其生平。是在皇上神其用、重其罰，加之意而已。」疏入，傳旨詢問。

鵬又疏言：「皇上令光地在任守制，或以此試光地耳。光地深文厚貌，道仁道義，言忠言孝，一試諸此，而生平心術品行，若犀燃鏡照而無遁形。皇上所以留之之意，臣鵬愚戇不能知。使光地而亦不知，貪戀苟且，而姑爲此給假九月之請，外以欺人則爲喪心；若光地而早已自知，詭隨狡詐，而姑爲此給假九月之請，内以欺己則爲挾術。夫爲人子而甘於喪心，爲人臣而敢於挾術，兩者均罪，光地必居一焉。以此赴任不可，以此回籍尤不可。蓋回籍則母死有知，恨其不誠，當必陰阨。而赴任則士生至性，憤其銜恤，誰甘面從？嗟乎，光地當聞命而絶不一辭，則忍於留矣。皇上即罰其忍，使之在京守制，以動其市朝若撻之羞，光地忘通喪而假易以暫則安於久矣。皇上即罰其安，使之離任終喪，以爲道學敗露之恥。臣與光地家居各郡，然皆閩産也。今若此人人切齒，桑梓汗顏。伏乞皇上察光地患得患失之情，破光地若去若就之局，不許赴任，不許回籍。《春秋》誅心，如臣所請。萬一光地依然督學，則光地得售其術，故哀其辭曰：『九月且弗獲命，況三年乎？』而蚩蚩者亦曰：『是欲終之而不可得也。』下售其術，上受其名。臣鵬實拊膺疾首，前疏光地十不可留，如稍有涉私，是責光地以不孝，而先自蹈於不忠。所以跪聽傳旨，一一瀝鳴，以頭搶地，嗚咽而不能自已也。」疏入，與前疏並下九卿議，令光地解任，不准回籍，在京守制。三十五年，服闋，仍命任順天學政。三十六年，授工部左侍郎，留任學政。

三十七年十二月，授直隸巡撫。三十八年二月，奉諭曰：「漳河與滹沱河故道原各自入海，今兩水合流，所以其勢汎濫。可否開通漳河故道引入運河，於運河之東別挑一河，使之赴海，著李光地閱視再奏。」四月，光地疏言：「閱視漳河現分爲三：一支自廣平縣經魏縣、元城縣，至山東館陶縣入衛水歸運；一支俗名老漳河，自山東丘縣東北經南宮等縣，與完固口合流，至鮑家嘴而歸運；一支俗名小漳河，自丘縣西北經廣宗、鉅鹿二縣合於滏河，又經束鹿縣、冀州合於滹沱河。由衛水至獻縣完固口復分爲兩支：小支與老漳河合流至鮑家嘴；大支復經河間、大城、静海三縣入子牙河而歸淀，皆分流入運。其入衛之河與老漳河各有散漫淺平之處，應酌量挑濬。其完固口小支河應築雞嘴壩及攔河壩逼水入河。至静海縣，田地淹没，因向年開廣福樓及閻留二莊之故，若竟堵諸口，又有礙西隄，應俟水退後暫堵，來春水涸，於閻留二莊水出處，挑河築隄，束水歸淀，則静海縣田地不致淹没，而大城等州縣隄岸均無妨礙矣。」詔如所請行。光地尋疏報大名、廣平、真定、河間四府屬州縣凡滹沱河、漳河經流之處，開濬疏通，由館陶入老漳河與單家橋支流合，以分子牙河之勢，至鮑家嘴歸運。又言霸州、永清、宛平、良鄉、固安、高陽、獻縣因疏濬新河，挑挖堆土，共占去民地一百三十九頃有奇，請開除此後錢糧。下部議覆，從其言。

六月，疏言：「通州附近六州縣額設紅剝船六百隻，每船給地十頃，以爲運丁贍養之費。倘遇水旱，收入既寡，豈能常令其修船雇夫，與民地同一被災而未得蠲免？請嗣後視民地一體沾恩蠲免。」下部議不准。得旨：「此紅剝船地畝若遇災傷，著與民地一例蠲免。」三十九年二月，疏言積弊因循，未有甚於虧空者，不可不立法清釐。凡雜項不入奏銷案内錢糧責成盤查上司與正項一例盤查。向例以年終爲限，嗣後應自十一月起，至次年奏銷以前止，果無虧缺，逐項出具保結，否即立行結報。如挪移銀至五千兩以上，或糧米至六千石以上者，擬流不准折贖，及援赦減免，庶知畏威法而倉庫加謹。」疏下部議行。

七月，上以大臣子弟遇科場考試取中者多，詔另編字號，不致妨孤寒進身之路。時給事中滿普、御史鄭維孜各條陳科場積弊，總督郭琇條陳學校弊端，並下九卿等詳議。既定議，命録示光地及總督張鵬翮、郭琇，巡撫彭鵬，諭曰：「四臣皆持行清廉，李光地爲學院時，官聲最好。今閱九卿等所議，果否得當？如何方能除去弊端，永遠可守？各抒己見具奏。」光地疏言：「皇上垂念大臣官員子弟，貪緣倖進，恐妨貧寒之路，特諭另編字號，均數額收。仰見天地無私，不遺側陋，洵足永遠遵守。至點名授卷後，即入號房，不許出號行走，及踰牆混亂，俱應如所議，以塞弊端者也。臣又推廣三條：一、勢要勒收關節，許考官據實出首，即與優陞，則不惟無所懼，而且有所勸，可懾營競者之心；一、貢院牆垣卑矮，巡綽及瞭望守門軍役，無一非受賄傳遞之人，若漫無防檢，勢必收受之卷，半屬假倩，乞敕外簾監試，嗣後務精密嚴肅，盡絕弊竇；一、數科以來，鄉會試場中用儒士八人，以充分卷扣數，填名書榜之役，某卷人某房，既可暗行其奸，而考官聲氣不接者，亦皆此輩往來聯絡之。近經言官論列裁去，部覆未准。臣深知此輩積慣作弊，宜永行革逐，臨期行文各衙門保送繕寫書手應用。此三者科場之事，臣管見所及也。至於學校弊端，九卿議如督臣郭琇所奏，嚴定處分矣，臣亦推廣四條：一、學臣職司文教，遇點差之時，宜經御試，擇其議論有本者差遣；一、教官未選之前，宜令督撫會同學臣考驗，若歲貢之年老目昏及捐納人員之文理不順者，均給銜休致，年未壯者令至三十歲以外再行考驗，其現任人員亦按此會同澄汰；一、生員雖有干己之事，止許子弟家人代告，自賄賣者多，專以爲護身之具，不讀書，無行義，保官告官，抗糧包糧，興滅詞狀，武斷鄉曲，甚至窩盜藏奸，故賄賣生員之弊，不但孤寒爲之不伸，而風俗因以潛壞也。今學臣納賄處分已定嚴例，而生員惡習亦宜懲禁，乞敕禮部推廣舊時臥碑，詳明剴切，作爲誡條，令學校師生恪謹遵守；一、邇來學臣率多苟且從事，致士子荒經蔑古，雖《四書》本經不能記憶成誦，僅讀時文百十篇，剿襲雷同，僥倖終身，殊非國家作養成就之道。前歲旨下學臣，使童子入學，兼用《小學》論一篇，其時幼穉，見聞一新，胸中頓明古義，此以正學誘人之明驗也。然書不熟記，終非己得，宜令學臣於考校之日，有能熟誦經書、《小學》，講解《四書》者，文理粗成，便與録取。如更能成誦三經以至五經者，更與補廩，以示鼓勵，庶幾人崇經學，稍助聖世文明之化。又童生既令熟習《小學》，以端幼志，生員及科場論題專出《孝經》，每重複雷同，似當兼命《性理》、《綱目》，以勵宏通者也。」疏入，仍下九卿等與張鵬翮、郭琇、彭鵬三疏參合定議，鄉試另編官字號，以民卷九、官卷一爲額，論題以《太極圖說》、《通書》、《西銘》、《正蒙》一併命題。餘詳《張鵬翮》、《郭琇》、《彭鵬傳》。

四十二年四月，諭大學士等曰：「李光地自任直隸巡撫以來，每年雨水調順，五穀豐登，官吏兵民無不心服。今吏部尚書缺出，即令補授，仍管直隸巡撫事。」四十三年三月，給事中黃鼎楫、湯右曾、許志進、宋駿業、王原等合疏劾之曰：「去歲直隸報災州縣二十餘處，據巡撫李光地疏内，或稱開倉賑濟，或稱減價平糶，務使民沾實惠。臣等竊計直屬百姓，自必安撫有方，不致流移失所。乃近見河間饑民散入京畿者甚多，我皇上曲軫民依，特令八旗王、貝勒，滿、漢大臣設廠數十處，分行賑濟。光地身爲撫臣，漫無經理，疏内所稱『民沾實惠』，俱屬空言。尤可異者，寧津縣被災更重，流亡更多，荷蒙皇上至聖至明，無微不照，特敕撫臣前往察勘；而光地去歲竟不報災，僅於題參知縣陳大經疏内稱寧津頗有水災，匿重爲輕，並不將被災人民逃散情形據實陳奏。聖恩高厚，不加譴責，復諭光地選賢能官員將河間饑民領還原籍，仍給籽糧，不致仳離失所；而光地目擊流亡，不聞出一籌畫，碌碌素餐，虛文巧飾。若非皇上宵旰憂勤，多方拯救，止恃光地之撫綏，則流散之民不將盡填溝壑乎？光地身膺重任，上荷聖主之殊恩，不能報稱，下視生民之疾苦，罔知拊循。臣等合詞糾參，請嚴加處分，以爲大吏膜視民生之戒。」疏下光地回奏，光地奏：「去歲河間等府屬被水，勘明成災州縣三十餘處，陸續照例題請蠲免錢糧，分別災傷輕重，將倉糧散賑出借；又設立粥廠二十餘處，自去歲十一月起，至今未停，無論遠近饑民、貧民，皆許就食。其流散者，飭地方官分道招令還鄉。臣安敢稍涉懈怠，以負皇上委任？然安集無術，猶有貧民如許散入京城，此臣及地方官之罪，無可辯者也。至寧津地方，先經知縣陳大經以去年大半豐收，僅有低窪一面鄉村被淹，不照例申詳被水輕重，乃以合縣田禾不通算，謂不及成災，竟不通報。及十月中，臣扈駕西巡，由真定回署，路遇天津縣民人，詢知情形，即劾罷陳大經，疏中聲明『寧津頗有水災，而老病廢職，申報不時，撫恤無實』。是臣劾陳大經原因其報災不時，撫恤無實，非專劾其老病。所云『頗有水災』者，亦是臣詢訪所得情形，非敢匿重爲輕也。其時即飭知府及署知縣煮粥賑濟，加意招徠，然人民既不能悉歸本業，致有流移，臣與地方官之罪，又無可辭者也。臣上荷殊恩，不能報稱，誠如科臣所云『乞嚴賜處分』，以儆庸碌，以重畿疆。臣不勝悚惶待罪。」疏入，得旨，不必引咎。光地又奏：「臣謬膺直撫重任，五年之內，恭荷皇上指誨，幸免過愆，並無功績。去年四月，仰荷特恩，補授吏部尚書，仍管直撫事。臣自知非分，夙夜戰兢，果然福極禍生，遂逢災眚。去秋所屬河間等處，遭罹水淹，實臣政無善狀，躬蹈非幾之所致。臣雖極力拯救，而安插無術，以致貧民流移入京，上廑聖懷，不即治臣之罪，諭令委官招回原籍，無廢農務。臣跪讀之下，恭繹聖言，寬大和平，而微臣循省思咎，終宵達旦，愧恨不復欲生。臣本庸才，遭逢恩眄，錫賚迥出尋常。一有罪戾，亦宜從重處分，以爲叨蒙尸位者戒。況六官首職，難以久虛；九列崇班，從無兼領。臣今若懼罪隱忍不言，則厚顔靦面，不獨外無以示吏民，且内無以對妻子。伏乞天恩另簡賢能，補授吏部尚書，使臣落職待罪，効力郊圻，窮思畢精，以贖愆過，庶心稍安而分可盡。」疏入，得旨，如前。尋諭大學士等曰：「李光地居官有何可議？惟常爲門生所誑，或其人口講道學，彼即信之。夫道學豈易言哉？若徒託之空言而無實事，則何益之有？」

八月，御史呂履恒劾奏光地於秋審之事任意斷決，上以光地依律審擬，非任意斷決，命發還呂履恒奏。時給事中王原又劾奏文選司郎中陳汝弼因光地舉薦，由刑部調吏部，初猶矯飾顧名，近則專擅恣縱，有婪贓情弊。下都察院察議，革汝弼職，交刑部鞫訊。刑部定讞，計贓論絞。上曰：「人有薦陳汝弼之賢能者，故朕簡於衆郎中内特授選司郎中。如受賄是實，即置之於法，以爲衆戒。若未經受賄，則應寬之，令再審。」尋覆奏，受賄有據，應立絞。上察知供證非實，下議政大臣、九卿等確核，得刑訊選人逼供行賄狀，命免陳汝弼罪，原審諸臣革降有差。王原以有囑託私書爲汝弼舉首，革職。四十四年六月，光地疏劾革職雲南布政司張霖假稱奉旨，販賣私鹽，得銀百六十餘萬兩。得旨，即令光地審擬，霖論斬，家產入官。十一月，諭吏部曰：「李光地居官甚好，才品俱優。授尚書年久，著陞爲文淵閣大學士。」調河南巡撫趙弘燮爲直隸巡撫。

四十七年十一月，上以廢皇太子允礽狂疾漸愈，欲復立之，命諸大臣集議保奏。尚書王鴻緒附和内大臣阿靈阿等，保奏皇八子允禩，上切責之，諭詢李光地曰：「前召爾入内，曾有陳奏，今日何無一言？」光地奏：「前者皇上問臣廢皇太子病如何醫治，方可全好。臣曾奏言：『徐徐調治，天下之福。』臣未嘗告諸臣也。」四十八年，充會試正考官。四十九年九月，太原總兵馬見伯請御選《武經七書》頒行，上曰：「《武經七書》，朕俱閱過，其書甚雜。所言火攻水戰，皆是虚文。若依其言行之，斷無勝理；且有符咒、占驗、風雲等説，適足啓小人邪心。今日若欲另纂一書，而此時又非修武書之時。」光地奏云：「令習武者讀《左傳》即佳。」上曰：「《左傳》浮誇，昔人曾議之。不若於《武經七書》内分别出題，並以《論語》、《孟子》一并出題也。」五十二年三月，賜千叟宴於暢春園，光地得優賚。

五十四年六月，疏言：「臣前以瘡毒發體乞休，奉諭以内閣老臣彫零，令臣勉加調攝，藥餌食物，賜賚頻仍，枯株敗枿，復得更生。萬壽節後，臣復申前請，又因垂念理學緒微，經書説雜，特加删輯，以惠萬世。《御纂朱子全書》，繼以羣經、《性理》諸編，皆煩聖心裁定。臣所承修，係《易經》、《性理》，猥以淺劣末學，二三年間，荷皇上殷勤指誨，字酌句議，縷析毫分。每一經校正，能使愚蒙頓開。臣上幸先聖前賢之復光，下喜暮年餘生之有覺，是以黽勉從事，忘疾病之在身，知其有重於區區之軀命者，而不敢自愛也。今稟承筆削二書，將次告成。俯念臣年七十有四，古人懸車，於數已過；而且痼疾纏綿，每奏對多失儀節，聖主哀矜，往往令人扶掖，而臣何敢自安乎？又臣父殁於閩亂之時，窆封淺土；臣母之殁，因臣在京守制，久未合祔。十餘年來，臣長子、臣妻、臣媳相繼淪喪；臣孫幼小，未能襄事。臣以草霜風燭之齡，前期不能自料。誠恐臣身已極於寵耀，而泉下未逮乎哀榮。烏犢私情，難免悽惻。故敢瀆懇，允臣休致，庶微臣得遵止足之戒，而稍盡骨肉之恩。伏念人生所難值者太平之世，所難逢者堯舜之君。臣身受特達之知，心迹無間，日聆至精之論，道法親承，則千百年來未有如臣之幸者。臣聞父老扶杖以觀化，葵藿傾葉以向陽。臣之遭時如此，受恩如此，其樂觀熙皥而傾心聖明，曾是野人園花之不如乎？抱誠結戀，雖夢寐不敢忘君，實不獲已而引年求退，伏乞聖主哀而諒之。」疏入，得旨：「卿才品優長，文學素裕，寬宏休容，得大臣之體。自簡任機務以來，恪共清慎，益著勤勞。今雖以老病乞休，朕眷注方殷，何忍允其所請？正資倚毗，共樂昇平。奈泉壤骨肉之分，亦係一生之要事。暫給假二年，事完即來京辦事，以副朕篤念老臣至意。」又賜以詩，有「協恭惟得老成儒，味道經書翊贊謨」之句。

五十六年四月，至京，奉命勘閱大學士王掞等所纂《春秋傳說》及檢討張照等所輯篆字經文。五十七年正月，内閣議上孝惠章皇后尊謚，疏中未書章皇后，部議降二級調用，得旨寬免。五月，卒於官，年七十有七。是時，上駐蹕熱河，諭閣臣曰：「李光地屢經求退，其奏摺已呈覽數次。因大學士王掞患病告假，故暫止其奏。俟王掞到閣時，令其具本奏請，並非李光地貪戀官職，而借以爲名也。前摺衷心畢露，甚是詳明。今覽遺本，因陡染重疾，辭不達意，深可憫悼！」遣恒親王允祺率内大臣、侍衛往奠茶酒，給銀一千兩，令工部尚書徐元夢護其喪。諭部臣曰：「李光地久任講幄，簡任綸扉，謹慎清勤，始終如一。且學問淵博，研究經籍，講求象數，虚心請益。知之最真無有如朕者，知朕亦無有過於李光地者。倚任方殷，忽聞患病溘逝，朕心深爲軫惻！所有應得卹典，該部察例具奏。」賜祭葬如典禮，謚曰文貞。世宗憲皇帝雍正元年，追卹聖祖朝宣力効忠大臣，贈光地太子太傅。十年，入祀賢良祠。

雜録

備録

陳康祺《郎潛紀聞初筆》卷二《李文貞公奪情》 李文貞公光地督學順天時，聞母喪，諭令在任守制。經御史沈愷曾、楊敬儒交章論劾，給事中彭鵬以十不可留爭之。世以文貞理學名儒，宜痛哭力辭，不應僅請給假九月，並有訛傳文貞自請奪情者。康祺按：奪情實出上意，惟考文貞丁父憂時，以與平閩亂功，詔授學士，令其服滿赴京。公疏言：在制未終，身猶凶人，不敢服命服以拜朝命。夫在籍超遷，並未强之視事，所謂服命服者，不過謝恩之一時，公猶以爲不可，豈現任學政，可衰麻臨事耶？感激殊恩，亟於報效，功名之際，如公猶不克自持，危矣哉！

陳康祺《郎潛紀聞初筆》卷九《方侍郎勉李文貞語》 李文貞公光地，以直撫入相，桐城方侍郎苞叩之曰：「自入國朝，以科目躋茲位者，凡幾？」公曰：「屈指得五十餘人。」侍郎曰：「甫六十年而已得五十餘人，則其不足重也明矣，望公更求其可重者。」見《望谿集》。以文貞名儒名相，媲迹臯夔，侍郎猶勉之如此。後之人儻經綸理學不逮文貞萬萬者，復以諛言日至，讜論無聞，或純任權術，或曲謹小廉，依恃寬大，自命賢相，恐鼎折覆餗之譏，不待終日矣，可不危與！

陳康祺《郎潛紀聞二筆》卷二《李文貞之知人》 陳恪勤公鵬年官江甯知府，大著廉聲，爲總督阿山所誣，論死。按：阿山欲增地丁銀耗羨充公費，爲公所持，大恨之。以公嘗逐孽娼，建亭其地，與士民講演聖諭，遂坐以大不敬。一日，聖祖問李文貞公：阿山何如人？對曰：「臣嘗與同僚，廉幹果於任事，其失民心，獨劾陳鵬年一事耳。」遂奉旨召恪勤入京。張清恪公撫江蘇，與總督噶禮互糾，命使往讞，久不決。忽詔罷噶禮職，復清恪官，文貞亦與有力焉。

陳康祺《郎潛紀聞三筆》卷三《李文貞好爲坊社選文》 李文貞公幼工舉子業，好爲坊社選文，嘗自詡其明文前選之精曰：「一鄉一國士子，有能熟於此者，可永免兵水之災。」吾鄉謝山先生痛詆之，謂「相公紙尾之學，所以成中和位育之功者，盡在於此」。言雖太苛，然理學經濟如榕村，乃爰爰以兔園冊子，妄自炫暴，洵不知其命意之何居。

陳康祺《郎潛紀聞三筆》卷三《李文貞密疏甄別歸休之學使》 初，天下黌序皆隸提學道，康熙四十二年始設學政。越十餘年，部議令學使歸休者，悉赴城工效力。時李文貞公方家居，曰賢否同辜，非所以示激厲也，密疏清公之臣若而人，請加分甄。藉是多免役者。

繆荃孫《藝風堂雜鈔》卷三 李光地登第時，熊孝感賜履名甚盛，又得君，時以爲「致太平者必此人也」。熊氣概亦籠罩人，不可遽窺其底裏，後頻造求見，每往必有徐乾學，及見時，又不說及學問；及問所疑，又不答所問，但以明末門户人語胡亂說過。李擬一書稿欲上之，大抵要本於至誠，喜正路人，爲陳夢雷所止而未投，曰：「『不可與言而與之言，失言。』熊老師豈道學耶？又是一路作用耳。」分房後，李即請假。時上問熊選翰林中肯讀書、人品端正者，入内顧問。熊即對以張英、耿願魯及李光地。光地將歸，辭馮益都溥，馮曰：「君將大用矣，何言及此？」叩其故，曰：「今上惟熊清約之言是聽，已薦汝。前日與言命不該讀鼎甲卷，前番被落，及讀君卷又落，熊曰：『老師陋哉！得李某尚何羨狀元哉！雖千狀元不與易也。』馮乃熊教習師。其推重如此。」李求之力，馮曰：「雖然如此，倒底去見清約，畢竟是知己。」因往見之，亦見留。李曰：「某必去有二，而貧猶次之。第一父母老，本意得一第爲支持門户計，初意不殿試，後爲人强勸就殿試，遂入館。夢魂中有一不適，便累日驚疑，精魄消亡。遷延至散館，又分房。已爲忍心害理，必不可復留，一也。老師疏云：『今日借債之人，即他日還債之人。』今門生幸賴同鄉通融，至今尚未借賬，如今歸，尚可爲不曾借債人，二也。思爲朝廷用，亦要些須本領，讀書草草，腹中空虚，如今回讀書十年，再來追隨老師，三也。」熊曰：「士各有志，君決行乎？」曰：「決矣。」曰：「君行意，可也。」李遂歸。

李光地亂後還朝，皇上隆重。予告歸後，徐乾學即很下手結陳夢雷，云：「李本觀望，也使人到本朝，也自己到耿、王處，也通鄭家。幸而本朝成事，他如今就算全節。」至丙寅年再入，徐即以陳夢雷《絶交書》進，上疑團百出。一日，使明珠問光地云：「皇上也不信，但是如此説，汝也曾求仕於耿精忠，有否？」李云：「予於君父前從不敢欺一語。到福州省城，是耿精忠泉州知府王者都逼着去的，不許還家，只得去。予見耿精忠事也多，無暇照管得此事，就託言父親病危，脱身而歸。如責備我既到耿處即當罵賊而死，予則受罪；如説受耿精忠之僞命，實在無此。」明珠回奏上云：「他不過是鄉紳，又無城守之責，何必責他死！所争者受僞命、不受僞命耳。」上意亦解。徐又變出一段話云：「李族衆萬餘，有事時，本有霸王之志，坐觀成敗。其爲人臣，非其本志，故來朝輒去，即在朝與二三同心譏切時政。」上遂各處偵探採訪，而不得其踪跡，至久方歇。

徐又力託施琅搜李君居家事密奏，施曰：「渠薦我成功，而我害之，不祥。且渠亦無可指者。」後因齋戒，劉子端一日步月中庭，酒後慨然語李曰：「不知老先生如此爲人，何以人必欲殺之而後快！亦不必指其人。老先生一到京，勢已解；未至時，合朝皆爲君危，罷官何足道，皆身家性命干係！」李問其狀，曰：「有人叫敝衙門動本，郭華野不肯，學生家人送本稿還在。我既不知君，但耿逆變時，君之志節人所知者。誤參一好人，子輩終身之累，豈肯爲此！」李問：「何事？」曰：「何必言，自然是捏造，豈患無詞！」

張羲山來京語李曰：「大治幾回促予參君，言是内出意；予知其語亦不創自大治，亦曾熟思之，不獨不肖爲；唐朝彝兩參，幽沉海底，已無天日之望，得君爲上一語回春，百日重陰，頃刻開霽。自到官二三年，即秉節鉞。無論張羲山是有血性男子，如此舉動，狗彘不食其餘！況參君何事？君居家又不與人訟事，又不强霸人産，又不説事得財，勢必假造款件。君立朝即有不好，非巡撫所得參者，必是耿逆變時守節不固、與賊通氣之事，捏詞成案。君之功具有檔案、抄報，不是傳聞私語。上即怒君，未必見疏即置君於法，畢竟差大人審問，且上親鞫亦或有之。我既出疏，是爲原告，一原一被，此是則彼非，此非則彼是。仇君者縣在一壁以觀成敗，而我與君好友而爲死敵，殊無謂也。且勝負未可知，事皆虚捏，只恐君之勝分數還多些哩！予雖愚，愚不至此！」因大笑。

戊辰入京，李由掌院左遷通政，不久即轉兵部侍郎。不久工部尚書缺出，上亦有回心，而衛既齊、陸隴其事起，牽李入。上曰：「蠻子那有一個好人！罷了，索性放一漢軍。」因放高爾位。後又稍解，而衛既齊流黑龍江，又牽李入好黨籍矣。上問明珠曰：「衛既齊發遣，『道學』亦怕否？」亦不言「道學」爲誰。

議河工事，上忽令李光地前，曰：「聞德格勒説，汝欲另挑一河，何處可另挑？」曰：「德格勒好亂説。臣不過説靳輔新開的河若不淤塞沖決，糧船行可免一百里風波之險，何嘗説欲另挑一河？」上問：「即此河麽？」曰：「是。」又問：「下河如何？」曰：「臣不曾經那地方，不能遥度。據靳輔説，海底高于内地，一開恐反倒灌；孫在豐等又説，外低内高。這非至其地打水秤，實難得其高低之形，不能定也。」問黄河，奏曰：「這就看天了。」纔説這一句，上便點頭曰：「這是黄河！只看天意。」蓋靳輔是時終日以「黄河汹險者，以淮水、山東水、本身西來之水，一若一水發，無事；兩水發，或可支；三水並發，恐難保全」爲言，予不知適合此説，故上一聞之輒喜。退班，羣相噪曰：「李某之對皆稱旨。」徐愈急，嘗搆愈緊矣。

備論

《國朝耆獻類徵初編》卷七〇 榕村在聖祖、世宗《實録》中應有傳，外間未之得見，然《實録》亦不甚詳於學術也。榕村之學術，即其相業可以想見。儻謂其能推崇朱子，足接墜緒，則檮昧無知之言也已。榕村於明儒中稍立門户者，皆加力詆。其於同里尤詬石齋，具見其《語録》中。其從弟廣卿嘗爲述其言曰：「石齋之人則經也，其書則緯也。」予笑而答曰：「君家相公之書，其貌則經者，其人則純乎緯者也。」廣卿失色而去。榕村又言：「石齋雖遭大用，豈足靖天下之亂？」予謂石齋風節有餘，幹略誠然不足。但榕村承耆之久，所以補天下之治者幾何？以是詬石齋，得無有目而不見其睫者乎？榕村大節爲當世所共指，萬無可逃者。其初年則賣友，中年則奪情，暮年則居然以外婦之子來歸，足稱三案。大儒固如是乎？賣友一案，閩人述之過於狼籍。雖或未必然，而要其曖昧之心跡，至不能自白於清議，則亦約略有慚德矣。奪情一案，有爲之辨者，謂前此崑山徐尚書深妬榕村之進，用讒於聖祖。言雖不遽信，然深被廉察，由院長左遷匭使，故榕村懼甚，不敢更乞歸。但崑山雖忮愚，謂聖祖之時不應有此，恐出榕村文過之口。外婦之子，其一以遊蕩隕命京師，其一來歸承祧。何學士義門，其弟子也，亦歎曰：「學道人乃有是，其餘則未易殫述。」吾鄉陳大理心齋嘗令漳浦，以爲所苦莫如相門子弟，應接不暇。故予嘗謂石齋之學即萬不如榕村之醇，而似此數者，則閩中三尺童子有以信石齋之不爲，斯則榕村有所不及也。雖然，此猶以其躬行言之。即以其經術論，惟律呂、曆算、音韻頗稱有得，其餘亦不足道。而以籌算言圖書，則支離之甚者。言互體更謬，不合古法。榕村自夸其明文前選之精，曰：「一鄉一國士子有能熟於此者，可以永免兵火之災。」嗚呼！相公紙尾之學，所以成中和位育之功者，盡在於此，然則固免園制舉之本領耳。晚而取歐羅巴國之技術，自夸絕學，以爲是月窟天根之祕也，石齋恐不免嗤其笑矣。近日耳食之徒，震於其門牆之盛，爭依附其學統，殊爲可悲。愚故不禁其嘵嘵焉。

湯斌部

綜述

《漢名臣傳》卷三《湯斌列傳》 湯斌，河南睢州人。母趙氏，明末流賊陷州城，殉節死。父祖契挈斌避兵，流寓浙江衢州。世祖章皇帝順治二年，大兵定江南、江西，斌隨其父還里。九年，舉進士，由庶吉士授國史院檢討。十二年二月，應詔陳言請廣搜野乘遺書，以修《明史》。且言《宋史》修於元至正，特傳文天祥之忠；《元史》修於明洪武，亦著巴顏布哈之義。我朝順治元二年間，前明諸臣亦有抗節不屈、臨危致命者，與叛逆不同，宜令纂修諸臣勿事瞻顧，昭示綱常於萬世。下所司，大學士馮銓、金之俊等謂斌奬抗遺之人，擬旨嚴飭。世祖特詔斌至南苑，温諭移時。九月，諭吏部曰：翰林官員讀書中秘，習知法度，且能以學問爲經濟，助登上理。兹朕親行裁定十八員，皆品行清端、才猷贍裕，各照外轉應得職銜陞一級用。於是，斌爲陝西潼關兵備道。十六年，調江西嶺北道。甫至任，流賊鄭成功犯江寧，陰遣賊黨至贛州，流言煽誘，僞通海侯李玉庭踞雩都山寨，詐約降，覘伺南安無備，謀陷城。斌廉得成功奸細，白巡撫蘇宏祖斬之。又請移兵守南安，玉庭果來犯，見有備卻走，遊擊洪起元追逐數月，乃就擒。斌以父老乞休歸里，尋丁憂，既服闋，聞容城孫奇逢講學夏峯，往受其業。

聖祖仁皇帝康熙十七年，詔舉博學鴻儒，尚書魏象樞薦斌學有淵源，躬行實踐；副都御史金鋐薦斌文詞淹雅，品行端醇。召試一等，授翰林院侍講，同編修彭孫遹等纂修《明史》。二十年，充日講起居注官、浙江鄉試正考官，轉侍讀。明年，爲《明史》總裁官，並纂修太宗文皇帝、世祖章皇帝《聖訓》，遷左春坊左庶子。二十三年二月，擢内閣學士，充《大清會典》副總裁官。時江寧巡撫余國柱内遷左都御史，調湖廣巡撫王新命代之，新命旋遷兩江總督。六月，九卿等會推學士孫在豐、浙江布政使石琳堪任江寧巡撫。上諭大學士曰：「所貴道學者，在身體力行，見諸實事，非徒託之空言。今有道學名者甚多，考其究竟，言行皆悖。朕聞學士湯斌曾與孫奇逢講明道學，頗有定行，前典試浙江，操守甚善，可補授江寧巡撫。」斌瀕行，上諭曰：「以爾久侍講筵，老成端謹，江蘇爲東南重地，故特簡用。居官以正風俗爲先。江蘇風俗奢侈浮華，爾其加意化導，移風易俗，非日夕事，從容漸摩，使之改心易慮，當有成效。錢糧歷年不清，督撫所奏錢穀、刑名大事多有舛錯，爾能潔己率屬，自然改觀。」賜御書三、鞍馬一、表裏十、銀五百兩。十月，上南巡至蘇州，諭斌曰：「向聞吳閶繁盛，今觀其風土，大略尚虚華、安佚樂，逐末者多，力田者寡，遂至家鮮蓋藏，人情澆薄，爾當使之去奢返樸，事事務本，庶幾家給人足，可挽頽風。朕欲周知地方風俗，小民生計，有事巡行，凡日用所需皆自内府儲備，秋毫不取之民間，恐不肖官吏借端妄派，以致擾民。爾其嚴察劾奏。」駕至江寧，諭斌回署治事，賜御書及狐腋蟒服。

初余國柱任巡撫，奏言淮揚二府屬水淹涸出者，令次年徵輸額賦。至是，斌以遣員履勘，仍然水淹，即涸出者亦未耕種奏入，部議令再勘，斌仍以實奏，事乃寢。二十四年四月，疏言蘇、松等府賦額繁重，康熙十八年以來積逋，若同時並徵，民力不能兼完，知縣催科，鮮敲撲不毀，請于二十四年起分年帶征，俾官無挪新補舊之弊，民無廢棄農桑之苦。疏下部議行。是年秋，淮、揚、徐三府復水，斌條列蠲賑事宜以聞，請發帑五萬兩，糴米湖廣，先借所屬知縣倉穀散給。又言災地百姓餬口無資，恐入冬飢寒，兼迫流亡者多，臣與漕臣徐旭齡、河臣靳輔定議，二臣就近分董淮安賑務，臣即至清河、桃源、宿遷、邳、豐諸州縣察賑。上命户部侍郎素赫往助督賑，俾災民咸就撫輯。斌先後奏劾蘇州知府趙禄星、揚州知府張萬壽、句容知縣陳協濬、宜興知縣蔡司霑、如皋知縣盧綖、睢寧知縣葛之英、江都知縣劉濤、金壇知縣劉茂位等貪酷劣蹟，並褫革勘治。常州知府祖進朝以失察屬吏降調，斌奏留之，部議不准。得旨，祖進朝既經巡撫湯斌保奏清廉，可從所請，仍留原任，以勸廉吏。時吏部行取知縣爲御史，斌疏：官行取定例，必錢糧胥完，而蘇州、松江二府賦重役繁甲於天下，銓選得此，輒謂遷擢難期，頹然自放，或竟罔顧官箴。臣受任巡撫，首以察吏安民爲念，徧告屬員，聖上知人之明出自天授，苟能潔己愛民，決不至久沉下位。故一時守令爭自濯磨，操守廉潔、政績表著者，實不乏人，然錢糧則萬萬不能十分全完。蓋勢處其難，智勇才力俱困。今若拘成例，勢必以僻壤小邑易於藏拙者塞責，未足以光鉅典。惟吳縣知縣劉滋、吳江知縣郭琇廉能最著，乞俯准行取，以勵循良，俾繁劇與兩邑相符者亦知有登進階，相率奮勉。疏下部議，以二員俱有錢糧未完案格於例。得旨，劉滋、郭琇，湯斌既稱爲廉能最著，准其行取。

二十五年三月，斌疏言：吳中風俗尚氣節，重文章，而佻巧者每作淫詞艷曲壞人心術，蚩愚之民斂財聚會，迎神賽社，一旛之值至數百金，婦女有遊冶之習，靚妝艷服，連袂寺院，無賴少年習學拳勇，輕生好鬭，名爲「打降」。臣嚴加訓飭，委曲告誡，一年以來，寺院無婦女之遊，迎神罷會，艷曲絶編，打降斂迹。惟妖邪巫覡，習爲怪誕之說，愚民爲其所惑，牢不可破。蘇州府城西上方山有五通淫祠，幾數百年，遠近之人奔走如鶩，牲牢酒醴之饗，歌舞笙簧之聲，無時間歇。諺謂其山曰肉山，其下石湖曰酒海。凡少年婦女有寒熱症者，巫覡輒曰五通將娶。爲婦病者神魂失據，往往羸瘵而死，每歲常至數十家，視河伯娶婦爲更甚。臣多方禁之，其風稍息。比因臣勘災至淮，乘隙益肆猖獗，臣遂收妖像，木偶付之烈炬，土偶投之深淵，檄行有司，類此者盡撤燬之，其材備修學宮、葺城垣之用。民始而駭，以爲從前曾有官長鋭意革除，旋即遇祟而死，皆爲臣危之，數月之後見無他異，始大悟往日之非。然吳中巫覡最黠且悍，恐臣去任後又造怪誕之説，箕斂貲財，更議興復，請賜特旨嚴禁，勒石山巔，庶可永絶根株。疏上，得旨：淫詞惑衆誣民，有關風化，如所請，勒石嚴禁。直隸及各省有似此者，一体飭遵。

先是廷臣有言，輔導皇太子之任非斌不可者。於是，上諭吏部曰：「自古帝王諭教太子，必簡和平謹恪之臣，統領宫僚，專資贊導。江寧巡撫湯斌在講筵時素行謹慎，朕所稔知，及簡任巡撫以來，潔己率屬，實心任事，允宜拔擢大用，風示有位，特授爲禮部尚書，管詹事府事。」閏四月，斌至，諭曰：「天下官有才者不少，操守清廉者不多，見爾前陛辭時，言平日不敢自欺，今在江蘇克踐前言，朕用嘉悦，故行超擢，爾其勉之。」初河臣靳輔與按察于成龍論河工事，久未決，命尚書薩穆哈、穆成額往會斌勘議。斌謂宜濬高郵、實應諸州縣下河，俾積水漸歸於海，開一尺有一尺之益，開一丈有一丈之益。薩穆哈等因靳輔欲於下河築隄，束水入海，還奏開濬無益，至是上詢斌。斌以前議對上詰問，薩穆哈、穆成額各語塞，遂褫其職，特遣侍郎孫在豐督濬下河，如斌議。尋充經筵講官。時始設太子講官，以斌與詹事尹泰、郭棻、少詹事舒淑、中允閻世緺、贊善黄與堅充之，斌疏薦侯補道耿介，賦質剛方，踐履篤寔，潛心經傳，學有淵源，雖年逾六旬，精力尚健，乞徵取引見，以備録用。上遂授介爲少詹事，命斌與介輔導太子。

二十六年五月，因不雨，詔臣工直言得失。靈臺郎董漢臣，以諭教元良、慎簡宰執奏，御史陶式玉劾漢臣摭拾浮泛之事，誇大其詞，欺世盜名，請逮繫嚴鞫。疏下，内閣集九卿議，有欲重罪漢臣者，尋奉特旨免議。而余國柱時爲大學士，以斌當九卿會議時有慚對董漢臣之語，傳旨詰問。斌奏：「董漢臣以諭教爲言，而臣忝長宫僚，動違典禮，負疚寔多。」上以詞多含糊，令再回奏。斌言：「臣資性愚昧，前奉綸音，一時惶怖，罔知所措，本欲自陳愆過，致語多牽混，罪何可辭。臣自念供奉以來，並無正經善言，足以仰助萬一，而臣動違典禮，循省自慙。年來衰病侵尋，愆過叢積，乞賜嚴加處分，以警溺職。」上因其遮飾具奏，仍不明晰，降旨嚴飭之。左都御史璙丹、王鴻緒，副都御史徐元珙、鄭重等劾斌。奉諭申飭，不痛自引咎，並追論其於蘇州去任時巧飾文告，沽名干譽。會耿介以疾乞休，詹事尹泰、少詹事舒淑、開音布、翁淑元劾介僥倖求去，寔無痼疾；并劾斌妄薦如尸之人。吏部尚書達哈塔疏言：臣奉命輔導東宫，數日之内負罪寔多，以湯斌、耿介不能當其任，況庸陋如臣，乞准解退。疏並下部察議，斌、介、達哈塔俱應革職。上命斌與達哈塔仍留任。

九月，改工部尚書，未幾疾作，遣太醫診視。十月，卒，年六十，有一遺疏入。遣大臣奠茶酒。諭曰：「湯斌任巡撫時，廉以自守，特加擢用，忽聞溘逝，深軫朕懷。」命由驛還櫬。下部議卹，部臣以斌曾降七級回奏。奉特旨，仍如尚書例予祭葬，後祀陝西、江西、江南名宦。世宗憲皇帝雍正十年，詔入賢良祠。今上乾隆元年，賜謚文正。所著有《洛學編》、《潛菴語録》、詩文諸集。

《碑傳集》卷一六耿介《湯潛庵先生斌傳》 湯斌，字孔伯，號潛庵，河南睢州人。生而穎異，自幼不好嬉戲。八九歲時有耆儒王獲嘉開塾，講小學，人皆憚其嚴正，公獨侍坐終日無倦容，歸即見諸躬行，人皆異之曰：「此子真大器也。」平日讀書外，無他嗜。家貧乏書，嘗借人書，篝火讀達旦，率以爲常。年十六，就傅北郭外，值流寇薄州城，公冒難赴父母急，至則城已陷，太夫人罵賊死，公號泣不欲生，絶食者數日。贈公諭以有己在，强之乃食，避亂河北。既而南至三衢，讀書山中，每念太夫人貞烈，恐不聞於世，益自刻勵。嘗中夜大哭，哭已復讀，山中人皆感動。亂定後，始北歸。順治戊子，舉於鄉。己丑，會試中式。壬辰，成進士，授翰林院庶吉士。邸舍蕭然，不蔽風雨，每入館，一僕一馬，簞瓢蔬食。坐一室，竟日讀書，不妄交遊。於文藝外，即沈潛《易》理，究心聖賢之學。【略】

丙寅春，皇太子將出閣，上諭吏部：「自古帝王諭教太子，必簡和平謹恪之臣，專資贊導，江寧巡撫湯斌在經筵時，素行謹慎，朕所稔知，及簡任巡撫以來，潔己率屬，實心任事，允宜拔擢大用，風示有位。」特授禮部尚書，掌詹事府事。聞召命即行，蘇城及外郡之民送者十餘萬人。兼程北上，比入見，上温語慰勞之,因問沿途所見,以鳳陽、徐州饑荒對。上即遣官往賑,活者無算。尋充經筵講官。上特命行坐講禮,復總裁《明史》。與會議,遇大事,上必使人問湯斌云何。一日上幸海淀,命公輔導皇太子,公具疏辭,奉旨,令回奏。尋改工部尚書,詣潞河勘水回,一夕,卒。上聞,遣學士以茶酒賜奠,命馳驛回籍,照尚書品級,賜祭葬。

雜録

備録

《國朝學案小識》卷三《睢州湯先生》 先生諱斌,字孔伯,號荆峴,晚號潛庵,歷官工部尚書。少不好弄,稍長益勵於學。於書無不讀,而尤好習宋諸大儒書,嘗謂宋以前儒者患不知道,今諸儒之説備矣,苟好學深思,人人可得,第患不力行耳。今雖横説豎説,何曾一語出古人範圍。言愈多而道愈晦,語愈精而行愈僞。孔子辨爲己、爲人,於訥言敏行,三致意焉,真救世良方也。欲摘周、程、張、朱五先生要語,爲後學津梁。謂於此精思而力行之,雖爲聖人無難。所摘雖未就,意固有在矣。其《蘇州府儒學碑記》有曰:「國家興治化,在正人心;而正人心,在崇經術。漢儒專門名家,師説相承,當詩書煨燼之餘,儀文器數之目、删定傳授之旨猶存什一於千百,且其時選舉不以詞章,通經學古之士皆得上聞朝廷,定大議,斷大疑,博士據經以對,故其時士大夫勇於自立,無苟簡之心,孝弟廉讓之行,更衰亂而不變,此重經之效也。其後虛無寂滅之説盛,聲律駢儷之習工,而經學荒矣。宋濂、洛、關、閩諸大儒出,闡天人性道之源流,故天下知性不外乎仁義禮智,而虛無寂滅非性也。道不外乎人倫日用,而功利詞章非道也。所謂得六經之精微,而繼孔孟之絶學,又豈漢以後諸儒所可及歟?《宋史》道學、儒林釐爲二傳,蓋以周、程、張、朱繼往開來,其師友淵源不可與諸儒等耳。而道學、經學自此分矣。夫所謂道學者,六經、四書之旨體驗於心,躬行而有得之謂也,非經書之外更有不傳之遺學也。故離經書而言道,此異端之所謂道也。外身心而言經,此俗儒之所謂經也。宗洙泗而禰洛閩,人心之所以正也。外家柱史而尸天竺,世道之所以衰也。今聖朝尊禮,先聖表章正學,士子宜知所趨向矣。吾恐朝廷以實求,而士子終以名應也。苟無鶩乎其名,而致力於其實,則亦曰躬行而已矣。故學者必先明義利之界,謹誠僞之關,則貧富貴賤之非道不處不去,必劃然也。造次顛沛死生、禍福之間,不可移易者,必確然也。毋爲枉尺直尋之事,毋作捷徑苟得之謀,寧拙毋巧,寧樸毋華,寧方毋圓。戒懼慎獨之功,無時可間。子、臣、弟、友之職,不敢不勉。不愧於大廷,亦不愧於屋漏。如此,則發爲議論,自能息邪距詖,而鄉愿、楊墨之教不得騁也。出爲政事,自能尊王黜霸,而管、商、申、韓之政不得施也。其斯爲真經學,其斯爲真道學也已。否則,剽竊浮華,苟爲譁世取寵之具,講論、踐履析爲二事,即誦説先儒世道,亦何賴乎。」又《嵩陽書院記》有曰:「《中庸》之博學,將以篤行也。顔子之博文,將以約禮也。《大易》之窮理,將盡性而至命也。《大學》之格物,將以修齊治平也。今滯事物以爲窮理,未免沉溺迹象,既支離而無本;離事物而言致知,又近於墮聰黜明,亦虛空而鮮實。學路久迷,習染日深,偶爾虛見,未爲真得,非默識本體,誠敬存之,綿綿密密,不貳不息,前聖心傳何能會通無間?故曰:『苟不至德至道不凝焉。』嗚呼,豈易言哉。觀此,則先生之言之教專主程朱無疑也。或謂其《上孫徵君書》及《答諸懷葛張仲誠顧亭林等書》皆以陽明與朱子並論,而《志學會約》有致良知爲聖學真脈之語。蓋先生師事蘇門,初不欲顯違其師若友,而及其久而悔,學而成也,則純乎程朱矣。」其《答陸清獻書》曰:「竊嘗汎濫諸家,妄有論説,其後學稍進,心稍細,甚悔之。反復審擇,知程朱爲儒之正宗。欲求孔孟之道,而不由程朱,猶航斷港絶潢,而望至於海也,必不可得矣。故所學雖未能望程朱之門牆,而不敢有他途之歸。若夫姚江之學,嘉隆以來幾徧天下,近年有一二巨公倡言排之,不遺餘力,姚江之學遂衰,可謂有功於程朱矣。僕之不敢詆斥姚江者,非篤信姚江之學也,非博長厚之譽也。以爲欲明程朱之道者,當心程朱之心,學程朱之學,窮理必極其精,居敬必極其至,喜怒哀樂必求中節,視聽言動必求合禮,子臣弟友必求盡分。久之,人心咸孚,聲應自衆。即篤信陽明者亦曉然知聖學之有真也,而翻然從之。僕已衰暮,學不加進,實深自愧,惟願默自體勘,求不愧先賢,或天稍假以年,果有所見,然後徐出數言,以就正海内君子未晚,此時正未敢漫然附和也。」今天下真爲程朱之學者,舍先生其誰歸,故僕將奉大教爲指南焉。是則先生不主陽明可知矣。而後之稱先生者,乃謂其初用陽明良知之言,以立根脚。陽明頓悟,何根脚之有。不細讀先生之遺稿,而妄加指議,先生有知，未必受其誣也。先生與朋友講習，以相觀而善爲主，未嘗立有宗旨，爲人指授。晚在經筵，志存啓沃，雖有撰述，惟求所以發明聖賢指趣，感格兩宮聽聞，齋祓悚惕，未敢一言出於矜炫也。

《國朝詩人徵略》卷二 湯斌，字孔伯，號潛菴，河南睢州人。順治九年進士。康熙十八年，召試博學鴻詞。官至工部尚書，謚文正，有《潛菴集》。斌在國初與陸隴其俱號醇儒，隴其之學篤守程朱，其攻擊陸王不遺餘力；斌之學源出容城孫奇逢，其根柢在姚江，而能持新安、金谿之平，大旨主於刻勵實行，以講求實用，無王學杳冥放蕩之弊。故二人異趣而同歸。今集中所載語録，可以見其所得力。又斌雖平生講學，而康熙己未召試實以詞科入翰林，故集中詩賦，雜文亦皆彬彬典雅，無村塾鄙俚之氣。至其奏議諸篇，規畫周密，條析詳明，尤昭昭在人耳目。蓋其著述之富，雖不及陸隴其，而有體有用，則斌尤通達於治體云。（《四庫提要》）

順治十二年，公應詔陳言，請廣搜先代遺書及明代死難諸君事蹟，以修《明史》。秋以公爲潼關兵備道，于是設保甲，行鄉約，建義倉，立社學。十六年，調江西嶺北道，李玉廷以萬人入雩都山爲寇，公度玉廷且犯南安，即移兵爲備。玉廷至，却走之。復請兵分守要害，扼其去路，數月玉廷就禽。尋移疾歸里。丁父憂，服除，謁夏峰孫徵君，受其學。公論學，首嚴義利之辨，故在官無取于屬吏。又嘗論官無尊卑，爲一官即盡一職，以是行于己，亦以是勉于人。又嘗論學以躬行心得爲本，若黨同伐異，終日喧呶，自以爲閑道闢邪，不知其去道日遠。康熙十七年，詔舉博學鴻儒，魏敏果公薦公。十八年，召試一等，授翰林院侍講。二十一年，直經筵，公爲講官，務積誠以動上。嘗言：「君心正則天下治，爲講官須于此處着力。」二十三年，擢内閣學士，兼禮部侍郎。河南災，閣臣議遣官往勘。公曰：「使者所至，苛擾實甚，不如令有司自勘良便。」已而河南果畏勘災諱者過半。六月，補授江寧巡撫，至則革耗羨，禁私派，清漕政，汰蠹役，行保甲，革鹽商匣費，所部肅然。蘇松向苦賦重，積欠甚多。公奏免淮揚水淹地賦，請緩蘇松積欠爲分年帶征。又極陳蘇松浮糧之困，請量行酌減。公自奉澹泊，治文書常至四鼓。或勸少休，慨然曰：「君命即天命也，敢自暇逸乎？」居二年，吏治日清，民俗丕變。二十五年春，以公爲禮部尚書。公去蘇，士民遮塞衢道，不得行。二十六年五月，不雨，靈臺郎董漢臣上書，極論時事，語侵執政。御史陶式玉劾漢臣欺世盜名，請遽治下。内閣九卿議，公曰：「彼應詔言事爾，何罪？且大臣不言，小臣言之，我輩當自省。」九月，改工部尚書。十月，屬有興作，度材通州，歸，得寒疾，夜半氣逆上，遂卒。臨終戒子溥曰：「孟子言乍見孺子，皆有怵惕惻隱之心，汝等當養此真心。真心時時發見，久之可上達天德。」卒，年六十一。（《二林居集》）

道光三年，奉旨從祀孔子廟庭。（《松心日録》）上官諭湯侍讀斌令進所著詩文，且蒙召對。中有《王守仁論》一篇，上閲之，問湯意云何，湯因對以守仁致良知之説與朱子不相剌謬，且言守仁直節豐功，不獨理學。上首肯曰：「朕意亦如此。」（《池北偶談》）

陸清獻宗朱子，且謂必黜陽明而後學術可一，湯文正不以爲然。然文正非宗陽明也，文正答清獻書有云：「程朱爲吾儒之正宗，欲求孔孟之道而不由程朱，猶航斷港絶潢而望至於海也。」又云：「陽明詆毁朱子，陽明之大罪過也，於朱子何損？今人功業、文章未能望陽明之萬一，而止效其罪過，何益之有？故某不敢詆斥陽明者，非篤信陽明之學也，以爲欲明程朱之道者，當心程朱之心，學程朱之學。若曰能嫚罵者即程朱之徒，非某所敢信也。」觀此則文正亦宗朱子，但不欲人詆毁陽明耳。（《松心日録》）

陳康祺《郎潛紀聞初筆》卷五《湯文正薦陸在新》 長洲陸明府在新，爲諸生時，敦尚氣節，刻苦自厲。彭山築屋，躬耕讀書，以孝廉爲松江教授。齋規方雅，屏絶贄幣。湯文正公撫吴，察其廉勤，以卓異薦。是歲江南七府一州，諸長吏登啓事者，僅君一人，故事未有也。既入都，聖祖召見，賜蟒服，遷廬陵知縣，大著聲績，世稱文正之知人。

陳康祺《郎潛紀聞初筆》卷一〇《湯文正票主鎮壓五通神》 崇明縣學兩廡先儒中，湯文正公票主，時有疏闕。蓋五通神爲祟，民間被祟之家，輒將公票主私自移請供奉，則其祟自絶。見俞氏《耳郵録》。按：公撫吴時，禁絶淫祀，驅攘左道，當時淫昏遁形，或以海外爲淵藪。而數百年後，精靈灝氣，猶復赫赫如斯，吁，可敬也。

陳康祺《郎潛紀聞初筆》卷一二 康熙朝，翁尚書叔元受枋臣指，劾睢州湯文正公。長洲何義門上書請削門生籍，吾鄉姜西溟亦移文責之，一日傳徧京師。按：是時叔元方隆隆炎炎，何、姜皆沈阨未遇，非讀書養氣，那得如許風骨。

陳康祺《郎潛紀聞二筆》卷八《湯文正之禮賢》 湯文正公撫蘇，步訪徐枋，世謂枋避而不見，余既於一筆辨之矣。公任潼關道副使時，朝邑雷子霖以理學顯，公治事之暇，時造其廬，以誌景慕。攷後漢陳蕃守豫章，禮下徐穉；守樂安日，亦特設一榻，以待周璆。自來賢者涖官，固無不以訪隱求賢爲汲汲也。

陳康祺《郎潛紀聞二筆》卷八《湯文正遺事（三則）》 湯文正赴嶺北道任，僱一贏載襆被出關去，及移疾受代，衣物了無所增。

湯文正之奏革淫祀，投五通神像於湖中，世多紀之。先是上方山民掘地得碑，其文曰：「肉山酒海，遇湯而敗。」可知淫昏氣燄，必待正人得位而始衰，亦早有定數也。

湯文正內召去蘇，其夫人乘輿出，有敗絮墮其輿前，老少見者爲泣下。至京，貧益甚，賃居委巷，禦寒只一羊裘。冬月入朝，衛士識與不識，咸目之曰：「此羊裘者，即湯尚書矣。」先義行公最喜談于清端、陸清獻及文正遺事，嘗訓康祺曰：「清儉非必皆名臣，名臣未有不清儉。」客曰：「儻家本殷富，入官必勉學寒素，亦似矯情。」先公曰：「褕衣珍食，聲色狗馬，其人本不宜官，若自奉厚薄，原可各行其素，但不可有意求精。蓋於日用嗜好中多用一分心，必於民生國計上少用一分心，此即不肯清儉之病也。」不肖爲外吏不遠矣，世守先疇，勢未能如掘門窮巷之夫，過自嗇苦。惟於有意求精四字，庭誥在耳，豈忍背之，豫約妻孥，同遵彝訓。

陳康祺《郎潛紀聞三筆》卷二《湯文正之清廉》 湯文正公撫吴，日給惟菜韭。一日閱簿，見某日市隻雞，愕問曰：「誰市雞者？」僕叩頭曰：「公子。」公怒，立召公子跽庭下而責之曰：「汝謂蘇州雞賤如河南邪？汝思啖雞，便歸去，惡有士不嚼菜根而能自立者？」并笞其僕而遣之。公生日，薦紳知公絶饋遺，惟製屏爲壽，公辭焉。啟曰：「汪琬撰文在上。」公命録以入，仍返其屏。內擢去蘇，敝簏數肩，不增於舊，惟廿一史則吴中物，公指謂祖行諸公曰：「吴中價廉，故市之，然頗累馬力。」當時輿評，謂清興以來，八座之中一人而已。

陳康祺《郎潛紀聞三筆》卷八《湯文正得吴民三湯之稱》 湯文正公撫吴，民間有三湯之目：曰豆腐湯，曰黄連湯，曰人蔘湯。謂其清苦而有益元氣也，見《湯子遺書》。

備論

《國朝耆獻類徵初編》卷四八 猗湯屢遷，肇興睢陽，逮公之身，彌久益昌。爲國純臣，爲世儒碩，道禰洛閩，志宗稷益。維吾世祖，拔公妙年，起家內院，付以大藩。翩然引身，潛蟄閭里。世祖儲之，遺我聖子。入登侍從，出拊江淮。帝念疲氓，往哉汝諧。再期政成，遽蒙前席。遘彼含沙，伏機以射，何交之泰，而命之邅。屢習於坎，出險斯艱。風雨露雷，罔非帝德，帝心簡在，甯虞叵測。生榮歿哀，公奚憾焉。天可必乎，人定勝天。黄岡之邱，不騫不圮。瘞是銘詩，以竢良史。

右墓誌銘，汪琬撰。

《國朝名臣言行録》卷四 公忠孝性成，篤志聖學，反躬實踐，不慕高遠。或勸著書，曰：學貴日新，今日之所是，異日未必不以爲非，何敢妄作？《洛學編》

道光三年奉旨：原任尚書湯斌學問精醇，順治年閒有旨褒其品行清端，康熙年閒有旨稱其老成端謹。至其政績卓著，廣興教化，舉善懲貪，興利除弊。其他奏議忠告，讜論剴切，詳明正色，立朝始終一轍。所學主於堅苦自持，事事講求實用，著書立説深醇篤實、中正和平，洵能昌明正學，遠契心傳。著從祀文廟，以崇實學而闡幽光。陸言《政學録初稟》

鄭瑞《政學録初稿》卷四 公剛毅介直，篤志聖學，潛修默證，內體諸心，外見諸行事，平易確實。其於性命之淵微，造化之精奧，無所不探，而一以誠正爲本。於古今之治忽，事機之得失，無所不綜，而一以忠孝爲先。明於審理，而不顧利害；循分自盡，而不希名譽；因事善處，而不拘成見；見義勇爲，而不計後功。雖遇盤錯處患難，而當機立斷，神閒氣定，如在事外，所謂得時措之宜者也。《堯峯文鈔》、《中州道學編》

公之用心可謂公而篤矣。其內省也密，故未嘗騖於外；其自任也重，故未嘗足於中；其仁於民物也誠，故其出也上孚而下應；其服習於天德也熟，故歷夷險盡常變灑然而不繫，安然而不遷。古之所謂大人者，非公其誰與。《二林居集》

昭槤《嘯亭雜録》卷三 湯文正公斌撫吴時，以清介自勵，敦厚風化，其下屬有貪酷者，皆善爲勸勉，其不改者，始以法懲之。郭總憲琇時任吴江令，以貪黷聞，公檄至省，教以貞廉。郭曰：「琇所以貪酷者，以供前任某撫軍之慾故也。今公既以清廉自矢，請寬一月之期，如聲名猶若昔，請公立置典刑可也。」歸自洗其堂廡，曰：「前令郭琇已死，今來者又一郭琇也。」其政治爲之一變。公首薦於朝，後卒爲名臣。徐中允汧既殉明節，其子俟齋昭法不仕本朝，隱於支硎山中。

公重其品，屏除騶從，徒步訪之。侯齋辭以疾，公徘徊門外，久之始延入，待以粗糲，公爲之醉飽，時人兩賢之。仁皇帝初南巡，公引駕自盤門入，以爲吴郡中最冷落者，曰：「無得使上知吴奢蕩，有損聖德。」又請免漕糧數十百石，吴民至今感之。時納蘭太傅明珠掌朝柄，前撫軍某，歲以萬金餽之，以爲常，公終年不投一刺，明銜之。會立東宮，明告仁皇帝曰：「前星春秋方盛，不可不以正人導之，如湯某其選也。」仁皇帝允其言，遂召公以尚書銜守詹事府事，入輔東宫。公素嚴正，入朝多所建白，人争疾之。嘗待漏朝房，衆方促膝歡語，見公至，皆鳥獸散，終日無一人對語者，公笑謂人曰：「吾今入啞人國矣！」明猶恚怨不釋，命翁尚書叔元明章劾之，上知其忠，故優容之。一日赴黄木廠查木歸，晚猶健飯如常，次早卒然薨，人以爲明遣人陰酖之也。乾隆中，特旨追謚文正。

錢泳《履園叢話》卷一《明哲保身》 湯潛庵先生撫蘇時，嘗詣東林講學。有邑紳某，曾委蛇閹逆而脱歸者，于座講明哲保身之義，縷縷不絶。潛庵厲聲云：「比干諫而死，亦是明哲保身。」邑紳面發赤，無地可入。然先生實不知其舊事也。

龔煒《巢林筆談續編》卷下《陸湯聖學》 平湖嘗言，予得《孟子》「好辯」章意，潛庵得「反經」章意。二公於聖學，並不亞於孟，覺湯公持論尤醇。

靳輔部

綜述

《清史列傳》卷八《靳輔傳》　靳輔，漢軍鑲黄旗人。父應選，官通政使司參議。輔由官學生，於順治九年考授國史院編修。十五年，改内閣中書。尋遷兵部員外郎。聖祖仁皇帝康熙元年，遷郎中。七年，遷通政使司右通政。明年，擢國史院學士，充纂修《世祖章皇帝實録》副總裁官。九年十月，改内閣學士。十年六月，授安徽巡撫。十一年四月，奏臨淮、靈璧二縣虛報開墾田四千六百餘頃，應請旨豁免田糧，從之。

十三年，逆藩吴三桂、耿精忠分寇江西，煽誘饒州弁兵從逆。上詔輔增兵接壤防守，輔尋遣兵會剿，擒斬歙縣賊宋鏢等。十五年二月，疏言：「户、兵二部因軍需浩繁，令裁驛站經費。臣以爲欲省經費，宜先除糜費。在外諸臣，非要務，勿專差齎奏，則火牌糜費節省十之八；京差官員，酌量併減，即解餉解鞘，沿途自有官兵護送，亦止需部差一員，則勘合糜費節省十之三。嚴禁各員役横索騷擾，則節省無名之費更多。安徽所屬站額銀二十六萬兩有奇，以十分之四科之，歲省十萬餘兩。通天下計之，每歲所節當不下百餘萬，可以裕軍餉，甦驛困。」得旨：「驛遞繁苦，皆由差員横索騷擾，著嚴行飭禁。」下部詳議，如所奏，定爲例。是年，疏報存留各屬損腳等項銀十一萬七千餘兩，節省驛站銀十二萬九千餘兩。得旨：「靳輔節省存留驛站各項錢糧，爲數甚多，具見實心任事。」下部議敍，加兵部尚書銜。

十六年二月，授河道總督。七月，疏言：「黄河之水裹沙而行，水合則流急，而沙隨水去；水分則流緩，沙停河底日高。故全賴各處清水並力助刷，始能奔趨歸海而無滯。歸仁一隄，原以障睢水，及水涸，邱家、白鹿諸湖水不使侵淮，且令小河口、白洋河入黄刷沙。自順治十六年歸仁隄潰，淮、湖諸水侵淮，不復入黄刷沙。黄水從小河口、白洋河二處逆灌，積沙漸成陸地。康熙六、七年間，王家營、邢家口潰，而黄水不由雲梯關入海；古溝、翟家壩潰，而淮水不赴清口會黄。十五年，高家堰、清水潭、爛泥淺皆潰，而運道益淤，徐州以下黄流緩弱散漫，而河底益高矣。謹以大修事宜，分列八疏：一曰取土築隄，使河寬深。清江浦歷雲梯關至海口，河身泥淤，須於兩旁離水三丈，各挑引河一道，面闊八丈，底闊二丈，深一丈二尺，即以掘取之土，高築隄岸。堤底七丈，面闊三丈，高一丈二尺，則黄、淮下注，中央既有舊存一二十丈河身，左右又各有八丈新鑿之河，所存舊隄，薄僅三丈，一經三面夾攻，自可盡行刷去。新舊之河合而爲一，河身寬至四十丈，深至二丈，可以漸復舊觀。其夫役，請並令山東、河南協募。二曰開清口及爛泥淺引河，使得引淮刷黄。三曰加築高家堰隄岸。蓋欲堵決口，不先修築殘隄，恐水將尋隙奔潰，而石工費甚浩繁，板工不能耐久。伏思水性至柔，乘風則剛，其板石諸工率皆陡峻，故怒濤撞擊，潰即隨之。惟遇坦坡，及平漫而上，順縮而下，隄制水而不抗水，雖經大水乘風，高低不虞激潰。今於隄外近湖之處，挑土幫築坦坡。每隄高一丈，築坦坡五丈，即有舊存椿木，亦聽其埋於土内，以爲隄骨，夯杵堅實，密布草根、草子於其上，俟其茂長，則土益堅、隄益固。四曰周橋閘至翟家壩共三十二里，原衝支河九道，及決口三十四處，須次第堵塞。臣驗各處埽工，率用柳枝、蘆草，費大而不能經久。伏思剋水者土也，當求束土禦水之法。改埽工爲蒲包裹土，麻繩綑紮而填之，則費省而工亦堅固。五曰深挑清口至清水潭二百三十里運道。所挑之土，俱傾於東西兩隄外，即以幫築西隄坦坡，增培東隄堅厚。六曰令淮、揚田按上中下三則，每畝納修河銀三錢至二錢有差，商船來往淮、揚兩關，納剥淺銀，一年以米豆每石二分、貨物每斤四分爲率。七曰裁南河、中河、北河、通惠四分司，就近歸道員管理。裁管河同知，山清、安海、宿桃三缺，改併山盱、歸仁、邳宿三員，以專責成。八曰按里設兵，畫隄分守。暇則栽柳蓄草，添土幫隄，每月乘濬船下鐵埽帚，刷河底淤沙，督率員弁，嚴立課程，用期久遠。」疏下王大臣議，以軍務未竣，大修募夫甚多，宜暫停，上命輔熟籌。

輔復申前奏，唯運土用夫，請改爲車運，遂皆如所請，詔發帑興工。輔乃開通清口、爛泥淺引河四道，濬清江浦至雲梯關外河身，創築束水隄一萬八千餘丈，塞王家岡、武家墩、高家堰諸決口。河隄外加築縷隄及格隄，徐州、宿遷築淺水壩十三座，其壩東西寬十二丈，南北長十八丈六尺，中立磯心六座，兩旁俱用石牆，土内密釘排樁，灌以漿灰，上鋪石板，聯以鐵錠。每壩一座，共成七洞，每洞各寬一丈八尺，計其洩水之地共十二丈六尺。清水潭舊堤衝潰，輔爲棄深就淺，計築西隄九百二十餘丈，東隄六百餘丈，更挑新河長八百四十丈，奏改名永安河。又以甘羅城西運口，黃流內灌，易致停淤，自新莊閘西南挑濬至太平壩，又至文華寺挑濬至七里閘，復轉而西南，亦接至太平壩，因達爛泥淺，去淮、黃交會之地約十里，計閱兩月工竣。先是，漕船由駱馬湖行八十餘里，始抵窯灣，夏秋則盛漲，冬春則水涸，重運多阻。輔於湖旁疏濬皁河故道，上接泇河通運。二十年三月，以大修已越三年，黃河未盡歸故道，自請議處，部議革職，得旨留任督修。

二十一年五月，上遣尚書伊桑阿、侍郎宋文運等閱工，並以候補布政使崔維雅隨往，因具奏上《河防芻議》、《兩河治略》二書，及條列二十四事，欲更改輔所行減水壩諸法也。十月，伊桑阿等還奏：「靳輔建議大修，已用帑銀二百五十餘萬兩。今蕭家渡決口未堵，宿遷、沭陽等處田地淹沒，黃河不歸故道，其言固難盡信。崔維雅改議修築，亦未必成功。」輔疏言：「河工次第告竣，海口大闢，下流疏通，腹心之患已除，蕭家渡決口堵塞亦易，不宜有所更張。」因詳辨維雅陳二十四事不可行。並下廷議，工部尚書薩穆哈等請令輔賠修決口，上曰：「修治河工所需錢糧甚多，靳輔果能賠修耶？如必令賠修，萬一貽誤漕運，奈何？朕思治淮尚易，黃河身高於岸，施工甚難。崔維雅條奏二十四款，朕初覽時似有可取；及覽靳輔回奏，崔維雅所奏誠無可行者。」因召輔來京。十一月，輔至，奏：「蕭家渡決口，明年正月可塞。崔維雅所議挑河，每日用夫四十萬，築堤以十二丈爲準，斷不可行。」上是之，特旨寬免賠修，決口仍給帑堵築。二十二年四月，疏報蕭家渡工成，河歸故道，請修七里溝險汛、天妃壩、王公堤等閘座；又請增開封、歸德隄工，以防上流壅滯。諭曰：「河道關係國計民生，最爲緊要。今聞河流得歸故道，深爲可喜！以後益宜嚴毖，勿致疏防。」十二月，詔復原職。

二十三年十月，上南巡閱河，諭輔曰：「朕觀高家堰地勢高於寶應、高郵數倍，前人於此築石隄障水，實爲淮、揚屏蔽，且使洪澤湖與淮水併力敵黃，衝刷淤沙，關係最重。今高家堰舊口及周橋、翟壩修築雖久，仍須歲歲防護，不可輕視，以隳前功。」又諭曰：「數年以來，治河著有成效，黽勉盡力，朕已悉知。此後當益加勉勵，早告成功，使百姓各安舊業，庶不負朕委任至意。」因御書《閱河隄詩》賜之。二十四年正月，疏請添建黃河南岸毛城鋪減水閘一、王家山十八里屯減水閘三、北岸大谷山減水閘二，以保徐州上流隄工；並於歸仁隄添建石壩二，攔馬河及清河運口各添建石閘一。九月，疏言：「勘閱河南隄岸考城、儀封、陽武三縣應幫築隄工七千八百七十九丈，封丘縣荆隆口應築大月隄三百三十丈，滎澤縣應修築埽工二百一十丈，以防上流異漲；並請增設蘭陽、儀封、滎澤河員，免開封、歸德二府居民採辦青柳。」事下部議，俱從之。

是時，上念高郵、寶應諸州縣湖水泛溢，民田被淹，命安徽按察使于成龍經理海口及下河事宜，仍聽輔節制。輔疏言：「下河卑於海潮五尺，疏海口則引潮內侵，大不便。請自高郵城東車邏鎮築長隄二，歷興化白駒場至海口，束所洩之水入海。隄內涸出田畝，丈量還民；其餘田招民屯墾，以抵經費。」廷議如所奏，召輔及于成龍進京。成龍力主開濬海口故道，輔仍議築長隄高一丈五尺，束水敵海潮。大學士九卿俱從輔議，通政使參議成其範、給事中王又旦、御史錢鈺從成龍議。時寶應人侍讀喬萊奏輔議非是，乃命尚書薩穆哈等往勘視，尋以開海口無益回奏。會江寧巡撫湯斌入爲尚書，奏下河宜疏濬，上命侍郎孫在豐往董其事。

二十六年七月，詔詢下河田疇，何策可紓水患。輔疏言：「宋、元以前，高郵、寶應諸湖原皆田疇。臣前堵築清水潭，深挑兩隄中間河底，有宋、元舊錢及甎井石街，其爲民居可證。蓋黃河在宋、元時雖南侵，而尚未全徙。至明代始絕北流，南奪淮渠以入海，致淮水壅不得下，清河縣之洪澤村漫淹而爲洪澤湖，又從高家堰、翟家壩旁流，東注爲高郵、寶應諸湖。自此永不復田疇之舊，且爲患於下河矣。臣屢經測驗，運河隄頂，卑於高家堰隄頂一丈有奇。故減水壩之建，在堰隄可洩水一千方，在運隄則便可洩水一千二百方。所以歷七年之久，三遭大漲而運隄安然無恙。運隄所洩之水，以下河爲壑，下河之東即大海，濬海口似可紓水患。然自清江浦南行三百餘里，至江都縣之茱萸灣，折而東百餘里至泰州，又百餘里至海安鎮，折而北即范公隄。沿隄而行，歷安豐、東臺、河垛、丁溪、白駒、劉莊等場，計二百餘里而抵鹽城縣，北行百餘里而至廟灣場，折而西百餘里爲蘇家嘴，又百餘里仍回清江浦，計程千里有奇。惟廟灣、天妃、石硅三口向係洩水入海之處，必登舟過渡，餘皆可以馳馬之路。其卑處於周圍馬路中者，南北三百餘里，東西二百餘里，形如釜底，止就釜底挑挖，陡增釜底之深。當淮流盛漲，高堰洩水洶湧而來，仍不能救民田之淹沒。臣與幕友陳潢反復曲籌，杜患於流，不若杜患於源。高家堰之隄外，直東爲下河，東北爲清口，當自翟家壩起，歷唐埂、古溝、周橋閘、高良澗、高家堰築重隄一道，約高一丈七八尺至二丈不等，長一萬六千丈，需費七十九萬五千兩。此工一成，束堰隄減下之水，使北出清口，則洪澤湖之水不復東淹下河，其下河十餘萬頃之地，可變成沃產；而高、寶諸湖俱可涸出田畝數千頃，招人屯墾，可以裕河庫。且高堰原爲最險之工，增此隄則長年保護。洪澤湖廣闊非常，一遇風起，多覆舟沉溺，行此隄內之河，則避湖險而就安流，有便於商民者甚大。至臣幕友陳潢前逢聖駕閱工，臣以姓名上達宸聰，其間興工之委由，及將來竣工，非陳潢協力區畫不可。念臣垂老多病，萬一即填溝壑，或病臥不能馳驅，則繼臣司河者，仍必得陳潢在幕佐之，庶不歧誤。此臣十年以來之血誠，欲吐而未敢者。今據實陳明，非僅居功蔽賢之念不忍萌，即引嫌避忌之私亦不敢計。」疏下廷議，如所請，並賜陳潢僉事道銜。

時于成龍任直隸巡撫，詔以輔疏示詢成龍，成龍言下河宜開，重隄不宜築。上遣尚書佛倫、侍郎熊一瀟，給事中達奇納、趙吉士與總督董訥、總漕慕天顔會勘。天顔、在豐議與輔相左，佛倫等以應從輔議還奏，仍下九卿會議。二十七年正月，御史郭琇疏言：「海宇昇平，萬邦底定，宵旰殷憂，時切如傷之念者，止一綫黃河與淮、揚等州縣昏墊之黎民耳。皇上委任河臣靳輔，靳輔則聽命於幕客陳潢。如果洪水歸洋，狂瀾永息，猶得有辭。乃今日議築隄，明日議挑濬，糜費帑金數百萬，終無底止之期。今日題河道，明日題河廳，以朝廷爵位爲私恩，從未聞有得人之效。又復攘奪民田，妄稱屯墾，取米麥越境貨賣。皇上以下河爲必可開，而靳輔百計阻撓，欲令功垂成而終止。且屯田一事，皇上洞知其累民，會勘諸臣亦知其累民，則靳輔、陳潢之罪，瞭如指掌矣。陳潢爲靳輔營一家之謀，於國計民生全無裨益。忌功之念重，圖利之心堅，真國之蠹而民之讐也。監司、僉事何等尊貴，豈容一介小人冒濫名器，以快靳輔酬報私情？宜即斥革，敕部嚴加處分，另簡大臣之清廉敏練者，整理河務，庶成功可奏，生靈永利矣。」疏下九卿查議。二月，給事中劉楷疏言：「河工道廳至雜職百十餘員，題補之權總歸河臣。使其虛己求才，果能奏安瀾之效，猶且不可久擅用人大權，乃在在保舉，及至任事，漫無寸功，惟見每歲報衝決而已。嗣後大小河官，應仍由吏部選補。」御史陸祖修疏言：「皇上每遇緊要政事，令九卿會議，期於衆論僉同，至嘗不易。無奈河臣靳輔身雖在外，而呼吸甚靈，九卿中贊決異同者不過三四人，皆左袒河臣，不顧公議。如屯田一事，悉依戶部尚書佛倫等所奏具稿，箝衆人之口。伏思民間地畝，各處例有准則起科，並無額外多餘之理。直隸巡撫于成龍審事湖廣將還，倘蒙親詢其間利病根由、情弊始末，可救東南七州縣昏墊之民命，省內府幾百萬糜費之金錢。河臣積惡已盈，中外人心總望睿斷罷斥，萬勿議

勞使過，以重遲回。昔帝舜殛鯀，以其逆水之性也。今兼有屯田害民之事，去一靳輔，天下萬世仰賴聖明，無踰此矣！」時慕天顔、孫在豐亦疏論屯田累民及輔阻撓下河開濬事，詔俟于成龍至，會議一併嚴察。

輔尋得請入覲，先疏論于成龍、慕天顔、孫在豐朋謀陷害，又自辯：「受命治河之日，正當兩河壞極之時。自碭山以抵海口，南北兩岸決口七八十處，高家堰決口三十四處，翟家壩成河九道，清水潭久潰，下河七州縣一望汪洋，清口運河變爲陸地。臣晝夜奔馳，先堵高家堰，淮水方出清口；旋堵清水潭，挑挖運河，改移運口，迄今永遠深通。其向來行運之駱馬湖淤淺，不能行舟，臣創開皁河，漕艘無阻，久蒙聖鑒。至濬築經費，方臣未任之初，曾特遣部臣勘估，計六百萬兩。臣任事後，苦心節省，自徐州起直抵海口，兩岸隄工，並高家堰、清水潭及前所未估之新開皁河，堵塞楊家莊，修築歸仁隄，改移運口，止用帑二百五十一萬兩。又蕭家渡衝決時，蒙賜帑一百二十萬兩，今一概加修竣工，統計所用，僅及前此部臣估計之半。而臺臣郭琇則曰『糜費帑金數百萬，營一家之計』，不知何所見而誣臣至此極也？其曰『題道廳未聞得人』，則河員原因慎重河務，必由河臣保題，定例已久，非自臣始。其曰『奪田屯墾』，則臣絕不以納糧之民田，分釐入屯。其曰『越境賣麥』，則臣原以變價還部題明。其曰『陳潢小人，冒濫名器』，則陳潢之蒙恩，實出鼓勵人才之特典，以言冒濫，臣不知何所指？且詆之爲小人，則因于成龍久與結拜弟兄慕天顔頻與宴好殷勤，孫在豐亦與親密異常者也。自康熙二十二年兩河歸故，運道通行，而郭琇必以洪水狂瀾罪臣，科臣劉楷曰『惟見每歲報衝決』，臺臣陸祖修曰『逆水之性』，又謂『清丈隱占非額外多餘地畝』。蓋郭琇與孫在豐爲庚戌科同年，陸祖修爲諸生時，拜慕天顔爲師，又係孫在豐教習門生，劉楷、陸祖修己未科同年，並江南人，與隱占田畝者，無非桑梓親戚年誼之契，故彼呼此應，協力陷臣。慕天顔與孫在豐結婚姻，因于成龍倡開海口之議，故必欲附成龍以攻臣而助在豐，兼奪臣任。夫河臣之職，與督撫不同。督撫統攝地方諸務，稍一興利除弊，易以見德。河臣頻年奔走河濱，以挑築爲務，上費帑金，下役民力，最易招尤致謗；而臣之負謗，更因屯田之清丈隱占。隱占田畝，唯山陽最多，有京田、時田之分。時田一畝納一畝之糧，係小民之業；京田四畝納一畝之糧，皆勢豪之業。臣清丈沭陽、海州、宿遷、桃源、清河五屬，得二百萬畝，至山陽則終不能丈，以山陽鄉紳多也。臣不顧衆怒，致讎謗沸騰，使中傷臣者，更得以借口。然臣任事十餘年，凡雇夫挑築，買辦物料，皆給發

現銀，雖准、揚各屬隱占田畝諸人怨臣至深者，亦不能指摘也。伏念河工一事，成之甚難，壞之甚易。自康熙六年兩河潰決，歷經數河臣，治之十餘年，終無一效。臣受任之初，羣議蜂起，百計阻撓，賴皇上不惜帑金，兼授方略，兩河得以復故。正須綢繆善後，而諸臣合計交攻，必欲陷臣殺臣而後已，全不顧運道民生大計。當此衆口鑠金之際，即皇上欲終始保全，無如諸臣朋謀陷網之密布。倘蒙聖駕再巡，親閱隄工，更命重臣清丈隱占地畝，則臣與諸臣之是非、功罪立分。臣身負重劾，萬死一生，幸得入覲，恐天威咫尺，不得盡吐所欲陳，謹繕疏密奏。」疏入，上諭閣臣曰：「近因靳輔被劾，議論其過者甚多。靳輔若不陳辯朕前，復何所控告耶？此疏並下九卿察議。」

三月，上御乾清門，命輔與于成龍、郭琇各陳所見。于成龍言海口必應開濬，郭琇言屯田奪民產業，上曰：「屯田之事，因取民餘田，小民實皆嗟怨。靳輔當亦無可置辯。」輔奏：「向者河旁田畝，盡被水淹。臣任事後，將決口堵閉，兩岸築隄，河流故道，無有衝決之患。數年水淹之田，盡皆涸出。臣以民間原納租稅之額田，給與本主，其餘丈出之田，作爲屯田，抵補河工所用錢糧。因屬吏奉行不善，民怨是實，臣無可辯，唯候處分。」上曰：「各省民田未有不溢於納糧之額者，若以餘田作屯，豈不大擾民乎？屯田不行，無可復議。至下河作何開濬，重隄應否停築，九卿等公同詳酌確議。」尋允九卿議停築重隄，革輔職，以福建浙江總督王新命代之。陳潢革僉事道銜。

初，漕船出清口入黃河，行二百里，始抵張莊運口。輔奏於清河縣西仲家莊建閘，上自宿遷、桃源、清河三縣黃河北岸，遥接二隄内加挑中河一道，俾漕船既出清口，截流徑渡北岸，避黃河一百八十里之險溜，由仲家莊閘内進中河，歷皁河、泇河北上。及工竣，學士開音布、侍衛馬武往勘，還奏中河商賈舟行不絶，漕運可通。上諭廷臣曰：「前于成龍奏云：『靳輔開中河無益，反爲民累，河道已大壞。』今開音布等往勘，則云：『數年以來，河道未嘗衝決，漕艘亦未有誤。』謂靳輔治河全無裨益，微獨靳輔不服，朕亦不愜於心矣。若王新命順從于成龍之說，將原修工程盡行更改，是各懷私忿，必致貽誤河工。」乃命尚書張玉書、圖納等往勘確議，還奏：「河身漸次刷深，黃水迅溜入海。其已建閘壩隄埽及已濬引河，並應如輔所定章程，無庸更改。」十一月，輔奉命同工部尚書蘇赫等往閱通州運河，請於沙河建閘蓄水，通州下流築隄束水，以利漕運，從之。

二十八年正月，上南巡閱河，輔從行，諭詢中河逼近黃河，水漲隄潰可虞。輔奏：「前曾奉諭籌攔馬河減水壩，所出之水每致淹没民田。臣開中河以束水，兼令漕船避黃河險溜。今若加築遥隄，當不至有患。」三月，諭吏部曰：「朕南巡時，江南淮安人民皆稱譽前任河道總督靳輔，思念不忘。且念濬河深通，築隄堅固，實心任事，勞績昭然，可復其原品。」二十九年三月，漕運總督董訥以北運河水淺，請盡洩南旺湖之水北流，倉場侍郎開音布以挑濬北運河奏請。上召問輔，輔奏曰：「南旺湖水若使偏入北河，必致南河水淺，唯從北河兩旁下埽束水，則水深自可濟運。」詔即以輔同開音布經理之。

三十年九月，奉命與侍郎博霽、李光地等閱黃河險工。三十一年正月，還奏：「黃河南岸自徐州以上毛城鋪起至海口，北岸自大谷山起至雲梯關以下六套，所有減水壩閘，現無衝損，中河亦甚便漕船往來。唯黃河南岸之横莊、煙墩、馬邏，北岸之朱家莊、安東縣便益門、南東門六處險工，有未設月隄，及下埽單薄處，應增築加培。」並繪圖呈覽。下九卿議，令河臣如所奏行。二月，王新命以勒取庫銀爲運河同知陳良謨訐罷，上諭大學士曰：「朕聽政以來，以三藩及河務、漕運爲三大事，夙夜廑念，曾書而懸之宫中柱上，至今尚存。倘河務不得其人，一時漕運有誤，關係非輕。靳輔熟練河務，及其未甚老而用之，亦得紓數年之慮。其令仍爲河道總督。」輔以衰病辭，命順天府丞徐廷璽同往協理。六月，疏言：「前所奉詔截留江北漕糧二十萬石，由黃河運至山西蒲州，撥陝西賑濟。臣因開封以西，黃河淺深無定，與漕臣董訥定議，漕船三百八十四，每船預支下運行月銀六十兩，爲增雇剥船夫役之用，共銀二萬三千四十兩。二月初至淮安開行，臣於五月初赴開封督催，添雇民船，隨淺隨剥。撫臣閻興邦牒稱水路止可運至孟津，由孟津陸運至蒲州六百三十里，業經山、陝兩省議明分運。臣今赴孟津料理。」得旨，嘉其實心任事。

十月，疏言：「黃河自河南滎澤縣至江南清河縣，兩岸各一千餘里，其險工不可疏虞。如南岸之在開封或疏虞，則黃水入淮；歸德至宿遷或疏虞，則黃水入睢；桃源、清河間或疏虞，則黃水入洪澤湖以侵高堰。倘高堰不固，寶應、高郵運道必致淤墊。故尚須籌畫萬全，欲加築前此停築之重隄，爲費甚大，惟就運料小河之隄加築高二丈、廣三丈，乃可無患。北岸之在滎澤或疏虞，則黃河水上溢張秋，下溢濟寧，魚臺、豐、沛民田受淹。宿遷、清河或疏虞，則一百八十里之運道亦淤墊。故中河遥隄必須加築，於西寧橋添建石閘二，仲家莊、陶家莊兩閘左右各添一閘，以備宣洩。其張莊舊運口，臣輔前挑中河時，曾議設閘，因解任未舉行。恐將來山東之水微弱，致中河淺澀，今宜竟行堵塞，就駱馬湖之東，中河之南建閘。值東水大漲，閘以洩之，東水消落，閘以蓄之，庶無他虞。」又疏言：「黄河隄工，莫重於既成之後，隨時修補。隄根積水，易致汕刷。惟於上流量挖一溝，引沙直注，使停；再於下流量挖一溝，引水分洩漸去，其低窪處自然淤平。臣輔前任時，相度董家堂、龍窩一處險工，曾設涵洞，引黄灌注，於月隄裏使清水流在月隄外，窪地遂成平陸。徐州長樊大壩險工，亦引黄內灌，淤高窪地二三尺。今邳州舊城迤西窪地，周圍約有百里，水無去路。宜仿已驗之法行之，或慮掘隄難以修防，則建小閘以酌量引灌，更爲萬全。」疏下九卿議，以黄河水勢湍迅，引灌邳州窪地，已屬危險，令再審籌。餘如所請。

又疏言：「臣前任安徽巡撫，當軍興之際，陳潢助理協宜。及任總河，值高家堰決口甚多，翟家壩未堵二十餘里，成河九道，因盡行築隄塞河，以敵清口之黄；創設減水壩，以保高堰之隄。改清水潭隄工，於湖內永保安瀾。濬甘羅城運口至太平壩，以避黄水內灌。挑皁河二十餘里，支河三十里，使駱馬湖不復淤墊。又挑中河，使漕船免黄河逆流之險。凡臣所經營，皆潢之計議。仰荷聖主如天之福，次第成功，恩賜潢僉事道銜。不意驟遭詆毀，革去職銜，旋即物故。又奉命勘河之尚書熊一瀟、給事中達奇納、趙吉士同時被指摘而去，已蒙恩起復，則無辜受累者，當一體均邀慈鑒。」疏下吏部，陳潢已故，寢議。熊一瀟、達奇納、趙吉士並請旨錄用。時輔再疏自陳疾劇，乞解任，命內大臣明珠往視，傳諭留淮調理。十一月，卒於官，年六十。遺疏至，得旨：「靳輔簡督河務，經理年久，黄、淮兩河修築得宜，運道民生俱有裨益。患病溘逝，深爲軫懷。下部議卹。」賜祭葬如例，謚曰文襄。

三十五年，河道總督董安國以江南士民籲請捐貲建祠河干入奏，下部議行。四十六年，上南巡還，諭吏部曰：「朕廑念河防，屢行親閱。凡自昔河道之源流，治河之得失，按圖考績，靡不周知。粤從明季寇氛，決黄灌汴，而洪流橫溢，歲久不治。迄於本朝，在河諸臣，未能殫心修築，以致康熙十四、五年間黄、淮交敝，海口漸淤，朕乃特命靳輔爲河道總督。靳輔自受事以後，斟酌時宜，相度形勢，興建隄壩，廣疏引河，排衆議而不撓，竭精勤以自效。於是淮、黄故道次第修復，而漕運大通。其一切經理之法具在，雖嗣後河臣互有損益，而規模措置不能易也。至於創開中河，避黄河一百八十里波濤之險，因而漕輓安流，商民利濟，其有功於運道民生，至大且遠。朕每巡河干，偏加諮訪，沿淮居民感頌靳輔治績，衆口如一，久而不衰。夫人臣有大建樹於國家者，獎勳酬庸，宜從優渥，雖賜卹易名，已循彝典，尚應特予褒榮，貫以殊恩。其加贈太子太保，予騎都尉世職，用彰朝廷追念勳臣之典，爲矢忠宣力者勸。」

尋令其子治豫襲職，准再襲一次。世宗憲皇帝雍正三年，以治豫向隨父任，明晰河務，由副參領加工部侍郎銜，協理江南河工事務。五年，諭閣臣曰：「朕覽《治河方略》，見原任河道總督靳輔昔年修理河工，勞績茂著，欲加恩澤以獎勳庸。據吏部查奏康熙四十六年已贈宮保與世職，今再追贈工部尚書，予祭一次，以示朕篤念前勞至意。」七年，命江蘇巡撫尹繼善擇地建祠，祀輔及河道總督齊蘇勒，有司春秋致祭。八年，詔建賢良祠於京師，以輔入祀。

雜録

備録

《國朝耆獻類徵初編》卷一五五《靳輔》　靳文襄公過邯鄲呂祖祠，見壁有詩題云：「富貴榮華五十秋，縱然一夢也風流。而今落拓邯鄲道，要與先生借枕頭。」墨迹未乾，蹤跡其人，乃秀水陳天裔也。一見遂爲知己。天裔，名潢，明鉤戈之法，復精奇門步算，凡河防得失變態，並有先見，一時治河諸員以師事之。康熙二十三年五月，上南巡問靳曰：「爾必有通今博古之人輔爾。」靳以陳潢對，即蒙召見，特賜參議銜。以幕友邀恩，遽膺四品冠服，可謂奇人有奇遇也。

靳文襄公治河，功績彪炳人寰。其《河防奏議》，至今行水者，奉爲圭臬。而其他建白尚多，知者蓋鮮。茲録其請減事差疏，以爲嘗鼎一臠。其辭曰：「臣惟皇上，因在外諸臣於民生疾苦不以上聞，朝廷詔旨不行下達，廢弛驛站，侵冒錢糧，民隱莫申，民冤無訴。於是屢遣在內諸臣，訪查察究，此皇上軫念民瘼，惟恐一夫不獲其所，是以不得不然也。但天使之車塵馬迹一經絡繹於道途，則閭閻之蒼首黔黎未免嗟咨於草野。在奉差之臣未嘗不以皇上之心爲心，未嘗俱有示威勒措之事，並未嘗盡縱家人跟役等需索地方官也。然往來供應，雖盞酒粒粟、片肉隻雞，盡皆小民膏血。況地方官員賢能廉介者少，平庸畏事者多，一聞欽差將至，惟恐有所駁詰，莫不力圖要結，以悅之，行賄與否，姑置弗論，而飲食之費，已屬不少。上司雖戒之曰：爾無科民。有司亦隨荅之曰：斷不妄派。究竟無神輸之術也。更值不肖官員借端多斂，則又不堪言矣。此等事務，臣雖未得確情，並無指實，然揆之情勢，在所不免。臣愚以爲，除軍機重務必須口授廟謨於兵主確酌商行者，自當專差馳驛。又在外貪官污吏督撫不行題參，被科道糾參，或旁人告發，並督撫扶同犯法，肆行貪婪之事，亦必須遴選部院能員，秉公確審者無庸置議外，他如整頓驛站、料理軍需、查勘海疆、卹刑督賑諸務，似應責成督撫。蓋督撫爲封疆大吏，皇上將數千里地方、數千萬百姓託之綏懷撫治，乃不夙夜黽勉，力報君恩，將此等分內之事闒茸貽誤，甚至捏冒侵漁，致煩皇上左顧右慮，另差近臣代理，似此不職之督撫，雖立置重典，亦不足惜。然天下督撫，賢愚不同，未必盡皆不肖也。臣請嗣今以後，凡督撫司道不能料理，必須差員之事，自當照舊遴差。其督撫司道能行之事，俱責成督撫司道料理，停其另差。如有貽誤生弊等情，即將該督撫司道立行從重處分，以爲大吏溺職之戒。如此庶地方不至因供應而擾民矣。」

李元度《國朝先正事略》卷五《靳文襄公事略》 靳公諱輔，字紫垣，遼陽人，隸漢軍鑲黃旗。順治九年，由官學生考授國史院編修，改中書，累遷郎中、右通政。康熙二年，擢國史院學士，改內閣學士。

十年，巡撫安徽。皖屬頻旱，民多流亡，公撫卹招徠，復業數千户。奏臨淮、靈璧二縣虚報開墾田四千六百餘頃，請免其賦。從之。又言：「爲政首在足民。足民有道，在因民之力，而教以生財之方。大江以北，如鳳陽等屬，盡失溝洫之舊，一遇水旱，即成石田。今欲足民，莫如力行溝田之法。溝田者，古井田遺意也。然井田法制繁重，溝田但鑿一溝，修浚甚易。其法以十畝爲畛，二十畛爲一溝，以地三畝有奇，爲二十畛中之經界，二十畝之外，圍以深溝，溝道廣丈八尺，溝廣丈二尺，深七尺五寸，開溝之土，即累溝道上，使溝道高於田五尺，溝低於田七尺五寸，視溝道深一丈二尺五寸。潦則以田內之水車入溝中，旱則以溝中之水車灌田內。溝田一行，其利有四：水旱不虞，一也；溝洫通而水有所洩，下流不憂驟漲，二也；財賦有所出，三也；經界既正，無隱占包賠之弊，四也。」

疏入，下部議行。而滇閩變作。十三年，吳、耿二逆寇江西。公練標兵，募鄉勇，嚴斥堠，遠偵探，武備大振。巨寇宋鑣踞歙郡山中爲亂，公遣兵躡勦，以計擒之於巢湖，上游以安。部議省驛遞費，以佐軍餉，事下各巡撫議。公以謂省費莫先省事，今督撫提鎮，每事必專弁馳奏，糜費實多，計惟事關軍機，必專騎馳奏，餘悉彙奏，以三事爲率，是一騎足供三事之役矣。」議上，著爲令，歲省驛遞金錢百餘萬。加兵部尚書。

十六年，授河道總督。時黃水四潰，不復歸海，清口運道盡塞。公上下千里，泥行相度，喟然曰：「河之壞極矣！是未可以尺寸治之也。審全局於胸中，徹首尾而治之，庶有瘳乎！」遂條上河工事宜，分列八疏。大略謂事有當師古者，有當酌今者，有當分別先後者，有當一時並舉者，而大恉以因勢利導爲主。廷議以軍興餉絀難之，姑令量修要害。公又疏言：「清江口以下不濬築，則黃淮無歸；清口以上不鑿引河，則淮流不暢；高堰之決口不盡封塞，則淮分而刷河不力，黃必內灌，而下流清水潭亦危。且黃河南岸不隄，則高堰仍有隱憂；北岸不隄，山以東必遭衝潰。故築隄岸，疏下流，塞決口，但有先後，無緩急。今不爲一勞永逸之計，屢築屢圮，勢將何所底止！」疏上，廷議如前。聖祖以河道關係重大，下前後廷議，令再具奏。公堅持前議，上特如所請，蓋上深知公忠勇沈毅，可任大事，故排羣議用之也。公感激知遇，昕夕不遑。開通清口爛泥淺引河四道，濬清江浦至雲梯關外河身，築束水隄萬八千丈，塞王家岡、武家墩、高家堰諸決口，河隄外加築縷隄及格隄，於徐州、宿遷築減水壩十三座。清水潭舊隄潰，最號險工，公用棄深就淺計，築西隄九百二十餘丈，東隄六百餘丈，更挑新河八百四十丈，奏改名永安河。又浚甘羅城西運河凡十里。請裁冗員，專責成，嚴賞罰，改河夫爲兵，領以武弁，畫地分疆，日稽月考，著爲令甲，而諉卸中飽之弊絕。凡公所爲，懲因循，謀經久，皆此類也。

方功之未竟也，公以時閱三年，自請議處。部議奪職。詔遣尚書伊桑阿等來閱工，並令布政使崔維雅隨往。維雅奏上《河防芻議》《兩河治略》二書，并條列二十四事，欲更改公所行減水壩諸法。公疏陳「海口大闢，腹心之患已除，蕭家渡決口亦易塞，不宜有所更張」。因詳辯維雅所上二十四事不可行。章並下廷議。工部尚書薩穆哈欲令賠修決口，上不允，且曰：「惟雅所條奏，朕初以爲可取。及覽靳輔回奏，知所陳一無可行。」因召公入覲。公至，力言維雅所言之謬。上韙之，特旨免賠修，仍發帑堵築。二十二年四月，疏報蕭家渡工成，河歸故道。上嘉悅，優詔批荅，還公職。二十三年，車駕南巡，閱河，天顔甚喜，御書《閱河》詩賜之，并賜公佳哈御舟，上用帷幙，異數也。

明年，疏請添建黃河南岸毛城埔減水閘一、王家山減水閘三、北岸大谷山減水閘二，以保徐州上流隄工，並於歸仁隄添建石壩二，攔馬河及清河運口各添建石閘一。又請添築考城、儀封、陽武三縣河隄七千八百丈有奇，封邱縣荆隆口月隄三百三十丈，滎澤縣埽工三百一十丈，以防上流異漲。又請增設蘭陽、儀封、滎澤河員，免開、歸二府民採辦青柳。均從之。會聖祖垂念高、寶諸州縣湖水泛溢爲災，命安徽按察使于成龍經理海口及下河事宜，仍聽公節制。公疏言：「下河低於海潮五尺，疏海口則引潮内侵，大不便。請自高郵城東車邏鎮築長隄二，歷興化、白駒場至海口，束所洩之水入海。隄内涸出田畝，丈量還民，其餘田招民屯墾，以抵經費。」廷議如所奏。召公及于公入都。于公力主開濬海口故道，公持議築長隄高丈五尺，束水敵海潮。大學士、九卿俱從公議，通政司參議成其範、給事中王又旦、御史錢珏從于公議。侍讀喬萊，寶應人也，極言公議非是，乃命尚書薩穆哈等往勘。尋以開海口無益奏。會湯公斌入爲尚書，奏下河宜疏濬，上命孫侍郎在豐往，董其事，公議遂寢。

二十六年，詔詢下河田疇，何策可紓水患，公疏言：「杜患於流，不若杜患於源。高家堰隄外正東爲下河，東北爲清口。當自翟家壩起，歷唐埂、古溝、周橋閘、高良澗、高家堰，築重隄一道，長一萬六千丈，需費七十九萬兩有奇。此工一成，束堰隄減下之水，使北出清口，則洪澤湖水不復東滲下河。其下河十餘萬頃之地，可變成沃産，而高、寶諸湖俱可涸出田畝數千頃，招人屯墾，可裕河庫。且高堰原爲最險之工，增此則永資保固，洪澤湖廣闊非常，舟行遭風，多覆溺，行此隄内之河，避險就夷，有便於商民者甚大。」先是，公過邯鄲，見題壁詩，異之。蹤跡其人，則布衣陳潢也。潢字天裔，秀水人，饒學識，公禮之入幕，深資贊助。上閱工時，嘗從容問曰：「爾必有通今博古之人爲之佐。」公遂以潢對。至是，言此議若行，非陳潢協力區畫不可。疏下廷議，如所請，並賜陳潢僉事道銜。當是時，于公成龍巡撫直隸，上以公疏示詢成龍。成龍言下河宜開重隄，不宜築。詔遣尚書佛倫、侍郎熊一瀟與總督董訥、漕督慕天顔會勘，慕公及孫侍郎議與公左，佛公等以應從公議。還奏，仍下九卿議。

二十七年，御史郭琇疏劾公，并及潢，給事中劉楷、御史陸祖修繼之，天顔、在豐，亦疏論屯田累民，及公阻撓下河開濬事。詔俟于成龍至，會議嚴察。公尋得請入覲。先疏論成龍、天顔、在豐朋謀傾陷狀，又自辯：「受命治河之日，正當兩河極敝之時，自碭山抵海口，兩岸決口七十八處，高家堰決口三十四處，翟家壩成河四道，清水潭久潰，下河七州縣一望汪洋，清口運河變爲陸地。臣晝夜奔馳，盡復其故。又創開皁河，俾漕艘無阻。久在聖鑒之中。至濬築經費，初蒙特遣部臣勘估，計需六百萬兩。臣苦心節省，自徐州起直抵海口，兩岸隄工并高家堰、清水潭及前所未估之皁河，既堵塞楊家莊，修築歸仁隄，改移運口，止用帑二百五十一萬，不及部臣估計之半。而諸臣詆爲糜帑營私，奪田屯墾，必欲陷臣殺臣而後已。倘蒙聖駕再巡，親閲隄工，更命重臣清丈隱佔地畝，則是非功罪，可以立明。」上覽疏，謂閣臣曰：「近因靳輔被劾，議論其過者甚多。輔若不陳辯朕前，復何所控告耶？」其並下九卿察議。三月，上御乾清門，命公與于成龍、郭琇各陳所見。成龍言海口必應開濬，琇言屯田奪民産業。上曰：「屯田之事，因取民餘田，致民嗟怨，靳輔當無可置辯。」公奏：「河旁田畝，向被水淹。臣任事後，將決口堵塞，其田盡皆涸出。臣將原納租税之民田給與本主，其餘丈出之田，作爲屯田，抵補河工錢糧。因屬吏奉行不善，致招民怨。臣無可辯，乞賜處分。」上曰：「各省民田，未有不溢於糧額者，以餘田作屯，誠擾民，無庸復議。至下河作何開濬，重隄應否停築，其令九卿公同詳酌。」尋允九卿議，停築重隄，奪公職，並奪陳潢職銜。

初，漕艘出清口，入黄河，行二百里，始抵張莊運口。公奏開中河一道，俾漕艘既出清口，截流徑渡北岸，避黄河百八十里之險，由仲家莊閘内進中河，歷皁河、泇河北上。及工竣，學士開音布等往勘，稱善。上諭廷臣曰：「前于成龍奏靳輔開中河無益，反爲民累。今開音布等則云河漕兩利。謂靳輔治河無功，微獨輔不服，朕亦不愜於心矣。」乃命尚書張公玉書等確勘。還奏，應如輔所定章程，無庸改。二十八年，上再南巡，公迎駕淮安，顧問河工善後事宜甚悉。特詔復公官，以原品致仕，有「實心任事」之褒。公家居三載，上念公不忘，凡三命閲河，一賜召對。三十一年，上諭閣臣曰：「朕聽政以來，以三藩及河務、漕運爲三大事，夙夜廑念，曾書之宫中柱上，至今尚存。河務倘不得人，漕運亦必貽誤，關繫匪輕。其令靳輔仍爲河道總督。」公以老病辭，不許。會陝西、西鳳二郡災，有旨截南漕二十萬石泝河而上，貯蒲州以賑秦民。仍命公董其役，公不敢復辭，力疾就道。再賜佳哈御舟，以旌異之。公至，即經晝西運，自清河至滎澤，達三門砥柱，安流無恙。事竣，以病狀聞，詔公長子治豫馳驛省視。公抵淮，疏陳兩河善後策及河工守成事宜，幾及萬言。又請豁開河築隄諸廢田之糧，并清淤出成熟地畝之賦。均從之。再疏乞解任，命内大臣明珠往視。

十一月，薨於位，年六十。遺疏至，上臨軒太息。櫬歸，特命入都城治喪，漢大臣前此所未有也。尋命大臣、侍衛奠茶酒，命禮部議賜祭葬，命内閣議易名，賜謚文襄。

公所著有《治河書》十二卷，奏疏若干卷。嘗論古今治河成敗之效，略曰：「經生家論河，莫不侈賈讓三策，其實不然。讓上策欲徙冀州之民，自宋時河徙，已非漢之故道。中策多張水門，旱則開東方下水門，以溉冀州，水則開西方高門，以分河流，不知黄河所經，卑即淤高，數年之後，水從何放？且《禹貢》言，九澤既陂。所謂陂，即今之隄也。蓋水流甚平，而地勢有高下，使非約之以隄，水經由卑地，能不漫潰乎？讓以繕完故隄，增卑培薄爲下策，是故與《禹貢》相反矣。」故公治河盡矯讓言，專主築隄束水，績用告成。其詳具載《治河書》，實千古河防龜鑑也。公性孝友，九歲喪母，執禮如成人。居家整肅，言笑不苟，而其精力獨瘁於河工。中河之役，尤國家百世之利。論者謂功不在宋禮開會通、陳瑄鑿清江浦下云。

三十五年，河督董國安以江南士民籲建專祠入告，允之。四十六年，上三巡江南還，諭獎公功績，且云：「靳輔經理之法，雖後任河臣互有損益，而規模措置，不能易也。至開創中河，有功運道民生，尤大且遠。朕每涖河干，徧加諮訪，沿淮居民，皆感頌治績，久而不衰。其加贈太子太保，子騎都尉世職，用彰朝廷追念勳臣之典，爲矢忠宣力者勸。」

雍正三年，世宗以治豫向隨父任，明晰河務，由副參領加工部侍郎，協理江南河務。五年，上覽《治河方略》，嘉公勞績，追贈工部尚書，予祭一次。七年，詔江撫尹繼善擇地建祠，祀公及齊蘇勒公，有司春秋致祭。八年，詔建賢良祠，京師以公入祀。

趙慎畛《榆巢雜識》卷下《靳輔治河》 靳文襄輔，其先濟南歷城人，後爲遼陽人，由編修歷兵部尚書、總督河道。康熙時，北運河口東從宿遷之皂河，黄河一漲，淤澱數百里。文襄於皂河迤東挑河二十里。又以山東汶、泗、沂、洳諸水暴漲，漂溺宿、桃、青、山、安、沭、海七州縣民田無算；漕艘送至黄河二百里，涉風濤之險。於是考開中河三百里，殺黄河之勢，灑七邑之灾，漕艘安渡，功不在宋康惠開會通、陳恭襄鑿清江下。所著有《治河書》十二卷、《奏疏》八卷。幕友陳潢，字天一，錢塘人。佐文襄經理河干，殫竭智能。其往來問答語，詳具張靄生《河防述言》。以治河功給僉事職銜。

趙慎畛《榆巢雜識》卷下《虚心讓善》 靳文襄開中河時，于振甲成龍，漢軍鑲紅旗人。甚以爲非便。及開浚下河，議又不協。文襄轉疏薦振甲，謂「司臣于某，訪采輿論，審量經營之處，頗具苦心」。遂繼爲河道總督，卒謚襄勤。文襄之虚心讓善，殊有古大臣風。

備論

《國朝耆獻類徵初編》卷一五五 靳輔銘曰：黄河萬里來崑崙，下歷積石經龍門。決排疏瀹禹績存，九川從此乃滌源。漢歌瓠子淇竹殫，沈馬玉璧勞至尊。大河日徙東南奔，波濤沸鬱愁魚黿。帝命寶臣康厥屯，乘樺蹈毳忘朝飧。河伯效靈波沄沄，河淮不復憂清渾。揚徐千里禾稼繁，漕艘百萬如騰騫。維帝念公錫便蕃，功成十載德弗諠。公騎箕尾民煩冤，巷哭過車手舉幡。黄腸祕器賜東園，豐碑金粟開高原。天禄辟邪左右蹲，雲車風馬無朝昏。山重水掩安且敦，千秋萬世宜子孫。

藝文

孫雄《四朝詩史》甲集卷二魏源《讀國史館列傳》 君不見黄河決汴自聖朝，國初卅載黿鼉驕。百川手障回狂濤，賴有伯益逢唐堯。入疏前後如沃焦，中河創闢通千艘。當其未就羣詠謠，尾翹羽儵音嘵嘵。賈魯被議爲衆撓，自古駿烈無逍遥。魚龍歲游汴泗郊，黄流幾作鍋金銷。河底日隆隄日高，黄河竟是天上濤。靳文襄督兩河

尚之信部

綜述

《清史列傳》卷八〇《尚之信傳》　尚之信，漢軍鑲藍旗人。平南王可喜長子，幼隨父鎮所。年十九，可喜遣入侍。世祖章皇帝念可喜功多，授之信秩，與公爵同。康熙十年，聖祖仁皇帝允可喜請，令之信赴廣東佐理軍事，之信別營新宅以居。

十二年，可喜欲歸老遼東，請以之信襲封留鎮。部議藩臣無乞休子襲之例，令撤藩偕歸。會逆藩吴三桂反，可喜奉詔留鎮，遣次子之孝討叛賊劉進忠於潮州，奏請以之孝襲封。詔可喜如舊理事，俟賊平，以之孝襲。旋晉可喜平南親王、之孝平南大將軍，命之信以討寇將軍銜，協謀征剿。未幾，高州總兵祖澤清附三桂據城叛，引廣西叛賊馬雄、郭義及三桂所遣僞將軍董重民、李廷棟、王弘勳等，遂陷廣東郡邑。海賊鄭錦遣賊萬餘助進忠入寇，之孝戰失利，退駐惠州。十五年春，可喜卧疾，之信代理事。三桂誘其藩屬從逆，水師副將趙天元、總兵孫楷宗相繼叛，之信遂降三桂，遣心腹環守可喜藩府，戒毋得關白諸事，殺金光以徇。

金光者，浙江義烏人。隨可喜幕下，贊謀畫策最久，可喜奏以其計擒佛山鎮奸民江賜壽，得旨敘功，授鴻臚寺卿銜；嘗以之信凌虐藩屬，不可襲封，告可喜者也。之信遂授僞職「招討大將軍、輔德公」，與海賊議和，奪之孝兵柄，使閒居廣州。三桂屢脅之信出庾嶺抗大軍，之信賂以庫金十萬兩，乃已。

可喜卒，三桂以輔德親王僞印與之信，之信旋遣使赴江西通款大軍，密疏願立功贖罪，諭曰：「爾父航海歸誠，功猷茂著。自吴逆叛亂以來，益矢忠藎，故特封爲親王，授爾爲討寇將軍，正期克奮勇略，埽除逆賊。不圖粤省變亂，道路梗阻。今覽爾密奏，稱『父子世受國恩，斷不敢懷異志，願立功贖罪，來迎大師』。朕知爾父子不忘報國，念篤忠貞，因倉猝變亂，朕心深爲憫惻！已往之罪，概行赦免。果能相機剿賊，立功自效，仍加恩優敘。」十六年，之信請敕大軍速進粤。

是時三桂以董重民爲僞總督，踞肇慶。初，廣西蛋户謝厥扶當趙天元未叛時，先以繒船數百附馬雄，誘天元從賊。至是，三桂令厥扶統轄水師，加僞職定海將軍，與重民合拒大軍。之信密約重民所部兵，令以鉄鑱譟，乘間擒重民，邀擊厥扶，大敗之，厥扶遁入海。之信遣副都統尚之璜率兵迎大軍駐韶州，疏陳闔屬歸正；並言藩下總兵僞授翼勇將軍王國棟、藩下長史僞授總兵李天植等，贊襄有功，並得旨嘉獎，下部議敘，之信襲封平南親王，王國棟等各復舊職，俟諸路賊平，再議。諭之信曰：「今據時勢，剿賊吴三桂，甚爲緊要。亟宜趣兵速進，前此賊兵屯聚長沙，掘濠立椿，僅可支持日夕。誠使諸路進兵，彼安能隨處備設椿濠以相抗？其滅亡可翹足而待矣！」尋之信遣使人貢，諭曰：「昔爾先人在時，貢獻方物，靡不竭誠。二年以來，粤東事變，信使弗通。每念及爾先人素日忠貞不二，爲國忘家，罔不憫傷。今王克承先志，恢復粤東，使人遠來貢獻，良屬可嘉！但用兵之秋，非無事時比。況見此物，不勝思念爾先人，王其安戢粤東，恢復粤西、湖南，以繼爾先人未盡之志，朕心深爲期望。此等細務，勞人費事，其暫止。」

是年秋，三桂從孫世琮踞桂林，之信遣總兵尚從志以兵三千隨巡撫傅弘烈進征。弘烈擊敗僞將軍趙天元，復梧州、潯州，規取平樂、桂林。詔之信由韶州進取宜章、郴州、永州。之信疏言：「粤東土賊尚多，潮惠人心未定。臣宜留鎮省城。」得旨：「令將軍喇哈達、賚塔統兵同進潮州。劉進忠等知皆已歸順，海寇敗遁，王又以土寇爲辭，不離省城。倘逆賊各路來犯，不惟廣西難復，楚賊難滅，即廣東亦難保矣。其速統兵前赴韶州剿賊。」時鎮南將軍莽依圖擊敗僞將軍胡國柱、馬寶等於韶州，詔移師梧州，因之信未具舟艦，師行濡滯，總督金光祖由潯州進征世琮，不勝。諭責之信曰：「金光祖不守梧州，輕進失利，猶幸梧州無虞。萬一梧州失利，則進取三桂大兵，後路亦阻。前調將軍莽依圖等速赴梧州，王不亟發船，致誤軍行，不可謂非王失機也。梧州乃兩廣接壤要地，其即遣精兵戍守。」

十七年正月，之信疏言：「臣奉命進取宜章、郴、永，行至清遠，以總督金光祖及高州諸處報警，遂還省城。今海賊又突犯潮陽，臣未能統兵遠征。」得旨：「潮州、惠州既有將軍賚塔等鎮守，剿海寇不爲不足；今將軍莽依圖深入廣西，事機所係甚重，且廣西早定，則湖南之寇不能自存。王其親往廣西策應，毋誤軍事。」之信復疏言：「高、雷、廉三郡初定，恐爲逆賊煽惑。再四熟籌，不得不留鎮省城。」詔精選藩兵遣發，暫停親往，之信遣國棟率兵赴宜章。九月，疏言：「前者永興危急，臣恐國棟不能制賊，擬親往策應。頃聞吳三桂已死，永興賊遁。今湖南勢如瓦解，臣當進定廣西。」詔以之信爲奮武大將軍，合永興大兵並進。十八年，大兵自湖南進廣西，趙天元降。之信疏言：「前此粵東之變，起自江門；江門水師之叛，倡於趙天元。請明正其罪。」詔即誅之。時世琮寇擾南寧，之信既次横州，進駐韶封，俄復退還廣州，自陳患痔日劇，有事醫療。詔移隨征部衆與莽依圖統攝，之信令藩下總兵時應運率之往。莽依圖已擊敗世琮，將進征桂林，留應運駐守南寧。賊黨范齊、韓孟明等竄踞武宣，之信疏陳海寇宜防，未能西剿，上復諭趣之。

十九年三月，之信乃率兵西剿。初，之信既襲爵，以之孝舊握兵爲嫌，不欲其居廣州，奏請召赴京師，之孝旋自請募兵三千效力。得旨，赴江西剿賊。藩屬苦之信殘暴，念之孝弗置，之信益猜忌，素嗜酒，怒輒執佩刀擊刺，又好以鳴鏑射人。叛將孫楷宗之歸順也，上宥其罪，之信杖斃之。護衛張永祥爲之信齎疏至京，召對承優旨，以總兵擢用。之信故阻抑，復屢辱以鞭箠。怒護衛張士選語忤，射之殘其足，諸護衛皆不平。國棟時爲藩下都統，與副都統尚之璋、總兵甯天祚每與語，憤形於色，巡撫金儁察其情，疏請諭趣之信西剿，留國棟、之璋、天祚守廣州。至是，之信赴武宣，永祥、士選詣闕，首之信跋扈怨望，弗願剿賊，糜兵餉，擅殺人諸罪狀。上命刑部侍郎宜昌阿以巡視海疆赴潮州，傳諭將軍賚塔移師廣州，綏輯藩屬。先傳諭王國棟等如能執之信，許便宜行事，並以罪不株連，宣諭藩屬。四月，宜昌阿至廣州，國棟與金儁密議，選藩下兵，以參領李文科率之，馳詣總督金光祖、提督哲爾肯、副都統金榜選、總兵班際盛協擒之信。金儁上疏曰：「自滇黔叛亂以來，兵民殞於鋒鏑，財賦竭於軍需，皇上夙夜焦勞，於今七載。吳三桂固爲亂首，而尚之信實爲亂源。何則？之信兇殘暴虐，賦性豺狼，其父可喜深慮其包藏禍心，戕害諸弟，因有移歸遼東之請。三桂即藉撤藩倡亂，耿精忠效之。羣逆蜂起，皆之信啓其端也。可喜復慮其擁兵速禍，故請以次子改襲。使之信稍有人心，當必悔罪效忠，顧乃倚賊糾變，梟斬鴻臚寺卿金光，投順三桂，冀爲僞王，以逞驕志。及三桂與以輔德公僞敕册印，又遣馬雄屯三水索助餉銀十萬兩，始頹然氣沮，復謀歸正。天恩待以不死，俾襲父爵，宜撫心知愧，奮志圖功。乃不赴韶州征剿，不救永興危急，抗違詔令，養賊鄰封。且以奉命宥罪之孫楷宗擅以杖斃，目中尚有三尺法乎？臣猶憶十七年九月公讌，之信語督臣金光祖云：『上欲我出兵，乃不與我一黃頂帶。』翌日復議，怒責鹽驛道僉

事李鉱棟云：『爾甫來此，事事與我違拗。我一刀砍爾，上亦無奈我何！』昨歲七月，讌罷，私語臣曰：『非我歸正，爾安得至廣東？凡事當順從我，不獨吳三桂能殺巡撫朱國治也。』臣正色叱之，乃以酒醉自解。其狂悖無忌憚如此。昔可喜將終，曰：『必葬我海城。』之信置若罔聞，惟營造藩府，終歲不輟。其意實欲久踞廣東。不忠不孝，人皆詈之。耿精忠歸正後，即遣子入侍。之信三子皆年長有室，臣謂入侍不容緩，之信曰：『天下未定，豈宜令孩童遠行？』是則異志猶存，叛心未已，如見肺肝矣。至於兵無實額，餉多虛冒，致海賊肆擾，又其貽誤封疆也。臣蒞粵兩載，具知其父積有功勞，諸弟亦小心奉法，惟之信悖逆亂常，滅絶天理。察其近習左右，俱義憤不平。因密約都統王國棟等共酌機宜。之信旦夕就擒，乞敕議正法，以戒天下爲臣而懷二心者。」

國棟亦上疏自述其與金儁、尚之璋、甯天祚同心密謀狀，復代之信母舒氏、胡氏上疏曰：「逆子尚之信怙惡不悛，酗酒肆暴，殺害善良，淩虐官吏；甚至奉命出師，頓兵不進，私回東省，遲誤軍機。不臣之心久萌，謀逆之變可慮。恐禍延宗祀，不禁飲泣寒心！密令都統王國棟等選員擒之，請旨正法，並收禁其妻耿氏、子崇溢。乞聖慈垂念先臣忠藎，改令一子襲爵。」是時光祖、榜選、際盛因武宣新復，屯兵城外，之信入踞城。光祖等得國棟檄，令兵圍城，以永祥、士選首告罪款，有逮問旨宣示之信，之信就逮，還廣州。上疏辨，謂永祥、士選以責懲私怨，捏款誣陷，諸疏並下廷議，議削之信爵，逮至京鞫訊。時藩兵八千在廣西，有訛言進征雲南，即分置戍守者，多惶懼逃歸。命宜昌阿與賚塔慰遣西征，並宣諭曰：「前尚之信爲屬員張永祥等首告諸不法事，朕欲明其虛實，故令來京，非以所言皆實，必欲治以法也。平南藩下官兵，本朝豢養四十餘年，世受國恩，最爲深厚。初無欲行解散之心，宜釋去嫌疑，各保身家妻子，以副朕恩養保全之意。」七月，宜昌阿將逮之信起行，藩下長史李天植以發難由國棟，白於之信母及其弟副都統之節、之璜、之瑛，誘國棟議事，伏兵殺之。將軍賚塔率禁旅收捕，鞫同謀者，自副都統、參領、佐領至校卒，得百餘人。天植自服造謀，之信辨不知，護衛田世雄證之信欲殺國棟，使告天植。讞成，馳奏，法司核議之信與之節、之璜、之瑛，天植凡同謀者，依律擬斬籍没。之信母舒氏、胡氏怨國棟代訴之信謀逆，應坐同謀；之孝、之璋及諸幼弟雖不同謀，應革職枷責。得旨：「平南王尚可喜航海歸誠，效力行間，久鎮粵東，著有勞績。及吳逆叛反，堅守臣節，不肯從逆，爲逆子尚之信所迫，憤恨殞命。朕每念及，深爲憫惻！其妻舒氏、胡氏，從寬免死，

並免籍沒：尚之孝、尚之璋等免革職枷責，皆令赴京。尚之信不忠不孝，罪大惡極，本當如議處斬，念其曾授親王，姑從寬賜死。尚之節、尚之璜、尚之瑛革副都統，與李天植等俱即處斬，應籍貲財，留充廣東兵餉。」

是年九月，之信賜死廣州。永祥、士選優敍擢用，世雄以不先舉發，坐杖流。上復傳諭宜昌阿曰：「尚之信雖經犯法，其妻子不可淩辱，應遣人護送還京。向聞廣東有大市、小市之利，經藩下人霸占，可會同巡撫詳察，仍歸民間。其藩下所收私稅，每歲不下數百萬，當盡充國賦，以佐軍需。又各省商販，欲倚藩下，投入者甚多，應察出，各復其舊。」尋命改隸藩下十五佐領於漢軍，駐廣東，別設將軍、副都統轄之，之信親屬俱歸旗。

雜録

備録

《觚賸》卷八《禍兆斬頭》 康熙丙辰二月，尚之信約衆謀逆，送印僞周，自稱暫管輔德將軍。次年丁巳五月，反正歸朝，自稱暫管平南親王。識者謂其前後兩銜，俱以「暫」字冠首，於義爲斬頭，禍形已兆，宜天誅之難逭也。

備論

昭槤《嘯亭雜録》卷一《論三逆》 國初既定雲、貴，因命吳三桂、耿繼茂、尚可喜等世守邊圉，以爲藩鎮，後漸跋扈，擁兵自重。聖祖欲除之，召諸大臣謀畫，惟富察尚書米思翰首言其兵可撤，明相國珠和之，餘皆嘿然。上曰：「吳、尚等蓄彼兇謀已久，今若不及早除之，使其養癰成患，何以善後？況其勢已成，撤亦反，不撤亦反，不若先發制之可也。」因立下移藩之諭。三逆果叛，時爭咎首謀者，上曰：「此出自朕意，伊等何罪？」故明相感上恩，竭力籌畫以致成功也。

藝文

《皇清文穎》卷五 徐嘉炎《鐃歌鼓吹曲》 平五羊，討尚之信也。

五羊城，南接朱崖西桂林，香山海門蜃氣深。馳騾超乘行從禽，梟子吸父毒氛侵。坤維反側來相尋，忘恩反噬昧照臨。負且乘，危巢心，通逆書，阻貢琛。殲忠良，冤沉沉，誰烹魚，溉釜鬵。金戈指白日，陰貫甲馳卒成擒，嶺南嶂開啓版宇。闐闐振旅淵淵鼓，勒勳紀績銘銅柱。

金武祥《粟香隨筆》卷五 新會黄呫山居石《羊城秋意》七律十章，詠平南王尚之信，以罪被誅，事在康熙十九年。詩云：「陸賈城邊肅曉霜，滿林秋意動悲傷。榮枯夢冷槐安國，笑泣聲殘郭禿場。何處劫灰沈泮水，多時凶器伏蕭牆。憑高莫弄山陽笛，徒倚西風一斷腸。」「見説浮生事可哀，英雄無計避輪迴。軍前蒿葬腸猶熱，殿上茶毗骨已灰。送殯山城門吏少，營齋江寺野僧來。生前恨不誅儀狄，莫向重泉更酹杯。」「電掣雷轟擔海邊，滿門金紫集貂蟬。南溟水激三千里，北斗城開尺五天。重錫土田符已剖，未離襁褓綬先懸。何堪轉眴成朝露，黄木灣頭泣逝川。」「戟門開處士如雲，玉帳雄驅虎豹羣。秦戍已能忘二世，楚歌誰爲散三軍。沭頭寶劍藏秋水，壁上彤弓掛夕曛。海島義旗倡五百，幾人殉難獨從君。」「翩翩朱履集西園，此日驚惶出掖垣。彈鋏客依新幕府，曳裾人返舊衡門。稱藩未盡狂生策，伏劍寧忘國士恩。亞父不留時已去，彭城空鎖夜歸魂。」「三千紅粉泣仳傷，髮亂釵横下翠帷。一葉可能逢范蠡，千金誰爲贖文姬。含顰柳葉消殘黛，射覆花媒冷舊枝。孰肯墜樓輕七尺，綠珠千古是男兒。」「庫標黄紫十經秋，悉索東南尚未休。幾處鑄山窮絶域，頻年煮海截長流。波斯特獻珊瑚樹，隴右遥供翡翠裘。早悟多藏容易散，内庭何苦夜持籌。」「畫閣雕軒結彩霞，還興土木等章華。穿簾巧語殊方鳥，迎檻交垂上苑花。金勒月明嘶叱撥，玉樓春暖聽琵琶。于今冷落誰爲主，幾樹垂楊咽暮鴉。」「萬家傾橐築禪堂，鏽閣高懸古佛釭。舍利塔藏金鷲剎，上方雲鎖玉龍窗。三城熱血塗丹壁，十郡冤魂結海幢。借問臺城饑餓鬼，曾持隻履到蓮邦。」「全家闔淚出邊城，牧馬南來又北征。五夜管弦金屋夢，一天風雪玉關情。衰年落索憐慈母，遠道提携仗阿兄。孤寡莫嗟行路苦，窮簷離散久吞聲。」

明珠部

綜述

《清史列傳》卷八《明珠傳》 明珠，滿洲正黃旗人，姓納喇氏，葉赫貝勒錦台什之孫也。父尼雅哈，當太祖高皇帝滅葉赫時，隨其兄德勒格爾來降，授佐領。屢從征有功。世祖章皇帝定鼎燕京，予騎都尉世職。順治三年，卒，長子振庫襲。

明珠其次子也，由侍衛授鑾儀衛治儀正，遷內務府郎中。聖祖仁皇帝康熙三年，擢內務府總管。五年，授弘文院學士。六年，充纂修《世祖章皇帝實録》副總裁。七年，奉命與工部尚書瑪爾賽閱淮、揚河工，定議修復興化縣之白駒場舊閘，增鑿黃河北岸引河，以備蓄洩。是年，刑部尚書對哈納遷大學士，明珠授刑部尚書。八年，以對哈納兼刑部尚書，改明珠都察院左都御史。十年二月，充經筵講官。八月，奏停巡鹽御史遍歷州縣之例。十一月，遷兵部尚書。十二年正月，上幸南苑，閱八旗甲兵於晾鷹臺，明珠先期布條教，俾衆演習，及期，軍容整肅。上諭之曰："今日陳列甚善，可著爲令。"

是年，平南王尚可喜請撤藩移遼東，吳三桂、耿精忠亦以是請，下議政王、大臣、九卿等會議。時有謂三桂當久鎮雲南不可撤者，明珠與户部尚書米思翰、刑部尚書莫洛等堅持宜撤，遂以兩議上，詔從明珠等議。十四年，調吏部尚書。十六年，授武英殿大學士。先是，吳三桂反，大學士索額圖謂因撤藩激變，宜罪議撤諸臣，上弗許。及耿精忠降，尚之信賜死，吳逆殄滅，上宣諭廷臣，以前議撤藩惟明珠與米思翰、莫洛等爲能稱旨云。

二十一年，議政王大臣等勘論耿精忠及其黨曾養性等二十餘人罪狀，擬如律，上詔詢廷臣，欲量予寬減。明珠奏："耿精忠罪浮於尚之信，尚之信縱酒行兇，口出妄言；耿精忠負恩謀反，悖逆尤甚，法在不赦。"上又諭以逆黨多人，尚宜矜釋，明珠奏此中惟陳夢雷、金鏡、田起蛟、李學詩可寬；上仍命王大臣集議，俱如明珠言。於是陳夢雷等四人免死，入旗爲奴，耿精忠、曾養性等咸伏誅。時詔重修《太祖》、《太宗實録》及編纂《三朝聖訓》、《政治典訓》、《平定三逆方略》、《大清會典》、《一統志》、《明史》，皆以明珠爲總裁官。兩遇《實録》告成，加太子太傅，晉太子太師。

二十七年二月，御史郭琇疏劾明珠與大學士余國柱背公營私諸款："一、凡閣中票擬，俱由明珠指麾，輕重任意，余國柱承其風旨，即有舛錯，同官莫敢駁正。聖明時有詰責，漫無省改。即如陳紫芝之參劾張汧疏內並請議處保舉之員，上面諭九卿應一體嚴處，票擬竟不之及。一、明珠凡奉諭旨，或稱其賢，則向彼云：『由我力薦。』或稱其不善，則向彼云：『上意不喜，吾當從容挽救。』且任意增添，以市恩立威，因而要結羣心，挾取貨賄。至每日奏畢，出中左門，滿、漢部院諸臣及其腹心拱立以待，皆密語移時，上意無不宣露。部院衙門稍有關係之事，必請命而行。一、明珠連結黨羽，滿洲則佛倫、格斯特及其族姪富拉塔、錫珠等，漢人之總攬者則余國柱，結爲死黨，寄以腹心。凡會議會推，皆佛倫、格斯特等把持，而國柱更爲之囊橐，惟命是聽。一、督、撫、藩、臬缺出，余國柱等無不展轉販鬻，必索及滿欲而後止。是以督撫等官愈事剝削，小民重困。今天下遭遇聖主，愛民如子，而民間猶有未給足者，皆貪官搜索，以奉私門之所致也。一、康熙二十三年學道報滿之後，應陞學道之人，率往論價。九卿選擇時公然承其風旨，缺皆預定。由是學道皆多端取賄，士風文教因之大壞。一、靳輔與明珠、余國柱交相固結，每年糜費河銀大半分肥。所題用河官多出指授，是以極力庇護。當下河初議開時，彼以爲必委任靳輔，欣然欲行，九卿亦無異詞。及上欲另委人，則以于成龍方沐聖眷，舉出必當上旨，而成龍官止臬司，可以統攝。於是議題議奏仍屬靳輔，此時未有阻撓意也。及靳輔張大其事，與成龍議不合，始一力阻撓，皆由倚托大臣，故敢如此。一、科道官有內陞出差者，明珠、余國柱率皆居功要索。至於考選科道，既與之訂約，凡有本章必須先行請問，由是言官多受其牽制。一、明珠自知罪戾，見人輒用柔顔甘語，百計款曲，而陰行鷙害，意毒謀險。最忌者言官，恐發其奸狀。當佛倫爲總憲時，見御史李興謙屢奏稱旨，御史吳震方頗有參劾，即令借事推陷，聞者駭懼。以上各款，但約略指參，總之明珠一人，其智術足以彌縫罪惡，又有余國柱奸謀附和，負恩之罪，罄竹難盡。伏祈霆威立加嚴譴，天下人情，無不欣暢。"

奏入，上諭吏部曰："國家建官分職，經理庶政，必須矢志精白，大法小廉，各守職業，實心任事，庶無負拔擢簡用之意。朕親理萬幾，歷有年所，於爾部院大小官員行事，無不深知。爲臣子者，即僭爵受祿，榮及父母，庇其子孫，家能自給，便當知足，無致隕越。前已屢頒諭旨，嚴行申誡，又復諄諄面諭，訓誨再三。今在廷諸臣，自大學士以下，有職掌官員以上，全不恪勤乃職，惟知早出衙署，偷安自便，三五成羣，互相交結，同年門生，相爲援引傾陷，商謀私事，徇庇同黨，圖取貨賄，作弊營私，種種情狀，確知已久。九卿、詹事、科道，皆朕委任之員，凡遇會議，自當各出己見，公同商酌。乃一二欲行倡率之人，持議於前，衆遂附和於後，雷同草率，一意詭隨。又其甚者，雖在會議之班，茫無知識，隨衆畫題，希圖完結。廷議如此，國是何憑？又有當集議時，緘默自容，及至僨事，巧於推卸。朕深惡此等推委苟容之輩，亦屢加嚴飭。至於用人，關係重大，羣臣賢否，難以周知。故遇緊要員缺，特令會同推舉，原期爲國得人，實有裨益；亦欲令被舉者警心易慮，恐致溺職，累及舉者，因而勉自刻勵。九卿諸臣宜體朕心，從公選舉，方爲不負委任。乃歷來所舉官員，稱職者固有，而貪黷匪類，往往敗露。此皆瞻徇情面，植黨納賄所致。凡茲情弊，朕非不知。前者班布爾善、阿斯哈等身爲大臣，所行悖亂，致干憲典，遂行正法，至今猶耿於懷。是以比來大小官員背公徇私，交通貨賄，朕雖洞見而不即指發，冀其自知罪戾，痛加省改，庶可終始保全。詎意積習深錮，漫無悛悔。如審擬蔡毓榮一案，庇護挽救，瞻徇黨類，百計營私。因朕具悉其奸，私謀未遂。近差塞楞額往審張汧被參情事，朕面諭塞楞額，張汧居官貪穢，爾宜嚴行審出。迨差回時，詢問塞楞額，奏稱：『臣於此案盡心研鞫，若有失實，甘受誅戮。』及覽其奏案，惟恐累及保舉張汧之人，竟爲庇護。朕知內閣原擬票簽保舉張汧官員並未議及，業行折出；又念張汧審結定罪之後，自然發露，因仍用原簽票發。又靳輔下河工程屯田之案，朕早已察其情弊，特遣佛倫等前往勘議，今所議殊屬偏私。且凡會議之時，科爾坤、佛倫等務執己見，持論好勝，苟非懷挾私情，何以力排衆議？朕亦曾面加誡諭，未見畏悔。如此積弊，愈久愈深，物議沸騰，輿情憤激，以致言官列款參奏。本應發明其事，以肅官方，因不忍遽行加罪大臣；且用兵之時，有曾效勞績者，故免其發覺。勒德洪、明珠著革去大學士，交與領侍衛內大臣酌用；李之芳著休致回籍；余國柱著革職；科爾坤著以原品解任；佛倫、熊一瀟等著解任，於河工案內完結。嗣後大小臣工，各宜洗滌肺腸，痛改陋習，潔己奉公，勉盡職掌，以副朕寬大矜全、咸與維新之至意。」

尋授明珠爲內大臣。二十九年，上命裕親王福全統兵征噶爾丹，明珠與領侍衛大臣索額圖等參贊軍務。尋以噶爾丹敗遁，不行追剿，議罪，降四級留任。三十五年四月，上親征噶爾丹，遣明珠與左都御史于成龍督運西路軍餉。五月，以噶爾丹敗遁，班師。明年，上復親征，明珠扈從，至寧夏，奉命撥駝運餉；又偕大學士黃茂賚白金頒賚鄂爾多斯隨征兵衆。師還，敍功，復原級。四十三年，奉命與內大臣阿密達等賑山東、河南流民之就食京師者。四十七年四月，以疾卒，年七十有四。上遣皇子奠茶酒，賜祭葬如例。

今上乾隆三十七年十月，諭曰：「國史館進呈新纂《明珠傳》，內所列郭琇糾參各款，朧採不全，於核實紀載之義未合。明珠在康熙年間身爲大學士，柄用有年，乃竟不克自終，漸至植黨營私，市恩通賂，勢燄薰灼，物議沸騰。皇祖疊申誡諭，期得以恩禮保全，而明珠不知省改，致郭琇參奏。復念其於平定三藩時，曾有贊理軍務微勞，不即暴示罪狀，然亦立予罷斥，並未嘗廢法姑容。後雖量爲錄用，僅授內大臣之職，距其身歿二十餘年，不復再加委任。此實皇祖恩威並用，權衡纖毫不爽，迥非三代以後所可幾及。而確核明珠罪案，祇在徇利太深，結交太廣，不能恪守官箴，要不至如明代之嚴嵩、溫體仁輩竊弄威福，竟敢陰排異己，潛害忠良，舉朝側目，而莫可誰何也。即如明珠以現任閣臣，而郭琇即以露章朧款，抨擊甚力，使明珠果能如明季諸奸之箝制言路，則郭琇矢口之間，早已禍不旋踵；即或深謀修隙，亦必多方狙伺，假手擠排。乃郭琇因此一疏，遂以鯁直受知，不及二年，即由僉都御史洊擢都御史，不聞明珠之黨有能爲之抑沮者。其間亦曾因事論黜，而我聖祖鑒其政績風力，由閒廢中擢爲湖廣總督。後因紅苗搶奪，隱匿不報，削籍歸里，其罪實由自致，亦非明珠之黨藉事以爲報復。今《郭琇列傳》具在，可考而知也。至於明珠生平，是非功過，原不相掩。我皇祖慎持予奪之柄，至公至明，因物付物，恭繹聖諭，仁至義盡，一一適如其人之所自取，即此可以窺見萬一。茲館臣裒輯明珠事蹟，因檢閣庫，未獲郭琇劾章，似由當日留中不下，遂據館中所存郭琇疏稿刊本，撮載大凡；但其間刪削過多，恐傳之既久，或疑修史者有意曲爲隱諱，於據事直書之旨無當也。因命於《明珠傳》中全列郭琇參本，俾天下後世得喻此事本末，共知我國家立綱陳紀，朝宁肅清，從無有宵小僉壬，如前代之得以怙權干政，而我皇祖聖明英斷，刑賞持平，實爲執兩用中之極則。朕稟承祖訓，凡一切用人行政，無不本此意爲折衷。用是剖悉原委，宣諭中外，仍命錄載傳後，使定論昭然，永以示傳信而垂法戒焉。」

雜録

備録

昭槤《嘯亭雜録》卷三《郭劉二疏》　國朝懲明代之失，罔許言官挾私言事，紊亂綱紀。然遇骨鯁之士彈劾權要，列聖必立加獎勸，以旌其直。如郭華野之劾明、余二相及王、高諸人；劉文正之劾果毅、勤宣，皆侃侃正論，有足取者。

熊賜履部

綜述

《國朝耆獻類徵初編》卷七《熊賜履》 熊先生，諱賜履，字敬修，原字素九。歷官東閣大學士，諡文端。尊朱子，闢陽明，著《學統閑道錄》、《程朱學要》、《十子學要》、《下學堂劄記會約》等書。謂：「洙泗之統，惟朱子得其正。濂洛之學，惟朱子匯其全。」又謂：「自開闢以來，未有孔子。自秦漢以來，未有朱子。朱子乃三代以後絕無僅有之人。」

又曰：「不有孟子，則孔子之道不著。不有朱子，則程子之道不著，而孔孟之道亦不著。不有羅子，則朱子之道不著，孔、孟、周、程之道亦不著。而堯舜以來，相傳之道亦因之不著。蓋羅子之道，朱子之道也。朱子之道，程子之道也，即孔孟之道也，即堯舜以來相傳之道也。列聖諸賢授受惟一，而守先待後、閑聖距邪之功，則戰國之孟子。宋之朱子明之，羅子尤其昭日月而垂天壤者也。朱子之功不在孟子下，羅子之功不在朱子下。聖人復起，不易斯言矣。夫羅子豈可與朱子比哉？特以良知肆行之時，而能謹守朱子，砥柱狂流，則亦朱子已矣。」

又曰：「孩提不學而能，不慮而知，聖人不勉而中，不思而得，論其本體，誠如是也。然能即能其所學者，知即知其所慮者，中即中其所勉者，得即得其所思者，學即學其所能者，慮即慮其所知者，勉即勉其所中者，思即思其所得者，且不學而能是不學之學，不慮而知是不慮之慮，不勉而中是不勉之勉，不思而得是不思之思，不能而學是學其不學，不知而慮是慮其不慮，不中而勉是勉其不勉，不得而思是思其不思。若徒騖於不學、不慮、不勉、不思之虛名，坐棄其與能、與知、自中、自得之實理，廢置有本體之真工夫，冒認無工夫的假本體，希圖自在，厭棄修爲，而不知其與禽獸同歸也，亦甚非聖賢教人之本意矣。」

又曰：「不學而能是良能，學而能亦是良能。不慮而知是良知，慮而知亦是良知。能而不學是良能，不能而學亦是良能。知而不慮是良知，不知而慮亦是良知。人但知不學、不慮之爲良知、良能，不知不學而學、不慮而慮之乃所以爲良知、良能，但知不能而學、不知而慮之非良知、良能，不知不能而不學、不知而不慮之尤非良知、良能也。孟子此言正爲不善學、不善慮者指出不學、不慮之本體，又爲沉然不學、泥然不慮者指出不學而學、不慮而慮之工夫。使人知不學而能者竟以廢學而成不能，不慮而知者竟以廢慮而成不知。不學而能者必以學而後無不能，不慮而知者必以慮而後無不知。其所謂不學、所謂不慮者究不足恃，而所謂學、所謂慮者乃終不可廢也，是所望於善讀《孟子》者。」

又曰：「無思、無爲不在思爲之外，不學、不慮不在學慮之外。思只思這無思的，爲只爲這無爲的，學只學這不學的，慮只慮這不慮的。無思、無爲何曾少得思爲？不學、不慮何曾廢得學慮？無思之思、無爲之爲何礙其無思、無爲？不學之學、不慮之慮何害其不學、不慮？錯認本體，以無思無爲、不學不慮爲元空、爲自在、爲不致毫力、爲不起一念；錯認本體，因錯認工夫，以思爲學慮、爲騖外、爲襲義、爲倚靠墮落、爲幫貼障蔽，殊不知聖賢之所謂無思、無爲、不學、不慮者，果指何物？且既曰無思、無爲、不學、不慮矣，而復諄諄教人以思、爲、學、慮之方者，豈聖賢立言自相矛盾如是耶？學者所當深長思之也。」

又曰：「命也，性也，道也，教也，一以貫之也。如云無善無惡則是在天爲無善無惡之命在人爲。無善無惡之性，率無善無惡之性，爲無善無惡之道，修無善無惡之道，爲無善無惡之教，幾不知成何宇宙。甚矣，姚江之徒之謬也。」讀此數則，可知先生之學矣。先生中年被罷，流寓金陵，寄懷園林溪壑，曰愚齋，曰樸園，曰歸潔園，曰豁然樓，曰默默軒，假名勝以徜徉，擇幽深而遊息，依山傍水，問柳尋花，則與遷客之流連，騷人之寄託同其懷抱也。

右《學案》，唐鑑輯。

鼇拜枋用時，黜陟生殺惟其意，或在上前忿爭，或呵叱部臣，張威福劫，衆大臣稍異同其間，立致死。惟公以一詞臣論事，侃侃無所避，用此直聲浩氣震天下。

《清史列傳》卷七《熊賜履傳》 熊賜履，湖北孝感人。順治十五年進士，由庶吉士授檢討。十七年，充順天鄉試副考官。康熙二年，遷國子監司業。四年，遷弘文院侍讀。

六年，聖祖仁皇帝屢詔臣工直陳政事得失，時內大臣鼇拜輔政自專，賜履疏言：「內臣者外臣之表也。今國家章程法度，不聞略加整頓，而急功喜事之人，又從而意爲之；但知趨目前尺寸之利以便其私，而不知無窮之弊已潛滋暗伏於其中。部院臣工大率緘默依阿，託老成慎重之名，以濟尸位素餐之計。樹義者謂之疏狂，任事者目爲躁競，廉静者斥爲矯情，端方者病爲迂腐。間有讀書窮理之士，則羣指爲道學，百計詆排，欲禁錮其終身而後快。乞皇上申飭滿、漢諸臣虚衷酌理，實心任事，化情面爲肝膽，轉推諉爲擔當。漢官勿阿附滿官，堂官勿偏任司官。宰執盡心論思，毋以唯諾爲休容。臺諫極力糾繩，毋以鉗結爲將順。則職業修舉，官箴日肅矣。」疏入，報聞。七年，遷祕書院侍讀學士。疏言：「朝政積習未除，國計隱憂可慮。皇上聰明天亶，天下之人靡不翹踵拭目，仰觀德化之成；而設施措置，猶未足厭服斯人之望。年來災異頻仍，饑荒疊見，正宵旰憂勤，徹懸減膳之日。乞時御便殿，接見儒臣，講論政治，行之以誠，持之以敬，庶幾轉咎徵爲休徵。」疏入，内大臣鼇拜傳旨詰問「積習隱憂」及「未厭人望」實事，賜履言即「制治未亂，保邦未危」之意，欲至尊憂勤惕勵也。鼇拜復傳旨嚴飭賜履不能實在指陳，妄行冒奏，以沽虚名，下部議處，應降二級調用，上寬免之。未幾，命康親王傑書等勘鞫鼇拜結黨專權罪狀，讞辭有「鼇拜銜賜履劾己意圖傾害」一款。互詳《鼇拜傳》。

賜履嘗以上即位後，未舉行經筵舊典，謂宜慎選儒臣以資啓沃，並請備記言記動之職，設起居注官；又以上欲巡幸邊外，疏請停止。皆得旨俞允，諭廷臣曰：「朕頃以農隙講武之時，欲一往邊外閲視，有疏稱災變甚多，不宜出邊，增兵民困苦者，深嘉其抒陳忠悃，直言進諫，已如所請停止。此後有未當之事，其各直陳所見，朕不憚改焉。」九年四月，擢國史院學士。十月，改内三院爲内閣，設翰林院，以賜履爲掌院學士。會復設起居注日講官，命賜履充之，又充經筵講官。十年六月，乞省母疾，命勿開缺。十一年，命教習庶吉士。十二年，充會試副考官。十四年三月，奉旨：「翰林院掌院學士熊賜履素有才能，居官清慎，著陞内閣學士。」於是授武英殿大學士。時恭輯《太祖高皇帝》、《太宗文皇帝聖訓》、《御撰孝經衍義》，重修《太宗實録》，賜履並充總裁官。

十五年六月，陝西總督哈占有盗犯已獲，開復疎防官員一疏，内閣誤票三法司核擬，既檢舉，得旨寬免處分。大學士杜立德告之大學士索額圖，謂「前此票擬草簽，今已改寫，不無情弊」。既而索額圖欲閲草簽，杜立德又以被竊去告。於是索額圖、大學士巴泰同奏請敕吏部集問諸大學士、學士及中書等，嚴察改寫竊取情弊，吏部尚書明珠、郝惟訥等議賜履票擬錯誤，欲諉咎杜立德改寫草簽，復私取嚼毁，失大臣體，革職。遂罷歸，家江寧。二十三年，上南巡，賜履迎駕，召對良久，遣侍衛齎御書及食物賜之，尋御題「經義齋」匾額以賜。二十七年六月，授禮部尚書。十二月，丁母憂，歸。二十九年十一月，仍授禮部尚書。三十年，充經筵講官及武會試正考官。三十一年二月，命往江南察審運河同知陳良謨訐告河道總督王新命勒取庫銀事，鞫新命及良謨並挪移庫銀，論罪如律。十月，調吏部尚書。

會河道總督靳輔奏所屬州縣開河築隄，建壩栽柳之民間田地，應令督撫察勘豁免額賦。上曰：「此事若令地方官履勘丈量，恐借端擾民，特遣賜履前往，會同督撫察勘。」尋還奏高郵、山陽等州縣應豁免額賦田地三千七百二十八頃有奇。三十三年，九卿會推兩江總督，以吏部侍郎布彦圖等十二人列奏，上詰問保舉布彦圖者何人，大學士等以賜履覆奏。上以尚書庫埒納與布彦圖同旗同部，素所稔知，諭責之，置賜履弗問。三十五年七月，御史龔翔麟劾奏：「吏部擬補擬選先後互異，單月府、州、縣缺，壓歸雙月；河工咨留人員，或准或否，高下其手。尚書熊賜履竊道學虚名，負恩溺職，應與久任吏部之侍郎趙士麟嚴加處分。」得旨，吏部回奏，復下都察院察議，以回奏含糊矛盾，賜履與尚書庫埒納，侍郎趙士麟、彭孫遹並應降三級調用，上命從寬留任。

三十八年，授東閣大學士。時纂修《平定朔漠方略》及《明史》，賜履充總裁官。先是，三十三年、三十六年會試，至是三十九年會試，並爲正考官。四十二年二月，復充會試正考官。三月，以年屆七十乞休，得旨：「卿才學敏贍，講幄久勞。簡任綸扉，勤慎益著。老成在列，倚畀方殷。覽奏，引年求罷，情詞懇切。准以原官解任，仍食俸，留住京師，用備顧問，以示優眷。」四十三年，賜御書「壽者」匾額。四十五年十月，疏辭食俸，乞歸江寧，命乘驛官爲護送。四十六年，上閲河駕幸江寧，召見慰問，賜御用冠服。四十八年十月，卒於家，年七十有五。命禮部遣滿、漢司官各一員往視其喪，予卹銀一千兩，贈太子太保，賜祭葬如典禮，謚文端。

所著有《經義齋集》、《學統》、《學辨》、《學規》、《學餘》諸書。當賜履遺疏至京時，其同姓編修熊本竄入薦己語，上覽疏，諭廷臣曰：「熊賜履學問既優，人品亦端。此遺疏内薦舉其姪熊本，必係虚僞，命總督噶禮確察。」噶禮取其疏草以進，果無是語，下法司鞫問，論熊本罪如律。

五十一年，諭吏部曰：「原任大學士熊賜履夙學老成，歷任多年。朕初立講官，熊賜履早夜惟勤，未嘗不以内聖外王之道、正心修身之本，直言講論，務得至理而後已。且品行清正，學問優長，身殁以後，朕屢加賜卹，至今猶軫於懷。原任大學士張英、張玉書，朕因眷念舊勞，擢用其子。熊賜履之子，自應一例推恩，著調取來京酌量録用，以示不忘耆舊之意。」六十年，吏部以其二子引見，命俟年壯録用。諭大學士等曰：「原任大學士熊賜履居官清正，學問優贍。朕每念舊勞，不忘於心。屢諭織造李煦、曹頫賙卹其家。今其二子來京，觀其氣質，尚可讀書。熊賜履屢爲試官，所取門生不下千人，身後竟無一顧卹其家者。朕於故舊大臣身故之後，不忍忘懷。當熊賜履居官時，政事言論有不當者，朕未嘗不加訓飭，即凡大臣皆然。及已去位身故，則但念其好處，如李霨、王熙之孫，勵杜訥之子，俱現爲京職。現任大學士王頊齡之子王圖炳，亦在内廷行走。沈荃之子沈宗敬，爲人參劾，朕念伊父存日勤勞，姑留其職。杜立德、張玉書之家，時時問其子孫何如。至於讀書學問之事，必思及李光地，其子姪亦現官於朝。此皆爾等所知也。今熊賜履二子家甚清寒，爾等亦應共相扶助，令其讀書，俾有成就。」今上乾隆四年，吏部以熊賜履之子志契年已及壯具奏，奉旨以京職用，尋授翰林院孔目。

雜録

備録

王士禛《分甘餘話》卷三　康熙己未，開《明史》館。其後總裁及纂修官遷轉病假不一，屢易其人，最後乃增孝感相國熊公青嶽賜履。未幾，熊以老病乞歸，允解閣務，令居京師，以備顧問。久之，復求歸田，允之，遂自進《明史》若干卷，命付内閣參詳其書。熊自撰進，即同爲總裁數公，亦不得而見之也。内閣參詳，覆旨云何，余甲申冬歸田，無從而知矣。

陳康祺《郎潛紀聞二筆》卷二《熊文端爲經筵講官》　康熙十年二月，肇舉經筵大典於保和殿，以孝感熊文端公爲講官，知經筵事。頃之，聖祖以春秋兩講爲期闊疏，遂命公日進講弘德殿。每詰旦進講，聖祖有疑必問，公上陳道德，下道民隱，引伸觸類，竭盡表裏，洵明良之慶也。

陳康祺《郎潛紀聞三筆》卷六《聖祖察熊文端遺疏薦熊本之虚僞》　孝感熊文端相國引退後，初留京師，嗣疏辭食俸，歸老於江甯。康熙四十八年卒，遺疏至京，其同姓編修熊本竄入薦己語。上覽疏諭廷臣曰：「熊賜履學問既優，人品亦端，此遺疏内薦舉其姪熊本，必係虚僞。」命總督噶禮確察。噶禮取其疏草以進，果無是語，下法司鞫勘，論熊本罪如律。

備論

《國朝耆獻類徵初編》卷七　公平生論學，以默識爲真修，以篤行爲至教。其居也恭，其動也毅，其事上也誠，其與人也恕。辭達而已，不爲飾；時措而已，不爲矯。以是由程朱之途而上溯乎孔孟。其言曰：「聖賢之道，不外乎庸，庸乃所以爲神也。」

索額圖部

綜述

《清史列傳》卷八《索額圖傳》 索額圖，滿洲正黃旗人，姓赫舍里氏，內大臣一等公索尼第三子。初任侍衛，由三等洊遷至一等。聖祖仁皇帝康熙七年，授吏部右侍郎。八年五月，索額圖奏請解吏部任，效力左右，仍為一等侍衛。是月，內大臣鰲拜獲罪拘禁，大學士班布爾善坐黨伏誅，索額圖旋授國史院大學士，兼任佐領。九年，改內三院為內閣，索額圖為保和殿大學士。十一年，《世祖章皇帝實錄》告成，索額圖時為總裁官，加太子太傅。十五年，同大學士巴泰、杜立德等劾奏內閣票本錯誤，改寫草簽，請敕部嚴察情弊，於是大學士熊賜履以改寫草簽，復行私燬，罷歸。事詳《熊賜履傳》。十八年二月，京察，翰林院以侍講學士顧八代隨征稱職，以「政勤才長」注考，索額圖改注「浮躁」，坐降調。事詳《顧八代傳》。

七月，地震，左都御史魏象樞奉召對，奏請重譴索額圖，上諭以「修省當自朕躬始」。翌日，召索額圖及眾大臣諭曰：「茲者異常地震，朕反躬修省，方圖挽回天意。爾等亦宜洗滌肺腸，公忠自矢。且自任用以來，家計頗已饒裕，乃全無為國報效之心，朋比徇私。朕聞之已久，猶望悛改，未令議罪。今見所行，愈加貪黷，習以為常，若事情發覺，國法具在，決不貸宥！」十九年八月，索額圖以疾請解大學士任，得旨：「卿輔弼重臣，勤敏練達。自用兵以來，贊襄籌畫，克合機宜。覽奏，情詞懇切，著於內大臣處上朝，加意調攝，以副眷懷。」尋授議政大臣。初，逆藩吳三桂反，索額圖謂因撤藩激變，請誅建議之人，上弗許。二十年，雲南平，諭大學士明珠等曰：「吳逆倡亂，有謂撤藩所致，請誅建議之人者，朕若從之，則皆含冤泉壤矣！」

先是，索額圖之兄噶布拉任領侍衛內大臣，以冊謚孝誠仁皇后推恩所生，封一等公。弟心裕、法保分襲索尼世爵，心裕襲一等伯，任鑾儀使兼佐領；法保襲一等公，任內大臣。二十二年三月，上諭議政王大臣曰：「心裕素行懶惰，屢次空班。朕交索額圖議處，乃止議罰俸一年。又法保因懶惰革退內大臣，隨旗行走，不思效力贖罪，在外校射為樂，索額圖亦弗教訓。且自恃巨富，日益驕縱，朕時加訓飭，並不悛改，著嚴加議處。」於是議心裕革鑾儀使、佐領、一等伯，法保革一等公，索額圖革議政大臣、太子太傅、內大臣、佐領。上命心裕留一等伯，索額圖留佐領。

二十五年八月，授索額圖領侍衛內大臣。時俄羅斯屢犯黑龍江邊境，侵踞雅克薩地，我兵攻圍之，其眾乞降，徙去。未幾，又來踞，上復發兵攻圍。其察罕汗乃遣人謝罪，請釋圍。詔許退兵，令別遣使來議地界。尋遣使費耀多囉等至尼布楚請議。值噶爾丹侵掠喀爾喀部，上命傳諭費耀多囉等，緩期定議。二十八年四月，命索額圖同都統佟國綱等往議。索額圖奏言：「尼布楚、雅克薩應仍歸界內。」上曰：「以尼布楚為界，則俄羅斯遣使貿易，無棲託之所。彼若乞與尼布楚，可即以額爾固訥河為界。」索額圖至尼布楚，費耀多囉等欲以尼布楚、雅克薩歸彼界，固執爭辯。索額圖詳述舊屬我朝原委，斥其侵踞之非，宣感戴皇上好生德意。於是定議以額爾固訥河及格爾必齊河為界，立碑垂示久遠。

二十九年七月，命統盛京、吉林、科爾沁兵往會大將軍裕親王福全於巴林，進征噶爾丹，擊敗之於烏闌布通。十一月，師還，以噶爾丹敗遁，不窮兵追剿，議革職，命降四級留任。三十五年二月，上親征噶爾丹，由中路進，命索額圖領八旗前鋒、察哈爾四旗及漢軍、綠旗兵前行，並經理火器營事。五月，上駐蹕什巴爾台，以大將軍費揚古西路兵甫至圖拉，諭詢王大臣進征遲速機宜，索額圖言宜緩行以待西路兵。上密諭費揚古截噶爾丹歸路，親統師駐克魯倫河，噶爾丹望見御營，大驚奔竄，費揚古截擊之於昭莫多，大敗其衆，上乃班師。三十六年二月，駕臨寧夏，索額圖從之。回鑾至船站，命管理水路設站事務。是年，噶爾丹竄死。敘前隨征功，復原級。四十年九月，以老乞休，允之，心裕代為領侍衛內大臣。

四十一年，上閱河至德州回鑾，特召索額圖侍皇太子允礽養病德州，後一月乃偕還京。是年，心裕以酷斃家人革任，索額圖前此亦為家人訐告罪款，上留中未宣。四十二年五月，命侍衛海青等傳諭曰：「爾家人告爾之事，留內三年，朕有寬爾之意，爾無愧悔之心，背後仍怨尤，議論國事，結黨妄行。舉國俱係受朕深恩之人，若受恩者半，不受恩者半，即俱從爾矣。去年皇太子在德州時，爾乘馬至皇太子中門方下，即此是爾應死處。爾自視為何等人耶？爾任大學士時，因貪惡革退，後復起用，並不思念朕恩。夫養犬尚知主恩，若爾者雖格外加恩，亦屬無益。

朕欲遣人來爾家搜看，恐連累者多，所以中止。若將爾行事指出一端，即可正法。尚念爾原係大臣，朕心不忍，但令爾閒住，又恐結黨生事，背後怨尤議論，著交宗人府拘禁。」索額圖尋死於禁所。後數年，皇太子允礽以狂疾廢黜，上諭廷臣曰：「昔允礽立爲皇太子時，索額圖懷私倡議，凡服御諸物俱用黄色，所定一切儀制，幾與朕相似。驕縱之漸，實由於此。索額圖誠本朝第一罪人也！」

雜録

備録

昭槤《嘯亭雜録》卷一〇《索家奴》 索相當權時，性貪黷，一時下屬多以賄

進。然多謀略，三逆叛時，公料理軍書，調度將帥，皆中肯要，吴逆患之，乃密遣刺客刺之。公正秉燭治軍書，見一脩髯偉貌者立其傍，問曰：「汝得非吴王刺客乎？」客長跪頓首。公曰：「然則取吾頭。」客曰：「若果害公，早取公首領去，不待公命也。吾至良久，見公批示軍機，咸如身至其地，料理軍書，竟夕不寐，誠良相也。某雖愚，豈敢刺賢相？」因反接請死，公笑揮之去。次日乃投公邸中，執奴僕役甚恭，公驅使無不如意。後公下獄，客潛入獄饋飲食，及公伏法，客料理喪殮事畢，痛哭而去，不知所終。按公此事可比張魏公，然張以忠貞立朝，名播後世，公乃苞苴不禁，致干國紀，反有負於客所望矣。

昭槤《嘯亭雜録》卷一〇《索明二相博古》 索額圖、明珠並相時，權勢相侔，互相仇軋。後索以事伏法，明爲郭制府琇所劾罷，天下快之。然二相皆有絶技，索好古玩，凡漢、唐以來鼎鑊盤盂，索相見之，無不立辨真贋，無敢欺者。明相好書畫，凡其居處，無不錦卷牙籤，充滿庭宇，時人有比以鄴架者，亦一時之盛也。

張英部

綜述

《漢名臣傳》卷七《張英列傳》 張英，江南桐城人。聖祖仁皇帝康熙六年進士，改庶吉士，旋丁父憂回籍。十一年，授編修。十二年，充日講起居注官。十五年，遷左春坊左諭德。十六年二月，遷翰林院侍講學士。九月，同掌院學士喇沙里、陳廷敬奉諭曰：「爾等每日進講，啟導朕心，甚有裨益。嗣後天氣漸寒，特賜爾等貂皮各五十張，表裏緞各二十疋。」十月，諭大學士等曰：「朕不時觀書寫字，欲選擇翰林侍左右講究文義，伊等在外城，宣召難以即至，著于城內撥給閒房，在內侍從。」尋命英直南書房，賜第西安門內。十八年，轉侍讀學士。十九年四月，諭吏部曰：「朕萬幾之暇，留心經史，雖遜志時敏，夙夜孜孜，而研究闡發，良資講幄之功。日講起居注各官俱以學行優長，簡備顧問，所纂講義典確精詳，深裨治理。侍讀學士張英供奉內廷，日侍左右，恪恭匪懈，勤慎有嘉，爾部從優議敘。」尋允部議，講官葉方藹、沈荃等加銜有差，英授翰林院學士兼禮部侍郎銜。二十年二月，以葬父乞假。諭曰：「爾素性醇樸，侍從有年，朝夕講筵，恪恭盡職，茲因爾父未葬，具疏請假，朕念人子至情，忠孝一理，准假南旋。特賜白金五百兩，表裏二十疋，既旌爾勤勞，兼資塋田之用，爾其欽悉朕惓惓至意。」又諭禮部：如英品級，予其父秉彝卹典。

二十五年三月，授翰林院學士，兼禮部侍郎銜。四月，命教習庶吉士。閏四月，與內閣學士徐乾學並諭稱學問淹通，宜留辦文章之事，令吏部勿開列巡撫。十二月，遷兵部右侍郎。二十六年正月，同內閣學士韓菼奏進纂成《孝經衍義》，得旨頒發。六月，調禮部右侍郎，兼翰林院學士銜。九月，轉左，仍兼翰林院學士銜，又兼管詹事府詹事。十一月，充經筵講官。二十七年正月，給事中陳世安疏劾英與禮部尚書張士甄、侍郎王飀昌，遇孝莊章皇后大喪不親督司員檢閱舊章，一切典禮令司員具稿賫送。滿堂官起奏，不會同詳慎參訂，或屢請不至，即至亦默無一言。問有朝臣造問恭祭時日，跪送儀文，齋宿舊例，茫然輒謝不知。偷安自便，闒冗無能，請嚴加處分，以警瘝曠。命自行回奏。尋奏：臣士甄、飀昌，每日在午門前齋集，臣英朝夕在永康門外，兼有奉旨與翰林院同辦之事，俱未敢偷安。凡典禮有應稽舊章者，親率司員檢閱；有應滿漢堂官公同商酌者，未嘗推諉，並無屢請不至之事。至恭祭日期，跪送儀文及齋宿之例，一經奉旨，即知會所司俱遵行無誤，亦未嘗有朝臣相問，對以未知也。惟是臣等素無才能，乞賜處分，爲不職者戒。疏下吏部察議，以未與滿堂官同在一處商稿起奏，應各降五級調用。得旨，從寬留任。

二十八年十二月，擢工部尚書，仍兼管詹事府。二十九年六月，兼翰林院掌院學士，並管詹事府。七月，調禮部尚書，仍兼翰林院掌院學士。十月，以編修楊瑄撰亡都統公佟國綱祭文，引用悖謬。英看閱不詳審改正，部議降四級調用。得旨，革去禮部尚書，仍官翰林院詹事府。三十年六月，教習庶吉士。三十一年十月，復禮部尚書，兼管翰詹如故。三十三年三月，以編修黃叔琳、庶吉士狄億等十一人試國書生疎，諭責教習不嚴，下部察議，應革職。得旨，張英從寬降三級留任。旋與掌院學士常書擬陣書，同奉命教習庶吉士。三十五年，上親征噶爾丹，至拖諾山凱旋，英同常書奏請賜觀《御製親征朔漠紀略》，俾得敬慎編摹，垂諸簡冊，從之。先後充《國史》、《一統志》、《淵鑑類函》、《政治典訓》、《平定朔漠方略》總裁官。三十六年三月，同尚書熊賜履爲會試正考官。七月，以老病乞休，得旨慰留。十月，辭兼管翰林院、詹事府，允之。三十八年十一月，授文華殿大學士，兼禮部尚書。四十年十月，乞休，得旨：「卿才品優長，宣力已久，及任機務，惟勤益勵，眷倚方殷，覽奏以衰病乞休，情詞懇切，准以原官致仕。」頒行，賜宴暢春園。諭部，令沿途馹遞，應付毋限常額。先是御書篤素堂匾額以賜英，名其所著爲《篤素堂文集》。四十四年，逢上南巡，迎駕淮安，叠奉御書謙益堂、葆靜匾額，並聯幅畫卷，銀千兩以賜。隨至江寧，上將旋蹕，以在籍臣庶籲請旨留一日，英復奏請。得旨：念老臣懇求諄切，准再留一日啟行。四十六年，迎駕清江浦，仍隨至江寧，賜御書對聯，世恩堂匾額，及書籍、人葠，亦允英奏請多留一日。四十七年九月，卒于家，年七十有二。遺疏至，得旨：「張英久侍講幄，簡任機密，老成勤慎，始終不渝。予告後朕念其衰年，屢諭旨令勉加調攝，忽聞病逝，深切軫悼。」下部議卹，賜祭葬加等，謚曰文端。世宗憲皇帝御極，贈太子太傅。雍正八年，入祀賢良祠。今上御極者，贈太傅。子廷王，官至大學士，別有傳。

《國朝詩人徵略》卷七 張英，字敦復，江南桐城人。康熙六年進士，官至大學士，謚文端，有《文端集》。

英仰蒙聖祖仁皇帝擢侍講幄，入直禁廷，簪筆雍容，極儒臣之榮遇。矢音賡唱，篇什最多，其間鼓吹昇平，黼黻廊廟，無不典雅和平。至於言情賦景之作，又多清微淡遠，抒寫性靈。臺閣山林二體，古難兼擅，英乃兼而有之。《四庫提要》

張文端云：年來得一法，守方寸之地，製爲一城，堅閉四門，不許榮辱升沉生死得失之念闌人其中。更有安心一法，非理事決不做，費力挽回事決不做，不可告人事決不做。衙門中事，因物付物，不將迎於事前，不留滯於事後，所以每卧輒酣，當食輒飽。《茶餘客話》

張硯齋相國《詠風鳶》有云：九霄日近增榮彩，四野風多仗寶繩。真金華殿中語。同上。

雜録

備録

《國朝耆獻類徵功編》卷九《張英》 王文簡公士禛，詩名重於當時，浮沈粉署，無所施展。張文端公英時直南書房，代爲延譽，仁皇帝亦素聞其名，因召漁洋入大内，出題面試之。漁洋詩思本遲滯，加以部曹小臣乍覩天顔，戰慄操觚，竟不能成一字。文端公代作詩草，撮爲墨丸置案側，漁洋得以完卷。上閲之笑曰：「人言王某詩爲丰神妙悟，何以整潔殊似卿筆？」文端公謝曰：「王某詩人之筆，定當勝臣多許。」上因命文簡改官詞林，因之得致高位。漁洋感激文端，終身曰：是日微張公，余幾作曳白人矣。

右録宗室昭槤撰。

《國朝學案小識》卷一二《桐城張先生》 先生諱英，字敦復，進士，歷官大學士。著《周易衷論》二卷，專釋六十四卦之旨，而不及繫辭。《説卦》、《序卦》每卦各爲一篇，每篇詮解大意而不列經文，大抵以朱子本義爲宗。然於《坎卦》之貳用缶句，又以本義爲未安，而從程傳；以樽酒簋貳爲句，則固未嘗如胡炳文等膠執門户之見也。其立説主於坦易明白，不務艱深，故解《乾》彖元亨利貞云文王繫辭，本與諸卦一例，解《乾》《坤》文言云聖人舉《乾》《坤》兩卦示人，以謂《易》之法。如此擴充體要，蓋以經釋經，一埽紛紜轇轕之見，大旨具見矣。

《顔氏家藏尺牘》 張英，字敦復，號夢敦，安徽桐城人，康熙六年進士，歷官大學士，贈太子太傅，謚文端。有《存誠堂》、《篤素堂詩文集》、《易書衷論》、《江南通志》。英侍講幄，敷陳經義，民生吏治，悉心獻納，知無不言。聖祖初設南書房，俾每日侍直，以資講論，詞臣賜第内城自此始。及佐樞部，掌邦禮，恪慎清粹。一時典章儀制、廟廷制誥之文，多其手定。登相位，忠藎純誠，佐佑啓沃，歷任三十餘年，未嘗一日離内直。聖祖稱其老成敬慎，終始不渝，有古大臣風，命工寫象以賜。生平多隱德，外和内剛，一私不染，薦拔賢俊如不及，從不使人知。廣義田以贍宗族，肅家範以率子第，一門咸勵名節。温恭謙謹，稱江左第一。年七十二，卒於家，御祭卹葬逾恒制。世宗御極，有甘盤舊學之思，贈太子太傅，崇祀京城賢良祠，賜祭於本籍。御書匾聯，有忠純貽範、師模如在之褒。

陳康祺《郎潛紀聞二筆》卷二《桐城張氏簪纓之盛》 桐城張氏父子繼相，兄弟多登九列者。文和長軍機時，其子姓宗族及姻黨姚氏，占仕籍者至數十人，時爲之語曰：「張、姚兩姓，占却半部《搢紳》。」劉文正公統勳以聞，請量加裁抑，三年内停其升轉，高宗從之。文正與文和故交，此奏可謂愛人以德。按：文正摺中，並奏尚書公訥親，以一人之身，兼理數處，任事過饒，非懷謙集益之道，請旨訓示。上亦如所請，訥亦同領機務者。

陳康祺《郎潛紀聞三筆》卷六《張文端兩次奏請聖祖多留江寗一日》 康熙四十四年南巡，駐蹕江寗，將啟駕矣，以在籍諸臣籲請，允留一日。時桐城張文端公英已以大學士致仕，迎鑾淮南，隨至金陵，亦以爲請。得旨：念老臣懇求諄切，准再留一日啟行。四十六年，文端迎於清江浦，仍隨至金陵，上亦允公奏，多留一日。初文端予告時，瀕行，御書「篤素堂」三字以賜。在淮安則御書「謙益堂」及「葆静」匾額，在江寗則御書對聯及「世恩堂」匾額，他所賜賚，不可勝書。黄幄戊校之尊嚴，止玉輦以片語；緑野午橋之清閟，曜奎章於四隅。史乘傳流，有餘寵焉。

陳康祺《郎潛紀聞三筆》卷六《張文端爲王敦轉世》 相傳張文端公英母太

夫人，嘗夢有異人自稱王敦至其家，覺而生子，命之曰敦哥。數歲夭，母慟甚，夢異人復至曰，吾終爲夫人子，遂産文端，名以敦復，長遂爲字。小説家紀述其事，略有異同，康祺以爲皆妄誕也。偶見漁洋《居易録》，稱文端爲夢敦。姬泉姚先生《惜抱軒集》，有《香亭得雄於其去年所失小郎有再生之徵識異》一絶，下二句云：「正似吾鄉張太傅，再招東晉大將軍。」自注極詳。姬泉恪守洛閩，乃亦信佛家輪迴之説，固知茲事之有徵。惟敦與文端忠奸不倫，蓋在衰世則爲亂臣，生熙朝則爲良輔，人才代出，仍隨氣運爲轉移，此身異性存之一轉語也。

備論

《國朝耆獻類徵初編》卷九　公爲人忠實，無畛域，自同官及後進之士皆傾心相嚮。其家居，族黨鄉鄰，下逮僕隸，常得其和，雖奸僉小人無所寄怨惡。用此，知與不知皆號爲長者。然性實介特，義所不可，雖威重不能奪。與物無忤，而黑白較然，此則余之所獨知於公者也。

右墓表，方苞撰。

清世祖部

綜述

《世祖實錄》卷一　崇德八年癸未，八月壬戌朔，庚午亥刻，太宗文皇帝賓。乙亥，和碩禮親王代善會集諸王貝勒貝子公及文武羣臣，以天位不可久虛，伏覩大行皇帝第九子天縱徇齊，昌符協應，爰定議同心翊戴。【略】丁亥，上即皇帝位。

《世祖實錄》卷三　順治元年甲申，夏四月戊午朔，乙丑，上御篤恭殿。賜攝政和碩睿親王多爾衮大將軍。【略】己卯，師至山海關。吴三桂率衆出迎，王大喜，設儀仗吹螺，同三桂向天行禮。畢，三桂率所屬各官謁王。五月己丑，師至燕京，故明文武官員出迎五里外。攝政和碩睿親王進朝陽門，老幼焚香跪迎。内監以故明鹵簿御輦陳皇城外，跪迎路左，啟王乘輦。

六月丁卯，攝政和碩睿親王多爾衮與諸王貝勒大臣等定議，應建都燕京。

《世祖實錄》卷九　冬十月乙卯朔，上以定鼎燕京，親詣南郊，告祭天地，即皇帝位。是日黎明，内院官奏請詣壇，頒順治二年時憲歷。丙辰，吏部議覆山東巡撫方大猷疏，請以孔子六十五代孫孔允植仍襲封衍聖公，照原階兼太子太傅，其子興燮照例加一品冠服。丁巳，以攝政王多爾衮功最高，命禮部尚書郎球、侍郎藍拜、啓心郎渥赫建碑紀績。甲子，是日上御皇極門，頒即位詔於天下。以多爾衮功多，加封爲叔父攝政王，賜册寶，并賜嵌十三顆珠頂黑狐帽一、黑狐裘一、金一萬兩、銀十萬兩、緞一萬疋、鞍馬十、馬九十、駱駝十，仍大宴諸王文武羣臣。

《世祖實錄》卷一〇　癸酉，命和碩英親王阿濟格爲靖遠大將軍，統領將士往征流寇。己卯，命和碩豫親王多鐸爲定國大將軍，統領將士進征江南。

《世祖實錄》卷一三　順治二年乙酉，春正月乙酉朔，丁未，國子監祭酒李若琳奏請更孔子神牌爲大成至聖文宣先師孔子。報可。三月甲申朔，禮部奏言：「三月初三日，例應祭歷代帝王。按故明洪武初年立廟將元世祖入廟享祀，而遼、金各帝皆不與焉。但稽大遼則宋曾納貢，大金則宋曾稱姪。當日宋之天下，遼、金分統南北之天下也。今帝王廟祀似不得獨遺，應將遼太祖并功臣耶律曷魯，金太祖、金世宗并功臣完顔粘没罕、完顔斡離不，俱入廟享祀。元世祖之有天下，功因太祖，未有世祖入廟而可遺太祖者，則元世祖之上，乃應追崇元太祖一位，其功臣木華黎、伯顔，應從祀焉。至明太祖并功臣徐達、劉基各宜增入，照次享祀，以昭帝王功業之隆，用彰皇上追崇往哲至意。」從之。

《世祖實錄》卷一五　夏四月丙辰，遣每旗漢軍章京各一員，駐防盛京。

《世祖實錄》卷一六　五月癸未，内三院大學士馮銓、洪承疇、李建泰、范文程、剛林、祁充格等奏言：「臣等欽奉聖諭，總裁《明史》。查舊例設有副總裁，應用學士、講讀學士等官。」戊戌，命滿洲子弟就學，分爲四處，每處用伴讀十人，勤加教習，十日一次，赴監考課。遇春秋演射，五日一次，就本處習練。俾文武兼資，以儲實用。從國子監祭酒薛所蘊請也。甲辰，禮部議定攝政王稱號及儀注。凡文移，皆書皇叔父攝政王。庚戌，宣平定江南捷音。是月，興太和殿、中和殿、位育宫工。乾清宫成。

《世祖實錄》卷一七　六月丙辰，註册各處文武軍民，盡令薙髮。儻有不從，以軍法從事。辛未，命南京鄉試於十月舉行。從科臣龔鼎孳及學臣高去奢請也。

《世祖實錄》卷二〇　九月甲子，諭户部：「河間、灤州、遵化等府州縣，凡無主之地，查明給與八旗下耕種。其故明公侯伯、駙馬、皇親、太監地，酌照家口給發外，餘給八旗。」

《世祖實錄》卷二三　順治三年丙戌，春正月己酉朔，己巳，命和碩肅親王豪格爲靖遠大將軍，同多羅衍禧郡王羅洛宏、多羅貝勒尼堪、固山貝子吞齊喀、滿達海、鎮國公喀爾楚渾、岳樂、努賽等，統官兵征四川。

《世祖實錄》卷二四　二月甲申，吏部議覆招撫江南大學士洪承疇疏言：「江南改京爲省。一應設官自當與各省一例。應如所議。設操江都御史一員，布政使司左右布政使各一員，分守江寧道一員，屯田水利道一員，布政使司經歷、理問、都事、照磨各一員，按察使司按察使一員，驛傳兼鹽法道一員，分巡江寧兼江防道一員，整理馬政道一員，按察使司經歷、知事、照磨各一員，省城内掌印都司、操捕都司、管屯都司各一員，都司經歷、斷事、都事各一員，江寧府知府一員，江防同知、馬政同知、船政同知、管糧同知各一員，捕盗通判二員，查鹽通判、水利通判、管糧通判各一員，推官一員，經歷、知事、照磨、檢校各一員，江寧府儒學、江寧、上元兩縣儒學教授、教諭、訓導，俱照舊，兩縣縣丞各二員，主簿、典史各一員。其部院等衙門，俱應裁去。惟户、兵、工三部以軍務方殷，兵馬錢糧船艘爲重，應於北京三部中差滿漢侍郎各一員，駐劄江南省城，協同經理。户部設司官六員，兵、工二部設司官各四員，皆隸衙北部，分理其事。」從之。

《世祖實録》卷二五　夏四月乙酉，大學士剛林等疏請，於本年八月，再行科舉，來年二月，再行會試，以收人才。其未歸地方生員舉人來投誠者，亦許一體應試。從之。壬寅，諭户部：「國計民生，首重財賦。明季私徵濫派，民不聊生。朕救民水火，蠲者蠲，革者革，庶幾輕徭薄賦，與民休息。而兵火之餘，多藉口方策無存，增減任意。此皆貪官猾胥，惡害去籍，將朝廷德意，何時下究，而明季叢蠹，何時清釐。今特遣大學士馮銓前往户部，與公英俄爾岱徹底察核在京各衙門錢糧款項數目，原額若干，現今作何收支銷算；在外各直省錢糧，明季加派三項，蠲免若干，現在田土民間實種若干，應實徵起解存留若干。在内責成各該管衙門，在外責成撫按，嚴核詳稽，擬定賦役全書，進朕親覽，頒行天下。務期積弊一清，民生永久，稱朕加惠元元至意。」

《世祖實録》卷二六　六月丙戌，吏科給事中林起龍奏言：「近日風俗大壞，異端蜂起。有白蓮、大成、混元、無爲等教，種種名色，以燒香禮懺，煽惑人心，因而或起異謀，或從盜賊，此真姦民之尤者也。伏乞速敕都察院、五城御史、巡捕衙門及在外撫按等官，如遇各色教門，即行嚴捕，處以重罪，以爲杜漸防微之計。」從之。

《世祖實録》卷二七　八月戊子，以恭順王孔有德爲平南大將軍，與懷順王耿仲明、續順公沈志祥、右翼固山額真金礪、左翼梅勒章京屯泰，率滿洲蒙古漢軍官兵往征湖廣兩廣。

《世祖實録》卷二九　十一月癸卯朔，征南大將軍多羅貝勒博洛，既定全浙，隨分兵由衢州、廣信兩路進師福建。固山額真公圖賴等擊敗僞閣部黃鳴駿等於仙霞關，遂破浦城。前鋒統領努山等擒斬僞巡撫楊廷清、李暄，分遣署護軍統領杜爾德、前鋒參領拜尹岱等攻下建寧、延平等府。聞僞唐王朱聿釗遁走汀州，遣護軍統領阿濟格尼堪、杜爾德等率兵追襲，直抵城下。我軍奮擊先登，擒斬朱聿釗及僞陽曲王朱盛渡、西河王朱盛洤、松滋王朱演漢、西城王朱通簡并僞官僞伯等，撫定汀州。僞總兵姜正希率兵二萬復襲汀州，乘夜登城。我兵擊敗之，斬殺萬餘級。固山額真宗室韓岱等破僞總兵師福軍於分水關，入崇安縣，俘斬僞巡撫楊文忠等，撫定興化、漳、泉三府。署梅勒章京趙布泰等襲克福州，前後連破賊兵二十餘陣，降其僞總兵二十員，副將四十一員，參遊七十二員，馬步兵六萬八千五百餘名。福建悉平。

《世祖實録》卷三一　順治四年丁亥，三月庚申，諭吏部：「今當天下初定之時，在京三品以上及在外總督、巡撫、總兵等俱爲國宣力，著有勤勞，與平時循分供職者不同。朕用是特沛殊恩，無論新舊，各准送親子一人，入朝侍衛，以習本朝禮儀。朕將察試才能，授以任使。如無親子，准送親弟或親兄弟之子，宗族遠支，無得濫送。嗣後諸臣縱有過犯，經朕罷斥，其侍衛者如故。該部院衙門傳諭作速遵行。」

乙丑，《大清律》成，命頒行中外。己巳，諭户部：「前令漢人投充滿洲者，誠恐貧窮小民失其生理，困於飢寒，流爲盜賊，故諭願投充滿洲以資餬口者聽。近聞漢人不論貧富相率投充，甚至投充滿洲之後，横行鄉里，抗拒官府，大非軫恤窮民初意。自今以後，投充一事，著永行停止。爾部即行傳諭。」庚午，諭户部：「滿洲從前在盛京時，原有田地耕種。凡贍養家口以及行軍之需，皆從此出。數年以來，圈撥田屋，實出於萬不得已，非以擾累吾民也。今聞被圈之民，流離失所，煽惑訛言，相從爲盜，以致陷罪者多，深可憐憫。自今以後，民間田屋不得復行圈撥，著永行禁止。其先經被圈之家，著作速撥補。如該地方官怠玩，不爲速補，重困吾民，聽户部嚴察究處。著作速行文該撫按，誕告吾民，咸使聞知。」

《世祖實録》卷三三　秋七月甲子，宴科爾沁國國舅桑噶爾寨等於禮部。以廣東初定，特頒恩詔。詔曰：「自平定中原以後，粵東尚爲唐藩諸逆所阻。以故嶺海之外，聲教未達，税畝增科，越年横斂，爾百姓辛苦墊隘，已非一日，朕甚憫焉。遂移平南之師，席捲惠潮省會，但殲僞孽，罔治脅從，諸郡悉平，全省底定。念爾官民僻處遐荒，久切來蘇之望，初無後至之心。朕用是肆赦告箘，冀百姓同沾恩賚。所有該省合行恩例，開列於後」

《世祖實録》卷三七　順治五年戊子，三月己亥，貝子吞齊、尚善吞齊喀及公扎喀納富喇塔、努賽等，共訐告鄭親王濟爾哈朗罪狀。辛丑，幽縶和碩肅親王豪格。

《世祖實録》卷三九　秋七月丁丑，設六部漢尚書、都察院、漢左都御史各一員，以陳名夏爲吏部尚書，謝啓光爲户部尚書，李若琳爲禮部尚書，劉餘祐爲兵部尚書，党崇雅爲刑部尚書，金之俊爲工部尚書，徐起元爲都察院左都御史。

《世祖實錄》卷四〇　八月壬子，諭禮部：「方今天下一家，滿漢官民，皆朕臣子。欲其各相親睦，莫若使之締結婚姻。自後，滿漢官民有欲聯姻好者，聽之。」

《世祖實錄》卷四一　十二月辛卯朔，命多羅郡王瓦克達，固山貝子尚善，吞齊，公扎喀納，韓岱等率兵赴和碩英親王軍前，戍守大同。調八旗遊牧蒙古官兵之半，戍守阿爾齊土蘇門哈達地方。

《世祖實錄》卷四二　順治六年己丑，春正月庚申朔。乙亥，諭戶部：「設關徵稅，原寓譏察姦宄之意，非專與商賈較錙銖也。爾部行文各關滿漢官員，以後俱照原定則例起稅。如有徇情權貴，放免船隻，乃於商船增收，或希充私橐，例外多徵，以病商民者，一經查出，定行重處。」庚辰，掌河南道監察御史張煊上言：「督撫有司朘削百姓小民，無由申愬，言官既有所聞，自當參奏，使言之而當，固可立見施行。即或偶有過當，亦宜稍示優容，免其對理。則言官歡忻鼓舞，知無不言，言無不盡矣。」得旨：「以後言官論人善惡，雖有不實，不得竟送刑部。必命廷臣公同議擬。如果挾讐誣陷，革職，下刑部治罪。」

二月癸卯，命攝政王多爾衮總統內外官兵，征勦大同。

《世祖實錄》卷四三　三月甲申，征南大將軍固山額真譚泰何洛會等奏報：「大兵進至南安，偵知逆賊李成棟竊據信豐，僞兗國公竊據南康。遣兵先破僞兗國公，殲除殆盡。繼抵信豐，前後合圍，逃出之人報云賊謀夜遁。梅勒章京覺善等遂豎梯攻克其城，賊潰散渡河，署梅勒章京宜爾格德等督兵追勦，李成棟溺水死。隨令護軍統領伊爾德等平定撫州、建昌兩府。復破僞總兵楊奇盛兵二千有奇。擒斬渠魁，撲滅餘孽。」江西悉平。捷至，下所司議敘。

夏四月壬子，諭內三院：「自兵興以來，地多荒蕪，民多逃亡，流離無告，深可憫惻。著戶部、都察院傳諭各撫按，轉行道府州縣有司，凡各處逃亡民人，不論原籍別籍，必廣加招徠，編入保甲，俾之安居樂業。察本地方無主荒田，州縣官給以印信執照，開墾耕種，永准爲業。俟耕至六年之後，有司官親察成熟畝數，撫按勘實，奏請奉旨，方議徵收錢糧。其六年以前，不許開徵，不許分毫僉派差徭。如縱容衙官、衙役、鄉約、甲長借端科害，州縣印官無所辭罪。務使逃民復業，田地墾闢漸多。各州縣以招民勸耕之多寡爲優劣，道府以責成催督之勤惰爲殿最。每歲終，撫按分別具奏，載入考成。該部院速頒示遵行。」

《世祖實錄》卷四四　五月丁丑，改封恭順王孔有德爲定南王，懷順王耿仲明爲靖南王，智順王尚可喜爲平南王，各授金冊金印。

《世祖實錄》卷四五　八月壬子，命和碩英親王阿濟格，固山貝子鞏阿岱，內大臣鄂齊爾統領將士，往大同。

《世祖實錄》卷四六　冬十月辛丑，命攝政王多爾衮，率王、貝勒、貝子、公等征喀爾喀部落二楚虎爾。上親送之。

《世祖實錄》卷四九　秋七月乙卯，攝政王諭：「京城建都年久，地污水鹹，春秋冬三季，猶可居止，至於夏月，溽暑難堪。但念京城乃歷代都會之地，營建匪易，不可遷移。稽之遼、金、元，曾於邊外上都等城爲夏日避暑之地，予思若倣前代造建大城，恐靡費錢糧，重累百姓。今擬止建小城一座，以便往來避暑。」

《世祖實錄》卷五〇　九月甲寅，福建巡撫張學聖疏報：逆渠鄭成功犯潮州，總兵官王邦俊率師大破賊衆，成功遁入海。報聞。

冬十月己亥，戶部議覆巡視茶馬御史吳達疏言：「陝西茶引，明季係茶馬御史自行印發，故引有大小之分。又有大引官商平分，小引納稅三分入官，七分給商之例。今引從部發，應俱照大引例，官商平分，以爲中馬之用。」報可。

《世祖實錄》卷五一　十二月戊子，攝政睿親王多爾衮薨於喀喇城，年三十九。

《世祖實錄》卷五二　順治八年辛卯，春正月己酉朔。甲寅，議和碩英親王阿濟格罪。庚申，上親政，御太和殿，諸王羣臣上表行慶賀禮。是日，頒詔大赦天下。

《世祖實錄》卷五三　二月己亥，追論睿王多爾衮罪狀，昭示中外。

《世祖實錄》卷五四　閏二月壬戌，以初議英王阿濟格及貝子勞親罪尚輕，命諸王大臣再議。議：「移英王原繫之處，幽於別室。將先給用物酌給外，餘俱籍沒。貝子勞親降爲庶人。酌給家產，其牛彔及他物俱籍沒。仍將勞親給與和碩巽親王。其英王庶出四子，在勞親家者，給與和碩端重親王。」從之。乙亥，刑部尚書固山額真公韓岱等審議剛林等罪狀。

《世祖實錄》卷五五　三月癸未，諭吏部：「朕自親政以來，觀天下所以治安者，關乎各部院。雖自古無參用諸王之例，然聞我太宗文皇帝曾用諸王於部院。朕欲率由舊典，復用諸王。念諸王雖甚勞苦，然誠各殫厥職，釐剔庶務，禁絶貪污，修整法令，俾上下利病，不致壅蔽，利國家而致昇平，莫此爲要。今特用和碩巽親王於吏部，和碩承澤親王於兵部，多羅端重郡王於戶部，多羅敬謹郡王於禮部，多羅順承郡王於刑部，多羅謙郡王於工部，多羅貝勒喀爾楚渾於理藩院，固山貝子吳達海於都察院。諸王等其各副朕圖理治安至意。爾部即傳諭各王知之。」

《世祖實錄》卷五九　八月戊午，册立科爾沁國卓禮克圖親王吳克善女爲皇后。己巳，諭户部：「朕軫念百姓疾苦，凡事有不便於民者，悉令罷之。今四川進貢扇柄，湖廣進貢魚鮮，道經水陸，去京甚遠，夫馬船隻，動支錢糧，苦累小民，朕甚憫之。以後永免，著爲令。爾衙門即行榜示，務使小民休息，咸沾德意。」

《世祖實錄》卷六〇　九月壬午，賜平西王吳三桂金册金印。

《世祖實錄》卷六三　順治九年壬辰，二月庚戌，皇太后聖壽節，免行慶賀禮。頒行六諭卧碑文於八旗及直隸各省。

三月丙戌，罷諸王、貝勒、貝子管理部務。

《世祖實錄》卷六四　夏四月乙丑，設立宗人府衙門。

《世祖實錄》卷六五　五月丁丑，吏部奏言：「京察應以皇上親政辛卯年爲始，六年一次，遇寅申年舉行。」從之。

六月丁巳，兵部奏請於寅申年舉行軍政。從之。

《世祖實錄》卷六六　秋七月丙子，浙閩總督陳錦統領將士征海寇鄭成功，至漳州灘口，爲家丁刺死。甲申，命和碩敬謹親王尼堪爲定遠大將軍，統率大軍往征湖南、貴州。

《世祖實錄》卷六八　九月辛卯，上幸太學，釋奠先師孔子。癸巳，午門前賜衍聖公五經博士、四氏子孫、祭酒、司業、學官等袍帽，監生每名銀一兩，吏典每名銀四錢。又賜敕勉勵師生，祭酒捧至綵輿，同迎導至太學開讀行禮。

《世祖實錄》卷七一　順治十年癸巳，春正月戊辰朔，庚午，諭三内院：「朕稽歷代聖君良臣，一心一德，克致太平，載諸史册，甚盛事也。朕自親政以來，各衙門奏事，但有滿臣，未見漢臣，須經御史條奏，甚屬詳懇。朕思大小臣工皆朕腹心手足，嗣後凡進奏本章，内院六部、都察院、通政使司、大理寺等衙門，滿漢侍郎、卿以上，參酌公同來奏。其奏内事情或未當者，可以顧問商酌。爾等傳諭諸臣，務體朕懷，各竭公忠，盡除推諉，以紹一心一德之盛。」丙申，上幸内院，閱《通鑑》，至唐武則天事，謂大學士范文程、額色黑、甯完我、陳名夏等曰：「唐高宗以其父太宗時之才人爲后，無耻之甚。且武則天種種穢行，不可勝言。」又問：「上古帝王聖如堯舜，固難與比倫。其自漢高以下，明代以前，何帝爲優？」對曰：「漢高、文帝、光武、唐太宗、宋太祖、明洪武，俱屬賢君。」上曰：「此數君者，又孰優？」名夏曰：「唐太宗似過之。」上曰：「豈獨唐太宗？朕以爲歷代賢君莫如洪武。何也？數君德政，有善者，有未盡善者。至洪武所定條例章程規畫周詳，朕所以謂歷代之君不及洪武也。」文程等奏曰：「誠如聖諭。」

《世祖實錄》卷七三　二月戊辰，賜太常寺卿管欽天監事湯若望號通懸教師，加俸一倍。

《世祖實錄》卷七四　夏四月丁酉，上御太和門，親試兼翰林銜吏部侍郎成克鞏、禮部侍郎張端及内三院學士劉正宗編檢以上官六十二員《君子懷德論》一篇、《請立常平倉疏》一通。庚子，諭吏部、都察院：「朕惟内外官員佐理天下，外官計典十年内已三舉行，京官殿最亦當察核。除吏禮侍郎及學士詹事等官，朕親行考試區別外，其六部等衙門，有年老疾病不能任事及素行不孚衆論，或才力可外任者，俱令各部堂官自行詳察嚴核，彙送吏部、都察院，同吏科河南道議奏，其通政使司、大理寺、太常寺、太僕寺等衙門堂官開送吏部、都察院，同吏科河南道察核具奏。其六科衙門各道御史令吏部、都察院察核具奏。爾等各衙門務秉公開列，俱限五日内即爲分别，不得遲延推諉，以滋瞻徇。務令各衙門官員人稱其職，以佐朕圖治至意。」

《世祖實錄》卷七五　五月乙亥，封精奇尼哈番鄭芝龍爲同安侯，子成功爲海澄公，弟鴻逵爲奉化伯，芝豹爲左都督。丁丑，定旌表宗室節孝貞烈例。庚寅，大學士洪承疇著特陞太保，兼太子太師、内翰林國史院大學士，兵部尚書，兼都察院右副都御史，經略湖廣、廣東、廣西、雲南、貴州等處地方，總督軍務，兼理糧餉，聽擇扼要處所駐劄。

《世祖實錄》卷七六　六月癸亥，諭内院：「朕稽考官制，唐、虞、夏商未用寺人。自周以來，始具其職，所司者不過閽闥灑掃使令之役，未嘗干豫外事。秦漢以後，諸君不能防患，乃委以事權，加之爵禄，典兵干政，流禍無窮。豈其君盡闇哉？緣此輩小忠小信，足以固結主心，日近日親，易致潛持朝政。且其伯叔弟姪宗族親戚實繁有徒，結納縉紳，關通郡縣，朋比貪緣，作姦受賄，窺探喜怒，以張威福。當宫庭邃密，深居燕閒，稍露端倪，輒爲假託，或欲言而故默，或借公以行私，顛倒賢姦，混淆邪正。依附者巧致雲霄，迕抗者謀沉淵穽。雖有英毅之主，不覺墮其術中。權既旁移，變多中發，歷觀覆轍，可爲鑒戒。但宫禁役使，此輩勢難盡革。朕酌古因時，量爲設置，首爲乾清宫執事官，次爲司禮監、御用監、内官監、司設監、尚膳監、尚衣監、尚寶監、御馬監、惜薪司、鐘鼓司、直殿局、兵仗局，滿洲近臣與寺人兼用。各衙門官品雖有高下，寺人不過四品。凡係内員非奉差遣，不許擅出皇城。職司之外，不許干涉一事，不許招引外人，不許交結外官，不許使弟姪親戚暗相交結，不許假弟姪等人名色置買田屋，因而把持官府，擾害人民。其在外官員亦不許與内官互相交結。如有内外交結者，同官覺舉，院部察奏，科道糾參，審實一併正法。防禁既嚴，庶革前弊。仍明諭中外，以見朕酌用寺人之意。内院即傳諭該衙門遵行，著刊刻滿漢字告示。自王以下以及官吏軍民人等，咸宜知。」

《世祖實録》卷七七　八月己丑，諭禮部：「朕惟自古帝王必立后以資内助，然皆慎重遴選，使可母儀天下。今后乃睿王於朕幼沖時，因親定婚，未經選擇。自册立之始，即與朕志意不協，宫闈參商，已歷三載。事上御下，淑善難期，不足仰承宗廟之重。謹於八月二十五日，奏聞皇太后，降爲静妃，改居側宫。」

《世祖實録》卷八二　順治十一年甲午，三月戊申，聖祖仁皇帝生。上之第三子也。母曰佟氏。

《世祖實録》卷八四　六月甲戌，册立科爾沁國鎮國公綽爾濟女博爾濟錦氏爲皇后。

《世祖實録》卷八六　九月己丑，諭吏部：「少保兼太子太保内翰林祕書院大學士范文程自太宗時委用辦事，二十餘年，忠誠練達，不避艱辛，朕所倚賴。乃近以積勞成病，雖暫假調理，心仍夙夜在公，未得專事藥餌，旦夕奏效，深繫朕懷。可暫令解任謝事，安心調攝，特加陞太傅兼太子太師，昭朕眷體大臣至意。佇俟病痊，以需召用。」

冬十月丁巳朔，諭刑部：「朕思重囚犯罪法固難宥，但其中萬一冤枉，死者不可復生，人命至重，恐違上天好生之心。自今以後，三法司照常核擬進奏，復批議政王貝勒大臣詳確擬議，以憑定奪施行。爾部即行傳知。」

《世祖實録》卷八七　十二月壬申，命世子濟度爲定遠大將軍，同多羅貝勒巴爾處渾、固山貝子吴達海、固山額真噶達渾統率將士，征勦鄭成功。

《世祖實録》卷八八　順治十二年乙未，春正月丙戌朔，甲辰，諭吏部等衙門：「人君圖治，當虚己以求言；臣子効忠，必有猷而入告。年來水旱相仍，干戈未息，滿洲兵丁，困苦至極，飢寒百姓，轉徙死亡。雖朕之涼德，實因臣下政事不修，兵民失業，弭救無策，至此多艱。在京七品以上文武滿漢官員，俱宜殫竭忠誠，共圖補救。凡職掌所屬，向來積弊之處，見今整頓之方，詳切敷陳，以資採用。知其病即備其藥，言其害即舉其利，其務各抒所見，毋得浮泛空言，雷同塞責，負朕求言至意。如兵民疾苦拯救事宜果有確見良籌，雖非職掌，亦許另疏具奏。」

《世祖實録》卷九〇　三月癸丑，諭内三院：「朕惟自古帝王勤學圖治，必舉經筵日講，以資啓沃。今經筵已定於文華殿告成之日舉行，日講深有裨益，刻不宜緩。爾等即選滿漢詞臣學問淹博者八員，以原銜充日講官，侍朕左右，以備諮詢。仍傳諭禮部，速擇開講吉日以聞。」

《世祖實録》卷九二　六月辛巳，命工部立内十三衙門鐵牌。敕諭曰：「中官之設，雖自古不廢，然任使失宜，遂貽禍亂。近如明朝王振、汪直、曹吉祥、劉瑾、魏忠賢等，專擅威權，干預朝政，開廠緝事，枉殺無辜，出鎮典兵，流毒邊境，甚至謀爲不軌，陷害忠良，煽引黨類，稱功頌德，以致國事日非，覆敗相尋，足爲鑒戒。朕今裁定内官衙門及員數職掌法制甚明，以後但有犯法干政，竊權納賄，囑托内外衙門，交結滿漢官員，越分擅奏外事，上言官吏賢否者，即行凌遲處死，定不姑貸。特立鐵牌，世世遵守。」

《世祖實録》卷九三　九月丙午，頒賜異姓公以下，文官三品以上《御製資政要覽》、《範行恒言》、《勸善要言》、《儆心録》各一部。

《世祖實録》卷九六　十二月乙丑，頒行滿文《大清律》。甲戌，命固山額真伊爾德爲寧海大將軍，統率將士征勦舟山賊寇。

《世祖實録》卷九七　順治十三年丙申，春正月庚辰朔，癸未，諭内三院：「朕惟紀一朝之得失，爰有史書；考百代之是非，厥惟《通鑑》。顧筆削互異，論斷相衡，卷帙雖紛，得中尚寡，何以昭垂永久，號稱完書？朕兹欲將諸家所纂廣加裒集，删繁考異，訂爲一編，名曰《通鑑全書》。【略】」又諭曰：「自古平治天下，莫大乎孝。孝爲五常百行之原。故曾子備述孔子之言，以爲《孝經》，昭示後世。上自天子，下逮庶人，至孝之道，罔不備焉。朕觀其立言正大，意旨深遠，苟非取古人言行，關於孝道者，推而廣之，不足以彰其義。兹欲博採羣書，加以論斷，勒成一編，名曰《孝經衍義》。」

《世祖實録》卷一〇一　閏五月己未，乾清宫、乾清門、坤寧宫、坤寧門、交泰殿及景仁、永壽、承乾、翊坤、鍾粹、儲秀等宫成。

《世祖實録》卷一〇三　八月辛丑，兵部等衙門議覆内大臣巴圖魯公鰲拜等疏奏：「大閱以講武，典至重也。自太祖、太宗以來，舉行已久。今請酌古準今，三年一次大閱。閱畢，傳令大臣并侍衛於御前較射，賜宴。次日，諸王貝勒率文武各官上表稱賀，以昭大典。應如所請。」得旨允行，並著爲令。

《世祖實錄》卷一〇五　十二月己卯，册内大臣鄂碩女董鄂氏爲皇貴妃，賜之册寶。

《世祖實錄》卷一〇八　順治十四年丁酉，三月甲寅，詔直省學臣，購求遺書。

《世祖實錄》卷一一〇　六月辛丑，經略輔臣洪承疇以病劇，復請解任。得旨：「覽卿再奏，病勢轉加，深軫朕懷。軍務殷繁，難以静攝，著解任，回京調理。」

《世祖實錄》卷一一二　冬十月壬申，以開日講祭告先師孔子於弘德殿。

《世祖實錄》卷一一三　十二月癸酉，諭兵部：「經略輔臣洪承疇前已有旨，准解任回京調理。近聞病已痊愈，仍著留原任。親統所屬將士，同寧南靖寇大將軍、固山額真宗室羅託等，由湖廣前進，相機平定貴州。」甲戌，敕諭新歸臣孫可望：「朕惟帝王統御天下，必期遐邇民生，皆得其所。故當輿圖未歸，念切覃延，不憚繕我甲兵，遠伸天討。若肯革心向化，即嘉其慕義，不吝推心置腹，廣覆載無外之仁。卿十餘年阻在南服，聊爲自固之計，未悉我朝寬仁大度，宥過招降，自創業以來，凡悔罪投誠，納土歸命者，不特赦其已往，抑且優加封爵，俾享尊榮，此天下所共聞者久矣。今卿率衆攜家乘機來歸，知卿處心積慮，向化有年。即此一旦翻然，便爲識時俊傑。朕一聞疆臣馳奏，深爲欣悦，特封爾爲義王，以示優眷。所有應給册印，已命所司鑄造，令近臣賫送外，兹遣專官先行敕諭，用宣朕意。卿宜祇遵，以竢寵命。」

《世祖實錄》卷一一五　順治十五年戊戌，二月甲午，諭吏部等衙門：「爾等各衙門事務皆天下政治所關，最爲重大。爾諸臣皆特簡倚任，爲朝廷分猷共理之人，須當實心効力，視朝政如己事，深思遠慮，以圖盡善，乃爲稱職。近見各衙門辦事惟因循事例，止圖塞責，未嘗見有真切盡心者，殊負朕委任至意。今宗人府、内三院、六部、都察院、通政使司、大理寺、兵部督捕、理藩院、詹事府、太常寺、太僕寺、光禄寺、國子監、鴻臚寺六科、十四道、五城御史等，各將本衙門一應事務詳悉參酌，何事有益國家當遵行，何事無益國家當更改，併諸凡興利除弊事宜，俱著各衙門滿漢大小官員公同商確具奏。」

三月甲辰，諭吏部：「内監吴良輔等交通内外官員人等作弊納賄，罪狀顯著，研審情真，有王之綱、王秉乾結交通賄請託營私，吴良輔等已經供出，即行提拏。其餘行賄鑽營，有見獲名帖書柬者，有餽送金銀幣帛等物者，若俱按跡窮究，犯罪株連者甚多，姑從寬一槩免究。官員人等，如此情弊，朕已洞悉，勿自謂姦弊隱密，竊幸朕不及知。自今以後務須痛改前非，各供厥職，凡交通請託、行賄營求等弊，盡皆斷絶。如仍蹈前轍，作姦犯法者，必從重治罪，決不寬貸。爾部速刊刻告示内外，通行嚴飭。」

《世祖實錄》卷一一九　秋七月戊午，諭吏部：「自古帝王，設官分職，共襄化理，所關甚鉅，必名義符合，品級畫一，始足昭垂永久，用成一代之典。本朝設内三院，有滿漢大學士、學士、侍讀學士等官。今斟酌往制，除去内三院秘書、弘文、國史名色，大學士改加殿閣大學士，仍爲正五品，照舊例兼銜。設立翰林院，設掌院學士一員，正五品，照舊例兼銜。除掌印外，其餘學士亦正五品以上。見任各官俱照本品改銜供職。以後陞授銜品，俱照新例。内三院舊印俱銷毁，照例給印。内閣滿字稱爲多爾吉衙門，漢字稱爲内閣。翰林院滿字稱爲筆帖黑衙門，漢字稱爲翰林院。」

《世祖實錄》卷一二一　十二月己丑，敕諭安遠靖寇大將軍信郡王多尼、平西大將軍平西王吴三桂、征南將軍固山額真趙布泰等曰：「朕以南服未定，特命王等率大軍進討湖南、四川、貴州、雲南等處地方。所有土司等官及所統軍民人等，皆朕遐徼臣庶，自寇亂以來，久罹湯火，殊可憫念。今大兵所至，有歸順者，俱加意安撫，令其得所，秋毫無有所犯。仍嚴飭兵丁，勿令掠奪。其中有能効力建功者，不靳高爵厚禄，以示鼓勸。王等即刊刻榜文，徧行傳諭，使土司等衆，知朕軫恤遐陬臣民至意。」

《世祖實錄》卷一二四　順治十六年己亥，三月甲寅，先是，經略輔臣洪承疇疏奏：「雲南山川峻險，幅員遼闊，非腹裏地方可比。請敕議政王貝勒大臣密議三路大兵作何分留駐守，貴州中路漢兵及廣西漢兵作何分布安設。嗣經兵部議，留撥大帥官兵鎮守滇南，事關重大，請旨定奪，詔議政王貝勒大臣會議。至是，王等議平西、平南、靖南三藩内應移一王駐鎮雲南，漢中已屬腹裏，兼有四川阻隔，不必藩王駐防，應移一王分鎮粵東，一王分鎮蜀中。何王應駐何省，恭候上裁。」奏入。命平西王駐鎮雲南，平南王駐鎮廣東，靖南王駐鎮四川。

《世祖實錄》卷一二五　閏三月丁卯，諭刑部：「前因貪官汙吏剥民取財，情罪可惡，故立法嚴懲，贓至十兩者，籍没家産。乃今貪習猶未盡改，須另立法制，以杜其源。今後貪官贓至十兩者，免其籍没，責四十板，流徙席北地方。其犯贓罪，應杖責者，不准折贖。」

《世祖實録》卷一二六　五月辛巳，諭户、兵二部：「雲貴新入版圖，百姓皆朕赤子。念十餘年來逆寇李定國等，竊踞南服，民久在水火之中，困於誅求，生計日匱，疾痛莫告。今大兵所至，羣黎歸命，歡若更生。但聞兩省地方生理未復，室廬殘毁，田畝荒蕪，俯仰無資，衣食艱窘。朕每念及，不勝憫惻。至南征大兵閱歷險阻，長驅深入，糧餉恐有時不繼。今特發内帑銀三十萬兩，爾部即差的當員役，刻期賫往經略軍前，以十五萬兩賑濟兩省真正窮民，其十五萬兩令經略臣收貯，見今進討三路大兵，如有需餉甚急者，立行接濟。爾部即遵諭行。」

《世祖實録》卷一二九　冬十月庚戌，經略洪承疇以目疾乞休。得旨：「卿久任巖疆，勞績茂著。今滇黔初闢，正資彈壓料理。覽奏目昏衰老，深軫朕懷。特准解任，回京調理。」

《世祖實録》卷一三〇　十二月乙巳，定世職承襲例。除嫡子孫承襲外，有絶嗣者，許親兄弟及親兄弟子孫承襲三世，三世之後停止承襲。其嗣養疏遠宗族之子，不准承襲。

《世祖實録》卷一三一　順治十七年庚子，春正月丁巳朔，庚辰，上以文廟告成，親祭先師孔子。

《世祖實録》卷一三三　三月癸亥，定平南、靖南二藩屬下鎮標緑旗官兵營制。平藩左翼鎮標統兵四千名，分爲中、左、右、前、後五營，每營設遊擊、守備、千總各一員，把總各二員，各統兵八百名。右翼鎮標統兵三千五百名，亦分爲中、左、右、前、後五營，每營設遊擊、守備、千、把總，各如左翼之數，各統兵七百名。靖藩兩翼鎮標各設中、左、右、前、後五營，每營遊擊、守備、千、把總各如平藩下員數，各統兵七百名。

《世祖實録》卷一三六　六月甲申朔，諭：「翰林各官原係文學侍從之臣，分班直宿，以備顧問，往代原有成例。今欲於景運門内建造直房，令翰林官直宿。朕不時召見顧問，兼以觀其學術才品。應分幾班，每班酌用幾員，即開列職名具奏。」

《世祖實録》卷一三九　八月壬寅，皇貴妃董鄂氏薨。是日，傳諭親王以下、滿漢四品官員以上并公主、王妃以下命婦等，俱於景運門内外齊集哭臨。輟朝五日。【略】特用追封，加之謚號，謚曰孝獻莊和至德宣仁温惠端敬皇后。

《世祖實録》卷一四〇　九月癸丑朔，安南國王黎維祺奉表投誠，附貢方物。

《世祖實録》卷一四四　順治十八年辛丑，春正月辛亥朔，丁巳，夜子刻，上崩於養心殿。遺詔頒示天下。【略】上在位十有八年，壽二十四。是歲三月癸酉，上尊謚曰體天隆運英睿欽文大德弘功至仁純孝章皇帝，廟號世祖。康熙二年六月壬寅，葬孝陵。雍正元年，加上尊謚曰體天隆運定統建極英睿欽文大德弘功至仁純孝章皇帝。乾隆元年，加上尊謚曰體天隆運定統建極英睿欽文顯武大德弘功至仁純孝章皇帝。

雜録

備録

《北游録·紀聞下》　上幸南海，踰月費四萬緡，歲蘋婆果費萬餘金。上服御頗約，第用度不貲耳。

《巢林筆談續編》卷上《御製明懷宗碑文》　順治十四年，御製《明懷宗碑文》，駕過思陵，爲之出涕。聖仁如此，所以開億萬世無疆之治也。

昭槤《嘯亭雜録》卷一　大兵入關時，明臣迎降，睿忠王權宜任之，故勝國弊政，未盡釐正。世祖親政後，任法嚴肅，凡大臣專擅如陳名夏、譚泰、陳之遴、劉正宗輩，無不立正典刑。故人知畏懼，夙弊盡革，以成一代雍熙之治也。

章皇帝沖齡踐祚，博覽書史，無不貫通，其於禪語，尤爲闡悟。嘗召玉琳、木陳二和尚入京，命駐萬善殿，機務之暇，時相過訪，與二師談論禪機，皆徹通大乘。惟王文靖、麻文僖、孫學士諸文臣扈從，互相問難，有遠公虎溪之風，真天縱夙悟也。

章皇勤政之暇，尤善繪事。曾賜宋商邱冢宰《牧牛圖》，筆意生動，雖戴嵩莫過焉。王文簡公士禎曾紀以詩云。

章皇嘗校獵遵化，至今孝陵處，停轡四顧曰：「此山王氣葱鬱非常，可以爲朕壽宫。」因自取佩韘擲之，諭侍臣曰：「韘落處定爲佳穴，即可因以起工。」後有善青烏者，視邱驚曰：「雖命我輩足遍海内求之，不克得此吉壤也。」所以奠我國家萬年之業也。

陳壽祺《郎潛紀聞三筆》卷一《世祖襃卹遺忠之優厚》 明季浚忠介公義渠，爲甲申十九忠臣之一。順治間歸骨故邸，世祖廷諭知府吳綺護之行，且命爲卜葬。本朝襃卹遺忠之典，蓋自世祖開之也。

備論

《世祖實錄》首卷二《進實錄表》 光祿大夫內大臣吏部尚書中和殿大學士加一級臣巴泰等誠惶誠恐，稽首頓首上言。伏以聖人受命，謨烈昭一代之弘規；至德承庥，簡册示萬年之大法。監於成憲，文獻足徵；慎茲永圖，典型無缺。欲對揚夫盛美，爰有事於編摩。欽惟世祖體天隆運英睿欽文大德弘功至仁純孝章皇帝，天亶聰明，聖兼述作。大一統而首出，萃六合以爲家。近悅遠來，允矣至人不殺；東漸西被，皇哉神武維揚。鼎建燕都，殄羣醜於風行雷動；撫傳南服，奠萬邦而海晏河清。答純佑之天心，郊壇躬祀；闡淵源之聖學，講幄時臨。尊德報功，治內以治外；慎刑納諫，無黨而無偏。特重科目以掄才，屢蠲租稅而裕下。宸章垂諸金石，大訓炳若日星。蓋不但制禮考文識成功之俊偉，猶當思櫛風沐雨追創業之艱難。在位歷十八年之憂勤，升遐動億萬方之哀慕。不緣信史，昜表鴻猷。

《世祖實錄》首卷三《進實錄表》 光祿大夫經筵講官太保議政大臣保和殿大學士總理兵部事三等伯加十六級臣鄂爾泰，光祿大夫經筵日講官起居注太保兼太子太保保和殿大學士仍兼管吏部尚書翰林院掌院事三等伯加十一級臣張廷玉，光祿大夫經筵講官太子太保東閣大學士兼禮部尚書加五級臣徐本等，誠惶誠恐，稽首頓首上言。伏以帝治天開，建極定八紘之統；皇圖日煥，揚庥垂百世之謨。册府增華，超漢唐之功烈；典章爲憲，儷羲禹之圖疇。編摩必重以再三，義例斯昭其畫一。欽惟世祖體天隆運定統建極英睿欽文顯武大德弘功至仁純孝章皇帝，德備三才，恩周六合。聖人作而萬物覩，奮定神京；大勳集而百姓寧，永清寰宇。靖中原之沸釜，烽燧俱銷；除南服之苞茅，萑蒲競迓。起瘡痍而登衽席，蠲赦之詔頻頒；釋戈甲而進詩書，辟雍之綸屢下。郊壇鉅典，親蹤降以中虔；宗廟明禋，肅烝嘗而感愴。敬承慈訓，徽稱與孝養兼隆；愛篤周親，爵號共車旗並錫。講幃時御，闡至道之淵源；太學躬臨，重先師之俎豆。釐度支以均賦役，定律令而滌煩苛。激濁揚清，澄九州之吏治；興仁講讓，敦四海之民風。言路廣開，每切周諮之義；刑書惟慎，式昭欽恤之仁。禮樂修明，紀綱燦設。允釐百度，合宮府內外以貽休；不冒多方，統侯甸要荒而受治。梯航畢至，海隅日出之鄉；賨費俱陳，塞北流沙之域。規模宏遠，從古罕儔；謨訓光昭，千秋爲鑒。賴簡編以傳信，宜稽考之加詳。

陳廷敬部

綜述

《清史列傳》卷九《陳廷敬傳》　陳廷敬，山西澤州人。順治十五年進士，改庶吉士。初名敬，以是科館選有同姓名者，奏改廷敬。十八年，充會試同考官，尋授祕書院檢討。康熙元年，告假歸省。四年，補原官。八年，遷國子監司業，洊陞侍講學士。十一年，充日講起居注官。十二年，轉侍讀學士，充武會試副考官。十四年，遷詹事。十五年，擢內閣學士，充經筵講官。十六年正月，改翰林院掌院學士，教習庶吉士。九月，同掌院學士喇沙里、侍講學士張英奉諭曰：「爾等每日進講，啓迪朕心，甚有裨益。嗣後天氣漸寒，特賜爾等貂皮各五十張、表裏緞各二疋。」十七年正月，詔舉博學鴻儒，廷敬薦原任主事汪琬，召試一等，授編修。七月，廷敬偕侍讀學士葉方藹入直南書房。十一月，丁母憂，上遣學士二員慰問，齎賜奠茶酒。諭禮部曰：「陳廷敬侍從勤勞，其母准照學士品級賜卹。」二十年，服闋，補原官。二十一年，充會試副考官。時副都御史余國柱以滇南平定，請釐定樂章。禮部、翰林院會議，郊壇宗廟仍循順治元年之舊，朝會燕饗宜更定。廷敬撰擬十四章，旨下所司肄習。二十二年，遷禮部右侍郎，尋轉左。

二十三年正月，調吏部右侍郎，管理户部錢法。八月，疏言：「自古鑄錢時輕時重，未有數十年而不改易者。今日民所不便，莫過於錢價。向日每銀一兩，易錢一千。今則僅得八九百，其故由燬錢作銅。夫銷燬制錢，其罪至重，然而不能禁者，厚利之所在也。銀一兩僅買銅七斤，而銷錢一千，得銅八斤十二兩。奸人以爲射利之捷徑，錢安得不日少而日貴乎？順治十年，因錢價賤壅滯，改舊重一錢者爲一錢二分五釐，十七年又增重爲一錢四分，所以杜私鑄也。今禁私鑄而私鑄自如，應改重爲輕，則燬錢之弊不禁自絶。近來産銅之地，收稅過重，致開採寥寥，並宜停其收稅，聽民開採，則銅日多而錢價益平矣。」疏下部議行。

九月，擢左都御史。二十四年正月，疏言：「貪廉者治理之大關，奢儉者貪廉之根柢。欲教以廉，先使之儉。古者衣冠、輿馬、服飾、器用之具，婚喪之禮，賤不得踰貴，小不得加大。今或等威未辨，奢儉之風未除，機絲所織花草蟲魚，時新時異。貧者循舊而見嗤，富者即新而無厭，轉相慕效，積以成風。由是富者黷貨無已，貧者恥其不如。冒利觸禁，其始由於不儉，其繼全於不廉。好尚嗜欲之中，於人心猶水之失隄防，而莫知所止。乞敕下廷臣博考舊章，官員士庶冠服、衣裘、飾用之制，婚喪之禮，有宜更定者，斟酌損益，務合於中。制度既定，罔敢淩越，則節儉之風，庶可漸致。」疏下王大臣議，謂儀制久頒，無庸更定。得旨：「服飾諸項，久經定例禁飭。近見習俗奢靡，應用僭濫者甚多，皆因所司視爲具文。嗣後須切實奉行，務須返樸返淳，恪循法制，以副朕敦本務實，崇尚節儉至意。」

九月，疏言：「水旱凶荒，堯、湯之世不能盡無。惟備及於豫，而賙當其急，故民恃以無恐。臣維報免災荒，聖意之所垂念者，敢獻其末議。如山東省去年九月題報清寧、海豐、霑化水災情形，户部議覆行，令委官踏勘。十一月，以踏勘成災分數，應蠲錢糧册結具題，户部議覆行，令分晰地畝高下。今年四月，以並無捏報分數具題，户部覆准蠲免。德音下逮，近省已逾半年，遠省將不止一載，如此其遲回者，所行之例則然耳。臣愚謂被災分數，即見地畝高下，既有册結可據，即宜具覆豁免。上宣聖主勤民之意，下慰小民望澤之心，中不使猾吏奸胥緣爲弊竇，勿循舊例爲便。」疏下部議，令嗣後巡撫題報情形後，速分晰高下具題，户部覆核無舛，即准其蠲免。

又疏言：「督撫之職在察吏，察吏欲令民安，非明於擊斷之爲能盡其職也。必先嚴禁令，謹科條，使民遷善遠罪。至於刑清政簡之爲能盡其職也，孔子不云乎：『上教之不行，罪不在民也。』故欲使民不犯法而刑辟衰止，莫先於行上之教；欲行上之教，繄惟督撫是問。督撫曰：『是將在羣吏。』夫吏果廉能，無敢有加派火耗，毋敢黷貨於詞訟，毋敢朘削夫富民，然後一意行上之教而民不罹於刑。今吏或不能，誠有罪焉；然非盡吏之罪也，上官廉則吏自不敢爲貪，上官貪則吏雖欲爲廉而不可得。凡所爲加派、火耗、黷貨、朘削，日以由事上官之不暇，而又何有於行上之教，使民不罹於刑？雖吏勉强行之，而民習見吏之所爲多不法也，曰：『是惡能教我，誰其從之？』是教之不行，刑之不止，吏爲之也。吏之爲之者，督撫使之然也。方今要務在於督撫得人。爲督撫者不以利欲動其心，然後能正身以董吏；吏不以曲事上官爲心，然後能加意於民。民可徐得其養，養立而後教可行。歷代以來，有講讀律令之法，皆《周禮》之遺意，爲教民之要務。我皇上《聖諭十六條》頒行已久，而鄉村山谷之民，至今尚有未知者。宜通飭督撫，凡保薦府、州、縣官，必確察其無加派火耗，無黷貨詞訟，無朘削富民，每月吉集衆講解上諭，實心奉行者，爲開具事迹所最先。如保薦不實，加嚴處分，俾知功令之重在此。顧名思義，觸目驚心，以導羣吏。而皇上之考察督撫，則以潔己教吏，吏得一心養民、教民爲稱職。使賢者知勉，而否者知懼，洗滌舊染，以幾刑清政簡，仰副聖主惓惓求治之心。」疏並下部，如所請，通飭督撫，嗣後保舉開列實迹，以無加派火耗等事爲第一條，實心奉行上諭每月吉聚衆講解爲第二條；如保舉不實，督撫降二級調用，司道府降三級調用，定爲例。

又疏劾：「雲南巡撫王繼文當凱旋大兵在滇之時，動支庫銀採買米石、草束；及凱旋後，以所存米抵給本省官俸，所存草抵給驛站。前後銀數，贏縮相懸，即非侵没入己，而虧損庫銀，幾至百萬，溺職不忠，何以自解？」疏下部嚴察，以抵給官俸驛站銀數，繼文尚未題銷，責令改照採買原數具題。

二十五年閏四月，同學士徐乾學奉旨：「覽卿等奏進《繼古輯覽》，具見盡心編纂，博採考訂，勸戒昭然，有裨治化，朕心深爲嘉悦！書留覽。」時纂輯《三朝聖訓》、《政治典訓》、《平定三逆方略》、《皇輿表》、《一統志》、《明史》，廷敬並充總裁官。九月，遷工部尚書。二十六年二月，調户部，九月，調吏部。二十七年二月，法司逮問貪黷劾罷之湖廣巡撫張汧，因汧未被劾時曾遣人齎銀赴京，詰其行賄何人，初以分餽甚衆，不能悉數，既而抵出尚書徐乾學、少詹事高士奇及廷敬，會奉諭此案若嚴審，牽連人多，就已經審實者即可完結，於是置弗問。並詳《徐乾學》、《高士奇傳》。廷敬疏言：「臣無他才能，惟早夜兢兢，思自淬勵，不徇親黨，不阿友朋。上恐辜聖主殊恩，下欲全微臣小節。乃至積有疑釁，飛語中傷。如張汧一案者，汧雖臣戚，涇渭自分，嫌疑之際，尤臣所慎。汧既敗潰，遂疑及臣，積疑成恨，語涉誣染。假使臣稍有私於汧，爲之庇護，則汧必深德於臣，豈肯扳連？幸蒙聖明洞照，一付盈庭公論，使臣心迹可白，名節得全。破腦刳心，未足爲報。獨念臣備位於朝，宜擇所處，詎可抱戾，猶厠班行？自被謗以來，神志摧沮，事多健忘，奏對失其常度，雖皇上不加譴責，而臣心實難自安。且臣父年八十有一，倚閭懸望，伏乞聖心憐憫，准與回籍。」得旨：「覽卿奏，情詞懇切，准以原官解任。其修書總裁等項，著照舊管理。」

二十九年二月，起爲左都御史。四月，疏言：「臣再領臺班，每告誡科道官，凡有建白，不許豫聞於堂官僚友，以滋指使囑託之弊。如中外臣僚，果有奸貪不法，因革事宜，果有紀綱關係者，則當切實指陳；否則與其生事以塞責，不若省事而擇言。蓋毛舉細故，剔摘成例，馴至刻薄煩碎，無裨聖朝寬大經久之規。誠能持重養鋭，言不輕發而必當，使不肖之徒有所警戒顧忌，不敢恣意爲非，此所謂省事而擇言。乞天語申飭科道官，勿以無補之言瑣瀆。臣又念條奏貴乎簡明，近見冗詞多而論事之言反少。我皇上聖學聖治，豐功懿德，日盛月新，史官書之，儒臣紀之，而且萬方謳歌，海外頌禱，亦何待言官於條奏建白之時，綴述數端？既不足以揚盛美之萬一，兼乖辭尚體要之義，致煩乙覽，必厭薄之，特聖度優容，不加詰責耳。祈敕此後勿踵習前弊，多引煩詞，如有不遵，量加處分，庶幾息便辟之風，而作謇諤之氣矣。」疏入，報聞。又諭曰：「科道官所奏之事，是否可行，自有裁定。若必大事方令建言，致進言者少，非所以集衆思廣忠益也。」

七月，遷工部尚書。三十一年八月，丁父憂，得旨慰卹如例。三十三年十一月，授户部尚書。三十八年十一月，調吏部尚書。四十二年二月，充會試正考官。四月，授文淵閣大學士，兼吏部尚書。四十四年正月，賜以詩，題云：「覽皇清文淵閣大學士陳廷敬作各體詩，清雅醇厚，非積字累句之初學所能窺也。故作五言近體一律，以表風度。」四月，上南巡，召試舉、貢、生、監於杭州、蘇州、江寧，廷敬與大學士張玉書、掌院學士揆敘奉命閲卷。四十九年十一月，以耳疾乞休，允之。五十年五月，大學士張玉書卒，李光地疾未愈，詔廷敬入直辦事。

五十一年三月，病劇，遣太醫院診視。四月，卒。命皇三子允祉率大臣侍衛奠酒，給銀一千兩治喪。令各部院滿、漢大臣各往弔，御製輓詩云「世傳詩賦重」。又云「國典玉衡平」。諭内閣及禮部曰：「陳廷敬夙侍講幄，簡任綸扉，恪慎清勤，始終一節。學問淹洽，文采優長。予告之後，朕眷注尤殷。留京修書，仍預機務。尚期長享遐齡，以承寵渥。遽爾病逝，深爲軫惻！其察例議卹。」賜祭葬如典禮，加祭一次，謚曰文貞。

雜録

備録

《國朝耆獻類徵初編》卷七　公夙知靈壽令陸公、清苑令邵公賢，袖疏草將列薦，會上御宫門，亟召九卿舉廉吏，既進升階，未盡一級，上獨目公。班定，又數目，若詔使言者。蓋是時公方掌御史臺，以進言爲職，又嘗數薦人，以故數目公使言。公自念班六卿下，既未承明詔，當以次對。已而六卿有言他守令賢者，語未竟，上特問公廉者果爲誰，公奏言知縣陸隴其、邵嗣堯皆天下清官，雖治狀不同，其廉則一也。於是，兩公皆擢御史。始公嘗亟稱兩公廉，或謂曰：「兩人者廉而剛，剛者易折，且多怨，恐及公。」公曰：「果賢歟，雖折且怨，庸何傷？」是可謂能以人事君者矣。

右《事略》，李元度撰。

澤州相國陳午亭，中進士，與通州庶常敬同名，上於澤州名上加廷字别之。澤州以賜《石榴子詩》受知聖祖，以至大拜。其詩云：「仙禁雲深簇仗低，午朝簾下報班齊。侍臣密列名王右，使者曾歌大夏西。安石種栽紅豆蔻，火珠光迸赤玻瓈。風霜歷後含苞實，只有丹心老不迷。」

右《雨村詩話》，張維屏録。

備論

《道學録》卷八〇　先生經學遠深，侍講席最久。觀經筵奏對諸録，日有敷陳。時申啟沃以喜起明良之遇，盡都俞吁咈之誠。堯廷舜陛，極一時賡颺之盛矣。先生精於韻語，雅頌風賦，無體不備。而所著各體文，亦逼肖曾、韓諸大家。言中有物，其有以歟。

耿精忠部

綜述

《清史列傳》卷八〇《耿精忠傳》 耿精忠，漢軍正黃旗人。靖南王繼茂長子，幼隨父鎮所。順治十一年，繼茂遣入侍，世祖章皇帝念繼茂南征有功，授精忠一等子爵，尚肅親王豪格女，封和碩額駙。康熙二年，繼茂請令精忠赴閩學軍事，聖祖仁皇帝允之。十年，繼茂疾，奏以精忠代理藩事，尋卒。詔精忠襲父爵。

十二年七月，精忠聞平南王尚可喜將撤藩歸遼東，亦具疏請撤，得旨允行。十一月，吳三桂反，命精忠仍留鎮。三桂以書誘之，精忠與藩下左翼總兵曾養性，右翼總兵江元勳，參領白顯忠、徐文耀、王世瑜、王振邦，蔣得鋐等潛定逆謀，十三年三月，踞福州反。以兵脅總督范承謨，不屈，遂幽之，及其家屬五十餘人。自稱「總統兵馬大將軍」，效三桂蓄髮易衣冠，私鑄「裕民通寶」錢。以曾養性、白顯忠、江元勳爲僞將軍，分陷延平、邵武、福寧、建寧、汀州，藩下佐領黃國瑞、林芳孫、廖廷雲、李似桂，護衛夏季旺，呂應斗，長史陳儀、陳斌，及凡從逆者，各加僞職，分播逆書，約三桂分寇江西、江南，約潮州總兵劉進忠擾廣東，通海賊鄭錦於臺灣，略以沿海郡邑，倚爲聲援。浙江總督李之芳聞變，先遣副將王廷梅等擊賊，自率兵駐衢州守禦。賊衆突越仙霞嶺寇浙江，陷江山縣，以衢州有備，分陷温州、處州，又別趨江西，寇廣信、建昌。

上命平南將軍賚塔帥師之浙江，定南將軍希爾根之江西，竝敕杭州、鎮江水師分防海疆。詔削精忠爵，收禁其在京兄弟，宣諭中外曰：「逆賊耿精忠庸懦無能，癡愚寡識，賴祖父之餘勳，襲封王爵，宜感恩圖報。不意其包藏禍心，徑行反叛。今削其爵，遣發大兵進剿。凡被賊迫脅之官員兵民，有能擒耿精忠投獻軍前者，優加爵賞；或以兵馬城池納款者，論功收録；或力有不逮自拔來歸者，亦免罪收用。其藩下人在直隸各省出仕者，概從寬宥，雖有父子兄弟在福建者，亦不株連。勿得心懷疑畏，自罹法網，負朕好生之意。」尋諭吏、兵二部曰：「曩者耿精忠之祖父耿仲明，當太宗文皇帝時，航海歸誠，優錫王爵，效力行間，勞績茂著。及其身故，睿親王不令承襲；世祖章皇帝追念舊勳，以其子繼茂襲爵，俾鎮巖疆。爰及朕躬，惓懷勳裔，恩寵有加。後覽繼茂遺疏，有『民兵凋敝，海賊未滅，死不瞑目』之語，忠藎堪念。且因精忠自幼曾爲近侍，予襲王爵，仍鎮閩省，望其紹祖父遺訓，殫竭忠猷。不意爲逆賊吳三桂煽惑，一旦叛亂。大兵進剿，殲滅在即。但念其無知被誘，墮人狡計，非素蓄逆謀，首倡叛亂者比。況自祖父以來，受恩四十餘年，至精忠之身，遽至宗祀斬絶，朕心深爲不忍！其傳諭精忠果能革心悔禍，投誠自歸，剿除海賊，以贖前罪，即視之如初。朕以至誠待天下，必不食言。」遣工部郎中周襄緒偕精忠護衛陳嘉猷齎敕赴閩，精忠留之。養性誘温州總兵祖弘勳、平陽遊擊司定猷，並以城叛，偕僞鎮海都督林沖，僞中軍都督徐尚朝，僞總兵閻標、宋書聘、馮公輔、沙有祥、曾璽、陳理、連雲登，僞副將吳榮先、陳鵬等，陷瑞安、樂清及仙居、太平、黃巖，窺寧波、紹興，陷嵊縣，連陷處州郡邑，進犯金華。精忠偕僞左軍都督周列，僞總兵王飛石、桑明、李雲龍，僞副將江明等，陷廣信、建昌、饒州，復糾合玉山、永豐土賊，東犯常山，陷開化、壽昌、淳安、遂安，別犯徽州、婺源、祁門，勢日猖獗。

上以康親王傑書爲奉命大將軍，貝子傅喇哈爲寧海將軍，率禁旅，並調駐守江南之喀喇沁、土默特兵征浙江；復命安親王岳樂統師駐南昌，簡親王喇布駐江寧。諭康親王曰：「精忠雖背恩反叛，念其祖父投誠效力，累世舊勳，朕豈肯以耿精忠之罪及其先人？大兵平定閩省之日，其祖父骸骨，仍許收葬。」是時將軍賚塔兵駐衢城，賊由江山縣入犯，賚塔同之芳率副都統喇哈瑚圖、副將王廷梅等擊卻之。副將牟大寅斬僞參將張雄於常山；副將洪起元敗賊於紹興，復嵊縣；副將鮑虎敗賊於淳安之圍屏鎮，擒王飛石、江明，復壽昌、遂安；副都統沃申、瑪哈達、石調聲，總兵李榮、陳世凱，參將陳夢暘，屢摧賊衆於金華，斬閻標、宋書聘、吳榮先。會康親王至金華，與貝子傅喇哈率副都統穆赫林等剿賊，復金華附近諸邑，敗曾璽、陳理於台州之黃瑞山，斬陳鵬，復黃巖、太平、樂清；瑪哈達擊敗徐尚朝、沙有祥、馮公輔等，復處州；穆赫林擊敗林沖於白水洋，復仙居；簡親王以兵助江寧將軍額楚，擊走徽州、婺源、祁門賊衆；將軍希爾根復建昌、饒州。安親王至南昌，移書精忠約降，精忠答書，語多狂悖。

十四年七月，上諭吏部、兵部曰：「逆賊耿精忠負恩附逆，煽亂閩疆，荼毒生靈，罪惡重大。凡兄弟族人，律應不赦。但念其弟耿昭忠、耿聚忠及族人等，道途遠隔，實未同謀，竟爾株連，朕心不忍！其概從寬釋，官職悉令如故。」並命聚忠齎敕諭精忠曰：「爾祖父宣力累朝，勳猷懋著，爰俾世襲王爵，格外加恩。逮爾父病歿，令爾襲封鎮閩，方謂爾克紹前猷，殫忠報國。不意爾反爲吳逆狡謀所惑，蹂躪土地，殘害生民。朕猶念爾祖父前功，終不忍絶。凡爾在京諸昆弟及屬下人，概行寬宥，給還官職，恩禮如常。今大軍雲集，時勢昭然，爾自知之。朕復念爾變亂，必由逼迫所致。故復下赦書，遣爾弟耿聚忠齎至軍前，明諭朕意。爾若即悔罪率衆歸誠，當復爾王爵，如舊鎮守。倘能剿除海寇，共奏膚功，仍復優敍，加以爵賞。前使臣周襄緒等不遣之歸，或別有故，朕不介意。爾勿聽煽惑之言，終懷疑懼，負朕始終保全之意。」聚忠至衢州，精忠不納，使其黨江元勳、徐文耀、黄國瑞等扼關隘，肆逆如故。初，精忠將反，其母周氏哭阻之，藩下都統馬九玉亦以吳三桂不可效爲言，精忠勿聽。周氏憤死。九玉旋從逆，爲僞驍騎將軍，與僞前鋒都督朱懷德、僞總兵馬勝等踞江山縣，精忠屢迫之，犯衢州，戰輒敗。劉進忠之以潮州叛也，受精忠僞職，爲寧粵將軍。

平南王尚可喜奉詔發兵討精忠，精忠求援於鄭錦，遂引海賊入潮州，據惠州。三桂亦驅廣西叛賊逼肇慶。可喜慮分禦力竭，請敕廣西大兵援廣東，精忠益驅僞將軍邵連登、劉如桂、黄朝用，僞總兵馬鵬等，犯建昌、撫州、贛州，連結三桂賊衆於袁州、吉安，阻大兵不得達粵。可喜子之信遂糾廣州、肇慶官屬降三桂。乘惠州不守，錦使其黨劉國軒等踞之。錦尋與精忠構釁，盡奪泉州、漳州諸地以自屬。十五年二月，貝子傅喇哈誓師黄巖，進征温州，連破賊壘，曾養性憑江拒戰，累月未能薄城。上命之芳飭兵固守衢州、金華，傅喇哈剿除温州、處州賊衆。諭趣康親王自金華移師衢州，進征福建。八月，康親王同將軍賚塔督兵敗賊於大溪灘，下江山，九玉潛遁。招降僞參將金應虎，遂克仙霞關，攻拔浦城縣。是時，錦侵擾興化及福州，精忠與其黨武灝、沈偉、郭景汾、羅萬里等搜掠福寧、建寧、邵武、延平財利以餌衆；將不繼，又屢爲大兵挫衄，勢益窮蹙。以范承謨久羈不屈，使人害之，並戕其幕客嵇永仁及家屬之被繫者。

康親王進征建陽，移書精忠曰：「爾蒙累朝厚恩，世授王爵，正當遇時立功，以承先緒。乃溺於奸計，自取誅夷。聖上念爾祖父之功，凡爾在京諸弟俱留原職，如舊豢養；復遣爾弟聚忠招撫，因不得前進還京。今大兵屯仙霞嶺，長驅直入，攻拔浦城。浦城乃閩省財賦要地，咽喉既塞，糧運不通，建寧、延平旦夕可下。與其繫頸受戮，不如率衆歸誠，仍授王爵，保全百萬生靈。況鄭錦與爾有不共戴天之仇，攘奪郡邑無已時。爾當助大兵進剿立功，何久事仇人爲？」精忠得書，猶豫未決，答書言：「自願歸誠，恐部衆不從，致滋變患。望奏賜明詔，許赦罪立功，以慰衆心，乃可率屬降。」康親王復建寧府，次延平。精忠震慴無措，遣其子顯祚同前齎敕被留之周襄緒、陳嘉猷，迎大軍。十月朔，康親王遣官齎敕宣示精忠，精忠出城降，請隨大軍剿海賊，立功贖罪。康親王以聞，下王、貝勒、大臣議奏，復精忠靖南王爵，屬下官職如舊；令精忠率之征剿。上乃以耿昭忠爲鎮平將軍，赴福州駐守；命精忠隨大軍剿海賊，旋收復興化、泉州、漳州，逐錦入臺灣，進征潮州。會之信以廣州歸順，進忠亦降，精忠駐守潮州。

十六年四月，奏遣子顯祚入侍，命列散秩大臣。九月，康親王令將軍賚塔偕精忠所屬都統馬九玉率將士守潮州，撤精忠還福州，詔止之，諭戒康親王及參贊大臣曰：「今當招攜撫順之時，不宜遽撤耿精忠，以疑衆心。王大臣等不預請旨即撤之，殊爲失計。嗣今凡事當熟籌，毋得徑行。」十一月，藩下參領徐鴻弼、佐領劉延慶、護衛吕應賜、典儀陳良棟、護軍蘇雲會等具狀，遣人赴部首精忠歸順後尚蓄逆謀，凡五款：一違康親王令，不悉舉出奸黨；一潛結海賊，通音問；一與劉進忠執手耳語，謂乞降非所願；一密令腹心藏鉛藥，約俟異日取用；一散遣舊兵歸農，令分攜兵器，勿留供大軍。部臣以狀聞。昭忠在福州同參贊大臣介山、吳努春亦以鴻弼首詞具疏入告，上留疏於中。

十七年春，海賊陷海澄、長泰、平和、漳平、同安、惠安、永春等城，詔精忠還福州，昭忠攜其祖父骸骨還京。是年秋，三桂死。賊之在江西、湖南者半竄遁，海賊亦敗潰，退踞海澄。上密諭康親王曰：「自數年用兵以來，所費不貲，民力疲困。今大破湖南賊寇，餘孽遁入雲貴，旦夕殲滅。惟福建海賊竊踞海澄，倚廈門、金門爲營窟，大兵進剿，並藉水師，應撤騎兵之半，以甦民力。耿精忠在閩，尚慮變生意外，故暫停撤。如降旨令精忠來京，或滋疑懼。王當令其奏請陛見。」尋康親王疏劾精忠罪，請逮繫正法。諭曰：「今廣西、湖南、漢中、興安俱已底定，逆賊餘黨引領以冀歸正者，不止百千。耿精忠若即正法，餘黨或致寒心；如能自請來京，庶事皆寧帖。王當加意開導之。」十九年四月，精忠疏請入覲，得旨，以馬九玉爲福州將軍，轄藩下兵。八月，昭忠、聚忠並疏劾精忠，精忠至，上允王大臣等所請，以前此留中諸疏，下法司勘問，精忠辨歸順後絶無叛志。法司以鴻弼等首詞可按，且有昭忠、聚忠劾奏，精忠應革王爵，與其子顯祚及曾養性、白顯忠等俱磔死，家口籍没。上命繫精忠，俟鴻弼等及逆黨俱至京，再核議以奏。尋遣聚忠赴福州，以罪不株連，曉諭藩屬，並遷精忠家屬歸旗。是年，之信爲藩屬首悖逆，伏誅。

明年十月，大兵平雲南，三桂孫世璠及其黨俱殄滅。詔撤舊隸精忠藩下官職之在浙閩者，還京。九玉亦解任歸旗。給事中姚祖頊、御史孫必振交章言三桂宜戮屍，精忠及逆黨罪狀，應按律擬磔。上詢廷臣欲予寬減，大學士明珠奏言：「精忠罪較之信尤爲重大，之信不過縱酒行兇，口出妄言。精忠負恩謀反，且與安親王書多狂悖語，情無可貸。當敕法司明正典刑。」於是精忠與曾養性、白顯忠、江元勳、劉進忠、徐文耀、王世瑜、王振邦、蔣得鯤，並磔於市，懸首示衆。顯祚及祖弘勳、司定猷、黃國瑞、林芳孫、廖廷雲、李似桂、夏季旺、呂應斗、陳儀、陳斌、武灝、沈偉、郭景汾、羅萬里等，咸伏誅，籍其家。

雜録

備録

凌揚藻《蠡勺編》卷一九《平定三藩》 太宗文皇帝時，明登州參將耿仲明隨副將孔有德航海來歸，已而廣鹿島副將尚可喜亦降，皆遼人。仲明即精忠祖，可喜則之信父也。吳三桂，山海衛人，明末總兵，鎮山海關。闖京師陷，乞兵于我朝。適睿親王多爾袞兵至，三桂遂降于軍前，封平西王。三人與有德皆隨大兵入關，三桂追流賊入蜀。順治六年，進封可喜平南王，仲明靖南王，使定廣東。仲明道卒，子繼茂襲。廣東平，與可喜共鎮其地。後繼茂移駐福建，卒，子精忠襲。時定南王有德先戰死于粵西，故平西、平南、靖南稱三藩。

三桂隨大兵定蜀，定滇，取永明王于緬甸，平水西安氏，功最多，進封親王，令統所部鎮滇黔。久乃驕蹇，蓄異志。精忠亦桀黠不法，大爲閩人害。惟可喜素恭順，守藩服。聖祖仁皇帝以三桂、可喜宣力有年，欲令釋兵還朝，以全終始。適可喜疏請乞骸骨，歸遼東，乃特允其請。此康熙十二年三月也。三桂、精忠不得已，亦疏請撤兵，而實無行意。三桂陰勒士馬，禁遏郵傳，并約結部將之在他省者，精忠亦與相應和。于是十一月三桂遂發兵反，殺巡撫朱國治，自稱天下都招討兵馬大元帥，以明年爲周元年，僞號昭武。事聞，詔削三桂官爵，命順承郡王勒爾錦爲甯南靖寇大將軍，貝勒察尼副之，率師往荆州進討。又以滇蜀接壤，令西安將軍瓦爾喀赴蜀，刑部尚書莫洛經略陝西軍事。粵西地近貴州，則以有德壻孫延齡爲將軍鎮之。又命前鋒統領碩岱先進據常德，以遏賊鋒兵。未至而賊已逼清浪，以小除夕陷沅州。十三年正月，賊至常德，常德降，澧州、長沙俱降。四川巡撫羅森、提督鄭蛟麟，總兵譚洪、吳之茂亦叛，全蜀皆失。二月，孫延齡又反于廣西。三月，賊兵陷岳州。耿精忠亦以是月反。時三桂蓄力已久，天下皆震其威。親至常澧督戰，四方響應。雲南、貴州、四川、湖南、廣西、福建相繼失，人心皆動搖。幸廟謨鎮定，先事布置，故終獲戡定也。

先是京師有楊起隆者，市井無賴，僞稱朱三太子，布其黨李株等，糾約滿州各官家奴，期以十三年元旦入朝時，各殺其主，即以主之官官之。鑲黃旗監生郎廷樞家奴夜醉漏言，廷樞急上變，遂捕得株等二百餘人，誅之。王大臣并奏誅三桂子孫之官于京師者，乃戮其子應熊及孫世霖，以淨根株。起隆尋亦捕得，伏誅。未幾，察哈爾又蠢動，立命大學士圖海，及其未發殲之。于是諸蒙古帖服，無後顧患。然穀城、懷慶、饒州官兵多背叛，餘干、徽州、湖口、彭澤、池州皆有賊竊發。上以賊渠三桂也，渠滅則諸賊自散，趣察尼分兵攻岳州，又命貝勒尚善爲安遠靖寇大將軍，貝子彰泰副之，專攻岳。其餘以貝勒洞鄂與莫洛，由陝勦蜀，康親王傑書由浙勦閩。孫延齡之叛，則命尚可喜及總督金光祖勦禦，而以安親王岳樂繼之。

分遣甫定，忽又有王輔臣之變。輔臣本姜瓖部校，瓖反時，殺瓖來降。至是，從莫洛進甯羌，忽反，兵攻莫洛，戕之，遂回平涼據守。此皆十三年事也。十四年，秦州、蘭州、鞏昌、定邊、靖邊、臨洮、慶陽、綏德、延安相繼失。時三桂散僞劄，各路煽誘，給輔臣軍資數十萬，又令賊將王屏藩、吳之茂等出蜀肆擾，故所在多響應。十五年春，上以洞鄂等屯平涼，久不克，命圖海爲撫遠大將軍，往莅師。海至，督諸將一戰，大敗賊于平涼城下。輔臣懼，率僞巡撫陳彭、僞總兵周揚名、王好問等降，王屏藩等遁。自是秦省略定。

耿精忠既據全閩，又遣賊陷浙之溫州、黃巖、處州，及江西之建昌、撫州、廣信諸郡。廣東潮州總兵劉進忠，碣石總兵苗之秀亦與通，潮、惠並失。時杭州將軍賴塔，總督李之芳以兵扼衢州，賊不得過。而陸路有僞都督曾養性，僞將軍祖宏勳等連屯二十五營于長石嶺諸處，水路則有僞都督朱飛熊、張萬恭、許英等率水賊萬餘，舟三百，分泊于小梁山諸處，浙東危甚。傑書觀望，屢奉詔趣督，始進兵。既而瑪哈達復處州，傅拉塔復黃巖，而溫州爲曾養性踞守，迄不下。會耿繼祚再入建昌，肆焚掠，忽棄營去。上知閩中必有海寇入，故撤兵自救，乃趣傑書、賴塔速進兵，敗僞將軍馬九玉于衢河西，敗僞總兵林福于大溪灘，乘勝復江山縣。至仙霞關，僞將金應虎獻關，遂長驅入，浦城、建陽、建甯相繼下。曾養性聞之，亦以溫州降。大兵抵延平，精忠大懼，先還其子顯祚，繳送僞印。師至福州，率所屬文武出降，于是閩浙亦定。

陳康祺《郎潛紀聞三筆》卷一《耿精忠有賢母》 耿精忠兩次畔亂，朝人暮豕，其罪不亞於吳逆。顧其母周氏，則賢母也。當滇氛初起，精忠密受僞命，周氏屢責不悛，即憤鬱絕食而死，范忠貞公猶唁之。精忠弟昭忠、聚忠，亦嘗首發逆謀，及精忠再降，復合疏請賜顯戮，播告中外，以爲亂臣賊子戒。然則精忠洵戾氣所獨鍾矣。

備論

《皇清文穎》卷一五韓菼《平定三逆方略序》 皇帝御極以來，政教覃敷，恩澤翔洽，薄海內外，罔不率俾。方偃戈衅甲，以文德懷柔四方，煦嫗生息，休養萬姓，兼容并覆，銷弭孽芽。時二三藩臣久分閫於外，便蕃錫予，異數有加。慮或怙寵而驕盈，深欲保全其終始，因其乞骸之陳請，爰有勞還之簡書，處其田廬，豐其廩餼，道里芻秣之費，悉戒於有司，俾歸故鄉，長享茀祿。生民無餽餉之艱，士卒無遠戍之苦，如天之德，甚深甚厚。乃滇逆吳三桂背恩反叛，閩逆耿精忠、粵逆尚之信相繼煽亂，生民荼毒，奄及八年。當是時兇渠陸梁，鴟張豕突，醜類蔓延，蜂結蟻聚。仰荷天威赫濯，六師四征，戰守機宜，悉從指授。三方竊踞，次第削平。三桂窮蹙，首伏冥殛，精忠、之信既降復謀叛，先後皆伏誅。獨三桂孽孫世璠猶困守一隅，逋誅逆命。至康熙二十年冬十月，大兵平雲南，世璠授首。十一月，露布至京師，上命宣捷午門，擇日告郊廟社稷。復躬謁列祖山陵，念中外軍民勞苦，德音誕敷，洪恩湛被。諸王貝勒大臣暨外藩王等咸謂功德隆盛，恭請上尊號。上謙讓至於再三，未之聽許。御史臣戴王縉因疏言，聖武布昭，削平禍亂，宵旰經營，永清大定，耿光盛烈，曠古罕有。請彙纂成書，昭示無極。

藝文

方孝標《鈍齋詩選》卷二〇《贈靖南王世子四十韻丁未年作》 邦錫箕裘重，家傳帶礪長。元勳匡聖辟，胄子即真王。躔次前星耀，波同少海揚。遡源謨烈遠，承寵綍綸香。祖德開新運，宗封拓舊疆。功高增鐵券，恩重襲金章。文教延三世，兵威震八荒。普天尊李郭，致主軼堯湯。奕葉觀承啓，盤根濟覲揚。東阿敦翰墨，河間擅珩璜。忠孝趨庭訓，溫恭服禮坊。好賢罇斝滿，博物鼎彝張。漢室親惟許，虞甥館闢唐。天孫連帝女，宋子配齊姜。照乘傾都賜，分茅大國將。驊騮馳內苑，羅綺叠天箱。絡繹駝峯饌，委蛇鳳閣粧。富盈何儉約，貴極轉謙光。安節求毫髮，旌忠懍贊襄。雞鳴勤問視，鵠立謹趨蹌。盛幕招公幹，開軒集謝莊。相逢皆上客，何幸厠鄒陽。貧既言詞拙，衰將步履妨。不才甘棄擲，多難忝時康。晉接蒙懷舊，恒言喜踰常。云曾先帝側，旁見侍臣行。馬控青郊雨，毫簪紫禁霜。石渠經反覆，羽獵賦鏗鏘。雲路今何迥，龍髯泣未央。蕭條餘雪鬢，浩蕩及炎方。遇客皆兒輩，親知訝老蒼。僧寮閒侘傺，熱客畏輝煌。卜式輸工苦，馮諼收債忙。株摧風木感，羽鎩脊令傷。疾驥無芻秣，飢烏憶稻粱。磨鉛堪剸割，懷璞重翱翔。腮暴恩難報，簾窺德欲償。高門誠備福，撰述冀流芳。倘肯留王粲，猶能效孔璋。從軍與露布，端不負琳瑯。

《皇清文穎》卷五一徐嘉炎《鐃歌鼓吹曲》 掃七閩，平耿精忠也。閩山丹，閩水碧，東望琉球天咫尺，怒濤羣飛海水立。有鳥鈎喙傍距趯，攫搏徒程勇，唼喋思強食。鼎沸三山間，貪人還自賊。妖氛塗炭浙東西，彗星橫掃天南北。豼子瘈狗真何益，徒使我民不休息。降王繫組親王功，督臣撐拄東甌東，吁嗟范叔真純忠。

高士奇部

綜述

《清史列傳》卷一〇《高士奇傳》 高士奇，浙江錢塘人。初由監生充書寫序班，供奉内廷，授詹事府録事。遷内閣中書，食六品俸，賜居西安門内。康熙十七年，聖祖仁皇帝賜敕曰：「爾在内辦事有年，凡密諭及朕所覽講章、詩文等件，纂輯書寫甚多。特賜表裏十疋、銀五百兩，以旌爾之勤勞。」十九年，諭吏部曰：「高士奇學問淹通，居職勤慎。供奉有年，應授爲翰林院，從優議敘。」部議授爲額外翰林院侍講。二十年六月，奉敕曰：「爾内直以來，勤慎盡誠，夙夜匪懈。近日聞爾偶得暑病，特賜頤養之資，爾當安慰自怡，輔以醫藥。」二十二年，補侍讀，充日講起居注官。二十三年，遷右春坊右庶子，尋擢翰林院侍講學士。二十四年，轉侍讀學士，充《大清一統志》副總裁官。二十六年，遷詹事府少詹事。

二十七年，法司逮問貪黷劾罷之巡撫張汧，因汧未被劾時曾遣人齎銀赴京，詰其行賄何人，初以分餽甚衆，不能悉數抵塞。既而指出士奇，會奉諭：「此案若嚴審，牽連人多，就已經審實者即可擬罪，勿令滋蔓。」於是置弗問。互詳《徐乾學傳》。士奇因疏言：「臣等編摩纂輯，惟在直廬；宣諭奏對，悉經中使。非進講外，或數月不覲天顏，從未於政事有所干涉。此不獨臣士奇爲然，從前入直諸臣，如熊賜履、葉方藹、張玉書、孫在豐、王士禛、朱彝尊等；近今同事諸臣，如陳廷敬、徐乾學、王鴻緒、張英、勵杜訥等，莫不皆然也。至於人物之臧否，事務之利弊，皇上明見萬里，洞澈隱微，素未蒙皇上詢及，臣何敢輕進一言？獨是供奉日久，嫌疑日滋，考之古昔儒臣，侍從禁密，恒難調於衆口。即今張汧無端疑怨，含沙污衊，臣將無以自明。幸賴聖明在上，誣搆難施。張汧旋即自吐真情，臣心始得大白。但禁廷清秘，職任綦嚴，來兹萋斐，實幸聖恩，豈容仍玷清班？伏乞賜歸田里。」疏入，得旨：「覽所奏，情辭懇切，准以原官解任。其修書副總裁等項，著照舊管理。」二十八年春，從上南巡至杭州，駕幸士奇之西溪山莊，賜御書「竹窗」匾額。

九月，左都御史郭琇疏劾之曰：「皇上宵旰勤勞，勵精圖治，用人行政，皆出睿裁，未嘗纖毫假手左右。乃有植黨營私、招摇撞騙，如原任少詹事高士奇、原任左都御史王鴻緒等表裏爲奸，恣肆於光天化日之下，罪有可誅，罄竹難悉。試約略陳之：高士奇出身微賤，其始也徒步來京，覓館爲生。皇上因其字學頗工，不拘資格，擢補翰林，令入南書房供奉，不過使之考訂文章，原未假之與聞政事。爲士奇者，即當竭力奉公，以報君恩於萬一。計不出此，而日思結納諂附大臣，攬事招權，以圖分肥。凡内外大小臣工，無不知有士奇之名。夫辦事南書房者，先後豈止一人，而他人之聲名總未著聞，何士奇一入辦事，而聲名赫奕，乃至如此？是其罪之可誅者，一也。久之羽翼既多，遂自立門户，結王鴻緒爲死黨，科臣何楷爲義兄弟，翰林陳元龍爲叔姪，鴻緒胞兄王頊齡爲子女姻親，俱寄以腹心，在外招攬。凡督、撫、藩、臬、道、府、廳、縣，以及在内之大小卿員，皆王鴻緒、何楷等爲之居停哄騙，而貪緣照管者，餽至成千累萬；即不屬黨護者，亦有常例，名之曰『平安錢』。然而人之肯爲賄賂者，蓋士奇供奉日久，勢燄日張，人皆謂之曰『門路真』，而士奇遂自忘乎其爲撞騙，亦居之不疑，曰『我之門路真』。是士奇等之奸貪壞法，全無顧忌，其罪之可誅者，二也。光棍俞子易在京肆横有年，惟恐事發，潛遁直隸天津、山東洛口地方，有虎坊橋瓦房六十餘間，價值八千金，餽送士奇，求託照拂。此外順城門外斜街，並各處房屋，總令心腹出名置買，何楷代爲收租。打磨場士奇之親家陳元師、夥計陳季芳開張緞號，寄頓各處賄銀，貲本約至四十餘萬。又於本鄉平湖縣置田産千頃，大興土木，修整花園杭州西溪，廣置田宅蘇、松、淮、揚。王鴻緒等與之合夥生理，又不下百餘萬。竊思以覓館餬口之窮儒，而今忽爲數百萬之富翁，試問金從何來？無非取給於各官。然官從何來？非侵國帑即剥民膏。夫以國帑民膏而填無厭之谿壑，是士奇等真國之蠹而民之賊也，其罪之可誅者，三也。皇上聖明，洞悉其罪，止因各館史書編纂未完，著解任竣事。矜全之恩，至矣極矣，士奇乃不思改過自新，仍怙惡不悛。當聖駕南巡時，上諭嚴戒餽送，定以軍法治罪，誰敢不遵？惟士奇與王鴻緒愍不畏死，即淮、揚等處，王鴻緒招攬府廳各官，約餽萬金，潛遺士奇。淮、揚如此，他處又不知如何索詐矣。是士奇等欺君滅法，背公行私，其罪之可誅者，四也。更可駭者，王鴻緒、陳元龍鼎甲出身，亦儼然士林之翹楚，竟不顧清議，爲人作壟斷而不以爲恥，且依媚大臣無所不至，即人之所不屑爲者，亦甘心爲之而不以爲辱。苟圖富貴，傷敗名教，豈不玷朝班而羞當世之士哉？總之，高士奇、王鴻緒、陳元龍、何楷、王項齡等豺狼其性，蛇蝎其心，鬼蜮其形。畏勢者既觀望而不敢言，趨利者復擁戴而不肯言。臣若不言，有負聖恩，臣罪滋大。故不避嫌怨，仰請皇上立賜罷譴，明正典刑，人心快甚！天下幸甚！」疏入，得旨：「高士奇、王鴻緒、何楷、陳元龍、王項齡俱著休致回籍。」

時解任尚書徐乾學管修書總裁事，左副都御史許三禮以士奇既奉旨回籍，乾學亦不應留京，疏劾乾學、士奇爲子女姻親，其招摇納賄，相爲表裏，有「五方寶物歸東海，萬國金珠貢澹人」之謡。疏下吏部，以所劾無據，寢議。乾學尋以省墓回籍。三十三年，命大學士於翰林官員内奏舉長於文章、學問超卓者，大學士王熙、張玉書等薦乾學、鴻緒及士奇，並召來京修書。士奇既至，仍直南書房。三十六年，以養母乞歸，特授詹事府詹事，允其請。四十一年，授禮部侍郎，以母老未赴。

四十三年，聖祖南巡，士奇於淮安迎駕，扈蹕至杭州；及回鑾，隨至京，優賚以歸。是年六月，卒於家。遺疏至，得旨：「高士奇簡侍内廷，勤勞歲久。忽聞在籍病逝，朕心深爲軫惻！下部議卹。」部臣議士奇未赴侍郎任，例予祭一次。聖祖命加級全葬。子輿時爲庶吉士，特旨授編修。四十四年，諭大學士張玉書等曰：「原任禮部侍郎高士奇在内廷供奉有年，其品級不應予謚。朕軫念舊臣，原任刑部侍郎勵杜訥，已照侍郎沈荃例予謚。今士奇亦應予謚，以示特恩。」士奇於是賜謚文恪。所著有《經進文稿》、《天禄識餘》、《讀書筆記》、《扈從日録》、《隨輦集》、《城北集》、《苑西集》、《清吟堂集》、《春秋地名考略》、《左傳》、《國語》輯註諸書。

鄭方坤《國朝名家詩鈔小傳》卷一《清吟堂詩鈔小傳》 高士奇，字澹人，號江村，錢塘人。自少好學能文，家固貧。年十九，之京師，以諸生就京闈試，不利，落魄羈窮，賣文自給。新歲爲人書春帖子，往往自作聯句，用寫其幽憂牢落之懷。偶爲聖祖皇帝所見，大加擊節，立召見。旬日之間，三試皆第一。於是簡入内廷供奉。旋授内閣中書舍人，擢翰林院侍講，洊陞詹事府少詹事。

嗟夫！先生一孤竪寒儒耳，當其留滯長安，三旬九食，殘杯冷炙，時遭戴安道之辱，卒能以文學自奮，致身霄漢之上。故論凌雲之際遇，則與「氣衝星象表，詞感帝王尊」者同；其烜赫驚宵晝之宣呼，則與「靈虬傳夕箭，歸馬散霜蹄」者均；兹欽密覩錫予之駢蕃，則與「内分金帶赤，恩與荔枝青」者等。斯寵渥至於栢梁侍宴，天禄校書，行幄屬車，賡歌載筆，每奏一篇，上未嘗不稱善。視夫枚臯、東方朔、司馬相如之徒，俳諧捷給、富麗爲工者，其氣象可同日語哉。先生素謹慎，口不言温室樹，徒以不由科目，驟致通顯，朝士多側目，會有造蜚語上聞者，賴天子仁聖，放歸田里，曲示保全之意。越五年，復以原官起用，仍内直如故。謝表所云：「媿寵榮之踰分，致嫌怨之紛來。荷蒙曲護孤根，得遂歸田之願。終收敝履，俾抒望闕之誠。」由申之言，知非强設矣。久之，以母老陳情，卒獲初衣之請。又數年，乃卒。亦詩人之秉禮守義而身名俱泰者歟。所爲詩，諸體具備，豐而不失之靡，約而不失之促，和平爾雅而不爲鈎章棘句之習；所謂和其聲而使鳴國家之盛者，雲蒸龍變，微斯人吾誰與歸。

李元度《國朝先正事略》卷六 高公士奇，字澹人，號江村。世居錢塘，以國學生就試京闈不利，賣文自給。新歲爲人作春帖子，自爲句書之，偶爲聖祖所見，立召對。旬日中三試皆第一，遂命供奉内廷，授詹事府録事，遷中書，賜居西安門内。康熙十七年，賜敕曰：「爾侍直有年，凡密諭及講章詩文等類，纂輯書寫甚多。特賜表裏十疋、白金五百兩，以旌其勞。」十九年，特擢翰林院侍講。二十二年，充日講起居注官。尋遷右庶子，晉侍講學士、少詹事。

公以布衣膺殊遇，屬車豹尾間，賡和不可勝數。每奏一篇，上未嘗不稱善。公素敬慎，口不言温室樹，徒以不由科目，驟躐華要，朝士多仄目。二十六年，以蜚語疏乞骸骨，許原官解任，仍充《一統志》副總裁。二十八年，從上南巡，至杭州，駕幸公所居之西溪山莊，賜御書「竹窗」額。九月，都御史郭琇疏劾之，命休致回籍。三十三年，詔閣臣舉長於文學者，大學士王文靖、張文貞薦公，及徐公乾學、王公鴻緒，並召來京修書。仍直南書房。三十六年，以養母乞歸，特擢詹事，允其請。四十一年，授禮部侍郎，以母老未赴。四十三年，大駕復南巡，公迎謁淮安。及回鑾，隨扈至京，優賚以歸。是年六月卒。詔給全葬。子輿時爲庶吉士，特旨授編修。越三年，特旨照侍郎沈荃、勵杜訥例，賜謚文恪。所著有《經進文稾》、《天禄識餘》、《讀書筆記》、《扈從日録》、《隨輦集》、《城北》、《苑西》等集，《春秋地名考略》、《左國輯註》諸書。

蔡冠洛《清代七百名人傳》第四編《高士奇》 高士奇，字澹人，號江村，浙江錢塘人。初由監生充書寫序班，供奉内廷。授詹事府録事，遷内閣中書，食六品俸，賜居西安門内。康熙十七年，聖祖特賜表裏十疋、銀五百兩，以旌其勤勞。十九年，授額外翰林院侍講。二十二年，補侍讀，充日講起居注官。二十三年，遷右春坊右庶子。尋擢翰林院侍講學士。二十四年，轉侍讀學士，充《大清一統志》副總裁官。二十六年，遷詹事府少詹事。

二十七年，法司逮問貪贓劾罷之巡撫張汧。因汧未被劾時，曾遣人齎銀赴京，詰其行賄何人，初以分餽甚衆，不能悉數抵塞。既而指出士奇、徐乾學，會奉諭，勿令滋蔓，得置弗問。士奇因疏言：「臣等編摩纂輯，惟在直廬，宣諭奏對，悉經中使，於進講外或數月不覲天顔，從未於政事有所干涉。此不獨臣士奇爲然，從前入直諸臣，如熊賜履、葉方藹、張玉書、孫在豐、王士禛、朱彝尊等，近今同事諸臣，如陳廷敬、徐乾學、王鴻緒、張英、勵杜訥等，莫不皆然也。至於人物之臧否，事務之利弊，皇上明見萬里，洞徹隱微，素未蒙皇上詢及，臣何敢輕進一言？獨是供奉日久，嫌疑日滋。考之古昔儒臣，侍從禁密，恒難調於衆口。即今張汧無端疑怨，含沙污衊，臣將無以自明。幸賴聖明在上，誣搆難施。張汧旋即自吐真情，臣心始得大白。但禁廷清祕，職任綦嚴，來茲萋斐，實幸聖恩，豈容仍玷清班？伏乞賜歸田里。」疏入，得旨：「覽所奏情辭懇切，准以原官解任。其修書副總裁等項，著照舊管理。」

二十八年春，從上南巡。至杭州，駕幸士奇之西溪山莊，賜御書「竹窗」匾額。九月，左都御史郭琇疏劾之曰【略】疏入，得旨：「高士奇、王鴻緒、何楷、陳元龍、王頊齡，俱著休致回籍。」時解任尚書徐乾學官修書總裁事，副都御史許三禮以士奇既奉旨回籍，乾學亦不應留京，疏劾乾學、士奇爲子女姻親，其招搖納賄，相爲表裏，有「五方寶物歸東海，萬國金珠貢澹人」之謠。疏下吏部，以所劾無據寢議。乾學尋以省墓回籍。

三十三年，命大學士於翰林官員內奏舉長於文章學問超卓者，大學士王熙、張玉書等薦乾學、鴻緒及士奇，並召來京修書。士奇既至，仍直南書房。三十六年，以養母乞歸，特授詹事府詹事，允其請。四十一年，授禮部侍郎，以母老未赴。四十二年，聖祖南巡，士奇於淮安迎駕。扈蹕至杭州，及回鑾，隨至京，優賚以歸。是年六月，卒於家。賜謚文恪。所著有《經進文稿》、《天祿識餘》、《讀書筆記》、《扈從日録》、《隨輦集》、《城北集》、《苑西集》、《清吟堂集》、《春秋地名考略》、《左傳國語輯註》、《松亭行紀》、《江村消夏録》、《北墅抱瓮録》等書。

雜録

備録

《新世説》卷四　高澹人，隨聖祖登泰山。聖祖欲書扁額，已擬定「而小天下」四字，提筆一揮，將而字一畫寫太低，以下難再著筆。帝甚躊躇，高曰：「陛下非欲書『一覽皆小』四字耶？」帝欣然，一揮而就。高名士奇，浙江錢塘人。以布衣受聖祖知遇，爲文學侍從之臣。官至少詹事。

張鵬翮部

綜述

《清史列傳》卷一一《張鵬翮傳》 張鵬翮，四川遂寧人。康熙九年進士，選庶吉士，改刑部主事，遷員外郎，尋遷禮部郎中。十四年八月，充順天鄉試同考官。十五年二月，充會試同考官。十九年，授蘇州府知府。旋丁母憂，二十二年，服闋，補兗州府知府。二十四年，授河東鹽運使。二十五年十月，內遷通政司右參議。十一月，轉兵部督捕右理事官。二十七年，俄羅斯察罕擾邊，我兵困之於雅克薩城，悔罪乞恩。鵬翮奉使同內大臣索額圖、都統佟國綱、給事中陳世安等往定界。事竣還，擢大理寺少卿。

二十八年二月，擢浙江巡撫。二十九年，疏言：「定海自建縣設官，民人漸集，捍衛必賴城垣，教化必資學校，倉儲監獄亦須建立，庶足壯觀瞻而副規制。」詔允所請。三十二年，疏言：「浙省夏杪始雨，田雖補種，稏米未能堅實，難供漕糧。請將明年輪蠲之糧，於今歲免征。」又言：「紹興府屬之餘姚、上虞、嵊縣，台州府屬之臨海、太平，旱後復遇颶風霪雨，漂没田廬，並請賑濟。」從之。三十三年，疏言：「出洋貿易，船必需地方官印烙給票，方准攜帶軍器。恐日久弊生，內地商民在外國造船，攜帶軍器，難以稽察，請嚴禁。」部議從之。初，鵬翮奏浙省紳民願每畝捐穀四合，力不能者聽之。至是，又奏杭、嘉等府上年秋收歉薄，請勸輸之穀暫免一年。上諭：「昨歲浙省被災州縣，方照例蠲豁，並移免漕糧，豈有仍强令捐輸之理？張鵬翮於原題『力不能輸，聽從其便』之語，自相矛盾。下部嚴加議處。」尋部議革職，特旨寬免，降五級留任。尋擢兵部右侍郎，命提督江南學政。三十六年五月，遷左都御史，疏言：「淮、揚上年被水，及今春夏之交，百姓棲止隄上，以魚蝦、野菜爲食。兹見江蘇巡撫宋犖揭稱鹽城、山陽、高郵、泰州、興化、寶應六州縣積水未消，加以霪雨連綿，麥禾未種，現委道員查勘。臣思此六州縣被災既重，本地倉穀去年支賑無餘，今秋成絶望，該撫並未聲明作何拯救。伏祈皇上敕該督撫，或撥鄰郡倉穀，或捐官役俸工，買米賑濟。」下部議行。

三十七年七月，遷刑部尚書。

十一月，授江南江西總督。三十八年春，上南巡，閱視河工畢，命鵬翮扈從入京，賜朝服、鞍馬、弓矢。先是，鵬翮同刑部尚書傅拉塔察審陝西侵蝕貧民籽粒銀兩一案，經户部題覆，上諭大學士曰：「傅拉塔畏人懷怨，草率具覆，張鵬翮於此事亦稍罷輭。」六月，命復同傅拉塔赴陝西詳審，並原任陝西巡撫布喀控川陝總督吴赫侵蝕，及吴赫與原任寧夏道吴秉謙互參等奏。鵬翮等審得醴泉知縣張鳴遠、涇縣知縣劉桂等因公挪用，同州知州藺佳選、蒲城知縣關琇、韓城知縣王宗旦皆侵蝕入己；布喀控吴赫侵蝕籽粒銀，及秉謙控吴赫浮開草料價值事，均虚；吴赫參吴秉謙收受屬員餽送屬實，餘係捏款誣參，均擬罪如律。三十九年正月，回京，上問鵬翮曰：「署總督事席爾達居官如何？」奏曰：「居官頗優。」上又問：「巡撫貝和諾較巴錫何如？」奏曰：「巴錫爲人鄭重，貝和諾臨事精詳。」上謂大學士等曰：「張鵬翮前往陝西，朕留心察訪，果一介不取，天下廉吏無出其右者！」

三月，調河道總督，諭曰：「清黄相會之處，所關最要。黄水高，故清水不得通洩，以致泛溢。今使清水何以得出，河身何以得深，爾宜效力。」鵬翮疏陳：「一、撤協理河務徐廷璽，以專總河之任；一、撤河工隨帶人員，以免縻帑；一、工部與河臣事關一體，請敕部臣毋以不應查駁事從中阻撓。」下部議行。四月，疏言：「臣過雲梯關，閱攔黄壩，巍然如山，中間一線之細如注，下流不暢，無怪上流之潰決也。於攔黄壩上流，計黄河水面，寬八十三丈餘，則攔黄壩亦應照丈尺拆挑，一律寬深，方足宣洩。亟堵馬家港，使水勢不至旁洩。俟黄水大漲，開新挑之河，資其暢流，衝刷淤墊，則黄水入海，自能暢達。」又言：「清口爲淮、黄交匯處，目今糧艘北上，河身淤墊，竟成平陸。獨有黄河入運河，臣相度形勢，黄河比裴家場引河身高，爛泥淺引河地多活沙，即開濬深通，黄水大長，清水不能相敵。應於張福口開引河一千五十丈，深丈餘，寬十丈，引清水於黄河口相近處入運，使之暢達，庶可敵黄，並建閘以時啓閉。」又言：「人字河自金灣閘至孔家渡，爲河之腰絡，至芒稻山分爲二派，又名芒稻河，兩岸既狹，又有土嶺二處。今湖水方盛，應多集夫掘使暢流。水口下有芒稻閘，年久塌壞，磯心頗高，宜另建以防江潮。又鳳皇橋引河從橋口至胡家樓，河水絶流，宜加濬，引水從王家樓入運鹽河，匯入芒稻河。又雙橋、灣頭二河，現今同入芒稻河，底亦淺，應於冬月濬使深通，其灣頭閘、雁翅塌陷，宜及時修砌。此三處之水，俱相繼入芒稻河，流十八里入江。現在委員分修，刻期竣工。」諸疏俱下部議行。

五月，疏言：「臣遵旨看視海口，將攔黃壩拆去，河身開濬深通。四月二十一日起至五月初九日工竣，水勢暢流入海。且自動工以來，潮恬風靜，得以施工。工甫畢，即長水二尺，以資開放。此皆我皇上軫念民生，至誠上孚，海神效靈所致。請將攔黃壩之稱，賜名大通口，並建海神廟以答神庥。」得旨，俞允。尋上諭大學士曰：「前張鵬翮赴任時，朕即指示以必毀攔黃壩，挑濬芒稻河、人字河。今毀去攔黃壩，而清水遂出，濬通海口，而河勢亦稍減。觀此則河工大可望也。觀張鵬翮奏章，詞簡而意明，其辦事精詳可知矣。朕昔與彼閒論時，彼曾云：『在浙八年，每歲錢糧並無缺欠，今蒙朝廷擢用之恩，無可仰報，惟勉令江南錢糧每歲必期完結。』朕尚止之云：『爾勿輕出此言。』迄今思之，彼固有成見也。」

是月，上命員外郎拖抗拖和、中書張古禮馳驛往，令鵬翮將河工修理情形入奏。鵬翮疏陳十九款：「一、修工葦柴，多產海濱。舊有運料河自清江浦起至海口止，年久淤塞，應加濬深，便轉運。一、清水會黃入海，關鍵全在六壩，而六壩最要者，尤在夏家橋一壩，以全湖水勢趨此故也。今夏水方盛，若急於堵塞，則高家堰危險可虞，且湖水洶湧，恐旋塞旋衝，虛費帑金。應俟水落堵塞，庶爲萬全。一、高家堰容納七十二處出河之水，古人設壩，原以洩異張之水，非以洩平槽之水也。今冬六壩閉後，來年挑濬，黃、淮並漲，宣洩湖水，非壩不可。前河臣于成龍改六壩爲四滚水壩，臣相度地勢相去不遠，宜併爲三，就原有之草字河、塘漕河爲引河，並築順水隄，則田廬無淹没之虞。一、武家墩至小黃莊一帶，臨河舊有石隄，僅出水面二三尺，必須加高。一、古溝至六壩以下，俱係土隄，宜改石以省歲修。一、清河縣運口至高郵州界首裏河，頻年黃水入運，以致河身日高，水漲往往潰決，宜加濬。一、高郵、寶應、江都西岸土石隄工，多爲湖水齧侵，俟冬時興工。一、高郵城南石壩五改爲四滚水壩，下開引河，使水有去路。一、歸仁隄臨河石工罅漏，現飭補砌。一、運口至濱海兩岸隄工，必須加培高寬，以資捍禦。一、王家營引河飭革職道馮佑作速挑濬深通，准其贖罪。一、新改中河隄岸單薄，水漲可虞，應勒限修築完固。一、王家營減水大壩應酌開十丈餘，洩黃河漫水，由鹽河出。一、桃源縣黃河南岸隄工近長湖一帶土隄四千二百餘丈，應加培高厚。一、駱馬湖口正對有竹絡壩節宣黃、湖大漲，今黃河身高，去歲漫缺一次，黃河灌駱馬湖口匯入中河，亟宜堵築，以禦黃水。一、王家堂缺口，月隄單薄，應培修高厚，以作正隄。一、徐城對岸沙嘴挺入河心二里，應挑掘以殺大溜之勢；郭家嘴舊有石工至北門迤西，臣率河員相度，自北至段家莊加砌石工，可保城池，且免歲修費；蘇家山石嘴挺出河心，致韓家山潰逼徐城，應自楊家樓至段家莊築月隄，以作重門之障。一、黃、運隄岸有額設興修者，有捐工興修者，勒限完築。一、徐、邳、睢寧、宿遷、桃源、清河、山陽、安東等州縣黃河險工，應支歲修錢糧，進埽防護，飭河官當伏秋二汛晝夜防守。」疏入，詔下部速議行。

六月，又條奏河工九款：「一、隄工宜堅築加幫之隄，應將原隄夯杵，再加新土。創築之隄，先將平地夯深，務期堅固。一、運河、中河因頂衝處湍急，恐傷土隄，是以排樁鑲壓，用整木柴。今用整料截開，粉飾外觀。嗣後務與原估尺寸相符。一、湖河隄岸有馬牙、梅花等樁，面裏釘頭等石，鐵錠鐵鍋、米汁、柴灰等料，必依法修砌，方能永久。一、歲搶各工，不無虛冒奉混之弊。嗣後呈報險工，估計申詳，如係假捏，即以謊報題參。一、挑河工程，務將挑出之土，堆於原估隄工，夯作成隄，以資捍禦。不許將散土堆集，滋假冒之弊。一、平常工料，俱用龍尾埽，遇風浪立見塌卸，虛糜帑金，應行停止。一、河水頂衝處，對岸必有沙嘴挺出，此由河曲之故。從曲處挑引河，以殺水勢，誠有如聖訓指示者，而河員不即遵行，則以挑引河後必引大溜，始能成河；若水緩沙淤，例應賠修，因之人心畏縮。臣思河工不如式者，理應賠修；若實心任事，偶致淤墊者，應請聖恩豁免。一、實心任事之員，工成日，優敘即用，否則嚴加治罪。一、挑河築隄，用夫動至數千，寒暑風雨，極其勞苦。工成日，應給印票，免其雜徭。以上各條，仰請天語申飭，勒石河干，永遠遵行。」得旨：「覽奏，河工弊端，詳悉切要，極其周備。下九卿議。」尋議如所奏。上曰：「張鵬翮遇事精勤，從此久任河務，必能有益。」

九月，疏言：「前任河臣于成龍於四堡挑濬引河，由湖家溝出黃河。臣勘閱湖家溝迤東地勢頗高，若在涵洞口至老隄頭迤東出黃河，地勢低窪。自涵洞口至九龍廟，現有舊河至黃河邊止，可挑引河，於黃河縷隄出水之地，建造石閘，臨河處修築草壩，以防黃水倒灌。再於歸仁隄五堡建磯心石閘，於引河兩岸築束水隄，洩歸仁隄之水出黃河，可以衝刷河身，保護田廬。」得旨：「張鵬翮所奏歸仁隄修築事宜，甚爲合理。應及今年黃河水小興工。」十月，疏言：「武家墩至小黃莊加砌石工，舊樁多壞，必須拆修堅固。今於舊殘石工上，畚柴壓土，以爲越壩，費省而工速。此工除撥銀四十萬兩外，尚有不足銀十八萬六千二百四十八兩有奇，請敕部撥給。」得旨：「著照該督所請。張鵬翮每事實能宣力，朕不之信將誰信耶？」又疏言：「新中河必全身挑濬，兩岸子隄必全行培築，需費頗多，而河頭灣曲，糧艘縴行不順；舊中河自三義壩下至仲莊閘二十五里，河身甚深，南岸河身散漫，難築子隄，且距黃河最近。今議於三義壩將舊中河築隄一道，改入新中河，則舊中河之上段與新中河之下段合爲一河，糧艘通行無滯。」得旨：「張鵬翮所議中河事宜，甚當。著照所奏行。」十二月，疏言：「臣遵聖授方略，次第舉行，先疏海口，水有歸路，黃水不出岸矣。既挑芒稻河，引湖水入江，高郵、寶應等處水由地中行矣。再闢清口，開張福口、裴家場引河，淮水有出路矣。加修高家堰，堵塞六壩，逼清水復歸故道。今清水大半入黃，少半入運。一水兩分，若有神助，請加河神封號。」下所司知之。

又疏言：「黃水下流最溢處，無如安東便益門及韓家莊，兩岸僅距六十餘丈，兼以時家馬頭至伊家莊河身過曲，沙洲逼溜，南北互有衝激，應於兩處沙洲中開引河二，使黃流直下，以固城池。」又言：「下河水勢漸消，惟興化積水，一時不能全退。臣相度形勢，高郵、寶應、山陽、鹽城之水，宜疏蝦鬚二溝，引入滕臘河，以達於海。鮑家莊至白駒口，地高水壅，宜挑濬深通，引河由白駒場入海。再挑撈魚港引河入海，挑老河口引水入湖，挑滔子河引水由苦水洋入海。如此，則水有去路，積水可消矣。」並從之。是年，遵旨詳議給事中慕琛條奏科場事宜，鵬翮奏：「江、浙等省既編南卷，山、陝等省既編北卷，又將雲南、貴州、四川、廣西四省各編字號，卷數甚少，分晰太明，不肖者易通關節，應將四省編入南卷。至監生回籍鄉試一段，臣思監生作弊，自有防之之法，平時責令祭酒力行考課，考課不缺者，准其入場；臨時入監者不准，則弊無從出矣。」

四十年正月，疏言：「臣按《南河志》，清口至淮安，建有五閘，遞相啓閉，以防河淤；又慮水發湍急，難於啓閉，則築壩以遏之。每歲糧艘過盡，即於閘外築壩，以遏横流。則是伏秋黃水倒灌，自古已然。今運河初濬，海水出黃，轉盼伏秋二汛繼至，即宣洩之道，不可不急籌也。今於張福口、裴家場中間，開大引河一道，并力敵黃。若黃水大發，則閉裴家場口門，使清水由文華寺入運河；倘運河水大，山陽一帶由涇、澗二河洩水，寶應一帶由子嬰溝洩水，俱歸射陽湖入海。高郵一帶，仍由城南柏家墩二大壩洩水，江都一帶，由人字河、鳳凰橋等河洩水入江。若遇黃、淮並漲，清水由翟家壩、天然壩洩水，黃水由王家營減水壩入鹽河，至平旺河入海。若糧船過完，黃水大發，則閉攔黃壩使不得倒灌，黃水不漲，

則堵塞運河頭壩，令清水全入黃河。官民船照例盤壩，即古人設天妃閘之意也。」疏入，上嘉其得治河祕要。時江西巡撫馬如龍以年老乞休，諭大學士曰：「馬如龍雖年老，居官尚好。督撫之任，如張鵬翮、李光地，居官更有何議？張鵬翮自到河工，在署之日甚少。每日乘馬巡視隄岸，不憚勞苦，朕深知之。」三月，鵬翮以河工情形遣郎中王進楫入奏，上諭進楫曰：「爾往諭張鵬翮，高家堰須加意防守，必歷夏秋至冬，清水照常流通，斯爲有濟於事。」鵬翮增築高堰月隄及時家馬頭、童家營、陳家社、龍潭口、歪枝套、辛家蕩、邢家河、馬家港等處隄壩。尋洪澤湖溢，泗洲、盱眙被災，上以修治善策詢之鵬翮，並飭會同江南江西總督阿山詳勘。尋，鵬翮奏：「泗洲、盱眙水災，自古已然，即六壩全開，亦不能免。且自閉六壩，高郵、寶應、興化、泰州、山陽、鹽城等處，田地涸出，民得耕種，皆河伯效靈所致。」上曰：「堵塞六壩，乃前河臣于成龍題請，不自張鵬翮始。頃因泗洲、盱眙被水，令同阿山設法修治，作何賑濟蠲租，並非欲開六壩救泗洲、盱眙之民，而令淮、揚百姓罹於水患也。張鵬翮奏章，昏瞶已甚，可將朕諭旨並張鵬翮奏章，刻示於淮安、揚州、泗洲、盱眙等處，令衆人觀看。」

四十一年正月，奏：「清河縣陶莊閘南岸有挑水壩，溜入引河，直走北岸，逼近黃河縷隄，請築戧隄，並將臨河縷隄及護縣隄工，皆加高厚；又於黃河南岸挑水壩西，添築戧隄；並改建運口爲石閘，以省煩費。」「又因天妃閘塘甚低窪，改築運口草壩北，建大石閘，東西各築縴隄，於舊隄衝破處，建草壩以固隄束水。清河縣黃河南岸卞家莊之險工，當黃、淮二水交衝之處，內臨積水深潭，中僅一線土隄，請改建石工。」下部議行。六月，桃源城西煙墩，黃水大漲，積水未退，隄根甚危。鵬翮加築近城越隄，捍衛城垣。八月，疏言：「煙墩對岸沙灘，挺出河心，逼溜南行，恐被衝刷。請於邵家莊開引河，建草壩分水勢。又顏家莊水勢，逼射北岸，亦請開引河一道，則水順流而險工不受衝矣。」上諭大學士等曰：「此本若飭部議，必致遲延，著即照所題行。」尋鵬翮題秋水情形，上曰：「覽奏，挑水壩築成，逼黃河大溜，直趨陶莊引河，循北岸而行，黃水從大通口暢出，海口極其深通，淮水從清口暢流敵黃，絶無黃流倒灌之患，高家堰隄工完固，加謹防守，經伏秋大汛，俱獲無虞。運河之水由涇、澗、芒稻河、人字河分洩，各處工程亦皆保固。觀此，則河工大有望矣。」

四十二年春，上南巡，周視河工，賜《御製河臣箴》、《淮黃告成詩》，並賜鵬翮父張烺「鮐背神清」、「頤養松齡」扁額。二月，上以山東泰安、沂州等州，新泰、蒙

陰、郯城等縣民饑，命漕運總督桑額以漕米一萬石交鵬翮，選賢能官運至濟寧州、兖州府等處，減價平糶；有應賑處，即行賑濟。鵬翮奏河臣程兆麟等動用倉穀二十八萬餘石散賑，疏稱將山東各官俸工補還。上命鵬翮與河員及山東巡撫以下各官分派，於四十三年、四十四年内賠完。嗣上復面責之曰：「爾常以經義奏對，經義以本心爲要。爾河工人員動用常平倉穀賑濟，邀取名譽。及令抵償，則委之山東官員，於心忍乎？」鵬翮叩首謝罪。十月，諭吏、工二部曰：「張鵬翮在河數載，殫心宣力，不辭艱瘁，又清潔自持，朕心深爲嘉悦。爾二部議敘具奏。」尋加太子太保。

四十四年二月，疏請修理徐州城外石隄，及山安黄河北岸三套隄工，建築越隄，並從之。先是，康熙三十六年六月，時家馬頭河決，至三十九年五月，堵築未就。鵬翮疏參山安同知佟世禄冒銷誤工，應革職追賠，詔鵬翮嚴訊。嗣世禄叩閽，訴鵬翮枉縱，交江南江西總督阿山、河南巡撫徐潮會審。阿山等以時家馬頭承修銀兩，應於佟世禄追賠；馬家港東壩被衝，張鵬翮雖經題報，未將承修官賠補處聲明，應令鵬翮與疏防等官均賠。未幾，世禄復叩閽控訴，上遣户部尚書徐潮等覆審，係誣參，世禄復職，鵬翮巧飾供詞，失人臣禮，應革職。淮安道王謙附會山安同知裘陳佩欺隱，應罰賠，各擬杖徒。又工部侍郎趙世芳議鵬翮奏銷錢糧浮冒十二萬餘兩，應交刑部治罪。九卿等以如所議奏，上曰：「此案依前議。張鵬翮量甚窄，斷不認錯。河工錢糧，原不限數，一年水大，則所需者多，水小則所需者少。謂張鵬翮小有所取，亦未可知；謂以十二萬兩入己，必無之事也。河工恃乎用人，張鵬翮所用之人皆不勝事，故至如此耳。趙世芳奏事不公，本發還。」

三月，上南巡，諭鵬翮曰：「朕至清口，見黄水倒灌，因以問爾。爾赧然不能答，反稱不曾倒灌。此即爾毫不認錯也。爾居官固好，卻爲王謙、張弼所欺。頃令河工應追錢糧，著佟世禄、王謙、張弼均賠，部議甚明。爾又奏請欲免其追賠，開捐納以補原項。此特因王謙亦在數中，希圖爲之脱免耳。」鵬翮不能對。又諭曰：「王謙爲人刻薄，人人怨恨，爾卻偏信，任其恣意妄行，以致人心不服。朕非不知爾在河工能任勞苦，但聽信屬員流於刻薄。從來大儒持身，當如光風霽月，何况大臣受朝廷委任，必須爲國爲民，事事皆有實濟；若徒飲食菲薄，自表廉潔，於國事何益耶？」閏四月，御舟渡黄河，閲九里崗，嘉鵬翮修理得法，賜御製詩扇。七月，淮、黄並漲，古溝、唐埂、清水溝、韓家莊四溢，鵬翮疏入，得諭：「今春朕諭張鵬翮大水時發，難以逆料，須晝夜防護。今古溝等處隄岸衝決，河工將有復壞之勢。此事著九卿、科道速議具奏。」尋議鵬翮不預籌閉壩之期，力盡防險之法，應革職，帶罪督修。諭令革職留任。於是鵬翮督率河員盡力堵塞，於九月次第竣工。四十五年十一月，疏言：「黄河萬里來源，匯聚百川，至清口與淮交會，總因衆水歸併一河，來源多而去路少，一時宣洩不及，所以兩年水漲，隄工危險。臣率河員往來勘議，僉云去路一暢，則來可容受。惟有遵旨預開鮑家營引河，俾黄河異漲，藉此減洩，黄河一帶工程可以保固。洪澤湖異漲，藉此暢流，高家堰工程得平穩矣。再於中河横堤建草壩二，於鮑家營開引河處，建草壩一，相機啓閉，中河亦不虞淤塞矣。」下部議從之。

初，鵬翮同江南江西總督阿山、漕運總督桑額奏開溜淮套河，屢請上親臨指示。四十六年二月，上閲視溜淮套，問鵬翮曰：「爾何所見奏開溜淮套？」鵬翮奏曰：「先因降通判徐光啓呈開溜淮套圖樣，臣與阿山、桑額會同具奏，恭請聖駕親閲定奪。」上曰：「今日沿途閲視，見所列標竿錯雜，問爾全然不知，河工係爾專責，不留心可乎？」鵬翮不能對，免冠叩首。上因顧諸臣曰：「阿山等奏稱於溜淮套另開一河，出張福口，分淮水，免洪澤湖之異漲，保高家堰之危險，繪圖進呈。今朕從清口至曹家廟，見地勢甚高，不能直達清口，與圖樣迥别；且所立標竿，多在人墳墓之上。依此開河，不惟壞民田廬，甚至毁民墳塚。張鵬翮以讀書人而爲此殘忍之事，讀書何爲？」又諭鵬翮曰：「奏溜淮套開河，非地方官希圖射利，即河工官員妄冀陞遷。至河工效力人員無一方正者，何故置留河上？」鵬翮奏曰：「臣誤聽小人，罪實難辭。」逾數日，上又嚴飭之，下九卿科道議罪。尋議鵬翮革職，阿山革任，桑額同安徽巡撫劉光美、江蘇巡撫于準降五級調用。上諭大學士曰：「閲驗視溜淮套之時，張鵬翮、桑額皆謂不可開，阿山强謂可開，公同奏請。著將阿山革任，張鵬翮去所加宫保，桑額降五級，劉光美、于準各降三級，俱從寬留任。」

四十七年九月，疏奏黄、運、湖、河修防平穩，得旨：「張鵬翮自任總河以來，朕指示修築工程，殫心盡力，動用錢糧，絶無糜費。比年兩河安晏，隄岸無虞，深爲可嘉。所帶革職，著與開復。應追銀兩，俱著豁免。」十月，内遷刑部尚書。四十八年二月，調户部尚書。四十九年正月，奉命往江南審布政使宜思恭兑收錢糧，勒索火耗，並收受屬員餽送，得實，擬絞；巡撫于準並不糾劾，擬革職：從之。五十年三月，鵬翮以父逾八十，請假省親。得旨：「卿簡任司農，清勤恪慎，積弊削除，部務關係緊要，聞卿父精力尚健，不必急請歸省。」五十一年十一月，復命赴江南審賄中舉人程光奎、吴泌。時江蘇巡撫張伯行疏參總督噶禮通同舞弊，於科場索銀五十萬兩，噶禮亦砌款劾伯行，命鵬翮同總漕赫壽察審。尋奏副考官趙晉與吴泌、程光奎賄通關節屬實，擬罪如律。噶禮劾伯行不能清理案件是實，餘屬苛劾，應降一級留任。伯行劾噶禮索銀全虚，應革職，贖徒。上切責鵬翮等掩飾和解，命尚書穆和倫、張廷樞再往嚴審。事詳《伯行傳》。五十二年二月，充順天鄉試正考官。

十月，調吏部尚書。先是，張伯行疏劾布政使牟欽元匿通洋匪徒張令濤，上革欽元職，下總督赫壽察審。赫壽奏令濤與海賊合夥無證據，欽元署中亦無令濤。五十三年十月，上命鵬翮及副都御史阿錫鼐至江南審理。鵬翮等以伯行誣參具奏，上責鵬翮等不能盡心審明原委，令再詳審。五十四年五月，鵬翮等參伯行巧飾奸欺，得旨：「張伯行著革職，看守審理。」七月，奏伯行自認誣參，應復欽元職，從之；又奏伯行誣陷良民，妄生異議，應斬，上命伯行免罪來京。詳《伯行傳》。十一月，丁父憂。時尚書富寧安剿策妄阿喇布坦，諭鵬翮暫留辦部務，俟富寧安回京，再回籍守制。五十七年，充會試正考官。六十年，復充會試正考官。

會汶水旱涸，運道梗塞，奉旨往勘。疏言：「臣會同河道總督趙世顯、巡撫李樹德查勘，戴村壩遏汶水出南旺，南北分流濟運，舊設玲瓏、亂石、滚水三壩，年久汕刷，應補葺以資捍禦。再山東運道，全賴汶、泗二水上流泉源接濟。今天旱泉微，蜀山、馬踏、南旺諸水無多，臣等遵旨將坎河、雞爪等泉疏濬，并嚴禁民間偷截灌田，補築諸湖子隄，禁侵種，蓄湖水，毋致乾涸。至南旺分水口，係南北分流水脊，爲濟運道要區。臣等遵旨妥辦，淺於南則閉北閘，使分北之水歸於南；淺於北則閉南閘，使分南之水歸於北。留主事富明德、御史梅琮駐分水龍王廟，以時啓閉。再於彭口内南岸建挑水壩一，北岸截去沙嘴，挑盡淤沙，使水挾沙暢流，直入微山湖，則蓄淺有資，運道自無阻滯。再查邳州邱家樓一帶低窪之水，並無積滯，太行隄綿延數百里，其曹、單、豐、沛等縣坍塌處，交河道總督及直隸、河南巡撫修築。」下部知之。

九月，直隸總督趙弘燮奏河南武陟縣黄、沁衝決隄岸，水溢至長垣等處；山東巡撫李樹德奏河水泛溢，自直隸開州流入山東張秋等處，由鹽河入海，致運河隄決，漕船阻滯。命鵬翮同總漕施世綸查勘。十二月，鵬翮等疏言：「臣等由山東張秋循流而上，查黄河決口在武陟縣之釘船幫支河口，衝入詹家店之魏家莊及馬營口。今副都御史牛鈕、河南巡撫楊宗義於支河口築攔水壩，魏家莊已經堵塞，馬營口水已消落，指日成功。其引沁入運之處，臣相度地勢，西北高而東南下，若引水直下，恐牽動全沁灌入隄内，而黄河直躡其後，反覺無益。山東運道在張秋則有沙河等水，分水龍王廟則有南旺等湖，濟寧則有馬場等湖，又有諸山泉，本可濟運。祇因湖隄殘缺，民間竊種湖旁之地，未得瀦水，而諸泉壅塞，又未疏通，以致漕船時患淺澀。臣等已交李樹德築隄蓄水，疏濬泉流，運道自可通利。」得旨：「回奏甚屬明晰，即令照依所奏，不得稍有更改。」

六十一年十二月，加太子太傅。雍正元年二月，授文華殿大學士，賜御書「嘉謨偉量」匾額。六月，河南黄、沁漫溢，決馬營口，奉命查築。三年二月，進明臣鄧鍾所著《籌海重編》。未幾，卒。遺疏入，得旨：「張鵬翮秉性孤介，持躬廉潔。前任總河，懋著勤勞。入領銓曹，恪謹供職。因效力有年，簡任機務。近值請假養疾，遣醫診視，必整肅衣冠，極其恭敬。忽聞溘逝，朕心深爲軫悼！著加少保，於卹典定例外，再加祭一次。」諭致祭日，命大小漢堂官、給事中、御史齊集，賜全葬，謚文端。八年，詔祀賢良祠。

雜録

備録

《碑傳集》卷二二《附録九則》 大學士張文端公，康熙庚戌進士，由庶吉士仕至武英殿大學士。雍正三年卒，年七十七。著有《奉使俄羅斯行程録》、《河防志》。擢河東監道，修復鹽池，鹺政大舉。内轉督捕，右理事《賢良小傳》。

巡撫浙江，時康熙二十七年。清漕弊，覈鹽課，建定海縣城。同上。

疏人字、芒稻等河，引運河水注江，築挑水壩。疏陶莊引河，使清水敵黄，永無倒灌之虞。挑蝦鬚等河，引下河積水入海。《江南通志》。

漕艘進口，舊在駱馬湖旁鑿渠，名中河，後又改挑新中河，而淺狹不利行舟。鵬翮參用新舊兩河之半，合爲一河，各建石閘，以避黄河百八十里之險。從楊莊新聞出口，漕運永賴。他如通射陽湖則開蝦鬚溝，瀉淮揚積水則濬涇澗兩河，復沭水故道則修築禹王臺隄址，咸有成績。《賢良傳》。

上以仲莊閘清水出口逼溜使南，恐礙運口。命自陶家莊以下，楊家莊處開挑引河，令中河之水從此出口。雖楊家莊地勢低窪，間有倒灌，不過一二里，清水仍然頂出。鵬翮乃相度形勢，於清邑中河鹽壩施工挑挖，令中河之水穿子隄由雙金門閘入鹽河，至花家莊迤東，穿黄河縷隄，至楊家莊出口。又於花家莊鹽河撑堤之上，建閘洩水，漕鹽兩利。動帑七萬八千餘，兩河道大治。陸燿《河臣小傳》。

山左汶水旱涸，運道中梗，奉命勘視。請疏濬坎河、雞爪諸泉，分注南旺濟運。而於彭口築挑水壩，障沙水，入微山湖。又往豫省閱視決河，備陳引沁入運利害。謂地勢西北高而東南窪，若沁從高直下，而黄河躡其後，患且叵測。鵬翮諳練河務，諸所建白不苟隨衆附和，聖祖每優詔從之。《賢良傳》。

疏請敕下史館編輯治河事宜，遴選進士舉人學習精通，發工效用。上即以命鵬翮，於是纂成《聖謨全書》二十四卷，恭呈乙覽。陸傳。

世宗登極，以馬營決口，復銜命至豫相視。鵬翮議并塞詹家店四口，黄沁合處有沙灘，應加濬刷。繪圖以進，悉嘉納。鵬翮平生居官清儉，方整有器局，於河工最著聲績。《賢良傳》。

《碑傳集》卷七六《治沙名臣小傳》 張鵬翮字運青，四川遂甯籍，湖廣麻城人。康熙九年進士，由庶吉士改主事，累遷郎中，出任蘇州府知府，調任兖州，今《兖州府志》是其手編也。遷河東運使，內陞通政使參議。二十八年，由大理寺少卿出任浙江巡撫，尋以兵部侍郎視學江南，擢左都御史，遷尚書、兩江總督。三十九年，調任河道總督。時上以仲莊閘清水出口逼溜使南恐礙運口，命自陶家莊以下楊家莊處開挑引河，令中河之水從此出口。雖楊家莊地勢低窪，間有倒灌，不過一二里，清水仍然頂出。鵬翮乃相度形勢，於清邑中河鹽壩施工挑挖，令中河之水穿子堤由雙金門閘入鹽河，至花家莊迤東，穿黄河縷堤，至楊家莊出口。又於花家莊鹽河撑堤之上建閘洩水，漕鹽兩利。動帑七萬八千餘兩，河道大治。加太子太保。疏請敕下史館編輯治河事宜，遴選進士舉人學習精通，發工効用，上即以命鵬翮，於是纂成《聖謨全書》二十四卷，恭呈乙覽。四十七年授刑部尚書，尋調户部吏部。六十一年晉太子太傅。雍正元年授武英殿大學士。三年卒，加贈少保，謚文端。十年入祀賢良祠。

備論

《國朝耆獻類徵初編》卷一一彭端淑《傳》 贊曰：蘇子有言，其生有自來，其逝有所爲。聞公初入棘闈，監臨某公夢緑衣白馬人入某號，以爲奇，使人記其名於簿。試竣，按之，公名列焉。祥雲繞室之兆，洵非誣矣。

張伯行部

綜述

《國朝耆獻類徵初編》卷六一杭世駿《張伯行傳》 公名伯行，字孝先，號恕齋。後以爲學之要在於一敬，更號敬庵。先世居上蔡，至明洪武中徙儀封，遂爲儀封人。曾祖自新，祖醇，父巖，三世皆名諸生。順治八年辛卯十二月五日，公生於儀封通安鄉崇儒里。八歲，經欽泉書院，問何居，告之以講道論德之所，輒欣然曰：「吾他日必讀書於此。」康熙辛酉舉於鄉，乙丑成進士，歸構精舍於南郊，陳書數千卷，縱觀之。其學自天文、地理、醫卜、農圃以及浮屠、老氏之書，靡不涉其津涯，而皆不愜其志。及讀《小學》、《近思録》、《程朱語類》，乃恍然悟孔孟之正傳，曰：「入聖門庭盡在是矣。」盡發濂、洛、關、閩諸大儒之書，口誦手鈔者凡七年。

入都補內閣中書舍人，旋改中書科中書。居贈公憂，啜粥寢苫，三年不入內室，喪葬一遵《家禮》。鄉人有所假貸，悉稱遺命焚其券。欽泉書院爲邑令所毁，公有志興復，於請見亭之西購地二十畝，建請見書院，以還舊觀。延嵩陽冉太史覲祖爲山長，講明正學，從遊者日衆。公慨然有成就後學之志，不欲出而仕矣。歲己卯夏六月，大雨，北關隄決，水溢入城，居民鼎沸，公募民囊沙土填築，民恃以無恐。總河張公鵬翮閲河至儀封，聞而異之，疏請檄公贊理，三辭不許。冬，上治河十議：一曰黄水本强，宜分其勢使之弱。一曰淮水本弱，宜合其勢使之强。一清口宜設安瀾牐。一淮河入漕之處，宜設永清牐。一請復天妃牐之舊。一黄家嘴宜挑開支河。一運河宜及時大挑。一海口宜疏。一運河之下流宜疏。一高堰、周橋、翟壩隄工暨黄河兩岸之遥隄俱宜堅築。又上議請於運河之底倣舊制置伏龍洞，引清水以灌民田。歲辛巳，督修南岸隄工二百餘里。秋，搶救馬家港東壩，衝急不可當，焚香禱於河神，獲無恙。歲壬午，督修高家堰石工、鰱鬚溝河。

是冬，補山東濟甯道。時值歲荒，即家運錢米及棉衣數艘以拯飢寒，流亡漸復。上諭河、撫二臣選遣賢能之員十人，分道賑濟。公所賑者汶上、陽穀二縣，動用倉穀至二萬二千六百餘石。藩司移文，責其專擅。論上將入告，公力争於河撫兩院曰：「奉旨賑濟，非擅動也。動倉穀以廣皇仁，非邀譽也。賑濟饑民，非肥家也。且賑而猶道殣相望，不賑將復如何？皇上視民如傷，倉穀重乎，民命重乎？」反覆數百言，議論侃鑿，兩院不能奪，遂寢。乙酉春，聖祖南巡閲河，御書「布澤安流」四字以賜，並詩章一、詩扇一。明年，遣郎中德成格封閘催漕，臨行復諭云：「山東有濟甯道張伯行，諳曉河務，往與商榷，設法蓄水放船。」公以運河自南旺以北水勢甚小，相高下度淺深閉水北注，蓄洩得宜。事竣，著書以紀其事，即世所行《居濟一得》是也。

是夏，遷司臬江甯。吏呈往例送督撫贄儀約四千金，公曰：「我居官誓不取民一錢，安能辦此？」以所攜土宜致餽，皆拒不受。維揚諸生六人得罪郡守，撫軍怒，欲盡褫其巾，公慨然曰：「以窮秀才衣頂逢迎上官，吾不能也。」申辨至再三，乃得釋。聖祖南巡至江甯，已命督撫薦舉賢能官員而公不與。隨督撫至上前，聖祖曰：「朕向原認識汝，到江南即知汝爲清官。」復顧督撫曰：「張伯行居官果何如？」對曰：「好。」大學士張玉書對亦如之。聖祖曰：「他實不要錢。」又問：「江南還有如此好官否？」皆曰無。聖祖曰：「然則汝等何以不保舉之？今朕自保舉之，將來居官好，天下以朕爲明君。若貪贓壞法，天下笑朕不識人。」至松江即令填撫福建。隨駕至西湖，御書「廉惠宣猷」四字以賜。

陛辭赴閩，時臺屬旱荒，題請發帑，賑濟全活甚衆。閩省人稠田少，歲粟所入不敷一歲之用，每歲遣官赴江浙買米入閩平糶。多置社倉積貯，以備旱潦。禁米下洋，以絶盜糧。終公任，民不阻飢。永安、甯洋、漳平、大田山深易藏姦宄，大盜陳首魁等潛匿山莽，乘間探丸，公以計誘擒之。積盜朱章竄伏未獲，迹其巢穴，亦就擒，貸其脅從，盜藪一清。大張綱紀，飭保甲，講鄉約，表廉糾墨，懲猾吏之爲民害者，教化大行。閩自楊龜山載道而南，三傳而得朱子，嗣後名儒疊興，號稱海濱鄒魯，公建鼇峯書院以祀宋五先生，廣置學舍百二十間於會城，俾有志正學者肄業。出家所藏書千卷充牣其中，益廣搜先儒文集遺書，次第刊布，士皆鼓舞振興，理學復明。上聞，御書「三山養秀」四字以顔其堂，又賜御纂《性理精義》諸書。至今弦歌不絶，皆公倡導力也。福州瘟神有五帝者，廟祀徧鄉城，師巫假以誑誘，禱祀晝夜不絶。公毁其祠，僉謂前任遲太守以此獲罪，竟卒於官，公曰：「此偶值耳。」不爲止，即改其祠爲義塾，以祀朱子。省城多尼，皆買貧家女鬻之，號佛子，盈千累百，所爲弗可問。公悉令所親贖回匹配，貧不能贖者，爲設法以出之。臺灣兵跋扈難制，稍不遂欲即登山鼓譟，要挾官長。公謂爲首倡亂之人，平日必多不法，可以他事除之，煽誘自絶。鎮臣如公教，已後無敢譁者。

初聖祖諭大學士張伯行居官清正，江南重地，宜移撫。李光地奏閩省近方有起色，須留整頓一二年。張玉書奏江南頻歲災祲，民不聊生，非此人不可。聖祖笑曰：「汝兩人不必争，朕爲天下總計，當慎簡一人以畀汝閩。」遂有移撫江蘇之命，並許馳驛往。士民攀留不及，皆呼號如失怙恃。時兩江總督噶禮大張威福，甫莅任即奏罷撫藩，人人不寒而慄。公至吴，即檄禁屬員餽送，延訪地方利弊。時淮揚連年荒歉，軍民乏食。疏請海、高等十三州縣，徐州一衛發帑賑濟。又以江蘇等屬帶徵災漕，請分年帶徵，以紓其困。皆蒙俞允。又奏動藩庫銀三萬兩買米，減價平糶，疏發即行。絶漕弊，禁重耗，省差擾，民困以甦。又以俗尚奢侈，嚴行禁絶。時蘇守陳鵬年、司臬焦映漢、糧道戚大受皆廉謹奉職，總督銜以不便於己，摭事劾去之。是夏赴常州熱審，多所平反，輒與總督每事違異，鬱鬱不得志，以病乞休，不許，乃强起視事。江南澤國，農田全資水利。時牐堰廢壞，詳考修整，以資蓄洩。海禁縱弛，米價踊貴，嚴行禁絶，而内地米多，民不艱食。

辛卯秋，趙晉典試江南，與總督交通關節，榜發譁然，蘇郡士子舁財神入文廟。正考官左必蕃不自安，具疏奏聞，公亦據實陳奏。上命近臣出按其事，公偕總督暨安徽巡撫會鞫，督臣持其事，使臣畜縮不敢問，帀月不得定案。明年春正月，公劾督臣抗旨欺君，營私壞法，請正國典，以彰公論。疏上，總督聞之，密購疏稟，捏款訐參，星夜馳奏。上命俱解任，交審事大臣一併審明。部文未下，公又上瀝陳被誣始末之疏，以證督臣之誣奏。使者疊審，皆歸由於公，應革職治罪，噶禮免議。奉特旨，尚書穆和倫、張廷樞再往，澈底審明。審如前，公仍革職。上不從所請，以公爲天下清官第一，復命九卿、翰詹、科道議，特旨留公任而黜噶禮。方公之解職也，百姓罷市撤業幾數萬人，圍集公館，哭聲殷揚城，且欲相率赴京叩閽。公慰諭再三，環泣不肎退。姑蘇等郡相繼報罷市者紛紛。翌日，維揚士民扶老攜幼，具果蔬至公館以獻。公辭不受，皆泣曰：「公在任止飲吴江一杯水，今將去，子民一點心不可卻也。」不得已取腐一塊，菜一束，遠近餽餉者皆委地而去。審畢將回姑蘇，行有日矣，揚城士民慮途中不可測，數萬人謀集江干護行。公聞，越數日五鼓登舟，比天明已渡江，百姓追送不及，悒怏而返。至蘇寓楓橋，士民雲集，獻果蔬如在揚時。秋七月，復赴揚聽審，回蘇時比户焚香遮道，自楓橋至葑門二十餘里，擁塞不可行。及聞公復任，士民歡抃呼萬歲者無萬數，行數千里詣闕跪香進疏，願各減年壽一歲，祝添聖壽萬年。上聞大悦，而福建全省士民始則奔號呼籲，繼而頌皇恩、祝聖壽者與江蘇不謀而合。自是公名益顯，雖嘗持論與公爲異同者，莫不傾心折節，直聲浩氣震天下。

癸巳春三月，恩詔復原職，旋進《濂洛關閩集解》。鎮江戰艦與民船無別，戰船或私借人洋貿易，還以民船充數。九月奉旨會驗，因條陳海洋船隻分别營哨、商漁，盡編號數。甲午正月，奏免揚州落地之税，謂各商貨物已於揚關輸鈔，入城復徵落地税銀，似屬重科。臣衙門舊有鹽課陋規二萬兩，臣在任五年絲毫弗取，爲鹽商節省十萬，衆商願於經費項下代捐税銀每年一千二百兩，免商民無窮之累。奉旨俞允。吴中向無書院，擇府學中隙地建紫陽書院，講貫課士之法，略與閩同，士風丕變，斂華就實。吴地濱海，奸商下洋句引匪類，出入無忌，爲東南隱憂。公特嚴海禁，有犯必懲。有張元隆、張令濤、李崇御等案，咸爲巨蠹把持，屢鞫不結。上命大臣駐鎮江審理，劾公以狂妄自矜，疏凡六上。上不得已，允之。時公因熱審赴常州，令藩司於舟中解綬去，遣遊擊房世澤伴送至鎮江，看守於城隍廟。夜分問供，多方摧折，所供不合，脅公幕下客代書，竟擬重辟。門人子弟聞難來訊，呼籲無門，生死不可測。公處之怡然，讀書晝夜無間，爲子姪講説，積講義二十餘篇。又向輯《四書正宗》、《學易編》皆未成書，續爲編輯。居潤州半載，體加充，色加睟焉。

奏上，聖祖不允所擬，而令使臣同公入京。仲冬二日渡江至維揚，父老數千人焚香拜岸上，士民夾兩岸隨舟而行，四十里不絶。越日過邵伯、高郵，皆有儒冠儒服沿河頓首者。至淮安，河督迎，會見舟將壞，大驚，爲易舟。伴送官同知胡某，僉人也，暮夜趣渡，黄河細雨方霏，同雲如墨，濤瀾洶急，從舟傾覆，公以河督所易舟先濟得免。至夏鎮，書院諸生候於河次，揮淚而别。抵京，公欲赴暢春苑陛見，使臣弗許，委官看守於吏部公署。上命使臣同公陛見，上曰：「他原無罪。」又曰：「此人朕還用之，當用於有錢糧衙門。」明日召對於乾清宫，命於南書房行走。臘月朔，命「講民可使由之」一章。越日，又命講《太極圖説》。尋奉特旨，署總督倉場侍郎。

時秋成稍歉，奉諭同户部酌議平糶，奏發倉米二萬石。奉命發倉賑濟順天、永平二府。親往巡察，至永平，與守謝賜履講社倉之法，令勸所屬捐輸積貯，本朱子法條酌十六款奏上。丁酉秋七月，條奏餘米摺，其略云：臣查紅斛進倉每石原多二斗五升，今該倉書攢止報一石一斗四升四合九勺四秒，其餘隱匿不報。通漕合算，歲約三十餘萬，此項謂之飛米，俗所謂飛轂轆子是也。外又有長米二三十萬石，曰旗丁交賸餘米，或令旗丁領出，謂之照米，俗所謂出黑檔子也。或令旗丁賣與他人，謂之買餘抵補。倉場之弊甚多，此其大者，故特奏之。又奏每年收米放米該賸餘米一百餘萬石，請建新廒百座。八月，爲順天鄉試正考官。時方收糧通州，不與開列，特召入闈，蓋異數也。庚子十月，奉旨管理錢法，旋補授户部右侍郎兼管倉場總督事。辛丑春，總裁會試。

秋七月，河南馬營口決，上命河南人知河務者具奏。公摺奏曰：「臣籍隸儀封，去黄河三里，故黄水之性最爲留心。蓋黄水不兩行，若有兩條河水，行一條必淤一條，故一遇衝決，水行新河，舊河必淤；若舊河仍行者則新河不過因水勢泛漲洩其有餘，水一消落，仍行舊河。此自然之勢也。今武陟縣衝決河口，不過因黄、沁並長，泛濫溢漫，洩有餘之水耳。黄河之水仍舊東行，入冬以後，水勢消落，勢必盡歸舊河，稍加堵築，即復舊矣。獨是山東運河只借一線泉水，遇天道亢旱，泉源乾涸，寸步難行。臣前任濟甯道時，曾議引沁河之水以濟山東之運，後以升任，故未及行。今歲糧船淺阻山東，將至遲誤。而黄、沁交會，忽衝一缺口，直入張秋，運河糧船，盡皆抵通。是今歲之運，賴此衝決以濟之也。若由此修治，引之濟運，便可成萬世之利。」越數日接駕，蒙温旨云：「前所奏河務，與朕意甚合。」又召進行宫論河務，面奏於黄、沁交會之際，建閘築壩，重重關鎖，使不泛濫。一引沁由賈魯河入濟，以濟運。一引沁由新決之河入張秋，以濟運。張秋東涯五空橋安放閘板，水小則下板引沁濟運，水大則放沁入海。至於濟甯河之西，再建閘一座，水小則引沁濟運，水大則下板引沁入湖。不但糧船遄行，而臨河之田皆成膏腴矣。

冬十月，以母病歸省，命以便道閲視河南武陟決口，如期復命。壬寅春正月，與千叟宴，偕諸年老大臣至乾清宫謝恩，賜坐。上謂：「汝等皆大臣，當仰體君心，惠愛百姓。如張伯行爲巡撫時，地方情形，米麥價值，皆不時奏聞，是真能以百姓爲心者也。」十一月，聖祖升遐，公感高厚深恩，哀痛迫切，夢寐中淚時涔涔下也。世宗憲皇帝御極，深知公公忠爲國，又以先朝舊臣，特加眷顧，錫予每逾常格。謂公年老，事難兼攝，命專理户部及錢法堂。臘月二日，命同滿漢大臣十三人至先帝梓宫前舉哀，特賜數珠一串，曰：「此先帝所遺留也。」嗣後會議大政，保舉大員，皆隨親王大臣在乾清門預議。又以公老，命由東華門騎馬至箭亭下。尋以户部捐納收銀，非公莫能任，命與大司農田從典專管其事，特恩晉正一品，追贈三代，給一品廕生。

癸卯八月，遣官看河，因條陳河務，略曰：國家歲漕數百萬石，全賴會通一河。而會通一河又借汶、泗二水以濟運。開河之始，築堽城壩以遏汶水，又開堽城閘引汶水由洸河至濟甯濟運，復築金口壩以遏泗水，又開金門閘引泗水由府河至濟甯濟運。迨其後，宋禮聽老人白英之計，築戴村壩引汶水於南旺，分流濟運，遂置泗水於不問。由是，府河大半淤塞，泗河之水乃不至濟甯馬場湖而合沂水以出魯橋矣。今宜於秋收之後，人民空閒，大開府河，使泗水由金口閘入府河，至濟甯馬場湖蓄之濟運。又於泗上諸泉源大加疏濬，其逆流紆道者改之，亂石壅塞者順之，脈絡不通者濬之，務使水勢暢流，則諸泉之入湖者無窮，而所蓄必多，或轉遲爲速之一法也。至濟甯到臺莊，相去四百里，其中閘將及二十座。而臺莊以下至淮黄交會之處，中閒將及四百里，並無蓄水之閘，所以每逢天旱，臺莊上下不無淺阻。宜於臺莊之下，徐塘口之上，建閘一座，以備蓄洩，其於河道或有補益。上遽命議行。

九月，遷禮部尚書，賜「禮樂名臣」四大字。奉旨搜閲會試遺卷。十一月，上親郊，前二日視牲，向皆王公大學士行之，上以命公，蓋特典也。甲辰春二月，進《續近思録》、《廣近思録》，張南軒、陳克齋、陳北溪、許魯齋諸集，賜食而出。四月，命赴闕里致祭崇聖祠，追王至聖五代，賜凉帽、蟒服、錦緞珍物八種，命以便道回家省親。六月，奉旨會議聖廟從祀，倡議以明儒羅欽順、本朝陸隴其從祀兩廡，又以宋儒張子之父張迪配享崇聖祠。乙巳正月十六日，以疾薨於位。遺疏以崇正學、勵直恒，厚糈以養廉吏，明法以懲貪員勉聖。上聞震悼，特遣宗臣鎮國公暨散秩大臣副都統額爾德、侍衛十人賜奠茶酒，行三叩禮，加贈太子太保，於卹典定例外加祭一壇。又奉上諭，諭祭之日，大小漢堂官、給事中、御史等官俱著齊集，出殯之日，俱著送殯。賜諡清恪，給全葬祭。

公遭逢仁聖，一德交孚，歷官二十餘年，未嘗攜眷。初任濟甯，隨行止四人。撫閩二十餘人，撫吴十三人。其日用蔬菜米麥，寸絲尺帛，以至研麥磨石、曳磨之牛，皆自河南運載之官。初至閩，官署帷帳皆錦繡，器皿悉金銀，驚問吏，以行户鋪設對，公盡撤還之。比移吴，先檄所屬，禁陳設。無錫令送惠泉至，受之，後閩亦派民船載送，即卻不受。閩撫標有空糧八十餘名，皆前任以給家丁者。公曰：「我家人無幾，又莊農不諳弓馬，何可令冒糜國餉？」悉募壯丁補之。在朝在外，不交一近侍之臣，不附和同官之議，不以得君而有自專之意，不以見忌而生退沮之心。矢志以人事君，所薦引皆學問醇正、志操潔清，彰彰在人耳目間者，然初不令其人知，即子姪有問亦不荅。惟特疏具薦，及大廷保舉者，衆乃知之。平日齮齕公者，在朝共事，輒推誠協恭，無纖毫芥蔕，曰仰荷聖明，已獲保全，何敢以私嫌廢公事乎？治民以養爲先，以教爲本。偶有災祲，即疏請緩徵，賑濟平糶，並施設常平，置社倉以備凶荒。所至輒建書院，臨清則有清源書院，夏鎮則有夏鎮書院，濟陽舊有書院，復新之，招徠士之有文行者，相與講明聖學之道，公暇輒至。又飭州縣各立義塾，朔望講解《聖諭十六條》，使編氓皆知禮義，故士民畏之如嚴師，愛之如慈父。於閩則肖公象而祠於鼇峯書院之旁，於吳則建春風亭爲公祠與總督于成龍、巡撫湯斌兩祠並峙。總督倉場時，山東兖州府鄆城縣十五州縣士民有具衣冠而來獻者，曰：「前者灉河之水當秋泛濫，淹民田不下數百萬頃，公爲濟甯道時疏濬宏深，使十五州縣之水皆安流，由灉入運，運入海。向之壑澤，今成膏腴。廩邱之西五岔口紓道爲患，公捐貲築堰，引水盡入灉。士民蒙利，議立公生祠，農夫欲建於野，舟子欲建於河，久不決，乃立於五岔口。今落成，敢獻衣冠，展瞻戀意。」公歉仄再三，皆頓首固請受之而去。其至孝本於天性，每逢忌日，輒閉户飲泣，不御酒肉。至己生日，亦思親，不宴不樂。賑汶上時，一婢來領米，舉止有異，詢之，良家女也，有壻未婚，父母亡，叔質於孔監生家。問其價，如數償之，召壻至，給新衣爲之成婚。四方之士及門受業者幾千人，不問貴賤知愚，悉接以禮，諄諄示以入聖之門，爲學之要。

讀書自少至老不厭不倦，雖鞍馬舟車之上，死生危急之秋，未嘗釋卷。嘗云延平静坐，觀喜怒哀樂未發以前。朱子後來頗不以爲然。蓋佛家静坐，此心不要用，儒家静坐，此心原要用，必静坐見得道理，始與佛家有别。但静坐而不讀書，亦不能見道理，不如易静坐爲居敬而勤讀書，以求道理，乃爲無弊。且子夏博學而篤志，切問而近思，存心之法，即在於讀書，何可懈也。其纂述者百餘種，皆所以繼往聖而開來學。輯《道統録》、《道統源流》以明聖賢之宗傳，輯《伊洛淵源録》、《伊洛淵源續録》以明諸儒之統緒，輯《小學集解》、《小學衍義》、《養正類編》、《養正先資》、《訓蒙詩選》以端蒙養之教，輯《學規類編》、《學規衍義》、《程氏家塾分年日程》、《原本近思録集解》、《續近思録》、《廣近思録》、《性理正宗》、《諸儒講義》以正爲學之模，輯《家規類編》、《閩中實鑑》以示脩齊之範。謂周、程、張、朱得孔、曾、思、孟之正傳，故纂《濂洛關閩書集解》以配《學》、《庸》、《語》、《孟》，名曰《後四書》，屢經進呈，欲以頒行學校。而其《語類》、《文集》復纂述較正而刻之。謂許、薛、胡、羅又周、程、張、朱之正傳，其文集及《讀書録》、《居業録》、《困知記》無不選擇而刻之。謂本朝陸稼書學朱子之學而爲許、薛、胡、羅之繼起，赴閩時特就其家，訪其遺書，得《問學録》、《讀朱隨筆》、《讀禮志疑》三書，乃並其已傳之《松陽講義》、《文集》而悉刻之。他如楊龜山、謝上蔡、尹和靖、羅豫章、李延平衍程子之派者也，張南軒、呂東萊取資於朱子者也，黄勉齋、陳北溪、陳克齋受學於朱子，真西山、熊勿軒、吴朝宗私淑於朱子者也，有明之學得其正而不爲邪説所搖者曹月川、陳膭夫、崔後渠、魏莊渠、汪仁峯、蔡洨濱也，本朝之學宗朱子者張楊園、汪默庵、陳確庵、陸桴亭、魏環極、耿逸庵、熊愚齋、吴徽仲、施成齋、諸莊甫、應潛齋、劉仁寶也，其所述作，莫不精擇而刻之。而吴朝宗、吴徽仲、施成齋、諸莊甫、劉仁寶皆隱居力學，世莫能知，久將湮没不傳，公特爲表章，尤見微顯闡幽之義。

公於正學奮志修明，而於陸、王之學復排擊不遺餘力。或曰陸、王往矣，似不必復辨。公曰：陸、王往矣，今之爲陸、王之學者正不乏也。是陸、王往而不往也，予安能無辨哉。又嘗語學者曰：今人自云有志程、朱之學而於陸、王不敢明辨其非，只坐於正學見不明耳。所見既明，則程、朱之與陸、王如雅鄭朱紫，正邪截然，豈能姑恕，然未嘗特著一書以闢之。謂程敏墩之《閑闢録》、陳清瀾之《學蔀通辨》、張武承之《王學質疑》已盡掘其根株，學者但取而讀之，自不容於復入，故於三書皆精刻以示學者。又選《濂洛風雅》，以見詩之必本乎道。選《古文載道》，編《斯文正宗》、《唐宋八大家文集》，以見文之必本乎性情。諸葛武侯、陸宣公、韓魏公、范文正公、司馬温公其功業皆有原本，刻其集以著立朝之業。文文山、謝疊山、方正學、楊椒山、楊大洪其氣節皆足以風世，刻其集以彰致身之義。而石守道、海剛峯其剛方之氣亦足興起，故亦刻行。他若《三朝名臣言行録》已有定本，後經散失不完；《四書正宗》、《學易編》僅有稾本，尚未成書；《五經大全》意欲增删别成善本，而未有暇。晚年詳定《大學》，依伊川改本移「生財有大道」五節於「亦悖而出之」下，依古本「復邦畿」三節於「聽訟」之前，照朱子序文改正右經一章大註。博綜諸説，考證精詳，欲繕摺具奏，上請聖裁，而遽爾辭世，不及進呈，此又公未竟之業也。其所自著者則有《困學録》二十四卷，《續困學録》二十四卷，《正誼堂文集》四十卷，《續集》十卷，《居濟一得》五卷，又皆本於躬行心得之餘，而足以爲修己誨人、致君澤民之準。統觀公一生之述著，規模廣大，節目精詳，所謂析之極其精而不亂，合之極其大而無餘者也。而其一生之所得力，尤在朱子之書，故嘗舉朱子三言以定爲學之則，曰：居敬以立其本，窮理以致其知，返躬以踐其實。其言曰：程子謂涵養須用敬，進學則在致知，至朱子又益以返躬之一言，至矣，盡矣，蔑以加矣。證之《尚書》之「危微精一」、《論語》之「主敬行恕，博文約禮」、《中庸》之「戒懼慎獨，擇善固執」、《孟子》之「不動心、知言養氣」若合符節，此公一生學業事功之本也。

舊史曰：公身後傳公者有桐城相國之墓志，高安相國之神道碑，而行狀則公門人費元衡所撰也，皆未上之史館。歲在甲申，公子師載方總督南河，而以公傳相諈諉，以備國史之採擇。余諾之，不一年而河督旋卒，諾責必踐，余不以河督卒而食言也。公可傳者有二，事功之偉，兩相國能言之，學術之醇，費君狀最爲詳晰。余私淑諸人，不如費君侍公十五年，親炙之久，據狀以傳公，文無遺憾矣。顧念費君不知何人，著録公門，不肎以言語媚人，可信必矣，余不敢掠其美，其忍没其名哉。

《國朝耆獻類徵初編》卷六一彭紹升《張伯行事狀》 公諱伯行，字孝先，河南儀封人。曾祖自新，祖醇，父巖，三世皆諸生，贈如公官。康熙二十四年成進士，歸而構精舍於南郊，陳書數千卷，自天文、地理、醫卜、農圃及浮屠、老子之書悉涉其大略。已而得《朱子小學》、《近思録》，讀之喟然歎曰：「聖學門庭其在是矣。」盡發濂、洛、關、閩諸大儒書，口誦手鈔，耽精研思，凡七年。

入京，授内閣中書舍人，改中書科舍人。以父喪歸，啜粥寢苫，終喪不入内。縣故有歛泉書院，爲有司所毁，公出錢購地建屋於請見亭之西，號請見書院，延嵩陽冉先生覲祖爲之師。公往復討論，發明正學，興起者頗衆。

二十八年夏，大雨，北關隄決灌城，公募民囊沙塞決口隄完。河道總督張鵬翮過儀封，聞而異之，薦試河工。四十一年，授山東濟甯道。明年，聖祖南巡，過山東，以歲饑命漕督桑格截漕米二萬石，發兖州諸屬減價糶，竝聽開倉以賑。河督命公率諸僚屬董其役，遂發倉穀二萬餘石。已而，部臣以公擅發倉爲辠，牒布政司題參，且命買粟以償。公曰：「擅發倉美名也。使吾獲美名，而同官以發倉爲戒，大害也。吾敢貪美名而釀大害？」遂引詔旨争之，得已。兖州屬鄆城諸縣，當秋灘水氾溢，爲民害。公疏濬深廣，達之運河，由是十五州縣無水災。又於廩邱西五岔口築堰引水入灘，民便之。既去，立生祠以祀公。遷江甯按察使。

四十六年，聖祖南巡，察公清廉，命巡撫福建。其年夏旱，發藩庫銀五萬糴粟江浙平價糶。明年，臺灣復旱，請緩本年應輸額粟爲分年帶徵。令民於農隙時度地開池，池分爲甽，以達之田，爲田一邱，各鑿一井，以達之池，爲旱備。又教民墾荒田，種桑習蠶織，廣置社倉。飭保甲，講鄉約。患閩俗好奢，爲定昏喪品則。建鼇峯書院，以羅源學官蔡先生主之。蔡先生名璧，閩之老儒，能以躬行爲教者也。集諸生書院中，命日纂録古人嘉言善行，依小學諸綱目條貫成書，手自删定，得八十六卷，名《小學衍義》，以教於諸生。其年鄉試，請照恩科，廣額十名，報可。

四十九年，聖祖諭閣臣：「江南重地，其移伯行往撫之。」李公光地奏言：「閩中凋敝，得伯行初有起色，更留一二年其可？」張公玉書進曰：「江南洊饑，非伯行民不得食。」聖祖笑曰：「朕爲天下計，汝二人何争焉？當得一如伯行者，以與閩可耳。」遂以陳瑸代之。瑸亦厲清節，聖祖稱爲苦行頭陀者也。公自入官，悉以家私財充用，未嘗受人一錢。及至蘇，嚴飭屬吏，毋得餽獻，絶浮漕，減重耗，禁海關毋得出米。歲饑，請賑淮、揚、徐三府，緩諸州縣帶徵漕糧，仍糴鄰近米減價糶。俱報可。

是歲大計，盡斥諸貪殘吏。時兩江總督噶禮黷貨不貲，舉錯任意，數與公齟齬，以蘇州知府陳鵬年最公所信任，劾罷之。五十年，鄉試榜發，副主考趙晉以賄聞，所取士程光奎、吴泌皆不通文義，衆大譁，正主考左必蕃不得已發其事，而蘇州諸生集衆數百輿財神入學門。公以聞。於時安徽巡撫葉九思爲監臨，布政使馬逸姿爲提調，皆居閒得贓。事發，外人諠傳總督索銀五十萬兩，許爲保全。會聖祖命户部尚書張鵬翮同督撫即訊揚州。當會鞫時，噶禮果不欲窮治，詞連葉、馬，輒盛怒訶止。有逸姿家人軒三者敲掠急，大聲曰：「莫問我，我若吐實，審事大人頭都戴不住。」噶禮默然罷訊，置軒三不問。而鵬翮有子懋誠知懷甯縣，爲噶禮屬官，故陰憚噶禮不能決。公乃上疏劾督臣抗旨欺君，營私壞法，請竝解任聽勘。噶禮聞，亦奏公不肎出洋捕賊，及誣陷牙行張元隆諸款。先是，四十九年冬，以海賊屢肆劫掠，詔督臣會公出洋捜賊。噶禮至上海，集海船十餘，盛設供具，由吴淞江出海，自甯波入口，滿載還江甯。而撫標故無戰船，公至上海，與提督議留内地分緝賊黨，具摺以聞。張元隆者居上海，廣造海船，出入東

西兩洋，蹤迹叵測，擁厚貲結納豪貴，使其弟令濤入總督幕爲內援，而厚遺噶禮，
海船供具皆其物也。時方嚴海關出入之令，凡舟人姓名、籍貫必驗本州縣照票
乃放行。而崇明水師搜捕余元亨漁船，其舟人皆閩產而冒華亭籍，供稱元隆代
領照票。公飭屬吏提訊元隆，元隆稱病不出，屬吏不敢偪，詰其家受詞而已。公
方欲竟其獄，而元隆病死於家。故噶禮以爲公辠也。奏上，詔二臣俱解任。復命
戶部尚書穆和倫、工部尚書張廷樞會訊，然皆畏噶禮，謂公實不出洋，督臣所劾
有據，坐公妄奏，革職。噶禮免議。五十一年冬十月，聖祖下詔責諸臣顛倒是
非，暴噶禮辠，且言：「張伯行天下清官第一，如此等人，朕不爲保全，則讀書數
十年何益？而凡爲清官者，亦何所倚恃？」遂斥噶禮，復留公巡撫任。五十二
年，還原職，奉旨會察戰船。

公先與總督赫壽議覆臺臣所奏編漁船商船，立澳總甲長連環互結。至是，
又請每船首尾標記船戶籍貫、姓名，竝給腰牌，圖形貌，絕諸姦僞，海防益密。明
年，奏免揚州落地稅一千二百餘兩，歸兩淮鹽運道以經費銀抵解。裁揚州稅課
司，刱紫陽書院於蘇州，立學規，集諸生肄業其中，置田爲膏火費。五十四年，上
海民顧協一等告令濤黨惡貪緣名捕急，令濤匿布政使牟欽元官舍。公因劾罷欽
元，張鵬翮復奉旨來訊，釋諸辠人，以妄誕劾公，坐大辟，羈鎮江城隍廟，爲諸子
弟講說書義，纘諸未成書。居半歲，貌加豐。奏上，詔特原之，召入直南書房，權
總督倉場侍郎。五十五年，請敕天下各立社倉，爲條例以上。明年，充順天鄉試
正考官。五十九年，奉旨管理錢法。旋授戶部右侍郎，兼管倉場總督事。六十
年，充會試總裁官。明年，世宗即位，命專理戶部及錢法。雍正元年秋，上書論
河事，請大開泗水，由金口閘引入濟甯馬場河蓄之濟運，臺莊以下宜建閘備蓄
洩，有旨議行。九月，遷禮部尚書。明年，奉命祭告闕里，許歸省母。還朝，請以
明儒羅欽順從祀孔廟。尋有旨下禮部議，廣從祀諸賢，羅公及本朝平湖陸公，以
公言從祀兩廡。三年正月，卒於官，年七十五，賜謚清恪，加太子太保，予祭葬。

公平生述作甚富，嘗倣《論語》編《濂洛關閩書》進於朝，錄宋元以來諸儒文
集數十家，刻行之。其論學持是非甚力。同年友陳玉立好習靜，自詡見道，致書
於公，道所得以爲口有異味，鼻有異香，美在其中。又言：「得吾道者，可以長生
不死。」公復之曰：「吾儒之道，堯舜以來相傳之道也。堯、舜、禹、湯、文、武、周
公、孔子之相傳，惟是有物有則，生人不易之常理，不聞其口有異味，鼻有異香，
美在其中也。吾儒之道將用以修身、齊家、治國、平天下。今曰口有異味，鼻有
異香，美在其中，持是道也，身可恃以修乎？家可恃以齊乎？國可恃以治乎？天
下可恃以平乎？且人之所以足重者，謂其爲聖爲賢，豈以年之多寡，跖而壽孰若
顏而夭？足下如德不進，業不修，惟冀長生不死，將何爲乎？」又有原元功者，以
爲爲學之要，當因其靈以反乎虛。公言：「義理不明，則虛靈亦易爲病。全義理
以應萬事，則動不逾矩，發皆中節。舍義理而尚虛靈，則爲空寂，爲狂妄，其流毒
無所不至。故知主敬爲第一切要工夫。」蓋公之所得於程朱者如此。

方公待讞揚州時，江南民皇皇惟恐失公。揚州闔府諸生上書使者，訟言督撫
曲直，且責以大義，辭甚激。而先曾祖南昀府君合諸鄉士大夫數十人投牒署巡撫
王度昭，乞以民情入告，弗省，府君幽憂嗟歎，屢見於詩，及公復官，命下而後喜可知
也。焚香奉詔旨北面九頓首以謝，騰黃布遠近，復爲長律二十韻紀之。已而公闢
紫陽書院，欲以屬府君，府君固辭而止。府君平昔論學稍與公異指，其以公義相取
如此，此可以觀公之人矣。公子二，師栻、師載。師載官至河道總督。

《碑傳集》卷一七《太子太保禮部尚書張清恪公墓誌銘》　有明中葉姚江王
氏之說興，一時恢奇自喜者多陰棄朱子之學以從之，雖賢者不免焉，惟高、顧諸
公號爲能謹守繩墨。自我聖祖仁皇帝篤信朱子之學，親纂《語類》《文集》，以爲
學者準的，躋廟祀之，位次於十哲，然後薦紳之士非朱子之學不敢言。然數十年
來，海內所信爲能守朱子之學者不過數人，而吾同姓儀封公其一焉。

公八歲遊飲泉書院，叩所云，曰：「爲士者當如此矣。」乙丑成進士，授中書
舍人，丁父艱，服闋，建請見書院，與鄉人子弟講誦，若將終焉。會大水，遂甯張
公巡河，知公家居私募士人築堤，以捍河患，方略異衆，疏請檄公贊理，有司敦
迫，公赴部，以疾辭，不許，乃以辛巳春至河上。踰年，題補濟甯道。丙戌，擢江
蘇按察司。踰月，特命巡撫福建。己丑，移鎮江蘇。與制府噶禮議事輒齟齬，制
府爲大吏數十年，多羽翼，性鷙驁，意所不可，必巧搆陰中以禍，用此衆莫敢攖其
鋒。辛卯鄉試弊發，公疏稱事由制府，並暴其生平貪暴狀。聖祖皇帝再遣重臣
就鞫，而制府習於文法，官吏畏威承意，證者皆避匿，所劾無徵，於法公當罷斥，
讞詞屢奏不決。及命下，則留公而罷制府，制府遂由是敗。方公劾制府疏出，遠
近傳誦稱快而不能不爲公危。及再訊無徵，江南士民如沸，聞者喪氣。至是有
心有口者莫不歎天子之聖智，而幸公之忠誠所以自達於君者有素也。公既留
任，尋以張令濤私通洋賊獄事爲異己者所中，復命重臣就訊，奏公應落職聽鞫。
七奏始得命，遂當公重典，而聖祖皇帝特召公入內，引見乾清宮，踰月，命署倉場

總督。庚子冬，補户部右侍郎。今天子嗣位，特恩晉正一品，尋遷禮部尚書。每賜宴先帝舊臣，公必與焉。

公在官不以妻子自隨，齎用絲粟以上皆運致於家。循分自盡，不務爲赫赫之名，而人皆信之。所至必興書院，聚秀民，導以學朱子之學，而辨其所以異於姚江者。閩俗祠疫神，氣燄動人，禍福數有驗，公命悉毁之，半改爲鄉塾。籍比邱尼以妻貧民。性篤厚，居喪一如《禮經》。父殁，以遺命棄債弗收。校訂先賢遺書五十餘種，次第刊布，註解濂洛關閩書及所著《困學録》悉躬行心得之言，天下知與不知，皆曰是能謹守朱子之學者也。

公諱伯行，字孝先，號敬庵。卒年七十有五，天子震悼，遣諸王大臣致奠，加太子太保，賜謚清恪，於常祭有加。曾大父諱自新，大父諱醇，並邑庠生。父諱岩，以邑庠生入太學。皆累贈如公官。自曾王母以下並贈一品夫人。配王氏封一品夫人，副配王氏贈宜人。子二，師栻、師載。女三，皆適士族。孫一，景白。於雍正五年丁未三月十五日賜葬於通安鄉藕河村之原。銘曰：

天生哲人，爲世之鐸。志學伊顔，道宗濂洛。實踐真知，匪由臆度。百家紛挐，謹其疆索。剛方正直，立朝儼若。履險如夷，何愧何怍。誠意交孚，天心以灼。高朗令終，歸神冥漠。斯道未亡，後其有作。

《清史列傳》卷一二《張伯行傳》　張伯行，河南儀封人。康熙二十四年進士，考取内閣中書，改中書科中書。丁父憂歸，服滿，未赴補。儀封城北舊有隄，三十八年六月，因雨潰決，伯行倡募居民，囊土塞之，隄遂完固。三十九年八月，總河張鵬翮疏薦堪理河務，以原銜赴河工，督修黄河南岸隄二百餘里，及馬家港東壩、高家堰石工。四十二年正月，授山東濟寧道。

四十五年正月，遷江蘇按察使。四十六年三月，聖祖仁皇帝南巡至蘇州，諭從臣曰：「朕訪知張伯行居官甚清，最不易得。」又諭曰：「張伯行爲人篤實，即置之行間，亦非退縮者。著陞爲福建巡撫。」十二月，疏請蠲免臺灣、鳳山、諸羅三縣旱荒田地額賦；又以閩省米價日昂，請發帑銀五萬兩，委官往湖廣、江西、廣東買米平糶。四十七年五月，疏言：「福建人才衆多，前奉恩詔，乙酉科鄉試於舊額七十四名外，增十名。今戊子科鄉試在邇，士子咸冀長荷皇仁，以暫增者爲定額。」疏並下部議，從之。四十八年十二月，請調四川學道陳瑸爲臺灣道，得旨如所請。

是月，伯行調任江蘇巡撫。四十九年二月，疏言：「去歲淮安、揚、徐三府屬十四州、縣、衛，夏秋連遇水淹，蒙恩發帑賑濟，延至今春，仍多乏食窮民。請加賑至麥熟。」得旨俞允。時布政使宜思恭爲總督噶禮劾罷，陳鵬年以蘇州知府署布政使，請循前任督、撫、司、道公議，分扣闔屬官俸役食，抵補司庫虧空三萬四千餘兩，伯行以聞。越十日，又疏言：「前因署布政使陳鵬年察出帑項虚懸，爲數甚多，而俸工抵補，又非臣所敢自專。節次商之督臣噶禮，總期庫帑有著，即可不煩聖心。因以會稿送督臣畫題，守候七日，傳諭：『令役先回，會稿隨後來。』臣以爲已無别議，不敢遲緩，翌日拜發前疏。兹督臣委官賫回前稿，未曾畫題，謂尚須斟酌，則臣前疏已發。」疏入，上令原審宜思恭之尚書張鵬翮等察審，諭廷臣曰：「覽張伯行此疏，與噶禮不和可知。爲人臣者，當以國事爲重，協心辦理。因不和而致公事兩相矛盾，可乎？朕綜理幾務，垂五十年，凡事無不經歷，未嘗令一人得逞其私。此疏但批『知道了』，置之。」

尋，伯行以衰病乞罷，得旨：「張伯行操守清潔，立志不移，朕所深悉。江蘇重地，正資料理，不得以衰病辭。」十月，張鵬翮還奏虧空銀兩，前任巡撫于準與宜思恭應賠十六萬，其餘以俸工抵補。上諭廷臣曰：「江南虧空錢糧，兩次命張鵬翮察審，朕意地方雖有不肖之官，未必侵蝕至數十萬兩。前朕南巡時，凡沿途所用悉出内帑，未嘗絲毫取諸官民。督撫等不遵朕旨，肆意挪用，以致虧空。朕若不言，内外諸臣誰敢言者？彼時任事之人，今離任者已多。若責之新任官賠補，朕心實有不忍。」又諭曰：「朕之巡幸，原以爲民，即用帑百萬，亦所當然。著將朕諭旨全行鈔録，令督撫察明南巡時所用數目大略具奏。」五十年五月，諭户部曰：「張伯行奏江蘇等府、州、縣無著錢糧十萬八千兩有奇。此項錢糧，朕知之甚悉，係地方官因公動用，未敢申明之項。若著落後任官賠補，必致科派，擾害百姓。其原議俸工扣抵之數，著全行豁免。」

十月，疏言：「江南辛卯鄉闈榜發後，議論紛紛。九月二十四日，有數百人擡擁財神入學宫，謂因科場不公，臣未敢隱匿。」時正考官左必蕃亦疏言：「出闈後，輿論喧傳，吴泌、程光奎二名平日不通文理。」上命張鵬翮會同督撫察審。五十一年正月，伯行請罷會審，疏言：「鄉試前風聞總督通同監臨提調攬賣舉人，迨後取中不公，正考官左必蕃疏中有『或發督臣嚴審』語。又風聞總督欲索銀五十萬兩，保全無事。及揚州會審，既得副考官趙晉與程光奎交通關節實情，旋得安徽布政使馬逸姿書役家人爲吴泌行賄供證，督臣震怒，輒令夾脛箝口。尚書張鵬翮因其子張懋誠現任安徽懷寧知縣，恐遭陷害，亦瞻顧掣肘。總緣督臣權勢赫奕，莫敢攖其鋒。臣不敢顧念身家，雖言出禍隨，亦所不惜。況逢聖明在上，督臣雖甚殘險，未必能加害無辜，亦何憚而不言？仰祈敕令解任，一併發審，俾舞弊之人失所憑藉，承審之官亦無瞻顧，庶真情得出矣。」伯行既上疏，遂移牒噶禮暫停會審。

噶禮亦疏劾：「伯行前冬泊船上海，阻臣出洋。恨臣不從，遷怒船埠張元隆，陷以通賊，牽連監斃，罪一；上海知縣許士貞誣良爲盜，伯行因與同窗好友，始終袒護，淹禁無辜，久不省釋，罪二；臣嚴飭所屬，力行保甲，稽察匪類，伯行與陳鵬年揚言臣查富户，竟寢不行，罪三；蘇松道臧大受所屬被盜七案，皆揑稱大受因公出境，徇私作弊，罪四；蘇、松糧船遲誤，奉旨明白回奏，伯行飾詞欺誑，罪五；刑部行提戴名世案內作《南山集序》之進士方苞，係伯行好友，竟不差一官一役提拏，且《南山集》版方苞收藏蘇州書肆印行三千餘部，伯行並不追問，罪六；命盜案件，蘇、松最繁，伯行專以賣書、著書爲事，性多猜忌，心更糊塗，混行翻駁，不能清理，濫收詞狀，拖累株連，罪七。」上命俱解任，下張鵬翮及總漕赫壽察審。尋奏趙晉與吳泌、程光奎賄通關節，擬罪如律；噶禮劾伯行不能清理案件是實，餘皆督撫會銜題咨舊事，方苞由伯行遣員料理《南山集》刻版係在江寧起出，噶禮苛刻，應降一級留任；伯行劾噶禮攬賣舉人，索銀五十萬兩，事全虛，應革職贖徒。

上切責張鵬翮、赫壽掩飾和解，命尚書穆和倫、張廷樞再往嚴審。九月，覆奏噶禮無罪，伯行畏縮不出洋，反誣陷船埠張元隆通盜，又誣奏督臣，應革職。九卿等議如所擬。上曰：「張伯行居官清正，天下之人無不盡知，但才不如守。噶禮雖才具有餘，而性喜生事，未聞有清正之名。朕於滿、漢諸臣毫無異視，一以公正處之。噶禮屢次具摺參張伯行，朕以張伯行操守爲天下清官第一，斷不可參，手批不准。此所議是非顛倒，著九卿、詹事、科道會同矢公據實再議。」翌日，召九卿等入，諭曰：「張伯行居官清廉，其家亦殷實，人所共知。噶禮操守朕不能信，若無張伯行，則江南地方必受其朘削一半矣！此互參一案，初次遣官往審，爲噶禮所制，不能審出；及再遣往審，與前無異。爾等能體朕保全清官之意，使爲正人者無所疑懼，則海宇長享昇平之福矣。」遂命革噶禮職，伯行復原任。

十二月，疏言：「東南漕運，定例冬兑冬開，正月以內過淮，實藉回空船依期到次受兑，方可督押開幫。自前任總漕桑額題請展限，二月以內過淮，雖冬兑冬開之例原未更易，而定限一寬，官民率皆緩視，因循自誤。且民間糧米，冬月收穫已畢，催輸便易；稍有遲延，米多糶賣，輸納無措，不得不受敲撲。又運河之水，沿塘田畝賴以灌溉，必俟重運過完，方敢開放。今各省糧船有遲至五六月始過淮者，抵通不克如期，回空勢不能早。請自五十二年爲始，江南重運仍照原限，勒令正月內過淮。并請敕倉場督臣於所給回空限單內，刊入定限時日，令沿河州縣註明入境、出境之期，至淮申繳漕臣察驗。到淮之後，漕臣另給抵次限單，亦令沿河州縣註明入境、出境日期，各船抵次不得出十一月，申繳臣衙門察驗。若回空如期到次而不能督催兑開，及在淮以南遲延者，議處巡撫及縣衛各官；其在淮以北，至通州重運，及回空遲延違限者，責成總漕、倉場劾處沿途各官。凡運丁違例多帶貨物者，依定例懲治。自不致遲誤矣。」疏下部議，以事關漕運，應令總漕及兩江總督會同定議，上特准照伯行所請行。五十二年正月，疏薦福建布政使李發甲、臺灣道陳瑸、前任國子監祭酒余正健堪任江蘇布政使。疏至，已有旨擢用湖北按察使牟欽元，下部知之。五十三年三月，疏言：「洋面商船、漁船與盜船同行，難於識別。請令商、漁各船各刻某省某府、州、縣第幾號船户，各給腰牌，刻年月、姓名、籍貫，巡哨軍船亦如之，庶便稽察。」疏下部議行。

五月，疏劾布政使牟欽元藏匿通洋匪棍張令濤，請旨革職，著追。張令濤者，噶禮所奏伯行拖斃之船埠張元隆，即其弟也。時部檄搜緝海賊鄭盡心餘黨，崇明鎮弁窮詰一船人照不符，得張元隆爲之關通領照狀，以報伯行。又上海縣民顧協一赴訴張令濤占踞房屋，謂其舊爲噶禮幕客，今匿牟欽元署中，有水寨數處，窩藏海賊。伯行捕治張令濤，因奏劾牟欽元，得旨，革牟欽元職，下總督赫壽察審。赫壽奏：「顧協一所控張令濤與海賊合夥，無證據，牟欽元署中亦無張令濤。」上復命張鵬翮及左副都御史阿錫鼐至江南審理。鵬翮等奏張元隆、張令濤皆良民，伯行揑造無影之事，誣稱海中有賊，請革職審理。上責鵬翮等不能盡心審明原委，令再詳審，並命伯行明白回奏。五十四年四月，伯行疏言：「臣爲綏靖海洋起見，急欲杜漸防微。張元隆雖報身故，而金多黨衆，造船出洋，人人可以冒名，處處皆能領照，久經審供題明在案。至張令濤一犯，原據顧協一首告，若通洋不實，顧協一律應坐誣；乃牟欽元庇匿張令濤，致懸案莫結。且張令濤之在藩幕，係其子張二所供，縱非通洋，亦係豪惡。臣爲地方大吏，焉能置之不究？今惟静候審訊。」五月，鵬翮等請旨革職解任審理，從之。七月，鵬翮奏：「顧協一、張令濤已就控爭屋產事定讞，牟欽元應復職。伯行因前在上海坐漏船，懷恨船埠，誣陷良民，誣奏海賊甚多，挾詐欺公，妄生異議，應斬。」法司議如所擬，上命免罪來京。

十一月，命南書房行走。十二月，署倉場侍郎。五十五年閏三月，同倉場侍郎荆山、左副都御史阿錫鼐等奉詔監視順天、永平二府屬賑濟。五十六年八月，充順天鄉試正考官。五十九年十二月，授户部右侍郎，管錢法，仍兼管倉場。六十年二月，充會試副考官。十月，乞假省母。十二月，來京，命陳奏武陟縣決口情形、堵築事宜，下所司知之。世宗憲皇帝雍正元年九月，擢禮部尚書，賜「禮樂名臣」匾額。二年四月，命赴闕里祭崇聖祠，復乞假省母，越一月還京。先是，由户部遷禮部，命仍管捐納軍需事。至是，詔陜西運糧至巴里坤，悉作正項報銷，停止户部與陜西捐例。諭嘉伯行與尚書田從典兩年以來，辦理清正，下部議敍，各加二級。三年二月，卒於官，年七十有五。遺疏入，得旨：「張伯行効力年久，持躬孤介。簡任秩宗，恪勤供職。忽聞病逝，朕心深爲軫惻！著加太子太保。於卹典外，加祭一次，以示優卹舊臣至意。」遣大臣侍衛奠茶酒，又命部寺漢堂官、科道等官，於諭祭日齊集，出殯日往送，賜謚曰清恪。

雜録

備録

劉廷璣《在園雜誌》卷一《張公伯行》 撫軍張公伯行，乙丑進士。需次中翰，初任題授山東濟寧僉事，陞江南按察使。特旨以僉都御史巡撫福建。釋褐後三遷而至開府，亦奇遇也。

金埴《不下帶編》卷一 儀封張清恪公孝先伯行，貞操去亮節，宇内首推。其撫吴也，使去院蕭然，即一几一榻，禁向民間借辦。雖屢乏所需，而安之若素。幕僚僅一人代毫者，其所凭去胡牀，賓衆則他徙，或竟日兀立爲苦。一日，其人留詩爲別而去，云：「一架繩牀供衆同，坐虛使院仰去清風。獨慚三十無能立，難向程門度雪中。」公見詩大驚，亟遣追還，不及。至今每想高風，彌增景企。公之清德，可謂不衰。此甬上仇少宰滄柱兆鼇爲予言之。

陳康祺《郎潛紀聞三筆》卷一二《聖祖以張伯行爲江南第一清官》 儀封尚書通籍，用中書，總河張文端公異其才，題赴河工，以勞績補濟甯道，旋遷江甯按察使。聖祖南巡，以公爲江南第一清官，徧問大學士督撫以下，推獎無異詞。上大悦曰：「汝等何莫保舉，朕保之，將來居官好，天下以朕爲明君；若貪贓壞法，天下人笑朕不識人。」

陳康祺《郎潛紀聞四筆》卷一《倪長犀慧眼識張伯行》 儀封張清恪公，近已配饗兩廡，其生平學術政績，爛於簡編矣。《海州志》載：州人倪長犀官儀封時，張伯行方居貧爲縣吏，夜讀書科房中。長犀聞而異之，召與語，奇其才，乃館而教之。後爲名臣，人服其識。清恪嘗爲吏，他處未見，鈎而出之，以著儒臣少日之艱難，爲有志者勸。

陳康祺《郎潛紀聞四筆》卷一一《官無大小在得民心》 張清恪公開府吴中，察吏嚴明，自監司至佐雜，治行操守，雖數百里外，莫不纖悉周知。有宜興典史王佐臣者，漢陽人，以康熙四十八年蒞任，甫匝月，扶弱鋤强，廉能之聲溢於四境。佐臣生朝，紳民咸爲稱觴。又以其耿介絶塵，相約日給米薪蔬菜，佐臣辭不獲，受二日，令指爲罪。縣民談八屢犯法，佐臣置之獄，益失令意，將俱揭矣。清恪廉得之，檄調佐臣至省，隨衆官入謁。公獨問誰爲宜興王典史？因語衆官曰：「官無大小，在得民心，如佐臣者，公等當以爲法。」會有愬談八於撫轅者，公即下佐臣回署勘問。令求見其牘不得，遂誣訐佐臣誤刑平民致死。委吴縣令檢驗無實，令反以此去官。當誣訐時，佐臣應離任，士民多赴省懇留，仍争出薪水以贍朝夕。民心愛戴至此，官雖卑末，不可謂非一代循良。顧非得如清恪者爲上官，亦豈能徑行其不吐不茹之素志哉？時宜興令爲漢軍胡鳳翬，以捐納進身。

趙慎畛《榆巢雜識》卷下《張清恪得聖眷》 張清恪伯行，字孝先，康熙二十四年進士。籍隸河南儀封。康熙三十八年河溢堤潰，清恪適家居，爲布囊盛沙，傭民堵塞。總河張文端行河至儀，知其出力，即請於朝，使赴河工效用，遂補濟寧道。後條奏黄河水勢，赴湯山面陳得失，欲引沁由賈魯河經嘉祥、鉅野入濟。上謂嘉祥有山，如何行水？即出地圖指示。侍郎牛鈕在側，因斥伯行書生，止據紙上陳言妄奏。上曰：「畢竟是他留心，即書本亦是他看過，爾等誰留心者？」其獲聖眷如此。

備論

《碑傳集》卷一七《太子太保禮部尚書張清恪公伯行神道碑》 休明啟運，純和毓精。中州間氣，湯耿有聲。公其踵美，正學是扶。研慮覃思，張銘周圖。述緝前典，折中後儒。出其底蘊，撫閩及吳。公所居邦，穀登人和。抗節鋤奸，愁痛笑歌。令出民從，既去而思。何以能然，至誠之爲。聖明乘六，命作秩宗。皤皤黃髮，以代天工。諮謀褒崇，無斁初終。公之休烈，先哲有繼。自今以始，欽於世世。

《碑傳集》卷一七《太子太保禮部尚書張清恪公墓志銘》 天生哲人，爲世之鐸。志學伊顏，道宗濂洛。實踐真知，匪由臆度。百家紛挐，謹其疆索。剛方正直，立朝儼若。履險如夷，何愧何怍。誠意交孚，天心以灼。高明令終，歸神冥漠。斯道未亡，後其有作。

論曰：先生之於學可謂醇矣。流俗滔滔，沈淵滅頂。科舉、訓詁、詞章，皆謂之學。彼其志不過取富貴利達而止，去聖人之道遠也。或稍自振拔，無賢師友之撤其障蔀，又不免陽儒陰墨，近似亂真，爲學術人心之害。悲夫！先生自幼毅然以聖賢爲必可學，志趣固已不侔。崇尚程朱，薪傳獨正，排異學之爲程朱難者，大聲疾呼，欲與天下共正之。即治水賑饑，刑兵錢穀，紛呶糾錯之會，以及坎陷交訌，死生危急之秋，罔不敬業樂羣，守道自娛。所謂造次顛沛於是者乎？自古大儒，罕竟其用。先生際兩朝明聖，極千載一時之盛，與伯夷、后夔爭埒矣。

儀吉案：《榕村集》覆江南督撫互參及科場兩案劄子云：臣等細繹督撫疏內，兩面多屬虛詞。蓋張伯行操優才短，以之理煩治劇，廢閣事務則有之，然皆非有心之過。噶禮身爲兩江總督，斷無於科場取錢之理。總緣二人素不相合，激爲過當之言。今若欲窮竟其事，究無實跡，徒使封疆大臣以誣罔之詞互相汗衊，恐於國體有傷。臣愚乞皇上斷自宸衷，將二臣作何處置，或者嚴加懲譴，赦過録長，出於天心，總無偏黨。至科場一案，乞發刑部云云。

藝文

《碑傳集》卷一七附任蘭枝《張清恪公年譜序》 聖祖皇帝之末年，公卿以廉潔正直著聲譽，稱名臣者，太子太保禮部尚書儀封張公實爲之冠。公世居河南。自其少時，始讀書已卓然自任當爲儒者。既入庠序，爲諸生，益勵志于學，曉然知利禄之不足慕，而聖賢之果可求而至也。公舉進士，官中書舍人。被薦治黃河，擢濟甯道，轉江南按察使。以羔羊素絲之節，被聖祖皇帝深知，遂至大用。當是時，公清白之名聞天下，天下言廉吏者，雖隸卒販負，皆知稱公。然公於學尤勤勤，未嘗以其既貴而少有所怠。方公之廉訪江南也，屢以事守正忤上官。及自閩撫吳，持是非與同列爭，幾蹈不測。幸天子知公久，爲昭直之，得以無罪。顧公數遭摧困，出險巇憂患之餘，其行益以完，而其所守者卒未嘗變。嗚呼！是非有以主乎中而無所撓乎外者，其亦安能若是？乃知公之所爲自治者，果與人異，而其得於學者誠深也。公既没，公子副使君持節江南，既編録文集，復輯生平行事，爲《年譜》二卷。將使天下之士欲知公爲學之大凡，與夫先後涖官之節者，皆可按而得之。刻成，屬予使序。予初舉鄉試，時公以中丞監臨，於予爲師。及予入翰林，官京師，而公由倉場侍郎晉位尚書禮部，嘗從公趨朝，歎公之不可見而未能忘也。於是乎書。時乾隆四年夏五月。

清聖祖部

綜述

《聖祖實録》卷一　順治十八年正月己未，上即皇帝位。是日黎明，遣輔國公都統穆琛祭告。

《聖祖實録》卷七　順治十八年正月辛酉，諭吏部、兵部：「貴州接壤雲南，皆係巖疆要地，且苗蠻雜居，與雲南無二，其一切文武官員兵民各項事務，俱照雲南例，著平西親王管理。」

《聖祖實録》卷九　康熙二年五月丙戌户部議覆工科給事中吴國龍疏言，直隸各省解京各項錢糧，自順治元年起總歸户部，至七年復令各部寺分管催收，以致欵項繁多，易滋奸弊。請自康熙三年爲始，一應雜項，俱稱地丁錢糧，作十分考成，除每年正月扣撥兵餉外，其餘通解户部，每省各造簡明賦役册，送部查核，其易知由單，頒給民間者盡除别項名色。至各部寺衙門，應用錢糧年前具題數目，次年於户部支給，仍於年終核報。應如所請。從之。

《聖祖實録》卷一〇　十一月戊辰，靖南王耿繼茂疏報僞平國公鄭芝龍子鄭世襲素蓄歸順之心，緣鄭成功携往臺灣，及鄭成功暴亡，復被逆孽鄭經帶回厦門，脱身無術，至是乘間率僞文武官二百二十四員、水陸兵一百二十名，家口船隻、盔甲器械等物投誠。又僞都督鄭賡係同安伯鄭鳴駿之弟，携帶官兵共三百一十五員名、家屬共三百四十二名口投誠。下部議敍。

《聖祖實録》卷一五　康熙四年五月丁未，議政王、貝勒大臣、九卿、科道會議吏部題請裁并督撫一疏，得旨：湖廣、四川、福建、浙江四省仍各留總督一員，貴州總督裁并雲南，廣西總督裁并廣東，江西總督裁并江南，山西總督裁并陝西，直隸、山東、河南設一總督，總管三省事。其鳳陽巡撫、寧夏巡撫、南贛巡撫俱裁去，伊等應駐何地，著確議具奏。

《聖祖實録》卷二〇　康熙五年十二月丙寅刑部議蘇納海撥地遲悮，朱昌祚、王登聯紛更妄奏，事屬重大，查律無正條。蘇納海、朱昌祚、王登聯俱不准折贖，鞭一百，除伊妾外家産籍没，照兵丁留給財産，其不許丈量屯地之筆帖式、撥什庫等俱鞭一百。疏入，上知鰲拜以蘇納海始終不阿其意，朱昌祚、王登聯疏奏旗民不願圈换地畝，堅守不移，阻撓其意，必欲置之於死。特召輔臣等賜坐，詢問，鰲拜、索尼、遏必隆堅奏蘇納海等應置重典，獨蘇克薩哈不對。上終未允所奏。鰲拜等出，稱旨，蘇納海若有意見，即應陳奏，既奉差撥地，種種奸巧，不願遷移，遲延藐旨。朱昌祚、王登聯身爲總督、巡撫，各有專任職掌，撥地事不照所委料理，妄行具奏，又將奏疏與蘇納海看，且疏内不止言民間困苦，將旗下不願遷移之處一并具題，情罪俱屬重大。蘇納海、朱昌祚、王登聯俱著即處絞，其家産免籍没，餘依議。

《聖祖實録》卷二三　康熙六年七月己未，和碩康親王傑書等會議得蘇克薩哈疏稱往守陵寢，如綫餘息，得以生全等語。蘇克薩哈係輔政大臣，並無危急之處，在此何以不存伊命。【略】以上蘇克薩哈所犯二十四罪俱實。伊係輔政大臣，有負世祖章皇帝眷育厚恩，不仰體遺詔，以盡忠誠，懷抱奸詐，存蓄異心，欺藐主上，種種任意詭飾之罪甚大。本朝並無犯此等之例，應將蘇克薩哈官職俱行革去，即凌遲處死。蘇克薩哈之子内大臣查克旦不行勸阻，革職，即凌遲處死。

《聖祖實録》卷二八　康熙八年三月辛丑，諭户部：「前以爾部題請直隸等省廢藩田産差部員會同各該督撫將荒熟田地酌量變價，今思既以地易價，復徵額賦，重爲民累，著免其變價，撤回所差部員。將見在未變價田地交與該督撫，給與原種之人，令其耕種，照常徵糧，以副朕愛養民生之意。至於無人承種餘田，應作何料理，著議奏。」尋部議，請將無人承種餘田招民開墾。從之。

《聖祖實録》卷二九　五月戊申，命議政王等拏問輔臣公鰲拜等。

戊午，諭吏部：「近究審鰲拜等罪案，知莫洛、白清額、阿塔皆其黨羽，本當逮問，治以重罪，念其既經用爲督撫，畀以地方重任，受事以來，剔除加派火耗等弊，姑從寬免罪，仍留原任。以後著益殫心勉力，潔己率屬，綏輯地方，愛養生民，以副朕宥過留用之意。」

《聖祖實録》卷三三　康熙九年八月乙未命改内三院爲内閣，其大學士、學士官銜及設立翰林院衙門等官，俱著察順治十五年例議奏。

《聖祖實録》卷三七　康熙十年十一月壬申，以護軍統領哈爾哈齊爲禮部尚書，調左都御史明珠爲兵部尚書。

《聖祖實錄》卷三九　康熙十一年七月丁亥諭刑部：「設立刑法，原以戢奸禁暴，必事情重大，方可用刑嚴訊。近見內外問刑衙門，嘗有濫用夾棍，致斃人命者，朕心殊爲不忍。以後審問事情，爾等務加詳慎，勿得輕聽問官，不分輕重，動輒夾訊，希圖草率結案。仍將審事官員嚴加申飭，不時稽察，其有任情濫刑者，即行指實題參，務使重刑不得濫及無辜，以副朕矜恤民命至意。若有不應夾訊之人，擅用夾棍，及罪不至死徑行夾死者，應作何處分，爾部會吏、兵二部定議具奏。」尋議，若內外問刑官將案內應夾罪不至死之人夾訊致死者，罰俸一年，將不應夾訊之人擅行夾訊者降一級留任，或被夾之人即時身死者降三級調用，或疊行夾訊致死者革職。若有別項情由，按罪定擬。其司官有將不應夾訊之人回堂，堂官不行詳慎，輕聽夾訊者，罰俸六個月。從之。

《聖祖實錄》卷四四　康熙十二年十二月丙辰，差往貴州備辦吳三桂夫船芻糗事務兵部郎中黨務禮、户部員外郎薩穆哈馳驛到京，奏稱雲南、貴州總督甘文焜向臣等言吳三桂於十一月二十一日殺雲南巡撫朱國治，以所部兵反，前差往搬移吳三桂家口侍郎折爾肯等被留。臣等星夜馳驛來京。【略】丁巳，四川、湖廣總督蔡毓榮疏報，吳三桂反，僞稱天下都招討兵馬大元帥，以明年甲寅爲周王元年。貴州提督李本深叛應之。前同黨務禮等差往貴州兵部主事辛珠與筆帖式薩爾徒不及行，俱不屈死。雲南貴州總督甘文焜聞變倉卒出貴陽府。

《聖祖實錄》卷五四　康熙十四年四月己丑岳樂又疏報，署護軍統領伯郎肅，副都統朱喇禪，署副都統雅賴阿喀尼等統領官兵，水陸進剿湖寇於五桂寨、徐汊等處，殺賊一萬有餘，獲船九百餘隻，恢復餘干縣城。得旨嘉獎，下部議叙。

《聖祖實錄》卷六四　康熙十五年十二月丁巳尚之信遣人齎密疏，至揚威大將軍和碩簡親王喇布軍前乞降。

《聖祖實錄》卷六五　康熙十六年五月丁未奉命大將軍和碩康親王傑書疏報，副都統伯穆赫林等率領官兵追剿海賊，恢復泰寧、建寧、寧化、長汀、清流、歸化、連城七縣及汀州府城，招降僞官七十三員，兵丁二千五百餘名。得旨嘉獎，下部議叙。

《聖祖實錄》卷七六　康熙十七年八月乙未，揚威大將軍和碩簡親王喇布疏報，吳三桂初病，中風噎膈，有犬登其案而坐，因病甚，口不能張，且下痢，於本月十七日遂死。

《聖祖實錄》卷八八　康熙十九年正月壬寅，勇略將軍陝西提督趙良棟疏報，招撫僞知州蔡廓、僞副將郝俊龍等七員，僞遊擊、知州、知縣等官五十七員，兵丁三千三百餘名，又生擒賊兵一百六十七名。下部議叙。

《聖祖實錄》卷八八　乙卯勇略將軍陝西提督趙良棟疏報，臣率官兵自龍安進剿，追至舊州明月江。賊斷橋守江，臣督兵浮水渡江擊賊。令總兵官王進才等分兩路直取成都，而親率大兵繼進至綿竹，僞勁武將軍汪文元迎降。本月十一日至成都二十里鋪，僞巡撫張文德等率文武僞官二百餘人迎降，遂復成都。得旨嘉獎，下部議叙。

《聖祖實錄》卷一〇〇　康熙二十一年正月戊辰，議政王大臣等會議，逆賊耿精忠等分別淩遲處斬具題。得旨，耿精忠革去王爵，著即淩遲處死，其子耿顯祚革去散秩大臣，著即處斬。

《聖祖實錄》卷一〇九　康熙二十二年五月先是福建總督姚啓聖疏言，海賊劉國軒遣僞官黄學齎書至，請照琉球、高麗等外國例稱臣進貢，不薙髮登岸，應否如所請，請旨定奪。上曰：「臺灣賊皆閩人，不得與琉球、高麗比。如果悔罪薙髮歸誠，該督撫等遴選賢能官前往招撫，或賊聞知大兵進剿，計圖緩兵亦未可料，其審察確實，倘機有可乘，可令提督即遵前旨進兵。」至是，姚啟聖奏遣福州副將黄朝用往諭劉國軒等，仍如前言。

《聖祖實錄》卷一一〇　閏六月戊午，福建總督姚啟聖題報，提督施琅進剿臺灣，克取澎湖。

《聖祖實錄》卷一一一　八月甲寅福建水師提督施琅題報，七月十五日，鄭克塽遣僞官馮錫珪等，僞侯劉國軒、僞伯馮錫范遣其弟僞副使劉國昌、馮錫韓等，齎降表文稿，詣臣軍前，請繳僞册印，率衆登岸，以求安插。臣隨遣侍衛吳啟爵、筆帖式常在同馮錫珪等，持牓示往臺灣曉諭僞官兵民，驗視薙髮，即令鄭克塽等繕寫降表并僞册印，一并齎送，以便代奏。至臺灣雖在海外，地方千餘里，户口數十萬，或棄或守，伏候上裁。得旨，海洋遠徼，盡入版圖，積年逋寇，悉皆向化，具見卿籌畫周詳，剿撫並用，克奏膚功，朕心深爲嘉悦，在事有功人員，該部一并從優議叙，餘令議政王大臣會議以聞。尋議政王大臣等議，臺灣應棄應守，俟鄭克塽等率衆登岸，令侍郎蘇拜與該督撫、提督會同酌議具奏。從之。

《聖祖實錄》卷一一五　康熙二十三年三月己酉，差往福建料理錢糧侍郎蘇拜會同福建督撫、提督疏言，臺灣地方千餘里，應設一府三縣，設巡道一員分轄，應設總兵官一員，副將二員，兵八千，分爲水陸八營。澎湖應設副將一員，兵二千，分爲二營，每營各設遊、守、千、把等官。從之。

《聖祖實録》卷一一九　康熙二十四年九月癸未，先是上因將軍薩布素等不能及時進取羅刹田禾，坐失機宜，降旨責之。薩布素等上疏引罪，上命都統公瓦山、侍郎郭丕往黑龍江，與薩布素等詳議應否攻取雅克薩城，并作何舉行，擇其有裨於事者奏聞。至是瓦山等與薩布素會奏，我兵於四月杪水陸並進，抵雅克薩招撫，不行納欵，則攻其城。倘萬難克取，即遵前旨毀其田禾以歸。議政王大臣等議，如所奏，復請敕直隸、山東、山西、河南巡撫每省派熟習火器兵二百五十人，并選賢能官各四員，預備火器送京師，至日增發薩布素軍前，協攻雅克薩城。【略】上命都統公彭春統兵，副都統班達爾沙偕佟寳等參賛，户部侍郎薩海仍令督耕。彭春等抵黑龍江後，有移會雅克薩城文書，用黑龍江將軍印。

《聖祖實録》卷一二五　康熙二十五年四月辛亥兵部等衙門議覆直隸巡撫于成龍疏言，順、永、保、河四府旗民雜處，盜警時聞，非力行保甲，不能寧謐。向例地方各官，無管轄屯撥什庫之例，各旗都統等官又遠在京城，竊恐屯撥什庫，不能嚴束旗丁，及本身窩盜爲盜不法等項難以稽察，應將各莊屯旗丁同民户共編保甲，令屯撥什庫與保甲鄉長，互相稽查，如旗丁居民犯法，許地方各官一體申報該撫該都統究治。應如所請。從之。

《聖祖實録》卷一三〇　康熙二十六年七月戊子，先是喀爾喀土謝圖汗奉上諭偵探鄂羅斯分界使臣消息。至是，土謝圖汗奏鄂羅斯遣使請和，已抵臣境。上命薩布素等統率官兵乘天時未寒還至黑龍江，墨爾根修整器械，休息馬匹，以度隆冬。仍於要地嚴設斥堠，并以鄂羅斯遣使請和，撤還大兵之故，曉諭雅克薩城内羅刹知之。

《聖祖實録》卷一四〇　康熙二十八年四月壬辰，鄂羅斯遣使費要多羅等至尼布潮地方，請議分界事宜。上復遣領侍衛内大臣索額圖等赴尼布潮就議。索額圖奏言，尼布潮雅克薩既係我屬所居地，臣等請如前議以尼布潮爲界，此内諸地皆歸我朝。上曰：「今以尼布潮爲界，則鄂羅斯遣使貿易無棲託之所，勢難相通。爾等初議時仍當以尼布潮爲界，彼使者若懇求尼布潮，可即以額爾古納爲界，并調黑龍江兵一千五百人往會之。」

《聖祖實録》卷一四三　十二月丙子先是領侍衛内大臣索額圖等奏，臣等抵尼布潮城，與鄂羅斯國來使費要多羅額禮克謝會議，彼初猶以尼布潮雅克薩爲所拓之地，固執争辨。臣等以鄂嫩、尼布潮，係我國所屬毛明安諸部落舊址，雅克薩係我國虞人阿爾巴西等故居，後爲所竊據，細述其原委開示之，因斥其侵犯之非，復宣諭皇上好生德意。於是費要多羅等及鄂羅斯國人衆皆歡呼誠服，遂出其地圖，議分界事宜，共相盟誓，永歸和好。疏入，上命議政王大臣集議。議政王大臣等奏言，羅刹潛據雅克薩諸地，擾我虞人，二十餘年矣。皇上念其冥頑無知，不忍興師剿滅，發官兵駐黑龍江，待其悔罪，因執迷不悟，乃命攻取雅克薩城，所俘槩行釋放。未幾，羅刹重至雅克薩，築城盤踞，復令官兵圍困，勢極窮蹙，會其主遣使乞和，皇上即許撤圍，兼令大臣以義理曉譬之。鄂羅斯國人始感戴覆載洪恩，傾心歸化，悉遵往議大臣指示，定其邊界。此皆我皇上睿慮周詳，德威遐播之所致也。應於議定格爾必齊河諸地立碑，以垂永久，勒滿、漢字及鄂羅斯喇第訥、蒙古字於上。今雖與鄂羅斯和好，邊界已定，但各省有官兵駐防，例應仍照前議，於墨勒根黑龍江設官兵駐防。至是遣官立碑於界，碑曰「大清國遣大臣與鄂羅斯國議定邊界之碑」。

《聖祖實録》卷一四七　康熙二十九年七月辛卯，噶爾丹深入烏朱穆秦地，上命和碩裕親王福全爲撫遠大將軍，皇子允禔副之，出古北口；和碩恭親王常寧爲安北大將軍，和碩簡親王雅布、多羅信郡王鄂扎副之，出喜峯口。内大臣舅舅佟國綱、佟國維，内大臣索額圖、明珠、阿密達，都統蘇努、喇克達、彭春、阿席坦、諾邁，護軍統領苗齊納、楊岱，前鋒統領班達爾沙、邁圖，俱參賛軍務。諸軍前發，惟佟國維、索額圖、明珠留京，俟大將軍至陰山，馳往會之。

《聖祖實録》卷一五八　康熙三十二年二月乙亥朔，諭大學士等：「西安米價尚爾翔貴，户部可招募身家殷實各省富商給以正項錢糧，並照驗文據，聽其於各省地方購買糧米，運至西安發糶，所得利息聽商人自取之。如此往來運販，待西安米價得平之日，但收所給原銀，於地方大有裨益。」

《聖祖實録》卷一六三　康熙三十三年五月丁巳，上巡幸畿甸，閱視河隄，命皇長子允禔、皇三子允祉隨駕。是日啟行，駐蹕通州崔家樓。

《聖祖實録》卷一六九　康熙三十四年十一月壬戌上諭議政大臣等：「我大軍進剿噶爾丹，宜分爲三路，東一路仍派盛京兵二千，寧古塔兵一千，黑龍江兵將軍薩布素酌派，再派科爾沁兵四千，令定期會合，沿克魯倫進剿。西一路徵調各處官兵總轄於費揚古，由歸化城進剿。中一路以京城每佐領下所餘預備兵六名，及火器營兵，與費揚古所請宣化府緑旗兵停其發往西路，皆定爲中路進剿。此三路官兵俱令裹八十日口糧。中路隨運米石，著諸王大臣官員急公之駝馬馱運，倘不足，即動支正項錢糧，雇車裝載。西路軍糧應隨運幾日，費揚古明白具奏。至師行惟馬最要，東光、吳橋、景州三處戶部見貯有豌豆，每佐領下發馬十匹，交地方官飼養，遣侍郎陳汝器往督之。是師來年何月何日啟行，著費揚古定議以聞。」

《聖祖實錄》卷一七一　康熙三十五年五月壬戌，偵知噶爾丹所在，上躬率前鋒兵在前，諸軍鱗次翼張而進。

《聖祖實錄》卷一八〇　康熙三十六年二月壬寅，上駐蹕榆林村前桑乾河崖，奉差達賴喇嘛理藩院主事保住回至御營，以第巴疏呈奏。上以示議政大臣等曰：「第巴之疏爾等意以爲何如？」議政大臣等奏曰：「第巴差尼麻唐胡土克圖面奏今尚未到，應俟伊到日再行議奏。」上曰：「朕意與爾等之意不同。朕閱經史，塞外蒙古多與中國抗衡，自漢、唐、宋至明，歷代俱被其害。而克宣威蒙古，並令歸心，如我朝者未之有也。夫兵者凶器，聖人不得已而用之。譬之人身，瘡瘍方用鍼灸，若肌膚無恙，而妄尋苦楚可乎？治天下之道亦然，亂則聲討，治則撫綏，理之自然也。自古以來，好勤遠略者，國家元氣罔不虧損，是以朕意惟以不生事爲貴。達賴喇嘛蒙古等尊之如佛，第巴者即代達賴喇嘛理事之人。噶爾丹叛逆皆第巴之故，因朕遣主事保住嚴頒諭旨，第巴悚懼，悉遵朕諭，奏辭甚恭，自陳乞憐，畏罪矢誓，此亦敬謹之至矣。至達賴喇嘛身故，朕已悉知。今第巴云遣尼麻唐胡土克圖前來，代彼密陳其情，想尼麻唐胡土克圖到後必奏明達賴喇嘛已經身故，懇朕爲伊等掩飾。達賴喇嘛與我朝交往六十餘年，並未有隙，第巴既如此奏懇，事亦可行，即此可以寬宥其罪，允其所請。第巴必感恩，而衆蒙古亦歡悦矣。」諸臣奏曰：「聖算至神，非臣等所及。」

《聖祖實錄》卷一八五　八月乙亥，上駐蹕巴圖舍里地方。賜喀喇沁翁牛特喀爾喀王、貝勒、額駙、台吉等銀幣有差。

《聖祖實錄》卷一八七　康熙三十七年三月丁丑，冊封皇長子允禔爲多羅直郡王，皇三子允祉爲多羅誠郡王，皇四子、皇五子允祺、皇七子允祐、皇八子允禩俱爲多羅貝勒。

《聖祖實錄》卷一九七　康熙三十九年八月癸亥，皇四子多羅貝勒、皇七子多羅貝勒允祐、皇十三子胤祥隨駕，是日啟行，自通州登舟，泊郝家務。

《聖祖實錄》卷二〇三　康熙四十年二月辛酉，上閱視永定河，至清涼寺決口，諭直隸巡撫李光地曰：「此河今歲務必完工，爾等可勉力爲之。」是日上駐蹕永清縣蔡家營。

《聖祖實錄》卷二〇五　十月，厄魯特策妄阿喇布坦遵旨解噶爾丹之女鍾齊海到京，命與噶爾丹之子塞卜騰巴爾珠爾同居，授塞卜騰巴爾珠爾一等侍衛，以鍾齊海婚配二等侍衛沙克都爾，咸令得所。

《聖祖實錄》卷二〇八　康熙四十一年五月癸巳，刑部議覆順天府府尹錢晉錫疏，言各省民人有在京定罪發配，及免死減等人犯，舊例於順天府發遣，因其中僉妻流徙，必俟該犯之妻從本省押解至京，始行發遣，曠日稽遲。且單身女流，長途押解，易受解役之凌辱，殊爲可憫。請嗣後將各省民人在京發配者先發回本省，照各省發遣之例，僉妻解往。又流犯死於配所，妻子流離異鄉，無所依賴，除不願回籍者聽從其便外，餘令地方官查明，移咨各該省州縣，聽本犯親戚領回故土，以廣弘恩。請著爲令。應如所請。從之。

《聖祖實錄》卷二一一　康熙四十二年正月壬子，諸王、貝勒、貝子、公、文武諸臣奏：「今年三月十八日皇上萬壽節，正值五旬大慶，茲聖駕巡閱南河，臣等請於駕發之前預行慶賀禮，恭進鞍馬緞疋等物。」

《聖祖實錄》卷二一六　康熙四十三年四月庚辰，河南巡撫徐潮疏言，臣遵旨查勘汴河，其故道惟賈魯河，自中牟縣經祥符等縣至江南太和縣達淮，今雖通流，但不甚深廣，應加挑濬。再鄭州之北新莊地方有一支河，可築壩建閘，以通黃河。下部知之。

《聖祖實錄》卷二二五　康熙四十五年六月丁亥，諭修國史諸臣，開國功臣作傳當因其事蹟先後，以定次第，若視功績分次第，或有本人功績少，而子孫功績多者，反置子孫於前列，可乎？今應分別太祖、太宗、世祖三朝功臣以何人居首，請旨再定。至遼事三朝功臣，各於本人傳內通行開載事蹟，其子孫有立功者附載於下，俟作傳畢，可錄出分給其子孫各一通，令藏於家。

《聖祖實錄》卷二三四　康熙四十七年九月丁丑，上召諸王大臣、侍衛、文武官員等齊集行宮前，命皇太子允礽跪，上垂涕諭曰：「朕承太祖、太宗、世祖弘業四十八年，於茲兢兢業業，軫恤臣工，惠養百姓，惟以治安天下爲務。今觀允礽不法祖德，不遵朕訓，惟肆惡虐衆，暴戾淫亂，難出諸口，朕包容二十年矣。乃其惡愈張，僇辱在廷諸王貝勒大臣官員，專擅威權。【略】先是，拘執廢皇太子允礽時沿途皆直郡王允禔看守。至是抵京，設氈帷居允礽於上駟院旁，上特命皇四子同允禔看守。

《聖祖實録》卷二三七　康熙四十八年三月辛巳，以大學士溫達、李光地爲正使，刑部尚書張廷樞、都察院左都御史穆和倫爲副使，持節授皇太子允礽冊寶，復立爲皇太子。以禮部尚書富寧安爲正使，禮部侍郎鐵圖爲副使，持節授皇太子妃冊寶，復封爲皇太子妃。

《聖祖實録》卷二四一　康熙四十九年三月乙亥，諭大學士陳廷敬等：「朕留意典籍，編定群書，比年以來，如《朱子全書》、《佩文韻府》、《淵鑑類函》、《廣群芳譜》并其餘各書，悉加修纂，次第告成。至於字學並關切要，允宜酌訂一書，《字彙》失之簡略，《正字通》涉於汎濫，兼之四方風土不同，南北聲音各異，司馬光之《類篇》分部或有未明，沈約之《聲韻》後人不無訾議。《洪武正韻》雖多駁辨，迄不能行，仍依沈約之韻。朕嘗參閱諸書，究心考證，凡蒙古西域洋外諸國，多從字母而來，音由地殊，難以牽引。大抵天地之元音發於人聲，人聲之象形寄於點畫，今欲詳略得中，歸於至當，增《字彙》之闕遺，刪《正字通》之繁冗，勒爲成書，垂示永久。爾等酌議式例具奏。」

《聖祖實録》卷二四八　康熙五十年十月戊午，諭戶部：「朕誕膺大統，撫育寰區，夙夜孜孜，不自暇逸。凡以爲民也，勤圖利濟，休養安全，即無水旱之虞，時布寬仁之政，蠲租除賦，務使遐方率土，無不均沾。或值雨暘偶愆，出帑發粟，多方賑恤，其有益於吾民者，靡弗備舉而亟行之。朕懃懇周詳之至意，前四十九年所頒諭旨，申斷甚明。原欲將五十年天下錢糧通行蠲免，以諸臣集議恐需用兵餉撥解之際，兵民驛遞，益致煩苦，故自五十年爲始，三年之内全免一週。除將直隸奉天等九省康熙五十年地丁錢糧，一概蠲免，及歷年舊欠錢糧，一併免徵外，山西、河南、陝西、甘肅、湖北、湖南，各撫屬除漕項外五十一年應徵地畝銀共八百四十萬四千兩有奇，人丁銀共一百二十萬八千一百兩有奇，著察明全免，並歷年舊欠共五十四萬一千三百兩有奇，亦俱著免徵。其康熙五十二年應蠲省分，至期候旨行。民間舊欠既經豁免，嗣後每年額徵錢糧，務如數全完，倘完不及額，或有虧空，託稱民欠，即責令督撫以下官員賠補，仍從重治罪。該督撫須實心力行，期副朕惓惓愛民之意。如有指稱事故，侵欺科派，事發之日，必嚴行究治。諭旨到日，徧示城郭鄉村，深山窮谷，咸使知悉。爾部即遵諭行。」

《聖祖實録》卷二四九　康熙五十一年二月壬午，諭大學士九卿等：「朕覽各省督撫奏編審人丁數目，並未將加增之數，盡行開報。今海宇承平已久，戶口日繁，若按見在人丁加徵錢糧，實有不可。人丁雖增，地畝並未加廣，應令直省督撫將見今錢糧冊内有名丁數，勿增勿減，永爲定額。其自後所生人丁，不必徵收錢糧，編審時，止將增出實數察明，另造清冊題報。朕凡巡幸地方所至，詢問一户或有五六丁，止一人交納錢糧，或有九丁十丁，亦止二三人交納錢糧。詰以餘丁何事，咸云蒙皇上弘恩，並無差徭，共享安樂，優游閒居而已。此朕之訪聞甚晰者。前雲南、貴州、廣西、四川等省遭叛逆之變，地方殘壞，田畝抛荒，不堪見聞。自平定以來，人民漸增，開墾無遺，或沙石堆積難於耕種者亦間有之，而山谷崎嶇之地，已無棄土，盡皆耕種矣。由此觀之，民之生齒實繁，朕故欲知人丁之實數，不在加徵錢糧也。今國帑充裕，屢歲蠲免，輒至千萬，而國用所需，並無遺誤不足之虞。故將直隸各省見今徵收錢糧冊内有名人丁永爲定數，嗣後所生人丁免其加增錢糧，但將實數另造清冊具報，豈特有益於民，亦一盛事也。直隸各省督撫及有司官編審人丁時，不將所生實數開明具報者，特恐加徵錢糧，是以隱匿，不據實奏聞，豈知朕並不爲加賦，止欲知其實數耳。嗣後督撫等倘不奏明實數，朕於就近直隸地方遣人逐户挨查，即可得實，此時伊等亦復何詞耶？此事毋庸速議，俟典試諸臣出闈後，爾等會同詳加確議具奏。」

《聖祖實録》卷二五一　九月庚戌，諭諸皇子等：「皇太子允礽自復立以來，狂疾未除，大失人心，祖宗弘業斷不可託付此人，朕已奏聞皇太后，著將允礽拘執看守。朕明日再頒諭旨示諸王大臣。」

《聖祖實録》卷二五二　十一月乙未，以廢皇太子允礽遣官告祭天地、太廟、社稷。告天祭文曰：「嗣天子臣敢昭告於皇天上帝曰：臣纘承鴻業，祗迓天休，夙夜憂勤，惟以社稷蒼生乂安爲務。向以允礽狂惑成疾，難以負荷丕基，於康熙四十七年九月十八日特行廢黜。

《聖祖實録》卷二五四　康熙五十二年三月壬寅，宴直隸各省漢大臣官員士庶人等年九十以上者三十三人，八十以上者五百三十八人，七十以上者一千八百二十三人，六十五以上者一千八百四十六人於暢春園正門前。傳諭衆老人曰：今日之宴，朕遣子孫宗室執爵授飲，分頒食品，爾等與宴時勿得起立，以示朕優待老人至意。又諭曰：《書》稱文王善養老，孟子云七十者非帛不煖，非肉不飽。帝王之治天下，發政施仁，未嘗不以養老尊賢爲首務。近來士大夫只論居官之賢否，而移風易俗之實政，入孝出弟之本心，未暇講究。朕因今日之盛典，特宣此意。若孝弟之念少輕而求移風易俗，其所厚者薄而其所薄者厚矣。爾等皆是老者，比回鄉井之間，各曉諭鄉里，須先孝弟。倘天下皆知孝弟爲重，此誠移風易俗之本，禮樂道德之根，非淺鮮也。昨日甘霖大沛，田野霑足，朕心大悅，爾等無誤農時，速回本地。特諭。

《聖祖實録》卷二六二 康熙五十四年二月己亥，先是上以蒙古地方大雪，命理藩院遣官閱勘牲畜倒斃、缺食窮困人等。至是回奏，得旨：散賑之事，勢難速達。吳喇忒等旗居近黄河，蒿齊忒、阿霸垓、阿霸哈納、蘇尼特等旗有達爾諾爾、郭果蘇泰、察漢諾爾諸水，可先教其捕魚爲食，每處派新滿洲三十人併造船人等，遣理藩院司官帶網前去教導蒙古人等。其作何運給米糧，及給與牲畜養贍之處，理藩院速議具奏。

《聖祖實録》卷二六七 康熙五十五年正月乙丑，諭議政大臣等：巴爾庫爾、科布多、烏蘭古木等處種地之事，甚屬緊要。若種地得收，則諸事俱易，著會議具奏。尋議：開墾田地，現今公傅爾丹等帶領土默特人一千前往烏蘭古木等處耕種，所需牛種、田器，應交都統穆賽等動支正項錢糧購買發往。至軍前贖罪人員內，有願耕種者，亦准其耕種。

《聖祖實録》卷二七二 康熙五十六年四月戊戌，兵部議覆廣東碣石總兵官陳昂疏言：天主一教，設自西洋，今各省設堂，招集匪類，此輩居心叵測。目下廣州城設立教堂，內外布滿，加以同類洋船叢集，安知不交通生事？乞敕早爲禁絶，毋使滋蔓。查康熙八年會議天主教一事，奉旨天主教除南懷仁等照常自行外，其直隸各省立堂入教，著嚴行曉諭禁止。但年久法弛，應令八旗、直隸各省，並奉天等處再行嚴禁。從之。

《聖祖實録》卷二八五 康熙五十八年八月庚申，議政大臣等議覆振武將軍傅爾丹等疏言：莫代察罕搜爾與鄂爾齋圖果爾二處各築一城，每城宜蓋房二千間。自鄂爾齋圖果爾至莫代察罕搜爾宜設立十一站。應如所奏。其新設驛站，派理藩院司官一員，前往會同該將軍，將夫馬車輛等項，照從前古北口外安站例設立。其充發之人俟築城、蓋房完日，陸續發往，令其耕種。俟耕種一年後，再派官兵駐防。得旨：依議。設立驛站之處，甚屬緊要，著兵部尚書范時崇前往料理。

《聖祖實録》卷二八七 康熙五十九年二月癸丑，先是，撫遠大將軍允禵覆奏，臣遵旨傳集青海王台吉等會議進兵安藏，及送新胡必爾汗往藏之事。其青海王台吉等皆同心協力，情願派兵隨征，并請封新胡必爾汗掌持黄教。至是命封新胡必爾汗爲弘法覺衆第六世達賴喇嘛，派滿漢官兵及青海之兵送往西藏。其四十九旗扎薩克并喀爾喀澤卜尊丹巴胡土克圖等，亦令遣使會送。

《聖祖實録》卷三〇〇 康熙六十一年十一月甲午丑刻，皇四子於齋所諭令速至。南郊祀典著派公吳爾占恭代。寅刻，召皇三子誠親王允祉、皇七子淳郡王允祐、皇八子貝勒允禩、皇九子貝子允禟、皇十子敦郡王允䄉、皇十二子貝子允祹、皇十三子胤祥、理藩院尚書隆科多至御榻前，諭曰：「皇四子人品貴重，深肖朕躬，必能克承大統，著繼朕登基，即皇帝位。」皇四子聞召馳至，巳刻趨進寢宮，上告以病勢日臻之故。是日皇四子三次進見問安，戌刻，上崩於寢宮。

雜録

備録

王士禛《分甘餘話》卷四《康熙帝篤念故舊》 康熙四十九年二月，提督四譯館太常寺少卿員缺，特旨以部主事李敏啓陞補，故大學士高陽文勤公霨孫也。上之篤念故舊如此。

趙慎畛《榆巢雜識》卷上《聖祖論算法》 聖祖諭巡撫趙宏燮曰：「丈量田地，不可不知。天下隱匿田地不少，但不可搜剔耳。夫算法之理，皆出自《易經》，即西洋算法亦善，原係中國算法，彼稱爲『阿爾朱巴爾』，阿爾朱巴爾者，傳自東方之謂也。凡推算九九之奇數，不能盡悉，十二、二十四之偶數，方能盡之，此皆體象十二時、二十四氣也。」

趙慎畛《榆巢雜識》卷上《聖祖論爲政從寬》 聖祖諭曰：「清官多刻，刻則下屬難堪，清而寬，方爲盡善。朱子云：『居官人清，而不自以爲清，始爲真清。』」又諭督撫大吏：「辦事當於大者體察，不可刻意苛求，寬則得衆，信則民任焉。治天下之道，以寬爲本，若吹毛求疵，天下人安得全無過失？趙申喬撫浙時，民多怨之，後撫湖南，大小官員無不被參，豈有一省之内，無一好官耶？」聖訓煌煌，立萬世人臣之極，敬謹筆記。

趙慎畛《榆巢雜識》卷上《聖祖論鄂羅斯之遠》 康熙三十二年，鄂羅斯察漢汗遣使進貢，上馳諭免之。曰：「鄂羅斯人材頎健，從古未通中國，距京師甚遠。

自嘉峪關行十一、二日至哈密，自哈密行十二、三日至吐魯番，吐魯番有五種部落，過吐魯番，即鄂羅斯之境。聞其國有二萬餘里，漢張騫出使西域，或即彼處。史載霍去病曾出塞五千里，想或有之，今塞外尚有碑記可考。至外藩朝貢，雖屬盛事，恐傳至後世，未必不因此反生事端。總之，中國安寧，則外釁不起，故當以培養元氣爲根本要務耳。」

趙慎畛《榆巢雜識》卷上《聖祖論理學》 上嘗問張玉書：「理學之名，始於宋否？」奏曰：「道理俱在人心，宋儒講辨加詳耳。」上曰：「日用、常行，無非此理，自有理學名目，彼此辨診。朕見言行不相符者甚多，終日講理學，而所行全與其言背謬，豈可謂之理學？若口雖不講，而行事脗合，此即真理學也。」聖訓精微，直揭千古道統之本原，敬謹記之。

昭槤《嘯亭雜録》卷一 國初鰲拜輔政時，凡一時威福，盡出其門。因正白旗圈地事，以直隸總督朱公昌祚、巡撫王公聯登、户部尚書蘇公納海與之齟齬，乃將三公立加誅夷，聖祖不預知也。嘗託病不朝，要上親往問疾。上幸其第，入其寢，御前侍衛和公託見其貌變色，乃急趨至榻前，揭席刃見。上笑曰：「刀不離身乃滿洲故俗，不足異也。」因即返駕。以弈棋故，召索相國額圖入謀畫。數日後，伺鰲拜入見日，召諸羽林士卒入，因面問曰：「汝等皆朕股肱耆舊，然則畏朕歟，抑畏拜也？」衆曰：「獨畏皇上。」帝因諭鰲拜諸過惡，立命擒之。聲色不動而除巨慝，信難能也。

噶爾丹叛時，侵犯烏蘭布通，其勢甚急。上命李文貞公占《易》，得《復》之上六，文貞變色。上笑曰：「今噶爾丹背天犯順，自蹈危機，兆乃應彼，非應我也。」因立下親征詔，果大捷焉。

仁皇帝六巡江、浙，每至江寧，必幸明孝陵，拜謁如儀。嘗曰：「明太祖一代人傑，不可褻慢。」其他如遼、金諸陵，亦皆如謁明陵制，其雅慕先代如此。

陳其元《庸閑齋筆記》卷三《聖祖不喜吸烟》 聖祖不飲酒，尤惡喫煙。先文簡相國時爲侍郎，與溧陽史文靖相國酷嗜淡巴菰，不能釋手。聖祖南巡，駐蹕德州，聞二公之嗜也，賜以水晶烟管，一呼吸之，火星直達唇際，二公懼而不敢食。遂傳旨禁天下吸烟。蔣學士陳錫《恭記》詩云：「碧碗瓊漿瀲灩開，肆筵先已戒深杯。瑶池宴罷雲屛敞，不許人間煙火來。」今則鴉片煙盛行，其禍較(淡)巴菰百倍。在天之靈哀此下民，得無有餘恫乎？

陳康祺《郎潛紀聞初筆》卷一《聖祖親征厄魯特》 康熙三十六年，聖祖親征厄魯特噶爾丹時，凡所遇童山沙磧、不生草木之區，至是淺草蒙茸，六軍游牧如内地。偶乏泉水，上相地疏鑿，甘泉溢涌。會飲馬川西，忽得明成祖勒銘紀功之石於水厓，濯而視之，中有「永清沙漠」語。上曰：「真永清矣。」是舉果掃穴犂庭，威震域外。蓋萬乘親臨，百神環衛，國初聲教所被，固宜保塞稱藩者，亨王恐後矣。

陳康祺《郎潛紀聞初筆》卷二《擇詞臣入備顧問》 康熙十二年，上命擇詞臣醇謹有學者，入侍左右，備顧問。張文端公英時以編脩充講官，首被是選。十六年始立南書房，特遷公侍講學士，使領其事。

陳康祺《郎潛紀聞初筆》卷二《俄羅斯踞雅克薩城》 俄羅斯人來邊境者，國初呼爲羅刹。康熙二十四年，踞雅克薩城，上命副都統公彭春往討。師薄雅克薩，遣人以書諭降，不從，軍其城南，集戰船於城東，城下三面積柴，爲焚城狀。城中大驚，其酋額里克舍窮蹙乞降，乃宣恩諭宥其罪。客里克舍引六百餘人稽顙謝，即徙去。時彭春奏：陸行自興安嶺以往，林木叢雜，途徑窄隘，冬雪之時，沙結冰堅，夏雨泥深淤阻，惟輕裝可行。水程自雅克薩還至愛琿城，於黑龍江順流行舟，僅須半月，兩岸可縴挽。若逆流行舟，須三月，較陸倍期，而於運糧礮爲便。時嘗建木城於黑龍江呼瑪爾，調兵千五百往駐，造舟運礮。又選福建投誠善用藤牌兵四百人助勦。當此泰山壓卵，北海澆熒，蠢兹島夷，一鼓可下。且使懾彼降人，命爲鄉導，即犂庭掃穴何難。而我聖祖猶宣諭諸將，謂中國兵馬精强，器械堅利，羅刹勢不能敵，歸誠時勿殺一人，俾還故土。祖宗朝義征仁育，懷柔遠裔至此。他日出使虜廷者，稱述舊典，或猶足壯我威棱，感動異類也。

陳康祺《郎潛紀聞初筆》卷三《康熙朝諭九卿舉廉吏》 康熙二十九年，諭九卿察舉廉吏，靈壽令陸隴其、三河令彭鵬、清苑令邵嗣堯、麻城令趙蒼璧，同被引見，擢隸憲府。四人者，果皆耿直廉幹，聲實俱美。聖祖之知人則哲，用賢勿貳如此。

陳康祺《郎潛紀聞初筆》卷五《追念李文勤公勳勞》 高陽相國李文勤公霨，以康熙二十三年薨於位。四十九年，上追念勳勞，特旨：李霨任大學士時，始終恪慎，懋著勤勞，其孫工部主事李敏啟，可超擢太常寺少卿，以示優禮舊臣至意。敬按：主事之於常少，僅越一階，而有堂司之別。大臣子孫叨竊餘蔭，京官至郎中，外官至知府，寵榮極已。況事隔二十餘年，君臣恩誼，猶復惓惓如斯，伊古明良不數遘也。

陳康祺《郎潛紀聞初筆》卷五《聖祖不寶遠物》 聖祖幸索爾哈濟時，喇里達頭人進青翅蝴蝶一雙，謂能捕鳥，又彩鷂一架，謂能擊虎者。上命侍衛毋納，厚賞其人而還之。聖天子不寶遠物如此。

陳康祺《郎潛紀聞初筆》卷六《聖祖精於算學》 宣城梅瑴成、泰州陳厚耀，同直南書房，正定算學諸書。聖祖嘗召厚耀於便殿，問測景使何法。厚耀不知，上寫西人定位法、開方法、虛擬法示之。又命至御座旁，隨意作兩點，上自用規尺畫圖，即得相去幾何之法。瑴成直蒙養齋，上亦授以借根方法。諭之曰：「西洋人名此書爲阿爾熱八達，譯言東來法也。」幾餘召對，時有指授，自後二人之學，彌益精邃。瑴成由進士官至總憲，謚文穆。厚耀以教授超授編修，官至左諭德。研覃微學，授自聖人，討論祕書，遂成不朽之盛業，其爲榮幸，豈有倫比與？

陳康祺《郎潛紀聞初筆》卷八《聖祖愛董香光字畫》 前明華亭尚書書，距今不過四百年，而真迹絶少。蓋由聖祖皇帝最愛董筆，當時海内佳品，玉牒金題，彙登祕閣。惟題「元宰」二字者，以上一字犯御名，臣下不敢進覽，故尚有流落世間者。見《獨學廬二稿·董香光山水詩畫卷跋》。

陳康祺《郎潛紀聞初筆》卷一二《召翰苑諸臣番上應制》 康熙甲戌夏五月，召翰苑諸臣番上應制，計詩題十八、論一、賦一。五月初九日，少詹事李綠予、朱阜，侍講學士顧祖榮、李鎧入直，擬《夏日内庭應制》七律。初十日，侍讀學士徐嘉炎，侍講學士張廷瓚、史夔、曹鑑倫入直，擬《賦得西園翰墨林應制》五言律。十一日，左庶子陳倫，右庶子孫岳頒，侍讀張榕端、王思軾入直，擬《賦得膏雨潤公田應制》五言律。十二日，侍讀陸肯堂，侍講余志貞、彭定求，左諭德沈涵入直，擬《賦得紫禁朱櫻出上闌應制》七律，限五微。十三日，洗馬邱象隨，左中允王思沛，左贊善沈朝初、陸棻入直，擬《咏金蓮花應制》五律，限八齊。十四日，右中允楊大鶴、彭甯求，右贊善魏希徵，司業彭會淇入直，擬《賦得崇文聊駐輦應制》五言古，限輦字。十五日，檢討胡作海，編修仇兆鰲、徐元正、汪灝入直，擬《賦得衣露淨琴張應制》五律，限五微。十六日，編修陳還鶴，修撰沈廷文、陳元龍，檢討王之樞入直，擬《恭讀御製覽貞觀政要詩應制》五律，限二蕭。十七日，編修袁佑、王化鶴，檢討潘應賓、方暐入直，擬《恭讀御製時巡近郊憫農事有作應制》五律，限八齊。十八日，編修張豫章、鄭昆璜，檢討劉涵，編修張希良入直，擬《恭讀御製懋勤殿讀尚書至無逸篇有作應制》五律，限五微。十九日，編修沈辰垣、李孚青、宋敏求、宋大業、沈三曾，檢討劉坤、魯璦、宋如辰入直，擬《恭讀御製觀渾天儀器詩應制》五律，限九佳。二十六日，編修吳世燾、湯右曾、郝士鈞、凌紹雯、劉灝、張復，檢討宋朝楠、彭世搏、葉渟入直，擬《聖駕夏日閱視河堤應制》五律，限六魚。二十七日，修撰戴有祺，編修吳昺，檢討萬光宗、孫勷入直，擬《恭讀御製宮門聽政示各部諸臣詩應制》七律，限十灰。二十八日，編修許賀來，檢討梅之珩、張明先、李朝鼎入直，擬《恭讀御製詠史詩應制》七律，限十灰。二十九日，檢討鄧咸齊、鄭際泰、竇克勤、徐日暄入直，擬《渾天儀應制》七律，限十蒸。閏五月初一日，編修楊中訥、姚宏緒、潘從律、張瑗、王奕清入直，擬《賦得虛心高節雪霜中應制》七律，限十二文。初二日，編修胡潤、戴璦，檢討冉覲祖、楊名時、王傳入直，擬《讀朱子文集應制》五律，限十四寒。初三日，檢討王者臣、張曾慶、劉琰、李象元、文志鯨入直，擬《賦得駐輦華林側應制》五律，限十三覃。初四日，召集西苑考試學士王掞、李柟、顧藻及翰林諸臣，擬《理學真僞論》、《豐澤園賦》。

陳康祺《郎潛紀聞初筆》卷一二《聖祖杜漸防微》 文和尚名杲，字圓公，衡山先生之後。聖祖南巡適見之，命入京師，居玉泉精舍，寵眷殊厚。和尚一日攜其孫見上，問何事來此。和尚奏曰：「來此應舉。」上曰：「應舉即不應來見。」聖主防微杜漸，安可以非分希望恩澤耶。

陳康祺《郎潛紀聞初筆》卷一三《聖祖之孝》 孝莊文皇后不豫，聖祖躬禱郊廟，有「願減臣齡，以延慈壽」語。又步詣天壇祈禱，涕泗交頤，陪祝諸臣，不敢仰視。

陳康祺《郎潛紀聞初筆》卷一四《聖祖幼冲》 聖祖仁皇帝八齡踐阼之初，太皇太后問帝何欲，帝對臣無他欲，惟願天下治安，民生樂業，共享太平之福而已。康熙四十九年，蠲租諭旨，猶述及之。仰見至人天亶聖功，蒙養之始，已廑不獲子寧之隱矣。

陳康祺《郎潛紀聞二筆》卷一《聖祖留心書本之諭》 張清恪生長河壖，熟諳水性，嘗面奏河務事宜，聖祖偶有所詰問，公即袖出地圖，口講指畫。兵部侍郎牛鈕在側，斥伯行書生，但據紙上陳言妄奏。上曰：「畢竟是他留心，即書本亦是他看過，爾等誰留心者。」康祺敬按：書本陳言，原有迂腐不適用處，洞達時勢，方爲有用之才。然傳古援今，究勝於空談逞臆。況清恪之於河道，實有心得，并非藉圖書以緣飾乎？留心書本數語，聖謨洋洋，握敷奏功庸之本矣。

陳康祺《郎潛紀聞二筆》卷三《聖祖聖孫至德同揆》 高宗生而神靈，天挺奇表，規度恢遠。年十二，謁聖祖於圓明園之鏤月開雲，見即驚愛，命宫中養育，撫視周摯。其年秋，隨侍避暑山莊，賜居萬壑松風，讀書其中。一日，望見御舟泊清碧亭畔，聞聖祖呼名，即趨巖壁而下。顧謂勿疾行，恐致蹉跌，愛護殊常。獅子林北，爲世宗藩邸，扈蹕時賜園。聖祖幸園中進膳，特命孝敬憲皇后率孝聖憲皇后問安拜覲，天顔喜溢，連稱有福之人，以生有聖德豫信也。木蘭秋獮，入永安莽喀圍場，高宗甫上馬，熊突起，控轡自若。聖祖御槍殪之，事畢，入武帳，語温惠皇貴太妃曰：「是命貴重，福將過予。」厥後聖祖聖孫，至德同撥，大福亦復同符，三聖相承，非偶然也。

陳康祺《郎潛紀聞二筆》卷四《聖祖之遠慮》 康熙三十二年，俄羅斯遣使進貢。仁皇帝諭曰：「外藩朝貢，雖屬盛事，恐傳至後世，未必不因此反生事端。總之，中國安甯，則外釁不作，當以培養元氣爲根本要務。」仁皇帝又云：「島國互市廣東，百年後必爲中國之患。」聖明遠慮，早洞見今日時勢矣。

陳康祺《郎潛紀聞二筆》卷八《聖祖處臺灣警報之法》 阿文成公云：「康熙閒臺灣蠢動，閩省警報按：原作題報，恐誤。到日，仁聖正率諸皇子在暢春園習射，諭令該部知道。旋報全臺失陷，仍如前諭。諸皇子請宣旨指授機宜，仁聖不答。射畢回宫，始召諸皇子諭之曰：『閩省距京數千里，臺灣復隔重洋，平日用督撫提鎮，原爲地方有事而設，伊等自能就近籌辦。若降諭旨，豈能悉合海外情形。督撫不遵是違旨，遵則誤事。』未幾，全臺收復矣。」見海虞吴督部熊光《伊江筆録》。録凡五卷，有關於掌故甚多，中有余所未見者，爲删節登紀是條，合下六則皆是。

陳康祺《郎潛紀聞二筆》卷八《聖祖處置俄國貢使之法》 康熙閒，俄羅斯貢使入京，仁聖令選善撲處有力者在館伺候。凡俄國一使一役出外，必一善撲者隨之。俄人雖高大强壯，而兩股用布束縛，舉足不靈，偶出擾民，善撲者從其後踢輒仆地不能起，以此凜然守法。

陳康祺《郎潛紀聞二筆》卷一三《聖祖至德純孝》 聖祖皇帝八歲，世祖賓天；十一歲，慈和皇太后崩逝。當時呼搶哭踊，盡禮盡哀，聖孝純誠，已爲薄海傳誦。比康熙二十六年，值太皇太后違豫，上躬侍寢榻，廢餐輟寐，衣不解帶者至一月餘；復自宫中步禱南郊，親製祝文，詞義懇篤。太常宣讀之際，涕泗交頤，文武從官，靡不感泣。以上略見前筆。既遭慈寧大喪，三日以内，悲號無間，饘粥水漿，不入於口，居廬席地，毁瘠過甚，至於昏暈嘔血。梓宫啟攢之夕，攀慕不勝，左右大臣固請升輦，上堅不就駕，斷去車靷，慟哭步送，刻無絶聲。每舁校更番，輒長跪伏泣，直至郊園殯宫，顔悴足疲，悽感衢陌。又傳旨回宫之日，仍居幕次乾清門外，並定志服三年喪，不忍以日易月。經王大臣等屢疏乞既葬除服，祇行心喪，臺省諸臣，引經據古，切諫過中。太學諸生，咸以節哀順禮爲請。上骨立長號，勉釋衰絰，而有觸輒痛，憂悴慘損之容，閲三年不改。聖祖之至德純孝，洵虞舜後一人已。詳見崑山徐尚書《憺園集》，尚書蓋其時襄理葬儀者。

陳康祺《郎潛紀聞二筆》卷一三《聖祖決計親征準夷》 康熙中，準夷入寇，聖祖命大學士李文貞公著之，遇《復》之上六，文貞變色。上笑曰：「逆虜犯順，自蹈迷復之凶，我戰必克矣。」遂下詔親征，果大捷。經生家之拘文牽義，終不如聖天子之應天順人也。

陳康祺《郎潛紀聞三筆》卷六《聖祖書三藩及河務漕運三大事於宫中柱上》 聖祖皇帝初親政，以三藩及河務、漕運爲三大事，夙夜廑念，爰親書五略，懸之宫中柱上。至三十一年諭旨述及之，猶云至今尚存。聖人之宵旰勤民，即此可見。

陳康祺《郎潛紀聞三筆》卷八《聖祖善射》 康熙二十二年聖祖西巡，去臺懷數十里，突有虎隱見叢簿間，上御弧矢，壹發殪之。父老皆歡呼曰：「是爲害久矣。」鑾輿遠臨，猛獸用殄，殆天之所以除民害也。因號爲射虎川。略見初筆。又易州西南有北魏太武御射三碑，自誇飛矢逾崖，刊石讚功，至於再三。是役御駕過此，勒馬而射，連發三矢，直逾峯巔，居民遂呼其地曰三箭山。六藝精嫻，在聖人特視爲小技，然而皇武威棱，震濯中外矣。

陳康祺《郎潛紀聞三筆》卷一二《聖祖生有聖瑞》 聖祖生有聖瑞，孝康章皇后在娠時，孝莊文皇后輒見孝康皇后衣裾若有龍繞。逮降誕之辰，異香盈室，經日不散，五色光華，與日俱耀，宫人内侍，咸所瞻仰，見世宗御製《景陵聖德神功碑》，蓋帝王自有真也。

陳康祺《郎潛紀聞四筆》卷九《聖祖對前明禮文隆渥》 世祖定鼎之初，即設明諸帝守陵人户。明太祖陵户，凡四十人，聖祖朝復命加守護。時有明藩王墓被盗發掘，法司議獄坐盗發常人墳塚律。奉諭，明藩王不應與常人等，命改坐。又有臣工章奏，斥明代爲廢明，諭責其非是，誡嗣後勿復稱。自康熙二十三年，聖祖親謁明太祖陵，行三跪九叩禮，嗣後列聖蹕路所經，凡地近勝國山陵者，無不以萬乘之尊，親致拜奠，禮文隆渥，踰於常祀。大聖人淵識洪度，善作善述，書契以來所僅覯也。

陳康祺《郎潛紀聞四筆》卷一〇《聖祖教皇太子之勤》 湯文正公家書云：「二十四日東宮出閣，講《四書》一章。二十五日，即赴皇太子宮，同郭快老進講。上定東宮回講之例，講書事事從實，非比前代具文。皇太子自六歲學書，至今八載，未嘗間斷一日。字畫端楷，在歐、虞之間，每張俱經上硃筆圈點改正，後判日。每月一册，每年一匣。今出閣之後，每早上親背書，背書罷，上御門聽政。皇太子即出，講書畢，仍至上前，問所講大義。其講即用上日講原本，不煩更作。自古來帝王教太子之勤，未有如今日者也。」康祺敬按：皇太子後得狂疾，儲位不終，而我聖祖訓迪元良，慎選保傅，實可爲萬世軌法。宜世宗中年纘服心法治法，已能貫徹靡遺，於以紹述前型，鞏國家無疆之祚也。又錢據石少宗伯，充上書房師傅時，家書云：「諸位阿哥，每日皆走三四里，然後至書房讀書。下午讀完書，又走三四里，然後回家。若冬天有走六七里者，皇子皇孫大半如是。蓋一則習勞，一則聚在一處書房，心力易於定，而他務及外務均不得而使之近，此天家之善教也。」讀此二條，士大夫家教子弟與子弟之受教者，猶可稍自荒棄乎？湯文正嘗謂搢紳之家，能如此教子，便當世世名卿。誠哉斯言！

備論

《聖祖實録》目録《進實録表》 伏以帝治開天，謨烈垂萬年之燕翼；皇猷炳日，觀揚昭百代之鴻規。式政教於宫廷，蒼生永賴；焕典章於簡册，藻采長新。慶流清晏之黄輿，映富古今之青史。用伸揚扢，祗慎編摩。欽惟聖祖合天弘運文武睿哲恭儉寬裕孝敬誠信功德大成仁皇帝，中和建極，位育成能。峻德巍哉，樹邁帝超王之軌範；神功廣運，擴蟠天際地之經綸。備作述於一身，統君師於萬國。事天敬祖，誠心歷九獻而彌虔；盡孝尊親，隆禮奉兩宫而交摯。恩覃錫類，弘教育於宗支；禮重引年，睠勳勞於耆舊。儆官方而澄吏治，大法小廉；訓士習而礪廉隅，風醇俗厚。宵衣旰食，時思稼穡艱難；蔀屋窮簷，咸俾室家康樂。駐翠華於六墉，波静淮壖；停玉輦於三門，恩流砥柱。紀東南之底績，屢廑宸衷；溯畿輔之安瀾，俱由廟算。詩陳太史，域中偏補助之施；獄慎士師，法外沛矜全之德。蠲賦則動盈億萬，按省分年；恤災則發賑再三，含哺鼓腹。道宗洙泗，表萬世之師型；學契考亭，闡千秋之理奥。牙籤層疊，時勤午夜丹黄；寶墨淋漓，常帶九天雨露。性通太極，定律曆之淵源；學貫羣書，證圖經之同異。拔多士而頻加蕊榜，羅才俊而咸列鴛班。文教覃敷，既躋隆平之治；武功赫濯，復彰撻伐之勳。靖方夏而萑葦俱銷，莅邊庭而塵氛永靖。榆溪梓嶺，頒曆者四十九家；蟠木流沙，貢書者千八百國。然猶躬行節儉，志切謙冲。届耄期而益勵精勤，際郅隆而彌深乾惕。藩服請加尊號，惟慇諭其悃忱；臣民齊上徽稱，胥恭聆夫教誡。是以深仁厚澤，若乾施坤載之靡涯；盛業隆猷，與日照月臨而並著。追乎升遐之日，遠鄉僻壤，亦哀慕無窮；即今紀載之官，述懺揚庥，實名言莫罄也。

昭槤《嘯亭雜録》卷一 仁皇天資純厚，遇事優容，每以寬大爲政，不事豁刻。厚待儒臣，如張文端英、高江村士奇等，朝夕談論，無異友生。與李文貞光地談《易》，每至子夜，諸侍從多枕戈以待。又枉法諸臣，苟可宥者必寬縱之。如明相雖貪擅，上念其籌畫三逆之功，時加警策，終未置之極典。徐健菴乾學昆仲與高江村比昵，時有「九天供賦歸東海，萬國金珠獻澹人」之謡，上知之，惟奪其官而已。嘗諭近臣曰：「諸臣爲秀才，皆徒步布素，一朝得位，便高軒駟馬，八騶擁護，皆何所來者？可細究乎！」其明通下情若此。

自明中葉泰西人入中國，而算法、天文精於中土，中土因《大統》法係許魯齋所定，故終扼其説不行。仁皇天縱聰明，夙習算法，特命靈臺皆以西法爲主，惟置閏用中法以合《堯典》。千年錯失，定於一旦，然後乾象昭明，千歲可坐而定。乃知聖人御世，故天預令西法傳入中土，使上因之懸象布命，億萬年之景運，固先兆於是矣。

仁皇臨御六十餘年，凡一切起居飲食，自有常度，未嘗更改。雖酷暑燕處，從未免冠。見純皇帝詩註中。

田文鏡部

綜述

《清代河臣傳》卷二《田文鏡》 田文鏡，漢軍正黃旗人。康熙二十二年，以監生授福建長樂縣丞，遷山西寧鄉知縣，再遷直隸易州知州，內擢吏部員外郎。歷郎中，授御史。五十五年，命巡視長蘆鹽政。疏言長蘆鹽引缺額五萬七千餘道，商人願先輸課增復原引，自五十六年爲始，在長清等縣運行。得旨，加引雖可增課，恐於商無益。下九卿議行。山東巡撫疏定題覆如所議。尋擢內閣侍讀學士。

雍正元年，命祭告華嶽。是歲，山西災，年羹堯入覲請賑。上諮巡撫德音，德音言無災。及文鏡還，入對，備言山西荒歉狀。上嘉其直言無隱，令往山西賑平定等諸州縣，即命署山西布政使。文鏡故有吏才，清釐積牘，剔除宿弊，吏治爲一新。自是遂受世宗眷遇。

二年，調河南。旋命署巡撫。疏請以陳、許、禹、鄭、陝、光六州升直隸州。尋命真除。文鏡希上指，以嚴厲刻深爲治，督諸州縣清逋賦，闢荒田，期會促迫。諸州縣稍不中程，譴謫立至。尤惡科目儒，小忤意輒劾罷。疏劾知州黃振國、知縣汪誠、邵言綸、關陳等。上遣侍郎海壽、史貽直往按，譴黜如文鏡奏。

四年，李紱自廣西巡撫召授直隸總督，道開封，文鏡出迓。紱責文鏡不當有意蹂躪讀書人，文鏡密以聞，并謂紱與振國爲同歲生，將爲振國報復。紱入對言振國、誠、言綸被論皆冤抑，知縣張球居官最劣，文鏡反縱不糾。上先入文鏡言，置不問，球先以盜案下部議，文鏡引咎論劾。是冬，御史謝濟世劾文鏡營私負國貪虐不法凡十事，仍及枉振國、言綸、誠，庇球諸事，與紱言悉合。上謂：「濟世與紱爲黨，有意傾文鏡。」下詔嚴詰，奪濟世官，遣從軍。振國、誠論死，戍言綸、陳於邊。振國故蔡珽屬吏，既罷官，以珽薦復起。及珽得罪，上益責紱、珽、濟世勾結黨援，擾國政，誣大臣，命斬振國。文鏡疏請以河南丁銀均入地糧，紳衿富戶不分等則，一例輸將，以雍正五年始。部議從之。

五年，疏言黃河盛漲，險工迭出，宜暫用民力。每歲夏至後將距隄一二里內村莊按戶出夫工，急搶護，事竟則散。若非計日可竣者，按名給工食。下部議行。尋授河南總督，加兵部尚書。文鏡初隸正藍旗，命擡入正黃旗。

六年，上褒文鏡公正廉明，授河南山東總督，諭謂此特因人設官，不爲定例。文鏡疏言：「兩省交界地易藏匪類，捕役越界，奸徒奪犯，每因拒劫，致成人命，彼界有司仍復徇庇。請嗣後越界捕盜有縱奪徇庇者，許本省督撫移咨會劾。」上從之。文鏡先以河南漕船在衛輝水次受兌，道經直隸大名屬濬、滑、內黃三縣，隔省呼應不靈，請以三縣改歸河南。既又以河南徵漕舊例，河北三府起運本色，餘皆徵折，在三府採買，偏重累民，請以儀封、考城及新改歸河南濬、滑、內黃等五縣增運本色，距水次最遠靈寶、閿鄉二縣減辦米數，歸五縣徵輸，南陽、汝寧諸府，光、汝諸州，永寧、嵩、盧氏諸縣，皆以路遠停運，分撥五縣協濟，按道路遠近，石加五分至一錢三分各有差。」

又疏言：「山東倉庫虧空，那新掩舊，請如河南交代例，知府、直隸州離任，所轄州縣倉庫，令接任官稽察。如有虧空，責償其半，方得赴新任。道員離任，所轄府、直隸州倉庫亦視此例。」又疏言：「山東錢糧積虧二百餘萬。雍正六年，錢糧應屆完全之限，完不及五分。由於火耗太重，私派太多，請敕山東巡撫、布政使協同臣清察。期以半年，參追禁革，毋瞻徇，毋容隱。」上皆用其議。

七年，請設青州滿洲駐防兵屯府北東陽城址。下議政王大臣議行。尋加太子太保。疏請以高唐、濮、東平、莒四州升直隸州，改濟寧直隸州降隸兗州府。旋命兼北河總督。是歲，山東水災，河南亦被水，上命蠲免錢糧。文鏡奏：「今年河南被水，州縣收成雖不等，實未成災。士民踴躍輸將，特恩蠲免錢糧，請仍照額完兌。」部議應如所請。上仍命文鏡確察歉收分數，照例蠲免，現兌正糧作下年正供。

九年，諭曰：「上年山東有水患，河南亦有數縣被水。朕以田文鏡自能料理，未別遣員治賑。近聞祥符、封邱等州縣民有鬻子女者，文鏡年老多病，爲屬吏欺誑，不能撫綏安集，而但禁其鬻子女，是絕其生路也，豈爲民父母者所忍言乎？」並令侍郎王國棟如河南治賑。文鏡以病乞休。命解任還京師，病痊仍命回任。

十年，復以病乞休，允之。旋卒。賜祭葬，謚端肅。命河南省城立專祠，又以河道總督王士俊疏請祀河南賢良祠。高宗即位，尚書史貽直奏言士俊督開墾開捐輸，累民滋甚。上諭曰：「河南自田文鏡爲督撫，苛刻搜求，屬吏競爲剝削，河南民重受其困。即如前年匿災不報，百姓流離，蒙皇考嚴飭，遣官賑恤，始得安全，此中外所共知者。」並命解士俊任，語詳《士俊傳》。乾隆五年，河道巡撫雅爾圖奏河南民怨田文鏡不當入河南賢良祠。上諭曰：「鄂爾泰、田文鏡、李衛皆皇考所最稱許者。其實文鏡不及衛，衛又不及鄂爾泰。而彼時三人素不相合。雅爾圖見朕以衛祀賢良，借文鏡之應撤，明衛之不應入。當日王士俊奏請奉皇考允行，今若撤出，是翻前案矣。」寢雅爾圖奏不行。

《清史列傳》卷一三《田文鏡傳》 田文鏡，漢軍正黃旗人。由監生於康熙二十二年任福建長樂縣縣丞。三十一年，遷山西寧鄉縣知縣。四十四年，遷直隸易州知州。四十五年，內遷吏部員外郎。四十八年，遷刑部郎中。五十一年，改授監察御史。五十五年，巡視長蘆鹽政，疏言：「山東鹽引，節次請復，尚缺額引五萬七千五百五十六道。今商人願先輸課，增復原引，自五十六年爲始，在長清等縣運行。」奉旨：「加引雖可增課，恐於商人無益。」下九卿議奏行，山東巡撫定議具題，如所請行。五十六年，擢內閣侍讀學士。雍正元年，上命告祭華嶽。尋又命往山西賑濟平定等四州縣。九月，署山西布政使。

二年正月，授河南布政使。八月，署河南巡撫，奏言：「開封府轄四州三十縣，地方遼遠，請照晉省改設直隸州分轄：開封府屬之西華、商水、項城、沈丘四縣，分隸陳州；臨潁、襄城、郾城、長葛四縣，分隸許州；密、新鄭二縣，分隸禹州；滎澤、滎陽、河陰、汜水四縣，分隸鄭州；原武縣就近歸懷慶府轄；延津縣歸衛輝府轄。又河南府屬之靈寶、閿鄉二縣，分隸陝州；汝寧府屬之光山、息縣、固始、商城四縣，分隸光州。各縣錢糧，知州查核督催，照知府例處分。直隸各州縣錢糧：光州歸南汝道，陳、許、禹、鄭、陝五州歸開歸道盤查，徇隱亦照知府例議處。」部議如所請行。十二月，授河南巡撫。三年正月，奏言：「豫省河工，向設堡夫九百餘名修防。嗣因連年水漲，撥江南河兵千名，協力防護。是河兵原以濟堡夫之不足。河臣齊蘇勒請遇秋汛裁堡夫。竊思每年俱有水發時，大隄新築，更須巡防。新設河兵，雖諳鑲埽、釘樁、捲埽、下埽，而搜索狼窩鼠穴，及防守風雨，瞭望水勢，不若堡夫熟悉。所有原設堡夫，斷難裁汰。」六月，又言：「堡夫學習樁埽，須河員董率。堡夫諳練，即可拔河兵，雖有千、把統轄，應令管河道稽查，並責各河工同知教習，庶可約束。」疏入，下部議行。是月，又言：「豫省漕船向於衛輝水次受兌，道經直隸大名府屬之濬、滑、內黃三縣，隔省呼應不靈。請將三縣改隸彰德、衛輝，統屬既專，漕不致誤。」奉旨允行。四年九月，奏言：「賦役法，丁隨糧派。請將豫省各邑丁糧均派地糧內，紳衿富戶不分等則，一例輸將，以雍正五年爲始。」部議從之。十二月，浙江道御史謝濟世參奏文鏡貪虐不法，諭責謝濟世自恃言官，胸懷詭詐，令大學士、九卿等嚴訊具奏。訊得濟世自認風聞無據，顯係受人指使，要結朋黨，擾亂是非，擬斬決。疏入，諭大學士、九卿等曰：「田文鏡於雍正元年告祭華山復命時，備言山西荒歉情形。朕以其直言無隱，令往山西賑濟，即授爲山西布政使。剔除未清案件，吏治一新。嗣因河南諸事廢弛，調爲河南布政使，旋即用爲巡撫。整飭河工，每事秉公潔己，實巡撫中第一。今大學士、九卿等究訊謝濟世所參田文鏡各款皆虛，則謝濟世受人指使，情弊顯然。謝濟世著即革職，發往軍前效力贖罪，姑免深究。」五年二月，奏言：「黃河汛水漲發，素平易者忽成險工，宜暫用民力。每歲夏至後，將距隄一二里村莊，照佃戶數認夫，有急赴工搶護，工完立散。若非計日可竣者，按名給工食。河印汛弁各員不得擾民。」閏三月，又言：「河北彰德、衛輝、懷慶三府，向設守道一員，康熙二十五年裁。但三府共轄二十二縣，幅員甚廣，請復設河北守道統轄，加兵備職銜。河北隄工埽壩，廳汛各員，河兵堡夫一應錢糧，令就近督率，並巡防小丹河等水利。再衛輝屬之胙城縣地狹，且離延津僅三十五里，請裁併延津，其學額仍准附延津照舊考取。」部議均如所請行。

七月，特授河南總督，加兵部尚書銜。先是，文鏡係正藍旗漢軍，奉旨擡入正黃旗。六年五月，諭曰：「田文鏡自到河南，忠誠體國，公正廉明。豫省吏畏民懷，稱爲樂土。山東吏治民風，宜加整飭，著授田文鏡爲河南山東總督，管理兩省事務。此因人設立之曠典，不爲定例。」七月，奏言：「交界地方，易藏匪類。伏讀上諭交界地方失事，探實贓盜處，一面差役密拏，一面移文關會。拏獲後，報該管地方添差移解，洵捕盜良法也。但捕役畏奸徒奪犯，不敢越界密拏，每因拒劫，致成人命。迨鄰境關拏，彼處仍復徇庇，是以盜賊潛聚。請嗣後如隔屬密拏賊盜，彼處有縱奪徇庇者，許拏盜之地方官詳本省督撫移咨會參。」奉旨允行。時豫省漕糧，惟附近水次之河北三府運本色，其不近水次之河以南州縣，均徵折色，仍在河北三府採買，三府偏累。文鏡奏准各徵各漕，將距水稍遠州縣，照舊徵本色，臨水之儀封、考城、暨新改歸豫省之濬、滑、內黃，均增辦本色；距水最遠之靈寶，減辦米一千石，閿鄉二千石，歸臨水五縣徵輸。南陽、汝寧二府，光、汝二州，永寧、嵩、盧氏三縣，皆路遠難運，免其辦解，即分撥五縣協辦，按程遠近，每加價銀五分至一錢二分不等。九月，奏言：「東省倉庫俱有虧空，且多挪新掩舊。請嗣後知府、直隸州知州離任時，將所轄州縣倉庫錢糧，照豫省交代例限三個月，令接任官查明結報。如有虧空，知府、知州均半賠結，方許赴新任。接任官徇情出結，即令分賠。再府及直隸州倉庫，向係該管道盤查，嗣後道員離任，照此例交代。」又言：「東省錢糧舊欠二百餘萬之多，雍正六年錢糧將屆全完之期，完不及五分，由於火耗太重，私派太多，其向民加派加耗由於上司需索，雖有自愛州縣，不得不改廉易節。今欲禁加派加耗，必先嚴禁收受陋規，請旨嚴諭山東撫、藩二臣，於半年内協同臣徹底查清，分别請參應追、應禁、應革，毋得瞻徇容隱。」諸疏入，皆蒙俞允。

七年七月，遵旨議奏：「山東青州府爲適中要地，内聯陸路各營，外與沿海營汛呼吸相通，設立滿洲駐防兵，可以資彈壓而重保障。府北城外，有廢東陽古城址，建城署、營房，可駐兵數千。」議政大臣議如所請行。十月，加太子太保。十二月，奏：「請分東昌府屬之高唐州爲直隸州，轄濟南府屬之禹城、平原、陵縣、臨邑四縣；濮州爲直隸州，轄觀城、范縣、朝城三縣；兗州府屬之東平州爲直隸州，轄東阿、平陰、壽張、陽穀四縣；青州府屬之莒州爲直隸州，轄日照、沂水、蒙陰三縣。從前所改之直隸濟寧州仍歸兗州府轄，其濟寧原轄之鉅野、嘉祥縣改隸曹州，鄆城縣仍隸兗州。」下部議行。八年二月，奏言：「武弁養贍家口僕從，名糧外别無所資，但給步糧，不敷用。請自提督至守備馬步各卒，千總馬一步四，把總馬一步三，作爲定額，一體遵行。」從之。

五月，特命兼任北河總督。十一月，奏言：「今年豫省被水州縣，收成雖不等，實未成災。士民踴躍輸將，所有特恩蠲免之錢糧，請仍照額完兑。」部議應如所請。得旨：「士民急公奉上，固屬可嘉！著該督確查歉收分數，仍照例蠲免。即將見兑正糧作下年正供。」九年二月，上諭：「上年山東有水患，河南亦有數縣被水。朕以田文鏡自能經理，未另遣員查賑。今聞祥符、封丘等州縣，有賣男女與山、陝客商者。田文鏡近來年老多病，精神不及，爲屬員欺誑，不能撫綏安插，而但禁其賣鬻子女，以避離散之名，是絶其生路也。豈爲民父母者所忍言乎？著刑部侍郎王國棟前往賑濟。」四月，以病乞休，命解任來京調理。七月，病痊回任。十年八月，疏言：「登州鎮新增兵一千，其中、右二營請增千總一員、把總一員約束。」下部議行。

十二月，以病奏請解任，允之。是月，卒於河南。遺疏上，得旨：「田文鏡老成歷練，才守兼優。自簡任督撫以來，府庫不虧，倉儲充足，察吏安民，懲貪除暴，不避嫌怨，庶務具舉。封疆重寄，正資料理。前以衰病請解任調理，勉從其請。今聞溘逝，深爲憫惜！應得卹典，察例具奏。」尋賜祭葬，謚端肅。特命河南省城立專祠祀之，並准入祀豫省賢良祠。

十三年十一月，尚書史貽直奏稱河南開墾捐輸累民甚，宜速罷，請特簡廉明公正大臣往撫綏查核，廷議如所請。奉旨：「河南地方，自田文鏡爲巡撫、總督以來，苛刻搜求，以嚴厲相尚，而屬員又復承其意旨，剥削成風，豫民重受其困。即如前年匿災不報，百姓至於流離，蒙皇考嚴飭，遣官賑卹，始得安全。此中外所共知者。乃王士俊接任河東，不能加意惠養，且擾亂紛更，以爲斡濟，借開墾之虚名，而成累民之弊政。彼地方民風淳樸，竭蹶以從，罔敢或後，甚屬可嘉！然先後遭督臣之苛政，其情亦可憫矣！王士俊著解任，來京候旨。並將此旨宣示豫民，咸使聞知。」乾隆五年四月，河南巡撫雅爾圖奏言：「文鏡在豫，百姓至今怨恨，不應入豫省賢良祠。」奉上諭：「朕觀雅爾圖此奏，係見朕降旨令李衛入祀賢良，意謂李衛與鄂爾泰素不相合，特借田文鏡之應撤，以見李衛之不應入耳。當日王士俊將田文鏡奏請入祀賢良祠，係奉皇考允行。今若撤出，是翻前案矣。鄂爾泰、田文鏡、李衛皆皇考所最稱許者。其實田文鏡不及李衛，李衛又不及鄂爾泰，而彼時三人素不相合，亦衆所共知也。」於是文鏡遂得祀豫省賢良祠。

雜録

備録

方濬師《蕉軒隨録》卷一〇 田文鏡，漢軍正黄旗人，由福建長樂縣縣丞歷官巡撫、總督，雍正元年以内閣侍讀學士告祭華嶽，回京時面奏山西荒歉情形，直言無隱。命赴山西賑濟平定等四州縣，即授山西藩司，旋調河南。久之，特授河南、山東總督。眷遇之厚，同時疆吏罕有其比。及卒，賜謚端肅，於河南省城建立專祠，並准入祀豫省賢良祠。

文鏡在豫治吏嚴，一疏參劾輒十數員。臨川李紱方爲直隸總督，過河南，見文鏡，一揖未畢，即厲聲問曰：「公身任封疆，有心蹂踐讀書人，何耶？」文鏡即密以紱語奏。紱入覲，亦首劾文鏡負國殃民，又連疏糾劾。文鏡復劾紱乖張數事，下紱於司敗議斬。兩次決囚，上命縛紱詣菜市口，刀置於頸，問：「此時知田文鏡好否？」紱奏：「臣愚，雖死實不知田文鏡好處也。」乾隆五年，河南巡撫雅爾圖奏：「文鏡在豫，百姓至今怨恨。豫省賢良祠不應列入。」奉上諭：「此等事，何須亟亟爲之。若行撤去，豈不有悖於前旨乎？使田文鏡尚在，朕不難去之、罪之，今已没矣，在祠與不在祠，何礙於事？况今日之在祠，將來應撤者正不知其幾何也，何必亟亟於一田文鏡。若出於識見之迂，尚可；若出於逢迎與彼不合之人之意，則朕所望於汝者又成虛矣。朕觀雅爾圖此奏並不從田文鏡起見，伊見朕降旨令李衛入賢良祠，其意以爲李衛與大學士鄂爾泰素不相合，特借田文鏡之應撤，以見李衛之不應入耳。當日王士俊請將田文鏡入賢良祠，係奉皇考諭旨允行者，今若又將撤出，是翻從前之案矣。試思田文鏡留於祠中，於國計民生有何關係？而此時必欲行此翻案之事乎？又如前日查克旦奏請弘暲迎養嫡母一事，弘暲係獲重罪之人，朕所以給與紅帶子者，誠恐日久之後，漫無分别，多有未便，乃事之不得不如此辦理者。至於迎養伊母之奏，朕若允行，在伊一家自必感激朕恩，然以今日之迎養爲恩，必以從前之治罪爲怨，似此市恩翻案之舉，朕必不爲也。當日鄂爾泰、田文鏡、李衛，皆督撫中爲皇考所最稱許者。其實田文鏡不及李衛，李衛又不及鄂爾泰，而彼時三人素不相合，亦衆所共知。從前蔣炳條陳直隸裁兵一事，又有人條奏直隸總督應改爲巡撫者，外間皆以爲出於鄂爾泰之意。前日李衛之子李星垣初到京師，即具摺奏稱伊父李衛平日孤身獨立，恐不合之人欲圖報復。朕命訥親嚴行申飭云：『汝不過一武職小臣，即有與汝父不合之人欲圖報復者，朕乾綱獨攬，洞察無遺，誰能施其報復之私心？汝係新進之人，即存此念，甚屬糊塗，將來豈能上進？』李星垣陳奏時雖未明言，朕即知其指大學士鄂爾泰也。從來臣工之弊，莫不於逢迎揣度。大學士鄂爾泰、張廷玉乃皇考簡用之大臣，爲朕所倚任，自當思所以保全之，伊等諒亦不敢存黨援庇護之念。而無知之輩妄行揣摩，如滿洲則思依附鄂爾泰，漢人則思依附張廷玉，不獨微末之員，即侍郎、尚書中亦所不免。即如李衛身後無一人奏請入賢良祠者，惟孫嘉淦素與鄂爾泰、張廷玉不合，故能直攄己意，如此陳奏耳。朕臨御以來，用人之權，從不旁落。試問數年中，因一二臣之薦而用者爲何人？因一二臣之劾而退者爲何人？即如今日進見之楊超曾、田懋，皆朕親加簡拔，用至今職，亦何嘗有人在朕前保薦之乎？若如衆人揣摩之見，則以一二臣爲大有權勢之人，可以操用舍之柄，其視朕爲何如主乎？但人情好爲揣摩，而返躬亦當慎密。即如忒古爾德爾因派出坐臺，託故不往，朕加以處分。又刑部承審崔起潛一案擬罪具題時，鄂爾泰曾爲密奏，後朕降旨從寬。而外間即知爲鄂爾泰所奏，若非鄂爾泰漏泄於人，人何由知之？是鄂爾泰慎密之處不如張廷玉矣。嗣後言語之間，當謹之又謹。又額駙策令到京，曾奏忒古爾德爾年老，請令回京。又法敏、富德、常安輩，策令亦曾在朕前獎以好語，又謂富德宜補隨印侍讀。此必鄂爾泰曾向伊言之，故伊如此陳奏也。今鄂爾泰奏辯並未向伊言之，夫向伊言之而奏，固屬不可；若未向伊言，而伊揣摩鄂爾泰之意，即行陳奏，則勢力更重。額駙且然，何況他人？鄂爾泰亦能當此語乎？朕於大臣，視同一體，不但欲其保全始終，且於疑似之際，亦每爲留意，以杜外人之議論。即如前日刑部侍郎缺員，朕原欲批用張照，因彼時鄂爾泰未曾入直，而張廷玉在内，朕恐人疑爲張廷玉薦引，是以另用楊嗣璟。又如勵宗萬人不安靜，鑽營生事，朕因其小有才具，尚可驅策，令其在武英殿行走，亦足滿其分量矣。而外人以爲張廷玉所劾，不得起用。其實當日勵宗萬保舉受賄一節，果親王曾經奏聞，並非出於張廷玉也。朕之用舍，悉秉至公。朕之繼述，期於至當。若謂皇考當日所用之人，不應罷黜，當日所退之人，不應登進，如大學士鄂爾泰豈非告退閑居，而朕特用之大臣乎？又如前日吏部爲恒德襲職事具摺請旨，朕因摺内奏稱『雖與銷滅之例相符，而與奉有特旨多頗羅之案似同一例』等語，恒德係訥親一族，不應如此措辭。朕不准行，且面加訓諭。鄂爾泰、張廷玉乃皇考與朕久用之好大臣，衆人當成全之，使之完名全節，永受國恩，豈不甚善。若必欲依附逢迎，日積月累，實所以陷害之也。朕是以將前後情節，徹底宣示，深欲保全之。二臣更當仰體朕心，益加敬謹，以成我君臣際遇之美。欽此！」按：純皇帝諭旨國史館於《文鏡列傳》中僅摘叙數語，今謹全録之，仰見聖心措置周備，不特於文鏡一身曲示成全，即鄂、張二公，當日所以成全之者，亦深且切也。

錢泳《履園叢話》卷一《水鑑》 雍正初年，田公文鏡撫豫十有二年，威不可犯，大法小廉，查逐坐省，長隨禁止，府州縣官，毋許逗留省城。往來晏會，隨到隨見，見後即去，如有言未盡，只許留宿城外，次日稟見遄行，自此怨聲載道。清則清矣，而郡中商民之生計絶矣。古語云：「水至清則無魚，人至清則無徒。」是知爲人上者，毋爲民鑑，當以水鑑也。

趙慎畛《榆巢雜識》卷下《田文鏡練達之見》 河南撫田文鏡摺奏有云：「人私心一起，則見理不明；見理不明，則所行多謬。瞻顧避忌，與夫市惠邀名，皆私心也。有一於此，雖聰明伶俐之人，更多錯誤。」又云：「封疆大事，必須諳練，胸中方有成竹。若未諳練，則胸中原無所知識，而欲其行何事、革何事乎？即有從旁告之以當行、當止，彼且游移不決，否則亦不過虛應故事而已，終非己意中見以爲確乎不可拔、須臾不容緩者，安肯實力以行之乎？」又云：「將不可驕，嚴於簡閲則不驕；兵不可弱，勤於教練則不弱。」皆練達政體之語。記之。

陳康祺《郎潛紀聞初筆》卷一〇《田文鏡惡科目中人》 雍正間，李衛、田文鏡歷任督撫，素惡科目。田撫豫時，一疏劾科甲牧令數十人。適李穆堂制府過汴，相見揖未畢，即厲聲曰：「明公身任封疆，有心蹂躪讀書人，何也？」田不能堪，遂劾李，牽連入蔡珽案，擬辟。乾隆初，始奉特旨，湔雪出獄，佐户部。按：穆堂先生再起後，復以多保鴻博鐫官。先生立朝剛鯁，其屢起屢躓，皆爲維持國體，不獨憐才愛士之私心，雖蹭蹬終身，未竟其用，而至今百年論定，視田、李二公何如也。

陳康祺《郎潛紀聞二筆》卷二《謝濟世劾田文鏡》 田文鏡撫河南，御史謝濟世劾其貪贓壞法。適臨川李侍郎入覲，於上前奏文鏡舉劾失平，世宗遂疑言官受指使，命王大臣嚴訊。侍御曰：「文鏡之惡，中外皆知，濟世讀孔孟書，粗識大義，不忍視姦人罔上，故冒死以聞。必欲究指使者，乃獨有孔子、孟子耳。」拷掠急，復大呼聖祖仁皇帝，王大臣皆瞿然起立，乃罷訊。入告曰：「是狂生，妄欲爲忠臣，口刺刺稱孔孟不休，終不言指使者。」世宗意亦解，曰：「是欲爲忠臣，且令從軍。」遂命往阿爾泰軍前効力。乾隆朝復再起，再被劾，卒獲超雪放歸。生際聖明，直如弦者，固不至死道邊也。

陳宏謀部

綜述

《國朝耆獻類徵初編》卷二〇國史館《陳宏謀傳》 陳宏謀，廣西臨桂人。雍正元年進士，改庶吉士，散館授檢討。四年，擢授吏部郎中。七年二月，遷浙江道御史，仍兼郎中行走。七月，充山西鄉試副考官。十月，授江南揚州府知府，仍帶御史銜。九年，遷江南驛鹽道。

十一年，擢雲南布政使。先是，廣西巡撫金鉷奏准廢員官生借墾報捐。至是，宏謀奏報：「捐者祇就各屬，搜有餘熟田，量給工本，即作新墾，多弊混。」上命雲貴廣西總督尹繼善查奏。尹繼善請將捐墾地畝冒領工本，確實查追。乾隆元年四月，部議報捐之員，既多冒濫，請敕兩廣總督鄂彌達及金鉷逐一清查。九月，宏謀劾金鉷欺公累民，自開捐報墾，不下二十餘萬畝，實未墾成一畝，請將捏報捐納及勒比首報之田豁除。時金鉷內遷刑部侍郎，疏辯。命鄂彌達及新任巡撫楊超曾秉公確查。二年閏九月，宏謀復密奏前事，諭曰：「從前陳宏謀奏廣西借墾報捐一事，與金鉷所奏互異，朕已諭令督臣鄂彌達、撫臣楊超曾秉公確查，毋得偏徇。目今尚未覆奏，而陳宏謀又復具摺，嘵嘵瀆陳。陳宏謀身爲滇省藩司，此并非伊任內之事，其始初之奏，猶云據已知而直陳，以備採擇；既降旨交與他人查議，則伊事已畢，惟有靜候，無再言之理。乃伊不待督撫諸臣議覆，而又爲是瀆奏，竟儼然似以爲不如伊所奏不止者，是誠何心！且伊爲粵人，即所言盡是而從之，猶啟鄉紳挾制朝政之漸，況未必盡是乎？殊屬冒昧之至！著交部嚴加議處。」尋議降一級調用。十月，鄂彌達等覆奏捐墾田畝多不實，請分別減豁，金鉷及私派加徵各員降革如律。

三年，補直隸天津道。五年，遷江蘇按察使。六年七月，遷江寧布政使。八月，擢甘肅巡撫。九月，調江西。十二月，疏言：「江西郡縣，非濱江帶湖，即環山逼嶺。近湖地與水平，民築圩隄閘壩捍禦，以內民田廬舍，煙火萬家。遇水發，全賴圩隄閘壩周固，始保無虞。此以圩隄閘壩防水害者也。近山之地，高下畸零，開墾田地，既防衝決，又苦灌溉無資，惟脩砌陂塘堰圳，水至可資防禦，水少可資灌溉。此又以陂塘堰圳防水害，而即以資水利者也。江西水利不外此二者，而年歲豐歉，即係乎此。向例農隙時，撫臣行令地方官將舊築圩隄派夫脩葺，年底將完固緣由，造册報部存案，止就南昌、瑞州、臨江、饒州、南康、九江、贛州等府所屬十餘縣，每年報部有案者，彙册開報；而近山逼嶺地方，一切陂塘堰圳，均不在開報勘脩之列。即此數府中，除所報圩隄外，尚有續脩未脩之圩隄閘壩，地方官向無承脩保固之責，並不親勘督脩。其閒民力勤惰，出夫多寡，圩隄堅否，官既不親查督，田戶每推諉不前；不但應脩而未脩者遲延觀望，即已經派脩者亦不過虛浮掩飾，隨脩隨傾，一處衝決，闔境罹害。是脩築雖出於民，督率不可無官。臣思知縣身膺民社，水利農田，本其專責，應飭親勘督脩。至向無圩隄等項，及曾有而年久坍塌過甚，如工大民力不敷者，惟支存公銀兩，照以工代賑之例，確估造報，責附近居民脩築，覈實題銷。各該員三年之內，果實力督脩，並無衝決等事，遇保舉升用，將承辦水利如何，列入事實獎薦，以示鼓勵；如脩築不堅，至有衝決，題參議處。」下部議行。七年五月，疏言：「江西錢價甚昂，民間多攙私鑄砂錢。臣見飭屬嚴禁。」七月，請將滇省額解京銅於過九江時截留五十五萬五千斤，濟鼓鑄急需，仍陸續赴滇採買解京補項。詔如所請行。十二月，奏脩南昌、新建二縣圩隄，並於南昌縣羅絲港建石壩障贛水西注，即以工代賑。上報可。又言：「江西民情尚氣好訟，有司以自理之案，無關考成，未免延擱拖累。臣檄各道分巡所屬，據實稟聞。州縣官漸知警惕，地方情形，屬員聲名，亦得藉悉梗概。」得旨：「實力督率，毋使徒爲具文。」八年閏四月，奏言：「錢局舊設鑪六，僅所鑄搭放兵餉，恐錢少不敷，請增設鑪四。」從之。初，宏謀因倉貯多缺，請將捐監一項，改於本省收穀，諭令一年後奏報。至是，偕總督尹繼善奏本地捐監收穀，倉儲民食，兩有裨益。得旨，准再收一年。九年二月，疏言：「廣信府玉山縣之廣平山產礦砂，臣令工匠開硐煎試，銀鉛夾雜，山之前後左右並無妨礙。請選殷實良民爲硐頭，募夫開採。」下部議行。

十月，調陝西巡撫。十一年九月，仍調回江西任。十月，調湖北巡撫。十二年二月，疏言：「湖北改鑄小制錢，重八分，試行無效。請照原題仍鑄一錢二分重之大制錢，於漢口採買客銅四十萬斤，加鑪增鑄，搭放兵餉外，可減價出易流通。」下部議行。三月，以大學士管川陝總督慶復劾宏謀在陝撫任內愛憎任情，好自作聰明，不持政體，部議革職，詔從寬留任。又以前經保薦之長安縣知縣董三錫貪劣事發，議革任，仍詔免。十二月，復調陝西巡撫。十三年正月，諭曰：「此汝駕輕就熟之地，一切持重秉公，毋立異，毋沽名。若能去此結習，則汝尚可造就之器也。」先是，宏謀以陝西各驛疲困，請增夫馬，經大學士公訥親議駁。十一月，復請於漢中府屬之甯羌、沔縣、褒城、鳳縣棧道十四驛，每站增馬一，夫十，酌支工料，詔如所請。又言：「陝省開十鑪鼓鑄，已准部撥運到洋銅，其所需黑鉛，本省開採白鉛點錫赴楚採辦，至配用銅斤鉛錫照例扣耗，每卯餘賸挫磨枝梗尾卯，一併繳錢歸款。設監鑄官一員，總理官一員，內外巡查官二員，並輪撥弁兵防範。又從前所鑄錢，俱搭放兵餉，今兵餉已有川省增鑄之錢協濟，不必搭放。見在陝省錢少價昂，俟鑄有成數，照市價酌減出售，易銀歸款。」部議從之。十四年，疏：「請採辦滇銅，免致停鑪守候，錢價可漸平。又制錢陸續易銀，恐價平則買錢者少。其川省運回秋季協濟之錢出易外，餘即搭放兵餉。」報聞。十五年，請修周文、武、成、康四王及周公、太公陵墓，即以陵外餘地召租支用，下部知之。十六年四月，疏言：「陝省各屬常平倉多空廒，請擇完整者酌留數間備曬晾，并貯捐監穀，地方官入冊交代，不時修葺。其遠年舊廒漸就傾圮者，物料及早拆卸，據實冊報，有應分新社即移建社倉，似亦化無用爲有用之法。」得旨允行。六月，又言：「關中沃野千里，平原土厚，雖有河道，岸高難引，惟鑿井灌田，實爲救旱良法。臣諭屬員勸導，凡以己資開井者，地方官驗明獎勵，無力者就近借給社穀作工本，收息還倉；無社穀者，以常平倉穀給之。」報聞。

十月，調河南巡撫。十一月，疏言：「豫省黄河兩岸大隄外，有古隄一道，自懷慶府屬之武陟縣起，由獲嘉、新鄉、延津而至滑縣，與長垣縣交界止，土人名爲太行隄。遇河漲，實爲外衛，年久多缺。今陽武壩工合龍，太行隄急宜修補。查武陟、延津等處俱本年被災，工作於貧民有益。」十七年正月，又言：「歸德府屬各河宜分別修濬，除支流小溝工段無多，督令民修，其商邱豐樂河、夏邑響河、永城巴溝河，均洩水之幹河，見多淺塞應濬。又商邱南門外之古宋河亦應濬，並於附近城壕各開引河一道，但非民力所勝，請動項興修。再陽武壩工所用物料，因應付殷繁，不無浮於購採銀數，前蒙恩旨，令照地畝錢糧酌蠲。第小户地畝少者，原未領辦，若按畝蠲，則未辦工料之户，濫邀恩賞。請就所領工料價銀，按數加賞，較爲均普。」並如所奏行。

三月，調福建巡撫。十九年正月，疏言：「閩俗囂競多訟，案必速審。臣清查立限，每月稽覈一次。以已未完案件之多寡者，驗各屬之勤惰，庶塵案漸清。」上可其奏。閏四月，又言：「閩省地狹民稠，所産不敷食用，半借海船貿易資生。如實係內地良民，因貨物拖欠，稽留在外，及本身已故，妻妾子女願歸本籍者，無論年歲遠近，准其回籍。」從之。

五月，調陝西巡撫。九月，疏言：「明歲大兵進剿準噶爾，派出之索倫、巴爾虎、哲哩穆兵，應設臺站。備馬不敷抽撥，酌雇民間騾馬車輛，以利遄行。」詔允所請。又言：「陝省常平倉穀缺額，節經動用庫貯雜項，買補還倉。第採買不宜過多，恐於民食有礙。今穀麥既多，價賤准售，官買照市價，聽從民便。此正昔人和糴之法，可以濟民食而廣積貯。」上嘉納之。十一月，疏言：「鼓鑄必預籌銅斤，滇、黔路遠費重，且恐無餘銅。洋銅到陝，遲早難期。不若就本省漢中府屬甯羌州之銅緣溝舊銅礦開採，並華陰縣屬之華陰川亦有原礦，一并試採，以供搭配鼓鑄。」上報可。二十年正月，疏言：「古北口解到戰馬疲瘦，先就西安將軍標及督撫兩標預備安臺之馬，擇最膘壯者解甘。又協理總督劉統勳以甘省安臺缺馬，令陝省幫雇腳騾，恐緩不濟急。查陝省各臺，原於通省驛馬內抽撥八百匹，爲領兵官騎用。今移此馬先解甘省涇州，計日到臺，即可送兵。陝省少此臺馬八百匹，再於民間增雇，陸續赴臺，就近易集。」得旨：「諸凡留心，甚屬妥協。」

三月，調甘肅巡撫。五月，以平定準噶爾，議敘事功加一級，尋調湖南巡撫。宏謀將赴新任，疏陳甘省水利事宜，言：「臣前由甘、涼、肅出關，沿途審視渠河，多未通順。赤金、靖逆、柳溝、安西、沙州五衛所，亦可疏濬渠源，宜責成地方官於農隙時，督民分段修濬。」得旨嘉獎，下新任巡撫吴達善議行。又言：「準噶爾既內附，需用貨物，應量爲流通。請定互市地，以茶易馬，歸官充營伍用。」詔從所議。時江蘇淮、揚各屬秋潦成災，上命截留湖廣漕糧二十萬石備賑。十月，宏謀請再動湖南溢額倉穀，碾米十萬石，運濟平糶。諭曰：「災地米糧，多多益善。碾運倉穀，以資平糶，既不致市儈居奇，於民食更爲有益。陳宏謀所辦，甚屬妥協。著照所請速行。」二十一年二月，奏析衡州府之衡陽縣爲二，分理賦訟，下部議行，定所分縣曰清泉。九月，劾布政使楊灝侵扣穀價，奉諭：「陳宏謀留心體察，據實參奏，毫無瞻徇，交部議敘。」灝論罪如律。閏九月，疏言：「湖南産米之鄉，請將乾州、永綏二廳，華容、永定、永順、保靖、桑植、慈利等縣常平倉穀，各撥借數百石貯社，作本出借，俟本息漸充，仍即歸還常平，不致虧缺。」部議從之。十一月，調陝西巡撫。二十二年正月，奏大兵過陝，設站趲行狀，得旨獎慰。六月，調江蘇巡撫。七月，陛見，上詢及各省水災。宏謀奏言皆因上游爲衆水所匯，而下游無所歸宿，必通盤籌辦，方爲有益。上以其言頗中肯綮，命即由河南歸德一路赴江蘇，沿途查勘，與安徽巡撫高晉會同籌辦，賜以詩曰：「東南繁劇地，撫治寄賢良。爲我蘇徐海，宜民簡召王。允維力溝洫，方可課耕桑。實政斯應樹，虛名尚謹防。一心要於敬，五字示其綱。勖爾推行善，芳同桂嶺長。」十二月，以淮、揚、徐、海等處河工告竣，諭部議叙，加一級。尋奏言：「江蘇獄訟繁多，全在地方官早爲審斷。臣檄行各屬，向後不許借稱隆冬歲暮不理詞訟，並責成道員實力督查。」報聞。

是月，遷兩廣總督，諭曰：「陳宏謀籍隸廣西，但久任封疆，朕所深信。且總督節制兩省，又係專駐粵東，不必迴避。」宏謀條奏江南河工未盡事宜五款：「一、黃、運各河，見已節節開通，然必逐年挑濬，方免淤淺，請歸河員及地方分界查勘，於水落後督民挑濬；一、所挑河祇能洩近河之水，俟今年河水流通後，令民間濬支河小溝，以達於所開之幹河，其各處道旁小溝，亦應挑深通達；一、淮、揚、徐、海，地非盡瘠薄，凡可以種植者，各開溝洫備旱潦，即以所開土加築圩圍，安砌涵洞，隨時蓄洩，以成圩田；一、上游之水，由高而下，內有窪地，原係湖蕩，不免淹浸，請勘明頃畝除糧，有可種葦草者，改照葦課輸納；一、下河一帶民田，以范公隄爲捍衛，日久坍損，愚民又多掘隄放水，儻海潮盛漲，高、寶、鹽城等處必受其災，請動項分段興修。」命欽差大臣裘曰修等議行。二十三年四月，奏請增撥廣東疲商帑本，收買場鹽，經部議駁，上以鹽法攸關，非詳查不能妥協，命侍郎吉慶往查妥辦。是月，命宏謀以總督銜仍管江蘇巡撫。七月，加太子少傅。八月，部臣奏參宏謀請增鹽帑一案，將存庫銀數遺漏舛錯，請交議處。諭曰：「疏忽之失，誰則無之？但宏謀素以幹練自居，乃自到粵省，諸事尚未設施，而先亟請鹽本增帑，爲取悅屬員商人之計；且伊辦事，非不能如吉慶之澈底查本者也。是其市恩好名痼習不但未改，而因升用益甚，此非尋常疏忽可比。著交部嚴加議處。」尋議革職，詔從寬留任。

二十四年正月，偕總督尹繼善、河督白鍾山等奏：「江南運道蓄洩三事：一、丹徒、丹陽運河在大江之南，東岸之橫閘、越河閘，利涉橋閘，俱係旁通江湖，導引濟運。應於糧艘經臨前期，飭閘員駐河，於潮長則啟板進水，潮落則下板蓄水，使進多出少，以資行運；一、揚州運河在大江以北，上游之高、寶東岸，向設十三閘，蓄水濟運。其邵伯迤下金灣六閘，向未設板，隨時啟閉，而揚州東關地勢高，運口下注之水，多由金灣等處旁洩。應於重運經臨時，祇留北閘一座，常川啟放，其中閘、南閘，亦照南寶、東岸之例，相機蓄水；一、桃源砂礓河係黃河以北運道，應將匯水之駱馬湖尾閭，於每年秋汛後相時堵閉，俟次年重運，經春水微弱，即將柳園等閘壩開放接濟。」均如議行。又言：「蘇州向設普濟、育嬰、廣仁、錫類等堂，收養煢獨老病、遺棄嬰孩，近年公費不敷。請查通州、崇明濱海淤灘，除附近民業者，聽升科執業，餘撥入堂充公用。又通州、崇明界有新漲之玉心河，兩地民互爭，一併撥入，以息爭端。」諭曰：「不但一舉而數善備，而汝亦因此得名也。」六月，以不能督率地方官捕蝗，復不嚴參，部議革職留任。得旨：「陳宏謀非尋常徇庇可比，著革去總督銜，仍照部議革職，留巡撫任。」二十六年五月，疏言：「蘇州商賈輻輳，用錢最廣，小錢亦多。臣見令寶蘇局歲給鑪匠工料錢，照時價給銀收買，不許鑪匠攜出，既可杜夾帶私錢及囤積居奇之弊，並設官局兌換，俾民間制錢漸多，錢價不致昂貴。」詔如議行。先是，宏謀奏准開蘇州府屬之白茆河，徐六涇二口土塘，建閘備蓄洩。二十七年正月，以水漲衝壞閘口，復請改爲滚壩，從之。二月，上南巡，賜詩曰：「外吏中維久，由來繁鉅勝。體予視傷切，謂爾仰恩能。必有遠猷贊，甯維苦節稱。金閶誠富庶，返樸最相應。」

九月，查奏原任滸墅關監督安甯管關家人李忠侵漁舞弊，時安甯已故，上以宏謀不早劾奏，下部嚴議革任，詔從寬留任。十月，諭曰：「據尹繼善等查奏安甯家人李忠所婪貲產至三萬兩之多，陳宏謀久在同城，安坐膜視，其意何居？該撫向與安甯不合，衆所共知，然以此等利弊大事，豈有引避小嫌之理？蓋摸棱之習，一成不變，且自揣與尹繼善素號相能，遂爾因循玩愒。江蘇吏治，尚望其力爲振刷乎？陳宏謀著調補湖南巡撫。儻不痛自創艾，復蹈故轍，朕不更爲該撫貸也。」二十八年三月，疏言：「軍流人犯，俱係擾害地方情罪較重之人，狡惡性成，到配往往逃回。地方官接緝逃之文，一票了事，不肯認真根究，親鄰遂得容隱，致多漏網。名曰罪應遠徙之犯，實則輕於本犯之徒。長奸釀惡，莫此爲甚！請飭取親鄰供結，責成地方官嚴拏，牽混者議處。」上是其言，下部議行。

五月，遷兵部尚書，署湖廣總督，兼管巡撫事。六月，疏言：「洞庭湖橫亘八百餘里，容納川、黔、楚之水，濱湖居民多築圍墾田，有與水爭地之勢。從前雖經刨毀，尚有未盡，恐湖面愈狹，漫決爲患。請多掘水口，使私圍盡成廢壞，自不敢僥倖再築。」諭曰：「陳宏謀於此事不爲姑息小惠，殊得封疆之體。」

是月，遷吏部尚書。十月，加太子太保。疏言：「各省應歸部選之缺，臣部按月截缺，掣籤引見，給憑赴任後，各督撫或奏補有人者，舊例仍准扣除，將截缺之人留於下月即選；或業經領憑，聽其情願赴彼省候補；或繳憑另選。但已往該省者，以奉旨赴任之人轉爲候補之官，無任可到，理失輕重，事不均平。請嗣後凡於未經掣籤之先，及掣籤而未經引見者，仍准扣除另選，於已引見依擬用者，即不扣除，仍令月選官各赴新任。」從之。十一月，又言：「地方文武官弁，均有查緝奸匪之責。乃州縣捕役，狡獪者平時豢賊，或經營兵先獲，有司未免心存畛域，審時任其狡展，巧爲開脱。請嗣後遇有翻供之案，令原獲營員會訊，營伍緝捕，責成更專。」上嘉所見實切事理，如所請行。十二月，充經筵講官。疏言：「河工辦料，應令管河各道於送到時，親驗加結，稽覈營員來去料物數目，務歸實貯實銷。又河防失事，例應文武分賠，而參、遊同有修防之責，轉得置身事外，不足以昭勸懲，應酌改畫一。」下河臣議覆，允行。又言：「匿名揭帖之案，已將該犯抵法，應於所告款内有無虛實，嚴查按究，則宵小不得逞奸，而不肖有司亦知所警。」上是其言。二十九年七月，諭曰：「内閣辦事需人，應增設協辦漢大學士一員，著尚書陳宏謀協辦。」十月，賜紫禁城内騎馬。三十年，充國史館副總裁。三十一年十一月，疏言：「凡駐重兵與提鎮同城之道員，時有兵民交關、文武商辦之事，應一律加兵備銜，互相鈐轄。」下各督撫議行。十二月，充《玉牒》館副總裁。三十二年二月，充《三通》館副總裁。三月，授東閣大學士。

三十五年七月，因老病請解任，詔弗允。十月，復陳請回籍。諭曰：「大學士陳宏謀於本年七月間患病，懇請解任，曾諭令善自調攝，不必開缺。兹復以衰病未克即痊，奏請解職歸里，情詞甚爲懇切。但見在各部事務，並不乏人經理，陳宏謀儘可仍前從容静養；且伊奏時届冬令，不能遽歸，此際不妨安心調理，待至明春，自揣精力漸次復元，原可照舊供職。設明春病竟難痊，欲得優游林下，以樂餘年，俟河開時，乘船而歸，甚爲順適。此時仍毋庸開缺，諭令加意頤養，以副優眷。」十二月，又懇請開缺，諭曰：「大學士陳宏謀前以抱痾，奏請辭職，屢經降旨慰留，令其加意調理。今復以體氣未能即痊，懇將所管閣部開缺簡放。見在内閣事務辦理並未乏人，陳宏謀正可安心静攝，無庸開缺。至大學士特令兼管部事，原非額缺可比，陳宏謀既不能到署，著將工部事務暫停兼管，以資頤養，并不必另行派員管理。」三十六年二月，奏：「衰病如前，不能在閣辦事，若再因循戀職，實難自安。懇將大學士開缺，得以安心静攝，俟少愈即覓舟起程回籍。」諭曰：「大學士陳宏謀老成端謹，敭歷宣勤。簡任綸扉，正資倚畀。前以抱恙，屢次懇請解任調理。節經降旨慰留，令其安心調理，無庸開缺，冀春和可待復元。今據奏精神恍惚，仍復如前，懇請開缺，回籍調理，情詞肫切，勉從前請。著加太子太傅，以原官致仕，並賜御用冠服。朕親賦詩章，以寵其行。令伊孫刑部主事陳蘭森隨歸侍養，回籍後仍加恩按原品食俸，俾得蠲痾頤養，期臻耄耋，用昭優眷老臣至意。」賜以詩曰：「中外勤宣歷久頻，遂教黄閣預絲綸。老成允著恒敷政，疾病不期近迫身。豈弗惜離留未可，最憐言去戀猶真。粤西天末相望遠，祝爾平安歸里人。」時上東巡，宏謀奏：「臣於三月望後起程，赴天津迎駕，即由江、浙一帶水程旋粤。」諭經過地方官在二十里以内者，照料護行。四月，宏謀迎駕於寶稼宫，賜詩曰：「北來恰值返南舟，邂逅因之覿面諏。川楫已辭惜常往，風帆非利卻難留。歸鄉自樂桑分梓，釋病當怡林與邱。雅憶岳陽樓記語，行哉甯志退時憂。」

六月，卒於途。諭曰：「原任大學士陳宏謀老成敦樸，才品端方。中外宣勞，恪勤素著。去歲以來，屢以抱恙未痊，懇請解任調理，節經降旨慰留。今春復據以衰病日深，堅請開缺回籍。念其情辭懇切，俯俞所請，親爲賦詩寵行，加賜冠服，並命伊孫隨歸侍養。沿途令地方官照料護行，以期長途安穩。昨東巡回鑾時，伊於寶稼宫行在陛辭，見其精神尚不至疲憊，猶冀遄歸故里，得以頤志蠲痾。今聞於韓莊舟次溘逝，深爲軫悼！著入祀賢良祠，並於歸櫬抵家之日，加祭一次。應得卹典，仍著該部查例具奏。」尋賜祭葬如例，謚文恭。

《國朝耆獻類徵初編》卷二〇彭啓豐《陳宏謀》 稽古三代忠貞篤棐之臣，罔不終始典學，懋明厥德；用能左右宣力，允孚於萬民。自秦以降，法令滋章。當塗之士苟合時變，詩、書所陳，動謂迂闊，本末横分，内外决裂，學失其統而人才壞，以病於民而害於國，非一日之故也。聖皇御世，大道重光，一二大臣往往能古訓是式，以忠實心達於政事，贊太平之功，兹非所謂咸有一德者與！臨桂陳文恭公當今皇帝時任節鉞最久，已而入相。當世士大夫蓋莫不推公之學，以爲有古大臣風。公固未嘗以學自名，而人之推公者，覘於其政而知之也。

公以雍正元年舉鄉試第一，成進士，選庶吉士。明年，授檢討，遷吏部驗封司郎中，攝文選、考功兩司，公正有聲。七年，遷浙江道監察御史。在臺中所陳奏，務持大體。監生舊有考職之例，試者多屬人爲代。世宗知其弊，敕令自首，而州、縣吏胥藉是爲擾害。公請止禁其將來，而免其自首。上召見，徵詰再三，公申論甚晰，乃退。尋允公奏，上以是知公，命以御史知揚州府，得便宜奏事。

已而丁父憂，上官留之，辭不許。旋授江南驛鹽道，仍帶御史銜，攝安徽布政使。又丁母憂，奉命留任，因乞假歸葬。十一年，授雲南布政使。乾隆元年，以吏議降三級，授直隸天津河道。五年，遷江蘇按察使。明年，授江西布政使。甫到官，遷甘肅巡撫。未行，調江西。八年，調陝西。十一年，調江西。尋調湖北，入覲。時川陝總督慶復征瞻對，陳奏軍事多隱蔽，懼公發之，乃劾公十二罪，部議落職。上原公，命留任。明年，再調陝西，權陝甘總督。十五年，授兵部侍郎，仍留巡撫任。其冬，入覲。會河決陽武，上命公權河南巡撫。往來河隄，塞決口。十七年，調福建。十九年，復調陝西。明年，調甘肅，再調湖南。二十一年，又改西安。明年，調江蘇，入覲，遷兩廣總督，疏辭，不許。二十三年，以總督銜還江蘇巡撫任，加太子少傅。明年，以捕蝗案削總督銜。二十七年，失察滸墅關奸胥，部議落職，上命留任。尋復調湖南，權兩湖總督。明年，遷兵部尚書。入京，改吏部。公在外三十餘年，歷省十有二，歷任二十有一。所至之處，無問久暫，必究悉於人心、風俗之得失及利害之當興革者，籌其先後，以次圖之。每有興作，人多以爲難成，既而輒就理。或當更代，即以聞於朝，責成受事者。其察吏甚嚴，然所舉劾必擇其尤不肖者一二人，他吏率懍懍就法，唯恐及己。公之學，以「不欺」爲本。與人言政，輒引之於學，以爲仕即學也，盡吾心焉而已。故其所施於家國上下之際者，務各得其理，人咸安之。

在揚州，以廉、惠爲治。淮、揚被水，民多流移，公奏請民所過處官給口糧，護送回鄉里，得補入賑册。造獄舍，置田以益囚糧。先是，鹽使者令淮商於稅額外歲輸銀助國用，自雍正元年始，積數十萬，注册報部，然實不以時納。及奉部檄移取，始行追徵。公言：「新舊相仍，虧欠日積。請自今停輸助之款，以卹商人。」頃之，詔如公請。

在雲南，時方用師猓夷，運糧者苦道遠。公改爲短運、遞運法，民便之。山有銅廠，向召民開礦，以資鼓鑄。後民苦廠官煩苛，工費薄，相戒不前。公請量加工費，除抽課外，聽得自賣礦銅。民爭趨之。已而更鑿新礦，銅日盛，遂罷買洋銅之令。立義學七百餘所，刻《孝經》、《小學》及所輯《綱鑑》、《大學衍義》諸書，頒行各學。令苗民得入義學，教之書，俾通文告。其後邊人及苗民多能讀書取科第，公之教也。

初，公之葬親歸也，奏廣西墾荒之弊。時外吏多以勸墾爲功。廣西報墾者少，巡撫金鉷請令罪廢職官及外省官生墾田報部，以額稅抵銀得官。於是貪利者多與有司相結，按額荒册責民報墾，給之工本，即以爲己功。又訪民閒田浮於稅者，冒爲新墾起科，報部多得官去。報者至十餘萬畝，然田不增而賦日益，民甚病之。公目覩其弊，奏請罷前例。世宗命言之督臣尹公繼善，分條定議，會撫臣勘驗虛實。今上初元，公恐撫臣尚護前失，再上奏，言：「有司勸民報墾，百無一實。又粵地磽薄，一年耕必以兩年息地力。計田三四畝，始抵膏腴一畝之利。若聽其冒墾，勢不能支，民必流散。請將報墾抵捐之田盡數豁除，不煩再勘，唯民之願，自墾者聽之。」敕部密議。而撫臣申辨至再，公復極論其非是。上以公粵人，累陳粵事，恐啟挾持有司之漸，因有天津之命。既廣督楊公超曾與新撫楊公錫紱會奏豁除抵捐之田，一如公請。

公在天津，訪求水利，時乘小舟沿河上下。嘗曰：「老河兵，是吾師也。」河間、滄、景諸州最窪下，恃隄防爲衛。公相其夷險，築遥隄、月隄、縷隄。又行放淤之法，汛水盛漲，多挾沙而行，導之由左口入隄停水沈沙，復放水從右口出。如是者數四，窪地悉平滿，成膏壤。又計北河全勢，議濬黄河故道，多開溝渠，俾水歸於河，河歸於海，庶久遠無患害。司河者以費煩，寢其議。

爲江蘇按察，設弭盜之法，重誣良之令，嚴禁親喪不葬及火焚親柩者。

在江西，歲饑，糶常平倉粟，令富人毋遏糴。遣官告糴於楚，且招川、湖之商人各載米至。更設廠賑粥。發帑修城垣、築堰埭，令民就食於工。其他在陝、廣諸省，遇荒歲酌盈劑虛，以濟民食，多此類也。

南昌城南羅絲港爲贛水所趨，善衝突，建石隄以禦之。左蠡、朱磯當衆水之衝，往往泛濫爲災，亦築隄百丈，水患稍平。江西居人族大者多立宗祠，置公田以通有無。然好訟，費皆出於公田。公倣「吕氏鄉約」，令各舉賢者爲族正，平其鬭爭，導以禮法。

治陝西，尤以農桑爲先務。陝西本古蠶桑地，近世廢棄，布帛皆資東南。公立蠶局，募江、浙閒善蠶織者導之，令民種桑養蠶。不能自織者，賣絲於官。頃之，利漸著，西安、華州織縑充歲貢。又勸民養山蠶，種山藷，儉歲以充食。又修治渠泉，製水車，教民戽水之法。鑿井二萬八千八百有奇，旱歲得以溉田。

河南歸德地窪下，與宿遷爲鄰，故有巴溝以通下流，久之淤塞。公在河南，疏巴溝，歸德賴之。

既至福建，值米貴，內地俱仰食臺灣，商人自臺來者，例一舟不得過六十石，關吏因而厲之。公請弛禁以便民，從之。

在湖南，歲大熟。適江南饑，公請發濱水倉穀二十萬石濟之，買民間穀還之倉。又招民墾雲龍山下荒地，禁洞庭居人壅水爲田以寬湖流，水不爲患。

初，撫江蘇時，吏治刓敝，公率之以勤，立期限以清案牘。患蘇俗好華，爲具條約，宴會、服御不得過度。止婦女毋遊觀，禁僧道爲靡曼之音，而痛懲其淫者。州、縣官故以收漕爲利竇，乾沒無已。自尹文端公爲巡撫時，極意梳剔，公至益申嚴之。自公去後，有司稍稍得自便，而民乃益思公不置也。前公撫江蘇者，在我朝推湯文正、張清恪爲最賢，然二公俱遭讒搆，賴聖祖曲全之，亦既不安其位矣。公遭逢勝於二公，爲天子勤求民瘼，彌縫補救，矻矻不怠。未嘗與人立崖異，要自不爲苟同，而人莫不稱公，以爲二公之亞也。

公治南河，大要因其故道開通淤淺，俾入海迅疾。幹河、支河互相貫輸，俾毋阻塞。在淮揚，所請疏濬諸河甚衆。其支河，督民各開小溝以達於幹，時其蓄洩。徐、海諸州多棄地，異時河流未通，遇雨輒淫溢。河既濬，水有所洩，令民以開溝之土築圩，圍成腴田，中通涵洞，爲旱潦備。其窪下不能避水者，令民改種蘆草，裁其賦。其他築隄岸、修閘壩，多因地勢爲先時之謀。奏上，輒命與河臣議行之。其在蘇州，議開徐六涇、白茆口以洩太湖，築崇明土塘以禦海，開諸州縣城河以通渠，皆利民之大者。

公在吏部，巨細無不詳審。所司持案牘白事，當機立斷，無留難。旋加太子太保。二十九年，上特設漢協辦大學士以命公。三十二年，遷東閣大學士兼工部尚書。公在上前所陳奏，雖子弟不盡聞。其他修舉職事非有關民生休戚者，茲弗著。

三十四年，公有疾，屢乞歸，上慰留再三。三十六年春，病甚，始聽致仕。加太子太傅，食俸如故。賜詩及冠服，命公孫蘭森送公歸。會上東巡，公由潞河南下，送駕武清寶稼營。上慰問良久，乃行。六月三日，薨於兗州之韓莊。上聞憫悼，詔入祀賢良祠，賜祭葬，謚曰文恭。

公諱宏謀，字汝咨，門有古榕，因號曰榕門。先世湖廣人。明末避亂，遷廣西，家臨桂西鄉横山下。曾祖諱道威，祖諱世糧，父諱奇玉，俱贈資政大夫、河南巡撫。曾祖妣周氏、祖妣駱氏、妣劉氏，皆贈夫人。公早歲刻苦自勵，能文章，内行修飭。爲諸生，即以澤物爲己任，嘗曰：「吾生平恥作『自了漢』！」及入仕，益講求經世策，所與交多當世偉人。慕古「以人事君」之義，奏薦陳法、屠嘉正、李元直、王喬林、任宏業、衛哲治，俱可大用。京察自陳，舉雷鋐、潘思榘自代。上詔求明經之士，公再舉陳法及孫景烈，世以公爲知人。所至尤加意書院，厚諸生餼，聘賢者爲之師，導以正學，時至而面命之。患諸生文不衷於理，每試士必爲發明孔、孟之旨，以反身實踐爲歸。他如社倉、育嬰、養濟諸堂，必爲之計畫有無，慎擇主者，俾無以虛文塞責。蓋公之惠於士民者如此，此可以觀其學矣。公箸書，有《養正遺規》、《教女遺規》以訓於家，有《訓俗遺規》、《從政遺規》、《在官法戒録》以施於民，有《學仕遺規》以砭世之仕而不學者。其奏疏、文檄具載《培遠堂存稾》中。公薨之年，七十有六。妻楊夫人，先卒。一子殤，以兄子鍾珂爲後。乾隆六年，舉於鄉。孫三人，蘭森，官刑部山西清吏司主事；次蘭棶、蘭枝。曾孫二人，兆熙、定熙。女六人。太常寺卿謝溶生、太學生蔣本廉、縣學生曹云瑢、秦之埒、陸之燦、劉某，其壻也。曾孫女二人。

啟豐繼公入翰林，與公先後同朝，知公審。又以養母歸，得親被公之化，不忘於心。公之喪過吳門，既爲詩以弔之。鍾珂將以三十七年二月朔日葬公於其鄉東畔嶺之原，而先以墓誌請。義弗敢辭。

《小倉山房續文集》卷二七《東閣大學士陳文恭公傳》 公姓陳，諱宏謀，字汝咨，號榕門，廣西臨桂人。家本寒素，幼好讀書，持一卷閉門坐。惟聞京師邸報，必向親友處借觀之。識者皆知其有大志也。

雍正元年，舉鄉試第一。旋中進士，選庶常，改吏部文選司郎中，遷監察御史。當是時，世宗懲生監代考之弊，令自首免罪。公奏不如寬既往、禁將來，免胥役訪查滋擾。世宗大奇之，即召見，謂大學士曰：「陳宏謀能識政體，必能知文章。山西主考雖籤掣有人，改令伊去。」試竣歸，命以御史銜知揚州，且曰：「有大事，再奏來！」未幾，遷江寧驛鹽道。

故事：淮商有樂輸一款，司鹽政者博商人急公之名，以空數報收。部文徵取，方催輸納。公奏停之。遷雲南布政使。雲南改土歸流，運糧苦遠。公建短運、遞運之法，按程交卸，覈數給直。增銅廠工本，更鑿新礦。開采者除抽稅外，聽民貨鬻。自此糧運踴躍，銅課日增。

皇上登極，雲督張文和公薦公視國事如家事，上亦久賢公，命巡撫陝西者四，巡撫湖南、江蘇者二，巡撫甘肅、江西、河南、福建者一，總督兩廣、兩湖者一。三十年中，開府九省。所到處，必將各府、州境内村莊、河道繪圖懸壁，環覆審視。又將興革事宜分條鉤考，纖屑必周，久遠必計，刻苦經畫，寢食以之。久之，編次成書，瞭如指掌。有戚友官某地者輒來借觀，公亦竊喜自負曰：「此吾歷任宦囊也。」

江西南門外羅絲港爲贛江分流，衝突城垣。公築石隄捍之。港下爲黄牛洲，上爲生米渡，民多病涉。公造浮橋，利濟其行。陝無水路，惟商州龍駒寨通漢江，灘險，僅行小舟。公修濬鑿除，遂成康莊。在江南，疏排六塘河之丁家溝，展寬邵伯之金灣壩，開徐六涇、白茆口以洩太湖，築徐州蘇家山隄以禦河漲，即以開溝之土築圩護田，中通渠洞，爲旱潦備。其過窪者，改令種蘆，蠲免其糧。金川用兵，公奏添設腰站，又奏添棧道、驛馬。伊犂用兵，公奏驅瓜州回民遊牧吐魯番舊地，免生事端。又奏官茶壅滯，不宜改交折色。福建臺灣米賤，例禁外糴，民出洋者，例禁歸里。公奏請開寬，上皆嘉納之。尤喜民種樹、鑿井，在河南，植隄柳無萬數。在陝，鑿井二萬八千有奇，造水車教民灌溉。又考《豳風》，以陝本蠶桑之地，乃立蠶局，募機匠織縑，上充歲貢。其他義倉、鄉學，隨地建設。州、縣入見，如老嫗訓兒，諄諄絮語，不憚舌敝。雖秦土燥寒，公去後，桑樹半萎，屬吏希公意，至有買南綵充秦紬、秦絹以爲媚者。然信古受欺，識者皆嘉公之志也。

乾隆二十八年，遷兵部尚書，入都。尋調吏部尚書，加太子太保、經筵講官。再授東閣大學士，仍兼工部尚書，賜第、賜紫禁城騎馬。年七十六，以病乞歸。上賦詩送行，賜御用冠服，命經過地方官二十里以内者出境護送。行至山東韓莊而薨。上聞哀悼，賜祭葬，謚文恭。

公任事不分畛域，亦不避嫌疑。在湖南時，聞江南災，奏運楚米二十萬石以助賑。在西安時，聞甘肅軍需少錢，請撥局錢二百萬貫以濟餉，上嘉其得古大臣體。任雲南布政使時，奏廣西巡撫某虚報開墾。在兩廣總督時，奏商人借帑作鹽本。上嫌公護鄉里，交部處分，一貶天津道，一調回江蘇。又嘗忤雲貴總督慶復，慶密劾公，亦交部處分，革職留任。未幾，慶以誣罔賜死，廣西後撫楊錫紱覆奏開墾果虚，由是公冤益白，而公眷益深。公與相國尹文端公雖同年同官，而風趣迥殊。尹高明寬和，了事多從容。公終日刻厲，無幾微閒。然最相得，在上前彼此薦引。公歸時，尹已卧疾，兩人訣别牀前。及公舟過德州，病委頓矣，接尹訃，猶頓足哭曰：「回船，我欲一奠尹公靈前。」家人勸之再，始止。未兩月，公亦亡，壽七十六。

公强毅，自信頗堅，然亦虚衷聽納。治水天津，嘗乘小舟咨詢於野，得放淤之法，令水挾沙而行，從隄左入，隄右出，如是數次，沙沈土高，滄、景一帶皆成沃壤。公喜曰：「此非吾策，教我者老河兵，真吾師也！」嘗向枚自悔疾惡太嚴。枚曰：「公言未是。如果惡耶，疾之嚴亦何妨？所慮是過也，非惡也。又恐誤善爲惡，則嫉之且不可，而況嚴乎！」公悚然謝焉。所薦人才，如大名道陳法、通政司雷鋐、荆南道胥嘉正，皆人望也。所著有《在官法戒録》、《學仕遺規》、《培遠堂奏疏稿》。無子，以兄子鍾珂爲後。

唐鑑《國朝學案小識》卷五《臨桂陳先生》　先生諱宏謀，號榕門，進士。歷官大學士，謚文恭。

學以誠一不欺爲主，不尚空談，不取辨論，溯考古聖賢名臣名儒之嘉言懿行，一一尊而奉之，踐而履之，心與古印，事與今宜，推己及人，無私於己。嘗曰：「是非審之於己，毁譽聽之於人，得失安之於數。三者缺一，皆有病，須隨時隨事，有此定見，乃爲脚踏實地。余最愛范文正公云，爲之自我者當如是，其成與否，有不在我者，雖聖賢不能必，吾豈苟哉！數語中原包得義命二字，在《中庸》素位而行一章，無非此義。孔子所云『不知命，無以爲君子也』，又曰『學問須看勝似我者，境遇須看不如我者』。昔年愛此二語，書之座右。嗣是三十餘年，益覺道理精當，無所不包，亦確乎不可移易。倘境遇看勝似我者，則怨尤忮求，無所不至。學問看不如我者，則驕傲怠惰，亦無所不至。學術人品事功，出乎此則入乎彼。以此爲人鬼關頭也可。」

又曰：「莫作心上過不去之事，莫萌事上行不去之心，斯云無咎。必爲世上不可少之人，必爲世人不能做之事，庶非虚生。此余爲諸生時題書室語，至今思之，負愧良多。知之非艱，行之維艱，敢不勉旃。」又自箴十則曰：「謹言語以寡過，節飲食以尊生，省嗜好以養心，耐煩勞以盡職，慎喜怒以平氣，戒矜張以集事，絶戲謔以敦體，崇退讓以和衆，慎然諾以全信，減耗費以惜福。」

又與人手札，多關勸懲語。嘗寄某曰：凡事不顧公事之有益與否，而先持一自以爲是之意見，是己者樂之，非己者惡之，此爲剛愎自用，滿盈招損。不但於公事之無益，即自己亦受虧損不淺。又吾輩處不如意之事，遇不如意之人，惟益反躬自責，静氣平心，以求一至是無非之道。弭謗在此，免禍亦在此。舍此而别生角抵之計，恐無益而有害也。

又承勗以無倦二字，實爲切要。有恒可以基作聖，而無恒則不可以作巫醫。夫子論近仁剛則兼毅，曾子論士宏必及毅。蓋恒者，常久之心，毅者，定力之謂，皆無倦之謂也。且以觀天下古今之事，愈遠大，則愈非旦夕可以觀效。而有旦夕可以觀效者，決非遠大。利害固久而後見，是非亦久而後明。有識者計久遠，不計目前。爲民物，不爲一己。當時或以爲迂，而久大之業，恒基於此。苟有倦心，則稍有挫折，便生消沮，其何以濟。

又生平無他嗜好，每處一地，臨一事，即就其地其事，悉心講求，以期稍有裨益。然志廣願奢，百未如願。事雖未成，心實難已。有時過於勞瘁，而亦不覺，覺亦不復惜也。年來精力漸不如前，而又當此煩劇之地，隨事經理，已苦難支，若遇有疑難，心要如此，而力有不能者，則寢食作止，常懸心目，不能擺脱。不以事累心，役物而不役於物。捧讀明訓，益服知我之切，而愛我之深也。諸儒語録，不免偏勝有疵，一經朱子，悉歸醇正，有如布帛菽粟，可以療飢，可以禦寒。近世言學，亦知遵尚朱子，而用功止憑口耳，逞技惟在詞章。終日讀書作文，未知所讀之書，於己何益，所作之文，於世何用。其業居然讀書人，人亦未嘗不以讀書人目之，究之於身世，毫無所益。甚有所存所行，與書全相反者，使世人謂書可以不讀，讀書不必有用，皆由於此。是當以聖門知行並進之語，因人指點，隨時印證，庶幾挽頹風於萬一耳。

又士人惟身心最爲切近，其用功亦惟存心克己二者最爲喫緊。此處用得一分工夫，便有許多得理之事，所謂所操者約，而所及者廣也。然官場中所汲汲講求以爲要務者，卻不在此。但須儀文習熟，機緣湊合，便爲得手。程子云：「世人事事要好，惟自己一個身心卻不要好。待事事好時，此身心先已不好了。」今日官場內，所爲待好，正所謂身心先已不好者也。

又古聖賢之微言精義，散在典籍。惟讀書可以通其解，亦惟讀書可以踐其實。如止以詞意爲學，雕琢雖工，無關性情，即或矯語性命，又未免談空説幻，隨入理障。既無益於身心，更何裨於民物。書自書而我自我，世人所以目讀書爲口頭禪，謂作文爲敲門瓦，負此書亦重負我矣。大人《實踐録》，從孟子大體小體句獨得真諦，指點親切，曲暢旁通。格物也，格此也。致知者，致此也。修齊治平，亦即此而推也。大體立，而小體無權。天理流行，人欲退聽，克己即所以復禮也。大體立，而小體效用，天君泰然，百體從令，踐形即所以復性也。

又來札於讀書爲學之是非利弊，暢切言之，語語從體認中來，循環展誦，實獲我心。試思國家何所需於文藝，而以此取士耶。蓋謂能作文者，必曾讀書。能讀書者，必能明白道理，變化氣質耳。不謂揣摩術工，讀書者自讀書，而於道理不求甚解。即心能解之，而言與行背，以致不能變化其氣質，又焉能澤及於民物？今日欲救讀書之弊，而收取士之效，惟有講求身心格致之學。知在此，行亦在此。以此學，即以此仕，庶幾近之。

又所論我見一語，尤爲切中士大夫之病。一有我見，則或憑意見，或顧利害，甚至以我之行止，爲理之是非，不難强事以就我，更不難苦天下人以遂我，此皆有我之見爲累也。又宦海無定，經一番波浪，增一番閲歷。古人於横逆之來，必三自反，非空空引咎也。正可即此以爲熟察人情，克治身心之地耳。

又人之聰明材力，不相上下。業事詩書，亦無不明白義理，辨别徑路。及臨事稍涉利害，每止圖目前，不顧久遠，止顧一己，不顧天下。良由看得一身之富貴太重，故看得君民之事太輕。年來以此觀人，即以此自責。昨聞名論，以萬物皆備之我爲我。人有不協，皆我之責。則視國家之利害，皆我之利害。天下人之賢愚，皆我之賢愚。上下千古，參贊位育，無非我分内之事。迹似待我者輕，其實待我者極重。先儒以西銘一章爲仁字源頭者，即此意也。

又來札戒懼慎獨，説得如許親切。《大學》八條目，無非一層緊似一層。治平事業，總歸根於誠意正心。《中庸》放之彌六合，而卷之退藏於密，亦即此意。所云愈嚴密，愈廣大，已將《中庸》之層次主腦，該括無遺。非實在此等處痛下克治苦功，不能道此。

又近來功利詞章之習，流而不反。讀書者所在不乏，顧書自書而我自我。每見讀書之人，與未讀書者無以異。讀書之後，與未讀書時無以異。竟似人不爲科第，則無取乎讀書。讀書已得科第，則此書可以無用矣。居嘗窺見及此，耿耿於懷。《學約》中偶一發明，而筆墨荒疏，詞多淺率，竊恐未足爲多士則也。諸君重刊各撰序文，獎許過甚，心竊愧之。然士者四民之倡，而官司又多士之倡也。各持此意，自勉勉人。化行自上，教成於下。羣務於有用之實學，使境内士子，以讀書爲克治身心之事，毋以文章爲敲門之瓦，則士習由此而端，民風由此而厚，治化出其中，人才亦出其中。此又吾之所厚望也。」

又《爲己》一賦，具見抱負。古之學者爲己，聖人垂訓，人多囫圇讀過，不肯體認己字。如自私自是，好逸惡勞，趨利避害，樂安忘危，自以爲爲己之道當如是。而不知己字看錯，所學豈復可問。程子云：「爲己者，其終至於成物。爲人者，其終至於喪己。」實抉千古爲己爲學之精藴。

又身世之事，凡可知者，皆理也。凡不可知者，皆數也。理本可知而不求知，數本不可知而强欲知之，即云巧中，徒亂心意，何裨實事。來示正復相同，即此當吾輩講學一則何如？又古人窮經，足以致用。凡不能致用者，不可謂之窮經。然窮經而不能求其切於身心倫物者，亦必不能致用。近見人畢生讀書，而不能有用，皆坐看得書中所言不甚親切之故，而經義尤甚也。

又士人惟功名得失，可以聽之於數。至於學問器識，全由人事。有一分工夫，便有一分進益。處可以用功之境，值可以用功之時，而因循錯過，不但他人見輕，即自己亦不免於後悔。古人之學問要看勝過我者，境遇要看不如我者，二語實爲萬全良劑。隨時隨事，以此著想，則無自足自棄之病，亦省卻多少希冀妄想矣。至於門内之事，總要看得骨肉貴重難得，則財物自皆落後一層。匪惟不可計較，且不必計較也。

又中秘書多，心得在人。爲詩詞歌賦而讀書者，風雲月露之學也。縱極富麗，何裨民物？爲身心性命而讀書者，經世服物之學也。似乎迂遠，終歸實用。果能從身心性命上用功，考古證今，心有所得，措之身世，則爲不朽之事業。敷之詞翰，則爲有用之文章。以云詩賦，莫高於此。近日多以身列詞苑，不得不專重詩賦爲言者，似文章事業，看成兩橛，殊非聖主教育人材之意。

又天下不乏博學能文之士，然往往書自書而我自我，文則是而人則非，皆由讀書時，只圖作文抒寫，不曾把書中道理研究一番，更不曾在自己身心體認一番。敲門瓦，口頭禪，於己何益？於世何益？今日講學，只須辨别何爲有益，何爲無益，正不必分門别户，另立宗主。至於制義，原以發明四書。而四書之理，有因制義而晦者，皆由作文不肯認清書理之故，文字雖佳，奈不切題何。

又《論語》一書，理則精粗上下，無所不該，人則貴賤賢愚，無所不宜。真有耳得之而成聲，目遇之而成色，仁者見之謂之仁，知者見之謂之知。來序云：道理渾淪，莫如詔曾子之一貫；工夫喫緊，莫如答顔子之四勿二語。該全部之要旨，至於聖門論知、論仁、論禮，乃就一時所重而名之。後人斤斤，就字面上，分異同離合，便生出許多穿鑿捏合。今云：仁具於心，禮徵於事。自其心之純粹無間謂之仁，自其事之恰當不易謂之禮。仁禮交關，同原共貫。可云直截了當，昭然發曚。即張子所云：「理虚而禮實也。」老先生平日於四箴有一段切實體認工夫，以此詔示來學，不愧見道之言。竊以勿視勿聽，原有思明思聽工夫，果能非禮勿視勿聽，則尤悔之寡，更不待言。復禮之功，不外明健，不必以寡尤寡悔爲明禮實境。顔子於博文約禮之後，欲罷不能。正是精進著力之候。以爲其覺察也若有意，若無意；其用力也，亦不易，亦不難。浮雲點空，天風迅掃，大段著力不得，轉未免無可捉摸，反疑近於二氏耳。

又人看道字，似另有一物，如古董玩器之類，不曰自某傳之於某，則曰爲某之的派，無非從字句迹象上講究是古是今，絶不於人情物理上講究是真是假。道字看不真，則論文不過皮相耳，糟粕耳。朱子解《中庸》「率性之謂道」即云：「道者，日用事物當然之理。」學者多視爲淺近語。是以求之愈杳，去之愈遠。

先生誠於成己，即誠於成物。凡所與手札，皆即其人之性分職分，語其所當然及其所必不可不然，大抵皆箴規藥石也。得其一二，即可立言砥行，其誠故也。所纂《養正遺規》、《教女遺規》、《訓俗遺規》、《從政遺規》、《在官法戒録》，至今士大夫家有其書。其《培遠堂偶存稿》十卷，雖壽序祭文，皆有至意，非尋常應酬可比。歸愚沈氏爲之序曰：「古大臣垂紳朝宁，敭歷中外。功業被於當時，聲聞著於後世。大抵本誠一不欺之學，發而爲社稷不朽之勳。蓋誠則無僞，一則不貳，不欺則忠以處己，恕以待物，而心自定焉，氣自静焉，神自凝焉。施之家國，公爾忘私。以立己者，即以立國，以壽身者，即以壽世，胥是道也。榕門相國以儒生起家，歷官内外，四十餘載。其品望在鄉國，其豐烈偉績在太史。固天所挺生，以錫我國家，爲元老爲純臣者也。公生平孝親忠君，愛民出政，大都以誠一不欺爲根本。由名解元入翰林，改吏部，選御史，經國要務，立誠無僞，見信上官。迨歷府道，洊擢督撫，閱江右、陜、甘、楚、豫、閩、吴諸省，悉以人心風俗爲兢兢，察吏安民，務期實效。而四至秦中，再撫江南，爲德尤大，蓋無日不爲小民計生全，無時不爲主上布恩德。九宇之内，多半被公之仁，即多半被公之誠。張文和公嘗薦公自代云：『能以民心爲己心，亦視官事如家事。』蓋實録也。洎乎晉掌銓衡，贊襄密勿，嘉謀嘉猷，悉以入告。綜公生平大概，有所設施，無非精白一心，以至誠感動，措諸言行，即可質諸衾影。皇上灼見公誠一不欺，始終無倦，故信之篤，任之專。穆穆明明，主臣一德。盛時隆遇，自古無二。且公之誠一不欺，本乎性生，而尤深於學問。一生手不釋卷，研窮宋五子之奥義，遠紹薛文清、高忠憲之薪傳。刊刻《孝經》、《小學》、《近思録》、《綱鑑》、《正史約》、《大學衍義補》諸書，用以省身，即用以勸學。潛居吴下，親被德施。又忝主教紫陽，每當課士，輒與公接。公命題，必爲講義，剖析聖賢精藴，毫髮不爽，潛亦受公教益。程子曰：『不學則老而衰。』謂好不在學，則耳目心思，移於嗜欲聲色，及得失趨舍之途，志氣且日以衰頹也。公之勤學好問，至老不倦。公不輕著述，所刊書皆輯古先格言。間有請爲文者，久而抄積成部。潛嘗受而讀之，往往即一名一物之微，有以見精理入神之妙。其言之足以惠蒼生，行久遠。要皆本此誠一不欺之推暨，與古大臣公忠體國，精勤克己者，何多讓焉。潛老矣，既窺公之政事，復讀公之文章。因爲摘其大略而記之。」

讀先生之文，固見先生之學，而觀先生之政，尤足見先生之學也。先生過化之地，士服其教，民懷其德。閲數十百年，感之思之如一日，追述其善績不絶口云。至矣哉！誠之神也。

雜録

備録

《國朝耆獻類徵初編》卷二〇張洲《逸事狀》 臨桂相國勳德多在巡撫時，節鉞所臨，幾徧海内，凡四至秦，人人頌説而尸祝之。利澤所布，大端在人口者，難可殫述。獨其一事，有爲人所未知者。

方用兵西陲，所過將吏士卒，須車馬孔急。有京使赴軍於道路，因便簡閲實數，恐缺乏羸瘠，遲誤軍興。顧日馳數百里，無暇赴所在徧稽，檄當途郡邑，令役夫牽馬控車立道左，以待經行一顧。公念如此費不貲，且多擾累，即詣京使，謂諸所須已具，無庸閲視，缺乏羸瘠，吾任其咎，君無慮也。不然者，吾於奏事時附奏何如？其人素信公，允諾以去。公奏焉。故雖細事，而叩乎下者至矣。維南觀察尺菴薛公家居，以前所蒞倉儲事被逮。星流電激，厥勢迅疾，人人謂獄且不測。公素知薛公儒者，爲人審謹無他也，力護持之。至被詰責，久之，事亦少解。廷臣訊鞫具獄上，薛公編管山東爲庶民，卒亦不罪公也。而公生平實未一識薛公，此其庇惠保愛，隱德在人，人所不能及，亦人所不及知。故爲狀其大略，以告吾秦暨海内思公者。

趙慎畛《榆巢雜識》卷下《陳文恭政績》 桂林陳文恭公以翰編改文選司，蓋由特達知之。信文恭之清正，特簡以清銓政耳。我朝設協辦大學士，亦由文恭始。蓋一時乏缺出，特設此銜以明眷重之意。其撫江蘇時，值旱饑，遣官至湖廣買米數十萬石，被風阻停泊。公馳詣泊所，虔禱風轉，米艘迅到江南，飢民歡聲動地。此政績之一端耳。幕中有一葛姓，崑山人，布衣隨公，宦遊至老，贊助甚多。公子孫至今蕃衍，科第不絶。雖貧族細民，從未有涉官訟者。可信名德貽謀之遠。己未正月，龍馭上賓之日，其祠前牌坊，即於是日隳圮。純臣感恩之至誠，至死不忘如此。

趙慎畛《榆巢雜識》卷下《陳文恭撫湘》 陳文恭公宏謀任湖南撫時，檄州縣各繪所治輿圖，詳注山川村落。每接見時，即呈圖，與之按地問難。此法甚合知州、知縣設官定名之義。大儒經濟，固自不同。

陳康祺《郎潛紀聞四筆》卷九《陳宏謀判案以公爲法》 陳文恭公久任封疆，凡遇上控之案，皆不批查，先以朱單委員弔卷，以路之遠近，限定時刻銷差。閲卷或有未愜，則戒官而兼訓幕，再爲申理。如原讞公允，即嚴治誣告之罪。一時吏治肅然，而刁民亦未敢輕試。爲大吏者，以公爲法，可以雪冤誣、儆矯詐矣。政平訟理，抑又何難？

備論

《國朝耆獻類徵初編》卷二〇顧元熙《祠碑銘》 銘曰：桂水沄沄，桂山參雲。鍾奇挺秀，誕生英人。丹華朝右，儀鳳遊麟。發抒經綸，沛我皇仁。吴風清嘉，吴民秀頎。驁乎異端，乃誕乃惑。帝命陳公，賜之纆墨。俾毋淫僻，以同皇極。公孩吴民，節其笑嚬。嬉瀕於危，乃號乃拯。既襁既餌，俾和而馴。民飽而息，公旰而食。鋤其頑稂，秀穎乃殖。不霜而秋，爲冬之日。公乃去兮，吴民欷兮。攀轅卧轍，涕漣洏兮。公謂吴民，爾其歸休。爾牧爾壤，爾畋爾疇。爾毋攘竊，毋訟爾仇，毋蹈於刑網，以貽父老憂。民曰懷哉，使公壽豈。星旗露冕，望公之來。望公弗來，升於中台，翊龍九五，桴鼓雲雷。降爲霖雨，暢乎九垓。繄公之德，寰瀛徧施。豈維吴民，乃以公私。匪吴民私公，公恩孔厚。匪公私吴民，撫吴則久。宫牆翼翼，榱桷巍巍，屋於西榮，以爲公祠。春日遲遲，士女祁祁，于蘋于藻，于水之湄。神其來格，靈風滿旗。敢詔來者，歌詩是詒。

《國朝耆獻類徵初編》卷二〇彭啓豐《墓志銘》 銘曰：太平元老，克承天休。日嚴祇敬，以告嘉猷。公自文學，遂隸天官。羣吏之治，既詳且殫。帝選明德，靖共正直。公始親民，獨攝諫職。上德下情，公處其間。公雖方隅，補天下患。公勞於外，之翰之屏。入爲平章，老成典型。恩命洊至，退若無憑。乃心報稱，夕惕晨興。豈無盤錯，公忠不避。豈無細過，帝信不忌。昔有先正，如湯如張。公繼厥成，行業彌光。世澤之長，沐浴高厚。易名司勳，千秋永久。

策棱部

綜述

《國朝耆獻類徵初編》卷二八四《策棱》 超勇王策棱，先世爲元太祖第四子後裔，居喀爾喀賽因諾顏部。康熙中，準噶爾台吉噶爾丹勢强，侵喀爾喀，四部皆爲所破，王時弱冠，負祖母單騎敂闕降。仁皇帝憐之，置宿衛，授輕車都尉爵，賜第京師，尚純慤長公主，至洊封郡王。雍正中遣歸游牧。

九年，征準噶爾時，王請從征，上從之，命從順承王駐察漢河。傅爾丹既僨師於和通淖爾，賊衆追蹂，闌入内境，順承王擁兵不之救。王慷慨曰：「使虜騎充斥，大軍敗亡，安用將帥爲也。」因率本部卒迎賊於鄂登楚勒。時賊勢鴟張，赤幟偏野，王曰：「此未可以力爭。」因命其部將巴海夜入賊壘以致師，王伏精鋭於林莽間。巴海率哨騎奔賊大隊，賊衆追之，伏起，王吹角催隊，我兵無不一當百，轉戰竟日，賊倉卒遇大敵不及備，遂爲我兵所殲。王陣擒賊首二，皆百戰渠魁。賊帥小策淩墮騎，裸身跨白駝遁，漠南肅清。時謂北征第一戰功云。踰年復有光顯寺之戰，王威名鎮漠北，虜騎震懾，不敢復南牧矣。

及純皇帝即位，授王定邊左副將軍，鎮烏里雅蘇臺。傅閣峯尚書歸定和議，上命王會議虜使哈柳，至强辨士也，謁王於京邸，哈柳誚王曰：「聞王漠北有營帳，奚必居於京邸。」王曰：「國家都於此，我隨君而居，即爲吾土，喀爾喀乃藩部，若人有園囿，何足道也。」柳又言：「王幼子思歸，欲傳致之。」王慨然曰：「公主所育爲吾嫡長，餘孽何足齒。及汝部縱放歸，吾其請於皇上，必戮於宗也。」哈柳嗒然退。王復面奏純皇帝曰：「今北虜挾臣子以爲重，臣若許之，適足以長其驕心，恐無益於國事。況此不肖子不即隕滅，赧顔偷生，無足存也。」上詔獎之，比之樂羊云，復命王修書荅之，和議乃成。

庚午，王薨於軍，遺表請歸祔公主園寢。上惋惜之，命配享太廟及賢良祠，外藩得預侑食者惟王一人，蓋異數也。嘉慶甲戌，禮部尚書成甯以王爲外藩故撤賢良祠神牌於後殿。事聞，今上震怒，立褫成甯職，蓋猶念王之勳也。其孫拉旺多爾濟頗有祖風，尚和静公主，掌宿衛四十年，所領將卒，無不感激用命，以忠醇持躬。和相當權時，諸王大臣盡交其門，而王獨與之梗，今上甚爲優眷。癸亥春，有陳德之逆，喀爾喀貝勒丹公某已爲所刺傷，王以手挍其腕，德莫能支，遂被擒，其勇力可知也。余以罪廢時，王面詰某貴臣曰：「禮王何罪？公乃羅織至此。使宗藩斥革如發蒙振落，我儕外臣，何足道也。」貴臣赧然退。王因於歲首謝病歸藩，憤悒而薨。余與王素乏締交，乃情摯若此，深有感於心也。劉文清公嘗比王爲金日磾，余以其謹慎寡過處有類霍大將軍，日磾尚非其匹，實爲朝廷重臣也。王薨之夕，有大星隕於西北，訃至，恰如其期，亦一異也。

右録宗室昭槤撰。按王薨於乾隆十五年。

張廷玉部

綜述

《清史列傳》卷一四《張廷玉傳》 張廷玉，安徽桐城人，大學士英次子。康熙三十九年進士，改庶吉士。四十二年，授檢討。四十三年，命入直南書房，尋充日講起居注官。四十七年，丁母憂，尋丁父憂。五十一年，遷司經局洗馬。五十四年，遷右庶子，尋授侍講學士。五十五年，擢內閣學士。五十六年，充經筵講官。五十九年，授刑部右侍郎。六十年二月，山東鹽販王美公等糾衆不法，巡撫李樹德獲奏，命廷玉同都統託賴、學士登德往會撫鎮嚴訊，分別定罪如例。六月，調吏部左侍郎。

六十一年十一月，世宗憲皇帝御極，命廷玉協同翰林院學士阿克敦、勵廷儀等辦事，賜一品廕生。十二月，擢禮部尚書，恭纂《聖祖仁皇帝實錄》充副總裁。雍正元年正月，入直南書房。四月，充順天鄉試副考官。五月，上嘉廷玉偕正考官朱軾衡文公慎，議敘，加太子太保。七月，充《明史》總裁官。八月，兼翰林院掌院學士，御製詩一章賜之，詩曰：「峻望三台近，崇班八座遵。棟梁材不忝，葵藿志常存。大政資經畫，訏謨待討論。還期作霖雨，爲國沛殊恩。」九月，充會試正考官。調戶部尚書。十月，充國史館總裁。二年五月，充《會典》總裁。尋疏言：「浙江之衢州，江西之廣信、贛州等府，毗連閩、廣，無藉之徒流移失業，入山種麻，搭棚居住，號曰『棚民』。歲月既久，生息日繁，懦者或守本業，悍者輒結爲匪。近西崖有搶劫之事，皆棚民倡首。請敕督撫題補廉能州縣，曉諭約束，編入戶口册籍；若居住未久，蹤跡莫定者，取具五家連環保結稽核，毋許遺漏。中有膂力技勇及讀書向學之人，查明具詳，分別考驗錄用。庶生聚教訓，初無歧視，而一時失業之徒，不致陷於罪戾，亦屬靖地安良之一法。」下督撫議行。八月，充會試正考官。三年二月，充《治河方略》副總裁。

七月，署理大學士事。四年，授文淵閣大學士，仍兼戶部、翰林院事。五年，晉文華殿大學士。六年正月，疏言：「內閣部院奉旨事件，俱交起居注登記檔案；惟八旗事件，向例不交起居注，無從記載。請自雍正五年始，亦照閣部送館，以便纂入記注。」從之。三月，晉保和殿大學士。十月，兼署吏部尚書。七年，晉少保。八年十月，諭曰：「大學士馬爾賽、張廷玉、蔣廷錫自簡任綸扉以來，祇遵朕訓，仰體朕心，懋著忠勤，恪恭奉職。今年夏秋之間，朕躬偶爾違和，馬爾賽、張廷玉、蔣廷錫贊襄機務，公正無私，慎重周詳，事事妥協。數月之中，朕躬得以靜養調攝者，實伊等翊贊之力也。今朕躬已經全愈，宜加恩錫，以褒良佐，以勵臣工。著各賞給一等輕車都尉世職，仍各加一級。其世職或帶於本身，或給與伊子，聽其自便。」廷玉奏准以長子編修若靄承襲。十一年三月，條奏：「慎刑二事：一、各省人犯，罪重收禁，罪輕取保。獨刑部遇各衙門送犯，不論情事大小、罪犯首從，俱收禁，致累無辜。請敕議送部人犯，分別收禁、取保，定例遵行。一、刑部引用律例，往往刪去前後文，止摘中間數語，即以所斷之罪承之；甚有求其彷彿，比照定擬者，高下其手，率由此起。都察院、大理寺同爲法司衙門，若刑部引例不確，應令院寺駁正，不改即行題參；如院寺扶同朦混，草率從事，一併處分。」疏入，命九卿議行。九月，諭祭賢良祠大學士張英於本籍，准廷玉馳驛回籍，舉行典禮，賜帑金萬兩，爲祠宇祭祀費，並賜冠帶、衣裘及貂皮、人參等物，頒內府書籍五十二種於其家。十二月，廷玉奏言：「臣行經直隸州縣，近河窪地遭水，已蒙賑濟，其中尚有災重之處，積潦未消，難以種麥，明歲青黃不接，民食倍艱。請敕督臣確查，加賑一月，再查該地方應修工程，酌議舉行，俾窮民得傭工餬口。」得旨允行。是月，《會典》告成，議敘加一級。十二年二月，廷玉回京，上遣內大臣、戶部侍郎海望迎勞於盧溝橋，頒賜酒膳。十三年正月，充《皇清文穎》館總裁。

八月，今上御極，命廷玉同莊親王允祿等總理事務。九月，賞給一等輕車都尉，併前世職爲三等子，仍以其子若靄襲。十月，恭纂《世宗憲皇帝實錄》，充總裁官。嗣以廷玉所領事多，不必兼管翰林院事。乾隆元年，充纂修《玉牒》總裁。七月，充《三禮》館總裁。九月，《明史》告竣，議敘加一級。十月，命仍兼管翰林院事。十一月，充經筵講官。二年三月，充會試正考官。三年，上將視學，以三老、五更之禮可行與否詢軍機大臣，廷玉奏言：「伏思三老、五更之名，始見於《禮經》，蓋古養老尊賢之禮也。考養老之禮，如《王制》、《內則》所云，則於夏、殷、周皆然；又云『五帝、三王憲有乞言』，則伏羲、神農、黃帝以來已然。是其典爲最古。至所云『食三老、五更於太學，天子袒而割牲，執醬而饋，執爵而酳，冕而總干』，是其禮爲最隆。我皇上至道在躬，式稽前典，以三老、五更之禮下詢，甚盛事也！顧禮待人行，事因時起。臣妄臆議，以爲未可舉行者，約有數端。蓋皇上至德淵懷，聖不自聖，何難屈禮臣下；但天子有所施，必令臣下有可受。如所云『袒而割牲』者，其始，親袒衣割牲，以爲俎食也；『執醬而饋』者，其繼，執醬以饋熟也。『執爵而酳，冕而總干』者，繼食畢，又親執酒以酳口；且又端冕舞位，而以樂舞侑食也。禮如是不已重乎？古有斯禮而今未行，似非皇上股股復古之意。如特行此禮，度臣下誰敢受者？此其難行，一也。漢宋均曰『三老，乃老人知天地人之事；五更，乃老人知五行更代之事』者，各以一人爲之。所謂『知天地人之事』者，蓋上通天文，下徹地理，中察人倫，三者明一亦難矣，況兼之乎？所謂『知五行更代之事』者，如伏羲以木德王，故風姓代之者火也。炎帝以火德王，故曰炎帝；以火紀官代之者，土也。黄帝以土德王，故曰黄帝之類。此非洞達天人之際，孰能知其所以然者？惟其有如是之德，是以天子隆以賓師之禮，三公、九卿皆在執事之列。今此禮果行，必求其人以當之。竊思致仕諸臣及現居職者，誰克任之？恐皇上即下明詔，而其人必悚惕慙惶而不敢應。此事之難行，二也。考漢以李躬爲三老，桓榮爲五更；魏以王祥爲三老，鄭小同爲五更；周武帝以于謹爲三老，其時五更無人。第未審諸公如前所述之三老、五更，果克副其名而無愧乎？圜橋觀聽，漢明帝時極盛。然先儒胡寅譏桓榮僅能授經章句，不知仲尼修身治天下之微旨。故所以輔翼其君者，德業不過如是。觀先儒之論，是桓榮猶不免譏評，下此者何足以當鉅典？三也。三老、五更之名，雖見於《樂記》、《祭義》、《文王世子》諸篇，然不言何代。如以爲虞、夏、殷、周皆然，則二帝、三王大經大法載於《尚書》，何二典三謨不見有老更之名？如以爲惟周有之，則保息養老見於《司徒》；獻鳩以養國老，見於《羅氏》；以財養死政之老見於《司門》；三百六十如是之詳且悉，何亦不載有老更之名？臣愚以爲養老之禮，古時典制可稽，至所謂三老、五更者，疑屬漢儒附會。此其事未可盡信，四也。是以唐、宋至今已千餘載，此禮未曾舉行；即本朝世祖、聖祖、世宗皇帝重道尊師，明經造士，事事度越前古，而於老更之禮亦未之及。蓋以典至古而禮尤隆，名實難副。倘有幾微未稱，不愜觀聽，則必滋議論之端，豈不褻至尊而羞大典乎？此事似應停止舉行，不必敕下廷議。」疏入，上韙其言。

尋以總理事務敬慎周詳，賞給騎都尉，由三等子特恩晉三等伯，仍令其子若靄承襲。四年五月，加太保。八月，充《明史綱目》總裁。七年五月，《吏部則例》告成，議敘，加二級。十二月，上諭：「我朝文臣無封公侯伯之例，大學士張廷玉伯爵，係格外加恩，伊子不合承襲，著帶於本身。」八年七月，駕往奉天謁祖陵，廷玉留京辦事，照扈從王大臣例，加一級。十月，上念廷玉年逾七十，令不必向早入朝，遇炎蒸風雪，亦不必勉强進内。十一年，廷玉長子内閣學士若靄病故，諭令節哀自愛，以廷玉行走内廷需人扶掖，命其次子庶吉士若澄在南書房行走。十二年二月，充會典館總裁，京察引見翰林官，改列薦一等之吴紱、朱荃、金甡三員爲二等，廷玉保薦不實，部議降二級，抵銷。

十三年正月，具疏乞休，諭曰：「大學士伯張廷玉年來屢於燕見之次，以衰老乞休，朕輒宣諭慰留。但年齒既高，時切軫念，前後數頒温旨，令其盛暑祁寒，不必勉强赴直，隨時量力，以資調護。每見其精神矍鑠，深用愜懷，以爲邦家祥瑞。昨緣召對，復力以年近八旬，請得榮歸故鄉，情辭懇款，至於淚下。朕向諭以卿受兩朝厚恩，且奉皇考遺命，將來配享太廟，豈有從祀元臣歸田終老之理？而伊昨奏稱宋、明配享之臣，曾有乞休得請者，舉數人爲證；且稱七十懸車，古之通義，又引老子『知足不辱、知止不殆』爲解。朕謂不然。昔人久處要地，恐滋讒謗，將致貪戀貽譏，勢必迫於殆辱。故《易》云：『見幾而作，不俟終日。』要豈所論於與國家關休戚、視君臣爲一體者哉？設令昏耄龍鍾，不能事事，瘝官曠職，於治體有妨，亟當避賢者路，在朝廷亦不得不聽其引退。然昏耄龍鍾者，固將神明憒然，其於去留已瞀不知；使其心尚知覺，則日日同堂聚處之人，一旦遠離，雖屬朋友尚有不忍，況在君臣豈其恝然？《書》曰：『天壽平格。』又曰：『耆壽俊在厥服。』秦穆霸主，尚猷詢兹黄髮，使七十必令懸車，何以尚有八十杖朝之典？卿精采不衰，應務周敏，不減少壯；若必以泉石徜徉，高蹈爲適，獨不聞武侯『鞠躬盡瘁』之訓耶？若如卿所奏武侯遭時艱難，受任軍旅；生逢熙洽，優游太平，未可同日而語。朕又謂不然。皋、夔、稷、契與龍逢、比干所丁之時不同，而可信其易地皆然，其心同也。設皋、夔、稷、契無龍逢、比干之心，必不能致謨明弼諧之盛；龍逢、比干無皋、夔、稷、契之心，亦必不能成致命遂志之忠。遭遇雖殊，誠藎則一。夫既以一身任天下之重，則不以艱鉅自諉，亦豈得以承平自逸？爲君則乾乾不息，爲臣則蹇蹇匪躬，所謂一息尚存，此志不容稍懈。朕爲卿思之，不獨受皇祖、皇考至優至渥之恩，不可言去；即以朕十餘年眷待之隆，亦不當言去。即令果必當去，朕且不忍令卿遽去，而卿顧能辭朕去耶？卿若恐人議其戀職，因有此奏，則可；若謂人臣義當如此，則不可。朕嘗謂致仕之説，必若人遭逢不偶，不得已之苦衷，而非士人之盛節，爲人臣者斷不可存此心。何則？朝廷建官命職，不惟逸豫，惟以治民；而人生自少至老，爲日幾何，且筮仕之年，非能自必，設令預以此存心，必將漠視一切，泛泛如秦、越人之相視，年至則奉身以退耳，誰復出力爲國家圖庶務者？此所繫於國體、官方、人心、世道者甚大。我朝待大臣，恩禮篤至，而不忍輕令解職，大臣苟非癃老有疾，不輕陳請。恐不知者反議其貪位戀職，而謂國家不能優老，全其令名，是不可以不辨。故因大學士張廷玉之請，舉朕所往復曉譬者，布告有列。其所陳既未允行，重違其意，所有吏部事務不必兼理，俾從容内直，以綏眉壽。」

十四年正月，復諭曰：「大學士伯張廷玉三朝舊臣，襄贊宣猷，敬慎夙著，朕屢加曲體，降旨令其不必向早入朝；而大學士日直内廷，寒暑罔間，今年幾八袠，於承旨時，朕見其容貌少覺清減，深爲不忍。夫以尊彝重器，先代所傳，尚當珍惜愛護，況大學士自皇考時倚任綸扉，歷有年所？朕御極以來，弼亮寅恭，久近一致，實乃勤勞宣力之大臣，福履所綏，允爲國家祥瑞。但恭奉遺詔，配享太廟，予告歸里，誼所不可。考之史冊，如宋文彦博十日一至都堂議事，節勞優老，古有成謨。大學士紹休世緒，生長京邸，今子孫繞膝，良足娛情，原不必以林泉爲樂也。著於四五日一入内廷，以備顧問。城内郊外，皆有賜第，可隨意安居，從容几杖，頤養天和，長承渥澤，副朕眷待耆俊之意。且令中外大臣共知國家優崇元老，恩禮兼隆，而臣子無可已之日，自應鞠躬盡瘁，以承受殊恩，俾有所勸勉，亦知安心盡職。」御製詩一章，以勸有位，詩曰：「職曰天職位天位，君臣同是任勞人。休哉元老勤宣久，允矣予心體恤頻。潞國十朝事堪例，汾陽廿四考非倫。勗茲百爾應知勸，莫羨東門祖道輪。」

十一月，上以廷玉年老，不能復兼監修總裁之任，以大學士傅恒代之。諭曰：「大學士勤宣伯張廷玉先朝耆舊，宣力有年，光輔端揆，幾三十載。上年陳情請告，朕以其精神不衰，尚可從容襄贊，皤皤黄髮，領袖班行，當以匪躬之節，爲羣臣先，詎可恝然動林泉之興？是以未允所請，復申明大義，布告在廷。自是而大學士弗復以此爲言，蓋亦深知於義有所不可也。乃自今年秋冬以來，精采矍鑠，視前大減，蓋人至高年，閲歲經時，輒非曩比。每召見之頃，細加體察，良用惻然！朕思鞠躬盡瘁，固臣子致身之誼，而引年尚齒，亦聖人安老之仁。在爲臣者預存一奉身而退之念，則將匪國是恤，惟身是圖，始而營心干進，則策勵奉公，迨至願滿而榮寵備，則乞身强健，樂志林泉，舉若是其工於自謀，國家將何賴焉？此在三之誼，失以畢生，實分所固然也。然自爲君者視之，則壯用其力，老恤其勞，使臣以禮，事君以忠，斯爲各盡其道。朕之前旨，乃謂人臣不當存此心，大學士尤不當存此心，初非欲著爲成例，即至年邁力衰，不能任職，必不欲令其歸榮故里也。昨召對尚書梁詩正，偶論及此事，梁詩正奏云：『故鄉爲祖先墳墓所在，桑榆暮景之人，依戀彌篤。』此言雖屬宛轉，亦於情理未協。蓋離鄉遠宦者，早已不能歲時瞻掃，豈待遲暮方知？設當榮寵少壯，或五六十時，溘先朝露，又將奈何？梁詩正亦無辭以對。第朕既體察及此，安能無動於懷？惟是大學士在皇祖時，直内廷，陟卿貳；皇考復加柄用，榮冠臣僚。朕在書齋，即所敬禮。御極至今，眷倚隆重。夫座右鼎彝古器，尚欲久陳几席，何況廟堂元老，誼切股肱？然親見其老態日增，强留轉似不情，而去之一字，實又不忍出諸口，用是躊躇者久之。既而念大學士養痾暫告，已屢賜醫存問，因令軍機大臣等同往省視，傳朕諭旨，大學士感激涕零，謂：『受恩至深，無可圖報，何敢以孱軀動履，日煩軫念？因遵前旨，不敢自陳。仰蒙體恤，實出望外。請得暫辭闕廷，於後年江寧迎駕。』大學士既陳奏懇款如此，應加恩遂其初願，示朕優老眷舊、恩禮始終之意。著准以原官致仕，伯爵非職任官可比，仍著帶於本身。俟來春冰泮，舟行旋里，届期朕當另頒恩諭。南巡時即可相見。至朕五十正壽，大學士亦將九十，輕舟北來，扶鳩入覲，成堂廉盛事，不亦休歟！」

御製詩三章賜廷玉，詩曰：「早懷高義慕懸車，異數優留爲弼予。近覺笻鳩難步履，得教琴鶴返林閭。銀毫無奈吟輕別，赤芾還看賦遂初。擬問蘭陵二疏傳，可曾廿四考中書。」「兩朝綸閣謹無過，況復芸窗借琢磨。此日蘭舟歸意定，一時翰苑悵思多。善娛鄉黨銷閒晝，穩趁帆風送去波。南國詩人應面晤，爲詢食履近如何？」「坐論朝夕久勤宣，間別何能獨恝然。同事當年今幾在，得餘碩果又言旋。江湖卿樂真饒後，廊廟吾憂詎忘先。指日翠華臨幸處，歡顔前席問農田。」又諭吏部大學士休致員缺，俟廷玉登舟南還後，再行請旨。時廷玉請面見，奏言：「前蒙世宗憲皇帝逾格隆恩，遺命配享太廟。上年有『從祀元臣不宜歸田終老』之諭，恐身後不得蒙榮，外間亦有此議論。」免冠叩首，請上一辭以爲券。上特頒諭旨，並賜詩以安其心，詩曰：「造膝陳情乞一辭，動予矜惻動予悲。先皇遺詔惟欽此，去國餘思或過之。可例青田原侑廟，漫愁鄭國竟摧碑。吾非堯、舜誰皋、契，汗簡評論且聽伊。」廷玉具摺謝恩，遣子若澄代奏，上以其不親至，傳旨令廷玉明白回奏。次日，廷玉早至，上以軍機處必有泄漏者，諭曰：「朕許大學士張廷玉原官致仕，且允配享太廟之請，乃張廷玉具摺謝恩，詞稱泥首闕廷，並不親至，第令伊子張若澄代奏。因命軍機大臣傳寫諭旨，令其明白回奏；而今日黎明，張廷玉即來内廷。此必軍機處泄漏消息之故，不然，今日既可來，何以昨日不來？此不待問而可知者矣。夫配享太廟，乃張廷玉畢世之恩，豈尋常錫賚加一官、晉一秩可比？不特張廷玉殁身銜恩，其子孫皆當世世銜恩。伊近在京邸，即使衰病不堪，亦當匍匐申謝，乃陳情能奏請面見，而謝恩則竟不親赴闕廷。視此莫大之恩，一若伊分所應得，有此理乎？朕昨賦詩，命翰林和韻，獻諛者或擬以皋、夔，比以伊、周。夫皋、夔尚可也，伊、周則不可也。朕詩自有分寸，謂『兩朝綸閣謹無過』，不爲溢美之詞，亦尚其實長也。若因此而稱心滿意，則並其夙所具之謹且忘之而不謹矣。夫『可例青田原侑廟』者，劉基以休致之臣而得配享，曾有此例，故事在可許。伊試自思，果能仰企劉基乎？張廷玉立朝數十年，身居極品，受三朝厚恩，而當此桑榆晚景，輾轉圖維，惟知自便，未得歸則求歸自逸；既得歸則求配享叨榮。及兩願俱遂，則又視若固有，意謂朕言既出，自無反汗，已足滿其素願，而此後更無可覬之恩，亦無復加之罪，遂可恝然置君臣大義於不問耳。朕前旨原謂配享大臣不當歸田終老，今朕憐其老而賜之歸，是乃特恩也。既賜歸而又曲從伊請，許其配享，是特恩外之特恩也。乃在朕則有請必從，而彼則恬不知感，則朕又何爲屢加此格外之恩？且又何以示在朝之羣臣也？試問其願歸老乎，願承受配享乎？令其明白回奏。昨朕命寫諭旨時，惟大學士傅恒及汪由敦二人承旨，而汪由敦免冠叩首，奏稱『張廷玉蒙聖恩，曲加體恤，終始矜全。若明發諭旨，則張廷玉罪將無可逭』。此已見師生捨身相爲之私情。及觀今日張廷玉之早來，則其形顯然。朕爲天下主，而令在廷大臣，因師生而成門户，在朝則倚恃眷注，事事要被恩典；及去位而又有得意門生，留星替月，此可姑容乎？夫君子絶交不出惡聲，朕昨令寫諭旨，意尚遲回，不欲遽發。及觀張廷玉今日之來，且來較向日獨早，謂非先得信息，其將誰欺？若將二人革職，交王大臣等質訊，未有不明者；但朕既曲成其終，張廷玉縱忍負朕，朕不忍負張廷玉。然軍機重地，乃顧師生而不顧公義，身爲大臣，豈應出此？朕嘗謂大臣承受恩典，非可濫邀，若居心稍有不實，則得罪於天地鬼神，必致敗露。張廷玉一生蒙被異數，即使詐僞，亦可謂始終能保。乃至將去之時，加恩愈重，而其所行有出於情理之外，雖欲曲爲包容，於理有所不可。豈非居心不實之明效大驗耶？天道之顯著如此，爲人臣者其可不知所儆惕乎？可不知所改悔乎？」

廷玉以並未得信覆奏，諭曰：「張廷玉明白回奏摺内，稱『十三日實因心恐謝恩稽遲，急欲趨闕泥首，是以向早入朝，並未先得信息』等語。張廷玉之早來，必因先得信息。伊向來謝恩，不一而足，並未早來，何以是日來之獨早？若謂並未得信，而次日早來，即可掩先日不來之過。此所見與兒童何異，豈久經事理之老大臣而宜出此？如果因風寒嚴勁，步履不前，則次日何嘗不寒，且何難於謝恩摺内聲明，或張若澄遞摺時向奏事人口奏。乃並不及此，其回奏摺内於先得信息之處亦不承認。是日承旨係傅恒、汪由敦二人，以二人並論，則非汪由敦而誰？即萬有一分非汪由敦送信，亦必司員中書等有人送信。張廷玉在軍機處年久，伊等皆其屬員，此尚情理所有之事。若降旨革職嚴訊，未有不水落石出者。但朕自即位以來，即假借包容張廷玉至此矣，何值因此遽興大獄？然若迫於不得不辦，則朕非可朦混了事者。且張廷玉摺内於汪由敦不涉一字，明係避重就輕。朕加恩於張廷玉至深至厚，即近日之恩諭稠疊，本欲保全終始，寧於將去之時而顯暴其罪，不爲包容？但實有不得不然者。蓋張廷玉與史貽直素不相合，史貽直久曾於朕前奏張廷玉將來不應配享太廟。在史貽直本不應如此陳奏，而彼時朕即不聽其言也。張廷玉奏請面見時，稱外人亦有議其將來不得配享者，朕問爲誰，即明指史貽直而言；及問以大學士員缺，即奏稱汪由敦現在暫署，將來即可辦理。其意謂在朝既與史貽直夙有嫌隙，今經休致，則史貽直獨在閣中，恐於伊未便，故援引一素日相好之門生，則身雖去而與在朝無異。此等伎倆，可施之朕前乎？試思大學士何官而可徇私援引乎？更思朕何如主，而容大臣等植黨樹私乎？史貽直即與張廷玉不協，又何能在朕前加之傾陷？若因張廷玉既去，即自矜得意，是亦自取罪戾耳。大臣等分門别户，衣鉢相傳，此豈盛世所有之事。我大清朝乾綱坐攬，朕臨御至今十有四年，事無大小，何一不出自朕衷獨斷？即月選一縣令，未有不詳加甄别者，寧有大學士一官而不慎重詳審，聽其援置私人乎？其薦汪由敦，非以愛之而實害之也。張廷玉既以衰老致仕，朕何難曲示包容，而正不然，伊等有此隱伏情形，若不明白宣示，則伊等不知朕保全之深恩，而直謂朕墜諸臣術中而不覺。傳之史册，知者謂朕委曲包涵，不知者謂朕爲何如主，朕甘受此耶？仍令張廷玉一一明白回奏。」

廷玉覆奏言：「臣福薄神迷，事皆錯謬，致干嚴譴。請交部嚴加議處。」得旨，大學士、九卿議奏。尋議：「廷玉負恩植黨，罪莫可逭，除配享盛典不應濫邀，無庸置議外，應革退大學士職銜，並削去伯爵，不准回籍，留京待罪。」諭曰：「大學士九卿所議，固屬公論僉同，然未喻朕始終加恩之意，所議猶有未協。夫張廷玉之罪固在於不親至謝恩，而尤在於面請配享，其面請之故，則由於信朕不及，此其所由得罪於天地鬼神也。然朕念張廷玉爲耆舊大臣，蒙皇考隆恩異數，優渥逾涯。自朕臨御以來，加意矜全，曲爲體恤。即今此許令原官致仕，許令配享廟廷，前後所降諭旨及御製詩篇，其眷待之優崇，中外大臣具所備悉。本欲保其晚節，以成全美。今乃自甘暴棄，實非思慮所及料。假令朕意稍有勉强，則進退予奪，惟朕所命，何難不許其予告；其面請配享，亦何難卻之不從，且又何能逆料其不親來謝恩，而故加此種種格外之恩，以爲陷於有罪之地耶？乃謝恩不來，次日又來，俱令人不解，是豈非得罪於天地鬼神，有莫之爲而爲者，使之自爲敗露，以爲在朝大小臣工之戒耶？夫配享乃恭奉皇考遺詔，朕何忍違，觀其汲汲面請，惟恐不得之意，直由信朕不及故耳。張廷玉事朕十有四年，朕待羣臣，事事推心置腹，而伊轉不能信，忍爲要挾之求。觀其如此居心，其有不得罪於天地鬼神者耶？且配享大典，千秋萬世自有公論。得所當得，則爲歿世之榮；苟其過分叨恩，徒足供人指摘，何榮之有？試思太廟配享，皆佐命元勳，張廷玉有何功績勳猷，而與之比肩乎？鄂爾泰尚有經度苗疆成績，而張廷玉所長，不過勤慎自將，傳寫諭旨，朕詩所謂『兩朝綸閣謹無過』耳。而靦然濫膺俎豆，設令冥冥有知，跼蹐惶悚，而不能一日安矣。此在朕平心論之，張廷玉實不當配享太廟，其配享實爲過分，而竟不自度量，以此冒昧自請，有是理乎？及其老也，戒之在得，豈有展轉思維，惟知自私自利，不惟欲得之生前，而且欲得之身後，不亦昧於大義乎？若但如大學士、九卿所議，不准配享，而革去大學士、勤宣伯，令其在京待罪，不知者將謂朕不許其歸里侑廟，而始則謬加之恩，終則抵之罪矣。朕不云乎『張廷玉忍於負朕，朕不忍負張廷玉』？朕之許張廷玉予告，原係優老特恩，明諭甫降，朕不食言；其大學士由皇考時簡用，至今二十餘年，朕亦不忍加之削奪；配享恭奉皇考遺詔，朕終不忍罷斥。至於伯爵，則朕所特加，今彼既不知朕，而朕仍令帶歸田里，且將來或又貪得無厭，以致求予其子者，皆所必有，朕亦何能曲從至是？著削去伯爵，以大學士原銜休致，身後仍准配享太廟。夫以年老予休之大臣，志滿意得，自恃其必不加罪譴，遂至求所不當求，而忽其所不可忽，必至入於罪戾而後已。神明之昭鑒，可畏如此！大小臣工，其可不以此爲戒乎？」

十五年二月，諭曰：「大學士張廷玉，前因朕念其年老，許令致仕回籍，仍准配享太廟，屢沛莫大之恩；而伊並不知感，謝恩竟不親至。本應如大學士、九卿等所議治罪，朕以耆舊老臣，不忍加之罪譴，僅削去伯爵，仍以大學士休致。邇來詳加體察，實乃龍鍾昏憒，力不能支，當時聞命之下，精神短淺，或心思實有未到，而非出於恃恩疏節，亦未可知。且朕從前降旨，乃使爲臣子者，曉然於事君之大義，亦不爲張廷玉一人而發之也。不然，伊身已退矣，朕之加恩保全，已將畢乃生矣，豈尚慮其敗官箴而妨政事，而不爲之格外優容乎？今中外臣工，已具知大義之所在。張廷玉綸閣舊臣，宣力年久，今日陛辭之際，顧其衰老，朕心尚爲憫惻。所爲善善欲長，惡惡欲短，兹仍特加異數，以寵其行，賜給御製詩篇手書二卷，御用冠服、數珠、如意諸物。起程之日，仍令散秩大臣領侍衛十員往送，用示朕優老舊臣之至意。」

時皇長子定親王薨，甫過初祭，廷玉即奏請南歸。上因閱配享諸臣名單，諭曰：「侍郎管太常寺事伍齡安因額駙超勇襄親王策淩配享太廟位次，開單條列具奏，朕已另降諭旨辦理。因詳閱配享諸臣名單，其中如費英東、額亦都諸臣，皆佐命元勳，汗馬百戰，功在旂常，是以侑享大烝，俎豆至於今不替。即大學士鄂爾泰已覺過優，以此並論，益見張廷玉之不當配享，其配享實爲逾分。在鄂爾泰，尚有開闢苗疆、平定烏蒙及經略邊陲，勞績攸著；若張廷玉，在皇考時，僅以繕寫諭旨爲職，此嫺於筆墨者所優爲。自朕御極十五年來，伊則不過旅進旅退，毫無建白，毫無贊襄。朕之姑容，不過因其歷任有年，如鼎彝古器，陳設座右而已。夫在昇平日久，固無櫛風沐雨、躬冒矢石之事，可以自見；然亦必以德業猷爲、有功社稷，方足以當之無愧。張廷玉曾有是乎？上年朕許伊休致回籍，伊即請面見，奏稱恐身後不獲蒙配享之典，要朕一言爲券。朕以皇考遺詔已定，伊又無大過，何忍反汗，故特允其請，並賜詩爲券。夫其所以汲汲如此者，直由於信朕不及，即此居心，已不可以對天地鬼神矣，又何可冒膺侑食之大典乎？及其謝恩，並不躬親，經廷臣議處，朕仍加恩，寬留原職，並仍准其配享；且於陛辭之日，賜賚優渥。並令於起身時，仍派大臣侍衛往送。伊遂心滿意足，急思旋里，適遇皇長子定親王之喪，甫過初祭，即奏請南還。試思伊曾侍朕講讀，又曾爲定親王師傅，而乃漠然無情，一至於此！是謂尚有人心者乎？在大臣年老，或患病不能任事，如徐本、任蘭枝、楊汝穀等，何嘗不准其回籍。若張廷玉則不獨任以股肱，亦且寄以心膂，尤非諸臣可比。朕從前不即令其回籍者，實朕之以股肱、心膂視之，逾於常格之恩，而伊轉以此怏怏；及至許其原官致仕，許其配享，則此外更無可希冀，無可留戀，惟以歸田爲得計矣。前於養心殿召對，奏稱：『太廟配享一節，臣即赴湯蹈火，亦所甘心。』夫以一己之事，則甘於赴蹈，而君父之深恩厚誼，則一切置之不顧，有是情理乎？使皇考尚在御，見張廷玉今日之行爲，亦將收回成命，則朕今日不得不明頒諭旨，以勵臣節。張廷玉非但得罪於朕，抑且得罪皇考在天之靈矣！且朕賜詩所謂『可例青田原侑廟，漫愁鄭國竟摧碑』云者，劉基在明原係從龍之佐，有帷幄之功，而當時配享，尚不免訾議；今張廷玉自問，果較劉基何若乎？至魏徵仆碑，事在身後；今張廷玉現在，更不待身後始有定論。朕前加恩降旨，仍准其配享，臺垣諸臣即應力陳其不當濫厠元勳之列，而乃噤無一語，御史非無人，即有所觀望耳。配享一節，天下自有公論，張廷玉亦當有自知之明。今及其未至身後也，正可折中定論。朕豈肯爲唐太宗所爲耶？著將此旨，並配享諸臣名單，令其閱看，自加忖量，能否與本朝配享諸臣比肩並列，應配享不應配享，自行具摺回奏。到日令大學士九卿等定議具奏。」

廷玉覆奏言：「臣老耄神昏，不自度量，於太廟配享大典妄行陳奏，皇上詳加訓示，如夢方覺，惶懼難安。復蒙示配享諸臣名單，臣捧誦再三，慚悚無地！念臣既無開疆汗馬之功，又無經國贊襄之益，縱身後忝邀俎豆，死而有知，益當增愧！況臣年衰識瞀，愆咎自滋。世宗憲皇帝在天之靈，鑒臣如此負恩，必加嚴譴，豈容更侍廟廷？敢懇明示廷臣，罷臣配享，並治臣罪，庶大典不致濫邀，臣亦得安愚分。」得旨，大學士、九卿等議奏，尋議：「謹按《禮經》：王功曰勳，國功曰功，民功曰庸，事功曰勞，治功曰力，戰功曰多。揆張廷玉平生，律以六等，無一可據。張廷玉於配享大典，不宜濫邀，應請停罷。再廷玉種種罪戾，蒙皇上格外寬宥，仍許原官歸里，乃竟漠不知感，急欲言旋，圖一己歸逸，忘君父隆恩，罪實無可再逭，應請仍革去大學士職銜，以爲大臣負恩者戒。」諭曰：「張廷玉配享太廟一節，朕之本意，並無令其停罷之見。二三年前，大學士史貽直曾於面見時議及配享大典，張廷玉不當濫邀。朕知伊二人素不相協，且漢人中有配享大臣，亦足爲臣工之勸，是以未經允行。及上年許令張廷玉致仕，伊即奏請面見，汲汲以配享爲請，求一言爲券，朕即允其請。及其謝恩不至，經大學士、九卿議停其配享，朕以皇考成命早頒，仍曲示保全，未允廷議。在張廷玉，即不知朕心，信朕不及，而朕之始終加恩，不欲停罷配享，初未嘗有絲毫成見，已可共白矣。乃張廷玉受千載難遇之恩，而毫不知感，靦然自居老臣。朕西巡時，伊隨衆送駕，乃加恩免罪，後初次見朕也，伊亦未曾叩首道旁，且毫無惶悚之意，仍在皇城內與留京總理王大臣同列，海子接駕亦然，是皆衆人所共見者。及陛辭之日，朕仍賜令召見，意以伊老臣去國，自必有嘉謨讜論，規益朕躬，合於臨別贈言之義；而無一語及於國家正事。古人居江湖而憂廊廟者，固如是乎？且奏稱去冬謝恩不至，曾令伊子將緣由告知奏事太監，未爲轉奏。近日奏事太監，有敢以大臣陳奏之言，壅蔽遺漏而不爲轉奏者乎？皇考臨御以至朕躬，能容此等奏事太監乎？此在外人或未盡知，張廷玉在軍機處行走數十年，寧不知之？而欲以此委過於不足比數之小臣，大臣居心，豈當出此乎？及遇皇長子之喪，甫過初祭，即奏回南，於君臣大義，及平日師傅恩誼，恝然不以動心，其意不過以志願已遂，更無可圖，惟以歸榮故鄉爲急。人臣如此存心，於國家無幾微繫屬依戀，國家安賴有此臣也？夫遭皇長子之喪，迫不及待，欲歸故里，在張廷玉則爲悖於大義，在朕視之，仍屬小節，朕非因小節而督責去位之大臣。然於小節如此，又安望其臨大事而能竭力致身乎？在張廷玉老邁歸田，豈更望其出力，而我大清國億萬斯年，君臣一體、休戚相維之誼，所關甚大，不可不剴切明示，以正名教之大閑。且張廷玉去志，本不始於今日，當有訥親時，伊即屢在伊前慫恿代奏。訥親不敢明爲奏請，而時時流露其意。彼時張廷玉尚未龍鍾，豈一二年亦不能待，而營營思退者，蓋自揣志不能逞，門生親戚之素相厚者，不能遂其推薦扶植之私，所積貲産又已足贍身家，是以伊十餘年來，僅以旅進旅退，容默保位爲得計。及一一獲滿所願，輒圖遠引，朕向之曲示優容者，則以皇考所貽，即古器亦加珍惜，何況舊臣？然亦以其原無大過耳。今既獲戾種種，實乃得罪皇考，無可復加原宥，適因伍齡安之奏，閱配享功臣名單，益見其不可濫邀。是乃天理昭彰，不容倖竊非分。朕雖欲屈公議以全初念，亦有所不能也。況配享大典，不但酬庸，實以示勸。在朕初無成心，鄂爾泰、張廷玉同奉配享之詔，鄂爾泰在生時，朕屢降旨訓飭，較之張廷玉尚爲嚴切，此亦在廷所共知者。然以其大節不虧，終始克全，自應叨榮勿替；而張廷玉居心行事如此，若仍令濫膺侑食，誠不足以服公論，不足爲天下後世臣工之勸，即朕亦何以仰對皇考在天之靈！著照大學士、九卿所議，罷其配享。至朕於張廷玉已格外加恩，所議革去大學士職銜之處，仍著寬免。」

先是，御史儲麟趾參奏四川學政朱荃匿喪赴考。八月，諭曰：「朱荃在四川學政任內匿喪趕考，賄賣生員，並勒索新生規禮，贓私纍纍，實近年來學政所未有。伊乃大學士張廷玉兒女親家，其敢於如此狼籍婪贓，明係倚恃張廷玉爲之庇護。且查朱荃爲大逆呂留良、嚴鴻逵案內之人，倖邀寬典，後復夤緣薦舉，冒玷清華，本屬衣冠敗類，大學士張廷玉以兩朝元老，嚴鴻逵之案，繕寫諭旨皆出其手，豈不知其人，乃公然與爲姻親，是誠何心？在雍正年間，伊必不敢如此，即在伊平日謹守遠禍之道，亦不當出此；而漫無忌憚至於如此，其負皇考聖恩爲何如？其藐視朕躬爲何如？張廷玉若尚在任，朕必將伊革去大學士，交刑部嚴審治罪。今既經准其回籍，著交兩江總督黄廷桂於司道大員内，派員前往傳旨詢問，令其速行明白回奏。」再降諭旨：「張廷玉深負三朝眷注之恩，即其不得行私，而欲歸之一念，已得罪天地鬼神，朕尚欲全其晚節；今乃種種敗露，豈容冒叨寵賚？所有歷來承受恩賜御筆、書籍，及尋常賞賚物件，俱著追繳。」時命内務府總管德保往查，德保併廷玉家産查辦。上以所辦錯誤，命給還其家産，以鐵池口住房爲聖祖仁皇帝賜原任大學士張英，仍聽其子孫居住；收回護國寺官房。廷玉覆奏言：「臣負罪滋深，天褫其魄，行事顛倒。自與朱荃結親以至今日，如在夢昧之中，並無知覺。今伏讀上諭，如夢方醒，恐懼驚惶，愧悔欲死，復有何言！乞將臣嚴加治罪。」得旨，該部嚴察議奏。吏部議革去職銜，交刑部定擬，以爲負恩玩法者戒。諭曰：「張廷玉身荷三朝厚恩，罕有倫比，且膺配享太廟之曠典，宜何如感激報効，以盡匪懈之誼？即年已衰憊，亦當依戀闕廷，鞠躬盡瘁，不忍言去。乃伊平時則容默保位，及其既耄，不得復行己私，但思歸榮鄉里，於君臣大義，遂恝然置之不問。以如此存心，不惟得罪於朕，並得罪於皇考。是以天地鬼神顯奪其魄，俾一生居心行事，至此盡行敗露。情罪實屬重大，即褫其官爵，加以嚴譴，亦不爲過。至黨援門生，及與呂留良案内之朱荃聯爲兒女姻親之罪，在伊反爲其小焉者矣。既經罰鍰，且令追繳恩賜物件，已足示懲。若又如該部所議，革職治罪，在張廷玉忍於負朕，自所應得；而朕心仍有所不忍，著從寬免其革職治罪，以示朕始終矜宥之意。」

二十年三月，卒。遺疏入，諭曰：「致仕大學士張廷玉歷事三朝，宣力年久，勤勞夙著，受恩最深。前以其年屆八旬，精神衰憊，特加體恤，准令退休，實朕優念老臣本懷。至於配享太廟一事，係奉皇考世宗憲皇帝遺詔遵行，而恩禮攸隆，則非爲臣子者可以要請。及朕賜詩爲券，又不親赴宫門謝恩，自不得不示以薄譴，用申大義。今張廷玉患病溘逝，要請之愆雖由自取，皇考之命朕何忍違！且張廷玉在皇考時，勤慎贊襄，小心書諭，原屬舊臣，宜加優卹，應仍謹遵遺詔，配享太廟，以彰我國家酬奬勤勞之盛典。」尋賜祭葬如例，謚文和。四十四年，御製《懷舊詩》，列諸五閣臣中，詩曰：「風度如九齡，禄位兼韋、平。承家有厚德，際主爲名卿。不茹還不吐，既哲亦既明。述旨信無二，萬言頃刻成。纘皇祖實録，記注能盡誠。以此蒙恩眷，顧命配享行。及予之涖政，倚任原非輕。時時有贊襄，休哉國之楨！懸車週故里，乞言定後榮。斯乃不信吾，此念詎宜萌？臧武仲以防，要君聖所評。薄懲理固當，以示臣道貞。後原與配食，遺訓敢或更？求享彼過昭，仍享吾意精。斯人而有知，猶應感九京。」

五十年，御題廷玉《三老五更議》曰：「戊戌年爲《三老五更説》，亦既闢其踳駁，而勒之新建辟雍之碑矣。今秋駐避暑山莊，檢讀《四庫全書》内《文穎》集中有《三老五更議》之篇，而挂漏其名，因命檢文津閣之書，乃知爲張廷玉所撰。憬然憶之，事在乾隆戊午爲二十七月既闋，諸禮畢舉之時，於視學之前，曾向軍機大臣等談及三老、五更，而諮其可行與否。彼時鄂爾泰依違其間，張廷玉則斷以爲不可，於是奏此議而遂寢其説。蓋鄂爾泰因好虚譽而近於驕者，張廷玉則善自謹而近於儒者，且二人彼時皆可望登此席者也。以今觀之，則廷玉之議爲當。設爾時勉强行之，必有如廷玉所謂滋後人之議者矣。若朕戊戌之所爲《三老五更説》，戊戌去戊午歷四十年，其事早已忘之。蓋戊午朕方二十八歲，而戊戌則六十有八。此亦足驗四十年間學問識見之效，而年少時猶未免有好名泥古之意，至今則灑然矣！兹觀廷玉之議，與朕之説不約而同，樹之前旌焉，因命並勒辟雍碑，以識己學之淺深及弗掩人之善也。夫廷玉既有此卓識，何未見及？朕之必不動於浮言，遵皇考遺旨，令彼配享太廟；而臨休致歸里時，乃有求入廟之請，此所謂老衰而戒之在得乎？朕又以廷玉之戒爲戒，且爲廷玉惜之！」

雜録

備録

梁章鉅《樞垣紀略》卷一七 癸丑殿試後三日，憲皇帝御懋勤殿閲卷，將原擬第三卷改第一卷，第五卷改第三卷。及啓彌封，則第一卷係會元陳倓，第三卷則張若靄也。上大喜。時廷玉在直廬辦事，遣内侍諭曰：「爾子張若靄取中探花矣，特告大學士知之。」廷玉驚懼失措，免冠叩首，懇辭數四，内侍轉奏，未蒙俞允。復奏請面見啓事，仍免冠叩首，繼以泣下。上憐其愚忱，乃命改爲二甲第一名。嗣引見新進士，若靄得照榜眼探花例，一體授翰林院編修。次日又奉旨：「在軍機房行走，隨伊父教導。」若靄辨明而入，及暮而歸，抄録諭旨，收貯檔案，頗稱勤慎。其非交辦之事，廷玉固不言，若靄亦不敢問也。甲寅秋，軍機大臣人見，各賜洋漆匣端硯一方，又特賜若靄一研。又顧諸大臣曰：「張若靄品量好，朕甚嘉之。」是冬御書「福」字，以次面賜廷臣，最後至若靄，上大笑曰：「今日乃寫『福』字第一日也，汝父得第一幅，汝得最後一幅，無意中有此恰好事，豈非吉祥之徵乎？」聖心之屬望如此。《澄懷園集》。

《國朝耆獻類徵初編》卷一四《張廷玉》 世宗夙知大臣祿薄，不足歲用，故特定中外養廉銀兩以濟其用。其外歲時尚賞上方珍物無算，以通上下之情。鄂文端公召入時，上特命海司空望爲之起第於大市街北，凡器用物具無不備置。張文和嘗小疾，及病痊後，上告近侍曰：「朕股肱不快，數日始愈。」衆爭來問安。上笑曰：「張廷玉有疾，豈非朕股肱耶？」其優待也如此。陳中丞時夏宦籍滇南，上因其母老，特命雲貴有司置傳送其母至其任所。岳威信公鍾琪以邊勳致高位，或謗其係岳武穆後，欲復宋金世仇之語。上特封其奏以示岳公。後公出征西域，上特命其子濬送至玉門關以慰之。其體下情若此。故一時將相感上威德，無不效力用命，以成一代郅隆之化也。

張文和公輔相兩朝，幾二十餘年，一時大臣皆出後進。年八十餘，精神矍鑠，裁擬諭旨，文采贍備。當時頗譏其袒庇同鄉，誅鋤異己，屢爲言官所劾。然其才幹實出於衆，凡其所平章政事及召對諸語，歸家時，鐙下蠅頭書於秘册，不遺一字，至八十餘，書嘗顛倒一語，自擲筆歎曰：「精力竭矣！」世宗召對，問其各部院大臣及司員胥吏之名姓，公縷陳名姓、籍貫及其科目先後，無所錯誤。

國初設內三院外，其軍國政事皆付議政諸王大臣。然半皆貴胄世爵，不諳世務。憲皇習知其弊，故設立軍機大臣，擇閣臣及六部卿貳熟諳政體者，兼攝其事。並揀部曹、內閣侍讀、中書舍人等爲僚屬，名曰軍機章京，其升擢仍視本秩。然後機務慎密，議政之弊始革。其行走班次，皆視其班秩。故張文和在內廷居傅文忠公上，近日董太傅誥亦居托相國津上，無論滿漢也。所掌銀印龜紐藏於內府，有應用印者，皆立時請印出，大臣監視，用畢隨即繳還，蓋防偷換弊也。其下役皆選內府中之童子，惟司灑埽，舊例及冠時即更易，今因循日久，有久隸其役而大臣喜其熟練者，仍姑留之，然猶呼爲小么兒，蓋沿舊名也。

定制漢員皆僑寓南城外，地勢湫隘，凡賃屋時皆高其值，京官咸以爲苦。又聚集一方，人情誣謗，勢所不免。列聖咸知其弊，故漢閣臣多有賜第內城者。張文和公賜第護國寺胡同，蔣文肅賜第李公橋，裘文達賜第石虎胡同，劉文定賜第阜成門大街，劉文正賜第東四牌樓，汪文端賜第汪家胡同，梁文定賜第拜斗殿，董太保賜第新街口，皆一時之榮遇也。

唐宋優重詞林，最爲清祕，凡制誥草麻外，一切機務皆與商搉，故其品爲高要。明代設翰林院於東長安門外，視之與部院等，坐耗俸貲，毫無一事，惟以爲入閣之階。故大拜後不嫻政事，動爲胥吏所欺。如周道登不識情面二字，鄭以偉有窮於數行之歎，安問其燮理之道也。本朝自仁廟建立南書房於乾清門右階下，揀擇詞臣才品兼優者充之。康熙中諭旨皆其擬進，故高江村之權勢赫奕一時。仁廟與諸文士賞花釣魚，剖析經義，無異同堂師友。故一時卿相如張文和、蔣文肅、勵尚書廷儀、魏尚書廷珍等皆出其間，當代榮之。列聖遵依祖制，寵眷不衰，爲木天儲材之要地也。

右錄宗室昭槤撰。

昭槤《嘯亭雜錄》卷六 張文和公輔相兩朝，幾二十餘年，一時大臣皆出後進。年八十餘，精神矍鑠，裁擬諭旨，文采贍備。當時頗譏其袒庇同鄉，誅鋤異己，屢爲言官所劾。然其才幹實出於衆，凡其所平章政事及召對諸語，歸家時，燈下蠅頭書於秘册，不遺一字。至八十餘，書嘗顛倒一語，自擲筆嘆曰：「精力竭矣！」世宗召對，問其各部院大臣及司員胥吏之名姓，公縷陳名姓籍貫及其科目先後，無所錯誤。又以謙沖自居，與鄂文端公同事十餘年，往往竟日不交一語。鄂公有所過失，公必以微語譏諷，使鄂公無以自容。暑日鄂公嘗脫帽乘涼，其堂宇湫隘，鄂公環視曰：「此帽置於何所？」公徐笑曰：「此頂還是在自家頭上爲妙。」鄂神色不怡者數日。然其善於窺測聖意，每事先意承志，後爲純皇帝所覺，因下詔罪之，逐公還家。致使汪文端、于文襄輩，互相承其衣鉢，緘默成風，朝局爲之一變，亦公有以致之也。

方浚師《蕉軒隨錄》卷三 本朝漢大臣得配享太廟，二百餘年，唯桐城張文和公一人。

陳康祺《郎潛紀聞初筆》卷一二《兄弟迭掌文衡》 雍正朝，張文和公廷玉屢掌文柄，諸弟繼起，旌節翩連，世稱榮遇。尤莫奇於癸卯年之春秋鄉會，數月之間，公與介弟侍郎廷璐，均兩膺簡命，洵未有之盛也。蓋是年四月，公主順天鄉試，侍郎適典試閩嶠，公紀恩詩所謂「傳家媿二難」也。九月，公主禮闈，侍郎適預分校，公紀恩詩所謂「一室掄才弟與兄」也。

陳康祺《郎潛紀聞初筆》卷一三《張文和歷主試事》 張文和公廷玉，康熙丙戌、壬辰、乙未三爲會試同考官，雍正癸卯主順天試，雍正癸卯、甲辰，乾隆丁巳三主會試；康熙辛丑，雍正癸卯、甲辰、丁未、庚戌，乾隆壬戌，六充廷試讀卷官。其餘廷試諸年，皆以子弟與試，引例迴避，惟雍正癸卯年，公弟廷瑑、堂弟廷珩、姪孫若涵，同登甲榜，公例應引避，世宗特降諭旨，令充讀卷大臣，尤異數中之罕見者。

陳康祺《郎潛紀聞初筆》卷一三《張文和馭吏之嚴》 張文和公性寬厚，而馭吏特嚴。長吏部時，知有蠹吏張某者舞弄文法，中外官屢受其毒，人呼爲張老虎。公命所司重懲之，朝貴多爲營救，公不爲動，時稱公「伏虎侍郎」。一日，坐堂上理事，曹司持一牒來曰：此文元氏縣誤書先民縣，當駁問原省。公笑曰：「若先民寫元氏，外省之誤。今元氏作先民，乃書吏略添筆畫，爲需索計耳。」責逐黠吏，而正其謬，同官服其公敏。康祺官京師十年，每見外官有事於銓部者，爲吏所持，輒至質衣裝、貨車馬，舉責出國門，甚或蹭蹬終其身。如文和之察弊，亦中人才智所易及，乃畫諾坐嘯，目擊狐鼠之横行，而噤不一詰，豈有所卻顧與。

陳康祺《郎潛紀聞初筆》卷一三《賜金園》 世宗朝，張文和公在政府，十數年間，六賜帑金，每賜輒以萬計。公懇辭，上諭云：「汝父清白傳家，汝遵守家訓，屏絶餽遺，朕不忍令汝以家事縈心也。」公歸，以「賜金」名其園。歷稽史册，大臣拜賜，未有如此之優厚者。

陳康祺《郎潛紀聞初筆》卷一三《張文和之名言》 桐城張文和公《澄懷園語》云：「予在仕途久，每見升遷罷斥，衆必驚相告曰：此中必有緣故。余笑曰：天下事，安得有許多緣故。」

陳康祺《郎潛紀聞初筆》卷一三《張文和闈中對月詩》 國初沿明季餘派，科場與事諸臣，尚未免有唐人通榜之習。康熙丙戌，張文和公廷玉分校春闈。同人有以微詞探之者，因作闈中對月絶句四首，中有云：「簾前月色明如晝，莫作人間暮夜看。」其人見之，懷慚而退。撤棘後，頗爲士流傳誦。

陳康祺《郎潛紀聞三筆》卷八《張文和辦理山左亂事之寬厚》 康熙五十九年，山左鹽梟焚劫村落，率黨横行，南北道幾梗。又青州諸生鞠士林，招集無賴，倡邪教，文武大僚捕獲百五十餘人。事聞，詔侍郎張廷玉、都統陶賴、學士登德馳往按治。聖祖面諭曰：「奸民聚衆妄稱名號，謀不軌，訊明應大辟者，即在濟南正法，應戍者，即發遣。」張文和公細察獄詞，廉得其概，昌言曰：「此盗案，非叛案也。賊自稱仁義王、義勇王、飛腿將軍，觀飛腿二字，不過市井綽號耳，無足深究也。」乃手定爰書，作盗案擬結，斬七人，戍三十五人，用肉刑十八人，殘廢疾病免議七十二人，無干二十五人。初盗魁供黨羽二千餘人，公念罪在首惡，止就按察司械送之百五十餘人訊結，不連染一人，世稱其寬厚。按康熙全盛之世，兵力精强，野無伏莽，潢池偶弄，少懲創之足矣。近人以此事明因果，一若公之貴極台輔，子孫其逢，即由於是，抑又惑也。

陳康祺《郎潛紀聞三筆》卷一〇《張文和謹身節欲之效驗》 張文和公幼體弱多疾，精神疲短，步行里許輒困憊，尊長以爲憂。公因此謹疾，慎起居，節飲食，時時儆惕。三十通籍，氣體稍壯。嗣值南書房，辰入戌出，歲無虚日。塞外扈從十一次，夏則避暑熱河，秋則隨獵於邊塞遼闊之地，乘馬奔馳，飲食失節，而不覺其勞。康熙丁亥，聖祖以外藩望幸，車駕遠臨，遍歷蒙古諸部落，公皆珥筆以從，一百餘日不離鞍馬，亦不自知其鞅掌。世宗朝，委任益篤，以大學士管吏部、户部，掌翰林院，皆極繁要重大之職。兼以晨夕内直，宣召不時。適西北軍興旁午，每奉密諭，籌畫機務，羽書四出，晷刻不稽。偶至朝房或公署聽事，則諸曹司抱案牘於旁者，常數十百人，環立番進，以待裁決。輿中馬上，披覽文書，吏人多隨行於後，候一言爲進止。又總裁史館書局凡十餘處，纂修諸公，時以疑難相質，公爲之從容論定。薄暮還寓，則賓客門生，車駕雜沓，守候於外舍者如鯽矣。夜然雙燭治事，既就寢，或從枕上思及某疏某稿未妥，即披衣起，親握筆改正，黎明付書記繕以進。而氣體之强健，反過於少壯時，見公所自述《澄懷園語》。自來天生命世，固多付以龍馬之精神，用能爲國家任重致遠。然公中年以還，謹身節欲，戒慎恐懼之一念，實足以後天補先天之闕也。

備論

《國朝耆獻類徵初編》卷一四 銘曰：國家全盛，篤生耆耇。光岳氣含，如星有斗。育偉文端，遺績萧後。繄公濟美，爲韋爲平。氣温以厚，德粹而清。爰寄心膂，爰任股肱。歷事三朝，久履揆席。長養中和，天壽平格。出雲作雨，不見其迹。聖主主之，公密贊之。度則謀之，協則斷之。夙夜匪懈，綸綍涣之。二十四載，元化鴻龐。燕國文章，風度曲江。其可見者，爍於家邦。翼翼寢廟，惟公侑思。皇繹明綸，眷爾舊思。考行易名，垂宇宙思。龍眠賜阡，如堂如斧。載纘世緒，克繼厥武。勒銘貞珉，用諗終古。

鄂爾泰部

綜述

《清史列傳》卷一四《鄂爾泰傳》 鄂爾泰，滿洲鑲藍旗人，姓西林覺羅氏，世居汪欽。高祖屯泰，國初率族來歸，授佐領。曾祖圖們，天聰五年，從征明大凌河，力戰陣歿，授騎都尉世職。雍正三年，入祀昭忠祠。祖圖彥圖，襲世職，官户部郎中。父鄂拜，國子監祭酒。

鄂爾泰由舉人於康熙四十二年襲佐領，授三等侍衛。五十五年，遷內務府員外郎。雍正元年，充雲南鄉試副考官，特擢江蘇布政使。八月，授廣西巡撫。

三年十月，命署雲貴總督。四年五月，貴州仲苗負險肆橫，議撫久無成。鄂爾泰分三路進剿，一由谷隆，一由焦山，一由馬落孔，焚其寨七，進克長寨、羊成屯等，奏於長寨增駐遊擊。又以鎮沅土府刁瀚、霑益土州安於藩凶詐，討擒之。若樂甸土司刁聯斗乞免死歸流，奏給職銜，示鼓勵。尋奏仲苗及川販窩黨悉就擒。上嘉其成功速，議敘加二級。又奏經理仲苗事宜十條：「一、未獲犯中脅從者，自首，概寬免；一、苗民失耕種期，免本年正賦；一、歸寨者月給米鹽撫恤，並給耕種，逾一月未歸，田土賞兵；一、苗多占地仇殺，令契開明界址，官給印信承業；一、同名各照祖姓造册，不知本姓者爲立姓；一、軍器悉繳，隱匿及私造處決；一、兵不得欺陵，官不約束嚴參；一、移貴陽府同知駐長寨化導；一、移長寨把總駐打壞寨控制；一、員弁聞劫掠即拏，一面申報，獲犯會審，毋袒徇。」部議從之。十月，實授總督。先是，四川烏蒙土司祿萬鍾擾東川府，與滇接壤，鄂爾泰奏改東川隸滇，從之。命會同川督岳鍾琪辦理烏蒙事，嗣招其魁祿鼎坤爲土守備，萬鍾不就撫。至是，檄總兵劉起元整兵直入，各寨投誠，萬鍾遁鎮雄。五年正月，萬鍾潛投四川，被獲，解鍾琪軍前。其黨鎮雄土司隴慶侯亦赴川繳印獻土。敘功加一級，特旨給騎都尉世職。二月，鎮沅倮賊戕官焚掠，剿平之，獲賊首刀如珍等。又廣西土府岑映宸淫虐，鄂爾泰曾奏敕懲治，上命廣西巡撫韓良輔赴滇會議用兵。鄂爾泰以滇、粵相距遠，貴州安籠與泗城接，即親往商。六月，映宸惶懼，乞改流存祀，奏革世職免罪，安置浙江原籍，給其弟映翰頂帶，奉其祖岑繼祿祀。七月，同楚督會剿謬衝花苗，擒其渠，餘衆歸順。九月，擒威遠倮賊扎鐵匠，降新平野賊李百疊等，議敘加二級。十一月，招撫長寨後路生苗百八十四寨，編户口，定額賦。得旨嘉獎，授一等輕車都尉。十二月，攻破雲南倮賊窩泥種，其六茶山地千餘里，劃界建城，設員弁，議敘加一級。先是，前任雲貴總督高其倬查奏安南國界，有內地舊境百二十里應清理，於賭咒河立界。國王黎維祹奏辯。復命鄂爾泰清查，給與八十里，於鉛廠山下小河以內四十里立界，頒敕曉諭。至六年正月，國王具表謝，鄂爾泰以聞。上嘉其知禮，仍賞給地四十里。又奏烏蒙設鎮，駐總兵，改貴州威寧鎮爲營，置參將，與鎮雄、東川二營歸統轄；並烏蒙設府治，改鎮雄爲州，隸之。俱議行。三月，剿擒東川謀逆之法戛伙目祿天佑、則補營長祿世豪等。又米帖土目祿永孝緣罪斬候，妻陸氏勾倮儸反，調總兵張耀祖等攻門坎山，所向皆克，擒陸氏，米帖平。時廣西儂顏光色等不法，提督田畯不能剿，鄂爾泰調兵至，賊殺光色等降。

六月，命總督雲、貴、廣西三省事務。七年正月，雲南卿雲見，由一等輕車都尉加授三等男。二月，疏奏：「貴州丹江雞溝生苗向不服化，前檄按察使張廣泗相機剿撫，今攻克各寨，苗衆投誠。其上下九股及清水江、古州等處，以次寧貼。」敘功加一級。九月，奏乞銷去苗疆議敘，賞給曾祖圖們封典，俾昭忠祠牌位得以改書贈官，允之。其苗疆功仍議敘，尋加少保。十二月，奏新開苗疆立營設官事宜：「一、八寨距都勻府九十里，地方遼闊，改都勻營爲協，設副將駐劄；一、丹江逼凱里，素爲生苗盤據，增丹江營，設參將；一、九股尤强悍，移黄施營遊擊駐施秉舊縣；一、清水江有南北兩岸，居中增清江協，設副將；一、鎮遠協原防清水江生苗，今改爲營，設參將，歸清江協；一、天柱營近生苗，向設參將，今既分設營汛，改爲都司；一、古州爲都勻、黎平要隘，設古州鎮，駐總兵，改黎平協爲營，聽統轄；一，營汛既定，設文員分駐，增都勻府同知一駐八寨，通判一駐丹江，鎮遠府同知一駐清江，黎平府同知一駐古州，俱加『理苗』字樣；一、所設同知、通判，於同駐官兵內，各撥把總、兵丁爲親標護衛；一、施秉舊縣添設施秉縣縣丞分駐。」從之。八年八月，烏蒙倮賊結涼山等蠻反，總兵劉起元被害，祿鼎坤姪萬福與賊合。鄂爾泰飭諸將進討，參將韓勳大敗賊於奎鄉，總兵哈元生復烏蒙，同攻克大川與關兵會。十二月，擒萬福，渠兇盡獲。奏入，諭曰：「烏蒙改設府治之初，諸事尚未就緒，又值劉起元不善撫馭，激成事端，逆黨勾連，幾有猝難收拾之勢；而將弁軍士奮勇爭先，旬月間削平寇亂。此皆鄂爾泰平時節制封疆，以公忠表率官僚，以義勇訓練將士，而臨機應敵，又復調度有方，用能迅奏膚功，永安苗境。論功行賞，當以鄂爾泰爲先。但念該督自聞賊變以來，時時以先事疏防引過自責；今軍事告竣，不肯自居蕩寇之功，屢次陳奏，情詞懇切，朕曲從其請，以成其謙抑之素志。」九年六月，疏奏烏蒙善後事宜：「烏蒙鎮舊設中、左、右三營，請增設前營，四營各遊擊一，守備一，千總二，把總四。中營駐府城，左營駐大關，右營駐永善，前營駐涼山。鎮雄、東川二營俱增設守備一，分左、右軍，左軍守備各駐府、州城，鎮雄右軍守備駐奎鄉，東川右軍守備駐阿白溪。又改威寧營爲協，設副將，仍歸烏蒙鎮轄；尋甸州增奇兵營，設參將，歸督標轄。」從之。尋奏全滇水利事宜：「一、濬嵩明州之陽林海，周圍草塘，可開墾；一、宜良縣開河五，共四灌田，惟江頭村舊開河形高，自胡家營北另開一道，資灌溉；一、尋甸州尋川河有石，難以灌溉，應另濬沙河十五里；一、東川府城北漫海地肥水消，令民承墾；一、浪穹縣羽河等處加修堤工；一、臨安等處修築工程，暨通粤河道，嵩明州河口，俱查勘，以時興工。」下部議行。

十年正月，陛見。二月，授保和殿大學士，兼兵部尚書，辦理軍機事務。諭曰：「大學士鄂爾泰節制雲、貴、廣西三省，歷有歲年，於所屬苗疆，悉心經理，使蠻夷慕義向風，咸登樂土。至於古州等處生苗，自昔未歸王化，鄂爾泰運籌調度，剿撫兼施，俾苗人懷德畏威，抒誠内嚮，疆域開拓，邊境輯寧。數年以來功績，實非尋常可比。鄂爾泰著授一等伯爵，世襲罔替。」四月，諭曰：「朕與鄂爾泰面加商酌，新疆遼闊，兼有内地舊汛，非古州一鎮所能統轄。都江、清水二江地界形勢，兩路劃然，牽合歸一，終難控禦；而古州鎮處都江適中，清江協處清江適中，遥對雄峙，各踞要區。若於清江協裁去副將，改設一鎮，將新疆之丹江營與内地之銅仁、鎮遠、黄施、天柱、石阡、平越等協營俱歸管轄，其餘都勻協、黎平營並新設之上江、下江諸協營，俱隸古州鎮轄，則數千里之苗疆，可無鞭長不及之慮，更屬妥協。著將清江協改鎮。」

時大軍剿準噶爾，七月，命督巡陝甘，經略軍務。九月，奏報：「我兵敗北路賊於額爾得尼昭，賊遁必由畢濟一路，中有袞塔馬哈戈壁，係要隘，咨行署寧遠大將軍張廣泗選將弁堵截，並令廣泗繼進，以壯聲援。」得旨嘉獎。又奏屯田事宜：「一、總理屯田大員，須給關防；一、客民首報地畝，分別給工價，其夫役等工價口糧外，加賞衣帽銀；一、夫役在甘、涼、肅雇募，地方官出結，以免逃逸，沿途給口食，並築土堡容居；一、屯田諸務，令所在有司協理；一、各項支用銀，令總理屯田大臣奏報，在軍需銀内支者，另行報銷。」十一年五月，奏言：「明歲大兵前進阿勒台，應先將特斯台、錫里二處所駐兵，令秋後至科布多水草佳處，并於扎卜堪察罕鄂羅木築堡，規守臺站運路；又於塔木託羅海、額克阿喇勒、默爾根西納所在各駐兵四千，俟進剿時，即前至科布多候調遣。」俱從之。六月，還京，仍兼兵部事。十月，充《八旗志》館總裁，兼署吏部。十二年二月，奏參兵部堂司官造册朦混，冒銷驛站錢糧，上以鄂爾泰實心任事，議敘加一級。七月，署鑲黄旗滿洲都統。十三年正月，充《皇清文穎》館總裁。

五月，台拱逆苗叛，鄂爾泰自以從前籌畫未周請罪，並陳疾，乞賜罷斥，削伯爵，暫假調理。得旨：「卿才品優長，忠誠任事，歷經簡用，未負朕恩。今以抱病虚羸，懇請罷斥，情詞皆實，著解大學士之任，削去伯爵，俾得悉心調攝。至於古州苗疆，從前石禮哈等皆曾奏請用兵，朕悉未允行；及鄂爾泰爲滇、黔總督，以此事必應舉行，剴切陳奏。朕以鄂爾泰居心誠直，識見明達，況親在地方，悉心籌畫，必有成算，始允所請，命其慎重辦理。彼時苗民相率向化，成功迅速，朕心甚悦，特錫伯爵，以獎勳庸。乃平定未久，苗即數次蠢動，近則直入内地，煽惑熟苗，焚劫黄平一帶地方，居民受其擾害。朕詢問情由，鄂爾泰亦以出於意外爲詞。是從前經理之時，本無定見，布置未協所致。則朕昔時之輕率誤信，亦無以自解。國家錫命之恩，有功則受，無功則辭，乃古今之通義。今鄂爾泰請削伯爵，於情理相合，朕鑒其悃誠而俞允之。並諸將前後情事，宣諭中外，以示吾君臣公而無私，過而不飾之意。」尋命仍留三等男爵。

八月，今上御極，命同莊親王允禄、果親王允禮及大學士張廷玉總理事務。十一月，詔授一等輕車都尉，並前男爵爲一等子。乾隆元年二月，充會試正考官。七月，充《三禮義疏》總裁。二年五月，充《農書》總裁。八月，查直隸河道。九月，奏言：「永定河上游無分洩，下游不得暢達，以致爲患。請於半截河隄北開新河，即以北隄爲南隄，沿之東下，入六道口經三角淀，北至青沽，西入大河。更作洩潮埝數段，俾沙停埝外，水歸河中，則下口無阻。再於上游河身自半截河以上，挑濬深通，南北岸分建滚水石壩四，各開引河一，合清隔濁，補救無難。」又言：「千里長隄爲數十州縣保障，其霸州、保定、文安、大城境者最險要，今年風浪摧壞，擬於淀口出口處至陶官營築培隄工，照底闊頂窄法修成坦坡形，龍堂灣轉角處補築月隄，以資重障。疏大隄對岸支河淤淺，禁攔河壘道，俾得暢達。」又言：「靜海縣北至獨流，內受淀水，外當河道，亦最險處。請於東岸建滾水壩，開引河，注之中塘窪，疏通下口達海，建閘防潮。」下王大臣議行。

十一月，命爲軍機大臣，兼理侍衛內大臣。十二月，以總理事務議敘，由一等子加騎都尉，併授爲三等伯，賜號襄勤。三年，兼議政大臣。四年二月，充經筵講官。先是，江南河道總督高斌請開新運口，論者以爲不便。至是，上命鄂爾泰閱視。四月，奏言：「漕河運口因時制宜，屢經改易。今所建新口，離黃稍遠，可避倒灌，不無小效，臣愚以爲可用。圍水挑壩稍短，應再築長壩，寬圍過水口，一如磨盤墩式，俾外通大溜抵黃，內引迴流入運。其新運口內頭、二、三壩向東轉北，即天妃閘舊運河路自三壩向東南灣，轉而北過越閘，即河臣擬改新運河路。舊河直接，新路紆曲，爲漕運計，應行舊河。今新建閘壩未開，仍取道天妃閘，既屬便利，永宜遵行。」又言：「陶莊引河長而稍曲，旋開旋淤。築引河法宜徑直，乃能迅駛頭沙，並須頭迎溜，尾順溜，放水及時。臣擬定於舊河頭之東迎溜處東北直下四百六十餘丈，尾對惠濟祠，仍係順溜，俟大溜盛時開放。再於對岸上流一壩、二壩間接築挑水大壩，令黃水全勢趨北，倒灌之虞可免。」得旨，如所請行。又言湖河機要二事：「一、天然二壩不宜開，免湖水全洩，並興化、鹽城等縣水患；一、毛城鋪壩已經變遷，宜酌復，河取直，兼放淤培岸，省埽壩費。」下大學士、九卿議，從之。

時河東總河白鍾山奏請復漳河故道，諭鄂爾泰於歸途勘奏。尋奏言：「漳河故道有二：由山東丘縣城西者，舊跡全湮，難以開通；由城東者，疏濬較易。應自和爾寨村東承漳河北折之勢，接開十餘里，至漳桐村入舊河，即於新河頭下東流入衛處建閘。衛水弱，啓以濟運，足用則閉。再於青縣下，另建閘壩，酌水勢分洩，以保萬全。」從之。五月，加太保。七年三月，充《玉牒》館總裁。十二月，副都御史仲永檀以密奏留中事洩於鄂容安，命王大臣鞫實，請將鄂爾泰革職拏問。諭曰：「仲永檀如此不端之人，鄂爾泰於朕前屢奏其端正，黨庇顯然，久在朕洞鑒中。若欲將伊革職拏問，則已於前日降旨，何待爾等今日之奏請？蓋以鄂爾泰乃皇考遺留之大臣，於政務尚爲諳練；若以此事深究，不但罪名重大，承受不起，而國家少一能辦事之大臣，爲可惜耳！但其不擇門生之賢否，不訓伊子以謹飭，朕亦不能爲伊屢寬也。鄂爾泰著交部議處，以示薄罰。」尋議降二級調用，奉旨，抵銷留任。八年，管翰林院掌院事。

十年正月，以疾請解任調理，上慰留。三月，加太傅。四月，卒。遺疏入，得旨：「大學士伯鄂爾泰公忠體國，直諒持躬。久任邊疆，茂著惠績。簡領機務，思日贊襄。才裕經綸，學有根柢。不愧國家之柱石，允爲文武之儀型。嚮用方殷，倚毗正切。昨冬忽嬰痰疾，朕心廑念，選醫調理，存問日頒。今春病勢有加，朕往看視，加銜太傅，冀其獲痊。不意竟至不起，朕心深爲震悼！親臨祭奠，輟朝二日。披覽遺疏，具見忠君愛國之悃忱，尤爲追念不置。昔皇考有配享太廟遺詔，著該部遵奉舉行。並入賢良祠，加祭二次。」尋予祭葬，謚文端。

二十年，甘肅巡撫鄂昌與詩詞悖逆之胡中藻倡和，事覺，革職治罪。諭曰：「胡中藻係鄂爾泰門生，且與其姪鄂昌敘門誼，則鄂爾泰從前標榜之私，適以釀成惡逆。其詩中讒舌青蠅，供指張廷玉、張照二人。即張廷玉之用人，亦未必不以鄂爾泰、胡中藻爲匪類也。鄂爾泰、張廷玉亦因遇皇考及朕之君，不能大有爲耳，不然，何事不可爲哉？使鄂爾泰尚在，必將重治其罪，爲大臣植黨者戒！著撤出賢良祠。」四十四年，御製《懷舊詩》，列諸五閣臣中，詩曰：「業師祗二人，其三惜向剖。皇考重英才，峯命書房走。鄂、蔣以閣臣，蔡、法列卿九。胡、顧、劉、梁、任，邵、戴來先後。其時學亦成，云師而實友。不足當絳帷，姓名茲舉偶。鄂其中巨擘，內外勤宣久。初政命總理，顧問備左右。具瞻鎮百僚，將美患九有。好惡略失尚，性陰陽則否。遵詔命配享，旌善垂不朽。」

雜録

備録

梁章鉅《樞垣紀略》卷二七 鄂文端公自西路經略歸，仍直軍機處，上命戶部尚書海望爲治第，凡什器必具。已報齊矣，命舁堂上几，視之，以爲窳敗。召海望切責，海望叩首請易乃止。聞府中無園囿，又命以藩邸小紅橋園賜公爲別業，而中分其半爲軍機房。《小倉山房文集》。

昭槤《嘯亭雜録》卷一〇 鄂文端任內務府時，憲皇時龍潛藩邸，嘗有所請。公拒之曰：「皇子宜毓德春華，不可交結外臣。」上心善其言。及即位，首召公入，其戚友以故嫌故，代爲公憂。上見公即諭曰：「汝以郎官之微而敢上拒皇子，其守法甚堅。今任汝爲大臣，必不受他人之請託也。」因立授江蘇布政使。不十年超登首揆。

趙慎畛《榆巢雜識》卷上《鄂文端公》 鄂文端公以舉人充侍衛，四十初度，有句云：「四十猶如此，百年待若何。」後年至七十，以大學士充翰林掌院學士，招諸老輩飲，乞聯句，限一「死」字，有某呈一聯云：「丹心已向軍前死，白髮猶從戰後生。」舉人充會試總裁者，惟文端一人。

趙慎畛《榆巢雜識》卷下《鄂文端佩三省總督印》 雍正時，田文鏡官河南、山東兩省巡撫，鄂文端官雲、貴、廣西三省總督，皆一時殊眷，非成例也。其三省總督印，乃憲皇帝合對鄂之年命，選擇吉日良辰在養心殿交怡親王監視成造者。諭令愛惜，長久用之，事事如意也。故文端謝恩摺云：「佩此印，惟當時念封疆；用一印，惟當時思利弊。愛惜軍民，爲三省計長久；愛惜精神，爲一身計長久。」事事如意，故天心之眷注，實人事之積累也。敢不敬畏，敢不奮勉。一德一心，令人作三代以上想。

陳康祺《郎潛紀聞初筆》卷一三《鄂文端警世之言》 文端相國鄂公嘗語人曰：「大事不可糊塗，小事不可不糊塗。若小事不糊塗，則大事必至糊塗矣。」見張文和《澄懷園語》。按：文端生平識量淵宏，規畫久遠，此數語大有閱歷，足以警世之積穀把柁者。若夫胸無遠猷，疏闊僨事，輒藉口於不拘小節，則轉不如謹守繩尺之士，猶不至禍人國而害及蒼生也。

陳康祺《郎潛紀聞二筆》卷一《鄂文端有古大臣風》 西林鄂文端公爾泰總督雲貴時，雲撫江陰楊文定公方獲譴，新巡撫朱綱多方羅織，至欲用刑訊，兵民洶洶，爲文定頌冤，謀羣起擊綱。公好言撫慰之，復厲聲責綱曰：「過湯陰岳忠武廟，見鐵人乎？」獄得解。高宗即位，首召文定。文定旋奏公處置苗疆非善策，公不以爲忤。文定没，公經紀其喪，哭之哀。嗚呼！可謂大臣矣。

陳康祺《郎潛紀聞二筆》卷一《鄂文端力保孫文定》 世宗時，合河孫文定公被誣有婪贓，據以人告者，親王也。上詢之鄂文端公，公曰：「孫嘉淦性或偏執，若操守，臣敢以百口保之。」上意解，即命公弟訊問。事白，抵誣者罪。公弟名爾奇，時與文定同以少司空兼祭酒，亦賢者也。

陳康祺《郎潛紀聞二筆》卷二《鄂文端佩三省總督印》 雲南、貴州、廣西三省羣苗，雍正初屢次煽動。自鄂文端公任滇撫，奏言：「欲保百年無事，非改土歸流不可；欲改土歸流，非大用兵不可。」奏上，世宗大悅，親詣養心殿，鑄三省總督印授之，果成大功。

陳康祺《郎潛紀聞二筆》卷二《鄂文端之謙抑》 高宗登極，所布詔令，善政絡繹，海宇覩聞，莫不蹈舞。或語鄂文端歸功翊贊，公蹴然曰：「天生聖人，天下之福也，老臣何力之有？」蓋公於是晚節彌慎矣。

陳康祺《郎潛紀聞三筆》卷一一《世宗恩禮鄂爾泰之優渥》 文端相國鄂爾泰經略西路，將凱旋，世宗命户部尚書海望爲治第，凡什物椸禁盤匜械窬之屬必具，已報竣矣，命舁堂上几視之，以爲窳敗，大怒，召海切責。海叩頭請易乃已。及公入朝，奏事畢，諭曰：「卿勿還舊居，可赴新宅。」復手書「公忠弼亮」四字賜之。侍衛十人，捧宸翰隨公入第。上聞第中無園囿，賜以藩邸小紅橋園，而中分其半爲軍機房。嗚呼！聖主之優禮至矣，人臣之寵榮亦極矣。

陳康祺《郎潛紀聞三筆》卷一一《鄂文端公戒弟修泰之先見》 鄂文端公當國時，其弟鄂爾奇亦位躋正卿。一日，公退朝過爾奇書齋，見陳設都麗，賓從豪雄，甫掀簾，不入而去。爾奇急詣兄問故。公庭立責之曰：「汝記我兄弟無屋居祠堂時耶？今偶得志，而侈泰若是，吾知禍不旋踵矣。」爾奇跪泣謝罪始已。嗣後伺公往，先藏珍器屏燕朋乃敢見，然卒爲李衛劾奏，以侈敗，世方服公先見也。康祺按：宋子京椽燭修史，侍女滿前，其兄景文嘗有「寄語學士，記得少年讀書某寺時否」之語。文端誡弟，政與之同。惜鄂爾奇無小宋之清才，而奢侈過之，宜其富貴之不終。

藝文

《四朝詩史》甲集卷二魏源《讀國史館列傳》 君不見鄂公鋭闢西南氏，欲令夜郎邛筰游皞熙，欲令幽谷赤子蒙春曦。非常之事驚羣兒，英顔毅色無危疑。左張右哈供頤麾，渡瀘五月觸瘴痱。刊木橋穴出嶇崎，功成人相書常旗。一朝銅鼓五溪西，諸軍觀望稽合圍。中山篋滿揚南箕，跋前躓後功幾隳。任度惟斷平准夷，創始圖成自古希。保和殿大學士鄂爾泰。

清世宗部

綜述

《世宗實録》卷一　康熙六十一年十一月辛丑，上即皇帝位。是日黎明，鹵簿全設，各官齊集於朝。

《世宗實録》卷五　雍正元年三月甲申，加吏部尚書兼步軍統領舅舅隆科多保和殿大學士，馬齊、川陝總督年羹堯俱爲太保。

《世宗實録》卷一四　雍正元年十二月壬戌，禮部題，輔國公訥圖女請授爲鄉君。其壻豐盛額現係散秩大臣一等公，無庸另給品秩。從之。禮部議覆浙閩總督覺羅滿保疏奏，西洋人在各省起蓋天主堂，潛住行教，人心漸被煽惑，毫無裨益。請將各省西洋人除送京効力外，餘俱安插澳門。應如所請，天主堂改爲公所，悮入其教者嚴行禁飭。得旨，西洋人乃外國之人，各省居住年久，今該督奏請搬移，恐地方之人妄行擾累，著行文各省督撫，伊等搬移時或給與半年數月之限令其搬移，其來京與安插澳門者，委官沿途照看送到，毋使勞苦。

《世宗實録》卷二三　雍正二年八月甲寅，山西布政使高成齡摺奏，地畝生息有常，户口貧富不等，富者田連千畝，竟少丁差，貧民無地立錐，反多徭役。請照直隸新例，將丁銀併入地糧，官民兩便。奉上諭：此奏甚是，今山東地方亦諭令踵行，爾與撫臣繕本具奏，將直隸行有成效之處引入可也。

《世宗實録》卷二九　雍正三年二月丁酉，上召諸王滿漢文武大臣等入，諭曰：朕因貝子允禟行事悖謬，在西寧地方縱容家下人生事妄爲，特發諭旨著都統楚宗往彼約束。今據楚宗摺奏，臣至西大通，允禟竝不出迎請安，良久，始令臣進見，允禟氣概强盛，形色如前，竝無憂懼之容。臣令出院跪聆諭旨，允禟竝未叩頭，即起立向臣云：諭旨皆是，我有何說。我已欲出家離世，有何亂行之處。其屬下人等亦毫無敬畏之色等語。朕遣楚宗到彼傳旨，約束其屬下之人，原恐其生事騷擾，且冀其改悔前愆，遵守法度，曲爲保全，乃允禟肆行傲慢，全無人臣事君之禮，且稱出家離世等語。其意以爲出家則無兄弟之誼，離世則無君臣之分也，荒誕不經如此。朕弟兄中如允禔、允禩、允禟、允䄉、允禵等在皇考時，結黨妄行。

《世宗實録》卷三四　七月，都察院疏參吏部尚書隆科多議處年羹堯曲護徇庇，不將伊公爵議革。隆科多應革職。得旨，隆科多著削去太保職銜，從寬免革職。

《世宗實録》卷三六　九月，吏部議覆川陝總督岳鍾琪疏參原任川陝總督年羹堯，將甘州巴爾庫爾等處官員應行奏請錢糧之事，誑稱此非交代事件，竝不交代明白，應將年羹堯所有一等阿達哈哈番降爲拜他拉布勒哈番。得旨，年羹堯所有職銜，俱著革去。

《世宗實録》卷四二　雍正四年三月，諸王大臣等遵旨將允禩改名之處詢問允禩，允禩自改名爲阿其那，改伊子弘旺名爲菩薩保。奏入報聞。

《世宗實録》卷六二　雍正五年十月丁亥，順承郡王錫保等遵旨審奏隆科多罪案。大不敬之罪五、欺罔之罪四、紊亂朝政之罪三、姦黨之罪六、不法之罪七、貪婪之罪十六。

《世宗實録》卷七一　雍正六年七月辛酉，川陝總督岳鍾琪奏報：據西藏駐劄之參將顔清如呈稱，五月二十五日，頗羅鼐率所部兵，由潘玉口至喀巴地方，先遣兵一千餘名衝戰喀木卡倫，與隆布奈之兵相敵。是夜西藏斥堠兵丁，俱隨從頗羅鼐。二十六日，頗羅鼐率兵直抵西藏，駐藏大臣馬臘僧格即往布達拉地方守護，達賴喇嘛、頗羅鼐一面安撫西藏，一面派兵將布達拉地方圍困。二十七日，馬臘僧格回至西藏。二十八日，各廟喇嘛將阿爾布巴隆布奈扎爾鼐等擒獻頗羅鼐將伊等拘禁，遂來見馬臘僧格，告稱今率阿里及後藏兵共九千餘名，前來西藏，既獲讎人，即欲回後藏，防守隘口兵丁等乞奏聞皇上加恩賞賜等語。臣查頗羅鼐於大兵未到之前奮勉報讎，擒獲渠魁，此皆聖主恩威遠布之所致，但渠魁雖已就擒，阿爾布巴之子衮布現在江達率兵駐劄，臣行令鑾儀使周瑛嚴加防範，俟大兵到藏，協力攻勦。至頗羅鼐之兵九千餘名，請加賞賜，以示鼓勵。得旨，頗羅鼐兵丁殊爲効力，著查郎阿等將預備軍需錢糧内動支三萬兩給與頗羅鼐，令其酌量賞兵。

《世宗實録》卷八一　雍正七年五月乙丑，先是湖南靖州人曾静因考試劣等，家居憤鬱，忽圖叛逆，遣其徒張熙詭名投書於川陝總督岳鍾琪，勸以同謀舉事，岳鍾琪拘留刑訊，究問指使之人，張熙甘死不吐，岳鍾琪置之密室許以迎聘伊師，佯與設誓，張熙始將曾静供出，岳鍾琪具摺併其逆書奏聞。奉旨差刑部侍郎杭奕禄、正白旗副都統覺羅海蘭至湖南，會同巡撫王國棟拘提曾静審訊。據曾静供稱生長山僻，素無師友，因應試州城得見吕留良評選時文内有妄論夷夏之防及井田封建等語，遂被蠱惑。

《世宗實録》卷九三　雍正八年四月丁未，命改定大學士、尚書品級，大學士爲正一品，尚書爲從一品。

《世宗實録》卷一〇〇　十一月戊子，諭内閣：朕即位之初清查户部錢糧，始知歷年以來虧空竟至二百五十餘萬兩之多。是時怡賢親王管理部務，奏稱此項虧空歷年已久，若一一根究，責令賠補，則獲罪之人甚衆，懇請寬免查究。嗣後以本部餘平銀兩，陸續代爲完補。數年以來，該部既有補帑之事，是以各省解銀交庫之時平銀未免稍重。但從前解京銀兩到部交納時雜費繁多，又有暗中包攬，官吏勒索，種種情弊，此中外所共知者。自怡賢親王管理三庫以來，弊絶風清，各色浮費悉行禁革，雖餘平銀兩略覺加添，而較之從前雜費，則減省已多。且怡賢親王之意原欲俟虧空彌補全完之後仍將平銀裁減，此亦王屢次陳奏於朕前者。今庫中虧空之項俱已補足，著將辛亥年春撥解部銀兩照從前餘平之數減去一半，該部即行文各省巡撫布政使知之。此項銀兩大約出自耗羡項下，嗣後著留於本省，以備地方公事之用。若司庫官員有額外多索者，著管理三庫之王大臣查參。若外省官員，因此次恩旨將解部之項或有扣尅短少等弊，亦著王大臣指參議處。

《世宗實録》卷一二四　雍正十年十月庚辰，諭辦理軍機大臣等：岳鍾琪受朕深恩，重加任用。西陲討賊之舉，伊亦身任不辭，是以用爲西路大將軍，一切徵兵運餉選將設官，凡有所請，無不允行，實冀其殫心竭力，無隱無欺，克著綏靖之績。乃伊秉性粗疎，辦事怠急，將國家軍旅重務視同泛常，且賞罰不公，號令不一，不恤士卒，不納善言，傲慢不恭，剛愎自用，以致防禦追擊屢失機宜，軍務廢弛，士氣不振，以多年預備之馬駝牲畜數十萬或被賊人偷盗，或因失養損傷，及至需用之時，寥寥無幾。而凡陳奏於朕前者皆虚假詐僞之詞，爲怙過飾非之計，其悮國負恩之罪難以悉數。岳鍾琪著革職，交與兵部拘禁，候朕另派大臣訊問。

《世宗實録》卷一二六　十二月乙丑，諭内閣：吕留良治罪之案，前經法司、廷臣、翰詹、科道及督撫、學政、藩臬、提鎮等合詞陳奏，請照大逆之例以昭國憲。朕思天下讀書之人甚多，或者千萬人中尚有其人謂吕留良之罪不至於極典者，又降旨令各省學臣偏行詢問各學生監等，將應否照大逆治罪之處取具該生結狀具奏。其有獨抒己見者，令自行具呈，學臣爲之轉奏，不得阻撓隱匿。今據各省學臣奏稱，所屬讀書生監各具結狀，咸謂吕留良父子之罪罄竹難書，律以大逆不道實爲至當，並無一人有異詞者。普天率土之公論如此，則國法豈容寬貸，吕留良、吕葆中俱著戮屍梟示。吕毅中著改斬立決，其孫輩俱應即正典刑。朕以人數衆多，心有不忍，著從寬免死發遣寧古塔給與披甲人爲奴，倘有頂替隱匿等弊，一經發覺，將浙省辦理此案之官員與該犯一體治罪。吕留良之詩文書籍不必銷燬，其財産令浙江地方官變價充本省工程之用。

《世宗實録》卷一二七　雍正十一年正月戊子，大學士等遵旨議覆浙江總督程元章疏言，海寧縣今年夏秋潮勢自東而西，侵入仁和縣界，石草各塘坍卸無常，勢甚危險等語。查海寧東塘向有修築石草各工，而西首現衝之仁和縣界原係土工，離杭城僅二三十里，且與長安壩下河向北一帶，相距不遠，設有疎虞，建瓴而下，有關杭、嘉、湖、蘇、松、常六郡利害，自應速爲修築，以備春伏大汛。但各處塘工止有石土之分，獨寧邑又有草工者，蓋緣其地沙活土浮，潮頭往來搜抉塘脚，即使大石鋪砌而上重下虚，最易傾倒，不得已修築草塘，暫爲堵禦。是三項工程，因時隨地各不可少，但該督祇稱各塘危險，未經疏明何項塘工，無憑懸揣，應令逐一詳勘，即乘春間水小時將應行補葺修築之處，酌動錢糧，相機料理。得旨：着其通盤形勢作何籌畫久遠之法，應俟特簡大臣前往查看，再行定議。着内大臣海望、總督李衛馳驛前往浙江，會同總督程元章將海塘工程通盤相度形勢，籌畫事宜，應作何修築以垂久遠之處，詳細查勘，悉心定議。其修築工程着大理寺卿汪漋、原任内閣學士張坦麟前往承辦，仍照舊令程元章總統辦理。張坦麟即於本籍前往，直隸總督印務著署刑部尚書唐執玉暫行署理，營田觀察使顧琮協辦。

《世宗實録》卷一四五　雍正十二年七月癸巳，又諭：從前令達賴喇嘛移駐泰寧，原因彼時藏中有阿爾布巴等事，恐準噶爾逆賊乘間來犯，是以令其移至近邊地方，以便照看。其隨來之弟子人等，久離鄉土，未免懷歸，今貝勒頗羅鼐實心効力，將唐古特厄魯特之兵操練精熟，各處緊要隘口俱已嚴固防守，藏中晏然無事。班禪額爾得尼年邁有疾，應令達賴喇嘛回藏，著果親王允禮前往泰寧，與達賴喇嘛相見，張家胡土克圖亦令同去。并著都統鼐格前往料理伊等起身，副都統福壽等沿途照看。

《世宗實錄》卷一五三 雍正十三年三月戊子，江南總督趙弘恩摺奏，江寧省城舉行保甲事宜，奉上諭：編立保甲，先應審度地方之可行與否，有司才力之能行與否，毋得一味嚴急，勉强從事。儻地方或不相宜，才力或有不逮，反滋紛擾，毫無裨益。前代論治術者動稱社倉保甲二事，然必須俯順輿情，徐徐勸導，相機酌宜而爲之，方能奏效，非如賭博、宰牛、私鑄、盜匪等項但當繩之以法者之可比也。且立法之初，嚴似勝寬，而不知過嚴之弊，害亦隨之。蓋寬徐則姦宄暫時潛跡，而善良却不致株連；嚴急則姦宄固無所容身，而善良亦不免擾累矣。總之爲政以得人爲要，用得其人，自能因地制宜，順時敷教；若不得人，縱奇策神術，徒美聽聞耳，於事何濟？

《世宗實錄》卷一五七 六月乙亥，諭户部：各省從前辦公無項可動，上下共相捐應，官民竝受其累。即各官薪米之需皆取給於該地方之耗羨，而地方大小不一，多寡亦不均平，往往不能固其所守。此人人洞悉其弊者。山西巡撫諾敏始請提解耗羨之法，後各省督撫次第效法，將經年費用之款項，衙門事務之繁簡，議定公費，派給養廉，俾公事私用，咸足取資。自行此法以來，吏治稍得澄清，閭閻咸免擾累，此中利益乃内外之所共知共見者。各省布政司職掌錢糧之總滙，自應加意慎重，其應批解者隨時查催，不使拖欠，其應支給者嚴加稽核，不致冒濫，庶財用常充，而官民永受其益。乃數年以來，朕留心體察，外省布政使中竟有庸劣無識之人，將此項銀兩視爲無足重輕之物，而不念其爲民脂民膏，或那補借支，或任意費用，前任含糊交代，後任不便深求，竟將有關國計民生之項漸成紙上空談，而督撫亦不查察。

《世宗實錄》卷一五九 八月丁亥，上不豫，仍照常辦事。戊子，上不豫，皇四子寶親王弘曆、皇五子和親王弘晝朝夕侍側。戌刻，上疾大漸，召莊親王允祿、果親王允禮、大學士鄂爾泰、張廷玉、領侍衛内大臣公豐盛額、訥親、内大臣户部侍郎海望至寢宮前，大學士鄂爾泰、張廷玉恭捧上御筆親書密旨命皇四子寶親王弘曆爲皇太子，即皇帝位。少頃，皇太子傳旨著莊親王允祿、果親王允禮、大學士鄂爾泰、張廷玉輔政。己丑子刻，上崩。上在位十有三年，壽五十有八。

雜録

備録

昭槤《嘯亭雜録》卷一 世宗居藩邸時，一切外間人情物理無不通徹。凡藩屏外任者，上皆命將其省封域、産殖、豐庶、貧嗇等情，具載一小册呈覽，是以天下利弊如指諸掌。理密親王時爲儲位，上事之最敬，而王先受宵小言，待上甚薄。及王被罪，聖祖將王縶置空廬，不許人謁見。上親持湯羹以進，守者遏之，上曰：「吾惟知盡昆弟之情，不知顧己之利害也！」聖祖聞而善之。

憲皇在位十三載，日夜憂勤，毫無土木、聲色之娱。余嘗聞内務府司員觀豫言，查舊案檔，雍正中惟特造風、雲、雷、雨四神祠，以備祈禱雨暘外，初無特建一離宫别館以供遊賞。故當時國帑豐盈，人民富庶，良有以也。

康熙間，仁皇寬厚，以豫大豐亨以馭國用，故庫帑虧絀，日不暇給。憲皇即位後，綜覈名實，罷一切不急之務，如河防海塘等巨費，皆罷不修，體卹民力。特置封樁庫於内閣之東，凡一切贓款羨餘銀兩，皆貯其内，至末年至三千餘萬，國用充足。每令直省將天下正供糶米隨漕以入，故倉庾亦皆充實，積貯可供二十餘年之用，真善爲政理也。

世宗夙知大臣禄薄不足歲用，故特定中外養廉銀兩以濟其用。其外，歲時尚賞上方珍物無算，以通上下之情。鄂文端公召入時，上特命海司空望爲之起第於大市街北，凡器用物具無不備置。張文和嘗小疾，及病痊後，上告近侍曰：「朕股肱不快，數日始愈。」衆爭來問安，上笑曰：「張廷玉有疾，豈非朕股肱耶？」其優待也如此。陳中丞時夏宦籍滇南，上因其母老，特命雲、貴有司置傳，送其母至其任所。岳威信公鍾琪以邊勳置高位，或譖其係岳武穆後，欲復宋、金世仇之語，上特封其奏以示岳公。後公出征西域，上特命其子濬送至玉門關以慰之，其體下情若此。故一時將相感上威德，無不效力用命，以成一代郅隆之化也。

上以蔡宗丞嵩依附年黨，因籍其家。得顧太史天成《詠星星草》詩稿，疑其語涉譏諷，命蔡崇其全集進呈。見恭挽聖祖詩云「已過虞舜巡方日，尚少唐堯在位年」之句，上因之淚下，曰：「草莽之間乃有此忠臣耶！」因召入，特賜編修，命值上書房以示寵云。

世宗馭下嚴肅，然每假以辭色，以聯上下之情。丙午秋，特宴文武大僚于乾清宮，賦詩飲酒。每佳時令節，必賜諸王大臣遊讌，泛舟福海，賞花釣魚，竟日乃散。故當時堂廉之間，歡若父子，無不可達之情也。

雍正初，上因允禩輩深蓄逆謀，傾危社稷，故設緹騎，邏察之人四出偵詗，凡閭閻細故，無不上達。有引見人買新冠者，路逢人問之，告其故。次日入朝，免冠謝恩，上笑曰：「慎勿污汝新帽也！」王殿元雲錦於元旦同戚友爲葉子戲，忽失一葉。次日趨朝，上問夜間何以爲歡，王以實對。上笑曰：「不欺暗室，真狀元郎。」因袖中出葉示之，即王夜間所失葉。王制府士俊出都，張文和公薦一健僕，供役甚謹。後王將陛見，其僕預辭去。王問何故，僕曰：「汝數年無大咎，吾亦入京面聖，以爲汝先容地。」始知爲侍衛某，上遣以偵王劣蹟也。故人懷畏懼，罔敢肆意爲也。

上於即位後，慮本章或有所漏洩，故一切緊要政典俱改命摺奏，皆可封達上前，無能知者。上於幾暇，親加批覽，或秉燭至丙夜未罷。所批皆動輒萬言，無不洞徹窾要，萬里之外有如覿面，獎善服奸，無不感浹肌髓。後付刻者，祗十之三四，其未發者，貯藏保和殿東西廡中，積若山岳焉。

憲皇舊邸與柏林寺相近，故上同迦陵上人朝夕談禪，頗通釋理。臨蒞後，嘗告近臣曰：「朕欲治世法十載，然後闡明釋法。」故於十一年稍講禪理。所著《悅心集》及諭諸寺院等諭，皆直達上乘，非浮泛之士所可解者。又謂木陳頗通世法，非禪宗正眼，黜其法派。又以皓月所宗以袈裟傳派，實爲魔道，併着撤其鐘版以辨邪正。又以張紫陽雖道教，其《悟真外篇》實通禪理，并着歸入《釋藏》中以廣法門。皆隻眼正見，直達如來之真諦也。

世宗萬幾之暇，罕御聲色。偶觀雜劇，有演《繡襦》院本《鄭儋打子》之劇，曲伎俱佳，上喜賜食。其伶偶問今常州守爲誰者，蓋劇中鄭儋乃常州刺史。上勃然大怒曰：「汝優伶賤輩，何可擅問官守？其風實不可長。」因將其立斃杖下，其嚴明也若此。

陳康祺《郎潛紀聞初筆》卷一《耗羨歸公》 雍正間，耗羨歸公，定直省各官養廉，由世宗之獨申睿斷，因時制宜，而其端則發於山西巡撫諾岷、布政司高成齡。蓋先是州縣徵收火耗，藉資日用，上司所需，取給州縣，不無貪吏藉口上司容隱之弊。雍正二年，諾岷請將山西一年所得耗銀，提解司庫，除抵補無著虧空外，分給各官養廉；而成齡復請倣山西例，通行直省。上以剔除弊竇，必更定良法，耗羨必宜歸公，養廉須有定額，詔總理王大臣、九卿會議。會各省皆望風奏請，議遂定，使嗣後爲民牧者，恪守成規，不於耗羨外更加耗羨。諾岷與成齡，洵一言利溥矣。

陳康祺《郎潛紀聞初筆》卷二《世宗崇獎忠節》 兵部侍郎淩如煥，督學湖北時，以明臣楊漣玄孫可鏡充拔貢。可鏡赴朝考，以文理荒謬議革，並議如煥降一級調用。世宗特諭云：「楊漣父子，兩世忠義，其子孫雖文藝不工，亦當格外造就。楊可鏡准作選拔，赴國子監肄業，仍著禮部帶領引見。淩如煥免其降級。」世宗之崇獎忠節，洵無微不至矣。

陳康祺《郎潛紀聞初筆》卷五《世祖閱明孝宗實録》 世祖幸南苑別殿，夜半閱明《孝宗實録》，有召對兵部尚書劉大夏、都御史戴珊事。心喜曰：「朕所用何遽不若珊、大夏。」明日，宣梁尚書清標及魏文毅詣行幄，備顧問。

陳康祺《郎潛紀聞初筆》卷五《定逢五視朝之制》 世祖御宇之九年，魏文毅公疏言：「少而勤學，古人比之日出之光，宜及時肇舉經筵日講，以隆治本。」八年二月，世祖親政，公又言：「深居高拱，不如詢訪臣鄰；批答詳明，不若親承顏色。故事有朔望之朝，有早朝、晚朝，內朝、外朝。今縱不能如往制，請一月三朝，以副勵精圖治至意。」自是，定逢五視朝之制。

陳康祺《郎潛紀聞初筆》卷九《世宗崇祀至聖》 雍正八年九月，重建闕里文廟告成，黄瓦畫棟，悉仿宮殿制度。搏拊干戚，尊俎豆籩之器，頒自上方。世宗御書碑文勒石。禮部奏請遣官祭告，特詔皇五子承命以行。漢、唐以來，無此隆儀茂典也。

陳康祺《郎潛紀聞初筆》卷一三 《澄懷園語》云：「世宗憲皇帝時，廷玉日直內廷，上進膳，嘗承命侍食。見上於飯顆餅屑，未嘗棄置纖毫。每燕見臣工，必以珍惜五穀，暴殄天物爲戒。又嘗語廷玉曰：朕在藩邸時，與人同行，從不以足履其頭影，亦從不踐踏蟲蟻。」聖人之恭儉仁慈，謹小慎微如是。

陳康祺《郎潛紀聞初筆》卷一三《世宗優禮蔣文肅》 雍正丙(子)〔午〕秋，蔣文肅公主順天鄉試。時太夫人高年在堂，世宗皇帝恐其懸念，命樞府諸大臣索其家平安信，於降旨之便，傳入闈中，以慰其心。

陳康祺《郎潛紀聞二筆》卷九《雍正朝加恩士子之曠典》 雍正庚戌科會試，特命廣額四百名。又會試之前，奉諭：凡雍正七年大臣子弟鄉試失舉者，采中十二名。又雍正壬子科各省鄉試，奉旨：每額十名加中一名，有零者亦加一名。蓋名場曠世之恩也。

陳康祺《郎潛紀聞二筆》卷九《雍正朝之神靈瑞應》 《查查浦詩集》有《恭紀神靈瑞應九章》，自注甚詳，皆符瑞志中史料也，别擇登之。一、天台山民於雍正七年十一月，見神鳥飛鳴石梯兒溝，各臣民於八年正月，見鳳皇翔集峰頂。一、景陵碑文初勒時，即有靈芝繞石之瑞，世宗按：原注稱今上。龍興之始，孝陵蓍英屢見。一、雍正四年，黄河六省俱清，五星聚於奎壁。一、南掌貢象，生黎輸丁，西邊亦皆臣服。一、四川撫臣奏，七年七月六日，犍爲祥雲捧日；山西撫臣奏，十二月保德州祥雲繞日三環，臨晉縣慶雲屢見；河東督臣奏：十二月登、萊二府祥雲互見；雲貴督臣奏：七月至閏月，有五色雲凡七次見，八月慶雲六次見，九月新嶍營亦疊見；又重建孔聖廟大成殿，上梁前二日，卿雲見於闕里，上命親詣文廟設奠，以申感慶。一、七年九月，雲南白崖鄉約等呈報地方少水，本年閏月平地湧出甘泉二股，一出仙女莊，一出蝦蟆口。一、湖州府有萬繭同功之瑞。一、磁州民拾遺金四十兩、錢三千，悉俟原主還之。一、七年冬，奉天將軍奏：小米一斗價三分，豆一斗價一分二釐。十一月，貴州撫臣繪瑞穀圖進呈，一穗三莖以至一穗十五、六莖者不等。康祺敬按：列聖家法，惟知敬天勤民，從未嘗侈言祥瑞。然雍正初元數年之閒，卿雲甘醴，鳳集河清，嘉穀靈芝，神鳥瑞繭，凡古來祥符上慶，駢集於薄海內外者，至於史不勝書，三聖繼興，萬葉鞏祚，太和翔洽，事豈偶然？則亦載筆之士，所未宜闕略者也。

陳康祺《郎潛紀聞三筆》卷三《世宗慰留朱高安語》 朱高安晚歲多病，屢乞身，世宗嘉獎而慰留之。雍正九年，又具摺奏請。內閣傳出上諭：「爾病如不可醫，朕何忍留。如尚可醫，爾亦何忍言去。」高安感激涕零，從此不復有退志。紬繹聖言，與孔子對定公「君使臣以禮，臣事君以忠」二語若相表裏也。

陳康祺《郎潛紀聞三筆》卷三《世宗諭應試貢士語》 雍正丁未試南宮，上以春寒，賜天下貢士棉衣薑茶。試畢，羣詣謝恩。吳大宗伯襄宜言於衆曰：「上有旨，汝輩他日作官，當如張鵬翮、朱軾，方不負朝廷。」兩文端之見重如此，見彭端淑《白鶴堂集》。

陳康祺《郎潛紀聞三筆》卷四《世宗伺察之嚴》 相傳世宗在位，嫉臣下紀綱之不肅，苞苴之盛行，凡關防風憲衙門，多密遣親信邏察，以故萬里若堂階。世所述軼事甚夥，以未見紀載，不敢筆也。《海濱人物抄存》稱天津周撫部人驥，雍正丁未進士，以禮部主事視學四川，按：《清祕述聞》作以户部郎中任。三年，操守清潔無苟且。先是，本部堂官薦一僕，甚勤敏，至任滿，數請先行。公曰：「我即日回京覆命，若當隨往。」其人曰：「我亦欲回京覆命耳。」公驚詢，乃曰：「某實侍衛某也，特來伺公。公考試好，某將先期奏聞矣。」公歸，果蒙褒旨。公弟人駃爲公立傳，敍其事甚詳。

陳康祺《郎潛紀聞三筆》卷六《世宗密訓李衛》 銅山制府李敏達公開藩滇中，世宗密諭訓之曰：「汝恃寵放縱，於督撫前粗率無禮，操守亦不能純，間有巧取，如此行爲，大負倚任。嗣後極宜謙恭持己，和平接物，川馬古董之收受，俱當檢點，兩面欽用牌，不可以已乎，是皆小人逞志之態，何須乃爾。」康祺敬按：恃寵放縱，操守不純數語，實賅敏達一生。時猶雍正初年，敏達初逞志也，世宗皇帝已明見萬里如此，後之隆隆嚮用，殆古人使貪使詐之說乎？

陳康祺《郎潛紀聞三筆》卷一〇《世宗破除官員迴避本省之見》 國初官員補授之例，迴避本省，如江蘇之與安徽，湖北之與湖南，陝西之與甘肅，亦稱同省，例應迴避。雍正七年，世宗以江南之上江、下江，湖廣之湖南、湖北，陝西之西安、甘肅，雖同在一省，而幅員遼闊，各設巡撫司道以統轄之，其情形與隔省無異。且既係同省，則於彼處之人情土俗，較爲熟悉，未必不於地方有裨。嗣後此數處府州縣以下官員，不在本籍巡撫轄下者，不必迴避。按：昔賢有分道用人之論，極東之産，不使遠官於極西，果從其制，似與聖諭所稱熟悉風土，裨益地方者，稍有合也。

陳康祺《郎潛紀聞三筆》卷一二《世宗大義滅親之不得已》 聖祖皇帝晚年，阿其那、塞思黑輩妄覦非分，要結羽黨，播散流言，至今尚有以管、蔡之不咸，議聖人之有過者。敬攷康熙年間，聖祖升遐以前，諸皇子惟世宗已封雍親王，允祉已封誠親王，允祐已封淳親王，餘皆貝勒、貝子，且有未受封者。而巡方駐蹕之隨扈，禋祀鉅典之代行，及軍國大計從容諮決，惟我世宗爲獨多。即六十一年南郊大祀，亦以世宗恭代，距聖祖賓天，僅先五日也。聖祖嘗諭諸大臣曰：「朕萬年後，必擇一堅固可靠之人，與爾等作主，令爾等永享太平。」觀此，知天心默定，神器攸歸久矣。羣凶搆扇，圖危宗社，大義滅親，夫復何問。

備論

《世宗實録》卷一五九　上以聖神文武之資，際累洽重熙之盛，膏澤浹於八埏，聲教孚於萬國，紀綱整飭而實本乎寬仁，法度嚴明而悉原於慈愛，運一心之經畫，垂百世之規型，施之有序而出之有原，蓋聖人之德無以加於孝，孝者仁之本也。

《世宗實録》卷首《進實録表》　伏以帝治協生成，八表茂昇平之祉；皇猷昭典則，千秋騰紀載之光。炳大業以貽型禮，樂兵農，爲章玉册；焕綸言而立訓，都俞吁咈，永著琅函。用垂有道之庥，丕衍無疆之慶。抽毫頟手，捧牘薰心。欽惟世宗敬天昌運建中表正文武英明寬仁信毅大孝至誠憲皇帝，精一執中，蕩平建極。劑剛柔於三德，善政與善教咸修；奏歌敘於九功，仁聞共仁心懋著。撫累洽重熙之景運，秉朝乾夕惕之純衷。展祀郊壇，奉兩儀而合撰；薦馨祖廟，歷九獻以加虔。昔在藩封，早協歡心於問視；嗣膺統緒，備伸永慕於情文。篤宗親而惇敘維殷，眷耆舊而寵光渥被。經筵肇舉，闡載籍之微言；太學親臨，布宫牆之雅化。緬鍾祥於至聖，五代推恩；增執事於廟庭，百官式序。輝煌鳳藻，雲蔚霞蒸；璀璨鸞書，銀鈎鐵畫。禮門義路，聿修善俗之經；秋賦春官，廣闢掄英之典。執權衡以馭物，偏黨胥消；勤批答以敷言，範圍不過。小廉大法，甄陶克盡乎羣材；激濁揚清，懲勸兼孚於衆志。惠周寮寀，制禄從優；褒及忠良，專祠特建。播萬言之彝訓，發蒙警聵，懇懃保赤之誠；慎三尺之科條，肆赦祥刑，浩蕩好生之德。偶逢災沴，賑貸頻施；即屬偏隅，蠲除必遍。濬水泉於畿輔，烟耕雨耨，農田資蓄洩之功；繕隄障於江淮，海晏河清，澤國底平成之績。既仁恩之溥洽，亦聖武之布昭。恤兵無事之時，整旅修文之後。天戈所指，青海獻俘；帝命甫申，西陲納欵。化蠻疆爲郡縣，重譯傾心；奠藩服於金湯，窮邊跂踵。持盈保泰，視遐荒在户牖之前；明目達聰，周睿念於寰瀛之表。神人協應，愈嚴陟降於深宫；符瑞駢臻，倍飭修和於庶府。凡夫慈祥愷悌，無非體聖祖之心以爲心；間有損益變通，祇是法聖祖之政以爲政。鴻圖廣運，殫十三載之憂勞；龍馭遐升，動億萬方之愴慕。内寧外謐，樂利無窮；綱舉目張，規條斯在。制治保邦之軌範，洵可法而可傳；福鍾善慶所留遺，遂彌昌而彌熾。

陳康祺《郎潛紀聞四筆》卷一一《世宗慎重文衡》　雍正癸卯，嵇文敏公曾筠，方撫河南，忽奉命爲河南鄉試正考官。雍正壬子，交河王少司寇蘭生，方爲安徽學政，亦奉命主江南鄉試。世宗慎重文衡，簡派試官，往往出人意表，蓋以杜廷臣之窺測也。

龔煒《巢林筆談》卷二《世宗遺詔》　伏讀世宗皇帝遺詔，不勝感泣。上臨御十三年，法立而不苛，政舉而不擾，賓天之日，猶諄諄以寬大訓後，此真堯舜之用心哉！自古人君，英察者流爲慘刻，仁厚者難於剛斷。仁明如帝，無間然矣。

年羹堯部

綜述

《清史列傳》卷一三《年羹堯傳》 年羹堯，漢軍鑲黃旗人，湖北巡撫遐齡次子。康熙三十九年進士，改庶吉士，散館授檢討。四十四年，充四川鄉試正考官。四十七年，充廣東鄉試正考官。歷遷侍講學士。明年二月，授内閣學士。

旋擢四川巡撫。四十九年二月，斡偉生番羅都等掠寧番衛，戕遊擊周玉麟，上命羹堯同提督岳昇龍相機勦撫。七月，昇龍率兵進勦，斬馘七千，擒羅都。羹堯至平番衛，聞羅都就擒，即還，爲川陝總督音泰所劾，部議革職，命從寬留任。五十年，疏劾打箭爐監税員外郎博羅侯等苛索狀，詔音泰鞫實，論罪如律。五十六年二月，越嶲衛所屬番人與普雄土千户那交等據險叛，羹堯遣游擊張玉勦平之。四月，直隸巡撫趙弘燮訪獲鑲藍旗逃人孟光祖，徧歷直省，請託賕利，奏聞。事下刑部嚴訊，光祖赴川時，曾詐稱誠親王允祉使致餉遺羹堯受之，且餽以銀馬，令所屬應夫役。上以羹堯不將孟光祖查拏，反行餽送，敕令明白回奏。尋因所奏巧飾不實，部議革任，得旨，仍留任。

是年，策妄阿喇布坦遣其黨策凌敦多卜襲西藏，戕拉藏汗，四川提督康泰出黄勝關偵禦，兵噪回。羹堯諭參將楊盡信撫其衆，密奏泰失兵心，難統領，請親赴松潘辦理軍務。上嘉其實心任事，遣都統法喇率兵赴川協勦。五十七年六月，羹堯請令護軍統領温普駐裏塘，自打箭爐至裏塘增設驛站，八月，又請增駐防四川兵，允之。十月，諭曰：「年羹堯自軍興以來，辦事明敏，又能度量西去追勦之兵，運餉接濟，甚屬可嘉！巡撫祇理民事，無督兵責任，今軍機緊要，著授爲四川總督，兼管巡撫事。」五十八年三月，羹堯奏賊情叵測，請自往備。廷議以松潘諸路軍務緊要，不便率兵出口，檄法喇進師。六月，法喇率副將岳鍾琪撫定裏塘、巴塘。羹堯亦遣知府遲維德招乍丫、察木多、察哇番目來歸，因請撤回法喇兵，從之。

五十九年二月，詔平逆將軍宗室延信自青海往定西藏，授羹堯定西將軍，即自拉里會勦，並命以堪署總督之人具奏。羹堯疏言：「總督印務，一時無可署理之人，請授護軍統領噶爾弼爲將軍，而調法喇駐防打箭爐。」上特從所請。時部臣議准雲貴總督蔣陳錫疏言巴塘、裏塘本滇省麗江土府屬地，仍歸土知府木興管轄。羹堯言：「進藏運糧要路，不宜隸滇，仍請歸四川便。」五月，又言：「成都駐防滿兵需米甚多，請令近省瀕水州縣應收折色者，改本色運省充餉。」七月，又言：「州縣虧空錢糧，知府扶同徇隱，參革分賠。」皆下部議行。八月，噶爾弼、延信先後抵西藏，策凌敦多卜敗遁，西藏平。羹堯遵旨酌議凱旋軍士入口路，令法喇回京。十一月，遣兵勦撫裏塘所屬之上下牙色、上下雅尼，巴塘所屬之桑阿壩、林卡石諸生番，悉降之。

六十年五月，入覲，賜弓矢，授四川陝西總督。九月，以青海郭羅克番肆掠，命羹堯等酌調滿兵及外藩蒙古兵會勦。羹堯奏言：「郭羅克有隘口三，悉險峻，宜步不宜騎。若調兵多，則賊得潛爲備，不如以番攻番。臣素知雜谷諸土司、土目亦病郭羅克肆惡，臣已移提臣岳鍾琪率赴松潘進勦。」上是之。十二月，鍾琪率土兵敗郭羅克伏卒千人，進克番寨四十餘，斬馘三百，擒其渠，餘衆悉降。先是，西藏既平，内大臣公策旺諾爾布奉命駐守。六十一年七月，駐藏喇嘛楚爾齊木藏布、知府石如金以在藏官兵不睦訴。羹堯密奏策旺諾爾布委靡及副都統常齡、侍讀學士滿都、員外郎巴特瑪等任性滋事，請撤回駐藏兵。事下廷臣議，以羹堯聽信喇嘛及知府飾詞，擅請撤兵，應飭所司嚴議。上原之，特命滿都、巴特瑪、石如金、楚爾齊木藏布等來京，遣四川巡撫色爾圖、西安布政使塔琳赴藏，助策旺諾爾布駐守。是時陝西庫帑多虧，羹堯累疏參革守令，嚴追充餉，西安巡撫噶什圖以虧項不能速完密奏，又與羹堯請加火耗，以完虧空。諭曰：「陝西錢糧所以虧缺最甚者，自用兵以來資助車馬、糗糧、衣服銀兩，府、州、縣無可設法，勢必挪用庫帑。及撤兵時亦然。即如自藏回京將弁沿途所得，反多於正項。是以各官虧空，動輒萬金，年羹堯欲追虧項以充兵餉，及追之不及，又與噶什圖議加火耗以完虧空。此摺若批發，便謂奉旨加徵；若不批發，又謂此事已曾奏明，竟自私派。民間火耗，祇可議減，豈可加增？朕在位六十一年，從未加徵民間火耗，今若聽其加添，必致與正項一例催徵，將肆無忌憚矣。著傳旨申飭。」尋命發帑銀五千萬兩，解送陝西資餉。

十一月，撫遠大將軍貝子允禵還京，命羹堯管理軍務。雍正元年三月，議敘平定西藏時運糧及守隘功，封三等公，世襲罔替，加太保。時詔撤駐藏官兵，羹羹堯條奏八事：「一、打箭爐外，中渡河口，爲通藏要隘，請移駐守備，建城分防；一、保縣在大河南，土番出入隘口，請撥千總防汛；一、松潘口外各番，惟阿樹部落最大，請給長官司職，以資鈐束；一、建昌所屬越嶲衛多蠻倮，請改設遊擊，分兵防守；一、大金川土舍莎羅奔隨征羊峒有功，請給安撫司銜，以分小金川之勢；一、烏蒙蠻達目等兇暴不法，土舍祿鼎坤等請擒獻，俟至日給土職，分轄其地；一、川省捐造滿兵營房之官民，請予議敘；一、軍營自備資斧効力之武進士、舉人，請酌補守備、千總。」部議從之。

八月，青海羅卜藏丹津脅衆台吉叛，劫親王察罕丹津，侵掠青海諸部。十月，羹堯自甘州率師至西寧，疏請進剿，特授撫遠大將軍，以前鋒統領素丹、提督岳鍾琪爲參贊，敕授方略。羹堯奏調總兵周瑛截賊往藏後路，都統穆森駐吐魯番，副將軍阿喇衲駐噶斯，參將孫繼宗駐布隆吉爾。於是遣總兵楊盡信、黃喜林，副將王嵩，參將宋可進，遊擊元繼尹、馬成輔等，先後敗賊鎮海堡、南川、西川，中中、北川、奇嘉等堡，殲俘甚衆，賊衆竄走，遂移察罕丹津及其屬人於蘭州。因奏進剿青海五事：「一、請選陝西、甘肅、四川、大同、榆林綠旗兵及外藩蒙古兵萬九千，令鍾琪等分領，由西寧、松潘、甘州、布隆吉爾四路進剿；一、防守西寧、永昌、布隆吉爾、巴塘、裏塘、黄勝關、察木多諸邊口；一、除歸化城、張家口所買馬駝外，請太僕寺撥孳生馬三千，巴里坤選駝一千，赴軍備用；一、貯備軍糧，即以臣在西安時預買米六萬石充運；一、請以景山所製火器給軍。」總理事務王大臣議如所請。十月，敍平郭羅克功，晉一等公。十一月，察罕丹津屬部各殺羅卜藏丹津守者來歸，羹堯宣布德威，安置西川口外。有堪布諾門汗者，察罕丹津從子也，爲塔兒寺喇嘛，叛從賊，糾衆拒戰，至是亦來歸，羹堯數其罪斬之。先是，繼宗擊賊之犯布隆吉爾者，至是鍾琪率瓦斯、雜谷兵剿南川口外郭密、呈庫、活爾賈諸部，盡殪其衆。

二年正月，上以羅卜藏丹津負國叛賊，斷不可宥，授鍾琪奮威將軍，命羹堯趣令討賊。時西寧東北郭隆寺喇嘛應賊，羹堯令鍾琪等襲斬六千餘，燬其寺。因分路進剿，敗賊伊克哈爾吉山，擒其酋阿喇布坦温布；別遣涼莊道蔣泂等擒阿岡賊番，又敗賊石門寺。二月，鍾琪等師至柴達木，羅卜藏丹津率二百餘人遁，追擊至烏蘭伯克，擒其母及賊酋吹喇克諾木齊等，盡收其人户、馬駝。青海平，敍功，進羹堯爵一等公，再給一子爵，令其子斌襲；其父遐齡如羹堯爵，加太傅銜。命議防邊事宜，羹堯以八事入奏：「一、策妄阿喇布坦恭順遣使請降，請撤回大兵，而選兵二千駐巴里坤，千五百駐吐魯番，二千駐哈密；一、布隆吉爾築城，駐兵五千，轄以總兵，其新城請欽定嘉名，以垂永久；沙州、哈密亦各設兵防守；一、駐布隆吉爾兵，請即以甘、涼、肅三路所罷兵，給貲遣往；一、布隆吉爾駐防兵內，請每營撥餘丁二百，給牛籽、口糧，往屯赤金衛、柳溝所墾地，三年後計畝收糧充餉，免由內地轉輸；一、請移靖逆衛同知駐布隆吉爾理民事，增設衛守備理屯糧，沙州亦設衛千總一，專司屯務，並歸肅州道管轄；一、邊外既設駐防，肅州鎮祇於口內分守，應汰兵八百；一、邊外嘗爲蒙古牧場，今駐兵耕種，不應仍令游牧滋事，應遣大臣率蒙員往布隆吉爾迤南山中分地居之，務令地界明晰；一、寧夏舊設總兵，應援哈密，道遠甚無益，寧夏邊外阿拉善去哈密近，宜滿兵駐防。」詔如所請。

四月，羹堯遣侍衛達鼐、副將紀成斌搜剿餘賊，至布哈色卜蘇，擒台吉阿布濟車陳；又遣副將岳超龍剿河州口外鐵布等寨番，殺賊二千餘，克寨四十一，餘悉降之。又以莊浪番賊竊據卓子山及碁子山，遣兵自西寧進剿，鍾琪率可進、成斌、泂等奪隘入，轉戰五十餘日，殲賊甚衆，遂移附賊喇嘛於別寺，燬其巢。於是頒條示禁約，又奏青海善後十三事：「一、青海諸部宜分別功罪，加賞罰；一、青海部落，請於內扎薩克編置佐領，申約束；一、朝貢交易，宜立期定地，青海王、貝勒、台吉等分作三部，自備駝馬，由邊外赴京請安進貢，三年一次，其交易定於那拉薩拉地方，不得擅移；一、居青海之喀爾喀，宜弗隸青海，請編旗置佐領，增設扎薩克，以分青海之勢；一、凡陝省甘州、涼州、莊浪、西寧、河州，川屬松潘、打箭爐、裏塘、巴塘，滇屬中甸之西番部人，自明時不能撫治，或歸喇嘛耕種，或屬青海納租，今已歸化爲民，請增設衛所撫治，酌減土司糧額以示寬大；一、青海、喀木、藏、衛乃唐古特四大部，顧實汗據有之，以青海地廣可游牧，喀木人衆糧富，令其子孫分處二地，而以藏、衛二部施予達賴、班禪二喇嘛爲香火地，今因青海叛，盡取其地，分隸川、滇，而喇嘛遣人赴打箭爐貿易，仍索各部銀，名曰『鞍租』，至爐納税，請禁喇嘛不得再收鞍租，税員亦免收喇嘛之税；一、諸廟喇嘛多至數千，易藏奸宄，甚至通賊，聚兵抗大軍，請定例廟舍無過二百楹，衆無過三百人，仍取首領結狀，其番民納糧，令所在官吏經理給發；一、黄河入邊，至河州、西寧、蘭州、中衛、寧夏、榆林、莊浪、甘州，其間水草豐美，林麓茂密，自蒙古越據爲牧廠，致與內地相通，請於西寧川北邊外創築邊牆，建城堡，則番邦仍爲內地，又寧夏以阿拉善爲險要，應令額駙郡王阿寶等防屬悉歸山後游牧；一、大通河宜設總兵，鹽池宜設副將，河州保安堡宜設遊擊，則蒙古不敢覬覦；一、打箭爐外木雅吉達、巴塘、裏塘諸路，請增設將弁，以爲川、滇二省聲援；一、陝西之寧夏、四川之重慶、川北諸鎮，宜歸併裁汰；一、請發直隸、山西、河南、山東、陝西五省軍罪當遣者，盡行發往大通河、布隆吉爾墾種；一、諸般部落宜加意撫綏，請令奮威將軍岳鍾琪留兵四千暫駐西寧經理，並令招撫西番諸部。」疏上，上諭總理事務王大臣等曰：「自逆賊羅卜藏丹津背棄國恩，招集同惡，殘其骨肉，侵犯邊城。朕命年羹堯揆度機宜，指揮將士，犁庭掃漠，迅奏膚功。今具奏善後事宜，運籌措置，覽之喜悅！惟新闢邊疆，宜廣屯種，而欲令五省有罪之人，發往開墾，恐此輩未必習於耕種，又無家室，可以羈留邊塞。爾等其悉心妥議具奏。」尋奏大通河駐兵六千，其子弟親戚及西寧民人俱願開墾屯種，惟布隆吉爾距邊遼遠，應令遣犯僉妻發往，官給籽種屯墾，三年後起科如例。餘悉如所奏行。六月，羹堯奏徙卓子山降番噶住等於土司魯華齡所約束。八月，撫定雙蓬諸番，並剿撫貴德至松潘口外諸番部，因奏撤涼州、甘州諸軍；又以甘肅河西各廳生聚繁庶，奏改寧夏、西寧、涼州、甘州四廳爲府，其所屬各衛，皆改爲州縣。十月，羹堯入覲，賜雙眼孔雀翎、四團龍補服、黃帶、紫轡及金幣。十一月，敍平卓子山等功，加一等男世職，以羹堯第二子富襲。

時年氏家僕有桑成鼎者，自平西藏時隨軍，敍功，累官至直隸守道；魏之耀亦敍功至署副將。羹堯恐人議己，奏稱成鼎係僕妻前夫之子，之耀爲乳母子，力爲辨白；又請發文武員弁數十人隨往軍營委用，特允所請。及抵西安，即劾罷驛道金南瑛等七人，而以請發之主事丁松請署糧道。上以題奏錯誤，傳旨切責。羹堯又嘗薦其私人西安布政使胡期恒，按察使王景灝可大用，並劾四川巡撫蔡珽威逼所屬知府蔣興仁至死，罷珽職，鞫治擬斬監候，景灝遂得擢任川撫。及羹堯之劾南瑛等也，期恒亦已擢甘肅巡撫，離西安任，尚以布政使銜順羹堯意作詳揭。上命期恒率所劾人員來京具奏。三年正月，珽至京，刑部請監禁，特召珽入見。珽自陳平日抗羹堯及被誣陷狀，具奏其貪殘諸款，上特宥珽罪，擢左都御史。諭曰：「蔡珽係年羹堯參奏，若置之於法，人必謂朕聽年羹堯之言而殺之矣！朝廷威福之柄，臣下得而操之，有是理乎？」三月，期恒入京，奉旨：「胡期恒人甚卑鄙，奏對荒謬。豈特不勝巡撫，即道員亦屬有玷！」下部議，革職。上命更定打箭爐外增汛弁兵事宜，凡羹堯奏裁川、陝諸鎮兵皆復，尋撤鹽池防兵。四月，諭曰：「年羹堯曾妄舉胡期恒，妄劾金南瑛等，又遣官弁築城南坪，不惜番民，致驚惶滋事，反以降番復叛，巧飾具奏。又青海蒙古饑饉，匿不上聞。年羹堯從前不至於此，或自恃己功，故爲怠玩，或誅戮太過，致此昏憒。豈可仍居總督之任？念其尚能操練兵丁，可補授杭州將軍。」

嗣山西巡撫伊都立疏劾羹堯私占鹽窩，擅用正課諸款，都統原任西安巡撫范時捷亦劾羹堯借口捕治鹽梟，遣遊擊金啓勳等率兵夜圍郃陽民堡，致死多人，特命侍郎史貽直、高其佩赴山西察審。五月，時捷復劾羹堯欺罔貪婪五事，並請治啓勳，期恒及桑成鼎、魏之耀罪。尋下吏部議處。議上，僅請罷任，不請革公爵，別以妄劾南瑛事議嚴處。諭曰：「此議甚屬悖謬！年羹堯所犯之罪甚多，雖即行正法，亦不足蔽其辜，並不在此一事。朕交此事，即當就此事定議。乃前議既屬徇庇，今議復爾過當，此必尚書隆科多有意擾亂。其下都察院議罪。」隆科多坐是削太保銜，解部務，命吏部另議羹堯罪。諭九卿曰：「朕御極之初，隆科多、年羹堯皆寄以心膂，毫無猜防，所以作其公忠，期其報效。孰知朕視如一德，伊竟有二心；朕予以寵榮，伊倖爲邀結。招權納賄，擅作威福，敢於欺罔，忍於背負。彼既視憲典爲弁髦，朕豈能姑息養奸耶？至其門下趨附奔走之人，或由希其薦拔，畏其加害所致。急宜解散黨與，革面洗心。若仍舊情性，惟務隱匿巧詐，一經發覺，定治以黨逆之罪。向日明珠、索額圖結黨行私，聖祖仁皇帝洞見其情，因解其要職，置之閒散，何嘗更加信用？隆科多、年羹堯若不知恐懼，痛改前非，欲如明珠等之故習，則萬不能也！殊典不可再邀，覆轍不可屢蹈，各宜警懼，無得自干誅滅。」

羹堯行至儀徵，逗遛不前，回奏又多狡飾，部臣請嚴鞫，並逮期恒、啓勳及桑成鼎、魏之耀等治罪。詔下期恒等於法司，革富等爵職，羹堯暫免逮問，命分案議罪，削太保銜。七月，追恩賞四團龍補服、黃帶、雙眼翎、紫轡等物，及硃批摺奏，並令繳入，革將軍職，授閒散章京，在杭州効力。內閣、詹事、九卿、科道合詞奏言：「年羹堯受聖祖仁皇帝豢養深恩，又蒙皇上殊恩異數，不思公忠爲國，貪婪成性，驕橫居心，顛倒官常，草菅民命。按其罪狀，罄竹難書。幸聖恩不即加誅，令其回奏，仍復怙惡不悛，更肆欺罔，請亟罷斥，立正典刑，以爲不法不忠者戒。」得旨：「年羹堯爲川陝總督，貪婪放縱，網利營私。本應即加治罪，因其青海之功，尚欲委曲保全，罷其總督，授爲杭州將軍，令其効力，以贖前愆。乃今事事敗露，不料欺罔悖逆之罪，至於此極！使更加寬宥，將來何以示懲？此所奏乃在廷公論，而國家賞罰大事，必諮詢內外大臣，僉謀畫一。可令將軍、督撫、提鎮等各抒己見入奏。」是月，降公爵一等。八月，以直隸總督李維鈞匿羹堯産，革任。尋吏部議，盡革羹堯世職。

是時，川陝總督岳鍾琪、河南巡撫田文鏡、侍郎黄炳、鴻臚寺少卿單疇書、原任直隸巡撫趙之垣等，各舉發羹堯罪狀，侍郎史貽直、高其佩亦以諷辭奏請依大不敬律斬決。十月，命逮羹堯來京嚴鞫。十一月，將軍、督撫、提鎮次第入奏，請速加誅戮，以彰國法，章下所司。十二月，議政大臣、三法司、九卿等奏言：「年羹堯罪蹟昭彰，彈章交至。其大逆之罪五：一、與静一道人、鄒魯等謀爲不軌；一、奏繳硃批諭旨，故匿原摺，詐稱毀破，倣寫進呈；一、見浙人汪景祺《西征隨筆》詩詞譏訕，及所作《功臣不可爲論》，語多狂悖，不行劾奏；一、家藏鎖子甲二十八、箭鏃四千，又私貯鉛子，皆軍需禁物；一、僞造圖讖妖言。其欺罔之罪九：一、擅調兵捕郃陽鹽梟，致死良民八百餘，奉旨查詢，始奏並無傷損，後乃奏止傷六人；一、南坪築城官弁騷擾番民，不即劾奏；一、詭劾都統武格等鎮海堡失律；一、西安解任時，私囑咸寧令朱炯賄奸民保留；一、縱令劉以堂詐冒已故保題武功令趙勳名姓赴任，知而不奏；一、將幕友張泰基等冒入軍功，共十八案；一、家人魏之耀家産數十萬金，羹堯妄奏毫無受賄；一、西寧効力者實止六十二員，册報一百九員；一、退役王治奇冒軍功，得授州判。其僭越之罪十六：一、出門黄土填道，官員補服净街；一、驗看武官，用緑頭牌引見；一、設坐當會府龍牌正坐；一、穿用四衩衣服，鵝黄佩刀荷囊；一、擅用黄袱；一、官員餽送曰『恭敬』；一、縱子穿四團龍補服；一、與屬員物件，令北面叩頭；一、受總督李維鈞、巡撫范時捷跪道迎送；一、令蒙古扎薩克郡王額駙阿寶下跪；一、行文督撫，書官書名；一、進京沿途墊道疊橋，市肆俱令閉户；一、館舍牆壁，彩畫四爪龍；一、轅門鼓廳畫龍，吹樂人蟒服；一、私造大將軍令箭，將頒發令箭燬壞；一、賞賚動至千萬，提鎮叩頭謝恩。其狂悖之罪十三：一、兩次恩詔到陝西，不宣讀、張掛；一、奏摺不穿公服拜送，衹私室啓發；一、不許同城巡撫放礮；一，勒取蒙古貝勒七信之女爲妾；一、以侍衛前引後隨，執鞭墜鐙；一、大將軍印不肯交出；一、妄稱大將軍行事，俱循俗例；一、縱容家僕魏之耀等朝服蟒衣，與司道、提鎮等官同坐；一、違旨逗遛儀徵；一、勒令川北總兵王永吉以老病乞休；一、要結邪黨沈竹、戴鐸等譸張惑衆；一、袒庇私人馬德仁阻回甘撫石文焯參劾奏疏；一、本内引用『朝乾夕惕』，故

作『夕陽朝乾』。其專擅之罪六：一、築郃陽城堡，不行題請，擅發銀兩；一、委侍衛李峻等署理守備，奉旨飭駁，仍不令行調回；一、擅用私票行鹽；一、諭停捐俸，仍令照舊公捐；一、捕獲私鹽，擅自銷案；一、守備何天寵患病，不照例填注軍政，又囑直督李維鈞勒清苑令陸篆接受前任王允猷虧項。其忌刻之罪六：一、凌虐現任職官，縱任私人奪缺；一、軍前官兵支糧實册，不先咨晉撫諾岷，欲令遲誤致罪；一、尚書綽奇至軍營商辦糧餉清字咨文，不交新任總督岳鍾琪，欲令違誤軍需；一、捏參夔州知府程如絲販賣私鹽，殺傷人命；一、欲令李維鈞爲巡撫，計陷原任巡撫趙之垣；一、遏抑中書阿炳安等軍功。其殘忍之罪四：一、郃陽鹽梟案中，故勘良民無辜馮豬頭至死；一、鎖禁筆帖式戴蘇；一、劾金南瑛等七人，急欲出缺與私人；一、不善安輯蒙古台吉濟克濟扎卜等，致困苦失所。其貪黷之罪十八：一、收受題補官員銀四十餘萬兩；一、勒索捐納人員銀二十四萬兩；一、趙之垣罷職發往軍營，羹堯勒餽金珠等物價值二十餘萬兩；一、受樂户竇經榮銀兩；一、收受宋師曾玉器及銀萬兩；一、偏聽私人，私行鹽茶；一、私占咸寧等鹽窩十八處；一、收受鴻臚寺少卿葛繼孔古玩；一、索屬員傅澤澐賄，不據實劾虧帑；一、西安、甘肅、山西、四川効力人員，每員勒銀四千兩；一、受參革知府欒廷芳賄，奏隨往陝省；一、掠各番衣物爲己有；一、私徵新撫各番租銀；一、擅取蒲州盤獲私鹽價銀一萬兩；一、遣僕販買馬匹；一、私販馬發各鎮勒重價；一、遣莊浪縣典史朱尚文赴湖廣、江、浙販賣四川木植；一、令人賣茶得銀九萬九千餘兩。其侵蝕之罪十五：一、冒銷四川軍需入己；一、冒銷西寧軍需入己；一、冒銷軍前運米費入己；一、侵用各員並俸工凡五年皆入己；一、築布隆吉爾城冒銷工料入己；一、隱匿夔關税銀，又加派糧規入己；一、盤獲私茶取罰贖銀入己；一、侵用河東鹽政盈餘入己；一、西安米萬石未運至西寧，冒銷運費入己；一、寧夏各衛貯倉穀及留西寧養馬銀並收入己；一、侵用城工餘銀入己；一、買貯咸、長等八縣米浮銷價銀入己；一、鈔沒塔兒寺硼砂、茜草諸物，私變價銀入己；一、侵用紀廷詔等捐解銀入己；一、砍桌子山木植入己。共計贜銀三百五十餘萬兩。罪凡九十二款。供狀明白，律應大辟。其父及兄弟子孫伯叔、伯叔父兄弟之子，年十六以上皆斬；十五以下及母女妻妾姊妹並子之妻妾，給功臣家爲奴。」奏上，恩予自裁，子富立斬，餘十五歲以上之子發極邊充軍，其父退齡、兄廣東巡撫希堯革職免罪。

於是就獄中傳諭羹堯曰：「歷觀史書所載，不法之臣有之，然當未敗露之先，尚皆僞守臣節。如爾之公行不法，全無忌憚，古來曾有其人乎？朕待爾之恩，如天高地厚，意以爾實心爲國，故盡去嫌疑，一心任用。爾作威作福，植黨營私，辜恩負德，於心果忍爲之乎？即如青海之事，朕命於四月備兵，又命於八月進兵，爾故意遲延，及嚴加督催，然後進剿，孤軍冒險，幾至失機。又如爾命阿喇衲之兵由噶斯前進，涉險恐必不可行之路，豈非欲陷阿喇衲乎？又如爾令富寧安將駱駝三千從巴里坤送至布隆吉爾，爲無用之需，豈非設計欲陷富寧安乎？又如調岳鍾琪之兵至西安，爾令舍近就遠，紆道數千里，欲使蔡珽運糧不濟，豈非欲巧陷蔡珽乎？此皆軍務大事，而爾視爲兒戲，借快私忿，尚得謂之有人心者乎？又如爾所奏善後十三事，於不應造城處議造城，不應屯兵處議屯兵，籌畫邊機如此草率，是誠何心！青海用兵以來，爾殘殺無辜，顛倒軍政，朕尚未令人於廷讞，即就所議九十二款，爾應服極刑及立斬者三十餘條。朕覽之不禁墮淚！朕統御萬方，必賞罰公明，方足爲治。爾悖逆不臣至此，若枉法曲宥，曷以彰憲典而服人心？今寬爾磔死，令爾自裁，又赦爾父兄子孫伯叔等死罪。爾非草木，雖死亦當感涕也！」

羹堯既死，其黨次第伏法。五年，諭曰：「向因年羹堯狂悖妄亂，結黨肆行，法難寬宥，不得已將伊治罪；又恐黨援固結，別生事端，故令諸子徙居邊地。今年羹堯正法後，平日同黨之人皆悔過解散，無一人比附之者；而當日平定青海，年羹堯亦著有功績。可將伊子俱赦回，交與年遐齡管束，以示格外恩全至意。」

雜錄

備錄

方浚師《蕉軒隨錄》卷一 年羹堯官總督時，自以曾佩大將軍印，威福獨擅，不准同城巡撫放炮。

趙慎畛《榆巢雜識》卷下《年羹堯罪》 雍正三年，議政大臣等審擬年羹堯罪款：大逆之罪五，欺罔之罪九，僭越之罪十六，狂悖之罪十三，專擅之罪六，貪黷之罪十八，侵蝕之罪十五，忌刻之罪六，殘忍之罪四。臚列九十二大罪，請誅大逆，以正國法。上特念其青海功，賜令自盡，惟立決占象人鄒魯與其子年富，可想見聖人如天之仁。凡年黨職官四十餘人，皆削職審擬有差。（武陵胡期恒在此案內擬絞，錮獄十年。乾隆初赦歸揚州，主梅花書院講席。由康熙乙酉舉人爲年保舉，擢任至巡撫。）

昭槤《嘯亭雜錄》卷八 年大將軍羹堯，受憲皇帝知遇，以平青海功，封一等公，金、黃服飾，三眼花翎，四團龍補。其子年富，封一等男，其家奴魏之耀，賞四品頂戴，實爲近世所無。年既承天眷，日漸驕邁，入京日，公卿跪接於廣寧門外，年策馬過，毫不動容。王公有下馬問候者，年頷之而已。至御前，箕坐無人臣禮，上皆優容之，而年猶不悟。至書「夕惕朝乾」爲「朝惕夕乾」，語意干指斥，故上決意誅之。籍沒日，其家蓄婦女舊包頭數篋，云欲作綿甲者，又有刀劍無算。命其交將印於岳威信時，年遲三日始付出。或云其幕客有勸其叛者，年默然久之，夜觀天象，浩然長嘆曰：「事不諧矣！」始改就臣節。其降爲杭州駐防城門吏時，日坐湧金門側，鬻薪賣菜者皆不敢出其門，曰：「年大將軍在也。」其餘威尚如此，實近日勳臣所未有也。

陳康祺《郎潛紀聞初筆》卷六《年大將軍與內閣公文》 賈臻《郡齋筆乘》云：「岳斗南觀察興阿爲內閣侍讀時，在大庫親見雍正中年大將軍與內閣公文，封筒面書『右仰內閣』，字大三寸許，加朱。」直跋扈至此，宜其及矣。

陳康祺《郎潛紀聞二筆》卷二《虎入年大將軍宅》 雍正三年八月，有虎夜踰城，入年大將軍宅。是月，大將軍被逮。

陳康祺《郎潛紀聞二筆》卷四《年羹堯之兵法》 年羹堯征青海日，嘗次，忽傳令云：「明日進兵，人各攜板一片，草一束。」軍中不解其故。比次日，遇塌子溝，淤泥深坑也，國語云爾。令各將束草擲入，上鋪板片，師行無阻。蓋番人方倚此爲險，不意大兵驟至也，遂破賊巢。又年征西藏時，一夜漏三下，忽聞疾風西來，俄頃即寂。年急呼某參將，領飛騎三百，往西南密林中搜賊，果盡殲焉。人問其故，年曰：「一霎而絕，非風也，是飛鳥振羽聲也。夜半而鳥出，必有驚之者。此去西南十里，有叢林密樹，宿鳥必多，意必賊來潛伏，故鳥群驚起也。」年雖跋扈不臣，權大譎，其兵法之靈變，實不愧一時名將之稱。

備論

李紱《穆堂類稿》卷三九《議覆請誅逆臣年羹堯疏》 題爲請誅奸惡悖亂之逆臣，以正國法事。雍正三年八月二十一日，准吏部等衙門咨前事，内開雍正三年七月十九日内閣抄奏事。員外郎張文彬捧出；内閣大學士、九卿、詹事、科道會同參奏年羹堯奏摺，奉旨，覽。内閣、九卿、詹事、科道參劾年羹堯奏章已悉。年羹堯爲川陝總督，貪婪放縱，網利營私，本應即加處分。因伊立有青海之功，朕意欲委曲保全，故罷其總督之任，授爲杭州將軍，令其効力，以贖前愆。乃今事事敗露，不料其欺罔悖逆之罪至於此極，實爲國法之所不宥。如當日鼇拜以開國元勳輔政，犯罪三十條，遂至不可保全。年羹堯今日之功，豈能及鼇拜之大？而所犯之情罪，則甚於鼇拜。朕展轉思維，自古之帝王不能保全功臣者，多有鳥盡弓藏之譏。然使委曲寬宥，則廢典常而虧國法，將來何以示懲？卿等合詞參奏，乃在廷公論。若此而國家賞罰大事，必諮詢内外大臣，僉謀畫一。可降旨詢問各省將軍、督撫、提鎮，各秉公心，各抒己見，平情酌議，應否作何處分，即速具奏。欽此。相應移咨前去，欽遵施行。計粘抄疏一紙等因。奉旨咨移到臣。欽此，欽遵。

該臣看得春温秋肅，大化本無心而成；傾覆栽培，上天實因材而篤。苟有勞之可録，國家有不次之恩；苟有罪之當誅，王者有無私之法。臣向任部院衙門，即聞年羹堯好貪狂暴，植黨營私，因無案牘可憑，未便即爲參糾。近准各部移咨，欽奉上諭，始知其婪贜鉅萬，積惡盈千，事事皆有確據。蓋海宇所駭聞，實史册所希有。欽惟皇上念其微勞，雖彈章交上，止令回奏。蓋天覆地載之量，無以復加。今内閣、九卿、詹事、科道公本奏參，已在衆棄之條，允屬大同之論。皇上猶復虚衷諭令，降旨詢問各省將軍、督撫、提鎮，必内外大臣僉謀畫一。臣謹遵旨，平情酌議，上呈聖覽。

伏查青海之役，年羹堯任封疆之重，既不能弭釁於未事之先，復不能制寇於方張之際。初統大兵，親至西寧，師甚無功，遊擊以下，多有損傷。其後青海底定，皆上賴聖謨指授，下由將士同心。年羹堯未聞發蹤之謀，亦無追逐之力。特以身膺專閫，例得敘功，以視鼇拜開國元勳相去甚遠。其一切貪婪之罪，冒銷兵餉，冒敘軍功，撓鹽茶之法，專川陝之利，效力人員之財物盡入貪囊，築城運米之錢糧悉歸私橐，雖贜盈千萬，罪止於貪，尚可援議功之條，止革職追贜，以仰體皇上天地生全之德。至於陰謀叵測，狂妄多端，謬借閫外之權，以竊九重之威福，妄謂朝中有事，以惑四海之人心。至令蒙古藩王屈體，所過督撫跪迎，等威輒擬乎至尊，要地廣置其私黨，則大逆不道，法所難寬。不軌之謀，雖衆疑而未定；無將之戒，已身蹈而莫辭。臣聞《春秋》之義，人臣無將，將則必誅。應如内閣、九卿、詹事、科道所請，將年羹堯交與法司嚴審正法，以爲人臣不忠不法之戒。青海微勞，應無庸議。臣謹遵旨具奏，伏乞皇上乾斷施行。

訥親部

綜述

《清史列傳》卷二一《訥親傳》 訥親，滿洲鑲黃旗人，領侍衛內大臣二等果毅公音德次子。雍正五年，由筆帖式襲公爵，授散秩大臣，命乾清門行走。九年，命爲御前大臣。十年，授鑾儀使。十一年，軍機處行走。十三年八月，今上御極，遷鑲白旗滿洲都統，兼理內務府事務。十月，授領侍衛內大臣，命協辦總理事務，仍兼都統。十二月，晉一等公。

乾隆元年，遷鑲黃旗滿洲都統。二年正月，遷兵部尚書，兼議政大臣。十二月，以總理議敘，賞雲騎尉世職。三年正月，管理圓明園事務。二月，管理戶部三庫事務。九月，協辦戶部事務。會直隸總督李衛劾總河朱藻挾詐誤公及貪劣各款，命訥親偕尚書孫嘉淦往鞫，得實，革藻職，擬杖流。十月，同嘉淦疏陳永定河南北岸建築閘壩事宜，語詳《嘉淦傳》。十二月，調本部尚書。四年五月，加太子太保。六年，左都御史劉統勳疏言：「訥親職掌太多，任事過鋭。」諭曰：「訥親身爲尚書，若於本部之事稍涉推諉，則模棱成習，公事何由辦理？但所辦未協之處，亦所不免。朕時加教訓，戒其自滿，年來已知恪遵朕訓矣。今見此奏，益當留心自勉。至於職掌太多，如有可減之處，候朕酌量降旨。」

九年正月，命查閱河南、江蘇、安徽、山東一路營伍，並驗河工、海塘，便道查天津、河間賑務。二月，奏天津河間極次貧民，遵旨酌議展賑一月，從之。五月，奏言：「臣勘江南沿海塘工，舊有華亭石工長六千七百餘丈，俱穩固，新建寶山石工一千三百丈，係匠尺量建，較部尺爲短，參差易滋弊竇。請較定頒發尺樣。又塘身靠土一面，及貼裏合縫處，俱與六面琢光之原估不符，應核減。餘金山、奉賢、南滙、上海各土塘離海稍遠，已成桑田；且江南沿海地方平洋暗潮，水勢較浙江稍緩，惟在該管官留心督率，相機守護，可保無虞。」又奏：「浙江潮向由蜀山之中小亹出入，其近海寧之北大亹，近蕭山之南大亹，皆漲沙寬闊，杭、紹二郡共慶安瀾。迨中小亹漸湮，大溜悉由蜀山北衝刷，浸溢爲患。若濬通中小亹故道，減大亹溜勢，上下塘工悉可安堵，即中小亹難遽開導，而潮汐衰旺有期，長落甚速，暴至固費防護，漸退便可施工。若於險要處多建坦坡木石戧壩，俾挑水漲淤，實爲捷法。至柴塘一帶，但使沙益堅積，水不通流，不但不必改建石工，並可免搶險之費，是在相機經理，有備無患。」均議行。

七月，奏言：「閱過河南、江南、山東將軍、督撫、河漕、提鎮共十七標，惟南陽及蘇松水師二鎮兵最爲生疎，餘優劣互見。請分別察議申飭。」從之。又疏陳：「洪澤湖歸江之路，應濬鹽河，以資輸注；歸海之路，應濬串場河，以資容受。天然二壩石工，高堰迤下二隄，俱可停。」下部議行。先是，山東巡按御史李敏第疏請南旺湖地准給貧民租種，命訥親會同完顏偉議奏。至是，訥親奏：「南旺湖在運河西，湖內高阜，悉可種，即遇汶水漲溢，退後俱屬腴田。應將涸地令貧民租種。水大之年，免其納租。再查前河臣議准於湖中截築長隄，而內隄亦多高阜，請並給民種。原議圈築處，停止。」又疏言：「外省應行政務，由督撫、司道行州縣，行文出示，全無實濟。前蒙世祖章皇帝諭督撫於歲終將奏行條款如何施行，及行之如何有效，具本題達。行之既久，復成具文。臣思州縣各官，惟以簿書錢穀爲事。其於戶口之貧富，地土之肥瘠，物産之豐嗇，民情之趨向，習俗之美惡，以及山川原隰，橋梁道路，漫不經心。條教之外，官與民既無餘事；納課之外，民與官漠不相關。浮文常多，實意殊少。請敕下督撫令州縣官徧經境內鄉村確訪，將何事當興舉，何事當整頓，行之有無效驗，據實申報上司，即據爲考覈。歲終督撫據實摺奏，毋庸彙題。似亦崇實效、去虛文、飭吏治、厚民生之一端也。」均議行。

十年三月，協辦大學士。五月，充五朝國史館總裁。尋晉保和殿大學士。十二年七月，充經筵講官。十一年十二月，充繙譯考試官，又充《玉牒》館總裁。十二年二月，充會典館總裁。四月，山西刁民安邑縣張遠、萬全縣張世祿等，聚衆抗官，命訥親馳往，率同巡撫愛必達嚴勘，得實，治罪如律；并劾愛必達及總兵羅俊有虧職守，均請革職，在事官弁分別治罪；從之。初，閩浙總督喀爾吉善劾浙江巡撫常安貪婪，命大學士高斌等往審。十三年正月，高斌等議以常安失察家人勒索，請革職。上以所審情節不明，命訥親往同查審，得實，解京治罪，論如律。時大兵征金川逆酋莎羅奔，總督張廣泗久無成功。四月，命訥親馳往經略軍務。七月，訥親奏言：「臣於六月初六日抵卡撒美溝軍營，初九日往昔嶺，相度賊巢山勢。伏思賊人因險築碉，故能以少禦衆。今我兵已逼其碉，當亦令築碉與之共險，兼示以築室反耕、不滅不休之意。」諭曰：「訥親築碉共險之策，閱之不得其解。夫攻守異用，彼之築碉，原以自守，我兵自應決策前進，奮力攻取。乃轉令攻碉之人，效彼築碉，是亦將爲株守之計耶？且碉不固則不足恃，碉固則必勞衆力。若以築碉之力移之攻取，破彼之碉以奪其所恃，不亦可乎？蓋能克其碉而守之，猶屬因利乘便之意。今因彼守險，我亦築碉，微特勞費加倍，且我兵已深入賊境，地利氣候素不相習，而守碉勢須留兵，多則饋遺不繼，少則單弱堪虞。賊酋凶狡，必狃我以持久，出我之不意，浮寄孤懸，客主之形既別，情見形絀，反覆之慮尤深。師老財匱，長此安窮，不可不熟計也。況將來金川撲滅之後，其地不過仍歸之番。是今勞師動衆，反爲助番建碉之舉，恐貽笑於國人，躍然於番部矣。不如速罷爲宜。」

尋命傳諭訥親曰：「訥親建碉之策，朕再四思維，不惟有所難行，亦且深爲可慮。將謂得尺則尺，得寸則寸，以此爲自固之計，獨不思碉樓非可易成，即使能成，而我兵究以攻取爲事。若再行前進，其將再建一碉耶？向後屢進不已，策將安出？且調集大兵，本圖制勝，今不用以克敵，而用之建碉，必非所願。以朕度之，此旨未到之先，勢將中止，倘其意在必成，究屬徒勞無益。朕一見此摺，即不以爲然。及問在京大臣等，亦皆以爲不可。朕意張廣泗老於戎行，豈有不知而亦隨聲附和？在張廣泗未必不自謂任事經年，未著成效，今既有經略肩兹鉅任，發謀決策，經略裁之，是非得失，經略當之，而彼得袖手旁觀，遂其推諉之計。如此，則所係更大矣。訥親不可不知此意。況朕命經略前往，原以總挈大綱，以朕坐籌遥度於京師，不如可信之大臣親履行間，察衆人之情，就目前之勢，相機指示，據實入告，尤爲親切。此朕命訥親前往之本意也。至宣猷效力，仍當責之張廣泗等，使各盡其長。即使朕親行，亦不過調度指揮，而所重自在羣策羣力。從來耕當問奴，織當問婢。若論用兵熟練，朕必不肯謂訥親優於張廣泗，即訥親亦必能知此。蓋經略統領全軍，衆人之謀皆其謀，衆人之力皆其力，豈必自出所見，方爲己功耶？而朕更有深慮者，大兵聚久，變患易生。在固原平居無事之時，尚有一夫夜呼、倉卒四起之變，何況軍中親信僅滿洲百數十人，其餘皆調發客兵，及土司蠻卒，本非世受深恩，爲我心膂者。此浮寄孤懸，孰無家室鄉里之思，而勞役不已，奏凱無期，版築方殷，鋒鋭莫展。肘腋之慮，良可寒心。在部曲士旅，固不可不鼓其勇氣，而鋒鏑之下，人孰甘心，驅之太迫，變計生焉，倘有不測，豈不重貽西顧憂耶？此所爲反復以思，而食不甘味，寢不安席。凡思慮所及，不得不備細告知訥親，使悉知之也。金川之役，本不容中止，況任舉之歿，失我大帥，如其置之不問，何以慰彼忠魂，雪我衆憤？但忿兵亦將略所忌，自宜因時度勢，以爲進止，倘險地必不可争，或别有出奇制勝之善策，如古所稱用間用術，或縱甘言，或懸重購，使彼有内潰之機，然後可乘其敝。溽暑炎蒸，瘴癘毒虐，暴師日久，無刻不勞軫念。大學士起居，善自愛護；并傳諭軍中諸大臣將弁，其各慎重。」

閏七月，訥親同張廣泗請增調兵三萬，於明年進剿。訥親又奏言：「進剿事如秋間不能前進，應先期籌畫加調官兵。臣思增兵轉餉，需費浩繁，若酌留現兵萬餘，據要害，相機攻擊；其接壤土司，令各於本境自爲防禦，似狡寇亦能坐困。第久駐終非長策，若二三年後再集官兵，乘賊疲困，全鋭進搗，自必一舉成功。此二三年内，或機會可乘，擒獲賊酋，亦未可定。若以迅奏膚功而論，仍不如明年接辦之可速也。」奏入，嚴旨切責。尋訥親同張廣泗會奏進軍情形，命傳諭曰：「覽所奏各摺，幾於智勇俱困。金川小醜，不意負固難於剿滅，遂至如此！官兵攻撲，進不能前，退不能守。即小小獲勝，尚未傷彼皮毛，何況批郤導窾，得其要領，以成破竹之勢。奏内所稱逆番來歲口食不繼，可以坐待其斃，我兵果能奮勇攻奪數處，賊必内潰。又稱賊巢用度果否至於匱乏，究難臆度。既云『可以坐斃』，又云『究難臆度』，始終迄無定見；而所稱來歲增兵三萬，是否能奏膚功之處，亦非確有所見，必不可已之成謀。夫兩軍相持，兵力無必不能施之地。既已用兵，豈容撤退？古有裹氈縋險，衣草自蔽，種種奇策，以成大功者，獨非於此等處施之乎？今乃欲待其自斃，自斃果有期可待乎？如果實有不能剿滅之勢，何妨明言其所以不能之故，直請班師。今又未能確指其必不可勝，而欲以三萬衆嘗試之，爲此無可奈何之説。卿等身在戎行，目擊情形，尚不能確有成算，游移兩可，朕於數千里外，何從批示？何從傳諭？且大兵有四萬之衆，賊止三千餘人，何以賊應我則覺有餘，我攻賊惟慮不足？日久懸望軍營消息，而奏到乃復如是，殊非所料。卿等可將實在情形或增兵必可成功，或用兵勢有不可，詳悉審度，歸於一是，迅速奏聞，勿爲兩歧之説。要知閫外之事，惟卿等專責，朕固不能遥制也。」

九月，召訥親來京，撤回經略印，上召諸王大臣等面諭曰：「訥親素未莅師，摧鋒陷陣之事，實非所長。祇以張廣泗調集大兵，布置經年，當有成算。計經略抵營之日，正當告捷之時，便可籌辦善後事宜，自屬訥親所優爲耳。初不料訥親至軍，於彼處情形既未諳悉，將吏人等方且聳聽經略之指揮，而伊並無奇謀異算，以悚動衆心；且身圖安逸，並未親臨行陣，士氣因以懈弛。不思廷臣中平日受恩深重者，孰如訥親？其應感激圖報者，孰如訥親？雖朕因伊體素弱，屢經降旨，令隨時將息，此在朕體恤之道則然。然以滿洲大臣當此戎馬倥傯之時，孰不思同仇共憤，滅此朝食？而訥親乃因有此旨，輒安坐帳中，不親臨陣，朕猶待之數月，及見所奏，竟稱兵士向碉放槍，伊自帳中望見火光。是從未奮勇督師矣。於理可乎？即謂大臣舉動有關國體，當爲意外之虞，固不可親冒矢石，獨不可臨陣指揮，使士心踴躍乎？況意外之虞亦屬未然之事，一何示怯至此！及朕嚴加飭諭，始前往督戰，即已奪碉據險，設早能如是，其克捷又豈僅此乎？且自古豈有閉關延敵，坐獲全勝之理？可見前此實由伊等頓兵不進，不能勇往出力，而非堅碉之必不可克也。訥親既曠日持久，了無成績，朕不得已欲召之回京，又恐於伊顏面攸關，屢次傳諭詢問，且寬其期以待捷音。誠使得朕此旨，而奮不顧身，則自閏七月以至於今，尚可有所剿洗，以蓋前愆也。且獨不思『將在外，君命有所不受』。今命伊前往者何意？所辦者何事？回京將何以報命？而乃一聞召入之旨，如獲更生，並不請命留駐以待事竣，惟以入覲得以將實在情形陳奏，明歲再往軍營爲詞。不知軍營有何必須面奏之情形，又有何事爲朕所未悉，僕僕往來，有是政體乎？大臣躬膺重寄，豈宜若是乎？滿洲大臣身當軍旅，又豈曾有是事乎？至傅爾丹、班第等同在軍中，自列名請安而外，軍中事宜從無一字奏及。因降旨詢問，而訥親即以傅爾丹等覆奏之詞敍入摺內。批閱之下，不知其孰爲傅爾丹等之言，孰爲訥親之言？朕因思從前西北兩路用兵大臣等習氣，惟以摺奏相傾軋，訥親親見其事，以此爲戒，故不令傅爾丹等紛紛陳奏。後降旨詢問，而訥親並未覆奏，傅爾丹等亦至今默無一語，豈訥親並未向伊等傳諭耶？夫不使衆人之鼓舌搖唇可也，而廣思集益，理所宜然。今在己既無奇謀異策可以服衆，而同事之人又不使之陳一謀，建一議，此何心也？若恐他人揭其所短，制之使不入告，則伊在軍有何事畏人攻訐，而必不使人陳奏乎？且軍務非他事可比，勝則雖欲斥其短而不能，不勝則人人指摘，欲掩之亦不得也。且廷臣中孰有能於朕前公行萋菲者乎？自朕臨御至今，又曾有受人搖惑者乎？凡在大臣等皆不可存此心，而訥親尤爲不可。若謂朕屢次飭諭，或由軍機大臣中有與訥親不相能者，覬覦而傾陷之，於朕前爲浸潤之譖，則是伊等能排擠訥親，安知將來又無人排擠伊等乎？即訥親自思數年以來，曾有爲所排擠，而朕不能覺察者乎？且朕於訥親至軍兩月之久，見其漫無建立，始降旨督飭，而前後陳奏自相矛盾之處，不可枚舉。在訥親平日豈非能辦事之大臣？朕亦初不以張廣泗之老師糜餉，移其責於訥親，而訥親以第一受恩之人，誠不料其舛謬若此！今若按法以繩，人將謂訥親平時宣力如此尚不能免，何以示勸？若委曲含容，人又將謂前此慶復之草率朦混，後此張廣泗之稽遲舛謬，朕則知之，而終於訥親則不知，何以示懲？二者朕必居一於此。朕誠不能辭其過，亦實爲抱愧。今觀金川窮寇，以國家全盛之力，何患不能成功？今年不捷，不妨待之來年。惟是大臣如訥親，其受恩非他人比，此次奉命經略，乃諸事錯誤一至於此，殊出意外！朕實難以措置。特降此旨，著訥親明白回奏。」

尋命革訥親職，赴北路軍營，自備鞍馬效力贖罪。諭曰：「訥親身爲大學士，膺此經略重任。前駐軍營，漫無勝算，且身圖安逸，並不親臨督陣，鼓勵衆心，轉以建碉株守爲長策。及傳諭欲召取回京，伊並不計軍情緊要，非克捷無以報命，而以面奏情形爲辭，亟思回京。朕以國體攸關，寬期以待。伊復無敵愾之志，惟事遷延時日，以俟歸期。至陳奏之事，矛盾舛錯，不可枚舉。與伊尋常之辦事精詳，急公黽勉，竟似出於兩人。夫大臣誼均休戚，平時之眷待優隆，正欲其緩急足恃，能勝艱鉅之任，爲國分憂耳。若僅以任職勤敏爲能，則朕假之事權，憑借威柄，苟非庸劣，皆可優爲。即以操守而論，伊係勳封世祿，且數年以來，朕時加賞賚，非他人可比，縱饋遺賄賂，豈足以動其心？是苞苴不入，亦不得謂之潔清。惟於重大緊要之關鍵，方足以見報稱之實心。今訥親乃至於此，伊即不自顧惜，獨不爲朕用人顏面計乎？從前年羹堯、隆科多等在皇考時，恣肆妄行，事發之時，皆即按法治罪。朕自臨御以來，以恩禮馭下。然即大學士鄂爾泰、張廷玉亦未嘗不時加戒飭，使不敢縱，正所以保全大臣。至訥親之受朕殊恩，廷臣無出其右，乃中外所共知者。十三年以來，所以教訓成全，幸免隕越者，以其尚能承受朕恩耳。今伊福薄災生，於此緊要關鍵處，乖張錯謬，一至於此。朕反復思之，實無以自解。論其負恩之罪，理應拏交刑部問擬。但觀其退縮偷安之意，即就獄亦非所深恥。然在朕十餘年加恩眷舊，終不忍令其拘縶囹圄。著派侍衛鄂實、德山齎朕此旨，於途次傳諭。奉到諭旨之處，德山即押訥親前赴軍營。所有前奏尚有面陳情形，即著伊繕摺交與富成齎奏呈覽。」

十月，諸王大臣等合詞糾參訥親負恩乖謬，請拏交刑部治罪。上命遵前旨行。翌日，諭曰：「朕自御極以來，大臣中第一受恩者，莫如訥親。金川雖云小醜，而老師糜餉，克捷無期，凡在臣子，皆有同仇敵愾之念。訥親身爲大學士，從前在京時，不過於軍機奏到，隨常辦理，從未向朕奏及逆酋猖獗如此，將來作何了局，欲請身往視師。彼時傅恒即曾陳奏願効前驅，朕以封疆大吏自能辦理，不必特遣大臣，即應派往，傅恒亦不可居訥親之先，未經俞允。及經略需人，因以付之訥親。朕意以伊平日受朕知許厚恩，自知奮勉。乃起程之時，全不踴躍。彼其意以爲軍前調集大兵，指期克捷，勝則引爲己功，即不勝亦可奉身而退。至朕用人顔面所關，國家軍旅之重，皆所不計，其隱衷已不可問。及至軍營，張廣泗方觀望不前，而伊復茫無成算，措置乖張。朕待之兩月之久，而所奏到，乃請建碉與賊共險。不思以士卒攻討之力，轉使建碉資寇，是其第一謀畫，既已貽笑衆人矣。自是始有申飭之旨，然猶望其成功。而乃身圖安逸，並未親履戎行，竟敢奏稱『軍士寅夜向碉放槍，伊在營中望見火光』。經朕督飭，始行前進。而近所奏阿利山之役，我兵屢次退回。因伊等在彼未至大奔，及伊等回營，我兵數十人即鳥獸散，將領不復相顧。觀此情形，是衆未奔而伊等輒已先退，又何怪士卒之望風潰散？以受恩之滿洲大臣，經略重務，僨事至此，尚何地可以自容乎？至前後摺奏，於所奉諭旨緊要情節，概不切實明白回奏，惟以浮詞架空了事，竟有全未覆奏者。即同事之軍前大臣等，經朕再三傳諭，終不令其陳奏一字。朕因其久無就緒，不得已傳諭詢問，亦以欲召回京，本欲激之使知愧奮，或有奏功之日，正以召之者促之。乃伊一得此旨，如獲更生，即置軍務於度外，託言有面奏情形，亟欲回京。試思有何不能言之情形而必待面奏乎？此不過思家耳。以訥親平日之心思智慮，且事朕十有三年，若謂任其經略無方，輒行退避，竟不重治其罪，將視朕爲何如主？伊非不慮及此，而敢於遽請回京者，衆人能知其故乎？伊意中明知不稱任使，朕必重治其罪，然治罪亦不過如慶復之革職家居，轉得優游自逸，爲嗣續計，向來賞賚豐厚，儘足自娛。而金川之役，傅恒必自請督師，朕亦必以此任相屬，而彼地險碉林立，攻取維艱，即傅恒亦未必遽能奏績，不過與伊相等；即能成功，亦傅恒之福命所有，與伊無所加損。如其不成，朕又必重治傅恒之罪，而眷念舊臣，伊必且復用。是治罪之條，乃伊所預料，即奉到前旨，亦無所悔懼。惟此旨洞鑒其肺腑，伊當俯首無辭，始悔其蓄謀之大謬耳。此正朕向所謂小聰明是大糊塗也。不如此，不足成其爲訥親，而衆人之不能見及，即其遜於訥親之處。是朕從前任用訥親，原未爲誤也。何以言之？若今不能燭照其隱微，治彼以罪而心猶不服，則是終爲所誤耳。朕臨御羣臣，嘗有能肆其欺蔽而不察者乎？至所稱回京面奏情形，不知以經略之親信大臣，奏摺中何事不可備陳？如漢文不能盡者，則用滿文；滿文不能盡者，則用漢文，何慮朕之不能詳閱耶？前已傳旨，令繕摺與富成齎回。著再傳諭，令伊一一據實明白回奏，不得因見朕此旨，但知認罪負恩、奉職無狀，浮詞塞責。朕向因人材難得，欲栽培成就，得一二社稷之臣，爲國家任事，此朕本意。即用訥親爲經略，無非欲滿洲大臣歷練戎旅，緩急足恃。朕已屢經宣示，豈有軍旅重事敢於嘗試耶？以朕平時之推心任用，訥親即辦事詳慎，操守潔清，舉不足言。使伊果於此等軍機重務，能調度得宜，殫忠竭力，俾斯役早竣，紓朕西顧之憂，即有小過，何妨曲成。今訥親負恩負國，一至於此，非朕所及料，亦豈國憲所可容？若以向日加恩之故，骫法曲宥，將來何以用人？是以降旨，將伊革職，發往北路軍營効力贖罪。此伊自作之孽，非朕以喜怒爲賞罰。即皇祖、皇考在天之靈，皆所默鑒。今諸王文武大臣合辭奏請將訥親交部治罪，於法本無可逭。但須俟伊回奏到日，再行酌奪降旨。」

嗣訥親兄兩江總督策楞奏請嚴治訥親罪。上曰：「自有處分，豈因人言而定耶？」會訥親回奏至，諭曰：「訥親所奏，更復浮混無恥，且皆諉過於張廣泗。訥親以經略大臣，軍中調度，皆聽指揮，功過無可旁貸，豈容一切推卸？在張廣泗此番罪譴，本無可寬，但出之他人，尚爲有詞，訥親則無可諉過。如摺內所稱各情節，訥親身爲經略，果實見其非，何難據實參奏？即一面參奏，一面提問，亦無不可。觀其遲回不斷，並非伊見不及此。蓋以一參張廣泗，則軍中之事皆伊所仔肩，其責愈重，惟留以爲卸過之地。將來即或無功而歸，尚可借張廣泗爲之代任其責。居心若此，是豈受恩深重、實心任事之大臣所爲乎？況伊摺內所稱自任舉失事，即頓兵二十餘日，不敢前進。是其怯懦委靡，全無愧憤激勵之意，咎無可辭。至所詢伊並不親身督戰，在帳中坐觀諸事，亦據一一俯認不諱，因奏請將伊交部嚴加議處。夫遲誤軍機，畏縮觀望，設令訥親處分他人罪狀，有不問以斬決者乎？而自乃僅請交部議處，此豈降革所能了局者耶？且伊兄策楞昨奏稱訥親於國家軍旅大事，如此負恩，爲國法所不容，請拏交刑部嚴加治罪。是伊兄尚知其獲罪重大，國法難容，而伊乃如此陳奏，則是伊全不以軍務之輕重介意，非天奪其魄，喪心病狂，則目無國法，不畏三尺，辜恩負國，莫此爲甚！此摺著交部存記，尚有續降諭旨究問之事，俟伊覆奏到日，並請降旨。」

十一月，命拏問訥親於所在地方拘禁。諭曰：「訥親從前奉命經略金川軍務，退縮偷安，乖張貽誤，已經降旨革職。因伊聞召令回京之旨，託言有面奏情形，故降旨令其將何事必須面陳，一一據實明白繕摺，交富成轉奏，不得僅以引罪泛詞塞責。伊接到前後所降諭旨，稍有人心，回想十三年來受恩如此深重，今於軍旅要務貽誤至此，自必中懷愧悔，慚赧無地，或恐懼失措，不能置對，尚不至於天良盡泯。乃朕閱伊回奏之摺，嘵嘵萬言，皆不過掇拾歷來軍營中奏報情形，非必須回京面奏之事，且稱兵氣之所以挫，賊志之所以逞，皆因去年張廣泗並未深悉賊情、進退失宜所致；而又稱張廣泗並無推諉，尚可資其策力。懇請令與岳鍾琪分路進剿。措詞矛盾乖張，至此極矣！不思伊身爲經略，張廣泗既進退失宜，挫損兵氣，自應即行參處。乃稱既不諳軍旅，而又奉旨以戎行責成張廣泗。夫訥親既爲經略，不任戎行，則所經略者何事？豈不大成笑柄耶？其餘朕所指出安坐帳中，自示懦怯，師徒奔潰，身先回營，種種情節，皆自承不諱，而猶思留金川効力，俟軍務告竣，始往北路軍營，且妄思覲朕一面。窺其隱衷，因朕不即治其罪，暫停發往北路，降旨詢問，是以轉生希冀之念，猶欲遷延時日，覬望格外之恩，是不復知人間有羞恥事矣！君臣之際，相臨以分，相接以情，人孰無過，苟事在可恕，情猶未絕，或量示薄譴，棄瑕錄用，亦所常有。至於關係軍國重務，賞罰不容稍假，朕亦斷不肯爲姑息之主。今訥親所犯如此，更何晚蓋之可圖、桑榆之可收？即伊亦何顏再與朕相見耶？至伊所陳金川善後一摺，尤爲可嗤。伊在軍前毫無寸進，以退縮失誤軍機，獲罪罷斥，賊尚未平，何暇計及善後？其與古人所謂何不食肉糜者，又奚異乎？即其所謂善後事宜，亦摭拾朕前此諭及之事，此不過偶爾談及將來或應否如此，尚在未定，軍機大臣等皆共知之，而乃自以爲獻善後之計。吁，其可怪矣！訥親受朕殊遇，位至大學士，如此辜恩負國，罪狀難逭，內省略無動念，此奏更出朕意想之外。伊既自出於頑鈍無恥，朕亦不得復以待大臣之禮待之。此旨并訥親原摺俱發出，俾衆共知之。」

又諭曰：「訥親辦理金川軍務，乖張退縮，老師糜餉，經諸王文武大臣等參奏，朕諭令侍衛富成將伊於奉到諭旨處拏問拘禁，其舉動言語，並令富成逐一據實陳奏。今據富成奏稱：『訥親云：「番蠻之事，如此難辦，後來切不可輕舉妄動。但此言，我如何敢上紙筆入奏？」』訥親此語實爲巧詐之尤！伊受朕恩一十三年，推心置腹，何事不可陳奏？如果賊徑十分險峻，伊曾身同士卒盡力進攻，屢冒鋒刃，猶不能克；再調勁兵更番前往，仍不能深入其阻，而供億浩繁，徒糜帑項，則當以實在情形奏聞，請旨罷兵。況金川之事，自因其與澤旺搆釁，涉及邊圉，不得不發兵致討。朕實非利其土地人民，輕起兵端。前後所降諭旨，皆訥親同辦之事。迨伊與張廣泗久無成功，朕又屢次傳諭，令其詳悉斟酌，倘有不能殄滅之故，即可明言其所以然，直請班師，毋得含糊兩可。且於伊奏摺內批示云：『豈有軍機重務，身爲經略而持此兩議，令朕遥度之理？如能保明年破賊，增兵費餉，朕所不惜！若終不能成功，不妨明云臣力已竭，早圖歸計，以全始終。』訥親以親信近臣，膺閫外重寄，經朕如此諄切指示，亦當遵旨據實覆奏，朕豈有不加以裁酌，允其所請之理？且伊果肯侃侃直陳，則此局早已可竣，何用糜費如許物力！是今歲之稽遲，皆訥親之貽誤，更何可辭？又或慮奏到時，爲軍機大臣及辦事司員所知，亦宜親筆密緘，直達朕覽，何得謂之不敢上紙筆入告？此等緊要情節不敢入告，豈如伊歷來摺奏，摭拾浮言，自相矛盾者，轉謂敷陳之道，當如是耶？夫面從而退有後言，乃人臣所當切戒。訥親所稱『後來切不可輕舉妄動』之語，軍機大臣等能窺見其隱衷乎？伊之意，自知身名決裂，且無子嗣，計無所出，輒思以不必用兵之言，博天下迂愚無識者之稱譽；而以窮兵黷武之名，歸之於朕。此其心懷狡詐，實出意想之外！朕誠不料十三年以來，加以隆恩渥澤，而訥親之忍心害理，竟至於此！或上天以此示朕，俾知用人之難耶？訥親又云『皇上祇恐我膽大，我如何當得起！』訥親退縮偷安，不敢衝鋒奪險，實乃毫無膽量。朕方責其過於畏葸，過於膽小，何嘗慮其膽大？昔伊祖額亦都冒險登陴，流矢貫脛，著於女牆之上，猶能負傷血戰，不以爲苦，爲國家建立大功。今其孫委靡至此，實朕所不能解。又訥親聞雲梯兵過，輒云『此皆我罪。若我今年辦理得妥，何致聖心煩躁，又令如許滿人受此苦累』？此言尤爲可駭！滿洲官兵，有勇知方，一聞調遣，無不鼓舞忭躍，志切同仇，皆衆人所共見。朕方深爲嘉悅，而訥親乃以爲受此苦累。伊從軍營中來，爲此浮言，搖惑衆心，俾衆人聞之，不知賊境如何險阻、如何艱難。此惟經略大學士傅恒忠勇奮發，金石同堅，不爲所惑耳。兵丁一聞此言，勇往之氣，有不至爲消沮者耶？明係伊自不能成功，而轉忌他人之成功。故爲此語，巧於離間衆心，而不顧國家之大事。此其罪可勝言耶？著將此旨曉諭中外知之。」

尋命尚書舒赫德馳驛逮訥親赴軍營，會同經略大學士傅恒、尚書達勒黨阿嚴審定擬具奏。諭曰：「金川用兵以來，張廣泗貽誤於前，訥親貽誤於後。兩人之罪狀雖一，而其處心積慮各有不同。至於自逞其私，罔恤國事，則實皆小人之尤矣。今日接到富成所奏，訥親明白回奏一摺，其乖張舛謬之處，經朕所指出者，悉無可置辯。惟思求見朕面，不知伊尚有何顏見朕？且求赴軍營効力，伊曾爲大學士，將欲效士卒奔走，猶得覬驍騎校耶？其頑鈍無恥實甚。觀此，則張廣泗乃剛愎之小人，訥親乃陰柔之小人，自當僨事一至於此矣！訥親身膺重寄，退縮無能，早爲張廣泗所窺。任舉敗後，遂至一籌莫展，且恐固原兵丁生事，曲加重賞，轉囑張廣泗彈壓，而於張廣泗之挾詐誤公，又不據實陳奏，意欲留以爲卸過之地。伊兩人互相推諉，其過惡之剛柔異，而其心則皆不可問也。夫訥親、張廣泗在大臣中，皆練達政事之員，使不遇此等重務，均可擁高爵而歷亨衢，優游終老，何至敗露若此？可見人臣居心，惟當一秉至誠，使能公忠體國，自邀休佑；如其懷私自爲，雖以訥親之小心謹密，張廣泗之熟嫻軍旅，而方寸一壞，天奪其魄，雖欲倖免而不能，豈不大可畏哉？訥親、張廣泗固不幸而遇此事，而朕因此而益見知人之難，則金川之事，未嘗非上天昭示之深仁也。朕臨御十三年，思與大小臣工共臻淳大之治，而水懦易玩，亦朕所深戒，豈肯曲法縱容，爲姑息之主耶？伊等當此軍國重務，而深負朕恩，實非意料所及。今特明正其罪，以彰國憲，乃朕賞罰無私、大公至正之道。」

十二月，張廣泗既伏誅，諭曰：「訥親自辦金川軍務以來，行事乖張，心懷畏縮，視士卒死傷，漠不動念，惟安逸是圖，娛樂是耽，而於道路之險阻，兵民之疲憊，從未據實入告。今因軍旅重大，不容久誤，朕特命大學士傅恒前往經略，調遣滿、漢官兵，飛芻輓粟，籌畫多方。設令訥親、張廣泗早行奏聞，朕必加以裁酌，不至多此一番勞費矣。今朕於此事頗爲追悔，但辦理已成，無中止之勢。即此而論，訥親、張廣泗誤國之罪，可勝誅耶？訥親、張廣泗二人，乃軍前之勞人憊卒所共切齒。張廣泗雖經伏法，而士衆尚未親睹，訥親若在成都，審明待報，未免往返稽遲，著舒赫德將訥親帶往軍前，會同經略大學士傅恒，一面訊明，一面即將伊祖遏必隆之刀於營門正法，令軍前將弁士卒共見之。」尋以大兵既撤，訥親不必逮赴軍營，即於所在正法。十四年正月，至斑爛山伏誅，命銷去訥親所得特加之一等公，仍以伊先世軍功之二等公，令其兄策楞承襲。

雜録

備録

梁章鉅《樞垣紀略》卷二七　乾隆六年冬，劉統勳以左都御史奏言：「尚書公訥親一人之身，兼理數處，出入禁闥，嚮用方隆。屬官既奔走恐後，同僚亦避其鋒鋩，部中議覆事件，或展轉駁詰，或過目不留。出一言而勢在必行，定一稿而限逾積月。任事過鋭，處事過嚴，殆非懷謙集益、推賢讓能之道。宜加訓示，俾知省改。其所管事務，量行酌減，免曠廢之虞，收贊襄之益。」【略】旨下部查議，並訓飭訥親，如所請。

昭槤《嘯亭雜録》卷一　上即位初，以果毅公訥親爲勤慎可托，故厚加信任。訥人亦敏捷，料事每與上合。以清介持躬，人不敢干以私，其門前惟巨獒終日縛扉側，初無車馬之跡。然自恃貴胄，遇事每多谿刻，罔顧大體，故耆宿公卿，多懷隱忌。戊辰春，金川蠢動，張制軍廣泗率兵攻之，因其地勢險阻，不獲克捷。上命訥往爲經略。訥自恃其才，蔑視廣泗，甫至軍，限三日克刮耳崖。將士有諫者，動以軍法從事，三軍震懼，極力攻擊，多有損傷。訥自是懾服，不敢自出一令，每臨戰時，避於帳房中，遥爲指示，人爭笑之，故軍威日損。有三千軍攻碉，遇賊數十人鬨然下擊，其軍即鳥獸散。上知其不足恃，然欲其稍有捷音，然後召還，以全國體。訥乃毫無舉措，惟日乞增兵轉餉，至有欲乞達賴喇嘛、終南道士爲之助戰之語。上大怒，立褫其職。初尚令其往塞外效力，後因其匿敗事聞，立封其祖遏必隆之刀，即於中途斬之。故衆皆悚懼，每遇戰伐，無不致命疆埸，罔敢懷苟安之念也。

陳康祺《郎潛紀聞二筆》卷三《訥親之功過》　訥親以恃寵驕倨，復貽誤金川軍務，致罹重譴。聞其人操守頗廉介，當隆隆赫赫時，門無苞苴。部院司員以公事關白，必反復駁詰，見有才器出衆者，薦引惟恐後人。訥贊樞垣時，武毅謀勇公兆惠、誠謀英勇公阿桂，均爲庶僚，訥即密保二人内堪尚書、外堪督撫，無一知者。迨訥身後，高宗將原摺發出，人始服其論薦之公。然則訥雖功名不終，其識量才猷，殊非挾勢私禄者可比，宜高宗之異常眷倚也。

岳鍾琪部

綜述

《清史列傳》卷一七《岳鍾琪傳》 岳鍾琪，四川成都人。父昇龍，官四川提督，諡敏肅。

康熙五十年，鍾琪由捐納同知改武職，奉旨，以四川遊擊用，補松潘鎮中軍遊擊。五十七年，遷直隸固關參將，未任，擢四川永寧協副將。五十八年，準噶爾擾西藏，都統法喇督兵出打箭爐，招撫裏塘、巴塘番衆，以通藏路。鍾琪奉檄前驅至裏塘，達瓦喇木扎木巴、第巴塞卜騰阿住不受撫，誅之。巴塘喀木布第巴懼，獻户籍，乍丫、察木多、察哇番人均乞降。五十九年，隨定西將軍噶爾弼由拉里進藏，準噶爾敗遁。六十年二月，師還。議敍，功加十等，授左都督。五月，擢四川提督。閏六月，賜戴孔雀翎。十月，命剿郭羅克逆番，鍾琪以郭羅克隘口三，宜步不宜騎，若調內地兵多，賊聞得爲備，不若以番攻番，與總督年羹堯議檄附近郭羅克之雜谷等土兵，率往剿。至則擊敗伏賊千餘，連破下郭羅克二十一寨，中郭羅克十九寨，擒首惡酸塔榜、索布六戈；乘勝攻上郭羅克押六等寨，首惡假磕亦就擒，餘衆悉降。上嘉其功，下部議敍，予騎都尉世職。六十一年，平羊峒番，於其地設南坪營。雍正元年，青海羅卜藏丹津叛，鍾琪率松潘及土司兵防剿。撫遠大將軍年羹堯奏授鍾琪參贊大臣，由德貴堡分剿上寺東策卜、下寺東策卜賊番之助逆者。會南川口外郭密九部乘間肆掠，而呈庫、和爾嘉尤横，移師擣其巢，盡平之。

二年正月，授奮威將軍，進征青海。時西寧東北郭隆寺喇嘛通賊，剿之，燬其寺。二月，大軍出邊，羅卜藏丹津黨阿喇卜坦温布等竄伊克喀爾吉，追擒之；遂由布爾合屯逼額穆納布隆吉爾賊巢。三月，抵柴達木，羅卜藏丹津以二百餘人遁，追至烏蘭白克，擒其母，並首惡吹喇克諾木齊、札什敦多卜等以歸。青海平。諭曰：「岳鍾琪奮勇殺賊，於十五日內即能將逆賊剿滅平定，殊爲可嘉！着授爲三等公。」尋賜黃帶。先是，莊浪謝勒蘇番據卓子山、碁子山作亂，西寧納朱公寺、朝天堂、加爾多寺諸番應之。四月，鍾琪率諸將由西寧分十一路進剿，凡五十餘日，賊番悉平，得旨嘉獎。六月，兼甘肅提督。三年二月，兼甘肅巡撫。四月，署川陝總督。疏言：「河州、松潘向爲青海蒙古互市所，年羹堯奏移那喇薩喇地方。查青海親王察罕丹津等部落居黄河東，距河州、松潘近，請仍於二處互市。郡王額爾德尼額爾克托克托鼐等部落居黄河西，距西寧近，請移互市於西寧口外丹噶爾寺。再蒙古生業，全資牲畜，請六月後聽不時交易。」上允之。初，四川雜谷、金川、沃日等土司争界，年羹堯以舊屬金川之美同諸寨劃歸沃日，致讐殺不已。至是，鍾琪奉命秉公詳勘，美同諸寨仍歸金川，而以龍堡三歌地歸沃日，各土司悦服。詔奬其寧番息事，辦理有方。七月，實授川陝總督。八月，疏言：「各省土司承襲，例由地方文武官申督撫具題。往往勒索陋規，封其印信，至數年不能管事，致番目專恣，釀成讐殺。請嚴立定限，應襲時取具宗圖册結，隣封甘結，并原號紙，限半年內具題承襲；未經具題之先，即令應襲者署理，地方官不得勒封印信。至土司嫡長子孫承襲外，支族中有循謹能辦事者，許本土官詳督撫請旨酌給職銜，下本土官各二等，分管地方視本土官多則三之一，少五之一，庶勢相維而情亦相安。」下部議行。九月，奏請陛見，允之。尋加兵部尚書銜。

十一月，疏言：「打箭爐外裏塘、巴塘、乍丫、察木多，雲南之中甸，及察木多以外魯隆宗、察畦、坐爾剛、桑噶、吹宗、衮卓諸部落，舊非西藏達賴喇嘛所轄。但距打箭爐遠甚，遥制不便，請宣諭達賴喇嘛給令管理。其中甸、裏塘、巴塘及得爾格特、瓦舒霍耳等處，並歸內地土司轄。」又言：「巴塘舊隸四川，中甸舊隸雲南，而巴塘所屬之本咱爾、祁宗、拉普、維西等處，偪近中甸，總會於阿墩子，實中甸門户。請改隸雲南，與四川之裏塘、打箭爐爲犄角。」王大臣議，均如所請。十二月，疏請移四川松茂道駐茂州。四年三月，請選西安八旗兵千駐潼關，撫民同知改理事同知；又請延安所屬州縣丁銀概從下則，以二錢爲率，減舊額銀萬二千八百有奇。九月，請移四川重慶府同知駐黔江，裁西陽司經歷，其雅州、天泉二經歷，瀘州九姓司吏目改州司，以資彈壓。十二月，又請將陝、甘兩省丁銀攤入地畝徵收，以雍正五年爲始，著爲定例；其由衛改縣未經載丁及原有丁銀者，按其額賦均載丁銀，至陸續開墾及新開渠閘屯墾之處，亦照此糧額一例增載。再川省多係以糧載丁，間有以人載丁之處，應改畫一。俱下部議行。時四川烏蒙土知府禄萬鍾擾新隸雲南之東川府，其黨鎮雄土知府龍慶侯助逆，而隸建昌之冕山、涼山諸苗爲之羽翼，鍾琪遵旨與雲南總督鄂爾泰會剿。五年正月，擒萬鐘、慶侯，降烏蒙、鎮雄，改土歸流，冕山、涼山亦以次底定。諭獎鍾琪調度有方，下部議敘。八月，議覆四川永寧協副將張瑛條奏可行者四事：一、修築松潘鎮城堡；一、遷雲南東川府之會理州、貴州威寧府之永寧縣土目於內地，令其民遵漢俗；一、改永寧縣歸四川轄；一、設東川義學。又奏稱於西寧北川口外之大通川、白塔川及策爾圖設鎮營駐守，量增官兵三千六百。部議均從之。

時成都有謠言鍾琪以川、陝兵謀反者，鍾琪疏聞。諭曰：「數年以來，在朕前讒譖岳鍾琪者甚多，不但謗書一篋而已。甚至有謂岳鍾琪係岳飛後裔，意欲修宋、金之報復者。其荒唐悖謬，至於此極！岳鍾琪懋著功勳，朕故任以西陲要地，付以川、陝重兵；而憸險奸邪之徒，造作蜚言，煽惑人心，讒毀大臣，其罪可勝誅乎？此成都造言之人，斷非出於無因。着交與黄炳、黄廷桂會同嚴審。此事關係誣謗國家大臣重案，非民間誣告比也。至於川、陝兵民，向來淳良忠厚，且受聖祖仁皇帝六十餘年深仁厚澤，淪肌浹髓。朕即位以來，又屢加恩澤，伊等至誠感激。西省數年用兵，軍民人人踴躍急公，其尊君親上之習，實衆所共知共聞者。今奸民乃云『欲從岳鍾琪謀反』，是不但誣岳鍾琪一人，而並誣川、陝兵民以叛逆之罪矣。黄炳等務將實情審明具奏。」十月，審係湖廣奸民盧宗漢寄居四川，因贖田私事，希准狀，播造浮言，並無主使之人，論斬如律。

六年二月，疏陳建昌苗疆善後事宜：「一、建昌土司惟河東、河西宣慰二司，寧番安撫司地最廣，而河東半近涼山，半近內地，涼山仍歸長官司，其近內地者改隸流官。至河西、寧番近內地，悉改歸流；其阿都宣撫司、阿史安撫司及紐結、歪溪等土千百户，共五十六處，俱改流，近衛者改歸衛轄，並擇苗、番老成殷實者爲鄉約保長，令約束。一、裁建昌通判，改置府，設知府、經歷，建昌衛及左、中、前三所，禮州守禦所改置一縣，寧番、鹽井二衛改置二縣，各設知縣、典史，會川衛併入會理州，移會川營千總分防州屬之會理、苦竹、者保三寨，均隸新設府轄。一、建昌爲邊疆重地，請於越嶲所屬之栢香坪增守備、千把總各一，冕山貼近乾縣，增遊擊、守備各一，千總二，把總四，移冕山營守備駐寧番衛城，寧越營守備改都司，增千總一，鹽井衛遊擊一，千總二，把總一，其原設守備移駐河西，會川所屬之披砂，建昌增遊擊、守備各一，千總二，把總四。再撥建昌鎮標中軍守備移駐建昌東之木托，建昌鎮右營遊擊移駐建昌西北之熱水，協同該地方原設弁兵防守。一、苗民頑蠢，地方文武官如勒索科派，計贓治罪，上司失察議處。一、各衛所漢、苗雜處，田土交錯，多欺隱相訐，地方官於農隙履畝親勘，俾各守業。一、漢民每以苗、倮爲奴婢，地方官查明發還，酌價追贖，違者治罪。一、漢、番交界，每月三次交易，官選兵役稽查，不許漢民短價滋事，及兵役藉端勒掯，其私入夷穴，别有勾結者，罪之。一、苗民向化，即與齊民無異，該管流官一體編入保甲稽查。一、嚴禁漢民誘取苗民什物，及凶蠻將漢民綁擄。一、苗民散處，該管官編户册，清住址，有事犯者即於該地方追究。一、嚴禁苗、倮帶刀出入，及私藏鳥槍違禁之物。一、苗民散處密箐易逃，遇地方失事，汛官帶兵巡捕，地方官差役嚴拏，併移會隣汛協追務獲，徇庇疏縱及牽累良苗者，分别議處。」疏下部議，如所請。定建昌新設府曰寧遠，縣曰西昌，寧番新設縣曰冕寧，鹽井新設縣曰鹽源。九月，奏言：「川西固岷州兩土司朋比爲奸，番民不安，請改歸流。」十月，又言：「陝、甘二屬丁銀偏累，向題准攤入地畝徵收。但甘屬河東糧輕而丁多，河西糧多而丁少，若將河東丁銀攤入河西，是兩田糧輕者益輕，重者益重。請將二屬各自均派，河東則丁隨糧辦，河西則糧照丁攤，較爲便民。」十一月，請陞四川夔州府屬之達州爲直隸州，轄東鄉、太平二縣；又請陞陝西鞏昌府屬之秦、階二州爲直隸州，以清水、秦安、兩當、禮縣及新改之徽縣隸秦州，文、成二縣隸階州。七年三月，請陞肅州爲直隸州，轄高臺縣；又請於陝西子午谷隘口增防守官兵，四川裏塘、巴塘等處設宣撫司、安撫司、長官司、副土官、千户、百户等官，照流官例題補。俱議行。尋奏遣兵平西川不法之雷波土司楊明義，得旨嘉獎，下部議敘。

有逆犯曾静者，湖南靖州生員，因考劣等，憤鬱謀叛，潛遣其徒張熙詭名投書於鍾琪，勸以同謀舉事。鍾琪拘熙訊主使者，堅不吐；乃誘置密室中，許迎聘其師，佯與設誓，得静逆狀，具以聞。上獎鍾琪忠赤，命侍郎杭奕禄等至湖南會鞫，得静與吕留良之徒嚴鴻逵往來，妄生異心，並得留良日記悖逆狀，王大臣等合詞請坐静、熙大逆律，詔寬宥其罪，命杭奕禄帶静由江寧、蘇州至杭州，遣人送至湖南巡撫衙門，聽其他往。至十三年九月，今上御極，以静罪不減留良，與熙均解京，伏誅。

先是，準噶爾台吉噶爾丹策凌匿青海叛賊羅卜藏丹津，且謀擾我藩部喀爾喀。至是，上命鍾琪爲西路寧遠大將軍，率師與北路靖邊大將軍傅爾丹討之，加少保。鍾琪疏言：「噶爾丹策凌三世弗庭，百夷被虐，天怒人怨，衆叛親離。我聖祖至德洪慈，再三寬宥，皇上深仁厚澤，屢欲矜全，終不悛悔。若不大彰天討，則冠履之分不明，番夷之禍不息。臣仰承廟謨，至周極備，約舉王師之十勝，決逆酋之必敗：一曰主德；二曰天時；三曰地利；四曰人和；五曰糗糧之廣備；六曰將士之精良；七曰車騎營陣之盡善；八曰火器兵械之鋭利；九曰連環迭戰，攻守咸宜；十曰士馬遠征，節制整暇。臣得奔走行間，竚見長驅直入，指日獻俘奏凱。」報聞。八年五月，噶爾丹策凌表獻羅卜藏丹津，既而不至，諭鍾琪來京籌辦軍務。十月，奏改陝西榆林廳爲府，設知府及照磨，并設榆林、靖邊、定邊、懷遠四縣隸之，各設知縣、典史，悉汰舊同知、巡檢等官，從之。是月，準噶爾乘我西路不備，犯科舍圖汛，盜駝馬，總兵樊廷等擊敗之，奪所盜還，命鍾琪還軍營。九年二月，奏軍機事宜十六條，諭曰：「岳鍾琪所奏，朕詳細披覽，竟無一可採。岳鍾琪以輕言長驅直入之説，又爲賊夷盜趕駝馬，既恥且憤，必欲襲擊進剿，勉强踐復前説，甚未妥協。著將朕旨傳諭之。」六月，上又以鍾琪前遣兵赴吐魯番運糧米，並未具奏，致準噶爾劫糧，屢擾吐魯番，鍾琪乃請往援，奉旨訓飭。七月，準噶爾傾衆犯北路，傅爾丹禦之於和通呼爾哈諾爾，失利。鍾琪請督兵襲擊烏魯木齊，分賊勢，上報可。鍾琪尋由巴里坤越木壘渡阿察，直抵額爾穆克河，分三路擊賊。旋奪據山梁，斬殺甚衆，烏魯木齊附近賊悉遠徙。遵旨振旅還營。諭曰：「岳鍾琪此次領兵襲擊賊衆，進退遲速，俱合機宜，甚屬可嘉，著交部議敘。」

十年正月，奏言：「臣去年擊賊至木壘，見其地勢險要，且可屯種。請即彼築城駐兵二萬，截賊來路。」得旨，定議舉行。二月，賊衆三千逼哈密，鍾琪遣總兵曹勷等擊敗之於二堡，又遣將軍石雲倬等赴南山口、梯子泉等處截其歸路；而雲倬兵遲發一日，賊遂由塔呼納呼路竄，鍾琪劾之。諭曰：「此次賊夷狂肆昏亂，深入重地，自投羅網。乃坐失機會，不但不能屠剿，且使賊人由坦途而遁。其領兵之石雲倬已降旨治罪，至岳鍾琪素諳軍旅，緣懷游移之見，致乖戰守之宜。前車之鑒，非止一端。嗣後當深悟前非，痛自省惕，以觀後效。」尋大學士鄂爾泰等劾鍾琪身爲大將軍，專制邊疆，賊夷以五六千人由烏克克嶺入卡倫犯哈密，鍾琪茫然不知，致賊劫牲畜，復從塔呼納呼緩騎遁歸。智不能料敵於平時，勇不能殲敵於臨事，玩忽縱賊，應議處。得旨，削公爵及少保，降世爵爲三等侯，仍留總督銜，護大將軍印，戴罪立功。七月，大軍由巴里坤移駐木壘，上因鍾琪辦理軍務未協，召還京，以副將軍張廣泗護大將軍印。廣泗尋劾鍾琪調度乖方各款，且言準噶爾賊專資馬力，我兵制敵必須馬步兼用，而岳鍾琪立意用車。自巴里坤至木壘，沿途滿塹崎嶇，紆繞沙磧，用車甚不相宜；且木壘四面受敵，牧廠運道，在在可虞，必不可駐大兵。詔速撤軍回巴里坤。十月，諭曰：「岳鍾琪受朕深恩，重加任用。西陲討賊之舉，伊亦身任不辭，是以用爲西路大將軍。乃伊秉性粗疏，辦事怠忽，且賞罰不公，號令不一，不恤士卒，不納善言，傲慢不恭，剛愎自用，以致防禦追擊，屢失機宜，士氣不振；而陳奏者又皆虚假詐僞，爲怙過飾非之計，誤國負恩，罪難悉數。著革職，交兵部拘禁候議。」十二年，大學士等覆訊擬斬決，得旨，改斬監候。乾隆二年，上諭曰：「岳鍾琪貽誤軍機，罪無可宥，皇考念其曾經効力，是以未將伊正法。朕體聖心，不忍令久繫囹圄，著釋放，令其自愧。」

十三年三月，大軍剿金川逆酋莎羅奔，諭曰：「岳鍾琪久官西蜀，素爲川省所服，且夙嫻軍旅，熟諳番情。伊雖獲罪西陲，亦緣準噶爾夷情非所深悉。若任以金川之事，自屬人地相宜。伊三世受國厚恩，自必竭力報稱，以蓋前愆。著調至軍營，以總兵銜委用。」未幾，授四川提督。五月，鍾琪由黨壩一路進剿，賞戴孔雀翎。閏七月，上以經略訥親、總督張廣泗督剿久無功，而鍾琪與原任將軍傅爾丹均老成宿將，起於廢弁之中，親在行間，未聞發一謀，出一策，傳旨詢問。八月，鍾琪疏劾廣泗，言：「黨壩一路爲逆酋門户，商卡嚴密。漢、土官兵名爲一萬，除守營放卡及分防糧站，實止七千餘；而士兵多無用，漢兵不敷分布。臣咨商張廣泗增兵三千，廣泗以業經分派十路，無兵可撥，不肯給。又廣泗專主由昔嶺卡撤進攻之策，此二處中隔噶拉依，距賊巢尚百餘里。黨壩至勒烏圍僅五六十里，若先破康八達，即可擣巢，濟事較速。商之廣泗，則云不便更易；而廣泗反信用新降土舍良爾吉及漢奸王秋等，恐生他變。」會訥親亦訐廣泗糜餉老師各款，詔治廣泗罪。尋命大學士傅恒代訥親爲經略。九月，鍾琪疏：「請卡撒、昔嶺進巢，別選精兵三萬五千，以一萬由黨壩及瀘河水陸並進；以一萬由甲索攻奪馬牙岡、乃當兩溝，與黨壩兵合，直攻勒烏圍，仍於卡撒留兵八千堵禦。俟克勒烏圍後，前後夾攻噶拉依，再於黨壩留兵二千護糧，正地留兵一千防爐，餘四千隨機接應。一年之內，莎羅奔暨其姪郎卡必就擒。臣年雖老，請肩斯任。」詔以所奏交傅恒酌行。是月，鍾琪由黨壩攻康八達山梁，大敗賊衆。十二月，復連敗之於塔高山梁，諭獎之。鍾琪初爲川陝總督時，勘金川爭界事甚公，且奏給莎羅奔印信、號紙，莎羅奔甚德之。十四年正月，經略傅恒抵軍營，即召良爾吉至帳下，誅之。下令剋期進剿，莎羅奔懼，遣心腹人至鍾琪軍乞降。鍾琪請於傅恒，輕騎入勒烏圍賊巢，諭順逆大義。莎羅奔及郎卡隨赴卡撒大營，泥首歸命。傅恒以聞，詔班師。諭曰：「提督岳鍾琪能承經略大學士忠勇公傅恒指示，開誠布信，直造賊巢，用使番酋弭耳暢息，厥角恐後，成勞懋著，功在諸將右。著加太子少保，仍交部議敘。」二月，鍾琪疏言：「莎羅奔、郎卡悔罪輸誠，蒙皇上天恩網開三面，貸以不死。自茲畏威懷德，必能安靜，但防範不可不預。查近金川之土司，除雜谷地廣人衆，綽斯甲布本屬姻親，其革什咱、巴底、巴旺、小金川、沃日等處勢孤力單，從前金川常懷兼并之心，恐日久別生事端。請於卡撒兵糧盡撤後，暫駐小金川，諭各土司聯絡和好，以杜窺伺。」上是其言。三月，諭曰：「金川平定，邊徼敉寧。大學士忠勇公傅恒凱旋，奏番酋歸順，全仗天威，至歷練戎行，信孚蠻部，深入賊巢，膽勇雄決，則岳鍾琪洵爲克副委用。此固出於傅恒之推能讓美，然岳鍾琪之奮往任事，實屬可嘉！前已降旨晉階太子少保，交部優敘。伊前於青海奏捷，曾封公爵，茲復樹績蠻方，收桑榆之效，著再加特恩，授兵部尚書銜，於本身封爲三等公，以昭録功懋賞之典，俾宣力疆埸者，知所勸焉。」十月，陛見，命紫禁城内騎馬，免西征應賠銀七十餘萬兩。子沺、湝俱授藍翎侍衛。賜公號曰威信。御製七言詩賜之，曰：「劍佩歸來矍鑠翁，番巢單騎志何雄！功成淮蔡無慙李，翼奮澠池不獨馮。早建奇勳能鼓勇，重頒上爵特褒忠。西南保障資猷略，前席敷陳每日中。」尋命還四川提督任。十五年，西藏珠爾默特那木扎勒作亂，總督策楞赴藏，鍾琪駐打箭爐就近彈壓，藏地旋定。十七年，雜谷土司蒼旺搆逆，鍾琪同策楞以兵奪維關，直抵賊巢，擒蒼旺，誅之，分其地歸松岡土司轄。下部議敘，加三級。

十九年，重慶奸民陳琨等滋事，鍾琪力疾親往督緝。還，卒於資州。賜祭葬如例，謚襄勤。二十年，諭曰：「原任四川提督岳鍾琪於皇考時宣力西陲，勞績頗著。即如逆犯曾靜遣張熙投遞逆書一事，岳鍾琪與之設誓，誘令供出實在姓名，即行參奏，居心甚爲誠實。其在西路軍營時，驕縱狂妄，於辦理軍務亦多錯誤，然核其功罪，自不相掩。至金川之役，用爲提督，雖彼時番酋有效順之意，而岳鍾琪能直入番巢，住宿碉寨，曉以順逆，示以不疑，亦其忠信素著所致。是以加恩，特於本身授爲威信公爵。今伊已身故，雖公爵不應世襲，而其子孫竟無一世職，朕甚憫焉！岳鍾琪賞給一等輕車都尉，令其子孫世襲罔替，以示朕追念舊勳之至意。」尋以鍾琪少子瀞襲。四十四年，御製《懷舊詩》列入五功臣中，詩曰：「三朝師武臣，鍾琪爲巨擘。車騎伐準夷，實其算之失。設誓誘張熙，忠誠天鑒赤。家居十餘年，命董金川役。單騎入賊砦，大義示順逆。勇而且有謀，羣番讋辟易。受降遂凱旋，實亦資宣力。所見録嘗多，鮮克踵其迹。卓有古將風，書勳太常冊。」子五人：濬、沺、湝、淳、瀞。

雜録

備録

《國朝耆獻類徵初編》卷二八〇周正《岳鍾琪傳》 乾隆己巳春，四川提督岳鍾琪以平金川功，陛見。皇帝賜爵威信公、太子少保，許乘馬禁城，復命西洋良工寫公像。先是，世宗憲皇帝嘗使莽古利爲公寫像一，一存内府，一賜公，至是凡再寫矣。公歷事三朝，威望著海内，窮巷遂谷之民，販豎婦人孺子之微，無不知有岳將軍，蓋以身爲社稷重者四十餘年。

公爲宋忠武王裔，居臨洮，徙西河。祖父世爲名將，父諱昇龍，提督四川，因家焉。公於經史、騷賦、天文、地理、風角之書無不究，尤好孫吴兵法。由捐職同知改松潘遊擊，進永寧副將。定藏，擢四川提督。平青海，封三等公，移提甘肅，署甘撫，晉川陝總督。征準噶爾，罷，居家。金川再起，終提督任。

當公之家居也，羣蠻傳公已老死，而金川土司莎羅奔跳梁，用兵者一載無功。及公起，募咽嚕爲新兵。咽嚕者，游手無賴者也，慓鋭甚，連破其根雜碉樓及葛布基石卡。賊死拒於康八達之大碉，公以糧運誘之，出火攻殲之。金川倚勒歪爲門户，而康八達尤勒歪之隘，既破，賊氣奪。偵知督師者爲經略傅公及公，則大驚乞降。公單騎入賊營，索茗，飲盡器，再索，慷慨諭以禍福，金酋涕泣受命，送公由皮船歸，一番卒拌之，羣賊夾道奉香跪，戰慄猶覲天神。而大學士傅公復戮其奸諜王秋良兒吉及土婦阿扣，乃匍匐臺下，乞免死，誓不復反。金川平。

蜀之蠻部金川爲險，其外則烏思藏地最大。藏北通準噶爾以及青海石堡城，抵西甯，邊外諸夷錯處，叛服不常。公家邊夷，悉夷情，故所向有功。而青海之戰，尤聲震天下。雍正癸卯，青海羅卜藏丹津恃諸番以爲之蔽，不順，命石堡賊復劫我行旅，大將軍年羹堯以屬。公佯置石堡不問，而先乘雪夜襲，斬鎮胡蘆番，擣上寺，東轍下寺，降果密番，據大石，揮兵直上踏其山，燔喇嘛格弄寺，青海道除。大將軍使公於四月率兵萬七千進。公曰：「非策也，當攻其不備。」選鋒五千，馬倍之，遂以二月疾馳。途絶水，禱而出泉，途遇小部落游牧，且剿且撫。諜知羅卜藏丹津同六台吉衆數萬牧於烏蘭木呼兒，公駐師享士秣馬，夜馳百六十里，平明至其地，四面斫營，賊半自夢中起，索兵鬭者竄者號泣者大擾。我師奮勇斬殺，呼聲動天地，人猱刃雪，一以當百。賊潰崩，填滿壑谷。生擒丹津之母、妹並六台吉，丹津乘走駝竄準噶爾。是役也，降王三，擒王十五，斬首八萬，俘獲無算，乃悉兵破卓子山。山絶險，唐人所謂「不取西蕃石堡城」者也。公以精兵躡城背，自上下擊，大破之。寫爾素六族餘老弱千人，安插爲平番縣。當是時，公威讋塞外西北，屹然長城。而羅卜藏丹津數挑準噶爾伺邊隙。世宗憲皇帝以公爲甯遠大將軍，討準夷。公入都奏機宜，邊將違公部署，賊遂入掠。公得罪，削爵繫刑部。今上御極之次年，放歸田。公長子江西巡撫濬迎公南下，所歷關隘之雄，江流之洶涌，昔人南北戰守之壘，慨然弔古，一發之於詩。歸營安素園成都郭外，娛老焉。

年六十三，乃再起。初，準噶爾數窺哈密地，又欲并西藏，策妄阿喇布坦謬與藏汗拉藏約婚，戍以喇嘛五百，而遣其甥車凌敦多布襲藏，內應起，殺拉藏據地。時康熙己亥事也。撫遠大將軍統諸路兵討之。公先奉命安撫巴塘、乍丫、落隆宗各蠻，而誅盤占巴墨喇嘛之助逆者，將深入。定西將軍噶爾弼曰：「大將軍令軍集乃發。」公笑曰：「今軍糧支半月，大將軍在西甯，何可待？遲則賊備堅矣。」單旅竟進，十日抵藏，擒僞藏王達格咱，殺諸喇嘛，敦多布僅以身免。諸道兵罷不用。乾隆十五年，駐藏大臣傅清、拉布敦誅逆藏汗諸爾墨特，藏亂，兩臣死殉，藏小公班第達方以其兵定難，時公以提督進兵打箭鑪，藏人聞公至，遂不敢動，亂復定。藏在唐爲吐蕃强甚，今懷威德如郡縣矣。

公字東美，號容齋，長身赬面，隆準而騈脅。所用二銅鎚，重百餘斤。沈毅多智，發若雷霆之疾，御卒嚴而同甘苦，能知人，冶大雄、高雄皆自麾下至節鎮。敦多布據藏，遣人調落隆宗守隘。公使冶、高兩卒偵之。兩人善夷語，爲番句者，見落隆宗酋，爲畫計進蠻婦，醉其使詭詞哩等，盡擒之。故入藏無所阻，得以速成功。公之平雜谷閙也，知蒼旺有異志，突偪其巢，縛之出，亦以猝故賊不及謀。公承世宗憲皇帝賜御製詩三章及衣物金綺弓馬之屬。皇上尤眷顧老臣，御書扁額製詩以寵之，免應追銀七十萬兩。官其子沺、涝皆侍衛，淳主事。

嗟乎！公固奇才而遇亦隆矣哉！甲戌以捕忠州逆黨，道卒，年六十九。上深爲悼惜，賜祭葬，謚曰「襄勤」。而移其弟廣西提督鍾璜爲四川提督。

昭槤《嘯亭雜錄》卷一〇 岳威信公佩撫遠大將軍印以入覲，命提督紀公成斌權其篆。會準夷入寇，擄馬駝萬餘，紀不時奏，乃爲總督查郎阿所發，遂褫岳公爵，置紀於法。然嘗聞老卒有云：「岳既入朝也，紀以滿人强勁，因以駝馬命副參領查廩領卒萬人驅牧。廩性懦葸，畏邊地寒，因以馬駝付偏裨，以五十人放牧而已。率衆避寒山谷間，日置酒高會，挾娼妓以爲樂。會準夷入寇，偏裨報廩，廩笑曰：『鼠盜之輩，不久自散。』因按兵不往。及馬駝被擄，廩聞信，乃先棄軍去，過曹總兵勷壘，呼曹救之。曹性卞急，因率兵往，爲其所敗，單騎而奔，賴樊提督廷率本標卒追之，轉戰七晝夜，始卻其敵。廩見紀公，皆委罪於曹勷。紀笑曰：『滿人之勇固如是耶！』將收縛斬之。會岳公至，紀告其故，岳公驚曰：『君今族矣！滿人爲國舊人，黨類甚衆，吾儕漢臣，豈可與之相抗，以干其怒也？』因解廩縛，以善諭之，因皆委罪於曹，斬之以徇，而以捷聞。廩乃恨公入次骨，會査郎阿巡邊，故廩戚也，廩因矯控岳公諸不法事，以及紀公掩敗爲功諸狀。查故怒岳公，因誣實其言以聞。上大怒，斬紀公於營，置岳公於詔獄，而廩官固如故也。」嗚呼！世宗之於岳公，君臣之際可謂至矣，因誣一滿人卑賤者，乃使青蠅之讒爲禍若爾，持國柄者可不省歟？

趙慎畛《榆巢雜識》卷下《岳鍾琪》 我朝漢提、鎮中，有功可録者不乏人，而宣力三朝，名震諸番者，無出岳鍾琪右。鍾琪，陝西臨洮人，初由同知改武，任遊擊，康熙時已擢四川提督。雍正元年，授奮威將軍，征青海有功，予三等公爵，尋遷川陝總督。七年，授寧遠大將軍，由西路征剿噶爾丹策凌。十年，大學士鄂爾泰劾其玩忽縱賊，奏報不實，上宥之，仍留總督任，護大將軍印，降公爵爲三等侯。張廣泗復劾其怪僻乖方，遂罷職，削爵，付法司鞫訊，擬以大辟，疏留中。乾隆十三年，以總兵銜剿金川逆酋，尋授四川提督。會大學士傅恒經略金川軍務，酋畏懾乞降，鍾琪奉經略令，輕騎入番巢，曉以順逆，示之不疑，莎羅奔即抒誠乞降。凱旋，仍與三等公爵，賜號「威信」。十九年赴重慶督緝墊江逆匪陳琨等，事竣，還，卒於資州，賜恤如例。鍾琪任川陝總督時，湖廣逆犯曾靜靖州人遣張熙投遞逆書，鍾琪佯與設誓，誘其吐實，即奏逮治。其盡誠智略，有足嘉者。

趙慎畛《榆巢雜識》卷下《習車戰》 岳鍾琪征噶爾丹策凌時，議用車戰，因設車騎營肄習之。終歸無用，未免泥古之失耳。

陳康祺《郎潛紀聞二筆》卷四《岳威信之兵法》 岳威信公征青海，行至崇山，見野獸羣奔，曰：「此前途有放卡賊。」蓐食速驅，果擒百餘人。自此，探信賊斷，得掃穴獲醜，與年事略同。

備論

《國朝耆獻類徵初編》卷二八〇周正《岳鍾琪傳》 論曰：余讀公《蛩吟》、《薑園》諸集，一飯不忘君國，惓惓乎其言之。又聞公左股有瘢痕，所割以愈苗太夫人疾者也。忠孝而文，庶幾乎鄂王矣。公殁二年，準噶爾平，俘羅卜藏丹津於京師，是臣志也。余入蜀，未及謁公，公遽卒。惜夫！得拜公像者亦可矣。

論曰：謀定後戰，古名將類如是。威信公數當大任，所至成功，有以也。余讀唐史，李德裕籌邊西川，悉坦謀率所部叩關請降，牛僧孺不許，敵人戮之境上，患終唐世。夫維關之險，夷得之足以擾蜀，我得之則可以斷諸夷之臂，而西南永無患。公先事乘機，一舉而定，無赫赫之功而功遠矣。公嘗自誦曰：「大丈夫威行沙漠，完古人未完之志，生平願足。」嗚呼！豈空言哉！豈空言哉！

《小倉山房文集》卷二七《書馬僧》 論曰：馬僧事類小説，爲正史所不書。然岳公獲一盜馬賊，能留心録用，使奏其能，真大將矣。其行閒致敵，不戰而屈人兵，機有足法者。年羹堯威勝不恤士，馬僧太跅弛，故無成功，皆足爲規戒。備書之，亦自附於李玉溪之書。程驤羅，江東之記石烈士云。

藝文

《海山存稿》卷一〇《贈岳少保詩八首》 西南壁壘重如山，幕府崇高五等班。狼纛既銷鈴閣静，虎牙纔鎮羽書閒。重天雨露青冥上，接地風雲紫塞間。見説凌煙圖畫在，龍鸞標格杳甄攀。

宋室孤臣百戰空，雲仍奕葉起崆峒。山西老將多家法，江左諸郎有父風。投筆峥嶸規定遠，諸纓慷慨見終童。吕虔刀貴新憑贈，斬得樓蘭第一功。

漢將軍在獨征西，力與中原静鼓鼙。青海三冬遊牝牡，黄河九曲掣鯨鯢。伏波事業猶堪勒，班固文章亦許題。争似先皇親灑翰，橋門深處五雲低。

玉門關外笛聲前，不掃欃槍不擬還。刁斗夜熒星並落，寶弓晨挽月常懸。全軍常遲班師日，上將先趨謁帝年。三接恩光承御席，幾回借箸一籌邊。

單于庭壓萬貔貅，底事妖氛尚未收。人向星辰看劍氣，帝憐歲月賜刀頭。頻陽阮免原多病，霸上初還亦好遊。獨有主恩殊眷重，釣竿投去又提桴。

封豕長蛇竟若何，未應小醜汗干戈。廉頗用趙功逾倍，魏絳和戎利最多。部曲第知聞令肅，羌夷自覺受恩過。鳳池解甲公歸日，一概聲中足凱歌。

中朝柱石重班瑞，大府屏藩再建牙。使節迴翔嚴武鎮，詩名烜赫杜陵家。不妨談笑資涵泳，只有精誠答眷嘉。推轂功高膺上賞，餘波猶漾五溪涯。

裴相壯圖懸日月，韓公晚節傲風霜。元和已勒淮西碣，鄴下猶開書錦堂。未就李膺龍變化，曾窺嵇紹鶴昂藏。尚書氣與秋天杳，遥指紅雲海屋長。

李衛部

綜述

《清史列傳》卷一三《李衛傳》 李衛，江蘇銅山人。由捐納員外郎，於康熙五十六年授兵部。五十八年，遷戶部郎中。六十一年十月，授直隸驛傳道，未走，改雲南鹽驛道。雍正元年，管理銅廠。二年，擢布政使，仍兼理鹽務。上以李衛褊躁尚氣，訓之曰：「近有人奏汝恃能放縱，於督撫上司前粗率無禮，操守亦不能純，間有巧取處。若如此行爲，則大負朕之倚任。嗣後極宜謙恭持己，和平接物。川馬、骨董之收受，俱當檢點；兩面欽用牌，不可以已乎？是皆小人逞志之態，何須乃爾！其克謹克慎，毋忽！」尋衛以不避嫌怨奏，諭曰：「不避嫌怨，與使氣淩人、驕慢無禮，判然兩途，弗相交涉。汝宜勤修者，惟『涵養』二字最爲切要，務須勉爲全人，方不有負知遇殊恩！《書》云：『習與性成。』若不痛自刻責，未易改除，將來必以此受累，後悔何及！諄切訓誨，實由朕衷，『有則改之，無則加勉』，當時刻自檢也。」

三年，授浙江巡撫。陛見時，奏江南朱家口決口，命衛便道至清江浦與河道總督齊蘇勒議河工。四年三月，奏言：「遵旨與齊蘇勒相見，知決口已合龍。因詢以此番決口，全河俱由朱家口歸洪澤湖，恐沙淤墊湖底。據稱勒淤懶沙，不能遠至洪澤湖，當至上流三處小湖而止。臣問：『三小湖既與洪澤相連，又在上流，乃大湖支派，受水分洩之淵藪。若墊高，將來洪澤蓄水漸少，且由近及遠，再遇水發，仍填入湖堰，勢陡且險，尚當留蓄水處爲是。』伊云：『別無善法，惟加防，期不至決口。』臣又問：『治河當借急湍之勢，以滌洩下流，疏通海口爲要，抑或專顧衛決，堅牢工程爲主？』據稱：『海口緊要，上年我於清口築壩，留口甚狹，令其敵黃，並借二水之勢，將清江迤東河底刷深，海口亦無阻滯。』臣觀齊蘇勒操守學問甚優，辦事不避勤苦，但無好官相輔，兼自負過高，不納衆言。」疏入，報聞。六月，奏言：「浙江戶口繁多，米不敷食。四川產米甚多，川江直抵湖廣，盤運亦易。請照兩淮買穀例，於鹽政歸公項內，以十萬兩委員赴川買運。俟青黃不接時，分發米少州縣，減糶以濟民食，歸還司庫原銀，有餘爲修理城垣等用。」又請增子母礮四十八位，分給駐防滿、漢兵，選協領等員教習演放。俱得旨允行。

是月，命兼理兩浙鹽政。七月，疏言：「烏程縣屬之烏鎮，近接太湖，易藏姦宄。請將湖州府同知移駐。」十一月，奏言：「竈丁課餉，應歸竈地徵收。如仁和場之仁和倉及許村等八場，向有沿海灘蕩，給丁樵刮，即以每丁應納之課，攤於所給之地，計畝徵收。其仁和場之錢塘倉，西路等九場，北監場之赭門，華嚴二倉，黃巖等六場，白沙、岳頭二倉，原無給丁蕩地者，或暫令各丁照舊輸納；其丁多蕩少者，或於舊稅上加攤。竈丁蕩戶俱有苦累，須清查升漲抵補。請將許村等場新升蕩地稅銀，抵除前報暫攤並無地可攤之丁銀；如續有漲坍蕩地，照例增減。」又疏言：「浙省私販出沒之所，海寧、海鹽、平湖、桐鄉爲最，而海寧之長安鎮乃其適中孔道，請專設千總一、兵百，分巡隘口。再撥撫標兵百、千總一協緝。各場官俱係微員，不能杜弊，請以候選同知、通判、州縣等官分發各場，專其責成，俟有成效，題請照原銜升用。」又疏言：「江南蘇、松、常、鎮四府食鹽，例銷浙引。鎮江接壤兩淮，僅隔一江，私販易於偷渡，致浙鹽壅滯，請令常鎮道督同鎮江府海防同知、京口將軍標副將、鎮江城守參將，嚴拏水陸私鹽，仍禁官弁兵役勒掯。」俱下部議行。

五年二月，奏修海寧縣浦兒兜草壩，老鹽倉、姚家堰草塘，海鹽縣閏餘等字號石塘，蕭山縣鎮湖庵、王家池、閘家堰一帶石塘，錢塘縣午山一帶，仁和縣總管廟前各坍塘。十月，又奏修海寧縣沿海東西塘。俱從之。十一月，授浙江總督，管巡撫事。六年二月，奏言：「浙江交界，積竄惡賊，查拏甚多，頗有屢犯漏網大盜。緣地連兩省，每致影射作弊。如浙江究出夥賊姚二、姚天生兩犯，咨江南震澤縣提拏，竟以替身起解，爲浙省押往認識之張德隆指破。而此案經江南督臣范時繹留審，未得歸浙並究。今查出徇庇首犯舉人金士吉等，已質明有據，請褫革嚴審，並提齊江南所留案犯，窮究黨羽，剪除巢穴，以期靖盜安良。」得旨嘉獎。

瀕海玉環山界連台州太平縣、溫州樂清縣，周七百餘里，有田十餘萬畝，山磬平衍，土性肥饒。前浙閩總督滿保因地隔海汊，防範難周，屢禁開墾。衛委員查勘，見其田可耕，各嶴口潮水侵灌成灘者可煎鹽，其要隘又可防緝洋匪，奏請設兵增戍，聽本省近地民取結往墾，上允所請。至是，條奏經理玉環山各事宜：「一、請設玉環清軍餉捕同知一員，將太平縣界之楚門、老岸、南塘、北塘、芳杜、東嶴、岱溪、洞林，樂清縣界之盤石、蒲岐、黃大嶴、狀元嶴、茅埏等處，俱歸管轄，裁樂清縣驛丞，改設巡檢，聽同知差遣；一、玉環山田，逐一丈明，給太平、樂清兩縣民，入籍管業，其附近玉環有願入籍耕種者，准一體編入保甲，所墾田即於本年起科，分上、中、下則納賦；一、按畝徵收本色，其濱海潮溼地折穀收貯，餘米許民運售溫、台等處，給票查驗，毋得私販出洋；一、玉環可耕之田，向有隄塘捍衛，年久傾圮，應聽民自行修建，或借帑承修，秋收還項；一、玉環設汛置官，所需用多，查各嶴有捕魚船，應給牌查驗，其濱海鹽户，亦編入保甲，併竈聚煎，官收官賣，所有魚、鹽稅銀，即充各項公用，俟經理完備後，解歸藩司鹽政；一、玉環立左、右二營，歸溫州鎮轄，設參將一、守備二、千總二、把總四，兵九百，以左營爲陸路，右營爲水師，其弁兵即裁盤石營水師將弁及原額兵，並於太平、樂清、大荊等營，就近分撥，以符新置弁兵之數，其舊隸黃巖、盤石兩營防守之陸路，並盤石營原管之洋面，籍隸黃巖之洋汛，俱玉環營轄。」下部議行。

五月，以清查馬廠等事，與將軍鄂彌達爭論，具疏自辨。上諭「以識見通達爲貴，勿狹勿滯」。六月，疏言：「鄞縣大嵩港灌民田數萬畝，日久淤淺，且無支河蓄水。請疏通嵩港，於港口建壩，分濬支河；於通海之橫山頭等處，築土塘並石閘六。又鎮海縣之靈巖、大丘二鄉，有浦口通流入海，閘已圮廢，應築塘修閘，以資蓄洩。又定海縣初名舟山，曠田甚多，不無隱占，應委員查丈清理。」並從之。七月，諭曰：「江南蘇、松等處，盜風不息。巡撫陳時夏不能嚴拏懲治，總督范時繹戢盜之才亦覺不足，朕深爲廑念。李衛於浙省盜案留心緝捕，不致漏網，甚屬可嘉！著將江蘇所屬七府五州一切盜案，俱令李衛管理，文武官聽其節制調遣。」尋疏言：「紹興府屬之上虞縣沿海田，潮汐侵削坍没五千餘畝，業户有賠納錢糧之累，而縣屬之夏蓋湖，周百餘里，漲淤成田者，已飭丈明，許民自首認業。請將坍田除額，新墾升科，庶額賦永清。」如所請行。蘇、松偪近海濱，向受潮患，廷議築松江石塘三千八百餘丈，並將接段土塘盡易石。上以江南督臣范時繹辦理未協，令衛查議具奏。衛赴工履勘，覆奏松江海塘已築二千四百餘丈，不必拆改。未築者，應倣浙江海鹽舊塘建築；已築完者，鱗次居中，無庸更加高厚。土塘附石塘後，宜一例高厚，每年派員歲修。東灣自周公墩、張家舍至倪家路，俱距海甚近，應先建築。金山嘴老土塘至東華家角，原報丈尺未確，應依營造尺估計，舊塘坍石旁築新塘。」疏入，得旨依議，仍令衛會同江南督撫稽查辦理。

是月，奏言：「臣籍隸江南徐州，族繁丁衆。有堂弟李懷謹、李信枝，臣因其放縱，不循理法，行文淮徐道拏解來浙，懲以家法，圈禁在署。族人交口騰謗，甚有欲改姓氏爲加罪之地者。臣除窩拏盜諸事，獲罪於范時繹，而奉命議河工，又與齊蘇勒不無芥蒂，皆臣本籍大吏，恐因家事，致心迹難以自明。」諭曰：「范時繹乃不足置論之人。齊蘇勒之有芥蒂，大抵因前歲赴任，中途相晤，奉旨論河時，微啓釁端；或係汝與接待之際，禮貌疏慢所致，其過不在齊蘇勒也。朕意舉凡此等形迹，皆不必繫念，人事參差不齊，何能計較纖悉無遺？況審辨公私，最爲不易。儻向日於鄰里鄉黨間先存曲嫌小憾，則又當一論。朕每言公中私、私中公，樞機正在於此。其中原委既不確知，難以批諭是非當否也。」十二月，上以衛留心營務，凡江南軍政舉劾，命衛同范時繹等辦理。是月，遣侍郎王機、彭維新往江南清查積欠錢糧，亦令衛與聞。

七年四月，加兵部尚書銜。尋疏請復設江南南匯縣下砂二場、浙江黃巖縣杜瀆場、永嘉縣永嘉場場官各一，裁江南金山衛浦東場官一，又請增設台州府屬之海門、前所、家子、三江口、新亭、章安、道頭、江口等汛礮臺巡船，俱從之。五月，陛見，未及回任，丁母憂，命在任守制。十月，加太子少傅銜。十一月，疏言：「海寧海塘，東至尖山，西至翁家埠，綿亘百里，皆臨大海。今南岸潮頭直射，北面護沙刷洗無存，一線草塘，不能禦全海潮勢。請於西塘内，自荆煦廟至草庵，就舊有草塘，收進二三丈，砌築石工。東塘於陳文港、小文前薛家壩及二十里亭等處，分築挑水盤頭大草壩五，使水勢稍緩，可引漲沙漸聚。其年遠塊石，各塘酌量加高培厚。」下部議行。先是，衛陛見時，奏：「清口之西，聖祖仁皇帝所建御壩，今較短窄，應加築。」上以詢河道總督孔毓珣，則稱此壩遞年培築，較原建丈尺已增。至是，特發毓珣原摺示衛，衛奏：「臣並未親經其地，失言，咎實難辭。」上訓諭之。八年二月，疏言：「嘉興、秀水二縣，舊有民捐義田餘租，學臣周清源題歸官徵備賑。租有定額，窮佃苦累，並累及原捐之後裔。請豁免年久未完銀米，將田分别歸社，永免官徵。」又疏請移寧波府同知駐鄞縣之大嵩海口，四明驛驛丞駐鄞縣之甬東，岑港司巡檢駐定海縣之岱山，沈家門爲定海咽喉，增設沈家嶴巡檢，並從之。是時江寧有張雲如者，以符咒惑人，謀不軌。衛遣弁密緝，得其黨甘鳳池、陸同庵、蔡思濟、范龍友等私相煽誘狀，令效力遊擊馬空北齎文提拏張雲如，而范時繹及按察使馬世珩回護失察咎；又曾與雲如往來，輾轉關查不解，且賄空北稟飾。衛具疏劾之。四月，命尚書李永升赴浙會鞫，得實。時鐸解任，世珩斬監候，空北杖流，雲如及鳳池、同庵、思濟、龍友各擬斬如律。

九年三月，條奏江南蘇州府營制事宜：「一、胥、閶二門，五方雜處，請增蘇州城守營守備一、把總二，分汛駐防，並移蘇州府經歷駐社壇；一、蘇州舊設城守二營，請將左營改爲中營，以新設之守備爲左營，將滸墅關把總一、外委把總一及原防兵，歸併管轄，以成三營；一、胥、閶門外，應增水陸防汛，請將提督塘撥兵百二十、巡鹽兵二十、壯丁五十撥入左營，酌分水陸駐防；一、滸墅關之東黄埭一帶，向設巡船二，應給腰牌爲憑，如無牌，冒充巡役，文武官嚴行查究；一、蘇州染造青藍等布，踹坊四百餘處，踹匠不下萬人，請設甲長、坊長，互相稽查，其踹匠著落包頭取結存案。」十一月，奏修浙江海寧縣鎮海、塔前等處坦水，海鹽縣南首三澗寨一帶險汛，平湖縣獨山東西石土各塘，錢塘縣徐村、梵村等處坍裂江塘，並從之。

十年閏五月，署刑部尚書。九月，授直隸總督。十月，命節制直隸提督等官。十一年八月，疏言：「獨石口邊城外河西，請造偪水隄，並東西雁翅二道。張家口邊城外，舊有土隄，請增高三尺，改石壩。」九月，疏言：「直隸地方遼闊，州縣事繁，佐雜官應酌量增改。請於故城縣鄭家口，景州龍華鎮，河間縣景和鎮，北魏村，獻縣韓村，南皮縣舊縣鎮，滄州孟村、吕家橋，鹽山縣楊二莊，青縣杜林鎮，天津縣葛沽、西沽等處，各增設巡檢一，東明縣杜勝集復設巡檢一。」又請移磁州州判駐彭城鎮，河間縣管河縣丞駐張各莊，清河縣管河縣丞駐油坊鎮，俱兼巡檢職銜。下部議行。是月，衛疏參户部尚書，署步軍統領鄂爾奇壞法營私、紊制擾民各款，詔革鄂爾奇職，命果親王偕侍郎莽鵠立、海望等秉公審理。尋訊得實，請加倍治罪。上以鄂爾奇係大學士鄂爾泰弟，今鄂爾泰裨益政務甚多，宥鄂爾奇罪，衛議敍加一級。十月，疏言：「直隸百四十餘州縣，守巡則有口北、霸昌二道。請復設大名道，駐劄原治，轄大名、順德、廣平三府，其屬内河道工程，悉歸管轄。各河道向專管水利，今請令清河道兼管保定、正定二府並原分之直隸五州，通永河道兼管通、薊、遵化三州，三河、武清、寶坻、寧河四縣及永平一府；天津河道兼管天津、河間二府。又請增設保定府同知一、糧捕通判一，駐保定；天津府糧捕通判一，分駐滄州。」十一月，疏言：「易州泰寧山太平峪恭建萬年吉地，山西廣昌縣之草橋店七村在内垣近障之中，宜敬謹保護。請改易州爲直隸州，以保定府之淶水縣，山西之廣昌縣隸之，並將廣昌之草橋店七村改隸州界，以肅拱衛。」十二年正月，條奏運河事宜：「一、直隸故城縣與山東德州衛、武城縣毗連，係運河東注轉灣之處，向未築隄，水發即溢。請以工代賑，趲築土塘隄。一、直隸、山東運河交界各州縣，犬牙相錯，遇命盜案件，互相推諉。請定地界撥換，以專責成。」三月，疏請將直隸晉州及州屬之無極、藁城二縣，定州屬之新樂縣，俱隸正定府轄；保定府之深澤縣隸定州轄；增設正定府平山縣洪子店巡檢一。下部議，從之。四月，諭曰：「近有人謂卿任性使氣，動輒使口肆詈。謹言之戒，朕屢經諄訓，不啻再三。丈夫立身行己，於此等小節不能操持，尚何進德修業之可期？後當竭力悛改，時自檢點，勤加從容涵養之功，漸融粗猛傲慢之習，則謗毁不弭自消矣。」十一月，疏言：「京師五城及巡捕京營所管地方，與州縣交錯，人命案件未免彼此交接。請將附近京城地方，酌定地數，統歸五城及京營轄；其附近州縣及外營交錯地方，俱改正歸併，分晰界限，使内外文武不至牽諉。」下部議行。

乾隆元年三月，疏言：「喜峯口外之八溝與喀喇沁接壤，旗民事件向歸理事通判管理。後增設喀喇沁同知及承德州知州，分理不無牽制。請將通判管轄之附近喀喇沁地方，如八溝、龍鬚門等汛旗民案件，俱歸喀喇沁同知；其餘汛屬旗人案件歸熱河同知，民人案件歸承德州知州分管。八溝通判請移駐蒙古四旗適中之土城子地方，土城子及黄沽屯各增設巡檢司千總一、馬兵十五、步兵二十五，白虎溝設把總一、馬兵五、步兵十，郭家屯、大閣兒各設把總一、馬兵十、步兵二十，上黄旗設把總一、馬兵十、步兵二十，俱聽通判管轄；喀喇沁增設千總一、馬兵十、步兵二十，聽八溝同知節制，統歸河屯營兼轄。至河屯營之下板城、熱河之中關各設把總一、馬兵十、步兵二十，俱歸河屯營參將管轄。設承德州州同一，改遷安驛丞爲巡檢，以西河司巡檢駐鞍匠屯。」俱從之。

四月，兼管直隸副總河。先是，直隸營田設觀察使二員，督率稽查。至是，上命裁觀察使，敕衛派道府大員兼理，詳議具奏。衛以營田散處京外三十七州縣，請交各州縣收管，以專責成。如本任事繁，委所屬佐貳協理，本管知府暨直隸州知州就近稽查。順天府屬營田四路同知，分轄通永、霸昌、天津、清河、大名五道，各按所屬營田統率經理，督臣、藩司不時考察。如州縣實力督課，著有成效，准照卓異例，不論俸滿即升，怠忽者參處。其豐潤、霸州、天津、永年、新安、玉田、文安、大城、磁州等州縣營田最廣，缺出請於熟習水利各員内揀選，具題調補。下部如所請行。二年正月，奏誠親王府護衛庫克同安州民争控淤地一案，赴州囑託，顯有指冒誑騙情弊。上嘉其執法秉公，特賜四團龍補服。七月，奏報盧溝橋、良鄉、固安、永清、東安等處水災，上命於天津北倉截漕五十萬石，撥被水州縣，以備賑恤。三年四月，奏言：「滄州、青縣挑濬甎河，占用旗民地畝，其糧銀應請造册開除，並照濬武清縣筐兒港壓占地畝之例，按畝給價。」部議從之。九月，疏參直隸總河朱藻挾詐誤公、貪劣各款，又藻弟革職廣寧縣知縣蘅輒敢以私書挾制地方官，干預賑務。奏入，命尚書公訥親及尚書孫嘉淦會鞫，得實，革藻職，擬杖；流蘅，擬杖。

十月，衛卒，諭曰：「李衛才猷幹練，實心辦事，宣力封疆，勇往直前，無所瞻顧。畿輔重地，正資料理。前聞患病，准其解任調理。特遣太醫診視，頒賜藥餌，冀其痊可。今聞溘逝，深爲悼惜！應得卹典，察例具奏。」尋賜祭葬如例，謚敏達。五年，直隸總督孫嘉淦奏請入祀直隸名宦祠，得旨俞允，並諭入祀賢良祠。四十五年三月，諭曰：「朕巡幸江、浙，臨蒞杭州，見西湖花神廟所塑神像及後樓小像，牌字俱書『湖山神位』。其像雖有大小，面貌相倣。聞係李衛在浙時自塑此像，託名立廟。是以後樓並有正夫人及左右夫人像，甚爲可異。李衛於督撫中並非公正純臣，在浙江無甚功德於民，聞其仰借皇考恩眷，頗多任性驕縱之處。設使此時尚在，猶當究治其愆，豈可令其託名立廟，永享祭祀？所有廟中原像，著該督撫撤燬，另塑湖神之像，以昭信祀。」

雜録

備録

《小倉山房文集》卷九《李敏達公逸事》 康熙末，各省錢糧多虧，世宗詔清查，天下震懾。公總督浙江，聞之，詣内幕問策，皆瞠不語。公曰：「不請朝臣來，天子弗信。朝臣至而督撫無權，事敗矣。宜速繕一疏，極言浙省廢弛久，誠得内大臣督治甚善，但内臣初至未得要領，臣身任地方，需臣協理事裁辦。」疏成馳奏，即詐稱生日，開筵受賀，浙中七十二州縣無不麕至者。公張鐙陳百戲，止而觴之，召諸州縣至密室語曰：「清查使者至矣，汝庫虧，絲毫勿欺我，我能救汝。否者，發露被誅，勿我怨。」皆泣謝曰：「如公教。」歸，皆覈册密呈，其無虧者具狀上。

亡何，奏下，許公協理。清查大臣户部尚書彭維新實來，先至江南。江南督撫不敢闌語，一聽彭所爲。彭天資險鷙，鉤考煩密，民吏不堪，州縣擬流斬監追者無算。畢到浙，氣驕甚。公迎見，即持硃批示之曰：「朝廷許衛與聞，公勿如江南辦也。」彭氣沮，稍稍禮下於公。公置酒宴彭，半巡，執杯歎曰：「凡共事者，未有不争者也。某性戇，好與人角，屢蒙上誨。今誓與公無争而後可，但不知如何而後可以無争？」彭曰：「分縣而辦何如？」公曰：「善！」呼侍者書州縣名若干，揉小紙如豆，髹盤盛，與彭起分拈之，暗有徽記，彭不知也。其虧者歸公，其無所虧者歸彭。彭刻苦宰較，手握算，至胼起，卒無所得。而公密將贓罰、閒款、鹽課贏餘私攤抵矣。故使人問曰有虧否，何如？彭曰無之。彭問公，公陽爲喜出意外者，而應曰亦無有也，遂兩人同奏浙省無虧。世宗大悦，語人曰：「他人聞清查多憂愁，獨李衛敢張鐙宴彼，教督有素，自信故也。」晉秩太子太保，賞賜無算，各官俱加一級。江南之人望如天上。

河東總督田文鏡柄用時忌公，陪劾公，上不爲動，田懼，轉來結納。伺公居太夫人喪，遣人以厚賻弔。公罵曰：「吾母雖餓，不飲小人一勺水也。」麾使者於大門之外，而投其名紙於溷中。

然性極服善。一日坐堂上，命吏胥田芳作奏，請封五代。田不可，曰：「封典止三代，無五代，芳不能作此奏。」固命之，對如前。公大怒，罵曰：「畜産，例自我捌，何干汝而逆我。」田遽起立，勃然曰：「公大誤！公怙天子一時寵，忘王章。芳故曉公，公當謝芳，乃辱及其親，何也？且公爲人子孫，封三代而猶未足。芳亦人子孫，未封一代，而公以畜産罵秩之，何用心逆人道耶？芳殊不服！芳殊不服！」公素負氣，忽公堂爲吏所折，窘不知所爲，强復怒曰：「便是我誤，汝不服，奈何？」曰：「公大人也，芳小吏也。豈特公詈芳，芳無如公何，即公杖死芳，芳亦無如公何。所可惜者，大人之威能申於小吏，而小吏之理殊直於大人耳。」言畢，竟走出。公默然顧左右，亂以他語而罷。是晚，召芳。芳疑公蓄怒，將陰禍之，入，色如土。公握其手，笑曰：「汝有膽識，而辱爲吏，可惜。吾貸汝千二百金，納縣丞，他日事上官亦以直道行之。」田泣謝，得富平縣丞，遷鳳翔令，以賢聞。

陳康祺《郎潛紀聞二筆》卷一《李衛不禁娼賭之用意》 李敏達衛長於治盜，

所轄地方，不逐娼妓，不禁樗蒲，不擾茶坊酒肆，曰：「此盜綫也，絶之，則盜難蹤迹矣。」按：敏達與田端肅文鏡，皆雄恣不羈，純任權術，而皆立功名。雍正朝，凡二公旌麾所駐，盜賊爲之潛蹤，敏達之禁網闊疏，是或一道歟。

陳康祺《郎潛紀聞二筆》卷一一《李衛興浙江水利》 李敏達公衛爲浙江總督時，疏言鄞縣大嵩港灌民田數萬畝，日久淤淺，且無支河蓄水，請疏通大嵩港，於港口建壩，分濬支河，於通海之橫山頭等處築土塘并石閘六。又鎮海之靈巖、太邱二鄉，有浦口通流入海，閘已圮廢，應築塘修閘，以資蓄洩。並從之。吾郡僻處海東，距省會四百餘里，大吏耳目所不及，寇亂已前，凡捐輸抽釐之事，則以爲商賈輻輳，土壤膏沃，所以擾民者無不至，而農田水利，及守土長吏之貪廉，大府無過而問者。敏達雖恃氣驕倨，不純用儒術，而澤及海隅，蓋猶封疆中之佼佼者。

陳康祺《郎潛紀聞三筆》卷八《世宗信任李衛之專》 雍正一朝，漢臣中最蒙恩眷者，莫如田端肅文鏡、李敏達衛二公，而信任之專，似敏達尤在端肅上。攷敏達以康熙末年授雲南驛鹽道，雍正元年管理銅廠，二年已擢雲南布政使矣，仍兼理鹽務。三年撫浙江，四年管理兩浙鹽政，五年授浙江總督。六年，命江蘇所屬七府五州一切盜案，俱令管理。復因廷議築松江石塘，上以江南督臣范時繹辦理未協，令公查議具奏。奏上，得旨仍令會同江南督撫稽查辦理。十一月，上以公留心營務，凡江南軍政舉劾，命公同范時繹等辦理。時適遣侍郎王璣、彭維新往江南清查積欠錢糧，亦令公與聞。七年，加兵部尚書銜。八年，江甯有張雲如者，以符咒惑人謀不軌，公遣弁密訪，得其黨甘鳳池等私相煽誘狀，令游擊馬空北齎文往緝。旋以范時繹及臬司馬世烆回護失察各，又曾與雲如往來，輾轉關查不解，且賄空北稟飾，具疏劾之。上命尚書李永昇赴浙會鞫得實，時繹解任，世烆以下論罪如律。十年調督直隸，命節制提督等官。至乾隆二年，猶以奏誠親王府侍衛庫克，於安州民爭控淤地案赴州囑託，諭嘉其執法秉公，特賜四團龍服。三年疏參直隸總河朱藻挾詐誤工貪劣等款，及藻弟蘅干預賑務，奏入，命尚書訥親、孫家淦會鞫，得實，革藻職擬杖，流蘅亦擬杖。公旋卒。公一生政蹟如此，雖古遺直，何以加諸。康祺竊謂公銳於任事，屏絶嫌怨，苟有利於君國，豈得復議其學術之純駁，心地之公私。惟范時繹封疆世臣，何至交及叛人，賄及末弁。誠親王天潢近屬，何至爭及淤地，託及有司。公之輕聽人言，恃恩賣直，恐所未免。若會鞫諸臣，殆懾於氣燄，未敢平反耳。趙左科場之獄，贓欵纍纍，道路四播，乃重臣銜命兩到江南時，猶不令總督會審也。而爰書再成，依然袒噣禮而右清恪，其明證矣。

備論

《國朝臣工言行記》卷一五 雍正初，才臣任封疆者，田、李並稱。然世人往往優李而劣田，意頗疑之。伏讀硃批上諭，田文鏡奏禁銅法，請民間有抛擲制錢者，擬軍；奴婢首主人藏銅器者，許脫籍，治其主人之罪。李衛奏禁銅法，請官增價購，有售者即與直，不問所由來，亦不治藏者之罪。是二疏者，在當時皆未行，而兩人之見解、心術判若天淵矣。

陳康祺《郎潛紀聞三筆》卷七《世宗密訓李衛》 銅山制府李敏達公開藩滇中，世宗密諭訓之曰：「汝恃寵放縱，於督撫前粗率無禮，操守亦不能純，間有巧取，如此行爲，大負倚任。嗣後極宜謙恭持己，和平接物，川馬古董之收受，俱當檢點，兩面欽用牌，不可以已乎，是皆小人逞志之態，何須乃爾。」康祺敬按：恃寵放縱，操守不純數語，實賅敏達一生。時猶雍正初年，敏達初逞志也，世宗皇帝已明見萬里如此，後之隆隆嚮用，殆古人使貪使詐之說乎？

尹繼善部

綜述

《清史列傳》卷一八《尹繼善傳》 尹繼善，滿洲鑲黃旗人，大學士尹泰子。雍正元年進士，改庶吉士，散館授編修，充日講起居注官。五年二月，遷侍講，尋遷戶部郎中。九月，命往廣東察審布政使官達、按察使方願瑛受賄徇庇案，得實，即署按察使。六年四月，授內閣侍讀學士，協理江南河務。

八月，署江蘇巡撫，七年二月，實授。尋署江南河道總督。十二月，疏禁收漕上司陋規及官吏浮費，每石定爲加費六分，半給旗丁，半給州縣。常平社倉捐穀聽民樂輸，不得隨漕勒徵。詔如議行。八年，奏言：「崇明屹峙重洋，爲江南屏障，知縣不足彈壓。請增設巡道駐之，兼轄太倉、通州。至縣屬沙地遼闊，鎮標四營駐城內，巡察難周，應撥左營駐永興沙地，增巡檢一，駐半洋沙，移縣城巡檢駐大安沙，並撥左營千把總二，協同分防。其戲臺等沙各設哨船巡緝。福山營爲江防門户，應撥蘇鎮沙船四隸之，與京口、狼山等汛按期會哨。又江蘇按察使駐江寧，距巡撫治所遠，請移駐蘇州。蘇松道責在巡防，應移駐上海。」下部議行。九年，署兩江總督。奏：「請析淮安府屬之山陽縣爲二，增知縣、縣丞、典史各一，治廟灣鎮；移廟灣司巡檢駐草堰口，鹽城清溝司巡檢駐上岡，撥鹽城縣訓導歸新縣。析揚州府屬之江都縣爲二，增知縣、典史各一，撥主簿、訓導及邵伯驛官二巡司，並邵伯驛歸新縣。又如皋縣增設主簿一，駐掘港場。」均議行。定山陽分縣曰阜寧，江都分縣曰甘泉。

十年正月，協辦江寧將軍，兼理兩淮鹽政。疏言：「京口爲江、淮鎖鑰，南北咽喉。向設沙船五十六，艍䑸船二十二，水兵千四百餘，實水師重鎮，乃隸將軍標爲水陸路兩營，陸路將弁不諳水師，船隻水兵又遠駐距鎮江數十里之高資港，春秋兩操外，將不知兵，兵不知伍。請於高資港設水師都司、千把總一，歸江陰水師副將轄，操暇教以技藝，資防禦。江寧爲省會重地，襟帶長江，居京口、狼山上游。駐防兵與學習水師，向撥將軍標沙船二十，水兵二百餘，春秋操演。但操期止選鎮江千把總四員，至江寧分配教習，事竣仍回本任。無論暫時派撥，並無責成，難收實效，其實鎮江將弁初不能教習水師，至今二百餘兵技藝未習，且家在鎮江，僕僕往來，經理旗員素不熟識。請撥隙地建營房，令挈眷駐紮，設水師守備一、把總二，專司其事，歸將軍轄。狼山爲長江尾閭、大海門户，鎮標三營向設戰船二十二，春秋出洋，操練江防，每月會哨。近年來僅駕船數隻、兵數名，往來江口，並不出洋，至會哨更屬空文。尤可異者，趕繒大船原爲出洋而設，近竟高擱沙灘。臣飭交署總兵王廷梅整理，期復舊觀。再京口、江寧派佐領、協領二員，每月巡查江南，狼山鎮標右營將弁，巡查海汛，中、左二營亦輪派游巡。如此，庶長江數千里聲援聯絡。」奏入，上嘉之。先是，尹繼善疏請清查江蘇積欠錢糧，命侍郎彭維新等會同辦理。二月合奏：「自康熙五十一年至雍正四年，官侵吏蝕四百七十二萬餘，民欠五百三十九萬餘。」疏入，詔侵蝕自首者免罪，尹繼善等下部議敘。九月，奏：「請改直隸徐州爲府，設知府一，附郭增置一縣，設知縣一，改直隸邳州爲屬州，並所屬之睢寧、宿遷二縣歸徐州府轄。改分駐徐州之淮安府同知爲徐州府同知，增設通判、經歷各一。改州同爲縣丞，吏目爲典史，南北岸州判爲主簿，學正爲府教授，訓導管縣學，巡檢、驛丞、閘官歸縣轄。又請分壽州置一縣，設知縣、典史各一，改壽州訓導管縣學，又增設定遠縣池河驛巡檢一。」均議行。定徐州附郭縣曰銅山，壽州分縣曰鳳臺。十二月，條奏鹽政巡緝事宜：「請於儀徵縣之青山頭增一營，設守備、把總各一，兵百，巡船四；江都縣之馬家橋，甘泉縣之邵伯鎮、北壩、僧道橋各設把總一、兵三十；揚州府搜鹽廳委佐雜一員，同武弁監察；新設之三江營同知改爲鹽捕道；淮所選府佐監掣；淮南之泰壩，淮北之場關、大伊關、永豐壩、烏沙河、湖口，及泗州、天長兩關，俱揀員管理。淮北壩所、場關事歸淮揚道轄，督緝事歸淮揚、淮徐二道分轄。」部議從之。

十一年正月，調雲貴廣西總督。先是，雲南思茅土把總刁興國等滋事，前督高其倬擒興國，餘黨尚未解。六月，尹繼善奏：「元江、臨安賊勢猖獗，臣調鶴麗鎮總兵楊國華領兵往元江，與臨元鎮總兵董芳協剿，賊潰匿。暗縱我軍，遣諜入賊寨舉火，奮勇衝入，斬賊酋三、從賊百餘，生擒六十九。」十一月，又奏：「元、臨內地現平定，而攸樂、思茅餘孽未靖。臣調兵剿捕，念地方遼闊，兵到勢必奔竄，酌出東西兩路。東路兵分三支：一由紅藤、箐黨、夏黨別出慢岔河底；一由思茅糯竜、那列、漫蚌等處，至茄色倮所及磨胖三達；一由孔明山莽通、莽瓦及小猛崙等處，分布堵剿。事竣，會合攸樂，清理三十六寨。西路兵分二支：一由關鋪、板角一帶；一由白馬山圈羅一帶搜剿。事竣會剿六囤，再分遣土練沿江堵禦，以防奔軼。今投誠賊酋刁輔國等隨軍効力。今已攻破賊栅十五寨，招降夷民八十餘寨，其逋匿餘黨，分路圍剿，務在廓清。臣惟攸、思一帶，非元、臨內地比，非兵不足示威，恃兵又無以善後。所期恩威並濟，操縱得宜，庶邊圉永寧。」疏入，諭曰：「剿撫名雖二事，恩威用豈兩端？當撫者不妨明示優容，當剿者亦宜顯施斬馘。俾其知順則利而逆則害，方可期近者悦而遠者來。今此目前攻心之師，即寓將來善後之舉。是乃仁術，非關詐謀，寧止綏靖普思，將見信孚莽緬也。識之！」十二年三月，奏貴州新闢苗疆八事：「一、台拱舊營改建於歐家寨；一、陞台拱營爲鎮，移清江鎮總兵駐之，置中、左、右三營，設遊擊、守備各三，千總六，把總十二，降清江鎮爲協，設副將，統原設左、右二營；一、移清江同知駐台拱，增鎮遠府理苗通判駐清江，裁天柱縣縣丞，增施秉縣主簿駐台拱；一、歐家寨河可達下秉，宜疏濬以通台拱糧運；一、台拱增兵，擇各鎮、協、營精練撥補；一、各寨荒田，諭復業；一、清查九股苗寨界址，擇舊苗目之良善者，按寨大小，酌定鄉約、保長、甲長，管束稽查；一、古州、清江界之朗碉地方，分設塘汛，令文武官弁巡行化誨。」部議從之。七月，奏：「雲南濬土黄河工竣，起土黄經西隆、西林、土富州、土田州，過剥隘，至百色，袤七百四十餘里。」得旨嘉獎。十二月，奏：「貴州台拱改鎮增兵，請令本標右營遊擊帶兵五百駐下秉，撥把總一、兵八十分防施秉，外委一、兵二十分防新城。原防施秉之黄施營兵改防黄平州，改黄施營爲黄平營，仍隸台拱鎮。撥黄平營外委一、兵三十分防巖門，原防巖門之平越營兵撤回。再撥鎮標守備、把總各一，兵二百，駐防稿貢汛。」從之。

是月，詔廣西省仍歸廣東總督轄。十三年閏四月，奏：「請於安籠鎮增兵三百，定廣協增百四十，思南營增設遊擊一、兵百五十，守備改爲中軍守備，歸銅仁協轄。石阡營增兵百，遵義、黔西二協各裁都司、守備，左營改爲中軍都司，右營改爲守備，留遵義協右營千總一、兵百，駐防桐梓縣，原防之把總撤回。」又「請撤黔西協原防安平汛兵，另撥千總一、兵百二十，駐沙土。調安順營分防灞陽汛千總一、兵八十移駐安平，灞陽汛改歸長寨營，調安順營分防石頭寨把總一、兵五十移駐平遠協之白老虎汛，石頭寨撥歸化營把總一、兵五十防守。又安順營之犂兒哨，於提標城守後營內撥兵防守」。均議行。七月，奏：「貴州頑苗聚衆倡亂，臣檄調雲南兵四千餘，並湖廣、廣西兵策應。嗣雲南副將紀龍剿破清平賊穴，參將哈尚德收復新舊黄平二城，與紀龍合兵至重安渡江，副將周儀、參將崔傑、都司陳思儀等收復餘慶縣，獲賊酋羅萬象等。廣西總兵王無黨帥兵二千五百，與古州總兵韓勳援剿八寨，高州總兵譚行義帥兵四千九百，協剿鎮遠一路。臣又委王無黨帥廣西兵八百，並前調至之湖北兵二千至鎮遠，總統襄陽總兵焦應林帥兵二千已起程，大兵雲集，分路會剿，破逆巢數十，斬首千餘，生擒賊酋阿九，清平、黄平、餘慶、平越現俱平定，鎮遠、施秉、偏橋、都勻、黎平俱無失。」疏入，命停派往駐常德之熱河、保定、浙江、湖廣兵。

乾隆元年，設貴州總督，以尹繼善爲雲南總督。二年閏九月，奏豁雲南軍丁銀萬二千二百有奇，允之。是月，來京陛見，以父尹泰年老乞留京，命爲刑部尚書，兼管兵部事，議改處行走。十二月，充經筵講官。三年，丁父憂。四年正月，疏言：「臣兄尹立善素不安分，臣父尹泰奏請發黑龍江。今五年洗心改過，乞恩赦回，令於錦州看守臣祖父墳墓。」許之。五月，晉太子少保，教習庶吉士。七月，充繙譯鄉試正考官。八月，充《三禮》、《綱目》兩館副總裁。五年，授川陝總督。時松潘鎮總兵潘紹周以郭羅克番滋事，疏請剿之，敕與總督、提督會商。尹繼善檄諭番目擒獻夾壩，番衆畏服。六年，奏善後四事：「一、分設土目，擇上中郭羅克副土目給外委、土百戶委牌，分管各寨，再拔副土目數名協理；一、頒給打牲號片，按番寨大小酌給號片，出口人給一紙，無者擒治；一、寬從前積案，番人所劫牲畜年遠，根究爲難，夾壩既經痛懲，均免追問；一、撤駐防兵，前督查郎阿奏准每年撥兵二百駐防，番地千餘里，兵力不足控制，恐日久玩生，應撤回以省遣戍。」諭曰：「所辦甚妥，仍因時制宜爲之。」先是御史李㥣奏參甘肅有司諱災不報，命㥣與尹繼善會勘，得實，尹繼善因請將巡撫元展成等分别治罪，併自請議處。尋部議銷加一級。七年，丁母憂。

八年二月，署兩江總督，協理河務，命馳驛赴任，賜以詩曰：「淮、沛今何似，災餘不忍言。邇來聞二誦，誰與辦三飱？敢靳司農帑，還祈大造恩。當春應舉趾，積潦尚留痕。民瘼遐觀在，心憂夢想存。勉伊經畫策，爲我活黎元。」五月，疏言：「臣欽奉恩命，同任河防，夙夜靡寧，寢食幾廢。伏以久離江南，情形各異，詳勘博考，體察民情，咸以舊制宜循，萬口如一。凡三事：一、毛城鋪宜仍舊也。黄河至徐州，北係山嘴，南屆郡城，以千支萬派之水，納之數十丈之中，下流不暢，則上游必壅。前河臣靳輔於上游南岸毛城鋪立減水壩，下疏引河，以洩盛漲；北岸自李道華家樓至蘇家山不設隄工，聽其漫入微山湖，由荆山口入運，少殺其洶湧之勢。近則因毛城鋪進水過多，圈隄築壩，層層阻閉，致南岸日高，黃溜側注，北岸石林一帶，處處受險。經欽差大臣議於壩口水底，用亂石填高。臣按此處洩水之路，止有倒勾三河，其餘支港俱已淤平。若再填高壩口水底，是有遵照舊制之名，仍與舊制不同；有隨時啟閉之名，實與緊閉無異。不惟北岸無隄處受全黃之水，其勢堪虞；而上游山東之滕、嶧、金、魚等縣，下游徐、沛一帶城社，更爲可慮。請仍舊制，相機啟閉，開通倒勾河，使之順直，壩堰有礙宣洩者量爲撤平，兩岸分流減洩，勢緩水平，北岸之險工可保，沿河上下永享成平。且減下之水歸入洪澤湖，濁沙停淤，黃澄爲清，更可助清敵黃，轉害爲利。一、天然壩宜仍舊也。淮水挾七十二河之水，匯入洪澤湖，僅恃高堰一線孤隄，爲淮、揚保障，夏秋黃、淮交漲，拍岸盈隄，勢難容受。前河臣靳輔建三滚水壩，又設天然南、北二壩，酌量啟閉，以洩異漲，思慮至爲深遠。新議以洪澤湖之水宜蓄而不宜洩，欲將天然壩改建滚水石壩。臣思河南疏濬賈魯河以後，淮水勢大，伏秋盛漲，若不將天然壩開放，則尾閭不暢，必病中滿。且舊天然土壩相水勢大小，酌量蓄洩，操縱在人，改建石壩則一定不易，無可增減，當蓄而不能蓄，當洩而不能洩，利未見而害隨之矣。請將天然壩仍照舊制，其估建滚壩及南北石工無庸建築，不惟節省數十萬帑金，且洪澤湖異漲之水有所宣洩，高堰全隄可以保固。一、高郵三壩宜仍舊也。高、寶諸湖周圍數百里，上受天長七十餘河，及洪澤湖減下之水，匯入運河，其勢甚盛。是以於高郵迤下設立南關、五里、車邏、昭關各壩，分注下歸海。遇水漲，次第開洩，制最精詳。新議以南關等壩開放，下河必致難受，議永閉高郵三壩，另建石閘七座，抽板開放。臣按從前各壩寬一百九十餘丈，今議建石閘合計八丈四尺，較舊制寬狹懸殊，況高郵等壩原與天然滚壩上下相應。天然等壩寬至三百餘丈，上游來水甚多，勢必仍然壅積，雖與邵伯迤南疏濬入江之路，亦是減水之意，但其地距江甚遠，江潮朝夕往來與水相抵，洩出無多，而迤上高、寶一帶爲諸湖頂衝之區，首當其險，設遇水勢驟漲，自必直趨附近就下之捷徑，豈能紆迴流遠以入江？但宣洩不及，深爲可慮。況高、寶不能容納，勢必仍掘壩以注下河，洶湧驟至，較之循序漸至者，受患更猛。請將高郵三壩仍照舊制。所議石閘七座，無庸增建。至下游宣洩，再行詳勘，疏濬深通。近水民田，修築隄堰，有餘之水，導之入海，可免瀰漫。臣悉心籌酌，至再至三，不敢少存成見，好爲更張；不敢狃於前議，草率從事。總期合舊制而順水性，孚公論以洽輿情。」得旨：「應斟酌者，須因時制宜。」九年，尚書公訥親查閱江南營伍，劾蘇松水師廢弛，總督統轄全省，咎實難辭。下部議，降三級，准抵。是年，江南生蝻，延及山東、河南。上以江南有司捕治不力，貽害鄰封，尹繼善等徇隱不參，下部議，銷紀錄十二次。

十年，實授兩江總督。十一年三月，疏言：「阜寧、高、寶等處，修築圩岸，臣相其緩急，分年修治，高寬丈尺，俱爲酌定。修治之法，務於圩外取土挑濬成溝，圩身量留涵洞，使蓄洩有資，旱澇足備，無力者量借帑項。再上江鳳、潁、泗三屬頻遭水患，現在河渠次第開濬，而田間水道圩塍，實與水利相爲表裏。亦照例陸續興修，俟有成效，遠近推行，於水利善後之圖似多裨益。」諭曰：「此誠務本之圖，妥協實力爲之。」五月，疏劾狼山鎮總兵黃錫申廢弛營伍，詔革職。十三年正月，陛見，將回任，賜詩曰：「熙績匪獨能，亮工資羣彦。詞林擢卓犖，封疆推老練。簡畀淮海區，奏成佇底奠。保障財賦地，繭絲非所羨。去歲吳淞災，波臣勢方扇。每念孳活民，玉食不能嚥。賑濟救燃眉，其何籌久宴？安民首察吏，癉惡亦彰善。設誠物乃孚，逞明終必眩。」閏七月，以徇庇南河總督周學健，部議革職，命從寬留任。九月，調兩廣總督。十月，授户部尚書、協辦大學士，充國史館總裁。十一月，軍機處行走，兼正藍旗滿洲都統，命署川陝總督。嗣設四川總督，以尹繼善爲陝甘總督。時大學士傅恒經略金川，大兵出陝西，上以尹繼善於一切安臺站馬匹事宜，星速提辦，調度得宜，詔加恩開復從前革職留任處分。十四年正月，詔尹繼善與內大臣傅爾丹，尚書達勒黨阿、舒赫德參贊軍務。二月，晉太子太保。十五年二月，疏請修文、武、成、康、周公、太公陵墓享殿，下部知之。十一月，西藏羅卜藏扎什不靖，四川總督策楞統兵入藏，敕尹繼善管川陝總督事。

十六年，復調兩江總督。十七年四月，尹繼善以上江頻被水，疏請濬宿州之睢河彭家溝，泗州之謝家溝，虹縣之汴河上游；又修築宿州符離橋，靈璧縣新馬橋、砂礓河尾黃疃橋、翟家橋。詔如所請行。是月，湖北羅田奸民馬朝柱聚衆於天堂寨圖不軌，界連江南。尹繼善檄壽春鎮總兵牧光宗統兵搜捕，并親往擒獲朝柱家屬黨羽甚衆。疏聞，得旨嘉奬，下部議敘。十月，召來京。十八年正月，署陝甘總督。二月，以前兩江任內承審江西千總盧魯生等傳鈔僞稿一案，不能究出實情，部議革職，命從寬留任。八月，又以徇縱南河劣員虧帑誤工，議革任，命寬免，仍註册。九月，授江南河道總督。先是，哈密蔡伯什湖屯田萬畝，於雍正十三年屯兵承種。乾隆七年，改回民承種。嗣貝子玉素富以收成歉薄，請罷，事下尹繼善及安西提督王進泰議。至是，尹繼善奏言：「從前開渠引水，幾費經營。近日歉收，實由回民不諳耕作所致。即使水澤偶有不敷，亦斷無舉萬畝屯田概行廢棄之理。伏思開墾此田，原爲接濟兵食，請選安西兵丁子弟，或招各衛户民承種，既於兵食有益，且有此壯丁二百餘，依安西屯户團練之法，又可寓兵於農，協同防守。」臣已調任南河，謹就所見陳之。」上韙其言。十九年二月，疏言：「黄河之水，挾沙而行，停滯積久成灘。灘之所在，則水射對岸，而隄工受險。聖祖仁皇帝諭於曲處挑直，使得暢流，誠萬世治河之良法。臣案銅、沛、邳、睢、宿、虹河道多曲折，大灘日淤日積，急宜截去灘嘴，開濬引河，導溜歸中央，借水刷沙，既省兩岸隄埽費，並免偪溜偏趨奔突衝激之患。其土隄不甚險要者，每年加高五寸，險要者及時修理，庶河防穩固而青黄不接時，亦可寓賑於工。」詔如議行。

八月，署兩江總督。十二月，兼署江蘇巡撫。二十年正月，上以尹繼善前任兩江總督有沽名邀譽之習，諭誡之。四月，奏言：「臣長子户部員外郎慶雲性情暴戾，請革職，發往錦州看守墳塋。」詔如所請，並諭曰：「尹繼善自行覺察，據實直陳，無所徇隱，著加恩令於諸子中擇可承廕者以聞。」尋請以第四子慶桂承廕，許之。十二月，奏請於江西、湖南、湖北三省各撥米十萬石，運江蘇備來春平糶，上報可。二十一年二月，疏言：「洪澤湖有入海、入江二路，入海之路甚遠，興、鹽一帶形如釜底，海灘高於内地，潮大時内外相抵，不能暢流入海。惟入江之路，宣洩盛漲最便，然淺阻處多，如東西灣兩壩減下之水，由石羊溝入江，河身僅寬三四丈，又有兩岸灘嘴阻抑，應開金灣六閘，並金灣滚壩減下之水由芒稻閘達董家溝入江。引河淺阻，應疏。又壁虎、鳳凰二橋減下之水，由廖家溝入江，河口淺阻，灣曲應加寬。芒稻閘迤下石羊溝，並廖家溝，董家溝歸江水道阻塞，應濬。又興、鹽等邑之天妃閘、青龍閘及白駒南閘爲下河衆水匯聚，機心閘牆之損壞者應修。」允之。三月，奉旨覆審浙江按察使富勒渾劾巡撫鄂樂舜勒派商銀案，所劾實，仍坐富勒渾以誣告加等罪。上責尹繼善所擬悖謬，詔革職留任。

十月，實授兩江總督，命紫禁城内騎馬。二十二年正月，解南河總督事務。二月，上南巡，賜詩曰：「幕府山邊開幕府，風規得似茂宏無。保釐務布兆民福，清蹕寧求一己娱。静析久曾經數省，建牙今復鎮全吴。吏民相習休云易，易爾思艱莫漫圖。」初丁憂，江蘇巡撫莊有恭奏捐職州同朱畊主使斃命，律應絞，罰贖外結，命尹繼善同新任巡撫愛必達查審。四月，奏有恭罪在專擅，贓非入己，詔免有恭死，發往軍臺效力。諭曰：「莊有恭辦理朱畊贖罪外結一案，尹繼善既經莊有恭告知，即應據實參奏。否則正言阻止，莊有恭自不敢視爲泛常，致干重辟。及奉到朕旨，尹繼善亦當備述前情，速爲辦理。乃遲回觀望，希圖模棱了事。經朕屢行飭催，並將莊有恭革職拏問，始稱原曾與聞。是縱莊有恭之情罪而釀成其事，始終皆由於尹繼善也。」尹繼善交部嚴加議處。尋議革任，命寬免，仍註册。七月，疏言：「沛縣地勢本低，昭陽、微山諸湖環之，山東濟、泗、汶、滕山水奔注匯歸。來源多而去路少，不能驟消。臣按湖水去路，自荆山橋外尚有湖口閘與韓莊閘相近，爲洩水尾閭，僅丈餘，不足宣洩。臣商之山東撫、河諸臣，或建滚壩，或建閘座，使湖水暢流入運。又山東沂河自北而南，入駱馬湖。近因水大，於邳州之盧口散漫入運，與荆山橋洩下之水相阻，皆爲沛縣受病之由。臣飭員相度堵修。」上以所言中形勢，俾通盤勘辦。十二月，同侍郎夢麟等會奏淮、揚、徐、海支幹各河，暨高、寶各河工竣，下部議敘。二十三年，疏奏壽春鎮總兵納漢泰不勝任，詔獎所奏得大臣體。二十五年，上以江蘇錢穀殷繁，令增設布政司分理，敕下督撫酌議。尹繼善等奏：「請分江寧、淮安、揚州、徐州、通州、海州爲一布政使，駐江寧；蘇州、松江、常州、鎮江、太倉爲一布政使，駐蘇州；安徽布政使移駐安慶。」從之。二十七年，上南巡，賜詩曰：「保障資三省，忠勤著兩朝。節樓無過久，幕府獨稱超。善得軍民服，兼能上下調。暇還工作誦，吉甫可同條。」

尋命爲御前大臣。二十九年，晉文華殿大學士，仍留總督任。三十年二月，上南巡，賜詩曰：「綸扉昨已命和羹，江國仍資息肆行。明代稱賢必王、石，漢家推盛則韋、平。封疆幾處皆時望，旌節卅年獨老成。亦識心殷依北闕，待宣入閣贊樞衡。」四月，時尹繼善年七十，恩賞「韋平介祉」匾。九月，召來京，入閣辦事，兼管兵部事務，充國史館總裁。十月，充上書房總師傅，教習庶吉士。三十一年，充會試正考官。三十二年，充經筵講官。三十四年，兼翰林院掌院學士。三十六年正月，上東巡，命留京辦事。四月，卒。遺疏入，諭曰：「大學士尹繼善學識優通，老成端謹。歷封疆者三十餘載，綏輯協宜。洎入贊綸扉，兼直禁近，恪勤奉職，倚畀方殷。今春東巡啓蹕前，見其精力就衰，時攖微疾，因令留京安攝，冀得速痊。每於奏章郵便，詢悉病勢漸增，特派御醫診視，諭其服藥調理，以起沉疴；並令在家静養，不必力疾趨覲。回鑾後，時遣侍衛存問，知其日漸委頓，廑念有加。今聞溘逝，深爲軫悼！著加贈太保，入祀賢良祠，賞給内帑銀五千兩，辦理喪務，並派皇八子前往奠醊。應得卹典，仍著該部察例具奏。」尋賜祭葬，謚文端。四十四年，御製《懷舊詩》，列五督臣中，詩曰：「八旗讀書人，假借詞林授。然以染漢習，率多忘世舊。問以弓馬事，曰我讀書秀。及至問文章，曰我旗人胄。兩歧失進退，故鮮大成就。自開國至今，任事奏績茂。若輩一二耳，其餘率貿貿。繼善爲巨擘，亦賴訓迪誘。八年至總督，異數誰能遘？政事既明練，性情復温厚。所至皆妥帖，自是福量厚。前詩略如白，唱和亦頗富。獨愛馳驛喻，知寓意不留。」

雜録

備録

趙翼《簷曝雜記》卷二 尹文端節制兩江凡四度，德政固多，而最得民心在嚴禁漕弊一事。先是有司收漕糧，以腳費爲名，率一斗準作六、七升。公初巡撫江南，奏明每石令業户別納兑費錢五十二文，而斗斛聽民自概。有遺粒在斛之鐵邊者，亦謂之「花邊」，令民自拂去。其時有司簽書吏人倉收漕，莫肯應也。其後桂林陳文恭撫吳，胡文伯爲藩司，皆守成規，弗絲毫假借。有某縣令丈姓，每石加收一升五合，輒被劾坐絞。漕務肅清者凡四十餘年，皆文端遺惠也，宜吳人思公至今猶不置云。

昭槤《嘯亭雜録》卷六 尹文端公繼善，字元長，姓章佳氏，世居盛京。其父文恪公泰罷祭酒家居。憲皇居藩邸時，命祭三陵，大會雨，因宿於公家。與文恪公語，奇之，問：「有子仕乎？」曰：「第五子舉京兆。」曰：「當令我見。」及公試禮部，將謁雍邸，而憲皇已踐祚，乃中止。公亦登雍正元年進士，引見，上喜曰：「汝即尹泰子耶！果大器也。」選人翰林，未逾年，即授廣東按察使。甫抵任，遷副總河，未半年，遷江蘇巡撫，去釋褐甫六載耳。公白皙少鬚眉，豐頤大口，聲清揚遠聞，著體紅瘢如硃砂鮮，目秀而慈，長寸許。年三十餘即任封疆，遇事鏡燭犀刻，八面瑩澈，而和顔接物，雖素不善者，亦必寒暄周旋之。其督南河也，上命開天然壩，公不可。適浙督李敏達公衛入覲，過清江，傳旨嚴飭，且云：「衛已奏明，黄水小開固毋妨。」公覆奏：「李衛不問河身之深淺，而但問河水之大小，非知河者也。倘河淺壩開，宣流太過，則湖水弱，難以敵黄之强。」方草奏時，幕中客齊爲公危，有治裝求去者，公不爲動。憲皇帝喜曰：「卿有定見，朕復何憂？」輟御衣冠賜公，而加公太子太保。純皇帝登極，公屢任中外，先後督兩江幾三十年。民相與父馴子伏，每聞公來，老幼奔呼相賀。公亦視江南爲故鄉，渡黄河輒心開。不侵官，不矯俗，不蓄怨，不通苞苴，嚴肅倹從，所莅肅然。將有張施，必集監司下屬曰：「我意如此，諸君必駁我，我解説則再駁之，使萬無可駁而後可行，勿以總督語有所因循也。」以故公行鮮有敗事。所理大獄，雍正間江蘇積欠四百餘萬，乾隆間盧魯生僞稿及各省邪教等案，皆株連萬千。而公部居別白，除苛解嬈，不妄戮一人，人皆服之。公清談干雲，而尤長奏對。憲皇帝嘗告公曰：「汝知督撫中當學者乎，李衛、田文鏡、鄂爾泰是矣。」公應聲曰：「李衛，臣學其勇，不學其粗；田文鏡，臣學其勤，不學其刻；鄂爾泰，大局好，宜學處多，然臣不學其愎也。」其敏捷也若此。公貌類佛而不喜佛法，聞人才後進，則傾衿推轂，提訓孳孳，如袁簡齋太史、劉繩庵相國、秦澗泉狀元，皆公所提唱者也。後拜文華殿大學士，仍督江省。次年召還，臨行時，吏民環送悲號，公亦不覺悽愴傷懷，過村橋野寺，必流連小住，慇勤送者。其再督江時，吳民有「吉甫再來天有眼」之謠云。年八十餘，卒於位。其家三代宰輔，世人榮之。

陳康祺《郎潛紀聞二筆》卷三《皇帝老爺》 純廟南巡，江浙耆老婦女，道旁瞻仰，有稱皇帝老爺者。前驅衛士將執而治之，純皇亦驚訝，詢之尹文端公。公奏：「南方愚民，不明大體，往往呼天爲天老爺，天神地祇，無不老爺者。」純皇大笑，扈從諸臣，遂不復言。公奏對敏慧，爲廷臣所交推，玩此數語，洵稱得體。

陳康祺《郎潛紀聞二筆》卷四《尹文端不存私見》 尹文端晚年入相，與傅文忠意見未融。文忠奉命征緬甸，文端獨抗奏傅恒碩德重望，軍旅非所夙嫻，況以首輔之尊，從戎邊徼，萬一奏凱稍遲，有關國體，再四諫沮，至於涕流。可見韓、范、文、富，斷斷廷爭，原無一毫私見也。

陳康祺《郎潛紀聞二筆》卷八《尹文端攝九印阮文達攝六印》 尹文端督兩江時，嘗一月間兼攝將軍、提督、巡撫、河、漕、鹽政、上下兩江學政，九印彪列，簿書填委，而公判決恢然，猶與諸生論文課詩，見袁枚所作公神道碑。按：袁文多夸誕，一月攝九印，恐無是事；或數月中，曾經徧攝，已絶無僅有之奇遇矣。阮文達官粵時，以兩廣總督、兩廣鹽政，攝廣東巡撫、太平關税務、廣東學政、粵海關税務，時公適生孫，因名之六印，見《弟子記》及梁章鉅《浪迹叢談》。二公皆青年科第，白首耆英，儒雅風流，功勛赫奕，惟知人善任，用能厝施裕如也。

備論

《碑傳集》卷二七袁枚《文華殿大學士尹文端公繼善神道碑》 岐山白嶽，秀萃靈鍾，篤生偉人，世德攸隆。惟公應辰，懿德純畀。秉醇儒姿，具公輔器。公之發蹟，物望所推。學有根柢，積厚而丕。鶴立詞林，高文是式。肆而益醇，華也非飾。我皇文思，昭回四垂。芒寒色正，公筆公詩。鴻猷是潤，考禮龠樂。勤宣絲綸，密承帷幄。遇深三接，敭歷六卿。秋官久任，惟允惟明。瘁不言勞，夙夜匪懈。備物酬庸，以風有位。公謙益撝，公誠益輸。維國之瑞，維臣之模。列星歸垣，天不慭遺。寵極哀榮，附身祕襚。既崇禋祀，復賁誄章。佳城鬱鬱，吉壤爲光。公生日孜，靖共以獻。公沒神存，旁魄思贊。老友作銘，契闊死生。如執公手，我言公膺。

劉統勳部

綜述

《清史列傳》卷一八《劉統勳傳》 劉統勳，山東諸城人。雍正二年進士，改庶吉士，散館授編修，入直南書房。七年，充湖北鄉試正考官。九年，遷右中允，十年閏五月，轉左。八月，充河南鄉試正考官。十一年，遷侍讀。十二年十月，充日講起居注官。十一月，遷左庶子。十三年八月，在上書房行走。十月，充順天武鄉試正考官，尋遷詹事府詹事。乾隆元年六月，擢內閣學士。八月，署刑部侍郎。九月，充武會試副考官。

十月，命隨大學士嵇曾筠赴浙江學習海塘工程。二年三月，授刑部左侍郎，仍留浙江。五月，疏言：「新任督、撫、提、鎮，往往奏請隨帶人員備委用，在大吏平日真知灼見，自應有幹練之才，足收臂指之益。惟是先寄耳目於數人，即付腹心以要缺。補用不循資格，輿論指爲私交。更相仿效，滋弊多端。除河工、軍前効力外，請概停奏帶，以杜偏袒鑽營之習。若調任後，本省本標實不得人，而舊屬內果有出衆之員，許據實保奏，送部引見。」疏下部議，如所請。三年三月，還京，疏劾江南太倉州丁憂在籍御史毛之玉至浙拜謁總督藩司，受餽遺。上以之玉違例干謁，交部嚴議，降三級；統勳據實奏聞，可嘉，紀録一次。五月，管理武英殿事務。四年六月，丁母憂，回籍。

六年六月，特命補刑部侍郎。九月，服闋來京，擢左都御史。十月，疏禁督、撫、提、鎮各標中軍積弊四事：「一、中軍例以副將、參將、遊擊充之，承辦公務，支發錢糧，爲各營領袖，原非爲上司服役，乃督、撫、提、鎮出署輒步隨，至躬爲料理車馬、旗幟，甚爲失體；一、中軍朝夕相見，往往代籌米鹽瑣務，不但體統有虧，恐開鑽營之路；一、道、府、州、縣等官，以督撫署內之事，中軍無不周知，至省輒先往候，而又與文員兩無統屬，遂宴會往來，藉端營私；一、督、撫、提、鎮衙門遇歲時令節，張燈結彩，中軍每以兵丁子弟充優伶雜戲，平時則醫卜、星相、碁師、琴客藉其梯引。均應嚴禁。」部議從之。十一月，疏言：「大學士張廷玉歷事三朝，遭逢極盛，然而晚節當慎，責備恒多。臣竊聞輿論，動云：『桐城張、姚兩姓，占卻半部《搢紳》。』今張氏登仕版者，有張廷璐等十九人，姚氏與張氏世姻，仕宦者有姚孔鋠等十人。雖一姓本係桐城巨族，得官之由，或科目薦舉，襲蔭議敘，日增月益，以至於今，未便遽議裁汰。惟稍抑其陞遷之路，使之戒滿引嫌，即所以保全而造就之也。請自今三年內，除特旨陞用外，概停陞轉。」又言：「尚書公訥親年未强仕，綜理吏、户兩部，入典宿衛，參贊中樞，兼以出納王言，趨承禁近，時蒙召對，嚮用方隆。我皇上用人行政，無非出於至公，訥親之居心行事，當亦極圖報稱。但臣慮訥親以一人之身，承辦事務太多，或有疏失；又任事過鋭，恐逢迎者漸衆。」兩疏入，諭曰：「朕思張廷玉、訥親若果聲勢赫奕，擅作威福，劉統勳必不敢如此陳奏。今既有此奏，則二臣並無聲勢可以箝制僚寀可知，此國家之祥瑞也，朕心轉以爲喜。且大臣辦公，責任綦重，原不能免人之指摘，即伊等辦事，亦豈能竟無差錯？聞過而喜，古人所尚。大臣爲衆所觀瞻，見人直陳己過，惟當深加警惕，所謂『有則改之，無則加勉』。若有幾微芥蒂於胸臆間，則非大臣之度矣。大學士張廷玉親族人衆，因而登仕籍者亦多，此固家運使然。然其親族子弟等，或有矜肆之念，爲上司者或有瞻顧之情，則非大學士所及料也。今一經查議，人人皆知謹飭，轉於張廷玉有益。至訥親身爲尚書，若於本部之事稍涉推諉，不肯擔當，則模棱成習，公事何由辦理？但所辦之事，其中未協之處亦所不免，況朕時加教誨，戒其自滿自足，年來已知恪遵朕訓矣。今見此奏，益當留心自勉。至於職掌太多，如有可減之處，候朕酌量降旨。近來參劾大臣者，每多過當。殊不知以今日之勢論之，若有擅權營私者，朕必洞照隱微，斷無不能覺察而陷於不知之理。彈劾大臣，有關國體，此等奏摺，若不發出，宵小無知者，必且以參大臣爲倖進之階，其爲害於人心風俗，實非淺鮮。著將二摺發出，諭衆知之。」

尋命往勘海塘。十一年正月，充經筵講官。二月，署漕運總督。九月，還京。十二年，充順天鄉試正考官。十三年三月，命會同大學士高斌查辦山東賑務。五月，查勘河道，奏：「濟南府屬德州哨馬營有滚水壩，分消運河盛漲，而壩身過高宜改，令祗資減洩。東昌府屬聊城縣運河東岸，有減水閘引河四，歷久多淤，宜挑濬通暢，令注入海。泰安府屬東平縣之戴村壩，爲汶水分入大清河關鍵，其過汶入運之石壩過高，宜稍令低，並將壩西歸入大清河之水道疏通。沂州府沂河西岸之江楓口所建滚水壩二，候秋汛無虞，再加培，以衛蘭山、郯城一帶田廬。」報聞。十四年十月，充國史館總裁。十二月，遷工部尚書。十五年七月，兼管翰林院掌院學士，命赴廣東會鞫糧驛道明福違禁折收一案，鞫實，擬斬如律。八月，遷刑部尚書。十六年，充會試正考官。十七年三月，以查驗通倉短少米石不實，詔革職，從寬留任。十一月，軍機處行走。十八年四月，以審擬懦怯僨事之把總謝又榮罪名錯謬，部議革任，詔免之。

七月，命偕署尚書策楞往勘江南河工。八月，合疏言：「臣等巡歷河干，通查工料，實多虧缺不清。察其積弊之由，總在牽前扯後，工員率取入己，上司漫無查考。以一廳論之，每年冬，河臣核減錢糧，並不勒追補項，即令留爲辦料之用。次年核減，仍復如是，惟指工段消彌了局。此本廳本任牽前扯後之弊也。其調任、陞任仍屬河員者，所欠錢糧，並不實交，復帶至新任，稟請別廳交料。其收料之員，輒報收料若干，用在某工，便可完結。此廳員虛報牽前扯後之弊也。又廳員陞任他處，如平越府知府施廷檔離任已久，所欠核減帑項數千，尚待補苴。此陞任官員牽前扯後之弊也。至緣事離任之員，河臣查明欠項，僅咨追而不參奏，致歷年虧欠至九萬兩之多。此緣事離任官員牽前扯後之弊也。現在查出外河同知陳克濬虧空二萬五千二百餘兩，海防同知王德宣虧空一萬八百餘兩。本年高郵州二閘因湖河異漲被衝，閘未衝之間，文武員弁咸謂有料尚可堵塞，而該管下河通判周冕並無物料，致束手任其衝決。河臣高斌衹以誤事掣回，委員另辦，請徹底清查。」詔革高斌及協辦河務安慶巡撫張師載職，留工效力。其侵帑各員革職拏問，勒限一年完項。周冕革職鎖押，二閘漫口虧空物料勒限半年完項。

九月，疏言：「臣由桃源縣前赴徐州，途中接銅沛廳李焞、河營守備張賓等稟，稱銅山縣小店汛南岸堤工危險。比臣星赴小店，則已衝開口門一百四十丈，溜勢全掣，奪河之勢已成。」上以「李焞、張賓平日任意侵蝕，貽誤堤工；又現奉清查，自知獲罪必重，今乘水漲遂任其衝決，不加搶護」，命即行正法。統勳尋疏言：「張家馬路漫口，大溜直趨東南正河，業經斷流。今水下注洪澤湖，一出五壩，一出清口。臣查清口出水東入河道，清江以下河底可冀刷深。隨將河口之東清二壩拆卸，免阻清水出路。但黃水入湖，終非正道，堵閉事宜，亟宜籌畫。口門現寬百四十餘丈，工料約需三十萬兩。俟豫、東二省購料完備，急行搶築。臣訪輿論，上游南岸之毛城鋪，北岸之石林口，皆昔年分減大溜之處，若水深溜急，即於兩處略加疏導。」諭曰：「此亦無聊之極思耳！黃水下注洪澤湖，其流漸緩，湖身必停淤日積，河底豈能借以刷深？治河之道，究以多方設法，導歸正溜爲是。固不可使湖河并勢，又不可急於堵閉漫口。蓋當此波濤猛急，苟非正溜順流，即築壩進埽，亦祇虛糜工料。且工料未集，何能徒手以禦洪流？應待水勢稍落，隨方疏瀹，使正溜仍歸故道。若於圖中硃筆畫處，開濬引河，則離南岸頂衝既遠，去灣取直，乘勢東趨，較之從張家馬路河身迂曲者，似爲便捷。可傳諭劉統勳等悉心籌畫。至所奏毛城鋪、石林口兩處，果能分減大溜，無礙正流，不妨隨宜疏導。」十月，疏言：「臣現駐銅山，率領河員於漫口附近舊河內，勘定引河二道，南三百餘丈，北五百餘丈，計日可成。蒙御筆指畫北岸一道開濬，誠屬有益。俟淤河稍堅，陸續開工。惟開放之期，最爲緊要，早則溜勢不順，新河易淤；遲則將有用之河，不能及時分溜。容臣屆期相度開放。此處迤下百餘里爲朱家海口，雍正年間曾經衝決。彼時河臣齊蘇勒奏稱勇猂，而進埽逼緊，深至五丈餘，屢走屢築，連年始成。今裹頭之外，已築堤臺；又於堤臺之外，兩旁用秸，中實以土，名鐵心堤，層層硪實，逐次前進，直至深水三四十丈，漸近中泓之所，下埽步步得實，節節交鍵，臘底可以竣工。」又言：「正河身內所挑南北小門河二道，串成大河，溜勢半回趨正河，直達清口。今大門河已放水趨東淮，先挑小門河之水同歸正河身後，雖近尾閭一段，底係淤沙，易致壅滯。然人夫衆多，不致阻礙。不惟合龍時洩水分溜，來歲桃伏秋汛，可大減頂衝之勢，於新築堤工有益。」報聞。

十二月，統勳奏張家馬路堤工於本月十二日合龍，黃河大溜復故道。策楞奏二閘漫口亦於是日合龍。諭曰：「今年江南秋雨過多，河湖異漲，銅山決口奪溜南趨。朕特遣衆臣協力堵禦，而在事諸臣俱能體朕宵旰之心，實心奮勉，黃流復歸故道，二閘漫口適又同日告成。奏績神速，若有默相。從此運道民生均資利賴，朕心實爲嘉悅！劉統勳、策楞、舒赫德等在工專辦日久，宣力居多，著交部從優議敘。其餘在事員弁，一併議敘。」統勳偕策楞條奏稽查工料四事：「一、各廳庫貯少者至數千，多者至數萬，舊料塵積，復領新料，本年未銷，又領次年，廳員請領款項，不由道詳，河臣約計歷年之數給發，有無核減，俱不詳查，致挪新掩舊，陋弊相沿。請嗣後預辦上游、鹽河等項銀兩，由該管道員承領，霜降後分發各廳，收工備用，仍報河臣委驗，其在銷算以後之款，仍令廳員照舊承領，責成該管道會同河庫道查明有無舊欠，具結轉詳，方准給發，統限冬底運柴到工。其雜料限領銀一月到工，並照州縣倉庫例盤查。一、河工有歲修、搶修之分，而每年核算則在霜降後，埽壩工程已歷三汛，廳員任意浮開，無憑查驗。請於秋防告竣後，將該廳營所管工程分三等，以逼臨大溜、當衝最急者爲一等，次險者爲二等，又次者爲三等，或拆修，或鑲修，或改築，或加幫，確估申詳該道，核轉河臣，督該道沿隄踏勘，限正月內興工，三月內完竣，該管道親往各工驗收，不得轉委。至伏秋大汛，臨期搶護，難以預定，令該管道駐劄河干，親估親收，詳河臣親驗。一、一切物料工程，向係廳員按月申報，往往以少報多，指無作有，甚至甫請驗料，即稱某工動用，甫經驗工，即報蟄陷加鑲，弊端不一。查廳營同駐一工，最爲親切，運到何項物料，承修何處工程，無不深知確見。請嗣後除廳員照常申報外，并令該營守備、汛弁逐一據實摺報該管道府，按所報數目比較抽驗。一、河員查工，俱於霜降時，照水大小約計准銷，並不按工考驗，致調任、離任，輾轉遷延。請於銷算時，經河臣核減者，勒限交完，年清年款，陞調、緣事離任，必交代清楚，方准新任出結，徇隱題參賠補。」詔如所議行。

先是，大學士陳世倌奏黃河入海，向祇六套六櫃，今增至十，致海口壅塞。十九年正月，命統勳等往勘，奏言：「河海交會之所，河水遇潮停阻，頗積淤沙，而南大口門出水深通，無庸疏濬。至櫃套均在七曲港之上，一櫃一里，十櫃僅十里；套則七八里或十里不等，十套計八十餘里。不但十櫃去海口甚遠，河流通塞，與增櫃無涉，即十套下河身數十里分流入海，並無阻遏。」報聞。尋命清查江南河工未結案，統勳奏言：「水利工程陸續題銷，或丈尺數目不符，或水方土方各異，屢經部駁，不准銷算。一案不銷，遂致全案稽遲，而外省輾轉行查，至延二十餘年之久，官吏更易，若再往返駁詰，徒滋案牘。現查出未銷銀百十三萬三千五百兩有奇，請限十月內確核題銷。工部於覆到日詳核，應銷者即准銷結案，應減者即核減著追。」詔如所請行。二月，疏言：「河臣顧琮奏請於祥符盧家莊建支河壩，滎澤、陽武隄內加築土壩，並估挑引河。奉旨，命臣等詳度。臣自陳留沿隄而西，查支河南由古城村，北由盧家莊分流東注，宜建土壩堵旁流，俾由古城村前歸入正河。臣復自陽武十三堡及五堡迤南之三壩，迤西之原武、滎澤等處，詳勘形勢。其地土鬆沙厚，隄內灘地易成支河，兼正河漲溢即成漫口，河流自西而東，均趨隄根，宜幫築三壩埽工及陽鳳大隄，並建攔河土壩，以資防護。至引河一節，臣思上乏來源，中經沙地，難免淤墊，應停估挑。」從之。四月，晉太子太傅。

五月，命協辦陝甘總督軍務，賜孔雀翎。十一月，疏言：「陝、甘沿邊一帶，至巴里坤軍營，雍正七年專設塘站，馳遞軍機文報；乾隆元年撤兵時議裁。今議明歲進兵，請酌照舊例增設。查陝省自神木縣至定邊營九百五十五里，設正站九，馬各三十；腰站二十，馬各十七。甘省自花馬池營至嘉峪關二千一百七十里，設正站七，馬各二十五；腰站六十二，馬各十六；協站七，馬各十。其口外自嘉峪關至巴里坤千六百五十六里，設站二十七，馬各二十六。」十二月，疏言：「西路軍營戰馬，約需六萬匹，派兵遞送，廷議分設五大站。臣於分站之中，寓脫卸遞更之法。第一站安馬十分，每分千五百匹，二、三、四、五等站各千五百匹。每起官兵按站換馬，不必回空，即留爲後起更換之用。官兵既可按程長驅，而各站馬行五日，即得休息三日，仍另備數十匹或百匹，以濟疲乏。再各標營馬已儘數調撥備戰，未便全無守禦。今有現議設站之北口解來馬二萬三千七百餘匹，及西安駐防兵，并固原提標兵騎赴肅州馬八千八百餘匹。臣擬於此內以七分留甘，三分還陝，並阿拉善等換存馬分補缺額。」詔如所議速行。二十年二月，疏言：「巴里坤營壘久廢，倉庫無存。糧餉若儘數運往，必修葺堆貯之所，而大兵進剿後，又宜分兵防守，事多未便。請將進剿口糧，應官運者，自哈密馱載；應裹帶者，運往巴里坤散給。」從之。六月，以平定準噶爾，議敍加二級。七月，充《平定準噶爾方略》副總裁。

尋命查勘巴里坤、哈密駐兵事宜。九月，逆酋阿睦爾撒納叛擾伊犁，定西將軍永常自木壘退師巴里坤。統勳請棄巴里坤，退守哈密。諭曰：「劉統勳奏西路情形一摺，乖謬已極。伊犁平定之後，阿睦爾撒納背恩叛竄，阿巴噶斯哈丹不過一鄂拓克之宰桑，爲所煽誘，搶奪臺站。伊克明安宰桑查木參等率衆來，請於附近軍營居住。而永常妄生疑懼，退回巴里坤。今噶勒藏多爾濟之子諾爾布琳沁帶兵千餘，已殺退阿巴噶斯兵衆，則西路全勢，並無變動。若使永常仍駐木壘，率來歸之衆，令爲前驅，奮往直前，早可通伊犁聲息，而追尋阿睦爾撒納遁竄蹤跡，西陲當早經安貼無事矣。乃永常誑怯於前，劉統勳附和於後，實出情理之外。軍營所恃，全在領兵大臣。今一將軍、一總督，無端自相恐怖，衆心其何所恃耶？劉統勳摺內所云：『諾爾布琳沁來告之說，未可深信。』夫諾爾布琳沁爲守護游牧，始則懇求內移，繼則率衆剿賊。現將阿巴噶斯之得木齊班咱擒送來營，尚何不可信之有？又云：『內外之界，不可不分。』試思各部自歸誠以來，悉已隸我版圖，伊犁皆我疆界，尚何內外之可分？西路諸台吉、宰桑，皆知遣人來告軍營，求以兵力壯其聲勢，其自効之意顯然可見；而永常、劉統勳乃望風疑畏，甚欲全調陝甘滿、漢標營馬匹，以向年巴里坤孤懸塞外馬駝被劫爲詞。夫雍正年間，準噶爾以其全力鴟張鼠竊，視今日之一舉平定，諸部歸誠者，相去天壤，三尺童子，莫不知之。劉統勳作此種種乖謬之語，搖惑衆聽，貽誤軍事。且班第等在伊犁，係辦理軍務大臣，劉統勳並不與永常亟謀安接臺站，竟奏請退回哈密，而置班第等於不問。伊身爲總督，現在巴里坤一切軍營應辦事務，何莫非其專責？即如軍營馬匹，現俱疲乏，即云騎回之馬不無疲瘦，而所有一切馬匹，何以不豫飭餧養膘壯？劉統勳所司何事，糜費錢糧，不能適用，其罪尤無可逭。昨據治大雄奏到，伊將安西官兵忽而遣調，忽而停止，馬力豈不更加疲乏？永常已降旨革職，拏解來京。劉統勳如此乖張，貽誤軍旅重務，若以其係漢人爲之寬恕，而不治以應得之罪，則是朕歧視滿、漢，且復何以用人，何以集事耶？劉統勳著革職，拏解來京治罪；伊子劉墉亦著革職，拏交刑部。永常、劉統勳在京諸子，並拏交刑部；所有本旗籍及任所貲財，並著查出，爲償補軍需馬匹之用。」十月，諭曰：「劉統勳因永常自木壘退回巴里坤，輕信浮言，張皇乖謬。律以阻撓軍機，搖惑輿情，即置之法，實無可逭。但念劉統勳所司者糧餉馬駝，其軍行進止，原係將軍之事。設令模棱之人，緘默自全，轉可不致獲罪。是其言雖刺謬，其心尚可原也。況永常尚不識死綏之義，何怪於懦弱書生？劉統勳在漢大臣中，平日尚奮往任事。朕於萬無可寬之中，求其一線可生，予以自新之路。劉統勳著從寬免其治罪，發往軍營，在司員内辦理軍需，効力贖罪。倘伊以爲士可殺而不可辱，欲來京甘受典刑，亦惟其所自處。伊子俱著釋放，劉墉著加恩令在編修上行走自効。」

二十一年六月，諭曰：「刑部尚書員缺，著劉統勳補授。劉統勳未到任之前，汪由敦仍辦刑部尚書事。劉統勳從前妄議棄巴里坤退守哈密，正當逆賊初叛之際，朕恐其搖動人心，阻撓軍務；且果如其言，則今此之直進伊犁，何其甚易！若使阿睦爾撒納久保伊犁，則亦不至如此窮竄也。是以將伊革職治罪。然當其時，劉統勳因目擊永常匆遽自木壘撤出，驟聞其言，未能深察，是以張皇失措。夫永常身爲將軍，膺閫外之重寄，尚且怯懦退回，甘心僨事；劉統勳本係書生，未嫻軍旅，其所陳奏，識見固屬冒昧舛謬，尚爲乃心公事。假令彼時藉口於職在文臣，辦理軍需，不預師行進止，模棱觀望，緘默自守，轉可安然無事矣。且如策楞、玉保等皆統兵大臣，於阿睦爾撒納窮蹙遁逃，距軍營密邇，乃仍徘徊不進，坐致遠颺。彼二人者，皆滿洲、蒙古世僕，勇敢舊風未遠，而皆選懦至此。以劉統勳文怯漢人，相提並論，則其過爲可諒，而其心轉爲可嘉矣。」七月，奉旨給還本籍家產。

閏九月，命勘江南銅山縣孫家集漫工。十月，疏言：「孫家集向無隄工，以備盛漲，例於秋汛後補築水衝溝渠。今兩年未經補築，致成渠分溜。」詔解總河富勒赫任，以劉統勳暫署。十一月，漫口合龍，上嘉其妥速，下部議敘。二十二年三月，充會試正考官。四月，赴徐州督修近城石壩。五月，充經筵講官。是時雲南巡撫郭一裕慫恿總督恒文購金製鑪，以致闔省喧傳，乃訐恒文抑勒短價各款。命統勳往會鞫，得實，恒文賜自盡，一裕發往軍臺効力贖罪。十一月，山西布政使蔣洲侵帑，勒派通省彌補，冀寧道楊龍文逢迎不法。統勳奉旨鞫實，均擬斬如律。十二月，晉太子太保。二十三年正月，遷吏部尚書，奉旨紫禁城内騎馬。先是，徐州黃河北岸無隄，議者以爲留洩漫水。五月，巡漕給事中海明疏請補築，統勳往勘，以爲可行，自大孤山至蘇家山置亂石壩洩漲，且可衛田，上嘉允之。

二十四年正月，協辦大學士事務。二月，西安將軍嵩阿里疏參原任將軍都賚劾扣兵餉，統勳往鞫得實，擬斬如律。六月，山西歸化城理事同知普喜訐將軍保德、同知呼世圖侵帑，通同掩飾。統勳奉旨與巡撫塔永寧會鞫，保德、呼世圖共侵帑一萬八千餘兩，保德又於穆納山私伐木植，受銀千五百兩。上以保德身爲將軍，貪黷敗檢，即行正法。閏六月，諭曰：「劉統勳等查審呼世圖侵帑掩飾一案，究出普喜執法婪贓，及根敦扎布恣行科斂等款，贓據確鑿。揆其情罪，均無可逭，然亦不甚懸殊。乃劉統勳等於呼世圖則擬以斬，普喜、根敦扎布則擬以絞。不知普喜贓至萬餘，且署道員時，呼世圖正其屬員，而有心蔽混，應盤查時亦並不盤查；根敦扎布以軍需名色，科斂入己，其罪視呼世圖有過之無不及。劉統勳等徒以庫帑婪贓，視爲差別。不知民務爲重，庫帑爲輕，朕爲秋審不曾屢降旨諭乎？而塔永寧欲因此以曲庇普喜，劉統勳亦佯爲不知，朕實不解。著軍機大臣會同三法司另行核擬。」尋均擬斬如律。

二十五年八月，兩江總督尹繼善奏蘇州布政使蘇崇阿稟稱存公、耗羨一項，書吏侵蝕至七十餘萬兩，命統勳偕侍郎常均往査。十月，奏言：「臣等抵蘇州盤查藩庫，並無短少。蘇崇阿所奏報與存貯數目不符，疑書吏作弊，嚴刑追究，致誣服；而蘇崇阿即指謊供爲確據，驀空懸坐。」詔革蘇崇阿職，發往伊犁効力贖罪。時江西學政謝溶生疏劾巡撫阿思哈收受屬員餽送，命統勳等即赴江西會鞫，得阿思哈因生女收受司道金鐲綾緞，及令贛南道董溶代購什物、短發價值各款，擬絞如律。二十六年二月，充會試正考官。五月，授東閣大學士，兼管禮部事務，尋兼兵部事務。

八月，偕協辦大學士公兆惠查勘河南楊橋漫工，合疏言：「臣等赴工相度，先將月隄堵築，候大溜斷，再接築大隄，以資鞏固，仍於楊橋原淤河身內開挑引河。」諭曰：「速堵決口爲要，朕日夜望之！」統勳又言：「現開引河九百三十六丈，引溜歸入正河，並將正河身內濬渠疏引。」十一月，奏報合龍。上嘉統勳等董率有方，剋期竣事，下部議敘。二十七年三月，上南巡，以高、寶河湖入江之路未暢，命統勳偕兆惠往勘。尋合疏言：「湖河之水，以五壩爲來源，江海爲去路。歸江多一分之水，即下河受一分之利。自邵伯以下，向設灣頭閘、壁虎橋、鳳凰橋、西灣壩、東灣壩、金灣滾壩、金灣六閘共七處，宣洩湖水，由鹽河歸廖家溝、石羊溝、董家溝、芒稻河四河分流下注，金灣壩引流緊接六閘，地居上游，由董家溝下注宣洩湖河，甚爲便捷。惟滾壩僅寬十五丈，未能暢達。請將新挑引河，量爲展寬，使有建瓴之勢。六閘、鹽河向設南、中、北各二閘，北閘爲鹽運要津，應自中閘迤南，改建石壩三十丈，將中閘存留閘下土隄接築加長，并挑引渠以順水勢，既與鹽運無礙，而盛漲亦資暢達。其西灣滾壩，照東灣一體落低，並於西灣河頭酌濬寬深，諸河歸江之路益增，宣洩之形益暢。」諭曰：「所議甚合朕意，應如是行。」

四月，以直隸景州被水，命查勘德州運河。統勳疏言：「運河自臨清以上，疏洩閘壩共八處；而臨清迤北，惟藉四女祠、哨馬營兩壩宣洩，必宜疏通，以防盛漲，漫及下游。但兩壩支河，俱會老黄河故道入海，袤延三百餘里，居民於淤灘種植，河身易致淤塞。請將德州州判移駐兩支河交滙之邊陵鎮，專司河捕，責成山東糧道董理其地。在直隸者，移會天津道商辦。」詔如所請。

二十八年，兼管翰林院掌院學士，命爲上書房總師傅。三十年正月，兼管刑部事務。二月，教習庶吉士。七月，充國史館正總裁。三十三年十月，命往江南酌定清口疏濬事宜。十二月，時統勳年七十，御書「贊元介景」額賜之。三十四年，復勘挑運河。三十五年，兼管吏部事務。三十六年三月，充會試正考官。三十八年閏三月，充《四庫全書》正總裁。十一月，卒。諭曰：「大學士劉統勳老成練達，品行端方。雍正年間耆舊服官，五十餘年中外宣猷，實爲國家得力大臣。自簡任綸扉，兼綜部務，秉持公正，眷畀方殷，並命爲諸皇子總師傅。久直內廷，勤勞懋著，雖年逾七旬，精神甚爲矍鑠，冀其可常資倚任。今晨肩輿入直，至東華門忽嬰痰疾。比聞之，即遣御前大臣、尚書、公福隆安齎藥馳往看視，已無及矣。遽聞溘逝，深爲軫悼！著加恩晉贈太傅，入祀賢良祠。朕即日親臨奠醊，並賞內庫銀二千兩，經理喪事。其任內革職、降級之案，概予開復。伊子西安按察使劉墉，著諭令即馳驛來京治喪守制。應得卹典，仍著該部察例具奏。」尋賜祭葬如例，謚文正。三十九年三月，諭曰：「故大學士劉統勳，其子於月內扶櫬歸里，著照從前史貽直之例，沿途文武官弁在二十里以內者，均至櫬前弔奠，並遣人護送，俾長途妥穩遄行，以示優眷故臣之意。」四月，諭曰：「大學士舒赫德、于敏中各賞《古今圖書集成》一部，俾其收藏，傳付子孫，守而弗失。故大學士劉統勳原欲一體賞給，不意其猝爾身故，未及身預。因念伊子劉墉尚克世其業，亦著加恩賞給一部。」四十四年，御製《懷舊詩》，列五閣臣中，詩曰：「從來舉大事，要欲衆論定。小利亦何慶，小失亦何病？阿逆之初叛，衆志已紛競。統勳督陝甘，儲需任所勝。欲棄巴里坤，是殆亂軍令。治罪易廷桂，並令隨軍進。五年大功成，釋罪重從政。賞罰寓矜全，順應自取聽。十餘年黄閣，兼理部務仍。遇事既神敏，秉性原剛勁。進者無私惑，退者安其命。得古大臣風，終身不失正。」是年，恩賜其孫鐶之爲舉人。

子墉，現任禮部尚書。

雜録

備録

趙翼《簷曝雜記》卷二 劉文正公臨事雖頗剛急，然實有釐剔奸弊，人受其福而不知者。辛巳歲，河決陽橋，公奉命往塞決口。時奪流者數百丈，埽工薪木皆數百里內村民車載而來。縣丞某掌收料物，欲藉以營利，留難百端，有五六日不得交納者，人馬守候，芻糧皆告竭。公一日易服微行，見薪車千百輛環列河干，私問之，得其故，乃大怒。至公館，亟請巡撫奉王命旗牌至，使伍伯縛縣丞來，欲先斬然後入奏。巡撫及司道以下爲之長跪，良久始釋。而數千輛料物一日盡收，民皆驅車返矣。此雖細事，亦可見公察弊利民之一端也。

昭槤《嘯亭雜錄》卷二 劉文正公當乾隆中久居相位，頗爲上所倚任。公性簡傲，不蹈科名積習，立朝侃然，有古大臣風。嘗有世家子任楚撫者，歲暮饋以千金，公呼其僕入，正色告曰：「汝主以世誼通問候，其名甚正。然余承乏政府，尚不需此，汝可歸告汝主，贈諸故舊之貧窶者可也。」有貴郎昏夜叩門，公拒不見。次早至政事堂，呼其人至，責曰：「昏夜叩門，賢者不爲。汝有何稟告，可衆前言之，雖老夫過失，亦可箴規也。」其人囁嚅而退。薨時，上親奠其宅，門閭湫隘，去輿蓋然後入。上歸告近臣曰：「如劉統勳方不愧真宰相，汝等宜法效之。」

陳康祺《郎潛紀聞二筆》卷二《劉文正之持正》 劉文正累主會試及順天鄉試，門下賓友，往往以暗中被擯，人無怨言。所得士雖已列仕版，公多不識其面。康祺按：科場通榜，自問非宣公、昌黎，不容援古人以自解，蓋無以別於因緣壟利者也。若舉主門生，誼同師弟，則唐、宋以來，積成風俗久矣，而持正如公，自不可及。

備論

《國朝耆獻類徵初編》卷二二《劉統勳》 公光明正直，燭照先幾，事之可否，微發其端，至一二十年後，始服其精識。士有賢不肖，亦洞見其將來。內外臣工，無不仰其剛果。而情意肫然，不欲過爲嚴峻。六旬後，入夜秉燭危坐，至二三更許，窗外偶有聲響，無不悉聞。臨終之日，五更起盥洗，飲食如常。升輿至東華門外，輿微側。家人呼之不應，啟帷視之，則已瞑矣。上親臨其喪，見室無長物，蕭條枯槁，寒氣襲人，深爲歎息。賜謚文正，不待禮臣議請也。

藝文

《四朝詩史》甲集卷二魏源《讀國史館列傳》 君不見天亶天縱乾隆聖，漢相獨重劉文正。邊才不足相才足，汲黯宋璟嵩華峻。進退百吏無私門，造次陳謨必堯舜。申公亦是瑚璉器，尚少溫公剛大氣。何況衣鉢傳中庸，并讓禹光經術貴。東閣大學士劉統勳。

兆惠部

綜述

《清史列傳》卷二〇《兆惠傳》 兆惠，滿洲正黃旗人，姓吳雅氏。父佛標，官至都統。雍正九年，兆惠由筆帖式在軍機處行走，補内閣中書。十三年，遷内閣侍讀。乾隆二年，遷兵部郎中。四年，遷内閣侍讀學士。六年，擢内閣學士。七年，遷盛京刑部侍郎，兼攝兵部事。九年，調補刑部右侍郎。十年，授正黃旗滿洲副都統。十一年，授鑲紅旗護軍統領。十三年五月，因定擬誤繙清文一案罪名過輕，部議革職，得旨從寬留任。六月，兼管户部侍郎事。

八月，派赴金川軍營督辦糧運。十二月，奏言：「卡撒左右山梁、色爾力等路貯糧，僅供兩月。現調兵前來迅速，臣將附近之崇德牛廠及美諾糧二萬餘，運往籌備。臣觀望軍營諸將，惟護軍統領烏爾登、總兵哈攀龍勇往，副將下頗多庸員。又聞各省派兵時，將、備間以家丁冒名糧，或占額兵役使。統俟經略抵營，告令酌辦。」諭曰：「俱屬公論，可告之經略大學士傅恒，秉公澄汰，以歸核實。」又奏奸棍賈餘米射利，詔嚴禁毋滋弊。十四年，大軍凱旋，奉旨覈軍需錢糧。十五年正月，授正黃旗護軍統領、鑾導統領。十一月，調户部左侍郎。十六年八月，命赴山東勘傳鈔尚書孫嘉淦僞稿一案，暫署巡撫事。九月，還京。十七年，充經筵講官。

十八年二月，命赴西藏辦事，防準噶爾。四月，奏言：「駐藏五百兵，同時換班不便。請分爲二起，一於頭年五月起程，七月抵藏；一於次年二月起程，四月抵藏。」得旨允行。十九年，議勦準噶爾，命兆惠協理北路軍務，並總理糧餉。二十年二月，請同哨探兵進勦，諭留烏里雅蘇臺辦事，在領隊大臣上行走。三月，準噶爾台吉噶爾藏多爾濟降，諭兆惠以牲畜給之。十月，總理北路臺站。十一月，調赴西路巴里坤辦事，兼理額林哈畢爾噶臺站。定邊右副將軍薩喇勒自伊犁被陷復歸，二十一年正月，兆惠聞其至吐魯番，約與進勦。奏入，諭曰：「兆惠辦理，甚合機宜。昨曾降旨令管特納格爾臺站。今著傳諭伊到特納格爾，若事繁，即留辦事，如易料理，即同達爾黨阿領兵進勦，在參贊大臣上行走。其巴里坤一應事務，著和起照兆惠所定章程，悉心經理。」

三月，大軍再定伊犂，上以定西將軍策楞辦事未協，諭兆惠駐伊犂。五月，授定邊右副將軍。六月，命籌伊犂善後事宜。七月，請定吐魯番界，編回人莽阿里克所屬佐領，允之。先是，侍衛託倫泰赴葉爾羌、喀什噶爾撫諭大和卓木布拉呢敦、小和卓木霍集占，久未返。兆惠奏遣副都統阿敏道以索倫兵百及厄魯特兵三千，收服阿克蘇、庫車、烏什各回人，且偵託倫泰信。是月，霍集占送託倫泰還，兆惠飭阿敏道馳往撫諭。又奏言：「定西將軍達爾黨阿進兵哈薩克，索阿睦爾撒納臺站馬，多爲瑪哈沁所竊。臣現遣兵搜捕，並知會達爾黨阿於撤兵還時，沿途緝之。」得旨嘉獎。十月，奏偵霍集占有悖逆狀，密飭阿敏道速進兵，報聞。是年冬，達爾黨阿自哈薩克撤兵還，厄魯特宰桑之從征者謀煽亂，未發，噶爾藏多爾濟詭以叛賊巴雅爾劫掠告。兆惠遣將軍和起調諸厄魯特兵協勦，而噶爾藏多爾濟之姪扎那噶爾布及宰桑呢瑪、哈薩克錫喇、達什策淩，回人莽阿里克等，陰通巴雅爾，中途肆逆，和起被害。兆惠以孤軍遠駐伊犂，聞信整師東旋擊賊，自濟爾哈朗移兵。甫至鄂壘扎拉圖，突遇達什策淩等，乘夜奮擊，殺賊千餘。噶爾藏多爾濟、扎那噶爾布等糾衆邀歸路，連戰不退，遂被圍。二十二年正月，巴里坤辦事大臣雅爾哈善以聞，詔趣侍衛圖倫楚以兵八百馳援。二月，雅爾哈善續遣索倫兵往迎，諭曰：「兆惠係駐劄伊犂等處辦事大臣，適遇厄魯特等背叛，奮勇勦賊，甚屬可嘉！著封爲一等伯，世襲罔替，並將御用荷包、玉韘、鼻烟壺，加恩賞賜。」尋授領侍衛内大臣、户部尚書，兼鑲白旗漢軍都統。

是月，兆惠還抵巴里坤，疏陳上年十一月由濟爾哈朗至本年正月三十日至特納格爾，沿途勦賊屢戰狀，諭曰：「前因副將軍兆惠領兵勦賊，全師而出，遣人調取援兵，於雅爾哈善奏到時，曾降恩旨。今覽所奏，沿途與賊交戰，甚爲勞苦。兆惠等所領並非進勦之兵，且馬匹無多，官兵等竟能同心奮勇，遇賊盡行勦滅，振旅而回，實堪嘉予！此次奮勉行走，暨陣亡受傷官兵，查明分别賞䘏。圖倫楚所領兵曾經出力者，一併交部議敘。」兆惠等奏偵巴雅爾及扎哈沁等潛牧木壘，以兵往捕，上嘉兆惠等以遠道旋歸，奮勇不怠，賜御用玉韘、荷包、鼻烟壺。會巴雅爾遠遁，乃詔還，同定邊將軍成衮扎布分路剿滅厄魯特賊衆。三月，偕參贊大臣鄂實等由額林哈畢爾噶路進勦。時扎那噶爾布已殺噶爾藏多爾濟等，又爲台吉達瓦所殺，而獻其首於軍門。適阿睦爾撒納自哈薩克盜馬，竄歸伊犂，掠扎那噶爾布牧。兆惠撤參贊大臣富德往追，而自駐濟爾哈朗弗與俱，上訓飭之。五月，諭曰：「成袞扎布、兆惠奏綽和爾得木齊阿穆呼朗等投赴軍營，暫行安撫，所辦尚合機宜。惟伊等並不以擒阿睦爾撒納爲要務，而亟以辦理回部爲言，殊不知緩急，務迅速辦理，毋負委任。」六月，奏擒獲阿睦爾撒納之姪達什策凌及宰桑烏巴什，並遵旨策應富德，報聞。七月，奏擒獲巴雅爾於塔爾巴噶臺及其孥，哈薩克汗阿布賚畏威歸順，表獻馬匹，下部知之。八月，奏言遣圖倫楚擊敗喻薩克錫喇賊衆於阿爾噶凌圖，侍衛愛隆阿擊前掠臺站之都爾伯特台吉納木奇，降其衆，報聞。

是時阿睦爾撒納竄入俄羅斯，而遣往撫諭回城之副都統阿敏道爲逆回霍集占所戕。九月，命兆惠等籌剿回部，尋奏請於烏魯木齊屯田，且便與哈薩克市馬，詔如所請。十二月，成袞扎布改北路左副將軍，詔授兆惠爲定邊將軍。二十三年正月，奏言沙喇擘勒厄魯特賊衆萬户，請先剿除，再赴葉爾羌、喀什噶爾。上察其有畏難之意，以參贊大臣雅爾哈善爲靖逆將軍，專辦回部，諭軍機大臣曰：「辦理沙喇擘勒賊衆，已派兵五千，自屬裕如。兆惠等宜加意擒剿，不留遺孽。若仍不能集事，惟兆惠是問。」又諭曰：「厄魯特性反覆無定，往往自相戕害。從前達瓦齊在伊犁時，人心尚且離散，今豈有堪爲統率之人？哈薩克錫喇等小醜，焉能使賊衆服從？且衆厄魯特已與瑪哈沁竄伏一處，必互相爭奪，大兵乘其潰亂，迅往襲擊，立可奏功。兆惠等勿因其烏合之勢，過爲疑慮，即遵旨相機辦理。」二月，奏言：「臣欽奉訓旨，敢不益加奮勉！口糧現未全到，擬即剋期進兵。」諭巴里坤辦事大臣速運。三月，奏言：「臣等前慮賊衆會合，以抗拒我兵。我皇上先機洞鑒，謂烏合之衆不能久聚。萬里之外，誠如目覩。臣與副將軍策布登扎布等分剿，策布登扎布以兵千二百趨博羅塔拉及賽里木淖爾；臣與巴祿等亦以兵千二百，趨博羅布爾噶蘇，副都統瑚爾起等趨尼勒喀，侍衛達禮善等趨齊格特。夜發布拉克，約相俱會伊犁，並行文北路堵截。」尋又奏賊衆紛紛潰逃狀，報聞。

伊犁附近有庫隴癸山叛黨思克圖、塔爾巴、布圖庫特、克爾得克四宰桑，據險藏匿，兆惠偵知之，遣侍衛扎廷保、投誠厄魯特達什車凌收其牧羣，而自以八十餘騎，夜入山口剿之。時曉霧迷漫，布圖庫特、克爾得克脱走，餘悉就斬獲。捷聞，上嘉獎，交部議敍。四月，奏報叛賊輝齊鄂哲特等就擒，賊牧俱殘破，準噶爾之事將竣，請由伊犁進剿回部。上以哈薩克錫喇等未獲，訓諭之。五月，奏言：「臣於四月十三日渡伊犁河，抵格根喀爾奇喇，詢嚮導云：『由特穆爾圖淖爾踰巴爾琿嶺，假道布魯特，一月可至葉爾羌、喀什噶爾。』」諭曰：「前屢降諭旨，令兆惠將伊犁等處叛賊渠魁，全行擒獲，再往回部。今來奏業已遄行，自毋庸復返。但當沿途休息馬力，與雅爾哈善會合，並即招降布魯特人衆。」兆惠等奏：「布魯特頭目圖魯起、拜鄂庫等赴軍前乞降，臣等譯敕書，即行收復。」七月，遣侍衛達桑阿、烏爾登、訖倫泰先後護布魯特東、西二部使者入覲，命速赴回部，與雅爾哈善合兵進剿。會雅爾哈善圍庫車，霍集占自糾衆來援，爲我軍擊敗，冒死入城，復脱走。雅爾哈善坐疏縱，革將軍職，詔趣兆惠馳往代將其軍。九月，諭曰：「據兆惠奏：『遵前旨領兵八百名，速赴回部。一抵庫車，即與雅爾哈善協心剿賊，斷不肯半道而回，有靦顔面。』所奏甚誠勇往，深得領兵大臣之體。軍旅爲國家重務，以滿洲大臣，身膺閫寄，統率戎伍，正當踴躍自効，公爾忘私。我朝簡策所垂，忠勤代著，遠軼前古，乃近來漸染惡習，臨事心懷觀望，或聞撤兵，慶若更生。曾不知奉公體國之意謂何？此風深可痛恨！今兆惠毅然以剿賊自任，其器識實出諸臣之右。且計其具奏時，尚未知有雅爾哈善失機僨事，不堪任用，令伊往代之旨，乃如此陳奏，深爲嘉悦。著加恩賞戴雙眼孔雀翎。」兆惠等奏言：「臣抵阿克蘇，降回衆五千餘户，烏什伯克霍集斯及其子漢咱帕爾亦攜衆獻城降。臣遵旨令舒赫德以侍衛駐阿克蘇，臣即率大軍赴葉爾羌。」疏入，獎賜荷包、鼻烟壺。

兆惠既至葉爾羌，奏我兵三千餘，行戈壁千五百里，馬力疲乏，急需接濟馬三千，俾得更換，剋期而進。先是，上念我軍長途跋涉，特派索倫、察哈爾健鋭營及陝、甘綠旗兵繼進，並傳諭副都統阿里衮、侍郎永貴於巴里坤豫選馬三千，送庫車備調。至是，阿里衮接兆惠咨，請親送軍前，允之，諭富德率大軍策應兆惠，永貴巡查臺站，亦赴阿克蘇。十一月，舒赫德馳奏兆惠於黑水被圍，敕富德、阿里衮及舒赫德等速往援。舒赫德奏言：「兆惠遣索倫侍衛五十保等兩突圍，賚送奏稿，内稱臣等於十月初六日直薄葉爾羌城，賊緣邊畫溝，立隊自固。我師以少擊衆，所向披靡，三戰，斬殺甚夥。賊擁竄入城不出。臣遣愛隆阿堵截喀什噶爾援賊，並迎將軍納穆扎爾、參贊大臣三泰軍，謀賊輜重在城南英峨奇盤山，計乘虚襲之。十三日，取道城東，渡黑水，未及半而橋圮，我師渡河者纔四百騎，霍集占悉醜類二萬餘來戰，而地皆沮洳，人馬不能如志，且戰且踰河，退保大營。然我師人知效命，殺賊千餘，營中現餘兩月糧，深壕高壘，以待援師。』輕敵妄進，臣兆惠一人，罪實難逭。」

疏入，諭曰：「辦理回部一事，原因賊酋霍集占等向爲厄魯特拘囚阿巴噶斯之地。自大兵平定伊犁，出諸陷穽之中，俾仍長其舊部，何啻起死肉骨，而狼子野心，不知感戴生成，輒敢負恩反噬，甚至戕害前此將軍所遣之副都統阿敏道及隨從百人。若不興師問罪，何以振國威而申天討？迨我師已得庫車，兆惠勒兵請進，風聲所過，如阿克蘇、烏什等城相繼歸化。其回部大頭目霍集斯等復效順前驅，惟霍集占奔竄葉爾羌，是以兆惠率師乘機直入，洵爲有進無退之良將！且我滿洲勁旅，所向披靡，無敢抗拒。即如今夏兆惠、富德等攻城略地，所領僅千人，而左右哈薩克、東西布魯特各處回衆不煩攻剿，不待招徠，早已爭先納款。其回部一路之阿克蘇等城，無不勢如瓦解，將謂乘勝長驅，直入葉爾羌、喀什噶爾，亦屬甚易。數年來平定準噶爾，降哈薩克、布魯特，實爲極盛之會，而遽有此大兵被圍之信，蓋實因我師晝夜馳驅，未免馬力不足，以致一時困守待援。所幸先事綢繆，朕於六七月間，即次第派遣索倫、察哈爾、健鋭營及陝、甘之緑旗兵前往策應，馬匹糧餉亦已籌運在途，其時初不知兆惠今日之奏報也。可見蒼穹垂佑，默啓朕衷，實深感懍，有此部署，計現陸續俱抵葉爾羌矣。兆惠與援師合力，其氣倍增。從此掃穴犁庭，兇渠就縛，庶幾上申國憲，下慰忠魂，軍務可告成事。至若身膺閫寄，奮勇直前，計不返顧，乃我滿洲大臣從來敦樸舊俗，今兆惠統軍深入，志在滅此朝食，自不暇瞻顧以爲身謀，忠誠勇敢，朕實深爲嘉予！兆惠著由一等武毅伯加二字，晉封爲武毅謀勇一等公，加賞紅寶石帽頂、四團龍補服，以彰獎勞賞功之典。其在事之大臣、侍衛等，俟兆惠回至阿克蘇時，查奏優敍。」

御製詩紀其事，詩曰：「我軍取烏什，酋長欵復獻。元戎乘良機，率衆直前進。其奈隆冬時，枯草經蹂躪。以此馬不肥，奚堪供斫陣？況臨彼巢穴，螳臂注一奮。借一誘我軍，萬騎逞驅趁。我師纔千餘，鼓勇無退寸。橋圮度四百，忠義人爭勸。殺賊至千餘，矢盡接短刃。涉淖退保營，相持城下頓。壯士遴七人，星馳兩致信。舒赫德留守，諸回靜以鎮。羽檄催後師，繼進期飇迅。畢齊阿克蘇，赴援雪深恨。夷考兵興來，曾無遭挫衄。此番客主殊，不幸致事僨。兆惠稱輕敵，請罪誠不吝。此非退縮比，誰逆料利鈍？終能寡敵衆，允由效忠藎。奚忍更加罪，褒嘉章服晉。諸臣諸軍士，行賞以功論。書後促後軍，直前金鼓振。欲藉士敵愾，仰冀天助順。捷音共春來，平回鴻績建。」

十二月，舒赫德奏言：「回人托克托默特自葉爾羌來，稱布拉呢敦由喀什噶爾糾衆五千，合霍集占衆，圍困大兵三十餘日。忽聞布魯特掠喀什噶爾，將軍縱火攻奪賊營二，兩賊酋疑將軍與布魯特有約，欲議和。將軍執其使，以矢射書，傳諭云：『爾等果欲納款，必先入覲，否則不允。』後賊酋亦射書，願送口糧撤圍相見，將軍不報。又聞軍營脱出之厄魯特言營中掘得米粟百六十窖。」疏入，諭曰：「兆惠舉動雄偉，甚屬可嘉！著加恩賞給御用朝珠、金黄帶、荷包，此帶可常時服用。」二十四年一月，定邊右副將軍富德奏報：「臣遵旨馳援兆惠，於正月初六日行至呼爾瑞，遇賊騎五千，麾衆來擊，轉戰五日四夜，會參贊大臣阿里衮督解馬亦至，分翼讙呼馳突，直至初十日黎明，斬殺無算。布拉呢敦脇中槍傷，舁入城，旋潛回喀什噶爾。兆惠營中聞槍礮聲，知我援兵集，厲兵邀擊賊衆，且遣索倫卒及回人四，約期夾攻。」兆惠亦奏言：「臣等自上年十月十三日被圍，相持三閱月。賊引水灌我營，或以葦帚蔽體，及掘溝潛伏，俱爲我兵擊退。狡計百出，不得逞。帳旁及林木內，拾鉛丸數萬，即用以還擊。仰賴聖主威福，上天神佑，靈蹟甚多。安營處近戈壁，而有深林，伐木給用。初憂乏水，因賊灌營，反獲接濟。掘井，泉輒湧出，至正月初旬，井水忽涸，又獲藏粟二十餘窖，官兵意氣奮發，毫無懼色。現於正月十四日，與富德合兵，還阿克蘇。」

兩疏入，上覽奏獎慰，御製詩曰：「圍解萬里遠，懷紓午夜頻。將軍誠善守，天意本先仁。少挫終能勝，知難在審因。勞哉惟衆士，予曰有良臣。更議籌虛策，相籌應變神。兔營終詎脱，蠖屈乃求伸。重賞斯寧吝，明征要必伸。舞干雖美事，何以謝軍人？」又御製《黑水行》曰：「喀喇烏蘇者，唐言黑水同。去年我軍薄回穴，强弩之末難稱雄。築壘黑水待圍解，詎人力也天幪幪。明瑞馳驛踰月到，面詢其故悚予衷。蜂屯蟻聚張數萬，三千餘人守從容。窖米濟軍軍氣壯，奚肯麥麴山鞠窮？引水灌我我預備，反資衆飲用益豐。鎗不中人中營樹，何至析骸薪材充。著木鎗鐵獲萬億，翻以擊賊賊計窮。先是營內所穿井，圍將解乃眢其中。聞言爲之悵，諸臣實鞠躬。既復爲之感，天眷信深崇。敬讀皇祖實録語，所載曾聞我太宗。時明四總兵來戰，正夜大霧彌穹穹，敵施火礮樹皆燬，都統艾塔往視攻。回奏敵礮止傷樹，我兵曾無傷矢弓。匪今伊昔蒙帝佑，覲揚前烈勵予沖。詎人力也天幪幪，大清寰海欽皇風。」尋兆惠疏辭封爵及章服，諭勿辭，並以其母年老，時遣人存問。

是時霍集占黨侵和闐，命速發兵援之。四月，上以兆惠等籌調兵馬過多，諭速相機進剿，並加意撙節糧餉。六月，大軍分路進，布拉呢敦棄喀什噶爾，霍集占葉爾羌遁，降其衆四萬餘户，撫定之。捷奏至，得旨嘉獎，諭速追擒兩賊首。七月，大敗霍集占於阿爾楚爾及伊西洱庫爾淖爾，逆酋兄弟竄巴達克山，我軍蹙之，勒令擒獻，未幾均被戮。十月，巴達克山汗素勒坦沙獻霍集占首，安集延、霍罕、博洛爾諸部相率歸順。諭曰：「將軍兆惠等勵衆選兵，先後追剿，屢獲全勝，賊勢窮蹙。巴達克山諸部皆感恩，歸誠恐後。今既奉檄自效，逆酋授首，從此邊陲寧謐，各部落永慶生全。將軍等凱旋至京時，朕當親臨郊勞。兆惠已晉公階，并迭賜章服，其加賞宗室公品級鞍轡，以示寵異。再著加授一子爲三等侍衛。」十一月，奏言：「回部平定，各城永息干戈，而安撫新降，仍須駐兵彈壓。請於葉爾羌駐一千，喀什噶爾駐一千，莫噶薩爾駐五百，阿克蘇、烏什等處亦酌派兵駐守，並令各城伯克輪班入覲。」允之。

二十五年二月，命爲御前大臣，紫禁城内騎馬。先是，上命築壇於良鄉城南，行郊勞禮。至是，兆惠率從征將士凱旋，覲謁如儀。上撫勞，賜御用朝珠及馬，禮成，隨駕還京。上御豐澤園幄次，凱宴，賚銀幣。尋命圖形紫光閣，御製贊曰：「濟爾哈朗，喀喇烏蘇。兩番襲迫，均保無虞。以智濟險，以誠感愚。卓哉崇勳，關我皇圖。」二十六年七月，奉旨協辦大學士事務，兼管刑部尚書。八月，命同大學士劉統勳赴豫勘築楊橋決口等處，奏疏濬賈魯河及開放各事，諭獎其悉中機宜。二十七年，復同劉統勳等勘江南運河，酌濬高、寶諸湖歸江之路，詔如所議行。二十八年二月，上以直隸濱水窪地，秋霖積潦未消，命兆惠往勘海口，廣宣洩，並督同御史永安等相度天津、靜海、文安、大城等處疏濬事宜。三月，奏報各工減水日數寸，涸出地畝已漸播種，皆總督方觀承經理遲誤之咎。疏入，敕部察議。十月，加太子太保。十二月，奉旨會同兩江總督尹繼善等籌濬荊山橋河道。二十九年四月，順勘直隸河工，事竣還京。

十一月，卒。上親臨其第酬酒，即以其子扎蘭泰許尚公主爲額駙，御製詩悼之，曰：「重坎昔已濟，百年今忽消。大星落昨夜，密席尚前朝。一痛嗟何極，千勞憶匪遥！恨無執手訣，城闕鎖深宵。」諭曰：「協辦大學士、户部尚書、一等武毅謀勇公兆惠質性精勤，材猷明練。西陲之役，稟承廟略，式昇元戎。盤錯屢經，膚功懋集。是用酬庸錫爵，協贊禁廷，入直宣勞，正資倚任。昨偶嬰微疾，遣醫診視，方意稍加調攝，即冀就痊。遽聞溘逝，深爲軫悼！即親臨奠醊，加恩晉贈太保，入祀賢良祠，並賞給内帑銀五千兩治喪。伊子尚在年幼，並派同族工部侍郎官保及内務府司官一人代爲經理。應得卹典，該部察例具奏。」十二月，賜祭葬，謚文襄。

三十年，上南巡至良鄉郊臺，詩曰：「庚辰曾是勞旋師，叩貺臺陳得勝旗。自此西瀛盡來賀，每循南路引餘思。固資衆力成勳績，實藉元戎善指麾。享澤何期騎箕尾，不禁觸境一生悲。」四十四年，御製《懷舊詩》，列兆惠於五功臣中，詩曰：「西師歷五年，準、回兩進討。兩討凡兩阻，兆惠皆經了。而皆安然出，蕆功荷大造。設非忠誠篤，加以勇略昭。焉能合衆志，成城錫箔保。耆定贊絲綸，章服元勳表。謂當永承恩，太平佐有道。長予纔三年，何不同予老？」

兆惠子扎蘭泰，尚和碩和恪公主，授和碩額駙，襲一等公爵，兼散秩大臣。

雜録

備録

《國朝耆獻類徵初編》卷二四《兆惠》 乾隆二十一年，阿睦爾撒納叛，走哈薩克。（左右哈薩克爲天山路西北遊牧行國。）將軍兆惠、富德等，復以兵西追深入。其汗阿布賚遣使請罪，獻良馬，且遣兵鄉導前驅，誓擒阿逆以獻。適阿逆先覺，遁鄂羅斯，乃擒獻其黨。而和集博爾根亦率三萬户，款於軍門。將軍兆惠啟帳，命東向坐，將軍南向坐，列筵食之牲體。哈薩克回俗必持咒破戒，乃食。至是言，爲大皇帝，臣僕敢泥禁。因飽啖，引觀花馬射，射鎖子甲，皆徹札，哈薩克益大駭服。於是，定互市地於烏魯木齊。自後，歲時朝貢爲例。

二十三年，將軍兆惠等至布魯特界。（東西布魯特爲天山路之西南遊牧行國，與哈薩克非準，非回，非蒙古。其疆域風俗皆介準回之閒。）遣侍衛，往諭其頭目。薩雅克部、薩拉巴噶什部兩鄂拓克不自主，别推一年長者瑪木克呼里主之。年九十餘，體碩趺坐，腹垂至地，不能遠行，遣使獻牛羊百頭。將軍等宴而示之講武，咸詫服曰：「天朝騎射之利，嚮雖聞之，至於發必命中，層甲洞穿，馬上三槍連發，五矢左右迭射，離馬及地騰上復馳，雖厄魯特兵亦不及。宜乎東殄準噶爾，西服哈薩克，何有於我等小部落乎？」於是，兼撫定霍索楚及啟台兩鄂拓克。六日至其地，幷上四部共二千餘户。而薩婁鄂拓克，亦於七月以所部五千户來歸。東布魯特五部，皆遣使入朝。其西十五部，（在天山南，距回部喀什噶爾城西北三百里，道由鄂什踰葱嶺而至其部落。）每部所轄或二百餘户，或七百餘户，或千有三百餘户，共二千餘萬口，皆以額德格納部長之，（部落雖分，而遊牧同地，猶蒙古之四子部落也。）逐水草遊牧，衣冠風俗皆同。東部乾隆二十四年大軍追逆回經其地，其渠長奉將軍書曰：「額德格納布魯特部小臣阿濟畢，恭呈如天普覆廣大無外、如愛養衆生素資滿佛之鴻仁、如古伊斯於達里之神威、如魯斯坦天下無敵之大勇，（所舉三者，皆西域回部先代之賢汗，猶中國頌堯舜禹湯也。）富有四海乾隆大皇帝欽命將軍之前，謹率所部，自布哈爾以東二十萬人衆，盡爲臣僕。頭目等以未出痘，不敢入中國，謹以使人朝京師。」將軍兆惠表聞，於是十五部落亦内附，設二品至七品頭目，由將軍大臣奏放，歲進馬受賚，減其商税，遣使巡其部落，同内地焉。

敖罕者，葱嶺西北之回國也。（亦曰浩罕，亦曰霍罕四城，皆有伯克。而最西敖罕城額爾德尼爲之長。最東曰安集延，風俗同南路諸回國，而鷙勇倍之。）乾隆二十四年，大軍追霍集占，霍集占遣使欲投安集延，安集延不報。既而，將軍兆惠遣侍衛撫定布魯特諸部，至其境，額爾德尼酋迓至城内，日饋羊酒瓜果餱糧，饋鎗良馬，詢訪中國疆域、物産、風俗、形勢、兵馬、器械，侍衛廣宣朝廷威德，額爾德尼畏慕，奉表並上將軍書，稱爲「至威至勇如達賚札木西特之將軍」，旋貢馬京師，然亦無所謂汗血者。其後霍集占兄弟爲巴達克山所殲，有博羅尼都二子逃赴敖罕，故敖罕有回酋遺孽云。

右記魏源撰。

清高宗部

綜述

《高宗實録》卷二　雍正十三年九月己亥，上即皇帝位於太和殿，分遣官祇告天。

《高宗實録》卷五　乾隆二年十二月丁亥，上禮服，御太和殿宣制，命保和殿大學士鄂爾泰爲正使，户部尚書海望爲副使，持節齎册寶册立嫡妃富察氏爲皇后。

《高宗實録》卷七四　乾隆三年八月丙戌，諭太常寺：樂舞生等俱係供應祭祀之人，伊等所得米食，雖足食用，但每月支領錢糧銀僅三錢九釐，不敷用度，今特加恩，每月每人給與錢糧銀六錢。停徵甘肅柳溝衛所屬之八九道溝等處本年水災額賦兼賑飢民。

壬辰，諭今歲江南武闈例應下江巡撫主試，但蘇松數郡亢旱歉收，十月間正需籌畫賑恤撫綏諸務，許容駐劄蘇州，便於就近料理武闈，著總督那蘇圖考試，後不爲例。

《高宗實録》卷九八　乾隆四年八月丙子，諭大學士、九卿、滿漢文武大臣等，本日御史張湄奏摺内稱皇上開言路於上，而諸大臣塞言路於下，凡奉旨交議事件，並不平心和氣，斟酌可否，總以無庸議三字駁到爲快，甚且極口醜詆，勝於怒罵，意欲箝小臣之口，而不知剛傲恣肆，已先失大臣之體等語。張湄此奏實屬太過，朕觀近日諸大臣，能比古之臯夔稷契者固少，而公忠爲國實心任事洵無可指摘之處。或其中因循寬緩失之不及者，亦不能保其必無，而如奏内所稱剛傲恣肆，箝制言官之口者則實無其人，假如果有其人，則言官皆受其箝制，必不敢有人攻發其短。今以張湄至庸之人而現有此奏，則無剛傲恣肆箝制言官之大臣可知矣。況朕御極以來，用人行政，事事躬親裁度，一切是非情僞，莫不洞悉周知。

《高宗實録》卷一一五　乾隆五年，四月吏部議准河東河道總督白鍾山等奏稱，山東黄、運兩河，止設管河道一員，道里綿遠，必得大員分任，專司防守。查兖沂曹道，曹、單二縣即其所轄地方，東省黄河係在曹、單二縣汛内，管理甚便，該道專司分巡，職事稍簡，河務不難兼管，與其將黄、運兩河令河道一員兼管，顧此失彼，不若令兖沂曹道分任，更爲妥協，請將管河道改爲通省運河道，專管運河一切蓄洩疏濬閘壩事宜，仍管河庫事務，兖沂曹道改爲分巡兖沂曹三府，專管黄河一切事宜，於運道民生，均有裨益。從之。

《高宗實録》卷一四七　乾隆六年七月戊子，上初舉木蘭秋獮，自圓明園奉皇太后啟鑾。

《高宗實録》卷二〇二　乾隆八年十月，議政王大臣等議覆署兩廣總督策楞奏稱，粵西南境地接交夷，土苗錯處，各邊封禁隘口，時有夷匪漢奸潛出竄入，屢經設法查禁，而奸民出入如故。蓋因商民出口貿易，并傭工覓食，俱樂隘口出入近便，又多娶有番婦，留戀往來，是以偷度不能禁止。此等流落番境住家者，皆係遊蕩匪民，在内既無稽查，在外又不能約束，聚衆既多，於安南、苗疆均有大害。安南列在藩服，不敢設險自固，又未奉有驅逐解回之令。是以容留商販，娶婦住家。今該國亦屢被流棍侵凌，應請特降勅旨，諭該國王恤其屢被漢奸之擾，赦其從前容留之非。俟秋深瘴消，督撫遴委文武大員，督同該國陪臣夷目，在於交界處所，將嗣後民人出入作何稽查，商販到夷在何處交易，私行出口及無故逗遛者作何縛送解回，現在番境之民作何立限進口，私娶番婦永遠禁止，詳議規條，以期永靖。應如所請。從之。

《高宗實録》卷二一五　乾隆九年四月己巳，以旱命省刑寬禁。諭今年各省雨澤尚屬應時，惟京師及畿内數府，甘霖未降，二麥歉收，目下已届佈種大田之時，望恩尤切。朕脩省祈禱，宵旰靡寧，因念清理刑獄，亦感召大和之一端，著刑部堂官於在京各案内，徒杖以下輕罪，一一查明，情節稍有可原者，或應肆赦或應末減，即速分别請旨完結。

《高宗實録》卷二三七　乾隆十年三月甲午，軍機大臣議覆兩廣總督那蘇圖奏稱，交阯莫姓之婿，有岑敬康者，易名莫康武。冒爲莫敬光子，潛入交阯境内，煽動夷官，攻奪太平高原等處，與黎夷日尋干戈。請遴遣大員召黎維禕、莫康武至鎮南關宣諭令其息兵。竊思黎莫搆釁，揣其事勢，遣使到彼，未必一呼而至，即令畏威而來，受命而去，夷性狡猾，保無朝盟夕棄。昔漢武時，東粵相攻，使汲黯往視，至吳而還。報曰：粵人相攻固其俗，不足以辱天子使者。此言甚合治體，所請遣使宣諭，事不可行，應令該督那蘇圖仍遵前旨，轉飭沿邊文武員弁，各就地方形勢，加意防範，毋令侵擾邊界。報可。

《高宗實録》卷二九三　乾隆十二年六月丙子，諭軍機大臣等：據慶復、張廣泗奏，小金川土司澤旺，率衆投誠，並退還搶佔沃日三寨，大金川外援隔絶，官兵駐防其地，可以直搗大金川大寨。又收復毛牛及馬桑地方，西南兩路，俱可進攻。慶復、張廣泗現已分路，令統領宋宗璋、許應虎等訂期會勦等語。此番官兵調集佈置得宜，計可指期剋捷，至小金川望風迎附，乃迫於大兵勢盛而然。但既已來歸，自當乘機安撫，安可遽信爲革心向化耶？從前辦理土蠻，總未能得經久長策。即如瞻對之役，調兵二萬四千，糜餉幾至百萬，亦僅殲厥渠魁，何嘗得其一人寸土。乃甫經竣事，而大金川又復見告。將來即使計日剪除，而徵兵籌餉，勞費業已相等。若蕩定之餘，仍以屬之土目，縱令震慴餘威，目前俯首恭順，而蓄養氣勢，日後仍必鴟張，國家動衆傷財，適爲伊等重事權而增氣勢，迨至兵力稍足，又復環視而起，旋起旋滅，何有已時。在國家全盛之時，視之不啻蚊蝱蜂蠆，而糜脂膏於荒箐，屯兵革於蠻烟，曷若熟籌善策之爲得也。小金川現雖歸順，安知其意不謂金酋殄滅，其地不授之小金川而誰屬。信如此，是又增一大金川矣。

《高宗實録》卷三三四　乾隆十四年二月，諭軍機大臣等，本月初三日，經略大學士忠勇公傅恒奏到軍前情形諸摺，朕披覽深爲嘉悦。賊境堅碉林立，若仍蹈前轍，徒事攻撲，雖經年不能奏績，經略大學士傅恒因有鋭師深入，從中峯壓下，直搗賊巢之策，再三執奏不已。經朕嚴切訓諭，果能洞達事理，翻然解悟，而賊酋因我軍威大振，窮蹙急迫，屢遣頭人抒誠奉幣，哀籲乞憐。經略大學士必令莎羅奔郎卡面縛軍門，縶之檻車，獻俘闕下，朕以懷遠招携，降者不殺，宏開三面，活此一隅，諭令振旅還朝，納降之事交總督策楞隨宜辦理。

《高宗實録》卷三七〇　乾隆十五年八月壬申，上御太和殿宣制，命大學士公傅恒爲正使，大學士史貽直爲副使，持節齎册寶册立攝六宫事皇貴妃那拉氏爲皇后。

《高宗實録》卷三七五　乾隆十五年十月丙戌，諭：據工部議覆盛京工部侍郎卞塔海題請添蓋收貯樂器等物房屋一案。原題内所建房屋，僅止四間，何至估需工料一千餘兩，該部理應指駁，乃朦朧覆准，竟似未經寓目者。該堂官等於此等明白易曉之事，尚如此草率，其全不留心任事，即此可見，著將該堂官交部議處。卞塔海並不據實估報，任意浮開，尤屬不合，著交部嚴加議處。此本著擲還，另行覈議具奏。

《高宗實録》卷三八〇　乾隆十六年春正月庚子，又諭：朕巡行江浙，問俗省方，廣沛恩膏，聿昭慶典。更念東南貢賦甲於他省，其歷年積欠錢糧，雖屢准地方大吏所請分別緩帶，以紓民力，而每年新舊並徵，小民終未免拮据。朕宵旰勤勞，如傷在抱，兹當翠華親莅，倍深軫切，用普均霑之澤，以慰望幸之忱，著將乾隆元年至乾隆十三年江蘇積欠地丁二百二十八萬餘兩，安徽積欠地丁三十萬五千餘兩，悉行蠲免。俾官無詿誤，民鮮追呼，共享昇平之福。夫任土作貢，歲有常經，自應年清年款。江蘇積欠，乃至二百二十餘萬之多，催科不力，有司實不能辭其咎，而疲玩成習，豈民間風俗之澆漓，尚有未盡革歟？朕以初次南巡，故特加恩格外，嗣後該地方官，務宜諄切勸諭，加意整頓，其在小民亦當湔除舊習，勉効輸將，勿謂曠典可希冀屢邀，而惟正之供任其逋負也。其浙江一省，雖額賦略少於江蘇，而節年以來，並無積欠，豈犬牙相錯之地，不齊乃至是歟。此具見浙省官民，敬事急公之義，而江蘇官民所宜懷慚而效法者也，朕甚嘉焉。著將本年應徵地丁錢糧，蠲免三十萬兩，以示鼓勵。各該督撫其仰體朕惠愛黎元之意，嚴飭所屬，實力奉行，使閭閻咸霑實惠，倘有不肖官吏，以完作欠，希圖侵蝕，察出即行糾參，從重治罪，並將此通行曉諭知之。

《高宗實録》卷三八五　三月壬戌，上祭明太祖陵，行三跪九叩禮，御書扁曰：開基定制。奉皇太后臨視織造機房，閱兵。山之麓，

《高宗實録》卷四〇七　乾隆十七年春正月甲申，諭：數年以來，北路軍營，軍容器械俱派參贊大臣等查看，並未特派大臣，軍營關係甚屬緊要，當特派大臣，著尚書舒赫德、侍郎玉保馳驛前往，查看軍容器械。

諭軍機大臣等：從前曾降旨傳諭各省督撫等，凡陳奏内應行交部事件，俱不必將寄諭之旨敘入。今新柱、定長會奏審擬思陵土目羅文立等，越界圖占夷田，捏報夷人拔竹毁牆一案。既據聲明例應繕疏具題，因封印在即，不及繕本，是以恭摺具奏等語。是此奏即應交部覈擬者，乃摺内仍將寄信諭旨裝敘，殊屬不合，已命軍機大臣節去鈔發，著傳諭新柱、定長知之。

《高宗實録》卷四五二　乾隆十八年十二月，户部議覆船廠將軍傅森奏稱，寧古塔地方，丈出裁汰泰寧縣交糧地畝及閑散民地，並寄入旗人名下開墾地，共一萬六千七百四十四畝，請入船廠民册内耕種交租。查裁汰泰寧縣並閑散民人地畝，接年自有承種之人，應照舊令其耕種交租，其寄入旗人名下開墾地畝，應

徹出歸公招佃，令該將軍將承種人戶，逐年報部。

《高宗實錄》卷四六六　乾隆十九年六月己未，諭軍機大臣等：將軍策楞等奏稱，瑪木特所遣鄂勒哲依哈什哈來至邊卡，向侍衛六格等告稱，達瓦齊使沙克都爾曼濟台吉爲首，領兵三萬，往征阿睦爾撒納、訥默庫，已將伊等游牧劫奪，又使名塔爾巴什者，由烏梁海調兵三千，將阿睦爾撒納、訥默庫牧羣收取。阿睦爾撒納、訥默庫帶領千人，在額爾齊斯夔搏和碩地方固守，此際不識如何，阿睦爾撒納如在，必來投順天朝等語。

《高宗實錄》卷四七六　十一月丁亥，輝特台吉阿睦爾撒納、杜爾伯特台吉訥默庫等率衆於廣仁嶺恭迎聖駕。是日，鹵簿全設，上至避暑山莊駐蹕。至甲午皆如之。御行殿召見輝特台吉阿睦爾撒納等，賜宴賞賚有差。

《高宗實錄》卷四八九　乾隆二十年五月壬辰，上詣暢春園問皇太后安，以西師大捷克定伊犁奏聞。

定邊左副將軍阿睦爾撒納奏，臣等進兵至伊犁，沿途厄魯特回子等，牽羊攜酒，迎叩馬前。臣等宣布恩旨，無不額手稱慶。所在人衆，耕牧如常，毫無驚懼。臣等撫定賊巢，即渡伊犁河北，務擒達瓦齊獻俘。

《高宗實錄》卷五三二　乾隆二十一年九月丁丑，賜扈從王公大臣並蒙古王公台吉伯什阿噶什兵丁等食。

土爾扈特台吉敦多布達什遣使臣吹扎布入貢，上召見於行幄，賜宴。戊寅，上詣皇太后行幄問安。

《高宗實錄》卷五四四　乾隆二十二年八月癸亥，諭：據黄廷桂奏稱，近年陝督因辦理軍務，行駐無定，陝西督標七營，不能隨時稽察，請暫交撫臣就近查驗等語。所奏具見爲公事起見，不分畛域，深得大臣公正之道。著照所請，現在陝省督標七營官兵，暫交該撫就近稽覈，其千把等官，應行拔補及斥革者，亦即交該撫一體甄别，至守備以上等官，仍咨明該督照例辦理，以收整飭行伍之實效。該撫不得以代庖稍存歧視。

《高宗實錄》卷五七一　乾隆二十三年九月庚戌，定邊將軍兆惠等疏奏，和闐城伯克霍集斯等歸誠。諭軍機大臣等：據兆惠奏稱，伯克霍集斯迎降，面陳追擒霍集占之策，即領兵徑取葉爾羌等語，所辦甚合機宜。看來回部諸城，自必聞風歸順，逆賊不日就擒。朕伫聞伊等捷奏，兆惠、額敏、和卓俱賞給荷包、鼻烟壺。

《高宗實錄》卷五九二　乾隆二十四年秋七月己酉，諭軍機大臣等：昨據兆惠等奏稱，霍集占兄弟，俱經逃竄，追襲最爲緊要。以我馬力有餘，而逆賊等所攜萬衆，雜以婦女童稚，行走既不能便利，多人亦易生變亂，我兵當恩威並用，或招撫，或離間，中途必自潰散，或有擒獻者。至堵截雖亦一策，但急追不能紆道，或致徒疲馬力。若果逃往巴達克山，量伊地僅一小部落，斷不能收養如許逋逃，且豈肯自招罪累。兆惠、富德等惟宜悉心奮勉，以奏膚功。守城拒賊之伯克呢雅斯、兆惠等，即量加獎賞，其二城來降伯克等應如何酌予加恩，俱著查明定議具奏。

《高宗實錄》卷六一二　乾隆二十五年五月丙午，諭軍機大臣等：新闢疆土，如伊犁一帶，距内地窵遠，一切事宜，難以遥制，將來屯田駐兵，當令滿洲將軍等前往駐劄，專任其事，固非鎮道綠營所能彈壓，亦非總督管轄所能辦理。楊應琚如未經到彼，即可不必前往，既已親履其地，略悉情形，即可回任。總之該督統轄所及，至烏嚕木齊而止，自此以外，現有舒赫德等在彼經理，該督自應仍回内地，俟將來有應行接應之處，妥爲料理，是其專責，此時正毋庸久駐口外，籌辦一切，反致遺誤内地要務也。

《高宗實錄》卷六四三　乾隆二十六年八月辛巳，諭：河南黄、衛等河，因秋初雨水過稠，隄工多有漫溢之處，瀕河各屬被災較重，已命大臣會同巡撫等星速查勘，加意撫綏。更念本年該省起運漕糧，當此田禾間段被淹，即不被災地方，徵辦亦未免拮据，而將來一切賑借平糶，需米正多。著加恩將該省本年應運漕糧，悉行停運，所有成災州縣分數輕重不同，其中有應蠲應緩之項，著該撫等一面查明分别具奏請旨，現在均著暫行一體緩徵，副朕軫念災黎至意，該部遵諭速行。

《高宗實錄》卷六五八　乾隆二十七年四月庚午，上至淮河，祭淮神。閲高家堰，祭河神。奉皇太后渡河，詣皇太后御舟問安。諭：朕閲視高堰隄工，自武家墩迤北，於乾隆二十二年，命建甎工以來，整繕堅緻，足資保障。惟由濟運壩至運口，五百餘丈許，尚仍土隄之舊，未免間有汕刷，自宜一律接建甎工。至燒造甎塊，尤宜較前寬厚，以期鞏固，俾全湖均藉安瀾，副朕軫念民生至意。河道總督高晉即遵諭行。

《高宗實錄》卷七一〇　乾隆二十八年五月乙卯，諭軍機大臣等：今日楊應琚奏到諸摺，俱係照常辦理公務，其事並不關係軍機，自可循例差人齎送，無庸由驛馳報，著傳諭該督，新疆軍務久竣，其善後事宜，亦俱辦有成效，嗣後凡遇此等奏摺，止須委妥協弁役，或家人等齎奏，不得仍前動用驛馬，以重臺站。

《高宗實録》卷七一七 乾隆二十九年八月丁酉，刑部議准雲南按察使良卿奏稱，滇省夷猓，沾濡教化，有名列青衿者，有捐納監生者，冠裳既與民人無殊，應請嗣後此等改苗爲民者，罪犯軍流徒遣照黔省例，與民人一體辦理。其實係苗民，未改苗言苗服，犯軍流徒遣者，仍照例折枷完結，其情罪較重，或再犯不悛，亦照例將本犯折枷後，仍將家口各就土流所轄，一併遷徙安插，不使混入腹地。從之。

《高宗實録》卷七三二 乾隆三十年三月乙酉，諭：江蘇、安徽進獻詩賦諸生考取一等之舉人鄭澐、張熙純俱著授爲内閣中書，遇缺即補，鮑之鍾、金榜、秦潮、周發春、吴楷、洪朴、陳希哲、蔣寬、劉種之俱著特賜舉人，授爲内閣中書，學習行走，與考取候補人員，挨次補用。其二等之程世淳等二十一名著各賞緞二疋。

《高宗實録》卷七五二 乾隆三十一年正月壬申朔，所有湖廣、江西、浙江、江蘇、安徽、河南、山東應輸漕米著照康熙年間之例，於乾隆三十一年爲始，按年分省通行蠲免一次。其江寧、京口、杭州、荆州等處駐防地方該省漕米既蠲，所有估需兵食如何豫爲籌辦，並各該省蠲免次第應行酌辦各事宜，著該部速行定議具奏。尋議各省歲輸漕糧請照康熙三十年分年蠲免之例，再加籌酌。三十一年免山東、河南二省，三十二年免江蘇省，三十三年免江西省，三十四年免浙江省，三十五年免安徽省，三十六年免湖南省，三十七年免湖北省，以次遞免。其隨漕銀米應照舊例，輪免之省，停運丁船例給減半，本折月糧在漕項款内動支餘存銀米，報部撥用。有漕省分兵米，杭州、荆州、豫東等處於地丁徵收兵糧款内動支，江寧於漕項米内支給，均毋庸另行籌辦。惟京口向於起運漕糧内截撥三萬七千餘石，今漕糧已免，應照江寧之例，照數撥給。從之。

《高宗實録》卷七八二 乾隆三十二年四月癸卯，諭軍機大臣等：據彰寶奏，查出晉省應發新疆遣犯閔良有，即係馬得鰲案内餘黨閔三白子，又遣犯陳福海雖不在通緝二十八人數内，亦係馬得鰲餘黨，俱應解甘辦理。又馬得才等六名，均係甘省回民，所知夥類亦多，恐有狡飾，亦咨會陜督再行究明發遣等語。閔三白子等二犯，皆馬得鰲餘黨，自應嚴切根究，即馬得才等六名，既皆甘省回民，或亦係馬得鰲同夥，捏改姓名，希圖避罪，皆未可定，並須逐一詰訊，毋任狡

飾。至馬得鰲一案，夥黨多人，散布肆竊，情罪重大，實非尋常竊盗可比，所有未獲各犯，務上緊嚴加躧緝，迅即弋獲，盡法懲治，并不妨從重多辦數人，大示懲創，俾匪徒永絶根株。著將此傳諭吴達善知之。

《高宗實録》卷八一七 乾隆三十三年八月壬申，直隸總督方觀承遺疏聞，諭曰：方觀承老成歷練，任直隸總督兼理河務，二十年來，奉職恪勤，方資倚任，昨該督至石槽迎鑾，見其病後氣弱，即令回任安心静養，纔因其患瘧增劇，特賜經驗藥丸，並遣醫診視，以冀速痊。今聞溘逝，朕心深爲軫惜，所有應得卹典該部察例具奏。

《高宗實録》卷八三六 乾隆三十四年六月丙辰，諭曰：明德現已降補江蘇巡撫，其雲貴總督員缺，著阿思哈補授。河南巡撫員缺，著喀寧阿調補。阿思哈俟官兵全數過境後即將巡撫印務，交吴嗣爵暫行署理，馳驛速赴雲南。彰寶俟百日服滿，著馳驛往雲南署理巡撫，喀寧阿俟彰寶到滇後再赴河南新任。

《高宗實録》卷八五一 乾隆三十五年春正月戊戌，吏部奏，山東省及江南、河東河工甄别佐雜一摺。得旨：知道了。山東省及江南、河東二處河工甄别佐雜人數過少，未免姑息，所有各該督撫等均著交部察議。

《高宗實録》卷八七二 乾隆三十六年九月乙巳，上遣侍衛福康安，赴避暑山莊皇太后行宫問安。行圍。

土爾扈特台吉渥巴錫等以歸順入覲。上御行幄受朝，賞頂帶冠服有差，御製土爾扈特全部歸順記。

《高宗實録》卷九〇七 乾隆三十七年四月乙酉，諭軍機大臣等：據徐績奏，東省倉儲缺額甚多，請截留南漕二十萬石，分貯以次備用一摺。殊屬不曉事體。向來各省遇有急需米穀之時，請截留漕糧，部議必不准，此慎重天庾之意也。朕每特旨允行，未嘗稍爲靳惜，然從未有籌畫倉貯截漕豫備之事。東省現在盼雨雖切，而泰安府屬已經奏得雨三五寸，儻從此次第均霑，麥收仍可有望。至目下秋成尚遠，此後雨水調匀，大田尚當豐稔，即如前歲京城春夏亢暘，至六月中始得雨澤，晚稼仍屬有收，山左氣候，縱較京城略早，此時亦不至豫爲鰓鰓過計。

《高宗實録》卷九四六 乾隆三十八年十一月丁卯，定西將軍尚書阿桂、參贊大臣領侍衛内大臣色布騰巴勒珠爾奏，臣等定期本月二十九日分路進兵。查西路官兵爲克復小金川正路，必須計出萬全，今探達木巴宗之北有路可通斯達

克拉、阿噶爾布里、碩藏噶爾，若派兵潛擊占此二處，一路由別斯滿攻底木達布朗郭宗，一路攻取兜烏沃克什明郭宗，從此順昂噶爾角克山梁即可直抵美諾。至美美卡一路更爲賊酋要地，擬於資哩北山下乘其不備派兵直搶，或於美美卡之東東瑪色爾渠占住，則前往碩藏噶爾之兵下至別斯滿時，官兵聯絡接應，色布色爾等處之賊自不能久。

《高宗實錄》卷九六一　乾隆三十九年六月乙未，以兵部右侍郎蔣元益爲浙江鄉試正考官，編修林澍蕃爲副考官；内閣學士錢載爲江西鄉試正考官，檢討蕭廣運爲副考官；編修祝德麟爲湖北鄉試正考官，編修陳昌齊爲副考官。

《高宗實錄》卷九八五　乾隆四十年乙未六月壬辰，上奉皇太后幸卷阿勝境，侍早晚膳。

諭：前因巴里坤、烏嚕木齊等處大臣，作爲額缺，其所兼之銜，俱令出缺另補，現在伊犁將軍亦作爲額缺，亦應將所兼之銜出缺，另行補放。伊勒圖所兼鑲黄旗領侍衛内大臣員缺，著豐訥亨補授；兵部尚書員缺，著豐昇額補授。伊勒圖於衆外藩處行文時，久經書寫領侍衛内大臣、兵部尚書官銜，著仍照舊書寫。

《高宗實錄》卷一〇二三　乾隆四十一年丙申十一月甲申，皇太后宫問安。

諭：前因彙輯《四庫全書》，諭各省督撫偏爲採訪，嗣據陸續送到各種遺書，令總裁等悉心校勘，分別應刊應鈔及存目三項，以廣流傳。第其中有明季諸人書集，詞意抵觸本朝者，自當在銷燬之列，節經各督撫呈進，並敕館臣詳悉檢閲，朕復於進到時親加披覽，覺有不可不爲區別甄覈者。如錢謙益在明已居大位，又復身事本朝，而金堡、屈大均則又遁跡緇流，均以不能死節，覥顔苟活，乃托名勝國，妄肆狂狺，其人實不足齒，其書豈可復存，自應逐細查明，概行燬棄。

《高宗實錄》卷一〇六八　乾隆四十三年十月辛酉，諭軍機大臣等：據薩載奏，九月二十六日，於淮關盤獲高樸家人李福，及同行之熊濂，委員解京等因一摺。現派軍機司員，由直隸、山東一帶沿途迎見，先將李福星飛解京審訊矣。其張鑾一犯，即係伊齡阿所奏之張名遠，既據楊魁咨報在蘇拏獲，即著楊魁遵照前旨，派委妥員，迅速解京審究。

《高宗實錄》卷一〇八九　乾隆四十四年八月辛未，諭：現在御前大臣較少，和珅著在御前大臣上學習行走。

《高宗實錄》卷一一〇二　乾隆四十五年三月辛巳，上幸海寧州觀潮，遣官祭海神廟。

諭軍機大臣等：昨據和珅奏到摺内，有李侍堯家人七十五名字，大約即係八十五，伊係李侍堯得用之人，其私蓄必肥，且伊等每藉家主勢力，積蓄私財盈千累百，及至家主遇有事故，又復脱然事外，另投一主，甚爲可惡。英廉前次審訊時，並未根究及此，殊屬疎漏。即查辦李侍堯家産時，亦未將八十五等財産一併辦及。著傳諭英廉，即將八十五嚴行審訊，並將其所有貲財，嚴密查封。又李侍堯家人張永受，前寄銀至七千兩之多，連國雄亦係伊家得用家奴，所有伊二人財産，並著一併嚴密查抄，毋任絲毫偷漏寄頓。

《高宗實錄》卷一一二八　乾隆四十六年四月甲申朔，又諭：本日畢沅奏逆回進逼蘭州，焚燒關廂，省城眼前失事，已飛札文綬等調兵會勦，復札富勒渾雅德調河南、山西兵前赴西安聽調。並懇迅發京兵，派熟悉軍務大臣帶領前往等語。昨已傳諭阿桂，令其即由河南星赴甘肅。今逆回如此猖獗，阿桂應即迅速遄行，現派尚書和珅，額駙拉旺多爾濟，領侍衛内大臣海蘭察，護軍統領額森特馳驛前往甘肅。並派巴圖魯侍衛帶健鋭營兵二千名，火器營兵二千名，即日分起迅速前往。如和珅等先到甘肅，即行調遣辦理，俟阿桂到彼時即交阿桂接辦，和珅仍即回京供職。

《高宗實錄》卷一一五〇　乾隆四十七年二月己巳，上御文淵閣，賜《四庫全書》總裁、總閲、總纂、纂修、總校、分校、提調暨文淵閣領閣事、提舉閣事、直閣事、校理、檢閲等官宴，賞賚有差。

《高宗實錄》卷一一八六　乾隆四十八年八月乙丑，諭：朝鮮列在外藩，勤修職貢，最爲恭順。今以朕臨幸盛京，遣陪臣齎表修貢，迎駕請安，並祝萬壽，藉抒忱悃，甚屬可嘉，届時當加恩賞賚，以示優眷。著禮部堂官傳諭知之。

《高宗實錄》卷一二二三　乾隆五十年春正月辛亥朔，上以乾隆五十年國慶，頒詔天下。詔曰：朕膺圖建極，熙績撫辰，恭荷丙辰享太廟，遣恒郡王永皓恭代行禮。遣官祭太歲之神。

上御乾清宫，賜千叟宴，親王、郡王、大臣官員，蒙古貝勒、貝子、公、台吉、額駙、回部番部、朝鮮國使臣暨士商兵民等，年六十以上者三千人皆入宴。届時，上升座，中和韶樂作，與宴之王公大臣以下，按班序立，行三跪九叩禮，興，樂止，各人坐次。

《高宗實錄》卷一二五五　乾隆五十一年五月壬戌，諭：據奎林等奏，拏獲李國興等逃犯三名，照例辦理等語。逃犯事件，若非朕嚴加訓飭，豈能緝獲如此之速，著通行新疆將軍大臣等，嗣後遇有逃犯務須一體嚴行查拏，斷不可仍前塞責。

《高宗實錄》卷一二九四 乾隆五十二年十二月甲辰，諭曰：寧夏將軍積福，年力衰邁，著留京。所遺員缺，著旺沁班巴爾補授。逵明阿調補寧夏副都統，所遺鑲黄旗蒙古副都統員缺，著富昌補授，令其協同鄂勒哲特穆爾額爾克巴拜辦理事務。

《高宗實錄》卷一二九八 乾隆五十三年戊申二月甲午朔，上御重華宫，召大學士及内廷翰林等茶宴，以平定臺灣聯句。

《高宗實錄》卷一三四〇 乾隆五十四年十月丁巳，上御太和殿視朝，文武陞轉各官謝恩。

諭：向來鄉會試士子出場之日，例本不准給燭，聞本科順天鄉試，於初十、十二、十六等日多有遲至夜分，始行交卷出場者，以致昏黑易於混雜，滋生弊端，殊非慎重科場之道，此必係伊齡阿沽譽矣。嗣後凡遇鄉會試，於士子出場日期，知貢舉及監臨等務須先行出示曉諭，屆時嚴催早行交卷，斷不准其給燭，以杜弊竇。著爲令。

《高宗實錄》卷一三五二 乾隆五十五年四月辛酉，諭：直隸省節年緩帶地丁銀兩，概行蠲免。所有一切經費，該省藩庫現存銀兩，不敷支放，著於部庫撥銀六十萬兩，河南省藩庫地丁項下撥銀一百萬兩，山西省藩庫地丁項下撥銀四十萬兩，共銀二百萬兩，照例解往直隸藩庫收貯，以備應用。

《高宗實錄》卷一三九〇 乾隆五十六年十一月癸酉，諭：廓爾喀賊匪滋擾後藏，現派福康安帶領巴圖魯侍衛章京等統領勁兵進勦，以期迅奏膚功。福康安著授爲將軍，海蘭察、奎林著授爲參贊，其餘隨往軍營及派往各大員俱著在領隊上行走，庶軍行有所統攝，以專任使。

《高宗實錄》卷一四一二 乾隆五十七年九月己亥，諭：廓爾喀滋擾衛藏，肆行搶掠，命福康安等領兵進勦，屢次克捷，收復後藏邊界濟嚨等處地方，深入賊境，痛殲賊衆，賊酋畏懼震懾，投禀乞降，情詞懇迫，因恐雨雪阻途，特頒諭旨准其納款，令福康安等徹兵凱旋矣。

《高宗實錄》卷一四二七 乾隆五十八年四月，諭軍機大臣等：據明亮等奏稱，雅克薩城在黑龍江西北，每年巡查毗連之格爾畢齊河，便中即可往查，無庸另置卡座兵丁等語。雅克薩城去黑龍江西北千有餘里，且山峯林箐河渠較多，

俄羅斯等相通不易，倘猝增卡座，恐俄羅斯等妄生疑懼，著傳諭明亮等巡查雅克薩城，仍舊辦理，不必另添卡座。

《高宗實錄》卷一四六一 乾隆五十九年十月庚申，上御懋勤殿，勾到秋審官犯，服制及雲南、貴州情實罪犯，停決官犯絞犯一人，服制斬犯五十七人，絞犯二人，餘三十一人予勾。

《高宗實錄》卷一四八六 乾隆六十年九月辛亥，上御勤政殿，召皇子、皇孫、王公、大臣等入見，宣示恩命，立皇十五子嘉親王顒琰爲皇太子。以明年丙辰建元嘉慶元年。諭：朕寅紹丕基，撫綏方夏，踐阼之初，即焚香默禱上天，若蒙眷佑，得在位六十年，即當傳位嗣子，不敢上同皇祖紀元六十一載之數。其時亦未計及壽登八旬有六也。

《高宗實錄》卷一五〇〇 嘉慶四年正月壬戌，辰刻，太上皇帝崩。

雜録

備録

昭槤《嘯亭雜録》卷一 純皇少時，天資凝重，六齡即能誦《愛蓮説》。聖祖初見於藩邸牡丹臺，喜曰：「此子福過於余。」乃命育諸禁庭，朝夕訓迪，過於諸皇孫。嘗扈從之木蘭，聖祖鎗中熊仆，命純皇往射，欲初圍即獲熊之名耳。純皇甫上馬，熊復立起，聖祖復發鎗殪之。歸諭諸妃嬪曰：「此子誠爲有福，使伊至熊前而熊立起，更成何事體？」由是益加寵愛，而燕翼之貽謀因之而定也。

乾隆初，上每月朝孝聖憲皇后於暢春園者九，因於討源書室聽政。己巳秋，天氣肅爽，上乃習射門側，發二十矢，中者十九，侍從諸臣無不悦服。齊侍郎召南曾紀以詩，上賜和其韻，即命鐫諸壁上，以示武焉。

本朝初入關時，一時王公諸大臣無不彎强善射，國語純熟。居之既久，漸染漢習，多以驕逸自安，罔有學勤弓馬者。純皇習知其弊，力爲矯革，凡有射不中法者，立加斥責，或命爲羽林諸賤役以辱之。凡鄉、會試，必須先試弓馬合格，然後許入場屋，故一時勳舊子弟莫不熟習弓馬。金川、臺匪之役，如明將軍亮、奎

將軍林皆以椒房世臣用命疆埸，一代武功，於斯爲盛。上嘗曰：「周家以稼穡開基，我國家以弧矢定天下，又何可一日廢武？」再滿洲舊族，其命名如漢人者，上深厭之，曾諄諄降旨，不許盜襲漢人惡習。嘗有「漢人以鈕鈷祿氏爲郎者，蓋鄙之爲狼」之論，言雖激切，亦深恐忘本故也。

上雖厭滿人之襲漢俗，然遇宿儒耆學亦優容之。鄂剛烈公容安不諳國語，上雖督責，然厚加任使，未嘗因一眚以致廢棄。國太僕柱習爲迂緩，嘗較射禁庭，國褒衣大冠，侍衛有望而笑者，上曰：「汝莫姗笑，彼爲儒士，今乃能持弓較射，不忘舊俗，殊爲可嘉也。」其優容如此。

上於勤政殿房間御書《無逸》一篇以示自警。凡別宮離館，其聽政處皆顔「勤政」，以見雖燕居遊覽，無不以莅政之要。後暮年少寢，乃默誦《無逸》七「嗚呼」以靜心。見御製詩註。

上即位後，優待和、果二王，每陪膳侍宴，賦詩飲酒，殆無虚日。然必時加訓迪，不許干預政事，保全名譽。和恭王少時驕抗，上每多優容。嘗命王監試八旗子弟於正大光明殿，日已晡，上尚未退朝，恭王請上退食。上以士子積習疲玩，未之許，王激烈曰：「上疑吾買囑士子心耶？」上怡然退。傅文忠責王曰：「此豈人臣之所宜語？」王始悔悟。次日免冠請罪，上方云：「昨朕若答一語，汝身應粉齏矣！其言雖戇，心實友愛，故朕恕之。然他日慎勿作此語也。」友愛如初。果恭王因救火遲悞，復交通外吏事發，上惟給戍其賓客，降王爲貝勒，事不深詰，以保全之。王慚恧病發，上往視疾，執手痛曰：「朕以汝年少，故稍加拑拂，以格汝性，何期汝愧恧之若此？」即日復王爵，慰諭者再，其厚待天性也若此。

純皇侍奉孝聖憲皇后極爲孝養，每巡幸木蘭、江、浙等處，必首奉慈輿，朝夕侍養。后天性慈善，屢勸上減刑罷兵，以免蒼生屠戮，上無不順從，以承歡愛。后喜居暢春園，上於冬季入宫之後，遲數日必往問安視膳，以盡子職。后崩後，上於后燕處之地皆設寢園，凡巾櫛、梳枷、沐盆、吐盂無不備陳如生時，上時往參拜，多至失聲。又於園隙建恩慕寺，以資后之冥福焉。

純廟賞鑒書畫最精，嘗獲宋刻《後漢書》及《九家杜註》，心甚愛惜，命畫苑寫御容於其上。岳氏《五經》，特建五經萃室以貯之。又見馬和之《國風圖》，歷數十年始全獲，藏於學詩堂。其他如韓滉《五牛》，設春藕齋，周鑄十二鐘，於景陽宮，皆有所謂。可知勤政之餘，其所以怡情悦性者皆不凡也。

龔煒《巢林筆談續編》卷下《上諭褒前朝忠義》 上諭詞臣：「隆武諸藩，皆前朝支屬，不得加以僞字。史可法、黄道周諸臣，正當褒其忠義。」聖人至公無我之思，教孝教忠，萬世瞻仰。

陳康祺《郎潛紀聞初筆》卷二《高宗御經筵》 乾隆五十一年丙午二月六日，上御經筵，侍臣講《論語》「仁者安仁，知者利仁」，《尚書》「正德利用厚生惟和」。御論以安仁利仁，朱子引而未發。雙峰饒氏謂與仁一，故曰其仁，與仁猶二，故曰於仁，亦既發之矣。然曷不於顔淵、子貢觀之乎？顔淵安仁，子貢利仁。簞食瓢飲，回不改其樂，是安仁也。賜不受命，而貨殖焉，是利仁也。賜不受命，非富貴貧賤之命，蓋天命之謂性，率性之謂道，率性即安仁，不受命即未能安仁也。貨殖者見有利於仁，如貨殖之生財耳。是日筵宴，特命奏《抑》《戒》之詩。諸臣隨侍者分東西班，大學士阿桂、嵇璜已下凡二十八人。

陳康祺《郎潛紀聞初筆》卷六《乾隆朝已重字不重文》 時帆祭酒初名運昌，乾隆五十年升庶子時，命改法式善。法式善者，國語黽勉上進也。祭酒雄文遂學，清班二十載，未嘗一與文衡。兩應大考，俱左遷。相傳書法甚古拙，知乾隆朝已重字不重文矣。

陳康祺《郎潛紀聞初筆》卷九《高宗以雞雛待飼圖墨刻頒賜直省督撫》 高宗御筆偶仿李迪《雞雛待飼圖》，墨刻頒賜直省督撫，並諭廣爲摹刻，徧及藩臬以下有司各官，俾知留心民瘼，勉奏循良。聖天子在宥如傷，雖游藝餘閒，而誠求保赤之懷，寓諸楮墨。凡爲本朝臣子，有牧民之責者，念之哉。按：孟子有受人牛羊求牧與芻之喻，宋儒黄勉齋先生宰臨川時，有云：「邑民猶雞雛也，令其母也。」聖意蓋即本此。

高宗睿性聰强，遂於樂律，凡樂工進御鈞天法曲，時換新聲。每盼晴，則令奏《月殿雲開》之曲。

陳康祺《郎潛紀聞初筆》卷九《高宗賜沈德潛詩》 長洲沈宗伯入詞館後，以悼亡假歸，高宗賜詩，有「我愛德潛德」句。錢文敏公因贈詩云：「帝愛德潛德，我羨歸愚歸」，爲時傳誦。

陳康祺《郎潛紀聞初筆》卷一四《高宗崇獎風雅》 高宗天資閎遠，幾餘覽古，篤嗜過於儒素。乾隆間，詔建七閣，用天一閣之式。内廷齋額，采「知不足」之名。聖量謙沖，崇獎風雅至已。而范、鮑兩家，榮荷賜書，疊邀天藻，稽古之報，千載一時。

陳康祺《郎潛紀聞二筆》卷八《高宗破格嘉惠耆臣》 梁薌林相國詩正爲戶

部侍郎時，值封翁七十壽，高宗諭賜官誥，又賜以五言近體一首，又賜以「傳經介祉」四大字。相國兄蔎林，方以庶常侍養家居，特旨免其散館，授編修。及相國參大政，一日，上忽語之曰：「汝父明年八十矣。」即日錫以閣部之封。踰年辛巳南巡，封翁迎駕於吳江，上停舟勞問，召見行幄，令二子扶掖上殿，稱其多福，賜貂，賜幣，賜餈餌，又賜以七言近體一首，又賜以「湖山養福」四大字。封翁既退，偕浙東西士大夫爲太后祝釐於浄慈寺，上復賜燕湖上。瀕行，又賜相國「臺階愛日」四大字，又賜以白金三百兩，爲封翁頤養之資。高宗聖孝邁古，是歲適遇慈寧萬壽，娥臺姒幄，奉以時巡，故嘉惠耆臣，尤爲破格。大君之錫類，臣子之顯揚，至斯歎觀止已。

陳康祺《郎潛紀聞二筆》卷一二《高宗不沙汰僧道》 高宗御製詩云：「有以沙汰僧道爲請者，朕謂沙汰何難，即盡去之，不過一紙之頒，天下有不奉行者乎？但今之僧道，實不比昔日之横恣，有賴於儒氏辭而闢之，蓋彼教已式微已，且藉以養民。分田授井之制，既不可行，將此數千百萬無衣無食、游手好閒之人，置之何處。故爲詩以見意云：頹波日下豈能迴，二氏於今亦可哀，何必闢邪猶泥古，留資畫景與詩材。」真洋洋聖謨也。康祺少時，好發奇論，嘗謂今之僧道，可編爲士兵，縣留一寺，額設若干人，半月誦經，半月習武。合一省一府，均其寺産，爲養贍之資。才足馭百人千人者，别異其名目，或許酒肉，或許婚娶。有事則老弱留守，壯者聽調出軍，有功，許蓄髪出籍爲武弁。人咸詭之。既又曰：僧尼宜因田設額，仍其舊産，縣留二所，以别男女；非鰥寡孤獨喑聾跛躄者，不得濫給度牒。人亦以爲不能行。敬繹聖制，蓋亦借紺宇紅牆，爲安置窮民之藪澤，芻蕘之言，似後一説，猶堪備采也。

備論

《高宗實録》卷首《進實録表》 伏以泰元崇受籙，顓書呈御世之符；福極闡敷言，雒筴應光天之運。建綱維於詒統，蹟表金繩；立模範於政經，神貽寶鑑。鋪陳郅德，轢邃紀以流徽；彰熾鴻庥，亘綿區而騰誦。爲溯古來史册，從未聞太上之精勤；凡今天下臣民，疇不慕先皇之遺愛。事驗諸共知共見，化洽夫所過所存。萬拜銘心，三薰捧牘。欽惟高宗法天隆運至誠先覺體元立極敷文奮武孝慈神聖純皇帝，道備尊親，謀詒創守。自一二日萬幾之敕，體苞乎内聖外王；越六十年九錫之齡，恩周乎上蟠下際。宜有超前軼後之籍録，以磬戴高履厚之揄揚。惟是皇猷無外，天大莫名。本心通造化之精，成手付太平之業。春秋僅二百卌載，未眩史例於麟經；虞周合五十八篇，曷究治源於蝌簡。書不盡意，民弗能忘。裒一部之全綱，析四端之廣運。蓋惟聖有實德，神有實徵，武有實功，文有實教。言綸涣其大號，皆升華以後之成謨；面命宣於在廷，多誕聖以來之曩事。萬年禮龍躍之邸，兩篇紀燕翼之恩。肆沖幼以名聞，肇賜居而慈育。春侍宴於牡丹臺左，褒稱福且過予；秋從獮於木蘭圍中，灼知命極貴重。憶垂髫而趨陛，豫期叟宴之三開；承誨彀以威弧，前定凱歌之十奏。洎世宗之御極，昭嗣服以題楣。祈年頒吉胙之馨，錫封鑒寶命之荷。智珠則鏤文四字，虹帶則寓式九圍。以承三聖之後先，極盛一家之作述。而乃初元獻炷，申默籲於穹蒼；周甲積籌，讓贏年於仁祖。廿五券操於八五，泰三蓍惕於乾三。閲逢癸巳之郊，計畀丙辰之璽。鑑規儲貳，勿徒襲國本之虚名；寶篆全人，方將覃心傳於大政。徹始終爲一貫，合上下與同流。緬懷睿作之淵源，綜括寅承之根柢。斯聖德之昌於萬世者一也。信天作主，知幾其神。感呼吸以潛通，歆監觀之在上。齋立宫而雩立祀，逾百五十次之親行；禋用匏而社用圭，稽四三六經之往制。步臨壇所，殊頃刻之陰晴；親製版書，致立時之霖雨。蒙昔禡旗之佑，度青海而冬無冰；修古沈璧之儀，釃黄河而波不溢。常祝豐年，玉滿佛閣霏花；更邀大耋，香升龍湫取水。歲迓堂子建杆之喜，佳睍曣嘔；時展太廟合侑之虔，靈承肸蠁。閟殿近瞻於神御，呵護攸憑；陪都屢謁夫原陵，熾昌未艾。是以賚名福壽，十一世系衍天家；屏説禨祥，三千億廣增民數。嘉禾瑞繭，騈來地寶效珍；玉粒精鏐，普爲垓輿藏富。而猶勤求宵旰，揭君子所無逸之箴；壽固神明，守恒言不稱老之禮。下從容之批答，片晷弗踰；慎遲速之機宜，萬里如見。成能則範圍不過，知人而哲凛其難。嘗闚端拱於穆清，用告考成於淵默。斯神徵之超於萬世者二也。粵我大清開國之正，義直蔑乎亭長寺僧；迪惟列祖垂訓之嚴，制毋改乎衣冠騎射。想遺囏於百戰，萬靈長護濯征；籌未竟於兩朝，一日詎忘講武。惟是不得已而用，恢十盪十決之奇；要皆無所利而爲，連五款五俘之勝。追元逋於漠北，準夷首納名王；窮漢塞於天西，回部遠開屯校。兩次破桃關之砦，何曾謡應維州；一時避茅瘴之風，終致樂陳驃國。闕下跽交南酋長，金身之代堪嗤；瓶中指藏外佛天，黄教之皈有準。乃至臺澎飛舶，翦鯨速雙竪之擒；黔楚連營舞羽，快三苗之格算。十一征而贏績，幾忘發兵鬢白之勞；占九二爻以行師，彌慇望捷旗紅之志。願戢干而櫜矢，提封密鞏皇圖；偕輦嶂以航瀛，屬籍忭登王會。朝鮮比内諸侯之職，蒙古率舊賓客之行。伯克久隸年班，土司累修歲覲。流求暹斛輸貝文象齒之琛，蘇禄荷蘭習皮服雞翎之拜。矧乃春筵液閣，勳銘上將之弓刀；勝纛郊臺，威愷衆軍之鐃鼓。玁猶泐碣，盛張吉日之靈；巡必據鞍，彊秉行天之健。五夜之發謀出慮，平生不詡佳兵；九重之保泰持盈，舉念常廑戒得。斯武功之鑠於萬世者三也。治焕文明，心覃宥密。《愛蓮》授讀，眷夙慧之天成；爆竹飛聲，驚下筆之神助。舊學彙樂善堂之製，序原《説命》三篇；晚年留鑑始齋之題，詩邁唐家一代。言垂壽世，集冠大成。本六藝以爲道德之宗，等百王無此君師之誨。説經之章最富，炳大義之昭昭然；論世之解獨神，軼古文之渾渾爾。是以抽琅七閣，先薈要以排函；圜璧三雍，進彝倫而聽講。碑廊虹繞，緑槐黄瓦之間；奎府星熒，珠牓銀袍之地。恩深選造，數加科廣額以蟬聯；人奮秀良，興夷學邊庠而驛致。又且圖披禮器，粲冠裳函簿之新儀；宫定樂縣，諧特磬鎛鐘之古韻。國書隆制，作訂三合以同文；地志滙源，流納九寰而一統。爲前朝議祀議謚，典飭綱常；於諸史輯傳輯評，義公筆削。農桑食貨，準通考以授時；法律刑名，案成編而慎憲。用乃博徵縑素，詳職貢並詳職官；懸勒机楹，示心聲兼示心畫。師古而不泥古，酌因革損益之宜；學知詎若生知，妙經緯化裁之用。斯文教之敷於萬世者四也。如上所系，昉益贊禹之謨；由前以觀，欽舜紹堯之緒。述古稀高視六帝，絶權奸佞倖女謁宦寺之政萌；記耄念福備九疇，詮壽富康寧好德考終之事實。方謂褰裳日永，長聞歸善之詞；豈期成鼎雲遐，遽奉授遺之誥。上古中古迄下古，式型之典爲昭；大書特書不一書，奕禩之懷勿替。

昭槤《嘯亭雜録》卷一　純皇帝即位時，承憲皇嚴肅之後，皆以寬大爲政。罷開墾、停捐納、重農桑、汰僧尼之詔累下，萬民歡悦，頌聲如雷，吴中謡有「乾隆寶，增壽考，乾隆錢，萬萬年」之語。一時輔佐之臣如鄂文端爾泰、楊文定名時、朱文端軾、趙泰安國麟、史文靖貽直、孫文定嘉淦皆理學醇儒，見識正大，故爲一代極盛之時也。

上自奉儉率，深惜物力。初即位，不許街市用金銀飾，禁江、浙組繡，代以刻絲。御膳房日用五十金，上屢加核減，至末年歲用僅二萬餘金，近侍雖告匱，不顧也。然攸關民間大計者，則豁然不計有無，西域、金川用兵至一萬萬零四千餘兩，河工、海塘以億萬計。曾於丙寅、丁酉、乙卯普蠲天下正供租税三次，辛卯、庚戌、丙辰普蠲五省漕糧四次，每舉率以億萬計，而上初不爲之吝惜也。

上初即位時，一時儒雅之臣，皆帖括之士，罕有通經術者。上特下詔，命大臣保薦經術之士，輦至都下，課其學之醇疵。特拜顧棟高爲祭酒，陳祖范、吴鼎等皆授司業，又特刊《十三經註疏》頒布學宫，命方侍郎苞、任宗丞啟運等裒集《三禮》。故一時耆儒夙學，布列朝班，而漢學始大著，齷齪之儒，自蹶足而退矣。

上自甲戌後，平定西域，收復回疆，以及緬甸、金川諸役，每有軍報，上無不立時批示，洞徹利害，萬里外如視燎火，無不輒中。每逢午夜，上必遣内監出外，問有無報否。嘗自披衣坐待竟夕，直機密近臣罔敢退食，其勤政也若此。

自世祖時，殷鑒前代宦官之禍，乃立鐵牌於交泰殿以示内官，不許干預政事。純皇待之尤嚴，稍有不法，必加箠楚。又命内務府大臣監攝其事，以法周官冢宰之制。凡有預奏事者，必改易其姓爲王，以其姓衆多，人難分辨，其用心周詳也若此。有内監高雲從素與于相交善，稍洩機務，上聞之大怒，將高立置磔刑，其嚴明也如此。

上之初年，鄂、張二相國秉政，嗜好不齊，門下士互相推奉，漸至分朋引類，陰爲角鬥。上習知其弊，故屢降明諭，引憲皇《朋黨論》戒之。胡閣學中藻爲西林得意士，性多狂悖，以張黨爲寇仇，語多譏刺。上正其罪誅之，蓋深惡黨援，非以語言文字責也。故所引用者，急功近名之士，其迂緩愚誕，皆置諸閒曹冷局，終身不遷其官。雖時局爲之一變，然多獲奇偉之士，有濟於實用也。

純廟天縱聰慧，攬讀淵博，萬幾之暇，惟以丹鉛從事。《御製詩》五集，至十餘萬首，雖自古詩人詞客，未有如是之多者。每一詩出，令儒臣註釋，不得原委者，許歸家涉獵。然多有翻擷萬卷莫能解者，然後上舉其出處，以博一笑，諸臣無不佩服。嘗於《塞中雨獵》詩内用「製」字，衆皆莫曉。上笑曰：「卿等一代鉅儒，尚未盡讀《左傳》耶？」蓋用陳成子杖製以行也。又出《汙卮賦》考詞林，衆皆誤爲窳尊，上徐檢出，乃擬傳咸《汙卮賦》也。彭文勤嘗進呈百韻排律，上立讀之，曰：「某某出韻。」後考之，信然。其博雅也如此。

于敏中部

綜述

《清史列傳》卷二一《于敏中傳》 于敏中，江蘇金壇人。乾隆二年一甲一名進士，授修撰。八年，充日講起居注官。九年二月，遷左中允。七月，充山西鄉試正考官。十二月，提督山東學政。十一年，遷侍講。十二年九月，典山東武鄉試。十一月，調浙江學政。十四年八月，轉侍讀。十一月，奏言：「浙省生員游幕在外，欠三考者七十餘人，請定限咨催回籍補考。」諭曰：「朕前降旨，生員欠考至三次以外者，皆行黜革。但念該省士子逾限尚係初次，且有七十餘人之多，伊等向來讀書入泮，亦非容易，若盡行除名，情有可憫。著加恩免其黜革，勒限催回原籍補考一次，若仍借端規避不赴考者，即行黜革。」

十五年，入直上書房。十六年三月，遷侍講學士。九月，充武會試副考官。十七年九月，轉侍讀學士。十一月，遷少詹事。十八年二月，遷詹事。七月，授内閣學士。九月，提督山東學政。十九年，擢兵部右侍郎。二十年二月，轉左。七月，充經筵講官。二十一年，丁本生父憂，奏請歸宗持服。二十二年六月，起署刑部左侍郎。十一月，奏：「村莊道路設汛分防，或以阻遠偷安，或以偏隅生玩。請令防兵晝則瞭望稽查，夜則支更巡邏，往來絡繹，擊柝相聞，俾征途倚以無虞，姦宄望而斂迹。并責成汛弁按季輪巡，統轄之副、參、遊、都等員分年巡查。」下部議行。二十三年五月，以嗣父于枋在籍病故，奏請回籍治喪。二十四年正月，御史朱稽劾敏中兩次親喪，朦混爲一，恝然赴任。諭曰：「于敏中守制回籍，陳請歸宗，原爲伊本身生母起見。若非歸宗，則於例不得受封，此亦人子至情。至回籍後，復丁母憂，伊聞命暫署刑部侍郎時，未經具摺奏明，此一節原未免啓人訾議。但于敏中才力尚可造就，刑部侍郎缺出，一時未得其人，是以降旨起用。凡遇宴會，不令預列，此正與從前用蔣炳、莊有恭爲巡撫同一不得已之苦心，而該御史輒以侍郎、巡撫意爲區别，豈外任封疆不妨從權，而内任部務竟不必需人辦理耶？」閏六月，授刑部左侍郎，調户部右侍郎。二十五年，命在軍機處行走，充方略館副總裁。二十六年二月，充會試副考官。十一月，轉左侍郎，仍兼錢法堂事，充經筵講官。二十七年，命紫禁城内騎馬。

三十年，擢户部尚書。七月，充國史館副總裁。九月，諭曰：「于敏中之子于齊賢屢應鄉試，未能中式。因念于敏中侍直内廷有年，僅有一子，年已及壯，著加恩照伊尚書品級，賞給廕生。」三十三年，加太子太保。三十六年，協辦大學士。三十八年閏三月，充《四庫全書》正總裁。八月，晉文華殿大學士，兼户部尚書。九月，充國史館、《三通》館正總裁。十一月，命在上書房爲總師傅，兼翰林院掌院學士。三十九年七月，内監高雲從漏洩硃批記載，事覺，詞連敏中曾向訊觀亮記載及伊買地受騙具控曾懇敏中轉託蔣賜棨辦理等事。上親詰敏中，敏中奏高雲從面求轉託，實無允從，並以未能據實劾奏引罪。諭曰：「内廷諸臣内監等差使，交涉事所必有，若一言及私情，即當據實奏聞。朕方嘉其持正，重治若輩之罪，又豈肯以語涉宦寺轉咎奏參者耶？于敏中侍朕左右有年，豈尚不知朕之辦事，而思爲此隱忍耶？再高雲從供有于敏中曾問及觀亮記載若何之語，于敏中以大學士在軍機處行走，日蒙召對，朕何所不言，何至轉向内監探問消息耶？自川省用兵以來，于敏中書旨查辦，終始是其經手。大功告竣在即，朕正欲加恩優敘，如大學士張廷玉之例，給以世職；乃事屬垂成，而于敏中適有此事，實伊福澤有限，不能受朕深恩。于敏中寧不知痛自愧悔耶？因有此事相抵，于敏中著從寬免其治罪，仍交部嚴加議處。」尋部議革職，詔從寬留任。

四十一年正月，金川平。諭曰：「大學士于敏中自辦理軍務以來，承旨書諭，夙夜殫心，且能鉅細無遺，較衆尤爲勞勩。其前次過失，尚可原恕，著賞給一等輕車都尉，以示格外恩眷，著世襲罔替。」七月，充文淵閣領閣事。四十三年三月，充會試正考官。奏言同考官評閲硃卷，向用藍筆，近科改用紫筆，紫與朱色近，設改易點乙數字，亦難辨别。内簾書吏繕寫文移檔案，並用紫筆，尤覺非宜，請仍舊例用藍筆。」上從之。四十四年十二月，故。諭曰：「于敏中才練學優，久直内廷，小心謹慎。自簡畀綸扉，辦理平定金川軍務，承旨書諭，懋著勤勞，因加恩列入功臣，特予世職，以彰優眷。恪恭匪懈，倚任方殷。前因其喘疾較甚，諭令乞假加意調攝，即派太醫院堂官前往診視，並賜人葠，俾資培益，用冀速痊，復屢遣大臣存問。昨聞病勢沉劇，倍增廑念，兹聞溘逝，深爲悼惜！著加恩入祀賢良祠。應得卹典，該部察例具奏。」尋賜祭葬如例，謚文襄。

四十五年六月，敏中孫德裕訐堂叔時和挾制家産，擁貲回籍等事，上命大學士英廉嚴訊查辦，並以時和先行回籍，或隱占敏中原籍貲產事，詔江蘇巡撫吳壇查辦。嗣吳壇奏時和吞占家產屬實，請將時和發往伊犁充當苦差，其所侵銀物，酌給德裕三萬餘兩，餘留充金壇開河費，允之。復以蘇松糧道章攀桂曾爲敏中覓匠修蓋花園，吳壇奏議革攀桂職，發軍臺效力。諭曰：「于敏中受朕深恩，乃聽本省地方官逢迎，爲之雇匠蓋房。若在生前，必當重治其罪。今既完名而歿，姑不深究，以示朕終始保全之意。至章攀桂逢迎鄉宦，罔顧官箴，即發往軍臺，亦所應得，但尚未出貲幫助，亦姑不深究。章攀桂著革職，免其發往軍臺。」四十七年，詔以敏中孫德裕承襲一等輕車都尉，並加恩以主事用。五十一年，諭曰：「朕因幾暇詠物，有嘉靖年間器皿。念及彼時嚴嵩專權蠹蝕，以致國是日非，朝多稗政；復取閱嚴嵩原傳，見其勢燄熏灼，賄賂公行，甚至生殺予奪，皆可潛竊威柄，顛倒是非，實爲前明奸佞之尤。本朝家法相承，紀綱整肅，太阿從不下移，本無大臣擅權之事。即原任大學士于敏中因任用日久，恩眷稍優，外間無識之徒，未免心存依附，而于敏中亦遂暗爲招引，潛受苞苴。然其時不過因軍機大臣中無老成更事之人，而福隆安又年輕未能歷練，以致于敏中聲勢略張。究之于敏中亦止於侍直樞廷，承旨書諭，不特非前明嚴嵩可比，並不能如康熙年間明珠、徐乾學、高士奇等；即寵眷聲勢，亦尚不及鄂爾泰、張廷玉，安能於朕前竊弄威福，淆亂是非耶？朕因于敏中在內廷供職，尚屬勤慎，且宣力年久，是以於其身故仍加恩飾終，並准入賢良祠，以全終始。迨四十六年，甘肅捐監折收之事敗露，王亶望等侵欺貪黷，罪不容誅。因憶及此事，前經舒赫德奏請停止，而于敏中於朕前力言甘肅捐監應開，部中既免撥解之煩，而閭閻又得糶販之利，實爲一舉兩得。朕以其言尚屬有理，是以准行。詎知勒爾謹竟如木偶，爲王亶望所愚，遂通同一氣，肥橐殃民，竟至釀成大案。設非于敏中爲之主持，勒爾謹豈敢遽行奏請？即王亶望亦豈敢肆行無忌若此？是于敏中擁有厚貲，亦必係王亶望等賄求酬謝，種種弊混，難逃朕之洞鑒。此案發覺時，設于敏中尚在，朕必嚴加懲治，雖不至如王亶望等之立置重典，亦不僅予以褫革而已也。因其時于敏中先已身故，不加深究，曲示矜全。但于敏中如此營私舞弊，朕不爲已甚，不肯將其子孫治罪，已屬格外恩施，若賢良祠爲國家風勵有位，昭示來茲，盛典攸關，豈可以不慎廉隅之人，濫行列入？朕久有此心，茲因覽《嚴嵩傳》，觸動鑒戒，恐無知之人將以嘉靖爲比，朕不受也。于敏中著撤出賢良祠，以昭儆戒。」六十年五月，諭曰：「昨國史館進呈《于敏中列傳》，朕詳加披閱。于敏中以大學士在軍機處，上書房行走有年，乃私向內監高雲從探問記載，又於甘肅監糧一事，伊爲之從中主持，慫恿開捐，以致釀成捏災冒賑鉅案。因此案發覺時，于敏中先已身故，不加追究。但于敏中簡任綸扉，不自檢束，既向宦寺交接，復與外省官吏貪緣舞弊。即此二節，實屬辜恩，非大臣所應有。使其身尚存，必當從重治罪。今雖已身故，若仍令其濫邀世職，又將何以示懲？于敏中之孫于德裕現官直隸知府，已屬格外恩施，所有承襲輕車都尉世職，著即撤革，以爲大臣營私玷職者戒！」

雜録

備録

《皇清書史》卷四　于敏中，字重棠，一字仲常，號叔子，又號耐圃。金壇人。乾隆二年，第一人及第。官大學士，謚文襄。善真行書，由董、趙上窺二王，高宗每命代筆。

段玉裁《存素堂集序》略云：「公夙慧絶人，弱冠時詩文、書法固已傾動一時，以文學受聖主知，稱公之書類褚遂良。」

于文襄書《華嚴楞嚴經》寶塔，蓋先畫成塔形，小楷寫經於畫格內，凡闌柱、檐瓦、窗階、鈴索皆有字，宛轉依綫，讀之成文。此尚非難，所難在每有佛字皆算定寫在闌柱、頂及檐際諸尊處，不得亂爲填寫。凡排算將二年，寫將一年，實爲鉅製。

備論

《國朝耆獻類徵初編》卷二七　自世祖時殷鑒前代宦官之禍，乃立鐵牌於交泰殿，以示內官不許干預政事。純皇待之尤嚴，稍有不法，必加箠楚。又命內務府大臣監攝其事，以法周官冢宰之制，凡有預奏事者，必改易其姓爲王。以其姓衆多，人難分辨，其用心周詳也若此。有内監高雲從，素與于相交善，稍洩機務，上聞之大怒，將高立寘磔刑，其嚴明也如此。

乾隆初，軍機大臣入參密勿，出贊奏章，無不屏除奔競，廉直自矢。如果毅公訥親，其人雖谿刻不近人情，而其門庭闃然可張羅雀，其他人可知矣。惟汪文端公由敦愛惜文才，延接後進，爲世所訾議。然所拔取者，皆寒畯之士，初無苞苴之議者。于文襄敏中承其衣鉢，入調金鼎，初尚矯廉能，以蒙上眷，繼則廣接外吏，頗有簠簋不飭之議。再當時傅文忠、劉文正諸公相繼謝事，秉鈞軸者惟公一人，故風氣爲之一變。其後和相繼之，政府之事益壞，皆由公一人作俑，識者譏之。然其才頗敏捷，非人之所能及。其初御製詩文，皆無須定稾本，上朗誦後，公爲之起草，而無一字之誤。後梁瑶峰入軍機，上命梁掌詩本，而專委公以政事，公遂不復留心。一日，上召公及梁入，復誦天章。公目梁，梁不省，及出，公待梁默謄，久之不至，問之，梁茫然。公曰：「吾以爲君之專司，故老夫不復記憶，今其事奈何？」梁公愧無以答。公曰：「待老夫代公思之。」因默坐斗室中，刻餘録出，所差惟一二字耳，梁拜服。其得膺天眷，在政府幾二十年，而初無所譴責者，有以哉。

右録宗室昭槤撰。

阿桂部

綜述

《清史列傳》卷二六《阿桂傳》 阿桂，正藍旗滿洲人，章佳氏，大學士阿克敦之子。由廕生任大理寺寺丞。乾隆三年，中式舉人。四年六月，補兵部主事。五年六月，陞員外郎。八年三月，陞郎中、軍機處行走。六月，調户部顔料庫郎中。十年二月，調銀庫郎中。十一年六月，以失察庫項被竊，降調。七月，補吏部員外郎。十三年正月，隨兵部尚書班第赴金川軍營辦事。是年冬，經略訥親、總督張廣泗坐貽誤軍務獲罪，提督岳鍾琪劾阿桂勾結張廣泗朦蔽訥親，奉旨逮問。十四年六月，諭曰：「阿桂年少無知，自干罪戾，固應按律重懲，但其獲罪之處，與貽誤軍務者有問。伊父阿克敦辦事勤勉，高年僅有此子，著加恩釋放。」十五年四月，授吏部員外郎。十六年十月，仍在軍機處行走。十七年正月，陞郎中。十一月，陞江西按察使。十八年三月，授内閣侍讀學士。二十年四月，擢内閣學士。

是時大兵征準噶爾，六月，命赴烏里雅蘇臺辦理臺站。二十一年，丁父憂，回旗。六月，署鑲藍旗滿洲副都統。七月，諭曰：「青滚雜卜遣人至烏里雅蘇臺，煽惑喀爾喀等。著舒明會同親王成衮札布、德沁札布等相機查辦。再著阿桂速赴軍營，協同辦理。」九月，授參贊大臣。十二月，以北路軍務大臣應分駐地方辦事，命阿桂駐科布多。是月，補鑲紅旗蒙古副都統。二十二年正月，命仍留烏里雅蘇臺辦事。八月，授工部侍郎。十月，命仍赴科布多辦事。二十三年三月，上以定邊將軍兆惠奏輝特賊人舍楞將入鄂羅斯，命阿桂行知領兵大臣和碩齊、唐喀禄留意截擒。五月，奏：「舍楞遣人約降，和碩齊、唐喀禄領兵往會，爲賊掩襲。現已領兵前往策應。」諭曰：「阿桂聞我兵爲舍楞所誘，即領兵策應，甚屬奮勉！著賞戴花翎。逆人狡詐如此，傳諭策布登札布乘其未入鄂羅斯境，領兵速進，與阿桂合力攻擊。」六月，奏：「臣詢問舍楞處逃出之額魯特額勒椿，謂舍楞不能入鄂羅斯，將由哈薩克逃往土爾扈特，或又不達，恐復回準噶爾。當即派兵在彼守候，探取實信。若已入哈薩克，即帶兵索取，候其擒送。」上以阿桂觀望遲延，嚴飭之。七月，諭阿桂不必回科布多，即來京請訓。十月，回京。十一月，命仍赴西路，與副將軍富德合兵追剿準夷餘孽。

二十四年五月，命往霍斯庫魯克同副將軍富德剿辦逆回霍集占。八月，追賊至阿勒楚爾，又追至伊西洱庫爾諾爾，回衆乞降，收獲賊衆萬二千人，軍器二千餘件，駝馬牛羊無數。霍集占遁走拔達克山。是年，回部悉平。九月，上以阿克蘇新附，爲回城要地，命阿桂駐紮辦事。十月，奏：「查看阿克蘇牧羣牛羊，除解往葉爾羌外，請將現存牛羊爲伊犂駐防兵來年行糧之需，已令該管官加意牧放，以濟軍需。」十一月，奏將軍兆惠經過阿克蘇，會議伊犂駐兵及遷移回人屯田事宜。諭曰：「屯田回人需兵彈壓，自阿克蘇至伊犂安臺傳事，聲息相通，最關緊要。阿桂即領駐防兵丁護送回人往伊犂，管理屯田事務。」二十五年二月，諭曰：「據阿桂奏，伊犂所派屯田，及阿克蘇調兵，兼辦嗎哈沁各事宜，甚屬勇往可嘉！此時自以屯田爲要務，阿桂著專辦耕作營造諸事務，使兵丁、回人樂於從事。」三月，諭曰：「阿桂奏，伊犂河以南，有地名海努克，水土沃衍。請於此處先行屯種，所辦甚是！果能實心奮勉，則屯田一事，當録伊經始之功也。」七月，加都統銜。九月，奏籌辦伊犂耕牧城守各事宜：「一、增派回人屯田；一、增派官兵駐防，協同耕種；一、增派官兵，隨時酌量定數；一、次第建置城邑；一、預備屯田官兵馬駝。」又奏請定伊犂山川、土穀諸祀典。俱得旨允行。十一月，奏：「伊犂土田沃衍，來年復添回人、兵丁屯種，收穫益豐。軍實既足，可無庸阿克蘇接濟。」報聞，并給優敍。是年，以西陲底定，圖像紫光閣，御製贊曰：「阿克敦子，性頗捷敏。力請從戎，宜哉惟允。身不勝衣，心可干城。楚才繼出，爲國之楨。」二十六年四月，奏伊犂牧羣蕃息，請停止内地購辦；又奏招徠葉爾羌、喀什噶爾、阿克蘇、烏什等處回人，添駐伊犂耕種。屢奉優旨嘉獎，授内大臣。六月，御書詩扇賜之，詩曰：「典屬今時班定遠，冠軍昔日霍票姚。雪塗無藉持清暑，欲扇仁風萬里遥。」七月，授工部尚書、議政處行走，兼鑲藍旗漢軍都統，仍留伊犂。是月，奏：「伊犂、烏魯木齊之間，有瑪納斯、庫爾喀喇烏蘇、晶河三處，請各酌派屯田兵人，各墾地十五畝。晶河以西歸伊犂管轄，托克多以東歸烏魯木齊管轄。」下軍機議行。二十七年正月，疏定約束章程：「一、甲缺宜均齊；一、錢糧宜畫一；一、員缺宜變通；一、産業宜均分；一、家口宜量給養贍。」四月，奏：「葉爾羌等城回人續請移駐伊犂者，二百十四户。其年力强壯者，給籽牛，令往屯田；老弱者，交伯克養贍；幼者長成，補屯田之缺。並請於霍濟格爾巴克、海努克兩處分屯安插。」六月，疏請建關帝廟，以原任將軍班第、參贊大臣鄂容安竭忠全節，請於廟後設位附祀。十月，予騎都尉世職。

二十八年正月，回京，命軍機處行走，賜紫禁城騎馬。五月，上幸避暑山莊，命留京辦事。六月，充經筵講官。諭曰：「阿桂在軍營殊爲出力，且在伊犂辦事亦甚妥協，著加恩將阿桂一族由正藍旗擡入上三旗。」嗣是隸正白旗。七月，調正紅旗滿洲都統。十月，加太子太保。二十九年三月，署伊犂將軍，尋調署四川總督。時金川酋郎卡與綽斯甲布等九土司搆釁，阿桂巡邊，至雜谷腦查閱營伍，體察番情，盡得郎卡狡獪怙惡狀，並悉其山川形勢，奏入，上嘉之。又奏松茂道有彈壓諸番之責，請加兵備銜，自松潘各營都司以下，均聽節制。十二月，回京，任工部尚書。三十年正月，上南巡，命留京辦事。

閏二月，烏什逆回賴和木圖拉作亂，命赴伊犂辦事。三月，命馳至烏什，與將軍明瑞協力攻城。五月，賊出劫營，我兵擊敗之。賴逆中箭死，衆伯克復推額色木圖拉爲首，以抗我師。六月，阿桂設伏，督將弁往來衝擊，賊據城死守，我兵持雲梯登城，亦不克。賊糧盡計窮，屢有密約出降者，賊渠悉囚之。八月，賊內訌，有沙布勒等擒額色木圖拉以獻，烏什平。奏至，上以阿桂等勦辦遲延，示怯損威，獲犯後，又未確訊起釁緣由，草率錯謬，交部嚴議。尋議革職，命從寬留任。十一月，命駐雅爾城。十二月，上以阿桂辦理烏什事務，毫無章程，革尚書任。三十一年五月，上以伊犂生齒日繁，籌辦安置事宜，須有準則，可垂永久，命阿桂回伊犂與明瑞協同辦事。七月，奏：「雅爾城距牧場遥遠，近城地畝不敷耕種。查有楚呼楚地方，田土膏腴，形勝亦便，請移雅爾城於楚呼楚。」從之。三十二年二月，授伊犂將軍。九月，奏雅爾地方未設驛站，請由楚呼楚至烏爾圖布拉克地方，設臺三座，下軍機議行。

三十三年二月，授副將軍，命偕經略大學士傅恒、副將軍阿里袞進勦緬甸。四月，授兵部尚書。六月，授雲貴總督。三十四年，罷總督任，以副將軍專辦軍務，尋授正白旗領侍衛內大臣。八月，諭曰：「阿里袞、阿桂進兵野牛壩。阿桂見事較爲敏捷，所有諸事，主見決斷，朕皆責成阿桂，當竭力抒誠，妥協爲之。」九月，大兵收服猛拱，阿桂進滚弄。奏言：「俟經略傅恒到時，即進攻老官屯。」十月，奏軍營糧不敷食用，諭設法辦理，毋再坐待內運。又諭曰：「阿桂諸事畏怯，此次進攻猛密，豈伊一人所能勝任？著革去副將軍，授爲參贊大臣。」十一月，以

阿里袞病故，仍授阿桂副將軍。尋奏：「傅恒染瘴，現患腹泄。」上以老官屯水土惡劣，官兵不耐瘴癘，命傅恒回京，留阿桂籌辦撤兵事宜。是月，緬酋遣頭目賫書詣軍營投誠，奏入，諭曰：「懵駁乞降，如果願爲臣僕，納貢輸誠，則緬地皆我版籍，貿易無妨相通。儻僅求撤兵，未請納貢，通商斷不可行。」十二月，授禮部尚書。三十五年，上以緬酋奉表納貢久未至，情僞殊不可信，屢飭阿桂整備邊防事宜。時木邦、蠻暮土司及孟連土目等慮爲緬夷所害，求安置內地。阿桂疏言：「永昌、大理、蒙化地方，有舊存馬廠官莊田，可以撥給，請附近安插。」從之。二月，兼授鑲紅旗漢軍都統。三月，阿桂遣都司蘇爾相賫檄至老官屯，交緬夷頭目諾爾塔轉遞阿瓦，緬人拘留之，并給回文，請還木邦等三土司。上以阿桂等遣使失當，又撤兵時，辦理忽遽，爲敵所輕。革退其子阿迪斯、阿彌達官，阿桂交部議處。六月，奏請派兵三千分駐隴川、遮放，至冬襲取猛密。諭曰：「此次進兵，意在懲創，使之讋懾國威，非利其土地。宜相機行之。」八月，部議革任，上諭曰：「阿桂辦理軍務，一味取巧，屢加寬宥。此次部議革任，難以再爲曲貸。所有領侍衛內大臣、禮部尚書、鑲紅旗漢軍都統，俱著革去，以內大臣留辦副將軍事務，令其自効。」三十六年二月，奏：「緬匪狡猾已極，應於今年大舉進勦。請入覲面陳機密。」上詰責之。阿桂復以籌備軍糧各條臚奏，上以大舉斷不可行，又復飾詞瀆告，令革任，仍留軍營効力。

九月，命隨副將軍尚書温福赴四川効用。先是一年，金川酋郎卡故，其子索諾木夜襲革布什咱土司，據其寨落；而小金川酋澤旺之子僧格桑，亦與鄂克什搆釁，并侵擾明正土司，四川總督阿爾泰調兵進勦。至是，上以阿爾泰辦理年餘，不能剋期蕆事，宜集大兵分路擊之，故有是命。十二月，命署四川提督，攻克巴朗拉、達木巴宗各寨。三十七年二月，攻克資哩山，進克阿喀木雅，會松潘鎮總兵宋元俊亦收復革布什咱。兩金川勢日蹙，於是合謀以抗大兵。上以兩酋同惡相濟，罪在必誅，命温福等三路進兵，阿桂自西路阿克木雅進攻喇卜楚，克之，又攻奪普爾瑪寨，進逼美美卡。小金川酋澤旺遣人詣軍營，以伊子僧格桑獲罪天朝，不敢親來，先遣人謝罪；而金川酋索諾木亦遣人投稟，願爲小金川與鄂克什講和，令僧格桑退還鄂克什侵地，令澤旺率其子僧格桑詣營請罪。奏入，諭曰：「金川酋狡詐百出，今雖力竭計窮，籲求免死，能保其永不復反乎？宜一併擒獲，兩金川地方全行平定，以靖邊徼。」是月，授參贊大臣。四月，諭曰：「頃令豐昇額往阿桂處協同攻勦，伊係御前大臣、領侍衛內大臣、尚書，奏事列名，應在

阿桂前，但阿桂歷練軍務，著阿桂列名在前，豐昇額不可稍存意見，致有掣肘。阿桂亦須和衷辦理，期於軍事有益。」五月，總督桂林在墨壟溝失利，革職逮問，命阿桂馳赴南路接勦。六月，抵卡丫軍營，奏：「西路軍營以鄂克什爲正路，而曾頭溝爲協勦之師；南路軍營以卡丫爲正路，而綽斯甲布、革布什咱爲協勦之師。今卡丫一路，再得多兵，擣其西南，犄角之形既成，賊腹背受敵，必難支禦。所有續調官兵，請添派南路，以資進取。」八月，奏：「甲爾木山梁逼近金川，爲進取僧格宗要路。由墨壟前進，山形雖險，至山頂道路較寬。前次失利後，賊必驕怠，正可乘其不備，迅擊之。」隨派弁兵分防各隘口，并調派侍衛、鎮將等分隊潛赴墨壟溝齊集。是夜按隊進發，夜半乘大霧掩襲，奪山梁三座，破碉二十四，獲火藥、器械無算。復派兵別由深嘉卜，踞其山寨，扼金川之要路。自此進取僧格宗，可不攻自潰。諭曰：「阿桂覓間攻勦甲爾木山梁，甚合機宜，具見實心經理，著授爲內大臣。」十一月，攻克都恭、日木則、札爾瑪、噶察、丹嘉等寨，大兵逼近僧格宗，賊猶力拒，我兵四面合圍，賊棄寨循河而遁。奏入，諭曰：「僧格宗係小金川門户，突入毀碉殲賊，從此直搗美諾，小金川之事，自當剋日告蕆。阿桂等籌畫調度，悉合機宜，著賞御用黑狐冠，以示獎異。」十二月，授右副將軍。

時溫福以大學士授定邊將軍，豐昇額亦授副將軍，命分道並進，直取美諾。是月，阿桂攻克美都喇嘛等。美都形勢最高，俯視美諾賊巢，與近巢等碉互相犄角，即乘勝進擊，盡奪其碉寨。僧格桑先期遁布朗郭宗。諭曰：「阿桂由達烏踰險進攻，連奏克捷。一月之中，直擣美諾。僧格桑雖暫時鼠竄，不日即可就獲；而賊巢已破，我武維揚。阿桂交部從優議敘。」時溫福、豐昇額已由西路攻克路頂宗、明郭宗、日果爾、烏谷山，至是與阿桂會於美諾，即馳勦布朗郭宗。僧格桑先送其孥於金川，已遁至底木達，求見其父澤旺，拒不納。僧格桑遂渡河走金川。溫福至底木達，澤旺跪道左，自陳不能教束其子之罪，溫福令執之，械送京師。三十八年正月，阿桂偕溫福等奏：「小金川全境蕩平，即應聲討金川；而金川賊巢，惟噶拉依及勒烏圍爲心腹地。應分三路進兵：臣溫福由功噶爾拉進；臣阿桂由當噶爾拉進，均攻噶拉依；臣豐昇額由綽斯甲布進，逕攻勒烏圍。」報聞。二月，授禮部尚書、議政處行走。四月，加太子少保。是月，奏請將續調黔兵赴當噶爾拉軍營。五月，奏請再調貴州、雲南、湖廣兵五千迅赴軍營備勦。上命總督劉秉恬赴溫福、阿桂營，商定需用兵數，奏明調撥。時溫福移攻昔領，駐軍木果木，賊誘降番叛，分擾我兵後路，侵占糧站，兩營軍報不相聞。六月，犯木果木大營，將軍溫福死之，小金川地復陷於賊。軍營奏至，上震怒，調發健鋭、火器兩營，黑龍江、吉林、伊犂、額魯特兵五千赴川備勦。阿桂奏：「木果木一帶降番既經蠢動，則當噶爾拉後路均應防範。本月七日，軍營降番稟稱色木則有金川賊人教令今夜同反，又科多及納圍各城均有賊番滋擾，業經派兵勦堵。但各路碉寨相望，官兵駐守爲數無多，難以分兵四出，逐一勦洗。因將當噶爾拉以西各寨番人，盡數調出，收其軍器，其桀驁者即置於法，餘分送至章谷、打箭鑪，酌賞各土司。臣營左右降番所駐之處，距賊碉不遠，一爲賊誘，慮生事端。查有叛逆實跡，即正刑章；餘令將領密加看守，遇有可疑者，即行嚴辦，庶免返顧之虞。」上以所辦深合機宜，授定邊將軍。旋奏：「美諾至僧格宗一帶，道路尚未通，凡小金川與金川接壤之處，寨落甚多，均添兵防備。其色木則、納圍、拉約等寨，已分派將弁痛勦，焚其寨落。其僧格宗至約咱，卡丫至榮寨，小金川賊匪俱已淨盡，餘寨亦分兵勦辦，不日可以克復。」

七月，命回軍至美諾，已失守。阿桂奏：「木果木、功噶爾拉一路，別無官兵可調，惟所貯軍糧、火藥，尚爲充裕。臣悉力籌辦，鼓勵衆心，尚能堅守兩三月，請勿廑聖懷。」諭曰：「自以由打箭鑪回軍爲要。回至內地，再籌進勦。」旋奏：「現在陸續撤兵，分撤各要隘防守，臣等親自斷後。現至翁古爾壟，思紐扼要地方暫駐。」又奏：「臣在南路日久，所有巴旺、布並克底、革布什咱、明正各土司，相習已慣，駕馭已熟，是以仍派令協同防守，衆情亦俱寧帖。臣今馳赴省城，與督臣商定整頓軍裝，並議定道路即由桃關出口，前赴西路軍營。」諭曰：「收復小金川之舉，西路尤爲緊要；而西路又分鄂克什、別斯滿兩路，自非阿桂領兵不可。其南路或令明亮、富德進兵，諒阿桂籌之已熟。朕惟阿桂是倚，惟當密爲妥籌，迅速具奏。」是月，調户部尚書。八月，奏：「赴日隆軍營，臣阿桂與色布騰巴勒珠爾在西路督兵。臣富德與明亮馳赴南路。」是月，授定西將軍。九月，奏：「金川酋挾僧格桑以誘致降番，既侵占各地，則令金川賊衆守之，仍挾僧格桑以歸。其視僧格桑如孤豚腐鼠，小金川番衆俱懷怨望，而各土司亦慮金酋肆毒，必殄滅之，始獲安枕。此次收復小金川，及接勦金川，自屬因勢易辦。俟各路兵齊，剋期十月杪進兵。」及期，阿桂從中路攻資哩，令富興等攻其北，成德等攻其南，三日克之，并收復美美卡、木蘭壩、鄂克什寨。十月，收復路頂宗、明郭宗及美諾，賜御用黑狐冠。旋收復大板昭、曾頭溝，其帛噶爾角克、底木達、布朗郭宗以次俱下。南路明亮等克復僧格宗，與阿桂會於美諾。凡七日，小金川全境蕩平。十二月，奏：「酌貯軍需之地，當遠近兼資，層遞相及。今大兵已克美諾，即日進攻金川，則達木巴宗、鄂克什等處，均當貯米數千石，其南路打箭鑪、章谷、綽斯甲布之梭磨從噶克周叟並應倣此分貯。各路總理司道府等，量地勢之遠近，時候之早晚，數目之盈絀，隨時稟商，臣等酌覈情形，令分路轉輸，則接濟既便，亦不致積多成累。」又奏：「小金川各寨降番各就土司户口多寡，分别賞給。現將彭魯爾各寨番人，均交瓦寺土司管束；山札、舍龍等寨番人，交木坪土司管束；底木達、曾頭溝等寨番人，交雜谷腦五寨内屯弁管束；餘零星寨落户口，分給巴旺、布拉克底、革布什咱等安插。」又奏：「查進剿金川道路，惟谷噶、凱立葉較爲易進。臣等將一切事宜料理齉備，擇於正月初一日密往底木達，初六日即從底木達發兵，不令賊人知覺，令軍士兼程而進，裹帶乾糧，不許舉火。定於初十日從谷噶丫口進兵，突入。其豐昇額、明亮兩路已飛檄寄知，同時並舉；其舒常宜喜軍營，亦囑其駕馭新土司，多派土司奮力攻擊，以收牽綴之益。」

三十九年正月，阿桂行抵布朗郭宗，查點兵數軍械，給十日裹糧，分其兵爲三隊：第一隊兵五千，令海蘭察等統領，初六日進發；第二隊兵五千，色布騰巴勒珠爾等統領，初七日進發；第三隊兵五千，阿桂自領之，初八日進發。越八日，大兵抵谷噶，阿桂督兵進擊，轉戰二十餘里，抵喇穆喇穆，克其左右兩山，及贊巴拉克諸山。次日，克色依谷山。奏入，諭曰：「阿桂悉心調度，動協機宜。領兵各員協力進攻，所向克捷。著先賞荷包，以示鼓勵，仍交部議敘。」二月，克羅博瓦山。三月，奏：「賊恃遜克爾宗與喇穆喇穆爲犄角，拒守甚嚴。若從羅博瓦進據日則丫口，賊必悉力來拒。臣擬分兵六隊，襲擊别斯滿、諸爾各碉，以擣其虛，使賊疲於應援。臣另選精兵，從羅博瓦直攻喇穆喇穆之後，以占日則丫口，則格魯瓦覺各寨，均歸掌握。從此進攻勒烏圍，更覺直捷。」是月，晉太子太保。六月，攻克色淜普。七月，克日則丫口，進攻遜克爾宗。八月，奏：「金川逆酋本爲各土司所切齒，即竄往他處，亦斷不敢收留。但力竭勢窮，爲鋌而走險之計，亦未可定。當早爲檄示，俾各先事豫防。謹將諭旨指示勿留餘孽，以滋後患，并曉諭諸番協同擒獲之處，譯出番字，發各土司遵照，加意嚴防，不得絲毫疏懈。」上嘉之。是月，大兵攻遜克爾宗甚急，賊酋僧格桑死於金川，金川酋獻其尸，阿桂仍督兵進攻。九月，奏：「賊以遜克爾宗爲緊要門户，死守愈力，急切未能攻克，當另由日爾巴當噶等處爲出奇制勝之計。」十月，賞黑狐冠、貂馬褂各一。

是月，克默格爾山及凱立葉各險隘。時我兵已深入賊巢，而日爾巴當噶、達爾札克等賊碉，俱在我兵後，阿桂派諸將率兵悉埽平之。諭曰：「將軍阿桂自統兵進剿以來，實心調度，諸事皆合機宜。此次又將日爾巴當噶全行攻克，接通凱立葉，指日即擣勒烏圍，甚屬可嘉！著授爲御前大臣，並賞戴雙眼花翎，用昭恩養。」十一月，克格魯見古丫口。金川東北之賊，剿洗殆盡。四十年正月，克康薩爾山梁。二月，克沿河斯莫思達寨。四月，克木思工噶克丫口。五月，克下巴木通及勒吉爾博山梁，進據得式梯，復克噶爾丹寺、噶明噶等寨，進攻巴占，賊捨死抵禦，屢戰未下。阿桂相度形勢，分兵從舍圖枉卡繞擊，以分賊勢。七月，克昆色爾及果克多山，進克拉枯喇嘛寺、菑則大海山梁，旋克章噶。諭曰：「阿桂籌辦軍營大小諸務，實爲盡心。今時當盛暑，統衆攻堅，賢勞足念！」因御製時六韻，親書箑頭賜之，以示嘉獎。詩曰：「掌握師行掄俊豪，事無巨細一心操。功成九仞尤應慎，惠洽諸軍實所褒。探路欲因乘怠隙，攻碉直可壓危撓。我居避暑原無暑，卿效賢勞真是勞。嘉予七言錫書扇，凱歌三捷换征袍。勉之指日親郊勞，紫閣勳銘崇爵叨。」八月，克隆斯得寨，獲其火藥槍子無算，賊益不支，遂克勒烏圍賊巢。諭曰：「官兵攻克勒烏圍，已降旨將將軍等從優議敘，並遣阿彌達齎紅寶石帽頂至軍營，賞給阿桂，俾益奮迅集勳。」

九月，克當噶克底、達思里、噶拉宇、莫魯古各寨。十月，克達木噶。十一月，克西里山、雅瑪朋寨。十二月，克薩爾歪寨，旋克科布曲、索隆古寨，屢奉優旨褒敘，旋授鑲黄旗領侍衛内大臣。是月，進據噶占，大頭人色木里雍中及布籠普阿納木等降。四十一年正月，克瑪爾古當噶碉寨五百餘，遂圍噶拉依。諭曰：「阿桂等奏，官兵已將金川全境埽平，現在四面圍攻噶拉依巢穴。賊酋索諾木弟兄及作惡頭人均在圍内，且索諾木之母姑姊妹均已來營投降，更不虞索諾木等尚懷觀望。所有渠兇黨惡，自必即行擒縛，馳遞紅旗，褒績酬勳，宜頒渥典。阿桂藎誠體國，不憚艱勞，制勝運籌，克成偉績，實爲此事首功。加恩封爲頭等誠謀英勇公，並賞四團龍補服、金黄帶，以昭崇獎。」旋授吏部尚書、協辦大學士。是月，莎羅奔、岡達克降。二月，索諾木彭楚克及大頭人達爾什、桑卡爾、雅瑪朋、阿庫魯降。翌日，逆酋索諾木降，黨惡頭人等悉數就擒。金川平。奏捷，諭曰：「此次平定金川，實皆阿桂一人功績。兹班師在邇，特解親御黑狐骰黄馬褂，先行隨報賞賜。」三月，奏：「兩金川屯田事宜，所有番衆擬分安於金川河東、河西，與官兵相錯而居。並遵旨一體酌給牛具、籽種。此時屯田之初，姑免其租賦，三年後，均照屯練納糧例交官，以佐兵食。」下軍機議行。四月，命軍機處行走，恩賞緞六十端，銀六千兩。是月庚申，上東巡還，駐蹕黄新莊，阿桂等凱旋，詣行在恭請聖安。戊辰，上幸良鄉城南，行郊勞禮，賜御用鞍轡馬一匹。是日，扈蹕還京。己巳，獻俘禮成，上御紫光閣，行飲至禮，親賜阿桂等卮酒，賜紫韁及四開禊袍，圖像紫光閣，御製贊曰：「西師參贊，經歷多年。茲爲巨擘，掄掌兵權。誠而有謀，英弗恃勇。集衆出奇，成勳元聳。」五月，上幸避暑山莊，命留京辦事。八月，阿桂六十生辰，賜「崇勳耆慶」匾額，聯云：「功冠紫光榮賜衮，籌添絳甲賞調梅。」御製詩云：「功高殊衆賜冠衣，壽日充閭耀吉暉。謀勇奏平定王壘，歸來俾協贊黄扉。六旬慶自今伊始，廿四考當逾古稀。不詭保全最耶勉，名同郭令豈其非？」

四十二年正月，雲貴總督圖思德奏：「緬酋懵駁已故，其子贅角牙襲。頭目得魯蘊具稟情願送還内地人，輸誠納貢，懇請開關。」上以受降通市及善後章程，必得曉事之重臣相度妥辦，命阿桂前往經理。五月，授武英殿大學士，管理吏部，兼正紅旗滿洲都統。是月，緬目送還蘇爾相等至虎踞關，奏入，遵旨回京。六月，調鑲白旗滿洲都統，充玉牒館、國史館、《四庫全書》總裁，文淵閣領閣事，經筵講官。十月，調鑲黄旗滿洲都統，管理户部三庫。四十三年四月，充殿試讀卷官。閏六月，兼管理藩院事。七月，署兵部尚書。時上詣盛京，命留京辦事。十一月，命在總諳達上行走。四十四年正月，河決儀封、蘭陽等處，命赴河南查辦。阿桂至工，詢訪河狀，開郭家莊引河，築攔黄壩，嗣以下流淤澱，上流潰溢，且風水時作，屢築屢開，因於王家莊築挑水壩，順黄壩兜蓄水勢，逼溜直入引河，至次年三月隄工始集。四十五年正月，兼翰林院掌院學士。五月，留京辦事。十二月，命勘浙江海塘。四十六年正月，奏劾杭嘉湖道王燧買部民女爲妾，拆毁民居，建造私宅，及原任嘉興府知府陳虞盛前與王燧同在差局浮冒侵蝕等罪。尋抵工次，悉心履勘，度潮勢之緩急，沙性之堅輭，工力之難易，請築魚鱗石塘，與柴塘並修，以資鞏固而垂永久。於是老鹽倉、范公塘各隄一律修固。二月，命順道往清江查勘陶莊河身情形，並高堰石工。

是年，撒拉爾新教逆回滋事，進逼蘭州，上命阿桂督師剿除。阿桂自磁州接旨，即馳赴軍營。時賊已爲官兵所敗，退踞龍虎、華林等山，阿桂派弁兵分三路擊之，斃賊數百人，賊勢漸蹙。阿桂察看地形，我兵必由龍虎山過溝，再上華林山，而山澗絕水衝刷，俱成横截立礀，僅容一人一騎，兵力不能施展。阿桂籌議，俟川兵及阿拉善兵到齊，以川兵攀踰險阻，直擣賊巢；以阿拉善兵防其竄逸，乘其追捕，可期一鼓剿洗淨盡。而賊自創敗以後，掘濠增卡，止留向南小路，盡力抵禦，爲死守計。是月，各路兵及屯練兵抵營，阿桂屢設伏誘戰，賊出抗拒，皆殲戮之。五月，攻克華林山大卡，逼近賊營。阿桂派兵四面設圍，絶其水道。六月，督兵進攻賊營，賊大潰，逆首蘇四十三殲焉。尋奏甘肅應行撫卹事宜，得旨俞允。七月，搜剿逆回餘匪始竣，奉旨議敘。時甘省監糧折色冒賑事覺，上命阿桂按之，盡得大小官吏通同舞弊狀，讞定，奏請添設倉廒存貯，以濟民食。又奏安插各城回衆，及添設循化參將，復設河州州判，以資撫馭。俱下軍機議行。是秋，河決青龍岡，命赴河南會同河道總督李奉翰督辦。十月，抵工，督同員弁將東西兩壩先後下埽，引河流行漸暢。十二月，兩壩甫合龍，而東壩旋又塌蟄，阿桂等自請治罪，求諳習河工大臣來豫籌辦。諭曰：「近年諸臣中，經理河務較有把握者，舍阿桂豈復有人？惟當安心靜鎮，另籌妥辦。」旋奏請將青龍岡迤下至孔家莊、榮華寺、楊家堂引河一律加寬，以期河流宣暢。四十七年四月，奏請另於青龍岡迤上，自蘭陽至商丘添築大隄，挑挖引河，并於北岸建築壩基，逼溜南趨，以期截溜全歸新河，得旨允行。五月，詣熱河行在，復命面奉指示，仍赴工所，酌定章程，分派段落，委員承辦。九月，浙江布政使盛住揭總督陳輝祖查抄王亶望貲産，抽换金玉，上命阿桂莅浙按之。讞定，順道勘南河等處宣洩機宜，及東伊家河運各工。四十八年二月，命勘河南蘭陽十三堡隄工，並酌建戴村壩迤上閘座。三月，工竣回京，命管理户部、刑部事。

四十九年，甘肅鹽茶廳逆回田五等滋事，田五斃，張阿渾等糾其衆踞石峰堡，擾及通渭、伏羌、靜寧等境。上以總督李侍堯等辦理失宜，遣尚書福康安、領侍衛内大臣海蘭察帥師往剿，旋命阿桂督辦。六月，至軍，與福康安等議安卡掘壕，聚兵圍之，使不得他竄，凡賊匪滋擾之處，派兵搜剿，以次肅清。七月，進攻賊巢，殲其衆八百餘人，生擒七百餘人，首逆張阿渾、大通阿渾、賊目楊慎四等悉數就擒，械送京師。敘功，予輕車都尉世職。八月，命督河南睢州隄工，三閱月工竣。五十年，舉千叟宴，命領班入宴，賚如意壽杖、貂皮補服、蟒袍。八月，再勘微山、睢州工，並閱洪澤湖、清口情形。十月，回京，賜「調元錫瑞」匾額。五十一年四月，再勘清口隄工。六月，查辦浙江倉庫虧缺彌補實數，並勘海塘石工。閏七月，勘江南桃源、安東黄河漫口情形，及堵築事宜。八月，再赴浙江按平陽縣重徵案。是月，七十生辰，賜「平格延祺」匾額，聯云：「耆筵錫慶高千叟，雲閣銘勳贊上台」，並如意紅絨結頂冠、朝珠補服、蟒袍、貂皮等件。九月，回京，總理兵部事務。五十一年四月，署正黃旗蒙古都統，充殿試讀卷官。五月，留京辦事，教習庶吉士。六月，赴河南督辦睢州十三堡漫口工程。

時臺灣奸民林爽文滋事，遣福康安督剿。上以阿桂素諳軍務，如有所見，據實奏聞。阿桂奏大兵進剿，宜扼其要害，分路進攻，先打通諸羅，使官兵聲勢聯絡，並宜於鹽水港等處，廓清後路，由大甲溪剋期進攻，庶易埽除。諭曰：「所見與朕略同，已將一切機宜詳悉指示福康安辦理。」十月，睢州合龍，勘江南臨湖甎石隄工。五十三年正月，回京。二月，臺灣平。諭曰：「大學士阿桂夙興夜寐，一體宣勤，著交部議敘。」圖像紫光閣，御製贊曰：「戡外守中，居恒亮功。馳咨軍務，志每予同。歸朝襄贊，翦逆除兇。三登紫閣，福厚功崇。」七月，勘湖北荆州被水情形，疏下流窖金洲以導水勢，修萬城隄以護城垣。十月，回京。五十四年三月，命充上書房總師傅。四月，再勘荆州隄工。五十五年二月，上東巡，五月，巡幸熱河，俱命留京辦事。五十六年五月，如之。時阿桂子工部右侍郎阿必達故，軍機大臣奏聞。諭曰：「阿桂年高，恐因此事悲切，體氣失調，賞給孀餅一匣，務須仰體朕意，善自寬慰。」九月，大兵征西藏、廓爾喀。五十七年，廓爾喀平，以阿桂贊襄機務，圖像紫光閣，御製贊曰：「七旬以上，身體康强。從不言功，黃閣贊襄。威克久安，曾亦協謀。宣一个臣，有容休休。」嘉慶元年正月戊申朔，太上皇帝授璽禮成，今上皇帝即位。越四日，再舉千叟宴，阿桂領班，入宴如前儀。八月，八十生辰，太上皇帝賜「介眉三錫」匾額，聯云：「純嘏懋勳延帶礪，耆齡碩望重絲綸。」聖製詩云：「黃髮未曾駘背自，廿年於是掌絲綸。試看信史今兮古，幸我斯時君與臣。耳重目明政何礙，前功後業福猶申。相期矻矻漫言老，七字促成賚壽辰。」九月，辭管兵部。十一月，以疾乞假。

二年八月，卒。奉太上皇帝敕諭：「大學士公阿桂老成練達，辦事多年。自平定西陲時，即隨同出師。旋經理新疆事務，周詳妥善，懋著勤勞。嗣剿辦兩金川，畀以將軍重寄，稟承方略，堅持定見，克蒇膚功。特封爲一等誠謀英勇公，賞給四團龍補服、黃帶紫韁、紅寶石帽頂、雙眼花翎。圖形紫光閣，以旌殊勳。續經簡任綸扉，綜理部務，贊襄樞要，二十餘年。前因撒拉爾及石峰堡回匪滋事，統兵剿捕，立就殄平，復加恩賞給輕車都尉世職，令伊長孫承襲。疊沛恩施，正資倚畀。邇來雖精力稍衰，兩耳重聽，猶照常趨直，夙夜靖共。頃聞患病頗劇，即特命三皇孫貝勒綿億、御前侍衛豐伸濟倫，由熱河馳往看視，並賞賜陀羅經被，仍冀調理，或可就痊。兹聞溘逝，深爲悼惜！著即令綿億，並另派散秩大臣一員，帶侍衛十員，前往奠醊。加恩晉贈太保，入祀賢良祠。」九月，今上親臨賜奠，御製詩云：「帝念功勳舊，朝廷重上公。將星落霞表，箕尾見雲中。函丈儀曾侍，綸扉望最隆。路人知感泣，不愧世家風。」賜祭葬，謚文成。

雜録

備録

梁章鉅《樞垣紀略》卷一八 乾隆末年，阿文成公與和珅不相能，凡朝夕同直軍機，必離立十數步外。和珅亦知公意，故就公語，公亦泛答之，然未嘗移立一步。公嘗卧直廬，軍機章京管世銘入省之，公素所厚也，忽呼語曰：「我年八十，可死；位將相，恩遇無比，可死；子孫皆已佐部務，無所不足，可死。所忍死以待者，實欲俟犬馬之意得一上達，死乃不恨。」然竟不果。《更生齋文集》。

錢泳《履園叢話》卷一四《阿文成公》 阿文成功業巍巍，富貴福壽，近世無比。高宗純皇帝賜其七十壽聯云：「耆筵錫慶高千叟，雲閣銘勳贊上台。」八十壽聯云：「純嘏懋勳延帶礪，耆齡碩望重絲綸。」嘉慶元年九月，以疾乞假，其明年八月薨，年八十有一。圖像紫光閣者四次，兩子四孫俱登顯秩，真所謂出將入相，全壽全歸者也。乾隆五十四年四月，文成奉命勘荆州隄工，余時在畢秋帆尚書幕下見之，乃身裁短小，弱不勝衣，並無龍威燕頷之相也，亦奇矣哉！

趙慎畛《榆巢雜識》卷下《阿文成公》 芸昉言，阿文成公坐政事堂上，不與人妄交一言，人見而生畏。平素不滿孫文靖士毅，每同直，終日危坐，相對默然。猶令人想見其丰采也。

昭槤《嘯亭雜録》卷一 金川用兵時，累歲未得進，至乙未冬，始克勒烏圍，阿文成公桂以捷書進。上方用膳，因念將士用命，潸然淚下，適落魚羹中。上即命封魚羹以賜文成，並申明其故。文成泣曰：「臣敢不竭死以報上之眷也？」

昭槤《嘯亭雜録》卷二 阿文成公屢膺撻伐，平定絶域，爲近日名臣之冠。其拔擢人才，或於散僚卒伍以一二語賞識，即登薦牘，故人皆樂爲之用。興將軍奎以將校從事，公奇其貌，曰：「此將材也。」因與之副將劄，命其攻剋某嶺，即日克捷。其後卒爲名將。如王述菴司寇昶、韓桂舲司寇封、百菊溪制府齡、朱白泉觀察爾賡額皆以微員賞識，其後皆爲卿相。閑其於軍務倥傯間，惟於幕中獨坐飲酒吸烟，秉燭竟夜。或拍案大呼，愀然長嘯，持酒旋舞，則次日必有奇策。其驅使將士，如發蒙振落，其成功者，或獎以數語，或償以糕果，而其人感激終身，甘與效死。其薨數日前，自知死期，于其誕辰，置酒作樂終日。訓其子孫，勵以綱常名節，曰：「余從此長訣，不復訓教爾等矣！」病篤時，將其兵書詩文稿盡命焚之，曰：「無以此誤後人也！」余嘗往弔，見其廳第湫隘，居然儒素，較之當時權貴萬厦巍然者，薰蕕自別，比之李文靖廳前僅容旋馬者，未爲過也。

昭槤《嘯亭雜録》卷一〇　乾隆辛丑夏，撒爾回民叛，上命阿文成公征之。時阿文成公視中牟決口工，未即趨赴，上命和相往攝其篆。和固自負其才，欲於公至前先時驅滅，乃刻期進師，卒爲所敗。又所調至將帥，俱不爲所用，和每發一議，衆輒沮之，亦不能難也。及公至，和出迎，公問其失機狀，和赧然曰：「將帥皆傲慢不爲吾用，公請試之。」公曰：「然則斬耳。」和復問進兵狀，公笑不答，令諸將帥於次日晨集轅前。公每呼一將入，輒命和坐其側，公有所調撥，及命屯戍處，其人輒應如響。如是者數，和坐上甚志憤。公部署畢，問和曰：「諸將初不見其慢，尚方劍不知誅誰之頭也。」和戰慄無人色。公乃命和即日銜命歸，和於是恨公入次骨，故終身與之齟齬，蓋搆釁於此也。

陳康祺《郎潛紀聞二筆》卷一《阿文成之於岳大將軍》　阿文成公在金川時，曾被岳大將軍參劾獲咎。副文成總督雲貴，岳適降補雲南提督，心常惴惴。文成偶詠詩示岳云：「鳴鏑一聲山響答，長空飛鳥漫相疑。」岳始釋然。

陳康祺《郎潛紀聞二筆》卷八《阿文成兵法》　阿文成征金川，一日安營已定，忽傳令遷移。諸將以天晚力阻，公隨發令箭云：「違者立斬。」合營雖從之，而不免怨誹。迨昏夜大雨，前此營基，水深丈餘，幾可漂没，咸詫爲神奇。公曰：「我有何異術，特見羣蟻移穴，知地勢將雨耳。」康祺按：文成此舉，不難於先見，而難於實言；稍有權術者，必又以爲遁甲奇門矣。健兒雖莽，肯受吾紿？

陳康祺《郎潛紀聞二筆》卷一一《阿文成之器量》　阿文成公持節堵青龍岡工，副將李榮吉以爲進占得占，大工所深忌，宜緩之，得實而後進，以防陡蟄。文成斥其撓衆，急趣之。既合龍，文武皆賀，惟榮吉不至。召之，則於壩上再拜使者曰：「爲榮吉謝公相，壩實未穩固，榮吉不敢以賀公相故，離工致疏虞。」督土料追壓，閱兩日竟不守。文成中夜聞壩蟄，馳至，榮吉已掛纜落水。文成令曰：「能生之者，官擢三等，兵吏賞千金。」未幾，舁榮吉至，文成垂涕，親去其溼衣，以上賜黑狐端罩護之。良久及甦，文成遂自劾，而薦榮吉。竊謂李副將膽識過人，不阿貴近，其才豈獨可以任河工。而文成忠實勿欺，不肯屈人材以估己過，震無咎者存乎悔，宗臣器量，洵乃可法可師。

陳康祺《郎潛紀聞二筆》卷一一《阿文成之遠慮》　乾隆朝，回疆奠平，廷臣有新開郡縣之議。阿文成言：「回部性頑，難治以漢法，宜擇酋建國，而駐大將軍於烏魯木齊，責其貢賦。不然，恐辦事、領隊大臣，或有嗜財好色，不過六十年後，終當有變。」及張格爾事起，適符其期。參贊大臣武公隆阿，固重進此説，上遂命直督那公馳往密議，始以除夕擒張逆於鐵蓋山。蓋犬羊之性，驟未可以冠帶治之，文成之慮遠矣。

陳康祺《郎潛紀聞三筆》卷一二《阿文成遺事》　余紀聞中述阿文成事夥矣，頃讀孫淵如《嘉穀堂集》，記公遺事，復採一二，以補前闕，愧未能如朱子《名臣言行録》之類次先後，條列整齊也。記云：「公承家教，進止温恭，起居有常處。每朝，先五鼓起，入禁廷，坐直房待旦，不假寐。諸曹屏息，室内外如無人。召閣部直事官，詢上折記閣本，與歲時應舉掌固，及一日所折獄，備顧問，始入内朝。有奏稿，必親閲無誤字乃進御。或上輦經直房，侍者下户簾，公從室内起立，垂手候鹵簿過，方復坐。」又云：「公畫諾至恭慎，每署日稿尾，雖遇倉猝，運末筆如有力千鈞。」又云：「公管刑部最久，一郎與公議公事不合，公嫌其戇直，而卒予特擢。郎有傴僂而勤政者，公舉任劇郡；及入覲，高宗亦曰：『人果不可以貌取也。』」

備論

《碑傳集》卷二八王昶《太子太保武英殿大學士一等誠謀英勇公謚文成公阿桂行狀》　公器識宏遠，智計沈密，遇大事必籌其始終得失，計出萬全，然後行之。雖在萬乘之前，不輕爲然諾。及其肩荷大任，次第措置，有時詔書敦迫，從容陳奏，亦不肯苟且以就功名，故所作必有成。而聖明專心委任，雖延時日，必令其悉以展布，不强爲催促也。生平善知人，自大帥以至偏裨，咸稔其才。且察其性情，隨所宜而任使之，又均其勞苦，差其等第，從不以喜怒加人，故爲所用者皆得其死力，戰勝攻克各疏其功以上之。故將校中封公侯，出爲將軍、都統、提督、總兵者甚衆。及爲宰執，管尚書事，聞人廉潔勤幹者，輒以陳於當宁，二十年來總督、巡撫亦公密薦者爲多。自少留心史事，凡古今成敗治亂之迹，與邪正進退之機，皆默識其所以然。遇有績學勵行之士，教以修身直節，以成大器，而於佻巧營求之輩，必痛絶之。蓋文勤公以重望著於朝端，一時名臣、鉅老、法家、拂士咸與訂道義交。公時聞緒論，用以自淑，恒欲與諸公方駕，後先至開疆拓土，武功烜赫，適際時會之自然，非公意也。昶鄉、會試主考、同考官，多出文勤公門下，是以爲公所知。自軍機從在軍營，幾二十年，公事之餘，笑言款洽，無所不盡。故窺其生平大概如此。乾隆四十一年，凱旋後，昶爲鴻臚寺卿，多暇日，公出文勤公所撰詩文，屬以編次成《德蔭堂集》十六卷，又以文勤公平生事實屬爲行狀，公讀而善之。昶乞老歸田後二年，至京與千叟宴，別公歸。又二年，而公薨。今年正月，驚聞高宗純皇帝鼎湖大故，入都恭謁梓宫，因得哭公之墓，而公孫那彦成以所撰年譜見示，俾爲行狀。公功在國史，名在天壤，無藉於私家志乘，然冊府所藏，士大夫罕得見之，故條繫事件，以示藝林。至年譜悉本諭旨及御製詩文各集，并公所上奏章，不敢有所增飾，昶亦悉仍其舊焉。

藝文

《四朝詩史》甲集卷二魏源《讀國史館列傳》 君不見金川一夕猿鶴驚，一軍獨整阿文成。百戰歸來相英主，甯知相業超常武。黄河改道竟東趨，名糧百萬籌天府。王商正色匈奴憚，欽若不敢侮王旦。天生方召佐宣王，百世猶興微管歎。武英殿大學士阿桂。

劉墉部

綜述

《清史列傳》卷二六《劉墉傳》 劉墉，山東諸城人。祖棨，四川布政使；父統勳，東閣大學士。

墉，乾隆十六年進士，改翰林院庶吉士。十七年十月，散館，授編修。二十年四月，遷右春坊右中允。五月，擢翰林院侍講。是年九月，以統勳任陝甘總督，查勘巴里坤、哈密駐兵事宜，附和將軍永常，辦理失宜，奉旨，劉墉亦著革職，拏交刑部。十月，恩旨釋放，賞給編修。二十一年五月，充廣西鄉試正考官。九月，提督安徽學政。二十四年四月，奏言：「捐納貢監，向例責成教官約束，但貢監人數衆多，既不歲考，又無月課，教官勢難綜覈。請嗣後凡貢監遇有小過扑責示懲者，州縣仍會同教官覈辦；其舉報優劣，止責成州縣辦理。」部議准行。九月，調江蘇學政。三歲試竣，奏江蘇士習官方情形，略言：「生監中滋事妄爲者，府州縣官多所瞻顧，不加創艾，既畏刁民，又畏生監，兼畏胥役，以致遇事遲疑，皂白不分。科罪之後，應責革者，並不責革，實屬闒冗怠玩，訟棍蠹吏因得互售其姦。」上嘉其留心政體，旋諭曰：「劉墉所奏，切中該省吏治惡習。江南士民風尚，多屬浮靡喜事，爲地方有司者，加以骫骳姑息，遂致漸染日深，牢不可破。故近來封疆懈弛之弊，直省中惟江南爲甚。督撫爲屬僚表率，大吏不能振作，闔屬誰不承風？尹繼善等當從此痛除舊習，刻自淬厲，州縣官有怠玩相沿，如劉墉所奏各情節，即嚴行體察，據實參處。」二十七年，授山西太原府知府。三十年，擢冀寧道。三十一年，以知府任內所屬陽曲縣令段成功侵蝕庫項事覺，墉坐不能先事舉劾，部議照扶同容隱律擬罪，上加恩免死，發軍臺効力贖罪。三十二年，恩旨釋還，在修書處行走。三十三年，諭曰：「大學士劉統勳年屆七旬，止此一子，仍加恩以知府用。」三十四年，授江蘇江寧府知府。三十五年，遷江西鹽驛道。三十七年，擢陝西按察使。三十八年，丁父憂，命馳驛來京治喪。三十九年，上頒賜各大臣《古今圖書集成》，以統勳先卒，未預恩賞，念劉墉克承世業，特賜墉全部，俾世守無替。四十一年二月，服闋赴京，上追念統勳宣力年久，且察墉器識可用，詔授內閣學士，即在南書房行走。

時初設文淵閣官，七月，充直閣事。九月，充《四庫全書》館副總裁，並派辦《西域圖志》及《日下舊聞考》。四十二年六月，充江南鄉試正考官。八月，提督江蘇學政。四十三年八月，奏泰州舉人徐述夔所著《一柱樓》詩詞悖逆，經軍機大臣鞫訊得實，按律懲辦。十月，奏請將《御製新樂府》及《御製全韻詩》自行刊刻宣示，從之。十一月，擢户部右侍郎。四十四年，調吏部右侍郎。四十五年，授湖南巡撫。所屬新化縣令有諱匿命盜案件，據實劾參，在任年餘，盤查倉庫，勘修城垣，革除坐省家人陋習，撫卹武岡等州縣災民，至籌辦倉穀，開採峒硝，俱察例奏請，奉旨允行。四十六年，遷都察院左都御史。四十七年二月，仍直南書房，賜紫禁城騎馬。三月，充《三通》館總裁。四月，御史錢灃劾山東撫臣國泰貪縱營私，所屬多虧空，命偕尚書和珅往按。既抵省，即鑿查歷城縣庫，無缺額，而銀色多攙雜，知有僞，訊係國泰聞信後那移彌補，以圖掩飾；並廉得國泰婪索姦狀，及藩司于易簡，知府吕爾昌、馮埏先後在濟南府任内扶同骫法，擬罪如律。讞定回京，命署吏部尚書，兼管國子監事務。尋授工部尚書，仍兼署吏部。十一月，奉旨，在上書房總師傅上行走。四十八年，總辦辟雍圖式，及督辦内廷宫殿易瓦等工。五月，命署直隸總督。七月，調吏部尚書。八月，充順天鄉試正考官。十一月，充經筵講官。四十九年，兼署兵部尚書。五十年二月，以辟雍告成，議敍。四月，復兼理國子監事務。

五月，授協辦大學士。五十一年，充《玉牒》館副總裁。五十三年正月，諭曰：「向來大學士缺出，多按資格，以協辦大學士補授。劉墉在尚書中資分較深，且協辦有年，本應實授，惟是上年在熱河時，及回鑾後，曾與軍機大臣等論及嵇璜年老，若求回籍，不忍不從；及曹文埴現有老親，若求回籍養親，亦不忍不從而皆惜之，此不過尋常議論耳。然見嵇璜精力尚未就衰，在漢大臣中最爲老成，且欲留以相伴，又部院諸臣一時乏人，曹文埴亦屬能事，故胥遲之意，軍機大臣自不敢以議論之言，即行宣露。事隔多時，嵇璜等亦並未有所陳請，昨冬召見劉墉偶曾與之閒論及此，乃次日曹文埴於召見時，即有告養之奏。朕詢之軍機大臣，俱稱並未向嵇璜等説及，同稱係劉墉在懋勤殿所言者。朕召見諸臣，君臣之間，原如家人父子。且以劉墉係劉統勳之子，内廷行走之人，非不可與聞者，是以向其論及。乃劉墉即以告知嵇璜等，其意不過欲嵇璜聞知請告，劉墉即可覬覦補授大學士。似此言語不謹，此時豈可即以劉墉實授，以遂其躁進之私耶？」三月，命總辦萬壽慶典事宜。九月，御史祝德麟劾司業黄壽齡受賂一摺內稱，國子監考試惟劉墉、鄒炳泰二人清介素著，諸生不敢向其餽送營求。五十四年三月，諭曰：「上書房阿哥等師傅，自二月三十至本月初六七日之久，無一人入書房，殊出情理之外。劉墉係大學士劉統勳之子，朕念伊父宣力年久，特加恩擢用。其在府道任內，頗覺黽勉。及爲學政，即不肯認真。逮授湖南巡撫，聲名亦屬平常。因內用尚書，其辦理部務，更復一味模棱，朕曲賜優容，未加譴責。伊自當感激朕恩，亟思愧奮，益矢勤慎。今阿哥師傅等，不到書房至七日之久。劉墉身爲總師傅，又非如嵇璜年老、王杰兼軍機處行走者可比，乃竟置若罔聞。似此事事辜恩溺職，於國家則爲不忠，於伊父則爲不孝，其過甚大，豈可復邀寬宥？且伊係大員，亦不必再俟部議，劉墉著降爲侍郎銜，仍在總師傅上行走，不必復兼南書房，以觀其能愧悔奮勉否？」四月，補內閣學士，兼禮部侍郎銜。八月，提督順天學政。九月，遷禮部左侍郎。五十六年正月，遷都察院左都御史，旋擢禮部尚書。四月，復兼管國子監事務。是月，署吏部尚書。十月，復賜紫禁城騎馬。五十七年，充順天鄉試正考官，調吏部尚書。五十八年，充會試正考官。

嘉慶二年三月，授體仁閣大學士。四月，命偕尚書慶桂按訊山東控案，事竣馳勘曹汛漫工，奏言：「漫口須至秋汛後堵築，而下游一帶間有淤墊，必一律挑濬寬深，大溜歸入正河，方能暢達下注。」如所議行。四年二月，加太子少保銜。十二月，奏：「漕糧起運收米，行船爲旗丁之專責，而州縣僉派旗丁，或將殷實之丁索錢賣放，强派貧者；貧丁若懦弱無能，或致自盡，以免累妻子，納詞狀於懷中，訴冤苦於身後，此猶一人一家之事耳。其貧丁之無賴者，不以爲苦，挈家上船，居然温飽，自水次以至通州，盗賣官糧，無復畏忌。所賣既多，或鑿船沉水，以匿其迹，或稱漕糧交兑，本不足數，抵通弊混，同歸於無可考據，卸桅拆柁，無所不賣，及至回空，僅存船底。於是新漕起運之時，船已不可復用。此亦州、縣、府、道不職，而督撫兩司不能察吏之一端也。請敕下有漕省分督撫兩司，嚴查州縣，務僉殷實丁户，或一人力薄，數家幫貼，則賣糧拆船之弊可免。」上從之。六年，充會典館正總裁。七年，駕幸熱河，命留京辦事。

九年七月，上以墉母本年九十生辰，時就養江蘇學政劉鐶之署內，命墉親齎賜件前赴江蘇，旋回京。十二月，卒。諭曰：「前任大學士劉統勳翊贊先朝，嘉酋茂著。伊子劉墉克承家世，清介持躬。敭歷中外，洊陟綸扉。年逾八旬，精神矍鑠。茲聞溘逝，深爲軫惜！加恩晉贈太子太保，入祀賢良祠。即派慶郡王永璘帶領侍衛十員，前往奠醊，賞給《陀羅經》被、銀一千兩。併命墉姪鐶之來京經理喪事。」尋賜祭葬，予謚文清。

雜録

備録

《國朝耆獻類徵初編》卷三〇《劉墉》 劉文清公墉爲文正公子，少時知江甯府，頗以清介持躬，名播海內，婦人女子無不服其品誼，至以包孝肅比之。及入相後，適當和相專權，公以滑稽自容，初無所建白。年八十餘，輕健如故，雙眸炯然，寒光射人。薨時毫無疾病，是日猶開筵款客，至晚端坐而逝，鼻注下垂寸餘，亦釋家所謂善解脱者。余初登朝，猶及見其丰度。一日立宫門槐柳下，余問朱文正公五矢之目，朱未遽荅，公喟然曰：「君子務其大者、遠者，君今以宗臣貴爵，所學者自有在，奚必津津於象物之微者哉？宜朱公之不荅也。」老成之見，終有異於衆也。

右録宗室昭槤撰。

英相國云：公早歲迴翔館閣，內通掌故，中年敭歷封圻，外嫻政術，故其言瀏然以整，而又貫串乎經史，宏覽乎諸子百家、佛老小説，故其言高而不掫，華而不縟，雄而不矜，逶迤而不靡。世徒震耀公之書名，疑若詞章非所兼擅者，豈其然哉？又云：公初見和時，即詔曰：「子他日爲余作傳，當云以貴公子爲名翰林，書名滿天下，而自問則小就不可，大成不能，年八十五，不知所終。」和起立負牆曰：「願吾師爲召康公。」公曰：「貪也。」迨嘉慶甲子歲，公年八十五矣，臘月二十二日，爆直南書房，適和在懋勤殿作書，公呼至，告以雍正至乾隆初南齋舊事，復理前作傳語，且云昨已屬瑛夢禪鐫印記曰洞門童子，以當息壤，今爲期已迫，豈展限耶？」既行，復還坐，縱談良久，起曰：「吾去矣，毋戀。」是月二十四日晨興飲啖如常，至未申間端坐而逝。嗚呼！若公者不洵稱生有自來，死有所歸者哉！

右《正雅集》，符葆森撰。

劉文清書初從松雪入，中年後乃自成一家。貌豐骨勁，味厚神藏，不受古人牢籠，超然獨出。

右《松軒隨筆》，張維屏撰。

諸城文正、文清兩公，非徒爲宰相，且爲賢宰相，天下仰之，此聖翰所以特許爲海岱高門第也。

右《揅經室集》，張維屏録。

文正公清德重望，雅不欲以詞章自見，先生知之。先生手書近詩見示，清新超悟，有香山、東坡風格，十餘年所得甚夥。門人陳子韶因合梁侍講同書書鐫於西湖上，名劉梁合璧。

右《湖海詩傳》，張維屏録。

傅恒部

綜述

《清史列傳》卷二〇《傅恒傳》　傅恒，滿洲鑲黃旗人，姓富察氏。曾祖哈什屯，內大臣；祖米思翰，户部尚書；父李榮保，察哈爾總管；俱追封一等公。

傅恒，李榮保第十子。乾隆五年，授藍翎侍衛，歷遷頭等侍衛。七年，授總管內務府大臣，管理圓明園事務。八年，擢户部右侍郎，十年六月，軍機處行走。十一年七月，轉左。十月，授內大臣。十二年二月，充會典館副總裁。三月，晉本部尚書，議政處行走，兼鑾儀衛事。六月，充會典館正總裁。十三年，授領侍衛內大臣。四月，加太子太保，協辦大學士。六月，充經筵講官。

時大兵征大金川逆酋莎羅奔，經略訥親、總督張廣泗等久無功。九月，命傅恒暫管川陝總督，經略軍務。尋晉保和殿大學士，賜詩曰：「壯齡承廟略，一矢靖天狼。番部蕞爾蠢，王師武必揚。慰予西顧久，嘉汝赤心良。撻伐枚幺寇，撫循集衆長。斯能成偉績，用幹不庭方。佇看銷兵氣，敷天日月光。」賜花翎二十、藍翎五十、銀十萬兩，備犒賞軍前諸將，奏章許於沿途開看。上御瀛臺，賜食及將士。詩曰：「大清聲教暨遐陬，豈有來王稽蜀酋？黷武開邊非我志，安良禁暴藉卿謀。行軍吉值初陽復，賜食恩同湛露流。轉瞬明年擒娑虜，還教凱宴侑封侯。」十月，傅恒啟行，上親詣堂子行告祭典禮，遣皇子及大學士來保等送至良鄉，視傅恒飯。十二月，諭曰：「經略大學士傅恒，自奉命以來，公忠體國，殫竭悃忱。紀律嚴明，軍行甚速。途次衝冒風雪，晨夕馳驅，兼辦一切諮詢機務，晷刻鮮暇，常至徹夜無眠。今日披覽來奏，甫入川境，馬匹遲誤，減從星發，竟至步行。苟非一秉丹誠，心堅金石，安能若是？將來迅奏膚功，自當優議酬庸之典；而目前之勞瘁，實屬超倫。著交部從優議敍。」部議加太子太保，特命加太保，仍加軍功三級。傅恒疏辭，不允。

初，小金川土舍良爾吉奪其兄澤旺印，烝於嫂阿扣。莎羅奔之侵沃日也，良爾吉實從之，後詐降，爲賊諜。張廣泗惑於漢奸王秋言，使良爾吉領蠻兵，我師舉動，賊輒知之。是月，傅恒使副將馬良柱誘良爾吉來迎，至邦噶山，聲其罪斬之，阿扣、王秋並伏誅。事聞，諭曰：「前據張廣泗力言良爾吉、王秋不可輕動，即軍前諸臣皆明知其罪，而疑畏不敢先發。今經略大學士傅恒甫至軍營，即取兩年逋寇如檻豚圈豕，以快人心而警番衆。非謀猷明斷，識力堅定，曷克臻此？即此已當優敍。但經略大學士於從前議敍之旨，具摺懇辭，若仍交部議敍，無以善體沖挹之美。其即以前日所賜雙眼孔雀翎，爲此番酬庸之典，如仍執意謙讓，是不遵朕旨也。」是月，傅恒奏：「臣於月之二十一日抵卡撒軍營，所云左右山梁不過兩坡相對，地非甚廣，賊所守各碉亦不甚大。不知何以用兵二年，不能進取？及閱營地，規模狹小，與賊相望，且雜處番民市肆中，無以示威嚴，占地利。臣相度移舊壘，前令總兵冶大雄總理營盤，以肅軍紀。臣惟前之誤在於專攻碉卡，賊險碉林立，大兵至，守益嚴。毋論攻其有備，克取爲難；即數日克一碉，亦數年不能竣事。今當奇正兼施，因機制勝，或以奇兵統出其後，或以偏師另行取徑，賊出則直挫其鋒，不出則專搗其穴。又各路剋期齊進，腹背皆兵，寢食無暇，自必內潰而酋可擒矣。」疏入，俞旨報聞。是月，傅恒率總兵哈攀龍、哈尚德等攻右山梁，下巴朗平碉及色爾力石碉，連克之。上以金川水土惡劣，馳賜傅恒人參三斤，並及諸將帥有差。

十四年正月，命班師，召傅恒還朝，諭曰：「金川用兵一事，朕本意欲以禁遏兇暴，綏輯羣番，並非利其人民土地，而從前訥親、張廣泗措置乖方，屢經貽誤，是以特命經略大學士傅恒前往視師。傅恒自奉命以至抵軍，忠誠勞勩，超出等倫。辦事則鉅細周詳，鋤奸則番蠻懾服，整頓營伍則紀律嚴明，鼓勵戎行則士氣踴躍。且終宵督戰，不避風雪，大著聲威，誠克仰副委任。朕思蕞爾窮番，何足當我師顏？經略大學士傅恒乃中朝第一宣力大臣，豈可因荒徼小醜，久稽於外？朕心實爲不忍！即使擒獲渠魁，掃蕩巢穴，亦不足以償勞。此旨到日，傅恒著即馳驛還朝。」詔封傅恒一等忠勇公，賞給紅寶石帽頂、四團龍補褂。嗣傅恒請從卡撒一路直攻噶拉依，又言：「攻克賊巢，旦夕可必。一簣之虧，誠爲可惜。」堅請進兵，并懇辭公爵，繳還原旨，俱不允。諭曰：「經略大學士忠勇公傅恒帥師進剿番酋，忠誠奮發，志期殄寇，執奏再三。朕揆勢度理，以允降班師，休兵息民，爲經國遠計。彼匈奴未滅何以家爲者，乃驃姚、貳師輩武人鋭往立功之概。大學士輔弼元臣，抒誠贊化，名耀旂常，正不必與兜鍪闖帥争一日之績。」示以詩曰：「三面姑開格蜀夷，來調説鼎佇期之。集思廣益卿誠踐，勤遠勞民我不爲。武豈黷兵應戒彼，績惟和衆孰同斯。功成萬骨枯何益，壯志無須效貳師。」又賜詩二章，其一曰：「安邊底績本丹忠，請命番酋勢已窮。上將有心期利執，大君無物不包蒙。那須一月聞三捷，早覺千旂達兩宮。晉國勤勞予廑念，速歸黃閣贊元功。」其二曰：「毆烏何庸盡覆巢，好生天地德含包。歌成宵雅八章句，著得同人九四爻。兵洗達婆春澹蕩，首稽甕氿面顏峨。蜀民安撫勤籌畫，心契元良泰陛交。」

是月，逆酋遣頭人至卡撒，稟訴乞降並畏死意。傅恒令曰：「莎羅奔、郎卡親縛來營者，當待以不死。」逆酋復遣頭人至丹壩乞降，總統提督岳鍾琪入賊巢，挈酋目等由勒烏圍，噶拉依至經略軍。二月初四日，莎羅奔、郎卡除道營門外，設壇，翌日，率衆降，傅恒升帳受之。莎羅奔等焚香作樂，泥首請罪，誓遵六事：無犯鄰封，歸土司侵地，獻馬爾邦兇酋，資送內地人，納軍械，供徭役。傅恒傳旨赦其罪。莎羅奔等獻傅恒佛像一、白金萬，傅恒卻其金，不受。初六日，傅恒發軍營。奏至，諭曰：「經略大學士忠勇公傅恒奏報莎羅奔、郎卡俯首就降，獻捷班師。朕不勝欣悅！此皆上蒼孚佑，宗社貽庥，有以默相朕躬；皇太后懿訓詳明，有以啓迪朕志。荷茲福庇，感慶實深。經略大學士忠勇公傅恒丹忠壯志，勇略宏猷，足以柔懷異類，迅奏膚功，即諸葛之七縱威蠻，汾陽之單騎見虜，何以加茲！實爲國家嘉祥上瑞。前已晉爵封公，酬庸更無殊典。所賜四團龍補褂，著祇受服用。再照元勳揚古利額駙之例，加賜豹尾槍二桿，親軍二名，優示寵章，俱不必懇辭。自去歲之徵兵命將，與今歲之決策班師，初不意番酋畏威懷德，革面革心，一至於此。固朕宵旰憂勤，事無大小，先機籌畫，恰合機宜，亦由經略大學士忠勇公傅恒秉心忠亮，克承訓示，成此殊勳。可見作善者昌，將來數十年贊化調元，燮襄郅治，實嘉賴焉！其傳諭諸王、滿、漢文武大臣，並宣示中外知之。」製詩曰：「止戈爲武信其然，我澤如春經略宣。共喜捷音來王闕，何殊俘虜自金川。番酋路左心傾服，軍士行間氣倍鮮。單騎汾陽休比擬，都因忠赤格穹天。」

嗣傅恒疏辭四團龍補服，諭曰：「經略大學士忠勇公傅恒因朕賞給四團龍補服，具摺奏謝，并請於朝賀大典之日，遵旨服用，其尋常仍服公品級補服。此固出自大學士忠勇公傅恒謙沖本意，然朕此番獎賞，實出至公，且具有深意，不可不爲明斷宣示。蓋論大學士公傅恒平定金川之功，自不可與揚古利額駙開國之功並論。但彼當開創四征之始，今屬守成無事之時。以大學士公傅恒之忠誠智勇，練達宣力，令與同時同事，亦必能茂建殊勳，可信其易地皆然也。夫軍旅之事，國家不能保其必無，大臣身係安危，爲社稷所倚賴。如張廣泗不過封疆外吏，其人亦不足論；至訥親爵位既崇，又任用有年，朕之加恩，超越儕輩。上年命伊視師，實寄以心膂，如朕親行。不意辜恩貽誤，一至於此！爲大臣者，若惟事偷安自逸，任意乖張，國事其何賴焉？朕既用以自愧，更因以滋懼。是以明正典刑，不肯曲宥。而大學士公傅恒見朕縈懷西顧，毅然請行，仔肩重任。自奉命西征，冒涉風霜，均勞士卒，登陟巖阻，晨夕辛勤。拜發封章，裁決軍務，常至達旦，且事事妥協周詳。至則申明紀律，誅賊腹心。晝夜督師，攻碉毀卡，必期焚巢掃穴，一舉蕩平。大振聲威，賊番震慴，始稽顙歸命，出於至誠。迨承朕旨納降班師，星馳就道，諮詢庶務，仍係內夜辦理奏覆。此所謂誠貫金石，信格豚魚。是以時未七旬，兵不血刃，而番酋洗心革面，永矢歸誠。從此邊徼敉寧，閭閻樂業，而中外大臣咸知所取法。股肱一體，休戚相關，夙夜匪躬，緩急足資倚任，實我大清萬年無疆之慶。國家酬庸盛典，原非朕所得私也。今茲疊沛殊恩，昭示風勸，亦爲朝廷遠大之計，不僅爲金川平定一時一事而然。在大學士公傅恒實應欣承無愧，不然則莎羅奔番蠻小醜，即迅奏膚功，亦與當年岳鍾琪之樹績青海，大學士鄂爾泰之綏靖苗疆等耳。朕於臣工刑賞大典，悉有權衡，銖黍不爽，天下臣民宜所共悉。所賜大學士公傅恒照宗室公式之朝帽頂及四團龍補服，著於朝賀典禮之時時常服用，不必懇辭。其尋常入朝入部辦事，應從所請，隨宜即用公品級補服，以成謙挹之美。」三月，傅恒凱旋，命皇長子率諸王大臣等郊勞。既至，上御殿受賀，行飲至禮。賜傅恒詩曰：「卡撒功成振旅歸，昇平凱宴麗晴暉。兩階干羽欽《虞典》，六律宫商奏《采薇》。湛露應教頒朵殿，甘霖更慶遍春畿。持盈保泰咨詢切，偃武修文寰敉幾。」又諭曰：「朕賜大學士忠勇公傅恒四團龍補服，先經大學士傅恒奏請於朝賀大慶日遵旨服用，尋常仍用公品級補服。朕諭以入朝入部辦事，姑從所請，以成謙挹之美。今日朕陞殿禮畢後，大學士即易公品級補服。朕思章服之榮，原以旌有功而勵臣節。從前勳舊大臣蒙賜者，皆時常服用，若僅用於朝賀典禮之時，而尋常入朝又旋易本爵服色，轉覺參差非禮。嗣後入朝，著即遵前旨時常服用；其入部及在家，聽其自便，以終成大學士之謙吉。」尋敕照勳臣額亦都、佟國維例，建宗祠，祀傅恒曾祖哈什屯、祖米思翰、父李榮保，春秋官爲致祭。追謚李榮保曰莊愨，賜傅恒第東安門內，落成，賜詩曰：「驃姚賜第落成新，歌凱歸來得意春。上將鷹揚今奏績，諸軍鳥潄久懷仁。

攸芋君子熊羆夢，畢駭西渠匐匍臣。從此坐調熙世鼎，敷予教澤萬方均。」

二十年六月，準噶爾平，諭曰：「西路興師之舉，人心狃於久安，在廷諸臣惟大學士傅恒與朕協心贊畫，斷在必行。著加恩再授一等公爵，以爲力矯積習，爲國任事者勸。」傅恒疏辭，諭曰：「大學士公傅恒以加賞公爵，具摺奏辭，情詞懇摯。及召見，又復面陳再四，至於泣下；并稱金川之役，叨封公爵，已爲過分。觀其不自滿假，信出至誠，實將來可以永承恩遇之道。朕心轉爲嘉慰，俯允所請，用成厥志。所有平定金川及準噶爾奏捷，兩次功績，著併於現封忠勇公敕内，以昭懋典，仍從優加等議敘。」部議加六級。後圖功臣百人像於紫光閣，傅恒冠首。御製贊曰：「世胄元臣，與國休戚。早年金川，亦建殊績。定策西師，惟汝予同。鄭侯不戰，宜居首功。」七月，充《平定準噶爾方略》正總裁。

三十二年，命經略雲南軍務，至師期前往。御製《言志詩》曰：「征緬非人事竟乖，重資經略重臣差。待之一歲無消息，慴以三軍或畏懷。中止誠難存國體，邊防欲靖豈兵佳。佇期指日大勳就，後舞前歌振旅皆。」三十四年二月，傅恒啓行，懇辭親遣經略儀注，命閣臣頒敕命於太和殿，上賜傅恒及出征諸將士食。即席製詩曰：「緬酋弗靖擾滇邦，螳臂居然試廷撞。健騎重驅厄魯部，驍材兼選黑龍江。弼予中國原無二，平彼今時豈有雙？就事熟籌應一往，於浮得挈勝千扛。必能合衆成城奏，早具牽牛袒肉降。湛露和風士梟藻，佇看飲至酌金缸。」三月，傅恒抵雲南，四月，至騰越。上親書扇以賜，曰：「炎徼熾煩暑，軍營區畫頻。大端應悉記，細務不辭親。世上誰知我，天邊別故人。勖斯風到處，揚武并揚仁。」初，上以賊踞老官屯之險，敕造舟并奪賊船，順流直擣。副將軍阿里衮等以邊外峽紆湍險，舟楫不通，沿江亦無辦工所，奏止者再。後特遣傅顯、烏三泰往視，所言與阿里衮等同。傅恒至軍，詢之撫夷李景朝、土司線官猛等，知蠻暮近地有山曰翁古，多木，旁有地曰野牛壩，野人所居，地涼爽無瘴。野人樂受值，執役甚恭，使傅顯等涖事，滿洲、綠營兵并從行，奴僕更番運料至江岸，七月竣。朕聞，諭曰：「所辦甚是，他人斷不能似此。滿洲兵騎射素嫻，進剿時自宜資以馬力；至於習勞之事，則與綠營兵丁既同隸行間，原不應區分彼此。向特因綠旗惡習，恇怯無能，臨事每多退避，是以有犯必懲。若其服役辛勤，當與滿洲兵一體愛惜，以均勞逸。前此領兵大臣惟知體恤滿洲，而於奔走服役專派綠營，不復念其獨勩，豈一視同仁之道？今傅恒於運送船料，令滿洲兵輪流乘騎分撘，不使綠營偏於勞瘁。并以大臣官員跟隨之家奴等乘馬安行，於理未協，亦一例分派輪撘，籌辦實爲公當。綠營兵稍具天良，有不知感激奮勉，願爲國家出力者乎？此實從來所未籌及，自非公忠體國，與朕同心之大臣，豈能酌理揆情，均平妥協若此？凡有領兵之責者，皆當奉以爲法。傅恒如此存心，必蒙上天垂佑，迅奏膚功，自可預卜，朕深爲嘉悅。至於造船一事，水陸并進，實征緬最要機宜。乃朕屢次詢問，而阿里衮並以該處崖險澗窄，斷難行船爲詞，即朕今年特派傅顯、烏三泰等前往專辦此事，亦以沿江一帶實無造船處所奏覆。傅恒至永昌即遣人往勘，則於銅壁關外野牛壩地方，即得成造船隻之處，樹木足供船料，且氣候涼爽，可以屯聚兵丁，而野人又極恭順服勞，無異内地編氓。同此沿邊僻壤，非自今日始通，何以前此并無一人見及，而傅恒得之便於取攜。可見事無難易，人果專心致力，未有不成者。無如諸人皆預存畏難之見於胸中，遂以爲隔閡不可行。以傅恒今日所辦觀之，向所謂斷難籌辦者，然乎，不然乎？將此宣諭中外知之。」上賦《造舟行》曰：「造舟造舟何處禡，乃在銅壁關外野牛壩。緬匪險據老官屯，必資水軍順流下。用是屢敕預刳木，率以難成中止罷。經略盡心博訪諮，得地得材命工價。猶然邊外豈異區，事在人爲語非假。野人效順氣爽涼，頗覺炎瘴輕往夏。忠誠天佑有如斯，我亦爲之額手謝。舁至蠻暮乃入江，諸事從公堪獎藉。閩人使船如使馬，鼓勇艨艟淩波駕。水陸兼進緬豈當，定知袒肉牽羊迓。安民和衆武常經，不爲所欺不妨赦。」

猛拱大頭目脫猛烏猛及所屬達羅頭目脫猛殼來降，請備船濟師，傅恒令脫猛烏猛賫檄諭各土司。八月，師發騰越，渡戛鳩江，據西岸，遂抵允帽。九月，脫猛烏猛以夷目賀丙之父賀洛及擺夷四十户來降，請探賊猛拱。後土司渾覺亦率頭目滲籠籠、滲籠朋降，貢馴象四。上賜傅恒詩二章獎之，其一曰：「猛拱輸誠舟濟師，朱波早自失藩籬。烏梁海譬先收附，準噶爾斯易掃夷。身先諸軍共辛苦，心嘉碩輔佛肩仔。秋霖中喜瘴江渡，巴價兵行兩月期。」其二曰：「伊犂耆定久戈弢，詎緬昏狂事疥搔。昔實謨猷贊帷幄，今資奔走效弓刀。東山那學謝安逸，上蔡還過裴度勞。佇待紅旗飛報捷，重開紫閣勒勳高。」十月，傅恒取道猛拱，破猛養寨，獲臘泥、拉賽誅之。設臺站，留瑚爾起兵七百駐之。遂至南董干，攻南準寨，獲頭目等木波猛等三十五人。師次蠻獺，猛養頭目扎達布棄猛板營逸哈坎，大兵長驅至新街，賊遁。傅恒夾攻，於東西岸射殺賊目一，斬級五百餘，獲纛一、船一、寨三，糧械無算；西岸奪寨三，斬級五十。奏至，諭曰：「此次初與賊人接仗，即射殪頭目，殺賊衆多，又連破賊壘，奪獲纛幟、軍械、米糧等物，軍行甚爲順利，且官兵俱各勇往，朕心甚爲嘉悦。應加恩示獎，送部分別議敍。」傅恒以所獲緬纛進，上賦《誌事》詩曰：「師會新街可進航，賊人迎拒據蘆塘。數番斫陣賊鋒挫，兩隊奪舟我武揚。斬將搴旗嘉此衆，水凶土劣慮其方。老官屯得當振旅，觀《象》玩辭《易》義長。」

十一月，傅恒進圍老官屯，克屯西一寨，酋懵駁遣頭目諾爾塔乞降。傅恒以其地氣候惡劣，疏請允降。諭曰：「緬甸僻在炎荒，中朝以化外置之。乃歷任總督，自張允隨廢弛邊備，嗣是愛必達、吴達善等亦因循不振，致滋邊釁，而劉藻辦理莽匪侵擾九龍江事，由思茅退回普洱，輒行畏懼自戕，緬匪遂鴟張無忌，此歷來貽誤情形也。至命楊應琚前往，調度乖方，致賊匪入關，騷擾土司。其種種欺謾，屢飭不悛，取罪實在於此。及再命明瑞前往，仍令以總督經理邊情，並未遽欲興師遠涉，而所統八旗勁旅不過二千，又分其半與額爾登額由旱塔一路，取道合剿。迨明瑞自錫箔，蠻結拔寨殺賊，乘勝深入，轉戰至小猛育，爲時已久。屢促額爾登額移民往援，乃敢抗延不赴，又復紆道内地，明瑞等猶沿途接仗，期殿全師，竟以策應不前，捐軀以殉，其事遂難中輟。彼時緬酋懵駁雖曾具書軍營，懇停進剿，而所遣乃内地被留之兵丁許爾功等八人，并未專派大頭目賫表乞降。此則國體所關，豈宜輕納？是以置之不答。然猶冀其悔罪輸誠，尚可宥其既往，非必欲勞師動衆，爲犂庭掃穴計也。詎待至一載，逆酋猶頑梗怙終，我國家當全盛之時，豈可任小醜跳梁，不示懲創？況滇省綠營恇怯積習，久爲賊匪所輕，而阿里衮等亦未能相機部署，是以調遣吉林、索倫等慣能殺賊之人，并閩省水師，同赴滇省，水陸夾攻。又因大學士傅恒屢請前往督辦，其實心體國，經畫有方，體察形勢，所言始爲可信。遂命爲經略往蒞其事，此朕不得已用兵之苦心也。至傅恒於七月間自騰越進兵，視前此師期較早兩月，賊匪未及預防，因得由戛鳩一路統兵直進，收取猛拱、猛養，而其所經山徑崎嶇，江河紆阻，越險濟軍，備嘗勞瘁，且因敵刈糧，不藉内地轉餉，及至新街會兵，策勵將士，無不賈勇争先，於江岸沙洲連奪賊砦，殲賊五百餘，并殪其頭目，獲取舟航纛械，皆望風披靡。如此殫誠宜力，不畏艱險，實從來大臣所罕覯者！及進次老官屯，率衆攻剿，而賊所拒甚固，遂克屯西寨，誅戮賊衆，絕其糧援，復悉力圍其大寨，勢可計日而取。但其地水土惡劣，官兵多生疾病，即領隊大員亦間有染患身故者，將士等不用之於戰陣，而徒令其嘗試毒癘，於心實有所不忍。是以半月前即迭傳諭旨，決計撤兵。今傅恒等奏緬酋懵駁奉有蒲葉書，遣老官屯大頭目諾爾塔賫詣軍門，籲請貸其聲討。傅恒等移檄使受約束，義正詞嚴，姑從所請。賊衆甫經創衂，諒不敢遽萌故智。至傅恒請罪一摺，以爲力違衆議，執意請行，將此次出兵，引爲一人之罪，殊爲未喻朕意。此次出兵，非好大喜功，而傅恒承命經略，職分應爾，設以爲辦理非是，朕當首任其過，其次方及傅恒，豈宜獨以爲己責？昔皇祖於吴三桂一事，諭令廷臣集議，而主撤藩者，惟米思翰、明珠數人，後逆藩抗命，衆皆歸罪議撤之人，皇祖諭曰：『朕自少時以三藩勢焰日熾，不可不撤，豈因吴三桂反叛，委過於人？』大哉聖言，足爲萬世法守。傅恒此事，即可援以爲例。前於傅恒收服猛拱時，曾賜三眼孔雀翎，以示褒寵，傅恒懇俟功成後再用。今既未經攻克賊巢，前所賜翎即著繳回，仍用伊原戴之翎。即此於伊請罪之意，適足相當，想王大臣等亦當誠心允服也。」上賦《誌事》詩曰：「大勝新街武略張，勵師進取靖豺狼。雖云示創蠻江地，適有相求貝葉章。已自畏威而懷德，底期肉袒與牽羊。樊鄉悉恒非嘉畫，渾覺優恩俾樂康。」十二月，緬酋懵駁遣其大頭目十四人獻方物於軍。

三十五年二月，班師。三月，傅恒還至京。七月，卒。諭曰：「大學士一等忠勇公傅恒才識超倫，公忠體國，德心孚契，襄贊深資。自早齡侍直禁近，即覘其器宇非常，洊膺委任。旋以金川建績，錫爵酬庸，用是擢冠綸扉，綜理庶務，藎誠靡懈，罕有其比。西師之役，獨能與朕同志，贊成大勳。及崇爵再加，堅讓不受，尤足嘉焉！昨歲進剿緬甸，傅恒堅決請行，朕以萬里懸軍，情難深悉，而廷臣中更無可當斯寄者，因授爲經略，統率勁旅專征。傅恒自戛鳩濟師以後，身先士卒，艱瘁倍經，用能收服猛拱。迨會師蠻暮，襲擊新街，斬馘搴旗，賊皆潰竄。遂進攻老官屯，時傅恒已身染沉疴，猶力疾督勵兵衆，晝夜兼攻，剋期可卜。逆酋畏懼，具書懇請解圍，而朕亦因其地水土惡劣，軍中多病，先期降旨撤兵，并遣醫馳驛往視。春間傅恒於天津行在復命，見其形神頓異，隱慮難以就痊，猶冀其安居調理，以臻勿藥。詎自五月以後，病勢日益加劇，漸成不起，每朝夕遣使存問，賜以内膳羹麋，俾佐頤養。復間數日親臨視疾，見其有增無減，軫念彌殷。今聞溘逝，深爲震悼！所有衾襚之屬，業經從優頒賜。似此鞠躬盡瘁，允宜入祀賢良祠。賞給内帑銀五千兩治喪，并著户部侍郎英廉經理其事，朕仍親臨奠醊。其應得卹典，著該部察例具奏。」上親臨其第酹酒，製詩曰：「瘴徼方欣輿病迴，侵尋辰尾頓增哀。鞠躬盡瘁誠已矣，臨第寫悲有是哉！千載不磨入南恨，半途乃尊濟川材。平生忠勇家聲繼，汝子吾兒定教培。」又命喪葬儀節，視宗室鎮國公例行，賜祭葬有加禮，謚文忠。十一月，諭曰：「大學士忠勇公傅恒，曩者金川奏績時，以其祖父世篤忠貞，流光鍾慶，曾諭令建立宗祠，自其曾祖哈什屯以下，官爲春秋致祭。傅恒今其一體入祠，酬庸俎豆。」

三十六年，上巡畿輔，駐蹕天津行宫，傅恒前歲復命處也。追憶之，詩曰：「去歲滇南力疾迴，恰斯面晤憶生哀。樸齋即景依然也，前席言人何往哉！自古同爲閱世客，祇今誰是作霖材？自憐無助消挨者，後進方當竭力培。」三十九年，上以蹕途所經，賜奠其墓，詩曰：「佳城咫尺蹕塗旁，涖止因之酬桂漿。已歷廿年資輔弼，又驚三載隔陰陽。先兹與汝應相恨，後此顧予轉自傷。無忘昭陵雖有例，那教賜奠痛文皇！」四十五年，上賦《懷舊詩》，以傅恒在綸扉二十三年，日侍帷幄，藎誠素著，年未七十，鞠躬盡瘁以喪，甚傷惜之。詩曰：「世臣更近戚，丹誠素所信。命之習政事，幹材亦日進。金川往經略，旌旗改觀奮。然其時其勢，未宜深入迅。郎卡既怖讋，特許歸降順。凱旋賚黄閣，章服三錫晉。西師兩用兵，同心卻衆論。坐謀無不協，用蕆大功建。其後征緬甸，力請往抒藎。猛拱既收服，官屯進圍困。祇以水土劣，兵役多病頓。值彼悔罪請，爰撤師旅振。然因受瘴深，兼悔墮功悶。遂以永辭世，飾終典空綣。嗟我社稷臣，所期寧在近。年少長於余，騎箕惜且恨。」

雜録

備録

趙翼《簷曝雜記》卷二　傅文忠文學雖不深，然於奏牘案卷，目數行下。遇有窒礙處，輒指出，并示以宜作何改定，果愜事理，反覆思之，無以易也。余嘗以此服公，公謂無他，但諳事熟耳。尹文端以南巡事，隔歲先入覲。公嘗命司屬代作詩相嘲，中有句云「名勝前番已絶倫，聞公搜訪更爭新」，文忠輒易「公」字爲「今」字，便覺醖藉，可見其才分之高也。文忠不談詩文，而極愛才。余在直時最貧，一貂帽已三載，毛皆拳縮如蝟。一日黎明，公在隆宗門外小直房，獨呼余至，探懷中五十金授余，囑易新帽過年。時已殘臘卒歲，資正缺，五十金遂以應用。明日入直，依然舊帽也。公一笑不復言。嗚呼！此意尤可感已。

昭槤《嘯亭雜録》卷一　上既誅訥親，知大權之不可旁落。然國無重臣，勢無所倚，以傅文忠恒爲椒房懿親，人實勤謹，故特命晚間獨對，復賞給黄帶、四團龍補服、寶石頂、雙眼花翎以示尊寵。每遇事必獨攬大綱。文忠承志行旨，毫不敢有所專擅。上尚時加訓迪。一日御門，文忠後至，踉蹌而入。侍衛某笑曰：「相公身肥，故爾喘吁。」上曰：「豈惟身肥，心亦肥也。」文忠免冠叩首，神氣不寧者數日。故當時政治寬厚，無侵擅之弊焉。

昭槤《嘯亭雜録》卷八　傅文忠公恒以椒房勳戚，當朝軸者幾二十年，惟以尊奉前輩，引擢後進爲要務，故一時英俊之士多集於朝。如孫文定嘉淦、岳威信鍾琪、盧巡撫焯等皆起自廢棄田里，畢制府沅、孫文靖士毅、阿相國爾泰、阿文成桂皆公所賞識者，後皆爲封疆大吏。其子文襄王復以英年擁節，屢鎮邊隅，累世三公，門多故吏，殊有袁氏之風。聞公款待下屬，每多謙沖，與其同几共榻，毫無驕汰之狀。汪文端公死，公爲之代請，得蔭其子承霈爲部曹。舒文襄公籍没遣戍，公代贖其宅，俟其歸而贈之，故皆感佩其德，久之不衰。然於恩怨分明，有詆之者，務爲排擠。又頗好奢靡，衣冠器具皆尚華美，風俗因之轉移，視諸盧懷慎布衣脱粟，呂蒙正之休休有容者，殊有愧於昔也。

陳康祺《郎潛紀聞二筆》卷四《傅文忠得納誨之道》　高宗嘗諭傅文忠公恒：「佛法清浄，於身心亦有裨益，公餘宜孳究内典。」公奏云：「佛法先戒貪嗔癡，皇上天亶聰明，尚有時嗔怒過節，如臣庸愚，恐學亦徒勞。」又一日進見，高宗偶論魏徵敢諫。公云：「魏徵每陳諫牘，唐太宗不但不怒，並有褒賞，魏徵見是敢諫便宜，故不憚直言。」上領之。偉哉！文忠得大臣納誨之道矣。

陳康祺《郎潛紀聞三筆》卷七《傅文忠身後贈郡王爵銜》　察哈爾總管李榮保，傅文忠公父也，殁時官止二品，例不給謚。自乾隆間文忠以大學士平大金川凱旋，特敕照勛臣額亦都、佟國維例，建宗祠祀傅恒曾祖哈什屯、祖米思翰、父李榮保，春秋官爲致祭，並追謚李榮保曰莊悫。文忠疊奏邊功，殊寵冠代，然生前封爵亦止一等公，異姓之臣，靡可復加也。自公子福康安纘世節鉞，勤勞尤多，嘉慶元年卒，詔贈郡王爵銜，並推恩伊父傅恒，亦追贈郡王。先聖後聖，教忠教孝，破格之典，以獎有功，非獨私於戚畹也。

公保，勳臣爲明參政亮、額經略勒登保、德繼勇楞泰、那制府彦成。惟彭軍門承堯、王軍門得祿，以綠營將佐得雙眼花翎之賜，尤爲寵遇優隆。以槤之不肖，於九齡時即蒙純皇帝賜雙眼花翎，實爲千古榮遇，至今思之猶感激涕零云。

右錄宗室昭槤撰。

藝文

《四朝詩史》甲集卷二魏源《讀國史館列傳》 君不見傅公誓軍金川震，屢詔班師不奉命。議功議能議貴親，訥張竟殉三軍令。伊犁議起憂西顧，舉朝贊決惟一度。力排羣疑擴漢疆，廟堂戰勝憑疏附。商必應宮桴應鼓，從古風雲扈龍虎。姚崇若在賊早平，幾時間氣嵩嶽生。保和殿大學士傅恒。

備論

《國朝耆獻類徵初編》卷二九 國初諸勳臣以開刱大功，賜紫者不乏其人。乾隆中閣臣，則傅文忠恒、福文襄王康安、阿文成桂、和相珅，勳戚則福駙馬隆安、福尚書長安，超勇親王拉旺多爾濟、海超勇蘭察，皆賜紫色輿服。嘉慶中，慶文恪公桂、德繼勇楞泰、額經略勒登保，以平定三省教匪功，亦賜紫焉。

國初勳臣功績偉茂，多有賜雙眼花翎者。乾隆中，賜雙眼花翎者閣臣爲傅文忠公恒、尹文端繼善、兆文毅惠、舒文襄赫德、于文襄敏中、阿文成桂、和相珅、福文襄康安、孫文靖士毅。勳臣爲富勤勇德、伊□□勒圖、海超勇蘭察、永制府保、覺羅制府吉慶、和制府琳。嘉慶中得賜者，閣臣爲保文恪甯、慶文恪桂、勒相

戴震部

綜述

《漢學師承記》卷五　戴震，字慎修，一字東原，休寧人。祖寧仁，父弁，皆不仕。君年十歲，乃能言，就傅讀書，過目成誦。塾師授以《大學章句》右經一章，問其師曰：「此何以知爲孔子之言而曾子述之？又何以知爲曾子之意而門人記之？」師曰：「此子朱子云爾！」又問：「朱子何時人？」曰：「南宋。」又問：「曾子何時人？」曰：「東周。」又問：「周去宋幾何時？」曰：「幾二千年。」曰：「然則子朱子何以知其然？」師不能答。讀書一字必求其義，塾師略舉傳註訓解之，意不釋，師惡其煩，乃取許氏《說文解字》令檢閱之，學之三年，通其義，於是《十三經》盡通矣。隨父客南豐，課學童於邵武。自邵武歸，年甫二十，同縣程中允洵，一見奇之。時江君慎修來歙，見君，目爲儒者，一日，舉歷算中數事，曰「吾積疑十有餘年而未剖析者」，君爲之比較，言其所以然。江君驚喜曰：「今之定九也！」年二十八，補縣學生，家屢空而學日進，著《考工記圖》、《屈原賦注》、《勾股割圜記》，流傳浙東西，天台齊侍郎召南讀其書，恨不識其人。江南惠定宇、沈冠雲二徵君，皆引爲忘年交。

乾隆二十七年壬午舉於鄉，策蹇至京師，困於逆旅，人皆以狂生目之，幾不能供饘粥。獲交於錢少詹大昕，稱爲「天下奇才」。秦文恭公纂《五禮通考》，求精於推步者，少詹舉君名，文恭延之，纂《觀象授時》一類。後高郵王文肅公安國，請君至家塾，課其子念孫，一時館閣通人，如河間紀庶子昀、嘉定王編修鳴盛、青浦王蘭泉先生、大興朱笥河先生，皆與之定交，從此海內知東原氏矣。試禮部不第，後朱方伯珪招之游晉，修《汾州府志》。三十八年，奉召充《四庫全書》館纂修官。三十九年乙未，特命與會試中式者同赴廷對，授翰林院庶吉士。四十二年五月，卒於官，享年五十有五。

生平無嗜好，惟喜讀書，詞義鈎棘難通之文，一再讀之，涣然冰釋。其學長於考辨，立一義初若創獲，及參互考之，確不可易。《春秋》「昭公二十二年十月王子猛卒」，而其夏秋已兩書王猛，說者莫得其解。解之曰：「王猛與鄭忽，皆以國氏者也。王者諸侯目王畿之辭，非天子之號。《春秋》凡書王，猶列國之書其國；書天王，猶列國之書爵。故王人與列國書人同爲微者，王猛與鄭忽同以國氏，忽未即位而出，奔歸不得書爵，書世子，正其復國也；王子猛未即位稱王，故卒稱王子，若先正其號曰王，不得復稱王子矣！」《周髀》言「北極璿璣四游」，又言「正北極樞璿璣之中」，後人多疑其說。解之曰：「『正北極』者，《魯論》之『北辰』，今人所謂『赤道極』，一也。『北極璿璣』者，今人所謂『黄道極』也。『正北極』者，左旋之樞；『北極璿璣』，每晝夜環之而成規，冬至夜半在正北極下，是謂北游所極；日加卯之時，在正北極之左，是爲東游所極；日加午之時，在正北極之上，是爲南游所極；日加酉之時，在正北極之右，是爲西游所極；此璿璣之一日四游所極也。冬至夜半起，正北子位，晝夜左旋一周，而又過一度，漸進至四分周之一，則春分夜半爲東游所極；又進至夏至夜半，爲南游所極；又進至秋分夜半，爲西游所極。此璿璣之一歲四游所極也。《虞夏書》：『在璿璣玉衡以齊七政』，蓋設璿璣以擬黄道極，世失其傳也。」

今人所用三角八線之法，本出於勾股；而尊信西術者，輒云勾股不能御三角。折之曰：「《周髀》云：『圜出於方，方出於矩，矩出於九九八十一』三角中無直角，則不應乎矩，無例可比矣，必以法御之，使成勾股而止，八線比例之術，皆勾股法也。嘗謂：「儒者治經，宜自《爾雅》始，世所傳郭注，已刪節不全，邢疏又多疎漏，如《釋言》：『桄，充也。』六經無桄字，鄭注《樂記・孔子閒居》皆訓『横』爲『充』；『横』『桄』古通用。《書》：『光被四表』，《漢書》引爲『横被四表』，今《孔傳》猶訓『光』爲『充』，文譌而義不殊也。《釋言》：『庥，廕也。』即《詩》『不可休思』之『休』。《釋木》『桑柳醜條』，即《詩》『蠶月條桑』之『條』。《莊子》云『已而爲之者，已而不知其然』，當從《釋詁》解『已』爲『此』。」其考證通悟多如此。

《水經注》譌舛多矣，王伯厚引經文四事，其三事，皆注之溷於經者，則經注之淆，南宋時已然。君獨尋其義例，區而別之云：經文每一水云「某水出某郡縣」，此下不更舉水名；注則兼及所納羣川，故須重舉。經云過某縣者，統一縣而言，注則詳言所逕委曲，故有一縣而再三見者。經據當時縣治；善長作注時，縣邑流移，是以多稱故城，經無言故城者也。經例云過，注例云逕，以是推之，經注之淆者可正也。閻百詩、顧景范、胡朏明雖善讀古書，猶未悟斯失，至君始釐正之，今武英殿所刊，即用其校本，海內始復見此書之真面目焉。

嘗論學云：「經之至者，道也；所以明道者，辭也；所以成辭者，字也。必由字以通其辭，由辭以通其道，乃可得之。」又云：「治經之難，雖一事必綜其全而覈之。誦《堯典》至「乃命羲和」，不知「日月星辰」之所以運行，則掩卷不能卒業。誦《周南・召南》自《關雎》而往，不知古音，徒强以協韻，則已齟齬失讀。誦古禮先士冠禮，不知古者宮室衣服等制，已迷於其方，莫辨其用。不知古今地方沿革，則《禹貢》職方山鎮川澤，《春秋》列國疆域，會盟攻戰之地，失其處所。不知古今推步之長，則如《夏書》之「辰不集於房」，魯太史引以爲「正陽之月孟夏」，《東晉・古文尚書》繫之「季秋」，《小雅》十月之交，鄭康成以爲「周正十月」，劉原父以爲「夏正十月」，《春秋傳》兩記「日南至」，《歷代史志》載步算家上考曲合其一，而卒違其一，儒者何以識古今之真僞，辨鑿解之得失，決魯歷至朔之當否？不知少廣旁要，則《考工》之器，不能因文而推其制；不知鳥獸草木蟲魚之名號狀類，則比興之意乖。六書之學，訓詁音聲，未始相離；聲與音，又經緯衡從宜辨；魏有孫叔然剏立翻語，厥後考經論韻悉用之，昔人以譯西域釋氏之言，釋氏之徒，羣習其法，因竊爲己有，謂來自西域，儒者數典，不能記憶也。管呂言五聲十二律，宮位乎中；黄鍾之宮四寸五分，爲起律之本，學者蔽於鍾律失傳之後，不追溯未失傳之先，宜乎其說之多鑿也！」

又訓學者二：「曰私曰蔽。私生於欲之失，而蔽生於知之失；異氏尚無欲，君子尚無蔽；異氏之學主靜以爲至，君子强恕以去私，而問學以去蔽，主以忠信而止於明善。凡生於其心，必發於其事。私者遂己以縱欲，無良而懵不畏明，無私矣，尚不能無蔽；蔽者不求諸事情，以其意見，信爲義理，公而不能明，廉潔而流於刻。《記》曰：『夫民有血氣心知之性，而無喜怒哀樂之常，應感起物而動，然後心術形焉。』凡有血氣心知，於是乎有欲。性之徵於欲，聲色臭味而愛畏分；既有欲矣，於是乎有情；性之徵於情，喜怒哀樂而慘舒分；既有欲有情矣，於是乎有巧與智；性之徵於巧智，美惡是非而好惡分。生養之道，存乎欲者也；感通之道，存乎情者也。二者自然之符，天下之事舉矣！盡美惡之極致，存乎巧者也，宰御之方，由斯而出；盡是非之極致，存乎智者也，聖賢之德，由斯而備。二者亦自然之符，精之以底於必然，天下之能舉矣！君子之治天下也，使人各得其情，各遂其欲，勿悖於道義；君子之自治也，情與欲使一於道義。夫遏欲之害，甚於防川，絕情去智，充塞仁義。人之飲食也，養其血氣；而其問學也，養其心知；是以貴乎自得。血氣得其養，雖弱必强；心知得其養，雖愚必明；是以貴乎擴充。君子獨居思仁，公言言義，動止應禮，竭所能之謂忠，履所明之謂信，平所施之謂恕，馴而致之，仁且智，不私不蔽者也。君子之未應事也，敬而不肆，以虞其疏；事至而動，正而無邪，以虞其僞；必敬必正，而要於致中和，以虞其偏其謬；戒疏在乎戒懼，去僞在乎慎獨，致中和在乎達禮，精義至仁，盡倫天下之人，同然而歸之善，可謂至善矣！夫以理爲學，以道爲統，以心爲宗，探之茫茫，索之冥冥，不若反求諸《六經》，此《原善》之書所以作也！

其所撰述，有《毛鄭詩考正》四卷，《考工記圖》二卷，《孟子字義疏證》三卷，《方言疏證》十三卷，《原善》三卷，《原象》一卷，《勾股割圜記》三卷，《策算》一卷，《聲韻考》四卷，《聲類表》十卷，《儀禮正誤》一卷，《爾雅文字考》十卷，《屈原賦注》四卷，《九章補圖》一卷，《古曆考》二卷，《曆問》二卷，《水地記》一卷，《戴氏水經注》四十卷，《直隸河渠書》六十四卷，《文集》十卷，皆由曲阜孔戶部繼涵爲刊行之。君沒後十餘年，高廟校刊石經，一日，命小璫持君所校《水經注》，問南書房諸臣曰：「戴震尚在否？」對曰：「已死。」上嘆息久之。時人皆謂君若不死，必充纂修官。嗟乎！君以庶吉士，得邀特達之知，亦可謂稽古之榮矣！同時學者：郡人鄭牧、方矩、程瑶田、汪龍。

《清史列傳》卷六八《戴震傳》 戴震，字東原，安徽休寧人。讀書好深湛之思。少時，塾師授以《說文》，三年盡得其節目。年十六七，研精注疏，實事求是，不主一家。與郡人鄭牧、汪肇龍、汪梧鳳、方矩、程瑶田、金榜從婺源江永游，震出所學質之永，永爲之駭歎。永精《禮經》及推步、鍾律、音聲、文字之學，惟震能得其全。性特介，年二十八，補諸生。家屢空而學日進。與吳縣惠棟、吳江沈彤爲忘年友。以避讐入都，北方學者，如獻縣紀昀、大興朱筠，南方學者，如嘉定錢大昕、王鳴盛，餘姚盧文弨，青浦王昶，皆折節與交。尚書秦蕙田纂《五禮通考》，求精於推步者，大昕舉震，蕙田延之，纂《觀象授時》一門。乾隆二十七年，舉鄉試。三十八年，詔開《四庫》館，徵海内淹貫之士，司編校之職，總裁薦震充纂修。四十年，特命與會試中式者同赴殿試，賜同進士出身，改翰林院庶吉士。震以文學受知，出入著作之庭，館中有奇文疑義，輒就咨訪。震亦思勤修其職，晨夕披檢，無間寒暑，經進圖籍，論次精審。所校《大戴禮記》、《水經注》，尤精覈。又於《永樂大典》内得《九章》、《五曹算經》七種，皆王錫闡、梅文鼎所未見，震正譌補脫以進，得旨刊行，御製詩冠其卷首。四十二年，卒於官，年五十有五。

震之學，由聲音文字以求訓詁，由訓詁以尋義理。謂：「義理不可空憑胸臆，必求之於古經；求之古經而遺文垂絕，今古懸隔，必求之古訓。古訓明則古經明，古經明則賢人聖人之義理明，而我心之所同然者，乃因之而明。義理非他，存乎典章制度者也。彼歧訓詁義理而二之，是訓詁非以明義理，而義理不寓乎典章制度，勢必流入於異學曲說而不自知也。」震爲學精誠解辨，每立一義，初若創獲，及參考之果不可易，大約有三：曰小學，曰測算，曰典章制度。其小學者，有《六書論》三卷、《聲韻考》四卷、《聲類表》九卷、《方言疏證》十卷。漢以後轉注之學失傳，好古如顧炎武亦不深省。震謂指事、象形、諧聲、會意四者，爲書之體；假借、轉注二者，爲書之用。一字具數用者爲假借，數字共一用者爲轉注，初、哉、首、基之皆爲始，卬、吾、台、予之皆爲我，其義轉相注也。又自漢以來古音寖微，學者於六書諧聲之故，靡所從入，顧氏《古音表》入聲與《廣韻》相反。震謂有入無入之韻，當兩兩相配，以入聲爲之樞紐，真至仙十四韻，與脂、微、齊、皆、灰五韻同入聲，東至江四韻及陽至登八韻，與支之佳、咍、蕭、宵、肴、豪、尤、侯、幽十一韻同入聲，侵至凡九韻之入聲，則從《廣韻》無與之配，魚、虞、模、歌、戈、麻六韻，《廣韻》無入聲，今同以鐸爲入聲，不與唐相配，而古音遞轉及六書諧聲之故，胥可由此得之，皆古人所未發。

其測算書，有《原象》四篇、《迎日推策記》一篇、《句股割圜記》三篇、《曆問》一卷、《古曆考》二卷、《續天文略》三卷、《策算》一卷。自漢以來疇人不知有黄極，西人入中國，始云赤道極之外，又有黄道極，是爲七政。恒星右旋之樞，詫爲《六經》所未有。震謂西人所云赤極，即《周髀》之正北極也。黄極即周髀之北極璿璣也。《虞書》在璿璣玉衡，以齊七政。蓋設璿璣以擬黄道極也。黄極在柱史星東南，上弼少弼之間，終古不隨歲差而改。赤極居中，黄極環繞其外，《周髀》固已言之，不始於西人也。又月建所指，亦謂黄極。夫北極璿璣，冬至夜半恒指子，春分夜半恒指卯，夏至夜半恒指午，秋分夜半恒指酉，以《周髀》四游所極推之，則月建十有二辰，爲黄極夜半所指顯然，漢人以爲斗杓移辰者，非也。又漢以來九數佚於秦火，儒者測天，多不能盡句股之蘊。西人傳弧三角術，推步始爲精密，其三邊求角，及兩邊夾一角求對角之邊，加減捷法，梅氏用平儀之理爲圖闡之，可謂剖析淵微。然用餘弦折半爲中數，則過象限與不過象限，有相加相減之殊，未爲甚捷也。震謂用餘弦者，或加或減，易生歧惑。乃立新術，用總較兩弧之矢相較，折半爲中數，則一例用減，更簡而捷矣。蓋餘弦者矢之餘也，八線法弧小，則餘弦大，弧大則餘弦小，弧若大過象限九十度，則餘弦反由小而漸大。惟矢不然，弧小則矢小，弧大則矢大，弧若大過象限九十度，則矢更隨之而大，是矢與弧大小相應，不似餘弦之參差，故以易之。此立法之根，古人所未及也。

震所著典章制度之書，未成。有《詩經二南補注》二卷、《毛鄭詩考》四卷、《尚書義考》一卷、《儀禮考正》一卷、《考工記圖》二卷、《春秋即位改元考》一卷、《大學補注》一卷、《中庸補注》一卷、《孟子字義疏證》三卷、《爾雅文字考》十卷、《經說》四卷、《水地記》一卷、《水經注》四十卷、《九章補圖》一卷、《屈原賦注》七卷、《通釋》三卷、《原善》三卷、《緒言》三卷、《直隸河渠書》六十四卷、《氣穴記》一卷、《藏府算經論》四卷、《葬法贅言》四卷、《文集》十二卷。

震卒後，其小學，則高郵王念孫、金壇段玉裁傳之；測算之學，則曲阜孔廣森傳之；典章制度之學，則興化任大椿傳之：皆其弟子也。後十餘年，高宗以震所校《水經注》問南書房諸臣，曰：「震尚在否？」對曰：「已死。」上惋惜久之。

雜錄

備錄

《昭代名人尺牘小傳》卷二三 戴震，字東原，休寧人。乾隆壬午舉人，薦充四庫館纂修官。少從江慎修遊，禮經、制度、名物及推步天象，皆洞徹原本。既乃研精漢儒傳注及說文諸書，由聲音文字以求訓詁，由訓詁以尋義理，實事求是，不主一家。乙未，特授翰林院庶吉士。著有《毛鄭詩考正》、《杲溪詩補注》、《尚書義考》、《儀禮考正》、《考工記圖》、《爾雅文字考》、《大學補注》、《中庸補注》、《孟子字義疏證》、《續天文略》、《水地記》、《方言疏證》、《原善》、《原象》、《曆問》、《古曆考》、《勾股割圜記》、《策算聲韻考》、《聲類表》、《屈原賦註》、《東原文集》等書。所校《大戴禮記》、《水經注》尤精核。

陳康祺《郎潛紀聞三筆》卷八《戴東原幼時之質疑問難》 戴東原編修，生十歲始能言，就傅讀詩，過目成誦。塾師授以《大學章句》右經一章，問其師曰：「此何以知爲孔子之言，而曾子述之？又何以知爲曾子之意，而門人記之？」師曰：「此子朱子云爾。」又問：「朱子何時人？」曰：「南宋。」「曾子何時人？」曰：「東周。」「周去宋幾何時？」曰：「幾二千年。」曰：「然則子朱子何以知其然？」師不能答。後讀他經書，一字必求其義，塾師略舉傳注訓解之，意不釋，師乃取許氏《說文解字》令自檢閱，學之三年，通其義，於是《十三經》盡通矣。今人讀書，或習其文詞而昧其訓詁，或泥於一解而闇於全經，或誤於蒙師先人之言，或奪於功令速化之習，宜乎丱角則並下十行，白首而不識一字，亦知前輩經師爲童子時，便能質疑問難，實事求是如是耶？

陳康祺《郎潛紀聞四筆》卷四《戴震竊書反咎人竊》 戴東原博極羣書，主張漢學，其平日撰著，極不喜程、朱之說。晚嬰末疾，自京師與族人祖啟書曰：「生平所記，都茫如隔世，惟義理可以養心耳。」不知東原所謂義理者，與宋學家所得淺深何如？又云：「吾所著書，强半爲人竊取。」按：東原《畿輔水利志》，竊之趙氏東潛；《水經注》竊之全氏謝山，張石洲抉發無遺，已成定讞。乃竊人反咎人竊，豈所謂「穿窬之家屢失藏金耶」？

備論

《文獻徵存錄》卷八 江都汪中作贊曰：國朝通儒，若顧亭林、閻百詩、胡朏明、惠定宇、戴東原，皆繼往開來者。亭林始闢其端，河圖洛書至胡氏而絀，中西推步至梅氏而精。力攻古文者，閻氏也；專治《漢》《易》者，惠氏也。及東原出，而集大成焉。作六儒頌贊之。其服膺戴氏之學至矣。

《碑傳集》卷五〇王昶《戴東原先生墓志銘》 銘曰：鄭孔既歿，大義寖湮，各以闚觀，莫溯其全。先生觥觥，搜元摘祕，貫串三才，上窮六藝。公卿動色，天子嗟咨，媲古大師，誰曰非宜。能蛇召災，遺言在笥，吾言匪誣，俟諸百世。

藝文

《四朝詩史》乙集卷六汪淵《拜戴東原先生震墓》 今古一邱貉，斯人千載生。遺書刊曲阜，絕學繼康成。國史儒林重，頭銜翰苑輕。傷心封馬鬣，松柏作秋聲。

玉几山前路，行人讀斷碑。九原兄弟共，偕弟合葬。《四庫》姓名垂。與修《四庫全書》。奪席傳家學，窮經獲主知。我來樽酒奠，落日壟頭悲。

紀昀部

綜述

《漢學師承記》卷六　紀昀，字曉嵐，一字春帆，晚年自號石雲，獻縣人也。世爲河間著姓，祖天申，有善行；父容舒，官姚安太守。河間爲九河故道，天雨則窪中汪洋成巨浸，夜有火光，天申夜夢火光入樓中而公生，火光遂隱，人以爲公乃靈物託生也。少而奇穎，讀書過目不忘，夜坐暗室内，二目爍爍如電光，不燭而能見物，比知識漸開，光即斂矣。

年二十四，乾隆丁卯科解元。甲戌成進士，授庶吉士，散館授編修。己卯，充山西鄉試正考官。庚辰，充會試同考官。辛巳，京察以道府記名。壬午，充順天鄉試同考官，命提督福建學政。於癸未授侍讀，明年丁父憂，服闋，充日講起居注官，擢左庶子。戊子，授貴州都勻知府，以四品留任，晉侍讀學士，緣事罣誤，發烏魯木齊效力。至戍所，時遣戍單丁，五年内積至六千人，爲都統具奏稿，得旨減釋爲民。辛卯，召還，授編修。三十八年，擢侍讀，命爲《四庫全書》館總纂官。丙午，授侍讀學士，充文淵閣直閣事，日講起居注官。己亥，擢詹事，旋晉内閣學士。壬寅，授兵部右侍郎，仍兼直閣事，改任不開缺，乃異數也，又轉左侍郎。甲辰，充會試副考官，知武會試貢舉。乙巳，晉左都御史。丙午，轉禮部尚書，充經筵講官。戊申，賜紫禁城騎馬，充武會試正考官。壬子，畿輔水災，奏請截留南漕萬石，設十廠賑饑，全活無算。嘉慶元年丙辰，充會試正考官，轉兵部尚書。己未，充武會試正考官。癸亥六月，以八旬開秩，上遣官齎上方珍玩賜之。是年，奏：「婦女猝遭强暴，捆縛受污，不屈見戕者，例無旌表。臣謂捍刃捐生，其志與抗節被殺者無異。如忠臣烈士，誓不從賊，而縶縛把持，雖使跪拜，可謂之屈膝賊廷哉？請敕交大學士、九卿、科道公議與未被污者略示區別，量予旌表。」大學士保寧等議奏：如「凶手在兩人以上，顯係孱弱難支，與强姦被殺者一體予旌，飭交各督撫勘明情形，請旨定奪。」報可。乙丑正月，奉旨調禮部尚書、協辦大學士，加太子少保，管國子監事。十五日，卒於位，年八十有二。奉旨：

「紀昀學問淹通，辦理《四庫全書》，始終其事，十有餘年，甚爲出力。由翰林洊歷正卿，服官五十餘載。本年正月，甫經擢襄綸閣，晉錫宫銜，遽聞溘逝，深爲軫惜！加恩賞陀羅經被，派散秩大臣德通，帶同侍衛十員，前往賜奠，並賞庫銀五百兩，經理喪事，任内處分，悉予開復，應得卹典查例具奏。」賜祭葬，予謚文達。

公於書無所不通，尤深漢《易》，力闢圖書之謬。《四庫全書提要簡明目録》，皆出公手。大而經史子集，以及醫卜詞曲之類，其評論抉奥闡幽，詞明理正，識力在王仲寶、阮孝緒之上，可謂通儒矣！胸懷坦率，性好滑稽，有陳亞之稱；然驟閧其語，近於詼諧，過而思之，乃名言也。公一生精力，粹於《提要》一書，又好爲稗官小説，而懶於著書，少年間有撰述，今藏於家，是以世無傳者。今録公所作《戴氏考工記圖序》一篇，以見梗概。【略】同時翁君覃谿者，亦爲漢學，收藏金石碑版文字，著有《經義考補》、《兩漢金石文字記》，行於世。

《清史列傳》卷二八《紀昀傳》　紀昀，直隸獻縣人。乾隆十二年第一名舉人。十九年，成進士，改庶吉士。二十二年，散館，授編修。洊擢詹事府左春坊左庶子，充日講起居注官。昀官編修，於二十六年京察一等，以道府記名。三十三年二月，補貴州都勻府知府。上以昀學問優，外任不能盡所長，命加四品銜，留庶子任。四月，擢翰林院侍讀學士。六月，前兩淮鹽運使盧見曾獲罪，有旨籍其家。昀與盧爲姻，漏言於見曾孫蔭恩，革職逮問，戍烏魯木齊。三十五年，釋還。三十六年，上幸熱河，十月，昀迎鑾密雲，御試《土爾扈特全部歸順詩》，立成五言三十六韻以進，得旨優獎，復授編修。

三十八年二月，命儒臣校覈明代《永樂大典》，詔求天下遺書，開《四庫全書》館，選翰林院官專司纂輯。大學士劉統勳以昀名薦充纂修官，後又奏《全書》浩博，應斟酌綜覈，以免掛漏參差，舉昀及提調官郎中陸錫熊爲總辦，搜輯《大典》中逸篇墜簡，及海内秘笈萬餘部，釐其應刊、應鈔、應存者，依經史子集，部分類聚，撮其大凡，列成總目，爲《提要》二百卷，上之。諭曰：「《四庫全書》處將《大典》内檢出各書，陸續進呈，朕詳加披閲，問予題評。見其考訂分排，具有條理，而撰述提要，粲然可觀，則成於紀昀、陸錫熊之手。昀學問本優，校書亦極勤勉，甚屬可嘉！著加恩授爲翰林院侍讀，以示獎勵。」十一月，補侍讀。三十九年七月，上以《總目提要》卷帙繁，命紀昀輯《簡明書目》一編。上求遺書，凡中外所獻，擇其珍本，制詩弁於首。昀進書部凡百，御題所進孫覺《春秋經解》，有「邵張珍弆今歸紀，汲古深心有足多」之句。十月，以子汝佶逋負罣議降調，詔改降三級留任。故事，降留官遇陞缺不予開列。四十年，吏部請除翰林院侍讀學士，無昀名，上以昀於《四庫全書》盡心裒輯，命一體列名。四十一年正月，擢侍讀學士，充文淵閣直閣事。九月，復充日講起居注官。四十二年，館臣校書錯誤應議，昀以特旨免。四十四年三月，擢詹事府詹事。四月，擢内閣學士，兼禮部侍郎。四十六年，《提要》成，進御，上嘉其詳覈，命優敘。四十七年，擢兵部右侍郎。四十八年，轉左侍郎。

四十九年，上南巡，行在發《御製濟水考》寄昀，命據各說經家及輿地家詳考之。五十年正月，擢都察院左都御史。四月，員外郎海昇毆斃妻吳雅氏，詭言自縊死。事覺，命昀鞫其獄，覆檢不實，部臣議鐫職，詔改革職留任。五十二年，遷禮部尚書，充經筵講官。五十四年，賜紫禁城騎馬。五十六年，再調左都御史。五十七年，畿輔歲歉，飢民多就食京師。昀奏言：「直隸河間等府，二麥歉收，命截漕五十萬石備賑，而領賑百姓，有極貧、次貧之不同。次貧之户，可以支持待賑，不肯輕去其鄉；至極貧之户，一聞米貴，不能不就食他方。近京之處，多先赴京城傭工餬口，恐聚集日多，未必能人人得所，又兼已扶老挈幼，拮据得至，勢難即返就糧。是此項流户以極貧之故離其鄉井，轉不能同沐皇仁，似爲可憫。定例，每年自十月初一日起，至次年三月二十日止，五城原設粥廠十處，每日領官米十石，由坊官煮放，外來流户，原可同霑。但自夏至冬，爲期尚遠，恐貧民迫不及待，且人數較多，米數亦未必能敷。伏思偏災不過四府，賑米有餘，請於原額五十萬石内，酌撥京城數千石，自六月中旬爲始，每廠煮米三石，至十月初一日後，則於原額十石之外，加煮米二石，仍均以三月二十日爲止。其米先於京倉支用，將來於截漕數内撥還。庶貧民就食者，得以在京存留，不致間關遠去，明春易於還鄉，不誤耕作。即各處聞有此信，來者較多，伊等本係應賑之人，此間多一人領粥，則本地少一人領米。計人數米數，仍屬相當，亦不慮本處給散之不足。如此一轉移間，所需賑米仍在截漕原額之内，而貧民在鄉在外，皆得均霑，於賑務更爲周到。」疏聞，下廷臣議，從之。八月，復遷禮部尚書，仍署左都御史。

十二月，奏：「考試《春秋》，向用胡安國《傳》，而胡《傳》一書中，多有經無傳，出題之處不過數十。即如本年鄉試，竟有一題而五省同出者，其三四省相同，不一而足。士子不讀全經，不知本事，但記數十破題，便敷人試之用。且胡安國當宋南渡時，不附和議，作是書以諷高宗而斥秦檜，其人品剛正而借經立說，與孔子之意不相比附。恭讀聖祖仁皇帝《欽定春秋傳說彙纂》，駁胡《傳》者數十百條。皇上《御製文》，亦多駁其說。而科場所用，以重複相同之題，習偏謬失當之論，殊覺無謂。請嗣後《春秋》題，俱以《左傳》本事爲文，參用《公羊》、《穀梁》之說。在三傳親承聖教，既較三千年後儒學家之論爲得其真，而士子不讀《左傳》不能成文，亦足以勸經學而裨文風。」疏入，得旨允行。六十年，與千叟宴。嘉慶元年六月，調兵部尚書。十一月，復調左都御史。二年，遷禮部尚書。四年，充《高宗純皇帝實録》館副總裁。七年，昀年八十生日，命署上駟院卿，賞賚珍幣，至昀家賜之。六月，署兵部尚書。

七月，上孝淑皇后奉安事宜，陳奏失詞，部臣議鐫職，詔改革職留任。又以咨送議處司員祇宋其沅一人，爲御史鄭敏行所劾，部臣如前議，詔改降三級留任。其後孝淑皇后奉安禮成，命再予量減有差。十月，奏：「定例，凡婦女强姦不從，因而被殺者，皆准旌表。其猝遭强暴，綑縛受污，不屈見戕者，則例無旌表。伏思此等婦女，舍生取義，其志本同，徒以或孱弱而遭獷悍，或孤身而遇多人，此其勢之不敵，非其節之不固，卒能捍刃捐生，與抗節被殺者無異。譬如忠臣烈士，誓不從賊，而紮縛把持，强使跪拜，可謂屈膝賊庭者乎？請敕交大學士、九卿、科道公議，與未被污者略示區別，量予旌表。」尋議如兇手在兩人以上者，顯係孱弱難支，與强姦被殺者一體予旌，令各督撫勘明奏請上裁。報可。

是月，昀有疾，命軍機章京富綿率醫官王詔恩視之。十年正月，以禮部尚書、協辦大學士，加太子太保，管國子監事。二月，卒。諭曰：「紀昀學問淹通，辦理《四庫全書》始終其事，十有餘年，甚爲出力。由翰林洊歷正卿，服官五十餘載。甫經擢襄綸閣，遽聞溘逝，深爲軫惜！著加恩賞陀羅經被，著散秩大臣德通帶領侍衛十員，前往祭奠；並賞廣儲司庫銀五百兩，經理喪事。其任内降革處分，悉予開復。應得卹典，該衙門察例具奏。」尋議賜祭葬如例，予謚文達。

昀官庶吉士時，應制圓明園及扈蹕熱河行圍，皆與賡和天章。洎纂輯《四庫全書》，賞賚同内廷翰林。又以侍讀特召入重華宫賦詩與宴，後乃歲以爲常。其兼文淵閣直閣事，自侍讀學士至尚書，皆如故。所纂輯如《熱河志》、《歷代職官表》、《河源紀略》、《八旗通志》，暨方略、會典、《三通》諸館，咸總其事。

子汝佶，江西九江府通判。嘉慶十二年，《高宗純皇帝實録》告成，敘昀功，恩賞汝佶同知，後補江南江寧府同知。汝似，分發廣東縣丞。孫樹馨，一品廕生，官刑部雲南司郎中，現任宜昌府知府。

陳其元《庸閒齋筆記》卷五《紀文達烟量》　河間紀文達公酷嗜淡巴菰，頃刻不能離，其烟房最大，人呼爲「紀大烟袋」。一日當直，正吸烟，忽聞召見，亟將烟袋插入靴筩中，趨入，奏對良久，火熾于襪，痛甚，不覺嗚咽流涕。上驚問之，則對曰：「臣靴筩内走水。」蓋北人謂失火爲「走水」也。乃急揮之出，比至門外脱靴，則烟燄蓬勃，肌膚焦灼矣。先是，公行路甚疾，南昌彭文勤相國戲呼爲「神行太保」，比遭此厄，不良于行者累日，相國又嘲之爲「李鐵拐」云。

陳康祺《郎潛紀聞初筆》卷八《紀文達不没人長》 乾隆丙子，紀文達公以扈從道出古北口，偶見旅壁一詩，剥落過半，中有「一水漲喧人語外，萬山青到馬蹄前」二句，公奇賞之。壬午順天鄉試，公充同考官，得朱子穎孝純投詩作贄，則是聯在焉。因歎鍼芥之契，果有夙因。後公出督閩學，嚴江舟中賦詩云：「山色空濛淡似煙，參差緑到大江邊；斜陽流水推篷望，處處隨人欲上船。」嘗語子穎，謂此首實從萬山句脱胎，人言青出於藍，今日乃藍出於青。此固騷壇佳話，亦可見前輩之虚心盛德，不没人長也。

陳康祺《郎潛紀聞初筆》卷八《紀文達公逸事（二則）》 紀文達會試時，出孫端人宫允人龍門下。孫豪於酒，嘗憾文達不能飲，戲之曰：「東坡長處，學之可也，何併其短處亦刻畫求似？」及公典試，得葛臨谿太史正華，酒量冠一世，公亟以書報孫。孫覆札云：「吾再傳而得此君，聞之起舞，但終憾君是蜂腰耳。」承平士大夫詩場酒社，諧謔風流，令人慨慕。

紀文達自言：自四歲至老，未嘗一日離筆硯。乾隆壬子三月，偶在直廬，戲謂友人云：昔陶靖節自作挽歌，余亦自題一聯曰：「浮沈宦海如鷗鳥，生死書叢似蠹魚。」百年之後，諸公書以見挽足矣。劉文清公墉笑曰：「上句殊不類公，若以挽陸耳山，乃確當耳。」越三日，而陸副憲訃音至。文達紀之《槐西雜志》，以爲事有先兆云。

陳康祺《郎潛紀聞初筆》卷八《紀文達撰恭進四庫全書表》 乾隆朝開《四庫全書》館，惟紀文達公昀始終其事，其後恭進全書表，相傳公振筆疾書，文不加點，同館莫不歎服。時總其事者，復令陸耳山副憲錫熊、吴稷堂學士省欽，合撰一表，終不愜意，乃以公所撰表書二人銜名以進。純皇帝閲未終卷，顧謂諸臣曰：此表必紀某所撰，遂特命加賞一分。文達碩學鴻才，固爲本朝有數人物，亦由遭際隆盛，睿照如神，天球河圖，獲供明堂清廟之用，可歎羡也。

陳康祺《郎潛紀聞初筆》卷一〇《紀文達硯銘》 潘文恭公初入翰林，以歙硯求銘於紀文達，公爲之銘：「棱棱有骨作作芒，取墨則利穎亦傷，繄包孝肅豈不剛，我思韓范富歐陽。」案：文恭少年渾涵端重，文達正當以風骨勖之，何反慮其過剛，殊不可解。

陳康祺《郎潛紀聞二筆》卷六《紀文達訪獲永樂大典》 朱竹垞官翰林時，尋訪《永樂大典》不獲，每太息曰：「被李自成𩨦馬蹶矣。」不知三百餘年埋藏灰塵中，卷帙實哀然無恙。紀文達公在翰林院署齋戒，始於敬一亭上得之。按：《鮚埼亭集》，謝山先生嘗與臨川侍郎就翰林院同抄《永樂大典》中祕帙，是物色此書，不始於文達。或秘閣清嚴，陳編繁冗，自二公後無問津者，故文達以爲創獲耳。每直宿之暇，翻閲一過，已記誦大略。後纂輯《四庫》書，經文達一手裁定，宜其溯源徹委，抉奥提綱，如駕輕車而就熟道也。見劉文恪公權之所作公遺集序。

陳康祺《郎潛紀聞二筆》卷六《紀文達不輕著書之原因》 紀文達平生未嘗著書，間爲人作序記碑表之屬，亦隨即棄擲，未嘗存稿。或以爲言。公曰：「吾自校理祕書，縱觀古今著述，知作者固已大備。後之人竭其心思才力，要不出古人之範圍，其自謂過之者，皆不知量之甚者也。」我輩薄植，偶作一二短書雜説，輒姁姁姝姝，有亟於表襮之心，讀此能不顔厚。

陳康祺《郎潛紀聞二筆》卷一一《紀文達奏對之敏》 紀河間性坦易，喜滑稽，名言雋語，流播最多。相傳其奏對之敏捷，亦爲一時朝士所深佩。嘉慶初，實録館請議敍，或言其過優，仁宗以問公。公不言可否，而對曰：「臣服官數十年，無敢以苞苴進者，惟戚友浼臣爲其先人題主或銘墓，雖厚幣輒受之矣。」上恍然曰：「然則朕爲先帝推恩，何嫌其厚？」遂如所請行。此猶小事也。乾隆某年，考試差後，有宣布前列詩句者，臺臣密以告，將興獄矣。高宗召公問之，公頓首曰：「如臣即洩漏者。」問何故？曰：「書生習氣，見佳作必吟哦，或記誦其句，欲訪知爲何人手筆，則無意中不免洩漏矣。」天顔大霽，遂寢其事。

陳康祺《郎潛紀聞三筆》卷八《紀文達硯銘之用意》 紀文達公性好硯，嘗以九十九硯名其齋。硯必有銘，信手摛辭，皆有深意。如赤石硯云：「迂士得之，琢雕爲樸。」淄石硯云：「刻鳥鏤花，彌工彌俗。」螭紋硯云：「雕鏤盤螭，俗工之式。」仿宋硯云：「石則新，式則古，與其雕鎪，吾甯取此。」圭硯云：「腹劒深藏，君子所惡。」紫石硯云：「摭一語於葩經，曰尚有典型。」升恒硯云：「作頌稱觥，用兹摛藻。」黼斧硯云：「黼黻昇平，藉有文章，老夫耄矣，猶思拜手而賡颺。」留耕硯云：「作硯者誰，善留餘地，忠厚之心，慶延於世。」壺盧硯云：「雖畫壺盧，實非依樣。」又曰：「既有壺盧，無妨依樣。」金水附日硯云：「金水二星，恒附日行，天既成象，地亦成形。」月隄硯云：「緬想昌黎，百川手障。」挈瓶硯云：「守口如瓶，鄭公八十之所銘。我今七十有八齡，其循先正之典型，毋高論以驚聽。」劉文正公硯云：「如鄭公笏，千秋生敬。」又一硯云：「此是乾隆辛卯歲醉翁親付老門生。」公殁後，其門人出公所藏硯，各拓一本，用昌黎《石鼓歌》韻，紀之以詩。

陳康祺《郎潛紀聞四筆》卷九《乾隆召紀昀屬對》 乾隆中，紀文達公召對，上示以所用鼻煙壺，刻「此地有崇山峻嶺茂林脩竹」十一字，上顧謂文達曰：「汝善屬對，能對此乎？」文達應聲曰：「若周之赤刀大訓天球河圖。」上悅，即以壺賜之。一作彭文勤事，或云劉金門事。

雜錄

備論

《碑傳集》卷三八朱珪《協辦大學士禮部尚書文達紀公昀墓志銘》 銘曰：

九河之尾馮夷宮，或噓金闕珠光熊。緋衣游戲波濤東，紀氏陰德英産鍾。蔚爲文伯氣吐虹，與我訂交金蘭同。五十九年寅協衷，離合疏數惟化工，表公之石磨桓豐。

藝文

張穆《殷齋詩集》卷二《獻縣紀文達公故里》 日華宮圮經神絶，紅杏園荒詩骨枯。天爲斯文留斷簡，地逢昭代起名儒。韜胸緯略排中壘，信手文章衍大蘇。日暮景成東望久，童童喬木繞雲敷。

李侍堯部

綜述

《清史列傳》卷三二《李侍堯傳》 李侍堯，漢軍鑲黃旗人。高祖李永芳，天命三年，以明撫順所遊擊投誠，屢立戰功，授一等伯，世襲，自有傳。曾祖釋迦保，祖祈天保，皆襲爵。父元亮，累官至户部尚書，謚勤恪，入賢良祠。

侍堯於乾隆元年授六品廕生。八年，補印務章京。九年，授副參領。十三年十月，遷參領。十一月，調印務參領。十四年，擢正藍旗漢軍副都統。十七年六月，授公中佐領。十二月，調熱河副都統。二十年五月，擢工部右侍郎，兼管鑲白旗漢軍副都統。六月，調户部右侍郎。

十一月，署廣州將軍。二十一年三月，劾前將軍錫特庫等廢弛馬政，空額五百餘，得旨，錫特庫交部嚴議。廣州駐防漢軍甲兵三千，諭以千五百出旗，轉補綠營兵缺，實以在京滿兵千五百。侍堯奏綠營未建兵房，請將從前水師營空房給出旗兵住，諭如所請。六月，奏滿洲、漢軍駐防各半官制兵額事宜：「一、滿洲、漢軍各設協領一，原設漢軍參領八，請改爲漢軍佐領。應添設滿洲佐領八，其防禦、驍騎校各裁八員，即將所裁俸支給新添佐領。一、水師旗營甲兵應於壯丁内各半挑補，水師營協領請作爲滿缺，佐領、防禦、驍騎校等官缺，亦應各半挑補。一、漢軍筆帖式三，請裁一，以一作滿缺。一、漢軍清字員外郎八，請裁四留四缺，挑補滿洲。一、漢軍原設領催三百二十，請裁八十，漢軍、滿洲各設百二十。並請設前鋒百五十、委署前鋒校十二，應支銀米，將議裁官兵俸餉抵給。一、額設礮手三十名，請裁六，與弓、鐵匠均各半補。一、綠營步糧八百分，請酌留四百分，補留旗壯丁，餘四百分俟缺出，扣歸綠營。」部議從之。

七月，署兩廣總督。二十二年十月，奏：「廣東各州縣買補倉穀，將上、中、下三等穀兼買充數，開上價報銷。至借糶時則於應碾米者用上穀，應借糶用中、下穀。」諭曰：「所奏甚悉情弊。上、中、下三穀，碾米多寡迥殊。若聽其將中、下穀石混開上穀價值，而以借糶爲銷穀地步，僕役之獲利益多，而窮民之受虧益甚。廣東既有此弊，他省諒亦不能盡無。著傳諭各督撫，嗣後買補倉穀，當嚴飭州縣親自碾試，務得上穀。其該管官盤查，併當一體碾試，不得徒以額貯數符，遽行出結。儻有徇隱，即令分賠。」又奏廣東制錢有攙和古錢，並吴逆僞號錢，請查禁。諭曰：「前代廢錢，流傳至今，已屬無幾。該省攙和行使，相沿已久。若盡行查禁，轉使吏役得以借端滋擾。如唐、宋、元、明之舊錢，不妨仍聽民便。至僞號錢文，仍當嚴行禁革。著該督撫等出示曉諭，所有利用等僞號錢文，准民間檢出，官爲收换。如係小錢，則兩文换制錢一文，小民自當踴躍從事。所换僞錢，即供鼓鑄之用。」十二月，疏言：「廣州駐防更换滿兵，其出旗漢軍兵曠米及扣缺官俸米，共截存萬四千餘石，可平糶以便民。」諭如所議行。二十三年，奏守備張彬佐禁村民演劇，被民人聚衆毆傷，現飭審是否村民違禁演劇，恃衆逞兇，抑或該守備尋釁滋事。諭曰：「據所奏，似欲以官民計較曲直，殊未得懲創惡習之意。地方莠民恃衆逞兇，不畏官兵，至公然肆行毆辱，刁悍已極。無論該弁巡查禁諭，本係職守當爲，而刁民輒行抗拒，固當痛加懲治；即或有滋事情弊，召侮有由，自當不論曲直，先治匪棍，然後徐議劣弁，以飭官方，庶刁悍之徒稍知畏懼。」

二十四年正月，實授兩廣總督。五月，劾碣石鎮總兵書德侵挪公帑，玩視巡洋，諭嚴鞫，論罪如律。九月，奏外洋夷船到粤，請禁帶絲出洋，從之。十二月，奏防範外商規條五：「一、洋船銷貨後，應飭依期回國，禁止住冬；一、洋商館毋許漢奸私行交易；一、内地行商，毋許借洋商貲本；一、洋商毋許雇内地厮役；一、洋船泊處，守備一員督同弁兵防範。」下部議行。二十五年正月，奏：「粤海關外洋商船出入，向於正税鉛鈔外，另有官吏家人通事巡役等規禮，以及分頭、擔頭等項銀，從前私收入己。後經奏報歸公，則例内仍臚列前項名色，請删除，統列歸公銀若干。省城大關及海洋各口，向有書役、家人等飯食、舟事等費，勢難裁汰，亦備列則例内，請於歸公造報外，另刊應支條款，送部按年覈銷。」下部議行。四月，疏言：「粤東左翼總兵既改外洋水師，應照碣石、南澳二鎮例，一體巡洋。」諭如所請行。廣西貴縣僮民韋志剛滋事不法，先經巡撫鄂寶請褫知縣石崇先職，上以事係知縣查出，命暫停革職。侍堯尋奏先經面諭該縣體勘，始行查報，得旨，將崇先逮問。旋審明志剛實無陰謀不法事，崇先妄事猜疑，率行混稟，應照溺職例革職。諭曰：「石崇先即非避重就輕如鄂寶原奏，亦並未姑息養奸如李侍堯所云也。在石崇先不過以韋志剛恃符武斷，情似謀逆，不及詳悉體究，遽行通稟，誠不免冒昧，而鄂寶惟恐李侍堯先行入告，致落人後，故飛章參審。李侍堯復以鄂寶已經奏聞，又故甚其詞，爲『面諭體勘』之語。今水落石出，不能科韋志剛以謀逆之罪，乃反坐該縣以率報之愆，而督撫如不預焉者，屬員皆有人心，何以使之折服耶？即此一事觀之，則該督撫二臣之不能和衷共濟，已可概見，此特其一事耳。設兩省地方公務，俱如此各懷意見，豈足以鼓勵人才，振肅綱紀？將朕所憂於二臣者，又不僅在於此事之虛實矣。在韋志剛雖無謀逆情事，其恃强豪横，惡跡纍纍，擬以發遣，自所應得；知縣石崇先革職之處，俟該部議覆時，另降諭旨。著將此旨傳諭李侍堯、鄂寶，嗣後務宜痛加省改，固不可一味和同，亦不可各挾私意。總以一秉虛公，破除習氣，副朕委畀封疆至意。」十一月，請加徵粵海關補平銀，經户部議駁。諭曰：「所駁甚是。此項銀兩，如果埽數起解，自足敷該部兑收，是以向來從未有短少掛批案件，何至近日遽有不敷部收之處？看來，該關起解縱未必短少，而解員中途滋弊，諒所不免。著李侍堯嗣後起解税銀，應慎選謹飭之員管解，仍留心查察，勿令滋弊。儻有侵蝕，即行嚴參示懲。」二十六年正月，授户部尚書。十月，承襲勳舊佐領。十一月，授正紅旗漢軍都統。二十七年，京察，加一級。

二十八年五月，授湖廣總督。七月，奏：「湖北丞倅佐雜各員，遇委署差遣，本任不另委員署理。現飭藩司，凡有委署出差者，另委接任，以專責成。恐他省亦有此積習，請敕部通行查禁。」從之。又奏：「已革武昌府知府錫占任内有未買倉穀一萬石，將穀價交存江夏縣庫。及查奏銷册，錫占原報實貯，並無『未買』字樣，且其中缺數頗多，尚有發各屬代買未經交足者，並有屬員事故穀竟無著者，司道俱以實貯無缺結轉。現委員查錫占缺穀實數，勒限清交，並飭司將通省倉穀澈底盤查。」上嘉之。八月，奏湖廣鹽價過昂，已查出擡價病民商人，依律懲治，請酌中定價，作爲限制。諭兩淮鹽政高恒赴楚會議。尋奏請按淮商成本酌加餘息定制，諭曰：「所奏允協，如所議行。從前湖廣鹽行之弊，總由不按淮商成本折衷定價，是以漢口各商從中意爲低昂，甚至擡價賒欠侵吞，種種作奸，而埸商窵遠阻礙，不得不受其挾制。今高恒遵旨前往，李侍堯與之協力清釐，將成本覈定，加以餘息，明定限制，清理皆得其平，鹺政可以永行無弊。」十月，加太子太保。十一月，疏言：「兩湖各營，如宜昌鎮，洞庭協，漢陽、荆州、常德、岳州等營，原設水師戰船巡哨，未定章程。現分飭各鎮、協、營分定管轄水道里數，責各將備督率巡防。中有地方遼遠，兵船較少者，酌量抽撥。」上可其奏。二十九年六月，奏湖南各營千總、外委請歸督臣考驗拔補。七月，奏：「湖南辰州府屬乾州同知及鳳凰營通判，分駐苗疆。前因紅苗滋事，每廳撥給標兵百、把總一；又寶慶府同知，亦議給標兵百、把總一。今苗民向化，所撥弁兵，請裁。」均下部議行。八月，疏言：「州縣造報詞訟，僅止開列事由，巡道往查，亦照所報呈送，餘皆隱匿，以致無從查驗。請嗣後責道府詳查報册，如有未經造報之案，提卷察覈，果無枉斷延擱，仍照造册遺漏請參道府扶同徇隱者並處。」上嘉其奏，交部議行。又請仍復楚省驛站赴口買馬例，從之。

是月，調兩廣總督。三十年三月，奏督撫同城者，如遇水旱偏災，及勘收城工事，撫臣前往查辦，解審案件歸督臣審辦，從之。又請改瓊州水師副將爲海口營參將，左營都司改守備，又左翼、碣石二鎮標右營遊擊改都司，仍照舊巡洋。雷州協副將改雷州營參將，並裁中軍都司，以左營守備兼管。欽州土瑶錯雜，幅員較廣，所設遊擊，請改參將。下部議行。五月，廣西右江鎮總兵李星垣婪索土田州知州岑宜棟銀兩，諭侍堯嚴鞫。尋鞫實，定擬具奏，諭曰：「李侍堯審擬李星垣婪索土知州岑宜棟銀兩一摺，定罪甚屬失當。李星垣始向岑宜棟索借銀二千兩，因一時難以措應，輒將營中現存買補穀價一千五百兩，令其預領，俟秋間買穀交倉。旋令家人張同收取入己侵用。以庫貯買穀官項，假冒預發之名，巧爲騰挪，私充欲壑，非監守自盜而何？李侍堯並不按應得之罪定擬，乃引索借所部財物律，擬以絞候，轉似於本案加重科斷，錯謬已極。即其家人張同等承李星垣意指，兩次向岑宜棟勒索六百餘金，情均可惡，亦不應僅以杖責完結，已交部另行覈擬矣。李星垣係該督保舉堪勝總兵之任，今其贓罪敗露，猶欲爲人迴護，意從輕減。李侍堯著傳旨申飭。」尋奏請交部嚴加議處，部議革職。侍堯於六月丁艱卸任，奉旨，補官日降三級調用。九月，命署工部尚書，所降之級帶於新任。三十一年正月，署刑部尚書。七月，因兩廣總督任内失察糧道張曾受賕，部議革任，得旨，著於現任内降二級，從寬留任。三十二年三月，上以侍堯服制將滿，命回兩廣總督任。三十三年正月，奏請各標協營伍守糧缺出，必將兵丁有無子弟確查考補，不得以外來無籍人入伍，報聞。七月，劾潮州鎮總兵明達偪勒守備甘廷亮墊發齎摺路費，不准領項歸款，致廷亮自縊。命褫明達職，交侍堯嚴審。旋奏明達審無偪勒致死情事，查該員任内曾侵用馬價，擬罪如律。八月，户部奏驗兑粵海關税銀短少，命侍堯詳查覆奏。尋奏請嗣後税銀照依解部兑收法馬收足，即以原封批解，毋許鞘外另備添平，部議如所請。十二月，襲二等昭信伯。

三十四年，大軍征緬甸，命侍堯傳檄暹羅，如緬酋竄人，一體截擒。旋奏：「暹羅現爲甘恩敕竊據，其人係彼國亂臣，不宜傳檄移會。暹目莫士麟素恭順，臣作爲己意，檄令移會暹羅各夷目，密偵緬匪竄人境内擒拏具報。」上可其奏。三十五年二月，奏：「粵東民多偷渡臺灣，請於出口處發循環印簿，責成地方官逐日盤驗登記，按月呈繳。」報聞。五月，奏守備楊春榜至參將王希曾署稟事，忽自戕，請將希曾解任訊究。上以案内疑竇頗多，侍堯並不親提研鞫，飭之。尋奏查王希曾於楊春榜冒銷工程銀，不行糾舉，反侵收工料銀入己，致釀人命，擬戍。十一月，奏審擬豐順縣奸民朱阿姜潛謀不軌，請革知縣吴蘭穀職，並自請交部嚴議。上以該犯等糾黨結盟，事經兩月，知縣不能先期訪獲，革職未足示儆，命將蘭穀拏交刑部治罪；侍堯督拏首夥要犯妥速，從寬免議。三十七年三月，奏運庫公費充裕，請撥十萬兩解交藩庫充餉，下部議行。十一月，廣州將軍秦璜、副都統恒泰彼此訐奏，命褫秦璜等職，發侍堯查審。尋奏恒泰病故，據秦璜劾稱，以馬價餘銀私抵倒斃馬匹，訊無染指情弊；恒泰參秦璜加收房租及受賄挑補額缺等款，屬實，擬罪如律。三十八年，晉武英殿大學士，仍留總督任。

三十九年六月，奏安南内訌，現飭粵西鎮道嚴防夷兵竄入，得旨褒嘉。十二月，入覲，命紫禁城騎馬，賜黑狐端罩。四十年十月，奏審辦廣西高明縣民潛赴安南滋事案，查取失察職名，按其月日，將前署明江同知嵇璇開參。左江道秦廷基忽赴粵東謁見，先爲游説，希欲通融。前據太平府知府程太治、寧明州知州康坦嶽倒提月日，開送前任同知鄒錫彤職名，及指駁行提，復令州役甘華頂冒串供，種種舞弊，請將廷基等革職，嵇璇解任審訊。諭嘉其秉公，交部議敘。十二月，兵部咨粵東糾黨結盟案，不數月多至五起，應照例加重議處，武職雖協拏，從前究屬寬縱，未便即予免議。侍堯奏員弁既經協拏，若因破案多不准免議，必致暗爲消弭，兇徒轉多漏網，請將協拏員弁照例寬免。諭曰：「所奏是，已於摺内批示矣。地方武弁，平時不能約束稽查，致匪徒糾黨結盟，屢經犯案，自應示以重懲。如果實力查拏，有犯必懲，則藏奸自少。即所屬地方犯案較多，若知上緊緝拏，功過原可相抵。設仍予以議處，轉致各員弁自顧考成，暗爲消弭，於懲治奸匪，整飭吏治，均屬無益。李侍堯此摺爲挽回積習起見，所奏甚是。然亦惟該督向來董察屬僚，不事姑息，朕所深信，始可爲此言，若他人未可輕爲倣效也。此案著照李侍堯所請行。」四十一年二月，奏：「嘉應州斬犯蔡老三臨刑未經殺死，帶傷脱逃。奉委監刑之長樂縣知縣薛閎等未親往，遽報斬訖。次日獲犯正法，請將薛閎等革職拏問。」諭曰：「此事殊堪駭異，實爲從來未有。處決重犯奉委之知縣，及該營遊擊，並不親往監刑，委之吏目、千總微末員弁。黑夜行刑，並不親驗首級，致重囚臨刑脱逃，復敢捏報斬訖，實出情理之外。其行刑之兵丁黄仕榮顯有賄囑情弊，不可不嚴訊重懲。即鎮道等所報次日尋獲正法之處，亦恐難以憑信，併當嚴密訪查，勿使兇惡要犯，得以潛蹤漏網。所有知縣薛閎、署遊擊劉永惠、吏目鄭兆驥、千總劉駿俱著革職，拏交該督撫，同行刑之兵丁黄仕榮一併嚴審明確，從重定擬具奏。總督李侍堯、巡撫德保及該管提、鎮、道、府，著一併交部嚴加議處。」尋奏飭委護惠潮嘉道康基田赴嘉應查驗該犯屍首，處斬屬實，並究出兵丁黄仕榮於行刑時受賄全屍情節，仕榮擬斬，請旨即行正法。擬薛閎等罪如律。部議革侍堯任，得旨寬免。

四十二年正月，因緬酋悔罪投誠，籲請還人納貢，命大學士阿桂往滇董其事，調侍堯爲雲貴總督。諭曰：「雲貴總督現在辦理此事，爲最要之缺。各省總督老成有識，能辦大事，實無出李侍堯之右者，是以將伊調補。李侍堯到滇，將諸事妥爲經理。至開關通市以後，所有内地民人出口及嚴禁沿邊百姓，不許前往茂隆廠生理，諸事已詳悉面諭阿桂。李侍堯晤阿桂時，即可問明一切，悉商爲之。既定章程，阿桂即可回京，而實力永久查辦，則惟李侍堯是賴。」三月，京察，議敘加一級。因緬目孟幹入關稟稱象衆未到，還人納貢，請暫緩。四月，偕阿桂等奏：「孟幹等言詞反覆，現檄諭緬酋以蘇爾相、楊重英在内地不足輕重，送還與否，無關緊要，以折其居奇之心。」上嘉其深合機宜。又奏請禁止土人出關偵探，並得旨褒嘉。是月，命阿桂回京。緬甸尋送出蘇爾相，訊供解京，仍檄送還楊重英。六月，奏緬匪綻拉機稟請釋回孟幹等，並未提還人進貢，嚴諭來差傳知綻拉機，俟送還楊重英，奉表貢象，不但遣回孟幹，並准開市，嘉其所辦尤合機宜。又奏：「三十三年征緬甸在木邦殉難之原任永北同知胡邦佐、廣南府經歷許景淹因輾轉行查，迄今十年未具題，請賜旌卹。」上可其奏，下部議行。四十三年正月，奏：「把總李有貴在蠻墩盤獲進關奸民潘起，騰越州人，潛赴緬地，今進口爲賊探信，訊供解京。」上褒獎之，尋諭曰：「緬地水土惡劣，實非可用武之地。即或該處有可乘之隙，亦不肯兵出無名，興師涉遠，朕自有定見。李侍堯在滇一載，已熟悉緬地情形，且其平日閲歷年久，遇事亦知慎重，自不肯稍涉喜事，輕舉妄動。若緬甸内訌已成，上下瓦解，其頭目紛紛投出，能深悉其底裏，實在唾手可取，則又機不可失。李侍堯當酌量爲之。」六月，奏永昌、普洱等府界連緬甸，每歲派兵五千五百，在張鳳街、三臺山、九龍江等處防守。撥度邊情，實不值如此辦理。請於杉木隴設一大汛，撥騰越鎮標兵五百；干崖設一小汛，撥南甸左營兵二百，令各本營員弁輪駐巡防。又虎踞、銅壁等關，即於杉木、干崖兩汛分兵駐守，毋庸多派官兵滋費。下廷臣議行。

時滇撫裴宗錫以滇銅不敷額運，奏請調劑，命侍堯悉心籌畫具奏。十一月，請裁鑪座，並查明鑪欠，分別著賠。諭曰：「所奏仍未能善體朕意。如將有著無著之項概令攤賠，仍不脫從前陋習。著傳諭李侍堯等，將舊有廠欠之項，詳細覈查，其有著者若干，即將鑪户勒追。如逾限不交，查明家產抵補，未完之項，即於經手原放之員名下著追。無論現任、在籍，亦俱勒限追繳。如不能完，即將家貲、田產查封抵補，庶不致遷迴觀望。其從前實係無著之項，查明若干，即據實開單奏明，候朕覈定，降旨豁免。朕此次清釐，專在剔除積弊，即或應免無著之項稍多，亦所不惜。李侍堯不得存將項爲重之心，畏首畏尾，復涉含糊，致負朕諄切訓諭之意。」四十四年，奏滇省墮久鹽款，由於鹽斤無著，因勒限於本歲奏銷前，不准絲毫短缺。現任各員向井竈收買餘滷，提煎遺補，半年內鹽已足數。諭曰：「滇省墮久鹽款，情弊相仍，歷久未能釐剔。今李侍堯知致弊之由，勒限提辦，不及半年，而應存鹽數業已顆粒無虧。可見事在人爲，果能實心查辦，積弊自即肅清。」

四十五年三月，原任雲南糧儲道海寧向軍機大臣訴侍堯貪縱營私狀，奏聞，命尚書和珅、侍郎喀寧阿查辦。和珅等尋奏，查訊侍堯供認收受道府等官餽賂各款不諱。諭曰：「李侍堯身爲大學士，歷任總督，乃負恩婪索，盈千累萬，甚至向屬員變賣珠子，贓私狼籍。如此不堪，實朕夢想不到。不特朕用人顔面攸關，即各督撫聞之，無不慙愧痛恨矣！李侍堯著革職拏問，交和珅等嚴審定擬具奏。」命褫所襲伯爵，以侍堯弟江西提督李奉堯襲。五月，擬侍堯斬監候，下大學士九卿議，改斬決。復下各直省督撫議。十月，諭曰：「各省督撫覈擬李侍堯罪名一案，業已到齊。李侍堯以大學士兼管總督，受恩最深，乃敢營私敗檢，驕縱妄行，實出意料之外。覈其情罪，非僅如彰寶之因病任性，縱家人勒索供應者可比；較之從前恒文、良卿貪婪骫法，致罹刑憲，情節實約略相等。惟恒文等甫任督撫，即肆意婪贓，平日又無出力辦事之處；李侍堯則身任總督二十餘年，如辦理暹羅，頗合機宜，緝拏盜案等事，亦尚認真出力。且其先世李永芳於定鼎之初，歸誠宣力，載在旗檔，尤非他人所可援比。是以前於尚書和珅等照例定擬斬候，大學士九卿請改立決，朕復降旨令各督撫等各抒己見，確議具題，原欲以準情法之平。茲各督撫大率以身在局中，多請照大學士九卿所議，而閔鶚元則以李侍堯歷任封疆，幹力有爲，爲中外所推服，請援議勤、議能之文，稍寬一綫具奏。是李侍堯一身之功罪，原爲衆所共知，諸臣中既有仍請從寬者，則罪疑惟輕，朕亦不肯爲已甚之事。李侍堯著即定爲應斬監候，秋後處決。餘著照大學士九卿原擬行。」

四十六年三月，甘肅撒拉爾逆回蘇四十三滋事，特旨賞侍堯三品頂帶，並戴花翎，赴甘肅總辦軍務。四月，陝甘總督勒爾謹獲罪，命侍堯管理總督事。時大學士公阿桂奉旨剿辦逆回，閏五月，侍堯奏：「現調滿、漢屯土兵，臣抵省後，查覈軍糈頗裕，尚有陸續報運者，計算足敷儲備之數。」報聞。又偕阿桂奏賊於華林山築卡，我兵奮擊，克之，得旨嘉賚。先是，上以甘肅私收監糧折色，明係捏災冒賑，命阿桂會同侍堯詳查具奏。六月，奏甘肅捐監歸蘭州總辦，自開例即收折色，並未買糧歸倉，盤查出賑，俱屬虛文，捏冒侵吞屬實，請旨將前任藩司王亶望任內假捏結報之歷任道、府，直隸州革審。命將前任蘭州府知府蔣全迪，臯蘭縣知縣程棟革職，拏解蘭州審訊。此外各員交吏部查明曾任蘭州道及首府、首縣者，一體革職拏問，其餘各道、府、州、縣加恩免其提訊。是月，殲斃賊首蘇四十三。七月，逆回平。

尋偕阿桂奏冒賑舞弊之司道以下各官，現據蘭州府知府陸瑋等將浮冒銀數，及餽送上司各款，逐一供認。八月，諭曰：「甘省私收折色一案，骫法營私，弊端百出，已將首先倡議侵冒分肥之勒爾謹、王亶望、王廷贊、蔣全迪等分別明正典刑矣。至此案大小各員通同侵蝕，自應按律問擬，以彰國憲而警貪婪。但人數較多，若概予駢誅，朕心有所不忍，著傳諭阿桂等，將各該犯所有侵冒銀數，其有二萬兩以上者，俱當問擬斬決；二萬兩以下者，入於情實；其一萬兩以下各犯，亦應問擬斬候，請旨定奪。所有應行定擬案犯，俱著提本年勾到以前具奏，毋致延緩。」是月，阿桂赴豫督辦河工。九月，侍堯奏請將冒賑二萬兩以上之程棟等二十員正法，餘分別定罪有差。又奏：「蘭州城西南兩面，均山高於城，逆回在華林山憑高下擊，城守兵無可遮蔽。且該處人烟輳集，屋宇直接城垣，易於攀攻。請西自外城安定門起，由拱蘭門迤東至風神廟止；又自通遠門東南角起，由迎恩門至廣武門北角止，添建城垣，西南兩關廟居民，勸諭遷移撤屋，以留火道。華林山應築營堡，移督標右營官兵駐劄。」得旨，如所議行。

四十七年三月，奏皋蘭等三十四廳、州、縣，虧缺庫項八十八萬八千餘兩、倉糧七十四萬一百餘石。覈冊檔，自雍正年間至乾隆二十年以前，即有虧欠銀，自數十兩至千餘兩；糧自數十石至四五百石。二十年後，虧缺日甚，多者至萬餘石。上司捏結報題，致州縣毫無忌憚。現今查出二十年至四十年虧項，積至四十二萬，俱係挪新掩舊。今四十年後，自總督以至州縣，俱治罪抄産無可追賠，其四十年溯自二十年之累任各官，應照任内虧空之四十二萬擬定成數，加倍賠補，有無力完繳者，入通案各員名下分賠，其尚有八十二萬餘，請於臣及司、道、府、廳、州、縣養廉内攤賠。諭曰：「倉庫正項銀兩，竟敢任意侵欺。即令加倍賠補，亦所應得。但念歷年已久，各州縣輾轉接收，較之折捐冒賑，昧良舞弊者，尚屬有間。其濫行出結保題之各上司，咎止失察，著加恩將虧空四十二萬之數，照依原單，按其在任久暫，照股分賠，毋庸加倍賠補。至該督所稱其餘尚有八十二萬餘兩，未便竟歸無著，請於現任總督及司、道、府、廳、州、縣各員養廉内攤扣三成，陸續歸補等語。甘省積弊相仍，爲從來未有之奇事。此等劣員，既經冒賑殃民，又復侵虧正帑，實屬罪無可逭。昨已將閔鵷元等交軍機大臣，會同英廉等詳加覈奏，降旨分別辦理。至李侍堯、福崧等辦理此案，澈底清查，尚屬實心。即現在道、府、州、縣各員，多係新任，若令攤扣養廉，辦公未免竭蹷，且恐將來轉有藉詞賠累，復致虧缺之弊，並著一體加恩，免其分賠。此次寬免後，若再有虧缺，一經查出，斷不能爲之曲貸也。」四月，奏虧空案内，查有節年民欠未完籽種口糧銀一項，除節次邀恩豁免外，尚有應徵積欠倉糧二百萬石有餘，折銀三十萬兩有餘，請分年帶徵。諭曰：「甘省地瘠民貧，朕前節年加恩出借緩徵，用紓民力。在小民感激朕恩，自無不踴躍輸將。但念該省每遇偏災，動項賑卹，多爲劣員等侵蝕冒銷，閭閻未得普霑實惠，甚非朕惠養黎元之意。今該省積弊已除，所有此項積欠銀兩，著加恩全行豁免。」五月，命給予現任品級頂帶。八月，加太子太保。四十八年三月，請增甘肅衝途州縣養廉，下部議行。四月，因奏參洮河廳同知李天植承修築工折收料物一案，未將失察之知府附參，部議降二級調用，得旨，寬免留任。六月，奏河州改協爲鎮，鞏、秦二營向隸固原提標，請改歸洮岷協專轄，下部議行。

四十九年閏三月，廣東監生譚達元控總商沈冀川斂派公費，餽送前督臣李侍堯，經欽差尚書福康安審訊，照因公科斂所屬財物例定擬。諭曰：「李侍堯久任封疆，素能辦事，是以加恩復行録用。自簡任陝甘總督以來，於勦捕逆回、查辦監糧二事，尤能認真出力，而地方諸務，亦俱實心整頓。其令總商科斂公費，購買物件，與枉法受財者有間，所用公費銀兩，議令按數賠繳，亦足蔽辜。李侍堯著加恩免其治罪，從寬改爲革職留任。」四月，奏：「肅州、安西等處雇車出口，向例每百里給價一兩六錢，經烏魯木齊都統海禄查奏，止給一兩。續經覈奏，每百里給六錢。應查歷任報銷浮冒各員一體查辦。但此項車價，原係照例給價，其咎在明知例價有餘，不行呈出，尚與舞弊有間。可否罰令加倍賠繳，免革職治罪。」上可其奏。

是月，甘肅鹽茶廳小山逆回田五等聚衆滋事，諭侍堯會同固原提督剛塔迅速勦捕。尋奏帶同臬司陳步瀛前往籌辦，諭侍堯應以速以嚴。尋奏田五竄回小山，慮勾結各處新教，現密飭附近州縣，及河州、西寧回族較多地方，留心防範。諭曰：「此案田五等復敢倡設新教，糾衆滋事，究係從前李侍堯未能殲絶根株，以致復萌餘孽，自難辭辦理不善之咎；而此時緊要關鍵，總以安撫舊教爲主。」侍堯旋奏：「拏獲田五等家屬，並夥賊多名，解鹽茶廳收禁。臣即馳往審辦。」諭曰：「據奏田五等家口已被拏獲，李侍堯親往審訊。所有田五蹤跡及起事緣由，均無難澈底根究。著李侍堯於審明後，即將現獲各犯，分別淩遲斬梟，一面奏聞，一面正法。」五月，奏賊匪至打喇赤，復回撲鹽茶，恐劫家屬，調固原兵彈壓。命侍堯速遵前旨，將所獲賊夥犯屬審明。尋奏：「田五中槍傷，在馬營自戕，餘匪竄徐家溝，添派官兵痛勦。又據賊供，意欲回搶鹽茶，約人内應。已將供出各犯密拏收禁，隨將田五等家屬正法。」諭曰：「李侍堯等辦理此案，甚屬妥速。且鹽茶廳拏禁賊犯及犯屬甚多，昨經降旨，令該督等先行審明，即將各該犯正法，以絶賊人窺伺搶救之心。今李侍堯於未奉諭之前，業已籌慮及此，將各要犯四十九名即行正法，與朕所降諭旨符合，足見其能辦事，本應即予優敍，但此案究係李侍堯前此查辦新教未能浄盡，平日又疎於防範所致，功過兩不相掩。李侍堯著交部議敍。」侍堯奏：「賊匪撲靖遠城，經官兵擊退。臣現已馳抵靖遠，賊竄窩石山梁。因大雨，軍裝火藥潮溼，俟天晴進兵。」諭曰：「此時李侍堯在靖遠駐劄，不過籌辦糧草事務，可以委道員等代辦。李侍堯當前往馬家堡，督率調度，較之剛塔一人在彼，呼應更爲得力。況鹽茶監禁賊回家屬俱已正法，其靖遠内應回民亦經按名拘獲正法，賊匪現退入山内，自不能復至靖遠滋擾。即或拚命回撲，官兵正可就其出時，半路截殺，更易爲力。現在賊所據馬家堡前、左、右三面俱係深溝大河，官兵嚴密圍攻，已如釜底游魚，困守空山，食盡計窮，自不能長久占據。惟堡後靠山踞險，防其別尋路徑，或由山後逸出。該督等不可專意在前攻圍，疎防後路，致賊人或乘間竄逸。」

李侍堯旋奏馬家堡賊翻後山遁，上以侍堯安坐靖遠，並不親往調度，嚴飭之，諭部停其議敘。時賊匪竄西鞏，上慮驛路梗塞，令設法安置郵傳。賊又遁馬營街，侍堯親赴軍營，由安定一帶賊蹤較近處駐劄。諭曰：「李侍堯既知親往辦理，即當星赴馬營街打仗處所，與剛塔等面商妥辦。乃僅於賊蹤較近之處，逗遛駐劄，是何言耶？著再傳旨嚴行申飭。」時通渭縣之石峯堡先有賊接應。上以侍堯屢失機宜，命大學士公阿桂、尚書福康安馳往督師。侍堯尋奏：「賊自馬家堡竄後，剛塔徒事尾追；及至西鞏，賊復遁馬營街，恐與石峯堡賊會合。臣兼程赴安定堵禦。」諭曰：「摺內措詞，皆隱隱參奏剛塔。總督與提督，平日雖屬平行，至行軍之時，一切皆應聽總督調度。如李侍堯親往打仗處所督辦，剛塔仍然怯懦不前，原不妨據實參奏。乃該督惟知安坐觀望，逗遛靖遠，及賊已遠颺，惟知以落在賊後歸咎剛塔。試思伊不又落剛塔之後乎？」尋奏通渭城陷，西安副都統明善陣亡。上以侍堯辦理不善，致各路賊蔓延勾結，嚴飭之。侍堯奏賊據石峯堡，飛札領隊大臣五岱派兵堵截。諭曰：「李侍堯既慮及賊人侵擾後路，即應星赴打仗處所，與五岱等面商辦理。且賊已南竄，安定一帶，驛遞往來均無阻礙，有何必須該督親身在彼料理之事，乃仍於該縣安然逗駐，惟以札致了事，其故實不可解。」又奏盤獲賊探徐璠成，究出通賊之犯數十，隨拏到京。據供欲往蘭州、河州，勾合新教。上以蘭州省會重地，河州尤係回民巢穴，飭侍堯嚴防。

時因奉節次飭詢諭旨，逐款覆奏。諭曰：「從前甘省蘇四十三因新舊爭教，地方官辦理不善，致釀事端。小醜跳梁，立時撲滅。經朕節次降旨，令李侍堯將通省新教回民，嘗不動聲色，密行查辦遠遣，斷絕根株，以靖邊疆而安良善。查辦新教，係李侍堯分內專責，經數年間，該督祇查拏一二人，奏明辦理。乃爲時無幾，遂有固原所屬小山回民田五等聚衆謀逆之事，攻城掠堡，傷害官兵。因令李侍堯查明賊人起事根由，據奏靖遠城內回民於本年三月十五日衆新教回人齊集禮拜寺，將田五糾衆謀逆情節告知，約令臨期內應等語。是賊人多係新教，久蓄逆謀，公然於縣城中齊集糾約，李侍堯安坐省城，毫無聞見。其從前查拏一二回匪，不過藉以塞責，而其並不實心查辦，已屬顯然。迨賊首田五就斃，餘黨竄入馬家堡，剛塔等帶兵追捕。李侍堯惟知株守靖遠城審辦賊犯家屬，而於一切攻剿機宜，竟視爲非伊總督應辦之事，祇委之提督，以致軍營統攝無人，賊匪乘間翻山而遁。經朕再四訓飭，李侍堯始行移駐安定，仍與剛塔等軍營相距遥遠，彼此信息，祇憑文劄往來。行軍之道，有如此之玩延怯懦者乎？且各處從逆賊匪，一經拏獲，即當審明立時正法。乃據奏鹽茶、靖遠、安定地方尚有未審未辦之犯，此等回匪爲逆，有何疑難躭擱？李侍堯無非藉以遷延觀望，遠避賊鋒，巧爲卸過地步。是其避重就輕、豫存文飾之見，豈能逃朕洞鑒？真所謂欲蓋彌彰也。此事李侍堯既玩愒於平時，又畏葸於臨事，遂致賊勢蔓延猖獗，到處勾通。李侍堯之罪，實無可逭。李侍堯著革職，暫留甘省帶罪効力，辦理軍需事務，俟剿賊事竣後，再降諭旨。」時西安將軍傅玉奏石峯堡地本險要，上年五月新教回人重加修葺，約期起事。諭福康安抵甘省，速將傅玉所奏情節，詳細查明具奏。如果有心隱匿，即將李侍堯拏解熱河。六月，伏羌告警，侍堯帶兵親往剿捕，得旨：「李侍堯此時竟宜專力剿辦伏羌之賊，牽綴其勢，勿使竄逸勾結，則福康安在東路剿辦石峯堡賊匪，尤易爲力。」

福康安奏侍堯玩愒貽誤諸罪狀，遵旨拏解熱河訊問。諭曰：「李侍堯久任封疆，歷練地方事務，數十年受朕恩眷最深。迨調任雲貴總督後，有收受贓銀等事，一經發覺，即將伊革職拏問治罪。覈其情節，雖非近年王亶望、陳輝祖、國泰、郝碩等之貪婪贓黷、敗檢營私者可比，但其簠簋不飭，已隳名節而損廉隅。其時彙內外臣工之奏，將李侍堯加恩暫緩典刑。適因甘省有蘇四十三之事，需人辦理善後事宜，一時總督驟不得人，李侍堯究屬明白能事，是以復將伊補授陝甘總督。朕於李侍堯破格加恩，原欲其倍加策勵，查辦邪教，安靖地方，以贖前愆。李侍堯稍有人心，宜如何感激奮勉，仰答朕恩。乃本年回民田五於小山起事，李侍堯並不親帶兵丁設法剿捕。彼時尚得以審辦賊黨、籌畫軍餉爲名。迨賊於馬家堡翻山逃遁，伊仍逗遛靖遠，軍營統攝無人，賊人遂肆行竄逸勾結。經朕於五月十二、十三、十四等日，屢次飭諭，始行駐劄安定，仍距賊衆遥遠，以致賊黨蔓延，到處煽誘，攻城掠堡，擾害良民。是李侍堯之畏葸遷延，實爲失機僨事。賊人於四十六年即已修理石峯堡，上年五月又加葺治整固，且田五陰謀不軌，公然糾衆聚集禮拜寺，商同謀逆，一切旗幟、號衣、帳房、器械，種種齊備，足見逆謀已有三四年之久。李侍堯安坐省城，竟同聾瞶，是其養賊養癰，釀成事變，李侍堯之罪百喙難辭。此事辦理始終貽誤，使李侍堯平日如勤爾謹之庸懦昏憒，尚不能曲宥其罪，況李侍堯在各省總督中素稱明白能事，人所共知。朕之棄瑕録用，亦因其尚有才能，冀其感恩出力，乃竟於地方大事貽誤若此，朕更不能曲爲之解，抑且深自引咎愧恨也。所有福康安參奏李侍堯之處，俱係實在情節，諒伊亦無從諉卸。著將原摺交留京王大臣，會同大學士、九卿、科道覈議，定擬具奏。」七月，留京王大臣定擬斬決，命隨從之王大臣等覆覈，請照原議。諭曰：「李侍堯本應依擬即行正法，但念本省因有不逞之徒，滋事擾害，致本省總督即罹典刑，轉恐啓刁風而滋厲階，非所以遏寇虐、靖邊疆也。從前蘇四十三滋事時，將勒爾謹革職拏問，交廷臣覈擬斬決。彼時亦曾加恩改爲監候，後因該省折收監糧案發，是以賜令自盡，原不因蘇四十三之事。今李侍堯玩誤因循，其罪雖浮於勒爾謹，但念其歷任總督多年，於地方事務尚屬諳練通曉，至軍旅本非其所嫻，著從寬改爲應斬監候，秋後處決。」五十年十月，諭加恩釋放。十一月，命署正黄旗漢軍都統，賜紫禁城騎馬。

五十一年三月，署户部尚書。五月，湖北江陵縣民蔣魯玉控知縣孔毓檀侵蝕賑銀，命侍堯前往查辦。尋審明毓檀無侵蝕情弊，但上年領到銀穀，先放附近各處，其較遠處所至本年正月始放，致災民情急呈控，請革職，發往軍臺効力。諭革毓檀職，免治罪。是月，命署湖廣總督。十月，參奏前署孝感縣知縣秦樸任内有縣民劉金立等向族姓借貸不遂，糾衆搶劫，旋有並未被搶之革生梅調元因慮被累，邀同居民楊維智等，毆斃金立，捉獲幫搶之劉大幺等二十三人，活埋於查家山。地方官諱匿不報，請旨革職嚴審。得旨，褫秦樸職，拏交刑部治罪，前總督特成額等並逮問。旋命實授湖廣總督。是月，置調元等於法。又查奏黄安縣知縣陳玉、興國州參革知州温有光辦賑多侵漁，諭革陳玉職，同已革知州温有光一併嚴審定擬。尋審明，論罪如律。

五十二年正月，入覲。時臺灣奸匪林爽文事起，命侍堯爲閩浙總督，抵閩後，駐劄蚶江，前總督常青赴臺灣督辦軍務。二月，奏馳抵泉州，飭屬碾米解貯廈門等處接應，並防範内地各隘口，上嘉之。三月，奏：「籌辦軍糧、器械，在廈門、澎湖者，徑解臺灣府城；在泉州者，由蚶江解鹿仔港。再，匪徒私立天地會既久，若將内地從教民人澈底究辦，恐致驚擾。現豫爲訪察存記，俟逆匪辦竣，與緣坐家屬之在内地者一同辦理。」又奏：「南路官兵克復鳳山，北路賊自聞風震懾。如鳳山無須重兵彈壓，儘可專注北路。」均報聞。又疏劾提督黄仕簡、任承恩分剿南北兩路各有牽制，諭常青渡臺，將黄仕簡撤回廈門候旨，逮問任承恩。侍堯旋奏：「軍營各提鎮彼此觀望，南路黄仕簡現請添兵，常青欲向北路會剿，已無兵可帶。若俟咨會到日，恐調集遲誤，現飛咨粵省令派將弁兵丁剋日起程。」得旨：「籌辦甚爲周到，動合機宜。」又奏：「臺灣自賊匪滋事以來，大兵僅屬困守，黄仕簡等皆以兵單難於遠捕爲辭。」命俟仕簡抵廈門，併逮問，詳《仕簡傳》。諭侍堯至廈門，飭粵省官兵趲程前進，並備船隨到隨渡。四月，奏林爽文在大里杙築堡拒守，難民附船入口者，兵役藉稽查勒索。得旨，事竣後，當嚴查處治，以示儆儆。時常青咨調征兵七千，侍堯以海疆各營存兵，未便再撥，請調浙兵，上韙其言。又奏粵省二起兵自海澄縣水路赴廈門，行至嶼仔尾被盜行劫，請將海澄縣知縣侯謹度等革職，留於地方協緝，總兵羅英笈等一併交部議處。得旨，均革去頂帶，暫行留任督緝。侍堯奏：「臣由廈門回泉州，向蚶江料理配渡。據臺灣道府請發銀米各十萬，各路接濟鄉勇，並賑恤難民。經臣駁飭，命將該道府請發銀米，速行照數運往，以備接濟，並以所見錯謬飭之。」又奏漳浦、平和一帶有械鬬案，已咨提臣藍元枚暫留漳浦辦理。得旨：「藍元枚已授爲參贊，其漳浦匪徒，即著李侍堯前赴該處督辦。」時鹿仔港難民亟須撫恤，侍堯籌買番薯並撥米委員解往。諭曰：「李侍堯以鹿仔港難民嗷嗷待哺，酌籌賙濟事宜，是李侍堯知過能改，並不稍存迴護，惟不及朕先見之速耳。所奏採買番薯一萬斤，並撥米二千石，爲數恐不敷用。著該督酌量情形，多爲豫備，陸續採運，以資口食。」五月，奏閩省内地各營存兵無多，請將浙兵配渡進剿。諭曰：「現在臺灣額兵、征兵，臨陣傷亡者不少，所有缺額，何不趁此時即在内地召募充補，使兵數足額？巡捕既資充裕，而該處游手好閒之徒，亦可收歸卒伍，更爲一舉兩得。」

時漳浦械鬬案應往審，諭侍堯察看情形，如不必親往查辦，即在廈門、蚶江一帶往來照料接濟軍需。又諭曰：「李侍堯駐劄廈門一帶，照料官兵配渡，迅速辦理軍需糧餉，均能先事豫籌，源源接濟。著交部議敍。」六月，奏漳、泉會匪甚多，風聞逆首遣人勾結，須豫防範。擬再調浙兵二千到泉州、廈門駐劄。諭曰：「所慮甚是，自當如此辦理。至漳、泉一帶會匪甚多，賊首林爽文遣人勾結之説，雖得自風聞，不可不留心防範，總以静鎮爲要。至該督擬調浙兵二千名到泉州、廈門駐劄一節，浙兵向來怯懦無用，即調駐漳、泉，亦不得力，徒勞跋涉，更致虚糜，且需時日。朕聞閩人素稱獷悍，且游手無藉者更多，不若即在閩省就近召募，俾食錢糧，以充營伍。伊等自必樂從，可以一呼而集，較之浙兵，既屬勇健可侍，且游手無藉之徒，亦可收以爲用，不致爲匪，實屬兩有裨益。」又奏：「賊據笨港，解往糧餉、火藥，恐被邀截。現撥繒船二，令營員帶領水師槍兵分駐鹿耳門、鹿仔港，彈壓防護。」諭曰：「此事最關緊要，朕未及降諭旨，令該督加意防範，而李侍堯一聞笨港有失，即能慮及於此，若能沿海一帶要隘，保守無虞，將來大功告成時，此亦李侍堯之一功也。」

七月，奏：「前派繒船尚單薄，現飭海壇、金門二鎮調繒艍船各一，撥沿海槍兵防範。至內地營伍未查明缺額實數，應先約略募補。」命侍堯廣行添募，毋庸拘定原額。八月，奏：「洋盜行劫官運米船，有不搶米石止搶軍器者，諸照從前辦海澄縣劫案例，將該地方文武革去頂帶，留本任勒限緝拏。」諭曰：「李侍堯督飭所屬員弁，務須上緊設法勒限查拏務獲，並拏獲盜犯時，親行提訊是否係海洋劫盜，抑係賊人夥黨之處，嚴切根究，務得實情。」時藍元枚奉旨帶兵往鹽水港剿賊，侍堯奏：「鹽水港距鹿仔港較遠，恐元枚帶兵南行，賊潛至鹿仔港滋擾，現移咨令從陸路進攻大里杙等處。」諭獎其所籌實合機宜。尋以臺灣剿捕事未竣，命福康安爲將軍，代常青督師，諭侍堯將應用軍需，妥爲覈算，俾十餘萬官兵無致乏用。九月，奏：「內地臺灣轉運夫價，請照金川口內、口外例，增給價值，其海運船隻，事前守候，事後回空，亦請暫給口糧。」得旨：「摺內所奏各款，姑照所請行。李侍堯當明喻朕意，安心籌辦軍務要件，其尋常細事，無庸豫爲將來地步也。」尋奏藍元枚卒於軍，飛檄總兵李化龍留鹿仔港駐守，總兵普吉保由西螺進攻斗六門。十一月，加太子太保。奏：「接奉發交常青諭旨，恐常青宣露，致府城人心惶惑，擬節録發寄。」得旨：「深合機宜，殊得大臣之體。」著賞戴雙眼花翎，以示優眷。十二月，總兵羅英笈督率兵役在金門洋面拏獲前在海澄縣嶼仔尾地方行劫粵省兵船之黄突等十二犯，又獲累劫軍米拒傷兵丁之何片等三十七犯，均審明恭請王命正法，命賞還英笈頂帶。

時福康安劾提督柴大紀，又侍郎德成自浙回京，面奏大紀貪黷狀，上以侍堯有心徇隱，申飭之，命據實查參。五十三年正月，奏大紀貪劣各款，並自請交部治罪。諭曰：「李侍堯此次辦理照料渡兵，撥運糧餉、火藥等事，尚爲出力。原欲俟蕆功之日，給還伊原襲伯爵，乃於柴大紀貪縱不職之處，經朕節次降旨詢問，李侍堯知難隱飾，始行具摺陳奏。似此有心徇隱，更忍辜負重恩，李侍堯不應出此。前已晉加官銜，賞戴雙眼花翎，已爲僥倖，豈可復膺懋賞？並著交部嚴加議處。」部議降三級調用，得旨從寬留任。二月，林爽文就擒。奏：「上年各營新募兵，原係暫備差遣。今賊首就擒，福康安移師南路搜捕莊大田，軍務剋期告蕆，征兵即可歸伍。若將新兵全裁，辦理未免太驟，現通飭各營以新兵補舊額。至各營募兵多寡不同，並飭新兵較少營分，遇缺出即於新兵較多之相近各營移補。」報聞。旋獲莊大田，臺灣平。上以侍堯照料過兵，運送糧餉妥速，交部照例議敘。又奏軍務告竣，各省撥運米未入境者，應行截留停運，從之。

三月，命查明臺灣被害各官平日居官及死事情節具奏。尋奏：「彰化縣知縣俞俊到任未兩月，聞賊警，親往查拏遇害；又理番同知長庚、署同知王雋，鳳山縣知縣湯大奎居官並無劣蹟，均死事，應請議卹。至臺灣府知府孫景燧，臺防同知劉亨基，臺灣縣知縣程峻，署諸羅縣事董啓埏、唐鎰在任雖久暫不同，俱以貪黷釀變，雖被害，不應給予卹典。」疏入，上嘉其公當。四月，挑撥臺灣换班戍兵，命侍堯於興化、延平、建寧、邵武各營均勻派撥，毋專派漳、泉兩郡兵。是月，賞還原襲伯爵。八月，諭建福康安等生祠於臺灣，侍堯居福康安、海蘭察之次。復命圖形紫光閣，列前二十功臣，御製贊曰：「以恒入覲，命往閩疆。戰固老矣，謀猷允長。渡兵濟餉，井井有方。不誤軍儲，其績孔臧。」十月，疾，命侍堯子侍衛毓秀前往省視。是月，卒，賜祭葬，謚恭毅。

子毓秀，仍襲伯爵。六十年正月，因侍堯前在雲貴總督任內，與廠員通同偷減錢法，褫毓秀襲職，以奉堯子三等侍衛毓文襲毓秀爵。

雜録

備録

《國朝耆獻類徵初編》卷二六　李昭信相國侍堯，爲忠襄公永芳六世孫，少以世廕，膺宿衛。純皇帝見曰：「此天下奇才也。」立授滿洲副都統。部臣以違例尼之。上曰：「李永芳孫，安可與他漢軍比也。」後任廣東將軍，即轉兩粵制府，先後幾二十餘年。公短小精敏，機警過人，凡案籍經目，終身不忘。其下屬謁見，數語即知其才幹。擁几高坐，談其邑之肥瘠利害，動中竅要。州縣有陰事者，公即縷縷道之，如目覩其事者。故謦欬之下，人皆悚慄。然性驕奢貪黷，竭民膏脂，又善納貢獻物，皆精巧。是以天下封疆大吏，從風而靡，識者譏之。任雲貴總督，以受納下屬賄賂故下獄。廷議大辟，上終憐其才，故緩其獄。復歷任陝甘、兩廣、閩浙諸制府，而貪黷仍如故。其督閩時，值臺灣之變，上以常青非將材，恐不能守臺郡，令其全師以歸，待福文襄王至，再籌進取。公以臺爲巖邑，一日失守，非十萬兵不易取，恐有失機宜，因將諭節去數語，録寄常青，然後具疏請罪。上大悅，以爲處置得宜，有古大臣風度，賜雙眼孔雀翎，褒諭獎之。其處大事明決若此，亦未可徒責以素絲之節也。

右録宗室昭槤撰。

畢沅部

綜述

《國朝先正事略》卷二〇《畢秋帆尚書事略》　嘉慶二年秋七月，兵部尚書、湖廣總督、世襲輕車都尉、鎮洋畢公薨於辰陽行館。公久在行間，著勳績，及移駐楚南，籌善後之策，苗境敉甯。上聞公積勞遺疾，手足不仁，即馳賜上藥，諭以安心調攝。公自念受恩深重，且當三楚多事，不敢以私廢公，力疾視事，有加無瘳，遂致不起。遺疏入，九重軫悼，贈太子太保。諭祭文有「性行純良，才能稱職，鞠躬盡瘁，恤死報功」之褒，可謂生榮死哀也已。

公諱沅，字纕蘅，一字秋帆，自號靈巖山人，由休甯遷太倉州，後析置鎮洋，遂占籍焉。少穎悟，六歲，母張太夫人手示《毛詩》、《離騷》，過目即成誦。太夫人工詩，著有《培遠堂集》。公承母訓，稍長讀書靈巖山，從沈文愨德潛、惠徵君棟游，學業益邃。乾隆十八年，中順天鄉試，旋授内閣中書，入直軍機處。大學士傅文忠、尚書汪文端、裘文達，咸以公輔期之。二十五年進士，廷對纚纚數千言，議論剴切，進呈擬第四，上親擢第一。是歲，始定新進士前十人，於讀卷日引見，公儀觀秀偉，進止有度，天顔甚喜，臚唱，授修撰。館中經進文字出公手，皆典重有體。遷右中允，再遷侍讀，充日講起居注官，教習庶吉士，轉左庶子，充會試同考官。三十二年，上親耕耤田，御觀稼臺，宣示御製詩，給筆札令賡和，詩成進覽，稱善。

是冬，授甘肅鞏秦階道，召見諭曰：「汝軍機舊屬，達於政治，不徒文學優長也。」到官即留辦新疆經費局，又從總督出嘉峪關，察勘屯田，自水壘河至吉木薩，往還數萬里，途中多紀行詠古之篇。尋調安肅道。三十六年，擢陝西按察使，入覲，具言甘肅頻年苦旱狀，有旨諭督臣加意賑卹，并免積欠四百萬。尋擢陝西布政使，護理巡撫。時大兵征金川，由陝入蜀，公督理臺站。三十八年，河、渭、洛三水溢，入朝邑界，公馳往，分別賑卹，全活甚衆。擢陝西巡撫。歲旱，禱太白山，得甘雨。清理八旗及提標馬廠空地六百五十餘頃，募民開墾納賦，爲賞卹之用。又奏修西嶽廟及元聖周公墓，訪其後裔，置五經博士，以奉祀事。濬涇陽龍洞渠，灌溉民田。又以秦中碑版最多，萃而置之府學，俾無散佚。在陝六載，兼署西安將軍者再，署陝甘總督者一，特賜戴孔雀翎，恩遇之隆，漢大臣莫及焉。丁母艱，甫及一年，上以陝西任重，復起公署巡撫事。會甘肅回賊陷河州，逼蘭州城，公檄調滿漢兵先後赴援，又請調簡八旗勁旅，令大臣總統援應。事平，上諭閣臣曰：「畢沅在陝西，聞甘省逆賊滋事，即能悉心調度，事事妥協，並有先辦而與朕旨相合者，朕甚嘉焉，可賞給一品頂戴。」其後平涼逆回倡亂，攻掠通渭、靜甯，驛道梗塞，公復調兵助勦，又分兵出間道，繞其後，俾不得他竄。公之盡心國事，不分畛域，多此類也。

五十年，調河南巡撫。是時，河南北頻年旱，而河水泛溢，壞田廬。公既受命，即奏請截漕二十萬石，平市價以濟民食，被災各州縣展賑兩月，其徵收未完銀米視被災分數，或全免，或緩徵，俱荷允行。手敕報曰：「如此盡心民瘼，必徼天佑，朕爲彼一方民慶幸也。」遂增給三十萬石以賑之。尋奉命詣桐柏山求淮源，公親履嶄嵓，繪圖以進，蒙嘉奬，御製《淮源記》述其事。未幾賞穿黄馬褂，擢湖廣總督，未行，以伊陽拒捕案被議，仍留巡撫任。五十二年，河決睢州，溢甯陵、商邱、永城、鹿邑、柘城諸縣，詔大學士阿文成公臨視，會同籌畫，自夏迄冬，凡五閱月蕆事，撫卹災黎，蠲緩借種，全活無算。明年，河北三郡旱，遵旨撥運米麥十萬石，減價平糶，又令常平社倉，不拘常例，糶借兼行。又濬治百泉、丹河、九道堰，引水溉田，俾飢民得受傭值。尋授湖廣總督，時江水暴漲，溢入荆州城，下游州縣多淹没，公以江心窖金洲阻塞水道，爲上游之害，亟命拔去蘆葦，民居毋得占據，仍於北岸築壩，逼溜南趨，以資保護。修葺城垣堤岸，及官署民房，以工代賑。又革除鹽課陋規，禁絶私販，每歲溢銷十數萬引。五十九年，入覲天津行在，賜御製詩，隨於幄次賡和。自陳早衰多病，乞京職自效，温諭不允。是秋，坐失察湖北姦民傳教，左遷山東巡撫。臨清、館陶諸州縣被水，遵旨加兩倍賑卹，豁免秋糧及本年漕米，遣官分赴豐收處，購運糧食，備來歲平糶。六十年，恩詔普免各省民欠，公查出東省節年所欠正耗銀四百八十七萬兩有奇，常平社倉米穀五十萬石有奇，咸奏除之。

時已得再任湖督之命，拜疏而後行，惟恐弗及也。初入楚境，聞苗疆有警，即馳赴常德，籌畫轉餉。既而大學士福公、四川總督和公先後涖楚，檄調六省兵會勦，供支日不下數萬。公移駐辰州，督運軍儲，輪將相繼。大兵既擒首逆吴半生等，乾州、永順、永綏、保靖諸苗五百餘寨，先後詣辰乞降，公承詔撫諭，咸感泣叩頭去。嘉慶元年春，湖北枝江賊起，詭稱白蓮教，而宜都、長陽、長樂教匪一時應和，四出焚掠。公馳赴枝江，與巡撫惠公調兵進勦，連破蕭家巖、栗子山、長嶺衝諸寨。時北省標營兵皆調赴苗疆，姦民乘虛煽誘，分擾諸縣，當陽、保康、來鳳、竹山相繼陷，詔諸大帥分路攻勦，而公與將軍舒公攻當陽，即選驍勇扼山隘，殲其外援三千人，賊悉力死守，公親督將士以火攻克其東門，賊退守西北，復攻拔之，殲賊二千餘，擒僞帥楊啟元等，縣境悉平。事聞，優詔褒美，賞輕車都尉世職。復馳至襄陽，督同鎮道，邀擊賊於青河口，破之。時貝子福公、總督和公相繼徂謝，公密奏乾州已復，首逆就擒，惟石柳鄧未獲，而以十萬之衆駐守蠻烟瘴霧中，苗人見有重兵，生計無資，石逆轉得從中煽亂，不若因其窮困，許以自新，酌撤苗寨官兵，而於四面設兵防守，其有出外滋事，及同類讐殺者，用以苗攻苗之法，可不再煩兵力。詔下其章於軍中議之，未幾大兵破平隴，斬石柳鄧等，遂詔公馳往苗疆，籌議善後及撤兵事。二年春，抵乾州，周歷三廳，撫諭苗寨，清釐民苗地畝，給還耕種，咸伏地感泣，各歸生業，各省兵次第撤回。公遵旨留駐辰州，奏請移提督駐辰州，而以辰州協駐乾州，洞庭協駐常德。又於花園汛添設總兵，以永綏協保靖營隸之。諸要隘皆撥兵屯守，聯絡控制，其苗寨酌設土弁，以資約束。又估修城堡營房，賑難民，卹殉難官弁及紳士婦女，皆得旨勅部議行。而公遽以炎瘴致疾，薨於軍，年六十有八，朝野惜之。

《碑傳集》卷七三王昶《兵部尚書都察院右都御史湖廣總督贈太子太保畢公沅神道碑》 嘉慶二年七月，兵部尚書、都察院右都御史、湖廣總督畢公卒於湖南辰州。遺疏上，聖心軫悼，晉贈太子太保，應得恤典，令部察例具奏；又命嫡長孫畢蘭慶世襲輕車都尉，次子畢嵩珠給與廕生。尋蘭慶等奉喪歸吴中，而禮臣議請撰文。諭祭文「有性行純良，才能稱職，鞠躬盡瘁，卹死報功」之褒。於是，恩禮優隆，哀榮備至。蘭慶等擇以三年三月十八日大葬於吴縣上沙之新阡，既，請少詹事錢君大昕志於幽竁，復屬昶以隧道之文。

公名沅，字纕蘅，一字秋帆。曾祖諱祖泰，由休甯遷太倉，嗣太倉分縣鎮洋，遂爲縣人。祖諱禮，父諱鏞，咸以惇德篤行重於鄉閭，三代歷次邀恩封贈，皆如公官。公少孤，資性穎悟，六歲，母張太夫人授以《毛詩》、《離騷》，過目成誦。十歲明聲韻，十五能詩，從長洲沈宗伯德潛、惠徵君棟游，學業益深邃。二十二，北行，寓保陽，總督方恪敏公有國士之目。乾隆十八年順天鄉試中式，又二年補內閣中書，直軍機處。大學士富察文忠公、户部尚書汪文端公皆以公輔期之。二十五年，成進士，以一甲第一人及第，授翰林院修撰。二十九年，擢左中允，明年陞翰林院侍讀，充日講官、起居注、教習庶吉士。三十一年，充會試同考官，尋轉左庶子。

上知公可大用，特授甘肅鞏秦階道，旋調安肅道。三十六年，奉旨授陝西按察司使。時翠華東幸，覲於行在，上詢甘肅亢旱情形，據實陳奏。有旨諭督臣加意賑恤，並豁免通省積欠四百萬。十月，擢陝西布政使。十二月，護巡撫印務。時征四川大小金川，京營及各省之兵先後入蜀道，取潼關及南北棧，公調運糧餉、夫騾，撥解軍火器械，安設臺站，源源協應，民間一無紛擾。三十八年五月，河、洛、渭三水並漲，朝邑被衝，分别賑恤，全活甚衆。十二月，授陝西巡撫。三十九年春旱，虔禱於太白山，遣官取水靈湫，雨立應。請旨加封昭靈普潤太白山神。又勘西安八旗馬廠空地，在興平、盩厔、扶風、武功四縣者四百八十餘頃，悉募民開墾，歲納租賦爲八旗賞卹之需。重修華嶽廟，暨漢唐以來名蹟，又以秦中碑版最多，萃而置之府學，俾毋散佚。濬涇陽龍洞渠灌溉民田，并墾提標五營牧廠地一百七十餘頃，歸於實用。是時，陝西鄉試，嘉峪關外鎮西、迪化府州士子雲集，請照雲貴之例，毋論鄉會試每人給予驛馬。元聖周公墓在咸陽縣北畢原，有姬姓奉祀生一人，援曲阜東野氏之例置五經博士一員，請世襲，并奉文、武、成、康四王陵祀，報可。是年十二月，丁張太夫人憂，回籍。

明年十月，陝西巡撫員缺，奉旨：畢沅前在西安最久，熟悉情形，且守制將届一年，著前往署理。四十六年，甘肅河州番回相仇殺，傷及蘭州知府、副將。聞警，即屬提督馬彪、西安將軍伍彌泰等統滿漢兵討之。繼聞陷河州府城，又檄延綏、興漢二鎮，一由固原、平凉，一由略陽、鞏秦分道並入。適上命大學士章嘉文成公督勦，殲之化林坪，賊遂平。四十九年四月，甘肅平凉番回復亂，由靖遠渡河，破通渭，掠静甯及隆德、莊浪，盤踞底店、石峯堡。公先調滿漢三千五百名赴勦，并請發京營勁旅。上仍命文成公偕富察文襄公領健鋭、火器兩營兵進勦。公告以先清底店，則石峯堡勢孤無援可立奏功。文襄公如其言，番回窮蹙乞命，械赴京師。先是西安省城日久頹圮陊剥。公謂關中天府，係伊犂回部、西藏各外藩朝貢所經，請咨興修。逮三年而工畢，并修潼關，城堞鞏固崇隆，迥踰於舊。

五十年正月進京陛見，調河南巡撫。豫省頻旱，又水溢，沿河田舍被淹。公請截漕二十萬石平市價以濟民食，未完錢糧倉穀請全豁免，且分別加賑展賑。奉旨：「所思周到，調汝可謂得人，如此盡心民瘼，或邀天祐，朕爲彼一方民慰幸也。」并增給三十萬石以賑之。十月，同文成公勘驗高家寨挑水壩各工，訖事，赴桐柏山尋訪淮源，具圖覆奏，蒙賜《御製淮源記》。五十二年六月，河決睢州，督率司道往來搶護，會文成公亦至，於河分溜處斜築挑壩，逼溜歸河。五十三年，河北懷慶三府雨稀，麥收薄，遵旨撥運麥穀十萬石，減價平糶。又令常平社倉各米不拘常例糶借兼行，民食賴以充。又疏濬衛源之百泉、懷慶之丹河、九道堰，及近太行山向有泉源者，俾夫以工受直，而田亦收灌溉之利。時夏秋多雨，漢江及洞庭、鄱陽諸水俱驟漲出江，以截江流，故江水亦騰踊決荊州堤潰城而入。奉旨授湖廣總督，兼署湖北巡撫，發銀一百萬兩爲工賑之用。八月，抵荊州，同文成公勘潰決緣由，蓋因江自松滋而下至荊州萬成堤，折而東北，北流本窄，又有窖金洲沙長數里以障其南，兼之盛漲無所宣洩，直注堤根，潰決實由於此。乃盡刻洲旁蘆葦，於對岸楊林洲斜築土壩，並築雞嘴石壩，逼溜南趨，以刷洲沙，無致壅遏而北。於是，城堤皆足保護矣。又請修城中文武衙署、兵民房屋，並請賑被災户口。其外二十九州縣之同淹者，分別輕重，確勘撫卹，窮民均令赴工力作，以資代賑。奏入，奉旨嘉獎。五十四年三月，勘襄陽老龍堤，添築挑溜石壩。九月，又勘估常德石櫃堤工。明年，奏修復潛江仙人堤。條議銅運過境章程：一、銅船宜雇募堅固，二、銅斤宜過秤足數，三、險灘宜預趨避，四、水摸工價宜酌水勢加添，五、防範水摸偷竊。又勘四川至湖北江中各灘，由險改平者十二，由平改險者六，新增險灘五，雲南銅運始獲安行。先是湖北上下汰侈黷賄賂，吏治廢弛呰窳，而民風日益兇悍，上故以整頓屬公。公緝盜賊，嚴刁訟，清庶獄，年餘審結大小一千五百餘案。而遠界秦蜀者，奸宄尚未盡除。五十九年八月，陝西之安康、四川之大寧邪教起，皆稱傳教由湖北。公馳赴襄、鄖訊辦，有旨降補山東巡撫。是秋，河南衛、沁二河水溢及山東沿河州縣，奉旨加兩倍賑卹，公請將本年漕米蠲免，復遴員分赴豐收處，按價糴買，運至災屬存貯，備明年春夏間平糶之用。奉旨：「此番可謂用力。」

六十年正月，仍授湖廣總督，即赴新任。時先有恩旨，以明年歸政，各省民欠銀穀，令督撫查數奏請豁免。公臨去任，將山東積欠四百八十七萬，常社米穀五十萬四千餘石悉奏蠲之，不肯遷延諉謝也。二月，次襄城，聞貴州銅仁苗民石柳鄧、湖南永綏苗民石三保等四出鈔掠，馳赴常德。奉旨，令駐荊常適中之地爲後路應援。是時，乾州、鳳凰廳諸處盡爲賊藪，且圍永綏，雲南及湖廣官兵分駐鎮筸，轉餉甚急。公令長沙、岳陽、常德、澧州、荊門州各屬先儘常社兩倉存穀，刻期碾運辰州，轉解軍營，且令雇船從朗江以達五溪，較用夫背負爲便，而辰谿崖門皆以上多苗寨，派文武能事者駐兵防護，運道始爲周密。其辰州以下逃徙各商給予口食安置，鄰近苗寨州縣團練鄉勇協力堵防。北省之鶴峯、來鳳、宣恩各隘口添兵分駐，兼爲保靖後路聲援。連奉溫旨褒美。旋抵辰州，檄鎮筸鎮駐兵瀘溪搜捕，宜昌鎮兵由保靖直向永綏，熟苗有被脅者准其自首，示以若先效順，候事平分給逆苗田產，又賞給銀布米糧，以散其黨。纔聞永綏圍解，即在花園隆團一路按設臺站，六省之師每日供支數萬，源源相繼，迅速周詳。上聞而益嘉之。自三月至八月，乾州苗民五百餘寨先後詣辰乞降，公便坐傳見，不設兵衛，導以朝廷威德，勉令自新，羣苗涕泣叩頭去，迄無一反側者。

嘉慶元年，湖北賊起，詭稱白蓮教，宜都、長陽各聚數千人爲應。公赴枝江調兵搜勦，連破蕭家巖、栗子山各寨，擒斬千餘。賊竄山北，而宜昌別有賊數千分擾遠安、東湖、當陽，復調河南南陽、陝西興漢二鎮兵往援，未至，當陽陷，隨統官兵募鄉勇與前護軍統領舒亮進圍之，殲其外援三千人，斬僞帥楊啟元等。七月，破城。因奏當陽善後六事：一、編審民户；二、分撥營兵；三、裁撤鄉勇；四、賑卹良民；五、旌獎忠節；六、修建城垣。其他儲備、徵發、供支、策應，遠近紆籌，鬚鬢爲之頓白。又委員攜銀米，分赴村莊安撫難民，免使賊誘。奏入，奉旨：「此計是，正宜如此。」又奉旨：「畢沅前此勦洗當陽，肅清縣治，著有勞績，不可不加懋賞，著賞給輕車都尉世職，用昭優獎。」其冬，賊之在宜都、宜昌者將竄陝蜀，上發京營健鋭火器兵二千，山東直隸兵二千來合勦，公既奏調山陝馬二千匹，又令人赴邊買三千餘匹解送大營濟用。時賊勢蔓延，而乾州已復，因密奏：逆苗石三保等就擒，石柳鄧雖在旦晚可獲，以十萬之衆駐守環攻，苗人見有重兵，生計無資，賊首反得從中煽誘，不若乘其窮蹙，予以自新，而於四面要路派兵防守，且就降苗内擇其趫捷者，以苗攻苗，不至再煩兵力。撤出官兵併勦襄、鄖、宜昌，諸賊自可即日掃除。上下其章於軍中，皆以爲宜。十二月，官兵破平隴，斬石柳鄧，復擒吳廷義等。於是，將軍明亮酌撤官兵前赴達州、宜昌，軍威大振。明年，公遵旨留駐辰州，綜攬南北諸軍事，羽檄紛沓，心規手畫，久歷蠻荒，炎天瘴毒，積勞成疾，初患眩暈，手足不仁，繼瘍生於背。病聞，降旨慰問，命以安心調攝，賜之丹藥而已莫能療矣。七月初三日，卒於官舍，年六十有八。

公配汪氏，誥贈一品夫人。早卒，終身不復娶。長子念曾，亦先歿。孫二，蘭慶、芝祥。次子嵩珠、鄂珠。曾孫二，永滋，景緒，俱幼。女四，一適陳暻，一字秦口口，一字衍聖公孔慶鎔，一未字。

公自儤直内廷，習於朝章國故，少爲裘文達公所知。會試出蔣文恪公門下，明通闊達，兼有兩公之長。出仕西陲時，拓地二萬餘里，名臣宿將來往邊徼，皆與之上下諏諮。且掌新疆經費局，行軍轉餉諸利弊，貫弗熟悉，故四川、陝西、湖廣軍務頻仍，而公兼權熟計，經理裕如。自以文學經濟上結主知，不肯有所附麗，旌節所至，盡心國事，勤求民隱，至於二十六年，蓋歷省督撫中未有如是專且久者。公每入覲，輒命在南書房和詩，備顧問，所進古器物，御製詩文紀之。又撰進《關中勝蹟圖志》，詔録入《四庫全書》。太上皇帝授寶歸政，恭進《典詮》一篇，典雅得體，賚賞優渥。前後所賜御筆、繡蟒、詩扇，扳指，荷包諸物不可勝紀。

天性孝友，迎張太夫人至西安官署，先意承歡，靡閒晨夕。及丁憂回籍，適上南巡，迎鑾，詢及家事，奏承母氏教養，始得成立。上嘉歎，賜「經訓克家」額以褒之。友愛二弟，始終弗替。聞不足，輟俸以濟。督教諸姪，鄉試中式者三人，由諸生拔貢者一人。嘗謂爲政貴識大體，治尚甯静，故洞悉屬員賢否，而不以機智鉤距，不以科條繳繞，望之温然，無内外大小，皆馭之以恩，人服其寬，樂爲之用。篤於朋舊，愛才下士，老友如中書吴泰來、侍讀嚴長明、編修程晉芳諸人招致幕府，流連文酒，名流翕集，望若登仙。學士邵晉涵、編修洪亮吉、山東兖沂道孫星衍咸以博學工文前後受知門下，情誼周摯。其餘藉奬借以成名者甚多。少嗜著述，至老不輟，所撰《續資治通鑑》、《史籍考》，並《靈巖山人詩文集》，又《關中中州山東金石記》、《河閒書畫録》共若干卷。每遇古書善本，校而録之。若《山海經》、《夏小正》、《説文解字》、《舊音》、《釋名疏證》、《三輔黄圖》、《太康地志》、《王隱地道志》、《晉書地理志新補正》、《道德經考異》又若干卷，時賢皆奉爲秘寶。

公仕宦日久，太倉舊宅傾圮，丁憂時移居蘇州，又於靈巖山建御書閣以奉賜書，故自號靈巖山人。晚年得山後陸氏水木明瑟廢園，將葺爲退老計，未果。今蘭慶等卜宅兆於此，亦公之志也。夫昶與公鄉試同年，同直軍機處，又爲西安按察使，知公行事爲詳，庸敢掇其關於軍國之大者勒諸貞石，以示後世。餘已載少詹事之志，故不備書。

《碑傳集》卷七三洪亮吉《畢宫保遺事》 畢宫保，名沅，鎮洋人。以湖廣總督辦理湖南紅苗，復接辦湖北教匪，往返籌餉及銷核軍需各項。嘉慶二年六月，以勞卒于辰州軍營。有旨，加太子太保，諭祭葬。其遺孤乞錢詹事大昕、王侍郎昶立傳及墓道碑，本末悉具。今特録遺事數則，得之翰林同官及公所自言與余所親見者。

公生平之學，其得力處在能事事讓人。然公遭際，實亦半由此。乾隆庚辰，公會試，未揭曉前一日，公與同年諸君重光、童君鳳三皆以中書值軍機，諸當西苑夜直，日未昃，諸忽語公曰：「今夕須湘蘅代直。」公問故，則曰：「余輩尚善書，倘獲雋，可望前列，須回寓偃息，并候榜發耳。湘蘅書法中下，即中式，詎有一甲望耶？」湘蘅者，公字也，語竟二人者徑出不顧，公不得已爲代直。日晡，忽陝甘總督黄廷桂奏摺發下，則言新疆屯田事宜。公無事熟讀之。時新疆甫開，上方欲興屯田，及殿試發策試新貢士，即及之。公經學、屯田二策條對獨詳核，遂由擬進第四人改第一，諸君次之，童君名第十一。蓋是年讀卷官秦尚書蕙田奏殿試佳卷獨多，故進呈有十二本，非故事也。

在翰林六載，以久次充補日講起居注官。值上耕籍田，講官惟籍田侍班與御座最近，先是勵編修守謙侍班日，行立欹斜，特旨申飭。是日，復應勵侍班，勵窘，甚知講官中惟公易制，先一夕走公寓曰：「明日必須君代我，我業語君即歸，閉户卧，倘誤，不任咎也。」公亦不得已代之。翊日，上三推畢回坐御幄中，諸大臣依次出耕籍田，在上前者僅講官四員耳。上忽語曰：「布穀、戴勝，一耶？二耶？」公立班在前，即出奏曰：「布穀即戴勝。」上是之，因詢甲第，又知爲第一人，因諭曰：「汝能詩乎？」對曰：「翰林職也。」上喜，即以「戴勝降于桑」命題，公頃刻成五言八韻詩呈進。上稱善，遂有意嚮用矣。及已官巡撫，復值上耕籍田，語諸大臣曰：「朕于此曾拔擢一人。」蓋指公也。

公性寬平，官陝西久，諸細事或弛廢。適上命原任大學士李公侍堯以三品銜署理陝甘總督，駐西安，久不去，意欲翻駁數案，及鉤考諸屬吏。公以李故相也，不敢與鈞禮。每日平明即撤儀從上謁到皆在司道前。李知公之敬己也，厲威嚴不得發，留數日，意不懌馳去。于是，諸惕息者始安。嗣李以重罪逮入都，公送之獨遠，復執手流涕乃别。李在刑部獄語人曰：「一路來愛我者，惟畢公耳。」公之處同官友朋類皆若此，然人不能學也。

公愛士尤篤，聞有一藝長，必馳幣聘請，惟恐其不來，來則厚資給之。余與孫兵備星衍留幕府最久，皆擢第後始散去。孫君見幕府事不如意者，喜慢罵人，一署中疾之若讐。嚴侍讀長明等輒爲公揭逐之，未言如有留孫某者衆，即捲堂大散。公見之不悅，曰：「我所延客，諸人能逐之耶？必不欲與共處，則亦有法。」因别搆一室處孫，館穀倍豐于前，諸人益不平，亦無如何也。公軍旅非所長，又易爲屬吏欺蔽，卒以是被累，身後田産、貲畜皆没入官云。

雜録

備録

錢泳《履園叢話》卷六《秋帆尚書》 鎮洋畢秋帆先生，負海内重望，文章政績，自具國史。乾隆五十一年，先生爲河南巡撫。六月廿四日夜，湖北荆州府江水暴漲，隄潰城決，淹没田廬，人民死者以數十萬計。七月朔日，得襄陽飛信，先生即於是日先發藩庫銀四十萬兩，星夜解楚賑濟，一面奏聞。高宗皇帝大加獎賞，以爲有督撫才，不數日即擢授兩湖總督，兼理巡撫事務。泳時在幕中，親見其事。先生爲人仁而厚，博而雅，見人有一善，必咨嗟稱道之不置。好施與，重然諾，篤於朋友。如蔣莘畬、程魚門、曹習菴諸公身後事，皆爲料理得宜，雖千金不顧也。家蓄梨園一部，公餘之暇，便令演唱。余少負戇直，一日同坐觀劇，謂先生曰：「公得毋奢乎？」先生笑曰：「吾嘗題文文山遺像，有云：『自有文章留正氣，何曾聲伎累忠忱。』所謂大德不踰閑，小德出入可也。」余始服其言。時和公相，聲威赫奕，欲令天下督撫皆欲奔走其門以爲快，而先生澹然置之。五十四年夏，和相年四十，自宰相而下皆有幣帛賀之。惟先生獨賦詩十首，並檢書畫銅甆數物爲公相壽。余又曰：「公將以此詩入《冰山録》中耶？」先生默然，乃大悟，終其身不交和相。六十年二月，貴州苗民石柳鄧、湖南苗民石三保等聚衆劫掠，人民震恐。先生聞之，即馳赴常德，籌辦滅賊之計。事既平，尚駐辰州，以積勞成疾，卒于當陽旅館，年六十七。後二年，和相果伏法。先生著作甚多，一時不能盡記，尤好法書名畫，嘗命余集刻《經訓堂帖》十二卷，海内風行，至今子孫尚食其利云。

陳其元《庸閑齋筆記》卷八《盧畢二公之愛才》 韓朝宗，思復之子也，其平生無顯顯可見之跡，惟喜識拔後進。爲荆州刺史日，因李白投書有「生不用封萬户侯，但願一識韓荆州」之語，因是韓荆州之名籍籍至今。究竟當日白受荆州之存注與否，不可知，而荆州遂人以文傳矣。我朝愛客禮士者，惟德州盧雅雨都轉、蘇州畢秋帆制府，一時士之奔趨其幕府者，如水赴壑，大都各得其意以去。然二公晚節均淩替，不知天下後世有引重之若荆州者否。都轉之孫文肅相國克振家聲，制府則後人偃蹇殊甚。同治辛未，余遊靈巖山，經其墓道，不禁爲文感喟云。

陳康祺《郎潛紀聞初筆》卷七《畢阮二公締姻孔氏》 阮文達公繼娶夫人，乃孔子七十三代長孫女，爲昭字輩衍聖公孫女，憲字輩衍聖公女。高宗巡幸闕里，夫人尚年幼，隨其祖母跪迓宫輿，蒙駐輿詢年齒，且攜手賜宫花一朵。後文達以詹事視學山東，遂委禽焉。比成婚杭州，禮儀輿服，隆於一時，以詩賀者有「壓奩只用《十三經》」之句。夫人習書禮，能詩文，有讀史雜文數十篇，《唐宋舊經樓詩》六卷，世遂號經樓夫人。按：文達督學時，畢秋帆宫保爲東撫，謂阮封翁曰：「吾女可配衍聖公，公爲媒；衍聖公之本生胞妹可配公之子，吾爲媒。」乃同締姻。二公表章經籍，篤古崇儒，至求淑相攸，必屬之東魯聖人之裔，誠不愧儒雅風流矣。

陳康祺《郎潛紀聞二筆》卷二《畢秋帆壽和珅詩》 錢梅谿泳《履園叢話》者舊一門，載畢秋帆督兩湖時，值公相和珅年四十，自宰相已下，皆有幣帛賀之，惟秋帆獨賦詩十首，並檢書畫銅瓷數物，爲公相壽。梅谿曰：「公將以此詩入《冰山録》中耶？」秋帆默然，乃大悟，終其身不交和相云云。康祺按：秋帆制府愛古憐才，人所共仰，其交和珅，懾於權勢，未能泥而不滓，亦人所共知。梅谿，畢氏客，固宜諱莫如深；惟欲以拒絶權門，歸功於一言之諫沮，其然，豈其然乎？

陳康祺《郎潛紀聞三筆》卷六《畢秋帆力保張回子之不反》 畢秋帆制府撫陝時，甘肅回人不靖，阿文成公奉命督師往剿。省垣有張回子者，爲内地回人之望，擁貲百萬，尚書素知其人。一日，方與兩司議籌防，有飛騎傳軍報至，尚書啟視，即置韡中。兩司退，召巡捕曰：「汝持我名柬，即邀張回子來。」張至，以軍報與閲，張皇遽伏地，請收付獄。尚書曰：「我欲收汝，不汝邀矣，我固知汝必不反也，我將以全家百口保汝。」張叩頭出。後知文成營中獲一諜，親訊之，指張爲謀主，諜回嘗備於張，以盜牛逐也。文成已入告，馳書陝撫密收，尚書亦即拜疏，以全家保其不反，事遂得寢。然其時方修城，回人之居內地者，不下數萬，張素任俠，爲族屬所信嚮，諸回多伺其動静以爲從違，設非制府之推誠布公，後患殆不可料也。制府歷官之政蹟，傳聞異辭，是舉從容鎮定，弭亂無形，蓋猶從讀書稽古來矣。

陳康祺《郎潛紀聞四筆》卷二《畢沅勇於任事》 畢秋帆尚書撫河南，乾隆五十二年六月二十四日夜，湖北荆州府江水暴漲，隄潰城決，淹没田廬，人民死者以數十萬計。七月朔，襄陽報至，公於即日先發藩庫銀四十萬兩，星夜解楚振濟，一面上聞。高宗大加獎賞，以爲不媿封疆，越數日，擢授兩湖總督。是舉也，雖由遭遇聖明，亦可見公之勇於任事矣。

陳康祺《郎潛紀聞四筆》卷二《畢沅自比文天祥》 無錫錢泳梅谿，爲秋帆尚書客，其所著《履園叢話》，稱和公相年四十，畢公將賦詩贈物爲壽，泳諷以《冰山録》，公乃終身不交和相。二筆中已辨其言之失實矣。梅谿又云：「公家蓄梨園一部，公餘，便令演唱。余少戇直，一日同觀劇，謂之曰：『公得毋奢乎？』公笑曰：『吾嘗題文文山遺像，有云：自有文章留正氣，何曾聲妓累忠忱。所謂大德不踰閑，小德出入可也。』余始服其言。」按：秋帆安得比文山？惟起家狀元，及性愛聲伎一節或相肖耳。

備論

《國朝耆獻類徵初編》卷一八五 弇山宫保情深念舊，尤喜翦拂寒畯，開府秦、豫，不獨江左人才半歸幕府，而故人罷官者亦往往依之。余作輓詩有云：「杜陵廣廈今誰繼，八百孤寒淚下時。」蓋道其實也。詩體華實並美，斐然作者之林。

右《懷舊集》，符葆森録。

梁章鉅《國朝臣工言行》卷二〇 公愛才下士，又好刻書，惠定宇徵君所著經説，悉爲剞劂。生平有幹濟才，在陝重建省城，修華陰太白祠及涇渠，在豫開賈魯河，修桐柏淮源廟。《湖海詩傳》

《碑傳集》卷七三王昶《兵部尚書都察院右都御史湖廣總督太子太保畢公沅神道碑》 保釐之德，緜於南方，文昌華蓋，錫羨垂光。始以文學，馳譽巖廊，繼以勳業，播績封疆。經文緯武，用綏戎行，仁扇嵩華，澤覃湖湘。苗民逆命，兼患欃槍，爰親旗鼓，爰峙餱糧。逮彼羣醜，即我錸斯，潢池未殄，星隕其芒。九重嗟悼，昭示旂常。聿晉公孤，聿賜綸章。卜兹吉兆，上沙之陽，水木明瑟，冠於江鄉。左鄰靈巖，宸翰所藏，星輝霞焕，下麗重岡。公騎箕尾，詄蕩翱翔，恩榮百世，雲礽之慶。

朱珪部

綜述

梁章鉅《國朝臣工言行記》卷一九 朱珪，字石君，又字南厓，順天大興人，文炳子。乾隆十三年進士，體仁閣大學士，贈太傅，謚文正。公以孝弟爲仁之本，事父愛敬，本於天性。父杖兄跪，而以身蔽受之。慟母氏早殁，事庶母謝幾如母，語子輩曰：「古人祭必有尸，仿之以申。吾慕非過禮也。」年四十餘即獨居，迄無一妾。身後承御製抒痛詩有云：「半生惟獨宿，一世不名錢。」蓋知之深也。《揅經室集》，下同

公由翰林官初授福建糧道兼攝福州府事，毁和合等諸淫祠，閩民大驚服。擢臬使，兼署藩使。閩人褒自位，假平臺灣功竊武職，獄連數十人。公誅正犯一人，諸受欺者皆不坐。有告家譜妄逆者，讞之，僅戮一撰譜者屍，不坐其子孫。巡撫山西時，奏撥歸化城、綏遠城二處穀十萬餘石配放兵糧，以省採買而免紅朽。奏免土默特蒙古私墾之罪，以所墾無礙牧地三千一百餘頃，許附近貧苦兵民認耕，納租歲六千餘兩，增官兵鹽費。奏太僕寺牧地苦寒，宜改徵本色爲折色，以便民除弊。皆下部議。行勘歸化城水災，撫卹備至。以按察使黄檢奏公終日讀書，於地方公事無整頓，內召爲翰林院侍講學士，入上書房，侍睿皇帝學。蓋公之受知益從此深矣。巡撫安徽時，有流言，楚豫多邪教，皆潛伏於安徽。公曰：「疑而索之，是激之變也。」乃親赴界上籌防禦，偏莅潁、亳等州城鄉，聚長老教勸之，徧張告示，簡明諄切，民大感化。數年間，安徽無以邪教倡亂者。

睿皇帝初親政，即馳驛召公。公哭且奔，先上奏曰：「聞太上皇帝龍馭上昇，瞻裂呼天，角崩投地。欽惟大行皇帝十全功德，五福考終，傳器愜心，於昭在上。我皇上純性超倫，報天罔極，竊聞定欲躬行三年之喪，此舉邁千古而欽萬世。然而天子之孝，不以毁形滅性爲奇，以繼志述事爲大。親政伊始，遠近聽瞻，默運乾綱，雾施涣號。陽剛之氣，如日重光，惻怛之仁，無幽不浹。思脩身嚴誠欺之介，於觀人辨義利之防。君心正而四維張，朝廷清而九牧肅。身先節儉，崇奬清廉，自然盜賊不足平，財用不足阜。惟願我皇上恒久不忘堯舜自任之心，臣敢不隨時勉行仁義事君之道。」自是凡有所建白皆造膝自陳，不草一疏，不沽直，不市恩，不關白軍機大臣而嚮用益殷矣。

公爲户部尚書時，廷議禁浮收漕米之弊，外省以運丁貧仰資州縣，州縣取民不得不浮，於是安徽有加贈銀，江蘇有加耗米之請。部議將擬行矣。公思之不寐，綜其數較原徵加倍，乃決計駁曰：「小民未見清漕之利，先受加賦之害，不可行。」並令漕司：「以後凡事近加賦皆議駁，以體皇上損上益下之意。」長蘆鹽政奏鹽價一斤加錢二文，駁曰：「前長蘆因錢價過賤已三加價，又免積欠一百六十萬兩餘，欠限三年，商力自寬。且今錢價漸貴，所奏應毋庸議。」廣東布政司奏陞濱海沙地賦，公駁曰：「海沙淤地坍漲靡常，是以照下則田減半賦之，今依上中田增賦，是與沿海民計微利，非政體。且民若加賦，必多坍豁，別有漲地，亦不肯墾。不可行。」後倉場衙門復請預納錢糧四五十倍，准作義監生，公駁曰：「國家正供有常經，而名實關體要，於名不正，於實有傷。斷不可行。」凡駁議皆親屬稿奏入，上皆韙之。

公負龍門重望，經生名士一覽無遺，海內士心向往悦服，遇通人寒畯，必揚其名於朝，而於閩士張益詞(騰蛟)傾倒尤至。督閩學，歲試時，張文已爲幕客置劣等，公覆閲之，大加賞異。翼日覆試，擢冠其軍，即召入署中授業。逾年鄉試，張遂領解。自是，宦蹟所至多與偕，愛之如子。嘗寄張書云：「近作《漫興試筆》，中一絶云：『三千閩士校雄雌，第一應推張孟詞。萬錦雲霞天上筆，雙清梅雪歲寒姿。』亦可知老夫之傾倒於足下矣。」後張於癸丑會試中式，磨勘停科。乙卯未及補殿試，卒於京中。公寄家人書云：「孟詞不幸短命死矣，使我心灰氣短。然則汝輩不能望其項背，尚逐隊會試，妄希進取，真不可不知足也。才如孟詞，文如孟詞，學如孟詞，猶不得一進士出身。然則倘有僥倖成進士者，豈不愧耶！不得者又何憾耶！目下止此一人而不得大成耶！自問我之無能爲役，何可忝耶！杜牧之作李長吉序云：不獨地上少耶，即天上亦不多耶！吾於斯人亦云：果昌谷爲修文之長，宋玉爲朱衣之職，尚可解吾愁耳。噫！或曰：天上絶不以文字爲重，猶之雲霞花草而已，則吾未如之何也已。此心有感，故不他及。」《東南嶠外詩話》

《清史列傳》卷二八《朱珪傳》 朱珪，順天大興人。乾隆十三年進士，改庶吉士。十六年，散館，授編修。十七年，大考二等，擢侍講。二十二年，充日講起

居注官。二十二年，大考一等，擢侍讀學士。二十四年三月，京察一等，記名。八月，充河南鄉試副考官。十月，以平定回部，奉命告祭南嶽衡山。二十五年三月，充會試同考官。七月，授福建糧驛道。二十八年十月，陞福建按察使。二十九年九月，丁父憂。三十一年二月，服闋，補湖北按察使。時大兵征緬甸，奏言：「滇省軍報，由楚省南境經襄陽縣之漢江、吕堰等驛，出楚省北境。臣逐站選驗夫馬，度量遠近，分設腰站十六處，並查勘南北大江及小溪渡河共九道，分設船隻於渡口，晝夜輪候；並飭各站較驗時刻，明立賞罰，俾緊件隨到隨遞。」得旨嘉獎。

三十三年三月，調山西按察使。三十四年二月，陞山西布政使。七月，奏保護城工事宜，略言：「晉省土性不一，宜修築者爲粘土、黄土、立土；不宜修築者，爲鹻土、沙土、黑土。又取土有遠近，或近水有鹻，遠水無鹻，承辦不力，不得辭咎。查原辦官保固三十年，立法至爲詳盡，而各員多已易任；接任之員以爲責有攸歸，漫不經意，漸致隤朽。嗣後責令現任各員勤加葺護，按季報明上司，如有因循玩愒，將原辦官及現任地方官一體參處分賠。」奏入，下部議行。三十六年十月，命護理山西巡撫。旋以入覲時，上詢巡撫鄂寶居官如何，奏對失實，虚詞延譽，傳旨申飭。十二月，奏平陽府屬之霍州，路當孔道，政務衝繁，請改爲直隸州，以趙城、靈石兩縣隸之；吉州一缺所屬鄉寧一縣，僻處山陬，民淳事少，請將吉州改爲散州，與鄉寧縣並隸平陽府管轄。又奏籌土默特當差官兵盤費，並新開牧地米石，請改准折色，以便民除弊。均得旨，下部准行。四十年五月，命來京陛見，尋授翰林院侍講學士，充《明紀綱目》纂修官，復充日講起居注官。

四十一年五月，命在上書房行走，侍今上皇帝學。時初置文淵閣直閣事，以珪充之。四十三年三月，充會試同考官。四十四年二月，充《四庫全書》館總閱。五月，命爲福建鄉試正考官。四十五年，京察一等，記名。八月，授福建學政，進《五箴》於今上皇帝，其目曰養心，曰敬身，曰勤業，曰虚己，曰致誠。四十七年九月，陞詹事府少詹事。四十八年，命稽察右翼覺羅事。四十九年，扈從南巡，授內閣學士，兼禮部侍郎，命閱召試卷。四月，充殿試讀卷官。十月，充武會試總裁。五十年三月，陞禮部右侍郎。六月，充江南鄉試正考官。八月，授浙江學政。五十一年五月，轉禮部左侍郎。五十三年八月，調吏部右侍郎。五十四年十月，命充經筵講官。五十五年三月，充會試副總裁。

七月，授安徽巡撫。五十七年二月，以安徽民人程菊刀傷胞兄程紹章身死，

按律應擬斬立決，聲請從輕。諭曰：「此等不過刑書開脱故套，最爲外省陋習，各督撫皆所不免。但朱珪本係書生，尤好爲此迂闊多活人積陰德之見，遇事從寬，所謂婦人之仁，實屬非是。朱珪著交部議處。」七月，奏請修臨淮鄉土壩埂，添建五孔石橋一座，宣洩水勢。奉旨，派山西巡撫長麟由驛前赴鳳陽，會同朱珪確加履勘。尋查出橋工經知縣墊銀修竣，前任巡撫何裕城批飭不准橋壩同時修辦，故未經據實申報。珪誤認尚未興工，冒昧具奏，自請交部治罪。部議降一級調用，得旨從寬留任。五十八年十二月，諭曰：「昨日安徽巡撫朱珪進《御製説經古文》，閱其後跋，以朕説經之文刊千古相承之誤，宣羣經未傳之蕴，斷千秋未定之案，開諸儒未解之惑，頌皆過當。但歷舉朕敬天、法祖、勤政、愛民各大端，見諸設施者，與平日闡發經義，實有符合。語皆紀實，並非泛爲諛詞。朱珪於《御製古文》紬繹推闡，能見其大，跋語尤得體要，殊屬可嘉！著賞給筆墨等件，以示獎勵。」五十九年四月，諭曰：「朱珪進《御製論史古文後跋》，以朕論史之文紬繹推闡，有『用史成經，紹六爲七』之語。朱珪跋語，固非鋪張揚厲，泛爲諛詞，究屬稱頌過當。第觀其文義，尚爲典覈。著賞給紗扇、筆墨等件，以示獎勵。此册並著皇子、皇孫各繕一部，豫備觀覽。」五月，調補廣東巡撫。九月，諭曰：「朱珪進《御製紀實詩》十二函，内編排門類，列敍案語，具見用心審密。所撰進書表文，摛詞比事，亦屬典覈，惟過於頌揚，於朕兢業自持、維日孜孜之意，尚覺歉然。第觀其屬辭命義，尚爲雅馴，兹賞給御筆扇一柄、紗匹、筆墨等件，以獎其勵學。」十二月，諭曰：「朱珪呈進《御製幾餘詩》一部，朕略加披覽，係繕録御製詩章，分門別類，編輯成帙，可謂用心細而措詞當。該撫應辦地方要務甚多，若專用心於筆墨之事，恐致政務轉不免疎漏，豈朕簡畀封圻之意？除頒賞荷包、筆墨、錁錠外，著傳諭朱珪務須盡心政務，以察吏安民爲重，不可緩其所重，用心於無用之地。嗣後亦毋庸再行纂辦進呈，惟當悉心民事，以期無負委任。」六十年二月，上釋奠文廟禮成，臨幸辟雍，御製詩四章，特命珪恭和進呈；又以辦理盗案認真，得旨交部議敍。

尋命兼署兩廣總督。四月，授都察院左都御史，暫留巡撫任。八月，陞兵部尚書，仍留巡撫之任。十二月，奏英吉利人貢使臣有送總督禮物一分，告以天朝大臣，例不與外夷交接，得旨嘉獎。嘉慶元年，恭值授受禮成，珪撰進詩册，諭曰：「朕閲朱珪所進詩册，措詞冠冕得當，其頌揚處不忘箴規，尚得大臣之體，且二十五有韻内難押者居多。今百韻成篇，不致牽强，是其學問素優，著賞給顧繡

蟒袍，大小荷包，以示優眷。二月，諭曰：「朱珪奏拏獲洋盜，審明定擬一案，既引立斬梟示之例，而於文昌縣拏獲之犯，僅將陳阿養一犯先行立決，其餘四犯及另案三犯，皆擬斬決，聽候部議，以致往返稽遲。朱珪近日督緝洋匪，屢獲多犯，朕方喜得人，曾加獎勵，何以此二案辦理拘泥，又不脫書生習氣？著傳旨申飭。」六月，擢兩廣總督，兼署廣東巡撫。尋奉旨，朱珪著來京另候簡用。七月，諭曰：「昨據和琳奏孫士毅在四川酉陽州病逝，將來大學士缺，意欲即以朱珪補授。但此缺須一月後方始題請，特先降旨諭知朱珪，不必因有來京之旨，心存疑慮。現在京中並無應辦之事，朱珪不必急於來京，兩廣總督仍應朱珪署理。朱珪在廣東巡撫任內，辦理一切，本爲熟悉。今復奉有恩旨，尤應感激奮勉，倍加認真，不可存五日京兆之見，有負委任。一切洋盜，更應嚴辦。大學士員缺，除俟屆期明降諭旨外，將此先行傳諭知之。」八月，諭曰：「前因大學士缺出，朱珪科分較深，學問素優，人亦端謹，是以降旨令其來京，原欲將伊補授大學士。乃節據魁倫奏到，粵東艇匪駛至閩、浙洋面肆劫。是朱珪於署總督任內，不能認真緝捕，咎實難辭。本當治以應得之罪，姑念其操守尚好，前任安徽巡撫辦理尚無貽誤，茲特加恩，仍令補安徽巡撫。」十一月，諭曰：「吉慶奏緝捕洋匪，設立章程，俱合機宜。朱珪等從未見似此之奏，鈔寄閱看。並將在粵時何以不照此章程之處，明白回奏。」嗣奏言：「臣兼署總督，審辦洋盜，粵、閩夷匪同案同船者不少，俱奏明正法。前督臣長麟製米艇九十三隻，分作東、西、中三路，配足兵械，於冬令委員駕巡。臣以米艇篷索桅篷，日久不能堅固，趕修驗明，連幫出洋，此臣辦理之大略也。又臣於本年五月，因調修出洋米艇，曾捐銀五千兩，茲請再捐養廉一萬五千兩，解交廣東藩庫，爲隨時修理之用。」報聞。二年三月，陞兵部尚書，八月，調吏部尚書，均仍留安徽巡撫之任。三年，諭曰：「本年京察屆期，朱珪以尚書署理巡撫有年，且學問尚優，著交部議敘。」

四年正月，諭曰：「朱珪著來京供職。」珪行抵王莊，即馳奏曰：「竊臣於正月十一日接奉諭旨，召臣還京。見封面標用藍筆，手抖心搖，不知所措！因未奉明文，不敢冒昧，謹將交印起程日期馳奏，忍泣銜哀，見星奔路。十七日行抵王莊，臣齎摺差官回，跪閱諭旨，詢實太上皇帝龍馭上昇，膽裂呼天，角崩投地！欽惟大行太上皇帝十全功德，五福考終，傳器憫心，於昭在上。我皇上純性超倫，報天罔極。竊聞定躬行三年之喪，此舉邁千古而行萬世。至於郊壇宗社，越緋行事，禮有明文，並行不悖也。然而天子之孝不專以毀形滅性爲奇，而以繼志述事爲大。親政伊始，遠聽近瞻，默運乾綱，滂施渙號。陽剛之氣，如日重光。惻怛之仁，無幽不浹。刻刻以上天之心爲心，祖考之志爲志。思修身嚴誠欺之介，於觀人辨義利之防。君心正而四維張，朝廷清而九牧肅。身先節儉，崇獎清廉，萬物昭蘇，天佑民歸。自然盜賊不足平，而財用不足阜也。臣早蒙先帝特達之知，擢遷中外，舊侍皇上承華之側，親切光輪，十載睽離，五中鬱勃，聲隨淚涌，忱豈言宣？惟願我皇上恒久不忘堯、舜自任之心，臣敢不隨時勉行義事君之道。」既至，召見於永思殿，命直南書房，管理戶部三庫事務。賜大行皇帝遺服四團龍褂一件，四開襖袍一件。奉旨在紫禁城騎馬，賜第一區於西華門外。加太子少保銜，充實錄館正總裁，兼國史館副總裁。三月，命充經筵講官，會試正總裁。五月，命教習庶吉士。八月，命管理武英殿御書處事務，以編修洪亮吉投遞書札，語涉狂悖，未即呈出，奉旨詢查。自請嚴議，得旨：「朱珪平日人品端正，從寬交部察議。」議上，降三級調用，奉旨從寬留任。十月，調戶部尚書。時屢奉諭旨，清釐漕政，嚴禁浮收等弊，外省俱以旗丁運費不敷，需索州縣，州縣不得不取諸民。於是江督有上江加增贈銀，下江加增耗米之請，事下部議。珪以小民未見清漕之益，先受加賦之害，力議主駁，上是之。十二月，命爲上書房總師傅。五年三月，議駁長蘆鹽政奏請加增鹽價；閏四月，議駁廣東藩司奏請將濱海沙坦地畝，照上、中、下三則民田一律升賦：均奉旨依議。

五月，尚書彭元瑞下直墜馬，珪與同行，慫命人舁輿入西華門，乘坐而出，經御史周栻奏參，奉旨交部議處。是月，署兵部尚書。八月，兼署吏部尚書。九月，諭曰：「順天鄉試，尚書朱珪之孫朱涂入場應考，未經中式。朱珪前在上書房行走，曾授朕詩文，且效歷有年，恪共厥職。現在伊孫祇朱涂一人，其試卷文理亦尚無大疵，著加恩賞給舉人，一體會試。朱珪當益勤課訓，俾伊孫力學上進，以副朕恩施造就至意。」是月，失察轎夫與門兵爭毆，奉旨交部嚴加議處。議上，諭曰：「朕惟敬勝者吉，古訓昭然。朕寅承大寶，於天人交感之際，朝乾夕惕，以主敬爲本。即接待臣工，猶時存敬大臣之念。況人臣奉上，恪恭佐理，尤當各循上敬之道，不可稍有疏忽。年來屢降諭旨，整飭朝儀，申嚴門禁，初非欲過示尊崇，實以堂廉之分，本自秩然。近年過於忽略，幾不知君臣之辨，若不判以等威，何以爲萬世子孫臣民法守？朱珪前在上書房行走，小心恭謹，於在書房之皇子、皇孫無一不出於敬。上年內召來京，朕疊施優眷，朱珪亦深以謙抑自持。惟本年夏間，因彭元瑞在禁城內墜馬跌傷，將彭元瑞所乘之轎喚入西華門异出。彼時朱珪見彭元瑞墜馬昏迷，難以扶掖，又因其轎衹數武，遽行喚入，雖一時倉卒，不暇詳思，殊不知咫尺禁門，不容稍越，究難辭疎忽之咎。旋經御史周栻劾奏，其言甚正，是以將朱珪交部議處。今朱珪復有轎夫在西闕門禁地酗酒爭毆，戳打護軍槪斷槍杆之案，即由伊轎夫滋事，而西闕門禁地，僅距西華門咫尺，可見平日恪謹如朱珪者，造次之際，稍不自檢，不數月間遂有此事，未必非默儆其疎忽，轉爲朱珪之福！此據感應之理而言，非徒神道設教之謂。大小臣工可不共知懍惕，收斂身心，斯須不忘恭敬乎？部議將朱珪降二級調用，本屬咎所應得，惟念朱珪平日爲人謹飭，此案衹因約束不嚴，致罣吏議。其轎夫向銀庫廚役折給飯銀，亦屬失於查察。朱珪著革去太子少保，不必管理三庫事務，仍加恩改爲降三級從寬留任。」

尋以部議粵東省歷任督、撫、司、道捐廉成造米艇，巡緝洋匪得力，遵旨分別議敘。查得珪任兩廣總督時，捐銀二萬兩以上，准加三級。奏上，奉旨，朱珪著加三級留任。六年四月，充會典館副總裁。十一月，賜玄狐端罩。七年，充殿試讀卷官。八月，奉旨，以户部尚書、協辦大學士，仍加太子少保銜。八年二月，上謁陵，命留京辦事。六月，兼翰林院掌院學士，並以原銜充日講起居注官。七月，上幸避暑山莊，復命留京辦事。九年正月，晉太子少傅。二月，上幸翰林院，聯句賜宴，御書「天祿儲才」額賜珪，並摹刻懸院中。七月，暫攝管理國子監事務。十月，命進所刊《知足齋詩集》二十卷。

十年正月，授體仁閣大學士，管理工部事務。上以是命也，實遵高宗純皇帝諭，命叩謁裕陵謝恩，並賜題《知足齋集》四首，詩曰：「丙歲承恩手敕傳，待時考澤敬敷宣。科名翰苑推元老，學業綸扉倚大賢。定卜示慈十載久，執經蒙訓卅年先。調羹贊化資師相，一德臨民體昊乾。」「三天受業邁恒榮，廊廟班聯冠六卿。黄閣新春開黼座，絳帷昔日共書城。德崇益勉虚能受，任重彌思寵若驚。名選金甌早簡在，亮工熙績總無營。」「新築沙隄董庶官，七旬碩彦願加餐。惟公常勗爲君要，顧我深知莅政難。無欲神全三壽永，有容德大九霄寬。蒼生竚待施霖雨，啓沃推誠求治安。」「健筆千章涅不緇，雄詞夙荷聖人知。日新三德新宣室，時進《五箴》舊講帷。學杜師韓言有物，説經詠史論無私。精研六義諧風雅，游夏誠難贊一辭。」旋充國史館、會典館正總裁。三月，充會試正總裁，旋以奉命帶管二阿哥師傅，不應具摺謝恩，退出上書房行走。十一年七月，上幸避暑山莊，奉旨留京辦事。九月，賜玉鳩杖，並頒御製詩云：「憶昔丙申年，三天從函丈。經學溯淵源，傳史示直枉。身心受益多，識見資開廣。舊承講論功，今賴絲綸掌。鶴髮望飄蕭，丰神倍清爽。始近下壽旬，康强久培養。健步固未妨，視履應策杖。入朝領班聯，佳話羣欣仰。廊廟多老臣，啓沃善日長。碩彦冠瀛洲，純嘏期頤享。」旋奉旨：「以天氣漸寒，朱珪俟日出後入直。遇臨幸離宫，不必隨來。即御門勾到奏事日期，俱不必侍班。間二三日，入直書房，候召對。」

十一月，上在乾清宫將御座，珪忽病眩暈，不省人事。御前大臣恐其失儀，命太監等扶出。太監等即用木凳，自月華門舁出。上遣醫官診視。旋經領侍衛内大臣參奏，交部嚴議。部議革職，奉恩旨念其衰病趨直，一時昏迷，從寬留任，並賞假兩月調養。十二月初五日，卒。奉上諭：「大學士朱珪持躬正直，砥節清廉，經術淹通，器宇醇厚。受皇考高宗純皇帝特達之知，由詞垣補授道員，洊歷兩司，内用爲侍講學士。特命入直上書房，朕講貫詩文，深得其益。嗣以卿貳出任封圻，有守有爲，賢聲益懋。追擢至正卿，皇考即欲用爲大學士。朕親政後，召令還朝，在南書房侍直有年，簡任綸扉，深資啓沃。凡所陳奏，均得大體。服官五十餘年，依然寒素。家庭敦睦，動循矩法。不愧爲端人正士，倚畀方殷。本年入秋以來，因患病稍久，氣體就衰。朕優加眷念，賜杖賜輿，時加存問。朱珪感戀彌殷，時時力疾進内。朕鑒其誠悃，特行給假兩月，俾得安心調養。疊遣御醫診視，冀得就痊。正擬日内親至伊邸宅視疾，兹遽聞溘逝，深爲悼惜！朕於初六日親臨賜奠，先派總管内務府大臣阿明阿齎賜陀羅經被，並著慶郡王永璘帶領侍衛十員前往奠醊。追維舊學，良用軫懷！著晉贈太傅，入祀賢良祠。賞給内庫銀二千五百兩，經理喪事。其任内一切降革處分，悉予開復。所有應得卹典，著該部察例具奏。」次日，聖駕親臨哭奠。既旋宫，復諭曰：「昨因大學士朱珪溘逝，業經降旨加恩。因思乾隆年間，惟故大學士劉統勳蒙皇考高宗純皇帝鑒其品節，賜謚文正。易名之典，備極優隆。顧劉統勳於署總督任内，曾經獲咎褫職，復蒙皇考施恩録用。至朱珪在朝五十餘年，外而敭歷督撫，内而洊直綸扉，身躋崇階，從未稍蹈愆尤，絶無瑕玷。靖恭正直，歷久不渝。猶憶伊官翰林時，皇考簡爲朕師傅。爾時朕於經書，已皆竟業，而史鑑事蹟，均資講貫。其所陳説，無非唐、虞、三代之言，不特非法弗道，即稍涉時趨之論，亦從不出諸口，啓沃良多。揆諸謚法，實足以當『正』字而無愧！毋庸内閣擬請，著即賜謚文正。本日朕親臨奠醊，見其家門庭卑隘，清寒之況，不異儒素。睠念遺風，愴懷未已。著於本月初九日，由内務府備辦飯桌，派二阿哥前往代朕賜奠。俟殯送時，派慶郡王永璘前往祖奠目送，以示朕眷懷舊學、哀榮備至之至意。」並御製詩十二韻曰：「丙歲從函丈，相依三十年。清風常晉接，正誨日數宣。先帝褒忠直，百僚仰俊賢。贊襄期永弼，啓沃願長延。抱疾猶趨侍，養痾冀速痊。忽驚千古別，難遣寸衷悁。攀馭珠邱表，騎箕絳闕邊。棄子辭禁苑，隨聖麗霄躔。德化銘心久，良猷篤志堅。半生惟獨宿，一世不貪錢。述實五言挽，抒悲三爵連。臨喪虛設醴，痛結淚傾泉。」命南書房翰林黄鉞敬録，於初九日往靈前焚之。

先是，珪病亟時，作《努獻》詩二首。殁後，上召對諸大臣，詢珪臨終有何遺言，諸臣以《努獻》詩對。上即命以手書草稾呈覽，並詢年例應貢冊葉，向有跋語，令進呈。賜祭葬。十二年三月，諭曰：「朕展謁西陵，道經畿甸，原任大學士朱珪之墓，距蹕路數里。追維哲輔，逝已三月。瞻眺松阡，中心愴惻！著派侍郎英和於本月初五日前往賜奠，以達朕懷。」御製詩曰：「碩彦嗟頽壞，臨風歎柰何。經邦言總正，論道益誠多。代奠心隨往，躬行禮實過。雲煙結神想，西嶺望嵯峨。」是月，《高宗純皇帝實録》告成，諭曰：「前大學士朱珪在館八年，懋著勤慎。著加恩賜祭一壇。伊長子朱錫經，原任户部郎中，俟服闋後，以四品京堂用。」二十年二月，諭曰：「明春朕恭謁西陵，回鑾時，蹕路總由北惠濟廟拈香。因懷故大學士朱珪墳塋在該處附近，而諭那彦成查明，如距御道五里以内，即親往祭奠；若在五里以外，即遣官前往。茲據那彦成覆奏，在御道四里以内。屆期朕由黄新莊至北惠濟廟，紆道親臨賜奠，用達眷懷舊學之意。」二十一年三月二十一日，上臨珪墳園賜奠，御製《誌感》詩曰：「講帷昔年共，《五箴》誨早垂。入閣贊機務，輔治惠澤施。方期久論道，豈料身騎箕？永別倏十載，路便親酹巵。荒村不封樹，儉德後代遺。灑淚乘騮去，回望縈悲思。」篤念舊學，光及泉壤，恩遇之隆，古所未有也。

雜録

備録

錢泳《履園叢話》卷二三《朱文正公逸事》　朱文正公相業巍巍，莫不稱爲正人君子，待人接物，必恭必敬，晚年益自刻厲，宏獎人材，後輩門生仰之如泰山北斗。一日有通家子某，欲晉謁，閽人辭以請客，問請何人，閽人曰：「昨日請老師父執及前輩，今日請同年同寅，皆已故者。」某駭然，問其禮，每一席設五六位不等，椅坐上書某名某公，以尊卑分次序，而自居末座，衣冠肅然，坐定，命僕行酒上菜上飯上茶，一如生人，祭畢，則送諸門外。如是者三日，莫知其故也。越月而薨。

陸以湉《冷廬雜識》卷八《朱文正公詩》　嘉慶初，和珅伏誅，御製詩頒示臣工，朱文正公和句有云：「寄語普天諸父老，共驩曾亦事陶唐。」措語得體，爲一時和章之冠。

陳其元《庸閒齋筆記》卷四《朱文正之風趣》　大興朱文正公，乾嘉時名臣也。厓岸高峻，清絶一塵，雖官宰相，刻苦如寒士，餽遺無及門者。與新建裘文達公最善，一日至裘處，譚次，忽歎曰：「貧甚，柰何？去冬上所賜貂褂亦付質庫矣。」裘笑曰：「君生成窮命，復何言！我筦户部，適領得飯食銀千兩，可令君一擴眼界。」因呼僕陳之几上，黄封燦然。公注視良久，忽起手攫二元寶，疾趨登車去。

陳康祺《郎潛紀聞二筆》卷一《朱文正奏免翰林即席賦詩》　嘉慶甲子，車駕幸翰林院，欲令與宴者即席爲詩。朱文正公奏：「諸翰林皆蒙賜酒觀戲，恐心分不能立就。」仁宗允之。公出，語諸翰林曰：「若是日即席爲詩，諸君能不鑽狗洞乎？」文正性喜詼諧，此其一節也。康祺按：乾、嘉文物，慎選清班，當時詞苑中人，尚不至爲應制一詩，遽穿狗竇，公特慮醉後失詞耳。

陳康祺《郎潛紀聞三筆》卷一《朱文正病中爲書侍御作墓銘》　上海曹侍御疏劾和珅，身後始蒙優奬，余已述之矣。當嘉慶四年，侍御子玉水舍人江，將歸葬，求銘於朱文正。文正病背癰方劇，舍人請俟愈後爲之，寄江南，可及也。公曰：「不可，吾病，吾文且益真摯，愈於不病者。」乃流涕屬草，稿竣，請劉文清書之，避易數字，而文正意不慊，復改定而文清更書之，即今所刊石流傳者也。文正不慮己之病，而急爲之銘，文清再爲之書而不厭，蓋匪惟篤於友朋生死之際也。

陳康祺《郎潛紀聞三筆》卷三《朱文正與紀文達同赴翰林苑上任詩》　大興、河間二相國，同産畿輔，年少同負異才。乾隆丁卯科鄉舉，闈中本定文正第一，後易文達，而文正列第六。通籍後，離合不常，晚歲仍同領清要，文達參知之缺，即文正大拜所遺也。嘉慶十年二月四日，同赴翰林院上任。文正詩云：「十上瀛洲忝領袖，九成鳳翽久迴翔。」以文正自戊辰館選，辛未授職，壬申升侍講，戊寅升讀學，乙未由布政使重授講學，己未教習庶常，壬戌協辦，癸亥掌院事，甲子上幸翰林院，乙丑拜端揆之命，遂爲二十七科之首，十番到院。文達則自甲戌館選，丁丑授職，辦院事，洊歷學士，後謫戍環，召授編修，總纂《四庫全書》，開坊再爲學士，至參大政，蓋九翔鳳池矣，見文正詩自注。惜文達入閣甫半月即逝，鹿鳴重宴，尚欠兩年，文正輓詩深痛之。

陳康祺《郎潛紀聞三筆》卷八《朱文正與吴重光足爲上官屬吏之法》 吴孝廉重光，江都人，乾隆間令山西之陽曲。時大興朱文正公方任布政使司，吴善屬文，公不以俗吏待之，時招至署，論文賦詩。吴爲公搜金石古蹟，訪脩晉祠，樹碑石，極謹。一夕，急呼吴，吴趨入，公手一券謂吴曰：「吾奉命入朝，計行李資需二百金，特立券向君謀之。」吴唯唯，不敢受其券。公正色曰：「不受券，是以賄交我也。」吴唯唯，受券返，明日，以二百金面致公，公欣然。吴治陽曲有聲，嗣移知代州。忽一騎自都中來，賫二百金並公手書至，索券去。見《雕菰樓集・書朱文正公神道碑後記》。康祺謂是舉足見文正之廉正，吴君之樸誠，而彼此磊落光明，又絶無避嫌遠謗之見，爲上官、爲屬吏者，均可法也。且公以一藩司述職，而行囊僅懸二百金，並可見當時吏道之醇，中外大僚，蓋莫不敦尚名節也。

陳康祺《郎潛紀聞四筆》卷四《朱珪輔政四事》 嘉慶四年，大興朱文正公內召輔政，一以崇儉獎廉爲本，四方有言利者，輒力格之。時漕督以旂丁運費不足，索之州縣，請每石加一斗爲津貼費。江督遂議上江加贈銀，下江加耗米，其疏內稱上、下江互相仿照，以歸畫一。公已畫諾矣，思之不寐，復至部，面詰堂司官，自爲駁稿，稱「小民未見清漕之益，先受加賦之害，請於進倉漕耗內，每年畫出八萬石，折給旂丁」。並請旨，嗣後凡事近加賦，一切議駁。此一事也。長蘆鹽政，奏請加鹽價，每斤二文。公謂「長蘆、山東鹽價，乾隆中屢次奏加。蘆東積欠各欵，嘉慶二年，又免帑銀二百餘萬，又借領兩淮無利銀百萬，商力已紓，不得復行瀆請」。此又一事也。廣東布政司，請將濱海沙地照上、中二則民田升賦。公謂「淤地坍漲靡常，墾築多費工本，是以照下則減半定賦，原使小民得有餘資，庶肯盡力開墾。今欲計此微利，恐民間苦於交納，將必紛紛報坍請豁。此外新灘不肯復種，名爲升賦，轉致虧課，公私均無裨益」。此又一事也。時川、陝連年

用兵，需餉孔亟，倉場侍郎奏請預徵錢糧四五十倍，准爲義監生，終身免賦。公自爲駁稿云：「正供自有常經，名實有關體要，取民有制，從無預徵數十倍而賜復終身之事。於名不正，較之枉尋直尺，殆有甚焉。」此又一事也。公手稿尚存户部，損上益下，真足培元氣於無形。彼倉場某公者，甘居言利之名，又昧理財之術，莠言亂言（亂言之言疑政字），奈何輕試於聖明之世哉！是則見《經世文編》中韓振書朱文正公在户部事，余爲删節存之，以當近世言事者之藥石。

備論

《國朝耆獻類徵初編》卷二九陳壽祺《神道碑銘》 清興以來，公卿大臣謚文正者，睢州、諸城及公三人而已。舊學厖臣，遭遇豐渥，蓋莫若公之盛焉。某咨度禮制，竊謂閥閱次第，賫予恩私，門屬之籍，政事之蹟，册誄之詞，則紀諸國史家牒，乃若甄綜言行，近慰後昆，罔極之思，遠照緜世，固門人小子事也。嗟我宿德，如何勿銘。銘曰：於戲我公！五辰陽春，九州伊維。繩中燭和，體大物博。鬱爲時棟，尊爲帝師。前聖後聖，股肱是毗。公之淳厚，純皇信之。曰朕得人，擢之方鎮。泰山出雲，雨人不知。餒者得哺，寒者得衣。公之簡易，吾君親之。純皇卜甄，遺於朕身。予弼予迪，三代唐虞。但覺嫵媚，皤皤鬢鬚。公翔瀛洲，萬篇琳珉。天下譽公，謂公文人。公據槐鼎，禕隋垂紳。天下訾公，謂公具臣。公究參同，黄庭金經。有詒公者，仙佛前身。詒豈公好，訾豈公校，譽豈公知，我求諸道。黽没夙夜，憂國忘老。上質於天，日爽允蹈。天不憖遺，奪公猶早。讜論無聞，帝心則悼。生榮死哀，尸祝其報。高山景行，永睎堂奥。

《國朝耆獻類徵初編》卷二九阮元《神道碑銘》 星精嶽神，蔚爲帝傅。學正文明，道深性固。先帝任公，決於一顧。投鉞卜颫，久隆知遇。公遇盛時，佐祁輔媯。君爲堯舜，臣爲皋夔。經邦之道，坐而論之。非帝宣綸，世祕未知。帝曰調元，資於師相。舊學交修，天工寅亮。温樹之間，青蒲之上。蒼生被澤，黄扉孚望。公之保民，敷政優優。公之儲材，其心休休。德如霖雨，清比江流。庭不旋馬，路無喘牛。公有恒言，並舉二事。曰不嗜殺，曰不言利。公之講史，長編資治。公之執經，十章衍義。皤然三公，邁榮軼光。乃不憖遺，而覯先皇。帝懸和軾，僧眺阡岡。勒碑墮淚，西山蒼蒼。

勒保部

綜述

《清史列傳》卷二九《勒保傳》 勒保，費莫氏，滿洲鑲紅旗人。父温福，大學士、定邊將軍，自有傳。乾隆二十一年，勒保由監生充清字經館謄録。二十四年，議敘，以筆帖式用。二十七年九月，補中書科筆帖式。十一月，充軍機章京。三十三年，京察一等。三十四年，授山西歸化城理事同知。三十七年，因延案不結，被劾，部議革職。上念温福征金川有功，特原之，以主事用，仍在軍機處行走。三十八年三月，補兵部堂主事。六月，丁父憂。四十年三月，遷武庫司員外郎。五月，兼公中佐領。九月，服闋。十月，充寶泉局監督。四十二年二月，京察一等。五月，遷武選司郎中。四十三年二月，授江西贛南道。三月，調安徽廬鳳道。六月，丁母憂，回京。七月，賞銀庫郎中銜，充庫倫辦事章京。四十五年五月，擢辦事大臣。六月，遷太僕寺少卿。九月，服闋。十二月，擢内閣學士，兼禮部侍郎銜。四十六年六月，授正藍旗漢軍副都統。八月，賞戴花翎。四十八年，調正藍旗滿洲副都統，尋遷兵部右侍郎，均留庫倫辦事。五十年，召來京，命仍在軍機章京上行走。五十一年五月，充右翼監督。

九月，授山西巡撫。五十二年七月，署陝甘總督。十一月，奏：「烏魯木齊、巴里坤存營兵丁，每歲操演僅有四月，閒曠日多，技藝難臻精熟。請照内地例，歲以八箇月爲率，火藥鉛斤加倍備辦。」上可其奏。五十三年七月，寶雞縣民雷得本等傳習邪教，僞造悖逆經卷，訪獲首從各犯，治罪如律，上嘉之。十一月，實授。五十四年十一月，奏沔縣界連漢陰，地廣難治，請分隸漢陰通判管轄，裁黄沙驛驛丞，改設漢陰巡檢。十二月，奏嘉峪關外花海子地方緊要，請撥兵駐守。均下部議行。五十六年，大兵征廓爾喀，道出西寧，勒保以辦理駝馬、軍裝、口糧及口外安設臺站諸事妥協，賞太子太保銜。五十七年，京察，以稱職，下部議敘。五十八年，奏涼州鎮屬莊浪營所轄，俱沿邊扼要，舊設參將，不足以資彈壓。查延綏鎮屬波羅協副將事務較簡，請移駐莊浪，改爲莊浪協副將，即將莊浪營參將移駐波羅，改爲波羅營參將。如所請行。五十九年十月，奏：「巴里坤鎮屬穆壘營牧廠弁兵，向在安西、河州、靖逆三營内派撥。查三營駐劄口外，管轄十一營堡，一經抽撥，稽察難周。請於附近之瑪納斯、濟木薩二營内改撥。」從之。先是，安徽奸民劉松以習混元教戍甘肅隆德縣，復倡立白蓮教惑衆，與其黨湖北樊學明、齊林，陝西韓龍，四川謝天繡等，謀不軌。是月，勒保訪獲劉松及其子四兒，置之法，各省傳教者，亦先後就獲。上命誅其首惡，餘赦免。六十年二月，京察，以勤職下部議敘。四月，奏安康縣蘇柳壩、滔河兩處，距城窵遠，應設營汛。請移延綏鎮屬響土堡都司駐蘇柳壩，漢鳳營屬草涼驛千總駐滔河。下軍機大臣議行。

六月，調雲貴總督。時閩浙總督福康安統兵剿湖南逆苗石三保、貴州逆苗石柳鄧等，勒保赴軍營安撫正大、銅仁、鎮遠降苗，並督辦軍需。嘉慶元年七月，以經理糧餉得宜，下部議敘。八月，雲南威遠廳屬倮黑札那等擾邊境，諭勒保酌帶湖南軍營所調滇兵，馳回剿辦。勒保奏雲南兵丁現值攻圍平隴擒拏首逆之時，未便遽撤，俟到滇後，察看情形，如必需兵力，再爲檄調。上是之。九月，抵滇，會巡撫江蘭已平倮匪，而湖南軍營統兵大員福康安、和琳相繼卒。上命勒保仍赴湖南，偕將軍明亮、提督鄂輝等接辦軍務。十月，行次貴州，適青谿縣教匪高承義等聚衆戕官，勒保奉旨順道往剿。十一月，攻克大鬼宑賊巢，擒高承義及賊目姚世高等，餘黨悉就殲獲。下部優敘。十二月，緬甸國遣使呈請入貢，勒保以非貢期卻之。諭曰：「所辦大錯。緬甸遠在荒徼，聞本年舉行授受大典，欣逢國慶，備物申虔，自不應拂其來意。況事關外藩瞻覲，勒保即不得主見，亦應將來使留關暫候，請旨辦理。乃竟率意徑行將表貢仍交來使帶回，阻其向化之誠，除已明降諭旨，將勒保交部嚴議，兼令軍機大臣擬寫檄文，將勒保辦理錯謬緣由，交江蘭知會該國王外，勒保仍著傳旨嚴行申飭。現在湖南苗匪剋期擒獲，無需勒保再赴湖南，著即帶兵馳赴湖北黄柏山，與福寧等會同剿賊，立功自贖。」尋部議革職，上加恩改爲留任。

初，劉松等雖誅，餘黨猶盛，潛往來川、陝、楚三省煽亂。於是湖北邪匪首作不靖，延及川、陝。林之華、覃加耀聚衆踞長陽縣黄柏山，署四川總督福寧攻之不克，勒保旋往會剿，連戰敗之。二年二月，乘勝薄坡頭卡，俘馘甚衆，毀其卡。賊巢垂破，而貴州南籠府仲苗王囊仙等叛，復命勒保回黔討之。王囊仙者，故洞灑寨苗婦，當丈寨苗韋七綹鬚以囊仙有幻術，羣苗信之，推爲首以作亂。分遣賊黨大王公、李阿六、王抱羊等圍南籠府及府屬之永豐、黃草壩、捧鮓、新城、冊亨、安順府屬之永寧、歸化各城。冊亨旋被陷，滇、黔道梗。三月，勒保率兵五千至，以關嶺爲進剿南籠要路，即分剿永豐等處亦所必經，定議由關嶺進兵；又防賊苗竄逸，令總兵德英額、扎郎阿、袁敏分堵東西北三面。南面界連滇、粵，咨兩廣總督吉慶、雲南巡撫江蘭撥兵防守。勒保率臬司常明、副將施縉等由鎮寧進擊關嶺，凡兩晝夜，達關嶺對面之大坡嶺，密分兵爲左右隊，間道抄至關嶺後。自統大兵由中路進，賊數千人方拒戰，嶺後兵突登嶺，賊驚卻，大兵乘之，殲千餘人，焚兩旁苗寨殆盡，遂克關嶺，得旨獎賚。

四月，分兵攻巴隴苼，下之，降萌蘆苼、菜子河、螞蝗箐等寨一百五十二，關嶺後路肅清。乃統兵進克安籠堡，抵永寧州城。時副將巴圖什里已解永寧圍，都司周廷翰往援歸化廳，圍亦解。進抵安南縣，提督珠隆阿、總兵張玉龍、七格以師至。勒保令珠隆阿率偏師從花江募役司擊永豐賊，自率張玉龍、七格由安姑排沙口趨新城，道經下山塘，賊築卡拒，冒雨夜攻之，立毁卡，奪高伍坪等寨八。賊退踞新城外海河橋，勒保命縱礮遥擊，陽作進攻勢，潛遣兵從下游躧渡襲其後，賊大潰，新城圍解，疾引兵向南籠。南籠城西北碧峯山，郡扼要處，前爲望城坡，賊於坡上樹木城二，遏我師，夜襲破之，焚山下賊寨七。賊奔山巔，負嵎守山後魯溝、卡子河、普坪等處，羣賊蠭聚。勒保所部兵，除分防外，僅二千餘，度難猝克。珠隆阿亦以兵少阻花江，不得渡，因檄令前來會剿。五月，與珠隆阿謀取碧峯山，戒諸軍毋動，聞礮聲則迎擊，别遣將設伏以待。賊果糾數千人下山，犯大營，礮發，伏兵起，營中兵出夾擊，大破之，焚山上賊寨二十三。乘勝奪羊腸山梁，轉戰至新店，焚賊寨十四；復攻克水煙坪，以後路排沙口、涼風坳及新城有賊苗窺伺，慮其牽綴，令珠隆阿帶兵截剿，親統大軍攻阿捧。賊千餘匿八角崗中，火爇之，悉斃，阿捧寨破。六月，克魯溝，又克卡子河，前後俘馘以萬計。師次普坪，降南籠東鄉阿伍箐等寨四十三，西鄉那利、鎖關等寨六十一，南鄉木咱、牛角山等寨四，新城後法泥等寨亦乞降。奏入，賞戴雙眼花翎。旋攻克普坪，大王公中槍斃。師由壩弄五孔橋抵南籠城，解其圍。上以南籠士民被圍久，能同心固守，賜名興義以旌之。嘉勒保功，下部議敘。

閏六月，駐軍興義，遣常明、施縉攻黃草壩，檄前所調滇兵由黃泥河進，伺便夾攻，大軍從後策應，克九頭山及馬鞭田，擒李阿六、洛美、學莊等寨賊皆遁，解黃草壩圍，與滇兵合，滇、黔之路始通。賊聞官軍雲集，且距洞灑、當丈近，恐破其巢也，悉衆分屯各要隘，爲死守計，圍捧鮓、永豐益急。七月，勒保令德英額、扎郎阿援捧鮓，袁敏援永豐，自率常明、施縉等擣賊巢，連克李景寨、安有山、二龍口等處，賊各要隘盡失，於是困守洞灑、當丈兩寨中，無敢出者。八月，德英額等解捧鮓圍，以兵來會。因分隊八，五隊向洞灑，扎郎阿等領之；三隊向當丈，常明等領之：同時進剿。勒保率副將那麟泰往來督戰，賊不能支，縱火自焚。都司王宏信、千總洪保玉冒烈燄入，擒首逆王囊仙、韋七绺鬚以出，遂克洞灑、當丈兩賊巢，斬級千，俘二千六百，燒斃者萬餘，獲器械、牛馬、米糧無算。諭曰：「勒保督率調度，悉合機宜，用能生縛兇渠，埽蕩巢穴，所辦實屬可嘉！著加恩封爲侯爵，用昭懋賞。此時首逆既擒，附和各苗寨，望風震懾。永豐、冊亨之圍，自可不攻而解。但王抱羊一犯，與王囊仙、韋七绺鬚俱係起事首逆，切不可使之漏網，致留餘孽。」勒保旋率兵剿興義北鄉，擒王抱羊於額老寨，由北鄉趨永豐，督袁敏等攻，解永豐圍。吉慶亦從廣西帶兵克板蚌、板堦一帶賊卡，復冊亨，與勒保軍合，分飭諸將搜剿花江、募役等處餘匪，仲苗平。上嘉永豐官民堅守州城，賜名貞豐，如興義例。勒保以功晉一等威勤侯。

九月，調湖廣總督。十月，偕貴州巡撫馮光熊陳苗疆善後四事：一、隨征鄉勇，分撥就近營分，充補兵丁；一、招集難民，酌給農具銀兩，俾資復業；一、籌備倉糧，以利兵民就食；一、清釐田土，以靖苗、漢分争。下軍機大臣議行。是時川、楚賊氛正熾，有青、黃、藍、白、綫等號，又設掌櫃、元帥、先鋒、總兵等僞稱。勒保既調任湖廣，四川總統軍務宜綿遂請以勒保代其任，許之。十二月，勒保自貴州由敘永入川。三年正月，至梁山縣接辦總統事。值梁山賊曾柳等新起於石壩山，而白號王三槐、青號徐天德與藍號林亮功等股匪，均聚開縣臨江市。勒保計進剿王、徐諸逆，則石壩山賊躡其後，先遣兵擊破之，斬賊首曾柳、郭長俊、伍一凱。諭曰：「此勒保入川第一功，可嘉之至！」

調四川總督。王三槐等聞石壩山破，懼而宵遁，勒保督兵襲擊，連敗之於豐城寨、白沙河等處。賊北竄入達州，與藍號賊冉文儔合，惟林亮功仍踞開縣之開州坪。勒保令副都統衛六十七、總兵富森布剿之，親率大軍追王三槐等。二月，師至達州，九戰皆捷，賊走巴州，又敗之於鬬智坡及蓋茶寺，賊循巴州境，掠閬中蒼溪而西。三月，追及之於李子觀，逼賊東入儀隴。勒保以賊蹤往來靡定，川中居民散處，易於裹脅，乃畫堅壁清野之策，令百姓各依山險紮寨屯糧，並團練鄉勇以自衛。由是賊至，居民多獲全。四月，賊由儀隴茨菇頂趨孫家梁，欲與白號賊羅其清合，勒保兵匯至，偕尚書惠齡、將軍恒瑞分路截剿，賊屢敗。王三槐等南竄渠縣，冉文儔遁入羅其清寨中。勒保留惠齡、恒瑞剿孫家梁賊，仍帶兵緊躡王三槐等。五月，三槐等自渠縣折竄杜市街，犯大竹縣，我兵奮擊，大破之。賊分竄梁山、墊江及新寧，復由新寧東奔開縣，我兵沿途追襲，疊有斬獲。開州坪賊林亮功偵知王三槐等至，出屯陳家場爲犄角勢。勒保分兵擊走之，追至梁山荆竹園，斬其僞元帥林定相；以六十七、富森布剿賊遲延，又縱令出巢，奏褫其職。六月，剿王三槐於開縣陳家山，聞蘭芽場有新起賊，徐天德潛往勾結，爲王三槐聲援，因亟率兵掩擊，擒賊首張洪鈞，餘匪潰散。徐天德奔新寧，王三槐失援，乃率其黨冷天祿遁入雲陽安樂坪，大兵圍之。七月，克安樂坪，擒王三槐，械送京師。

冷天祿退保祖師觀。諭曰：「勒保前平黔苗，已錫通侯之爵；茲剿辦川匪，調度有方，埽穴擒渠，膚功克奏。著加恩晉封公爵。」八月，進圍祖師觀，賊據險守，閱數月弗能拔，屢奉嚴旨申飭。十一月，黄號賊龍紹周、龔建、樊人傑聞冷天祿被圍急，分路來援，我兵擊卻之，冷天祿仍堅守祖師觀。十二月，官軍奪魚鱗口山梁，進逼賊巢，冷天祿率數百人從後山雞公梁竄新寧，上切責勒保，趣速往新寧剿辦。四年正月，勒保至新寧，適徐天德爲副都統銜額勒登保所敗，竄踞新寧仁市鋪，與黄號王光祖等合。勒保偕額勒登保夾擊之，敗其衆於石竹坪及老鷹場，徐天德等走墊江，冷天祿知新寧有重兵，亦折竄入忠州。勒保令額勒登保赴墊江截擊徐天德等，總兵百祥取道忠州追冷天祿，自率大軍向梁山，策應兩路，並飛咨惠齡與副都統銜德楞泰以兵來會。

是月，上以前此各路軍營事權不一，致蕆功需時，特授勒保經略大臣，節制川、楚、陝、甘、豫五省軍務，命其弟藍翎侍衛永保齎經略印赴軍中，副都統銜明亮與額勒登保均授副都統，爲參贊大臣。二月，勒保奏：「歷次總統與各路分兵剿賊，往來馳逐，僅抵偏師。茲臣仰仗天威，授爲經略大臣，事權歸一，自應通行籌畫，除將陝、楚兩省實存兵數分駐何處，另爲調度外，川省大局，臣督率額勒登保、惠齡、德楞泰等以合剿徐天德、冷天祿等大夥賊匪爲正路，餘則視賊所向，隨時督剿。查賊勢既重在四川，臣應於川省暫駐，梁山、大竹一帶，地尚適中，可以就近督辦。」允之。尋督諸路兵大破徐天德等於沙平關，斬首千餘級。賊分竄鄰水、長壽各縣，官兵復追敗之。三月，大軍移駐達州，遣額勒登保殲冷天祿於廣安州城頭堰，又殲林亮功分股掌櫃蕭占國、僞元帥張長庚於營山縣譚家山，疊奉恩旨獎賚。

時被脅難民，多有自賊中來投者，上命勒保妥議安撫章程。勒保以紮寨團練一法，行之川省，已著成效，而陝、楚、豫等省尚未通行，因奏言：「近來被脅良民，逃出不少，自應詳求綏輯。惟賊匪未平，往來無定。凡鄉村場市，屢遭焚掠，田畝既已汙萊，房屋悉爲灰燼。如官爲授糧，則日久恐其不繼；官爲修屋，則賊來又被焚燒。迨至無食無居，復爲賊擄，所辦仍屬無益。是以臣曾通飭川東、川北各州縣，令百姓依山附險，營結寨落，將糧食器具移貯其中，賊去則下寨而耕，賊來則守險而避。此不但爲百姓全身保家之計，並可杜賊匪擄人掠食之謀。請嗣後凡有解散黨與，除能殺賊立功者另請加恩外，其餘或潛行散出，或臨陣投降，即由各路隨營糧員及地方官，訊明所隸州縣，按道路遠近，酌給銀米回籍，歸入附近民寨，仍給搭蓋草棚之費，俾資棲止。如此安插，則從賊之民知解散可得生全，其心自不致固結，既散之後，有寨可居，不致再爲賊擄，於綏輯似覺有裨。請通行湖北、陝西、河南等省，一體遵辦。」諭曰：「所辦俱爲周到。朕以此事委卿，必不遥制。總之邪匪不可不誅，良民不可不撫，而受撫者必使之畏威懷德，出於至誠，方爲盡善。」

勒保又奏：「川、楚、秦、豫四省，今歲應徵錢糧，請將被賊之區普行蠲免，近賊州縣暫緩輸將。此安良即所以散賊。又兵丁從征三年，傷亡病故，覈之原調數目，日益減少。陝、楚、豫三省現有堵剿事宜，缺額者請咨令補足，留於各本省調遣。山東、雲、貴、兩廣等省，應令補派來川，川省即由臣就近調補。」命軍機大臣議奏。尋奏兩廣距川較遠，緩不濟急，請先儘四川、雲、貴酌調，餘如所請，從之。四月，官兵追剿徐天德、龍紹周、龔建、樊人傑及冷天祿分股僞元帥張子聰等，屢敗其衆，賊盡遁入開縣、東鄉境內，旋分竄竹峪關、渡口場等處，意圖入陝。諭曰：「勒保不趁賊匪聚集之時，爲一鼓殲擒之計，又任其紛紛四竄，稽延月日，咎實難辭，著傳旨申飭。」五月，張子聰勾合藍號賊冉天元北竄，勒保遣額勒登保由老官山兜擊，逼回南江，德楞泰亦自太平進兵，連敗龍紹周等於麻柳壩、雙合場，將竄陝之賊全數截回川境。賊隨分股奔竄，張子聰、冉天元竄通江，藍號包正洪竄雲陽，青號王登廷竄東鄉，徐天德、龍紹周、龔建、樊人傑與綫號龔文王、白號張天倫等先後竄入大寧老林。勒保檄調諸將分往剿辦。上慮川省賊衆兵單，諭令添調新兵，勒保奏添兵必須一二萬，庶敷攻擊之用，而命將既難其人，籌餉亦慮莫繼。與其調兵而多費，莫若鼓勵現在軍心。此後如得一大勝仗，竟當加以重賞，自無不振作奮興。臣惟有儘此兵力，策勵將士，以期迅速成功。」諭曰：「所見似有把握，若能於兩三月内兵不增而功速蕆，此誠日夜所盼望者也。」六月，令總兵朱射斗殲包正洪於雲陽小毛坪。七月，令德楞泰擒龔文玉於大寧瓦房溝，又擒其僞元帥龔其位於香衝、僞先鋒卜三聘於巫山羊溪河。八月，令提督七十五擒龔建於開縣火峯寨，賊勢稍沮。

會督辦糧餉副都統銜福寧疏劾勒保一路兵餉月需銀十二萬餘兩，視諸路獨多，而所辦各股賊匪有增無減。上方以勒保安坐達州，虚糜厚餉，又堅執不必添兵之説，致賊蔓延，疊降嚴旨詰責，而徐天德等復率萬餘衆由大寧闌入楚疆，湖廣總督倭什布飛章告警，上乃褫勒保職，命吏部尚書魁倫入川勘問，加額勒登保都統銜，代爲經略大臣，魁倫署四川總督。勒保旋奏川省賊股雖多，總係舊有之賊，並非新起。從前各號多至萬人，或數千人，近惟四五千至千餘人，及數百人不等。福寧謂有增無減，臣實信其有減無增。至不必添兵一説，曾與面商，福寧亦深以爲然，並未敢稍存粉飾。上責其狡詞迴護，仍飭魁倫嚴訊。十月，魁倫奏：「勒保自到川統兵，共用餉銀二百餘萬兩。查係按名給領，並無不均。所辦賊匪，現實較前大減。福寧以新分賊股姓名多於從前，勒保則覈其大數，尚無諱飾。至駐守達州，雖未親歷行陣，然辦理文檄，調遣兵將，亦非一無所事。惟此次賊衆犯楚，勒保接到倭什布咨會，未即馳奏，又明亮、恒瑞不聽調度，副都統訥音所帶兵丁諠鬧生事，亦未據實參辦，實爲昏憒錯謬，罷輭瞻徇，請照統兵將帥玩視軍務、貽誤國事律，擬斬立決。」諭曰：「勒保昏憒錯誤，問擬斬決，實屬罪所應得。惟春間委任經略時，朕曾有令其居中調度之旨。原以經略大臣惟在決機制勝，不責以衝鋒陷陣之事，非令其安坐軍營，不一親臨行陣也。乃勒保半載以來，惟在達州株守，竟成一彙報軍情之員，任閫寄者豈宜若此？究念其係誤會前旨，尚可稍從末減。且勒保自總統軍務，所有首逆王三槐、冷天禄、包正洪、龔文玉等犯，以次就獲，雖非親往督拏，究係伊所派調。又前剿貴州仲苗一手辦竣，至今安静無事，其功亦尚足録。勒保著從寬改爲斬監候。魁倫接奉此旨，即派員將勒保解交刑部監禁。」

五年正月，經略額勒登保赴陝剿賊，以川省軍務移交總督魁倫接辦。賊首冉天元、張子聰合黄號徐萬富、青號汪瀛、線號陳得俸等，共五萬人，乘間由定遠搶渡嘉陵江，魁倫退守潼河。事聞，起勒保爲藍翎侍衛，馳驛赴川協剿。三月，抵金山驛，聞賊已由射洪縣王家嘴越潼河西岸，欲趨成都，遂偕魁倫馳赴中江縣截剿，連敗之於梅子埡、象龍寨等處。魁倫以失守潼河逮問，賞勒保四品頂帶及花翎，授四川提督，兼署總督。四月，賊分擾遂寧、安岳、樂至各縣境，勒保偕參贊德楞泰奮力夾攻，殪賊數千，賊始東竄，邀擊之於嘉陵江口，俘斬及淹斃者又三千餘，脱難民一千四百餘。汪瀛尋爲勒保所擒，潼河兩岸肅清，上嘉之。四月，勒保旋引兵西擊，敗白號高三、馬五等於龍安鐵籠堡，賊退入甘肅番境。五月，白號賊復犯龍安，上以勒保縱賊，褫花翎，罷提督，專署總督。六月，賊北走甘肅，遣副都統阿哈保追之，遂提兵東渡嘉陵江，剿川東、川北賊。七月，白號苟文明、鮮大川等由陝入川，圍渠縣高寺寨，勒保疾往，解其圍；追至太平寨，與德楞泰軍合，賊走墊江、長壽，循嘉陵江而北，覬渡西岸，官軍追擊百餘里，至岳池之新場，殲擒四千餘人。鮮大川逃入巴州，爲寨民鮮文芳誘斬。上嘉勒保功，賞二品頂帶，實授總督。

八月，偕德楞泰剿白號賊於東鄉、太平縣境。白號與青號賊趙麻花合，我兵扼之於茅坪、倒流水，殲其僞副元帥湯思舉。九月，趙麻花復率其黨王珊欲向陝境迎徐天德至川，勒保由江口截剿，至雲陽大水田殲趙麻花，王珊亦爲德楞泰所誅，下部議敘。十月，樊人傑等由楚竄入川東，勒保偕德楞泰會剿，小有斬獲。賊尋北竄陝境，而徐天德一股又由陝入川，旋由川入楚。上責其堵賊不力，降四品頂帶，仍留總督任。十二月，藍號李彬、白號楊開第、黄號齊國謨等賊衆數千，自巴州南竄，勒保邀敗之於渠縣境，賊奔儀隴，遇德楞泰兵復大敗，齊國謨死，餘竄營山柏林場，勒保追及之，斬楊開第。先後殺賊四千，李彬僅以數百人遁。得旨嘉獎，賞三品頂帶，並御書「福」字賜之。

六年正月，移師川東，敗羅其清餘黨楊步青於大寧白馬廟。會樊人傑、徐萬富合藍號賊王士虎、冉天士股匪竄擾廣元蒼溪，勒保檄阿哈保等往援。賊僞東竄儀隴，陰率衆沿嘉陵江南下，爲搶渡計。勒保親馳至南部碑灣寺，與阿哈保等合擊，殲徐萬富與藍號僞總兵鮮奇林、僞先鋒陳上達，及賊黨二千餘人，賞還二品頂帶及花翎，仍下部優敘。二月，藍號張士龍竄巴州後河嶺，遣提督七十五擊斬之；復移師川東，督剿藍號陳朝觀、白號魏學盛等，敗之於巫山、雲陽各縣境。賊由太平北竄入陝，勒保追之不及，遂駐南江，分剿楊開第及藍號張漢潮餘黨。疊奉嚴旨申飭。

四月，復回川東，剿白號湯思蛟、劉朝選等股匪，檄七十五由太平前來會剿。奏入，諭曰：「摺内全係浮詞，伊在川帶兵，時稱馳往川北，時稱馳往川東，非止一次。東奔西逐，不特師老力疲，抑且虛縻餉項。看來勒保總欲因人成事，所稱提赴川東，並非認真剿賊，不過因德楞泰在楚剿辦徐天德，距川境不遠，一經到川，即可聯銜奏事，藉以邀功。且七十五一路兵力，昨已據額勒登保奏追剿陳朝觀入陝。今勒保尚稱知會七十五由太平就近進剿，是川省帶兵大員追賊出境，勒保尚不知信息，猶望其確探賊蹤，奮勉剿捕耶？至樊人傑一股在川日久，不知去向。勒保節次摺內總未提及，豈竟任其潛匿，置之不辦？目下麥已成熟，賊匪掠食飽颺，勢必裹脅多人，復成大股，何時始能蕆事？勒保曾獲重愆，經朕棄瑕録用，乃不知力圖報効，勉贖前愆，一味遲滯，本應革職拏問，姑念該省總督屢行更换，又將另易生手。勒保著從寬革去翎頂，暫留四川總督之任，以觀後效。」五月，師次大寧，敗湯、劉二逆於萬古寺，賊合青、藍、黃三號股匪分竄陝、楚邊界。勒保遣兵追黃號賊至湖北竹山縣境，殲擒九百餘人。六月，青、藍號賊回竄東鄉，我兵遇之於華尖壩，擒青號僞元帥何子魁，殲藍號僞元帥苟文明及鮮俸先。諭曰：「勒保前因剿賊遲延，革去翎頂。此次既知奮勉，著加恩先賞給四品翎頂。俟川匪全行埽蕩後，再加懋賞。」

七月，廣安州有新起匪徒張老五等，聚衆焚掠，勒保撲滅之；又遣阿哈保等擊敗青、藍、黃三號餘匪於東鄉石埂山，擒徐天德弟天壽、王登廷弟登高，賞還二品頂帶。八月，白號高見奇勾合魏學盛竄廣元，邀擊之於大茅坡，賊敗走，追至通江盧家灣。適藍號冉學勝自東面老林竄出，與之合，勒保乘夜攻之，殺敗賊九百餘，擒冉學勝。賞頭品頂帶，封三等男爵。九月，高、魏二逆分竄南江及陝西之西鄉，勒保師抵南江，聞李彬股匪方掠巴州及蒼溪，恐其踰嘉陵江而西，亟率兵往，賊已東竄通江，遂請移兵大竹，剿湯思蛟、劉朝選。諭曰：「前此勒保剿辦高、魏股匪，所勝無多。因李彬在川北竄擾，即舍高、魏而剿李彬。及馳回川北，並未與李彬接仗，又稱湯、劉股匪緊要，趕往川東。似此東奔西逐，總未痛剿一次，辦竣一股，豈不徒疲兵力？此時勒保既已趕赴川東，惟當堅持定見，將川東之賊迅速辦竣，再酌量移師他往，以次肅清。」十月，剿湯、劉二逆於大竹、鄰水、長壽各縣境，先後俘斬千餘，拯難民二千，追至太平八臺山，擒老教掌櫃蕭焜，與德楞泰軍合。十一月，偕德楞泰奏言：「重慶、川北兩鎮所轄營汛，界連陝、楚，自巫山至廣元亘二千餘里，兩鎮駐劄較遠，鞭長莫及。請於太平營添設副將一員，駐城內，原設都司移駐城口。通江縣竹峪關、廣元縣黃楊堡、大寧縣徐家壩，巫山縣大昌等處，地居萬山中，爲三省要路，請各添建城堡，設守備一員，兵一百五十名。又達州爲教匪起事之地，民俗刁悍，撫馭綦難，請升爲府治，並升太平縣爲太平直隸廳，即以太平縣缺改爲府治附郭之達縣。」上從之，賜府名曰綏定。十二月，分飭諸將剿李彬、湯思蛟、劉朝選等股匪，均有斬獲。因偕額勒登保、德楞泰奏言：「剿辦教匪，大局已爲戡定，請酌撤官兵。」上以巨賊未除，遽思將就了事，嚴飭之。

七年正月，奏：「川省自築寨集團以來，賊勢十去其九。擬將官兵分段駐劄，搜剿餘匪。仍激勵鄉團，協力搜捕。然無官統率，終覺散而無紀。現遴委熟悉軍務之道府及正佐各員，指定段落，各專責成。每寨首一人管領團練若干名，每佐雜一員管領寨首若干處，每正印官一員管領佐雜若干員，均以各該路道府總其事。兵力所不能到，則以民力佐之；民力所不能支，則以兵力助之。庶幾偵探易周，賊無潛匿之地。」得旨允行。是月，督兵擒王登廷餘黨何贊於忠州白石鋪，殲徐天德餘黨楊掌櫃於綏定木頭市。二月，李彬與黃號辛文竄南江鐵廠坪，遣建昌道劉清剿擒之。三月，白號張天倫率其黨魏學盛等擾川北，勒保遣總兵田朝貴往剿，親督大軍繼之，大敗賊於巴州土地堡，殲張天倫及其僞元帥陳國珠、僞總兵魏學盛。五月，令副都統衡達斯呼勒岱剿白號餘匪於東鄉古佛嶺，擒首逆庹向瑤；令總兵張績等剿青號餘匪於太平沙礶場，擒首逆徐天培。六月，令田朝貴剿藍號餘匪於通江貓兒埡，殲首逆楊步青。屢奉恩旨獎賚，下部議敘。七月，劉朝選糾青、藍、黃號殘匪竄大寧螺底山，勒保擊擒之，並擒黃號賊目伍金元於大寧仙女溪，晉一等男爵。是月，遣達斯呼勒岱剿龍紹周餘黨賴飛隴於雲陽閻王編，箭殪之，下部議敘。九月，白號僞元帥張長青、黃號掌櫃李學坤率二百餘人乞降，奏免其死。十月，遣遊擊羅思舉等剿白號殘匪於東鄉陳家坪，擒僞元帥張簡，湯思蛟逃至縣屬之包口，被獲。十一月，又遣羅思舉等擒黃號唐明萬於大寧石柱坪，以勒保衛寨帶兵，賞貂皮馬褂。時川中著名首逆，率就殲擒，餘匪分竄老林，或百餘人爲一起，或數十人爲一起，不復成股。陝、楚賊匪亦多爲額勒登保、德楞泰兩路大兵所殲，遂以十二月偕額勒登保等馳報蕆功。諭曰：「勒保自復任總督以來，倍加奮勉，督兵速獲首逆，已封一等男爵。現當大功戡定，著加恩晉封一等伯，並加太子少保銜。」尋又諭勒保伯爵，仍用「威勤」名號。

八年正月，額勒登保、德楞泰移師入陝，勒保留川省辦零匪，擒白號賊目苟文富於墊江冷家壩，招降黃號賊首王國賢等。閏二月，擒白號僞元帥張順於太平三溪子，青號賊目王青於萬縣孫家漕。四月，擒白號僞元帥宋國品於大竹柏楊溝，竄匿零匪，搜捕殆盡。七月，與額勒登保、德楞泰會軍於太平，飛章奏報肅清，得旨嘉獎，下部議敍。旋奏撤東三省馬隊，雲、貴官兵，並本省隨征兵勇，報聞。嗣以陝西南山餘孽苟文潤等復起，潛越漢江，擾及川界。額勒登保、德楞泰先後統師剿辦，勒保派兵防堵，至九年八月，賊始悉平。十年四月，偕德楞泰疏稱善後十事：「一、籌變各屬支賸兵糧；一、查撤近年新添塘站；一、民間現存崗寨，責成地方官稽查；一、州縣散貯軍裝，撥歸各營汛備用；一、歷年積欠兵勇糧餉，清釐找領；一、太平等協米折銀兩，按年豫支；一、百姓自製槍礮器械，及時收繳；一、被賊焚燬城垣營堡，擇要估修；一、零星土匪，飭屬嚴拏；一、出力紳士，量予獎勵。」命軍機大臣議奏。尋奏找領積欠兵餉，易滋弊混，應分晰查辦，餘如所請，從之。五月，入覲，諭曰：「嘉慶四年三月間，勒保奏通飭川東、川北各州縣，悉令百姓依山附險，各結寨落章程，井井有條。彼時賊匪正被官兵四路兜剿，以窮奔鋌走爲能，往往於所過鄉村，擄人掠食，肆其兇殘，久而滋蔓。自結寨以後，不特賊匪無由焚劫，且居民等憑依險固，心膽既壯，賊至即合力攻擊，斬獲甚多。其後陝、楚一律倣行，賊勢日形窮蹙，始能將無數兇渠以次埽蕩。今三省肅清，閭閻安堵如常，揆厥所由，實得力於堅壁清野之策。勒保首先倡議，洞悉機宜，得以蕆功完善，允宜懋賞酬庸。勒保著加恩賞太子太保銜，並賞戴雙眼花翎。」七月，回任。

先是，教匪既平，解散鄉勇，令其入伍爲兵。十一年七月，陝西寧陝鎮新兵陳達順等倡亂，欽差大臣德楞泰檄川兵會剿，勒保遣總兵唐文淑等率兵六千應之。十一月，從賊蒲大芳等縛首逆乞降，德楞泰受之。勒保奏言：「叛兵罪案，較教匪尤甚。德楞泰率行納降，令其復歸原伍，該匪不知畏威，安能悔罪？始以兵而爲賊，復以賊而爲兵，起滅自由，視同兒戲。且恐各處兵心，因此驕縱日增，益難鈐束。」上韙其言，諭令赴陝會辦善後事宜。十二年正月，抵漢中，聞綏定新兵滋事，亟馳回川，遣副將桂涵、羅思舉帶兵剿捕，擒首逆王得先、孔傳仕、劉金定磔於市，餘黨悉抵罪如律。二月，陝西西鄉瓦石坪新兵周士貴等叛，復同德楞泰遣兵討平之，疊奉恩旨嘉獎。是月，京察，以勤能諳練，下部議敍。

十三年五月，馳赴馬邊廳，督剿涼山夷匪。涼山夷先於嘉慶七八年間，乘大兵方剿教匪，出擾峨眉、雷波、馬邊各境，勒保疊遣提督豐紳、總兵張志林往剿。賊聞兵至，即遁入夷界，並縛獻首犯六兒、普色，求罷兵，未大創也。至是，羅回熟夷烏卜復糾趕山坪等十二支嶺夷犯峨眉縣歸化汛，又潛由山後繞至太平堡焚劫，分遣賊黨擾馬邊廳。閏五月，勒保率兵至，賊退踞土曾村、挖黑等處，我兵連擊破之，槍斃賊目業貴，進克六拔寨，殲賊首神丈，降賊目二蟲黑娘、阿二，惟烏卜逃入大木枏。六月，大軍移駐太平堡，督總兵馬元由平夷嶺進攻，豐紳兵從月兒坪擣其後，連克趕山坪、瓜家岡、牛心山等處賊巢，將十二支滋事嶺夷全行埽蕩，得旨嘉獎，下部議敍。七月，師至瞻巴、大木枏，夷目挖海等縛烏卜以降。涼山夷平。奏入，獎賚有加。十四年四月，以勒保七十生辰，賜御書「宣勤介景」匾額。十二月，擢武英殿大學士，仍留總督任。十五年二月，京察，以辦事鎮靜，下部議敍。是月，召來京供職。五月，給事中胡大成參奏勒保任四川總督時，有匿名揭帖指訐督藩款蹟，命勒保明白回奏。勒保奏當時實有所聞，因查詢無據，遂寢其事。上以其匿不陳奏，迨奉旨詢問，復不自請議處，降工部尚書。六月，調刑部尚書，兼正白旗蒙古都統，賞紫禁城騎馬。七月，充崇文門監督。上秋獮木蘭，命留京辦事。八月，授內大臣。十一月，偕户部侍郎英和、光禄寺少卿盧蔭溥馳赴涿州、房山縣一帶查辦災賑，事竣回京。

十六年正月，授兩江總督。閏三月，以趲運糧艘妥速，得旨獎賞。六月，召來京，復授武英殿大學士，管理吏部，兼鑲藍旗滿洲都統。九月，御史劉奕煜參奏吏部銓選兵部主事員缺錯誤，命勒保偕大學士劉權之等詳查。勒保等援引舊案，謂部選無誤，上察其與例不符，復派大學士慶桂、尚書劉鐶之查明部誤屬實，以勒保舍例言案，降二級留任，改管兵部。十七年正月，充經筵講官。五月，管理武英殿御書處。九月，授正白旗領侍衛內大臣。十月，賞海淀寓園。十八年正月，授軍機大臣，充國史館總裁官。二月，京察，以恪勤供職，下部議敍。六月，兼管理藩院事務。七月，上幸木蘭，命留京辦事。八月，以病乞假，允之。時其子內閣學士英綬扈蹕木蘭，命回京侍疾，並遣御醫診視。十九年閏二月，復以目疾求解任，命解所管各項差使，仍留大學士任，在家食俸。勒保疏辭，上慰留之。八月，目疾增劇，命開大學士缺，仍在家食威勤伯全俸。二十一年，諭曰：「勒保之女，著指與四阿哥爲福晉。」二十四年四月，以勒保八十生辰，賜御書「延年養福」匾額。

八月，卒。諭曰：「予告大學士勒保，自乾隆年間，由軍機章京，內用侍郎，外任督撫，剿辦黔、楚逆苗，川、陝教匪，皆曾統領師干，著有勞績，洊封公爵。嗣以軍務日久懈弛，褫職逮問。因其久歷戎行，仍令統兵自効。勒保與額勒登保、德楞泰齊心協力，三省教匪，一律殄平，實伊三人之功。朕懋獎成勞，仍錫封爲一等伯爵。由總督調任尚書，擢贊綸扉，入直樞禁，方深倚任，旋以目疾乞休，特令在家食俸，歲時存問。方冀優游頤養，安享遐齡，兹聞溘逝，深爲軫惜！著加恩晉贈一等侯，即照一等侯爵例給予卹典。將來伊子承襲時，著襲封三等侯。派四阿哥即日前往代朕賜奠茶酒。其原任内降革處分，悉予開復。一切賠項，俱行寬免。著即予謚，應得卹典，該部查例具奏。」尋賜祭葬，予謚文襄。

雜録

備録

昭槤《嘯亭雜録續録》卷二《勒相公》 勒相公保，溫相國福之子也。溫以木果木債事，公統師時，盡反父政，待綠營士卒頗優厚。與文士論交誼，如石殿撰韞玉、石太守作瑞輩皆收羅門下。馬軍門瑜忠壯公全弟，鎮將國銳爲全子，公皆與之論世誼，故人皆樂爲之用。惟滿兵切恨入骨，己未之役，幾受青蠅之害，賴繼起者債事，公乃復擁旌旄。與額經略等先後殺賊，川、楚教匪爲之盡殲，公之力也。公短小精悍，善恢諧飲酒，賞賚頗豐，遇人投其所好，抗卑得宜，人喜與之交。在軍中不喜談兵，嬉笑如常日，而寄心膂於將帥，使其各盡所長。又力持堅壁清野之策，故賊人無所擄掠，以底敗亡。入閣後益斂鋒芒，日事飲宴以取要人之歡。遇知大體者，亦加禮貌，實多智士也。然數任封圻，簠簋不飾，在蜀數年，民不堪命，致有「蜀督賊」之謡，見胡柏坪之彈章。又性卞急，責奴隸多酷虐，有致斃者。所使令皆優伶，致喜怒爲若輩所操，亦嗜聲色之過也。

陳其元《庸閒齋筆記》卷六《居官以能說話得便宜》 襄勤相國勒保，嘉慶朝名臣也，敭歷中外最久。官四川總督時，仁宗嘗詢以「爾等爲督撫，僚屬中何等人最便宜」？公對以「能說話者」。上曰：「然。工于應對，則能者益見其善；即不能者，亦可掩不善而著其善。雖事後覺察，而當前已爲所蒙矣。況政事不藉敷奏不能暢達，往往有極好之事，爲拙于詞令者說壞。此聖門所以有言語之科也。朕遇稛愊無華之吏，嘗虛衷俾盡其言者，以此。」公還，以語家梅亭方伯，共頌聖主之明。余謂言語固然，即公牘亦何不然？昔人有詳文用「毫無疑義」四字，致被駁詰往返，改「毫」字爲「似」字乃已，然所費已不貲，時人謂爲「一字千金」也。因思同治丁卯，余權南匯縣時，先與本道應敏齋方伯議掩埋暴露事，方舉行，而撫藩檄下飭辦，余遂躬歷城鄉遠近，督率董保經理。閱時三月，共勸葬及代葬四萬二百餘棺，境内塼灰爲之一空，然尚有一萬餘具，或以子孫在外，或因方位不利，不能盡葬，須待來年者。因據實具覆撫藩。同時有一縣，僅掩埋一千七百棺，遂以境内悉數葬盡具報。嗣奉某方伯通飭，以葬一千七百棺者爲辦理認真，記以大功；而余則以尚有一萬餘棺未葬，被申飭焉。彼時幕友原鋪張其詞，以「掩埋淨盡」具稿，余謂：「若是，則下一年不復舉辦，此萬餘棺終暴露矣。」事後，乃信公事不可不作欺飾之語。時上海經應方伯捐貲數千金，葬至五萬餘具，然亦不能葬盡。故是役也，上、南二縣葬數最多而皆無功；彼一縣之得獎厲者，是能說話之類也。

額勒登保部

綜述

《清史列傳》卷三二《額勒登保傳》　額勒登保，瓜爾佳氏，滿洲正黃旗人，世居吉林烏拉。乾隆三十三年，以馬甲隨征緬甸。三十八年，隨征金川。三十九年，以功授藍翎侍衛。四十年，擢三等侍衛。四十一年二月，金川平，追敘攻取噶拉依功，賜和隆武巴圖魯名號，移駐京師。四十八年，命在乾清門行走。四十九年五月，隨尚書福康安、領侍衛内大臣海蘭察攻逆回田五等於石峯堡。六月，至隆德，海蘭察率之偵進兵路徑，擒牧放牲畜賊回四，獲馬牛、刀矛無數。旋以攻復底店賊巢功，授二等侍衛。事定回京。五十年，隨駕射鵠中的，賜黄馬褂。五十二年，授頭等侍衛，隨福康安、海蘭察征臺灣逆匪林爽文，援嘉義，解其圍。賊退據大埔林、中林、大埔尾三莊，其剽悍者多據中林，海蘭察率額勒登保攻克之，餘賊潰。福康安奏令押解賊目蔣挺等回京。五十三年二月，俘林爽文，臺灣平。圖形紫光閣，列後三十功臣中，命儒臣製贊曰：「中林效績，健捷過人。星馳飛鏃，操刺罕倫。直前披擊，衝壘奮身。龍驤備衛，是謂虎臣。」遷御前侍衛，以奏對錯誤，降二等侍衛。

五十六年，廓爾喀賊匪擾後藏，命爲頭等侍衛，馳赴軍營。會駐藏大臣舒濂病卒，四川總督鄂輝奏令額勒登保駐前藏，攝其事。上嘉鄂輝爲知人。五十七年五月，隨福康安、海蘭察攻克擦木賊寨，七戰七勝，直抵帕朗古河，賞加副都統銜。賊酋納款，撤師。福康安等奏以額勒登保督兵殿後。十月，又先令回京面奏軍營事宜。圖形紫光閣，列前十五功臣中，御製贊曰：「石碉木柵，鱗疊賊防。勢如捲籜，捷似頹牆。將軍所示，無不領略。率領精兵，埋根卓鑠。」尋授鑲紅旗蒙古副都統。五十八年，授鑲白旗護軍統領，調鑲黄旗護軍統領。五十九年，調正藍旗滿洲副都統。六十年正月，擢鑲藍旗蒙古都統。

黔苗石柳鄧叛於松桃廳，楚苗石三保叛於永綏廳，陷乾州。上命雲貴總督福康安督兵，因奏以額勒登保及護軍統領德楞泰率巴圖魯侍衛往。二月，抵辰州，單騎馳赴大營，上嘉之。時福康安先已解松桃圍，石柳鄧逸入石三保黄瓜寨中。額勒登保由松桃迤西進攻，三月，解永綏圍。四月，克黄瓜寨，又攻克首逆吴半生蘇麻寨。吴半生遁踞西梁寨，石三保等遁踞鴨保寨爲援。額勒登保設伏敗賊於雷公山，克西梁。五月，賊退守大烏草河，水漲，軍不得渡，先攻沿河各賊寨，克之。七月，福康安令額勒登保等以計渡河，乘勝克苗寨無數。九月，破高多寨，獲吴半生，下部優敘。十月，與德楞泰同授内大臣。又獲乾州起事賊目吴八月於卧盤寨。計將收復乾州，賊踞平隴阻遏官兵，福康安令額勒登保等奪踞禽頭坡、騾馬峒各山梁，以破平隴門户。嘉慶元年三月，賊伺我兵深入，由禽頭坡抄截後路，我兵擊敗之。進抵長吉山，安營未定，賊苗數千撲營，額勒登保身自擊退。均得旨嘉賞。五月，福康安病卒，軍務統於四川總督和琳。時石三保就擒，石柳鄧及賊目吴廷義方踞平隴。六月，和琳奏平隴險固，請先趨乾州。賊踞河堅守，額勒登保率兵渡河先登，直入乾州，復其城。賞戴雙眼花翎，命署領侍衛内大臣。八月，屢克險要苗寨，未至平隴，和琳卒於軍。額勒登保亦染瘴病痢，上命移駐辰州調攝。九月，以病痊帶兵。奏入，上喜慰，並嘉其遇事鎮静合機宜，疊加賞賚。是時統兵大員惟額勒登保及内大臣德楞泰、湖南巡撫姜晟三人，上因命將軍明亮、提督鄂輝馳往接辦。十月，偕明亮等攻克平隴，石柳鄧遁踞養牛塘山梁，分兵克之。命補授鑲黄旗領侍衛内大臣，賞銀一千兩。是月，連克馬頭山、餘錦坡各寨。十二月，梟石柳鄧於貴魚坡。諭曰：「額勒登保自用兵以來，首先帶兵殺賊。此次賊從山溝衝突而出，復經痛加截殺，殲戮無算，尤爲奮勇可嘉！額勒登保著封爲威勇侯，賞銀一萬兩。」二年正月，降苗縛送賊目吴廷義，並石柳鄧、石三保等家屬，分兵搜捕餘匪，疏通鎮筸、保靖、永綏等處道路，大功告蕆。先是元年春，湖北邪匪滋事，延及川、陝各省，額勒登保以苗疆軍務未之赴也。至是，命由鎮筸趨襄陽，偕湖廣總督福凝剿林之華、覃加耀二逆於長陽縣黄柏山。賊據四方臺，恃險負嵎。三月，額勒登保馳至軍，攻克之，追賊至芭葉山，賊於入山之大埫口、二埫口，築卡掘濠固拒。六月，克大埫口，賊竄宣恩、建始等縣，分兵三路追捕。十月，始斃林之華於長陽縣之大茅田，覃加耀仍未就擒。十一月，賊復由黄柏山回踞朱里寨，屢奉嚴旨申飭。十二月，賊踞歸州終報寨，上以終報寨周圍十餘里，覃加耀夥黨不過百餘，額勒登保統兵四五千，兼以鄉勇，不能立就蕩平，降三等伯爵，戴單眼花翎。三年正月，擒覃加耀。上責其不能早竣，不但無功，而且有過，褫爵，予副都統銜。

是時賊匪有青、黄、藍、白、線等號，又設掌櫃、元帥、先鋒、總兵等僞稱，上命赴陝協剿襄陽白號高均德，黃號姚之富、齊王氏股匪。會賊目李全、張天文自盩厔至藍田，欲與高、齊股匪合。額勒登保率兵截擊之，姚之富、齊王氏失援，遂爲副都統衔明亮、德楞泰所殲。三月，偕明亮追剿高均德於鳳凰嘴、兩岔河，賊南竄商州、鎮安一帶。四月，襄陽藍號首逆張漢潮由川被剿入楚，命帶吉林、黑龍江兵赴荆州會剿。五月，賊欲潛渡漢江及竹山之官渡河，我兵擊卻之。六月，追賊入陝境平利縣，又由陝追入川境太平縣。上以任賊奔竄，蹈尾追結習，降旨切責。七月，奏感患暑溼，留太平醫治。時巴州白號首逆羅其清踞營山縣之箕山，卡寨林立，曉夜鼓角與大營相對，諸賊多恃爲聲援。九月，尚書惠齡、副都統衔德楞泰攻破箕山，會額勒登保病起，自太平至廣元，追剿高均德、李全股匪，聞張公橋有賊，迎擊之，大捷，生擒張漢潮之子正隆，與惠齡等合兵。十月，羅其清退踞大鵬山，分遣賊衆伺劫軍餉，額勒登保先督兵疏通儀隴、巴州運道，十一月，合兵圍剿大鵬山，克之，殲羅其清之父從國，其清遁入巴州方山坪。額勒登保分兵兜剿七晝夜，生擒其清，並其弟其書、其秀，子永福等，賞還花翎。十二月，馳赴合州，追剿達州青號徐天德、東鄉白號冷天祿股匪。四年正月，上以前此軍營事權不一，致蕆功需時，特命四川總督勒保爲經略大臣，額勒登保與明亮同授副都統，爲參贊大臣。二月，涪州有賊，詐稱良民，投入鶴遊坪難民寨中爲内應，賊大夥踵入。額勒登保偕德楞泰擊散之，寨民得全。三月，雲陽藍號賊首蕭占國、張長庚等復由閬州回擾營山，賊衆八九千，額勒登保力疾轉戰，盡殲賊衆於譚家山，斬蕭、張二逆，恩賞二等男爵世職。時冷天祿方踞岳池，額勒登保乘勝由間道冒雨進剿，追至廣安州石頭堰，殲斃餘匪千人於石筍河。奏入，諭曰：「額勒登保旬日之内，殲除三股賊匪，實爲奮勇可嘉！著晉加一等男爵。從前各路帶兵大員，祇圖擒拏首逆，仍任餘匪竄逸，以致一股未平，一股復起，迄無竣事之期。今於旬日内，連辦三股賊匪，不留餘孽。從此剿淨一股，即肅清一處，可望成功，朕佇盼捷音踵至也。」

四月，留川追剿東鄉白號張子聰股匪於雲陽縣蒲家山。子聰勾合襄陽黃號樊人傑、太平黃號龔建等逆抗拒，其分股賊目蕭焜又合奉節線號卜三聘、龔文玉等逆奔竄，我兵疊敗之於寒水壩、楊家山、譚家壩等處，賊稍解散。五月，張子聰復與通江藍號冉天元合，欲犯陝境，我兵由老官山等處兜截，偪回南江。六月，張子聰竄通江，追敗之於苟家坪，敗冉天元於木老壩。諭曰：「額勒登保每遇打仗，奮勇争先，冒險進擊，故所向克捷，朕心實爲欣慰。適據勒保奏稱，額勒登保深得衆心，雖疲乏之兵，歸入伊隊，即能齊心奮勇，兵弁無不樂從，賊匪俱知畏懼。但伊前任領隊侍衛時，先登陷陣，奮不顧身，固所當然；今職司參贊，乃國家倚重之大臣，所關緊要。嗣後凡遇擊賊，宜加慎重愛身，相機指示，不可仍前争先冒險奮勇，而輕於視敵，此爲至要。」七月，冉天元竄鎮龍關，欲與達州青號王登廷合，登廷屯馬鞍寨，遣賊黨阻我後路糧運。額勒登保率兵敗之於王家壩，克馬鞍寨；窮追賊衆於大竹、鄰水、東鄉各縣境，值齊家營別股賊匪竄至，立分兵擊殺二千餘，生擒一千餘，仍緊躡登廷，不予以暇，上嘉之。

八月，湖廣總督倭什布以川省賊匪李淑、徐天德等率衆犯楚，飛章告警，上逮經略勒保入都，參贊明亮亦被逮，特授額勒登保爲經略大臣，加都統衔，以德楞泰爲參贊大臣。先是，湖北糧員胡齊崙餽送事發，額勒登保獨無所受，又慎重支餉，偶遇缺乏，即自行籌辦，從不諉咎糧員。諭曰：「額勒登保忠勇清公，實爲難得！經略之任，舍伊誰屬？即不識漢字，亦何難以清字繕奏，朕亦降清字諭旨指示。」又諭曰：「民間聞額勒登保經過，皆知其能愛護百姓，無不傾心悦服。地方官餽送，分毫無取。東三省人奮勇者多，似此樹立端方，實所罕見！現已授爲經略大臣，奮勉勇往之中，還當以國事慎重爲念。」九月，奏李淑、徐天德股匪經楚境官兵剿潰，折回川東，勢已殘敗；而王登廷一股現與冉天元、鮮大川、苟文明合；又有襄樊首先起事之阮正隆竄至廣元，覬覦入陝。現在賊勢，川北爲重，臣未便再往川東。臣向來祇係一路偏師，兹奉恩命授爲經略大臣，自當查明各路實情，通籌全局，孰緩孰急，妥爲趕辦。」旋率總兵楊遇春等殲阮正隆等於雲霧山，授正白旗漢軍都統。十月，奏各路出力人員，應隨時鼓勵，令領兵大員自行保奏，以免往返咨送稽延，上嘉其公。又奏：「陝西邊界，大半皆臣剿賊周歷之地，俱有險要可扼。然督兵之員分駐一處，株守營卡，竟置經過之賊於不問。及賊已竄出，轉以地方遼闊，賊來衆多爲詞，掩其堵禦不力之咎。請令陝省各大員，嗣後於各營卡預備出敵官兵，聞有賊警，一面嚴防，一面迎擊。蓋賊匪之奔逸，即或突然而來，亦不過一路兩路；官兵營卡聲勢，如果聯絡彼此，出而迎追，互相策應，賊匪既難飛越，何至更有蔓延？所謂以堵爲剿，事半功倍。」又奏軍中馬隊最爲得力，請於四川、雲、貴三省購馬千五百匹，到營應用，上從之。十一月，賊首王登廷、徐天德、冉天元、樊人傑等股會合抗拒，額勒登保躍馬督陣，破之於巴州何家院及東君壩，擒僞總兵賈正舉、王用奇等；追賊於蒼溪貓兒埡，賊冒死突入我營，將弁兵勇多有損失，王登廷逸去，尋爲南江縣團勇盤獲。奏入，諭曰：「額勒登保此次盤獲王登廷，與所奏貓兒埡一帶官兵挫折之事，相隔僅一日。若從前軍營統兵之人，必將官兵失利之處壓擱不奏，轉將首犯王登廷作爲打仗擒獲，掩敗爲功，其陣亡多員，分作數次含混入奏，以爲支飾之計。今額勒登保據實直陳，並不稍存諱飾，而於王登廷盤獲情節，一並明白聲敘，並不攘爲己功，似此方不愧經略之任。朕之所以嘉予額勒登保而加之賞賚者，實在於此。」命補領侍衛内大臣。

十二月，賊匪高、戴、馬、羅各股由潘家山老林突入陝境城固、南鄭等處肆擾。額勒登保聞警，督兵赴陝，以川省軍務移交總督魁倫接辦。五年正月，川北賊匪乘虚由定遠搶渡嘉陵江，分擾川西州縣。魁倫退保潼河，上以額勒登保不知通盤籌畫，冒昧離川，飭之。二月，追陝賊至甘境，與參贊那彦成合兵。旋因病暫駐秦州，上遣其姪富忠阿帶御醫馳視。病起，屢殲賊衆於寧遠、伏羌、岷州、階州各處，擒僞元帥陳正甲、詹世貴等。上嘉額勒登保與那彦成同心合力，連次克捷，優加賞賚。三月，襄陽白號賊首楊開甲等股復由甘省南折入陝，其藍號賊首張漢潮先斃於陝境，餘匪仍四出紛擾，潼河時亦失守。上逮問魁倫，起勒保權成都將軍，與德楞泰剿辦川賊，專責額勒登保與那彦成剿辦陝賊。因請添調直省兵一萬二千名，從之。四月，陝賊大股直竄鎮安、商州、雒南一帶，上以額勒登保等不知東面爲重，有驅賊入豫之勢，革去花翎，召那彦成還京。額勒登保尋率總兵楊遇春馳抵商、雒，馘賊七百；又追至兩岔河，殲擒千餘名。緊扼龍駒寨，遏賊東驅盧氏大路。賞還花翎。賊西南奔洵陽之大小中溪，設伏擒斬襄陽藍號賊首劉允恭、劉開玉及僞元帥王洪儒等，於是張漢潮餘匪之在陝者淨盡。恩旨晉封三等子。五月，追剿襄陽黄號股匪伍金柱等於漢陰廳銅錢窖，斬賊首龐洪勝、楊六燕，老教頭王若子等，殲賊五千，分飭將弁追斬楊開甲於洋縣之茅坪，下部優敘。六月，陝賊全竄甘肅徽縣、兩當各境，而襄陽藍號賊目陳傑仍偷越棧道，欲奔南山。七月，分飭將弁生擒陳傑，並獲僞元帥曹印，斬馘三千餘。八月，槍斃伍金柱於成縣之峽溝，又斃首逆宋麻子於兩當縣麻池溝，屢奉旨嘉獎。

賊被剿回竄陝境，額勒登保移師西鄉，居中督辦，而賊匪不據城池，惟往來川、陝、楚交界萬山層疊、密林深溝之處，潛掠村市，裹脅難民，狡竄疾馳，趨向無定。十一月，賊由西鄉漁渡壩竄過漢江以北者，額勒登保帶兵渡江迎擊。奏言：「臣剿辦賊匪，入秋以後，南山業經肅清，甘省漸就寧謐。賊匪紛紛敗竄，悉偪歸漢江以南，滿擬就此次第剿除，或迸入川境，聚而殲旃。不料賊蹤飄忽，又復竄過漢江以北，是甫有頭緒，仍形散漫，實堪痛恨！辦賊之法，不外防、剿二端。川、陝、楚邊界遼闊，在在有路可通；江水綿長，處處有險可涉。勢不能逐處安設重兵，賊匪猝然而來，雖有接應之兵，率皆鞭長莫及，防之不足恃如此。至於帶兵剿賊，既須跟追，又須攔截，窮數日方及其蹤，官員尚有馬可乘，兵丁則徒步莫及。官雖至而兵未至，兵甫至而賊又逃。近來賊勢敗殘，其潛匿多在老林之中，其奔走更在無路之處，追逐倍形艱苦。況殺一頭目，又添一頭目；殺賊數人，又裹脅數人。官兵正辦此股，他股又從旁路而來；正在擊西，其東面又復接踵而至。各匪正聚一處，一經剿殺，又分股逃遁，前後左右，皆受牽綴。我兵稍不慎密，往往墮其術中。剿賊之情如此。至臣有總統師干之責，功之所在，悉皆第其等差，以次遷擢；過之所在，亦必權其輕重，以示創懲。臣一切奏牘，未敢稍涉虚誣，即各路軍營報到，亦必察其虚實，從未敢以不實之情上干宸聽。臣之辦事如此，而事機不順，堵剿均無速效，惟有請旨將臣嚴加治罪，以昭儆戒。」奏入，上温旨慰勞之。十二月，奏：「前此到處設防，以冀攔賊去蹤，便於痛剿。乃所設營卡，疊遭衝突，雖治罪纍纍，總以地廣兵單，難於兼顧。今請將各處防堵之兵，除江防外，悉撥入剿兵之内。又大兵至某州縣剿賊，即將該處鄉勇之壯健者，挑選一二千隨同協剿。大兵過境，仍留本處防堵。至堅壁清野，實爲制賊要著。現在川省寨堡結實，賊匪不敢深入，此其明驗。陝、楚兩省結寨寥寥，是以賊匪東遁西逃，仍有人可擄、有食可掠。儻各邊界層層俱有寨堡，則糧食悉歸存儲，賊匪無可擄掠，且可備官兵猝入剿賊支給之用。賊則飢餓難行，官兵則飽騰可戰，斷無不克捷之理。」上可其奏，以剿捕責諸將，以防堵責疆吏，並申諭各疆吏，鼓勵團勇，撫卹難民。賊衆竄近武關，意圖入豫，額勒登保督兵截剿，偪回西南。

六年正月，剿襄陽賊首王廷詔，白號賊首高二、馬五等股於漢陰南山，馘賊千餘，生擒八百。諭曰：「新正以來，額勒登保遞到兩次捷報，官兵於冰雪沍寒之時，乘夜進發，累日奔馳，不遑炊爨，艱苦備嘗。是進剿不爲不力，殺賊不爲不多，朕亦不忍再加督責。但未能殲獲渠魁，辦完一股，於大局仍無裨益。向來各路帶兵大員，剿辦股匪，勢已殘敗，本可一鼓殄除，或因他股賊匪從旁路突至，不能不就近接剿，以致被逃之賊沿途裹脅，又成大股，與未經剿殺何異？此五年以來軍營通病。現在高二、馬五、王廷詔皆係著名兇悍首逆，官兵已獲勝仗，即須專注此股賊匪，併力剿辦，不可舍而之他，致令逃竄。大股除盡，小股不攻而自破矣。」二月，奏請增設寧陝一鎮，爲南山一帶屏障，上韙之，諭將安營設汛事宜，速籌妥辦。是月，飭提督楊遇春追剿賊衆，擒王廷詔於川、陝邊界鞍子溝，俘至京師。奉旨，交部議敘。三月，高三、馬五又與賊首王淩高竄入南鄭，我兵追至百雄關，先擒王淩高及老教首張什，尋督楊遇春追高三、馬五於寧羌州鐵鎖關，擒之。上嘉其調度有方，晉二等子爵，賞戴雙眼花翎。

時逆首最著名者，陝省則冉學勝、伍懷志等，楚省則徐天德、苟文明等，川省則樊人傑、冉天泗、王士虎等，尚不下十餘股。冉學勝北擾甘境，額勒登保督兵由漢中入棧兜剿。四月，偪退冉逆於渭河南岸，又蹙之於漢江南岸。賊遁平利，而洵陽復有白號首逆張天倫等五股，合夥屯高唐嶺、劉家河一帶，勢甚張。額勒登保分飭楊遇春等冒雨剿捕，殺賊二千，生擒一千，投出被脅難民數百，獲騾馬、旗幟、刀矛、鳥槍無數，生擒張天倫。六月，飭提督穆克登布擒伍懷志於秦嶺。七月，飭楊遇春擒冉天泗、王士虎於通江報曉埡，均得旨嘉賞。其起事最久之徐天德及冉學勝，亦被楚、蜀官兵殲擒，而姚之富之子馨佐，及襄陽白號首逆高見奇、辛斗等方擾寧羌，額勒登保督兵西剿，偪入川北。九月，飭諸將格布舍、楊芳等生擒辛斗於南江倒水峒。十月，飭豐紳、桑吉斯塔爾等生擒高見奇於紫陽三星寨，又追剿李彬股匪於達州境，獲其妻子及僞元帥冉天璜，僞副帥朱印、阮天浩等。於是僞總兵李元受、老教首閻天明及賊夥龔榮忠、韓文進等各率衆數百人投首，奏奉恩旨免死安插。賊勢日就窮蹙，因條奏軍務裁定情形，及搜捕餘匪各事宜，諭曰：「所奏皆與朕每日指示軍機大臣等意旨不謀而合，具見額勒登保胷有把握，籌畫全局，悉中肯綮，深堪嘉獎！著加恩晉封三等伯，並賞給黃面貂皮馬褂。」十一月，巴州白號首逆苟文明潛與高、冉各股剿敗殘匪合，由廣元偷渡漢江，竄入甘境階州，裹脅二三千人，旋由階州回竄廣元。上嚴飭額勒登保逮問逗遛縱賊之四川提督七十五，額勒登保檄德楞泰馳抵廣元協剿。十二月，賊竄通江，殲之於瓦山溪，獲苟文明之姪僞元帥苟朝獻及其弟苟文舉等。賊竄開縣、大寧。七年正月，分兵擒斬襄陽黃號賊首辛聰於南江五寶山，苟逆俄率賊衆由西鄉七星壩搶船偷渡漢江北岸，額勒登保馳奏請罪。上以七星壩一帶，本有防兵，額勒登保前因賊氛已遠，遽行撤去，致賊偷渡，罪有應得。念其屢著勞績，從寬降一等男爵，單眼花翎。

旋奉旨以川省股匪交德楞泰、勒保辦理，額勒登保以經略大臣兼西安將軍，專辦陝賊。二月，奏言：「川、陝、楚三省邊界賊匪，合計不過五六千人，無如賊勢愈窮，狡詐愈甚。晝則伏而不出，凡溝渠林箐，隨在皆可藏身；夜間潛地奔逃，雖寨峒民人，亦莫測其蹤跡。或遇道路民人，潛出剽掠，或擄得男婦，向寨峒換易衣履食物，百姓等顧惜人口，不得不遂其所欲。迨我軍帶兵遄往，賊早遠颺，往往窮日奔馳，徒勞無益。臣以多兵追剿，未能得力，是以分派將備，酌帶勁兵，或數千人爲一路，或數百人亦爲一路。或奮力直前，攻其無備；或乘夜進擊，使不及防。較之大隊官兵逐北追奔，轉爲有益。」是月，苟文明被剿，竄入南山，與他股賊首宋應伏、劉永受合。三月，賊詐爲官軍紅、黃旗幟，豎沙壩山頂，計陷我兵。額勒登保親率將弁等，徒步入山搜剿，而狹路險阻，賊勢盛則隨地抗拒，或偷撲營卡，被剿窮迫，則翻越陡壁，藏匿老林，且多分股數，倏東倏西，爲牽綴官兵之計。五月，上以額勒登保任賊奔竄南山，老師糜餉，革職，暫予留任。六月，痛剿賊衆於龔家灣，苟文明僅以三百餘人脱去，擒其妻子，並搜斬峒民之通賊者。賊目劉永受亦以被剿潛逃爲村民所殲，奉旨開復革職留任處分。

苟逆由川塘河東竄，額勒登保親率官兵抄擊，疊有斬獲，並因探聞德楞泰於楚境殲除首逆樊人傑、曾芝秀等，撥解賞需銀七千兩，分犒兵勇。諭曰：「額勒登保冒暑進兵，無分雨夜，可謂不遺餘力，朕心深爲廑注。又奏撥賞需銀兩解送德楞泰軍營一節，額勒登保不獨無忌功之念，且酌分賞項，獎勵成勞，足見爲國公忠，深得大臣之體。」七月，殲苟文明於寧陝廳花石巖，恩旨晉封一等伯，賞還雙眼花翎，以所兼西安將軍缺改授興奎。額勒登保奏軍務不日告竣，減撤東三省及直隸、廣東、廣西官兵。又奉命籌撤節年召募遠來之寨勇、鄉勇，請派員分起資送回籍，並給價收繳兵械；其願入伍者，仍分隸各營備補兵額。均報可。八月，窮搜南山餘匪，擒苟文明之弟文齊，殲夥賊目張芳，即督兵取道平利，與德楞泰會剿大股楚匪，凡五戰，擒斬過半。九月，移師安康、紫陽一帶，東顧楚境，西策川界。十月，殲達州青號首逆熊方青於邊界王家莊，並於竹谿境內，盡殲擂鼓臺老林股匪，授鑲藍旗蒙古都統。十一月，上念額勒登保衝寒帶兵，不避風雪，特賞貂皮馬褂一件。是月，督飭穆克登布追剿黃、藍、線、白各號股匪於通江鐵鐙臺，生擒首逆景英、掌櫃蒲天香、僞總兵賴大祥，並獲楚省老教賊目崔連樂，晉封三等侯爵。時著名首逆率就殲擒，餘匪分竄老林者，或百餘人爲一起，或數十人爲一起，不復成股。乃以十二月偕參贊大臣德楞泰，總督勒保、惠齡、吳熊光等馳報蕆功。奏入，諭曰：「額勒登保總統師干，公忠懋著，謀勇兼優。前此平定苗匪時，即經賞給侯爵，嗣因剿辦邪匪遲延，暫予降黜。自膺經略重任，運籌決勝，悉中機宜。躬親行陣，與士卒同勞苦，用能屢獲渠魁，掃除萑蘖。業經節次加恩，晉封三等侯爵。茲三省全奏底平，厥功殊偉，著晉封一等侯，世襲罔替，並授爲御前大臣，加太子太保銜，賞用紫韁，以彰殊錫。」餘亦論功行賞有差。

八年正月，額勒登保留陝搜捕未盡零匪，疊次殲擒首逆姚馨佐、陳文海、宋應伏等於紫陽縣境。閏二月，提督穆克登布以追剿宋應伏餘匪至南江亮埡子，遇伏陣亡。因言賊數愈少而賊情愈爲狡悍，請發帑興築城營，制賊奔竄，並借此收養遊民，以工代賑。奏入，諭曰：「現在零星散竄之賊，不過在深山老林潛匿奔逃。此時即使擇要興築，賊匪早經繞道遠避，安能制其死命？況將附近寨硐百姓遷徙入城，是直以民田廬舍委之賊匪。賊蹤所至，無人抵禦，更得來往自如，乃轉稱賊匪不敢由彼奔突乎？至以工代賑一節，地方現有興作，遊民得藉此謀生，設將來工程完竣，亦難保遊民不仍散爲賊，額勒登保又將如何安置乎？又據稱川、陝兩省城營各工，約需銀四十萬兩，如蒙恩給發督撫趕辦，並可就近查覈督催等語。額勒登保總統師干，自應以戢暴安良爲己任，乃不思辦賊，轉欲監工，豈經略重任僅在監督工程乎？七年以來，所奏之摺，從無似此次不通事體之至。至稱三省軍餉，每月需銀三十四五萬兩，懇恩鑒覈一節。軍營餉項，朕先事預籌，源源接濟，從未令有缺乏。額勒登保豈不知之，猶以此爲藉口乎？額勒登保殊負委任，著革去御前大臣，並紫韁，仍授御前侍衛，並傳旨嚴行申飭。」尋以督兵殲斃賊目齊國典、靳思慶等於太平廳境，奉旨：「額勒登保自經訓飭以來，甚知感奮，將緊要賊目盡數殲除，著賞還御前大臣並紫韁，用昭優奬。」六月，移兵入川，生擒戕害穆克登布之賊目熊老八於大寧縣廟梁子，又擒僞元帥趙金友。奏言酌擬留防搜捕善後各章程：「一、請全撤外省客兵及東三省馬隊，以節糜費而示體恤；一、請酌留四川本省兵勇一萬二千名，分布川東、川北一帶，湖北本省兵勇一萬名，分布歸、巴、興、房、二竹一帶，陝省兵勇一萬五千名，分布營卡，常川會哨，以絶川、楚餘匪竄陝之路；一、請將隨征鄉勇有家業者，聽其回家安業外，其無家業願歸營者，照新兵例，各給守糧一分，俟制兵缺出撥補，約一二年即可補竣，守糧亦可裁盡，於安插鄉勇之法萬全無弊；一、請川、陝、楚三省分駐大員統率；一、請俟奏報肅清後，申繳經略、參贊印信。」諭暫留東三省馬隊、官兵，並止其繳還經略印信，統俟善後事竣，親齎入都，餘俱如所議行。七月，額勒登保偕德楞泰、勒保馳奏三省餘匪肅清，蒙恩賞賚，並下部優敘。命德楞泰先行回京展覲，額勒登保暫留川省經理善後。八月，奏言：「川、陝、楚三省地勢，犬牙相錯，東至巴、巫，西至寧、廣，二千餘里，交界盡係大山。向屬姦宄潛蹤之地，既不可稍留遺孽，又不可久稽大兵。請就三省分段，各派鎮將梭巡會哨，使賊匪無地潛匿，並圖各州縣營汛地界以聞。」報可。

是月，移師陝、楚，查閱營卡，續獲苟文明之弟文渠，南山零匪搜補殆盡。惟苟逆餘黨潛結土賊數百人，由鎮安偷渡漢江，竄及鄖西，復折而入川。十月，上命德楞泰回川督剿，額勒登保振凱還京，特派御前侍衛珠爾杭阿迎赴前途，頒給賞項。十二月，額勒登保至京，行抱見禮於養心殿，御製詩曰：「喜見良臣面，感恩望捷詩。誠心不矜伐，抱膝益傷悲。事滯予多咎，功高汝有爲。裕陵亟叩謁，庶慰在天慈。」加賞銀五千兩、大緞六十匹，派爲後扈大臣，賜紫禁城騎馬，命謁裕陵。九年正月，上念額勒登保前此剿賊緊要時，母訃不獲守制，今已早逾二十七月，特令於慶賀新年禮成後，補穿孝服。二月，兵部奏請簡派大員輪閱湖北、陝西營伍，上命額勒登保馳驛前往，兼頒欽差大臣關防。入川，偕德楞泰協捕零匪，並籌辦裁撤兵勇、安設邊防各事宜。時賊衆輾轉奔竄，入夏後伺我兵阻雨，乘間裹脅，賊數屢剿屢增，嚴旨切責，降戴單眼花翎，革去紫韁。七月，我兵痛剿賊衆於鳳凰寨，殲擒僞元帥羅思蘭、僞總管王宗福等多名，恩旨賞還雙眼花翎，並紫韁。額勒登保自陳精力驟減、力疾帶兵情形，上命德楞泰爲欽差大臣，兼成都將軍，剿辦餘匪，諭額勒登保回陝調理，緩程進京。餘匪尋亦全數埽蕩。十年三月，署鑲藍旗滿洲都統，命總理行營事務。四月，充方略館總裁官。七月，授崇文門正監督。八月，上巡幸盛京，恭謁三陵。禮成，諭曰：「額勒登保此次因積勞抱病，不克扈從前來。朕升香列聖，賜酹元勳，言念藎臣，宜膺殊錫。著加恩晉封爲三等公。」

是月，額勒登保卒於京師，年五十八。奏至行在，諭曰：「額勒登保秉志忠誠，夙嫻韜略。從前朕在藩邸時，充諳達有年，小心勤恪。曾出師緬甸、金川、石峯堡、臺灣、廓爾喀等處，久經行陣，累立戰功。嗣又平定苗疆，蒙高宗純皇帝錫封侯爵。旋因教匪滋事，簡畀戎行，始以遲緩獲愆，終能奮勇克捷。自朕授爲經略大臣，實力督師，屢閱寒暑，身經百戰，艱險備嘗，將數萬兇渠埽除淨盡，三省地方咸臻安輯，實能爲國宣勞。且其宅心公正，力矢清操，中外滿、漢臣工，及外藩蒙古等，即素不相識者，亦人無閒言，尤爲不可多得。是以疊加恩奬，仍錫爵通侯，授以御前大臣，晉加宫保，並賜雙眼花翎、紫韁，用昭殊錫。此次感患病症，即因積勞所致。月前啓蹕時，伊正當乞假，不克扈從前來。朕懷日切縈廑，屢命留京辦事王大臣等往看病狀，諭令安心調養，并親解佩囊寄京賞給。昨謁陵禮成，特晉封爲三等公，復命乾清門侍衛慶惠馳往看視，齎賜荷囊、玉韘、鹿雉等件。方冀日就痊癒，長被恩光，今據奏於月之二十一日溘逝，披覽遺章，實深震悼！念其一生忠藎，不禁涕泗交集！允宜寵錫飾終，以示酬庸至意。除賞給陀羅經被外，著成親王帶領侍衛十員前往奠醊，並賞給廣儲司庫銀五千兩，著派總管内務府大臣廣興爲之經理喪事。所有歷任降革罰俸處分，悉予開復。應得卹典，仍著該部照三等公例察覈具奏。」九月，上回鑾，親臨賜奠，御製《述悲》詩曰：「家國棟梁痛摧折，積勞成疾不言功。一腔心血全予願，三爵椒漿酬汝忠。封晉上公答勞績，祠開京邑表恩崇。孤兒襁抱尤珍惜，淚灑空階悲鬱衷。」命將軍秀林修理額勒登保吉林祖墓，並爲立碑，命步軍統領禄康於地安門外建立專祠，賜名曰「褒忠」，歲時致祭。予謚忠毅。

雜録

備録

《國朝耆獻類徵初編》卷三〇〇　額經略勒登保，吉林人。少以侍衛從福文襄王征臺灣、廓爾喀、苗疆諸部落有功，洊至護軍統領。楚苗之役，公受瘴得疾。時福文襄、和宣勇相繼卒，亦有傳公已故者，其家已爲之設位祭，久之始知其譌。嘉慶己未冬，授經略，督辦三省教匪。公雖武人，爲富尚書德甥，故夙知兵法。待下過嚴厲，然遇有功者必親爲撫視。又延胡學士思顯爲幕客，凡出師皆請其參酌，故每戰必勝，賊皆畏懼。聞慶總憲溥言，公行師川楚時，如數日不遇賊，則抑鬱不樂，鞭撻士卒不已；聞鼙聲即踊躍，據鞍指揮三軍，欣然從事。及凱師歸，公必命烹肥羊，呼衆將士至，邀與同食，公親持刀爲之割削，視諸將如骨肉。言語質樸，如違其制，則當筵謾罵，初不少貸。一日，游總兵雲棟違公節制敗衄，公罵之曰：「汝何畜産，乃敢違乃公令，以致敗辱，如楊遇春小兒斷不致若此。」時楊在坐，而公初不顧忌，其真率也若此，故人皆爲之用。甲子春，歸朝，任御前大臣。余於朝廊遇之，高不逾中人，性和藹，初不意其勇烈若此也。乙丑秋，病篤時，上遣莊親王往視。王嘉其勳績，公瞪目曰：「吾有何功可計，殊愧死矣。」其謙沖又如此。然性好殺戮，擒賊至，無論老稚盡皆殲滅。嘗曰：「毋留此賊種，致他日更生事變也。」故卒無嗣，人皆爲之惜云。

右録宗室昭槤撰。

百齡部

綜述

《清史列傳》卷三二《百齡傳》 百齡，張氏，漢軍正黃旗人。乾隆三十七年進士，改庶吉士。四十年，散館，授編修。四十一年，充文淵閣校理。四十二年，提督山西學政。五十年，改江南道御史。五十五年，丁父憂。五十七年，服闋，補浙江道御史，尋擢奉天府府丞。五十八年，丁母憂，六十年，服闋。

嘉慶三年，補順天府府丞。四年，調奉天府府丞。五年二月，授湖南按察使。十月，調浙江按察使。六年，擢貴州布政使。七年二月，貴州巡撫常明劾糧道孫文煥侵蝕賞卹征兵銀兩，兼於糧臺委員名下虛填銀數，朦混請銷，並抽匿印領册卷，經百齡於到黔後即行查出，上嘉之。嗣孫文煥控告百齡假公勒索，並巡撫常明鎔賣軍需用賸鉛丸四十餘萬斤各款，上命侍郎初彭齡、富尼善赴黔嚴鞫。尋據奏常明鎔賣鉛丸屬實，餘坐誣。諭曰：「此項鉛丸，既經軍需用賸，自應歸入軍需項下報銷，乃因幕友金玉堂向來販賣白鉛，竟鎔作鉛斤，運往漢口發賣，希圖漁利。迨藩司百齡查知，常明始應允照數買還。骫法營私，行同市儈，常明著革職；至百齡於孫文煥所控各款，雖審全虛，但百齡既經查出常明欠繳庫項，並縱令劣幕私賣鉛斤各款，不即據實參奏，僅以催逼押繳完結，意存瞻顧巡撫，實屬有心袒庇，令初彭齡等於定案時治以徇隱之罪。」尋部議降三級調用，上寬之。十二月，調雲南布政使。

八年，擢廣西巡撫。九年四月，奏廣東合浦、靈山縣民勾結滋事，竄入廣西博白縣境，拏獲馮老四、林定幫、林青上等。六月，奏：「越南夷人阮倈等前安置江寧時，私買內地百姓爲僕，攜帶還國。路經廣西，經臣查出後，即行截留，照契價贖回，送還原籍。」上是之。七月，劾武緣縣知縣孫廷標屈抑革生黄萬鏐等，毀屍誣告冤擬絞候一案，請將廷標革審。上嘉其到任未久，能平反重讞，賞戴花翎；並以廣西道、府等官與孫廷標半屬舊識，恐互相朦蔽，命廣東布政使廣厚赴廣西，隨同百齡鞫訊。尋審明孫廷標殘屍滅傷，任意藐法各情，特予太子少保銜。十一月，調廣東巡撫。十年四月，陸豐縣甲子司地方會首李崇玉勾結土匪洋盜滋事，飭文武員弁拏獲匪黨二十餘名，並疊獲甲子司著名夥犯四百餘名，奏請分別覈辦。閏六月，以南海縣知縣王軾、番禺縣知縣趙興武玩視刑獄，濫羈人犯，並任聽蠹役官媒，私押男婦，致斃多命，偕總督那彦成列案參奏。命加一級，以示獎勵。

六月，擢湖廣總督。九月，兩廣總督那彦成以已革南海、番禺二縣王軾等稟百齡在巡撫任内用聯枷致斃二命，復派家人任二傳令兩首縣代辦供給，並於離任時，將署内一切玻璃、紫檀物件，用人夫二千餘名搬運下船；又以百齡在巡撫任内曾與總督連銜具奏各摺，百齡到湖北後將摺差截留，僅録硃批行文知會等語。奏入，命直隸總督吴熊光、吏部侍郎托津馳往查辦。十月，吴熊光等奏百齡在廣東曾用聯枷，及將摺差截留，俱經供認。惟在粤省起程時，將署内各物搬運下船一節，堅不承認，請將百齡解任質訊。諭曰：「批回奏摺，既係督撫會銜，則總督列銜在前，自應先交總督拆閲，即因係巡撫衙門主稿，先行拆閲，亦應將奉到硃批原摺封交恭閲。況百齡已陞任他省，並無應辦之責，乃輒將粤省會奏摺件，中途截留；迨拆閲後，又不將硃批原摺寄交那彦成閲看，祇係恭録知照，安保其不意爲增減？殊屬錯謬！實不料其竟敢如此妄爲！至各衙門所用刑具，自有定制。今百齡於懲辦棍徒，輒用聯枷拘繫，實係非刑。但百齡款蹟所重者，總在逼勒二縣供給買辦，臨行搬運物件一款。現據百齡供認，祇係在書院寓居十二日，曾交二縣買辦食物，業經發銀一百兩。其預備轎傘等物，亦有開銷公項銀六百兩。若無別項需索，何至二縣用銀一萬兩之多？與所供銀數大相懸殊！至任二供稱，起程時曾將署中置備几案等項搬帶家眷船上。若如所供，則器具儘屬無多，何以用夫搬運多至二千餘名？殊難憑信，不可不澈底根究。百齡現已解任，如審有婪贓款蹟，即將伊革職拏問，並將任所資財查抄。」

十二月，吴熊光、托津等奏據任二供百齡自廣東起身時，眷船隨後行走，將歷年積存之物，並廣東署中原備器用，私自搬取下船。到楚後，在漢陽李姓棧房安放，百齡均不知情。當已逐件查出，並將百齡署内物件亦行查封，内有木器、掛燈等項，亦係廣東之物。據百齡供稱，俱係任二私自安放，實不知情，惟自認糊塗昏憒等語。諭曰：「百齡平日爲人辦事，朕所素知，係屬精明之人，非糊塗昏闇者可比。伊於家人任二在漢陽寄頓之物，即難諉爲不知，焉有近在署内毫無覺察之理？況任二私帶物件，自必私瞞伊主，何以轉運進署内，豈不慮百齡看出乎？總督係關防衙門，當物件搬進運署時，百齡豈得諉爲不知？所供明係支吾狡辯，卸罪於任二。至伊於任二寄頓物件内，又自行指出紗格、瓷器等一二齡舊價賤者，認爲己物，以見其餘各件與伊無涉。此又係百齡巧卸之術，豈能逃朕洞鑒？看來，不但伊署内查出之木器、掛燈等件，係百齡自行攜帶；即在棧房寄頓之物，亦係百齡所寄，不過尚未運進衙署。可令百齡據實登答，毋許含混，以致罪上加罪。且披閱單内，有買房六處、買地五十餘頃，爲價不少。伊出京時，曾聞其盤費不敷，向人挪借銀兩，竟似清貧有素，而現查出所置産業如此，其平日所爲，恐未足深信。現在吴熊光已赴兩廣總督新任，百齡著革職拏問，交托津會同瑚圖禮提同伊家人任二及廣東人證，詳細質訊，按律定擬具奏。」

十二月，托津偕新任湖廣總督瑚圖禮審擬百齡截留批摺，製造非刑，及令屬員代辦供應，致家人任二借端需索等款，請將百齡發往伊犂効力贖罪。諭曰：「朕詳加酌覈，百齡所犯共係三罪，其截留批摺一事，係前在廣東巡撫任内會同總督具奏之摺，雖係巡撫衙門主稿，但伊列銜在後，且已赴湖廣總督新任，即不得與聞廣東之事，何得於摺差過境時，擅給驛馬，令齎赴武昌省城。及拆閱後，並不將原奉硃批移交廣東，僅止照録行文，實屬非是。姑念此次係尋常摺奏，並無密諭查辦之件，因此洩漏，事尚可原。其製用聯枷一事，在百齡原因廣東省民風刁惡，用以懲辦奸徒，但究屬非刑，有違定例。設地方官因此效尤，紛紛倣造，並將尋常案犯一概施用，率致枷斃，豈非百齡作俑乎？至伊令屬員代辦供應，並失察家人借端需索一節，百齡在廣東巡撫任内，雖無婪索贓款，但委交二縣代辦食物，又不駁回鋪墊，以致伊家人任二借端需索，兩縣家人朦混開銷，數逾巨萬，而於任二私帶傢伙物件前赴湖北，寄頓隱匿，毫無覺察，現在抄出任二物件，俱係粗重什物，若百齡意在貪贓，則粵中珍玩細輭可帶者多，何必攜此累重之物乎？是百齡委不知情，所供尚屬可信。且伊自擢用督撫以來，所到之處，俱能實心任事，整頓地方。國家辦理刑章，八議中原有議能之條。百齡尚可量加寬宥，著免其發往伊犂，加恩在實録館効力行走。」十一年三月，上以實録將次告成，無須另行添派，現在閩省臺灣剿辦蔡逆匪黨，一切軍需糧餉，須人經理，命百齡隨領侍衛内大臣德楞泰馳驛前赴閩省，幫同布政使景安妥爲辦理。五月，賞六品頂帶，補福建汀漳龍道。十二年，擢湖南按察使，賞加四品頂帶。四月，調江蘇按察使。十三年二月，以病請開缺，回旗調理，從之。五月，病痊，補鴻臚寺卿。尋授山東按察使，九月，擢布政使。十二月，陞山東巡撫。

十四年正月，命百齡以二品頂帶、兵部侍郎銜補授兩廣總督。四月，劾前督臣吴熊光辦理英吉利兵船擅入澳門一事，遲延錯謬，請旨加罪，並請俟本年英吉利國貨船到時，先期偵探，預籌防範事宜，上是之。五月，密奏：「粵東廢弛情形，以粵海著名盜首如張保仔等幫船甚多，夥黨幾萬餘人。其所以有恃無恐者，總因接濟根源不能斷絶，請令地方官認真堵緝，並拏獲接濟盜匪及濫崽等一百餘名。」上嘉其所見，深得要領。六月，奏：「歷年粵洋剿捕匪船米艇，具有成效。前督臣吴熊光以米艇不能遠出外洋，請改造登花船二十號。茲查登花船難以購料，請將原估登花船二十隻工料銀改設大、中、小米船四十號，以節浮費而便駕駛。又吴熊光原奏於遂溪縣東海地方設立專營，在督撫各標内，抽兵防守。嗣以東海不産甎木停止，復請改募水師添船緝捕。茲以新造米艇二十隻在東海巡防，二十隻在西路洋面策應。其配駕巡兵即於通省水師内，按數勻派，既可毋庸建立營汛，亦毋庸改募水師。且陸路口岸防守緊要，原議裁撤督標後營及提標兵丁之處，本與營制不符，斷不可輕議裁革。」得旨允行。九月，奏：「粵東鹽船多由外海運至省河，近因海氛未靖，鹽船涉歷外洋，或被擄劫，或畏怯盜匪，買照放行。間有不肖船户私帶水米濟匪獲利，而内地一切情形，就中暗遞消息。是鹽船出海，實爲目前之大患。請改爲陸運，以杜諸弊。」從之。

十一月，奏：「賊匪張保仔恃衆，時入内港焚劫，大黄埔甚急。臣會同水師提督孫全謀合擊，先後殲擒盜夥二千四百餘名，並張保仔之兄生仔及大頭目三十四名，賊勢窮蹙，冒死衝突，各兵船於港口遥堵，不能連絡攔截，致首盜乘間竄出外洋。孫全謀坐失機宜，功難掩過，請治其罪。」上以水師恇怯無能，命將孫全謀革職，拏交刑部治罪。尋諭曰：「朕聞廣東數月以來，洋盜充斥。因百齡到任之後，更張過急，查辦嚴緊，故盜匪登岸肆行劫掠，順德、新會、番禺、香山、東莞等縣，到處皆有，而番禺之三善，東莞之到窖，閭鄉俱經蹂躪，人口傷至數千，尤爲慘酷。前據百齡奏派兵堵剿，殲擒匪夥二千餘名，賊勢是否稍斂？并聞該督因籌辦太急，心存焦憤，現患失血之症，殊爲垂廑。該省積玩已久，並非始於今日，水陸官兵幾不知有緝匪之事，奸徒地棍無往非通盜之人。百齡力挽頹風，認真整頓，飭催官兵出洋剿捕，將各處口岸防守嚴密，水米不能透漏。該匪無所存身，鋌而走險，始行撲岸焚搶。此正因百齡實力經理，方有此等情事。現聞賊匪銜恨百齡，竟敢攢湊花紅三十萬兩，謀致該督，殊深痛恨！亦可見該督在彼實爲賊中畏憚。賊匪不法至此，安得不大加剿辦？但積玩之後，不能驟然整頓，而全勝之法，必須部署萬全。此時總當將內河未淨餘匪先行悉數辦淨，各處口岸加意嚴防，不任賊匪乘間竄入，再將水師官兵次第整飭，船隻礮械預備齊全，方可隨時酌量機宜，儘力剿辦，不妨從容布置，轉不可存欲速之見。且該督年逾六旬，平時實心辦公，本不惜殫竭思慮，此時焦急過甚，深恐體氣不支，尤當加意自愛，仰副委任。」

十二月，奏：「洋匪張保仔屢思內竄，俱經舟師擊退。大幫洋匪郭婆帶等率夥衆五千餘人，擒獻張逆匪夥三百餘名，呈繳船隻九十餘、礮四百餘座，悔罪投誠。」諭曰：「廣東捕務廢弛日久，自百齡到任之後，認真整頓，嚴斷接濟，簡練舟師，用能壁壘一新，俾賊衆膽寒。現在郭婆帶率衆投誠。又張保仔自赤瀝角遁出外洋之後，希圖掠食，直趨官兵屯劄之固戍地方，欲圖攻撲，並經百齡督飭舟師及地方官，兩次迎剿，大挫賊鋒。此外內河積年兇盜，向來爲害商民者，亦經督飭地方官擒拏，分別審辦，本日摺內即有一百二十餘名。可見其辦理認真，無少疎懈，實爲出力可嘉！百齡著加恩賞戴花翎，並賞四喜扳指、翎管、鼻煙壺、吉祥牌四件，黄辮珊瑚豆大小荷包，以示獎勵。」十五年正月，奏潮州府屬洋面有烏石二等幫匪船在彼遊奕，經總兵胡于鋐帶領舟師分路剿捕，擒獲盜賊六十餘名，並奪獲礮械等件。上嘉之。二月，奏粵洋巨盜張保仔、香山二等畏罪乞降，率其黨二萬餘人，繳船四百餘隻，聽候收驗。諭曰：「此等降匪皆係伊等自行來投，非由兵威震懾所致。即該督等原摺亦稱其並未窮蹙，是以此時不加恩獎。若能乘此大股解散之時，將烏石二、東海霸股匪悉數殲除，自當立沛殊恩，用獎勤勞。」六月，奏生擒積年巨寇烏石二等首夥各犯，並盜首東海霸等悉數已降。諭曰：「粵東盜匪在洋面肆劫，已非一日。百齡自簡任後，實心經理，振作有爲，督飭舟師，紀律嚴明，將弁等無不踴躍用命。粵洋著名大股盜匪，除投首外，均已悉數殲除，全省洋面一律蕩平，允宜特沛殊恩，用昭懋賞。百齡著加太子少保銜，賞戴雙眼花翎，給予二等輕車都尉世職，並賞給扳指、勾環、大小荷包。」八月，奏：「粵東地濱海洋，水陸營務甚繁，非提督一員所能經理。請添設水師提督一員，駐劄虎門地方，虎門左翼鎮總兵請移駐陽江，改爲陽江鎮水師總兵；並請移改副將、守備、縣丞各員，酌添兵丁，以重邊防而專職守。」下部議行。十一月，奏：「粵東鹽斤加價，原爲捕盜之需。今大小匪幫俱已辦竣，應請停止，並以前因籌杜接濟，將粵東鹽務奏改陸運。今全洋平靜，請仍海陸兼運，以便商力。」從之。

十六年正月，因病奏請開缺，回京調理。諭曰：「百齡自棄瑕錄用以來，感激朕恩，矢圖報稱。經朕節次簡用至兩廣總督，彼時洋匪未淨，百齡力肩重任，銳意經營，一切隨宜布置，悉能殫竭盡勞。年來賊匪窮蹙投誠，其怙惡者亦悉行剿滅，外洋全就肅清。百齡勳績懋著，經朕渥沛恩施，優給輕車都尉世職，錫予宫銜，賞戴花翎。伊感奮之餘，宣力不懈，復將內河盜匪以及陸路土匪設法偵緝，次第辦理多案，地方日臻寧謐，海疆大有起色，克副委任。現在粵省善後諸事尚多，正資其一力整頓。今據奏稱上年十一月望後忽然心氣作痛，寢食不寧，兩耳聽語不真，非旦夕所能平復。所奏自係實情。朕垂廑百齡積勞已久，當此患病之時，再若攖心公事，難資調攝，著加恩准其開缺，並緩程來京，俾得從容調理。計百齡到京之時，其病體自已就愈，可資倚任。所有刑部滿尚書員缺，即著百齡補授。」五月，上以百齡病體尚未全愈，刑部事務較繁，改授左都御史。

六月，病痊，授兩江總督。時陳鳳翔奏五月二十四日夜大雨如注，河水增長，王營減壩土堤坐蟄，口門塌開八十餘丈。七月，鳳翔奏：「減壩口門大溜側注，水深三尺有餘，現在東西二壩裹頭盤就之後，測量口門，尚存七十五丈八尺。若遽行收窄進占，必致水勢擡高，轉礙已成二段。且恐正河水路不暢，致有他虞。此時惟先行趕集料物，俟秋汛過後，再行堵築。一面先同督臣前赴海口查勘下游情形。」上以百齡平日辦事明決，命會同陳鳳翔詳細履勘，將應如何籌辦之處先行據實具奏，以慰廑注。尋百齡奏親赴海口查勘，現無高仰形跡，亦無攔門沙堤，至其受病處在去年挑挖河身一段內積淤三千餘丈。又親至馬港口以下，見所積淤沙挑費更鉅，且入海路窄，從前數年總不能通暢，兩相比較，仍以修濬正河爲便。並請將竈工尾以下河身加挑寬深，兩岸接築新隄，夯硪堅實，再於七套地方增建減水壩，及修復王營減壩，復建磨盤埽等工。上以所議均有條理，命百齡盡心籌畫。又奏邳北綿拐山及蕭南李家樓二處隄工漫溢，命會同陳鳳翔嚴飭該道廳迅速堵築。八月，奏李家樓漫口現寬至一百零一丈，口門水深二丈八九尺不等，急難堵合，擬於大隄之外，繞過圈築土堰，接築東西壩基盤作裹頭，以爲進占地步，並築攔河壩，以免停淤。上是之。十月，諭曰：「本日萬壽之辰，召見軍機大臣，適據口奏百齡於九月十五日得生一子。百齡年逾六旬，望子甚切，該督連年辦理地方公事，實心實力，有裨封疆，因得上蒙天佑，老年得子，繼纘宗支。朕聞之甚爲欣慰，著加恩賞伊子名札拉芬，俾得健壯長成。百齡奉到此旨，必更感激歡忭，精神奮發，專意辦公，心力益臻周密。」十一月，奏長河放水暢行，王營減壩合龍穩固，下游諸工一律完竣。諭曰：「王營減壩自五月間坐蟄以來，下游直至海口一帶，逐段淤淺，經朕節降諭旨，催令挑濬堵築。百齡等欽遵辦理，厚積人夫工料，先將下游河身一律挑通，一面將口門趕緊進占，開放引河，溜勢順暢。兹於十一月二十七日掛纜合龍，堆壓穩固，其洪湖仁字壩先於二十四日堵合，清水全出河口，現在溜歸一處，滔滔東注，直達海口，毫無阻滯。而覈計工料所需，較之歷屆大工，復節省孔多，辦理實爲妥速。百齡自補授兩江總督以來，經理河工，不辭勞瘁。前此各工漫口，皆非伊任内之事，兹督率員弁，奮迅趨公，調度有方，勞績懋著。百齡著加恩先行交部議敘，頒賞御書『福』字，俾迓吉祥，並賞給金線蟒袍一件、大荷包一對、小荷包四箇。節屆新春，並加賞小荷包一箇，内貯金銀八寶一分，以示優奬。現在李家樓工程緊要，該督當倍加奮勉，務將挑工趕緊督催，一面相機進占，期於明年正月内奏報合龍，屆時再膺懋賞。」又奏：「江南原設淮安府外河同知一員、守備一員，經管兩岸隄埽工程。道路隔遠，難以兼顧，請於外河北岸添設通判一員、守備一員，與原設之外河廳營分管南北兩岸，以專責成。」得旨俞允。

十七年二月，李家樓大工合龍，上以百齡督率有方，辦事妥速，交部從優議敘，並賞四喜玉扳指、鼻煙壺、大小荷包。五月，奏南糧全數渡黄，諭曰：「南糧幫船渡黄，近十餘年來，皆係於五、六、七月間報竣。本年四月二十八日，即行全數渡黄。百齡自簡任兩江總督以來，辦理河漕諸務，俱有起色。前已屢次加恩甄録，此次毋庸交部議敘。該督年老得子，經朕賜名札拉芬，著加恩賞給六品廕生，俾得早膺頂帶。俟年及歲時，再行賞給差使，以示推恩延賞至意。」七月，奏黄運兩河伏汛安瀾，諭曰：「本年江境黄河甫經挽歸故道，伏汛疊次長水，仰荷昊蒼默佑，各工平順。目下黄河尾閭通暢，大有轉機。惟洪湖爲清水總匯，其節宣橐籥，全在五壩啓閉得宜。今五壩已壞其四，惟餘智字一壩，設遇湖水漲滿，不足以資宣洩。不特下河一帶横遭淹浸，而清水不能收蓄，則淮弱黄强，倒灌接踵，即黄運兩河仍必日形淤墊。此時大局應以修復五壩爲緊要機宜，著該督趁此各工無事之時，即會同籌辦，務使湖水啓閉由我，可以放心收蓄，永資以清刷黄之利。」八月，奏：「陳鳳翔於禮壩要工，自四月開放後，並未親往查勘，迨至六月水已衝動壩下土石椿木，道廳節次稟報，始行察看。行至高堰，仍不親身籌辦，僅委遊擊陳岱堵築。陳鳳翔復藉查陳家浦埽工，遠赴海口，至八月始行赴壩，並河庫所發禮壩工銀至二十七萬七千餘兩之多，仍未竣工。清水大洩，下河州縣被水成災。」諭曰：「陳鳳翔在河督任内，上年王營減壩及李家樓各工漫口，皆其貽誤所致。嗣經簡用百齡督辦，將漫口次第堵合。朕令陳鳳翔亦隨同幫辦，加恩賞給三品頂帶，以觀後效。乃陳鳳翔於禮壩要工，仍不及早親往籌辦，因循貽誤，糜帑殃民，著革職，留於河工當差。」

嗣百齡因禮壩急難堵合，復劾陳鳳翔急開壩於前，遲閉壩於後，以致辦理棘手，請將陳鳳翔嚴加議處，並自請議處。先是，御史吴雲、馬履泰劾奏任用朱爾賡額貪黷侵欺，所舉劾多失當。敕下松筠等就近密行查訪。諭曰：「朕於百齡此次獲罪，仍加恩留任者，原以人才難得，覈其前後功過，權衡斟酌，一秉至公，毫無曲庇百齡之心。今該御史又有此奏，豈可不查明覈辦？松筠、初彭齡平日辦事公正，此事仍交伊二人確查。如吴雲摺中稱『朱爾賡額貪黷侵欺，如此不肖，百齡倚爲用人，即有不可問之處』等語。朱爾賡額爲百齡信用，是平日有納賄交通情弊；又摺内稱『百齡於屬員意爲喜怒，保舉參劾，俱多失實，不問可知』等語。並著松筠等詳查，百齡在兩江所舉所劾各員，何人毫無勞績，百齡受其重賄，濫行保薦；何人懋著勤勞，百齡任性憎惡，屈抑參劾。松筠等到江已經月餘，於百齡官聲事蹟，自必有所聞見。著於接奉諭旨後，先行據實覆奏，仍一面密查確訪，如查有前項真實款蹟，即由四百里嚴參，候旨交伊等審辦。」嗣經松筠等覆奏：「遵旨查訪，吴雲原摺所參，毫無確據，良由毁譽之詞，出諸恩怨之口。實不敢以無據之言，妄行入奏。」諭曰：「松筠等二人平日辦事公正，衆所共知。今所言猶如此，豈能據馬履泰、吴雲二人空言搖惑，即將百齡斥辦耶？總而言之，百齡實屬有爲之臣，朕非輕言所能搖惑之主。百齡將來能永承恩澤與否，朕不能保。此時不能再加重譴，以遂讒譖之奸。」

十八年二月，偕河道總督黎世序奏：「仁、義、禮三壩，近年屢經開放，衝跌壩基，損壞刷成深塘，難以修復。請於蔣家壩以南附近山岡之處，儘先仁、義、禮三壩並挑挖引河三道，儘先改建仁、義二壩，將禮壩基址築作草壩，以備本年宣洩。並繪圖貼説進呈。」上以地基所奏未能詳晰，飭令再議。尋復加履勘，力稱穩便，命即照所請改建。九月，賞還頭品頂帶，命協辦大學士。時直隸長垣縣匪徒滋事，竄赴東省曹州一帶。百齡接准山東巡撫同興知會，即派弁兵於江蘇、安徽兩省交界地方，分路協防，就近選帶標兵數百，馳赴徐州，察看情形，相機籌辦。奏入，上是之。十二月，奏籌辦撤兵歸伍及邊防善後事宜，諭曰：「滑縣克復，並無餘匪竄出，各省邊界防兵，自應撤回歸伍。該督以邊界甫經輯寧，尚資彈壓，請暫留兵一千二百名在彼駐防，亦係慎重之意，但亦不必遲至二月，該督察看情形，如地方寧靜，於正月内全行裁撤，以節勞費。」

十九年二月，請於江蘇各當鋪按照成本多寡，將息銀輸納二成，以捐輸之次年爲始，分作五年，即於各州縣每年所徵錢糧内就近照數給還。並請於出資開當之本商有職銜者，按等酌予加銜；無職銜者查明量給頂帶。奏入，諭曰：「國家理財利用，政有常經。即權宜取濟，亦當酌事理之平。今該督等欲按當商成本，責以輸納，又恐取民非制，請令五年如數給還。無論一出一入，甚滋繁擾，試想地方官勒借所部財物，尚干功令，況以經國之需，而謀及庶人，不已褻乎？至仕宦家固亦有治生營運者，然此輩大概市儈居多，强其所不欲，而濫給名器，亦太不計利弊輕重矣。百齡由翰林出身，歷任封疆，至協辦大學士，不應識見庸陋，爲此不學無術之言。除所奏飭駁外，仍交部議處。」八月，兵部尚書、署江蘇巡撫初彭齡奏請查辦各屬虧空，上以百齡、初彭齡皆係實心任事之員，命會同查辦，分别情罪輕重，酌擬章程，開單具奏。九月，以巡撫張師誠已赴本任，命初彭齡於交篆後，暫留蘇省會同該督撫詳悉妥辦。嗣初彭齡、百齡、張師誠先後將查辦虧空之事，各擬立章程十條，具摺入奏。諭曰：「初彭齡、百齡、張師誠平日辦事，俱尚公明，是以此次江省虧空，令伊三人會同查辦，定立章程。初彭齡等自應彼此和衷，公同商酌，即稍有意見不同之處，亦不妨據理折衷，期於同歸一是。乃初彭齡不待商定，先於本年本月二十日自將章程具奏；百齡、張師誠亦即於次日另將章程具奏。彼此齟齬，大乖公忠體國之義。除將伊等各擬章程，派托津、曹振鏞等妥議具奏外，初彭齡、百齡、張師誠俱著傳旨申飭。」

尋初彭齡參奏百齡於兼署巡撫時，管關道員鍾琦曾幫貼摺差盤費銀一千二百兩，並風聞百齡收受永豐壩、泰壩委員餽送銀二萬餘兩，命大學士托津、户部尚書景安馳往清江查辦。先是十一月，百齡奏兩淮運使廖寅之子廖思芳拏獲林清案内逆犯劉第五，旋經解部鞫誣，命托津、景安訊擬江蘇原審各員罪。諭曰：「百齡於此等重案不詳慎嚴鞫，率以廖思芳恐嚇教誘，供詞冒昧入奏，若非部臣平反，幾成冤獄。百齡不必交部議，著革去宫銜、協辦大學士，暫留兩江總督之任。」二十年正月，托津等奏查明巡撫衙門提取兩關銀兩，係相沿陋規，由來已久。此次百齡署巡撫時，曾因蘇屬出差兵丁口食不敷，由藩司議詳在海關提銀一千二百兩，揚關提銀八百兩，發縣生息，以資津貼。至兩壩解送總督衙門銀兩，係奏明批解公費。此外百齡並無收受餽送情事。諭曰：「初彭齡原參摺内據稱百齡需索提用銀數，係由藩司常格告知，經朕派軍機大臣傳到常格，兩次詰訊，常格堅稱並無此語。初彭齡奏事不實，咎無可辭，著交部嚴加議處。百齡提取兩關税項銀兩，發縣生息，以資兵丁差費，雖係以公濟公，惟率據司詳，並不奏明辦理，究屬不合，著交部議處。」四月，湖廣總督馬慧裕奏江夏、漢陽兩縣先後檢獲悖逆字跡三紙，内有「白陽立業，聚會金陵」等語。諭曰：「前年逆案即係白陽邪教，今逆詞又以白陽之名惑衆，而起事之處獨指江寧地方。竟有白陽邪教黨羽伏匿在彼，著交百齡密訪嚴查，留心緝獲。」

五月，御史石承藻參奏湖北襄陽府知府王樹勳原係京城廣慧寺僧，法名明心，後因犯禁，遞解還俗，隱匿罪名，混捐官職，得旨革職，交刑部審訊。諭曰：「聞百齡前在京師，曾與明心識面。後來百齡在湖北緣事來京之時，王樹勳正在楚省，百齡曾令其起課占問休咎。彼時百齡是否知王樹勳即係明心僧，抑或但知其爲楚省官員，並未識蹤跡，著百齡即據實具奏。」尋百齡覆奏：「前在御史任内，曾在廣慧寺與僧人明心談禪。丁母憂，又曾就廣慧寺念經。後在湖北，令王樹勳占課時，實知王樹勳候補同知，並不知係僧人明心。請交部議處。」諭曰：「百齡在楚省接見王樹勳之時，事隔十餘年，王樹勳容必更換。伊既未述及前事，百齡一時不能辨識，亦屬情之所有。至拜懺占課，均例所不禁。所有百齡自請議處，著加恩寬免。」

前百齡以私行拾獲逆詞，並查辦情形呈奏。諭曰：「朕詳加披閲詞語，悖逆已極！末又將劉伯温、張百齡、方維甸名字並列，情殊險惡！此項逆詞，其布散既廣，必非一二人所能爲。看來，並非僅爲挾讐傾陷而起，必有蓄意倡亂之人，糾結黨羽，潛匿江境，謀爲不軌。先以此帖布散，以惑人心。百齡等必須速辦，切不可視爲細事，稍存大意，以致日久釀成事端。至百齡與方維甸皆總督大員，乃逆詞内竟敢如此誣陷，此事朕萬無加疑之理。但百齡被人誣爲叛逆，伊尚何地自容？該督查辦此案，不惟以國事爲重，直當忿切私仇，必期得罪人而後快。」六月，御史高翔麟奏江、淮一帶私販鹽斤，有巨梟窩藏，淮、徐、廬、鳳多有拽刀手等匪徒，應設法訪拏。諭曰：「江省私販充斥，自必有窩藏之所。拽刀手招集匪徒，結盟訂會，尤易逞兇滋事，皆不可不嚴拏懲辦。況現在江南一帶散布逆詞，若不上緊訪拏，恐有潛匿逆謀之人，與此等鹽梟拽刀匪徒暗引勾結。百齡前因逆詞內有誣陷之語，奏稱接閱之下，不禁切齒，恨不立時碎剉其屍。語意非不憤激，而數日以來，未見拏獲一人，亦未將緝捕情形具奏。百齡曾經人誣以貪婪，尚覺顏變愧生，豈被人誣爲叛逆，有不忿切私仇，欲得罪人而甘心？若口是心非，虎頭蛇尾，因循怠玩，意存消弭，自問爲何物耶？著百齡與張師誠督飭所屬密訪嚴偵，務期迅速弋獲。」九月，奏派文武官員先於和州地方緝獲散布逆帖人犯嚴士龍，究出編造逆詞首犯方榮升，即於巢縣拏獲，並於窩藏方榮升之朱上信家，起獲九龍木戳，及僞造時憲書、悖逆經卷字跡四箱。諭曰：「百齡督緝認真，能將逆犯訪明蹤跡，嚴密捕獲，實屬可嘉！著加恩賞復太子少保銜，並給還雙眼花翎，仍交部議敘。」尋奏拏獲首逆方榮升，究明造意謀逆、散帖惑衆各確情，並獲夥犯一百五十餘名。諭曰：「此案方榮升罪大惡極，覆載不容，雖在百齡所管境內，該督能督率所屬訪查破案，將首從各犯同時並獲，俾國法早伸，人心胥靖，實係百齡之功。百齡現係二等輕車都尉世職，著加爲三等男，並賞給吉祥如意玉牌一面、白玉翎管一箇、四喜扳指、大小荷包共十事。其子扎拉芬前曾賞給六品蔭生，著加恩賞給爲五品，以示優獎。」

九月，奏感受風溼未痊，請派員代辦武闈，上命其安心調攝，照常辦公。十月，奏患病未痊，請假一月調理，諭曰：「百齡前患胃痛病症，近復感受風寒，著加恩賞假調理，不必拘定月日。兩江總督印務，著松筠馳驛前往署理。」十一月，卒。諭曰：「兩江總督百齡簡任封疆，歷有年所，辦事認真，不辭勞瘁。伊年逾六旬，精力素強，正資倚畀，乃積勞成疾。昨因患病請假，特派乾清門侍衛帶領御醫前往診視。兹聞溘逝，殊深軫惜！百齡著賞還協辦大學士，派乾清門侍衛博啓圖馳驛前往祭奠，並帶同伊弟碩齡、桂齡一并馳驛。博啓圖事竣後，先行回京，桂齡、碩齡在彼料理。伊靈柩到京之日，准其入城治喪。届時著軍機大臣奏聞，朕派皇子至伊家賜奠。任內一切處分，概行開復。所有應得卹典，該部察列具奏。伊子扎拉芬即承襲男爵，俟年及歲時，再行當差。」二十二年正月，諭曰：「上年曾經降旨，俟百齡靈柩到京，准其入城治喪，並著軍機大臣届時奏聞，派皇子至伊家賜奠。昨據松筠奏徐州屬邳州貧民攔路呼號，懇請撫卹。事關民瘼，前此百齡在徐時未能查辦周詳，使其尚在，必當治以應得之罪。今已身故，姑免追究。伊靈柩到京，毋庸奏派皇子賜奠，准其入城治喪。」尋照例賜祭葬，予謚文敏。

雜録

備録

《國朝先正事略》卷二一《百文敏公事略》 嘉慶二十一年十月，兩江總督百公以疾聞。上命乾清門侍衛，率尚醫馳傳問視。至日公薨，天子覽遺疏，垂淚悼惜，賞還協辦大學士，遣侍郎博啟圖，偕公弟學士桂齡往治喪。靈櫬入城，遣皇子即家賜奠。禮臣議優卹，予祭葬，謚文敏。公之才猷事功，見於寵翰褒答者，一則曰國家柱石，當代名臣；一則曰鍾上蘭之秀氣，生申甫之良才。煌煌乎彰信國史，榮矣備矣，伊古儒臣所罕覯也。

公諱百齡，字子頤，號菊溪，姓張氏。居遼東，先世從龍入關，隸正黃旗漢軍。父法良，乾隆甲子舉人，官陳州知府。公生時，大父夢偉丈夫持權衡入室，覺而公生，喜曰：「此子必大吾門。」幼穎異，長益奮於學。乾隆壬辰成進士，選庶吉士，授編修，充《四庫》館提調。丁酉分校順天試，甫出闈，簡授山西學政。還朝改御史，丁父憂，壬子補原官。擢奉天府丞，兼學政，名不與開列而膺是命，公之承異數自此始。尋丁母憂。嘉慶三年，再補奉天丞，己未調順天，兼署府尹。庚申授湖南按察使。辛酉調浙江，遷貴州布政使。壬戌調雲南。癸亥擢廣西巡撫，以平反武緣民枉死獄，上嘉異之，加太子少保，賜孔雀翎。調廣東巡撫，緝獲洋盜四百餘名。公撫粵多惠政，而嚴禁班館，重懲蠹役一節，尤得民心，及去任，士民遮道留，肩輿難發，至夜乘馬乃出城。甲子擢湖廣總督，楚多劇盜，公下令悉力擒捕，行以便宜，江湖千里如枕席。莅楚三月，以撫粵時失察家人事落職，按驗議遣戍伊犁，上悉察而原之，命來京効力史館。丙寅命馳赴福建，總理軍糧事，竣賞六品頂戴，補汀漳龍道。丁卯遷江蘇按察使，擢山東布政使、山東巡撫，再擢兩廣總督。自是上知公益深，信公益篤，而倚畀亦日益殷矣。

粵洋久不靖，巨寇張保，挾衆數萬，勢甚張。公至，奏撤沿海商船，嚴禁消贓濟水諸弊，籌饋餉，練水師，懲貪去懦。每一檄下，耳目震新。又巡哨周嚴，遇盜輒擊之沈海，羣魁奪氣，始有投誠意，然懼誅，未敢遽進，揚言必制府親臨，望見顏色乃降，衷甲頓舟以待，實藉爲嘗試地。或謂公不宜以貴重身蹈不測，公曰：「粵人苦盜久矣，今乞降，若不坦懷待之，海氛何由息？」遂單舸出虎門，從者十數人，保率巨艦數百，轟礮如雷，烟燄蔽天日，環公船作跪迓狀。公危坐舟中，屹然不爲動，麾左右呼保駛近前，曉以利害，見者睢盱膽落，詫爲天人，皆面縛匄命。公立撫其衆，許奏乞貸死，旬日間解散二萬餘人，繳船四百餘艘，礮械無算。復令保招降烏石二，以計誘至雷州斬之，並斬爲從者百餘人，釋其餘黨，全海肅清。上愈嘉異之，復太子少保，賜雙眼孔雀翎，賞輕車都尉。公疏請添設水師提督駐虎門，從之。

辛未再以疾告，回京補刑部尚書。上以部事繁，改左都御史，兼都統。未币月，河決王家營，授兩江總督，命一力治河。公之官京師也，壯歲有子不育，屢荷垂廑，是年九月，仁宗萬壽之辰，召見樞臣，面奏公得子。上喜甚，下詔曰：「百齡年逾六旬，望子甚切，連年任事，有裨封畺。故得上蒙天祐，老年生子，朕甚爲欣悦，可賜名扎拉芬。」公奏謝，手詔優答，有天賜鱗兒語，雖父子家人之誼不是過也。壬申大工合龍，疊荷殊獎受賞賚，並以漕艘渡黄遄速，賞公子六品蔭生。癸酉拜協辦大學士，管兩江總督。公之治河也，首治積年未疏之海口，海口大暢，乃求效於河。大要以謹守東清壩爲第一義，撓令者必重創之，盡瘁河干者五年，黄流迄無倒灌患，即盛漲亦速消，恬瀾偉功，至今老兵，猶言之泣下。

甲戌御史吴雲、馬履泰劾公任用朱爾賡額，貪黷侵欺，所舉劾多失當，上命松筠，初彭齡往按驗。松公等奏所劾無實據，上曰：「百齡實屬有爲之臣，朕非虚言所能摇惑之主。」公聞之，仰天搏顙，嗚咽不能起立。烏虖！公之志良苦，然明良一德之雅，可謂盛矣。明年，初公署江蘇巡撫，劾公曾受鹽場餽遺二萬，詔大學士托津、尚書景安往勘，白其誣。上責初公妄奏，命嚴議。公尋坐勘獄失入，奪宫銜及協辦大學士，暫留江督任。江省有莠民散逆詞惑衆，偵刺久無蹤，公憂甚，上亦切責公。乙亥夏一日，召機幹將吏三數人，入密室，給契箭一枝，令曰：「某已廉得逆犯主名，可速往某處掩捕，稽緩一時者斬，疏脱一人者斬。」如公教，果獲方榮升等首從百五十人於巢縣，械送轅門，讞實抵極法，無漏網者。上重嘉異之，謂實能秉正祛邪，厥功甚懋，復太子少保，賞還雙眼花翎，晉爵三等男，公子晉五品蔭生。旋兼署安徽巡撫。時御史石承藻劾襄陽知府王樹勳係京城廣慧寺僧明心，因犯禁遞解回籍，諱罪混捐，得旨逮訊。諭詢公曾與明心識面，在湖北復令王樹勳占休咎，是否知其即係一人。公奏止知樹勳爲候補同知，不意其即係明心。上以事隔十餘年，未必即能辨識，命免議。九月以病請開缺。

上深憐而勉慰之，以松公往代其事，仍命公在江省調理，疾瘳仍回任。迨賜醫至，公自度不起，口授遺疏。逾時薨，年六十有九。軍民巷哭不絶。

公少負文名，復研貫史籍，經濟閎深，名益起。時當軸頗欲延攬英賢，以峻聲望，公挺勁自異，不屑隨人俛仰，致浮沉冷局十餘年。嘉慶初，始敭歷重鎮，勳望煒然。賞輕車都尉時尚未有子，吴學士鼒寄詩云：「天子知從無事日，郎君貴在未生時。」公見之甚喜。所自爲詩曰《守意龕集》。

陳康祺《郎潛紀聞二筆》卷一三《仁宗賜百文敏子名札拉芬》 百文敏壯年官京師，有子不育，屢荷仁宗垂廑。嘉慶十六年九月萬壽之辰，樞臣面奏公得子，上喜甚，下詔曰：「百齡年逾六旬，望子甚切，連年任事，有裨封疆，故得上蒙天祐，老年生子，朕甚爲欣悦，可錫名札拉芬。」敬按：國語長壽也。公奏謝，手詔優答，有「天賜麟兒」語。堂廉一德，父子家人之誼，不是過矣。

陳康祺《郎潛紀聞四筆》卷一《百齡正言責賭》 百文敏公爲山東藩司時，有監司、太守均好樗蒲之戲，公聞而責之。監司曰：「此不過消遣耳。」公正色曰：「君等非無事者，盍即以公案簿書消遣乎？」監司語塞。而山東官場博弈讌會之風，爲之一變。

陳康祺《郎潛紀聞四筆》卷七《百齡治河》 嘉慶庚午，百文敏公督兩江，值李家樓漫口，上諭令持節兼治河。復以吴大司馬璥爲監理，鹽院阿勒精阿爲協辦，會同河督陳公鳳翔籌商堵塞。文敏既抵工，議開引河，築長隄，粗有就緒。忽接陜督書，言「塞外大雪封山，來歲春融建瓴而下，施工愈難，合龍宜速」。文敏乃躬督員弁，鳩工庀材，下埽築壩，無間昏夜，勒限三月二十一日午時合龍，龍竟合矣。越日三更，天大風雨，繼之以雪，祁寒如隆冬，大壩蟄陷數十丈，壩下水沸如百萬軍潰。公聞信，偕吴、阿、陳三公親自坐埽河上，官兵人人用命，聚鐵數萬斤鎔之，先投其半。約三刻許，覺腥氣撲鼻，泛出赤黑水二股，可四五里。掀翻少定，復以其半灌入，將軍埽巨舟載而沈之。俄頃，波平如鏡，始報鞏固，計距合龍已兩日云。明晨文敏詣龍王廟行禮，僚屬以至卒徒排侍左右。公分班向之叩謝，衆大駭，但聞「卑職不敢」「小底不敢」之聲，溢於兩耳。公喟然曰：「當時在壩上，何分『大人』『卑職』『老爺』『小底』耶？驚濤一刷，貴賤同流，諸君不顧身命，爲朝廷出力，皆吾好兄弟、好朋友。」指頭上紅頂曰：「永矢此心，此物人人可戴也。」衆均崩角，有泣不能起者。公真宰相才，能任艱鉅，尤能得人心，覺挾纊投醪，古人不得專美！

陳康祺《郎潛紀聞四筆》卷七《百齡吏治精勤》 兩江總督管領四藩，兼轄鹽、漕、河三大政，每日公牘，朱出墨入以千計。異時督臣以漕務歸漕帥主政，河工歸河帥主政，而鹽務則運司以下分任之。三省刑名錢穀，復諉爲巡撫專司，迹似遺大投艱，而實不過坐嘯畫諾。其和衷讓美，反可博寬厚之美名。百文敏公爲使相時，吏治精勤，性好延攬總核，河漕諸帥，輒拱手受成，而三省地方要公，釐剔之不稍旁貸。其時江西、安徽、江蘇兩司，無事必十日一稟，每稟必紅簽數十番，通省公事，一一皆如侍坐面談。文敏每親筆批答，雖卑官下吏，亦間及之，一時吏道肅然，人爭奮勉。故雖屢遭抨擊，而仁宗眷之益深。每語諸大臣曰：「百齡辦事才也！」六七十年來，滿臣任畺寄者，幹練恢宏，當推公爲第一。

陳康祺《郎潛紀聞四筆》卷一一《百齡作感懷詩自解》 百文敏公以使相督兩江，與總河陳公鳳翔意見不融，遂相傾軋。陳公奉旨革職，並荷校河干，旋以憤卒，一時未免物議。文敏作《感懷詩》四章，第一首有云：「棋局定能淆黑白，蛙聲那復問公私？路人萬口驚相告，鼠穴牛車事亦奇。」第二首有云：「狂花滿眼閱沈醲，說鬼談禪異所聞。鏡裏無形難覓影，峰頭有石易生雲。」第三首有云：「平生自詡汪汪度，宇宙曾垂矯矯名。海市幻成樓有象，并刀剪處水無聲。若書辨謗渾多事，付與千秋月旦評。」蓋全爲此事自解也。平心而論，文敏出入臺省，相業頗不録録，而平昔負才好勝，鋒棱過峭，亦未能屏盡伎心。然陳公苟任職清勤，宣防無誤，聖明在上，又何能以萋菲惑聽，屈抑勞臣哉？

備論

《國朝耆獻類徵初編》卷三五劉鳳誥《墓誌銘》 奕奕張星，亘霄而出，結體光大，寒芒正色。不知公者，謂有機心，其知公者，謂此孤忱。治獄無冤，治盜無叛。天下幾事，手扶清晏。晉陽家教，遼陽地靈。以身許國，臣力所能。不將而將，不相而相，終始恩全，青天何謗。一躓再奮，公默咎矣，積忠爲勞，公格壽矣。唐詔李靖，史亦有言。君臣如此，慟入九原。子祿之榮，男邦之采，既公神遊，江湖河海。麟冢嵯峨，松柏婆娑。銘鐘勒鼎，千載不磨。

先生文名，久超流輩。復研貫史冊，經濟宏深，名稱益著。時當路方用事，頗欲延攬英賢，以峻聲望。乃先生官閒於雲，操尚愈厲，觚稜自喜，不屑轉圜，以故株守冷局者十有餘年。

《攀轅紀略》馮敏昌《詩歌》 民命窮無所，天心憫若何。公來且公去，聞泣更聞歌。自古稱賢哲，何繇夙切磋。練緗從腹貯，星宿竟胸羅。京雒無雙士，詞壇第一科。高文心杼軸，名論口懸河。杜李何勞夢，韓蘇得再哦。三倉尤隱括，四庫仗編摩。玉尺量才運，金鎞刮眼磨。未慚羊子鶴，時換右軍鵞。文采真無敵，丹忱況匪他。一從司岳牧，幾處沛恩波。浙水欽陳臬，滇山咏伐柯。雄屏高巀嶪，天柱鬱嵯峨。嶠右先條教，公臨信不頗。覆盆冤乍雪，關木吏休呵。茇舍隨棠蔭，齋笥似薜蘿。搢紳偷穆穆，猺獞舞傞傞。東國知何罪，旻天焉降瘥。禺山來猰貐，珠海拂蛟鼉。地望猶如故，民言迭有訛。山棚依疊嶂，洋盜擁千艖。甲子門邊泊，湯餅嘴下過。乘風兼縱火，發礮並傳鑼。烈燄光危堞，囂聲捲近坡。兇殘沾姹婭，恥辱逮嫱娥。武備弛逾甚，文員問則那。倩誰明保甲，何怪起幺麽。黨合環如蝟，船輕織似梭。崎嶇那有路，安樂竟無窩。睿慮邊隅切，誠臣渥澤荷。中春指羊石，飛楫下牂牁。律自高三尺，綜還賦五紽。精勤原正直，感激詎婞嫛。吏黠民遭蠹，官貪政自苛。長飆掃秋籜，熾炬烈妖窠。只爲心全赤，寧知鬢欲皤。風行看偃草，天瑞佇歸禾。防海紓籌策，摹言並沓拖。屈人原不戰，主守詎云遳。洋禁先糧米，居民比蚌蠃。稽查當畫一，首舉莫參差。內應誠先絕，羣兇必就瑳。沉幾須寂靜，觀變且委蛇。慨此膠庠士，徒教歲月蹉。舊汙宜洗滌，新植要摩挲。始看車前馬，時應術效蛾。栽培欣杞梓，長育樂菁莪。爲溯周還孔，教尊愈並軻。心情何懇摯，人竟肯蹉跎。下走慚流落，爲師幸不訶。相偕之大道，且復養微疴。自仰垂天翼，看揮駐日戈。士民方託命，賚寀諒誠和。德豈容稱述，功還賴纘覼。寧知粵民福，不並楚人多。玉節馳龍虎，天書爍籀蝌。雄風拂江漢，佳氣亘岷嶓。方叔師干峻，康侯錫馬俄。上公榮袞服，宮保振瓊珂。鶴擬輕舟載，琴將細騎馱。揭尋湘水碧，好照玉顏酡。形勢荊襄壯，聲名屈賈劘。知否幾雲夢，肯憶故猗儺。羨彼紉芳蕙，偕迎踏綠莎。懽謡清拂拂，笑齒白瑳瑳。詎想炎州客，同將弱柳挼。愁雲起重疊，大雨更滂沱。似灑離人泪，仍添偉餞醝。迂儒嚐前路，思返故山阿。

和珅部

綜述

《清史列傳》卷三五《和珅傳》 和珅，鈕祜祿氏，滿洲正紅旗人。由文生員於乾隆三十四年承襲三等輕車都尉。三十七年，授三等侍衛，旋挑補黏杆處侍衛。四十年閏十月，遷乾清門侍衛。十一月，擢御前侍衛，授正藍旗滿洲副都統。四十一年正月，授户部右侍郎。三月，命在軍機大臣上行走。四月，授總管內務府大臣。八月，調鑲黃旗滿洲副都統。十一月，充國史館副總裁，賞戴一品朝冠。十二月，總管內務府三旗官兵事務，賜紫禁城騎馬。四十二年六月，轉左侍郎，兼署吏部右侍郎。十月，兼步軍統領。四十三年，吏部尚書永貴等奏京察降革司員參罰事件，免其隨帶，和珅以扶同瞻徇，降一級留任。旋監督崇文門稅務，總管行營事務。四十四年，命在御前大臣上學習行走。

四十五年正月，命偕刑部侍郎喀寧阿赴雲南查訊按察使海寧控告總督李侍堯貪婪各款，鞫得實，並奏滇省自李侍堯婪索屬員，贓私狼藉，吏治廢壞，各府、州、縣多有虧空，須徹底詳查，清釐積弊。上以福康安爲雲貴總督，赴任查辦。和珅於定讞後回京，未至，擢户部尚書。旋命在議政大臣處行走。五月，復命，奏雲南永昌府之潞江、普洱府之磨黑兩地，向立稅口，禁攜帶絲紙、鉛鋼出隘，但關外尚有騰越、龍陵、思茅諸處，地闊民繁，難免偷漏，請改設以收實效。又奏滇省鹽務，緣川省私鹽偷漏，味好價廉，致官鹽難銷，正課日虧，宜在川、滇交界處實力禁止。並以滇省私錢盛行，官銅缺少，請設法整頓。皆奉旨允行。又奏：「緬甸送還蘇爾相等，有回來緬子二人，尚羈禁永昌，似應釋回。雲南開化府屬設立關口，內地民人往交阯貿易者，由藩司給以印票。前因交阯黃文桐滋事，內地民人不從，俱各逃回。經李侍堯奏准，有發遣者，有因曾在彼處娶妻定擬死罪者，閩粵省關隘亦有通交阯之處，辦理又復不同，似覺兩歧。」上諭福康安將二緬子釋歸，其逃回人犯改擬具奏。尋授御前大臣，補鑲藍旗滿洲都統。諭曰：「尚書和珅之子，賜名豐紳殷德，指爲十公主之額駙。待年及歲時，舉行指婚禮。」六月，授正白旗領侍衛內大臣，請以內務府筆帖式歸八旗應考，上不許。十月，充《四庫》館正總裁，兼辦理藩院尚書事。

四十六年四月，甘肅撒拉爾番回蘇四十三等滋事，進逼蘭州，上命額駙拉旺多爾濟、領侍衛內大臣海蘭察，護軍統領額森特等率兵討之，和珅帶欽差大臣關防同往，又命大學士阿桂督師。旋以阿桂有痞疾，諭和珅兼程先進，督辦一切。和珅至蘭州，詢賊勢方踞八蜡廟、雷壇等處，掘濠自固，因奏言分兵四路，令海蘭察等從山梁進剿，額森特等於丫口斜撲賊營，提督仁和等直攻八蜡廟大樓，和珅自偕西安將軍伍彌泰等由龍尾山梁策應。時海蘭察已逼賊至山梁，殲其溝中伏匪，和珅率弁兵乘勢追逐，斬二百餘人。賊立坎深數丈，小道皆掘斷，不能度，遂撤兵回。是役也，總兵圖欽保陣亡，和珅匿不奏，後請恩卹，始及之，上以其取巧，傳旨申飭。諭曰：「和珅在途次所奉諭旨甚多，均未奏及，豈不知朕於數千里外懸懸廑注乎？再本日畢沅奏和珅在途次行走情形，婉轉開脱，措詞委曲。此即外省觀望習氣，究於和珅之行走濡滯，能逃朕之洞鑒乎？」

和珅之未至蘭州也，海蘭察、額森特先馳至，擊賊勝之，和珅乃以一人不查賊形，希圖僥倖責數之，並奏其欺誑。上曰：「伊一人先行打仗，並無不是之處，和珅遽形之章奏，豈行走遲延者反爲有功乎？若令朕顛倒是非，申飭無過之人，朕不爲也！」又以總督勒爾謹養癰貽患，不即參劾，奏下部議，降三級留任。五月，諭曰：「和珅於四月十七日始抵蘭州，而阿桂亦於四月二十一日續到。所有籌辦諸事，雖皆聯銜入告，而自阿桂到後，經畫措置，始有條理。此事阿桂一人已能經理妥協，無須復令和珅同辦，且恐和珅在彼，事不歸一。即海蘭察、額森特等向隨阿桂領兵打仗，阿桂之派調伊等，自較和珅呼應更靈。而朕啓鑾熱河，爲期亦近，御前領侍衛內大臣、軍機大臣等扈蹕者現亦無多，和珅令速行馳驛回京。」尋到京復命，奏陜西毗連四省，形勢扼要，而駐防兵單，甘肅兵數以遷駐新疆未經補額，存營者亦少，皆須多爲添駐，又請西安提督仍復舊制，駐固原州，而以固原鎮總兵遷駐河州，其河州協副將改於安定或會寧駐紮，方足以資控馭。命下阿桂等行之。十一月，兼署兵部尚書。十二月，管理户部三庫事務。

四十七年二月，以軍機大臣審辦甘肅鎮迪道巴彥岱受賄徇隱事，擬罪輕縱，降三級留任。四月，御史錢灃劾山東巡撫國泰、布政使于易簡貪縱營私，命偕左都御史劉墉按訊。既定讞，命先回京。八月，加太子太保。十月，充經筵講官。四十八年六月，賞戴雙眼花翎。十月，充國史館正總裁。十一月，充文淵閣提舉閣事。四十九年三月，調正白旗滿洲都統。四月，充清字經館總裁。七月，甘肅石峯堡逆回張文慶等平，以和珅首承諭旨，再予輕車都尉世職，歸併前職，照例議襲。旋調吏部尚書，協辦大學士，管理户部。九月，仍以平回匪功議敘，封一等男爵。

五十一年六月，御史曹錫寶奏和珅家人劉全服用奢侈，器具完美，恐有藉端撞索情事，應密行偵訪，嚴加懲創。上命王大臣會同都察院查覈，又意其欲劾和珅而又不敢明言，故以家人爲由，隱約其詞，爲將來波及地步，復諭曰：「此案總期根究明白，並非因此一虛言欲治和珅，更非欲爲和珅開脱。留京王大臣等不可誤會朕旨，將曹錫寶加以詞色，有意吹求，使原告轉成被告，亦無是理。務須平心靜氣，虛衷詳問，如曹錫寶果能指出款蹟，訪查得實，即一面從嚴審辦，一面據實具奏，不可因和珅稍存迴護。若稍存迴護，是乃陷和珅，且自陷也。」繼復諭詳詢曹錫寶：「如果和珅有營私舞弊款蹟，不妨據實指出，朕必質訊明確，將和珅治罪。」既而王大臣等奏：「錫寶如有實據，自應列款參奏。今遽以無根之言，冀博建白之名，請交部議處。」旋議降二級調用，上以其言官，改爲革職留任。

閏七月，授文華殿大學士，仍兼吏部、户部事。九月，諭曰：「和珅於乾隆四十三年兼管崇文門監督，迄今已有八載。現係大學士，亦不便兼理権務。前曹錫寶參奏和珅家人一事，未必非因此。」遂退去監督事。又諭曰：「昨召見新放廣信府知府湛露，年紀尚輕，詢以清語，亦屬生疎，難遽勝方面之任。且伊係福長安之妻弟，和珅於京察時，將該員保送一等，不無瞻徇之意，殊屬非是。和珅交都察院議處。」旋議降二級留任。十月，兩廣總督富勒渾縱容家人殷士俊等關通婪索，事露，諭曰：「富勒渾操守平常，密諭孫士毅據實查奏。彼時和珅即在朕前奏稱，不如將富勒渾調回，徐行查察，即可不致遽興大獄。是和珅未免意存消弭，爲迴護富勒渾地步。」

五十二年，奏京師米價昂貴，各鋪户囤積居奇，請嗣後飭禁，毋得過五十石。尋商人呈遞公狀，未即遵禁，定郡王綿恩釋弗究。諭曰：「和珅以京城米價昂貴，出示禁止囤積，而商人惟利是圖，糧價仍未平減。因查出鋪户囤積米麥六萬餘石，奏請交廠減價糶賣。其應如何立廠，派員稽查，及作何減價平糶之處，和珅並未酌定章程，聲敘明晰，已屬非是。乃留京王大臣及綿恩所奏，似以此事於商民均有未便，辦理諸多掣肘，又含糊其詞。竟若因和珅係原辦之人，爲之遷就彌縫，委曲完事，而言外以朕亦未免有迴護原辦之意，有是理乎？總之，此事非迴護和珅，竟是害和珅矣！」

五十三年，臺灣逆匪林爽文平，和珅以承書諭旨，晉封三等忠襄伯，並賞用紫韁。五十四年四月，充殿試讀卷官。五月，充教習庶吉士。五十五年正月，諭曰：「大學士和珅著加恩賞給黃帶，四開禊袍，固倫額駙豐紳殷德著兼散秩大臣行走。」四月，充殿試讀卷官。十一月，以總辦萬壽慶典，和珅同金簡專司其事，命於所加二級外，再加一級。五十六年四月，審訊護軍海旺等竊庫銀一案，前鋒統領、參領各官俱獲咎。和珅以管庫大臣既經失察，擬罪又失之寬縱，上責令照數賠補，仍下部議處，旋議降一級抵銷。十一月，刻石經於辟雍，命爲總裁。五十七年九月，廓爾喀平，恩予議敘，軍功加三級。十月，兼翰林院掌院學士，充日講起居注官。五十八年，充教習庶吉士，兼管太醫院及御藥房事務。

五十九年二月，吉林人漫關庫額，命軍機大臣繕寫飭諭，和珅瞻顧遷延，未即擬旨，上責之，降二級留任。七月，奏：「八旗立廠養馬，原以備扈從行營之用。但嘗時易致折膘，請分給各旗官員拴養，調習壯健，較爲得力。空出馬圈地，蓋造房間，給與窮苦兵丁居住。」如所議行。六十年四月，充殿試讀卷官。五月，充教習庶吉士。九月，朝審停勾，命查明其情最重者，請旨裁定，而刑部、理藩院於蒙古台吉圖巴扎布兇殘一案，未先具奏，俱干嚴議。和珅以管理理藩院，又軍機書旨，始終迴護，降三級留任。十月，廷試武舉發策，命軍機大臣恭查《實録》，《實録》例不載武試題，和珅等率以文武試策總載《實録》對，覆詢，對如前。上以護過飾非，嚴飭之，革職留任。先是，京察届期，和珅屢邀議敘。是年，特命停罷。嘉慶元年正月，調正黄旗領侍衛内大臣。六月，調鑲黄旗滿洲都統。二年，管理刑部，退去户部事。旋以軍需報銷，仍兼理户部。三年，邪匪王三槐就擒，和珅以襄贊機宜，晉公爵。

四年正月三日，高宗純皇帝升遐，仁宗睿皇帝令和珅總理喪儀。科道諸臣以和珅不法事列款參奏，上命王大臣公同鞫訊，俱得實。上乃諭曰：「和珅受大行太上皇帝特恩，由侍衛洊擢至大學士，在軍機處行走多年，叨沐殊施，諸臣無其比。朕親承付託之重，茲猝遭皇考大故，每思《論語》『三年無改』之義，如我皇考敬天法祖，勤政愛民，實心實政，方將垂示萬年，永爲家法，何止三年無改？至皇考所簡用重臣，朕斷不肯輕爲更易，即獲罪者，稍有可原，猶未嘗不思保全。今和珅情罪重大，實有難以刻貸者。設數年來，廷臣中有能及早參奏，必蒙聖斷，立置重典，而竟無一人奏及者。內外諸臣自以皇考聖壽日高，不敢煩勞聖心。實則畏懼和珅，箝口結舌，皆朕所深知。今和珅罪狀已著，其得罪我皇考之處，擢髮難數，亦百喙難辭。朕若置之不辦，何以仰對在天之靈？除在京王大臣會審定擬外，著通諭各督撫，將和珅如何擬罪，並此外有何款跡，據實覆奏。」

旋據直隸總督胡季堂奏和珅種種悖逆不法，蠹國病民，貪黷放蕩，目無君上，請以大逆論，上舒太上皇帝在天之憤怒，下快天下人心之積恨，並查出和珅薊州墳塋僭妄踰制。上乃申諭曰：「朕於乾隆六十年九月初三日，蒙皇考册封皇太子，尚未宣布諭旨，而和珅於初二日在朕前先遞如意，洩漏機密，居然以擁戴爲功，其大罪一；上年正月，皇考在圓明園召見和珅，伊竟騎馬直進左門，過正大光明殿至壽山口，無父無君，莫此爲甚，其大罪二；又因腿疾，乘坐椅轎擡入大内，肩輿出入神武門，衆目共睹，毫無忌憚，其大罪三；並將出宫女子娶爲次妻，罔顧廉恥，其大罪四；自剿辦川楚教匪以來，皇考盼望軍書，刻縈宵旰，乃和珅於各路軍營遞到奏報，任意延擱，有心欺蔽，以致軍務日久未竣，其大罪五；皇考聖躬不豫時，和珅毫無憂戚，每進見後，出向外廷人員談笑如常，其大罪六；昨冬皇考力疾披章，批諭字畫，間有未真，和珅膽敢口稱不如撕去，另行擬旨，其大罪七；前奉皇考諭旨，令伊管吏部、刑部事務，嗣因軍需銷算，伊係熟手，是以又諭令兼理户部題奏報銷事件，伊竟將户部事務一人把持，變更成例，不許部臣參議一字，其大罪八；上年十二月，奎舒奏循化、貴德二廳賊番聚衆，在青海肆劫，和珅竟將原摺駁回，隱匿不辦，全不以邊務爲事，其大罪九；皇考升遐後，朕諭蒙古王公未出痘者，不必來京，和珅不遵諭旨，令已未出痘者俱不必來，全不顧撫綏外藩之意，其居心實不可問，其大罪十；大學士蘇凌阿兩耳重聽，衰邁難堪，因係伊弟和琳姻親，竟隱匿不奏，侍郎吴省蘭、李潢，太僕卿李光雲，曾在伊家教讀，保列卿階，兼任學政，其大罪十一；軍機處記名人員，和珅任意撤去，種種專擅，不可枚舉，其大罪十二；昨將和珅家産查抄，所蓋楠木房屋，僭侈踰制，其多寶閣，槅段皆仿照寧壽宫制度，其園寓點綴，與圓明園蓬島瑶臺無異，不知是何肺腸，其大罪十三；薊州墳塋，設立享殿，開置隧道，致附近居民有『和陵』之稱，其大罪十四；家内所藏珍珠手串二百餘，較大内多至數倍，并有大珠較御用冠頂尤大，其大罪十五；又寶石頂非伊應戴之物，伊所藏數十，而整塊大寶石不計其數，且有内府所無者，其大罪十六；銀兩、衣服等件，數逾千萬，其大罪十七；且有夾牆藏金二萬六千餘兩，私庫藏金六千餘兩，地窖内藏埋銀兩三百餘萬，其大罪十八；附近通州、薊州有當鋪錢店，貲本又不下十餘萬，以首輔大臣下與小民爭利，其大罪十九；伊家人劉全不過下賤家奴，而查抄家産，竟至二十餘萬，並有大珠及珍珠手串，若非縱令需索，何得如此豐饒？其大罪二十。其餘貪縱狂妄之處，尚難悉數。著將胡季堂原摺發交在京文武三品以上官員，并翰詹科道閲看，悉心妥議具奏。如有自抒所見者，另摺封陳。」諸臣俱言宜如胡季堂議。上念和珅曾任首輔，免其肆市，賜令自盡。以兩淮鹽政徵瑞前後餽和珅銀四十萬兩，山東巡撫伊江阿知太上皇帝龍馭上賓，奏摺中不及一字，惟致書和珅勸其節哀辦事，俱革職；並諭：「故御史曹錫寶當和珅聲勢薰灼之際，舉朝無一人敢於糾劾，而曹錫寶獨能抗辭執奏，不愧諍臣之職。今和珅治罪後，查辦劉全家産，竟有二十餘萬之多。是曹錫寶前此所劾，信屬不虚，自宜加以優獎，曹錫寶著加恩追贈副都御史，並將伊子照贈銜予廕。」

既而上又遍諭諸臣曰：「和珅所管衙門本多，由其保舉陞擢者，自必不少。而外省官員奔走和珅門下，逢迎餽賂，皆所不免。若一一根究，亦非罰不及衆之義。大小臣工無庸心存疑懼，況臣工内中才居多，即有從前熱中躁進，一時失足，但能洗心滌慮，痛改前非，仍可勉爲端士，以副朕咸與維新之治。」時多言和珅財産甚多，不止抄出之數者，又諭曰：「朕所以辦理和珅者，原因其蠹國病民，專擅狂悖。查抄所以懲戒貪黷，初不計多寡而事株連。嗣後臣工不得再以和珅貲産妄行瀆奏。」先是，和珅在軍機時，慮人舉發，凡有奏摺，令具副本，關會軍機處。至是，奉旨革除。和珅又令各部將年老平庸之司員保送御史，俾其緘默不言，免於糾劾。至是，亦因副都御史廣音布奏，命嗣後保送御史，年無得過六十五以上。又諭曰：「恭閲皇考硃筆，有嚴禁内外大臣呈進貢物諭旨三道，聖訓煌煌，垂誡至爲深切。祇因和珅攬權納賄，凡遇外省督撫呈進物件，准遞與否，必須先向和珅關白。伊即擅自准駁，明示有權，而督撫等所進貢物，皇考不過賞收一二，其餘盡入和珅私宅。是以我皇考雖屢經禁止，仍未杜絶。嗣後有將飭禁之物呈進者，即以違制論。」

初，乾隆五十四年，山西舉人薛載熙覆試除名。嘉慶六年，載熙在燕郊迎駕，命試以詩，並諭曰：「從前薛載熙中式時，覆試文理尚無大疵，惟詩粗率，奏請停科，經皇考加恩寬免。嗣和珅等議覆科場事宜，以薛載熙覆試與中卷不符，難保無代倩情弊，請追革在案。是薛載熙斥革，本非皇考之意，和珅辦理此事，實屬有意從刻。今薛載熙考試詩句，較前稍勝，著加恩賞還舉人。」其年，又有湖北按察使李天培代福康安私交糧船分運桅木一事，時和珅弟和琳爲巡漕御史，劾奏之。福康安因得嚴旨，並帶革職留任。至是，上諭曰：「此案並非和琳秉公劾參，實係聽受和珅指使，爲傾陷福康安之計。今和珅籍没，查出所蓋房屋，僭妄踰制，較之福康安托帶木植之咎，孰重孰輕？」尋湖廣總督倭什布奏漢陽府知府明保例應迴避，諭曰：「明保係和珅母族姻親，平日倚恃和珅勢燄，在任聲名甚屬平常。從前引見知府時，即蒙皇考鑒其人甚庸陋。查伊出身履歷，經和珅朦混具奏，亦未令伊遞摺請訓，徑赴知府之任，皆朕所深知。明保著即來京，以部員補用。」又諭曰：「近聞京師步軍統領衙門及巡捕五營所管步甲兵丁，在和珅宅内供私役者，竟有千餘名之多，實出情理之外。國家設立兵額，原資捕盗緝匪之用，豈可將隊伍之兵供私宅之役？無怪乎兵數日少，盗賊肆行也！」

十九年五月，國史館進呈《和珅列傳》，諭曰：「和珅逮問伏法，迄今已越十五年，始將《列傳》纂進，太覺遲緩。迨詳加披閲，其自乾隆三十四年襲官，以至嘉慶四年褫職，三十年間，但將官階履歷挨次編輯，篇幅寥寥。至伊一生事實，全未查載，惟將逮問以後各諭旨，詳加敘述，是何居心，不可問矣！和珅在乾隆年間，由侍衛洊擢大學士，晉封公爵，精明敏捷，原有微勞足録，是以皇考高宗純皇帝加以厚恩。奈伊貪鄙性成，怙勢營私，狂妄專擅，積有罪愆。朕親政時，是以加以重罰。似此敘載簡略，現距懲辦和珅之時年分未遠，其罪案昭然在人耳目。若傳至數百年後，但據《本傳》所載，考厥生平，則功罪不明，何以辨賢奸而昭賞罰？國史爲信今傳後之書，事關彰癉，不可不明白宣示。所有承辦《和珅列傳》之纂修官，著查明參奏，交部嚴加議處。」尋查明原纂官顧蒓，因出差將稿本交館席煜續辦，命將席煜革職審訊。六月，諭曰：「顧蒓原纂《和珅列傳》稿本，載有事實四條，皆和珅罪狀，仰奉皇考高宗純皇帝飭諭加以譴責者，葛方晉節去三條，席煜節去一條，其居心實不可問。除葛方晉身故外，席煜前已革職，著即行押解回籍，交江蘇巡撫張師誠嚴行管束，令其閉門思過，不准外出；並留心稽察，如有怨望詩文，即奏聞將該革員拏同治罪。」初，和珅於乾隆四十一年入正黄旗，及得罪仍隸正紅旗。

雜錄

備錄

《庸閑齋筆記》卷九《和珅查抄單》　嘉慶三年，先大夫在京邸見相國和珅家查抄，嘗告余等，以爲私家之富，較前明嚴氏《天水冰山録》有過之無不及也。近于陸定圃《寓澠瑣記》内見其籍没單一紙，可謂洋洋大觀矣。用特録其金銀之數，以作貪夫之鑒焉。

銀號十處，本銀六十萬兩。當鋪七處，本銀八十萬兩。赤金四萬八千兩。元寶銀五萬五千六百個。鏡錁銀五千三百八十萬個。蘇錁銀三百十五萬個。番銀五萬八千圓。制錢一百五十萬串。

陳康祺《郎潛紀聞二筆》卷六《和珅忮刻》　乾隆間，故相和珅屢奉派預文字之役，在純皇帝聖意，不過欲其追從儒臣，練習文采耳。而珅忮刻特甚，凡得卷非其屬意者，先視其筆誤錯謬處抉去之，其無筆誤，則妄摘瑕疵，以指甲深畫之。南巡召試，數與衆文定、朱文正、董文恭諸公同閲試卷，或取或舍，珅輒專決，其謬妄可想，其氣燄亦可想。

陳康祺《郎潛紀聞二筆》卷八《和珅訐海蘭察之短》　超勇公海蘭察不檢細行，和珅與之齟齬，一日，於純聖前訐其在甘肅勦賊回京，收受皮張等物。純聖諭云：「海蘭察能殺賊，皮張收以禦寒，何必詰責。汝等既不能殺賊，亦豈能謝絶人情乎？」和珅語塞。

陳康祺《郎潛紀聞二筆》卷一一《畢秋帆壽和珅詩》　錢梅谿泳《履園叢話》耆舊一門，載畢秋帆督兩湖時，值公相和珅年四十，自宰相已下，皆有幣帛賀之，惟秋帆獨賦詩十首，並檢書畫銅瓷數物，爲公相壽。梅谿曰：「公將以此詩入《冰山録》中耶？」秋帆默然，乃大悟，終其身不交和相云云。康祺按：秋帆制府愛古憐才，人所共仰，其交和珅，懾於權勢，未能泥而不滓，亦人所共知。梅谿，畢氏客，固宜諱莫如深；惟欲以拒絶權門，歸功於一言之諫沮，其然，豈其然乎？

陳康祺《郎潛紀聞二筆》卷一一《和珅有兩大父》 前卷紀和珅爲伍彌泰外孫，蓋滿洲人多云然，而吴督部熊光亦著之筆録者也。康祺謂伍公與和珅先後入相，或是珅繼母之父，苦無確證。頃觀包慎伯《中衢一勺·郭君傳》云：「嘉公謨爲河庫道，大學士忠襄伯和珅，其外孫也。珅少貧，每遣僕劉全，徒步往返五千里，求佽助，嘉公責以白金五十兩。君方爲河庫道吏，與全飲而歡，語之曰：『子且貴，何爲人僕從苦如此？』亦資之如嘉公數。珅嗣以家累，遣全求嘉公助白金三百金，嘉公怒詈遣之。珅遂私出都詣嘉公，公怒甚，欲治以逃人之法。君從容語嘉公曰：『吏見和郎君貴當在大人上，大人毋薄其貧，且大父以三百兩助外孫，事甚小，何苦怒如此。』嘉公曰：『汝善和郎君，何不自助之？』君曰：『大人不助和郎君，吏不敢先。』嘉公乃出金授君曰：『郎日爲我遣之。』君招至酒樓，握手曰：『郎君不日當大貴，貴後願毋忘今日，爲天下窮黎乞命。』既爲具鞍馬，又自以白金三百助其裝。其後珅以户部尚書爲軍機大臣，扈蹕下江南，至紅花埠，遣全馳詣君，約相見於仲興。君曰：『吾始謂若主濟世才，今乃招權納賄，爲贓吏逋逃藪，毒流生民，吾恨爾時不慫恿治以逃旗外遣之罪。若主僕旦夕且無死所，毋累我。』遂與絶，後卒如君言。嘉公後官漕運總督。」觀此，則珅實有兩外祖，且皆早識珅奸矣。郭君名大昌，山陽人，洞徹水性，窮極事變，乾嘉之際，數十年凡奉特旨持節治河，及經制官河督以下，遇事諮決，倚爲安危，蓋振奇士也。

陳康祺《郎潛紀聞三筆》卷一《竇東皋黨附和珅之傳疑》 錢衎石侍御《記事稿》云：「諸城竇僉都之被謗於洪更生也，謂嘗書扇稱門生於和珅，小峴秦氏既辨其誣矣。余《初筆》亦採秦説。僉都督浙學，有清譽，發貪吏重斂，幾罹身禍，浙人戴其德。厥後乙卯主會試，且大爲和珅所齮齕，其非黨附也明甚。然當時珅聲勢暴横，身爲大臣，不能鋤而去之，彼介其屬以相浼，必屈吾意以供其一瞬之適也何居，雖不書可也。」錢氏此論，可云至正至嚴。其續稿則謂北江先生上成親王書稿，已得見於先生子幼懷，知先生論劾諸大僚，並無詆及竇公之語。幼懷並言：「吾父自督學貴州還朝，始直書房，在嘉慶初，竇公久去位，亦未同時也。然則侍郎所記誤矣。」云云。康祺按：竇、洪二公，歷官年月，實未同值上齋。東皋子休，在乾隆六十年，明年丙辰，北江始入書房。惟小峴侍郎與二公皆僚故，和珅索東皋書，即介小峴以通意，及北江劾竇於身後，小峴亦尚在朝，斷無誤信傳聞一言，而誣及兩友之理。幼懷爲北江晚出子，或乃兄孟慈輩以詆毁竇公言多過實，已將原稿節删歟？頃考得北江實有劾竇公事，詳見卷六。

《藝風堂雜鈔》卷三 故相和珅，乾隆之季，權勢薰灼。仁宗登極，斂聲屏息，聽其所爲。至己未正月三日，太上皇帝大行。四日，御史廣興、給事中王念孫先後疏其罪。八日，奪和珅職，下之獄，並查鈔家産。十一日，宣示罪狀，諭廷臣擬罪名。十五日，列和珅二十大罪。十七日，廷臣擬和珅照大逆例凌遲處死，加恩賜自盡。十八日，伏法。和珅在獄作詩六韻云：「夜色明如許，嗟予困不伸。百年原是夢，卅載枉勞神。室闇難挨暮，墻高不見春。星辰環冷月，縲絏泣孤臣。對景傷前事，懷才誤此身！餘生料無幾，空負九重仁。」耆相介春英時爲司員，隨同監視行刑，常語人曰：「和相謝恩後，仰視天，俯視地，歎曰：『我是個癡人！』遂就縊。」

又於衣帶間得一絶云：「五十年前幻夢真，今朝撒手撇紅塵。他時睢口安瀾日，記取香煙是後身。」後刑部奏聞，御批云：「小有才，未聞君子之大道也。」二十四日睢口合龍，有云和相即睢口河神者。當塗黄勤敏鉞有《感事詩》云：「禍福由來召有門，雷霆擊物敢言冤？老䝙入室熙寧亂，軋犖生兒天寶昏。豈有神明猶誕降，大都妖孽偶游魂。稷狐社鼠紛逃匿，六幕清明奉泰元。」蓋深斥之。

高宗純皇帝之訓政也，一日早朝已罷，單傳和珅入見。珅至則高宗南面坐，仁宗西向坐一小杌。每日召見臣工皆如此。珅跪良久，上皇閉目若熟寐，然口中喃喃有所語，上極力諦聽，終不能解一字。久之，忽啟目曰：「其人何姓名？」珅應聲對曰：「高天德、苟文明。」上皇復閉目誦不輟。移時，始麾之出，不更問訊一語。上大駭愕。他日密召珅問曰：「汝前日召對，上皇作何語？汝所對六字又作何解？」珅對曰：「上皇所誦者，西域《秘密咒》也，誦此咒，則所惡之人雖在數千里外，亦當無疾而死，或有奇禍。奴才聞上皇持此，知所欲咒者必教匪悍首，故竟以二人名對也。」亦足見其機警。

孫文靖士毅歸自越南，待漏宫門外，與珅相直。珅問曰：「公所持何物？」文靖曰：「一鼻煙壺耳。」索視之，則明珠一粒，大如雀卵，雕成者也。《卷施乙集·七招》注：鼻煙，刳玉爲瓶，精者至穴大珠爲之。珅贊不絶口，曰：「以此相惠，可乎？」文靖大窘，曰：「昨已奏聞矣，少選即當進呈，奈何？」珅微笑曰：「相戲耳，公何見小如是！」閲數日，復相遇直廬，和語文靖：「昨亦得一珠壺，不知視公所進奉者若何？」持示文靖，即前日物也。文靖方爲上賜，徐察之，並無其事。乃知珅出入禁庭，遇所喜之物，逕攜之出，不復關白。

宫中某處陳設有碧玉盤，徑尺許，上所最愛，一日爲七阿哥所碎，大懼。其弟成親王曰：「盍謀諸和相，必有所以策之。」于是同詣珅述其事。珅故爲難色，曰：「此物豈人間所有，吾豈奈之何！」七阿哥益懼，失聲哭。成邸知珅意所在，因招其至僻處，與耳語良久，珅相笑之，謂七阿哥曰：「姑歸而謀之，成否未可必，明日當於某處相見也。」及期往，珅已先在，出一盤相示，色澤尚在所碎者上，而徑乃至尺五寸許。成邸兄弟感謝不置。乃知四方進御之物，上者悉入珅第，次者始入宮也。

和孝固倫公主下嫁和珅之子額駙豐紳殷德。主未嫁時，呼珅爲「丈人」。一日，高宗攜主遊同樂園之買賣街，和時入值在焉，高宗見售估衣者有大紅夾衣一領，因謂主曰：「可向汝丈人索之。」和因以二十八金買以進之。主呼和爲「丈人」，不知其故。聞主少時衣冠作男子狀，或因戲爲此稱耶？

和珅金銀庫内帳及大櫃内珠玉等項什物帳簿，有好女子四名掌管，香蓮、蕙芳、盧八兒、雲香也。每年太監羅王查對一次。副都統薩彬圖奏：「查鈔隱匿，請提訊四女子。」派怡親王永琅、尚書布彦達賚嚴究再三，仍無指實。革薩彬圖職，將四女子釋放。

和珅查抄議罪後，分其第半爲和孝公主府，半爲慶親王府。及嘉慶二十五年，慶親王薨，五月十五日，管府事何克當阿代郡王慜綿呈出毘盧帽門口四座，太平缸五十有四，銅路鐙三十六對，皆和家故物也。此項，親王尚不應有，而和乃有之。慶親王未及奏者二十年。缸較大内者稍小，鐙則較大内爲精緻，因分設於紫禁城，今景運、隆宗兩門外，凡所陳設鐵缸及白石座細銅絲罩之路鐙，皆其物也。

仁宗親政，滿、漢臣工羣起攻擊和珅，至比于操、莽。直隸藩司吳熊光叩謁梓宫，蒙上召見，諭及人言和珅有歹心，熊光奏：「和珅貪縱，罪不容誅，若謂有歹心，臣不敢附和。」上云：「何以見得？」熊光奏：「凡懷不軌者，必先收拾人心，和珅則滿、漢無一歸附者，倘使伊中懷不軌，誰肯從之？」上云：「如此辦之，得無太急？」熊光奏云：「和珅受純皇帝逾格恩施，乃貪縱至此。若不速辦，無識之徒觀望貪緣，別滋事端。皇上辦得速，是義之盡；收得速，是仁之至也。」

故相和珅供詞，用奏摺，楷書，猶是進呈舊物，惜僅存四紙，不過全案中千百之一。其訊與供，亦都不相應，蓋又非一日事矣。録而存之，以見當時獄事之梗概。

一紙係奉旨詰問事，凡兩條：

一問和珅：「現在查抄你家產，所蓋楠木房子，僭侈踰制，並有多寶閣及隔段樣式皆仿照寧壽宫安設，如此僭妄不法，是何居心？」

一問和珅：「昨將抄出你所藏珠寶進呈，珍珠手串有二百餘串之多，大内所貯珠串尚只六十餘串，你家轉多至兩三倍。並有大珠一顆，較之御用冠頂『蒼龍教子』大珠更大。又真寶石頂十餘個，並非你應戴之物，何以收貯如許之多？而整塊大寶石尤不計其數，且有極大爲内府所無者，豈不是你貪黷證據麽？」

一紙係和珅供詞，凡三條：

「奴才城内原不該有楠木房子、多寶閣及隔段式樣，是奴才打發太監胡什圖到寧壽宫看的式樣，仿照蓋造的；至楠木，都是奴才自己買的。玻璃柱子内陳設，都是有的。總是奴才糊塗該死。」

又「珍珠手串，有福康安、海蘭察、李侍堯給的，珠帽頂一個，也是海蘭察給的。此外珍珠手串，原有二百餘串之多，其饋送之人，一時記不清楚。寶石頂子，奴才將小些的給了豐紳殷德幾個，其大些的，有福康安給的。至大珠頂，是奴才用四千餘兩銀子給佛寧額爾登布代買的；有福康安、海蘭察給的；鑲珠帶頭，是穆騰額給的；藍寶石帶頭，係富綱給的。」

又「家中銀子，有吏部郎中和精額於奴才女人死時送過五百兩；此外寅著、伊齡阿都送過，不記數目；其餘送銀的人甚多，自數百兩至千餘兩不等，實在一時不能記憶。再肅親王永錫襲爵時，彼時緼住原有承重孫，永錫係緼住之姪，恐不能襲王，曾給過奴才前門外鋪四房兩所，彼時外間不平之人紛紛議論此事，奴才也知道。以上俱是有的。」

又一紙亦係供詞，而問詞已失，凡十四條：

「大行太上皇帝龍馭賓天，安置壽皇殿，是奴才年輕不懂事，未能想到從前聖祖升遐時，壽皇殿未曾供奉御容，現在殿内已供御容，自然不應在此安置，這是奴才糊塗該死。」

又「六十年九月初二日，太上皇帝册封皇太子的時節，奴才先遞如意，洩漏旨意，亦是有的。」

又「太上皇帝病重時，奴才將宫中秘事向外廷人員叙説，談笑自若，也是有的。」

又「太上皇帝所批諭旨，奴才因字跡不甚認識，將摺尾裁下，另擬進呈，也是有的。」

又「因出宮女子愛喜貌美，納取作妾，也是有的。」

又「去年正月十四日，太上皇帝召見時，奴才因一時急迫，騎馬進左門至壽山口，誠知聖諭『無父無君，莫此爲甚』，奴才罪該萬死。」

又「奴才家貲金銀，房屋現奉查抄，可以查得來的，至銀子約有數十萬，一時記不清數目，實無千兩一錠的，元寶亦無『筆一支』『墨一匣』的暗號。」

又「蒙古王公原奉諭旨，是『未出痘的不叫來京』，奴才無論已、未出痘，都不叫來京，未能仰體皇上聖意。太上皇帝六十年來撫綏外藩，深仁厚澤，外藩原該來的。總是奴才糊塗該死。」

又「因腿痛，有時坐了椅轎擡入大內，是有的；又坐了大轎擡入神武門，也是有的。」

又「軍報到時，延遲不即呈遞，也是有的。」

又「蘇淩阿年逾八旬，兩耳重聽，數年之間，由倉場侍郎用至大學士兼理刑部尚書，伊孫與和琳兒女姻親，這是奴才糊涂。」

又「鐵保是阿桂保的，不與奴才相干。至伊犁將軍保寧升授協辦大學士時，奴才係邊疆重地，是以奏明不叫來京。朱珪前在兩廣總督任內，因魁倫參奏洋盜案內，奉旨降調，奴才實不敢阻抑。」

又「前年管理刑部時，奉勅仍管户部，原叫管理户部緊要大事，後來奴才一人把持，實在糊塗該死。」

「至福長安求補山東司書吏，奴才實不記得。」

又「胡季堂放外任，實係出自太上皇帝的旨意。至奴才管理刑部，於秋審實情緩決，每案都有批語。至九卿上班時，奴才在園上，並未上班。」

又「吳省蘭、李潢、李光雲都係奴才家的師傅，奴才還有何辦法呢？至吳省蘭聲名狼藉，奴才實不知道，只求問他就是了。」

又「天津運同武鴻原係卓異，交軍機處記名；奴才因伊係捐納出身，不行開列也是有的。」

又清單一紙，開列：正珠小朝珠三十二盤，正珠念珠十七盤，正珠手串七串，紅寶石四百五十六塊，共重一百一十七兩七分七釐；藍寶石一百十三塊，共重九十六兩四錢六分八釐；金錠、金葉一二兩平，共重一萬六千八百八十二兩；金銀庫所貯，六千餘兩。

案：此單與世傳籍没清單多寡迥殊，當是初供，未肯吐實；惟正珠小朝珠一事，傳鈔本無之。

和珅拿問後，並下各直省督撫議罪。直隸總督胡季堂條陳其罪，請依大逆律凌遲處死。並列其薊州墳塋：前有石門樓，石門前隧道，正屋五間，稱曰「饗殿」；東、西廂房各五間，稱曰「配殿」；大門稱曰「宫門」；外圍墻三百丈，圍墻外設堆撥，土人稱曰「和陵」；墻西陽宅房屋二百一十九間。定制，親王墳塋圍墻不得過百丈，和珅倍之。籍其家，更多人臣不應有之物。于是始將其大罪二十宣示中外。

備論

昭槤《嘯亭雜録》卷一《今上待和珅》 珅毫無所能爲，控制上相，如縛庸奴，真非常之妙策。恭讀《味餘書室稿》中《唐代宗論》，有云：「代宗雖爲太子，亦如燕巢于幕，其不爲輔國所讒者幾希。及帝即位，若苟正輔國之罪，肆誅市朝，一武夫力耳！乃捨此不爲，以天子之尊，行盜賊之計，可愧甚矣！」乃知睿謀久定于中矣。

陳康祺《郎潛紀聞初筆》卷四《和珅蒙恩眷之緣》 和珅才敏給，遇事機牙肆應，尤善揣人主喜怒，以故高宗晚年倚毗益篤。設稍感激知遇，持盈保泰，移其封殖自利之謀，以協贊軍國，其功名福澤，豈在郭汾陽下。後之懿親戚畹，肺附國家者，鑒之哉！鑒之哉！

吳熊光部

綜述

《清史列傳》卷三〇《吳熊光傳》 吳熊光，江蘇昭文人。乾隆三十七年，由舉人考取中正榜，以内閣中書用。四十一年，補官，尋充軍機章京。四十四年，擢侍讀。四十六年，陞刑部郎中。四十九年，遷山西道監察御史。五十一年，轉掌四川道監察御史。五十四年，擢工科給事中，尋丁父憂。五十七年，服闋，補户科給事中，尋轉户科掌印給事中。嘉慶元年，擢鴻臚寺少卿。二年四月，遷通政司參議。閏六月，特賞三品卿銜，隨同軍機大臣學習行走。十二月，授直隸布政使。四年正月，高宗純皇帝龍馭上賓，熊光專摺瀝陳哀悃，敦勸仁宗睿皇帝節哀。上以其情詞真切，合君臣之義，諭嘉之。

三月，擢河南巡撫。時川、陝、楚教匪滋擾，豫省西南兩面偪近寇氛。熊光抵任，即馳赴盧氏督辦，飭河北鎮總兵張文奇駐盧氏之欒莊，南陽鎮總兵田永桐駐淅川之荆子關，自駐適中之地，以爲犄角。四月，陝西股匪張漢潮竄入商州境，復分股西竄藍田。熊光奏言：「張漢潮股匪係參贊明亮帶兵專剿，今分爲兩股，牽制官兵。又探另有賊匪由洋縣五郎廳東竄，是又在官兵之後，尤恐明亮顧此失彼。豫省官兵不能再行抽撥，請將山東派赴川省兵丁一千三百餘名，於道過陝州時截赴明亮軍營，以資協剿。已密札張文奇先於邊境聲言，現帶山東勁旅前赴堵剿，以壯聲援。」諭曰：「昨因陝省兵力稍單，已降旨將山東新調兵丁留陝應用，並先廣爲宣布，以懾賊膽。吳熊光所見，皆與昨旨相合，可嘉之至。」

又以湖北股匪張天倫竄至楊家牌樓，距鄖陽江岸二百餘里，豫省東南邊境在襄江北岸，應密爲布置，以期有備無患。查直隸正定標營尚有挑備戰兵一千餘名，可以調用，已飛咨總督胡季堂，密飭預備聽調。疏入，諭曰：「河南邊界緊要，自當添兵防堵，朕本有調用直隸官兵之意。今吳熊光已咨胡季堂，密飭豫備，與朕意不謀而合，深堪嘉許。」嗣以張天倫等股匪擾至湖北竹山、竹谿，熊光奏請將前調直隸官兵，迅疾派往聽調，如兵丁到豫可以無需，或就近令赴楚省協剿。上以熊光張皇侵越，有意見長，訓飭之。五月，奏言：「各股賊匪俱在漢江之南，江北惟張漢潮一股，須會集兵力，先行撲滅，是以前奏請將山東官兵截交明亮。嗣以張漢祥擾及隴州，將東省兵丁改赴鳳翔一帶。兹聞張漢祥已竄回秦州，應仍飭東省官兵徑赴明亮軍營，廓清江北賊匪，再移赴南岸，併力剿辦。」諭曰：「吳熊光係河南守土之臣，將本境防守事宜妥協經理，使賊匪不能闌入，即爲盡職。至豫省而外，陝、甘等處軍情，朕與經略尚不能遥度，吳熊光乃率行臆斷，紛紛撤調，儼然以軍機大臣自命，欲分經略之權，不知分量，不曉事體。著傳旨嚴行申飭。」尋奏報賊匪張漢潮由商州竄越，分趨雒南、商南境。雒南與豫省盧氏接壤，商南與淅川接壤。飛飭張文奇、田永桐分兵堵截，均截退，未闌入豫境。又奏賊匪由陝境竄近里漫坪，復由黄柏溝、罐兒溝一帶翻山奔竄，恐其直向東趨，急分兵兜擊。賊首張漢潮身受槍傷，西竄回陝。復飭將邊境餘匪搜捕净盡。疊奉諭旨嘉勉。

時東河總督吳璥議加河工稭料運費，於地糧内攤徵。熊光不加詳察，與聯銜具奏。下部嚴加議處。尋議降調，上加恩改爲留任。七月，特旨賞戴花翎。尋奏言前飭南汝道陳鍾琛赴襄江一帶，督同府縣提净南岸船筏，並調集鄧州鄉勇，在沿江要隘防守。復恐沿江道里縣長，陳鍾琛一人照料難周，隨令糧道完顔岱帶滿營兵前往協防。仍飛咨山西將楚省前調官兵催令迅速前進，又酌派壽春鎮兵五百名往樊城駐劄。諭獎其籌畫皆合機宜。摺内有「楚省爲豫省南面保障，爲楚即以爲豫」之語，上尤嘉賞焉。又以邊隘遼遠，江防緊要，請召募練兵五千名，以資保障；並以開封練勇一千一百餘名征防得力，請作爲撫標新兵，從之。時有旨命副都統額勒亨額領盛京官兵赴楚剿賊。八月，復諭令盛京官兵改道赴陝。熊光奏言官兵頭起已行抵南陽，若仍由樊城，未免紆折，應即由鎮安前赴商州。但軍需一切，陝省一時不及備辦，已於南陽貯備項下就近支發，俾得迅速遄行。上以熊光能以國事爲重，不稍拘泥，諭獎其實心任事。五年正月，奏陳豫省西南兩路辦賊情形，得旨嘉勉。先是，直隸總督胡季堂奏請將河南内黄縣改歸直隸管轄，已下部議行。三月，熊光以河南全漕皆在内黄楚旺地方受兑，若改歸直隸，隔省呼應不靈，恐誤兑運，奏請仍歸河南，從之。

四月，楚北賊匪竄入均州，擾及鄖縣，將偷渡襄江，豫省防江兵勇擊走之。

事聞，上念河南兵力尚單，特命直隸、山東、山西督撫各派官兵赴豫，交熊光調撥；又諭熊光添募鄉勇。熊光奏言：「各省團練鄉勇，惟鄖西之勇最爲壯健。緣前此賊匪齊王氏等係鄖西鄉勇擊斃，該縣民人恐賊復仇，是以同心協力，奮勇禦賊。至豫省盧、淅一帶，從前原駐鄉勇萬餘名，而賊股奔竄，仍得游行自如。因盧、淅地方民鮮土著，團練維艱，所募鄉勇，悉係鄧州之人，既去其鄉，安望其勇。凡應募者無非游手好閒之輩，賊至先已潛逃，轉使兵心爲之揺惑。是以上年秋間奏明裁撤鄉勇，添駐防兵。半年以來，賊匪未敢肆竄，此設兵勝於駐勇之明驗也。目下盧、淅邊境地廣兵單，所有直隸等省官兵，即可陸續到豫。擬分撥鎮臣等帶領，擇要駐守，分投策應。」疏入，報聞。又以營兵張文忠等暴横滋事，鞫實，即將首犯正法，附從者論罪如律，並自請議處。上以熊光所辦能知輕重，其失察處分，特予寬免。六月，奏以豫省有餘馬匹分解湖北、陝西軍營各三百匹，又撥銀十萬兩解楚北，二十萬兩解陝西，俾資接濟。諭奬其不分畛域，得封疆大臣之體。七月，寶豐、郟縣匪徒李傑、楊士全等聽從賊首劉之協勾結倡亂，經布政使馬慧裕在翟家樓率兵剿散，潰匪竄至彭山。熊光在盧氏防堵，馳赴追捕。先飭附近各屬分布壯勇於隘口，設伏嚴守。親督將弁四面兜截，盡殲其衆，劉之協遁至葉縣，就獲伏誅。事聞，上嘉熊光調度合宜，將士用命，下部優敘。時湖北賊匪折回鄖縣，並竄至穀城、均州。熊光奏請敕令吉林、黑龍江官兵赴楚進剿。諭曰：「本日據姜晟奏到，已諭令長齡將所帶吉林、黑龍江官兵徑赴湖北剿賊，吳熊光所奏適與朕旨脗合，可嘉之至。」

六年二月，京察，上以熊光防堵認真，上年剿捕寶、郟教匪，辦理妥速，下部議敘。三月，以鎮平縣誤將秋審敘犯處斬，熊光僅將應議職名歸入年終彙題本内開參，並未專摺奏劾，諭飭之。四月，擢湖廣總督。會經略額勒登保奏劾湖北巡撫倭什布遲誤軍糧等款，命熊光傳旨逮問倭什布，即逐細詳查。熊光奏言：「湖北與豫省接壤，該省從前文武廢弛，臣在豫已有所聞。其不給兵餉一節，臣以督臣書麟既經奏聞，故未具奏。今若不徹底根究，何以儆官邪而靖地方？惟是襄局雖總司收發，而發給各營又另有糧員經手。軍務未竣，一時難以傳齊審訊，容俟詳細密訪。至倭什布不能約束家人，亦有所聞，並須密訪確切，一體嚴參。」諭曰：「吳熊光身任封疆，既知楚省文武廢弛，及倭什布不能約束家人，不給兵餉等款，即不專摺奏參，亦當於奏事之便，附片密陳。乃年來並無一字提及，事已敗露，始稱早有所聞，殊非誠心爲國之道。至所稱經手糧員，一時難以傳訊，所見甚是。吳熊光唯當詳細密訪，陸續奏參。」

六月，偕提督長齡、巡撫全保奏言川匪湯思蛟、劉朝選等逆擾近上龕青峰溝，官兵於青峰溝、范家坪等處連次殲擒甚夥。又奏賊匪經官兵追至興山長房河一帶遁入老林，官兵奮勇迎剿，賊不能支，分股北走，欲乘虛闖入東湖地界。官兵分道兜剿，俘斬無算，並槍傷黃號賊首張萬林，殲斃白號賊首王正賢，生擒僞總兵鄧起龍等多名，賊大潰。上以熊光雖未親身打仗，但一切調度供支糧運經理妥協，温詔褒嘉，並賞賚焉。尋又以官兵在竹谿、房縣一帶殲賊多名，又在房縣、興山一帶分路剿賊，生擒首逆崔宗和之姪連兒及僞總兵王冠軍，殲其黨千人，先後奏聞，均有旨嘉奬。十一月，奏請移德安營守備駐隨州，隨州營千總駐德安。從之。

七年正月，奏言：「楚北新設提督，改移鄖陽鎮協，應添兵三千五百名。請即以無業鄉勇補充，可收駕輕就熟之效；又得官爲鈐束，不致流而爲匪。所需千、把、外委等官，即以鄉勇首領内酌量拔補。」又言：「二竹、房縣當添兵力，以資駕馭。擬在腹地各營，酌量抽撥，於房縣之上龕設守備一，九道梁、冷盤坪各設千總一，竹山之官渡設守備一，洪平、吉陽關各設千總一，竹谿之豐溪設守備一，向家壩設千總一，各駐兵有差。」均如所請行。又奏報官兵搜剿邊境潛匿賊匪，生擒首逆張永壽之子得貴，並將青號餘匪全行撲滅。王國賢、曾芝秀等股匪折竄巴東，經官兵截剿，殲賊多名。三月，又以官兵追剿賊匪，射中賊首曾芝秀，殲斃賊首唐明萬，先後奏聞，均得旨嘉奬。六月，以樊人傑股匪掃除净盡，上嘉熊光督辦糧餉認真，俾士馬飽騰，所向克捷，命下部議敘。八月，奏言：「寨勇習於戰鬭，輕視官兵，種種流弊，不得不豫爲顧慮。現派員分投督辦，令將寨堡户口、器械逐一登記，陽資其力以助此日之軍威，實默挈其綱，以弭將來之民患。」上韙其言。十二月，賊首崔宗和在武當山就俘，復諭嘉之。尋以大功戡定，川、陝、楚逆匪全數掃除，賞加太子少保銜，仍下部優敘。

八年正月，奏籌辦安插鄉勇，應於大兵未撤以前，酌量籌遣，並知照各原籍地方官，妥爲管束，毋致結隊擾民。閏二月，奏言：「湖北等省教匪滋事，所有叛産絶産，前經奏准詳查明晰，或以安插鄉勇，或以分給難民。兹查湖北叛産絶産散在蒲圻等二十六州縣，按縣查覈，多寡不齊，肥磽異致。如以本境之産分給本境鄉勇難民，則囿於方隅，辦理不能畫一。然以此屬之有餘，撥補他屬之不足，該民勇等移家就業，未獲受田之益，先增遷徙之繁。惟有勘明變價，照賑卹之例，列等給賞，以資生計。」報聞。三月，奏：「楚省兵餉月需銀十六七萬兩，今將不得力之疲兵，有業可歸之鄉勇，節加裁撤，現在月需八萬兩有奇。」上以熊光能隨時撙節，覈實支銷，諭嘉之。七月，請將提標後營守備移駐湖河鎮，右營守備移駐樊城，從之。是月，剿捕餘匪全竣，三省肅清。諭曰：「吳熊光督率地方文武及堡寨人民幫同搜捕，勤奮出力，著交部議敘。」尋奏：「都司麻光裕原帶施南鄉勇五百名，隨征數年，技藝嫻熟。請即飭光裕帶赴巴東江北駐劄，另立一營，各給守糧一分，設馬糧十二分，作爲額外外委，令其管帶操演。」下部議行。

十二月，奏劾湖南巡撫高杞違例調補湘潭縣知縣周凝遠，有意開脫耒陽縣知縣熊維培，及採買倉穀亦有情弊。上命刑部侍郎廣音馳往察審，並召高杞來京。尋廣音覆奏查無舞弊營私之處，止於辦理遲延，將高杞議降一級。高杞由湖南來京，上詢以熊光近日辦事如何，高杞奏稱熊光性情躁急，接見屬員，每加訶斥，批稟書札，往往措詞過當。上復詢熊光操守，高杞奏稱熊光操守實屬廉潔，願以身家相保。旋經户部侍郎初彭齡奏參熊光得受沔陽州知州秦泰銀一萬兩，每年收受匣費銀六萬兩，又將貲財送交伊戚李世望代爲營運三款。上究問彭齡此語得自何人，以高杞對。復召見高杞，詰問。奏稱秦泰餽送一節，係湖北通判魏耀所言。得旨交湖北巡撫全保、鹽政佶山據實查覆。九年七月，全保等奏熊光實無貪鄙劣蹟，匣費久經裁革。魏耀向高杞所言，堅不承認。將魏耀解京與高杞面質，耀供秦泰餽送等語，係高杞先問，隨口迎合，實無影響。其匣費及李世望代爲營運二款，高杞與彭齡彼此推諉，各執一詞。高杞、彭齡、耀皆獲譴。特命軍機大臣傳諭：「熊光不可不返躬自省，有則改之，無則加勉。」並敕以「文稟批答，自有體制，須平心辦事，不可仍前躁妄」。

十年六月，調直隸總督。九月，上巡幸清陽，熊光迎鑾，賜黃馬褂。時兩廣總督那彥成與廣東巡撫、陞任湖廣總督百齡互相參訐，又兩淮鹽政佶山奏湖北鄖陽等處官引滯銷，潞私充斥。上命熊光偕侍郎托津馳往湖北查辦。十月，調兩廣總督。十一年正月，以路臣國商船駛至廣東，熊光未能詳查明確，遽准開船回國，下部議處。尋有湖北試用知縣盧家元訐告熊光任湖廣總督時陞調不公，及此次審辦百齡家人，有意從嚴，巡撫瑚圖禮以聞。上以盧家元越分瀆陳，革職治罪如律。九月，直隸司書侵帑事覺，將司書王麗南等論罪有差。上以歷任藩司漠不經心，嚴旨飭責，惟熊光在藩司任無虛收，總督時亦無失察，特旨優獎。十二年四月，奏言：「粵東內洋海道遼闊，舊設礮臺多不得力，請撤去礮臺兵丁，多備船隻。又米艇在外洋不能得力，只可留於內洋守禦，請另造戰船資外洋巡緝。」得旨允行。九月，有船商金協順等裝載暹羅國貨物來粵貿易，熊光因奏請禁內地民人代駕暹羅國船隻進口，以杜弊端。上是之，特降敕諭知暹羅國王，申明例禁。又以舟師在仰船洲洋面追捕匪船，獲賊目多名，得旨嘉獎。又請增設開平縣文武學額，從之。十月，御史鄭士超奏粵東吏治廢弛。上以熊光於海疆重地，不加整頓，飭之。十三年正月，奏陳粵東實在情形，謂「從來有海防而無海戰」。上是其言。八月，有英吉利夷目帶領兵船駛入內洋，泊香山縣屬雞頸洋面，英兵三百名持兵擅入澳門，分守礮臺。九月，熊光始行奏聞，並言已飭令停止開艙，派員曉諭。俟英兵退出澳門，方准起貨，若再挨延，即封禁水路，絕其糧食。上以熊光究竟如何嚴切曉諭，及現在作何準備，全未奏及，所辦太輭，諭曰：「邊疆重地，外夷竟敢心存覬覦，飾詞嘗試，不可稍示以弱。此時如該國兵船業經退出則已，如尚未退出，即著遴派曉事文武大員，前往澳門，嚴加詰責。以天朝禁令綦嚴，不容稍有越犯，逐層曉諭，義正詞嚴，該英人自當畏懼凜遵。仍當密速調派得力將弁，統領水陸官兵，整頓預備。一有不遵，竟當統兵剿辦，不可畏葸姑息。此事於邊務夷情，大有關繫。該督撫不此之慮，而唯鰓鰓於數十萬稅銀，往復籌計，其於防備機宜，全未辦及，懦弱不知大體，著傳旨嚴行申飭。」旋命軍機大臣將奏到英吉利國原稟繙譯進呈，稟內措詞多不恭順。上以熊光接閱英稟，早當驅逐駁飭，乃祇以虛文入告，且具奏後英船曾否退去，亦未據續行馳報，詔責其糊塗懈怠，敕將現在情形及如何密飭籌備，速行奏聞。

十月，奏英船尚在澳門挨延觀望。詔飭熊光因循廢弛，只知養尊處優，全不以海疆爲重，大負委任，先降爲二品頂帶，拔去花翎，仍下部嚴議；尋褫職，命新任兩廣總督百齡查明實在情形具奏。十四年四月，百齡奏言：「上年英兵抵澳時，地方文武節次稟報，吳熊光批令照常防範。香山縣等請兵堵逐，亦批以鎮靜不可張皇，並未親往查辦。英兵見無準備，將兵船駛進虎門，停泊黃埔。又駕坐三板船至省城外停住，求見總督，懇代奏在澳寓居，熊光總未見面。該英兵欲向十三行裝取火食，總兵黄飛鵬開礮轟斃英兵一名，帶傷二名，英兵即行退回。熊光檄兵防守，並未攻擊。及至恭宣諭旨，英兵畏懼，情願撤兵，復求開艙。熊光諭令全行退去，始准貿易，英兵陸續退至外洋。」諭曰：「此次英兵遇官兵開礮，並不敢稍有抗拒；及奉有嚴飭諭旨，亦即開帆遠去。是尚知震懾天威，無他伎倆。設吳熊光於英兵登岸之初，即親往彈壓，曉以大義，一面派兵防守，英人自必知所畏懼，即時退出，庶足宣示國威。吳熊光於此等事遲至月餘始行具奏，既未親往查辦，又不面詢斥逐，雖開艙在兵退之後，而許其開艙究在未退之先。奏報既屬遲延，辦理又形畏葸。且屢次英人具稟，及吳熊光批示，並轟斃英兵等事，俱未入奏，亦屬含糊。吳熊光由軍機章京蒙皇考高宗純皇帝不次超擢，用至軍機大臣，復經朕簡任三省總督，非新進不曉事者可比。乃種種錯謬，實負委任。吳熊光前已革職，著拏交軍機大臣會同刑部審訊，定擬具奏。」尋遣戍伊犂。

十五年，洋匪肅清，上念熊光平日尚能辦事，前在軍營亦屬出力，此時巨盜殄除，特命釋回，以六部主事用。十六年，補兵部主事。十八年，請假回籍。道光八年，舉行戊子科鄉試，熊光係乾隆戊子科舉人，至鄉榜重逢，疆吏以聞。諭曰：「原任兵部主事吳熊光曾任督撫大員，雖於兩廣總督任内獲咎，事尚因公。此時養痾在籍，年近八旬，適當蕊榜重逢，洵屬藝林嘉瑞。吳熊光著加恩賞給四品卿銜，准其重赴鹿鳴筵宴，以昭盛典。」十二年，卒。

雜録

備録

陳康祺《郎潛紀聞二筆》卷七《吳熊光致太平之奏對》 吳槐江督部熊光，由楚督調粤督，引對時，上曰：「教匪淨盡，天下自此太平矣。」公奏曰：「督撫率郡縣加意撫循，提鎮率將弁加意訓練，使百姓有恩可懷，有威可畏，太平自不難致。若稍形鬆懈，則伏戎於莽，吳起所謂舟中皆敵國也。」仁宗大韙之。

備論

《續碑傳集》卷二一 包世臣《故大臣昭文吳公墓碑》 銘之曰：公之始出，失職居藩，幸用不躓，豫楚持旄。俯回羣碎，以刈蓬蒿。適嶺遘疢，嗟哉毒淫，威用不振。予懷風議，詩於公碑，爲大臣紀。

松筠部

綜述

《續碑傳集》卷一《松文清逸事》 嘉慶二十五年八月，睿廟梓宫自熱河回京。初，奉安於乾清宫。繼乃擇日奉移於觀德殿。是日，出東華門，進景山東門。上哭泣，步送京中，自王公大臣官員以下，皆得俯伏甬道之左哭送，白袍列跪者不下千萬人。余亦在班中，遥見上步行甬半，忽趨至甬道邊，扶一跪伏者之手，大哭失聲，跪地者亦搶地大哭。衆遂察之，則松公也。時公僅賞一驍騎校，不過兵丁拔補之階，而至尊當哀痛迫切之際，竟能於千萬人中物色見之，非平日魚水之契有異尋常，何克臻此？翌日即有副都御史之命，而公仍得左右贊善矣。

公出爲伊犁將軍時，未嘗挈眷。一日遣役至京，付銀五十兩，以爲迎取夫人路費。適役夫未行，而銀已他用，因即不寄路費，公家故儉，長公子少宰熙昌竭力摒擋，始得送母夫人就道。夫人至，公不擇日即命入署，僚佐皆不知將軍夫人之已至也。舊有别院，乃置夫人其中，而日扃其門，供饌之外，每月與錢十千，婢媪傭值，俱取給焉。院内正屋三楹，中爲堂，夫人居，堂東西爲佛堂。公每日五更入佛堂，頂禮畢，坐堂中，與夫人喫茗閒語半時而出，仍扃其門。而夫人每日當四更必起櫛沐以待之。公之禮佛不問寒暑，夫人之夜起亦不問寒暑。

公由伊犁將軍除吏部尚書入京，行抵涿州，八喇嘛遣人迎之。公乘一馬，喇嘛之使人乘一騾，易騎而行。自涿州連宵至圓明園，其家人戚友迎於長新店者，俱不知也。到園已四更，叩軍機章京直廬之門，司閽者呼葉老爺起，公屬爲具摺。葉老爺者，户部郎中葉雲素繼雯也。是日，葉公非入直期，重公之爲人，不敢辭。而公亦不問其名字，即以葉老爺稱之而已。次日，入見，即呈講《大學》首章，以爲治國平天下當自正心誠意始。出借勤相國肩輿俟客，家人始聞公之已到都也。晚仍宿園中。又次日，入城，先赴吏部之任，日晡方歸家。其妾迎於中門，公顧問曰：「此誰家戚誼也？」長公子曰：「此某姨娘耳。」公乃恍然曰：「汝今亦老矣。」

公身材僅中人，而體氣壯實，有莊敬日强之功。惟自邊城内擢後，頭每涔涔動，鎮日不已，即入對亦然。余時以軍機章京詣公宅晝稟，值酷暑，公以燒酒及西瓜餉余。時余方編輯軍機題名，並從公詢樞垣故實，語頗叨絮，公令解衣縱談。因乘間問公頭動之故，公慨然曰：「此非病也！我在西域時，手刃叛回至數百人，未免殺戮過重。至今耿耿於中，不覺震動於外耳。然不如此，恐回疆未必安戢至今也。」

公面如羅漢，心極慈祥，節鉞所莅，無人不被其澤而飲其和。叛回之戮，辟以止辟，正公鎮邊作用，不知者或以殺降爲公咎，豈知公者哉？公奉差往江南查辦事件，得旨引對後，即欲挈值宿行李出城，不回私宅。因隨帶之司員部署不及，籲公稍緩，公許以晡時出城。時方已刻，乃枉途至韓桂舲先生葑家小坐。先生尚在刑部署未出，公自索酒肴獨酌，並令韓家人等磨墨供寫大字，畢，遂出城，住長新店。再踰日而隨帶之司員始到，同行焉。

《清史列傳》三二《松筠傳》 松筠，瑪拉特氏，蒙古正藍旗人。乾隆三十七年，由繙譯生員考補理藩院筆帖式。四十一年，充軍機章京。四十二年，陞主事。四十三年，陞員外郎。四十四年，充三座塔理事司員。四十五年，調户部銀庫員外郎。舊例，蒙古司員不與銀庫之選，松筠經軍機大臣保奏，蒙古司員之掌銀庫，自松筠始也。四十八年，京察一等，超擢内閣學士，兼禮部侍郎銜，授鑲黄旗蒙古副都統，賞戴花翎。四十九年，調正紅旗滿洲副都統，賞穿黄馬褂，命赴吉林查辦蔘務。

五十年，命往庫倫查辦鄂羅斯事務。五十一年三月，庫倫有官馬逸入鄂羅斯卡座，鄂羅斯人獲而獻還。松筠傳示各卡，嗣後有鄂羅斯馬誤入官卡者，亦如之。事聞，有旨嘉奬。閏七月，授户部右侍郎，仍留庫倫辦事。五十五年，有術勒干卡倫巡兵爲鄂羅斯打牲人所害，松筠檄緝各犯，先行治罪，然後具奏。上切責之，革退侍郎、副都統，拔去花翎，以四品頂帶留庫倫効力贖罪。五十六年，授工部左侍郎、正白旗滿洲副都統。五十七年四月，調户部右侍郎，復賞戴花翎。七月，充蒙古繙譯考試官。十月，轉左侍郎。五十八年二月，充崇文門副監督，尋授御前侍衛、内務府大臣、軍機大臣。七月，充國史館副總裁。時英吉利人貢，請於天津、寧波海口貿易，並求給附近珠山小海島、附近廣東省城地方各一處，居商存貨。上既嚴諭指駁，復慮其沿途生事，特命松筠護行，凡所要求嚴詞拒絶，途中安謐。有旨嘉其得體。九月，松筠奏遵旨令該英人在船順道觀覽，俾知民物康阜，景象恬熙。惟有隨時隨事加意斟酌體會，務令知感知畏，勉期妥辦得中。奉諭：「命汝去，可謂得人，勉之！望汝回來面奏耳。」五十九年正月，署吉林將軍。六月，命查辦湖北荆州稅務，道出河南衛輝，值霪雨，衛河水驟長數丈，淹浸民居。松筠躬率牧令開倉賑恤，疏入，上以松筠奉差經過，並不置身事外，實心可嘉，賞給大小荷包，下部優敘。七月，陞工部尚書，授鑲白旗漢軍都統。

尋充駐藏辦事大臣。嘉慶四年正月，召還京，調户部尚書。二月，授陝甘總督，加太子少保銜。初，松筠駐藏時，達賴喇嘛、濟嚨呼圖克圖等報稱，西南邊界有廓爾喀之兵，松筠訪知廓爾喀係向定結邊外等部，帶兵索欠，並無他故，恐唐古忒番民疑懼，特於喀達、定結、帕克哩等處親往拊循，並借川省藩庫銀五千兩，籌議撫恤窮番，修建鄂博，寨卡各事宜。至是，請扣陝甘總督廉俸解歸四川。時川、陝、楚三省教匪滋事，黃號逆匪張漢潮與藍、白兩號之黨，由楚入陝，又竄甘肅。五月，松筠抵陝後，疏陳賊匪情形，因言：「前奉恩旨，詔諭脅從，雖已謄黃曉諭，恐賊隊中尚未盡知。現遣妥人潛入賊隊，諭令被脅良民能捕獻首逆，則當宥罪施恩，即臨陣投降，亦令給資回籍。又復徧諭村鎮，與其避賊而焚掠一空，莫若團集而勢操全勝。抵禦殺賊者，定加獎賞；擒獲渠魁者，奏予職官。」疏入，諭曰：「松筠甫入陝境，所辦已得要領。留心軍務，忠悃可嘉！」時有千總向明山帶同鄉勇五十二人巡緝，被秦州鄉勇蕭復有等疑其爲賊，盡遮殺之。松筠奏言：「此案若問以擬抵，恐各路鄉勇心懷畏怯，遇有真賊不敢堵截，但向明山無辜被戕，情殊可矜，請照陣亡例議卹。蕭復有等照過失律擬絞收贖。」從之。

陝西自嘉慶元年軍興以來，共撥餉銀一千一百萬兩，至是續撥銀一百五十萬兩，上命松筠駐紮漢中督辦糧餉。松筠請移西安軍需局於漢中，清查舊款，另立新規，查明各路官兵數目，酌定每日支用銀數，由糧員按旬開摺呈局，每月彙奏咨部，庶案牘易清，飭查不難得實。得旨：「所辦甚是！松筠平日廉潔自持，故能正己率屬，總理糧運，必能勝任矣。」又奏高河梁、金家山陣亡義首張奎、樊雄秀請以把總、外委議卹；其陣亡鄉勇一併造册咨部。上是之，並諭嗣後各路鄉勇打仗陣亡，俱著照松筠所奏一體議卹。先是，有旨命訪查領兵各員優劣，據實密陳。九月，松筠密疏：「副都統明亮久歷戎行，素稱知兵，所言似合機宜，其實罔有成效。西安將軍恒瑞前在湖北戰功爲最，後剿藍、白兩號賊匪，亦著勞績，惟年近六旬，精力大減。固原提督慶成身先士卒，然中無主見，領隊則可，出謀發慮，非其所長。署陝西巡撫永保無謀無勇，惟知利己，過則歸人。惟額勒登保英勇出羣，其次則德楞泰亦稱奮勇。」上嘉其評論得當。

初，明亮奏參永保駐紮大山岔擁兵不進，商州之役，永保、慶成遷延不進，以致張逆脱逃。上命松筠查訪，尋奏查永保、慶成遷延避賊屬實，命褫永保、慶成職，飭交審訊。嗣永保偕荆州將軍興肇奏言駐紮大山岔係聽明亮指揮，並訐明亮數月來從未接仗，屢次誑報軍功。上並褫明亮、興肇職，交松筠歸案審辦。時明亮已剿斃張漢潮，松筠請將明亮暫緩究訊，又請留撒拉爾回兵，派慶成帶領協同剿賊。諭曰：「此等回兵，從前爲保護桑梓，是以急公趨事；若離家較遠，强以從戎，儻稍違約束，別生事端，轉致礙難辦理。現在各路之兵已極壯盛，張漢潮已就殄滅，零星餘匪，豈必藉回兵剿辦耶？況松筠派令慶成帶領，以獲罪聽審之人，擅令領隊，豈不爲其所輕？至另片奏明亮已將張漢潮殲斃，審辦自當暫緩，尤不成話！前旨以明亮如已將張逆擒獲，尚可寬其一綫。原指定案後，朕覈其功罪量爲寬貸，並非令松筠不加審訊也。如明亮並未札令永保在大山岔久駐，其龍駒寨、牧關、欒莊皆曾打仗殺賊，則有功無過，朕即全復其官，亦無不可。若有心傾陷永保，勝仗全屬子虛，則其罪甚重，即念其有殲斃張逆微勞，量從末減，亦應恩出自上，非臣子所可妄干。松筠意在置之不問，是與令慶成帶兵均爲擅權矣。著嚴行申飭，仍遵旨秉公查訊。」十一月，審結明亮等擬罪如律。時工部尚書那彦成奏參恒瑞前棄藍號垂盡之賊，折回陝省，係接松筠知會。上以松筠種種錯謬，革去太子少保銜、御前侍衛，拔去花翎。十二月，疏言：「漢中北通褒、鳳，保障秦中，西達略陽，控扼甘肅。西南寧羌爲蜀棧咽喉，東面洋縣爲駱谷要口，從前川陝總督曾駐此地。其後總兵駐興安，漢中設協，又有漢興道駐紮城中，控馭極爲周密。今總兵與漢興道均移設西鄉，郡城重地，僅一都司，不足以資控馭。宜移興漢鎮於漢中，移漢中協於西鄉，寧羌再增一協，東西兩協爲漢中鎮之翼。商州增立一鎮，興安改鎮爲協，與潼關協爲東西兩協，爲商州鎮之翼。五郎本屬西安，亦應移置一協，仍屬西安將軍管轄。再四川提督應移駐達州，距西鄉、漁渡、留壩不過四五百里，其勢可以相接。商州設鎮，不獨固陝省之藩籬，兼可壯鄖陽之聲勢，川、陝、楚相爲犄角，碁布星羅，絲聯繩貫，誠久安長治之策也。」疏下四川總督魁倫議奏。

五年正月，授伊犂將軍，尋命署理湖廣總督，馳往湖北剿賊。閏四月，入覲，請弛私鹽、私鑄之禁。諭曰：「松筠在陝甘總督任內，曾奏將私鹽、私鑄弛禁，所見迂謬，本應嚴議。特以平日尚能持正，爲有用之材，是以不加深責，特令軍機大臣親書諭旨，密爲訓飭。而松筠屢稱患病，於防堵事宜，不能妥爲布置。猶念其聲名尚好，授爲伊犂將軍，命赴湖北暫署督篆剿賊。松筠懇請陛見，稱有恩出自上之事，必須面奏，因准令來京。乃所面奏者，仍係私鹽、私鑄請寬禁例。經朕反覆譬曉，松筠固執己見，懷摺瀆奏。試思私鹽、私鑄，律有明禁，祖宗定制，豈得輕易更張？且現在私鹽有禁，尚有私梟拒捕，若設立稅口，儻販私之徒悍不交稅，又將如何辦理？至國家泉幣之權，操之自下，隳紀綱而弛法度，莫此爲甚！松筠以爲所鑄係嘉慶通寶，即非私鑄，是何言耶？若交大學士、九卿覈議，必議以變亂成法之罪。朕念其所言，究爲國家公事，是以仍命軍機大臣明白傳知。松筠自知糊塗冒昧，懇仍赴軍營効力。但伊前往軍營，實屬無益，著賞給副都統銜，前赴伊犂作爲領隊大臣，並賞戴花翎。松筠當力改前非，以期稍贖罪愆，無負朕格外矜全至意。」七月，復授伊犂將軍。

初，乾隆二十九年，有旨以伊犂田土肥潤，飭將軍明瑞等查明地畝，分給滿洲官兵，以資養贍。嗣明瑞查明可耕之地甚多，請俟滿兵到齊辦理。迨五十年及五十五年，復歷奉諭旨，飭令籌畫耕種，歷任將軍均以灌溉乏水爲詞。八年正月，松筠疏言：「臣自上年接任後，探明近水可耕之田，由惠遠、惠寧兩城酌派閒散試種，通計所穫十分有餘。本年秋麥又布種一千餘石，急當廣行汲引，因於惠遠城東伊犂河北岸，新開大渠，迤邐數十里；又於城西北草湖中覓得泉源，設法開渠，修築隄岸，疏引支流，其地即分給惠遠城八旗耕種。至惠寧城八旗所耕，本係裁撤綠營屯地，原有渠泉足資灌溉，惟種地必資牛力，請於官廠內賞借惠遠城每旗牛八十隻，惠寧城每旗牛四十隻，庶令邊地駐防兵農並習。」得旨嘉允。二月，請設伊犂學額，上以不曉事體斥之。九年六月，有伊犂民人郝鏡致死貴勒赫，自行投首，松筠審明後，即寘之法。上責其辦理過當，諭：「嗣後新疆遇有謀故自首之案，不必從重立決。」伊犂、塔爾奇地方向設水磨，派兵碾運麥麪，以給兵食。時官兵皆願領麥易麪，松筠請撤此項兵丁分屯耕種，從之。

十二月，松筠以伊犂屯種有效，惠遠城得地八萬畝，惠寧城得地四萬畝，請照伊犂錫伯營八旗屯種之例，按名給地，各令自耕自食，永爲世業。經軍機大臣議覆，以此項田畝祇可令閒散餘丁代爲耕種，官兵不當親身力作，有妨操練。上命松筠妥協經理，務使兵農不致偏廢。十一年，奏准伊犂南北山場官地木植，禁止兵民私採，設立商頭，官給驗票，並定抽收數目，即藉以管束民人，稽查逃犯。十二年，賞還太子少保銜，並頒賜《御製明慎用刑說》。十三年正月，奏報惠寧城東，時出水泉蕩漾，房屋多圮，請展築城垣，移建教場，並於城東挑一大渠，引灌田畝。六月，奏塔爾巴哈臺東北一帶，夏間應設卡倫。查濟默爾色克卡倫地處山陰，不生柴草，請移設於博洛呼濟爾。又請於板廠溝安設塔布圖小卡，於稽查哈薩克出入，最爲有益。九月，奏請塔爾巴哈臺地方撥兵加屯，撥提督所屬中、左、右三營兵二百名前往，農隙操演，派守備、千總、外委各一員管轄。又奏查禁達木達爾圖金廠，請於通山路徑安設卡倫，派兵防守，令塔爾巴哈臺、庫爾喀喇烏蘇兩處領隊大臣，每年按季巡查。均從之。十四年正月，塔爾巴哈臺有遣戍蒲大芳等三十餘人聚謀不軌，松筠偵知其事，密遣領隊大臣色爾袞帶兵前往，以巡查金廠爲名，悉數擒戮，上嘉其妥速。松筠又以戍兵馬友元、王文龍等一百六十九名，皆與逆謀，盡邀殺之。上責其辦理苛刻，下部嚴議。諭曰：「松筠辦理此案，並非濫及無辜。惟前奏既屬含糊，而此一百餘人必應調至伊犂研鞫確實，明正典刑，原非過當，忽於半途截殺，成何政體？在松筠恐事機不密，釀成他患，然措置未免失當。姑念其平日操守尚好，熟悉新疆情形，著賞給頭等侍衛，作爲喀什噶爾參贊大臣。」六月，以二品頂帶復授陝甘總督，尋賞一品頂帶。九月，奏准秦州營改歸固原提督統轄，鞏昌營改歸河州鎮統轄。

十二月，調兩江總督。江南河道自上年馬港口蟄陷，黃水倒漾，河口淤墊爲患。十五年二月，松筠偕江南河道總督吳璥查勘舊海口，請修復舊河，使全黃仍歸故道，得旨允行。時南河有醫生王勳詣松筠獻疏沙器具圖，以堅木爲架，每架用鐵百餘斤，釘鑲鐵齒，以巨繩繫於船尾而行，能刷淤沙，使河流通暢。松筠倣其式製造四十架，親自乘舟隨處疏濬，果效。事聞，諭曰：「河口一帶，連年黃水倒灌，動輒淤墊。松筠配製器具，督率疏滌，前水深一尺餘寸者，現已三四尺有餘，中泓寬有七八尺，實爲可嘉！著倣照製造，愈多愈妙，以期積淤疏滌，河道深通，俾軍船往來無誤。」松筠又以比年河口淤淺，糧運遲遲，請造剝船一千隻，停泊禦黃壩外，以備撥運，並以江、廣漕船笨重，請照江西漕船，一律改小，以利遄行。均如所請。七月，奏報重運全數渡黃日期，下部議敘。十一月，以回空漕船渡黃迅速，復下部議敘。是役也，上聞松筠親赴河口，懸立賞格，督催重空，每幫數百兩及一二千兩不等。諭曰：「松筠自係爲力趲漕運起見，但此項賞銀出於何處，計其爲數不少，非養廉所能敷用。松筠操守清廉，朕所深信，斷不疑其取自官民，自係向人借貸。但借貸銀兩，必須完欠，勢不得不藉資商力，又與取之於民何異？況賞之一事，非可濫施，得當則人皆感奮，過濫則視爲泛常。軍船淺阻，本所時有，惟在認真催趲，隨時相機，其得賞可以挽渡者，不賞亦未必停擱。若專以賞項爲事，年復一年，何所底止？嗣後務當相機經理，期臻經久可行，不得專以懸賞爲事。」松筠之赴兩江也，疏請引沁入衛，以濟漕運，復疏陳黄河受病之由，緣吴璥等於黄泥嘴、俞家灘二處逢灣取直，以致停淤，此時亟應挑復。嗣河督陳鳳翔等議覆，引沁助衛，勢不可行。吴璥等奏言：「河水曲則行遲，直則流急，挑復斷不可行。」上責松筠謬執己見，輕率陳奏，傳旨申飭。既，松筠遵旨密疏吴璥、徐端議論河務不實，辦理工程有虛捏開報情弊，另片自求調任總河，以便查覈，又保薦蔣攸銛、孫玉庭堪勝此任。諭曰：「所奏各款，必應澈底詳查，秉公參奏。河工敝壞已極，人人視爲畏途。松筠不但不藉詞推諉，轉肯鋭意自任，全是一片公忠，實心爲國，甚爲可嘉！但松筠於河務素非所長，已降旨將蔣攸銛補授，松筠惟當與之實心講求，相助爲理。」十二月，兼署江南河道總督。十六年正月，奏報馬港口堵閉合龍，河復故道，並請於南北新隄兩岸各設同知、守備、把總、協辦把總各一員，專駐巡防，增設淮海道駐紮中河，專管桃北中河、山安海防，及新設兩廳河務，下部議行。

旋調兩廣總督。先是，粤洋患盜，籌議鹽船，海陸兼運。至是，松筠以洋面肅清，請照舊全由海運，又疏稱立法之嚴，尤貴行法之速。粤東懲辦土匪，因部覆稽遲，有瘐斃獄中，倖逃顯戮者，未能觸目警心。請嗣後有夥衆四十人以上，或不及四十人而有奪犯毆官各情，俱先行正法梟示。均從之。六月，授協辦大學士，兼内大臣，仍留兩廣總督任。八月，疏請改雷瓊鎮陸路總兵爲水師總兵，粤東西下路海口、龍門、海安、崖州各協營均歸管轄。九月，奏請增設佛岡廳直隸同知及照磨、司獄各一，並移設千總一、把總二、外委四，裁惠州、嘉應二府通判各一，復嘉應府爲直隸州，復南雄州爲府，均下部議行。是月，授吏部尚書，命來京供職，賜紫禁城騎馬。十七年正月，充國史館正總裁。五月，管理武英殿御書處事務。六月，賞給《御製南苑大閲詩》墨刻。

上以京城八旗生齒日繁，不敷養贍，疊諭吉林將軍等於吉林等處籌度閒散地畝，酌量移居。至是，命松筠前往盛京敬謹會勘永陵工程，並籌辦移駐宗室房地各事宜。八月，松筠奏：「查明西廠自大凌河東岸至禿婆婆店西首，有可耕之地二千頃，可移駐旗人二千餘户；東廠周圍數百里，地多積水，其積水皆自北山柳條邊而來，若自邊牆相地開河，使入川歸海，則可涸出沃壤。又東柳河溝一帶亦多積水，若自北山東由巨流河至鵰鷹河橫開大渠，東水入川歸海，亦可得沃壤數千頃。」又奏續勘彰武臺邊門外養什木河迤西一帶，牧廠閒地，東西寬三四十里，南北長六七十里，足可移駐；並請於大凌河西廠東界一帶酌墾田數十頃，先行試種。上以東廠柳河溝等處相地開渠，經費不敷，無庸辦理，命盛京將軍於西廠地方即行試墾。九月，奏盛京小東門外東北里許，共建房屋七十所，除現給宗室五十五户，尚餘住房十五所，請將現在閒散宗室添派十五户，每户給田三十六畝，允所請行。是月，命仍在軍機大臣上行走，管理理藩院事務。十月，管理雍和宫、咸安宫、蒙古學、唐古忒學事務。兩江總督百齡奏參江南河道總督陳鳳翔數月不赴工次，陳鳳翔陳訴鹽巡道朱爾賡額捏報葦蕩柴束數目不符，百齡奏報節省帑銀不實。上褫鳳翔職，命松筠偕户部左侍郎初彭齡馳往查辦。十一月，訊明百齡所奏虛誣，朱爾賡額委辦葦蕩柴，多雜蒲草，名爲增採，實則虛糜，擬褫百齡職，朱爾賡額遣戍，並請罷葦蕩左、右兩營歷年額外所增柴斤。疏入，上以松筠據實辦理，毫無瞻徇，公正可嘉，賞貂皮馬褂。

十八年正月，授御前大臣。二月，京察，議敘。六月，命以協辦大學士兼任伊犁將軍。九月，授東閣大學士。十一月，以平定滑縣逆匪，敘功，賞加太子太保銜。十九年五月，疏言：「烏魯木齊從前調派綠營兵擇地墾種，嗣因積糧漸多，撤屯歸伍，其屯地六萬餘畝，招民領種，每户三十畝，徵糧二石八斗八升九合。覈之屯兵每名二十畝，交糧十二石者，多寡懸殊。年復一年，倉儲漸少，於邊地兵食大有關繫。請復兵屯舊制。」從之。八月，授武英殿大學士。二十年，以審辦塔什密里克逆回孜牙墩一案，未候命下，將首從均寘重辟，嚴旨切責，革去太子太保銜，仍革職留任。二十一年正月，京察届期，諭曰：「松筠近年辦事，漸覺任性改常。凡所陳奏，亦多窒礙難行，毋庸給予議敘。」五月，召還京，命在御前大臣上行走，總理諳達處。先是，伊犁惠遠城旗屯公田與闢里沁回田，均藉東山闢里沁泉水灌溉。上年阿奇木霍什納扎特等稟請開渠，引霍什河水澆灌闢里沁回田，以闢里沁泉水專灌惠遠城旗屯公田，松筠覈實准行，至是，以得水豐餘，兩有裨益，奏聞。七月，管理吏部、理藩院事務，授鑲藍旗滿洲都統，復充崇文門正監督。八月，復賞穿黄馬褂。九月，管理健鋭營事務，賞還太子太保銜。十月，署兩江總督。十一月，上以《全唐文》頒賜廷臣，松筠與焉。

二十二年二月，回京。四月，充殿試讀卷官。六月，奏言三輔亢旱，請將來年恭謁祖陵典禮暫緩舉行。諭曰：「乾隆四十三年皇考高宗純皇帝恭謁盛京，特降諭旨，垂示後嗣：『當眷懷遼、瀋舊疆，再三周歷，靳於祖宗遺緒，身親目覩，或有無識臣工以爲不宜，當律以悖命之罪，誅之無赦。』朕敬承聖訓，擬於明秋再舉恭謁三陵大典，時向臣工言及。今夏亢旱，未得甘霖。昨據大學士松筠摺奏致旱之由，因朕欲詣盛京，列聖示象阻止，實屬夢囈，怪誕極矣！成湯遇旱，六事自責，六事中有謁祖陵之一事乎？況一年後之事，先爲此言，搖惑衆心，大玷首輔之職矣！設若明年直隸及盛京遇有歉收，朕何難降旨展期？上年因睬課阻止秋獮，曾降諭旨，儻有造作浮言阻止者，必按軍法。今松筠竟敢阻止上陵鉅典，較秋獮爲尤甚。此奏若在明降諭旨之後，朕必將松筠實之重典，今尚在未降諭旨之前，是以交軍機大臣會同吏部議處。」本日議上，諭：「將松筠革職，實屬罪所應得，姑從寬典，薄示降謫。著革去大學士並各項差使，以二品頂帶補授察哈爾八旗都統，仍帶革職留任。八年無過，方准開復。」

二十三年十月，署綏遠城將軍。時松筠之子吏部侍郎熙昌歿於湖南差次，上憫松筠年老喪子，召回京，調補正白旗漢軍都統，賞還頭品頂帶、花翎，復賜紫禁城騎馬。十一月，授禮部尚書，兼管樂部、太常寺、鴻臚寺事務。二十四年正月，兼署理藩院尚書。三月，上謁東陵、西陵，命松筠偕莊親王綿課、大學士章煦、尚書英和留京辦事。四月，充繙譯會試正考官。六月，調兵部尚書，授御前大臣、領侍衛內大臣，總理行營事務。九月，授盛京將軍。十一月，奏盛京柳河溝一帶，地勢低窪，請籌辦開溶，允之。二十五年二月，奏：「原定安置宗室增設官學生五名，歸併盛京宗室官學。查移居營房，距宗室官學八里，冬寒夏暑，幼童徒步維艱。請將原設學生五名撤回本營，再增設學生十五名，滿、漢教習，弓箭教習各一名，即在本營就近訓課操練。」得旨所辦甚好。四月，以兵部遺失行印，查係松筠時任兵部尚書，且佩帶印鑰，革去盛京將軍，降山海關副都統，復降本旗公中佐領。六月，又以前在盛京將軍任內審擬溫程殿鰲宗室喜受罪名顛倒，再降本旗驍騎校。八月，宣宗成皇帝御極，擢都察院左副都御史，十月，授左都御史。十一月，授熱河都統。翰林院侍講學士顧蒓疏稱松筠宜置左右，以爲諫臣之倡。諭曰：「朕擢松筠於降謫之餘，先用爲左都御史，又任以熱河都統，量能授職，自有權衡，何分內外？乃顧蒓以爲擢用左都御史，羣臣慶於朝，萬民忭於野，松筠何足以致此？若簡放熱河都統，乃使之爲國宣力，顧蒓以爲雖予重大之任，若有疏遠之心，尤爲信口亂言矣！至稱或疑其意氣之囂，致拂聖聽；或疑其攻擊之嚴，致遭衆忌，無論朕虛懷納諫，從不以直言爲忤，且松筠近來亦實無犯顏極諫之事，其於內外臣工，更無私毀私譽，若以此致疑，豈舉朝大臣除松筠而外，均爲讒諂容悅之人乎？顧蒓著嚴議。」十二月，松筠呈進自纂《新疆識略》十二卷，上賜序刊行。

道光元年五月，授兵部尚書。七月，調吏部尚書，充會典館副總裁，授正黃旗漢軍都統。八月，復充崇文門正監督，調鑲黃旗蒙古都統，復賞戴花翎，賜紫禁城騎馬，在軍機大臣上行走，充實錄館正總裁。九月，偕禮部左侍郎康紹鏞赴浙江查辦事件。二年正月，授閱兵大臣，管總理行營大臣事務，署直隸總督。二月，奏請整頓直隸各屬書院，上是之。閏三月，回京，充繙譯會試正考官。六月，理藩院有議覆烏里雅蘇臺將軍奏烏梁海驅逐潛住之哈薩克及科布多商人私向杜爾伯特交易一摺，松筠索稾刪改，理藩院尚書禧恩劾奏。諭曰：「六卿分職，各有專司。若將別衙門所辦之事，妄加刪改，實屬罕見罕聞。即和珅當日之專權橫恣，亦未敢公然出此，實屬膽大妄爲，著大學士、軍機大臣會同九卿議罪。」尋議革職遣戍，得旨，加恩以六部員外郎候補，在上書房繙譯諭達上行走。十一月，授光祿寺卿。十二月，以二品頂帶授左都御史。

三年六月，命偕戶部右侍郎穆彰阿赴熱河鞫獄。八月，賞還頭品頂帶。九月，授吉林將軍。四年正月，條奏邊務疲累情形，請復舊規辦理，並請在小綏芬等處屯田，以供刨夫糧食，疏下軍機大臣，會同戶部議奏。尋議上，得旨：「吉林邊務節經立定章程，所議尚形苦累，自應量爲調劑。所有綏芬、烏蘇里產參山場，任山過冬刨夫，著准其仍復舊規辦理，並令各攬頭舉熟習刨夫在蘇城、蘇子海，訥恩屯，泥滿口等處尋採，按額交上等好參，挑賸餘參，方准售賣。如有蒙混情弊，即著落賠換，重責示懲。其每年留山刨夫，不得過每票人數之半。儻潛居偷漏，從重究治。並著守卡弁兵查驗，勿任黑人夾帶私參，以昭嚴密。至松筠奏請在小綏芬、雙城子，達埸河一帶屯田墾種，以供刨夫糧食。耕種採參，本難兼顧。辦給農具，殊形繁費。且道里遼遠，稽察難周，尤恐別滋事端，轉啓奸民窩藏寄頓等弊，著毋庸議。朕因松筠熟悉吉林情形，簡畀將軍重任，乃遇事紛更，種種錯謬，不勝將軍之任。吉林將軍著富俊補授。」二月，奉諭：「松筠著補授左都御史，此係朕眷念舊臣格外施恩，賞給差使。松筠務慎守職任，毋得妄行紛更，致干咎戾。」四月，充考試繙譯正考官。七月，授正黃旗漢軍都統。因目昏陳請開缺，溫諭慰留，派考試鄂羅斯學。十一月，復賜紫禁城騎馬。十二月，充八旗值年大臣。五年正月，稽查內七倉。五月，稽查右翼幼官學。六月，充蒙古鑲譯考試官。八月，署兵部尚書。

九月，署烏里雅蘇臺將軍。十月，伊犁將軍慶祥奏鄂羅斯在哈薩克遊牧地方蓋房種地，請敕下理藩院檄詢，上詢之松筠。松筠奏：「哈薩克素稱强悍，或曾侵占鄂羅斯地，今從索還，不能不予，而以無據之詞，懇將軍奏請，實未可定。若理藩院行文查問，鄂羅斯直以索還侵占爲言，轉難查辦。從前哈薩克襲封汗爵，鄂羅斯即有哈薩克早經投順彼國之語。溯查乾隆三十五年，土爾扈特明背鄂羅斯前來投順，後鄂羅斯行文索討，經高宗純皇帝諭旨斥駁。今以無甚關要之事，行文令其遵奉，儻彼以土爾扈特爲言，或以哈薩克投順彼國爲詞，徒生枝節，有傷體制。況哈薩克非國家用兵平定者，緣乾隆二十二年平定伊犁之後，哈薩克貢馬入覲，因封汗爵，藉以羈縻，其或向鄂羅斯投順，亦應置之不問。查哈薩克遊牧地方，與鄂羅斯毗連之處，理藩院並無圖志，惟有曉諭哈薩克以天朝定例，外藩之地無圖志者，例不辦理。」上嘉其熟悉邊情，飭慶祥詳酌辦理。

六年二月，署兵部尚書。五月，授禮部尚書，兼管太常寺、鴻臚寺事。六月，偕户部左侍郎王鼎赴山西查辦事件。松筠於山西途次，聞喀什噶爾軍報，疏陳熟悉新疆情形，自請前往宣撫，温旨嘉勉，未允行。八月，命校勘清文聖訓。九月，充武會試監射大臣。十二月，充經筵講官。七年二月，充總諳達。七月，充玉牒館副總裁。八年二月，署熱河都統。六月，充蒙古繙譯考試官。七月，諭曰：「松筠前於陝甘總督任内借用養廉尚未完銀八千兩，又管理崇文門税務未完分賠銀一萬三千兩。松筠宣力中外，操守廉潔，所有應交銀兩，著加恩全行寬免。」八月，仍署熱河都統，授閲兵大臣，疏請挑穵承德府屬旱河工程，應歸都統專摺奏報，毋庸由直隸藩司報銷，以免稽遲。又都統衙門請復舊制，揀派協領、佐領各一員，幫辦刑名事務。十月，奏：「承德府屬一州五縣，前經直隸總督那彦成奏准以漢員對調。查漢員與蒙古言語不通，艱於聽斷，應循舊制，專用旗員。」俱得旨俞允。九年正月，署吏部尚書。三月，署兵部尚書，偕工部右侍郎白鎔，往直隸覆鞫新城縣營弁朋謀陷害白勤一案，平反定讞，原審官議譴有差。

四月，復署直隸總督。六月，調兵部尚書，命赴科布多鞫獄。十年，命偕吏部右侍郎保昌赴陝西查訊巡撫徐炘被控各款，鞫實，請將徐炘下部嚴議。途次又聞回疆軍報，密陳剿辦事宜。諭曰：「進剿何難，善後不易。若常川檄發調派，成何事體？必得一長久綏安之道，方爲至善。卿若有所見，不妨陳奏，候朕採擇。」十一年二月，奏言：「喀什噶爾换防官兵宜裁撤，免累回衆。葉爾羌玉山宜弛禁，聽回衆採販沽潤。喀什噶爾參贊大臣宜改設於阿克蘇適中之地，喀什噶爾宜改設正副辦事大臣二員，令阿奇木郡王伊薩克爲幫辦，與正副大臣聯名奏事。喀什噶爾一帶卡倫，宜添設侍衛，領滿兵輪駐，無令绿營官兵駐守，易致逃避。回疆駐紮大臣，均不得攜眷，免傳回婦應役。英吉沙爾無庸專駐大臣，可設三品阿奇木伯克，每事就近呈報喀什噶爾。至安集延回衆貿易爲生，所販氈絨染色，無不用茶配製，宜因其所利而利之，永弛茶禁。又安集延貿易之商回，遠在浩罕西南，來至喀什噶爾，迢遥辛苦，宜免其納税，以示招徠。」疏下揚威將軍長麟查辦。是月，松筠八十生辰，賜「耆齡錫祜」匾額，御書「福」「壽」字各一，並文綺服物有差。

七月，署理藩院尚書，管理三庫事務。八月，奏請開缺，旋即銷假。諭曰：「松筠並無患病情形，乃數日之間，忽稱衰病難支，忽稱精力如前，既請開缺，旋即請賞差使，進退自由，輕率陳奏。君臣相與之際，總當以誠爲主。朕於各大臣推心置腹，既以誠相感，各大臣身受重恩，尤當以誠相應。似此任性自便，殊失朕優禮大臣之意。松筠自問於心，能安與否？嗣後各大臣務當仰體朕心，恭矢靖共，恪守事上以誠之義，用副恩眷。」九月，充蒙古繙譯正考官，授鑲白旗漢軍都統。十月，授内大臣。十一月，因前赴科布多，囑直隸道員徐寅第代購備賞什物，及奉旨回奏，又未將囑買在先，發價在後，據實聲明，命革去内大臣，以三品頂帶休致。十二年六月，浩罕伯克邁瑪底里遣使進表，松筠前曾奏及浩罕通商，邊境即可綏靖。上思其言，賞還頭品頂帶，署正黄旗漢軍副都統。七月，達爾漢、茂明安、土默特三旗争地，命往歸化城查辦。八月，松筠督同副都統惠顯、副盟長公喇特那巴拉等逐處履勘，查明自克鄂博東北一帶，直至哈達瑪勒河，山後係達爾漢所屬，山前係土默特遊牧，有乾隆二十年圖記；茂明安争土默特之沙拉哈達地方屬實。自克鄂博東至哈達瑪勒河，山前係土默特遊牧，山後係達爾漢遊牧，有乾隆二十八年圖記；達爾漢争土默特山前地方屬實。松筠按照原字原圖堆記，履勘曉諭，茂明安扎薩克及達爾漢貝勒皆折服。松筠又奏言：「自哈達瑪勒河東至託蘇圖山係四子部落郡王伊什登遊牧，南接土默特遊牧，北係達爾漢遊牧，三旗地界應一律查勘。又南係延壽寺喇嘛遊牧，亦宜添設堆記鄂博，各清界址，永杜争端。」從之。十二月，授理藩院左侍郎。十三年四月，調工部左侍郎。五月，授正藍旗蒙古都統。六月，授閲兵大臣。八月，派考試滿、蒙中書。九月，署户部右侍郎，兼管錢法堂事務。十月，充左翼監督。

十四年，命以都統銜休致。十五年，卒，年八十有二。遺疏入，諭曰：「松筠歷練老成，清勤正直，先朝耆舊。由侍郎、尚書、都統簡授大學士，出任將軍、總督，敭歷中外，宣力有年。歷事三朝，恪恭匪懈。上年因老病命休，方冀家居調攝，獲享期頤。茲聞溘逝，深爲悼惜！著加恩晉贈太子太保銜，照尚書例賜卹。所有任內一切處分，悉予開復。應得卹典，該衙門察例具奏。」尋賜祭葬，予謚文清，入祀伊犁名宦祠。二十三年，庫丁侵虧帑銀事發，經查庫王大臣載銓等議奏，歷任管庫查庫、大臣分成攤賠，已故者子孫減半代賠。得旨：「松筠之子原任二等侍衛熙慶現已病故，並無子嗣，免其罰賠。」

雜錄

備錄

陳康祺《郎潛紀聞四筆》卷七《松筠一言救咸人鏡》 嘉慶中，敕修《明鑑》，杭州咸彦臺太史充分纂官，其所撰稿中，述本朝與明搆兵事，上怒其詆謗，下之獄。松文清公入對，諭旨偶及之，公即奏云：「純皇帝嘗有明諭，以前明之事，宜直書不宜避忌。」上驚異曰：「先帝果有是乎？」令檢《實錄》進呈，咸始免罪。文清出謂曹文正公曰：「他人固不知，公亦豈失記哉？曷勿上聞？」曹曰：「上愠甚，何敢言？」文清曰：「公自此休矣。一言是惜，幾累聖明，大臣之謂何？」曹默然。

備論

《國朝耆獻類徵初編》卷三六昭槤《松筠》 自和相秉權後，政以賄成，人無遠志，以疲輭爲仁慈，以玩愒爲風雅，徒博寬大之名，以行徇庇之實，故時風爲之一變。其中行不阿者，惟松相公筠一人而已。

松相國筠雖不以科目進，然品行廉能，立朝不苟。和珅當國時，嘗與之抗，純皇篤任之。居家好理學程朱之書，終日未嘗離手。

《續碑傳集》卷一沈垚《都統銜工部右侍郎太子太保武英殿大學士謚文清松筠公事略》 公忠誠亮直，名滿海內。然頗行小惠，乞人貧兒不惜傾財以與。而前署直隸總督時，有人告其知縣，公即給告者錢，令自往捕知縣，人皆譏其失大體。屢起屢躓，數出按事，晚年持正，不克如前，聞望大損。然實心爲國，不憚碎首殞身，冀有裨於君上，則公之心固不可於晚近求之也。

福康安部

綜述

《清史列傳》卷二六《福康安傳》　福康安，滿洲鑲黃旗人，姓富察氏。曾祖米思翰，户部尚書；祖李榮保，察哈爾總管：俱追封一等公。父傅恒，大學士，一等忠勇公，追贈郡王爵銜。米思翰、傅恒均有傳。

乾隆三十二年，福康安由閒散襲雲騎尉，授三等侍衛，命在乾清門行走。三十四年，擢二等侍衛，命御前行走。三十五年，擢頭等侍衛。三十六年，授户部右侍郎、鑲藍旗蒙古副都統。三十七年，調鑲黃旗滿洲副都統。大兵征金川，以温福爲定邊將軍，阿桂、豐昇額爲副將軍，命齎印往軍中授領隊大臣。三十八年正月，副將軍阿桂兵攻當噶爾拉山，適福康安齎印至，令同領兵。六月，賊潛通小金川，陷底木達，木果木大營失事，命阿桂爲定西將軍，分道再舉。十月，由資哩進克布朗郭宗諸寨，復據美諾。三十九年二月，大兵攻喇穆喇穆，福康安克其西各碉，會領隊海蘭察既取登古高峯，遂乘勝克羅博瓦山。上以羅博瓦爲賊要隘，攻取時將領等董率得宜，賞之。三月，從羅博瓦峯下北剿，克得斯東寨。夜有賊七八百人，乘雪霧潛登山，犯副將常禄保營。福康安聞槍聲，急以兵援，擊賊退，上嘉之。五月，賊雨中於山坡立兩碉，福康安夜率兵八百，冒雨毁垣入，殺數賊，立毁碉。上嘉其壯軍威而破賊膽，特旨褒奬。尋奪喇穆喇穆山口木城後石卡二。六月，克色淜普山，獲堅碉數十，殲賊數百。阿桂令領隊額森特夜進兵，攻色淜普南山碉。福康安爲應，視海蘭察兵登山巔，并力助戰。天明，望海蘭察至碉下，疾驅衆越過重濠，冒槍石與賊持，使不得他顧，我兵遂得盡破喇穆喇穆碉卡，取日則丫口。七月，克嘉德古碉，攻遜克爾宗西北寨，有賊數十潛襲我兵後，福康安擊退之。

賊既困於圍內，且以距勒烏圍近，恐破其巢也，數夜出侵木城、礮臺，福康安屢敗之。阿桂以賊死守險隘，改道由日爾巴當噶路入，令福康安攻達爾札克山下各碉，克之。十一月，攻格魯克古，率兵裹糧夜踰溝，攀崖上，從山罅入，取當噶海寨、陡烏當噶大碉，壓桑噶斯瑪特，取其木城、石卡。四十年三月，克勒吉爾博寨戰碉二，賊從噶爾丹寺來援，敗之。四月，阿桂分兵一千，令福康安從參贊海蘭察赴宜喜軍，先取甲索，進攻得楞山，下臨河賊碉，拔石卡三；又焚薩克薩谷大小寨數百，渡河取斯年木咱爾、斯聶斯布羅二寨。上以福康安西路得力之人調宜喜，攻剿尤爲出力，授爲內大臣。五月，克榮噶爾博山，進至第七峯，賞嘉勇巴圖魯號。六月，於第七峯下冒槍石成木柵九接第八峯麓，賊恃險拒守，攻未克。七月，從舍圖枉卡繞截，大兵進至章噶，福康安偕額森特攻巴木圖，登直古腦山，拔木城碉寨五十，焚玲角寺，下壓勒烏圍賊巢。八月既望，夜半，分兵自西北攻入，破其寨，據之，遂克勒烏圍。

九月，整兵直攻噶拉依。初從達思里正路，賊覺，改由達烏達圍分隊七，福康安領第一隊，奪達沙布果碉、當噶克底、綽爾丹諸寨；又從達思里下起木柵斷科思果木與雅瑪朋所通路。十月，攻達噶木，率左右兵繞出，克堅碉二。閏十月，從阿穰曲下登前峯，克大碉木城各二十。十一月，攻奔布魯木護起寨，兵攻入碉，洞其垣，擲火焚之，賊無得脱者。又克舍勒固租魯旁碉一、寨二，格什格章寨一，薩爾歪碉寨三，阿結占寨二。十二月，攻科布曲正梁，由左進攻，其礮卡遂盡得。科布曲寨賊又於丹布哈爾下積木中潛伏以拒，福康安從海蘭察攻破之，悉取諸寨，據噶占。四十一年正月，克舍齊、雍中兩寺。自拉古爾河圍噶拉依之右，奪大石卡二，移礮擊其寨，首逆就縛，金川平。封福康安爲三等嘉勇男，其原襲雲騎尉，以福隆安次子豐伸果爾敏襲。命獻俘馘，上幸良鄉城南，行郊勞禮，賜御用鞍轡馬一。御紫光閣，飲至，賞緞十二端、銀五百兩。閣上繪像，列前五十功臣，御製贊曰：「代兄以往，繼父而奮。矜許廑勵，王臣之藎。登碉奪砦，那須蒙甲？嘉勇錫名，世傳勳業。」轉户部左侍郎。四月，擢鑲白旗蒙古都統。七月，賞戴雙眼花翎。九月，調正白旗滿洲都統。十月，賜紫禁城騎馬。四十二年，授吉林將軍。四十三年，調盛京將軍。

四十五年，授雲貴總督。尋奏：「銅廠立法宜詳，用人尤要。應實稽查各廠，專理兼理官任事後，所得銅數，以憑甄別。初試者必察其貪廉勤惰，用定勸懲，以冀廠內多一得力之人，即於將來銅政有裨。至私錢燬於既行之後，尤須禁於未鑄之先。私鑄黑白，利在多鉛少銅。滇省前禁私銅，未禁私鉛，是以奸民於附近鉛廠賣轡私鉛，易滋私鑄。若鉛銅於官給印券，通商額鉛外，有券外夾帶及無券之鉛，嚴禁無漏。則奸民無利可圖，勢將日止。」又奏：「滇銅多爲開采，以裕其源，無庸加價。」皆從之。四十六年七月，南掌國貢象四，復陳交趾等國劫掠無禦敵器，以餘象一求予礮。福康安檄諭以國家法制有定，不容妄求，還其象，不予之礮。奏入，上是之。

八月，調四川總督，兼署成都將軍。命嚴緝嘓匪。四十七年五月，奏：「蜀中匪徒已戢，陳善後事：保甲則量户口地址立法，清釐匪犯則並父兄牌甲，各予治罪。窩家嚴緝查拏，賭博倍加禁戢，僧道、傭販、乞丐、流民，分別稽查遞籍。銅鉛礦廠，水手橈夫，各有責成約束，嚴禁持造兇刀。停止海查兵役，講《聖諭廣訓》，並《欽奉上諭》、《律例》，冀使返樸還淳，潛消暴戾。嘓匪字本無意義，留此名色，轉難示儆，請改爲川省匪徒。惡名既已消除，匪迹自無蹈襲。」從之。八月，擢御前大臣，加太子太保。四十八年四月，命來京，署工部尚書。五月，授總管鑾儀衛大臣、閱兵大臣，總管健鋭營事務。十二月，命馳驛往廣東查鹽商公捐費買物修貢事。四十九年三月，奏商人所備貢物，俟一二年商人充裕，督臣代進洋商修物監督代進。諭曰：「商人等領帑經運交課不過微末之人，原不得非分進貢。福康安所奏督臣代進，竟應議駁。洋商與鹽行無異，斷不可行。」閏三月，擢兵部尚書，總管内務府大臣。

四月，甘肅逆回田五等私起新教，聚衆滋事，上命福康安帶欽差大臣關防，馳驛往剿。五月，授參贊大臣，同將軍阿桂會剿。是月，授陝甘總督。六月，統兵赴隆德進剿底店賊，馬文熹率衆降，由雙峴小路至賊巢，立卡進逼。七月，率兵築卡及壕，斷賊水道。圍益急，賊思撲卡竄，阿桂命參贊海蘭察設伏於隘，福康安往來督戰，殲賊數千，遂破石峯堡，生擒賊首張文慶等。晉封嘉勇侯。五十年正月，奏：「回民習武者多，而習文應試者少。當使沐浴詩書，通知禮義，馴其桀驁之氣，即可化其頑梗之風。則教導回民，洵爲善後要務。請於循化廳設學校，以資訓迪。」上嘉之。七月，轉户部尚書。五十一年，轉吏部尚書、協辦大學士。奏修寧夏各渠，以興水利，從之。

五十二年，臺灣逆匪林爽文圍嘉義縣。七月，命福康安爲將軍，偕參贊大臣海蘭察往剿。十一月，渡鹿仔港，登岸後，由新埠進兵，援嘉義，遇賊，搜剿至崙仔頂。賊於竹圍中突出抵禦，福康安令兵屹立勿動，率巴圖魯侍衛衝入賊中，敗之，攻克俾長等十餘莊。會天暮，雨大至，戰益力，復克北社尾等處。疾馳至縣，慰撫畢，盡運所得賊糧入城，以助民食。圍既解，追賊至大排竹，決溪水渡兵，悉焚賊寮，餘匪皆殲焉。諭曰：「福康安調度有方，振作士氣，克敵致果，迅奏捷音。著封一等嘉勇公，賞紅寶石帽頂、四團龍補服，以示優異。」初，嘉義被圍時，提督柴大紀奏城中食盡，竭力死守。蔡攀龍奏督兵赴援，殺賊通道。至是，福康安劾攀龍損兵多而圍不解；大紀賴衆民一心奮勉以保孤城，又軍餉未絶，所言詭詐，不可信。上以二人守戰有功，恐因提督大員屢經恩旨褒嘉，或稍涉自滿，在福康安前禮節不謹，致爲所憎，遂爾直揭其短。會浙江欽差成德以柴大紀骫法牟利狀上聞，上曰：「柴大紀貪縱不職，釀激事變。福康安前次奏到之摺，竟未言及，祇含糊其辭，實大不是，豈欲待朕自爲揣度耶？著傳旨嚴行申飭。」十二月，剿城西大崙莊，又焚城東興化店及員林賊莊，督兵剿北路。時賊據大浦林、中林、大浦尾三莊，分兵三路並進，賊同時潰。又破菴古坑賊目蔡福柵，收復斗六門，抵水沙連，賊已遁；進攻大里杙賊巢，獲賊目數十、賊黨二百，賊首逃入番社，未獲，擒其家屬。初，福州將軍恒瑞擁兵鹽水港，不救嘉義，妄請益兵。上命福康安劾之，福康安袒恒瑞，奏不以實。五十三年正月，諭曰：「恒瑞自臺灣帶兵赴援，觀望遷延，種種玩誤，又妄行奏請添兵，張大賊勢。若治以摇惑軍心之罪，即應按照軍法立斬。朕因念恒瑞年輕無識，且係宗室，姑援議親之條，不即置以重典。乃福康安節次奏到之摺，曲爲庇護，且屢經令福康安向恒瑞嚴詰，妄請添兵，摇惑軍心，是其首罪。乃福康安並不問此一條，轉爲之多方開脱，且稱其打仗奮勉，仍請留於軍營，其意不過遇有帶兵打仗，即將恒瑞鋪敘功績，冀朕加恩録用，豈能逃朕洞鑒？福康安由垂髫豢養，經朕多年訓誨，至於成人，今甫經委任，畀以軍營重寄，即現在剿捕賊匪，攻克賊巢，皆朕指授方略，再三訓示，將士等踴躍用命，始能所向克捷。今甫經解圍得勝，朕即優加獎賞，福康安自當倍加奮勉，迅速擒拏賊首，剋日蕆功，以期承受恩眷。乃竟敢藉此微勞，袒護親戚，此等伎倆，豈能於朕前嘗試耶？本應從重治罪，因念其現在帶兵剿賊，業經攻克巢穴，拏獲逆匪家屬，姑從寬免其深究。著傳旨嚴行申飭。」尋統兵由内山搜至打鐵寮及鰕骨、合歡諸社，至極北之炭窯，分兵截海口及各要隘，使不得遁，仍恐賊首見追急自戕，密令巴圖魯侍衛二十人及屯練兵數百，易裝入緝，生擒林爽文於老衢崎，俘獻京師。上念福康安功，親解佩囊賜之。二月，督兵至南路，由灣裏社剿南潭、大穆殺、散村寮、水底寮等賊黨，令福州將軍常青增兵，嚴守諸海口，追賊至極南之瑯嶠，諭柴城隴戀居民僞留逃賊，以防驚竄，分軍水陸并發，至柴城，陸路軍隊伍進至海岸，執兇渠莊大田以獻，悉除餘黨，臺灣平。諭曰：「福康安此次前往督辦剿捕事宜，遵照節次指示，調度有方，用心周密，真能不負任使，朕爲嘉許！著賞黃腰帶紫韁、金黃辮珊瑚朝珠，用示優異。」又命於臺灣郡城及嘉義縣建生祠塑像，又繪二十功臣於紫光閣，御製贊曰：「金川領兵，已著偉名。幾處封疆，吏肅政成。解圍擒逆，能人不能。崇封殊爵，嘉爾忠誠。」六月，奏熟番募補屯丁，應按番社酌挑，令就近防守，設屯弁以轄之，給近山埔地，資其養贍，免其徭役，清釐所墾田以定界址，點驗所製器械以備稽覈。又奏善後十六事，其要在於習戎事、除奸民、清吏治、肅郵政，上皆從之。十一月，調閩浙總督。

五十四年正月，調兩廣總督。二月，奏：「安南阮匪復糾衆滋擾，若俟奉諭旨始起程，則行已緩，心實不安，已赴漳泉閱兵，俟再得粵中信，即兼程前赴粵西。」諭曰：「孫士毅前於黎城退出之後，朕以閩、粵境壤毗連，福康安得信，必即奏請前往，早向軍機大臣言及。今福康安果有此奏，不出朕之所料。福康安秉性公忠，能視國事如家事，其才猷識見，又能明敏周到，如此方不愧爲休戚相關、實心任事之大臣。」四月，奏安南阮光平恭順輸款，不必用兵，上允所請。六月，奏蕆兵後，應以廹蘿營轄鎮南關汛，增兵巡察沿邊各隘口，排柵開壕，禁防出入，以杜偷越。有內地人與夷人聯姻質田者，治其罪。議行。七月，巡漕御史和琳參奏湖北按察使李天培私交湖廣糧船，分運材木，訊得福康安寄書索購情事，嚴旨令自劾。尋諭曰：「此案固由李天培假託聲勢，牟利營私，而其實總緣福康安向其託辦所致，即當治以應得之罪。若現無安南輸誠求覲一事，雖福康安平定臺灣功績懋著，覈其情節，尚不至革去公爵，其所賞紅寶石帽頂、四團龍補服、黃帶、紫韁，俱應革除，斷不能施恩予留。第念現在阮光顯前赴熱河瞻覲，阮光平又懇於明年親自來京祝嘏，儻將福康安所有章服，遽行更換，非特觀瞻不肅，且類於愛憎無恒，所關甚鉅。所有福康安自請撤回公爵、章服等項，及斥革治罪之處，著加恩免其撤回斥革。福康安受恩深重，乃不能加意謹慎，致蹈愆尤，亦不可無以示儆，著罰總督養廉三年，仍加罰公俸十年，並帶革職留任，用昭懲創。」十月，獲洋盜林亞五等二十人，審明抵法。五十五年，率安南國王阮光平來朝京師，其返也，命仍隨福康安行。八月，參將錢邦彥巡洋至崖州，遇盜被害，命與阮光平湖北別後回粵，嚴緝洋匪。五十六年二月，諭曰：「福康安在兩廣總督任內，緝拏洋匪，整飭地方，諸事認真妥協，殊屬可嘉。前罰養廉，除已交納外，餘著加恩寬免。」三月，獲崖州案內盜犯周元保等，續獲蛋家二等，又獲疊劫盜犯霍發鬆、鄧全、陳阿暴等，先後抵法。六月，安南夷人請通市，奏請定商人由內地出口，先從原籍確查，繼飭關隘察驗夫船，預編清冊，行館各有責成，回關勒定限期，進口確驗牌照，在夷地則杜其逗遛，於場廠則防其勾結，違禁貨物加意盤查，私越奸徒，申明稽察。責鎮道以綜理，畀丞牧以專司。議行。

十一月，廓爾喀賊匪擾後藏，命福康安爲將軍，偕參贊海蘭察率巴圖魯侍衛往征之，諭免所罰公俸。五十七年三月，抵後藏。四月，自第哩、浪古前往絨轄、聶拉木，察地勢，以濟嚨爲進兵正路，疾行向宗喀。五月，至轄布基。時諸路兵未集，先以所率衆進剿，值雨夜，分隊六，逕趨擦木。黎明，潛登山，奪賊前碉，賊守後碉不出，官兵毀垣入，短兵接戰，殲賊目三、賊衆二百，生擒十餘。乘勝抵瑪噶爾、轄爾甲山梁山下，有紅旗賊目率衆擁上，因令官兵設伏，留一路誘賊，進至山半，橫截賊隊，奪其旗，殪賊幾盡。進攻濟嚨。濟嚨爲賊要寨，大碉據險，立各碉卡互相援應，成犄角勢。乃分兵攻撲，翦其旁寨既淨，遂并力攻中堅，縛大木爲梯，令屯兵蟻附登，毀石壘，礮擊之，自丑至亥，克其寨，斬級六百，生擒二百。奏入，賜《御製誌喜詩》書扇，及御用佩囊。

六月，由濟嚨進至索勒拉山，下有大石卡二。大軍直前毀卡，賊遁，追至熱索橋，賊急撤橋，用火器隔河擊之，不及賊，因令暫退，密遣兵東越峨綠山，從上游潛渡，轉攻賊前卡，殲賊數十。正路兵渡河，奪其後石卡，賊倉皇竄，多墜河中者。進至密哩山頂，徑益險仄，日越大山數重，令兵修路前進，深入七十里，不見賊。旺噶爾西南橫亘一河，旺堆在河北，協布魯克瑪在河南，迤東爲克堆寨，賊各築卡死守。大兵至旺堆，賊扼河拒，不得渡，留兵牽綴之，潛從上游縛木渡，直薄克堆寨，分三路進攻，出賊不意，賊大潰。旺堆兵亦濟，追戮甚衆，由噶多進至作木古拉巴載山梁，望對峙之東覺山，賊營林立，中隔一河，山險峻，不可下。令駐一軍於山，以一軍從噶多魯山下渡，取其近河碉卡，賊自陡礀上木城，繞出力拒，奮擊，擒其魁，餘皆竄，大兵冒鋒刃，鼓勇登，破其木城。時山梁一軍亦下，爲橋以渡，夾攻，大敗之，克大小賊寨十一、賊營三、石碉四、木城五、石卡一十，戮賊目七、賊黨四百。結營雍雅山，賊首乞降，不許。七月，進攻噶勒拉山。三路並捷，追賊上堆補木山，奪其卡。由堆補木下山，爲帕朗古橫河，賊扼橋拒，官兵奪橋過，直攻甲爾、古拉集木集兩要寨，賊八千人來援，且欲奪橋，督兵力戰，敗之。凡接戰兩晝夜，越大山二，克木城四、大小石卡十一，戮賊目十三、賊六百，生擒十七，賊酋畏懼乞降，有旨許納款，班師。

方福康安之未受降也，諭曰：「此次督兵，屢戰克捷，且經越艱險，冒雨步戰，手足胼胝。用兵之難，爲從來所未有，實屬奮勇出力。著加恩實授爲大學士。」會十五功臣圖像成，御製贊曰：「百戰久經，兩功近成。近之險絶，前聞未曾。七戰七勝，度索乘桴。舊勳新讓，嘉許首圖。」時大學士阿桂以未臨行陣，奏以福康安爲首功也。九月，賞一等輕車都尉，令其子德麟襲。十一月，諭曰：「福康安進剿廓爾喀，如能直抵陽布，將拉特納巴都爾、巴都爾薩野悉數生擒，解京獻俘，其土宇分給附近各部落，其功甚大。前代功臣，原有身非宗室，晉封王爵之例。朕本擬俟紅旗遞到，加封王爵，以昭異數。今因廓爾喀畏罪投誠，福康安遂傳旨受降，班師蕆事，是以止將福康安賞給世職，不克副朕初願。然由今思之，似此受降蕆功，未始非上天嘉佑我君臣之意。蓋福康安係孝賢皇后之姪，大學士傅恒之子，如果得成鉅功，或可晉封王爵，在朕祇以勳勞甚大，用示酬庸；而天下無識之徒，或謬議朕厚於后族，破格施恩，傳之後世，亦且以爲口實，幾與漢、唐之寵任外戚者無異，朕將何以自解？而福康安父子兄弟多登顯秩，福康安又荷王封，富察氏一門太盛，於伊家亦屬無益。但福康安既成大功，朕又不得不加以殊恩，轉覺兩難。兹如此竣事，諸臻完善，朕既免加恩后族之嫌，福康安亦無盛滿難居之慮，較之蕩平廓爾喀地方，倍爲欣慰也。惟是福康安此次跋涉險阻，備嘗艱苦，且調度有方，使廓爾喀震懾威棱，誠心向化，可期永靖邊陲，僅予世職，尚不足以酬勞勩，除已授爲領侍衛内大臣，將來在總管任内僅有千總等官跟隨，不足以示寵異，著照王公名下親軍校之例，賞給六品頂戴藍翎三缺，令福康安於伊得力家人内酌量給戴，用昭格外加恩、優眷勞臣至意。」

十二月，奏衛藏增汛練兵，鑄錢通貨，覈商上收支，免番衆納賦。又奏駐藏大臣每歲親巡邊境理事，應與達賴喇嘛、班禪額爾德尼等禁其族屬不得與公事，有大小番目缺出，會同揀放。前後藏應各置文員，以理錢粟；定聽差兵額，以實操防。五十八年正月，奏藏内善後十八事：「一曰，達賴喇嘛、班禪額爾德尼與外番通信，應告駐藏大臣；二曰，各邊境設鄂博；三曰，選邊界營官，視内地邊俸例推陞；四曰，禁襲充番目；五曰，諸大寺坐牀堪布，公同補放；六曰，商上銀錢出入，照新定數目，盡一收放；七曰，濟嚨、聶拉木邊界收税，毋庸酌減；八曰，禁私給免差照票；九曰，僧俗户口，造册清查；十曰，蒙古延喇嘛誦經，由駐藏大臣給照往；十一曰，禁私用烏拉；十二曰，禁罰贖不公，及私抄没家産之弊；十三曰，官兵所需火藥，就地配造；十四曰，達賴喇嘛賞噶布倫、戴琫田廬，不得私占；十五曰，禁商上喇嘛預支錢糧；十六曰，各寨租賦，按年收交商上，逃亡絶户免；十七曰，駐藏大臣署設譯廓爾喀番字吏；十八曰，廓爾喀貢使往來，派文武官衛送。」又奏：「外番商人來藏者，酌定次數，由駐藏大臣給照往來，由江孜、定日兩汛官弁察之，尋常交易，隨時稽驗，毋得私越。」均得旨議行。

三月，安南國王阮光平卒。上慮該國人心反側，命福康安速赴粵西。四月，福康安母卒於家，諭曰：「福康安三月甫抵邊境，至成都尚需五十日，到京已在六月下旬，百日將滿，已屬無及。福康安爲國家出力之人，屢著勞績。現因奉差在外，以致伊母大事不獲躬親，料理喪用，爲之惻然！然福康安若到京，朕心轉不忍與之相見。應在途成服，辦理廣西事竣，即赴廣東，在任守制。過一二年，朕酌量降旨，再行赴闕。」上又以福康安途中患病，令御醫涂景雲往視。五月，奏：「接廣西巡撫陳用敷札，知安南人心悦附，四境平寧。臣到粵不過遣員前往致祭，別無要務。臣母撫臣成立，以仰邀恩佑。今甫遭此事，竟不到京，即赴總督之任，不但心實不安，且恐昏亂，治事未協，轉負委任。且臣母每勖臣勉圖報稱，不得以定省遠違，分心内顧。兹既不獲侍湯藥，親身含斂，惟思於未卜窀穸之前，居廬數日，臣悲慕之心已伸，鬱結之懷亦釋，犬馬之疾轉得速痊。此臣迫切私情，不敢於聖主之前，稍有諱飾。」尋詔許來京。六月，加封嘉勇忠鋭公。八月，調四川總督。是歲，金川土司年班入覲，命福康安領之。五十九年正月，吉林將軍恒秀治蔘務虧缺庫項勒派民户，命福康安往訊，擬罪從輕。諭曰：「福康安與恒秀誼屬姑表弟兄，有心徇庇，從寬定擬，希圖含混了事。福康安受朕厚恩，特加簡派，自應秉公持正，方爲無負任使；乃瞻顧親誼，曲庇局員，本應治以應得之罪，因念其辦理廓爾喀一事，不辭艱險，著有勞績，是以姑從寬宥。但伊審辦此案，種種瞻徇，豈能於朕前調停混過？著嚴行申飭。」既至四川，親至重慶獲私鑄奸民曾石保等。

七月，調雲貴總督。九月，諭曰：「朕披閲《廓爾喀紀略》，福康安於人跡不到之處，攀援登陟，殊爲眷念。已調任雲貴總督，此時至重慶前赴雲南，時届冬令，天氣漸寒，特將御服黑狐大腿褂賞給，俾資途中禦寒，以示優眷。」六十年二月，貴州逆苗石柳鄧聚衆圍正大營、嗅腦營、松桃廳三城，湖南逆苗石三保等圍永綏，附首逆吴半生爲亂。命福康安督兵赴剿，敗賊於銅仁之盤塘坳，正大營城圍解。正大之東爲新寨，通楚境，苗寨聚焉，即率兵進剿，焚大寨二十六，獲糧萬石，以助民食。閏二月，繞出高壠坡，破賊栅數百，自高壠坡至嗅腦皆賊寨，其巖門寨、地所坪尤險，縱火焚之，進克官舟營木城，分兵取倬山等寨百餘，復合趨嗅腦，解其圍。乘夜進兵，悉焚野牛山、白巖宔賊巢，以清後路，向松桃廳；賊先於圍城時環立簝寨，大兵至，盡燬之，城中兵亦出應，賊遁。上以福康安連解三圍，迅速可嘉，賞戴三眼花翎。是時，福康安率黔兵既剿浄後路老虎巖諸賊寨，偵知石柳鄧據大塘汛、大寨營，適和琳所領四川兵亦至，期於滿華寨合兵力剿，焚賊寨四十。石柳鄧渡河逸入楚匪石三保黄瓜寨中。三月，大兵臨河，賊於對岸築卡拒守，乃分兵潛從上游水田壩縛木筏候渡岸上，縱民牧牛，令降番、屯練設伏以待。賊數百乘船渡河掠牛，伏兵起，奪船渡，木筏亦順流下，遂盡濟河，破木城。賊棄卡竄，遂取石花寨，進剿土空，從得拉大山下壓，殲賊甚衆。先一日，令總兵花連布間道援永綏。至是，復會剿，凡三日，永綏圍解，進抵竹子山。賊多聚蘭草坪西北崖板寨中，僞於東南山凹樹旗，示我兵出入路；因其計攻之，設伏對山石間，藏礮焉，仍督兵自凹入，賊悉衆來拒，伏兵望見，俟其過，飛礮擊之，賊驚潰。坪上賊棄木城退保鄉木陀山卡。四月，克之，駐營山梁。山之西爲登高坡，與黄瓜山對峙，坡右老虎灣亦通黄瓜山賊寨，乃分五路，冒風雨進剿，槍矢無虚發，賊竄山後，遂據黄瓜山大梁，俯臨其山。夜，復於風雨中下壓，擲火藥，焚賨，燬大寨五十六，擒賊百餘，皆殲。訊所擒賊，知首逆吴半生糾黑苗據葙麻寨，石柳鄧、石三保據鴉西、鴨保等寨附之。遂由小紅巖徑攻葙麻，奪大小喇耳山，衝入賊隊，至寨外縱火，燒木城，賊多被焚，有潛匿巖洞者，薰之悉斃，燬苗寨四十。吴半生遁往西梁，復糾猿猿寨、狗腦坡花苗二十餘寨來拒，石三保率鴨保之匪來援，乃分衆攻雷公山，阻其援兵，大軍左右擊西梁上、中、下三寨，破之，雷公山兵亦捷，賊奔投花苗寨中。五月，大兵五路分剿，克大小苗寨六十、木城四、石卡三十五，進至大烏草，河水深闊，不可渡，移師克沿河之沙兜諸寨，又克盤基坳山。是月，調浙閩總督。六月，克竹山坳大梁，賊潛出擾我兵，敗之於板登寨，再敗之於雷公灘，遂奪右哨營。七月，令兵夜列炬岸上，示欲渡河，賊拒守甚力，密從數里外諸苗坪作木橋以濟，繞賊後，焚其寨，賊驚竄，潛聚爨木林，伺隙來奪橋，設伏敗之。遂督兵於衆山中，越險進，或分或合，步步爲營，晝夜不少息，克螞蝗衝等大小寨五十，直至狗腦坡。山益險，兵皆附藤葛行，冒矢石直據山巔，從高下壓，破其寨，賊首匿古丈坪，五路並進，殲賊一千，風雨暴至，賊宵遁。八月，克鰕蟆峒、烏龍巖，因雨駐兵楊柳坪，既霽，攻茶它，奪賊卡六，抵夯乞，降者七十餘寨。諭曰：「福康安運籌布置，悉合機宜。冒險進攻，勤勞懋著。應即加恩優獎，著仍帶榮賞四字佳號，晉封貝子爵銜，即照宗室貝子之例，所有護衛官員，聽其自將家人揀放。此乃逾格施恩，俾異姓藎臣，得邀殊寵。將來我八旗大臣，得有似此超衆宣勞者，均可援以爲例，豈非國家世臣之福？」九月，克巖碧山，焚巴溝等寨二十，進攻麂手寨山，分兵乘積霧雨，由僻徑繞出山後，面背合攻，賊大潰。時所調粵西兵亦至，令花連布率之，從長坪搜剿，得苗寨四十。上賞服貂尾褂。賊首吴半生從鴨保至高多寨，欲糾衆拒我兵，偵得之，遂督全軍急進，圍其寨，吴半生窮蹙，出降。上嘉其功，賞其子德麟副都統銜，在御前侍衛上行走。

十月，抵鴨保賊巢。鴨保之右天星寨，爲賊中奇險處，賊恃以爲固。乃率衆夜發，值雪後朔風起，兵皆於陰晦中覓道進，抵木城下，擲火焚其寮棚，賊駭竄，得木城七、石卡五，克垂藤、董羅諸寨。賞上用黄裏玄狐端罩一。十一月，克卧盤寨，平隴賊目吴八月就擒，降苗吴隴登縛賊目隴五虯以獻，大兵進攻大小天星寨，克之。十二月，攻克檬木營，乘風雪夜進拔地良、八荆、桃花諸寨。賊又謀於普定寨糾衆來拒，破之，擒賊目二，據高斗山，計由平隴以復乾州，賊恃擒頭坡、騾馬峒諸險隘，悉力死守。乃於高斗駐營，作進攻勢，潛分隊魚貫進，克擒頭坡諸賊卡，復撥兵斷賊歸路，進取騾馬峒及兩岔河、川峒諸山，焚其寨三百，由川峒進，克金嶺衝山，擒賊目一。嘉慶元年正月，克吉吉寨，乾州屬大隴峒等寨，暨斗角巖尾坡，九十九峒苗千餘户乞降。二月，大兵抵壁多山設卡，賊竊從壁多對峙之高吉陀夜出窺我營，擊退之，且焚巴金灣寨。三月，賊伏兩叉溪，欲阻我兵路，爲礮所擊，遁；追剿至平逆坳，奪石卡三。賊又集衆數千，襲檬木營後路，分撲擒頭坡營卡，悉以有備，敗走。四月，克結石岡石城，焚牧牛坪等大小寨七十，進克官道溪，攻火麻營石城，張兩翼以三面進薄之，賊潰，軍中製火箭數百枝，遠近齊發，燬其寨益多。抵廖家衝，奪山巔石卡一，羣苗驟至，上撲卡，十數進，皆敗；偵其竄伏路，多從連峯坳，乃夜簡勁卒間道潛發，以其半擊賊，半囊土負而登，且戰且築卡，斷其隘。賊見兵已據險，四散奔逃，追戮無遺，奪山梁七。奏入，諭曰：「福康安自剿捕苗匪以來，備經艱險，懋著勳勞。今大兵進逼賊巢，將緊要山梁俱已攻克，業距平隴、乾州不遠，成功當在指日。允宜特沛恩綸，用加懋賞。因念福康安父傅恒宣力有年，屢著勞績，未得身膺貝子封爵。向來貝子襲封王爵，如其父未得封王者，例准追贈。傅恒著加恩照宗室追封之例，晉封貝子，以光泉壤而昭寵錫。」

五月，福康安染瘴患洩瀉，猶督師前進，夜有大星隕於營西北，光芒有聲。

越數日，卒於軍。諭曰：「大學士貝子福康安秉性公忠，才猷敏練，敭歷中外，懋著殊勳。年力富强，正資倚毗。乃當大功垂成之際，積勞成疾，遽爾溘逝，實深震悼！且當患病之時，猶復力疾督師，親臨前敵，實爲宣勞超衆，體國忘身，尤宜渥沛殊恩，用昭飾終令典。著晉封郡王爵銜，賞内帑銀一萬兩，經理喪事，並賞給陀羅經被，仍著於伊家宗祠之旁，建蓋專祠，以時致祭。並推恩伊父傅恒，亦追贈郡王爵銜，其子德麟著加恩晉襲貝勒，派固倫額駙豐紳殷德迎往奠醊，帶同伊子德麟馳赴前途，妥爲照料。俟入城治喪，朕必親往賜奠，所有任内降革罰俸處分，俱著開復。其應得卹典，並著該衙門察例具奏，以示軫恤勳勞、有加無已至意。」御製詩哭之，曰：「到處稱名將，功成勇有謀。近期黄閣返，驚報大星流。自嘆賢臣失，難禁悲淚收。深恩縱加贈，忠篤那能酬？」九月，命入祀昭忠祠、賢良祠，從其父傅恒配享太廟。予謚文襄，賜祭葬如例。

二年二月，得旨：「德麟承襲貝勒之爵出缺後，伊子承襲貝子，伊孫承襲鎮國公，減至未入八分公止，世襲罔替。」九年，諭曰：「從前節次用兵時，領兵官員原無格外犒賞之需。自福康安屢次出師，始開濫賞之端，任性花費，毫無節制。於是地方承辦之員，迎合備送，累萬盈千，以及銀牌綢緞，絡繹供支，不過以賞兵爲名，亦未必實惠盡逮戎行也。即如德麟迎其父柩，地方官致送奠儀，並備賞等銀四萬餘兩，外省只知逢迎，紈袴乳臭，卑鄙惡習，實出情理之外，竟非人類所有。德麟收受銀四萬一千五百五十二兩，著罰令賠繳八萬兩，以示悖入悖出之天理，爲治世所不容。」十年二月，諭曰：「帶兵大員，本不當以一時犒勞私恩，輒立賞號名目。其始如傅恒等，尚係將自有之物分給士衆，迨後羣相效尤，又不能出貲購辦，遂不得不向地方官調取預備，而福康安爲尤甚，因而承辦軍需者，居然視爲正項支銷。自有賞號名目以後，帶兵大員藉詞取索，漫無限制，而地方局員亦不免以贖備爲名，浮濫多糜，甚至舞弊營私，取肥己槖，交結見好。及至報銷帑項時，又復多方設法，希圖掩飾，所有軍營賞號一項，必當嚴行禁止。」四月，諭曰：「賞罰爲軍紀之要，隨征官兵等果有奮勉出力者，一經奏聞，無不立沛恩施，帶兵大員等何得擅立賞號，用市私恩？是以從前屢次用兵，本無此項名目，我皇考高宗純皇帝曾經屢頒聖訓，著之令典。自福康安出師臺灣等處，始有自行賞給官兵銀兩、綢緞之事。爾時藉其聲勢，向各省任意需索，供其支用，假公濟私，養家肥己。其後各軍營習以爲常，帶兵大員等不得不踵行犒賞，而力有不能，輒於軍需項下動用支銷，以公項作爲私用。嗣後設遇辦理軍需時，不得再立賞需名目。」十三年，德麟以雩壇視牲誤班，飭部嚴議。議上，命降貝子，在散秩大臣上行走。

雜録

備録

《國朝先正事略》卷二二　五十三年正月，今巴圖魯侍衛十數人，屯練兵數百，易裝入緝，生擒爽文，檻送京師。二月，追執兇渠莊大田以獻，餘黨悉定，臺灣平。初福州將軍恒瑞，擁兵不救嘉義，上命公劾之，公袒恒瑞，奏不以實。諭責其庇護，且曰：「此等伎倆，豈能於朕前嘗試耶？命傳旨嚴飭。」至是，上念公功，親解佩囊賜之，賜金黄帶、紫繮、金黄辮、珊瑚朝珠，又命於臺灣郡城及嘉義縣，各建生祠，再圖形紫光閣，上製贊如初。公條上善後十六事，其要在習戎事、除奸民、清吏治、肅郵政，俞旨允行。調閩浙總督。五十四年，調兩廣，時安南阮光平糾衆滋擾，公念俟奉旨始起程，恐緩不及事，遂親赴漳泉閲兵，俟再得警信，即兼程赴粤西。有詔嘉奬，謂不出朕之所料。又稱公秉性公忠，視國事如家事，不愧休戚相關，實心任事之大臣。

昭槤《嘯亭雜録》卷一　福文襄王康安，荷父庇廕，威行海内，上亦推心待之，毫無肘掣。臺灣之役，福戚宗室恒瑞以逗遛失機，上命入京訊質。福以戚故，故緩其行，乃於戰陣時首列瑞功，以希免罪。上諭福云：「使恒瑞果將材，何以汝未至時，並未覩其專戰，而一旦勇健若此，豈以戚畹而袒庇乎？朕深爲汝惜也！」福文襄承命之下，戰慄失色，花翎動摇竟日。

陳康祺《郎潛紀聞二筆》卷一一《福康安周旋海蘭察》　乾隆五十三年，臺匪林爽文平，純廟召見德少司空成，以福康安視阿桂何如詢問。少空奏云：「阿桂能指撝海蘭察，福康安則極力周旋之，方得海蘭察之力，以此不如阿桂。」上云：「汝所言亦是，但阿桂出師西域，海蘭察係末弁，夙感阿桂拂試之恩，故願效驅策。海爲金川參贊，福康安尚係領隊，一旦驟臨其上，不能不謙謙自下，倚爲干城。兩人境地不同，福善周旋，是以平賊。」聖天子於臣僚分量，洞若掌紋，宜授鉞專征，無不膚功迅奏也。

陳康祺《郎潛紀聞二筆》卷一二《福文襄拒南掌求礮》 福文襄王總制雲貴，值南掌國貢馴象四，並言被交阯諸國劫掠，無禦敵器，以餘象一求予巨礮。文襄檄諭，以國家法制森嚴，賞賚有節，兵火利器，不容妄求，還其象，不予之礮，上韙之。

陳康祺《郎潛紀聞二筆》卷一二《福文襄被異數有十三》 福文襄屢出籌邊，功在社稷，其生平所受恩寵，亦復空前曠後，冠絶百僚。初以領隊大臣隨征金川，攻克得楞山，賞嘉勇巴圖魯，後即以嘉勇二字，疊爲封爵佳號，異數一也。索諾木就縛，金川平，封三等嘉勇男；班師，上幸良鄉，行郊勞禮，賜御用鞍轡馬一，旋御紫光閣飲，至詔圖形閣中，上親製贊，異數二也。甘肅逆回田五等滋事，授參贊大臣，擒賊首張文慶等，晉封嘉勇侯，異數三也。臺灣逆賊林爽文圍嘉義，詔以爲將軍，馳驛往勦，立解縣圍，捷聞，封一等嘉義公，賜寶石頂、四團龍服，異數四也。生擒林爽文，檻送京師，臺灣平，賜金黄帶、紫韁、金黄辮、珊瑚朝珠，又命於臺灣郡城及嘉義縣，各建生祠，再圖形紫光閣，上製贊如初，異數五也。廓爾喀賊匪竄後藏，詔以爲將軍，疊克賊寨，奏入，御製誌喜詩，書箑以賜，佐以御用佩囊，異數六也。甲爾古拉集寨之捷，酋懼乞降，詔許班師，晉大學士，加封忠鋭嘉勇公，會十五功臣圖像成，上復親爲製贊，時大學士阿文成以未臨行陣，奏讓首功，異數七也。尋賞一等輕車都尉，命照王公親軍校例，給六品藍翎三缺，賞其僕從，異數八也。由川督移雲貴，會黔苗石柳鄧圍大營，嗅腦營，松桃廳三城，楚苗石三保圍永綏廳，逆渠吴半生附之，有旨命督師進勦，未市月，立解三圍，賞戴三眼花翎，異數九也。屢燬賊營，奪賊卡，降七十餘寨，詔晉封貝子銜，仍帶四字佳號，照宗室貝子例，給護衛，異數十也。吴半生降，賞公子德麟副都統銜，授御前侍衛，異數十一也。積功無可加，賞晉公父文忠公貝子爵，異數十二也。逮公薨，特旨賞郡王銜，賞庫銀萬兩治喪，並於家廟旁特建專祠，以時致祭。其父傅恒，追贈郡王銜，子德麟襲貝勒。喪入城，親往賜奠，御製詩哭之，配饗太廟，並入祀賢良、昭忠二祠；復奉諭，德麟承襲貝勒後，其子襲貝子，孫鎮國公罔替，異數十三也。其他封贈蔭襲之稠，部院封圻之重，瑰珍瑋寶之錫，雲漢綸綍之褒，爲尋常將相所罕有者，不勝縷述。異姓世臣，叨被至此，本朝第一人也。

陳康祺《郎潛紀聞三筆》卷五《福康安威福自恣》 大學士公福康安督蜀，勢張甚，鈴下厮養，憑藉搏噬。一日，輿夫入人家攫釵珥，都司徐斐見而訶之，其黨伍捽徐撻辱，冠服皆毁。姚方伯令儀方爲成都太守，捕治之，斃其魁。公相怒曰：「守敢爾。」詰之，則抗詞以對。時姚已奏擢川東道，乃遣騎追前疏還，然姚直聲震西川矣，後卒開藩是省。同治間，吾浙吴仲雲制軍振棫官蜀中，蜀人猶有言其事者，制軍爲製《太守怒》樂府。又綿州李觀察調元《童山詩集》有《清江行》，爲福公出征後藏過綿而作。其述當時供張之盛，聲勢之赫，亦復窮極奢麗，尊若帝天。可見福公雖有功邊疆，未免威福自恣。

備論

《國朝耆獻類徵初編》卷三四 本朝罕有異姓封王者。國初孔有德、尚可喜、耿仲明，以泛海來歸，封孔爲定南王，耿爲靖南王，尚爲平南王。吴三桂以請兵功，封平西王。楊古利以世臣，故追贈武勳王。孫可望來歸，封義王。黄芳度以殉節，贈忠勇王。然皆不世其爵。惟福康安以征苗薨於軍，特贈嘉勇郡王，其子德麟見襲貝勒，蓋曠典也。

右録宗室昭槤撰。

曹振鏞部

綜述

《清史列傳》卷三二《曹振鏞傳》 曹振鏞，安徽歙縣人。父文埴，官户部尚書，自有傳。

振鏞，乾隆四十六年進士，改翰林院庶吉士。五十二年，散館，授編修。五十六年二月，大考翰詹，列三等。諭曰：「曹振鏞雖列三等，然觀其才具，尚堪造就，且係曹文埴之子，著加恩授侍講。」十月，充日講起居注官。五十七年六月，充浙江鄉試副考官。九月，任河南學政。嘉慶元年二月，轉侍讀。四月，陞右春坊右庶子。十一月，陞侍講學士。十二月，轉侍讀學士。三年二月，大考翰詹，振鏞列二等，遷詹事府少詹事。六月，充湖北鄉試正考官。八月，任廣東學政。九月，陞詹事。十二月，丁父憂。五年，特予曹文埴卹典，賜謚文敏。振鏞入謝，上以文埴之母年九十有四，賜人薓、緞匹，命振鏞齎回，以資頤養。六年，服闋，七年五月，補通政使司通政使。

八年九月，充實録館副總裁官，命專司勘辦稾本。十二月，遷內閣學士，兼禮部侍郎銜。尋充經筵講官、文淵閣直閣事。九年二月，上幸翰林院，分韻賦詩，振鏞與焉，賜絹箋、筆墨有差。時值京察，上以振鏞恭纂實録稾本，尚爲詳慎，下部議敘。尋以恭進實録內擡寫之處訛繕一字，部議降一級調用，上從寬改爲降三級留任。六月，署吏部右侍郎。七月，遷工部右侍郎。八月，任江西學政。十年二月，偕巡撫秦承恩疏言：「萬載縣土棚兩籍考試，請於原額十二名外，加額四名，不分土棚籍合考取進。」從之。十一年六月，調吏部右侍郎。十月，遷工部尚書。十二年三月，充實録館正總裁官。四月，聖訓、實録告成，予議敘，振鏞辭免，恩加太子少保銜。九月，命恭送《高宗純皇帝實録》前往盛京尊藏，禮成，加二級。十二月，充文穎館正總裁官。

十三年三月，署吏部尚書，尋署户部尚書。四月，充殿試讀卷官。六月，署刑部尚書。八月，充順天鄉試正考官。十四年四月，充殿試讀卷官。五月，管理户部三庫事務。七月，調户部尚書。十二月，以失察工部書吏舞弊冒領三庫銀兩，部議降二級調用，上加恩改爲降三級留任。十五年五月，充會典館副總裁官。十月，充順天武鄉試正考官。十六年三月，充會試正考官。四月，授翰林院掌院學士，充經筵日講起居注官。十八年八月，復署吏部尚書。九月，調吏部尚書、協辦大學士，尋擢體仁閣大學士，管理工部事務。十二月，賜紫禁城騎馬，賞平定滑城功，以振鏞職任綸扉，晉太子太保銜，充文淵閣領閣事。十九年正月，命稽察欽奉上諭事件處。閏二月，命續纂《河工方略》一書，振鏞總司其事。是月，纂輯《全唐文》完竣，賞加二級。五月，充國史館正總裁官。七月，上謁東陵，命留京辦事。九月，充會典館正總裁官。十月，振鏞六十生辰，御書「綸閣延暉」額，並服物賜之。

二十年三月，上謁東陵，命留京辦事。先是，工部司員福海保送一等，尋任雁平道，緣事革職，將歷次濫保各堂官均交部議處，尋議降二級調用，上改爲留任。七月，上秋獮木蘭，命留京辦事。二十一年正月，京察，上以振鏞總理工部，兼管三庫事務，均屬妥協，交部議敘。二月，上謁東陵，命留京辦事。七月，上秋獮木蘭，復命留京辦事。二十二年三月，充會試正考官。七月，上秋獮木蘭，命留京辦事。二十三年三月，上謁西陵，命留京辦事。五月，以纂輯《明鑑》體制背謬，振鏞等不知豫行請旨，部議降調，上加恩改爲降三級留任。七月，上詣盛京恭謁祖陵，命留京辦事。是月，工部續估東嶽廟工程浮開銀兩，上以工部各堂官既於書吏舞弊毫無覺察，又失察司員得贓，平昔互相推諉，怠玩因循，將振鏞等交部議處。尋議降調，上改爲降三級留任。

二十四年七月，上秋獮木蘭，命留京辦事。九月，復管理三庫事務。十一月，命振鏞偕尚書穆克登額查估正陽門應修工程，振鏞疏稱大樓等處尚屬穩固，時届寒凍，難以施工，明歲南北向亦屬不宜，請暫緩興修。上以所奏甚是，從之。二十五年三月，上謁東陵，命留京辦事。是月，兵部遺失行印，命振鏞等鞫訊，以日久未能審出實據，降二品頂帶。尋會審得實，復其頂帶。七月，上秋獮木蘭，命留京辦事。九月，命在軍機大臣上行走，充實録館監修總裁官。

道光元年三月，仁宗睿皇帝奉安禮成，振鏞恭題神主，晉太子太傅銜，加隨帶二級。五月，授爲武英殿大學士，賜第於內城三轉橋。二年正月，京察，上以「振鏞辦理部務本屬妥協，又自簡任軍機大臣以來，敬共所事，實力勖勤，交部議敘」。二月，承辦壇廟工程司員得受官匠銀兩，復囑託看册司員朦混算銷，上以該堂官漫不經心，將振鏞等交部嚴議，尋議褫職，上加恩改爲降四級留任，八年無過，方准開復。四月，充殿試讀卷官。十二月，振鏞等奏現察各處工程較多，請嗣後分別輕重情形酌辦，不得同時並舉，以重工料而節糜費，從之。三年正月，諭曰：「朕於本年元旦御殿受賀，闓惠覃敷，左右近臣，允宜特加恩澤。大學士曹振鏞失察承修工程司員，降四級留任，著加恩寬免。」二月，上臨雍視學，振鏞充直講。三月，充會試正考官。八月，上幸萬壽山玉瀾堂，錫宴十五老臣，時振鏞年齒居末，恩命入宴，畫像，御製詩有「綵綸佐朕彌恭謹，抒忠獻替資劻勷」之句，褒振鏞也。四年四月，《仁宗睿皇帝實録》告成，賞戴花翎，子恩汼，候選員外郎，遇缺即補；子恩濙，特賜舉人，一體會試。七月，充上書房總師傅。十月，振鏞七十生辰，御書「調元篤祜」額，「秉鈞日贊資良弼，杖國時康引大年」聯句，並服物賜之。五年正月，京察，上以「振鏞管理部務，均屬妥善，承書諭旨，獻替劻勷，尤爲出力，交部議敘」。六年四月，充殿試讀卷官。十二月，入直南書房。

七年，回疆克復四城，諭曰：「現已諭撤大兵籌辦善後，計逆裔犯順一年有餘，凡一切軍報承書諭旨，軍機大臣等夙夜殫心，勤勞懋著，允宜特沛恩施。大學士曹振鏞著晉加太子太師。」八年正月，回疆奏報生擒首逆張格爾，諭曰：「自道光六年喀什噶爾用兵以來，軍機大臣曹振鏞等佐朕運籌軍務，夙夜勤勞，承書諭旨，鉅細無遺。去歲因四城雖復，首逆未獲，曾經稍示恩榮，朕意未愜。茲元兇生獲，紅旗報捷，軍機大臣等尤當再沛恩施，用昭獎勸。大學士曹振鏞著晉加太傅銜，賞用紫韁，仍著照軍功例，交部議敘。」四月，賜圖像紫光閣，御製軍機大臣像贊，並序曰：「朕寅承大寶，日理萬幾，孜孜焉惴惴焉，嘗恐用人行政，或致闕失。每遇事必虛懷延納，不敢自作聰明；而軍機大臣曹振鏞等皆能感戴皇考之遺澤，暨朕之信用，是以知無不言，一心一德。即如前歲西陲用兵，諸臣夙夜在公，襄贊機謀，承書諭旨，無不盡心竭力，與朕同一憂勤；而大學士曹振鏞自簡授軍機大臣以來，公正慎勤，班聯領袖，尤能殫心據實，鉅細無遺。茲大功告蕆，特欲循照舊章，繪入功臣像，而朕之不自大其事，不自尚其功，亦可昭示來許。柰曹振鏞等善則稱君，真誠遜讓，朕亦難於强勉，在朕心終未愜也。試思漢高祖之大度，唐太宗之英明，運籌決勝，亦必須蕭、曹、房、杜輔助而成也。矧戎爲國之大事，朕臨御以來，興戎首舉，嘉予内外文武諸臣，各殫心力，迅奏膚功。不然，則成功未能如此其速，籌畫未能如此其善也。朕思之再三，允宜別繪一圖，親爲製贊，以遂諸臣不敢列入功臣之心，而又能彰明帷幄之輔弼得人，不亦善乎！」御製振鏞贊曰：「親政之初，先進正人。密勿之地，心腹之臣。問學淵博，獻替精醇。克勤克慎，首掌絲綸。」

九年元旦，上親書御製振鏞像贊賜之。三月，充會試正考官。八月，隨駕詣盛京恭謁祖陵，大禮慶成，賞加二級。十月，諭曰：「大學士曹振鏞年逾七旬，著於該管旗分衙門應行帶領引見之日，免其帶領引見，以示體恤耆臣至意。」十年十二月，御書「同德資良弼，單心贊治樞」聯對賜之。十一年正月，京察，上以振鏞久任軍機大臣，贊襄勤慎，承旨詳明，交部議敘。五月，振鏞子户部郎中恩汼病歿，上傳諭慰之，並以恩汼原得一品廕生予其次子恩濙承廕，示體恤焉。八月，上五旬萬壽慶辰，加恩廷臣，振鏞得賞戴雙眼花翎。十二年，充殿試讀卷官。十三年，充會試正考官。十四年正月，賜紫禁城内乘轎。時届京察，諭曰：「大學士曹振鏞久任軍機，克勤克敬，年登八袠，精力如常。著加恩交部議敘。」三月，上謁西陵，命留京辦事。十月，振鏞八十生辰，諭曰：「大學士曹振鏞由乾隆年間供職詞垣，嘉慶年間洊擢至大學士。朕親政之初，簡授軍機大臣。久贊綸扉，倍加勤慎。現在年登八袠，精神强固，朕心實深嘉悦，允宜特沛殊恩，以昭懋眷。伊孫曹紹櫄，著加恩賞給舉人，准其一體會試，用示朕篤祜耆臣有加無已之至意。」頒賞御製詩曰：「八袠洪開甲午年，嘉予元老弼仔肩。三朝雨露霑深澤，一德謀猷濟巨川。梁棟有徵資啓沃，絲綸必慎冠班聯。長茲壽寓君臣慶，政在親賢幸得賢。」又御書「領袖耆英」額，「紫閣圖勳嘉輔弼，玉瀾錫慶介期頤」聯對，並服物賜之。十二月，因感冒請假，諭令安心調理。

十五年正月，卒。諭曰：「大學士曹振鏞問學淵博，獻替精醇，公正慎勤，老成持重。自其父曹文埴供職内廷，渥承皇祖高宗純皇帝知遇，擢至户部尚書。嗣曹振鏞仰荷皇祖特達之知，由翰林洊陞詹事。皇考仁宗睿皇帝親政以來，洊加陞擢，簡任綸扉。朕御極之初，特授軍機大臣。十四年餘，一德一心，深資啟沃。絲綸首掌，鉅細畢周，夙夜在公，始終如一，實朕股肱心膂之臣。服官五十餘年，歷事三朝，身躋崇要，從未稍蹈愆尤，動循矩法，克副贊襄。念其年躋八秩，特命肩輿入直，俾節勞勩。上年因微疾請假，派員存問，俾安心在寓調養，優加慰勞。方冀速痊，照常入直。詎意數日之間，遽成長往。頓失腹心之臣，不覺聲淚俱下，悼惜難堪！著加恩入祀賢良祠，賞給陀羅經被，並手串、煙壺、煖手各件，派穆彰阿帶領侍衛十員，即日前往奠醊。朕於本月二十九日親臨賜奠。並著賞給廣儲司庫銀二千兩，經理喪事。其任内一切處分，悉予開復。應得卹典，著該部察例具奏。伊子曹恩濙，著賞給四品卿，俟服闋後，遇有四品京堂缺出，著該部開列請補，用示朕軫懷耆舊恩賚有加至意。」尋賜祭葬，諭曰：「朕親政之初，見大學士曹振鏞人品端方，學問優長，特授爲軍機大臣，用資啓沃。十四年餘，靖恭正直，歷久不渝。雖身躋崇要，小心謹恪，動循矩法，從未稍蹈愆尤。凡所陳奏，均得大體，老成持重，懋著忠勤，實朕股肱心膂之臣。從前乾隆年間，大學士劉統勳，嘉慶年間大學士朱珪，仰蒙皇祖高宗純皇帝、皇考仁宗睿皇帝鑒其品節，賜謚文正，易名之典，備極優隆。曹振鏞實心任事，體用兼優，外貌吶然，而獻替不避嫌怨，朕深倚賴而人不知。揆諸謚法，實足以當『正』字而無愧。兹據該衙門奏請予謚，著加恩賜謚文正，用示朕眷懷良輔寵錫嘉名至意。」復諭曰：「大學士曹振鏞先朝耆舊，久直内廷，端謹老成，靖恭正直。十四年餘，嘉謨嘉猷，深資倚賴。前因溘逝，特崇懋典，用獎前勳，加恩賜謚文正，並准其入祀賢良祠。伊子曹恩濙，服闋後以四品京堂補用。朕追維良輔，疊沛隆施，兹復派令惠郡王前往賜奠。伊孫曹紹樋著賞給舉人，准其一體會試。將來靈柩回籍時，著沿途地方官照料，妥爲護送，用示朕篤念耆臣有加無已至意。」七月，諭曰：「大學士曹振鏞靈柩於月内起程，由水路回籍，著加恩於二十七日派御前侍衛道慶前往賜奠。到籍後，加恩賜祭一壇，著安徽巡撫鄧廷楨派委道員一人前往奠醊。」

雜録

備録

《續碑傳集》卷二張星鑑《曹文正公軼事》　歙縣曹文正公，歷相三朝，侃侃以老成自居，同朝皆畏之。星鑑聞諸都下鉅公云：道光某年，成皇帝大考翰詹，詩題「巢林棲一枝」，衆皆不知所出。公在軍機，謂同官曰：「此左太沖《詠史詩》也。」將全詩背誦，不失一字。成皇帝閲卷畢，大怒，以爲翰林詞臣也無學乃爾，欲再試之。明日，召見公，詢公詩題出處，公以不知對。成皇帝曰：「汝亦不知，無怪若輩也。」遂已。軍機諸臣叩公曰：「昨公背誦全詩，不失一字，今奏對何以言不知耶？」公曰：「偶然耳，若皇上再以他題詢，其能一一對耶？」人以爲公之虚懷不可及云。嘻，後生小子一知半解，輒自矜夸，聞公之風者，當知所愧矣。

備論

《國朝耆獻類徵初編》卷三八　文皇踐祚之初，改文館爲内三院，曰國史、曰祕書、曰弘文，皆置大學士。學士等官蓋倣宋昭文、集賢之制，入關後仍沿其制。至順治戊戌，始復從明制，改設中和殿、保和殿、武英殿、文華殿、文淵閣、東閣諸大學士名。乾隆戊辰特旨罷中和殿大學士，改爲體仁閣，以配三殿三閣之名焉。保和殿大學士不常置，惟張文和公、傅文忠公拜焉。體仁閣大學士，初以楊節相廷璋、楊節相應琚先後大拜，皆不終位。故戴服堂《藤陰雜記》内謂其名不祥。然劉文清公、今曹相國振鏞遞相任之，卒無他咎，可知在人不在名也。

右録宗室昭槤撰。

清仁宗部

綜述

《仁宗實錄》卷一 仁宗受天興運敷化綏猷崇文經武孝恭勤儉端敏英哲睿皇帝諱顒琰，高宗法天隆運至誠先覺體元立極敷文奮武欽明孝慈神聖純皇帝第十五子也。母孝儀恭順康裕慈仁端恪敏哲翼天毓聖純皇后魏佳氏，原任內管領加封承恩公清泰之女。德備安貞，性成淑慎，事高宗純皇帝恪襄內治，克協坤儀，毓瑞肇祥，以乾隆二十五年庚辰十月初六日丑時，誕上於御園之天地一家春。【略】上生而神靈，天表奇偉，隆準豐頤，舉止凝重，神明內蘊，睿慮淵通。自六齡就傅，受書於兵部侍郎奉寬，年十三通五經，學今體詩。【略】天藻濬發，英詞炳蔚，援筆立就，動成典則，而性尤純孝。七齡時，謁孝聖憲皇后於盤山行殿，渥承飴愛。事高宗純皇帝、孝儀純皇后寢門問視，婉愉孺慕，曲愜歡心。以是沖齡，備蒙恩眷。癸巳，十四歲，上元前夕，曲宴親藩，特命奉觴一壽。是年，高宗遵密建家法，親書上名，緘固藏乾清宮正大光明扁上。長至南郊大祀，復以上名默告，祈加眷佑。是日，復命祀東陵，隱然以神器攸歸，面稽天祖，凝承寶命，實始於茲。甲午，賜成大婚禮，是爲孝淑睿皇后。上定省之暇，懋學稽古，日居書室，推究心治法源流、古今得失，參稽考證，寒暑罔間。所居書室五楹，嘗取三餘之義，顔以味餘，摛藻抒文，卷軸日富，後所刊詩文全集四十卷是也。尤喜讀諸史、《通鑑》，上下三千年治蹟瞭然貫徹。御極後，幾餘遣興，依史分題製詠，遂成全帙。自乙酉，六齡時，隨駕至木蘭。高宗巡視江浙，祗謁闕里，及歲行秋獮，恒侍行幄，賡天章，數蒙獎賚，咏龍井詩有「泉雷忽疑雨，竹春不知秋」十字，丹毫所點定也。癸卯，高宗詣盛京恭謁祖陵，命上隨侍行禮，復以宗祏有託，敬告太祖、太宗之前，仰祈靈爽式憑，永垂昭鑒。乙巳，耕耤，特命從耕播種。己酉，封嘉親王。是時，上儲位早定，雖未經宣示，而眷遇日隆，每歲兩陵春祀，壇廟薦祈，多命恭代行禮。主鬯精禋，期以靈承景福。紫微東偏曰毓慶宮，上養正時所居也。分邸後，移居擷芳殿。至建儲未宣諭之前，又重葺是宮，復命居之，並賜繼德堂額，與從前避暑山莊松鶴齋後賜額同名。蓋密邇趨庭，祗承堂構，早寓付託深心。乙卯，高宗純皇帝撫臨函夏於是六十年，聖壽八十有五。溯自踐阼之初，曾以紀年周甲歸政告天，至是，果符初願。又自密建以來二十二年，灼見上仁孝端醇，克肩重器，爰命禮官諏吉於是年頒朔以前九月初三日御勤政殿，集王公百官，啟密緘，册上爲皇太子，仍於歲前諏期，祗告天地宗廟社稷，於明年丙辰元日御太和殿，親授寶璽，傳位於上。詔以是年爲嘉慶元年。敬惟自古帝王，以聖人相禪者，惟堯、舜、禹，而伊耆媯姒與繼體殊。惟高宗創舉盛儀，前無邃古。惟上纘膺洪緒，克享天心。聖聖相承，用能孚定志於青宮典學之初，受成命於蒼璧禮天之後。洎乎初元授政，文謨武略，日侍祗承，兩聖同堂，三年一日。至四載以後，猶必恪遵考訓，時廑前猷，以高宗純皇帝之心爲心，以高宗純皇帝之法爲法，大哉至矣。

嘉慶元年丙辰，春正月戊申朔，上侍太上皇帝，詣奉先殿行禮，詣堂子行禮，遣官祭太廟後殿。太上皇帝御太和殿，傳位於上，上即位。

《仁宗實錄》卷三七 嘉慶四年己未，春正月壬戌，辰刻，太上皇帝崩。上至御榻前，捧足大慟，擗踊呼號，仆地良久。視小斂畢，先趨乾清宮，於西丹墀下，跪迎大行太上皇帝吉轝，敬奉乾清宮西次間。

丁卯，革大學士和珅、戶部尚書福長安職，下獄治罪。

庚午，諭內閣：「和珅受大行太上皇考特恩，由侍衛洊擢至大學士，在軍機處行走多年，叨沐殊施，在廷諸臣無有其比。朕親承付託之重，茲猝遭皇考大故，苫塊之中，每思《論語》所云三年無改之義。如我皇考敬天法祖，勤政愛民，實心實政，薄海內外，咸所聞知。方將垂示萬年，永爲家法，何止三年無改。至皇考所簡用之重臣，朕斷不肯輕爲更易。即有獲罪者，若稍有可原，猶未嘗不思保全。此實朕之本衷，自必仰蒙昭鑒。今和珅情罪重大，並經科道諸臣列款參奏，實有難以刻貸者。是以朕於恭頒遺誥日，即將和珅革職拏問，臚列罪狀，特諭衆知之。朕於乾隆六十年九月初三日，蒙皇考册封皇太子，尚未宣布諭旨，而和珅於初二日，即在朕前先遞如意，漏洩機密，居然以擁戴爲功。上年正月，皇考在圓明園召見和珅，伊竟騎馬直進左門，過正大光明殿，至壽山口。無父無君，莫此爲甚。又因腿疾，乘坐椅轎，擡入大內，肩輿出入神武門，衆目共覩，毫無忌憚。並將出宮女子取爲次妻，罔顧廉恥。年來勦辦川楚教匪，皇考盼望軍書，刻縈宵旰。乃和珅於各路軍營遞到奏報，任意延擱，有心欺蔽，以致軍務日久未竣。前奉皇考敕旨，令伊管理吏部、刑部事務，嗣因軍需銷算，伊係熟手，是以又諭令兼理户部題奏事件，伊竟將部務一人把持。昨冬皇考聖躬不豫，批摺字畫間有未真之處，和珅膽敢口稱不如撕去，竟另行擬旨。臘月間，奎舒奏報，循化、貴德二廳，賊番聚衆千餘，搶奪達賴喇嘛、商人牛隻，殺傷二命，在青海肆行搶掠一案。和珅竟將原奏駁回，隱匿不辦。及皇考升遐後，朕諭令蒙古王公未出痘者不必來京，和珅不遵諭旨，令已、未出痘者，俱不必來京，不顧國家撫綏外藩之意，其居心實不可問。大學士蘇凌阿，兩耳重聽，衰憊難堪，因係伊弟和琳姻親，竟欺隱不奏。侍郎吴省蘭、李潢、太僕寺卿李光雲，皆曾在伊家教讀，並保列卿貳，兼佐學政。又軍機處記名人員，任意徹去。種種專擅，不可枚舉。昨將和珅家産查抄，所蓋楠木房屋，僭侈踰制。其多寶閣及隔段式樣，皆仿照寧壽宫制度。其園寓點綴，竟與圓明園蓬島瑶臺無異，不知是何居心。又所藏珠寶內，珍珠手串二百餘串，較之大內多至數倍。並有大珠，較御用冠頂尤大。又寶石頂，並非伊應戴之物。伊所藏真寶石頂數十餘箇，而整塊大寶石不計其數，且有內府所無者。至金銀數目，尚未抄畢，已有數百餘萬之多。似此貪黷營私，實從來罕見罕聞。以上各款，皆經王大臣等公同鞫訊，和珅俱供認不諱。和珅如此喪心昧良，目無君上，貽誤軍國重務，弄權舞弊，僭妄不法，而貪淋無厭，蠹國肥家，猶其罪之小者，實屬辜負皇考厚恩。設數年來，廷臣中有能及早參奏，必蒙聖斷，立寘重典，而竟無一人奏及者。內外諸臣，自以皇考聖壽日高，不敢煩勞聖心，實則畏懼和珅，箝口結舌，皆朕所深知。今和珅罪狀已著，其得罪我皇考之處，擢髮難數，亦百喙難辭。朕若置之不辦，何以仰對在天之靈？此不得已之苦衷，爾封疆大臣等以爲何如？除交在京王公大臣會審定擬外，著通諭各督撫，將指出和珅各款，應如何議罪，並此外有何款蹟，各行據實迅速覆奏。」

《仁宗實錄》卷三八　丁丑，諭內閣：「大學士、九卿、文武大員、翰詹、科道等定擬和珅、福長安罪名，請將和珅照大逆律凌遲處死，福長安照朋黨律擬斬，請即行正法等因一摺。和珅種種悖妄專擅，罪大惡極，於法實無絲毫可貸。因思聖祖仁皇帝之誅鼇拜，世宗憲皇帝之誅年羹堯，皇考之誅訥親，此三人分位與和珅相等，而和珅之罪尤爲過之。從前辦理鼇拜、年羹堯皆蒙恩賜令自盡。訥親則因貽誤軍機，於軍前正法。今就和珅罪狀而論，其壓擱軍報，有心欺隱，各路軍營，聽其意指，虚報首級，坐冒軍糧，以致軍務日久未竣，貽誤軍國，情罪尤爲重大。即不照大逆律凌遲，亦應照訥親之例，立正典刑。此事若於一二年後辦理，斷難寬其一綫。惟現當皇考大事之時，即將和珅處決，在伊固爲情真罪當，而朕心究有所不忍。且伊罪雖浮於訥親，究未身在軍營，與訥親稍異。國家本有議親議貴之條，以和珅之喪心昧良，不齒人類，原難援八議，量從末減。姑念其曾任首輔大臣，於萬無可貸之中，免其肆市。和珅著加恩賜令自盡。此朕爲國體起見，非爲和珅也。

《仁宗實錄》卷七八　嘉慶六年辛酉，春正月乙酉，諭內閣：「前於乾隆六十年，欽奉傳位後，册立朕元妃爲皇后。經內閣照例撰擬恩詔進呈。其時我皇考日勤訓政，一切禮儀詔令，自應統於所尊。曾蒙聖諭，循例祭告天地宗廟，不必撰擬恩詔，停止慶賀表箋，並以皇后壽節暨元日、冬至，亦俱停止箋賀。禮緣義起，朕受寶以後，敬謹遵行。嗣於嘉慶二年，先皇后逝世，蒙皇考賜謚孝淑，晉封朕之貴妃爲皇貴妃，命於孝淑皇后二十七月後，舉行册立皇后典禮。四年四月，欽遵勅旨，令皇后正位中宫，而册立之禮，理宜俟朕釋服後舉行。因思立后頒詔，乃本朝家法，載在會典，實亦古今通義。誠以皇后母儀天下，佐理化原，於册立之際，祭告天地宗廟，並頒詔天下，以昭慎重。列聖舊章，自當恪守。著於本年四月十五日，御殿行册立禮。其應頒恩詔，著遵例舉行。一切事宜，各該衙門查照豫備。至於中外臣工慶賀表箋，及遇壽節令節奏上箋賀，欽遵聖訓，仍行停止。」

《仁宗實錄》卷一〇六　嘉慶七年壬戌，十二月甲寅，上以四川、陝西、湖廣三省教匪全平，詣壽皇殿行禮。乙卯，諭內閣：「現在大功告蕆，所有川、陝、楚各路征防官兵，數載以來，或身親行陣，或嚴防卡隘，倍著辛勤，朕心甚爲憐憫。其從前起身時所借整裝銀兩，並在軍營支借俸餉等項，除陣傷亡故滿漢官員，及兵丁等，照例題請豁免外，其奏凱回營各官兵，借支行裝等項銀兩若照户部定例，官分四季，兵分八季扣繳，該官兵等所餘俸餉有限，恐不敷當差之用。所有此次奏凱回營官兵借支銀兩，著加恩官員分作四年，兵丁分作八年，在應得廉俸餉銀內扣還，以示體卹。」

《仁宗實錄》卷一二九　嘉慶九年甲子，五月乙卯，諭軍機大臣等：「本日朕披閱《勦平三省邪匪方略》嘉慶二年九月內，宜綿奏軍營情形。據稱各州縣團練鄉勇，其中勇往出力者，固不乏人，但賞過則驕，威過則散，究非紀律之師可比。請於新兵外，各按省分，添練備兵，自一萬名至五千名不等等語。朕猶憶從前奏到此摺時，當經恭請皇考高宗純皇帝訓示。仰蒙聖訓，以軍營鄉勇不能繩以部伍，不若挑充入伍，可資約束，則多一兵丁，便少一鄉勇。俟軍務告竣後，或挑補營頭，或散令歸農，其事尚屬易辦。宜綿之言，似有所見。隨降旨諭知四川、陝甘、湖北、河南各督撫等，按照宜綿所奏之數招募入伍。可見鄉勇之不足恃，早經聖明洞鑒，示以辦理之方。該督撫等如果及早遵行，彼時鄉勇等貪得鹽糧，自必咸願應募。一經入伍，則駕馭較易。即事竣散遣，亦不虞其滋事。乃數年以來，督撫皆委之於經略、參贊，遷延不辦。各路軍營，仍襲用團練之人，漫無控制，以致大功告竣後，散遣爲難。其留軍營者不肯出力，徒糜鹽糧。其散歸者，或流而爲匪，別生事端。年來疊次降旨，諭令妥籌安插，迄無善策。連日以來，又屢諭該省督撫等悉心籌辦。此時各路鄉勇内，如尚有情願入伍者，自當即令歸營食糧。但恐此等遊民，憚於管束，未必情願入伍。著該督撫等遵照節次諭旨，將鄉勇有家可歸者，酌加賞給，遣回原籍，取具收管印結；其無業可歸者，或分給各大員及各廳州縣署内，充當壯丁雜役，給以飯食，俾資餬口。總當使之有所羈管，足資生計，不能遊蕩爲匪，方可日久相安。各督撫惟當速發天良，以國事爲家事，妥協辦理，勿再因循。將此諭令知之。」

《仁宗實録》卷一四二　嘉慶十年乙丑，夏四月辛未，諭内閣：「御史蔡維鈺奏，嚴禁西洋人刻書、傳教一摺。京師設立西洋堂，原因推算天文，參用西法。凡西洋人等情願來京學藝者，均得在堂棲止。乃各堂西洋人每與内地民人往來講習，並有刊刻書籍私自流傳之事。在該國習俗相沿，信奉天主教，伊等自行講論立説成書，原所不禁。至在内地刊刻書籍，私與民人傳習，向來本定有例禁。今奉行日久，未免懈弛，其中一二好事之徒，創其異説，妄思傳播，而愚民無知，往往易爲所惑，不可不申明舊例，以杜歧趨。嗣後著管理西洋堂務大臣，留心稽察，如有西洋人私刊書籍，即行查出銷燬，並隨時諭知在京之西洋人等，務當安分學藝，不得與内地民人往來交結。仍著提督衙門、五城、順天府將坊肆私刊書籍，一體查銷，但不得任聽胥役藉端滋擾，致干咎戾。」

《仁宗實録》卷二二五　嘉慶十五年庚午，二月壬子，諭軍機大臣等：「治河所以利漕，東南數省漕糧，上供天庾，是必運道通暢，方能源源轉輸。近年河工敝壞，而漕運亦日見阻滯，推原其故，其始因河湖多故，此衝彼漫，逐處淤墊，以致運道節節梗阻，有礙船行。繼又因漕務緊要，不能須臾停待，每年回空重運，相繼而行，催趲不遑，更無修防之暇，引黄濟運，爲害滋深。故無一日不言治河，亦無一年不虞誤運，欲求兩治，轉致兩妨，殊爲廑慮。從前康熙年間，曾因辦理河工停運數次，始能經理獲效。然彼時京、通各倉儲積充裕，足備數載之需，非如目下情形，每年僅敷支放可比。揆之事勢，欲倣照辦理，蓋有所難。但先事之虞，豈可漫無籌畫。前吴璥曾有由清江陸轉之議，而費重事繁，礙難經理。溯查元明時本有海運之法，後因積欠弊生，遂議停止。然其始轉輸利賴，未嘗不有裨國計。此時亦並非輕言改易，惟未雨綢繆，不得不作萬一之想。設竟須計出於此，若不先爲試辦，豈可冒昧徑行。聞江浙各海口，本有商船赴關東一帶販運糧石者，每年絡繹不絶。其船隻習於風濤，熟於沙線，該二省均有出海之路。著松筠、章煦、蔣攸銛體察情形，或將本年漕米，就近酌交商船灑帶若干，先爲試行，以觀成效。不妨使商船略沾微利，俾各踴躍承辦。一面仍催趲重運北來，總期於運務有備無患。是否可行，該督撫即熟籌妥議，據實具奏。」

《仁宗實録》卷二四六　嘉慶十六年辛未，秋七月庚寅，諭内閣：「據管理西洋堂事務大臣福慶等奏，查得西洋人賀清泰、吉德明，現在年老多病，又畢學源尚能諳曉算法，此三人請令留京。其高臨淵、顔時莫、王雅各伯、德天賜四人學業未精，留京無用，請俱遣令歸國等語。賀清泰、吉德明、畢學源三人，著准其留京，飭令在西洋堂安静居住。其高臨淵等四人，著交步軍統領衙門，於伊等起程時，派參將、遊擊一員，酌帶兵丁數名，伴送至良鄉縣，直隸總督另於文職同知通判内、武職都司遊擊内揀派妥員，帶同兵役接替伴送出境。其山東以下經過各省，均照直隸一體派員接替。遞至廣東，交該督松筠收管，俟有便船飭令附載歸國。其沿途所過地方，及到粤居住之日，均不許令與内地民人交接往來。儻有意外之事，惟伴送之文武官弁是問。慎之。」

《仁宗實録》卷二七四　嘉慶十八年癸酉，九月己卯，諭内閣：「旻寧、綿愷奏，本月十五日午刻，突有賊人擅入蒼震門，經總管太監擒獲。未刻，内右門西又有賊匪越牆入内。旻寧見事在倉猝，取進鳥鎗撒袋腰刀，先用鎗將牆上一賊打墜，又有手執白旗之賊在牆上指揮，復用鎗擊斃二賊，實出無奈大膽等語。旻寧係内廷皇子，在上書房讀書，一聞有警，自用鎗擊斃二賊，餘賊始紛紛潛匿，不敢上牆，實屬有膽有識。乃旻寧奏稱大膽無奈詞語，謹飭殊覺過當。朕垂淚覽之，可嘉之至，筆不能宣。宫廷内地奉有祖考神御，皇后現亦在宫，旻寧身先捍禦，獲保安全，實屬忠孝兼備。二阿哥旻寧著加恩封爲智親王，於皇子歲支分例加倍歲給俸銀一萬二千兩，以示優奬。三阿哥綿愷隨同捕賊，亦屬可嘉。朕於在廷臣工，有功必賞，今皇子能如此忠勇自効，豈容稍靳恩施，此大公之心，内外諸臣當共知感知奮也。」

庚辰，頒硃筆遇變罪己詔曰：「朕以涼德，仰承皇考付託，兢兢業業，十有八年，不敢暇豫。即位初，白蓮教煽亂四省，黎民遭劫，慘不忍言，命將出師，八年始定。方期與吾赤子永樂昇平，忽於九月初六日，河南滑縣又起天理教匪，由直隸長垣至山東曹縣，亟命總督温承惠率兵勦辦。然此事究在千里之外，猝於九月十五日變生肘腋，禍起蕭牆。天理教逆匪七十餘衆，犯禁門入大内，戕害兵役，進宫四賊，立即捆縛，有執旗上牆三賊欲入養心門，朕之皇次子親執鳥鎗，連斃二賊，貝勒綿志續擊一賊，始行退下。大内平定，實皇次子之力也。隆宗門外諸王大臣，督率鳥鎗兵，竭二日一夜之力勦捕，搜拏浄盡矣。我大清國一百七十年以來定鼎燕京，列祖列宗深仁厚澤，愛民如子，聖德仁心，奚能縷述。朕雖未能仰紹愛民之實政，亦無害民之虐事，突遭此變，實不可解。總緣德涼愆積，唯自責耳。然變起一時，禍積有日，當今大弊，在因循怠玩四字，實中外之所同。朕雖再三告誡，舌敝唇焦，奈諸臣未能領會，悠忽爲政，以致釀成漢、唐、宋、明未有之事，較之明季梃擊一案，何啻倍蓰。思及此，實不忍再言矣。予唯返躬修省，改過正心，上荅天慈，下釋民怨。諸臣若願爲大清國之忠良，則當赤心爲國，竭力盡心，匡朕之咎，移民之俗。若自甘卑鄙，則當挂冠致仕，了此一身。切勿尸禄保位，益增朕罪。筆隨淚灑，通諭知之。」

《仁宗實録》卷三二〇　嘉慶二十一年丙子，秋七月癸丑，諭内閣：「前因暎咭唎國貢船在天津海口，私自開行南去，降旨將祥啟革職。昨祥啟到京，經軍機大臣訊問具奏，其過尚有可原，特賞給三等侍衛，前往新疆换班。此次暎咭唎國貢使，仍令由天津乘坐原船回國，屢經諭知蘇楞額、廣惠，並未有旨傳諭祥啟，本日召見祥啟，據奏伊接准蘇楞額等來札，祗令防範夷船進口，並禁止夷人登岸滋事，其貢使等仍乘原船回國之處，蘇楞額等亦未行知。是該貢船私自放洋，非祥啟意料所及。朕於臣工功過，賞罰一秉至公。祥啟之過，尚不至於斥革，是以加恩録用，並非曲爲寬貸也。」

乙卯，勅諭暎咭唎國王曰：「爾國遠在重洋，輸誠慕化，前於乾隆五十八年，先朝高宗純皇帝御極時，曾遣使航海來庭。維時爾國使臣，恪恭成禮，不愆於儀，用能仰承恩寵，瞻覲筵宴，錫賚便蕃。本年爾國王復遣使齎奉表章，備進方物。朕念爾國王篤於恭順，深爲愉悦，循考舊典，爰飭百司，俟爾使臣至日，瞻覲宴賚，悉倣先朝之禮舉行。爾使臣始達天津，朕飭派官吏在彼賜宴。詎爾使臣於謝宴時，即不遵禮節，朕以遠國小臣，未嫻儀度，可從矜恕，特命大臣於爾使臣將次抵京之時，告以乾隆五十八年，爾使臣行禮，悉跪叩如儀，此次豈容改異？爾使臣面告我大臣，以臨期遵行跪叩，不致愆儀。我大臣據以入奏。朕乃降旨，於七月初七日，令爾使臣瞻覲。初八日於正大光明殿賜宴頒賞，再於同樂園賜食。初九日陛辭，並於是日賜遊萬壽山。十一日在太和門頒賞，再赴禮部筵宴。十二日遣行。其行禮日期儀節，我大臣俱已告知爾使臣矣。初七日瞻覲之期，爾使臣已至宫門，朕將御殿，爾正使忽稱急病，不能動履。朕以正使猝病，事或有之，因祗令副使二人入見，乃副使二人亦同稱患病，其爲無禮，莫此之甚。朕不加深責，即日遣令歸國。爾使臣既未瞻覲，則爾國王表文亦不便進呈，仍由爾使臣齎回。但念爾國王數萬里外，奉表納貢，爾使臣不能敬恭將事，代達悃忱，乃爾使臣之咎，爾國王恭順之心，朕實鑒之。特將貢物内地理圖畫像、山水人像收納，嘉爾誠心，即同全收。並賜爾國王白玉如意一柄、翡翠玉朝珠一盤、大荷包二對、小荷包八箇，以示懷柔。至爾國距中華過遠，遣使遠涉，良非易事，且來使於中國禮儀，不能諳習，重勞唇舌，非所樂聞。天朝不寶遠物，凡爾國奇巧之器，亦不視爲珍異。爾國王其輯和爾人民，慎固爾疆土，無間遠邇，朕實嘉之。嗣後毋庸遣使遠來，徒煩跋涉，但能傾心效順，不必歲時來朝始稱向化也。俾爾永遵，故茲勅諭。」

《仁宗實録》卷三七三　嘉慶二十五年庚辰，秋七月乙卯朔，享太廟。上親詣行禮。幸圓明園。

《仁宗實録》卷三七四　壬申，上以秋獮木蘭，自圓明園啟鑾。戊寅，上至熱河，聖躬不豫。己卯，上不豫。皇次子智親王旻寧、皇四子瑞親王綿忻，朝夕侍側。上仍治事如常。嚮夕，上疾大漸，召御前大臣賽沖阿、索特那木、多布齋，軍機大臣托津、戴均元、盧廕溥、文孚，總管内務府大臣禧恩、和世泰，公啟鐍匣，宣示御書嘉慶四年四月初十日卯初立皇太子旻寧。戌刻，上崩於避暑山莊行殿寢宫。八月乙己，奉移梓宫至京，奉安乾清宫。是歲，十月甲辰，恭上尊謚曰：受天興運敷化綏猷崇文經武孝恭勤儉端敏英哲睿皇帝，廟號仁宗。

道光元年三月，癸酉，午時，葬昌陵。上在位二十五年，聖壽六十有一。

雜録

備録

陳康祺《郎潛紀聞初筆》卷一二《廓爾喀賀教匪蕩平》　嘉慶八年八月十二

日，廓爾喀國以教匪蕩平，奉表稱賀。其略曰：「小臣廓爾喀額爾德尼王吉爾巴納足塔畢噶爾瑪薩，九叩跪奉如天覆育，如日月照臨，撫育萬國，壽如須彌山堅固，至大至尊文殊菩薩大皇帝寶座前：切小臣聞湖南教匪滋事，致天威震怒，遣兵剿除，今已平定，從此永享昇平之福，小臣聞之欣慰。小臣受恩深重，虔脩土産微物表文，叩賀天喜。小臣屢蒙天恩，視如子民，惟有一心歸順，和睦鄰封。小臣陽布離京甚遠，小臣年幼，懇將小臣當作奴輩，當時施恩教導，沾恩不淺」云云。其貢物計十二事，有左插刀、彎刀、雙眼鎗、鍍金鍍銀鳥鎗等名。語質意恭，誠心賓服，宜其長承寵賚，至今猶恪備藩封也。

陳康祺《郎潛紀聞二筆》卷七《仁宗留心詞賦》 嘉慶二十三年大考之次日，仁宗召英相國諭曰：「汝子奎照、奎耀試作，耀當在二等，照次之，今日閱卷，未嘗宣露一字，俟拆封後看若何？」既而耀居二等，照列三等，仍爲滿洲第二名。越日，聖駕詣東嶽廟，小黄門傳諭云：「文章自有定評，日昨所斷，竟不爽。」仁宗幾暇留心詞賦，當時操玉尺者，洵未易也。

陳康祺《郎潛紀聞二筆》卷一二《仁宗信任李忠毅》 嘉慶初，李忠毅公長庚勦除洋匪，屢敗蔡牽於浙洋，以閩師掣肘，牽尚游弋海上。上聞，逮治督臣，而代者入閩中文武之譖，疏參忠毅逗留，捏報斬獲。諭密詢浙撫清安泰公，賴公力陳忠毅勦賊之勇，海戰情形之難，仁宗委任忠毅，由是益篤。當時賊中謡，有「不怕千萬兵，只怕李長庚」之語，亦達天聽。

陳康祺《郎潛紀聞二筆》卷一六《仁宗尊師念舊》 仁宗之於朱文正，禮數逾涯，恩榮終始，前輩紀之詳矣。公殁後數年，公姪錫爵方爲山東藩司，而山東學政黄勤敏公亦文正昔所特薦也。仁宗批勤敏謝恩摺云：「朱錫爵才勝於德，汝應念石君師傅之舊恩，時加訓戒，毋忽。」并令轉諭知錫爵，令其回奏。御筆於石君二字上空一格。聖天子之尊師念舊，歷久不渝，有諭教之責者，宜何如捫心自效與？

陳康祺《郎潛紀聞三筆》卷三《仁宗以莊敬日彊健行不息二語分鐫寶璽》 嘉慶二十四年，仁宗皇帝聖壽六十，包元履德，惴惴矜矜，乃命以「莊敬日彊、健行不息」二語，分鐫寶璽，非所謂日慎一日歟？

陳康祺《郎潛紀聞三筆》卷三《仁宗注意治河》 嘉慶初，海口墊淤，河流每被壅遏，仁宗申諭河臣，設法疏導，並於御園之南，特建惠濟祠河神廟，歲時親詣升香。自此洪流順軌，淮揚之間，水患以弭，漕艘亦皆尅期北達，蓋一誠之感也。

陳康祺《郎潛紀聞三筆》卷八《仁宗留意微員》 嘉慶中，兵馬司指揮謝昫，以同知外用，初選登州，上以其地簡，特寄諭撫臣，於兖、沂、曹一帶對調，遂改兖州。蓋謝任中城時，曾以緝捕出力，蒙賞戴翎枝，故上猶識之也。仁宗整飭吏治，雖末秩閑曹，必慎重遴擇如此。

備論

昭槤《嘯亭雜録》卷一 丙辰元日上既受禪，和珅以擁戴自居，出入意頗狂傲。上待之甚厚，遇有奏純廟者，託其代言，左右有非之者，上曰：「朕方倚相公理四海事，汝等何可輕也？」珅又薦其師吴稷堂省蘭與上録詩草，覘其動静。上知其意，吟詠中毫不露圭角，故珅心安之。及純廟崩後，王黄門念孫、廣侍御興等先後劾之，上立命儀、成二王傳旨逮珅，並命勇士阿蘭保監以行。珅毫無所能爲，控制上相，如縛庸奴，真非常之妙策。恭讀《味餘書室稿》中《唐代宗論》，有云：「代宗雖爲太子，亦如燕巢于幕，其不爲輔國所譏者幾希。及帝即位，若苟正輔國之罪，肆誅市朝，一武夫力耳！乃捨此不爲，以天子之尊，行盜賊之計，可愧甚矣！」乃知睿謀久定于中矣。

今上在藩邸時，朱文正爲上書房師傅，朝夕訓迪。上深知其醇正，於親政後特召入都，日加親信。朱故宿儒，亦持躬勤謹，時有嘉猷入告故上之行政，惟以仁厚爲本。至癸酉林清之變，駢戮百餘人，上惻然哀憫，命有司於菜市口築壇超度，猶秉文正之教也。文正既殁，踰年上駐蹕趙新店，猶命近臣代奠，有「哀我哲輔，松楸在望」之諭焉。

今上即位後，厚待儀、成諸王，雖不假以事權，每有過失，必寬容之。儀王性剛愎，在上前作爾汝辭，成王遇事模稜，不竭力以報效，上待之如舊。己巳秋，慶郡王遊桃花寺行宫，乙亥秋，儀王奉祭裕陵，私回京邸，有司議以黜革，上惟罰鍰示懲而已。諸王子孫皆封貝勒、貝子諸爵，至於孩提，皆授以應封頂帶。其連枝友于之愛，實後世所罕見也。

楊遇春部

綜述

《清史列傳》卷三七《楊遇春傳》 楊遇春，四川崇慶人。乾隆四十四年中式武舉，於四十五年入本省督標効用。四十九年，甘肅石峯堡回民不靖，四川總督福康安率師往討，遇春隨征出力，拔補龍安營把總。

五十二年，復從福康安出師臺灣，討平叛匪林爽文，敘功，賞戴藍翎，遷茂州營千總。五十七年，復隨征廓爾喀，在事有功，擢四川城守右營守備。五十九年，福康安調雲貴總督，遇春隨赴雲南。六十年二月，貴州逆苗石柳鄧聚衆圍正大營、嗅腦營、松桃廳三城；湖南逆苗石三保等圍永綏廳，附首逆吳半生爲亂。三月，遇春隨福康安督兵赴黔剿賊，屢戰克捷，連日解正大營等處賊圍，將賊寨盡行燒燬。捷入，賞換花翎。復隨欽差都統額勒登保分兵赴湖南，援永綏，圍亦解。四月，攻克竹子山、蘭草坪賊寨，福康安上其功，賜勁勇巴圖魯名號，遷雲南督標中營都司。尋以擒首逆吳半生於高多寨，擢四川松潘營遊擊，仍下部議敘。嘉慶元年二月，遷四川晋安營參將。十月，以進剿平隴賊巢，奮勇出力，得旨以應陞之缺陞用。旋擢廣東羅定協副將。十一月，逆苗吳廷義成擒，苗疆肅清，復下部議敘。

時湖北教匪滋事，延及川、陝各省，上命額勒登保移苗疆兵至湖北剿辦林之華、覃加耀等股匪，遇春從焉。二年五月，敗賊於長陽縣之廖家臺。六月，敗賊於打子臺。閏六月，賊竄宣恩、建始等縣，遇春跟蹤追剿於羊公頭、尚書巒、長坪，盡有殲擒，又殪賊於官店口。賊竄金果坪，偪近金雞口糧臺。遇春帶兵繞至護守，果有賊匪窺伺，擊卻之；復追擊於白魚寨，均斬獲無算。十月，賊踞恩施圍子嶺，抗拒官兵，遇春奮擊，復敗之，賊竄歸州終報寨。三年正月，進攻終報寨，其地懸巖峭壁，四面斗絕。遇春夜縋而登，率士卒冒矢石，鼓勇直進，生擒首逆覃加耀、僞元帥張正潮，並擒賊目覃加師等百餘名，殲賊黨無算。

是時賊匪有青、黃、藍、白、線等號，又設掌櫃、元帥、總兵等僞稱。上命額勒登保移師赴陝西商雒一帶，迎剿襄陽白號高均德、黃號姚之富、齊王氏股匪，遇春隨征入陝。三月，抵興安，偵知賊目李全等自盩厔趨藍田，欲與高、齊等逆合，遇春帶兵躡擊，殲擒二千餘人。四月，首逆高均德自雒南竄秦嶺，遇春率兵追擊至紫溪嶺，斬獲甚夥。五月，復隨額勒登保赴湖北，會同四川將軍興肇等剿辦襄陽藍號張漢潮股匪。賊屯聚南漳，爲我兵所截，竄通穀城。遇春帶兵由章村棚兜剿，四面夾擊，斬級五千，生擒九百餘人。六月，敗賊於竹山之菩提河，餘匪竄入陝界，遇春仍隨剿入陝。七月，擊賊於平利之孟石嶺，敗之。九月，在廣元之吳家河擊剿高均德、李全等股匪，克之，殲賊千餘。十月，偵聞閬州、儀隴邊界之張公橋，有賊匪橫竄，遇春帶兵衝截，獲賊首張漢潮之子正隆，賊首羅其清遁走大鵬寨。

時遇春丁父憂，請回籍守制，額勒登保以軍務緊要，奏請仍留本任，得旨允行。尋擊賊於觀音坪，連奪賊卡，遂破大鵬寨，剿洗過半，殲斃羅其清之父從國，擒賊目苟彬，羅其清遁入青觀山。十二月，復攻克青觀山寨，擒賊目苟文知、魏應聘，羅其清復竄巴州之蔡家梁。遇春連戰連捷，逆首羅其清及其子永福，弟其書、其秀皆就獲，伏誅。是月，擢甘肅西寧鎮總兵官。四年正月，追剿青號逆首徐天德股匪至廣安之蕭家溪，賊方躡渡，遇春分兵抄擊，殲賊千餘名，淹斃者無算。賊竄新寧之仁市鋪，與黃號股匪王光祖合，勢復張。遇春間道繞出賊前，兜擊之，復斃賊多名。二月，敗徐天德於大竹之童家場。三月，迎剿月藍號股匪包正洪，分三路兜圍，敗之於大竹之南山坪，殲戮甚衆。適川省月藍號股匪蕭占國、張長庚自閬中趨營山，遇春移師迎剿，連戰於黃土牆、譚家山，殲賊六千餘；斬占國、長庚於陣，得旨嘉獎，並下部議敘。

四月，追剿白號僞元帥張子聰於梁山向家場，逐北二十里。賊由陳家場分路竄逸，官兵緊躡賊蹤，至雲陽之大黃山、四方山、周家壩一帶，俘斬多名。賊遁竄太平之楊家山，與襄陽黃號首逆樊人傑、太平黃號股匪龔建合，復竄至開縣譚家壩，遇春率官兵分路攻擊，痛殲其衆。五月，張子聰竄竹峪關，與通江藍號股匪冉天元合，遇春攻克賊卡，賊潰奔杜家坪，旋向鎮龍關奔逸，欲與青號股匪王登廷合。時王登廷方踞馬鞍寨，七月，遇春攻克馬鞍寨。八月，追至鄷都扶齊灘，又克之。適偵知甘肅白號股匪楊開甲竄至杜家坪，即由蔥子坪翻山迎擊，斬馘無算。仍旋師西鄉流渡壩，追剿王登廷。登廷奔土丫子，遇春奮勇截擊，殲賊一千八百人，生擒八百餘人，獲僞元帥斬有年等。九月，追剿阮正隆股匪於廣元之雲霧山，斬級五百，正隆死於陣。十月，剿徐天德股匪於雞公梁，殲賊千餘。時王登廷折回川境，與冉天元合，遇春率兵窮追，十一月，疊戰於巴州花叢埡、老官廟、鷹背梁，皆有斬獲。王登廷孑身竄至蒲江縣，經鄉勇追獲，斬之。

五年三月，擢甘州提督。先是，白號首逆張天倫繞至黑河，上以黑河與甘省徽縣、兩當接壤，即可直趨秦隴，詔遇春由棧道西出賊前，奮力攔擊。至是，遇春敗張天倫於成縣嚴家壩，又敗之於兩當二郎壩，又大破之於燕子嶺，均俘斬無算。時楊開甲方擾商雒，遇春由寬坪擊之，賊將由龍駒寨竄河南。遇春豫扼龍駒寨，痛殲賊衆，賊西竄，豫境以安。敘功，予雲騎尉世職，並賞賚焉。五月，白號股匪劉允恭、劉開玉糾合賊衆，屯踞東安之大小中溪，遇春率兵進擊，輾轉兜截二十餘里，殲擒允恭、開玉，及其餘黨，又擊敗襄陽黄號股匪伍金柱於漢陰之手版巖，又擊之於銅錢窖，陣斬賊首龐洪勝，擒其子龐有兒，及賊目楊大燕等，計俘斬五千餘。六月，追及楊開甲於洋縣之茅坪，俘馘二千餘，斬開甲於陣。疊邀獎賚，並下部優敘。

時黄號伍金柱，藍號冉學勝、張世龍，白號張天倫、馬五，先後竄遁甘肅，連兵窺陝西。遇春由陝入甘，出棧道，直趨三岔山進剿，在東岔河、東河橋，迭次俘斬無算。賊不能東逸，並將老林匿匪陸續搜捕，殲二千餘人。又有白號股匪陳傑越棧道欲東竄南山，遇春在陝境大石板迎擊之，擒陳傑，盡殲其黨，仍回兵三岔河堵剿。賊兵夜至，犯我師，遇春有備，擊敗之，而成都將軍富成等以無備被戕。適甘肅巡撫台布奏請增兵，諭曰：「行軍勝負，全係將領之才與不才，不在兵之多寡。即如賊匪前次攻撲各路營盤，惟楊遇春早有準備，轉獲勝仗，即其明證。」八月，擊斬伍金柱於成縣之峽溝，又擊斬賊首宋麻子於鳳縣之潘家溝。九月，剿高二、戴四股匪於西鄉之螞蟥溝，又追擊於舊司河，殲斃僞總兵楊永祥，並斬獲賊黨甚衆。十月，白號馬五、黄號王廷詔等連兵踞安康銀硃壩，遇春率馬步兵三路剿殺，由銀硃壩追至吴家河沿，賊大潰，殲賊目徐一貓、張誠、詹如貴，獲賊目柯如德等，將餘孽偪過漢南，陝省南山肅清。上嘉之，賜裘服。

十一月，追剿徐天德及高、馬等逆於安康、平利界，疊有斬獲。賊仍分股竄逸，遇春即由安康渡江，從漢陰截剿，以遏商雒之路。十二月，以冉逆等竄近武關，遇春復出子午谷入藍田一帶迎截，遏賊東竄，在喬家溝、冷水河連戰克捷，賊不能窺豫、楚邊界。上以遇春衝寒冒雪，不辭勞瘁，嘉之。六年正月，截擊冉學勝股匪於石泉之兩河、石塔寺，殲斃冉學勝之子冉更枝，賊目冉大志、張廷柱，斬級

四百，生擒三百餘人，得旨賞賚。時高三、馬五、王廷詔等經官兵偪剿，竄至五郎之藥壩，遇春方追剿冉逆，途次偵知之，乘夜掩擊，俘斬多名，獲僞帥方世傑。二月，追剿高三、馬五後股賊匪，由斜峪關躡擊，截其由陝入甘之路，復趨舊州鋪、鋼廠截剿其前股，殲擒甚衆。尋追及王廷詔於川、陝邊界鞍子溝，擒之。均邀賞賚，並下部議敘。是役也，遇春奮勇追賊，晝夜馳四百餘里，馬逸驚墜，受傷，仍力疾逐北，卒擒其渠。上尤嘉獎，並溫詔垂詢焉。三月，上念遇春前任副將時丁憂，留軍營帶兵，已屆服滿，未能回籍經理喪葬，賞銀三百兩給遇春家屬，俾無分心家事，並諭以軍務告竣後，即當賞假省視墳塋。四月，高、馬二逆竄至禪家巖，遇春料賊必由寧羌之二郎壩奔逸，急率兵趨斜谷，先抵二郎壩，分兵伏龍洞溪，既而賊果至，盡殲其衆。高三、馬五，及馬五之子秉太，姪秉全、秉明，僞元帥朱泗林，僞總兵張世德等，皆就擒。捷聞，晉騎都尉世職。

五月，擊冉學勝於紫陽之天池山，敗之，賊竄木蓮橋。督兵追擊，途次聞白號僞元帥張天倫等五股合兵屯聚洵陽高唐嶺，移師往剿，克之。六月，敗張天倫於孤家坡，賊復走與冉學勝合。遇春揮兵兩路奮擊，擒天倫，殲賊衆無算。捷入，賜以御用玉鞢、荷囊。七月，以黄號首逆曾芝秀等敗遁入川，戴四、崔胡等逆亦向川潰竄，遇春入川追剿。八月，擊賊於通江之報曉埡，痛殲賊衆，生擒藍號首逆冉天泗、王士虎，及僞總兵王士勤等，餘匪竄大池壩，遇春冒雨疾追，又擒賊目朱九璥等多名。得旨獎賞，並下部優敘。十一月，擊藍號股匪李彬於達州劉家壩，擒賊目魏中均、唐執禮，餘匪南竄，復追至高家河，殲其衆，擒賊目龐思宇、楊應學多名。七年二月，命額勒登保督同遇春辦理陝境苟文明股匪及各股零匪，迭次抄截，俱有斬獲。上念遇春晝夜奔馳，實已不遺餘力，屢以溫諭慰勉之。六月，在龔家灣獲苟逆妻羅氏、子三皮子。七月，苟文明就擒。得旨嘉獎，下部議敘。是月，調固原提督。十二月，川、陝、楚剿捕逆匪，大功戡定，諭曰：「楊遇春自隨征以來，在諸將領中勇略尤著。節次殲擒首夥各逆，爲數較多。著加賞二等輕車都尉世職。」

八年正月，追剿零匪於觀音廟、天池寺、鐵廠溝，皆有斬獲。七月，以陝境太白山有零匪竄出，上命遇春迅速督率官兵極力搜剿，以期早就廓清；又命自箭桿山以東至安康、平利、二竹邊境一千餘里，分段各鎮將，均歸遇春統領，督飭巡搜。九月，以南山餘匪復有蠢動，遇春未將賊數據實揭報，褫花翎。十月，丁母憂，賞銀五百兩，經理喪葬，仍暫留軍營帶兵。尋議以陝境東西二千里，道里懸

長，與川省地界犬牙相錯，若防兵株守段落，巡察難周，酌將防兵歸整，擇適中扼要之地安設，抽調防兵內三千名，作爲剿兵，往來截剿。其龍池場迤西一帶，另備剿兵，防賊西竄。諭獎其籌辦得當。九年正月，命將陝西南山隘口及江防，專交遇春堵禦。三月，以在馬溪、容僧河一帶殲斃賊目苟文華等功，賞還花翎。七月，在鳳凰寨剿捕零匪，擒斬僞先鋒羅思蘭等多名，餘黨竄南山，三五成羣，時復嘯聚。遇春帶兵窮搜深山老林，蹤跡殆徧，將首逆苟文潤及各號賊目，以次殲擒，夥黨悉數斬獲。九月，三省全功告蕆，予優敘。賊氛既埽，欽差領侍衛內大臣德楞泰等，議於三省邊界，添設新兵，巡邏彈壓，以遇春聲威素著，兵勇悅服，請令暫駐漢中查察訓練。

十一年二月，回籍守制，百日孝滿，由原籍入覲。七月，行抵西安，聞寧陝新兵陳達順等滋事，即會同陝西巡撫方維甸帶兵馳往查辦。上以遇春能以公事爲重，嘉之。九月，賊由鄠縣斜峪關南竄桃川五里坡，遇春帶兵迎擊，殲賊多名，擒賊目彭貴等，即分兵緊躡追剿，賊勢窮蹙，賊目蒲大芳率其黨乞降，縛送首逆陳達順、陳先倫、向貴，磔於軍。事平，下部議敘。時投誠叛匪內有曾充兵丁者二百餘人，德楞泰令仍歸原伍，上以德楞泰辦理錯謬，壞法養奸，遇春既不勸阻，又不據實奏參，隨同附和，有負任使，下部議處，議降三級調用，命加恩改爲降四級留任。又以剿辦叛匪時，官兵在方柴關臨陣潰散，將遇春解任，交陝甘總督全保、四川總督勒保查明奏參。十二月，降補寧陝鎮總兵官，諭曰：「楊遇春戰功較著，且管兵有方，衆心知感，擢任固原提督，並未到任。此次寧陝叛案及固原等營官兵潰散，皆非伊任內之事，自應量予從寬。已將楊遇春降補寧陝鎮總兵，嗣後當妥爲管束，使營伍日就整肅。」十二年，瓦石坪叛匪韓金堂等滋事，遇春偕提督薛大烈分兵進剿，盡數撲滅，得旨褒獎，下部議敘。

十三年，入覲，命在乾清門侍衛上行走，仍授固原提督。十四年，查閱陝安、漢中營伍，請將訓練懈怠之都司徐龍光等，降革有差。上以遇春認真考校，據實甄覈，諭嘉之。十八年九月，直隸長垣教匪不靖，延及河南，戕害官弁，據滑縣城，勢甚猖獗。上命遇春選帶將弁馳赴豫省，協同欽差大臣直隸總督溫承惠剿賊。尋詔陝甘總督那彥成前赴軍營接辦欽差事務，遇春得聯銜奏事。十月，遇春馳抵衛輝，偵知賊匪方踞道口，其黨數千分屯丁欒集，亟率兵衝擊，斬馘六百餘，餘匪竄歸道口。越日，道口之賊傾巢而出，與官兵抗，遇春痛殲之，斬賊千餘，斷浮橋，絕其西竄之路，遂合諸軍進攻道口，克之，毀其巢，殲賊萬餘，救出難民無算。乘勝進攻滑縣，四面合圍，先分兵擊滅桃源、輝縣匪黨之應賊者，殲首逆李文成，俘斬賊衆無算。十二月，克復滑城，殲賊萬餘，生擒二千餘，救出難民二萬餘，械首逆牛亮臣、徐安國等赴京師，磔於市。敘功，賞二等男爵，賜紫禁城內騎馬，並以黃馬褂及諸珍物賚之。

適陝省南山匪徒萬五因木廠停工乏食，糾衆倡亂，上以遇春熟悉南山情形，聲威素著，命帶吉林、黑龍江馬隊六百名，並酌分蘭州、固原勁兵迅赴陝西，會同陝甘總督長齡相機剿辦。十九年正月，諭曰：「楊遇春謀勇素著，忠君急公。此次辦理滑城叛匪，三月之間，埽除淨盡，實屬可嘉！功成之日，本令來京陛見，因陝省亂民滋事，又派令馳往會剿。該提督及所帶官弁兵丁，倍加勞勩，甚爲廑念。務協同長齡等鼓勵將士，一鼓盪平。」時賊首麻大旗、劉二横行隴、寶，李大旗、楊小一股匪又來與合，遇春馳抵桃花坪，一戰勝之，躡剿至柏楊嶺。其地兩山夾峙，依傍老林，賊衆分屯嶺上，我師張左右翼擊之，遇春親督勁兵，由中路仰撲，立殲麻大旗、劉二。賊驚潰，我師乘勝追剿，盡殲其衆。尋緝獲首逆萬五，磔之，傳首南山。二月，又獲賊首龔貴，殲賊首張占鼇，餘匪淨盡。諭曰：「楊遇春忠誠奮發，所向克捷，厥功甚偉，著加恩晉封一等男。」命與長齡會商陝省善後事宜。三月，偕長齡奏請移駐鐵鑪川、黃牛鋪等處營員，並添募兵丁有差，下部議行。二十五年九月，特加太子少保銜，賞戴雙眼花翎。

道光五年十月，命署理陝甘總督。六年正月，歸化城扎薩克喇嘛請赴甘肅大通一帶購買木植，理藩院已議行，遇春以採辦木植，於民食邊防均爲有礙，奏請停止，從之。六月，回疆逆裔張格爾入卡滋事，喀什噶爾辦事大臣巴彥巴圖等遇害。遇春聞變，檄烏魯木齊提督達淩阿、巴里坤總兵官多隆武帶兵往援，並奏請親率將士馳往剿辦，詔授遇春欽差大臣關防，率諸軍進討。尋命授伊犂將軍長齡爲揚威將軍，總統軍務，遇春暨山東巡撫武隆阿爲參贊大臣。十月，馳抵阿克蘇。時喀什噶爾、和闐、英吉沙爾、葉爾羌已相繼失守，賊氛偪阿克蘇，達淩阿等敗之於托什罕河。張逆復派賊目糾匪黨數千，踞柯爾坪回莊，阻大兵進剿之路，我師分兩路抄截，追至大郝紫爾卡倫，盡殲其衆。捷聞，上以長齡、遇春初到軍營，即獲勝仗，足褫逆酋之魄，諭嘉遇春韜略嫻熟，督率有方，命優加賞賚。十一月，上念邊外沍寒，特賜遇春裘服。

七年二月，師次大河拐，有賊匪五萬屯聚洋阿爾巴特，迎拒官兵，先遣其黨夜襲大營，我師擊卻之。次日，馳至洋阿爾巴特，分三路撲殺，賊大敗，斬馘略盡。張逆復糾賊十餘萬踞沙布都爾莊，我師奮勇剿擊，偪至渾水河，痛殲之，斬賊目色提巴爾第、素丕卡克、占巴克。戰方酣，西北林箐中突有賊出援，遇春亟分兵迎擊，斬獲無算。餘賊竄阿瓦巴特回莊，復糾合匪黨十餘萬，負嵎抗拒，我兵分馬隊潛繞賊後，而以大兵攻其前，三面夾擊，賊不能支，我兵奮勇掩擊，俘斬二萬餘人，殲賊目阿瓦子邁瑪底那爾巴特阿渾，追至洋達瑪河，將沿河一帶回莊匿匪搜剿淨盡。上嘉遇春等三獲勝仗，懋著勳勤，特晉太子太保銜。三月，進攻喀什噶爾，克之，長齡駐喀城，辦理善後事宜，武隆阿因病亦留駐喀城。遇春遂督兵進剿，四月，連復英吉沙爾、葉爾羌。遇春駐葉爾羌，撫綏回民；别遣固原提督楊芳收復和闐。

先是，克復喀城時，首逆張格爾乘間竄逸；及收復英吉沙爾，張逆仍未就擒，詔削遇春太子太保銜。至是，敘克復四城功，賞還太子太保銜，遇春子國佐以四川茂州營都司從征，亦賞加遊擊銜。時上以張逆釜底游魂，無難剋期就獲，不值多勞兵力，命長齡酌留官兵彈壓搜捕，其餘官兵次第凱撤，以息勞勩而節糜費。又念遇春出關日久，陝甘總督事務緊要，命督押凱撤官兵先行入關；而遇春自克復四城後，偵知張逆由拉克沙竄往達瓦爾斯，遂由英吉沙爾與楊芳分途出卡窮追，久之，卒未得張逆蹤跡，七月，乃振旅而還。楊芳追至塔爾克打板，與賊接戰，斬賊千餘，而官兵亦有傷損。詔以遇春等頓兵荒徼，虚延時日，糜費兵餉，竟令零星殘匪傷我官兵，辦理不善，咎無可辭，與長齡均下部議處。部議褫職，命從寬留任。

八年正月，入覲，適生擒張格爾捷聞，命開復任内一切處分，實授陝甘總督，賞用紫韁，諭遣回任。五月，以俘解張格爾來京，護解妥協，下部優敘。六月，命圖形紫光閣，御製贊曰：「少年從征，進不知退。怒馬横矛，善穿賊隊。參贊戎機，克城賊潰。寄以封疆，無慙簡在。」九年九月，請改涼州協副將、莊浪營遊擊二缺作爲題缺，下部議行。十二月，遇春七十生辰，御書「綏邊錫祜」匾額，「三朝疆場宣勤久，兩世封圻積慶多」對聯，及「福」、「壽」字，並壽佛、如意、服物賜之，並賜遇春妻田氏服物。

十年二月，奏言：「口外梨貢，向例由陝甘總督衙門差派弁兵，赴吐魯番採買。雖經嚴立限期，飭令照額採買，誠恐道遠稽察難周，其承辦伯克輾轉假手，亦難免藉端滋擾。請停免，以示體卹。」從之。五月，奏言：「涼州、莊浪二滿營兵缺有限，閒散衆多，請借款生息，增設餘兵，藉資調劑。」部議以增挑餘兵，不如酌補附近綠營兵額，堪以行之久遠，命遇春於涼州、莊浪二處綠營額兵内，酌量均勻挑補二成，以資調劑。六月，又奏古城孳生馬廠，倒斃過多，請敕烏魯木齊都統確切查辦，以歸覈實，允之。八月，喀什噶爾有安集延逆回入卡滋事，遇春以伊犁、烏魯木齊及喀喇沙爾所轄之土爾扈特、霍碩特等處距喀城較近，飛檄調兵往援；並檄甘州提督胡超挑帶官兵，先行出口迎探，相機剿辦，仍奏請檄調固原提標河州、肅州、西安、漢中各鎮標官兵，及西安滿營馬隊，出關進剿。疏入，如所請行。

時遇春已親帶督標兵馳赴肅州，詔頒發欽差大臣關防，命遇春駐劄肅州妥辦後路事宜，毋庸出關，仍授長齡爲揚威將軍，以都統哈郎阿、固原提督楊芳參贊軍務。九月，遇春到肅州，奏言「分派司道大員會同營員照料滿、漢官兵過境，並請由山西、陝西添雇駝隻，以備軍需」；又奏：「自哈密迤西至阿克蘇，計四十站，應支馬匹料草，派員前往喀喇沙爾、庫車等城購辦。」均報聞。十一年正月，以官兵迎剿克捷，即將未到口外之東三省兵及四川兵，傳令沿途駐劄候撤，又請將口外各城糧員酌量裁減，並請撤肅州軍需局，歸併蘭州，以節浮費。上俱從之，諭令回任。是月，京察，諭曰：「楊遇春身經百戰，絶域宣勤，畀以封疆，克勝鉅任。著交部議敘。」四月，偕西寧辦事大臣恒敬奏籌添察漢托洛亥蒙古兵數，分布各卡，隨同官兵防堵操練，得旨允行。

十二年三月，奏遵旨議汰冗員，請酌裁甘肅安西直隸州州判一員，狄道、固原、寧州三州，隴西、安定、中衛三縣訓導各一員。八月，偕陝西巡撫史譜奏請酌裁陝西鄜州州同一員，蒲城縣巡檢一員，寧羌州黄壩驛丞一員，褒城縣馬道驛丞一員，延安府訓導，沔縣、府谷縣訓導各一員，又偕烏魯木齊都統成格奏言：「巴里坤、古城、濟木薩三處馬廠，孳生過多，不能容牧，酌擬變價留牧章程，以充兵餉而疏馬政。一、廠地不敷牧放，宜量爲疏通，以免擁擠；一、牧兵毋庸添設，以節糜費；一、定價無取過重，以舒民力；一、交價不可過遲，以重餉項；一、口老碎小之馬，請按年頂替，出廠估變；一、取孳大兒騍馬，不准以馬駒抵補。」兵部以所請三廠挑變馬一萬二百餘匹，爲數過多，駁令再行覈實詳查，以杜浮濫。至按年如數頂替出羣一節，既失從前設廠取孳之意，又啓將來任意挑變之私，應毋庸議，餘俱議行。遇春尋覆奏：「原請挑變之馬，業經詳挑，實係不堪適用，若不如數變估，則水草不敷，良劣擁擠，倒斃損傷，勢所不免。有關牧務，請仍如原奏辦理。」上允之。十月，奏裁陝、甘兩省馬步守兵一千九百五十名，馬四百餘匹，所節省糧餉乾料，爲撥補回疆新增防兵之用，下部議行。

十三年，甘肅都司葉昌泰規避防差不遂，以派差辦事不公等詞，揑款具稟，遇春奏請查辦。諭曰：「楊遇春公忠體國，實心膂股肱之臣，朕所深信。該都司意存挾制，無知妄爲，可惡已極！著革職，解交刑部審訊。」鞫實，治罪如律。十四年正月，京察，諭嘉遇春中外宣勞，功勳懋著，下部議敘。十二月，皋蘭縣匪徒鄭曼年等糾衆滋事，焚署傷官，旋即捕獲，置之法。遇春以未能先事防範，自請處分，議處如例。十五年正月，因病陳請開缺。諭曰：「楊遇春起自行間，歷事三朝。自少壯從戎，每遇軍書旁午，無不在事馳驅。忠勇嚴明，深嫺韜略。功勳懋著，洊邀五等之封。朕御極後，特加簡擢，畀以陝甘總督重任，復能盡心職守，於邊省事務，控制得宜。訓練軍實，整飭官方，實心實力，不避嫌怨。老成威望，中外皆知，實朕股肱心膂之臣。茲因年近八旬，舊疾復發，瀝情籲懇開缺調理，若重違所請，朕心實有不忍。楊遇春著准其開缺，緩程來京陛見，親加慰勞，量爲恩施，以榮其行，且俾伊得申瞻戀之忱。屆時再令回籍，息心頤養，優游林泉，以示優待勳臣、眷念無已至意。」五月，入覲，命晉封一等侯，在籍支食全俸，並以御製紫光閣畫像贊一軸，及人葠、服物賜之。又賜御書詩扇，詩曰：「元勳入覲允歸榮，功立才全際太平。宣力三朝邀寵錫，抒忠百戰播威名。官兼文武真難遘，志篤廉明永不更。晉爵酬庸延後世，林泉頤養話長生。」諭令回籍。十六年，特賜「福」、「壽」字各一方，人葠十兩，交四川總督鄂山帶回給領。

時遇春子國楨丁母憂在籍，命服闋後，迅即來京聽候簡用。十七年二月，卒於家。遺疏入，諭曰：「予告陝甘總督楊遇春自乾隆年間，以武舉效力行間，每遇軍務，無不在事馳驅。身經百戰，歷事三朝，懋著勳績。前於嘉慶年間平定滑縣賊匪，仰蒙皇考仁宗睿皇帝賞給二等男爵、紫禁城內騎馬，旋晉一等男爵。朕御極後，賞加太子少保銜，並賞戴雙眼花翎。嗣因克復回疆四城，晉加太子太保銜，賞用紫韁。由提督擢任陝甘總督，恪共忠藎，實爲國家股肱心膂之臣。前年因年近八旬，舊疾舉發，懇請開缺回籍調理，朕不忍重違所請，特命來京陛見。追念勳勞，晉封一等侯爵，准其回籍，支食全俸。上年四川總督鄂山來京陛見，朕特親書『福』、『壽』字二方，頒發內府人葠十兩，令鄂山帶回賞給祗領。方冀頤饗林泉，永膺福祉，茲聞溘逝，悼惜難堪。披覽遺章，不禁垂淚！楊遇春著加恩晉贈太子太傅銜、兵部尚書。照尚書例賜卹，入祀賢良祠。賞銀二千兩，經理喪事。任內一切處分，悉予開復。應得卹典，該衙門察例具奏。伊子楊國佐，著賞加副將銜。所有應襲侯爵，著楊國楨承襲，服闋後，即來京陛見，以示朕優卹勳臣、有加無已至意。」尋賜祭葬，謚忠武。十八年九月，署四川總督蘇廷玉題請入祀崇慶州及成都省城鄉賢祠。諭曰：「已故陝甘總督楊遇春歷事三朝，身經百戰，勤勞懋著，功在旂常。前已加恩入祀賢良祠，著准其入祀鄉賢祠，無庸再交部議。」

子國楨，襲侯爵，現官山西巡撫。

雜録

備録

《庸閒齋筆記》卷五《楊鬍子歌》 成都楊忠武公遇春，嘉、道時名將也。以武舉從征教匪起家，身經百戰，無不克捷，官至提督，改文階爲陝甘總督，晉封一等昭勇侯。予告，年逾八十而薨。臨終自知死期，會四川總督同安蘇公廷玉往訪之，公出見，手交遺摺，托其代奏，時固無恙也。蘇公不得已帶之歸，公即于夜間逝世，豈非生有自來者耶？仁和馬秋藥太常履泰有《楊鬍子歌》，人奇而詩亦甚奇，讀之，覺公之精神意氣猶躍躍紙上也。詩云：賊怕楊鬍子，賊怕鬍子走脫趾。不怕白鬍大尾羊，（時有總兵姓羊。）只怕黑鬍楊難當。賊正首鼠疑未決，瞥見鬍子擲身入。刀嫌太快矛太尖，只使一條鐵馬鞭。逢人撾人馬撾馬，血肉都成虀中鮮。須臾將士風湧波，縱橫步騎從一騾。賊忽乘高石如雨，鬍子鞭已空中舉。賊忽走險奔如蛇，鬍子騾已橫道遮。森森賊寨密排壘，鬍子從外陷其內。重重賊隊圍如帶，鬍子從內潰其外。鬍子鞭騾繞賊走，吞賊胸中已八九。瞋目一叱鬍搓枒，賊皆撲地爲蟲沙。相傳失路曾問賊，賊指問道教鬍出。賊寧不怨鬍子鞭？頗聞鬍子爲將賢。鬍子待士如骨肉，蟻大功勞無不録。拔擢真能任鼓鼙，拊循合淚吮瘡痍。噫嘻！賊中感服尚如此，豈有官軍肯惜死！」寫得生氣勃勃，彷彿聽鼓鼙之聲而思將帥之臣矣。然此詩作于嘉慶年間，猶未覩道光七年公征西域時之偉績也。

《庸閒齋筆記》卷一二《楊遇春逸事》 富陽周芸皋觀察凱，由進士歷官至福建興泉永道，所至卓有政聲。道光十二年，臺灣民張丙作亂，大府調觀察攝理臺灣道事，戡定之際，搜捕餘孽，鞫訊犯供，無枉無縱；辦理善後事宜，籌畫周密。去任至今，將四十年，臺地疊遭東西夷外警，而境内風塵不驚，盗賊不起，則措置之善也。溯自康熙二十二年，臺灣始入版圖，至道光十二年，僅一百五十載耳，而亂者凡十五起，或請大兵剿之，或以本省兵平之。其亂之生也，或數年，或十數年輒一見。其自相殘賊，則間歲有也。觀察精心運用，力籌所以善厥後者，條教章程，規畫悉當，海疆得以久安無事，其功甚偉。去歲，日本窺臺，東南旰食，惜觀察久歸道山矣。觀察文集中，有記前陝甘總督楊侯逸事一則，仰見疆臣養威重尊國體之至意，讀之不勝佩服。侯豈預知今日東夷之抗我顔行耶？因亟録之，使後世知我朝廷之威德焉。

回疆張格爾之亂，戕大臣，據喀什噶爾城，圍和闐、葉爾羌、英吉沙爾三城。上命大學士長公爲揚威將軍往征之，以陝甘總督楊侯參贊軍事。抵七里河，與賊夾河而軍。侯以所部先濟，賊見中流人馬高大殊于常，驚爲神。侯擊之，伏屍萬餘，張格爾遁。復喀什噶爾城，三城圍解。既而久不得賊，或謂賊畏侯不敢出，侯在軍，不可得也。上召侯回陝甘總督任。總督駐蘭州，控嘉峪關，回疆出入要地也。尋遣伯克伊薩克誘張格爾出，獻俘京師，回疆平。上嘉伊薩克功，加郡王銜。伊薩克素强盛，雄長諸伯克，與二子分領三大城，桀黠通華言。道光十一年，奉詔入朝，自恃功高，益驕侈非分，輿馬繁多，所經回疆，諸伯克盛其供張，比入關，猶盛。甘肅府縣請于布政使白侯，將迎諸郊，侯曰：「無須，第視我行事。」明日，將至，侯以令箭招至數里外，伊薩克乃單騎從數人來，侯令自戈什哈以上，有頂戴者，冠帶華服，不佩刀，轅門平列至堂下皆滿。伊薩克至轅門，下馬步行，見兩旁官屏息立，無聲，傴僂不敢仰視。至堂側少許，命入見，堂以内虛無人焉。一巡捕官導之行，歷廳事數重，侯見之便室。居中高坐，常衣冠，二童子侍旁，于地施紅裀一。伊薩克及門，未踰限，雙足跪，摘冠叩頭。侯令一童子扶以入，命坐。伊薩克叩頭者再，乃坐。道温語竟，侯自拂其髯曰：「吾老矣，較在回疆時奚若？」曰：「更精神。」侯曰：「汝亦老，鬚髮加白。吾輩受大皇帝厚恩，當思及時報稱，爲子孫計，無妄想。」伊薩克叩頭曰：「謹受教。」侯又曰：「大皇帝念汝，少住即行，無多從，宜往謁各官，皆有食物恣汝啖也。」令一童子扶之出，伊薩克汗流竟體，裏衣皆濕，上馬行數里，神始定。侯諭布政使下及府縣官，以外藩禮禮之。明日，伊薩克減騎從行。或請故，侯曰：「蘭州爲入關第一省會，俾知天朝儀注，他省加禮，乃知恩矣。」同安令項廷綬，時官甘肅，親見之，爲凱言。又曰：「凱旋兵初過州縣，横甚，毆知縣。報聞皆咎令，侯意不謂然，比至，親臨堂皇，就轅門捆責帶兵官各四十，受責者五十餘人，斬毆官者一人以徇。兵後無敢譁。」侯任固原提督三十年，陝甘婦豎識與不識，皆畏愛侯。及官總督，見所屬益謙，曰：「吾麤人，公事懼有失，幸助我。」然所策斷，悉中度，非人所及。凱嘗見侯于乾清門外，偉軀幹，美丰儀，頳面修目，詞氣藹然，髯長三尺許，覆胸，白如銀，文武威風，天人也。侯名遇春，四川崇慶人。經大小二百八十餘戰，無不以身當先，未嘗受創。年八十有一，以疾致仕，未報。次子國楨時巡撫河南，求解職侍養蘭州，詔許之，在官受養，中外以爲榮。旋侯復請命安車入都，召見數四，賜克什、蔆、幣無算。侯初以平滑縣功封一等男，至是晉一等侯。勑各省地方官護送以歸，食俸于家。夫人年亦八十，子弟官文武二品者，一門八人。舊所部戈什哈官提鎮者，同時十餘人。貴州果勇侯芳，侯同姓，繼侯爲固原提督，先侯而侯，亦侯所拔也。

備論

《國朝耆獻類徵初編》卷一九二 銘曰：少年從征，進不知退。拍馬横矛，善穿賊隊。參贊戎機，克城賊潰。畀以封疆，無慚簡在。御製像贊，天語煌煌。才全功立，得此益彰。元首明哉，股肱則良。嗚呼我公，邦家之光。

右墓誌銘，李惺撰。

阮元部

綜述

《續碑傳集》卷三《阮文達公傳》 阮元，字伯元，一字雲臺。乾隆丙午舉人，己酉進士。由翰林院編修大考一等第一名，擢少詹事。歷官詹事，内閣學士，户、禮、兵、工等部侍郎，山東、浙江學政，浙江、河南、江西巡撫，漕運總督，兩湖、兩廣、雲貴總督，太子少保，體仁閣大學士。嘉慶己未、道光癸巳，兩充會試總裁。戊戌秋，予告回籍，晉加太子太保，支食半俸。丙午科重宴鹿鳴，晉加太傅，支食全俸。二十九年十月十三日卒，年八十六歲，予謚文達。國史有傳。

生平持躬清慎，屬吏不敢干以私。爲政崇大體，所至必以興學教士爲急。在浙江則立詁經精舍，在廣東則立學海堂，選諸生知務實學者，肄業其中，士習蒸蒸日上，至今官兩省者，皆奉爲矩矱。其撫浙時，安南艇匪肆掠，親督水軍，禦諸台州，會神風助順，賊船盡碎，溺海者無算，僞總兵倫貴利等皆伏誅，僉謂誠感神祐所致。海盜蔡牽屢擾閩浙，奏請以提督李忠毅公總統兩省舟師，不分畛域，立專注首逆隔斷餘船之法，循環攻擊，識者謂牽之殲斃於温州黑水洋，全得力於此策。

其撫江西時，嚴查保甲。破獲朱毛俚謀反鉅案，未嘗控弦發矢，銷叛逆於未起事之先，保全民命甚多，遂膺宫保、花翎之賞。

其在雲貴時，留鹽課溢額之半協濟邊防。騰越廳邊外之野人出没無常，甚爲民患，惟保山縣境有猓猓熟夷，弩箭最精，爲野人所憚，因籌款招募，以資捍衛。野人聞風斂迹，相率獻木刻乞降。是時，提督曾勤勇公會勦廣東叛猺，力戰先登，功居第一，出諸將上，中外咸以爲知人。而其碩畫遠謀尤以督兩廣時爲著。履任之初，即籌備緝捕經費，俾州縣無畏累諱飾之心。廣西富、賀、懷、集，廣東連山、陽山多盜，以接界之姑婆山爲逋逃淵藪。因調集兩省重兵，三路合圍，掃其巢穴，先後獲會匪劫盜數千，内地一律肅清。又創建大虎山礮臺，以防夷患。奏禁鴉片煙，不許帶煙之洋船入口，並將保結之洋商某三品頂戴參摘。見廣東省城布政使街酒館用木板畫夷館式，怒斥之曰：「此被髮祭野也。」立諭府縣毁之。暎咭唎護貨之兵船殺二民人於伶仃山，遂封閉其艙，不容貿易。數月後，夷目稟請查獻凶犯，始令照舊通商。蓋久料暎夷桀驁，遇事必加裁抑，故終其任兵船不敢再犯粵洋。及致任後，因夷氛甚惡，致書伊公里布代奏，請駕馭咪唎㗐，以制暎咕唎，爲以夷攻夷之策，粵東當事者寢而不行。迨暎爲鄰國所侵，和議始成，方共服爲老成謀國之遠慮，然後知其三十年綏靖封疆功德之被於人者遠矣。

歸田後，怡志林泉，不與郡縣相接，而於地方義舉無不倡捐以率之。待族黨故舊咸有恩誼，樂於汲引後進，休休有容。至其論學之宗旨在於實事求是，自經史小學以及金石詩文鉅細無所不包，而尤以發明大義爲主。所著《性命古訓》、《論語孟子論仁論》、《曾子十篇注》，推闡古聖賢訓世之意，務在切於日用，使人人可以身體力行。初，在史館采諸書爲《儒林傳》，合師儒異派而持其平，未嘗稍存門户之見。其餘説各經之精義，如《周易文言》、《堯典朔閏》、《雅頌文王》、《清廟禮記》、《孝經明堂》，載於《揅經室集》者，不可枚舉。所編《經籍籑詁》、《十三經校勘記》，傳布海内，爲學者所取資。《疇人傳》、《淮海英靈集》、《鐘鼎款識》、《山左》《兩浙金石志》並爲考古者所重。即隨筆記録如《廣陵詩事》、《小滄浪筆談》等書，亦皆有關於掌故。所刻之書甚多，最著者爲《十三經注疏》、《皇清經解》，嘉惠後學甚溥。督學時，士有一藝之長，無不獎厲，能解經義及古今體詩者，必擢置於前。總裁會試，合校二三場文策，績學之士，多從此出，論者謂得士之盛不減於鴻博科。主持風會五十餘年，士林尊爲山斗。蓋生平以座師大興朱文正公爲模楷，故其經術政事與文正相類云。

《續碑傳集》卷三張鑑《雷塘盦主弟子記》 先是，先生以賊情下詢諸官弁及士庶人。定海孝廉方正李巽占以厚集兵勢，力杜盜源請。定海教諭王鳴珂以防禦六事，攻擊三事，預籌四事請，言皆可用。鄞縣令郭文鉷請合江閩舟師。黄巖令孫鳳鳴請先滅土盜。台州府教授沈焯請厲武舉以寓約束。黄巖縣教職李其瀾、湯棫請禁商船、漁船。定海令宋如林請查偷漏。紹興府經歷黄敬修請造巨船、巨礮。先生因於杭州、甯波、温州設治局，鑄鍛大礮四百餘門。奏令沿海州縣民壯兼習鳥鎗，不增餉而增兵千百。嚴號令，警弛廢，厲廉隅，肅賞罰。檄沿海村岸十丁立一甲，十甲立一總甲，一村立一總保，一山一嶴立一嶴長，給以費，使之互糾通賊者，獲之有賞。檄漁户小船堊以白，編其姓名年貌，屬之埠頭旗長，晨出者暮必返，不返者有稽，遠赴者鳴於長，船之偶者分正腳，私駕者毀其船。檄汛口凡船出互稽之人，日持米升五，合驗以印票，私漏者執之，執私漏者賞以私漏之物。檄海濱佁者遷入城，私造鐵器出城者，有誅。檄兵船漏硝磺以濟賊者，斬。檄商船毋獨行，賊來則禁出海，不遵令者，有罰。私充標客以誤商者，誅。檄營汛察奸民，有緣商被劫而爲保釋者，有以酒米易賊貨爲之消贓者，百姓執之者有賞，子弟爲盜父兄詭爲陷賊者，吏稽之。檄村嶴壯丁團練相守，立耆老紳士之賢者爲村長，有警鳴金相召，有不應者，梏其頸。檄府縣營汛實力同心，賢能者敬之，擢之，弛者、縱胥吏擾民者，疾如仇。遣教職佐雜官數十人分巡海口，微服步行，率鄉勇綫民以爲禦捕。雕木印，令其事無鉅細，直達行轅，無少隱。以故千里海澨皆如目睹，而營縣亦互相糾，不敢少諱。於是，定海縣教諭王鳴珂率鄉勇守黄巖。定海令宋如林稽空船出口，空出者，給以照。平陽令楊鏻肅清漁户，爲團練鄉勇二千七百人。鎮海令魏右曾力行保甲，造鐵鎗千杆，民踴躍從者六百，衣上書勇字。黄巖令孫鳳鳴令士民自派壯丁，備木棍竹筅鋤耙石塊，識以旗，旗上書丁名，丁立其下，王鳴珂實統之。沿海之旗，連續如雲，金聲一聲，農兵畢集，故賊不敢近窺村落。太平令趙擢彤于海岸壘石爲垣，外周以塹，兵勇内伏。甯海令陳鵬南于健跳螺師山設劈山礮以擊賊船之入口者。象山令徐元梅於石浦泥灣設立礮房，而鎮海之小港、大碶頭，慈谿之後山北，定海之西道頭，臨海之海門、金沙灘，太平之狗洞門、石板殿、蠶殼嶴、金清港、石塘，樂清之歧頭、蒲頭、洛西地嶴，皆奸民偷漏之地，令既行巡。樂清縣教官王應虞訪奸民龔大等通於盜，誅之。先生又用計訪鄞之姚家浦爲土盜之藪，擒其魁姚富衡，其保長首出姚阿三等十六人。又温台各巡員獲通盜張周貴等數十人。又有浙盜潛登岸僞充鄉勇刺聽官虛實者，詰獲立斬之。樂清張阿三素附鳳尾賊登岸，其兄集族人縊殺之。沿海村民演戲自約禁偷漏，閩浙賊窮蹙斷糧。

《清史列傳》三六《阮元傳》 阮元，江蘇儀徵人。乾隆五十四年進士，改翰林院庶吉士，充《萬壽盛典》纂修。五十五年，散館授編修。五十六年二月，大考一等第一名，超擢詹事府少詹事，入直南書房，充《石渠寶笈》協修、日講起居注官。十月，遷詹事，充文淵閣直閣事。十一月，詔充石經校勘官。五十八年，提督山東學政。六十年八月，調任浙江學政。九月，擢内閣學士，兼禮部侍郎銜。嘉慶三年八月，陞兵部右侍郎，旋調禮部右侍郎，仍留學政任。九月，任滿回京，仍入直南書房。四年正月，轉左侍郎，署兵部左侍郎。三月，充經筵講官，尋調户部左侍郎，充會試副考官。七月，兼署禮部左侍郎。九月，兼管國子監算學。

十月，署浙江巡撫，五年正月，實授。先是，浙洋有安南夷艇及鳳尾幫、水澳幫、箬黄幫盜船數百隻，出没爲患。元赴温、台督飭定海鎮總兵李長庚率兵攻剿，並捐廉添設大船大礮，以資攻擊；陸路兵按三成挑選，專司訓練。得旨嘉獎。二月，檄黄巖鎮總兵岳璽剿箬黄幫，獲船十二，生擒盜匪一百七十餘人，箬黄幫由是遂滅。又訪獲南沙海濱疊次窩劫盜犯陳阿三等。奏入，諭曰：「阮元到浙未久，於積年窩盜要犯，即能飭屬嚴拏，具見緝捕認真，任事實心，克副委任。著交部議敘。」又諭：「此等盜犯經刑部覈議，亦斷無監候之理。該撫審訊明確，即應恭請王命正法，何必拘泥請旨，俾要犯尚稽顯戮耶？」

五月，夷艇復竄至浙，元馳赴台州，請以定海鎮總兵李長庚總統温州、黄巖兩鎮協同策應，並請調粤、閩舟師會剿，允之。六月，夷艇私入浙洋之松門山，勾結水澳、鳳尾各幫，屯聚伺劫。元駐師台州，先布間諜，令互相猜忌，水澳幫駛退，颶風夜起，賊艇百數十號爲海濤衝擊，覆溺無算。元檄兵乘機奮擊，棄艇登山，元復檄各陸路兵赴山搜捕，先後生擒八百餘賊，得安南僞總兵印，首從以下治如律，難民及脅從者釋之。黄巖縣知縣孫鳳鳴等擒獲安南僞總兵倫貴利，磔於市。自是夷艇鳳尾幫皆滅。九月，檄黄巖鎮總兵岳璽、温州鎮總兵胡振聲會剿水澳幫於東臼洋，礮沉船一，奪船二，生擒三十餘人。賊潰，水澳幫亦滅。

十一月，疏言：「清查倉庫彌補情形，大略以本官尚在，即分別咨追，若參革身故，即著現任次第彌補，每年節省浮費，按月解交，以補本缺之虧；次劃補同府、州、縣；次劃補通省最苦州縣，十年以外，守此不變，始能清楚。」得旨：「所辦是。彌補之法宜緩不宜急，於官有益，於民無損；日計不足，月計有餘。」六年正月，以兩浙所屬歷代帝王陵寢及名臣先賢祠墓，舊册罣漏甚多，考訂補闕，咨部註册。又奏温州披山洋礮沉侯齊天盜船一，生擒十二人；定海鎮遊擊許松年雪夜入馬蹟洋獲盜船一，生擒十九人，嶕潭洋截獲盜船一，生擒十人，均報聞。五月土盜張阿慍等九十名，悔罪投誠，奏請分別入伍安插。七月，請以蕭山牧地每畝減徵銀一二百文不等，其課銀上、中兩則者，俱改爲下則，請於牧租錢二萬二千二百五十餘串内，歲減三千三百串有奇，竈課銀三千六百九十餘兩内，歲減一千九十九兩有奇，別籌生息，以足旗營之用，藉紓民力。如所議行。八月，檄李長庚、岳璽會剿盜匪蔡牽於三盤洋，獲船二，生擒十五人。十一月，疏報臨海開墾田六十四畝有奇升科。七年八月，請添設乍浦卡房，增兵防守，彩旗門西山嘴添設大礮二門，大麥山添設大礮八門，得旨允行。

時有賣油幫土盜楊課等百數十人投誠，繳鐵礮六十一門、槍械百餘器，奏請分別入伍安插。十一月，以南沙私鹽充斥，請發帑官收。皆從之。八年正月，偕學政文幹會奏創修玉環廳學，並添設學額，以溫州府學訓導改爲玉環廳學訓導。閏二月，奏請立杭、嘉等八府昭忠祠，以歷年剿捕洋匪，傷溺官兵二百九十餘人從祀，上韙其奏。嗣洋盜有黄葵者聚十餘船，創名新興幫，又稱再興幫，在洋面行劫。元檄黄巖鎮總兵張成捕之，獲船三，生擒七十餘人。五月，奏台州颶風，玉環廳屬搜捕登岸洋匪八十餘人。六月，入覲，賞賚錫宴有加。上詢問海塘，元奏經費不敷，請以嘉慶五年所停西湖歲修銀及商捐存息銀，統交商領生息，歲撥一萬六千兩爲西塘埽工之用，允之。九月，回任。十一月，總兵胡振聲夜襲蔡牽於南麂洋，未獲；參將李景曾等復襲之，礮沉船三，生擒九十六人，蔡逆遁。元親往寧波，檄提鎮分擊於南北麂洋，礮沉船一，獲船二，生擒八十餘人。先是，給事中蕭芝奏請採買米石，由海北運，有旨命元議覆。是月，疏陳：「浙西地狹民稠，蓋藏不足，向皆仰食客商接濟。連年荒歉，買米補倉，若再採買，恐妨民食。況海運經數百年不行，猝支國帑，輕試風濤，非慎重之道。米多則未能猝辦，米少則於事無濟，未便舉行。」報聞。

九年正月，奏張成追捕黄葵幫於茶盤洋、三蒜洋，獲船六，礮沉船二，生擒百餘人。二月，京察屆期，上以元有守有爲，清儉持躬，下部議敘。六月，偕閩浙總督玉德會奏海盜蔡牽滋擾，請以提督李長庚總統閩、浙兩省水師，不分畛域，合力兜拏。是月，總兵胡振聲率兵赴閩，在臺灣陣亡。元以遊擊高麒瑞救護不力，請奪職。八月，奏提督李長庚率將弁攻蔡牽於定海北洋，獲船一，礮沉船一，生擒五十餘人。蔡逆自是遁閩。時杭、嘉、湖三府水災，元請借支帑項運川、楚米，減價平糶，並倡捐賑恤，分別蠲緩，借給籽種，緩徵漕幫，扣項覈減鹽價，皆如所請行。時江南清口水溢，元請漕船迎兑，並採購運米十二萬五千石，搭解通州，得旨，所辦俱妥。十年三月，黄葵幫盜首五百餘人，以十船赴溫州投誠繳械，元以其人衆分別安頓，黄葵幫自是亦滅。奏入，上嘉其辦理妥協。又疏報定海縣開墾塗田二千一百餘畝升科。上軫念浙省偏災，恩賞米十五萬石，命元分派被水地方，辦理平糶。閏六月，丁父憂。

十一年，上以元將服闋，命署福建巡撫。兩江總督鐵保代元陳奏因病籲辭，上命鐵保派員診視。十二年十月，服闋，署户部右侍郎。十一月，命赴河南審辦已革勒休知府熊之書控案，讞定，問擬如律。尋補兵部右侍郎。復授浙江巡撫，暫署河南巡撫。十三年三月，赴浙。諭曰：「阮元去浙江巡撫之任，已及三年，今復任其地，務當認真籌辦，以靖盜源。洋面斷絶接濟，爲制海盜第一善策。如果查拏嚴密，一切無從透漏，盜匪劫掠商漁貨物，亦不能上岸銷贜，匪衆生路既絶，黨夥必日行涣散。沿海姦民，不能與盜往來，無從覓利，亦必各謀生路。阮元抵任後，應即督同溫州、黄巖、定海三鎮等，於扼要口岸實力稽查，不得空言駐守，方爲有益。」

七月，蔡逆與洋盜朱濆合幫，嘯聚百船，擾定海洋面。元馳赴寧波，檄三鎮防剿，令海口大船收入口内，小船不許出洋，以防被掠，且杜接濟。時將屆鄉試，奏以學政劉鳳誥代辦監臨事。八月，以藩庫平餘銀八千兩修杭州石塘。尋擊敗蔡逆，遁入閩洋。十一月，蔡逆復由閩竄浙，元赴寧波，檄兵會剿，敗賊於落伽洋，礮沉船一，生擒賊匪八人。及之於馬磧山，又乘勝追至黑水洋，蔡逆棄船，乘夜仍遁入閩洋。初，元之在豫也，餽送侍郎廣興銀千兩，廣興因事被訐，元以是罣吏議，降四級調用，上加恩改爲降三級留任。十四年正月，奏請以河莊山煎窪改歸許村場管轄，黨山煎窪改歸錢清場管轄。二月，濬西湖。時有土盜亞盧幫爲患海上，元檄溫州鎮總兵李景曾捕之。四月，臨海縣知縣王維埥率鄉勇追捕，定海鎮總兵朱天奇繼之，先後共獲八船，擊沉船一，擒斬百數十人，餘匪南遁，尋滅。元飭提鎮專注蔡逆，分兵隔其餘船。五月，疏報寧海開墾沙田一千六百二十六頃升科。六月，修錢塘江岸。七月，奏福建提督王得禄、浙江提督邱良功會剿蔡逆於寧波，獲船一，俘馘百餘人。

時御史陸言奏參浙江學政劉鳳誥代辦監臨舞弊，上諭元曰：「朕聞劉鳳誥沉湎於酒，任性妄爲，罵詈教官生員，以致下人肆行亂法等事。汝係巡撫，又係伊同榜，必應嚴參，以示大公於天下。若意存徇庇，恐汝不能當此重咎。」尋奏劉鳳誥實無使酒諸事，惟代辦文闈，監臨場規從嚴，士子懷恨，致滋物議。得旨，所奏皆非確事，命侍郎托津、周兆基，光禄寺少卿盧蔭溥赴浙按問。八月，奏覆劉鳳誥代辦監臨時印用聯號屬實，附參元查訪不確，含混覆奏。上以元袒庇同年，不顧公議，交部嚴加議處。尋議上，得旨：「阮元止知友誼，罔顧君恩，輕重倒置，即著革職。」九月，上五旬萬壽，覃敷愷澤，以元官聲尚好，學問素優，賞給編修，在《文穎》館行走。十五年四月，擢侍講。九月，充日講起居注官。十六年七月，擢詹事府少詹事。十二月，擢内閣學士，兼禮部侍郎銜。十七年四月，命偕內閣學士文孚赴山西，鞫汾陽商人郭常新控巡撫衡齡案，坐郭常新妄控；又議吉蘭泰鹽務章程以聞。語詳《文孚傳》。五月，擢工部右侍郎，兼管錢法堂事務，命赴河南按林縣劉鳳翱控告知縣李道謙新收漕糧事，讞定，治如律。

八月，授漕運總督。十八年二月，會同兩江總督百齡奏添海州、揚州官兵俸餉，令鹽商捐辦，有旨嚴飭，斷不可行，仍交部議處，旋降二級留任。又奏微山湖水淺，不敷濟運，請加隄閘，從之。五月，全漕渡黃，以盤查迅速，下部議敘。又請修邳、宿一帶河閘，諭曰：「阮元奏請添閘，所論甚爲通暢。邳、宿一帶，每年因水淺加築草壩，臨時多購土方，事後又聽坍卸。下年所挑之土，即上年所築之壩，官員利每年開銷。一經建閘，水蓄舟行，無可藉口，遂多阻撓。其實添建一二閘，所費無多，而年年轉可節省，此事不可再有因循。」七月，上以江、廣各幫趲行較遲，敕元督運，事竣不必陛見，即督飭幫船迅速南旋，趕兑新運。十九年閏二月，《全唐文》告成，以元前在《文穎》館行走，議敘，加二級。

三月，調江西巡撫。九月，奏獲謀逆姦匪，訊出胡秉耀買得殘書，內有陣圖及悖逆俚語，即向逆夥邱忝澤、楊易、盧勝輝誇稱楊易以朱毛俚可以假託前明後裔，邀赴謀逆，僞封胡秉耀官職，輾轉糾約入夥，現往奉賢縣查辦。上以元到任未久，即將鉅案立時發覺，温諭嘉獎，賞加太子少保銜，賞戴花翎，並翎管荷囊賜之。十二月，獲傳徒匪犯鍾錦龍等，置之法。二十年正月，奏獲進賢縣結盟擔匪曾文彩等，擬罪如律。二月，奏停止官辦雩都煎磺。又奏：「江西倉庫錢糧皆有虧欠，清查之法可一試，不可屢行。州縣虛出通關，膽愈大而辦理愈難，國帑反多無着，請立二法：一則以交代爲盤查，一則以比較驗彌補。」皆從之。四月，貴溪、安仁兩縣首先拾獲逆詞，鈐用九龍硃印，有「在江寧聚會」等語。奏入，命交兩江總督百齡查辦，旋獲逆犯方榮陞，伏誅。二十一年正月，奏：「改南昌府爲衝、繁、難三字要缺，請旨簡放；贛州府爲題缺，歸調；南昌府同知爲衝、繁中缺，歸選。」下部議行。六月，禱雨廬山，請以廬山列入祀典，從之。

閏六月，調河南巡撫。十一月，擢湖廣總督。十二月，入覲。二十二年二月，奏修省垣江隄。七月，建江陵范家隄，沔陽州龍王廟石閘，請移湖南沅州涼傘通判駐晃州，改爲直隸廳通判；移黔陽訓導一員爲晃州訓導；苗民應考，除去「新童」字樣，以民籍應試，增定學額；並添設巡檢一員。下部議行。

八月，調兩廣總督。十二月，奏建大黃窖、大虎山兩礮臺。二十三年正月，請撥通省兵二百名，以百名安置閣西，把總領之；八十名安置大虎山，千總領之；二十名添置焦門礮臺，外委領之。裁水師千總一員，陸路把總、外委各一員。下部議行。二月，密陳豫防英人事宜，略言：「英人恃强桀驁，性復貪利。以目前情形論，似宜多鎮以威，未便全綏以德。否則所求或遂，所望愈奢，貪得之心曾無厭足。倘敢擅入內洋，即隨機應變，加之懲創，一則停止貿易，一則斷其食用買辦，一則開礮火攻。惟當嚴飭各礮臺備弁督率兵丁，不動聲色，暗加嚴備。彼國伎倆，惟恃船堅礮利，一經上岸，則無拳無勇，與東倭不同。或謂攻擊，恐生事端，此似是而非之論也。」疏入，奉硃批：「總須德威相濟，不可妄動，慎之！」

五月，兼署廣東巡撫。復密陳英人情形，略言：「定例，夷人貨船不准擅入內洋，天朝界限極爲嚴肅。向設各處礮臺，正爲豫防偷越之用。查英人懼强欺弱，其伎倆長於水短於陸，强於外洋弱於內洋。汪洋巨海之中，横行無忌，不值與之相角。倘違例禁，駛進礮臺地界，則以石臺之礮，攻木板之船，使彼望而生怯，其勢如魚困轍，一人之力足以制彼數人。蓋勢强則彼不敢輕犯，理足則彼不敢藉口。各國商船皆知彼犯我禁，非我輕啓彼釁也。」得旨：「國家撫馭外夷，具有一定規制，尺寸不可稍踰。遵守者懷之以德，干犯者示之以威。如該英人不遵定制，妄希進口，亦先當剴切曉諭，以杜其覬覦之心。倘竟恃强，不能不使懾我兵威。總之懷柔之道，當先以理勝，使直常在我，則彼無所藉口。斷不可孟浪從事，亦不可過示怯弱也。」又奏改廣州佛山同知爲要缺，在外調補，改瓊州同知爲簡缺，仍駐本府，毋庸駐崖州彈壓，從之。

二十四年四月，已革廣東布政使富綸遣家丁呈控元於柳城縣鄧學厚命案，刪減原奏，朦朧誣參，上命刑部右侍郎文孚提訊。尋奏言：「阮元審擬並無錯誤，惟指富綸爲偏徇。又署藩司程卓樑僅止會銜，乃與署臬司宋鳴琦並請嚴議，均屬過當，請交部議處。」得旨：「阮元審辦鄧學厚一案，均無錯誤，不必再以詞語小疵，責備原奏之人，阮元著無庸交部議處。」又以廣西六塘墟地方盜犯劉老晚連劫翁一恕等六家，元坐失察，部議降一級調用，上以元駐紮較遠，改爲降一級留任。閏四月，請築桑園圍石隄，以衛民田，添設豐順縣留隍巡檢一員，裁稅課大使一員，移黃岡司巡檢駐饒平柘林地方，移大埔縣大産司巡檢駐白猴地方，將同仁、巖上、三甲等處撥歸兼管。六月，請裁各營繒艍、艕仔等船改造大八槳船，爲深洋捕盜之用。八月，奏請疏通潮橋鹽商積引，並展徵課項。均從之。

是月，復兼署廣東巡撫。疏報南海、嘉應等縣補墾沙田五千三百三十七頃有奇升科；請飭學政以雷、瓊二府歲科兩試連考，俾士子少涉風濤之險，用示體恤，得旨允行。十月，來京祝嘏，命與正大光明殿筵宴，屢拜玉如意、文綺、荷囊之賜。二十五年正月，復兼署廣東巡撫。七月，奉命馳赴廣西查辦灌陽添弟會匪，旋獲唐三茂等，治如律。道光二年五月，奉命查閱兩廣營伍，奏廣東省額設馬步戰守兵六萬二千八百十五名，又添設六千四百九十名，請於馬多營分酌裁馬五百三十五匹，以馬兵作爲守兵；廣西省額設馬步戰守兵二萬一千四百三十名，又添設二千一百五十三名，除地居邊要，額設無多營分外，酌裁兵六百三十名。上允所請。九月，兼署學政，兼署粵海關監督。查禁夷船夾帶鴉片煙，參摘洋商伍敦元頂帶。二年二月，請撥存庫馬甲銀一萬兩生息，爲駐防八旗文武舉人會試之用。得旨，著照所請，每名給二十兩外，再加三十兩；其驍騎校、領催、前鋒及筆帖式進京引見各員，除原賞二十兩外，亦著加恩加賞三十兩。是月，拏獲高要會匪陳亞等置之法。

先是，英人護貨兵船泊外洋伶仃山，登山汲水，與內地鬬毆，互有傷斃，英人延未交出兇手。三月，元飭弁兵封該夷貨船，禁止貿易。尋呈請畏服，元諭嗣後護貨船俱有大班管束，定爲例。閏三月，入覲，賞文綺。三年正月，復兼署廣東巡撫。七月，請建肇慶南門外礮臺，又奏改平樂府通判爲平樂縣縣丞，移駐沙子街地方，以資彈壓。均下部議行。四年正月，請定洋米易貨例，諭曰：「粵海關向准洋米進口糶賣，免輸船鈔，糶竣回國，不准裝載貨物。近來該夷因回空無貨壓艙，難禦風濤，且無多利，是以米船來粵者少。自應量爲變通，著照所請，准原船載貨出口，徵收稅課，以示體恤。」二月，奏：「廣東沿海匪徒肆擾民居，勒令給錢，名曰『打單辦案』。例無明文，請援恐嚇取財例，分別首從，從重治罪。」五月，請於番禺縣屬添建倉屋二十四間，並女監提牢等房，凡外解命盜人犯，及罪止軍流者，均歸監禁，令河泊所大使就近兼管。皆允之。

六年，調雲貴總督。七年三月，添設安順府屬郎岱廳學，增定學額，移永寧州訓導爲學正。以滇省産鹽，子井衰旺不齊，雲龍等五井缺額，在石膏等井代徵抵補；又以新開鹽井試辦期內，向以溢課充公，請於奏銷款內歲撥三千兩爲公費，於奏銷時造册報部。均如所請。十月，籌邊費一萬兩，招募倮倮三百户，駐騰越廳屬邊界，給以山地屯種，以防野匪，從之。八年二月，奏滇鹽溢銷，諭曰：「阮元奏滇鹽大有起色，上年鹽課奏銷，溢出餘銀一萬五六千兩。覈計本年較上年溢餘數倍之多，請將此項銀兩酌撥量濟邊費，所辦甚好。嗣後於每年奏銷時，查明以一半報部，一半存庫，以備邊用。」三月，奏獲謀刻石篆寫造逆詞匪犯王士林等，置之法。八月，請於昆明改建新倉，以一米易二穀存倉；又奏運銅官沿途支借水脚，其項每至虚懸，請加給運費。得旨：「增給運費，由湖北、江寧二省藩庫各半發給，作正開銷，滇省於請撥銅本銀內扣除，免其入册報銷。」十二月，入覲，賜紫禁城騎馬。

十年三月，龍陵廳芒市土司放承恩所屬夷人波岩翦滋事，元檄官兵剿捕，餘匪潰散。十一年，奏騰越廳邊界原駐倮倮夷練三百七十户，以防野匪，每年公項本數支用。得旨：「准於司庫備邊項下先借二萬兩，飭發該府廳置田招佃，其銀由本省捐廉分補。」十二年六月，奏黎平各屬離省較遠，秋審之案請歸貴東道審勘，移報臬司，以免拖累。九月，奏裁雲南曲靖同知一員、彌沙井大使一員，曲靖、大理、永昌三府司獄三員，順寧府知事一員；裁貴州盤石司巡檢一員，錦屏縣知縣、典史、訓導各一員，所管地丁糧米，撥歸開泰縣管理，添設教諭一員，作爲錦屏鄉學，歸開化考試，添設錦屏縣丞一員。悉如所請行。

是月，命協辦大學士，仍留雲貴總督任。十三年正月，請於雲、貴兩省才具較優之遊擊，遇有題陞參將缺出，兩省互爲陞調，下部議行。二月，入覲。時元七十生辰，御書「亮功錫祜」額，「福」、「壽」字及珍玩、文綺賜之。三月，充會試副考官。十四年四月，奏普洱府思茅廳所屬車里土司刀繩武遠逃，地方安靖，撤回兵練，另請襲職，如所請行。十五年三月，召來京，擢體仁閣大學士，管理刑部事務，旋管理兵部。時越南保樂土州目農文雲內閧，爲防兵追捕，走死。事竣，奏撤兵練。八月，來京。上以元年老，免帶引見。十二月，兼署都察院左都御史。十六年二月，充經筵講官。四月，充殿試讀卷官，教習庶吉士。十七年三月，上詣丫髻山拈香，命留京辦事。

十八年三月，上恭謁西陵，復命留京辦事。五月，以老病請致仕，諭曰：「大學士阮元由翰林洊陟封圻，敭歷中外。經朕簡任綸扉，綜理部務，盡心職守，清慎持躬。前因病請假，復經具摺籲懇解職，朕疊予假期，俾資調養。茲復奏稱老病日增，醫治未能速效，力請開缺，情詞肫切。若再慰留，伊心恐曠官，轉難調攝，非所以示體恤。阮元著准其開缺，以大學士致仕，加恩賞給半俸，用示朕優待耆臣至意。」八月，奏回籍日期，諭曰：「大學士阮元敭歷中外，宣力五十年，清慎持躬，克盡職守。前以年邁多病，再三懇請解職，已俯如所請，准其致仕，在家支食半俸。茲據奏明擇定行期，朕心彌深眷注。著加恩晉加太子太保銜，從茲怡志林泉，善自静攝。俟辛丑年，朕六旬萬壽慶辰，届時身體康健，即行來京祝嘏，以慰厪念。」

二十三年，元八十生辰，御書「頤性延齡」額，「勛歷宣勤嘉茂績，優遊養福錫蕃釐」聯，及壽佛如意諸珍物頒賜之。二十六年，舉行丙午科鄉試，元以乾隆丙午科舉人，至是重逢鄉榜，諭曰：「大學士阮元品端學醇，勳勤懋著。現在年逾八秩，重遇鹿鳴筵宴，熙朝盛事。著加恩晉賞太傅銜，准其重赴鹿鳴筵宴，並在籍支食全俸。」七月，具摺謝恩，得旨：「覽奏，均悉。願福壽日增，以待三賦鹿鳴之盛事也。」

二十九年，卒。遺疏入，諭曰：「致仕大學士阮元由翰林洊躋卿職，久任封圻。朕御極以來，優加倚任，特畀綸扉。宣力中外，五十餘年。學裕識優，勤勞懋著。道光十八年，以老疾乞休，因其年逾七旬，曲加體恤，准其致仕，並在籍食俸。丙午科重遇鹿鳴筵宴，晉加太傅。方期恩施疊沐，永享遐齡，兹聞溘逝，殊堪悼惜！阮元著加恩照大學士例賜卹。所有任内一切處分，悉予開復。伊子候選知府阮祜，著俟服闋後遇有知府缺出，即行選用；廕生阮孔厚及伊孫舉人阮恩海，均著俟服闋後，交部帶領引見，候朕施恩，用示朕篤念藎臣、優加飾典至意。」尋賜祭葬，予謚文達。咸豐二年三月，入祀鄉賢祠，九月，入祀浙江名宦祠。

元淹貫羣書，長於考證。嘉慶十二年，奏進恭注《御製味餘書室隨筆》二册。所著有《經籍籑詁》、《十三經校勘記》、《山左金石志》、《兩浙金石志》、《石渠隨筆》、《疇人傳》、《小滄浪筆談》、《定香亭筆談》、《廣陵詩事》、《揅經室集》，又編輯《皇清經解》一千四百卷。

子常生，直隸清河道；福，甘肅平涼府知府；祜，候補知府；孔厚，一品廕生，引見以員外郎用。孫恩海，舉人，以主事用。

雜録

備録

陸以湉《冷廬雜識》卷三《阮文達公擬疏》　阮文達公於乾隆辛亥年大考，題爲「擬張衡天象賦」、「擬劉向封陳湯甘延壽疏」并陳「今日同不同」、「賦得眼鏡」詩。閲卷大臣見公賦博雅，而不識賦中「岦」字之音，置三等，繼查字典，始置一等二名。奉諭：「第二名阮元比一名好，疏更好，是能作古文者。」親改擢爲一等一名，遂由編修洊升少詹事。其擬疏辭云：「臣向疏：郅支單于兼并外國，日益强大，殺辱漢使者，在廷諸臣未有爲陛下畫策者。都護延壽、副校尉湯遠戍西域，特發符節，勒師旅直逼康居，破其重城，馘名王，斬閼支氏，請懸首稾街夷邸以威遠服。是沈謀重慮，制勝萬里，師徒不勞，兵矢未折，功莫偉焉。而議者徒以湯矯制，不論其功，反欲文致之，是臣所未喻也。夫將在外，有可以振國威、制敵命者，專之可也。今延壽、湯不避死難，爲國雪耻，而竟無尺寸之封，其何以勸帥兵絶域者？昔李廣利之於大宛，曠日持久，靡敝師旅，僅獲數焉，功不敵罪，孝武猶且侯之；今郅支之功，當十倍於大宛，竟使致身之臣未得封爵，且不免吏議，臣竊惜之。宜請釋其矯制之罪，賞其克敵之功，加以高爵，惟陛下察之。此劉向之疏意也。臣伏見我皇上奮武開揚，平定西域，拓地二萬餘里，凡漢、唐以來羈縻未服之地，盡入版圖，開屯置驛，中外一家。豈如郅支、呼韓叛服靡常，殺辱漢使哉？此不同一也。我皇上自用武以來，出力大臣，無不加賞高爵，或有微罪，斷不使掩其大功。下至末弁微勞，亦無遺焉，未有若延壽等之有功而不封者。此其不同二也。我皇上運籌九重之上，決勝萬里之外，領兵大臣莫不仰承聖謨，指授機宜，有戰必克。間有偶違廟算者，即不能速蕆豐功，又孰能於睿慮所未及之處，自出奇謀，徼幸立功者？此其不同者三也。」公嘗謂所以改第一者，實因三不同最合聖意。

陸以湉《冷廬雜識》卷七《阮文達公聯》　嘉慶初，阮文達公撫浙，爲鄉試監臨，題貢院聯云：「下筆千言，正桂子香時，槐花黄後；出門一笑，看西湖月上，東浙潮生。」歸安王勿菴侍郎以銜之太夫人八秩壽辰，公賀聯云：「多子兩魁天下士，侍郎乾隆乙卯狀元，其弟以鋙同科會元。大年三歷太平朝。」錢塘魏春松觀察成憲之出守揚州也，公贈聯云：「兩袖清風廉太守，二分明月古揚州。」又題吴山吕祖殿澄心閣云：「仙佛緣中，湖山勝處；樓臺影裏，雲水閒時。」是真能吐棄凡艷，天然入妙者。

陳康祺《郎潛紀聞初筆》卷四《宛委别藏》　阮文達公官浙日，進七閣未録書百種，睿廟錫名「宛委别藏」。公仿《提要》例，各書咸有評騭，載《揅經室外集》中。

陳康祺《郎潛紀聞初筆》卷四《阮文達公拯嬰法》 金華貧家多溺女，阮文達撫浙時，捐清俸若干，貧户生女者，許攜報郡學，學官註册，給喜銀一兩，以爲乳哺之資，仍令一月後按籍稽查，違者懲治。蓋一月後顧養情深，不忍殺矣，此拯嬰第一法。

陳康祺《郎潛紀聞初筆》卷九《阮刻十三經校勘記》 江西南昌學所刻《十三經注疏》，四百十六卷，卷末各附校勘記，阮文達公巡撫時捐貲校刻者也。校勘記雖勘於江右，實成於吾浙，蓋公撫浙時，出舊藏宋版十行本十一經，及《儀禮》、《爾雅》單疏本爲主，更羅致他善本，屬詁經精舍高才生分撰成書。《易》、《穀梁》、《孟子》屬元和李鋭，《書》、《儀禮》屬德清徐養原，《詩》屬元和顧廣圻，《周禮》、《公羊》、《爾雅》屬武進臧庸，《禮記》屬臨海洪震煊，《春秋左傳》、《孝經》屬錢唐嚴杰，《論語》屬仁和孫同元。惜南昌刊版時，原校諸君大半星散，公亦移節河南。刊者意在速成，遂不免小有舛誤云。

陳康祺《郎潛紀聞初筆》卷一四《阮文達識拔譚瑩》 中興已來，嶺南人士咸推番禺陳徵君澧、南海譚舍人瑩，爲巋然魯殿，蓋皆阮文達公學海堂弟子也。徵君所著叢書，近已流播，樸茂精塙，學湛於經。舍人《樂志堂集》文詩略，亦多貽息六朝之作。相傳文達節制兩粵，以生辰日避客，屏騶從往來山寺，見舍人題壁詩文，大奇之。詢寺僧，始知南海文童，現應縣考者。翼日，南海令來謁，公諭之曰：「汝治下有博學童子，我不能告汝姓名，近於奪令長之權，代人關説，汝自捫索可耳。」令歸，加意物色，首拔舍人，自此文望日起矣。康祺按：文達撫浙，刱詁經精舍，督粵，刱學海堂，提唱儒流，扇揚雅道，餘韻流風，到今未沫。比之文翁、常袞，尸祝百世，無少愧也。

陳康祺《郎潛紀聞二筆》卷七《阮文達門聯》 《浪迹叢談》稱阮文達退歸後，初署門聯曰：「三朝閣老，一代偉人」，下句蓋敬録天語，非自誇也。然公終恐涉於炫耀，遂改對語爲「九省疆臣」。康祺竊謂名德如文達，午橋緑野，誰不欽遲，自撰門聯，仍嫌好事。

陳康祺《郎潛紀聞二筆》卷六《阮文達愛才（二則）》 乾嘉間，元和三蔣：伯莘於野，仲徵蔚蔣山，季夔希甫，皆工詩，人各一集，幾乎王謝家風矣。蔣山尤淵博，治經史小學，兼通象緯，著述甚精，詩文才力雄富，無所不有。弱冠游浙江，阮文達公一見傾倒，留之學使署，約爲兄弟之交。公復序其《經學齋詩》，謂研精覃思，夢見孔、鄭、賈、許，時不失顏、謝山水懷抱也。

阮文達視學浙西，賞石門吴曾丱之才，爲易名曾貫。吴善五言長律，時修表忠觀新倣成，命之賦詩，吴用八庚全韻爲五排，不遺一字，於工穩中，時露神韻。公因稱之曰吴八庚。試杭州時，新製團扇適成，紈素畫筆，頗極雅麗，遂以仿宋畫院製團扇命題詩，佳者許以扇贈。錢唐陳雲伯大令文杰，纔爲諸生，賦詩最佳，即以扇與之，人稱爲陳團扇。文達久官吾浙，其識拔寒畯，憐才雅舉，不勝書，此二事絶相似，且並紀《定香亭筆談》，爰類次之。

陳康祺《郎潛紀聞二筆》卷六《阮文達推重經學》 蕭山毛西河、德清胡朏明所著書，初時鮮過問者。自阮文達來督浙學，爲作序推重之，坊間遂多流傳。時蘇州書賈語人：「許氏《説文》販脱，皆向浙江去矣。」文達聞之，謂幕中友人曰：「此好消息也。」

陳康祺《郎潛紀聞三筆》卷八《阮文達之祖德》 阮文達公之祖昭勇將軍玉堂，嘗從大帥征苗，有降苗數千百人，帥將戮之，將軍以死請得生。帥怒，百苦之而不悔。嗣没於官，家無儲蓄。公父湘圃封翁承信居貧，潔身自守。偶至其渡口獲一囊，啟之皆白金，而有官牒在其中，愴然曰：「此事上關國務，下繫人命，宜守俟之。」坐至暮，果有一人來，將投於水。詰之，語以失金，且泣曰：「自累累本官，不如先死。」封翁亟出囊付之，不告以名姓。楚有舊家女，窶而鬻於娼，得金二百，時封翁客漢口，竭囊中貲贖之，嫁諸士人。此皆翁貧賤時事。文達既貴，督學浙中，按部駐紹興，有鄉中故人謁封翁於官署，接以禮。故人曰：「清貧若此乎？」翁曰：「家本寒也。」其人徐出一紙曰：「契值千金，爲先生壽。」封翁艴然，白鬚翕張，立而斥曰：「吾生平恥苟得財，故貧耳，君奈何無故而爲我壽，不恤千金。若曰有乞於吾之子，吾子受朝廷重恩，清廉猶不足報萬一，而以此汙之乎。君以禮來，吾接君以禮，君以賄來，恐今不可出此門閾。」其人愕然，叩頭謝罪而退。康祺竊觀世家巨族，子孫通顯，若其人庸庸無所表見，雖身都令僕，而祖德不必其可稽。至於勳名政績，學問操持，果足澤當時而傳後世，則雖一命以上，其先人積累，必先有以屬乎宗族鄉黨之心。醴泉芝草，確有根源，觀於文達父祖，益可興起矣。

陳康祺《郎潛紀聞四筆》卷二《阮元言二通》 阮文達公嘗言：「少年科甲，往往目無今人，胸無古人，最是誤事。但既登館閣，又不能重入家塾。爲枕經胙史之功計，惟留意『二通』，庶知千百年來理亂之原，政事之迹，可備他日出爲世用。『二通』者，《資治通鑑》、《文獻通考》也。」文達蚤歲巍科，體用優備，其立言乃平易淺近至此。然果如公言，亦可令名始終，免備官未聞之誚已。

陳康祺《郎潛紀聞四筆》卷八《阮元一舉而三善備》 嘉慶十九年，江北旱災，流民充斥道路。阮文達公方爲漕帥，由淮安催漕至袁浦，中途有飢民萬餘，攔輿乞食，勢頗洶洶。時漕艘銜尾而北，水淺船遲，公立發令箭，傳諭押運文武官，每船添雇縴夫二十人，以利輓運。適江南十餘幫在境，恰有五百餘艘，俄頃之間，萬餘飢民皆得食，歡聲雷動。蓋此令一出，漕船得速行，飢民得裹腹，而又分幫安插，弭變無形，誠一舉而三善備也。文達以大儒爲名臣，故經綸優裕如此。

陶澍部

綜述

《續碑傳集》卷二三魏源《太子太保兩江總督陶文毅公神道碑銘》 維道光十有九年夏六月二日，太子少保、兩江總督陶公薨於位。天子震悼，詔以公任事勇敢，不避嫌怨，堪式百辟，加太子太保，入祀賢良祠，予謚文毅。並允淮北士民之請，建專祠海州。明年，又特允入江蘇名宦祠，不交部議。嗚呼！朝廷所以勸臣工，風中外者博矣哉！國家承明制，撟明弊，以内政歸六部，外政歸十七省總督、巡撫，而天子親覽萬幾，一切取裁於上，百執事拱手受成。上無權臣方鎮之擅命，下無刺史守令之專制。雖嵬瑣中材，皆得容身養拙於其閒。漸摩既久，以推諉爲明哲，以因襲爲老成，以奉行虚文故事爲得體，惡肩荷，惡更張，惡綜覈名實。若靳文襄之創中河，鄂文端之改土歸流，皆力戰羣議，屢躓屢奮，而後勝之。以怡賢親王之畿輔水利，猶不旋踵而泯蕩。故便文畏事，寠陋之臣，遇大利大害，則動色相戒，卻步徐視，不肯身預。自仁廟末年，屢以因循泄沓申戒中外，優遊成習，卒莫之反也。東南大計，無如漕鹽。二百載來，文法委曲煩重，致利不歸下，不歸上，而盡歸中飽，官民交困。閒有講求刷剔，芟薙更革者，則中飽蠹蝕之人轟起而交持之。

道光五年夏，漕河大梗，萬檣林束。詔江南大吏籌海運。維時上海關僉撓於南通，倉胥吏撓於北屯，船丁役撓於中，不曰風濤，則曰盜賊，不曰霉變，則曰繁費。天子移公自安徽撫江蘇，公倜然一疏任之。明年春，海艘數千，米百六十萬石，條抵天津，不損一人一舟，每百石費僅數十金，視河運省費固倍，視前撫臣章煦所奏海運每百石價三百兩之數且省數倍。明年，公遂擬改蘇、松、太倉三屬之漕永歸海運，以大蘇官民之困，先後陳章程六條、八條，雖事格未竟行，而人知海漕利國利民利官，爲東南拯敝第一策者自此始。

道光十年冬，公督兩江，兼管鹽政。承蠹壞之後，如淮南之窩價，淮北之壩槓，兩湖之岸費，皆浮糜數百萬，仰食其閒者千億計。當事熟視其弊，不敢動。公謂非減價不能敵私，非輕本不能減價，非裁冗費不能輕本。遂奏裁淮南窩價百餘萬，江西、湖廣、揚州各官費百餘萬。又三疏奏駁糧艘夾帶，歲少蘆私十數萬引。而淮北則創改道不改捆，歸局不歸商之制。每歲暢行，倍額溢課數十萬，盡償淮北之積逋，且劑淮南之懸引。末年並欲推淮北之法於淮南，條舉規畫甫定，而公已病。然天下皆知劉晏舊法爲澄源上計，不爲綱法所縛持者，自此始。

方公初議海運，則南漕、北倉撓之；議裁蠹費，則窩商、蠹吏撓之；議裁糧私，則長蘆、總漕撓之；議改票鹽，則壩夫、岸吏撓之。羣議沸騰，奏牘盈尺。使公之仔肩稍不力，天子之倚任稍不堅，必不能善其後。故敬揭公之力犯羣忌，而事未嘗不舉，恩禮未嘗不卒者於碑，以爲封疆大吏勸。又以謂今日東南民計國計，莫困如漕鹽。公所排決疏導，可垂久者大者，亦莫如海運與票鹽。後有來者，欲大蘇東南之困，爲國家籌百世利，非賡其緒而恢之不可也。

公諱澍，字子霖，雲汀其自號也。湖南安化人。嘉慶七年進士，由翰林院編修改御史，歷户科、吏科給事中，巡中城，巡南漕。出爲川東兵備道。道光元年，擢山西按察使、安徽布政使。三年，巡撫安徽。五年，移撫江蘇。十年，加太子少保，總督兩江，兼管鹽政。卒年六十有二。生平所至，興革務，挈大綱，導大竅。若治安徽之荒政、之水利，之清釐庫帑，治江蘇之松江、婁江、白茆河、孟瀆河。他人得其一，皆足名世，而於公則爲緒餘，故不悉書。系出晉大司馬侃，曾祖崇雅，祖孝信，皆贈如公官。考必銓，邑諸生，祀鄉賢祠。曾祖妣彭，祖妣李，妣黄，皆一品太夫人。妻黄夫人，側室賀、張、劉、盧、楊、張。子桄方八歲，恩賞主事。女七。所著《奏議》、《詩文集》、《蜀輶日記》、《陶靖節集注》各如干卷。以二十年某月日葬安化某原。

源自弱冠識公京師，中歲棲遲江左，受知至懇以篤。曾預託以身後樂石文，用敢刪舉其大者，揭諸麗牲，以餉來世。

《續碑傳集》卷二三陳鑾《太子太保入祀賢良祠兩江總督陶文毅公行狀》

公諱澍，字子霖，號雲汀，湖南長沙府安化縣人。系出晉大司馬桓公侃，侃就封長沙，子孫散處吳楚。後唐同光元年，有諱昇者由吉州遷安化，支族蕃衍。十五傳至公之考鄉賢公，生子二，公其長也。少從鄉賢公讀書資江濱之水月庵。庵俯石門潭，兩巖壁立，有方石峙出江心，公所署印心石屋也。

公少穎異，浩歌山水閒，下筆驚人，鄉賢公以此忘其貧。乾隆五十五年，丁黄太夫人憂。六十年，補邑諸生。嘉慶五年，中鄉試。七年，成進士，改翰林院庶吉士。十年，散館，授編修。尋聞鄉賢公訃，歸里。服闋入都。十五年，充四川鄉試副考官。十九年，改江南道監察御史，充會試同考官，巡視中城。二十年，轉掌陝西道，擢戶科給事中，巡視淮安漕務。二十一年，充順天鄉試內監試官，授吏科掌印給事中。二十二年，充會試內監試官。二十三年，巡視東城。二十四年，授四川川東兵備道。

公少負經世志，尤邃史志輿地之學。所至山川，必登覽形勢，訪察利病。典試四川，著《蜀輶日記》，西南要害如指諸掌。及爲言官，劾部員戀棧忘親。及吏部重籤，河工冒濫，外省吏治積弊，又條陳三急五宜，以靖匪徒。屢稱旨。巡視中城半載，斷八百餘案。及巡淮安漕務，盡革陋規。奏籌京口運河，其冬漕艘阻冰高郵，禱於露筋祠，一夕凍解，奏膺封祀，人尤神之。兵備川東，相傳道署不利於官，前後無人署者。公獨居之無恙，謠傳遂息。兵備駐劄重慶，扼大江之衝，估舶鱗集，私梟出没，獷悍鬻劇，號稱難治。公日坐堂皇視事，有訴立訊，剖決如流，數月滯訟一空。又禁胥役之擾累，飭行旅之宵柝。巴、達各縣振飢，衆聚難散。公令先給半月糧，散遣立盡。私鹽横行，沿江千百成羣，當事議令營汛開銃擊遏，公謂是必激變，請減價敵私，計減四分之一，居民盡食官鹽，私販遂絶，數郡安堵，而商銷亦倍額。未期年，政聲大著。

二十五年，今上登極，四川總督蔣公攸銛奏召入京，奏公治行爲四川第一，堪稱大任。是冬，即擢山西按察使。闔郡士民攀轅祖餞，夾江兩岸十餘里不絶。至京，召見三次，欽定三案，令赴任審辦。是爲公受上知大用之始。道光元年三月，至任，兼署布政使。每有京控，多直交臬司，不由巡撫，前此未有也。九月，調福建按察使。至京，擢安徽布政使。安徽錢糧虧空轇轕，凡歷五次清查，皆不實不盡。前任巡撫李公鴻賓復奏明設局清查。公治絲理棼，鈎稽一載，甫有端緒。而三年正月，奉擢巡撫之命，督飭益力，分别應參、應補、應豁。於是三十年庫款之糾結，豁然一清。以爲吏治隳廢，由於賠累牽掣，不克自拔。迨清查後，奏定章程十條，嚴交代，禁流攤，裁捐款，俾官得自立，專力治民，而吏治日起。太平、甯國、旌德三縣不通水道，漕米例由民折官辦。乃奏倣江蘇嘉定等縣例，由司庫領銀采辦，立限徵還，以杜借墊之弊。是年江水大漲，瀕江三十餘州縣隄圩皆破，田廬蕩没。公乘舟徧勘，而以蕪湖爲總匯，羽檄交馳，飲食俱廢。委員分赴上游，買米十萬石，勸捐數十萬金。區處條畫，纖悉周至，流移老疾孩稚者皆有所養，殍殣者有所瘞，民不知災。蕪湖紳士建句宣保康之坊。明年，宿州、懷遠大蝗，公率屬虔禱於省城劉猛將軍廟。未幾，宿州報青龜無數，懷遠報烏鵲無數，一日食蝗殆盡。奏聞，特頒御書「神參秉畀」額。安慶旱，禱於大龍山之孚澤亭，雨隨車沛。又禱雪，至深尺許，冬疫亦息。公以水災既退，水利宜興。親登塗山、八公山絶頂，以覽全淮形勢，兼勘壽州之芍陂、城西湖，懷遠縣之郭塘陂、荆山口，鳳陽縣之花源湖，鳳臺縣之蕉岡湖，以及瀕江各圩垸隄壩，次第籌濬。又以備荒宜豫，而社倉春借秋還，積弊已久，惟有每鄉每村設倉，於秋收後量力各捐，不經吏役，不減糶，不出易，不借貸，歉歲即全散之，樂歲再捐，以數歲救一歲之荒，名曰「豐備倉」。奏定章程十條，行之。購繳鳳、潁刀械，以靖鬭殺之源。裁汰亳州里書，以杜催科之弊。旌表忠烈，上及元明，以敦風俗。捐修省志，以備文獻掌故。盡心教養者如此。其後復於江蘇倣捐豐備倉穀各數萬石，嚴懲邳、徐、海屬帶刀之風，搜查糧艘水手槍械之禁。又陽湖、武進、上元等縣，以一次而題旌節孝三千餘人，或五百餘人，捐建總坊，皆治皖之政所推廣也。

五年夏，江蘇河淮交病，漕運中阻。協辦大學士英公奏籌海運及折漕之策，遷延半載，終無成議。詔移公撫江蘇，與兩江總督琦公善會議。公奏言海運雖屬創行，海船實所熟習。目前籌運急策，無踰於此。惟折漕變價數百萬，勢必銀涌貴而穀陡賤，恐官民交困。來年當以河海並運爲宜，以蘇、松、常、鎮、太倉之漕百六十萬石歸海運，其江廣之漕仍由河運。遂親赴海上，籌商船，訪道路，定價值。六年春，海船雲集，復親往彈壓，重申約束，號令嚴明。各州縣之米銜尾魚貫，以次驗兑。並檄崇明、狼山與山東登萊諸鎮總兵會哨海口，以壯聲威。初運百餘萬石，次運六十餘萬石。由吳淞口出崇明十滧，轉成山，入直沽口，水程四千餘里，皆旬月直抵天津，不損一船。上命重臣尚書穆公彰阿赴驗米色，率瑩潔，過河運數倍。海商運漕而北，載豆而南，兩次得價，且由部發帑收買。海船耗米十餘萬石，其出力之商優給頂帶，皆踴躍過望。先後共用銀百餘萬兩，不請一帑，而漕項銀米自解津應用及調劑旗丁外，尚節省銀米各十餘萬。其海關免税不過萬餘，視河運又省費過倍。奉旨，以公親駐督辦，深協機宜，賞孔雀翎。蓋國家承平一百載，自康熙開海禁以來，商船往還關東、天津習以爲常，凡駕駛之技，趨向之方，靡不漸推漸準，愈久愈精。而春夏東南風順，於漕運北上尤利，且無閘河冗費，倉胥勒索，故費半而功倍。明年，公復與總督蔣公陳海運章程八條，又議復尚書穆公海運事宜五條，欲以甦三吳之漕困，會議中止而未竟也。

自道光三年以來，吳中連歲告潦，由太湖入海之路不暢。吳淞、黃浦、瀏河即禹貢三江遺跡。自黃浦奪溜，而吳淞中幹日微，瀏河則幾全淤，是以水無所泄，當事屢議修濬，不果。其言治吳淞者，又專以建閘禦潮爲首務。公奏言，治水宜挈其要。欲舉全省之溇浦港汊，一一排之濬之，不但無此工力，且太湖來源有限，一泄無餘，亦非所以兼蓄泄防旱澇之計。其弊一由民田爭占，致隘江流；一由多開旁汊，致分正溜。至於吳淞建閘啟閉，欲以抵禦潮汐。不知長江大河，天所以吞吐陰陽之氣，非如無源港汊可扼其吭而節制之也。海潮既能挾沙而來，即能刷沙而去。黃浦從來無閘，而海潮鼓盪，江面闊深。今日治水，以吳淞爲最要。治吳淞，以通海口爲最要。請以海運節省漕項二十餘萬兩興工。得旨允行。於是相度地勢，徑其紆曲。八年二月竣工，海潮直過崑山而西，水深二丈以外，其攔潮大壩，內外刮刷淤泥立盡。公賦《放水》長歌，吳中紳士和者數百。公復請借帶徵緩漕十餘萬石，變價爲濬瀏河之用，部議未允。及遷總督，復與巡撫林公則徐奏言，瀏河與吳淞分流，東達太倉，爲元時海運出口之路。其分支爲白茆，受常州諸水，由常熟、昭文入海，近皆淤塞不通，關數州縣田賦之命。惟二河尾閭皆有攔沙高仰，內水低平，與吳淞地勢懸殊，若開通海口，則潮沙必倒灌。本朝大濬幾次，皆旋即淤塞。莫若挑成清水長河，工省而利久。其海口各建石壩，多置涵洞。平時築閉，以禦渾潮；潦時放水歸海。共估瀏河工十六萬餘兩，借帑攤徵；白茆工十一萬兩，官民捐辦。十四年五月，工竣。公與林公分路驗收，父老夾岸歡迎，咸言百餘年來所未有。論者謂吳中近年水潦頻苦，幸免沈災者，皆吳淞宣泄之力。及是年太湖蛟水陡漲，急檄太倉、鎮洋盡啟瀏河、白茆、海口各壩，不三日，水消數尺，歲仍豐收。蓋自前明夏忠靖、周文襄、海忠介暨本朝莊滋圃協揆後，修舉水利之效未有如公者。

吳中運道莫要於徒陽運河，而練湖爲其上游，孟瀆則其旁支。公自巡漕時節，已條奏利害。及撫江蘇，益事講求。於六年大挑時，首將豬婆灘之古淺展寬濬深，以除漕艘咽喉之梗。惟運河全藉江潮灌注，而地勢陡溜，水去沙留，冬月潮枯，運艘尤滯。練湖上起丹徒，下抵丹陽，周圍百餘里，古稱放湖水一寸即爲運河一尺。近年上練湖已改田升科，僅存下練湖四十里，淺涸不復濟運。公勘知練湖居高臨下，止須堰蓄，無煩疏濬，遇冬月需水時，堅閉運河下游呂城各閘，使水無所泄，則但決湖水亦足以助潮灌運。惟兩湖地勢相平，下湖蓄至七八尺，則上湖田亦淹至二三尺。故上湖居民遇春夏水漲，輒決閘放水，不待秋冬而已涸。於是籌款二萬金，先復黃金一閘，爲練湖關鍵。並改建丹陽運河之黃泥閘，以蓄全湖之水，而運河之上游治矣。其常州孟瀆河，旱則引江潮以灌田，潦則宣洩入江。每遇運河冬月築壩挑濬時，尤爲商船出入要路，與附近之德勝、澡港二河均久淤廢。公前請緩漕餘米十餘萬石，截留變價，爲瀏河、孟瀆工程。至是，先挑孟瀆，而雨雪不時，淤沙屢積，迨十二年冬始竣，而運河之下游亦治。明代漕艘由孟瀆河逆江而上，以至瓜洲，原不專出京口，而丹徒之橫閘、越閘皆可出江，較孟河近十之八。議者止以焦山下石礁爲疑，不知兩岸皆有縴道，惟象山巖腳里許，風順一帆可過。八年冬，糧艘回空，京口潮枯難濟。公先令江船引導，飭松江幫數十艘沿京口南岸入閘。復飭浙江幫千餘艘，由北岸對渡入閘，連檣安渡，埽數歸次，遂開運河之捷徑。十年秋，捕獲戶部假照要犯任開宇、劉東昇，解京，詔加太子少保銜。尋署理兩江總督。是年十月，實授。

公之受總督事也，值私梟黃玉林伏法，前督臣大學士蔣公及鹽政運司皆獲譴。天子廑念淮鹺，欽差戶部尚書王公鼎、侍郎寶公興赴兩淮，會籌改法爲課歸場竈之計。公奏言兩淮歲徵正雜課及帑利銀共四百餘萬兩，繁重甲天下。近年以來，侵虧那墊，積欠如山，勢已窮而無所復之。今議者言改法有三：一竈丁起科，一垣商納課，一場官收稅，皆有散而難稽之勢。且試行之初，清竈招商，改官變法，非一二年規模，不能粗定額課，民食豈能懸待？國家鹽法本來美備，止因事久弊生，有名無實，非法病人，人自廢法。今惟有申明舊章，大加釐剔，則除弊即所以興利。因奏章程十有五條，而欽差復密請裁鹽政歸總督管理，以一事權。公於是專心壹力，釐除積弊。其大端著有成效者四：一曰裁浮費以輕成本。兩淮鹽務自正課外，有揚商之公費，岸商之匣費。公費舊定七十萬兩外，總商復浮用數十萬兩，匣費則湖廣漢岸每引徵至一兩二錢，亦百餘萬兩。二項已與正額相埒。又有根窩，每引價銀一兩，按全引亦須百餘萬兩。其利皆不歸於納課行鹽之商，故成本日重。公奏請裁定公費、匣費，每引止徵四錢。揚州每年開支三十萬，湖廣、江西亦委員查汰，革去總埠，共裁公費、岸費百有十餘萬兩。而窩價每引給一錢二分，亦省費百四十餘萬兩。嗣因湖廣支用浮濫，奏請提質。而公復裁鹽政衙門陋規十六萬餘兩，並繳還鹽政養廉銀五千兩，端本澄源，浮冒胥絕。二曰慎出納以重庫款。鹽課入庫，從前不分正雜。遇有緊解，百計那應。始則以帑本抵額課，迨帑本罄則令商豫納減納，而以豫給印本抵課。迨商墊復窮，則又令其以印本帖息質貸，而以減帖額數攤於後。數綱輾轉，葛藤莫可究詰。又有總商、管庫，不行鹽而專領費，甚至報效皆出庫墊，冒支從不報銷。公奏分二庫，以正項貯內庫，專候部撥，以雜項貯外庫，不許以正項那墊。革去總商管庫，以杜侵漁；永禁印本減帖，以截虛抵，俾勿貽後患。三曰嚴糧私船私以清綱銷。嚮日糧艘回空，夾帶蘆私，每占正綱二月額銷，公分派弁兵，力行稽查。自入境渡黃、渡淮過關，層層搜查，令行禁止。十二年，漕督奏請漕舟許帶蘆鹽，仍完淮課，以劑窮丁。御史亦以爲言。公三奏駁之，謂不但病鹺，亦且滯漕，堅持定議，蘆私遂絕。至儀徵江船裝載鹽兩，重斤夾帶，虛報淹消，借官行私，尤爲腹心之患。公令計船裝鹽，不留空艙，實發水腳，毋許剋扣，嚴查水程，銷數有準，而江船之私亦絕。又力主散輪隨到隨售，而久滯報淹之弊亦少。四曰革五壩十槓以省淮北。北鹽十載無課，徧地皆私。店閉商逃，岸懸引絀，皆由運道迂而成本重。公始則試行官運，繼則決計改票，遂捌改道不改捆之計，定歸局不歸場之制。減稅裁費，招商請票，不數月商販輻輳，場鹽一空。數載以來，奏銷數百萬兩，皆一年行兩綱之鹽，盡完從前之帶殘，且劑淮南之懸引。易簡嚴密，化私爲官，皆從來所未有也。公未受任以前，淮南以十載而行六綱，淮北以十載而行三綱。其每年奏銷報解之銀，一則全虧帑本七百餘萬，而以帑利貽患後來。納課之商，一則設立豫納減納，帖息名色，寅支卯糧，以數十年後之課，豫虧之於數十年之前。以致舊商累倒，新商裹足。及至道光八年、十年間，則已無可那墊，無可借貸。遇報解則庫如懸罄，遇開綱則止收空本。公承極弊之後，自道光十一年辛卯開綱，至戊戌卸任，兩淮八載完正雜銀二千六百四十餘萬兩，而在岸緩納之課尚不在其內，從無銃綱借帑之事，庫貯常實存三百餘萬兩，幾於年清年款。惟帶銷辛卯以前滯鹽殘引一百三十餘萬兩，又帶徵還未銷印本積欠蔆價銃引殘課三百數十萬，皆以今日代償前人之欠，幾占一綱引課之正額。加以引地寥闊，鄰私四侵，事權非盡兩江所轄，而銀價日昂，售課勢難再賤，價不減則不能敵私，而緩納之課，與積壓之引，不能暢速提行，故商力不無前卻。幸近年兩湖總督林公則徐、周公天爵相繼整飭，漢岸銷數漸有起色，而公則已病矣。

公自簡任督撫以來，如漕務之捌海運，淮南之裁浮費，截糧私，淮北之裁壩槓改票稅，皆恒情所動色相戒。公奮不顧身，力排羣議，卒能捌始善終，可久可大，建漕鹺百世之利，俾後人有所取法，皆由聖天子明目達聰，任賢無貳。每述職入覲，召見十餘次，造膝密陳，言無不盡。十二年，捕獲梟匪巨案，奉硃諭：「卿爲幹國良臣，即朕亦獲知人善任之名。」十四年京察，則有「辦事實心，鹺務亦有起色」之諭。十七年京察，則有「任事勇敢」之諭。及本年二月，告病。奉上諭：「兩江總督陶澍勇於任事，不避嫌怨。上年染患手足痿弛之證，疊經賞假，

俾得安心調理，冀可速痊。本日復奏辦公竭蹶，籲請開缺。察其情詞懇切，朕亦祇得勉從所請，準其開缺調理。一俟全愈，即行來京，以慰廑念。」六月，病革。遺摺奏上，復奉旨，賞加太子太保，入祀賢良祠，予謚文毅。子桄，賞給主事，俟年及歲時入京引見。並敕靈柩回籍時，沿途地方官照料，以示優卹藎臣至意。嗚呼！上之所以任公一德一心，始終無二，天下後世，三復於蹇蹇匪躬之際，益以思明良遇合之難，其將有灑然而流涕者矣。

公所轄三省河漕，兵農吏治，水利海塘，繁劇甲天下。又兼管鹽政，案牘如山。數載以來，心血耗磬。曾於十五年入覲面奏，以鹽務已有起色，總督事務殷繁，懇請復設鹽政，以專責成。奉上諭：「連日召對陶澍，見其精神才具，結實周到，正當乘此鹽務日有起色之時，實力整頓，悉心經理，無負委任，不愧爲國宣力之大臣。毋庸復設鹽政。」公自是不敢瀆陳，鞅掌盡瘁，日不暇給，氣血日虧，積勞成病，每遇夏秋，足疾輒發。十七年十一月，公六旬生日，御書「綏疆錫祜」之額，御書「福」「壽」字，並壽品十六種以賜。十八年四月，左手右足忽中風痺，神明未衰，而起居不便。請旨賞假兩月，其日行事件，交藩司代拆代行。期滿復赴清江防汛，力疾視事。至冬復請假兩月，終未愈。本年二月，遂請旨開缺調理。奉硃諭：「卿之體質本非不足，緣費心太甚，氣血保無消耗。然蔘苓可用，熱燥之藥必不相宜，宜慎之。惟望卿不日全愈，來京面晤，以副眷注委任之衷情也。卿其善體之。」公感激天恩，日思病起入覲，而咯血間作，多汗不昧，精神益頓。至六月初二日，遂不起矣。痛哉！訃音所至，寮吏軍民莫不隕涕。兩淮鹺商感公德惠，醵金賻奠。德配黃夫人述公生平之言，毅然卻之。嗚呼！公之清節孚於家人，見於身後，非苟然也。

公虬髯山立，尊嚴若神，飲酒數斗不亂。洪音璆辯，上下古今，往復曲折，無不達之意。接見賓屬，自辰至午，指麾區處，不遺鉅細。遇事奮發，義形於色。而胸懷洞無城府，待人表裏如一。初督兩江時，值水災，奏請河南藩司林公調江甯辦振。及林公由東河帥移江蘇，與公益志同道合，相得無間，而河事則與先後河帥張公井、麟公慶和衷共濟，皆前此所罕有。道光十二年，寶應朱尚書士彥奏安東改河之策，詔公會同河帥張公勘議。前此張公亦力主改河，及是，公謂不可行，處衷商議，二公亦釋然無忤。用人必盡其所長，凡所拔舉，至方面節鉞者，皆有名於時。服官數十年，起居如寒素。公餘手不釋卷，奏議下筆千言，無能代具草者。詩宗杜韓，尤工長句。書法李北海，嘗書余忠宣公墓碑，勒石大觀亭。於

洪澤湖、老子山、海州雲臺山搜幽窮勝，磨崖題名殆徧。愛才好士，講論文藝無倦。建惜陰書舍於江甯，專以經史古文課士。建震川書院於嘉定，並求歸太僕後人爲奉祀生。建敦善書院於海州以造士，訪求湘潭陳恪勤公後裔，爲置祭田。其他如巡城時則倡建悅生堂，以贍京師窮民；回籍時則捐漁稅，議禁罟斷，以利資江之行旅，無時不以濟人利物爲志。孝友純篤，自鄉賢公棄養，每念先澤，輒哽咽涕零。特建鄉賢專祠，復推先志，倡修宗祠，捐義學田、考試田、書院膏火田。又建藏書閣，以津逮窮鄉之士。乙未冬入覲，請假修墓。上垂詢里居山水，御書「印心石屋」四大字，俾歸磨崖，以寵其行，尤爲未有曠典。弟滑，諸生，早世，撫從子親賢如己出。

公生於乾隆四十三年十一月三十日，享年六十有二。配黄夫人，側室賀、張、劉、盧、楊、張。子八，春福、曼珠、普陀，葆賢賀孺人出，育，麟劉孺人出，恩壽、佑元，盧孺人出，均殤。桄，張孺人出，賜主事。孫文熊，葆賢，嗣子曾孫應嶢。女七，湘潭周詒樸、安化王育燿、長沙彭申甫、善化賀穀、益陽胡林翼、衡山聶有湖、善化陳庚澤，其壻也。公所著有《印心石屋詩文集》五十六卷、《奏議》七十六卷、《蜀輶日記》四卷、《陶桓公年譜》四卷、《陶淵明集輯注》十卷、《靖節年譜考異》二卷、《陶氏世譜》若干卷。又校刊《資江耆舊集》六十卷。公事業恢閎，鉅細萬端，遺孤幼穉，未克撰次。鑾自道光五年守松江，即從公襄海運。迨大濬淞瀏泖瀆諸工，皆先後從事。及公乞病，復蒙恩命，權總督，實嗣河鹺重任，辱公知最深，知公生平勛業亦最悉。爰撰述行事，以備史館采擇焉。謹狀。

《清史列傳》卷三七《陶澍傳》　陶澍，湖南安化人。嘉慶七年進士，改翰林院庶吉士。十年，散館，授職編修。十五年，充四川鄉試副考官。十八年，記名以御史用。十九年三月，補江南道監察御史，充會試同考官。十月，奏劾吏部重籤之弊，於掣籤既定之後，將續到人員重爲設籤，令其補掣，如掣得第一名，即插入初掣第一名後，謂之重一籤，既開濫倖之門，必啓賄託之漸。請將重掣名目，概行停止。上甚是之。十一月，命巡視中城。十二月，奏言：「各省州縣錮弊日深，皆由該管上司不能正己率屬，如勒接交代，多攤捐款，預備賞號，派辦供給，壓薦幕友，濫送長隨，委員需索，提省羈留諸弊，督、撫、藩、臬中，雖賢者或亦不免，以致不肖之州縣，既有所挾持以無恐；而循良之州縣，又有所牽掣而不能應。請悉予裁革，庶吏治日有起色。」從之。二十年正月，奏：「教習之設，原以教育八旗子弟，非祇爲應試人員增一出身之路。向由禮部奏請欽派大臣糊名扃試，秉公甄録，所以重訓課而嚴弊混，法至善也。後改於鄉會試落卷内挑取，遂致辦理參錯，多有格礙。請復考試教習舊例，庶於國家教習八旗之典，方爲有名有實。」下大學士、軍機大臣等議行。

三月，調陝西道監察御史。四月，遷户科給事中。九月，命巡視淮安漕務。二十一年二月，奏陳「鎮江運河事宜：一、練湖宜濬治，一、甘露港宜挑深，一、閘座宜整理，一、積土宜起除。」疏入，下兩江總督查辦。八月，轉吏科掌印給事中。二十三年四月，俸滿，記名以道員用。十月，巡視東城。二十四年，授四川川東道。二十五年，遷山西按察使。道光元年八月，調福建按察使。十月，擢安徽布政使。

三年正月，授巡撫。二月，上以安徽省倉庫錢糧虧數甚多，曾經五次清查，尚有轇轕款目，命澍逐細確查，籌定章程，覈實辦理。三月，覆奏：「從前歷次清查，僅以州縣開報入册之數定案，不實不盡。因思州縣虧缺，藩司衙門俱有檔案可稽，隨將各州縣欠解正雜錢糧，並應捐未解各款，分析開出，以司庫之檔案，覈州縣之册報，虚實立見。計自嘉慶二十五年以前，共虧銀十三萬餘兩，米穀麥豆一萬餘石。察其致虧之由，多係因公賠累，以及衝途歉區，入不敷出，輾轉挪墊成虧，尚非侵盜入己。懇請暫緩治罪，勒限著追。竊以追補舊欠，必先杜絶新虧。杜絶之法，亦惟嚴交代、提存庫、減捐款、禁流攤數端，尤以有犯必懲，俾後來不致傚尤。惟有極力整刷，務使從前之宿累全消，此後之章程悉定。」並酌議追補章程十條以聞。均從之。

五年二月，奏：「洪澤一湖，必藉淮源旺盛，方資收蓄敵黄，自應多方導引，以助其勢。勘明各處情形，壽州境之城西湖、鳳臺縣境之焦岡湖、鳳陽縣境之花源湖，均可抽溝入淮。又懷遠縣新漲沙洲，爲上游各州縣之患，必須再開引河數道，除城西、焦岡兩湖係該民人自辦外，其花源湖及新漲沙洲，請動用閒款，克期興辦。又以淮水紆回，一交伏汛，每汪洋一片，橫溢民田。祇有築隄束水，俾清流暢入湖心，既可蓄以敵黄，而兩岸民田即可藉隄保衛。但經費浩大，無從籌措，應責成地方官隨時督勸百姓設法辦理，自可漸著成效。」諭曰：「興水利，除水患，莫大之善政也。固不可徒費周章，亦不可始勤終怠，詳慎勉之！」四月，奏安徽自分省以來，未有志書，於掌故難免闕漏，請設局纂修，上允其請。

五月，調江蘇巡撫。旋奏安徽勸設義倉章程十二條，得旨：「所議州縣中每鄉每村公設一倉，秋後聽民捐輸，歲歉酌量散給，出納悉由民間經手，不假官吏，防侵蝕以禁騷擾，矜貧寡而杜爭端各條，著即移交新任巡撫，照議辦理。」先是，洪澤湖決口，運道艱阻。協辦大學士英和請暫雇海船以分漕運，酌折漕額以資治河。上命澍悉心妥議。六月，覆奏：「海運之法，自元逮明，行之有效，止以閱時既久，章程難復，然全漕由海運則不可，而商船未嘗不可分載。至折漕一事，以江蘇一省言之，額漕幾及二百萬，如以百萬折色約計，應折銀二三百萬。平時一百數十萬之地丁，猶以催徵不前，剋於數月之內，頓加逾倍之徵，民間以米易銀，遽難出糶，勢必穀賤傷農。至停運治河，京師萬方輻輳，漕米而外，需用甚多。若南方之貨物不至，北方之棗豆難銷，物情殊多未便。是折漕與停運均不可行。大抵專辦海運，則恐商船不足；專辦河運，又恐清水難恃。來歲當以海河並運，可期無誤。」諭曰：「停運折漕，竟無庸置議。海運一事，著俟藩司賀長齡赴海口查勘情形，即將一切章程妥議具奏。」十一月，疏陳海運事宜：「一、驗米應責成糧道，會同蘇松太道監兑；一、赴津交米，應分別委員前往；一、交米委員以到天津爲竣事，無須再至通倉；一、協濟天津通倉銀兩，由蘇省籌款解交；一、押運宜遴委武職大員。」得旨允行。

六年二月，澍至上海督辦海運，趕緊斛兑，隨兑隨開。奏言：「海運水程，自吳淞口出十滧，東向大洋，至佘山北向鐵槎山，歷成山西轉之罘島，稍北抵天津，總計水程四千餘里。春夏之時，東南風多，行走尤爲順利。」並繪圖貼說以進。又奏：「漕米經由大海，應由水師營汛帶兵防護，以重巡防而昭整肅。」又奏：「載米沙船，酌給船户耗米，到津兑交額糧後，合計餘賸不下十萬餘石，請照糧船餘米之例，就近官爲收買。」四月，奏：「蘇省海運應將歷年緩帶米石，隨同新漕搭運赴津。惟本年起運全漕米數甚多，民鮮蓋藏。請留備本省糶買，以濟民食，即以糶出之項抵補。天津收買沙船，耗米之價，一轉移間，於太倉無損毫末，而民食得以充裕。」均如所請行。

六月，初運商船回棹，澍復至上海督辦次運。通計裝載正耗各米一百六十三萬三千餘石，前後用船一千五百六十二隻，掃數解交完竣。因奏言：「海運創始，人情觀望，商船既虞壓雇，復懼難交，畏縮避匿，其難一也；河運弁丁數千，沿途照料，尚不免風火沉失，今以新定章程，責之素不相習之委員，保無疏損，其難二也；各州縣米赴上海，同時雇撥船隻難敷，其難三也；黄浦水次，既恐停船待米，又恐米到船稀，盤量稍稽，即誤風汛，其難四也；海運用費，初無成式，籌畫稍疏，官民藉口，其難五也；商船赴津，風利東南，回帆又宜西北，萬一停阻，有妨一運，其難六也。茲幸商情感奮，民廛安堵，自開兑以至蕆事，諸極順利。現在督飭放行，約計六月下旬，即可全抵天津。」諭曰：「上年河務阻滯，諸臣奏請試行海運。事屬創始，辦理維艱，在事臣工，竭誠宣力，籌畫周詳。陶澍親駐督辦，深協機宜，著賞戴花翎。」

七月，奏：「本年夏間雨水過多，洪湖啟放較早，附近州縣悉被水淹。現就災民棲止之區，隨查隨賑。俟水退人歸，再行按户辦理。」九月，奏：「江北被水災民，就食南來。現在籌辦撫卹，擬擇棲止以資安集，設籤册以便稽查，散口糧以資養贍，別男女以重廉恥，施醫藥以拯疾病，給棉衣以禦寒冷，禁販賣以杜拐掠，設巡卡以防匪類。俟上游各壩堵合，田廬涸出，該民人即可遣歸原籍，自謀生業，俾免流移。」得旨：「正深廑注，覽奏，精詳周妥，朕心稍慰。」十一月，奏：「江蘇漕務，閭閻每苦浮收，而各州縣用度浩繁，不能不藉資津貼，抗玩者即因此挾制，以爲控端。在顢頇之州縣，未必諒百姓之苦；在謭愚之百姓，亦未必悉州縣之難。互相詬病，而皆不爲無因。惟有一種病官病民，大爲漕害，革除不可不亟者，包漕衿棍，横索陋規，稍不遂意，非逞兇鬧倉，即連名捏控。人數最多之處，生監或至三四百名，漕規竟有二三萬兩。既藉控爲抗，以遂其包攬之私；尤仗訟分肥，以長其自規之數。必應力挽頹風，使衿棍無可挾持，庶陋規可革，費用自省，而閭閻可期蘇息。」上甚是之。

七年二月，奏：「徒陽漕船前因西風潮弱，致有淺阻。臣親詣勘視，督同道府擇要爬疏。惟西閘門外至江口一帶，無可攔蓄，一遇潮退，江水頓落，船不能出。擬用沙囊堵塞，潮至則啟。復設活水板閘，潮來時啟一板，而各板皆鬆，抽卸即易，蓄洩亦靈，雖小汛期内，亦得挨次放船。本年漕運爲河務一大轉機，惟有竭力督催，俾得及早渡黄，以全大局。」奏入，報聞。時學政辛從益條陳漕務積弊，詔澍查辦，並將收漕章程酌中定制。五月，覆奏：「前言刁徒横索，陋規日添，勢必取償鄉曲之淳良，爲補短牽長之計，以致浮者愈浮，苦者愈苦。乃此間受弊之實在情形，而學臣以爲官吏婪索，是其常態，縱無此等生監，而小民之被苛徵，亦不能少減。殊不思陋規即出於浮收，欲減浮收，先裁陋規，實一定之理。若料有司之不減，而謂陋規可存，而不論已非釜底抽薪之計，況整飭士習，首嚴義利之辨，以主持教化者而爲此論，似非所以訓士也。正恐刁生劣監，恃以無恐，則陋規終難盡革，而小民之累無窮，甚或釀成事端，則所傷實多，轉非所以保全善類。夫徇衆沽名，其勢順而易；力挽頹風，其勢逆而難。斷不敢畏難避怨，致令刁風日長，民困難蘇。」又奏：「收漕一節，嘉慶年間屢有八折完漕之議，迄未能行。蓋年歲之豐歉難齊，地方之繁簡亦異，情形不能一例。此時酌定收數，原爲津貼而設，萬一不肖官吏，久且視爲定額，而更有所加，則作法於涼，已非整頓之初意。且刁徒訐告，其意不在浮收而在需索，即使定爲加一二，亦無難以加五、加六捏詞妄控。惟有力加整頓，既不使不肖官吏浮勒病民，亦不容衿棍把持，藉端訐告，似不必另議章程，轉虞窒礙。」上韙其言。

九年二月，《安徽省通志》書成，上以此書由陶澍創修，下部議敘。十年六月，以假照案內要犯任松宇、劉東昇迅即就獲，加太子少保銜，尋兼署兩江總督。八月，實授，仍兼署巡撫。十月，以淮鹺疲敝已極，縷陳積弊情形，並請删減浮費，停緩攤補。命户部尚書王鼎、侍郎寶興同往查辦。十二月，查明運庫墊占虧缺各項會奏，略言：「兩淮正雜錢糧，本係按綱徵收，而外支各款，則係按年支用。如能一綱之鹽，年額年銷，則運庫解支，自可年清年款。無如口岸滯銷，以後，正課則統引分攤，而雜款必須按年支發。數十年來，庫款之套搭挪墊，致虧銀數千萬之多，皆由於此。惟有將前項積欠暫緩攤帶，自道光十一年辛卯開綱日起，截清前積，以斷葛藤，庶可從新整理，漸復舊規。」又言：「淮綱全局詳加綜覈，力求課歸場竈之法，大要有三，而皆有窒礙之處：一、由竈丁起科，竈丁皆濱海貧民，若令先納課而後賣鹽，則力有未逮，抑令先賣鹽而後納課，設遇歉産之日，勢必課宕丁逃，且場鹽每斤向賣制錢一二文、三四文不等，今加入課銀六釐，是課重本輕，仍難免透私之弊，此竈丁起科之難行也；一、由垣商納課，招徠殷商，令其認課，包納竈鹽，悉歸該商經理，寓散於整，較爲扼要，惟竈户以已業而聽命商人，情必不願，況商人惟利是視，秤收則勒以重斤，借貸則要以重息，竈户狃於售私，職此之故，竈不樂以鹽歸垣商，亦必無貲完課，此垣商納課之難行也；一、由場官收税，就各場産鹽引額攤定課額，官爲經理，似覺覈實，無如每場應徵銀數十萬兩，鹽場微員豈能任此巨咎？況試行之初，額難懸定，若聽其儘收儘解，難保不匿報侵欺，兼之場署多在海濱，無城郭營汛，防衛徵解亦恐有疏虞，此場官收税之難行也。至於就井抽税，滇省雖有成效，但兩淮場地延袤八百里，非若滇省一井一官，即能查察，未易倣照辦理。即使先爲試辦，而清竈僉商，改官變法，非一二年規模不能粗定，且商販通行，又必南侵閩、浙，北侵蘆、潞，若不統各省鹺務通盤籌畫，實不免此盈彼絀之虞。況此一二年中，課額未可長懸，場鹽未可停捆，各岸食鹽更未可久缺。伏思淮鹽定制，逐層防範，原屬至周至密，惟有將舊章大加釐剔，使射利者無可藉端，欠課者無可藉口，似較課歸場竈之法，確有舊轍可循。謹擬定章程十五條：一、裁減浮費；一、删減窩價；一、删減繁文；一、慎重出納；一、裁選商總；一、酌覈帶銷；一、積欠宜緩；一、宜恤竈丁；一、實給船價；一、嚴究淹消；一、疏濬運道；一、添置岸店；一、亟散輪規；一、整飭紀綱；一、淮北另籌。其餘未盡事宜，應隨時覈辦。」諭曰：「據王鼎等奏，由該鹽政無管轄地方之責，疏銷巡緝，難期令行禁止，著將兩淮鹽務改歸總督管理，所有鹽政一缺，著即裁撤，其會議酌定章程，仍著照所議行。」

十一年正月，澍疏言：「鹺務章程甫立，節目尚多，如減價敵私諸條，皆商情所不樂，謗口所易騰，一時未必帖然。自應從實妥辦，一有瞻玩，即追革究治，方足以資整頓。惟現在商人力能辦運者，不過二三十家，新商僉募，尚需時日。本年新鹽即截清限界，於春月開綱，而行抵楚西各岸，已在夏秋之際。明歲奏銷，勢不能如期完竣，不得不預行陳明。」得旨：「明歲奏銷，著准其稍寬時日，屆期奏明辦理。」澍又言：「兩淮商情疲敝，若責令照額捆鹽，自行賠補拋耗，勢必仍圖夾帶，隱占新綱。應請每引捆鹽，酌爲加數，以五百斤出場，除額鹽三百六十四斤，仍照案貫加鹽二十斤，並例給暑月滷耗十六斤，作爲常年拋灑。其餘一百斤，照依新綱科則帶完前綱正課，此外如再有顆粒私增，定即嚴提重懲，庶隱私可絶而國課自裕。」下部議行。

又以本任總督養廉已極優厚，所有鹽政養廉五千兩，應行恭繳。至鹽政衙門浮費較多，計前後裁減每歲費用銀十六萬餘兩。其外支浮費及運司衙門濫支各項，應飭查明一併删減。許之。三月，以兩淮候補各班人數過多，差遣既難徧及，優劣亦無從周知。查定例運判、知事試用五年，運判准改捐知縣，知事准改補巡檢、典史。請量爲變通，如試用未滿五年，均准改捐改補。下部議行。五月，奏江、浙漕船半入運河，而洪澤湖水驟漲，不得不急籌分洩，因啓堵搭橋，設閘加縴，節節輓渡，各船順流渡黄。全漕完竣，洪湖水勢旋即漸次消落。上嘉其所辦甚合機宜。

六月，以江、淮並漲，各屬多被淹浸，災民遷依堤阜，棲食全無，自應設法拯濟，請以銀易錢米，隨查隨給，以濟燃眉。諭曰：「悽愴景況，不堪設想。若仍拘泥向例，查勘分數，分析輕重，何濟於事？務要趕緊拯救，均霑實惠，或可免委於溝壑也。」八月，疏陳拯濟章程十二條：一、倡率勸捐，以賙貧乏；一、資送流民，以免羈留；一、收養老病，以免流徙；一、勸收幼孩，以免遺棄；一、勸諭業戶，以養佃農；一、殮瘞屍棺，以免暴露；一、多設糶廠，以平市價；一、變通煮賑，以資熱食；一、捐給絮襖，以禦冬寒；一、勸施籽種，以備種植；一、禁止燒鍋，以裕穀食；一、收牧牛隻，以備春耕。」得旨：「所奏俱已詳備，覽奏稍慰。務須實心實力，詳慎擇人辦理。」時廷臣等請課歸場竈，或請就場收稅，或請倣照王守仁贛關立場收稅，或請撤商歸竈，徵其課稅，詔澍籌議。澍以「兩淮鹽課甚重，鹽在場竈，每斤僅值制錢一二文，一經收稅，則價隨課長，爭其利者必多，比戶皆私，課稅因而更絀。至於設廠抽稅，則道路四通八達，安必處處有隘可守，繞越漏私更甚。若准鹽任其所之，他省已受其害，鹽法紛更愈甚，關係愈大。利權不操於上，必移於下，恐豪强之徒得據爲利，其患有甚於私梟。惟有認真督辦，儻能得有起色，則成法即無庸另議更張，萬一無可挽回，再請另行籌辦」。疏入，允之。又奏：「淮北綱鹽，官督商辦，滯岸無鹽濟售，請照山東、浙江票引兼行法，於海州所屬中正、板浦、臨興三場，分設行店，聽民投買運售，擇各場要隘處，設稅局給照票，凡無票及越境者，以私論。」如所請行。

十二年八月，御史鮑文淳奏：「兩淮鹽務自辛卯開綱，至今尚有三分之二未完，若輾轉占礙稽延，各項出入，憑何究算？且招徠商人，未見樂趨，或辦理仍未盡善。」詔澍查奏，尋覆言：「萬難措手之時，思復舊規而力單任重，實難得有把握。蓋積重之由，不自今始。溯查國初淮綱正課，原祇九十餘萬。至嘉慶二十年後，正雜內外支款，竟需八百餘萬。嗣是課額多懸，轉輸無力，或數年始行一綱之引，或統引而全綱不行，商疲課絀，百弊叢生。奏銷不前，則謬爲報效，以緩正課；支用無出，則擅動庫款，以應雜需。且批解則貼色貼息，彌縫則公補公攤。庫款既竭，典質遂及於根窩；私質無憑，虛僞遂流爲印本。其尤貽患後來者，借本認息，本罄息存，以數十年後之膏血，拔而用之於數十年之前，而四千餘萬之舊項已空，一千餘萬之欠款仍在。毋怪乎昔枵而猶能揮霍，今斂而彌形枯窘也。亟圖整頓，實已不遺餘力，無如舊商早已消乏，新商尚多觀望，辦理實形竭蹶。惟有敦飭運司，就近體察，如有可以鼓舞商情之處，設法籌辦。又總因革除陋規，刪減浮費，以致物情多怨，商情隔絕，請仍放鹽政一員，專司課項，及轉運招徠各務。」諭曰：「陶澍奏請另簡鹽政，實屬有心取巧。國家設官分職，豈容私意更張？如果淮鹺疲敝，實難整頓，何以奉命任事之時，未思及此，並無一言陳奏？迨乎辦無成效，又思更改，不過以專管、兼管甚相懸殊，爲此避重就輕之計。如此居心辦事，豈公忠體國者之所爲？朕總理庶政，惟知賞功罰過，視乎其人之自取。儻辦理不善，有負委任，惟有執法從事，治以應得之罪；若如此朝更暮改，不成政體，朕亦不能對天下矣！陶澍著傳旨嚴行申飭。」

九月，桃南廳屬奸民偷挖官隄，掣動大溜，澍以兼轄河工，未能先事預防，自請議處。部議降三級調用，上加恩改爲降四級留任。十月，因桃南挖隄放水，龍窩汛決口，工部尚書朱士彦奏現在全黃入湖，下河危險，請從桃北另開新河，使漕船從南岸東下渡河，牽挽至桃北以上入運。命澍會同戶部侍郎敬徵、南河總督張井履勘籌議。澍等奏：「查朱士彦所奏改河之事，道遠費重，且由蕭工挽歸正河，舊河底反高新河一丈五寸，水性就下，必致兩岸皆成倒灌，河身依舊淤高，於漕運大有關礙。請毋庸置議。」先是，御史周彦以票鹽之法利於梟而不利於課，其可慮有三，等語入告，上以周彦既言有三可慮，又云利多害少，即移其法於淮南，豈非自相矛盾？命澍悉心體察，通盤籌畫，總期有利無弊。至是，覆言：「該御史請移其法於淮南，蓋未悉淮綱南北課額，多寡懸殊，且票鹽試行於淮北滯岸，其運道須待雙金閘開放，又須渡黃河而涉洪湖，抵正陽關之後，分赴各岸，尚須盤撥，故可無虞泛濫。淮南之鹽，則江海四達，無可範圍。淮北引地僅在皖、豫一角，淮南之楚西等省，居各省之腹中，在在鄰界接壤，如亦改行票鹽，勢必四侵鄰境，於各省鹽法亦多窒礙。」命仍照原議妥辦。

十三年二月，奏：「淮北票鹽業經試行有效，應請推廣辦理，請將安徽省之壽州、河南省之信陽等十一州縣，一律改行票鹽，仍令將安徽省向由江運之桐城等八州縣，及高郵湖運之天長一縣，留商認辦，以固淮南藩籬。再票鹽指地販運，原以保固商岸，今商運既不足額，票販各口岸自應量予變通，如所指之地鹽壅銷滯，准其於出卡之後，就所在地方呈明轉運他岸售賣。至海州引鹽出場，向由雙金閘啓行，今請由鷹游門灌河口轉尖入黃行走，擇要設卡盤驗，俾內外河均有水可運，各岸可無缺鹽之患。」又奏：「請將海州營錢家集都司一員，把總、外委各一員，額外一員，馬步兵一百四十名，移駐洪澤湖之老子山等處，作爲內河水師營，以資防禦。」均下部議行。八月，奏：「淮南加帶己庚殘引，因各省連年水患，未能帶銷，占礙正綱，應請停止。所有商鹽每包五百斤出場，解捆正鹽四百斤之外，其餘百斤循照割引成例，配割本綱正引，按照科則正雜錢糧全數完納。」命試辦一年，果能有盈無絀，再准其逾年倣照辦理。」

時漕督貴慶奏沿途派委漕弁搜查回空私鹽，有礙遄行，請將漕弁撤回，並江、廣道遠丁苦，請於例帶食鹽外，加增買帶過揚州時納課給照，准其售賣。澍奏：「若遽請將漕弁撤退，則幫丁舵水人等放膽買鹽，其停泊上載，必不止如委員搜查之片刻，而楚西等省之冬春銷市，必盡爲糧私所占。明縱偷漏，既有害於鹺綱，欲速反遲，尤有誤於漕運。況糧船水手，素稱桀驁，加以順帶官鹽，必有梟匪出貲附和，其害不可勝言。以官事而論，長蘆課絀，有藉詞兩淮鹽壅無去路；以實情而論，所銷盡長蘆之私鹽，所缺盡兩淮之官課，兼之淮南二十場之鹽無從銷售，數十萬竈丁生計有妨。請仍照成案搜查，於漕運鹽務地方，均有裨益。」上甚是之。十月，御史許球奏回空軍船，請帶蘆鹽，現仍堵截搜查，伊等有利未獲，而轉觸科條，全虧資本，總督一味濟之以猛，是貴慶籌議恤丁，非徒無益而又害之，殊不足折服幫丁之心。江、廣軍船人數衆多，萬一另起釁端，必致貽誤歸次。命澍查辦，尋覆言：「歷來軍船帶私，無不以搜查延誤新漕爲詞，迭經奏明，如敢藉詞挾制，或棄船星散，即嚴拏究辦。若如該御史以水手與風客販私有別，慮其搜查時資本均歸烏有，是未知所貨之資即風客之資，所虧之本即風客之本。鹽爲官物，在平民不能縱任販私，況糧船水手，律有專條，何得謂旗丁水手販私，與風客究有區別？今祇搜起其鹽趲行而過，是正因漕務而濟以寬，似不得謂一味以猛。且漕船私帶，未始非前途玩縱所致。今若因查鹽而慮其啓釁，則盜賊豈無肌寒之可憫，梟徒亦有拒捕之堪虞，又將何以折服之？」上納之。

十四年正月，計典甄敘，上以陶澍辦事實心，鹺務日有起色，下部議敘。十月，報霜降安瀾，下部議敘。十二月，御史許球以兩淮鹽務辦理支飾情形入奏，諭曰：「該督如有天良，即當實力疏銷，通盤籌畫，儻稍混飾彌縫，毫無實效，咎課攸關，豈容因循貽誤？朕惟執法從事，斷不稍爲寬貸！」尋奏言：「癸巳綱收銀一百七萬六千餘兩，比較辛卯綱實多收銀十四萬三千餘兩，比較壬辰綱僅少收銀五萬三千餘兩。現在未運各引，多至一綱有餘，此係舊綱未竣，並非本綱應運之引。兼值頻年災歉，商人之成本既增，各岸之疏銷未暢，甲午新引現已開綱，飭運司提緊設法辦理。因思裁革浮費，爲衆怨所歸，復以議駁大籛，難免藉端報復，浮言所至，商情觀望，應辦事宜不免阻滯，然亦不敢避嫌避怨。」諭曰：「嗣後若果有成效，年勝一年，朕豈有不爲卿作主之理？無恤其他。若歲歲空言搪塞，部中不難稽覈，前車未遠，朕不能上下其手也。噬臍二字，凜之識之！」

十五年，入覲，賜御書「印心石屋」扁額。澍以鹺務已有起色，奏請復設鹽政，以專責成，得旨：「陶澍精神才具，結實周到，正當秉此鹽務日有起色之時，實力整頓，悉心經理，方不愧爲國宣力之大臣。況兩淮鹽政裁撤未久，忽撤忽設，亦無此政體。所請著不准行。」十七年，因河庫道李湘茝詿考不實，下部議處，議降二級調用，上加恩改爲降四級留任。十八年二月，奏：「淮北引餉原額止二十九萬餘引，自改行票鹽，按年約行四十萬引，內外節存經費，溢課爲數尚多，應請嗣後淮北奏銷，仍按原額造報，此外票鹽溢課，及經費餘存，並每引酌量加徵雜課，共可得銀三十餘萬兩，以資協貼。」許之。十九年正月，奏請將淮南戊戌綱懸引提出二十二萬道歸於淮北行銷，所有懸引課銀，按數抵補足額，下部議行。

二月，因病陳請開缺。六月，卒。遺疏入，諭曰：「前任兩江總督陶澍，由翰林洊歷科道，出膺外任。迨擢授兩江總督以來，實心任事，不避嫌怨。上年染患手足痿痹之證，迭經賞假，俾資調攝。今春因病勢日增，勉從所請，准其開缺，冀可專心調理，醫治速痊。茲聞溘逝，殊堪悼惜！陶澍著加恩晉贈太子太保銜，照尚書例賜卹，入祀賢良祠。任內一切處分，悉予開復。應得卹典，該衙門察例具奏。伊子陶桄，著賞給主事，俟年及歲時，由吏部帶領引見。將來靈柩回籍，並著沿途地方官妥爲照料，用示朕優卹藎臣至意。」尋賜祭葬，謚文毅。

雜錄

備錄

陳康祺《郎潛紀聞初筆》卷二《孫文靖疏薦陶文毅》 陶文毅公丰裁峻整，好議論人物，惟恐不盡，雖廷對亦然。開藩皖中，循例覲聖，論某官溺職狀，至於聲色俱厲，鬚髯翕張。宣宗疑之，密諭孫文靖公爾準察其爲人；時文靖方撫安徽也。文靖密疏薦引，硃批曰：「卿不可爲其所愚。」復具疏條列善政，力保其無他，文毅遂獲大用。按故湖北巡撫胡文忠公爲文毅女壻，今伯相湘陰左公、故陝撫劉中丞蓉，皆文毅幕僚；三公皆由文毅識拔，聲望大起。然則文靖一言，顧不與九鼎鈞重歟。

陳康祺《郎潛紀聞三筆》卷一〇《陶文毅以敢諫結主知》 陶文毅公官臺諫日，錚錚有聲。奉命巡視南漕，翼日請訓，甫入殿側門，即諭曰：「放爾南漕矣，爾尚有良心，肯說幾句正經話。」寵任之專，由此其始矣。

陳康祺《郎潛紀聞四筆》卷八《陶澍創彙題之法》 故事凡以孝子、悌弟、節婦、貞女奉旨旌表者，每名例給牌坊銀三十兩。孝子、悌弟不常有，而各省節烈婦女行合旌典者最多。藩庫開支，頗成鉅欵，而所領坊銀往往爲吏胥乾没，或反索酬於被旌之家。一婦得旌，費百餘兩，窮簷苦節，其何以堪？陶文毅撫蘇，創爲彙題之法，嘗以一疏請旌常州府武進、陽湖二縣貞孝節烈婦女三千十八人；復一疏請旌江甯府上元、江甯二縣貞孝節烈婦女五百餘人，各建總坊以表之。復慮各省不克周知，將全案付梓，咨行仿辦。嗣後坊銀雖奉部停給，聽各家自行建坊，而潛德幽光，無復鬱而不發。此雖小事，亦非拘守文法之大吏所能毅然行之也。

備論

《續碑傳集》卷二三魏源《太子太保兩江總督陶文毅公神道碑銘》 銘曰：萬生芸芸，以利相羣，如蝨萃身。有奮其除，必爬與梳，萬衆噩呼。鄭有國僑，唐有文饒，始謗終謡。我洞其原，必撟其偏，以對乎天。我導其始，人竟其委，以俟君子。萬夫之特，兼人之力，孰幹王國。勛在三江，魂返九江，孰幹王邦。如暘如月，如霜如雪，維臣心是沕。如雪如霜，如月如暘，維帝心是傍。

藝文

《四朝詩史》甲集卷二魏源《讀國史館列傳》 君不見南漕歲歲三百萬，漕費倍之至無算。銀價歲高費增半，民除抗租抗賦無飽啗。吏雖横征猶啜羹，丁雖横索橐不盈，惟肥倉胥與閘兵。衣垢必澣絃必撤，天運有旋道有捷。何必内河受要挾，英公海運陶公節。萬艘溟渤如褰涉，官民歌舞海商悦，衹少未飽倉胥篋。海運不舉海防多，水犀樓船方荷戈，小東大東當如何。陶文毅撫江蘇，行海運也，相國英和主其議。

清宣宗部

綜述

《宣宗實錄》卷一 宣宗效天符運立中體正至文聖武智勇仁慈儉勤孝敏成皇帝，諱〔旻寧〕，仁宗受天興運敷化綏猷崇文經武光裕孝恭勤儉端敏英哲睿皇帝第二子也。母孝淑端和仁莊慈懿敦裕光天佑聖睿皇后，喜塔臘氏，原任總管內務府大臣副都統、追封承恩公和爾經額之女，性秉徽柔，德昭敬慎。事仁宗睿皇帝克勤內治，懋著坤儀，毓聖儲祥。以乾隆四十七年壬寅八月初十日寅時誕上於擷芳殿中所。上生有聖德，神智內充，天表挺奇，宸儀協度，頎身隆準，玉理珠衡。自六齡就傅，聰明天亶，目下十行。維時編修秦承業、檢討萬承風先後侍學，經史融貫，奎藻日新。迨學問已成，猶復時敏修來。與禮部右侍郎汪廷珍暨翰林院侍講學士徐頲朝夕講論，聖業益精。幼神武，智勇天錫。乾隆辛亥秋，侍高宗純皇帝行圍威遜格爾，引弓獲鹿，喜動天顏。黃褶翠翎，寵賚優渥。御製詩「堯年避暑奉慈寧，樺室安居聽敬聽。老我策驄尚武服，幼孫中鹿賜花翎」。是宜誌事成七律，所喜爭先早二齡。」蓋高宗以十二歲時木蘭從獮，初圍得熊，上則初圍得鹿，年甫十齡也。詩又云：「家法永遵綿奕葉，承天恩眷慎儀刑。」則期勖之意深矣。

《宣宗實錄》卷二 嘉慶元年丙辰冬十一月乙丑，賜成大婚禮，是爲孝穆成皇后。越甲申，仁宗奉高宗幸中所，進膳。上捧觴上壽，鞠跽承歡，兩朝恩眷，日加隆焉。四年己未四月初十日，仁宗遵密建家法，親書上名，緘藏鐍匣，默體先志，慎簡元良。由是壽皇展拜，則命隨行；裕陵敷土，則命恭代，隱然以神器攸歸。面稽列聖，寅承對越，胥寓深心。上天性純孝，晨昏問視，養志無違。自丁巳春，當孝淑睿皇后大事，悲深罔極，擗踊逾恒。仁宗俯鑒肫誠，每值忌辰及清明、中元、冬至，必命躬親行禮，用遂孝思。上孺慕銜哀，屢形章句，數十年如一日焉。自密定儲貳後，仁宗保愛彌至。屏窺測，杜猜疑，用意深遠，見於毓慶宮題詠者不啻再三。而長夏延涼，則有瀛臺讀書之命；仲春肄武，則有南苑習圍之命。以及經筵聽講，紫閣程材，乃武乃文，心傳若揭。至於郊壇之祈報，陵廟之薦享，時復主鬯代行，靈承景福。十三年戊辰正月，孝穆成皇后升遐，特命座罩用金黃色，等威區別，垂爲令典。是年十二月，復賜成大婚禮，是爲孝慎成皇后。舊制舉行獮典，皇子扈蹕木蘭。癸酉九月，因陰雨減圍。上奉命先期還京，而逆匪犯闕之變作。上丕揚聖武，立平大難，偕皇三子綿愷飛章行在，奏言：「本月十五日午刻，子臣等在書房，聞各處太監關門，總管常永貴等獲賊一名。將近未刻，以爲無事，商同至儲秀宮給子臣皇母請安。聞有賊越牆從內右門西邊入，子臣實出無奈，大膽差人至所內，取進撒袋鳥槍腰刀。惟時外兵未進，不料五六賊在養心門對面南牆外膳房房上，從西大牆欲向北竄。子臣手足失措，大膽在宮內放槍，將一賊打墜。又有兩三賊仍在牆上，一賊手執白旗，似有指揮。子臣復將執旗賊打墜，餘者方不敢上牆。子臣復至儲秀宮奏明，請子臣皇母放心，切囑子臣三弟不許稍離左右。子臣至西長街西廠一帶防查，綿志、奕紹、成親王、儀親王、內務府大臣先後帶領官兵進內。子臣囑令將內膳房搜捕，復得賊一人。並派諳達侍衛在儲秀宮東長街，以防不然。子臣皇母同貴妃等位及子臣等並九公主仰賴皇父威福，均皆平安，伏祈聖心寬慰。」時仁宗旋蹕白澗行宮，中途得奏，批答云：「欣慰覽之，即有恩旨。」遂封上爲智親王，增俸銀萬二千兩，號所御槍曰「威烈」。諭內閣曰：「〔旻寧〕係內廷皇子，一聞有警，自用槍擊斃二賊，餘始紛紛潛匿，實屬有膽有識。乃奏稱『大膽』『無奈』，詞語謹飭，殊覺過當。朕垂淚覽之，可嘉之處，筆不能宣。宮庭內地，奉有祖考神御，皇后現亦在宮。〔旻寧〕身先捍衛，獲保安全，實屬忠孝兼備。朕於在廷臣工有功必賞。今皇子能如此忠勇自效，豈容稍靳恩施？此大公之心，內外諸臣，當共知感知奮也。」上既戡亂禁中，功在社稷，而聖德淵沖，不自滿假。謝恩奏言：「事在倉促，又無禦賊之人，勢不由己。幸叨天祖皇父皇母鴻福，卻賊無事。子臣年幼無知，於事後愈思愈恐。所有恩綸獎諭之處，子臣有何謀何勇，實不敢當。若論忠孝二字，臣子之所當然。」至矣哉！有大能謙，不矜不伐，聖人之功，超邁前古，聖人之量，亦夐越尋常矣。上宅心澹定，珍奇玩好之物略不關懷。定省餘閒，日與詩書相砥礪。仁宗課以詞翰，或呈進歌頌，或賡和天章，日衍月增，積成巨帙，《養正書屋詩文集》四十卷，麟麟炳炳，極宇宙之大觀。養正書屋者，仁宗受璽初元，御書賜上園居之額也。勉以育德，示以聖功，帝王之學備焉。上祗奉訓誨，身體力行，若主敬、存誠、勤學、改過，四箴，以自勵。臨御後，移璇題於寢殿，前言敬繹，顧諟弗忘。蓋聖學欽承，用誌終身之慕如此。

二十三年戊寅，仁宗東巡盛京，展謁三陵，命上隨侍行禮，瞻仰太祖太宗所貽法物，俾知締造維艱，守成匪易。復御製《大禮慶成記》，首述高宗密建隆恩，即繼以承先啟而啓後嗣，殆微示付託得人，克繩祖武之意。迨至庚辰七月，山莊頒詔，率土歸心，天人翕從，符應昭著。用以寅紹丕基，錫天下臣庶無疆之福焉。惟上躬神聖之姿，仁孝智勇，深以學問。而高宗以宸章寵錫肇其機，仁宗以蒙養詒謀端其本，故能誕膺多祜，聖聖相承，文德武功，深仁厚澤，錫慶垂裕，於萬斯年。

《宣宗實錄》卷三　庚戌，上即皇帝位於太和殿，以明年爲道光元年。

《宣宗實錄》卷四　九月己未，定仁宗睿皇帝山陵名曰昌陵。

《宣宗實錄》卷七　十月辛丑，上以恭上大行皇帝尊謚，自是日始齋戒三日。甲辰，上素服，詣太和門，恭閱大行皇帝尊謚册。乙巳，以恭上仁宗睿皇帝尊謚禮成，頒詔天下。

《宣宗實錄》卷九　十一月，庚午冬至，祀天於圜丘，上親詣行禮。

《宣宗實錄》卷一〇　十二月甲申，恭上皇太后徽號册寶。乙酉，恭上皇太后徽號禮成，頒詔天下。立繼妃佟佳氏爲皇后。癸巳，上以加上尊謚，前期遣官告祭天地太廟社稷仁宗睿皇帝几筵。至日，親詣太廟致祭，行加上孝敬憲皇后、孝聖憲皇后、高宗純皇帝、孝賢純皇后、孝儀純皇后尊謚禮。

《宣宗實錄》卷一二　道光元年辛巳春正月癸丑朔，上詣奉先殿行禮。御太和殿，受朝，中和樂設而不作，不讀賀表。

《宣宗實錄》卷一四　三月壬子，諭内閣：朕於本月十一日恭送皇考仁宗睿皇帝梓宫奉安山陵。啓鑾後，著派莊親王綿課、大學士戴均元、協辦大學士尚書伯麟、尚書英和留京辦事。

癸丑，以仁宗睿皇帝梓宫奉安山陵，免經過之宛平、良鄉、涿、房山、涞水、易六州縣本年旗租，並賞給平毁麥田籽種銀。辛酉，仁宗睿皇帝梓宫發引。丙寅，命豫親王裕全恭代行朝奠禮。上御素服，冠綴纓緯，先詣西陵，恭謁泰陵、泰東陵。行禮畢，詣昌陵。恭閲寶城，至更衣幄次，御禮服，詣隆恩殿孝淑睿皇后神位前行禮，恭上尊謚册寶。

道光二年

《宣宗實錄》卷四五　十一月丙戌，上御太和殿宣制，册立皇后，王以下文武大臣官員行慶賀禮。丁亥，以册立皇后禮成，頒詔天下。壬辰，命於大高殿設壇祈雪，上親詣行禮。丁酉，恭上皇太后徽號册。上徽號曰「恭慈康豫皇太后」。

《宣宗實錄》卷七四　道光四年十月乙丑，諭軍機大臣等：永芹等奏，守卡官兵輕敵，致有傷亡，並將弁即時擊賊，紛竄卡外，分路追勦情形一摺。張格爾自阿賴地方膽敢糾合二百餘人，到烏魯克卡倫，焚搶滋擾，官兵傷亡三十餘人之多。經遊擊劉發恒排隊放槍，連斃數賊，紛竄卡外。現經巴彦巴圖派人追探賊蹤，將卡倫趕緊整頓，帶兵出卡，色普徵額亦帶兵追賊出卡。張格爾一見官兵，即行遁逃，諒不出喀拉他什山左近。永芹等前派由伊爾古楚卡倫出去截堵之官兵當已到齊，趁此雪未封山，即著巴彦巴圖等上緊追捦，兩路合圍，自可得手。如能拏獲張格爾，及伊弟巴布頂，明正典刑，永絶根株，實爲妥善。儻該逆等杳無蹤跡，亦不必帶兵深入。總在該大臣等相機妥辦，以靖邊圉，朕亦不爲遥制。此次守卡官兵禦賊被戕，殊堪憫惻。永芹等所奏侍衛一員，是否即係花山布？外委買賣格鬬被傷，現在是否存亡，查明具奏。其陣亡滿洲兵十二名，漢兵八名，通事回子七名，著該大臣等咨部照陣亡例賜卹。至接運口糧、安汛傳報等事，著酌量道路，派官兵協同回子，於緊要處所安置，務令聲氣聯絡。所奏自伊爾古楚卡倫迤南至烏魯克卡倫，每卡添兵四十五名，俱著照所請行。其阿奇木伯克郡王邁瑪薩依特，傳派部落並伯克等，帶領布噜特回兵，在伊爾古楚卡外，協力堵截，豫備接濟烏拉馬匹，勇往急公，深知大義，可嘉之至。著永芹等查明該郡王出力之處，俟事定後據實奏聞，再降諭旨。至色普徵額現經出卡追賊，英吉沙爾地方緊要，即著章京全福，協同遊擊周悦勝，小心防守，並辦理接運口糧。其餘各卡倫，務飭官弁加意防範，毋得稍懈，致有疏虞，將此由四百里諭令知之。

道光五年

《宣宗實錄》卷八二　五月甲午，諭内閣：我朝家法嚴明，從不准太監與外人交結。至差往各省之事，尤屬從來所未有，此内外諸臣無不知者。前據張師誠等於滸墅關盤獲在逃太監馬長喜，竟敢假冒頂帶，捏寫奉旨進香黄旗，標插坐船，並經軍機大臣會同英和等，究出該犯行至丹陽，住宿公館，令該處家人代雇船隻，官爲給價。似此招摇恣肆，更非潛蹤溷跡者可比，尤屬可惡。沿途文武各員何竟毫無聞見？若非滸墅關盤獲，竟令長途供頓，任意妄爲，尚復成何事體？

現已將該犯按律治罪。其失察過境之地方官，此次姑免深究。著通諭直省各督撫，嚴飭所屬。凡遇通緝在逃太監，務當認真緝拏。若有稱奉差等事，無論已未犯法，立即鎖拏奏明懲辦，毋稍疏縱。儻再失於查拏，將來別經發覺，定將該犯經過之地方官嚴懲不貸。

《宣宗實錄》卷八四　六月乙酉，諭軍機大臣等：陶澍奏，籌議海運，及暫收折色，停運治河各情形。據稱折色與停運，二者均不可行，來歲當以海河並運爲宜。廣招商船，分作兩次裝載，計可運米百五六十萬石，其餘仍由運河而行。秋冬之間，即由河督派員將運河挑挖深通。計來春湖水益增，自可引導濟運等語。太倉儲蓄，本應陳陳相因，停運之說，原未可輕爲議及。至漕糧改徵折色，即與丁地無異。以江省額徵漕糧，覈計應折之銀，爲數甚鉅。民間以米易銀，遽難出糶，必致穀賤傷農。是折漕一節，江省尤難施行。此事竟無庸置議。海運一事，既據該撫奏稱，目前籌運之策，無踰於此，與琦善意見相同。著俟藩司賀長齡赴海口查勘情形籌畫到日，即將一切章程，會同妥議具奏。惟明歲海運漕米，不過一百五六十萬石，其餘漕糧亦應及早籌蓄清水，仍由河運，方爲盡善。昨琦善所議，將海運餘賸米石，酌量變價存貯，亦非萬全之策。著與陶澍從長定議，相機妥辦，勿存成見。總期於國計民生，實有裨益，用副委任。

《宣宗實錄》卷一〇〇　道光六年七月癸巳，諭軍機大臣等：本日據慶祥奏，張格爾率領安集延、布嚕特五百餘人，由開齊山路突進，經舒爾哈善等帶兵迎截，共殺賊四百餘名，生擒四十餘名，賊分路竄回，現請添兵防堵。又據慶廉奏，接到英吉沙爾咨文，喀城回子全行變亂，道路不通，萬分緊急，現咨長齡酌發精兵救援。伊犂爲新疆重地，該處領隊大臣穆克登布、烏淩阿等已在喀什噶爾防勦，所存官兵勢難再行分派。該將軍總統新疆地方，尤不可輕舉妄動，惟當相機調度，設法策應。其各城附近喀什噶爾地方回子，是否安靜，並著加意嚴防。朕現派署陝甘總督楊遇春選帶精鋭將弁，統領大兵前赴回疆，籌辦勦捕事宜。所有南路各城，務宜嚴密查察，妥爲防守，不可稍有疏虞，此爲至要。將此由六百里加緊諭知長齡，並諭巴哈布、果良額、長清、慶廉、蘇倫保、印登額、多隆武、奕湄、桂斌知之。

又諭：喀城回子全行變亂，現在分股猖獗，道路不通。除降旨飛飭各城大臣嚴密防範外，著頒給欽差大臣關防一顆，交楊遇春迅速馳驛前往查辦。陝甘總督已降旨令鄂山馳驛前往署理，楊遇春接奉此旨，即於陝甘兩省自提鎮以下，及滿漢官兵，聽楊遇春擇其曾歷行陣，得力精鋭者，一面調遣分起前進，督率起程，一面由驛馳奏。出嘉峪關後，須多設偵探，務得逆匪確實蹤跡。於南路扼要處所駐劄，相機堵勦。總期慎重，不可輕率。道路遼遠，運餉維艱，經過地方，尤須加意體恤。所有軍需糧餉駝載等項，先與藩臬兩司妥商酌定，交鄂山隨時妥速籌備。該署督老成歷練，特資倚任，諸事務當計出萬全。朕亦不爲遥制也。將此由六百里加緊諭令知之。

《宣宗實錄》卷一〇九　十一月己丑，諭內閣：孫爾準奏，拏獲內山著名番割，並三灣械鬭匪徒，分別審辦一摺。此次臺灣民人械鬭，粤人中即有勾串番割，率令生番出山助鬭。經孫爾準派委將領入山搜捕，該匪等竄至後山，參將黃其漢等率領兵勇，攀藤附葛而上，該匪等帶同生番抗拒，官兵開槍格殺兇番七名，拏獲黃斗乃等多名，奪獲番刀鏢槍等件，並將內山番割寮舍拆毀，又購線拏獲黃武二等多名，並訊出黃斗乃殺斃鄧曾氏母子三命。經該督將黃斗乃等二十一名分別凌遲斬梟，實足彰國憲而快人心。此時山灣一帶，內山已無番割，所辦甚屬可嘉。孫爾準著賞加太子少保銜，並賞戴花翎，發去珊瑚豆雙轄大荷包一對，小荷包二箇，以示嘉獎。該督將善後事宜辦理全竣，即行內渡。其拏獲及投首林大鑾等二十五犯，經該督分別定擬，俱著交刑部覈議具奏。至被傷義勇徐庚三等三名，業經該督從優賞卹。其頭道溪地方，爲生番出入總路，著照所請，於該處築砌石牆，在熟番中選撥健丁六十名作爲屯丁，並派屯弁駐大北埔防守。所有民墾荒埔，飭該地方官勘丈明白，酌科租穀，撥充屯丁口糧，以資守衛。其黃斗乃所開埔地五甲，即給屯弁耕種，照例免其納賦。各犯開種番地，著仍歸番管業。並著該管文武隨時稽察沿山屯丁，責令認真防守。其生番貿易鹽茶煙布等物，仿嘉義縣阿里社之例，遴舉安分能通番語之人，充當正副通事，並令番中曉事者，充正副土目，定期在隘口貿易。如有奸民違禁入山，勾番滋事，立即嚴拏從重治罪。此次在事各員，深入內山，拏獲要犯，該督擇其尤爲出力者保奏，候朕施恩。

《宣宗實錄》卷一一三　道光七年正月丁酉，又諭：長齡等奏，和闐回衆縛賊投誠，派遣官兵前往撫守一摺。上年逆裔張格爾滋事，派賊目約霍普等占踞和闐，並僞封和闐王子等職。經長齡等派令年班回至阿克蘇之五品伯克伊敏，前往查探。該回衆因大兵雲集，震懾天威，約會民人，將賊首約霍普、托克托胡達及從賊阿布都、克里木等四名縛獻軍營，並將附賊一百餘人，全行擊斃。復據阿布拉繳到和闐大臣印信,該將軍安設陣亡大臣官員牌位,將七犯凌遲正法,致祭忠魂。覽奏稍伸憤恨。大兵甫籌進勦,回衆即已聞風投誠,縛賊自贖。剋日天戈西指,勦撫兼施,自必勢如破竹。此次出力之伯克回子民人,應即加以獎賞。

《宣宗實録》卷一三二 道光八年正月癸亥,又諭:長齡等奏,生擒首逆,由八百里加緊馳報紅旗一摺。覽此捷奏,實深嘉悦。上年十二月,逆裔張格爾糾約布嚕特多人,欲乘歲除潛入卡倫,經長齡、楊芳分帶官兵,探聞該逆向阿爾圖什回莊前來,因被黑帽回子四百餘人,持械攔阻,旋即折竄出卡。楊芳帶領官兵,連夜趕至卡外喀爾鐵蓋山内,追及賊尾,分路兜勦,立斃賊匪二百餘人。該逆在前,率領馬賊三百餘人,迎面衝突。我兵排槍抵敵,先令馬隊官兵,抄及賊後,領隊大臣阿勒罕保等,復分路帶兵下壓,賊匪向山溝逃竄。我兵力追,勦斃三百餘人,僅賸馬賊三十餘騎,擁護該逆上山。總兵胡超等飛騎直前追捕,山高路滑,衆賊棄馬而上,胡超等率領官兵回子,亦棄馬窮追,斃賊五名,餘賊滚山逃竄,復奔大梁。該逆祗賸賊匪十餘名,擲石回擊,都司段永福及額爾古倫、胡超各帶兵擁上山巔,盡力追及,該逆情急,將欲自刎。胡超、段永福、錫伯馬甲訥松阿、舒興阿、兵丁楊發、田大武等奪刀生擒,並獲賊目八名,餘賊殲戮無遺。飛章奏捷。此皆仰荷昊蒼加佑,祖考垂庥,俾得元兇就縛,遺孽翦除,洵足以安邊徼而快人心。朕寅感之餘,與中外臣民,同深慶幸。長齡等統師進勦,若能於克復喀什噶爾時就地擒渠,其顯功丕績,當與兆惠、阿桂後先媲美。現遲至十月之久,始將該逆擒獲,功已稍次。惟念該將軍等督率官兵,不避艱險,於卡外臨陣生擒巨憝,檻送京師,與檄諭外夷設計縛獻者,迥不相同。其在事將領官兵等争先效命,自係該將軍督率有方,仍當渥沛殊恩,用昭懋獎。長齡著加恩錫封威勇公爵,世襲罔替,楊芳著加恩錫,封果勇侯爵。

《宣宗實録》卷一三七 五月己酉,獻俘於太廟社稷。都統哈哴阿等率解俘將校,以俘囚張格爾自天安門入,至太廟街門外。俟承祭王至,俘囚張格爾北向跪伏。承祭王入,行禮畢,都統哈哴阿等率諸將校,以俘囚張格爾,至社稷街門外,北向跪伏。承祭王入,行禮如前儀。庚戌,上御午門樓受俘。

《宣宗實録》卷一四二 九月丙午,上啓鑾,恭謁東陵。丁未,寶華峪地宮浸水情形,由於地平以下工程辦理不善,據軍機大臣查明承辦工程各員在工年月,及開工並地平落成年分,開單具奏。其在工最久,始終其事者,惟莊親王綿課及戴均元、英和三人。伊等受恩深重,應如何鄭重詳慎,督同工員覈實妥辦。乃一任承辦之員,草率從事,使綿課其身尚在,朕必加以嚴譴,今已身故,著與已故之阿克當阿、嵩年、慶惠均免其置議,仍俟將來定案,再行照例罰賠。致仕大學士戴均元前因工程加恩賞加太子太師銜,並伊子户部員外郎戴詩亨以郎中補用。今查明工程辦理不善,豈能復邀恩賚?戴均元著革去宫銜,降爲三品頂帶,伊子戴詩亨仍降爲員外郎候補。英和已降旨革去頂帶,拔去花翎,著即革職,以示懲儆。

《宣宗實録》卷一五〇 道光九年正月丁未,諭内閣:那彦成等奏收撫從前畏罪逃出之布嚕特,並參辦已革回務章京一摺。希皮察克愛曼布嚕特阿仔和卓,前因伊父被戮,畏罪逃赴霍罕。兹遣其弟熱仔並沖巴噶什愛曼蘇蘭奇之族叔拜莫拉特,及蘇蘭奇之姪拜爾第阿里雅,先後投誠,情詞恭順。既據那彦成等先行宣示朕恩,賞給熱仔六品翎頂,拜莫拉特三品翎頂,拜爾第阿里雅五品翎頂,著即分别賞給。

《宣宗實録》卷一五八 七月己亥,兩廣總督李鴻賓等奏,遵議嚴禁官銀出洋,及私貨人口章程。

《宣宗實録》卷一六七 道光十年四月辛未,諭内閣:御史王兆琛奏,才不勝任之員,該督違例奏請改補京職,請旨更正一摺。所奏甚是。外省道府州縣固不准以衰庸戀棧,而各部司員佐理部務,亦豈得以此等人員,濫竽充數?前降諭旨甚明,業經吏部纂入例册。乃前據那彦成奏,口北道福全年力就衰,宣化府知府喻鴻性情偏執,請以刑部司員改用。吏部亦未查明前旨奏請更正,均屬非是。福全、喻鴻俱著勒令休致。那彦成率行奏請,著交部議處。吏部堂官未經請旨更正,著交都察院察議。至各部司員中,有以不勝外任改補者,該堂官務將衰庸之員,隨時澄汰,毋得稍事姑容,致滋曠誤。

《宣宗實録》卷一七三 九月戊午,諭軍機大臣等:本日據楊遇春由六百里加緊馳奏,據喀什噶爾等處大臣咨報,喀什噶爾有安集延賊匪撲入卡倫,與官兵打仗滋事。幫辦大臣塔斯哈追擊至明約洛地方,遇伏陷殁,並將帶兵策應之副將賴允貴一併被困,勢甚危急。葉爾羌亦有不靖情形等語。回疆各城戡定未久,乃安集延回匪復敢入卡滋事,並傷陷大臣官兵。現在喀什噶爾嬰城守禦,勢在危急。葉爾羌亦有不靖情形。阿克蘇等各城,兵力無多,且尚須防守本境地方，斷難兼顧，自應調集內外官兵，前往會勦，以期迅就肅清。伊犁、烏嚕木齊以及喀喇沙爾所轄之土爾扈特，和碩特等處官兵，相距喀什噶爾、葉爾羌等城較近。業經降旨，飭令玉麟、容安、成格、薩迎阿等即照該處所調兵數，各一二千名，派員迅速馳往救援。琦善選調四川官兵三千名，馳赴肅州，並令固原提督楊芳、甘州提督胡超迅速出口，一路迎探情形，至阿克蘇再行相機進勦。所有挑帶各鎮官兵，及西安滿洲營馬隊一切事宜，均著照該督所請行。陝甘總督已降旨令鄂山馳驛前往署理，著楊遇春將應需官兵糧餉一切事宜，與藩臬兩司籌商料理後，即挑帶督標官兵一千八百名，並委員蘭州道圖明額等，馳赴肅州，即在彼駐劄，妥辦後路事宜，毋庸出關。其軍需銀兩，著即在甘肅藩庫封貯銀內，先行動支應用。將此由六百里加緊諭令知之。

《宣宗實錄》卷一八〇　十一月丁丑，諭軍機大臣等：有人條奏，贛州、南安一帶，向有添弟會名目，時常約期拜會，千百爲羣，劫掠搶奪。又名添刀會，每人隨身帶刀一把，油紙一張，散布村落蹊徑之間。遇有攜帶財物者，四集圍捆，劫掠一空。恐其控告，因並其人殺害，將屍身分剖，各以油紙包裹，分道而散。所劫財物，除每人應分若干，其餘則以入會。地方官縱有見聞，且以案難辦理，佯爲不知。迫呈報命盜之案，不得不派差偵緝，而差役多係會中之人，累月經旬，犯無弋獲，徒擾良民，含糊了事。百姓見官不能作主，只得勉强入會，藉保身家。近來鹽梟之盛，率皆此等匪徒，往往結連十數船，槍礮並列，器械齊全，蜂擁行走，守卡官兵，莫敢過問。所報拏獲私梟，多係零星小販。贛南會匪，由於地方官因循而成，所屬各缺皆視爲畏途。即如定南廳，係在外題調之缺，聞向來升補此缺者，多逗留省城，另圖差委。其署任之員，存五日京兆之見，安望振作？此外各屬大都苟且目前，冀調別缺，間有欲思整頓者，上司轉斥爲多事，相習因循，會匪何由得熄等語。江西贛南會匪，結黨生事，擾害閭閻，總由地方官畏難苟安，不肯實力查拏，以致該匪等傳徒日多，肆無忌憚，必至釀成巨案。所謂除莠安良者安在？該管官所司何事？實堪痛恨。著吳光悅飭地方官認真偵緝，將首要各犯悉行拏獲，散其黨類，以期淨絕根株，毋致養癰貽患。至贛州府屬定南廳同知，如果逗留省城，並不到任，署缺之員，安望其振作有爲？並著該撫查明該同知如在省逗留，即行飭令赴任，以專責成。將此諭令知之。

《宣宗實錄》卷一八一　十二月丙申，諭內閣：哈豐阿等奏，援兵追賊西進，已將英吉沙爾、喀什噶爾二城解圍一摺。據稱十一月十四日，帶領伊犁烏嚕木齊滿漢官兵民遣壯勇等跟蹤勦賊，馳抵英吉沙爾。賊匪先經聞風西竄，回城已空。面見棍楚克策楞，詢知阿奇木伯克斯底克久已從逆，官兵疊次打仗得勝，賊匪竄入空城，計無所施，困守數月，至是圍解。幫辦大臣塔斯哈前因賊匪滋事，出卡追擊。副將賴允貴帶兵前往，一併俱被陷沒，情甚可憫。塔斯哈著照都統銜賜卹。

《宣宗實錄》卷一八四　道光十一年二月戊戌，諭內閣：前據給事中邵正笏奏，近年內地奸民，種賣鴉片煙，大夥小販，到處分銷，地方官並不實力查禁。當經降旨，嚴飭各省督撫確切查明懲辦，並將如何嚴禁之處，妥議章程具奏。茲據阿勒清阿奏，查明山西省尚無栽種鴉片煙地方，惟太谷、平遥、介休各縣民人，多在廣東及南省等處貿易，日久沾染，頗有嗜食之人。此煙既非晉省所産，則係來自外方，自應責成各該地方官認真查拏，使販者無從託足，則食者不禁而自絶。著通諭各直省督撫嚴飭所屬，如有奸民種作鴉片煙，隨時拏獲究辦，並著飭令各關口及州縣文武各員嚴行查禁。如有奸商夾帶偷漏，一經拏獲，即當究明來歷，將偷漏之關口，暨失察之地方官一併交部議處。如後任及他人拏獲，亦著將前任失於查拏之員交部議處。儻該地方官並不實力查拏，及胥吏人等有得規故縱情弊，著該督撫嚴參究辦。並令地方官按季稟報查覈，責成該管道府於年終出具所屬並無種賣鴉片煙切實印結，報明該督撫，每年具奏一次。毋得日久視爲具文，致干重咎。

《宣宗實錄》卷一九一　六月丙申，諭內閣：刑部覈議給事中劉光三奏請酌加買食鴉片煙罪名等情，嚴定條款具奏，著照所議。嗣後軍民人等，買食鴉片煙者，杖一百，枷號兩箇月，仍令指出販賣之人，查拏治罪。如不將販賣之人指出，即將食煙之人照販賣爲從例杖一百，徒三年。職官及在官人役買食者，俱加一等治罪。仍令各該督撫及地方道府州縣等官出具署內並無買食鴉片煙各甘結，於年終彙奏一次。如本官徇隱不究，從嚴參處。該部即移咨吏、兵二部，查照辦理，並通行各直省督撫一體遵照。

《宣宗實錄》卷二二三　道光十二年六月庚辰，上步詣社稷壇祈雨。壬午，諭內閣：京師入夏以來，甚形亢旱。節過夏至，風日炎燥，深切憂勞。月前兩次設壇，并親禱三壇，小雨廉纖，未蒙優渥。本日閱給事中劉光三摺，所奏亦爲弭災起見。著在京各衙門，例准奏事人員，於恒暘之由，請雨之事，國計民生之大，用人行政之宜，據誠直言，各抒所見。有司以上感天和者，朕必見之施行，以冀和甘速沛，轉歉爲豐。惟不得摭拾浮詞，空談塞責。布告在廷。

《宣宗實録》卷二一九　九月丁未，又諭：御史周彥奏，慎重海防一摺。各省設立水師，原以巡歷洋面爲重。將備卒伍等，平日操防，果能得力，自可遠涉波濤，認真巡哨，何至有外夷船隻乘風駛入内洋之事？如該御史所奏，各省提鎮性耽安逸，並不親身赴洋，以致本年㖊咭唎夷船順風揚帆，毫無阻隔。水師廢弛，已可概見。嗣後該督撫提鎮等，務當嚴飭所屬，各按定期，巡洋會哨。並責成該管巡道，臨時查察，取結具報。儻各鎮不親赴會哨，立即據實揭參。如敢扶同捏飾，查出一併參辦。至各營弁兵，尤應勤加練習，技藝嫺熟，庶於洪波巨浪之中，履險如夷，悉成勁旅，不至臨事退縮，視洋面爲畏途。其出洋戰船，是否應需修造，著飭沿海各地方官，據實查明，造册報部。又另片奏，沿海礮臺額數，部中無從稽覈。著一併查明，築自何年，安設何汛，舊貯礮位幾尊，防守兵丁是否足額，詳細造册，報部備查。國家設立營制，一兵有一兵之用，儻仍畏葸偷安，操防疏懈，致令水師兵弁，虛糜糧餉，有名無實，別經發覺，定將該督撫提鎮等從嚴懲處，斷不能倖邀寬典也。

《宣宗實録》卷二二五　十一月戊寅，命署福州將軍瑚松額爲欽差大臣，鑲紅旗蒙古都統哈哴阿爲參贊大臣，帶領御前侍衛巴清德、乾清門侍衛華山泰、齊克唐阿凱隆阿，並巴圖魯侍衛章京等三十員名，馳往臺灣勦賊。

《宣宗實録》卷二三六　道光十三年四月己巳申刻，皇后崩。

《宣宗實録》卷二五一　道光十四年四月丁酉，又諭：給事中黄爵滋奏綜覈名實一摺，朕詳加披閱。如書院所以育材，今州縣書院，率多廢圮，或以無品無學之人，濫充山長。保甲所以察奸，今則州縣率以虛册申報，任聽胥吏需索門牌錢文。近年東南各省，水患特甚，總由隄防失修，或修築不能堅固。常平義社等倉，地方官侵那掩飾，虧缺既多，荒歉無備。營弁尅扣兵餉，私役兵丁，又何以約束訓練？海洋巡邏兵卒，率多勾通夷商，偷漏違禁税物，私自貿易。上官於屬員不能盡心教導，難期振作。國家陳綱立紀，治具彰明，至爲詳備。必須實力奉行，方能百事畢舉，斷不容因循苟且，視爲具文，以致漸形廢弛。著通諭各直省督撫，嚴飭地方官興復書院，選擇山長。稽查保甲，不得任聽胥吏騷擾。修復水利，費歸實用。籌備積貯，以備偏災，毋許稍有虧缺。嚴禁扣餉派兵積弊，閱兵時尤應稽覈兵數之虛實，查究巡兵偷漏洋税，嚴禁紋銀出洋，及私鑄洋銀，並盡心教導屬員，加意造就人材。總須實心督飭，實力整頓，有弊必禁，有禁必嚴。要在隨時講求，認真查辦，斷不准以奉行虛文了事。務期吏治民風，蒸蒸日上，無負朕諄切誥誡之至意。

《宣宗實録》卷二五二　五月丙戌，諭軍機大臣等：有人奏，近聞㖊咭唎國大舶，終歲在零丁洋及大嶼山等處停泊，名曰「躉船」。凡販鴉片煙者，一入老萬山，先以三板艇剥赴躉船，然後入口。省城包買户謂之「窰口」。議定價值，同至夷船館兑價給單，即雇快艇至躉船，憑單交土。其快艇名「快蟹」，亦名「扒龍」，礮械畢具。每艇壯丁百數十人，行駛如飛，兵船追拏不及。各洋呢羽等貨，税課較重，亦多由躉船私行售買等語。海防例禁綦嚴，豈容夷船逗留，售私漏税，且鴉片煙流毒内地，疊經降旨嚴行飭禁，自應實力查拏，務使根株净盡。若如所奏，躉船之盤踞不歸，快蟹之飛行遞送，灌輸内地，愈禁愈多。各項貨物，恃有躉船售私，紋銀之出洋，關税之偷漏，未必不由於此。著該督等飭屬即將躉船設法驅逐，快蟹嚴密查拏，勿任仍前停泊，致啓售私漏税等弊。該夷船如或驅此泊彼，巧爲避匿，即責成巡哨水師認真巡緝，從嚴懲辦。

《宣宗實録》卷二五六　九月乙丑，諭内閣：本日據盧坤等由驛馳奏，㖊咭唎兵船闌入内河，調兵驅逐一摺。夷船駛入内河，不能防阻，是該督無謀無勇，咎無可辭，有損國威，深負委任。盧坤著革去太子少保銜，拔去雙眼花翎，先行革職，暫留兩廣總督之任，戴罪督辦。如果辦理迅速，諸臻妥協，尚可稍從末減。儻因循貽誤，致滋後患，定當以軍法從事，決不寬貸。懍之慎之。

癸酉，諭内閣：本日據哈豐阿等由驛馳奏，㖊咭唎兵船夷目，均已押逐出口一摺。今既將該師驅逐，是以降旨分別革職示懲。今既將該夷目等押逐出口，是該督等始雖失於防範，終能辦理妥善，不失國體而免釁端。朕頗嘉悦。盧坤著加恩賞還太子少保銜，並給還雙眼花翎。其前此疏防，亦難辭咎，著仍帶革職留任。所有海防各營汛，乃水師提督專轄。前任水師提督李增階業經革職，現已事定，著毋庸議，即令回籍。已革水師提標中軍參將高宜勇，著俟枷滿一月後，即行釋放。其看守礮臺怠玩各弁，著一併枷滿釋放。此係朕格外施恩，該督等惟當知感知懼，力加振作。於營務海防，隨時認真訓練，務將從前積習，痛行湔除。俾士卒悉成勁旅，以壯聲威而副委任。

《宣宗實録》卷二五九　十月己酉，上御太和殿，宣制册立皇后，王公大臣官員行慶賀禮。册立皇貴妃鈕祜禄氏爲皇后。壬子，恭上皇太后徽號册寶，上徽號曰恭慈康豫安成莊惠皇太后。

《宣宗實錄》卷二七〇　道光十五年八月庚辰，諭內閣：科道爲朝廷耳目之官，責任至重。凡政治利弊攸關，如有真知灼見，俱應據實上陳，直言無隱。近來科道中馮贊勳、金應麟、黄爵滋、曾望顔等平日遇事，均屬敢言，間有指陳，亦皆明白曉事。其有關繫國是，切中時宜者，無不量加採納，立見施行。是以將該員等擢任京卿。所以風勵言官，即是廣開忠諫之路。該員等益當仰體朕意，遇事敢言，一切毁譽榮辱之念，俱不應存於中，惟於國計民生，實有裨益，或除奸剔弊，確有見聞，均當剴切直陳，毋有隱諱。儻謂既非言官，遂甘緘默，則是以建言爲梯榮之具，驟得升階，即圖保位。似此沽直聲於前，而思緘口於後，不幾與朕用人圖治之意，大相刺謬耶？嗣後務當屏除私見，盡心盡職，不避嫌怨，力矢公忠。不特政務關繫民生國計，及牽涉內外臣工者，仍應據實指陳，不可妄生疑懼。即朕用人行政之際，稍有闕失，亦當隨時進言，以資採納。朕總理庶政，一秉大公，即聽言一節，深望諸臣切實敷陳，不憚再三諍誡，期以察天下之治忽，非徒博納諫之虚名。其有徇隱姑容，前後易轍者，尤當深以爲戒。言行相顧，始終不渝，朝廷收讜言之益，國家著直臣之效，朕實有厚望焉。將此通諭知之。

《宣宗實錄》卷二八九　道光十六年九月己酉，諭內閣：耆英以一品大員，於太監人等懇求之詞，不行拒絕，經都察院遵旨將耆英議以革職，自屬咎所應得。姑念其平日辦事無誤，此案情節尚輕，惟履霜堅冰，不可不防其漸。耆英著革去尚書、都統、步軍統領、內務府大臣，加恩以侍郎降補，以示薄懲。

《宣宗實錄》卷二九四　道光十七年二月乙卯，諭內閣：鍾祥等奏，捕獲嘉義匪類全案蔵事一摺。此案嘉義縣匪徒沈知等，藉歉搶糧，戕傷弁兵。經臺灣鎮道等，將勾結各匪殲斃正法二百六十餘名，其在逃之劉藍、石大山二犯，著查明是否係著名要犯，即飭該鎮道等嚴拏務獲。至此次勦捕出力文武各員，著俟逸犯全獲，地方一律肅清，查明據實奏請鼓勵，以昭激勸而歸覈實。

《宣宗實錄》卷二九八　六月辛亥，諭內閣：御史朱成烈奏銀價昂貴，流弊日深，請飭查辦一摺。所奏甚是。銀錢價值，兩得其平，方於國計民生均無窒礙。近來錢價日賤，自係紋銀不足所致。推原其故，固由於風俗奢侈，耗於內地。而禁煙一物，貽害尤甚，耗銀尤多。若如所奏，廣東海口每歲出銀至三千餘萬，福建、浙江、江蘇各海口出銀不下千萬，天津海口出銀亦二千餘萬。一入外夷，不與中國流通，又何怪銀之日短，錢之日賤也。前據鄧廷楨奏，拏獲出洋紋銀，業有旨將出力各員弁量加鼓勵，並准其將所獲之銀，全數充賞。惟所拏之數尚不及百分之一，且此等奸民，情變百出，難保不因廣東查拏甚緊，遂暗與浙閩諸處交通，巧爲透漏。是一處之拏，不足戢衆奸之偷越。著直隸、山東、江蘇、浙江、福建、廣東各省督撫，並海口各監督，嚴飭所屬文武員弁，統於沿海要隘處所，隨時隨地，認真稽查。遇有出洋快蟹等船，務當實力巡查，儻敢裝載紋銀，妄冀偷漏出洋，立即設法截拏，按律懲辦，毋稍輕縱。除將拏獲銀兩全數分別充賞外，並著查明實在出力各員弁，據實保奏，請旨鼓勵。如有疏縱，亦即嚴參懲辦。

《宣宗實錄》卷三〇四　十二月丁未，諭內閣：本日據凱音布、鄂山由驛馳奏，官兵勦辦夷匪情形一摺。據稱夷匪等以涼山爲逋逃淵藪，其中阿合等支地險族繁，素多依附。現經張必禄等帶兵自天喜地方會合以後，先驅勦捕，進攻吉薩拉姑依達，至夷車壩，並月鹿山、水本角等處，大加勦戮，連獲勝仗。著鄂山、凱音布嚴飭張必禄等，務當一鼓殲除，毋留餘孽。其應籌加撫勦之處，亦著相機妥辦，迅速蔵功。

《宣宗實錄》卷三〇九　道光十八年閏四月辛巳，鴻臚寺卿黄爵滋奏，請嚴塞漏卮以培國本。近年銀價遞增，每銀一兩，易制錢一千六百有奇，非耗銀於內地，實漏銀於外夷。蓋自鴉片煙土流入中國，粤省奸商，勾通巡海兵弁，運銀出洋，運煙入口。查道光三年以前，每歲漏銀數百萬兩，三年至十一年，歲漏銀一千七八百萬兩，十一年至十四年，歲漏銀二千餘萬兩，十四年至今，漸漏至三千萬兩。此外福建、江浙、山東、天津各海口，合之亦數千萬兩。日甚一日，年復一年，誠不知伊於胡底。耗銀之多，由於販煙之盛，販煙之盛，由於食煙之衆。今如實力查禁，必先加重罪名。聞紅毛國法，有食鴉片煙者，必集衆環視，繫其人竿上，以礮擊之入海。外夷如是，何況中國！應請嗣後內地有吸食鴉片者，限一年內，務各斷絶煙癮。如一年後仍然吸食，是即不奉法之亂民，俱罪以死論。並嚴飭各督撫轉飭各府州縣，清查保甲，豫先曉諭居民。定於一年後，取具五家鄰右互結，如有犯者，准令舉發，給與優獎。儻有容隱，一經查出，本犯照新例處死。互結之人，照例治罪。得旨：著盛京、吉林、黑龍江將軍，直省各督撫各抒所見，妥議章程，迅速具奏。

《宣宗實錄》卷三二八　道光十九年十一月庚子，諭軍機大臣等：林則徐等奏，轟擊夷船情形一摺。覽奏均悉。暎咭唎國夷人自議禁煙之後，反覆無常。前次膽敢先放火礮，旋經剴諭，僞作恭順，仍勾結兵船，潛圖報復。彼時雖加懲創，未即絶其貿易，已不足以示威。此次吐嘧夷船，復敢首先開放大礮，又於官涌地方，占據巢穴，接仗六次，我兵連獲勝仗，並將尖沙嘴夷船，全數逐出外洋。著林則徐等酌量情形，即將暎咭唎國貿易停止。所有該國船隻盡行驅逐出口，不必取具甘結。其毆斃華民兇犯，亦不值令其交出。當啣一船，無庸查明下落，並著出示曉諭各國，列其罪狀，宣布各夷，俾知暎夷自絶天朝，與爾各國無與，爾各國照常恭順，仍准通商。儻敢包庇暎夷，潛帶入口，一經查出，從重治罪。其沿海各隘口，並距夷埠不遠之海島，均著林則徐等相度機宜，密派員弁兵丁，嚴加防護，毋稍疏懈。

《宣宗實録》卷三三五　道光二十年六月丁丑，兩廣總督林則徐等奏，查暎夷近日來船，兵械較多，仍載鴉片，在彼總欲愚弄沿海漢奸，阻撓當官禁令。臣等於前次燒燬接濟匪船二十三隻後，仍嚴飭水陸文武嚴拏懲創。以夷船最畏焚燒，函商水師提臣關天培等分帶兵勇，暗伏島澳，於五月初九日夜將火船移近夷船聚泊處所，先後燒燬載煙夷船一隻，大小辦艇十一隻。

甲申，諭：本日據烏爾恭額等由驛馳奏，定海縣城失守，現籌堵禦一摺。此次暎逆船隻擁衆滋事，官兵猝遇寇賊，自應出奇制勝，謀定後動。迺該總兵張朝發愎諫撤守，以致喪師失城，情罪重大。遊擊羅建功等於敗後遽即回鎮，亦屬罪有應得。定海鎮總兵張朝發、署中營遊擊羅建功、護左營遊擊錢炳煥、護右營遊擊王萬年、署中營守備龔配道均著革職拏問，交部分別定罪。烏爾恭額、祝廷彪籌備不力，前降旨交部嚴議，兹據該部奏請革職，尚不足以蔽辜。惟現當防堵之時，若竟予罷斥治罪，轉得置身事外。烏爾恭額、祝廷彪著先行革職，暫留本任，戴罪圖功，以觀後效。署定海縣知縣姚懷祥、典史全福不屈投水，被害身死，實屬可憫。著該部加等議卹。

《宣宗實録》卷三三八　七月丙辰，諭軍機大臣等：本日據伊里布奏，勦辦逆夷機宜一摺。據奏暎夷占住定海，其船聚於港口，分泊要隘，據險拒守，並於經由各島嶼設礮守兵攔截抗拒等語。已降旨，令琦善妥爲辦理。該大臣於抵浙後，必須訪察明確，謀定後動，斷不可急圖收復，冒昧輕進。該夷人如有呈遞字件，即著派員接受，將原件由驛馳奏。

《宣宗實録》卷三三九　九月庚寅，諭内閣：前因鴉片煙流毒海内，特派林則徐馳往廣東海口，會同鄧廷楨查辦。原期肅清内地，斷絶來源，隨地隨時，妥爲辦理。乃自查辦以來，内而奸民犯法，不能净盡；外而興販來源，並未斷絶。甚至本年暎夷船隻，沿海遊奕，福建、浙江、江蘇、山東、直隸、盛京等省，紛紛徵調，糜餉勞師。此皆林則徐等辦理不善之所致。林則徐、鄧廷楨著交部分別嚴加議處，林則徐即行來京聽候部議。

《宣宗實録》卷三四四　道光二十一年正月辛卯，諭軍機大臣等：本日據琦善馳奏，逆夷攻占礮臺一摺，前因逆夷日肆猖獗，疊降諭旨，妥爲准備，相機勦辦。原料其垂涎廣東，已非一日。該大臣身膺重寄，既知該夷情形桀驁，又見該省營務廢弛，自應先事豫防，以期有備無患。兹據奏報，逆夷占奪沙角礮臺，並攻破大角礮臺等情。該夷甫於上年十二月十五日肆逆開礮，兩礮臺均被攻破，可見該省全未准備，實堪痛恨。已明降諭旨，將琦善、關天培，分別摘頂嚴議矣。現在逆形顯著，惟有痛加勦洗，以示國威，尚有何情理可喻！

《宣宗實録》卷三四六　二月辛酉，諭内閣：朕君臨天下，尺土一民，莫非國家所有。琦善擅與香港，擅准通商，膽敢乞朕恩施格外，是直代逆乞恩。且伊被人恐嚇，奏報粤省情形，妄稱地利無要可扼，軍械無利可恃，兵力不固，民情不堅，摘舉數端，危言要挾，更不知是何肺腑。如此辜恩誤國，實屬喪盡天良。琦善著即革職鎖拏，派副都統英隆，並著怡良揀派同知知州一員，一同押解來京，嚴行訊問。所有琦善家産即行查抄入官。

《宣宗實録》卷三四七　壬午，諭内閣：琦善等奏虎門礮臺失守，提督陣亡一摺。逆夷攻擊虎門礮臺，及烏涌卡座，廣東水師提督關天培、香山協副將劉大忠、遊擊麥廷章、署湖南提督祥福、遊擊沈占鰲、守備洪達科先後被害。

《宣宗實録》卷三五一　四月癸丑，靖逆將軍奕山等奏，夷船攻擊省城，督兵保護，幸尚無虞。而體察局勢，難期久守。朕諒汝等不得已之苦衷，准令通商。惟當嚴諭該夷目，立即將各兵船退出外洋，繳還礮臺。仍須懍遵前定條例，祗准照常貿易，不准夾帶違禁煙土。儻敢故違，斷不寬恕。並著將軍等會同該督撫悉心籌議，妥定章程。夷性叵測，仍當嚴密防範，不得稍有疏懈。俟夷船退後，迅將各礮臺及防守要隘等處，趕緊修築堅固。如暎夷露有桀驁情形，仍當督兵勦滅，不得因已施恩，遂諸事任其需索。

《宣宗實録》卷三五四　七月庚辰，諭軍機大臣等：本日顔伯燾奏，夷船闖入廈門情形，劉鴻翱等奏現在嚴密防守省垣各一摺。據稱逆夷兵船於七月初九日，闖進青嶼口門，顔伯燾親自督戰，奮力拒敵，開礮擊沈火輪船一隻，兵船五隻。該夷一面回礮，一面蜂擁而進。是日南風大作，該逆船隻又占上風，我軍煙火迷目，以致廈門失守。

《宣宗實錄》卷三五六 八月戊申，諭內閣：裕謙奏，定海失守，現先嚴守鎮海，一面調兵進勦一摺。裕謙著交部嚴加議處。其陣亡之總兵王錫朋、鄭國鴻、葛雲飛，署定海縣知縣石浦同知舒恭受均著交部，照例賜卹。所有陣亡弁兵，著裕謙查明，咨部辦理。

《宣宗實錄》卷三五七 九月

辛酉，諭軍機大臣等：本日據奇明保等馳奏，寧波府城失守，防禦紹興府及省城一摺。覽奏，憤恨之至。所奏曹娥江爲緊要關隘，飭令在籍藩司鄭祖琛，會同總兵李廷揚、該道鹿澤長等，協力堵禦。並令臬司蔣文慶駐劄聲援，安設糧臺等語，均即照所議辦理。

《宣宗實錄》卷三六七 道光二十二年二月丙戌，命東河差委已革兩廣總督林則徐仍發往伊犂效力贖罪。

《宣宗實錄》卷三六八 丙申，諭軍機大臣等：寄諭揚威將軍奕經等，劉韻珂奏，大兵在慈谿失利，事勢深可危慮一摺。此次大兵進勦，勢將得手，旋被横衝，以致各兵潰散，人心惶惑。所奏俱係實在情形。現在奕經等分據要隘，務當各矢血誠，安撫士民，保衛郡縣。命廣州將軍耆英馳往浙江，署杭州將軍。杭州將軍奇明保，俟耆英到浙後，來京候旨。命遣戍軍臺已革協辦大學士兩江總督伊里布，改發浙江軍營效力。

《宣宗實錄》卷三七〇 四月癸未，諭內閣：本日達洪阿、姚瑩由五百里馳奏，逆夷復犯臺港，破舟殲逆一摺。覽奏欣悅，大快人心。該逆上年窺伺臺灣，業被懲創，復敢前來滋擾。達洪阿、姚瑩以計誘令夷船淺擱，破舟斬馘，大揚國威，實屬智勇兼施，不負委任。允宜特沛殊恩，以嘉懋績。達洪阿著加恩賞加太子太保銜。

《宣宗實錄》卷三七二 五月壬戌，諭內閣：牛鑑奏，逆船闖入吴淞，提督陣亡，寶山失守一摺。該提督陣亡，該縣城旋亦失守，覽奏曷勝悼惜。陳化成久歷海洋，素昭忠勇。此次臨敵，亦極果敢。竟爾捐軀，允宜特沛殊恩，以慰忠藎。

《宣宗實錄》卷三七六 六月甲寅，諭軍機大臣等：本日據牛鑑奏，逆夷大幫船隻駛至省城，又伊里布奏馳抵江省各一摺。覽奏均悉。著仍遵前旨，設法羈縻。計奉到此次諭旨，耆英亦必到彼。務即剴切曉諭，俾該逆不致疑惑藉口，惟既經商議，必應事事著實，毋得稍留罅隙，將就目前。及至逆船他駛，又復改換帶兵頭目，再肆挾制要求，種種詭謀，皆應慮及，豫爲杜絶，方稱妥善。如能就我範圍，自可不煩兵力。萬一該逆仍不受撫，不得不大加撻伐，奮力攻勦，該大臣務當妥爲籌畫，相機辦理。本日已由六百里加緊諭知奕經，令其督兵進駐常州一帶。耆英等如措辦了結，即飛咨奕經令其知悉，如辦理不能得手，更當飛咨奕經以便帶兵速來，內外合勦，毋稍遲誤。

己未又奏，初七日，據該夷將請求各款，開列清單，交委員塔芬布等攜回，公同閱看。係索討洋錢及貿易馬頭等款，並據稱若能如所請，不敢再啓兵端，不如所請，即行開仗，並往別省滋擾等語。正在酌議。詎料初八日，該夷開有調兵勦之信，忽換紅旗，定於次早開礮攻城。查省城弁兵，不敷防守，所調各省官兵，曾經挫衄，士氣不揚，未敢恃以爲固。且江南民風柔懦，一聞此信，男婦數萬，號呼籲救。復查該夷自犯順以來，命將出師，總未能挫其兇鋒。今竟横據長江，直逼金陵，危在旦夕。萬一危城莫保，不惟京口梗塞，即安徽、江西、湖北各省會，該夷均可揚帆直達。且傳聞該夷有戰若不勝，即遣漢奸偷挖高堰之信，禍患尤不可問。與其兵連禍結，流毒愈深，不若姑允所請，以保大局。現已照會該夷，即照所議，速爲商定。又諭：覽奏，不勝憤恨。念江南數百萬生靈，一經開仗，安危難保。既經該大臣等權宜應允，朕亦祇可以民命爲重。均著妥行定議。

《宣宗實錄》卷三七九 八月戊寅，諭軍機大臣等：耆英等奏，夷務已定，和約鈐用關防一摺。朕詳加披閱，俱著照所議辦理。惟尚有須斟酌妥協者。即如該夷赴各該口貿易，無論與何商交易，均聽其便一節。須曉諭該夷，一切聽汝自便，與地方民人交易，但日久難保民人無拖欠之弊，祇准自行清理，地方官概不與聞。其各國被禁人口，自應一律施恩釋放，以示格外之仁。將來五處通商之後，其應納稅銀，各海關本有一定則例，該夷久在廣東，豈有不知？至中國商人在內地貿易，經過關口，自有納稅定例。所稱定海之舟山海島，廈門之鼓浪嶼小島，均准其暫住數船，俟各口開關，即著退出，亦不准久爲占據。以上各節，著耆英等向該夷反覆開導，不厭詳細。應添註約內者，必須明白簡當，力杜後患。萬不可將就目前，草率了事。

《宣宗實錄》卷三九四 道光二十三年七月乙巳，又諭：耆英奏，酌定通商輸稅章程一摺。據奏五月二十六日，帶同黃恩彤、咸齡，輕裝減從，即坐火輪船前往香港，接見該酋噗鼎喳，已將通商章程及輸稅事例悉定大局。該酋極爲恭順帖服，即於六月初一日回省等情。其粵海關進出貨物，現已議定棉花茶葉稅則，約計關課，有贏無絀。因該夷急於通市，即照伊里布前定期限，於七月初一日先在廣州開市，著即照議辦理。惟香港四面環海，舟楫處處可通，現已有內地民人零星買賣，必須明定章程，以杜走私漏稅。並一切未定事宜，著耆英會同祁𡊵、程矞采、文豐通盤籌畫。固須俯順夷情，尤當慎持國體，永杜弊端，俾各省皆可照辦。其咪唎㗔、咈囒哂等國，請照新定章程辦理，准俟定議後，另行辦理。

《宣宗實錄》卷四〇三　道光二十四年三月壬申，諭內閣：耆英現已調任兩廣總督，各省通商善後事宜均交該督辦理，著仍頒給欽差大臣關防，遇有辦理各省海口通商文移事件，均著准其鈐用。

《宣宗實錄》卷四一八　道光二十五年六月丙申，諭軍機大臣等：本日據訥爾經額奏稱，東省捻匪，夥黨眾多，慮被查拏，蟻聚不散，爲拒捕之計。業據該撫飭令曹州鎮派官帶兵，分往濮州、鄆城，兩路勦捕，濮州、鄆城、鉅野、定陶、城武等州縣，各派捕役多名，隨同官兵在王家樓地方，與賊接仗等語。捻匪糾眾拒捕，恣行不法，必應及時勦辦。其直隸、山東連界各屬，尤恐此拏彼竄。著崇恩接奉此旨，即督飭員弁，選派兵役，並飭曹州鎮務與直隸所派員弁，協力兜拏。總期羣匪不致漏網，地方日就肅清，是爲至要。

《宣宗實錄》卷四二九　道光二十六年五月乙丑，又諭：賀長齡奏，提鎮會勦回匪連獲勝仗，並查明上年辦理不善，請撤銷保舉，交部議處一摺。此次永昌逃散回民被外來奸回煽惑，糾集日聚日眾。經該督咨會提督張必祿、總兵蔭德布等先事準備，奮勇迎勦，連獲勝仗，轟斃賊匪數百，生擒一賊，並將賊首殲斃，業已大挫其鋒，由此跟蹤勦捕，不難悉數殲除。張必祿、蔭德布均著先行交部從優議敘。

《宣宗實錄》卷四四六　道光二十七年八月甲子，諭軍機大臣等：本日據布彥泰馳奏，喀什噶爾被回匪圍城，事甚緊急一摺。覽奏均悉。安集延等回眾，膽敢煽結近城回匪，圍困喀什噶爾城垣，情形甚急。已明降諭旨，飭令楊以增暫署督篆，文慶前往接署。將該督授爲定西將軍，奕山作爲參贊大臣，頒給關防，帶兵前往勦辦矣。

《宣宗實錄》卷四四八　十月癸酉，諭內閣：本日據奕山馳奏，喀什噶爾賊匪分竄，城垣解圍，並收復回城一摺。肅清勦辦，尚爲迅速。奕山等屢經降旨加恩。所有先後出力各員弁，著查明據實保奏。至喀什噶爾城本堅固，當賊匪人卡滋事時，該城大臣開明阿等坐擁重兵，先事既失防範，臨時又復退衄。所統滿洲綠營官兵臨陣推諉，致誤事機。及至城垣被圍，存城官兵尚有三千餘名之多，未能遣兵出城衝擊，坐守待援，一籌莫展，庸懦無能，實屬可恨。開明阿、豐伸泰著即解任，由奕山派委妥員，解交布彥泰嚴審確情，定擬具奏。喀什噶爾辦事領隊大臣，著毓書暫署，換防總兵著錫喇布暫署。一切善後事宜，並著奕山會同吉明、舒興阿、毓書等酌量妥辦。奕山著俟事竣再回葉爾羌參贊大臣本任。

《宣宗實錄》卷四六五　道光二十九年三月庚寅，諭軍機大臣等：本日據徐廣縉奏，熟籌進城一事，實屬萬不可行。又據葉名琛、穆特恩等奏，遵旨嚴防，並加意撫戢兵民各一摺。又據葉名琛片奏，進城有害無利，斷難隱忍坐視等語。覽奏均悉。噗夷進城之約，在當日本係一時羈縻。現在該酋堅執前約，該督等前奏親赴虎門面晤情形，但稱該酋狡執不已，若再峻拒，勢將滋生事端，而於進城究竟可行與否，未能縷晰陳明。是以朕前經降旨，暫准入城一遊，亦不過權宜之計，期於少生枝節。若如該督等此次所陳，該夷必欲進城，其居心實不可問。婉阻之未必遽開邊釁，輕許之必至立啓兵端。層層奏明，朕始悉其底蘊，自應照該督等所議酌辦。著徐廣縉等即就現辦情形，隨時體察。外患固屬堪虞，內變尤爲可慮。務當固結民心，激揚士氣，以安民爲撫夷之本。仍飭水陸各營，處處防範，萬不可稍有疏失，方臻妥善。

《宣宗實錄》卷四七五　十二月辛未，皇太后聖躬不豫。甲戌，皇太后疾大漸。上詣長樂敷華問侍。申刻，恭慈康豫安成莊惠壽禧崇祺皇太后崩。自是日始，上居養心殿苫次。

《宣宗實錄》卷四七六　道光三十年正月丙午，上不豫。先是，上自上年入春以來，聖躬數違和，仍日召對臣工，批答章奏，無少倦懈。王大臣有勸上節勞者，上頷之，然未嘗少自暇逸也。至是遭大行皇太后大故，擗踴摧傷，疾增劇。丁未卯刻，上疾大漸。召宗人府宗令載銓，御前大臣載垣、端華、僧格林沁，軍機大臣穆彰阿、賽尚阿、何汝霖、陳孚恩、季芝昌，總管內務府大臣文慶公啓鐍匣宣示：御書皇四子奕詝立爲皇太子。硃諭皇四子奕詝著立爲皇太子。爾王大臣等何待朕言，其同心贊輔，總以國計民生爲重，無恤其他。特諭。午刻，上崩於圓明園慎德堂苫次。

雜録

備録

陳康祺《郎潛紀聞初筆》卷五《宣宗立文宗爲太子事》 季文敏公《丹魁堂年譜》，紀宣宗立文宗爲太子事甚詳確，謹録之。譜云："道光庚戌正月，上違豫久，猶日至奉三無私，敬按：四字别殿名。召見辦事。十三日召見慎德堂，敬按：寢宮名。僅軍機大臣、大學士祁寯藻、杜受田，尚書何汝霖，侍郎陳孚恩、季芝昌五人，語良久。十四日卯初刻，諸臣甫入直，已傳旨召對，凡十人，蓋定郡王載銓及大軍機五人，御前大臣怡親王載垣、鄭親王端華、科爾沁王僧格林沁三人，暨内務府大臣、步軍統領尚書文慶也。上冠服端坐，命至榻前，告以立今上爲皇太子。須臾，今上入，上取緘匣硃旨傳示，並諭勉諸臣，畢，各退。今上命軍機五人同閲章奏，移時，甫還直廬，忽急宣趨入，驚聞大行皇帝龍馭上賓矣。"康祺按：道學家言，每以易簣啟手，神志湛然，爲生平學道之效。況萬乘天子，臨御多年，髦期而不聞勌勤，大漸而從容審訓，綴衣甫出庭之日，冕服無憑几之容，兢兢業業，欽始欽終，非聖人其孰能之。

陳康祺《郎潛紀聞二筆》卷一一《宣宗節儉》 宣宗中年，尤崇節儉，嘗有御用黑狐端罩，襯緞稍闊，令内侍將出四周添皮。内府呈册需銀千兩，乃諭勿添。明日，軍機大臣入侍，諭及茲事，自是京官衣裘不出風者，十有餘年。

陳康祺《郎潛紀聞二筆》卷一三《宣宗勤政》 道光二十九年，聖躬不豫，自夏徂冬，猶力疾視事，不趨簡便。三十年正月十四日，皇四子敬按：即文宗顯皇帝。始代閲章奏，召見大臣，事甫畢，而宣宗龍馭上賓。蓋以七十天子，篤疾半載，其不躬親庶政者，僅彌留之頃也。見曾文正公日記。按：是則與初筆引季文敏所紀，互有詳略，謹補録之。

陳康祺《郎潛紀聞二筆》卷一五《宣宗慰黄勤敏公悼亡》 道光元年六月，黄勤敏公悼亡，越二日，宣宗即命軍機章京户部郎中趙光禄齎硃筆宣慰云："伉儷之情，自難强抑，然卿已逾七旬，氣質非十分强壯者可比，矧天時暑熱，祇可於無可奈何之中，節之以禮，切勿有過哀傷。總之，國事爲重，倚任方深，務加意自重，永保康彊，佐勷襄上理。"勤敏北鄉頓首，感極涕零。次日即入朝，内直如故。康祺每誦列聖諭旨，於一二耆老室家憂樂之私，略分言情，體恤微至，實有平交親串所不逮者。泰交一德之契，靡復加茲已。

陳康祺《郎潛紀聞三筆》卷一《宣宗推恩廉吏後裔》 固始吴漁齋中丞其濬，氣深識沈，操守貞白。撫山西時，裁革鹽規，不以人告。道光二十九年，公已没矣，以整理山西鹽務，因緣達天聽，上大嘉歎，立賜公子承恩、洪恩，孫樽讓舉人，承恩並賜主事。廉吏兒孫，世傳簪紱，不賢於金籝萬萬乎？

陳康祺《郎潛紀聞三筆》卷一一《高宗宣宗冲齡時之神武》 乾隆辛亥秋，宣宗皇帝侍高宗皇帝行圍威遜格爾，引弓獲鹿，喜動天顔，黄褶翠翎，寵賚優渥。高宗御製詩，有"老我策驄尚武服，幼孫中鹿賜花翎，是宜誌事成七律，所喜爭先早二齡"之句，蓋高宗以十二歲時，木蘭從獮，初圍得熊，此事敬載前筆。宣宗則初圍得鹿，年十齡也。詩又云："家法永遵綿奕葉，承天恩眖慎儀刑。"則他日聖子承乾，良謀貽厥，若已寓於翰藻中矣。

陳康祺《郎潛紀聞三筆》卷一一《宣宗臨御初年之謹小慎微》 嘉慶二十五年七月二十五日，軍機大臣敬擬遺詔，中有高宗降生避暑山莊之語。越月餘，宣宗檢讀實録，始知高宗實於康熙辛卯八月十三日誕生於雍和宫邸，而高宗御製詩凡言降生雍和宫者，三見集中，因傳旨詰問。樞臣回奏稱：仁宗御製詩初集第十四卷、第六卷詩注，均載純皇帝以辛卯歲誕生於山莊都福之庭。上責其巧辨。諭云："朕恭繹皇考詩内語意，係泛言山莊爲都福之庭，並無誕降山莊之句。當日擬註臣工，誤會詩意，且皇祖詩集，久經頒行，不得諉爲未讀。"遂降旨：托津、戴均元退出軍機，盧蔭溥、文孚均鐫級有差。時宣宗臨御甫匝月，其謹小慎微，邇言必察，殆睿性天成已。

備論

《宣宗實録》卷首《進實録表》 欽惟宣宗效天符運立中體正至文聖武智勇仁慈儉勤孝敏成皇帝，濬哲生知，欽明表被。貫三才以立極，巍巍乎，蕩蕩乎，大莫能名；嗣列聖以垂庥，噩噩爾，渾渾爾，蔑無以尚。粤自擷芳誕瑞，早徵徇齊敦敏之奇；洎乎念典研精，益勵遜志修來之學。初闓引射，賜翎喜溢乎宸章；中所頤顏，鞠曆歡承乎壽醴。聿新奎額，基聖功而賜翰親題；克享天心，眷主器而緘名默告。御神槍智平寇逆，策古今未有之勳；頒恩綍封晉親藩，荷忠孝兼全之獎。溯潛居之育德，已備於主敬存誠勤學改過之箴；摹建極之全神，莫外乎慎始圖終保泰持盈之念。綜百世之龐洪顯鑠，道苞乎羲畫禹疇；仰一心之兢業幾康，義括乎湯盤武几。籥捫槃扣，極盛媺莫罄形容；蠡測筦闚，舉大端遹昭隆懿。惟天佑聖，惟聖憲天。嚴昭事於無形，懔至誠之不息。大祀首圜丘方澤，虔欽若而躬親；精禋崇右社先農，慎肅將而對越。步臨壇壝，特修鉅典於大雩；親撰版文，并達真忱於東岱。浹幽明而叶契，祥霙膏澍，每教應念立需；卻珍異而不書，共穗駢莖，弗令侈陳爲瑞。猶且戒君臣之共勉，怵臨鑒之難欺。已召和甘，仍返躬而省己；偶逢霾翳，屢貢詔以求言。川嶽徧懷柔，每瞻天上頒題之額；旦明通沕穆，更繹禮成敬述之章。惟昊眖之克承，信聖人之能饗。此聖敬之日躋也。夫丕顯丕承者政之原，善繼善述者孝之大。稽初政之紹聞衣德，惟念切於求章；企全模之制治保邦，總心虔於嗣服。移璇題於寢殿，嚴顧諟以接心源；跋綾本之奎函，謹襲藏而珍手澤。錫類之隆，允矣推恩之媺。此聖孝之繩承也。首庶物者乾之健，照四方者離之明。思其艱而克艱，懔乃逸而無逸。旰食宵衣之罔間，一日二日飭其幾；民生國計之攸司，三德六德凝其績。欽恤者庶言庶獄，必昭刑罰之平；勤求乎汝翼汝爲，用協康和之治。法行自近，不寬於戚懿宗親；恩逮惟周，并及於土司伯克。禁令迭申於宦寺，豫防關預之端；器名不假於輿臺，嚴飭衣冠之僭。官方惟期澄敘，絶賌緣而首重六廉；案牘屢飭清釐，懲延玩而弗稽五聽。宏翕受以開言路，而弗詢之謀勿庸；酌經權以裕度支，而興利之説必斥。正人心，厚風俗，懸書讀法非具文；治匿訐，禁奇袤，除莠安良有常制。肄武而兵彊東省，墾荒而穀稔西陲。沈璧防河，茭玉告平成之績；飛艫漕海，倉箱賡秭億之辭。貞百度而政肅霜清，徧八埏而化行風動。此聖治之恢閎也。祇勤于德，率乂于民。惟一人之作猷，斂五福而敷錫。雨暘入告，手批廑稼穡之艱；旱潦偏災，心燭照流亡之屋。慮偶屯夫膏澤，緩徵減賦，時廑保赤之誠求；防中飽於吏胥，免税蠲租，屢戒謄黄之徧示。恩施冬令，畿疆皆挾纊含餔；羨錫春祺，寰宇共饔鼓軒舞。賑洊饑而頒内帑，特簡重臣；逢慶典而豁陳逋，必蠲實欠。貸刑書於既耄，每念前勞；嚴庫藏之追償，猶寬後嗣。體大德曰生之旨，犴獄仁罪；引脅從罔治之經，雞竿赦普。此聖德之廣敷也。竊惟經天緯地，約在禮者博在文；覺世牖民，身爲度者聲爲律。溯始基於蒙養，廿四卷垂養正之編；覘宏業於觀文，初餘集廣文思之被。薈雅頌典謨之要，既同賡雲漢之昭回；包禮樂刑政之全，非徒侈天章之焜燿。講筵著論，探自彊不息之原；辟水修儀，闡允執厥中之奧。攷輿圖而志成一統，洽聲教於車書；纂通禮而治敕五惇，備典章於秩叙。申曲法徇私之諭，期内外之從風；識息兵罷役之辭，亦敬勤之流露。滂施教澤，嘉惠士林。興賢則十舉正科，行慶則五開恩榜。命直省勤搜落卷，弗抑真才；詔駐防改試國書，毋忘本業。談經槐署，漸至教於海邦；錫宴瓊林，獎熙朝之人瑞。此聖謨之丕焕也。綏懷藩徼，整飭旗營。皇威誕赫於寰瀛，武事必先夫騎射。彼回疆之鵲突，久被生成；乃遺孽之鴟張，爰申撻伐。長驅虎旅，行師符地水之占；迅翦狼弧，洗甲喜天河之挽。甫一年而蕆績，撤十三部鐵勒之兵；逾萬里以搗渠，越七百梯雪山之路。消氛蔥嶺，獻馘藁街。入太室以告成功，奉慈闈而上尊號。鏤勛元石，特栞在泮之碑；繪像紫光，親製凌煙之贊。克揚鉅烈，悉本廟謨。凡龍旗虁鼓之相臨，豈螳斧蜩鋒之敢逞。固宜巴蜀滇黔之鬼蜮，不血刃而胥殲；楚粵齊晉之鼠狐，乍揚戈而即殪。通鄂衛藏，早平瞻對之夷；鼓楫廈門，再戢臺洋之慝。誡邊吏毋滋邊釁，統九譯而俛首來賓；擴遠圖以服遠人，胥八荒而傾心内向。此聖武之布昭也。至若躬行節儉，力戒驕奢，娱耳悦目之胥捐，寡欲清心之是尚。用紓丁力，覈採珠獻璞之條；深恤驛騷，輟鮮果時花之貢。停興事於涼臺燠館，并無文囿之經營；緬上儀於阜帳綈衣，遠邁漢家之制度。振浮式靡，情每見於文辭；返樸還淳，命屢申於詔誥。量裁縟節，酌減常供。慎乃德以懷永圖，率有邦無教逸欲。緬鴻基之寅紹，六七作皆神聖之傳；仰龍衮於辰居，三十載總憂勤之念。蓋至德已臻於美備，而聖量尤極於淵沖。方玉几之初憑，展丹毫於四事。論自古郊廟之配祔，尊親原有常經；而及今審度於時宜，限制應從豫斷。議道自己，爲百王未有之規；謙尊而光，實億禩爲昭之法。至若豐碑簡要，勒石無文；服御留遺，設裳有節。此又頌文明之盛範，邁簡册而莫與比倫；窺恭謹之精心，偏遐荒而同深思慕者也。凡此旨千文萬，罔非克勤克儉克寬克仁之懋修；同欽咸五登三，悉本乃聖乃神乃武乃文之廣運。基命嚴於宥密，單心上協乎穆清；養民政在修和，兆姓同深其淪浹。方幸紫圜就日，敷天依羲御之暉；何期翠葦騶雲，薄海切軒弓之慕。無疆休，無疆恤，瞻巍焕之長新；不盡意，不盡言，竭揄揚而曷罄。

藝文

《四朝詩史》甲集卷二孫鼎臣《宣宗成皇帝挽詩》 天策躬戡亂，文思起纂圖。聲名仍舊物，宵旰獨宸謨。恭己先身約，憂民忘體臞。垂衣三十載，耕鑿總無虞。漢代崇寬政，湯年軫睿思。禁錢蒙屢出，齊斧不輕施。卻輦桑林禱，搴茭瓠子詩。忽聞哀詔下，雨泣萬方悲。惻怛初元詔，艱難四戒申。合宮規不改，瑶水駕稀巡。入貢停珍物，歸農簡樂人。獨聞馮几命，惜物廣堯仁。憶昨叨持節，且蘭萬里還。親承宣室召，得侍邇英班。豹尾森猶列，龍髯竟莫攀。微臣念遭際，雪涕望橋山。

穆彰阿部

綜述

《清史列傳》卷四〇《穆彰阿傳》 穆彰阿，郭佳氏，滿洲鑲藍旗人。嘉慶十年進士，改翰林院庶吉士。十三年，散館，授檢討。十四年三月，陞右春坊右贊善。五月，遷翰林院侍講。十五年五月，充日講起居注官。六月，充浙江鄉試副考官。十六年，轉侍讀。十七年，大考二等，陞詹事府少詹事。十八年二月，陞詹事。十二月，遷通政使司通政使。十九年五月，陞内閣學士，兼禮部侍郎銜。六月，以直隸通州一帶河淤滯漕，命偕光禄寺少卿吴邦慶前往督率通永道等，剋期挑濬。八月，兼鑲紅旗蒙古副都統。九月，稽查中書科事務。十月，陞禮部右侍郎，調鑲紅旗滿洲副都統。十一月，署工部右侍郎，兼管錢法堂事務。命偕工部右侍郎鮑桂星前赴通州查驗西倉米石。十二月，署刑部左侍郎。二十年四月，署理藩院右侍郎。十月，署刑部右侍郎，命協纂續編《石渠寶笈》。十二月，刑部一日進立決本二十二件，堂司各官俱坐因循積壓，下部嚴議，穆彰阿降三品京堂候補。

二十一年二月，補光禄寺卿。五月，陞内閣學士，兼禮部侍郎銜。十月，充《玉牒》館副總裁。十一月，兼正紅旗蒙古副都統。二十二年三月，陞兵部右侍郎。七月，署正黄旗蒙古副都統，兼署正黄旗護軍統領。八月，調正白旗滿洲副都統。十一月，以《玉牒》館呈進漢字本貝勒綿志之女姓氏錯誤，下部議處。二十三年三月，命偕兵部尚書和瑛赴直隸保定審明僧人證法妒奸謀殺之案，讞定，治如律。五月，調刑部右侍郎，充武英殿總裁。七月，歷署吏部左、右侍郎，鑲紅旗滿洲副都統，正白旗護軍統領，右翼行海運，命赴天津監收米石，事竣，上以其迅速蕆事，加二級。七月，復署漕運總督，押回空糧船南下。九月，召回京。十二月，陞工部尚書。七年正月，兼步軍統領。三月，以南河辦工謬誤，命偕大學士蔣攸銛赴江南查看關孟兩灘新河、舊河情形，並履勘高堰一帶。尋奏請將兩江總督琦善、南河總督張井等分別嚴加議處，仍責成琦善等虚衷商榷，竭力補救，隨時奏明妥辦，允之。旋回京。五月，命在軍機大臣上學習行走，罷步軍統領。七月，調鑲白旗漢軍都統，充崇文門監督。

九月，疏陳海運章程八條：「一、現行海運各州縣津貼既從減省，其徵收民間漕糧，不得藉口加折浮徵；一、米數既多，雇用民船剥運，由江省按照市價計日給費，毋任胥役刁難剋扣；一、雇募沙船水手人等，由江省查明，或於運脚内撥出若干，或於到津收買餘米内每石劃出若干，作爲水手賞項，或諭該商等加給身工，務令一律踴躍；一、兑米時按船全數給與耗米，到津收米時，除有事故以耗米抵補外，若無故短少，即嚴追懲辦；一、縴夫由江省按每石津貼縴費若干，給沙船自行雇募，若土棍把持，即訪拏嚴懲，船多時剥運不及，應分剥載往北倉暫卸，陸續起運；一、民船既可少雇，囤費自不多糜，沙船起卸時，由經紀眼同斛交剥船，即責令經紀等承運承交；一、剥船運脚，由直督飭屬覈給，如有攙和、盜賣、短少等弊，官剥民剥，一體治罪，仍按數賠補；一、沙船起米完竣，必穵土壓載，方能出口，由直督飭屬豫撥官地穵取，毋任土棍措阻。」上韙其言，下所司議行。

是月，以寶華峪工竣，孝穆成皇后奉安禮成，下部優敘。十二月，署步軍統領。八年正月，以逆回張格爾就擒，奏捷，賞太子少保銜，充軍機大臣，並下部照軍功議敘。罷總管内務府大臣。四月，命在南書房行走。八月，恭送《玉牒》尊藏盛京，並以明年東巡謁祖陵，命查閱各處行宫橋道。九月，以寶華峪地宫浸水，由地平工程辦理不善，穆彰阿前接辦時不能指出，部議革職。上念其在工僅一年，改爲革職留任，仍分賠工程銀兩。九年三月，充翰林院掌院學士，尋兼經筵日講起居注官，並署步軍統領。八月，隨駕詣盛京謁祖陵，禮成，加二級。十年三月，署鑲黄旗漢軍都統。四月，署總管内務府大臣。五月至十一月，兩署步軍統領。七月，署兵部尚書。十月，户部假照案發，以前在侍郎任内失察，降四級留任。嗣於次年上五旬萬壽，併前革留處分，恩予開復。

十一年四月，命恭辦萬年吉地工程，並諭萬年吉地名爲龍泉峪，所有建立規模，因地制宜，俱從簡約。六月，管理户部三庫事務。七月，署正白旗滿洲都統。以江南河湖漫溢，命偕工部尚書朱士彦等前往查辦，甫抵清江浦，即遵旨回京。八月，調兵部尚書、鑲白旗滿洲都統。十二月，仍調工部尚書。十二年三月，充會試副考官。九月，以江南桃源廳姦陳端等偷穵官隄，龍窩汛十二堡河溢，命赴南河偕兩江總督陶澍查辦。嗣首犯未獲，先將廳汛員弁及從犯鞫訊，奏請治罪。十月，御史瞿溶奏劾湖北巡撫楊懌曾等十款，命穆彰阿赴湖北查辦，其南河讞案及查勘工程，交尚書朱士彥及戶部左侍郎敬徵等辦理。十一月，授內大臣。先是瞿溶接據假名湖北已革知縣左章晒列款致書，牽行奏劾，適穆彰阿以提訊左章晒堅不承認入奏，諭傳瞿溶詢悉前由。至是，偕湖廣總督訥爾經額遵旨嚴訊，並將瞿溶交出原書款單，與左章晒所書履歷供詞，覈對字跡不符，遂以左章晒實未列款訐訴奏覆。上命訥爾經額將匿名揭帖之人密緝嚴辦。又以翰林院侍講學士蔣立鏞奏參湖北孝感、黃陂等縣劫案疊出，並江、漢歲修隄工遲延各款，諭交穆彰阿查辦。

十二年正月，偕訥爾經額查覆，略言：「荊州隄工已於上年臘月水涸興修工竣。孝感、黃陂等縣自去秋捻匪竄擾，業經督縣搜獲多名，提省訊辦奏結。現在尚無諱盜不報被控案據。」奏入即回京。道經河南，復遵旨查明各州縣並無以豐報歉、挪補虧款情事，俱報聞。三月，以失察銀庫郎中奎秀等得贓舞弊，下部議處。五月，調戶部尚書。十四年七月，充閱兵大臣。八月，充順天鄉試正考官。十一月，調吏部尚書。尋命以吏部尚書協辦大學士，兼署工部尚書。自嘉慶二十二年至是年，四充經筵講官。十五年正月，充文淵閣領閣事。二月，署步軍統領。三月，充會試正考官。九月，以恭辦龍泉峪工竣，賞用紫韁，並太子太保銜。十二月，以孝穆成皇后、孝慎成皇后奉安禮成，加一級。十六年正月，充上書房總師傅，罷南書房行走。二月，經筵誤班，下部議處。六月，署步軍統領。七月，充國史館總裁，充武英殿大學士，管理工部事務，兼署吏部尚書，稽察欽奉上諭事件處。九月，以圓明園不戒於火，迅即撲熄，加一級。十月，仍命在南書房行走。十一月，署正黃旗領侍衛內大臣，調鑲黃旗滿洲都統。

十七年三月，署直隸總督。七月，充《玉牒》館督催總裁、崇文門監督。十八年三月，充會試正考官。五月，晉文華殿大學士。八月，丁母憂，賞銀五百兩。十一月，管理三庫事務。十九年四月，署鑲白旗滿洲都統。五月，偕宗人府宗令肅親王敬敏等議奏鴉片煙吸食、興販，並官員失察、胥役賄縱、商船窩藏、關津偷漏、棍徒冒充官人、姦民栽贓誣陷各罪名，共三十九條，如所議行。六月，四川總督寶興以川省賦輕，近年夷匪不靖，軍需浩繁，援案奏請按糧捐貼。穆彰阿偕軍機大臣大學士潘世恩等遵旨議覆，略言：「軍需藉資民力，不可率以爲常。與其按畝加課，爲補救之方，曷若借帑生息，爲經久之計。請於各省秋撥應報項下，借撥一百萬兩，以三十餘萬兩爲防兵經費，其六十餘萬兩，或發商生息，或置田收租，所獲息銀，以四萬兩爲常年經費，其三萬餘兩按年提存司庫，歸還原借款項。」允之。二十年正月，管理理藩院事務。七月，署正黃旗滿洲都統。二十一年，六十生辰，御書「壽寓延祺」額，「表率羣僚資弼亮，贊襄同德畀康彊」聯句，「福」、「壽」、「祿」、「喜」、「龍」字，及珍綺等件賜之。

時英吉利船滋擾浙江，各海口戒嚴。二十二年正月，命赴天津偕直隸總督訥爾經額籌辦防堵事宜。十一月，英人就撫，訥爾經額奏籌天津善後章程，禦外八條，清內七條，經費一條，偕軍機大臣大學士潘世恩等遵旨議奏，應如所請，允之。是年九月，署戶部尚書。二十三年正月，戶部顏料庫冒領案發，坐失察，降三級留任。四月，戶部銀庫虧空案發，穆彰阿以前充管庫查庫大臣，褫職留任。次年，以罰賠銀兩全繳，恩予開復。先是，英人疊次犯順，欽差大臣耆英由廣州將軍調任兩江總督，先後辦理防剿，均奏請議撫。至是，耆英仍以欽差大臣馳往廣東籌辦通商章程，尋奏稱粵海關原定稅則，議增稅銀之貨五十六種，議減六十四種，並原例未載新增十三種，其福州、廈門、寧波、上海亦按新定稅則一體開關。七月，穆彰阿議從其請。閏七月，耆英疏陳整頓稅務九條，穆彰阿復奏請敕各省遵辦。均從之。

初，福建臺灣鎮總兵達洪阿、臺灣道姚瑩以英人疊次窺伺臺灣，飭員弁計誘，沉其舟，奮力斬馘，奏膺優敘。至是，英人就撫，訴稱前數次在臺洋遭風遇害，達洪阿等係朦奏邀功，命閩浙總督怡良渡臺查辦，亦如英人所訴入奏。上褫達洪阿、姚瑩職，命穆彰阿等會同審訊。八月，穆彰阿等訊擬奏上，上以達洪阿等在臺有年，尚有微勞足錄，業經革職，著毋庸議。

先是，耆英奏陳意大里亞通商章程四條，穆彰阿疏稱意大里亞僦居澳門，輸納地租，遇有修造，請領牌照，立法具有深意，未可聽其任便修造。所稱澳門上稅，不必定以擔數，是否指販貨之多寡，抑論收稅之輕重，令耆英查明聲覆。二十四年正月，耆英奏：「各國領事皆文移往來，獨意大里亞仍照舊章，事轉窒礙。各國興造，議定三巴門圍牆爲界，不妨寬其禁令。若仍領牌照，彼將有詞侵軼，恐不成事體。至限定擔數，杜弊適以滋弊，不如寬其限制，就販貨之多寡，驗明抽稅，猶可冀日有起色。」穆彰阿奏從其議。

二月，署步軍統領、正白旗滿洲都統。是月，上謁東陵，命留京辦事。四月，翰林院編修李汝嶠考試試差，以懷挾奪職治罪，穆彰阿曾疏薦李汝嶠入直上書房，坐保舉不慎，降級留任。二十五年三月，充會試正考官。八月，充崇文門監督。二十六年二月，扈駕詣南苑行圍，賞穿黃馬褂。九月，署步軍統領。十月，充《玉牒》館總裁。二十八年二月，上謁西陵，命留京辦事。三月，恭修《玉牒》告成，賞緞匹。二十九年二月，以奏保翰林院編修童福承入直上書房，經給事中陳壇以童福承品行不端劾奏。上以穆彰阿於師傅重選，粗率不慎，罷上書房總師傅，並降四級留任。十一月，復充上書房總師傅。自道光十一年至是年，七屆京察，穆彰阿均下部議敘。三十年正月，文宗顯皇帝御極。二月，充實錄館監修總裁。自嘉慶十九年十月至是年四月，歷充會試覆試閱卷大臣、教習庶吉士各七次，朝考閱卷大臣、考試試差閱卷大臣各六次，庶吉士散館閱卷大臣五次，殿試讀卷官、武殿試讀卷官、大考翰詹閱卷大臣、拔貢朝考閱卷大臣各一次。

九月，宣宗成皇帝梓宮奉移慕陵禮成，穆彰阿以管理工部事務，加一級。十月，硃筆罪穆彰阿、耆英曰：「任賢去邪，誠人君之首務也。去邪不斷，則任賢不專。方今天下因循廢墮，可謂極矣！吏治日壞，人心日漓，是朕之過。然獻替可否，匡朕不逮，則二三大臣之職也。穆彰阿身任大學士，受累朝知遇之恩，不思其難其慎，同德同心，乃保位貪榮，妨賢病國。小忠小信，陰柔以售其奸；僞學僞才，揣摩以逢主意。從前夷務之興，穆彰阿傾排異己，深堪痛恨。如達洪阿、姚瑩之盡忠盡力，有礙於己，必欲陷之；耆英之無耻喪良，同惡相濟，盡力全之。似此固寵竊權者，不可枚舉。我皇考大公至正，惟知以誠心待人。穆彰阿得以肆行無忌，若使聖明早燭其奸，則必立寘重典，斷不姑容。穆彰阿恃恩益縱，始終不悛。自本年正月，朕親政之初，遇事模棱，緘口不言。迨數月後，則漸施其伎倆。如英船至天津，伊猶欲引耆英爲腹心以遂其謀，欲使天下羣黎復遭荼毒。其心陰險，實不可問。潘世恩等保林則徐，伊屢言『林則徐柔弱病軀，不堪錄用』。及朕派林則徐馳往粵西剿辦土匪，穆彰阿又屢言『林則徐未知能去否』。僞言熒惑，使朕不知外事，其罪實在於此。至若耆英之自外生成，畏葸無能，殊堪詫異。伊前在廣東時，惟抑民以奉外，罔顧國家，如進城之說，非明驗乎？上乖天道，下逆人情，幾至變生不測。賴我皇考洞悉其僞，還令來京，然不即予罷斥，亦必有待也。今年耆英於召對時，數言及英人如何可畏，如何必應事周旋，欺朕不知其奸，欲常保祿位。是其喪盡天良，愈辯愈彰，直同狂吠，尤不足惜。穆彰阿暗而難知，耆英顯而易見。然貽害國家，厥罪惟均。若不立申國法，何以肅綱紀而正人心？又何以使朕不負皇考付託之重歟？第念穆彰阿係三朝舊臣，若一旦寘之重法，朕心實有不忍，著從寬革職，永不敍用。至伊一人行私，罔上，乃天下所共見者，朕不爲已甚，姑不深問。辦理此事，朕熟思審處，計之久矣。實不得已之苦衷，爾諸臣其共諒之！嗣後京外大小文武各官，務當激發天良，公忠體國，俾平素因循取巧之積習，一旦悚然改悔，毋畏難，毋苟安。凡有益於國計民生諸大端者，直陳勿隱，毋得仍顧師生之誼，援引之恩。守正不阿，靖恭爾位，朕實有厚望焉！布告中外，咸知朕意。」咸豐三年，捐備軍餉，賞五品頂帶。六年，故。

雜録

備録

《續碑傳集》卷三吳昆田《穆長白師》 公諱穆彰阿，字鶴舫，滿洲厢藍旗人。道光十四年甲午，公以軍機大臣、工部尚書爲順天鄉試大主考。揭曉後，昆田隨衆上謁旅見，知名氏而已。及戊戌報罷，將出都，例辭行，得見詢落卷，命取閱。明日呈之，見堂批首作未領題，怒曰：「何大意如是也。」蓋題爲「言必信行必果」，講首蒙上人，故講下未領上也。房薦上，主考閱至此，即擯棄。公曰：「汝殆命中無此，何不出爲吏？頃方開例，吾助汝貲也。」再三辭，乃已。及道光三十年庚戌，昆田春闈報罷，與通甫同進謁，慰勉之曰：「汝二人困於場屋如此，苦矣。即成進士，何益？天下方多故，能出爲一令，可以救百姓，亦吾人分內事。」也珍重而別。是年冬，公奉嚴旨鐫職。次年辛亥冬，昆田仕以內閣中書，謁公於舊第。公曰：「汝來此欲何爲？或仍作令乎？」因言：「有一門生某以知縣候選吏部，氣節人也，顧行不謹，負責山積，得缺不能之官，吾貲之三千金始獲就道。頗有咎吾過與者。茲聞邸鈔，某以殺賊死矣。吾以三千金而成一節義之士，所獲多矣，夫何過焉？」及文勤公琦善督師揚州，公命昆田隨行，已與文勤成言，文勤命其子恭釗來促行。昆田走謁公，言有老親，不敢就死地之故。公歎曰：「吾不知汝固無意功名也，吾過矣。」乙卯，昆田以改官刑部歸省，詣公辭行。公曰：「黃河在汝家，此次豐工之決，又費鉅帑塞之，吾見其不久復決也。河身內高於外者三丈有奇，而北路濱河者，西自徐、邳，東自海、沭，河水皆屢經決溢。復決必於山東、直隸界，將來隨勢規畫耳。汝其識吾言。」昆田六月抵家而銅瓦廂決，始歎服公之料事如神也。

藝文

湯鵬《海秋詩集》卷二四《寄穆鶴舫相國師于時師方攝保陽督篆》　斧鉞峩峩下太空，黑幡紫綬滿光風。地尊鎖鑰兼三輔，天許麒麟第一功。司馬相公人盡識，猶龍老子道應同。提封元氣須裨補，蔀屋咸歸袞繡中。

目極三關路萬尋，蜺旌飇處阻窺臨。山横大茂週遭在，水繞滹沱契闊深。賈傅文章今日淚，山公藻鑑古人心。尺書勗我扶輪手，十字峥嶸抵萬金。

林則徐部

綜述

《續碑傳集》卷二四金安清《林文忠公傳》 林則徐字少穆，侯官人。林氏自唐後即爲閩中甲族，前明科第尤盛，史稱其三世五尚書，皆以清德著。公生時，閩撫徐士林鳴騶過其門，故公父名之曰則徐，以徐公有德於閩也。

公少而沈敏慤謹，事親至孝。爲帖括之學，實事求是，不涉時趨，以嘉慶甲子領鄉薦。百文敏由楚督左遷汀漳龍道，一見目爲大器，廣爲延譽。張蘭洛中丞撫閩，招入幕府。張爲乾隆樞直舊臣，精吏治，公相從四五年，盡識先朝掌故，及兵刑諸大政，益以經世自勵。辛未成進士。甲戌留館，以編修用。丙子典雲南鄉試。己卯擢御史。海盜張保納款後，以副將仍官粵，公特疏請調西北邊缺，以杜萑蔓篝鼓之漸，睿皇帝深賞之。京察一等，授浙江杭嘉湖道。下車後，於所屬海塘水利，悉心求之。一攝運司，從帥仙舟中丞釐革夙弊，浙鹽至今守其法。以疾引退。

道光初元病起，宣宗夙知其賢，奏對大稱旨，授南河淮揚道，未三月擢江蘇按察使，申理淹滯，搏繫豪強，風采卓著。癸巳大水，松江民有聚衆告災，洶洶將變，巡撫已調兵，公力陳不可，扁舟往解，民皆悅服。是年，通省災賑事，一以委公，綜理精密，活老弱無算，而帑不稍糜。且爲當牛之政，冬質春贖，各截牛角單原主爲驗，次年春耕，無一踣斃者，民頌大起。江、浙兩撫議修七府水利，以繼夏原吉之績，奏公總其成，硃批：「即朕特派，非伊而誰？」其承異眷也如此。會丁內艱，寮屬致賻，皆卻之。甲申冬，高堰十三保決口，洪湖水盡涸，無以濟運，急修石工蓄水，江督選舉天下廉能董其役，首以公名，上特起公，以墨絰從事，數月工竣，而公積勞痁作。會户部奏行海運，自明永樂迄今已四百餘年未舉，舊典無徵，大府交章薦公爲總理，困於疾未赴，遽歸閩中。丙戌，兩淮鹽綱渙散，諸臣皆獲譴責，奉旨奪情，以三品卿銜署理鹽政，公堅請終喪，次年入都，授陝西按察使，旋擢布政使。復丁外艱，里居三年。

庚寅起復，授湖北布政使，調河南，又調江寧，一歲之中，周歷三省，所至貪墨吏望風解綬。疆臣重其才，皆折節傾心下之。多所興革，凡民生疾苦，吏事廢墜，人才賢否，無纖悉不知，知無不行。上亦眷倚特甚，一時賢名滿天下，至兒童走卒，婦人女子，皆以公所莅爲榮，輒曰：「林公來，我生矣。」至以公所行政，播諸歌謡，荒村野市，傳之以爲樂。本朝自陳恪勤、陳文恭後，長吏聲譽之盛，無與公並者。

辛卯秋，特授河東河道總督，公以不諳河務辭，其疏云：「臣自問不敢欺，而不能不受人欺，則與自欺奚別？」言極懇至，上温詔答之，勉赴任。河東承前人奢靡之後，聞公至皆悚勵，懼旦夕嚴劾。公獨先以誠信許其滌舊染，勉自新，老成之士，朝夕諮訪。豫東黄河多至十數廳，所儲歲料數千垛，皆徒步抽驗其虚實，繪全河形勢於壁，孰夷孰險，一覽而得。羣吏公牘，不能以虚詞進，風氣爲之一變。

是冬，奉江蘇巡撫之命。自此撫吴者五年，吴人夙感公惠，聞公再來，益大厥施，出境謳迎者數萬人。時辛卯再大水，壬辰、癸巳相繼患澇，河事孔棘，沿河閘壩及通倉交兑費益重，旗丁倍其數取之州縣，州縣倍其數徵之小民，一軍船津貼多至千金，蘇漕一百六十萬石，分載數百艘，徵米之外，費多至數百萬，惟閭閻是求。民既困災，又困於浮勒，有棄田以逃者，漕務大壞。十三年秋杪，陰雨不止，稻已刈復敗。例定秋災不出九月，公方擬以續被災荒例請緩，而嚴旨詰責。陶文毅方督兩江，亦躊躇未敢決。公乃單銜密疏，歷陳江蘇連年錢漕之累，小民之苦，反覆數千言，堅請緩徵。上鑒其誠，特允所請。是年，江蘇微公言，官民全局幾殆。其疏略云「民爲邦本，食爲民天，故下卹民生，正所以上籌國計。若避怨沽名，不以國計爲亟，則無以仰對君父，即爲覆載之所不容。臣雖至愚，何忍出此？江蘇向稱繁富，乃在百貨流通。今則權子母者，既無可牟之利；任筋力者，遂無可趁之工。昔年尚患無墊買之銀，今且患無可買之米。晝見陰霾之象，自省愆尤；宵聞風雨之聲，難安寢席。大江南北，爲各省通衢，中外仕宦甚多，一切實情，難瞞衆人耳目。臣如捏飾，非無可以舉發之人，但求多寬一分追呼，即多培一分元氣」云云。疏稿争相傳鈔，遠邇爲之紙貴。小民聞之，皆嗟歎聚泣，慶更生。公念漕政爲倉督、漕督所主，運道則轄之兩河臣，東南有漕者六省，督撫預其事，非蘇撫一人能抗，而吴民旦夕就斃，終夜輾轉不能已。乃倣周文襄酌劑公私田加耗減耗之法，凡百畝中，有二三十畝近乎沮洳者，爲之請緩。推之千畝、萬畝皆然，統覈其田畝之數，約七八成，餘則報歉，米數則就其上則者計之，俗名曰暗減，賦且緩徵，例於次年帶收，惟遞緩則已。民間得此惠，喘息爲之稍蘇。士大夫有頌公者，公輒蹙蹙曰：「此非平世法，乃一時權中之權。願我一日在吳，則自操其銜勒，吏不能欺，民可得實，若繼之者不推其濟變之初意，而漫然從事，則守令必有緣以爲姦，高下其手，將損上不益下矣。流弊所窮，貪涼靡止。我方負作俑之罪，千載下孰能諒之？」迨公去蘇十數載間，一一如公言，然細民究賴以存活。公在粵，奉旨飭議奏大理南漕，條陳有疏曰：「臣經理五屆蘇漕，但能無誤正供，而實不敢云無弊。」公焦心劌肝，拯吳民於水火中，而不自爲德，惟知引過自咎，且直陳於帝主之前，其事君之光明，憂民之惻怛，古之純臣無以過也。十六年，署江督，擒斬巨盜吳黨運等數百，置之法，江北以安。駐清江浦，催空運糧艘，河員有潰防僨事者，公特糾之，不少貸。次年述職入都，即奉旨擢湖廣總督，甫蒞任，大閱士伍，徧歷楚南北，籌江隄修防諸事宜。猺匪藍正樽滋事，在趙金隴後，爲亂兵所戕，上不之信，南撫納爾經額坐褫職。公乃密疏云：「民可使由，不可使知。藍正樽一日不死，則一日人心不定。設有假託嘯聚，則禍將復起，乾隆末川楚之變，即由嚴緝劉之協所致。」硃批云：「有膽有識，不愧古大臣之風。」兩淮鹽務，江督主運，楚督主銷，往往議論不合。公與陶文毅相契，如一時韓、范，於淮鹽之入楚者爲己任，裁岸費，清輪規，嚴飭弁役緝私，於疏銷利民之策，無綜粟不詳盡，淮鹺方爲大暢，而禁煙之事起。

鴉片煙者，產自南印度，爲英人屬埠。乾隆時始入中國，嘉慶稍盛，有嚴禁。迨至道光，而吸食徧各省，出洋銀以數千萬，銀價一兩易錢二緡，軍國度支，莫不交病。鴻臚寺卿黃爵滋奏請以嚴行禁約，定限一年六閏月，過此則置大辟。宣宗惡之深，飭疆吏月具煙犯摺，以期新法必行。方條議時，公力陳其害，愜上意。有「此禍不除，數十年後，無可用之兵，無可籌之餉」語，奉硃諭密圈。命入都計事，召見十九次，賞紫禁城騎馬。給欽差大臣關防，馳赴粵，沿海水師，一體歸節制。蓋西洋互市，惟廣東一口，爲鴉片煙所從來，專責公以清其源也。公夙以天下事爲己任，感上殊遇，毅然成行，而中外柄臣，有忌阻之者。京朝官、故人子弟，亦以邊釁爲公慮。公謁座師沈鼎甫侍郎曰：「死生命也，成敗天也，苟利社稷，不敢竭股肱以爲門牆辱。」相顧涕下，遂出都。道經燕、趙、楚、越，官紳來謁者，苟有一得，皆諮詢而籍之。人粵即會同廣督鄧廷楨嚴劾歷年庇私之督標副將韓某以徇。前督李鴻賓設巡船，專查煙土，委任韓弁，乃得重賄縱庇之，洋煙之橫實出此。公特首糾之，籍其家，累巨萬，官民大服。啓粵秀書院觀風，以禁煙試時務策，粵人皆交口宜禁。公才望赫奕，冠寰宇。英酋義律懾公威重，與廣府余保純、洋商伍姓者密議，願繳在海船土二萬一千箱易絲茶。余乃常州紳士，爲公撫吳時激賞，素以幹力著。伍則與義律最暱，知使節不久留，欲彌縫其間，而陰與洋商分年償其直，其稟牘恭甚。公據其詞入告，奉旨嘉獎。有「不慮爾等孟浪，但慮爾等畏葸」語。公乃馳檄宣示英國王，詞意剴壯，外國爭傳其文。就省城外濬大池焚燬，數月始盡。

陶文毅卒，旋奉旨調兩江總督。樞相忌其功，思困之，乃請以鄧調兩江，而移公爲粵督，命下，余、伍之初計沮，公亦知事未易，竟嚴飭義律具結，嗣有販煙來粵者，貨即入官，人即正法，義律諾其半，而正法一事難之，蓋西洋行律，即重讞無殊死者。相持數月，無要領，照例封艙，停貿易，斷水穀，驅逐出澳門。義律遷延海外，以兵船嘗試，公與提督關天培，密布水師兵弁，一轟之於九龍山，再擊之於尖沙嘴，凡三挫其鋒。英人自通市，於嘉慶己巳吳熊光任，道光癸巳盧坤任，皆特礮火在省河耀兵恫喝，當局遷就竣事，無敢實以兵力懲創之者，有之，自公始。西洋聲教素不通中國，其貿易主於洋行，至其國之道里風土，兵民習尚，虛實強弱，人無知之者。公獨設間得其新聞紙，及外洋紀載，通以重譯，能中其竅要，而洋人日夕所爲，纖悉必獲聞，西酋駭爲神助。水師大小兵弁，亦畏公號令嚴，無不致死力，無戰不捷。中國機巧之士，公皆羅致之，密製火攻器具，黑夜乘潮，焚其巨艦，長風怒濤中，萬衆呼號，不復相救。義律窘迫甚，乃請命於英王，集同人公議。乾隆朝，平準、平回、平兩金川、平緬甸、平安南，威棱震海外，知中國勢盛，無敢以用兵請，惟英商嗜吃失煙土最鉅，願罄己資千萬助軍，而仍懾公之在粵也，兵船過老萬山，望洋瑟縮，不敢入犯。知浙江懈於防，己亥七月，徑陷寧波定海縣。浙撫烏爾恭額張皇入告，京師大震，訾議漸起，而英酋亦狡甚，遽赴天津海口投書直督琦，訴冤抑。琦前督兩江時，公爲之屬，後時望出其上，深嗛之。遇公保定，議時事不合，論直隸屯田水利，又憾公越俎。至是得間，遂密陳撫議，意在擠公所爲，樞臣內助之，上意動。批公他摺，責斥甚厲。公具摺請治罪，而附片云：「鴉片煙之害如洪水猛獸，雖堯舜在上，不能不爲驅除。大聖人執法懲姦，爲天下萬世計，而天下萬世之人，斷無有以鴉片煙爲不必禁之理。請褫職赴定海軍營効力，以必剿爲期。」得旨革職，以琦署兩廣總督，公隸麾下，備差遣。

琦悉反公所爲，許償兵費二百萬，以香港地畀之。要挾日甚，虎門遂失守。

琦被逮，公奉命以四品卿銜赴定海裕謙軍營。七月，復奉旨與鄧督同戍伊犂。行抵清江浦，河南祥符河潰，大學士王文恪出司塞決，奏請公赴工効力，乃改河道，至汴梁，先後六閱月，風雪中，日夜坐與士卒同畚鍤，正月蕆事。奉命仍往伊犂，公乃寄孥關中，攜二子出塞，凡三年。將軍布彥泰深敬公，以新疆方興屯田，無可屬，計無踰公者，特疏請公總其事，周歷天山南北二萬里，東西十八城，濬水源，闢溝渠，教民耕作，定約束數十事，計闢各路屯田三萬七千餘頃。大漠廣野，悉成沃衍，煙戶相望，耕作皆滿，合兵農而一之，歲省國家轉輸無算，而回民生計亦大裕，爲百餘年入版圖未有之盛。

丙午，特旨賜環，以三四品京堂署陝甘總督。青海番族叛，公督兵驅勦。甫定，移撫陝西，值大旱，公籌畫災賑，請行捐輸，事賴以集。公以積勞疾作，乞退，溫旨不允。丁未正月，擢雲貴總督，趣赴任。滇南通省，漢回雜處，客主相忌，不通婚媾。始則漢民勢盛，官恒偏袒，積久回怨深，屢報復。回性忍鷙而專一，漢民渙散，轉爲所屈。守令懼釁巨，又從而抑漢就回，往復之間，率不能平。道光中，有通判張景沂，讞禮拜寺前隙地納賄，啓爭端，漢回仇殺千人，難由是始。丙午、丁未間，迤西羅天池，信紳士之言，一夜誅城中回衆逾萬，老幼無不併命，至爲冤濫。賀長沙爲總督，處置未協，革任去，以李文恭代之，用兵數月，稍有緒，量移兩江。上以公馭邊精審，特以滇事屬公。自丙子典試，至是逾三十年矣。昆明人士聞公重來，距踊甚，兵事始末隱微，罔不畢達。公先以文告徧示通省曰：「今爾後，但以良莠，不分漢回。莠則雖漢必誅，良則雖回無問。」剴切明曉，聞者皆感泣，故後來雖駢誅之徒亦甘心就戮，相謂曰：「吾曹一身固殄，而子孫戚族，從此永出覆盆，雖死猶活我也。」公臨大事輒舉其要，以生道殺民，多類此。保山回民滋事，公奏請親臨督勦，且閱迤西、永昌一帶邊務，簡精鋭三千人以往。滇軍自阮文達內召，十數年卒伍廢弛，公素號令明肅，壁壘一新。出師之日，旌鉦夾道，將士皆奮厲有壯采，滇民觀者，山谷塡咽，僉謂雍正鄂文端後所未見。中途聞彌渡亦警，乃疾趨先擊之，一鼓掃蕩，保山匪徒聞風震懾，公未至即呈請縛獻。公素偵知首要各犯姓氏，別有杜文秀者，機警多智，曾入都控滇事，公撫而遣之，入賊巢按名就縛，無一人遁。公詳列各犯罪狀，五雀六燕，悉當辜，即漢民有勾煽附和，先事滋激者，亦一一窮治之，中外讋服。定善後條約，絶後患，奏入，上大悅，加公太子太保，賞孔雀翎。

公旋省後，遽遭鄭夫人之喪。公少境遇艱，糟糠誼篤，至是悲不自勝，而頻年積勞，舊疾疝氣大作，屢請乞身。宣宗春秋高，盱衡中外，忠實可依，無出公右，將以資望用公入相，兼樞政，堅勿許。公先後疏至十餘上，宣宗不得已，勉徇其請，己酉夏受代，啓行，滇民焚香載酒，遠邇不期而集至數萬，婦孺奔走號泣，擁公馬幾不能前。士紳銘公德政，自迤西至黔界，大書深刻，巖壁殆徧。省城書院生徒，繪載鐙圖以紀其事。公瀕歧，與賓屬論回事曰：「馭邊者，公勤仁明威，少一不可，守令能公勤則小釁可弭，大吏能仁明威則衆心自服。經此次創艾，區區之力，不過維持十年，過此非所知矣。」迨咸豐七、八年，滇患復熾，悉如公料。

公自沅湘泛大江東歸，過南昌，居百花洲，養痾月餘，從容歸閩。未幾宣宗崩，聞至，公慟哭攀髯，病體益劇，不能入京謁梓宮。潘文恭、杜文正以公先朝耆碩，稟征之典，首薦公爲文宗初政，有「具經文緯武之才，所居民樂，所去民思」語。與周文忠同被召，未赴。洋人據省城烏石山，閩督劉百計遷就之，諸紳大譁。公家居，持論侃侃，洋人畏公，逡巡避去，而閩督大憾之，將劾其撓撫局。會廣西賊起，上即家起公爲欽差大臣赴桂林辦賊，公聞命一日即行，前事遂寢，而閩督亦被臺諫纂劾褫職矣。公力病督師，年已六十六，自許可償馬革之志。桂林土賊大小數十股，聞公將至，輒相約棄戈投誠，願自解散。粵東壯士，舊隸公部者，爭請自効。廣督徐爲公年家子，募驍健五千人爲一隊，先期致書於公，公中途方爲之申約束，定規制，而疾大作。抵潮州，憊不能興，日夜苦瀉下數十次，學使許閣學爲公故交，按試相值，公猶向索書籍。時淮南改票鹽，公抵沐曰：「奇禍自茲始矣。楚中游手以鹽爲活者衆，一旦失生計，必大誤國甚於粵匪，後寇滅必力言於上，創懲議者。」許公悚然而別。公忠誠篤棐，蹇蹇匪躬，至臨危猶憂在天下。不二日，公遽薨，易簀時，以指向天，呼「星斗南」三字，無一語及私。連日大風霾，日色昏翳，海潮夜嘯，慘冽哀鳴，異於平日。遺疏上聞，天子震悼，贈公太子太傅，特謚文忠，自乾隆初傅相國後，百年無此典矣。天鑒優崇，蓋異數也。而粵寇無所忌畏，馴至海內大亂，迨武昌陷，鹽船水手數萬人，率從賊爲前驅直下，東南以靡，始服公遠見焉。

公身體不逾中人，端凝嚴重，行止如載華嶽。眉目疏朗，光炎炎出數步外，神采威秀，顧盼風生，與人和易溫粹，雖卑官下賓，輒與坐論終日，鮮惰容驕色，能使人盡言。而考訂詳審，博覽彊記，纖芥事數十年不忘。屬僚謁公，必先畢夜溫故牘，猶有不能對者，而公數其曲折，某地某人，及錢穀畸零瑣屑，千端萬緒，了了然如螺紋之示於掌上，聞者駭服。故人之事公，如對神明，如臨師保，庸妄之念，非惟不敢騰諸口，並不能存諸心。尤慎舉劾，歷封圻十四省，所薦不過數十人，皆以才德致通顯，爲時名臣，而無一人貽物議。其所擯斥尤少於舉，數人皆没齒無怨詞，雖受劾者之戚族，亦服爲至公。奏牘中論屬吏優劣適如所分，從無譽之過情，而毁之過當者。於近人推許蔣襄平，嘗謂以人事君之美，我不能比蔣公十一。顧蔣進賢多而猶有徇虚聲敗末路之士，公則非深知其生平者不妄薦也。公以端亮敏毅上結宣宗知遇，道光一朝三十年，凡河工、海運、鹽政、軍事，苟遭大投艱，必專任公，始終眷倚，同列不敢望。中間遭讒小挫，湯文端、奕都護皆以薦公膺譴責，而上意實眷之不衰，故晚節尤盛。督撫同官一省，往往多齟齬，甚至水火。公交寅寮，能推功讓能，雖自守以正，而不以名位矜己，不以賢智先人，遇政事宛轉商榷，惟善是從，無隱情，無成見，各省督撫司道，皆樂與公共事，無一隔閡失歡之人，固公之局量足以容之也。愛士最摯，所至書院績學之士，及高才生，率承敬禮，優恤勉勵，多掇巍科以去。文書中有佳牘必詢其幕客姓名，籍記而揄揚之。千里之外，舊交故吏，雖歷久，輒詢其處境之枯菀，有不待請而拯援者，有當困戹而遠爲湔雪者，皆喜過望，感之次骨。一時文臣軍吏，無智愚賢不肖，皆樂爲之用，甘爲之死，且有得譴謫而猶以爲榮者。周旋朋舊，睦敦戚黨，必誠必信。於細民之情僞困敝，災賑諸事，深思曲體，凡所設施，即其人自謀，亦不及此。江南科場，素患擁擠，公爲江寧藩司，釐定規條，刻時懸旗，魚貫鱗次，法簡而易，旁及水漿糕餌，及厠溷細務，皆求其爲士便，各省援以爲式，至於今仍遵守焉。程侍郎春海贈公楹帖曰：「爲政若作真書，緜密無間；愛人如保赤子，體會入微。」人皆傳誦，以爲工於形容。公在翰林以書名，出入歐、董，尤長小楷，爲世所重。終身無嗜好，雖書畫碑版，亦不甚經意，朝夕孜孜不倦者，國政民瘼兩大端而已。公盛德純忠，豐功偉績，他人得一已足名世，而公所樹立，僂指未能盡。其尤著者，新疆屯田、江南漕賑、雲南回務三事，皆以一時貽百世之利，一心布萬民之澤。粤東燒煙之役，雖論者謂之過當，而西人傾國之貲，呈繳至二萬餘箱，終公任番船不能逞志於粤，二十年來洋人紀載，於中國大臣皆直斥其名，惟公則尊之曰林文忠，無敢慢之者。使全局堅任公，張國威而靖外患，又豈不可必哉？且使公延數日之命，則粤匪已如鳥獸散，何至蹂躪至十七省，而宗社幾危，刼運所關，雖公亦無如何也。

公生子三：長汝舟，道光戊戌翰林。次聰彝，浙江候補道，署按察使。三拱樞，刑部郎中，皆秉公訓，恪謹廉退，世其家。女一，適同邑沈中丞葆楨，公之甥也，少英倜耿介，公課之嚴，致不相能，而於公女伉儷甚篤。任江西廣信府，賊大至，城空，公女獨守井待盡，招沈同難。賊退後，曾帥以實狀疏達，上爲動容。沈由此不二年開府。公忠藎之教，施及子女如此，可謂難矣。公仁聲洋溢，凡血氣之士，皆爲翕服，至寇亂後，山野鄙儒，不知時王政體，不知民生利害，但牽附一二杞宋不足徵之法，訾公功烈之卑，學術之淺，始稍稍有異詞。嗚呼，公之功，水土稼穡之功也；公之言，布帛菽粟之言也。而其誠則感孚於異類，浹洽於羣黎，非權術所能致，矯僞所能沾，固不屑與妄比唐、虞三代之王安石，虚負大名之殷深源，較尺寸之長短也。

《續碑傳集》卷二四李元度《林文忠公別傳》 道光三十年春，文宗皇帝既嗣服，下詔求賢。時太子太保、雲貴總督侯官林公方引疾家居，潘文恭世恩、杜文正受田，交章以公應詔。奉召入都，未即至。九月，上以粤逆洪秀全等稔亂，特命公爲欽差大臣，馳赴廣西督勦，尋命署廣西巡撫事。公故嘗督粤，威惠著聞，中外想望丰采，至是力疾出，粤民額手相慶。賊黨散大半，秀全懼，謀遁入海。十一月，公行次潮州，薨。遺疏入，上震悼，優詔議卹，賜祭葬，予謚文忠。自公薨後，軍民失所倚，賊寖不可制。未幾，踰嶺涉湘，絶長江，踞金陵爲窟穴，蹂躪徧天下。又十四年，竭海内全力，僅乃克之。論者謂生靈多阨，致天不慭遺，使得假公數年，賊不足平矣。然公之身繫天下安危，尤不始此也。

先是，公總督湖廣時，鴻臚卿黄公爵滋疏請禁鴉片以塞漏卮，詔下中外大臣議。公條上利害，宣廟嘉焉。十八年冬，命以欽差大臣涖廣東，查辦海口事務。明年，補兩廣總督。公宣諭德威，繕守備，於虎門各海口添建礮臺，設木桴鐵索，奏移高廉道駐澳門，撥隸水師，資控馭。時通商之國以十數，咸傾心受約束，惟英吉利持兩端。九月，夷目義律等以索食爲名，糾師船犯尖沙嘴。公遣參將賴恩爵擊走之，斷其接濟。尋六犯海口，皆受懲創。義律潛赴澳門，倩西洋夷目遞說帖，求轉圜。公以其言未可信，奏請敕福建、浙江、江蘇諸督撫嚴防各海口，復奏停其貿易。英人屢撼之不動，則大懼。既以粤之無隙可乘也，乃改圖犯浙，陷定海，掠甯波，沿海騷動。在事者莫能折衝禦侮，爭歸咎公，因中傷之。代者至，悉反公所爲。恐和議之不速成也，撤公所設各隘兵以媚之，英人遂徑犯粤城。公知事不可爲，具遺疏以待。圍解，命以四品卿銜赴鎮海軍營效力，尋謫戍伊犂。海疆事自此益棘。王文恪鼎、湯文端金釗至以死生去就爭之，卒爲忌者所持，不能得。嚮令公得始終其事，決裂不至此。公之爲天下重也，可勝道哉！

公諱則徐，字元撫，一字少穆。父賓日，歲貢生，家貧力學，以經術掖後進。有子三，公其次也。生而警敏，長不滿六尺，英光四射，聲如洪鐘。每劇談，隔舍數重，聆之輒了了。年十三，補弟子員，二十舉於鄉，就某邑令記室。閩撫張公師誠見所削牘，奇之，延入幕。嘉慶十六年，公年二十有七，成進士，選庶吉士。派習國書，授編修，益究心經世學。雖居清秘，於六曹事例因革、用人行政之得失，綜核靡遺，識者知爲公輔器矣。典江西、雲南鄉試，分校己卯會試，咸得士。二十五年，補御史。海寇張保投誠後，累官副將，至是擢總兵。公慮其愈驕蹇不可制也，疏劾之，仁宗韙其言。授杭嘉湖道，修海塘，興水利，士民德之。會聞父病，即引疾，不待命馳歸。道光二年，授淮海道，明年擢江蘇按察使，決獄平恕，民稱「林青天」。尋丁母憂。明年，奉旨赴南河，督修隄工，工竣仍回籍。六年夏，命署兩淮鹽政，以未終制辭不拜。七年，按察陝西，遷江甯布政使。父憂歸，濬福州西湖以惠桑梓。十年夏，補湖北布政使，尋調河南。十一年，復調江寧，遂擢東河總督。疏辭，優詔不許。尋奏言：稭料爲河工第一弊端，其門垛、灘垛、併垛諸名目，非抽拔拆視難知底裏，已將南北十五廳各垛逐查，抗弊者察治。得旨：向來河臣查驗料垛，從未有精核如此者。十二年春，調江蘇巡撫。吳中洊饑，公奏免逋糧，籌振卹，清釐各屬交代，盡結京控諸獄。昧爽視事，夜過半方息，數年如一日焉。會考績，疏言：察吏莫先於自察，必將各屬大小政務逐一求盡於心，然後能舉以驗屬吏之盡心與否。若大吏之心先未貫徹於此事之終始，又何從察其情僞？臣惟持此不敢不盡之心，事事與屬僚求實際耳。公此言蓋生平得力處也。

先是，公任江藩，以各屬水災，建議倡捐煮振、資送留養、收骸瘞棺、捐衣勸糶，養佃典牛、借籽種、禁燒鍋，凡十二則，經江督陶文毅澍奏行。至是事竣，在事者得獎敘。公之爲臬司也，奉詔綜辦三江水利，以憂歸，嗣經陶公奏允，孟瀆、劉河分年籌辦，至是孟瀆工竣，公以劉河爲三江之一，淤墊尤甚，請勘辦，從之。又言江蘇錢漕倍他省，其中有緩有急，有舊有新，勢難一律清款，與其漫無區別，徒令剜肉補瘡，莫若專嚴於提新，而暫緩於補舊，新款果能全解，則州縣無新虧，舊欠亦可冀彌補。得旨：「竭力爲之。」江南人文甲天下，鄉試恒萬六七千人，入鎖院時，竭一晝夜之力不能畢，有擁擠仆斃者。公創設信礮，立燈牌，陰以兵法部勒之，日晡而畢。十七年春，擢湖廣總督。荆、襄苦水患，歲以爲常，公躬自監視隄工。奏籌襄陽等屬鹽務、緝私及辰沅道屬苗疆屯務各事宜，皆如議行。尋疏報南北兩省拏獲興販鴉片之姦民，璽書褒美。又以江漢安瀾，請列漢神於祀典，從之。十八年冬，入覲，賜紫禁城騎馬，遂有粵東之命。

公之在粵也，奏虎門收繳英吉利躉船鴉片已十逾其八，得旨褒敘。及奏請勦撫兼施，手敕報曰：「既有此番舉動，若再示柔弱，則大不可。朕不慮卿等孟浪，但誡卿等不可畏葸。先威後德，控制之良法也。」尋請停貿易，又諭曰：「該夷自外生成，彼曲我直，中外咸知，尚何足惜？」公所陳皆稱旨，爲忌者所中傷，卒不安其位，而天下自此多故矣。

公議戍，時河決開封，首輔王公鼎出視工，疏留公督辦，工成仍就戍。有門下士官陝，迎謁公，竊爲不平，見公談笑自若，不敢言。退謁鄭夫人曰：「甚矣此行也。」夫人曰：「子毋然，朝廷以汝師能，舉天下大局付之。今決裂至此，得保首領，天恩厚矣。臣子自負國耳，敢憚行乎？」公在塞外，奉命勘辦開墾事宜，親歷庫車、阿克蘇、烏什、和闐、喀什噶爾、葉爾羌及伊拉里克、塔爾納沁等城，縱橫三萬餘里，水利大興。稍暇則以筆墨自娛。公書具體歐陽，詩宗白傅。在官，事無巨細，必躬親；家居，必熟訪民間利病白諸當道。求題詠者，雖踵接不暇應也。至是始得肆意，遠近爭寶之。伊犂爲塞外大都會，不數月，縑楮一空，公手蹟徧冰天雪海中矣。

二十五年秋，賜環，以四五品京堂用。十一月，命署陝甘總督。會野番肆劫，先飭鎮將防護馬廠。時承平久，營政弛，公出按邊，命演巨礮，舉營無知者，一老卒能之，公立授以官，士氣爭奮。尋勦捕番族及漢姦殆盡。明年，授陝西巡撫。關中旱，民不能耕，爭殺牛以食。公曰：「如此，則來歲又饑也。」飭官爲收牛，償其值，勸富民賃牛，予以息，次年乃大有秋。二十七年，遷雲貴總督。滇中漢回構釁垂數十年，焚殺無虛日，議者各有所袒，莫能決。公至，諭之曰：「止分良莠，不分漢回。」適回民丁燦廷赴京，疊控漢民沈正達等，有司提犯解訊。保山民糾衆奪犯，燬官署，搜殺回户，并抗拒鎮道兵。公提兵出勦，途次聞趙州之彌渡有客回句土匪滋事，遂就近勦彌渡，破其柵，殲匪數百。保山民股栗，縛犯迎師。公召漢回父老，各諭以恩信，復乘勢搜獲永昌、順寧歷年拒捕戕官諸匪，寘諸法。得旨：加太子太保，賞戴花翎。引疾歸，滇人繪象以祀。家居，倡驅夷議，外夷方爲斂迹。而當事思中傷之，會璽書召用，讒者乃止。時方以西洋爲憂，後進咸就公請方略。公曰：「此易與耳，終爲中國患者，其俄羅斯乎？吾老矣，君等當見之。」然是時，俄人未交中國者數十年，聞者駭焉。公之薨於行臺也，易簀時，呼星斗南者三，年六十有六。

公服官江南最久，以吴民苦賦重，請求漕政，不遺餘力。在粵時，中旨詢江南漕務，公條舉四端：曰本原，曰補救，曰本原中之本原，曰補救中之補救。宣宗褒許，擬俟粵東事畢，次第施行。文宗之召公也，將使籌畿輔水利，即公前疏所謂「本原中之本原」者也。以二聖知公之深，任公之重，以公報國憂民之心一往無所卻顧，而卒不果行，惜哉！然公於政事，無所不盡心，而其尤關天下治亂之數者，則以辦夷務，勦粵寇二者爲最鉅，而皆齎志以終，此海内士大夫，下及婦人孺子，所繇太息流涕，共爲天下惜者也。

公天性孝友，自奉儉，而資助戚族，歲必數千金。尤愛士，所至擇其秀異者，召入官署，勖以學行。家居，凡族姻中子弟讀書者，約期治膳，集而課之，曰「親社」。性聰察，摘伏如神。馭左右嚴，每黑夜潛行，躬自微察，無敢因緣爲姦。然待人以恕，接物以誠，人咸樂爲之用。與人言，必令反覆詳盡，得達其情。道人善，孜孜若不及。善飲，喜弈，服官後，皆卻弗御。好勤動，與處數十年者，未嘗見其叜手枯坐也。

咸豐元年，滇撫請祀雲南名宦祠，陝撫據輿情人告，請建專祠，皆報可。子汝舟，官編修；聰彝，浙江補用道；拱樞，監察御史。

贊曰：「語有之：『同言而信，信在言前。同令而行，誠在令外。』烏虖，豈不然哉！公所至有殊績，牛童馬走，樂道其姓名，其誠能動物也，温公曷加焉。粵海之役，能終用公，不至此。代者必悉反公所爲，何耶？然公自此名益高，齕公者，乃其所以不朽公歟？而天下則受其敝矣。公身繫安危，固不僅奉詔督師之不底其績也。噫！」

《清史列傳》卷三八《林則徐傳》 林則徐，福建侯官人。嘉慶十六年進士，改翰林院庶吉士。十九年，散館授編修。二十一年，充江西鄉試副考官。二十四年三月，充會試同考官。閏四月，充雲南鄉試正考官。二十五年二月，轉江南道監察御史。時河南儀封南岸工程未竣，則徐以料販囤積居奇，奏請飭地方大吏嚴密查封，平價收買，以濟工需，下所司議行。先是海盗張寶投誠後，累官至副將，至是復擢總兵，則徐恐其驕蹇不可制，疏劾之，上韙其言。四月，京察一等，復帶領引見，記名以道府用，尋授浙江杭嘉湖道。道光元年，聞父病引疾歸。二年，授江蘇淮海道，未赴任，署浙江鹽運使。三年，遷江蘇按察使。四年正月，署布政使。八月，丁母憂。五年，奉旨赴河南督修隄工，工竣仍回籍。六年四月，命署兩淮鹽政，以疾辭。十月，服闋。七年五月，授陝西按察使，署布政使，旋陞江寧布政使。十月，丁父憂。十年正月，服闋。六月，授湖北布政使。十一月，調河南布政使。十一年七月，調江寧布政使。時江蘇水災，咨糴河南米麥，則徐委員赴商邱劉家口及陳州、光州採辦，由淮河運達江境，順道親往督辦，並於淮揚一路勘災籌賑。十月，擢河東河道總督。十二年正月，疏言：「運河挑工已完六分，惟沿隄出土之路，因泥漿拋撒，逐條凍積，名曰泥龍，尚未除淨，日積日多，挑運更爲費事，一經春雨，更恐衝入河心，見飭工員，挑完一段，即起淨一段泥龍，其已挑未淨之處，官差夫頭量予懲責。」上是之。二月，擢江蘇巡撫，未即赴任，三月，奏言：「稭料爲河工第一弊端，其門垛、灘垛、底廠及併垛、戴帽各名目，非抽拔拆視，難知底裏，見將南北十五廳各垛查明，抗弊者參治，並請裁山東泉河通判。」得旨：「向來河臣查驗料垛，從未有如此認真者。」六月，抵巡撫任，疏言：「江蘇錢穀，最爲繁重，而漕務痼疾已深，整頓錢漕，先懲已甚，清釐倉庫，尤貴截流。當執法者不敢以姑息啓玩心，當設法者，不敢以拘牽礙全局。」報聞。時議裁汰冗員。八月，則徐偕兩江總督陶澍奏裁江寧、鎮江二府照磨，揚州府檢校，華亭縣主簿，金壇縣湖谿司巡檢。又偕南河總督張井奏裁丹徒、如皋二縣縣丞，儀徵、清江閘閘官。均允行。

閏九月，以南河盗決官隄，首犯陳端日久未獲，降五級留任。先是則徐在江寧藩司任内，以各屬水災，建議倡捐煮賑、資送、留養、收骸、瘞棺、捐衣、勸糶、養佃、典牛、借籽種、禁燒鍋十二條，經陶澍以聞。至是事竣，偕陶澍奏請獎勵捐輸出力各官紳，允之。十二月，密陳藩臬道府考語，疏言：「察吏莫先於自察，必將各屬大小政務，逐一求盡於心，然後舉以驗屬員之盡心與否。若大吏之心先未貫徹於此事之始終，又何從察其情僞？臣惟持此不敢不盡之心，事事與屬員求其實際。謹將司道府之立心行事，人品官聲，略具梗概以聞。」初則徐任按察使，時奉旨綜辦三江水利，以憂去任。經陶澍奏明，孟瀆、劉河分年籌辦。十四年孟瀆工竣，六月則徐以劉河近日淤墊更甚，奏請接行勘辦，從之。七月，奏言江蘇錢漕倍於他省，其中有緩有急，有舊有新，勢難一律清解，與其漫無區别，徒令剜肉補瘡，莫若專嚴於提新，而暫緩於補舊，新款果能全解，是州縣無新虧，而舊欠亦可漸冀彌補，得旨竭力爲之。八月，奏江蘇各沙洲，前經召佃收租，充水利經費，惟其中有書院、善堂公款，及民户承買之業，請自道光八年新例以前，報部有案者，遵照舊案，一律准買執業，其未經報部，及例後所報者，發還原價，概行歸公，以示限制而杜效尤。下部議行。是年夏秋間，江蘇各府，或江湖盛漲，廬畝被淹，或暘雨愆期，收成積歉。九月，蘇、松等屬續遭風雨，木棉、穀粒，均有受傷，委員勘實，奏請蠲賑，格於廷議。復上疏曰：「蘇、松、常、鎮、太倉四府一州，錢漕最重。道光三年，水災以來，歲無上稔，民力益見拮据，今歲秋禾，節節受傷，甚至發芽霉爛，每畝比之上年，少收五六斗。民間積歉已久，蓋藏本極空虛，當此秋成之際，糧價日昂，來歲青黄未接，不知更當何如。小民口食無資，而欲強其完納，即追呼敲撲，亦有時而窮。前此漕船缺米，州縣尚能買補，近且累中加累，不但無墊米之銀，更恐無可買之米。且鄰省亦連被偏災，布疋絲綢，銷售稀少。權子母者無可牟之利，任筋力者無可趁之工。故此次雖係勘不成災，而困苦情形，實與全災無異。覩此景象，時時恐滋事端，儻通盤籌畫，有可暫紓民力之處，總求恩出自上，多寬一分追呼，即培一分元氣。」疏入報可。十一月，以陳端就擒伏誅，偕陶澍奏保出力人員。十五年正月，奏鎮江所屬丹徒、丹陽運河，分江、浙漕船要道，見屆大挑之年，請計段興工，均允之。十一月，署兩江總督。十六年二月，回巡撫任。七月，復署兩江總督，入覲。

十七年正月，擢湖廣總督。時荆襄歲苦水患，則徐抵任後，修築隄工，躬自監視。七月，奏籌襄陽等屬鹽務緝私章程，如所議行。尋以江南河庫道李湘茝，因庫款不清褫職，則徐坐前任江蘇巡撫時註考不實，降四級留任。九月，前任總督訥爾經額奏武岡州滋事首逆藍正樽已被鄉勇毆斃，則徐遵旨嚴究，亦以毆斃屬實覆奏。上責其隨同附和，遷就了事，降五級留任。十八年二月，偕湖南巡撫錢寶琛奏籌辰沅道屬苗疆屯防各事宜，下部議行。又疏陳整頓鹽務。略言：「貧民挑運售私，其近川近粤近潞之處，與兩淮場竈皆遠，而鄰鹽一蹴即至，成本既輕，售價自賤，且鄰省鹽課皆輕，淮綱獨重，即彼此同一官鹽，亦必彼盈此縮，況以無課之私販，紛紛侵權，其勢更不能相敵。見在剴諭紳民，日用飲食，何在不可節省，獨於食鹽，計較貴賤，犯法食私，紳衿革功名，平民受滿杖，明利害者當不至如是之愚。且湖廣錢漕最輕，若鹽課復背官食私，天良何在？嗣後責成紳衿大户及鄉團牌保互禁食私，犯者公同送究。其挑買之窮民，許改充肩販，由官鹽店給票赴鄉，賣完繳價。再從前襄陽、宜昌、衡州三處，奏明官運商鹽，減價售賣，以敵鄰私，歷辦並無成效。且一種奸販，轉賣減價之賤鹽，以灌旺銷之引地，藉寇資盜，無異剜肉補瘡，應將此三處，不令減價，以杜流弊。」四月，奏請湖南提督常駐辰州府扼要彈壓，均允之。閏四月，湖南撫標右營游擊馬辰，失察家人及弁兵舞弊事覺，則徐坐曾經保奏，降四級留任。九月，奏各州縣水旱偏災，奉恩旨騰黄，祇能開載若干村莊，其地名不能一一全敘，難保吏胥無高下其手，

衿民亦或狡稱蠲免，紛紛訐訟，請將應蠲、應緩、應遞緩之頃畝細冊，由各州縣另行繕榜，隨同謄黄徧貼曉諭，並責成該管道府稽察，毋許隱匿。上嘉其所見精細，允行。

先是，鴻臚寺卿黄爵滋疏請嚴禁鴉片，以塞漏卮，吸食者治以死罪，命下中外各大臣議奏。則徐奏言鴉片流毒已甚，非難於革癮，而難於革心。欲革玩法之心，安得不立怵心之法。況行法在一年以後，議法在一年以前，轉移之機，正繫諸此。必直省諸臣，共矢一心，極力輓回，以期永絶澆風，此法乃不爲贅設。遂擬章程六條：一、收繳煙具，以絶饞根。一、各省於定議後，出示分一年爲四限，遞加罪名，以免觀望。一、加重開館興販及製造煙具罪名，勒限自首，以截其流。一、失察處分，先嚴於所近。一、著令地保、甲長查起煙土、煙膏、煙具，庇匿者罪同正犯。一、豫講審斷之法，以杜流弊。因繕呈戒煙經驗藥方數種。尋奏湖南、湖北拏獲煙販，並收繳煙土、煙膏、煙具情形。上甚嘉之。

十一月入覲，賜紫禁城騎馬，命頒欽差大臣關防，馳往廣東查辦海口事件，水師咸歸節制。十九年三月，偕總督鄧廷楨等奏，查辦躉船二十二隻，起獲煙土二萬二百八十三箱，請酌給茶葉、大黄，以示體恤。得旨：「所辦可嘉之至。該商畏罪自首，情尚可原，免其治罪。酌賞之處，著照所議。則徐下部優敘。」四月奏英人夾帶鴉片，請照化外有犯之例，人即正法，貨物入官，議一專條，並酌予限期，上命軍機大臣等議行。新例既定，則徐請先傳檄英吉利國王，諭以利害，擬稿呈覽頒發。又遵查海口，排鍊礮臺情形。奏言廣東中路海口，以虎門爲咽喉，進口七里，一山屹立海中，曰横檔。其前有巨石曰飯籮排，又其前小山曰下横檔。海道至此分二支，右多暗沙，左以武山爲岸，山下水深，英船必由之路。海面僅三百餘丈，鎖以鐵鍊，承以木排，復建礮臺，俯臨排鍊，就令英船堅固，衝斷鐵鍊，尚有一層阻截，羈絆多時，礮臺乘之，必成灰燼。報聞。時通商之國以十數，俱遵具並無夾帶鴉片切結，惟英吉利持兩端。七月，英領事義律率船五隻，以索食爲名，犯尖沙嘴，則徐檄參將賴恩爵御之九龍山，碎其雙桅大船，英船紛集，礮彈如雨，我軍以網紗障船，就旁施礮，斃敵多名。接仗踰五時，英人死傷益衆，逡巡遁。八月，復檄守備黄琮等偵英船於潭仔洋面，乘英人方開礮，亟擲火斗火罐，焚其船，敗走之。義律因潛赴澳門，倩他國人遞說帖求轉圜，則徐以其言未可信，奏請相機剿撫。諭曰：「既有此番舉動，若再示柔弱，則大不可。朕不慮卿等孟浪，但誡卿等畏葸。先威後德，控制之良法也。」時御史步際桐奏

謂：「責英出結，徒開含混之路。」則徐覆言：「外人最重然諾，彼愈不肯出結，愈見其結之可靠，亦愈不能不向其飭取，臣不敢存趨易避難之見，致負委任。」尋義律經則徐檄諭雖自稱悔罪，稟請逐船搜查，勒限驅回空躉，仍觀望圖免具結。九月，復乘間糾兵船滋擾，水師提督關天培敗之穿鼻洋，遂竄泊尖沙觜，則徐以其北有山梁曰官涌，可以俯而攻也，令深溝固壘以待之。英人果六犯官涌，皆受懲創，然猶逗遛外洋。則徐疏其反覆情形，上以彼曲我直，中外咸知，諭令停止貿易，暴其罪狀，驅逐出口。則徐復請敕下福建、浙江、江蘇各督撫，嚴防海口，如所請行。先是三月，則徐調江總督，未即赴任。十二月，調兩廣總督，奏請移高廉道駐澳門，並撥隸水師，以資控馭，允之。尋順天府府尹曾望顏奏請，無論何國，概絕通商，大小漁船，概禁出洋，以斷接濟。則徐遵議，奏言「自斷英人貿易後，他國洋商，喜此盈而彼絀，當以夷制夷，使相間相睽，若概與之絕，轉恐聯爲一氣。且廣東民人多以海爲生，若概禁出洋，則勢不可以終日，擬令漁人出洋，止許帶一日之糧，庶少接濟」。下軍機大臣議行。時英人被逐，寄椗外洋，勾引漁船、蜑户，誘以重利，希圖接濟銷售。二十年正月，則徐定計以毒攻毒，令關天培密裝礮船，雇漁、蜑各户，教以出洋埋伏，候夜深順風揚火，焚燬附英舟匪船二十三隻，延燒英舟及海灘篷寮，自是漢奸膽懾，英船接濟幾斷。四月，奏尖沙觜爲英船經由寄泊之區，又爲粵省東赴惠、潮北趨閩、浙要道，請與官涌兩處，各建礮臺，俾聲勢聯絡。如所請行。五月，再焚英船於磨刀外洋，延燒匪艇十一隻，篷寮九座。尋諜知英人新來兵船，遊駛外洋，請飭沿海各省嚴備。嗣探英船揚帆東向，因奏言夷情詭譎，凡事矯飾虛張，若徑赴天津求通貿易，所陳或尚恭順，仍懇優以懷柔之禮。敕查嘉慶二十一年成案，將其遞詞人由內河護送至粵，藉可散其爪牙。六月，英人改犯浙江，陷定海，掠寧波。則徐上疏自請治罪，並密陳夷務不能中止，英人所憾在粵，而滋擾於浙，雖變動若出意外，其窮蹙實在意中，惟其虛憍性成，愈窮蹙時愈欲顯其桀驁，試其恫喝，甚且別生秘計，冀售其奸，如一切皆不得行，仍必帖然俛伏。第恐議者以爲內地船礮，非外人之敵，與其曠日持久，不如設法羈縻，抑知夷性無厭，得一步又進一步。若使威不能克，即恐患無已時，勢必他國紛紛效尤，不可不慮。因請戴罪赴浙，隨營自効。英人旋復構釁於粵，則徐調集米艇火船，築墩置礮於蓮花峯下，爲關閘前山障蔽，又以安南軋船專擊船底，英人所憚，遣人求式仿造，以備火攻。七月，親駐虎門督師，水路夾擊，轟傷英船，沈其三板數隻，獲礮彈大小二百有奇。八月，再敗之龍穴洲，英人惶亂，不能拒，僅放空礮，他船來援，我軍轟斷其篷索，不得進，遂乘潮南竄。二役斃敵無算，官兵受微傷僅數人。捷奏未至，九月，諭曰：「自查辦以來，內而奸人犯法不能凈盡，外而興販來源不能斷絕，甚至本年福建等省紛紛徵調，糜餉勞師，皆林則徐辦理不善之所致，著交部嚴加議處，即來京聽候部議。此次英人各處投遞稟帖，訴稱冤抑。朕洞悉各情，斷不爲其所動，惟該督以特派大員，辦理總無實濟，轉致別生事端，誤國病民，莫此爲甚。是以特加懲處，並非因該英人稟訴，遽予嚴議也。」尋部議革職，命仍折回廣東，以備查問。則徐既獲罪，琦善代之。

十二月，琦善奏英人要求情形，上覽奏震怒，所請廈門、福州通商及給還煙價，均不准行，飛調四川、湖南、貴州兵赴廣東，諭琦善督同則徐妥爲辦理。二十一年三月，賞四品卿銜，命赴浙江鎮海軍營協辦事務。則徐至浙，與兩江總督裕謙、浙江巡撫劉韻珂籌辦海防，節次擒獲海盜正法，杜絕接濟，嚴堵要隘，英不得逞。五月，復革去卿銜，遣戍伊犂。七月，河決開封，則徐道中奉旨免戍，襄辦東河河工。時大學士王鼎奉命總理河務，以則徐熟悉情形，深資得力，入奏得旨，即督飭工員趕辦。二十二年工竣，仍遣戍。二十四年，伊犂將軍彦泰奏請飭則徐勘辦開墾事宜。則徐親歷庫車、阿克蘇、烏什、和闐、喀什噶爾、葉爾羌及伊拉里克、塔爾納沁等處，請酌給回人耕種，並請改屯兵爲操防，均如議行。

二十五年九月，命回京以四五品京堂候補。十一月，賞三品頂帶，署陝甘總督。十二月，行抵甘州，會野番肆劫，飭鎮防護馬廠，并仿洋礮法改製大礮，推輪運放，士氣爭奮。二十六年三月，授陝西巡撫，仍暫留甘肅，偕陝甘總督布彦泰等辦理番案。六月，剿番族番僧於黑錯寺，復追埽果岔匪巢，殲擒殆盡。得旨調度有方，下部優敘。十一月，因病奏請開缺，得旨賞假三月。

二十七年，陞雲貴總督。時雲南漢回互鬬，垂十數年，焚殺幾無虛日。則徐抵雲南，適回民丁燦廷赴京疊控保山縣漢民沈振達，串謀誣害，劫殺無辜，經地方官提犯鞫訊，漢民遂糾衆奪犯，燬官署，劫獄囚，搜殺回户，拆瀾滄江橋，道路以梗，永昌鎮道帶兵往擒，漢民遂拒捕。二十八年，則徐督兵赴剿，途次聞趙州之彌渡有客回勾結土匪滋事，遂就近移兵剿之，破其柵，殪匪數百，並撫恤受害良民，趙州底定。保山民聞風懾服，縛犯迎師，則徐按其罪重者百數十人，立誅以徇。復乘勢搜捕永昌、順寧、雲川、姚州歷年拒捕戕官諸匪千餘名，寘諸法。奏入，旨加太子太保銜，並賞戴花翎。二十九年五月，騰越廳卡外野夷滋擾，則徐檄總兵拴住、迤西道王發越，率明光隘土守備左大雄剿平之。上嘉其遠振軍威，乂安邊地。六月，因病請假。七月，復奏請開缺，允之。

三十年五月，大學士潘世恩、尚書孫瑞珍、杜受田，應文宗顯皇帝登極求賢詔，均首以則徐薦，命迅速來京，聽候簡用。九月，以廣西洪秀全稔亂，諭曰：「朕睠懷南服，民生一日不安，朕心一日不忍。前任雲貴總督林則徐，疊次宣召，尚未來京。著即作爲欽差大臣，頒給關防，馳赴廣西會剿。林則徐受皇考簡任深恩，前在雲南辦理漢回軍務，迅速蕆事，朕所夙知，著即星馳就道，蕩平羣醜，綏靖嚴疆，毋違朕命！」十月，命署廣西巡撫。十一月，行次廣東潮州，病卒。諭曰：「前任雲貴總督林則徐，由翰林洊歷外任，疊蒙皇考簡膺疆寄，宣力有年。上年剿辦雲南保山匪徒，調度有方，渥荷恩施，賞加太子太保銜，並賞戴花翎，旋因病請假回籍。朕御極之初，知林則徐平素辦事認真，不避嫌怨。疊經降旨，宣召來京，嗣因廣西匪徒滋事，特授爲欽差大臣，頒給關防，令其速赴軍營剿辦。前據馳奏，已由本籍起程，方冀迅埽邊氛，以綏南服。茲據徐繼畬馳奏，該大臣沿途勞頓，舊疾復發，於廣東潮州途次溘逝。念其力疾從公，歿於王事，覽奏殊深悼惜！著加恩晉贈太子太傅，照總督例賜卹。任內一切處分，悉予開復。應得卹典，該衙門察例具奏。伊子編修林汝舟、文生林聰彝、文童林拱樞，著俟服闋後，由吏部帶領引見，候朕施恩。」尋賜祭葬，予謚文忠。咸豐元年，雲南巡撫張亮基，請以則徐入祀雲南名宦祠。二年，陝西巡撫張祥河奏請於陝西省城爲則徐建立專祠，均允行。同治四年，入祀江蘇名宦祠。

雜録

備録

《國朝耆獻類徵初編》卷二〇三《林則徐・筆記》 林公之卸督篆也，方奉不許通商之命，次輔代公者親詣公所，專主和議，力言不可戰之故。公語人曰：「是來名爲相商，實則鉗予口耳。」寓書江督伊里布公云：「主和之說，某公自以爲得計，軍營凡奉廷寄，及發兵奏摺，夷書往來，不以一字示人，將弁司道問及，曰夷人第求數事而已。問所求何事？又祕而不宣。惟密任直隸守備白含章，及夷目贌地之漢僕鮑鵬，往反投報。嘗與義律期會蓮花港，及期，義律不見，明日復往，議甚密，左右莫獲與聞。夷人既製小船，聽其闖進三河口，故鎮口唾手可得。鎮口既去，故直偪省城。即使省城幸而無恙，而各路礮臺，新安、香山兩邑，均爲逆夷所占，損國威，長寇志，誰之過歟？縱逃法網，必獲天誅，言之可爲痛哭流涕者也。如昨者川楚調兵，徒爲夷人藉口，較之日前一氣貫注，難易迥殊。況此次大敗，皆由煙費七百萬兩激之，牛、羊、雞、鵞、小米之饋激之，豈能復溯繳煙之事？若瞞天昧己，再加狂謬，必當暢敘一辭，遣人賫投都察院，亦得光明磊落而死耳。」江督得書，喟然長歎，而不能贊一辭也。廣東臬司王廷蘭云：「開門揖盜，當事者百喙奚辭，迨至臥榻之旁，已被他人鼾睡，乃獨歸咎於始事之人，不亦冤乎？」天河生云：「英夷之覬覦五口，瀕海游奕，蓄志於數十年之前，飄忽無常，先後一轍，禁煙變，不禁亦變。禁煙而公得始終其事，或不至於大變。戎狄之性，知畏威，不知懷德，豈一朝夕之故哉？」

初，林公懸賞購夷，夷衆心悸，不留漢人在船，公鼓勵兵民，士氣方銳。及次輔某撤防減兵，畏夷如虎，紳民有擒漢奸者，曰「若即漢奸」，有告販煙者曰「若即販煙」，至有誤發信礮，觸怒夷人之語，賊始肆然無所憚矣。公之言曰：「自古用兵，必爭主客之勢。得主勢者常勝，逸待勞靜待動也。況夷人遠涉重洋，入犯中國，不獨官兵操必勝之算，即沿海貧民已足以與之爲敵，而絕其生機。自貧民爲夷所用，而我又從而驅之，傷已。」夷目日遣奸民十八人，分班探事，軍中雖奉密旨，同官所不知，夷輒知之。蓋我軍所用偵探，率以數百錢，遣無賴小民，道聽塗說，或且故甚其詞，以恫喝將士，搖動人心。賊中間諜，則力能通諸大帥左右，與之共心腹，斯其所以異也。

英吉利內犯之初，正彼國被兵缺餉之會，彼熟悉我之虛實，而我不知其事變，是可惜已。初英夷與鄂羅斯兩國交惡，鄂羅斯方爭印度於英夷，積歲構兵，外强中瘠，阿富汗尼木哈臘諸部又與英夷爲難，其本國煙價關稅銀虧缺千有餘萬，借貸鄰國，以助餉需。及以禁煙故，入犯廣東，兵分財匱，勢頗不支。而法蘭西、米利堅等國，又皆乞我督撫，請於朝廷，願出兵船，爲中國效力。英夷聞之，進退維谷。當時得如林公者數人，禁漢奸，簡軍實，仰稟廟算，有戰無和，使之負重創，失大欲，則英夷畏威讋法，必不敢久留而去，不必借諸國力，而後患消弭者多矣。乃以一二畏葸之人，坐失機會，使得從容定變而專力於我，鴉片顯布於近洋，姦宄接踵於內地，一事失策，而毒痛宇內，一時貽誤，而延禍數十年，得失之機，毫釐千里，惜哉！惜哉！

江南鄉闈合兩省爲一，與試者多至萬六七千，嚮因點名擁擠，停止搜檢，竟一晝夜而不能蕆事。自林公少穆開藩江甯，分爲三路點名。先期覈計各屬人數多寡，按照時刻分配均勻，又刊印章程，隨卷給發，某時，某路點某學，一目瞭然。每届一時，發礮懸旗，大書三路應點學分，由內而外，以及街衢巷渡，無不周知。蓋陰以兵法部勒之，事不繁而易舉。申酉間即可扃門。場內則謄錄對讀，與夫粥飯水夫之類，無不躬自稽察，就號舍而親嘗之，故士林洽然感頌。近日遵用其法，而人數不均，時刻以中路爲早遲而左右不齊，懸旗則內外不符，擁塞紛亂自若也。有治人無治法，信哉言乎！

《續碑傳集》卷二四曾寶光《林文忠公逸事》 易簀時，呼「星斗南」者三。或問余，此何謂？余曰：「泰西稱地球五大洲，以吾華爲亞細亞洲；佛經稱四大部洲，以吾華爲南瞻部洲。吾華居星斗之南，故北辰常在北。海疆事起，後進咸就公請方略，公曰：『英易與耳，終爲中國患者，其鄂羅斯乎！』時鄂人不交中國越數十年，聞者惑焉。公蓋以髮逆患在一時，洋防患在後世，西洋國衆而聯涣靡常，北洋地大而在在毗連吾邊裔。舉吾華數萬里百十年事，蓋無日不往來於胸中，故公之存若没，實關治亂安危之數，殆與司馬文正病囈時無非國是，宗忠簡連呼渡河者三，古今同揆。天不慭遺，謂之何哉！」

魯一同《通甫類稿》卷三《書林侯官手札後》 公前戍伊江時，南中諸君有贖鍰之舉，公婉謝之，而公子汝舟言尤切至。一同敬惟人臣事君猶天，惟義與命，無所逃之。雖昔人有言，曷若歸命投誠，乞憐君父，要之心迹，今古一時，未可一槩量也。公辭之甚正。今公已奉天子簡命，巡撫秦陝，移督滇黔，恩寵眷注日隆矣。藉令當日義舉果行，權重媲美，其不如少遂緩之，以待天心之自轉明白。然方諸君爲此時，豈逆料有今日事？情發於中，而事迫於會，苟可取濟，將不復權衡審度而爲之，於義甚可嘉。夫天下義有所不暇精而情有所不能待。至於天人訢合，主臣道隆，果有以大慰中外之望，則又非一二人意氣所能感格，而國家景福無疆之徵驗也，於虖遠矣。

陸以湉《冷廬雜識》卷二 林文忠公在河工時，題所居室聯云：「春從天上至，水由地中行。」題客座聯云：「廬中人出，河上公來。」又贈河丞張姓者聯云：「乘槎直到牽牛渚，載筆同游放鶴亭。」切地切姓，人咸歎其工妙。

陳其元《庸閒齋筆記》卷九《文宗賜林文忠輓聯》 道光辛丑，侯官林文忠公奉命至鎮海軍營。比遣戍新疆，居恒常誦「苟利國家生死以，豈因禍福避趨之」二語不置。不知是公自作，抑古人成句也。然忠義之忱可想見矣。後公以雲貴總督引疾家居，咸豐初元，奉詔起討粵西賊，海內欣望，而公卒于途中。文宗震悼，御製輓聯以賜云：「答君恩，清慎忠勤數十年，盡瘁不遑，解組歸來，猶自心存軍國；殫臣力，崎嶇險阻六千里，出師未捷，騎箕化去，空教淚灑英雄。」非常知遇，天下臣民讀之，皆代爲感泣也。

陳康祺《郎潛紀聞初筆》卷三《林文忠臨殁大呼星斗南》 粵賊初起，首陷平樂府城，時林文忠公已由西域賜環，文宗特詔起之田間。公方臥疾，聞命束裝，星夜兼程，宿疴益劇。公子編修汝舟隨侍，勸以節勞暫息。公慨然曰：「二萬里冰天雪窖，隻身荷戈，未嘗言苦。此時反憚勞乎？」口占一聯云：「苟利國家生死以，敢因患難避趨之。」乃昇疾亟行，憂國焦勞，馳驅盡瘁，遂卒於廣甯行館。初，賊震公威名，咸膽裂，思解散，猝聞溘逝，毒燄益張。公臨殁，大呼「星斗南」，莫解所謂。噫！武鄉侯出師未捷，宗忠簡三呼渡河，千古貞臣，同此遺憾耳。

陳康祺《郎潛紀聞初筆》卷六《許貧民挑賣官鹽》 林文忠公督兩湖日，整飭准綱，許挑賣私鹽之窮民，改悔投充肩販，由各處官鹽子店給票，挑赴四鄉，賣完繳價。此化莠爲良之第一法也。

陳康祺《郎潛紀聞初筆》卷八《林文忠公制一怒字》 林文忠性卞急，撫蘇日，嘗手書匾額於聽事之堂曰「制一怒字」。昔宋賢呂本中教屬吏，當先以暴怒爲戒，公以之自律，其克己功夫，尤切實已。

陳康祺《郎潛紀聞二筆》卷三《林文忠辭南中紳民贖鍰之舉》 林文忠戍西域時，南中紳民有贖鍰之舉，不期而會，集白銀至鉅萬。公聞之，郵書婉謝，而公子汝舟言尤切至，遂不果行。未幾，即賜環，且重膺節鉞矣。是舉在三吳士民，自出於中心感激之私，不暇權衡審度，而揆之大臣事君之義，身羅譴籍，方自咎辜恩瀆職，貽誤封疆，何敢冀君父垂憐，尚有生入玉關之一日。當公在伊江，即罄私家之財，足以自贖，度公亦必不爲，況貲出他人乎？公父子忠孝純篤，能見其大，固非世俗所知。而宣宗皇帝之明聖，雷收電霽，廑念勞臣，卒有以慰中外喁喁之望。書之史策，千載一時已。按宗侍御稷辰《躬恥齋文鈔》，倡是舉者，唐夢蝶、金眉生，而遠近應之。公既命子若辭，遂以金還諸其人。

陳康祺《郎潛紀聞二筆》卷一三《林文忠公創設信礮》 江南人文甲天下，每鄉試，合江甯、江蘇、安徽三布政司所屬士子，恒萬六七千人。入鎖院時，唱名授卷，竭一晝夜之力，未能竣事，有擁擠顛仆者。林文忠公爲監臨，創設信礮，立燈牌，陰以兵法部勒之，日晡而畢。世謂文忠當官，無一事不盡心，故無一事無良法，誠然。

陳康祺《郎潛紀聞二筆》卷一三《林文忠辦理河工之精核》 河工爲國家漏卮二百年矣，道光十一年，林文忠公擢東河總督，奏言稭料乃河工第一弊端，其門垛、灘垛、併垛諸名目，非抽拔拆視，難知底裏，遂將南北十五廳各垛逐查，有弊者察治，所屬懔然，歲省度支無算。得旨：「向來河臣，從未有如此精核者。」

陳康祺《郎潛紀聞二筆》卷一三《鄭夫人對門下士之言》 林文忠公以粤事議戍，有門下士官陝迎謁公，微露不平，見公談笑自若，不敢盡其言。退謁鄭夫人曰：「甚矣此行也。」夫人曰：「子毋然，朝廷以汝師能，舉天下大局付之。今決裂若此，得保首領，天恩厚矣。臣子自負國耳，敢憚行乎？」按：前卷紀沈文肅公困守廣信，卒完危局，並述及林夫人内助之功。文肅，文忠快壻也，然則文肅夫人微特大義素聞，抑非是母不生是女已。

陳康祺《郎潛紀聞二筆》卷一三《林文忠封翁飼鶴圖》 林文忠公服官中外，常以封翁暘谷先生《飼鶴圖》珍襲行牓，徧索題詠，一時作手，闡述其先德甚詳。此舉尋常不足録，而齊東之言，有謂文忠本徐姓，育於封翁，通籍後每自鬱陶者，可灼然辨其謬矣。

備論

《續碑傳集》卷二四金安清《林文忠公傳》 評曰：林公之成績茂矣。方之前修，如湯和之沿海列屯，周忱之治吴減賦，李化龍之開迦平播，其聲施相上下，特公能兼之耳。葛相之才，遜於景略，後人不以彼易此者，君子所貴，在信與誠，驥不稱其力，聖經固深訓之矣。陳壽之贊也：「善無微而不賞，惡無纖而不貶，庶事精練，物理其本，循名責實，虚僞不齒，終於邦域之内，咸畏而愛之，由其用心平而勸戒明。」千載下，公其庶幾焉。鄭僑之猛，寗武之愚，公其嚮往者歟。

藝文

梅曾亮《柏梘山房集》詩集卷七《林少穆先生奉恩旨入關署陝甘總督作此寄呈》 中外傾心望賜環，竟迴旌旆過天山。邊籌久已伸清議，臣節終能轉聖顏。横海尚餘心膽壯，屯田未覺鬢毛斑。華陰曾有靈宫句，絶壁重題想更攀。

鄧廷楨《雙硯齋詩鈔》卷一六《少穆被命還朝以詩二章迎之》 高皇拓地越烏秅，聖主籌邊軼漢家。擬向輪臺置田卒，特教博望泛秋槎。八城户版輸泉賦，千騎旃裘擁節華。載筆它年增掌故，羈臣乘傳盡流沙。少穆自伊犁戍所奉命履勘回疆新墾地畝，馳驅越歲，徧歷八城，得旨以四五品京堂回京候補。

夔蚿心事最憐君，燕羽差池惜暫分。宣室忽聞新涣汗，霸陵真起故將軍。春風遠度天山雪，卿月重依帝闕雲。往歲詩篇盟息壤，道周相候慰離羣。去春有《奉懷》詩，云「造物似有意，寘我於道周。旦晚迎公歸，慰我輖飢輖」。

吴仰賢《小匏庵詩存》卷一《挽林文忠公》 海内蒼生望，如公有幾人。安危宣力地，生死救時身。往歲巡交廣，陽侯起戰塵。漏卮朝議惜，禁網島夷嗔。勝算無全寇，餘氛震四隣。蜚言撓即墨，直道忤平津。遂有輪臺遣，難容魏闕陳。置屯充國老，出塞伏波貧。宣室虚前席，温綸召舊臣。官仍節度使，喜見玉關春。一病辭雙闕，扁舟下七閩。今皇最神武，專閫必親掄。嶺外愁徼側，朝端借寇恂。東山共憂樂，南伐敢逡巡。傳箭先聲奪，馳書大義伸。壺頭功未竟，箕尾化爲神。痛惜頒天語，號呼到海濱。精誠留奏牘，風度想綸巾。衮衮登壇選，蕭蕭戰馬辰。諸公憂國計，何以答楓宸。

琦善部

綜述

《清史列傳》卷四〇《琦善傳》　琦善，博爾濟吉特氏，滿洲正黃旗人。祖恩格得理爾，以率屬投誠功，世襲一等侯爵。父成德，熱河都統，襲侯爵。琦善由廕生於嘉慶十一年以員外郎用，分刑部。十三年，補官。十七年，陞郎中。十八年，京察一等。十九年二月，擢通政使司副使。十月，授河南按察使。時汝寧、光州一帶教匪滋事，擾及安徽、湖北。琦善先後獲犯七百餘，巡撫方受疇上其功，賞戴花翎。二十二年，以秋審案内罪名失入，降一級留任。二十三年四月，署布政使。五月，陞江寧布政使。九月，調河南布政使。

二十四年三月，陞巡撫。時南陽、儀封汛，武陟馬營壩相繼河決，命偕署吏部尚書吳璥等堵築。十月，以督催物料遲緩，奪花翎。二十五年三月，馬營壩合龍，而儀封南岸三堡漫口至一百三十餘丈，上以琦善堵禦不速，革職，命以主事銜仍隨吳璥等辦理。六月，賞四品頂帶，授河南按察使。復以蘭儀漫口案内漏參署開歸道南河同知王仲湝，經巡撫奏參，降二級留任。九月，調山東按察使。道光元年五月，賞三品頂帶。六月，遷福建布政使，調山東布政使，尋陞巡撫。二年，丁父憂，百日孝滿，仍署山東巡撫。尋襲一等侯爵。

四年二月，館陶縣北界紅花隄缺口，欽差大學士戴均元議從下游疏挑新河，並自缺口至入衛河處所，築東西兩隄，以免旁溢。琦善奏言：「疏挑新河，應先斷隄補培，再於隄頭東西兩口盤作裹頭，以禦漳水，新河五支以外，東西兩岸各築護隄，並臨衛河築大隄，以資捍禦。」得旨允行。三月，直隸清河縣匪徒馬進忠等在臨清州立號傳教，琦善飭屬掩捕，究出夥黨五百七十餘名。上嘉其詳慎妥速，復賞戴花翎，下部議敘。四月，奏恩縣四女寺支河淺狹，請將沿河工段展寬加深，俾漳、衛二水暢達。又言：「曹州、濟寧二府屬地勢低窪，雖有微山、獨山等湖受水，而逐節淤墊，未能流通。勘明鉅野、城武、定陶、魚臺、金鄉、嘉祥、單、曹等縣，並臨清、濟寧二衛，應挑各河，請動支司庫地丁銀，雇民挑挖。」均俞允。時河南高堰、山圩石工爲暴風掣卸，修隄辦賑，需用浩繁。琦善以山東界在鄰省，請籌銀八十萬兩備撥。上嘉其不分畛域，辦理有方。五年正月，京察屆期，上以琦善明幹有爲，任勞任怨，前辦馬進忠逆案，不動聲色，誅捕淨盡，尤爲卓異，賞加總督銜，仍留署山東巡撫之任。二月，服闋，以總督銜實授巡撫。

五月，擢兩江總督。先是，高堰漫口，清水洩枯。前任總督大學士孫玉庭籌辦借黃濟運，而運河受淤，漕船仍形淺阻。復請截留米石，存儲淮、揚，量爲平糶。上以孫玉庭種種貽誤，命琦善悉心查議。至是，疏陳盤運之法，並黃運兩河淤墊情形，請敕河臣周歷履勘，豫籌隄防，催築湖工，早爲寬蓄，並嚴定廳汛疏防處分，如所議行。是月，兼署漕運總督。九月，以滇銅運船淺擱，奏請起剥盤壩换船接運。嗣因漕船滯運，偕署漕運總督穆彰阿、江蘇巡撫陶澍會奏，請將蘇、松、常、鎮、太四府一州應徵道光五年分新漕暫行海運，並議起運兑收，及沿海水師會哨巡防各章程，均下部議行。又以運河淤淺，偕南河總督嚴烺、漕運總督陳中孚請將外北廳浦家莊、中河廳王家莊停淤段内，酌估挑濬，多作小壩，雙金閘以上，築攔河柴壩一道，中留金門，約寬三丈，俾資收束；邳、宿等處運河，向恃微山湖水接濟，本年存水無多，且地勢淺隘，亦請加濬寬深，並籌來歲新漕接運，先期備辦各事宜。均如所請。

六年二月，覆奏言「黃河八灘以下，兩岸淤隄盡處，接築長隄；八灘以上，坐灣過甚，各處取直挑河，並將兩岸隄工增高培厚，下部議行。七月，奏河工積習相沿，將珠玉玩好餽送上司，夤緣投效，以致工程草率，請申嚴例禁，上韙其言。九月，以江北各府州，夏秋水潦，收成歉薄，請撥米平糶，並招商給票免税，如所請行。七年三月，兩淮鹽政張青選疏請整頓鹺務，琦善遵旨會同查覈，臚陳四事：一、先銷舊引，以清界限；一、提完借款，以資轉輸；一、暫加鹽斤，以示招徠；一、清釐岸店，以節浮費。從之。

初，黃流淤墊，回空糧船，阻隔河北。琦善等議啓王家營舊減壩，將正河大加疏濬。至是，以挑工完竣，全黃挽歸正河，減壩合龍穩固入奏，報聞。尋因減壩堵合後，黃水倒漾，水勢日見擡高，復將禦黃壩封閉，偕河道總督張井等奏辦倒塘灌放之法，並自請從重治罪，命拔去花翎，戴罪自贖；所有倒塘灌放各費，著按成賠補。尋命大學士蔣攸銛、工部尚書穆彰阿往勘，奏言：「琦善泥於逢灣取直成法，以致黃水倒漾。」得旨，交部嚴議。議上，諭曰：「琦善等定啓放王家營舊減壩之議，朕不惜帑金，悉照所議辦理。乃始因湖水異漲，大啓押壩，追宣洩不暢，趕開減壩，以爲迅啓禦壩暢洩湖漲之計，致下游田廬淹浸，居民蕩析，已屬辦理不善，然果能一舉奏效，尚當權利害之輕重，不復深責。及至本年堵閉減壩，而黃水仍未消落，運道依舊不通，並將下游挑工前功盡棄。該督等不知集思廣益，竟聽唐文睿一人謬論，致誤事機，捫心自問，尚有何顏對數百萬災黎耶？本應照部議，即予褫革，姑念琦善平日辦事尚屬認真，前在山東巡撫任内頗知整頓，河務本係兼轄，著即開缺，降爲二品頂帶，來京另候簡用。」

七月，授内閣學士，兼禮部侍郎銜。八月，署倉場侍郎。旋授山東巡撫，諭曰：「此係朕爲愛惜人才起見，當益加奮勉，於東省吏治民風，實力實心，妥慎經理。」九月，兼署河東河道總督。八年正月，江西學政福申失察家人蕭三恣横案發，琦善前在兩江總督任内，疏稱福申場規嚴肅，關防慎密，坐袒護同官，降一級留任。時盛京邊界有直隸、山東流民占種官荒地畝，積至二三萬户，俱由天津、登、萊、青各海口小船徑渡。琦善遵旨議覆禁阻章程六條：一、商漁船隻，申明定例曉諭；一、牌頭保甲，飭就近稽察；一、出口商船，責成汛員查驗；一、審理詞訟，州縣隨時盤詰；一、奉天等處種地民人，隻身回籍，令呈明執照；一、奉天等處海口營縣，飭一體稽察。又議覆御史常恒昌籌辦直隸、山東、河南三省會緝章程，略言：「東省毗連直隸十五州縣、河南四縣，其菏澤一縣，則南界河南，西界直隸，犬牙相錯，州縣政事繁冗，佐雜各有職守，均難駐一處專管巡防。計惟有扼要布置，慎守本界，遇匪即拏，擬令各州縣選幹役十名，撥營兵五名，擇要駐緝。其附近之分防佐雜汛弁，遇有匪犯，立即協拏，總使本境之犯不能竄出，他境不能竄入。於各守本界中，仍寓不分畛域之意。」如所請行。十二月，以德州駐防滿營生齒日繁，偕青州副都統國祥請援青州成案，由閒散壯丁内，挑選餘兵操練，每月給銀一兩，以資造就而贍生計，允之。

九年，擢四川總督。十年，兼署成都將軍。十一年二月，調直隸總督。五月，以永定河下口水歸故道，鳳河汛現無要工，南八工下游爲衆水匯注之區，遇有險要，需員防守，請移鳳河汛把總及額設河兵駐南八工下游，以重宣防；七月，請改豐潤等處營田歸地方官經理：均從之。尋疏陳籌辦緝捕經費，略言：「直隸近年劫案，順天南路最甚，東路及西北路次之，其廣平、大名、天津、河間等府，與河南、山東接壤，多積匪巨窩，各營縣捕役兵丁，往往得規包庇。推原其故，兵役僅額設工食，其雇覓眼綫等用，無項可支。各州縣類多衝途瘠區，勢不能捐資津貼，遇有重大案件，又不能懸示重賞，使即獲賊，復慮解勘需費，百端

開脱，甚至諱盜爲竊，捕務廢弛。擬請司庫節省馬乾營馬變價及廣恩庫支賸地租等款，借銀十萬兩，交典生息，半還庫款，半充緝捕經費。以獲案多寡，酌定兵役賞罰，并州縣勤惰，分示勸懲。」上嘉勉之。

八月，入覲，上念其宣力封疆有年，復賞戴花翎。先是，直隸民人尹老須習教傳徒，東、豫兩省民多煽惑，經河南巡撫訪獲逆帖，奏交直隸查辦。琦善飭屬拏獲，僅憑一面之詞，取供釋放。尋由其黨王法中另案根究得實，又不將承審各員查參，内閣學士陳嵩慶奏請將琦善及失察各員下部嚴議。御史裘元俊、徐培深亦以爲言。得旨，革職留任，並降爲三品頂帶，拔去花翎。十三年，賞還頭品頂帶。十四年七月，以永定河南北各汛漫溢，下部議處。十月，請修理張家口第二圈營房西北石壩，並蒙古營西北添築虎皮石壩一道，允之。十五年，孝穆成皇后、孝慎成皇后梓宫奉移龍泉峪，琦善以辦差妥協，復賞戴花翎。十六年，上謁東陵，薊州迤西道路修墊未平，褫寧津縣知縣楊士昕職，琦善下部察議。

六月，校閲營伍，以槍礮中靶分數不如弓箭之多，疏言：「直隸兵額，弓箭六成，鳥槍四成，與川、陝等省鳥槍六成、弓箭四成者不同。其各營兵丁，又不准支食馬糧，與督標槍礮兵丁准拔補外委千把總者，亦屬辦理兩歧。擬請量爲變通，將各營馬步箭兵，擇弓强力硬者，酌留四成，其二成添習鳥槍，如中靶有準，更習馬槍。至刀矛兩項，令藤牌兵習練，馬步箭兵願兼習者聽。外委額外及馬糧缺出，准一體拔補。」從之。先是，河間協副將向遵化，經琦善奏保堪勝總兵。至是，向遵化在湖南鎮筸鎮總兵任内，以駕馭無方奪職，琦善坐濫舉，降四級留任。

七月，命以直隸總督協辦大學士。十七年正月，給事中陳功奏京城右安門及黄村各處，無業遊民演放鳥槍，並直隸各屬火器傷人之案，輒諱鳥槍爲竹銃，規避處分。琦善遵旨偕兼管順天府府尹何淩漢、府尹曾望顔議覆，略言：「搜查既恐紛擾，徒恃出示又難家諭户曉。欲使民鼓舞樂從，莫如官爲收買。」並陳編號存留，嚴禁私造，隨時稽察，及地方官勸懲章程四條，如所請行。時京察届期，上以琦善辦事認真，營伍整飭，下部議敘。三月，丁母憂，百日孝滿，仍署直隸總督。十八年二月，擢文淵閣大學士，仍留署任。九月，以申嚴鴉片烟禁，偕長蘆鹽政鍾靈議稽查天津海口章程七條：一、閩、廣出洋商船，由原籍廳、州、縣給與票照，來津進口，向文武衙門呈驗申報，以備稽察；一、商船往返外洋，所帶軍械，進口後呈交大沽營守備營暫存，俟返櫂領回，以重海防；一、商船進口，

節節稽察，以防偷漏；一、商船應令停泊空處，不准挨近民房鋪戶，以杜勾串；一、查驗貨物，逐加簽探，以防夾帶；一、海河兩岸居民鋪戶，暨天津府城外行棧店鋪，應立牌保，以嚴糾察；一、上海沙船、天津本處商船，應一體搜查，以杜接運。允之。十九年六月，服闋，復實授直隸總督。

時廣東申嚴鴉片烟禁，各國洋商貨船俱出具「並無夾帶」切結，惟英吉利人抗延不遵，藉詞駛犯内洋，各省海口戒嚴。七月，琦善赴天津籌辦防堵。八月，英船駛至天津海口，投遞呈詞，琦善爲乞恩通商，並以聽受曉諭，全行起椗回粵奏聞，得旨嘉悦之至，即命爲欽差大臣，赴廣東查辦。九月，署兩廣總督。十一月，兼署粵海關監督。二十一年正月，英人犯虎門，連陷沙角、大角礮臺。奏入，諭曰：「英人到粵以來，日肆猖獗。疊經嚴諭，慎密周防，相機剿辦，宜如何妥爲布置。本日據奏英人占奪礮臺，並有戕傷將弁、搶奪師船之事，可見該署督於堵禦事宜，全未預行籌備，著交部嚴加議處。」尋以英人願獻礮臺，並繳還浙江定海縣城，奏懇准其所請。諭曰：「英人兩次在浙江、廣東肆逆，攻占縣城礮臺，傷我鎮將大員，荼毒生靈，驚擾郡邑。無論繳還定海、獻出礮臺之語不可盡信，即使真能退地，亦祇復我故土，其被害官弁，罹難民人，切齒同仇，神人共憤。琦善身膺重任，不能申明大義，拒絶妄求，且屢奉諭旨，不准收受夷書，此時膽敢附摺呈遞，代爲懇求，是誠何心？著革去大學士，拔去花翎，仍交部嚴加議處。」

初，英人圖在省城外香港寄居貿易，琦善奏稱此地儻給與英人，勢必屯兵聚糧，建臺設礮，覬覦廣東，流弊不可勝言。至是轉申請。英人遂乘機竊據，張發僞示，脅民服從。巡撫怡良等以聞。諭曰：「此事並非奉旨允行，何以該督即令英人公然占踞？覽奏殊堪痛恨！朕君臨天下，尺土一民，莫非國家所有。琦善擅與香港，擅准通商，膽敢乞朕恩施格外，且妄稱地理無要可扼，軍械無利可恃，兵力不固，民情不堅。危言要挾，不知是何肺腑？辜恩誤國，喪盡天良！著即革職，鎖拏來京，嚴行訊問。所有家産，即行查鈔入官。」四月，解交刑部。

六月，閩浙總督顔伯燾奏稱：「節據探報，英軍於四月間登岸，據四方礮臺，礮子直指貢院，經廣州府知府余保純向英人面議息兵，英領始索洋銀千萬圓，繼定六百萬圓，又須將軍、參贊撤退，方肯退出。已由藩、運、海關三庫湊給。時適有三元里等鄉數萬人，圍困英領義律等，功在須臾。余保純出城彈壓，民始漸解。英軍復於議撫後，拆大角、沙角礮臺磚石，移往香港，起造碼頭，視爲故物。臣伏思上年八月，英人赴天津投遞呈詞，不過藉綴定海之師。琦善被其頭目二十餘人嬉笑怒罵，隱忍受辱。天津道陸建瀛請盡數拘留，令其繳還定海，琦善以爲書生之見。冬間裕謙於前署兩江總督任内，懸重賞以購義律，而伊里布在鎮海，與之分庭抗禮。幸衢州守備周光碧聲色俱厲，義律乃不敢肩輿而入。今年正月，琦善又與之會飲蓮花城，視爲固然。總之，廣東以虎門爲門户，自琦善弛備撤防，開門揖盜，虎門一失，大勢已去。今又與之香港，且以數百萬圓拱手奉之，是餧虎狼以肉，而欲止其搏噬也。」旋經王大臣等定讞，以斬監候議上。九月，恩予釋放，發往浙江軍營効力贖罪，尋改發軍臺。

二十二年，賞四等侍衛，充葉爾羌幫辦大臣。二十三年三月，賞二品頂帶，授熱河都統。御史陳慶鏞以刑賞失措陳奏，諭曰：「琦善韜略未嫻，年力正强，是以棄瑕録用，予以自新。今據該御史剴切指陳，請收成命。朕非飾非文過之君，用人行政，一秉正公，初無成見，豈肯因業有成命，自存迴護耶？琦善著革職，即令閉門思過。」十月，賞二等侍衛，充駐藏辦事大臣。二十四年，奏言：「前藏向設夷情司員一員，遇有事件，由司員辦理。近來生齒日繁，案件日增，請歸駐藏大臣查覈。」並酌改章程六條以聞。又以乍丫各汛喇嘛願採辦茶包，讓價出售，江卡各汛有茶商往來，請聽汛兵自向買取，毋庸官爲經理。均下部如所議行。

二十六年，賞二品頂帶，授四川總督。二十七年，以四川官多署任，疏言：「文員調署紛繁，不惟易存五日京兆之心，即書吏亦呼應不靈。且屬員不免於難治之區營求趨避，均已飭回本任。至各鎮協營多係邊要，其本缺輒轉委署，於風氣操防兩無裨益，亦概行飭回原營。」上韙之。又查出營員留任當差，有分食空糧夥糧之弊，悉遣回任，並將空糧夥糧考補，允之。二十八年二月，御史戴絅孫奏四川嘓嚕匪徒爲患，請飭州縣團練，琦善遵旨議奏：「團練害多益少，惟力行保甲，實爲緝盜良法。」如所議行。六月，諭曰：「琦善此次補授四川總督，加意振作，於吏治營伍緝捕各事宜，能實心整頓，不避嫌怨。著加恩賞還頭品頂帶，以示勉勵。」十月，兼署成都將軍。十一月，復命協辦大學士，仍留總督任。二十九年閏四月，中瞻對野番出巢滋事，琦善飭漢、土官兵擊走之，殲其渠。五月，移師進剿，野番震懾，獻出所奪地土、人民，各土司仍各安住牧，其接壤之卓巴塞爾塔野番亦經開導投誠。奏入，上嘉其調度有方，迅速蕆功，下部優敘。九月，調陝甘總督。

三十年五月，兼署青海大臣。時西寧河北番、回頻年肆劫，爲甘、涼、肅等處巨害。琦善巡邊境，派兵往捕，賊已聞風竄去。因督兵將海闌住牧之雍沙番、野番及黑城撒拉回匪痛加剿除。十一月，奏言：「黃喀窪番族悔懼，該管喇嘛率屬縛獻賊犯一百數十名，均經分別審辦。西寧東路河北一帶番、回及循化八工撒拉，均已投誠。」上褒嘉之。咸豐元年，奏言：「黑城子地方舊有土城，東面懸崖壁立，西面大山環抱，惟南北兩路有門，從深溝而上，勢極險峻，非設兵控制，難保回衆不復占住。請撥西寧鎮標後營官兵分駐，將舊土城修築完固，並建蓋衙署兵房，及塘房馬棚等項，以資控制。」下部議行。

方琦善之剿辦番、回也，西寧辦事大臣哈勒吉那疏言：「番衆曾否爲匪，從未據營員稟報。該管蒙古郡王等亦呈訴該番素無行搶情事。」廷臣又以琦善於番賊逃匿後，妄將熟番殺戮，並刑逼被獲熟番供認勾結等情，具疏參劾。上命正白旗漢軍都統薩迎阿馳赴西寧查辦。至是，查明率意妄殺，刑求逼供，屬實。奏入，諭曰：「琦善任情錯謬，竟至於此！實屬大負委任。著即革職，由薩迎阿派員解京，交刑部按照摺內所稱情節嚴行查訊，定擬具奏。」二年四月，大學士等訊明，議上，諭曰：「琦善辦理雍沙番族並無搶刦確據，輒行調兵剿洗，已屬謬妄，且並未先期奏明，尤屬專擅，著發往吉林効力贖罪。」八月，釋回。十月，賞六品頂帶。十一月，賞三品頂帶，署河南巡撫。

時廣西洪秀全等竄湖南岳州，河南戒嚴。上命琦善馳抵林、豫交界，督飭嚴防，並飭直隸提督陳金綬統兵隨往。尋賞二品頂帶。十二月，以捐備軍餉，下部優敘。旋賞都統銜，授爲欽差大臣，專辦軍務。三年正月，賊自武昌放船東下，江、皖待援甚急，琦善尚未奏報何日前進，上切責，奪都統銜。琦善尋由湖北、江西沿途探進，秀全已由九江連陷安徽、江寧省城，復分擾鎮江、瓜洲、儀徵及揚州府城。二月，諭曰：「逆匪連檣東竄，疊次諭令琦善、陳金綬督兵前進，嚴防江北，並分兵兼顧儀徵、瓜洲一帶。如果迅速應援，猶可扼要堵禦，何至賊匪竄入揚郡？琦善前已革去都統銜，此次若加重懲，轉得置身事外。著迅督大兵前往堵剿，如再遲誤，自問當得何罪？」尋偕陳金綬剿賊於浦口，又移營雷塘渠，連戰皆捷，燬其營五處。上嘉其初次接仗，即大挫賊鋒，復都統銜，並賞白玉搬指、大小荷包等件。

時賊據揚城，聞大軍至，添兵救應。琦善偕陳金綬移師，分營於寶山司徒廟，五戰皆捷。得旨嘉獎，復賞戴花翎。旋乘霧進兵，燬賊哨樓一座，斃黃衣賊目及僞丞相林姓。四月，進攻城外賊營，燬其木城、土壘。尋以都統西淩阿帶黑龍江馬隊剿賊浦口失利，琦善坐統率無方，下部議處。五月，賊分股竄河南歸德一帶，上以琦善督兵兩月有餘，未能收復一城，致另股賊匪旁竄，重煩徵調，嚴旨切責之。七月，敗賊於三汊河及瓜洲、儀徵。八月，賊自浦口駛入，期與揚城賊合，我兵於夜中乘風擊卻之。十月，於揚城外增築礮臺，憑高下擊，賊窮蹙，思突圍出，悉被截殺。十一月，賊又分股出，瓜洲、儀徵各賊亦出隊接應，均擊敗之。十二月，剿匪於徐家集、運河西岸六淺等處，殲之。

尋以揚州鄉勇被賊襲潰，城內賊全竄出，併入瓜洲。琦善以收復揚城奏聞，諭曰：「揚城賊匪久思竄逸，各路統兵大員，宜如何嚴密設防，乃因東面勇潰，致令瓜洲賊匪聯爲一氣，實堪痛恨！琦善統領全軍，不能及早克復揚州，以致賊援麕至，鄉勇潰散，猶復以賊從東路竄出，藉詞諉罪。著革職，仍責令迅將儀徵、瓜洲逆匪剋日掃除，並將江路運河派兵分投堵截。」時儀徵、瓜洲、三汊河均爲賊踞。琦善飭將弁先攻儀徵，復其城，疏入，得旨：「瓜洲之賊，尚未遠颺。當乘此聲勢，將盤踞各匪悉數剿辦，毋留餘孽。」四年四月，檄總兵葉長春等率艇船由焦山乘風上駛，環攻金山賊巢，進攻瓜洲，由黃天蕩溯流直上，燬賊船隻。琦善督兵由三汊河前進，亦有斬獲。六月，疏陳水路各軍連日進剿，燬賊糧船，及艇師續獲勝仗，並儀徵、六合助剿情形。

閏七月，卒於軍。諭曰：「欽差大臣琦善，嘉慶年間由部曹外陞司道，洊歷封疆，蒙皇考宣宗成皇帝畀以兼圻重任，晉贊綸扉，疊次獲咎，旋即起用。朕御極後，因其在陝甘總督任內辦理番務，未能允協，加以嚴譴。旋因粵匪肆擾，特賞三品銜，署河南巡撫，並授爲欽差大臣，賞都統銜，督兵赴江北一帶進剿。該大臣自抵軍營後，屢獲勝仗，賞戴花翎。復因揚州竄出賊匪，未能嚴防截剿，革去都統銜。近日進攻瓜洲賊巢，復統領水師，疊次獲勝。一切調度，均合機宜。方冀其克復瓜洲，肅清江面，遽聞溘逝，悼惜殊深。琦善著追贈太子太保、協辦大學士，並賞總督銜，照總督軍營病故例賜卹。准其入城治喪，任內一切處分，悉予開復。應得卹典，該衙門察例具奏。伊子員外郎恭釗、筆帖式恭鏜，百日孝滿後，均著該旗帶領引見。並查明琦善尚有幾子，先行具奏，用副朕篤念藎臣至意。」尋賜祭葬，予謚「文勤」。子恭釗，甘肅鎮迪道；恭鈞，直隸試用知府；恭鑫，四川鹽茶道；恭鏜，奉天府府尹；恭鍇，兵部員外郎；恭鎔，江西道監察御史；恭鉽試用同知；恭銓，候補縣丞。孫瑞徵，賞主事銜，候選知縣。

雜録

備録

陳康祺《郎潛紀聞四筆》卷七《琦善》 道光朝，侯相琦善蒙宣宗眷遇最優，其才幹亦自突過儕輩。琦以蔭生入刑部，時年未逾冠，爲同署老司員所侮，大恨，以三百金延一部吏至家，北面事之，三年而例案精熟。二十五歲即擢京堂，特派查辦事件。二十七歲任豫臬，連劾二巡撫去位。三十歲即由江藩升山東巡撫，政聲卓然。未幾，督兩江，人猶呼爲「小琦」云。性樸儉耐勞，屬吏入謁，惟論刑名、錢穀、緝捕諸務，井井有條，故所至稱治，盜風爲戢。馭軍尤嚴，其督師揚州，無一兵敢滋事，亦未有譁餉者，戰不力不敢歸伍，甯死敵手。幹略如此，亦疆臣中未易才也。唯黨蠹不飭，又好以揣摩固寵，自英人犯境，措置乖方，既失國體，仍開邊釁，清議至以檜、嵩目之，至今談者猶有餘憤。蓋生長膏粱，質美未學，危疑猝遘，才智俱窮，殊可惜也。

藝文

郭尚先《增默庵詩集》卷二《俞紫芝書廬山草堂記爲琦静菴節使作》 香爐峯雪石門雲，堂圮池荒冷夕曛。展卷宛疑真面在，遥飛片棹酹匡君。

杜受田部

綜述

《清史列傳》卷四一《杜受田傳》 杜受田，山東濱州人。父堮，禮部左侍郎，贈太傅、大學士。受田，道光三年進士，改翰林院庶吉士。六年，散館，授編修。八年，充順天鄉試同考官。十一年，充國史館提調。十二年，充雲南鄉試副考官。十三年七月，大考二等，以中允陞用，先換頂戴。八月，提督陝甘學政，以陝西巡撫史譜係兒女姻親，奏請迴避，調山西學政。十四年二月，補右春坊右中允。五月，轉左春坊左中允。十五年七月，陞司經局洗馬。八月，召回京供職。十六年正月，命在上書房行走，授文宗顯皇帝讀。四月，充日講起居注官。十七年二月，京察一等，尋擢右春坊右庶子。十二月，陞翰林院侍講學士。十八年四月，轉侍讀學士。七月，陞內閣學士，兼禮部侍郎銜，命專心授讀，毋庸到閣批本。十二月，擢工部左侍郎。十九年，兼署錢法堂事務。二十年，充朝考閱卷大臣。二十一年三月，充會試副考官。閏三月，調户部左侍郎，兼管三庫事務。

二十二年六月，因英人犯順，受田以廣東生員張焕元防夷書內木簰火攻之議，繕録陳奏，命下江蘇、安徽各督撫相機速辦。十二月，充經筵講官。時國史館纂《大清一統志》告成，受田以曾充提調，下部議敘。二十三年五月，議覆署漕運總督李湘棻奏籌漕務章程，疏言：「查山東十字河、大汶口及直隸楊村一帶，既據各督撫查明該處上游建築束水、滚水等壩，於事無益，惟有順地形之高下，察河道之淺淤，或隨時用人夫撈撈，或逐閘用嚴板託送，或築束水壩於衛河以疏淺，或用刮板於北運河以除淤，均責成沿河該管州縣認真辦理，以利漕運，應如所議辦理。」允之。六月，以顏料庫不戒於火，罰俸半年。二十四年二月，陞都察院左都御史，仍管理户部三庫事務。八月，充順天鄉試正考官。十一月，賜紫禁城騎馬。十二月，陞工部尚書。二十六年九月，受田六十生辰，御書「福」、「壽」字，並諸珍物賜之。十二月，以御門誤班，奪俸一年。二十七年三月，充會試副考官。二十九年，充上書房總師傅。

三十年正月，文宗顯皇帝御極，諭曰：「朕自六歲入學讀書，仰蒙皇考特諭杜受田爲朕講習討論，十餘年來，啓迪多方，恪勤罔懈，受益良多，允宜特沛殊恩，以崇碩學。杜受田著賞加太子太傅銜。伊父前任禮部侍郎杜堮年逾八旬，精神强固，詒謀遠大，濟美中朝。前經皇考賞給『教忠篤慶』匾額，並賞頭品頂帶、太子太保銜。朕今復親書匾額頒給，以示篤念耆臣、推恩錫類至意。」二月，充實録館總裁。三月，兼署吏部尚書。五月，應文宗顯皇帝登極求賢詔，疏薦前任雲貴總督林則徐、前任漕運總督周天爵，得旨迅速來京，聽候簡用。旋充教習庶吉士，調刑部尚書。六月，命以刑部尚書協辦大學士。七月，扈蹕恭送宣宗成皇帝梓宫奉移慕陵禮成，加二級。八月，命專司勘辦《實録》稟本。十月，諭曰：「實録館纂輯稟本，漸次成書。杜受田專司勘辦，著毋庸赴刑部辦事。」時黄河入海之處，塌陷數百丈，受田奏請敕令江南河臣乘冬令水小，就其塌陷之處，多築草壩，逼溜攻刷，可期事半功倍。如所請行。

咸豐元年正月，上恭謁慕陵，命留京辦事。尋諭曰：「朕在書房，經協辦大學士杜受田昕夕講求，詩文積有稟本，其中可存之作，即交杜受田重爲校勘，編次進呈。俟閱定後，再行發交繕刻。」先是，道光二十二年給事中李莼奏請准增生、附生報捐，復設訓導，經部議行。至是，受田疏言：「復設訓導，與教授、學正、教諭階級雖殊，其爲士子之師則一。向例祇准廪生報捐，至增生、附生與廪生原有區别。學臣歲科兩試，大率文理最優者擢得前列，次則多屬中平，其三等則荒疏譾陋者居多，若一概准捐教職，則是文理中平，甚至疏陋者，力能援例，皆得抗顔爲師，恐隳士子讀書向上之心。即學臣試士，優等者凡屬寒畯，終爲生徒；下等者苟有資財，便爲師長。學問文章，皆可不論。考課懲勸，將何所施？於國家造就人才、敦勵學行之道，實有妨礙。」得旨停止。四月，命盤查三庫。

五月，諭曰：「刑部事務較繁，杜受田現在專司勘辦實録館稟本，職任綦重，雖從前已諭令毋庸赴刑部辦事，惟緊要案件，例須同堂面商定讞，究難兼顧。杜受田著加恩以協辦大學士管理禮部事務，俾得專勘稟本，益昭敬慎。」八月，充順天鄉試正考官。先是，文廟丁祭遣官禮節，自道光二十七年遵奉諭旨删去自行一叩禮之後，復經太常寺奏准删贊跪承祭官跪一節。至是，祭酒勝保以未盡允當陳奏，命下禮部議覆。受田等奏：「請上香、獻帛、獻爵時，贊引官仍贊、跪，承祭官仍跪，拱舉畢，興。於酌復舊例之中，寓變通盡善之意。」從之。十月，以山東被水成災，捐銀備賑，下部優敘。先是，兩江總督陸建瀛奏請歲科試生員正場經策改用《性理》論，覆試則用經策各一道，取進童生覆試，亦改爲經文一道，府州縣童試頭場，即默寫《聖諭廣訓》百餘字，並舊用《四書》文一道、《性理》論一道，下禮部議。至是，受田等疏言：「生員歲科考之用經文策，即鄉試二三場所用，俾練習於平日，免致生疏，既不可廢，而生童考試之有覆試，藉以辨別真僞，舊例亦未可改。查學政有考試經古一場，擬請添《性理》論。生童中有能讀濂、洛、關、閩之書者，由學報名送考，試以《性理》論一篇。果能有所發明，正場文字通順，生員准列優等，文童准其進取。其府、州、縣考覆試，本無一定次數，應以一場專考《性理》論，如果說理明晰，准置前列。至默寫《聖諭廣訓》，查各項考試，均應默寫，文童考試，事同一律，應如所請。」允之。

二年正月，京察屆期，諭曰：「協辦大學士杜受田學醇品正，在上書房行走多年，深資訓誨。現承辦《實録》底本，詳慎纂輯，不遺餘力。著交部議敘。」二月，宣宗成皇帝奉安慕陵，充隨扈大臣，命恭題神主，並恭送還京祔廟，加二級。三月，上謁東陵，命留京辦事。自道光二十年至是年四月，歷充大考翰詹閱卷大臣、庶吉士散館閱卷大臣、順天鄉試覆試閱卷大臣各一次，殿試讀卷官、朝考閱卷大臣、考試試差閱卷大臣各二次。旋命偕福州將軍怡良前往江南查辦事件。五月，偕怡良疏言：「自去歲豐北缺口，山東、江蘇被淹，賑恤不可稍緩，辦理尤須得人。藩司爲錢糧總匯，州縣官皆其所屬，賢能不肖，均所素知。山東藩司劉源灝居心公正，幹練有爲；江寧藩司祁宿藻實心任事，誠樸廉明，請旨飭令二員督辦。此次被水地方甚寬，待賑人數尤衆。請截留江、廣幫漕米六十萬石，分撥山東、江蘇，其水陸若何撥運，州縣若何囤積，村莊若何給散，即令迅定章程，飭委妥辦。」如所請行。

六月，行抵東境，奏被災情形，疏言：「據山東藩司劉源灝聲稱，伏秋大汛，下游未經疏暢，各處秋收豐歉，勢難預定災口實數。應俟秋收後確查，分別辦理。儻賑至冬底，猶有不敷，即於附近州縣酌動倉穀協濟。所見尚爲合宜，應如所請。至截漕濟賑，恐旗丁等攙水和土，應請飭下漕運總督，於交米時會同盤驗。據劉源灝定擬章程十條，並鈔録具奏：一、奉撥漕米，宜限期預籌撥運；一、撥運處所，宜遴委道府大員監盤分運；一、幫船交兑米石，應各糧道親身督盤；一、江、廣各幫，應飭迅行北上；一、奉撥賑米，擬就災區酌存；一、腳費擬請作正開銷；一、散放户口，宜委員覈實預查；一、米廠宜城鄉分設，以便災民具領；一、賑濟户口，宜家喻户曉；一、放米宜預籌不敷。」奏入，允之。

七月，行抵江南清河縣，奏言：「上年豐北漫口，徐屬被災，沛縣較重，其次則豐縣、銅山縣，又其次則碭山縣。其邳州及宿遷縣受災較輕；其桃源、清河、安東、沭陽、海州本屬下游，勘不成災。查自上年十月至今三月，沛、豐、銅、碭四縣賑六次，邳州三次，宿遷一次。復於子房山挑通河道，以工代賑。茲復截漕接濟，擬請沛縣撥米九萬石，豐縣七萬五千石，碭山二萬三千石，銅山五萬石，邳州三萬石，均於九月初間開放。其迤下之宿遷、桃源、沭陽、清河、安東、海州等州縣，應將餘米三萬二千石，酌撥各數千石，俟秋汛後，酌量撫恤。並將藩司祁宿藻籌定章程，鈔録陳奏：一、漕船卸米及州縣存儲處所，應預先酌定；一、截留漕米，應預籌撥運；一、州縣領兑漕米，應派道府大員監兑；一、收回上屆災區賑票，應仍委員查覈；一、查填户口，應責成各員互相稽查；一、放米應變通；一、分廠以免擁擠；一、按災輕重辦理；一、附近口門棚棲災民，應照常給恤；一、州縣運腳，應動捐賑餘賸銀兩支發。」奏入，命下祁宿藻盡心籌畫。

受田尋卒於差次，遺疏入，硃批：「憶昔在書齋，日承清誨，銘切五中。自前歲春，懔承大寶，方冀贊襄帷幄，讜論常聞。詎料永無晤對之期，十七年情懷付與逝水。嗚呼，卿之不幸，實朕之不幸也！」復諭曰：「協辦大學士杜受田秉躬端正，礪節直清，經術淵醇，體用兼備。蒙皇考宣宗成皇帝特達之知，由詞臣視學山西，特召還朝，旋入直上書房，爲朕講習討論，十餘年中，日承啓迪，獲益良多。嗣經洊歷正卿，忠勤益懋。朕親政後，加太子太傅銜，以刑部尚書協辦大學士，特命管理禮部事務。每召見時，於用人行政、國計民生，造膝敷陳，深資匡弼。前因豐工尚未堵合，江南、山東兩省窮黎，急需賑恤，宵旰焦勞，難安寢饋，特派前往查辦。疊據途次馳報，東南賑務，均已布置周妥。念其觸暑遄征，心力交瘁，正切惓懷，而前後奏摺中總未自陳病狀。乃本日怡良等馳奏，杜受田竟以感受暑溼，觸發舊患肝證，於本月初九日遽至不起。披覽遺章，不覺聲淚俱下，悲痛實深！回憶書齋景況，如在目前。奉使陛辭，情尤眷戀。方冀贊襄帷幄，讜論常聞，詎料相睽兩月，晤對無期耶？著賞給陀羅經被，由驛發往。加恩晉贈太師、大學士，入祀賢良祠，即照大學士例賜卹。任內一切處分，悉予開復。應得卹典，該衙門察例具奏，並賞銀五千兩，經理喪事。靈柩回京，沿途地方官妥爲照料護送，准其入城治喪。屆時朕當親臨奠醊，用申悲悃。伊父頭品頂帶、前任禮部侍郎杜堮，年屆九旬，猝聞此信，定深悼痛。著派恩華即日前往看視，併賞給人葠十兩，以資調養。伊子杜翰，著俟服闋後，加恩以庶子補用。伊孫三人，均著加恩賞給舉人，准其一體會試，以示朕愴懷舊學、恩眷優加之至意。」又諭曰：「朕念杜受田之父杜堮，年近九旬，在京就養，猝聞伊子差次病逝，自必傷感逾常。伊孫杜翰現任湖北學政，惟伊次孫杜翻一人在京，若前往清江奔喪，則伊祖杜堮膝前乏人侍養，朕心實深廑念。著傳旨令杜翰即由湖北馳往清江浦，扶柩回京。杜翻即在京侍奉，毋庸前往，以示體恤。」

尋賜祭葬，諭曰：「據禮部查明應得卹典，奏請予謚。因思杜受田品端學粹，正色立朝。皇考宣宗成皇帝深加倚重，特簡爲朕師傅。憶在書齋，朝夕納誨，凡所陳説，悉本唐、虞、三代聖賢相傳之旨，實能發明蘊奥，體用兼賅。朕即位後，周諮時政利弊，民生疾苦，亦能盡心獻替，啓沃良多。嘉慶年間，大學士朱珪仰蒙皇祖仁宗睿皇帝鑒其品節，特謚文正。杜受田公忠正直，媲美前賢，揆諸謚法，實足以當『正』字而無愧。毋庸俟内閣擬請，著即賜謚文正。其餘一切卹典，均著照禮部所請辦理，用示朕眷懷舊學、崇錫令名至意。」九月，諭曰：「原任協辦大學士、贈太師大學士杜受田靈柩現已到京，著派恭親王奕訢帶領侍衛十員，即日前往奠醊。朕於十月初四日，親臨賜奠。」十月，上親詣賜奠，諭曰：「昨日朕親臨杜受田宅奠醊，撫棺灑淚，悲悼實深！並見其門庭卑隘，依然寒素家風，追念遺徽，益增感愴。當日召見伊父前任禮部侍郎杜堮，令其兩孫杜翰、杜翻扶掖起跪，精神尚可支持。惟年屆九旬，遭此慘痛，何以爲情？杜堮前已賞給頭品頂戴，著再加恩賞給禮部尚書銜，其勉自排遣，加意頤養，以慰朕念。將來杜受田靈柩起程回籍時，著派恭親王奕訢前往祖奠目送，並著沿途地方官照料，護送到籍，用示朕篤念舊學，有加無已至意。」

三年二月，上臨雍禮成，諭曰：「原任協辦大學士、晉贈太師大學士杜受田，於道光十六年蒙皇考簡用上書房師傅，與朕朝夕講貫，發明唐、虞、三代心傳，十餘年間，敦誨不倦。朕親承啓迪，獲益良多。即位後，諮訪古今政治利弊，暨民生疾苦，無不盡心匡弼，獻納嘉謨。儻能久在左右，於時事艱虞，尚冀多所補救。本日臨雍講學，追思曩日討論之功，宜沛恩施，以昭篤眷。杜受田之父杜堮，前已賞加禮部尚書銜，著再加恩，賞食全俸。杜受田靈柩尚未歸里，著派惇郡王奕誴前往賜祭一次，用示朕崇儒重道至意。」四月，諭曰：「贈太師大學士、原任協辦大學士杜受田靈柩回籍，前經降旨派恭親王奕訢前往賜奠目送，並著沿途地方官妥爲照料護送。兹聞初四日起程回籍，著加恩於到籍後賜祭一壇，派散秩大臣承志前往祭奠，以示朕篤念師儒，有加無已至意。」

雜録

備論

龍啓瑞《經德堂文集》卷四《祭座主杜文正公文》 嗚呼！我公學爲帝師，以一儒生繫國安危，匪公能爲，帝實用之。惟奪之遽，是用興悲。昔在元良，青宫齒胄，選是疑丞，俾公左右。公處内廷，敕躬謹默，朝諮夕訪，以成聖德。聖固天縱，公秉亦篤。契於宣皇，顧命攸屬。我始見公，澄懷之園，高山喬嶽，孕納蕃鮮。又如巨壑，長江深源，薰以德氣，不在話言。公所居處，華竹叢深，嘉藹映波，夕陽在林。公退直廬，德車愔愔，升堂導語，温如玉琴。于時海内，家門稱盛。尊公在堂，齒爵兼併。公值休沐，問膳扶輿，暮入子舍，親滌厠牏。雙珠競爽，爲國璠璵。長奉使麾，次曳朝裾。一堂之内，其樂舒舒。嗣皇繼聖，晉公太傅。旋正揆席，維賢兼故。密勿贊襄，造膝陳詞。功不外暴，譽不旁施。正笏垂紳，宫府用儀。粵有寇警，元輔視師。河決豐工，帝心弗怡。宣防有命，公節是持。公在朝右，功能孰多。帝豈遺公，用急民瘥。將以月計，歸朝則那。跋涉川原，蒙犯炎暑。醫藥無良，遂薨清浦。天何不弔，喪我元臣。九重震悼，士林聲吞。靈輀返京，親臨奠餟。哀榮備至，慰此耄耋。嶺右鯫生，以文受知。恩極不報，飲痛天涯。自我之生，亹事孔棘。天不慭遺，俾相我國。公今逝矣，身泰名全。獨念我皇，暨我民人。靈其有知，叩于天閽。蘇民活國，其不有年。下士銜哀，薄奠具虔。伏維尚饗！

藝文

俞樾《春在堂詩編》詩三《太師杜文正公輓詞》 纔聞霖雨沛南方，忽見台星隕大荒。遺表但傳憂國事，詔書頻與處家常。君臣終始情無間，生死哀榮禮有光。敕使親承天語至，細將眠食問高堂。自登政府贊無爲，造膝深謀世莫知。黃閣共推名父子，綠圖原是聖人師。雖當鵠鼎調羹日，還似龍樓侍學時。一十七年資啟沃，至今深繫九重思。飾終恩禮降連翩，異數頻邀感九泉。珍藥寵頒憐父老，清班特晉爲兒賢。易名不待臣工議，錫命還居保傅先。聖意徘徊殊未已，一尊親自奠靈筵。鯫生才識本駑頑，曾在孫陽一顧間。庚戌覆試，公爲閱卷官，擢忝第一。執卷玉堂容問字，擢預館選，公爲大教習。謝恩金殿許隨班。散館日，公率庶吉士於太和殿謝恩。皁囊入奏猶無恙，赤舄辭朝竟不還。自爲蒼生惜安石，非徒絲竹感東山。

龔自珍部

綜述

《清史列傳》卷七三《龔自珍傳》 龔自珍，字璱人，浙江仁和人。道光九年進士，授内閣中書，陞宗人府主事。十七年，改禮部。尋告歸，遂不復出。父麗正爲金壇段玉裁壻，能傳其學，嘉慶元年進士，官至江蘇蘇松太道，著有《國語韋昭注疏》。

自珍八歲得舊《登科録》讀之，即有志爲科名掌故之學。十二歲，段玉裁授以《説文》部目，即有志爲以經説字、以字説經之學。十四歲，考古今官制，即有志爲國朝官制損益之學。十六歲，讀《四庫提要》，即有志爲目録之學。十七歲，見石鼓，即有志爲金石之學。生平著作等身，出入於《九經》、《七緯》，諸子百家，自成一家言。道光十二年夏大旱，詔求直言，大學士富俊訪之自珍，自珍陳當世急務八條。爲内閣中書時，上書大學士，乞到閣看本，充史館校對。上書總裁，論西北塞外部源流、山川形勢，訂《一統志》之疏漏，凡二千言。官禮部時，上書論四司政體宜沿革者三千言。其官宗人府主事也，充《玉牒》館纂修官，則爲之草創其章程。

當是時，以奇才名天下者，一爲魏源，一爲自珍。嘗著《西域置行省議》、《東南罷番舶議》，時韙其言。尤精西北輿地之學，程同文修《會典》，以理藩院一門及青海、西藏各圖囑爲校理。自珍因擬撰《蒙古圖志》，以同文歿，不果，成《蒙古字類表》、《册降表》、《氏族表》。所爲文獨造深峻，論者謂桐城之文如泰山主峰，不可藐視，自珍文如徂徠新甫，相與揖讓俛仰於百里之間，不自屈抑，蓋一代文字之雄云。著有《尚書序大義》一卷、《泰誓答問》一卷、《尚書馬氏家法》一卷、《左氏春秋服杜補義》一卷、《左氏決疣》一卷、《春秋決事比》一卷、《西漢君臣偁春秋之義》一卷、《典客道古録》一卷、《奉常道古録》一卷、《羽琌山金石墨本記》五卷、《羽琌山典寶記》二卷、《鏡苑》一卷、《瓦韻》一卷、《漢官拾遺》一卷、《泉文記》一卷、《布衣傳》一卷、《文集》三卷、《續集》四卷、《文集補》二卷、《補編》四卷。道光二十二年，卒，年五十。

雜録

備録

《龔自珍集》附張祖廉《定盦先生年譜外紀》 先生生於乾隆五十七年七月初五日午時，卒於道光二十一年八月十二日辰時。按吴氏《年譜》未載生卒之時。今補紀於此。

道光壬辰，讀爰書有名龔自某者，惡之，乃更名爲鞏祚，尋復名自珍。學佛名曰鄔波索迦，顔所居曰禮龍樹齋，曰奢摩它室。

籍隸仁和，而實居於錢塘，先生詩有「家住錢塘四百春」之句。

童時居湖上，有小樓在六橋幽窈之際，嘗於春夜，梳雙髻，衣淡黄衫，倚闌吹笛，歌東坡《洞仙歌》詞，觀者豔之。或爲作《湖樓吹笛圖》以紀其事，余學士集題《水仙子》詞一闋。

先生廣額巉頤，戟髯炬目，興酣，喜自擊其腕。善高吟，淵淵若出金石。京師史氏以孟秋祀孔子於浙紹鄉祠，其祭文必屬先生讀之。與同志縱談天下事，風發泉涌，有不可一世之意。而後學有所問難，則源流誨之，循循然似老師，聽者有倦色，先生灑然也。輿皁稗販之徒暨士大夫並謂爲龔獃子。

性不喜修飾，故衣殘履，十年不更。嘗訪錢塘陳太守元禄於京師七井衚衕，時九月也，秋氣肅然，侍者觳觫立，先生衣紗衣，絲理寸斷，脱帽露頂，髮中生氣蓬蓬然。

嗜鷄子，酒闌肴罄，必炱二枚食之，曰：喜其有渾沌之氣。

幼時侍父兵備公官京師，居近法源寺，稍長，保母攜之入寺，輒據佛座嬉戲，揮之弗去。

少時讀《東方朔傳》，恍惚若有遇，自謂曼倩後身。有「曼倩後身」印，嘉興文鼎鐫之。

先生詩文，摇筆即成，而不苟作。梁侍郎章鉅嘗乞賦《虎邱古鼎歌》，先生欲仿翁覃溪學士體爲之，自謂道豔未及覃溪，遂不報。

少好讀王介甫《上宋仁宗皇帝書》，手録凡九通，慨然有經世之志。撰《西域置行省議》、《東南罷番舶議》，凡數萬言。

己丑朝考，先生於《安邊綏遠疏》中陳南路北路利弊，及所以安之之策，娓娓千言。讀卷大臣故刑部尚書戴敦元大驚，欲置第一，同官不韙其言，竟擯之。

所藏召伯虎敦、大田鬲，朔望則具衣冠率二子拜之，指示曰：此孔子以前物也。

先生交友嚴，好直言。劉鏞汶者，俠士也。嘗遠行，公送之詩，其序曰：「方求從吾游久矣，而氣益浮，中益淺，吾慮其出門而悔吝多也。然吾方託以大事，倚仗之如左右手，以其人實質無可疑者，特不學無術耳。爰最以一詩送其行。」陳元祿曰：《破戒草》有送劉三詩，即其人也。

在京師，嘗乘驢車獨游豐臺，於芍藥深處藉地坐，拉一短衣人共飲，抗聲高歌，花片皆落。益陽湯郎中鵬過之，先生亦拉與共飲，問同坐何人，先生不答。郎中疑爲仙人，又疑爲俠，終不知其人。

戊戌還杭州，居恒具盛饌而不召一客，至期設席，舉匕箸呼名而揖讓焉。最後一人，則吳祭酒錫麒、陳太僕兆崙也。

嘗夢人授以玉印，內孕朱痕一星，後數日，以白金六百九十七兩三錢，於嘉興文氏獲漢鳳紐白玉印一枚，映日視之，朱痕宛然如夢中者。文曰「婕伃妾趙」，定爲飛燕故物。按趙婕伃玉印，先生既賦詩四律，同時海內賡和爲什甚夥，其後此印流轉他所，均詳見吳氏《年譜》注中。吳氏《年譜》於印文「趙」字釋作「娋」字，並注中引元和江氏趙从女旁之言。祖廉細案吳氏所藏玉印，印本「趙」字，實从走，並非从女，願與好古者共證之。

先生所藏葉小鸞眉子硯，作長圓形，縱二寸七分，横一寸六分，厚四分，側鐫「疎香閣」三字，背鐫真書，云「舅氏從海上獲硯材二，琢成分貽余兄弟，瓊章得眉子硯」凡二十二字，更繫二詩。詩曰：「天寶繁華事已陳，成都妙手樣能新。如今只學初三月，怕有詩人説小顰。」「素袖輕籠金鴨煙，明牕小几展吳牋。開簾一硯櫻桃雨，潤到清琴第幾絃。」己巳寒食題。末刻「小鸞」朱文長圓小印一。先生賦《天仙子》詞寵之。又藏漢熏鑪，曾賦《菩薩蠻》詞曰：「冶藍活翠沉沉碧，人間無此傷心色。誰爇此鑪香，才人居未央。摩挲長未忍，心上溫馨肯。夢到古長安，茂陵春雨寒。」今詞集不載。

先生曾作回文《金釧銘》曰：「腕生蘭，捲袖紈，款所歡，煖與寒。」

撰《定庵文集》百卷，子宣編校之，省爲三十卷。

詩編年始嘉慶丙寅，終道光戊戌，勒爲二十卷。《破戒草》一卷，《己亥雜詩》一卷，皆別行。按吳氏《年譜》注云二十七卷，與此小異。

道光壬午歲，勒所作詞爲六卷，曰《紅禪詞》，曰《無著詞》，曰《懷人館詞》，曰《影事詞》，曰《小奢摩詞》。按吳氏《年譜》云：「道光癸未六月，刊定《無著詞》、《懷人館詞》、《影事詞》、《小奢摩詞》四種，都一百三首。」又云：「《無著詞》初名《紅禪詞》，《小奢摩詞》是癸未年作。」與此小異。其曰：「《無著詞》爲壬午春選定，《懷人館詞》、《影事詞》爲辛巳春選定。」大氏選定在前，則與此説脗合矣。

選功令文，自明逮國朝數千篇，題曰《玉山温夢録》。

金壇段先生嘗謂：「爲學嗜瑣固所譏，若惡瑣而肆意闊略，亦非積小以高大之義，況學問門徑自殊，既不相謀，遠而望之，皆一丘一壑耳，身入其中，乃皆成泰山滄海，涉歷甘苦皆無盡也。」又曰：「貧女尚有鍼綫纏縣，況學士乎？故單詞碎義雖不成文章，棄之盡可惜。」先生曰：「自珍服膺弗敢忘。」

備論

《龔自珍集》附録魏源《定盦文録敘》 道光二十有一載，禮部儀制司主事仁和龔君卒於丹陽。越明年夏，其孤橙抱其遺書來揚州，就正於其執友邵陽魏源。源既論定其中程者，校正其章句違合者，凡得文若干篇，爲十有二卷，題曰《定盦文録》；又輯其考證、雜著、詩詞十有二卷，皆可殺青付繕寫。昔越女之論劍，曰：臣非有所受於人也，而忽然得之。夫忽然得之者，地不能囿，天不能嬗，父兄師友不能佑；其道常主於逆，小者逆謠俗、逆風土，大者逆運會，所逆愈甚，則所復愈大，大則復於古，古則復於本。若君之學，謂能復於本乎，所不敢知，要其復於古也決矣！陰陽之道，偏勝者強，自孔門七十子之徒，德行、言語、政事、文學，已不能兼諠，其後分散諸國，言語家流爲宋玉、唐勒、景差，益與道分裂。荀況氏、揚雄氏，亦皆從詞賦入經術，因文見道，或毗於陽，則駁於質，或毗於陰，則憒於事，徒以去聖未遠，爲聖舌人，故至今其言猶立。矧生百世之下，能爲百世以上之語言，能駘宕百世以下之魂魄，春如古春，秋如古秋，與聖詔告王獻酬，躪勒、差而出入況、雄，其所復詎不大哉！火日外景則內闇，金水內景則外闇，外闇斯內照愈專。羣慣慣於外事，而文字突奥洞闢，自成宇宙，其金水內景者歟？雖錮之深淵，緘以鐵石，土花繡蝕，千百載後，發硎出之，相對猶如坐三代上。

君名自珍，更名鞏祚，字璱人，浙之仁和人。於經通《公羊春秋》，於史長西北輿地。其書以六書小學爲入門，以周秦諸子、吉金樂石爲厓郭，以朝掌國故、世情民隱爲質幹。晚尤好西方之書，自謂造深微云。自其先世祖父至君，三世皆以進士官禮曹。君二子，長子橙，方以文學世其家。邵陽魏源敘。

曹籀《定盦文録敘》 士君子負嶔崎磊落之才，睥睨一世，或數十年而一見，或數百年而數數見，抑或數百年而僅乃一見，要皆因乎氣數之升沉，時勢之遷變，迭爲乘除者也。若夫彼蒼鄭重愛惜之人，其尤特異者，將必故吝其生，不使遽降於世，遲之又久，以俟大聖人出，熏沐釀化，翌扶景運，蓄其經術文章，與名儒碩彥，和其聲以鳴國家之盛；彼亦嘗欣欣然自喜，前不見古人，後不見來者，奮乎百世之上，俯乎百世之下，幾不知宇宙之如此其寥廓也。則將曰：天不生我於前之世，又不生我於後之世，何以至今日倏然而有我，豈無意哉？我既有此不先不後之身，與萬物相見，則天之待我也良厚矣，我其可自暴棄也歟？遂乃沉酣六籍，饜飫百家，大聲發於天地間，而汪洋恣肆，浩乎其無涯，渺乎其無際，而莫知其所終極。故處則閉户著書，索解人而不得，藏之名山大川，傳諸其人，其言若金玉，日與樵夫牧豎，歗歌於山巔水涯之側，祕之弗爲外人道；出則陳謨納諫，貢箴獻頌，登於明堂，其言見諸措施，如泰山出雲，不崇朝而徧雨乎天下，以慰其霖雨蒼生之願。山林廊廟，兼而有之，其人其文，卓然大家，宜其上下五百年，而獨有千古。嗚呼！天之生才，不亦難乎！蓋慎之又慎矣。姑降格以求，在天則雲霞雷電之變幻不測，雨露風霜之間代靡窮；在地則層巒疊嶂之青縹，時隱時見，長江大河之波瀾，忽起忽滅；於飛鳥則翰雞、翬雉之文采；於走獸則黄羆、赤豹之彪炳；於蟲魚則錦鬣、文鱗、紫貝、緑甲之鮮新，蠶繭、蜂蜜、蜣丸、蛛絲之工巧；草則菖蒲薢茩，聰耳而明目，茯苓茱萸，延年而耐老；木則桃李杏梅，吐華而垂實，杞梓松柏，應用而呈材；此固世間恒有之物，未足爲奇也。求其如甘露景星，醴泉芝草；雲五色而成靄，河三日而變清；鳳鳥之舒九苞、應六律，鯤魚之吸雲霧、薄滄溟；羊一角，狐九尾，麟趾褭蹏，騠騊徽籙；麥兩歧，禾同采，靈芝奇木，涣碟移符；蓂莢應月以成朔望，萐莆生風以易炎涼；旗飾蛟騰，犀照雜駭；朱英瑟帶，紫脱旁聯；赤雀啣丹書，元龜負緑字；熊熊炎炎，爛斑斑。天文、地文、人文，順賁設夬，參離象革，太平以瑞應臻百福，雖以仁聖之世不屢見，然亦未始不一見也。今夫挺然不世出之人，殊尤而絶類，當國家隆盛之時，適生其際，亦若是而已矣。乃求之漢、魏，求之南北朝，求之唐、宋、元、明，而卒無有，雖有，亦僅見，蓋數百年來，於師友之間得兩人焉：一曰仁和龔君定盦，一曰邵陽魏君默深。

定盦，天下之奇才也，尤卓犖有英氣。武林山水，靈秀甲寰宇，發源於歙之黄山，而錢唐江所自出，連延數百里，結而爲郡西之天目山，一支磅礴走東南，挾浮溪之水與紫溪合，流過桐廬縣而入於江，龍飛鳳舞，盩厔鈎盤，夷灑邐迤，乍合乍分，若斷若續，西受新城之葛溪，東合浦陽江水而迟焉，以達於會城，成東南一大都聚。生是邦者，多英姿挺拔之士。定盦翹然獨秀，抗先哲而冠羣賢，非徒以地氣也，蓋亦有天象焉。吴、越於分野，值斗牽牛女，當星紀之次。定盦於乾隆五十有七年七月戊戌朔越五日壬寅，生於郡之東城，與鄭康成生漢永建之二年七月戊寅，其日同也。星紀承河漢下流，衆水之所歸，當此之月，宵中垂象，仰在天之文章，感作人於壽考，其鍾毓也奇，則其稟受也篤。君平生著述等身，出入於九經七緯，諸子百家，足以繼往開來，自成一家：言天人性命之奧，則取法於《易》；帝王政事之大，則取法於《書》；美惡勸懲之義，是非褒貶之條，則取法於《詩》與《春秋》；驗家國之興亡，知人物之臧否，則必徵諸三《傳》；考典章之明備，審制度之精詳，則必徵諸三《禮》；以及遺聞軼事，故書雅訓，則又雜采於周秦傳記之書；其雄辭偉論，縱横而馳驟也，則似孟似莊；其奥義深文，佶屈而聱牙也，則似墨似鬻；其義理精微，辭采豐偉，或守正道之純粹，或尚權謀之詭譎，則又似荀似列，似管似晏；他如韓非、慎到、吴起、孫臏、尹文、尸佼、屈原、吕不韋、燕太子丹、趙公孫龍、尉繚、關尹、鶡冠、鬼谷之倫，雖各分門而别户，亦皆殊途而同歸。卓哉斯人，其諸通天地人而爲儒者歟！

曩者，道光甲申之歲，余入市閲書，邂逅於僻巷，不及通姓名，瞪目視良久，若有心契者，執手談文字甚歡，始與訂交。盡棄余向所學者，而好讀定盦文不少衰，朝取一編焉，通其意，暮取一編焉，玩其辭。明年，復因定盦而交默深，三人者，遂相視爲莫逆。余慕定盦之爲人與其所爲文者久，欲一見不可得，乃求之寤寐，而終莫慰余懷之渺渺，何圖卒然遇之，而令人賦《蔓草》之詩不置也！始余獲見其文，如上擿山巖空青珊瑚，陊之施諸采色，可備黼黻文章之用；如鬱人貢百草之華，十葉爲貫，百廿貫築以煑之，爲鬱鬯之酒，芬芳條達，甘旨醑酤；如郡國往往於山川得鼎彝，古鹽古香，摩挲不去手；如壞孔子宅，壁中聞有琴瑟鐘磬之聲，移宫刻羽，有招我由房之樂；如投九重之淵，探驪龍之頷下而獲其巨珠；縱千金而不易，匪一篁之可遺，豈徒以妙色和聲，美味好臭，怡神而蕩魄哉！今距定盦之卒且二十餘年，余重讀其文，猶旦暮耳。定盦往矣，定盦之文，如水火之在天壤間，未嘗一日無者也；後之人，苟有好學深思，心知其意，如嘗海一滴而知其味之鹹，取火一星而知其性之烈，若余之朝吟夕詠，而不忘夫定盦者，其亦海之一滴，火之一星也夫。同治七年閏四月吉日，仁和曹籀謹纂。

藝文

《龔自珍集》附録蔣湘南《書龔定盦主政文集後並懷魏默深舍人》 文苑儒林合，生平服一龔。朗容方朔隱，世貴展禽恭。滄海横流溢，高山大壑逢。齊名有魏氏，可許我爲龍？右見《春暉閣詩集》。

《龔自珍集》附録楊象濟《讀定盦先生集》 輿圖學可媲洪九，默深申耆以逮君。新畺置省言諤諤，説居庸若秋水文。

長吟字字原忠孝，故衍大藏或煙波。要知奇處正平實，抉公祕篇公毋訶！

斯才不令修青史，乾隆以還無與倫。衣香禪榻等閑死，無爲皇清惜此人！右見《汲庵詩存》。

《龔自珍集》附録江標《題定盦詩集》 清才深恐天涯少，豔福從來未必奇。若得河東君尚在，定教手寫定公詩。

不從俗熱矜奇句，却晴華鬘眡博綜。一笑眺坪相對處，茶煙正颺鬢雲鬆。

《晚晴簃詩彙》卷一四七劉伯塤《龔定盦》 海内文章伯，周南太史公。道光己亥，定盦挂冠將南歸，告别湯益陽師，袖出楹帖乞書此二語爲贈，師即欣然許之。百年真健筆，垂老惜飄蓬。兀傲原宜隱，蒼涼只送窮。《太玄》有知己，端可慰揚雄。所著《定盦文集》貧不能梓，益陽師深爲扼腕，以剞劂爲己任。

周祖培部

綜述

《清史列傳》卷四六《周祖培傳》 周祖培，河南商城人。嘉慶二十四年進士，改翰林院庶吉士。二十五年，散館，授編修。道光元年，充順天鄉試同考官。二年，充雲南鄉試正考官。四年，丁父憂。七年，服闋。十二年八月，陞國子監司業。十一月，陞詹事府司經局洗馬，充文淵閣校理。十三年正月，充日講起居注官。二月，擢翰林院侍講。七月，大考二等，賜文綺，轉侍讀。十四年二月，京察一等，記名以道府用。三月，陞右春坊右庶子。八月，陞翰林院侍講學士。十五年六月，命協同批本。十月，充順天武鄉試副考官。十七年八月，提督陝甘學政。十二月，轉侍讀學士。十八年四月，陞詹事府詹事。六月，丁母憂。二十年，服闋。二十一年十月，補原官，充經筵講官。十二月，充文淵閣直閣事。二十二年，稽察左翼宗學。二十三年四月，陞内閣學士，兼禮部侍郎銜。十月，充順天武鄉試正考官。十二月，稽察中書科事務，旋授禮部右侍郎。二十四年二月，兼署兵部右侍郎。三月，轉禮部左侍郎。八月，以鄉試搜檢不嚴，罰俸。九月，充武會試監射大臣。十二月，調工部右侍郎，兼管錢法堂事務。二十五年三月，充會試副考官。四月，以兵部堂官違例，派署掌印，又以司官索詐書吏，吸食鴉片煙，祖培奏參不實，命革職留任。九月，充武會試正考官。十月，調刑部左侍郎。二十六年正月，命偕户部尚書賽尚阿馳驛往江南查勘江防善後事宜，奏言：「長江自鵝鼻嘴西抵烏龍山，其間數百里，沿江築隄安礮，設兵守衛者數十層，其礮有千斤、數千斤、萬斤者，其弁兵有施放大礮者、防護者、接應者，聲勢連絡，足資捍禦。第恐日久懈生，視爲具文，應請旨飭令按時操練，礮臺隨時修葺，兵弁隨時更易，毋得稍有廢弛。」六月，差竣回京。旋充浙江鄉試正考官。十一月，偕户部左侍郎柏葰，順道江蘇查辦事件。十二月，以御門大典到班遲延，罰俸二年。二十七年，以捐銀備賑，下部優敘。

三十年二月，充實録館副總裁。三月，充會試知貢舉。尋條陳四事，略曰：「一、立政貴乎稟承也。從來乾綱獨斷，必能自得師；能自得師，莫善於式求成憲。我朝立政之要，用人之法，洪纖巨細，無不備載於列聖《實録》之中。現在内閣照例每日進呈，以備皇上按時恭讀，典至鉅，法至善也。惟卷帙浩繁，難於記誦，伏求皇上幾餘乙覽之時，親加選擇，凡有關於觀人敷政之法，納言決事之宜，以及防微杜漸，籌慮深遠者，悉命南書房翰林敬謹繕寫，另備一册，以便隨時披閲。伏思利害所關，今昔同轍，容有昔之所利不盡利於今者，未有昔之所害不爲害於今者。容有昔所欲除之害至今猶未盡除者，未有昔所應防之害至今轉可不防者。惟皇上成法在胸，以應幾務，庶利害瞭如指掌，而興廢可決於一心也。一、致治以除積弊也。時弊之重，莫過於欺飾。自督撫以至末吏，皆難逃此病。即如各省府、州、縣之倉庫，以及義倉、常平倉，上司有年終盤查之責，同官有交代出結之例，有無虧短，不難立破，何至日積月久而弊重難返。總由上司專徇情面，以考覈爲虚文，同官則互相營私，以結報爲故事。或不知其實而姑爲含容，或明知其非而故爲隱匿。此各省所以有虧短，以致今日有清查之令也。至河工、漕務，尤當以覈實爲要。一涉虚浮，弊端百出。去歲河南六堡之漫口，漕船回空之遲滯，未必不始於一時一事之欺，終至連年累月之害也。惟皇上責成大吏，力懲其欺飾之習，以率屬吏，則事皆求實，而積弊可漸除矣。一、澄敘州縣，以衛民生也。國以民爲本，而州縣爲親民之官，民之疾苦知之，民之身家繫之，州縣得人而民安，民安而天下治矣。無如此途甚寬，賢不肖雜處其中。其貪婪殘酷者固爲民賊，其有貌似有才，稱爲能吏，事上則口舌便捷，任事則剛愎苛求，或縱容胥役以滋擾，或任聽家丁以營私，有治民之名，而有害民之實。又有因循疲玩、闒茸無能者，坐高堂以養尊，竊利禄以便己，而嗷嗷之衆，漠不關心。此玩視民瘼者，其害民尤甚。每見一縣之中，偶遇災荒，而哀鴻徧野，弱者轉乎溝壑，强者去爲盜賊。其爲之上者，平時撫綏無術，臨時賑濟無方。迨至怨咨交作，上司不得已而加以參劾，而民之瘡痍已不可復問矣。伏乞皇上嚴責直省大吏，各統所屬，自上迄下，隨時考察，儻有作奸犯科之員，該上司徇隱庇護，以致地方滋生事端，經言官彈劾，即將該督撫從嚴懲處，務使親民之官以民爲重，則所以奠億兆而廣皇仁者，孰有重於是哉？一、修明武備，以資弭盜也。武備之設，所以衛民。國家設立營制，自京城以及外省，星羅棊布，每歲不惜千萬帑金，教養訓練，平時資其緝捕，有事賴以禦侮。若緝捕先行廢弛，更何望爭先禦侮耶？近來各省搶劫之案，層見疊出，或爲害行旅，或行劫鋪户，甚至霸據鄉鎮，百十成羣，隨在竄逸。如湖南武岡一帶之匪徒滋擾，其始亦不過盜賊耳，苟有以豫防之，何至猖獗若是？竊見各省每遇盜賊之案，督撫大吏往往將微末營弁摘參，與地方文武一併勒緝。名爲從嚴辦理，不數日後經地方文員購買眼綫，將案內人犯緝拏數人，遽以文武協緝獲盜過半，一併奏明開復。相率效尤，幾成錮習。武弁何由知儆？盜風何由得息？民生何由得安？伏思州縣等官，刑名錢穀，責任綦煩，緝捕盜賊，係其職分之一端。若營員則緝捕係其專責，緝捕未能，平日之訓練懈弛，已可概見。相應請旨嚴飭各省督撫、將軍切實整頓，賞罰兼施，務使營伍員弁皆知責有攸關，無可推諉。於捕務日有起色，則盜風可靖，而閭閻亦漸增安謐矣。」疏入，諭曰：「周祖培陳奏一摺，致治首宜除弊，而除弊先當戒欺。爲大吏者亟當洗心滌慮，率屬秉公，而澄敘官方，尤在嚴察牧令，斷不可任意姑容，置民生於不問。衛民莫先於緝盜，尤宜實力整頓，務須日有起色。其設防之處，該督撫等各宜隨時修葺，有備無患。至於列聖《實錄》，每日進呈恭讀，朕自當默識編勒。所請飭行繕錄之處，著毋庸議。」十二月，署刑部左侍郎。

咸豐元年五月，陞刑部尚書，充實錄館總裁。二年三月，充會試正考官。七月，以題定郡王載銓《息肩圖》，奪俸半年。十月，賜紫禁城騎馬。十一月，因戶部籌餉二十餘條，所議之款尚恐緩不濟急，奏言：「道光二十一年，河南河工、城工捐輸案內，有以錢折銀，照海疆章程一體辦理者，彼時輸將，甚爲踴躍。此次豫省開捐，聞人數寥寥，若不格外加以鼓勵，難期奮勉。應請查照河工、城工章程，變通辦理。又聞各省巨富者實不乏人，查現在漢口鎮爲商賈輻輳之區，猝遇賊至，擄掠一空，與其委而資敵，何如輸以報國，凡該富戶等諒切同心也。至於畸零富戶，力量無多，按戶派捐，所湊無幾，事無補於國而怨先斂於民。伏乞諭飭各直省督撫大臣，確查巨富之家數十萬及百萬以上者，妥爲勸諭，務令激發忠愛，力圖報效。一戶獨捐之數，即可抵數百戶湊捐之數。一經奏報，自可立沐殊恩。其不願仕進者，或俟軍務告竣之後，照數發還，亦無不可。第必須由該督撫親自辦理，斷不可假手屬員，以致私受情賄，匿多報少，弊竇叢生。」疏入，得旨允行。

三年二月，奏言：「軍興以來，糜費帑金至二千數百萬之多。軍事一日未竣，帑餉一日難省。總應寬爲籌備，以期無誤要需。竊思錢之爲用，正以濟銀之不足。若錢果能充，則八旗每月之兵餉，以及各軍用項，皆可以錢代銀。錢無不足，銀自有餘，度支可無虞支絀。惟近來銅斤短少，不能增卯多鑄。竊聞熱河避暑山莊及北海之瓊島、春陰，均有銅房，及圓明園之西洋樓銅盤、銅管、銅牛、銅馬之類，因年久失修，損壞無用，儻皆聚集以資鼓鑄，則可易無用爲有用。再刑律載軍民之家，私蓄銅器，並聽赴官呈賣，每斤給銀七分，增減隨時。若故匿在家不赴官者，笞四十。咸豐二年八月，曾經御史條奏戶部會同工部覈議，以京城市賣銅器較多，酌定五斤以上銅器，無論黃白紅銅，均行禁止。是民間私蓄銅器，律應赴官呈賣，其京城大小官員之家，若銅盆、銅鑪之類，散之則有限，聚之則充裕。凡五斤以上銅器，似應赴局呈繳。且此等銅斤，曾經煎鍊，較之滇、黔運京生銅，良頑迥別，資以鼓鑄，所獲必數倍低銅。更可仿照漢、唐成法當十、當百、當千之大錢，因古制而酌今宜，又在部臣之妥爲籌議也。」疏入，命戶部會同內務府查議。

五月，要犯劉秋貴死於刑部，承審司員未能審出實情，祖培坐降二級調用。尋補都察院左副都御史。七月，稽察左翼宗學。八月，奏言：「竊惟賊匪滋事以來，屢奉上諭，命各省皆辦團練，並築寨浚濠，嚴守要隘，仿照嘉慶年間堅壁清野之法，良以不築寨堡不能堅壁，不堅壁不能清野，不堅壁清野，不足以禦賊。乃各省自奉旨以來，有團練之名而無團練之實，即有一二處認真者，亦不過聚集鄉民加以操演，而於堅壁之法並未講求。即如懷慶被賊兩月之久，垣曲近在接壤，絳縣、曲沃相隔二三百里，各該縣豈真聾瞶，一無聞知？果能實力奉行團練，寨堡林立，賊且舉步皆難，何至懷慶解圍未及旬日，而連陷數城，如入無人之境？所謂防守，直同兒戲！固由該撫等闒冗無能，失機玩寇，而該州縣之團練廢弛，並不認真辦理，亦可概見。今賊匪竄突靡定，各府、州、縣大抵皆毫無豫備，賊至即潰，全仗官兵追剿而尾其後，不能截其前，勢難剋期盪平。夫剿賊貴乎兵，而防守必資乎民。今欲用民，必使民有可憑而後民志定，非設立寨堡不爲功。議者或謂城且失陷，寨堡何足恃？不知勢孤者力弱，勢聚者力强。今以一縣論，小者百里，大者百數十里，而所憑者僅一城耳。如一縣內而有數十寨堡，不啻一縣而有數十城也。四面障蔽，賊且不得徑犯，何失之有？又或謂需費甚多，科派滋累。夫科派誠滋累矣，何不可量力而捐資也。查平原屯堡，所費不過數百金，一堡內可容數百戶。以數百戶之民，籌數百金之費，尚不甚難，且富者捐資，貧者出力，其費更可省約，惟在各府、州、縣誠心勸諭之，精心區畫之，裁汰冗費，不假吏胥，斯民皆鼓舞爲之耳。此法一行，有數利焉：比廬聚族，棊布星羅，一寨堡有警，各寨堡互應，或邀擊，或夾攻，令賊無可入之境，一利也；百姓驚惶，由於無所倚恃，今寨堡既建，人心皆固，不患流離，不虞裹脅，一利也；米穀牲畜，悉聚於各寨堡內，令賊無可掠，不戰自困，三利也；每寨堡約數百户，每户抽壯丁一二人，設長以約束之，定期以訓練之，無事仍可兼顧耕作，有事則悉成勁旅，四利也；募兵於倉猝，無論其不足深恃，即能得力，而一邑所募壯勇，能有幾何？今寨堡既成，人人可以爲勇，即人人可以爲兵，按户抽丁，可以數萬計，五利也；邪教蔓延，土匪覬覦，伏而未動者，恐復不少，今以各寨堡之民，自爲巡防，互相糾察，保甲之法，就此施行，不獨大寇可滅，並盜賊漸除，六利也。至設立寨堡各事宜，相應請旨嚴飭各督撫責成賢能有司，會同紳民迅速遵辦，如有怠玩從事，不善經理，反滋擾累者，立予參處。」疏入，得旨允行。

十一月，署工部左侍郎，尋陞工部右侍郎，兼管錢法堂事務。十二月，以疊次捐備軍餉，下部優敘。旋調吏部左侍郎。四年二月，陞都察院左都御史。十一月，陞兵部尚書。五年八月，署兼管順天府府尹事務。六年二月，署工部尚書。九月，充武會試校射大臣。十一月，《宣宗成皇帝實録》、《聖訓》告成，祖培以續辦稿本，賞太子太保銜。是月，調吏部尚書。八年四月，會辦五城團防。七月，復充經筵講官。九月，命以吏部尚書協辦大學士。十月，署户部尚書。九年二月，調户部尚書。三月，兼署吏部尚書。四月，充武英殿總裁。八月，充順天鄉試正考官。九月，充大考翰詹閱卷大臣。十年二月，署理户部三庫事務。三月，充會試正考官。七月，命總辦京城團防事宜，祖培酌擬章程六條：一、查户口以別良莠；一、勸保衛以聯衆志；一、任官紳以專責成；一、協營汛以聯臂指；一、設水會以備不虞；一、增幫辦以資助理。奏入，如所議行。

八月，文宗顯皇帝巡幸木蘭，命祖培留京辦事。十二月，授體仁閣大學士，管理户部事務。十一年二月，命在紫禁城輪流住宿。三月，奏保京員何元普赴河南軍營差委。四月，議覆河南之河北三府捐輸，應仍歸河南巡撫委員一手經理。七月，文宗顯皇帝龍馭上賓，穆宗毅皇帝御極，命祖培在京總理喪儀。十月，以怡親王載垣等擬定「祺祥」年號字樣，意義重複，奏請更正。諭曰：「大學士周祖培奏建元年號可否更定一摺。建元大典，昭垂萬世。前經載垣等擬進『祺祥』字樣，意義重複，本有未協。茲據周祖培奏請更正，實屬關心典禮，周詳慎重，爰命議政王、軍機大臣恭擬『同治』二字進呈，其以明年爲同治元年，布告天下。」是月，充實録館總裁，尋偕大學士賈楨等奏政權宜操之自上，及皇太后召見臣工禮節，並一切辦事章程，疏載《楨傳》。

十二月，奏言：「長蘆鹽課，近年銷數缺短，兩淮缺額尤甚，皆委其故於逆匪滋擾。前經督臣奏請於就近地方設場收税，每年所得亦屬無多。兩廣、福建、山東、四川、甘肅等省皆銷數甚短，課項日絀，非大加整頓不可。」又奏言：「北省近畿各處漸多藐視官長，倚恃團衆，抗糧拒捕。其故由於州縣不得其人，平日臨財貪墨，辦事武健，爲民深仇疾視。甚至賞罰不信，告令不遵，挾制官長，而爲官長者遂不敢與之相較矣。」疏入，諭曰：「我國家深仁厚澤，淪洽民心，現在山東、河南等省州縣遭賊蹂躪，及間遭荒歉地方，疊經降旨，分別蠲恤；其完善地方，亦均能爭先輸納。如該大學士所奏情形，總由官吏不肖，有激而成，誠堪痛恨！著各該督撫秉公遴選潔己愛民之員，俾膺民社，如有貪聲劣蹟，立予嚴參重懲，毋稍徇隱。」同治元年閏八月，管理刑部事務。十二月，充文淵閣領閣事。四年五月，教習庶吉士。九月，以承辦定陵工程事竣，賞戴花翎，仍交部優敘。五年，充大考翰詹閱卷大臣。時《文宗顯皇帝實録》、《聖訓》告成，賞給祖培子文龠員外郎用，文令舉人，一體會試。祖培自道光二十四年以來，歷充會試覆試閱卷大臣六次，鄉試覆試閱卷大臣、殿試讀卷官、朝考閱卷大臣各三次。

六年，卒。諭曰：「大學士周祖培持躬恪慎，學問優長。由翰林洊擢正卿，疊司文柄，受三朝知遇之隆，簡任綸扉，管理各部，均能無忝厥職。朕御極以來，念其宣力彌勤，深加倚畀。前以微疴賞假數月，方冀調理就痊，遐齡永享。遽聞溘逝，軫惜殊深！著賞給陀羅經被，派睿親王德長帶領侍衛十員，前往奠醊。加恩照大學士例賜卹。任內一切處分，悉予開復。伊子舉人周文令，著以主事用。伊長孫候選主事周德禄，著賞給舉人，准其一體會試，用示眷念耆臣至意。」尋賜祭葬，予謚文勤。

雜録

備録

《續碑傳集》卷五李慈銘《太子太保體仁閣大學士周文勤公神道碑》 同治六年夏四月丁亥，大學士商城周公薨於位。上聞軫悼，即日命睿親王率侍衛十員賜奠，賜陀羅經被，降詔褒惜，推恩子若孫，并下所司賜卹如例，予謚文勤。維公敭歷四朝，徧踐六官，翼主文柄，清華暉暎，恩禮始終，蓋以慎密一心，克孚帝眷，有非外人所能盡知者，而一節之士，矯行立名，思急起以赴功，輒以非常建白過望大臣，而抑知從容廟堂，敬以事上，勤力正過，夷險一致，固足以鎮百僚風天下也。

公諱祖培，字叔滋，一字芝臺，先世自婺源遷汴，遂爲河南光州商城人。至明之季，侍郎汝璣、都御史汝弼，從兄弟以進士起家，其族始大。曾祖適鑊，諸生。祖作淵，廣東惠州府海防同知。父鉞，嘉慶六年進士，歷官順天府府丞、鴻臚寺少卿。三世俱以公官，贈光祿大夫。曾祖妣氏楊，祖妣氏陳，母氏祝，俱一品夫人。鴻臚公有吏治經術，訓子曹嚴，公幼挺異，濡染家學，文譽驟起。少長，補商城縣學生，年二十六，中式嘉慶二十三年河南舉人，明年偕仲兄按察君同成進士，改庶吉士，又明年，授職編修。時伯兄巡道君先以進士起家，由庶吉士官戶部主事，公與按察君繼之。而公叔父武進君，又於是年成進士入翰林，言科名者，以爲盛事。

道光元年，爲順天鄉試同考官。二年，爲雲南正考官。四年，丁鴻臚公憂。七年，服闋，充國史館協修官。十二年，升國子監司業，司經局洗馬，充文淵閣校理。十三年，充日講起居注官，轉翰林院侍講。是年大考，轉侍讀。十四年，升右春坊右庶子，旋擢翰林院侍講學士。十五年，協同內閣批本。十六年，充漢軍教習。十七年，督陝西學政，轉侍讀學士。十八年，升詹事府詹事，旋丁祝太夫人憂。二十一年，起原官充文淵閣直閣事。二十二年，稽察左翼宗學，升內閣學士，兼禮部侍郎銜，旋擢禮部右侍郎。二十四年，兼署兵部右侍郎，轉禮部左侍郎，調工部右侍郎，兼管錢法堂事務。二十五年，爲會試副考官，調刑部左侍郎。二十六年，偕尚書賽尚阿公，馳勘江南江防善後事宜，校閱江蘇、安徽、江西三省營伍。甫覆命，爲浙江正考官。二十八年，賜紫禁城騎馬。三十年，充實錄館副總裁，經筵講官。咸豐元年，升刑部尚書，充實錄館稿本總裁。二年，爲會試正考官。三年，以失察要犯劉秋賁瘐斃一案，降三級調用，即日補都察院左副都御史，升吏部左侍郎。四年，升左都御史，擢兵部尚書。五年，署順天府尹。六年，兼署工部尚書，加太子少保，調吏部尚書。八年，督理五城團防，九月，協辦大學士，兼署戶部尚書。九年，調戶部尚書，兼署吏部尚書，充武英殿總裁，爲順天鄉試正考官。十年，爲會試正考官，車駕東狩，爲留京辦事大臣，十一月，拜體仁閣大學士，管理戶部。十一年，文宗崩，爲恭錄訪儀大臣，兼辦定陵平安峪工程，充實錄館總裁。同治元年，調刑部，充實錄館稿本總裁。二年，充文淵閣領閣事。四年，教習庶吉士，晉太子太保，以山陵告成，賞戴花翎。其間充殿試讀卷，朝考、覆試、大考閱卷以及蔭生、教習、拔貢、優貢等考試，共三十餘次。公一以敬慎，小心翼翼，日夕趨事，老而益勤，凡處大議平大政，博咨集思，未嘗稍自專。

其使江南也，時和議初定，夷性不測，軍民惴惴，公冒暑跋涉，深籌利便。以爲長江兩岸，礮臺犄角，門戶雖固，而蘇、松二府，在江防之外，港汊紛錯，而地殷賑，夷所耽伺，宜於上海寶山之間，若閔行鎮得勝港東汊口等處，廣儲舟檝，擇地屯戍。黃浦江南通浙江之嘉善，北通泖湖以達蘇州，宜於澱山湖、長連涇等地，設伏拒守，厚集其勢。凡所經畫，皆足永久。校武三省，嚴而不煩，都試之日，咸儀陳列，上下懍懍，而鞭貫不攸，事畢即行，驛無留宿。主試浙江，榜發三日，星馳北返。抵蘇州，又奉命，偕侍郎柏葰公，讞昭文縣吏薛桂獄，七日牘具，人無譁騷。咸豐之季，奸黨傾仄，大獄數起，島夷蹈暇，國如綴旒，公楷柱其閒，不爲同異，事持正論，消隙於芹。及今上踐阼，兩宮臨朝，祲翳廓清，公節益著。首上疏，更正祺祥之號，改元居正，天下稱頌，特詔褒美，以爲關心典禮，周詳慎重。委任有加，而公益謹明，議陳孚恩、何桂清之獄，張錫嶸明堂宗祀之疏，皆析理準情，無所阿徇。兩備宣宗、文宗實錄，皆總辦稿本，夙夜屹屹，手自鉤稽，綱舉目張，鉅細咸秩，乃至文義點畫，偏旁正俗，必再三考校，致慎致詳。上邀懋賞，及於子孫，至公之歿而有宣力彌勤之褒，然後知公之精白任事，式簡帝心，而上之倚畀未有已也。公與按察君友愛甚篤，按察以池甯太廣道入覲，公時爲侍郎，召對，詢家世，公稟悉，宣宗喜曰，卿讀書世家。及公閱兵江蘇，而按察君陳臬於吳，旌節相違，觀者嘖歎。公衡文最久，門生徧天下，所特薦者，如刑部郎中易公棠，吳公廷棟，太常少卿李公棠階等，後皆爲名臣。予館公家久，課公之幼子，公虛己下詢，日久益敬，嘗稱譽不出口。乙丑之夏，予南歸省親，公置酒爲別，執手慨然曰：「君太夫人年未老，君行必速返，予老矣，懸一榻以待君也。」嗚乎，孰知予歸再逾稘，而丁大故，苫凷之中，復聞公訃，今再入都，而公葬已克期，公子輩將以公柩歸矣。

公生於乾隆五十八年十二月二日，距薨之歲七十有五。配劉夫人，生子五，某某。側室朱生一子某，胡生一子文令，恩賜舉人，以主事用。女二，長適兩淮鹽運使方濬頤，次適河南彰德府知府賈致恩，皆劉夫人出。孫四人，某某。公次子户部陜西司員外郎文俞，恬静好學，於公諸子中爲最良，以某年月日葬公於某山之原，屬予參次公行事，以文其隧道之碑。予不敢辭，銘曰：

聖清撫運，樞庭執機。東閣四備，以翊皇維。猶唐僕射，百僚具師。承乾布化，不言而治。維公翼翼，麟遊鳳儀。接迹承明，颺拜帝墀。民命所系，祥刑是司。公再執奸，獄以不疑。六府九貢，國仰度支。公長地官，綜其棼絲。協規蹈衡，尺矩不逾。帝曰休哉，實惟予毗。温樹不言，益畏而寅。受終紀政，大法所治。公再珥筆，謨焕烈垂。潤色鴻業，荷天子知。云何徂謝，不究其施。蘇山盤薄，淮流逶迤。鞏兹宰木，甘棠永思。國史有紀，我辭不欺。

駱秉章部

綜述

《清史列傳》卷四五《駱秉章傳》 駱秉章，廣東花縣人。道光十二年進士，改翰林院庶吉士。十三年，散館，授編修。十八年十月，記名以御史用。十一月，補江南道監察御史。十九年五月，稽察北新倉。六月，掌江南道監察御史。二十年三月，充會試同考官。八月，充順天鄉試同考官。十月，稽查銀庫。二十一年，補工科給事中。二十二年二月，遷鴻臚寺少卿。五月，擢奉天府府丞，兼學政。二十三年，因查庫時失察庫吏虧短，部議革職，仍罰賠庫款，旋以限內全數完繳，又以鞫庫吏時，凡御史之查銀庫者，多所連染，獨秉章一介無所取，上由是知之，特旨以庶子用。

二十四年七月，補詹事府左春坊左庶子，充日講起居注官。十月，以山東肥城縣知縣長喆失察胥役詐贓，及差役之子滕混報捐，秉章奉命偕麐福馳往查辦，尋查明參奏褫長喆職。二十五年，丁母憂。二十七年，服闋。二十八年五月，奉命偕福濟馳赴河南查辦事件。七月，補右春坊右庶子。八月，查明禹州知州李嘉禮、柘城縣知縣羅景鄂、固始縣知縣嚴圻、前任固始縣知縣張廷瑜、安陽縣知縣朱顯曾等贓私不法各情，奏請治如律；並將挑濬賈魯河工程情形據實密陳。旋遵旨由河南馳赴江蘇查明知府周沐潤、知縣秋家丞等七員被參各款，請分別治罪。諭曰：「封疆大吏於屬員賢否，原應隨時察看，若必待欽差，始將劣員懲辦，安用此大吏爲耶？該督等均著交部議處。駱秉章不將該上司隨案附參，亦屬疏忽，著嚴行申飭。」時東南洋面不靖，苦累商民，疏言洋面遼闊，宜飭海疆督、撫、提、鎮督飭水師，嚴密偵探，更添配兵船，互相堵截，不得稍分畛域，詔如所請。十月，擢翰林院侍講學士，途次接奉諭旨折回山東，查辦告病運司韋德成控案。十一月，擢湖北按察使。二十九年閏四月，遷貴州布政使。七月，調雲南布政使。

三十年三月，擢湖南巡撫。十月，以常德、岳州水軍及辰州等八協營駐守地方，收成歉薄，兵丁買食維艱，請借給一月餉銀，允之。咸豐元年二月，奏言：「上年武陵等處水患，隄垸衝潰，該處係積歉之區，業民力難全修。請於司庫留備項下借銀發交各縣，按照被淹田畝覈實修辦，分年徵還。」又奏：「湖南所運荊州五幫漕糧，上年被災緩徵，幫丁無力辦運，又無他款可籌。請援案借銀三萬九千餘兩，以紓丁力。」均如所請行。

時粵逆滋事，命湖廣總督程矞采往湖南偕秉章及提督余萬清督辦湖南防務。尋會同奏言：「粵匪北竄象州，若與賀縣賊匪糾合，必由修仁、荔浦等處經過。凡湖南邊界相通之處，均酌派官兵嚴密防堵。如可相機進援，即由提督余萬清馳往勦辦，不分畛域。」疏入，報聞。十一月，訪獲衡陽、清泉會匪左家發等六十餘犯，伏法。十二月，查明沅江縣金盆洲等處官荒草地十二萬七千餘畝，涸復難期，奏請免租。二年正月，粵逆圍攻桂林，湖南大小要隘五十餘處，均關緊要。秉章會商程矞采，將前派赴粵之兵截留分布，另調沅州、澧州、永順營兵速赴永州，聽候調遣。三月，粵匪由興安、灌陽竄攻全州。永州與全州毗連，水路尤爲迅捷，秉章飭總兵孫照帶兵馳赴零陵之黃沙河，將灣泊各船撤歸楚岸，一面將湖北續到官兵擇要分布。四月，全州失守，逆匪由小路偷越，竄抵零陵之水土橋，燒燬柳公廟一帶民房，復竄奔雙排地方。五月，竄入湖南，陷道州。上以秉章未能先事豫防，並以余萬清防守不力，皆秉章保舉不實，下部議處。尋部議降三級留任。

時長沙城多傾塌，秉章擇要興修，率屬倡捐經費，請先借司庫銀一萬兩支墊，允之。尋以賊擾楚境，命秉章勸諭紳民，仿照嘉慶年間築堡事宜，自相保衛。秉章疏言：「築堡之法，與團練相爲表裏，賊匪無從搜括，民居亦免流離，洵屬法良意美。惟工程既大，需用浩繁，且興築須在事前，未可臨渴掘井；惟有督飭地方認真試辦，俟有端倪，即據實具奏。」旋奉旨來京另候簡用。時調任巡撫張亮基尚未抵任，逆匪由道州疊陷江華、嘉禾、桂陽各州縣，秉章以有地方之責，下部議革職，命加恩改爲革職留任。八月，郴州踞匪陷安仁、攸縣，由醴陵猝逼長沙，踞南門外妙高峯上，俯瞰城中。秉章督兵登陴，開放槍礮，相持兩時之久，並於城樓上用大礮轟擊，賊勢稍卻，復向大西門、小西門、鼇山廟等處潛行分駐。秉章飭各鎮將分帶兵勇，縋城協勦，殲斃無數，賊仍相持不退。九月，諭曰：「廣西軍興以來，將及兩載。朕念民生塗炭，宵旰焦勞，無時或釋。程矞采總制兩湖，特命前往湖南督管防堵，如果布置得宜，何至任賊竄越，竟由道州、郴州一帶直撲省城？程矞采著即革職，仍留辦糧臺事務。駱秉章有文武地方之責，不能預爲防範，咎亦難辭，惟念長沙城内守禦正當喫緊之時，著俟剿辦賊匪完竣後，再降諭旨。」旋命暫留湖南辦理長沙防勦事宜，事竣再行奏明請旨。時逆衆麕聚南門外之金雞橋、瀏陽門外之教場，晝夜環攻。廣西提督向榮、綏靖鎮總兵和春、雲南楚雄協副將張國樑先後赴援，秉章令和春紮營於白沙井以防爲勦，疊次獲勝。向榮、張國樑由排頭口分兩路進攻，礮船繼進，逆賊紛紛敗竄，遂將妙高峯、西湖橋賊壘及望樓、哨棚一律平毁。

十月，長沙圍解。上以粵匪竄入楚境，疊陷城池，秉章本有應得處分，此次防守，功過尚足相抵，加恩免議，仍命遵旨來京。十一月，賊竄寧鄉，陷岳州，部議革職，上改爲降三級留任。十二月，賊入湖北境，秉章於行次奉命留於湖北，幫同辦理防守事宜。未至，而武昌失守。命暫署湖北巡撫，即於荆州、襄陽二府中酌量何處緊要，暫行駐紮，辦理地方事宜。三年正月，官軍收復武昌，上命秉章兼程馳赴湖北省城，辦理善後各事。尋奏言：「武昌自康熙年間裁兵之變，迄今百數十年，休養生息，民物滋豐。粵逆擾及楚疆，所有省垣一切撫恤事宜，如修城、製礮、募兵、招商、戢匪、協撥驛站，掩埋被害官民，收養流亡子女，事事均關緊要，應次第舉辦。」疏入，諭曰：「所籌各事宜，均屬周妥，著照所擬辦理。所需經費，務當覈實動用，俾窮黎得沾實惠，地方日就乂安。」復以前任湖北布政使唐樹義熟悉湖北情形，奏請調赴武昌以備咨商，允之。三月，命赴江南徐州總辦糧臺事務，未行，旋奉旨署湖南巡撫。

時粵匪陷武昌後，湖北雲擾，江西、廣東、廣西、貴州等省土匪蠭起，均與湖南接壤。在籍侍郎曾國藩奉命籌辦團練，始立湘軍。秉章贊成其事，又延湘陰舉人左宗棠襄理戎幕，廣羅英俊之士，練勇助剿，軍威漸振。五月，江西上猶鵝形山土匪滋擾桂東，秉章檄縣丞王鑫等剿平之。六月，逆船竄至江西南昌城外，遵旨派鎮筸等營兵八百名馳往援剿。七月，奏：「請飭廣東督撫雇拖罟、快蟹、紅單等船，即派南澳鎮遊擊黄開廣等管帶，駛赴金陵勦賊，可期得力。」詔如所請行。八月，授湖南巡撫。時廣西興安、恭城土匪擾及衡州，飭道員徐嘉瑞督兵會同各處民團，并力剿除。廣東樂昌土匪同時擾興寧，飭王鑫督兵擊退之。十一月，常寧匪徒吴玉等聚衆滋事，派知府張榮組、文生曾國葆帶勇圍剿，拏獲首犯，燬其老巢。永興亦有土匪，復委直隸州羅澤南分起剿捕，首要各犯多被斬擒。時粵匪久踞湖北黄州，攻破田鎮，直偪武昌。秉章以兩湖省會脣齒相依，檄六品銜江忠濬援鄂，旋因逆船上駛，竄陷岳州，擾及湘陰，並至靖江，檄知府王鑫由陸路、曾國葆由水路截擊，賊由洞庭下竄，遂復岳州。旋派貴東道胡林翼統帶黔勇，分路追剿，直過界口，殲悍匪二百餘名。

四年正月，賊匪再陷武昌，旋以大股陷華容及岳州，水陸並進，圖犯長沙，官軍失利。賊遂進攻長沙之靖港、湘陰之樟樹港等處，並分股竄及寧鄉、湘潭、道州各州縣。秉章奏言：「賊勢全注湖南，知衡、永、郴、桂一帶民氣尚强，其地毗連兩粵，向爲會匪卵育之區，希圖略取各州縣，剪枝葉以困腹心，一如困鄂之策。查南省與北省交界之處，既已千里蕭條，若南省不及早肅清，奸民從而響應，不但省城勢成孤注，難以久存，即界連湖南之江西、貴州各省，亦必浸受其禍。且賊踞上游，與江南三城之賊聲息相通，皖、鄂之淪胥可慮。三城之克復難期，所憂不僅東南數省已也。湖南西接巫黔，東連豫章，南跨嶺嶠，北控江湖，其形勢原可有爲，自古東南有事，必資上游。嘗與曾國藩籌商，各省分防，糜餉多而兵力薄，不如數省合防，糜餉少而兵力厚。廣東、貴州現尚安謐，應飭兩省督撫，迅派兵勇二三千名，貴州由鎮遠而至，廣東由郴州而至。救援鄰省，亦即自固藩籬。然統馭非人，精卒亦歸無用。查廣東知府吴均恩威素著，貴州同知韓超善戰知兵，均堪膺帶勇之選，應檄調來楚差遣。」從之。

四月，會同禮部侍郎曾國藩精練水陸各軍，更番擊賊，分派副將塔齊布等攻湘潭，訓導江忠淑、都司李輔朝各統楚勇先後繼進，知府褚汝航管帶水師，駛往會合，千總楊載福、生員彭玉麟所統戰船，四路轟擊，遂復湘潭。五月，賊陷華容、龍陽，復陷常德府，分派將弁往剿。六月，派知府羅澤南統帶水師，會同塔齊布陸軍攻復岳州。時江路已通，重湖無阻，而城陵磯下游猶有伏匪。七月，飭塔齊布督兵進擊，賊勢大潰，遂抵高橋。閏七月，曾國藩請將胡林翼帶赴湖北，秉章奏言：「岳州新復，必有重兵防守，方爲計出萬全。湖南官兵之曾經戰陣者，均已調赴湖北。若胡林翼復行隨征，岳郡實無可依恃。」諭曰：「岳州一郡爲湖南門户，川、黔藩籬。逆匪屢次窺伺，防範宜嚴。且該處駐有重兵，則曾國藩統師東下，可無後顧之虞。著駱秉章即飭胡林翼仍駐岳州，無庸隨往湖北。」先是衡陽、清泉兩縣齋匪、會匪甚多，保甲催科，弱者賠累甚苦，强者勾結爲奸。曾國藩奏請更正，仍責成差役，上命秉章查明具奏。尋以保甲催科年清年款，行之已有成效，責成差役人地生疏，查催不易，差少則地廣難圖，差多則衆益滋擾，是杜弊適以滋弊，便民反以擾民，請仍循其舊，上韙之。

八月，廣東、廣西各匪徒同時由灌陽犯道州，派王鑫馳援，擊退之。五年二月，廣東連州賊匪復分擾臨武、藍山等處，派知府江忠濬、李輔朝等分路擊敗之，克復桂陽州城。時粵逆踞湖北通城，分踞通山，復陷黄梅，分擾武、漢。總督楊霈剿賊失利，退守漢口，復退德安。三月，秉章疏劾之。四月，武昌再陷，巡撫陶恩培死之。秉章以李孟羣管帶水師，不能得力，奏請以副將楊載福代之，與知府彭玉麟各督水師援鄂。時胡林翼署湖北巡撫，督陸師在金口堵剿。楊霈慮難固守，奏請令胡林翼設法渡江，上扼漢川以固荊、襄。上命秉章悉心籌畫，因奏言：「總督楊霈始終堅執者，『防賊北竄』四字。以北竄之患，更重於南，可藉以爲詞耳。防賊北竄，自不能不歸重荊、襄。荊、襄者南方可由之以進窺陝、豫，北方可由之以俯瞰江、楚。自漢、魏、六朝以迄宋、元，皆以荊、襄爲重鎮。若以現在形勢言之，江西、湖南雖被賊擾，形勢猶完，湖北、安徽皆有重兵，勝負尚未可知。設使湖北水陸兩軍移駐漢川，長江千里，盡委之賊，其將置東南於不問乎？此未解者一也。移駐漢川，祇能禦賊上竄襄陽，其於荊州並無輕重，逆賊水陸並進，荊州門户何存？此未解者二也。胡林翼陸軍既駐漢川，水軍無所依附，勢非退守監利，即移泊岳州，爲湖南門户計，尚未爲失。然武、漢各府，豈能度外置之？水軍既去武、漢，武、漢之克復難期。此未解者三也。若謂賊衆兵單，不思廣濟失利之初，賊之前隊千餘，總督麾下兵勇萬餘，乃退守黄州，未一日即退漢川。由此而德安而隨州，今退至棗陽矣。是北竄者賊也，引賊北竄者誰乎？此未解者四也。夫以形勢言之，荊州據江水上游，襄陽據漢水上游，而武、漢爲之鎖鑰，是襄陽者中原之門户，而武、漢又荊、襄之門户也。扼賊北竄，必固荊、襄；欲保荊、襄，必守武、漢，此一定之局。儻徒知北竄爲重，何以舍武漢而先顧荊、襄？胡林翼若不能克復漢陽，又焉能繞道進扼漢川？況武、漢、黄均未收復，胡林翼縱能繞至漢川，亦以孤軍而駐於四面皆賊之地，又何能爲荊、襄門户計乎？此未解者五也。臣因胡林翼一軍甚單，現飭守備諶璞林、候補臬司魁聯抽撥兵勇赴鄂助剿。楊霈所奏，應毋庸議。」疏入，奉硃諭：「汝所籌尚妥，惟議楊霈失機各條，實屬妄談居多。該督固爲退縮，有負朕恩，尚不至如汝所言。」七月，派道員江忠濟督兵擊退巴陵縣方山洞賊匪。

八月，廣西股匪竄踞東安，派知府王鑫會同江西知府劉長佑攻克之。十月，奏請通飭湖南有漕州縣，裁汰漕規以紓民困。得旨：「覽奏，均悉。汝久任封疆，所陳皆歷練有據之論，非以耳爲目者比。」六年正月，貴州銅仁苗匪由鎮筸竄入麻陽，派道員翟誥統兵擊退之，並收復晃州、松桃兩廳。二月，江西逆匪陷萍鄉，檄道員劉長佑及知州蕭啓江擊退之，復萍鄉城。四月，劉長佑等攻克瀘溪，又敗賊於鳳凰山，旋克復袁州府、分宜縣。捷聞，諭曰：「駱秉章自前年籌辦擡礮，接濟曾國藩等大軍，復派兵援剿貴州、江西等省，克復銅仁、松桃、萍鄉、萬載，並剿辦廣東連州、廣西灌陽、湖北通城等處賊匪，均能不分畛域，極力圖維。又派兵越境，克復江西袁州、分宜兩城，攻奪貴州銅仁要隘二處，實屬盡心調度，藎籌堪嘉！著加恩賞戴花翎。」十一月，派翟誥進剿銅仁賊匪，破其堡城，生擒僞將軍董浩然等，銅仁府境肅清，上嘉其辦理妥速。十二月，以任滿，奏請陛見，命俟湖南防剿事竣，再行請旨。

七年五月，道員王鑫等馳援江西吉安，陣斬賊首胡壽階。臨江之賊潛約新淦之賊分路來援，劉長佑督兵擊敗之，知府張運蘭又追敗之。十二月，攻克臨江府城，又派道員蔣益澧、江忠濬等援廣西，克復興安，直抵平樂。八年正月，京察屆期，諭曰：「湖南巡撫駱秉章籌畫軍務，能任賢才，悉臻安謐。著賞加頭品頂帶。」九月，奏保在籍兵部郎中左宗棠連年籌辦礮船，選將練勇，均能悉心謀畫。得旨，左宗棠著賞加四品卿銜。十一月，貴州鎮遠、廣西思恩苗、教各匪四出滋擾，派按察使翟誥、道員韓超等出奇兵破之，毀其晃州屯堡山老巢。

九年七月，粵逆石達開攻撲寶慶府城，檄湖北荊宜施道李續宜、花翎知府劉嶽昭等分路截擊，斬馘甚衆，賊遂大潰。十二月，秉章奏：「湖南自江忠源、羅澤南、塔齊布等先後募勇訓練，百戰粵、黔、江、鄂之間，其部曲之效命疆埸者，請於長沙建祠致祀。其總兵畢騰龍、丁紹良等，或在鄰疆擊賊捐軀，或在本省力戰殞命，請別建表忠祠；並立求忠書院，令陣亡各員子弟入院讀書。」允之。

十年六月，命馳赴四川督辦軍務。七月，授四川總督。奏調廣西候補道朱孫詒、候補道孫坦、知府馮卓懷隨營差委，並請留廣東鹽運使裕麟於湖南，辦理籌餉事宜，均得旨允行。時滇匪藍朝鼎攻綿州，衆十餘萬，秉章督師由順慶取道潼川，派總兵胡中和擊賊於楊老店，知州曾傳理攻十賢關，連破逆營十餘座，解綿州圍；復跟蹤追擊，連燬賊壘七十餘座，殲賊四萬餘人。九月，奏參四川布政使祥奎性情貪鄙，副將張定川狡獪刁詐，詔褫其職。十月，分遣官軍追剿藍逆於羅江之略坪場等處，敗之。餘匪竄陷丹稜，會合眉州李永和一股，聯營百餘里，復派胡中和等分攻之。同治元年正月，克丹稜城，藍逆殲焉。捷聞，諭曰：「四川總督駱秉章前在湖南巡撫任內剿辦賊匪，不分畛域，其所薦人才，尤爲有裨實用。自陞任川督，辦丹稜股匪，及整頓地方，均能妥速。著賞加太子少保銜。」

時逆首周跰跰由滇境竄入岳池、合州，分陷新寧，派道員張由庚、曾傳理等擊敗之，收復各城；李永和猶盤踞青神，檄總兵蔣玉龍、副將唐友耕激勵各軍，分路痛剿，復派總兵蕭慶高、胡中和、何勝必沿途兜擊，將首從各逆悉數斬擒。餘匪圖竄陝西，派總兵周達武等追擊之，擒斬逆匪周紹勇及僞統領吴崇禮等一百六十八名，解散四千餘名。川南北一律肅清。捷聞，諭曰：「滇匪竄擾川省，已經四載。駱秉章督辦甫及一年，即能次第剿除，洵屬調度有方！著交部從優議敘。」

先是，粵逆石達開由廣西、貴州竄入川境，直撲涪州，至是圍攻綦江，竄踞長寧，分擾珙、高等縣。閏八月，復由永寧竄合州，疊經官軍擊敗。二年正月，石逆被剿窮蹙，率衆紆道黔、滇，渡金沙江，冀由寧遠突犯川西，秉章派兵嚴扼大渡河。四月，復派副將唐友耕、參將楊應剛等圍之於天全，生擒石逆，餘黨圍殺淨盡。秉章奏入，諭曰：「僞翼王石達開由廣西倡亂，竄擾湖南、湖北、江西，占踞金陵，復犯浙江、廣東、福建等省，紛擾滇、黔，注意川疆，志在必逞。其破城戕官，荼毒生靈，久爲覆載所不容。此次川省將士，人人用命，將積年巨憝一鼓成擒，全股殄滅，實足伸天討而快人心！駱秉章運籌決策，調度有方，深堪嘉尚，著賞加太子太保銜。」

五月，滇匪經官軍擊敗後，由陝西寧羌回竄川東，秉章飭總兵周達武追剿，平之，逆首郭福貴等伏誅。六月，以川省需才孔亟，請調湖南候補道馮崑、前廣東按察使趙長齡赴川差委，從之。時捐納指省之員，多指其流寓之省，有礙官常，秉章奏請禁止。略言：「流寓是邦，雖爲客民，已在部民之列。一旦混入寮宷，與地方官相抗，或所捐職分較大，動以勢分相陵。使之臨民，平時同居里巷之人易生褻玩，而其親戚故舊夤緣請託，情面尤難破除。且寓居既久，瑣細皆知，藉故搜求，挾嫌羅織，在所不免。請令指捐之員呈明所指省分，並非向來流寓，方准分發。」又奏：「各省獲盗人員，仍照向例送部引見，不得由督撫指定官階保奏。」均下部議行。

三年正月，京察届期，諭曰：「四川總督駱秉章連年督辦軍務，疊平巨股，全蜀漸次肅清。於鄰省軍務及地方整頓各事宜，均能實力妥籌，精勤罔懈，著交部從優議敘。」六月，江寧克復，粵逆蕩平。諭曰：「四川總督駱秉章，前在湖南巡撫任内，薦賢使能，創辦團練，克復城池。其於楚師餉項，悉心籌畫，不遺餘力。及擢任四川總督後，督飭官軍，殄滅石逆。洵屬老成持重，懋著公忠。加恩賞一等輕車都尉世職，並賞戴雙眼花翎。」九月，檄官軍援甘肅漢南，圍攻階州之賊，拔其城，斬擒首逆，餘賊悉平。十一月，檄官軍助勦貴州號匪，越境克復仁懷縣城。四年三月，奏患目疾，假期已滿，因邊境喫緊，仍力疾視事。奉諭：「覽奏，具見矢志公忠，以國事爲己任。仍趕緊調治就痊，以慰廑系。」十一月，奏川軍赴援漢南死事弁兵，請於階州建立專祠以慰忠魂，允之。五年，以目疾增劇，疊請開缺回籍調理。諭曰：「駱秉章自簡任川督以來，於吏治軍務，辦理甚爲妥協。現在鄰境賊氛未靖，籌餉籌兵，均關緊要，未便遽如所請。著毋庸開缺，賞假四月，安心調理。」六年正月，復届京察，上以秉章老成碩望，宣力彌勤，交部優敘。三月，奏請銷假，接篆任事，得旨：「覽奏欣慰！川省鄰氛未靖，該督當妥爲籌畫，力顧邊防，以副委任。」

五月，命以四川總督協辦大學士。十二月，卒。遺疏入，諭曰：「協辦大學士四川總督駱秉章忠誠亮直，清正勤明。由翰林洊擢卿階，以廉介持躬，仰蒙宣宗成皇帝特達之知，先後命赴山東、河南等省查辦事件，旋簡授臬司，擢任封疆。在湖南十年，練兵訓士，甄拔人才，東南巨寇，賴以殄滅。復荷文宗顯皇帝知遇，特加頭品頂帶，以示寵眷，嗣命督辦四川軍務。朕御極以後，即擢授四川總督，統軍入蜀，賞罰嚴明，所向克捷。滇、粵各逆，悉數殄除，並越境攻克甘肅、貴州各州縣。因石逆被擒，川省肅清，論功行賞，晉加太子太保銜。旋以江南克復，東南埽蕩，念其昔年在湖南任内，識拔將帥，克振軍威，忠藎咸孚，勳勞夙著，復賞戴雙眼花翎，賞加一等輕車都尉世職。本年夏間，簡任綸扉，老成碩望，方冀克享遐齡，長資倚畀。昨因舊恙復發，賞假調理，遽聞溘逝，披覽遺章，良深震悼！駱秉章著追贈太子太傅，即照大學士例賜卹。任内一切處分，悉予開復。應得卹典，該衙門察例具奏。並加恩予謚，入祀京師賢良祠，並於四川、湖南兩省建立專祠。基生平政績事實，著即宣付史館。伊子駱天保，著賞給郎中，服闋後分部行走；駱天詒著賞給舉人，服闋後，准其一體會試。伊孫駱懋湘、駱懋勤、駱懋仁、駱懋勳，均著交部帶領引見。伊姪孫候選縣丞駱肇銓，著以知縣分發省分即補。其靈柩回籍，並著沿途地方官妥爲照料，用副篤念藎臣至意。」尋賜祭葬，予謚文忠。光緒十五年，慈禧端佑康頤昭豫莊誠皇太后歸政，追念功績最著諸臣，各賜祭一壇，秉章與焉。

雜録

備録

《續碑傳集》卷五蘇廷魁《光禄大夫太子太傅協辦大學士四川總督世襲一等輕車都尉駱文忠公神道碑銘》 公諱秉章，字籲門，又號儒齋。始祖達元，唐時由浙江義烏來居南海之烏石岡鄉，明末有諱產者，又遷華嶺。康熙二十四年，析南海置花縣，故今爲廣東花縣人。曾祖浩三，祖逢，父翊元，皆以公貴，累贈如公官，妣孔氏，累贈一品夫人。

公生而端凝，力學無倦，見者知爲大器。弱冠爲縣學生，試輒高等。嘉慶二十四年，舉於鄉。道光十二年，成進士，改庶吉士。十三年，散館，授編修。十五年，充國史館協修。十八年，補授江南道監察御史，尋輔掌道稽查北新倉，奏參花户挪移廒座，風采始著。二十年，充會試同考官，秋充順天鄉試同考官，校閱號得士。奉命稽查户部銀庫事務，部庫故弊藪，公涖事，嚴出納，卻陋規，司事者百計浼公，弗爲動，至走當道求遷公官，會臺端發其奸，不得逞，然公固不以清自鳴也。二十一年，充會試内簾監試官，擢工科給事中。二十二年，遷鴻臚寺少卿。五月，擢奉天府丞。上意寖嚮公，乃公去甫踰歲，部庫虧空事發，褫職罰賠，公亦不自直也。賠項完，得旨以庶子用，召見温語嘉獎。而後公清廉之名滿天下，上意亦滋欲試之於民。二十四年，補右庶子，充日講起居注官，按事山東。二十五年春，以憂去官。二十八年，服闋入都，復奉命按事河南、江蘇、山東，咸稱旨。十月，遷翰林院侍講學士。十二月，授湖北按察使。二十九年，遷貴州布政使，仍留攝鄂藩篆。會江水氾溢，公日登陴，躬督版築，城得無壞，發帑平糶振飢，活災民數十萬。七月，調雲南布政使。文宗踐阼，首擢公撫湖南。

是時，長髮賊洪秀全反廣西，據永安州，官軍屢挫，朝廷遣重臣視師，以湖南供帳薄，劾公吏治廢弛。咸豐二年，遂有回京另簡之命。未及行，而賊已掠桂林、道、茶、攸，犯長沙，賊黨蕭朝貴詗長沙城不完，謂可旦夕下，比至則崇墉屹然，守具咸備，賊大駭，朝貴旋斃於礮。八月，新撫張公亮基始入城，洪秀全統賊隊麕聚城下，圍益急，復得旨，留公助防剿。十月，賊北走，長沙解嚴。是役也，自七月至十月，城幾陷，賴公聞警，先鳩貲繕垣增陴，識今提督鄧公紹良於諸將中，任以守事，賊乃卻，逾湖而東，武昌、金陵相繼淪陷，而長沙獨完，公之力也。

十一月，命幫辦湖北軍務。三年正月，命署湖北巡撫。二月，新撫崇綸莅任，公仍遵旨赴京，行次，復奉諭，署湖南巡撫，八月，即真。蓋上已深知公能，湖湘以南一以任公矣。當是時，賊據金陵，分兵徇江西，武漢雖復而處爭地，崇、通、咸、蒲土賊蝟起，以岳州爲重鎮，非水軍東下，無以扼上游而制全局，非陸軍出岳州，無以固武昌之後。時湘勇大集，今相國曾公國藩，奉命督團，駐衡州。故鄂撫胡文忠公林翼，以四川按察使留楚防剿。公察湘人樸直耐勞苦，可恃以戰，遂倚二公辦賊。先清東南以圖大舉，踰半歲，境内甫定。四年正月，湖督吴文節公文鎔戰殁於黄州之堵城，漢陽復失。二月，賊船上犯，距長沙僅半舍，諸軍破走之。是年三月，曾公遂有東征之師，軍餉、器械、鹽米悉取給於湘師。次岳州，猝爲賊乘，軍資喪失大半，公益佽助之。八日間十大戰，殺賊無算，賊逸，舟師乃順流而東。五年，武漢再陷，時胡文忠公已撫鄂，飛書告急。公奏起今制府楊公載福於家，練水師，佐楚軍，勢復振。湘邊東北，羣賊數出没，湘軍不出剿即内犯，而粤賊何禄、陳金剛等犯湘尤亟，武岡、邵陽、溆浦土寇乘間蠭起，公復先後討平之，自是湘中無大警。公以餘力援鄂，援黔，援粤無虚歲，而江西之績尤偉，自五年十月至八年四月，首尾幾四年，大戰數十，克復袁、臨、瑞、吉、撫、建六府州縣，費餉三百餘萬無少靳。上嘉公不分畛域，賞花翎。八年，京察賞頭品頂戴。由是，湘軍名震天下，賊益慴服不敢窺湘矣。

石達開者，賊魁之尤劇者也，瞰湘軍東下，九年正月，擁衆數十萬，掠郴、桂，北窺衡州，守軍扼湘水，不得渡，則疾趨上游，圍永州。時湘軍多出援他省，公計我軍寡不宜分，乃以一軍守衡湘孔道，而以全力注賊。今制府劉公長佑，會諸軍鏖鬭祁、永間，三戰三捷，圍始解。轉戰至寶慶，公下免死令，解散六七萬人，賊大懼，合諸路敗逆，連長圍困我軍，勢幾殆。會故皖撫李公續宜假歸，道經長沙，請以所部湘勇，由北路之新化進援。公乃檄諸軍，分道内外合擊，而以水師扼資、沅，大戰寶慶城下，圍又解。賊遁粤西，由全州逼桂林，湘軍追益急，賊復遁慶遠。於是石達開始思由粤窺黔，由黔窺蜀，而蜀事日棘矣。

公之再撫湘也，軍需浩穰，長沙官吏遵部議，鑄大錢，公以利厚，私鑄必多，亟止之。後數月，商民果交病，洶洶欲罷市，公廉府局私鑄者，論如法，部班鈔寢不行，民乃定。咸豐四五年閒，湘省穀價賤，石僅三錢，完漕則石六兩以上，民困，正供坐缺。公排衆議，用舉人周煥南策，石減其大半，民益讙，輸納惟恐後。復仿粵西鹺法，化私爲官，榷鹽釐以濟軍，不加賦而餉裕，終公之任，軍興得無乏，而東征之師卒平巨寇，又公之力也。

蜀事急，十年七月，命公督師赴蜀。石逆復分黨犯永明，冀牽公毋西行，湘軍力卻之。十月，甫戒行，賊大至，吏民乞公留，公乃檄諸軍分道勦擊，兩閱月，賊敗，遁江右。十一年正月，始督師西上，抵宜昌，聞皖逆犯黃州，復分軍爲鄂援，僅以故太僕黃公淳熙所部果毅營五千人從。時藍朝柱、李永和、周紹湧、張第才、何國樑諸逆，糾衆數十萬，蹂躪四十餘州縣，勢將逼成都。五月，敗賊於定遠，擒何逆，黃公乘勝逐賊，中伏歿。時藍逆圍緜州，李逆踞青神，所在蟻集，賊張甚，公以一軍綴李逆於青神，合川楚諸軍，併力攻藍逆，而自駐潼川爲策應。七月，連破賊於緜州，道始通。是月，今上即位，旋奉督川之命，莅成都，諜藍逆敗踞丹稜，合李逆攻眉州，連營百餘，燄猶熾。乃檄湘果諸軍勦藍逆，而以川軍綴李逆，斷其援，眉州圍解。十一月，回軍攻丹稜，賊依山爲壘，以死旅拒，官軍圍之數重，賊潛遁，追及之，藍逆斃於陣，賊盡殪。李逆欲上犯，阻河，不得渡，引而下，諸軍圍之於鐵山。同治元年，京察以公辦賊無畛域，薦舉尤得人，勦丹稜有功，賞加太子少保銜。是年九月，李逆走宜賓，追獲之，川軍克新甯。張第才走陝西，周提督達武擒周紹湧於大竹，餘賊盡滅，蜀遂平。而石逆聞復由黔犯蜀，掠楚邊，陷石砫，緣江犯涪州，湘軍擊敗之。賊偵重慶已設備，乃分黨入黔，走桐梓，石逆以衆數萬攻綦江，湘軍復破走之。公檄諸軍扼上游，賊遂迂道越黔之仁懷，陷敘、永、長、甯，分擾珙、高、慶、符諸縣境，諸軍合擊，連戰皆捷，賊乃走入黔。黔素瘠區，無所掠，遂由黔入滇，九十月閒，復由滇之鎮雄入筠，連陷高縣，渡金沙江，窺敘州，諸軍敗賊於橫江，仍遁入滇。二年正月，賊黨賴裕新由會理犯甯遠。初公以敘西至甯遠紆折二千餘里，路歧如梳，官軍入滇，賊必乘虛入甯遠，乃檄西軍守屏山，而以全軍當賊鋒，至是果與賊遇，前軍戰少卻，保冕山，大軍至，賊奔越嶲，漢土兵練連破賊，斬首數千，賴逆殲焉。公策石逆必分道入，賊黨李復猷果由黔竄彭水，三月，石逆復越冕甯，閒道走土司，窺大渡河，會大雨河漲，諸軍邀擊於半渡，賊盡溺，石逆鳧涉松林小河，冀道瀘定橋，復爲土練所敗。是時，漢土兵練四面至，賊不得出，燒斃墜巖，賊屍蔽流而下。石逆計益窮，官軍誘擒之，斬於市，李逆亦屢爲湘軍所敗，殲於黔。捷聞，上心嘉悅，晉公太子太保銜。時蔡信齡、梁成幅久踞漢中，陝兵討之無功，命公遣兵往援，公病目，方請告，聞命力疾視軍事。三年六月，曾公克江甯，逆首殄滅，有旨，録公湘蜀前後功，賞給一等輕車都尉世職，並賞換雙眼花翎。而蔡、梁兩逆亦於四年五月滅於階州，粵逆之禍遂息。

先是蜀邊滇黔多土賊，逆苗自石逆犯蜀，內外交訌，公分遣諸部以次剿平，復念綏陽、遵義實通黔省，此路不復，則滇黔坐失，乃以今制府劉公嶽昭統師由綏陽進抵遵義，且勦且撫，滇黔始通。今官軍由黔入滇，收復兩省，皆公遺策也。公在告，久已解任，上仍畀以軍務。五年五月，疾愈，起視事，遂有協辦大學士之命。議者請循鄂文端公故事，畀公經略滇黔，乃全蜀甫安，而公病已不可爲矣。

同治六年十一月，公薨於任，遺疏入，兩宮皇太后、皇上披覽震悼，以公忠誠亮直，清正勤明，追贈太子太傅，賜卹予謚，入祀賢良祠，並敕四川、湖南建專祠，生平政績宣付史館，子天保賞給郎中，服闋後分部行走，天詒賞給舉人，服闋後一體會試，孫懋湘、懋勤、懋仁、懋勳交部帶領引見，姪孫候選縣丞肇銓以知縣分發省分即補，尋賜祭一壇，恩禮有加焉。

公生於乾隆五十八年三月十八日，壽七十有五。先娶陳氏，後娶張氏，皆先公卒，贈一品夫人。再繼室何氏，封一品夫人，副室崔氏。子二，長天保，張氏出，次天詒，崔氏出。女三，均適士族。孫四人，長懋湘，次懋勤，次懋仁，次懋勳，長子天保出。曾孫三人，長毓麟，次毓樞，長孫懋湘出。三毓賢，次孫懋勤出。公爲人內樸外明，賦性忠直，歷事三朝，受知五聖，忠義激發，一時海內賢士大夫咸樂爲公用。四川據江楚上游，鹽米之利，諸軍餉源所自出，西南半壁，隱然爲天下安危所繫。公在蜀七年，兩平巨寇，全蜀晏然。薨之日，蜀人流涕，比於諸葛，不其信歟。蓋嘗合近二十年閒兵事論之，粵逆之平，湘軍功爲多，而用湘人，募湘勇，實自公始。湘軍東征，公獨完全湘以應其急，而又以其閒輯鄰固圉，以一隅而爲天下計，亦自公始。自公之歿，凡公所識拔，朝廷多倚以辦賊，良臣循吏，良將勁兵，布滿海內，天下知爲公之功，而世俗之士或以將略少之，豈知古大臣識量所以異於人者，固在此不在彼也。公柩歸自蜀，天保、天詒將葬公於沙坑祖塋，乞爲神道之碑。廷魁公鄉人也，天詒又爲廷魁壻，於義不敢辭。計公在兵閒十餘年，凡公所區處，皆有關天下全局，賊勢破滅之所由是。用刻其大要，而爲之銘曰：

天祐大清，篤生我公。起家以文，事君以忠。峩峩豸冠，吏讋其峻。帝旌爾廉，處膏不潤。外臺洊陟，畺寄於南。內修外攘，大亂以戡。跨衡逾湘，獸窟是依。公固其局，拔窮無歸。蜀全上游，軍形必爭。公翦其翼，厥角斯崩。蜀平踰年，遂定江左。羣賢戮力，功豈必我。惟皇任公，惟公任賢。輔兵以團，謀惟公先。居蜀七稔，活我全蜀。公棄我民，行歌巷哭。番番我公，實爲藎臣。勒兹豐碑，敢告萬春。

備論

《續碑傳集》卷五李元度《駱文忠公别傳》 贊曰：公外樸内明，不以才略著，而休休有容，能使人各盡其才。嘗奏事不稱旨，奉手敕嚴詰，公神色自若，務申其説乃已，殆所云寵辱不驚者邪。湘軍東征，公竭全力餉之，遂以一隅爲東南根本。蜀居長江上游，財賦所自出，公兩平巨憝。二者皆天下安危所繫也。卒之日，蜀民皆縞素哀音，過車相屬，人謂自漢諸葛、唐韋皋後至公，乃三見云。

魏源部

綜述

《魏源集》附魏耆《邵陽魏府君事略》 府君諱源，字默深，先世江西太和縣人，於明初遷湖南邵陽之金潭。曾祖諱大公，字席儒。祖諱志顯，字孝立，隱居不仕，篤行著邑乘。父邦魯，字春煦，有四子，府君其仲也。生於乾隆五十九年甲寅三月二十四日辰時。先一夕，母陳太恭人夢有古衣冠者，持巨筆及金色花授之曰：「以是爲汝子。」夢覺而誕。幼寡嬉笑，常獨坐。祖孝立公愛異之，常撫謂家人曰：「此子性貌並不恒，勿以常兒育之也。」

七八歲，入家塾。就扃一室，偶出，犬辜吠。夜手一編，咿唔達旦。母憫其過勤，每夜定，滅燈令臥。乃伺二老熟寐，潛篝燈被底翻閲。久爲所覺，諭以長夜攻苦，非童稚所宜，繼至涕泣，始少弛。九歲，應童子試。縣令某公，於唱名時指茶甌中畫太極圖，曰：「杯中含太極。」時懷二麥餅，即應聲曰：「腹内孕乾坤。」令大驚異。

家素封，累世好施予，敬斯文，至席儒公尤篤。雖傭佃有子弟就傅者，亦捐其租入之半給膏火；有全不納者，亦聽之。值大饑，有司責賦急，合縣驚騷，幾致變。孝立公慨然赴縣，毀産代輸，邑衆以安，家亦中落。春煦公因筮仕江蘇，道遠不能顧，益窘。祖母匡太恭人，年衰病瘓，動須人，母陳太恭人隻身扶掖，哺甘滌穢，數年如一日。夜則燃豆秸，母績子讀，欣欣忘貧。鄉人謂先世尚義博施，而母孝子賢，天必有以昌其後。

十五歲，補縣學弟子員。始究心陽明之學，好讀史，貧無書，假之族塾。伯父坦齋公以幼學，禁雜泛，乃伺便竊讀。十七歲食餼，名聞益廣，學徒接踵。嘉慶癸酉二十歲，舉明經。明年侍春煦公起復入都，遂留從胡墨莊先生問漢儒家法。周石芳侍郎系英，偶見府君詩篇敦雅，四出揄揚，數日名滿京師，中朝公卿争納交焉。是時，問宋儒之學於姚敬塘先生學塽，學《公羊》於劉申受先生逢禄，古文辭則與董小槎太史桂敷、龔定菴禮部自珍諸公切磋焉。湯敦甫相國金釗，爲府君拔貢座主，因飾《大學》古本，五十餘日不過候，相國疑其疾，問之。府君垢面出迎，鬚髮如蓬，相國愕眙。及出所業，瞿然歎曰：「吾子勤學罕覯，乃深造至此，然而何不自珍愛乃爾也！」李春湖侍郎宗瀚提學湖南時，府君受知最深，至是延館京邸，待之甚厚。

己卯中順天鄉試副貢生。道光元年辛巳，又中順天鄉試副貢生。壬午中式順天鄉試舉人第二名。善化賀耦庚制軍長齡，爲江蘇布政使，延輯《皇朝經世文編》，遂留意經濟之學。時巡撫爲陶文毅公澍，亦以文章經濟相莫逆，凡海運水利諸大政，咸與籌議。

戊子遊浙江杭州，晤錢伊菴居士東甫，從聞釋典，求出世之要，潛心禪理，博覽經藏。延曦潤、慈峯兩法師，講《楞嚴》、《法華》諸大乘。畢，回蘇州，閉户鈕，有省。

己丑應禮部試不第，遵酌增例，以内閣中書舍人候補。内閣爲典籍之藏，國朝掌故之海，乃留意一代典故之學。

庚寅，回酋張格爾擾西陲，果勇侯楊公芳參贊軍務。府君以與有文章之好，遂請從自効。至嘉峪關，聞罪人斯得而返。

辛卯春，以春煦公病亟，乞假定省。七月，春煦公棄養，哀毀骨立，幾弗勝喪，茹素三年，笑不見齒。乃究心堪輿之術，窮探極覽，不遠千里，以牛眠難驟遘，於壬辰冬暫厝於蘇州城外之金姬墩。

陶文毅督兩江，以兩淮鹽法凋弊，思更張。府君謂救弊先其急，議改淮北試行票鹽，裁浮費，減鹽價，以輕商本。於是官鹽價減於私販，梟化爲良，引銷課裕，每年溢額數十萬，藉補南課之不足。至今論鹽法者，咸宗之。後兩江制府，如江夏陳公鑾、侯官林公則徐、長白璧公昌、長沙李公星沅、沔陽陸公建瀛，凡有漕河鹽兵等政更張，皆延與議定而後行。

十五年，以陳太恭人春秋高，思所以盡其歡，買園於揚州新城，甃石栽花，養魚飼鶴，名曰絜園。

二十二年，英夷犯海疆，江、浙震動。欽差大臣長白裕公謙，督浙江防勦，延致幕府，數月辭歸。裕公陣殁後，撫議遂成，有感而著《聖武記》。【略】

甲辰中式禮部會試第十九名。乙巳補行殿試，第三甲，奉旨賜同進士出身，以知州用，分發江蘇。是秋奉檄權揚州府東臺縣事，禮耆德，懲奸猾，士民悦服。先是前令葛公起元將收漕，奸民聚譁，挾長短，幾成大獄，故大府以府君代之。

開倉之次日，金聲四起，吏卒無措。府君曰：「此奸民欲踵前智也，少緩黨固矣，宜急捕。」遂率吏卒開門，尋金聲掩之，須臾，擒二十餘人，置諸獄，衆竄散。父老諭之曰：「魏公勤惠，是愛我者也，何自取夷滅耶？」多自縛輸誠，悉遣之，民益感勸，數日畢事。

丙午夏，以母憂去官，毀瘠如前，欲茹素亦三年。至冬仲，飲食日損。家人咸以素務鋭進，不事珍衛，且年逾五十，精氣非昔，不可過澹薄，固請食肉，始允。

以前年英夷撫議，當事者爲其窵遠，不諳底蘊所致。遂於讀《禮》之暇，搜攬東西南北四洋海國諸紀述，輯《海國圖志》，及輪船機器各圖説，成六十卷，以資控制。【略】

戊申，葬春煦公於江蘇上元縣之蛾眉嶺，葬陳太恭人於句容縣之龍潭蓮山。又於其旁得吉壤，以祖母匡太恭人自邵陽遷葬焉。是秋服闋。

明年己酉，奉檄權知揚州府興化縣事。興化爲裏河之極窪，地勢如釜底，近高（寶）〔郵〕、洪澤二湖，秋必漲。故設南關、中新等五壩，資宣洩。民種早禾，秋初漲甚，而新穀已登，壩啓水注，無關歲事。近因堤防不堅實，慮積決致罪，甫漲即啓壩，雖黄穉連雲弗顧也。建瓴百里，瞬息襄陵，是以裏河七州縣，農歲苦饑，而興化尤劇。去年湖漲，壩啓早，淮、揚大饑，賴川、廣商米，不至困。是時復以漲甚，欲啓壩。節甫大暑，垂秀將實，民情洶懼。府君乍蒞任，聞風馳赴，督民卒晝夜築護，與河員相持。恐不勝，請於制府陸公建瀛，亦駐節壩次，督防塞，河員乃不敢執前議。

會西風大發，澍雨翻盆兩晝夜，湖浪挾威益厲，齧堤防如沃雪。高郵將決，府君冒風雨，伏堤上哀號，願以身貸民命，自辰至未，屢爲巨濤所漂，士民從者十餘萬。請少却，不爲詘。薄暮風浪息，始休。暑雨所激，目赤腫如桃，見者感泣。陸公歎曰：「精誠所至，金石爲開，豈不信然！」立秋後穫畢，壩啓，歲竟大豐，故民謂其稻曰魏公稻也。

運河舊於東堤之外築重防，曰西堤，以捍秋汛，歲久不修，並失其址。於是府君躬歷訪得舊基，請制府復之。嗣後堅堤重立，足資保障，湖漲，但事築防，不得輒議宣洩，必節逾處暑，秋稼登場，始啓壩，請奏著爲令，並勒石壩首。裏河士庶撰聯額詩詞頌功德，且集資建生祠，嚴檄止之。共祝釐於家者，至今不替。府君卒後，始於同治五年，士民公請附祀於興化之范文正公祠堂。不別祠者，承其志也。

庚戌，陸公念淮北改票，已著成效，而淮南鹺政敝極，欲仿法更張。府君以淮南課額重，引地遼闊，驟改之恐有鞭長莫及之虞，議改上江食岸爲始，以漸推廣，則舉重若輕，弛張在握。公求急效，竟奏全改。值南鹽缺產，課不足，檄府君權淮北海州分司運判，相機調濟。乃督各場官嚴稽掃曬，杜偷漏，訪獲巨梟塘私二十餘萬，北產大盛，收逾額，以二十餘萬大引濟淮南。南課賴充，而北課又倍，因籌銀二十餘萬生息，爲高、寶西堤歲修之用。議敘，得旨補缺，後以同知直隸州即用。咸豐元年辛亥，特授高郵州知州。因前年防堤積勞，致疸疾，目黄體脹，痰壅氣短，飲食艱，幾殆。裏河耆舊婦孺，齋戒祈禳，香火千里，吁嗟萬家，至秋雖瘳，而神明非昔矣。

癸丑二月，粤逆擾江南，陷省城，揚州繼失守。賊踪至召伯埭，去州城四十餘里。承平日久，人不知兵，合境洶沸。府君首倡團練，親督巡防，設卡以稽來往，守隘以遏竄突，添驛以通聲氣，偵探以窺賊情，重賞以作士氣，峻刑以靖內奸，旬日之間，諸務畢舉。

高郵時，奎星閣前有大槐，穠蔽數畝，陰翳絶景，驟命伐之，士衆譁，已無及。府君曰：「作養人材，守土者之責也，高郵近年科第斷絶，皆此故耳。今諸士不能毋怨，狃於習耳。雖然，後必有易怨而爲德者。」果是秋鄉試榜出，文武諸生中式者八人，高郵至今甲科不絶。因曰：「爲官苟存心利物，隨時皆可施惠，何論大小。此不過一舉手之勞，而高郵多士，受福無窮。『民可使由之，不可使知之。』若必議定而後伐，則無伐期矣，故甘一時之聒耳。」又曰：「聽訟欲不屈人，非聖賢弗能。一人涉訟，合室倒懸，日羈月縶，即屈申枉直，家業已蕩盡矣。故結訟宜速，但不自倒置，縱小不盡意，民得早歸各治生業，全者衆矣。至於繫囚，一人犴狴，即無告之窮民，尤宜顧卹，刑之以其罪，無所怨，虐之，則咎在官，於心安乎？況恩澤之流，自近及遠，囹圄隔一垣，惠尚不及，矧僻遠哉！」故其所歷各州縣，牢獄皆深檐敞牖，煖室涼棚，給衣施藥，囚逸且安，無殀折者。

至於改建書院，儲卷籍，置義塚，設義學，整飭育嬰堂，卹嫠會，傳種牛痘，興水利，培地脈，一切善政，不可枚舉，亦詳志乘，兹不殫述。

既卒，以生平愛杭州西湖，遂葬於南屏之方家峪。配同邑嚴氏，原任揚州府通判諱安儒公孫，候選布政司經歷諱翊羲公女也。子耆。孫男三：桂，恒，謡。所著書有《詩文集》、《聖武記》、《海國圖志》、《書古微》、《詩古微》、《公羊古微》、《曾子發微》、《高子學譜》、《孝經集傳》、《孔子年表》、《孟子年表》、《小學古經》、

《大學發微》、《兩漢今古文家法考》，並所輯《皇朝經世文編》、《論學文選》、《明代兵食二政録》，及《春秋繁露》、《老子》、《墨子》、《說苑》、《六韜》、《孫子》、《吳子》注，各如干卷。

《清史列傳》卷六九《魏源傳》 魏源，字默深，湖南邵陽人。道光二年，順天舉人。試卷進呈，宣廟手批嘉賞，名籍甚。入貲爲内閣中書，改知州。二十四年，成進士，發江蘇以知州用，權東臺、興化縣事。二十九年，大水，河督將啓閘，源力争不能得，則躬赴制府擊鼓，總督陸建瀛聞報，立往勘，始得免啓，七州縣士民皆德之。未幾，補高郵州，坐驛遞遲誤，免。尋以緝獲梟匪功，副都御史袁甲三奏復其官。咸豐六年，卒，年六十三。

源經術湛深，讀書精博。初崇尚宋儒理學，後發明西漢人之誼，於《書》則專中《史記》、伏生《大傳》及《漢書》所載歐陽、夏侯，劉向遺説，以難馬、鄭，撰《書古微》十二卷；於《詩》則謂《毛詩》晚出，顧炎武、閻若璩、胡渭、戴震皆致疑於毛學，而尚知據三家古義，以證其源，因表章魯、韓墜緒，以匡傳箋，撰《詩古微》二十二卷；於《春秋》則謂《漢書·儒林傳》言董生與胡毋生同業治《春秋》，而何休《注》但依胡毋生條例，於董生無一言及。近日曲阜孔廣森、武進劉逢禄皆《公羊》專家，亦止爲何氏拾遺補缺，而董生之書未之詳焉。若謂董生疏通大義，不列經文，不足頡頏何氏，則其書三科九旨燦然大備，且宏通精淼，内聖而外王，蟠天際地，遠在胡毋生、何休章句之上，撰《董子春秋發微》七卷。他所著有《庸易通義》、《説文儗雅》、《兩漢經師今古文家法考》、《論語孟子類篇》、《孟子小記》、《小學古經》、《大學古本》、《孝經集傳》、《曾子章句》、《明代食兵二政録》、《老子本義》、《孫子集注》、《元史新編》，多未成，其例目見集中。

性兀傲，高自標樹。惟論古今成敗、國家利病、學術本末，反復辨論不少衰，四座皆屈。嘗謂禹分天下爲九州，外薄四海，咸建五長，而朔南所暨，説者謂北距大漠，不能越乎其外。至我朝而龍沙、雁海之國，萬潼億毳之民，獨峯駝無尾羊之部，奔走萬里，臣妾一家，因借觀史館祕閣官書，參以士大夫私家著述，故老傳聞，排比經緯，馳騁往復，成《聖武記》十四卷，統四十餘萬言。又喜談經濟，其論河務，謂宜改復北行故道。咸豐五年銅瓦廂之決，河復北流，由大清河入海，適與所論相合。又作《籌鹺篇》，上兩江總督陶澍，謂鹺政之要，不出化私爲官，而緝私不與焉。自古有緝場私之法，無緝鄰私之法。鄰私惟有減價敵之而已，非減價何以敵私？非輕本曷以敵減價？非裁費曷以輕本？非變法曷以裁費？迨陸建瀛當漢岸火災之後，始力主行之。晚遭夷變，謂籌夷事必知夷情，知夷情必知夷形，因據粤督林則徐所譯西夷之《四洲志》，及歷代史志、明以來島志、近日夷圖夷語，成《海國圖志》一百卷。番禺陳澧常歎以爲奇書。又謂其調客兵不如練土兵，及裁兵併糧，水師將弁用舵工、礮手出身諸條爲最善。惟《議攻篇》以夷攻夷之説，尚有可議。後源至粤聞其説大悦，因定交焉。其虚心受善如此。所自著有《古微堂文》内集三卷、外集七卷、詩集六卷，而賀長齡所著《皇朝經世文編》，亦源襄輯之力居多。

雜録

備録

《國朝先正事略》卷四四 同郡魏先生源，字默深，邵陽人。嘉慶癸酉拔貢，己卯及道光辛巳兩中副榜。壬午舉順天鄉試，冠南籍，試卷進呈，宣廟手批嘉賞，名甚籍。入貲爲内閣中書，改知州。甲辰第進士，發江蘇以知州用，權東台、興化縣事。己酉大水，河帥將啟閘，先生力争不能得，則躬赴制府擊鼓，陸制軍建瀛聞報，立往勘，始得免啟，七州縣士民皆德之。未幾補高郵州，坐驛遞遲悞免。尋以緝獲梟匪功，經袁副憲甲三奏復其官。咸豐六年卒。先生文筆奧衍，熟於掌故，尤悉心時務，精輿地之學。其論河務，謂宜改復北行故道。咸豐五年，銅瓦廂之決，河復北流，由大清河入海，適與所論相合，蓋猶及見之云。所著有《曾子章句》一卷、《聖武記》十四卷、《海國圖志》六十卷、《詩古微》十卷、《書古微》十卷、《公羊微》十卷、《春秋繁露註》十二卷、《清夜齋文集》二十卷，選《皇朝經世文編》及《論學文選》若干卷。

《師友淵源記》 魏源字默深，湖南邵陽人。其始崇尚宋儒理學，後發明西漢人之誼。於《詩》齊魯韓三家最有功，作《詩古微》若干卷。《書易古微》若干卷，《海國圖志》若干篇。又作《聖武紀》紀國朝武功，開邊拓土，邁越百王者詳且贍也。默深少負重聲，道光二十四年始舉進士，官高郵州。與仁和龔進士自珍定庵齊名。定庵段若膺之外孫，有《定庵遺集》，亦與時事頗有關繫焉。

《儒林瑣記》 魏源，字默深，湖南邵陽人。博通經史，究心天下利病。道光之季海禁初弛，洋人商販往來不絕，源每事咨考，著《海國圖志》六十卷，備詳各國山川風俗及國勢强弱、機器利鈍，至今談洋務者以爲依據。嘗有古詩一章云：「四遠所願觀，聖有乘桴想。所悲異語言，筆古均悶惘。聰誰介葛盧，古異公冶長。所至對瘖聾，重譯殊煩怏。若能決此藩，萬國同一吭。朝發暘谷舟，暮宿大秦港。學問同獻酬，風俗同抵掌。一家兄弟春，九夷南北黨。繞地一周還，談天八紘放。東西海異同，南北極下上。直將周孔書，不囿禹州講。因思肇闢初，聲音孰分壤。」

備論

郭嵩燾《魏默深先生古微堂詩集序》 默深先生喜經世之略，其爲學淹博貫通，無所不窺，而務出己意，恥蹈襲前人。人知其以經濟名世，不知其能詩，而先生之詩顧最夥。游山詩，山水草木之奇麗，雲烟之變幻，滃然噴起於紙上，奇情詭趣，奔赴交會。蓋先生之心，平視唐宋以來作者，負才以與之角。將以極古今文字之變，自發其嶔崎歷落之氣。每有所作，奇古峭厲，倏忽變化，不可端倪。又深入佛理，清轉華妙，超悟塵表，而其脈絡之輸委，文辭之映合，一出於温純質實，無有幽深扞格使人疑眩者。其於古詩人，沖夷秀曠、宕逸入神，誠有不足，然豈先生之所屑意哉！

先生所著書，流傳海内，人知寶貴之，而其詩之奇偉無能言者。鄒君季深藏其全稿，嵩燾以爲宜梓而行之，以公諸世。季深欣然以付梓人，而屬序於予。

天地之生才無窮，而文章之變日新月盛，有非古人所能限者；此亦以見斯文之廣大，而豪傑偉人出於其間，隨所得之大小淺深，樹立槧槧，以自殊異。詩可以觀，其謂是矣。

同治九年，歲次庚午，秋八月，湘陰郭嵩燾序。

徐繼畬部

綜述

《續碑傳集》卷一七《徐繼畬傳》 徐繼畬，字健男，五臺人。幼岐嶷，讀書穎悟，工屬文。年未冠領鄉薦，道光丙戌成進士，朝考第一，選庶吉士。丁外艱，服闋，授編修，轉陝西道監察御史，前後上書，皆關天下大計。嘗奏言政體宜崇簡要，祈酌刑部例，裁抑吏權。上嘉納之。因召對，與談時事，至爲流涕，繼畬受宣宗知自此始。丙申，出爲廣西潯州知府，數月擢福建延建邵道，庚子，調署汀漳龍道。

時海疆多事，敵艘聚廈門，與漳州隔一水，居民日數驚。繼畬相機堵禦，境卒獲安。督撫交章論薦，壬寅五月擢兩廣鹽運使，旬日復遷廣東按察司，癸卯擢福建布政司，丙午授廣西巡撫，調福建，令辦通商事務。繼畬久駐嶺表，熟悉敵情，得其要領。涖任後，端嚴持重，務以恩信羈縻，體國家休息之意，於時各國悦服，咸遵約束，部内瘡痍盡復。會英吉利使臣謀僦居烏石山，申入城之約，閩人以督撫不力拒，羣譁然，遂爲言官所劾。先是繼畬入覲，宣宗詢以各國風土形勢，奏對甚悉，爰命采輯爲書，書成曰《瀛環志略》，未進呈而宣宗升遐，至是言者竟以是書爲口實。文宗召見畢，語廷臣曰：「徐繼畬乃老實人，並非欺詐一流。」内擢太僕寺少卿。會詔求直言，繼畬上三漸宜防疏：一曰土木，二曰宴安，三曰壅蔽。疏入，有旨褒奬。是歲壬子科鄉試，特簡爲四川正考官，駸復大用矣。適以閩撫任内起解犯官遲延，被吏議免歸，家居十餘年。同治乙丑，詔以京卿來見，派總理各國事務衙門行走，旋補太僕寺卿，加二品頂戴。居三年，以老疾致仕。癸酉鄉試，重宴鹿鳴，蒙恩晉頭品頂戴。是歲卒，年七十九。

繼畬之被議歸里也，值粵匪北竄，當事奏派督辦防堵，其後回捻猖獗，復奉督率官紳總辦各府州團防之命，駐太行年餘，親歷各要隘，所措置悉合機宜。沈文定公桂芬時撫晉，甚倚重之。爲人器識深沈，行政務持大體，於通商事務尤老成遠慮，洞悉時勢。忠愛出於天性，自受知遇，一念報國，死生以之，不解沽名。罷官歸裝蕭然，主講平遥書院以自給。父潤第故好陸王之學，幼承其教，而務爲博覽，記誦無遺。所著《瀛環志略》及《退密齋詩文》並行於世。

初宣宗既授繼畬粵西巡撫，復命鄭祖琛撫閩。粵西地褊瘠，獨撫臣以食潯梧關税稱膴仕。首相某，素暱鄭，乃於上前盛稱繼畬才，謂粵幸無事，閩方通商，宜兩易，上俞之。鄭故佞佛，既至粵，日持齋戒殺，專務姑息，遂釀洪逆之亂，流毒天下。論者推原禍本，恒追咎之，而實基於首相之一言。蓋粵匪初無遠志，當其蠢動之始，一健吏足以制之云。

官文部

綜述

《清史列傳》卷四五《官文傳》 官文，王佳氏，滿洲正白旗人。先隸內務府漢軍正白旗。道光元年，由拜唐阿補藍翎侍衛。六年，授三等侍衛。十二年，擢侍衛副班領。十八年二月，遷二等侍衛班領。十一月，陞頭等侍衛，纘辦事章京。二十年，記名以副都統用。二十一年，授廣州漢軍副都統。二十七年，調荆州右翼副都統。咸豐二年，捐輸軍餉，下部議敘。

三年，粵匪由湖南沿江下竄，陷漢陽，將犯荆州。將軍台湧赴德安防堵，命官文專統荆州防兵。四年二月，擢荆州將軍。三月，賊陷安陸，又陷荆門。官文令遊擊王國才、參將佟攀梅分駐龍會橋、丫角驛。賊尋陷宜昌，荆州危急。時駐防兵多調赴省城及分扼要隘，城中僅二千人。官文奏請催調川兵協剿，並請於鄰省籌撥兵餉。四月，賊陷監利，復之，又復宜昌、石首、華容，荆州七邑以安。時武昌被圍急，官文飭佐領錫齡阿等攻沔陽之府場，總兵雙保、福炘規復潛江，由襄河赴省助剿。檄安襄鄖荆道羅遵殿等駐兵府河，扼賊上竄，並令歸州知州書紳帶兵斷賊竄入大江之路。六月，武昌失守，命官文統籌全局，迅復武漢。因疏言逆賊詭詐多端，軍情隨時變幻。武、漢之賊一日不盡，荆州一日不能安枕。賊踞漢陽、漢口，倚江爲險，斷我糧道，阻我援兵，武昌隔江孤懸難守。今欲攻武昌，必先圖漢陽，欲圖漢陽，必由襄河進兵。能克漢陽、漢口，即以賊所恃之險爲我所恃，武昌可圖矣。前派雙保由潛江進擊，因兵力過單，飭羅遵殿備船百艘，由仙桃鎮、蔡店達漢陽。探悉撫臣楊霈來楚，即歸調遣。撫臣或由雲夢應城進兵，亦可夾攻。檄福炘往潛江接應雙保，知縣吴振鏞、守備鍾埒等各率所部規復沔陽，疏通道路，直達漢陽協剿，使賊首尾不能相顧。至湖南岳州見爲賊踞，南北援兵均受牽制。爲今之計，尤應先剿岳州之賊。聞欽差大臣曾國藩統𪄕船駐湘陰，署提臣塔齊布兵入州境，見已飛咨，迅速進剿，早復岳州，分兵阻住江路。復派同知銜李光榮等統帶川勇，在調絃口防堵，協剿岳州，使荆州、長沙聲氣相通。同知銜張千銘在監利尺八口設防，遥爲聲援。都司宗維清等沿江接應。荆州僅賸旗兵，應分派防守要隘。副都統貴陞率王國才、佟攀梅等於各路隨時接應。庶幾可進可退，不致有顧此失彼之虞。疏入，報聞。

尋曾國藩等克岳州，賊艘悉出大江。官文檄涼州副都統魁玉、總兵楊昌泗等往螺山一帶防堵大江，殲賊黨甚多，進抵武、漢。八月，復武昌省城，交部優敘。時漢陽、漢口相繼復，曾國藩、塔齊布進攻九江。五年正月，總督楊霈師潰德安，漢陽、漢口復陷。二月，武昌陷。三月，德安、綏州均陷。四月，詔革楊霈任，以官文爲湖廣總督，師次安陸。五月，抵襄陽。疏言：「賊自隨州逸出，退踞德安。經官兵疊挫兇鋒，不難剿辦。惟天門、京山偪近安陸，道路處處可通，儻被竄入襄河，句連仙桃鎮以下股匪，不獨荆襄在在堪虞，上游各處均可北竄。若不四面圍攻，必致此擊彼竄，滋蔓難圖。見派兵一由天門阜市進擊，一往京山防守，駐師安陸，爲兩路應援。並咨固原提督孔廣順嚴兵堵禦，伺隙進取，署提臣納欽爲後應。如克德安，留該提臣分兵駐守。北兵出府河，攻漢口。嚴密布置，北路似可無虞。俟欽差大臣西淩阿入楚，即統兵從襄河兩岸水陸並進，由漢川進攻漢陽。」疏入，上韙之。七月，西淩阿軍在德安失利，退保隨州。九月，命官文爲欽差大臣，馳赴德安，妥籌攻剿。十月，德安賊棄城走，官文躡追南下，直擣漢陽。十二月，官文督軍三眼橋，進薄漢陽西門橋，焚賊卡。又敗賊龜山、尾湖隄等處，至五顯廟，焚賊舟，破賊卡二，毀其東西土城。上賜「福」字及大小荷囊、銀錁、銀錢，並諸食物。六年正月，賊於漢江北岸造浮橋，從西門及龜山下分隊來犯，敗之。分兵駐沙口，斷其糧道。並令京口副都統都興阿攻圍，風焚積聚，賊勢漸蹙。三月，奏請設局荆、宜二郡，收鹽課助餉，從之。八月，疊破漢陽城外賊營。九月，連戰皆捷，賊益蹙。

時巡撫胡林翼規復武昌，十一月，與官文約水陸大舉，同日分攻武、漢。官文督軍由五里墩進擊，檄按察使李孟羣及王國才、楊昌泗分路進攻。水師𪄕船於東門環城轟擊。探知五顯廟卡賊較少，急攻之，破其卡。龜山之賊回援，復爲李孟羣所乘。王國才、楊昌泗由西南門鼓譟入，遂復漢陽，俘僞將軍等五百餘人，殺賊略盡。胡林翼亦復武昌。奏入，諭曰：「逆匪踞守武、漢幾及二年。此次同日克復堅城，逆匪鮮有漏網。官文督率有方，著賞戴花翎，並交部議敘。」尋命官文等統籌戰守全局。七年正月，偕胡林翼疏言：「湖北省爲長江上游要害，武、漢尤九省通衢，自來東南有事必争之地。前此未能守禦，三次失陷，力攻兩載，而後克之。目前相繼防剿，不令賊乘間上竄，蹈從前覆轍。業派記名按察使李續賓帶勇由南岸，都興阿、孔廣順、王國才由北岸，鄖陽鎮總兵楊載福督水師由江路進剿。見北岸黃州至黃梅，南岸武昌至興國，均已肅清，崇、通一帶搜捕殆盡。李續賓抵九江，偪城而營，與曾國藩會合進攻。楊載福將城外賊營焚燬，惟小池口賊壘未拔，派副將鮑超帶勇助攻，連獲大勝。安徽之英山、太湖、宿松，望江接壤湖北，皆爲賊藪，有窺伺上犯之心。飭王國才駐黃梅之大河鋪界嶺叢，攔截要隘，孔廣順駐蘄水之孔壠驛，巴揚阿率馬隊爲各路援應，以固楚北門戶。查道士洑水闊溜急，田家鎮兩山對峙，水師皆難久駐，見酌留各營遊巡江面，足備控馭。通籌大局，我軍已據水陸上游，實著破竹建瓴之勢。所慮江西七府未平，武昌尚有肘腋之患。賊若由通城、崇陽、興國竄偪武昌，反出九江各軍之上，自當固守武昌，以爲後路根本。武、漢一江相望，天成鎖鑰，漢鎮尤商賈輻輳之區，今殘破一空，速爲招集撫綏，使民庶安居，商賈復業，乃可通百貨而利轉輸。見擬暫駐武、漢，相機籌畫，節節進取，仍步步嚴防，庶軍情無返顧掣肘之虞，轉餉有源源不竭之利。」疏入，報聞。三月，羣賊敗，回宿、太。官文以賊勢漸衰，亟宜大舉，檄楊載福、都興阿等克小池口僞城，進圍九江，分剿宿、太。九月，復湖口、彭澤。八年四月，復九江。賞太子少保銜。皖賊陷麻城、黃安，旋復之。太湖英、霍賊圍蘄州，破之。

七月，巡撫胡林翼丁憂。官文以軍務緊要，請留林翼，照軍營例改爲署理。從之，並命官文暫行兼署。九月，命以湖廣總督協辦大學士。時英山、太湖賊復犯蘄州，大敗之，並擊敗彌陀鎮、南陽河諸賊。十月，李續賓戰歿廬州之三河鎮，官文分兵扼蘄州、廣濟、麻城諸隘，固守九江、彭澤，水師嚴防江面。九年三月，賊擾湖南，圍寶慶。官文檄荊宜施道李續宜赴援，大破之，寶慶圍解。先是，武漢克復，官文即奏請抽撤陸營官兵，設立長江水師，派鎮協一員專領。至是奏稱各營兵額已抽出二千名，備水師充補，俟皖省蕩平，即酌撤礮船水勇，改立水師專營，以重巡防而資控扼。其先後抽撤兵額月餉，由藩司按數扣存，爲將來新設水師之費。查馬戰兵月餉一兩五錢，守兵月餉一兩，改設水師，長川操防，不敷養贍，尚須另議酌增，但不得過見在水勇之數。湖南洞庭水師有名無實，將來亦應統歸長江水師總領節制，按季會哨。或添設水師提督一員，兼轄安徽、江西各省水師，期於事權歸一，呼應較靈。長江上下，首尾聯爲一氣，實於天塹兵威大有裨益。俟屆時詳定章程。奏聞。

十二月，復太湖。上以官文調度有方，先行交部優敘。十一年正月，授文淵閣大學士。二月，皖賊陳玉成擾羅田、麻城，副將余際昌兵潰，賊長驅至英山，官文檄副都統舒保禦之。三月，復孝感、雲夢、應城、黃安、黃陂。五月，疏請由楚招商，採辦淮鹽。略曰：「楚省舊食淮鹽，自粵逆踞金陵，江路梗阻，商賈星散，淮引不至。前署督臣張亮基奏請借食川鹽。乃自上年川匪滋事，産鹽之地屢被蹂躪，商賈觀望不前，鹽價驟增，民間苦於食貴。查楚北近年整頓水師，長江上下分設礮船，梭織巡防，商船尚可隨時輓運。當此楚北鹽缺價昂，亟宜乘機利導，力籌淮運，漸復舊規。惟慮淮商復業無期，擬於漢岸招募商販，變通試辦，運至漢岸行銷。循照楚北章程，按斤完納釐稅，以濟軍餉。其入楚川鹽，應仍照常行銷，並行不悖。俟淮鹽辦有成效，再行察看情形，停止川鹽。」奏入，下部議行。時逆首李秀成擾興國、通城。六月，破之，復通城、崇陽、咸寧、蒲圻，擊退興國、大冶、通山之賊，南岸肅清，旋復德安。八月，復安慶。賞加太子太保銜。時桐城、宿松、黃梅、蘄州、廣濟、黃州相繼復。十月，黔匪陷來鳳，捻匪圍棗陽，旋擊走之。十二月，捻首苗霈霖據安徽壽州，上命官文等熟籌剿撫二策。因疏陳苗逆包藏禍心，罪大惡極，宜伸天討。同治元年正月，復來鳳。六月，遣副將周鳳山等剿捻於河南信陽羅山，破之。八月，荊州將軍多隆阿奉命督兵赴陝，踰期未到，官文未遵旨嚴催，奏報又復遲延，部議降二級留任，上加恩改爲降一級留任。尋官軍破黃梅捻巢，收復樂家等十四寨，淮南捻蹤肅清。

閏八月，授文華殿大學士。時大軍屯楚豫之交，官文以楚兵不敷分布，奏調多隆阿回援。九月，多隆阿抵湖北，屢戰克捷，襄河以北賊皆遠遁。二年五月，疏言：「選舉古法寓於優貢，請特加擢用，以收實效，而廣登進。」下部議行。九月，亳州捻首程大坆等竄鍾祥，分股擾德安、應山，復圖撲漢口。官文飭總兵楊朝林等敗之三里城，賊走羅山。應山賊竄孝感，敗之李家灣、雙廟，又追及麻城之宋埠，大破之，餘賊遁還河南。十一月，奏言：「各省優貢已奉旨，照拔貢一體覆試錄用。湖南選舉優貢，請照中省定額辦理。」下所司議行。三年四月，奏劾湖北巡撫嚴樹森把持兵柄，剛愎用事。得旨，嚴樹森著以道員降補。六月，克復江寧。諭曰：「欽差大臣、大學士湖廣總督官文徵兵籌餉，推賢讓能，克復楚北郡縣多處，肅清全境。並籌辦東征軍務，接濟餉需，不分畛域，實屬盡勤卓著。著加恩封一等伯爵，世襲罔替，並加恩，將其本支勿庸，仍隸內務府，旗籍擡入正白旗滿洲，賞戴雙眼花翎。」四年四月，欽差大臣科爾沁親王僧格林沁剿捻於山東陣亡。上以髮捻前擾湖北，官文督師兵力甚厚，不能就地殲除，僅以驅之出境爲事，致賊得以遠颺，蔓及東豫等省，交部嚴議，降三級調用，上加恩改爲革職留任，拔去雙眼花翎，撤太子太保銜。五年正月，與曾國藩議奏長江水師營制事宜，下部議行。四月，以漢鎮地當衝要，請勸諭紳商捐費，就後湖一帶築堡開濠，設立礮臺，以資保衛。允之。

十一月，湖北巡撫曾國荃疏參官文貪庸驕蹇各款。上命刑部尚書綿森、工部右侍郎譚廷襄赴湖北查辦。尋奏稱：查原參內上年餽送侍郎胡家玉等程儀一款，據官文覆稱，錢漕、鹽釐、關稅、捐輸均歸糧臺實用實支，並無浮冒。惟漢陽竹木捐一款，有給與議敘內獎者，移解糧臺充餉。其零星不請議敘外獎者，歸糧臺軍需善後動支。上年，胡家玉、張晉祺差竣入都，道經湖北，該督因向章係由省籌撥公款，於外交款內提銀應付，又以道途多梗，仍於款內備二千兩，爲胡家玉等沿途添雇車馬犒賞之用，委非糧臺正款，覈封原參之數，約略相符。上撤官文任，聽候查辦。六年正月，諭曰：「前因官文在湖廣總督任內，動用捐款各情，當經降旨，交部嚴加議處。茲據吏部議以革職，自屬咎有應得。惟念官文在湖廣總督任內十餘年，歷經會同胡林翼、曾國藩廓清江鄂，勳勞甚著。而被議各款，尚非貪污欺罔可比，若遽予以罷斥，殊非朝廷保全功臣至意。大學士一等伯官文著革去湖廣總督，加恩仍留伯爵、大學士，改爲革職留任，八年無過，方准開復，並罰伯俸十年，不准抵銷。即來京供職。」四月，到京，命管理刑部事務，賜紫禁城騎馬，授正白旗蒙古都統。五月，兼署鑲白旗蒙古都統。六月，充稽察壇廟大臣。旋以官文七十生辰，御書「綸閣延暉」扁額，福壽字，並諸珍物賜之。充玉牒館總裁。八月，署正藍旗滿洲都統，充繙譯鄉試閱卷大臣。十月，充武鄉試監射大臣。十一月，署直隸總督。七年正月，捻匪北竄衡水、定州，上以官文毫無布置，任令北竄，交部嚴加議處。七月，捻匪平。諭曰：「官文前在湖廣總督任內，暨本年捻匪竄直隸時，均因會剿不力疊經降旨懲處。此次捻匪悉平，著加恩開復太子太保銜，並賞還雙眼花翎，以示錫爵酬庸，用彰慶賞至意。」八年二月，卸署直隸總督。六月，管理户部三庫事務，補內大臣。自元年、三年至九年正月，三屆京察，均蒙溫諭褒嘉，下部優敘。七月，充崇文門監督。

十年正月，卒。諭曰：「大學士官文持躬端謹，器量恢宏。歷承先朝知遇，由侍衛洊陞將軍。蒙文宗顯皇帝優加擢用，補授湖廣總督，簡任綸扉，特命爲欽差大臣，督辦軍務，與原任湖北巡撫胡林翼協力同心，和衷共濟，肅清全楚。復籌辦東征軍務，接濟餉需，不分畛域，厥功尤多。金陵之捷，特加恩賞給一等果威伯，並將其本支擡入正白旗滿洲。嗣令來京供職，總理部旗事務，旋署直隸總督，敭歷中外，久著勤勞。方冀克享遐齡，長資倚畀，迺以偶染微疴，遽爾溘逝。披覽遺章，殊深軫惜。著賞給陀羅經被，派惠郡王奕詳帶領侍衛十員即日前往奠醊。加恩晉贈太保，照大學士例賜卹，入祀賢良祠。賞給廣儲司銀二千五百兩治喪。任內一切處分，悉予開復，應得卹典，該衙門察例具奏。其一等伯爵，著俟伊子榮綵百日孝滿後由該旗帶領引見承襲，勿庸俟年終辦理，用示篤念藎臣至意。」尋賜祭葬，予謚文恭。七月，諭曰：「李瀚章、郭伯蔭奏，前任督臣勳績最著，懇請建祠一摺。原任大學士官文任湖廣總督十二年，當地方兵燹之餘，能持大體，與歷任巡撫和衷共濟，恢復全楚。並次第舉行善政，民氣得漸復元，該省紳民至今稱頌。著照所請，即將前建胡林翼專祠改爲官文、胡林翼合祠，列入祀典。飭地方官春秋致祭，以彰忠藎而順輿情。」光緒十五年，慈禧端佑康頤昭豫莊誠皇太后歸政，追念功績最著諸臣，各賜祭一壇，官文與焉。孫興恩襲一等果威伯。

雜録

備録

薛福成《庸庵文編》卷四《書益陽胡文忠公與遼陽官文恭公交驩事乙酉》 伯相遼陽文恭公官文，總督湖廣時，宮保益陽胡文忠公巡撫湖北。文忠才氣卓犖，以一行省之力，經綸天下事，文恭拱手以聽，遂成大功，海內兩賢之。然二公離合之始末，議者或未之知也。咸豐五六年間，粵賊陷踞武昌、漢陽，蔓及旁郡，蹂躪數千里。是時文恭由荊州將軍改總督，凡上游荊、宜、襄、鄖諸郡兵事餉事悉主之。文忠駐軍金口，進規武昌，凡下游武、漢、黃、德諸郡兵事餉事悉主之。二公值湖北全境糜爛之餘，皆竭蹶經營，各顧分地。文忠尤崎嶇險阻，與勍寇相持，獨爲其難。督撫相隔遠，往往以徵兵調餉，互有違言。僚吏意嚮，顯分彼此，牴牾益甚。文恭於鉅細事不甚究心，多假手幕友家丁，諸所措注，文忠尤不謂然，既克武昌，威望日益隆，文恭亦欲倚以爲重。比由荊州移駐武昌，三往拜，而文忠謝不見也。或爲文恭説文忠曰：「公不欲削平巨寇邪？天下未有督撫不和而能辦大事者。且總督爲人易良坦中，從善如流。公若善與之交，必能左右之，是公不翅兼爲總督也。合督撫之權以辦賊，誰能禦我？」文忠亟往見，文恭推誠相結納，謝不敏焉。文恭有寵妾，拜胡太夫人爲義母，兩家往來益密，饋問無虚日，二公之交亦益固。文忠於是察吏籌饟，選將練兵，孳孳不少懈，文恭畫諾仰成而已，未嘗有異議。每遇攻城克敵，及保薦賢才，文忠輒陰主其政，而推文恭首尸其名。朝廷以文恭督湖廣數年，内靖寇氛，外援鄰省，成功甚偉，累晉大學士，授爲欽差大臣，寵眷隆洽。文恭心感文忠之力，而文忠亦益得發舒。凡東南各省疆吏將帥之賢否進退，與大局一切布置，每有所見，必進密疏，或與文恭會銜入告。文忠所引嫌不能言者，亦竟勸文恭獨言之。訏謨所定，志行計從，人謂文忠有旋乾轉坤之功，不僅澤在湖北也。既而文忠遭太夫人喪，得旨賞假百日，營葬後即起視師，駐軍皖鄂之交，省中大政皆歸文恭主持。文恭聽已革總兵樊燮之訴，奏劾湖南巡撫幕賓今侯相左公。左公爲文忠同學友，文忠嘗薦其才可大用者也。既被嚴劾，文忠愠不言，貽書曾文正公，密解其獄，且薦左公襄辦江南軍務。文恭有門丁，頗爲姦利，奔競無恥者，多緣以求進，文忠所素欲參劾者。文恭或薦之，得居要地。府中用財無訾省，不足則提用軍饟，耗費十餘萬金。文忠積不能平，獨居深念，若重有憂者。當是時今協揆朝邑閻公以户部員外郎總理糧臺兼運帷幄籌，往謁文忠，請問言事。文忠屏人，以督府事告之。曰：「方今籌饟如此艱難，而彼用如泥沙。進賢退不肖，大臣之職也。而彼動輒乖謬，今若不據實糾參，恐誤封疆事，爲朝廷憂。吾子以爲奚若？」閻公對曰：「公誤矣。夫本朝二百年中，不輕以漢人專司兵柄。今者督撫及統兵大臣滿漢並用，而焯有聲績者，常在漢人，固由氣運轉移，亦聖明大公無私，剗刮畦畛，不稍歧視之效也。然湖北居天下衝，爲勁兵良將所萃，朝廷豈肯不以親信大臣臨之？夫督撫相劾，無論未必能勝，就使獲勝，能保後來者必勝前人邪？而公能復劾之邪？且使繼之者或勵清操，勤庶務，而不明遠略，未必不顓己自是。彼官至督撫，亦欲自行其意，豈必盡能讓人？若是則掣肘滋甚。詎若今用事者，胸無成見，依人而行。況以使相而握兵符，又隸旗籍，爲朝廷所倚杖。每有大事，可借其言，以得所請。今彼於軍事饟事之大者，皆惟公言是聽，其失祇在私費奢豪耳。然誠於天下事有濟，即歲捐十數萬金以供給之，未爲失計。至其位置一二私人，可容者容之，不可容則以事劾去之。彼意氣素平，必無迕也。此等共事人，正求之不可必得者，公乃欲去之，何邪？」胡公擊案大喜曰：「吾子真經濟才也。微子言，吾幾誤矣。」由是益與文恭交驩無間言，文恭亦敬服之終身。迨文忠薨於位，未幾而文恭劾巡撫嚴公澍森去之，威毅伯曾公巡撫湖北，又劾文恭去之，湖北從此多事，其閎整富强之績亦稍隤矣。後人於是益以文忠之能用文恭爲美談云。

藝文

《松壽堂詩集》卷七《謁官文恭公胡文忠公祠遂登風度樓遠眺》 千秋雙廟尚巋然，春到江樓景物妍。兩岸潮生復潮落，萬家山後隔山前。晴迷芳草連天遠，煖入梅花得地偏。最喜傾城諸士女，瓣香如奉介推緜。

倭仁部

綜述

《續碑傳集》卷五匡輔之《倭文端公別傳》 公諱倭仁，字艮齋，烏齊格里氏，蒙古正紅旗人，河南駐防。道光己丑進士，改翰林院庶吉士。壬辰，散館授編修。十三年二月，升右春坊右中允。七月，升翰林院侍講，充日講起居注官。九月，升右春坊右庶子。十一月，升翰林院侍講學士。十五年三月，充會試同考官。閏六月，轉侍讀學士。八月，充順天鄉試同考官。十七年，充福建鄉試正考官。十八年，充文淵閣直閣事。二十二年，擢詹事府詹事。二十四年八月，升大理寺卿。

三十年二月，應詔陳言，略曰：「行政莫先於用人，用人莫先於嚴辨君子、小人。藏於心術者難知，發乎事跡者易見。大抵君子訥拙，小人佞巧；君子澹定，小人躁競；君子愛惜人才，小人排擠異類；君子圖遠大以國家元氣爲先，小人計目前以聚斂刻薄爲務。剛正不撓，無所阿嚮者，君子也；依違兩可，伺候人主喜怒，以相趨避者，小人也。諫諍匡弼，爲朝廷補闕拾遺者，君子也；遷就逢迎，導人主遂非長傲者，小人也。進憂危之議，悚動人主之警心者，君子也；動言氣數，不畏天變，以滋長人君之逸志者，小人也。公私邪正，相反如此。皇上天亶聰明，勤學念典，孰賢孰否，自難逃聖明洞鑒之中。第恐以一人之心思而揣摩者衆，一人之耳目而混淆者多，幾微莫辨，情僞滋紛，愛憎稍涉偏私，取舍必至失當。此知人則哲，惟帝其難，大禹所以致歎也。今欲求所以知人，豈有他術哉？本皇上好學之心，勤求不怠，使聖志益明，聖德益固而已。宋臣程顥云：『古之人君，必有誦訓箴諫之臣，惟命老臣賢儒，日親便坐，講論道義，以輔聖德，又擇天下賢俊，使得陪侍法從，朝夕延見，開陳善道，講摩治體，以廣聞聽。』我朝康熙年間，熊賜履上聖祖仁皇帝疏，謂：『《大學衍義》一書，爲萬世有天下者之律令格例，伏願延訪真儒，講求研究，務盡其理。於是考之以《六經》之文，監之以歷代之蹟，實體諸身，默會諸衷，以爲敷政出治之本。若夫近習左右必端其選，綴衣虎賁亦擇其人，非聖之書屏而勿讀，無益之事戒而不爲。內而深宮燕處之間，外而大庭廣衆之際，微而起居言動之恒，凡所以維持此身者無不備，防閑此心者無不周，則君志清明，君身強固矣。』二臣所言，皆人君修養身心之要，用人行政之原也。天下治亂繫宰相，君德成就責講筵，惟君德成就而後輔弼得人，輔弼得人而後天下治。然則開講幄以贊宸修，致治要圖，莫切於此！」疏入，上稱其辨君子、小人之分，言甚切直，諭嗣後大小臣工有所見聞，剴切直陳，以爲法。三月，禮部侍郎曾國藩奏陳用人三策，上復憶公言，手諭同褒嘉焉。

十一月，賞副都統銜，充葉爾羌幫辦大臣。時大理寺少卿田雨公以公用違其才，奏陳用人宜慎，諭曰：「倭仁以三品卿給與副都統職銜，爲葉爾羌幫辦大臣，邊疆要任，令其歷練，並非投閒置散，而該少卿以爲用違其才。若如所奏，則外任皆爲左遷，而新疆換班者尤爲擯斥，豈識國家文武兼資、內外並重之微意乎？」咸豐二年五月，在葉爾羌上敬陳治本一疏，上以公意在責難陳善，其言尚無不合。「惟朕特授倭仁葉爾羌幫辦大臣，原使其歷邊疆，俾資練習。今觀所奏，仍係統論治道，並未及邊陲情形，豈忽近圖遠，轉以職守爲無關輕重耶？嗣後總宜留心邊務，實力講求，於任內應辦事件，毋稍疏忽，如有地方要務，切實覈陳，朕亦可驗其學識，毋得徒託空言，致負委任」。十二月，候補道何桂珍疏言：「時勢危難，請特用緩急可倚之人，以固人心而維邦本。倭仁秉性忠貞，見理明決，處危疑而不懼，臨利害而不搖。生平言行，一一不負所學，若投以艱鉅，必能盡言竭力，死生以之。」上亦未從其請。

三年，以辦理葉爾羌回部郡王阿奇木伯克愛瑪特攤派路費及護衛索贓等情不合，降三級調用，即行回京。四年二月，命以翰林院侍講候補，在上書房行走。八月，授惇郡王讀，旋擢盛京禮部侍郎，管理宗室、覺羅學事務。九年十月，補鑲白旗蒙古都統。穆宗毅皇帝御極，命充朝鮮正使，尋升都察院左都御史。同治元年正月，擢工部尚書。二月，賜紫禁城騎馬，奉兩宮皇太后懿旨，命在弘德殿授皇帝讀，尋充翰林院掌院學士。公將前所輯古帝王事蹟及古今臣工奏議，有裨治道者，重加精擇，附以按辭，爲兩帙進呈，得旨，賜名《啟心金鑑》，並陳設弘德殿，以資講肄。三月，充會試正考官。五月，教習庶吉士。七月，以工部尚書協辦大學士。閏八月，授文淵閣大學士，管理戶部事務。六年正月，同文館招考天文、算學，由滿、漢正途出身之五品以下京外各官考試錄取，延聘西人在館教習。公奏言：「立國之道，尚禮義不尚權謀；根本之圖，在人心不在技藝。今求諸一藝之末，又奉夷人爲師，無論所學未必果精，即使教者誠教，學者誠學，其所成就不過術數之士，未聞有恃術數而能起衰振靡者也。自耶蘇之教盛行，無識愚民半爲所惑，所恃讀書明理之儒，或可維持人心。今復舉聰明雋秀，國家所培養而儲以有用者，使之奉夷人爲師，恐所習未必能精，而讀書人已爲所惑。夫術爲六藝之一，本儒者所當知，非歧途可比。然天文、算學爲益甚微，西人教習正途所損甚大。伏望宸衷獨斷，立罷前議，以維大局而彌隱患。」事遂止。旋命公在總理各國事務衙門行走。公懇請收回成命，上不允，尋上疏固辭。四月，因病請假。六月，奏請開缺。上命以大學士在弘德殿行走，其餘一切差使，均著勿庸管理。七月，病痊。八年三月，奏大婚典禮宜崇儉，以光聖德。六月，武英殿不戒於火。公偕弘德殿行走翰林院侍讀學士徐桐、國子監祭酒翁同龢奏請勤修聖德，以弭災變。奏入，上嘉納之。九年八月，充順天鄉試正考官。九月，管理國子監事務。十年三月，授文華殿大學士，尋薨於位。賜祭葬如例，予謚文端。

《清史列傳》卷四六《倭仁傳》 倭仁，烏齊格里氏，蒙古正紅旗人，河南駐防。道光九年進士，改翰林院庶吉士。十二年，散館，授編修。十三年二月，陞詹事府右春坊右中允。七月，陞翰林院侍講，充日講起居注官。八月，轉侍讀。九月，陞詹事府右春坊右庶子。十一月，轉左庶子。十二月，陞翰林院侍講學士。十四年，署文淵閣直閣事。十五年三月，充會試同考官。閏六月，轉侍讀學士。八月，充順天鄉試同考官。十六年三月，充會試同考官。十七年，充福建鄉試正考官。十八年，充文淵閣直閣事。二十二年，擢詹事府詹事。二十四年四月，稽察右翼覺羅學。八月，陞大理寺卿。二十五年五月，丁憂。九月，百日孝滿。二十六年，充考試漢御史閱卷大臣。二十七年二月，充各省舉人覆試閱卷大臣。九月，充武殿試讀卷官。二十九年七月，丁憂。十一月，百日孝滿。三十年二月，應詔陳言，略曰【略】

十一月，賞副都統銜，充葉爾羌幫辦大臣。時大理寺少卿田雨公以倭仁用違其才，奏陳用人宜慎，諭曰：「倭仁以三品卿給予副都統職銜，爲葉爾羌幫辦大臣，邊疆要任，令其歷練，並非投閒置散，而該少卿以爲用違其才。若如所奏，則外任皆爲左遷，而新疆換班者尤爲擯斥，豈識國家文武兼資、內外並重之微意乎？」咸豐二年五月，疏言：「我皇上踐祚以來，敬以飭躬，寬以御衆，求賢納諫，勤政愛民，聖德咸孚，固宜治臻美備矣。乃中外之玩愒如故，人才之委靡依然，寰海望治之心，猶未能暢然滿志者，何哉？或曰：積重難返也，輔弼乏人也。固也，而非本原之論也。志不期於遠大，政以苟且而自安；意不極於肫誠，事以虛浮而鮮效。則欲濟當今之極弊，而轉移一世之人心，亦在朝廷而已矣。願皇上立必爲堯舜之志，始於思，辨於學，發端甚微，而爲效固甚鉅也。皇上端居淵默之時，深察密省，事事與唐虞互證，危微辨歟？執中允歟？知人哲、安民惠歟？必有欿然不自足，而皇然不自安者。由是因愧生奮，因奮生厲，必期如放勳、重華而後已。君志既定，然後擇同德之臣，講求治道，切劘身心，由窮理修身以至於治平天下。此其機操之聖心而有餘，即推之四海而無不足，所謂志定而天下之治成也。承艱鉅之任，值多事之秋，使非困心衡慮以激發大有爲之氣，其何以宏濟艱難哉？後世人君往往恥聞己過，臣下唯諾成風，吁咈都俞，不可復覩。以唐太宗從諫如轉圜，猶積怒於魏徵，蓋克己之難也。舜命禹曰：『予違汝弼，汝毋面從！』夫舜豈尚有違道之舉，禹亦何至如讒諂面諛者流，顧兢兢焉惟恐有違，且恐禹面從者，誠以人心至危，修省密，故惕厲深而求助於臣工者益切。於是禹以傲戒，益以怠荒戒，皋陶以逸欲戒。惟朝廷樂聞直諫，故羣僚咸進讜言，不然，羣臣方緘口之不遑，亦孰肯以不入耳之言，干雷霆之怒哉？伏讀高宗純皇帝諭旨：『爾九卿中能責難於君者何人？陳善閉邪者何事？』高宗純皇帝之心，即虞帝取人爲善之心也。皇上以法祖德者法堯舜，則智亦大矣。理財爲今日急務，節用尤理財要圖。前禮部議覆通政使羅惇衍崇儉禁奢一摺，刊刻簡明禮儀頒示遵行，奉旨允准，誠正德厚生之本計也。抑更有進者，政貴實不貴文，民從好不從令。以文告之虛辭，輓奢華之積習，科條雖設，誰其聽之？伏願皇上以身作則，力行儉約，爲天下先。申諭廷臣，將一歲度支出入之數，通盤籌畫，自宮府內外大小衙門，凡可裁者概行裁省，勿狃虛文，勿沿故套，勿避嫌怨，勿畏繁難。務量入以爲出，勿因出而輕入。服色器用，既已明示限制，必須全行禁止，有犯必懲，使朝野臣民共曉然於恐懼修身，以實不以文之意，天下有不率從者哉？至若人情嗜利，廉恥道喪，宜杜言利之門，獎潔清之士。若夫無人之患，更甚於無財，尤宜講明正學，興賢育德，以儲楨幹。此皆政教大端所當及時修舉者，惟聖志明斷不疑，斯庶績可次第而理。」奏入，諭曰：「倭仁奏敬陳治本一摺，意在責難陳善，其言尚無不合。惟朕特授倭仁爲葉爾羌幫辦大臣，原使其歷練邊疆，俾資練習。今觀所奏，仍係統論治道，並未及邊陲情形，豈忽近圖遠，轉以職守爲無關輕重耶？嗣後總宜留心邊務，實力講求，於任內應辦事件，毋稍疏忽，如有地方要務，切實敷陳，朕亦可念其學識，毋得徒託空言，致負委任。」

十二月，候補道何桂珍上言：「時勢危難，請特用緩急可倚之人，以固人心而維邦本。倭仁秉性忠貞，見理明決，處危疑而不懼，臨利害而不揺。生平言行，一一不負所學，若投以艱鉅，必能盡言竭力，死生以之。」上未從其請。三年，劾葉爾羌回部郡王阿奇木伯克愛瑪特於所屬護衛阿渾挾勢婪贓，毫無覺察；又以該管之參贊幫辦大臣偏聽攤派路費，畏罪情急，列款訐控。上以倭仁等風聞該伯克攤派路費及護衛索贓等情，並未查訊明確，即行參奏，辦理失當，下部嚴議，降三級調用。四年正月，京師舉行團練，户部右侍郎王茂蔭等奏請令倭仁會同籌辦。上以軍務非倭仁所長，寢其議。二月，命以翰林院侍講候補，在上書房行走。八月，授惇郡王讀。五年二月，補侍講。九月，陞侍講學士。六年二月，遷光禄寺卿。

八月，擢盛京禮部侍郎，管理宗室、覺羅學事務。十月，管理威遠堡六邊門事務。十一月，監收盛京官倉穀石。七年二月，協理内務府大臣事務。八月，署奉天府尹，充盛京牛馬税監督。十一月，調盛京户部侍郎，兼管奉天府府尹事務。八年二月，以署遼陽州知州覺羅景灝臨差規避，奏請下部議處；户部員外郎覺羅溥節派赴吏部領取則例，一年未回，奏褫其職。九月，請將獲盜之承德縣知縣奎壽送部引見。十一月，奏參岫巖廳通判召隆阿、廣寧縣知縣博通遲鈍竭蹶，降補有差。九年三月，奏：「盜犯王超才白晝肆搶，例應絞候。惟奉天根本重地，見當整頓捕務，應從重擬絞立決，以昭炯戒。」四月，奏錦縣三義廟地方有騎馬賊搶去撥差銀錢衣物，將署知縣張廣摘頂勒緝。均從之。旋參副都統增慶隨帶多員騷擾驛站，命將軍玉明等查辦，增慶下部議處。又查辦驛丞陳五福等京控奉涉兵部侍郎訥爾濟係屬兒女姻親，應請迴避，得旨毋庸迴避。九月，偕玉明奏究出訥爾濟及前任盛京兵部侍郎富呢雅杭阿等收受陋規，解任革職有差。十年三月，偕玉明等倡捐米石，下部議敘。八月，署盛京副都統。十月，補鑲白旗蒙古都統。十一年二月，命偕玉明承修福陵、昭陵各工。十月，穆宗毅皇帝御極，頒詔中外，命充朝鮮正使，諭俟頒詔事竣，迅即來京聽候簡用。尋陞都察院左都御史。

同治元年正月，擢工部尚書。二月，賜紫禁城騎馬。奉兩宫皇太后懿旨：「前因皇帝沖齡，亟宜典學，茲復特簡工部尚書倭仁老成端謹，學問優長，堪膺師傅之任，著授皇帝讀。」尋充翰林院掌院學士。倭仁將前所輯古帝王事蹟及古今臣工奏議，有裨治道者，重加精擇，附以按辭，爲兩帙進呈，得旨，賜名《啟心金鑑》，並陳設弘德殿，以資講肄。三月，充會試正考官。五月，充教習庶吉士。六月，命覆閱各直省拔貢覆試卷。七月，以工部尚書協辦大學士。八月，文宗顯皇帝暨孝德顯皇后梓宫奉移山陵，上擬奉兩宫皇太后躬親遠送，倭仁與諸王大臣等援引古禮，籲懇停止遠行，詔勉如所請。時豫省官民情形日壞，倭仁臚陳入告，略曰：「河南自咸豐三年以後，粵、捻各匪焚掠殆徧，蓋藏一空。爲州縣者，賊來則倉皇束手，賊去則泄沓自如，積習相沿，誅求無厭。至稍稱完善之區，則錢漕之浮收日增，雜派之訛索愈甚。捐輸不已，雖數十畝之地，户皆勒之，抽釐不已，雖百餘千之本錢亦及之。書役乾没，劣紳侵蝕，名爲軍餉，實爲中飽。官虐民團，聚衆相抗，阻抑之於平日，及被賊擾害，官不能衛民，民乃自行團練，官亦無可如何。其間良莠不齊，或恃衆滋事，則罪盡歸之民，誅之戮之而不問官之失。故州縣官以民爲魚肉，以上官爲護符，上下相蒙，侵漁無已。哀哀小民，何以堪此？其不變而爲盜賊幾希矣！竊謂朝廷不能盡擇州縣，而必須慎擇督撫大吏。嘉慶間，姚祖同爲河南巡撫，盡裁陋規，絲毫不取，每出則自備麪餅，供應全無。州縣貪劣者，參劾不貸，司道以下皆爲斂戢，民間思慕至今。誠擇如姚祖同者以爲巡撫，革除苞苴，無取於屬員，則屬員無可挾以爲恣睢之計。由是黜陟必當，查察必嚴。錢漕之浮收，去其太甚，雜派之繁苛，澈底一清。果有忠君愛國之真心，必有調劑中和之善術。孔子言道國之要曰：『節用而愛人，使民以時。』孟子告齊、梁之君曰：『行仁政，薄税斂。』聖賢豈故爲此迂論哉？良以此爲根本之計，切要之圖，足以撥亂而反正，外此補苴張皇，總屬苟且。顧目前而忘遠慮，務小利而釀大害，如《大學》所謂以利爲利，菑害並至者，不可不深思也。顧河南今日官場之錮習，祇曰民刁詐，不曰官貪庸；祇狃於愚民之抗官，而不思民所以抗官，與官所以致抗之由，牽聯膠固，牢不可破。惟在朝廷認定本計，認真奮勵，嚴飭撫臣實力振刷，絶瞻徇迴護之私，因循含混之弊。州縣之清廉愛民，能去雜派、減浮收者，破格優賞，否則立予嚴罰。大吏察州縣，朝廷察大吏，實力實心，各滌積習，勿虚應故事，勿徒行文告。庶幾民困可蘇，民心自固，寇亂之源由是可弭矣。」

閏八月，擢大學士，管理户部事務，旋授文淵閣大學士。九月，充武會試監射大臣。文宗顯皇帝暨孝德顯皇后梓宫奉移山陵饗殿禮成，倭仁以恭理喪儀，加二級。十月，充武鄉試監射大臣。時御史裘德俊有體察牧令之奏，倭仁因奏言：「州縣之貪廉，視督撫爲轉移。今吏治日壞，非大吏實心愛民，潔己率屬，無以挽積習而蘇民生。新授廣東巡撫黄贊湯性情浮靡，操守平常，前任奉天學政聲名狼籍，此次入覲來京，攜帶厚資，廣行餽送，其居官可知，其用意更可知矣。夫朝廷用人，不拘一格，才如可任，自不妨舍短取長，惟以貪鄙之行、奢侈之性，而濟之以巧詐之心，則其所謂才不過欺飾彌縫而已，而謂其有幹濟之略，恐不能也。廣東較他省稍爲完善，京師賴以接濟，安民、察吏、理財均關緊要，以黃贊湯爲之，未見其可。」得旨，解贊湯任。十二月，充經筵講官。二年四月，充殿試讀卷官、朝考閱卷大臣。五月，充考試滿御史閱卷大臣。六月，大軍克復江寧，紅旗奏捷，上以倭仁在弘德殿授讀，加一級，紀錄二次。八月，充崇文門正監督。四年四月，充朝考閱卷大臣。八月，充考試國子監助教閱卷大臣。九月，充武會試監射大臣，旋署鑲白旗漢軍都統。五年六月，充稽察壇廟大臣。九月，充玉牒館督催總裁、考試漢御史閱卷大臣。

六年正月，同文館招考天文、算學，由滿、漢正途出身之五品以下京外各官考試録取，延聘西人在館教習。二月，倭仁奏言：「立國之道，尚禮義不尚權謀。根本之圖，在人心不在技藝。今求諸一藝之末，又奉西人爲師，無論所學未必果精，即使教者誠教，學者誠學，其所成就不過術數之士，未聞有恃術數而能起衰振靡者也。且天下之大，何患無才？如以天文、算法必須講習，博采旁求，必有能精其法者，何必師事西人乎？自耶蘇之教盛行，無識愚民半爲所惑，所恃讀書明理之儒，或可維持人心。今復舉聰明雋秀，國家所培養而儲以有用者，使之奉西人爲師，恐所習未必能精，而讀書人已爲所惑。夫數爲六藝之一，本爲儒者所當知，非歧途可比。然天文、算學爲益甚微，西人教習正途所損甚大。伏望宸衷獨斷，立罷前議，以維大局而彌隱患。」上以倭仁奏天文、算學博采旁求，必有精其術者，命酌保數員另行擇地設館，由倭仁督飭講求。尋奏意中並無其人，不敢妄保，復諭曰：「倭仁見在既無堪保之人，仍著隨時留心，一俟諮訪有人，即行保奏，設館教習，以收實效。」

旋命倭仁在總理各國事務衙門行走，倭仁懇請收回成命，上不允。尋上疏固辭，諭曰：「前派大學士倭仁在總理各國事務衙門行走。旋據該大學士奏，懇請收回成命，復令軍機大臣傳旨，毋許固辭。本日復據倭仁奏：『素性迂拘，恐致貽誤，仍請毋庸在總理各國事務衙門行走。』等語。總理各國事務衙門公務關繫緊要，倭仁身爲大臣，當此時事多艱，正宜竭心盡力，以副委任，豈可稍事推諉？倭仁所奏，著毋庸議。」四月，因病請假一月。五月，奏病難速愈，請開缺調理。得旨，再賞假一個月，毋庸開缺。六月，復請開缺，諭曰：「倭仁不必給假，一俟氣體可支，即以大學士在弘德殿行走，其餘一切差使，均著毋庸管理。」七月，病痊。十二月，充文淵閣領閣事。七年六月，充國史館總裁。

八年二月，奏大婚典禮宜崇儉以光聖德，略曰：「宮廷係四表觀瞻，節儉始於躬行。斯風化及於海內，上行下效，理固然也。昔漢文帝身衣弋綈，罷露臺以惜中人之産，用致兆民富庶，天下乂安。明帝馬后服大練之衣，史冊傳爲美談。此前古事之可徵者也。我朝崇尚質樸，列聖相承，無不以勤儉爲訓。伏讀世宗憲皇帝聖訓：『朕素不喜華靡，一切器具皆以適用爲貴。此朕撙節愛惜之心，數十年如一日者。人情喜新好異，無所底止，豈可導使爲之而不防其漸乎？』宣宗成皇帝御製《慎德堂記》，亦諄諄以『不作無益害有益』示戒。聖訓昭垂，允足爲法萬世。近聞內務府每年費用，逐漸加增，去歲借部款至百餘萬兩。國家經費有常，宮廷之用多則軍國之用少。況內府金錢，皆閭閻膏血，任取求之便，踵事增華，而小民徵比箠敲之苦，上不得而見也。咨嗟愁歎之聲，上不得而聞也。念及此而痌瘝在抱，必有惻然難安者矣。方今庫款支絀，雲貴、陝甘回氛猶熾，直隸、山東、河南、浙江等省髮、捻雖平，民氣未復；八旗兵餉折減，衣食不充。此正焦心勞思之時，非豐亨豫大之日也。大婚典禮繁重，應備之處甚多，恐邪佞小人欲圖中飽，必有以鋪張體面之説進者，所宜深察而嚴斥之也。夫制節謹度，遵祖訓即以檢皇躬；崇儉去奢，惜民財即以培國脈。應請飭下總管內務府大臣，於備用之物力爲撙節，可省則省，可裁則裁，總以時事艱危爲念，無以粉飾靡麗爲工，則聖德昭而天下實受其福矣。」六月，武英殿不戒於火。倭仁偕弘德殿行走翰林院侍讀學士徐桐、國子監祭酒翁同龢奏請勤修聖德，以弭災變。略曰：「伏思武英殿爲收藏欽定諸書之所，列朝《聖訓》於此刊刻，深嚴重地，規制崇閎，一旦煨燼，實爲異常災變。謹按魏青龍中崇華殿災，高堂隆對以爲人君苟飾宮室，不知百姓空竭，故火從高起。宋天聖中，玉清、昭應宮災，蘇舜欽上疏，亦以此爲言。自古占驗之書，凡遇宮禁火災，皆以臺榭宮室爲誡。今者隴西未靖，民困未蘇。黃河甫經合龍，北河又復漫決。八旗生計日蹙，部款各項不支。此誠民窮財盡之時也。比年以來，土木之工未盡止息，天安、神武門樓均加修飾，宮廷之內，屢有興作，災變之來，未必不由於此。自今以後，皇上正宜刻勵修身，躬行節儉，一切大小工程概行停止，傳辦之物，並予罷除。並請敕諭廷臣直言政事得失，庶災變可弭，四方蒙福。」奏入，上嘉納之。九年八月，充順天鄉試正考官。九月，管理國子監事務。十年二月，因病請假，旋奏請開缺調理。得旨，賞假兩箇月，安心調理，毋庸開缺。三月，授文華殿大學士。四月，以病久未愈，仍奏請開缺。得旨，再賞假兩箇月，並賞給蔘枝，以資調理。

尋卒，遺疏入，諭曰：「大學士倭仁學術純正，志慮忠誠。受先朝知遇之隆，由翰林洊擢卿貳，特恩命直上書房，旋授盛京侍郎，均能恪恭盡職。朕御極之初，蒙兩宮皇太后簡用耆碩，擢任正卿，旋晉綸扉，並命在弘德殿授讀，朝夕納誨，於兹十年，深資啓沃。前因患病，屢請開缺，疊經賞假，並賞給人葠，以資調攝。遽聞溘逝，悼惜殊深！披覽遺章，於修齊治平之道，敷陳剴切，語不及私，閱之尤深悽愴。著賞給陀羅經被，派貝勒奕劻帶領侍衛十員，即日前往奠醊。加恩晉贈太保，照大學士例賜卹，入祀賢良祠。任内一切處分，悉予開復。應得卹典，該衙門察例具奏。伊子廣東候補同知福綸，著俟服闋後，以同知留於該省即補；理藩院員外郎福裕，著俟服闋後，以該衙門郎中補用。伊孫户部候補員外郎衡峻，著以本部員外郎即補；衡瑞，著賞給舉人，准其一體會試；衡齡，著賞給主事；衡瑚、衡琪，均著賞給内閣中書，用示篤念耆臣至意。」尋賜祭葬，予謚文端。光緒八年，河南巡撫李鶴年以倭仁品學純粹，德業懋昭，請於河南省城特建專祠，由地方官春秋致祭，以彰盛軌而順輿情，允之。

雜錄

備錄

方濬師《蕉軒隨錄》卷一〇 蒙古倭文端公倭仁道光辛巳與先叔祖勉亭公玉達、先叔父鐵君公鑅同舉鄉試，己丑復與鐵君公同成進士，入詞館，故交誼最篤。鐵君公嘗集諸同年於京邸，殿撰李海初先生振鈞性通脱，不拘小節，公則踐履篤實，不妄發一語。鐵君公戲之曰：「今日之宴，可謂風流才子、理學名臣並萃於吾榜矣。」公入閣後，濬師官侍讀，侍公獨久。請於公，不循年家子例，照閣中師生稱謂，公笑而許之。公長子福成又與濬師己酉同年。當公之侍學弘德殿也，春冬日必未刻，夏秋日必午刻乃散。内閣公事率俟公散值後，在景運門外朝房呈回。遇有撰擬文字，會議奏疏，及派審案件，公搦管商酌，雖嚴寒酷暑不稍倦。一日，公事畢，問濬師曰：「外間頗有目我爲迂者，汝意云何？」濬師不敢對。再問之，濬師曰：「公宗宋儒，某又公門下士也。愚見揣之，惟朱光庭輩能知程明道之非迂，惟呂陶輩能知蘇東坡之非迂。范景仁之學術，司馬君實之政事，異地則皆然耳。」公默然首肯，出語吴霍山侍郎：「方某見解甚透，未可以書生待之。」丁卯京察，濬師列一等。周商城相國顧而謂曰：「倭艮峯以足下不愧方面之選矣。」竊念濬師性情與公似不甚同，而公之揄揚如此，良可感也。公見人極謙謹，商城與公有通家之誼，大學士行走班次，公在商城前，而晏見必讓商城居上。嘗公選玉牒館校對等官，公至朝房，又與商城讓。商城笑推之，曰：「二哥，你又同我讓了，此何地耶？」公乃就坐。賈黄縣師相以足疾行最緩，公與黄縣入朝，必隨其後，無踰越，從不失尺寸云。公佩帶之物，率銅質、硝石，無貴重品。朝珠一串，價不過數千，冬夏均不更换。袍惟用藍，絶不用雜樣花色。一生寒素，至無餘資乘轎。羅順德尚書輒數爲操守第一人。戊辰，濬師外擢，瀕行，辭公於邸，且乞訓言。公曰：「汝無他，心直口快，亦君子之一病。昨汝屬老夫書楹聯，已加墨。」手持以示，閲之，乃「海納百川，有容乃大；壁立千仞，無欲則剛」十六字。濬師拜而受之，願終身記公之誨焉。今者，公往矣，濬師學不加進，又奉職無狀，徒抱兹孤直之衷，恐不克副公期許也。噫！

陳康祺《郎潛紀聞三筆》卷八《倭門四忠》 道光十五年乙未會試，長白倭文端公爲同考官，得士最盛，而會稽陶文節公恩培、通州孫文介公銘恩、旌德呂文節公賢基、宿松羅壯節公遵殿，皆出其門，先後殉粤寇之難，世稱倭門四忠。

陳康祺《郎潛紀聞四筆》卷一〇《倭仁輔導聖學》 穆宗初元，倭文端公内召，兩宫皇太后妙選師傅，責以輔導聖學。公退直，猶紬閲經史，輯成《帝王盛軌》、《輔弼嘉謨》二書，條分縷晰，注釋簡明，進呈御覽。蓋將以爲養正之助，而並爲同時大臣勗也。此書不傳於外，《文端遺集・答吴竹如先生書》略及之。

備論

《續碑傳集》卷五匡輔之《倭文端公别傳》 評曰：道咸之間，從宋儒之學，身體力行者，必推公爲首選。曾文正公、吴侍郎竹如皆公之益友，皆實力求朱子之意而力行之。曾文正公以見過自訟、言動無妄推之，又拗「吃糠會」，以厲修辭之志，尤近今所罕見。門下雖依草附木，不盡正人。有家庭細故，致父自縊之李如松；附和拳匪，禍延家國之徐桐，其人固狗彘之不若，要不足爲公病也。

葉名琛部

綜述

《續碑傳集》卷四胡鳳丹《前太子少保體仁閣大學士兩廣總督葉公家傳》

公姓葉，諱名琛，崑臣其字也。曾祖廷芳，始由江南溧水占籍湖北漢陽，遂爲漢陽人。祖繼雯，乾隆庚戌進士，官至刑科給事中，世稱雲素先生。考志詵，兵部武選司郎中，以公貴，三代皆贈如公官。公先世咸懷隱德，給諫公性尤至孝，嘗刲股療大母疾，居二親喪，廬墓六年，至有枯木重榮、燕巢互乳之異，鄉人士以爲孝感所致，朝廷聞而旌之，用能集慶篤祜，緜緜延延，大鍾其祥於公。

公生而端静，不苟言笑，循家法維謹，讀書目數行下。未弱冠，中道光乙酉副車，詞筆奇奥，詫爲老宿。旋充武英殿校録，議敍教諭。辛卯舉於鄉。乙未成進士，授編修。直清祕堂，嘗進禱雨文，甘澍應期，宣宗稱爲忠孝所感，其受特達知自此始。上欲試以吏才，輟侍從，出公爲陝西西安知府，有能名。己亥，擢山西雁平道。庚子，調江西鹽法道，兼權布按兩使。壬寅，授雲南按察使。未一年，陞湖南布政使。癸卯，調藩甘肅，丁母憂去職。服闋，補江甯藩司，以原籍例迴避改廣東，留署順天府尹，辦武闈事。丁未，始履廣東藩司任。

公敭歷中外二十餘年，遇事無險夷巨細，必躬必親，壹以答主知孚民隱爲念，故所至輒奏最，而治粤爲最久，得粤人心亦最深，遂與粤事相終始。先是英人不恭，迫换和約，並索黄浦碼頭爲互市地。時琦相國主其議，以諆公，公持不可，積忤相國意，被劾。天子知公可大用，就擢巡撫，委以外事。粤東爲華夷交匯之區，民俗好亂而樂禍，且承平久，藴孽尤深，最號難治。戊申，英德、清遠二縣會匪起。己酉，羅定州土匪又起。公率兵勦辦，應機立斷，或數月或數十日而賊首鄧十富、黄毛五、林十八等悉就擒殄。未幾，海疆蠢動，公與總督徐公密畫，勦撫兼施，卒能折其牙角，潛消逆萌。事聞，宣宗大悦，賜一等男爵，加太子少保銜。庚戌，韶州紅巾賊倡亂，公先事防堵，賊不敢騁，賞頭品頂戴，兼總督銜，充欽差大臣。咸豐壬子，真拜兩廣總督。癸丑，粤城北門外三元里紅頭賊又起，勢猖甚，公晝夜督勦，收復二十二屬，逆首李文茂竄至廣西境内伏誅，賊始平。乙卯春，上命以總督協辦大學士，次年授體仁閣大學士。無何，英人攻入省城，公感兩朝知遇恩，誓以身報，親登洋舶，陳説利害，詞色並厲。酋長相顧愕眙，挾以去，浮海涉印度，踰數萬里。公窺意不善，即欲死之，以環守不得閒，且冀深入彼地，得其要領，歸報天子，俾疆事不至大壞，姑忍須臾活，不爲匹夫溝瀆小諒，卒以事會不諧，莫伸隱志，又大臣義不辱，乃絶粒扼吭以卒，時咸豐戊午三月二十有三日也，而公亦由是削職，烏虖，可哀也已。於某年月日，歸公櫬，蓋自是而海疆事亦稍定矣。

公生平宅心忠厚，有祖父風，鄉里善舉，知無不樂爲之，嘗捐廉俸銀一萬兩修漢陽攔江隄，水不爲患。又以本邑文風日熾，捐俸銀二萬，請廣文武學額二名，著爲例，士林頌之弗衰。友愛出於天性，少與其弟潤臣舍人以詩文鳴一時，舍人中更家變，援例出爲浙江試用道，中途聞公喪，邑邑遂殁。配李夫人，早卒。繼配汪夫人，淮安瑟庵先生女也，有淑德，生女三，無子，以弟子恩頤嗣。

《清史列傳》卷四〇《葉名琛傳》 葉名琛，湖北漢陽人。道光十五年進士，改翰林院庶吉士。十六年，散館，授編修。十八年，授陝西漢中府遺缺知府，尋補興安府知府。十九年，陞山西雁平道。二十年，調江西鹽法道。二十一年，署按察使，旋擢雲南按察使。二十二年四月，江西巡撫裕泰以名琛在江省防堵捐資、出力請獎，下部優敍。十月，陞湖南布政使。二十三年三月，調江甯布政使，因迴避祖籍，調甘肅布政使。十二月，丁母憂。二十六年，服闋，授廣東布政使，旋命暫署順天府府尹，充武鄉試校射大臣，以武舉弓石力不符，下部議處。二十七年，抵廣東布政使任，尋護理巡撫。二十八年四月，湖北解到傳教洋人李若瑟、囉沅、勒納巳囉三名，名琛會同署兩廣總督徐廣縉申列條約，奏交各國領事嚴加約束，勿任復至内地，報聞。

時湖南會匪、教匪四起，名琛委員拏獲董言台等二十八名，又續獲蒙其英等二十七名，訊知爲白蓮教餘黨，復密飭員弁將在逃餘犯購綫偵捕。六月，擢巡撫。十月，捐助湖北賑濟，下部優敍。尋英人欲入内地，廣東省城戒嚴。二十九年三月，名琛疏言：「臣等通盤籌畫，内城外城共十六門，按門添兵，内河外海共三十六礮臺，按臺配兵，並飛飭水師兵丁，隨時調遣。臣等查英人本稱狡詐，舉動尤爲叵測，若不慎始慎終，何以固藩籬而安衽席？自當設法嚴防，不致疏虞。」又疏言：「竊查英人之欲進城，其包藏禍心，實有不堪設想者。明知入城一事，萬民不願，何以百計要求？原欲使官與民强爲逼勒，致民與官頓起離畔之心。該英人從此收買人心，庶幾唾手可得。幸而廣東之士、農、工、商，無不同仇共憤，是以該英人不敢與民爲難，但思與官爲難也。領事文翰總因二十七年定約甚堅，曉瀆不已，若不立爲阻之，令其覬破機關，則得隴望蜀，伊于胡底！而匪徒專盼許其進城，得以乘機煽惑，焚燒洋樓，劫搶洋貨，姦人並起，省城、香港勢必同歸於盡。不獨有乖守土之義，更何得爲柔遠之謀？總之，該英人入城，如果得失參半，不妨暫示姑容。無如有害無利，斷難隱忍坐視。」疏入，上深然之。

四月，偕徐廣縉陳奏，略曰：「查文翰有定欲進城之議，嗣因省城官民齊心保衛，防禦森嚴，加以衆紳公啓勸導，深知衆怒難犯，遂爾中止。嗣英人偏告各國罷議進城，仍求照舊通商。臣等查英人所繫戀者惟貿易，則所以鈐制之者，亦惟貿易。英人頻年驕縱，從未稍受裁抑。今既力窮而思所變計，自當乘勢而予以轉圜，當囑委辦洋務之紳士等，密令衆商與之申明約束，既不進城，自可通商，何時反覆，即行停止，於羈縻之中，仍寓裁制之意。仍飭水陸一體嚴防，城廂保衛，如前慎密，總使無隙可乘，庶幾有威可畏。」疏入，硃諭：「所辦可嘉之至！朕心甚慰。如此棘手之事，卿不動聲色，使彼自屈，較之軍功，允堪嘉尚。」

嗣因英人不敢入城，偕徐廣縉疏言：「接據文翰照覆，現經議定，以後再不辯論進城之事。現在貿易如常，中外均頗安静。臣等備文照會，宣布皇仁，外國商人一體保護，感洋商之心，正所以寒文翰之膽。臣等仍當督飭文武安民綏外，静以制動。」奏入，諭曰：「洋務之興，將十年矣！沿海擾累，糜餉勞師。近年雖略臻静謐，而馭之之法，不得其平，流弊愈出。朕深恐沿海居民蹂躪之虞，故一切隱忍待之。蓋小屈必有大伸，理固然也。昨因英人復伸粤東入城之請，督臣徐廣縉等連次奏報，辦理悉合機宜。本日由驛馳奏，該處商民深明大義，捐貲禦侮，紳士實力勗勤，入城之議已寢。英人照舊通商，中外綏靖，不折一兵，不發一矢，該督撫安民綏外，處處皆抉根源，令英人馴服，無絲毫勉强，可以歷久相安。朕嘉悦之忱，難以盡述！允宜懋賞以獎殊勳。葉名琛著加恩賞給男爵，准其世襲，並賞戴花翎，以昭優眷。發去花翎，著葉名琛祗領。」尋得旨，以一等男爵世襲。

閏四月，復奏夷情，略曰：「伏查洋人居心叵測，其在本國縱有夙嫌，而在内地則恐傷其類，又未嘗不狼狽爲奸，何敢開門揖盜，致墮詭謀？伏讀温諭，以現在城内居民恨之切骨，惟恐其不受創。該督等所稱轉圜之處，似不出於民而出於商。竊惟廣東之商多係土著，其外省來此貿易者，並無多人，商與民固不能分而爲二也。儻該英人竟敢豕突狼貪，原不難制其死命，惟可已則已，各留轉圜地步，然尤在平日修明武備，固結民心，使操縱之權胥由内地，庶外人漸息鴟張，有備乃可無患，則用威正不如養威也。」五月，奏保襄辦夷務文武員弁及紳士等奬敘有差。先是，陽山、英德等縣匪徒聚衆戕官，名琛飛咨署提督祥麟，並檄調鎮將等帶兵進剿。六月，以首犯就擒，下部優敘。七月，給事中曹履泰以英人馴服，奏請籌議善後事宜，名琛疏言：「英人三次潛混入城，均大受懲創，現值保衛森嚴，更不敢輕爲嘗試。惟稽察之道，固貴隨時，而操縱之權，總求在我，則武備實爲第一要務也。」九月，派員購運洋米，赴浙拯荒。

三十年正月，復密陳夷情，曰：「臣訪知美、法各領事，現約文翰同致書於英吉利王，以自罷議進城，貿易漸旺。可見不尋嫌隙，利益顯然。是安心通商，衆國僉同。尤當恪遵恩訓，固結民心，以安民爲綏遠，庶靖内而捍外。」三月，署欽差大臣、兩廣總督。五月，奏洋匪搶劫，疊次剿捕，殲擒一千數百名，洋面肅清。六月，又奏言：「英人恃其火輪船肆擾海外，及各國静與相持，遂廢然而返。此次文翰駛往上海，明知其假巡查爲名，别有覬覦，俟其回港，如有商辦之件，必當恪遵指授，相機妥辦，不慮其狡焉思逞也。」奏入，奉硃諭：「洋人詭譎性成，即或别有要求，卿等亦必有定見，尤須敬慎乃心，俾民心益固，則彼計自蹙。」尋奏文翰回港，安静如常。七月，廣西游匪竄入廣東，名琛檄員弁追捕，擒首犯李士奎。十月，兼署廣東陸路提督，復奏廉州擒獲匪黨，並英德剿辦情形，又檄官兵夾攻翁源匪徒。十一月，復飭文武攻捕南韶一帶土匪，均擊敗之。

時上以福建學政黄贊湯、安徽布政使蔣文慶、漕運總督周天爵前後疏奏豫籌海防外，命各督撫體察布置。名琛疏言：「羈縻外人之術，在使彼之理屈，而我之理伸。惟是事期有備，原在得人，欲求體用兼賅者，殊難其選，祇可因材器使。至於漢奸多係沿海游民，當隨時查禁懲辦。若省城爲華、洋雜處，全在控馭得宜。即上年英人復請入城，城内外聚有十萬之衆，無不志切同仇。是團練具有成規，無事則相安，有事則相衛也。即洋人偶生妄念，竟以必不能行之事先爲嘗試，而在我有貞固不摇之勢，彼亦廢然思返。若祇一味遷就，則得寸思尺，伊于胡底？蓋防外首在固民，所謂積至數十年，不敢遽逞者，直窺我封疆之臣優劣何如耳。」十二月，奏言：「南海等六縣沙地坍漲靡定，未能一律成熟，請仍照歲額徵輸，以紓民力。又賊聚連平州屬九連山一帶，檄員弁分道擊之，擒斬四百餘人。」

咸豐元年二月，以廉州平塘行鹽辦課舊商斥革，新商未充，致巡丁歇業，流而爲盜，請招商試辦，以顧引餉而清盜源，如所請行。四月，奏剿英德匪徒，先後拏獲二千餘名，首要各犯無一漏網，地方肅清。得旨嘉獎，下部優敍。又剿欽州土匪，斬俘百餘名，焚其巢。五月，奏廣寧賊匪分股竄回，飭官兵擊敗之。時劉八股匪竄合浦之竹根坡，復退據東館墟；淩十八會匪聚化州之平定墟，復據清湖墟：名琛以聞，命廣東、廣西兩省合力痛剿。七月，南海縣暨東莞縣士子藉口義倉經費，及抗糧兩案，倡議罷考，名琛先訪主謀者褫其衣頂，其餘安分諸生，請准其一體鄉試。時廣寧股匪全股殄滅，儋州土匪劉文楷復勾結黎人滋擾，官兵日久無功。奏劾總兵黃慶元等畏縮貽誤，請革職拏問。允之。八月，進剿會匪淩十八於羅鏡，連破數墟，賊大潰。閏八月，廣西南寧、太平一帶，巨匪顏品瑶伏誅，飭提督陶煜文等分途剿擊餘匪。九月，何名科等股匪滋擾，信義縣境，官兵進攻，敗之於劉坡，餘匪悉遁。何名科竄廣西。名琛復派遊擊劉開泰等越境窮追，擒何名科，斬之。

十月，逆匪淩十八、陳二、吳三等分爲三股竄據羅鏡，檄陞任高廉道宗元醇等輪流進攻，並探知吳三、陳二與淩十八有隙，率黨潛逃，官軍豫設伏兵，將陳、淩兩股截回羅鏡，吳三直奔八字嶺，官兵前後夾擊，將吳逆全股殲滅。奏入，上嘉其功，賞加太子少保銜。又奏儋州匪徒首夥全獲，土黎肅清。十二月，奏剿新鋪逆匪顏品喜、顏三等。二年五月，奏剿那練賊首李士青等，均擒之，斬於軍前。嗣以徐廣縉赴廣西辦理軍務，命接辦羅鏡剿捕事宜，名琛行抵羅定，旋奏籌辦情形，上韙之。七月，擒斬羅鏡首逆，全股盪平。捷聞，諭曰：「覽奏，深慰朕懷！羅鏡淩十八股匪與洪秀全會匪聲勢相倚，曾在金田入會，黨衆心堅，擾及兩省，抗拒一年之久，實屬罪大惡極。經該督撫先後籌剿，不遺餘力，得以掃數殲擒，洵足伸國法而快人心。葉名琛接辦後，調度有方，辦理甚屬妥速。著加恩賞加總督銜，仍交部從優議敍。」尋署兩廣總督。時辦理羅鏡善後事竣，正擬凱旋，探知湖南道州逆匪逼近廣東交界，隨調兵勇防堵，並星夜回省控制一切。九月，奏曲江匪徒擾及仁化、樂昌、乳源等縣，經提督崑壽等帶兵圍剿，上命名琛馳赴南韶一帶，督兵殲除。十二月，又奏西路各匪藏匿曲江縣之羅坑山，崑壽等帶兵進攻，焚其巢，餘匪竄逸，其南竄之匪，經署守備涂得照等截殺，其北竄者與江西接壤，經南贛道周玉衡等馳剿。上命不分畛域，一體搜捕。

旋擢兩廣總督。三年二月，剿辦東西兩路，並江西交界各匪，疊獲勝仗，殲擒一千餘名。旋以續捐軍餉，下部優敍。五月，奏剿擒長寧匪徒多名，其江西交界股匪，復派守備任士魁等各處圍剿，大挫賊鋒。七月，奏江西龍南賊匪擾入連平州境，經崑壽派兵合擊，漸就殄滅。嗣以惠州府屬龍川縣及東江一帶匪徒，糾衆戕官，調潮州鎮總兵壽山督兵進剿。四年四月，游匪闖入博羅縣城，飭署惠州府知府陶湜等擊退之。五月，奏賊攻潮陽，惠州協副將曆保等力戰，死之。六月，賊陷高明，檄官兵前後夾擊，斬賊目杜錦剛。七月，新江白土匪徒陷肇慶，調將弁督兵擊之，賊復陷鶴山及開平縣，均派兵進攻，復其城；又清遠匪徒陷廣寧，復檄兵圍剿，克之，破其巢。

閏七月，廣州土匪肆擾，漸逼省城，偕將軍穆特恩等督同文武，戰守兼籌。九月，剿辦省城北路股匪，七戰皆捷，破佛嶺市賊營，暨毗連二十餘里之賊巢，悉行焚燬。十月，省城西北兩路賊匪據橋頭市、石井等處，遣廉州營遊擊曾廷相等敗之，賊從北路突出，官兵分道擊之，沉其船，殲除過半。番禺境內匪徒駕舟分竄，圖闖駛省河，調員弁堵擊，賊遁還。十一月，附省各匪糾黨萬餘人，仍屯石門各鄉，經官兵合擊，大小二十餘戰，賊大潰，殲斃無算，水陸解圍。時近省之賊蠭起，分股據佛山鎮，陷龍門、從化、東莞、陽山、河源、增城、封川各縣城，韶州府賊陷海豐、開建各縣，復圍府城；潮州府賊破惠來，竄歸善，擾陸豐、肇慶，餘賊據府城，陷德慶州。名琛分檄員弁，各路攻剿，將府州縣城先後克復，擒斬甚衆。

五年五月，奏廣東軍務未竣，請將乙卯科文武鄉試展至咸豐六年補行。從之。八月，奏廣東匪首梁培友竄廣西撲潯州，復遣將弁帶船勇馳剿。是時英領圖北上，名琛遵旨回省辦理各情節，因奏：「探知英領包玲，美領麥連已先後回港，終未提及天津之事。時值附省各口匪船猖獗，該領事隱生窺伺，每親看接仗，復暗濟逆匪礮藥，臣察其詭計，隨時偵探，以備不虞。近復密購該領事鈔出各條，不勝髮指，如華洋相爭一款，總由洋人欺壓，民人難堪，以致激於公憤。該夷遂謂地方官審斷不公，勢必欲官與民相爲離間，從此得任所欲爲。又聞欲免欠稅一款，洋商出口、進口貨無可稽，漏者頗多。至四年，由該領事官代理，能否按數交納，尚未可知。至於覈減，尤於各稅務大有關繫。法人所重，惟天主教。查自道光二十六年，准其在五口傳教，從此內地會匪相習成風，一經查拏，多稱教內之人，連年倡亂，即由廣西上帝會而起。上帝會乃天主教之別名，凡有各省會匪、教匪、捻匪，如響斯應，此兵燹所由起也。臣惟當恪遵訓諭，堅持定約，斷不敢稍存遷就，尤不得偶疏防範。」九月，奏擒斬洋匪李亞快等二百人，又奏克復韶州府屬樂昌、乳源、仁化等縣。

尋命以兩廣總督協辦大學士。十月，因剿捕惠州餘匪，被匪鈔襲，劾福建臺灣鎮總兵呂大陞等，下部議處。旋兼署廣東巡撫。時賊擾新會縣境，勦獲數千名，地方以安。又賊陷豐順，飭官軍紳練等擊之，俘斬一千二百餘人。十二月，擢體仁閣大學士，仍留總督任。六年二月，奏高州、廉州兩府地方肅清，現辦善後事宜。三月，以雇募紅單船赴江南助勦，需費較繁，率屬倡捐銀兩，下部議獎。四月，奏捕獲澳門洋匪，搜擒英德餘匪，及會辦湖南交界各股匪。七月，奏援勦江西逆賊，克復雩都、上猶縣城，贛州府城解圍。又奏堵勦廣西潯州土匪，擒斬一萬四千餘人。又奏賊陷和平，經崑壽督兵由河源一路進勦，復其城。七年四月，奏廣西佃匪據横州各境，擾及廣東欽州之合浦等處，遣高廉道蔡徵藩等督兵越境進勦，先後攻破匪巢六十餘處，擒斬渠魁，餘匪悉平。五月，奏援勦江西南贛匪徒於樓梯嶺及潭口等處，克之。又奏江西信豐竄匪，擾及南雄交界，飭官軍奮擊，敗之，并援勦信豐，立解城圍。閏五月，以率屬捐備軍餉，諭戶部查覈獎敘。九月，奏肇慶府城據賊經廣東按察使沈棣輝及高要縣知縣黄慶護等先後進攻，擒斬首夥賊匪三萬有奇，克復郡城。十月，奏廣西股匪陷南甯府城，復敗竄横州及靈山各境，皆飭兵勇奮擊，復其城。十二月，奏江西敗匪竄入廣東境，經官兵水陸圍勦，擒斬四千六百有奇，賊遂退。

尋以英人要求無厭，名琛未即應，又未設備，英人因突入省垣，紿名琛入洋船，開駛而去。經將軍穆克德訥、巡撫柏貴等連銜馳奏，諭曰：「葉名琛以欽差大臣辦理洋務，如果該領事非理妄求，不能允准，自當設法開導，一面會同將軍、巡撫等妥爲撫馭。乃該領事兩次投遞將軍、督撫、副都統等照會，該督並不會商辦理，即照會中情節，亦祕不宣示。遷延日久，以致英人忿激，突入省城，實屬剛愎自用，辦理乖謬，大負委任。葉名琛著即革職。」九年，英人歸其尸，據云在五印度城內不食死。署廣東巡撫畢承昭上其事，報聞。

雜録

備録

《庸菴文續編》下《書漢陽葉相廣州之變丁亥》　西洋諸族初至中華，仰互市

之利，其國地皆懸隔數萬里外，航海遠來，頗馴順不敢肆。後以禁煙肇釁，發難之地，實在廣東。自使相琦善撤防引敵，以就和議，驟至割香港，輸重幣，粤人固已決眥切齒，思一洩其憤，而未得間也。撫局屢變，倏戰倏和，使相耆英卒與英吉利訂《江甯之約》。約中既定於廣州、福州、厦門、甯波、上海港口通商，又有許英領事官居五處城邑，專理商賈事宜之語。於是甯波、上海、厦門領事館，雖不在城中，常得與道府以下官相見。福州城中烏石山頂建洋樓，大府弗能禁，且與行相見禮。粤人聞而詬病之，合辭訴大府，請毋許洋人入城。不省，乃大起團練，傳檄遠近，不支官餉，亦不受官約束，駸駸與官爲仇矣。是時，耆英總督兩廣，英人復以入城請，納之，懼激變；拒之，慮啟釁，密告英人，粤民驁悍，請徐圖之，期以二年後踐約。既鹿邑徐廣縉爲總督，漢陽葉名琛爲巡撫，英人以兵輪闖入粤河，申前約。總督密召諸鄉團練，先後至者逾十萬人。自乘扁舟赴英船，告以衆怒不可犯，耆老十餘輩，迭入領事館，陳說百端。英酋方謀留總督爲質，兩岸練勇呼聲震天，英酋懼，請仍修舊好，不復言入城事。於是粤人益自得，謂洋人固易制也。好事者宣言於外，欲遂乘勝沮敗通商事。英公使文翰貽書總督，願重定和約，粤人請爲載書，嚴禁洋人入城。文翰見衆情洶洶，恐妨商務，遂莅盟。總督巡撫會疏入告，宣宗成皇帝嘉之，封總督一等子，巡撫一等男，時道光二十九年也。

咸豐二年，徐廣縉移督湖廣，巡撫坐遷總督。是時，羣寇縱横，而廣東差完，又爲中外通商都會，稱殷富地，凡鄰近諸行省調兵食，購器械，率仰給廣東。總督亦頗能選將募兵，擊平境內土匪及羣寇之闌入者。五年拜體仁閣大學士，名位愈隆，寵眷稠疊。葉相以翰林清望，年未四十，超任疆圻，既累著勳績，膺封拜，遂疑古今成功者皆如是而已，不知天下事多艱難也。然性木彊，勤吏事，治兩粤久，屬吏憚其威重，皆不敢違。初以拒洋人入城有賢聲，因頗自負，常以雪大恥、尊國體爲言。凡遇中外交涉事，馭外人尤嚴，每接文書，輒略書數字答之，或竟不答。顧其術僅止於此，既不屑講交鄰之道與通商諸國聯絡，又未嘗默審諸國情勢之嚮背、虛實、强弱而謀所以應之。英人以入城之約爲粤民所撓，居常悒悒，兼憾葉相之摧沮，而懾其積年虛望，未有以難也。東莞會匪倡亂，合他寇圍廣州，勢張甚，有議借洋人力禦寇者，葉相斥之退，諸寇旋敗散。按察使沈棣輝督軍勦賊，功尤多，列上官紳兵練之力戰者請獎薦，葉相格不奏。兵練皆解體，棣輝憂憤而卒。葉相檄諸府州縣，凡昔通匪者，吏民格殺勿論，黠悍者皆假捕會匪

名相仇殺，前後斬十餘萬人。從賊者不敢歸，或軼擾廣西、江西，或遁入海，棲諸島中，英人以火輪船圍而降之。英方與俄羅斯争雄，欲驅降賊以敵俄。賊首關鉅、梁楫憚遠行，堅請英領事官巴夏禮先攻廣東，可以得志。巴夏禮謂師出無名，留香港數月，日夜訓練。

六年九月，有水師千總巡粵河，遇一划艇，張英國旗，千總知奸民慣借英旗以自護也，登艇大索，執逸匪十三人，拔其旗，以獲匪報。西洋通例，以下旗爲大辱。巴夏禮馳與争論，千總弗爲禮。巴夏禮大恚，照會葉相，謂按和約，拿匪當移取，不當擅執，毁旗尤非禮，且華民在英舟爲傭，實無罪，責歸所獲十三人。其駐粵公使包冷譙讓書亦至。葉相曰：「此小事，不足校，其畀之。」遣一微員，送十三人者於領事館。是時，巴夏禮已與公使及水師提督密謀，欲乘此時求入城，翻前約，又見所遣僅微員，疑有意折辱之，遂不受，曰：「此水師事，當送水師提督舟中，若併送千總來，乃受。」微員復命，葉相曰：「繫之。」遂繫十三人於獄。丁丑，英酋忽遣通事來告：「越日日中不如約，即攻城。」亦不省。己卯，葉相方在校場閲武闈馬箭，忽聞礮聲從東來。吏報英兵艦進奪獵得中流礮臺，文武相顧愕眙。葉相笑曰：「烏有是，日昃彼自走耳。」令粵河水師偃旗，勿與戰。英船進迫十三洋行。明日，英人趨鳳凰山礮臺，守兵以有勿與戰之令也，則皆走，不知所往。明日，英人奪踞海珠礮臺，遂駕礮注擊總督署。司道冒煙進見，請避居。葉相手一卷書危坐，笑而遣之。十月，乙酉朔，日當午，礮聲震，城驟崩，缺口餘二丈，英兵既入城，復退出。葉相遣知府蔣立昂往詰領事用師之故，英水師提督亦在坐，同辭答曰：「兩國官不晤，情不親，誤聽傳言，屢乖舊好，請得入城面議之。」葉相堅守前約，亦心憚洋人詭譎，慮既見而受辱也，遂不許。巴夏禮請先議定相見禮，然後入見，或於城外設公所爲會議地，亦不許。是時，英兵不滿千，而兵勇及團練赴援者數萬人，皆畏敵火器，未能力戰，於是炸礮連日，分五路入城。十一月，礮晝夜發。辛未夜，西關外洋樓大火，粵民火之也。先焚美利堅、法蘭西居室，次日始延及英館，凡昔十三行皆燼焉，喪失貨財無算。英兵亦攜火具，焚緣濠居民數千家以報之，遂悉衆登舟。己卯，退泊大黄滘礮臺，稍稍駛去。巴夏禮知法、美二國館被焚，喜曰：「二國必與我矣。」大抵羣酋隱謀，初守便宜，欲以兵劫盟，改前約，俟得所欲，乃報國主。故其開礮入城，務作聲勢，恐嚇葉相。葉相亦微覺之，謂彼實無能爲，固不敢困我也。葉相狃前功，蓄矜氣，好爲大言以御衆，漸忘其無所挾持，每到危迫無措，亦常有天幸，獲轉圜，默念與洋人角力，必不敵，既恐挫衄以損威，或以首壞和局膺嚴譴，不如聽彼所爲，善藏吾短。又私揣洋人重通商，戀粵繁富，而未嘗不憚粵民之悍，彼欲與粵民相安，或不敢縱其力之所至以自絶也。其始終意計殆如此。英商以洋行被燬，所喪貨財多，憤甚，馳報國主。羣酋知不能隱，亦馳報國主，遂斂船退舍以待命。國主下議院議，上議院大臣力主稱兵，下議院紳民不允。有調停其説者，謂宜先遣特使至中土，請重定盟約，并索償款以卹羣商，不許則先禮後兵，理直辭順，乃可激衆怒用之。國主以爲然，簡二等伯爵額爾金赴粵，調派兵輪，分泊澳門、香港，俟進止，遣使告法、美二國合從之利。額爾金貽書葉相，大略謂舊約，凡領事官得與中國官相見，所以聯氣誼，釋嫌疑，故兩國無難辦之事。自廣東禁止入城以來，浮言互煽，壅閼不通，致有今日之釁。粵民燬我洋行，羣商何辜，喪其資斧，請訂期會議償款，重立約章，則兩國和好如初，永無齟齬。否即以兵戎相見，毋貽後悔。葉相謂其語狂悖，置不答。額爾金再三趣之，皆不答。法、美兩國領事官亦以燬屋失財照會葉相，請酌給賠償，且言英已決計攻城，願居閒排解。議者或勸撫定法、美以伐敵交。葉相謂彼皆比周以脅我也，遂不聽，且不設備。粵民揚言英使果來，當羣起擊之。額爾金淹留香港，久不得中國要領，欲與他省大吏議之，則皆以葉相握通商大臣關防，不敢攙越爲辭。欲入都，則是時未設總理各國事務衙門，無主之者。適法、美兩國兵船至香港汲淡水，將赴日本。乃諷之同攻廣東，謂得志中國，則日本不戰自服，遂與聯盟。

七年五月，英師攻東莞不克。己丑，瓊州鎮總兵黄開廣以釣船紅單船百餘與英師戰於三山，我軍潰，英師追至佛山鎮而止。九月，諜報英船驟至，將大舉攻城。葉相笑曰：「訛言耳，必無是事。」十月戊申朔，忽有英法兩國小火輪船入粵河，竪白旗示無戰意，遞照會，仍言入城索償及通商事。葉相答以通商而外，概不能從。於是英、法、美三國兵船皆集黄埔。十一月戊寅朔，進泊花地。癸未，進泊沙面，登河南岸，奪民屋以駐兵。法人、美人皆不欲戰，謂我於中國素無怨，何必棄好尋仇？英人謂曰：「方今中國内寇益横，又嘗於外交之道，助之不知德，病之不知怨。貴國篤念交誼，中國且益自尊，謂小國不敢叛天朝也。貴國如不欲責償款，我將獨進，如有所得，我自擅之。」二國乃與約得利均霑。美船雖從而不助戰，英又兼供二國一月兵餉。當是時，文宗顯皇帝憂粵事，密戒葉相，海内多故，餉源在廣東，凡馭洋人務持平，勿偏執，釀釁端。葉相於英兵之退，既增飾擊勦獲勝狀以聞，累疏稱：「英國主厭兵，粵事皆額爾金、包冷、巴夏禮等所爲，臣始終堅持不爲所脅，彼技已窮，行自服矣。」粵民疾視英人，互播流言，或稱英屬國印度已叛，英兵敗績，連喪其渠，或稱英船遭颶風，火器已蕩盡。葉相摭以入奏，又稱：「英兵縱火焚民居，自致延燒洋樓，今反索償款，此端萬不可開。」因自陳布置之方，駁辯之辭甚具。天子又特戒之，謂浮言難盡信，當相機慎圖，勿存輕視意。顧南北相距七八千里，實狀無由上達，又以葉相駐粵綜理洋務久，更事多，必有把握，故常優旨答之。葉相失事時，猶奉温諭褒勉，蓋冀其措注得宜也。將軍、巡撫、司道進見，商戰守策，而葉相澹若無事然。或密詢其故，則曰：「彼第作戰勢來嚇我耳，張同雲在敵中，動作我先知之。我不與和，彼窮蹙甚矣。」張同雲者，本通事，葉相購爲外閒者也。有識時者退而歎曰：「强寇豈可以空言應哉！已則無備，輒謂人窮蹙，譬猶延頸受暴客白刃，尚告人曰：『彼懼犯法，窮蹙甚矣。』自欺如此，禍其可紓乎？」粵民自使相琦善莅粵後，嘗疑大府陽勤陰撫。葉相亦畏粵民之悍，遇事尤裁抑洋人，欲求衆諒。然粵民見葉相之夷然不驚，轉疑其與英人有私，及英人累致書不答，且不宣示，則愈疑之。僚屬見寇勢日迫，請調兵設防，不許。請招集團練，又不許。衆固請，葉相曰：「姑待之，過十五日必無事矣。」乃乩語也。先是葉相之父志詵，喜扶乩。葉相爲建長春仙館居之，祠吕洞賓、李太白二仙，一切軍機進止，咸取決焉。乩語告以過十五日可無事，而廣州竟以十四日先陷，人咸訝之。或曰：「洋人賂扶乩者爲之也。」然其事秘，世莫得而詳云。

戊子，得密報，敵已分布巨礮，將攻城。或稱宜遣紳商赴船觀動静，葉相盛怒，傳諭官紳士庶，敢有赴敵船者，按軍法。英人復照會葉相，一欲相見，二欲在河南岸建洋樓，三欲通商，四欲進城，五欲索償款及兵餉銀六百萬兩。仍不見答。己丑，英香港總督會同法、美二國提督，張榜郭外，限以二十四時破城，勸商民暫避其鋒。庚寅旦，敵據海珠礮臺，礮聲如百萬雷霆，併擊總督署，開花彈芒燄四射。火箭入南門，延燒市廛，火光燭天，闔城鼎沸。葉相微服奔粵華書院，千總鄧安邦率粵勇千人殊死戰，殺傷頗相當，以無後繼遂不支。辛卯，日未中，洋人登城，城内礮臺及觀音山頂偏豎紅旗。葉相知城陷，始派弁持令箭出新城，懸萬金賞，調潮勇攻觀音山。戰良久，不能克。巡撫柏貴檄紳商伍崇曜等議和，往見葉相，仍以斷不許進城五字語之。壬辰，將軍穆克德訥豎白旗西北城上，開西門，縱居民遷徙。洋人塞城上礮門，分兵巡城瞭望，張榜禁止殺掠，謂此行惟仇總督，不擾商民也。癸巳，將軍、巡撫會同出榜安民，謂和議可定，城内士民毋驚恐。伍崇曜等趨英船謁公使額爾金，不得見，見其繙譯官威妥瑪、領事官巴夏禮及通事張同雲、李小春，往返三四，和議不成。英人索葉相甚急，乃以乙未夜移居左都統署圃之八角亭。戊戌，英人括總督署中財物，並取布政司庫銀二十萬兩以去，釋南海縣獄囚，分隊引路尋總督。己亥，突劫將軍、巡撫、都統至觀音山，詭云會議公事。旋搜至八角亭，擁葉相置大轎中，尚冠帶翎頂如平時，遂登觀音山，度飛橋踰城出，薄暮舁入舢板小舟，擕上火輪船。從者或以手指河，攝之以目，蓋勸之赴水也。葉相惶不悟。將軍、巡撫等會疏劾葉相，旋得旨以乖謬剛愎之罪褫其職。壬寅，洋人送將軍、巡撫等還署，挾葉相至香港，猶每日親作書畫，以應洋人之請，從者力勸不可題姓名，乃自書「海上蘇武」。八年二月，英人挾至印度之孟加臘，居之鎮海樓上，惟武巡捕藍瓖，與一櫛工、二僕實從，葉相猶賦詩見志，日誦吕祖經不輟。九年正月，藍瓖病卒，葉相寢疾，西醫治之不效。三月丁丑，卒。英人斂以鐵棺松槨，伴以水銀，并所作詩歸於廣東。時人讀其詩，未嘗不哀其志，而憾其玩敵誤國之咎也。因爲之語曰：「不戰、不和、不守，不死、不降、不走，相臣度量，疆臣抱負，古之所無，今亦罕有。」蓋反言以嘲之云。

詩曰：「鎮海樓頭月色寒，將星翻作客星單。縱云一范軍中有，怎奈諸君壁上看。向戍何心求免死，蘇卿無恙勸加餐。任他日把丹青繪，恨態愁容下筆難。」又曰：「零丁洋泊歎無家，雁札猶傳節度銜。海外難尋高士粟，斗邊遠泛使臣槎。心驚躍虎笳聲急，望斷慈烏日影斜。惟有春光依舊返，隔牆紅徧木棉花。」蓋葉相在鎮海樓，洋官五日繪相一次，分報英國主及香港、上海洋官。而葉相之父當城破時，倉皇出走，未得音問，故其詩云然。

英、法兩國兵久踞粵城不去，而北門外九十六鄉之義師起，設團練局於佛山鎮，揚言戒期攻城。然心志不齊，號令不壹，訖於無成。英人初志在得入城見大吏，藉以通隔閡，馭商民，乃粵民一激再激，葉相復一誤再誤，使拱手而有粵城，非英所望也。然其意終在更定約章，索償款，增商埠。又因粵事，益知中國易與，遂糾法、俄、美三國兵船北上，駛入大沽，阻我海運，立約而還。既而約事中變，科爾沁忠親王以重兵扼大沽。九年，擊敗英、法兵船，英人退至香港，益募閩粵亡命，操練不輟。十年，復悉鋭犯大沽北塘礮臺，連敗官軍，陷天津，逼京師，寇燄披猖，海内震動。英、法兩國乃迫索巨餉，别訂約章，大得便利，視舊約加倍蓰焉。嗟乎！西洋諸國之勃興，亘古以來未有之奇局也。其得失利弊，與前史所著迥殊，非默究數十年，不能得其窾要。或視爲尋常，忽不加察，而大受虧損。或上下内外，堅持力争，而無闗至計。粵民激於前此大府議和之憤，萬衆一辭，牢不可破，必阻其入城一事以爲快，屢請屢拒，紛紜者二十年。而大沽之失，天津之約，皆成於此，由今觀之，甚無謂也。

英法兩國於和議定後，至同治元年始退出城，英人占將軍署爲領事廨，沙面造洋樓爲通商埠。法人占布政使署爲領事廨，并踞新城總督署，改建天主堂。而粵人固無如之何。夫民氣固結，國家之寶也。善用之，則足以制敵；不善用之，則築室道謀，上下乖睽，互相牽累，未有不覆敗者。觀於粵人己酉之役，官民一心，措注協矣。厥後志滿氣囂，動掣大吏之肘，微特中材以下不能用粵民，即使同治以來中興諸將相當之，恐有大費躊躇者。葉相之瞻顧徬徨，進退失據，亦固其宜。尋至城陷帥虜，而粵人坐視不能救，其憤盈激昂之氣，亦稍積矣，是果可常恃乎？

昔侯官林文忠公初禁洋煙之時，洋人未識中國虚實，有顧忌心。若使林公久於其任，未必無以善其後。乃使相琦善繼之，而大局一壞不可振。耆英、伊里布又繼之，和議遂定。彼時舍此固無以弭外患，而主和議者，例受人指摘，下流之居，未必如世俗所議之甚也。粵民之與官相抗，亦琦、耆、伊三相有以激之。葉相見林文忠、裕忠節諸公，或以挑釁獲重咎，或以壯往致撓敗，而主和之人，又皆見擯清議，身敗名裂，於是於可否兩難之中，別創一格，以蘄所以自全者。高談尊攘，矯託鎮静，自處於不剛不柔、不競不絿之閒，乃舉事一不當，卒至辱身以大辱國，而洋人燎原之勢，遂不可復遏。然則洋人之禍，引其機者琦相，決其防者葉相也。要之，御非常之變，雖豪傑之士，鮮不智勇俱困焉。蓋因前事無可師，而俗論不可徇也。若以太平文吏、翰苑侍從之才當之，豈不難哉？豈不殆哉？

備論

《續碑傳集》卷四胡鳳丹《前太子太保體仁閣大學士兩廣總督葉公家傳》

論曰：宣廟之季，疆臣負才名赫赫卓有建竪者，陸沔陽外，公其尤也。公與陸同府人，受天子恩皆極重，倚畀皆極隆，而晚節則皆艱屯偃蹇，齎志以死，又何其不相謀而適相合歟？雖陸死於寇中，慷慨捐軀；公死於海外，從容就義；然大臣謀國，至事機決裂，即以死報，亦未嘗不飲恨於九泉，而何敢云塞責也。

寶鋆部

綜述

《續碑傳集》卷七匡輔之《寶文靖公別傳》 寶鋆，字佩蘅，索綽絡氏，滿洲鑲白旗人。道光十八年進士，以主事用，分禮部。二十七年，擢詹事府右中允。咸豐二年七月，以粵匪竄楚，疏請敕鄰楚省分各督撫查照嘉慶年間剿辦川楚教匪成案，力行堅壁清野之法，上韙之。八年，充浙江鄉試正考官。浙江巡撫監臨胡興仁奏，請於廣額內加中官卷一名，部以胡興仁違例，奏請將正副考官一併鐫級。奉旨改留任。硃批云：加中官卷，無論有無私人，總覺有意見好，不料寶鋆素以果敢自命者，亦如是瞻徇。此次部議，亦屬過輕，本欲將汝等降調，因思馬佩瑶職分較小，未免向隅，故酌量從寬，非謂成事不説也。十年，授總管內務府大臣，管理三山事宜。九月，管理戶部三庫事務。英夷內犯，三山被掠，奉詔切責，降爲五品頂戴。十一年十月，命在軍機大臣上行走，並總理各國事務衙門大臣。同治元年，擢戶部尚書。二年正月，奏劾壽莊和碩公主府首領太監張玉耆出言無狀，交慎刑司照例審辦。三年，以粵匪盪平，賞加太子少保銜，並花翎。七年七月，以直東捻逆一律肅清，詔嘉公贊理機務，昕夕慎勤，賞加軍功一級。光緒三年二月，授武英殿大學士。四年，以回疆肅清，詔優敘。十年，著原品休致。十二年，加恩以大學士致仕，賞食半俸。十七年八月，卒，遺疏入，晉，贈太保，照大學士例賜卹予，謚文靖。

咸同之間，天下雲擾，粵逆鯨吞東南數千里，捻逆鹿鋌於齊、豫、鄂、皖，苗燄於南，狪變於西。迨至海國失和，木蘭秋獮，天下岌岌，不可終日，當是時，恭親王坐鎮於上，公與文文忠公折衝樽俎，化畛域之見，拔穎異之材，埽穴犁庭，天下底定，方將補救舊弊，開闢新政，休養生息，與天下更始，而一二後生小子，希冀速化，肆言攻許，自詡清流，僉人乘之，驟更政柄。文文忠已逝，公遂以年力就衰休致矣。公執政多年，不植黨，不黷貨，通國皆知，後之顯者，無不援引私人，致富鉅萬，國是敗壞，至今而極，然後知公與文文忠公爲不可及也，嗚呼！

《清史列傳》卷五二《寶鋆傳》 寶鋆，索綽絡氏，滿洲鑲白旗人。道光十八年進士，以主事用，分禮部。二十三年，補官。二十六年，充《玉牒》館纂修。二十七年，擢詹事府右春坊右中允。二十八年，轉左春坊左中允。二十九年，京察一等。九月，陞翰林院侍講。三十年六月，充實録館纂修。十二月，陞侍講學士。咸豐二年七月，轉侍讀學士。十二月，寶鋆以粵匪竄楚，疏請敕鄰楚省分各督撫，查照嘉慶年間剿辦川楚教匪成案，力行堅壁清野之法，上韙之。四年六月，充日講起居注官。命往三音諾顏賜奠。十二月，授內閣學士，兼禮部侍郎銜，充文淵閣直閣事。五年，充順天鄉試監臨。十一月，補禮部右侍郎。六年，充會試知貢舉。五月，授正紅旗蒙古副都統。十一月，《宣宗成皇帝實録》、《聖訓》慶成，賞加一級。十二月，調正紅旗滿洲副都統。七年，調戶部右侍郎，兼管錢法堂事務。八年三月，寶泉局鑪棚不戒於火，下部議處。寶鋆奏請另購民房，改地設鑪，以節經費，從之。

八月，充浙江鄉試正考官。十一月，浙江巡撫監臨官胡興仁奏請於廣額內加中官卷一名，部議胡興仁違例奏請，將寶鋆及副考官馬佩瑶一併鐫級留任。時已榜發，寶鋆專摺奏聞，奉批諭：「加中官卷，無論有無私人，總覺有意見好。不料寶鋆素以果敢自命者，亦如是瞻徇！此次部議亦屬過輕，朕本欲將汝等降調，因思馬佩瑶職分較小，未免向隅，故酌量從寬，非謂成事不説也。」九年，充順天鄉試監臨。尋以濫保撤任旗員，坐降二級調用，上加恩改爲降四級留任。十年正月，命往天津驗收海運米石。二月，奏請嚴定章程，豫杜轉運流弊。三月，命赴通州查米，寶鋆偕倉場侍郎廉兆綸奏請嚴治偷米船戶罪，又劾監督貽誤車輛，交部議處，均詔如所請。

五月，授總管內務府大臣。九月，署管理戶部三庫事務。尋以英夷內犯，寶鋆專管之三山被掠，奉詔切責，撤去巡防，降爲五品頂戴，一切差使暫停開缺。十一月，諭曰：「此次辦理巡防，寶鋆當吃緊之際，尚在任事，著加恩賞還二品頂戴。」十一年三月，管理戶部三庫事務，兼署正白旗漢軍都統，復兼署左翼前鋒統領。七月，授鑲紅旗護軍統領。十月，命在軍機大臣上行走，賜紫禁城騎馬。尋充實録館副總裁，總理各國事務衙門大臣。十一月，調鑲黃旗護軍統領。十二月，命偕恭親王總司稽察定陵欽工及應行各事宜。同治元年正月，調左翼前鋒統領。京察屆期，詔嘉寶鋆實力劻勷，和衷共濟，下部議敘。尋轉戶部左侍郎，兼管三庫事務，兼署戶部右侍郎，兼管錢法堂事務。二月，擢戶部尚書，兼署正白旗滿洲都統。七月，充崇文門副監督。九月，兼署兵部尚書。二年正月，調鑲藍旗滿洲都統。八月，管理戶部三庫事務。是月，奏劾壽莊和碩公主府首領太監張玉蒼出言無狀，得旨：「太監倚勢作威，陵辱大臣，殊出情理之外。若不嚴懲，流弊何所底止？張玉蒼著革去首領太監，交慎刑司嚴行審訊，按律治罪。」十二月，充實録館總裁。三年五月，《治平寶鑑》書成，奉慈安皇太后、慈禧皇太后懿旨，命大學士瑞常等每日輪班進講，寶鋆與焉。七月，以江南江寧府城克復，粵匪蕩平，賞加太子少保銜，並賞戴花翎。十月，兼署刑部尚書。四年三月，充會試副考官。尋命佩帶總管內務府印鑰。四月，兼署翰林院掌院學士。寶鋆以軍機處事務煩重，籲懇開總管內務府大臣缺，允之。九月，文宗顯皇帝、孝德顯皇帝后梓宮永遠奉安定陵，以工程堅固，下部議敘；子八品筆帖式景澧，恩賞員外郎。十二月，《文宗顯皇帝實録》、《聖訓》慶成，得旨賞加二級，姪景曾恩賞舉人。六年五月，職員楊廷熙呈由都察院轉奏，請撤同文館，語涉總理各國事務衙門。恭親王偕寶鋆等奏請將楊廷熙所奏十條，派大臣覈議，並請暫開總理各國事務衙門差使，聽候查辦，上不許，諭曰：「此係爲楊廷熙摺內有專擅挾持等語。當此時事多艱，該王大臣等當不避嫌怨，力任其難，豈可顧惜浮言，稍涉推諉？」

六月，旱，兼管順天府府尹萬青藜、府尹胡肇智、直隸總督劉長佑奏陳籌議備荒事宜，疏下戶部議奏。寶鋆等覆奏，略言：「從古救荒之策，縷析條分，或先事豫圖，或事後補救。不俟勘報，則災分難知；稍事因循，則民命已殆。要在隨事體察情形，認真辦理。查原奏所稱，飭屬開常、義二倉，出借口糧，暨由鄰封協撥，並令官紳酌設粥廠各節，自爲先事豫圖，最關緊要。所請截撥通倉漕米十萬石，並請撥給倉存豫東粟米十萬石，係先事救荒之用。又請由部庫撥銀數十萬兩，並係事後普賑之用。除先行籌備銀二十萬兩，一俟議定章程，奏報到日，即行撥給外，其所請糧米粟米，現在京倉支絀，兵糈缺乏，原不應再議撥給；惟救荒急於星火，兼尹等爲民請命，何敢稍事拘泥？擬請於本屆江浙海運漕糧頭批內撥給稉籼米十萬石，山東河運漕糧頭批內撥給粟米十萬石，統由兼尹等委員赴津領取。天津道專司分撥，其順屬撥米若干，直屬撥米若干，由兼尹等自行酌撥，臣部不爲遙制。總之救荒議賑，民命攸關，近在畿輔，籌辦尤爲緊要。當此倉庫支絀之際，既不惜撥銀撥米，以拯窮黎，兼尹等職膺疆寄，宜如何竭力殫心，實事求是。其涿州、東安、定興三州縣，應即勘定災分，趕緊籌賑。至未據報災

分各州縣，如大興、宛平、良鄉等處，務即分別查看，毋得因循誤事，並即由兼尹、府尹、總督等將順屬、直屬賑濟事宜，分別迅速奏報，上慰宸廑；毋庸往返函商會奏，轉多周折。」詔如所議。十二月，充經筵講官。

七年七月，以直、東捻匪一律肅清，詔嘉寶鋆等贊理機務，昕夕慎勤，賞加軍功一級。是月，疏上補救漕倉積弊章程，略言：「近日漕糧以海運爲大宗，由津轉運進倉，程途僅數百里，而弊端指不勝屈。入倉以後，百弊叢生，尤屬積重難返。臣等詳稽成案，體察事情，一切固有之例，或須量加損益，或須切實聲明。謹酌擬章程十條，奏明辦理。復查漕倉事務，至繁且雜，需員之處固多，需役之處尤多。立法宜詳，而節目不可煩瑣；用罰宜當，而文義不可拘牽；屬吏之考成宜嚴，而必予以奮興之路；兵役之稽察必密，而尤貴有體恤之方。本此意以立章程，當局者果能實力奉行，於漕務必有裨益。」報聞。十一月，充方略館總裁。十年六月，充國史館總裁。七月，充崇文門正監督。十一年六月，調吏部尚書，授閱兵大臣。九月，穆宗毅皇帝大婚禮成，賞加太子太保銜。十二年，京察屆期，優敘如前。八月，兼署刑部尚書。十二月，授翰林院掌院學士。十三年三月，命以吏部尚書協辦大學士。五月，充教習庶吉士。八月，調兵部尚書。十一月，奉慈安端裕康慶皇太后、慈禧端佑康頤皇太后懿旨：「皇帝天花之喜，寶鋆著賞戴雙眼花翎。」十二月，穆宗毅皇帝龍馭上賓，寶鋆自請撤銷翎枝，允之。

尋授體仁閣大學士，管理吏部事務。光緒元年二月，充文淵閣領閣事、實録館監修總裁。三年二月，授武英殿大學士。三月，充會試正考官。四年二月，以回疆肅清，詔優敘。尋編修何金壽奏請遇災修省，訓責樞臣。諭曰：「前因近畿等省被災甚廣，雨澤愆期，業經降旨悔過省愆，以冀感格天心，速沛甘澍。茲據何金壽奏稱『現在朕躬沖幼，兩宮皇太后聽政，權衡雖出自上，翊贊則在樞臣。請責之以忘私忘家，認真改過』等語。此次饑饉薦臻，瘡痍滿目。天降奇災，皆由政令闕失所致。軍機大臣贊畫樞要，實有獻替之責。若謂災諉諸天，過諉諸上，諒必有所不敢。惟當此災廣且久，朝廷宵旰焦勞，無時或釋，而該王大臣目擊時艱，毫無補救，咎實難辭。寶鋆等著交該衙門嚴加議處。」尋議革職，有旨加恩改革職留任。十二月，詔開去國史館總裁及閱兵大臣。五年正月，京察屆期，詔嘉寶鋆等同心翊贊，共矢公忠，加恩開復革職留任處分。三月，以敬題穆宗毅皇帝、孝哲毅皇后神主，賞太子太傅銜。十一月，《穆宗毅皇帝實録》、《聖訓》慶成，諭曰：「監修總裁大學士寶鋆，在館四年，始終其事。著加恩伊子工部候補

具外郎景澧，以本部郎中即補；伊姪候補郎中景曾，賞給舉人，准其一體會試。」六年五月，充翰林院教習庶吉士。十月，命管理神機營事務。

七年六月，詹事府左春坊左庶子陳寶琛以星變疏劾寶鋆畏難巧卸，瞻徇情面。諭曰：「大學士寶鋆，在軍機大臣上行走有年，襄辦諸事，尚無過失。陳寶琛謂其畏難巧卸，瞻徇情面，亦不能確有所指。惟既有此奏，自必平時與王大臣等商議諸事，未能和衷共濟，致啓人言。該大學士受恩深重，精力尚健，自當恪矢公忠，勉圖報稱，不得稍涉懈怠。軍機大臣均有獻替之責，務宜殫精竭慮，力戒因循積習，共濟艱難，用副委任。」九月，孝貞顯皇后梓宫永遠奉安禮成，得旨：「寶鋆之子景澧，著以五品京堂候補。」九年，充教習庶吉士。十年三月，欽奉慈禧端佑康頤昭豫莊誠皇太后懿旨：「現值國家元氣未充，時艱猶鉅，政虞叢脞，民未敉安。內外事務，必須得人而理，而軍機處實爲內外用人行政之樞紐。恭親王奕訢等始尚小心匡弼，繼則委蛇保榮，近年爵祿日崇，因循日甚。每於朝廷振作求治之意，謬執成見，不肯實力奉行。屢經言者論列，或目爲壅蔽，或劾其委靡，或謂簠簋不飭，或謂昧於知人。若仍不改圖，專務姑息，何以仰副列聖之偉烈貽謀？將來皇帝親政，又安能諸臻上理？寶鋆入直最久，責備宜嚴。姑念年老，茲特錄其前勞，全其末路，著原品休致。朝廷於該大臣之居心辦事，默察已久，知其決難振作，誠恐貽誤愈深，則獲咎愈重，是以曲示矜全，從輕予譴。初不因尋常一眚之微，小臣一疏之劾也。」十二年十月，慈禧端佑康頤昭豫莊誠皇太后懿旨：「原品休致大學士寶鋆，著加恩以大學士致仕，賞食半俸。」

寶鋆自咸豐五年以來，充順天及各直省舉人覆試閱卷大臣、貢士覆試閱卷大臣、殿試讀卷官、進士朝考閱卷大臣、庶吉士散館閱卷大臣、考試試差閱卷大臣、考試漢蔭生閱卷大臣、考試漢教習閱卷大臣、拔貢朝考閱卷大臣凡二十一次。

十七年八月，卒。遺疏入，諭曰：「致仕大學士寶鋆，忠清亮直，練達老成。由部曹轉列詞垣，洊陟卿貳。渥荷穆宗毅皇帝知遇之隆，命爲軍機大臣、內務府大臣，在總理各國事務衙門行走，晉擢正卿，超登揆席，簡任綸扉，總理部旗事務。補授閱兵大臣，充翰林院掌院學士。朕御極後，深資倚畀，賞加太子太傅銜，欽奉懿旨管理神機營事務。服官三十餘年，夙夜宣勤，靖共匪懈。嗣以大學士致仕，賞食半俸。方冀克享期頤，長承恩眷，茲聞溘逝，悼惜殊深！著賞給陀羅經被，派貝勒載瀅帶領侍衛十員，即日前往奠醊。晉贈太保，照大學士例賜卹，加恩予謚，入祀賢良祠。任內一切處分，悉予開復。應得卹典，該衙門察例具奏。伊子光祿寺少卿景澧，著以四品京堂候補；伊孫蔭桓，著賞給舉人，准其一體會試，用示篤念藎臣至意。」尋賜祭葬，予謚文靖。

雜録

備論

《續碑傳集》卷七匡輔之《寶文靖公別傳》 評曰：咸豐庚申，帝幸木蘭，公留京辦户部事，行在提餉廿萬，公以國用緊急，尼之，上聞大怒，欲加重罪，旋數其忠。止論國計之緩急，不顧一身之利害，嗚呼，古大臣歟。

馮桂芬部

綜述

《續碑傳集》卷一八左宗棠《中允馮君景庭家傳》　君諱桂芬，字林一，又字景庭。吳縣馮氏先世由常州遷吳，遂爲吳縣人。君幼穎異，弱冠補縣學生員，道光十二年舉於鄉，二十年一甲二名進士，授職編修。文宗御極，大臣疏舉人材，以君與林文忠同薦。旋以憂歸。比服闋，而賊已陷金陵矣。承詔勸捐輸、練鄉團。事辦，敘克復諸城勞，晉五品銜，特旨擢中允。有閒之者，告歸不復出也。

金陵師潰，賊犯吳中。時泰西海舶鱗集滬上，衆議藉以禦寇，君亦謂然。比蘇州、松江陷，滬益不支，所望者曾侯駐皖之軍。吳人畫赴皖乞援之策，慮侯不遽許，推君具草。君爲陳危急情狀，並時局利鈍及用兵先後所宜，語甚辨。曾侯許之，令福建延建邵道今相國李公以水陸諸營東下。李公益召淮陽豪俊與俱，遂成平吳之功。吳平，李公開府吳中，就君諮訪郡縣利病諸時政，多取決焉。如蘇、松減漕額，長、元、吳三縣減佃租，舉八百數十年歷代名公卿思爲民請命不可得，積歉終古者，一旦如其意而澌雪之，如沈痾之去體。非遇聖仁在上，當事無所顧慮，民閒呻吟疾苦奚由徹諸殿陛也？吳人兵燹餘生，躅貸及於寬政，幸矣。茲如常制更減除數十萬租賦，永爲太平幸民，微君有言而孰貽之？第以赴皖請援謂君大有造於鄉邦，抑又淺矣。君著述甚富，堪裨實用，算學尤邃，稱於時。茲撮其有關國故者録之。

君卒於同治十三年四月，年六十有六。子二：芳緝、芳植，有聞於時。余與君同壬辰鄉舉，今亦七十矣。頭白臨邊，久荒文字，因芳緝書來，求爲君家傳，不獲以不文辭，乃書此詔史氏。

《清史列傳》卷七三《馮桂芬傳》　馮桂芬，字林一，江蘇吳縣人。道光二十年一甲二名進士，授翰林院編修。二十三年，充順天鄉試同考官。二十四年，充廣西鄉試正考官。桂芬性穎異，讀書目數行下。講求經濟，與陳慶鏞、姚瑩、趙振祚、曹懋堅、張穆等相切劘。文宗御極，詔中外大臣各舉賢才，大學士潘世恩以林則徐、姚瑩、邵懿辰與桂芬同薦。尋以憂歸。總督陸建瀛聘修《鹽法志》。

咸豐三年，粵匪陷金陵，奉特旨與程廷桂、韓崇、胡清綬同辦團練勸捐事，巡撫許乃釗駐師金陵，羽檄日數至，商略裁復，皆桂芬主之。中書馬釗自乃釗幕中來，言及蘇、松空虛可慮，大營餘丁甚衆，募之爲留守策應之師，計甚便。桂芬即與廷桂定議令招募，事甫集而青浦、上海諸匪竊發，連陷數縣，釗與主事劉存厚馳剿青浦，一鼓下之，乘勝復諸城。上海平，敘勞，賞五品頂戴。六年，遷右春坊右中允。既而蘇省陷於賊，滬益不支。吳人倡入皖乞援之議，推桂芬具草。桂芬爲陳危急情狀，并時局利鈍及用兵先後所宜，語甚辨。總督曾國藩得書感動，命李鴻章以水陸諸營東下，遂成平吳之功。國藩嘗言東南大局，不出桂芬一紙書云。

嘗著《校邠廬抗議》四十篇，於經國大計，指陳剴切。先是，吳中困重賦，有破家者，桂芬母每謂之曰：「汝他日有言責，此第一事也。」桂芬讀書，即留心漕務，民間苦累，纖悉周知。至是，力請於鴻章，具疏入告。得旨，蘇、松、太減三分之一，常、鎮減十分之一，民困以甦。同治三年，詔求賢才，安徽巡撫喬松年復薦桂芬，以病不果行。六年，以蘇、松、太三屬辦團及善後功，賞加四品卿銜。九年，鴻章奏桂芬平居，講學著書，巋然爲東南耆宿。嗣與商擬江蘇減賦章程，期於實惠及民。謀設上海廣方言館，務求博通西學，卓識宏議，足裨軍國而垂久遠。請破格優獎，賞給三品銜。

生平引掖後進，出於至誠，造就多知名士。說經宗漢儒，亦不廢宋。精小學，以段玉裁《說文解字注》引用多誤，作《段注考正》十六卷。又善爲古文，探源《左》、《國》，下及唐宋，四方丐傳志者，户外屨常滿。於疇人家言，研究尤深。著有《弧矢算術細草圖解》及《西算新法直解》、《校定李氏恒星圖》、《測定咸豐紀元中星表》。嘗手製定向尺及反羅經，用以步田繪圖，法爲捷合。適官中用部頒五尺弓，田多溢額，因徧查《會典》及《皇朝文獻通考》、《户》、《工部則例》，知乾隆年間議丈舊田用舊行六尺步弓，惟新漲沙田用新頒五尺步弓，乃援案呈請奏准，鄉里至今德之。廷臣議治黄河，欲輓使南流，一復道光時淮徐故道，詔李鴻章妥議。桂芬上書痛陳南流之弊，鴻章用其說入告，事遂寢。

桂芬登第後，不十稔即引疾歸。每春秋佳日，喜作山水遊，尤喜鄧尉，自號鄧尉山人。嘗於光福得元人徐良夫耕漁軒遺阯，湖光山色絶勝，於其地築屋數椽，供憑眺。十三年，卒於家，年六十六。他著有《兩淮鹽法志》、《蘇州府志》、

《顯志堂集》。

《陶樓文鈔》卷六《清故詹事府右春坊右中允馮君墓誌銘代》 東南經寇亂，適十年而後定。故家文籍盪然，猶賴碩望耆儒若伏生、申公者，抱遺經，耆道德，後學奉爲依歸，而官其土者，有大政或遇事變，得所諮度焉。中允馮君桂芬，殆其人矣。君生有異禀，幼擅文譽，工制舉業及駢體。中年以後，乃肆力於古文，探源《左》《國》，下及唐宋，說經宗漢儒，亦不廢宋。精研小學，嘗手摹楚金《說文韻譜》，敘而刊之。喜疇人家言，師事李申耆、李尚之兩先生，嘗以意造定向尺及反羅經，用以步田繪圖，試行於川沙。又以江南清丈用部頒五尺步弓，田多缺額，考《會典》、《皇朝文獻通考》及户、工事例，定用舊行六尺步弓量舊田，新頒五尺步弓量新漲沙田。君於學無所不窺，而期於實用。天下大計，無日不往來於胸中。其於河漕、兵刑、鹽鐵諸政，國家條例，源流洞達而持之介然。少時爲某邑令記室兼治錢穀，令以欠糧欲撓生員，君力爭不得，拂衣去，客遊陶文毅、裕忠靖諸公幕中。自未仕時，名重大江南北。粵寇之陷蘇城，避居滬上。是時，予方從曾文正公治兵皖疆。今河南巡撫錢君鼎銘，持書乞援，陳滬城危急狀及用兵先後機宜，累數千言。其書君所創稾，文正得之感動，乃定計，以予率師乘輪舟東下，卒解滬上之圍，克蘇州。文正嘗言：「東南大局，不出君一書也。」予既至滬，奏辟君自隨。君創立會防局，調和中外，又設廣方言館，求博通西學之才，儲以濟變。嘗爲予言，外家破於催科，究心漕務者二十餘年，周知民間苦累，因力陳其弊。予於是有奏減漕糧之疏，凡蘇、松、太減三之一，常、鎮減十之一。前年予奉詔議治河事，有欲挽河使南流復淮、徐故道者。君書來，痛陳南流之弊。予於是有故道難復之疏。予以非才謬膺重任，敬耈老而咨故實，庶幾免愆戾焉。而君遽隕喪，予滋戚已！

君字林一，又字景亭。先世諱惠始者，自常熟遷蘇州郡城，占籍吴縣。曾祖義謨，妣王；祖禮瑞，妣錢；考智懋，妣謝。君未弱冠，補縣學生員，道光十二年舉人，二十年一甲二名進士，授編修。嘗充順天鄉試同考官，廣西鄉試副考官，教習庶吉士，丁母憂服闋。文宗御極，用大臣薦召見，旋丁父憂。服甫闋，而金陵陷，奉詔勸捐團練，以克復松江、南匯、川沙、青浦、嘉定、上海諸城功，晉五品銜，擢中允。爲蜚語所中，得自赴京。期年，復告歸。今上初元，予密疏薦，得旨宣召，君病不克赴。以蘇、松、太治團善後功，奏加四品卿銜。迨中原肅清，東南大定，追念前勞，奏加三品卿銜，格於部議。子續奏，稱君江鄉耆宿，講學著書，卓識閎議，有裨軍國，特詔賜三品銜。君遂循例加級，三代皆贈一品秩。同治十三年四月十三日，卒於里第，年六十有六。妻黄早卒，贈一品夫人。子芳緝，員外郎銜，刑部主事；芳植，五品銜，内閣中書。孫世澂，縣學生員；世灝、世銘、世選、世霖。曾孫澤榮。女二，孫女八。

君性恬澹，登第後，服官不及十年，即引疾歸。徜徉山水，蕭然自得，儉約廉靜，旁無姬侍，而遇事奮發，勇於有爲。凡蘇、滬諸善堂，及濬河、建學、賑撫、積穀諸善舉條議，悉出君手。先後主講金陵惜陰、上海敬業、蘇州正誼諸書院，爲後進講論學術，評騭文藝。書宗率更，兼工篆、隸，四方求書者踵至，研朱揮翰，昕夕忘倦。所著《顯志堂詩文集》、《說文解字段注考正》、《弧矢算術細草圖說》、《西算新法直解》、《校正李氏恒星圖》、《測定咸豐紀元中星表》、《丈田繪圖章程》、《使粵行紀》、《抗議》、《家譜》、《兩淮鹽法志》、《蘇州府志》各若干卷。每一書成，遠近學者爭快睹焉。嗚呼！使君出而佐天子治庶政，其見於世者，豈止如是而已哉！芳緝將以十三年十一月□□日奉君喪，與黄夫人合葬於吴縣二十一都八圖陽甲字圩北祝塢。

《疇人傳》三編卷五《馮桂芬》 馮年丈桂芬，字林一，號景亭，吴縣人。道光二十年一甲第二名進士及第，授職翰林院編修。嘗充順天鄉試同考官，廣西鄉試正考官，教習庶吉士。咸豐六年補詹事府右春坊右中允，九年告歸。同治初元，合肥相國肅毅伯密疏薦，得旨宣召，病不克赴，遂無意出山。六年，敘團練善後功，賞加四品卿銜，旋晉三品。十三年卒于家，年六十有六。生有異禀，幼擅文譽，中年以後，益肆力于古文辭，說經宗漢儒。精研小學，嘗手摹宋本《楚金韻譜》敘而刊之。尤喜習疇人家言，師事尚之、申耆兩李先生。嘗手製定向尺及反羅經，用以步田繪圖。

有《繪地圖議》，略云：「大抵不審乎偏東西經度、北極高下緯度，不可以繪千里萬里之大圖；不審乎羅經三百六十度方位，及弓步丈尺，不可以繪百里十里之小圖。而繪小圖視繪大圖更難，以無顯然之天度可據，全在辨方正位，量度丈尺。今定一簡易之法，任取本州縣一城門左旁立一石柱爲主柱，即爲起數之根。依此作子午卯酉縱横綫，以一里三百六十步爲度，各立一柱。令四柱之内爲一圖，容田五百四十畝。各圖中乾坤艮巽四隅，皆有一柱。而以艮隅之柱爲本柱，以千字文爲號，勒于其上。柱徑一尺，高一丈，埋露各半。其露者尺寸有識，適當山水市舍則省之，或向西或向南，退行若干步補之。繪圖則用約方二尺之紙，十步爲一格，縱横各三十六格，則一里内阡陌廬舍，纖悉可畢具，如是而地之廣袤著矣。更用水平測量高下，即以主柱所傍城門之石檻爲地平起數之根，以絜各圖石柱，而得各圖立柱之地高下于城檻之數。又徧測本柱前後左右四里之高下，而得四里内高下于本圖之數。又徧測東西南北毗連州縣城檻之高下，而得各城檻高下于本城檻之數，以之入圖，則著色爲識别。凡高下于城檻在一尺内者不著色，其餘分數色。以一尺爲一色，至若干尺以上，則概爲一色。高山土阜又别爲一色，仍識若干尺于上。如是而地之高下亦明矣。」

又嘗校正李氏《恒星圖》，測定咸豐紀元恒星表。其跋《甲辰新憲赤道恒星圖》，略曰：「武進李氏兆洛刻道光甲午歲差赤道恒星圖，板存余家，經亂燬大半，徒輩請補之。今經甲辰，臺頒《欽定儀象考成續編》之後，星數星等，多有增損升降，歲差亦改爲五十二秒。原板剜改猶易，遂補刻成完帙。謹遵《續編》宫度星數星等與《後編》異者，一一改入。計原圖星三百座，三千八十三星。今增丑十六，子十八，亥十八，戌十，酉十八，申十九，未十七，午七，巳八，辰九，卯十二，寅十一，凡一百六十三星。少司録二五，諸侯二，天相一，天錢一，凡六星。計三百座，三千二百四十星。至圖式距極三十度内，南北各爲圓圖一。三十度外，南北各爲皋彭形，十二緯度，皆一度爲一格。經度近極五度内，并十度爲一格。五度外，十度内，并兩度爲一格。三十度外，一度爲一格。星等皆仍李氏舊式，總圖皆正座無增減，惟星等間有升降，亦依新測改之云。」

自著有《弧矢算術細草圖解》一卷，本李尚之氏十三題詳演天元諸式，有裨初學。又譔《咸豐元年中星表》一卷，《丈田繪地章程》一卷。與江寧門人陳暘同著者，爲《西算新法直解》十八卷，湘陰郭侍郎嵩燾刊之。《廣東新法》者，米利堅人羅密士譔《代微積拾級》一書也，以初譯奥澀不可讀，商榷凡例，各日課二三條，咸豐十一年全書成，遂用名之。外此所著《顯志堂詩文集》、《説文解字段註考正》、《使粤行紀》、《校邠廬抗議》、《家譜》、《兩淮鹽法志》、《蘇州府志》各如干卷。每一書成，遠近學者争快覩焉。

陳暘馮稿作瑒，字子瑨，江寧人。祖國楨，父昌緒，仍世名諸生。家小康，藏書甚富，能會通而貫穿之。經學、史學、小學、天文、輿地、詩古文辭，旁及詞曲、武備、方術，靡所不習，而尤精于算學。用馮年丈薦，入上海廣方言館，課算學，與溧水姚拔貢必成同館。姚病痢驟卒，猶爲屏當其喪。有頃亦痢，夕旋没，時同治二年秋也，年五十有八。生平著述甚多，有《算學發明》二十四卷、《算學一得》十六卷、《算學啓蒙》十二卷、《算學重差》十二卷、《尺書》一卷，皆燬無稿。家刻者僅《畯規圖説》、《九章補餘》及《屈子生卒年月考》三種。他惟與馮年丈同著者有存本爾。同郡又有管嗣復，字小異，上元人。異之孝廉同子，揚州汪户部喜孫未取婿也。博雅好經術，一時耆彦方聞之士，多折行輩與之交。又研算術，窺代微積之略。遭亂死吴中。《顯志堂稿》、《弧矢算術細草圖解》、《續纂江甯府志》

論曰：公子太守芳植與可寶爲同歲生，又讀文集十二卷，得備諗年丈之學之精且博。夫繪地用算，良法不刊。年丈既創于前，南海鄒氏擅長于後。道不相謀，理皆闇合。第窺曲藝之能，足徵神智之用已。晚歲徜徉泉石，蕭然自怡。而生平當事勇爲，爲乞師辦賊均賦甦民，有功東南者最偉。又久主諸書院講席，引掖成就者藉甚當時。然則康濟之術，非託空言，六九之工，莫與儔匹。今號耆儒碩望繼往而開來，若年丈者，庶幾無愧色歟？

雜録

備論

《續碑傳集》卷一八左宗棠《中允馮君景庭家傳》 論曰：士之有意用世者，蓋欲行其志焉。而行之有難易，成之有遲速，則時爲之。使君於大臣論薦時遽膺重寄，固宜大有設施。然時會未值，議論或足以害其成，未可知也。觀君所爲，如雷霆之乘風載響，霖雨之因雲灑潤也，事成而神功亦斂如此。語曰「識時務者在於俊傑」，諒哉！

《陶樓文鈔》卷六《清故詹事府右春坊右中允馮君墓誌銘代》 銘曰：江南文獻，先帝儒臣，衆望是資。均賦治河，運籌決勝，條變畫奇。舒古琳今，齡謀晦斷，一身兼之。不榮於禄，而富於書，浩博無涯。我銘藏幽，君書在世，其傳奚疑。

僧格林沁部

綜述

《續碑傳集》卷七〇朱孔彰《科爾沁忠親王僧格林沁別傳》 科爾沁忠親王僧格林沁，蒙古人也。初尚主封郡王，宣宗派充御前大臣，管理旗營事務。咸豐三年，詔督師直隸山東惠親王爲奉命大將軍，王爲參贊大臣，總統四將軍，率旗營察哈爾精兵會大臣勝保勦賊。粵逆僞天王洪秀全既踞江甯爲僞都，遣僞丞相林鳳祥等，糾十萬衆北犯，敗於天津，不得前，踞獨流自固。明年正月，王與勝大臣合軍攻破獨流，賊由靜海竄東城、陳官、桃園、杜九各村，追擊又大破之，賊遁入阜城，分屯堆村連村林家場。王命副都統郭仕訥達洪阿、副將史榮椿、侍衛達崇阿縱火焚村，賊死數千，斬僞官百餘名，生禽三百餘名，城外賊屯皆盡。會安徽援賊渡黄河竄山東臨清，陷冠、鄆城，王與勝保夾擊破之。四月克阜城，賊奔東光連鎮。連鎮跨衛河，分東西二鎮，五月拔西鎮，餘賊鳧水而東，復踞東鎮。明年正月，王親冒矢石，一鼓下之，生禽逆首林鳳祥，檻送京師伏誅。於是賊之渡河者惟高唐州久攻未下，王令南面守陴官兵分開列隊，夜停更籌故作疏防狀，賊果疑城外無防兵，啟南門遁，先設伏於要隘邀擊，斬馘無算，餘賊奔茌平馮官屯。四月引河水圍攻，殲焉，首逆林開芳、僞官黄懿瑞、謝金生等八名，悉俘斬之。五月凱旋京師，進封博多勒噶台親王。當是時王威名震天下，莫不多王忠勇，以爲畿輔者，天下根本，畿輔固則天下之本不摇，而後東南寇亂可平。賊自湖南長驅東下，藩籬盡失，始遣僞丞相林逆犯直隸，謂爲掃北之師，及二次遣賊援渡河，皆破滅無一脱者，賊膽始寒，不敢再北犯。

後英夷以互市啟釁，文宗命王駐天津防海。九年四月，英夷以兵艦入大沽，王設計敗之，沈其二艘，於是夷人憤圖報復。明年六月，英法合兵復至大沽，王早爲拒敵計，南北塘堅築礮臺，防守甚嚴，復於北門伏地雷，欲俟其登北門以火雷盡殲之。有沙姓者，世居其地，於彼不利，陰洩其謀於夷人，夷人遂掘所伏，登北門，又以和議款我，出不意奪北礮臺，提督樂善中礮隕，王失左右手，遂敗。詔革爵。其秋，和議成，海防罷。畿南盜賊蠭起，捻賊犯濟甯，乃命王督軍捕討。捻縱横菏澤間，山東大亂。王至濟甯，奏言捻衆繁多，其出掠伺空虚，避官兵，以焚掠脅俘良民，黨衆日增，馬步數萬，列隊百里，兵少賊多，衆寡懸殊。如欲攻其巢，則相距一二百里外，井堙地赤，裹糧攜水，不能持久，退爲所躡，往往失利，十年以來，未有能進軍搗伏者也。臣軍萬二千人，請合傅振邦、德楞額二軍，直攻老巢，盪平醜類。文宗手詔，以無後勁爲戒，其後攻鉅野，援菏澤，果失利。詔責王勇往輕進。明年，遣將防清淮南，下沂、邳，所向克捷，詔賞還博多勒噶台親王。冬攻亳北捻圩，連破平之。同治元年，詔王督山東、河南軍防，直隸、山西四省，督撫提鎮將兵大員均受節制。是冬，攻渦河捻圩，誅其酋楊興太，羣捻多降。二年春，攻雉河集，克之，禽斬捻酋張洛行、姜台淩等。洛行凶悍，爲捻中渠魁，至是伏誅，遠近稱快。惟其從子張總愚逸出，無何，移軍攻克淄川捻，又攻鄒教匪於白蓮池，秋七月，匪黨盡平。穆宗褒嘉，疊賞上方珍物。

是時練酋苗沛霖反，陷壽州，圍蒙城，攻臨淮，衆百萬，王先遣部將陳國瑞等，率三千人援臨淮，屢敗沛霖，沛霖圩衆聞王且至，爭反正。十月王率大軍至，誅沛霖於蒙城，臨淮平。明年江甯克，加賞一貝勒，令王子伯彦訥謨祜受封。十月，王追髪捻賊於豫鄂之間，斬僞端王藍成春，悍酋黄中庸等，降衆不下十萬，悉安輯之。既而追寇於光、黄、汝、鄧之交，多山谷沮洳，騎不得騁，累中賊伏，喪其良將恒齡、舒通額、蘇克金等。王益怒，日夜逐一二百里，宿不入館，衣不解帶，席地而寢，天未明，傳餐畢，士皆橐糗糒，王手一鞭，上馬猋馳。一日，王先其大軍，自率親兵數千，與賊十餘萬，夾水而軍。賊久怖追軍，無所掠食，步賊足皆腫裂，不能行。會薄莫，未測我軍虚實，願就撫，總兵陳國瑞爲之關説，已有成言矣。賊先遣二渠來謁王，王見賊渠，怒甚，語未半趣，命斬之。賊衆大驚，皆散走，迸入山東境，王益疾追。當是時，官軍與賊皆重趼羸餓，環寒暑不能休息，勢且俱踣，賊揚言王少寬，我即降。四年四月己丑，王督陳國瑞、郭寶昌、成保、何建鼇等軍與賊戰於曹南，敗退入空堡，賊圍之數重，欲掘長濠困官軍，官軍糧草俱乏，速夜洶洶欲潰，諸將咸啟王，請突圍出，不許，固請，乃許之。王部分諸將，自與成保馬隊，俱使降賊桂三率百騎爲前驅，王飲酒至醉，上馬，馬蹶逸不肯行，乃易馬以出。時已二更矣，天星昏黑，桂三有異志，既出堡，即反走，突衝我軍，賊乘之，陳國瑞所部步隊多在後，隨王馬步軍少，潰幾盡，官軍與賊不相辨識，長驅並鶩，於昏黑中，遲明見道旁小圩，收隊入保，不知王所在。俄有賊首戴三眼花翎揚揚過圩去，軍士望見慟哭曰：「嘻，吾王死矣！」會國瑞率數百人復衝殺，賊去，跡至麥塍中，見王已受八創，一馬僮同死焉。乃負尸歸，總兵何建鼇、內閣學士全順，皆死於陳事聞。上震悼，輟朝三日，遣侍衛克興阿等偕王世子伯彥訥謨祜，赴山東迎喪。賜祭葬，諸督撫將帥以陷王皆獲嚴譴。

王前後督師十餘載，斥私財數十百萬以充軍實，自恒齡、舒通額戰殁，常懷必死之志。性友愛，王弟至營與同寢處，將別，忽引上坐拜之，告無生還意，戒善事太妃，卒無他語。王子來省王，中塗有司館之，王子固辭，未能卻，王聞大怒，將殺之，僚屬爲請，猶罰跪良久，且役以勞賤事困苦之。王馭將嚴，在黃州有提督常星阿、姜玉順皆鞭擊棍責，故諸將見王常懍懍然。與士卒共甘苦，每安營定，展馬鞍帳外，獨坐飲酒，一卒奏炙肉於前，諸騎卒環而乞肉，王徧啖以片脯，乞者踵至，至盡一蒸豚，日以爲常。王薨之夕，京師中皆聞怪風自南起，鬼聲數千，嗚啾隨之，須臾向北去，蓋忠靈不泯云。王柩北行，所過士女焚香哭送者數十萬人，自山東達京師絡繹千里，各處建祠私祭，遇忌日，設齋醮如祀其祖禰焉。

《清史列傳》卷四五《僧格林沁傳》 僧格林沁，博爾濟吉特氏，蒙古科爾沁旗人。本生父畢啓，四等台吉，以僧格林沁功追封貝勒。初，科爾沁多羅貝勒新吉倫，於順治七年晉封扎薩克多羅郡王，世襲罔替。承襲八次，至索特納木多布齋卒，無子。道光五年七月，得旨，伊族姪僧格林沁作爲索特納木多布齋之子，承襲科爾沁扎薩克多羅郡王爵。十月，襲封，命在御前行走。十二月，賞戴三眼花翎。六年，賞用紫繮。九年，賞穿黃馬褂。十四年，授御前大臣。尋補正白旗領侍衛內大臣、正藍旗蒙古都統。十五年，命總理行營。十六年，授鑲白旗滿洲都統。十七年，賞用黃繮。二十一年，幹珠爾巴諾們罕私開牧場，例得處分，理藩院覈議未能詳細，僧格林沁上疏劾之，上嚴飭更定。二十四年，充右翼監督。三十年九月，密雲屬穆家峪匪徒持械逞兇，僧格林沁奏請查辦，允之。尋授左翼監督。十二月，賞給四團正龍補服，准予穿用。咸豐二年，宣宗成皇帝梓宮奉安慕陵，僧格林沁恪恭將事，賞加三級。

三年五月，粵西逆匪分擾河南，上以京師根本重地，防範稽察均關緊要，命僧格林沁偕左都御史花沙納等專辦京城各旗營防守事宜。僧格林沁疏陳稽察章程十二條，下所司議行。八月，賊由直隸永年之臨洺關竄正定府，上授惠親王綿愉爲奉命大將軍，僧格林沁爲參贊大臣，御乾清宮親頒關防，並頒給訥庫尼素光刀。九月，赴防紫荊關。十月，賊由滄州竄踞靜海等處，圖竄天津，僧格林沁進軍永清屬之王慶坨，防賊北犯。得旨：「僧格林沁籌備防剿，一切布置，均合機宜。天氣嚴寒，該大臣辛苦備嘗，且拊循士卒，尤能甘苦與共，殊堪嘉尚！著發去御用貂冠一頂、黑狐腿馬褂一件、綠玉煙壺一箇、白玉四喜搬指一箇。」四年正月，移師王家口。適賊由靜海竄至，以有備遂折竄西南。官軍躡追數十里，至子牙鎮南，擒斬多名。賞給湍多巴圖魯名號。

既而賊踞河間縣屬之束城村，官軍分五路進，賊大潰，南走，追敗之獻縣單家橋、交河富莊驛等處。賊入阜城縣城，並踞附城各村，互爲援應。僧格林沁分飭諸軍進屯東北，自率馬隊繞至阜城迤南，攻克高家莊、宋家莊各賊巢。奏入，上嘉其調度有方，賞給粵威羅瓦佛一尊、白玉翎管一枝、白玉搬指一箇、黃辮珊瑚豆大荷包一對。尋相度地勢，定期分剿，飭副都統達洪阿由堆村一帶攻其西南，侍郎瑞麟等由連村一帶攻其東北，將軍善祿等進軍杜家場迤南。僧格林沁親將中軍往來策應，遂平堆村、連村、杜家場賊壘，殲斃逆首僞丞相吉文元。餘賊匿不出，誘敗之塔爾頭、紅葉屯，賊向東南竄，遂踞連鎮。連鎮爲河間府東光縣鉅鎮，東西兩岸村落相錯，賊並踞之。圍攻累月，賊恃衆堅守。會綿雨，河水漲發，軍事日棘。奏言：「自六月以來，陰雨浹旬，河水日漲。逆匪蟻聚高阜，我軍地處低窪，該逆死守不出，欲趁水勢另生詭謀。極力籌維，擬它濠築隄，以水爲兵，設法浸灌。」尋隄工竣，賊數出奔撲，擊走之。九月，東西連鎮各出數千匪向南圖竄，官軍扼之，賊大挫。自是至十一月，賊勢窮蹙，收復附近各村，遂克西連鎮，某東連鎮賊仍負嵎。十二月，飭投降各勇分紮西連鎮及附近之陳莊，極力攻剿，並偵知逆首林鳳祥業已薙髮圖遁。遂刻日大舉進攻，飭都統西淩阿、瑞麟等督帶馬步隊攻其北，侍郎宗室慶祺等攻其南，杭州將軍瑞昌等在河西扼截，立將賊柵焚毀。於是東連鎮亦復，生獲林鳳祥及僞檢點、僞將軍等，賊黨聚殲。捷聞，諭曰：「僧格林沁督兵剿賊，疊著勳勞。此次攻克連鎮，生擒逆首，深堪嘉尚！著加恩封爲博多勒噶臺親王。伊子乾清門三等侍衛伯彥訥謨祜著在御前大臣上行走。現在畿輔地方一律肅清，著僧格林沁移得勝之師前往高唐州督辦軍務。」

先是，連鎮踞匪分股南竄，踞山東高唐州城，欽差大臣勝保督師屢攻不下。至是，逮問來京，諭軍營領兵大員均歸僧格林沁節制。五年正月，抵高唐，以州城堅固，欲出奇兵勝之，遂飭南面防軍故作疏防狀，賊果疑，夜潛師出，全股南遁，遂復高唐。賊趨茌平，踞縣屬之馮官屯。官軍追至，先奪其西面二村；餘黨嘯聚東南隅，恃糧足，開空地道，圖撲礮臺，以嚴備不得逞。相持久之，乃密決運河之水倒灌賊巢，土墟之中，泥深没髁。官軍偪近土埝，燒燬賊窟數處，生擒逆首李開芳，並曾授僞職之黄懿端等八名，餘匪無一漏網，遂復馮官屯。奏入，諭曰：「僧格林沁督師剿賊，均合機宜，忠勇之誠，深堪嘉尚！前賞給親王，著加恩世襲罔替，並賞坐肩輿。伊兄三品頂帶台吉郎布林沁，賞作輔國公；伊弟台吉崇格林沁，賞給二品頂帶，並賞戴花翎。僧格林沁著即挑選精鋭官兵，分起南下，並即馳驛來京陛見，以慰廑懷。」五月，抵京，舉行凱撤禮，恭繳參贊大臣關防，並訥庫尼素光刀。

八月，充崇文門監督。九月，奏請酌添外滿洲火器營官兵操演陣勢，允之。十二月，調鑲藍旗滿洲都統。六年二月，丁本生母憂，奏請回旗守制，賞假百日，在京穿孝，給銀七百兩治喪。十二月，命充管理溝渠河道，並八旗值年大臣。尋調補正黄旗領侍衛内大臣。七年，署鑲紅旗漢軍都統。八年四月，英吉利兵船駛至天津海口，授爲欽差大臣，督辦軍務。六月，直隸總督譚廷襄海口疏防，礮臺失陷，英船駛入内河，僧格林沁奏參，命解譚廷襄任。七月，辦理大沽、雙港礮臺，並續捐礮位，嚴行設防。數月事竣，賞御用巡幸袍、褂各一件。十月，回京，賜紫禁城坐椅轎。

九年正月，仍赴天津防堵。五月，英船闖入天津大沽口内，毁我防具。尋復駛至雞心灘，直隸總督恒福派員理諭，不聽，並先行轟擊礮臺，繼以步隊登岸，督軍力戰，勝之；並轟燬英船入内河者十三隻。奏入，所有辦理海防及接仗各員給獎有差。十二月，回京，上念其功，賞黄馬褂。十年正月，以本年恭逢三旬萬壽，恩賞杏黄色端罩、貂褂，仍赴天津辦防。自二月至五月，兩江總督何桂清等奏言：「英船有北駛之説，命豫爲布置，嚴密設防。」六月，英船百數十艘駛至天津海口，猝於北塘登岸，占踞村莊。時直隸總督恒福專辦撫局，而英人要挾，無定議，並出馬步隊萬餘分撲新河、軍糧城，官軍退守唐兒沽、大沽兩岸，勢甚危急。僧格林沁先後奏入，得旨：「鎮定軍心，妥爲調度。」仍諭恒福辦理撫局。尋復諭曰：「握手言别，倏逾半載。現在大沽兩岸正在危急，諒汝憂心如焚，倍切朕懷！惟天下根本不在海口而在京師，若稍有挫失，必當退守津郡，設法迎頭截剿，萬不可寄身命於礮臺。切要切要！若執意不念大局，祗了一身之計，殊屬有負朕心，握管不勝悽愴！」

時唐兒沽又被英人占踞，大沽礮臺愈危，復奉退守津郡之諭。尋奏言：「回守津郡，必至兵心動摇。現在情形惟有嚴守大沽，設法布置，竭力固守。」得旨：「所奏情形甚有見地。仍當仰體朕心，勿專以大沽爲重。」七月，英人復占踞大小梁子，旋於右岸石縫地方接仗，官軍失利，礮臺被占。擬退守通州，於州城迤南擇要駐紮。得旨：「迅速來京面授機宜。」並得旨：「僧格林沁辦理海防，未能周妥，拔去三眼花翎，革去正黄旗領侍衛内大臣、鑲藍旗滿洲都統。」八月，帶兵留通防守，先派員齎摺入奏，得旨：「該大臣威望素著，能得兵心。著仍領欽差大臣關防，會同瑞麟辦理防剿，並賞還三眼花翎。」尋以英人逐日前進，嚴陣以待，獲英人巴夏里等送京。英人復整隊來撲，官軍退扼八里橋，接仗失利。得旨：「僧格林沁革去爵職，仍留欽差大臣。」九月，和議成，直東及河間一帶土匪蠭起，得旨：「僧格林沁偕侍郎銜瑞麟前往剿辦。」

十月，以山東團練大臣杜翻奏捻匪猖獗，濟寧、兖州、泗水均已被圍，諭僧格林沁俟畿輔肅清，即赴山東節節剿辦。旋奏言：「陸續緝獲土匪，分别正法，各匪以次解散。擬即取道東昌以次南下。」得旨：「抵東後，必須會合兵勇進剿匪巢，以期一鼓盪平，是爲至要！」尋諭於濟寧、兖州一帶擇要駐紮，先將北路妥爲布置。嗣與賊戰於鉅野之羊山，失利，僧格林沁以瑞麟節節退守，怯懦無能，劾之，上褫瑞麟職。十二月，鄒縣教匪宋繼朋倡亂，僧格林沁督師往剿，勝之。越日，再勝賊於河灘暨后峪地方。十一年正月，捻匪由東平等處渡河，副都統伊興額追至楊柳集，遇伏戰殁。四月，解滕縣圍，克沙溝營及臨城驛，先後殺賊六七千人。

時賊竄鄆城，勾結長槍會匪，圖陷濟寧州屬之金鄉，鄒縣教匪亦恃險不下。僧格林沁次第進攻，疊有捷仗。六月，曹州會匪分股各踞要隘，僧格林沁遣翼長舒通額等分兵進剿，敗賊於曹縣安陵集、濮州田潭，各擒其渠。八月，賊渡運河，自泰安竄濟南，僧格林沁親統大軍躡之。賊聞風東竄，踞孫家鎮，官軍進擊，賊由靳家橋遁青州。九月，襲賊於臨朐縣南，沿諸城至沂水，適黑旗捻首跨河拒敵，分隊擊之。賊合股回抗，追至蘭山之蘭陵鎮，殲焉。奏入，諭曰：「捻匪自入東境以來，雖疊經剿擊，總未大受懲創。此次僧格林沁親督大軍殲除殆盡，洵足以寒賊膽而快人心！著加恩賞還御前大臣，並賞還黄韁。」十月，授正紅旗漢軍都統，管理奉宸苑事務。穆宗毅皇帝御極，諭曰：「僧格林沁受三朝知遇之恩，宣力中外，功勳卓越。現在統兵剿辦教、捻各匪，紀律嚴明，兵民愛戴，朕欣慰之餘，尤深眷系！允宜特沛恩施，用彰殊眷。著賞還博多勒噶臺親王。」旋命管火器營事務。

時大股捻衆由山東高密、壽光、章丘人滕縣，僧格林沁調馬步隊馳剿蘭、嶧，賊西竄濟寧，營總富和等捷於楊莊岡山。十一月，僧格林沁母病，上賞給人蔘，命其子伯彥訥謨祜回牧，代爲省視。先是，會匪踞壽張迤西，僧格林沁令侍郎宗室國瑞等躡蹤追壓，先取簸箕營，次取竹口圍，而曹州會匪復恃濮州紅川口土圍堅固，意圖久踞。僧格林沁率各軍合剿，越濠攻入，搜斬無遺，陸續毀劉家橋及菏澤郭家唐房老巢。正移營間，定陶縣佃户屯老巢賊衆潛撲大營，都統西淩阿拒之，賊敗南奔，救出陷賊良民無算。抵大張寺，賊來撲，復擊走之，斃賊千餘，尋復范縣。十二月，捻賊踞鉅野縣境，西淩阿往攻，大捷。其定陶馬家集之賊，遂喪膽逸去。適會匪郭秉鈞等自河西回犯東岸，趨曹郡，僧格林沁由菏澤陳家集督師乘其後，自崔家壩至黄河南岸，屢挫賊鋒，曹屬漸就盪平。

同治元年正月，江蘇豐縣捻匪一萬餘，由金鄉犯魚臺，勢張甚。令翼長蘇克金等進攻，力戰，斃賊數千，餘匪奔豐、沛間。二月，亳東捻匪糾合各股悍賊，並長槍會匪，併力西竄。僧格林沁督帶馬隊追至河南杞縣，賊分股來撲，僧格林沁設伏誘之，乘賊撤隊時，馬步齊出，毀賊營七；復攻破趙寨等匪，賊大敗，宵遁。是役也，三路會剿，殺匪萬計。奏入，上嘉獎之。其宵遁之賊向西南竄，僧格林沁督率各軍由陳留追抵尉氏；匪踞縣東，擊之，屢有擒獲。匪懼，退入民寨，派隊進攻，匪列陣數里，旋詐退，欲由旁路包鈔，營總卓明阿等整隊以待，至匪迫近，奮力衝入，匪大震，閉寨固守。官軍復設法撤去東面重圍，誘至樊家樓地方，撥馬回剿，槍礮齊施，亳東逸出之餘匪，至是殲焉。五月，補正黄旗領侍衛内大臣。

時山東長槍會匪董智信等竄入直隸東明境，踞沙果寺民寨，蘇克金等馳剿，智信乞降，呈繳軍器多件。其盤踞坦頭集等處捻匪，亦經富和攻克，並招撫被脅者數十圩寨。六月，進攻金樓。先是，教匪郜姚氏踞金樓，並有賊目金鳴亭施其狡謀，攻之不克。至是，僧格林沁督飭各軍剿撫兼施，投誠甚夥，復激勵將弁率以進攻降勇，先擁入賊圩，各軍繼之，與賊巷戰，陣斬郜姚氏及其兩子，並賊目常立身等，餘賊搜殺净盡，立平賊寨；又乘勢敗賊於邢家圩、吴家廟、營廓集等處，均有斬擒，事平。諭曰：「金樓教匪，荼毒生靈，尤爲頑惡異常。僧格林沁督率官軍，一鼓殄除，實足大快人心！」是月，長槍會匪焦桂昌等復竄曹屬，意在糾合黨與，四出滋擾。僧格林沁檄恒齡剿之，遂擒焦逆，並獲首從各匪戮之；又先後攻克蘭山之阜山寨、洪山寨及太丘、雙橋集各賊圩。

尋疏言：「各路統兵大臣及督撫大吏，奏報含混，一味搪塞。爲將帥者市恩於麾下，爲督撫者見好於屬員，每以將佐一戰之功，遽行優保。請皇上密派賢員數人，自臣軍營及各路軍營認真密査。又軍務莫急於餉缺，而餉缺蓋由於各省徵收之不足，其中有水旱偏災，賊竄邊境者，不肖州縣藉此措詞。其實災輕之區，良善之民誰未納賦，不過州縣意圖肥己，私徵匿報。道府職司監察，耳目切近，豈無所聞？其中或有喜其逢迎，遂代爲緘默。地方大吏偶有風聞，又念道府情面，姑且容之，直待斷難姑息，始行參革撤任，豈知事已不可收拾？又豈知被劾之官私橐已飽？似此吏治，若各省督、撫、司、道再不設法挽回，嚴定章程，實行懲勸，軍餉何由得充？官方何時能肅？」奏入，諭曰：「督兵大員肯將軍營積弊據實上陳，具見公忠體國，不染習氣，甚屬可嘉！」

七月，命統轄山東、河南全省軍務，並調度直隸、山西省防兵，直隸、山東、河南、山西各省督、撫、提、鎮以下各官，及正白旗漢軍副都統遮克敦布、右侍郎毛昶熙、署漕運總督吴棠，均歸節制。其蒙、亳、徐、宿等處防兵，並一併調遣。八月，大股捻賊竄山東魚臺之羅家屯，僧格林沁親督各軍由河南夏邑馳至，自金山迤東分駐進攻，國瑞從中路直衝賊陣。賊腹背受創，殺賊千餘，追過山梁，又殺賊四五千人。九月，進克張大莊、盧廟、孫老莊、邢大莊各賊圩，擒斬捻首李廷彦、孫彩蘭等。王新莊等各寨均降，亳東捻首宋喜元等亦殺賊歸正。亳州以北，一律肅清。十二月，諭曰：「僧格林沁督兵剿賊，懋著功勳。兩載以來，由直隸、山東以至河南、安徽境内，櫛風沐雨，辛苦備嘗。現進攻亳州各捻匪巢穴，時當冬令，布屋單寒，殊深廑念！著發去黄面貂尾馬褂一件，交僧格林沁祗領，以示體恤。」

二年正月，捻首孫醜等掠河南鹿邑，僧格林沁派副都統舒通額等擊之，殲步賊萬餘。二月，連克安徽潁州屬之雉河集、尹家溝賊巢，陣擒捻首韓四萬等。尋偵知巨捻逃匿李莊，遂派舒通額等會集鄉團圍攻之，賊懼，執其渠以獻。匪首楊瑞瑛、王懷義等先後請降，僧格林沁令翼長全順潛駐王懷義原寨，藉探賊蹤，適捻首蘇天才等誤投入寨，經全順按名弋獲，匪大懼，捻首李勤邦等誘擒巨捻張洛行，並其子張喜以獻，餘匪悉平。事聞，諭曰：「安徽蒙、亳等處自遭捻患，幾及十年。僧格林沁銳意剿除，卒能將各股捻首擒獲收撫，使積年巨患剋日掃除，洵屬調度有方，謀勇兼備。科爾沁親王僧格林沁著加恩仍以親王世襲罔替，前奉特旨賞用章服等項，並仍准其服用，以示優異。」六月，剿平山東淄川踞匪，並將逃匿大白山之賊悉數擒獲。奏入，上嘉之。尋諭曰：「近日天氣炎蒸，該大臣冒暑督師，運籌決勝，允宜優加賞賚，以獎勳勞。著發去黄辮珊瑚豆大荷包一對、黄辮珊瑚豆小荷包兩箇、翠翎管一枝、白玉搬指一箇、白玉煙壺一箇、玉柄小刀一把、火鐮一把，俟伯彦訥謨祜由隆福寺差竣回京，即令親齎前往軍營，交僧格林沁祗領，並傳諭該大臣爲國賢勞，允宜善自保愛，以隆委寄。」

初，教匪宋繼明之負嵎鄒縣白蓮池也，糾黨二萬餘，四出劫掠。當派總兵陳國瑞紮營白蓮池山腰，攻其老巢。賊乘高下撲，陳國瑞揮軍大進，擒賊首劉錦春；副將郭寶昌，伏兵譟而起，立破之。敗匪竄紅山爲死守計，尋糧盡欲遁，國瑞扼其東面，而設伏西南山嶺下，嚴陣待之。陳國瑞督帶本隊，由雲蒙寺先搶山梁，撲入賊寨，將東山、西山之匪衝作兩截，其西山之匪撲竄下山，復經陳國瑞迎擊，據其寨，隨將東山之匪圍殺殆盡。計凡閲月，鄒縣股匪悉平。奏入，諭曰：「僧格林沁自攻克淄川後，移軍鄒縣，甫經匝月，即將教匪埽穴擒渠，良由調度有方，用能驅策羣力，深堪嘉尚！」尋以山東地方被賊滋擾，地方荒廢寖多，奏請移民認墾，允之。

十月，捻首苗沛霖糾衆數萬，擾及安徽蒙城，僧格林沁親督馬步隊馳赴亳州，先克蔣集，擒匪首陳萬福斬之。尋破楊家寨，與陳國瑞等軍會合，攻其南面，絶賊糧道，並破蔡家圩賊營二十四座；復親督大軍，分路並進，其河南賊壘三、河北賊壘五，悉數剗除。苗逆計窮，昏夜越濠出竄，總兵王萬清斬首以獻。逆黨苗景開等均伏法，蒙城圍解。時西洋集踞賊猶負固抗命，僧格林沁調隊合攻，由西南兩面攻入，擒斬賊首葛春元等，斃賊三千餘名。其葛家圩、魏羣兒等寨悉投誠，淮甸漸就肅清。遂飭總兵恒齡等分往潁、亳及壽州一帶清理圩寨，緝拏匪犯，收復城關，其不遵勸諭者併誅之。先後奏入，得旨嘉獎。

三年四月，疏言：「用兵之道，首貴嚴明偵探，知彼知己，調度戰守，方能合宜。近見各路軍營奏章，每以賊衆兵單爲詞，獲捷之報，絡繹不絶，而賊勢愈衆，蔓延愈廣。總由領隊之員不能確探賊情，賊至不肯迎頭堵擊，賊去又不肯跟蹤追剿，但敷衍出境，即報勝仗。以少報多，諱敗爲勝，豫爲冒功邀賞地步。握兵符者，既不能身臨前敵，復不詳加查考，率行據稟入告，相沿成習，急須認真整頓。」疏入，上韙之，並命督師皖、豫、楚三省之交，如有似此情弊，一經見聞，即指名參奏。五月，諭曰：「本年髮、捻各匪竄擾楚、豫交界，該大臣親督所部兵勇，轉戰而前，所向克捷。近日天氣炎蒸，該大臣冒暑督兵，不辭勞瘁。著發去黄紗馬褂一件、金表一對、玉柄小刀一把、火鐮一把、鼻煙一匣、茶葉二匣，派伯彦訥謨祜馳驛親齎前往軍營，交僧格林沁祗領，並傳諭該大臣爲國宣勞，尤宜善自愛護，以隆倚畀。」

六月，江寧克復，諭曰：「僧格林沁在直隸、山東等省，肅清全境，並督師皖北，將張洛行、苗沛霖等股剿滅。近復移紮豫、皖之交，扼剿東竄援賊。該親王忠勇性成，不避艱險，軍麾所莅，威望允孚。已疊次加恩，晉封親王，世襲罔替。著再施恩，加賞一貝勒，令其子伯彦訥謨祜受封。」七月，復諭曰：「該大臣向於蒙古官兵内保舉出力將士，從不肯稍有冒濫。現當江寧克復，所有僧格林沁軍營統帶蒙古馬隊各員，著擇其出力者，酌量保奏，候朕施恩。其該營蒙古兵丁，著加恩賞銀一萬兩，以示體恤。」

時髮、捻各匪竄踞湖北之麻城，於縣城南之閔家集築壘二十餘座，僧格林沁派成保帶兵進剿，均克之。郭寶昌一軍並克蔡家畈等處老巢，賊竄河南羅山迤南之楊家店，僧格林沁親督馬隊，乘勝逐北，抵蕭家河，殺賊無算。其竄至上巴河、蘄州之賊，復勾合東竄各匪，屯踞風火山，蔓延數十里。既陣，官軍薄之，賊翻山奔蘄水，逾芭茅街，賊屍盈路。進至土漠河，見沿河叢林中賊壘森布，僧格林沁分軍扼駐，賊首陳大喜等各率伏裏鈔，直撲官軍，復有他賊鈔在官軍之前，陳國瑞直擣中堅，匪衆四潰。越日，達黑石渡，檄令降目黄中庸乘夜襲取賊營，僧格林沁復親督馬隊衝壓，賊震慴，逆首温其玉、黄文誥等率衆棄械乞降，並擒獻僞端王藍成青，降其衆數十萬人，誅藍逆。

四年正月，河南寶豐縣積匪踞甘露臺、張八橋等處，僧格林沁駐軍寶豐，四路兜剿，飭郭寶昌等偪賊安營，賊擁衆出擊，卻之；復派成保督帶馬隊横截，使賊首尾不能相顧。賊兵亂，適有别股賊匪蜂擁而至，圖犯總兵何建鼇扼駐塔爾灣之軍，官軍佯退，賊尾襲，兩旁伏起應之，將步賊全數殄除，馬賊竄向梁窪，棄壘而走，及清涼寺殺賊千餘。另股髮、捻賴文光等因各軍堵截，糾衆折向南竄，圖陷魯山。僧格林沁督飭恒齡等軍越山追剿，抵魯山城下，賊突出馬隊撲城，既復拼死回鬭，餘賊潛襲後路，官軍合圍，賊遂竄葉縣。僧格林沁令勇目從間道引軍設伏，連破賊壘。二三月，賊由臨潁復回竄河南信陽，郭寶昌等軍併力截剿，賊遁確山，復親督各軍星夜疾馳，並分接應之軍防賊後路。賊果來撲，陳國瑞督勇力戰，步賊先潰，官軍馬隊從山口突出，賊馬隊亦潰，賊衆遂不成軍。

四月，髮、捻入山東，由汶上縣之袁家口，犯及鄆城西北水套一帶，勾結伏莽馬步數萬衆，勢兇悍。僧格林沁督師猛進，日逴一二百里，再戰再勝之，追至曹州府西北高莊集地方。時官軍重趼羸餓，遇賊鏖戰竟日，力不能支，遂潰。僧格林沁撫循殘卒，退入荒莊，既夜，賊掘長濠困之。全順等請衝圍出，越濠，賊層層包裹。陳國瑞馬隊四千殲幾盡，餘軍與賊不相辨識，長驅並騖於昏黑之中，行至吳家店，從騎半沒。僧格林沁手刃悍賊，馬蹶，遂遇害。內閣學士全順、總兵何建鼇與焉。

幫辦軍務杭州將軍宗室國瑞奏入，諭曰：「欽差大臣科爾沁博多勒噶臺親王僧格林沁，於咸豐三年間督師剿賊，疊克臨清、連鎮、馮官屯、高唐州等處，北路賴以肅清。嗣於十年間，整旅南征，轉戰直隸、山東、河南、安徽、湖北等省，掃蕩捻圩，殄除髮匪，擒斬巨逆張洛行、苗沛霖等，不可勝計。軍麾所至，衆望允孚。朝廷以該親王頻年轉戰，士卒疲勞，申諭再三，令其持重；而該親王忠勇性成，視國事如家事，臨陣無不身冒鋒鏑，誓滅此賊而後已。方期天鑒忠忱，克竟全功，長承恩眷；乃因猝遇賊伏，力戰陣亡。覽其死事情形，不禁爲之隕涕！著賞給陀羅經被，照陣亡例，以親王飾終典禮，從優議卹。應得卹典，該衙門詳察具奏。任內一切處分，悉予開復。准其入城治喪，其靈柩回旗時，著沿途地方官妥爲照料。並派乾清門侍衛克興阿、岳林、恩全、吉凌迅速馳驛前往該營迎護。賞給銀五千兩，經理喪事。准其入祀昭忠祠。其死事及該親王出師省分，均著建立專祠。生前事功，宣付國史館立傳。伊子伯彥訥謨祜，俟百日孝滿後，著承襲親王，該衙門無庸帶領引見。所遺貝勒，即著賞伊孫那爾蘇，以示篤念忠藎之至意。」

同日，復諭曰：「科爾沁博多勒噶臺親王僧格林沁，蒙宣宗成皇帝恩眷，派充御前大臣，管理旗營事務。文宗顯皇帝御極以來，尤加委任。咸豐三年，特命剿辦髮逆。十年督師南下，轉戰直隸、山東等省，於今六載，親歷戎行，靡間寒暑，殄除巨憝，懋建殊勳，功在生民，志安社稷。頃因督戰陣亡，雖已加恩優卹，建立專祠，並入祀昭忠祠，尚不足以崇獎忠藎。國家定制，王大臣中有公忠體國、超衆宣勞者，向有配饗之例。況僧格林沁爲國宣力，忠勇性成，允宜特沛殊恩，用慰忠魂而昭異數。著加恩配饗太廟，以示朝廷軫念勳臣之至意。」尋賜卹如例，輟朝三日，予謚曰忠。

五月，經國瑞查明戰歿情形入奏，略曰：「僧格林沁忠勇性成，圖報心堅，行則身先士卒，戰則親冒矢石，駐則與將士同甘苦；雖嚴寒溽暑，從無少怠。今春僅此窮寇入東，原可稍緩兵力，僧格林沁常言西路回氛未靖，經費艱難，誓欲速滅流寇，以期振旅出關，掃平西域，上紓宸廑，下奠良民。四月二十四日，探明髮、捻在曹州府西北高莊集地方，乃督馬隊迎頭截擊。該逆正欲南趨，見我軍大至，賊衆列仗來拒。我軍遂分三路，西路乃諾林丕勒、托倫布、達爾濟領左翼馬隊，陳國瑞、何建鼇各領本帶步隊；東路乃成保、烏爾圖、那遜、春壽領右翼馬隊，郭寶昌領本帶步隊；中路即常星阿、溫德勒克西、高福、富森保各領馬隊，並無步隊。該逆亦分三股迎拒，皆係馬步相兼，其勢甚兇。諾林丕勒、陳國瑞等敵住西哨之賊，惡戰時許，互有傷亡，始將此股擊退。賊去未遠，適中股之賊往撲常星阿之隊，常星阿抵敵不住，遂即撤退。此股馬賊並未深追，急轉馬頭向西路之軍，橫衝而來。西股敗匪見勢復進，二股併進，先將何建鼇步隊東哨衝動。正在兵賊亂戰，刀矛並舉，我軍死傷甚衆，賊屍亦復不少，西路步賊蟻聚齊上，以致馬步力不能支，紛紛潰散。是時僧格林沁在後督進，見東路之賊撲我右翼，無力迎擊，即飛馬往督，比及趕到，我軍已退，遂與馬步隊且戰且走。此時僧格林沁若帶勁衛馳赴曹州，未嘗不可遠走，因見我軍傷殘零落，仍欲齊集馬步，再作良圖，是以退紮荒莊。倉卒未計食水，該逆全力來圍，衆軍心怯，僧格林沁猶沿牆開導，使衆穩守。注目四望，憐我將士。詎意該逆奸狡異常，隨掘長濠，衆將復求衝圍早走，僧格林沁終戀敗軍，淚流滿面。時至三更，賊氛愈近，勢將撲犯。翼長全順復以大局攸關，正顏懇請，始允夜行。全順、成保、郭寶昌等護從，僧格林沁囑令馬步竭力殺賊，不必顧我。迨衝出圍牆，未至賊濠，逆衆驚覺，紛紛包裹。僧格林沁猶督令開槍，賊衆應聲落馬者，不計其數。行至賊濠，從人漸少，僧格林沁馬失前蹄，復換馬，又行數里。比時我軍馬步與賊夜戰，槍聲不絕，亂兵中猶聞僧格林沁喊督將士實力殺賊。無如該逆包鈔，愈裹愈厚，將僧格林沁困在垓心。僧格林沁並無少怯，遂抽佩刀，猶能手刃悍賊，不期馬受矛傷，驚逸咆哮，以致落馬，從人追趕，藉馬驚闖得出。比及天明，賊散。詎料僧格林沁即於此地將星隕墜，身受八傷，生顏宛在。此地在曹州府城西北十五里，地名吳家店。此僧格林沁死事之詳細情形也。」奏入，得旨：「僧格林沁事蹟，前已有旨宣付史館，此次國瑞將僧格林沁殉難情形詳細查明具奏，著一併交付史館，敍入列傳，以昭忠節。」

閏五月，靈柩抵良鄉，命御前大臣景壽前往奠醊。越日抵京，命醇郡王帶領侍衛前往奠醊。上復奉兩宮皇太后懿旨，親臨賜奠。長孫那爾蘇，得旨，所襲貝勒，著加恩作爲世襲罔替；次孫溫都蘇，得旨，賞給輔國公。六月，諭曰：「我朝歷屆辦理軍務，凡功勳卓著之臣，均於告成後，圖像紫光閣，以彰懋績。現在南北各路軍務雖未告蕆，而如僧格林沁之勳績昭然，本應在繪像之列。今乃中道戰歿，未獲目睹成功，追念彌深眷注！僧格林沁著先行繪像紫光閣。」繪成，御製贊曰：「雄藩懿戚，夙懋忠勇。轉戰疆場，奇勛克鞏。傷哉馬革，遽隕將星。秘芬配食，閣表圖形。」七年七月，上以捻匪盪平，諭曰：「原任欽差大臣科爾沁博多勒噶臺親王僧格林沁，自咸豐三年督師剿捻，疊殄巨憝，懋著勤勞。同治四年四月間，在山東曹州剿賊，乘勝逐北，中伏捐軀。前已疊降恩旨，從優議卹。現在捻股盪平，逆首次第伏誅。因思該親王忠勇性成，齎志以歿，惓念殊勳，倍深愴惻！僧格林沁著加恩賜祭一壇，派盛京工部侍郎奕慶前往致祭，用示篤念藎臣至意。」

光緒十五年，慈禧端佑康頤昭豫莊誠皇太后歸政，奉懿旨：「科爾沁博多勒噶臺親王僧格林沁於咸豐、同治年間，疊平寇亂，功在旂常。前經從優賜卹，并圖形紫光閣，配饗太廟。該親王身後榮名，已足昭垂千古。現在歸政屆期，追念前勳，允宜特沛殊恩，以示優異。僧格林沁著於京師建立專祠，春秋致祭。」尋遵旨，建顯忠祠於安定門內。

雜錄

備論

《咸豐以來功臣別傳》卷一六 評曰：王十年跨馬，髀肉不生，炎風朔雪，馳騁燕、齊、楚、豫之間，可謂勞矣。卒能綏靖畿疆，掃盪中原，功莫隆焉。至於曹州之役，逐寇太急，困獸反鬭，喪我元戎，惜哉。

曾國藩部

綜述

《續碑傳集》卷五李鴻章《光禄大夫贈太傅武英殿大學士兩江總督一等毅勇侯曾文正公神道碑》 聖清受命二百載，有相曰曾公，始以儒業事宣宗皇帝，入翰林，七遷而爲禮部侍郎。文宗御極，正色直諫，多大臣之言。咸豐二年，以母憂歸湘鄉，遂起鄉兵討賊。自宣宗時，天下乂安，內外弛備。於是西洋始通中國，海上多事。未幾而廣西羣盜起，大亂以興，及此年放兵東出，攻長沙，不克，遂渡洞庭，陷武昌，循江而下，所過摧靡。而是時天下兵大抵脩窳恇怯，不可復用，諸老將盡死，爲吏者不習戰陳。公既歸，天子詔公治團練長沙。公曰：「金革之事，其敢有避？」因奏言：「團練不食於官，緩急不可恃。」請就其鄉團丁千人募爲勇營，教以兵法，束伍練技，號曰「湘軍」。湘軍之名自此始。明年，益募人三千，解南昌之圍。是時賊已陷金陵，踞之，掠民艘巨萬，縱横大江中。於是議創舟師，制船鑄礮，選將練卒，教習水戰。天子嘉之，湘軍水師由此起矣。

四年成軍，東討，初戰再失利。未幾，大捷湘潭，以師不全勝，上疏自劾。已而克岳州，下武昌，大破田家鎮，斷横江鐵鎖，乘勝圍九江，進規湖口。當是時，湘軍威名震天下。會水師陷入彭蠡湖，鄂師喪師，武昌再失。公曰：「武昌據長江上游，必争之地也。」急檄湖北按察使胡公林翼率偏師西援，不克，則悉鋭師畀之，而自留江西，督攻九江。已而悍賊石達開等分道犯江西，破郡縣六十餘城。公上疏自劾，卒以孤軍堅拒死守，賊不得逞。六年，胡公等復武昌。明年，拔九江，軍威復振。治軍謀定後動，折而不撓，堅如金石，重如山岳，諸將化之，雖離公遠出，皆遵守約束不變。自九江未拔，諸軍已略定江西郡縣矣。公以父憂歸，累詔起復視師，不出。既逾小祥，始奉命援浙江。是時公軍爲天下勁旅，四方有警事，乞公赴援，南則浙閩，西則蜀，北則淮甸，皆遥恃公軍爲固，應旌旗他指，天子亦屢詔公規畫全勢，視緩急輕重去就之。公曰：「謀金陵者，必據上游。法當舍枝葉，圖本根。」遂建議三道規皖。咸豐十年，蘇浙淪陷，朝廷憂之，以公總制

江南，趣詔公東兵，而公卒不棄皖以失上游。是年，西夷内犯，定和議。十一年，公克安慶。今上同治元年正月元旦，授公協辦大學士。於是分道出師，大舉東下。公弟浙江巡撫國荃以湘軍緣大江，薄金陵。今陝甘總督左公宗棠以楚軍抵衢州，援浙江。鴻章以淮軍出上海，規蘇、常。水師中江而下，爲陸軍聲援。三年，蘇浙以次戡定，而公弟等亦攻拔金陵僞都。自公初出師，至是十有二年，粤賊平，東南大定，論功，封一等毅勇侯。開國以來，文臣封侯自公始。

公既平定江南，威振方夏，名聞外國。會忠親王僧格林沁戰殁於曹，廷議以公北討流寇。是時公所部湘軍皆已散歸，經畫歲餘，功緒漸彰。會疾作，有詔還鎮江南，中外大事皆就決之。公所謀議，思慮深遠。進規中原，議築長墻以制流寇；策西事，議清甘肅，而後出關；籌滇黔，議以蜀、湘兩省爲根本。皆初立一議，數年之後，事之成否卒如其説，而馭夷爲尤著云。初，咸豐三年，金陵始陷，米利堅人嘗謁江南帥，願以夷兵助戰。十一年，和議既成，俄羅斯、米利堅皆請以兵來助。公議，以爲宜嘉其效順而緩其師期。及同治元年，英吉利、法蘭西又以爲請。公又議以爲宜申大義以謝之，陳利害以勸之，皆報可。廷議購夷船，公力贊之。比船至，欲用夷將，則議寢其事。其後自募工，寫夷船之制，近似之，遂議開局製造，自是外洋機器，輪舟，夷礮，中國頗得其要領矣。六年，詔中外大臣籌和議利害，可許不可許。公議以爲其争彼我之虚儀者，許之；其奪吾民之生計者，勿許也。移直隸總督，天津民有擊殺法蘭西領事官者，法人訟之朝，天子慰解之。法人固争，有詔備兵以待。公曰：「百姓小忿，不足肇邊釁。」從之。而密議儲將練兵，設方略甚備。先是，公已積勞成疾，至是疾益劇。會江南闕帥，上念南洋馭夷事任絶重，非公不可，遂命還江南卧治之。至則經營遠略益勤。既一年，疾甚，同治十一年二月戊午，遂薨於位。官至武英殿大學士，享年六十有二。遺疏入，天子震悼，賻賜有加，贈太傅，謚文正。

公諱某，字滌生。世爲湖南湘鄉人。曾祖竟希，祖玉屏，父縣學生麟書，三世皆以公貴封光禄大夫。曾祖妣彭氏，祖妣王氏，妣江氏，皆封一品夫人。夫人衡陽歐陽氏，生男二人：紀澤，廕生，户部員外郎，襲爵爲侯；紀鴻，附貢生。孫三人：廣鈞、廣鎔、廣銓，皆幼。公既薨，紀鴻、廣鈞皆賜舉人，廣鎔賜員外郎，廣銓賜主事。女五人，皆適士族。公爲學窮究義理，精通訓詁，爲文效法韓歐，而輔益之以漢賦之氣。體其學問宗旨，以禮爲歸。嘗曰：「古無所謂經世之學也，學禮而已。」於古今聖哲，自文、周、孔、孟，下逮國朝顧炎武、秦蕙田、姚鼐、王念

孫諸儒，取三十有二人，圖其像而師事之。自文章政事外，大抵皆禮家言。嘗謂：「聖人者，自天地萬物推極之，至一室米鹽，無不條而理之。」又嘗慨古禮殘闕，無軍禮，要自有專篇細目，如戚敬元氏所紀者。若公所定營制營規，博稽古法，辨等明威，其於軍禮庶幾近之。至其論議規畫，秩序井井，經緯乎萬變，條理乎鉅細，其素所蘊蓄然也。喪歸湖南，營葬於湘鄉縣某鄉。鴻章少從公問學，又相從於軍旅，與聞公謀國之大者，乃爲文，刻其墓道之碑。

《續碑傳集》卷五郭嵩燾《太傅武英殿大學士兩江總督一等毅勇侯曾文正公墓志銘》 同治十有一年二月，武英殿大學士總督兩江曾公薨於位。天子震悼，加贈太傅，謚文正，命儒臣譔賜祭文、墓碑以葬。公子紀澤、紀鴻以銘墓之文屬之劉公蓉。未及葬，而劉公薨，撿其遺書，得所爲銘辭，而前敘闕焉。又明年，卜葬善化縣之平塘伏龍山。葬有日，而夫人歐陽氏薨，遂即其地祔葬。於是嵩燾涕泣，承劉公之意而敘之。

公諱國藩，字伯涵，號滌生，湘鄉人。咸豐初，寇發廣西一隅之地，所至糜爛。盜踞金陵十四年，盡蹂江、浙兩省地披而有之。公以侍郎奉母喪歸，起鄉里討賊，奮其佔畢之儒，鉏耰之民，蕩長江萬里，蹙賊踣之，天下復覩乂安，民用蘇息。已而合肥李公平捻逆於高津，湘陰左公殄回亂於關隴，皆用公薦擢，席其遺規，遂蕆成功。於時江以南構亂尤深，公再督兩江，噓枯翦薉，煦濡羣萌，孤嫠有養，儒宿有歸，漸摩渟涵，納之太和。故公功在天下，而江南之於公，若引之以爲己私。

公始爲翰林，窮極程朱性道之蘊，博考名物，熟精禮典，以爲聖人經世宰物，綱維萬世，事無他，禮而已矣。澆風可使之醇，敝俗可使之興，而其精微具存於古聖賢之文章。故其爲學，因文以證道。常言：「載道者身也，而致遠者文。天地民物之大，典章制度之繁，惟文能達而傳之。」俛焉日有孳孳，以求信於心而當於古。其平居抗心希古，以美教化、育人才爲己任，而尤以知人名天下，一見能辨其才之高下，與其人賢否。滿洲塔齊布公、新甯江公忠源、衡陽彭公玉麐、善化楊公岳斌，或從末弁及諸生獎拔爲名臣。其於左公宗棠趣尚不同，而奇左公智術，以公義相取，左公亦以顯名天下。片長薄技，受公一顧，爭自琢磨砥礪，敦尚名節，在軍必立事功，在官爲循吏，曰：「吾不忍負曾公。」而公斂退虛抑，勤求己過，日夜憂危，如不克勝。自初仕，及當天下重任，始終一節，未嘗有所寬假。及其臨大敵，定大難，從容審顧，徐厝之安，一無疑懼。此公道德勛名被於天下，施之萬世，而其意量之閎深，終莫得而罄其用而窺其藏也。

公以戊戌科進士，改翰林院庶吉士。又明年，授檢討，五轉至禮部侍郎。文宗即位，詔求直言，公疏陳本原至計，天下驚歎，以爲唐宋名臣所不及。典試江西，未至，丁母憂。會廣西賊圍長沙，奉命幫辦湖南團練，治軍長沙，又治水師衡州。武昌再陷，命公督師東征，再克之。轉戰江西，丁父憂歸。上初即位，授大學士，總督兩江，節制四省。而公弟太子少保威毅伯國荃以一軍特起，克復金陵。天子嘉勞，錫公一等毅勇侯，晉太子太保。旋調直隸總督，復調兩江。

公生於嘉慶十六年辛未歲十月十一日，薨於同治十一年壬申歲二月初四日，年六十有二。曾祖竟希、祖玉屏、父麟書，自公祖若父皆名德耆壽，及見公爲侍郎，受封光禄大夫，天下榮之。配歐陽夫人，衡陽縣貢生凝祉之女，勤儉有禮法，恩周於人，行飭於家。自文正公在軍，夫人常蔬食，夜疏告天，乞早紓生民之禍，助成大功，慰天子憂勞。以同治十有三年八月十三日薨，年五十有九。子紀澤，户部員外郎，襲封一等毅勇侯。紀鴻，賞給舉人。女五人，一適袁氏，江蘇松江府知府芳瑛之子秉楨；一適陳氏，安徽池州府知府源兗之子遠濟；一適羅氏，浙江甯紹台道追贈巡撫忠節公之子兆升；一適員外郎郭剛基，嵩燾之冢子也；一字聶氏，廣東候補道爾康之子緝槼。孫四人，廣鈞，舉人；廣鎔，六部員外郎；廣銓，六部主事；年皆幼，朝廷推恩賞官有差。廣鑾公薨後生。公識量恢閎，望而知其偉人。生平趨舍是非，求信諸心，不與人爲去就，而精鑒微識，一言一事，研覈無遺，尤務規其大而見其遠。始出治軍討賊，以東南大勢在江險，不宜盡弛與賊，力請以水師自效。及爲欽差大臣，建三路進攻，以規江浙兩省之議。討捻逆河南，建合四省之力，蹙賊一隅之議。皆策之始受事之日，其後成功一如公言。在軍戈鋋樓櫓，短長尺度，躬自省量，無或苟者。榮辱得失，無關其心，而未嘗一念不周乎天下，一事不盡乎民隱。《傳》曰：「爲仁由己。」公無愧焉。公學行功業，具見國史本傳及合肥李公所譔神道碑，不復論，著其生平志節關係天下之大者，藏於公之墓，而繫以劉公之銘。

《續碑傳集》卷五朱孔彰《曾文正公別傳》 曾公國藩，字伯涵，號滌生，湖南湘鄉人也。其先自江西徙衡陽，明季徙湘鄉。家世力農，五六百歲，無與科目顯者。祖玉屏，始鶩學。父麟書，老儒，縣學生員。至公乃大。公生時，曾大父夢巨蟒盤旋入室，驚寤，聞曾孫生，喜曰：「此子必大吾門。」宅後有古樹，藤糾之，樹槁而藤日大以蕃，蔭亘一畝，人以爲瑞藤云。公初名子城，中道光甲午科舉人。戊戌成進士，改翰林院庶吉士，易今名。散館，授檢討。二十三年，充四川鄉試正考官。再遇大考，累遷侍講學士、內閣學士，補授禮部右侍郎，兼署兵部右侍郎。公在京時，日立課程，從太常寺卿唐公鑑講受義理學。疾門户家言漢宋，不相通曉，亦宗尚考據，治古文辭。與蒙古倭仁公、六安吴公廷棟、昆明何公桂珍、仁和邵公懿辰、漢陽劉公傳瑩相友善。常慨然有澄清天下之志，每自負，或謂公大言欺人，惟倭仁公數輩信之。

文宗即位之年，廣西兵事起。賊首洪秀全、楊秀清等據桂平金田邨，官軍進勦無功，詔臣工極言得失。公奏：「今日所當講求，尤在用人一端。人才有轉移之道，有培養之方，有考察之法，三者不可廢一。」上嘉納之。詔保舉人才，公薦李棠階、吴廷棟、王慶雲、嚴正基、江忠源五人。咸豐元年，粤寇益棘。公奏曰：「臣竊惟天下之大患，蓋有二端。一曰國用不足，一曰兵伍不精。兵伍之情狀，各省不一。漳泉悍卒以千百械鬥爲常，黔蜀宂兵以句結盜賊爲業。其他吸食鴉片，聚開賭場，各省皆然。大抵無事則游手恣睢，有事則雇無賴之人代充；見賊則望風奔潰，賊去則殺民以邀功。章奏屢陳，諭旨屢飭，不能稍變其錮習。至於財用不足，內外臣工人人憂慮。自庚子以至甲辰，五年之閒，一耗於夷務，再耗於庫案，三耗於河決，固已不勝其浩繁矣。乙巳以後，秦、豫兩年之旱，東南六省之水，計每歲歉收恒在千萬以外。又發帑數百萬以振救之，天下財產安得不絀？宣宗成皇帝每與臣下言及開捐一事，未嘗不咨嗟太息，憾宦途之濫雜，悔取財之非計也。臣嘗即國家歲入之數與歲出之數而通籌之。一歲本可餘二三百萬，然水旱偏災，堯湯不免。以去年之豐稔，而江浙以大風而災，廣西以兵事而緩，計額內之歉收已不下百餘萬。設更有額外之浮出，其將何以待之？今雖捐例暫停，而不別籌一久遠之策，恐將來仍不免於開捐。以天下之大，而無三年之蓄，汲汲乎惟朝夕之圖，而貽君父之憂，此亦爲臣子者所深恥也。當此之時，欲於歲入常額之外別求生財之道，則技括一分，民受一分之害，誠不可以妄議矣。至於歲出之數，兵餉爲一大宗。臣嘗考本朝緑營之兵制，竊見乾隆四十七年增兵之案，實爲兵餉嬴絀一大轉關。請即爲我皇上陳之。自康熙以來，武官即有空名坐糧，雍正八年因定爲例，提督空名糧八十分，總兵六十分，副將而下以次而減，下至千總五分，把總四分，各有名糧。又修製軍械，有所謂公費銀者，紅白各事有所謂賞䘏銀者，亦皆取給於名糧。故自雍正至乾隆四十五年以前，緑營兵數雖名爲六十四萬，而其實缺額常六七萬。至四十六年增兵之議起，武職坐糧，另行添設養廉，公費賞䘏另行開銷正項。向之所謂空名者，悉令挑補實額，一舉而添兵六萬有奇，於是費銀每年二百餘萬。此臣所謂餉項嬴絀一大轉關者也。是時海內殷實，兵革不作，普免天下錢糧已經四次，而户部尚餘銀七千八百萬。高宗規模宏遠，不惜散財以增兵力。其時大學士阿桂即上疏陳論，以爲國家經費驟加不覺其多，歲支則難爲繼。此項新添兵餉歲近三百萬，統計二十餘年，即須用七千萬，請毋庸概增。旋以廷臣議駁，卒從增設。至嘉慶十九年，仁宗覩帑藏之大絀，思阿桂之遠慮，慨增兵之仍無實效，特詔裁汰。於是各省裁兵一萬四千有奇。宣宗即位，又詔抽裁宂兵，於是又裁二千有奇。乾隆之增兵一舉而加六萬五千，嘉慶、道光之減兵兩次僅一萬六千，國家之經費耗之如彼其多且易也，節之如此其少且難也。臣今冒昧之見，欲請汰兵五萬，仍復乾隆四十六年以前之舊。驟而裁之，或恐生變。惟缺出而不募補，則可徐徐行之，而萬無一失。醫者之治瘡癰，甚者必剜其腐肉，而生其新肉。今日之劣弁嬴兵，蓋亦當爲簡汰，以剜其腐者，痛加訓練，以生其新者。不循此二道，則武備之弛，殆不知所底止。自古開國之初恒兵少，而國强其後，兵愈多則力愈弱，餉愈多則國愈貧。北宋中葉，兵常百二十五萬。南渡以後，養兵百六十萬，而軍益不競。明代養兵至百三十萬，末年又加練兵十八萬，而孱弱日甚。我朝神武開國，本不藉緑營之力。康熙以後，緑營屢立戰功。然如三藩、凖部之大勛，回疆、金川之殊烈，皆在四十六年以前。至四十七年增兵以後，如川楚之師，英夷之役，兵力反遠遜於前，則兵貴精而不貴多，尤爲明效大驗也。八旗勁旅，亘古無敵。然其額數常不過二十五萬，以强半翊衛京師，以少半駐防天下。而山海要隘，往往布滿，國初至今，未嘗增加。今即汰緑營五萬，尚存漢兵五十餘萬，視八旗且將兩倍。權衡乎本末，較量乎古今，誠不知其可也。近者廣西軍興，紛紛徵調外兵。該省額兵二萬三千，土兵一萬四千，闢竟無一人足用者。粤省如此，他省可知。言念及此，可勝長慮。」又上疏敬陳聖德三端，預防流弊。言過切直，上怒捽其摺於地，立召見軍機大臣，欲罪之。祁公嶲藻叩頭，偁主聖臣直者再。季公芝昌，公會試房師也，亦爲請。曰：「此臣門生，素愚戇，惟皇上寬而宥之。」於是上意解，且優詔褒答。公自爲侍從臣十餘年，歷兼工部、兵部、刑部、吏部侍郎，雖嘗以直諫忤指，上益察其忠。二年，命典江西鄉試。七月，丁母憂歸。

是時粤賊已犯長沙，圍之三月，舍去，掠民船，順風一夜渡洞庭，陷岳州，又陷漢陽、武昌。三年正月，沿江東下，陷九江、安慶，破江寧，據爲僞都。秀全自偁天王，建僞號太平天國，分黨北犯河南、直隸，陷鎮江、揚州，踞之，海内震動。而公已奉旨辦團練於長沙。初公欲具疏請終制，郭公嵩燾言於公曰：「公本有激清天下之志，今不乘時而出，拘守古禮，何益於君父？且墨絰從戎，古之制也。」公於是投袂而起，募農夫，倡勇敢，用書生爲營官，湘軍之名自此始。時土寇蜂起，人心惶惑，賊衆未至，一日數驚，縣令每畏葸養癰。及公之出，先清内訌，不經有司掩捕，即置重典，十旬中戮二百餘人，謗讟四起。公與人書，有「不要錢，不怕死」之語，一時誦之。又手書告勸鄉人士耆老，雖幼賤，與鈞禮。山野材智之士感其誠，莫不往見，人人皆以曾公可與言事。其求才也，舉塔齊布於戎行，識羅澤南於諸生，拔楊載福於卒伍，延彭玉麟於筦庫，保胡林翼以大用，而湖南泄沓之風由公一變。又嘗與郭公嵩燾、江公忠源論東南形勢多阻水，欲剿賊，非水師不可，乃奏請在衡州刱造戰艦。南中匠卒不知辦此，公研精覃思，博采衆議得之，遂成大小戰艦二百四十，募水陸萬人，水軍以褚汝航、楊載福、彭玉麟等領之，陸軍以塔齊布、羅澤南領之。

賊自江西上竄，再陷九江、安慶、黄州、漢陽等郡，武昌戒嚴，朝廷累詔出兵策應，初不責以數省軍務，而公獨毅然以討賊自任。於是以湖南爲根本，將水陸東征。舟師初出湖，遇大風，損數十艘。陸師至岳州，前隊潰退，引還長沙。賊陷湘潭，邀擊靖港，又敗。公憤投水，左右援救，得不溺。後數日，塔公大破賊於湘潭，軍心始定。公營長沙高峯寺，重整軍實。或請增兵，公曰：「吾水陸萬人，非不多，而遇賊即潰。岳州之敗，水師拒賊者楊載福一營；湘潭之戰，陸軍塔齊布兩營，水師楊載福兩營。以此益知兵貴精不貴多。故諸葛祁山之敗，且謀減兵省食，勤求己過。古人亦正切實體驗，非虛言也。且古人用兵，先明功罪賞罰。今時事艱難，賢人君子大半潛伏。吾以義聲倡導，同履危亡。諸公之初從我，非以利動也，故於法亦有難施，其致敗，實由於此。」諸將皆服。既克湘潭，公引兵趨岳州，連戰下城陵磯。水軍偏師挫，尋復振，會師金口，謀攻武昌。公率水師中流直下，盡燬鹽關、漢關、鮎魚套賊舟，而令羅公攻花園，塔公攻洪山，公親策應武昌、漢陽。賊見官軍盛，宵遁，遂復二郡。捷奏至京師，文宗大悦，手敕曰：「覽奏感慰實深。獲此大勝，殊非意料所及。朕惟兢業自持，叩天速救民劫也。」詔公署湖北巡撫，又詔督軍，解署任，以前已奪官，賞兵部侍郎銜，旋賜黄馬褂。當是時，水軍鋭甚，順流而下，大破賊於田家鎮。至於九江，前鋒薄湖口，攻梅家洲賊壘不下。駛入鄱湖，賊斷其後路，不得出，於是外江内湖水師隔絶。外江戰船無小艇，賊乘舴艋，夜襲營，擲火燒數十百艘，水師大潰。公走羅軍以免，憤欲自剄，羅公止之。公上疏請罪，詔旨寬免慰公，謂大局無傷，顯皇帝之知臣聖矣哉。然武漢空虛，北岸軍弱，南岸軍孤，水師既挫，賊衆復西上，再陷武漢，擾荆襄，蹂崇通，破義甯。公遣胡公等軍回援湖北，塔公軍九江攻城賊，公身至南昌，撫定水師之困内湖者。羅公從征江西，復弋陽，拔廣信，克義甯，而塔公卒於軍。公復至九江，羅公自義甯上書，言東南大勢在武昌，得武昌乃可控制江、皖，大局乃有轉旋之望。請率所部援武昌，取建瓴之勢。此時湖口諸軍但當主守，不宜數數進攻，以頓兵損威，戒諸公堅持，必俟湖北克復，大軍全注九江，乃可議戰。公從之。幕府劉公蓉諫曰：「公所賴以轉戰者，塔、羅兩軍。今塔將軍亡，諸將可恃獨羅公，又令遠行，脱有急，誰堪使者？」公曰：「吾極知其然。計東南大局，宜如是。今俱困於此，無益。此軍幸克武昌，天下大勢可爲。吾雖困，猶榮也。」羅公遂行，郭公嵩燾送之，曰：「曾公兵單弱，君遠去奈何？」羅公歎曰：「天苟不忘本朝，曾公必不死，諸君無憂。」

五年九月，公補授兵部侍郎。其冬，僞翼王石達開由崇陽通城竄入江西，連陷八府一州，九江賊踞自如，湖南北音問不通。公困南昌，從衆議復調羅公。羅公因攻武昌而亡，公弟國華、國葆聞江西急，用父命，走湖北，乞師巡撫胡公拯兄難。將五千人，行攻瑞州。湖南巡撫駱公秉章亦資公弟國荃兵，援吉安。兄弟皆會行閒，公前所遣回援湖北諸軍久之再克武漢，直下九江。李公續賓八千人軍城東，楊公載福戰船四百號泊江兩岸，江甯將軍都興阿公馬隊佐以鮑公超步隊，駐小池口。凡數萬人，軍容整肅。公自南昌迎勞，望見之，則大喜，兵勢復振。是時下遊軍事棘，江南大營失陷，督師向公榮退守丹陽，卒。朝廷以和春爲欽差大臣，張國梁爲總統，復進攻金陵。賊内亂，僞東王楊秀清、僞北王韋昌輝俱死。

七年二月，公丁父憂，奔喪回籍，請開缺守制，得假三月治喪。再疏陳情，具言辦事艱難狀。上雅知公拘謹，重違其意，乃先開兵部侍郎缺，令守禮廬候旨。胡公既定湖北，進圍九江，破湖口，外江内湖水師絶。四年，復合楊公乘勝轉鬥，拔彭澤，望江東流，揚颿過安慶，克銅陵泥汊，與江南水軍通。於是湘軍水師名天下。胡公以此軍本公建立，楊、彭皆公舊部，請起公復統水師。會九江克復，僞翼王石達開自江西竄入浙江，浸及福建。上即家召公出辦浙江軍務。公至江西，未幾又詔援閩。時僞英王陳玉成再破踞廬州，李公續賓赴援至三河，覆没。

駱公秉章請公合江圖皖，公亦奉旨統籌全局者屢矣。迺規取形勢，九年正月，上奏曰：「就數省軍務而論，安徽最重，江西次之，福建又次之。計惟大江兩岸，各置重兵，水陸三路，鼓行東下。勦皖南則可以分金陵之賊勢，勦皖北則可以分廬州之賊勢。北岸須添足馬步三萬人，都興阿、李續宜、鮑超等任之；南岸須添足馬步一萬人，臣率蕭啟江、張運蘭任之。中流水師萬餘人，楊載福、彭玉麟任之。至江西軍務，亦分兩路，臣與撫臣耆齡任之。臣任北路，耆齡任南路。福建之賊，閩省兵力足以自了。粵賊句結捻匪，嘗以馬隊衝鋒。擬調察哈爾戰馬三千匹，募勇數千，擇平曠之地，馳騁操習。臣願竭數月之力，訓練成熟，以備攻勦。」上深然其策。後數月，石達開竄入湖南，攻永州，圍寶慶。上慮四川且有變，令公以軍防蜀。行至巴河，聞賊已引去，竄入廣西，而上游兵事解。胡公迺建議圖皖，與公合謀攻安慶。使弟國荃督諸軍，往前圍之，多隆阿公軍桐城，李公續宜軍青草塥，公次宿松，經營江北。而皖南賊陷廣德州，遂入浙江，襲破杭州，回竄建平、東壩、溧陽。僞忠王李秀成大會群賊建平，分道解救，金陵江南大營復陷，官軍悉潰，常州、蘇州相繼失。咸豐十年閏三月也。左公宗棠聞而歎曰：「天意其有轉機乎？」或問其故，曰：「江南大營將蹇兵罷，萬不足資以討賊。得此一洗盪，而後來者可以措手。」又問誰可當之。胡公林翼曰：「朝廷能以江南事付曾公，天下不足平也。」於是天子慎選帥，以公功效懋著，就加兵部尚書銜，署理兩江總督，促救蘇、常。左公宗棠方嚮用，有旨下公問狀，即令襄辦軍務，賞給四品京堂。未幾，公補實授欽差大臣。或言當撤安慶圍先所急。公曰：「安慶一軍，關係淮南全局，即爲克復金陵張本，不可以動摇也。」遂南渡江，趨祁門。

是時江浙賊氛熾，官紳告急，軍書日數十至。援蘇，援浙，援皖，援鎮江詔書疊下。公至祁門，未十日，賊陷甯國，又數日陷徽州。中國方困兵革，而西洋英吉利寇天津，科爾沁王僧格林沁與戰，敗績，京師戒嚴。文宗狩熱河，恭親王留守，勝保奏請飛召外援。公發書，請提兵北上，會和議成乃止。其冬，大爲賊所圍。一出祁門，東陷婺源，一出祁門，西陷景德鎮，一入羊棧嶺，攻其北。環城數重，吏士皆有憂色，固請移營江干，與水師相依。公曰：「無故退軍，兵家上忌，此不可也。」卒不從。使人間行，檄鮑超、張運蘭，亟引兵會。身在軍中，意氣自如，猶時時以詩古文是娛，其堅定不摇率此類也。左公至江西後，數破賊樂平、浮梁間。公薦宗棠可大用，請改幫辦軍務。十一年八月，公弟國荃克復安慶。捷未聞，而文宗崩。穆宗立，帝年少，兩宮太后垂簾聽政，以公先帝重臣，委任益至，命節制江蘇、安徽、江西、浙江四省軍務。朝廷每有軍國大議，咨而後行。公弟國荃既克安慶，用兵如神，公益令召募，付以江甯事。杭州再陷，公舉左公宗棠，付以浙江事。蘇州之陷，賊逼上海，官紳來乞師，公舉幕僚李公鴻章付以江蘇事，令至淮上召募，得八千人，公爲定營制，選將官，以湘軍之良教之，名曰「淮軍」。

同治元年，公協辦大學士。當是時，公駐安慶，居中調度。公弟國荃有直擣金陵之師，李公鴻章有援勦蘇滬之師，楊公載福、彭公玉麟有肅清下游之師，大江以北多隆阿公有圍攻廬州之師，李公續宜有派援潁州之師，大江以南鮑公超有進攻甯國之師，張公運蘭有防勦徽州之師，左公宗棠有規復全浙之師，十道並出，皆受成於公。此外袁公甲三及李世忠淮上之師，都興阿公防江北之師，馮公子材守鎮江之師，並奉旨統籌兼顧。軍書旁午，日不暇給。其秋，皖南金陵軍病疫，死亡山積。公思大局決裂，憂甚，奏請簡親信大臣馳赴江南，分任重責。上諭勞之曰：「朝廷信用楚軍，以曾國藩忠勇，發於至誠，推心置腹，倚以挽救東南全局。自諸軍進逼金陵，逆匪老巢已成阱檻。疊經諭令，毋徒求效旦夕，惟當立足不敗，以俟可乘之機。矧疫沴繁興，各軍病困之餘，詎忍重加督責。其各傳旨存問。當此艱難時會，益以疾疫流行，深慮隳士氣而長寇氛。此無可如何之事，非該大臣一人之咎。意者朝廷多所闕失，足以上干天和。我君臣當痛自刻責，實力實心，勉圖禳救，爲民請命，以冀天心轉移，事機就順。至天災流行，必無偏及。各營將士，既當其厄，賊中亦豈能獨無傳染？該大臣鬱憤之餘，未遑採詢。刻下在京固無可簡派之員，環顧中外，才力氣量，如曾國藩者，一時亦實難其選。該大臣素嘗學問，時勢艱難，尤當任以毅力，矢以小心，仍不容一息稍懈也。」洪秀全被圍久，召李秀成蘇州、李世賢浙江悉衆來援，號六十萬，圍公弟國荃雨花臺，拒戰四十六日，解去。語具《忠襄傳》中。明年五月，水師克九洑洲，長江肅清，江甯城圍合。十月，李公鴻章克蘇州。又明年二月，左公宗棠克杭州。六月，公弟國荃克江甯。天子褒功，加公太子太保，封一等毅勇侯，世襲罔替，賞戴雙眼花翎。中外咸來稱賀，公功成不居，翩翩如畏。論克金陵，謂非前拙而後工，時不可爲，雖聖哲亦終無成時；可爲則事半而功倍，無一時不存敬慎之心。

穆宗之初立，屢詔保薦督撫大員，公奏封疆將帥天子舉錯之重臣，既有征伐之權，不當更分黜陟之柄。不特臣爲然，凡爲督撫者辦之不可不早，宜防外重內輕之漸，兼杜植私樹黨之端。太后臨朝稱善。初官軍習氣深，勝不相讓，敗不相救。公練湘軍，謂必萬衆一心，萬人一氣，方可辦賊。又以淮上風氣强悍，宜別立一軍。湘軍利山徑險阻，馳騁平原，非其所長，用武十年，氣亦稍衰。故練淮軍，以爲湘軍之繼。至是東南大定，裁湘軍，進淮軍，而勦撚事起。撚匪者始於山東，游民相聚。其後河南之光、固，安徽之潁、亳，江蘇之淮、徐，羣盜剽略，脅從愈衆，號名爲「撚」。或曰：「其黨明火劫人，撚紙然脂，故謂之撚。」有衆數十萬，馬數萬，蹂躪數千里，分合不常。撚首四人，曰張總愚、任柱、牛洪、賴文光。自洪寇苗練嘗糾與官軍戰，益習攻鬥。勝保、袁甲三不能禦，僧格林沁親王移師攻討數年，亦不能大創之。四年四月，公聞僧王輕騎追賊一日一夜行三百餘里，步兵弗能從，曰：「兵法忌之，必蹶上將軍。」將密陳於上，止之弗及，而王果敗沒曹州城下。上聞大驚，立召公引兵赴山東勦賊。其直、東、豫三省旗綠各營地方文武節制，如僧王，而李公鴻章代爲總督。廷旨促督師，公覆陳情形，萬難迅速。一、楚勇裁撤殆盡，僅存三千，作爲親兵，外調劉松山一軍，及劉銘傳淮勇各軍，尚不敷勦辦。當另募徐州勇，以楚軍之規模，開齊兗之風氣，期以數月訓練成軍。一、撚匪戰馬極多，步兵不足當騎賊。擬赴古北口采辦戰馬，在徐州添練馬隊。一、扼賊北竄，全恃黃河天險。現辦黃河水師，亦須數月，乃能就緒。一、直隸宜另籌防兵，分守河岸，不宜令河南之兵兼顧河北。僧格林沁嘗周歷湖北、安徽、河南、江蘇、山東五省，臣斷不能兼顧五省，不但不能至湖北也，如以徐州爲老營，則山東祇能辦兗、沂、曹、濟四郡，河南祇能辦歸、陳兩郡，江蘇祇能辦徐、淮、海三郡，安徽祇能辦廬、鳳、潁、泗四郡。此十三府州者，責臣督辦，而以其餘責成本省督撫，則汛地各有專屬，軍務漸有歸宿。又奏定扼要駐軍，不事馳逐，軍餉器械，繇水道轉運，以江南爲根本，以清江浦爲樞紐。溯淮潁而上者，達於臨淮關；溯運河而上者，達於徐州、濟甯。安徽以臨淮爲老營，河南以周家口爲老營，江蘇以徐州爲老營，山東以濟甯爲老營，各駐重兵，多儲軍械。一處有急，三處往援，有首尾相應之象，無疲於奔命之虞。或可以拙補遲，徐圖功效。又言：賊情已成流寇，若賊流而官兵與之俱流，則節節尾追，著著落後。臣堅持初議，以有定之兵制，無定之寇，專重迎勦，不事尾追。公督師年餘，賊馳突如故。將士皆曰不苦戰而苦奔走。公遂起張秋，抵清江，築長牆，憑運河禦之。未成而賊竄襄、鄧間。公移而西，更修沙河、賈魯河，開濠置守，分地甫定，賊衝河南汛地，復突而東。時議咎公迂闊。公在軍久，益慎用兵。初立駐兵四鎮之議，次設扼守黃、運河之策，皆得其要。在臨淮投降蒙、亳匪黨，以絕其根株，在徐州辦結湖團巨案，以杜其句引。大小數十戰，力遏凶鋒，撚勢實因此而衰。而是時言路數劾公，公亦以河防無成，奏請李公鴻章以江督出駐徐州，與東撫會辦東路；公弟國荃以鄂撫出駐襄陽，與豫撫會辦西路；自駐周家口策應。或又劾公驕妄，公念權位所在，衆責歸之，始有憂讒畏譏之心，乃請病假數月，繼請開缺，以散員留營效力，另簡欽差大臣接辦軍務。又奏勦撚無功，請將封爵暫行注銷，以明自貶之義。上皆不許。

五年冬，奉旨回兩江總督本任，李公鴻章代督軍。時牛洪死，張總愚竄入陝西，任柱、賴文光入湖北，撚自是不復合并，遂有東西撚之號。六年六月，公補授大學士，仍治兩江。任柱、賴文光再入河南，竄山東，渡運河，擾登、萊、青。李公鴻章、劉公長佑建議集四省兵力，會堵運河。英翰公請合兵守膠萊河，圈賊海隅，皆主公防河初議。賊復引而西，越濰河，南入海州。官軍陳斬任柱，再擊破之壽光彌河，賴文光走死，揚州東撚平。詔加公雲騎尉，世職。張總愚入陝，後爲劉公松山所敗。數月乘冰堅渡河，竄山西，入直隸，擾犯保定、天津、河間，京師戒嚴。劉公松山繞出賊前，破之於獻。丁公寶楨入援，駐固安，左公宗棠駐天津，李公鴻章駐大名，英翰公、李公鶴年防河南北岸。賊越運河，竄東昌、武定。李公鴻章移師德州。時河北水漲，官軍扼河以困之。公派提督黃翼升、總兵歐陽利見領水師協勦。龍神見舟中，水師至，合官軍圍，殲之，大破撚黨於茌平南鎮。張總愚赴水死，西撚平。凡防河之策，皆公本謀也。

是年，公授武英殿大學士。秋，調補直隸總督。公奏直隸最要之政，在練兵飭吏，次則河工。請留劉銘傳一軍，以資拱衛，再練萬人，使成勁旅，則畿輔不患空虛。民間疾苦由於積獄太多，差徭太重。屬僚玩上虐民，當嚴法以懲之。永定、滹沱二河永爲民患，宜大加疏濬，皆興辦如言。期年，百廢具舉。無何，天津民焚燬法國教堂，以堂中授迷藥，拐幼孩，挖眼剖心，殺傷教民數十人，天津大擾。公在病假中，奉命查辦。與通商大臣崇厚分謗，不獎士民義憤，以粵撚初平，宜堅保和局，不宜與洋人構釁。又慮四國合從敗約，變不測，京師震驚，於是辦理稍柔。津民不知此義，遂以怨崇厚者怨公。然府縣議抵之説，究賴公力拒之。奏曰：「府縣本無大過，送交刑部，已屬法重情輕。彼若立意決裂，雖百請百從，難保無事。且外國論强弱，不論是非。若中國有備，和議當易定。已令銘軍拔赴滄州，以資防衛。」崇厚懼事決裂，奏公病勢甚重，請另簡重臣來津。乃召李公鴻章於潼關，引兵馳赴天津會辦。會兩江缺出，仍以公調補，而李公爲直隸總督。踰月，事定。公與人書云：「內疚神明，外慚清議，深自引咎而已。」時目病甚，疏辭兩江。詔曰：「兩江該大臣舊治，其勿辭，第坐鎮其間，諸事自可就理。」公三至江南，百姓聞公來，扶老攜幼，焚香以迎。公之治江南也，尚儒，喜引經決事，後頗采黃老術，以清靜化民。居官有常度，多謀能斷，應事若流水。然幕府左右竊識之，從容而已。素廉，奉入悉以養士，軍所經用，毋慮千萬，家無改觀者。用人持重，其汎愛樂士，天性也。諸將羣吏，皆子弟遇畜之，得庶類之和。尤知人善任，使所成就，薦拔人才，不可勝數。而李公、左公相繼極用，遂匡國家。以故出入將相，訖二十年，爲盟主，海內歷服。同治十一年二月四日薨，春秋六十有二。江南士民巷哭，江甯將軍以聞，穆宗皇帝震悼，輟朝三日，追贈太傅，賞銀三千兩治喪。賜祭一壇，謚曰文正，入祀京師昭忠賢良祠，各省建立專祠。何公璟、李公瀚章、英翰公先後臚陳勳績，宣付史館。何公承公後，上以守成爲戒。

公在江南，并充南洋通商大臣。初和議成，公陰有爭雄海上之志，設內軍械所安慶，仿造火輪船，踰年成小輪一號，試之江可用，遣使同知容閎往西洋美利堅采辦機器洋鐵。時李公鴻章亦自購機器，設局上海，用西法製造鎗礮，規模遂開。中國機器之興，歲益增盛，自此始。後公益奏請選派聰穎子弟前赴泰西各國肄習技藝，期十五年還，仍以容閎往。其遠略如此。

公學究天人，於書無所不讀。公誠之心，形於文墨。平生公牘私函，無一欺飾語。治軍行政，務求蹈實。或籌議稍迂，成功轉奇，發端至難，取效甚遠。凡規畫天下，事無不效者，故當時咸稱聖相公。剏立長江水師、太湖水師、淮揚水師，章程皆手定。又定陸軍營制、馬勇章程、兩淮鹽務章程、江南開墾章程、直隸清訟事宜、練軍章程，皆經國之大端，時所施用。文章奏議尤美，有集百餘卷行世。公喪之歸，百姓爇香追送，盈路擁喪不得行。江南家家繪像以祀，謳思弗置，廿年如一日。公美鬚髯，目三角，終身患癬，相者以爲龍而癩云。子紀澤，襲爵，官至兵部侍郎。光緒八年，使俄，定伊犂界，還卒，謚惠敏。紀鴻，賞舉人，先兄卒。孫廣鈞，由賜舉人中己丑進士，授翰林院編修。廣鎔、廣銓，主事。

《清史列傳》卷四五《曾國藩傳》 曾國藩，湖南湘鄉人。道光十八年進士，改翰林院庶吉士。二十年，散館，授檢討。二十三年三月，大考二等，以侍講陞用。六月，充四川鄉試正考官。七月，補侍講。十二月，充文淵閣校理。二十四年，轉侍讀。二十五年三月，充會試同考官。五月，遷詹事府右春坊右庶子，九月，轉左庶子，旋陞翰林院侍講學士。十二月，充日講起居注官。二十六年，充文淵閣直閣事。二十七年五月，大考二等，遇缺題奏。六月，擢內閣學士，兼禮部侍郎銜。二十八年，稽察中書科事務。二十九年正月，陞禮部右侍郎。八月，署兵部左侍郎。

三十年正月，宣宗成皇帝升遐，文宗顯皇帝御極，國藩遵旨集議郊配廟祔禮，疏曰：「皇上以大行皇帝硃諭遺命四條內無庸郊配、廟祔二條，令臣工詳議具奏。臣等謹於二十七日集議，諸臣皆以大行皇帝功德懿鑠，郊配既斷不可易，廟祔尤在所必行，直道不泯，此天下之公論也。臣國藩亦欲隨從衆議，退而細思大行皇帝諄諄誥誡，必有精意存乎其中，臣下鑽仰高深，苟窺見萬分之一，亦當各獻其說，備聖主之博采。竊以爲遺命無庸廟祔一條，考古準今，萬難遵從。無庸郊配一條，則不敢從者有二，不敢違者有三焉。所謂無庸廟祔一條，萬難遵從者，何也？古者祧廟之說，乃爲七廟親盡言之。間有親盡而仍不祧者，則必有德之主，世世宗祀，不在七廟之數，若殷之三宗，周之文、武是也。大行皇帝於皇上爲禰廟，本非七廟親盡可比；而論功德之彌綸，又當與列祖列宗同爲百世不祧之室。豈其弓劍未忘，而烝嘗遽別？且諸侯大夫尚有廟祭，況以天子之尊，敢廢升祔之典？此其萬難遵從者也。所謂無庸郊配一條，有不敢從者二，何也？古聖制禮，亦本事實。實之既至，而情文因之而生。大行皇帝仁愛之德，同符大造。偶遇偏災，立頒鉅項，年年賑貸，薄海含哺。粒我烝民，后稷所以配天也。御宇三十年，無一日之暇逸，無須臾之不敬，純亦不已，文王所以配上帝也。既已具合撰之實，而欲辭升配之文，則普天臣民之心終覺不安。此其不敢從者一也。歷考列聖升配，惟世祖章皇帝係由御史周季琬奏請，外此皆繼統之聖人，特旨舉行，良由上孚昊眷，下愜民情，毫無疑義也。行之既久，遂爲成例。如大行皇帝德盛化神，即使無例可循，臣下猶應奏請，況乎成憲昭昭，曷敢踰越？《傳》曰：『君行意，臣行制。』在大行皇帝自懷謙讓之盛意，在大小臣工宜守國家之舊制。此其不敢從者二也。所謂無庸郊配一條，有不敢違者三，何也？壇壝規模，尺寸有定。乾隆十四年重加繕修，一甎一石，皆考律呂之正義，按九五之陽數，增之不能，改之不可。七廟配位，各設青幄，當初幄制闊大，乾隆三年量加收改。今則每幄之內僅容豆籩，七幄之外幾乏餘地。我大行皇帝慮及億萬年後，或議增廣乎壇壝，或議裁狹乎幄製，故定爲限制，以身作則，俾世世可以遵循。今論者或謂西三幄之南，尚可添置一案，暫爲目前之計，不必久遠之圖。豈知人異世而同心，事相沿而愈久，今日所不敢言者，亦萬世臣子所不敢言者也；今日所不忍言者，亦萬世臣子所不忍言者也。經此次硃諭之嚴切，盈廷之集議，尚不肯裁決遵行，則後之人又孰肯冒天下之不韙乎？將來必至修改基址，輕變舊章，此其不敢違者一也。古來祀典，興廢不常，或無其祭而舉之，或有其禮而罷之，史册所書，不一而足。唐垂拱年間，郊祀以高祖、太宗、高宗並配，後開元十一年從張說議，罷太宗、高宗配位。宋景祐年間，郊祀以藝祖、太宗、真宗並配，後嘉祐七年從楊畋議，罷太宗、真宗配位。我朝順治十七年，合祀天地、日月、星辰、山川於大享殿，奉太祖、太宗以配，厥後亦罷其禮。祀典改議，乃古今所常有。我大行皇帝慮億萬年後愚儒無知，或有援唐宋罷祀之例，妄行陳奏者，不可不豫爲之防，故硃諭有曰：『非天子不議禮。』以爲一經斷定，則巍然七幄與天長存。後世增配之議尚且不許，罷祀之議更何自而興？所以禁後世者愈嚴，則所以尊列祖者愈久。此其計慮之周，非三代制禮之聖人而能如是乎？大行皇帝以制禮之聖人自居，臣下何敢以尋常之識淺爲窺測？有尊重之虛文，無謀事之遠慮，此其不敢違者二也。我朝以孝治天下，而遺命在所尤重。康熙二十六年孝莊文皇后遺命云：『願於遵化州孝陵近地擇吉安厝。』當時臣工皆謂遵化去太宗昭陵千有餘里，不合祔葬之例。我聖祖仁皇帝不敢違遺命，而又不敢違成例，故於孝陵旁近建暫安奉殿，三十餘年，未敢竟安地宫，至雍正初始敬謹蔵事。嘉慶四年，高宗純皇帝遺命云：『廟號無庸稱祖。』我仁宗睿皇帝謹遵遺命，故雖乾隆中之豐功大烈，而廟號未得稱祖，載在《會典》，先後同揆矣。此次大行皇帝遺命，惟第一條森嚴可畏，若不遵行，則與我朝家法不符；且硃諭反覆申明，無非自處於卑屈，而處列祖於崇高，此乃大孝大讓亘古之盛德也。與其以尊崇之微忱屬之臣子，孰若以莫大之盛德歸之君父。此其不敢違者三也。臣竊計皇上仁孝之心，兩者均有所歉，然不奉升配僅有典禮未備之歉；遽奉升配既有違命之歉，又有將來之慮，是多一歉也。一經大智之權衡，無難立判乎輕重。聖父制禮，而聖子行之，必有默契於精微，不待臣僚擬議而後定者。臣職在秩宗，誠恐不詳不慎，皇上他日郊祀時，上顧成命，下顧萬世，或者怵然難安，則禮臣無所辭其咎。」奏入，上韙之。

三月，應詔陳言，疏曰：「今日所當講求者，惟在用人。人才不乏，欲作用而激揚之，則賴皇上之妙用。有轉移之道，有培養之方，有考察之法，三者不可廢一。臣觀今日京官辦事通病有二：曰退縮，曰瑣屑；外官辦事通病有二：曰敷衍，曰顢頇。習俗相沿，但求苟安無過，不肯振作有爲。將來一遇艱鉅，國家必有乏才之患。今遽求振作之才，又恐躁競者因而倖進。臣愚以爲欲令有用之才，不出範圍之中，莫若使從事於學術，又必皇上以身作則，乃能操轉移風化之本。臣考聖祖登極後，勤於學問，儒臣逐日進講，寒暑不輟，召見廷臣，輒與往復討論。當時人才濟濟，好學者多。康熙末年，博學偉才，大半皆聖祖教諭成就之。皇上春秋鼎盛，正符聖祖講學之年。臣請俟二十七月後，舉逐日進講例，四海傳播，人人向風。召見臣工，從容論難，見無才者則勗之以學，以痛懲模稜罷輭之習；見有才者則愈勗之以學，以化其剛愎刻薄之偏。十年以後，人才必大有起色。此轉移之道也。內閣、六部、翰林院爲人才薈萃之地，內而卿相，外而督撫，率出於此，皇上不能一一周知也。培養之權，不得不責成堂官。所謂培養有數端：曰教誨，曰甄別，曰保舉，曰超擢。堂官於司員，一言嘉獎，則感而圖功；片語責懲，則畏而改過。此教誨不可緩也。榛棘不除，則蘭蕙減色；害馬不去，則騏驥短氣。此甄別不可緩也。嘉慶四年、十八年，兩次令部院各保司員，此保舉成案也。雍正間，甘汝來以主事而賞人蔘，放知府。嘉慶間，黄鉞以主事而充翰林，入南齋。此超擢成案也。蓋嘗論之，人才譬若禾稼，堂官之教誨，猶種植耘耔也；甄別猶去稂莠，保舉猶灌溉也。皇上超擢，譬之甘雨時降，苗勃然興也。堂官時常到署，猶農夫日在田間，乃熟稼事。今各衙門堂官多內廷行走之員，或累月不到署，自掌印主稿外，司員半不識面。譬之嘉禾稂莠，聽其同生同落於畎畝之中，而農夫不問。教誨之法無聞，甄別之例亦廢。近奉明詔保舉，又但及外官不及京秩，培養之道不尚有未盡者哉？頃歲以來，六部人數日多，或廿年不得補缺，終身不得主稿，內閣翰林院人數亦三倍於前，往往十年不得一差，不遷一秩，而堂官多直內廷，本難分身入署，又或兼攝兩部，管理數處，縱有才德俱優者，曾不能邀堂官之一顧，又烏能達天子之知？以數千人才，近在眼前，不能加意培養，甚可惜也！臣愚欲請皇上稍爲酌量，每部須有三二堂官不入內廷者，令日日到署，與司員相砥礪。翰林掌院亦須有不直內廷者，與編、檢相濡染，務使屬官之性情心術，長官一一周知。皇上不時詢問，某也才，某也直，某也小知，某也大受，不特屬官優劣粲呈，即長官賢否亦可互見，旁考參稽，而八衙門之人才，同往來聖主之胸中。彼屬官者但令姓名達於九重，不必陞官遷秩，而已感激無地，然後保舉之法、甄別之例次第舉行舊章。皇上偶有超擢，則楩柟一陞，而草木之精神皆振。此培養之方也。古者詢事考言，二者兼重。近來各衙門辦事，小者循例，大者請旨，本無才猷可見，莫若於言考之，而召對陳言，天威咫尺，不宜喋喋便佞，則莫若於奏摺考之。國家定例，內而九卿、科道，外而督撫、藩臬，皆有言事之責，各省道員亦許專摺言事。乃十餘年間，九卿無一人陳時政得失，司道無一摺言地方利病，科道奏疏無一言及主德隆替，無一摺彈大臣過失，一時風氣，不解其所以然。本朝以來，匡言主德者，如孫嘉淦以自是規高宗，袁銑以寡欲規宣宗，皆優旨喜納。糾彈大臣者，如李之芳劾魏裔介、彭鵬劾李光地。後四人皆爲名臣，至今傳爲美談。直言不諱，未有盛於我朝者也。皇上御極之初，特詔求言，而褒答倭仁之諭，臣讀之至於抃舞感泣。然猶有過慮者，誠見皇上求言甚切，諸臣紛紛入奏，或條陳庶政，頗多雷同；或彈劾大臣，懼長攻訐。臣愚願皇上堅持聖意，借奏摺爲考覈人才之具，永不生厭斁之心。涉於雷同者，不必交議而已；過於攻訐者，不必發鈔而已。此外則但見有益，不見有損。今考九卿賢否，憑召見應對；考科道賢否，憑三年京察；考司道賢否，憑督撫考語。若人人建言，參互質證，豈不更爲覈實乎？此考察之法也。」奏入，諭稱其剴切明辨切中事情，命百日後舉行日講。國藩旋條陳日講事宜，下部議，格不行。六月，署工部左侍郎。

咸豐元年五月，署刑部右侍郎。十月，充順天武鄉試正考官。二年正月，署吏部左侍郎。六月，充江西鄉試正考官。旋丁母憂回籍。時廣西會匪洪秀全倡亂，竄湖南，圍長沙，不克；竄湖北武昌，陷之，連陷沿江郡縣，江南大震。十一月，上特命國藩會同湖南巡撫張亮基辦理本省團練，搜剿土匪。時塔齊布尚以都司署撫標參將，國藩奏稱其奮勇耐勞，深得民心，並云：「塔齊布將來如打仗不力，臣甘同罪，請旨獎敍，專令督隊剿賊。」會賊破金陵，逆流西上，皖、鄂郡縣相繼淪陷。上以國藩所練鄉勇得力，剿匪著有成效，諭令馳赴湖北剿賊。國藩以爲賊所以恣意往來者，由長江無官軍扼禦故也，乃駐衡州造戰艦，練水軍，勸捐助餉。

四年二月，奏請將原任湖北巡撫楊健從祀鄉賢，下部議處。尋議降二級調用。復督師東下。三月，與賊接戰岳州。四月，又戰靖港，皆不利，得旨革職，仍准專摺奏事。時國藩已遣守備楊載福、知縣彭玉麟與塔齊布合擊賊於湘潭，大破之，復其城。賊退踞岳州，七月，國藩攻克之，燬其舟。賊浮舟上犯，再破之，遂與塔齊布水陸追擊，自城陵磯二百餘里，剿洗凈盡。賞二品頂戴。九月，復武昌、漢陽，盡焚襄河賊舟，賞二品頂戴。署湖北巡撫，賞戴花翎。旋以國藩力辭賞兵部侍郎銜，辦理軍務，毋庸署理巡撫。國藩建三路進兵策，奏言：「江漢肅清，賊之回巢抗拒者，多集興國、蘄州、廣濟諸屬，自巴河至九江節節皆有賊船，擬塔齊布由南路進攻興國、大冶，湖北督臣派兵由北路進攻蘄州、廣濟。臣由江路直下，與陸軍相輔爲進止。」如所請行。

國藩揚帆而下，連戰勝賊，蘄州賊來犯，再破之，會塔齊布復興國、大冶。時賊以田家鎮爲巢穴，蘄州爲聲援，自州至鎮四十餘里，沿岸築土城，設礮位，對江轟擊，橫鐵鎖江上以阻舟師，南岸半壁山、富池口均大股悍賊駐守，舟楫往來如織。國藩計欲破田鎮，當先奪南岸。十月，寧紹台道羅澤南大破賊半壁山，克之。國藩部署諸將，分戰船四隊：一隊扼賊上犯；二隊備爐鞲、椎斧，前斷鐵鎖，賊礮船護救，三隊圍擊之，沉二艘，賊不敢近。須臾，鎔液鎖斷，賊驚顧失色，率舟遁；四隊駛而下，追及於鄔穴，東南風大作，賊舟不能行，官軍圍而焚之，百里內外火光燭天，陸軍自半壁山呼而下，悉平田鎮、富池口營壘，蘄州賊遁。是役也，斃賊數萬，燬其舟五千，遂與塔齊布復廣濟、黄梅、孔壠口、小池驛，上游江面肅清，進圍九江。十二月，上以國藩調度有方，賞穿黄馬褂，並賞狐腿黄馬褂、白玉搬指、白玉巴圖魯翎管、玉靶小刀、火鐮各一。

國藩遣水軍攻湖口、梅家洲，以通江西餉道。五年，賊竄武昌，分股乘夜由小池口襲焚國藩戰艦，戰失利。越數日，大風復壞舟數十。國藩迺以其餘遣署湖南按察使李孟羣、知府彭玉麟及湖北布政使胡林翼所帶陸軍回援武、漢，親赴江西造船募勇，增立新軍，連破賊姑塘、都昌，進攻湖口，大敗之。七月，湖南提督塔齊布卒，國藩馳往九江，兼統其軍。八月，水軍復湖口。九月，補兵部右侍郎。國藩以九江不下，師久無功，自請嚴議。諭曰：「曾國藩督帶水師，屢著戰功。自到九江後，雖未能迅即克復，而鄱湖賊匪已就肅清。所有自請嚴議之處，著加恩寬免。」六年，賊酋石達開竄江西，郡縣多陷。國藩馳赴省城，遣道員彭玉麟統內湖水師退駐吴城，以固湖防。同知李元度回剿撫州，以保廣信。諸將分扼要地，先後復進賢、建昌、東鄉、豐城、饒州，連破撫州樟樹鎮、羅溪、瓦山、吴城之賊。會同湖北援師知縣劉騰鴻、同知曾國華等大破賊瑞州，復靖安、安義、上高，自江西達兩湖之路，賴以無梗。七年正月，復安福、新淦、武寧、瑞昌、德安、奉新，軍聲大振。不一歲，石逆敗遁，江西獲安，國藩力也。

二月，丁父憂。諭曰：「曾國藩現在江西督師，軍務正當喫緊。古人墨絰從戎，原可奪情，不令回籍。惟念該侍郎素性拘謹，前因母喪未終，授以官職，具摺力辭。今丁父憂，若不令其回籍奔喪，非所以遂其孝思。著賞假三箇月，回籍治喪，俟假滿後，再赴江西督辦軍務。」尋因請終制，復諭曰：「曾國藩本以母憂守制在籍，奉諭幫辦團練。嗣因賊氛肆擾鄂、皖，即能統帶湖南船勇，墨絰從戎。數載以來，戰功懋著，忠誠耿耿，朝野皆知。伊父曾麟書因聞水師偶挫，又令伊子曾國華帶勇遠來援應，尤屬一門忠義，朕心實深嘉尚！今該侍郎以假期將滿，陳請終制，並援上年賈楨奏請終制蒙允之例，覽其情詞懇切，原屬人子不得已之苦心。惟現在江西軍務未竣，該侍郎所帶楚軍，素聽其指揮，當茲剿賊喫緊，亟應假滿回營，力圖報効。曾國藩身膺督兵重任，更非賈楨可比。著仍遵前旨假滿後即赴江西督辦軍務，並署理兵部侍郎，以資統率。俟九江克復，江面肅清，朕必賞假，令其回籍營葬，俾得忠孝兩全，毫無遺憾。該侍郎殫心事主，即以善承伊父教忠報國之誠，當爲天下後世所共諒也。」國藩復奏稱江西各營安謐如常，毋庸親往撫馭，並瀝陳才難宏濟，心抱不安。奉旨：「先開兵部侍郎缺，暫行在籍守制，江西如有緩急，即行前赴軍營，以資督率。」

八年五月，命辦理浙江軍務，移師援閩。閩匪分股竄擾江西，國藩遣道員李元度破之廣豐、玉山，張運蘭復安仁。時國藩駐軍建昌，東、南、北三路皆賊，國藩計東路連城賊勢已衰，閩事不足深慮，北路景德鎮乃大局所關，又較南路信豐爲重，乃遣張運蘭攻景德鎮，道員蕭啓江追剿信豐之賊。九年，蕭啓江破賊南康，克新城墟、池江賊巢，遂復南安，解信豐圍。賊竄湖南，將由粵、黔入蜀，國藩隨檄蕭啓江馳赴吉安援應湖南，張運蘭復景德鎮、浮梁縣，江西肅清，餘賊竄皖南。

國藩奉命防蜀，行至陽邏，奉諭皖省賊勢日張，飭籌議由楚分路剿辦。國藩回駐巴河，簡校軍實，因奏言：「自洪楊內亂，鎮江克復。金陵逆首，凶燄久衰。徒以陳玉成往來江北，勾結捻匪，廬州、浦口、三河等處疊挫我師，遂令皖北之糜爛日廣，江南之賊糧不絕。欲廓清諸路，必先破金陵；欲破金陵，必先駐重兵滁、和，而後可去江南之外屏，斷蕪湖之糧路；欲駐兵滁、和，必先圍安慶，以破陳逆之老巢，兼擣廬州，以攻陳逆所必救。進兵須分四路，南則循江而下，一由宿松、石牌規安慶，一由太湖、潛山規桐城；北則循山而進，一由英山、霍山攻舒城，一由商城、六安規廬州。南軍駐石牌，則與福建水師提督楊載福黃石磯之師聯爲一氣；北軍至六安州，則與壽州之師聯爲一氣。」國藩請自規安慶，協領多隆阿、綏靖鎮總兵鮑超取桐城，署湖北巡撫胡林翼取舒城，荆宜施道李續宜規廬州。奏入，上是之。

十年二月，賊酋陳玉成犯太湖，國藩分兵破之。旋因金陵大營分兵援浙，城中悍賊大股出撲，統帥和春、張國樑以兵單賊衆，退守丹陽，旋皆戰歿。兩江總督何桂清棄常州奔上海，致蘇、常連陷，賊勢蔓延。四月，上特命國藩馳赴江蘇，並先行賞加兵部尚書銜，署理兩江總督。六月，實授，以欽差大臣督辦江南軍務。七月，命皖南軍務統歸國藩督辦。十一年，國藩進駐祁門，督飭楊載福，按察使彭玉麟，道員曾國荃等諸軍，水陸夾擊，爲逐層埽蕩之計。先後復黟縣，都昌、彭澤、東流、建德、休寧、徽州、義寧各城。悍賊數萬踞安慶，久不下，曾國荃、副都統多隆阿等圍之。陳玉成來援，諸軍擊走之，拔其城，賊無脫者。進復池州、鉛山、無爲、銅陵及泥汊、神塘河、運漕、東關各隘。

十月，穆宗毅皇帝御極，加太子少保銜，令統轄江蘇、安徽、江西、浙江四省軍務，巡撫、提、鎮以下悉歸節制。國藩力辭，上不許，諭曰：「前命曾國藩以欽差大臣節制江、浙等省巡撫提鎮，以一事權。曾國藩自陳任江督後，於皖則無功可敍，於蘇則負疚良深。並陳用兵之要，貴得人和而勿尚權勢，貴求實際而勿爭虛名，懇請收回成命，朕心實爲嘉許！仍諭令節制四省，以收實效。曾國藩復陳下情，言現在諸路出師，將帥聯翩，威柄太重，恐開斯世爭權競勢之風，兼防他日外重內輕之漸。足見謙卑遜順，慮遠思深，得古大臣之體。在曾國藩遠避權勢，自應如此存心，而國家優待重臣，假以事權，從前本有成例。曾國藩曉暢戎機，公忠體國，中外咸知。當此江、浙軍務喫緊，生民塗炭，我兩宮皇太后孜孜求治，南望增憂，若非曾國藩之悃忱真摯，豈能輕假事權？所有四省巡撫、提、鎮以下各官，仍歸節制。該大臣務以軍事爲重，力圖攻剿，拯斯民於水火之中，毋再固辭。」

先是，賊圍杭州，國藩疊奉援浙之命，咨令太常寺卿左宗棠統軍入浙，檄按察使張運蘭，副將孫昌國等水陸各營均歸調度，以厚兵力，並撥給錢漕，釐金，以清所部積欠。因奏稱：「左宗棠前在湖南撫臣駱秉章幕中，贊助軍謀，兼顧數省，其才實可獨當一面，懇明降諭旨，令左宗棠督辦浙江全省軍務。」上以浙江巡撫王有齡及江蘇巡撫薛煥不能勝任，命國藩察看具奏，並迅速保舉人員，候旨簡放。國藩奏言：「蘇、浙兩省，羣賊縱橫，安危利鈍，繫於巡撫一人。王有齡久受客兵挾制，難期振作，欲擇接任之人，自以左宗棠最爲相宜。惟此時杭州被困，必須王有齡堅守於內，左宗棠救援於外。俟事勢少定，乃可更動。至江蘇巡撫一缺，目前實無手握重兵之人，可勝此任。查有臣嘗統帶淮揚水師之福建延建邵遺缺道員李鴻章勁氣內斂，才大心細。若蒙聖恩將該員擢署江蘇巡撫，臣再撥給陸軍，便可馳赴下游，保衛一方。」奏入，上皆特如所請。復因杭州失守，國藩奏陳補救之策：「一、擬令各軍堅守衢州，與江西之廣信、皖南之徽州爲犄角之勢，先據形勝，扼賊上竄，左宗棠暫於徽、衢、信三府擇要駐紮，相機調度，總須先固江西、皖南邊防，保全完善之地，再籌進剿；一、請於浙江藩臬兩司內將廣西按察使蔣益澧調補一缺，飭帶所部五六千人赴浙，隨左宗棠籌辦防剿，可收指臂之助；一、浙省兵勇恃寧、紹爲餉源，今全省糜爛，無可籌畫，懇恩飭下廣東粵海關、福建閩海關按月協撥銀兩，交左宗棠以資軍餉。」從之。

同治元年正月，命以兩江總督協辦大學士。國藩奏言：「自去秋以來，疊荷鴻恩，臣弟國荃又拜浙江按察使之命。一門之內，數月之間，異數殊恩，有加無已。感激之餘，繼以悚懼。懇求皇上念軍事之靡定，鑒微臣之苦衷，金陵未克以前，不再加恩於臣家。又前此疊奉諭旨，飭保薦江蘇、安徽巡撫，復蒙垂詢閩省督撫，飭臣保舉大臣，開列請簡。封疆將帥，乃朝廷舉措之大權，如臣愚陋，豈敢干預？嗣後如有所知，堪膺疆寄者，隨時恭疏入告，仰副聖主旁求之意。但泛論人才以備採擇則可，指明某缺徑請遷除則不可。蓋四方多故，疆臣既有征伐之權，不可更分黜陟之柄。風氣一開，流弊甚長。辨之不可不早。」尋遣將擊走徽州荻港之賊，復青陽、太平、涇縣、石埭，國荃會同水師復巢縣、含山、和州，並銅陵牐、雍家鎮、裕溪口、西梁山四隘，弟貞幹復繁昌、南陵，破賊三山、魯港。上以國藩前奏情詞懇摯，出於至誠，不再加恩，而進國荃、貞幹等職。

國藩駐安慶督師，奏請仍建安徽省會於安慶，設長江水師提督以下各官，指授諸將機宜，以次規取皖南北府縣各城。國荃率師進圍金陵，蘇、浙賊酋李秀成等分道來援，大小數十戰，力卻之。二年五月，復江浦、浦口，克九洑州，長江肅清。因淮南運道暢通，籌復鹽務，改由民運，奏請疏銷輕本，保價杜私之法。三年正月，官軍克鍾山，國藩令弟國荃會諸將合圍金陵。

六月，金陵克復，生擒僞忠王李秀成等，掘戮首逆洪秀全屍，三日內斃賊十餘萬人，全股悍匪盡數殄滅。國藩紅旗奏捷，並稱：「洪逆倡亂粵西，於今十有五年，竊踞金陵亦十二年，流毒海內，神人共憤！我朝武功之盛，超越前古。如嘉慶川、楚之役，蹂躪僅及四省，淪陷不過十餘城。康熙三藩之役，蹂躪尚止十二省，淪陷亦第三百餘城。今粵匪之變，蹂躪竟及十六省，淪陷至六百餘城之

多，實爲罕見之劇寇！卒能次第削平，剗除元惡，蔚爲中興之業。」捷聞，上覽奏嘉悅，諭曰：「曾國藩自咸豐四年在湖南首倡團練，創立舟師，與塔齊布、羅澤南等屢建殊功，保全湖南郡縣，克復武、漢等城，肅清江西全境。東征以來，由宿松克潛山、太湖，進駐祁門，叠復徽州郡縣，遂拔安慶省城，以爲根本。分檄水陸將士，規復下游州郡。茲大功告蕆，逆首誅鋤，由該大臣籌策無遺，謀勇兼備，知人善任，調度得宜。曾國藩著加恩賞加太子太保銜，錫封一等侯爵，世襲罔替，並賞戴雙眼花翎。浙江巡撫曾國荃賞加太子少保銜，錫封一等伯爵，並賞戴雙眼花翎。」將士錫爵進秩有差。

時捻匪倡亂日久，四年四月，欽差大臣科爾沁親王僧格林沁追剿捻匪，戰歿於山東曹州，賊勢日熾。命國藩赴山東一帶督兵剿辦捻匪，山東、河南、直隸三省旗綠各營及地方文武員弁，均歸節制調遣。國藩將赴徐州督師，乃招集新軍，添練馬隊，檄調皖南鎮總兵劉松山、直隸提督劉銘傳、總兵周盛波、道員潘鼎新諸軍會剿。五月，賊竄亳州雉河集，國藩駐臨淮關，遣兵擊走之。先後奏言：「此賊已成流寇，飄忽靡常，宜各練有定之兵，乃足以制無定之賊。臣由臨淮進兵，將來安徽即以臨淮爲老營，及江蘇之徐州山東之濟寧、河南之周家口四路，各駐大兵爲重鎮。一省有急，三省往援。其援軍之口糧、火藥，即取給於受援之地。庶幾往來神速，呼吸相通。」

時逆酋張總愚、任柱、牛洛紅及髮逆賴文光，擁衆十萬，倏分倏合。八月，國藩遣劉銘傳敗之潁州，賊東走曹州。國藩檄潘鼎新力扼運河，派軍馳赴山東助剿。賊不能渡運，遂南走徐州，踞豐、沛、銅山境內。九月，國藩遣潘鼎新等敗之徐州豐縣，賊復竄山東。十月，周盛波、劉銘傳敗之寧陵、扶溝，賊竄陷湖北黃陂。五年正月，國藩遣劉銘傳破之，復其城。任逆回竄沈丘，將踞蒙、亳老巢，遣劉銘傳、周盛波擊之。張逆分股入鄆城。三月，劉銘傳、廣西右江鎮總兵張樹珊敗之潁州周家口，羣賊合踞濮、范、鄆、鉅間，諸軍擊破之。張逆趨單縣，任逆走靈壁，國藩駐徐州，修浚運河，以固東路。五月，遣諸將敗張逆於洋河、王家林，敗任逆於永城、徐州。時賊自二月北竄，堅圖渡運，徘徊曹、徐、淮、泗者兩月有餘，迄不得逞，於是張逆入豫，任逆入皖。國藩遣周盛波大破牛逆於陳州，敗任、賴二逆於烏江河，張樹珊敗賊於周家口。牛、張二逆渡沙河而南，任、賴二逆亦竄渡賈魯河。

國藩以前防守運河粗有成效，必仿照於沙河設防，俾賊騎稍有遮攔，庶軍事

漸有歸宿。定議自周家口下至槐店，扼守沙河，上至朱仙鎮，扼守賈魯河。因奏言：「河身七百餘里，地段太長，不敢謂防務既成，百無一失。然臣必始終堅持此議，不以艱難而自畫，不以浮言而中更，以求有裨時局。自古辦流寇本無善策，惟有防之使不得流，猶是得寸則寸之道。俟河防辦成，則令防河者與遊擊者彼防此戰，更番互換，庶足以保常新之氣。」六月，遣劉松山、宣化鎮總兵張詩日大破賊於上蔡、西華，賊由河南巡撫所派防軍汛地逸出東竄，河防無成。七月，遣劉松山、提督宋慶大破之南陽、新野。九月，劉銘傳、潘鼎新破之鄆城，運防賴以無恙。

十月，國藩自陳病狀，上命國藩仍回兩江總督本任，以李鴻章代辦剿匪事宜。國藩請開總督缺，以散員留營自効。諭曰：「兩江總督責任綦重，湘淮各軍尤須曾國藩籌辦接濟。著遵奉前旨，仍回本任，以便李鴻章酌量移營前進，並免後顧之憂。」國藩復奏陳：「江督之繁，斷非病軀所能勝任。與其辜恩溺職，不如避位讓賢。」籲請仍開各缺。諭曰：「曾國藩爲國家心膂之臣，誠信相孚已久。當此捻逆未平，後路糧餉、軍火無人籌辦，豈能無誤事機？曾國藩當仰體朝廷之意，爲國家分憂，豈可稍事疑慮，固執己見？著即懍遵前旨，剋期回任，俾李鴻章得以專意剿賊，迅奏膚功。該督回任以後，遇有湘、淮軍事，李鴻章仍當虛心咨商，以期聯絡一氣。毋許再有固請，用慰廑念。」十一月，回任。

六年六月，授大學士，仍留兩江總督任。七月，授體仁閣大學士。九月，奏稱製造輪船爲救時要策，請將江海關洋稅酌留二成，一成爲專造輪船之用，一成酌濟淮軍及添兵等事，從之。十二月，捻匪平，賞雲騎尉世職。七年四月，授武英殿大學士。七月，調直隸總督。十二月，入覲，賜紫禁城騎馬。八年二月，查明積潦大窪地畝應徵糧賦，請分別豁減，從之。三月，奏直隸刑案積多，與臬司張樹聲力籌清釐，甫有端緒，張樹聲現調任山西，請暫留畿輔一年以清積案。諭曰：「曾國藩到任後，辦事認真，於吏治民風，實心整頓，力挽敝習。著如所請，俾收指臂之助。」又先後二次查明屬員優劣，開單具奏，得旨，分別嘉勉降革。

時直隸營伍廢弛，廷議選練六軍，命國藩將前定練軍章程，妥籌經理。五月，國藩奏言：「臣見內外臣工章奏，於直隸不宜屯留客勇一節，言之詳矣。惟養勇雖非長策，而東南募勇多年，其中亦有良法美意，爲此間練勇所當參用者：一曰文法宜簡，一曰事權宜專，一曰情意宜洽。又聞各營練軍，皆有冒名頂替之弊，防不勝防。今當講求變通之方，自須先杜頂替之弊。臣本擬定一簡明章程，重整練軍，練足萬人，以副朝廷殷勤訓飭之意。其未挑入練者，各底營存餘之兵，亦須善爲料理，未可聽其困窮潰壞。擬略仿浙江減兵之法，數年後或將當日之五折、七折、八折者，全數賞發，兵丁之入練軍者，所得固優，即留底營者，亦足自贍，營務或有起色。而畿輔練軍之議亦不至屢作屢輟，事同兒戲。請敕原議各衙門覈議施行。」復命國藩籌定簡明章程奏報定議。國藩奏言：「臣維用兵之道，隨地形賊勢而變焉者也。陳迹不可狃，獨見不可恃，隨處擇善而從，庶可常行無弊。直隸練軍宜添學裝營之法，每月拔營一次，行二三百里爲率。並擬於前留四千人外，先添三千人，稍復舊觀。一於古北口暫添千人，該提督傅振邦統之；一於正定鎮暫練千人，該總兵譚勝達統之；一於保定暫添千人，令前瓊州鎮總兵彭楚漢以南將統之。與中軍冷慶所轄千人，姑分兩起，俟察驗實在得力，而後合併一軍。此因論兵將相，而擬目前添練之拙計也。至練軍規模，臣仍擬以四軍爲斷，一軍駐京北，一軍駐京南，每軍三千人，統將功效尤著者，或添至四五千人，請旨交各衙門覈議，先行試辦。俟試行果有頭緒，然後奏定簡明章程，俾各軍一律遵守。」奏入，允之。自同治三年至九年正月，三屆京察，均蒙溫諭褒嘉，下部優敘。

五月，通商大臣崇厚奏天津民人因迷拐幼孩，有牽涉教堂情事，法國領事豐大業出言不遜，對官施放洋槍，百姓激忿，毆斃豐大業，焚燬教堂。上命國藩赴天津查辦，並諭以查有實據，自應與洋人指證明確，將匪犯按律懲辦，以除地方之害。國藩奏言：「各省打毀教堂之案，層見疊出，而毆斃領事洋官，則從來未有之事。即使曲在洋人，而外國既斃多命，不肯更認理虧。臣但立意不欲與之開釁，使在彼有可轉圜之地，庶在我不失柔遠之方。」六月，抵津，查詢仁慈堂它眼剖心毫無實據，奏稱：「採生配藥，野番兇惡之族尚不肯爲，英、法乃著名大邦，豈忍爲此殘忍之行？以理決之，必無是事。況彼以仁慈爲名，而反受殘酷之謗，宜洋人之忿忿不平也。」又奏誅爲首滋事之人，將辦理不善之天津府縣革職治罪，復諭以「洋人詭譎性成，得步進步，若事事遂其所求，將來何所底止？是欲弭釁而不免啓釁也。如洋人仍有要挾恫喝之語，曾國藩當力持正論，據理駁斥，庶可折敵燄而張國維」。國藩復奏：「中國目前之力，未便遽啓兵端，惟有委曲求全之一法。」因陳：「時事雖極艱難，謀畫必須斷決。伏見道光庚子以後，辦理洋務，失在朝戰夕和，無一定之至計，遂至外患漸深，不可收拾。皇上登極以來，守定和議，絶無改更，用能中外相安，十年無事。津郡此案，因愚民一旦憤激，致成大變，初非臣僚有意挑釁。朝廷昭示大信，不開兵端，此實天下生民之福，以後仍當堅持一心，曲全鄰好，以爲保民之道；時時設備，以爲立國之本。二者不可偏廢。」

八月，調兩江總督。國藩瀝陳病狀，請另簡賢能，開缺調理。諭曰：「兩江事務殷繁，職任綦重。曾國藩老成宿望，前在江南多年，情形熟悉，措置咸宜。現雖目疾未痊，但得該督坐鎮其間，諸事自可就理。該督所請另簡賢能之處，著毋庸議。」十一月，命充辦理通商事務大臣。十年，以楚岸淮南引地爲川鹽所侵佔，偕湖廣總督李鴻章定議，與川鹽分岸行銷，奏請武昌、漢陽、黄州、德安四府專銷淮鹽，安陸、襄陽、鄖陽、荆州、宜昌、荆門五府一州暫行借銷川鹽。湖南巡撫劉崐請於永、寶二府試行官運粤鹽，國藩復力陳二府引地不便改運，部議皆如所請。

十一年二月，卒。遺疏入，諭曰：「大學士兩江總督曾國藩學問純粹，器識宏深，秉性忠誠，持躬清正。由翰林蒙宣宗成皇帝特達之知，洊陞卿貳。咸豐年間，創立楚軍，剿辦粤匪，轉戰數省，疊著勳勞。文宗顯皇帝優加擢用，補授兩江總督，命爲欽差大臣督辦軍務。朕御極後，簡任綸扉，深資倚任。東南底定，厥功最多。江寧之捷，特加恩賞給一等毅勇侯，世襲罔替，並賞戴雙眼花翎。歷任兼圻，於地方利病，盡心籌畫，實爲股肱心膂之臣。方冀克享遐齡，長承恩眷，兹聞溘逝，震悼良深！曾國藩著追贈太傅，照大學士例賜卹，賞銀三千兩治喪，由江寧藩庫給發。賜祭一壇，派穆騰阿前往致祭。加恩予謚文正。入祀京師昭忠祠、賢良祠，於湖南原籍、江寧省城建立專祠。其生平政績宣付史館。任内一切處分，悉予開復。應得卹典，該衙門察例具奏。靈柩回籍時，著沿途地方官妥爲照料。其一等侯爵，即著伊子曾紀澤承襲，毋庸帶領引見。其餘子孫幾人，著何璟查明具奏，候旨施恩。」

雜録

備録

竇鎮《國朝書畫家筆録》卷四《曾國藩工書》 曾國藩字滌生，號伯涵，湖南湘鄉人。道光戊戌翰林，官大學士，封毅勇侯。學問醇正，多著述。平粤匪，推中興首功，謚文正。書法山谷。

李玉棻《甌鉢羅書畫過目考》卷三 曾國藩字滌生，號伯涵，湖南湘鄉人。道光戊戌翰林，官大學士，封毅勇侯，晉太傅，謚文正。書法山谷。吴澧緣太守藏其先人和甫少宰欵界朱絲屏四幀行書和韻即懷七律詩四首，譚譬齋農部藏有小行書尺牘八通，於草率中而具遒勁姿。

陸以湉《庸閑齋筆記》卷三《曾文正爲巨蟒轉生》 曾文正公碩德重望，偉烈豐功，震于一時；顧性畏雞毛，遇有插羽之文，皆不敢手拆。辛未十月，到上海閲兵，余供張已備，從者先至，見座後有雞毛帚，囑去之，謂公惡見此物，不解其故。公姻家郭慕徐觀察階告余云：「公舊第中有古樹，樹神乃巨蟒。相傳公即此神蟒再世，遍體癬文，有若鱗甲。每日卧起，牀中必有癬屑一堆，若蛇蜕然。然喜食雞肉，而乃畏其毛，爲不解耳。」後閲《隨園隨筆》，言：「焚雞毛，修蛇巨虺聞氣即死，蛟蜃之類亦畏此氣。」乃悟公是神蟒轉世，故畏雞毛也。宋文信國公傳爲吉安潭中黑龍降生。信國柴市殉難後，是日，其鄉風雨大作，人見黑龍復歸于潭，與公之異將毋同？

陸以湉《庸閑齋筆記》卷一二《曾侯甘心受欺》 同治乙丑之秋，郭遠堂中丞開藩蘇州，余與同官諸人晉謁，翌日，中丞觴之。酒酣，中丞忽問元和令蕭山陶君肖農曰：「某人近日在家否？」陶對曰：「已遊庠，且食餼矣。」中丞乃笑謂余等曰：「此係渠鄉人，當金陵初復時，冒稱校官，往謁曾侯，高談雄辯，議論風生，有不可一世之概，侯固已心奇之矣。中間論及用人須杜絶欺弊事，遂正色大言曰：『受欺不受欺，亦顧在己之如何耳。某盱衡當世，略有所見。若中堂之至誠盛德，人自不忍欺；左公之嚴氣正性，人亦不敢欺；至如某某諸公，則人雖不欺而尚疑其欺，或已受欺而不悟其欺者，比比也。』侯不禁大喜，撫髀稱是。因謂之曰：『子可至軍營中，一觀我所用之人。』某諾而出。次日，遍謁諸文武，歸而復命曰：『軍中多豪傑俊雄之士，然某于其間得二君子人焉。』侯驚問何人，則舉涂方伯宗瀛及中丞名以對。侯又大喜稱善，乃待爲上客。顧一時未有以處之，姑令督造礮船。未幾，忽挾千金遁去。所司以聞，且請急發卒追捕，侯默然良久曰：『止，勿追也。』所司憫然退。侯乃自循其鬚曰：『人不忍欺，人不忍欺。』左右聞者皆匿笑，不敢仰視。」中丞言至此，又顧陶君曰：「此人既遊庠食餼，當令人勉之務正，如曾侯者，難再遇也。」次日，同官聚談，舉爲笑柄。或曰：「幸金數不多，故侯大度置之耳。」或曰：「侯恐播受欺名，故忍而不追也。」余曰：「不然。昔宋韓魏公總五路師，經略西夏，有人以僞書干之，得厚贈去。已而事露，諸將請捕之，韓公曰：『此人敢于百萬軍中，持僞書以欺我，則其人之膽識必有過人者；若迹之急，必投入夏國，是又生一張元也。』遂止。後世論者，共服韓公之深識遠慮。當金陵甫復時，髮逆未平，捻勢正熾，曾侯之見，即韓公之見也。大臣謀國深遠，豈惜此區區之金及受欺之名哉？」衆皆以余言爲然。

陸以湉《郎潛紀聞初筆》卷一《曾文正公知人》 近世士大夫多稱曾文正公能知人，非妄語也。江忠烈公忠源，初謁公於京邸，既别去，公目送之，曰：「此人必名天下，然當以節烈死。」時天下方無事，衆訝其言之不倫。後十餘年，忠烈果自領偏師，戰功甚偉，嗣殉難廬州。公東征時，滬上乞師，公奏請以今相國合肥李公赴滬，而以參將程忠烈公學啟從。臨發，公送之登舟，拊忠烈背曰：「江南人譽張國樑不去口，君去，亦一國樑也。行聞君克蘇州矣，勉之！」李公至滬，由下游進兵，自青浦、崑山轉戰至江蘇行省，拔名城，殪大憝，雖嘗借助英法兵，而西人獨推忠烈功爲淮軍諸將最，其聲威殊不出張忠武下。嗣克嘉興，先登，中鎗仆地，卒不救。其以死勤事，亦與忠武同。蓋昇平之際，物色人才，危急之秋，激昂忠義，精神所感，誠至明生。文正儒臣，豈有相人術哉？嗚呼！洵天人矣。

陳康祺《郎潛紀聞初筆》卷七《曾文正公不禁秦淮燈舫》 六朝金粉之遺，祗賸秦淮一灣水。逮明季馬湘蘭、李香君輩出，風情色藝，傾動才流，迄今讀《板橋》之記、《畫舫》之録，紙墨間猶留馨逸。自兵燹十年，而一片歡場，又復鞠爲茂草矣。金陵克復後數月，畫船簫鼓，漸次萌芽。時六安涂廉訪守郡，亟飛牒縣厲禁。次日，謁曾文正公。公笑謂曰：「聞淮河燈船，尚落落如曙星，吾昔計偕過此，千艘梭織，笙歌徹宵，洵承平樂事也。」又次日，公先約幕府諸君，買棹游覽，並命江甯、上元二邑令，設席款太守。一時士女歡聲，商賈麕集，河房棲葬之區，白舫紅簾，日益繁盛，寓公土著，聞信來歸，遂大有丰昌氣象。公真知政體哉。

陳康祺《郎潛紀聞初筆》卷一〇《曾文正公請復日講舊典》 文宗登極，曾文正公上言，請復日講舊典，部議格不行。次年，咸豐紀元，正月，遂奉特旨，令翰詹諸臣番上内直，候上親命題目，分日進呈。蓋文宗皇帝之倚畀文正，付以股肱心膂之任，其識拔實始此。

陳康祺《郎潛紀聞二筆》卷一三《曾文正公願法林文忠》 曾文正公致其弟威毅伯書云：「聞林文忠三子分家，各得六千串。督撫二十年，家私如此，真不可及，吾輩當以爲法。」讀此，見文忠之清操，亦見文正兄弟之志趣。

陳康祺《郎潛紀聞三筆》卷六《曾文正加惠皖中經學大師》 曾文正駐師祁門，狂寇環攻，儲胥奇困，爲其一生行軍最苦之境。乃手寫遺囑，帳懸佩刀，神志湛然若無事。一日，忽憶及皖中多經學大師，遭亂顛沛，存亡殆不可知，遂遣人四出存問，存者貽書約相見戎幕，亡者卹其細弱，索其遺文。如桐城方宗城存之、戴鈞衡存莊，歙俞正燮理初，黟程鴻詔伯敷諸家，皆藉以得脱於險。公真佛菩薩心腸也。

陳康祺《郎潛紀聞四筆》卷七《曾國藩移節東流》 文正困祁門，堅執有進無退之義，不肯移營。幕中諸君謂祁門處萬山中，實爲絶地，不如退至東流，可兼顧南北兩岸。文正誓以身殉，衆又謂祁門非公應殉處。文正笑曰：「何根雲去常州時，大約左右亦如此説。」衆默然。然越十數日，公忽下令移節東流，殆熟權其義而知所繫者重，不必學匹夫之諒，輕殉狂氛耳。世謂文正故使人不可測，殆未必然。

陳康祺《郎潛紀聞四筆》卷七《曾國藩詼諧答左宗棠》 曾文正與左侯相同爲中興柱石，而志趣各異，世所傳兩公齟齬事迹甚多。方文正在江西軍營，聞訃即奔喪回籍，朝議頗不謂然。左公客駱文忠幕中，亦大肆詆毀，一時譁然和之，文正至鬱憤成疾，致胡文忠書，謂「左公遇事掣肘，哆口謾罵，誓以後不與相聞問」。及奪情再起，甫到長沙，即集「敬勝義怠勝欲，知其雄守其雌」十二字，屬左公篆書楹聯以見意，交歡如初。嗣督兩江，力保左公知兵，而左公既握兵符，仍有傲視文正之意。文正用兵主持重，左公深不慊。一日在徽防，忽接浙中來咨，痛詆文正用人之謬，詞旨亢厲，令人難堪。文正覆之云「昔富將軍咨唐義渠中丞云：『貴部院實屬調度乖方之至。』貴部堂博學多師，不僅取則古人，亦且效法時賢，於富將軍可謂深造有得，後先輝映，實深佩服，相應咨覆」云云。左公盛氣，文正以詼諧答之。蓋文正再出督師，一味行以柔道，功名意氣，與世無爭，但求委曲以濟吾事。蓋心彌苦，而學彌進矣。劉霞仙中丞輓文正詩，有「菱角磨成芡實圓」之句，余讀之喟然，不覺涕之無從。是則採近印活字板《水窗春囈》上卷。《春囈》無著書人姓名，余鐇閲考核，當是湘潭歐陽兆熊所撰。而下卷筆墨不一律，且自稱吾浙者數處。又二卷之末，各附有似條陳、似策論者一篇，體例揉雜，殆坊肆刊以弋利，久必不傳，略取其關涉掌故、詞句雅訓一二則，登之斯編。

陳康祺《郎潛紀聞四筆》卷七《曾文正公事》 辛酉，祁門軍中，賊氛日逼，勢危甚，時李肅毅已回江西寓所，幕府僅一程尚齋，奄奄無氣，時對予曰：「死在一堆如何？」衆委員亦將行李置舟中，爲逃避計。文正一日忽傳令曰：「賊勢如此，有欲暫歸者，支給三月薪水，事平仍來營，吾不介意。」衆聞之，感且愧，人心遂固。

後在東流，欲保一蘇撫而難其人，予謂李廣才氣無雙，堪勝此任。文正嘆曰：「此君難與共患難耳！」蓋猶不免芥蒂於其中也。卒之幕中人(在)無出肅毅右者，用其朝氣，竟剋蘇城。迨至捻匪肅清，淮勇之名，遂與湘勇相埒。而文正處功名之際，志存退讓，自以年力就衰，諸事推與肅毅，其用意殆欲作退步計耳。乃自收復金陵以後，竟不休官林下，亦不陳請補制，以文正之塵視軒冕，詎猶有所戀戀者，豈其身受殊恩，有不敢言退，不忍言退者乎？然亦非其本心矣。

陳康祺《郎潛紀聞四筆》卷七《曾文正與左相氣度》 文正用兵主持重，除霆營外如徽防朱唐兩大營，恪靖皆不以爲然。一日來咨，極詆文正用人之謬，詞旨亢厲，令人難堪。文正覆之云：「昔富將軍咨唐義渠中丞云：『貴部院實屬調度乖方之至。』貴部堂博學多師，不僅取則古人，亦且效法時賢，其于富將軍可謂深造有得，後先輝映，實深佩服，相應咨覆云云。」恪靖好以氣陵人，文正則以詼諧出之，從此恪靖亦無一字見及矣。

恪靖與文正書函來往，每以兄弟相稱，不肯稍自謙抑。至文正薨後，乃自書晚生輓之云：「謀國之忠，知人之明，自愧不如元老；同心若金，攻錯若石，相期無負平生。」豈其悔心之萌，有不覺流露者歟！

陳康祺《郎潛紀聞四筆》卷七《夫人儉樸》 曾文正夫人，爲衡陽宗人慕雲茂才之妹，冢婦劉氏，即陝撫霞仙中丞女也。衡湘風氣儉樸，居官不改常度，在安慶署中，每夜姑婦兩人紡棉紗，以四兩爲率，二鼓後即歇。是夜不覺至三更，劼剛世子已就寢矣。夫人曰：「今爲爾説一笑話以醒睡魔可乎？有率其子婦紡至深夜者，子怒詈謂紡車聲聒耳不得眠，欲擊碎之，父在房中應聲曰：『吾兒可將爾母紡車一並擊之爲妙。』」翌日早餐，文正爲笑述之，坐中無不噴飯。

陳康祺《郎潛紀聞四筆》卷七《一生三變》 文正一生凡三變。書字初學柳誠懸，中年學黄山谷，晚年學李北海，而參以劉石菴，故挺健之中，愈饒嫵媚。其學問初爲翰林詞賦，既與唐鏡海太常遊，究心儒先語録，後又爲六書之學，博覽乾嘉訓詁諸書，而不以宋人注經爲然。在京官時，以程朱爲依歸，至出而辦理團練軍務，又變而爲申韓。嘗自稱欲著「挺經」，言其剛也。

咸豐七年，在江西軍中丁外艱，聞訃奏報後，即奔喪回籍，朝議頗不爲然。左恪靖在駱文忠幕中，肆口詆毁，一時譁然和之，文正亦内疚于心，得不寐之疾。予薦曹鏡初診之，言其岐黄可醫身病，黄老可醫心病，蓋欲以黄老諷之也。先是文正與胡文忠書，言及恪靖遇事掣肘，哆口謾駡，有欲效王小二過年，永不説話之語。至八年奪情再起援浙，甫到省，集「敬勝怠，義勝欲；知其雄，守其雌」十二字，屬恪靖爲書篆聯以見意，交歡如初，不念舊惡。此次出山後，一以柔道行之，以至成此巨功，毫無沾沾自喜之色。嘗戲謂予曰：「他日有爲吾作墓誌者，銘文吾已撰：不信書，信運氣；公之言，告萬世。」故予挽聯中有「將汗馬勛名，問牛相業，都看作粃糠塵垢」數語，自謂道得此老心事出。蓋文正嘗言「吾學以禹墨爲體，莊老爲用」，可知其所趨向矣。

備論

《續碑傳集》卷五李鴻章《光禄大夫贈太傅武英殿大學士兩江總督一等毅勇侯曾文正公神道碑》 銘曰：於鑠皇清，世載聖武。萬夷震疊，匡臣伊主。歷載二百，極熾而屯。孰排其紛，厥維宗臣。功與時會，其成則天。惟公之興，事乃異前。國有舊旅，雲屯星羅。公曰窳矣，汰之則那。率我萌隸，敵愾同仇。舍其鉏耰，來事戈矛。厥初孤立，百挫不懾。天日可格，神鬼爲泣。持已所學，陶鑄羣倫。雝培浸灌，爲国得人。孰任鉅艱，刓印使帥。孰以節死，孰成孰敗。決之於微，卒驗不爽。朝廷乏人，取之公旁。始詔求賢，江以薦起。繼才胡公，勝己十倍。陸軍諸將，首塔、羅、王。二李繼之，水則彭楊。皆公所識，拔於風塵。知人之鑑，並世無倫。萬衆一心，貫虹食昴。終奠九土，踣此狂醜。事已大畢，乃謀於海。益我之長，奪彼所恃。動如雷霆，静守其雌。内圖自强，外羈縻之。默運方寸，極九萬里。人謂公怯，曰吾過矣。式蛙嘗膽，以生以訓。大勛宜就，胡棄而隕。道光季世，夷始圂我。内患乘之，燎原觀火。彼睨吾旁，雌雄首尾。曰敝可乘，附耳同起。夷齧其外，寇訌其内。不有我公，噫甚矣憊。維昔相臣，佐治以文。武功之盛，則由聖人。留都開基，三藩定變。新畺外拓，川楚内奠。四夷奔走，唯恐在後。皆秉聖謨，羣臣拱手。公起詞臣，以安以攘。天子虚己，曰汝予匡。相業之隆，近古無有。開物成務，是謂不朽。退之有言，衡爲嶽宗。扶輿磅礴，鬱積必鍾。後千百年，降神堯堯。我銘不誂，以配崧高。

《續碑傳集》卷五郭嵩燾《太傅武英殿大學士兩江總督一等毅勇侯曾文正公墓志銘》　繫以劉公之銘。其辭曰：國有治亂，任賢者昌。惟聖御世，與時弛張。道光末造，亢極而僵。吏惰民偷，卒嬉於伍。姎徒乘之，揭竿起舞。天祚聖清，篤生元輔。重奠八荒，爲國肱股。始公通籍，翱翔掖垣。顯皇初政，抗疏陳言，謇諤之風，帝心所簡。起公衰麻，戎符往綰。時寇方張，百城潰亂。羹沸於鼎，當者糜爛。公倡義旅，豪傑景從。虎飛龍嘯，吐氣如虹。鋭師東討，靡堅不攻。大江南北，阸塞四通。利鈍無常，或傷衆毀。孤忠籲天，義泣神鬼。亦或左次，斂兵祁門。豺狐夜嘷，星日晝昏。百憂所叢，不震不悚。一柱屹然，華嶽之重。卒夷大難，奮績應揚。殪渠埽穴，寸磔梟狼。以義擎天，浴日於海。盪滌垢汙，河山無改。帝勞相臣，建侯剖符。畀著畿輔，再鎮三吴。民謳於野，絃歌載途。公心廓然，與物無競。斂聚羣謀，虚己以聽。慮周六合，不耀其明。淵衷自惕，婦豎歸誠。羣彦煌煌，洪纖高下。大匠陶鎔，歸諸一冶。何材不植，何功不庸。片長思奮，大受以隆。公不自賢，厥心愈下。被寵若驚，聞過則謝。退偃一室，仰思古人。尚友千載，遥契以神。發爲文字，怪偉縱横。雷霆砰擊，金石鏘鳴。蹴蹋百家，孤懷自賞。跨宋軼唐，近古無兩。德溢於位，功不償年。載其忠藎，往即重泉。誰與主者，豈曰非天。北斗帝鄉，公魂攸寄。陵圮谷湮，其誠不替。伐石勒銘，敢告萬世。

《續碑傳集》卷五朱孔璋《曾文正公別傳》　評曰：中興景運，羣公輩出，十年之閒，削平大難，非天生聖相而振興之，烏能若是邪？然履危瀕死屢矣。有百折不撓之志，宏濟艱難，雖曰成功者天，抑亦人謀也。趙衰之言曰：説禮樂，敦詩書，爲元帥。叔孫豹之言曰：太上立德，次立功，次立言，謂爲三不朽。公獨兼之。至天津之役，攘詬忍尤以安邦國，老成至計，謀出萬全，可謂至忠矣。

《清史列傳》卷四五　尋湖廣總督李瀚章、安徽巡撫英翰、署兩江總督何璟奏陳國藩歷年勳績，李瀚章奏略云：「國藩初入翰林，即與故大學士倭仁、太常寺卿唐鑑、徽寧道何桂珍講明程朱之學，克己省身，得力有自。遭值時艱，毅然以天下自任，死生禍福，置之度外。其過人識力，在能堅持定見，不爲浮議所摇。用兵江、皖，陳四路進攻之策；剿辦捻匪，建四面蹙賊之議。其後成功，不外乎此。」英翰奏略云：「自安慶克復後，國藩督軍駐紮，整吏治，撫瘡痍，培元氣，訓屬僚若子弟，視百姓如家人，生聚教養，百廢俱舉，至今皖民安堵，皆國藩所留貽。一聞出缺，士民奔走，婦孺號泣。以遺愛而言，自昔疆臣湯斌、于成龍而後，未有若此感人之深者！」何璟奏略云：「咸豐十年，國藩駐祁門，皖南北十室九空，自金陵至徽州八百餘里，無處無賊，無日無戰。徽州初陷，休、祁大震，或勸移營他所，國藩曰：『吾初次進兵，遇險即退，後事何可言？若去此一步，無死所也！』賊至環攻，國藩手書遺囑，帳懸佩刀，從容布置，不改常度。死守兼旬，檄鮑超一戰，驅之嶺外。以十餘載稽誅之狂寇，國藩授鉞四年，次第盪平，皆因祁門初基不怯，有以寒賊膽而作士氣。臣聞其昔官京師，即留心人物，出事戎軒，尤勤訪察，一材一藝，罔不甄録，又多方造就以成之。安慶克復，則推功於胡林翼之籌謀，多隆阿之苦戰；金陵克復，又推功諸將，無一語及其弟國荃。談及忠親王僧格林沁、李鴻章、左宗棠諸人，皆自謂十不及一。清儉如寒素，廉俸盡充官用，未嘗置屋一廛、田一區，食不過四簋，男女婚嫁不過二百金，垂爲家訓，有唐楊綰、宋李沆之風。其守之甚嚴而持之有恒者，曰不誑語，不晏起。前在兩江任内，討究文書，條理精密，無不手訂之章程，點竄之批牘。前年回任，感激聖恩高厚，仍令坐鎮東南，自謂稍有怠安，負疚滋重。公餘無客不見，見必博訪周諮、殷勤訓勵，於僚屬之賢否、事理之原委，無不默識於心。其患病不起，實由平日事無鉅細，必躬必親，殫精竭慮所致也。」諭曰：「據何璟、英翰、李瀚章先後臚陳曾國藩歷年勳績，英翰、李鴻章並請於安徽、湖北省城建立專祠，又據何璟遵查該故督子孫詳晰覆奏。披覽之餘，彌增悼惜！曾國藩器識過人，盡瘁報國。當湘、鄂、江、皖軍務棘手之際，倡練水師，矢志滅賊，雖屢經困阨，堅忍卓絶，曾不少移，卒能萬衆一心，削平逋寇。功成之後，寅畏小心，始終罔懈。其薦拔賢才，如恐不及，尤得以人事君之義。忠誠克效，功德在民，允宜疊沛恩施，以章忠藎！曾國藩著於安徽、湖北省城建立專祠，此外立功省分，並著准其一體建立專祠。伊次子附貢生曾紀鴻、伊孫曾廣鈞均著賞給舉人，准其一體會試。曾廣鎔著賞給員外郎，曾廣銓賞給主事，均俟及歲時，分部學習行走。何璟、李瀚章、英翰摺三件，均著宜付史館，用示眷念勳臣、有加無已至意。」尋賜祭葬。

藝文

嚴辰《感舊懷人集・曾文正侯相師國藩》　聖代中興第一功，紫光追配費英東。攀鱗附翼人多少，自愧荒莊守釣筒。

師爲湖南湘鄉人，原名子城，甲午鄉舉後改名。道光戊戌翰林，仕至武英殿大學士，封一等毅勇侯。丁未考試漢教習，爲閱卷大臣，余得出門下。在京時，頗荷垂青。曾以《金粟後身圖》乞題，蒙贈一詩，惜已失去，惟記有「與子一談身裏事，今宵天上果何年」兩語，謹誌於此。散館出都，擬投幕下從戎，惜爲人事所阻。歸里後，曾於庚午、辛未兩游江南，謁師於金陵、潤州。曾蒙以金陵局刻《四史》見贈，且屬蘇省大吏延入吴中書局。師以功臣畫像紫光閣，費英東爲天命朝功臣，及創滿洲文字者。

周壽昌《思益堂詩鈔》卷五《挽曾文正公》 衡嶽撑南起，驚聞半壁摧。中台坼星斗，上相掩風雷。徹樂三天泣，停舂萬户哀。滔滔誰砥柱，東望總雲霾。

德望三朝重，高名冠列卿。夢争韋楚傳，直諫魏元成。東閣翹材盛，西園選躡屐。單寒最縈念，冠帶揖諸生。

血戰戡羣孽，牙兵集故鄉。武功出温國，儒術得汾陽。選士才無類，既書貴不忘。莪莪諸將相，藥籠舊儲藏。

《晚晴簃詩彙》卷一六九孫垓《讀曾文正公集》 挑鐙對編簡，仰止德愔愔。學術祛成見，勳名出小心。論文官燭灺，籌筆陣雲深。允矣讀書法，千秋佩士林。

李善蘭部

綜述

《碑傳集補》卷四三諸可寶《李善蘭傳》 李善蘭，字壬叔，號秋紉，海寧人，諸生。曾從長洲老儒陳徵君奐受經，於辭章訓詁之學雖皆涉獵，然好之終不及算學。故算學用心極深，其精到處，自謂不讓西人，抑且近代罕匹。方年十齡，讀書家塾，架上有古《九章》，竊取閱之，以爲可不學而能，從此遂好算。應試杭州，得《測圓海鏡》、《勾股割圜記》以歸，其學始進。三十後所造漸深，因思割圜法非自然，深思得其理，時有心得，輒復著書。與同郡戴處士煦、南匯張明經文虎、烏程徐莊愍公、汪教諭曰楨、歸安張茂才福僖及並世明算之士皆相善，時有問難。咸豐初，客上海，識英吉利文士偉烈亞力、艾約瑟、韋廉臣三人，從譯諸書。十年，在莊愍幕府，粵匪弄兵，吳越淪陷。同治改元，乃從湘鄉文正公安慶軍中，相依數歲。七年，用湘陰郭侍郎嵩燾薦舉，徵入同文館，文正資送之。應詔至都，奏派算學總教習。敍勞積階至三品卿銜，户部郎中，總理各國事務衙門漢章京。光緒十年，卒於官，年垂七十矣。

京卿之學，會通中西。序《測圓海鏡》云：「《魯論》記孔子之言曰『參乎吾道，一以貫之』，又曰：『賜，女以予爲多學而識之者歟？非也，予一以貫之。』此聖人傳道之要旨，自曾子、子貢而外莫得而聞焉。顧聖學始于志道，終于遊藝，故不獨道有一貫，藝亦有焉。元李敬齋先生著《測圓海鏡》，每題皆有法有草。法者，本題之法也；草者，用立天元一曲折以求本題之法，乃造法之法，法之源也。且算術大至躔離交食，細至米鹽瑣屑，法甚繁已，以立天元一演之，莫不能得其法。故立天元一者，算學中之一貫也。明顧應祥《海鏡釋術》，但演諸開方法而去其細草，重櫝輕珠，殊可笑焉。善蘭少習《九章》，以爲淺近無味。及得讀此書，然後知算學之精深，遂好之至今。後譯西國代數，微分，積分諸書，信筆直書，了無疑義者，此書之力焉。蓋諸西法之理即立天元一之理也。今來同文館，即以此書課諸生，令以代數演之，則合中西爲一法矣。丁君冠西欲以聚珍板印古算學，問余何書最佳。余曰：莫如《測圓海鏡》。丁君曰：君之學得力此書最多，將以報私淑之師耶？余曰：然。然中華算書，實無有勝于此者，請讀阮文達公之序，始知非余阿私所好也。」自撰諸書，惟《羣經算學考》，未卒業而燬於兵，餘皆刻于金陵，都爲《則古昔齋算學》凡十三種，二十有四卷。曰《方圓闡幽》一卷，專言理而不言數，凡十條。曰《弧矢啟祕》三卷，則以尖錐立術而弧背八綫皆可求。曰《對數探源》二卷，亦以尖錐截積起算，先明其理，次詳其法，自序云：「正數以乘除爲比例，對數以加減爲比例，正數連比例之率，以前率與後率遞減之則所餘者仍爲連比例之率，且仍如原率之比例。對數連比例之率，以前率與後率遞減之則所餘者必爲齊同之數。是故有對數萬求其逐一相對之正數則爲連比例萬率，其理夫人而知之也。有正數萬求其逐一相對之對數則雖歐羅巴造表之人僅能得其數，未能知其理也。間嘗深思得之，歎其精微玄妙，且用以造表，較西人簡易萬倍，然後知言數者之不可不先得夫理也。」曰《垛積比類》四卷，以立天元一詳演細草，序云：「垛積爲少廣一支，而元郭太史以步躔離近，汪氏孝嬰以釋遞兼，董氏方立以推割圜。西人代數微分中所有級數，大半皆是，其用亦廣矣哉！顧歷來算書中不恒見，惟元朱氏《玉鑑茭草》，形段如象招數，果垛疊藏諸門，爲垛積術。然其意在發明天元一，故言之不詳，亦無條理。汪氏、董氏之書，有條理矣。然一但言三角垛，一但言四角垛，餘皆不及，則亦不備。今所述有表有圖有法，分條別派，詳細言之。欲令習算家知垛積之術，於九章外別立一幟，其說自善蘭始。」曰《四元解》二卷，序云：「汪君謝城以手鈔元朱世傑《四元玉鑑》三卷見示，天元之外，又有地元、人元、物元。書中每題僅列實方廉隅諸數，無細草，讀之茫然。深思七晝夜，盡通其法，乃解明之。先釋列位及加減乘除相消諸法，復以天物相乘人地相乘諸數，無可位置，爲改定算格，取首四門，各布一細草，且明開方之法，恐初學仍不能通，復取細草逐節繪圖詳釋之。術雖深，讀此可豁然矣。」曰《麟德術解》三卷，序云：「元郭太史授時術中法，號最密，其平立定三差，學歷者皆推爲刱獲，不知麟德術盈朒遲速二法，已暗寓平定二差於其中，郭氏特踵事加密耳。竊謂僅加立差，猶未也，必欲合天，當再加三乘四乘諸差。後世有好學深思之士，試取我說而演之，其密合當不在西人本輪、均輪、橢圓諸術下，而李氏實開其端刱始之功，又何可沒也。暇日取史志盈朒遲速二法詳論之，以質世之治中法者。」曰《橢圓正術解》二卷，《新術》一卷，《拾遺》四卷，序云：「新法盈縮遲疾，皆以橢圓立算。徐君青中丞謂其取徑迂回，布算繁重，且皆係借算，非正術也。因撰是卷，法簡而密，尤便對數，駕過西人遠矣。但各術之理，俱極精深，恐學者驟難悟入。客窗多暇，輒逐術爲補圖詳解之。」曰《火器真訣》一卷，序云：「凡槍礮鉛子，皆行拋物綫，推算甚繁，見余所譯重學中，欲求簡便之術，久未能得，冬夜少睡，復于枕上反覆思維，忽悟可以平圜通之。因演爲若干款，依款量算，命中不難矣。」曰《對數尖錐變法釋》一卷，序云：「善蘭昔年作《對數探源》二卷，明對數之積，爲諸乘方合尖錐，金山錢氏刊入《指海》中。後與西士遊，譯《泰西天算》諸種，其言變曲綫與漸近綫，中間之積即對數積。核其數與善蘭所定諸乘方尖錐合，而其求對數諸較則法又不同。蓋善蘭所用正法也，西人所用變法也，不明其故，幾疑二法所用之根不同，故特釋之以解後世學者之惑。」曰《級數回求》一卷，則明代數者，序云：「凡算術用級數推者，有以此推彼之級數，即可求以彼推此之級數。設數題如法演之，爲一切級數互求之準繩。」曰《天算或問》一卷，則記友人門弟子問答之語。擇其理之精者，録存于卷。其後又附《考數根法》一卷，數根者惟一可度而他數不能度之數也。立法凡四，則可補幾何之未備云。

至於所譯泰西《算書提要鈎元》，亦詳自序。《幾何原本》後九卷續譯序云：「泰西歐几里得譔《幾何原本》十三卷，後人續增二卷，共十五卷。明徐、利二公所譯其前六卷也，未譯者九卷。卷七至卷九論有比例無比例之理；卷十論無比例，十三綫；卷十一至十三論體；十四、十五二卷亦論體，則後人所續也。無七、八、九三卷，則十卷不能讀。無十卷，則後三卷中論五體之邊不能盡解。是七卷以後皆爲論體而作，即皆論體也。自明萬曆迄今，中國天算家願見全書久矣。道光壬寅，國家許息兵，與泰西各國定約，此後西士願習中國經史，中士願習西國天文、算法者聽，聞之心竊喜。歲壬子來上海，與西士偉烈君亞力約，續徐、利二公未完之業。偉烈君無書不覽，尤精天算，且熟習華言，遂以六月朔爲始，日譯一題。中間因應試、避兵諸役，屢作屢輟，凡四歷寒暑，始卒業。是書泰西各國皆有譯本，顧第十卷闡理幽元，非深思力索不能驟解，西士通之者亦尟。故各國俗本，掣去七、八、九、十四卷，六卷後即繼以十一卷，又有前六卷單行本，俱與足本並行。各國言語文字不同，傳録譯述既難免參錯，又以讀全書者少，翻刻譌奪，是正無人。故夏五三豕，層見疊出。當筆受時，輒以意匡補，偉烈君言：異日西士欲求是書善本，當反訪諸中國矣！甫脱稾，韓君緑卿寓書請捐資上板，以廣流傳。即以全稾寄之，顧君尚之、張君嘯山任校覈，閱二年功竣，韓君復乞序之。憶善蘭年十五時讀舊譯六卷，通其義，竊思後九卷必更深微。欲見不可得，輒恨徐、利二公之不盡譯全書也。又妄冀好事者或航海譯歸，庶幾異日得見之，不意昔所冀者，今自爲之，其欣喜當何如耶！雖然，非國家推恩，中外一視同仁，則懼干禁網不敢譯；非偉烈君深通算理且能以華言詳明剖析，則雖欲譯無從下手；非韓君力任剞劂嘉惠來學，張、顧二君同心襄力，詳加讐勘，則雖譯有成書後或失傳。凡此諸端，不謀賡集，實千載一時難得之會，後之讀者勿以是書全本入中國爲等閒事也。」又《重學》二十卷，附《曲綫説》三卷，序云：「歲壬子，余遊滬上，將繼徐文定公之業，續譯《幾何原本》。西士艾君約瑟語余曰：君知重學乎？余曰何謂重學？曰幾何者，度量之學也；重學者，權衡之學也。昔我西國以權衡之學制器，以度量之學考天。今則制器、考天皆用重學矣，故重學不可不知也。我西國言重學者，其書充棟，而以胡君威立所箸者爲最善，約而該也。先生亦有意譯之乎？余曰諾。于是，朝譯《幾何》，暮譯《重學》，閱二年，同卒業。韓君緑卿既任刻《幾何》，錢君鼎卿亦請以《重學》付手民，同時上板，皆印行。無幾，同燬於兵。今湘鄉相國爲重刊《幾何》，而制軍肅毅伯亦爲重刊《重學》，又同時得復行於世。自明萬曆迄今，疇人子弟，皆能通幾何矣，顧未知重學。重學分二科：一曰静重學，凡以小重測大重，如衡之類，静重學也；凡以小力引大重，如盤車轆轤之類，静重學也。一曰動重學，推其暫如飛礮擊敵，動重學也；推其久如五星繞太陽，月繞地，動重學也。静重學之器凡七：桿也，輪軸也，齒輪也，滑車也，斜面也，螺旋也，劈也。而其理維二：輪軸、齒輪、滑車，皆桿理也；螺旋劈，皆斜面理也。動重學之率凡三：曰力，曰質，曰速。力同則質小者速大，質大者速小；質同則力小者速小，力大者速大。静重學所推者力相定，或二力方向同定于一綫，或二力方向異定於一點。動重學所推者力生速，凡物不能自動，力加之而動，若動後不復加力，則以平速動，若動後恒加力，則以漸加速動。而其理之最要者有二：曰分力并力，曰重心，則静動二學之所共者也。凡二力加於一體，令之静，必定於并力綫；令之動，必行於并力綫。且物之定，必定於重心，物之動，必行於重心綫，并力綫必經過重心也。又凡物旋動必環重心，地動是也。二物相連而相繞，必環公重心，月地相攝而動是也。故分力、并力及重心爲重學最要之理也。胡氏所箸凡十七卷，益以《流質重學》三卷，都爲二十卷，制器考天之理皆寓於其中矣。嗚呼！今歐羅巴各國日益强盛，爲中國邊患，推原其故，制器精也；推原制器之精，算學明也。曾、李二公，有見於此，亟以此付梓。上好之下必有甚焉者，異日人人習算，制器日精，以威海外各國，令震攝奉朝貢，則是書之刻，其功豈淺尠哉？」又《代微積拾級》十八卷，序云：「中法之四元，即西法之代數也。諸元諸乘方諸互乘積，四元別以位次，代數別以記號，法雖殊，理無異也。我朝康熙時，西國來本之、奈端二家，又創立微分、積分二術，其法亦借徑於代數，其理實發千古未有之奇祕。代數以甲乙丙丁諸元代已知數，以天地人物諸元代未知數。微分、積分以甲乙丙丁諸元代常數，以天地人物諸元代變數。其理之大要，凡線面體皆設爲由小漸大，一刹那中所增之積，即微分也，其全積即積分也。故積分逐層分之爲無數微分，合無數微分仍爲積分。其法之大要，恒設縱横二線，以天代横線，以地代縱線，以⿰彳天代横線之微分，以彵代縱線之微分。凡代數式，皆以法求其微係數，係於⿰彳天或彵之左爲一切線面體之微分，故一切線面體之微分，與縱横線之微分，皆有比例，而疊求微係數，可得線面體之級數曲線之諸異點，是謂微分術。既有線面體之微分，可反求其積分。而最神妙者，凡同類諸題皆有一公式，而每題又各一本式。公式中恒兼有天地，或兼有⿰彳天彵，但求得本式中天與⿰彳天之同數，或地與彵之同數以代之，乃求其積分，即得本題之全積，是謂積分術。由是一切曲線，曲線所函面，曲面，曲面所函體，昔之所謂無法者，今皆有法；一切八線求弧背，弧求八線，真數求對數，對數求真數，昔之視爲至難者，今皆至易。嗚呼！算術至此觀止矣，蔑以加矣。羅君密士，合衆之天算名家也，取代數、微分、積分三術合爲一書，分款設題，較若列眉，嘉惠後學之功甚大。偉烈君亞力聞而善之，亟購求其書，請余共事，譯行中國，偉烈君之功，豈在羅君下哉？是書先代數，次微分，次積分，由易而難，若階級之漸升。譯既竣，即名之曰《代微積拾級》。時《幾何原本》刊行之後一年也。」又《談天》十八卷，序云：「西士言天者，曰『恒星與日不動，地與五星俱繞日而行。故一歲者，地球繞日一周也。一晝夜者，地球自轉一周也。』議者曰：『以天爲静，以地爲動，動静倒置，違經畔道，不可信也。』西士又曰：『地與五星及月之道，俱係橢圜而歷時等，則所過面積亦等。』議者曰：『此假象也。以本輪均輪推之而合，則設其象爲本輪均輪。以橢圜面積推之而合，則設其象爲橢圜面積。其實不過假以推步，非真有此象也。』竊謂議者未嘗精心考察，而拘牽經義，妄生議論，甚無謂也。古今談天者，莫善於子輿氏苟求其故之一語，西士蓋善求其故者也。舊法火木土皆有歲輪，而金水二星則有伏見輪，同爲行星，何以行法不同？歌白尼求其故，則知地球與五星皆繞日。火木土之歲輪，因地繞日而生，金水之伏見輪，則其本道也。由是五星之行，皆歸一例。然其繞日非平行，古人加一本輪推之，不合，則又加一均輪推之，其推月且加至三輪四輪，然猶不能盡合。刻白爾求其故，則知五星與月之道，皆爲橢圜，其行法面積與時，恒有比例也。然俱僅知其當然，而未知其所以然。奈端求其故，則以爲皆重學之理也。凡二球環行空中，則必共繞其重心，而日之質積甚大，五星與地俱甚微，其重心與日心甚近，故繞重心即繞日也。凡物直行空中，有他力旁加之，則物即繞力之心而行。而物直行之遲速，與旁力之大小，適合平圜率，則繞行之道爲平圜，稍不合，則恒爲橢圜，惟歷時等，所過面積亦等，與平圜同也。今地與五星本直行空中，日之攝力加之，其行與力不能適合平圜，故皆行橢圜也。由是定論如山，不可移矣。又證以距日立方，與周時平方之比例，及恒星之光行差，地道半徑視差，而地之繞日益信。證以煤坑之墜石，而地之自轉益信。證以彗星之軌道，雙星之相繞多合橢圜，而地與五星及日之行橢圜益信。余與偉烈君所譯《談天》一書，皆主地動及橢圜立說，此二者之故不明，則此書不能讀，故先詳論之。」又京卿所譯西書尚有《植物學》一種，凡八卷，無關算術，不具詳焉。

《清史列傳》卷六九《李善蘭傳》 李善蘭，字壬叔，浙江海寧人。諸生。甫入學，偶受教官訓言，遂辭出，終身不就試。少從長洲陳奐受經，通辭章訓詁之學，而於算術好之獨深。年十歲，竊《九章》閱之，以爲可不學而能。後得《測圓海鏡》、《句股割圜記》，所造漸精。因思割圜法非自然，深思得其理，嘗謂：「道有一貫，藝亦有一貫。《測圓海鏡》每題皆有法有草，法者本題之法也，草者用立天元一曲折以求本題之法，乃造法之法，法之源也。算術大至躔離交食，細至米鹽瑣屑，其法至繁，以立天元一演之，莫不能得其法。故立天元一者，算學中之一貫也。」並時明算如錢塘戴煦，南匯張文虎，烏程徐有壬、汪曰楨，歸安張福信皆友善，時相問難。

咸豐初，客上海，識英吉利偉烈亞力、艾約瑟、韋廉臣三人。偉烈亞力精天算，通華言，善蘭以歐几里《幾何原本》十三卷、續增二卷，共十五卷，明時祇譯六卷，因與偉烈亞力同譯後九卷。西士精通幾何者尠，各國俗本多掣去七、八、九、十四卷，其第十卷闡理幽元，非深思力索，不能驟解，故譌奪甚多。善蘭筆受時，輒以意匡補，譯成，偉烈亞力言西士他日欲得善本，當反求諸中國也。偉烈亞力又言美國羅密士爲天算名家，取代數、微分、積分合爲一書，分款設題，較若列眉，復與善蘭同譯之。譯成，名曰《代微積拾級》，共十八卷。代數變天元四元别爲新法，微分、積分二術，又借徑於代數，實中土未有之奇祕。善蘭隨題剖析，自言得力於《海鏡》爲多。又與艾約瑟譯《重學》二十卷，附《曲綫説》一卷。又與偉烈亞力譯《談天》十八卷，又譯《物學》八卷。以粤匪陷吴越，從曾國藩安慶軍中，相依數歲。同治七年，巡撫郭嵩燾以通算薦，徵入同文館，充算學總教習、總理衙門章京，積官至户部郎中，晉三品卿銜。善蘭課同文館生以《海鏡》，而以代數演之，合中西爲一法，成就甚衆。光緒十年，卒於官，年垂七十矣。

所著《羣經算學考》，未成，燬於兵。有《方圓闡幽》一卷、《弧矢啟祕》三卷、《對數探原》二卷、《垜積比類》四卷、《四元解》二卷、《麟德解》三卷、《橢圓正術解》二卷、《新術》一卷、《拾遺》四卷、《火器真訣》一卷、《對數尖錐變法釋》一卷、《級數回求》一卷、《天算或問》一卷附《考數根法》一卷，統名《則古昔齋算學》。善蘭聰彊絶人，蓋有天授。其於算能執理之至簡，馭數之至繁，故衍之無不可通之數，抉之即無不可窮之理。所譯各書，皆信筆直書，了無疑義。世謂梅文鼎悟借根之出天元，善蘭能變四元而爲代數，蓋梅氏以後一人云。

雜録

備録

《思舊録》　李生善蘭，字秋紉，一號壬叔，浙江海甯州學生。甫入學，在録遺場中偶受教官訓言，遂辭出，終身不就試。癸卯，余在禾郡，來學。壬子春，金陵失守，江左沸騰，其有女弟子周閏警仰藥死。壬叔約同志立節札致於余，有「以身同患」之語。此言固不當，然亦可見其知義云。孰習九數之術，常立表綫，用長短式，依節候以測日景，便易稽考。有《羣經算術》、《對數探源》、《弧矢啟祕》、《方圜闡幽》、《數學一歸》、《四元釋》、《橢圜捷法》、《八線數新術》等書，名冠於時。

《庸閑齋筆記》卷七《李善蘭星命論》　余最不信星命推步之説，以爲一時生一人，一日當生十二人，以歲計之，則有四千三百二十人；以一甲子計之，止有二十五萬九千二百人而已。今祇一大郡以計其户口之數，已不下數十萬人，如咸豐十年，杭州府一城八十萬人。則舉天下之大，自王公大人以至小民，何啻億萬萬人，則生時同者，必不少矣。其間王公大人始生之時，必有庶民同時而生者，又何貴賤貧富之不同也！每舉是説以詰談星命者，多不能答。近見海甯李善蘭所作《星命論》，尤爲暢快。其略謂：大撓造甲子，不過紀日而已，並不紀年、月與時也，亦無所謂五行生剋也。其並紀年、月與時，且以五行配之，皆起于後代，古人並無此意也。而術士專以五行之生剋，判人一生之休咎，果可信乎？且五行肇見于《洪範》，不過言其功用而已，言其性味而已，初不言其生剋也。是干支之配五行，本非古人之意矣。而謂人之一生可據此而定，是何言與？至五星偕地球同繞日，而各不相關。夫五星與地球且不相關，況地球上之一人，而謂「某星至某宫主吉，某星至某宫主凶」，此何異浙江之人在浙江巡撫治下，他省之巡撫于浙江無涉也。今試謂之曰「某巡撫移節某省，于爾大吉；某巡撫移節某省，于爾大凶」，有不笑其荒誕者乎？五星之推命，何以異是乎？其論真屬透闢，足以啓發惑溺，與余所見正合。然此特論其理耳，世之窮民遊士藉此以糊其口者，幾千人矣，若明著其論，則將盡無告者而飢死之，亦非仁人之用心矣。存而不論，可也。

備論

《碑傳集補》卷四三諸可寶《李善蘭傳》　論曰：李京卿邃於數理，專門名家，用算學爲郎，王公交辟，居譯署者幾二十年，動階比秩卿寺，遭遇之隆，近代未之有也。夫其聰彊絶人，蓋有天授。讀所譔譯諸書，剖析入微，奥窔盡闢，體大而思精，言簡而義賅，其爲薄海内外所傾倒也，宜已。嘗聞治算之要，理與數也云爾。加減乘除開方也者，法也，有理焉。推垜、招差、天元、四元與夫對數、代數、微分、積分也者，所以用法之法也，是術也而數起矣。數有萬變，理惟一原。術無論古今中西新舊也，其皆能舍加、減、乘、除、開方，而他有所用法乎？是故異者其名耳，而其實正同也。同者何？理而已矣。執理之至簡，馭數之至繁，衍之無不可通之數，扶之即無不可窮之理，人胡爲相畛域哉？昔者借根方法進呈，聖祖仁皇帝諭蒙養齋諸臣曰：「西洋人名此書爲《阿爾熱巴拉》，譯言『東來法』也。」於是悟借根之出天元，梅氏發之於前；今知鑒四元爲代數，京卿證之於後。如於《重學》卷中附《天元數草》，課同文館生，演《海鏡》以代數，非欲學者因此識彼究其一致乎？自得京卿，而梅氏之説弗湮，亦有梅氏，而京卿之説益信。立言不朽，此類是也。吾知天下後世之讀京卿書者，謂其心爲梅氏所共見之心，而其義爲梅氏所未及之義。論其世可想見其爲人，必曰梅氏以後，一人而已。阿好云乎哉，豈弗盛歟？

胡林翼部

綜述

《國朝先正事略》卷三〇李元度《胡文忠公別傳》　公諱林翼，字潤芝，益陽人。父達源，嘉慶己卯一甲三名進士，官少詹事。公九歲，詹事公授以儒先性理書，而公少負才氣，不甚措思也。道光十六年，成進士，選庶吉士，授編修。庚子，分校會試。其年秋，副文端公文慶典試江南，坐事降一級調用。明年，父憂，歸。服闋，援例爲內閣中書。捐升知府，發貴州，署安順府事。道光之季，寇亂漸萌，嶺嶠以南駱越滇黔諸山中，奸宄亡命，狐嗥梟嘯，四出劫掠，句結營兵、胥役爲黨羽，無敢捕治。安順，宋普里部也，諸匪聚衆爲姦暴。公延訪士紳，寄以耳目，偵知賊黨以歲除醵飲某所，公親率健捕馳往，獲著名渠魁余饒貴等，其黨無一脫者。在安順年餘，禽巨盜三百有奇，一郡肅然。日坐堂皇，訟牒至，立與剖斷，清積案至三百餘牘。建義學十數區，搜輯節孝八百餘人，彙報請旌，建總坊，稟裁書吏規費。安順二百年有司詳報節孝，自公始。調署鎮遠府，府屬台拱、清江、黃平皆盜藪，勢尤橫。公治之如安順，盜幾盡。歲饑，開倉平糶，清社倉之被侵蝕者。奉檄帶兵勦黃平等屬苗匪，獲盜首保鶩等三百餘名，悉平其寨。以功賞戴花翎。會新甯李沅發爲亂，奉檄赴黎平防堵。事竣，得旨補缺，後以道員用。文宗即位，詔大臣舉才可大任者，雲貴總督吳文節文鎔以公名應，旋署思南府事。咸豐九年，補黎平府。詳察民情地勢，令相連爲堡，擇立鄉正團長、牌長，互相稽覈，捕治諸不法者。

是時廣西賊大起，永甯、懷遠、融縣，環黎平西南界，皆賊。公募壯勇扼隘防堵，連結千五百餘寨，建碉卡四百五十餘座。上言督撫，請環邊要築堡守禦。以謂言戰不如言守，用兵不如用民。用民力以自衛，不如先用地利以衛民。郡城故無儲積，勸富民捐穀置倉備城守。自後黎平疊被攻撲，城卒不可拔，皆公練勇儲粟力也。三年秋，甕安椰匪滋事，公以計散脅從，誅首犯劉瞎麽，餘匪悉定。先是，粵逆犯長沙，南撫張公亮基調公辦軍務，黔撫奏留之。至是，吳文節由雲貴總督調湖廣，仍調公帶勇來楚辦軍務。四年春，補貴東道。公帥黔勇千人，行次通城，而吳公已戰没黃州，賊遂陷漢陽，以舟師上犯，陷岳州、湘陰、甯鄉，徑趨湘潭。南撫駱文忠秉章調公自平江通城回援省城，會忠武公塔齊布及楊公岳斌、彭公玉麟已破賊湘潭，而安化土匪黃國旭等乘機爲亂，檄公往捕，計禽之。而賊之敗於湘潭者，悉所掠舟，趨常德，公以所部赴勦。遷四川按察使，仍留辦防勦事。是年，曾文正大治水陸師東征，公從下岳州，駱文忠奏請仍駐岳州搜勦崇陽通城餘匪，調湖北按察使。秋，曾公復武漢，破田家鎮，進圍九江，檄公會討。公與羅忠節澤南勦賊湖口之梅家洲。五年春，賊自北岸上竄，公請於曾公，以所部千餘人回援武昌，未至，漢陽失，公先以軍營沌口。擢湖北布政使。武昌陷，公退營金口，與彭公玉麟水師相倚，扼賊使不得上竄。尋奉命，署湖北巡撫。

時武昌三次淪陷，公私埽地赤立，無可措手。公以爲不攻漢陽，則荆、襄梗塞；不攻武昌，則咸、蒲、崇、通愈形滋蔓。乃添募兵勇，兼顧南北兩岸。賊謀襲金口營，公分兵爲三路，設三伏，親率大隊迎擊之，殲賊七百有奇。五月，賊分六路來撲。公用伏兵抄賊尾，賊敗，退屯紙坊。我軍進擣其壘，忽南風大起，礮齊發，賊狂奔入城。是役也，禽斬千餘。官軍於紙坊、金口犄角立營，賊伏城不出。七月，由金口渡江，以火船毀賊浮橋，水陸夾攻，遂克漢鎮。公親冒矢石，奪大別山賊卡，未克。會別賊由漢川至，焚漢口。公軍已一月不得食，至奓山，飢潰。不數日，整軍復戰，移營大軍山，分駐新隄、嘉魚。其時水陸萬人，多新募，賊至常數萬，見者奪氣。公從容談笑，雖挫而其氣彌厲。州縣殘破，餉源絕，文移指撥多不時應，爲書告鄰省求助，情詞深痛，人感其誠，稍資濟之。旋發其私家之穀，濟軍食。是年秋，羅忠節破義甯州，上書曾公，請援武昌。曾公以塔公舊部彭三元、普承堯等軍益之，連克通城、崇陽、蒲圻、咸甯。公親會羅軍於蒲圻，併力擊賊，夷其壘。因偕回金口，與楊公岳斌議水陸進攻策。於是公率所部由中路出省城之南，駐營洪山南岡，留九谿營兵駐金口，護水師以當西路賊。敗於五里街，再敗之賽湖隄，復分兵攻漢陽賊，敗於龜山、尾湖隄等處，其鮎魚套賊艘亦被擊沈，自是武昌以南無賊蹤。而總督官文恭以吉林精騎合衆軍營北岸，餉道日通，軍勢亦日振。六年三月，羅公死事。時方與賊相持急，而軍中新失大帥，公與李忠武續賓拊循而整飭之，氣益壯。先是，悍賊石達開由崇陽入江西，連陷瑞、臨、袁、吉、撫、建，江西無完土，屢告急請援。羅公一意規武漢，不暇應。至是，公遣劉君騰鴻、普君承堯出瑞州應援，而令曾懋烈國華統其軍，軍糧並資給焉。五月，九江賊古隆賢領萬衆由葛店油房嶺後路援武昌，約城賊舉火夾攻我營。公諜知之，陽爲賊火，城賊果出撲，伏發，禽殲殆盡。乘援賊初至，遣兵連夜薄之，賊敗走。七月，石達開自江南來援，號十萬。公分派水陸力戰，都統舒保公領馬隊自江北來，大破之。平魯家巷賊壘四，毀東湖賊艘七十有奇，燔賊巢八十餘處。會襄陽土匪起，陷樊城、穀城、光化、竹山、興山，遂與川匪合陷宜昌。公遣將往平之。時武昌賊窘，公先與李忠武於塘角、窑灣、洪山、青山等處掘長壕困守，其魯家巷、花園、五里墩、石嘴亦如之。城賊不得出，援賊不得入，我軍安坐以待賊糧之盡，遂以十一月克省城。得旨，賞頭品頂戴，實授巡撫。尋分兵收復武、黄各縣屬，餘賊遁入九江北岸小池口。公計九江實江楚門户，九江一日不復，江楚一日不得安枕。乃令李忠武率全部圍之，分兵駐黄梅、廣濟、蘄州，以遏江北賊。

當是時，官私廬舍焚毀幾盡，諸事草創。公一意振興，裁浮勇以節糜費，慎選賢良，與民休息。設清查局，查被賊後州縣倉庫錢糧交代；設節義局，表章歷年殉難官紳士女；設軍需局，籌備東征餉械。尤以亂民之生，繇法度廢弛，吏敝民媮，因循苟且，以有今日，不務察吏則亂源不清。乃劾鎮道丞守以下數十人，與屬吏更始，禁應酬，戒奔競，崇實黜華，於是在官者稍稍推廉尚能，知吏事矣。其籌餉有三：曰錢糧，曰鹽課，曰貨税。湖北漕政敝，官民交困。公三次奏減，手定章程，民以是輸將足額。湖南北自淮鹽阻絶，率食川鹽。公分置課鹽局於宜昌、沙市，又推行武穴、老河口等處，視向來額課過之。仿劉晏用士人法設局各市鎮榷收釐税，嚴杜中飽弊。自是湖北兵與餉强天下。七年，僞英王陳玉成自皖北犯蘄州，諸營敗潰，賊徑趨蘄州，武昌大震。公急渡江，駐黄州，收潰卒，得數千人。而賊衆十餘萬，環巴河以東百餘壁，亘數十里。時巴水大漲，惟三台河有石橋可通。公急派千人斷橋，扼河以守，而潛師出迴龍山，遏其上竄。督諸軍合擊於孫家嘴、馬家河等處，賊大敗，狂奔出境，蘄、黄肅清。會將軍都興阿公及李忠武亦連破黄、宿賊，公遂規師九江，定方略。提督楊公克小池口僞城，次第復湖口、彭澤、東流各縣，九江勢遂孤，塹長壕圍之。八年四月，破之，磔僞侯林啟榮等。啟榮竊據四年餘，塔忠武、羅忠節屢攻不下，至是乃殲薙無遺種。上加公太子少保。賊旋陷羅田、麻城、黄安，遣兵分道擊之，復其城。

公以九江既復，安慶在所必争，奏請數路進攻。楊公以水師出江面，都公繇宿松、望江逼安慶城，爲圍師。李忠武規復太湖、潛山、桐城，與都公掎角。會廬州失陷，北路請援急。忠武奉旨催促，遂分營留守舒、桐，自提五千人赴援。軍次三河，爲援賊所乘，全軍陷焉。公時丁母憂歸，都公及總督官公請急起公視師。公聞命，痛哭起行，徑次黄州。時各軍退保黄梅，人心惶惶，聞公至，皆以手加額自壯。九年二月，進營上巴河，整飭部伍，謀大舉。會石達開由南安犯湖南，掠郴、桂而西趨寶慶，號稱三十萬，湖南告急。公命李公續宜率所部往援，而以都統舒公馬隊三百佐之。又以水師二營佐湖南水師，分扼諸河道，寶慶圍速解，公之力也。已而曾文正繇江西奉入川之命，總督官公奏請與公併力圖皖，乃定四路進兵策。曾公循江而下，爲第一路；多公與鮑公超攻取潛山、太湖，爲第二路；公出英山、霍山，爲第三路；李公繇松子關出商城、固始，爲第四路。議者以鄂撫應駐黄州，毋出境。公曰："吾奪情起復，不赴前敵討賊，則此出爲無名。"十月，移營英山。時太湖圍師方集，陳玉成來援，衆數十萬。多公、鮑公等悉力拒戰。賊來日衆，圍鮑公營數重，聲息不通。公調金觀察國琛以八千人自松子關躡英山，踰潛山之天堂橫出，冒大雪，憑高築壘，衷賊師而陣。賊見之，大懾。而曾公亦自宿松遣師來會。十年春，合擊賊於小池驛，大破之，遂復潛、太。會江南師潰，曾公授兩江總督，攜鮑公渡江，次祁門，謀經理徽、甯爲規復蘇、常之本。乃以曾公國荃圍安慶，多公圍桐城，李公駐青草塥，爲兩軍援，地廣軍分。而將軍都公又奉旨援淮揚，公悉力經畫，問兵事曰惟我任，問餉事曰我取，一無所諉於人。十月，多公、李公大破援賊於挂車河。公忿安慶久不下，自英山移駐太湖。度賊援皖不利，必謀深入腹地，以牽動諸軍，乃於潛、桐、舒、霍山險建立碉十，守以民兵。命副將余際昌屯霍山，防中路；總兵成大吉屯羅田，防北路。戒以賊至勿浪戰，堅守待援。十一年二月，賊果合捻匪分路西犯，成總兵破之松子關，殲其魁龔瞎子。霍山守者違節度，戰敗，軍潰，賊取其所巘，陷黄州、德安、孝感、隨州。公策賊西竄，意在解皖圍，皖圍解則大勢全去，墮賊計，非宜。乃定策遣李公回援，而圍皖益急。賊復分黨回略蘄州、蘄水、黄梅、廣濟，以趨安慶，約城賊夾擊。公檄成總兵下援，曾文正亦從南岸遣將破賊集賢關，剷平赤岡嶺賊壘，斬悍賊數千，磔逆首劉瑲林。而援賊自桐城來者，又連爲多公所殪。蓋陳玉成據安慶爲老巢，逆眷在焉，故救之不遺餘力。及見我攖桐、潛、太之師屹然不動，鄂疆雖暫被擾，而悍賊半被殲，城中糧垂盡，勢大蹙。適南岸賊復繇武甯、義甯内犯，陷崇、通、蒲、咸，省城岌岌。公力疾率師回援，而皖圍終不解，賊聞風遁。八月朔，克安慶。曾文正以力主圍皖議，推公首功，詔加太子太保，子騎都尉世職。桐城、廬江、舒城以次下，全楚肅清，而公病嘔血，漸不可爲矣。

文宗皇帝遺詔至，公攀慕悲泣，病益劇，遂以八月二十六日卒於軍，年五十。遺疏入，優詔悼惜，追贈總督，照總督例賜卹，入祀賢良祠。湖北及湖南原籍並建專祠，子子勛俟及歲時，繇吏部帶領引見。未幾，復奉諭，特賞子勛舉人，賜祭葬，予謚文忠。同治元年，奉旨賜祭一壇，並命督撫遣官前往家祠賜祭。三年，江甯克復，詔賞一等輕車都尉。

公狀貌英偉，目閃閃如巖下電，威棱懾人。聰强敏給，事至應機立斷，無留難。苟當理，艱煩重大，毅然自任，不以例文拘束。自言守鎮遠、黎平諸劇郡，捕治盜賊，爲民興利除害，皆默自程課，惟恐大吏聞有所牽掣。清釐湖北漕務，議者難之。公以部定漕折爲率，因其地之肥磽，缺之繁簡，加輕重焉。歲爲民間省錢百四十餘萬緡，爲庫項增銀四十餘萬兩，提存節省銀三十餘萬兩，民與國兩利。而爲州縣裁革陋規，仍使有以自給。籌辦鹽課釐稅，皆自定章程。所派官紳，各視才地所宜，時加手書訓戒。綜覈名實，精力絶人。每於理財之中暗寓察吏之法，謂取民贍軍，使商賈同仇敵愾，即以教忠；使局員潔己奉公，即以興廉。又時戒飭屬吏俾知稼穡之艱難，知小民之情僞。其治軍務明紀律，尤加意將才。曰：「爲統將必明大體，知進退緩急機宜。其次知陣法，臨敵決勝。又其次勇敢。此大小之分也。」又曰：「兵之囂者無不罷，將之貪者無不怯。觀其將，知其兵，觀其兵，亦知其將。」生平以天下爲己任，遇事斷行無疑。援江西數千人，援湖南萬人，皆精兵。時鄂中賊方逼，餉且缺，公一意調遣，軍糧皆自任之。武昌始復即規取九江，九江復即規安慶。越境千餘里，討賊制其死命。督撫之以全力援鄰省，自湖北始也。圍九江，賊由江由皖犯鄂者；三圍安慶，賊由皖由江由豫全力犯鄂州縣城陷者十餘，公屹不爲動。其於闔屬事務大小，各軍强弱，及鄰省之優劣高下，洞然於心，而尤汲汲以奬拔人才爲事。士有志節才名，潛伏不仕，千里招致，務盡其用。嘗密薦才堪大任者十有六人，多蒙擢用。嘗言國之需才，猶魚之需水，鳥之需林，人之需氣，草木之需土，得之則生，不得則死。才者無求於天下，天下當自求之。故公所特薦，不盡相識也。公自爲巡撫，念國家多難，而身負重任，益務繩檢其身，較其尺寸毫釐，而待人一秉大公，推誠相與，無粉飾周旋，天下益歸之。立寶善堂以延賢俊之至者，察其材，隨宜任使。與所常共事文武諸公，歷六七年之久，披肝瀝膽，無幾微間隔。遇事苦心調護，俾人人有布衣昆弟之歡，而自視欿然，常若不足。喟然曰：「世有伯樂而後有千里馬。顧吾才智不足有爲，賢者終不我應耳。」庚申秋，都城戒嚴，急謀入衛。會款議成，詔止其行。文宗升遐，遠在木蘭。哀詔久未下，公憂思旁皇，中夜扶病起立，翹望京師，輒流涕，病因是加篤。然猶終日危坐，考求兵事吏事之要，汲汲施行。顧左右歎曰：「聞道苦晚，今雖稍有所見，而不及行者多矣。」所著《讀史兵略》若干卷，《奏疏》、《文集》若干卷。詹事公曾著《弟子箴言》，公承其志，爲箴言書院，悉以家所藏書納其中，使人知務實學。建胡氏家學，教其族之子弟，故舊親戚仰給於公者歲常數十家。嗣子子勛，襲騎都尉，兼輕車都尉，併爲三等男。

《咸豐以來功臣别傳》卷二朱孔彰《胡文忠公别傳》　胡公林翼字貺生，號潤芝，湖南益陽人也。父達源，官少詹事。授公以儒先性理書，公少負才氣，弗甚措思。道光乙未，舉鄉試，明年成進士，選庶吉士，授編修。庚子，分校會試。其年秋，爲江南副考官，因事降一級調用。旋丁父憂。服闋，納貲改知府，發貴州，署安順府事。安順匪徒聚衆爲奸暴，公廉得之，賊黨以歲除釀飲，公率健捕馳至，搤渠魁佘饒貴等誅之。年餘，獲巨盜三百有奇，一郡肅然。調署鎮遠府。奉檄帶兵勦黄平革夷山苗匪，獲盜首保鵞等，悉平其寨。上功，賞戴花翎。會湖南新甯奸民李沅發爲亂，公赴黎平防堵。事竣，得旨，以道員用。文宗即位，詔大臣舉司道以下可大任者，雲貴總督吴公文鎔以公名應，旋署思南府。咸豐元年，補黎平府。府界湖南、粤西，山深箐密，盜出没。剽奪捕之，輒越境竄。公至日，延紳民及椎結左衽諸渠，率賜以酒食，詳詢民情地勢，令相連爲堡。擇立鄉正、團長、牌長，互相稽覈，捕治諸不法者。

是時廣西賊大起，永甯、懷遠、融縣環黎平西南皆賊。公募壯勇扼隘防堵，辦團練千五百餘寨，建碉樓四百五十餘座，連屯相望。上言督撫，請環邊要隘築堡守禦。以爲言戰不如言守，用兵不如用民，用民力以自衛不如先用地利以衛民。郡城故無儲積，勸富民捐穀置倉，以備城守。自後黎平疊被賊攻，城卒不可拔，皆公練勇儲粟力也。甕安椰匪滋事，以抗糧爲名，公以計解散脅從，而誅其首犯劉瞎麽，餘匪悉定。時粤逆勢熾，已由廣西犯湖南，渡洞庭，陷湖北東下。三年九月，吴公文鎔由雲貴總督移湖廣，奏調公。公方補貴東道，帶黔勇三百，行次通城，而吴公已戰没黄州，鄂湘之交郡縣皆陷。公不能前，湖南巡撫駱公秉章調公回援省城。時曾文正練鄉兵，求才孔亟，見公大悦，因奏留公。且言胡某才勝臣十倍,可大用。公遂隸文正部下。塔齊布公既大破賊於湘潭,其敗賊趨常德。公率所部往勦,安化土匪黄國旭等乘機作亂,公討禽之。尋授四川按察使,仍留楚。是年,曾文正大治水陸師東征,公從下岳州,援勦餘匪。旋調湖北按察使。文正既復武漢,破田家鎮,進圍九江,檄公會討。公自咸甯、蒲圻、大冶、興國,東出瑞昌,與羅公澤南勦賊湖口之梅家洲。五年春,湖廣總督楊霈之師潰於廣濟,賊悉衆上竄。文正令公以所部千餘人回援武昌,別以副將王國才一軍隸之。未至,漢陽失。公先以軍營沌口,檄國才軍由南岸趨武昌。會授湖北布政使,甫半日,省城失,國才夜馳至,不知賊先鋒已入,見城閉,用縋城繩上。至蛇山,始覺,擊殺賊目數十,賊驚走,城幾復。天曙後,賊至益衆,國才出,公倉卒不能濟師,令退營金口,與彭公玉麐水師相倚,扼賊使不得上犯。五年三月,公署湖北巡撫。

時武昌三次淪陷,公私埽地赤立,無可措手。公思不攻漢陽,則荆襄梗塞;不攻武昌,則咸、蒲、崇、通愈形滋蔓。乃增募軍,兼顧南北岸。賊襲金口營,設伏,大敗之,生禽僞丞相陳大爲等。五月,攻破紙坊寇屯,遂於紙坊立營,與金口爲犄角。秋,公遣彭公玉麐攻蔡店,克之,燬襄河鐵索浮橋,連破賊於塘角、大別山,平其壘。自後軍乏食,公親攻漢陽。至奓山,士飢潰,公憤甚,策馬將死敵,圍人反鞚之,馬逸弗能止,臨江遇鮑公超船以免。公於是移營大軍山,重修戰格,汰疲羸,籌軍糧,募死士,雖挫而其氣彌厲。文正既至南昌,令羅公澤南率五千人赴援。羅公分其軍爲三,自將中軍,以劉公蓉將左軍,李公續賓將右軍,道義甯,取通城,克崇陽。公聞援軍深入,躬迓之,與羅公併力擊賊蒲圻東,大破之。因偕回金口,與楊公載福議水陸進攻策。於是公率所部由中路出省城之南,駐營隄上;羅公由東路駐營洪山、南岡,留九谿營兵駐金口,護水師以當西路。敗賊於五里街,再敗之賽湖隄。復分兵攻漢陽,敗賊於龜山、尾湖隄,其鮎魚套賊艘亦盡擊沈。自是武昌南無賊蹤。總督官文公亦以吉林精騎合衆軍營北岸,餉道日通,軍勢日振。六年三月,羅公以攻賊受創卒。時與賊相持急,日夜搏戰,不少休。而軍中新失大帥,公與李公續賓拊循而整飭之,氣益壯。先是,石達開由崇陽入江西,郡縣無完土,屢告急請援。羅公一意規復武漢,不暇應。至是,公念江西方棘,而武昌猝不可復。乃遣劉公騰鴻、劉公連捷、普公承堯出瑞州應援,而令曾公國華統其軍,軍糧並資給焉。五月,詔責公遷延老師。公上奏言:「臣頓兵城下,五月有餘日。驅血肉之軀,與礮石爲敵,傷亡水陸軍三千餘人,羅澤南及都司周得魁等將弁百餘人,李續賓乘馬中礮墮地者數矣。夫兵易募而將難求。四月以後,乃禁約仰攻,分兵咸、蒲,以取義甯,四戰皆捷。分水師以清下游,直達九江。臣自率五千人扼武昌南路,李續賓領六千三百人扼城東路,分勦北路。水師六營下駐沙口,水陸之賊援絕路窮。下游九江、興國陸賊萬餘,分道來援,冀可夾擊。臣即豫撥三千餘人,戰於百里之外。且臣歷觀前史,李左車之告韓信,尚以頓兵城下,情見勢絀爲戒。戰易攻難,自昔已然矣。臣之才力何足言?兵惟材有限而志無窮。萬一變生他路,禍出意外,臣亦不敢退怯苟且,自取羞辱。」自是文宗知公之爲帥果有異於廬、揚、江甯諸將,而公亦感激發舒,始有志於天下,非僅經營湖北而已。是月,九江賊古隆賢領萬衆由葛店油房嶺後路援武昌,約城賊舉火爲識,夾攻我營。公諜知之,陽爲賊火,城賊果出撲,伏發,禽獮殆盡。援賊初至,遣兵連夜薄之,賊敗走。七月,石達開自金陵來援,號十萬。公分遣水陸力戰,都統舒保公領馬隊自江北來合擊,大破之,追逐百餘里。會襄陽土匪起,連陷樊城、穀城、光化、竹山、興山,遂與川匪合陷宜昌,隨州土匪並起,公皆遣將討平之。於是鄂軍鋒銳甚。乃益募水陸軍萬人,增長圍困武昌。十一月,克之,殪賊萬計,漢陽寇亦遁。捷聞,賞頭品頂戴,實授巡撫。遂分軍收復武、黃各縣屬,令李公續賓率九千人陳師九江城下。都興阿公與楊公載福、鮑公超水陸軍六千人屯北岸小池口。自塔羅亡後二年,而九江圍復合。

公惟平寇之要,不在攻戰。既克省城,則蠲江夏等四十六州縣田糧以蘇民困。復牙帖,開鹽釐,以裕軍儲,上奏曰:「自古用武之地,荆、襄爲南北關楗,而武、漢其咽喉也。武、漢有警,則鄰疆震驚,南服均阻,控制無術。昔周室征淮師,出江漢;晉武平吴,久謀荆、襄,據扼長江,惟鄂爲要。四年之中,武昌三陷,漢陽四陷。夫善鬭者,必扼其吭;善兵者,必審其勢。今於武、漢設立重鎮,則水陸東征之師恃武、漢爲根本。大營有據險之勢,軍士無反顧之虞。軍火米糧,委輸不絶,傷夷疾病,休養得所。是則平吴之策,必先在保鄂明矣。湖北之失,在漢陽無備,下游小挫,賊遂長驅。且東征之師,孤軍下勦,善戰者必傷,久役者必疲。傷病之人留於軍中,不但誤戰,亦且誤餉。若以武、漢之防兵更番迭代,彌縫其闕,則士氣常新,軍行必利。請於省城設陸師八千人,水師二千人,日夜訓練。本境亂民隨時征討,則我常處其安而不處其危矣。湖北牧令多不得人,其已被擾者卅餘州縣,元氣傷殘,而良莠不分。其未被擾者卅餘州縣,宣鐽民而民且讎官。夫吏治之不修，兵禍之所由起也。士氣之不振，民心之所由變也。凡下與上交接之事，諉之幕友；官與民交接之事，諉之門丁。夫州縣之所謂小事，即百姓之大事也。今日之所謂小賊，即異日之大賊也。五年大熟，州縣乃或報災，經臣駁斥在案。六年大饑，州縣轉不報災，經臣駁斥在案。以豐爲歉，是病國計；以歉爲豐，是害民生。臣恐湖北之民揭竿而起者，不必粵寇之再至，而將盜弄於潢池也。地方吏治，撫臣專責。今欲嚴禁陋習，與羣吏更始。請皇上敕下部臣，暫勿拘臣以資格，行之數年，或可改觀。今或疑武、漢兩城公私凋敝，城周二十里，設守爲難。臣以爲蚡冒藍縷，以啟山林，衛文作都，訓農通商。是在行之以儉，而訓之以勤耳。苟此而不能守，去之他而何益？或又以爲武、漢收復，軍行貴速，督撫將兵，攻取爲急，則前者收復已二次矣。況今江西七府俱淪於賊，四年之冬僅失九江，旁軼横出，可憂方大。都興阿、楊載福、李續賓均已東下，臣宜留鎮省城，與督臣通籌全局，整飭吏治。」文宗嘉納焉。

七年，悍酋陳玉成上犯蘄水，武昌大震。公赴黃州，督諸軍合擊，大破賊於蘄東。旋視師九江，定策合圍。明年，拔之，禽悍酋林啟榮，賊黨悉誅。上嘉公調度有方，加太子少保。賊旋由六、霍、商城陷羅田、麻城、黃安，遣將分道馳擊，三城皆復。於是乘勝進圖安慶。會廬州陷，李公續賓赴援，戰没三河，潛、太、舒、桐復失，皖軍潰散。而公時丁母憂回籍。都興阿公以三河之敗，由公去軍無調度，請急起公視師。總督官文公亦疏請。公聞命，痛哭起行，徑次黃州。時各軍退保黃梅，人心惶怖。聞公至，皆以手加額相慶。九年，僞翼王石達開犯湖南寶慶，號稱六十萬。公命李公續宜率所部往援，佐以馬隊戰艦，寶慶圍速解，公之力也。已而曾文正由江西奉入川之命。公奏請併力圖皖，定四路進兵策。第一路曾公循江而下，第二路多公、鮑公攻潛山、太湖，第三路公出英山、霍山，第四路李公續宜由松子關出商城、固始。其冬，曾文正屯宿松，公屯英山。僞英王陳玉成糾捻寇數十萬來犯，公與文正一日一書，相謀議。令鮑公超屯小池驛，爲前鋒，多隆阿公繼之，伏奇兵於潛山、天堂，諸軍更番進戰，裹創扶傷，勇氣百倍。相持五旬，於十年正月大破賊於小池驛，潛山、太湖賊遁，遂復二城，陳酋精鋭幾盡。會金陵大營潰，蘇、常皆失。文正授兩江總督，經營皖南，次祁門。公令鮑公從文正，以曾公國荃圍安慶，多公圍桐城，李公續宜駐青草塥，爲兩軍援。地廣軍分，而將軍都公又奉旨赴援淮揚，公悉力經畫。問兵事曰惟我任，問餉事曰於我取，一無所諉於人。十月多公、李公大破援賊於挂車河。公以安慶未下，進駐太湖。知賊援皖不利，必竄湖北，冀解安慶之圍。乃命曾公國荃日夜圍攻，豫籌一軍防賊上竄。於是陳玉成再竄湖北，再擊破之。賊騎復覘太湖，公屹然不動。南岸賊復由武寧、義寧犯興國、大冶，南及崇通，省城岌岌。公病歐血，憊甚，力疾率師回援，而皖圍終不解。既抵南岸，賊聞風遁。八月朔，遂克安慶，賊黨殲焉。曾文正以力主圍皖之議，推公功第一，詔加太子太保，予騎都尉世職。

時天子狩熱河，公方憂勞王室，而疾不可爲，已奏以李公續宜自代。哀詔至，公攀慕悲號，疾益劇，以八月二十六日薨於武昌節署，年五十。遺疏入，優詔悼惜，贈總督，賜祭葬，謚文忠，入祀賢良祠，湖北及湖南原籍均建專祠。子子勛賞舉人，襲職騎都尉。曾文正復臚陳公勳績，詔宣付史館。

公少負不羈之才，陶文毅以女妻之。嘗恣意聲伎，文毅一日大治筵宴，延公上坐，縱談古今豪傑，微諷之。公由是折節讀書，入官後，即有康濟斯民之願。守貴州郡，已大有聞。至撫鄂，整榷政，通蜀鹽，改漕章，每月得餉銀四十萬，養精兵五六萬人，驅除羣寇，受任三年，而湖北平。分兵援江西、湖南、安徽、河南、四川、浙江，以鄂省而應天下沛然有餘，而世尤多公調和諸將之方。初文恭公官文駐北岸，公駐南岸，將吏各有所統，頗構同異。公既渡江相見，下令僚屬曰：「督撫相見，前事冰釋。敢再言北岸將吏長短者，以造言論罪。」官公聞之大歡，約爲兄弟。兩家眷屬往來，太夫人愛其寵姬，呼爲義女。自是軍政吏治，公專主之，而官公不疑，湖北富强由此。羅忠節之援鄂也，公一見執弟子禮甚恭，雖與僚屬語，必稱羅山先生，事無巨細，諮而後行。羅公分部由隸公，俾訓練士卒，由是盡傳楚軍規制，變弱爲强自此始。羅公攻武昌而亡，公哭之慟，以女弟妻羅公長子，舉其裨將李忠武公續賓代領其衆，勇毅公續宜佐之。二李者，皆羅公高第弟子，公以昆弟遇之。嘗迎養其父母於節署，定省如事己親，二李益感之。羅公與二李在鄂爲客將，其時統水師楊公載福、彭公玉麐亦客將。二公議事不合而忿爭，公嘗親拜兩人調和之，由是諸客將親附公，與文正等。其非客將，公所擢任於儔人中者，則有多公、鮑公二人，亦不相下。公因激厲兩用之，各予卒萬人，當一面。二公爭以戰功相掩勳伐，皆爲天下最。其他將若都興阿、舒保、劉騰鴻、蕭翰慶皆戲下之選。又禮下走卒，傾事早歸，開閤以迎，是以智愚不肖皆樂爲用。嘗言國之需才，猶魚之需水，鳥之需林，人之需氣，草木之需土，得之則生，不得則死。才者無求於天下，天下當自求之。故所特薦不盡相識也。密薦才堪大用者十有六人，朝廷皆擢用。立寶善堂以延賢俊，薦輿國布衣萬斛泉祇礪廉隅，江甯舉人汪士鐸博聞强識。二君者論道著書，果能自傳於後。曾文正謂公薦賢滿天下，盛矣哉！庚申秋，夷人北犯，公急籌勤王之師。會款議成，乃止。文宗升遐，遠在木蘭，哀詔久未下。公憂思旁皇，中夜扶病起立，翹望京師，輒流涕，病因是加篤。然猶終日危坐，考求兵事吏事之要，汲汲施行。顧左右歎曰：「聞道苦晚。今雖稍有所見，而不及行者多矣。」曾文正尤服公晚年進德之猛。嗚呼！此豈今之人也哉！所著有《讀史兵略》四十卷、《奏議》、《遺集》八十六卷。

《清史列傳》卷四二《胡林翼傳》 胡林翼，湖南益陽人。道光十六年進士，改翰林院庶吉士。十八年，散館，授編修。十九年，大考二等。二十年三月，充會試同考官。八月，充江南鄉試副考官，以失察正考官文慶攜帶舉人熊少牧入闈閱卷，降一級調用。二十一年，丁父憂，服滿，改捐中書，並捐陞知府。二十六年，分發貴州。二十八年，署安順府知府。三十年，文宗顯皇帝御極，詔大臣舉司道以下可大任者，雲貴總督吴文鎔、貴州巡撫喬用遷皆以林翼應。八月，調署鎮遠府知府，以剿辦苗匪出力，賞戴花翎。九月，湖南逆匪李沅發竄貴州界，林翼赴黎平防堵有功，命俟補缺後以道員用。旋署思南府知府。

咸豐元年，補黎平府知府。二年，粵賊竄湖南北，湖南巡撫張亮基奏調林翼赴營差遣。奉俞旨，貴州巡撫蔣霨遠以黎平毗連楚、粵，防堵需人，奏留之。三年，張亮基署湖廣總督，復偕署湖南巡撫駱秉章奏調林翼襄理軍務，上以調赴他省，轉恐人地不宜，未允行。十月，御史王發桂疏稱：「林翼捕盜鋤奸，有膽有識，平日訓練壯勇，仿戚繼光成法而變通之。勇不滿三百，銳健果敢，一可當十。搜剿匪徒於深林密箐中，與士卒同甘苦。所著《保甲團練條約》及《團練必要》諸篇，行之均有成效，歷任督撫深爲倚重。儻蒙聖恩逾格畀以重任，留於湖北帶兵剿賊，可期得力。」疏入，命林翼赴湖北，交總督吴文鎔等差委。

四年二月，擢貴東道。林翼率黔勇赴湖北，抵通城，吴文鎔已戰殁，賊竄岳州，林翼敗之喬口驛，進駐通城，平江界，敗賊上塔市。四月，武昌戒嚴，林翼自通城赴援。六月，擢四川按察使。武昌復陷，命仍在湖北軍營，偕副將塔齊布辦理防剿。七月，駱秉章奏留林翼駐防岳州，搜捕安化會匪。會諸軍復龍陽、常德、澧州。八月，調湖北按察使。十月，崇陽陷，林翼往剿，賊竄通山，督兵窮追，斬擒甚多。因率鄉紳舉行保甲團練，地方賴以安。十二月，前任禮部右侍郎曾國藩等復武、漢，進攻九江，上念陸路兵單，命林翼赴曾國藩營助剿。林翼至九江，營湖口，攻南岸梅家洲，屢破賊。五年正月，擢湖北布政使。會湖廣總督楊霈之師潰於廣濟，賊悉衆上竄。林翼聞警，率師回援，未至，漢陽陷，林翼進攻，敗賊沌口。三月，賊攻塘角，林翼擊之白沙洲。武昌陷，林翼潛師渡江，駐營金口，與水師犄角，扼賊使不得上犯。時兵勇潰散殆盡，林翼坐困金口，前逼武昌羣寇，後有崇、通伏莽，食盡，掘草根佐糧。相持日久，各處乞貸，情詞深痛，殘破之餘，十不一應。乃發私家穀濟軍食，士卒感動，軍威稍振。

尋署湖北巡撫。四月，攻南岸白沙洲、江隄、八步街等處賊營，破之。賊謀襲金口營，斷官軍餉道，林翼分兵三路，設三伏，親率大隊旋繞之，殲賊七百餘，生擒僞丞相陳大爲等。五月，賊分六路來撲，林翼遣將擊之，伏兵襲賊後，賊敗，屯紙坊。我軍進擣其壘，南風大起，礮齊發，賊狂奔入城，官軍直逼小東門，於紙坊、金口犄角列營，賊伏不出。七月，由金口渡江，以火龍船燬賊浮橋，克漢口鎮。林翼親冒矢石，直攻高廟賊巢，又别敗賊大别山，進逼漢陽，平其四面土城，遣兵克蔡店，復漢川，擊退德安之賊。會通股匪勾結武昌踞匪，潛撲金口，陸營失守，賊焚漢口。林翼由漢陽移駐奓山，餉絶兵潰，損壞關防，下部議處。尋移營大軍山，收集潰勇，分駐新隄、嘉魚。

時寧紹台道羅澤南剿賊義寧，林翼奏調赴鄂。九月，羅澤南軍連復通城、崇陽、咸寧。林翼會澤南軍復蒲圻，遂定進攻策：自率所部由中路出武昌之南，駐營隄上，羅澤南由東路駐營洪山南岡；留九谿營兵駐金口護水師，以當西路。敗賊五里街，又敗之賽湖隄。分兵攻漢陽，大破賊於龜山、尾湖隄等處，礮船逼五顯廟，燬賊艦及城外土壘，其鮎魚套賊船亦被擊沉。於是武昌以南無賊蹤。十二月，敗賊梁子湖，又敗之金牛鎮。六年三月，羅澤南攻武昌，中礮卒。林翼奏以道員李續賓代領其衆，督攻益急。賊酋石達開竄江西，連陷郡縣。林翼分遣知縣劉騰鴻、同知曾國華軍赴援，資給糧餉。

賊於漢陽江面列戰船數百，林翼令署提督楊載福等縱火焚之，燬二百餘艘，延燒江岸賊壘，另股賊由樊口竄出，擊走之。五月，賊築壘豹子澥，林翼擊之獲勝。賊聚泊梁子湖，遣兵渡奓門橋，火其船。賊出東嶽廟、鷹嘴閣，由小龜山後來襲，擊走之。九江賊酋古隆賢率匪黨萬餘來援，約城賊舉火夾攻。林翼偵知，陽爲賊火，城賊出撲，伏發，奮殲殆盡。援賊踞葛店，林翼乘其初至，分兵從白滸山繞擊，賊大潰；又進兵樊口，敗賊西山、雷山等處，餘匪遁。六月，毁雙鳳山賊壘。七月，石達開自金陵來援，號十萬，林翼分檄水陸力戰，連破之；又敗賊沙子嶺、小龜山，平魯家巷賊壘四，燬東湖賊船七十餘，燔賊巢八十餘處。八月，諸軍平賊十九壘，旬日之内，二十八戰，追逐百餘里。十月，增築武昌城外營壘於塘角、窰灣、洪山、青山等處，掘長壕困賊，魯家巷、花園，五里墩、石嘴亦如之。城賊不得出，援賊不得入，遂坐以待賊糧之盡。

十一月，林翼督各軍分上下游夾擊，毁其横江鐵鎖，賊勢窮，開城來撲，鏖戰三時，士氣益奮。賊狂奔，官軍乘之，遂復武昌，斃賊萬計，生擒僞檢點古文新等，及先鋒悍賊八百餘、逆黨五千。總督官文同日復漢陽。捷聞，諭曰：「此次逆賊負嵎日久，經胡林翼激勵將士，前後數十戰，無不克捷，遂將省城克復，逆衆殲滅淨盡，自應立沛恩施，以昭懋賞。胡林翼著補授湖北巡撫，並賞給頭品頂帶。」林翼飭各軍分路追剿，盡復武、黄各縣屬，餘賊遁入九江北岸小池口。林翼以江、楚脣齒相依，而九江扼長江之衝，實江、楚門户。九江一日不復，江、楚不能一日安枕，乃令李續賓率所部圍之，分兵駐黄梅、廣濟、蘄州間，以遏江北賊；自居武昌調度。

時諸事草創，公私盪然。林翼一意振興，疏言：「武、漢形勢扯闊，自古用武之地。必於此設立重鎮，俾水陸東征之師，恃爲根本，則大營有據險之勢，軍士無反顧之虞。臣維平吴之策，先在保鄂。保鄂之策，在先固漢陽。武昌僅南岸一隅，漢陽爲江、漢總匯，可通八府。歷年湖北之失，在漢陽不設備，江面無水師。下游小挫，賊遂長驅直入。請於武、漢募陸師八千、水師二千，日夜訓練。本境亂民，隨時征討。東征之師，孤軍深入，善戰者必傷，久役者必罷。即以武、漢防兵更代，可保士氣常新，軍行益利。至水師以職爲利器，職聲震疊，無半歲不小修、一年不大修之船。更番迭戰，以武、漢爲歸宿，則我兵常處其安而不處其危。湖北莠民從賊，以興國、崇陽、通城、通山、大冶、廣濟、黄梅爲最多，兵至爲民，賊來從逆。治之之法，若以兵勇搜捕，不惟擾害，亦且日久無成。宜行保甲清查，縛獻斬釋之法，但牧令非人，害且滋甚。今已被賊擾之三十餘州縣，民驕吏惰，未被賊擾之三十餘州縣，官民相讎。夫吏治之不修，兵禍所由起也。士氣之不振，民心所由變也。官吏之舉動，爲士民所趨向；紳士之舉動，又爲愚民所趨向。未有不養士而能治民，不察吏而能安民者。查積年來歉歲蠲緩，官吏照舊私收，而實惠不及於民。因有宅徵及急公名目，飽丁胥之慾壑，肥官吏之私囊。凡下與上接之事，委之幕友而官不問；官與民交之事，委之門丁而官不問。詞訟案牘，病在積壓。盜賊奸宄，病在因循。臣以爲宜嚴禁官場應酬陋習，與羣吏更始。崇尚敦樸，屏退浮華。行之數年，或可改觀。人情固欲自便其私，上無所求則下足自贍。上官所好，羣吏所瞻，可不煩董戒而自變。臣深思利弊之原，劾貪非難，而求才爲難。目下州縣懸缺待人，願勿拘以吏部文法資格，容臣次第清理。」

又以湖北漕務積弊已久，奏言：「湖北有漕州縣三十有三，統徵北漕十五萬石，南米十三萬石。北漕由幫丁運京倉，南米由州縣解荆州滿營及各標緑營。咸豐三年，因漕船停運，每石折銀一兩三錢，而州縣仍舊徵收。其徵收米石者，謂之本色；其以錢折米者，謂之折色。折色之數，每石折錢自五六千至十八九千；本色之數，每石浮收自五六斗以至加倍，或多至三石。民力幾何，堪此重斂？而州縣則有所藉口也。其冗費之在上者，爲丁船之津貼，及各衙門之漕規；其冗費之在下者，則有刁生劣監，包攬完納。種種蠹弊，無不於州縣取之。州縣既多冗費，勢必向糧户浮收。既有浮收，勢必受刁民挾制。於是大户折色之數日減，小民折色之數日增。土棍豪衿，多方抗欠，猾胥蠹役，從中欺隱。州縣浮收所得，半耗於上下冗費之中，而維正之供反徵收不足，則相率捏報災歉，藉緩徵爲騰挪，漕政因之益困。臣立意減漕以甦民困，竊謂欲禁浮收，當先革冗費。因擬定新章，從前每石浮收至十八九千者，今減至四五千及五六千，共減錢一百四十餘萬串。此向來官吏丁差剥之於民，而今仍還之民者也。北漕每石折銀一兩三錢，耗銀一錢三分，南米每石折銀一兩五錢，耗銀一錢五分，實解糧庫銀四十三萬餘兩，此向來以熟捏荒，以徵爲欠，不盡歸公，而今實歸之公者也。又漕南水脚銀每石一錢五分，共四萬餘兩，今改徵折色，毋庸開銷，飭解糧庫，以助軍需。此於節省之中寓籌備之意，於民無損而於公有益者也。從前兑運北漕，例有津貼兑費，若一併裁革，將來河運疏通，必有礙兑運。擬將此項暫提充餉。此因其所固有，留其所不可無，於目前有益而日後無損者也。又隨漕淺船軍士安家等款，既改折停運，俱無庸開支。又提存銀十一萬餘兩，統計爲民間省錢一百四十餘萬串，實收庫存銀四十餘萬兩，又得節省提存銀三十餘萬兩，取一百餘萬之中飽，以分益乎上下。已往之愆，原可不究；將來之弊，法必從嚴。」上嘉之，均允行。

尋奏劾鎮、道、府、縣以下不職者數十人，疏薦興國州布衣萬斛泉、宋鼎、鄒金粟、砥礪廉隅，不求聞達，請獎勵虚銜，以正人心、厚風俗。設清查局，查被賊州縣倉庫錢糧交代；設節義局，表彰歷年殉難官紳婦女；設軍需局，籌備東征器械餉糈。以淮鹽隔絕，奏請官運川鹽以濟民食，分置課鹽局於宜昌、沙市、武穴、老河口等處，視從前額課過之。仿劉晏用士人之法，設局各市鎮，榷取釐稅，嚴杜中飽。於是湖北兵餉遂足。

七年二月，安徽宿、太賊竄黃梅，破之。襄陽土匪陷樊城、穀城、光化、竹山、興山、宜昌，三月，遣將平之。林翼自率軍毀小池口附近賊壘。四月，復英山。五月，九江賊撲營，敗之。八月，賊首陳玉成自皖北犯蘄州，諸軍敗潰，賊徑趨蘄水，將竄武、漢。林翼渡江赴黃州，收潰卒得數千人，禦之巴河。時巴水大漲，林翼念賊渡河，則勢蔓延，急派千人斷橋，扼河以守，潛師出迴龍山，遏其上竄，督諸軍合擊於孫家嘴、馬家河等處，進逼至小池口，賊大潰，窮追百八十里，全楚肅清。時曾國藩丁憂回籍，林翼奏請起復曾國藩督師東下，允之。十月，以捐助軍餉，命給林翼三代正一品封典。

尋諸軍克小池口，復湖口、彭澤、東流。八年四月，九江克復，磔僞貞天侯林啓榮等。上嘉其調度有方，賞太子少保銜。林翼以九江既克，安慶在所必爭，定議分路進攻。五月，太湖賊竄蘄州，敗之。賊由英山來犯，破之彌陀寺。七月，丁母憂。諭曰：「胡林翼自邀簡任以來，時閱四載，於吏治兵事，均能實力講求。現雖閤境肅清，而大軍水陸東下，進止機宜，尚待調度，籌備餉需，亦關緊要。該撫現丁母憂，著照軍營例穿孝百日，加恩賞銀四百兩，俾經理喪事。俟百日後，仍著署理巡撫，如扶柩回籍，再行賞假兩箇月。俟軍務完竣，准其補行終制，以遂其孝思。」林翼奏請終制，諭曰：「楚境現雖肅清，而賊氛未靖。地方善後，邊防事宜，均關緊要。胡林翼熟悉情形，實心任事，當此時事多艱，正臣子力圖報效之日，未可拘泥恒情，致誤事機。著仍遵前旨，於假滿後，署理湖北巡撫。」

十一月，李續賓戰歿於三河，全軍俱覆。林翼以母喪歸未百日，遵旨赴湖北，次黃州。九年二月，進駐上巴河。五月，石達開竄湖南，圍寶慶。林翼急令荆宜施道李續宜星夜赴援，大破之，遂定議四路東征。曾國藩沿江東下爲南路；多隆阿攻太湖、潛山爲中路；林翼率所部進攻英、霍爲北路；調回李續宜北顧商、固爲後路。八月，移營英山。賊造堅城於石碑鎮，林翼督兵燬其木城，諸軍圍太湖。賊目陳玉成率黨來援，林翼調道員金國琛自松子關踰潛山之天堂進擊。十年正月，合擊賊小池驛，大破之，復潛山、太湖。會金陵師潰，蘇、常失守。曾國藩授兩江總督，分軍渡江次祁門，謀規復蘇、常。將軍都興阿赴援淮、揚，地廣軍分，林翼皆悉力經畫，籌撥兵餉，而檄道員曾國荃以重兵圍安慶，副都統多隆阿圍桐城，李續宜駐青草塥爲應援。

五月，以疆事孔棘，急圖補救，奏：「保前任江西廣饒九南道沈葆楨識略冠時，才堪濟變；浙江記名道李元度志節清嚴，前任江西建昌、廣信二府，以疲卒數千，當石逆數十萬之衆，卒能力保危城。以上二員，如畀以封疆之任，必有應變之略。湖南四品卿銜左宗棠精熟方輿，曉暢兵略；候選知縣劉蓉膽識遠大，能結士心；又告病編修劉熙載貞介絕俗，學冠時人；順天府府丞毛昶熙品節謹飭，留心吏治；及降調御史薛鳴皋、尹耕雲，户部主事楊寶臣，吏部主事梅啓照等，或德望清峻，或才識過人。伏候聖裁簡用。」又以蒙、亳捻匪大掠河南，勝保奏報欺謾，請特簡知兵重臣剿辦。十月，多隆阿、李續宜大破援賊於掛車河，林翼進營太湖，度賊援安慶不利，必謀深入腹地，以牽動諸軍，於潛、桐、舒、霍山險建立碉卡，令副將余際昌屯霍山，總兵成大吉屯羅田，戒以賊至勿浪戰，堅守待援。

十一月，服闋，命實授湖北巡撫，俟軍務完竣，再行回籍，補行終制。十一年二月，因病請假，賞假一月，在營調理。賊由六安、霍山分路西犯，成大吉破之松子關，余際昌違節度，戰敗。四月，賊陷黃州、德安、孝感、隨州，林翼計賊上竄，意在解安慶圍。安慶圍解，則墮賊計中，大勢全去。乃遣李續宜回援，而圍安慶益急。賊復分黨回略蘄州、蘄水、黃梅、廣濟，林翼檄成大吉下援。會曾國藩軍破賊集賢關，平赤岡嶺賊壘四，磔逆首劉瑲林。江西賊由南岸武寧、義寧犯興國、大冶，南及崇、通。六月，林翼率師回援，賊聞風遁。復請賞假兩月，允之。八月，奏病勢增劇，懇請開缺，得旨，再賞兩月，在署安心調理。大軍復安慶，上以林翼首先畫策，親身督剿，厥功甚偉，賞太子太保銜、騎都尉世職。桐城、廬江、舒城、宿松以次復，德安、孝感、黃州各郡縣城先後克捷。楚境肅清。

二十六日，卒。遺疏入，諭曰：「胡林翼秉性忠直，操守廉潔。由翰林歷官府道，仰荷皇考大行皇帝特達之知，於咸豐三年調赴湖北軍營，晉擢巡撫，賞頭品頂帶、太子少保銜。在軍營九年，賞罰嚴明，知人善任。克復武昌及沿江郡縣，肅清楚境，並調遣官兵攻復江西九江，軍威丕振，所向克捷。本年八月克復安慶。朕念其公忠體國，懋著勛勞，賞加太子太保銜，並騎都尉世職。方冀長資倚畀，克奏膚功，乃以積勞成疾，甫經賞假，遽聞溘逝。披覽遺章，實深悼惜！著追贈總督，即照總督例賜卹。任內一切處分，悉予開復。應得卹典，該衙門察例具奏。並加恩予謚，入祀賢良祠，於湖北及湖南原籍，建立專祠。伊子胡子勛，俟及歲時，由吏部帶領引見，以示篤念藎臣至意。」尋賜祭葬，予謚文忠。

雜録

備録

《皇清書史》卷五　胡林翼字貺生，號詠芝，益陽人，道光十六年進士，官兩湖總督，謚文忠。真行書，風格英爽，亦足名家。

備論

《國朝先正事略》卷三〇李元度《胡文忠公別傳》　贊曰：公入詞館，先曾文正二年。初至軍，以屬禮見，其後護持文正尤力。文正嘗疏言胡某才勝臣十倍。及上公死事狀，謂其堅持之力，調和諸將之功，綜覈之才，皆臣所不逮，而尤服其進德之猛。烏虖！兩公戮力同心，豈今人中所有哉？元度戍守信州時，軍餉罄。公船粟來哺，菜色立變。又謬廁名薦牘中，每讀公疏，汗浹背，輒自呼負負云。

《咸豐以來功臣別傳》卷二朱孔彰《胡文忠公別傳》評曰：文忠之初至長沙也，方提一旅以周旋。曾文正亟薦之，謂可大用，是何其知人之明也？及名位相埒，謹事文正，交歡文恭，推美讓功，偁一時盛事。《書》曰：「同寅協恭，和衷哉。」《傳》曰：「師克在和，不在衆。」信矣！中興之烈，基於此乎？

陳繼璁《忠義紀聞録》卷一　論曰：世之稱胡文忠公者，多曰精吏治，善理財，又能知人，爲政不拘成例。四者固文忠公之美也，而余以爲公之所難，尤在敬賢。其時曾文正公位尚未尊，公首推重之，奉之如元老。外此楚督官公、湘撫駱公，公與之同官，亦極盡欽仰之情，不但和衷以濟也。他若二李昆季，待之不啻骨肉。都、多、舒三將，事之直如執友，而鮑軍門則畜之如弟，諄諄以誨之。此其好善之心，古賢幾無其比。至於湘陰左侯，本屬舊交，且姻親也。然而侯之性情難進易退。其始高卧湘中，實無意出山。賴公苦詞相勸，始翻然動其堯舜君民之志，而公之禮之也倍至，誼係故人，畏若嚴師，豈止竭力舉薦之哉？嗚呼！自公歿後，至於今日，中原西陲，羣醜以之盪平，以實陰有力焉。如文忠公者，殆視宋范文正公無愧色也。

《清史列傳》卷四二　十一月，曾國藩奏言：「林翼初任鄂撫，當武、漢兩次失陷，湖北大半淪没，林翼坐困金口、洪山一帶，不特兵餉俱無，亦且無官無幕。後克復武昌，恢復黄州，論者謂鄂撫可息肩矣。林翼不爲自固之計，越境攻九江，分兵救瑞州。督撫之以全力援鄰封，自湖北始。九江相持年餘，中間石達開自江西窺鄂，陳玉成自皖北犯鄂者三。林翼終不撤九江之圍，以回援卒，復九江，爲東南一大轉機。功甫蕆，即以全力圖皖北，李續賓覆軍三河，林翼居母喪，吾聞信急起赴鄂。論者謂良將新逝，元氣未復，但保我圉，不宜兼顧鄰封。林翼不然，即派重兵越三千里解湖南寶慶之圍。援湘之師未反，復議大舉圖皖，繪圖數十紙，分致臣與官文及諸路將領，遂定攻安慶之策，親駐太湖督剿。本年回援鄂省，病中寄書，縷陳勿撤皖圍、力剿援賊之策。故安慶之克，臣推林翼首功。近世將才，湖北最多，如塔齊布、羅澤南、李續賓、都興阿、多隆阿、李續宜、楊載福、彭玉麟、鮑超等，林翼均以國士相待。或分資財，惠其家室；或寄珍饈，慰其父母。前敵諸軍，求餉求援，急蹙經營，夜以繼日。自七年來，捷報皆不具奏；奏則盛稱諸將功而已不與，惟兢兢以扶植忠良爲務。外省稱楚師和協如骨肉，而於林翼之苦心調度或不盡知。此臣自愧昔之不逮，又慮後此之難繼者也。軍興各省慮餉，湖北三次失陷，百物盪然，自荆州捐鹽，各府抽釐，稍足自存。林翼綜覈之才，冠絶一時，每於理財之中，暗寓察吏之法。三年，部議漕米變價，州縣照舊浮收，加至數倍，上下交困。林翼於七年創議減漕，嚴裁冗費，先帝嘉其不顧情面，祛百年之積弊，統計每年爲民間省錢糧百四十餘萬串，爲帑項增四十二萬兩，節省提存銀三十一萬餘兩。利國利民，不利中飽之蠹，向來衙門陋規，革除淨盡。州縣亦不准借催科政拙之名，爲猾吏肥私之地。各卡委員，時勤訓課，謂取民贍軍，使商賈同仇，即以教忠；多入少出，使局員潔己，即以興廉。以湖北瘠區養兵六萬，月費至四十萬之多，而商民不敝，吏治日懋，皆其精心默運之所致也。八月以來，安慶克復，江、鄂肅清。方幸全局振興，長驅東下，不圖大功未竟，長城遽頹。臣與故撫共事日久，相知最深，咸豐四年曾奏林翼才勝臣百倍。近年遇事咨詢，尤服其進德之猛。臣不敢阿好溢美，亦不敢沒其忠勛。謹將以死勤事情狀，據實瀆陳，乞付史館。」諭曰：「已故湖北巡撫胡林翼，由翰林起家，仰荷皇考大行皇帝特擢封圻，戮力疆場，勳勞懋著。本年秋間，積勞病故。業經加恩追贈，以褒忠藎。茲據奏稱胡林翼自擢鄂撫，數載以來，恢復本境，援剿鄰氛，整軍經武，以死勤事。綜其生平功業，允宜亟予表揚。著即宣付史館，以光簡冊。胡林翼之子胡子勛，著賞給舉人，一體會試，以示褒獎藎臣至意。」

同治元年，穆宗毅皇帝御極，追念林翼前勞，復諭曰：「湖北巡撫胡林翼未收全功，遽就溘逝。跡其功勳卓越，名播寰區，至今江、鄂士民，猶能稱頌。沒於王事，憫念良深！著賜祭一壇，並著原籍督撫派員前往該員家祠賜祭。」三年，克復金陵，上追念死事諸臣，以林翼規畫遠大，勳績卓著，賞一等輕車都尉世職，旋以一等輕車都尉兼一騎都尉呈部，併作三等男爵。光緒三年，前兵部右侍郎彭玉麟奏林翼撫鄂之日，整飭吏治，清查漕政，與曾國藩、羅澤南等講學則同方同術，討賊則同力同心，請合祀湖北省城曾國藩祠，允之。

藝文

李慈銘《白樺絳柎閣詩集》卷辛《黃鶴山上謁胡文忠公祠》　江山無恙騎鯨去，爵酒城頭起大風。一代功高諸鎮上，十年身瘁百憂中。帝思成算終平賊，我恨同時未識公。天下愁遺朝野歎，九原誰起兩文忠。謂林侯官。

左宗棠部

綜述

《續碑傳集》卷六吴汝綸《左文襄公神道碑》 贈太傅、二等恪靖侯、大學士、謚文襄左公者，湖南湘陰人也。諱某，字季高。曾祖某，某官；祖某，某官，父某，某官，三世皆以公貴，贈如公官。公少有大志，使氣□，爲壯語驚衆。年廿一，與兄宗植并舉於鄉。三試禮部不第，遂絶意仕進，究心輿地兵法，討論國聞，名在公卿間。當道光時，英吉利構禍，公已深憤國兵之不競，當事之洩沓恇怯，顧不肯苟出。年且四十，顧謂所親曰：「非夢得夐求，殆無幸矣。」會廣西盗起，始佐湖南幕。在幕府，以諸葛亮自比，與人書，輒戲自署爲亮，人亦以亮歸之。麾兵四援，尤以策應曾文正一軍爲己任。常曰：「曾公，辦賊之人，不可不赴其急。」胡文忠在鄂，屢謀劫公出助。而文正曰：「湖南，吾根本，不可無左公。慎安無動。」是時公名日盛，文宗虚己待公，知編修郭嵩燾籍湘陰，召問嵩燾：「若識左某乎？何久不出也？」已又問：「年幾何矣？」對曰：「四十七矣。」上曰：「過此精力且衰，當及時爲吾出辦賊。汝可爲書告左某，諭吾意。」於是胡文忠聞之，喜曰：「夢得夐求，時至矣。」會有爲蜚語上聞者，文宗察其誣，而下詔曾公，謀所以用公者。於是命以四品京堂，從曾公治軍。已而蜀事急，又命公治軍入蜀。公曰：「蜀緩吴急，吾當從曾公。」乃以五千人東助曾公。

初，曾公創立軍號曰湘軍。湘軍制，四哨爲營，營凡五百人，諸軍遵用之，獨王壯武公鑫不用，别爲營制。公所募五千人，參用壯武法，有營有旂，旂凡三百廿餘人，不稱湘軍，别自號爲「楚軍」。楚軍名由此起。公既成軍而東，胡文忠爲書，告湖南曰：「左公不顧家，請歲籌三百六十金以贍其私。」而曾公見公所居幕陋小，爲别製一幕貽公。尋請以公爲幫辦，率師援浙。上命曾公節制浙江，曾公固讓，薦公督辦浙軍。杭州陷，薦公爲浙江巡撫，已進閩浙總督，仍兼巡撫。浙事平，然後謝巡撫事，入閩視師。公起湖南幕府，提五千人，出襄曾公，轉戰江西、皖南，入浙江，遂復杭州。翦翼披枝，以助成金陵之功。由浙而閩，四封清夷，卒聚殲窮寇於嘉應，使粵盜滔天之禍根株鏟絶，蓋金陵之功於是始竟也。先是，曾公、胡公謀取金陵，以今相國合肥李公爲北軍，出淮揚，以公爲南軍，出皖南。其後李公自上海取蘇州，公自徽、婺取浙江。而金陵平，如其初議。於是上嘉公功，封一等恪靖伯，移督陝甘，授欽差大臣，督辦陝甘軍務。與李公會兵，平捻逆張總愚。加太子太保。關内肅清，補協辦大學士。回疆底定，進封二等侯。自公始出領軍，至是，在軍中凡十有八年。始曾文正公以大學士，封一等毅勇侯。公本以異數，由舉人入相，至是亦以大學士封二等恪靖侯。湖南先後兩相侯，世以爲榮。

自英人構禍後，外國既數數生釁，俄羅斯乃安坐割地，而方内叛者迭起，粵盜最劇，次若捻逆，次若回。公皆手芟薙之，收其成功。而塞外平回，朝廷尤旌寵焉。塞外回，其酋曰帕夏，本安集延部之和碩克伯也。安集延，故屬敖罕。敖罕爲俄羅斯所滅，安集延獨存。帕夏畏俄逼，闌入邊，據喀什噶爾。稍蠶食南八城，又攻敗烏魯木齊。所踞回，并有北路諸城，收其賦入。及陝回白彦虎被勦，竄處烏城，屬帕夏。帕夏能屬役回衆，通使結援英俄，購西國兵械自備。英人陰助之，欲令别立爲國，用扞蔽俄。今上初，公既平關隴，而海防議起。論者多言，自高宗定新疆，歲糜數百萬，此漏卮也。今至竭天下力贍西軍，無以待不虞，尤失計；宜徇英人議，許帕夏自立爲國，稱藩，罷西征，專力防海。公曰：「關隴新平，不及時規還國家舊所，没地而割棄，使别爲國，此坐自遺患。萬一帕夏不能有，不西爲英併，即北折而入俄耳。吾地坐縮，邊要害盡失。防邊兵不可減，糜餉自若，無益海防，而挫國威長亂，此必不可。當是時，文忠公文祥當國，獨善公議，遂決策出塞，不罷兵。既克烏城，進規南路。帕夏聚黨抗拒，會道死，二子争立内亂，羣回解體。兵至喀城，而帕夏長子自立者帕克胡里與白彦虎皆遁逃入俄，兵不血刃，而塞外平，新疆復矣。

公用兵規遠勢，防後路，尤善審機，隨賊勢變遷不常。其方略籌西事，尤以節兵裕餉爲本。謀軍始西征，慮餉由各行省協撥，不能如期，約請一借貸於外國商賈，人得成數濟軍，令各省關分償債子本。許之。及決策出塞，會滇中殺英人馬嘉利，海防戒嚴，餉匱。公乃議借外國債千萬，用十年分償。沈文肅公尼其議。詔曰：「左某以西事自任，國家何惜千萬金？」爲撥款五百萬，敕公自借外國債五百萬。出塞凡廿月，而新疆南北城盡復者，饋餫饒給之力也。公初議西事，主興屯田，聞者迂之。及觀公奏論關内外舊屯之弊，以謂挂名兵籍，不得更事農。宜畫兵農爲二，簡精壯爲兵，散愿弱使屯墾。然後人服公老謀，以爲不易及。

國家承平久，武備弛不振。而海外諸國近百年以來，日出其術數氣化光電之學，用之治兵制器，爭以武節相侈，神怪捷出，每變益新。雖中國屢平大難，彼猶私議以爲脆弱也。至公平帕夏，外國頗稍稍傳説公。而公與曾公等自始治軍時，即欲稍取外國長技，用自輔益。公尤不耐久忍詢，顧內憂未艾耳，內平行且事外務，欲一振拔抗國家威稜。先是，俄人乘回亂，入據伊犂城。公既恢復新疆，國家因遣使赴俄，議交收伊犂。議久不決，有詔備邊，公亦席累勝之威，親出塞至哈密，整軍待發。頃之，召公入備顧問。公入而伊犂還，俄事定。遂命入值軍械，兼值譯署。居數月，引疾乞退。命出督江南。法人攻越南，自請赴滇督師，檄故吏王德榜募軍永州，號曰恪靖定邊軍。法人議和，召公入，再值軍機。法人內犯，詔公視師福建，檄王壯武子詩正潛軍渡臺灣，號曰「恪靖援臺軍」。詩正至臺南，爲法兵所阻。而德榜會諸軍，破法兵於諒山。和議成，再引疾乞退。以其年七月癸亥，薨於福州，年七十三。明年，歸葬於善化之某里某原。

公性剛行峻，不爲曲謹小讓。始未出時，與曾公、胡公交，氣陵二公出其上，二公皆絶重公。公每語人曰：「曾、胡知我不盡。」三人者相與會語，公輒題目二公，亦撰語自贊，務壓二公，用相謿謔。又嘗言：「當今善章奏者三人，我第一。」餘二人，謂二公也。公與曾公內相傾服，至趣舍時合時不合。既出治軍，交歡無閒矣。及金陵平，又以爭是非不合。後曾公薨，公西征在肅州，聞之，歎曰：「謀國忠，知人明，吾不如曾公也。」中興諸將帥，大率曾公所薦起，雖貴，皆尊事曾公。公獨與抗行，不少貶屈。厥後與曾公位望相埒，俱以功名終。曾公議外交，常持和節；公鋒穎廩廩向敵，士論以此益坿。顧志事未竟。初平粵盜，即建議在福州設船廠，購機器，募外國人造船，設求是堂其中，教子弟習外國語言文字、算學、測繪法。移陝甘，且行奏起沈文肅公主船政。西事既定，在蘭州設織呢局，購開河機器，治涇水上游。在江南，議購船礮防海。視師福州，又請增製船礮。公精吏事，所至恤民、興學、理財、治水利。閩浙裁兵加餉，各行省援用爲法。而於製造船礮尤兢兢。議者惜公材用之未竟其志也。公娶周夫人，先公卒。側室張夫人。子四人，孝威，舉人，以廕爲主事，先公卒。

《續碑傳集》卷六朱孔彰《左文襄公別傳》 左公宗棠，字季高，湖南湘陰人也。少負奇氣，有大志，欲因時建非常之功。道光壬辰，舉於鄉。陶文毅公澍延爲賓客，與論事如燭照。數計辯，口若懸河。文毅驚歎曰：「天下奇才也。」遂締姻焉。咸豐初，巡撫張公亮基禮辟公。駱公秉章代爲巡撫，尤倚公如左右手。凡察吏治軍，惟公言是聽。屬寮以事上白駱公，則曰：「問季高先生。」公可亦可，公否亦否。湖南由此致富强。公權益重，忌者日衆。會劾永州總兵樊燮驕倨罷官，構於總督，指目公，布政使亦陰助燮。總督疏聞，召公對簿武昌，欲加不測之罪。駱公疏爭之，不得。於是湖北巡撫胡公林翼、侍郎曾文正公上言公無罪，且薦公才可大用，事遂解。初，公以幕府勞已擢知府，或勸之仕，公笑曰：「除非夢賚良弼。」至遭謗毀，悒悒不得志，詣胡公、曾公軍，願以偏將自效，曾公深慰之。無何，朝廷竟超用公。詔詢曾公，曾公奏公剛明耐苦，曉暢戎機。若假以事權，必能感激圖報。遂賞四品京堂，命募軍東征。

十年秋，公提五千人，由江西轉戰而前，所向克捷。曾公進兵皖南，駐祁門。僞侍王李世賢、僞忠王李秀成糾數十萬賊衆，圍遶祁門西路，直趨浮梁、景德鎮，斷祁門餉道。公出奇兵，與鮑提督超夾擊，大破賊於洋塘，賊退入浙境。明年三月，公進軍婺源。賊犯景德鎮，陳總兵大富屯守，戰没，景德鎮復失。公回軍，大破賊於范家邨。八戰八克，斬馘逾萬，遂收浮梁、樂平、鄱陽、建德，曾軍糧路乃暢通。曾公奏公疊破巨寇，振江皖全局，勳績甚偉。擢三品京堂，補太常寺卿，改幫辦江南軍務。尋奉命援浙。公上言：「浙江軍務之壞，由於督撫全不知兵。始則竭本省之餉以濟金陵大營，皖南各軍冀藉其力爲藩蔽，乃於練兵選將之事，不自講求。至金陵、皖南大局敗壞，復廣收潰卒，糜以重餉。以守則逃，以戰則敗。恩不知感，威不知畏，遂決裂不可復支。臣奉命督辦浙江軍務，節制提鎮，非就見存兵力嚴爲簡汰，束以營制不可；非申明賞罰，予以實餉不可；非另行調募，預爲換補不可。然欠餉日久，則有不能汰遣之患；餉需不繼，則有不能調撥之患；經費不敷，則有不能募補之患。名爲節制提鎮，實則營官哨長亦且呼應不靈，不得其臂指之助，而徒受其迫促之擾。雖有能將，無餉何以馭兵？雖有謀臣，無兵何以制賊？此臣之所爲隱憂也。」時公所部湘軍僅八千人，部將名者劉典、王開來、王文瑞、王沐數軍，不敷分布。因思劉公長佑、駱公秉章、劉公蓉、江公忠義素友善，故令選强將相助，多或率數千人，少則數百人，俾合成勁旅。於是調蔣益澧於廣西，劉培元、魏喻義於湖南，皆未至。公以八千人策應七百餘里，談笑指揮，游刃有餘。曾文正尤爲歎服，奏公宜獨當一面。文正與公議，以保徽州固饒、廣爲根本，奏以三府屬縣丁糧銀米供軍，設婺源、景德、河口三稅局，神之三府防軍悉隸公，通吳越為一家。公駐婺源，頻破巨寇。會杭州陷，詔授公浙江巡撫。

同治元年正月，公自婺源攻開化，破寇馬金街。恐朝旨促入衢則自陷，因上奏："行軍之法必避長圍，防後路，先為自全之計。臣軍入衢則徽、婺疏虞，又成糧盡援絕之勢。今由婺源攻開化，分軍扼華埠，收遂安，使饒、廣相庇以安，然後可以制賊而不為賊制。然欲依徽郡取道嚴州，食米轉運殊多勞費。又前衢州李定太一軍八千餘人，江山李元度一軍八千餘人，人數與臣軍相等，而常迫切呼援，惴惴不能自保。臣軍力固不能及，亦不願其浪戰求勝，致損軍威。此兵事餉事之難，未可驟期恢復之效者也。"二月，公遣劉典、王開來、劉璈、李耀南克遂安。金、嚴寇圍衢州，公自往救，敗之。五月，進軍衢州，魏喻義、劉培元募新軍至。七月，蔣益澧自廣西將八千人至。於是軍容壯盛。十一月，克嚴州。明年正月，克金華、紹興，水陸並進，克桐廬、富陽。詔授公總督，仍兼巡撫。八月，圍攻杭州。明年二月，克之。公移駐省城，申虜獲之禁，婦女財物各從其主，有敢言取自賊中者罪之。禁軍士無入民居。招商開市，奏停杭關稅，立清賦局，減杭、嘉、湖稅則三之一。善後事宜，百廢具舉，衆聲大和。時李公鴻章已克蘇州、嘉興，六月曾公國荃克江寧，江浙餘寇聚於湖州。七月，合江蘇軍克湖州，寇盡走江西，入福建，浙江平。公奏請蔣公益澧護巡撫，己統全軍入福建，追寇至廣東嘉應州殲焉。五年正月班師振旅，詔錫一等恪靖伯。

公在閩，撫瘡痍，舉淹滯，清伏莽，修武備，量財用，肅官方，勸耕作，勤庶事，以刱為因，而尤以造輪船為急務，舉沈公葆楨接辦船政。其年秋，天子以西陲師久無功，移公督陝甘，並授欽差大臣，督辦軍務。公上疏曰："臣維西北戰事利在戎馬，東南戰事利在舟楫。觀東南事機之順，在艇船練成以後可知；西北事機之轉，亦必待軍營馬隊練成以後也。春秋時晉侯乘鄭之小駟以禦秦，為秦所敗，是南馬不能當西馬之證。漢李陵提荊湖步卒五千轉戰北庭，為匈奴所敗，是步隊不能當馬隊之證。見在撚回猖獗，官軍征勦多年，尚未蕆事，於時急圖掃盪，固我疆宇，非講求步隊馬隊不為功。而欲善步隊馬隊之用，又非講求步隊馬隊之利不可。臣謹就愚陋之見，為我皇上敬陳之。撚回之患在平原曠野，本騎之利，官軍以步隊當之，鮮不被其輕軼矣。於是而圖制賊之長宜用車營助步隊，遏其突騎，固也。然車營步隊足以遏突騎，守雖有餘，以之鈔截追勦，戰尚不足，則練馬隊為急。以馬力言之，西產不若北產之健。以馬隊言之，西北不若東北之

雄。祖宗隆興東北，平定中原，中葉以來，平準回，靖朔漠，神武震鑠，跨越古今。故纍列聖方略官書，竊以為欲平方今之患，非追法先世遺烈，其道末由也。回馬多西產，撚馬多略北產零騎，故撚之戰悍於回。所幸者撚回之馬雖多至數萬騎，然均用之野戰，非如官軍隊伍鈐束之不可撼。撚回諸逆人各一心，非如官軍節制賞罰之不可亂。撚回馬上多用長矛，非如官軍槍械火器之不可敵。誠於時購北口良馬，得其人習練而節制之，庶制勝有其具而賊不足平，且可藉閲歷以造就人才，為國家固根本垂久遠之計。"又言："臣由鄂入秦，先勦陝逆。此時臣軍步隊僅止三千餘，馬隊尚未習練，雙輪獨輪車式尚未動工製造，所擬以制賊者步隊、馬隊、車營皆無以應手，倉卒就戎，必貽後悔，臣不敢不慎。也方今所患者撚匪，回逆耳。以地形論，中原為重，關隴為輕。以平賊論，勦撚宜急，勦回宜緩。以用兵次第論，欲靖西陲，必先清腹地。臣軍入甘，應先分兩大枝，由東路廓清各路，分別勦撫，俟大局勘定，然後入駐省城，方合機局。是故進兵陝西，必先清關外之賊；進兵甘肅，必先清陝西之賊；駐兵蘭州，必先清各路之賊。然後餉路常通，師行無梗。"詔從之。

六年夏，取道武昌，提兵一萬二千人，由潼關入秦。當是時撚酋任柱、賴文光糾數萬騎，擾山東、河南，是為東撚；張總愚糾數萬騎擾秦中，是為西撚。陝回、甘回數十起衆至百萬，横行腹地，兩省幾無完土。公接統陝甘軍，部署諸營，不令撚回合勢。劉提督松山領萬餘人，郭總兵寶昌三千人，劉總兵厚基三千人，是為勦撚之師。高提督連陞三千人，劉京卿典五千人，是為勦回之師。楊總兵和貴、周總兵金品三千餘人屯鳳翔，周總兵紹濂二千餘人屯宜君，吳郎中士邁千餘人防渭，復以親兵三千餘人，水師千人，黑龍江馬隊千餘人，分布華州、華陰、潼關、渭南、臨潼間，是為兼討撚回之師。於是諸軍所向克捷。公又定計先撚後回。張總愚既屢破於延州，復南竄，乃自宜川踰山至壺口，乘冰橋渡河，山西大擾。公遣松山各軍渡河躡追。穆宗以山右毗連畿輔，召公親往督師。公自率五千人赴援，奏以劉京卿典代督陝甘軍。六年十二月，撚自垣曲入河南，趨衛輝，復自河南北犯直隸，至河間獻縣，京師戒嚴。詔切責公與欽差大臣李公鴻章，河南巡撫李公鶴年及直隸總督官文公，皆奪職。時東撚甫平，西撚萃於畿輔。公先令劉提督松山繞出賊前，大破賊於獻縣，反奔山東。七年，公駐軍吳橋，合淮軍、東軍、皖軍擊撚，卒破平於茌平南鎮。

七月，公復職入覲，天子褒美，且詢西陲師期，公奏五年可竣。乃率師還陝，

十月至西安省城。公部兵數萬人，諸將名者高連陞、周紹濂、魏光燾、劉端冕、吴士邁、黄鼎、雷正綰、陶茂林、成定康、馬德順、郭寶昌、李耀南、李輝武，皆能將，而劉公松山爲最。劉公典已署陝西巡撫，戮力同心，賞罰嚴而號令明，遂定三路平回之策。公令劉公松山由綏德取道花馬池，直搗金積老巢，爲北路；道員周開錫由秦趨鞏，討鞏昌河狄之回，爲南路；公與劉公典督諸軍盡驅陝回入甘，爲中路。遂破回巢數百，斬馘數萬。八年二月，拔董志原老巢。四月，陝西平。進兵甘肅，劉公松山已趨定邊、花馬池；魏光燾、周紹濂、劉端冕出合水、甯州、正甯，嚮環慶；雷正綰、黄鼎由董志原、涇州趨鎮原、崇信、華亭、固原；李耀南、吴士邁由隴州、寶雞趨秦州；公率親兵馬步四千道永壽、邠州、長武以赴涇，令馬德順屯靈台之上良百里鎮，策應南北。遂開振卹，集流亡，勸民種秋糧，兵燹遺黎，栩栩有生意矣。於是諸路皆捷，蘭州道通。八月，劉公松山克靈州。十一月，公移駐平涼。劉公松山攻金積堡，陳亡，公以松山從子錦棠統其軍。東自吴忠至靈州堡寨四百五十餘，西自洪樂至峽口堡寨一百二十餘盡平。九年冬，克金積堡，馬化隆伏誅。公奏言：西陲之不靖，於今九年，關隴諸回視金積爲嚮背。今金積破，回勢瓦解矣。詔加公騎都尉世職。十年三月，甯夏平。公令諸將進規河州，秋移駐静甯，又移安定。冬平黑山回，盡平黨川回壘，且勦且撫。十一年二月，河州平。三月，循化撒納歸誠。夏，諸軍攻肅州西南賊壘，皆下。七月，公進駐蘭州省城，奏調宋慶軍由神木赴甘助勦，以張曜軍屯金積堡，移劉錦棠軍赴西甯，陶生林、金慶元、戴宏勝馬步軍赴肅州。十一月，劉公錦棠大破回於西甯大通。明年，金順、宋慶、徐占彪合攻肅州。八月，公至肅州督攻，九月克之，屠客回一千五百餘人，屠土回五千四百餘人，悍酋馬文禄並黨魁八人磔之，惟白彦虎逸出關外。拔出漢民男女一千一百餘人，回民老弱婦女九百餘人。肅州平，關内肅清。詔公以總督協辦大學士，改騎都尉爲一等輕車都尉世職，諸將給獎有差。

今上即位，命公督辦新疆軍務。先是，以東南海防爲急，有議棄關外地者，公力持不可。然軍食奇絀，各省協餉不繼，公夙夜憂勞，常繞帳徬徨，中宵不寐，前後至借洋商民商一千數百萬，隨時以協款抽償。經營一載，士飽馬騰，遂於明年春大軍次弟出關，公駐肅州調度。烏魯木齊都統金順軍、提督張曜軍先駐哈密，軍食皆由公兼籌。公令劉京卿錦棠辦理營務，率提督譚上連、譚拔萃、余虎恩等湘軍二萬人，分起由戈壁前進。其秋，大軍攻拔古牧地，克復烏魯木齊、迪化州暨瑪納斯城，新疆北路皆平。由是下兵南路。南路八城曰阿克蘇，曰烏什，曰庫車，曰喀喇沙爾，曰英吉沙爾，曰喀什噶爾，曰葉爾羌，曰和闐，而吐魯番别爲一部，在天山之南，爲八城門户。公令劉京卿錦棠率軍自北而南，提督張曜、徐占彪率軍自東而西，增調包頭防軍五千人隸劉京卿，於是軍勢益盛。以明年春三道進攻吐魯番、達坂堅城皆下，旋克托克遜賊巢。其秋連克喀喇沙爾、庫爾勒、庫車、阿克蘇、烏什，一月之中行三千餘里，兵威大振，遠人慴服。

時以伊犂爲俄所踞，恐難遽復，詔公統籌全局。公奏曰：「竊維立國有疆，古今通義，規模存乎建置，而建置因乎形勢。必合時與地通籌之，乃能權其輕重，而建置始得其宜。伊古以來，中國邊患，西北常劇於東南。蓋東南以大海爲界，形格勢禁，尚易爲功。西北則廣莫無垠，專恃兵力爲强弱。兵少固啟戎心，兵多又耗國用。以言防無天險可限戎馬之足，以言戰無舟楫可省轉饋之煩。非若東南之險阻可憑，集事較易也。周、秦至今，惟漢、唐爲得中策。及其衰也，舉邊要而捐之，國勢遂益以不振，往代陳蹟可覆按矣。顧祖禹於地學最稱淹貫，其論方輿形勢，視列朝建都之地爲重輕。我朝定鼎燕都，蒙部環衛北方，百數十年無烽燧之警，不特前代所謂九邊皆成腹地，即由科布多烏里雅蘇台以達張家口亦皆分屯列戍，斥堠遥通，而後畿甸晏然。蓋祖宗朝削平準部，兼定回部，開新疆，立軍府之所貽也。是故重新疆者所以保蒙古，保蒙古者所以衛京師。西北臂指相聯，形勢完整，自無隙可乘。若新疆不固，則蒙部不安，匪特陝、甘、山西各邊時虞侵軼，防不勝防，即直北關山亦將無晏眠之日。而況今昔勢殊，俄人拓境日廣，由西而東萬餘里，與我北境相連，僅中段有蒙部爲之遮闌，徙薪宜遠，曲突宜先，尤不可不預爲綢繆者也。高宗平定新疆，拓地周二萬里，一時帷幄諸臣不能無耗中事西之疑，聖意堅定不摇者，推舊戍之瘠土，置新定之腴區，邊軍仍舊，餉不外加，疆宇益增鞏固，可爲長久計耳。方今北路已復烏魯木齊，全境祇伊犂尚未收回，南路已復吐魯番，全境祇白彦虎率其餘黨偷息開都河西岸，喀什噶爾尚有叛弁逃軍，終煩兵力。此外各城，則方去虎口，如投慈母之懷，自無更抗顔行者。新秋採運足供，餘糧棲畝，鼓行而西，宣布朝廷威德，且勦且撫，無難挈舊有之疆宇，還隸職方。此外如安集延布魯特諸部落則等諸邱索之外，聽其翔泳故區可矣。英人爲安集延説者，慮俄之蠶食其地，於英有所不利。俄方争土耳其與英相持，我收復舊疆，兵以義動，設有意外争辯，在我仗義執言，亦決無所撓屈。」是時東四城已克復，進規西四城，大軍仍三路進攻，遂於冬十一月克葉爾羌、和闐、英吉沙爾、喀什噶爾，南疆悉定。捷奏，公晉二等侯。

朝廷乃遣全權大臣崇厚使俄索伊犁，條約中多所不便，詔公議奏。公上疏曰：「國家建中立極，東南濱海，西北以崑崙枝榦爲界畫，向與俄羅斯不相聯接，以蒙部、哈薩克、布魯特浩罕爲之遮蔽閒隔也。近自俄人日迫，誘脅日衆，哈薩克、布魯特各部落多附俄人。俄又取浩罕三部落，拓其邊圉，於是俄與中國邊境毗連，無復隔閡矣。適中原兵事方殷，未遑遠略，俄人乘閒佔踞伊犁，藉偁代我收復，爲要索計，並照其國法按竈科賦，以充兵費，亦偁饜足矣。朝廷重念邦交，既予以代我收復之名，並允給償款盧布五百萬元。盧布亦呼嚕布，即所謂俄元者也。光緒三年西洋新聞紙載俄國議願得俄元二百五十萬交還伊犁，海上傳播，未必無因。此次償款，忽議增五百萬元，其挾詐相嘗，已可概見。至界務與商務兩者相因，西北與東南事體各別。道光中葉以後，泰西各國船礮横行海上，闖入長江，所争者通商口岸，非利吾土地也。亦謂重洋迢遞，彼以客軍深入，雖得其地，終無全理，戰則勢孤，守則費鉅，合從之勢既成，獨據則誨争，分肥則利薄也。中國削平髮撚，兵力漸彊，製礮、造船已覩成效，彼如思逞，亦有戒心。而渝約稱兵，各國商賈先失貿易之利，苟可相安無事，其亦知難而息焉。若夫俄與中國則陸地相連，僅天山北榦爲之閒隔，哈薩克、安集延、布魯特大小部落從前與準回襍處，自俄踞伊犁，漸趨而坿之，俄已視爲己有。若此後蠶食不已，新疆全境將有日蹙百里之勢，而秦、隴、燕、晉邊防且將因之益急。彼時徐議防邊，正恐勞費不可殫言，大局已難覆按也。夫陸路相接，無界限可分，不特異日無以制憑陵，即目前亦苦無結束。不及時整理，坐視邊患日深，殊爲非計。且俄人專尚詐力，不以信義爲重，其情易變屢遷，與泰西各國不同，斷難望其守約而持久。即如佔踞伊犁之始，謂俟我克復烏魯木齊、瑪納斯即當交還。比官軍連下各城，並克復南疆，而俄不踐前言，穩踞如故，方且庇匿叛逸，縱其黨肆出窺邊。上冬今春，陝回及布魯特汗、安集延條勒入犯時，官軍獲生賊訊供，拔有俄官路票。昨次布魯特、安集延諸賊由俄境阿分地方出竄，經官軍勦洗殆盡，漏網數十人，仍遁匿俄境。據活賊口供，亦由俄官驅遣所致。四次賊蹤犯邊，官軍追賊，均未越俄界一步。我之守約如此，彼之違約如此，尚何信義可言？當崇厚與俄官議交伊犁時，俄人首以恩赦爲請，並以曉示難於徧及爲慮。崇厚奏奉諭旨，飭臣照辦。臣謹遵旨，並會同金順出示曉諭伊犁漢、陝、纏、土各回民等，宣布皇仁，以安反側。金順即派提督殷華廷齎示前赴伊犁張帖。俄官七河邊撫忽變前議，將殷華廷擋回，不令帖示，借偁應俟圖爾齊斯坦總督回信。比金順二次遣殷華廷復往探詢，七河邊撫竟派人阻之伊犁境外，不準復入。似此任意把持，不獨違慢朝旨，並置其君與外部諸臣成議於不顧，其悖謬又如此。俄之佔踞伊犁也，將大城西北三城廬舍墮爲平地，迆東清水河、塔爾奇綏、綏定三城均毁棄，以居漢回，蘆草溝、城盤子等處均棄而不守，而取各城堡木料於大城東南九十里金頂寺營造木廛幾二十里，臣上年十月二十二日覆陳摺内已略言之。玆接金順、錫綸所言伊犁情形亦同。察俄人蓋欲踞伊犁爲外府，爲佔地自廣借以養兵之計，久假不歸，布置已有成局。我索舊土，俄取兵費鉅資，於俄無損而有益。我得伊犁，只賸一片荒郊，北境一二百里閒皆俄屬部，孤注萬里，何以圖存？況此次崇厚所議第七款，接收伊犁後，陬爾果斯河及伊犁山南之帖克斯河歸俄屬。無論兩處地名中國圖説所無，尚待詳考，但就方向而言，是劃伊犁西南之地歸俄也。自此伊犁四面俄部環居，官軍接收，墮其度内，固不能一朝居耳，雖得必失，庸有倖乎？武事不競之秋，有割地求和者矣。玆一矢未聞加遺，乃遽議捐棄要地，饜其所欲，譬猶投犬以骨，骨盡而噬仍不止。目前之患既然，異日之憂何極？此可爲嘆息痛恨者矣。金順、錫綸之擬緩收伊犁，而以沿邊喀什噶爾、烏什、精河、塔爾巴哈台四城宜足兵力，濬餉源，廣屯田，堅城堡，先實邊備，自非無見。惟伊犁見無定議，謀新疆者非合南北兩路通籌不可。見在伊犁界務未定，則收還一節自可從緩計議。喀什噶爾、烏什規畫已周，毋庸再議。其塔爾巴哈台、精河急須加意綢繆，應由金順、錫綸自行陳奏請旨外，所有崇厚定議畫押十八款内償費一節，業經奉有諭旨。第八款所稱塔城界址擬稍改照同治三年議定界址，尚只電報，應俟崇厚奏到再議。第十款於舊約喀什噶爾、庫倫設領事官外，復議增設嘉峪關、烏里雅蘇台、科布多、哈密、吐魯番、烏魯木齊、古城七處，十四款並有俄商運俄貨走張家口、嘉峪關赴天津、漢口，過通州、西安、漢中運土貨回國，均經總理衙門奏奉，諭旨指駁外，第二款中國允即恩赦伊犁居民，業經遵旨照辦，被俄官截阻齎示委員，不準張帖。第三款伊犁民人遷居俄國入籍者，準照俄人看待，意在脅誘伊犁民人歸俄，而以空城貽我，與阻截齎示委員同一用心。第四款俄人在伊犁準照舊管業，雖伊犁交還，中外商民襍處，無界限可分，是包藏禍心，預爲再踞之計。至商務允其多設口岸，不獨奪華商生理，且以啟蠶食之機，總理衙門原奏籌慮深遠，實已纖細畢周，諭旨允行則實受其害，先允後翻則曲仍在我，應設法輓回，以維全局。竊維邦交之道，論理而亦論勢。本山川爲疆索，界畫一定，截然而不可踰，彼此信義相持，垂諸久遠者理也。至爭城爭地，不以玉帛而以興戎，彼此強弱之分，則在勢而不在理。所謂勢者，合天時人事言之，非僅直爲壯而曲爲老也。俄踞伊犁在咸豐十年，同治三年定界之後，舊附中國與中國民人雜處各部落被其脅誘，俄官即視爲所屬，藉以肆其憑陵。俄之取汗罕三部也，安集延未爲所併，其酋阿古柏畏俄之逼，裹其部衆，陷我南疆，我復南疆，阿古柏死，逆子竄入俄境，俄乃認安集延爲其所屬，欲藉爲侵佔回疆腴地之根。見冒稱喀什噶爾住居之俄屬，本隨帕夏而來之安集延餘衆，俄之無端冒爲己屬，實與交還伊犁仍留復踞地步同一居心。觀其交還伊犁而仍索南境，西境屬俄，其詭謀豈僅在此數百里土地哉？界務之必不可許者此也。俄商志在貿易，本無異圖，俄官則欲藉此爲通西於中之計，其蓄謀甚深，非僅若西洋各國只爭口岸可比。就商務言之，俄之初意只在嘉峪關一處，此次乃議及關內，並議及秦、蜀、楚各處，非不知運腳繁重，無利可圖，蓋欲藉通商便其深入腹地，縱橫自恣，我無從禁制耳。嘉峪關設領事咨尚可行，至喀什噶爾通商一節，同治三年雖約試辦，迄未舉行，此次界務未定，姑從緩議。而烏里雅蘇台、科布多、哈密、吐魯番、烏魯木齊、古城等處廣設領事，欲因商務蔓及地方，化中爲俄，斷不可許，此商務之宜設法挽回者也。此外俄人容納叛逆白彥虎一節，崇厚曾否與之理論，無從懸揣，應俟其復命時請旨確詢，以憑核議。臣維俄人自佔踞伊犁以來，包藏禍心，爲日已久，始以官軍勢弱，欲誑榮全入伊犁陷之以爲質，繼見官軍勢強，難容久踞，乃藉詞各案未結以緩之。此次崇厚全權出使，嘵布策先以巽詞餂之，枝詞惑之，復多方迫促以要之，其意蓋以俄於中國未嘗肇啟釁端，可間執中國主戰者之口。妄忖中國近或厭兵，未便即與決裂，以開邊釁。而崇厚全權出使，便宜行事，又可牽制疆臣，免生異議。是臣今日所披瀝上陳者，或尚不在俄人意料之中。當此時事紛紜，主憂臣辱之時，苟心知其危，而復依違其間，欺幽獨以負朝廷，既安而誤大局，臣具有天良，豈宜出此？就事勢次弟而言，先之以議論委婉而用機，次決之以戰陳堅忍而求勝，臣雖衰庸無似，敢不勉旃。」上壯其言，嘉許之。

公乃自請出屯哈密，規復伊犁。六年正月，詔毅勇侯曾紀澤自英國赴俄重議約。二月，公分兵進取伊犁，奏以精河一帶爲東路，伊犁將軍金順主之，所部馬步萬人，檄卓勝軍二千爲之助；自阿克蘇沿特克斯河爲中路，廣東提督張曜主之，所部馬步五千人，增募皖勇千人，土爾扈特馬隊數百人，復檄湘軍二千五百爲之助；自烏什經布魯特游牧爲西路，幫辦軍務劉錦棠主之，所部馬步萬餘人；而分遣譚上連步兵二千餘人屯喀什噶爾，譚拔萃等二千餘人屯阿克蘇，陶鼎金、王福田等二千餘人屯哈密爲後路聲援。塔爾巴哈臺與俄信處，參贊大臣錫綸兵不足，募徐學功、孔才舊部二千畀之。四月，公發肅州，舁櫬以行，五月抵哈密。俄人聞王師大出，增兵守伊犁納林河，別以兵船翔海上，冀震撼京師。於是天津、奉天、山東皆警。七月，詔公入京備顧問。明年正月和議成，海防諸軍皆罷。先是俄人縱我叛回及嘵布魯特、安集延逆酋三次犯邊，官軍皆大敗之，遂懾中國兵威，交還伊犁全境。公既入朝，授軍機大臣，賜紫禁城騎馬，使一內侍扶掖上殿，皆異數也。冬，以東閣大學士出督兩江。明年，法人啟釁，侵越南，粵閩邊疆有事，詔公督辦軍務。會和議成，罷兵。

公剛愨強毅，耄年精力不衰，雖兵間積苦，未嘗以況瘁形於詞色。在邊塞苦寒，穹廬積霰，高與身等，公擁縕布絮衾，據白木案，手披圖籍，口授方略，自晨至於日中昃，矻矻不少休。軍事旁午，官書山積，亦必一一省治。最下裨校寸簡尺牘，皆手自批答。待將士不尚權術，惟以誠信相感孚，然貪夫悍卒亦善駕馭。借調副將李某在公戲下能用命，後江西索去，死於法。公曰：「若隸我，何至喪其頭顱？」喜自負，每與友書，自署老亮，以漢武侯自比。繼又言今亮或勝於古亮。厲剛介之操，又自號曰忠介先生。胡公林翼謂公一錢不私於己，不獨某信之，天下人皆信之。初策江南大營潰散，公曰：「大局其有轉機乎？」或問之，曰：「得此掃盪，後來者可以措手。」始辦陝甘軍務，公奏須五年蕆事，及關內肅清，適符其數。衆議棄新疆，公力持不可，經營邊計，如操左券。後俄兵退出伊犁，遂舉二萬里戎索，重隸職方，天山蔥嶺，一塵不驚，實漢唐以來未有之邊功。公見玉門內外草萊偏墾，道傍官柳成陰，欣然加餐以告，洵古大臣以安社稷爲悅者歟？初公舉孝廉，過揚州，喜市上雞藩麵。迨至江南，閱瓜州兵，令西來將士均犒二盂，無煩郡縣供張。公杖履登壇，甲士執兵侍立，咸仰綸巾羽扇之風，一時戴白垂髫，歡呼道左，歎曰天生異人也。至閩未數月而病，光緒十一年秋卒於軍。事聞，天子震悼，賜葬如例，命各省建專祠，予謚文襄。子孝威，舉人，先公卒。孝寬，孝勛，主事，孝同，舉人。孫三，念謙、念恂、念慈，念謙襲侯。公著有《盾鼻餘瀋奏議》百二十卷。

《清史列傳》卷五一《左宗棠傳》 左宗棠，湖南湘陰人，道光十二年舉人。咸豐二年，粵匪竄湖南，犯長沙，先後佐巡撫張亮基、駱秉章戎幕，洊保同知，直隸州知州。五年，御史宗稷辰奏稱：「宗棠通權達變，疆吏倚重之迹甚微，而功甚偉。若使獨當一面，必不下於胡林翼諸人。」詔湖南巡撫送部引見。六年，侍郎曾國藩敍宗棠濟餉功，請以郎中分兵部行走，並賞戴花翎。允之。八年，駱秉章疏保宗棠運籌得力，加四品卿銜。湖北巡撫胡林翼亦兩疏薦之。十年三月，少詹事潘祖蔭復疏薦宗棠，謂：「國家不可一日無湖南，湖南不可一日無宗棠。」疏下，曾國藩尋復奏宗棠剛明耐苦，曉暢兵機，請破格簡用。四月，詔以四品京堂候補，隨國藩襄辦軍務。尋粵逆石達開竄四川，詔宗棠援蜀。曾國藩疏言：「蜀省形勢險固，藍李初起之賊不難辦理。江皖軍情緊急，宗棠思力精專，識量閎遠，於軍事確有心得，可獨當一面。若改令西行，則臣頓少一枝勁旅。以吳蜀事論之，難易輕重，不待智者而決。宗棠必舍難就易，避重就輕，請仍敕督勇來皖。」從之。九月，宗棠率湘軍五千援江西，次景德鎮。十月，廣東賊竄樂平、貴溪，宗棠迎戰，大捷，克德興、婺源。詔嘉宗棠，以新立之軍驟當巨寇，十日之內連克二城，命以三品京堂候補。十一月，逆酋黃汶金偪景德鎮，宗堂破走之，復浮梁。賊竄石門洋，鄱建之交也，十一年正月，會總兵鮑超軍，復破走之，又敗之黃麥鋪。二月，逆酋李世賢陷婺源，窺樂平，宗棠疊敗之。四月，進軍鄱陽，而以總兵陳大富守景德鎮。鎮復陷賊，宗棠回援，六戰皆捷，世賢遁。賞珍物，並允國藩之請，改幫辦軍務。五月，授太常寺卿。先是，宗棠追李世賢，竄入浙，詔統所部援浙。而池州逆酋劉官方再陷建德，竄鄱陽祝由街。宗棠冒雨馳返景德鎮，賊宵遁，擊之桃樹鎮，復擊之綱樹嶺，賊走建德。追及三里街，再破之，復建德。六月，移軍婺源。曾國藩以景德、婺源當皖浙之衝，鮑超北渡後，南岸七百餘里僅宗棠一軍縱橫策應。請俟安慶既復，再謀援浙。允之。是月，宗棠復破逆酋賴新裕於新建，追及白沙關，賊走浙，浙戒嚴。十一月，詔宗棠兼程赴浙，督辦軍務，提鎮以下均歸調遣。未幾，杭州陷。十二月，授浙江巡撫。

時逆酋楊輔清犯徽州，宗棠以徽州皖南、江西大局所關，且爲官軍入浙後路，檄知州劉典統九營趨婺源，相機迎剿。又以金、嚴、紹、寧、台五府相繼陷，奏言：「江西入浙之道，徧地賊氛，非節節攻剿，不能深入。節節攻剿，又恐曠日持久，餉竭兵疲，先已自困。非乘虛蹈瑕，誘賊野戰不可。以東南大局言之，湖北、江西一律肅清，皖北逆氛漸熄，羣賊悉萃江浙。如統兵諸臣聲勢聯絡，能力保完善之區，以規進取，則江西、湖北、安徽數省生民稍得蘇息，錢漕釐稅徵收日廣。從此漸偪漸近，可作士氣而埽賊氛，利戎機而速戡定。以浙江見在局勢言之，皖南守徽、池以攻寧郡、廣德，浙江守衢州以規嚴州，閩軍嚴遏其由浙竄閩，以繞犯江西之路。然後餉道疏通，米糧軍火接濟無誤，諸路互相知照，一意進剿，得尺則尺，雖程功迂緩，實效可期。浙江軍務之壞，由歷任督撫始則竭本省之餉濟金陵，皖南各軍圖藉其力以爲藩蔽，而於練兵選將漫不經心。自金陵皖南大局敗壞，又復廣收潰卒，縻以重餉，冀其復振。卒之兵增餉絀，軍令不行，遂渙散決裂，而不可復支矣。今非就見存兵力嚴爲挑汰，束以營制不可；非申明賞罰，予以實餉不可；非另行調募，豫爲換補不可。然欠餉日久，有不能汰遣之患；餉需不繼，有不能調撥之患；經費不敷，有不能募補之患。名爲節制提鎮，實則營官哨長亦且呼應不靈，不得其指臂之助，而徒受其迫促之擾。應請敕部臣行令各省，應協浙江之款，閩省及各省奉旨撥解。援浙軍餉，速即徑解廣信，交臣後路糧臺，以應急需。刻下浙省僅存衢州一城，衢州地勢爲江西、福建樞紐，浙省水路通途，宜創立水師爲陸軍助。」又言孤軍轉戰，將少兵單，局勢益危，人材日乏。請敕廣西臬司蔣益澧率所部來助。廣西巡撫劉長佑、貴州巡撫江忠義、湖北巡撫李續宜、四川布政使劉蓉各精選一營兩營來聽調遣。上皆從之。

時賊之竄徽州者，自遂安踰嶺，蔓延徽、衢兩屬，逆酋鍾明佳等衆十餘萬偪婺源，意在深入江皖腹地，阻援浙之師。宗棠以婺源地勢居徽州、廣信兩郡之中，北可掣圖犯徽州之賊，南可遏分竄饒州、廣信之賊，中可截浙江開化、遂安之賊，地勢在所必争，而官軍僅五千人，不敷防剿。檄道員王開來，趨德、婺交界之白沙關，自率所部赴婺督剿。同治元年正月，毀開化張村、馬金等處賊巢。詔促宗棠自衢規浙。宗棠奏言：「賊偪堅城，必取遠勢包圍。臣若先入衢城，墮賊詭謀，將至自困。今由婺入浙，先剿開化之賊，清徽郡後路。又飭老湘營由白沙溝進，扼華埠，保廣信，以固衢城。」二月，克遂安。三月，復奏言：「浙省大局披離，進兵之路最宜詳審。自衢州深入，則餉道中梗。自金華進攻，則嚴州之賊由壽昌一帶潛出包鈔。今唯緣徽郡道嚴州，較爲穩妥。」有旨褒勉，並誡宗棠勿蹈輕進之失。時李世賢圍衢州急，總兵李定泰嬰城守。宗棠抵常山，攻招賢關，克之，衢城糧路以通。世賢犯峽口，宗棠檄劉典等軍會擊破之石門花園港，毀賊壘七，賊潰，遁衢南石寶街、蓮花洋塘一帶。楊輔清復犯遂安，檄劉典軍由馬金趨昏口，自率所部趨開化。輔清遁，世賢復犯衢。六月，宗棠督諸軍自北路援衢，破之蓮花洋塘，毀賊壘數十，餘賊悉遁。宗棠奏言：「浙江賊數雖多，皆聽李逆一人指嗾。該逆倚金華爲老巢，嚴、處爲犄角，於龍游、壽昌、蘭谿、湯溪等縣分佈賊黨。是其趨重金華，自應先攻龍壽、蘭湯等城，撤其藩籬，然後分軍嚴處以變之。」上嘉其隨機決策，甚合機宜。是月，世賢率衆數萬，兩路攻遂安。七月，進規龍游。閏八月，復壽昌。十一月，檄軍援皖南，復祁門、績溪，旋克嚴州府。二年正月，復湯溪、龍游、蘭溪，進克金華府，旋復武義、永康、東陽、義烏、浦江、諸暨、桐廬諸城，仍分軍防皖南。二月，進攻富陽，以規杭州。三月，授閩浙總督，仍兼署浙江巡撫。檄軍擊徽、祁賊，復黟縣。四月，敗富陽、新城援賊，水師抵杭州。八月，復富陽。陸師亦抵杭州，檄蔣益澧攻之，復分軍圍餘杭。三年正月，復海寧、桐鄉。二月，會江蘇軍，克嘉興府，旋克杭州省城及餘杭。捷聞，詔加太子少保銜，賞穿黃馬褂。

三月，宗棠進駐省城，設賑撫局，收難民，招舊商，勘應修濬工程。旋復武康、德清、石門。六月，復孝豐。七月，克湖州府。八月，全浙肅清。檄所部諸軍出境，擊江皖竄賊。九月，諭曰：「左宗棠自入浙以來，克復城隘郡縣數十處，肅清全浙，厥功甚偉。本欲即加懋賞。恐該督以洪幼逆未滅，必將固辭，一俟餘逆净盡，即降恩旨。浙江軍務已竣，地方應辦善後事宜，該督當督飭司道，次第辦理。」時宗棠奏減杭湖嘉三府額賦三之一，及紹興、寧波兩府浮收之數，並免徵被兵各郡縣。同治二年，漕糧停，設杭州北新關。又以商鹽疲滯，請試行票運。條上四事，皆如所請行。十月，諭曰：「閩浙總督兼署浙江巡撫左宗棠督師入浙，恢復浙東各郡，進規浙西，攻克杭州省城及湖州各州縣，肅清全浙。並派兵截剿皖南竄賊，盪平巨寇，卓著勳猷。兹當洪福瑱幼逆就擒，殲除餘孽，東南軍務漸次底定，自應渥加懋賞。左宗棠著加恩錫封伯爵。」宗棠疏辭，優詔答之。尋內閣擬進字樣，欽定「恪靖」。時江寧餘賊竄閩，宗棠請解撫篆，督軍援剿，並陳浙江善後事宜。得旨，嘉賞。十一月，入閩。十二月，會粵軍復永定。以閩省吏治軍政積習相沿，奏調周開錫、吳大廷等來閩差委。從之。四年正月，復龍巖。二月，汀州、連城平。四月，克漳州府及南靖、平和、漳浦、雲霄。閏五月，復詔安，全閩肅清。宗棠駐漳州，檄所部剿各州縣土匪，又遣別將擊江西、廣東邊界逸賊。六月，疏陳鹺務積弊，請改行票運釐課並抽，户部議以四可慮難之，宗棠逐條疏覆，力主初議，卒如所請。八月，閩軍復鎮平，逆酋汪海洋等分竄江、閩、粵之交。詔宗棠赴粵，節制三省。十月，海洋陷廣東嘉應州。宗棠奏言：「髮逆僅一汪海洋，而廣東患氣在惠、潮、嘉三郡。海洋回竄，土匪散勇多附之。請假便宜，俾無遺種。」十一月，宗棠進駐大埔。十二月，督軍圍嘉應，殲海洋於陣，復州城，餘賊悉平。五年正月，賞戴雙眼花翎。五月，奏請設立船廠，試造輪船。略云：「東南大利在水而不在陸。自廣東、福建而浙江、江南、山東、直隸、盛京以迄東北，大海環其三面，江河以外，萬水朝宗，欲固海防，非輪船不可。無事之時籌轉漕則千里猶在户庭，籌懋遷則百貨萃諸廛肆；有事之時，籌調發則百粵之旅可集三韓，籌轉輸則七省之儲可通一水。匪特巡洋緝盜有必設之防，用兵出奇有必争之道也。況我國家建都於燕，津沽實爲要鎮。自海上用兵以來，泰西各國火輪兵船直達天津，藩籬竟成虛設。星馳飆舉，無足當之，非急造輪船不爲功。船廠之地，臣以擇定福建羅星塔一帶地方，開濬渣渠，水清土實。先購機器一具，鉅細畢備，覓雇西洋師匠與之俱來。先以機器造機器，積微成巨，化一爲百。機器既備，成一具輪機，即成一船，成一船即練一船之兵。比及五年，成船稍多，可以布置沿河各省，遥衛津沽。由此更添機器，觸類旁通，凡製造槍礮、炸彈、鑄鐵、治水，有益民生日用者，均可次第爲之。計五年内，約費不過三百餘萬兩。如辦理得人，以後必多獲益。」得旨，試行。

八月，調陝甘總督。九月，奏陳閩浙兵制，請減兵加餉，就餉練兵。下部議行。十月，奏陳臺灣吏事、兵事宜早綢繆。略言：「臺灣設郡之始，由内地各標營調兵，更番戍守，三載爲期，用意深遠。自班戍之制不行，有册無兵，戰船無一存者。自道標裁撤，遇有剿捕事宜，文員不得不借重武營，一任其虛冒侵欺，莫敢究詰。吏事則官索陋規，民好械鬬。宜復班兵舊章，三年更戍。仍設道標，俾有憑藉。申明鎮兵歸道察看之例，互相維制。移修船之費，製船巡洋。募練水兵，永革鎮道以下陋規，別籌辦公津貼。生番有心内附，宜弛墾荒之令，齒於編氓。」上悉嘉納。又奏薦丁憂在籍前江西巡撫沈葆楨接辦船廠事宜。詔嘉宗棠於輪船船廠事在必行，不以去閩閣置。沈毅有爲，能見其大。尋奏報，交卸西征。請命前浙江按察使劉典幫辦陝甘軍務。十一月，請各省協餉由部議撥定實款。並允之。六年正月，奏陳籌辦情形。略言：「臣舊部得力將領除已授實缺外，均署要缺。鎮將若檄調隨征，閩省空虛可慮，故攜以同行者僅三千餘人，劉典亦僅令選募舊部三千人。初意南人用之西北，本非所宜，祇可多挑營官哨長之才，入秦後，再將陝甘見存兵勇分別汰留，而勻撥膽技稍優弁勇充當親兵護哨，編列成營，以倡其勇敢之氣。庶臣糧可資節省，陝甘飢軍漸有位置。以地形論，中原爲重，關隴爲輕；以平賊論，剿捻宜急，剿回宜緩；以用兵次第論，欲靖西陲，先清腹地。然後客軍無内顧之憂，餉道免中梗之患。謹一面採買口馬，練習馬隊，俟所調各軍取齊，由襄樊出荆子關，經商州赴陝。沿途遇賊即擊。抵陝後，增練馬隊，設屯田總局，相度秦隴要隘，有水草可田牧者，開設屯田。汰陝西各營疲冗，願留屯田者，編入册籍，指地屯牧，不願留者資遣，然後軍制明而内訌可免，屯事興而軍食漸裕。甘省回多於漢，蘭州省會形勢孑然孤立，非駐重兵不能守。駐重兵則由東分剿各路，兵分見單，不克挾全力與俱，一氣埽蕩。將來臣軍入甘，應先分兩大枝，由東路廓清各路，分别剿撫。俟大局戡定，然後入駐省垣，方合機局。是故進兵陝西，必先清關外之賊；進兵甘肅，必先清陝西之賊；進駐蘭州，必先清各路之賊。然後餉路常通，師行無梗。至兵事利鈍，進止久速，則非熟審彼己長短之形，飢飽勞逸之勢，隨機立斷不能，未可臆度而遥決也。臣於西北兵事未曾經歷，所部均南方健卒，捻回伎倆並無聞見。若不慎之幾先，加以迫切，誠恐所事無成。伏願皇上假臣便宜，寬以歲月。臣惟勉竭駑鈍，次第規畫，以要其成。剿捻剿回，均惟事機所在。」奏入，上嘉其洞中窾要，授爲欽差大臣，督辦陝甘軍務。

四月，擊鄂捻任柱、賴汶洸於隨州樊城，與劉典軍兩道入關。詔以捻逆張總愚一股屢爲陝軍痛剿，逆焰已衰，宗棠入關後，務與提督劉松山等軍會合夾擊，就地殄除。時捻逆張總愚竄渭北，屢爲官軍所敗。宗棠慮其回竄鄂、豫，檄諸軍營渭上以扼之，並檄山西按察使陳湜防河。八月，捻逆渡涇而東，官軍蹙之。十月，捻逆入北山，陷陝西延川、綏德。回逆同時披猖。宗棠自請嚴議，坐降二級留任。十一月，捻逆自宜川渡河而南，宗棠督所部入晉，請敕劉典暫行督辦陝省剿回事務，並以調度無方，坐革職留任。十二月，捻逆竄衛輝。宗棠自翼城東趨入直，檄劉松山等出賊北，轉戰而南。七年正月，捻逆竄衡永、定州，坐降二級留任。旋以劉松山軍追賊至保定，宗棠亦抵獲鹿，復得旨獎敘，並敕直隸見到各軍，均歸宗棠調度。尋破賊獻縣、深州、束鹿、博野、深澤、饒陽、肅寧等處。二月，捻逆渡滹沱，復破之封邱、滑縣、衛輝、延津、臨清。四月，捻逆回竄東光、吴橋，宗棠軍落賊後，坐降三級留任。閏四月，以黄運兩河增漲，與欽差大臣李鴻章會籌沿運築墻，且防且剿，賊不得遁。七月，蹙之徒駭河，張總愚投水死，捻逆平。詔開復疊次降革處分，旋賞太子太保銜，照一等軍功議敘。宗棠力辭，上不許。

八月，入覲，賜紫禁城騎馬。是日，請敕山西巡撫、綏遠城將軍嚴密防河，以免罅漏。九月，請敕户部每年於洋税釐金項下劃提陝甘軍餉四百萬兩。户部議行。十月，抵西安。時陝省東北延、榆、綏所屬土匪游勇，與甘回相附。西南回匪踞寧州董志原爲老巢，北接慶陽，南連邠、鳳，東北達鄜、延。逆回白彦虎、楊文治、馬長順、禹得彦、崔偉、馬正和、陳林、馬正剛、馬生彦、馮均福、鄒阿渾、佘彦禄等十八頭目號十八營，四出剽劫。宗棠檄諸軍破之鄜州、洛川、中部、隴州、甘泉、邠州、汧陽、宜君、三水、涇州、清澗等處。劉松山軍復破土匪十數萬於綏德、靖邊，降其魁董福祥、李雙良、張俊，綏、榆肅清。八年二月，董志原逆回傾巢出犯，大敗之。賊棄巢，竄靈州，慶、涇肅清。四月，奏言：「宜乘時耕墾，擇要興屯，然後徐圖進取。一軍駐董志原，扼秦隴要隘；一軍駐秦州，通蘭州餉道；一軍駐正寧、寧州間，爲進慶陽之謀；一軍駐涇州，爲通平固之漸。皆主固秦規隴，不敢造次。」上嘉其老成持重，仍諭令乘勝進剿。尋奏搜捕餘匪，陝西肅清。宗棠進駐涇州，分四路出師。北路以提督劉松山出定邊、花馬池，截寧、靈；中路一以道員魏光燾等出寧州，趨環慶，一以提督雷正綰等出華亭，規平涼；南路以中書吴士邁等出寶雞，道秦州。而檄提督馬德順等駐靈臺，策應南北兩路。並以甘餉窘迫，請敕各省力籌協濟。遴員署府州縣，辦理賑墾撫輯事宜，請敕部勿拘成例。均從之。

時陝回竄靈州者散布黑城子，及預望、同心各堡。金積堡回酋馬化漋陽爲求撫，仍資以糧米馬械，嗾使抗拒官兵。五月南路進剿河州竄回，疊勝之，賊遁歸巢，蘭州運道通。八月，奏言：「陝甘逆回萃於寧夏所屬平羅、靈州、中衛一帶，其東竄纏金之賊，提督張曜擊之沙金托、海磴口，解阿拉善、定遠之圍。窮追至廣宗寺，復進賀蘭山，距寧夏不遠。提督宋慶擊退鄂爾多斯及五勝扎薩等旗之賊。都統金順行近磴口，劉松山抵花馬池，北路兵力已厚，邊内外漸可肅清。南路亦漸有肅清之望。中路平涼府屬固原以北，陝回畸零小户赴營求撫者，指荒絶地畝，隨時安插。鹽茶廳民張貴踞莊浪縣丞轄境威戎鎮、水洛城等堡，聚衆二十八營，與鎮原匪首孫百萬句結，爲平涼、秦州一大患。孫百萬就擒，張貴謀變益急。見派兵直擣賊巢，並搜剿踞秦安、神峪河另股回逆。如能迅速蕆事，再分兵剿寧靈、河狄逆回，甘肅大局可期復振。是月，道員黄鼎、總兵簡敬臨平威戎堡、水洛城賊巢，張貴及其黨侯得應就擒。宗棠檄中路軍埽蕩而北，劉松山自花馬池抵靈州。檄馬化漋，諭甘回毋妄動。遂剿陝回於郭家橋一帶，毁其巢，進據下橋，陝回竄吴忠堡。馬化漋嗾甘回撲營，索戰松山，擊退之。陝回大股來犯，官軍疊勝。馬化漋嗾靈州甘回襲踞州城，以松山殺降激變，籲總兵胡昌會稟署陝甘總督穆圖善。穆圖善與綏遠城將軍定安以聞，諭宗棠查明具奏。宗棠奏言：「馬化漋陰賊險很，天下共知。自就撫後，築塞修堡，購馬造械，與陝回相首尾，西寧、河狄各回民無不仰其鼻息，靈寧一帶漢民幾無遺類。先此不圖，張駿、元昊之患必見諸異日。辦賊之法，先剿後撫；辦回則以撫爲先。回所藉以爲亂端者，漢與回有異視也。非宣布朝廷德意，分良匪不分漢回，則賊有詞以脅其黨衆，將剿不勝剿。然一於主撫，則必以撫愚我，陰集黨衆，蠶食漢民，又將撫不可撫。臣以爲非俟其畏剿之極，誠心乞撫，未可漫然允之。見仍飭各軍前進，一切剿撫機宜，俟劉松山察酌。」奏入報聞。先是，馬化漋遣其黨嗾白彥虎、楊文治等竄固原州，阻官軍北行，雷正綰、黃鼎等破走之。九月，破黑城子、李旺堡，斃楊文治，陝回西竄。其預望城，同心堡甘回乞撫，宗棠遣員安置之。劉松山復靈州，十數戰皆捷，毀吳忠堡寨略盡，金積堡賊勢愈蹙。十月，宗棠進駐平涼。

九年正月，西竄陝回崔偉、禹得彥等得句結河狄逆回，竄禮縣、寧遠，北趨半角城、黑城子等處。中路、南路諸軍逆擊，大破之。陳林等竄金積堡，劉松山復擊走之。馬正剛竄陝西三水。宗棠以未能先事豫防，坐降三級留任。是月，劉松山中礮陣亡。請以松山姪道員錦棠加三品卿銜，統其軍。回逆糧盡四竄。二月，總兵周紹濂敗之預望城，斃馬正和。三月，陝軍擊竄回馬正剛，斃之，陝西復清。六月，南路軍復渭源，狄道及牟佛諦堡。七月，中路軍奪陝口，據秦溪馬連三渠之首，合圍金積堡。十一月，克之，馬化漋伏誅，寧靈肅清。捷聞，詔開復降三級留任處分，賞加一騎都尉世職。十二月，署寧夏將軍金順會張曜克王暉，通貴，納家牐諸回寨。十年正月，安插就撫陝回於華亭之化平川，請增設化平川廳通判，化平營都司各一員。檄諸軍搜捕餘匪，運三月糧，規河州。七月，宗棠進駐靜寧，肅州，撫回復叛，檄提督徐占彪軍十二營擊之。八月，河州軍奪康家巖。十月，渡洮，克三甲集回巢。十一年正月，河州叛回復乞撫。二月，請改寧夏府水利同知爲寧靈廳撫民同知，駐金積堡。增寧武營參將一員。五月，復河州，安置竄撫陝回於平涼，會寧、靜寧、隆德、安定等處。六月，搜捕零匪淨盡，甘南肅清。七月，宗棠進駐蘭州。八月，劉錦棠規西寧，疊破白彥虎等。十月，克之。

十二年正月，克向陽堡回巢。二月，復大通，崔偉、禹得彥等就撫，安置平涼、秦安、清水等處。前山西按察使陳湜復巴彥戎格，西寧逆首馬桂源等伏誅。三月，白彥虎竄肅州，爲徐占彪所敗，狂竄出關。四月，陳湜復循化，撒拉叛回平。六月，請陞固原州爲直隸州，仍歸平慶涇道管轄。增設州判一員，駐硝河城，並於下馬關設知縣一員，訓導、典史各一員，同心城設巡檢一員，歸新設知縣管轄。裁平涼府鹽茶同知，改設知縣一員。增設訓導一員，改原設照磨爲典史。又於打拉池增設縣丞一員，下馬關改設知縣，名平遠，鹽茶廳改設知縣，名海城，俱歸固原直隸州管轄。七月，宗棠督軍馳剿肅州賊，徐占彪軍亦自甘州轉戰抵肅，破其外城。十月，克之，擒馬文祿等九逆，磔於市，關內肅清。自是甘、涼、安、肅一帶二千餘里，無回族聚處。捷聞，諭曰：「陝甘逆回擾亂十有餘年，勢極披猖。自簡任左宗棠總督甘陝，數年以來，不辭艱苦，次第剿除。此次親臨前敵，督飭將士，克復堅城，關內一律肅清，朕心實深嘉悅。自應特沛殊恩，用昭懋賞。左宗棠著以陝甘總督協辦大學士。該大臣前賞給騎都尉世職，著改爲一等輕車都尉世職。並著督辦出關一切事宜。」

十二月，奏言：「由肅州出嘉峪關而西，本漢唐師行大道。西安、玉門、敦煌近遭回逆擾掠一空。然使關內之糧足供裹帶，車駝隻足供周轉，出關之兵何憚不進。西安抵哈密，計程十一站，千里而遙。經由戈壁，無臺站，無水草，沙磧縱橫，人馬每多困躓。中間僅安西城北四站，馬蓮井支帳小憩，以備汲飲，未可久留。過此七站，抵哈密，爲纏頭回族聚居之所。軍興以來，音耗闊絕。近被白逆竄擾，是否有糧採買，更無從知。臣前在肅，與諸軍集議，分起次第行走。必先將甘涼採買糧料運存肅州，又由肅州出關，運至玉門，然後頭起開拔至玉門。又用其私駝轉搬玉門存糧赴安西，騰出駄官車轉運第二起軍糧。而後第二起繼進，餘軍仿照辦理。比到安西州作一停頓，又裹糧抵哈密。如此層遞銜接，人畜之力稍舒，士氣常新，可免意外之虞。至由哈密前進，糧運事宜斷非臣力所及。自古至今，未有運甘、涼、肅之糧濟哈密以西軍食者。金順等至安西州，撥齊糧料，必面遣人赴哈密，詢訪就近堪資採買者若干，以定進止。如有可設措，不須轉搬安西存糧，以節勞費。張曜進哈密，即藉資其糧。時距麥熟之期當亦不遠，後此續進之軍相時而動，自可不誤師期。」又奏：「甘、涼、肅素稱腴地。自諸軍勘定河湟，甘涼道路漸清，農安耕獲，幸獲中稔。兩年採買，集有成數。通計甘、涼、肅三郡定買市斗軍糧十六萬三千餘石，石重三百餘斤，給銀四兩，以供金、張、額三軍食用，及運糧車駄駝隻。算至明年六月新熟，尚短糧料市斗二萬餘石。擬括額徵本色，及各標營季糧陸續塡補。涼州至安西千四百餘里，路多砂石，運轉宜駝。臣派弁出口，採駝三千，暫以官價雇用民車，調集各營官贏先後起運，通計糧百斤，需銀十一兩七錢。內外勞費如此，若不籌撙節，動言用衆，恐官軍之餉運不繼，精臺之儲倚早空。不但後時不能保此不竭之源，即目前出關之師亦憂飢潰。自古關塞用師在精不在多，承平無事，官私充足時，尚不能用衆，矧禍亂十年，人物凋殘，財用匱絶之日乎？臣在肅時，汰疲乏冗雜，以求精，資遣傷殘成廢弁丁以省累。察張曜一軍，鋭氣方新，作爲頭起，金順次之，額爾慶額又次之。宋慶一軍整理需時，俟明年秋後繼發。並擬於所部整鋭足恃，諸軍内精選數營，届時慎擇統將，率之同行。如天之福，甘、涼、安肅，明歲豐稔，西師飽騰，再分起層遞而前，如行衽席，庶邊塞肅清，可操全算。」上嘉納之。十三年正月，請甘肅省城添建貢院，與陝西分闈鄉試，並分設學政。二月，奏改甘肅茶務。略言：「國家按引收課，東南惟鹽，西北惟茶。鹽可改票，茶何不可？前擬仿淮鹽之例，以票代引，官商尚形裹足。應改擬商販並招，正課照定例徵收，雜課並歸釐税項下徵收。商販領票，先納正課，並添設南櫃，招徠湖茶。其無票私茶，設卡盤驗，令補領官票。」均下部議，如所請行。七月，授大學士，仍留陝甘總督任。八月，授東閣大學士。十一月，河州撫回閔殿臣復叛，劉錦棠討平之。

光緒元年三月，命以欽差大臣督辦新疆軍務。六月，宗棠奏陳籌畫情形，略云：「北路歸化、包頭至射臺、大巴一帶數十站，大巴至巴里坤十六站，産糧之處甚多，雇駝價亦平減。北局設於歸化，分局設於包頭，已運四十餘萬斤至巴里坤，每百斤合銀八兩内外。寧夏採運雇駝數百，由察罕廟試行。俄國游歷官稱其國在山諾爾地方，距古城不遠，産糧甚多，由俄代辦起運，交送古城，每百斤費銀七兩五錢。比與訂定年内運交二百萬斤，明夏運足三百萬斤。南路肅州、安西二局存糧趕緊灌運哈密，報墾荒地萬九千餘畝，獲糧數千石。新糧市報漸減，轉運亦較易。由甘運肅、運安西用車駄，由安西運哈密，運巴里坤用駝隻。節設廠局，濬水泉，刈草薪，以利運道。派員經畫哈密、巴里坤、古城屯墾事宜。西路旗緑諸營宜劃兵農爲二，精壯者束以營制，不任戰者散之爲農，庶營伍實，屯墾增。哈密、巴里坤、古城所駐各大臣就見在存營，覈定餉糧，如缺額過多，准照舊額馬步就地挑募丁壯補數。但令保守城隘，不必責以戰事。」上如所請行。八月，奏以劉錦棠總理行營事務。十二月，以出關餉竭請借洋款一千萬兩。下户部議行。二年二月，奏進止機宜，略言：「巴里坤有數路可通安西，不由哈密，飭徐占彪駐之，張曜扼哈密，防吐魯番東犯之賊，庶後路可通，糧運不匱。烏魯木齊踞逆本地土回居多，白彦虎帶陝甘逆回踞紅廟子、古牧地、瑪納斯等處，皆與安集延回酋帕夏通。自俄羅斯滅霍罕所部，安集延獨免。同治四年，乘回部之變，入踞喀什噶爾及各回城，於是吐魯番闢展以西土回附之。官軍出塞，宜先剿北路烏魯木齊之賊，而後加兵南路。臣年六十有五，豈思立功邊城，覬望恩施？顧事有萬不容已者。乾隆中，準部既克，即平回部，於各城分設軍府，然後九關靜謐者百數十年。今雖時異世殊，不必盡遵舊制，而伊犂爲人所據，喀什噶爾各城爲安集延所據。事平後應如何布置，尚費綢繆。若此時即置之不問，恐後患環生，不免有日蹙百里之患。」奏入，上嘉其公忠體國，力任其難，所陳賊勢軍情，瞭如指掌。命隨時相機籌辦，奠定西陲，爲一勞永逸之舉。三月，宗棠進駐肅州，劉錦棠率所部分道出塞，期以閏五月會於古城。六月，與金順會師阜康，克黄田、古牧地賊巢，乘勝收烏魯木齊、迪化州、昌吉呼圖壁及瑪納斯北城。宗棠檄錦棠布置後路，進規南路達坂城。張曜道七克騰木，徐占彪自木壘河搜捕而進，會師闢展，以規吐魯番。由錦棠定師期。九月，克瑪納斯南城，北路肅清。三年三月，徐占彪會張曜軍，復闢展、魯克沁哈拉、和卓城。會道員羅長祐軍復吐魯番、滿漢城，劉錦棠復達坂、托克遜兩城。四月，逆酋帕夏阿古柏仰藥自斃，子海古拉負屍西竄，爲其兄伯克胡里所殺，南路肅清。宗棠以聞，得旨：「關外軍情順利，吐魯番等處收復後，南八城門户洞開，自當乘勝底定回疆。著該大臣統籌全局。」

六月，奏言：「立國有疆，古今通義。規模存乎建置，而建置因乎形勢。必合時通籌，乃能權其輕重，而建置始得其宜。伊古以來，中國邊患西北恒劇於東南。〔東南〕以大海爲界，形格勢禁，尚易爲功。西北則廣漠無垠，專恃兵力爲强弱。兵少固啟戎心，兵多又耗國用。以言防無天險可限戎馬之足，以言戰無舟楫可省轉饋之煩。非若東南險阻可憑，集事較易也。周、秦至今，惟漢、唐爲得中策。及其衰也，舉邊要而捐之，國勢以弱。往代陳蹟可覆按矣。【略】我收復舊疆，兵以義動。設有意外，争辯在我，仗義執言，亦決無所撓屈。至新疆全境尚稱水草豐饒，牲畜充牣者。北路除伊犂外，奇台、古城、濟木薩至烏魯木齊、昌吉、綏遠等處，回亂以來，漢回死喪流亡，地皆荒蕪。近惟奇台、古城、濟木薩商民散勇、土著民人聚集開墾，收穫甚饒。官軍高價收取，足供省運。餘如經理得人，地方當有復元之望。南路以吐魯番爲腴區，八城惟喀喇沙爾所屬地多磽瘠。餘雖廣衍不及北路，而磽沃過之。官軍已復烏魯木齊、吐魯番，雖有駐軍之所，而所得餘地尚不及三分之一。若全境收復，經畫得宜，軍食可就地採運，餉需可就近取資，不至如前此之拮据憂煩，張皇靡措也。竊以爲地不可棄，兵不可停，而餉事匱絶，計非速復腴疆，無從著手。至省費節勞，爲新疆畫久安長治之策，紓朝廷西顧之憂，則設行省，改郡縣，其事有不容已者。」奏入，諭督飭將士戮力同心，刻期進剿。並揆時度勢，將如何省費節勞，爲新疆計久遠之規，與擬改行省，設郡縣，一併通盤籌畫具奏。七月，劉錦棠自托克遜進兵。九月，復喀喇沙爾、庫車等城。十月，復阿克蘇、烏什等城。十一月，復葉爾羌、和闐、英吉沙爾、喀什噶爾等城，南路西四城，回疆一律肅清。四年二月，捷聞。諭曰：「左宗棠督辦新疆軍務，剿撫兼施，定議規北路，首復烏魯木齊以扼其總要，旋克瑪納斯，數道並進，恢復吐魯番等城，力爭南路。然後整隊西行，勢如破竹。見在南八城一律收復，允宜特沛殊恩，用酬勞勳。左宗棠籌兵籌餉，備歷艱辛，卒能謀出萬全，膚功迅奏。著加恩由一等伯晉爲二等侯。」尋有旨，仍用「恪靖」字樣。三月，宗棠疏辭至再，上溫諭勉之。十一月，逃匿俄境陝回分道寇邊。十二月，阿克蘇纏回及安吉延逆酋阿里達什復同時謀入卡，均剿捕如律。五年三月，安集延、布魯特兩部復入寇，劉錦棠破走之。十月，請以錦棠幫辦新疆軍務。

六年四月，奏新疆善後事宜，以修濬河渠，建築城堡，廣興屯墾，清丈地畝，釐正賦稅，分設義塾，更定貨幣數大端爲最要。已次第興辦，兼推行蠶桑之利。上命之。又復陳新疆開設行省事宜，略云：「新疆形勢所在，北路則烏魯木齊，南路則阿克蘇。以其能控制全境，地居天山南北之脊，居高臨下，足以有爲。謹擬烏魯木齊爲新疆總督治所，阿克蘇爲新疆巡撫治所，彼此聲勢連絡，互相表裏。將軍旗營駐伊犁，塔爾巴哈臺設爲都統，並統旗綠各營。」疏入，下部分別議行。是月，以俄人未交還伊犁，宗棠督師屯哈密。尋詔來京，以通政使司通政使劉錦棠代之。七年正月，入覲。命管理兵部事務，在軍機大臣上行走，並在總理各國事務衙門行走。二月，奏請教練旗兵，興修畿輔水利。下所司議行。七月，因病屢請開缺，上一再慰留之。九月，授兩江總督兼辦理通商事務大臣。宗棠請回籍省墓，並便道查閱長江水師，十二月，抵任。

八年三月，議導淮入海。四月，請復淮鹽引地，一以貲絀，一以川鄂兩總督奏格，並不果行。十一月，請開采銅山縣屬煤鐵，豁減稅銀。從之。九年，教匪王覺一等謀爲亂，檄將弁擒其酋，餘黨以平。三月，勘收六合朱家山，句容赤山湖水利工程。時法蘭西擾越南，奏籌辦海防機宜，並請飭前福建布政使王德榜募勇出關助剿。又請緩開龍江、西新、滸墅各關，均如所請。十月，以病請開缺，賞假兩月。十年正月，以病尚未痊，仍請開缺。諭曰：「左宗棠宣力疆圻，勞勩懋著，朝廷深資倚任。屢次陳請開缺，均經賞假調理。茲復疊據奏稱，目疾增劇，非靜心調攝，斷難見效。情辭懇摯，不得不勉如所請。左宗棠著准其開缺，賞假四個月，回籍安心調理。」尋內閣學士周德潤奏：「勳臣不宜引退，請旨責以大義，令其在任調理。」有詔，趕緊醫治，一俟稍愈，不必拘定日期，即行銷假。四月，銷假。五月，到京，仍在軍機大臣上行走。諭曰：「左宗棠卓著勳績，年逾七旬，著加恩，毋庸常川入直。遇有緊要事件，豫備傳問。並著管理神機營事務，所有應派差使毋庸開列。」法蘭西擾福建、臺灣。七月，命以欽差大臣督辦福建軍務。十月，慈禧端佑康頤昭豫莊誠皇太后五旬萬壽，恩賞御書扁額，並上方珍物。是月，宗棠抵福州。法人方嚴海口之禁，宗棠檄軍潛渡臺北擊之。十一年三月，和議興，宗棠密奏要盟宜慎，防兵難撤。五月，和議成。以舊疾請開缺，詔賞假一月。六月，請設海防全政大臣，並薦兵部侍郎曾紀澤。又奏，臺灣孤注大洋，爲七省門戶，關繫全局。請將福建巡撫移駐臺灣，以資鎮攝。卒如所請行。旋因病劇，再請開缺。諭准交卸差使，不必拘定假期，回籍安心調理。並以宗棠吏治戎機，久深閱歷，如有所見，仍隨時奏聞，用備採擇。

七月，卒。遺疏入，諭曰：「大學士左宗棠，學問優長，經濟閎遠，秉性廉正，涖事忠誠。由舉人兵部郎中帶兵剿賊，疊著戰功。蒙文宗顯皇帝特達之知，擢陞卿寺。同治年間，剿平髮逆，回捻各匪，懋建勳勞。穆宗毅皇帝深資倚任，畀以疆寄，洊陟兼圻，授爲欽差大臣，督辦陝甘軍務。運籌決勝，克奏膚功，簡任綸扉，優加異數。朕御極後，特命督師出關，肅清邊圉，底定回疆，厥功尤偉。加恩由一等伯晉爲二等侯爵，宣召來京，管理兵部事務，在軍機大臣上行走，並在總理各國事務衙門行走。竭誠贊畫，悉協機宜。旋任兩江總督，盡心民事，裨益地方，敭歷中外，恪矢公忠，洵能始終如一。上年命往福建督辦軍務，勞瘁不辭。前因患病，籲懇開缺。疊經賞假，並准其交卸差使，回籍安心調理。方冀醫治就痊，長承恩眷。詎意未及就道，遽爾溘逝。披閱遺疏，良深震悼。左宗棠著追贈太傅，照大學士例賜卹。賞銀三千兩治喪，由福建藩庫給發。賜祭一壇，派古尼音布前往致祭。加恩予謚文襄，入祀京師昭忠祠、賢良祠，並於湖南原籍及立功省分建立專祠。其生平政績事實，宣付史館。任內一切處分，悉予開復。應得卹典，該衙門察例具奏。靈柩回籍時，著沿途地方官妥爲照料。伊子主事左孝寬著賞給郎中，附貢生孝勳著賞給主事，均俟服闋後分部學習行走。廩貢生孝同著賞給舉人，准其一體會試。其二等侯爵應以何人承襲，著楊昌濬迅速查明具奏，用示篤念藎臣至意。」【略】尋賜祭葬。十五年正月，慈禧端佑康頤昭豫莊誠皇太后歸政，以宗棠前充軍機大臣，夙夜在公，襄成郅治，命賜祭一壇。十六年，浙江巡撫崧駿疏言：「咸豐十一年杭城失守，外府州縣僅存衢州一城，勢甚岌岌。宗棠提師入浙，首解衢圍，始轉危爲安，規復各郡，實爲首先立功之地。請准於衢州府城，由紳民捐建專祠，並將原任衢州府知府吴艾生、原任衢州鎮總兵陞任浙江提督饒廷選、原任衢州鎮總兵李定太、已故前西安縣知縣吴來鴻一併附祀，列入祀典，由地方官春秋致祭。允之。

雜録

備録

歐陽兆熊《水窗春囈》卷上《左相少年事》 左恪靖小予五歲，其中鄉榜却先予四科。戊戌計偕北上，遇於漢口，即結伴同行，自誦其題洞庭君祠聯云：「迢遥旅路三千，我原過客；管領重湖八百，君亦書生。」意態雄傑，即此可見。

是日，各寄家信，見其與筠心夫人書云：「舟中遇盜，談笑却之。」因問其僕：「何處遇盜？」曰：「非盜也，夢囈耳。前夜有誤牽其被者，即大呼捉賊，隣舟皆爲驚起，故至今猶聲嘶也。」予嗤之曰：「爾閨閣中亦欲大言欺人耶？」恪靖正色曰：「爾何知，鉅鹿、昆陽之戰，亦只班、馬叙次得栩栩欲活耳。天下事何不可作如是觀！」相與大笑而罷。

陸以湉《庸閒齋筆記》卷三《左爵相創設書局》 今各直省多設書局矣，而事則肇于左爵相，局則肇于甯波。爵相創軍府于嚴州，嚴當兵燹之後，田疇荒蕪，草木暢茂，遺民無所得食。爵帥于賑濟之外，發銀萬兩購買茶筍，俾百姓得採擷于深山窮谷以爲資，茶筍製成，扎發甯波變價，往返二次，歸正欵外，得羨金數千兩。爵相以亂後書籍板片多無存者，飭以此羨餘刊刻四書五經。嗣杭城收復，復于省中設局辦理，即以甯波之工匠從事焉。蘇州、金陵、江西、湖北相繼而起，經史賴以不墜，皆爵相之首創也。爵相自奉甚儉，所得養廉銀，除寄家用二百金外，悉以賑民。甯波海關有巡撫平餘銀八千兩，循例解往，爵相謂：「今日之我無需於此欵，本可裁；然裁之則後任將不給於用，不可以我獨擅清名，而致他人於困境。」追受之而轉給賑局。其用心忠厚如此。後丁雨生中丞爲方伯時，不受平餘，比升巡撫，則命復之，曰：「不可累後人。」亦同爵相之意也。

陸以湉《庸閒齋筆記》卷四《曾左友誼之始末》 曾文正公與左季高相國同鄉，相友善，又屬姻親。粤逆猖獗，蔓延幾遍天下，公與左相戮力討賊，聲望赫然。合肥相國後起，戰功卓著，名與之齊。中興名臣，天下稱爲曾、左、李，蓋不數唐之李、郭，宋之韓、范也。比賊既盪平，二公之嫌隙乃大構。蓋金陵攻克，公據諸將之言，謂賊幼逆洪福瑱已死于亂軍中。頃之，殘寇竄入湖州，左公諜知幼逆在内，會李相之師環攻之，而疏陳其事。公以幼逆久死，疑浙師張皇其詞而怒，特疏詆之；左公具疏辨，洋洋數千言，辭氣激昂，亦頗詆公。兩宫、皇上知二公忠實無他腸，特降諭旨兩解之。未幾，洪幼逆遁入江西，爲沈幼丹中丞所獲，明正典刑，天下稱快，而二公怨卒不解，遂彼此絶音問。余爲左公所薦舉，公前在安慶時，亦曾辟召之。同治丁卯，謁公于金陵，頗蒙青眼。洎攝南匯縣事，丁雨生中丞時爲方伯，具牘薦余甚力，公批其牘尾曰：「曾見其人，夙知其賢，惟係左某所保之人，故未能信。」云云。蒯子範太守以告余，謂公推屋烏之愛也。辛未，公再督兩江，張子青中丞欲調予上海，商之于公，公乃極口贊許。是冬來滬閱兵，稱爲著名好官，所以獎勗者甚至。聞余欲引退，特命涂朗軒方伯再四慰留，謂公忘前事矣。後見常州吕庭芷侍讀，談及二公嫌隙事，侍讀云：「上年謁公于吴門，公與言左公致隙始末，謂『我生平以誠自信，而彼乃罪我爲欺，故此心不免耿耿。』」時侍讀新自甘肅劉省三軍門處歸，公因問左公之一切布置，曰：「君第平心論之。」侍讀歷言其處事之精詳，律身之艱苦，體國之公忠，且曰：「以某之愚，竊謂若左公之所爲，今日朝端無兩矣。」公擊案曰：「誠然！此時西陲之任，倘左君一旦捨去，無論我不能爲之繼，即起胡文忠于九原，恐亦不能爲之繼也！君謂爲『朝端無兩』，我以爲天下第一耳！」因共歎公虚而知善，居心之公正若此。余又謂：「洪逆未死，公特爲諸將所欺，並非公之自欺，原可無須芥蔕也。」公歿後，左公寄輓一聯云：「知人之明，謀國之忠，我愧不如元輔；攻金以礪，錯玉以石，相期無負平生。」讀者以爲生死交情于是乎見。昔韓忠獻與富文忠皆爲一代賢臣，第以撤簾事意見不合，終身不相往來，洎韓公薨，富公竟不致弔。今觀曾、左二公之相與，賢于古人遠矣。

陸以湉《庸閒齋筆記》卷九《左宗棠奏停武職捐例》 自事例之開，文武皆有捐納。同治五年，左爵相總督閩浙時，奏請永遠停止武職捐例。大略謂：武營捐班太多，流品混雜，勢豪策名右職，藉爲護符；劣弁巧躐升階，專爲牟利。一旦賫緣得缺，竟敢靡惡不爲。從前報捐之多，實爲軍政之蠹。至捐例，原爲籌餉起見，武職官階捐納例銀，本屬無多，實亦得不償失云。旋奉俞旨，飭部永遠停止。迄今十餘年來，武官無復捐班，營伍較前肅清，實爵相一奏之力。然自軍興到今，以戰功得官者，尚不勝其擁擠，雖曾文正公奏請以大銜借補小缺，如提督補參、遊，總兵補都守之類。有功之人猶未能盡登仕版。門生周廣才以花翎參將考補千總，忻喜不置，數年來究未得缺，則以員數猥多，大府亦實無疏通之善策也。

陸以湉《庸閒齋筆記》卷一一《左爵相奏開船政局》 同治元年冬，甯波諸軍進攻粵賊于紹興，三戰三捷，將傅其城，而洋火藥告罄。史士良觀察令余赴上海向李爵相商借數千斤，乃爵相亦以剿賊藥盡，而洋船不至，正在躊躇，無可應付。余乃遄返，謂不如自己仿照造之。于是開局製配，無機器，則以手舂當之；無洋硝，則以土硝鍊浄抵之；無藤炭，則以柳炭及杉炭代之；以意加樟腦等物，舂配極細，居然造成。第力較洋藥少遜，且發後有渣滓留存管底，須時加刮洗耳，然足以資救急之用。爵相聞之，亦飭余在甯局製造萬斤。久之，洋人之藥運到，遂止。然自是知藥可配造，因從而推廣及洋鎗、洋礮等類，並仿造小火輪船二隻，試之，均能合用。第以公費甚鉅，無欵可籌，且賊已將次剿滅，乃置之不講。至五年秋，左爵相由廣東平賊歸，遂決計開輪船局。疏陳于朝，朝議允之。局將開，爵相又奉陝甘總督之命，率師西征，奏保前江西巡撫沈公葆楨爲船政大臣，莅其事者九年。沈公擢兩江總督，又命前江蘇巡撫丁公日昌繼之。從此中國之輪船與外洋爭烈矣。左爵相之疏，剴切詳明，籌畫周當，今節録載之，俾後世言船政者，有所攷焉。【略】

《左文襄公哀挽録・御製碑文》 朕惟不朽有三，以立德、立功爲最；列爵惟五，揚允文、允武之休。思元老以壯猷，動垂圭璧；睠舊人而圖政，銘勒鐘彝。增青簡之光輝，勒丹珉而慎重。兩贈太傅，二等恪靖侯，原任大學士左宗棠，秉性廉正，涖事忠誠，望重熊湘，學耽蛾術。舉孝廉而騰譽，入幕府而宣勞。南陽則管葛自期，東方則孫吴早讀。始遷州牧，旋擢郎官。顯皇帝拔之蓬葦之中，授以師干之任。勦豫章之强寇，秩進太常；總信安之援軍，勳隆開府。進規兩浙，犯金華而直抵杭湖；移駐八閩，控霞嶺而敉平延建。酬庸而頒上爵，懋賞而晉宫銜。衣染鵝黄，贈華韋布；冠飄孔翠，緼彩簪纓。既而餤起花門，節移葱嶺。河湟萬里，倚休璟以安邊；原夏十州，付宇文之坐鎮。揮戈逐北，則畿甸塵清；返旆征西，則伊涼電掃。迺畀台衡之重任，梅鼎長調；仍提桴鼓以專征，瓜沙底定。銘勒崑崙之石，文字不磨；海澄星宿之波，中兵盡洗。興蠶桑而民生裕，防虎落而邊圉清。爵晉通侯，慶延長於帶礪；猷襄中禁，捧出入之絲綸。掌武而協戎機，柳營日暖；治河而陳方略，竹箭汲平。洎總制夫兩江，兼通商之五口。謂長城之可恃，庶薄海之永安；何舊疾之未痊，屢乞身而思退。念其勞勩，許以歸休。瞰時事之多艱，復趨蹌而入覲。慷慨請行之念，中外皆知；老成謀國之心，始終如一。引高年而無庸入直，預密謀而倍切咨詢。屬閩海之重驚，命虎臣而禦侮。旌旗變色，鼓角生威；海波不揚，欃雲四散。方值銷兵之候，復申解組之章。冀調攝於耆年，長承恩眷；盼休祥於上壽，藉作國華。乃溘詔方頒，而遺疏遽入。睠懷疇昔，震悼良深。贈太傅之崇階，貽後人之世爵。諭重臣而致祭，給國帑以治喪。疊沛丹綸，藉光黄壤。膺三朝之簡畀，永念藎臣；薦百世之馨香，無慚廟食。封名恪靖，用獎勳猷；謚曰文襄，允符行誼。於戲！黼扆上千秋之鑑，比文獻而何慚；風雲留八陣之圖，紹武鄉而不愧。欽承巽命，峙爾豐碑。

陳康祺《郎潛紀聞初筆》卷二 又見今大學士左公宗棠請飭史館爲桂超萬立傳疏曰「道光十七年，臣宗棠會試北上，道出欒城，偶游城市，見知縣桂所張示諭，勸民耕種，並示以種植木棉、藷芋之宜，以及備荒之策，甚爲詳備。詢之居民，皆言令之愛民，出於至誠，其潔清自矢，爲從前清官所未有，心竊異之」云云。霍邱，欒城之循卓，不待復言，而湯、左二公當騎驢覓舉，手無寸柄之時，驛路偶經，即留意人才如此；儒臣識量，名相襟期，肇於此矣。康祺同治甲子應京兆試，丁卯上計車二次，皆假道江淮、齊魯間，亦嘗詢訪謡俗，周覽山川脈絡，城郭險要，於近年諸將平定粵逆、捻逆，屯兵戰守遺蹟，舟車所屆，莫不目察而心識之。雖騶卒艑郎，亦終日與語無倦。自問少年志尚，頗不猶人，奈仕宦蹉跎，家難疊遘，至於壯心頹挫。但求服末路之鹽車，完雕蟲之故業，言念蕭山、湘陰二公，雖願執鞭，無能爲役已。攬鏡嗚咽，勞者自歌，旅邸霜宵，悵然紀此。時光緒四年立春前一日也。

備論

《左文襄公挽聯・御祭文》 朕惟一德一心，偉績無分乎中外；懋官懋賞，殊恩何間於初終。撫薄海之永清，猶思壯烈；驚大星之遽落，倍切軫懷。爾贈太傅、一等恪靖侯、大學士左宗棠，志篤忠貞，身嫻韜略。由孝廉而筮仕，受軍旅以專征。既定浙閩，復平關塞。陣如山而莫撼，功磬竹以難書。遂得驅策風雲，肅清寰宇。陰陽調燮，邀心簡而位列三台；帶礪延長，錫躬圭而勳酬五等。蠶織仿東南之利，龍沙開西北之天。邊圉以安，民風胥靖。迨望闕廷而入覲，命襄樞密以宣猷。本閫外之鄂褒，作禁中之頗牧。以天下自任，不愧股肱心膂之臣；爲社稷而生，正資舟楫鹽梅之寄。迺迴翔於江介，仍入直乎禁垣。屬閩嶠之震驚，賴虎臣之坐鎮。樓船既下，海水不波。令罷戰而弢弓，許養痾以歸里。何期身未離乎軍旅，景已延於桑榆。遺疏上聞，曷勝悽愴。沛恩綸以延賞，崇祀典以酬庸。眷念生平，錫之上謚。於戲！身淒鼓角，馬援竟殁於壺頭；氣作山河，趙鼎竟騎乎箕尾。偉烈長垂青史，殊恩宜沛黄壚。渥爾寵榮，尚其歆格。

《左文襄公哀挽録·諭賜入祀賢良祠御製祭文》 朕惟國家禮遇臣鄰，恩榮終始，旗常紀績，俎豆酬庸，爲一代之偉人，稱千秋之崇祀，典至鉅也，禮亦宜之。爾贈太傅、一等恪靖侯、大學士左宗棠，英毅挺生，藎忠懋著。由孝廉而筮仕，居幕府而馳名。起自蓬茅，授之節鉞。遂乃東平浙水，南靖閩都，西極崑崙，北清畿甸。雷鼓星旗之陣，盡掃欃槍；冰天雪窖之鄉，窮搜甌脱。懋賞畀台衡之任，酬勳延帶礪之封。心簡榮膺，應五百年之名世；牙璋載握，恢二萬里之皇圖。迺望闕而念切瞻依，俾籌邊而猷襄密勿。出巡南服，導淮瀆而安奠民生；入鎮中樞，統禁旅而恢張武略。屬揚帆而內犯，頻事張皇；復據鞍而請行，倍形矍鑠。有備無患，八閩倚萬里之城；不怒而威，一鼓作三軍之氣。會叶止戈之兆，旋騰解組之章。方許歸休，遽嗟淪喪。老成凋謝，難忘柱石之勳；廟貌巍峩，聿重賢良之祀。賜祭賜葬，頒厚典而有加；曰文曰襄，錫嘉名而無忝。於戲！雲車風馬，九原之魂魄猶生；澗藻溪毛，百世之馨香勿替。昭茲休渥，式克欽承。

《左文襄公哀挽録》陳寶琛《祭文》 嗚呼！夫何大厦之需材兮，而榱棟先傾。生年踰七十，不爲不壽兮，數中興將相，孰與公之精神矍鑠仗鉞而專征。惟公之出也，恥夫因人成事，鮮所樹立，遂綏南服，定西域，入相天子，威加於重瀛。人徒震其將略治幹之不世出，而老而彌篤者，則在氣操之堅毅，與志慮之公誠。方其鋒車赴闕，兒童走卒，皆延頸跂踵，想望夫太平。胡半載而出鎮，乃引疾而歸耕。洎海氛之沓警，又據鞍而請行。蓋公之目營八表，慮周萬禩，以爲無身之日，則無能決策聲討，循海而觀兵。故成敗利鈍，匪所逆計，獨以一日縱敵，數世遺患，雖九死而目不瞑。昔從建業寓書於賤子兮，謂生憂不如速死，願得一當以畢餘生。言猶在耳，曾不三稔兮，竟哭公於無諸之城。以公之功蓋一世，道信天下兮，猶不能必其志之盡行。將長江大河匪一洩所可罄耶？抑高亢峻潔固與世乎渭涇。嗚呼！公今往矣，有不朽之功德，鞠躬盡瘁，復何憾於冥冥。然蒼蒼者不遺一老，疇弗爲天下慟，況予心之感念疇昔，顧瞻天上，而夢想夫東閣之芝莖。攄哀詞以侑奠兮，庶來格乎在天之靈。

《清史列傳》卷五一《左宗棠傳》 尋閩浙總督楊昌濬、甘肅新疆巡撫劉錦棠奏陳宗棠歷年勳績。昌濬略云：「宗棠三試禮部不第，遂絶意仕進，究心經世之學。伏處田里十餘年，隱然具公輔之望。前兩江總督陶澍、前雲貴總督林則徐、賀長齡交相推重。湖南巡撫駱秉章延佐軍幕，適朝命在籍侍郎、故大學士曾國藩團練禦寇，乃就商，意見甚合。遂各舉平素知名之士，召練鄉勇，激以忠義。一時民氣奮興，所向有功。湖南之得爲上游根本，湘、楚軍之能殺賊者，曾國藩主之，左宗棠實力成之。用兵善於審機，堅忍耐勞，洞燭先幾。戊辰召見，面奏西事，以五年爲期。人或以驕譏之，及事定，果如所言。克一城，復一郡，即簡守令以善其後。用人因材器使，不循資格，爲政因時制宜，不拘成例。外嚴厲而內慈祥，所至威惠並行。甘省安插回衆十餘萬，不聞復有叛者，固措置之得宜，亦恩信之久孚也。廉不言貧，勤不言勞。綰欽符十餘稔，從未開支公費。宦中所入，以給出力將士及親故之貧者。督兩江時，年七十餘矣，檢校簿書，審視軍械，事事親裁。其言辦洋務要訣，不外《論語》『言忠信，行篤敬』六字。以爲物必相反，而後能相克。西人貪利而尚廉，多詐而尚信。彼亦人耳，未必不可以誠動，以理喻也。居嘗以漢臣諸葛亮自命。觀其宅心澹泊，臨事謹慎，鞠躬盡瘁，以經王事，可謂如出一轍。」錦棠略曰：「宗棠事無鉅細，精粗必從根本做起，而要以力行。師行萬里沙磧之地，雖酷暑嚴寒，必居營帳，與士卒同甘苦。壘旁隙地，悉令軍士開墾。荒蕪既闢，招户承種，民至如歸。城堡、橋梁、溝渠、館舍，乘戰事餘暇，修治完善。蠶織、牧畜，罔不因勢利導，有開必先。軍興日久，文教寖衰。宗棠身在行間，講學不輟，每克一城，招徠撫綏，興教勸學。俄官索斯諾福斯齊遊歷過甘，聞說西教，宗棠接見，講《孟子》三必自反之義，俄官爲之斂容。其能以誠感人如此。」

《續碑傳集》卷六吴汝綸《左文襄公神道碑》 維清有家，襄畢其廷。在亂而撥，執競有人。完窳藥羸，爰始曾公。誰其代興，公功與朋。在文穆世，盜羣岈連。腹蠱其己，或齧於邊。勍者旁睨，相市欲剖。公曰吾故，棄則不可。颷發霆擊，吾封有塹。國功斯蕆，公志未慊。彼敢吾瀕，吾熸不焄。忍此敦槃，死愧在顔。韔弓踠馬，萬古一棺。世高公功，公志或薆。無恃而憍，挾公自張。偏指儆權，豈公謂臧。課所已施，威謀孰當。英霸之略，中試而藏。誰起九原，爲國鉅防。鑱詩貞石，下告巫陽。

《續碑傳集》卷六朱孔彰《左文襄公別傳》 評曰：論者謂粵寇未平，無以制撚；撚寇未殄，無以制西陲叛回，其次序宜然。文襄盡瘁馳驅，白首臨邊，不易初志，功成名立，與日月爭光矣。當其排衆議，揣夷情，決勝算，我戰則克，何其智且勇也。語曰：非常之功，必待非常之人。偉矣哉！

藝文

《四朝詩史》甲集卷二王柏心《贈左季高》 西風閶闔來，鷙鳥始用壯。殺氣順素商，武節孰能抗。粵賊久游魂，近聞魄已喪。到今猶稽誅，惜少頗牧將。吾子天下才，文武足倚仗。談笑安楚疆，借箸無與讓。建策扼粱山，事寢默惆悵。復議造戈船，進破萬里浪。鄂渚臨建康，拊搤等背吭。從此下神兵，勢出九天上。贊畫子當行，麾扇坐乘舫。昔者王龍驤，直指三山向。慷慨温太真，義聲實先唱。鼓行當中流，意氣自雄張。哀懦吾終慙，勳勣子難量。惵惵東南民，解懸日相望。往戮鯨與鯢，露布上其狀。江海四澄清，乾坤一洗盪。功成却珪組，五湖踐高尚。待子平賊歸，結鄰託青嶂。

《左文襄公挽聯》 彭宫保

公是諸葛一流，膺專閫廿有八年，旋乾轉坤，最難得不矜不伐；

我道汾陽再世，歷中書二十四考，忠君愛國，直做到全始全終。

嚴辰《感舊懷人集・左文襄侯相宗棠》 不登甲第贊黄扉，異數酬庸曠代稀。我爲遺黎曾乞命，一言許救萬民饑。

公爲湖南湘陰人，道光壬辰舉人，同治朝入相，未登甲科，以功臣得枚卜，異數也。余於甲子還鄉辦賑，適公撫浙，曾經進謁，請賑桐邑遺黎，蒙飭邑令毋使吏胥干預，人心無不感佩。

洪秀全部

綜述

《太平天國文書·洪秀全自述》 其人自少讀書，聰明無比，無書不讀。十五六歲考試，常居十名內。祖父耕讀傳家。丙申年在廣府考試，逢一異人，着大袖衣，梳髻，傳書一部，名曰「勸世良言」，書中所言教人信實上帝耶穌，遵守十誡，不可拜魔鬼，以及其病時靈魂所見，一一相同，故即照書中所言而行。作詩一首以悔罪曰：「吾儕罪惡實滔天，幸賴耶穌代贖全；勿信邪魔遵聖誡，惟崇上帝力心田。天堂榮顯人宜慕，地獄幽沉我亦憐。及早回頭歸正果，免將方寸俗情牽。」又詩曰：「神天之外更無神，何故愚頑假作真？只爲本心渾失卻，焉能超出在凡塵！」甲辰歲遊廣西，作有「原□□經」、「勸世真文」、「百正歌」、「改邪歸正」，共有五十餘帙，一一勸人學好。丁未年將向日所得「勸世良言」同洪益謙到省城禮拜堂對驗，更學道理數月，受洗禮功食，然後復往廣西傳道，無不信從，故得上帝耶穌顯有無數神迹，故啞者亦開口，狂者亦自愈。楊慶修得升天堂，空中有鼓樂聲。又降童子言其名曰：「三八二一，禾乃玉食，人坐一土，作爾民極。」每有詰誡，即降童言。己酉年，上帝又降言云「人將瘟疫，宜信者則得救」，後果然，故信徒愈衆。庚戌年又降云「有田無人耕，有屋無人住」，後土人來人相殺，又驗帝言。雖然如此，本不欲反，無奈官兵侵害，不得已而相抗也。閒居作有對，貼於壁上：「信實耶穌終有福，叛逆上帝終有哭」；「道實難知，何怪庸夫俗子？人非易取，惟求豪傑英雄」；「遵聖誡，拜真神，撒手時天堂易上；泥世俗，信魔鬼，盡頭處地獄難逃」；「養成正大一途，即爲豪傑；脫盡習氣二字，便是英雄。」其所作之文，難以盡述，早有訂好，留在家中。

要知心腹事，來歷細詳明。余自道光二十二年壬寅歲，蒙兄洪秀全在丙申年所得「勸世良言」，將書內所言道理一一指示：上帝之權能，耶穌之神跡，妖魔之迷惑，從始至終，對余講了一遍；以及自己病時魂遊天堂所見之事，又對余講了一遍。余乃如夢初覺，如醉初醒，一覺泫然出涕。遂將館中所立孔子、文昌、家中所立灶君、牛豬門戶來龍之妖魔一概除去；次乃講與父兄宗族朋友親戚得知。其中有聞而即信者，有聞而執拗者，有聞而知其爲真不敢遵守者，有始而不信而後悟其真而始遵守信者。總之，信者即爲聖神風所化，毀打無數偶像；不信者益爲魔鬼加硬其心，反爲毆辱我等。後至甲辰歲，聞番兄弟講福音，立禮拜堂，遂欣然而喜，辭書館不教，同二人而遊清遠，往連州八排，亦如在家傳教一樣。遂悟聖經所云「聖人在本處不遵」之句。遂又向廣西而行，始到貴縣，後來潯州、桂平、平南、武宣、鹿(陸)川、博白、象州、化州，亦莫不聞風而來拜上帝者。東西兩省，往來幾次，廣東雖有信徒，究不如廣西之盛行也。雖然，卒至被人誣告，押斃王、盧二人。後又適逢土人來人相殺，各無所依者，盡皆扶老攜幼來歸，以其向日專以愛人爲心，教人爲善故也。初時官兵亦以其爲善人，不與戰鬭，只顧逐他强盜。後萃至數萬，羽翼既成，此豈非天父天兄之力，而爲真命之歸乎？今者日傳日盛，所戰必克，内而軍法嚴正，外而德服人心，威聲日振，故着人回鄉教化，蓋欲使我同道之人周知其事。殊料人心不一，洩漏其情，卒爲貪官污吏拿獲。幸得天父天兄照顧，得脫羅網。

《太平天國文書·洪大泉自述》 洪秀泉就叫爲賢弟，尊我爲天德王，一切用兵之法，請教於我。他自稱爲太平王，楊秀清爲左輔正軍師東王，蕭潮潰爲右弼又正軍師西王，馮雲山爲前導副軍師南王，韋正即韋昌輝爲後護又副軍師北王。又設立丞相名目，如石達開稱爲天官丞相右翼王，秦日昌稱爲地官丞相左翼公。又封胡以洸、賴漢英、曾四爲侍衛將軍，朱錫琨爲監軍。又有曾玉秀爲前部正先鋒，羅大剛即羅亞旺爲前部副先鋒。此外又有旅帥卒長等名目，姓名記憶不清。旅帥每人管五百人，卒長每人管百人或數十人不等。打仗退後即斬，旅帥卒長都要重責，打勝的升賞。歷次被官兵打死者亦不少。我叫洪秀泉爲大哥，其餘所有手下的人，皆稱我同洪秀泉爲萬歲。我叫馮雲山等皆呼名字。去年閏八月初一日攻破永安州城，先是韋正同各將軍、先鋒、旅帥帶人去打仗，殺死官兵。我同洪秀泉於初七日才坐轎進城的。止有我兩人住在州衙門正屋，稱爲朝門，其餘的人皆不得在裏頭住的。歷次打仗，有時洪秀泉出主意，多有請教我的。我心內不以洪秀泉爲是，常說這區區一點地方，不算什麽，那有許多稱王的？且他仗妖術惑人，那能成得大事？我暗地存心藉他猖獗勢子，將來地方得多了，我就成我的大事。他眼前不疑心我，因我不以王位自居，都叫人不必稱我萬歲，我自居先生之位。其實我的志願，安邦定土，比他高多了。他的妖術行爲，古來從無成事的。且洪秀泉既於女色，有三十六個女人，我要聽其自敗，那時就是我的天下了。那東王楊秀清統掌兵權，一切調遣是交給他管。那韋正督軍打仗，善能合戰，是他最勇。常說他帶一千人就有一萬官兵也不怕。在永安州這幾個月，城內就稱爲天朝，諸臣隨時奏事。編有曆書，是楊秀清造的，不用閏法，我甚不以爲然。近因四路接濟不通，米糧火藥也不足用。官兵圍攻，天天大礮打進城內，衙門房屋及外間各處都被礮子打爛，不能安居，因想起從前廣東會內的人不少，梧州會內人也不少，就起心竄逃。二月十六日，是我們的曆書三月初一的日子，發令逃走。是分三起走的，頭起於二更時韋正帶二千多人先行；二起是三更時候，楊秀清、馮雲山等共約五六千人擁護洪秀泉帶同他的婦女三十多人，轎馬都有；第三起就是我同蕭潮潰帶有一千多人，五更時走的。我離洪秀泉相去十里路遠，就被官兵追上。蕭潮潰不聽我令，致被打敗，殺死千餘人，將我拿住了。我們原想由古東去昭平、梧州，逃上廣東的。出城時各人帶有幾天的乾糧，如今想是各處搶掠，纔有用的吃的了。那晚走的時候，東礮台火起，是燒的住屋，都是衆兄弟主意，在城外着火，城內便好衝出。至我本姓，實不是姓洪，因與洪秀泉認爲兄弟，就改爲洪大泉的。洪秀泉穿的是黄綢衣黄風帽，那東西南北王戴的是黄鑲邊紅風帽，其餘丞相、將軍、軍帥、軍長等每逢打仗，都穿的黄戰裙，執的黄旗。我在州衙門也有黄袍黄風帽，因我不自居王位，又不坐朝，故不穿戴的。所供是實。

雜録

備録

陸以湉《庸閑齋筆記》卷四《記粵逆洪秀全事》 粵逆洪秀全，廣東花縣人，飲博無賴，以演命賣卜爲業。先從上帝會，繼托名西洋天主教，捏造天父、天兄名目，撰各妖言書，肆爲煽惑，遠近不逞之徒附之。道光三十年六月，在桂平縣金田村倡亂，不過千百人耳。延既久，脅從愈衆，僭僞號太平天國，稱天王。騷擾至十六省，陷名都大城，郡縣六百餘處，伊古以來，盜賊縱橫之甚，未之有也。同治三年五月，大軍圍之于江甯，城垂克，乃仰藥死，賊平。搜得其尸，寸磔之後，烈火焚之。其子洪福瑱，次年亦獲于江西之廣昌縣，凌遲處死。逆案遂結。然天下被其毒者已十有五年，攷其行事，全無義理，而能作亂如是之久，殆刼運使然耳。逆先改正朔，以三百六十六日爲一年，一月有三十日、三十一日者，遂不置閏；而改天干地支之名，如「丑」爲「好」，「卯」爲「榮」，「亥」爲「開」之類。繼滅人倫，令軍中夫婦不得同處。蕭朝貴，僞封西王，其妹壻也。朝貴之父于長沙途中私招朝貴之母同臥，朝貴即公訟，斬其父母警衆，揚揚語人曰：「父母違犯天條，不足爲父母也。」而其妻洪宣嬌與僞東王楊秀清通，嘗共臥起，爲衆所見，乃傳天父令曰：「秀清、宣嬌同胞兄妹，臥何嫌？我令宣嬌與秀清臥者，爲天下兄弟姊妹贖病也。」洪逆乃號楊逆爲「禾乃師贖病主」。蓋賊最尊者曰天父，追其所自出，云有叔嫂姦而生耶火華，即爲天父；天父以一七日造成世界，生五子一女，長爲耶穌，次爲洪逆，次爲楊逆，又次爲馮逆，爲韋逆，女爲宣嬌，即洪逆之親妹。蕭朝貴殺其父母以示天條而妻與楊逆通，則不敢言。韋逆之父尊爲國宗伯，然見韋逆亦跪而稱千歲。其悖謬如此。後馮逆被擒正法，韋逆殺楊逆並宣嬌後，爲洪逆所殺，蕭朝貴于湖南爲官軍擊斬，其起事死黨遂無一人存者。

賊之最無道理者曰「講道理」。每遇講道理之時，必有所爲也。凡擄衆、搜糧則講道理；行軍、出令則講道理；選女色爲妃嬪，則講道理；驅蠢夫壯丁爲極苦至難之事，則講道理。究其所講者，其初必稱天父造成山海，莫大功德；天王、東王操心勞力，安養世人，莫大功德；理應供奉歡喜，娛其心志，暢其體膚。爾等衆小，安得妄享天父之財祿，驕淫怠惰，犯天條律云云。以後則宣揚賊將欲爲之事，以一衆心，而復引天父之語以證之。如謂孔子爲「不通秀才」，天父前日已將其責打手心等語。聞之令人髮指，即在賊中之人，聞之亦不復信也。

肅順部

綜述

《清史列傳》卷四七《肅順傳》 宗室肅順，鑲藍旗人，鄭親王烏爾恭阿第六子也。由應封宗室於道光十六年授三等輔國將軍、委散秩大臣。十九年，充前引大臣。二十四年，命在乾清門行走。二十八年，署鑾儀衛鑾儀使。二十九年，授奉宸苑卿。三十年，遷内閣學士，兼禮部侍郎銜。咸豐二年，以捐助軍需，下部優敘。三年正月，授正黄旗蒙古副都統。二月，授鑾儀衛鑾儀使。九月，署正紅旗護軍統領，充對引大臣，稽察内七倉。十二月，復以捐助軍需，下部優敘。旋充考試筆帖式閲卷大臣。四年三月，授御前侍衛。四月，署正紅旗滿洲副都統，陞工部左侍郎。閏七月，調正藍旗滿洲副都統。十月，調禮部左侍郎。十二月，署鑲白旗護軍統領。五年正月，以揀選正藍旗雲騎尉遺缺，呈進襲官家譜錯誤，降二級留任。二月，管理嚮導處事務，充左翼監督。四月，授左翼前鋒統領。五月，以籌辦巡防，下部議敘。十月，護送孝德顯皇后梓宫禮成，賞戴花翎。十一月，以恭勘慕陵工程，並恭送孝静康慈皇后梓宫，奉移暫安禮成，加一級。尋調户部左侍郎，兼管三庫事務。十二月，調正白旗滿洲副都統。

六年，署都察院左都御史，七年正月，實授。尋署正白旗蒙古都統。四月，歷署正紅旗漢軍都統、兵部尚書。七月，授正白旗漢軍都統。八月，陞理藩院尚書。十月，充大考繙譯翰詹閲卷大臣。十一月，賜紫禁城騎馬。十二月，充經筵講官。八年二月，歷充查城大臣、崇文門副監督。時順貞門不戒於火，肅順以撲救出力，加一級。四月，署工部尚書。五月，前大學士耆英在天津督辦洋務，私自回京，下王大臣議罪，議以絞監候。肅順輒單銜奏請正法，上以肅順所奏亦未爲是，令耆英自盡。五月，授内大臣。七月，充經筵講官。九月，調禮部尚書，管理理藩院事務。十月，充武鄉試監射大臣。十二月，調户部尚書。

九年二月，充考試繙譯助教閲卷大臣。以各卷字畫未工，奏請另試，並請初次各員不准與考，允之。先是，大學士柏葰充順天鄉試正考官，失查家人靳祥舞弊，上褫柏葰職，命肅順會同刑部審訊。至是靳祥已病死，肅順遽就各供情節條上之，奏請將柏葰斬決，上以情雖可原，法難寬宥，乃如所請。四月，署正白旗領侍衛内大臣。七月，充考試繙譯助教閲卷大臣。八月，以錢局裁鑪減卯，致鐵錢壅滯，交部議處。九月，充繙譯鄉試正考官。十月，充稽察溝渠河道大臣。命在御前大臣上學習行走。先是，户部奏定設立「乾」字官號四處，與「五宇」字官號經管收發兵餉等款。嗣派員覈對寶鈔處「五宇」欠款，與官錢總局所立存稾不符，肅順奏請查辦。至是復奏參清結「五宇」官號司員朦混辦稾，將官款化爲私欠，請將司員臺斐音、王正誼、李守愚、榮溥、吴廷溥、李壽蓉、鳳山、賈銘慎等褫職，商人張兆麟等革職嚴訊，一時司員、商户等被鈔没者數十家，並請嚴究失察之户部各堂官，肅順自以未經畫稾，獨邀免議焉。旋充後扈大臣。十一月，管理三庫事務，充考試筆帖式閲卷大臣。十二月，充八旗值年大臣。

十年正月，授御前大臣，充經筵直講。先是，直隸各州縣燒鍋税銀，由各州縣呈交，彙齊解部。嗣因延不報解，經户部奏定，令各商户在部交銀。二月，肅順奏言：「商户等業經在部交課，而各州縣仍復縱容差役，任意需索，請飭下直隸總督、順天府尹，確切查明參辦。」允之。閏三月，署領侍衛内大臣，旋奏參官票所官吏交通，請褫關防員外郎景雯等職，並查鈔各官吏家産備抵。四月，命修理户部衙署。先是，户部不戒於火，延燒北檔房、司務廳、俸餉處、八旗司，肅順疑人役縱火，逮書吏王載錫等五人，下部嚴訊，並奏參司務廳掌印員外郎舒度等，解任候質，均從之。五月，充總管内務府大臣。七月，管理上駟院，署鑲紅旗漢軍都統，尋調鑲黄旗漢軍都統。八月，扈駕幸木蘭。十二月，命以户部尚書協辦大學士。十一年二月，户部郎中吕賡南被參後，乞内閣私撤參摺，經留京王大臣奏，請將中書文林照例議處。肅順以僅與議處，不足以昭炯戒，請褫文林職，侍讀文綱等毫無覺察，一併下部嚴議，從之。六月，佩帶内務府印鑰。七月，署領侍衛内大臣。

是月，文宗顯皇帝升遐，穆宗毅皇帝即位，命恭理喪儀。初，文宗顯皇帝感患暑瀉，疾大漸，召見載垣、端華、肅順諸人，承寫硃諭，立皇太子。及上即位，肅順遂以贊襄政務自居，事多專擅。御史董元醇奏請皇太后垂簾聽政，肅順梗其議，並屢阻回鑾，及交結太監杜雙奎、袁添喜諸不法事。九月，上回京。諭曰：「上年海疆不靖，京師戒嚴，總由在事王大臣等籌畫乖方所致。載垣等復不能盡心國事，徒以誘獲英國使臣塞責，以致失信於各國，淀園被擾。我皇考巡幸熱河，聖心萬不得已之苦衷也。嗣經總理各國事務衙門王大臣將各國應辦事宜妥爲經理，都城内外，靜謐如常。皇考屢詔王大臣議擬回鑾之旨，而載垣、端華、肅順朋比爲奸，總以外國情形反覆，力排衆論。皇考宵旰焦勞，更兼感受口外嚴寒，聖體違和，竟於本年七月十七日龍馭上賓。朕呼天搶地，五內如焚！回思肅順等蒙蔽欺罔之罪，實天下人民所痛恨者也！朕御極之初，即欲重治其罪，惟思伊等係顧命之臣，故暫行寬免，以觀後效。孰意八月十一日，朕召對載垣、肅順等八人，適有御史董元醇一摺，內稱請皇太后權理國政，又請於親王中簡派一二人令其輔弼，於大臣中簡派一二人充朕師傅。以上三端，深合朕意。雖我朝向無皇太后垂簾之儀，但朕受皇考大行皇帝付託之重，惟以國計民生爲念，豈能拘守常儀？特面諭載垣等，著照所請傳旨。該王大臣等奏對時嘵嘵置辯，已無人臣之禮，擬旨時又陽奉陰違，擅自改寫，作爲朕旨頒行，是誠何心？載垣等每以不敢擅專爲詞，此非專擅之實蹟乎？總因朕在沖齡，皇太后不能深悉國事，伊等任意欺蒙，能盡欺天下乎？伊等辜負皇考深恩，朕若再事姑容，何以仰對在天之靈？又何以服天下公論？載垣、端華、肅順著即解任，景壽、穆蔭、匡源、焦祐瀛著即退出軍機處，派恭親王會同大學士、六部、九卿、翰詹、科道，將伊等應得罪名，分別輕重，按例秉公具奏。至應如何垂簾之儀，一併會議具奏。」

尋命睿親王仁壽、醇郡王將肅順拏問，交宗人府議罪。諭曰：「前因載垣、端華、肅順等三人，種種跋扈不臣，朕於熱河行宮，命醇郡王繕就諭旨，將載垣等三人解任。茲於本日特旨召見恭親王奕訢，帶同大學士桂良、周祖培，軍機大臣、户部侍郎文祥。乃載垣等肆言不應召見外臣，擅行攔阻。其肆無忌憚，何所底止？前旨僅與革職，實不足以蔽辜！著恭親王奕訢、桂良、周祖培、文祥即行傳旨，將載垣、端華、肅順革去爵職，拏問交宗人府，會同大學士、六部、九卿、翰詹、科道嚴行議罪。」肅順奉到諭旨，咆哮不服，並沿途私帶眷屬。事聞，諭曰：「前因肅順跋扈不臣，招權納賄，種種悖逆，當經降旨將肅順革職，派睿親王、仁壽、醇郡王即將該員拏交宗人府議罪。乃該革員於接奉諭旨之後，咆哮狂肆，目無君上。悖逆情形，實堪髮指！且該革員恭送梓宮由熱河回京，輒敢私帶眷屬行走，尤法紀所不容。所有肅順家產，除熱河私寓，令春佑嚴密查鈔外，其在京家產，著即派熙拉布前往查鈔，毋令稍有隱匿。」是月，王大臣等議上，諭曰：「宗人府會同大學士、六部、九卿、翰詹、科道，定擬載垣等罪名，請將載垣、端華、肅順照大逆律凌遲處死一摺。載垣等朋比爲奸，專擅跋扈，種種情形，均經明降諭旨，宣示中外。載垣、端華、肅順於七月十七日皇考升遐，即以贊襄政務王大臣自居，實則我皇考彌留之際，但面諭載垣等立朕爲皇太子，並無令其贊襄政務之諭。伊等乃造作贊襄名目，諸事並不請旨，擅自主持，即兩宮皇太后面諭之事，亦敢違阻不行。御史董元醇條奏皇太后垂簾事宜，載垣等非獨擅改諭旨，並於召對時，有伊等贊襄朕躬，安能聽命於皇太后，伊等請皇太后看摺，亦係多餘之語。當面咆哮，目無君上情形，不一而足。且每言親王等不可召見，意存離間，此載垣、端華、肅順之罪狀也。肅順擅坐御位，進內廷出入自由，目無法紀，擅用行宮內御用器物，於傳收應用物件，抗違不遵，並自請分見兩宮皇太后，召對詞氣之間，互有抑揚，意在構釁。此又肅順之罪狀也。一切罪狀，均經母后皇太后、聖母皇太后面諭議政王、軍機大臣逐款開列，傳知會議王大臣等知悉。茲據王大臣等按律擬罪，將載垣、端華、肅順凌遲處死。當即召見諸王大臣，詢以載垣等罪名，有無一綫可原。僉稱載垣、端華、肅順跋扈不臣，均屬罪大惡極，於國法無可寬宥，並無異詞。朕念載垣等誼屬宗支，身罹重罪，均應棄市，能無下淚！且載垣等前後一切情形，顯屬欲危社稷，是皆列祖列宗之罪人，非獨欺陵朕躬爲有罪也。在伊等自恃係顧命大臣，縱作惡多端，定邀寬宥，豈知贊襄政務，皇考並無此諭，若不重治其罪，何以仰副皇考付託之心？亦何以飭法紀而示萬世？即照該王大臣所擬，均即凌遲處死，亦屬情真罪當。惟國家本有議親議貴之條，尚可量從末減，姑於萬無可貸之中，免其肆市。載垣、端華著加恩賜令自盡，即派肅親王華豐、刑部尚書綿森迅即前往宗人府空室，傳旨令其自盡。此爲國體起見，非有私於載垣、端華也。至肅順悖逆狂謬，較載垣等尤甚，本應凌遲處死，以伸國法而快人心，惟朕心究有所未忍，著加恩改爲斬立決，即著睿親王仁壽、刑部右侍郎載齡前往監視行刑，以爲大逆不道者戒！」肅順遂棄市。

是月，復諭曰：「前因太監杜雙奎有與肅順交結情事，交慎刑司審訊。茲據總管內務府大臣督飭該司員等審明定擬，並究出太監袁添喜等，均有與肅順來往之事。肅順結交近侍，心存叵測，該太監等迫於威燄，意存迎合，均屬罪由自取。見已將杜雙奎等從重懲辦，此外自無庸再事株求，以昭寬大。」

同治四年五月，都察院奏者英之子已革馬蘭鎮總兵慶錫等爲父鳴冤，得旨：「者英因桂良等奏請，令該員回京，乃不候諭旨，擅自折回，冒昧糊塗，實屬自速其死。所有慶錫等呈請代爲鳴冤，懇恩昭雪之處，著毋庸議。惟肅順因意見不合，單銜奏請，即行正法。原奏內稱『苟延年月，倘以病亡，獲保首領』等語，措詞不倫。在肅順當時，無非欲藉此攬權立威，使朝臣莫敢誰何，以遂其罔上行私之計。業經欽奉硃諭駁斥，肅順亦因另案正法。肅順之子，著不准其出仕，以昭炯戒。」

彭玉麟部

綜述

《清史列傳》卷五八《彭玉麟傳》 彭玉麟，湖南衡陽人。道光三十年由附生隨官軍平新寧土匪，保訓導，辭歸。咸豐三年，侍郎曾國藩駐軍衡州，聞其名，檄募水勇，與千總楊載福各領一營。四年二月，曾國藩進規岳州，檄往西湖搜剿。玉麟帶勇三十餘人，斃髮逆三十餘，獲其船，敍縣丞。四月，偕楊載福破賊湘潭，焚六百艘，以知縣遇缺即選。六月，進攻岳州，伏兵君山，以小艇誘賊出，與楊載福等合擊，大破之，岳州賊宵遁。七月，賊自下游再至，玉麟繞湖西，遥躡其尾。賊以大艦數號來犯，玉麟發大礮，中賊十餘人。賊退，與楊載福急追之，斬僞丞相一名。曾國藩奏玉麟忠勇性生，氣吞兇逆，奮不顧身。詔加知州銜，並賞戴花翎。旋擊賊擂鼓臺，以師船七十餘當賊五六百艘，冒險鏖戰，受三傷，裹創復進，奪五色龍船一。得旨以同知選用。復破賊城陵磯。八月，大軍克湖北武昌、漢陽。九月，玉麟擊賊蘄州，敗之，又敗諸釣魚臺。十月，進偪田家鎮。時上遊逸賊盡萃於此，守備森嚴。玉麟與楊載福決策，分舟師爲四隊：頭隊操小舟具爐鞴椎斧，飛槳疾進，鎔其横江鐵鎖；自將二隊，遏賊援；楊載福將三隊，候鎖斷下駛，大燒賊船；四隊守本營，防賊上犯。又議先燒上遊逆船，則下者遠竄，不如直下數十里，逆攻而上，可以盡殲。及戰，悉如所議。楊載福突下武穴，乘東風返棹，上攻。玉麟順流夾擊，毁賊船四千餘，奪獲五百餘。玉麟慮軍士互争，且飽則思颺，悉焚之。捷入，記名以知府用。尋追剿至九江，沈其船百餘。十一月，破之小池口。進新港，躍入賊簰，獲大礮十餘。明日又破之。十二月，擊湖口賊，擒僞將軍梁國安等。

五年二月，賊上犯，再陷武昌、漢陽。三月，玉麟自金口進剿，敗賊於武昌城南鮎魚套。時北岸陸軍與賊戰失利，水師向不離船，玉麟見賊猖獗，恐大挫，誤全局，督衆登岸，截擊破之。署湖北巡撫胡林翼奏稱玉麟變計從權，保全之功甚大，協和之誼可嘉。四月，攻塘角，焚賊船二百餘，又屢捷於武、漢兩岸。六月，

授浙江金華府知府，留營剿賊。七月，自沌口進拔蔡店，及北岸宗關、南岸慈菴渡二石城。五顯廟者，賊踞爲總巢穴，四面阻湖，賊戰船環衛其下，險不可踰。玉麟督攻之，死亡相繼。因號於衆曰：「已入虎穴，非血戰不能出險成功。」指麾畢，前敵張兩翼，急槳以進，衝賊船尾。自督大隊，摧賊卡一，奪船八，獲礮六十有六。復督隊徑出賊船之下，循兩岸包剿，乘勝出襄河口，斷其浮橋鐵索，獲賊船七。登北岸，毁鑄礮局、火藥局十餘，破僞石城二。仍入襄河，乘夜搜捕漢陽餘匪，擒僞官蕭朝富、僞軍師吴會元等，並長髮賊二百餘。時南岸賊仍踞五顯廟，玉麟麾軍攻拔之，連毁晴川閣木城二，又破之葉家洲，燒賊船二百餘。胡林翼奏稱玉麟忠勇冠軍，膽識沈毅，坐舢板督戰被礮中斷其桅，神色不變。得旨，記名以道員用。旋乞假歸。

嗣以曾國藩調赴江西，徒步行七百里，抵南康。國藩派領内湖水師，扼剿臨江。六年正月，敗賊樟樹鎮，攻臨江諸壘，又敗之。二月，授廣東惠潮嘉道，留營如故。三月，破賊於吴城之上遊，又破之涂家埠。五月，賊犯吴城，擊卻之。六月，克南康府。七月，敗賊謝司塘。追至屏風，南風忽作，賊回棹猛攻，其地距老營百三十里，不能歸。玉麟令大舟下椗，坐戰發礮如連珠。賊反奔二十里，始全隊而還。七年二月，曾國藩丁憂回籍，詔以楊載福統帶水師，玉麟協同調度。九月，湖北陸軍既再克武昌、漢陽，水陸同下，圍九江，攻湖口。賊扼石鐘山梅家洲遏内湖水師，不令合外江。玉麟率全軍，分三隊出戰。賊於巖腹置巨礮，正當船衝，前鋒中礮，哨官死之。玉麟令前船還，後船次進，傷十餘舟不一顧。或諫阻之，玉麟曰：「水陸用兵五年，精鋭忠勇之士亡者千數。不破此險，勢無生理。」鼓棹赴之。賊礮焦裂，我船銜尾直下，得與外江水師合。陸軍從城背山下應之，賊大奔，遂進奪小姑山賊壘。賞加按察使銜。八年，會克九江府城，晉布政使銜。九年，偕楊載福攻安徽池州，韋志俊以城降，其黨古隆賢復攻陷之。十年四月，與楊載福敗賊於樅陽。五月，署兩江總督曾國藩疏薦玉麟任事勇敢，勵志清苦，有古烈士風，堪勝總辦水師之任，請將蕪湖以上江面戰守機宜，由楊載福會同玉麟妥辦。得旨，報可。十一月，安慶援賊犯彭澤，並圍湖口。玉麟分兵赴援，均擊走之，復遣將克都昌。得旨，交軍機處記名，遇有按察使缺出，請旨簡放。十一年三月，赴援湖北，攻孝感，克之。旋授廣東按察使，督師如故。五月，偕道員蔣凝學克武昌縣，破興國州龍港賊巢。八月，安慶克復，下部優敍。尋克天門、應城、蘄州，並克黃州。九月，授安徽巡撫。玉麟疏辭，詔嘉其真實不欺，

仍著帶兵勇赴任。

十月，上以苗沛霖攻破壽州，見復求撫，心懷反側，命玉麟統籌大局，商酌覆奏。尋疏稱苗沛霖叛迹昭著，巢穴已成，始終皆誤於撫，宜一意剷除之。十一月，命幫辦袁甲三軍務，潁、壽各軍悉歸調遣。玉麟以不習陸戰，自揚載福假旋，水師亦未可遽離，仍乞開安徽巡撫缺。疏再上，詔以水師提督記名，遇缺題奏。尋又諭曰：「該員本係文職出身，見在帶領水師，有節制鎮將之任。驟令改膺武職，不足以資統率，彭玉麟著以兵部侍郎候補。」同治元年正月，授兵部右侍郎。三月，偕江蘇布政使曾國荃督師東下，復巢縣、含山、和州，奪銅城牐，雍家鎮、裕溪口、西梁山，進拔魯港、南陵。四月，克太平、蕪湖，並克金柱，關東、梁山各要隘。五月，曾國荃攻秣陵關。時玉麟駐師金柱關，聞曾國荃懸軍深入，恐爲賊所乘，急約提督王明山率水師渡江策應。會曾國荃攻拔頭關，玉麟率王明山等偪賊江心洲。各勇挾火具登岸，躍入賊墻，燒薙無算。復登舟飛行，攻克蒲包洲，扼江寧護城河口，以爲曾國荃陸軍聲援。先是，僞護王陳坤書擁衆四五萬，突入太平府之張公橋，圖犯金柱關。閏八月，玉麟遣將往禦，五戰卻之。二年三月，分軍渡江，援石澗埠，解其圍。四月，連克東關銅城牐。五月，會楊岳斌軍，克江浦、浦口，又克下關、草鞋峽、燕子磯，奪九洑洲僞城。八月，破陳家村，解青陽圍。九月，克窯灣、金寶圩、水陽、新河、莊塘溝等賊壘。十月，克滄溪、長樂賊，酉陽友清降，遂復高淳。又同提督鮑超軍克東壩、建平，溧水之賊皆以城降。賞穿黃馬褂。三年正月，與曾國荃攻克鍾山石壘，江寧之圍始合。六月，省城克復，紅旗奏捷。詔給一等輕車都尉世職，加太子少保銜。

四年，命署理漕運總督。玉麟再疏辭，並乞開兵部侍郎缺，簡員料理長江水師善後應辦事宜。諭曰：「覽奏，情辭懇摯，出於至誠。著准其開漕運總督署缺，所有長江水師善後應辦事宜，著該侍郎妥爲料理。」六年，以歷任養廉銀報捐充餉，下部優敍。七年三月，與曾國藩奏定長江水師營制。自荆、岳二州至崇明縣五千餘里，凡設提督一員，總兵五員，以六標分汛，營哨官七百九十八員，兵丁一萬二千人，月餉雜費歲需銀六十餘萬兩，以長江釐稅供支，不煩户部。六月，疏言：「臣墨絰從戎，創立水師，非敢曰移孝作忠。良以先臣曾受朝廷一命之榮，臣母亦時以忠義相勖，當多難之日，義不得顧私情也。臣素無室家之樂，安逸之志。治軍十餘年，未嘗營一瓦之覆，一畝之殖。受傷積勞，未嘗請一日之假。終年風濤矢石之中，未嘗移居岸上，求一日之安。誠以親服未終，出從戎旅，既難免不孝之罪，豈復爲身家之圖。臣嘗聞士大夫出處進退，關繫風俗之盛衰。臣之從戎，志滅賊也。賊已滅而不歸，近於貪位。長江既設提鎮，責有攸司。臣猶在軍，近於戀權。改易初心，貪戀權位，則前此辭官疑於作僞。三年之制，賢愚所同。軍事已終，仍不補行終制，涉於忘親。四者有一焉，皆足以傷風敗俗。夫天下之亂，不徒在盜賊之未平，而在士大夫之進無禮，退無義。伏維皇上中興大業，正宜扶樹名教，整肅綱紀，以振起人心。臣豈敢稍犯不韙，以傷朝廷之雅化？仰懇天恩，開臣兵部侍郎本缺，回籍補行終制，静養病軀，得以醫治。則報國之日正長，斷不敢永圖安逸。」優詔許之。七月，曾國藩調直隸總督。上以長江水師營制初創，恐提督黄翼升一人不足以資控制，命玉麟百日後迅赴江皖地方扼要駐紮，俾各舊部有所稟承。尋玉麟密保文武人材堪重任者，記名提督歐陽利見、雲南迤東道蔡錦青等五員。八年，回籍。

十一年，詔趣玉麟簡閱沿江水師。玉麟疏陳水師事宜四條：曰將材宜慎選，曰積習宜力除，曰軍政宜實講，曰體制宜復舊。並疏薦福建水師提督李成謀、大名鎮總兵彭楚漢堪勝專閫之任，劾罷營哨官百八十餘人。九月，陛見，尋署兵部右侍郎，賜紫禁城騎馬。嗣以傷疾未痊，懇請開缺。詔許之。仍命赴長江一帶，會同李成謀布置周妥，再行回籍。又諭嗣後每年著巡閱一次，遇有應行參劾及變通之處，准其專摺具奏。應需辦公經費，著兩江、湖廣總督籌款，交該侍郎支領。十二年，奏定巡閱章程，並請巡江經費，毋須兩江、湖廣總督另籌，以節糜費。如所請行。光緒元年，玉麟上疏籌自强之計，曰清吏治，曰嚴軍政，曰端士習，曰蘇民困。優詔答之。二年，賜《剿平粵匪》、《捻匪方略》各一部。六年五月，應詔保舉人才，薦文員候選道李概等十六人，武員正定鎮總兵婁雲慶等十七人。九月，疏請添造十八丈小兵輪十艘，以爲江陰以下海防之用。七年二月，疏陳開辦鐵路有害無利。又請於江陰以上，焦山以下，南岸圖山關，北岸東生洲，擇要修築礮隄營壘，又焦山、都天廟兩處舊修暗礮臺改造明礮臺八座。七月，命署理兩江總督，兼署通商大臣。玉麟再疏辭，詔以左宗棠代，留督江海防如故。八年，京察，下部優敍。時言者議改長江水師提督駐吴淞口外，移江南提督治淮徐，轄陸路。上命疆臣會議。玉麟疏言：長江水師管轄江面汛地，計水程近六千餘，合兩岸而計，路逾萬里，僅以六百二十一哨分布其間，深恐照料難周，乃爲此按年輪駐之計。而本署有應辦之公事，巡次有遞及之地段，蓋兼顧若斯其難也。今若以長江提督駐吴淞口外，而以江南提督移駐淮徐，徒於淮徐兩鎮之外益一專轄陸路之提督，是偏重也。臣等竊以海防、江防宜因緒推廣，就勢變通，斯爲兩得之道。江南提督責在海防，宜多畀以得力之兵輪，使海上一軍，卓然有以自立。防海乃能防江也。長江提督責在江防，仍由臣玉麟每年會同巡閱。而以駐岳州府之半年，改駐吳淞口外，俾與李朝斌就近會操兵輪，以通江海之氣脈。有事仍專力江防，使防海者無後顧之慮，防海亦須防江也。九年正月，擢兵部尚書。玉麟以衰病疏辭，得旨，俟病體稍愈，即行來京陛見，毋庸開缺。翰林院侍講盛昱劾玉麟抗詔鳴高，開功臣驕蹇之漸，命遵前旨即行來京。

是年，法越構兵，法人聲言，以大隊兵船至廣東尋釁。八月，上以廣東兵力單薄，守禦尚虛，命玉麟酌帶舊部得力將弁，酌量招募勇營，迅速前往廣東，會同張樹聲、裕寬妥籌布置。玉麟具疏，略言：「江海原相表裏，海上有事，江防亦形喫緊。長江水師得力將弁不便調歸陸路，招募勇營則強所不能以爲能。且由湘至粵二千餘里，新軍初立，難保沿途不滋事端。與其在湘募勇糜費而不能救急，莫若於粵東就地取材。粵中義憤果敢之士尚多，當經函商兩廣總督張樹聲等，遴擇公廉紳士，速集團練。俟臣到粵後，按照陸營規制，慎選營官統領，勤加操練，嚴定賞罰。臣於十月輕裝，由衡單騎入粵。如法兵先已薄城，則順化河一路守備自必空虛。擬一面協守，一面密咨雲貴、廣西督撫，各派驍將，率領精兵數千，督同提督劉永福所部，出法人不意，疾擣順化河及西貢敵營。並請密諭滇蜀各督撫，預先布置，乘機赴會。」又疏陳，見在通商二十餘國，應將不得已而用兵之故，宣示各國，使知其曲在彼，因以攜其黨而敗其謀。疏入，均報聞。十二月，上以瓊州備禦空虛，諭玉麟擇地駐紮，飭所部各營與鄭紹忠一軍會合吳全美師船扼守瓊州。彭玉麟務當相機調度，不必親赴瓊州，以期慎重，毋稍疏虞。玉麟尋委候補道王之春率毅字二營，又抽調鄭紹忠安勇二營赴瓊州防堵。既又派記名提督黃得勝駐營越南交界之欽州靈山一帶，防內匪句結。十年正月，以瓊州孤懸海外，四面受敵，飭王之春添募水陸勇營。並檄提督吳全美，將分駐龍門一營飭調赴瓊，分別布置。又以北海龍門一帶，與瓊州隔海相望，鎖鑰西路，未便空虛，飭高州鎮總兵張得祿選募壯勇兩營，馳赴欽、廉，擇要屯紮，與辦理西路團練之馮子材、李起高等遥作聲援。二月，督同總兵婁雲慶等疊勘營地，於虎門外沙角、大角二處安設礮臺，以婁雲慶五營進紮沙角，以提督王永章、劉樹元二營分紮大角，與提督方耀防守上下横檔，及威遠礮臺之軍勢成犄角。又飭副將劉迪文管帶紅單船二十隻，配齊礮位，爲靖海水師營，分泊沙角、大角，水陸相依，以固省城門戶。又以粵省各海口港汊紛歧，小輪船隨處可以登岸，以會商督撫札飭地方文武官辦理漁團、鄉團，實力講求。平時則緝捕土匪，有警則據守險要，用收堅壁清野之效。

四月，上疏，阻和議。略曰：「法人無端生釁，殘我屬國。及我出師保護，又復肆其豕突，撓敗我師。迄今並未大加懲創，遽與議和，何以張國威？不可許者一。法人並未受創，幡然請款，是必中藏詭譎。或怠我師而徐乘其後，或緩我謀而誤以多方，其害無窮，不可許者二。既與議款，不索兵費，更爲叵測。彼素惟利是視，忽棄目前所索巨萬之費不言，但言越境通商，其中不免有詐。恐將來必有十倍取償於後者，將中華以奉島夷，飾目前以釀邊患，不可許者三。以一外強中乾之法國，憑陵我藩服，吞噬我疆土，不問其罪，轉降心相從，以就其和。法人此次得志，效法人者勢必環向而起，是款一法人而轉來無數法人也。羣謀日滋，隱憂方大，不可許者四。雲南物產富饒，五金之礦，翠玉之璞，久爲西人所垂涎。若與議款，必至蒙自以內，許其通商。迨爲日既久，形勢險隘，彼皆周知。廣傳邪教，以張羽翼，一旦竊發，將何以支？不可許者五。法自通商以來，前於天津教堂一案即思啟端，以償其所大欲。適爲普人所窘中止，旋即狡謀越南，爲自強之計。我中華果以全力決戰，審用兵籌餉之分量，彼族萬難久持。故先爲恫喝，以速其和；又貌爲恭順，以工其術，其實鬼蜮伎倆窮矣。此揣敵情而可戰者一。我朝以神武開基，將帥得人，遠軼前古。嗣平髮捻之亂，亦忠勇輩出。量其餘勇，尚足定邊。憶前議防俄之時，奉旨著保舉人材，即以將才不易，存者什一爲慮。再閱數年，老成凋謝盡矣。曷若及時精選宿將，俾講求以柔克剛、以散敵整之法，以盡其長。此論將才而可戰者二。道光間，外釁初開，廣東三元里團練，義聲至今猶在。此外各省因事憤激之案，層見疊出，亦見民間不平之氣不可遏抑。越南劉義亦中華民也，竄伏荒裔，自全不暇，猶能尚義，屢殲狂寇。各省山陬僻壤，不乏英豪，聞與法戰，莫不共發雄心，願效死力。此察民情而可戰者三。查萬國公法，在戰分義與不義一節。如興戰不義，傷害天理，不獨可以理喻，並可以力止，深與齊人伐燕之義暗合。朝廷若通飭各督撫，大張曉諭，於通商和好各國極力保護，專與法人絕好。准各義民誅其天主教士，毀其天主鬼樓，罷其駐京法使，撤其貿易馬頭。既除萌櫱，不虞滋蔓。此探公法而可戰者四。《語》云：「師直爲壯，曲爲老。」今兵端自法人開，窮兵黷武，掠地爭城，欺侮太甚，實爲萬國公法所不容。宜歷數法人罪狀，布告中外，使咸知彼由我直，不得已而用兵伐罪。明有日月，幽有鬼神，共鑒此衷，應蒙默佑。此卜天理而可戰者五。五月，疏上廣東積弊，條陳十事：曰水師宜練，曰陸營宜整，曰教民宜別，曰倉儲宜備，曰瓊州宜圖，曰鹽務宜變，曰會匪宜清，曰沙田宜查，曰墳禁宜嚴，曰水利宜籌。續陳六事，曰捐攤宜嚴，曰釐金宜覈，曰出入款項宜清，曰補署宜公，曰差委宜均，曰劣幕宜驅。六月，諭曰：「彭玉麟在粵辦防，忠誠奮發，布置周密。見在法國雖仍來講解，和議尚未大定，防守更關緊要。該尚書仍督飭各軍實力備禦，勿稍鬆勁。」玉麟尋與總督張之洞等巡閱各海口，察其險要兵單之處，復添募勇營填紮，以爲各礮臺遊擊策應之用。又以虎門以西有崖門、橫門、虎跳、磨刀等門，其水雖淺而小輪船可直達佛山鎮，以抄省城之背。與張之洞商之方耀，雇募艇船二十，分守陳頭五斗口一帶河面，以顧省垣後路。又調集小輪船十、紅單船十，駐泊橫檔左右，以爲沙角、虎門各礮臺應援。又派小輪船十、紅單船四，駐泊黃埔一帶，以爲常洲、沙路、魚珠各礮臺應援。十月，慈禧端佑康頤昭豫莊誠皇太后五旬萬壽，御書「建節綏疆」額賜之。

是時，法人決意併力逐我桂軍出越，再圖上拒滇軍。蓋以桂近滇遠，爲彼北寧、河內等處肩睫之患。而滇軍及提督劉永福方攻宣光，未能即時東下。桂軍扼守觀音橋、谷松、那陽三路，又爲敵所阻。玉麟與張之洞定議，由東路進兵，爲擣虛而入之計。派廣西提督馮子材、右江鎮總兵王孝祺等率廣軍四十營，分四枝大舉規越。十二月，馮子材等抵龍州，法人焚關自退。十一年正月，京察，下部優敘。諭曰：「彭玉麟自赴廣東辦防以來，實心任事，不遺餘力。該尚書向有咯血等證，見聞尚未痊愈，亦未服藥調理。身在行間，與士卒同甘苦，不遑少息，朝廷實深廑系。必宜善自調攝，方能爲國宣勤。該尚書務當仰體此意，慎求醫藥，勉節勞勩，以副倚畀之殷，保身即所以報國也。」二月，馮子材等出關，拔賊壘二。旋克文淵州，進攻諒山，克之。三月，攻郎甲，未下。和議成，有旨停戰撤兵。玉麟請嚴備戰事，以毖後患。曰：「我聖朝待島族過於優容，決無自我橫啟釁端之事。彼族知其然也，而以爲畏之，遂日肆其欺侮，而悍然罔顧。然如琉球之不復，伊犂之讓界，兵端未開，猶可說也。此次朝廷赫然震怒，命將出師，迄今三載。本年二月十三日，諒山大捷，天討方張，乃津約忽以款局終事，墮其術中，益見輕於彼矣。彼等如市井無賴小人，惟利是趨，安知信義？挾其趨利之心，存一見輕之意。見我之兵衛既撤，全越悉爲彼有。險要已失，藩籬洞開，安有不乘機侵軼之理？至此而始悔失計，不亦晚乎？且上年津方定約，彼即犯越之觀音橋。我兵方撤入關，彼即肆擾臺灣。前事固昭昭可鑒。今復狃其故智，以款欺我，我復信之。堂堂中華，任其玩弄於股掌，而毫不省覺。臣愚恐各國聞之，謂吾華之易與也，亦必從而生心，羣思因我以爲利。邊鄙之患，其有已時哉？抑臣更有慮者。西人覬覦中土，多歷年所。彼其用兵於我，忽而請款者，夫豈有愛於我，而講信修睦哉？其必有所圖也明矣。自海上告警以來，召將徵兵，購船製械，天下騷然，糜餉已數千萬。及布置粗定，兵機漸利，彼乃以一和字誤之，而我所用經費盡成虛擲。如此行之數四，海內罷敝，勢必不支，不得已一惟和之是從。由是當事者以和爲得計，無復自强之謀；領兵者以和爲固然，潛消致果之氣，邊疆要隘又以屢和之故，武備懈弛而不修。一旦黠虜挾其堅船利礮，號召醜類，環起而與我爲難，其時財用既匱，兵氣不揚，天下大局將有不堪設想者。此其用心至深，設謀至毒，而其勢殆將必然。故臣每一念及，輒中夜以興，繞帳徬徨，不能一刻稍安也。昔趙宋南渡，韓、劉諸將百戰抗金，岳飛力圖恢復，長驅北向，幾復中原。乃黃龍正擣，金牌遽召。終宋之世，訖不復振。何則？戰則氣以厲而彌奮，故可進於强；和則氣以餒而益偷，故日趨於弱。宋之已事，固其明效大驗矣。方今款議已定，自難中改。然外人無信，事未可知。伏乞嚴敕沿邊各疆臣及各將領，嚴備陸師戰守外，瀕海如天津、吳淞、福州、廣東、臺灣等處，應趕緊添造大小鐵甲戰船。每口至少須十隻，各令成一軍。募各海島精壯漁户，熟習風濤沙水之性者，編爲各船之勇，免使爲敵人募用，以成奸細。精選久於水師，身經百戰健將爲之管帶，勤加操練，靜以待之，庶幾立自强之基。萬一敵復敗盟，狡焉思逞，即永絕其好，一意從事於戰。儻內外臣工復有敢以議款之說，進而搖惑綸綍者，應請照十年七月十五日上諭，交刑部治罪。斷不可一誤再誤，仍蹈前轍，圖一時之苟安，貽無窮之隱患。惟務聲罪致討，大張撻伐，必令俯首帖耳，就我銜勒，不敢復肆鴟張而後已。」

五月，檄署南海縣知縣危德連等創造舢板礮船百號，分爲三營，統名爲廣安水軍，以固粵省門户。七月，籌議海防善後事宜，疏陳六事，曰分重鎮以領水師；曰練陸軍以輔水師；曰東三省之籌防宜豫；曰臺灣以練勇辦團爲先；曰學習技藝，增造船礮，務求實效；曰餉糈艱絀，務須廣籌。又密保深悉洋務之大臣出使英國使臣曾紀澤，及浙江提督歐陽利見，福建水師提督彭楚漢，陸路提督孫開華等六員，以備海疆之用。八月，病勢增劇，疏請開缺，銷巡江各項差使。得旨，賞假三月，回籍安心調理，毋庸開缺，並毋庸開巡閱長江水師差使。九月，有議長江水師宜改制，參用淺水輪船者，命玉麟與曾國荃等籌議。玉麟以江防情形與海防異，水師舢板仍未可裁，淺水輪船可以不設，條陳不便者五事。又云：「洋務有不可不講者，如出洋之兵輪，扼險之礮臺，此宜推究西法，精益求精，以期可以制敵而保疆也。有不必講者，如洋槍、陸隊，臨陣呆笨，知正而不知奇，我軍趫捷輕快，實遠勝於西人，今乃必從而效之，延聘外人教習，是欲去己之長，效彼之短，此臣之所不解者也。薄小輪船以之攻擊，脆薄而不可用，巡緝長江尤所不宜。長江未立水師舢板以前，盜賊橫行，商賈裹足。既立水師舢板之後，往來上下商旅視爲坦途，釐金暢旺，得濟數十年餉糈，已著明效。乃欲以此易之，此又臣之所不解者也。」詔嘉納之。十三年，上念玉麟病未就痊，賜人薓四兩。十四年，疏懇開缺。諭曰：「彭玉麟巡閱長江，勳勤卓著。連年以來，因病屢請開缺，未經允准。兹復據奏，病勢增重，情詞懇切。不得不勉如所請，以示體恤。著准其開缺回籍，安心調理。其長江水師巡閱差使，毋庸開去，即責成李成謀認真經理。彭玉麟不必拘定假期，一俟病體稍愈，仍著照舊任事，以副朝廷倚畀至意。」

十六年，卒。遺疏上，諭曰：「前兵部尚書彭玉麟忠清亮直，卓著勳勤。以諸生從戎，轉戰東南各省，所向有功。會同原任大學士曾國藩創立長江水師，籌畫精詳，規模悉備。歷受先朝知遇，由知府洊擢封圻，內陟卿貳。迨粵匪盪平，蒙穆宗毅皇帝眷念勳勞，賞給一等輕車都尉世職，並加太子少保銜。朕御極後，擢任兵部尚書。嗣因患病，疊次陳請開缺，降旨允准，仍派巡閱長江水師。十餘年來，力疾從公，不辭勞怨。復因病勢增劇，請開差使。當經寬予假期，並准其回籍養病，頒賜人薓。方冀調理就痊，長資倚畀。兹聞溘逝，悼惜殊深。彭玉麟著追贈太子太保銜，照尚書例賜卹。任內一切處分，悉予開復。應得卹典，該衙門察例具奏，加恩予謚。並於立功省分，建立專祠。其生平戰功事蹟，宣付國史館立傳。伊孫候選員外郎彭見紳，著以郎中選用；彭見綬、鼓見綷，均著由吏部帶領引見，用示篤念藎臣至意。」尋賜祭葬，予謚剛直。

《續碑傳集》卷一四俞樾《彭剛直公神道碑文》 光緒十有六年三月乙亥，前兵部尚書、太子少保衡陽彭公薨於里第。四月壬寅，遺疏聞，天子震悼。以公忠清亮直，卓著勳勞，贈太子太保銜，加恩予謚。立功所在，許建專祠。擢其孫候選員外郎見紳爲郎中，見綬、見綷均由吏部引見。已而內閣擬謚以請，御筆用「剛直」二字。賜祭葬，皆如律令。蓋朝廷眷公之厚，知公之深如此。而海內自搢紳之徒，下至兒童走卒，無不咨嗟而涕洟，曰：「噫！彭公逝矣。」其年十二月庚子，見紳等奉公之喪葬於樟寺山，乞文以文其墓道之碑。余惟公名滿天下，而不自表襮，詩文年譜，無手定者，傳之後世，懼失其實。余與公交好二十餘年，重之以昏姻，雖極知不任，又何敢以辭？

公諱玉麟，字雪琴，彭氏，其先江西太和縣人。明洪熙時，有顯明者，官於衡，因家焉，遂爲湖南衡陽縣人。所居曰查江。曾祖才昱，祖啟象。父鳴九，安徽懷甯縣三橋巡檢，遷合肥縣梁園巡檢，皖中稱循吏。母王氏，浙江山陰儒家女，賢明有識鑒。嘉慶二十一年，公生於梁園巡檢司署。十六歲，從父還查江舊居。父卒，爲族人所惎，母命出避禍。公因入城，居石鼓書院。然無以自給，投協標充書識，支月餉視馬兵。時衡州知府高公人鑑善相士，見公奇之，使人署讀書。衡陽一邑應童試者千人，入學不易。是歲，縣試羣擬公必第一。案發，乃第三。越數日，召入見，曰：「以文論，汝宜第一。今乃太守意也。」太守曰：「彭某異日名位未可量。然在吾署中讀書，若縣試第一人，必謂明府推屋烏之愛耳，是其終身之玷矣。」公聞而深感之。是歲，竟不入學。又二年，始隸諸生之籍云。

道光末，新甯民李沅發反，發協標兵捕討。公從大軍戰金峰嶺，禽李沅發。上功總督，誤以爲武生也，拔補臨武營外委，賞藍翎。公辭歸。衡有富人，設質庫於耒陽，請公往董理之，歲入數百金，悉以賙人之急。其時粵賊由永安北犯，將掠耒陽，以趨衡。公入見耒令，問計將安出。令曰「吾請兵請餉，無一應，可柰何？」公曰：「患無兵耶？城中百姓皆兵也；患無餉耶？吾質庫中尚有錢數百萬在。」耒令曰：「然則竟以屬君矣。」出縣印授之。公即募勇數百人，多製旗幟，使巡行雉堞間。賊知耒有備，由甯鄉趨長沙，而耒與衡皆獲全。公以無戰事，不敘功，但請償還所假質庫錢，然公亦自此知名。

曾文正以侍郎治兵衡湘，廣求奇士。常君儀安薦公有膽略，可用。文正弟靖毅公國葆又言公與楊載福並英毅非常。文正亦雅知公耒陽之事，及立湘軍水師，以公與楊公分統焉。咸豐四年二月，水陸軍俱發衡州，不利引還，而公以孤軍留西湖中。曾文正涕泣，謂必死，竟全師而還，乃益重公。文正議悉水師之衆，先攻湘潭，公請先行，望湘岸連檣皆賊舟，然多輜重，少戰艦。公計士卒爭利必亂，乃以三營攻其首尾，自攻其中，縱火同時燒之，賊死無算，城中賊皆走。公還，大軍恂恂如未嘗戰，輜重一無所取。敘功，以知縣賜藍翎。公固辭，不獲，然公牘猶自署衡陽學附生。其後詔補金華府知府，乃始署官云。其年秋，公與楊公旁湘東下，公從君山，楊公從雷公湖張兩翼。先以小舟誘賊，賊舟出，抄其後，燒百餘舟。賊退保雷鼓臺，攻之，不克。公與楊公乘三版船，衝入賊中。公中鎗子傷指，血漬襟袖皆赤，進益猛，燒其坐船，賊遂潰退。軍中慴服，號爲彭、楊。時羅公澤南等所統陸軍連戰皆捷，遂至沌口，謀攻武昌。公曰：「是宜渡江，先燒其屯。」自塘角至青山賊礮環列，丸發如雨。諸將皆露立，三版櫂船徐進，無俯首避礮者。賊大驚，於是沿江賊悉潰，漢口、漢陽皆復。陸師不血刃，復兩名城一巨鎮，水師之力爲多。羣寇乃聚於田鎮，依半壁山，夾江爲五屯，連舟斷江，鐵以鐵索，大鎖布木爲筏，置大礮焉，又護以礮船，望之峨然。水師下攻之，則爲蘄州江岸之賊所撓。公麾師船，掠蘄直下。分水軍爲四隊，頭隊悉令具鑪鞴，椎斧之屬，哨官孫昌凱，故鐵工也，方鼓橐吹埵，有小船視筏下劣容舠，試入之，竟度三船。呼曰：「鐵鎖開矣。」賊愕，亦呼，驚走墮水。擲炬燒筏，筏舟俱燼。山下賊亦顛越，坑谷屍相藉。此一役也，湘軍水師名聞天下。公與楊公旋至武穴養傷，而別將蕭捷三率水師由湖口駛入姑塘，爲所扼，不得出。公乃於新堤鎮設廠造船，別立新軍，而水師始有內湖外江之分矣。

五年，湖北巡撫胡公林翼攻武昌，賊閉城不出。水軍無所事，自沙口還沌口，道經武昌、漢陽。寇礮雷鳴，萬聲同發，公所乘船桅折船覆，公墮於水。或以三版船拯之，力挽不起，則水中有抱持公足者，舟人呼曰：「速釋手，此統領也。」公在水中闞然曰：「此時豈顧統領耶？」已而並出水中，則抱足者即本船司舵者也。公笑罵曰：「若知是爾，我提擲數丈外矣。」公當生死之際，猶從容談笑如此。

曾文正自江西召公自助。公時適在衡，將趨南昌，而袁、瑞並陷，道不通。公易衣，操皖音，僞爲賈客，摩寇壘而行，徑達南昌。巡撫以下皆大驚，湘軍聞之，氣勢十倍。六年正月，公破賊樟樹鎮，又破臨江賊壘。三月，督於吳城鎮，以遏賊鋒。又會黃虎臣之師，克建昌縣。轉戰吉、袁、臨、瑞、建、南、饒、廣間，無虛日。七年，以惠潮嘉道協理水師。曾文正疏言公任事勇敢，勵志清苦，有國士風，堪勝總統水師之任。而公在江西，餉不時得，乞火藥亦不與。曾文正每歎曰：「吾負雪琴。」既而湖北陸軍再克武、漢，水陸俱下，圍九江，攻湖口。賊扼石鐘山，遏內湖之軍，不使得合於外江。公率全軍，分三隊出戰。賊於石鐘山置巨礮，適當我船之衝，傷十餘船矣。或諫公曰：「今驅士卒與飛火爭命，徒死無益。」公泣曰：「不度此險，終無生理。今日，我死日也。義不令將士獨死。」鼓棹赴之，賊礮裂，礮者斃，我舟遂銜尾直下，俄頃之間，與外江合，歡聲如雷。陸軍應之，進奪小姑山，復彭澤，連破樅陽、大通、銅陵、峽口寇壘而還，遂攻克九江府城。十年，賊復圍湖口。公赴援，舍舟登陸，雨立數日夜，力戰卻之。十一年，授廣東按察使。時文正弟忠襄公國荃攻圍安慶，賊陳玉成率悍賊三萬來援，營於菱湖。公創立飛划營，撬划船入湖，合陸軍大戰，毀其壘，遂克安慶。是爲肅清東南之始。俄授公安徽巡撫。公上疏三辭，於是改公提督。又以武職望輕，改以兵部侍郎候補，旋補右侍郎。

賊自據金陵，以蕪湖爲屏障，以東西梁山爲關鍵。同治元年，公與曾忠襄水陸會攻銅城閘，水師攻其東石壘，陸軍攻其西土壘，破之，於是收復巢縣、含山、和州三城。又襲破雍家鎮、玉溪口諸要隘，而克西梁山。又由鮎魚套進次采石磯。時忠襄之師已由西梁山南渡，偪金柱關而營。公分水軍爲三，一隊守險，一隊衝入內河，一隊奮礮登岸，環城而轟之。夜半，射火箭，焚其西門譙樓。賊從火燄中逸出，積骸滿渠。遂復金柱關，而東梁山亦一鼓而下。東西梁山既復，蕪湖賊孤，循江而進，復蕪湖。而忠襄之師已進攻秣陵關，公率水軍由烈山赴之，會陸軍，拔頭關，進攻江心洲。洲有三石壘，屹若堅城。公選壯士登岸，蛇行蘆葦間，偪壘縱火，焱焱燭天，洲遂破。又破蒲包洲，進泊金陵之護城河口。而忠襄之師遂進，而營於雨花臺，以規復金陵。二年五月，攻復江浦、浦口兩城，乃議攻九洑洲。九洑洲在驚湍急浪中，賊築壘數十，列舟環之，爲金陵犄角。又有攔江磯、草鞋峽、七里洲、燕子磯、中關、下關諸隘，相倚以爲固。前督師向公、和公皆以攻洲不克，故無成功。公議先破其南岸諸隘，命丁泗濱等循南岸而下。預以枯荻灌油焚其舟，乘勢薄其壘，猱而升，草鞋峽、燕子磯、下關諸隘悉平。次日昧爽，兩岸並舉，人皆死戰，賊在中關者，竟不爲動，自朝至暮。公令夜戰，且曰：「洲不破，不收隊矣。」是夜選精隊四十人，人持短兵，懷火蛋，令巴里坤總兵成發翔率之，登岸於黑霧中，潛燒賊壘，諸將蟻附而上。前者殪，後者繼，踐屍復登。乙夜，大破九洑洲，羣醜聚殲，無一脫者。最公生平，田家鎮之戰，石鐘山之戰，九洑洲之戰皆肉薄血戰，所謂勞苦功高，洵不虛矣。是年八月，解青陽之圍。十月，收復高淳、寧國、建平、溧水諸郡縣，奪還水陽、新河莊、東壩要隘。東壩既復，駐重兵焉，而金陵僞都糧道始斷。詔并論前九洑洲功，賜黃馬褂。三年，江甯復，大功成，賞一等輕車都尉世職，加太子少保銜。

四年，命署漕運總督。再疏辭，言：「臣本寒儒，傭書養母。咸豐三年丁母憂，曾國藩謬采虛聲，強令入營。初見即自誓不求保舉，不受官職。十餘年來，自知府至巡撫，由提督改侍郎，並未嘗一日居位。歷任廉俸及軍營例支官品銀，從未具領分毫。恩雖實授，官猶虛寄。若責臣以必赴，惟有負罪而再辭。」上鑒其誠，從之。乃與曾文正奏定長江水師之制，自荊、岳一州至崇明縣五千餘里，設提督一員，總兵五員，以六標分汛，營哨官七百九十八員，兵萬二千人，月餉及雜費銀皆取給長江釐税，不煩户部。公在軍垂二十年，初時軍餉奇絀，公商於鹽政，捆鹽自賣，以供一軍之餉。至是軍餉有額，支實款，公以所領鹽票犒諸將領之有功者。而歷年餘存鹽銀，無慮六十萬，咨明兩湖、兩江督撫，發南北兩鹽道生息，存爲長江水師公費，且以備外患，一無所私。公疏言：「臣以寒士來，願以寒士歸。」又言：「士大夫出處進退，關繫風俗之盛衰。臣墨絰從戎，志在滅賊。賊已滅而不歸，近於貪位。長江既設提鎮，責有攸司。臣猶在軍，近於戀權。改易初心，貪戀權位，則前此辭官疑於作僞。三年之制，賢愚所同。軍志已終，仍不補行終制，涉於忘親。四者有一焉，皆足以傷敗風俗。天下之亂，不徒在盜賊，而在士大夫進無禮，退無義。臣豈敢稍犯不韙，以傷朝廷之雅化。古來臣子往往始有建豎，末路隕越，由精氣竭也。臣每歎其人不能善藏其短，又當日朝廷不能善全其長。知進而不知退，聖人深戒之。乞開臣兵部侍郎本缺，回籍終制。」疏入，報可。旋命公滿百日即出。

公既歸，以查江舊居久圮，卜郡城東岸，作小樓自居，是曰「退省庵」。時往母墓及查江家廟，布衣青鞋，不設輿衛。補制滿，竟不出，種樹灌園，有終焉之意。而自公之歸，長江水師規制寖弛，以侈靡相尚，篙舵工有不能操舟者，衆論至謂水師無益可廢。十一年，曾文正薨，詔復起公視師。公一出，劾罷營哨官八十餘人，於是長江水師又大振。公入覲，命署兵部右侍郎，賜紫禁城騎馬，大婚，充宫門彈壓大臣。恩命稠疊，卿貳清閒，或謂公可無辭矣。公始終一轍，再疏力辭。始許公南歸，仍命每年巡閱長江，得專摺奏事。應需公費，由兩江、湖廣各總督籌備。公乃奏定巡閱長江章程，一歲自上游本籍衡州出巡，至江浙度歲；一歲自下游江浙出巡，至衡州度歲。於浙江西湖築室三楹，亦名「退省庵」，爲下游事竣休息之所。而經費即取給前存鹽道生息之款，歲支銀四五千兩，其兩江、兩湖籌撥銀一萬兩，皆奏罷之。自是歲以爲常。輕舟小艓，往來倏忽，不獨將佐畏之如神，即地方有司亦望風震懾。而民間諸不軌之徒，作姦犯科，懸不畏法者，輒相驚曰「彭宫保來」，聳懼奔觸，伏不敢出。台州賊黄金滿束手來歸，威聲震動數千里，他帥莫與比也。朝廷知公廉直，凡有大事，輒以屬公。如兩江總督左公宗棠、劉公坤一，湖廣總督涂公宗瀛，兩廣總督張公樹聲，皆朝廷倚重大臣，而一經言官劾奏，皆命公察覈。公平心論斷，務得其實，衆論韙之。時朝廷以洋務爲重，巡江之外，又命出海會操各省兵輪船。公則以清吏治，嚴軍政，端士習，蘇民困爲自强要策，製船造器皆爲末務。七年，詔公署兩江總督，辭。八年，京察一等。九年，補兵部尚書，辭不允。其後京察又列一等。以既開缺之侍郎，未任事之尚書，而三載考績與焉，異數也。

法越戰事起，朝議以廣東海防尤要，詔公酌帶舊部速往廣東。適有疝氣之養病，至是力疾請行。調湘軍四千，由海道往，自由衡州單騎入粵，審度形勢，以虎門爲第一重門户，由虎門而進至黄洲，爲省城第二重門户。自此而進，左則漁山、珠山，是爲北路，右則海心岡、大黄滘，是爲南路。公無事駐大黄滘，有警駐虎門。省城官吏爲公治行館，不居也。支帳爲棚，蔽以蕉葉，風雨沾濡，暑日蒸炙，與士卒共之。維時省中議者，以虎門遼闊難守，不如退守黄埔。公親往履行，見虎門以外即零丁洋，大海浩瀚無涯，而屈曲清流，實止一綫，無論帆船，輪船必循此綫而進，進則必經由沙角山下。公發健兒鑿穿山石，以爲礟洞，兵隱其中，敵不得見。十二年冬，民間爭傳夷人將以明年正月犯粵。公自駐山上，令暮夜不得有一舟入口。至除夕，有舟入焉，發礟擊之，帆桅俱斷。於是遐邇咸知所守，實扼險要，狡敵寢謀，粵境安堵。虎門以外，尚有横門、厓門及虎跳、磨刀諸門可繞至省城之右。公編查沙户漁船數千艘，分守支河汊港。而瓊州者近接越南，尤夷所必爭。初擬自往，士民籲留，乃令道員王之春往。議者徒謂公以平素威名，懾服夷人，而不知規畫周詳有如此也。

和議將成，公抗疏力爭，謂有五不可和：法夷無端生釁，不加懲創，遽與議和，不可者一；法夷未受懲創而請款，是必中藏詭譎，不可者二；法夷不索兵費，但求越南通商，恐將必有十倍取償於後者，不可者三；以外彊中乾之法夷，不問其罪，降心就和，諸夷必環向而起，不可者四；雲南物産富饒，爲西人垂涎，若與議款，必許通商，廣傳邪教，以張羽翼，一旦竊發，將何以支？不可者五。又言有五可戰：揣敵情而可戰者一，論將才而可戰者二，察民情而可戰者三，采公法而可戰者四，卜天理而可戰者五。然朝議意主柔遠，不果用。公又嘗密飭道員鄭官應，親赴暹羅，約令濬師襲法人占踞之西貢。又欲率全部十四營，由欽、廉度十萬大山，過五嶺，出越南，收復北甯。此二者或咎公之輕發，不知當日實因諒山、興化諸軍早經撤入關中，故二策皆不可行，非公策之不善也。治軍之暇，留心粵東利弊。請豁攤捐以免賠累，核釐捐以杜侵漁。補署差委，務宜公平，著名劣幕概予驅逐，皆於吏治有益。及議和成，軍務畢，又陳善後事宜。請海軍總統駐紮吳淞，分設兩大鎮，一駐南洋，一駐北洋，而練陸軍以輔之。東三省宜創設兵輪，購配鎗礮，分置要隘，以杜俄人窺伺。臺灣宜練土勇，簡任賢能，專任其事。皆深識遠慮，所見者大。

公前在西湖，得偏枯之病。在粵二年，感受瘴癘，宿疾大發。自粵北歸，至不能飲食，言語行步須四人扶掖。連疏乞休，皆慰留，至十四年始允開兵部尚書缺，俟病痊，仍巡閱長江如故，而公病已不可爲矣。公卒年七十有五。娶鄒氏，子永釗，皆先卒，有孫四人。其弟二孫曰見綬，以後其弟玉麒，故詔書不及焉。公性豪邁，善飲，喜讌客。而自奉至薄，不御肥甘。旁無姬侍，惟一二老兵給事其旁。遇部下舊將，若布衣昆弟，而紀律極嚴。安徽有候補副將胡開泰召倡女飲，使妻行酒。妻不可，殺其妻。又有湖北忠義營營官副將譚祖綸誘劫其友妻，用計殺其友。治兩獄者，相持未決。公召至，詰得實，立麾出斬之，軍中股弁。性喜文士，折節下之。工畫梅，海内傳者近萬餘本。公歿未久，即有以二十金易一幅者。能詩文，下筆立就。所爲奏疏，皆自屬稿。與人書，亦不假手記室。敷暢條達，忠義之氣溢於楮墨間。是以易名之典，略其功業，而獨表其性情，上之於公有特鑒矣。故本斯意，而爲之銘。

《彭剛直公榮哀錄》郭嵩燾《皇清誥授光禄大夫振威將軍太子太保兵部尚書衡陽彭剛直公墓志銘》 公諱玉麟，字雪琴，衡陽彭氏。曾祖才昱，祖啓象。父鳴九，官懷甯三橋巡檢，有循聲，大計卓異，遷合肥梁園鎮巡檢。實生公及公弟玉麒於梁園。官禄薄而廉幹勤敏，喜建樹，禄入輒罄。家衡陽之查江，有田百畝，爲親族侵奪，置不校。解官歸，益貧，旋卒。母王夫人籍山陰，孤弱無援，愈益侵侮之。母子相持泣，棄所居，避居城，資書院膏火爲生。不足食，投衡州協標爲書識。是時公年十六矣。衡州知府高人鑑名知人，詣協鎮，見文書几上，取視所具草，驚問誰爲是，曰：「書識彭某也。」人鑑曰：「此字體奇秀，法當貴。」即召見。長身立玉，英邁嫻雅，益奇之。使就學，即所爲文指授程法。明年，補縣學生。從平李沅發之亂，有功，總督裕泰公見功狀，以爲武生也，拔補臨武營外委。公不赴，亦不自白請改獎。

曾文正公治兵衡陽，立水陸營。有薦公才任將兵，文正公令與楊公岳斌佐其弟貞幹營。頃之，貞幹自言：「二君，人傑也，豈宜屈爲人佐？」文正公方以水師擇將尤難，聞喜甚，即日檄領一營。賊自廣西道湖南，劫民舟，蔽江下至數十萬艘。置戰艦，盡長江爲所有。文正公平定江南，尤恃水師争長江之險。公與楊公初領左右營，每戰冠軍，號「彭楊」。由是盡領諸營受節制，而公爲左營。楊公後視師江西，擢陜甘總督。公自始領水師，不赴官，不支俸，搏戰數千里，以逮江南，手定長江水師營制，著爲令。歲一巡視，積三十八年，不離水師。初破賊湘潭，忠武塔齊布公領陸師，公與楊公領水師，戰甚力。言者謂兵興，官軍與賊遻搏鏖縱擊，人人自奮，實始此戰。諸軍見者指目驚異之。既克岳州，賊舟集雷鼓臺相持。會廣東總兵陳輝龍與褚汝航、沙鎮邦奉調各領水師至，勢張甚，鼓行薄賊，爲所乘，全軍覆焉，輝能等皆死，諸軍奪氣。公憤曰：「軍敗而餒，將不可支。賊方驕，謂我不能軍也。可因其懈擊之。」與楊公率所部急進，賊愕顧，縱火焚其屯，奪回所失舟數十。

文正公率水師東下，合羅忠節公、塔齊布，公由崇陽、通城分道趨武昌。戒曰：「至金口取進止。」已而各軍會金口，羅忠節公以賊精鋭集花園，花園破，武昌不攻自下，率所部攻花園，水師助攻，千艘并發，連克武昌、漢陽二城。轉戰田家鎮。田家鎮者，江勢折而南趨，半壁山扼其右，田家鎮自左横截之，江流湍悍險絶。賊屯營半壁山，冶鐵纜江連舟，列巨礮爲守。公親督軍衝其堅，斷所纜鐵，遂復田家鎮。鏖兵九江城下，水師躡賊，駛入湖口。賊乘隙堵截湖口。時楊公養傷武穴，公營九江，莫能救。賊潛師夜襲九江大營，皆巨艦，不任戰。賊縱火焚舟，文正公入江西，撫定其軍。公收餘兵自保。賊再陷武昌，楊公悉師扼金口。公徒步間行至江西，於是水師有内外江之分。逾年，再克武昌，圍九江。公急引軍趨湖口，令曰：「鼓而進，無退。」前哨傷即後哨更迭進，遂破湖口，與外江水師合。曾忠襄公圍江南久，賊沿江列營爲聲援。而九洑洲險要，得地勢。公策九洑洲不破，不能進規江南。而非猛戰疾攻，終不可破。縱諸舟焚燒賊船，洲壘守益堅。水陸薄擊，竟以夜奪九洑洲。數月而江南平。蓋公之於水師專心壹力，盡長江四千里形勢，權量緩急，開闔變化，乘危蹈險，挈提全局，以訖厥功。而田家鎮、湖口、九洑洲之戰，生死呼吸，與賊争一旦之命，艱難困憊，倡勇敢爲士卒先，其功爲大。

公以諸生爲營將，自誓不私財，不受官。初保知縣，賞藍翎，加同知直隸州，晉知府，補授金華府知府，换花翎，賞詳勇巴圖魯，旋擢惠潮嘉道、廣東按察使，以布政使記名。克復安徽，授安徽巡撫，旋改水師提督，轉兵部右侍郎，賞黄馬褂。江南平，賞一等輕車都尉世職，加太子少保銜。命署漕運總督，旋授兩江總督，轉兵部尚書。每授一官，必再辭，始終以兵事自效，不就官職。而自廣東、江西、湖北、江南，每有奏案，輒命公往勘。既拜命，挾兩弁，掉小舟以行，不擾驛站，不受供給。同治十一年，覲京師，賞朝馬。大婚，充宫門彈壓大臣。兩次京察，特旨列公一等，而公實未嘗一日居官也。天子知公深，亦不强以命公，而不欲使就問退。合歲一巡閱水師，凡十餘年。法夷西擾安南，命公視師廣東，備海防。以爲自軍興，習勤耐苦，緩急可倚任，終無以逾公也。

公廉明俊偉，目奕奕有威稜。與人交，輪寫心肊，寬仁簡易，不事苛禮。於所不可，嚴拒之，一無瞻徇。治軍用法，不拘成格，而曲當人心。安慶副將胡開泰縱淫殺其妻，公聞即召誅之。湖北忠義前營總兵譚祖綸踞其友張清勝妻，清勝訴之公，祖綸陰使人斃之江，餌其妻父母，反其獄。公知總督庇祖綸，先奏免祖綸官，急馳就武昌，提訊祖綸，盡得其狀，案誅之。故公所至，官吏士民皆震懾自戢，惟思公有聞。所部水師六百餘艘，餉不時至，轉鹽給軍用，所贏餘置衡陽學田賓興費，創立船山書院，建省城衡清試館，所費累鉅萬，而於京師貴人無一金問遺。塊立琦行，自達其志，無所依仿。古稱功名志節，無若公之奇創。身際三朝，恩眷所以禮遇之，亦遂爲古今未有之遭逢。斯所謂名世間氣之鍾耶？

公生於嘉慶二十一年丙子十二月十四日丑時，薨於光緒十六年庚寅三月初六日辰時，年七十有五。夫人鄒氏，子永釗，皆前卒。孫見紳，候選員外郎；見綬，出後弟玉麒；見綬、見綷。遺疏入，追贈太子太保，予謚剛直。詔立功省分建專祠，賞其孫見紳郎中，見綬、見綷均由部帶領引見。以其年十二月五日卜葬其鄉北四十都小松角衡餘慶坦之原。嵩燾自公任水師，朝夕在事，知公行蹟爲詳。稍敘次其略，納之壙道，而爲之銘。

雜録

備録

竇鎮《國朝書畫家筆録》卷四《彭玉麟工畫》　彭玉麟，字雪琴，湖南衡陽人。年十六，投協標，充書識。衡州知府高公奇之，使入署讀書。逾年隸諸生籍。道光末，從協標大軍擒李元發於金峯嶺，誤以爲武生，補外委。公辭歸。曾文正治水師於衡湘，常君儀安薦公有膽略，遂以公與楊公載福分統焉。屢著戰績。同治三年六月收復江甯，再疏辭官。上鑒其誠，許之。既歸，作小樓自居，顔曰「退省菴」。布衣青鞋，種樹灌圃，有終焉之志。越數年，詔公復起視師，授兵部尚書，巡閲長江。卒年七十有五，謚剛直。平生剛介絶俗，有豪氣喜。文士折節下交，好爲詩，下筆立就。又善畫梅，海内傳者過萬本云。

陳康祺《郎潛紀聞初筆》卷三《楊彭嶺》　國家征討粤寇，自長江刱設水師，軍事始有歸宿，而水師統帥，惟今陝甘總督善化楊公岳斌、原名載福。兵部侍郎衡陽彭公玉麟，忠勇樸誠，始終其事，其功績爲獨多。咸、同二朝之詔令，曾、胡諸公之章奏，及中外士大夫、婦人孺子之稱述，莫不以長江千里，再造於楊、彭手。康祺按：京口爲長江咽喉，其地夙有楊彭嶺，康熙間湯文正公嘗作游記，今載集中，惟公亦不解命名之何義。由今思之，偉人未生，嘉名先錫，青山無恙，戰跡常留，事皆前定，不信然與？

陳康祺《郎潛紀聞初筆》卷八《彭雪琴小孤山凱旋詩》　彭雪琴侍郎以水師克復小孤山，凱旋後，摩崖題句云：「書生揮指戰船來，江上旌旗一色開。十萬雄師齊奏凱，彭郎奪得小姑回。」儒將風流，令人羡絶。

備論

《續碑傳集》卷一四俞樾《彭剛直公神道碑文》　人之生直，其爲氣剛。剛則近仁，直大以方。明明天子，知公特詳。錫此二字，紀於太常。公之故舊，私議其旁。情性似矣，功業未彰。豈知功業，非公獨長。即在當時，並稱彭楊。至於性情，日月争光。睥睨宇宙，笑傲侯王。直如矢笴，剛若箭鋌。同時元老，令名孔臧。曾曰文正，左曰文襄。歷觀史策，後先相望。公曰剛直，自古未嘗。皇朝謚法，稽之舊章。曰剛曰直，莫克兼當。惟帝知公，特筆褒揚。傳千百世，久而彌芳。朝野共識，婦豎不忘。辟除魑魅，激發忠良。剛直之澤，永永無疆。

《彭剛直公榮哀録・諭祭文》　朕惟中興資衆楚之才，器多台輔；上策扼平吳之要，功起水軍。及耆定以圖勳，遠謀益著；屬老成之盡瘁，渥澤宜頒。爾前任兵部尚書彭玉麟，文武兼資，德威並著。始則澄觀黌舍，卒能決勝舟師。破敵寨於溢江，邁宋乾符之烈；復軍屯於溧水，超唐武德之勳。洊擢監司，旋官節度。外督轉輸於八遞，入綜詰禁於五戎。止足歸田恩重，而未安誓墓，習流備戰疾深，而仍統淩波。方期卧護於紀瞻，忽發憤呼於宗澤。既深感惻，俾極哀榮。於戲！景南岳而弔鄴侯，高蹤如接；向西湖而思蘄國，偉績猶存。賁此馨香，歆其來格。

《彭剛直公榮哀録・誄詞》　維光緒十有六年三月丙戌，清故兵部尚書、贈太子太保，賜謚剛直衡陽彭公薨。嗚呼哀哉！先聖有言，世惟才難。如公之生，亦曰盤盤。外典戎重，内掌夏官。威無不被，功無不完。天不憖遺，遽變哀榮。梁木頽蔭，星采黯精。誰謂不壽，千載令名。誰謂不悲，朝野同聲。嗚呼哀哉！乃述功德，而作誄曰：昔彭之先，江右名族，游宦於鄉，是曰光禄。越祀二百，厥有粲園。幹力勤濟，志乘所宣。既美其根，益碩其實。嶽降明神，誕育剛直。矯矯剛直，克承厥家。匪直也家，乃爲國華。幼值孤弱，長併患難。晨膳何雞，季行別雁。介推無禄，定遠傭書。乃武乃文，被褐懷珠。曾未立年，鏘揚在泮。委篋游學，枕戈待旦。結客屠釣，韜聲闤闠。市有蚨飛，門無犬吠。文宗之朝，世習治平。兵備既弛，粵寇乃成。墮我名城，傷我敵愾。螳怒轍當，魚噓鼎沸。曾軍獄獄，振起湘鄉。墨絰受命，伯仲偕行。師之所至，□駭風祖。求賢禦侮，彰我天誅。有薦公者，曰良將才。一見懽然，大度彌□。公之初起，實佐陲營。上馬殺賊，人幕爲賓。田鎮之敗，武昌繼危。詔慶朔北，乃治水師。材官如鼠，公也如虎。名領一營，實總其□。寇方乘勝，下湘渡湖。公入其中，軍忘其孤。曾公曰欷，彭軍尚留。彼眾我寡，焉不虔劉。公乃坦然，潛出寇闗。甯徒死守，且復生還。潭州之捷，鼓行東下。縱火乘危，使船如馬。書生殺賊，眾乃輕進。桓桓粵將，同殞厥命。我軍謀攻，湖寇益肆。礮□再發，軍無僶避。寇始潰散，聚於田鎮。依山而守，夾江而陳。列礮如筍，輜車如雲。巨纜琤琤，鐵鎖齟齬。我掠漸下，□寇隨之。均合田軍，我出其奇。寇乃大創，焚溺無算。夜再襲我，水陸潰亂。大軍幾覆，公救不利。相保入湖，船稀餉匱。更募新軍，復整勞制。彭楊分將，公威益厲。武漢僞據，寇坠不出，扼我要衝，欲度無術。楊乃大吉，激怒我公。下上惟吾，奚避其鋒。公聞憤然，冒險而發。桅折船傾，幾沈水窟，既□以還，荊帥拜謝。曰勿尚猛，宜整以暇。矧我水師，獨當必危。助以陸軍，庶幾可爲。袁瑞併陷，江西道絶。曾軍檄赴，遂探虎穴。著敝衣履，從數健兒。間行直達，匪夷所思。公將水師，實貳於楊，外江内湖，如翼斯張。寇□其鋒，遏不便合。扼據石鍾，□石硼礦。公赫斯怒，鼓棹前津。誓破此險，奮不顧身。擢數百舟，□比而前。有□立斃，後者復□。天殛羣凶，火飛礮裂，□彼守者。軍過若決。既合外江，陸軍亦來。腹背擊之，寇奔如頽。進□小姑，□度安慶。復城破屯，□無敢問。金陵未捷，大軍潰走。連□名城，遂□湖口。公□□援，誓衆登□。寇去上□，巡江視師。戰守不時，克陷不常。天子命公，鎮撫徽疆。公既力辭。詔問苗逆。公曰剿之，須俟其日。旋改提督，授少司馬。分駕於楊，乃能自下。穆宗初元，戰爭未休。金烏蕪粱，克壯其猷。爰有九洑，江甯□角。寇據其洲，堅不可撲。詔集水陸，大舉而攻。各分三□，公與楊公，夜率將士，肉蒲畢登。子飛□落，火夜煙騰，軍忘其死，寇喪其魂。或潛或逃，殲馬僅存。寇收敗散，□我池州。救於青陽，代以同仇。奏凱江寧，竝前論功。輕□襄□，作保青宮。尋奉思命，往權漕督，公再疏辭，仍將其屬。兵事大定，營制甫立。偏奏定章，方□裁輯，乃請當歸。至於衡陽，終制墓廬。思老榆鄉。文正考終，視師促起，罰罪賞功，奏當其旨。帝曰惟賢，克勝重任。入覲彤廷，錫騎紫禁。兩江避位，喉舌未司。豈敢暇逸，退省其私。官則辭止，事則惟使。朝有密詔，公辦必理。承平方慶，法粵構釁。命防粵海，以公作鎮。大軍甫戾，相度形勢。欲戰不能，争之隕涕。卅載江湖，風潮浸淫。久屯蠻方，瘴癘重襲。屢乞不休，力病不出。有見代請，始鑒其實。還未幾時，奄忽以卒。嗚呼哀哉！翳公之起，烽飈怒號。鼓此洪爐，燎彼蝟毛。亦有別將，怙寵姦淫，立斬以狥，驕貴寒心。名重如山，聲震如雷，出鬼入神，陰闔陽開。利析其毫，禍絶其胎。寬猛交濟，刑德兼懷。爵不自縻，禄不自崇。既竭吾才，不尸其功。如彼淵魚，縱壑忽匿。如彼飛鳥，色斯戢翼。寢疾彌留，未忘建白。遺疏馳聞，皇心悼怛。褒謚飾終，彪揚史冊。嗚呼哀哉！嗟予小子，先世與居。公初見我，謂我能書。結體精嚴，公權之徒。嗣喪所天，守拙窮廬。室無長物，家有夙逋。公之愛我，始終如一。揮金相遺，勉予自立。我乃厄厄，老而愈貧。公歲歸來，餽問猶頻。胡天不弔，命極運衰。冥鴻飛逝，白驥嗚悲。今公往矣，痛也奈何！傷心知己，斯世無多。嗚呼哀哉！

《彭剛直公榮哀録・御製碑文》　朕惟大臣績炳寰區，志安巖壑，信史既書其勳烈，易名宜揭其悃忱。將以勵始終之不渝，選靖共而是與。所謂謚以成德，原殊號以旌功也。爾前任兵部尚書彭玉麟，淡泊爲懷，澄清矢念。昔值潢池之變，曾蒐楚澤之英。屢以儒官，先乎士卒。收潯陽之九派，復使朝宗；控瀟嶽之千峯，旋移節度。揚飄天塹，奮挾艦之雙龍；返棹洞庭，甘伴琴之一鶴。馮異坐大樹，下不語豐功；張良從赤松遊，夙懷遠志。及乎入參五兵之職，總司九伐之權。雖思勇退於急流，猶倚忠謀而坐鎮。蓋猷碩畫，功成而每弗自居；勁節貞心，論定而益彰有守。無愧鍊金之什，如承賜箸之榮。綜厥生平，謚之剛直。於戲！本儒行以建謨猷，兼標清節；歎古遺而深惋惻，用錫嘉名。貞碣恒留，彝章永煥。爾靈不昧，國典有光。

《彭剛直公榮哀録》郭嵩燾《彭剛直公墓志銘》 康屯拯危，萬衆栖栖。烈士奮攘，儋爵析圭。哲人閔世，憂時顛隮。異軌同趨，利禄之梯。嶽嶽彭公，始參戎幕。揭榜敷求，濟時要略。蠲名與利，大誼相託。公感而起，承以謇諤。搴旗東下，彌三十年。荆揚一州，鯨鯢九淵。金鼓揭地，名聲動天。遂階兼圻，晉秩三孤。朝命敦至，萬軍呼歡。公功在人，公心自矢。初志豈渝，不縻金紫。方冠布綏，履坦猶砥。綜其始終，肝膽彌綸。自申其志，無有緇磷。氣薄風雷，義激鬼神。軍之初興，所憂饑疲。公行鹺法，用佐軍資。計然相越，富彊以基。公取小試，與道逶迤。終焉蕆成，乾清坤夷。有峩者邱，山水環翼。我銘其藏，以爲世則。

《咸豐以來功臣別傳》卷七下 論曰：彭公清望，邈焉寡儔，氣凌霄漢矣。楊公優于水戰，與其勳名。然自將勝，用將敗，利東南不利西北，事勢固殊也。孟子有言：「吾善養吾浩然之氣。」其爲氣也，至大至剛，彭公庶幾哉。

藝文

《彭剛直公榮哀録・輓詩》俞樾《哭彭雪琴尚書一百六十韻》 公功在天下，公名在國史。四海所推崇，百代所仰企。此不待吾言，吾言不在此。惟懷姻婭情，請溯論交始。同治之八年，太歲在己巳。公初謝兵符，養痾游浙水。西湖第一樓，歸然西湖涘。公謂此樓佳，於焉駐鞭弭。我亦適來游，一見承倒屣。走筆畫梅花，權作屋租抵。公於己巳年來浙養痾，借居余詁經精舍第一樓，畫梅花一幅見贈。題詩云：「一樓許借元龍住，畫幅梅花當屋租。」此吾兩人訂交之始。自此交益密，自此情益昵乃禮切。清游踵相接，高談掌共抵。詩筒倡和百，酒座往回幾。爲我飯置糜，公喜食硬飯，余至，必令廚人具軟飯相待。爲我酒設醴。以余不飲故。相交二十年，有若昆與弟。及至壬申年，公入覲天子。乃權本兵職，乃觀大婚禮。兩江適虛位，朝議惟公以。公堅乞骸骨，請歸守桑梓。有詔命巡江，歲歲必躬履。公受詔南還，訪我於吳市。仍假第一樓，聊以寄行李。我時獻末議，所議良亦韙。西湖湖裏湖，三潭印月俗呼湖裏湖。三塔尚鼎峙。長橋九曲折，有若珠穿蟻。東北隅隙地，彌望草薿薿。於此築精廬，當不讓湘澧。公聞而欣然，短章奏黼扆。臣有退省庵，衡陽舊鄉里。西湖亦築庵，庵名即同彼。巡江至下游，願於此休止。於是工始鳩，於是材更庀。不半載樓成，樓小屋亦庳。與我第一樓，相望如尺咫。坐上塵同揮，門前舟共艤。嘗作西溪游，扁舟入蘆葦。共飯於∴庵，∴乃梵書伊字，山中庵名。坐有老學使。謂黃恕皆侍郎。一壺兩楪子，陶然共舉匕。每人具酒一壺，蔬菜兩楪。又作雲栖游，山中走邐迤。石公爲主人，楊石庵制府時撫吾浙。殽嘉酒亦旨。公即席賦詩，詩成不逾晷。右筆左持杯，豪氣出十指。我偶與公言，縱談西湖美。九谿十八澗，幽秀無與比。公即發高興，遥指白雲裏。乘樏共入山，愈入愈可喜。山壓人面前，泉流我足底。攝衣渡清泠，披襟坐嘉卉。公舍輿而徒，回頭轉我徯。大叫驚林鳥，健步逐山麂。臨流兩踝没，登高一足跬。我謂君此游，山靈笑欲死。不是游名山，竟是摩賊壘。一時游戲語，亦足見奇偉。前後數寒暑，年年駐旌棨。我本梁伯鸞，賃廡不自恥。偶爾營曲園，公喜爲啟齒。太歲在丁丑，承公枉玉趾。我孫甫十齡，攜向尊前侍。一見大稱賞，頗不謂鄙俚。腰閒漢玉佩，手解手親遞。遂合二姓歡，永受百年祉。丁丑歲，公至吳下，余攜孫兒陛雲出見，時甫十歲。公一見大悅，解漢玉佩贈之，遂成二姓之好。及乎戊寅冬，吾婦病類痞。公勸游西湖，庶幾病可已。是年俞樓成，我猶未及視。公謂大隘小，垣成乃更毁。廓而使大之，依然相連纚。鑿就泉瀏瀏，疊成石嵋嵋。徐辟與彭更，佳話徧遐邇。杭人有以俞樓二字爲謎，射四書人名二，曰徐辟、彭更。謂花農創之，而公更擴大之也。己卯歲二月，春風正旖旎。我與婦偕來，牽率到奴婢。公時聞我至，即起命船檥。攜來酒滿壺，佐以肴填樏。黃道卜良辰，紅箋聘媒氏。蓋篋出金釵，寒廚洗瑶篚。良緣從此結，大禮不嫌菲。湖光山色中，盛會殊濟濟。誰料樂生哀，迭嘗荼與薺。吾婦踰月亡，老夫爲隕涕。傳語親家翁，吾衰可立俟。逝者已九原，存者不可恃。願孫早有室，及我未爲鬼。公亦憐此意，報我書曰唯。庚辰臘嘉平，月望非月朏。卜吉在十二月十六日。鐙火照軒楹，笙歌震階阯。堂前玳瑁筵，牀上鴛鴦被。攜來小比肩，穠華壓桃李。市兒詫丰姿，坐客問年齒。自我所寓廬，至公所居邸。相距半里遥，往來不嫌駛。揖讓忘主賓，嘲詼裸汝爾。臘鐙爲公挑，春酒爲公釀。吟箋傳輿儓，禮幣及姊姒。守歲坐團欒，憂時語歔唏。無何海氛惡，邊郵苦難敉。詔下命督師，公老起撫髀。昂首望南天，海雲何靉靆。

戰士未裹糧，輿圖先聚米。羊城勢固雄，虎門實相踦。列營宜鉤連，築壘更崎嶬。公時在軍中，甘苦共下士。張我黃皮室，庋我烏皮几。其上設枕簟，其下置金錡。零丁洋風濤，大黃滘泥滓。一一躬受之，病遂深入髓。孔明入不毛，伏波征交阯。勞或與公同，功未足公擬。三年躬況瘁，百蠻魄盡褫。遥望越王臺，不敢發一矢。試與鄰境衡，孰臧而孰否。民咸曰休哉，而公死此矣。聞公病戎幄，經月不動履。驟聞吾孫捷，蹶起躡鞮鞻。如此意拳拳，足徵情亹亹。公歸自粵東，笑口又一哆。是何蘭房中，不夢熊夢虺。我抱女曾孫，其前尚有姊。攜之以拜公，瑶環而瑜珥。遂開湯餅筵，金樽連日洗。公時尚能飲，兼能啖餅餌。雖已病支離，或未傷根柢。儻可臻期頤，不憂遽委靡。自此又六年，年年共梧匜。一見一回老，病勢加倍蓰。心血吐已空，形骸枯若枲。有手不能動，有足不能跂。有口不能言，有舌不能舓。莫禁射姑旋，竟遺廉頗菌。猶憶戊子春，遺我有雙鯉。尚是親筆書，此後無一紙。去歲遇禾中，清淚爲公泚。遂矣此歸途，殆哉此病體。深懼半途中，或竟長城圮。歸帆告安穩，私心竊自揣。明知病無救，猶疑未及是。乃聞歸家園，展轉在牀笫。既未減沈疴，又且困瘡痏。一朝謝塵寰，飄然騎箕尾。失此老成人，安危更誰倚。即今論大局，猶未登上理。橫海有長鯨，伏莽有封豕。安得盡如公，以爲天子使。庶幾制夷狄，不必煩鞭箠。然此公論耳，公論人所紀。吾但論私情，私情固在己。二十二年來，臭味共蘭芷。詩文必互商，道義亦交砥。笑貌猶在目，聲音猶在耳。重登一寄樓，淚盡目爲眯。側聞建公祠，即在水中沚。行當籲臺司，疏請陳籩簋。嬌孫公所憐，爲婦亦媞媞。已命嘗齋奠，素服易羅綺。吾孫試春闈，能否拾青紫。得公此噩耗，定亦有餘倀。吾家西齋中，一榻爲公庋。憶否去年秋，閒軒猶一啓。公既返太虛，塵事豈復記。拉雜書告公，聊以代此只。我今年七十，亦與風燭似。不及從公游，扶桑到濛汜。

《國朝詩史》甲集卷四劉鳳紀《彭剛直公挽詩》 神州貫長江，其南際漲海。江海幸息浪，砥柱今安在。持危望同心，事棘公不待。回憶越祲昏，炎方門户殆。天降江神尊，氣吞海若倍。軍離終成陸，民恐頓忘餒。雪濤擁虎門，兩角高崔嵬。孤軍壁其外，免胄不披鎧。共苦感士卒，任難服僚寀。虎門曩爲廣州前敵，黃浦爲次敵，前粵督以淮軍守黃浦，以水師提督率粵軍守虎門，提督怨之，以故粵淮交惡。公於虎門外沙角、大角二山築礮台，自督湘軍守之。粵淮兩軍皆愧服，聽指揮無異詞矣。我亦受危任，同臭如蘭茝。論奏出腐儒，謬謂謀可采。凡防海規越，計畫、兵食，及諫阻停戰，撤兵諸事，余意皆與公合。摺奏電奏皆余屬稿，聯銜會奏，公不易一字。王師入龍編，虜肉不足醢。擣虛勢已成，行成逞欺紿。返旆三軍咗，撞斗老夫欬。天鑒剛且直，讜言宥不罪。兩年栖葦間，擇地斥爽塏。霧潦看墜鳶，浸淫中肩骸。爛爛紫石稜，疏髯蒼繞頦。扶掖始下牀，英姿終不改。九州服威風，所至絕姦賄。璨爛婦孺口，張皇及瑣嵬。畫梅偏人間，自吐冰霜蕾。北歸未過衡，一面至今悔。余移湖廣，擬自韶州度嶺，取道衡州，由湘入鄂視公疾。後以有奏明過滬商榷之事，遂由海道，不得到衡州。急難不尸位，此意空千載。袍澤人魂夢，孤憤結磊塊。鯨牙日鋒厲，箕尾失光彩。羣蒿豈任柱，雨泣問真宰。

文祥部

綜述

《清史列傳》卷五一《文祥傳》 文祥，瓜爾佳氏，盛京正紅旗滿洲人。道光二十五年進士，以主事用，分工部。二十九年，補官。咸豐四年，陞員外郎。五年五月，以巡防出力，加知府銜，賞戴花翎。六月，驗收海運漕糧，叙功加道銜。十月，陞郎中。十一月，以襄辦孝静康慈皇后喪儀，賞三品頂戴。六年，京察一等，記名以道府用。因親老，乞留京供職。七年二月，授太僕寺少卿。十二月，擢詹事府詹事。八年正月，充日講起居注官。三月，署刑部左侍郎，尋選内閣學士兼禮部侍郎銜。四月，署鑲黄旗漢軍副都統。五月，命在軍機大臣上學習行走。六月，補禮部右侍郎。七月，充署經筵講官。八月，署户部右侍郎兼管錢法堂事務。十月，恭送仁宗睿皇帝聖容、宣宗成皇帝《實録》《聖訓》詣盛京供奉尊藏，下部議叙，尋賜紫禁城騎馬。十二月，調吏部右侍郎。九年二月，授鑲紅旗蒙古副都統，充前引大臣。三月，充會試知貢舉。八月，復署户部右侍郎，兼管錢法堂事務。十月，命在軍機大臣上行走，調工部右侍郎，兼管錢法堂事務，尋調鑲藍旗滿洲副都統。十一月，調户部左侍郎，兼管三庫事務。十年正月，上三旬萬壽，賞加一級。三月，署工部右侍郎，兼管錢法堂事務，充對引大臣。五月，充朝考閲卷大臣，授左翼總兵。【略】十一年二月授右翼前鋒統領。三月，署鑲黄旗滿洲都統，尋充總理各國事務大臣。七月，充崇文門副監督。文宗顯皇帝升遐，穆宗毅皇帝御極，文祥請解樞務，命仍在軍機大臣上行走。十月，偕王大臣等奏請兩宫皇太后垂簾聽政，並議章程禮節，尋充實録館副總裁。十二月，充經筵講官，管理神機營事務。同治元年正月，遷都察院左都御史，正白旗蒙古都統。二月，管理國子監事務。三月，署工部尚書，管理火藥局，命恭理喪儀。四月，充總管内務府大臣。五月，署鑲白旗滿洲都統。六月，署兵部尚書，充拔貢朝考閲卷大臣。七月，管理鑾導處事務。閏八月，授工部尚書，兼署兵部尚書。九月，恭送文宗顯皇帝孝德顯皇后梓宫奉移山陵。禮成，賞加三級。二年四月，充朝考閲卷大臣。十一月，管理理藩院事務。初江蘇、浙江省城克復，上屢欲加恩樞臣，均再三辭，上重違其意。三年六月，江寧復，首逆就殄。七月捷至，諭樞臣同心輔治，宜予優獎。文祥仍固辭，上鑒其誠，賞太子太保銜，姪凱肇員外郎。尋署正黄旗漢軍都統。十月，充閲兵大臣。四年三月，署户部尚書。四月，辭總管内務府大臣，允之。六月，調鑲白旗滿洲都統。【略】六年八月，署翰林院掌院學士。九月，文祥五十生辰，御書「宣猷篤祜」扁額，「福」「壽」字並諸珍物賜之。七年三月，充會試副考官。閏四月，署神機營印鑰。七月，以捻逆平，加軍功二級。十一月，纂修《剿平粤捻方略》，充總裁。八年，因病三疏請假。十月，上遣御醫診視，給人薓八兩。十一月，請開缺，予假二月。十二月，丁母憂，回旗穿孝。上嘉文祥母教子有方，賜祭一壇，治喪銀一千兩。九年四月，百日服滿，因病乞假予兩月，並給人薓五兩。六月續假一月。會天津民教滋事，文祥力疾回京。九月，以病未痊，請開緊要差使，得旨毋庸管理理藩院、國子監、鑾導處，並開對引大臣、閲兵大臣。十年，以吏部尚書協辦大學士。十一年四月，稽察欽奉上諭事件處。六月，授大學士，管理工部事務，充武英殿總裁。七月，授體仁閣大學士。八月，《方略》告成，賞加一級。九月，大婚禮成，加恩在紫禁城内乘二人肩輿。十一月，充文淵閣領閣事。十二年，以明年慈禧端佑康頤皇太后四旬萬壽，並上親政後初届元日，特恩優叙。十三年，因病請開缺，賞假凡六次六月。【略】光緒元年三月，復請開缺。諭開鑲白旗滿洲都統，毋庸管理工部、神機營，以大學士在軍機大臣、總理各國事務衙門行走，俟病痊入直。九月，上躬送穆宗毅皇帝、孝哲毅皇后梓宫暫安山陵，文祥留京辦事，諭日午散直，毋庸直宿，並佩正黄旗滿洲都統印鑰。文祥在軍機大臣任，五届京察均下部議叙。十二月，復以病請解樞務。上不許，疊予假調理。

二年五月，卒。遺疏入，諭曰：「大學士文祥清正持躬，精詳謀國，忠純亮直，誠懇公明。由部曹荷文宗顯皇帝特達之知，洊陞卿貳，並令在軍機大臣上行走。復蒙皇太后、穆宗毅皇帝重加倚畀。同治四年，奉天馬賊肆擾，特派帶兵出關剿捕，地方賴以廓清。旋經簡任綸扉，深資輔弼，於國計民生，利病所關，及辦理中外交涉事件，無不盡心籌畫，實爲股肱心膂之臣。祗以積勞成疾，屢請開缺，朝廷寬予假期，曾遣御醫診視，賞給人薓，俾得安心調理，並於召見軍機大臣時，疊次垂詢。方冀克享遐齡，長承恩眷，茲聞溘逝，震悼良深。著賞給陀羅經被，派郡王銜貝勒載澂帶領侍衛十員，即日前往奠醊。加恩予謚，晉贈太傅，照大學士例賜卹，入祀賢良祠。賞銀三千兩，由廣儲司給發。賞給騎都尉世職，即令伊子熙治於百日孝滿後承襲。任內一切處分，悉予開復，應得卹典，該衙門察例具奏。靈柩回旗時，沿途地方官妥爲照料。到旗後，著崇實前往賜祭一壇，用示篤念藎臣至意。」尋賜祭葬，予謚文忠。十五年正月，慈禧端佑康頤昭豫莊誠皇太后歸政，以文祥前充軍機大臣，夙夜在公，襄成郅治，命賜祭一壇。子熙治員外郎，襲世職。

《續碑傳集》卷七匡輔之《文文忠公別傳》 文祥字博川，瓜爾佳氏，盛京正紅旗滿洲人。道光乙巳進士，以主事用，分工部。咸豐五年升郎中，六年京察一等記名，以道府用，因親老乞留京供職。七年二月，授太僕寺少卿。八年三月，由詹事遷內閣學士兼禮部侍郎銜，命在軍機大臣上學習行走。六月，補禮部右侍郎，調吏部右侍郎。九年十月，命在軍機大臣上行走，調工部右侍郎。

十年，英、法二國犯順，入天津海口，僧格林沁兵敗，退駐通州。七月，上降詔親征。適僧格林沁密疏，請幸木蘭，命王大臣會議。公以通州地異澶淵，人無寇準，非萬全之道。木蘭又無險可扼，我能至，夷亦能至。與大學士賈楨等力持不可，獨請召對，再三籲留。退偕軍機大臣吏部左侍郎匡源、署吏部右侍郎杜翰具疏，極言利害，請罷木蘭之議，盡撤所調車馬，請上特降諭旨，宣示中外。八月，寇逼，上幸木蘭，留署步軍統領。九月，圓明園火，土匪肆擾，命署圓明園八旗包衣三旗印鑰，調兵嚴捕，仍隨恭親王辦撫局。公慮事繁難兼顧，辭步軍統領，允之。夷兵退，疏請定期回鑾，以安人心。通商條約既定，偕恭親王等通籌夷務全局。奏言：「夷情之强悍，萌於嘉慶年間。迨江甯換約，鴟張彌甚。至本年，直入京城，要挾狂悖，夷禍之烈極矣。論者引歷代夷患爲前車之鑒，專意用勦。然揆時度勢，各夷以英爲强悍，俄爲叵測，而法、米從而陰附之。竊謂大沽未敗以前，其時可勦而亦可撫。大沽既敗而後，其勢能撫而不能勦。至夷人入城，戰守一無足恃，則勦亦害，撫亦害。就兩者輕重論之，不得不權宜以救目前之急。自換約以後，夷人退回天津，紛紛南駛，而所請尚執條約爲據，猶可以信義籠絡，馴服其性。方今捻熾於北，髮熾於南，餉竭兵疲。夷人乘我虛弱，而爲其所制，如不勝其忿，而與之爲讐，則有旦夕之變。若忘其爲害，而全不設備，則貽子孫之憂。古人有言：『以和好爲權宜，以戰守爲實事。』洵篤論也。今日之勢，髮捻交集，心腹之害也。俄國壤地相接，有蠶食之志，肘腋之憂也。英國志在通商，不爲限制，則無以自立，肢體之患也。故滅髮捻爲先，治俄次之，治英又次之。惟有隱消其鷙疾之氣，而未可遽張以撻伐之威。儻天心悔禍，賊匪漸平，以皇上之聖明，臣等竭其顓蒙之力，必能有所補救。若就目前之計，按照條約，不使稍有侵越，外效信睦，而隱示羈縻，數年間即偶有要求，尚不遽爲大害。」因擬善後章程六條：一、京師立總理各國事務衙門，以王大臣領之，軍機大臣兼領其事，選章京滿漢各八人輪直。一、分設南北口岸大臣，牛莊、天津、登州三口暫設辦理通商大臣。五口欽差大臣舊隸兩江總督，新增內江閩廣口岸，事益繁。曾國藩方在軍，仍暫令薛煥署理，駐上海。吉林、黑龍江邊境俄人越界侵占，久匿不報，令將軍等履勘以聞。一、天津關税以三口通商大臣主之。牛莊仍歸山海關監督，聽通商大臣統轄。新立登州口岸，應派員專理。鎮江、九江、漢口、瓊州、潮州、臺灣、淡水諸口岸由各督撫會上海欽差大臣遴員司其事。俄國新議行貨之庫倫、喀什噶爾、張家口並舊通商之恰克圖、塔爾巴哈臺等處定約，惟烏蘇里、綏芬河各所不納税。請下伊犂將軍、各大臣、監督，悉心榷課，覈實備用。並以洋税扣歸二成，請酌給官吏辦公經費。一、各省辦理外國事件，將軍、督撫互相知照，以免歧誤。一、廣東、上海各擇通外國語言文字者二人來京，仿俄羅斯館教習例，選八旗子弟年十三四以下者，學習兩年後，考其勤惰，有成者優獎。一、各海口內外商情並外國新聞紙，按月咨報總理各國事務衙門備覈。均如所議行。

復密疏請練八旗兵丁，略言：「制敵在乎自强，自强必先練兵。比者撫局雖成，而國威未振，宜亟圖振興，使夷順則可以相安，逆則可以有備。況髮捻交乘，尤宜迅圖勦辦。內患能除，外侮自絕。請籌款添置火器營槍礮，給八旗兵丁演習。選閒散餘丁別立營伍，專習技藝擡槍。並請敕僧格林沁舉知兵將弁一人，來京督率訓練。」上韙之，遂立神機營。又奏言：「匪蹤飄忽，直隸一帶空虛。僧格林沁行兵後路，尚形單薄。勝保所部多未經行陣，撫局既定，而未敢遽撤者，一以彈壓土匪，一以防東省之匪闌入直境，藉此爲僧格林沁後路策應也。夫僧格林沁與士卒同甘苦，並能調度一切機宜，然其勢亦孤立無援。勝保勇敢有餘，而審慎不足。且同爲統兵大臣，未肯相下。是僧格林沁軍必得良將勁卒贊助援應，方無意外之失。良將一時難得。竊憶前任副都統富明阿、西甯鎮總兵成明從軍江北，素號得力，因養傷回旗，如病痊，請加録用，或發僧格林沁軍營領隊擊賊，或留京師訓練旗兵。並請命各統兵大臣選帶隊得力者保奏存記，酌量調遣，用資禦侮。再湖南巡撫駱秉章近因石逆回竄，暫緩赴川，而川省賊勢益張，文武皆不知兵。伏思前任雲貴總督張亮基謀略素優，以病開缺，恐因滇事棘手，託詞引退。若移之川省，或能展其才猷。且川省安，滇省亦易就理。」上嘉納焉。

十一年，充總理各國事務大臣。七月，文宗顯皇帝升遐，穆宗毅皇帝御極，命仍在軍機大臣上行走。十月，偕王大臣等奏請兩宮皇太后垂簾聽政。時內則諸王交責，外則羣盜披猖。公布置咸宜，中外輯睦，而於用人尤爲加意。所保如延建邵遺缺道李鴻章、前九江道之沈葆楨、湖北知縣劉蓉均擢任封圻，不拘常格。遂以平定髮捻，收發縱指示之功，中興大局所關尤鉅。十二月，管理神機營事務。同治元年正月，遷都察院左都御史。閏八月，授工部尚書。三年六月，江甯復，首逆就殄，捷至，以樞臣同心輔治，宜與優獎，賞太子太保銜。四年八月，馬賊入直隸喜峰口，竄遵化、薊州，命公統神機營兵馳赴東陵防護，並督諸軍追勦。賊竄灤陽，經鐵門關遁。乃留兵屯遵化、遷安邊隘，因疏陳地方拳賊釀患，請除積弊，清盜源。又奏言：「馬賊巢穴多在口外，如奉天之昌圖廳、八面城，熱河之八溝哈達等地，五方雜處，回民爲多，出則搶掠，歸而聚博，入冬彌甚。宜懸重賞，購眼綫，伏口外偵聽，調兵掩捕，庶淨絕根株，一勞永逸。」尋以老母多病，請回旗迎養，賞假三月，頒賜內府人葠六兩，俾齎歸，因令統神機營出關勦馬賊。時賊分擾關外，伏莽應之，勢甚熾。行至山海關，以所部兵力單，增調直隸步隊五百、洋槍隊一千，並請敕東三盟蒙古王公等由北夾擊。十一月，賊入朝陽縣。軍夜進抵錦州，賊東竄，敗之北井子。十二月，諜知賊劫奉天獄，約期攻城，兼程馳至。賊退踞城東南肆掠，並圍撫順。檄總兵劉景芳率騎夜擊，破之，賊悉出邊。於是吉林告警，遣軍赴援。五年正月，解長春廳圍，追賊及於昌圖朝陽坡。二月，軍分三路進，賊悉衆抗，士卒爭奮，十數戰皆大捷，禽斬賊目王洪義等，馘三千餘級，禽三百餘名。四月，賊首馬傻子勢蹙，乞降，破之，解其黨，留兵授將軍都興阿，俾清餘孽。遂請蠲奉天地丁銀米，停鋪捐。五月回京。七年三月，充會試副考官。七月，以捻逆平，加軍功一級。十年，以吏部尚書、協辦大學士。七月，授體仁閣大學士。十二年，因病請開缺，賞假凡六次。

六月，日本窺臺灣，公强出籌戰守。因上疏曰：「方今時事可慮者甚多，而以圖自强、禦外患爲亟。當和議之成，無人不爲自强之言，十餘年來迄無成效。其故由於鄙棄洋務者託空言而無實際，狃於和局者又相安無事，而恐啟猜嫌。即或悉心講求防務，復阻於財賦不足，而莫可施展。今變端已形，事機益迫。若再不措意，一旦大敵當前，將何所恃？伏願敕下戶部、內務府寬籌餉需，裁減浮用，停不急之工作，謀至急之海防，俾部臣疆臣皆得專力圖維。至自强之道首在虛懷納諫，以求政治之得失，勿以將順之言爲可喜，勿以直遂之言爲可憎。皇上憂勤惕厲，斯內外臣工振刷精神，不敢蹈玩泄之積習，否則狃以爲安，不思變計，恐中外解體，人心動搖，其患有不可勝言者。」上嘉納之。日本事平，偕恭親王等策海防六事：一練兵，二簡器，三造船，四籌餉，五用人，六持久。請敕中外大臣僉議，如所請行。公復疏言：「臺灣一事，以備虛力絀，將就完結，心殊鬱憤，更不能不思患豫防。前月總理各國事務衙門奏籌海防，遠謀持久，尚待從容會議，而目前尤以防日本爲尤急。日本與閩浙一葦可杭，倭人習慣食言，難保必無後患。且彼國近以改舊制失人心，叛藩亂民一或萌潰，則我濱海各口岌岌堪虞，明季之倭患可鑒也。今臺灣一役，彼理由而勉就範圍。儻他日强詞尋隙，別啟釁端，或陰與西洋各國合謀，雖欲委曲遷就，勢亦不能。夫日本，東洋一小國耳。略習西洋兵法，購二鐵甲船，竟公然爲中國難。而沿海疆臣僉以倉卒無備，不便決裂。若不及今亟求整頓，一旦變生，必更棘手。請敕沈葆楨等悉心籌商，酌留在臺兵勇，布置全臺事宜，以善其後。南北洋通商大臣迅速籌款，購鐵甲船、水礮臺及軍械，勿以倭兵已退，稍涉鬆懈。」允之。十二月，授武英殿大學士。光緒二年五月卒。遺疏入，兩宮震悼，晉贈太傅，予謚文忠。

雜錄

備錄

陳康祺《郎潛紀聞初筆》卷一四《文相國在總理衙門遇事持以定力》 自中西立約互市，朝廷設總理衙門，以大學士以下、九卿以上數人，爲總理各國事務大臣，多寡無定員。其章京則以閣部司員考充之，如軍機例。凡遇中外交涉事件，泰西諸國駐京使臣，其自稱曰全權大臣。多赴總理衙門，與中朝諸大臣定議。顧夷性狡譎，恃其機器舟械之利，出語驕橫不可制。近十年來，賴文相國祥以忠忱摯悃，誠實不欺，默化其鷙悍之氣，遇事持以定力，雖敵情萬變，而不爲所撓。同治一朝，邊事尚不至釀成大釁者，相國一人力也。聞西人每屆歲首，輒遺書通商諸大臣，以爲履端之賀。其稱文相國，必曰忠鯁清廉，而微嫌其與彼爲難，餘皆以圓融、識時務譽之。否或稱甲第之華美，車騎之都麗，謂太平宰相，安富尊榮，固應爾爾。嗚呼！雖在異類，豈無人心，惜我老成騎箕久矣。

備論

《續碑傳集》卷七匡輔之《文文忠公別傳》 評曰：吾聞文忠公在總理衙門，接見外國使臣，遇非理之要求，必面折之，莫不憚其嚴正。歿以光緒丁丑五月二日，暴風突起，黄塵漲天。張南皮哭之曰：「人之云亡，邦國殄瘁，公真不可及矣。」

《文文忠公事略》卷一《諭賜祭文》 代資賢輔，嘉幹濟之功勳；天奪良臣，悲老成之凋謝。殫猷爲以效職，身兼文武之才；總中外以宣勞，人服公明之量。克保榮名於晚節，宜敦厚禮於飾終。爾原任大學士贈太傅文祥，學有本源，器成遠大。忠誠體國，節勁凌霜，正直律躬，心清盟水。始策名於郎署，繼晉秩於宮詹。洊登卿貳之班，爰預樞廷之務。示懷柔於海國，烏弋輸誠；整軍旅於遼陽，鷹揚奏績。先帝賴其輔政，一時之聖武懋昭；兩宮念厥成勞，異數之恩施靡已。臺垣領職，風聲彰總憲之權；畫省趨公，星履循尚書之步。侍彤闈之講貫，荷翠羽之恩榮。部務用咨，鈞衡正位。胄筵設教，聿瞻渠範之端；册府宏開，屢統編摩之局。掌文衡則心如懸鏡，攝旗務則志切同袍。賜壽物以延釐，晉宮銜而增寵，詰戎兵而肄武，筦鑰曾持；閑禁掖之宣勤，筍輿用錫。眷懷耆碩，休聲克壽於千秋；力任艱劬，末疾竟嬰夫二豎。未允懸車之請，倚畀方殷；空勞珍藥之頒，淪殂遽告。股肱頓失，震悼良深。賫厚賻於帑金，遣親臣而奠醊。特易名於美謚，贈太傅之崇階。功在旂常，應推恩於孫子；志安社稷，宜入祀於賢良。於戲！矢一介之清操，蕭然館舍；畫萬全之良策，隱矣干城。爾靈有知，尚其來享。

《文文忠公事略》卷一《諭賜入祀賢良祠祭文》 朕維朝夕論思，燮理重陰陽之化；春秋崇祀，馨香昭俎豆之榮。朝廷圖任舊人，禮隆侑享；臣子靖共爾位，恩備始終。式展明禋，用彰美報。爾原任大學士、贈太傅文祥，禔躬勤慎，秉性忠貞。由部曹而擢宮詹，歷閣學而躋卿貳。槐省榮膺乎領袖，蘭臺總攝乎紀綱。校士禮闈，鑑衡明澈；宣勤講幄，經術湛深。尚書爲喉舌之官，兼司四部；冢宰實鈞衡之寄，特長百僚。汝則克慎厥猷，恪恭乃職。勉襄實録，俾信史之昭垂；翊贊樞垣，抒嘉謨而入告。用是洊升揆席，晉陟台階。青宫寵錫夫頭銜，紫禁用資乎輔弼。遽沉痾之久染，竟遺疏之旋陳。彝典式循，賢良予祀。於戲！祠官特命，潔酒醴以肇禋；廟食酬庸，庶班聯之彌勵。永兹歆享，尚克欽承。

《文文忠公事略》卷一《九月初三日盛京本旗諭賜祭文》 任隆輔政，思日贊以宣猷；典懋酬庸，賁雲章而示寵。爰頒嘉薦，用獎成勞。爾原任大學士、軍機大臣、贈太傅文祥，賦質樸誠，持躬端謹。始策名於郎署，夙夜弗遑；旋洊歷夫卿曹，公忠益勵。木天穹敞，領清華而籍掌瀛洲；樞院深嚴，預機務而謀參帷幄。總編摩於秘閣，典册勤稽；佐綏馭乎遐方，梯航畢集。既文衡之屢柄，復武備之兼資。洎乎入贊綸扉，宣勤政府。孜孜不怠，彌懷篤棐之忱；休休有容，允協和衷之義。方殷倚畀，遽染沉痾。迭給假期，俾安心以調理；延洽經歲，竟診阽而難痊。震悼良深，隆施特沛。詔錫金於内帑，命賜奠於靈幃。晉太傅之崇階，予文忠之美謚。祠賢良而入祀，念篤藎臣；襲世職以延庥，恩昭異數。嗚呼！儀型雖邈，難忘秉軸之勤；彝典攸崇，式焕加籩之禮。靈其不昧，尚克歆承！

《文文忠公事略》卷一《諭賜碑文》 朕惟亮工熙績，謨明資弼直之材；論道經邦，密勿重樞機之任。念成勞於元老，鼎鼐攸司；緬碩德於阿衡，典型忽謝。蓋相業永孚乎一德，斯恩榮遠照乎千秋。允勒貞珉，用光偉烈。爾原任大學士、贈太傅文祥，忠勤秉性，蹇諤匪躬。始簪郎署之毫，旋歷臺垣之職。正鈞衡於六屬，宏建嘉謨；綜樞要於一心，洞嫻方略。昔者瀋陽不靖，虜騎潛窺，命總師干，欽承廟算，奮擊則狼烽迅埽，窮搜而馬迹全空。畿輔因之乂安，耕市於焉不變。克敵致果，紓先皇宵旰之心；説禮敦詩，紡儒將雍容之度。時諸羌欵服，互市駢闐，勤襄柔遠之謨，密晝綏邊之策。胸羅武庫，西夏聞而膽寒；手草尺書，贊普爲之氣讋。約劑特重於九鼎，蕃情遠帖乎重洋。驚李晟爲天人，憚王商爲漢相。凡此艱難之宏濟，悉由篤棐之藎臣。至若宿衛典軍，經帷儤直，既歷持乎文柄，亦淹貫乎史裁。掌制鸞坡，屢頒堂饌。乘輿趨禁，獨冠班聯。接恩禮於三朝，睠懷舊德；任總師於百揆，旁作迓衡。逮藐躬繼序之年，正老成顧問之日。書思温室，鑒卅載之勤勞；絶席綸扉，作百僚之師長。賚予良弼，祝爾遐齡。方期賜杖於朝端，詎意撤琴於私第。追維成績，克副易名。蘇軾爲奎宿後身，經猷丕焕；歐陽是洛中耆舊，德望同尊。謚曰文忠，奚慙曩喆。於戲！小心翼翼，爾惟日贊乎萬幾；黄髮皤皤，天不憖遺乎一老。爰宣綸綍，式表堂防，昭示來兹，敬承勿替。

沈桂芬部

綜述

《續碑傳集》卷六《順天府志・沈桂芬傳》 沈桂芬，字經笙，宛平人，祖籍江蘇。道光二十七年進士，改翰林院庶吉士。三十年，授編修。咸豐元年，充浙江鄉試副考官。二年，大考一等三名，擢庶子，充日講起居注官，提督陝甘學政。三年，升翰林院侍講學士。五年，轉侍讀學士。六年三月，遷詹事府少詹事。七年，升內閣學士，兼禮部侍郎銜。八年，丁父憂。十一年，服闋，補原官，充廣東鄉試正考官，升禮部左侍郎。同治元年，調補户部左侍郎。二年三月，充會試副考官。十月，署山西巡撫。三年，實授山西巡撫。九月上《籌費移屯疏》，疏入，詔所司會議，從之。四年二月，疏稱："晉省山多地少，民食不敷，自洋藥弛禁，小民趨利若鶩，栽種罌粟。始而山坡地角，繼則沃壤肥田，以致米粟日缺，糧價踴增。設遇凶饑，購糴維艱。若不嚴禁罌粟，則烟土愈廣，糧米日稀，不知伊於胡底。臣思民爲邦本，食爲民天。亟應通飭各屬，一律禁栽罌粟，俾小民專務稼穡。雖於坐賈釐金稍減，然所失者小，所全者大。現已議定條約，刊示各屬，總期令必行而民不擾。下開養命之源，上裕敦龐之計。"四月，以母疾疏請解任，旋丁母憂。六年，服闋，補禮部右侍郎，充經筵講官。七年三月，命在軍機大臣上行走，旋調補户部左侍郎。七月，調吏部左侍郎，賜紫禁城騎馬。八年，升都察院左都御史，命在總理各國事務衙門大臣上行走。九年，遷兵部尚書。十一年，充國史館正總裁。九月，大婚禮成，加太子少保銜。十三年，管理國子監事務。光緒元年正月，以兵部尚書協辦大學士。先是，國子監肄業生額四十名，由户部發銀六千兩，屢經折減，膏火僅存。至是，桂芬奏加額二十名，請按庫平實銀發給，詔從之。三年，充實録館正總裁。四年四月，編修何金壽奏雨澤愆期，請訓責樞臣，諭交部嚴加議處，桂芬坐革職，特旨改爲革職留任。五月，充翰林院掌院學士。五年，開復革職處分。三月，恭題穆宗毅皇帝、孝哲毅皇后神主，賞加太子太保銜。十月，御史文鐍奏劾順天候補知縣王堃、蔣嘉泉、通判石賡臣等劣蹟，命查辦。覆奏順天本無通判員缺，嗣後不得以通判分順天候補，請著爲令。允之。七年正月，以疾終，年六十有四。贈太子太傅，謚文定。桂芬躬行純飭，辦事忠謹，所處極湫隘。爲軍機大臣十餘年，自奉若寒素。身後所遺，不及萬金，而未嘗以清節自矜許，人尤以爲難。

《清史列傳》卷五二《沈桂芬傳》 沈桂芬，順天宛平人，祖籍江蘇。道光二十七年進士，改翰林院庶吉士。三十年，散館授編修。咸豐元年，充浙江鄉試副考官。二年五月，大考一等，擢庶子，尋補詹事府右春坊右庶子。七月，署日講起居注官。八月，提督陝甘學政。三年，陞翰林院侍講學士。五年五月，轉侍讀學士。十二月，任滿回京，署文淵閣直閣事。六年三月，充日講起居注官。九月，遷詹事府少詹事。七年三月，稽察右翼宗學內閣，協同批本。八月，陞內閣學士，兼禮部侍郎銜。八年，丁父憂。十一年，服闋。三月，補原官。六月，充廣東鄉試正考官。十月，陞禮部左侍郎。同治元年，調户部左侍郎，兼管三庫事務。二年二月，充實録館副總裁。三月，充會試副考官。十月，署山西巡撫。三年正月，率屬倡捐京倉米石，有旨獎敘。

七月，補山西巡撫。九月，上《籌費移屯疏》，略言："京師旗民，生齒繁庶，不農不商，除仰食錢糧外，無生生之策。以今日安插旗人上策無如移屯邊方，中策則聽往各省。其聽往各省之法，無論馬甲、養育閑散，願赴各廳州縣謀生者，照商籍、軍籍例，編爲旗籍。户婚、田土、命盗案件，地方官主之。生子隨時呈報，年終督撫彙咨部旗，並許以旗籍應文武童鄉會試。綠營戰守馬糧及各營將弁，准一體考拔，降革休致。官弁及舉貢生監與各省駐防願徙者均聽之。至移屯邊方之法，請簡派大員爲屯田大臣，於奉天、吉林及獨石口外之紅城子、開平張家口外之興和、新平等處，昔年富俊、孫嘉淦所勘定舊地，步計可開若干頃，造建房屋，城堡，添製農具牛種，軍裝器械，酌立成規。宅中駐紮旗户，願移屯者，户部發治裝銀三十兩，沿途官給車馬。到屯後每户給房四間，農具牛種皆備。三時務農，一時講武，刑罰教養，屯田大臣主之。十年陞科，徵收之糧，運於口內，而積銀於屯所，即以屯糧所糶爲次年京旗移屯及屯所各項之用。由是旗人一遷徙之勞，永可豐衣足食，而旗民恤矣。軍興以後，調遣旗兵，不聞得力。若移屯口外，耕牧營生，加以訓練，可復國初驍健之風。十數年後，環邊之地，綿亘不絶，北懾强鄰，南衛京師，而邊防實矣。軍務既竣，八旗兵餉應循照舊章加發八成。竊謂蘇八旗一時之窮困，其惠小；貽八旗無窮之贍養，其利長。當未減之時而忽議減，其勢逆而難行，迨已減之後而量爲增，其勢順而易。節請於定復八成兵餉之年，暫給六成，酌留二成，歲可省銀百餘萬兩。治裝銀與房屋種具每戶以八十兩計之，歲可移屯數千戶。俟屯田升科後，京旗兵餉仍復八成之舊，則目前經費無庸另籌，日後正供永無不足，而國用舒矣。」疏入，詔所司會議。諭曰：「旗人聽往各省之法，道光年間曾經籌辦有案，見在量爲推廣，以裕生計，所籌尚屬周妥。即著八旗都統逐節出示曉諭，俾衆咸知。沈桂芬摺內所稱籌費移屯一節，見在該處情形如何，有無可闢地畝，著各該將軍、都統、督撫等認真籌畫，務須變通盡利，因時制宜，不准畏難苟安，一奏塞責。俟查勘確實，即行迅速具奏。」

四年正月，上以桂芬籌解甘肅軍餉無誤師行，下部優敘。是時洋藥弛禁，民間栽種罌粟，趨利若鶩，漸占沃壤。晉省山多地少，民食本已不敷，至是米糧更缺，市價日踴。桂芬刊發條約，飭屬嚴禁。二月，疏陳見辦情形，上韙之，並敕各直省督撫通行所屬，一律嚴禁，著爲令。四月，疏陳練兵事宜，略言：「晉省大同、太原兩鎮及省標兩營，額設馬步兵丁二萬一千五百餘名，徵調防堵，均不得力。當此西陲多事，宜整軍經武，裁弱募强。臣標添設精兵千名，已明定章程，遴委文員，會同營員分練合操。行之半年，孱弱漸除。隨將左右兩營額設各兵隨同操演，每日應練各兵人給練費二分，技藝嫻熟者酌增，劣者責革。又從太原鎮標暨平陽營存城兵丁練起，裁募賞罰，一如省章。蒲、潞兩協亦陸續舉辦，如有成效，再擬推廣北路。」六月，又疏言：「大同、殺虎兩處要區，營伍尤宜整頓。見委員前往，將大同鎮標及殺虎協見存各兵，會同營員，按日簡校訓練，總期精益求精，咸成節制可用之師，以固邊圉。」均報聞。是月，以母疾，疏請解任省親。得旨，賞假二月。旋丁母憂。

六年，服闋，補禮部右侍郎，充經筵講官。七年三月，命在軍機大臣上行走，遷戶部左侍郎，兼管三庫事務。七月，調吏部左侍郎。十月，賜紫禁城騎馬。十一月，充方略館總裁。八年六月，陞都察院左都御史。十月，命在總理各國事務衙門大臣上行走。九年，遷兵部尚書。十一年六月，充國史館總裁。九月，穆宗毅皇帝大婚禮成，加太子少保銜。十二年，以桂芬勤勞素著，賞御書「勤宣贊畫」扁額。十三年四月，管理國子監事務。十一月，奉慈安端裕康慶皇太后、慈禧端佑康頤皇太后懿旨，皇帝天花之喜，沈桂芬著賞戴雙眼花翎。十二月，穆宗毅皇帝龍馭上賓，桂芬自請撤銷翎枝，允之。光緒元年，命桂芬以兵部尚書協辦大學士。先是，國子監額設肄業生四十名，戶部例發銀六千兩，屢次折減，膏火僅存其名。桂芬奏請加額二十名，其例發銀兩，請仍按庫平發給。從之。二年，充玉牒館總裁。三年五月，充教習庶吉士。九月，充實録館總裁。四年二月，回疆肅清，捷入，上以軍機王大臣同心翊贊，共矢公忠，交部優敘。四月，編修何金壽奏雨澤愆期，請訓責樞臣。諭交部嚴加議處，桂芬坐革職，特旨改爲革職留任。五月，充翰林院掌院學士。五年正月，考績，有旨褒獎，開復革職留任處分。三月，恭題穆宗毅皇帝、孝哲毅皇后神主，賞加太子太保銜。五月，疏言：「國子監衙門每年領戶部銀六千兩，爲各生膏火獎賞及津貼官學生用度。此外春秋丁祭，及辦公各費，尚需一千八百餘兩。向賴京外收捐貢監照費爲津貼。今年大捐既停，照費僅存涓滴，無裨於用，而部庫支絀，勢難請益。查江海各關監督均有捐解京師顧學堂義塾粥廠銀兩之案。見經函商各監督，酌籌監費，共集有二千四百兩之數。擬照顧學堂成案，每年各關批解總理各國事務衙門彙收，國子監於六月、十二月兩次各支領銀九百兩，所餘六百兩由總理各國事務衙門另款存儲，監中遇有要需，再行撙節動用。似於造士辦公，均有裨益。」報聞。

桂芬自卿貳洊躋揆席，疊荷恩賞，御書福、壽、龍、虎字，貂褂紬緞荷包十一次，充會試覆試閱卷大臣六次，鄉試覆試閱卷大臣七次，殿試讀卷官、拔貢覆試閱卷大臣各二次，進士朝考、庶吉士散館閱卷大臣各三次，考試漢教習、漢謄生、漢御史閱卷大臣，武會試較射、武會試覆試大臣各一次。六年十二月，以疾請假，尋卒。遺疏入，諭曰：「協辦大學士兵部尚書沈桂芬清慎忠勤，老成端恪。由翰林洊陞卿貳，外任封疆。同治年間入參樞務，擢任正卿。朕御極後，重加倚任，晉協綸扉。辦理一切事宜，均能殫心竭力，勞瘁不辭。前因偶患微疴，賞假調理。遽聞溘逝，震悼殊深。著賞給陀羅經被，派貝勒載漪帶領侍衛十員即日前往奠醊，加恩晉贈太子太傅，照大學士例賜卹，入祀賢良祠。任內一切處分，悉予開復。賞銀二千兩治喪，由廣儲司發給。應得卹典，該衙門察例具奏。靈柩回原籍時，著沿途地方官妥爲照料。伊子沈文蕭著賞給舉人，准其一體會試。伊孫沈錫珪，著賞給郎中，俟及歲時帶領引見，以示篤念藎臣之至意。」尋賜祭葬，予謚文定。十五年正月，慈禧端佑康頤昭豫莊誠皇太后歸政，以桂芬前充軍機大臣，夙夜在公，襄成郅治，命賜祭一壇。子文圻，同治三年舉人；文蕭，恩賞舉人。孫錫珪，郎中。

雜録

備録

嚴辰《感舊懷人集》 公爲江蘇吴江人，寄宛平籍。道光丁未翰林，同治朝入相。時粤匪初平，搶氛尚熾。公在樞垣，以整綱飭紀，贊成大功。計癸卯十八省正副榜一千五百十五人，入相惟公一人耳。余忝同鄉舉，早相過從。壬戌散館首列，以賦中用「女中堯舜」字奉懿旨譴責，降置十名，改官刑曹，咸謂樞曹有人媒蘖其短者。公時已爲卿貳，適派殿試讀卷，故特枉駕慰問，告以殿試易置鼎甲，實出慈禧懿旨，則散館之事，亦必非由媒蘖，戒勿怨尤。其言正而不阿，令人欽佩。

藝文

嚴辰《感舊懷人集・沈經笙相國同年大前輩桂芬》 相業當年飭紀綱，同科舉子獨鍾祥。蓽門曾辱高軒過，置腹推心語敢忘。

徐壽部

綜述

《碑傳集補》卷四三程培芳《徐雪村先生傳》 先生諱壽，號雪村，世居無錫北鄉社岡。五歲失怙，事母盡子道。年六十矣，冠衣不純采，因欲爲母建旌節坊，而資乏未成也。幼嫻帖括，習舉業。思以爲無裨實用，棄之，遂專究乎致知格物之學。潛心經濟，討論經史，旁及諸子百家。凡與格致有涉者，如數學、律吕、幾何、重學、化學、礦産、醫學，靡不窮源竟委焉。嘗言格致之理必藉器以顯，而製器之學原以格致爲旨歸，故於製器之學爲尤精。昔曾文正公以「深明器數，博涉多通」奏，舉奇才異能而以賓師相待。噫！亦盛矣。更有足欽者，雖與人交游而宛然寒素，渾然敦樸，自奉儉約，而購備格致器物多金不惜。因是見者歎服，聞者心傾，遂相傳爲化學專門，製器名家。當道者遠慕盛名，屢次相招，而先生以爲恐廢學業，不願應聘，殆所謂吏隱者歟。但此皆世所習見習聞之事，而先生之學實不止此，更有大者在焉。溯其平素之學，内則克己正心，外則維持世道，涵養數十年，常以不愧不怍自省。當弱冠時，書銘於座右云：「不二色，不誑語，接人以誠。」又云：「毋談無稽之言，毋談不經之語，毋談星命風水，毋談巫覡讖緯。」其見諸行事也，婚嫁喪葬概不用陰陽擇日之法，四時祭祀專奉祖先而不祭外神，治喪不用僧道懺醮以及樂工鼓吹，營葬不用堪輿家言。居恒與人談議，所有五行生克之説，理氣膚淺之言，絶口不道，總以實事實證引進後學。可見其心地明浄，胸襟曠遠。而於天人性命之學，直接古人，非涵養功深，何能臻此。故其平素居心，又以嘉惠後學爲務。嘗謂：講格致而無成書可考，難以廣傳。故在江南機器製造局，與西士傅蘭雅專譯格致諸書，不辭勞悴者十年於兹。後學藉有津梁，而先生格致之學亦由此益深矣。然雖譯有成書，尤恐學者難尋門徑，擬於上海設立格致書院，以爲會集講論之所。此事亦與傅蘭雅諸君剏議成之。芳久與先生游，最詳悉其生平，故樂爲述之，而亦藉以附驥焉。

《碑傳集補》卷四三錢基博《徐壽傳》 徐壽，字雪村，開原鄉錢橋社埄人也。五歲喪父，事母未能盡子道。已而母喪十餘年，而壽髮且茲茲白矣，冠衣不純采，因欲爲母建旌節坊，而未克遂志也。幼應童子試，習舉業；既以爲無裨實用，棄去。治經務挈綱要，治《禹貢》，條其山川物産田土，列之爲表，治《毛詩》亦然，一展卷而犂然在目。又嘗用武進李氏所刊輿圖，以朱筆填寫春秋、兩漢、水經注等圖。居恒與人談議，所有五行生克之説，理氣膚淺之言，絶口不道，而蕲之於實事實證。年二十，銘於座右云：「毋談無稽之言，毋談不經之語，毋談星命風水，毋談巫覡讖緯。」又銘云：「勿二色，勿妄語。」其志意可知也。性好攻金之事，手製儀器甚多，若指南鍼、象限儀等，皆自製之。嘗仿製墨西哥銀幣，精鏤鋼板爲模，校準分兩，鎔銀爲餅，納其中，自高樓懸石椎一擊而成，顧面幕之紋成矣。而邊花作之甚難，屢更修改軋槽而邊花亦成。以入市，雖老於賈者不能辨其非也，祇見花樣嶄新，咸以新板目之。其後英人韋廉臣歸國，嘗從易數十枚以去，置倫敦博物院中，今猶存也。能以意製古樂器，皆協律。

咸豐十一年，兩江總督曾國藩督師祁門，聞壽名，以「研精數理，博涉多通」奏請徵赴軍營，奉旨著江蘇巡撫訪求徐壽資遣赴國藩軍。壽至，遂專掌製造事。壽本以捐振議敘從九品，至是得保主簿，隨國藩軍抵江寧。以同治五年三月造成小火輪船一艘，國藩亟賞之，命名黄鵠，中國之能造輪船，蓋自壽始也。國藩北征，壽丁母憂回里。已而國藩回任兩江，委辦上海製造局，壽條陳四事：一翻譯西書；二開煉煤鐵；三自造大礮；四操練輪船水師。遂在局翻譯汽機化學等書，成數百卷。日本聞之，派柳原前光等赴局考訪，購載壽譯本以歸。今日本所譯化學名詞，大率仍襲壽本者爲多，人以此服其精審云。晚年不復里居，曾一歸建母旌節坊。已而仍至上海，以同治十三年與西士傅蘭雅創建格致書院，蒐藏各國瑰器，資諸生考鏡。自是風氣漸開，國人皆知制器尚象之學，其端蓋自壽實啟之焉。

次子建寅年十八，隨父壽赴曾國藩軍。時父壽方謀造黄鵠輪船，苦無法程，日夜凝想。建寅累出奇思佐之，厘乃集事，剏從前之所未有得，建寅之助爲不少也。建寅於是器象之學日益進，復在上海製造局助父壽成惠吉、操江、測海、澄慶、馭遠等船。時父壽方與西士傅蘭雅等譯西書，建寅亦昕夕從事。成《器象顯真附圖》三册、《輪船布陳》兩册、《汽機必以》一册。闡發器數之理，爲天下倡，闢西學門户，皆壽父子力也已。而建寅以同治十三年奉調天津製造局，剏造强水，所費視外國購者值三之一耳，厥爲中國能製强水之權輿。是年總理衙門下書徵人才，江蘇巡撫丁日昌命建寅籌論時局，建寅遂上萬言書，總署得書稱善。時建寅已官郎中，因奏保堪充使才，奉旨以出使大臣記名簡放。光緒元年，山東巡撫丁寶楨稔建寅才，調總辦山東機器局。建寅躬自營度，未嘗延用西人。三年，有成丁寶楨以「心思縝密，條理精詳」入告。奉總署傳諭速往西洋考求一切。旋授德國參贊，遂周游英法諸國，著所見聞，成《歐游雜録》二册、《德國議院章程》一册、《德國合盟紀事本末》一册。十年回國，覲見，奉特旨以知府發往直隸。無何，丁父艱，歸。十二年，服闋，以兩江總督曾國荃檄調會辦金陵機器局，遂因局中機器，煉成鑄鋼及西式後膛抬槍，尋擢道員，奉旨發往直隸。

雜録

備録

《碑傳集補》卷四三華世芳《記徐雪村先生軼事》　先生居無錫西北鄉之社港，距余家一日程。時挈其仲子往來余家，與伯兄討論律算格致製造諸屬，余故自幼識之。先生嘗一應童子試，即棄去，講求經世有用之學。先生治經務挈綱要。治《禹貢》條其山川物産田土、列之爲表，治《毛詩》亦然，一展卷而犂然在目。又嘗用武進李氏所刊輿圖以朱筆填寫春秋、兩漢水經注等圖。先生少好攻金之事，手製器械甚多，若指南針、象限儀等，皆自製之。居余家時，嘗仿製墨西哥銀元，精鏤鋼板爲模，較準分兩，鎔銀爲餅納其中，自高樓懸石椎，一擊而成。顧面冪之紋成矣，而邊花作之甚難，屢次修改軋槽，而邊花亦成。入市中，幾無以辨，咸以新板目之。其後西士韋廉臣歸國，嘗從先生易數十枚以去，置倫敦博物院中，今猶存也。是時西人開墨海書館於上海，李壬叔、管小異繙譯重學博物諸書，先生與伯兄嘗往訪之，互相質證，學益大成。多購電氣諸品，歸而演之。余時方幼，先生摺紙爲人，手握玻璃筩，紙人跳舞，不禁狂笑，莫名其所以然也。

　　咸豐十一年，曾文正公以「研精器數，博涉多通」薦於朝。奉特旨訪求，從此表襮於時。在安慶則造黄鵠輪船，在上海則創格致書院，繙譯西書數十種，研究化學汽機數十年，卓然名家，舉世類能道之，故不記，記其軼者。

郭嵩燾部

綜述

《續碑傳集》卷一五王先謙《兵部左侍郎郭公神道碑》　公諱嵩燾，字伯琛，筠仙其自號，晚更號玉池老人，築室曰養知書屋，學者又稱養知先生，湘陰郭氏。余昔爲公弟意城先生碑銘，既詳其世系矣。公自幼端愨有成人之度，稍長，游學嶽麓書院，與湘鄉曾文正公國藩、劉公蓉相友善，切劘以道義，於書靡不通究，雖蓬户獨處，其意淵然，以天下爲量，尤自厲勤苦，質直好義，必忠必信，矢之終身，蓋其得於天性與自力於學者如此。由縣學生中式道光丁酉舉人，丁未成進士，改翰林院庶吉士，回籍，丁父母憂。

粵寇起，犯湖南，曾公以侍郎居憂，奉詔辦理團練，未出，公至其家，陳説大義，曾公感動，起視師。時苦費絀，公爲親歷郡邑，勸捐濟饟，並請於巡撫，開鹽釐捐局，商定章程，大局遂振。賊圍江西省城，公率勇馳援，言於江忠烈公忠源：賊踞江路勢盛，官兵無船，宜製戰船備攻勦。江公韙之。公爲草奏，奉旨允行。後曾公用舟師踣賊金陵，由公發其端也。江西圍解，論功授編修，回京供職，入直南書房。咸豐九年，隨科爾沁親王僧格林沁辦理天津海防，賞花翎。命赴山東海口察辦税務，引疾歸。同治元年，特授蘇松糧儲道，擢兩淮鹽運使，賞三品頂戴，署廣東巡撫。嘉應州賊平，晉二品頂戴，五年解任。十三年，特召赴京。光緒元年，授福建按察使，尋命以侍郎候補，在總理各國事務衙門行走，充出使英法大臣，補兵部左侍郎。差旋抵滬，以病免。

公之官運使也，時庫儲垂罄，兵饟積懸，公具詳總督，請各營配鹽，由運司掣驗。提督李世忠擁重兵行私鹽，莫敢何問。公遣人緝獲入官，運政大暢，饟給庫充。粵盜艇多，師船與盜比，爲商旅害。公別造戰艦，領以能將，破東江石龍盜村，遂收汰師船，次及西、北省河，悉斂歸官，歲省饟十餘萬。裁釐卡以杜中飽，增入數十萬。別庫儲捐罰款不領於經費者，糧道司之，兩歲亦積二百餘萬。其綜理精密，多此類。嘗以國朝二百年來，休養生息，民物熾豐，聲教訖海外，環地球諸國，羣集户庭，非撻伐所及。既以違言積釁，隱忍曲全，臣子與國爲體，當深思因應之宜，力戒宋明紛呶積習，以弭近憂而宏遠謨。故其與外人交，一持公誠，屏氣矜，罔不歸於和劑。於必應辨難者，仍據理直争，無叚借，西人咸敬服焉。

自海外歸十三年，以光緒十七年辛卯六月十三日卒於家，距其生嘉慶二十三年戊寅三月七日，年七十四。夫人同邑陳氏，繼室太倉錢氏，妾周氏、鳳氏、梁氏、李氏。子三：剛基，陳出，能文，早卒；焯瑩，鳳出，縣學生；立瑛，梁出。女五，適左、周、李，其二殤。孫本含、本謀，縣學生。曾孫道傳、道伊。

公廉介不苟得，任運使時，書吏白收數倍前相什，例可支匣費萬餘金。公曰：「此偶然耳。即久任，未必能如是。行事當今後人循守，今多取，後援爲例，迺階之厲也。」不許。出使三年，取諸公者唯薪水、屋租二事。律己厚而待人寬。嘗言：「廉者，君子以自責，不宜以責人；惠者，君子以自盡，不宜以望於人。」時以爲名言。歸後，主講城南書院，兼闢思賢講舍曾公祠，東祀船山王子，與學者肄習其中，啟迪後進如不及，尤以扶植善類，獎拔孤寒爲己任，殁後多流涕者。生平撰著，大半散佚，存者《禮記質疑》四十九卷、《大學質疑》一卷、《中庸質疑》二卷、《訂正朱子家禮》六卷、《養知書屋文集》二十八卷、《詩集》十五卷、《奏疏》十二卷、《讀書記》若干卷、《湘陰縣圖志》三十四卷、《會合聯吟集》一卷、《家譜》六卷，已刻行。其未刊者，《周易釋例》四卷、《毛詩餘義》二卷、《綏邊徵實》二十四卷、《官書》若干卷、《尺牘》若干卷。公自卜兆縣東七十里飄峯山，首巳趾亥，葬以殁年九月九日。焯瑩等涕泣請銘其墓道之碑，迺爲銘。

雜録

備録

《續碑傳集》卷一五王先謙《郭筠仙先生西法畫象序贊》　光緒元年乙亥，郭筠仙先生以兵部侍郎奉命爲出使英法大臣，中朝使臣駐外國自此始。越四年己卯，先生還朝，以疾乞休。其明年，曾劼剛通侯自海外寄歸英人石印先生畫象。又九年，爲光緒十五年己丑，先謙始拜觀於長沙。前譯英人庫伯爾所爲先生小傳，稱西人敬愛先生，甚至於其歸，同聲相望，而惜其早退，未竟厥施。又言先生和厚坦直，外文明而内剛健，自有各國使臣以來，無如先生者。蓋泰西印行名人畫象，遍及諸國有名蹟者，歲僅數人。其重入書者，或數十年一見。先生始至英之歲，已列畫象，至是復列而敍之，在西人以中朝駐使爲彼國光榮，而其慕説先生，歷久而彌永，則先生誠有以取重於西人也。

先生當咸豐己未，從僧王贊理天津海防，於當日中外違言積釁，其機易轉，其事至順，卒以至計不定，一潰不可收拾，拊膺裂眦，憾事權之不己屬。厥後外綰疆符，内趨譯署，熟覩外患日深，中國應之愈無其具，其密陳於君父之前，及與司僚爭論，侃侃不少避屈，常思發抒志慮，爲國家定長治久安之局，而卒不得一遂。及奉使務，平情達理，一切決去壅蔽，順事而恕施之，使人驩然，自通其意。此先生學問之緒餘，而西人所以尊重先生，惟是而已。至於沈幾覘國，常維持於未然，而國家隱受其益，則西人無由知，而中國亦未有知先生之深者。近世人言西學，務師外人所長，爲富强計，而拘墟之徒，以爲當一埽剗絶，持論互爲是非。先生於泰西利用之道，推究本末，其有利無弊者，必思仿而行之，至勢所難爲，或時有未可，不肯徇衆志爲苟同。如近與合肥相國書，力言鐵路不可行於中國是也。駐西二歲，費國帑不逾八萬金。在英時，遇各國公會，必身帥從官往。衆頗苦之，而先生以爲邦交之義當然，且裨益中外機宜，卒事如一日。以此見先生謀國之忠，足以契帝心而孚公論者，非庸衆所庶幾，外人之敬慕，固不足爲先生異也。

係以贊曰：大西之通，粤自有明。聖皇布化，旁流八瀛。遂環地球，咸集户庭。曷以孚之，柔遠有經。皇命重臣，往駐法英。邦則有交，夷亦有情。毋俾不通，以干皇靈。先生在西，察事知萌。挈其綱要，用贊機廷。凡百究圖，維勤維誠。西人大驩，傴僂將迎。公歸謳思，託於畫形。搏搏海天，嶽嶽榮名。紫光作繪，燿此先聲。

《續碑傳集》卷一五繆荃孫《書郭筠仙侍郎事》 郭筠仙先生由道光丁未翰林，值南齋，膺使命，假歸後，起爲蘇松道。擢粤撫，罷官。再起爲閩臬，遷侍郎。出使英國，諸事齮齕，以病乞歸。先生丁酉舉人。禁煙起釁，罷戰議和，割地賠費，傳教通商，均所目擊，心焉傷之。因上覽古今之事變，旁觀四國之情僞，於舉世譁笑之中，求其所以爲保邦制治以自立於不敗，而知宋以來士大夫之議論，虚憍誇張，不求實用，一禍宋，再禍明，以至本朝，所言均決於機先。言曾文正公天津一案，誅亂民，賠教堂，均不當訾議；當訾議者，乃在不明立科條，分别從教良莠，以對百姓與教民兩無猜嫌。又言左文襄平定西域，必收伊犁一城，以完全功。在俄人初以給還兵費爲言，左相宜自與議結，自與畫界，不但勝於崇厚，當并勝於曾惠敏，乃以委之總理衙門，致貽巨禍。並以鴉片爲當禁，教民應分别約束。鐵路應辦，礦務應開，一切内政當整頓，而練兵爲後。皆閲歷有得之言，不肯附和者。公身歿二十年，拳匪之役爲宋、明議論之結果，今法亦變矣，官職改矣，制度更矣，仍務其名，不務其實，流於浮夸，習於奢靡，先生有知，又豈以爲然哉！

先生撫粤時，毛鴻賓爲總督，諸事專擅，決不先商幕府。納賄招權，屢見先生自記。因率屬捐廉助餉，交部從優議敍。再奏所得獎敍，移奬子弟。奉旨斥其卑陋，發還銀兩，交部議處。部議降三級調用，毋庸查級議抵，加恩改革職留任。謝恩摺内有云：「自去年三月以來，江西竄匪由甯都、南安擾近粤邊，東、北兩江同時告急。臣一力倡捐，催繳軍需局支放募勇經費，耿耿愚忱，但有顧公之心，實無營私之意。曲荷聖慈之戒飭，衷隱難陳；更蒙淵量之包容，旁皇累日。有罪而邀矜貸，原期激勵臣工；已捐而又領回，何顔對諸寮屬。惟有仰懇皇上天恩，仍准容臣報捐軍餉，賞免發還，雷霆雨露無非教，恩威所被，一本至仁，天地神明詎敢誣？懲戒之餘，彌深私禱。」自記云：「此疏實礙難著筆，而私衷憤鬱之氣又不能不稍稍自明，與此曹共事，公私交受其累，爲之拊膺浩歎而已。」

《昭代名人尺牘續集小傳》卷一七 郭嵩燾，字伯琛，號筠仙，晚號玉池老人，湖南湘陰人。道光丁未進士。官至兵部左侍郎。王先謙曰：公嘗以環地球諸國，羣集户庭，非撻伐所及。既以違言積釁，隱忍曲全。臣子與國爲體，當深思因應，宜之力戒宋、明紛呶積習，以弭近憂，而宏遠謨。故其於外交一持公誠，屏氣矜，罔不歸於和，劑於必。應辨難者，仍據理力爭，無假借。生平撰著，大半散佚，存者《禮記質疑》、《學庸質疑》、《訂正朱子家禮》、《養知書屋詩文集》、《玉池老人》、《自序》、《奏疏》、《讀書記》、《湘陰縣圖志》、《會合聯吟集》。

宋汝珍《詞林輯略》卷六 郭嵩燾，字筠仙，湖南湘陰人。未散館，以軍功特授編修。官至兵部左侍郎。著有《使西紀程》、《養知齋集》。

李放《皇清書史》卷三一引《清樂堂隨筆》 郭嵩燾，字伯琛，號筠仙，晚號玉池老人。崑燾兄。道光二十七年進士。官兵部左侍郎，工真行書。

《皇清書史》卷三一引《濤園詩鈔》 沈瑜慶曰：二十年前，在都下與諸公評書，嘗以玉池老人爲本朝第一，可莊伯、希均不謂然。（放按：玉池書，館閣習氣尚未盡脱，何遽第一？宜王、盛兩公不謂然也。）不圖伯嚴之右吾説也。（放又按：散原於書非當行，故是其説。）

備論

《續碑傳集》卷一五王光謙《兵部左侍郎郭公神道碑》 謂公弗顯，聯翩節麾。志業宏多，欿如未施。衆榮我蔑，趣與世睽。思以先覺，覺彼後知。利在國家，豈圖其私。蠻貊可行，州里或疑，匪誠未至，人心積巇。召歸輟駕，遘疾江湄。天日掩照，時命孔哀。心不負君，魂清魄夷。孰聞天馬，徒戀敝帷。皦爾風節，百世之師。文章滿家，鸞鳳其儀。謗與身滅，積久彌輝。攷三不朽，視此穹碑。

沈葆楨部

綜述

《續碑傳集》卷二七顧雲《沈文肅公傳》　公諱葆楨，字幼丹，姓沈氏，福建侯官人。幼時，母林輒夜令獨趨闇處；已即從之，弗使知，以練其膽。性沈毅，有識。嘗言「毀譽聽之人，禍福聽之天」，於世所怵，蔑如也。生平得力以此。

道光二十六年進士，選庶吉士；改編修，擢御史。咸豐五年，授江西九江府，調廣信府。受事，出河口籌餉，而粵逆楊輔清既自吉安連陷貴溪、弋陽，遂麕集城下；亟馳歸，據空城以禦。日持忠義，涕泣勞守陴者曰：「不使若獨死！」妻林，亦悉出匳具犒士，而身日坐井上弗去，語公曰：「城陷，覓妾骨此中矣！」數日，總兵饒廷選援至，合軍出，七戰皆捷，廣信圍解；曾文正公疏所稱「獨伸大義於天下」者也。遷廣饒九南道，調吉南贛寧道，幫辦江西全省團練。乞養歸。

起赴文正公軍，未至，拜巡撫江西之命，時同治元年也。當是之時，浙江已前陷，湘陰相國左公往援；而楊輔清、李世賢席方張之勢，聯安徽、江蘇各逆共窺江西，冀斷其後路。公既隨機禦之，俾餉源弗絕。楊輔清等旋以徽、浙糧盡，議非通楚、粵道不可，通楚、粵非破江西不可；於是益要劇賊黄文金出死力四突。公指揮諸將大小數十百戰，賊卒不得逞。既以屏蔽楚、粵矣，而徽、浙管鑰又實執之，東南底定，繄江西與犄角焉。而所行堅壁清野法，尤得治賊要領。粵逆之横行東南也，我民人皆其兵，我積貯皆其糧，惟壹意豕竄狼奔，寖至不可制。自公於廣信教民堅壁清野，捐千金爲倡；相其地勢，有山依山、有水依水，大鄉自爲一堡，小鄉合數鄉爲一堡，周圍如城，中設倉廒、廬舍，有事丁壯憑堞以守。賊掠無所得，其勢乃稍稍衰。公雖處戈矛皇擾中，以謂亂源所導，自乎吏治；吏治不飭，兵端不息。故於驕兵悍將，無所假貸，而懲猾吏尤力。三年，江寧復，逸賊入江西者殲之，獲僞幼主洪福瑱，賞一等輕車都尉世職，加頭品頂戴。母憂，歸。

服闋，總理福建船政。船政爲亘古創舉，濱江廠隖積數十區，所需鉅材若機器皆購自萬里重洋之外，殊形詭製，駭愕心目，而攻金、攻石、攻木者，華夷雜役日以千萬計。公一身綜之，籌咨考工，無晷刻暇。又時進夷之監督若匠氏而馴擾焉，使盡心力於我，數年，我之與役者亦漸稔習其法，能自爲。先後成「萬年青」輪船若兵船二十餘艘，中國商民之利始不至盡罔於外夷，而海防亦差有所藉矣。

十三年，日本事起，命巡視臺灣，辦各國通商事務。比至，倭夷已登岸，社番並伺隙以動。而臺灣一島孤懸，額兵無可用，姑據理責之，且宣示國家恩德，諸社大喜，請受要束如初，倭氣爲之奪。於是築城修壘，調集諸軍爲戰守計。會倭夷遵約解去，而獅頭社凶番竊事狙擊者既勦，然後撫之，闢南、北、中三路榛狉，疏請福建巡撫移駐焉。增設一府、三縣，悉革其營制弗善者。

事竣，拜兩江總督之命，時光緒元年也。兩江總督兼領南洋大臣，中外事宜既多所交涉，而河、漕、鹽三大政若一切吏治繁劇，甲於天下，雖以威望素著者當之，所行不必皆當。公遇事獨慎，所發一發輒不可回。朝廷既雅信公張弛所宜，疏上輒報可，屬吏亦奉法唯謹。數年中，不聞有明目張膽挾其奸欺苛暴貪婪、儼然肆於民上者，兩江吏治稱極盛焉。二年，安徽法國教堂毀。教堂夷以奉所謂天主誑致無知，聽講其所，而作奸犯科者所在多有，釁端以之日開。朝廷或命疆臣所在或別命他疆臣爲讞正，一時所由，類無不仰體包荒之德，由示不校，非盡以劫持恫喝爲。故往者雖中興元臣，於直隸一案，不得不委曲求全焉。獨公始撫江西時，會城教堂爲民毀，夷必索倡首誅之然後議復設，且聲言否將以兵船來。公疏陳復設民且復毀，倡首亦無主名，惟自請交部嚴議而已，並言「若徒懾之以兵威，期收效於旦夕，則匹夫不可奪志，萬衆同心，背城借一，惟天所授，勝負何常」。夷卒無如何，受所予金以去。至是，建平客民復與教民鬨，而宣城、寧國、廣德諸教堂因之俱毀，頗有殺傷。當是時，所在有司人人惴恐，以謂若循直隸暨雲南故事，必大誅殺乃已。公曰奚事此，而於一、二耆民夷所指爲主使者，爲疏辯其誣，且曰：「縱疆吏欲借以銷案，奈聖世不應有冤民！」卒如法治之，夷亦讋服，不敢恣所要如他疆臣矣。世謂治民教互爭者皆頑愚無識之民，即何至區區以義死！

公好謀能斷，爲政期切實可施行，不飾爲條目；事所當否，侃侃然持之，無所奪。所屬道直隸，乞鉅公書繫援，謝曰：「若人雖政府諸王，無以私浼者。」部民或覬意旨，請建林文忠公祠，曰：「公，予外舅也；建祠事，非所宜聞！」所親以之告，請商兩淮，公立奉千金曰：「既相與媢嫉，詎當通財。若辦鹽，則俟我去官其司！」被劾者或劫以鬼神之說，笑曰：「苟中冥罰，何所於辭！」豪家怙勢，事瑣不足上聞，則懲其奴，使鳴鉦過市自號所由，爲屏息不敢肆。儉素自飭，俸所入隨盡，領封疆十數載，無一椽、一畝之殖。夏日所治事，室木榻，絺布帳，竹枕簟，一蕉扇，一几，官文書數十百束，印泥一，硯一，筆墨一已矣。有最幼女，婿來親迎，簪珥之屬弗具，假之幕僚子，所衣率寡袍，布衩服，近世未有也。以病請告數矣，五年，始入覲，皇太后諭以「時事艱難，勿萌退志」，感激自厲，雖病不復卹，綿惙中猶力疾擁衾坐治官事，弗少休。其冬，薨於位，年六十有奇。贈太子太保，賜祭葬，官諸子有差，謚曰文肅。

《續碑傳集》卷二七李元度《沈文肅公事略》 沈公葆楨，字翰宇，一字幼丹，高祖自浙遷閩，遂爲侯官人。道光丁未進士，選庶吉士，授編修。咸豐四年，改御史。時曾文正公帥師克武昌，有旨命署湖北巡撫，公奏：「曾某躬典水陸軍，宜乘勝東征，不當羈以吏事。」疏上，詔別簡巡撫。文正亦具疏力辭，文宗手敕報曰：「朝廷早見及此也。」公以賊所過無不殘滅，疏請令州縣吏主兵，而責以戰守，部格不行。然文宗特達之知，自是始。

五年出知九江府。郡久淪於賊，曾文正檄充營務處。六年，署廣信府。當是時，江西列郡皆賊踞。自會城外，惟贛州及廣信僅存，詔督學侍郎廉兆綸典信防。侍郎赴郡屬之河口勸民輸餉，以公從。別賊楊輔清率黨萬餘自吉安破新城，瀘溪，金溪，連陷貴溪，弋陽，防軍敗潰，廣信岌岌。公兼程返郡，至則城門洞開，官吏軍民走且盡。公夫人，林文忠公則徐女也，讀書明大義，盡遣其子女，僕婦，而堅留以俟公。或紿之曰：「太守已避地崇安矣！」夫人曰：「吾夫子不出此也！」語畢，而公至。士民請公出城暫避，圖後舉，公笑謝之。總兵饒莊勇公廷選領浙軍駐玉山，閩人也，公未歸時，夫人代公作書乞援，饒公許之。然相距九十里，無民夫運軍械，勢萬萬無及。夫人日坐井眉，躬執爨，與公相對待盡而已。忽大雨，水驟漲，饒軍登舟，半日至。先是，賊諜至，巷無居人，歸告其酋，謂「此囊中物耳」！賊亦避雨興安，留一日。詰旦薄城，則旌旆偏樹城上，賊氣沮，斬諜者，悉銳圍攻。游擊賴高翔，畢定邦等啓城決戰，凡七捷，斬馘近千，賊解圍遁，士民慶更生。公以此名聞天下。曾文正上公夫婦城守狀，謂「軍興有年，郡縣望風逃潰，惟沈某能獨伸大義於天下」云。七年，遷廣饒九南兵備道，加按察使銜，留莞信防。賊數犯貴，弋，又從閩中出犯廣豐，玉山，公聯絡客兵擊走之。賊圍衢州數月，卒不敢犯江境。安仁馬家村地險惡，奸民負固稱亂，擅殺人，擄人口勒贖，抗糧五載，公率練勇三百人討之。匪黨抗拒，縣令以兵少止公行，不許，請濟師，不許。卒奪其隘，火數十家，村民縛首犯以獻，立誅之，盡完逋賦；衆始知有國法。大吏夙忌公，遇事掣其肘，公以親老，乞養歸。士民數千赴行省乞留，不得請，則擬擊登聞院鼓，醵金爲行者資。會有旨調饒公贛南總兵，援治信防，饒公故有德於信者，公始獲成行。十年，詔公仍治廣信防務，尋有旨補贛南兵備道，公以親老，辭。

十一年冬，詔公赴曾文正安慶大營辦理軍務，封翁趣公應詔。同治元年正月，抵甌寧，奉旨：「超擢江西巡撫，即赴新任，毋庸來京請訓。」抵鉛山，奉寄諭：「朕久聞沈葆楨德望冠時，才堪應變，是以超擢巡撫。又以其家有老親，因擢江西鄰省，授以畺寄，風土不殊，迎養亦近。將來懋建殊勳，尤足光榮門户，以承親歡。經朕如此體恤，如此破格委任，諒不至仍以養親瀆請，朕亦必不能允也。」公奉詔感泣，馳詣章門，疏陳「許國以身，義無旁顧。俟大憝就戮，寰宇廓清，再申前請歸養」。奉批答，有「忠孝性成」之褒。當是時，杭州已失守，吴，越賊勢爲一氣。曾文正駐軍皖南，軍餉仰給於江西；今爵相左公時方爲浙撫，由江規浙。而僞王李世賢，楊輔清等席方張之勢，畢力犯江西，冀斷皖，浙餉道。公躬赴廣信督防，教士民以堅壁清野；捐廉俸千金，倡築塞堡。逆黨分途竄擾，公激厲主，客軍，若江誠恪忠義之精捷營，劉果敏典之克勇營，道員席寶田之精毅營，督糧道段起之「衡」字營，道員王文瑞之老湘營，王德榜之長左營，屈蟠，張岳齡之平江營，知府王沐之繼果營，參將韓進忠之「韓」字營，劉勝祥之「祥」字營，臬司劉于潯之水師，並循公方略，遵調遣，所嚮克捷。元，二兩年，悍酋黄文金，李遠繼，古隆賢，賴裕新等以皖，浙乏食，分踞廣，饒邊境，先後爲諸將所敗，論者謂保固後路，俾江，浙兩路並蒇功，公之力也。當軍務方殷，適有法蘭西教堂被毀之獄，嚴旨詰問主名，公疏稱：「事由公憤，萬衆同心，百計推求，終無端緒。總由畺臣疏於防範所致。」自請嚴加議處。詔置不問，外夷亦懾服無辭，而士林則感頌次骨矣。同治三年，江寧賊勢蹙，分竄新城，南豐，建昌，撫州及德興，樂平，玉山，弋陽等屬，公皆遣將擊走之。五年六月，官軍拔江寧，江軍亦克崇仁，雩都，肅清廣信府境。會江寧逸賊僞侍王李世賢，僞康王汪海洋等由湖州越廣德，分道竄入江西，提督鮑公超率所部來援，疊克金谿，南豐，新城。而僞佑王李遠繼，僞玕王洪仁玕，僞恤王洪仁政等擁僞幼主洪福瑱竄至廣豐，鉛山，疊爲諸將所敗，福瑱髯髮潛逃，經席寶田追至石城之荒谷，禽之。詔賞公頭品頂戴、一等輕車都尉。公推功諸將，並以曾文正、左爵相濟師協餉，始得轉危爲安，疏請收回成命，温諭不允。復以親病，求開缺；申「大憝就戮，仍求歸養」之前請也。得旨賞人葠六兩，仍不允。四年，請假回籍省親，一肩行李如始至之數，曾文正歎爲不可及。及抵里，已丁母憂。公撫江三載，肅吏治，繩悍將；民有寃抑來愬者，立爲剖決，每夕漏四下不休。中因籌餉、用人，與曾文正意見不合，詔引廉藺、寇賈前事，勖以共濟時艱。公之孤忠格天，所從來久矣。

六年，奉旨充總理船政大臣。船政之議，發自左公，謂非公莫肩其任，公疏辭不獲，乃請俟釋服後出而任事。設船隖於距會城四十里之馬尾山麓，地曰中岐；隖内濱江者爲船漕，若鐵廠、輪廠、機器廠、斲木廠之類皆參列其後。以洋將日意格爲監督，德克碑副之。事係創舉，百緒繁興。機器來自外洋，殊形詭製，相顧瞠目，旁觀者懼不克終事，禍將無底，公與日意格等堅明約束，限五年告成。署布政使周開錫充船政提調，爲匿名帖所牽涉；延平守李慶霖向充船政局員，總督劾其專事趨承，請奪職、勒回籍。公皆抗疏力争，且云：「船政雖係總理王大臣所奏請，而自强之道斷自宸衷；爲臣子者，均宜激發天良，以紓宵旰。臣官非言責，分屬部民，然船政係臣專責，死生以之。乞諭周開錫始終其事，李慶霖仍留局差遣。」皆得旨允行。藩胥某遇事玩抗，公以軍法數而斬之；衆大驚，已而大服。八年五月，第一號輪船成。公親出洋試演，遣官馳赴天津，請旨派大臣勘驗，皆如法。未幾，二、三號續成。乃奏派輪船統領隨時訓練，以專責成。九年，丁父憂，詔「百日後，仍出任事」。公疏請終制，諭令素服從事；公以病辭，乃許終制。十一年十二月服闋，始復出。前後造成兵輪二十艘，曰「萬年清」、曰「鎮海」、曰「湄雲」、曰「海鏡」、曰「揚武」、曰「飛雲」、曰「安瀾」、曰「靖遠」、曰「振威」、曰「伏波」、曰「福星」、曰「濟安」、曰「永保」、曰「琛航」、曰「大雅」，分布各海口。創立拉鐵、打鐵、鑄鐵、輪機、水缸諸廠，開學堂二所，選幼童之敏者居之，分習製造、駕駛諸藝。所學皆成。尋議酌改船式，挑匠徒試令自造，不用洋人監督；因疏陳善後事宜。非公精心果力，船政必不能成也。

居亡何，而有巡視臺灣之役。臺地孤懸海外，舊設一府三縣、二廳，隸於臺灣道，其臺北生番，未入版圖也。十三年夏，有日本船避風來泊，爲生番所殺，日本調集兵船，藉辭生事，覬覦臺北番社地。有旨命公巡視，兼辦各國通商事務。公聞命即行，寢不及旦。當是時，倭兵已登岸結營，伺隙而動。公據理詰責之，仍招諭生番諸社，宣布皇仁，番族願遵約束，倭人爲之奪氣。乃修城垣、築礮壘、練營勇、繕軍械，不先開釁端，而無日不爲戰守之備。會提督唐定奎帥銘武軍渡臺，衆心益奮，倭人遵約撤兵。乃通籌善後事宜，請仿照江蘇巡撫駐蘇州例，令福建巡撫移駐臺灣兼理學政。疏陳十有二便，且云：「從前官吏所治，祇濱海平原三分之一，餘皆番社耳。今綜前、後山計之，可建府者三、建縣者十。事之當創始、當變革者，非十數年不爲功；且化番爲民，尤當行之以漸。必須巡撫主持大局，乃能綱舉目張，爲國家億萬年之利。」得旨允行。遂分南、北兩路開山，南路以同知袁聞柝、副將李光等任之，自崑崙坳至大石巖，直抵卑南；北路以都司陳光華、總兵戴德祥等任之，自新城至大清水溪、大濁水溪，直抵岐萊。統計二百里有奇，地極荒險，日光不到，古樹慘碧，陰風怒號，各有凶番抗拒，經我軍搜勦，互有傷亡；亦有良番叩營乞撫，願爲嚮導。因建碉堡十二、礮臺六，屯兵以鎮之。琅璚者，故相福文襄郡王征林爽文時駐兵處也，其地可爲縣治。公親往察勘，疏請築城設官，添建恒春縣以鎮民番，杜窺伺。遂順途按視淮軍，凡陣亡及染瘴死者，皆躬奠其櫬，衆爲感奮。尋爲前明延平郡王鄭成功疏請予謚、建祠，以作臺民忠義之氣，許之。初，臺灣郡城經風雨坍塌千餘丈；公疏請修築，並建礮臺於安平海口。又内地人民渡臺及臺民私入番界，向有厲禁，公以臺地後山急須開墾，疏請弛舊禁以廣招徠。臺事粗定，船政急待報銷，公於是年十二月内渡。會獅頭社凶番滋事，狙殺游擊王開俊，因而琅璚各社亦有異心，公復於光緒元年、二年抵臺，檄提督唐定奎等伐木開道，步步爲營。四月，官軍攻破竹坑、本武及内外獅頭等社，悉赭其巢。於是脅從各社悔罪輸誠，次第就撫。唐定奎示約七條，曰遵薙髮、編户口、交凶犯、禁仇殺、立總目、墾番地、設番塾，皆稽首聽命。而其分路開山者，北路已抵吴全城，中路已抵茅埔，各軍鼓勇深入，蓮花港南北兩路番社皆震慴就撫。計自蘇澳起，開路至新城凡二百餘里，至秀姑巒又百餘里，乃奏設臺北府，隸縣三：曰淡水、曰新竹、曰宜蘭。其噶瑪蘭通判，則改爲臺北府分防通判，移駐雞籠山。又請將原駐府城之南路理番同知移駐卑南，駐鹿港之北路理番同知移駐水沙連，各加「撫民」銜以資控馭。疏陳營伍積弊，請概歸巡撫節制，以一事權。又以臺北産煤，請購外洋開煤機器，以興長利，並請減煤税。又以蘇澳及安平海神顯靈效順，請各加封號。詔皆如議行。

七月，疏報凱撤淮軍，而總督兩江之命下矣；公疏辭，不允，於是年十月涖任。下車，即承審前任留交巨案。兩造皆驕蹇宿將，膠葛變幻，各執一辭；公反覆究詰，乃弭首貼服，論如律。爲地方興利，其大者則有修河隄、行海運、緩開闢、籌積穀、拔罌粟、減賦則、禁民間厚殮、增書院餐錢諸政；整頓鹽務，則有規引地、清老堆、浚鹽河諸政；於江海防務，則有請緩裁營之疏、合操兵輪之疏、議覆礮臺之疏、歸併旂昌洋行、買斷鐵路之疏。而皖南教案尤中外交涉之最棘手者，終能力持公道，愜服羣情，公之心力爲已瘁矣。會連歲旱蝗，至於寢食俱廢，盛夏步禱烈日中，兼旬不少休息。於捕蝗，尤三令五申，性命以之，許州縣動用帑項，作正開銷，防營則籌款給之。入冬，輒下搜挖蝻子之令，不凈盡不已。營、縣皆實力奉行。蓋蒞任後無歲不蝗，而從不爲害，公之力也。屬吏有不稱職者，劾去之；賢能著績之員，則推心置腹，不少掣肘，人忘其勞。治軍嚴而有恩，自統將迄士卒，咸樂盡死力。淮、徐等屬莠民夙稱獷悍，亂後尤甚，公遇案懲治，謂「去一豺狼，則鹿豕之脱其牙者，不知凡幾」。於是盜案爲之一清，伏莽者相戒不敢發，良懦恃以無恐。

積勞成疾，兩次疏籲開缺，迭奉優旨不許。自陳「受恩深重，義無所逃。但入冬，即須避風密室；而文武各員司浚河、搜蝻之役者皆奔馳冰雪之中，王事獨勞，耿耿内媿！且精力頹憊日甚，設辦理未能妥協，一身之重譴不足惜，如大局何」！實則力疾從公，每事皆苦心焦思，無少罅漏。三載考績，奉「任事精勤，不辭勞怨，交部從優議敘」之旨。五年四月，述職入都，面奉皇太后懿旨：「時事艱難，毋得遽明退志」！上窺宵旰憂勤，自是絶口不言「退」字；而舊病之劇，甚於往年。萬不獲已，復籲開缺，遺疏惓惓於鐵甲船一事，病中至形諸囈語，蓋公謀之數年，以款絀未得藉手者也。十一月初六日，卒於官，年六十。

公生平學在不欺，凡事必求心之所安，自少至老如一念。自言在廣信時，已分萬萬無生理，以故當存亡利害之交，輒卓然有以自立；而經理庶務，不操切，不張皇，絶去世俗瞻徇之見。體不耐舟楫，臺地風浪之險甲天下，兩次東渡，雖甚眩暈呻吟，而志不少餒。自鳳山犒軍歸，黑夜乘舴艋登岸，舟幾覆，未嘗憚勞也。義有不可者，毅然見於詞色。朝廷數以時政下詢，公侃侃獨持正論，不事模棱。而虚懷善受，慮以下人；推賢讓能，惟恐不及。自奉極儉約，廉俸所入，隨手散給族戚輒盡，遇地方善舉、鄰省振恤，必解橐爲之倡。卒之日，不名一錢，僚屬相顧失聲，市井鄉曲之民所在巷哭。遺疏入，諭稱其「秉性沈毅，練達老成；實心實力，整頓吏治、保惠民生」，追贈太子太保，入祀賢良祠，政績宣付史館，賜祭葬，予謚文肅，並准在江西省城及立功各省分建立專祠。未幾，徐州府士民請建專祠，允之。

《咸豐以來功臣別傳》卷一七朱孔彰《沈文肅公別傳》 沈公葆楨，字翰宇，一字幼丹，福建侯官人也。道光丁未進士，選庶吉士，授編修。咸豐四年，改御史。五年，出知九江。府郡久淪于賊，會文正公檄充營務處。六年，署廣信府。

時江西列郡皆賊踞，自會城外惟贛州及廣信僅存。詔督學侍郎廉兆綸與信防。侍郎赴郡屬之河口，勸民輸餉，以公從。別賊楊輔清率黨萬餘自吉安破新城、瀘溪、金溪，連陷貴溪、弋陽，防軍敗潰，廣信岌岌。公兼程返郡，至則城門洞開，官吏軍民走且盡。夫人林氏先遣子女僕婢去，與公計曰：「此去玉山九十里，有浙將饒總兵廷選駐軍二千人，饒公吾父舊部，或可乞援。」夫人蓋林文忠公則徐女也。于是刺指血爲書，公持書出牙門，見有鄉民入城者，重賞令馳投。鄉民見太守待賊自盡，咸感奮，許代募壯丁數百守城。時大雨，賊到興安，未進，則饒軍與鄉勇已入城矣。先是，賊諜言城中空，及至，見城上遍樹旌旗，乃大驚，斬諜者。饒總兵與裨將賴高翔、畢定邦等力戰，凡七捷，賊解圍遁。公以此名聞天下。曾文正上公夫婦城守狀，謂軍興有年，郡縣望風逃潰，惟沈某能獨申大義于天下云。七年，遷廣饒九南兵備道，加按察使銜，留筦信防。賊數犯貴溪、弋陽，又從閩中出犯廣豐、玉山，公聯絡客兵擊走之。安仁馬家邨地險惡，奸民負固稱亂，擅殺人，掠人口勒贖，抗糧五載。公帥練勇三百討之，奪其隘，火數十家，邨民縛首犯以獻，立誅之，盡完逋賦，衆始知有國法。然大吏深忌公，遇事掣肘，公乃以親老乞養歸，士民數千赴行省乞留，不得請，則擬攀登聞鼓，醵金爲行資。會有旨調饒公贛南鎮總兵，治信防，饒公故有德于信者，公始獲成行。十年，詔公仍治廣信防務；尋有旨補贛南兵備道，公仍以親老辭。十一年冬，詔公赴曾文正安慶大營辦理軍務。

同治元年正月，奉旨超擢江西巡撫，寄諭：「朕久聞沈葆楨德望冠時，才堪應變，是以超擢巡撫。又以其家有老親，因擇江西鄰省授以疆寄，風土不殊，迎養亦近，將來懋建殊勳，尤足光榮門户，以承親歡。經朕如此破格委任，諒不至仍以養親瀆請，朕亦必不允也。」公奉詔感泣，馳湆章門，疏陳：「許國以身，義無旁顧，俟大憝就戮，寰宇廓清，再申前請歸養。」奉批答有「忠孝性成」之褒。當是時，杭州已失守，吴、越聯爲一氣，曾文正駐軍皖中，軍餉仰給于江西，左文襄方爲浙撫，由江規浙，而僞王李世賢、楊輔清等席方張之勢，畢力犯江西，冀斷皖、浙餉道。公躬赴廣信督防，教士民以堅壁清野；捐廉俸千金，倡築塞保。逆黨分途竄擾，公激厲主客軍，若江誠恪忠義之精捷營，劉果敏典之克勇，道員席寶田之精毅營，督糧道段起之衡營，道員王文瑞之老湘營，王德榜之長左營，屈蟠、張岳齡之平江營，知府王沐之鑑果營，參將韓進忠之韓字營，劉勝祥之祥字營，臬司劉于潯之水師，並循公方略，遵調遣，所嚮克捷。元、二兩年，悍酋黄文金、李遠繼、古隆賢、賴裕新等以皖、浙乏食，分踞廣、饒邊境，先後爲諸將所敗。論者謂保固後路，俾江、浙兩路並得藏功，公之力也。

當軍務方殷，適有法蘭西教堂被毁之獄，嚴旨詰問主名，公疏稱："「事由公憤，萬衆同心，百計推求，終無端緒。總由疆臣疏于防範所致。」自請嚴加議處。詔置不問，外彝亦懾服無辭，而士林則感深肌髓矣。三年六月，官軍拔江甯，逸賊僞侍王李世賢、僞康王汪海洋等由湖州越廣德，分道竄入江西。提督鮑公超率所部來援，疊克金溪、南豐、新城。僞佑王李遠繼、僞玕王洪仁玕、僞恤王洪仁政等擁僞幼主洪福竄至廣豐鉛山，疊爲諸將所敗，洪福薙髮潛逃，爲席軍所擒，語具席少保傳中。詔賞公頭品頂戴，一等輕車都尉。公推功諸將，並以曾文正、左文襄濟師協餉始得轉危爲安，疏言："「臣何敢貪天之功，因人之力以爲己榮？」請收回成命。温諭不許，復以親病求解任，亦不許。至四年乃給假回籍，一肩行李，如始至之數，曾文正歎爲「不可及」。抵里，已丁母憂。

公撫江三載，肅吏治，繩悍將，民有寃抑來愬者立爲剖決，每夕漏四下不休。中因籌餉用人與曾文正意見不合，詔引廉藺、寇賈前事，勖以共濟時艱。公之孤忠格天，所從來久矣。六年，奉旨充總理船政大臣。船政之議，發自左文襄，謂非公莫肩其任；公疏辭不獲，乃請俟釋服後出而任事。設船廠于距會城四十里之馬尾山麓，地曰中岐隝，内濱江者爲船漕，若鐵廠、輪廠、機器廠之類皆參列其後。以洋將日意格爲監督，德克碑副之。事係刱舉，百緒繁興。機器來自外洋，殊形詭制，相顧瞠目，旁觀者懼不克終事，以爲難。公與日意格堅明約束，限五年告成。總督某公數言船未必成，雖成何益，公堅不爲動。署布政使周開錫充船政提調，爲匿名貼所牽涉，總督知其誣，不爲申理；延平守李慶霖向充船政局員，總督劾其專事趨承，請奪職勒回籍。公皆抗疏力爭，且云："「船政雖系總理王大臣所奏請，而自强之道斷自宸衷，爲臣子者均宜激發天良，以紓宵旰。臣官非言責，分屬部民，然船政系臣專責，死生以之。乞諭周開錫始終其事，李慶霖仍留局差遣。」皆得旨允行，朝廷至移某公爲川督以避之。藩胥某，遇事頑抗，公以軍法數而斬之，衆大驚，已而大服。

八年五月，第一號輪船成，公親出洋試演，遣官駛赴天津，請旨派大臣勘驗，皆如法。未幾，二三號續成，乃奏派輪船統領，隨時訓練，以專責成。九年丁父憂，詔百日後仍出任事，公疏請終制，諭令素服從事，公以病辭，乃許終制。十一年十二月服闋，始復出。前後造成兵輪二十艘，曰萬年清，曰鎮海，曰湄雲，曰海鏡，曰揚武，曰飛雲，曰安瀾，曰靖遠，曰振威，曰伏波，曰福星，曰濟安，曰永保，曰琛航，曰大雅，分布各海口。刱立拉鐵、打鐵、鑄鐵、輪機、水缸諸廠，開學堂二所，選幼童之敏者居之，分習駕駛、製造諸藝，所學皆成。尋議酌改船式，挑匠徒試令自造，不用洋人監督，因疏陳善後事宜。非公精心果力不能成也。

居無何，而有巡視臺灣之役。臺地孤懸海外，舊設一府、三縣、二廳，隸于臺灣道，其臺北生番未入版圖也。十三年夏，有日本船避風來泊，爲生番所殺，日本調集兵船，藉辭生事，覬覦臺北番社地。有旨命公巡視，兼辦各國通商事務。公聞命即行，寢不及旦。當是時，倭兵已登岸結營，伺隙而動；公據理詰責之，仍招諭生番諸社，宣佈皇仁，番社願遵約束，倭人爲之奪氣。乃修城垣，築礮壘，練營勇，繕軍械，不先開釁端而無日不爲戰守之備。會提督唐定奎銘武軍渡臺，衆心益奮，倭人遵約撤兵。乃通籌善後事宜，請仿照江蘇巡撫駐蘇州例，令福建巡撫移駐臺灣，兼理學政。疏陳十有二便，且云："「從前官吏所治祇濱海平原三分之一，餘皆番社耳。今綜前後山計之，可建府者三，建縣者十。事之當刱始當變革者，非十數年不爲功，且化番爲民，尤當行之以漸，必須巡撫主持大局，乃能綱舉目張，爲國家億萬年之利。」得旨允行。遂分南北兩路開山，南路自崐崘坳至大石巖直抵卑南，北路自新城至大清水溪、大濁水溪，直抵岐萊。統計二百里有奇。地極荒險，日光不到，古樹慘碧，陰風怒號，各有凶番抗拒，經我搜剿，互有傷亡。亦有良番叩營乞撫，願爲嚮導。因建碉堡十二，礮臺六，屯兵以鎮之。瑯璠者，故相福文襄郡王征林爽文時駐兵處也。其地可爲縣治，公親往察勘，疏請築城設官，添建恒春縣，以鎮民番，杜窺伺。遂順途按視淮軍，凡陳亡及染瘴死者，皆躬奠其櫬，衆爲感奮。尋爲前明延平郡王鄭成功疏請予謚建祠，以作臺民忠義之氣，許之。初，臺灣郡城經風雨坍塌千餘丈，公疏請修築，並建礮臺于安平海口；又内地人民渡臺及臺民私入番界向有禁令，公以臺地後山急須開墾，疏請弛舊禁以廣招徠。臺事初定，船政急待報銷，公于是年十二月内渡。會獅頭社凶番滋事，狙殺游擊王開俊，因而瑯璠各社亦有異心。公復于光緒元年二月抵臺，檄提督唐定奎等伐木開道，步步爲營。四月，官軍破竹坑、本武及内外獅頭等社，悉擣其巢。于是脅從各社悔罪輸誠，次第就撫。計自蘇澳起開路至新城凡二百餘里，至秀姑巒又百餘里。乃奏設臺北府，隸縣三：曰淡水，曰新竹，曰宜蘭。疏陳營伍積弊，請概歸巡撫節制，以一事權。又以臺北産煤，請購外洋機器開煤以興長利，并請減煤税，皆如議行。七月，疏報凱撤淮軍。于是詔公總督兩江，疏辭，不允。十月，莅任。

公素嚴肅，僚屬聞之皆惴惴，其賢者踴躍從公，其不賢者革面易心，江南風氣爲之一變。而尤嚴于懲盜，爲政二月，懲盜百數十，淮、徐萑苻民屏跡，長江伏莽不敢發。昔子産有言："惟有德者能以寬服民，其次莫如猛。夫火烈，民望而畏之，故鮮死焉；水懦弱，民狎而玩之，故多死焉。"公之用猛，其由斯道歟？公以積勞成疾，數請開缺，不許。五年夏，述職入都。奉皇太后懿旨："時事艱難，毋得遽萌退志。"秋，回任。其冬，舊病轉劇，萬不獲已，復籲開缺，遺疏惓惓于鐵甲船一事，病中至形諸囈語，蓋公謀之數年，以款絀未得藉手者也。至十一月六日，卒于官，年六十。

公生平學在不欺，凡事必求心之所安，自少至老如一念。自言在廣信時已分萬萬無生理，以故當存亡利害之交，輒卓然有以自立，而經理庶務，不操切、不張皇，絶去世俗瞻徇之見。體不耐舟楫，臺地風浪之險甲天下，兩次東渡，雖甚眩暈呻吟，而志不少餒。自鳳山犒軍歸，黑夜乘舴艋登岸，舟幾覆，未嘗憚勞也。義有不可者，毅然見于詞色。朝廷數以時政下詢，公侃侃獨持正論，不事模棱；而虚懷善受，慮以下人，推賢讓能，惟恐不及。自奉極儉約，廉俸所入，隨手散給族戚輒盡。遇地方善舉，輒省賑卹，必解橐爲之倡，卒之日不名一錢。遺疏入，追贈太子太保，入祀賢良祠，政績宣付史館，賜祭葬，予謚文肅，並准建專祠。

《清史列傳》卷五三《沈葆楨傳》 沈葆楨，福建侯官人，原籍浙江。道光二十七年進士，改翰林院庶吉士。三十年，散館，授編修。咸豐元年，充武英殿纂修。二年五月，大考二等。八月，充順天鄉試同考官。三年，記名以御史用。四年五月，補江南道監察御史。十二月，記名以知府用。五年六月，掌貴州道監察御史。十一月，授江西九江府知府。六年六月，調署廣信。時粵逆楊輔清連陷貴溪、弋陽，偪攻廣信，城兵聞警先潰。葆楨籌餉河口，急馳歸，誓死守城，賊不得逞。適總兵饒廷選來援，七戰皆捷，圍乃解。九月，工部右侍郎江西學政廉兆綸、督辦軍務兵部右侍郎曾國藩先後疏稱葆楨力守空城，定志誓死，從容設措，悉合機宜。得旨嘉獎，命以道員儘先補用。七年，擢廣饒九南道。八年三月，沙溪賊回竄廣信，擊走之。八月，曾國藩請以葆楨兼筦糧臺。九年三月，剿平弋陽土匪。六月，賞加按察使銜。九月，請開缺回籍養親，巡撫耆齡奏入，詔可。十年六月，授吉南贛寧道。七月，復申前請，仍許之。十一年四月，命偕地方官辦理本籍團練。十月，上以葆楨前在廣信府任，規畫有方，輿情愛戴，敕迅赴曾國藩軍營聽候委用；復敕曾國藩查看才具，如能勝重任，不必拘守常格，迅速保奏。十二月，擢江西巡撫。諭曰："前任江西吉南贛寧道沈葆楨，朕久聞其德望冠時，才堪應變。雖係回籍養親之員，第賊匪一日未平，則臣子一日不得自安，況移孝作忠，古有明訓。朕以該撫家有老親，因擇江西毗連省分，授以疆寄。風土不殊，迎養亦近。且係該撫曾經仕宦之區，將來懋建殊勳，尤足光榮門户，以承親歡。該撫讀書明理，經朕如此體恤，如此委任，諒不至再有瀆請。見在江西辦理善後，正需才德兼備之員，著即赴任。"

葆楨奉詔感泣，疏言："前在廣信，以有饒廷選，七戰皆捷，轉危爲安。後在廣饒九南道任，以兩江督臣曾國藩密籌援應，俾措危機。凡此因人成事，藉免愆尤。乃蒙温諭有加無已，且以烏鳥之私上勞眷注，臣何人斯，恩遇至此！臣今許國以身，義無旁顧，又何敢因晨昏之戀，負高厚之恩？"得旨："覽奏，具見悃忱，忠孝性成，可嘉之至！"同治元年二月，命兼辦廣信糧臺。三月，疏言："衢州被圍，玉山接濟之米石、軍火，皆爲賊阻。其股匪游弋，圖乘左宗棠東下，窺伺信防，斷我後路。必廣信、衢州一帶先無意外之虞，再由金、嚴規取杭州，方無糧絶援阻之患。"又言："廣郡地方，逆匪垂涎已久，急宜未雨綢繆。擬仿堅壁清野法，令士民憑險築寨，即倡捐擇要興修。"均報聞。時賊欲由江山圖犯廣信，葆楨以左宗棠後路關繫匪輕，請令曾國藩調兵豫防，請馳至廣信，嚴籌布置。七月，上練兵五便疏，又請增募勇丁，以資戰守，詔皆加勉。十一月，皖逆西趨豫章，命葆楨飭各軍分紮緊要，併力防剿，曾國藩、左宗棠撥兵援應。二年三月，檄官軍截擊休寧竄匪，勝之。時徽州三面皆賊，葆楨調軍分駐休寧、祁門。四月，破逆首黄文金於小路口，賊竄建德，潛糾黨合攻祁門，復偕湘軍大破之。尋又偕浙軍克黟縣，毁曹門林河浮橋，焚其巢。六月，上以江南各軍分道進攻，賊勢窮蹙，必竄江西，敕葆楨督飭將士務殲醜類，以圖規復金陵。七月，賊由太平、石埭、建德擾江西，葆楨自請議處，詔寬免之。旋督軍進剿，賊遁，江境肅清。復以敗匪入湘境，飭參將韓進春，馳至贛州擊之。

九月，因病請假。十月，御史華祝三疏言：「風聞葆楨以協餉用人，與曾國藩意見不合，恐礙大局。」諭曰：「曾國藩辦理東南軍務，需餉孔亟。沈葆楨值地方凋敝，或致協餉未能如數。至用人一項，沈葆楨以地方大吏，甄劾不得不嚴，而曾國藩因軍營需才，菲葑無棄，亦恐耳目難周。惟天下事，往往因小嫌而誤大局，不可不思。曾國藩、沈葆楨皆賢能卓著、公忠體國之臣，如果各懷意見，安望共濟艱難？此後沈葆楨於曾國藩軍營協餉，苟可設法，必當竭力籌措，並著該撫即行銷假任事；曾國藩於沈葆楨曾經甄劾而來投效者，亦當留意汰斥，勿開倖進之門。彼此函商，共歸一是。以古人廉頗、藺相如、寇恂、賈復爲法，同心共事，無貽朝廷南顧之憂。」葆楨尋以西路有警，力疾視事，疏陳布置情形，得旨：「西路布置甚爲周密，具見以國事爲重，忠藎可嘉！所稱隨時參酌，以民力補兵數之闕，以吏治爲軍政之根，洵能洞中窾要。著即振刷精神，力圖整頓，務令治效蒸蒸日上。」三年二月，賊分股内竄：一由玉山趨廣信，一由開化窺婺源，聞婺源有備，遂由白沙關犯德興。官軍分路馳擊，斬馘六千有奇，餘匪遁回玉山，旋竄弋陽、貴溪南境。葆楨自請嚴議，上加恩寬免，命實力剿辦，毋使蔓延。三月，疏言：「曾國藩前請將江西通省釐金均撥皖餉，今事勢與前不同，請仍歸本省，藉固軍心。」上以皖軍關繫全局，詔江西分提一半，餘仍接濟國藩軍。時竄踞南豐之賊，築壘死守，別股擾及新城，官軍累戰皆捷；又一股分陷金谿，圖犯建昌，葆楨檄各營分道躡剿。四月，克新城，進圖南豐。上念南豐久未下，以提督楊岳斌督辦皖南、江西軍務，前浙江按察使劉典佐之。命葆楨俟該提督到後，會商剿辦機宜。五月，賊突犯撫州，擊走之。又疊陷宜黄、崇仁，蔓延豐城、新淦、峽江各縣，敕葆楨妥籌防剿，毋令偪近省垣。六月，逆首汪海洋、陳炳文踞陳坊、湖坊及火田畈一帶。葆楨飭總兵王開琳先攻湖坊，賊逸入火田畈，迅擊之，斃悍逆無數，毁賊壘八。總兵孫昌國敗賊於張家橋，道員王德榜等平貴溪盛洞源，及小港逆壘。七月，破崇仁賊卡。時浙省肅清，逆首黄文金擁洪秀泉子福瑱奔竄昌化、績溪，黄文英亦竄涇縣、祁門，欲假道徽、池，擾江西，爲入粵計。敕葆楨實力防堵，毋令一賊入境；又以南韶一帶賊氛甚熾，諭飭寧贛防兵越境會剿。九月，葆楨飭席寶田以精毅軍追福瑱，疾趨五晝夜，至石城，大破之，擒洪仁玕、洪仁政、黄文英等，搜獲福瑱於石城荒谷中，皆伏誅。十月，捷聞，諭曰：「沈葆楨自簡任江西巡撫，籌辦防剿，深合機宜。江、皖賊匪屢竄江西，均能次第埽蕩，並生擒首逆，殄除巨酋。著加恩賞給一等輕車都尉世職，並賞給頭品頂戴。」十一月，葆楨推功諸將，拜疏籲辭，諭曰：「朝廷論功行賞，一秉至公。沈葆楨於賊竄江西後，督率兵勇，先後肅清。戡亂之功，深堪嘉賞！至該省兵勇不敷調遣，雖曾國藩、左宗棠撥軍援助，究由該撫開誠布公，聯爲一氣，始能將士用命，迅奏膚功。且江西省吏治民風，日有起色，皆由該撫實力實心，克盡厥職。尤宜殊恩特沛，以獎勳勤。所請著毋庸議。」嗣以父母衰病，懇請歸養，上以江西軍務初平，一切善後事宜，未便遽易生手，優詔留之，賞葆楨父母人葠六兩。時福建漳、龍各屬賊勢鴟張，敕撥勁旅助剿，有「力保桑梓，即所以上慰椿萱」之諭。葆楨即分飭諸將扼要嚴防。四年二月，以親疾請假歸省，許之。尋疏稱邊防喫緊，暫緩回閩，諭嘉其實能視國如家。三月，丁母憂，得旨賞假百日，俟假滿改爲署理江西巡撫，即行赴任。葆楨籲懇終制，有旨俯從。

嗣閩浙總督左宗棠創舉船政，六年，調督陝甘，疏稱船政非葆楨無可屬者，於是命總理福建船政。八月，疏陳船隖及學堂採料募勇情形，略言：「馬尾一區，上抵省垣南臺，水程四十里；下抵五虎門海口，水程八十里有奇。自五虎門而上，黄埔、壺江、雙龜、金牌、館頭、亭頭、閩安皆形勢之區，而金牌爲最要。自閩安而上，洋嶼、羅星塔、烏龍江、林浦皆形勢之區，而羅星塔爲最要。馬尾地隸閩縣，踞羅星塔之上流，三江交匯，中間港汊，旁通長樂、福清、連江等縣，重山環抱，層層鎖鑰。當候潮盛漲，海門以上，島嶼皆浮；潮歸而後，洲堵礁沙，縈迴畢露。所以數十年來，外國輪船、夾板常泊海口，非士人及久住河岸之洋人引港，不能自達省城。道光末年大吏籌備海防，但載石鑿舟以塞林浦上流，竟割重重天險而棄之，至今海濱士人猶共以爲非策也。船隖在馬尾山麓，地曰中岐。但就一方地勢而言，大江在前，迤南而下，羣峰西拱，狀若匡牀，中間坦處，舊本邨田，去年購買歸官，始圈爲船隖。窪者平之，低者壘之。慮田土之積弱難勝也，沿隖密釘木樁以固之；慮海潮溪汛之不時驟至也，沿隖各增五尺以防之。隖外三面環以深濠，既藉通運載之船，亦可瀉積淤之水，隖内濱江者爲船槽，若鐵廠、輪廠、機器廠、斲木棧房，皆參列其後。隖外之東，迆北爲臣及辦事各員紳公所。外列外國匠房三十間，其左爲法國學堂，又左爲英國學堂，江滸則煤廠在焉，山麓則中國匠房在焉。循麓再上山之左肋，可以眺遠。飭前駐楚軍五百人，因地築壘，不特可攬船廠全局，沿江上下數十里，風帆沙鳥，如在目前。稍下則監督日意格所居也。在臣公所右者，有外國醫生寓樓、匠首寓樓。其與日意格山樓對峙者，則副監督德克碑之屋也。一切土木，計日課工，屈指可數。此船隖内外之大概情形也。船政根本，在於學堂。因就馬尾甄別法學藝童，隨及英學藝童，既因其勤惰，分別陞降，復定章程，每日常課外，令讀《聖諭廣訓》、《孝經》，兼習論策，以明義理。其續招入局者，擇其文理明通，尤擇其資質純厚者，以待敍補。以中國之心思，通外國之技巧可也；以外國之習氣，變中國之性情不可也。且浮澆險薄之子，必無持久之功，他日於天文、算學等事，安能精益求精，密益求密？謹始慎微之方，所以不能不講也。採辦一節，似易實難，官場習氣，以浮冒搪塞爲能。船政之興，尤視爲利藪。用商賈，有時攫累之弊甚於官司；用官司，有時侵漁之端甚於商賈。馴至劣幕奸胥，交通市儈，鬼蜮叢生。是以民間置貨，尚有精良，一屬公家，便多贋鼎。又聞向來外國船材、煤炭，多運自緬甸、暹羅，見雖遣員先於近處採幹搜巖，他日恐仍不免取材荒裔，重洋遼遠，更防不勝防。任非其人，糜費雖多，仍歸無用。擬乘此發令之初，明罰敕法，以警其餘。人心畏法，而後弊竇可除，良材畢至也。至船廠之興，固須收羅工匠，輪船下水，則舵工、水手缺一不行，非徒習慣風濤，尤須熟精槍礮。蓋國家之創造輪船，譬諸千金買駿，衝鋒陷陣，不持寸鐵，雖有千里之馬，安足成功？見在洋匠尚未至閩，船成尚需時日。擬先調閩中舊撤礮船十隻，派練水勇二三百名，未成船以前，藉以巡緝近洋；成船以後，即可擐甲登舟，駕輕就熟。此臣近日考校學堂，分飭採辦，及招募水勇之情形也。」報聞。

九年，丁父憂。十一年，內閣學士宋晉疏請暫停製造，上下其章於葆楨，酌議具奏。尋密疏言：「自强之道，與好大喜功不同。即使中國礮船遠勝西國，我皇上斷不肯勞師異域，爲漢武、唐宗之所爲。至自固藩籬，爲民禦災捍患，非惟聲勢所不容已，抑亦覆幬所不可遺。查宋晉原奏稱此次輪船，如謂以之制夷，則早經議和，不必爲此猜嫌之舉。果如所言，則道光年間已議和矣，此數十年列聖所宵旰焦勞者何事？天下臣民所痛心疾首，不忍言者何事？耗數千萬金於無底之壑，公私交困者何事？夫恣其要挾，爲抱薪救火之計者非也；激於義憤，爲孤注一擲之計者亦非也。所恃者未雨綢繆，有莫敢侮予之一日耳。若以此爲猜嫌，有礙和議，是必盡撤藩籬，並水路各營去之而後可也。原奏稱『用之外洋，交鋒斷不能如各國輪船之利，名爲遠謀，實同虛耗。』夫以數年草創伊始之船，比諸百數十年孜孜汲汲精益求精之船，是誠不待較量，可懸揣而斷其不逮，然亦思彼之擅是利者，果安坐而得之耶？抑亦苦心孤詣，不勝糜費而得之也。且各國輪船亦有利有不利，其創之也各有後先，其成之也互相師法。久於其道，熟能生巧則利；鹵莽從事，淺嘗輒止則不利。加意講求，兢兢惟恐失之則利；恃其精巧，疏於防範則不利。此中人事居其半，天事亦居其半。即如廠中新造之萬年清，伏波輪機，購諸外國者也，安瀾輪機，成諸本廠者也。萬年清船工屢作屢改，伏波、安瀾漸少更張，而試諸海邦，則伏波穩於萬年清，安瀾穩於伏波。前者生，後者熟也。勇猛精進則爲遠謀，因循苟且則爲虛耗，則但輪船一事然哉？原奏稱『捕盜已有師船，運糧不若沙船』，前年浙江成案，師船出則洋盜悍然戕官，輪船出則洋盜弭首就縛。前年運米成案，沙船自滬達津以月計，輪船自滬達津以日計，此其利鈍贏絀，尚待辯而明哉？至謂『成造船隻，撥給殷商，收其租價，以備修理』，不知兵船與商船迥別。商船務高其頂，廣其艙，以受客貨；兵船則避槍礮，壓風濤，歛之惟恐不密。以兵船畀之商人，即不索其租，彼亦不以爲利也。船政洋料購自香港，木料購自暹羅，此皆與洋人交接，不居奇則幸耳，不受我擾也。當設廠之始，地本水田，所需木樁，不可勝數。省城木價爲之驟昂，且丈尺不敷，因而委員赴上游採辦。嗣木商聞風自至，即時停止。臺灣曾委員採辦樟木，嗣後洋人踵行，亦於前年停止。惟雞籠之煤炭，無日不需，辦運亦源源不絕。然價值水脚均照民間一體通行，公平交易，從無派諸官累諸民者。當左宗棠之議立船政也，中國無一人曾身歷其事者，不得不問之洋匠。其約自鐵廠開工之日起，立限五年，成船一十六號，估價三百萬，惟中外員匠有生熟巧拙之殊，銅鐵木料，有貴賤之異。零星物件，外國取諸市肆而皆足，中國非一一本廠自造，即購諸重洋。然所估之數，不甚相遠。以結款四十萬爲購器募匠買地建廠之需，則昔之所估，與今之所費，相去懸絶。專就建廠而論，一椽未立，一瓦未覆，第購民田，釘木樁，培山土，地基甫固，而所費已不貲矣。蓋洋匠所見者，外國已成之廠，而不知當日經營締造之艱難。所以臣任事時，即有應辦工程，應發款項，多從前未經議及之奏也。原議鑄鐵爲一廠，打鐵爲一廠，模子爲一廠，水缸兼鑄銅爲一廠，輪機兼合櫳爲一廠，合共五廠。後增拉鐵、搥鐵、鐘表、帆纜、火甎、舢板六廠，又立打鐵、輪機分廠，共添八廠。添廠則添機器，添匠徒，並添公費。原議學堂兩所，藝童六十名，後添繪事院、駕駛學堂、管輪學堂、藝圃四所，藝童徒共三百餘名，均係不容已之需。懍遵我皇上勉爲其難，毋得瞻前顧後之旨，不追細其原估之疏漏，而務責其全局之必成。所有添設緣由，均經奏明在案。各廠工九年夏間甫畢，拉鐵、搥鐵兩廠十年秋間始畢。此微臣辦理不善，工遲費鉅之實在情形也。夫辦理不善，臣百喙難辭，然不當以承辦者之乖方，疑創議者之失策。儻因是而廢之，機器所置甚鉅，發賣無承售之人，存儲有看守之費，積日朽蠹，卒亦歸於無用。輪船無一歲不修者，數歲則一大修，且須撤换機器。工停而船無可修則廠廢，而船隨之俱廢。然猶曰舉已費者棄之耳。驟籌七八十萬金，遣散不做工之洋人，清還不適用之物價，海關、釐局未必具此巨款。更挪解部之款、協餉之款，以應此急需，是省費而費逾迫也，然猶曰一勞永逸耳。外人之垂涎船廠非一日矣，我朝棄則彼夕取，始也以借用爲言，無辭以卻之也；繼必於他處故啟釁端，勒賠兵費，而以此爲抵，枝節橫生，有非意料所及者。且當日左宗棠與洋匠堅明約束，各國周知。今無故而廢之，一則謂中國辦事毫無把握，益啟其輕視之心；一則謂中國帑項不支，益張其要求之燄。此臣所以反覆再三，竊以爲不特不能即時裁撤，即五年後亦無可停，所當與我國家億萬年有道之長，永垂不朽者也。臣志廣術疏，拙於居積，或滋糜費，夏獻綸精覈遠過於臣，接辦以來，無日不兢兢以撙節爲念。然用款之鉅猶昔，非不痛減，此減而彼旋增。臣交卸時，尚有存款，儲材尤富。今則截長補短，銀垂盡，料亦垂盡。海關五萬，按月解給，且恐萬萬不敷，欲求減省，或在五年限滿，洋匠遣散後乎？禦侮有道，循已成之法而益精之耳。洋人來中國教習，未必皆上上之技。去年曾國藩有募幼童赴英國學藝之舉，閩中欲踵而行之，以艱於籌費而止。擬限滿後，選通曉製造駕駛之藝童，輔以年少技優之工匠，移洋人薪水爲之經費，以中國已成之技，求外國益精之學，較諸平地爲山者，又事半功倍矣。西法雖千頭萬緒，要權輿於算學。中法與西法，派雖别而源則同。臣嘗會同前督臣英桂有請設算學科之奏，部臣因無人可以閱卷議駁。然聞京師同文館教習李善蘭通西學者也，前任山西河東道楊寶臣通中學者也，儻廢無用之武科，以勵必需之算學，導之先路，十數年後，人才蒸蒸日上，無求於西人矣。然而外侮之來，何能待？我但就已成之船礮，訓練精熟，未嘗不可轉弱爲强；否則士卒不習，雖極精之船礮，亦塊然一物耳。前蒙特簡福建水師提督李成謀爲輪船統領，俾常川訓練。惟是訓練不能無費，該提督素性廉介，必不思藉潤乎其中，而缺瘠家貧，力不足以賠墊。臣旋即丁憂交卸，未及奏請，應懇敕下督撫臣，按月籌解五百金，爲該提督出洋操費。但凡閩局之船，無論留於福建及分撥外省者，統領均須逐時校閱其高下。其藥彈等項，則撥歸何省之船，由何省應付，毋令缺乏。縱事變猝發，不至倉皇無措矣。至養船經費，原不在造船所估之中，若慮兵船過多，費無從出，則間造商船未嘗不可，亦不患領者之無人。但兵船爲禦侮之資，不容因惜費而過少耳。」上嘉納之。尋服闋，仍接辦船政。

十三年，日本國尋釁琉球，窺我臺灣，泊兵船於廈門。四月，上命葆楨渡臺巡視，兼辦各國通商事務。葆楨具疏，會同閩浙總督李鶴年等言：「會議洋務者，非一味畏葸，祇圖有日置身事外，不恤貽患將來；即一味高談，謂義憤快心，不妨孤注之一擲，於國家深遠之計，均無當焉。臣謹以管見所及陳之：一曰聯外交。倭奴狡譎非常，其稱兵也，西人斥其非，彼則以商諸中國禁經見許對。中國據理詰之，則互相推諉，閃爍其詞。西人雖疑其奸，終無從遽發其覆。臣等擬將疊次洋船遭風各案摘要，照會各國領事，其不候照覆，即舉兵入境並與生番開仗各情形，亦分次照會，公評曲直。日本舉動，西人纖悉必知之。如其怵於公論，斂兵而退，上也。否則輾轉時日，我得集備設防，其鬼蜮端倪亦可隨時探悉。一曰，儲利器。議者咸謂日本迥非西洋之比，然有明中葉全盛之時，萃俞、戚、譚、劉之將才，竭蘇、浙、閩、粵之兵力，狼噬豕突，數十年而後定，不可謂非勁敵，其陸戰雖西人亦憚之。臺灣與之鄰壤，形勝扼要，物産富饒，彼既利欲熏心，未必甘爲理屈，而所以敢於鴟張者，則又窺中國器械之未精，兼恃美國暗中之資助。其已抵臺南各船均非中國新船之敵，而該國尚有鐵甲船二號，雖非完璧，而以摧尋常輪船則綽綽有餘。彼有而我無之，水師氣爲之奪，則兩號鐵甲船不容不購也。海疆守口之利莫若水雷，中國雖能自製而力量單薄，不足以破巨艦，則水雷不能不購也。陸路之利莫如洋槍，操演則宜用前膛，臨敵莫便於後膛，閩局雖有之而不足於用，添募陸師則各種洋槍，並其合膛之子，不能不多購也。水路之利在輪船巨礮，船無煤炭與無船同，礮無子藥與無礮同，則洋煤、洋火藥、合膛之開花彈以及火龍、火箭之類不能不多購也。明知所費不貲，必有議其不量力者，然備則或可不用，不備則必啟戎心。乘兵釁未開之時，尚可爲牖户綢繆之計，遲則無及矣。一曰儲人材。閩省陸勇寥寥，因臺北查辦匪徒已調兩營東渡，其分防馬尾、廈門及上游三營均不可動，水師除輪船外亦無可量移者。若待弁兵厚集，誠恐稽期。見在福星、長勝、海東雲三船已在臺灣，揚武在臺歸添子藥又即日赴臺，靖遠在廈門，振威經臣鶴年派令齎摺赴滬。浙江之伏波，山東之飛雲，天津之萬年清，濟安、永保，均調而未歸。聞廣東之安瀾即日可到，到時當飭其裝足子藥、煤炭，臣葆楨即乘之東行，並咨調提臣羅大春即日赴臺，與臣葆楨及鎮道會籌一切。此時消除萌糵，須得折衝樽俎之才。查有籍隸廣東之前署臺灣道黎兆棠，膽識兼偉，洞悉洋情，威惠在臺，民懷吏畏。臣葆楨謹飛函赴粵，調之前來，並以共事日久，深相倚仗之吏部主事梁鳴謙等諸文士，隨臣葆楨東渡，以期集思廣益，毋失機宜。一曰通消息。臺洋之險，甲諸海疆。從前文報，恒累月不通。有輪船後，乃按月可達。然至颶風大作時，雖輪船亦爲所阻。欲消息常通，斷不可無電綫。計由福州陸路至廈門，由廈門水路至臺灣，水路之費較多，陸路之費較省，合之不及造一輪船之資，瞬息可通，事至不虞倉卒矣。」疏入，均從之。

時臺地額兵多不可用，葆楨赴臺後，倭兵登岸設營，社番伺隙待動。葆楨據理責之，曉諭諸社，宣布皇仁，番族悉遵約束，倭人氣奪。隨修城垣，築礮壘，練營勇，備器械，不先開釁端，而無一不爲可戰計，衆心益安。倭人亦如約撤兵，遂籌善後。十二月，與幫辦臺灣事宜福建布政使潘霨，疏請福建巡撫移駐臺灣，北路增設府縣。略言：「洋務稍鬆，即善後不容稍緩。惟臺地之所謂善後，即臺地之所謂創始也。善後難，以創始爲善後則尤難。臣等曩爲海防孔亟，一面撫番，一面開路，以絶彼族覬覦之心，以消目前肘腋之患，固未遑爲經久之謀。數月以來，南北諸路，縋幽鑿險，斬棘披荆，雖各著成效，卑南、奇萊各處，雖分列軍屯，祇有端倪，尚無綱紀。臺地延袤千有餘里，官吏所治，祇濱海平原三分之一，餘即番社耳。國家並育番黎，但令薄輸土貢，永禁侵陵，意至厚也。而奸民積匪，久已越界潛蹤，驅番占地而成窟穴，則有番已開而民未闢者。疊巘外包，平埔中擴，鹿豕遊到，野番穴處，涵育孳生，則有官未開而民先開者。入山既深，人迹罕竄，草木蒙茸，地廣番稀，棄而弗處，則有民未開而番亦未開者。是但言開山而山之不同已若此。生番種類數十，大概有三：牡丹等社恃其悍暴，劫殺爲生，罟不畏死，若是者曰兇番；卑南、埔裏一帶居近漢民，略通人性，若是者曰良番；臺北、阿史等社，雕題剺面，向不外通，屯聚無常，種落難悉，獵人如獸，雖社番亦懼之，若是者曰王字兇番。是但言撫番，而番之不同又若此。夫務開山而不先撫番，則開山無從下手；欲撫番而不先開山，則撫番仍屬空談。今欲開山則曰屯兵衛，曰刊林木，曰焚草萊，曰通水道，曰定壤則，曰招墾户，曰給牛種，曰立村堡，曰設隘碉，曰致工商，曰設官吏，曰建城郭，曰設郵驛，曰置廨署。此數者孰非開山之後，必須遞辦者。今欲撫番，則曰選土目，曰查番户，曰定番業，曰通語言，曰禁仇殺，曰教耕稼，曰修道途，曰給茶鹽，曰易冠服，曰設番學，曰變風俗。此數者又孰非撫番之時，必須並行者。雖然，此第言後山耳，其繁重已若此。山前之入版圖也，百有餘年，一切規制，何嘗具備？就目前之積弊而論，班兵之惰窳也，蠹役之盤踞也，土匪之橫恣也，民俗之慆淫也，海防陸守之俱虛也，械鬬紮厝之疊見也。學術之不明，庠序以容豪猾；禁令之不守，煙賭以爲饔飧。官斯土者，非無振作有爲、正己率屬之員，始苦於事權之牽制，繼苦於毀譽之溷淆，救過不遑，計功何自？使不力加整頓，一洗浮澆，但以目下山前之規模，推而爲他日山後之風氣，雖多一新闢之區，適多一藏奸之藪，臣等竊以爲未可也。嘗綜前後山之幅員計之，可建郡者三，可建縣者有十數，固非一府所能轄。欲別建一省，又苦器局之未成，而閩省向需臺米接濟，臺餉由省城轉輸，彼此相依，不能離而爲二。環海口岸，處處宜防，洋族教堂，漸漸分布。居民向有漳籍、泉籍、粵籍之分，番族又有生番、熟番、屯番之異，氣類既殊，撫馭匪易。況以創始之事，爲善後之謀，徒静鎮之非宜，欲循例而無自。使臣持節，可暫而不可常，欲責效於崇朝，兵民有五日京兆之見；儻逾時而久駐，文武有兩姑爲婦之難。臣等再四思維，宜仿江蘇巡撫分駐蘇州之例，移福建巡撫駐臺，而後一舉而數善備。何以言之？鎮道雖有專責，事必稟承督撫而行，重洋遠隔，文報稽延，率意徑行，又嫌專擅；若駐巡撫，則有事可以立斷。其便一。鎮治兵，道治民，本兩相輔也，轉兩相妨。職分不相統攝，意見不免參差。上各有所疑，下各有所恃。不賢者以爲推卸地步，其賢者亦時時存形迹於其間。駐巡撫則統屬文武，權歸一尊，鎮道不敢不各修所職。其便二。鎮道有節制文武之責，而無遴選文武之權，文官之貪廉，武弁之勇怯，督撫所聞，與鎮道所見，時或互異。駐臺則不時採訪，而耳目能周，黜陟可以立定。其便三。城社之巨姦，民間之寃抑，見聞親切，法令易行。公道速伸，人心帖服。其便四。臺民烟癮本多，臺兵爲甚。海疆營制久壞，臺兵爲尤。良以弁兵由督、撫、提、鎮抽取而來，各有恃其本帥之見，鎮將設法羈縻，祇求其不生意外之事。是以比户窩賭，如賈之於市，農之於田。有巡撫則考察無所瞻徇，訓練乃有實際。其便五。福建地瘠民貧，州縣率多虧累，恒視臺地爲調劑之區，不肖者舞法取盈，往往不免。有巡撫以臨之，貪黷之風得以漸戢。其便六。向來臺員不得志於鎮道，及其內渡，每造蜚語中傷之，鎮道或時爲所挾，有巡撫則此技悉窮。其便七。臺民游惰可惡，而戇直實可憐。所以常聞蠢動者，始由官以吏役爲爪牙，吏役以民爲魚肉；繼則民以官爲仇讎，詞訟不清，而械鬬紮厝之端起，奸宄得志，而竪旗聚衆之勢成。有巡撫則能豫拔亂本而塞禍源。其便八。況開地伊始，地勢殊異，成法難拘，可以因心裁酌。其便九。新建郡邑，驟立營堡，無地不需人才，丞倅將領，可以隨時札調。其便十。設官分職，有宜經久者，有屬權宜者，隨事增革，不至廩食之虛糜。其便十有一。開煤鍊鐵，有第資民力者，有宜參用洋機者，就近察勘，可以擇地而興利。其便十有二。未雨綢繆之計，正在斯時。而山前、山後其當變革者，當創建者非十數年不可成功，而化番爲民，尤非漸漬優柔不能渾然無間。與其苟且倉皇，徒滋流弊，不如先得一主持大局者，事事得以綱舉目張，爲我國家億萬年之計。況年來洋務日密，偏重在於東南。臺灣海外孤懸，七省以爲門户，其關繫非輕。欲固地險，在得民心；欲得民心，先修吏治營政；而整頓吏治營政之權，操之督撫。總督兼轄浙江，移駐不如巡撫之便。臣等明知地屬封疆，事關更制，非部民屬吏所應越陳，而夙夜深思，爲臺民計，爲閩省計，爲沿海籌防計，有不得不出於此者。」上悉如所請。十二月，臺事粗定，乃内渡。未幾，獅頭社兇番狙殺遊擊王開俊。光緒元年正月，又東渡討平之。故例，禁内地民人偷渡臺，民私入番者治罪。葆楨奏准盡弛舊禁，以廣招徠。

四月，授兩江總督，兼辦理通商事務大臣。二年，疏陳江寧府城屬彫敝狀，請酌減上元五縣本年漕糧，下部議行。十二月，以病乞休，自此至四年二月，凡四請，均賞假慰留之。四月，請停武科，詔以其率改舊章，不准行。五年四月，入覲，賜紫禁城騎馬，仍回本任。十一月，舊疾增劇，復請開缺，得旨賞假兩月，安心調理。尋卒，遺疏入，諭曰：「兩江總督沈葆楨秉性沈毅，練達老成。歷受先朝恩遇，由翰林外任知府，洊擢封圻。前在江西巡撫任内，籌辦軍務，悉協機宜。嗣因殄除粵匪餘孽，賞給一等輕車都尉世職。朕御極後，擢任兩江總督，於地方利弊，認真整頓，任事實心，不避勞怨。前因舊疾增劇，賞假兩月。方冀調理就痊，長資倚任，兹聞溘逝，悼惜殊深！加恩追贈太子太保銜，入祀賢良祠，照總督例賜卹。任内一切處分，悉予開復。應得卹典，該衙門察例具奏。靈柩回籍時，著沿途地方官妥爲照料。伊子附貢生瑋慶，賞給舉人；瑩慶、瑜慶，以主事用；璘慶、璿慶、瑶慶、琬慶，俟服闋後，由吏部帶領引見。」復諭曰：「已故兩江總督沈葆楨，自咸豐五年出守九江，調署廣信。當粵逆鴟張之際，嬰城固守，力戰解圍。嗣補授吉南贛寧道，幫辦江西團練事務。同治元年，奉命巡撫江西。該故員膺兩朝特達之知，力圖報稱，維時粵逆併力窺伺江西，沈葆楨相機堵剿，連戰皆捷，保全實多。厥後綜理船政，殫心竭慮，創立規模。其巡視臺灣，於撫番、開山各事，尤爲不辭勞瘁，弭患無形。迨總督兩江，實心實力，整頓吏治，保惠民生，與巡撫江西時先後一轍，實屬功績昭彰。著將該故督政績，宣付史館立傳。並准其在江南省城及立功各省分建立專祠，以彰忠藎。」尋賜祭葬，予謚文肅。

六年，閩浙總督何璟疏言：「葆楨生長福州，夙爲人望。文章經濟，冠冕一時。當船政開辦之初，成萬年清等輪船二十餘艘，俾海壖收利涉之效。嗣復開山、撫番，居民至今感之。請於福建省城建立專祠。」葆楨妻林氏，雲貴總督林則徐女也，當楊輔清擾廣信時，葆楨出籌餉於河口，林氏聞警，以死自誓，刺血作書，乞援於饒廷選，略謂夫婦受國厚恩，徒死負咎，因爲七邑生靈請命，喻以駐軍玉山，若廣信失事，則衢、嚴之屏蔽盡撤，援廣信，正以固浙防。又引睢陽嬰城，許遠亦以不朽爲勗，而望其不爲賀蘭進明。廷選得書馳援，葆楨亦歸，城虛無人，供億胥缺，林氏躬執汲爨以犒將士，獲保郡城。曾國藩奏稱其深明大義。」光緒十年六月，江西巡撫潘霨以其書稿呈進，疏請附祀葆楨廣信專祠，上許之。十二年，詔圖葆楨像於紫光閣。

雜録

備録

《詞林輯略》卷六 沈葆楨字翰宇，號幼丹，福建侯官人。散館授編修，官至兩江總督。謚文肅，著有《沈文肅公集》。

陳康祺《郎潛紀聞二筆》卷三《沈文肅之恩遇》 沈文肅公以知府告養，温旨慰留，擢吉南贛甯道。復申前請，許之。江皖軍事棘，命赴曾文正營，未出境，特旨超擢江西巡撫。時明詔有云：「該撫雖係回籍養親之員，第賊匪一日未平，則臣子之心，一日不得自安。況移孝作忠，古有明訓。該撫家有老親，因擇江西毗連省分，授以疆寄，敬按：旨意以公籍福建，與江西毗鄰也。風土不殊，迎養亦近。如此體恤，如此要任，諒不至再有瀆請也。」公自此一出，累任封圻，刱舉船政，武功焯耀，吏事修明，威惠滂敷，中外翕服，卓然爲東南柱石者二十年，即此見兩朝簡拔之真。

備論

《續碑傳集》卷二七顧雲《沈文肅公傳》 顧雲曰：公治兩江五年，所誅殺以數千計，嘻！何盜賊之多耶！然大難初夷，人心多習亂，逸賊若散卒搆焉，制防少隳，挺然起伏莽中易易矣。治亂國，用重典，公倘以此不然，豈以是知人不欲多若嗜殺者所云耶！古大臣不得已苦心，往往多所疚。嗟乎！此知人必論其世也。

《咸豐以來功臣別傳》卷一七朱孔璋《沈文肅公別傳》 論曰：公之孤忠，受先皇特達之知，自廣信始。後營船政，製利器，巡臺灣，平番社，拓郡縣，爲國謀長，厥功茂焉。嗟乎！公死十數年，東夷啟釁，至割地講和，舉公所經營者盡棄與敵人，公在九京，能無撫膺太息于時局之日非，誰秉國鈞而至斯邪？

丁寶楨部

綜述

《續碑傳集》卷二八趙國華《丁文誠公墓志銘》 同治七年春，捻匪張總愚擁逆數萬，自晉而豫，漸犯畿疆。北蹂定州，欻及保定，勢且燎原，去禁輦僅二百里。朝廷震動，至遣宿衛之旅，曰國門備寇。當是時，有越境聞警，炳燭會軍僚，號所部騎武，兼郵入援，一日夜數百里，猝出賊前，轉戰雄、任、祁、高、肅之交，復饒陽城，倥傯之際，其他將帥多得詰讓，而一軍北上，首先奮勇，勇往迅速，保衛近畿之褒，不絶於驛，詔凡七下，聲赫中外，則山東巡撫丁公也。

八年秋，有樓船銜尾自潞津來，泝運河南下，旗繒殊異，倡佴都甚，力人健師，歌兒浮屠，詭處其閒，奪觀駭聞，嘶呼佚揚，所經爲之下，無敢發者，蓋安得海以太監稱有密遣。而山東巡撫執而鞫之，謂大臣未聞有命，汝曹私出，制令所無，必詐無疑，奏言置於法，亦丁公也。

公諱寶楨，字稺璜，貴州平遠州人。曾祖考公俊，生員；祖考必榮，四川昭化縣知縣；考世棻，鎮遠府訓導，祀鄉賢，以公封皆光禄大夫。曾祖妣李，祖妣黄，妣諶、魏，皆一品夫人。鄉賢四子，公第三，魏夫人出。少能文，有操略。道光二十三年舉於鄉。咸豐三年成進士，改庶吉士。會母喪里居，遵義楊龍喜造亂，蔓平遠。公起，毁家練鄉兵，衆始難之，公曰：「賊至家，豈吾有耶？」募壯士，出奇計，戰漸及遠。龍喜平，當事奏留公，黔軍給其儲。朝廷嘉公，行閒除編修，異數也。公之能軍，自此始。既簡湖南岳州府知府，遣所練待饟金十餘萬，籌者以爲憂。公取五百，集而謂之曰：「遭時變亂，而累父老子弟協力捍閭里，恍惚十年，死者已矣！予與諸君幸無恙。今被命將行，庫饋不給，其何以爲情視諸君徒手歸？」則皆泣下，曰：「公破家急難，吾衆亦以義起，必有求乎？公行矣。」公亦泣下，即日而别。蓋供億之少，解旋之易，軍興以來未嘗有也。抵岳州，粤賊石達開方寇楚，而陳玉成由金陵上竄，鄂渚南岸州縣盡陷賊，岳不守者四。公至，以死誓，方略堅密，民悉返，城以完。越歲，爲同治元年，調長沙。嘗值客軍數千，將不在，鼓噪來。公請於大府，貸發三萬金，斬其倡五人，頃刻而定。旋擢山東按察使，晉布政使，躋巡撫。始至東，用兵者六年，善恤將士，能推有功。賊往來剽忽，公乃卷甲窮驅，人樂爲之急。又鋭於乘勢，不主畫疆自守，而與跨壤諸連帥和衷戮力。其後，諸軍會聚，先後殲羣賊任柱、賴汶洸、張總愚。逆酋悉平，皆於山東。

中原肅清，暇嘗東登蓬萊，歎息而返。於是，盡整吏事，礪僚屬務持大體，不爲刻谿，而器量恢豁，廉剛有威。苟遇曖冗之夫，猥緩之政，則必痛摘深剔。事之所繫在國與民，則必行其志而後已。黄河入東，其始決侯家林及賈莊也，東南幾爲澤國，羣工集議莫敢當。公慨焉，自請植立沙干冰雪中，費不半原估，卒以集事。撫東且十年，吏治稱於天下。

光緒二年，擢四川總督。公在東久，故視蜀中百務皆窳墮，嶄然設施，人不能堪，謗至京師。朝廷知公深，不爲動。公得畢其力，無鉅細必舉。復都江故隄，還民田數十萬畝，裁減夫馬，民困大蘇。川鹽久敝，利官胥，國家歲失成利百餘萬。公創滇邊黔邊官運法，悉收復之。計自通籍至兼圻，初治軍旅，繼任封疆，迭以殊勞賞孔雀翎，一品冠帶，太子少保，紫禁城騎馬。恩大寵濃，功偉績張，而未嘗以一好自娱，一息弛學問。凡有興革，不避怨嫌。奏議諮牘，動數百千言，不假手於人。其皭然不欺，其毅然不撓，其知有國而不知有身，其天性然也。督川亦十年。

光緒十二年四月二十一日薨於位，春秋六十有七。遺表聞，九重悼惜，贈太子太保，予謚文誠。賜祭葬，祀賢良祠，併建祠山東行省。朝廷亦知公於山東朱邑之桐鄉也者。初，公夫人卒，黔亂不獲歸，請於朝，葬山東歷城縣華山之陽。至是詔仍葬公於東。喪之歸，郊野祭弔相屬，奔者、望者、悲者、歎者，則有述軼事者曰：「公始至東，忠親王方蹙淄川賊。王嚮見督撫兩司不設坐，公至門謂：『同役國家事，坐則見，不然勿通。』左右大驚。王聞之，遽加禮焉。」聞者稱公并賢王也，其實微公無以成王之賢也。然以余觀公生平處大事，無所趨避多矣，此又足道哉。

娶諶夫人。男子五：體常，山西河東道；體勤，直隸永平府通判；體仁，候選知縣；體成，光緒九年進士，刑部陝西司主事；俱嫡出，勤、仁、成先卒；體晉，恩賞郎中。女子五：適黄桂棻、適陳洵慶，俱嫡出；適吴以業，未字者二。孫道臣、道源、道津、道敏，俱體勤出。以公故，旨均俟及歲引見。

公薨之次年，體常等將以九月二十五日葬公於前阡，而以銘幽之文不可缺也，乞敬銘爲之。嗚呼！余忝知公。公之德不以人言充歉者也，雖不文，又焉辭？

《清史列傳》卷五四《丁寶楨傳》 丁寶楨，貴州平遠州人。咸豐三年進士，改翰林院庶吉士。請假歸，丁母憂。四年，遵義教匪楊隆喜犯平遠，寶楨募勇擊走之，進剿普定狆夷，破水塘各巢；又敗賊定番州，擒首逆吳瀛祥等。敘功賞加五品銜，並賞戴花翎。六年，服闋，會苗教蠭起，巡撫蔣霨遠奏留寶楨協防省城，得旨，免其散館，授編修。尋馳解平越州圍，破甕安土匪賈復保等。八年，記名以知府用。十年，授湖南岳州府知府。同治元年正月，調長沙府。十一月，特旨署理陝西按察使，未履任。二年正月，授山東按察使，命募軍隨剿捻匪。科爾沁親王僧格林沁奏令剿辦東昌賊宋景詩，旋劾寶楨擅議招撫，下部議，擬降三級調用，上改革職留任。三年，遷布政使。四年，僧格林沁戰歿曹州，以所轄境內未能加意協助，下部議。議上，得旨，加恩降四品頂戴，留任如故。五年，給事中孫楫、御史朱鎮劾寶楨貽誤各款，敕督辦三省軍務大學士曾國藩查覆，略言：「寶楨帶兵剿賊，俱奉僧格林沁劄委而行。原參各節，多係傳聞失據。其截賊臨城時，所部亦無淫擄重情。功多過少，官民尚無閒言。」疏入，諭免置議。旋以保守省城功，賞二品頂戴。十一月，命暫署山東巡撫，出東平督防。

六年二月，陞授山東巡撫。寶楨以制捻非馬隊不利，而綠營馬兵既難得力，招募馬勇絶不可用。東三省營兵又與馬勇不相聯絡，疏請挑募東三省壯丁三千，赴山東訓練剿賊。上以所籌洞中窾要，如所請行。山東鹽岸疲弊，寶楨奏請改歸官辦，先課後鹽，運至河南，設局派員經理，於藩司鹽、道兩庫，借銀五萬兩，限二年歸還，下部議行。三月，挑濬沈口河，宣洩東西兩岸積水，涸出民田二十餘里，增築河牆。五月，捻匪由河南入鄆城、鉅野，攻沈口，而分股從濰河、海神廟偷渡，河牆不守。上以寶楨籌策無方，下部嚴議，褫失守地段總兵王心安職，斬都司朱萬美以徇。先是湖廣總督李鴻章奉命督師剿捻，建議於膠萊河及運河築牆遏賊，麇諸海隅，以淮軍、山東軍南北分段認守。賊之衝牆西竄也，嚴旨責李鴻章，與淮軍統領山東布政使潘鼎新，均交部議處。寶楨在防守禦，未能嚴密扼截，至賊飽颺，厥咎尤重，褫職留任，並摘去頂戴。十二月，逆首賴汶洸就擒，復寶楨職，賞頭品頂戴。

七年，捻酋張總愚自河南北趨定州，近畿戒嚴。寶楨聞警，即馳至東昌，調集各軍，挑精卒八千、馬隊千人，率已革總兵王心安、副將莫組紳，齎五日糧，倍道北援。上以寶楨一軍北上迅速，奮勇可嘉，疊諭褒獎。賊以北軍大集，遂南陷饒陽，寶楨亟遣王心安等回擊，敗賊魏家村，復饒陽城，敗賊茱園；又遣莫組紳追賊至肅寧。諭曰：「丁寶楨由山東督兵北上，首先奮勇派兵擊賊獲勝，保衛近畿，深堪嘉尚！著即整頓師旅，相機進剿。」寶楨慮賊回竄山東，仍率軍駐防東昌，旋敗賊茌平、海豐。七月，張總愚敗死，捻逆盪平，賞太子少保銜。十二月，入覲，仍回任。八年，太監安得海私出山東，矯稱採辦御衣。寶楨奏聞，即飭屬嚴拏，獲之泰安，訊實具奏。得旨，就地正法，並隨從太監人役等，斬絞如律。九年，法蘭西以教案啟釁，寶楨密請於山東各海口，酌定兵數，分別布置，並練兵駐德州等處備緩急，上韙之。十年，疏請整飭水師，提關銀十萬購礮船，練兵分防榮城縣石島海口、及登州府天橋海口，並分守各礮臺。十月，以病乞罷，賞假三月，毋庸開缺。

時鄆城侯家村河決注運，運道被阻，州縣多淹，河東河道總督喬松年請俟次年興工。上以水涸堵築易爲力，命速塞之。十二月，寶楨力疾奏請自往督工，上深嘉其獨任艱鉅。十一年二月，決口合。諭曰：「丁寶楨勇於任事，督率有方，未及兩月，克竟全功。著交部從優議敘。」先是，河決銅瓦廂，穿運入大清河。至是，寶楨偕署河東道總督文彬疏請堵合銅瓦廂決口，復淮徐故道。疏下廷臣會議。十二年九月，疏請開缺，回籍修墓。得旨，賞假一年，毋庸開缺。瀕行，疏言銅瓦廂決口情形：「在東省自宜先塞張家支門，防黃大局宜先就石莊戶施工，其築隄界連直隸，計二百七八十里。此次河水東趨，東省受害甚深，運道關繫亦重，不得不亟圖辦理。凡應行事宜，自當悉心覈議，籌定全局。俟後任查照興辦，不致誤時。」並繪圖具說以上。十三年十月，回任。石莊戶決口猶未舉辦，河水奪溜南趨，山東、江蘇、安徽水患延數百里，自濟寧至宿遷，運河南北兩岸長隄，衝刷殆盡。上方詔直隸、兩江、山東及漕河各督撫會議奏辦，寶楨至，即奏言：「臣方回任，非不知河務之難，儘可俟各督撫臣委員查明，在同覈議會奏。時已交春，勢難舉辦，即可卸責。竊見目前水勢泛溢，民生既遭沈淪，運道亦同廢棄。祇以今春事機一誤，功倍大而費倍增。再不及時籌辦，明歲伏秋汛臨，淮徐以下，何堪設想？而災區之蠲緩，窮黎之賑濟，度支所損尤多。請敕下部臣籌撥實款百五十萬，迅速解東，以應急需。」奏上，即率道員潘駿文赴勘石莊戶情形，復奏言：「石莊户口水勢寬深，勢已無從著手。由石莊下行十餘里，南爲菏澤之賈莊，北爲開州之藍口，水勢稍束，然口門尚寬二百六十丈，兩厓水深七八尺，中間深一丈五六尺，請即以此作壩基，從賈莊堵合，正溜由藍口分溜引歸舊河，則由張家支門、王老户下注，東南漫水皆可斷，流然後並籌上下游兩岸隄工。」疏入，上是之，敕户部照所請款數，即行指撥，毋誤要需。先是，日本因通商構釁，頗以兵船窺伺福建臺灣，命下沿海各督撫會籌。寶楨在賈莊工次，密疏大要，請精練水師各技，經營船政、機器各局，購船則鐵甲宜防海口，戰宜兼用輪船、舢板，籌餉宜就釐金照各州縣錢糧正雜之例，不容弊混，舍此而別求掘煤開礦，即使獲利，亦多隱患。至海疆有事，則利於持守，而不利於輕戰。戰勝彼不過損一二船而止，不勝則我損實多。又以蒙古、黑龍江人樸勇可靠，請并吉林、奉天四省精練四萬人，以防北邊。報聞。

光緒元年三月，賈莊口合，上嘉寶楨力膺艱鉅，督率有方，予優敍。十一月，遵旨籌辦海防，疏言：「山東宜防要害三：一於烟臺之通神岡、八蜡廟及之罘山東莊各築圩，設礮；一於威海衛、劉公島及島口兩面各築礮臺，並於海外密布水雷，閉一門，留島北口門爲我師出入；一於登州城北彈子渦山頂及城南沙埂，並長山島西各築沙土礮臺，並於省城外濼口創設製造機器局。」上悉如所請。二年八月，擢四川總督。十二月，入覲，賜紫禁城騎馬。三年三月，瀝陳川省敗壞情形，請裁總督、司、道節壽陋規，撤各州縣夫馬局，清理積案，劃清交代虧挪，嚴拏嘓匪、鹽梟，整飭邊務，操練兵勇，並以四川歲有按糧捐輸八十餘萬，病民爲最，將徐圖蠲除。得旨嘉勉。七月，以四川行黔、滇兩邊鹽岸廢弛，鹽引積滯至八萬七千餘張，羨截積欠一百三十六萬六千餘兩。請改爲官運商銷，於瀘州置總局，井竈分置廠局，鹽岸分置岸局。廠局就井竈市鹽，授之岸局，岸局受而售之商人。凡黔邊額引及近邊各屬計引，悉令鹽道移交總局，並清釐從前各積引，以次帶銷。又帶行近邊之永寧、瀘州、納溪、綦江、合江、涪州、江津、南川各計引，及酉陽、秀山、黔江、彭水各邊引，以杜侵越。又以貴州徵榷有礙運銷，請旨敕禁貴州鹽釐各局卡，由四川歲濟銀，如其榷數。奏定章程十五條，派候補道唐炯督辦，於藩庫、鹽庫、川東道、夔州府各關釐稅，借銀五十萬兩舉辦，限八年歸還。疏上，得旨，下部議行。灌縣都江堰舊制用竹籠盛石子作人字隄，歲費千金。寶楨議改易巨石，籌費九萬，派署成緜龍茂道丁士彬及署灌縣知縣陸葆德興辦。又奏請於四川省城創設機器局，製造槍礮火藥。上皆報可。四年，以疏保永不敍用之已革道員李燿南，開復頂戴，留川差遣，未將原參情節詳敍，坐降三級調用，上加恩改爲革職留任。寶楨復請舉辦滇岸官運，并帶行近滇邊之宜賓、南溪、屏山、慶符、長寧、高珙、筠連、興文、江安、馬邊、雷波各計引，仍帶銷滇岸歷年積引，下部議行。

先是東鄉縣役袁廷蛟聚衆算糧，知縣孫定揚妄禀請剿，前總督吳棠遣記名提督李有恒率軍彈壓。李有恒禀護總督文格告變，遂劫殺民寨，文格查辦不實，自請議處。及寶楨到任，奉旨查辦。寶楨擬結，袁廷蛟論斬，李有恒革職，孫定揚軍臺效力。尋翰林院侍講張佩綸劾寶楨輕縱，上再命四川在籍前兩江總督李宗羲查奏，仍諭寶楨覆覈，據奏更正。比宗羲、寶楨奏上，情節仍不符。又前修都江堰隄工復壞，言官交章論劾官運鹽務及機器局事多不實，詔遣禮部尚書恩承、都察院左都御史童華往按之，先鞫東鄉獄，以情節不符，不即定讞，疏請敕刑部詳覈。又奏都江堰工續撥款項，未經奏明，隄工能否足恃，尚未可知。機器局應請停辦。寶楨時以都江堰事先下部議，降三級調用，即行革任，上加恩降三品頂戴留任如故，褫丁士彬、陸葆德職。恩承、童華又奏官運鹽務利少弊多，請或由官運，或改官督商銷。寶楨爲權官督商銷、官運官銷、官運商銷三者利害得失，奏上之，而恩承等續劾鹽務出納不實，疏下户部酌覈具奏。奏入，諭曰：「據户部奏稱『川省自開辦官運後，疊據該督奏報邊計額引，全數銷完，復銷滯引至一萬餘張，所收稅羨截釐暨雜款至一百餘萬兩。是該局之有益課款，似尚可憑。滇、黔引岸久懸，見在甫經著有成效，未可遽行更改』各等語。即著丁寶楨將官運商銷各事宜，悉心區畫，慎始圖終。務令裕課恤商便民，均無窒礙，方爲不負委任。其在事官員，尤宜隨時督率，勿令日久生懈。設有始勤終怠，或將來徵收漸絀，不能如前，撥款不能按期解足，及不恤商力，不便民用等情，則咎有攸歸，必惟該督是問。」尋刑部讞東鄉獄，孫定揚、李有恒擬斬監候，上以寶楨擬罪輕縱，曾面諭兩司將原詳内李有恒輕視民命等語删去。迨經覆查，又不悉心斟酌，始終偏執，下部議革職，諭曰：「丁寶楨平日勇於任事，操守甚好，惟性稍褊急，遇事操切，是其所短。四川吏治廢弛，民風浮靡，該督到任後，竭力整飭，不避怨嫌。且於鹽務力排衆議，變通辦理，規復滇、黔引地，及爲復還淮岸之計，自應責成一手經理，以觀後效。丁寶楨著賞給四品頂戴，署理四川總督。該署督當仰體朝廷棄瑕録用之意，於力求整頓之中，仍勿操之過蹙。凡用人行政，一切虛心體察，實事求是，務令吏治奮興，商民樂業，方爲不負委任。儻辦理無效，辜負殊恩，必當重治其罪，懍之慎之！」尋疏劾四川按察使方濬頤優柔瞻徇，鹽茶道蔡逢年貪劣朦混各款，並發前道傅慶貽撥釐填表弊，分別褫職發遣。

六年，以新疆平定，録籌餉功，予優敘。出使臣崇厚之獲咎也，寶楨奏請出使俄國自效，並請於直隸、東三省選募精壯五六千人，駐直、東交界，歲需餉銀約三十萬，即就官運鹽局撥濟。得旨：「覽奏，慮遠思深，於此事辦理一切情形，極爲透澈。所請前往與俄人辯論一層，與朝廷意旨正相符合。見已有旨令曾紀澤前往，東北邊防亦漸布置。川省一切事宜，正資整頓，該督惟當悉心經理，以副委任。」會有旨保舉人才，寶楨薦四川建昌道唐炯文武兼資，山東濟東道薛福辰精廉强正，山東候補道張蔭桓爲守兼優，足備任使。時言官復奏劾都江堰奏報不實，上命成都將軍恒訓查奏。恒訓覆陳堰工分水不勻，致有衝損，亦無淹出民田八百餘畝之多；並奏鹽務病商病民，流弊甚大。上仍命寶楨據實明白回奏，旋諭曰：「隄堰保衛民田，大利大害，關繫甚重。鹽務改章創辦，尤宜慎始圖終。該署督惟當實力實心認真經理，以期經久可行，固不可憂讒畏譏，稍易初念，亦不可剛愎偏徇，自護己非。朝廷實事求是，丁寶楨將來功罪，總以有無成效爲斷，不在此時之剖辯也。」

是年，裏塘土司所屬查录野番叛附瞻對，圍攻土司，寶楨遣員剿撫。事定，爲勘界立碑，杜藏番侵越。又剿敘邊廳、雷波廳夷匪，平之。七年，以官運鹽務處查明歷年遺失無著水陸殘引三十一萬八千八百十三道，疏請造冊咨部註銷，又請豁免歷年積欠屢追無引之羨截五十五萬五千二百三兩，允之。四月，復授四川總督。十一月，撥解官運鹽務徵收釐稅銀二十萬兩交北洋大臣充購船防海用。先是寶楨以川省年豐，飭屬勸辦積穀備荒，百石取一。至是，報存積穀一百七十三萬餘石。又以川北米少，爲撥鹽釐買儲倉穀二萬七千六百餘石。十年，法蘭西稱兵越南，雲南巡撫唐炯出關督師，擅自回省，致山西等處相繼失守，嚴旨革職解京交刑部治罪。寶楨奏陳唐炯四川、雲南政績，代爲乞恩，又於援黔官弁殉難，懇請建祠摺內，鋪張唐炯從前戰績。上切責之，下部議降三級調用，仍加恩改爲降三級留任。十月，皇太后五旬萬壽，懿旨嘉寶楨轉餉援兵，共攄忠愛，予優敘。尋屆京察，上以寶楨久膺封疆，任事實心，交部議敘。

十一年，英吉利遣使馬科當來議印度、西藏通商事，出使大臣曾紀澤謂宜先與藏番議定，目前即不遽許通商，亦當准其遊歷，令無阻閡。上命寶楨覆覈，疏言：「西藏戾很，勢難理諭。若臣遽派員往說，該番不從，勢難姑容，必將生釁。未與洋人通商，先與喇嘛構禍，似覺不合。臣已馳書駐藏大臣，先爲開說，然後委員入藏。」又言：「英人此舉，決非注意西藏，殆借以通四川大道耳。夫通商本有重慶之約，特因輪船不能上駛，故別出此計以求遂其欲。但藏路一開，則四川之全境失；四川失，則中國之藩籬破。臣年來製器練兵，縱不敢全操勝算，而勝負之數，差可自主。惟有竭盡心力，以冀上報朝廷，他非所計也。」既而藏番堅持不可，遊歷之議不行，而英吉利尋併緬甸，復命寶楨密籌熟計，先事圖維。寶楨請於川、藏接界之巴塘，駐防二千人，於裏塘駐防千餘人，豫籌三四月米糧，資令前往。因奏言：「數年前俄羅斯曾遣官赴藏遊歷，擬從新疆、哈密由川前往，嗣亦慮有阻閡，遲遲未進，見聞改由新疆，取道和闐，可經達後藏，並募纏頭回民爲導。似此，無怪英人畏彼通其後路，故欲與藏通商也。以西藏一隅，而兩大並爭其間，籌辦亦殊不易。臣初到川，曾請賞准廓爾喀循例入貢，實以西藏爲全蜀藩籬，廓爾喀又西藏屏蔽，用示羈縻。去年廓國商民，爲前藏喇嘛番衆所劫，廓酋噶箕謂非前次展覲，蒙大皇帝厚恩，難與唐古忒罷兵。又去年法國越南事劇，廓酋曾越藏呈訴，自請助攻法人，是其感恩嚮義，確有明徵。當此英俄窺藏，事機緊要，懇恩准予該番嘉奬，益堅其內嚮之心，不但邊域增一障蔽，兼使異族少一援助。川、藏全局，均有裨益。」奏入，報聞。

九月，以病乞罷，上慰留之。十二月，再疏陳請，諭曰：「該督莅川有年，辦事認真，成效卓著，朝廷倚畀方深，豈可遽萌退志？著再賞假兩月，安心調理，毋庸開缺。」十二年三月，寶楨力疾銷假。四月，卒。遺疏言：「外洋和約，萬不足恃，止可以安爲攘，不宜重外輕內。皇上春秋鼎盛，指日親政。應請舉行日講以裕聖功，帝道之隆，要在近賢人君子，遠宦官宫妾。勿以財用不足而進言利之臣，勿以時局多艱而行苟且之政。固結民心，即所以深培國脈。」疏入，諭曰：「四川總督丁寶楨，秉性忠誠，清勤練達，由翰林帶兵剿賊，歷受先朝恩遇，外任知府，洊擢封圻。前在山東巡撫任內，籌辦軍務，悉協機宜。朕御極後，擢任四川總督，於地方利弊，認真整頓，實心任事，勞怨不辭。前因舊疾增劇，籲請開缺，疊經賞假調理，嗣已力疾銷假。方冀醫治獲痊，長資倚畀，遽聞溘逝，悼惜殊深！著加恩追贈太子太保銜，入祀賢良祠，照總督例賜卹。任內一切處分，悉予開復。應得卹典，該衙門察例具奏。靈柩回籍時，沿途地方官妥爲照料。伊子丁體晉，著賞給郎中。伊孫丁道臣、丁道源、丁道津、丁道敏均著俟及歲時，由吏部帶領引見，用示篤念藎臣於意。」尋賜祭葬，予謚文誠。

嗣山東巡撫陳士杰奏陳寶楨勳績，請於山東建立專祠，諭曰：「已故四川總督丁寶楨，前在山東帶勇剿賊，勳勤懋著，於地方賑務河工、清理獄訟、興建學校等事，無不實心經理，洵屬功德在民。丁寶楨著准其於山東省城建立專祠。」又以雲貴總督岑毓英等請於貴州省城建立專祠，允之。十五年，慈禧端佑康頤昭豫莊誠皇太后歸政，追念功績最著諸臣，各賜祭一壇，寶楨與焉。

雜録

備録

《詞林輯略》卷七　丁寶楨字穉璜，貴州平遠人。未散館，以軍功特授編修。官至四川總督，謚文誠。著有《十五弗齋詩存》。

備論

《續碑傳集》卷二八趙國華《丁文誠公墓志銘》　銘曰：萬物自柳之浮萍，賢者自松之茯苓，巨人自人之列星。噫嘻文誠！惟公之生，其氣英英；惟公之没，遺疏在闕，其光烈烈。川亦匪遥，山亦匪高；惟公之靈，驅瀾亘霄。孰黔之西，孰魯之北；其精在天，是安其魄。

藝文

《墨花吟館感舊懷人集·丁稚璜制府同年前輩寶楨》　憶同矮屋兆文光，天爲名臣早示祥。忝附鵬摶終塌翼，雲程九萬獨翱翔。

公爲貴州平遠人，咸豐癸丑庶常，以軍功保留館。由湖南知府洊升四川總督。任山東巡撫時，捕得内監潛自出京者，奏請正法，以是名震天下，並被兩宫知遇。故在川督任内，屢遭蜚語而恩眷不衰。余於道光己亥初應浙試，禱於天竺大士，得籤云「玉兔待重生，光華當滿室」。癸卯，寄籍黔試，三場適坐重字號，號軍忽告衆曰：「昨夜月没後，忽見光明如晝，誤爲天曉，起視，則有光自號底出射，其爲諸君之奎光乎！」余因憶籤語，頗自竊喜。及獲雋後，公車入都，見諸同年頗有談及重字號放光之事者，因共證之，則是號共中四人，公與余及鄧碧泉玉峯、余璧臣秉穀也。後鄧、余皆以一榜終，余雖忝與館選而名業一無所就。獨公仕路飛騰，位望烜赫，卓爲一代名臣。矮屋放光，實爲一人之瑞，餘三人者聊爲末光之附耳。

《湘綺樓詩集》卷一〇《丁尚書總督四川閲兵西南邊留灌縣過六十生日以避賓吏稱祝寄詩調之因以爲頌》　雄鎮常經武，新恩命撰徒。息民冬蜡樂，觀稼夏苗鋪。令簡稀隨吏，心清減驛厨。巡邊兼避俗，負弩莫争趨。

蕃部通三藏，軍疲氣始驕。應憐蠻瘠苦，甯倚蜀豐饒。曲突深謀久，松嶲迴望遼。老臣憂國意，非是慕彤弨。

斥鷃恒相笑，霜鷹暫一伸。元樞資長養，國體在平均。還憶薰風度，停車稻雨新。休瞻雪山峻，高意託嶓岷。時方刻罷某按察。

早已忘身世，何煩更祝釐。精勤延壽久，淡泊養生宜。白髮尊元老，青城賸紫芝。不嫌齋舍冷，猶有酒盈卮。

李鴻藻部

綜述

《碑傳集三編》卷一 陳毅《軍機大臣協辦大學士禮部尚書李文正公家傳》

光緒二十四年，高陽李符曾爲郵傳部左丞。毅既前以其部丞參記名，因訂交焉。當毅年十二，竊聞先大父稱道高陽相公。謂嘗以茶商疾苦陳於公，欲用鹽引法救之，未及施而公罷，恒引爲憾。遂推論公相業，誠有如《秦誓》休休云者。彼時毅不解所謂，自後稍稍追記，乃大歎慕，然疑闕無可質矣。符曾，公子也。既解后，賽宋亟索觀其碑志，則惻然曰：「自先公之歿，今相國南皮張公任志墓者十稔矣，而訖不就，久而益遠，深思遺聞之自我而失也。君茲見諏，敢乞爲之傳。」毅謹諾不敢辭。雖然，毅惡足以傳公哉？固將竘公以傳，特一致其仰止之私於公爾。

公李氏，諱鴻藻，字寄雲，一字蘭孫，硯齋其別號。先世明永樂中有諱平福者，自山西洪洞遷高陽之龎口里，遂爲縣人。曾祖曰鏻，雍正丁巳明通進士，陝西商南知縣，妣董氏。祖殿圖，乾隆丙戌進士，由編修歷官江西巡撫，黜而起至侍講，追謚文肅，妣邊氏。生三子，伯曰轍通，以廕選知廣西賀縣；叔曰濬通，監生，同母也。母曰郎夫人。監生早世，無子。賀縣生同知鴻烈及公，公生而出嗣監生後，母及本生母皆姚氏，兄弟也。自曾祖父母，皆以公貴，封贈正一品。家故寒素。賀縣病免，益貧。二母挈公就外家天津，從舅氏受書。公早慧，自辨唯俞。見書畫懸壁間，輒凝睇若有所會悟。至是奮厲爲學。二母以其穉而弱，憐之，甚戒讀毋苦，則習爲默識，其貌熙熙然而所學滋益深矣。年十八，受知潘文慎公，補縣學生。越七年，舉鄉試，官內閣中書。咸豐元年，考選軍機章京。二年，成進士，改庶吉士，協修國史，授編修。爲乙卯山西副考官。奉賀縣喪歸，免期直上書房。出督學河南。十年，詔宰輔擇保儒臣，以彭文敬公薦，召還，復直上書房。是年秋，歸省二母畿南。而英人犯天津，文宗狩於熱河，公倉皇赴行在。無所舍，肅順爲饒宅，卻之。

明年，授讀穆宗。穆宗喜默思，公慮其近於罔，則導之朗誦。或御書偶爲戲筆，必捧手勸靜心，請少息，改容謝乃已。又明年，同治改元，與前大學士祁公雋藻、翁公心存及工部尚書烏齊格里公倭仁同直弘德殿，三公後皆謚文端者也。公旋充日講起居注官。一時國良在帝左右，四鄰弼承，閈中立之聽。翁公既口折古今政術，於是烏齊格里公進《啟心金鑑》，祁公進《經史摘錄》，公亦偕兩書房撰《治平寶鑑》以進。得俞旨，獎綢疋。穆宗既釋服，翁公前卒，公復與二公合疏規儆。以謂帝心之敬肆，風會所轉移，安危治亂之機，胥繫乎此。反覆以玩好游觀興作爲慮，其詞極諄至。詔優奮之。四年，命爲軍機大臣，直弘德殿如故。公於是時蓋已自編修歷侍講、侍讀、祭酒，四遷至內閣學士矣。其年迭署戶部左右侍郎。逾年，除禮部右侍郎，調戶部。六月，兩宮太后聞公有母之喪，賜祭賞銀。以上典學樂從公，公不可須臾離，又軍務資翊贊命，援雍乾間故事，開缺入直。公陳情至再，勿許，則陳於吏部曰：「先帝召鴻藻河南，畀之傅儲之任，蓋以鴻藻恪慎能守禮也。今親喪而出入禁闥，鴻藻已先自負罪，安望裨聖學？若樞廷趨直，則進退先失據。鴻藻不足惜，其如先帝知人之鑒何？焦灼昏迷，但有號泣。惟天地高厚，哀而憐之。」不聽，更命恭親王蒞公宅諭之。出懿旨，至引「國家休戚」相勗。而公卒稱疾，得終制。

七年，捻寇擾畿輔。公自籍奏言，宜拜懿親爲大將軍，鎮北路，以左、李兩帥爲參贊東西，扼保定、河間。二月，詔恭親王節制諸道師，從公請也。起直，賞紫禁城騎馬，署禮部右侍郎，總裁方略。復除戶部，擢左都御史，晉工部尚書，加太子少保銜。有旨葺圓明園，公謂巨寇初平，回難未靖，宜養元氣，固國本，不應事不急。竟以犯顏極諫而止。十二年，親政，直殿仍如故。是時檢討王慶祺已直殿中，公念敬在閑邪，疏請修聖德，而面陳尤切直。上嚴憚而益敬禮之。十二月，命恭代批章奏。穆宗崩，公引咎，太后知其忠，命專理喪。光緒初，總裁《實錄》，爲總理各國事務衙門大臣。三年，丁本生母憂。先是，鴻烈君殁，公令長子兆瀛承其重。兆瀛又不祿，喪無主，公請自持三年服母夫人，故嘗迭拜書扁之賜，東朝所夙知也，特詔允焉。降服而三年，非制也。然既爲人後，而還服其所生，是固非通乎聖王制禮之精意者所未易與言，故儒者亦深許之。六年，服闋，復爲軍機總理衙門大臣，署吏部尚書。新疆既平，崇厚使俄，索伊犂，誤劃其西南境入於俄。沈文定公務甯邊將，許之。公不可，卒罪崇厚，更曾惠敏公爲使，易其約。七年，以兵部尚書、協辦大學士，爲經筵講官，管三庫事。八年，調吏部，充武英殿總裁。北洋大臣李文忠公於時居母憂，大學士當授公，公請懸缺以酬李公勳。

既而法越釁開，徐巡撫延旭、唐巡撫炯自廣西、雲南出師，皆失利。兩巡撫者，張侍講佩綸所舉，而侍講固秉筆譯署者也。當是時，恭親王眷衰，太后方意嚮醇親王，會廣督張靖達公以事，因王中書仁東求解於張侍講，猝不得見，又意相梧也。中書草疏，謁宗室庶子，盛昱讀，欲彈侍講。庶子竄易其草，遂以劾軍機。由是軍機自恭親王皆得罪，而公坐鐫級，時十年三月也。越三年，復擢至禮部尚書，充武英殿總裁，兼玉牒館副總裁。頃之，使視決河鄭州。公言前巡撫李公鶴年能即承詔，授李公爲河督，用是構疑忌，以督工而堨不立，兩公並褫職。公乃以三品頂戴留任，還又坐部摺疏漏獲譴如鄭。因大婚，充大徵副使，又鄭工蕆且速，十五年復官。上以公七十，書福壽字，併諸珍物賜之。尋兼署都御史，總裁會典，復管三庫查倉。其前一年署講官，今實充焉。二十年，太后六旬，賞雙眼花翎。此三年間三署刑部。日本窺朝鮮，命參軍務，遂復直軍機。戰事方殷，入對往往逾日昃。或退食，猶悒悒，甚且痛哭者，必其事有不可挽而不欲以語人也。自是騎馬西苑門，復入總理衙門。今昔强弱既殊，交涉日棘。公務存國體，一主以忠信，中外多諒之。自償幣驟增，有主加賦者，公以病民而無濟於國，力寢其議。兩聖以此奇重公。復病滿，入朝，上憫其衰，派內監扶掖，再賞假一月。居無何，以禮部尚書、協辦大學士復調吏部。凡殿廷閱卷，自試差以至於考蔭，公無不與。會試知丙戌貢舉，甲戌一爲副總裁，己丑、甲午兩爲正考官，得士稱盛。教習庶吉士者再。所頒兩朝遺念及其它書畫珍玩不勝紀，恩禮優渥，並世殆無其匹。二十三年，疾篤，賞藥餌，命御醫診視，終不愈。七月癸未，卒，年七十八。遺疏入，上軫悼，賜祭葬。贈太子太傅，特謚文正，祀賢良祠。

公性肫摯而剛，不苟同異。與人處，初若齟齬不相入，久乃益親。嘗論事忤恭親王，王怒甚。已忽悟其愛己，交日篤。左文襄公謂公忠誠可格金石者，類此。自執政多畏忌臺諫，公曰：「臺諫所以輔宰相者也，而可嫉視邪？」聞者雖不懌，顧無以難也。抑數聞諸長老，鄧給諫承修，嘗以非時上封事，屬抵大不敬。公執奪祿，如吏部當。又王御史鵬運諫修頤和園，後復有論德宗閒日詣園不便者，皆幾罹重咎，亦賴公力解而免。以故當時號清流者，多附焉。世遂以清流領袖推公，論者乃訾其取名。嗟乎！斯譽也，斯毀也，豈公本志哉！公少歷窮困，爲程朱之學，務實踐不鶩其虛。初出館座主杜文正公家，朝夕觀摩，信道彌篤。後與二文端同傳帝學，日研求家國天下之故，返之身心。殿陛趨蹌間，資爲師友。又於軍機處得從瓜爾佳文忠公文祥之後，識度乃益宏。文忠語公：「賢不肖進退，盛衰君國，安危所寄，其責在吾輩也。」公服膺其言，故前後出入樞府四十年，所汲引多正人。而甲午後，其窺試變法，挾奇衺以蔑棄成憲者，則痛抑之，終其世不得逞。歿不數月，翁協揆竟用康梁之說，禍天下，至於今不絕。自非學有本原，烏得遂睹其幾於未兆邪？《詩》曰：「人之云亡，邦國殄瘁。」吾於公亦云。夫人張氏，先公二十八年卒。側室楊氏，以焜瀛官封太夫人。子三，兆瀛，張出，出嗣世父，早卒。焜瀛、煜瀛皆楊出，廕生、郎中。孫宗侗，賜舉人，焜瀛子也，嗣兆瀛。次宗偉、宗侃、宗僑。焜瀛仕至郵傳部左丞，署左侍郎，符曾其字也。

《清史列傳》卷五七《李鴻藻傳》　李鴻藻，直隸高陽人。咸豐二年進士，改翰林院庶吉士。三年，散館授編修，四年九月，充功臣館纂修，以分錄《貞觀政要》，賞文綺、荷囊。五年四月，命在上書房行走。七月，充山西鄉試副考官。十二月，丁本生父憂，七年二月，服闋，命仍在上書房行走。七月，提督河南學政。

十年，上命大臣擇保儒臣堪膺授讀之任者，大學士彭蘊章以鴻藻應，得旨來京供職，仍在上書房行走。十一年三月，特詔充大阿哥師傅。穆宗登極，同治元年，奉慈安皇太后、慈禧皇太后懿旨：「李鴻藻及禮部尚書前大學士祁寯藻、大學士翁心存、工部尚書倭仁，均著在弘德殿授讀。」京察引見，詔遇有應陞缺出，開列在前。充日講起居注官。三月，《治平寶鑑》書成，賞文綺。五月，擢侍講。十一月，轉侍讀。十二月，授國子監祭酒。二年十月，鴻藻以上釋服逾期，與祁寯藻、倭仁上疏，略曰：「皇上沖齡御極，智慧漸開。當此釋服之初，吉禮舉行，聖心之敬肆於此分，風會之轉移於此始。玩好之漸可慮也，游觀之漸可慮也，興作之漸可慮也。嗜好之端一開，不惟有以分誦讀之心，而海內之仰窺意旨者，且將從風而靡，安危治亂之機，其端甚微，而所關至鉅，可無慎乎？伏願皇上恪遵慈訓，時時以憂勤惕厲爲心，事事以逸樂便安爲戒。屏玩好以節嗜欲，慎游觀以定心志，省興作以惜物力。凡內廷服御一切用項，稍涉浮靡，概從裁減，雖向例所有，亦不妨量爲撙節。如是則外物之紛華，不接於耳目，詩書之啓迪，益斂夫心思。將見聖德日新，聖學日固，而去奢崇儉之風，亦不令而行矣。」疏入，上優詔褒答，命將原摺交弘德殿，以資省覽。

三年九月，擢內閣學士，兼禮部侍郎銜。十月，署戶部左侍郎。四年十一月，命在軍機大臣上學習行走，仍兼弘德殿行走，鴻藻疏辭，上不許。尋署户部右侍郎。五年二月，擢禮部右侍郎，仍兼署户部右侍郎。三月，調補户部右侍郎，兼管錢法堂事務。旋命在軍機大臣上行走。六月，丁母憂，奉慈安皇太后、慈禧皇太后懿旨：「户部右侍郎李鴻藻之母姚氏，秉性淑慎，教子成名。今以疾終，深可軫惻！朝廷優禮大臣，推恩賢母。著賜祭一壇，賞銀二千兩經理喪事，由廣儲司給發，以示眷懷。李鴻藻事母至孝，哀痛必切。朝廷以孝治天下，原應聽其照例終制，以遂孝思。第該侍郎膺文宗顯皇帝特簡，授皇帝讀，盡心啓沃，迄今六年，夙夜罔懈。皇帝春秋鼎盛，緝熙典學，功修正篤。李鴻藻諄諄納誨，皇帝樂從，誠不可或離左右。且軍務未平，兼資翊贊。溯查雍正、乾隆年間大臣如孫嘉淦、朱軾、嵇曾筠、蔣炳、于敏中等，皆奉特旨在任守制，或開缺辦事入直內廷。近今如曾國藩、胡林翼、閻敬銘，亦皆奪情起用。李鴻藻著開户部右侍郎缺，守孝百日後，即赴弘德殿授讀，仍在軍機處行走。凡遇朝會不必與列，此係遵照列朝成憲，權宜辦理。日前召見醇郡王、倭仁、徐桐、翁同龢，再三垂詢，均已深喻此意。朝廷不得已之苦衷，中外臣工，應能共諒。李鴻藻當思輔導皇帝，弼成聖德，移孝作忠，莫大於是！其勉抑私情，以副先皇帝簡任之恩、朝廷倚畀之重，毋以守禮固辭。」鴻藻仍瀝陳，呈由吏部具疏以聞，復奉懿旨：「前因户部右侍郎李鴻藻之母病終，推恩賜祭賞銀，以示榮寵；並令李鴻藻於守孝百日後，仍赴弘德殿授讀，在軍機處行走。原係酌遵成憲，從權辦理。茲據吏部奏稱轉據李鴻藻呈稱該侍郎母氏，苦節多年，拊育教誨之恩，纖毫未報。一旦慘遭大故，偷生視息，負疚已深。樞要之地，綱紀攸關，輔導聖學，尤宜志行完粹之人。若自蹈愆尤，則進講獻納之際，何以置辭？懇請終制等語。情詞懇切，具見悃忱。惟念李鴻藻膺文宗顯皇帝特簡，授皇帝讀，於今六年。當此緝熙典學，正就將日進之時，該侍郎盡心輔導，弼成聖德，則所以慰天下臣民之望者，莫大於是。前因軍務未平，各督撫等奪情起用者，指不勝屈，況機務殷繁，尤資贊畫，前降諭旨甚明。李鴻藻惟當恪遵前旨，仍於百日守孝後照常趨直，用副先皇帝簡擢之恩。第思該侍郎哀痛未忘，不得不稍示區別。前有旨令遇朝會不必與列，尚不足以示體恤，李鴻藻著遵照雍正年間世宗憲皇帝諭旨，二十七月內不穿朝服，不與朝會筵宴，遇有祭祀典禮咸集之處，均無庸與列。該侍郎當深感朝廷曲體之情，勉抑哀思，移孝作忠，毋得再行陳請。」

鴻藻復具疏呈由吏部代奏，略曰：「先王制禮，原准人情。喪紀之設，非徒以名義具文，範圍後世。蓋以人子之心，必如是而後即安。鴻藻雖不才，親喪自致之念，豈獨無之？伏念鴻藻前以翰林院編修在河南學政任內，被先帝特達之知，召還京師，畀以傅儲重任者，蓋以鴻藻恪慎自將，尚能謹守禮法也。若親喪未終，而出入禁闥，則先已違禮忍情，負罪名教，鴻藻一人何足惜，然不亦有傷先帝知人之明乎？今皇上富於春秋，典學正關緊要，使以不祥之身而日侍經帷，冒不韙之名而虛言啓沃。在臣心則無以自安，於聖學則何所裨益？現在弘德殿行走諸臣，如倭仁、徐桐、翁同龢等，皆能守道竭誠，盡心輔導，此時雖鴻藻一人暫離左右，似於緝熙進德尚不相妨。至若趨直樞廷，則是三年之喪，儼然從政，尤令鴻藻進退失據，局蹐無以自容。鴻藻夙夜憂思，欲堅持己見，則似朝廷委曲矜恤，而臣子冥不知恩，欲勉承詔命，則疚心實甚，而終身無以自處。煎灼昏迷，惟有號泣，伏惟天地高厚，哀而憐之。」會倭仁等亦代爲陳請，復奉懿旨：「前因皇帝典學，功修正篤，李鴻藻不可或離左右。曾經召見醇郡王、徐桐、翁同龢詢問再三，彼時醇郡王即請降旨慰留，倭仁等亦無異議。次日，復令軍機大臣與倭仁等商議，亦以聖學爲重，不持異同。茲覽倭仁等摺內所稱『李鴻藻事親盡禮，現在奉旨奪情，欲固辭則迹近辜恩，欲抑情則內多負疚。請仍准其終制』等語。倭仁等既以奪情爲非禮，何妨於前次召見時據實陳奏。乃爾時並無異議，迨兩次降旨慰留後，始有此奏，殊不可解！本日復召見倭仁、徐桐、翁同龢，面加詢問。據稱『聖學關係甚重，臣等亦願李鴻藻照常入直，惟親見該侍郎哀痛迫切，勢處萬難，是以代爲陳請，並無他意。聖功緊要，請仍令李鴻藻遵奉前旨』等語。是倭仁等亦知此次奪情之舉，係屬不得已從權辦理，想中外大小臣工亦必能共諒此意。李鴻藻當思聖學日新，四方多故，盡忠即所以盡孝。前降諭旨業已詳盡，其恪遵前旨，毋得拘泥常情，再三籲懇。」九月，復命恭親王至鴻藻寓次，傳旨令於百日後照常入直，毋得再行固辭。鴻藻疏言：「百日將滿，自揣病軀，實難入直。」復奉懿旨：「李鴻藻奏請曲予矜全等語，情詞懇切，深用惻然！昨據御史張觀鈞奏稱，賢臣不能久離，請旨敦促，並歷陳該侍郎宜出任事各條，頗爲詳盡。李鴻藻受恩至重，與國家有休戚相關之誼。當此聖學日新、軍務方亟，該侍郎豈能恝然於懷？著即於百日後仍遵前旨，照常入直弘德殿、軍機處，以副委任。俟將來扶柩回籍時，仍當寬予假期，俾得從容料理，則忠孝兩全，可無遺憾。該侍郎務當仰體朝廷曲成之意，毋得再行籲請！」十月，鴻藻得疏陳病勢，復奉懿旨：「李鴻藻著加恩賞假調理。方今皇帝春秋正富，典學方殷，軍務未竣，四方多事，該侍郎受國厚恩，具有天良，自當於病痊時照常入直，竭力圖報，諒不始終固執也。」至是，鴻藻勉起遵旨入直。

七年二月，捻匪竄擾畿疆，祁州、饒陽相繼被陷，鴻藻以各路諸軍統計不下十萬，未聞痛加剿洗，由於帶兵之員事權不一，未免互相觀望。疏請：「特派親王爲大將軍，坐鎮京師，以固北路。左宗棠、李鴻章爲參贊大臣，分紮保定、河間東西兩路，各率所部兵勇相機剿辦。陳國瑞爲幫辦軍務，專統一軍，爲遊擊之師，策應各路。直隸總督官文專顧省城，籌備諸軍餉需，以資接濟。丁寶楨駐紮直、東交界，防賊東竄。李鶴年駐紮直、豫交界，防賊南竄。直、晉交界，由左宗棠等分撥勁旅，扼要駐紮。並請敕下各該大臣和衷商辦，迅奏膚功。」奏入，上遂命各路統兵大臣均歸恭親王節制。十月，服闋，命仍在弘德殿、軍機大臣上行走，並署禮部左侍郎。八年六月，補户部右侍郎，兼管錢法堂事務，仍兼署禮部左侍郎。十年七月，擢都察院左都御史。八月，授工部尚書。九月，上大婚禮成，賞加太子少保銜。懿旨以上親政伊始，仍當不忘古訓，命鴻藻照常入直，盡心講貫。十二月，以明年恭逢慈禧端佑康頤皇太后四旬萬壽，並上親政後首屆元辰，鴻藻本生母姚氏年逾八旬，特賞御書「蘭陔春永」匾額。十二年二月，充會試副考官。十月，復賞鴻藻母姚氏御書匾額，「福」、「壽」字及如意、錦綺諸珍物。十二月，穆宗毅皇帝升遐，命鴻藻恭理喪儀。

光緒元年二月，充實録館總裁。二年，命在總理各國事務衙門行走。三年九月，丁本生母憂。六年正月，服闋，命仍在軍機大臣及總理各國事務衙門行走。尋署吏部尚書。七年正月，授兵部尚書。六月，命以兵部尚書協辦大學士。八年，調吏部尚書。時四裔多故，俄約議改，幾致失和。法人復於越南生釁，輔佐諸臣屢爲言者論列。十年三月，懿旨以鴻藻辦事竭蹶，開去一切差使，降二級調用。十一年二月，補内閣學士，兼禮部侍郎銜。八月，署吏部左侍郎。十一月，授吏部右侍郎。十三年九月，授禮部尚書。時河決鄭州，上命鴻藻馳驛前往，會同侍郎薛允升詳查現辦大工情形。十一月，命督辦河南鄭州大工事宜，會同河道總督李鶴年、河南巡撫倪文蔚迅籌堵築。先是，李鶴年、倪文蔚議於西壩興工，鴻藻至，仍之。十四年正月，續興東壩工，鴻藻以料少時促，變通原估辦法，爲併工省料之計。大河水勢變通，奇險疊生，皆力爲守固。會伏秋汛至，西壩捆箱船失事，阻礙進占。七月，疏請停緩大工，俟秋汛稍平接辦。上以鴻藻督率無方，革職留任，降爲三品頂戴；褫河道總督李鶴年職，命鴻藻暫行

署理。

八月，回京。十月，禮部具奏典禮於籤改宣示日期，並未照繕，部議鴻藻應降四級調用，懿旨改爲革職留任。鴻藻原有革職留任處分，例應革職，加恩寬免。十一月，皇上大婚，鴻藻充大徵副使。十五年正月，禮成，奉懿旨開復革職留任處分。三月，充會試正考官。五月，兼署都察院左都御史。十八年五月，兼署刑部尚書。以二十年恭逢慈禧端佑康頤昭豫莊誠壽恭欽獻皇太后六旬萬壽，命鴻藻總辦慶典。十九年正月，鴻藻年七十，賜壽，頒賞御筆「福」、「壽」字及諸珍物。八月，兼署刑部尚書。二十年正月，以慶典成，懿旨賞戴雙眼花翎，並下部優敘。三月，充會試正考官。八月，署刑部尚書。日本與朝鮮構釁，邊事告警，命鴻藻商辦軍務。十月，授軍機大臣。二十一年六月，命在總理各國事務衙門行走。二十二年七月，因病乞假。九月，假滿，入對，上以鴻藻體氣尚未復元，特派内監扶掖，並賞假一月。十月，命以禮部尚書協辦大學士。尋調吏部尚書，命免帶領引見。歷蒙賞穿帶膝貂褂，賜西苑門内、紫禁城騎馬，頒賞《十朝聖訓》、高宗純皇帝《御製詩文集》、文宗顯皇帝遺念冠服，穆宗毅皇帝遺念冠服、弘佩荷包、白玉煙壺、白玉鎮紙、珊瑚水匙、白玉筆架、白玉水壺等件，御筆「春華秋實」、「勤思啓沃」、「嶽秀泉澄」、「金石砥礪」、「貞筠端玉」、「聲名遠溢」各匾額，慈禧端佑康頤昭豫莊誠壽恭欽獻崇熙皇太后御筆字、畫、團扇、摺扇，及諸上方珍物。歷充經筵講官，武英殿總裁，《玉牒》館副總裁，會典館副總裁，管理三庫事務大臣，教習庶吉士，會試知貢舉，順天鄉試，各直省鄉試覆試，會試覆試閱卷，殿試讀卷，朝考閱卷，考試試差閱卷，庶吉士散館閱卷，考試漢中書閱卷，考試漢蔭生閱卷大臣，五次京察，均特旨交部議敘。

二十三年三月，因病乞假，疾篤，賞給藥餌，命御醫往視。七月，卒。遺疏入，諭曰：「協辦大學士、吏部尚書李鴻藻，守正不阿，忠清亮直。由翰林荷先朝特達之知，入直上書房。同治元年，欽奉懿旨在弘德殿授讀，穆宗毅皇帝恩禮優加，洊擢卿貳，簡授軍機大臣。朕御極後，晉協綸扉。先後三十餘年，辦理一切事宜，擘畫精詳，殫心竭力。前因患病，疊次賞假，諭令安心調理，方冀醫治就痊，長資倚畀，遽聞溘逝，悼惜良深！著賞給陀羅經被，派貝勒載濂帶領侍衛十員，即日前往奠醊。加恩予謚文正。晉贈太子太傅，照大學士例賜卹，入祀賢良祠。任内一切處分，悉予開復。應得卹典，該衙門察例具奏。靈柩回籍時，著沿途地方官妥爲照料。伊子刑部員外郎李焜瀛，一品蔭生李煜瀛，均著賞給郎中。

伊孫李宗侗，賞給舉人，准其一體會試，用示篤念藎臣至意。」復諭曰：「朕欽奉慈禧端佑康頤昭豫莊誠壽恭欽獻崇熙皇太后懿旨，協辦大學士、吏部尚書李鴻藻，秉性忠誠，自贊襄樞務以來，深資倚畀。去年患病後，尚復力疾從公。本年春間因腿疾增劇，疊次請假調理。深宮時殷廑系，特派御醫診視，賞給藥餌，並派員前往看視。方冀就痊，長承恩眷。遽聞溘逝，軫惜殊深！著派郡王銜貝勒載瀅帶領侍衛十員，即日前往賜奠，用示篤念耆臣至意。」尋賜祭葬。

雜録

備録

陳康祺《郎潛紀聞二筆》卷一一《李鴻藻恩遇》 高陽李尚書鴻藻，咸豐間以編修視河南學，按試未周，奉特旨召還，授穆宗毅皇帝讀。毅皇帝登極後，弘德殿師傅之任，雖廣延耆宿，而以尚書爲甘盤舊學，兩宮毗倚尤專，並已令參機務矣。同治五年丁太夫人艱，懿旨開户部侍郎缺，守孝百日，仍赴弘德殿及軍機行走。尚書累疏陳情，乞歸終制。吏部尚書文文忠公爲之代奏，同時近讀諸臣大學士倭文端公、徐尚書桐、翁侍郎同龢，亦代爲乞恩，卒邀俞允。至光緒年，高陽已官正卿，遘本生太夫人終堂之戚，以本房主喪無人，具呈禮部請守制三年，亦經禮部議准。尚書之爲人子，可謂守經盡禮，不愧儒臣。

備論

《碑傳集三編》卷一陳毅《軍機大臣協辦大學士禮部尚書李文正公家傳》 論曰：穆宗朝師傅九人，公及三文端資最先。林侍讀天齡，今總憲張公英麟，及王檢討慶祺，其最晚者也。張公聞命即引歸，林後無聞。慶祺小人，不足道。而此六人者，翁、祁兩文端又先殁，所與公同直而久前則烏齊格里文端，後則徐相國桐、翁協揆同龢耳。乃協揆以戊戌變政敗，徐相國則坿拳黨，召庚子之亂。其始終亹亹弼亮，永矢一德者，惟烏齊格里文端及公二人。公更首贊元良，而又逮事德宗也。詔曰「耆臣」，不其信哉！故老言，當顯廟彌留，兩后請孰堪輔嗣君者，曰李鴻藻，再請，曰倭仁。故公之陳情兢兢焉，惟有傷先帝知人之爲懼。繇是論之，中興内外大臣，無一非簡自顯廟。顯廟之哲，殆遠紹聖祖，而享祚乃勿克永，豈非天邪！

藝文

《四朝詩史》乙集卷五王汝純《輓李文正公六月二十五日薨》 周室無端擾四夷，孤忠憂憤病難醫。羣才誰克支危局，一老天胡不慭遺。汲黯匡君稱戇直，李綱籌國力維持。寢門拜奠頻垂涕，痛惜人亡豈爲私。

徐桐部

綜述

《清史列傳》卷六三《徐桐傳》　徐桐，正藍旗漢軍人。父澤醇，禮部尚書。桐道光三十年進士，改翰林院庶吉士。咸豐二年授編修。三年十一月，充武英殿纂修。八年七月，充文淵閣校理。八月，充順天鄉試同考官，旋丁父憂。九年，因磨勘中卷有修改可疑處，部議革職。十年二月，丁母憂。十一月，奉旨賞檢討，充實録館協修。同治元年五月，充實録館纂修。七月，命在上書房行走。十一月，充功臣館纂修。二年正月，充實録館漢總纂，命授鍾郡王讀。三年五月，懿旨，命桐與瑞常、寶鋆、載齡、李棠階、單懋謙每日一人輪班進講《治平寶鑑》。八月，文宗顯皇帝《實録》纂修過半，甄敘以應補之缺，開列在前。四年二月，奉懿旨，在弘德殿行走。三月，陞翰林院侍講，充日講起居注官，户部右侍郎。李鴻藻丁母憂，穆宗毅皇帝典學方殷，懿旨令李鴻藻守孝百日後即赴弘德殿授讀，仍在軍機處行走，凡遇朝會，不必與列。桐與倭仁、翁同龢合奏請准鴻藻終制，以維禮教而示矜全。五年，《實録》告成，賞四品銜，遇缺題奏。六年，陞侍講學士。穆宗每日黎明御弘德殿講讀，不踰二時，膳後滿漢功課一時可畢。桐與倭仁等奏以爲一日之中晷刻方長，宜兼習政事。現在召對内外諸臣，皇上御殿入座，嗣後擬於召對軍機之時，並請皇上入座，從之。桐以宋臣真德秀所著《大學衍義》一書可備隨時進講，因詳加釐定，爲十六卷，名《大學衍義體要》。七年八月，旋轉侍讀學士。

八年六月二十日夜，武英殿災，書籍版片焚燬殆盡。桐與倭仁等奏：「伏思武英殿爲收藏欽定諸書之所，列朝聖訓於此刊刻。深嚴重地，規制崇閎。一旦煨燼，實爲異常災變。謹按，魏青龍中，崇華殿災，高堂隆對，以爲人君苟飾宫室，不知百姓空竭，故火從高殿起。宋天聖中玉清昭應宫災，蘇舜欽上疏，亦以此爲言。蓋自古占驗之書，凡遇宫禁火災，皆以臺榭宫室爲誡。今者隴西未靖，民困未蘇，黄河甫經合龍，北河又復漫決，八旗生計日蹙，部庫络項不支。此民窮財盡之時也。比年以來，土木之工未盡止息，宫廷之内屢有興作。災變之來，未必不由於此。臣等以爲自今以後皇上正宜刻勵修省，躬行節儉。凡一切大小工程概行停止，傳辦諸物並予罷除，並請敕諭廷臣直言政事得失，庶災變可弭，四方蒙福。」九年六月，擢太常寺卿。八月，署都察院左副都御史。十年七月，陞内閣學士。九月，補禮部右侍郎。十一年九月，穆宗大婚禮成，賞頭品頂戴。十二年正月，穆宗親政，懿旨命照常入直弘德殿。是時髮捻既平，中原底定。桐獨念洋人久居腹地，十餘年來百計覊縻，以無事爲福，而和局終不可恃。願專意修攘爲自强計，上簡才能、結民心、裕度支、修邊備四策。八月，署户部左侍郎兼管三庫事務。十二月，署工部左侍郎。十三年十二月，穆宗升遐，開去弘德殿差使。光緒元年，充實録館副總裁，專司勘辦。八月，充順天恩科鄉試副考官。九月，隨扈穆宗梓宫奉移山陵。桐以恭辦喪禮，賞加二級。二年四月，轉吏部右侍郎。八月，署户部左侍郎兼管三庫。三年二月，署禮部左侍郎。九月，補都察院左都御史。十月，賞紫禁城騎馬。四年五月，補禮部尚書。十一月，兼署吏部尚書。五年二月，管理三庫事務。三月，署都察院左都御史。

吏部主事吴可讀以死建言，請豫定大統之歸，懿旨飭廷臣會議。桐與翁同龢、潘祖蔭合疏，言宜申明列聖不建儲之彝訓，將來治膺大寶之元良，即爲穆宗毅皇帝之聖子。揆諸前諭則合，準諸家法則符。使薄海内外咸曉然於聖意之所在，則詒謀久遠，億萬世無疆之業實基於此。十一月，《穆宗實録》告成。以桐辦理稿本始終其事，妥慎周詳，命加太子少保銜。孫培芝賞給舉人，准一體會試。十二月，與議崇厚所訂俄約章程，摘其不可許者曰伊喀各城定界，曰新疆内外蒙古通商，曰運貨直至漢口，曰行船直至伯都訥，凡四條。六年詔充閲卷大臣，教習庶吉士。時朝議徇俄人之請寬減崇厚罪名。桐奏揆度機要，責在樞廷；折衝俎豆，責在總署；講信修睦，責在使臣。儻崇厚之赦立見轉圜，一切就我範圍，是爲有益於國，則寬其既往，足示法外之仁。若釁端仍不能弭，是徒失刑政之大權，則崇厚之罪更無可逭，仍當推原禍始，立置典刑。又俄人陰狡，變態萬端，以和爲戰，是其長技。兵船已來海外，而我師逍遥河上，何以禦之？近年南北洋養兵製器，費帑實多，練軍之效非於無事時侈虚聲，正以有事時見實用。應請嚴敕南北洋大臣加意防維。設有疏虞，惟該大臣是問。又惟用人之道先辨忠奸，欲辨忠奸必嚴心迹。苟無忠愛之忱，必不能收幹濟之效。奸臣狡詐，往往自託於孤忠，其才智又足以紊亂是非，摇惑觀聽。辨之不早，將受其欺，貽患將來，後悔何及！比年中外所稱練習洋務者，曰崇厚，曰丁日昌。今崇厚誤國矣。丁日昌傾險小人，其藉洋務以自固，與崇厚同，而才足濟奸，智足飾詐，尤逾崇厚十倍。折衝禦侮，皆非所宜。前兩江總督李宗羲、山西巡撫曾國荃皆素膺簡畀大臣，其於中外交涉必能慎持大體，決不肯以鹵莽僨事。總之今日人才以秉忠持正，智深勇沈者爲上；其居心樸實，才堪器使者次之。若僅以機權靈警之輩，祇能通曉各國語言文字者，許爲邊才，而責其艱難重大之事，未有不負委任者。又陳西北邊才左宗棠屹若長城，但其年已衰。儻接替不得其人，所關非細。楊昌濬堪坐鎮而不足以決戎機，劉錦棠可爲偏裨而不足以膺統帥。得旨報聞。七月，承修慧安和碩公主園寢工程。

十月，同禮親王等恭送穆宗毅皇帝聖容、實録、聖訓，並册寶玉牒赴盛京供奉尊藏，交部議敘。是月，奏：「臣此次于役瀋陽，大典慶成，循途遄返，於經行山川阨塞，地方民生情形，留心諮訪。竊以奉天一省雄據東方，形如龍首。論大義則爲我朝之根本，論形勝則與京國爲輔車。土地肥饒，物産充牣。俄日兩國垂涎已久，易啟戎心。即使大局粗安，亦不能不慮久遠。奉省海口沒溝沿以外，其口岸水深，洋船可泊者如寧遠釣魚臺、錦縣崔家屯、蓋平連雲島、復州長興島、寧海羊頭窪、旅順口金州、青泥窪等處不一而足。將軍岐元廉潔自守，鎮静有餘，於軍旅素未嫺習。瀋陽防守空虛，惟宋慶一軍略資保障。羊頭窪、旅順口雖有防兵，亦不足恃。可否敕李鴻章會同岐元通盤籌畫，所有奉省海防統歸該督及將軍節制調遣，略收實效。至瀋陽省城附近陵寢，應挑選西丹三四千人酌加口分，以曾經戰陣之副都統參領爲統率，隨時訓練，專顧省防，以免海口防軍有跋前疐後之慮。各州縣地方遼闊，沿邊一帶當慎選守令勸辦鄉團，整飭屯戍。蒙民雜處地方，務期聯絡，自衛田廬，以輔兵力不逮。」語皆切實。先是在奉天時差務未竣，赴將軍岐元公讌，經盛京副都統富陞奏參，奉旨議處。尋部議上，加恩改爲降三級留任。八年二月，充翰林院學士。五月，會議吉林新巡吉伯阿道缺，裁撤刑司部員，從之。八月，充順天鄉試正考官，旋管理八旗官學。時官學廢弛久，桐釐定章程，多所裨益。九年正月，充國史館正總裁。三月，充會試正考官。法越兵事起，廷議和戰久不決。桐陳管見一摺，意在主戰，時論韙之。十年正月，赴奉天查辦事件。三月，調補吏部尚書。五月，回京。審明奉天命盜各案，並請嚴懲革員佛寶。允之。是月，兼署兵部尚書。九月，奉旨充上書房總師傅。十一年十二月，因吏部註册錯誤，又齋戒期内呈遞刑名處分摺件，察議罰俸四箇月，奉旨准其抵銷。十二年，編修林壬擅離職守，桐覆查請旨嚴懲，從之。十四年，充武鄉試正考官。十五年正月，以吏部尚書、協辦大學士，充會典館正總裁。德宗大婚禮成，奉懿旨加太子太保銜。因議覆御史屠仁守處分，明白回奏，徇庇欺朦，交都察院議處。應革職，加恩改爲革職留任。三月，署工部尚書。五月，承修正陽門石路工程。七月，署户部尚書。八月，充順天鄉試正考官。十六年二月，德宗謁陵，命留京辦事。十月承修各倉工程。十七年，賞《勸善要言》一部。十九年三月，山西飢，募捐米二萬石賑之。九月，奉旨覆查科場舞弊事，據實具奏，得旨允行。編修丁惟禔充陝西考官，以營賄事，經御史林紹年奏參。桐覆查得實，革惟禔職。二十年正月，孝欽顯皇后六旬慶辰大典，奉懿旨賞戴雙眼花翎。三月，兼署禮部尚書。御史恩溥奏參右副都御史奕年把持專擅各款，桐奉旨查明，覆奏，下奕年部議。二十一年三月，充會試正考官。五月，署兵部尚書。奏外省鹽務釐局關防閒員甚多，内地腹省並無軍務，藉口彈壓，多招營勇，安置私人，請痛加裁汰。奉旨允行。六月，審明御史鍾德祥受賕事，擬發軍臺效力。詔如所議。行普陀峪萬年吉地，明樓方城等工椽望有脱卸甎石，有酥裂，派往恭勘數次，皆敬謹從事，無所遷就。二十二年十月，充玉牒館副總裁。是月，授大學士兼管理吏部事務。十一月，奉旨授體仁閣大學士。

二十四年三月，户部司員陳昌圻因會典館獎敘不優，骫法賄求，奏參革職，從之。十月，賞西苑門内乘坐二人肩輿。二十五年，上諭各省關税鹽釐等項積弊太深，令諸臣各抒所見，或酌加推廣。桐奏輪船招商、電報、礦務局近年獲利不資，而贏餘利息如何酌提歸公，未經議及。有收回利權之名，無裨益公家之實，應責成大理寺少卿盛宣懷督飭在事人等，將收支數目限期分晰開單，酌定餘利章程，專案請旨定奪。並著北洋大臣裕禄將開平礦務一體辦理。皆如所議施行。七月，奉懿旨，大學士徐桐年逾八旬，遇有召見出入，加恩准太監扶掖，以示優眷。十二月，上諭大阿哥當典學之年，嗣後大内在弘德殿讀書，駐蹕西苑在萬善殿讀書，派徐桐常川照料。二十六年，義和拳匪構亂，兩宫西巡，命留京辦事。七月，各國聯軍入京，自經死，年八十二。和議成，奉旨革職，撤銷卹典。

《静海徐相國傳》 公諱桐，字蔭軒，姓徐氏，明中山王之裔也。後占籍遼陽，隸漢軍旗。太高祖湛恩，罷直隸副總河，卜居津南静海縣大侯莊。曾祖紱，江西樂平縣知縣。父澤醇，禮部尚書，謚恭勤。均起家甲科。公生於大侯莊，幼以聰孝聞。始通籍，由拔貢補工部七品小京官，升用主事。舉道光庚戌科進士。咸豐二年，授職編修，歷充國史館總纂、武英殿纂修、文淵閣校理。以科場案罣誤革職，改授檢討，充實録館協修。同治元年，着在上書房行走。三年，派進養心殿説書。講《治平實鑑》，每入必先齋祓。四年，授讀弘德殿，升翰林院侍講，充日講起居注官。六年二月，上奉皇太后臨幸親王府第，具疏諫曰：「皇上以沖幼之年，未親庶政。郊廟大祀遣王恭代，臨雍閲武，悉未舉行。今乃先臨藩邸，難示篤親之誼，揆諸典禮，輕重失宜。皇上春秋日富，知識日開。既思念典之殷，當杜游觀之漸；既存寅畏之念，當防逸樂之萌。此兩宫皇太后所宜深思而豫計者也。至於道路傳聞，雖屬無稽，總由非時臨幸而起。請自今以後一概停止，則浮言自息，聖德益彰。」五月，升授侍講學士。七年，偕同官奏請召對樞臣，皇上入座，疏曰：「皇上自入學讀書以來，於今七年矣。凡學問思辨之功，言動威儀之則，以及古今之治亂安危，人材之賢奸邪正，皆能略舉大端。剖析是非，未嘗惑爽。第明其理而不知其事，尚無以開益宸聰。嗣後擬請召對軍機大臣時，並請皇上入座。上可以恭聆皇太后之訓導，下可以默察臣工之敷陳。聞水旱盜賊之警，可以生敬畏而懲宴安；視經營規畫之方，可以擴聰明而廣聞見。便朝晝接，不過數刻，必不至有妨聖學，有勞聖躬。而所以輔德業，裕政原者，裨益實大。」從之。轉補侍讀學士。八年六月，武英殿災。奏疏曰：「武英殿爲收藏欽定諸書之所，深嚴重地，規制崇閎。一日灰燼，實爲異常災變。謹按，魏青龍中崇華殿災，高堂隆對以爲人君苟飾宫室，不知百姓空竭，故火從高起。宋天聖中，玉清昭應宫災，蘇舜欽上疏，亦以此爲言。今者隴西未靖，民困未蘇，黄河漫決，庫帑不支。比年以來，宫庭之内屢有興作，災變未必不由於此。自今以後，皇上正宜刻勵修省，躬行節儉。凡一切大小工程概行停止，傳辦諸物並予罷除。飭諭廷臣直言得失，庶災變可弭。」九年，升授太常寺卿，署都察院左副都御史。十年，升授禮部侍郎，議定先儒張楊園從祀。十一年，會議夏良勝從祀。公以良勝雖忠孝無虧，皆臣子分内事，無關從祀盛典，遂寢罷。八年，署户部左侍郎兼管三庫事務，改署工部左侍郎，充經筵講官。十三年，以星變，疏陳謹懍天戒，慎起居，嚴禁衛。不報。

光緒元年，議定陸桴亭從祀，充實録館副總裁。二年，署禮部左侍郎，升授都察院左都御史。四年，升授禮部尚書，署吏部尚書。五年，題請入祀名宦鄉賢祠，須俟其人身没三十年後，方准具題。著爲令。三月，署都察院左都御史。會議吴可讀豫定大統遺摺，疏曰：「我朝家法不建儲貳。恭繹同治十三年十二月懿旨，於皇子承嗣一節，所以爲統緒計者，至深且遠。今吴可讀既有此奏，而懿旨復有即是此意之諭。若不將聖意明白宣示，恐天下臣庶轉未能深喻。臣等以爲宜申明列聖不建儲貳之彝訓，將來皇嗣蕃昌，總定紹膺大寶之元良，即爲承繼穆宗之聖子。揆諸前諭則合，準諸家法則符，則貽謀之遠，億萬世無疆之休，實

基於此矣。」詔如所議。八月，充順天鄉試正考官。《穆宗實録》、《聖訓》成，賞加太子少保銜。六年，疏練嚴辨忠奸，暨和約不可輕許，戰備亟宜速修。均不報。尋以恭送玉牒安奉盛京，公讌不合，被議。七年，議駁朝鮮民越土們江私墾。疏曰：「該國咸鏡道刺史擅給執照，縱民渡江盜墾。事閲多年，該國王竟未咨部請奏。吉林將軍毫無覺察，均大不合。按例，應將游民檄交本國懲辦。即云朝鮮恭順夙著，此數千人遣歸失業，不無可矜。然弛禁令，何以肅邊界？若給照收租，無論歲入區區，罔補邊費，而一有收税之名，恐成租界之實。彼狡焉思啓者，得無藉口效尤。況聚此不夷不夏之衆，於幽敻廣莫之鄉，自爲種類嘯納，逋逃邊境，從此多故。爲久遠計，宜令該國王盡數招回，設法安置，重申科禁，方爲正辦。至於欲廣皇仁，須存國體。既種中原之地，即爲中原之民。除領照納租外，必令供我傜役，隸我版圖，遵我政教，置官設兵，如屯田例，並酌予年限，易我冠服。一切咨明該國王知悉，務使彼民不至失業，我國不至失地，否則又爲興安嶺、綏芬河之續也。」

八年，充翰林院掌院學士，稽察京通十七倉，順天鄉試正考官。九年，充國史館正總裁、會試正考官、管理八旗官學事務。十年，調補吏部尚書，署兵部尚書，充上書房總師傅。時法越肇釁，邊事孔亟。奏定戰功保奬章程，凡屬海疆夷務出力者，不與内地同其限制，以資策勉。十二年，派管户部三庫事務，奏定緞疋、顔料兩庫支放章程。十四年，充武鄉試内場正考官。十五年，命協辦大學士加太子太保銜，充會典館正總裁。以部議御史屠仁守處分革職，改留任，署工部尚書，改署户部尚書，充順天鄉試正考官。十六年閏二月，皇上奉皇太后祇謁東陵，命留京辦事。十八年，偕尚書翁同龢奏建京師首善義倉備賑。明年，山西災。奏撥首善義倉米一萬石運往接濟。二十年，署禮部尚書，派覆看大考翰詹試卷。八月，以敵軍深入，窺伺奉天，奏請起用親貴重臣，籌辦軍務。復以軍事日棘，疏請嚴懲樞臣。二十一年，充會試正考官，署兵部尚書。疏劾宰臣誤國大臣，請循成憲嚴譴。不報。復疏陳釐剔各省冗費，謂：「自保舉捐納之途開，仕進猥濫，率皆營私固利，形同市道。一釐差養閑員至數十人，一關務、關務養閑員至數百人。甚至持人一薦書，坐領乾脩亦數百金。上病國計，下瞞民生。至如内地腹省，本無軍務，藉口彈壓，多招勇營，歲糜軍餉，動逾鉅萬。上下一氣，公然靡分。擬請嚴飭各督撫，破除情面，痛加删汰。除沿江沿海暨有土匪各省須酌留勇營外，其餘不准藉故招募。候補各官如有不堪造就者，咨送回籍，勿令濫充局差，虚糜薪水。並請皇上仰稽彝訓，崇尚節儉。當此聖主思患豫防之日，

各國必竊窺朝廷之舉動。爲目前向背之機，若非有憂勤惕厲之心，震動恪恭之氣，應孚中外，激厲臣民，彼族將視我爲無志奮興，必有益肆其欺侮者。不獨倭之前事爲足仰勞宸慮也。」派稽查欽奉上諭事件處。復疏陳大計曰：「自與倭夷議款以來，後患何堪設想。備豫不虞，自以練兵製械爲急。至將領不得其人，故其有二。一則中興宿將多酣豢於聲色貨利之中，有生之樂，無死之心。一則軍法不嚴。去年喪師失律之臣，或倖免行誅，或逍遥法外。夫折衝禦侮，必激勵而始奮。無嚴刑峻法以隨其後，則雖才有可造，亦相率安於委靡，習於欺侮已耳。況乎士氣不振，邪説潛興。凡荒唐無稽之徒，皆得逞其浮游不根之論，貪緣干進，以希詭遇。而言自强變法，尤其揣摩之秘鑰。臣竊揆今日時勢，自以固結民心，振奮士氣爲出治之原。尤必以勸廉懲貪，綜覈名實，爲整飭紀綱之具。伏願皇上明以察幾，健以致決。勿以新奇淆視聽，勿以姑息縱奸邪。並請勅下各督撫，破除積習，共濟艱難。先之以簡拔廉吏，保衛民生；重之以訓練軍旅，製造兵械。簡拔廉吏，當考之實事，勿使盜臣游士得遂其鑽謀之私。保衛民生，當行之以實政，勿使瘝官墨吏敢施其苛虐之術。訓練軍旅，當責之實效，勿使驕兵窳卒狃安於偷生惜死之常。製造兵械，當核之實用，勿使市儈局員大肆其圖利營私之計。其有訓練不實，製械不精，侵吞官項以飽私橐者，立予嚴懲。則人人懔法紀之嚴，孰敢不争自濯磨，一洗委靡欺僞之習。如是，則不必矜言變法而自强之本立矣。」

二十二年，充玉牒館副總裁，拜授體仁閣大學士，管理吏部事務。奏請端學術以崇治本，疏曰：「世運之純駁，係乎人心；人心之邪正，根乎學術。未有教化不先，而能蔚起人才，贊成郅治者也。晚近之士，學術多歧，雜糅諸子，剽竊百家，炫博矜奇，習非勝是。又其甚者，狃時尚變詐之談，溺外人新奇之論，離經畔道，見異思遷，流弊所極，敢於蔑視六經，非毀先儒，斥正學爲迂談，薄名教爲多事，心術既壞，行檢隨之，世運所以波靡，人材所以駁雜，職此之由。今欲痛除斯弊，非講明正學，無以遏無教之猖狂；非屏斥邪説，無以救人心之陷溺。伏願皇上萬幾餘暇，取宋臣真德秀《大學衍義》一書朝夕觀省，由修齊以進求治平，天德王道，一以貫之。並請曉諭學臣，按臨所屬，發落士子，務以儒先性命之書，濂洛關閩之學啓迪多士。其篤學潛修，躬行不怠之士，隨時薦舉，以示旌異。其敢有爲異端邪説者，摒斥弗庸。蓋超向端則邪説無自而入，志趣定則異端罔得而干。以數年之間，必可轉移風氣，變化士習。以之立身，而束脩自好之儒可資世用；以之任事，而公廉有守之士必飭官方。舉賢使能之要於是乎在。今者人心不古，學術日漓，潰吾道之大防，倡異端之邪燄，臣心日夜憂之。尤冀我皇上久道化成，俾海內承學之士咸知率循正道，篤守遺經，不至爲詖邪所陷誘。人心幸甚！世道幸甚！」復奏整頓武備疏，曰：「德人借釁生端，占據膠澳，奪我礮台，擾我內地。德既首發大難，他國難保不相率效尤。一旦接踵而起，競相割據，蹂躪中原，我又將何以待之？念自東事既平，疊奉諭旨，飭各疆吏整頓武備。迄今二年，仍復弱不能支。今雖不能遽言戰事，亦不可不豫爲籌防。擬請飭沿江沿海各督撫激勵忠義，將備之疲軟者速即更換，營勇之缺弱者趕緊募補。朝夕淬厲，如臨大敵。其各省將官有老於兵事，緩急可恃者，准其一律奏調，密速布置。尤望我皇上默察各疆臣任事之是否實心，選將之是否得當，軍士有無整頓，邊備有無振興，分別黜陟，以示勸懲。果使朝廷之上雷厲風行，則人心一振，士氣自新。否則敵燄愈張，人心愈渙，國威日削，大局將危。」二十五年，命照料大阿哥讀書。二十六年，以拳匪之亂，敵軍入京師，乘輿西幸，殉節於私第，年八十二。

公立朝剛正，派查欽案無所顧忌。於編修丁惟提賄通內監營差、御史鍾德祥收受宗室賄免，人參以綱紀所在，均請予嚴譴。尤以北洋治軍三十年，戎務廢弛，厲爲劾奏。遇貪黷諸貴臣，行而避道，新進之士，騖於邪説者，皆絶其門籍。子承煜爲户部郎，尚書翁同龢日於宅中爲文酒之會，賫公文往，輒託以他出。煜取車几坐於其門以俟，翁不得已繞道至門，若自外入者，一一晝畢乃去。後遂常川人署，升太常卿。前任聞其至，所廢官器先一日悉購補而後與見。歷刑部左侍郎，忌者入於庚子之罪，其所遇尤可悲云。

雜録

備論

《静海徐相國傳》 論曰：公於同治朝陳善閉邪，惟思以正學弼成君德。景帝纘世，外侮交侵，日以邊備爲憂，所籌策軍事者無不至。後更以士習中於邪説，力圖挽救。觀於先後陳奏，莫不胥關體要，洞中癥瘕。但一言得用，國祚可永。《詩》曰：「曾是莫聽，大命以傾。」公之謂夫。

俞樾部

綜述

《續碑傳集》卷七五繆荃孫《清誥授奉直大夫誥封資政大夫重宴鹿鳴翰林院編修俞先生行狀》 曾祖□□。祖廷鑣，乾隆甲寅恩科欽賜副貢生，妣夏氏、戴氏。考鴻漸，嘉慶丙子科舉人，妣蔡氏、嵇氏、姚氏。本貫浙江湖州府德清縣人，年八十有六。先生諱樾，字蔭甫，號曲園。舊居德清東門之南埭。姚太夫人生子二，先生居次。先生生三日，太夫人得病甚危，積二十餘日始愈。四歲遷居仁和之臨平鎮。先生幼有夙慧，太夫人口授四子書，過目不忘。九歲戲爲書，自注其下，著述等身，篤老不倦，實兆於此。年十六，補縣學生。道光丁酉科副榜貢生，甲辰恩科舉人，庚戌舉禮部試，覆試一等第一名，殿試二甲，賜進士出身，改翰林院庶吉士。覆試詩題爲「澹煙疏雨落花天」，首句云：「花落春仍在」，爲曾文正公所賞，謂詠落花而無衰颯意，與小宋落花詩意相類，言於同閱卷諸公，置第一，此先生受知文正公之始，後遂以春在堂名其全書，志知遇也。咸豐壬子，散館，授編修。以博物閎覽稱於輦下名輩。乙卯四月，考差，上以「舜在牀琴」命題。時海宇多故，宵旰憂勤，先生借題發揮，以見古聖人不懟不竦，遇變如常，并旁引文王之羑里鳴琴，孔子之匡邑被圍，絃歌不輟，以明先後聖之同揆。八月，簡放河南學政。奏請以公孫僑從祀文廟，及聖兄孟皮配享崇德祠，並邀俞允。甫再歲，以人言罷歸，僑居蘇州。

先生既反初服，乃壹意治經，以高郵王氏爲宗。其大要在正句讀，審字義，通古文假借。由經以及諸子皆循此法，冀不背王氏之旨。其《羣經平議》則繼王氏《經義述聞》而作，《諸子平議》則竊坿《讀書雜志》之後，《古書疑義舉例》則小變《經傳釋詞》之例而推衍之。先生之私淑王氏，謹守家法，不苟如此。逮其後《俞樓雜志》、《曲園雜纂》、《茶香室經說》諸書出，其析疑振滯，皆與前書相仿。或有精義較勝於昔，學與年進，先生不自諱也。先生居吳，猶及見宋大令翔鳳，得聞武進莊氏之學，故一切讖緯家言，先生亦偶涉之。要見先生精力過絕，於人遠甚。先生業以著書自娛，遂不復出。曾文正之督兩江，李文忠之撫吳下，咸愛重之。先生以巾服從游，往來如處士。文正有「閎才不薦，徒竊高位」之語，論者謂文正懲徐侍郎之奏，不敢繼進，於先生本志所在，固未喻也。先生歷主講蘇州紫陽、上海求志、德清清溪、歸安龍湖等書院，而主杭州詁經精舍至三十一年，爲歷來所未有。其課諸生，一稟阮文達公成法，王侍郎昶、孫觀察星衍兩先生之緒，至先生復起而振之。兩浙知名之士承聞訓迪，蔚爲通材者不可勝數。門人爲築俞樓於孤山之麓，以與薛廬相配，游湖上者皆能指其所在，相與樂道其地不絕。先生自少至老，讀書著述，皆有常程。每竟一歲，皆有寫定之書，刊布於世。晚年足跡不出江浙，聲名溢於海內，遠及日本。文士有來執業門下，其不及者則從海舶寄書質證，賦詩相視。而如蒙古賢王、京邸宗藩或遠來求書，或以楹帖寄贈，以致傾慕。

先生居林下四十餘年，於光緒癸卯正科溯舉道光甲辰鄉試，計周一甲子。浙中大吏以重宴鹿鳴請，得旨復編修原官，有「早入翰林，殫心著述，啟迪後進，人望允孚」之諭。先是，先生省母於其兄福寧官舍，路閩浙制府英香巖相國，爲道咸豐間以河南巡撫入覲文宗，猶詢及姓名，有「人頗聰明，寫作俱佳之諭。」先生聞之，不覺失聲。至今上復有此旨，稽古之榮，一時無兩。往者曾文正謂先生「拼命著書，食報之隆乃償於後」，可謂極儒生之殊遇矣。先生訓詁主漢學，義理主宋學，教弟子以通經致用，蔚然爲東南大師。晚歲憂傷時局，嘗語人曰：「形而上者謂之道，形而下者謂之器。以中學爲體者，道也；以西學爲用者，器也。」病中猶以「毋域見聞，毋忘國本」垂爲家訓。束脩所入，别以賣文字自給。有餘則振贍親族，拯卹災患，樂以爲常。授孫陛雲讀，不名他師。陛雲以戊戌第三人及第，親見其典試蜀中，舉特科，乞假侍左右，賦詩相樂。其祖孫翰林，庶幾亦猶高郵王氏文肅之於文簡先生。雖得年稍遜懷祖，名山之業，固實繼之。世俗耳食，多以曲園比之隨園，雷同相和，所謂貌同心異，有道於通人之前，宜不值一哂也。

先生以光緒丙午十二月二十三日卒於蘇州寓廬。臨終，賦自喜留别詩以賤啟代訃，夷然委化，至無所苦。朝野人士聞之，相與咨歎，謂頓失儒宗，後生小子於何宗仰？今江蘇巡撫陳公臚舉先生學術，及所著書入奏，天語寵褒，詔入國史儒林傳，以旌其學。耆儒著書之富，受知之厚，信無如先生者。即其仕不中蹶，度至卿相而止耳。以彼易此，殊有不侔，先生可以慰矣。

先生著書凡五百餘卷，其有功經義諸子，則有《羣經平議》五十卷、《諸子平議》五十卷、《弟一樓叢書》三十卷、《曲園俞樓雜纂》共一百卷、《茶香室經說》十六卷、《古書疑義舉例》七卷，餘具先生自著全書録要中。先生於兵燹後總辦浙江書局，建議江、浙、揚、鄂四省分刻二十四史，於浙局精刻子書二十四種，海內稱爲善本。又議鈔補浙江文瀾閣舊藏《四庫全書》，今閣重建，而書亦𠏉具。沾溉儒林，嘉惠尤非淺尠。古來小説，《燕丹子》，傳奇體也；《西京雜記》，小説體也。至《太平廣記》以博采爲宗旨，合兩體爲一帙，後人遂不能分。先生《右台筆記》以晉人之清談寫宋人之名理，勸善懲惡，使人觀感於不自知。前之者《閱微草堂》五種，後之者《寄龕》四種，皆有功世道之文，非私逞才華者所可比也。

荃孫於光緒丁丑初見先生於曲園，奉手受教。先生因與先君子丁酉同譜，誨之尤切。後每過蘇，必侍談數次。先生成書，必先遺之荃孫，有所撰述，亦必郵呈訓誨。去年九月，猶侍談三時之久。竊見先生精神强固，言語貫申，私心自喜，以爲可繼伏生之長壽，爲後進之導師。別後又兩奉手書，而孰意竟不及再見耶！嗚呼！悲已。謹略舉先生爲學大概，及聞見所及如右，以備當世爲志傳者之采擇。若其持論之精，先生全書具存，第而擷之，是在史氏，鄙之所述庶亦以均麗焉。

雜録

備録

竇鎮《國朝書畫家筆録》卷四　俞樾字蔭甫，號曲園，浙江德清人。道光庚戌進士，授編修。幼聰穎，讀書過目成誦。咸豐七年自河南學政免官歸，遂閉户發篋，取童時所讀諸經復誦習之，始有著述之志。家貧不能具書，假於人而讀焉。有所得，必手録。治經之外，旁及諸子，均有訂正。由是著書益富。文宗思之，猶有「寫作俱佳，人頗聰明」之語。晚年爲日本人選詩四十四卷，求書者甚多，率以行草應之，篆隸不輕作也。

李放《皇清書史》卷六　俞樾字蔭父，號中山，一號曲園，德清人。道光三十年進士，官編修，河南學政。樾臨終自書七律詩自注云：「文宗曾與故大學士英桂語及臣樾，謂『人頗聰明，寫作俱佳』。」

俞樾《惠耆録》　稟爲本縣在籍二品封職前翰林院編修俞樾於道光二十四年甲辰恩科中式舉人，例應於光緒二十九年癸卯正科重赴鹿鳴筵宴。查該紳綺年登第，晚歲傳經，學行端純，鄉閭矜式。自罷官而歸里，即閉户而著書。所著凡四百七十餘卷。如《羣經平議》、《諸子平議》各書皆發明古義，講求實學。不獨海內流傳，即海外諸邦亦來購取。主講杭州詁經精舍三十一年，以經術文章訓迪諸生，造就人材，一時稱盛。該紳以八十二歲之高年，二十五科之耆宿，壽新編于梨棗，雖海國亦有其全書；稽舊籍於蓬萊，在朝士已無其前輩。一週花甲，再奏苹笙；屬在士林，同稱盛事。用敢合詞，公懇伏乞俯賜察核，詳請具奏。俾得重赴鹿鳴筵宴，以符功令而光大典，實爲德便。謹禀。

附事實清册：一，該紳名樾，字蔭甫，現年八十二歲，浙江湖州府德清縣民籍，由副貢生中式道光二十四年甲辰恩科本省鄉試舉人。三十年庚戌科會試中式，賜進士出身，改庶吉士。咸豐二年，散館一等，授職編修。五年，簡放河南學政。七年，被議革職。同治十一年，長子紹萊在直隸大名府同知任內恭遇覃恩加級，請二品封典，領有誥命。

一，該紳潜心經術，著作等身。其已成書者四百七十餘卷，如《羣經平議》三十五卷、《諸子平議》三十五卷、《第一樓叢書》三十卷、《曲園雜纂》五十卷、《俞樓雜纂》五十卷、《茶香室經説》十六卷，皆稽古有得，上足羽翼經傳，下足軌範藝林。不獨承學之士家置一編，即異域殊邦亦知寶貴。故日本岸田氏曾以其國人所著詩集百數十家請其選定，成《東瀛詩選》四十卷，刊布其國，風行一時。東人之來學於中華者，皆以得一見爲幸。其餘詩古文辭等集，卷帙既富，名目尚多。有《春在堂全書録要》一卷可證，兹不備述。

一，該紳先後主講蘇州紫陽、上海求志、德清清谿、歸安龍湖等書院，而於杭州詁經精舍講席歷三十一年，造就尤多。兩浙知名之士經其訓迪，茹古涵今，蔚爲通才者不可勝數，洵無愧經師人師之目。

一，該紳於兵燹後，總辦浙江書局，會商江蘇、湖北等省，分刻二十四史，及一切有用之書。又精刻子書二十四種，海內稱爲善本。又創議鈔補浙江文淵閣舊藏《四庫全書》。今閣重建，而書亦犆具，沾溉儒林，嘉惠尤非淺尠。

一，本縣新市鎮創設仙潭書院，該紳實玉成之。言於省中各大憲，分期行課，士林共深感戴。東門外拱元、四仙兩橋，往來衝要，勢將傾圮，先後倡募建復。他如睦婣、任卹等事，罔不惟力是視。施米、施藥，孜孜不倦。家雖貧而好施與，尤人所難。

一，該紳制行外和內介，江浙大吏無不樂與周旋，而從不一干以私。其自奉尤極儉，樸食無兼味。終年衣布，雖敝不易。

陳康祺《郎潛紀聞初筆》卷二《曾文正得俞太史卷》 嘉道以後，殿廷考試尤重字體。道光庚戌，吾浙俞蔭甫太史樾成進士，素不工小楷，覆試竟冠多士，人咸詫焉。後知由曾文正公，蓋公方以少宗伯充閱卷官，得俞文極賞之。且因詩首句云「花落春仍在」，謂與小宋「將飛更作迴風舞，已落猶存半面妝」無異，他日所至，未可量也，遂第一進呈。後俞典學河南，以人言罷職。同治四年，寓書於公，述及前事，且曰：「由今思之，蓬山乍到，風引仍迴，洵符落花之讖矣。然窮愁著述，已及百卷，儻有一字流傳，或亦可云春在乎？」因自顏所居曰「春在堂」。康祺案：庚戌至今垂三十年，是榜人物，內貳六官，外膺封疆者，不聞大著聲績。太史則鑽穿經史，譔著裒然。梏菀一時，優劣千古，相士若文正公，洵風塵巨眼矣。

藝文

嚴辰《感舊懷人集・俞蔭甫太史前輩樾》 才子經師總必傳，隨園名在曲園前。曲園更有俞樓在，曾許狂奴借榻眠。

公爲吾浙德清人，道光庚戌翰林。乙卯視學中州，防弊過嚴，不免賈怨，竟以命題割裂細故被劾去官。從此一意著書，易榮世而壽世，所得多矣。僑寓吳門，築室以居，海內外無不知曲園之名，直欲上掩隨園。中興曾、李兩名相爲公師友，時通慰問。而彭雪琴尚書爲時名臣，亦與公爲親家。江浙當道爭致束帛，延爲經師。浙中諸弟子爲築俞樓於孤山之麓。年届古稀，親見文孫登第，名山福分勝於達官。余自壬戌散館後始謁公於津門，自後退居里門，往來吳越，必至曲園、俞樓兩處謁公，時以所作就正。近輯《桐鄉縣志》告成，求賜序言，頗蒙獎借。庚辰年，挈家人游西湖，曾蒙假榻俞樓。因撰聯奉謝，云：「昔之王氏，今之俞氏，同爲昭代經師，爭並世千秋，吳越他年分俎豆；前有隨園，後有曲園，具足他邦文獻，自斯樓一築，湖山本地借風光。」樓中聯語甚多，公頗賞余此聯，多未經人道語也。

李秀成部

綜述

《太平天國文書·李秀成自述》 時逢甲子六月，国破被拿，落在清營，承德寬刑，中丞大人量廣，日食資云。又蒙老中堂駕至，訊問來情，是日逐一大概情形回稟，未得十分明實，是以再用愁心，一一清白寫明。自我主應立開基之情節，依天王詔書明教傳下，將其出身起義之由，詔書因京城失破，未及帶隨，可記在心之大略寫呈老中堂玉鑒。我一片虔心寫就，並未瞞隱半分。

一將天王出身之首，載書明白。其在家時，兄弟三人，長兄洪仁發，次兄洪仁達，天王名洪秀全，同父各母，（其父母名不知。）長次兄是其前母所生，洪秀全是後母所生，（此之話是天王載在詔書，教下屢屢講，講道理教人人可知。）長次兄在家種田。洪秀全在家讀書，同馮雲山二人同窗書友。有一日，天王忽病，此是丁酉年之病，死去七日還叺。自還叺之後，俱講天話，凡間之話少言，勸世人敬拜上帝，勸人修善，若世人肯拜上帝者，無災無難，不拜上帝者，蛇虎傷人，敬上帝者不得拜别神，拜别神者有罪。故世人拜過上帝之後，俱不敢拜别神。爲世民者俱是怕死之人，云蛇虎咬人，何人不怕？故而從之。

天王是廣東花縣人氏，花縣上到廣西潯州、桂平、武宣、象州、藤縣、陸川、博白俱星羅數千里，天王常在深山内藏密，教世人敬拜上帝，將此之蛇虎咬人除災病惑教人世。是以一傳十，十傳百，百傳千，千傳萬，數縣之人，十家之中，或有三五家肯從，或十家八家肯從，亦有讀書明白之士子不從，從者俱是農夫之家，寒苦之家，積多結成聚衆。所知事者，欲立國者，深遠圖爲者，皆東王楊秀清、西王蕭朝貴、南王馮雲山、北王韋昌輝、翼王石達開，天官丞相秦日昌六人深知。除此六人以外，並未有人知道天王欲立江山之事，其各不知，其各實因食而隨，此是真實言也。

欲查問前東王楊秀清，住在桂平縣平隘山，在家種山燒炭爲業，並不知機。自拜上帝之後，件件可悉，不知天意如何化作此人？天王頂而信用，一国之事，概交與他，軍令嚴整，賞罰分明。西王蕭朝貴是武宣縣盧陸峝人氏，在家種田種山爲業。天王妹子嫁其爲妻，故亦重用，勇敢剛强，衝鋒第一。南王馮雲山在家讀書，其人才幹明白，前六人之中，謀立創国者出南王之謀，前做事者皆南王也。北王韋昌輝，桂平金田人氏，此人在家出入衙門辦事，是監生出身，見機靈變之急才足有。翼王石達開亦是桂平縣白沙人氏，家富讀書，文武備足。天官丞相秦日昌亦是桂平白沙人氏，在家與人做工，並無才情，忠勇信義可有，故天王重信。起事教人拜上帝者皆是六人勸化。在家之時，並未悉有天王之事，每村每處，皆悉有洪先生而已。到處人人恭敬，是以數縣之人，多有敬拜上帝者也。

自教人拜上帝之時，數年未見動静，自道光二十七八年上下，廣西賊盜四起，擾亂城鎮，各居户多有團練。團練與拜上帝之人兩有分别。拜上帝人與拜上帝人一夥，團練與團練一夥，各自争氣，各自逞强，因而逼起。起事之時，團練與拜上帝之人同村，亦有一村逼一村，故而聚集。

道光三十年六月，金田、花洲、陸川、博白、白沙同日起義。此之天機，變化多端，實不詳週，是以拜上帝之人格而深信了。起義之時，天王在花洲山人村胡以晄家内密藏，並無一人得悉。那時東王、北王、翼王、天官丞相俱在金田。山人村是平南縣所管，與藤縣相連。起義之處，與吾家西隔七八十里，俱是山路難行。此時我在家，知到金田起義之信，有拜上帝人傳到家中。後未前去，仍然在家，所知未及。金田之東王發人馬來花洲，接天王到金田會集矣。到金田，有大頭羊、大鯉魚、羅大綱三人在大湟江口爲賊，即入金田投軍。該大頭羊到金田見拜上帝之人不甚强，非是立事之人，故未投也，後投清朝向提臺。至羅大綱與大頭羊兩不相和，後羅大綱投之。天王到金田之後，移營上武宣東鄉三里，招齊拜上帝之人，招齊武、鄉之人，又上象州招齊拜上帝人馬，仍返金田新墟。自武宣移營上象州，破廟旺清營之戰，到象州、中平、馬安山戰，馬安之戰，清軍死亦不少，天朝死亦不少。那在新墟之困，清將向提臺及張敬修之困我也，屯紮數月，當被清朝之兵四圍，後偷由山小路而出隘關，出到思旺、思回，逢着清朝向提臺紮營數十座，經西王、南王打破然後出關，由八筒水而到大旺墟，分水旱向永安州。

此時我尚在家中，得悉旱路兵皆由我家中經過，自梧州藤縣五十七都大黎里而上永安。在家貧寒，父養我兄弟二人，弟李明成，家堂兄堂弟堂叔多者未便細寫，將大概來因寫呈。家中之苦，度日不能，度月格難，種山幫工就食。自八歲十歲時，隨舅父讀書。十歲之後，俱自與我父母尋食度日而已。至二十六七歲，方知有洪先生教人敬拜上帝。自拜上帝之後，秋毫不敢有犯，一味虔信，總怕蛇虎咬人。至天王由思旺到大旺墟，分水旱兩路，行營上永安州，路經大黎。經過大黎處所，四面高山，平地週圍數百里，旱路兵由此經過，是西王、北王、天官丞相及羅大綱帶。水路兵是東王、南王所帶。西王、北王帶旱兵在大黎里經過，屯紮五日，將里內之糧食衣服逢村即取，民家將糧穀盤入深山，亦被拿去。西王在我家近村居住，傳令凡拜上帝之人不必畏逃，同家食飯，何必逃乎？我家寒苦，有食不逃。臨行營之時，凡是拜過上帝之人房屋俱要放火燒之。寒家無食之故而從他也。鄉下之人，不知遠路，行百十里外，不悉回頭，後又有追兵，而何不畏？

一路由大黎上永安，打破永安，即在和池屯紮數月。後賽中堂、烏、向大軍四方圍困，內外不通。後由姑蘇沖一條小路而過昭平。姑蘇沖是清朝壽春兵在此把守，經羅大綱帶領人馬前去打破，方得小路出關，得火藥十餘擔，方有軍資，不然尚不能得出此關。困在永安時，並未有斤兩之火藥，實得姑蘇沖壽春兵火藥十餘擔之助，方可出關。至永安水竇軍營是天官丞相秦日昌把守，清朝之軍是張敬修為將，困打後移過仙迴，被烏帥大軍追趕，殺死天朝官兵男女二千餘人。衆見勢逼，次日齊心與烏軍死戰，得殺死烏軍四五千。烏帥被傷，在六塘墟身故。

自殺勝之後，東王傳令不行昭平、平樂，由小路過牛角、猺山，出馬嶺，上六塘、高田，圍困桂林，一月有餘，攻打未下，退兵由象鼻山渡河，由興安縣到全州。攻破全州之後，南王在全州陣亡，計議即下道州，打永明，破江華縣，招得湖南道州、江華、永明之衆，足有二萬之數。此時追軍，即向、張兩軍。後移師到郴州，入郴州亦招二三萬衆，茶陵州亦得數千。後移營，西王蕭朝貴帶李開芳、林鳳祥等來打長沙。此時我為兵，尚未任事。西王到長沙攻打，那時天王同東王尚在郴州，西王在長沙南門外中礮身死後，李開芳具稟回郴，天王同東王移營而來長沙，實力攻打，數十日未成功，連開地道數處，攻倒長沙大城，我兵不能勇進，外面清朝向張大軍團困，在長沙對面沙洲殺勝一仗，殺死官兵數千。以後破城，仍然未下。天朝官兵有糧無有油鹽可食，是以攻城未就。

天王在長沙南門製造玉璽，呼稱萬歲，妻稱娘娘，封東、西、南、北、翼王，封王在前，天王稱萬歲在後。製造璽成，攻城未下，計及移營，欲由益陽縣靠洞庭湖邊而到常德，欲取湖南為家。到益陽忽搶得民舟數千，後而改作順流而下，過臨資口而出洞庭，到岳州，分水旱而下湖北。破岳州，得吳三桂之器械，搬運下舟，直下湖北，一攻破漢陽，得漢口，困武昌，然後開道破城。此時東王掌令，李開芳、林鳳祥、羅大綱掌兵，攻打二十餘日而破武昌。後而未守，直到陽邏，破黃州，取蘄水、蘄州，九江，破安省，俱是水旱並行。那時胡以晄、李開芳、林鳳祥帶水陸之兵，東王、北王、翼王、天官丞相以及羅大綱、賴漢英等帶領水軍，克得安慶未守，趕下江南，將南京四面圍困。七日破儀鳳門，開道破城而進。水面舟隻萬餘，各盡滿載糧食等件。

此時天王與東王尚是計及分軍鎮守江南，欲往河南，取河南為業。後有一老年湖南水手，大聲揚言親稟東王，不可往河南，云：「河南河水小而無糧，敵困不能救解。爾今得江南，有長江之險，又有舟隻萬千，又何必往河南。南京乃帝王之家，城高池深，民富足餘，尚不立都，爾而往河南何也？」他又云：「河南雖是中州之地，足備穩險，其實不及江南，請東王思之！」後東王復想見這老水手之言，故而未往。此水手是駕東王座船之人。被該水手說白，故而改從，後即未往，移天王駕入南京，後改為天京。開立軍伍，整立營規，東王佐政事，事事嚴整，立法安民，將南京城內男女分別男行女行，百工亦是歸行，願隨營者隨營，不願隨營者各歸民家。出城門去者准手力拏，不准擔挑。婦女亦同。男與女不得交談，母子不得並言。嚴嚴整整，民心佩服。安民者出一嚴令，凡安民家安民，何官何兵無令敢入民房者斬不赦，左腳踏入民家門口者即斬左腳，右腳踏入民家門口者斬右腳。故癸好年間上下戰功利，民心服。

東王令嚴，軍民畏。東王自己威風張揚，不知自忌，一朝之大，是首一人。韋昌輝與石達開、秦日昌是大齊一心在家計議起首共事之人，後東王威逼太過，此三人積怨於心，口順而心怒。北、翼二人同心一怒於東，後被北王將東王殺害。原是北王與翼王二人密議獨殺東一人，因東王、天王實信，權太重，要逼天王封其萬歲。那時權柄皆在東王一人手上，不得不封，逼天王親到東王府封其萬歲。北、翼兩王不服，君臣不別，東欲專尊，後北翼計殺東王。翼與北王密議，殺東一人，殺其兄弟三人，除此以外，俱不得多殺。後北王殺東王之後，盡將東統下親戚屬員文武大小男婦盡行殺淨，是以翼王怒之。翼王在湖北洪山營中，同曾錦兼、張瑞謀提回計及免殺之事，不意北王頓起他心，又要將翼王殺害。後翼王得悉此事，弔城由小南門而出，走上安省，計議報仇。此時北王將翼王全家殺了。後移洪山之軍救寧國。困寧國清朝帥將不知名字，此人後與侍王李世賢二人戰死在蕪湖灣沚。北王在朝，不分清白，亂殺文武大小男女，勢逼太重，各衆內外，並合朝同心將北王殺之，人心乃定。後將北王首級解至寧國，翼王親看果是不差。後翼王回京，合朝同舉翼王提理政務，衆人歡悅。主有不樂之心，專用安、福兩王，安王即是王長兄洪仁發，福王即王次兄洪仁達，主用二人，朝中之人甚不歡悅。此人又無才情，又無算計，一味古執，認實天情，與我天王一般之意見不差，挾制翼王，是以翼王與安、福王二人結怨，被忌挾制出京，今而遠征未肯回者，因此之由也。

今將天王起義及東王楊秀清、西王蕭朝貴、南王馮雲山、北王韋昌輝、翼王石達開、天官丞相秦日昌、地官丞相李開芳、天官副丞相林鳳祥、冬官正丞相羅大綱、夏官丞相賴漢英一班前任事之由，天王出身之來意，東、西、南、北翼王合心舉義圖謀之實績，後此人自行相殺，亂事之原，業經載明。又將李秀成在天朝出身爲官，每年奉命戰征一切之情由，明白寫清，並未隱瞞。

自幼生在廣西梧州府藤縣寧風鄉五十七都長恭里新旺村人氏。父李世高，獨生李秀成弟李明成二人。家母陸氏。在家孤寒無食，種地耕山，幫工就食，守分安貧。自幼時八、九、十間，隨舅父讀書，家貧不能多讀，幫工各塾，具一週知，來在天朝，蒙師教訓，可悉天文。我悉天文者，是在杭州，西湖山後有一老師，年有九十二歲，教我七日七夜而知。後此人不告而去，尋踪無由。今已被拿，天數難辭，故而明說。此段不說，在家時知，自幼在道光廿六、七、八年間，有天王自東省花縣上來廣西平南、梧州、武宣各等縣，教人敬拜上帝。此之一說，前編業已載明。自拜上帝之後，廣西賊風四起，年年賊盜紛張，一出賊之大頭目陳亞貴，張嘉祥、大頭羊、山猪箭、糯米四、劉四各賊首，連年賊惡，劫當鋪搶城池，上下未停，鄉人見過，人家自後不驚。後見拜上帝兵馬到來，是拜上帝之人俱不他逃矣。又被團練之逼，故而迷迷而來。

一路自粵西而來，我本爲兵，前之內政，俱不經我手。後至南京破城之後，那時我已隨春官丞相胡以晄理事。那時東王有令，要在各衙門之中，要舉出軍帥一員帶領新兵。後經東王保我爲右四軍帥，把守太平門外新營，此時癸好年之間。是年八月調爲後四監軍，在儀鳳門外高橋把守。十月之間，即同翼王上安省安民。此時官小，不過聽差而已。我在軍中，勤勞學練，生性秉直，不辭勞苦，各上司故而見愛，逢輕重苦難不辭。在皖省巡查民務，又兼帶兵，修營作寨，無不盡心。後春官丞相胡以晄帶領人馬去打破廬州府，破郡之後，來文調往廬郡把守安民，此四年之間矣。此時調爲指揮之任。此時官小，不甚爲是。至翼王與安、福王兩鬭他往，東、北王又死，秦日昌因韋昌輝與東王相殺，秦日昌亦死其內，國中無人，經朝臣查選，查得十八指揮陳玉成、二十指揮李秀成、贊天安蒙得恩、侍天福李世賢這班人出來助國。此時翼王在安省遠去，幸我招張樂行、龔得樹這班人馬聲稱百萬之衆，是以天王降詔來尋，加封我做地官副丞相，把守桐城，保固安省。說張樂行之事，前說一遍，後說一段，方可分清來歷，故而再說也。

因翼王與安、福王三人不睦，出京遠去，軍民之心散亂，故廬州被清朝和帥攻破，合城兵將盡亡。那時和帥自下鎮江，與張國樑困打鎮郡，分軍來逼桐城縣，是清朝軍門秦定三領兵圍困。清朝帥將大小營寨百有餘座，自廬郡三河、舒城、六安、廬江、巢縣、無爲等處，節節連營，處處嚴密，困逼桐城。此時我爲丞相，僅有殘軍六七千人，（此人是翼王逃出誘去外，此是老弱，不能爲用，故留爲我使。）力敵桐城，保固皖省。那時已有張樂行、龔得樹在三河尖造反。那時李昭壽在我營中共事，李昭壽與張樂行、龔得樹有交，特通文報與張樂行來投。此時張樂行接得文件，當即復文已肯來投，那時更宜用心鎮守桐邑。每日交鋒，軍戰不息。那時清朝帥士每日萬餘與我見仗，我天朝帥士不足三千，他營一百餘座，我止有一孤城，城外止營盤三座，力戰力敵，是以保固桐城，安省得穩，實我之力也。後見勢不得已，那時翼王出京之後，將打寧國之兵交與成天豫陳玉成管帶。至陳玉成在家，與其至好，上下屋之不遠，舊日深交，來在天朝，更宜深友。那時在桐城命使持文前往寧國求救於陳玉成，當即准請，未解寧國之圍，移軍來救桐城之困。（未解寧國之圍，前段亦說明。）兵由樅陽渡江齊集，我親自輕騎趕赴樅陽，繪成進攻圖式，與成天豫細詳。至桐城之敵軍，算我之軍，定由對面迎敵，清朝官兵逆面備防。我與成天豫計出奇兵，我親回桐邑，謹備制敵之師，俟成天豫奇兵勝制，由樅陽一鼓順下，攻破無爲州，下湯頭鎮運漕，會迓天侯陳仕章之軍，力破湯頭清營，抄黃落河，破東關，得巢縣，分軍鎮守。（自無爲至湯頭到巢縣，清將不知姓名，此經成天豫之手，那時我在桐城。）成天豫帶領人馬上打廬江，仍然攻破廬邑，派兵把守廬江，即引軍上渒河，攻大關，包過桐城之後，斷清軍之糧道。桐城地勢，一面高山，一面平地，清軍糧斷，成天豫由外包來，我領軍由內攻出，兩面合攻，清軍大敗，分三路追趕，破舒城，得六安，此兩處之民，投誠者數萬之衆。當過六安，上三河尖，招引張樂行。那知張樂行先發襲得樹、蘇老天半路相迎，當即計破霍邱縣，攻破此城，交張樂行爲家。那時成天豫引兵破正陽關，攻壽州未下，扯兵直上黄松兩處，與曾帥交鋒，同清將李續賓對戰，在松子牌失利之後，與清將勝負未分。斯時成天豫是冬官丞相，封我是地官丞相，封爲合天侯矣。恐前後參差，故而明載，一覽可知。

那時朝中無人掌管，外無勇將。斯時我與成天豫各有兵衆，朝中議舉我與陳玉成帶兵外戰。後見我堂弟李世賢少勇剛强，又而選用，又得一將朝用，世賢次之。蒙得恩是久日在朝，是天王愛臣，永不出京門，後封爲正掌率大臣，朝中內外之事悉歸其制，連我與陳玉成亦歸調度。自翼王出京之後，殺東、北王之後，至蒙得恩手上辦事，人心改變，政事不一，各有一心。主上信任不專，因東、北、翼三王弄怕，故未肯信外臣，專信同姓之重。那時各有散意，而心各有不敢自散，因聞清朝將兵凡拿是廣西之人斬而不赦，是以各結爲團，故未散也。若清朝早肯赦宥廣西之人，解散久矣。後有人奏聞天王各有散意，即加恩惠下，各又振作同心矣。（今天王封出許多之王，由此段而起，是酬各再振雄心之意。）自此一鼓之鋭，振穩數年。此時成天豫陳玉成屯在太湖、潛山，我屯在六安、霍山，然後輕騎約成天豫赴安省會議，云朝中這亂如何停止之由。斯時天王加封我與陳玉成二人，陳玉成封又正掌率，仍任成天豫實任。那時我爲合天侯，任副掌率之權，提兵符之令。我自爲兵出身，任大職重，見國亂紛紜，主又蒙塵，盡臣心力而奏諫，懇我主擇才而用，定制恤民，申嚴法令，肅正朝綱，明正賞罰，依古制而惠四方，求主禮而恤下，寬刑以待萬方，輕世人糧税，仍重用於翼王，不用安福王。因此奏諫，當被我主降詔革除我爵。後再復一本，將天下之大勢情形，並陳奏諫之來歷。奏本由朝臣手過，見我本章明順，朝臣親上殿奏諫，仍復我職。

那時和帥困我鎮江，內外不通音信，內又無糧，外又無救。翼王遠逃，那時朝中無人出色，獨我與陳玉成二人有兵衆多，故調我下救鎮江。當時由皖省趕上六安，全軍調下，救出鎮郡之兵，失去鎮江之城矣。

那時清朝和、張兩帥引軍攻打句容，那句容縣天王守將是襲職夏官丞相周勝富把守。句容守將周勝富是周勝坤之胞兄。周勝坤在湯頭被張國樑攻破營寨，身死後，周勝富兄襲職，委鎮句容，是此來由也。戰功數月，被和、張兩帥打破句容城池之後，和、張兩帥來困天京，此是第二回困天京也。此段放下，先説明向帥頭困天京之由。

頭困天京向帥同張國樑帶有滿兵數千，漢兵二三萬之衆，自孝陵衛紮至朱洪武墳這邊，東南紮至七甕橋爲止。那時向帥困我天京，那時鎮江亦困，因鎮江清帥姓吉，是滿洲人氏，營紮九華山、丹徒、金山一帶。儀徵清帥不知姓名。（復查鎮守土橋三岔河是清朝德姓爲帥。）天朝鎮江守將吴如孝鎮守提理，係征鎮江一帶兵權概歸吴如孝掌管。那時我尚是地官副丞相，合同冬官丞相陳玉成、春官丞相涂鎮興、夏官副丞相陳仕章、夏又正丞相周勝坤等下救鎮江。此是初困之救兵，進鎮江湯頭，與張國樑連戰十餘日，勝負未分。後清朝吉帥從九華山發兵來與張國樑會戰。我亦選集鋭軍，兩家迎敵，大戰於湯頭，兩無法處，我欲救不能，吉、張破我不下，兩邊按寨對紮，兩不交戰説話。當與各丞相等計議，派丞相陳玉成坐一小舟，沖由水面而下鎮江，水面皆是清軍礮舟攔把，雖然嚴密，陳玉成舍死直沖到鎮江。當與吴如孝計及抽軍由內打出，我帶兵由外打入。後查湯頭有小河，由大江岔通山內，清軍由此河邊紮營。此地一邊是山，一邊是水，兩進爲難，後我天朝之軍移靠湯水山邊，下湯頭靠河邊，兩家難進處所。清軍營寨概移入湯水山邊，堵我進兵之路。那時鎮江不應絶命，吴如孝、陳玉成已由內打出。我在外高山弔望，見鎮郡人馬出來，是夜親挑精鋭之兵三千，我親帶回湯頭岔河而過，將清軍舊營修紮。天明原紮湯水山邊之丞相陳仕章、涂鎮興、周勝坤等出軍與吉、張兩帥制戰。吉、張不知我出奇兵襲由湯頭岔河而過，午未時，吉、張方知我襲其後路之信。湯頭岔河隔湯水山邊廿里之大概，那時鎮江吴如孝、陳玉成之兵亦到，兩下接通，那時歡天喜地，內外之兵，和作一氣，大鋭聲張，與吉、張兩帥答話。次日開兵，吉、張兵敗，失去清營十六座。是日當即扯兵而下鎮江，屯在金山金雞嶺九華山脚，與吉帥大營相對。吉帥防我攻其大營，處處嚴密防守。是夜調齊鎮江舟隻，由金山連夜渡過瓜洲。次早黎明，親領人馬同陳玉成、涂鎮興、陳仕章、吴如孝力攻土橋，破入土橋清軍馬營。那時清軍大敗，紅橋以及卜著灣三岔河清營盡破，大小清營一百廿餘座，清營那時聞風而逃。當即順破揚州，後將揚州一帶糧草運入鎮江。此不知土橋清朝將姓名，已今日久矣。自在湯頭岔河以及湯水山邊守將同下鎮江，過在揚州矣。獨留夏又正丞相周勝坤帶領人馬把守吉、張舊營，是堵後路之意。破土橋之後，得揚州之後，取糧回鎮郡，事完，欲領兵回京。那湯頭夏官又正丞相周勝坤把守吉、張兩帥舊營六個。自我與陳玉成、涂鎮興、陳仕章破過土橋之後，此處周勝坤所守之營，仍是吉、張兩帥破去，周勝坤兵敗，吉、張兩帥將此營堅紮，加工修理，絶我歸京之路。斯時無計可施，全軍概在揚州、儀徵，欲由六合縣上浦口回京，後經張國樑知道，帶兵到六合防守，又未及回，不得已各盡心拼命，合爲一氣，仍由金山渡江而回。過到金山，齊名定疊，那時張國樑在六合未回，當即領兵攻打高資。是日破清營七個，餘四個大營未及攻下。吉帥由九華山帶兵來救，當被天朝官兵逼吉帥逃入高資山中。那時吉帥是夜逃出，入其高資營，被天朝官兵四圍，内外不通。吉帥自己用短洋礮當心門自行打死。清兵見主帥自死，各軍自亂，此營當即失利與天朝帥手。後悉知清朝吉帥身死，知其營中無有主帥，當即移營趕下九華山。次日早晨，全軍俱集九華山脚，吉帥之營七八十座，軍中無主自亂，不戰自走。吉營失過之後張國樑由六合趕至，此時救之不及，張國樑兵屯丹徒鎮，然後將我得勝師前往丹徒，與張國樑見仗。是時鎮江守將吴如孝帶領人馬千餘前來助戰，將張國樑馬軍先破，步軍並進，張軍大敗。次早行營回京。湯頭舊清營見九華山營失守，自己他逃，由我天朝之軍直上到京。

東王下令，要我將孝陵衛向帥營寨攻破，方准入城。將我在鎮江得勝之師，逼在燕子礮一帶，明天屯紮，逼得無計，將兵怒罵。然後親與陳玉成、涂鎮興、陳仕章入京，同東王計議，不欲攻打向營。向營久紮營堅，不能速戰進攻。東王大怒，不奉令者斬。不敢再求，即而行戰。次日開攻移營，由燕子礮姚坊門紮寨四營，堯化門清將是向帥發來鎮守，我自此屯紮。次日張國樑已由丹徒返回孝陵衛，是早引軍與我迎戰，張軍敗陣，仍回孝陵衛，我等移營重困堯化門清營。次日張國樑復領馬步前來，翼王亦帶曾錦兼、張瑞謀等引軍助戰。清軍滿兵馬軍先敗，次即向、張所領漢軍亦敗也。是日向、張救堯化門未能，自軍敗陣後，被我四面追趕，當即攻破孝陵衛滿漢營寨廿餘個，獨剩向帥左右數營，張國樑自紮七橋甕，此亦剩左右己營也。是夜向、張自退，我天朝之兵並未追趕。

後東王傳令，將向、張營紮器械什物，運齊入城，將官兵紮息數日，大賞衆軍，然後飭令我與陳玉成、涂鎮興、陳仕章等領兵追由句容而去，順手而得句容，並下丹陽。斯時向、張至到丹陽六七日矣，已將丹陽四面堅屯營寨之後，那時我與四丞相領兵方到丹陽，離西門廿五里下寨。次日計議攻城，那知向、張之軍次早先至，兩家并力迎敵。是日向、張軍敗入城，並不出戰，堅守城營，我力攻未下，清軍精鋭養足。此時天朝之兵戰久未下，官兵少有戰心。後經張國樑分軍迎敵，在丹陽南門外大會一戰，兩不高下。此向帥困在丹陽，又失去孝陵衛大營，官兵失散，又被逼丹陽，是以向帥自縊而死。（此是六年間，東王未死。）張國樑與向帥拜爲契爺，他見向帥自縊，故而奮身再與見仗，然後被張國樑攻破丹陽南門外天朝營盤七個，殺死六七百人。南門守營之將，是十三檢點周得賢，中礮身死，餘軍逃散。此員戰將勇敢有餘，衆軍見此員戰將戰死，攻打丹陽又不得下，各有畏意，那時人人已有退縮之心矣。然後無計可施，全軍扯攻打金壇，亦復未克，連打二十餘日，亦是與張國樑戰征。那時李昭壽亦在其場，攻城未克，然後移營回紮丁角村，離句容廿五里所屯。東王被殺，正是此時之事。此是天意，若向帥未敗，仍紮孝陵衛，遇内亂之時，那時乘亂，京城久不能保矣。逢向帥敗過而亂，此是天之所排，不由人之所算。朝中内亂，禍起蕭墻，（原作肖詳）因此而起，内政不修，人心各別，亦因此舉之原。

在六年之間亂起，我主用人不專，信人之不實，讒佞張揚，明賢偃避，豪傑不登，故有今之敗。我久經力諫（原作練下同），數十封章，不從我諫。雖本無才，因自幼爲民之時，不知天王欲圖天下，騎上虎背（原作輩），不得不由。自由從者粤省數萬而隨，非我一人而爲此也（原作乎）。十室之邑，必有忠信，數萬之多，那有不才理者乎？非獨一山夫之輩。我生世亦未悉天命之先排，若人能先有先知，何肯違犯天命，逆天行事。何人願作不良不義不孝？何人肯背（輩）井離宗，離親別友，去威離鄉？此之機變作，實實無知。此亦世人之劫數，亦是英雄應受折磨之罪（罪原作當），五百年之大數轉限數難逃。自周至今數千年之大换，世間之作變，非是我爲世民隨洪姓而來，作一路而至，即是沙雲而已，懞懞而隨。今除神象，是天王之意，亦是神聖久受香煙之劫數。周朝斬將封神，此是先機之定數，而今除許多神象，實斬神封將還回之故也。我亦不知理數，揣度（度原作咨）來情，今我天朝封萬千之將，天王斬去萬千宇宙，業已數盡国崩，觀之可（可下原有是字）也。我自幼不知分毫之事，迷迷懞懞而來，造成今日患害，父母分離，妻兒失散，爲人非肯作不良不孝不義之徒也（原作乎）。今国破被擒，實直一心，將国來歷一一用心從頭至尾起止，反復得失，誤国情由，實見中丞大人有德之人，深可佩服，救世之人。久悉中堂恩情最廣，切救世人之心，至駕出瑶臺（五字原作王駕出臨瑶），當承訊問，我實的未及詳明，自行甘願，還細清白寫呈老中堂玉鑒。至自我天王起義至今兩面交鋒，各在一朝，至耳聞未及目見的實。今我主死国亡，我亦被擒到步，久知中堂有仁愛惠四方，兼有德化之心，良可深佩。寫齊明白，存我粗性直心，故而明白寫呈。非求我樂，實出我直心，非悉我有今日難，非悉生我能扶洪姓爲君，實不知今日煩難也。此段業經說過，再說朝規壞亂，喪民失散家邦情由。

自殺東王之後，又殺北王。殺北王之後，安福王又逼翼王他逃。那時三河有軍把守，守將是洪成春，具文到京告急，三河有廬郡清軍圍困。當調我領本部人馬去救三河。軍行到無爲州，三河敗退，隨失廬江縣矣。那時張國樑之軍敗而復振，進兵攻打句容矣。句容守將周勝富敗退，清將收得句容，順下再困鎮江。張國樑困得鎮江之後，（前是頭困鎮江，此是二困鎮江，註明在此。）同和帥復困天京，此是八年之間矣。

那時朝中無將，國內無人，翼王將天王之兵盡行帶去。楊輔清已在福建，韋志俊避逼林泉，林紹璋因在湘潭失軍革職閒居，林啓容被困於九江，黃文金在湖口有清軍制困，張朝爵、陳得才孤守皖省無兵，陳玉成那時雖旺而官亦小，斯時在小孤山、華陽鎮一帶。那時國內紛張亂政，獨有蒙得恩、李春發二人不能爲事，有安福王押制，此八年之間也。

和帥、張帥困天京，得幸糧米豐足，件件有餘，雖京兵少，有食有餘而各肯戰，固而堅穩也。張國樑之兵是廣兵雖精，未有曾帥之兵力足勤勞親事，廣兵好勇而心不齊，雖有滿兵數千，未有曾帥南兵之壯，是以八九年之困不礙。和、張二帥軍餉，出在福建、廣東、蘇杭、江西之助。那時上有皖省無爲、巢縣、蕪湖，有東西梁山之固，有和州之屯糧，又有兩浦之通，雖被德帥攻破兩浦，尚有和州之上未動，京中兼有餘糧，固而穩也。穩過之後，和、張、德三帥圍困雖是嚴緊，斯時朝臣薦用於我家弟李世賢，帶我原日舊部士將屯在黃池灣沚之壯勢。斯時朝政悉歸我一人提理，那時主信我專，令法得嚴，故穩固也。出令各不敢有違，俱各願從，聽我調度。

那時東北已困，獨有南門將已實困，那革職林紹璋調其回京，後保爲地官又副丞相之職，調任京務。那時觀勢不同，外無調度之將，不得已先與朝臣計議，我欲出京外調救解等議。衆朝臣苦留，主上不肯。又過數日，復鳴鐘擊鼓，朝堂傳奏，見事實實不能，故而强奏。擊鐘鼓之後，主即坐殿，盡心力奏。斯時朝不當絕，劫未滿登，主而復明，故即准奏。是次日出朝，將京中之事，概行清白交與蒙得恩、林紹璋、李春發掌管，奏免不准長次兄理事，斯時肯信奏事而佳也。交清朝中政事，辭主即出朝門，由南門一日一夜趕到蕪湖，與家弟李世賢斟酌，一人敵南岸，一人敵北岸。斯時清軍勢壯，四面皆軍，人心又亂，又無逃處。那時初任重事，又不周詳，糊塗而作，此時国未當絕，亂作而成，亂行不錯，故而保至今也。那時韋志俊與陳玉成同進固始、商城等處，天王欲治韋志俊之罪，又經我在天王駕前力保，後封其爲定天福之職，即與陳玉成合隊矣。那時陳玉成欲上德安招足人馬而救天京，那知天不容去，在羅田、麻城一敗而回，在太湖、潛山屯紮，正是八年五六月之間也。陳玉成去遠，李世賢力擋南岸一方，我獨無計在蕪湖，將我部下精兵五千餘衆，一由蕪湖渡江，一由東梁山渡過西梁，兩處渡江皆在含山齊集。那時部將獨有陳坤書、蕭招生、吳定彩、陳炳文而已。在含山齊集之後，那時和州失守，清軍屯紮廿餘營，不得已破昭關，順流而下和州，先攻破何林鋪清營，然後破和州廿餘營也。被德帥兩浦救兵趕到，我先將和營早破，救之不及。那時我引軍先取全椒、滁州、來安，分浦口德帥之勢，各城已破，德帥之勢已分，奈無兵可用，取到來安爲止。後勝宮保馬軍來敵，連戰數場，我軍失利，退守來安，仍回滁州。後將滁州交與李昭壽鎮守。李昭壽在我部下，我無不重情深待。我部下舊將見我待重李昭壽，各又不服。至李昭壽之兵最爲多事，兵又擾民，逢到州縣要任其支取，不支又擾於民，州縣佐將被其打責，自見事過，又不好見我之面，故而有變心而降大清也。自李昭壽在我部下擾亂民間，與守將鬧事，我並未責其半言，後獻滁州投大清，我亦未責，將其在京所配之妻瞞我天王而偷送付。我天国壞者一是李昭壽，二是招得張樂行之害，三是廣東招來這幫兵害起，若我天朝之心變，劉、古、賴三將楊輔清害起，百姓死者此等之人。主不問政事，不嚴法章，不用明才佐政，故而壞，由此等之人壞起。後壞民是陳坤書、洪春元之害。陳坤書是我部將，我有十萬衆與他，此人膽志可有，故而交重兵於他，後讒臣見我兵勢甚大，密奏天王加封其重爵，分我之權，故而自尊，不由我用，制其不能，而害百姓者，是此等之人也。南北兩岸其害過之處所，我無不差官前去復安，給糧給種，招民給本錢而救民命。害民燒殺，實此等人害起。前起義到此，並未有害民之事，天下可知！害民者，實這等人害也。

此段說完，又說我獨自一人無計解救京圍，此是八年之話。交滁州與李昭壽後，我自回全椒，無兵可用，主與我母被困在京，那時在全邑日夜流涕，雖招有張樂行之衆，此等之人聽封而不能聽調用也。那時只有部將陳坤書、吳定彩、蘇招生、譚紹光、陸順德各將，願拚死救京都。當調精銳，不足五千，欲先掃清兩浦，隔江通信，以安京內人心。每日在全邑演操精熟，即由全椒下大劉村安營紮寨，由橋林進兵兩浦。那知德帥由浦口調集馬步萬餘到大劉村迎戰，外有勝帥馬軍三四千，頭見仗我軍取勝，次日開仗，我軍失利，新舊之營概行失守，失去官兵千餘，敗軍皆到湯泉一帶，我自己數騎而轉全椒。那時真苦之不盡，流涕不盡了，仍在全椒，實無良策。後通文各鎮守將，凡是天朝將官概行傳齊，擇日約齊到安省樅陽會計。每處將臣俱依約而來，此時正是八年九月中期。那時陳玉成由羅田、麻城敗轉，不約而到樅陽會議矣，各誓一心，訂約會戰。陳玉成之兵由潛山過舒城，破廬郡，出店鋪，攻梁園定遠。此時攻定遠是陳玉成令吳如孝帶領冀得樹之兵圍攻，陳玉成由界牌而下滁州。斯時我已由樅陽回全椒整隊，當即領人馬到滁州烏衣會遇陳玉成矣。那時德帥在浦口發動人馬，由小店而來烏衣，勝宮保之馬軍亦由水口而來，馬軍押戰，大戰於烏衣。那邊德、勝兩軍，這邊陳、李兩將，兩家交兵，勝、德兩軍敗陣，我軍乘勝而追，那德軍失去三四千衆。次日到小店，遇張國樑由江南統帶精銳前來救解小店，張軍大敗，順勢追下浦口。陳玉成攻德帥之前，我攻德帥之後，德軍大亂，死於浦口一萬餘人。此時得通天京隔江之信，此是一救於天王。後陳玉成去攻六合，我上天長，到揚州，此數處俱無清兵把守，隨到隨克，獨揚州有兵，不戰自逃，揚州知府被拿不降，將該知府送由仙女廟而去，發盤川銀三百五十兩而行。斯時兵少，不守揚州。

陳玉成攻破六合之後，忽然安省告急，黃梅、宿松、太湖、潛山、石牌、桐城、舒城一帶被清朝將帥李續賓攻破，一日五文前來告急，故陳玉成無心在下，當即扯兵上救。斯時陳玉成啓奏天王調我同往，陳玉成先行扯兵上去，我隨後而來，直由巢縣而進。那時三河復守之將是吳定規，（前三河失過，然後天朝又復取回，前藍成春之失三河，清軍未守，復命吳定規爲將。）被李續賓逼困甚嚴。成天豫陳玉成那時已封前軍主將，領軍由巢縣到白石山金牛而進，包三河之後，斷李續賓之後路，塞舒城不通三河李營之救。斯時李續賓見前軍主將陳玉成之軍屯紮金牛，次早李續賓領精銳四更撲到主將營邊，依續賓要黎明開仗，李家部將要五更開仗，李續賓云：「陳玉成兵壯，恐戰不成，各將豈不誤我之事？」是以五更未開戰也。若依其部將五更開戰，陳玉成之兵而敗定也。黎明之時，陳將之寨當被李將攻破，追陳將之兵過於金牛去矣，天色當明，濛霧甚大，只聞人聲，不知向處，那知陳玉成尚在李續賓之後，李將追過陳將之前，陳將在李將之後殺出，那時李將始知陳將由後殺來，復軍回敵，己軍自亂，死去千餘清兵。查白石山隔金牛廿五里，那時陳玉成奏調我往，天王封我爲後軍主將，隨後而來。是早在白石山十餘里屯紮，我聽聞金牛洞礟聲不絕，知是開仗，我親引本部人馬向三河邊近而來，斯時正逢陳李兩軍迎戰，離李將營前七八里交鋒，我軍即至，陳玉成見我兵生力一壯，破李續賓陣門，陣腳一動，大敗而逃，困李將於營中。那時清軍外無救兵，三河隔廬郡五六十里，又是陳玉成派吳如孝把守廬郡，舒城李軍又被陳軍隔斷，欲救不能，後李將見救不及，營又緊困自縊。後李將全軍收集多落在陳將營中，我營少有。那知湖南之人同軍行到半路，不及防備，就湖南之人殺死陳將之軍數十人，後陳將傳令殺盡，自此之後，各已陸續自逃。我與李將戰平三河之後，當與陳玉成兩路分行：陳玉成靠舒城而出大關，我由三河至浦江，到界河。斯時桐城被李將攻克，派將在此把守，我與陳玉成在桐邑呂亭驛會議分兵，陳將與李將人馬戰過，底細甚知，我未與戰，其地又生，派我由孔城而進桐城斗鋪，陳玉成由孔城而進桐城。清軍見三河失去李續賓之好將，各有懼意，少有戰心，故而又敗。當日敗仗，我軍越西門爬城而入，我由斗鋪而攻，當已夜矣，清軍營寨是夜退逃，殺死不少，是夜收復桐城，當即息兵三日。那時安省已困，內外不通，自三河一戰，桐城一戰，安省之圍自解。此是一解天京，得浦口而通之道，連向帥算來二解也。三河、桐城之戰，則皖圍立解。

那時陳玉成軍由石牌而進宿松，其軍乘勝，不知自忌，在宿松被湖北將官馬步打散，自退而回。陳將派其部下之將李四福領一軍由青草塥進黃泥港，進石牌之上，去助宿松成功，到黃泥港被清軍馬軍衝失一隊，未及助宿松之力，不知宿松之敗，兩誤不成。陳玉成總要得宿松，有安省之穩，心結實而圖之。斯時我由潛山而進太湖，兩處清兵自退，收得此二城，由陳玉成派將把守。陳玉成自宿松之敗，仍回太湖，與我會議，欲節節進二郎河，屢議我不願從，又屢屢多言計懇，不得已而從，當即分路進兵上二郎河。會鮑軍同多將軍之兵一由二郎河而來，一由宿松而來，馬步並進。陳玉成之軍先敗，其營概被鮑軍所得，渠被鮑軍逼其上山，殺死數千。天朝將士獨剩我紮大營六座未破，被困至夜，多、鮑收軍，我衝陣而去，是夜仍退回太湖，陳玉成亦至。那時陳玉成軍紮太湖，渠自回安省。我引軍回巢縣黃山屯紮，息養過年。

那時江浦是薛之元鎮守，九年正月內投降清朝，將浦城獻降。此時李昭壽在滁州烏衣小店，連營接連江浦，浦口亦是李昭壽屯兵，此時又是爲三困天京矣。那時我上在黃山，救之不及，得悉江浦之變，趕下浦口，城內一片空城，城外有昭壽之兵，不得已令將人屯浦口，暫通天京之路，所幸那時有六合、天長、和州、巢縣，無爲之勢。厥後南岸張帥加兵來，兩浦又被困緊。那時雖通天京，些須之道，其實不由，然後不得已追調前軍主將陳玉成提軍下救，後由廬郡梁園而至。那時六合亦有清朝之軍數萬圍困六合。困六合清將姓朱，廣西人，張帥部下。前軍主將先攻打六合，頭一戰未成，然後將兵趕緊扯下揚州，聲張困打揚州，那時朱軍屯在六合東門一帶四十餘營，攻揚州是分朱軍兵勢，復兵回襲之計。朱軍戰士調救揚州，被我復兵隔斷，内無戰兵，外救不能速至，後江南張帥分兵來救，在陵子口交鋒，一戰張軍而敗，是夜朱軍盡退，六合之圍遂解，朱軍失士甚多。後又同陳玉成引兵回浦口，將清朝周將困浦口五六十營攻破。自六合班師上浦，與清帥張國樑及其部將張玉良、周姓等戰，五六日大戰，張國樑兵敗，周將見主帥兵敗，將士心寒，皆無守戰之心，中有大江之隔，故而浦口清營不能守也，失去清營五六十個，退到河邊，不能再退，其上有浦口未退，那時獨通京半邊之路，此時四困京城之小解圍也。

自攻破浦口、六合之後，楚軍又由黄梅、宿松而來，上路又來告急，前軍主將扯兵上救，我獨不能前去，要保浦口。後破兩浦清營未盡，後又反生。我守浦口日久，又無軍餉支兵，外又無救，南岸和、張之兵又雄，無兵與見仗，營中火藥礮子俱無，朝無佐政之將，主又不問国事，一味靠天，軍務政務不問，我在天朝實無法處。力守浦口，後又被疑，云我有投清朝之意，天京將我母妻押當封江，不准我之人馬回京，那時李昭壽有信往來，被天王知道，恐我有變，封我忠王，樂我之心，防我之變，我實不知内中提防我也。此時雖而受逼，我乃粤西之人，路隔千里，而無門投處，我粤人未能散者實無門可入，故而逼從。若曾中丞大人以及老中堂能以奏請聖上肯赦此粤之人，甚爲美善。今我天王立国，其欲創立江山，非我知也。大清欲息烽煙，再望平定天下，收服人心之爲首。我主實因德政未修，故而敗。久知中堂恩惠，收齊作亂之人，免亂世間，百姓早日可安寧，清軍將相早日解甲息軍，滿天同歌而頌贊中堂中丞大人恩德巍峨，荃邦之幸也。語語直陳，實我直心之意，蠢直如斯，非敢多言話辯。我是何人也，本朝英才徧地，非我軍犯之昧言，久知中丞大人中堂恩量，故而言及。我今臨終之候，亦望世民早日平安，閒言粗表，懇容見諒。

今將我在浦口被逼之後，陸續陳清：那時江浦上是張帥之軍屯困。我見時勢不同，輕騎回京奏主。主又不從，當金殿與主辨白，問主留我鎮浦口，爾外應救望何人？將天国臣籌算與主周詳算，前軍主將陳玉成在潛、太、黄、宿與楚師相敵，不能移動；韋志俊業投清朝；劉官芳、賴文鴻、古隆賢有其名未能爲用；楊輔清爲中軍主將，在池郡殷家匯東流，亦有曾帥之軍制戰；左軍主將李世賢已在南陵灣沚一帶；京城四門俱被和、張兩軍重困深濠，朝内積穀無多，主又不准我出，誰爲外救，與主力辨？當被嚴責一番，又無明斷下詔，不問軍情，一味靠天而已，别無多詔教臣。不得已後而再行强奏，定要出京，主見我無可再留，准我出京。當即將浦口軍務交與黄子隆、陳贊明接鎮，當即行軍自浦口動身到蕪湖，三四日之間，浦口城外靠大江邊營盤，概行被張帥之軍攻破，九洑洲亦已失守。此時京城又困，此是五困京城矣。

被和、張兩帥密密加營，深濠更深，合朝無計，京城困如鐵桶一般。此時我朝氣數未盡，不應絶命，人心再振，我在外四路通文，各處肯從我意，任我指揮。自困天京五次，皆苦我一人力籌解散，善心用意，和就外臣，我今日人人悉我忠王李秀成名號，實在我捨散銀錢，不計何軍將官，與我對語，亦有厚待，民間苦難，我亦肯給資，故而内外大小，人人能認我李秀成者，因此之由也。非我有才，朝中非我之長，長重用者，我天王第一重用幼西王蕭有和，第二重用王長兄洪仁發、王次兄洪仁達，第三重用干王洪仁玕，第四重用駙馬鍾姓、黄姓，第五重用英王陳玉成，第六重用方是秀成也。英王死後，主將英王之事交與我爲。我不過在秦爲秦，在楚爲楚，自盡一心。那時天京困緊，實實無計。十年正月初二日，由蕪湖帶領人馬到南陵，過青弋江馬頭，由寧國高橋而過水東。那時寧國清軍防我攻打寧城，誰知我由水東順過寧城，兩日兩夜趕到廣德州，當即攻破廣德，留陳坤書、陳炳文在此把守，我親帶部將譚紹光、陸順德、吴定彩等在廣德動身到四安。四安有張國樑之兵在此把守，是日到此，當即開與官兵對陣，並力來迎，此時張軍敗陣，攻破其營，收得四安，下紅心，會家弟李世賢之隊并力計攻湖州。那時湖郡不須多人，將此城交世賢自攻，我扯本部人馬由廟西到武康，日夜下杭郡，止有六七千之衆，將杭州困其五門，三日三夜，攻由清波門而進。攻破杭州，非人力，實實天成，一千二百五十名先鋒打破杭郡，並非人力之所爲也。我非一心去打杭郡，見和、張兩帥困我主及我母親在京，知和、張兩帥軍餉出在杭州、蘇州、江西、福建、廣德，此是出奇兵而制勝，扯動和、張兩帥江南之兵，我好復兵而救天京之圍，非有立心去打杭州。打入城内，連戰數日，滿營未破，然後和、張兩帥果派江南救兵來救杭州，令張玉良統帶到杭郡武林門，兩家會話，知是江南和、張之兵分勢，中我之計。次日午時，將杭郡新製造旂幟以作疑兵，此是兵少退兵之計，不意張玉良果中我計，退出一日一夜未敢入城，我故而得退不礙。此時天朝不該絶滅，謀而即中，於今氣數已滿，謀而不中，以前至今，亦是此人任事，而今計不中而失京城，亦是我主無福，清朝有厚福而成全功。此段放下，再將杭郡退出來解京城之圍，張、和兵敗之情節，一一詳呈，説清之後，再又説天京之情。

自退出杭郡，由餘杭過臨安，行天目山，出孝豐，到廣德。那時我行前，張玉良之兵行後，張兵圖杭民財物，不肯追我。查廣德到天京三百餘里，杭州至金陵八九百里，彎彎曲曲，千里有餘，是以張玉良回救天京不及，此解京乃有天合，不然，不得成此美事也。至楊輔清早日有文約其會戰，救援京城，劉官芳、賴文鴻、古隆賢、黃文金亦至，侍王亦至，俱在建平大會，此是天機，即是四明山之會一樣之情由。會議之後，當即分兵，楊輔清帶領人馬攻高淳東壩，派李世賢攻溧陽。劉官芳亦至。此時處處成功，輔清得溧水秣陵關，侍王李世賢得句容。我由赤沙山而來，一路我並未攻打城池，直到雄黃鎮。那時和、張兩帥分將屯紮大營十餘個，斯時侍王亦到，大齊會戰，與張帥之軍兩家對陣，張軍大敗，攻破雄黃鎮清營，清兵畏忌，不敢交鋒。次日進兵由土山而來，輔王由秣陵關至南門，那英王陳玉成自滁、太早已扯兵下江浦，那時我與楊、劉、李等俱在南岸，英王是不約而來，知我兵到南岸，渠由西梁渡江，順由江寧鎮而來頭關、板橋、善橋。那時軍軍俱到，我由姚坊門而進，紮荆山尾，陳坤書、劉官芳由高橋門而來，侍王李世賢進北門紅山而至，輔王楊輔清由秣陵至南門雨花臺，英王陳玉成由板橋、善橋而入，和、張兩帥之兵，前不能救後，後不能救前，雄黃鎮戰敗一仗，張玉良帶江南精兵去救杭郡未回，被我軍隔斷於外。和、張兩帥之糧出在蘇、杭、福建、廣德、江西等處，俱被隔斷，營中無糧，那時天朝之兵又衆，是以一鼓而解京圍，此六解也。那時雖解京圍，攻破和、張兩帥營寨，未殺多人，俱連夜全軍退出，直下鎮江、丹陽屯紮。和、張軍死者三五千人，散者多也。散下蘇、常，和、張之兵陸路搶民間物件，衆百姓怒之。此時我朝軍威大振，何知有今日之難。

六解京圍之後，並非主計，實衆臣愚忠而對天王。這班臣子本是忠直賢良，不幸未逢明主，屈誤英雄，死去無數之好漢，誤死世民，實出吾主之過，不問賢良而用，信臣不專，我屢啓本力諫，與主力辨世理，萬不從容，故而今日之難。我自小爲民不知，湧湧而來，情知此事者，能死亦不能爲也。人無天理，非是人倫，騎在虎背，不得下騎，父母失散，非我之願。主立山河，得永遠之業，我爲其將，隨軍許久，未樂半時，只有愁煩。在天朝害民害衆者多，非我一人之愛主，權柄不歸，何能治事？中堂中丞在外耳目深長，明才足過，蓋世無雙，諒可久悉矣，不待再言。自六解京圍之後，我主格外不由人奏，俱信天靈，詔言有天不有人也。斯時軍威更勝，將士更多，纏身難謝，日纏日重，更難離身。自此六解京圍亦未降詔獎勵戰臣，並未令外戰臣見駕，朝臣亦是未見。我主不問政事，只是教臣認實天情，自有昇平之局。今国破喪邦，被中丞大人之獲，押在罪囚上未刑治，我悶悶於囚，我主勢已如斯，不得不寫呈中堂中丞之玉鑒，可悉我主欲立朝之來歷，壞国根源訴清，萬不隱避，件件載明。

自六解京圍之後，息兵三日。天主嚴詔下頒，令我領本部人馬去取常、蘇，限我一月肅清回奏。人生斯世，既爲其用，不得不從，當排隊伍擇日行軍，由丹陽進發，二日隊到丹陽。張國樑兵屯丹邑，次日開兵，在丹陽大南門迎戰，張軍大敗，死者萬人，張帥死在丹邑南門河下，差官尋其尸首，用棺木收埋在丹陽寶塔根下。兩国交兵，各扶其主，生與其爲敵，死不與其爲仇，因代收埋之意也。得丹陽之後，順下常州。那時張帥水旱俱敗於丹陽，至常州城有蘇州發來之衆，並遇張玉良由杭郡回來之軍概屯常郡，大小營寨四十餘營，是日軍到，次日開兵，兩家會戰，張軍又敗，其營盡破。金陵和、張大營已失，外兵未有鬭戰之心，俱未會戰而逃，連攻數日，常郡自降。郡内之人並未殺害，各畏威自投水者亦有，克復隨即安民，息兵兩日，趕下無錫。常郡張玉良軍屯無錫，何制臺自行偷搬家眷，下舟他逃，不知去向。我軍下到無錫，張玉良已又安好營寨，四門穩紮。後又有鎮守宜興清將劉姓，是廣西東鄉人氏，是何職分，我不知，後渠由宜興而至無錫，助張玉良之戰。其軍坐舟由太湖而來，正到無錫之候，張軍與我軍迎戰，兩陣交鋒，連戰一日一夜，我見不得已，張軍敗而得振，亦算清朝之好將，後我領我親軍護將由惠泉山而下，力攻西門，張軍水旱大敗，收克無錫城池，當即息士安民，暫息一日。那時和春自江南大營失利敗軍之後，和、張兩帥各走一方，張帥計屯丹邑，以保蘇、常之穩。和春獨一人而下蘇州，舟往滸墅關，聽見副帥張國樑戰死丹邑，和春在滸墅關自縊而亡。我克無錫之次日，行營而下蘇郡，初到閶門，將分困各門，看閶門街房等村百姓多有來迎，街上鋪店民房門首俱帖字樣云「同心殺盡張和兩帥官兵」，民殺此官兵者，因將丹陽之下到蘇州水陸民財概被其兵搶擄，故恨而殺也。自將蘇城各門緊困，城内之兵因前錫、常告急，其兵調盡來堵，城内無兵，後守城之兵俱是金陵之兵退下，常、無之兵退下所守，張玉良一人在内，其餘清將自失金陵及丹、常、無錫等處，兵心寒而畏威，外又有民家之逼，有李文炳、何信義、周五等獻城來降，此等是廣東之人。張玉良見兵勢如此，帶本部人馬由盤門而出上杭州，自行敗退數百里，到杭不開城門，甚有怒意，兵屯武林門外，愈擾於民。那時省城守將兩有怒意。自李文炳、何信義等獻蘇城而降，我即引兵入城，收其部衆五六萬人。此也不怪，因金陵大敗，失去許多城池，主帥又死，官兵無主，故而投也。此是天意，六困天京，尚而有救，七困敗亡，此是大清之福，亦是中丞中堂大帥謀才福澤無所不能。自我收得蘇城，兵得五六萬衆，未殺一人，清朝文武候補大員無數，滿將多員，俱未傷害，各欲回家，無盤川者，我給其資，派舟送往，非我參是好言，光我之薄面，皇天明照，不敢隱瞞，各散回家，亦有多回北京，滿士諒有傳聲，必可悉也。復城之後，當即招民，蘇民蠻惡，不服撫卹，每日每夜搶擄到我城邊。我將欲出兵殺盡，我萬不從，出示招撫，民俱不歸，連亂十餘日，後見勢不得已，克復未得安民，我親身帶數十舟隻直入民間。鄉內四處之民，手執器械，將我一人困在於內，隨往文武人人失色。我舍死一命來撫蘇民，矛槍指我殺命，我並不回手，將理説明，民心順服，各方息手，收其器械。三日將元和之民先撫，七日將元和、吴縣、長洲，安清平服，以近及遠，縣縣皆從，不戰自撫，是以蘇、常之民歸順。

那時張玉良兵退杭郡，我順追而得嘉興。自得嘉興之後，即停兵安民，俱未征戰。後張玉良在杭郡將兵養盛，隊伍整好，進兵來攻嘉興。嘉興守將是求天義陳坤書、朗天義陳炳文把守。張玉良帶大小軍營四十餘個，將西南兩門困緊，攻倒嘉郡城池，幸將兵合力，不然，嘉郡早失矣。此時嘉興告急到蘇省，誰知洋鬼領薛撫臺之銀來攻青浦。該縣守將周文嘉守堵，幸此將可嘉，不然，青浦失矣。周文嘉告急，不得已，六月中旬由省帶領人馬先救青浦，是日由省開舟，次日到浦，當即開兵。洋鬼出兵迎戰，兩陣交鋒，自辰至午，鬼軍大敗，殺死鬼兵六七百人，得其洋槍二千餘條，得其大礮十餘條，得洋莊一百餘口，得其舟隻數百餘條，當解青浦之困，順流破得松江，直引兵去攻上海。斯時有上海夷人來引，外又有漢兵內通故往也。軍到周家匯，隔上海十八里屯紮，離上海九里處所紮有清朝營寨四個。那時我部將蔡元隆、郜永寬提隊，是日明天光耀，天上四面無雲，出兵到九里地方，與清將會戰。他見軍到，棄營不守。正當用力進兵，上海內又謹備恭迎接我，忽然明天暗雨，風雷振動，大風大雨，兵馬不能起身，立脚不住，後未進兵。後洋鬼及清兵恭迎未見我到，薛撫臺是夜悉知有通情，復即加銀和於洋鬼，請得一二千鬼子守此城。清軍通我未成，這班人馬概被撫臺殺之。其事不成，在周家匯紅毛禮拜堂暫屯數日。後嘉興告急到來，不得已移軍由松江浦邑而回。由關王廟到嘉善、平湖，此兩處有清軍把守，一戰而破兩城，順至嘉興，解嘉興之困。是日上城觀陣，觀清軍動靜如何，次日開兵，連戰五日，分一軍上石門，斷張玉良浙江之來路。蘇、杭水地，有軍屯此，萬不能行，四方皆水，無有別路可行，是以張軍見兵困斷其後，其隊大小將兵俱獻營來降，獨張玉良見陣交鋒，其餘盡降。故張玉良不敢再戰，亦自逃回杭州。

解圍已定，我亦班師回省息兵。此時七八月之間，以近省之民，亦有安好，亦有未安好，此外尚有難民，當即發糧發餉以救其寒，各門外百姓無本爲業，亦計給其資，發去錢十萬餘串，難民每日施粥飯。蘇州百姓應納糧稅並未足收，田畝亦是聽其造納，並不深追，是以蘇省百姓之念我也。

自解嘉郡圍之後，回省正是八月中旬，天王嚴詔頒到，命我赴上游，催我領軍而去掃北。那時正無良計，正逢有江西德安縣以隨州、義寧、武寧、大冶、興國、蘄水、蘄州、武昌、江夏、金牛、寶安、蒲圻、嘉魚、通山、通城等有起義四十餘名具稟差使到蘇，恭呈降表投軍，是以將此情由，具本得奏云，我招集此等之人數十萬，再行遵詔掃北等因。主本不從，我强行而止。當即派軍選將而行，將蘇省軍民之務交與陳坤書接任，軍民安妥，一一交清。舉兵由蘇動身到京，將來情啓奏，不欲掃北。我主盛怒，責罰難堪。此時亦無法處，管主從與不從，我在蘇答應江西、湖北肯降之義民，應該前往接應，故而逆主之命，信友之情，出師而上江西、湖北。

在京時，當與合朝文武在我府會議，聲言：「衆位王兄王弟，凡有金銀，概行要多買米糧，切勿存留銀兩，買糧爲首。今收得蘇、常，下無再困，上困而來，利害難當。前困是六困，乃張、和之師，七困定是曾帥，利害而來，此軍有中堂之善算，將官之用命，南軍能受苦堅，此軍常勝，未見敗過，若來困必嚴。若皖省可保，尚未爲憂，如皖省不固，京城不保，各速買糧。」我奏主亦然如是。主責我曰：「爾怕死，朕天生真命主，不用兵而定太平一統！」我尚有何言也！無言退步自嘆言曰：「教家得恩、林紹璋、李春發堅守江東門雨花臺營寨爲首，各要買糧，我這出京四百餘日，方見我信。」合城文武遵我之言，果買米糧。那時洪姓出令，某欲買糧者非我洪之標不能，要票出京者亦要銀買方得票行，無錢不能發票也，得票買糧回者重稅，是以各不肯買糧入京，今日之国破，實洪姓之自害也。此事不提。

當即行軍由太平、蕪湖、繁昌而進，上石埭，到黟縣，遇鮑軍會戰。頭一日我軍取勝，次日鮑軍取勝，殺我軍數百人。此由洋棧嶺過，是欲由黟縣出休寧縣，因與鮑軍戰敗，其兵屯黟縣，中堂大兵重屯祁門，此處俱是山高路小，一塞不能別行，我非是欲事此處，實上湖北招兵，因湖北等縣起義之人約我前去，不失其信而圖此處也。當即改道，不由黟縣，由箬嶺到徽州，過屯溪，上婺源，到常山過年。十一年正初，由常山動馬，上玉山，廣信，河口而行，到建昌屯紮，攻打二十餘日未下，外有清軍來救，是沖天豫李金暘帶兵，當與其戰，其兵與我兵並不交鋒，一家和戰，其兵少，我兵多，故和戰也。後將建昌之軍撤退，由撫州灣上宜黃，到樟樹，新淦一帶屯紮，詐欲過江。斯時水漲滿川，對河團練自豐城那河邊屯到吉安之上，那時亦不能退，亦不能進，又無舟隻，大江中有清軍礮船，連在新淦屯紮數日。不意河水已自退乾到底，與我兵過河，過到吉安而上瑞州。此州本不欲紮，此處百姓堅留，故將瑞州所屬各縣屯紮安民。義寧、武寧一帶，湖北各縣俱已兵屯，一面安民，一面將湖北興郭、大冶、武昌、江夏、通山、通城、嘉魚、蒲圻一帶具稟來降之人招齊，大概三十萬之數。後鮑軍由池州扯兵到瑞州府，湖北胡巡撫兵亦來，離金牛，實安二三十里。那時正逢六月之中，所招之兵，俱未經戰，是以未敢與鮑軍開仗。那時家弟李世賢亦由徽州而到景德，樂平一帶，與左宗棠對敵。侍王李世賢在景德戰勝，到樂平一敗，失軍萬餘。黃文金、胡鼎文、李遠繼由東流、建德、饒州一帶，與中堂部將臨敵，未與李世賢相應，劉官芳、古隆賢、賴文鴻這枝人馬在後，再由洋棧嶺而來，祁門有中堂在此屯紮，後劉官芳之兵亦被中堂之兵打破，黃、胡、李之軍亦被中堂之兵制戰，不能爲事。家弟李世賢樂平一敗，退由河口而下常山。我自在金牛，實安招得新兵，不與鮑、胡軍戰，一因新兵，二因接李世賢來報云樂平之敗，是我復回。那時曾九帥又困安省，英王陳玉成解救不能，又調黃文金回來助救皖省，劉官芳被中堂部將戰敗而回，是以當即將湖北等縣全軍盡行回日收兵退下，以接護李世賢之軍，一由義寧州而回，一由武寧而回，一由德安而回，俱到瑞州齊集。那時安義、奉新、新昌一帶百姓作怪，搶我由瑞州上下解運軍餉，後由此經過而問其罪，殺其爲首二十餘人，此事辦清，全軍偏地而下，瑞州等縣亦是退盡。先有沖天豫李金暘帶有清兵十餘營屯紮陰崗嶺，與我部將譚紹光、蔡元隆、郜永寬等迎戰，兩軍對陣，李金暘兵敗，其將概已被擒，全軍失散，拿其到部，見李金暘是勇將有名之人，心內痛惜英雄，故未殺害，當問其來情肯降否？他云被擒之將不得願而回我也。後見其語未有從心，仍然禮待，並未鎖押，悉聽其由，過了數日，發盤川銀六十餘兩，不受而去江西，後闘被殺。此人不是肯降，實其被擒無奈，此人殺之可惜，不是降我。自湖北回來到瑞州，向臨江而來，過樟樹，大隊過齊，宗弟李愷運、李愷順二人由樟樹那邊河邊而下。那時知家弟李世賢尚在樂平，不知退下常山，是以由樟樹那邊河而下，河中用木簰而行，欲到江西會隊。後家弟由那邊河下，忽遇中堂派令鮑超一軍亦到，在豐城對面紮二十餘座，中隔一山，我並未悉有中堂派有此軍而來，家弟在高山一望，見鮑軍多營而未進，陸續退軍，全軍退盡，幸而不及，鮑軍後追來，我軍過盡，到有一小河，前此河是我軍搭橋，後不知百姓撤開，到此無橋可過，後有追兵，我兵游水而過，將已過齊，鮑軍亦到，此時傷我軍數百名，仍回樟樹。因連吹四五日大風，舟不能動，鮑軍不得過來，我已行去三四日。過了撫州許灣，方知李世賢下常山，當息兵三日，下河口。即見童容海由廣西而回，得其二十餘萬，順下浙江。當即分隊，李世賢攻打金華，湯溪等處。嚴州各城攻破之後，又議分兵。我領新招將士及童容海全軍下浙江，派李世賢打溫、台、處州、寧波等處。我派兵去破紹興各縣，軍到處所，俱是自降獻城。浦江縣有張玉良提戰數日，張軍即敗，侍王收克浦江，即到寧波矣。斯時正逢九月而到浙江，軍由富陽而破餘杭，到鹽嶺鋪，至姑塘屯紮，離城三四里之情形，安寨分軍派將，按門攻打。先將浙江外之府縣分軍據守，嚴州有梯王練業坤把守，龍游有王宗李尚揚把守，衢郡清兵未下，金華有李世賢親軍部將周連得，蘭溪、湯溪是廣東之兵把守。李世賢領軍由金華取溫州，到處郡，即克台州，皆李世賢之取。至攻打寧波，亦李世賢之將，是戴王黃呈忠，首王范汝增前往。收克寧波之來情，實是寧波洋鬼通誘我軍，離寧城十里屯紮。寧郡鬼之頭目到營求寬屯五日，候其將寧城內洋行什物運出城後，我軍方進。戴王不准，至三日，將其洋行運淨，渠亦願在外屯軍，所食之糧米，皆洋鬼以及四民供應。第四日移軍入城。洋鬼帶戴王去取海門廳，鎮海縣，皆洋鬼而助舟隻，取得兩處，分軍鎮守，仍回寧郡。此事說之不盡，在後陸續補清。收紹興一帶是來王陸順德領兵收復，蕭山亦其所收。收紹興非是戰成，實紹興守將獻城自降，此城高而濠闊，四面皆水，來此進兵者是單邊之路，此城不是自降，不能收復也。收復紹興，蕭山亦是獻降，來王陸順德出示安民，浙省自孤。武康、德清亦是天朝兵把守，孝豐、廣德、四安、安吉、縣縣如是。高淳、東壩我亦有軍屯守，溧陽、常州、蘇州、嘉興、石門亦是我兵屯守。湖州雖有趙景賢把守，無兵來救，杭城至海寧州及海鹽縣雖是清兵把守，我軍一到，海寧州守將張威邦獻城而降，海鹽縣官亦獻城自降。杭省孤立，外府縣概行收復，又未有救兵，四門被我緊困，外救獨有張玉良一軍，由候潮門水道而來，那時我軍已重紮鳳山門，離候潮門二三里之遠，見張玉良兵到，出兵攔紮，絶斷杭城，内外不通，内外夾戰未下，城内無糧，民亦無食，軍民之心甚亂。那杭郡巡撫王有齡甚得軍民之心，甚爲堅守。我困城之時，射諭入城，分軍民滿漢分别言語，順言而化，肯降者即可，不肯降者不足爲要。浙江瑞將軍帶領滿衆，我亦願放。我圍城七日之前，具本懇我天王准赦滿軍回國，文由浙江來往二十餘日，御批未及下來，我先破大城，破入大城四日，尚未攻其滿城，專候詔下赦。一面與瑞將軍和議，云願放其全軍回家，渠總未信。我奏准天王，御詔降下，准赦滿人，渠亦不信，開槍打死我兵千百餘人，然後攻其内城，各男女投水死者有之，被獲者有之，後瑞將軍及都統之死，當即差員在河下尋其尸首，用棺木埋之。其本已信我奏，准放回國，不欲加害，我亦射諭入城，城内軍民可悉，我云：「爾奉爾主之命鎮守杭城，我奉我主之命來取，各扶其主，爾我不得不由，言和成之事，免傷男女大小性命，願給舟隻，爾有金銀，並行帶去，如無，願給助資，送到鎮江而止。滿洲之人過我天国爲帝，此是天命而來，非由自成，滿待漢人其情本重，今各扶一君，兩不得已，存我之心而爲此事也。」被獲滿洲兵將，當即傳令諸軍，各獲有滿人落在營中者不准殺害，私殺害者賠命；各願投營者即在營中，不願者准其回國。後有滿官大膽者即到府與我談及給費回家；爲兵膽小者各自日夜逃去；亦有落在營中，與營官日久，兩家相好，營官自行給費放者亦多。此非我之虚言，杭省軍民可悉，滿洲人衆，必有知情，即在省候補清官無數，亦給費放回，蘇州前日亦是如此。至困杭州之時，每日與王有齡兵戰，那時城内無糧，民亦無食，兵將餓倒，不能爲戰，王有齡亦是無法，外戰張玉良一人況文榜而已，屢戰不能見效，内攻不果，實實無由。王有齡與其師爺計及，託信與忠王，叫忠王免害杭城軍民。師爺回言：「大人此信可寫，兩國交兵，何以稱呼？稱得不好，重害爾民；稱得好，皇上罪爾投他。」其師爺之語，王有齡無言可對，捶心而歎：「不必寫文，杭城不能保守定也。坐在大堂，等忠王入城，視忠王何等之人，見其人而死。」其師爺回言曰：「此人入來，萬不與爾死。」後而無法，我官軍四面越城，一踴而進。我親自上城，搶得一騎，單人直沖到王有齡衙内尋取此人，入屋四尋不見，尋到後花園，見其弔死，當令親兵放下，業已死矣。後擡到大堂擺與衆視是否，叫其部下之人來認不差，後用棺木載之，將其衣帽朝服一應歸還，放其木内，令其部將親自看守於他。次日，調其部下之員到堂，當衆明宣，各肯從軍者即從，不從者皆由自便。其親兵俱是福建人衆，餘軍兩湖者多，俱而盡赦，各有金銀什物，不准兵攔，仍然帶去。後將王有齡之屍首，在其親兵之内，點足五百人，送其棺木，由省動身，給舟十五條，費銀三千兩，路憑一紙，送其回鄉。各扶其主，各有一忠，令其忠志之故，惜看英才義士，故用此心。生各扶其主，兩家爲敵，死不與其爲仇，此出我之心願。其中尚有米興朝、林福祥兩人，外有麟趾一人，亦是杭省布政司之職，到省尚未接任，原任乃是林福祥。此等亦然被獲，我亦不殺，禮而待之，又未鎖押，落在書房，與文官閒敘。夜静，我與米、林談及世情，後並將林福祥家小兒子一並尋回，交還林福祥，將米興朝之馬匹亦尋出付交，後米興朝將馬匹送與我部將汪安鈞。麟趾乃滿人，次夜逃死，並不追趕。然後過了十餘日，林、米二人欲去，不願在營，即備舟隻各一條，由杭州到上海，各給銀三百兩，後兩人不敢要，各領百兩，臨行各具一信與我辭行，云：「今世不能爲友補報，來世不忘。」並云：「爾忠王本是出色，未遇明君，好惜！好惜！」等語之文，辭行而去。

此時十一年十一二月之候，雨雪交加，不能行動，蘇杭河小水淺，下雪冰凍，不能舟行，此時在蘇省，住十日有餘，而方啓行。斯時將杭省各清將應從不從，安排定疊，即將省内難民一一安撫，在城餓死者發薄板棺木萬有餘個，費去棺木錢財二萬餘千，難民無食，即到嘉興載米萬石，載錢二十萬千來杭，將此米糧發救窮人，各貧户無本資生，借其本而資其生，不要其利，六個月將本繳還，糧米發救其生，不要其還。兩個月之内，將杭省一并周妥，此時十一年未矣。十二月回蘇，三十過年。

那時收得杭省，而安省被曾九帥之兵克復，合城餓死，而失皖城。此是英王之軍在省，被九帥之深濠高壘困之，省城内外不通，英王來救不得。後靠湖邊九帥退讓幾營，此是九帥留其退省生路之思。不意英王陳玉成不退，將石牌及近省之民糧運入省。九帥見其未退，仍將軍兵復紮此湖邊，此又困實省城。英王見勢不得已，内守將葉芸萊、張朝爵心有懼意，英王心驚，解救未果，後將我部將二人調一人入省助守。此將是我名下，我上湖北，留其保固六合、天長，此二縣是我兵把守，故在蘇州派來吴定彩、黄金愛、朱興隆三將，保天、六之備，後安省告急，英王奏調其往。後省城被曾九帥官兵所困，選吴定彩帶部軍千餘人入省助葉、張守省。後英王同劉瑲林計保集賢關，是英王再欲班動大兵來救。那時章王林紹璋、輔王楊輔清、堵王黄文金、顧王吴如孝俱在桐城，有信至集賢關云奉詔前來助救安省。斯時我正在興国州，得悉英王如此如此而爲，悉其省不能保也。英王留下劉瑲林、李四福守集賢關之營，英王連夜由集賢關動身而到桐城，將我部將黃金愛令其把尾而到桐城，誰知被釣鋪、青草隔、黃泥港等處清軍知悉，被多將軍埋伏攔殺其軍，英王全軍過盡，黃金愛把尾，被多將軍伏兵攔殺，死者千餘人，將黃金愛困下田筒水中，死者皆我部下之人，黃金愛至晚，帶數百人由水中冲出。多將軍兵見其死勢甚猛，各皆讓路，乃到桐城。後英王又親自回京求主發救。那知集賢關被曾中堂發鮑超一軍前來，將集賢關劉瑲林、李四福之營困打，連打未下。後鮑軍將營寨紮好，又作長濠，每日出兵攻打，營中又無火藥礮子，糧米亦無，官兵日夜防戰，兵困苦多，後被鮑軍攻破，劉瑲林、李四福俱是陣死，全軍俱没。後而無法，英王與輔王、堵王黃文金等再來救安省。斯時九帥又將院圍困，屢戰不成，此時省城邊菱湖，又被九帥挖塘堤放礮船而入攔隔，偷信難通。那時英王陳玉成、輔王楊輔清、堵王黃文金在外，九帥兵隔於內，城內無糧，後被九帥攻破，葉芸来逼死於內，張朝爵坐舟逃生，吳定彩入城助守，全軍俱没，死於大江之中，此城盡没，未漏餘人，苦而可歎。那時英王在外，見省失守，扯兵由石牌而上，黃宿之兵盡退上野雞河，欲上德安、襄陽一帶招兵，不意將兵不肯前去。那時兵不由將，連夜各扯隊由六安而下廬州，英王見勢不得已，亦是隨回，轉到廬城，爾言我語，各又一心。英王見勢如此，主又嚴責，革其職權，心繁意亂，願老於廬城，故未他去，坐守廬城，愚忠於国。後多帥發兵來困，被逼不堪，又無糧草，久守不能，將兵心亂，遂失廬郡，逃至壽春，被苗沛霖反心捉獲，送解清營而亡。自英王死後，其部將悉歸我掌，見勢不能過南，後調陳德才到蘇州，當面訂分，令其上去招足人馬，限二十四個月回來解救京城。今許久尚未回來，雖然疎疎有信回報，來往甚難，故有今日之誤也。

此段說過，再將十一年克浙江之後，十二年回轉蘇州，那時我上江西、湖北招兵之時，將蘇州、浙江、嘉興軍務民務交陳坤書執掌，我方去。後十二年回到蘇省，民已失散，房屋被拆，良民流淚求稟。那時陳坤書自愧，對我不住，我由杭州回到嘉興，渠在蘇州業帶自隊逃上常州，將常州自霸，使錢買作護王。此人是我部將，因其亂蘇州百姓，恐我治其罪，故買此王而拒我也。自收浙省以來，以及英王之隊歸我之用，黃文金、劉官芳後歸我轄，天王見我兵多將衆，忌我私心，內有佞臣之弄權，封陳坤書爲王，分制我勢，我部下之將，見此各心不忿，積恨於心。那時主見我部轄百餘萬衆，而何不忌我乎！蘇省之民，又被陳坤書擾壞，後我回省，貼出爲民之錢米，用去甚多，各鋪戶窮家不能度日者，俱給本錢，田家未種，速令開耕。我在省時，斯民概安，仍然照舊，發米一萬餘石，發錢十萬餘千，發此錢米之後，百姓安居樂業，後豐足之時，各民願仍將此本歸還，我並不追問，其自肯還我也。後又將郡縣百姓民糧，各卡關之稅，輕收以酬民苦。後見京中之事，日日變動，屢具本奏，越奏越怒，又逢佞臣弄章。我見屢奏不從，亦有不說之意，君臣各有私怒之心，越是明奏，天王越更不信，降我之職，暗中密革我權。我手下部將見此，其心不服，未有戰心，各籌一路，童容海乃我部將，一片之心爲我，後被讒惑，背我而逃，此是王次兄之弄奏，欲歸其轄，暗放謡言，童容海他心變者，因此之由也。

我十二年在省，住有四月之久，然後有巡撫李鴻章到上海接薛巡撫之任，招集洋鬼與我交兵。李巡撫有上海正關，稅重錢多，故招鬼兵與我交戰。其發兵來破我嘉定、青浦，逼我太倉、崑山等縣，告急前來，此正是十二年四五月之間，見勢甚大，逼不得已，調選精鋭萬餘人親領前去。此鬼兵攻城，其力甚足，嘉定、青浦到省一百餘里，其攻城外無救五六時辰，其定成功也。其礮尤利害，百發百中，打壞我之城池，洋槍礮連響，一蹋而入，是以我救不及。接到警報，當即起兵，救之不及，失此二城。該鬼兵即到太倉攻打，外有清軍前來助戰。打入城者，鬼把城門，凡見清官兵，不准自取一物，大小男女任其帶盡，清官兵不敢與言。若爾清朝官兵多言者，不計爾官職大小，亂打不饒。我天王不肯用鬼兵者爲此也。有一千之鬼，要押制我萬人，何人肯服，故未用他也。那時鬼兵已至太倉閙仗，我到來，外有清兵萬餘衆，鬼兵三四千人，清兵自松江、泖溼、青浦、嘉定、寶山，上海連營一百餘座，城城俱有鬼兵把守。我到太倉，當與其見仗，兩邊立陣迎戰，自辰至午，勝負未分，兩家受傷千餘士卒。次早又立陣於東門，開兵大戰，自辰至巳，力破鬼陣，當斬數百，追其下水死者千餘，當破清營三十餘座，得其大礮洋槍不計其數。次早行軍，即追其尾，困其嘉定城中之鬼未得出來。上海來救之鬼是廣東調來之鬼，立即來救嘉定這城鬼子，由南翔而來，當即迎戰，兩陣並交，連戰二日，俱是和戰，兩家傷二三千人。當即飛調聽王陳炳文帶萬餘衆到，再與交鋒，一戰鬼兵大敗，又斬千餘。其救嘉定未得，被我追殺大半，克復定城，派官把守，即下青浦。又將青浦鬼兵困穩，外又有松江洋鬼再調來救青浦縣，用火舟而來，我早駕火礮等他，此正火舟來之候，不意我亦開礮打他，第一礮正中其舟，其火舟燒起，其救未由，浦城鬼兵自行退去，自驚下水而亡數百餘鬼子。下路地方，動步皆水，實實難行，有警急之事，錯步性命難全，是以鬼兵驚退下水而亡，此之由也。收得青浦之後，順攻泗涇之營十餘個，下到松江以及太倉，大小營寨一百三十餘營概行攻破，松江城外之營亦已攻開，獨松江一城是鬼子所守。次日又有上海來救之鬼子用舟裝洋藥、洋礮十餘條而來，經我兵出隊迎戰，鬼敗我勝，將其火藥、洋礮、洋槍爲我所有。那時洋鬼並不敢與我見仗，戰則即敗，將松江困緊。正當成功之時，曾帥之軍已由下而下，破我蕪湖、巢縣、無爲、運漕、東西梁山、太平關一帶，和州亦然，有如破竹之勢，直至金陵，逼近京都。

那時天王一日三道差官捧詔到松江追我，詔甚嚴，不得已，將松江兵退回，然後轉蘇州，與衆將從長計議，萬難周全，知曾帥之軍由上而下，利在水軍，我勞彼逸，水道難爭，其軍常勝，其勢甚雄，不欲與戰。我總是解糧多多回京，將省府財物、米糧、火藥、礮火俱解回京，待廿四個月之後，再與交戰解京圍，其兵久必無鬥戰之心，然後再與其戰等議。知曾帥之兵，初來之勢，銳精之雄，這鼓氣壯，我不肯來爭。正當議定(原作楚)，應欲舉行，天王又差官捧詔來催，詔云：「三詔追救京城，何不啓隊發行？爾意欲何爲？爾身受重任，而知朕法否？若不遵詔，国法難容！」詔逼如此，不得不行，是以調抽兵馬起隊前來，蘇(原作穌)杭之事，概交各將任之，我少管理，連母親以及家眷概交與主爲信，表我愚忠。

紙盡情長，言不了完，煩列位師爺交部一本，又好筆一枝，此筆破壞了，今將三萬七八千字矣，筆壞不能，煩各位師爺轉稟老中堂及中丞大人寬限，我亦趕寫。業今前部已呈，而今由此湊上合章。恐有言語在昨日所呈之部，語句兩不合章，煩各師爺勞心，將前部鑒對，湊合成全，好呈中堂玉鑒，中丞大人惠覽，恐有違忌字樣亦煩改除。成自幼本未讀書，認字不周，不知忌避。現今所呈之前後，不過在国日久而知，成生之在世，見過而知不知不及，今呈前後之大概，記得而陳，自成知情之事，俱一全登，少何失漏，不知者不便及也。此之言語，是我秉直之心，應言之事，不問自詳，今自願所呈此書，實見中堂之恩情義厚，中丞恩容，佩服良謀，我深足願。所作之書供，定由列位師爺手過，恐有違犯字樣，是煩勞清心改除可也。今奉前部人寫。

自奉嚴詔，不能再辭之後，計議抽調各處官兵，擇日起馬，主逼甚嚴，我亦無心在世，不過見母六十餘歲，育我至大，是以由而就之。見勢如此，亦知不能久圖，主不修德政，盡我人生一世之愚忠對天。後將蘇、杭軍務概交各將管理，然後連我母親以及家眷一並回京，交主爲質，表我之愚忠。所交合家與主爲質，因其降詔，命其親使捧詔而來，面責云我之不忠，云我有自圖之意，朝臣勸我，不得不從。然後八月中旬，由蘇省動身，過溧陽，到東壩齊兵，直下溧水，向秣陵關而來雨花臺，一由板橋、善橋而來，圍攻九帥營寨。困攻四十餘日，連攻未下。九帥節節嚴營，濠深壘堅，木橋疊疊層層，亦是甲兵之利，營規分明，是以連攻數十日未能成效，亦因八月而來，各未帶冬衣，九十月正逢天冷，兵又無糧，未能成事者此也。自攻未下，我主嚴責革爵，調我當殿明責，即飭我進兵北行，不得不由，冒雪而往。自過江北之後，大江兩隔不通，杭、蘇之將兵，任其自行調用，部將不得不從，手下各將，任王次兄洪仁達亂爲。我在江北，幸收得兩浦，爲我通江北之道，順由和州而行。此是先年先發部將而去，我是後來，由含山、和州、巢縣而來。此處百姓被劫爲難，當令手下屬員汪宏建帶銀兩買糧買穀種而救於民。兵由巢縣進發，到石澗埠遇中堂發來人馬，安紮營壘十餘個，當即排陣迎戰，彼不出軍，專守爲穩，以逸待勞，攻數日未下。天連降大雨不息，官兵困苦，病者甚多，一夜至天明，各館病倒，見勢爲難，攻又不下，戰又不成，思無法處，清軍又不出戰，總以嚴守爲强，後路救兵又至，我軍病者又多，無兵可用。後扯兵由廬江而上舒城，到六安州。在廬江與清軍見陣，兩下交鋒，清軍敗陣，追到城邊，斯城嚴閉。次日行兵趕到六安，正逢青黄不接，那時想去會陳德才之軍，此地無糧，不能速去，不得不由回軍返轡，由壽春邊近而回。此地正無糧，被苗沛霖之兵久害，民苦萬分，官兵又未得食，餓死者多，食不充飢，如何爲力。轉到天長等處，正逢九帥破我雨花臺。巢縣是洪春元鎮守，被中堂派鮑超軍一路攻破，敗到和州，軍民四亂，雨花臺又失，京内驚慌。那時天王差官捧詔召我回京，當即分軍回轉。斯時正逢大江水漲，路道被水沖崩，無處行走。那時和州又敗，天浦失守，官兵門又被九帥攻破。那時高橋門之敗，輔王楊輔清逃回東壩，侍王李世賢亦轉回溧陽。那時我在蘇州與洋鬼開仗，連戰數日，勝負未分，兩不能進，然後親引軍由閶門到馬塘橋，欲由外制，暫保省城，將兵屯紮馬塘橋，意欲回京奏諫，請主他行，不守京都，獨自思議，尚未舉行。蘇州守將慕王譚紹光，是我手下愛將，留守蘇州，内有納王郜永寬、康王汪安鈞、寧王周文嘉、天將張大洲、汪花班。這班反臣不義。郜永寬等亦是我手下之將，自小從戎，教練長大，至今做到王位，與譚紹光兩人是我左右之手。這班之人，久悉其有投大清之意，雖悉其所爲，我亦不罪。閒時與郜永寬、汪花班、周文嘉、汪安鈞、張大洲、汪有爲、范起發等談及云：「現今我主上蒙塵，其勢不久。爾是兩湖之人，此事由爾便，爾我不必相害。現今之勢，我亦不能留爾。若有他心，我乃囯中有名之將，有何人敢包我投乎！」各回言曰：「忠王寬心，我等萬不能負義，自幼蒙帶至今，誰敢有他心？如有他心，不與忠王共苦數年。」我爲渠長，渠爲我下，不敢明言。我觀其行動，知其有他心，故而明言，我見勢如斯，不嚴其法，久知死期近矣。因我粵人，無門可投，該將等在我部下久有戰功，我成名者皆渠等之力，實是心腹之談也。不意該將等與慕王譚紹光兩人少年結怨至今，後果變心，將慕王殺死，投與李撫臺，獻城未及三日，被李撫臺殺害，是以至今爲頭子不敢投者，因此之由。

失去蘇省，那時正在馬塘橋。聞失省之後，我即上常州，到丹陽屯紮。後無錫又失，那時兵亂民慌，尋思無計，暫紮丹陽。那時我家弟李世賢兵屯溧陽，勸我前去，別作他謀，不准我回京。我不肯從。渠欲出兵前來，逼我前去，不欲我回京。後見勢不得已，見我母親在京，難忘難捨，故而輕騎連夜趕回京，此是十三年十一月矣。到京次日，上殿啓奏，因闔城男女之留，不能他去。蘇省獨有丹陽、常州、金壇、溧陽、宜興而已。今年常州亦被李撫臺打開，殺死合城官兵。常州破後，丹陽亦退。浙江嘉興前後失守，獨有湖州、四安、廣德未退。浙江、丹陽、金壇、宜興、溧陽各軍無處可逃，我又被困京内，各將各王無法可施，是以上江西而去。江西領兵之將，家弟李世賢倡首。此等之兵，俱以我浙江部下之衆勢逼而行。計開上江西各將名目，李世賢、劉朝鈞、汪海洋、陳炳文、陸順德、朱興隆、李愷順、譚應芝、陳承奇、李容發領兵前去，已在江西。此事不説，再陳京中壞政敗亡之由。

自此之下，囯業將亡，天王萬不由人説。我自在天王殿下，與主面辨一切囯事之後，天王深爲疑忌，京中政事，俱交其兄洪仁達提理，各處要緊城門要隘之處，概是洪姓發人巡查管掌。我在京並未任闔城之事，主任我專，政不能壞。我在京實因我母之念，見囯中之勢如斯，外城概失，日變多端，主不問囯中軍民之事，深居宫内，永不出宫門，欲啓奏囯中情節保邦之意，凡具奏言，天王言天説地，並不以囯爲事。朝中政事，並未提託一人，人人各理一事。我久日在外帶兵，部將多有在外，在京者僅有出師外去各家眷人等各在家，每館有十人，或七八人，見我在京，各而聚至，合作一隊，計有千餘人。十三年十一月，我由外入京，亦有隨身之將數十員。那時專作守城之事，某處要緊，即命我守。京城惟富豪官兵有食，窮家男婦俱向我求，我亦無法，主又不問此事。奏主云：「合城無食，男婦死者甚衆，懇求降旨，應何籌謀，以安衆心。」我主降詔云：「合城俱食甜露，可以養生。」甜露何能養世間之人乎？地生各物，任而食之，此物天王叫做甘露也。我等朝臣奏云：「此物不能食。」天王云：「取來做好，朕先食之。」所言如此，衆又無法不取其食。我天王在其宫中闊地自尋，將百草之類，製作一團，送出宫來，要合京依行毋違，降詔飭衆遵行，各而備食。天王亦早知有今日糧少之難，京城不固，久悉在心，因自好高，不揣前後。入南京之時，稱號皇都，自己不肯失志，靠實於天，不肯信人，萬事俱是有天。先二三年之紛亂，然後將舟隻先渡將官戰兵馬匹過河，將已過盡，尚有老小以及不肯上舟馬匹落在江邊。此時九洑洲又被水没，官兵無棲身之所，有米無柴煑食，餓死甚多，正逢楊帥、彭帥水軍前來攻打，下關又被水師攻下，失此之營，九洑洲因而退守，餘有未過來之兵亡者甚多。自此回來，九帥克我雨花臺，營壘紮堅，不能再復，兵又無糧，紮脚不住，自散下蘇州、浙江。此舉前後失去戰士十數萬人，因我一人之失鋭，而囯之危也。

蘇、杭之誤事，洋鬼作怪，領李撫臺之銀，攻我城池，該鬼見銀亡命，李撫臺見我未在省城，是以順勢攻之，若我不來天京，不過江北，渠萬不能得我城池也。我本不欲求京過北，大勢情由啓奏主：「京城不能保守，曾帥兵困甚嚴，濠深壘固，内少糧草，外救不來，讓城別走。」那時天王大怒，嚴責難當，不得已跪上，復行再奏：「若不依從，合城性命定不能保。曾帥得爾雨花臺，絶爾南門之道，門口不能行走。得爾江東橋，絶爾西門，不能出入。得爾七橋甕，今在東門外安寨，深作長濠，下關嚴屯重兵，糧道已絶。京中人心不固，俱是朝官，文者多，老者多，小者多，婦女者多，食飯者多，費糧費餉者多。若不依臣所奏，滅絶定矣！」奏完，天王又作嚴責云：「朕奉上帝聖旨，天兄耶穌聖旨，下凡作天下萬囯獨一真王，何懼之有！不用爾奏，政事不用爾理，爾欲外去，欲在京，任由於爾。朕鐵統江山，爾不扶，有人扶。爾説無兵，朕之天兵多過於水，何懼曾妖者乎！爾怕死，便是會死。政事不與爾相干，王次兄勇王執掌，幼西王出令，有不遵幼西王令者合朝誅之。」嚴責如此，那時我在殿前求天王將刀殺我，免我日後受刑，「爲主臣子，未閒片刻，今將囯事啓奏，主責如斯，願死在殿前，盡心酬爾！」如此啓奏，主萬不從，含淚而出朝門，滿朝衆臣前來善勸。次日，天王自知其過，賜下龍袍，以安我心。自此之後，住京一月有餘，十四年新正，欲出京去。那時主怕我出京，城内人心不穩，朝臣苦留，闔朝弟妹聞我出京，合城男女淚滿苦留，我心自願，故未啓行。我今之禍，因主不從我奏，一味蠻爲，常稱：「有天所定，不必爾算，遵朕旨過北，接陳德才之軍，收平北岸，啓奏朕聞。」啓奏不入，實佞臣惑主，忌我之勢，密中暗折我兵，然後失去蘇州各縣也。浙省金華、龍游等處，俱被左撫臺全軍制戰。寧波府前是鬼子誘引而得，後清將用銀惹動洋鬼心，攻我寧波。洋鬼礮火利害，百發百中，攻倒城墻，我官軍不能立脚，是以退守，餘姚、嵊縣陸續亦退。鬼子攻破寧郡，得賞銀之後，又領銀來打紹興。攻此兩處，鬼子得銀甚多，不然，亦不能攻我城池也。自此之後，金華、龍游、嚴郡、温、台等處陸續退守，兵屯富陽。左撫臺全軍發下，逼到富陽，與我軍連敵數月，亦未攻下，然後仍請鬼兵由水路而來，用礮攻崩富陽城池，連戰數十仗，鬼敗，然後再調鬼兵多來，復再與戰，左撫臺亦隊伍交争，是以富陽之失，紹興之失，蕭山之失，兵退到餘杭，屯營落寨，左撫臺之兵亦到，兩下交争，日日連戰，我力據餘杭，以堅杭州之防。那時鬼兵攻了富陽，得銀之後，仍回寧郡。左撫臺之兵分水旱而下杭州，一紮餘杭，一紮九龍山，到鳳山門雷峯塔西湖爲止，連至餘杭八十餘里。此地山多水多，扎一營而十營之堅穩也，自連八十餘里，其營百餘座。我天朝之軍，自西湖至餘杭止有營十餘座，俱是以水爲堅，兩軍並紮，困守而已，兩不便開仗。浙江城是聽王陳炳文爲帥，餘杭是汪海洋爲帥，浙江之穩數月者，則水利之堅。然後蘇兵帶鬼子攻打乍浦、平湖、嘉善，三處失守，蘇州、太倉、崑山、吴江等處俱被李撫臺打破。那時九帥破雨花臺，京城驚亂，主不准我下蘇、杭，奏三四回亦是不從。自此之後，印子山營又被九帥攻破，主更不准我行。蘇、杭各將告急，日日飛文前來，不得已，又啓奏我主。主及朝臣要我助餉銀十萬，方准我行，後不得已，將合家首飾以及銀兩交十萬。我主限我下蘇、杭四十日回頭，銀不足交，過期不回者，依国法而行。我見下路勢急，亦願遵從，總想得出京門，再行别計。自去未久，高橋間，早經出令，各多備甜露，每家要呈繳十擔，收入倉中。亦有遵旨送繳者，亦有不從者。天王久日宫中俱食此物，我主如此，我真無法。城中窮家男女數萬餘人纏我救其命，度日圖生，我竟無法。先十三年七月八月間，那時我有銀米以救其生，開造册者有七萬餘，窮苦人家各發洋錢廿元，米二擔，俱到保堰領取。有力之人，即去保堰領米，無力之家，自各領銀作此小買賣救急。去年十二月又不能了，我亦苦窮，無銀無米，蘇、杭又去，京城困緊，力不能持，奏主不肯退城，實而無法。我有銀米，那時廣救軍民，自丹陽至三岔河、龍都、湖熟、西溪等處之民，被陳坤書、洪春元害死之後，我即發銀米命員撫之。斯時王次兄以及洪姓見我慈愛軍民，恐我有圖害国之心，聲言説我忠而變奸。負我辛勤一世之苦楚，不念我等勤勞，反説我奸。我本鐵膽忠心對主，因何信佞臣而言我奸！是以灰心而藏京内，又逼氣而陪其亡。我將兵數十萬在外，任我所爲，而何受此難者乎！我到京合城歡樂，知我出京，俱各流涕。我在京，洪姓不敢逼人，不敢十分强欺城中百姓，又不敢欺逼官兵。我不在京城，渠滿城逢屋查過，有米銀等物，任其取用，不敢與争，日日案户查尋，男女不得安然。

去年天王改政，要令内外大小軍營將相，民間亦然，凡出示以及印文内，具要刻天父天兄天王字樣，不遵者五馬分尸。軍稱天軍，民稱天民，国稱天国，營稱天營，兵稱御林兵，那時人人遵稱，獨我與李世賢不服，李世賢現今亦未肯稱者也。天王見李世賢不寫此等字樣，即行革職，現今李世賢之職尚未復回。天王號爲天父天兄天王之國，此是天王之計，天上有此事瞞及世人。天王之事，俱是那天話責人，我等爲其臣，不敢與駁，任其稱也。那天朝天軍天民天官天將天兵御林兵等皆算渠一人之兵，免我等稱爲我隊之兵，稱爲我隊我兵者，責曰「爾有奸心」！恐人之占其国，此是言也。何人敢稱自兵者，五馬分尸。又改各王之號，此是天王失算。前封東、西、南、北、翼各王，自殺東、北王之後，永不封王。今封王者，因其弟洪仁玕九年之間而來，見其弟至格外歡喜，到京未滿半月，封爲軍師，號爲干王，降詔天下，要人悉歸其制。封過後，未見一謀。天王再而復思，又見各舊功臣久持其国，心中不忿，天王見勢不同，自翼王他向，保国者陳玉成與我爲首，那時英王名顯，我名未成，日日勤勞，幫爲運算，凡事不離。天王見封其弟兩月之久，一事無謀，已知愧過，難對功臣，故先封陳玉成爲英王。封陳玉成之後，見我日有戰功，勤勞其事，對我不住。那時正在浦口鎮守，李昭壽與我有舊日深情，渠見天王封陳玉成爲王，旁觀不忿，行文勸我投清。來文到案，此時正逢天王侍衛七八人來浦口踏看軍營，誰知李昭壽之文未到，先有謡言，傳到京中，天王差侍衛一探軍營，二探我有何動静。那知李昭壽膽大，特命其親使送文前來。此使舊日在我身邊爲護旗，後李昭壽投入大清，渠即隨去，今使其帶文前來，被把卡捉至，解送到案。其使云「爾不必捉我，我專到李老大人處」云，然後把卡士卒送到衙前。拿到敵人而至，合營人衆視之，見在其身上，拾得文書一件，拿來觀時，那侍衛同在其場。後侍衛回京，合京人人知到，恐我有變，知我同李昭壽舊好，封王不到，我定有他變。那時我母亦在浦口，家室亦然，防我定有變意，後將中關舟隻盡封，不准我官兵來往。那時有人奏到天王耳中，一二十日未見動靜，天王降詔封我爲萬古忠義，親自用黄緞子書大字四個稱「萬古忠義」四字，並賜綢緞前來，封我爲忠王。我爲忠王者，實李昭壽來文之誘，而樂心封之，防我有他心。自此之後，日封日多，然封這有功之人，又思那個前勞之不服，故而盡亂封之，不問何人，有人保者俱准。司任保官之部，得私肥已，故而保之。有些有銀錢者，欲爲作樂者，用錢到部，而又保之。無功偷閒之人，各有封王，外帶兵之將，日夜勤勞之人，觀之不忿，力少從戎，人心不服，戰守各不争雄，有才能而主不用，庸愚而作国之棟樑。主見失算，封出許多之王，言如箭發難收，又無法解，然後封王俱爲列王者，因此之來由也。然後列王封多，又無可改，王加頭上三點以爲⿱⺌王字之封，人心更不服，多有他圖，人心由此兩舉而散無涯也。我言直陳之語，非不忠而敗主節，今国之興衰得失不陳，不知來由。天王失国喪邦，實其自惹而亡。前日明清之候，保將封官，擇有才而用。我陳玉成、李秀成二人是主之所愛，而改加我等之名。陳玉成在家書名是丕成，天王見其忠勇，改做玉成。我在家書名號爲以文，天王用我，自封忠王之時，改我號爲李秀成。天王從前擇人而用，後來皆因自亂。

九帥之兵，嚴困内外不通，無糧養衆，京内窮家男婦疊在門前求爲救命。国庫無存銀米，国事未經我手，後見許多淒苦，我實無法，不得已將自己家存之米穀發救城内窮人，自轄之官兵又不均勻，再不得已，將家内母親以及婦女首飾金銀概變爲軍資，家内無存金銀者，因此之來由也。自發此穀米救過此窮人，亦不濟於事，後將此窮苦不能全生情節啓奏天王，求放窮人之生命。主不從依，仍然嚴責：「不體国體，敢放朕之弟妹外游，各遵朕旨，多備甜露，可食飽長生，不由爾奏！」無計與辨，然後出朝，主有怒色，我亦有不樂之心。闔城男女飢餓，日日哭求我救，不得已强行密令城中寒家男婦，准出城外逃生。我在城内，得悉九帥在外設有救難民局，正合我意，可救民生，密令放行。去年至今，各門放出足有十三四萬人之數。不意巡各門要隘，是洪姓用廣東之人，將出城男婦所帶金銀取净，害此窮人。我聞甚怒，親往視之，果有此事，當殺數人，然後各出城門，而可暫安。自此之後，国出孽障，多有奇奇怪怪。主信閒言，不修政事。城内賊盗蜂起，逢夜間城内礮聲不絶，搶劫殺人，全家殺盡，搶去家内錢財，国敗出此不祥。去年十一月之間，九帥放倒南門城墻，此時城内官兵尚可足食，而各力全，又有城河之隔，九帥之兵不能踴進者，此之由也。

自此之後，京事日變不同。城外九帥之兵，日日逼緊，城内格外驚慌，守營守城，無人可靠。凡是城外文書，有人拾到不報天王處，私開敵人之文者，抄斬全家。自九帥兵近城邊時，天王即早降嚴詔，闔城不敢違逆，若不遵天王旨命，私開敵人之文，通奸引誘，有人報信者，官封王位，知情不報，與奸同罪，命王次兄拿獲椿砂剥皮法治，何人不畏死乎？後鬆王陳德風通於東門外蕭軍門，慰王朱兆英二人通來九帥這邊。斯時之事，朱兆英、陳德風並未與我言明，後其事洩漏，被王長兄洪仁發鎖拿鬆王陳德風。該鬆王與我相好，渠有母七十餘歲前來求我，當即出計保之，代用去銀一千八百餘兩，然後保陳德風之命。陳德風投清朝這邊，然後事作不成，其命尚不能保。此有心獻門投降者之由來也。

此事未久，我有妻舅宋永祺來九帥營下，同九帥部下師爺談及勸我來降等語。渠有兄弟，我不知其姓名，在中堂轄下帶水晶頂子，可保於我。宋永祺所云此人我未見過，未悉其人，未見過面，故未敢定言。此人聞在泰州，未知真假。至宋永祺由九帥之營回轉京内，來往十日有餘，與郭老四同事，郭老四南京人。宋永祺與我談及云有此事，未見九帥之文，渠云不過與九帥師爺談及，未有實情等語。此人好飲酒，是夜與我談及多言，次日與朋友飲酒太多，與人多語，即與陳德風談及，云與忠王所言如此如此。陳德風半信半疑，比即行文前來，問我能有此事否。此日在我府會議糧務，補王莫仕葵、章王林紹璋、順王李春發，王長兄長子洪和元、次子利元、干王長子洪葵元在我府會議，正逢鬆王陳德風遞到此文，本城文到，何人而防有私乎！莫仕葵順手將此文扯開一看，見此情由，各人並踴來視，内言：「問忠王真有此言否！」此時莫仕葵在此，問我曰「爾調宋永祺到場，我問來情，我爲天王刑部，今有此事，定要訊問，不然，我便先行啓奏，爾做忠王，恐有不便」等情。後不得已，宋永祺又不能逃，莫仕葵發動人馬在我府等候。此日夜宋永祺正到我府，與我家弟敍及此事，莫仕葵將其拿獲，後又將郭老四並獲，此時惹出大事，合城驚亂。我平日幸得軍民之心，不然，誤我全家久矣。朝臣共有忌意，不欲救我之罪，後將宋永祺押入囚内，欲正其法。我與其親戚之情，不能舍絶，將銀用與莫仕葵而後寬刑，不治其罪，奏旨輕辦。此事連及我身，幸合朝人人與我情厚，不然，合家性命早亡。

自此之後，時時有人防備，恐我有變心。此時大約四月將尾，五月將初之候，斯時我在東門城上，見九帥之兵處處地道近城。天王斯時焦急，日日煩躁，即以四月二十七日服毒而亡。那時天王既死，九帥軍逼甚嚴，實而無法，後天王長子洪福，與登基以安合朝人心。九帥沿城開壠，自東門至北門，一路開壠甚多，不能處處防也。神策門連被攻倒兩回，實難防備。主又幼小，提政無決斷之才。九帥之兵，每日逼近城邊，合城文武，無計可施。至六月十五早，見勢甚急，知曾帥立破我城，即抽頭先鋒連夜出城攻九帥寨，攻打未成，知城不能保固。此官軍日夜未得歇息，天明各已去館子了，被曾帥在紫金山高處弔望見城内之人，紛紛歸隊。是日午時之後，曾帥用火藥攻倒京城，由紫金山龍頸而破，全軍入城，我軍不能爲敵。此是大清皇上鴻福，中堂運籌良材，九帥精功智才韜略，將相勤勞，此亦天朝數滿，天王亂世民之數滿，仍大清再復昇平。那時九帥官兵四面扒城而入。中關以外，各處軍營見軍已失，降亦有之，逃亦有之，死亦有之。我來在天朝，天王用我不過三四年之間，我用命散財，肯救貧人，是以人人而忠我者，此之由也。破城之時，個個向我流涕。我由太平門敗轉，直到朝門，幼主已先走到朝門，及天王兩個小子並到向前問計。斯時我亦無法處，獨帶幼主一人，其餘不能理。幼主無好馬，將我戰馬交與其坐，我另騎不力之馬，直到我家，辭我母親，我胞弟與姪，合室流涕辭别，帶主而上清涼山躲避。斯時尚有數千餘人，文武將官俱而護往。我爲天王之用臣，雖然我主不修德政，不以軍民爲念，既我於主封爲忠王之爵，非是重用我一人，主封爲王，朝之大臣長過我者次過我者亦復不少。不過我肯舍死從人，深情有義，時時報占過情者不忘，既爲其臣，雖天王氣滿蒙塵，損囯失邦，我受過其恩，不得不忠，盡心而救天王這點骨血，是盡我愚忠。是日將夜，尋思無計，欲沖出北門而出，奈九帥之軍重屯，又無法處。隨行之文武將士，自亂如麻，合衆流涕而無法處。

又沖水西門、小南門均有九帥兵把守於外。不得已三更之後，捨死領頭衝鋒，帶幼主沖由九帥攻倒城牆缺口而出，君臣數百人，捨命沖出關來。沖出城之後，所過營寨，疊疊層層，壕深壘固。幼主出到城外，九帥營中，營營礮發，處處喊聲不絶。我與幼主兩下分離，九帥之兵，馬步追趕。此時雖出，生死未知。十六歲幼童，自幼至長，並未騎過馬，又未受過驚慌，九帥四方兵追，定然被殺矣。若九帥馬步在路上殺死，亦未悉其是幼主，一個小童，何人知也？

自出城與幼主分别，我馬不能行走，此騎在城交戰一日，又不是戰馬，力又不足，又未得食，人馬未得飽食，走到天明，人人俱散，馬不能行。那時無法，是以逃上荒山暫避，又未得食，肚中又飢，萬不能行。我戰馬幼主騎去，現今生死未知，我若仍騎戰馬，我亦他逃矣。逃在荒山頂破廟内，荒山腳之民，悉京城失破，必有人在此山而避，貧民各欲發財，我命該絶，身上帶有寶物，用縐紗帶捆帶在身，不知此日如此心迷。到破廟停息，遂將珍珠寶物弔在樹下，我欲寬身乘涼，不意民家尋到，見人衆到來，我一二人驚亂而逃，忘記取拾此物。此百姓追我，問：「爾身有錢，交過與我，我不要你性命。」我那時忙，逃亦不能行。百姓追近身見我，知我是忠王，各大齊跪下，俱各流涕，追我下山腳，隨步而行，仍回荒山頂上。我見百姓如此，有救我之心，自願回破廟處所將此珍珠寶物以酬其情。不意此民追我上前而去，在後又有民衆來此廟中，將我之寶物拾去。我同此民回來，不見此物。衆百姓勸我薙髮，我心不願。渠云：「不肯薙頭，不能送爾。」百姓又是苦求。我對百姓言曰「我爲大臣，囯破主亡，若不能出，被獲解送大清帥營，我亦不能復活。若果有命，能逃出去，亦難以對我官軍」，不肯薙也。民逼薙頭多言，後依其言，薙去些須者，因此之由也。然後那幫百姓密藏於我。那幫百姓得我寶物，民家見利而争，帶我這幫百姓，去問那幫百姓，兩欲分用。那幫百姓云「你問我分此物，此物天朝大頭目方有，此外别無。爾問我分此物，爾必獲此頭目」，云言該百姓帶我，心有私忌，兩家並争，因此我藏不住，被兩囯奸民査獲，解送前來。今禁囚籠，蒙九帥恩給飯食，中堂駕由皖而來，當承詢問，我心悔未及，是以將囯中一切供呈。罪將是本不才，自幼在家爲窮民，而圖日食，並不知天王圖囯之爲來者，數萬之衆願隨，獨非我一人愚懞。我出名作事，三四年之間，方知我李秀成微名也。今天囯已亡，實大清皇上之福德，萬幸之至。今我在天朝亦忠其爲，其國軍亡，我爲洪姓之將，外衆將兵，俱是我轄。今見老中堂恩惠甚深，中丞大人智才愛衆，惜士恩良，我願將部下兩岸陸續收全投降，而酬高厚，以對大清皇上，以贖舊日之罪。若我主在邦，我爲此事，是我不忠。今主死囯亡，我兵數十萬衆在外，我不能衛天囯，又聽我兵害民，皆我之罪也。天朝失囯，今蒙恩待，願代收齊報德。今而扶洪姓爲將，今已被拿，本應早日誅刑，承蒙遲究，感戴靡涯。今囯敗盡，免我兵不可再擾凡民，老中堂及中丞大人肯容此舉，實大清皇上格外之福，萬民同沾雨露之恩。若我有此本事收降我之部衆，再有反復變心，仍祈正囯法，如辦不成，亦正囯法。是定我此者，實因欲保民爲樂之意。若中堂不信我有此本事，仍鎖在禁，容我寫信付去，我可在皖省居中好辦兩岸。心度有餘，無有二意，如承恩肯納，具辦齊全，決不負意。祈勞高才揣度，合否可爲。計開欲辦收齊之章程開列於後，仍祈王鑒。

丁日昌部

綜述

《碑傳集三編》卷一四李文田《總督銜原任福建巡撫丁公行狀》 公姓丁氏，諱日昌，字雨生，豐順湯坑鄉人，先世居長樂排嶺鄉。國初，九軍賊竄邑，公始祖集衆禦之，衆潰，挈二子避患湯坑，遂家焉。曾祖諱世彝，祖諱捷華，考諱賢拔，累贈光禄大夫。曾祖妣鄭氏，祖妣羅氏，妣袁氏，累贈一品夫人。先贈公卒，繼妣黄氏，誥封一品夫人。贈公世業農，敬禮儒士，士窮無歸者，必代謀館穀，稱意而去。勇於爲善，里中巨姓故樂門，殘殺無算，贈公闖門，跣足往排解，人呼爲「赤脚公」。親兩造事不釋，恒居閒密整貲財，事解，則喜形於色。太夫人治家有則，明大義，慷慨急難，成贈公息争之志。嘗有某與某争田水，集衆將案門，非代分築隄瀦水，争不息。太夫人以簪珥嫁衣出典，取貲爲兩姓任隄貲，事遂寢。有丈夫子七人，公暨弟遇齋爲黄太夫人出。

公姿稟穎異，少孤，省至性。事太夫人以孝稱。家貧，隨兄讀於外。弱冠應試，冠其曹。逾年食餼，惠潮嘉道李公璋煜奇其才，修士相見禮，遂往李公幕。甲寅，土匪擾潮，公督勇勦賊，益力，賊謀執家屬脅之，卒計脱於難。東津某姓，鉅族也，陰濟賊爲用。公馳書諭曉之，黨羽解落。乘夜率鄉勇搗其巢，擒賊首吴忠怒，冠乃就平。咸豐六年，公由廩貢生選瓊州訓導，旋以守城功，奉旨以知縣用。九年，莅萬安縣任。萬安當水陸要衝，兵燹後民失業，白梅、土陂、窑頭、百嘉等處私設釐卡，擾商民。又有借助餉科派中飽者；誣從逆，恐嚇得錢者；持軍需宿費，滋累鋪户者；結無籍遊勇，劫奪閭閻者。公籲陳大府裁汰之。江右習健訟，訟棍書差朋比爲民害。公下車，謐弊竇，先期提六房舊牘檢閲，分類別門。呈期將副狀調進，悉心研求，遇此案與舊案相涉者，鉤決滯疑，得可乘之隙，摘録梗槩，備面折之用。洎坐堂皇，蹈隙抵瑕，虚實是非，迎刃而解。批准傳審之案，每案祇標一票，每票祇標一差，詢赴鄉道路遠近，官給盤川，限其提集到案日期，嚴立賞罰。有誣告，嚴加創懲。案不輕准，准必審結。旋經粤撫耆奏，調辦理本省釐務。八月，攝廬陵縣事。十一年七月，江督曾札調赴營差委。

公在皖上江省吏治條陳丁漕利弊情形，又議丁漕減價章程數十則，復議州縣捐款，應裁應留數十則。同治紀元，髮逆陷高州，粤督調赴高州營幫辦軍務。公請於燕塘設廠局，督鑄開花礮。是夏，復信宜縣城，合肥李相調赴滬，督辦製造。十一月，克復無錫金匱城，升用直隸州知州，賞戴花翎。旋委辦營務處。克復常州府城，生擒逆首陳坤書，升用知府。時蘇城尚淪於寇，粤商客蘇者億萬計。公謀之李相，以大義諭粤商，使內援，卒以三年三月克復蘇州。奉旨，以道員用。四年正月，授蘇松太道，兼管海關。

滬自通商以來，華夷錯置，事盤錯難理。公遇事與英領事巴夏禮力争，如驅洋兵出城外，撤犯事輪船充公，索回吴淞口礮臺地基，裁撤會防營供應英法兵費，禁洋兵收洋涇濱賭規，拏英教士陸和尚正法，拔除浦東至川沙電綫，資遣外洋流氓返國，捕奸儈通事某置獄，没入其私購買洋人械器廠，移建製造局於南部等事，皆力爲其難，不少假借。八月，調兩淮鹽運使。公以兩淮利源一在鹽務，一在釐務，爲清鹽務，釐務之弊。未幾，有署理蘇撫，辦理通商之命，公懇辭。旋奉命來粤，查辦中外交涉事。丁卯，升任蘇藩。密陳修約章程，謂宜親美以攜英法之交，强布路斯以樹英法之敵，中國畏日之憂，當以俄爲最，而英與法水陸相倚，狼狽爲奸。明年换約，英法蹤費調停。爲陳制之刼之先之之説。

逾年，升任蘇撫。時江南底定三年，民氣凋殘，政籍蕩廢。公搜剔弊叢，芟鋤豪猾，前後清理積案二十七萬宗，立法之善，日月報詞訟冊，日錢糧斗則，簡明告示。奉旨通飭各省仿行。先是，吴中歲漕累易河運爲海運，兵燹後，沙船廢不修，海運章程放失無可考。公條事宜，設法募船轉運，遭運不繼，借用夾板，漕乃暢行。撫標兵承緑營舊制，窳惰用不可用。公條奏減兵增餉之制。得旨，如所請。於江海防水師章程，多所參定。旋奉命赴津，查辦事件。庚午，奉母諱歸。條奏練兵，簡器，造船，籌餉，用人持久事宜，詳議切實辦法。甲戌，服闋。乙亥，奉旨赴津，幫辦北洋事務。十一月，補授福建巡撫，兼辦船政。丙子夏，水災，公露立城工六晝夜，拯溺無算。又檄海關暫停米税，遣輪船招商運米，穀價平，菜色立變。閩中吏治因循，獄多瘐斃。公嚴催各屬清理，旋訊釋府廳州縣新舊監犯五百三十二名，押犯一千二百四十六名。其疑讞塵牘，派幹員會同訊辦，除桀黠害民仍檄禁外，餘省釋。旋因生番未靖，力疾渡臺。奏臺灣若不認真整頓，不出數年，日本必出全力窺取。擬開辦輪船，礦務，鐵路十利十害。復奏臺中硫礦、煤油、樟腦、茶葉等項應擴充開辦，且固臺防，必先練兵，欲練兵，必先籌餉。不如以開墾之衆資兵衛，以開墾之利助軍需。得旨獎諭。丁丑，因疾請開缺調理，奉旨准其在籍專摺奏事。戊寅，晉豫饑，人相食。公竭力籌捐，派員至臺灣、新加坡、暹羅等處推廣捐務，得捐款一百餘萬。旋馳辦烏石山洋務，閩人立碑誌之。五年閏三月，賞總督銜，派令專駐南洋，會同沈葆楨及各督撫將海防事宜實力籌辦，所有南洋沿海水師弁兵統歸節制，又著充兼理各國事務大臣。公具疏力辭，縷陳海防事宜十六條。奉旨採擇施行，原摺留中。於是知上之恩眷隆矣。

公性嗜書，所蓄多宋元校鈔。工詩古文辭，遺著有詩文全集，《巡滬公牘》、《淮鹺公牘》、《淮鹺摘要》、《藩吴公牘》、《撫吴公牘》、《吴閩奏稿》，手訂《法人遊探記》、《地毬圖説》、《西法兵略》七種，《持静齋書目》各若干卷，藏於家。方公之治吴也，耳目周燭，吏無隱情，猶慮民瘼壅於上聞也，時微服潛行，凡州縣一舉一動，衙蠹土豪之有累民者，一因之或繫或釋，與牌懸不符者，錢漕徵收之匿亦浮收者，房場之需索者，驛站埠頭之訛詐者，雖在僻遠，必詗察無隱。及治閩一如治吴，加以事關中外交涉，輒斷斷興争，力持大局，引約據法，往復詰疑，始得一事就理。如丹國公司電綫一案，德國安納船人命一案，拆毁法國教堂一案，英國滿得利船主一案，均於未渡臺前，次第審結。他如追贜争撫卹，則日國船案就緒也；押英買辦追出六十萬銀票，則義和行印票案就緒也；莫子平請洋人私抽絲捐，因請革去領事繙譯，此戴領事包庇案審有端倪也；與威妥瑪熟商，將教堂移置城外，此烏石山焚燬案可以了結也。蓋公壯歲時諳練條約公法諸書，譯書購報，於各國成敗利鈍强弱之故，洞若觀火，故能料於未然而知其將必然。壬午歲，合肥相國李公丁母艱，奏公授直督，電聞溘逝。尋賜祭葬，並將生平事蹟宣付史館立傳。未幾有甲申越南之變，又未幾有甲午臺澎及東三省之變，皆公昔年所燭照而龜數者。人謂公若在，必有計處此。不知公當家居時，曾密陳日本不南犯臺灣，必北圖高麗，宜爲未雨綢繆。俄羅斯雄視東方，倘造成由西而東之輪路，則東三省有脣亡齒寒之患。法國常派地學者由緬至川，測量險要，其志可知。且越南迫近法人，宜代南自强事宜，並聯絡外交，以爲憑藉，若延至一二年後，誠恐爲琉球之續。泰西各國無不有與國之交際最深者，中國無之。宜聯絡美、德、英三國，爲異日合併拒俄之計。奏累上，格不得行。且設淫辭助之攻，齎志以没世，今不幸言中矣。天下事變，來者無窮，弭變者其將有進於斯耶？抑未也。

公生於道光癸未年六月初一日，終於光緒壬午年正月初十日，春秋六十。卜葬於揭陽縣城之東。配李氏，誥封一品夫人，温恭柔惠，相夫起家，以光緒癸未年八月疾終，年六十二。子惠衡，江西補用知府；惠馨，癸巳副貢，江蘇補用知府；惠康，附貢生，户部主事；惠吉，國子監生；惠宣，廩生。女四人，孫十五人。賓英，附貢生，試用知縣；賓元，廩生，候選縣丞；賓泰、賓光均附生，餘幼讀。公之孤綜公生平事實，抵京乞爲撰述，將以請謚於考功。謹具歷官事蹟，撰次於左。

《清史列傳》卷五五《丁日昌傳》　丁日昌，廣東豐順人，由廩貢生捐教職。咸豐五年，敍隨剿潮州土匪功，陞用知縣。六年，選瓊州府訓導。九年，選江西萬安縣知縣。十一年，粤匪陷吉安府城，日昌方署廬陵縣事，即隨知府曾詠督團進剿，克之。因未能先事豫防，坐失守地方律，褫職。同治元年，兩江總督曾國藩疏報日昌隨征有勞，開復原官。二年，江蘇巡撫李鴻章奏設上海機器局，仿製外洋開花礮彈、自來火，以日昌留心西法，調滬督造。尋隨官軍克無錫、金匱，陞直隸州知州，並賞戴花翎。三年四月，隨官軍復常州府，殲擒僞護王陳坤書等，陞用知府。十一月，大學士曾國藩續保克復江寧員弁，日昌與焉，得旨以道員留江蘇，遇缺即補。四年正月，授江蘇蘇松太道。五月，李鴻章奏援閩官軍會克漳州府城，日昌籌濟餉項軍火，不遺餘力，請賞加三品頂戴，並三代封典，允之。八月，陞兩淮鹽運使。五年，揚州清水潭地下隄工漫口，李鴻章偕漕運總督吴棠勘估堵築，請調廉幹大員綜理。上命日昌就近督工。嗣以隄工合龍，賞加布政使銜。六年正月，擢江蘇布政使。十二月，授江蘇巡撫。七年，奏設局編刻牧令各書，又酌定江蘇錢漕科則。洎前被賊擾最重之丹陽、金壇、溧陽三縣原墾熟田銀米折錢徵收；豁免被擾之山陽、阜寧、清河、桃源、安東五縣。同治六年，以前民欠錢糧，及泰州、海州場竈舊欠，並勒限各屬清理積案，而獎其勤明奮勉者，皆得旨施行。

八年，奉敕訓勉臣工，力戒因循，日昌因條奏時事，略曰：一、賢才宜亟舉也。國家之有賢才，猶魚之有水，木之有根，火之有膏。故一縣得人則一縣治，一郡得人則一郡治，一省得人則一省治。今身係地方之責，除趨蹌應對以外，讞獄付之幕友，催科付之吏胥，皆由其平日所學，不能推之於用。故臨事所用，不能本之於學。夫今日之盜賊，皆昔日之百姓也。百姓何以爲盜賊？以偪於飢寒。百姓何以致飢寒？以有司不能撫字。然則此時有司之循良貪酷，即關繫異日之治亂安危。臣觀三代、兩漢之初，治理最盛，循吏最多，由登進廣而任用專也。請敕下中外大臣，各舉所知，並開賢良方正科，以行舉不以言舉，稱職舉主共其榮，不稱職舉主同其罰。但責大吏以地方治與不治，不苛求用人與資格合與不合。各省之大吏得人，則州縣得人，州縣皆治，而天下治矣。一、冗員宜變通也。軍興以來，捐例徧開，而又減價以招之。軍功本易，而又積年以增之。其不能不冗者，勢也。捐輸減至數成，可謂體恤極矣。而又有鐵錢、票本、米捐、籌補、捐歸、補捐諸名目，名爲一成二成，覈其實銀，到部不過數釐。且即此數釐之中，有書吏之費，有局員之費，除捐銅一局外，其餘外省捐輸，足恃以濟餉者，恐寥寥矣。況捐例既寬，人懷僥倖，往往酬貲以官爲市。千數百金捐一官職，到省一有差使，月支數十金，便可收數分之息。如或署事補缺，少者數千，多者數萬，但圖一身之有益，不顧大局之有損。然則捐員以所入較所出，其本可謂極微，其利可謂極厚。國家以所得較所失，其失可謂極重，其得可謂極輕。且各省請開捐例之時，以爲捐員所得不過部文一紙耳，不知其持文到省，得缺之後，侵吞正款，欺壓小民，聽訟可使曲爲直，緝捕可誣良爲盜。設收捐之時，即豫計其造孽之時，雖捐數盈千累萬，亦何肯作飲酖止渴之計哉？凡人情於得之不甚艱難者，視之必不甚愛惜。今以自視不甚愛惜之官，而令治甚可愛惜之百姓，吏治之不能蒸蒸日上也，亦固其所。至於軍功保舉賢否，亦屬不一。在帥臣當軍書旁午，不能不寬其格，以資指臂；在疆臣當瘡痍滿目，不能不苛其格，以覓循良。見在捐班、軍功二途紛至沓來，處處有人滿之患，尤不可不豫籌變通，以防冗滯。即如江蘇一省，外補道缺不過二三，府、州、縣同知、通判缺由外補者亦止數十，而候補道約六七十人，州縣同知通判約一千餘人。夫以千餘人補數十員之缺，固已遥遥無期。即循資按格而求署事，亦非十數年不能得一年。其捷足先登者非善於鑽營，即有所繫援者也。此輩性成浮薄，安望其能收養小民？至於數十年而得署事一年，前此十數年中衣服飲食，養家應酬之費，皆須於一年中取償，後此十數年中衣服飲食，養家應酬之費，又須於一年中豫蓄。置犬羊於飢虎之前，而欲其不搏噬，雖禁以强弓毒矢，勢固有所不能。無恒産因無恒心，非獨人盡無良，抑亦窮困有以致之也。計惟將已然之官設法裁汰疏通，未然之官暫且停捐截選。擬請敕部通計京銅局，每年所收實銀上庫若干，酌提外省、洋關釐捐撥補，外省捐例尤宜暫停。庶根本既清，而枝葉漸可茂矣。一、廉俸宜加增也。我朝定例，正俸之外有恩俸，常禄之外更給養廉，固以體恤臣僚，實以豫絶貪黷。惟二百年來，風俗由質而趨文，日用有增而無減，京外官已有入不敷出之勢。加以丁耗畫爲軍餉，漕白絀於轉輸，扣俸折廉，所得彌寡。故京官不足以養其廉，則不能不典質挪移，以免飢寒之偪；外官不足以養其廉，則上司不能不取之下屬，下屬不能不取之百姓，上下相漁，以爲利藪。是非由之不明，舉措由之不公。侵吞所至，倉庫之盈者可虚，掊克所及，百姓之富者可貧。極其終足致禍亂之相尋，原其始則由支用之不給。夫古者重禄勸士，庶人在官，禄足代耕，蓋必使其心無内顧之憂，然後其身能爲國家之用。且京外官同係戮力從公，何以京官廉俸不及外官十分之一？厚薄懸殊，必馴致外重内輕之漸。臣以爲欲正人心，澄吏治，當自各官之加廉俸始。京官有職掌之員，似應分别等差，或如外官之半，使一身一家終歲足以自給。外官督撫廉俸較重，足額之後，自可毋庸再加。司道以下，或酌量加增公費，而將所有陋規全以充公。如此而猶有骫法營私，則嚴刑峻法以隨其後。庶法令可行，而政體可肅清矣。一、書吏宜整頓也。唐臣劉晏理財不用胥吏而用士類，前湖北撫臣胡林翼辦理釐金亦不用吏而用士，誠以士之心名重於利，吏之心利重於名。夫至利重於名，則非舞弊無以遂其營私之願矣。近來權歸書吏，而致積重難返者，其故有三。官之任事多者四五年，少者不過二三年，而書吏則長子孫於其中。官於律例不過淺嘗輒止，治兵者未必知兵，治禮者未嘗習禮，而書吏則專門名家，各有所司。夫以視同傳舍之官而馭世長子孫之吏，是欲去弊而不能，專門名家之術非淺嘗輒止者所能窺其底藴，是雖有弊而不知。此其故由於任不久而術不精也。官僅一人，朝綜兵刑之任，暮有錢穀之司；案僅一事，而有律中之例，有律外之條，同一案也有賄賂則可援已准之案以償其欲，無賄賂則可援已駁之案以神其説。此其故由於任太繁而法太密也。漢廷公卿由吏掾出身者不可勝數。今假之以事權，而又限之於流品，彼既不能自奮於功名，則必將財利之是求。而且人多財薄，以有限制之辛工養無限制之書吏，若奉公守法，其勢將不足以自存。此其故由於出身不優而廩禄不厚也。臣以爲宜專設律例一科，三考得雋，然後准充書吏，優給薪水。仍復每年一考，士類皆得入選，數不在多而在精。限滿者優予陞轉之階，與正途無異。其有才識閎遠者，准本官加結特保。人既不以書吏薄之，彼亦庶知自愛，官復久任，而專其責。任久則底藴可盡知，責專則嫌疑不必避。並請敕下王大臣，選舉精通律例之員，以律爲經，以例爲緯，定爲畫一不變之條，删繁擇要，勒成一書，頒行天下。凡百有爲，不出此書範圍，書吏之權將不收而自輕矣。一、漕運宜妥籌也。國家歲漕東南粟以實京師，轉輸之道有二，道光以前專行河運，道光以後河海兼運。邇經兵燹，河道阻淺，江浙之漕全歸海運，河運不能遽復。而上海從前有沙船三四千號，今則減至四五百號，即蘇浙漕糧尚且不敷周轉，何能接濟他省？此又海運之窮也。夫物無窮而不變，事因時而制宜。請擴充海運沙船之外，以津衛夾板、火輪等船輔其不及，以濟全局，海運當可無虞缺乏。惟有漕各省臨江處所與天津收漕之處似宜建設漕倉，隨到隨收隨運，免致停泊稽留，如是則各省全漕均可漸次起運。即偶爾偏災，東南之粟亦可源源轉運京師，以固根本。此固百世之利也。至各處所建漕倉必須寬籌經費，優給薪水工倉，庶免刁難剋扣，以正供資中飽矣。一、武科宜變通也。武科試士皆用弓箭，營伍補缺亦如之。及至見諸實事，則又舍弓箭而用槍礮，此亦所習非所用之一端。頃歲以來，軍旅之事全賴募勇，於是武科直成具文。臣以爲武科之設，既重其名，即當循其實。應否將武科分爲三途，一取深明韜略，熟習險要沙綫之士；一取諳通機器，製造精能之士；一取槍礮命中，勇敢善戰之士。如此量爲變通，當可稍收實效。至於綠營兵制必認真整頓，而後卒旅可爲干城，關稅釐金必澈底澄清，而後涓滴皆歸公府；錢糧力禁浮收，而後草野之元氣可復；詞訟力除積壓，而後閭閻之疾苦易通。是又在乎大小臣工恪遵聖諭，力戒因循，庶不至徒託空言，而治理可以蒸蒸日上矣。

四月入覲，尋回任。飭所屬禁火葬，並查明未葬尸棺，分别有無親屬，勒限一體收埋。又濬常熟、昭文二縣境之白茆河，又改築蘇常石牐，以興水利，均於八月奏聞。九月出省查勘水災。有族人都司丁炳同日昌家丁冶遊，與水勇邊有得忿争，遊擊薛蔭榜巡夜棍斃有得。日昌奏請褫治薛蔭榜，丁炳因自請議處。上以日昌雖事前公出，究屬疏於防範，下部議處，案交總督馬新貽提訊。九年七月，日昌奏言臣公出時，囑臣子丁惠衡約束親丁，乃敢任聽閒遊滋事。迨臣訪聞有丁惠衡跟丁范貴在内，疑伊亦在場，當時忿怒所偪，欲以家法處死，丁惠衡畏死潛逃，至今半年之久，猶復懼責不歸，致臣九旬老母寢饋難安。請旨將鹽運使銜知府丁惠衡即行斥革，將臣交部嚴加議處，以爲辜恩溺職者戒。得旨，丁惠衡即行革職，丁日昌所請交部嚴加議處，著加恩寬免。是月偕馬新貽奏重修《江南通志》。十月，丁母憂。十二年七月，服闋，自陳回籍營葬，兼受山嵐溼沴，乞緩入都，允之。十三年，以巡撫江蘇時協濟貴州餉需，下部優敍。光緒元年三月，陛見，五月，因病請假，回籍調理。上命幫同北洋大臣李鴻章商辦事務，並賞假兩月。假滿復申前請，仍賞假兩月，賜人葠。十一月，授福建巡撫，幫辦船政。三年，兼臺灣學政。三月，請自光緒三年爲始，永蠲臺灣府屬雜餉，詔如所請。七月，以病劇乞假回籍調理，得旨賞假三月，回籍就醫。尋以病難速痊，屢乞罷任。四年四月，得旨，准其開缺。五年，特賞總督銜，命駐南洋會辦海防事宜，水師弁兵統歸節制。旋充兼理各國事務大臣。又以上年勸募鉅款，解賑山西、河南荒旱，下部優敍。八年，卒。遺疏入，諭曰：「總督銜前福建巡撫丁日昌由知縣洊擢封圻，在江蘇巡撫任内整頓地方，尚有政績。旋任福建巡撫，因病准其開缺，回籍調理。兹聞溘逝，軫惜殊深。加恩著照巡撫例賜卹。任内一切處分悉予開復，應得卹典，該衙門察例具奏。」尋賜祭葬。

李鴻章部

綜述

《李文忠公全集》卷首《國史本傳》 李鴻章，安徽合肥人。父文安，刑部郎中，自有傳。鴻章由道光二十七年進士，改翰林院庶吉士，三十年散館授編修，累充武英殿纂修，國史館協修。咸豐二年大考翰詹二等，賞文綺。時髮逆竄陷楚省，江皖並警，三年正月，命隨同侍郎呂賢基回籍辦理團練。五月禦賊於和州之裕溪口，敘功賞六品頂戴，並賞戴藍翎。四年分攻含山，克之，賞加知府銜，賞換花翎。五年五月，丁父憂，仍留營。十月從克廬州府，奉旨交軍機處記名，以道府用。六年從克無爲州，賞加按察使銜。七年以迭次勦匪出力，奉旨交軍機處記名，遇有道員缺出，請旨簡放。八年侍郎曾國藩駐師江西，留襄營務。九年五月，曾國藩檄同候選知府曾國荃赴景德鎮助勦，復景德鎮及浮梁縣城，十月，授福建延建邵遺缺道，未赴任。十年，署兩江總督曾國藩議設淮揚水師，以鴻章統之。十一年，曾國藩奏遵籌鎮江援勦之師，以鴻章應，並密陳才可大用，鴻章乃歸募勇。皖省自爲髮捻所蹂躪，惟合肥以民團苦戰獨得全，鴻章所募者舊團強半，選擇將領，釐定營制，餉章，悉法湘楚，是爲淮軍之始。

同治元年二月，賊陷松江、太倉諸屬，惟上海僅存，勢危甚。户部主事錢鼎銘等詣曾國藩軍次乞援，且集銀十八萬兩，租輪船六，溯江迎師。議者亦謂上海爲籌餉膏腴之地，不宜輕棄，而鴻章一軍節爲賊阻，不得達鎮江，曾國藩乃奏飭鴻章移師上海。三月超署江蘇巡撫。初蘇松太道吳煦榷江海關税，時以重資啖英法諸酋，借其兵力爲助，又用美國人華爾，令募夷兵數千，益以中國應募者，名常勝軍，嘗合松滬官軍、英法兵攻克松江、嘉定、青浦，鴻章至，悉隸焉。四月，常勝軍英法兵會民團復奉賢，方議趨金山衛，適松滬官軍覆於太倉，鴻章撤英法全軍回援嘉定，賊攻急，英法兵突圍入，挾各官暨留防兵遁歸上海，自是不復遣兵助勦。嘉定、奉賢再陷，賊勢專注青浦、松江。五月，青浦守將華爾棄城走保松江。賊方厚集於泗涇，距上海遠，中多港汊，謂官軍不能猝進，增壘爲久踞計。於是鴻章駐營新橋，飭總兵程學啟、滕嗣武、韓正國先進，自率軍繼之。賊數萬犯新橋，鴻章督參將郭松林等回援，縱橫合擊，乘勝復攻泗涇，解松江圍。

上以鎮江爲南北要衝，迭促鴻章赴鎮如前議。鴻章密言：「夷兵不可久恃，滬防必須自強。聞賊謀以大股掣金陵之圍，臣亦急思馳往鎮江，就近援應，無如陸軍僅有數千，分兩處則均不得力，專一路則尚可自立。軍事以得人心爲本，臣軍到滬後，稍繫士民之望，未便輕動失衆心，容臣將滬事布置就緒，再議出江。」疏入，命緩行。鴻章議先復浦東廳縣，飭所部進南匯之周浦鎮，克南匯。賊自金山衛、川沙廳大舉來犯，復破之，遂復川沙、奉賢。六月，克金山，浦東大定。七月，諸軍會拔青浦，僞慕王譚紹洸自蘇州糾衆十數萬謀救青浦不得逞，撲北新涇防營，分擾法華鎮以西，且及上海。鴻章飛檄青浦等軍，以半留守，半趨泗涇、七寶，出賊後，親督上海軍當兵前。軍次虹橋，賊憑河據壘，左右伏以待。鴻章策騎旁馳疾過之，與後軍遇北新涇，前後夾擊，賊大敗，遁走嘉定。九月，進攻嘉定，克之。譚紹洸復糾蘇杭賊大股來犯，由崑山、太倉北竄，連營於四江口、三江口，大河支港俱設浮橋，將內竄。鴻章檄所部齊集黃渡，分三路進，自晨至暮，身自督戰，諸軍踰濠直入賊營，斃數黃衣酋，賊大奔。水師循趙屯港截擊，復大潰，追至三江口，死者不可勝計，於是松滬解嚴。捷聞，實授江蘇巡撫。

先是，華爾援浙，戰没於慈谿，其副白齊文代之。十一月，奉調赴金陵，有異志，閉松江城索餉，鴻章與英提督議約十六條，黜白齊文，捕治之，易以英將戈登，裁定三千人，減其冗費，束以紀律，常勝軍始復爲用。常熟守賊駱國忠、董元勳以城降，福山諸海口皆下。僞忠王李秀城悉衆圍常熟，江陰援賊復竄陷福山，鴻章飭水師護常勝軍出海攻福山，不克而還。二年正月，兼署五口通商大臣，奏設外國語言文字學館，是爲鴻章創興洋務之始。常熟圍急，鴻章遣諜密諭駱國忠等固守，檄道員潘鼎新、提督劉銘傳以三千人乘輪舟趨福山，二月奪福山石城。常熟軍知援至，亦啟城出擊，斬賊殆盡，圍乃解。三月，復太倉州城，四月乘勝復崑山。江蘇爲財賦之區，而賦額之重爲天下最，而蘇、松、太三屬之浮糧尤爲蘇省最。弊由沿襲前代官田租額，乾隆中年以後，辦全漕者數十年，自道光三年、十三年兩次大水後，無歲不荒，無縣不緩，蠲減曠典遂爲年例。又有官墊、民欠一款，大抵移雜墊正，移緩墊急，移新墊舊，移銀墊米，以官中之錢完官中之糧，其後或豁免，或攤賠，同歸無著。鴻章歷陳積弊，請准減定蘇、松、太三屬糧額，以咸豐中較多之七年爲準，折衷定數，每年起運交倉漕白正耗米一百萬石以下，九十萬石以上，著爲定額，下所司議行。五月又奏，密察賊情、地勢，有可慮者三，可幸者二。蘇、常、杭、嘉爲東南財賦最盛之區，逆衆必死守力争，一可慮。蘇、嘉各郡湖河蕩港千百通聯，我難進而賊易守，二可慮。李秀城爲諸賊冠，最多狡謀，去年迄今圖救金陵，分竄皖江南北，又欲繞竄揚州裏下河，若攻剿過急，則或挈衆來援，或别圖竄踞，三可慮。惟是江、皖、浙東各有軍兵堵截，提督鮑超等能再速克江浦、浦口，扼斷北賊過江之路，都興阿、吴棠果能力堵淮揚，不使賊竄入裏下河，則剿辦較易，可幸者一。李秀城、李世賢分踞蘇、浙，自見挫於官軍，精鋭大減，膏腴亦去其半，現惟嘉興陳炳文部賊較多而悍，有蔣益澧扼其前，臣軍綴其後，常州、無錫賊援甚廣，深入頗難，但使穩紮穩進，徐圖制敵，可幸者二。臣軍爲數已逾四萬，今擬由崑山進蘇州爲一路，以程學啟所部陸軍當之；由常熟進江陰、無錫爲一路，以李鶴章、劉銘傳所部陸軍當之；由泖澱進吴江、平望、太湖爲一路，則李朝斌水師當之。以上三路，皆欲規取遠勢，以翦蘇州枝葉而後圖其本根也。又恐杭、嘉、湖各賊繞竄浦東，窺撲松、滬，復令常鎮道潘鼎新八營扼金山衛，編修劉秉璋七營扼泖涇，副將楊鼎勳五營扼張堰，聯爲一氣，以防内竄，以固全局。報聞。六月，飭程學啟、戈登進吴江，連破各險隘，賊以城降。

七月，允兩江總督曾國藩奏，毋庸改設南洋通商大臣，仍命鴻章兼理。於是鴻章分飭程學啟、戈登規蘇州，李鶴章、劉銘傳規江陰，潘鼎新、劉秉璋規嘉善，以牽制賊勢。師並進，江陰下，僞忠王李秀城由蘇州糾集僞納王郜雲官等，水陸十萬偪大橋角營。李鶴章馳軍四擊，城大敗遁。九月，李秀城復自蘇州、無錫、溧陽、宜興，聚衆八九萬，泊運河口，自將悍賊據金匱之后宅，諸賊由望亭后宅屯營互進。李鶴章亦立八營於大橋角與之持。鴻章以諸巨賊集西路，志在保無錫，援蘇州，乃檄李鶴章、劉銘傳等堅守後路，抽精鋭之卒翻營擊賊。程學啟、戈登由蘇州西北横山賊後，攻克蠡城、黄埭。周盛波亦擊走芙蓉山賊，克雁臺、塘頭。郭松林又敗賊於安鎮興隆橋。李秀城移居麻塘，李鶴章、劉銘傳合擊，大破之，餘匪悉竄走，於是蘇、錫之賊皆大困。賊陷江南，以金陵、蘇、杭爲三大窟，而蘇其脊膂，故李秀城百計援蘇州，譚紹洸尤凶狡，誓死守附城，築長城石壘，堅不可拔。程學啟等頓軍河東，累月不下。十月，鴻章莅蘇視師，益趣攻。程學啟緣南岸，戈登緣北岸，鴻章親督之，盡出炸礮二十餘，毁其長城石壘。郜雲官等密款乞降，鴻章令斬李秀城、譚紹洸以獻，李秀城夜遁，郜雲官等刺殺譚紹洸，開齊門迎師降。首列名者八人：僞納王郜雲官，僞北王伍貴文，僞康王汪安均，僞甯王周文佳，僞天將范啟發、張大洲、汪懷武、汪有爲，精鋭猶逾十萬，分屯閶、胥、盤、齊四門，方歃血誓生死，要總兵、副將官，且未薙髮。程學啟恐不可制，白鴻章誅之，搜斬悍黨二千餘人。奏聞，賞加太子少保銜，並賞穿黄馬褂。

十一月，李鶴章等軍克無錫，飭程學啟、李朝斌水陸由吴江之平望會師嘉善，守賊陳占榜降。嘉善既定，遂偪嘉興。賊守禦完備，久乃克之。三年正月，戈登請以常勝軍攻宜興，鴻章令郭松林等水陸各軍會勦，克宜興並克溧陽，敗金壇僞劉王、僞襄王之衆，平其附城諸壘，賊勢大蹙。時僞護王陳坤書據常州，方合丹陽、句容諸賊十數萬繞出常州城北，擣官軍之背，以無隙可乘，復圖竄入腹地，以緩常州、嘉興之圍。循江而東，奄至江陰之南閘及周莊、華墅、楊庫，犯常熟，所過焚殺。鴻章飛檄郭松林等棄金壇勿取，疾馳歸援。令楊鼎勳、張樹聲選鋭卒三千人，横截江陰之焦店，而飭李昭慶、鄭國魁由嘉興赴援常熟。賊併集無錫、江陰、常熟閒，圍常熟尤亟。黄翼升督水師自白茅口進，與李昭慶、鄭國魁合擊，賊大敗，又擊走顧山陳市之賊，追過福山，常熟圍解。賊退屯江陰之楊庫、周莊、華墅、沙山，圖西竄。三月，鴻章馳赴江陰長涇察賊勢，檄提督劉士奇、總兵王永勝，會郭松林軍由福山鹿苑江岸進，自率李鶴章、李昭慶、黄翼升、鄭國魁水陸軍馳抵沙山，連破賊營，追越華墅，分兵邀擊楊庫。賊惶遽，夜竄雲亭。劉士奇、王永勝設伏雞籠山，敗之。别賊萬餘，夜於三河口設浮橋六，以待雲亭賊至，欲渡而西。官軍蹙之，賊争道，浮橋斷，尸積水不流。沿江之賊盡殲，鴻章乃至常州督軍。常州西北通丹陽，西南通金壇，鎮江防軍已克丹陽，提督鮑超克金壇，外援盡絶，陳坤書猶率悍黨死拒。鴻章令戈登礮隊攻南門，劉銘傳攻北門，劉士奇、王永勝攻東南隅。時久雨忽霽，煙燄反撲，城傾數十丈。鴻章揮軍登城，諸軍接刃猛進，陳坤書猶以粤賊數千巷戰，盡殲之，擒陳坤書。四月，復常州城，賞騎都尉世職。常勝軍多失律，隨攻常州，又畏懦不先登，戈登慚思歸國，乃撤常勝軍。鴻章疏言，戈登屢立戰功，請優獎以示榮寵，如所請行。六月，江甯平，敘勦賊功，錫封一等伯爵，並賞戴雙眼花翎，尋賜伯號曰肅毅。

僞堵王黄文金擁衆十萬，踞湖州，集悍賊於晟舍。鴻章以蘇湖接壤，防其竄越，令潘鼎新以水陸軍拔長興，進擊晟舍賊，次第毁其壘卡。七月，會浙軍襲取湖州，劉銘傳亦克廣德州，追斃逆首黄文金，江浙肅清。十月，充江南鄉試監臨。四年正月，飭郭松林、楊鼎勳率軍航海赴閩，從閩浙總督左宗棠軍迭克漳州、漳浦等城，盡殲餘賊。四月，科爾沁親王僧格林沁戰歿於曹州，曾國藩爲欽差大臣，督其軍，鴻章暫署兩江總督。五月，奏遣潘鼎新一軍由海道赴天津，屏衛畿輔。九月，諭鴻章統率所部各軍赴豫西防勦，兼顧山、陝。鴻章歷陳兵勢不能遠分，餉源不能專恃，軍火不能接濟，遂寢前命。五年七月，河漫高郵，汛擊卸清水潭壩，命會同漕運總督吳棠勘修，工成，予優敘。九月，趣鴻章馳往徐州，妥籌淮徐以東各路防務。

十月，曾國藩因病乞假，鴻章署欽差大臣，旋實授，節制各軍，專辦勦匪事。捻匪時分股爲二：張總愚竄陝西，爲西捻；任柱、賴汶洸竄山東，爲東捻。鴻章甫視事，東捻南趨金鄉、魚臺、豐、沛諸縣，謀犯清淮。既挫於官軍，反走山東，越河南境，竄湖北。鴻章飭劉銘傳、劉秉璋、周盛波、張樹珊等躡勦入鄂，迭敗之。六年正月，授湖廣總督。二月，賊由湖北竄擾河南，直趨山東。五月，渡運河，濟南戒嚴，淮、豫、東、皖各軍雖屢勝，而賊瞬息千里不能制。鴻章以督辦軍務日久疲師，奉旨戴罪立功，迅赴山東會勦。始曾國藩督師時，議於運河東岸沿隄築墻，杜賊竄越。鴻章守其策，而注重運西，飭豫軍提督宋慶、張曜兩軍分守山東，東平以上自靳口至黃河沈家口周盛波分守，開河至靳口劉秉璋分守，濟南至開河楊鼎勳分守，趙村石佛至南陽湖李昭慶分守，灘上黃林莊至韓莊八牐皖軍黃秉鈞等分守，宿遷運河上下游聲息相通，互爲策應，使賊不得出運。六月，抵濟甯，賊竄過濰縣，欲趨登萊。鴻章謂：「福賊入海隅，聚殲爲便。」乃創膠萊河防之策，令劉銘傳、潘鼎新於膠萊河南北二百八十餘里築長墻，會合豫軍、東軍分汛設守。奏言：「衡量利害之輕重，與其馳逐終年，流毒江、皖、東、豫、楚各省，不如棄一隅以誘之。與其往復運東濟、泰、兗、沂、青及蘇之淮、徐、海各屬均受其害，不如專棄登萊以扼之。膠萊河之防不密，則登萊無可扼，運河之守不密，則膠萊仍不足恃。賊蹤已向膠東，臣意俟運隄與膠萊河防均已布定，乃可抽兵進勦，庶滅一賊少一賊，賊智自困，而兵力不疲。」時任、賴諸賊麕集萊陽、即墨間，恐膠萊河防斷其竄路，伺隙反撲隄墻，數敗。七月，潛由海神廟撲渡濰河，東軍禦之不及，膠萊防潰，下部議處。鴻章亟飭淮、豫各軍嚴扼運防，而令劉銘傳、郭松林、楊鼎勳三軍往來躡擊。十月，追至贛榆，降酋潘貴升，鎗斃任柱於陣，賴汶洸率衆竄山東。十一月，劉銘傳等追賊，連敗之諸城、濰縣、膠州，賊窮蹙，遁入海濱洋河、彌河之交。官軍圍擊，幾殲其衆。賴汶洸率騎數百走而南。十二月，復糾集千餘騎，突至沭陽，衝渡六塘河，竄揚州。道員吳毓蘭駐守運河，率隊擊擒之，餘匪悉降，東捻平。賞加一騎都尉世職。

七年正月，西捻張總愚由山西吉州踹冰北竄，迭諭鴻章迅飭劉銘傳各軍入援。未至，賊已分竄直隸東北平鄉、雞澤、南和諸縣，下部嚴議，兼命鴻章親督所部，自臨清、德州剋日入直，相機勦辦。又以賊蹤闌入衡水、定州，拔雙眼花翎，褫黃馬褂，革騎都尉世職。鴻章奏言：「辦流寇以堅壁清野爲上策，嘉慶間川楚教匪賴此收功。即東捻流竄豫東、淮北，所至民築圩寨，深溝高壘以禦之，賊往往不得一飽，故其畏圩寨甚於畏兵。河北平原千里，無險可守，民又不知築寨自保，張總愚本極狡猾，遂得肆意蹂躪，無處不流。且自渡黃入晉，沿途擄獲騾馬甚衆，步賊多改爲騎，趨避既捷，肆擾尤易。自古辦賊，必以彼此強弱飢飽爲定衡。賊未必強於官軍，但彼騎多而我騎少，自有不相及之勢。彼可隨地擄糧，我須隨地購糧，賊常飽而我常飢，又有不能及之理。今欲絕賊糧、斷賊騎，惟有勸諭直隸、山西、河北紳民堅築圩寨，如果十里一寨，賊至無所掠食，兵至轉得買食，賊雖流而其技漸弱。」二月，鴻章督軍進德州，敗賊安平、饒陽。三月，賊竄晉州，渡滹沱河南入豫，折竄直隸，撲山東東昌。四月，趨茌平、德平，由德州西奔吳橋、東光，偪天津，下部議處，命總統北路軍務，限一月殄滅。

鴻章以捻騎飄忽，久成流寇，非就地圈圍，終不足制賊之命。是時，三口通商大臣崇厚及左宗棠皆以爲言，而直隸地平曠，無可圈圍，欲就東海、南河形勢，必須先扼西北運河，尤以東北至津沽，西南至東昌、張秋爲鎖鑰，乃飭援津之郭松林、潘鼎新兩軍掘開滄州迆南捷地壩，洩運水入減河，於河東築長墻，斷賊竄津之路。東昌運防則淮軍自城南守至張秋，東、皖諸軍自城北守至臨清，並集民團協守。賊自鹽山南竄撲東昌運河，無可乘，復散走。閏四月，以勦賊逾限予嚴議。時賊以官軍嚴偪，奔突不常，北謀越減河，南謀越運河，以北路軍勢重，銳意南行，盤旋陵縣、臨邑間，旁擾茌平、德平，犯臨清運防。鴻章慮久晴河涸，民團不可恃，且晝夜追奔疲士卒，議乘黃河伏汛，縮地圈禁，以運河爲外圈，以恩縣、夏津、高唐之馬頰河截長補短爲裏圈。號召民團，即馬頰河南聯墻築卡，第餘臨邑南至濟陽濱河百里，冀就西南一隅以制賊。其時，官軍大敗賊於德州楊丁莊，又追敗之商河，張總愚率悍黨遁濟陽，沿河北出德州犯運防，上竄鹽山、滄州，皆爲官軍扼截，乃轉向博平、清平。是時，黃運暨徒駭交漲，東昌、臨清、張秋牐河水深不可越，馬頰河亦經黃水漫入，河西北岸長墻縣亘，賊竄地迫狹，勢益困。鴻章增調劉銘傳軍，期會前敵將士分屯茌平之桃橋、南鎮至博平、東昌，圈賊徒駭、黄、運之内，而令馬隊於中兜逐。賊無一生者，張總愚投水死，西捻平。先行賞還雙眼花翎、黄馬褂、騎都尉世職，開復迭次剿捻不力各降革處分。

七月，賞加太子太保銜，以湖廣總督協辦大學士。八月，入覲，賜紫禁城騎馬。十一月，乞歸省，予假一月。八年二月，兼署湖北巡撫。八月，命馳赴四川，查辦總督吴棠參款。復陳所劾不實，道員鍾峻、彭汝琮，分别革休。十二月，命赴貴州，督辦剿苗軍務，川楚各軍統歸節制。九年二月，甘肅逆回糾合土匪四擾，陝甘總軍總督左宗棠駐軍平凉，不及兼顧，命鴻章暫緩入黔，先赴陝西督辦軍務。七月，剿平北山土匪。值天津民人因匪徒迷拐幼孩案，牽涉教堂，毆斃法國領事官，焚教堂，法國使臣羅淑亞索犯急，且以兵艦集津沽爲恫喝計。廷議促鴻章移師天津，密籌防衛。八月，調直隸總督，諭偕前任總督曾國藩速定讞。尋奏上，羅淑亞無異辭。十月，撤三口通商大臣，以總督兼任，改爲北洋通商事務大臣。十年，日本初請通商，授全權大臣，與定約。十一年正月，偕兩江總督曾國藩奏選幼童赴美國肄業，又遴遊擊卞長勝等赴德國學習軍械技藝。五月，授大學士，仍留總督任。六月，授武英殿大學士。

十二年閏六月，河道總督喬松年、山東巡撫丁寶楨籌治黄、運兩河以通漕，下鴻章議。鴻章覆陳大旨，謂淮徐故道勢難挽復，借黄濟運與借衛濟運及堵合霍橋決口，築隄束水諸策，流弊亦多。河在東雖不亟治，而後患稍輕，河回南即能大治，而後患甚重。近世治河，兼言利運，遂致兩難，卒無善法。不知黄水既不能入運，斷難一治而兩全。爲今之計，似不得不出於河自河，漕自漕。治河之策，不外古人因水所在，增立隄防一語，應令河道總督、山東巡撫察酌形勢，量築隄埝，俾資周防而期順軌。議漕政者皆不以規復河運爲望，然自道光六年即創辦海運，咸豐以後無年不由海運，無年不由采買，今日海道暢行，輪船駢集，轉輸既捷，費用大省，復此難恃，且費之河運胡爲。蘇浙漕糧現既統行海運，江、廣等省本改漕折，宜由各督撫酌提本色若干石運滬解津，不然指撥漕折由南省采買運津，或由天津招商采辦亦可。若慮緩急之間京儲匱乏，應於無事時多籌采運，使數年中得有一年之蓄，則内顧可以無虞。上嘉其所奏詳盡，下部議行，兼諭喬松年、丁寶楨勘築隄埝，以資捍禦。十二月，以明年慈禧端佑康頤皇太后四旬萬壽，及上親政後初屆元日令辰，下部優敘。十三年三月，授全權大臣，與祕魯國議招工事，因定和約專條。十月，慈禧端佑康頤皇太后四旬萬壽，加恩中外大臣有老親年八十以上者。鴻章母未及八十，特賞御書扁額、玉如意、大卷江綢、八

綠緞袍褂料。十二月，調文華殿大學士。

光緒元年，日本與臺灣生番爭，船政大臣沈葆楨治臺事，鴻章飭提督唐定奎率淮軍渡海助之剿撫。總理各國事務王大臣奏籌善後海防六策，命詳議以聞。鴻章覆奏如原議，略謂所陳練兵、簡器、造船、籌餉、用人、持久六條，均救時要務，所未易猝辦者。人才之難得，經費之難籌，畛域之難化，故習之難除，今日所急，惟在力破成見，以求實際而已。舍變法與用人，别無下手之方。伏願皇上顧念時勢艱危，節省冗費，講求軍實，造就人才，皆不必拘執常例，而尤以人才爲急，要使天下有志之士無不明於洋務，庶練兵各事，可期逐漸精强。積誠致行，尤需歲月，遲久乃能有濟。目前固宜力保和局，即將來器精防固，亦不宜自我開釁。二年，英國使臣威妥瑪因雲南戕殺教士馬嘉理，要求不遂，下旗將歸國。鴻章以全權大臣赴煙臺，邀威妥瑪商辦，威妥馬堅求嚴辦。適俄、德、法、美、日、奧六國公使及兵艦齊集煙臺。鴻章故示整暇，往來談讌，並召諸使水師將領大會樂飲，六國協力阻英之請，乃與威妥瑪定優待往來通商事宜，復尋舊盟。三年，議覆穆宗毅皇帝、孝哲毅皇后升祔位次，奏言：「禮親王等請仿照奉先殿成案，增修龕座，爲折中之論。惟太廟規制有定，國家統緒無窮，醇親王請明降諭旨，曉示天下，自今以往，親盡則祧，並請以後殿東、西二梢間永藏祧主，此則導皇上以大讓，酌廟制以從宜。禮貴因時，讓爲美德，非天子不議禮，應否允行，應秉聖裁。」詔並如議。八月，晉、豫亢旱，鴻章籌巨款賑濟。時直隸亦患水，永定河居五大河之一，累年漫決，害尤甚。鴻章修復金門閘及南上北三灰壩，盧溝橋以下二百餘里改河築隄，緩其溜勢，别濬大清河、滹沱河、北運河、減河，以資宣洩，自是水患少紓。五年，恭題穆宗毅皇帝、孝哲毅皇后神主，賞加太子太傅銜。

六年七月，始創海軍，訂造鐵甲諸船於外洋，以管駕需才，奏立北洋水師學堂。電報之設也，鴻章初行於大沽、北塘、海口礮臺，以通天津，傳達號令。八月，遂設南北洋電綫，自天津循運河，逾江抵鎮江而達上海，亘三千里。未幾，各國請於上海建萬國電報公司暨南北洋海綫，於是接辦沿海陸綫，過浙閩至粵，道里以倍。後十餘年間，電綫布滿各省。巴西通商，以全權大臣定約。十一月，福建巡撫劉銘傳疏請開行鐵路。鴻章議有九便，事下所司。七年六月，因慈禧端佑康頤昭豫莊誠皇太后前歲春聖體違和，特諭各直省延訪良醫，鴻章疏薦道員薛福辰，至是大安，予優敘。九月，恭題孝貞顯皇后神主，賞穿帶膝貂褂。昔年鴻章於江甯、上海有機器製造局之設，於上海有輪船招商局之設，天津舊有機器

局,集資拓充,並開采磁州煤鐵礦,開平煤井。又設上海紡織局,近築津榆鐵路,遠開漠河金礦,以濬中國之利源,杜外人之侵占。先後得旨允行。八年三月,母病,予假一月,赴鄂省視,賞人參。旋丁母憂,賜祭一壇,靈柩回籍時,著地方官妥爲照料,諭俟百日後以大學士署理直隸總督。鴻章累疏固辭,允開缺,仍駐天津督練各軍,並署通商大臣。六月,朝鮮內亂,鴻章時在籍,趣赴天津。署總督張樹聲先飭提督吳長慶率淮軍援朝鮮,定其亂,鴻章因爲朝鮮酌定善後之策。九年正月,奏請回籍營葬,予假兩月,假滿即回署任。六月,命署理直隸總督兼通商大臣,累疏乞終制,不允。十年八月,服闋,授大學士,直隸總督,兼通商大臣。十月,慈禧端佑康頤昭豫莊誠壽恭皇太后五旬萬壽,賜御書「揆元經體」扁額,仍授文華殿大學士。

時法越構兵,越之山西、北甯皆陷,雲貴總督岑毓英督師行邊,爲越南援,法乃自請講解。鴻章與法總兵福祿諾議訂簡明條款,既竣,而法人伺隙陷越之諒山,薄鎮南關,兵艦駛入南洋,分擾閩、浙、臺灣,邊事大棘。北洋口岸,南始煙臺,北迄山海關,延袤幾三千里,而奉直接壤之旅順口爲首衝,飭提督宋慶等率軍守之,水師統領提督丁汝昌以蚊快船表裏依護,副將羅榮光守大沽,提督唐仁廉守北塘,提督曹克忠、總兵葉志超守山海關內外,總兵全祖凱守煙臺,重兵聯絡,海疆屹然。十一年正月,朝鮮亂黨突入王宮,戕其執政大臣六人,日本陰助之。駐防提督吳兆有等以兵入護,勦除亂黨,傷及日本兵,日本藉以爲辭。鴻章奉命爲全權大臣,允其撤兵,而所索議處統將、撫卹難民則嚴拒不許。法大敗於諒山,又不獲逞志於閩、浙、臺灣,復尋成。四月,授全權大臣,與法使巴德納增減前約,法事乃弭。五月,以籌濟滇粵前敵餉需,軍火無缺,下部議敘。西法水、陸將士,皆出學堂,鴻章奏仿行之,挑選各防營弁勇入武備學堂肄業。九月,設海軍衙門,醇親王總其事,命鴻章會同辦理。十二年,以全權大臣定法國通商、滇粵邊界章程。十三年,會訂葡萄通商之約。十四年,海軍成,爲船二十有八艘,檄飭海軍提督丁汝昌統率全隊,周歷南北印度各海面,練習風濤陣技,歲率爲常。十五年,慈禧端佑康頤昭豫莊誠壽恭欽獻皇太后歸政,懿旨賞用紫韁。十七年二月,命偕山東巡撫張曜校閱海軍。十一月,熱河教匪滋事,蔓延平泉、朝陽、建昌、赤峯四州縣,分擾蒙古翁牛特諸旗,遣直隸提督葉志超往勦,旬日平其亂。下部議敘。十九年正月,鴻章七十壽辰,慈禧端佑康頤昭豫莊誠壽恭欽獻皇太后御書「調鼎凝釐」扁額、「棟梁華夏資良輔,帶礪河山錫大年」對聯,福壽、益壽字,御筆蟠桃圖、無量佛,帶膝貂褂諸珍物;上御書「鈞衡篤祜」扁額,「圭卣恩榮方召望,鼎鐘勳勩富文年」對聯,福壽字,無量佛諸珍物賜之。二十年正月,慈禧端佑康頤昭豫莊誠壽恭欽獻崇熙皇太后六旬萬壽,賞戴三眼花翎,子經邁員外郎。

五月,朝鮮以東學黨亂來乞師,飭提督葉志超助之。日本亦以重兵至,我軍屢戰不利,日本乘勝內侵,連陷九連城、鳳凰城、金州、岫巖、海城、蓋平、營口、大連灣、旅順口,復據威海衛、劉公島,奪我兵艦。八月,拔三眼花翎,褫黃馬褂。十月,革職留任,摘去頂戴。二十一年正月,賞還翎頂、黃馬褂,開復革留處分,授爲全權大臣,往日本議和。三月,於馬關會訂條款十二,割臺灣以畀之,日本交還所侵地,乃成和。七月,留京入閣辦事。十二月,命充致賀俄國加冕頭等專使大臣,並往德、法、英、美諸國聘問。二十二年正月,懿旨召見,准令扶掖。鴻章周歷各國,考察政治,七閱月回京。九月,命在總理各國事務衙門行走。十二月,充經筵講官。二十三年,充武英殿總裁。二十四年正月,特恩免帶領引見。五月,稽查欽奉上諭事件處。七月,奉旨毋庸在總理各國事務衙門行走。九月,命往山東查勘黃河工程。十月,賜西苑門內乘坐二人肩輿。二十五年二月,鴻章偕河道總督任道鎔、山東巡撫張汝梅疏云:「山東黃河自咸豐間銅瓦廂改道以來,光緒八年後潰溢屢見,遂普築兩岸大隄,尺寸初不高寬,乃民間先就河涯築有小埝,隨灣就曲,緊偪黃流,又因河灘淤高,埝自加增,官民相率守埝,大隄日久失修,每遇汛漲,埝決隄亦隨決,此歷年失事病根也。古今言治河者,惟讓地於水,實爲上策。其次則惟有展寬河身。今兩岸大隄相距有五六里至八九里不等,應即就此兩隄加培高厚,永爲修守,似不失爲中策。第兩岸之中先有棄隄守埝之處,小民安土重遷,不肯遠去,非可旦夕議定,暫宜照舊守埝,徐圖更張。至下口入海尾閭,尤關全局。現在水行絲網口入海,去路偏向東南,形勢不順,不能築隄,既無以束水攻沙,故不免下壅上潰。今勘得鐵門關故道尚有八十餘里可通海口,較絲網口、韓家垣兩路爲順,工亦較省。然建攔河大壩一座,挑深引河三十餘里,修築兩岸大隄八十餘里,所需工費頗鉅。惟是下口不治,全河皆病。今欲大加整頓,不得不從長計議,核實勘估。其餘如添修費以固根本,設減壩以洩異漲,以及設堡夫,辦蓆兌,設應汛等事,雖有先後緩急之分,實爲將來必不可少之舉。大約此項鉅工,五六年可期辦竣,略如從前南河規模,但需南河三四年修費,則一切法制犂然畢具,而山東無蓄清敵黃之累,收效亦較爲遠大。」乃上所籌十策，及比國工程師盧法爾擬具治河新法，以備采擇。又言：「遷民修隄之舉，繁費委曲，斷難剋期告成。而頻年決溢，河底積淤，如再節次決口，不特一切工程種種棘手，兩岸災民何忍再罹昏墊。爲今之計，惟有擇要加修兩岸隄埝，疏通海口尾閭，既爲目前救急善策，亦即治標以待治本之要圖。」下其奏，命軍機大臣等核議施行。

十月，充商務大臣，前往南北洋各埠考覈商務。十一月，署理兩廣總督。二十六年正月京察，鴻章自同治三年始十三次京察並蒙優敘。二月，以上三旬萬壽，賞穿方龍補服。四月，補兩廣總督。六月，調補直隸總督，兼北洋通商大臣。時值拳匪肇亂，八國聯軍攻奪大沽礮臺，陷天津。七月，入京師。上奉慈禧端佑康頤昭豫莊誠壽恭欽獻崇熙皇太后西幸，命偕慶親王奕劻爲全權大臣，便宜行事。迭奉電旨，以鴻章公忠素著，威望信服，此行爲安危存亡所係，勉爲其難。鴻章聞警兼程進，先飭提督梅東益等搜勦直隸各屬拳匪，與兩江總督劉坤一、湖廣總督張之洞、山東巡撫袁世凱奏請懲治首禍王大臣。各國公使持十二款要挾，鴻章處以鎮靜，力與辯論，卒定和約。大亂之後，公私蕩然，奏辦善後諸務，畿輔以安。二十七年七月，和議成，聯軍退。鴻章力請回鑾，奉諭旨詔行新政，設政務處，充督辦政務大臣，旋署總理外務部事務。

九月，卒。諭曰：「朕欽奉慈禧端佑康頤昭豫莊誠壽恭欽獻崇熙皇太后懿旨：大學士一等肅毅伯直隸總督李鴻章，器識淵深，才猷宏遠。由翰林倡率淮軍，戡平髮捻諸匪，厥功甚偉，朝廷特沛殊恩，晉封伯爵，翊贊綸扉，復命總督直隸，兼充北洋大臣，匡濟艱難，輯和中外，老成謀國，具有深衷。去年京師之變，特派該大學士爲全權大臣，與各國使臣妥立和約，悉合機宜。方冀大局全定，榮膺懋賞，遽聞溘逝，震悼良深。李鴻章著先行加恩照大學士例賜卹，賞給陀羅經被，派恭親王溥偉帶領侍衛十員前往奠醊，予謚文忠，追贈太傅，晉封一等侯爵，入祀賢良祠，以示篤念藎臣至意。其餘飾終之典，再行降旨。」十月，諭曰：「朕欽奉慈禧端佑康頤昭豫莊誠壽恭欽獻崇熙皇太后懿旨：周馥奏，督臣因病出缺代遞遺疏一摺。大學士直隸總督李鴻章，以儒臣起家軍旅，早膺疆寄，晉贊綸扉，輔佐中興，削平大難。嗣在北洋三十餘年，辦理交涉，悉協機宜。上年京師之變，事機萬緊，該大學士忠誠堅忍，力任其難，宗社復安，朝野攸賴。本年七月間因病，迭經降旨慰問。該大學士仍力疾從公，未克休息，忠靖之忱，老而彌篤。方冀調理就痊，長資倚任，乃驟患咯血，遽致不起。當茲時局艱難，失此柱石重臣，曷勝愴慟。前已加恩賞卹，予謚文忠，追贈太傅，晉封一等侯爵，入祀賢良祠，特再賞銀五千兩治喪，由户部給發。原籍及立功省分著建立專祠，並將生平戰功、政績宣付國史館立傳。靈柩回籍時沿途地方官妥爲照料，任内一切處分悉予開復。應得卹典，該衙門察例具奏。伊子刑部員外郎李經述，著賞給四品京堂，承襲一等侯爵，毋庸帶領引見。工部員外郎李經邁，以四五品京堂用。記名道李經方，著俟服闋後，以道員遇缺簡放。伊孫户部員外郎李國杰，著以郎中即補。李國燕、李國煦均著以員外郎分部行走。李國熊、李國燾均著賞給舉人，准其一體會試，用示篤念藎臣有加無已之至意。」

又因時局漸定，回京有期，加恩議和王大臣及東南各督撫，追獎鴻章成績，特再賜祭一壇。子經邁以三四品京堂候補。十一月，諭曰：「朕欽奉慈禧端佑康頤昭豫莊誠壽恭欽獻崇熙皇太后懿旨：奕劻等奏據呈請爲已故大學士功德在民，懇建專祠一摺。已故大學士李鴻章，服官中外四十餘年，懋建殊勳，安定疆宇，前經迭降恩旨，優予飾終，已准於原籍及立功省分建立專祠，以彰勞勩。茲據奏請各節，京師建立專祠，漢大臣向無此曠典。惟該大學士功績邁常，自宜逾格，以示優異。李鴻章著准於京師建立專祠，列入祀典，由地方官春秋致祭，以順輿情而隆報享。」二十八年四月，諭曰：「朕欽奉慈禧端佑康頤昭豫莊誠壽恭欽獻崇熙皇太后懿旨：原任大學士李鴻章忠勳久著，飾終之典前已迭霈恩施，現在靈柩回籍有期，朝廷惓念前勞，倍增悼惜，著派醇親王載灃先期前往致祭。伊子李經方加恩著以四品京堂候補，用示篤念藎臣有加無已之至意。」尋賜祭葬。

《續碑傳集》卷七吳汝綸《文華殿大學士直隸總督贈太傅一等侯李文忠公墓志銘》 光緒二十六年，畿甸亂，東西海八國連兵内犯，詔兩廣總督大學士一等肅毅伯合肥李公入朝。至上海，道阻不得前，則締合東南疆帥，保衛封域，使不動搖。既北禍益急，兩宮西狩，外國兵喋血京師，公乃身犯險難，入不測之敵軍，左右前後盡敵國人，動輒防檢。公掉舌搖筆，與衆强國勝兵相抵抗，日共外國使、敵軍將帥爭議盟約條件可許不可許。敵益敬禮公，相誡斂手，不分豪忤觸，久之相率退軍，宫廟復完如故時。於是朝野中外交走相慶，皆曰：吾等死骨，不化爲外國人者，公力也。約定兩宮還京有日矣，而公遽以勞勩告終。事聞，朝廷震悼，飾終有加，禮贈太傅，追封一等侯，謚文忠，子孫進官秩各有差。漢大臣京師立專祠自公始。外國使、敵軍將帥在京者四十餘人，咸集弔唁，皆曰：「公定約時所設施，他人不能爲也。當是時，國勢傾危，外國人尚心折公如此，可謂難矣。

始，公起治軍上海，用外國兵械，肅清江蘇與平金陵，歐美諸國聞知，已竦起加敬。既再提兵定中原流寇，宇内清夷，遂專力外事，在直隸最久，於外國政學、制法、兵備、財用、工商、藝業無一不究討，尤盡心防禦。嘗言：「國家百有可省，獨練兵設備萬不可省。」於是用歐美兵法，勒集所部淮將士，置局製造歐美兵器械，購鐵甲兵艦，立海軍，建築大沽、旅順、威海營壘，開輪船招商公司，設各行省電綫，采開平煤礦、漠河金鑛，皆導國使猛進，與歐美强國競盛。以財權不屬，人才不興，卒牽於異議，靳饋餫不予，使不能竟所施爲。而西人顧交口稱頌，謂爲東方畢士馬克，五洲萬國婦孺皆知公姓名，中國因之益重云。公既盡心防禦，顧持重不欲開兵釁，待遇外國客能時其剛柔張弛，使來説者自失本謀。國家每與外國生隙，公輒用計謀消弭之，以故數十年中外無事。甲午，日本構兵，主議者信新進少年謀畫，不用公計策，遂成戰禍。師既敗，朝廷命公往日本議和，遇刺不死，卒定和而還。未幾，命公歷聘歐美諸國。諸國人聞公威望久，所至禮遇逾等，忘我敗挫，交益睦親。蓋公持國事四十餘年，所與外國共事者皆一國之選，今多物故，後之執事聞諸故老，皆愛敬公。及八國定盟京師，其使臣大將多少壯，其視公皆丈人行也。公舊望足相懾服，故兵雖勝而不敢驕，和議以此成益易。公薨以二十七年九月二十七日，壽七十有九。

公諱鴻章，字少荃，道光丁未翰林。祖以上皆不仕，父文安進士，刑部郎中、記名御史，多隱德。粵盜起，治兵鄉里，功未竟而卒。三世贈如公官。御史與曾文正公爲同歲生，故公少受學曾公，其用兵方略，爲國決大計，處榮悴顯晦，事成敗不易常度，得於曾公者爲多。夫人周氏，繼室趙氏。公子經述毁卒，經方、經邁以二十九年二月十八日葬公合肥之東鄉大興集夏小影，夫人趙氏祔。公始無恙時，嘗以身後碑誌諈諉汝綸，汝綸不敢忘。

銘曰：猗惟我公，一國之命。命屢瀕危，恃公而振。公之振之，不卹險艱。談笑詼謿，而厝之安。已安忘危，壞成使虧。安成公忌，危虧公毁。誰毁誰譽，視之亡如。獨其閎聲，荒遐憚驚。苞禍在心，逆折其萌。讒口百車，莫掩公功。朝有顯命，謚公曰忠。公壽八十，壯采故在。浩氣雄心，入土不壞。埋詩幽宫，永貞罔害。

《續碑傳集》卷七朱孔彰《李文忠公别傳》 李公鴻章，字漸甫，號少荃，安徽合肥人。父文安，官御史；公其仲子也。由道光丁未進士，入翰林。在京時，以文受知於曾文正公，因師事焉；日夕過從，講求義理、經世之學。洪、楊亂起，公在原籍贊巡撫福濟公及吕文節公賢基軍事。時廬州已陷，福濟公謀規復，公建議先取含山、巢縣；福濟公授以兵，遂克二縣，時咸豐四年十二月也。公知兵之名，由是著。福濟公將疏薦道員，忌之者衆，謗讟繁興，公幾不能自立於鄉里。

八年，曾文正公督軍入江西，圍建昌，公來謁見，文正大喜，留幕中。明年，文正使弟國荃統領九營赴景德鎮助剿，令公同往參謀軍事。江西肅清，文正督兩江，公仍在幕府，曉暢戎機，應事如流水，文正深倚之。安慶既克，文正奏薦左公宗棠任浙江軍事，奏薦弟國荃任江寧軍事，奏薦公任江蘇軍事，疏曰：「李某才大心細，可獨當一面。」同治元年春，公補福建延建邵遺缺道，加按察使銜；遂令招淮勇七千人，赴上海。時金陵賊盛，九洑洲、燕子磯賊屯林立，租洋人輪船八艘渡兵。公在安慶，商於文正公，遴選各軍驍將：舊在廬州帶勇已有四將，曰劉銘傳，曰周盛波，曰張樹聲，曰吳長慶；復於曾軍選得程學啓，湘軍選得郭松林，霆軍選得楊鼎勳諸將。又奏調舉人潘鼎新，編修劉秉璋，派弟鶴章總營務。師抵上海，賊大驚，以爲公從天而下。公軍悉循曾軍營制，營五百人，壘高濠深，士卒日夕數操，出入有法度；吳民以爲創見。四月，詔公署江蘇巡撫。公並用洋將，克嘉定、青浦、奉賢三縣，又納降收南匯縣。僞忠王李秀成糾黨二十萬犯上海屯營，公親督諸軍大破之，斬馘萬人。會有詔促公往鎮江會將軍都興阿之師進剿，公奏言：「接督臣曾國藩書，頗以進攻金陵兵單爲虞。曾國荃亦言：官軍止能圍西南兩面，深溝高壘，以水師爲根本，以江南爲糧路，先自固以圖賊，非增二萬餘人，不能合圍。臣查金陵城大而堅，和春、張國樑統帥八、九萬圍攻日久，功敗垂成；今蘇、浙兩省徧地賊匪黏連一片，賊處處可進援，尤與昔年情形迥異。所恃楚師穩練，較勝他軍；賊數衆多，未盡精悍。曾國荃軍不及二萬，不足合圍，即不能制賊死命。此次李秀成等撲犯松滬，負創而遯，聞將連合杭、湖賊衆赴救金陵。臣急欲馳往鎮江，就近援助。無如原部陸軍僅數千人，分兩處則均不得力，專一路則尚可自立；兵事重大，臣何敢易言之也。滬中官民向恃洋人爲安危，乃援賊東來之先，洋人分兵四出；援賊大至之後，洋人斂兵不動。臣揆度夷情，似非暗與賊通，坐觀成敗，實係懾於賊衆，不敢向前。若非臣親督兵將痛挫兇鋒，患且不測。以是知洋人不可專恃，滬防必須自强。臣忝任蘇撫，既不能棄滬中每月二十萬餉源之地，又不敢援鎮江上下游接應之師；左右思維，實無長策。至滬上原有水陸兵勇簡汰整頓，非臣親自部署，不能鈐制。所帶諸將中，尚有勇敢樸實之材，實少應變禦衆之選；且資望皆淺，未可令獨當一面。臣斷不偏信吴中紳士之言，貽誤大局。惟軍事以得人心爲本，臣之謭陋，到滬稍繫軍民之望。未便親自移動，遽失衆心。曾國藩處，似亦無統兵大員可派來滬。可否容臣將滬事辦妥，移師出江？抑臣更有言者：馮子材等催臣前往，實欲臣到鎮爲該軍籌餉，未必爲進剿起見。江北完善地方，所出之餉專供都興阿一軍尚無缺乏，而畛域已分；江南止存鎮、滬兩處，每月僅能由滬分給三萬，臣實深内愧。馮子材尚能戰守，而兵勇疲惰已非一日；長江師船大半朽壞，劫奪成風。臣即頡頏其間，止能自立一軍，未便控制諸將。若輕言整頓，先失和衷之義；若親軍太少，亦無整頓之資。此皆實在爲難情形，臣不敢稍有徇隱。」疏入，詔緩鎮江之行。六月，會洋將華爾克金山衛，於是上海、松江大定。七月，克青浦。八月，僞慕王譚紹洸糾衆十餘萬再犯上海，公督諸軍，再大破之；水師又攻賊澱山湖，克蘆墟、尤家莊，盡平沿湖賊卡。四江口屯營被圍危急，公又督援軍擊破之。先後斬級百餘，滬防三次肅清。奏入，優詔以公補江蘇巡撫。二年正月，授公兼五口通商大臣。二月，諸軍解常熟圍。三月，復太倉州城。四月，克崑山新陽，殺賊三萬餘人，生禽七千。由是，程總兵學啓進逼蘇垣，合洋將水陸軍破賊四大壘，僞納王郜雲官等八人殺僞慕王譚紹洸以城降，公用程學啓密謀，誅之。十月二十七日，公整部收蘇州省城。捷奏入，賞太子少保銜、黄馬褂。公於是與洋將戈登商議，奏裁常勝軍以節糜費；與曾文正公合疏請減蘇、松浮糧，以甦民困：詔從之。明年二月，分軍至浙江境，克嘉興府。四月，公親督軍克常州，江蘇肅清，賞騎都尉世職。時江寧城垂克，朝旨屢命公移得勝之師助剿。公有讓功之意，奏請先攻湖州，克長興。方議遣礮隊、鎗隊助攻，而曾公國荃克金陵捷書至，公遂分軍令劉銘傳、周盛波由東壩取廣德，潘鼎新、劉秉章由松江攻湖州，郭松林、楊鼎勳由滬航海援閩。未幾，粤賊平，公封一等肅毅伯。

明年五月，曾文正奉命馳赴山東剿辦捻匪，公奉命暫署兩江總督。公上疏云：「臣吴疆承乏，三載於兹。雖思竭慮以效忠，竊愧過多而功少。仰荷酬庸曠典，異數叠加；兄弟同列封圻，將佐多膺專閫。每念寇氛未靖，時勢多艱，輒互相儆戒，懼有隕越，致負聖主倚畀之隆。兹復特降恩綸，暫權督篆；聞命震悚，日夜旁皇。竊以臣籍隸安徽，該省係總督兼轄，例須迴避。又兩江政務殷繁，所屬蹂躪已久，彫瘵萬分，善後各事，兵餉二端，在在棘手，誠如聖諭『任大責重』。微臣才智短絀，非所克勝。揣分量力，必應籲請固辭。惟親王僧格林沁剿賊陣亡，捻氛日熾，直東一帶失此長城，中外震驚。宵旰憂勞，急盼曾國藩前往督師，需人接替。臣何敢拘泥常例，引嫌避位，致誤事機！即料理交卸，馳赴金陵，暫行接印。此間善後，如濬河、興學、撫卹、勸農及常鎮招墾荒田、上海通商洋務，均次第辦有端緒。藩司劉郇膏接護撫篆，情形熟悉，地方一切可無貽誤。惟蘇境水陸防軍三萬餘人，均已分布各隘；又援剿福建之提督郭松林、楊鼎勳兩軍共八千餘人，援剿徐州、淮、揚之提督黄翼升、劉銘傳、周盛波、臬司張樹聲、道員吴毓芬等軍共二萬數千人，除黄翼升、李朝斌兩枝水師係曾國藩舊部，餘皆由臣募練而成，各軍餉糧、軍火專指蘇、滬税釐，經奏明在案。統計每月餉需及製造、采辦各項雜支額款，將近五十萬；而蘇、滬税釐及藩庫地丁牽算，月收不足三十萬。挪東掩西，儘力湊濟。雖前敵各營時時匱乏之呼號，徒以恩義相維，尚不至於譁潰，臣獨心憂之，是以迭次奉撥京餉，義不敢辭。甘餉迄難定數，每月能解一萬，已爲勉力。臣非忍恝置西陲，實迫於不容已也。臣暫署督篆，距蘇較近，所有調度兵將、籌畫餉需，自當引爲己責，隨時會商曾國藩照章悉心經理，以期仰副宸廑。」旋奉旨命公督軍河、洛。公奏言：「綜其大要，約有三端：一、兵勢難遥分也。我朝從前武功，專恃兵力；此次軍務，全資勇力。臣初至軍營，習聞周天爵、琦善、向榮、和春諸臣之議論，皆謂緑旗弁兵馴謹而易調遣，各省勇丁桀驁而少紀律。其不得已而用勇，就地招募，隨時遣汰，尚無甚流弊；若遠調數千里外，終必譁潰誤事。咸豐初年，廣西所募潮勇最多，向榮、張國樑等帶赴江南，沿途騷擾，卒至十年三月金陵之變，一潰而遂不可收拾矣。自曾國藩、江忠源、胡林翼、李續賓等創練楚勇，不用一兵，蓋深知緑營廢弛已久，習氣太深，萬不足以殺敵致果，而以楚將練楚勇恩信素孚，法制嚴密，又由湖南北轉戰江、皖，一水可通，人地相宜，是以歷久而能成功。然李續宜、唐訓方以楚勇剿淮北之捻，劉長佑以楚勇剿直隸之騎馬賊，均未大著功效，則以離鄉太遠，南北異宜，勇性未能馴服，何能得其死力！曾國藩兄弟有鑒於此，故於金陵克復，東南軍事將竣，即將所部湘勇全數遣撤；但屬臣暫留淮勇以備中原剿捻，自係因地制宜。夫捻匪係皖、豫、東三省無賴糾合而成，其隸皖籍者大都潁、蒙、亳、宿人，皆在淮北。臣隸廬州，實在淮南。所部淮勇則廬州、六安、安慶、揚州人居多，皆濱江之處，於長江上下防剿最宜；軍士戰其鄉，亦較得力。其情性、風氣，與淮北迥殊。同治元年，臣初由安慶赴滬，湘勇以去路太遠，多不願從。乃商之曾國藩，就臣鄉里團練久戰之士，選將束伍，逐漸添募。如程學啓、劉銘傳、潘鼎新、張樹聲、周盛波等始僅爲營官，帶數百人耳；嗣因打戰可靠，各增募至數千人，今遂爲淮勇最勁之兵。究之用於江、淮南北千餘里內，必可指揮如意；若逐漸調於山東、河南邊境，尚能勉强相從。若遽遠赴河、洛、山、陝，並預備剿除京東馬賊、甘肅回匪之用，水土不習，誠恐遷地弗良，勇心涣散，不獨素食穀米，驟改麥麵一端爲可慮也。且朝廷期望於臣，欲以西北軍事相屬，不過以臣在蘇粗立戰功，而臣亦惟賴所部將士踴躍用命。若令臣去平素慣用之健將勁兵不得隨行，臣復何能爲役！曾國藩籌設徐州、濟寧、周家口等處防軍，皆臣部最得力者。臣若不調西行，則聲勢不能大振；若全調他往，則東、皖無以自立。若另圖添募馬步，而隨身先無親信可恃之兵勇，必致敗軍僨事而無裨於全局。此兵勢不能遽分之實情也；一、餉源難專恃也。凡欲滅賊，必先治兵；欲强兵，必先足餉；欲籌餉，必先得人與地。臣自咸豐三年至八年，皆在皖北軍中。竊見和春、鄭魁士之軍戰陣頗勇，旋因餉缺而潰；袁甲三、翁同書等繼之，更因餉絶而敗。即十年江南大營之潰、十一年浙江之陷，皆由於糧餉斷絶。官文、胡林翼籌鄂餉以供東征，曾國藩進圖江、皖，以江西、湖南、廣東釐金爲餉源，左宗棠以浙餉辦閩、浙之賊，臣以滬、蘇人款辦江蘇之賊：皆能自我爲政，轉輸不匱，幸而蕆事。從古至今言兵事，未有不先籌餉精若也。諭旨慮及皖豫髮、捻一日不除，盛京、甘肅勢難兼顧。誠以捻滅而後騰出餉需，非徒捻滅而後騰出兵力。有餉則到處兵勇皆可用，無餉則已成勁旅亦無用也。陶茂林、雷正綰均係多隆阿部下百戰驍將，昔何勇而今何怯！其一潰、再潰之故，可想而知。曾國藩夏間奉命剿捻，臣忝署江督，即以後路籌餉引爲己任，以安其心。數月以來，分屯豫、東、蘇、皖千餘里湘、淮兵勇四萬餘糧運供支，源源接濟；又兼籌蘇、松、揚州留防各陸營、長江外海各水師、皖南北江南防剿遣撤各湘軍之餉。雖以入抵出，不敷尚多；竭力匀撥，幸無貽誤。臣若奉旨西行，現在前路剿捻、後路分防各軍之餉，尚無專責之人。即臣帶兵遠出，餉源當出於何處？籌餉當責成何人？亦未蒙聖明指示。若無確然可指之款率衆前往，必爲雷正綰、陶茂林之續；若非切實可靠之人維持後路，亦無以安曾國藩與臣軍各將士之心。臣嘗默籌熟計，目今大患在捻與回，自應先圖滅捻。若以現餉養現兵，約計河南可養戰士一萬五千，山東可養戰士二萬，安徽可養戰士一萬，江蘇可養戰士六、七萬，湖北可養戰士四、五萬。各省督、撫果熟諳韜略，認真籌餉練兵，使一兵得一兵之用，通力合作，勿存推諉爭忌之心，則兵與餉可漸足，一、二年間可奏效。若皇上專派督剿大員，而各督、撫謂事有專屬，或擁兵觀望，或玩視軍需，或勝則爭功、敗則諉咎，遂使客兵出境種種牽掣，亦難必其收功之遲速矣。臣若赴豫，欲圖兜滅北捻，必須多練馬隊以備衝突，廣置車騾以資轉運，需餉甚鉅。豫中蹂躪已久，力難供應；若專指蘇餉，目下蘇、滬稅釐分供前敵淮軍已虞饑潰，再添募馬步，人數益衆，道路益遠，勢必不支。臣一經離任，恐亦不能遥制。此餉源不能專恃之實情也。一、軍火難常接濟也。臣軍久在江南剿賊，習見洋人火器之精利，於是盡棄中國習用之擡、鳥鎗，而變爲洋鎗隊。現計出省及留防陸軍五萬餘人，約有洋鎗三、四萬桿，銅帽月需千餘萬顆，粗細洋火藥用需十餘萬斤，均按月在上海、香港各洋行先期采買，陸續供支，臣每親自料理。又有開花礮隊四營，一爲潘鼎新帶往濟寧，一交劉秉璋鎮守蘇州；其副將羅榮光、劉玉龍兩營爲臣親兵，現分守金陵城外之下關、江東橋兩處江口。緣洋人最重開花礮，目下長江通商番舶來往，奸人覬覦，慎知有此利器，可稍奪凶魄。洋礮重者千餘斤，輕亦數百斤，其礮具之堅精、藥彈之繁宂，臣講求數年，稍窺秘要；他人多未及見，更未與知。臣既辛苦練成，若出省督師，必須酌量調往，藉壯聲威。惟礮隊所用器械、子彈盡仿洋式，所需銅、鐵、木、煤各項工料均來自外國，故須就近設局製造。蘇州先設有三局，嗣因丁日昌在滬購得機器鐵廠一座，將丁日昌、韓殿甲兩局移上海鐵廠；曾經奏明，欲再移設金陵附近濱江偏僻處所，爲久遠之計。但事體繁重，須有精心果力者主持其事，方冀漸收功效，臣若遠赴他省，則礮局與鐵廠久必廢弛。不但技藝不能漸精，且慮工需多有缺乏，而臣軍接濟，亦將有斷絶之時。臣部將士皆已熟習洋器，慣用剿賊；設此後臨敵不能應手或遠道解運不及，將若之何！臣與洋將共事數年，彼視軍火、鎗礮爲行軍第一重大之事，中國將領往往隔膜置之，無怪軍威不能自振。臣軍所向則以此爲命脈關係，誠不敢輕以付託。此軍火恐不能常接濟之實情也。」疏入，詔緩河、洛之行。

時曾文正公督軍剿捻經年，建築長牆圈制之策，創辦未成，乞病解兵柄，朝廷命公接辦軍務，命曾文正回兩江本任。六年五月，公行抵河南歸德，疏言：「查捻賊已成流寇，偪之不流，然後會師合剿，原係殄賊上策。明臣孫傳庭謂『須驅之於必困之途，取之於垂死之日；如第一彼一此爭勝負於矢石之間，即勝亦無關於盪平』，實爲剿辦流寇篤論。自去冬十一月間奏稱『須蹙之山深水複之處，棄地以誘其入，然後合各省兵力三、四面圍困之』，亦是陰師其意。本年三月，左宗棠、曾國荃商就湖北襄河東岸臼口地方設圍困賊；五月間，臣又擬就曹、單、豐、碭黃河舊隄分段布紮，冀蹙賊黃、運之間；皆欲就地勢以圖兜圍。無如賊蹤飆疾，兵力未齊，瞬息百變，竟未辦到。茲賊既深入東境，臣軍久役疲乏，斷不敢謂『蹙賊海隅』之議遂有把握，但與其任令長驅各省，流毒無窮，似不若誘令盤旋偏隅，得辦且辦。臣已密屬潘鼎新、劉銘傳儘力追躡，如果賊竄登萊，我軍即於膠、萊咽喉設法扼逼，使北不至竄入畿疆，南不得蔓延淮南，局勢自較緊湊。臣並函商李鶴年酌調張曜、宋慶兩軍進紮汶上運西開河一段，英翰酌調張得勝、黃秉忠、程文炳各軍進紮宿遷至灘上運河西岸，以備接應；前敵張之萬酌調成子河防軍及淮揚鎮水師移防清淮及阜寧之射陽湖，以杜窺竄裏下河之路。」六月，公至山東濟寧州相度形勢，以爲任、賴各股皆百戰之餘兼游兵散勇裹脅之衆，狡猾剽悍，未可易視。若兵力未足兜圍，迫之過緊，畫地過狹，使其窺破機關，勢必急圖出竄，稍縱即逝，全局又非。於是定策先防運河，以杜出路；次扼膠、萊，以斷咽喉。山東巡撫丁寶楨一意欲驅賊出境，與公意見不合。七月，捻突撲濰河，山東守將王心安甫調防戴廟，捻竟衝出膠、萊之防，遂潰。是時蜚謗交騰，朝廷責備綦嚴，有罷運防之議。公覆奏，以爲「運河東、南、北三面，賊氛來往竄擾，官軍分路兜逐，地方雖受蹂躪，然受害者不過數府縣之地；驅過運西，則數省流毒無窮。同是疆土，同是赤子，未便歧視」。乃堅持前議，不少變。於是劉銘傳在安邱、濰縣之交，大戰獲勝，追至贛榆，銘傳又與馬隊統將善慶力戰，陣斃捻酋任柱，捻勢漸衰；潘鼎新又敗賊於海州上莊。十一月，劉銘傳、唐仁廉等在濰縣、壽光晝夜抄擊，降捻遂多；郭松林、楊鼎勳繼之，無戰不捷。劉銘傳等軍又追至壽光彌河，斬獲幾三萬人。捻酋賴汶光落彌河未死，復糾合千餘騎衝出六塘河防；黃翼升、劉秉璋、李昭慶等水陸馬步躡追，斬殺過半。賴汶光臢百餘騎南馳，公留淮勇在揚州守運河者禽斬之，東捻平。東、蘇、皖、豫、鄂五省，一律肅清。公奏捷，後附陳諸軍勦捻以來，馳逐數省，轉戰終年，日行百里，忍饑耐寒，憂讒畏譏，多人生未歷之苦境。

方欲令諸將休息，七年正月，西捻張總愚忽由山右渡河北竄，直逼畿輔，京師大震。詔切責公及河南巡撫李鶴年、陝甘總督左宗棠、直隸總督官文，均奪職。山東巡撫丁寶楨率軍先至河間，温旨嘉獎；公在濟寧，奉旨籌派各軍由東入直，疏云：「各營追賊南下，至歲抄正初，始收隊回營，人困馬乏，勞苦萬狀。臣徧加撫循，宣傳德意，靡不感激涕零，挾纊同温。惟劉銘傳適因傷病，暫難遠征；諸將亦多疲乏，休養整頓實須時日。以行軍常理而論，本不宜操之過蹙，致有蹉跌；惟畿疆警報迭至，必當提師赴援。臣立即檄調總兵周盛波、周盛傳等馬步十一營由徐州韓莊拔隊來濟，會合藩司藩鼎新鼎字全軍及善慶、温德勒克西馬隊陸續進發，由東阿渡黃；後視何路有警，即向何路截勦。臣趕緊布置後路轉運糧餉、軍火各事，並催提督郭松林、楊鼎勳整飭大隊隨後繼進。」附奏：「辦流寇以堅壁清野爲上策。嘉慶初年川、楚教匪，辦理數十年，卒賴此以收功。即任、賴捻股流竄中原數省，畏圩寨甚於畏兵。豫東、淮北民風强悍，被害已久，逐漸添築圩寨，深溝高壘，到處與城池相等，是以捻逆一遇即走，不能久停肆擾。近年惟湖北、陝西被擾最甚，以素無圩寨，籌辦不及，賊得盤旋飽掠，其勢愈張。直、晉向無捻患，民氣尤爲樸懦，未能築寨自守。張總愚本極狡猾，又係窮寇，南有黃河之阻，必致縱横馳突，無處不流。百姓驚徙蹂躪，詎有已時，徒深浩歎。且畿疆河北平原曠野，古稱四戰之地，無險可守；辦流賊與辦守城踞寨之賊，情形迥異。流賊專於避兵，守此則竄彼，迎左則趨右，交臂旋失，情勢使然，非盡兵將之不力也。聞該逆目竄陝西北山後，渡黃入晉，沿途擄獲騾馬愈衆，步賊多改爲騎。我軍騎少步多，即騎兵每人不過一馬，追逐病斃，即已無馬；視賊匪每人可二、三騎，隨地擄添，情形則又迥異。自古辦賊，必以彼此强弱、饑飽爲定衡。賊未必强於官軍，但彼馬多而我馬少，自有不相及之勢；彼可隨地擄糧，我則隨地購糧，賊常飲而兵常饑，又有不能及之理。今欲絶賊糧，斷賊馬，惟有苦勸嚴諭直隸、山西、河北紳民趕緊堅築圩寨，一有警信，收糧草、牲畜、老弱壯丁於内。既自固其身家，兼以制賊死命。及今爲之，亡羊補牢，尚未甚晚。若待深受荼毒，再議補築，經費更難措籌。如果十里一寨，賊至無所掠食，兵至轉可賣食，賊雖流而其技漸窮，或可剋期撲滅。伏乞皇上將頒訓諭，諄飭地方官紳妥速籌辦，實力奉行，勿以空文塘塞，於軍務大局裨益匪淺。」時捻陷獻縣，詔恭親王會神機營王大臣總京師巡防；侍郎李公鴻藻請派親王爲大將軍，李爲參贊，詔恭親王節制左、李及諸督撫，以左公總前敵軍，令侍衛陳國瑞領萬人隸神機營，安徽巡撫英翰率師入援。二月，左公師次保定，公至德州；朝廷增命將軍都興阿管神機營，豫軍張曜、宋慶，侍衛陳國瑞咸隸麾下。四月，公奏請以劉銘傳總統前敵淮軍，温旨即促起行，使淮軍與直東民團沿黃河、運河築長墻浚濠以蹙敵，揀派各軍輪替出擊，更番休息；其久追疲乏、須暫休息之軍即在運河東岸擇要屯駐，俟敵竄近，立起迎擊，以勦爲防。又派豫軍張曜、宋慶分紮夏津、高唐一帶，皖軍程文炳紮陵縣、吴橋一帶，爲運防遮護。左公亦派劉松山、郭寶昌等軍自連鎮北至滄州一帶，減河東岸分紮，與楊鼎勳等淮軍就近策應。布置略定，然後進勦。五月，捻股竄向西北，各軍遮擊，疊次獲勝。公乃趁黃伏汛盛漲時，縮地圍紮，以運河爲外圈，而就恩縣、夏津、高唐之馬頰河裁長補短劃爲裏圈，逼賊西南，層層布置。五、六月間，各軍迭次大捷，賊勢衰蹙，降散漸多。張總愚旋向西南逃竄，又由平原向高唐，潘鼎新追百二十里，冒雨至高唐，賊已向博平、清平一帶圖撲。運河官軍早於馬頰河西北岸築長牆數百里，足限戎馬，賊方詗知，已入彀中，竄地愈狹，死期將至。是時各軍以久追疲乏，公乃派劉銘傳新到生力馬軍助戰，軍勢大振，圍賊在徒駭、黃、運之間。銘傳調集馬步迎擊，追勦數里；值郭松林東來，馬步全軍遮住去路，又兼河道紛歧，水溜泥濘，捻無所掠食，部黨解散，數萬衆不知所之。劉、郭兩軍馬隊五、六千人縱橫合擊，禽斬無算，張總愚赴水死，西捻平。詔公協辦大學士，晉太子太保。八月，公入覲京師，兩宮垂詢，公奏「都興阿、左宗棠與臣等始願皆不及此，實賴聖主鴻福，廟堂決勝於上，神機營諸王大臣控制於中，各省將士奔走效命於外，臣何力之有焉！」皇太后稱善，曰：「也是爾等忠誠所感，故能迅就蕩平。」

公旋拜湖廣總督之命，又赴四川查辦教案；又奉援黔之旨，命公伯兄湖南巡撫李瀚章署湖廣總督。公未就道，改奉詔援陝。九年六月，自潼關啓行，抵西安，籌定周盛傳等北山勦匪事宜。七月，天津教堂滋事，詔公移緩就急，酌帶郭松林等軍剋日起程馳赴近畿一帶駐紮。八月，公抵天津，教案遂結。曾文正仍總督兩江，公調直隸總督。

十一年五月，覆議「製造輪船不可裁撤」疏云：「臣竊惟歐洲諸國，百十年來由印度而南洋，由南洋而中國，闖入邊界腹地，凡前史所未載，亘古所未通，無不款關而求互市，我皇上如天之度，概與立約通商以牢籠之。今地球東西南朔九萬里之遥，胥聚於中國，此三千餘年一大變局也。西人專恃其鎗礮、輪船之精利，故能橫行於中土；中國向用之器械不敵彼等，是以受制於西人。居今日而攘夷，曰『驅逐出境』，固虚妄之論；即欲保和局、守疆土，亦非無具而能保守之也。」又言：「士大夫囿於章句之學，而昧於數千年來一大變局；狃於目前苟安，而遂忘前二、三十年之何以創鉅而痛深，後千百年之何以安内而制外：此停止輪船之議所由起也。臣愚以爲國家諸費皆可省，惟養兵設防、練習鎗礮、製造兵輪之費萬不可省。求省費，則必屏除一切。國無與立，終不得强矣！」光緒元年，因臺灣事變籌海防疏云：「茲總理衙門陳請六條，目前當務之急與日後久遠之圖，業經綜括無遺，洵爲救時要策。所未易猝辦者，人才之難得，經費之難籌，畛域之難化，故習之難除，循是不改，雖日事設防，猶畫餅也。然則今日所急，惟在力破成見，以求實際而已。何以言之？歷代備邊，多在西北，其强弱之勢，主客之形皆適相埒，且猶有中外界限。今則東南海疆萬餘里，各國通商，傳教，往來自如，麕集京師及各省腹地，陽託和好之名，陰懷吞噬之計。一國生事，諸國構煽，實爲數千年來未有之變局。輪船、電報之速，瞬息千里；軍火、機器之精，工力百倍；又爲數千年來未有之强敵。外患之乘，變幻如此；而我猶欲以成法制之，譬醫者療疾，不問何症，概投之以古方，誠未見其效也。庚申以後，夷敵駸駸内向，薄海冠帶之倫，莫不發憤慷慨，争言驅逐。局外之訾議，既不悉局中之艱難；及詢以自强何術，禦侮何能，則茫然靡所依據。臣於洋務涉歷頗久，聞見較廣；於彼己長短相形之處，知之較深。而環顧當世餉力、人才，實有未逮；又多拘於成法，牽於衆議，雖欲振奮而末由。《易》曰：『窮則變，變則通。』蓋不變通，則戰守皆不足恃，而和亦不可久也。」又言：「近時拘謹之儒，多以交涉洋務爲浼人之具；取巧之士，又以引避洋務爲自便之圖。若非朝廷力開風氣，破拘攣之故習，求制勝之實際，天下危局終不可支，日後乏才，且有甚於今日者。以中國之大而無自强自立之時，非惟可憂，抑亦可恥！」有識者讀公之疏，知公謀慮之遠也。公在畿疆三十年，晏然無事，朝廷依之爲萬里長城。當是時，竭忠謀國，所孜孜講求洋務，前後創辦者如設廣方言館於上海，設機器製造局於江南、上海、天津，設輪船招商局，開煤鐵礦，開漠河金礦，創建鐵路，築旅順船塢，設武備學堂於天津，設織布局於上海，設醫學堂於天津，設電報局，多購鐵甲船，築船塢，築洋式礮臺於大沽，挑選學生赴美國肄業，派武弁往德國學水陸軍械技藝，籌通商日本，派員往駐，創設公司船赴英貿易。凡所經營者，皆遠大之謨，皆中國應辦之事，其效雖未盡著，而其後終必驗也。

六年，中、俄議伊犁界，俄國兵輪游弋北洋，不敢近；時駐山海關則有曾公國荃，駐直隸樂亭則有鮑公超，駐天津則有公，淮軍名將劉銘傳、潘鼎新皆在京，周盛波、周盛傳、吳長慶等皆在北軍，宿將勁兵猶不少也。至八年法、越肇釁，朝議防籌畿防，公覆奏：「臣練軍簡器，十餘年於茲，徒以經費太絀，不能盡行其志。然臨敵因應，尚不至以孤注貽君父憂。」是時公所以自信者，實非虚語；外人亦謂北洋海防鞏固，非二十萬人不能攻旅順，非四十萬人不能攻天津、威海，故俄、法知難而退。

至光緒十九年，公年已七十矣，蒙兩宮賜壽，四方諸侯遠人皆來賀。好事者繪圖以傳，中外以爲榮。然公不無隱憂：中興賢相如曾文正公謝世已二十餘年，老成如左、曾、楊、彭、聯翩將帥少有存者，即前督淮軍名將皆老死。仁賢乏而空虛，禍患伏於未萌，而又以兵端不自我開誤之，明年二月，遂有中、日爭朝鮮之事。事機不順，著著落後：初派水陸軍至牙山，即不利；後陸軍潰於平壤、海軍挫於大東溝，失旅順、失威海，師徒撓敗，所喪實多，公於是威名大損。無何，朝廷以王尚書文韶代爲直隸總督，命公講於日本。二十一年二月，公奏帶長子參贊李經方抵馬關，與日本全權大臣伊藤博文、陸奥宗光開議，公不肯稍讓。至第三次，歸途遇刺客以小鎗擊公面傷顴，血滿袍服，或見之曰：「此血所以報國！」公憯然曰：「舍予命，有益於國，亦所不辭！」其慷慨忠憤之氣，日人亦敬之。時伊藤、陸奥躬詣慰問，謝罪甚恭，遂先將《停戰節略》畫押。朝廷聞之，傳旨慰勞，並派李經芳爲全權大臣；公雖創劇偃卧，猶授事機。和議成，請病假，居京師。

十二月，奉上諭：「明年四月初爲俄君加冕之期，派李鴻章爲正使，前往致賀。」公謝恩疏云：「臣以衰朽之餘年，沐生成之大德。但蒙驅策，豈避險艱！特以壇坫周旋，既異兵争之甚迫；風濤簸盪，尤非老病之所宜。非敢愛身，惟虞辱命。乃荷俯加勉勵，令效馳驅；念其遠涉之勤，勖以邦交之重。繹訓詞之深厚，真堪淪浹於髓肌；顧志力之衰頹，猶誓捐糜於頂踵。謹案《禮記》『大夫七十有適四方之事』，孔疏即指『遠聘異國』而言。今合五洲强大之區，儼同七國縱横之局；爲從來所未有，實交際所宜隆。況俄國本通聘最早之邦，而加冕又異俗至崇之禮；但有益於交隣之道，何敢憚夫越國之行！臣惟有勉竭愚誠，敷宣德意；期永敦於和好，冀仰答於恩知。一息尚存，萬程當赴。阻重深於山海，未改叱馭邛坂之心；夢咫尺於闕廷，猶存生入玉關之望。」二十二年正月，公陛辭，皇上念垂老遠行，恩賞公子經述三品銜，隨節出洋，以便侍奉。公又奏：「長子經方曾兼習西國語言文字，嗣充駐英參贊，遊歷法、德、美各邦，旋充出使日本大臣，於各國風土人物、往來道里均所熟諳；臣年逾七十，精神步履日見衰頽，若得李經方同行，則程途之照料、賓客之酬應，均可分勞。」詔許一併隨行。公致賀俄君加冕後，歷聘德、比、和、法、英、美各邦。八月，回中華復命，兩宮召見，慰勞有加。九月，奉上諭：「大學士李鴻章，著在總理各國事務衙門行走。」

二十四年八月，以外國交涉事，命公退出總理衙門。十月，奉旨查勘山東河工；旋授商務大臣，總督兩廣。及拳匪之亂，八國聯軍迫京師，兩宮西狩，公復拜議和全權大臣之命，於光緒二十七年七月，議定和約十二款。

九月二十七日，薨於京師之賢良寺，年七十有九。臨終，未嘗口及家事，惟切齒曰：「可恨毓賢誤國至此！」既而，又長吁曰：「兩宮不肯回鑾！」遂瞑焉長逝。行在政府得電報，兩宮震悼，照大學士例賜卹，予謚「文忠」，追贈太傅，晉封一等侯爵，入祀賢良祠，賜祭兩壇；又命於原籍及立功省分及京師建專祠。子經述，四品京堂，承襲一等侯爵；經邁，分部主事。

公少勵志節，有不可一世之概，以澄清天下爲己任。在籍治團練時，過巢縣明光店題壁詩云：「四年牛馬走風塵，浩劫茫茫賸此身；杯酒難澆胸磊塊，枕戈試放膽輪囷。愁彈短鋏成何事？力挽狂瀾定有人！綜覽渐凋旄節落，關河徙倚獨傷神！」「巢湖看盡又洪湖，樂土東南此一隅。我是無家失羣雁，誰能有屋穩棲烏！袖攜淮海新詩本，歸訪烟波舊釣徒。徧地槁苗待霖雨，閒雲欲去尚踟躕。」公時從戎四載，大江南北徧地烽烟，故聲情激越如此。公平生篤於舊交，輕財好義之舉，不可更僕數。克蘇州後，入覲，京中故舊餞别，各有所贈，傾囊過十萬貫。公非有意結納朝端，亦無當翰林時寒酸氣，未始非豪傑所爲。瑞安孫鏘鳴（渠田）先生，道光丁未會試同考官，公與沈文肅葆楨皆出其門，公待渠田先生尤厚。門生桐城吴汝綸（摯甫）有文行，嘗優禮之；公奏議遺集，多其手編。其接待常人，往往有傲慢輕侮之容，俯視一切，惟事曾文正如嚴師，執禮甚恭，有不知其然而然者。每日昧爽起，案上有一宋搨《蘭亭》，必臨摹百字。案無留牘，門無留賓，飲食起居有恒。處事當危疑震撼，百折不回，皆師法曾文正云。

雜録

備録

薛福成《庸菴文續編》下《書合肥伯相李公用滬平吴丁亥》 咸豐庚申辛酉間，粤賊陷據蘇、浙兩省郡縣。江蘇之境，自大江以南，皆淪於賊，其僅存者，則提督馮子材以一軍守鎮江府城；巡撫薛焕與署布政使、蘇松太道吴煦等皆棲上海，僅保松江、上海兩城與黄浦以東三縣而已。既而浦東之奉賢、南匯、川沙等城皆被賊擾，松江亦失而復得，上海屢受圍逼，勢岌岌。吳煦在滬，頗諳洋人性，能聯絡爲用，以厚餉募勇數千，使洋將華爾以泰西陣法部勒之，名曰常勝軍。戰稍有功，復以重利囑英、法兩國兵官。兵官欲保通商口岸，皆盡力助戰守。上海當江海綰轂口，雖寇氛日迫，而商賈輻湊，關稅釐金，視承平時旺數倍。煦執利權，亦頗有綜覈才，然宦江蘇久，爲積習所漸，不能自拔，且素不知兵，僅倚洋將禦賊。洋將恃功驕倨，緩則索重賞，急則坐觀成敗。巡撫以餉權在煦，而才又不如煦，儽然不能有所爲，嚅諾而已。前後募勇五萬餘人，以不能訓練，遇賊輒北。吳中紳耆避寇在滬者，皆知其危，屢議赴曾文正公安慶大營乞師。巡撫以下皆弗善也，然意雖不懌，而無辭以阻之。會巡撫爲言路所劾，朝廷密令曾公薦能勝撫蘇任者。曾公初欲薦沈文肅公葆楨，既念沈公雖精吏治，而軍事閱歷不甚深，乃薦幕僚延建邵遺缺道今伯相合肥李公，欲令創開淮軍風氣，以彌楚軍之闕。又議鎮江爲上游形勢必爭地，欲令駐軍鎮江，與揚州防軍聯聲勢，上可以會剿金陵，下可以規復蘇、常。是時，在籍戶部主事太倉錢鼎銘與紳士十餘人附輪艦西上，謁見曾公，力陳東南百姓阽危狀，欷歔流涕，繼聲長號。退至幕府見李公，復言滬濱商貨駢集，稅釐充羨，餉源之富，雖數千里腴壤財賦所入不足當之，若棄以資賊，可惋也。李公乃入言於曾公，定計徑趨上海。吳中士民不支民咨，醵財得白金十八萬兩，租西洋巨艦五，絡繹迎師，鼓輪東下，穿賊境千餘里。賊以其行之捷也，又心畏洋人，皆在江岸遙望，不敢何問。李公遂以同治元年三月，率所部楚軍及新募淮軍共五千五百人至上海，軍於城南。甫一月，奉命署理江蘇巡撫，而總兵黃翼升亦率水師十營東下，受李公節度。

初，薛煥等聞李公將至，內不自安，乃以鉅餉購英、法兩國提督代攻嘉定、青浦兩城，下之。洋人欲令李公分兵守兩城，李公曰：「吾所將數千人，皆戰兵也，能合不能分，豈區區守此二城者乎？俟鉅寇自來送死，觀我勝之。」已而，僞忠王李秀成糾賊數十萬來攻，洋人皆斂手不出戰，欲試李公能否，亦畏賊之悍且衆也。李公督諸軍力戰，破走劇賊，洋人始同聲歎服。賊復糾黨麇至，李公三戰三捷，滬防肅清。洋人益傾心，奉約束維謹，其兵官皆奮欲自效，以隨同殺賊爲榮，始漸得洋人死力矣。李公初奏明以籌餉責吳煦，既念煦管餉權多牽掣。前在安慶出兵時，曾文正公謂：「不去煦，政權不壹，滬事未可理也。」於是製造局、支應局，咸擇人任之，以分其權。一夕，李公便服跨馬踏月，直入道署，煦倉猝出迎。李公與談他事，款語良久，忽謂曰：「我忝爲巡撫，而此間所收稅釐確數尚未周知，聞君有簡明計簿，可借我一觀乎？」煦揣李公匆匆繙閱，未必能得要領，因檢十數本呈之。李公曰：「當尚不止此。」煦復檢呈數本，李公復索之，煦復呈之，如是者三。李公乃曰：「此事條目繁重，非今夕所能徧閱，我將攜歸詳閱之。」顧命從者取懷中黃袱挈之馳去。煦出不意，而無如之何。李公閱簿籍，益知上海餉源不竭，可大有爲也。於是疏劾道府數人，去煦羽翼，奏調安徽道員王大經總辦牙釐局事，已拔煦權太半。金陵官軍被賊圍甚急，徵援師於滬。李公乃奏派煦督常勝軍往援，以法蘭西人白齊文爲將。未及拔隊，白齊文倡衆索餉，大譟，因褫白齊文兵柄，煦亦以不善統馭罷職，自是餉權無旁撓矣。

當是時，每月稅釐所入，不下五六十萬金。而薛煥所募五萬餘人，皆疲弱不耐戰。李公稍稍淘汰幾盡，輒募淮勇補其闕，用楚軍營制練之，皆成勁旅。最後得水陸軍六萬餘人，四出攻擊，威聲隆然。西洋諸國火器精利，亘古無匹。中國初不知講習，諸軍皆畏其鋒而未能得其用。李公既與洋人習，聞見漸稔，以英吉利人戈登領常勝軍三千人，俾總兵程學啟挾以攻戰，精勁爲諸軍冠。又采用委員丁日昌條議，益購機器，募洋師，設局製造，頗漸窺西洋人奧窔。而淮軍各營，皆頗自練洋槍隊，助軍鋒。所用開花礮，大者可攻城，小者以擊賊陣、破賊壘，遂能下姑蘇，拔常州，連克嘉、湖諸郡。設非借助利器，殆不能若是勍且捷也。夫上海彈丸小邑，迫臨海濱，形如釜底，論古今用兵常理，謂之絕地可也。曾文正公議進軍必由鎮江，取高屋建瓴之勢，有深意焉。然上海自洋船互市以來，後路既無不通，西人各顧保護口岸，駕馭如法，可得其力。程忠烈公學啟嘗有言曰：「滬地四面臨水，汊港紛歧，雖賊衆數十萬來前，我軍即數百人，踞一卡，扼一橋，足以拒守。且由滬趨蘇二百餘里，輔以水師，則處處皆捷徑。此之謂天然形勢。」殆閱歷有得語也。自古用兵勝負，祇爭數端，曰：訓練精、器械利、財用足、形勢便。然焯然之財用、形勢，爭之者衆，其用易窮。惟上海初與各國通商，隱爲勝地，而世猶見謂庳陋迫蹙，故賊不以全力爭之，即傑士藎臣，欲憑尺寸樹功名者，亦所不爭也。蘇、浙兩省皆爲賊踞，道路壅隔，商貨流貤，必以上海爲樞紐，稅釐遂冠絕一時。而世但見謂創痍拮据，自顧不遑，故戶部無徵調之檄，鄰省無受協之款。惟如是而形勢財用，乃可專恃。然後招淮上之健卒，傳楚營之規制，研西法之竅要，開華軍之先聲，將士同心，上下齊奮，既克蘇州，而上下游之賊震惶失措，金陵、杭州，相次戡定。所謂擊中則首尾俱應者也。豈天特留此數者，以貽李公而啟中興之運者邪？夫既遭逢時會，當世尚忽不及覺，而李公之籌略閎遠，英氣蓋世，足以任之。淮南之豪彦雲興，策力兼懋，又足以輔之。且得程公智勇絶倫之將當一面，由是與楚軍代興，功濟寰宇，有以也夫！有以也夫！余於是憬然於大功之成，必先由蒼蒼者之默爲布置，非盡可以人力求也。

徐宗亮《善思齋文鈔》卷七《碑志・太子少保巡撫江蘇一等伯李公三吴紀功碑銘》 同治元年，詔以楚皖事靖，遺孽在三吴者征討稽時，其選文武重臣，宣布德威，以副東南士庶之望，於是中外大臣僉舉今太子少保、巡撫江蘇、一等伯合肥李公以應。公旋拜命，以淮軍三千人前駐上海。當是時，寇踞江甯爲巢，自蘇、常逮於嘉、湖，蜂屯蟻聚，至不可爬梳。獨上海一邑彈丸僅存，朝夕聞警，又東西夷互市集此，坐而觀變，民惴惴焉，内外是憂。公始以孤軍直前，從容鎮静，一時推爲仁者之勇。已而寇以數萬衆來犯，公督將力戰，斬獲不可勝計。如是數月，賊畏公，不敢復前。公乃厲士民以義，撫夷狄以誠，廣招募以壯軍威，寛降附以散逆黨。不二年，蘇、常在陷郡邑大小數十城，先後報復。其拔自寇閒來者十餘萬人，願爲兵入伍，歸農則資遣之，道路歡呼，數千里相聞，山陬海嵎，胥復舊業，蕃漢熙熙然各得其所。先是朝議，分軍勦寇，以專責成：其在江甯，則浙撫曾公國荃以楚軍督理；而嘉、湖二郡，故浙督左公宗棠軍府節制。公以蘇、常事竣，奏進軍嘉、湖，而嘉郡一戰遂克，公又遣軍入湖，助左公圍勦。於是江甯之寇，左右失援，將突圍竄湖，曾公乘之克其城，三吴遂平。有詔論功，公與曾公同晉爵，餘官如故，其淮、楚二軍將士封賞各以其等爲差。於是三吴士庶感公威德之盛，與世無極，願得伐石製辭，游揚後世，以昭聖代明良際遇之隆，謹拜手而作銘，曰：

維清受命，列聖纘承。覲光揚烈，祖武其繩。疆埸不戒，伏莽升陵。先皇造士，以光中興。猗歟我公，雷聲淵默。達則兼善，謀猷允塞。弈弈清門，代有令德。六龍齊駕，雲霄振翼。二楚三吴，干戈迭用。公來于于，勝不以衆。格其梟狼，鳴鸞叶鳳。諸葛攻心，千載伯仲。屬國天驕，泥首當車。若唐回紇，收京先驅。膚功以奏，惻念窮閻。雲屯十萬，市不驚呼。右威左德，奉命惟勤。撫兹孑遺，和氣藹春。簡僚乃慎，不以私親。薄税省罰，廣吾皇仁。公心如日，其度則海。小大相從，夙夜匪懈。走敵完鄰，餘勇賈倍。犬豕之牢，迎刃砉解。昔周與湯，名相先後。吴人至今，碑猶在口。公更崛起，再造童叟。願得金石，以永公壽。公庸既建，公志豈舒。入告嗣聖，賴爾嘉謨。輔相德業，惟懷永圖。史臣珥筆，大書屢書。

陳其元《庸閒齋筆記》卷六《江蘇督撫請減蘇松太浮糧疏》 吴中賦額之重，爲天下最。自明迄今，積困數百年。國初，巡撫如韓世琦、馬祐、慕天顔、湯斌，科道如吴正治、施維翰、孟雄飛、嚴沆、任辰旦，皆嘗特疏請減，格于廷議，不果行。近歲以來，益不支，而漕弊因之。官與豪猾相持，益畸輕重，而良民獨受厄。顧事屬重大，且自道光至咸豐二十餘年，軍事日棘，帑藏空虚，中外諸臣無敢發言者。同治二年，相國合肥李公鴻章巡撫江蘇，駐師滬上。時蘇、常尚爲賊踞，公目睹吴民流離困苦狀，博訪周諮，謂：「宜及此時乞恩，乃可以維繫人心，滋培元氣，而挽回大局。」遂與督臣曾侯上疏，請減蘇松太浮糧。公自屬疏草，剴切詳明，洋洋數千言，盈廷讀之，皆爲動色。天子仁聖，俞公所請。會大理卿潘祖蔭、御史丁壽昌相繼上陳，並及浙江之杭、嘉、湖三府。上乃特宜減賦恩詔，而以各疏下所司户部議，蘇、松、太減三之一，常、鎮減十之一，杭、嘉、湖三府如之。奉旨：「如議。」詔下，江、浙百姓歡聲雷動，五百年民困一旦以蘇。自是奠定三吴，肅清兩浙，兵燹殘黎得以休養生息，含餔鼓腹者，李公之力也。

陳其元《庸閒齋筆記》卷一一《李爵相奏開輪船招商局》 李爵相既平粤賊後，于同治四年，先在上海開機器局，以製造洋鎗、洋礮及銅帽、洋藥諸軍火。比督兩江，于金陵亦設製造局。曾文正公再督兩江，仍踵行之。嗣福建創造輪船，文正公亦令于上海兼造。數年來，已成八艘。十二年，又仿造鐵甲船一艘。洋人所能者，我盡能之矣。十三年，李爵相又奏開輪船招商局，共集資一百五十萬。官給二十萬，商集百三十萬。先購買外國輪船，而以機器局所造之輪船益之，以運江浙二省漕糧。漕運既畢之後，准商人雇載，赴外洋及各海口銷售貨物，以分洋船之利。無事則運糧販貨，取其資爲脩購船隻之用；有事則用爲戰船，以之巡防，以之攻擊，蓋一舉兩得之術也。光緒元年，于招商局内又分設保險公司，以保輪船，先由商集資十五萬。本局之船可以無須向外國保險，而外國之船我轉可保之，則保險之利亦分之矣。李、左二相國所以爲國計民生籌畫者，至矣，盡矣。惟鐵甲船之造費，較輪船十餘倍，只能爲攻戰之用。且船身太重，時虞擱淺，若海口以最巨之礮擊之，亦不能抵禦。此時英國已經停造。計數年之後，各國未必踵行，則我國亦似可不須效顰也。

陳康祺《郎潛紀聞四筆》卷七《曾國藩歎李鴻章難與共患難》 曾文正駐節祁門，敵氛日逼，勢危甚。時今相國合肥李公，適請假回西江寓所，幕府中僅數人，日作楚囚之對，嘗中隨員多將行李置舟中爲遠避計。文正一日忽傳令曰：「敵勢如此，有欲暫歸者，給三月薪水，事平來營，吾不介意也。」衆聞之，感且愧，人心遂固。後在東流軍中，欲保一蘇撫而難其人，衆推合肥才氣無雙，堪勝此席。文正歎曰：「此君難與共患難耳！」蓋猶記前事也。卒之歷數時賢，無出合肥右者，仍以其名上，並助以精兵宿將，竟克蘇城。迨捻匪肅清，淮勇威聲與湘勇埒，而文正遂隨事隨時，志存退讓矣。康祺竊謂文正此舉，固足見謀國之忠忱，用人之雅量，然合肥在當時既無官守，又無兵權，慈母高年，僑寄隔省，落落蓮花幕中，究不得以謀人軍師之義苛繩之也。

備論

吳汝綸《桐城吳先生文集》三《祭李文忠公文》 男闓生謹按：元稿韻下有「欲取彼長，使失所挾」八字，定本無。 嗚呼我公。國之蓍蔡。老謀長算，勤往謗歸。卒安天下，名故不瘵。上海誓師，死地背水。賊籠全吳，王土無咫。望公旌旗，風靡氣死。乃疆乃理，南東漸海。分功金陵，牢讓不有。再清中原，卒事徒駭。群公環師，勞孰與齒。洗兵解甲，于京告功。出鎮荊楚，有事梁雍。偏陬么麼，褻我全鋒。詔衛郊畿，兼控海邦。于時天下，交口譽頌。大地五洲，强國麻立。挾其長技，款關競入。公一懷柔，談笑和輯。上自宮壺，親賢樞密此韵依東坡。倚公扞城，棱威四讋。

公功所積，謗亦叢集。衆聾獨昭，毀異妄習。附者妒能，污者橫擊。期欲敗公，而國岌岌。開怨近鄰，敗若朽拉。出疆議和，遇刺及睫。生歸困讒，威脫權劫。啣命遠聘，環歷地圖。名王大豪，過禮益虔。下逮走卒，僮兒婦人。一見矜寵，闐道笑歡。國威新挫，由公而尊。歸復傷讒，功不得論。命聽外政，通蔽柔驕。又以謗退，不近愈疏。廣州之行，我聞有命。維匡彌縫，不隕國門。禍變卒發，鑾輅蒙塵。有詔敕公，「旋乾轉坤」四字詔語。勇入九軍，定盟珠槃。還我天下，再居之安。

在咸同世，中興四佐。曾公稱首，次胡次左。公師曾公，與爲唱和。聳身山立，視世少可。曾公即世，鉅艱獨荷。强力忍詬，旁無助我。鄙儒小拘，持冰入火。有舌燒城，用忌蘊禍。閎毅之謀，敗于叢脞。幾如是爲，而國不挫。蓋公外交，厥有專美。五洲推高，屈一二指。維昔三賢，治兵方內。及若交鄰，皆所未逮。公功與并，益以馭外。遠撫長駕，繄獨公最。彼昏不竊，撓成使敗。已敗縮手，救乃公恃。今之媾和，存亡攸系。沮事之議，尚茲紛起。一任譽毁，爰竣爰濟。謚公曰「忠」，公論斯在。

我承凶問，戒車在行。一市竊語，交走相驚。曰「吾且死，賴公有生。公今已矣，誰與嗣公」！不佞在門，或仕或止。迹疏意親，謂公知己。彌天一棺，傷曷云已！粗述碩休，用侑歆祀。尚饗！

《續碑傳集》卷七朱孔彰《李文忠公別傳》 評曰：李文忠所處，實中國開闢以來未有之變局。外患憑陵，一蹶不振，豈公所及料邪！然跡其劬劬如畏之心，畢生敬事曾文正而學有本原。初平髮捻，威震華夏；後乃屈心抑志，忍尤攘詬以濟時艱，可謂難矣。嗚呼！可謂忠矣。

《李文忠公全集》卷首《國史本傳》 護理直隸總督周馥奏陳鴻章歷年勳績，略云：鴻章初起上海時，曾國藩謂自古東南用兵，鎮江爲必爭之地，上海孤軍難立，戒令駐軍鎮江，詔旨亦屢以爲言。鴻章則謂，上海餉源所出，已軍又上海士夫所請，不可背棄以孤衆望。軍固有遥爲聲援，置之死地而後生者，卒從上海逆入。及剿捻，防運至主客異議，終持不變，以有成功。曾國藩陳奏平捻之功，推鴻章之定謀以此。曾國藩平日最稱鴻章有大才，然猶以未遇逆境爲疑，及見其剿辦西捻，迭奉嚴旨，而夷然順受，果毅不撓，於是又歎其進德之猛。自中原罷兵，移督直隸，坐鎮天津，辦理內治、外交，以一身繫天下安危者垂三十年。二十六年之變，召入京師，行至上海，道路阻兵，不能前進，北禍益急，聯軍大集，天下望鴻章如大旱望雨，朝廷亦有旋乾轉坤之諭。逮鴻章既入，敵軍通國，隱然有恃，由是千磨百折，卒定和議。遠方聞者或未盡滿意，而鴻章實已心力俱竭，遂至一疾不起。各國公使及其水陸兵官來唁者四十餘人，同聲致詞，皆言數月前相與議約，鴻章所爲，皆他人不能爲之事，足見外國具有公論。伏查鴻章與曾國藩謀國忠誠，決策英斷，不搖浮議，不顧毁譽，略相倫等，其任事勇鋭、赴機捷速、不爲小廉曲讓，則鴻章有獨至孤詣，自壯至老，歷嘗變夷險，未嘗一日言退，嬰疾病，不輕乞假。嘗言曾國藩晚年求退，爲無益之請。受國大任，死而後已，朝廷豈肯放歸。馬關定和而還，論者未已，所親勸令乞歸，答言於國實有不能恝置之誼，今事敗求退，欲安歸咎。人知鴻章之忠勤愛國，非淺見所能窺測。其英風壯采，邁往不屑，同時輩流，無足當意，而宅心仁恕，遇故舊由有恩紀，平吳所得賊糧，平捻所餘軍米，悉以散之居民。其事君小心，得一語之褒，矜寵見於詞色。奉嚴旨絶無怨尤，其天性也。浙江巡撫任道鎔相繼疏陳鴻章勳績，請於山東、江蘇、浙江各建專祠，詔如所請。子經述襲侯爵，候補四品京堂，以毀卒，别有傳。子經方現官候補四品京堂。經邁現官候補三四品京堂。孫國杰襲侯爵，現官委散秩大臣。弟昭慶以員外郎從曾國藩軍營，同治元年冬粵匪□皖北，迭踞和州、含山、崇縣，時淮軍新立，國藩奏留五營分防無爲、廬江，以昭慶爲統領，屢擊敗賊。危城孤軍，屏蔽沿江，屹爲重鎮。同治元年，鴻章赴上海，昭慶以八營從克常州各城，解常熟等處□，拔勦嘉興、嘉善、楓涇、西塘各城隘，並爲軍鋒。四年，國藩以欽差大臣勦捻，奏稱昭慶英毅穩練，並於諸兄，令總理馬步全軍營務處，統武毅、忠樸等軍。及鴻章代爲欽差大臣，昭慶皆爲前敵，轉戰於鄂皖東豫之交。賊騎剽疾，日馳逐數百里，或勸少休，輒歎曰：賊勢縱横如此，民間盼救如解倒懸，收禪勞乎？昭慶故善戰，尤能堅守，先後畫守運河，遏賊北竄，又移守六塘河、劉老澗各處，遏賊南下，最爲當時所稱。八年，淮軍凱撤南還，分營留防江淮。兩江總督馬新貽以昭慶與各將領相習，奏留辦理淮軍營務處。十一年六月卒，年甫三十九。昭慶從軍最早，與兵事相終始，勳望與同時諸將相等，所部多以積功至大官，顧以鴻章親嫌，敘功輒辭不受。治軍十餘年，大小數百戰，未嘗列名薦牘。初由員外郎捐資爲道員，粵匪平，國藩奏請賞戴花翎。捻匪平，特旨以鹽運使候補。人皆服其功，尤多其讓云。卒後，兩江總督李宗羲、江蘇巡撫張樹聲，以昭慶功績上聞，傳旨優卹，贈太常寺卿。光緒二十九年，山東巡撫周馥以士民追思其勳捻功，奏請宣付國史館立傳，並附祀鴻章山東專祠。

藝文

李鴻章《李文忠公遺集》卷六　二十自述壬寅

蹉跎往事付東流，彈指光陰二十秋。青眼時邀名士賞，赤心聊爲故人酬。胸中自命真千古，世外浮沈祇一漚。久愧蓬萊仙島客，簪花多在少年頭。

每到春初酒價賒，驚心老大漸相加。三年白下增詩債，十載青氈易歲華。馬齒記從今日長，龍頭休向昔時誇。因循最誤平生事，枉自辛勤讀五車。

丈夫事業正當時，一誤流光悔後遲。壯志不消三尺劍，奇才欲試萬言詩。聞雞不覺身先舞，對鏡方知頰有髭。昔日兒童今弱冠，浮生碌碌竟何爲。

暮鼓晨鐘入聽來，思前思後自徘徊。人生惟有青春好，世事須防白首催。萬裏請纓終子少，千秋獻策賈生推。愧予兩字功名易，小署頭銜裴秀才。

俞樾《春在堂詩集》卷二二　靖園

李文忠公之薨也，詔書有「忠靖」之褒，賜謚「文忠」以此也。吳下專祠成，余以靖名其園，紀天語兼順輿情，蓋公之功始於戡定三吳，吳人至今思之也。昔公遺疏上聞時，忠靖深蒙聖主知。賜謚曰忠真不愧，名園以靖亦其宜。細懷戡定三吳日，實切謳吟百世思。從此山塘添勝景，游人爭賦靖園時。

張樹聲部

綜述

《清史列傳》卷五三四《張樹聲傳》 張樹聲，安徽合肥人。咸豐三年，粵逆竄皖北，樹聲由廩生倡練鄉團，助剿疊有斬獲，累功洊保同知。同治元年，兩江總督曾國藩檄令守蕪湖，旋調赴無爲州。防剿出力，以知府留於江蘇補用。二年六月，剿賊江陰，與遊擊周盛波攻毁麥市橋賊營。捷入，命以道員仍留江蘇，請旨簡放，並賞戴花翎。九月，隨官軍進規無錫、金匱，擊賊於芙蓉山。賊分股襲官軍後路，樹聲麾隊迎擊，賊大潰，奪戰艦器械無數。江蘇巡撫李鴻章上其功，賞卓勇巴圖魯名號。時僞忠王李秀成、僞侍王李世賢率黨十餘萬來援，樹聲會周盛波軍，分路奮擊，大敗之。十一月，克無錫、金匱縣城。李鴻章奏稱樹聲謀勇兼裕，功績甚偉，賞三品頂戴。樹聲乘勝率十二營趨常州，連破白家橋、三里橋賊卡，拔附城石壘多座。三年正月，敗賊於西石橋，復敗丹陽援賊。適華市楊舍賊爲官軍所敗，將他竄，樹聲遏三河，斷浮橋，擒斬甚夥。三月，連毁常州城外賊壘。四月，克之。七月，復湖州府城。上以樹聲堅忍百戰，積功甚多，賞二品頂戴，以按察使遇缺題奏。四年五月，署江蘇徐海道。十一月，授直隸按察使。六年，捻匪由河南之南陽，竄洧川、尉氏、中牟等縣，敕樹聲馳赴直隸大名，督辦防務。七年，以防剿出力，下部優敘。八年三月，調補山西按察使。直隸總督曾國藩奏暫留樹聲清理積案，允之。九月，兼署直隸布政使。九年，授山西布政使，尋護理山西巡撫。十年，授漕運總督。十一年七月，署理江蘇巡撫。十月，署兩江總督，兼辦理通商事務大臣。十一月，奏江南北歉收情形，請分別蠲緩上元等屬錢漕，詔如所請。十二年正月，授江蘇巡撫。十三年六月，奏請以江蘇太倉州先儒陸世儀崇祀文廟，敕下部議行。九月，丁繼母憂。光緒三年，服闋。五年正月，授貴州巡撫。閏三月，調廣西巡撫。

先是，總兵李揚才在廣東靈山等處糾集匪徒，肆擾越南。詔褫李揚才職，命督撫臣派兵馳截。洎樹聲之任，仍命會剿。十月，平之。十一月，授兩廣總督。時苗匪王幺糾黨竄擾西林縣界，武宣縣積匪黄老受等亦圖撲縣城，樹聲檄討，悉平之。六年八月，劾廣東按察使張銑精神委頓、瓊州鎮總兵殷錫茂器識庸暗，均請勒令休致，允之。十月，因兩廣鹽務疲滯，運司何兆瀛年力衰頽，委用非人，頗招物議，奏開何兆瀛缺。八年二月，署理直隸總督，兼署辦理通商事務大臣。四月，以擅調翰林院侍講張佩綸幫辦北洋水師事宜，經侍講學士陳寶琛劾論，命交部議處。七月，交卸通商篆務。先是，六月朝鮮内亂，燬日本使館。上命樹聲派軍援剿。時日本兵艦連檣至，日使花房義質以五百人駐王京，與朝鮮議約，百端要挾。樹聲檄提督丁汝昌等會同提督吴長慶率師疾馳至，日使不虞大軍之突入也，遂成約，尋盟而退。於是吴長慶等宵攻亂黨，悉殲其渠，亂遂定。八月，奏入，上嘉樹聲相機調度，督率有方，賞加太子少保銜。十一月，因病奏請開缺。諭賞假調理，毋庸開缺。九年正月，署北洋通商大臣。

六月，命回兩廣總督任。十年三月，駐防越南官軍爲法人所敗，北寧失守，樹聲自請嚴議。上以樹聲職任兼圻，咎有應得，但屬鞭長莫及，加恩改爲交部議處。四月，復因病請開去總督，專治軍事，允之。尋奏廣東積弊，上責以在任數年，何不早爲整頓，直至交替在即，始行陳奏，實屬意存諉卸。先是内閣學士周德潤劾巡撫倪文蔚於知府鄒觀皋徇私濫保，命樹聲查奏。樹聲覆稱查明無弊，請免議。周德潤復劾樹聲覆奏欺飾，詔下部議處。議上，奉旨加恩，改爲革職留任，仍督率所部辦理廣東防務。

十月，卒。總督張之洞等代進遺疏，並奏稱樹聲忠偉誠懇，識量過人，平時治事，纖悉縝密，若拘謹已甚。遇大利害，當機立斷，無稍回惑。即如朝鮮之役，非樹聲赴機神速，其不爲越南前事者僅矣。時事方艱，一時封疆舊臣如樹聲，文武兼資，通達中外機要者已不多有。不獨臣等痛失同志之助，尤不能不爲國家惜此人也。諭曰：「前兩廣總督張樹聲才識優長，勤能練達。咸豐同治年間，從事戎行，戰功卓著，由道員洊擢封圻。於吏治營伍，馭遠籌防諸務，均能實心規畫。前因患病，准其開缺，仍留辦廣東防務。正資倚畀，兹聞溘逝，悼惜殊深。加恩著照總督例賜卹，並將事績宣付史館立傳。任内一切處分悉予開復，應得卹典，該衙門察例具奏。」尋賜祭葬，予謚靖達。十一年，大學士李鴻章奏言：「樹聲前在江蘇勦賊，大小數百戰，叠克名城。嗣官直隸，政績卓著。請於立功地方一體建立專祠。」尋復奏言：「廬州合郡紳士江蘇題補道吴毓芳等三十人稟稱，咸豐三年以後，粵逆竄擾皖北廬郡一帶，土匪蠭起，內外交訌，幾至不可收拾。經張樹聲與其弟原任廣西右江鎮總兵張樹珊毀家紓難，倡辦鄉團，擒治土寇。復率練勇出境剿賊，疊克含山、六安、英山、霍山、潛山、太湖、無爲等州縣。太湖一役，以五百人陷陣破逆酋陳玉成數萬之衆。嗣桐城官軍潰退，廬郡失守，粵賊到處裹脅焚殺，捻逆龔、張、孫、苗諸大股往來肆擾。張樹聲嚴申禁令，不准鄉民從賊。先平肥西匪寨，繼敗捻酋張落刑於官亭。就周公山下堅築堡寨，阻河爲險。陳玉成又率悍賊兩次圍攻，皆設計敗之。遠近襁負來歸之民咸知其制寇有方，相依爲命，力行堅壁清野之法。張樹聲與諸團長聯絡援應，如劉銘傳、周盛波、周盛傳、唐定奎等皆同時築堡禦賊。百數十里間，寨壘相望，耕戰相資，屹立賊藪中六七年。南仇粵逆，北拒捻氛，大小數百戰，斬馘無數。厥後練成淮軍，剿平粵捻，實由此立其基。張樹聲以一諸生倡率忠義，支拄艱危，罕有其匹。迄今父老追思，往往隕涕。惟原籍合肥縣祀典尚缺，請一體建立專祠，以資報享。」疏入，均得旨允之。子華奎，四川建昌道。

吳汝綸《桐城吳先生文集》卷二《張靖達公神道碑》 公諱樹聲，字振軒，合肥縣學生員。曾祖監生世科，祖傑，父府學生蔭穀，三世皆以公貴，贈光祿大夫，妣皆一品夫人。合肥自咸豐初遭洪楊之亂，豪傑并起，收召徒黨，勒習軍陳，與死賊抗拒六七年。及相國李公治軍上海，諸公各提閭里子弟爲軍，猋起景附，從定江南，席卷中原，再剗劇寇，遂爲國家勁旅，天下稱爲淮軍，公其一軍也。始諸公初起閭里，皆散處四野。公獨以謂寇來無方，不得地利，不足自葆。就於是創結堡塞，阻河山爲險。嘗據堡擊卻悍賊陳玉成，由是諸公先後仿依爲堡，百數十里間，連屯相望，賊豕突狼顧不得便利，淮甸以不大蹂。皖將帥上公功，累官候選同知。先是，諸公以武節相侈，快恩仇，務兼并，互爲長雄。而公以諸生周旋其間，獨用儒雅遜讓爲義，諸公多訾笑之。公既倡爲堡塞，及後李相公從曾文正公軍江西，公又遣間使走江西軍貽書李公，論賊形執利鈍，及鄉勇可倚辦賊，狀甚具。曾公見其書，大奇之，詫曰：「獨立江北，今祖生也。」由是公名始顯聞。同治元年，以軍從李公上海，會諸軍擊賊泗涇，大破之。福山降賊復叛，會攻福山，拔之，遂會攻江陰、無錫，克之。會圍常州，別將卒三千，橫截援賊，夜鏖之三河口，禽斬萬計。還軍薄常州，先登克之。移師入浙，會克湖州。江南既平，積功補徐海道。

公自始起從李公上海，訖平江南，凡三年，未嘗離李公軍。及是始釋兵之官。而曾文正公督師剿捻，駐徐州，公朝夕受事。逮後陳臬直隸，曾公又爲直隸總督，故公爲吏隸曾公爲多。及晚爲大吏，則又與李公相資濟云。李公伉爽，不爲謙。諸所部將帥皆果執進取，或不相絀下，獨公退讓逡逡，與諸公折節交驩。既從曾公爲僚，見曾公深自約敕，則傾心慕效其所爲。好士親賢，見後進有文字論議忠亮，輒罄折禮下之，唯恐不當。好推薦賢士，所薦或起家至封疆，公顧未與識面。以此中外名士翕然歸嚮，歆以謙德。然公雖執謙讓，至國家有緩急大事，則忠勇勃發，不可稍遏抑也。在徐海未幾，遷直隸按察使，與平捻亂，遷山西布政使、漕運總督、江蘇巡撫，署兩江總督，所至有績。回任江蘇，丁繼母憂，去官。光緒四年，服闋，入見天子，面論二事，一停捐例，一變通綠營。時論益附，唯天子亦注意用公。補貴州巡撫，未至，調廣西巡撫。以平李揚才功，遷兩廣總督。摘猾勵廉，風改化漸。會李相公居憂，調直隸總督、北洋大臣。朝鮮亂，燬日本使館。是時廣東水師提督吳武壯公長慶防海登州，公傳電諜之。李公急檄武壯東渡，武壯自登州率師三千，用一日夜，徑抵仁川，直入朝鮮國都，取其大院君李昰應，送天津，朝鮮大定。日本海軍遲一日至，頓兵海口，錯愕不能發。事聞，上大賢公，進階太子少保。九年秋，法蘭西侵越南。越南人來乞師，中外士大夫斷國論者皆以爲當救，於是朝廷決意用兵。是時李相公已還鎮天津，公方以病休假，聞越釁，即疏請出南關督師，不報，命還廣東治軍防海。至則扼長洲險隘，築礮壘，益募兵教練，傳電西國，購大礮、兵槍、水雷之屬。自廣州至龍州，創設電綫，規畫粗具。而廣西關外軍敗挫，公聞益憤切，請解官，專一治軍，報可。已而奉命督師關外，又奉命援閩，而廣東大吏輒疏請留公。公亦疾甚，不可爲，遂以十年九月卒於黄浦軍中，年六十一。遺疏入，天子震悼，宣史館立傳，予謚靖達。李相公爲再疏，請直隸、江蘇及安徽皆立專祠。

公前娶陸夫人，生二子，曰華奎，己丑科進士，四川川東道；曰雲霖，縣學生員。女一，適劉某。繼娶吳夫人，生一子曰雲鵠。公終始兵間，神思縝密，臨敵堅重，不爲表襮。在粵東，位望益高。軍旦夕警，中外恃賴以無恐駭。善官文書，在軍在官，決事有程，暇輒不廢記覽，於淮軍中最爲儒將。其從行間入官，及擢任疆吏，亦於淮軍諸公最爲先達。爲政務持大體，不爲煦煦小惠。

雜録

備論

吴汝綸《桐城吴先生文集》卷二《張靖達公神道碑》 皇督九夷，荒遐四歸。

有仗懷濡，決藩內閫。伏戎乘墉，孰褐不憤。嗚乎我公，雖死猶奮。予伐不究，激懦則多。彼驕亦摧，以卒交綏。匪知匪勇，茲艱孰抗。及在醜夷，則穨然喪。不卒其施，委祉其延。我銘式旌，勞臣之阡。

曾國荃部

綜述

《續碑傳集》卷三〇朱孔彰《曾忠襄公别傳》 曾公國荃，字沅浦，文正公之弟也。少負奇氣，倜儻不羣。年十六，隨父至京師，從文正讀書，憚其嚴，不肎竟學，未幾還湘鄉。然文正獨奇之，嘗賦詩曰：「辰君平正午君奇，屈指老沅真白眉。」辰君國潢、午君國華，皆公次兄也。道光二十七年，以府試第一入縣學，旋舉優貢。

咸豐六年，文正困於南昌，公在長沙思捄兄難，募勇三千人援江西，克安福，進攻吉安，戰屢捷。明年，丁父憂，自營奔喪。六月，廣昌、樂安賊麕聚吉安，周鳳山等圍吉安，敗潰。時王公珍病殁樂安，劉公騰鴻攻瑞州陳亡，士氣沮喪，於是湖南巡撫駱公秉章、江西巡撫耆齡公奏起公統吉安各軍，軍復振。八年，築長圍困賊，屢擊卻外援。秋八月望，克之，論功由同知保知府加道銜。江西全省肅清，公撤軍還湘，獨留吉字二營從文正於建昌，假歸長沙。

俄寇復至江西，公復出，至撫州，合舊部新軍五千八百人，公總領之。攻賊於景德鎮，三戰三捷，遂復景德鎮，江西再肅清。胡公林翼廣求將才，調赴黃州，由是公屬湖北軍。湖北軍三路謀皖，公先還湘增募，領萬人圍安慶，大破賊酋陳玉成於城外。十一年四月，賊踞集賢關，築壘十三，公掘長濠困之。石牌賊分黨襲屯後，力戰六晝夜，卻之，遂攻破城外三石壘及菱湖兩岸壘，先後禽斬數萬，安慶城外賊營俱盡。八月丁巳朔，克安慶，賊黨殲焉。先是，京師欽天監瞻天文，奏明年某月某時日月合璧，五星聯珠，國家有非常祥瑞，至是果驗。說者謂：「蕩平南服之機肇此。」公以力戰功，記名按察使，賞穿黃馬褂。公乘勝東下，九月薄廬江，奪泥汊口、神塘河賊壘，下無爲，克運漕、東關。浹旬之閒，連克城隘，分軍扼守焉。躬還安慶，與文正商定增募湘勇直擣金陵之策。穆宗即位，公以前功加頭品頂戴，補浙江按察使，擢江蘇布政使。時二省淪陷，詔在軍督勦。

同治元年二月，公率新軍六千至自湘，循長江北岸進軍，公弟貞幹循南岸進軍，水師中流直下。南岸破賊荻港、舊縣、三山夾、魯港，克繁昌、南陵二城；北岸破賊望城岡、銅城閘、雍家鎮，克巢、含山、和三城，又攻克濡須口、西梁山，沿江北岸賊壘悉破平之。四月，公引軍南渡江，會水陸各軍下太平，拔金柱關、東梁山賊寨，復蕪湖，沿江南岸賊壘悉破平之。公軍獨克大勝關、秣陵關、三汊河，又會水師拔頭關，江心洲、蒲包洲賊壘皆下。

五月甲申，進屯金陵城外雨花臺。自江南大營以兵七萬屯八年，卒潰退。公軍合水師不滿二萬，文正以爲孤縣未可輕進，屢議退軍，公策曰：「諸軍士自應募起義，人人以攻金陵爲志，今不乘勢薄城下，還軍待寇，曠日持久，非利也。若舍金陵老巢弗攻，置將士於閒地，浪戰而意怠，功必無成。逼城而屯，亦足以致寇，軍勢雖危，顧不可求萬全。」於是文正許之。時金陵城外賊堅壘以百數，公駐軍僅南面一隅，賊所習見，無恇思意，常出大隊來犯，公屢擊卻之。又值疾疫大作，皖南諸軍死亡山積，金陵圍師軍士傳染，十幕而五不常爨。閏八月，疫猶未已，將士方資休息，而賊酋李秀成自蘇州糾大衆援金陵，號六十萬，結二百餘壘，環攻十晝夜不休，用西洋火器擊我軍，所當糜碎，部將倪桂中礟殞，公面受鎗子傷，血流交頤，裹創巡軍，衆心以安。浙江賊酋李世賢復來助秀成，開地道，用火藥轟官軍壘壁，隨破隨築。公令軍士於營中掘隧迎之，手持令，不得瞑四旬餘。賊又來襲我糧道，公一夕築小壘無數屬之江，力戰卻之。當是時，士卒以軍中爲家，將帥爲父母，不約而親，不謀而信，故能同心以禦彊寇。

十月庚申，寇亟攻。公下令開壁大戰，俘斬數萬，圍乃解。世賢遁廣德，秀成遁江北，公分軍追擊破之。又以水師困於蕪湖，分軍守東西梁山，文正憂懼，猶欲令公乘勝撤圍。或議退保蕪湖，公曰：「賊以全力突圍，是其故技，向公、和公正以退致挫，今若蹈其覆轍，賊且長驅西上，何蕪湖之能保？況賊烏合無紀律，豈可見其衆而自怯？」至二年春，文正視師，駐公營十日，見圍屯堅定，始無退軍之議。公旋擢浙江巡撫，仍留金陵。

四月，攻破南門外石壘十，會水師克下關、草鞋夾、燕子磯、九洑洲，公軍又攻破長干橋、印子山、上方橋、江東橋賊屯，分軍克博望鎮、上方門、高橋門、土山、方山、七甕橋、中和橋賊壘。九月，克秣陵關僞城。於是金陵西南、東南隅賊往來之路斷。十月，攻下城東隅賊壘二十三，分軍扼孝陵衛。三年正月，攻克鍾山石壘僞號天保城，分軍扼太平、神策二門，城圍乃合。賊縱男女七八千人出城以節食，又有夷人以輪船載糧，夜用三板運至中關濟賊，公並擊之，由是賊糧亦斷。五月，攻克龍脖子山陰堅壘僞號地保城，遂督軍日夜環攻。築高壘瞰城中，積潦蒿覆沙土其上，以避鎗子。治地道於下，三晝夜隧成，實空棺火藥，轟陷城垣二十餘丈，公親冒矢石衝殺入城，時三年六月十六日也。於是搜殺數日，生縛賊酋李秀成、洪仁達於僞天王府，掘得洪秀全屍焚之，賊黨死者十數萬人。李秀成者，僞號忠王，賊中最有名，所部皆悍黨。秀全見官軍攻急，先一月飲藥死，大衆皆秀成統之。秀成以所乘駿馬與小天王洪福瑱，使逸，故獲。獲時訊供，在囚籠中三日書七萬餘言，敘其初起及與官軍戰至就禽極詳。本欲獻俘，因別禽賊目見秀成皆長跪，解京路遥，恐中變，因即誅之。論者謂：「禽洪福瑱無足重輕，不得秀成，賊不滅也。」於是，天子褒功，錫封一等威毅伯，賞戴雙眼花翎，加太子少保。

乞病歸，旋授山西巡撫，不拜。五年，遷湖北巡撫，復引疾歸。十三年，起用陝西巡撫，改東河總督。光緒三年，復撫山西。適三晉奇荒，赤地千里，公走書告貸各省，勸民助振，其言至痛楚，先後放振銀一千三百萬兩，米二百餘萬石，活饑民六百萬人。籌善後，蠲徭役，歲省民錢百萬緡。晉人德之，爲立生祠。六年，俄人渝盟，詔赴山海關防海。俄人憚公威，不敢近，和議遂成。擢陝甘總督，未赴，散兵歸里。八年，權兩廣總督，內召攝禮部尚書。十年，授兩江總督。上親政，加太子太保。初至江南，值法國啟釁，公在吳淞、江陰設立礮臺，布置嚴密，彼族不敢狡焉思逞，江防以固。迨鄭州決口，力籌河防，濬深張福口引河以資宣洩，堅築裏下河長圩爲捍衛。又振蘇、皖水災，兼顧浙鄰，籌助畿輔振，一年之中集款百萬。上分宵旰，憂勤遺言，以外國雖和好，不可一日不嚴江海之防。憂深慮遠，忠愛之心溢於言表。

以光緒十六年十月二日薨於位，年六十有七。遺疏入，天子震悼，追贈太傅，賞銀三千兩治喪，賜祭一壇，予謚忠襄，詔入祀京師昭忠賢良祠，並於湖南原籍、江南省城建立專祠，凡立功省分皆準建祠。子二，紀瑞、紀官，早卒。孫三，廣漢，特用主事，襲爵；廣江，附生，賞舉人；廣河，員外郎。曾孫三：兆龍、兆祥、蔭椿，俟及歲時由吏部帶領引見。

公性爽邁，不屑屑於小節。輕財好義，爲人謀衣食常恐不足。推心置腹，任人不疑，故豪傑樂爲之用。奉禄悉以周貧，族戚故舊待舉火常數百家。幕客宋紹祁死，贈三千金養其孤，濟人之急類如此。治軍則嚴而有恩，時設賞以勵戰士。統大衆止屯處，秋豪無所犯。其圍安慶也，遏集賢關悍寇，相持百日，堅忍以待其敝。胡公林翼歎曰：「雖條侯用兵，不是過也。」然公常謙抑，自稱弱將，疊克名城而無喜色。自平江南歸，杜門謝客，以書帖自娛，有印章曰「句當江南公事回」，不矜不伐，洵與曹武惠比隆矣。其督兩江，常病足，卧閤無爲，兼用黃老術，務清静化民，大江南北伏莽潛消。爲治責大指，不苛細，晚年尤純乎仁愛。金陵爲公百戰所克，出民水火，故感人彌深。百姓先建懷德祠祝長生，及公薨後，尤謳思不忘云。

評曰：「中興撥亂，忠襄之勛爛焉。初起時爲文正畫三十二策，無不效，文正是以知其能用兵也。其後量益宏，學益純，恢廓有容而德業彌峻。《詩》云：『有斐君子，終不可諼兮。』蓋與文正同休矣。」

《清史列傳》卷五九《曾國荃傳》 曾國荃，湖南湘鄉人。咸豐二年，優貢。六年，逆匪竄江西，陷吉安。國荃與前吉安府知府黃冕請於湖南巡撫駱秉章，勸捐募勇，得三千人，親率赴援。以始攻吉安，號曰吉字營。十一月，師次江口，距安福三十里。賊分路來拒，國荃揮軍擊敗之，乘勝克縣城，連破賊於大汾河、于金坡，賞加同知銜。七年二月，丁憂回籍。十月，江西巡撫耆齡奏請起復國荃治軍吉安；又以吉安官軍失利，奏派國荃總統全軍，皆允之。十一月，敗援賊僞翼王石達開於吉水三曲灘，吉安圍合。八年四月，旁克吉水、萬安，得旨以同知即選，並賞戴花翎。八月，率水師攻毀白鷺洲賊船，並城外賊壘，遂克吉安，陞知府，賞加道銜。

九年五月，進剿江西景德鎮，三戰皆捷，水師直薄西瓜洲。六月，乘夜火其鎮市，賊竄浮梁；黎明，追及浮橋，殲其半；城賊出援，亦溺死千人，立克浮梁。以道員即用。十年閏三月，進規安慶，駐集賢關。十一月，僞英王陳玉成大舉赴援，國荃擊走之。十一年三月，陳玉成復來犯，築壘菱湖北岸，城賊亦築壘南岸，以通往來。國荃遣弟候選訓導貞幹等築壘湖東，泊水師以制之，連戰皆大捷。陳玉成由馬踏石鳧水遁去，仍留赤岡嶺賊壘四，與菱湖之壘互相死守。國荃困以長濠，悉破其北岸十三壘、南岸五壘，擒賊五千餘，斬級八千餘。七月，平城外賊營，並拔東門外月城、北門外三石壘。陳玉成復率黨來援，攻撲六晝夜，國荃憑濠轟擊，斃賊甚多。城賊修月墻於濠外，國荃遣壯士數十人踏毀之，更築新壘，伏精兵左右以防衝突；賊傾巢出撲，則夾擊之，自夜達旦，殲鋭賊三千餘。八月，地雷轟坍西北城垣，揮軍入，悍賊盡殲焉。安慶克復，賞加布政使銜，以按察使記名遇缺題奏，並賞穿黃馬褂。旋以追剿陳玉成各股竄匪獲勝，賞給偉勇巴圖魯名號。九月，進軍廬江，奪泥汊口、神塘河賊壘，遂克無爲州，偵知運漕鎮爲江寧賊糧積聚，乘勢攻拔，進圍東關，克之，賞頭品頂戴。十月，回湘募勇。

同治元年正月，授浙江按察使。二月，遷江蘇布政使。諭曰：「該員係兩江總督曾國藩之弟，例應迴避，惟該省軍務緊要，需員辦理，著毋庸迴避，以資得力。」三月，率師東下，敗賊巢縣望城岡，進拔桐城牐、雍家鎮諸隘，遂復巢縣、含山，旋下和州，克裕溪口，率輕兵襲取西梁山，埽平北岸賊壘，下部優敍。四月，會兵部侍郎彭玉麟水師進偪金柱關。賊被水軍牽制，國荃乘間潛師徑薄太平，奪門入，立復其城；又引軍攻克金柱關僞城，平毀三汊河、上駟渡數十壘。既聞弟貞幹復蕪湖，料賊必東竄，令記名道員彭毓橘豫伏薛鎮渡口，而以輕騎追及於賈家灣，乘賊半濟，擊敗之。賊轉走護駕墩，掠舟偷渡，水師截擊不利，遂趨薛鎮渡口，伏軍起，大破之。五月，復秣陵關，收降卒四百餘人，進奪大勝關、三汊河兩壘。明日，拔頭關，水師進扼江寧護城河口，國荃倚之，遂偪江寧，駐營雨花臺。賊連日猛撲，皆擊卻之。六月，援賊至，又敗之，殲逆酋僞對王。八月，大江南岸疾疫盛行，營中病者逾萬。

閏八月，僞忠王李秀成自蘇州率衆六十萬來援，糾合城賊日夜攻撲大營不少休，並分黨踞洲上，截我糧路。國荃乘夜於洲上急修十數壘，分兵駐之，並令補用道劉連捷遣死士縋墻出擊，殪賊數十。賊復爭湖橋營卡。國荃移水師於藕塘，築營隄上守之，運道乃固。賊攻大營六晝夜，道員彭毓橘等乘其乏，破賊四壘，賊乃悉向東路，負片板蛇行，束草填濠，前者拽屍，後者更進。國荃督軍策應，礮傷頰，猶力戰，賊始敗退。九月，僞侍王李世賢自浙江率衆十萬繼至，環攻礮臺益急，國荃力破之。時弁勇相繼傷亡，乃令各營增築墻濠以自固，賊用箱篋實土於中，排砌濠邊，上防礮子，下鑿地道。國荃挑鋭卒誘賊近濠，奮擊卻之；繼見西南賊陣散漫，出隊破其壘十二，斬斃以三千計，而東路之賊畚鍤負土者，已及濠墻之下，又以地雷轟陷營墻，擁入塌口，各營血戰，斃賊近萬，誅僞德王及僞主將等。賊仍開地道不已，國荃令諸將審賊所向，掘地數仞，隧而迎焉。或內外洞穿，適與賊遇，抽刃疊刺，盡瘞於地道之中；或熏以毒煙，灌以穢水；或伐木作薪，堵塞洞口；或伺賊無備，冒雨出濠，襲破潛穵地道之壘，賊始不得逞。會蕪湖守將王可陞率兩營繼至，國荃因整勁隊分道並出，焚賊前敵四壘，餘賊棄壘爭竄，立埽平數十壘，斃賊近七千人。大營圍解。兩江總督曾國藩奏稱國荃以病餘之孱兵，當非常之兇鋒，力戰四十六晝夜，以寡敵衆，卒能保全大局。賞江紬黃馬褂、袍料、「喜」字翎管、白玉柄小刀等物。十二月，拔谷里村、朱門、六郎橋十一壘。

二年三月，賊自江浦上犯，圍劉連捷等於石澗埠，糧運汲道俱絶，遣彭毓橘會剿，大破之。擢浙江巡撫。諭曰：「曾國荃著仍統前敵之軍駐紮雨花臺，一意相機進取，毋以浙事爲念。」國荃具疏懇辭，溫旨襃勉。四月，遣記名按察使劉連捷等會水師攻克東關，又會提督鮑超軍，再克巢縣、含山。時江蘇巡撫李鴻章方進規蘇州，國荃度忠逆不回援蘇、巢，即竄犯揚州裏下河，計莫如急爭金陵老巢。乃激勵各軍督攻雨花臺僞城及聚寶門外三面石壘，克之。九洑洲者在急流之中，城堅礮密，對面有攔江磯、中關諸石壘，又有草鞋峽、下關、七里洲、燕子磯十數壘，賊以礮艦倚護之。五月，國荃遣水師攻克下關、草鞋峽、燕子磯等隘，明日，攻九洑洲，賊殊死守，各營負創角戰，至日晡撲入，盡殲之；尋破長干橋、印子山諸壘。以上方橋爲賊糧道，令提督蕭慶衍、蕭孚泗等攻下之。八月，克江東橋、上方門、高橋門等處石壘，又克城東七甕橋及紫金山西南之博望鎮、中和橋、秣陵關各賊巢。十月，拔淳化、解溪、隆都、湖墅、三岔鎮等隘，毀二十餘壘。

三年正月，圍攻鍾山，破天保僞城。城圍始合，諭曰：「曾國荃親督諸將攻破鍾山石壘，奪回天保僞城，金陵城北之圍始合。所辦甚合機宜。惟是官兵不滿五萬，分布地段太長，深慮困獸猶鬭，亟思一逞，曾國荃隱慎進攻，晝夜嚴防，必須就地殄除，毋任竄突他處，以竟全功而膺懋賞。」五月，進攻龍脖子山地保僞城，克之。時朝陽、神策等門地道久無成，國荃以將士疲敝，恐生他變。六月，益誓師督戰，令提督李臣典從賊礮極密處重開地道，而別軍力攻太平門、龍脖子一帶。及火發，轟塌城垣，李臣典先登，彭毓橘、蕭孚泗等繼之，賊以火藥傾盆燒官軍，無一退者，斃賊十餘萬。凡僞王、僞主將、天將及大小酋目約三千餘名，僞忠王李秀成、僞王兄洪仁達被擒，伏誅。江寧克復，紅旗奏捷。諭曰：「浙江巡撫曾國荃以諸生從戎，隨同曾國藩剿賊數省，功績頗著。咸豐十年，由湘募勇，克復安慶省城。同治元、二年，連克巢縣、含山、和州等處，率水陸各營進偪金陵，駐紮雨花臺，攻拔僞城。賊衆圍營，苦守數月，奮力擊退。本年正月，克復鍾山石壘，遂合江寧之圍。督率將士鏖戰，開穵地道，躬冒矢石，半月之久，未經撤隊。克復全城，殄除首惡。實屬堅忍耐勞，公忠體國。曾國荃著加恩賞太子少保銜，錫封一等伯爵，並賞戴雙眼花翎。」尋封威毅伯。

七月，曾國藩奏言：「臣弟國荃因憊殊甚，徹夜不寐，有似怔忡。據稱心血過虧，欲請回籍調理，一面親率遣撤之勇，部勒南歸，求所爲善聚不如善散、善始不如善終之道。」諭曰：「曾國荃所見雖合於出處之道，而於藎臣謀國之誼，尚未斟酌盡善。況遣散勇丁，祇須分派妥靠之員沿途照料，現在江寧、安慶等城均須督兵鎮守。該撫正宜駐紮江寧，安心調理，一俟就痊，即可幫同曾國藩分任其勞。即著曾國藩傳旨存問，無庸遽請開缺回籍。」國荃仍申前請，諭曰：「曾國荃自隨同曾國藩剿賊以來，疊克名城，勳績卓著。本年親督將士，苦戰數月，攻拔江寧省城，殲除巨逆，厥功尤偉。乃以連年辦理軍務，心力交瘁，遂致憂勞成疾，請假開缺回籍。情詞極爲懇摯，若不俯如所請，恐爲職守所羈，未能從容靜攝，轉非體恤功臣之道。曾國荃著准其開缺回籍調理，並著賞給人葠六兩，交該撫祇領，用資保衛。該撫係有功國家之臣，朝廷正資倚畀，尚其加意調治，一俟病痊，即行來京陛見。」九月，以收復江寧，命詣明陵致祭。

四年六月，調山西巡撫。八月，復請開缺，賞假六月，在籍安心調理。十二月，調湖北巡撫。諭曰：「曾國荃素嫻軍務，朝廷爲地擇人，正資倚任，該撫速赴新任，力圖報稱。舊部中得力將弁兵勇，酌量帶往湖北，以資調遣。」五年七月，命幫辦湖北軍務。時捻逆任柱、賴文光等股盤踞河南葉縣、舞陽，國荃檄提督鮑超由棗陽趨淅川、内鄉，以防西路；提督郭松林從桐柏、唐縣橫截而出，以防東路；並遣總兵劉維楨等向新野，爲鮑超聲援。賊遂折而北竄。十月，諭曰：「賊蹤分合靡定，南陽一帶空虛，該撫務當確探賊情，相機進剿，並檄飭郭松林一軍越境會剿，仍隨時與曾國藩咨商調度，毋得顧此失彼，致滋延蔓。」十一月，賊竄信陽，遣軍擊卻之。又遣提督譚仁芳敗賊於孝感。賊陷雲夢、應城，進攻德安，遣郭松林擊走之，遂克應城、雲夢。國荃疏劾總督官文貪庸驕蹇各節，尋解官文任。十二月，遣記名布政使彭毓橘等敗賊於沙港，賊犯安陸，遣劉維楨擊敗之。國荃以賊騎太多，平地難與追逐，擬困賊於棗陽、鍾祥之下，天門、京山之上，屢令彭毓橘、劉維楨等迎擊獲勝。賊復竄舊口，至豐樂河，將渡河而北，遣水師擊走之。六年五月，賊由豫竄運河，復竄山東泰安、寧陽，上以國荃防剿無功，摘去頂戴，先行交部議處。七月，遣譚仁芳、劉維楨助守運河，兼管蘄口至亭濟牐防務。十月，因病請開缺，允之。十二月，東捻蕩平，開復頂戴。

光緒元年二月，授陝西巡撫，遷河東河道總督。二年八月，調山西巡撫。十月，因病請開缺，賞假兩月調理。三年，山西旱荒，國荃疏陳所有乏食貧民，先行正賑一月口糧，被災十分者，極貧加賑四月，次貧加賑三月；被災九分者，極貧加賑三月，次貧加賑兩月；被災八分、七分者，極貧加賑兩月，次貧加賑一月；被災六分者，極貧加賑一月。四年二月，大青山後馬賊、游勇肆擾，又朔州匪徒熊六糾集飢民到處焚掠，遣總兵馬陞、葛清泰等剿平之。三月，奏言：「禁種罌粟，非嚴懲重罰，不能挽回錮習。查兩江有將罌粟地畝充公章程，立法不甚苛擾，而小民最爲畏憚。乘此大祲糧貴之時，勸民改業，可期事半功倍。」六月，奏言：「大祲之後，荒地甚多。現擬酌給貧民籽種，俾得耕穫。至無人地畝，准其族鄰或客民承種，如本户歸來，俟次年播種之時，方許認回。儻五年後本户不歸，即由佃種之人承爲永業。」均如所請行。六年三月，以舊瘡復發，請開缺。諭曰：「曾國荃向來辦事認真，山西叠被旱災，該撫籌辦賑撫善後諸務，尤能不遺餘力，俾地方得以乂安。現在時事多艱，朝廷方深倚任，著賞假兩箇月，安心調理，毋庸開缺。」五月，續假一月。六月，召來京。

七年二月，擢陝甘總督，賞兼兵部尚書銜，因病賞假三月。六月，命馳赴山海關辦理海防事宜。七月，續假三月。八月，請開缺，諭曰：「覽奏，殊深矜念，自應俯如所請，以示體恤。陝甘總督曾國荃著准其開缺，安心調理，一俟病體痊愈，即行來京陛見。」八年四月，命署兩廣總督，即赴新任。九年六月，召來京。十一月，賜紫禁城騎馬。十年正月，署禮部尚書，調署兩江總督，兼辦理通商事務大臣，七月，實授。九月，以南洋援閩兵輪三艘，與國荃前議派五艘先後不符，下部嚴加議處，應革職，上加恩改爲革職留任。十一年，京察屆期，慈禧端佑康頤昭豫莊誠皇太后懿旨：「曾國荃夙著勳勤，辦事諳練，著開復革職留任處分。」十四年，合肥西鄉匪首劉文弼勾結教會各匪，約期起事，遣總兵郭寶昌等討平之。十五年，賞加太子太保銜。十六年九月，順直水災，國荃捐製縣衣萬件，又提用南浙賑捐餘銀趕製縣衣褲三十萬件，分解災區，存活無算。

十月，卒。遣疏入，諭曰：「兩江總督曾國荃秉性沉毅，蒞事公忠，韜略閎深，經猷遠大。咸豐年間，由優貢生從戎，在江西、湖北等省疊殲巨寇。克復安慶之役，出奇制勝，懋建殊勳，蒙文宗顯皇帝特達之知，不次超擢。同治初年，簡任浙江巡撫，仍帶兵剿賊，激勵將士，掃蕩無前，直達江寧雨花臺，苦戰兩年之久，卒能攻拔堅城，擒渠掃穴。粵匪之平，厥功最偉。穆宗毅皇帝特沛殊施，賞加太子少保銜，錫封一等伯爵，賞戴雙眼花翎。朕御極後，優加倚任，疊畀封圻，均能盡職。其在山西巡撫任內，救災恤民，政績尤著。光緒九年，來京召對，命署禮部尚書，旋即簡任兩江總督。到任後整頓地方營伍，撫綏鎮攝，卓著聲威。上年歸政慶典，我皇太后追念前勞，賞加太子太保銜。該督感激圖奮，雖傷病時發，猶復力疾辦公，並未請假。忠誠篤棐，實爲國家柱石之臣。方冀克享遐齡，長承恩眷。遽聞溘逝，震悼良深！曾國荃著追贈太傅，照總督例賜卹，賞銀三千兩治喪，由江寧藩庫給發。賜祭一壇，派護理江寧將軍副都統承綬前往致祭。加恩予謚忠襄，入祀京師昭忠祠、賢良祠，並於湖南原籍、江寧省城建立專祠，此外立功省分，准其一併建祠。其生平政績事實，宣付史館。任內一切處分，悉予開復。應得卹典，該衙門察例具奏。靈柩回籍時，著沿途地方官妥爲照料。伊孫特用主事曾廣漢，即著承襲一等伯爵，毋庸帶領引見；附生曾廣江，著賞給舉人，准其一體會試；監生曾廣河，著賞給員外郎，分部學習行走。伊曾孫曾兆龍、曾兆祥、曾蔭椿，均著俟及歲時由吏部帶領引見，候旨施恩，用示朕眷念勳臣至意。」尋賜祭葬。

雜録

備録

姚永朴《舊聞隨筆》卷三《曾忠襄公》 湘鄉曾忠襄公(國荃)少膽怯，不能獨處一室，兄文正公弗使人爲伴，久之膽遂壯。

公平生待族黨甚厚，文正公嘗曰：「吾近支及姑姊妹得無匱乏之憂，皆沅弟力也。」

公破金陵，文正公預屬馳奏勿冗長，愈簡愈妙，蓋恐以勳高招忌也。未幾，公果以事爲言官所糾，因歎文正所見深遠焉。

文正公於諸弟最契公，嘗寄詩云：「辰君平正午君奇，屈指老沅真白眉。」自注曰：「澄侯(國潢)以庚辰生，温甫(忠愍公國華)以壬午生也。」及公克金陵，年甫四十有一。文正於其初度日壽以七言絶句十三首，其中一章云：「河山策命冠時髦，魯衛同封異數叨。刮骨箭瘢天鑒否，可憐叔子獨賢勞。」

公嘗用曹武惠王語刻印章云：「勾當江南公事回。」公家居時，有朱暝庵者流寓長沙，歲暮貧甚，榜詩於門曰：「申椒零落菊英殘，從古瀟湘作客難。連日市門三尺雪，更無人記問袁安。」公聞之歎曰：「此我輩之責也。」急造訪，贈錢十萬。

陳康祺《郎潛紀聞二筆》卷一三 曾威毅撫晉之政績

威毅伯曾公之撫晉也，值山右大祲，赤地千里，前撫噤不以聞，公下車即飛章請命，於是公私賑貸，集金粟至亡算，晉民始蘇。龍山典史朱克敬筆記，稱公初次禱雨，未即應，下令誡所部官吏畢至壇，紳士自廩生以上皆集，積薪塞廟門，誓次日不雨，即自燔，雨果應時至。晉父老感涕謳歌，乃家尸而户祝之。論者謂公此舉，視昔年攻拔金陵，平積年僭號之賊功相等。蓋一則奪數百萬生靈於豺貘封豕之吻，一則活數百萬生靈於溝瀆餓殍之餘，前古勛臣，未有斡回元化，大任疊肩，建立如斯其偉者也。

薛福成《庸庵筆記》卷二 威毅伯攻克金陵

宫保威毅伯曾公之圍金陵也，猛攻二年，盛暑鏖兵，迄不能下。自朝陽門至鍾阜門，開地道三十三處，篝火而入地，崖崩而窟塞，則縱横聚葬於其中。賊或穿隧以迎我，薰以毒煙，灌以沸湯，則趫者倖脱，而愨者就殲。蓋每穿一穴，爲賊所覺，而將士須臾殞命者率常數十百人。一日穴，地已過城根，賊尚未覺。會有以槍插地者，穴內軍士見槍首入地，疑賊已覺而刺之也，急以手引槍入地數尺，賊始知官軍在地下，復迎擊之，官軍或退或死。復開他道，或爲山石所隔，或將近城根，賊酋李秀成登陴遥望，見其上草色，輒知下有地道。官軍既克僞天堡城，即所謂龍膊子者也，在太平門外，高踞鍾山之頂，俯瞰城中。提督李臣典與曾公密商排，巨礮三層於其上，晝夜對城轟擊，無一息停，城堞皆頹，賊不能立足。曾公始下令軍士，各持柴草一束，擲之城下，高與城齊，示將由此登城者。賊併力嚴備，不暇他顧。又隔於柴草，不能瞭望。官軍於近城龍膊子山之下，覓得一隧，乃前數月所開，爲賊所覺而中廢者。曾公知賊不復防此道，派千人由此挖至城下，實火藥三萬斤於其中，封築完固，填以大石，口門留一穴，以粗竹數丈爲引綫，貫入穴中，竹內用大布數匹，包火藥實之。及期，各軍嚴陣以待。火始入時，但聞地中隱隱若雷聲，約一點鐘之久，俄而寂然，衆又以爲不發矣。忽聞霹靂砰訇，如天崩地坼之聲，城垣二十餘丈，隨煙直上，萬衆屬目，咸見是城聳入雲霄也。大石壓下，擊人於一二里外，死者數百人。諸軍由缺口衝入，其上有黑雲一陣隨之。既而城中火起，共見火光中，有若金星一箇，騰入雲端。繼有白光一道衝上，蓋皆寶氣所化也。先是咸豐三年，粵寇之陷金陵也，募得一黔人善挖煤者，掘地道自儀鳳門入。及官軍圍金陵，黔人復在軍中。曾公使掘地道，自太平門入。噫！一省垣也，而得失係於一挖煤者之手，亦異矣。曾文正公既至金陵，修治缺口，鑴石識其處。銘曰：竊天下力，復此金湯。苦哉將士，來者勿忘。

備論

李元度《天岳山館文鈔》 宫保一等威毅伯曾沅浦中丞五十壽序

聖清受命二百餘年，當道光之季，粵西盜起，蹂嶺涉湘，圍長沙，不克，竄陷武昌，殘安慶，踞江寧爲僞都，分黨北犯，蹂躪十數行省，畺吏閫帥，環視莫敢誰何。吾師太傅曾文正公治鄉兵討賊，轉戰荆揚二州之域，喆弟今宫保一等威毅伯沅浦中丞起相應和，決策東下，卒克金陵，殄賊無遺種。捷聞，同日册封侯伯，錫宫銜，賞雙眼孔雀翎，海内外識與不識，下及婦孺走卒，罔弗知文正及公名。於鑠哉！近古所希覯也。然公佐文正成大勳，偉矣。而其忠謀卓識上繫宗社安危，則以克安慶後疾擣江寧爲尤偉。譬諸弈，國手之先著也，利鈍所爭，間不容髮。脱稍遲迴猶豫，事有不可知者矣。何言之？公起義旅，後文正四年。咸豐丙辰，文正在江西，逆氛大熾，江楚道閉。公叔兄愍烈公自鄂赴援，軍報始達。是年十月，公帥偏師攻吉安，逾年克之。尋克景德鎮，進攻安慶，以辛酉八月朔拔其城。是日也，太史奏曰：「月五星合璧連珠，中興之運基此矣。」當是時，江南大營甫覆，逆燄熊熊，天動地岌，吳越並爲賊踞。今大學士合肥李公方自上海規蘇州，總督湘陰左公自衢嚴規杭州，而長江千里若三山，若蕪湖，若大勝關，中關、下關、金柱關，東西梁山，秣陵關諸險隘，賊皆築堅壘，戍以重兵。我軍稍迴翔其間，節節牽綴，賊守且益固。又分餘力固蘇杭，而吳越之復無期矣。公乘破竹之勢，舍枝葉，拔本根，毅然直薄金陵，所謂迅雷不及掩耳也。方諸古名將，若項籍之沈船破釜，韓淮陰之背水陣，王龍驤之風利不得泊，王文成之直擣南昌，有過之無不及已。然而公之爲此，實犯天下之至難。蓋自句容師潰，宿將勁兵，澌滅以盡。彼六七僞王者，各挾數十萬之衆，方行江介，擲然自得。非具兼人之智勇，疇敢以孤軍入虎穴，再試不測之險？況金陵爲賊老巢，攻其所必救，蘇浙賊必回援。是使攻蘇浙者轉易爲功，而已獨趨危地也。文正公素持重，屢誡諸將毋輕進。自公外，誰敢執其咎者？萬一孤行已意，或寡衆不敵，餉道不能通，火藥礮彈不繼，勢且奈何！凡皆智巧之士所望而卻步者，公一切不顧。既數克沿江要隘，遂進壁雨花臺，盡夷賊壘，糜血肉之軀，爭尺寸之土，鎗傷輔頰不爲止。亡何，疫大作，染者輒殆，士或朝笑而暮僵，馴至爨汲皆虛，刁門息響，物化者五千餘衆。公季弟靖毅公亦卒於軍。而僞忠王李逆方帥援賊三十萬，圍我軍數重。公激勵將士，苦守四十五日，賊乃解圍渡江。公復分軍北援江浦、和含；南援蕪湖、太平，凡七閱月乃少定。其穿隧道也，計三十有四穴，皆壞於賊。神策門之役，城圮矣，而功弗就，最後龍膊之役始成大功。儻所云精誠之至，金石爲開者歟。方事之殷，公暴露堅城下，一夕數起，一餐數輟，嘗人世未有之苦，而目論者或反□爲貪功，爲輕敵，爲暴虎馮河，更有議且退師者。公堅不爲動，誓滅此賊乃止。然後知公之堅苦卓絶，天實篤生之以殄此虜也。元度嘗叩公方略。公曰：「吾之出此，蓋欲爲蘇浙二軍抽釜底之薪。又以趙忠節死守湖州，莫能救，冀分賊勢，寓吉凶同患之誼耳。」斯言也，九廟之神靈其鑒之矣。厥後忠節雖靖難，而吳越功反先成，然則吳越之功皆公功也。烏虖！亂之生也，始於人心之機變巧僞，各圖其安。而予人以至危，上與下功利相先，縱亡等之欲。及患氣既成，乃有兵戈水旱疾疫之變，使斯民日轉側於水深火熱中而莫知所底。有忠誠毅勇之君子出而矯之，克己而愛人，決幾而定變，躬履險艱，拯生靈之阨運，一時氣機所鼓動，皆知敵王所愾，而以苟活退避爲羞。此文正與公所爲合羣力，誅王誅，制百萬悍賊之死命，解東南十數州之倒懸，而錫我國家萬億年無疆之祚也。豈不偉哉！公數歷封圻，以勞疾乞假。角巾私第，口不言功，深得古勳臣持盈之道。今天子躬攬萬幾，眷懷勳舊，海内喁喁，望東山復出。元度獨以謂不然。蓋使我公得優游林下，遂綠野平泉之樂，則必畺圉敉謐，海波不揚可知也。故轉以公之出處覘時會焉。公勛在册府，像在紫光閣，事在史宬方略，碑頌在億兆生民之口，功已成矣，志已遂矣。即再出何所加，不出抑何所嗛哉？歲八月，爲公五齡初度，邦人士躋堂稱祝。元度竊謂公壽國壽民，壽其身以壽世，固當永與天壤不敝，而其忠謀卓識，上繫宗社安危，尤在疾擣江寧之役。世或未盡知，故昌言之以侑萬年之爵焉。

陳作霖《可園文存》卷一六 公祭曾忠襄公文

嗚呼！天生我公，再造江湄，其忠藎之忱，堅忍之力，簡練之師，凡所以復都會，蕩積痍者，久已爲國史所紀載，文人所傳述，父老稺子所謳思。豐功盛烈，伊誰不知。惟自文正公騎箕而後，南國遺黎望公來鎮，幾歷二十年，而始見公之旌麾溯從，握節以迄今日，又七年於茲矣。其間島酋蠢動，吳淞阽危，公以全權折衝於海上，而敵艦不敢內窺，萑苻伺釁，虺毒潛吹，公因述職奉詔，以亟返而伏莽不致蔓滋。人第見其守文正之法，無所事事，幾於蕭規而曹隨，而不知望隆中外，威著華夷，不動聲色，屢弭無形之患，皆機神默運之所爲。至其撫綏赤子，惟恐傷之，苟有以擾民之説進者，莫不斥逐其人而屏絶其辭。蓋公之於我民，始爲之攻毒螫，繼爲之摩痾癢，而終爲之調肉糜，俾我民元氣漸復，無非慈父母之用意，能深入人之肝脾。何圖一老天不憖，遺黄童白叟異聲同悲，輟舂相告如喪其私，固非徒爲朝廷惜申甫之佐，而實鄭人歌僑，楚人懷葉，有以感念遺愛於弗衰。哀哉！尚饗！

藝文

《四朝詩史》甲集卷三李榕《懷曾少保》 咸豐之初季，劇盜如毛氄。擅爲長髮號，始自赤眉俑。少保起諸生，兄弟翩翩踵。天生社稷衛，門多將相種。金陵再潰敗，王靈幾閉壅。公手仗尺劍，三楚聽命拱。臨敵尚堅忍，選鋒無闒冗。艱難拔江皖，聲威馳關隴。一朝露布上，五等丹詔捧。龍虎君臣際，冰淵侯伯寵。竟秘素書訣，欲訪黄石冢。功大天亦貪，名高人盡悚。以世争讓勞，惟公進退勇。嗟余抱拙直，社木徒臃腫。未嘗窩安樂，屢過灘惶恐。湘藩甫一載，市虎聲洶洶。不顧舉國非，得公一言重。丈夫不得志，瑟縮如寒蛩。跛者躃莫逆，騰躍三百踊。平生一瓣香，心折南豐鞏。昔曾郊祁看，今乃軾轍奉。行行感别離，去去歸田壟。回首湘鄉縣，萬疊衡雲湧。

王先謙《虚受堂詩存》卷一二 寄曾沅浦制府

九洑洲前浪拍天，莫愁湖上月横船。江南春到花争發，恨我從公後十年。

東坡初到廣陵園，曾向申公索笑言。不見團團手中扇，新詩雖好共誰論。

孫家鼐部

綜述

《碑傳集補》卷一六馬其昶《武英殿大學士贈太傅孫文正公神道碑》 宣統元年十月癸巳，武英殿大學士孫公薨於位。時比遘國恤，朝廷愈益眷傷老臣。遣貝勒毓朗領侍衛十人奠醱，給治喪銀三千兩，特贈太傅，謚文正，祀賢良祠。

謹按，公諱家鼐，安徽壽州人也。字燮臣，一字蟄生，晚號澹静老人。咸豐紀元辛亥，以選拔貢生舉於鄉，己未成進士及第第一人，授修撰，入直上書房。德宗御極，命在毓慶宫行走，偕翁尚書同龢授上讀。公爲人簡約斂退，閉門齋居，雜賓遠迹，尤推避權勢若怯。侍上久，上知之最深。累遷内閣學士，歷工、户、兵、吏四部侍郎，都察院左都御史，工、禮、吏三部尚書，協辦大學士，致仕。再拜東閣大學士，轉體仁閣，終武英殿。嘗充經筵講官，翰林院掌院學士，賞花翎，提督湖北學政，典山西試，再典順天試，總裁會試，又屢充閱卷大臣。自翁尚書及他儒臣被命持衡，争采時士譽望，或鄉後生夙隸門下者置高第，公獨無所私。尚書開閣延士，負高名，公位望與之埒，而喧寂異致，未嘗有一事之牾。甲午，東事起，大學士李公鴻章主款，尚書持戰，議堅，朝士附之，公獨言釁不可啓，李公議是。及事棘，京師戒嚴，尚書陰就詢遷都，謀公，又言不可，乃止。拳禍作，時公已養疴京邸，襆被從乘輿西狩。再起受任，恩遇益渥，賜紫韁，又賜紫禁城内乘輿。公憂禍變至烈，顧以受恩厚，不忍即言退。先是，戊戌初，上親裁大政，驟拔主事康有爲，罷科舉，設大學堂於京師，命公爲管學大臣。公奏言：「有爲假公羊家説，輕言改制，流弊大臣。管學不敢當此重咎。」是時有爲方嚮用，公特以謹厚被斯任。凡上言興學事，皆公主名。朝局再更，下詔行憲政，又命公爲資政院總裁，一持正議不阿。兩宫殂落日，徒步哀臨，於是公年八十有二矣。逾歲病篤，猶時駕車正陽門外，欷歔望闕，良久而歸，自草遺疏，惓惓以知人用人爲戒。嗚乎！忠矣。

公曾祖諱士謙，欽旌孝子；祖附貢生，諱克偉；考附貢生，諱崇祖，三世皆贈光禄大夫，妣皆贈一品夫人。配懷遠宋氏夫人。生子傳榕，早世；傳棨，廕四品京堂。女適王、適徐。側室王淑人生女，適胡、適劉。孫多焌、多熿，皆廕郎中。公卒之明年，與宋夫人合葬壽州城南蔡家廟。

《清史列傳》卷六四 孫家鼐，安徽壽州人。咸豐九年一甲一名進士，授職修撰。十年，充武英殿纂修官，尋充總纂。十一年三月，以校刊宣宗成皇帝聖訓出力，奉旨俟進二十名以陞缺前列候簡。七月，充山西鄉試正考官。同治元年三月，充會試同考官。閏八月，充實録館纂修官。二年，復充會試同考官。旋奏充翰林院漢辦事官兼庶常館提調。三年二月，補詹事府右贊善。四月，提督湖北學政。四年三月，轉左贊善。閏五月，遷翰林院侍講。六年，轉補侍讀。七年二月，差竣回京。九月，命在上書房行走。十一月，擢侍講學士。十二月，充日講起居注官。九年，轉侍讀學士，充武英殿提調。十年五月，奏請解任歸養，允之。十二年，丁母憂。光緒二年，服闋入都，以原官候補，命仍在上書房行走，復充武英殿提調。四年二月，命在毓慶宫行走。八月，詔以原銜署日講起居注官。九月，補翰林院侍讀學士。十二月，授詹事府少詹事。五年，晉内閣學士，兼禮部侍郎銜，署工部左侍郎，充文淵閣直閣事。六年，授工部左侍郎。八年二月，兼署吏部左侍郎。四月，充考試試差閱卷大臣。八月，兼署禮部左侍郎，充順天鄉試副考官。十一月，復兼署吏部右侍郎。九年，調户部右侍郎，兼管錢法堂事務，復署理吏部左侍郎。旋因雲南報銷一案，失察司員書吏受贓，下部議，尋議罰俸。得旨，准其抵銷。十年，恭逢孝欽顯皇后五旬慶典，恩賞御書扁額，旋賜紫禁城騎馬。十一年四月，充考試試差閱卷大臣。八月，復兼署禮部右侍郎。九月，充順天鄉試覆試閱卷大臣。時江西學政陳寶琛奏請以先儒黄宗羲、顧炎武從祀文廟，議者多以爲未可，家鼐與潘祖蔭、翁同龢、孫詒經等獨請旨准行。比仍議駁，後卒從家鼐議。十二年，署都察院左都御史。十三年正月，以户部酌易制錢，奏覆延宕，奉懿旨嚴議。尋議革職，加恩留任。旋調兵部右侍郎。十二月，開復處分。十四年四月，充考試試差閱卷大臣。八月，充覆核朝審大臣。十二月，充經筵講官。十五年正月，調吏部右侍郎。恭逢德宗景皇帝大婚禮成，奉懿旨賞加頭品頂戴。是月，命知貢舉。時以吏部議覆開缺，御史屠仁守處分失當，由都察院議以革職，復奉諭留任。八月，署工部尚書。十六年三月，署刑部尚書。七月，兼署工部左侍郎。十一月，授都察院左都御史。十七年，賞西苑門内騎馬。十八年三月，署户部尚書。五月，充教習庶吉士。六月，兼署工部尚書，旋即補授復兼管順天府府尹事務。十二月，命充總辦慶典大臣。十九年八月，兼署户部尚書。十二月，充會典館副總裁。二十年正月，孝欽顯皇后六旬萬壽，賞戴花翎，並交部優敘。三月，兼署都察院左都御史，充考試翰詹閱卷大臣。時值中日開釁，朝臣議戰，家鼐獨言釁不可開。及平壤失利，京師戒嚴，家鼐又力沮異議，卒賴以安。二十二年正月，管理官書局。三月，七十，賜壽賞匾聯紬緞銀錁。十月，調禮部尚書。十一月，兼署工部尚書。二十三年三月，署吏部尚書。四月，命充查庫大臣。七月，調吏部尚書。八月，充順天鄉試正考官。二十四年三月，充會試正考官。五月，充會典館正總裁，詔以吏部尚書協辦大學士。

維時國事多難，外海日棘，言者謂非變法不足以强國。乃諭百司整飭庶務，開言路，舉新法，實事求是。家鼐以原任中允馮桂芬所著《校邠廬抗議》一書最爲精密，奏請飭印，頒發各署，俾諸臣條論可否，彙呈聖明采擇，以準公論而順人情。詔從之。適大學堂初立，命家鼐管理學務。家鼐詳定規則，增設中小學堂，又酌立速成學校及醫學校，均得旨施行。御史宋伯魯奏請以上海《時務報》改爲官報，上命管學大臣酌議。家鼐疏覆謂：「閱報以祛壅蔽，事實可行。惟宜嚴明混淆黑白，瀆亂宸聽之禁。至各省報章亦宜飭督撫呈送備擇，以廣天聽。」又議酌置散卿一疏，謂國家廣集卿士，以資議政。聽言固不厭求詳，然執兩用中，精擇審處，尤賴聖知。其所建議，類能深持大體。二十五年，因病乞開缺，凡三疏皆蒙賞假，復固陳。十一月，得請，賞食全俸。二十六年，德宗景皇帝三旬慶典。正月，賞給福字一方、大緞一匹。是歲鑾輿西幸，家鼐趨赴行在。十月，補禮部尚書，復拜翰林院掌院學士之命。二十七年三月，調吏部尚書。十一月，扈蹕還京。十二月，晉大學士，旋授體仁閣大學士，管理吏部事務。二十八年七月，賞西苑門内乘坐肩輿。十月，恩免帶領引見。二十九年二月，充會試正考官。五月，充覆試閱卷大臣。閏五月，充朝考閱卷大臣。六月，充考試拔貢閱卷大臣。八月，轉東閣大學士。九月，充政務處大臣。十一月，充學務大臣。是時學部未立，直省儒風龐雜日甚。自家鼐管學後，裁度章程，折衷中外，嚴定宗旨，一以敦行績學爲主，海内士氣爲之一靖。三十年五月，充朝考閱卷大臣。十二月，賞穿帶膆貂褂。三十一年，因病迭請開缺，朝廷以家鼐老成諳練，未允所請，先後賞假三箇月，並諭假滿即行銷假。六月，調文淵閣大學士。三十二年，以京察議敘加級。三月，八十，賜壽，復奉頒賞聯額暨諸珍品。七月，明詔立憲，簡廷臣十餘員釐定官制，公同編纂，而以家鼐總司核定。旋充國史館總裁。十二月，充文淵閣領閣事。三十三年春，御史趙啓霖疏劾疆臣夤緣親貴，上命醇親王及家鼐確查具奏。旋以察訊無據，罷啓霖職。五月，奉旨稽察欽奉上諭事件。時直省官制草案，擬就其大要有二。一曰分設審判各廳，以爲司法獨立基本。一曰增易佐治各員，以爲地方自治基本。議成，由家鼐覆核呈進，上可其奏，俾實行焉。六月，晉武英殿大學士。八月，立資政院，簡貝子溥倫及家鼐爲總裁。命詳擬細章，會同軍機大臣妥議具奏。家鼐深維中國時勢，參考列邦成規，與諸臣會訂目次。首總綱，次選舉，次職掌，次資政院與行政衙門之關繫，次資政院與各省諮議局之關繫，次資政院與人民之關繫，次會議，次紀律，次祕書廳官制，次經費，凡十章。先後入告，均得旨允行。十月，詔諸臣輪班進講經史政治，三日一直。家鼐領班，撰《尚書》、四子書講義以進。三十四年二月，以鄉舉重逢，恩賞太子太傅銜。五月，玉牒告成，賞表裏暨加級。

十月，孝欽顯皇后、德宗景皇帝先後升遐，奉皇太后懿旨，穿孝百日。十一月，皇上登極禮成，賞用紫韁，嗣頒賞先聖遺念顯皇后白玉壺、佩各一，景皇帝遺衣一襲，暨玉壺、玉佩。宣統元年，命查郵傳部尚書陳璧被參各款，均得實具奏。二月，諭呈進經史、國朝掌故、各國歷史講義，仍派榮慶等輪班撰擬，並命家鼐總司核定。旋以京察交部議敘。是歲奏辦翰林院講習館，家鼐督理校閱，精研政學時務，尤以韜光淬行，爲館員勖。八月病，乞開缺，温詔慰留，賞假一月，並賞給人蔘二兩。期滿再疏，未允，復予假及珍物如初。十月，卒。遺疏入，諭曰：「大學士孫家鼐品學純正，志慮忠誠，由翰林受先朝特達之知，入直上書房，屢掌文衡，得人稱盛。條陳大計，持論閎通。光緒四年，欽奉懿旨，命在毓慶宫授讀，兼祧皇考德宗景皇帝恩禮優加，洊擢正卿，晉登揆席。前因創立學務，授爲管理大臣，於一切應辦事宜擘畫周祥，規模甚大。前年，設立資政院，簡任總裁，釐定章程，悉臻妥洽。朕御極後，眷顧老成，深資倚畀。嗣因患病，屢請開缺，迭經賞假，並賞給人蔘，以資調攝。方冀永享遐齡，長資輔弼，兹聞溘逝，悼惜殊深。著賞給陀羅經被，派貝勒毓朗帶領侍衛十員前往奠醊。加恩予謚文正，晉贈太傅，照大學士例賜卹，入祀賢良祠。賞銀三千兩治喪，由廣儲司給發。任内一切處分悉予開復。應得卹典，該衙門察例具奏。靈柩回籍時，沿途地方官妥爲照料。伊子陸軍部郎中孫傳棨著以四品京堂補用，伊孫一品廕生孫多烗、孫多煃均著以郎中分部補用，用示篤念藎臣至意。」尋賜祭葬如例。

《碑傳集補》卷一夏孫桐《書孫文正公事》 孫文正公自光緒戊寅入直毓慶宮，侍德宗讀書，同直者爲常熟翁文恭公。公深自韜晦，恪謹奉職，無所表見。至乙未遼東戰後，和議成，京朝士大夫懲於敗衄，爭言自强。康有爲創立强學會，譯書譯報，講求時務，一時名士多與焉，而朝貴無應之者，公獨以爲是。尋以人雜言庬，爲言官所論奏。政府慮生事，罷之。設立官書局，以公領之。有爲去衆意，厭倦局等虛設，而公遂爲清議所推仰矣。

戊戌，德宗鋭意變法，而翁文恭罷，無任事之人，悉由康有爲等陰爲主持。新進競起，中外小臣上書言事，日數十上，視廷臣無可語，悉下公議。公面折有爲曰：「如君策，萬端並舉，無一不需經費。國家財力祇有此數，何以應之？」有爲曰：「無慮。英吉利垂涎西藏而不能遽得，朝廷果肯棄此荒遠地，可得善價，供新政用，不難也。」公見其言誕妄，知無能爲。而衆議日益糅雜，遂上疏言變法當籌全局。咸同閒馮桂芬著《校邠廬抗議》言有次第，請以其書發部院卿寺，令逐條籤注，可行不可行，彙上採擇，蓋欲示以範圍也。尋有爲等敗逐，變法議遂寢。

孝欽訓政，罷新法，悉復舊制，獨留京師大學堂一事，以公爲管學大臣。公舉黄學士紹箕爲總辦，事多倚之，所用多翰林舊人。時朝廷方戒更張，姑以興學饜時望。而樞臣剛毅、大學士徐桐等猶嫉視，時相齮齕。賴榮文忠調護，未罷。既而以端王之子溥儁承繼穆宗，立爲大阿哥。公知事不可爲，屢疏乞病致仕。未幾，拳匪亂起，董福祥軍大掠。公居近禁城，亦被其難。蓋視公爲帝黨，故首及之。迨議和回鑾，以長沙張文達公爲管學。文達規模恢廓，而喜用新進革命之説，萌蘖潛滋，因復命公同管其事。公以文達才敏，不掣其肘，惟持大體而已。然遇提倡邪説，敗滅名教者，斷斷以爭不可奪。張文襄謂科舉不停，學校不興，恐公阻撓，委曲以商，公慨然贊其成焉。

考察憲政大臣歸國，項城入覲，議變法自改官制入手，於是命十大臣同議，實項城一人主之。草案成，命慶邸與公及善化相國覆覈。時言者蠭起，率以攻項城爲言。乃酌擇衆説，僅增設郵傳部，略更部官制，而外官制置緩議，項城爲之氣沮。是役也，善化主之，公贊之。

庚子冬，公被召赴行在。時和議未定，各國堅請懲辦禍首。趙尚書舒翹議賜自盡，劉編修廷琛上書營救，乞公代奏，卻之，喻以事不可挽，臣子報國當務大者遠者。編修故戇直，曰：「殺軍機尚書，尚得爲小事乎？請問中堂，應召赴行在幾何日矣？所建白大者遠者爲何事？」公改容謝曰：「某無狀，衰年再出，不能報答國家，吾子見教，愧死愧死！」然卒不爲代奏。逾數年，朝議保送御史免考試，責大臣慎擇薦舉，公惟薦編修一人。語人曰：「劉君忠直，能面責我，必不負國。」人皆服公之識度爲不可及。

公和平慎密，術近黄老。自甲午、戊戌後，德宗嚮用之人屏逐殆盡，惟公獨存。晚年孝欽優禮甚厚，公恭謹有加，卒不改其常度。知國家積衰，持變法之議最早。所重在裕民生，通民隱，而深惡平權自由之説。謂啓囂張，徒以自擾。嘗論採用西法，當以興實業爲先務。不欲人談哲學，恐以空言滋弊。且不喜中國諸子各家，慮生離經畔道之漸。講席啓沃，造膝密陳，雖家人不得與知。生平宗旨所見如斯而已。丁未春，趙侍御啓霖疏劾慶邸，指黑龍江巡撫段芝貴以賄得官，貝子載振納妓楊翠喜兩事，命醇親王及公按之。公見朝局多紛，不欲復起爭擾，以事無左證覆上，芝貴因解職，載振尋亦自退，而侍御竟左遷。未幾，善化亦罷，則非公所及料矣。

公薨後，國史列傳未成。比年詢諸公子景周京卿，言庚子以前疏草遭亂盡失。頃見所次公年譜，具詳仕履所載，有關係者，僅甲午疏言李文忠爲列强推服，北洋不可輕易人，及阻樞臣議遷都二事，他多從略，蓋守公慎密之訓也。孫桐侍公數年，聞見所及，略有窺測，私記於策，以待論世者有所採焉。

雜録

備論

《碑傳集補》一馬其昶《武英殿大學士贈太傅孫文正公神道碑》 惟孫氏初，遷自濟寧。旌門以孝，世載其靈。篤生我公，爲天子師。雖爲帝師，斂志愈卑。始對大廷，曾魁萬士。雖則士魁，劃榮無有。泯德功言，斷斷兢兢。薄俗所侮，天社則仍。今沖聖嗣，方資元老。胡不百齡，以傳以保。松柏丸丸，清流環阜。詩此豐碑，用熹厥後。

藝文

嚴辰《感舊懷人集・孫燮臣少宰同年家鼐》 一榜孤寒賜第年，讓君領袖大廷前。果然文福非常大，坐擁皐比向九天。

公爲安徽壽州人，咸豐己未狀元，授職修撰。余倖以朝考首列，亦得館選，與公在京往還甚數。迨余壬戌散館，改官乞假出都，於同治乙丑奉母過鄂，適公視學此邦，適館授餐，並承厚贐。公後洊歷崇班，於光緒乙亥今上登極後，蒙兩宫簡爲毓慶宫授讀。現爲吏部右侍郎，以大魁而爲帝師，稽古之榮，殆無倫比。

《四朝詩史》甲集卷五江峰青《上孫壽州相國四首》 海内人師山斗重，聖朝耆宿棟梁尊。金臺王氣猶全盛，黄閣風規挹霽温。時局糾紛成鼠戲，平生私淑企龍門。摩挲三尺青萍穎，立誓男兒不負恩。

心香一瓣祝南豐，廿載於今始見公。憂國忘家垂老日，愛才如命大臣風。置身姬宰伊衡上，譽我稠人廣座中。自分駑駘終伏櫪，一鳴猶覺冀羣空。

未忘結習笑書生，借箸空談紙上兵。舊著《借箸編》，蒙歎賞。愚論敢期葑菲採，相公先許藥籠盛。王孫胯下甯殊衆，陸遜江東浪得名。使我感恩一零涕，天涯無路請長纓。

海上何年静不波，九州鑄錯悵如何。翔霄彩鳳瞻天近，跋浪狂鯨作勢多。宰相儲才爲國用，兵家從古重人和。龘材徼倖邀青眼，歎息流光獨放歌。

洪仁玕部

綜述

《太平天國文書·洪仁玕自述》 現年四十二歲，廣東花縣人。自幼讀書，至二十八九歲，經考五科不售，習經史天文曆數，遍遊各洋避禍，實因我主天王庚戌金田起義，各憲嚴杳，不能家居也。辛亥年遊廣西，到潯州圩，寓于古城侯姓之家四十餘日，不能追隨我主天王，不遇而回。癸丑遊香港，授書夷牧。甲寅由上海，洋人不肯送子進南京，其上海城内紅兵不信子爲天王之弟，乃在夷館學習天文曆數。是冬返回香港，仍習天文，授教夷牧。坐火輪船四日到港，吟詩一律：「船帆如箭鬬狂濤，風力相隨志更豪。海作疆場波列陣，浪翻星月影麾旄。雄驅島嶼飛千里，怒戰貔貅走六鰲。四日凱旋欣奏績，軍聲十萬尚嘈嘈。」一連四年在香港。己未年洋人助路費百金，由廣東省到南雄，過梅嶺，到饒州蔡康業營。八月内與天朝輔王，在景德鎮打仗敗，棄行李一空。由饒州到湖北黄梅縣，知縣覃瀚元請子醫其侄頭風之症，得有謝金，在龍坪辦貨物下江南，於三月十三日到天京，蒙我主恩封福爵。二十九日，封義爵加主將。四月初一日，改封開朝精忠軍師頂天扶朝綱干王。子因初到，恐將心不服，屢辭，未蒙恩准。子原意只欲到京奏明家中苦難，聊托恩蔭，以終天年，殊我主恩加叠叠，念子苦志求名，故不避朝貴，特加殊封。子自受以來，亦祇宜竭力效忠，以報知遇之恩。己未冬與忠王議解圍攻取之策，悉載前帙。辛酉年出師徽浙，催兵解安省之困。四月交兵數萬與英王，統往黄州德安一路；因與忠王會剿失約，章王在桐城敗績，遂致安省不能保，而北岸陸續失陷。子因衆軍將機錯用，日夜憂憤，致被革，皆由章王林紹璋内外陰結而務財用私設，各守疆土，招兵固寵，不肯將國庫以固根本。又章王奉命催糧不力，衆只留爲實自之用，遂敵人買通洋鬼，攻破蘇、杭、丹、常等郡縣，京糧益缺，而京困益無所恃。殊我主於癸亥年恩錫顧命，囑扶我幼天王，子于此時三呼萬歲後，不勝惶恐流涕，恐負聖命遺托，于去歲十一月奉旨催兵解圍，身歷丹陽、常州、湖州，殊各路天兵憚于無糧，多不應命。至今年四月十九，我主老天王卧病一旬昇天。京内人心望援不至，本欲棄城，而李鴻章揣知其意，於六月轟開京垣而入。我幼天王與大臣忠王等萬有餘人出京，一路平安到廣德州，君臣大會，喜悲交集。因湖州軍乏軍單，恐難建都立業，故議到建昌、撫州等處會合侍王、康王往湖北，再會翼王、扶王等大隊。殊至□□聞□□又至□□，又子因前承詔旨顧命，自宜力扶幼天王。嘆子在石城隸也實不力，黑夜驚營，君臣失散，此誠子之大罪也。此成擒也，但思人各有心，心各有志。故趙宋文天祥敗放五坡嶺，爲張宏範所擒，傳車送窮者，亦只知人臣之分當如此，非不知人力之難與天抗也，子每讀其史傳及《正氣歌》，未嘗不三嘆流涕也，今子亦祇法文丞相已。至於得失生死，付之于天，非吾所敢多述也。

本藩與老天王原是五服宗港，(派)巷里相接，長年交遊起居，頗有見聞而知者。我主天王長子九齡，子只知其天亶聖聰，目不再誦，十一二歲經史詩文無不博覽。自此時至三十一歲，每場榜名高列，惟道試不售，多有抱恨。丁酉年聖壽二十五歲，在廣州領卷考試，由學院前街轉至龍藏街，偶遇一長髮道袍者，另有一人隨侍，手持書一部九卷，未號書名，敬賫遞獻，面囑云：「功名二字，爾應大受，切勿憂，憂必病。」言罷飄然而去。我主持回試館。喜與衆友談論場内詩文，無暇窺覽。殊此科揭榜不售，心中憂憤，在舟吟詩云：「龍潛海角恐驚天，暫且偷閒躍在淵；等待風雲齊聚會，飛騰六合定乾坤。」回家果得一病，不省人事。三月初一日病篤，乃召父母伯叔及王長兄、王次兄到伊御榻，垂淚云：「今子必不久人世，有負父母兄長教育大恩矣。蓋子魂遊天堂，目見無數天使，身穿龍袍角帽，在路傍陳設禮物迎接。子魂到一所，見是金磚金瓦，輝煌無比，張挂文字，盡是規銘寶訓。子親讀後，即有一二天使，剖換衷腸。又有老婦携子到天河洗浴，囑云『不要與衆人頑弄，致污己身』云云。有頃，見一位金鬚黑袍高大老人，賜一劍，垂淚對子云：『吾召秀全來此，令爾知天下人盡是我生我教，盡是食我食，衣我衣，即眼所見，耳所聞，都是我造的，卒無一人知恩謝恩，反將我所造的物認做木石偶像之恩。世人何無本心，一至于此？爾切勿效之！』囑畢即命子放膽行之。既所見如此，必不生矣。」述畢此情，忽生驚恐之狀，而王長兄、次兄以爲其神困憊，乃放倒御榻上。此時我主又見一龍一虎一雄雞來至榻前，遂又翻身起坐榻上。衆人祇見倉惶若此，未知所見如何也。及曉，鳥語喧嘩。乃吟七絶一首：「鳥向曉兮必如我，太平天子事事可。身照金烏災盡消，龍虎將軍都輔佐。」吟後忽東窗紅日射入御床，遂一身麻木，毛骨悚然，即昨夜卧不能起之病，亦不知消歸何處矣，應驗「身照金烏」一句詩也。此時匍匐起來臥室，見父親及鄉鄰族老人等，俱云：「我是太平天子，天下錢糧歸我食，天下百姓歸我管。」並述天父如何教導等語。衆人不知所謂，咸以爲癲狂也。一連四十多日，所言所行，都言打江山，殺妖魔的話，衆尤不知所指耳。此時吟詩云：「手握乾坤殺伐權，斬邪留正解民懸。眼通西北江山外，聲振東南日月邊。展爪似嫌雲路小，騰身何怕漢程偏！風雷鼓舞三千浪，易象飛龍定在天。」又吟劍詩云：「手持三尺定山河，四海爲家共飲和。擒盡妖邪歸地網，收殘奸宄落天羅。東南西北效皇極，日月星辰奏凱歌。虎嘯龍吟光世界，太平一統樂如何！」至四十餘日，性靈復元，默然静思，慨然大志，以爲上帝必不我欺。所到結交以誠以信，坐立行止肅然，以身正大人，戒盡煙花酒僻等事。凡舉監縉紳人等，各皆嘆其威儀品概，故所至皆以身率教。凡東西兩粵，富豪民家，無不恭迎款接，拱聽聖訓，皆私喜爲得遇真命天子也。在龍母廟毁偶像題詩云：「這等斷非神，愚頑何作真？太平天子到，提醒世間人。」又題日詩云：「五百年間真日出，那般爝火敢争光！高懸碧落煙雲捲，遠照塵飛鬼蜮藏。東北西南勤獻曝，蠻契戎狄盡傾陽；重輪赫赫遮星月，獨擅貞明耀萬方。」又因士人説六窠廟十分靈顯，主詢其信堪輿，打死母親以葬，且出入喜男女和歌，得道爲神云云，故題詩斥毁云：「舉筆題詩斥六窠，該誅該滅兩妖魔。滿山人類歸禽類，到處男歌和女歌。壞道竟然傳得道，龜婆無怪唤家婆。一朝霹靂遭天劈，天不容時何若何！」又聞甘王廟日夜顯身，廟祝不敢親在廟内奉祀，士人有敢議者，即行作祟，其家不安，必得禱祝方止，且降迷童子，攀知縣□□，該知縣許以龍袍纔肯放去。我主偕南王馮雲山行二日到象州，親臨該廟，然人人稱説該廟靈赫，乃入廟拆其真衣木像，題詩云：「題詩草檄斥甘妖，該滅該誅罪不饒。打死母親干國法，欺瞞上帝犯天條。迷纏男婦當雷劈，害累人民火定燒，作速潛藏歸地獄，腥身那得挂龍袍？」又見有吹吸鴉片煙，勸戒詩云：「煙鎗即礮鎗，自打自受傷；多少英雄漢，彈死在高床。」又時將上帝造化天地山海萬物，令人知保佑大恩，俱出上帝也。蓋人生天地，眼無三光之明及五行之火，雖泰山湖海亦不見；其眼光非由己光，是天之光扶助也。鼻之呼吸，刻不能不與天氣相通，若半刻不呼，必死無疑。口食之米菜等物，耳通之風聲，性靈之降，自維皇上帝，無一不是上帝保佑世人，刻不能少，何世人忘本瞞天，不識生命之源，反説自己本事得來，何其被妖魔菩薩迷懞至此？即古聖賢雖有功德於人，不獨念伊功，且當實力傚法，何世人一拜便了。竟不學堯舜孔孟之德，獨冒爲其徒可乎？常將此等天理物理人理，化醒衆人，而衆人心目中見我主能驅鬼逐怪，無不嘆爲天下奇人，故聞風信從，且能令啞者開口，瘋癱怪疾，信而即愈，尤足令人來歸。故於癸卯、甲辰、戊申、己酉等年，與南王往返粤西數次，俱有樹立。至庚戌年因來人温姓富豪欺人，與士人争鬭，而貴縣知縣准士人與來人相殺起釁，即有張家祥、大鯉魚、陳貴、蘇三相、李士魁等寇，打鄰劫鄉，相率爲禍，而拜上帝之人，俱不准其幫助。只令凡拜上帝者團聚一處，同食同穿，有不遵者即依例逐出。故該搶食賊匪被官兵逐散一股，即來投降一股，惟恐天王不准，故嚴守天條規律，不敢秋毫有犯。天王勞心，即將博白、貴縣、象州、金田、花州如來扶主等隊，俱立首領，偏以軍帥、師帥、旅帥以下等爵，男女有别，雖夫婦不許相見，故所至無不勝捷。且有東西南北翼五王爲之謀猷，有李開芳、李開明、林鳳祥、羅大綱、陳承瑢、秦日光等爲統兵之將，一時風雲會合，非人力所能爲也。且東王蒙上帝降托，能知過去後來，令人欽服之至。且東王能代人贖病，至耳聾流水，口瘂流涎，二月餘之久，衆有疑爲廢人者，殊後有一日即開口病愈，每有所言即驗應。而西王蕭朝貴蒙天兄降托，即能大獲勝仗。故當時所戰克者皆西王蒙降托之力也。又細推其在金田起義之始，固由歷年神迹所致，乃衆心堅如金石。又因當時拜菩薩者忌惡拜上帝毁其所立偶像，因各攻迫，日聚日衆。凡有攻仗，皆有天助神奇。貴縣白沙兄弟被山尾村搶去耕牛，十餘兄弟迫殺至該村大勝，該村人演戲旺其菩薩，又看戲人自驚，自相踐踏，該村數千家從無人敢欺者，被十人打勝。又博白、鹿川等處團聚數千兄弟，略經半月到金田，象州亦被迫團聚數千到金田。

此時天王在花州胡豫光家駐蹕，乃大會各隊，齊到花州，迎接聖駕，合到金田，恭祝萬壽起義，正號「太平天国元年」，封立幼主。次則移蹕到大黄崗數捷。次則移蹕到東鄉象州，轉至武宣。閏八月初一日入永安州，鎮守過年。壬子春，棄永安到新回(墟)，一路艱險，屢戰屢捷。到桂林圖攻多時不克，棄圍過湖南等處，大招士馬，一路士民樂從，秋毫無犯。攻全州下之，南王馮雲山中礮昇天。一路勢如破竹，因伊未在陣中，不能細述。又發西王大隊直攻長沙，而秦日綱、陳承瑢等陸續進發前隊，正在大獲勝捷，破進外城，攻圍正急，而内之士民亦目見張惶搬遷。殊西王在敵樓上裝束異常，窺伺内忽被流星礮彈中傷昇天。而天王、東王即速催兵前來接應，幸得保全無事。乃在河心孤州用誘敵伏兵計勝捷，溺死清兵不計其數。乘勝棄長沙不圍，直搗益陽，殺寨妖頭，獲舟數千，得古人遺下紅粉不計其數。渡湖到岳州，下武昌，乘勝席捲，聲勢甚大。此時兩湖兵將，望風歸順，在天王萬壽前破漢陽、武昌，祝壽後即發兵虛攻黃州，得而不守，撤兵回省。而江南陸建瀛得聞此消息，即離南京城，統兵尚遊。田家鎮接仗，數萬兵將，一鼓瓦解，孤身回南京閉門固守。癸丑二月，天兵到南京，由儀鳳門攻入，不半月而平定，即發兵下取鎮江，上取無爲運漕鎮，守安慶，復湖北，下揚州，後乃發兵掃北。雖所到以威勇取勝，究係孤軍深入，數月之間，北京日夜戒嚴，各有準備，覆没忠勇兵將不少。此後幸東王律法森嚴，兵勢迭有興屈，難以遠征。甲寅、乙卯大破何欽差。丙辰年破東門向榮。是年七月，東王昇天，北王亦喪。丁巳，翼王遠征，國政不能劃一。戊午年，乃封陳玉成爲前軍主將，李秀成後軍主將，李世賢爲左軍主將，韋志俊爲右軍主將，蒙得恩爲中軍主將兼正掌率，掌理朝(政)，稍可自立。惟被張家祥四面築長城圍裹京都，僅通浦口一線之路，車運北岸糧米以濟京用。己未年，予由粵東到天京，我主天王念予少有聰慧，陞封各爵。繼封英王、忠王等，各有奮興之志，忠王二次面□畫策，予曰：「此時京圍難以力攻，必向湖、杭虛處力圍其背，彼必返救湖、杭，俟其撤兵遠去，即行返旆自救，必獲捷報也。」乃約英王虛援安省，而忠、侍王即僞裝纓帽號衣，一路潛入杭、湖二處。因忠王隊内貪獲馬匹，未得入城，即被緊閉城門。復經開挖地壠，攻入杭城，惟□□城未破。料圍京之清兵撤動，此刻重在解京，不重在得地；忠王即約侍王由小路回師，後果大解京圍。英王破頭關而入，侍王破燕子山而入，忠王兜殺句容一帶，三月二十六日解圍。四月初一日，登朝慶賀，且議進取良策。英王意在救安省，侍王意取閩、浙，獨忠王從吾所議云：「爲今之計，自天京而論，北距川、陝，西距長城，南距雲、貴、兩粵，俱有五六千里之遥，惟東距蘇、杭、上海，不及千里之遠。厚薄之勢既殊，而乘勝下取，其功易成。一俟下路既得，即取百萬買置火輪二十個，沿長江上取，另發兵一枝，由南進江西，發兵一枝，由北進蘄黃，合取湖北，則長江兩岸俱爲我有，則根本可久大矣。」乃蒙旨准，即依議發兵，覺爲得手。及取蘇、杭等郡縣後，英王如議進取蘄黃，忠王由吉安府繞取興、郭州等縣。殊忠王憚於水勢稍漲，即撤兵下取浙江。英王因忠王既撤，亦急於解救安省，遂失前議大局之計。後雖得杭州等郡，而失一安省爲京北屏，大有可虞之勢。殊忠王既撫有蘇、杭兩省，以爲高枕無憂，不以北岸及京都爲憂。故予行文曉之曰：「自古取江山，屢先西北而後東南，蓋由上而下，其勢順而易，由下而上，其勢逆而難；況江之北，河之南，自稱爲中洲漁米之地，前數年京内所恃以恐者，實賴有此地屏藩資益也。今棄而不顧，徒以蘇、杭繁華之地，一經挫折，必不能久遠。今殿下云有蘇、浙可以高枕無憂，此必有激之談，諒殿下高才大志，必不出此也。夫長江者古號爲長蛇，湖北爲頭，安省爲中，而江南爲尾。今湖北未得，倘安徽有失，則蛇既中折，其尾雖生不久，而殿下之言，非吾所取共聞也。」後忠王覆以「特識高見，讀之心驚神恐，但今敵無可敗之勢，如食果未及其時，其味必苦，後當凛遵」云云。此後□妖買通洋鬼，交爲中國患，無非力所强爲謀之耳。

現在説到我朝禍害之源，即洋人助妖之事。自我軍兩位勇猛王爵——英王翼(？)王(E-Wang)死後，我軍確受重大損失；但如洋人不助敵軍，則吾人斷可長久支持。但一自妖軍賄買洋人，以攻我軍，我朝連續失城失地，屢戰屢敗，我軍無力抵擋，末日快到了。天王之自殺，更令全局混亂。天京在兩年長圍之下，遂無力再守矣。

在未結束之先，今再追述天京在太平安静時之狀況。在一八六〇及六一年間，我軍雖屢有失敗，但吾等之努力亦常得勝利，亦有新得土地。此時我軍在疆場上有兩個好首領，即英、忠二王是也。後來不幸英王被人所賣，落在清軍之手，因而被殺。如英王不死，天京之圍必大不同，因爲若彼能在江北活動，令我等常得交通之利，便可獲得仙女廟及其附近諸地之源源接濟也。英王一去，軍勢軍威同時墮落，全部瓦解，因此清軍便容易戰勝。我軍最重大之損失，乃是安慶落在清軍之手。此城實爲天京之鎖鑰而保障其安全者。一落在妖手，即可爲攻我之基礎。安慶一失，沿途至天京之城相繼陷落不可復守矣。安慶一日無恙，則天京一日無險。其時天朝内因太平安静，絶無憂患可虞。全城覺得安全無患，各事平静如常。

此時政事歸我、章王(林紹璋)、贊王(蒙得恩)三人掌握。贊王於一八六一年去世。天王之次兄(仁達)亦干預政事。在一八六一至六二之上半年，我掌處理外交之事，直至有某事發生令天王不悦，乃令我移交章王掌管之。當我在位時，我得一洋人爲助，遇有交涉事即請其任我之繙譯(按：此洋人爲羅孝全牧師。)此人居於吾府，受我款待多時，但一日因些少誤會即便不告而别，逃出城外，無論如何不能挽留之。

天京之圍，始于一八六二年四月(陽曆)。妖軍在安慶及Pillers東西兩妖之勝利，早令我等猜疑必順流東下進攻天京；但從未準備彼等能突如其來如是之速。我軍毫無預備，彼軍若急進當早得大勝。然而彼等竟不乘勢急攻，只是佔了兩座礮台，便自滿足而停軍不進；由是令我等得乘時修理礮台，分配各守衛軍而準備攻擊。彼等戰勝之後即不事急攻，乃予吾等以所欲之機會以圖準備對敵者。起初一見有危險，我等非常焦急，但危險轉瞬過去，我等又放心矣。自此吾等又得稍爲安靜而得有自信力。

每當戰船停止活動之時，吾等即從事重建七里洲(Theodolite Point)及中關(Chung Kuon)對面之礮台，此外又屯戰船二艘于小河內及另置一艘于外。我們又安置幾尊極好的大礮于要害之地，又爲加意防衛天京計，更在獅子山上築雙重的防禦線，而在山頂安置一尊重礮。如此布置，我們覺得十分妥當，足以防禦一切攻擊，天京此面之安全絶無可慮。惟是最大的恐慌之源，乃在南城外久駐圍攻之妖軍，兵力常常加增。統領爲曾國荃，深溝高壘，樹有不敗之地位，至今我們無法可驅逐之。江面之戰船並不十分活動。各船依期攻擊各礮台，但總是不得手反自家損失，每次均有數船被炸或遇有他死傷。獅子山頭之重礮只是偶一發放。各礮台所發之礮大概已足防禦任何攻擊，除非敵勢大盛，敵船太多，則上言之重礮始一開用，于是敵船又被驅逐遠離矣。除曾國藩在天京上游之戰船外，尚有戰船一隊在下游出現，常對天京那方面施以恐嚇。但是彼等之封鎖並不嚴密，因我們反可藉彼等之力，由Eching而得米鹽之接濟也。

妖軍來攻之第一警告，乃在一日晚上，中關及其上之礮台同時開礮，向一隊由天京上游駛下小河之戰船，因此惹起衆人之注意，北岸之礮台，亦急忙開礮攻擊。敵船欲渡江，已駛至九洑洲(北岸礮台)，卒遭大敗，因其陷於礮火前後夾攻中迫得急退。如果敵船能駛過此雙方礮火而得佔七里洲，又如彼等得天京下游之戰船合作相助，當得些利益，因爲中關以下之礮台無有保障而大部皆已毁壞者。

起初，我們絶不以此圍攻爲十分嚴重，因深信忠王將必可來解救。如蘇州不被攻，又如妖軍無外人之援助，解圍斷能成功。安慶之失，天京已危，及蘇州一陷，得救之望絶少矣。回憶三年前余在天京居高位，執大權，今日大局竟至如此，而余亦被辱待死，真夢想不到之事也。

在我們之中其享福最久者，首推天王。起自廣西田間首事諸人，惟彼存留至最後，而其結局並非喪在妖軍之手，卻在自己之手。與天王同起者，爲東、西、北、南四王。翼王石達開亦同時被封，但其位稍次。南西二王未及見到天京，事業未成，中途既死。東北二王則到京後不久即自起內訌，兩均被殺。翼王見大局如此不滿意，乃決離京遠征，一去不回。彼在四川作戰，得獲勝利，亦佔得數地；卒之他被四川總督駱秉章所部擒獲。關於忠王，吾只能言彼保護幼主離京而已。

潘祖蔭部

綜述

《碑傳集補》卷四李慈銘《潘文勤公墓誌銘》 光緒十有六年十月丙寅晦，太子太保、工部尚書兼順天尹吳縣潘公以疾薨於位。遺疏聞，天子震悼，贈太子太傅，賜千金治喪，命貝勒載瀅奠醊，予謚文勤。於是都中上自王公百執事，下至輿隸小民，咸歎息出涕，惜公之遽去，而所施設之未竟。時畿輔巨災，饑民之流轉京師者數萬人，皆仰食於公，聞之痛哭，聲震郊野。蓋近百年來公卿薨逝，未有能得人心如此者也。

公諱祖蔭，字伯寅，小字曰東鏞。祖太傅文恭公，考曾綬，四品卿銜，內閣侍讀，特贈三品卿銜，封光祿大夫。妣汪，繼妣陸，皆贈一品夫人，公汪出也。自太傅以上，內外官氏皆詳余所譔光祿公墓誌。公幼穎異，太傅尤愛之。十歲遭汪夫人喪，十四歲遭陸夫人喪。十七歲，以國子生應順天鄉試，挑取謄錄。十九歲，以太傅八十賜壽，恩賞舉人。二十一歲，考取國子監學正學錄。二十三歲，中咸豐壬子科會試第九名，殿試一甲第三名，授編修。二十五歲，太傅薨，以遺表恩，進侍讀。二十七歲，充丙辰科會試同考官。是年十一月，詔在南書房行走，賞戴花翎。二十八歲，晉侍講學士。二十九歲，充戊午科陝甘正考官。是冬，署國子監祭酒。三十歲，轉大理寺少卿。三十二歲，署宗人府府丞。三十三歲，擢光祿寺卿，署都察院左副都御史，充同治壬戌恩科山東正考官。三十五歲，擢左副都御史，署工部右侍郎。三十六歲，署禮部右侍郎。三十七歲，擢工部右侍郎，兼管錢法堂事務。三十九歲，兼署吏部右侍郎，調戶部右侍郎，充經筵講官。四十歲，轉左侍郎兼管三庫事務。四十一歲，充庚午科武鄉試副考官。四十二歲，充辛未科會試知貢舉，武會試副考官。四十三歲，賞頭品頂戴。四十四歲，兼署吏部左侍郎，充癸酉科順天鄉試副考官。十二月，以磨勘被議，降二級調用。先以戶部遺失行在堂印革職留任，至是循例革任。四十五歲正月，特旨賞編修，仍在南書房行走。六月，復特旨開復侍郎任內革職留任處分，以三品京堂候補。四十六歲，授大理寺卿，署禮部右侍郎。四十七歲，署刑部右侍郎，補禮部右侍郎，兼署工部左侍郎，充玉牒館總裁，光緒丙子科武鄉試正考官。四十八歲，充丁丑科武會試正考官。四十九歲，調戶部右侍郎，仍兼署工部左侍郎，管理三庫事務，充實錄館副總裁，經筵講官。五十歲，轉左侍郎，升左都御史，仍兼署工部左侍郎，擢工部尚書，加太子少保銜，調刑部尚書，賜紫禁城騎馬。五十一歲，兼署工部尚書。五十二歲，充國史館正總裁，賞穿帶膆貂褂。五十三歲，兼署禮部尚書。十一月，授軍機大臣。五十四歲正月，丁光祿公憂。四月，扶櫬還葬。五十六歲五月，服闋，至都，署兵部尚書，仍在南書房行走，充乙酉科順天鄉試正考官。十一月，補工部尚書。五十七歲，充會典館副總裁。五十八歲，充管理八旗官學大臣，兼管順天府府尹事務。五十九歲，兼署戶部尚書，充戊子科武鄉試監臨。六十歲，加太子太保銜，充己丑科會試副總裁，順天鄉試監臨。十月六日，公六十生辰，賜壽寵賚加等。

綜公一生，以文學政事歷三朝，早結主知，日在禁近，進參樞密，出備六卿，恩寵駢蕃，光華震疊。凡程功艱鉅之役，文字衡校之司，無歲不膺，無役不與。以至國是大議，典禮鴻章，朝局玄黃，黨論消長，天下之疑獄，百司之興作，公悉仔肩其任，折衷是非，强力一心，中外倚重。二聖簡在，兩后協契，東朝眷睞，尤絶彝等。文宗木蘭之狩，穆宗纘統之議，昌言危論，盡誠竭忠。惠陵因山，公專其勞，畿京連祲，公萃其責。而官不登於台司，年不躋於中壽，以特簡居政地，而不及百日，以重望領中禁，而未長翰林。星軺屢出，而未一與學差，鄉舉四司，而僅一副會試。鴻嗷滿野，晝夜疇咨，勸振發倉，言輒流涕，未及安集而積瘁殫精，病作三日，遂以不治。此天下有識者所以憾公才之未盡用，而勞臣志士爲之愴恨不能已者也。

公天懷伉爽，閎濟爲務。自入翰林，遇事敢言，飆舉鋒發，不顧忌諱。戊午以後，大寇外夷，海縣交訌，懷忠憤發，屢上密疏，請誅媚夷辱國之粵東督撫，請暴諸夷罪狀，力主戰議。請加八旗防營兵餉，請誅清河失守之河督庚長，請誅廣德失襲之提督周天受，請誅江浙失守之統兵大員張玉良、李定太及逃官張玉藻等。請撤各省團練大臣，請嚴懲蠹捐擾民之運司金安清，請逮治陝西失事之提督孔廣順、總兵闊丕敏等而任多隆阿。請誅縱寇肆掠之署淮揚鎮總兵龔耀倫而用黃翼升。請嚴劾太原鎮總兵田在田，駐軍徐宿，殺團冒功。請於江蘇、安徽、山東、河南之交添設四界重鎮，以制捻匪。請嚴劾擁兵養寇之陝西布政使毛振壽。請治陝西統兵大臣勝保，縱兵殃民，貽誤大局。請治前署江南提督曹秉忠罪。請斥養交廢務之直隸督臣文煜及劾按察使孫治等，而薦前任提督鄭魁士、傅振邦。所言皆半施行，而卒以屢劾要人，忌者日衆。其劾秦撫瑛棨大墮軍事，嘗一奉嚴旨申飭。面後先秉軸者皆嫌公以清切詞臣嘵嘵言事，雖同鄉鉅公，亦有嗛於心者。故自庚申以後，數載不遷，官光祿卿至滿三年。雖公氣不少挫，亦恃上有聖仁能保全之。而公之尤有功於天下者，咸豐之末，湘陰左文襄公以舉人參湘撫駱文忠公幕府，有憾文襄者，力齮齕於重臣，文忠幾爲動。公力辨其誣，三疏薦之，謂左宗棠在湖南，關繫事勢甚大，國家不可一日無湖南，即湖南不可一日無此人。疏既傳，文忠得持之，文襄以安，卒能光佐中興，功在社稷，而公未嘗一日識文襄也。宋元以來，吴賦最重，蘇、松、太倉尤甚。同治二年四月，公疏請減江蘇賦額，得旨允行。千載積痛，一朝而起，四郡歡躍，額手皇仁。而公以大難初夷，宜定民志，夙蓄一蠲，根本自固，非止爲桑梓計也。此皆公謀國之忠犖犖大者。

公性通敏，遇事理解，批牘答簡，運筆如風，無不洞中利弊。長刑、工二部積年，百廢俱舉，官吏秉成，嚴而不苛。既去之後，思公不替。久直內廷，待宦寺甚嚴，指使呵叱如奴隸。及至公薨，而中涓至今言及公者，無不流涕，謂如公者不可復見也。公幼服膺家教，謙恭下士。自少與吴中楊芸士、戈順卿諸名士交，文藻豔發，兼工詩詞。既官京師，徧交天下士，士之至都者，無不欲識公。公愛才出天性，其主文也，務得魁奇沈博之士，所取不限一格，而深疾覬覦侚時之技。士有一技之長，終身言之不去口。故公既逝，而世失所歸，風流遂衰，百身莫贖。

余自己未以選人入都，公時居海淀賜園，聞聲致契，折節下交。庚癸之間，余窮悴不振，公亦貧甚，時或質衣致饋。余性狷急，小不可意，輒言觸公，公久而益敬。及長户部，余爲屬官，形跡自嫌，往還幾絶，而公歲時饋問，殷拳彌甚。壬午之夏，一日公忽手書數十紙，具言平生志事，以身後之文相託。余心怪之，爲戲言以答公，且還其所書。乃次年春，公丁大故，屬余志光祿公之墓。及今八稔，而竟執筆爲公志矣。公豐頤渥丹，精神强固。余長公一歲，羸瘠多病，言笑籩豆，曾幾何時，兩世交期，山河俱邈，幽明宿諾，息壤遽徵。悲夫！公夙治《説文》，耽耆漢學，所刻書幾及百種，皆有功學者。少精楷法，中年以後，好臨書譜，日必數紙，至今爲世所寶。尤留心金石文字，自咸豐甲寅輯朝鮮碑刻，附以日本，爲《海東金石録》二十四卷。其後搜耆益勤，聞有彝器出土者，傾囊購之，至罄衣物不恤。所得有郘鐘、四齊鎛、史頌、鼎匽、侯鼎、盂鼎、善夫克鼎，皆世之殊絶。嘗輯《攀古樓金石款識》，僅止二卷而未成。他所著詩文筆記凡若干卷。公天性孝友，事光祿公膝下，雖老，昕夕如孺子。一弟祖年，庶母張恭人所出，少於公四十年，撫愛甚篤。今以公遺表，恩官刑部郎中。公娶汪夫人，同邑候選太常寺博士槿之女，公之姑女也。賢淑備德，克資儷助，公相敬如賓，終身無妾媵。公生於道光十年庚寅，享年六十有一。遺命以祖年子樹孳爲嗣，恩賞舉人。將以壬辰三月十九日葬公於吴縣五都一圖之茭白蕩。汪夫人以公平生之言屬祖年，徵慈銘志公之幽。嗚呼！是重可感已。

《清史列傳》卷五八《潘祖蔭傳》 潘祖蔭，江蘇吴縣人。祖世恩，官太傅，武英殿大學士，自有傳。道光二十八年，祖蔭以世恩八十賜壽賞舉人。咸豐二年，一甲三名進士，授職翰林院編修。四年二月，充國史館協修。四月，世恩遺疏上，奉旨以侍讀候補。六月，充實録館纂修。六年正月，充功臣館纂修。三月，充會試同考官。五月，補侍讀。九月，充咸安宫總裁。十一月，詔在南書房行走。《宣宗成皇帝實録》慶成，奉旨遇缺題奏，即行陞用。十二月，充文淵閣校理，以捐備軍餉，賞戴花翎。四月，署日講起居注官。閏五月，授侍講學士。八年四月，英人竄天津，上疏請戰。六月，充陝甘鄉試正考官。尋疏，請酌加旗兵放款，以固巡防，下户部議行。十月，回京署國子監祭酒。十二月，轉侍讀學士。九年三月，旱，上詣黑龍潭禱雨，有廣開言路之奏。九月，補日講起居注官，大考二等，賞文綺。十二月，授大理寺少卿。十年三月，因湖南舉人左宗棠襄理巡撫駱秉章戎幕，有齮齕之者，祖蔭三疏密保。有云： 楚南一軍，立功本省，援救江西、湖北、廣西、貴州，所向克捷，固由駱秉章調度有方，實由左宗棠於地形阨塞險要，瞭如指掌。故賊縱橫數千里，皆在宗棠規畫之中。是國家不可一日無湖南，即湖南不可一日無宗棠也。見在賊勢披猖，東南蹂躪，兩湖亦賊所必争之地。仰懇天恩飭下曾國藩、駱秉章、胡林翼，酌量任用，庶於湖南及左右鄰省均有裨益。旋奉旨，左宗棠以四品京堂，隨同曾國藩襄理軍務。又有四川軍務宜籌防剿之奏。四月，疏陳救時八策，並團練章程十二條。八月，駕幸木蘭，上疏切諫。

十一年八月，署宗人府府丞。十月，與議文宗顯皇帝郊配大禮，偕太常寺卿許彭壽疏言：「臣伏讀大行皇帝《聖製甲寅孟夏詣齋宫即事成什》末句『以後無須再變更』注云：『天壇配享，以三祖五宗爲定，永不再增配位，已見庚戌之旨。

恐後代無知，故違朕旨，則儀文太煩，又有變更，故末句云『聖製詩恭懸齋宮，永垂法守。臣等誦維之下，仰見大行皇帝言法行則，至當至精，初非博謙讓之虛名也。臣等久值內廷，仰瞻聖藻，足爲千古定評。何期弓劍未寒，頓生異議，爲臣子者於心何安？伏乞皇上本繼志述事之誠，盡尊親養志之道，將王大臣會議及載垣、陳孚恩、黃宗漢各摺一併交大臣敬謹會議。」從之。又應詔陳言疏云：「伏見皇上迴鑾之後，首斥奸佞，綱紀一新，朝野臣民額手相慶。臣世受厚恩，何敢安於緘默？謹就檮昧之見，爲我皇上陳之。一曰勤聖學。夫典學之教，三代所同，周成以史佚爲師，漢昭有韋賢之教。降而東漢，桓焉、桓郁入授帝經，史冊流傳，侈爲盛美。故宜首擇耆德重臣如翁心存、倭仁、王茂蔭者，時加延訪，以資矜式。國朝向有日講之制，大行皇帝初政，曾國藩曾疏請行之。今請敕下部臣，酌議變通康熙舊制，並於翰林中選擇數員，日備顧問。歲月漸摩，養成聖德。正本清源，莫先乎此。一曰求人才。保國之道，得才爲先。多事之秋，用人尤亟。方今理兵理餉，動有乏人之憂。惟楚南一隅，得人爲盛。要由曾國藩、駱秉章、胡林翼提倡。以此而論，天下大矣，何才蔑有？臣愚謂宜令在廷大小諸臣各抒所見，各舉所知，廣開言路，毋拘常例。果有學識超羣，名實兼副者，破格録用。夫使拘成格以求英俊，是反鏡而索照也。戒儌倖而絕言事，是懲羹而吹齏也。且自載垣等數年用事以來，內外臣工，未有一疏劾其罪者，遂日長其跋扈不臣之氣。其餘臺諫章疏，大率毛舉細故者居多。今請嗣後所有封奏，即賜批發。其不足採擇者，立予擲還。庶委瑣之談不敢上瀆，而伉直之氣得以稍申。臣下所受者虛名，國家所收者實效。不亦可乎？一曰整軍務。今天下之亂日亟而軍事之弛日甚，則事權不一，軍法未彰之故也。朝廷命將不下數十人，或已闕於穴中，或猶觀於壁上，各分畛域，坐失事機。臣愚以爲宜設經略，節制各省，如嘉慶年間辦川楚故事。至若失事者，自江浙兩省統兵大員張玉良、李定泰等未膺顯戮，人有玩心，甚或如張玉藻者逃脱經年，未聞就獲。朝廷之法，將何所施？嗣後凡臨陣逗留，城池失陷者，立正典型，庶人知警畏矣。一曰裕倉儲。國本以足食爲先。今盜賊外訌，倉儲內罄，一旦乏食，可爲寒心。畿輔不足自食，宜急籌採買之法。見在湖廣漸就肅清，已可耕種，廣東、上海、寧波、福建各海口道途通順，宜廣設方略，招集商人。當於天津設立收米局，派員董其事。俟飛芻輓粟，水陸麕集，然後徐平其價。如經費無出，權開米捐，照户部捐輸例再減一成，庶幾偏僻咸來，可以集事。一曰通錢法。自咸豐四年改用大錢後，錢法益壞。户部鑄當十錢，僅行都城之內，鼓鑄累年，徒耗經費。至使銀價消長，什一相懸，官號奸商，浮開虛票。近復改行私票，而銀價雖落，錢價不增。夫既無當十之用，而存當十之名，無以利民，適以病國。臣愚以爲宜復制錢，與大錢並用。大錢又不可即廢，每緡用制錢十之七，用大錢十之三，俟一年以後，大錢漸盡，乃專用制錢。一面令户部採銅精鑄，一面令順天府尹督京縣官，嚴諭各鋪力平物價，庶幾上下交濟，而錢法可修矣。」復陳時務四事：一免各省之錢糧以蘇民困，一汰釐捐之名目以紓民力，一嚴行軍之紀律以拯民生，一廣鄉會之中額以收士心。疏劾候補鹽運使金安清在江北辦理釐捐，大爲民害，尋褫金安清職。又以各省設立團練大臣，辦理無效，請分別裁撤，以一事權而節糜費。如所請行。

同治元年正月，遷光禄寺卿。二月，兼署都察院左副都御史。先是，上諭南書房、上書房、翰林院等將歷代帝王政治及前史垂簾事蹟，擇其可爲法戒者，據史直書，簡明注釋，彙爲一冊。至是年三月書成，祖蔭等表進，賜名《治平寶鑑》，有文綺之賜。六月，因陝西營務廢弛，疏列副將張維義、總兵閻丕敏、提督孔廣順等罪狀以聞。又以陝西回匪械鬬起事，拘留督辦陝西團練大臣張芾，殺甕武弁，巡撫瑛棨不能聲罪致討，徒以粉飾了事，一誤再誤，將爲雲南之續。請命將如多隆阿者，以剿甘肅撤匪爲名，亟由潼關、商雒兩路進剿。劾署淮揚鎮總兵龔耀倫縱寇肆掠，請旨查辦。時捻匪披猖，安徽、山東、江蘇、河南四省尤甚，祖蔭奏請於徐州四界司添設重鎮以制之。略曰：「伏查安徽之賊，蒙城迤西而南數百餘里，多爲賊巢，而大股屯聚，則在宿、亳、太和、靈壁一帶，其地西界河南，北界江蘇，是安徽之邊境也。山東之賊匪類紛雜，嘯聚劫掠，出没無常。不獨曹、濮之間，鄰於直隸、河南者叢生姦宄；其沿海則曰青、曰萊，其在山則曰蒙、曰泗，而賊勢尤熾之處，厥惟沂郡之西，兗郡之東，其南界江蘇者，山東之邊境也。河南之地，其界於山東、江南者曰陳州，曰歸德，而賊蹤之往來，賊壘之屯集，則虞城、夏邑、永城之東，履錯而踵接焉，是河南之邊境也。江蘇之地，徐州一屬，實界三省。賊之竄匿海、沭者，其餘燄耳。若邳州、若蕭、碭，則狼跳其穴，而虎負其嵎也，是江蘇之邊境也。夫統計四省，而賊之所據，邊境最多。是由封疆大吏未忘畛域之心，致使草澤奸民日長蔓延之勢。賊之出掠，名曰裝旗，任其所之，而被掠遂爲習見之事；賊之歸巢名曰回哨，聽其自反，而賊巢儼如化外之鄉。勢必舉數省交錯之地，委而棄之，使賊得而蹂躪焉，盤踞焉，且紛歧而錯出焉。而鄰省州縣止爲諉卸之謀，邊境防兵徒作送迎之計，揆茲積弊，有由來焉。

且夫團練之法興，而械鬬抗糧之案踰時疊出矣；堅壁之議建，而分疆畫界之圖立寨爭雄矣；招撫之策施，而陽奉陰違之患乘機竊發矣。近來東省皖、豫圩寨皆成，其顯踞爲賊巢者固無論矣。至如江蘇徐屬境内，圩寨頭目類多恣睢自專，通賊窺官，截遏行旅，驕蹇跋扈，無所不爲。不於此時畫策以制之，臣恐陰懷叵測，據有事權者，馳一介之使，要結而迫脅之，奉其號令，恃其聲援，一旦有變，固東路咽喉之患，亦中原心腹之憂也。臣聞方今剿匪僧格林沁一軍督戰最爲得力，捻逆畏威，往往望風納款。受降之後，給與免死大旗，及至兵退，而焚掠如前，地方官莫敢過問。見如鄒縣鳳凰山一帶之匪既降復叛，將山口堵塞，擁衆數萬，劫掠公行，名爲就撫，其實緩兵，此其明證也。是即轉撫爲剿，而歲月遷延，餉需糜費，事機更變，精鋭摧殘。臣不知一戰之勝，賊被芟夷者幾何？而一日之間，民被裹脅者幾何？曠日持久，庸有濟乎？臣舊聞徐州府屬地當孔道，設有四界司一官。彼固末秩微員，據四縣之衝而名之耳。竊見徐州一郡，實爲四省交衝，擬請添設四界鎮總兵一員，四界分巡兵備道一員。凡四省沿邊州縣，悉歸管攝。其駐紮之所，必酌乎四界之中，其餉由四省籌辦，其兵由四省酌撥，抑或自行召募，務使糧足兵强，克爲重鎮，然後責以辦賊。來者拒之，過者遏之。四界之内，有警則救之；四界之外，乘便則攻之。與以專制之權，即重以守邊之罰。並令界内外寨圩，聽其節制。或更選各寨頭目之子弟置之軍中，量能委用，羈縻駕馭，必惟其宜。庶諸路有進擣之軍，而衝要有控扼之鎮。方今四省撥兵甚難。查有田在田一軍，素在徐屬屯紮。田在田統兵無律，畏葸居心。曩時捻匪出巢，田在田名爲巡剿，其實避道而趨。今春捻匪竄擾清淮，田在田行至宿遷，並未見賊，欲進城圩，居民防守甚嚴，不能縱掠，竟敢開槍攻圩，踏毀宿遷縣官坐轎，搶奪守城將弁器械。田在田並不查究，所統兵勇又多係徐、宿之人，與賊潛通，是不獨虛糜軍餉也。即有制寇之兵，而田在田一軍在彼牽掣擾亂，勢必無功。相應請旨，將田在田從嚴查辦。按其見統兵數，加以挑選淘汰，作爲四界鎮主兵。其有不足，再由四省酌撥。方今將才難得，時會難稽。擬請敕下兩江總督曾國藩，保送文武幹員，並會同署漕運總督吳棠暨四省巡撫，妥速具議章程。」又因楚軍近偪金陵，請嚴通州、靖江、泰興等處江防，劾浙江金衢嚴道江允康、西安縣知縣丁壽辰劣蹟，爲蘇常殉難紳民援案請卹。天津通州一帶疫氣流行，請照乾隆道光年間諭旨，敕下直隸總督、順天府尹、五城御史，遵照舊章妥爲辦理。七月，充山東鄉試正考官。十一月，奏劾陝西布政使毛震壽擁兵騷擾，索賄貪婪狀。以直隸總督文煜持祿養交，事多坐廢，請旨早予罷斥，另簡重臣，以慎畿防。疏薦前任提督鄭魁士、傅振邦，已革副將吳再升，請旨起用。又以欽差大臣勝保驕蹇不法，列狀請旨查辦。

二年正月，署宗人府府丞。四月，以江南郡邑漸就蕩平，奏請酌減賦額。會江蘇巡撫李鴻章亦以入奏，部議蘇、松、太三屬三分減一，常、鎮二屬十分減一。七月，恭編文宗顯皇帝詩文全集進呈，頒賞一部，並賜顧繡、蟒袍、文綺。十月，劾甘肅布政使恩麟玩誤、粉飾、濫保各款以呈。遞該省紳士無姓名信函，命傳旨申飭，所奏仍交多隆阿查辦。三年三月，補都察院左副都御史。七月，署工部右侍郎，兼管錢法堂事務。十月，會議兩江總督何桂清罪名，以未經會銜，下部議處。四年三月，恭親王被劾，獲譴，奉旨會議。祖蔭覆奏云：「毀譽之言，聽者必察，家庭之事，人所難爭。恭親王自議政以來，咎固難辭，功原足紀。重臣進退，關繫安危，尚祈持平用中，熟思深計，察其悔過，酌予轉圜，庶不紊黜陟大綱，滋天下後世之惑。」五月，山東曹州一帶捻逆披猖，奏請由上海運解火器，以資攻剿。十一月，署禮部右侍郎，稽察西四旗覺羅學。五年三月，署刑部右侍郎、左侍郎。十二月，補工部右侍郎，兼管錢法堂事務。六年四月，派查勘福陵工程。七年三月，署吏部左侍郎。閏四月，調戶部右侍郎，兼管錢法堂事務。恭進篆寫《説文》、《藝文備覽》各四函，賜文綺。十二月，充經筵講官。八年，轉左侍郎，兼管三庫事務。九年十月，充武鄉試副考官。十一月，署吏部右侍郎。以捐備軍餉，賞正一品封典。十年正月，充會試知貢舉。九月，充武會試副考官。十一年，穆宗毅皇帝大婚禮成，賞頭品頂戴。十二年三月，上祇謁東陵，充隨扈大臣。尋以戶部行印遺失，部議革職留任。六月，署吏部左侍郎。八月，充順天鄉試副考官。十一月，以中式舉人徐景春試卷文理荒謬，部議降二級調用，奉旨改爲革任。十三年正月，賞翰林院編修，仍在南書房行走。六月，因報效銀兩，詔開復革職留任處分，以三品京堂候補。十月，慈禧端佑康頤皇太后四旬萬壽，恭進賦冊，命以侍郎候補。

光緒元年三月，授大理寺卿。八月，署禮部右侍郎。二年正月，署刑部右侍郎。四月，補禮部右侍郎。六月，恭編穆宗毅皇帝全集進呈，頒賞一部，並賜袍褂、帽緯。八月，署工部右侍郎，兼管錢法堂事務。九月，充玉牒館總裁。十月，充武鄉試正考官。三年，充武會試正考官。四年五月，調戶部右侍郎，兼管錢法堂事務，管理三庫事務。七月，派稽查十七倉。九月，充實録館副總裁。十二月，復充經筵講官，署工部右侍郎，兼管錢法堂事務。五年正月，轉左侍郎，擢都察院左都御史。三月，遷工部尚書。穆宗毅皇帝、孝哲毅皇后奉安惠陵禮成，賞加太子少保銜，管理溝渠河道。四月，遵議吏部主事吳可讀遺疏請豫定大統之歸，偕尚書徐桐、翁同龢疏云：「閏三月十七日，發下主事吳可讀一摺。臣等謹赴内閣，公同集議。竊思吳可讀所陳豫定大統，此窒礙不可行者也。我朝家法不建儲，此萬世當謹守者也。臣等恭繹同治十三年十二月懿旨，於皇子承嗣一節，所以爲統緒計者，至深且遠。聖諭煌煌，原無待再三推闡。今吳可讀既有此奏，而懿旨中復有即是此意之諭，特命廷臣集議具奏。若不將聖意明白宣示，恐天下臣庶轉未能深喻慈衷。臣等以爲宜申明列聖不建儲之彝訓。將來皇嗣蕃昌，默定大計，以祖宗之法爲法，即以祖宗之心爲心。總之紹膺大寶之元良，即爲承繼穆宗毅皇帝之聖子。揆諸前諭，則合準諸家法則，符使薄海内外咸曉然於聖意之所在，則詒謀久遠，億萬世無疆之業，實基於此。」疏存毓慶宫。是月，調刑部尚書。十月，賜紫禁城騎馬。十一月，《穆宗毅皇帝實録》、《聖訓全書》告成，賞加一級。六年三月，署工部尚書。九月，命偕惇親王、醇親王、翁同龢辦中俄交涉事件。七年正月，充國史館正總裁。以俄國定約，偕惇親王、醇親王、翁同龢條陳善後五事，一曰練兵，一曰簡器，一曰開鑛，一曰造船，一曰籌餉。八年八月，署禮部尚書。十一月，命在軍機大臣上行走。

九年，丁父憂。十一年四月，服闋，命署兵部尚書，仍在南書房行走。八月，充順天鄉試正考官，尋遵議江西學政陳寶琛奏請，以故儒黄宗羲、顧炎武從祀文廟。祖蔭覆疏云：「臣等謹按從祀之典，古無所見。《禮記·文王世子》凡學春官釋奠于其先師，秋冬亦如之。又凡始立學，必先釋奠于先聖先師。鄭元注：『先聖，周公若孔子；先師，漢禮有高堂生，樂有制氏，詩有毛公，書有伏生』，此爲言從祀之始。漢魏以還，闕焉未舉。唐貞觀二十二年，詔左邱明二十二座，春秋二仲行釋奠之禮，繼遂以周公配成王，而以孔子爲先聖。此爲定從祀之始。推原事始，蓋本樂祖瞽宗之義。凡從祀先聖者，皆博士弟子所從承學，轉相授受之本師，没則各以其師附祀，所謂將習其道，必各祭其師。證諸古誼，斯爲最合。濂洛諸賢挺生宋代，卓然爲世大師。元明以來，疊爲增祀，亦因士習其教，故以崇德爲報，功追契始。初並非相悖，厥後請祀紛紛，無關兹義。我朝禮教昌明，動循古法。道光九年，特旨不准李容從祀。蓋懼空談心性者冒越其間，實與唐人創始之心若合符節。臣等遠遵其義，近稟聖謨。謹覈黄宗羲、顧炎武之生平，及素所服習該故儒之遺書。竊謂宗羲、炎武皆有傳經之功，衛道之力，崇正遏邪之實效，敢舉其合於從祀之誼者條例上聞。我朝文治昌明，經師輩出，諸經各有專家，專家各有疏義，精研小學，淹貫羣經者尤難指數。蓋自三代以來，經學至國朝而極盛。而上溯淵源，並推至黄宗羲、顧炎武而止。即至辨《書》古文之僞，發古韻之微，深通天算，博稽地理，凡樸學之專門，皆該二儒之遺緒。迄今著述，炳在人寰。傳授既繁，淵源有在。是凡讀其書，習其言者，皆以該二儒爲轉相授受之本師。故道光年間，京朝各官特建顧炎武祠於京師，春秋祀事，直省學人咸爲執事，迄今不絶，蓋亦未有之創舉矣。臣等以爲人心所在，即定論所憑。各省名臣達官，實不乏人，何以獨祀該故儒？此即所謂將習其道，必各祭其師，皆發於人心之不自覺。臣等準之古誼，以爲黄宗羲、顧炎武當從祀者，此其一。然僅合古誼，而或乖今制，臣等亦不敢妄請。伏讀道光九年宣宗成皇帝聖訓，先儒升祔學宫，祀典至鉅，必其人學術精純，經綸卓越，方可以俎豆馨香，用昭崇報。咸豐年間，議准從祀先儒，應以闡明聖學，傳授道統爲斷。臣等查黄宗羲編定《明儒學案》，綜二百年學術升降之原，會通融貫，雖出自蕺山，而於姚江末派痛予斥絶，故河東、姚江兩得其正。創修《宋元學案》，條分派别，祇斥邪而崇正，不伐異而黨同。其稱朱子謂致廣大，盡精微，綜羅百代，推挹可云極至。顧炎武不立講學之名，而有蹈道之實。其論學之旨，謂聖人之道曰博學，於文曰行己有恥，又謂今之理學，禪學也，不取之《論語》五經，而但資之語録，不知本矣。故所學一以肫篤精實爲主，而無囂張之氣，門户之私。至推崇朱子，其所著《日知録》皆可覆按。夫亦足以當學術精純之目矣，然猶未證諸實效也。明季心學盛行，顔山農、何心隱、李贄之徒標目狂禪，蕩無禮法，細行不矜，束書不觀，學術既壞，國運隨之。黄宗羲排斥其根株，顧炎武痛絶其支蔓，自二儒興而禪學息矣，禪學息而樸學起矣。絶續之交，固由國運之隆，亦該故儒教澤之力，所謂闡明聖學，傳授道統者，非與？至於經綸卓越之稱，該二儒皆以經濟交推，特以身丁末造，心在勝國，自不能奮跡聖朝，各抒偉略。如顧炎武《日知録》所載正定之轄五州二十七縣，蘇州之轄一州七縣，而蘇州之糧三百三萬八千石，正定之糧止一十萬石，王者則壤成賦，豈有大小輕重之不同？若此者，後之王者審形勢以制郡縣，則土田以起徵科，乃平天下之先務。此即列聖減定浮糧，及增設直隸州，改併州縣之議。其他鑒明人之失，開我朝之法者，不可枚舉。而《肇域志》、《宅京記》諸書具有深意，尤非僅輿地之學，蓋與宗羲《明夷待訪録》同爲經濟家必資之書矣。夫空言經濟，能欺一時而不能垂之後世。至傳之一百餘年，而讀者尤思取法，則其非空言經濟可知矣。臣等準之令制，以爲黄宗羲、顧炎武當從祀者又其一。凡若此而無列聖之定評，猶未敢遽定也。黄宗羲、顧炎武經《四庫》著録之書，原案已經詳列提要，褒許之語，學者無不周知，臣等毋庸復爲引敍。惟欽定《國史・儒林傳》於《黄宗羲傳》內稱其上下古今，穿穴羣言，自天文地志，九流百家之教，無不精研。於《顧炎武傳》內謂其斂華就實，扶弊救衰；又謂國朝學有根柢，以炎武爲最。如謂《四庫提要》中有一二糾正之語，遂即寢議，此正不然。《提要》爲敍録之體，意在解題，係專爲一書而發，非是統論全學。譬如《詩》有正變，《書》有真僞，而至今並尊爲經，未嘗有所偏廢。遠者無論矣，臣等即就國朝之得從祀者言之。如陸世儀《思辨録》，《提要》則謂其不免迂闊；陸隴其《向學録》，《提要》則謂其過於主持；孫奇逢《四書近指》，《提要》則謂其不免高明之病。至張伯行所著理學各書，斥入儒家存目，一字不登。向使當時禮臣必據《提要》之辭以爲論定，則陸世儀即不應俎豆於兩廡矣。湯斌，國朝從祀之儒之至純至正者也，而推黄宗羲之辭曰：『黄先生論學，如大禹導水導山，脈絡分明，吾黨之斗杓也。』其與顧炎武書謂：『吾道之衰久矣，得大力闡明，豈非斯人之幸？』玆數語者，苟非宗羲、炎武，孰敢當此？苟非湯斌深知宗羲、炎武，亦何能發此？況湯斌在史館，得黄宗羲一書，謂《宋史・道學傳》乃元人之陋習，遂示於衆而去之。其志同道合可略見矣。聖主之評如此，賢臣之評如此，幾乎無所致疑矣。此臣等準之成憲以爲黄宗羲、顧炎武當從祀者又其一。以上三端，容有未盡之語，而初無溢美之詞。俎豆馨香，洵無愧色。乃者禮臣具稿，力從駁議。臣等實不敢苟立異同，亦不敢隨事附和。即如陳寶琛疏中有『宗羲興於前，炎武繼於後』二語。查二人生既同時，初無先後之分，學又異派，更無倡繼之説。該學政措詞偶誤，臣等亦不曲爲之諱。然因此謂其不明學術，因並斥其所請之人，固不可也。臣等稽之古訓，求之輿論，以爲該故儒之從祀，實順人心而不違成例。況我皇上緝熙典學，正當審辨學術，以風示天下。將因以求所謂師以賢得民，儒以道得民者，以爲治天下之本，是該故儒從祀之典，似亦繫乎時政，而非徒滋論議者矣。臣等公同商酌，擬請旨准將黄宗羲、顧炎武從祀文廟。儻因祀典重大，未能驟定，應請旨敕下大學士、六部、九卿、翰詹、科道再行詳議。」具奏，部議格不行。十一月，補工部尚書。

十二年二月，上恭奉慈禧端佑康頤昭豫莊誠皇太后，祇謁東陵，充隨扈大臣。十月，充會典館副總裁。十二月，管理溝渠河道。十三年四月，充管理八旗官學大臣。九月，兼理順天府府尹事務，議增建貢院號舍。十四年，署户部尚書，復管理溝渠河道。十五年正月，慈禧端佑康頤昭豫莊誠皇太后歸政，屆期奉懿旨，交部議敍。是月，皇上大婚禮成，賞加太子太保銜，並加一級。三月，充會試副總裁。七月，充順天鄉試監臨。時浙江水災，奏請由順天府撥賑銀各一萬兩，捐廉爲本籍助賑。十六年六月，順天二十四州縣水災，偕府尹陳彝籌放義賑，疏請擇地添設粥廠，以便附近災民就食。並懇欽派三四品京堂分駐稽察，彈壓監放。八月，以順屬飢民衆多，轉瞬嚴寒，生路更窄，奏請更賞給米石。九月，奏大興縣境添設粥廠兩處，冬春賑務爲日方長，請撥銀米以資要需。十月，患病，猶疏請撥銀米以備冬撫之用。均如所請行。旋以疾甚，請假，越三日卒。

祖蔭自任侍郎後，鄉試覆試閱卷十三次，會試覆試、朝考、散館閱卷各七次，殿試讀卷四次，考試試差、優貢、朝考閱卷各四次，拔貢朝考閱卷二次，考試御史閱卷六次，考試學正、學録、漢蔭生閱卷各一次，考試漢教習閱卷二次，考試孝廉方正閱卷五次，考試漢謄録閱卷三次。遺疏上，諭曰：「工部尚書潘祖蔭學問淵通，才猷練達，於咸豐年間由翰林入直南書房，垂四十年，勤勞最著。歷受先朝知遇，疊掌文衡，洊陞卿貳。朕御極後，優加倚畀，擢任正卿，加太子少保銜，在軍機大臣上行走。丁憂服闋，補授工部尚書，并兼管順天府府尹，加太子太保銜。本年近畿水災，盡心籌畫，勞瘁不辭。前以偶染微疴，賞假調理。遽聞溘逝，軫惜殊深。著賞給陀羅經被，派貝勒載瀅帶領侍衛十員，即日前往奠醊，賞銀二千兩治喪，由廣儲司發給。加恩晉贈太子太傅，照尚書例賜卹。任内一切處分悉予開復，應得卹典，該衙門查例具奏。伊弟潘祖年著賞給郎中，分部學習行走。伊子潘樹孳，著賞給舉人，准其一體會試。其靈柩回籍時，著沿途地方官妥爲照料，用示朕篤念藎臣至意。」尋賜祭葬，予謚文勤。十七年，直隸總督李鴻章奏寶坻縣紳士，前湖南衡永郴桂道方學蘇等呈稱，去歲大水爲災，數十年所罕見，寶坻地居窪下，受患尤深。原任工部尚書兼管順天府府尹潘祖蔭一聞災信，先行撥款，飛飭印委辦理急撫，內則瀝情入告，外則函電四馳，爲民救災，無微不至。本届待賑人數，倍於往時，飢者給食，寒者授衣，全活甚衆。秋冬以來，屢傳該紳等詳詢賑事，形神顦顇，若疾痛之在身，竟以積勞，一病不起。聞信之日，士民相弔，若喪其私，感人之深，實難泯没。今擬集資爲故兼尹潘祖蔭建立專祠，由地方官春秋致祭，以申報饗。臣維去歲被水以後，屢接兼尹臣潘祖蔭來函，言及災況，憂勤之意，流溢行間，心竊敬之。身後檢其遺牘，手寫告災乞賑之書，多至千數百件。病中喃喃，皆言賑務。揆之禦災勤事之義，洵爲無愧。詔如所請。子樹孳恩賞舉人。

雜録

備録

易宗夔《新世説》 潘伯寅與翁叔平好射隱語，嘗互出巧題，鬭捷才於寸晷。潘以「臣東鄰有女子窺臣三年矣」射「總是玉關情」，翁以「伯姬歸於宋」射「老大嫁作商人婦」。不著一字，儘得風流，皆隱語中之神品也。

備論

《碑傳集補》卷四李慈銘《潘文勤公墓誌銘》 維昔太傅，相我宣宗。名德積慶，再世而豐。實生寶臣，巍科繩武。入侍紫宸，去天尺五。遭國中否，削奏涕洟。造膝危言，帝屢頷頤。朝疏夕行，鼎鉉汗朒。干將不撓，見沮鈞軸。維帝克明，惟臣克忠。保全令名，槐棘雍容，三聖莅朝，是倚是畀。以人事君，中興以濟。回翔卿貳，映曜文昌。清流仰鏡，吾道有光。薄告牽嬰，吏議遂中。中禁念公，還公法從。再陟八座，屬以山陵。虔恭將事，不震不矜。長樂軫勞，當扆述志。錫爵公孤，俾長三事。司空匝月，遂領秋官。祥刑平讞，人以不寃。帝簡樞臣，大政攸屬，胡席未暖，旋丁荼酷。再起宅揆，止還玉堂。匪帝不思，惟公太剛。平土有餘，兼綜京兆。洚水告災，匪公孰弔。一夕數起，仰屋齎咨。民庶有豸，公以不支。遂病三朝，遽以赴告。臨殁喃喃，蒸黎是悼。九重涕泣，萬姓號呼。哀榮振古，公歸帝衢。娍嫕鄉君，婉孌嗣子。公輀南還，朝野曷恃。吴山迢邈，浙水委迤。我銘公阡，永無媿辭。

藝文

吴重憙《石蓮闇詩集》卷五《通州三謁潘文勤師祠》 連番督漕近神京，一拜崇祠一淚傾。四壁賜題雲五色，卅年待漏月三更。霜風蔀屋灾民感，秋水蘋花弟子誠。雞酒何時芟白蕩，彭宣猶是老門生。

樊增祥《樊山集》卷一五《輓潘伯寅尚書》 南齋供奉卅年餘，家世韋平近帝居。地望峥嶸三獨座，官班出入六尚書。秉樞日淺丹心迴，憂國年深雪鬢疏。從此武皇悲舊學，淩雲無復從金輿。

中臺遥夜坼星辰，八百孤寒涕淚新。鑒别九流歸月旦，吹噓萬物返陽春。人騎白馬來牽旐，帝賚黄金與飾巾。兩制三公歇歷徧，蓋棺所得是清貧。

木稼分明累達官，中興人物極凋殘。湘中氣已風雲盡，近日彭、楊、曾三宫保相繼逝世。吏部光同日月寒。已遺鼓鼙傷將帥，可無舟楫共艱難。由來天下關憂樂，不獨儒林爲永歎。

蓬山小刼墮罡風，無復京塵謁鉅公。豈意屏身桃李外，猶聞搤捥玉堂中。文章往日逢人説，恩怨平生掃地空。十載門墻虚一面，恰從身後泣南豐。庚辰散館，祥卷爲錫尚書所擯，以公與讀卷之列，不一援手，意不能無觖望。十餘年來，曾未通語。及聞今越縵師、沈子培比部言，乃知公力爭不得，至今憤惋。以易簣之前五日，猶與子培道及。今錫君已矣，公亦告逝，悼念平生，恩怨都盡，賦此以誌州門之痛云。

劉坤一部

綜述

《續碑傳集》卷三一 朱孔彰《劉忠誠公坤一別傳》 劉公坤一，字峴莊，湖南新甯人。以諸生起家軍旅。道咸之間，湘粤之交，羣盜如毛。新甯土匪李沅發陷城戕官，公與劉武慎公長佑赴寶慶府，請兵收復縣城。江忠烈公忠源奇其才，欲招致軍中，以公事父至孝，親老不忍離而止。咸豐五年，丁父憂。粤逆逼近縣治，劉武慎率勇由東安縣回援，函招入營。公爲武慎族叔，年少於武慎，師事之，故聞召即至，馳約各團，剋期同進，敗賊楊溪邨，是爲公立功之始。明年，湖南巡撫駱秉章檄公募勇五百人，隨劉武慎馳援江西。甫抵萍鄉，公以生力軍攻克蘆溪司要隘，進規袁州。偵知僞侍衛李能通，在賊中最久，能得衆心，公遂募購內綫，招令出降，推誠待之，與李能通盛服並騎，繞城大呼，其黨降者，晝夜不絶，僞檢點張逆等宵遁，遂收復袁郡。論者謂：援江之役，以袁州爲最要門户，袁州失則毗連之臨江、吉安、瑞州各郡皆震。公出奇制勝，迅復堅城，厥功甚偉。七年，率楚軍前鋒，由分宜、新喻直趨臨江，抵太平墟。賊勢方熾，遂至羅坊，與湘軍及江西水師合圍臨江府城。僞翼王石達開率悍黨來援，公與劉武慎定計，趁賊未集，三路進擊，賊衆驚潰，溺死無算，城中之賊，亦潰圍遠遁，遂克府城。八年，劉武慎請假回湘，駱公秉章檄公代統其軍，進攻撫州。軍次秋溪，賊於上游龍古渡夾河爲營。公慮賊堅守，撫州賊出而夾擊，我軍腹背受敵，遂簡鋭卒三千乘夜疾進，出賊不意，踏平各壘。又以湘營被圍於上頓渡，復調二千人往擊，破之，賊遁走福建。收復撫州，乘勝攻克建昌，江西全境肅清。

九年，僞翼王石達開率大股賊，號百萬，犯湖南。公在籍招募新楚義安勇二千，屯衡州之龍海塘，遏賊來路。至永州，遇賊前隊，擊之大捷。移駐祁陽，赴援寶慶，力解城圍。隨同劉武慎追賊至廣西桂林，克復柳州府城。由知府擢道員。明年，劉武慎奏調至粤，委赴柬泉，接統各軍。時東南各省軍事甚棘，粤西僻處邊隅，餉糈支絀。公威惠兼施，軍容頓壯，各賊相繼乞撫，並收斬屢降屢叛者數人，上游一帶，次第平定。十一年，進攻潯州，艇匪冒死上竄，又陸匪數千輔之，勢極披猖。我軍船礮皆小，公親赴江干督戰，奮勇直前，羣賊奪氣，斃匪甚多，首逆就獲。泝流而上，克復潯州府城。布置略定，遽聞石達開將由粤黔交界以竄川楚，急率所部馳回柳州，扼要邀截。行近融縣，賊隊已至，石逆以我軍守險，併命來爭。公親率勁騎横擊之，血戰竟日，賊乃潰退。斬僞官十餘人，獲僞印甚多，積功以按察使記名，賞給碩勇巴圖魯名號，旋授廣東按察使。

同治元年，升廣西布政使。奉旨飭令迅速赴潯州辦理軍務。與僞平潯王黄鼎鳳迭次鏖戰，黄逆退歸天平寨，公分兵收復横州諸境，悉平復。用奇計攻取覃塘堅壘，黄逆窮蹙，出降，磔之，賊黨皆伏誅。粤西藏垢匿瑕之地，窮凶極惡之徒，至此蕩滌殆盡。黄鼎鳳憑險負固二十餘年，勞文毅崇光在粤最久，深以爲憂。公竭兩年之力，攻克堅巢，巨憝授首，粤西士民至今感頌。四年，簡授江西巡撫。首劾貪劣守令十餘員，每接見僚屬，必舉作秀才時所見州縣衙門積弊，懇切告誡。刊發佐治各書，令其置諸座右，朝夕省覽，裁汰各項陋規，籌給瘠缺津貼，吏治蒸蒸日上。曾文正公稱公居心公正，辦事精明，見之奏牘。又以江西軍興後餉項報銷四千餘萬，各州縣交代積壓九百餘起，輾轉轇轕，流弊滋多。公設局澈底清查，嚴劾虧空之員，並議裁各處門釐，酌減坐賈釐金，民困以蘇。餘如修圩隄、興水利、辦積穀、設粥廠、添築貢院號舍，百廢具舉。復以江省徵收丁漕，向有畫一章程，言者欲改定銀數，如有不敷，另准加收。公慮有包庇侵漁之弊，詳切陳奏，力持前議，得旨允行。江省至今循守。公撫江西十年，休養民生，澄清吏道，一時翕然稱頌。十三年，調署兩江總督。士民不忍公去，多有依戀感泣者。

光緒元年，補授兩廣總督。粤省官場，積習過深，營務亦多廢弛。公到任後，嚴加甄別，參劾文武七十餘員，官方肅然。嗣兼署粤海關監督，卸篆後，餘銀二十餘萬兩，奏明以十五萬兩解交藩庫，優詔嘉奬。餘款悉以助振修隄及各項善舉之用，未嘗一錢入己。五年，調兩江。七年，開缺回籍。十六年，復起爲兩江總督。明年春履任，時蕪湖等處匪衆焚燒教堂，沿江騷動，一夕數驚，各國議調兵艦入江，勢甚岌岌。公相機因應，調撥兵隊，分往保護，緝獲首要各犯，立置重典，旬日之間，民情大定，教案亦得從容議結。十數年來，籌辦江防，沿江礮臺後膛者多雜式，舊礮間有較新大礮，則仍係前膛，不能適用。公令上海製造局仿造英國大鋼礮及快礮多尊，剏造吴淞口附近獅子林礮臺，皆設新造大礮，其餘江陰等處各臺，亦量爲添設，沿江礮臺有新造後膛大礮，自公始。

二十年，中東事起，奉命赴山海關督師，與日兵相持半載，敬慎不敗，而忠愛之忱，尤見於阻和議三電奏，略云：「臣於新令條約，雖未深悉，要之讓地、賠款兩條，目前固難以允行，後患尤不堪設想。宜戰不宜和，利害輕重，事理顯然。此固天下所共知，亦在聖明所洞鑒。惟一經決裂，日人必分擾猛攻。自以保京畿、固遼瀋爲第一要義。查遼瀋等軍依克唐阿、長順、陳湜等軍，皆與日屢戰，甚爲得力。唐仁廉亦係宿將，所部鎗械已齊，當足以資抵禦。更有宋慶、魏光燾、李光久諸軍駐紮甯錦一帶。該將領等忠勇過人，屢當大敵，相機戰守，似遼瀋後路可無他虞。日人如圖犯京畿，則自關至京沿海要口，處處設防，又有各大枝游擊之師，日人縱能登岸，究屬孤軍。既有董福祥、程文炳兩軍堵禦於前，而津榆皆有重兵可以兩面夾擊。一戰再戰，以期必勝，未必彼則長驅直入，我即一蹶不振。萬一京畿喫緊，臣必抽動勁旅，迅速入衛，以保無虞。前電所云戰而不勝，當可設法撐持者此也。夫利鈍本難逆睹，但日人遠來，主客之形，彼勞我逸。近得探報，日新軍多以老弱充數，餉亦不繼，在我只須堅忍苦戰，否則高壘深溝，嚴爲守禦，日人懸師遠鬬，何能久留？力盡勢窮，彼將自爲轉圜之計。況用兵兩年，需餉不過數千萬，較賠款尚不及三分之一，『持久』二字實爲現在制日要著。諸將一聞和約，義憤填胸，拚命決一死戰。臣職在戎兵，宗社所關，惟以彈竭血誠，力任戰事，斷不敢愛惜身命，上負國恩，此外則非所敢知。昨馳抵唐山，與王文韶、聶士成、丁槐等面商，意見相同，謹據實直陳。」明年四月十一日晚，又電奏云：「和戰大局，宗社所關，朝廷當爲早權至計。臣前兩次電奏已罄愚忱，何庸再瀆。惟近日外間傳聞，謂和局業經批準，不日派員赴煙臺換約。又得各處電報，據俄、法、德三國電阻日人割地條約，日人未見允許。各國屢聯致決絶之書。又稱日兵艦多艘開出廣島，俄國決意開戰。又稱伊藤甚急，催中國先行換約，有事再商等語。以上各節，臣無從深悉，亦未敢遽信。如果屬實，是日已處極危之勢，而我已有可乘之機，各國羣起而攻，以日兵力餉需已苦難支，方且自顧不遑，何能攻我？在我只展期換約，觀釁而動，則目前之地步稍紓，已可亟圖補救。且約即批準，彼此未經互換，行止仍由我主持。當各國紛起環攻，我展轉與之展期，極力磋磨，彼何敢遽然決裂。若一經換約，即係定局，縱各國攻取，約内之地恐仍非中國所有。日人即許以後再商，已落後著。與其挽回於事後，曷若堅定於目前。關繫非輕，事機難得，天下大較，争此關頭。況中國一與交鋒，日人自力難兼顧，關津防務較鬆，即可抽調關内勁旅，會合關外諸軍，迅速分路猛攻，收復遼東失地。揣情度勢，此尤機會之不可失者。日島國耳，今日已成虎狼，又與我最爲逼處。若得遼臺，爲附兩翼，中國必有噬臍之禍。遼臺與日本國聯成一氣，日益强盛，將來即求援西洋各大國，亦無能制其死命。若此次和議定約，一任日爲所欲爲，貽患無窮，何堪設想。現在如何消息，出使許大臣想已密電陳奏，在王大臣熟思審處，必有微權。臣昕夕焦思，不敢不據實上陳，是否有當，伏候聖裁。」會沿海風災，天津營壘多壞，和議遂定，公仍回兩江本任。

二十四年冬，渦陽土匪滋事，聚集二萬餘人，縣城被圍。是處爲捻匪老巢，一經分竄，將有燎原之禍。公遣湘軍會安徽、河南軍進勦，一鼓盪平，奉旨優敘。二十六年，近畿拳匪之變，公維持東南大局，苦心孤詣，堅定不摇，優詔褒嘉。是年七月，有票匪在長江裕溪口搶去礮船，擾大通，毁劫鹽局釐局，遠近震動。公迅派開濟兵輪載衡字營勇，駛往會合安徽防營，勦辦彈壓，匪黨逆謀因之不得遽逞，人心大安。厥後力争東三省條約，會商各國商約，皆能統籌國家利害，極力堅持，有裨大局。二十七年九月，終於位，春秋七十有二。

公天性忠摯，器量寬宏，歷官封圻幾四十年，吏事最爲老練。平日接下以和，撫民以惠，不爲稜角峭厲之行。每遇有危疑，明決應機，不爲衆論所淆惑。古人所稱能斷大事，洵無媿色。其辦理外交，開誠布公，和平而又堅定。近年力保長江之約，各國尤所傾佩。身歿之日，各國領事、兵官先後來甯弔奠送殯，並下旗誌悼，江南士民於此舉尤爲感頌不忘。

《清史列傳》卷五九《劉坤一傳》 劉坤一，湖南新寧人。咸豐五年，粵逆竄擾湖南，坤一以廩生領團練，從官軍克復茶陵、郴、桂、宜章等城，敘功，以教諭遇缺即選。六年，從道員劉長佑軍援江西。時臨、袁、撫、建各郡皆爲寇據，楚軍既克萍鄉，賊連營蘆溪宣風鎮來拒。四月，劉長佑令坤一進戰，皆破之。五月，偪袁州而軍，城賊出戰，爲坤一所敗。湖南巡撫駱秉章奏保以知縣歸部即選，並賞加同知銜。時袁州賊勢尚盛，相持久不下，坤一密招降僞侍衛李能通，能通在賊中負重名，於是降者相繼。守將何益發夜開西門，以納我師。坤一督楚勇先入據，遂復袁州。奉旨以直隸州知州即選，並賞戴花翎。七年，從克臨江府城，奉旨以知府選用，賞加道銜。八年，劉長佑以病歸，駱秉章飭坤一暫領其衆，偕道員蕭啟江渡贛而東，規撫州，克崇仁，敗援賊於龍骨渡。啟江在上頓渡爲城賊所困，坤一率衆往援，大破之。賊棄城遁，復撫州，建昌府亦同時克復。江西肅清。奉旨以道員歸部即選。九年，逆首石達開黨衆數十萬，由福建邊犯湖南，坤一奉檄回援，連解永州、新寧之圍，賞加鹽運使銜。賊竄廣西，坤一從劉長佑躡之，二月，復柳州，賞加按察使銜。劉長佑擢撫廣西，乃飭坤一統率全師，剿辦柳州餘匪，兼扼石逆入湘之路。十一年三月，柳州悉平，賞加布政使銜，進規潯州。七月，拔其城，命交軍機處記名，遇有按察使缺出題奏，並賞給父母一品封典。逆首石達開將由粵、黔之交回竄川、楚，坤一扼之於融縣，賊死爭，不得過。坤一乘其惰，渡港掩之，賊大潰，石逆遁入黔。九月，授廣東按察使。同治元年八月，擢廣西布政使，敕赴潯州接辦軍事。逆首黃鼎鳳自道光末據貴縣，咸豐間累出攻破郡縣，戕守令，官軍屢議剿撫不能下，在廣西羣盜中最爲狡悍。坤一節節埽蕩，駐師登龍橋。當是時，黃鼎鳳老巢在平天寨，四面皆山，壁立萬仞，立重栅，以巨礮守之。其婦女財物皆在覃塘墟，距平天十餘里爲犄角，高墻深濠，以抗官軍。坤一陽爲欲撫黃鼎鳳也者，撤軍回貴縣，建醮祀陣亡將士，各路將佐咸會祭，鐃鼓聲聞遠近；乃部署諸將，潛師夜起，襲覃塘據之，遂圍平天。官軍以其間拔龍岩，復橫州，黃鼎鳳勢益蹙。三年四月，坤一遂擒黃鼎鳳，與其黨皆伏誅。潯州平，賞給碩勇巴圖魯名號，並下部優敘。四年正月，搜剿思恩、南寧各屬土匪，三月復永淳縣城。五月擢江西巡撫。旋因洩漏寄諭，部議革職留任。是時髮逆汪海洋敗遁粵之連平州，復謀趨閩邊，上犯江西。坤一飭按察使席寶田越境會剿，並令提督黃少春赴長寧，扼其竄路。五年，席寶田率軍入粵，累戰皆捷。會閩浙總督左宗棠軍殪汪海洋於嘉應州，餘黨殲焉。捷奏入，以坤一調度有方，賞給頭品頂戴。旋擊散崇安齋匪，清江西各屬伏莽。六年，湖北捻匪由蘄水竄廣濟、黃梅間，蔓延數百里，恣意焚掠，距九江、瑞昌僅隔一江，難民紛紛東渡。坤一亟調水師出江堵擊，賊退。因奏撥庫帑賑難民，且資遣回籍。未幾，湖南瀏陽教匪旁擾萬載，坤一飭兵團剿，平之。九年八月，天津教案起，坤一遵旨密籌沿江防務。十一年正月，奉新縣匪徒謀逆，闌入靖安縣城，討平之。十三年正月，江西紳士都察院左都御史胡家玉積欠漕糧，又屢貽坤一書，干預地方事。坤一不以聞，爲給事中邊寶泉所劾，部議降三級調用，加恩改爲革職留任，並降三品頂戴。尋奉恩旨開復。十二月，命署兩江總督，兼署通商大臣。

光緒元年八月，擢兩廣總督。廣東號富穰，庫儲實空，出入恒不相抵。議者請加鹽釐及洋藥稅。坤一以粵鹽困於私梟，驟議加釐則官引愈滯，於是添雇輪船，嚴緝私販；又恐鹽梟鋌險，乃援康、雍間成案，官籌成本，收買餘鹽，發商領運，官民交便。廣東洋藥釐，省城與外埠輕重不同，坤一始令各口悉一律抽收，無加稅之名，而歲增巨萬。廣東吏治久疲，坤一以整飭之道在於久任，飭藩司查令實缺人員各還本任，不得輕調；有應調看更動者，悉遵部章，不逾十分之一。粵素多盜，賭風尤甚。坤一以賭爲盜源，一切嚴禁，各州縣水陸緝捕各營分定地段，以專責成，以故盜發輒獲。二年八月，兼管粵海關監督。五年正月，兼署廣東巡撫。二月，請將已故藩司楊慶麟事蹟宣付史館立傳，並請予謚，以所請不合，下部議降二級留任。十一月，請開缺養親，予假兩月。調補兩江總督，兼通商大臣。六年正月，大學士直隸總督李鴻章奏飭籌議海防，坤一請由粵省自造蚊子輪船，用守各口，可以操縱自如，從之。三月，俄人交還伊犁，藉端要挾，命將防務悉心經理，以備不虞。坤一奏曰：「我朝定鼎以後，與俄從未交兵。俄爲封豕長蛇久矣，志圖薦食，力强爲我勁敵，地廣與我毗連，必須策出萬全，不可輕於一試。陝甘有左宗棠及劉錦棠，直隸、山西有李鴻章、曾國荃，自足支拄。惟東三省係我朝龍興之地，向爲俄人垂涎，如有侵軼之虞，未審左宗棠、李鴻章等能否兼顧，及三省境内有無久經戰陣之宿將勁旅，緩急可恃以自固？此則大局之亟宜綢繆者。夫兵之强弱，視將之勇怯，亦視將將者能否識拔真才。臣愚以爲現在西北沿邊將軍、督撫，宜用親歷戎行、膽識並茂之員，以期折衝禦侮，儒臣不諳武備，資望無濟時艱，誠恐貽誤於萬一也。至西北既須戒嚴，則東南不可復生波折。日本於琉球之事，似須設法彌縫，毋使乘間蹈瑕，與俄合而謀我。前福建巡撫丁日昌謂宜責日本不能字小之義，以示大公而激衆怒；而於滅我藩服，不必苦爭，俾易轉圜。所言亦未始無見。日本終爲我患，令人每飯不忘。第目前不可遽啟釁端，以免受其牽制。英、法、德、美諸國雖於東南各口棋布星羅，祇求傳教、通商，别無覬覦之意；即遇事不免刁狡，亦在地方官撫馭有方。臣與諸國交涉多年，頗能知其委曲，目前決不至有決裂，上貽宵旰之憂。況英、德等國與俄猜忌日深，必不願俄逞志於我，其應如何接爲聲援以伺俄人之後，使之不敢併力東向，廟謨廣運，自已神而明之。」四月，入覲，賜紫禁城内騎馬。

九年，法越構釁，邊事戒嚴。坤一奏言：「越南爲中國外藩，本應保護，如法之於西班牙，英之於比利時，以其鄰近，極力維持，況中國之於越南乎？越南前有李揚才之亂，法人尚無一矢相加。今忽以捕盜爲詞，狡焉思啟，其如萬國公法何？雲南非通商口岸，難任覬覦，尤應據約與爭。酌派兵船，遊弋越南洋面，以壯聲威；並由廣東、廣西遴派明幹文武大員，統帶勁旅，出關駐紮諒山省等處，以助剿土匪爲名，密與越南君臣共籌防法之策。前此粵兵常駐關外，似不致遽啟釁端，並囑越南以收降將劉永福之法，招太原、宣光等處黑旗賊衆，以免爲法人誘爲前驅。雲南亦即據險設奇，以資犄角。法人知我有備，則有謀自阻矣。雲南所擬加重越貨稅餉，竊謂決不可行。法人如得入滇通商，自必循照沿海各口稅則及子口單照辦法，加重之稅餉，祇可行之於越人，未必能行之於法人。並恐越人因稅餉加重，轉思暗嗾法人入滇通商，得以依託假冒，如沿海各口奸商故智，不可不慮。越南前與法國立約受虧，諸事被其鈐制，現在中國派兵暗爲聲援，越人倚以爲重，當不至如前之畏法，一味聽從；如果與法別立新約，中國縱不能禁，亦應囑其慎重圖維，或即指示機宜，免致一誤再誤。既有輔車之誼，自無越俎之嫌。將來越南即有邀求，操縱仍然在我。夫以越南積弱，法人視之蔑如，若不早爲扶持，覆亡可以立待。滇、粵藩籬盡失，將有偪處之虞。此等情形已荷聖明洞鑒，與其補救於後，曷若慎防於先，此又不可不明目張膽而爲之左提右挈者也。」疏入，先後報聞。十二年，丁繼母憂。

十六年，仍授兩江總督，兼通商大臣。十七年，命幫辦海軍事務。十八年，修築鎮江都天廟、金山寺焦象兩山礮臺竣工，坤一親往勘視。二十年正月，孝欽顯皇后六旬萬壽，懿旨賞戴雙眼花翎。七月，署江寧將軍。日本謀預朝鮮亂事，敗盟內犯，提督葉志超等軍潰於平壤，於是九連城、鳳凰城、金州、旅順悉陷。命坤一爲欽差大臣，所有關內外防剿各軍，均歸節制。坤一疏辭，上諭：「劉坤一奏籲懇收回成命一摺，見值軍務緊要，統帥需人，劉坤一從前帶兵多年，威望素著，是以特授爲欽差大臣。該督惟當仰體朝廷眷注之意，盡心辦理，用副委任，毋事固辭。各營將弁，如有不遵調遣、不受約束者，即按照軍法從事，以一事權。」二十一年，和議成，命回兩江總督任。二十三年正月，京察，下部議敘。二十四年十一月，奏請開缺，上諭：「劉坤一奏瀝陳下情、籲懇開缺一摺，前因兩江重地，劉坤一在任有年，平日辦事認真，惟時局艱難，用人一端，尤關緊要，諭令留心考查，不可偏信，並當振刷精神，力任艱鉅，以副期望。此正國家禮遇舊臣、殷殷垂誡之意。該督自應感激知遇，益加奮勉，方不負大臣共濟時艱、以身許國之誼。茲據覆奏，以兩江政務殷繁，本非衰庸所能勝任，懇請開缺。是以退閒爲卸責之地，殊屬非是。朝廷待下以誠，臣下不可有一字之欺。劉坤一所請開缺之處，著毋庸議，仍著懍遵前旨，將用人行政各事加意講求，悉心經理，以副疆寄而濟時艱。」二十五年二月，安徽渦陽土匪滋事，坤一飭三省會剿，平之。五月，奏於江寧省城設立練將學堂，遵旨改練洋操。六月，復以病疏請開缺，奉孝欽顯皇后懿旨：「劉坤一奏病體未痊，懇請開缺一摺。劉坤一老成穩練，久任疆圻，辦事具有條理，著賞假一箇月，毋庸開缺，並賞人薓四兩，俾資調理。」二十六年，德宗景皇帝三旬萬壽，賞加太子少保銜。

拳匪倡亂，東南震驚。坤一會同各督撫與各國領事訂約，允爲保護，並嚴禁謠傳煽惑，人心賴以敉定。時德宗景皇帝奉孝欽顯皇后駐蹕西安，論者有遷都之議，坤一力陳其弊，籲請迴鑾，上諾之。二十七年，上以欲求振作，當議更張，詔中外大臣各攄所見。坤一偕湖廣總督張之洞三疏奏請變法：「一、育才興學之大端，宜參考古今會通文武者四：曰設文武學堂，曰酌改文科，曰停罷武試，曰獎勵遊學；一、中法之必應整頓變通者十二：曰崇節儉，曰破常格，曰停捐納，曰課官重祿，曰去書吏，曰考差役，曰卹刑獄，曰改選法，曰籌八旗生計，曰裁屯衛，曰裁綠營，曰簡文法；一、西法之必應兼采並用者十一：曰廣派遊歷，曰練外國操，曰廣軍實，曰修農政，曰勸工藝，曰定鑛律、路律、商律、交涉、刑律，曰用銀圓，曰行印花稅，曰推行郵政，曰官收洋藥，曰多譯東西各國書。以上諸條，所需經費不少，此次賠款極鉅，籌措艱難。論者必以度支困絀爲詞，謂諸事方求節省，豈宜更增用費？遂不免顧惜遲疑。臣等之愚，竊以爲不可。今若竭海內之力，百計搜括，但供每年賠款以冀無事，則外國必將視我中國皆苟安無志之人。士無奮心，民無固志，各國之輕我侮我，更將得步進步，不待賠款還清，而中國已不能立國矣。竊謂節用之與自強，兩義自當並行，不宜偏廢。」疏上，命政務處覈議施行。十月，迴鑾，奉孝欽顯皇后懿旨：「見在時局漸定，回京有期。劉坤一等共保東南疆土，盡心籌畫，卓著勤勞，自應同膺懋賞。兩江總督劉坤一著賞加太子太保銜。」

二十八年九月，卒。遺疏入，諭曰：「朕欽奉慈禧端佑康頤昭豫莊誠壽恭欽獻崇熙皇太后懿旨，兩江總督劉坤一秉性公忠，才猷宏遠。由諸生起家軍旅，屢建功勳，洊歷封圻，克勤厥職。嗣簡授兩江總督，兼充南洋大臣。十餘年來，鎮撫地方，軍民愛戴。辦理交涉，悉協機宜。前年近畿之亂，該督保障東南，匡扶大局，厥功尤著。老成碩望，實爲國家柱石之臣。前因患病，疊次賞假，並頒給人薓，藉資調理。方冀早得就痊，長膺倚任。遽聞溘逝，震悼良深！劉坤一著加恩追封一等男爵，晉贈太傅，照總督例賜卹。賞銀三千兩治喪，由江寧藩庫給發。賜祭一壇，派署江寧將軍額勒春前往致祭。予謚忠誠，入祀京師賢良祠，並於江寧省城、湖南原籍及立功省分，建立專祠。生平事蹟，宣付史館立傳。任內一切處分，悉予開復。應得卹典，該衙門察例具奏。靈柩回籍時，沿途地方官妥爲照料。該故督子孫幾人，著張之洞迅速查明具奏，候旨施恩，用示篤念藎臣之至意。」十一月，張之洞奏：「坤一起家軍旅，擢任封圻，垂四十年。居官廉静寬厚，不求赫赫之名，而身際艱危，維持大局，毅然擔當，從不稍事推諉。忠愛之忱，老而彌篤。每論及時事，敬念聖恩，未嘗不撫膺流涕。近年以來，臣與之共事，深知其忠定明決，能斷大事，有古名臣風。並將坤一子嗣奏聞。」得旨：「劉坤一之子候選道劉能紀，加恩著以四品京堂候補；伊孫一品廕生劉思銓著以郎中用，候選同知劉思錡著以知府用，劉思鏐、劉思鈴均著以主事用，以示篤念藎臣有加無已之至意。」尋賜祭葬。

雜録

備録

《舊聞隨筆》卷三《劉忠誠公》 新寧劉忠誠公坤一，當光緒戊戌變政時，孝欽顯皇后因用康南海有爲、梁新會啟超之故，怒德宗，乃以端郡王之子溥儁爲穆宗嗣子，令榮文忠公禄電告各省督撫。公方督兩江，覆電中有「上下之分已定，中外之口宜防，坤一所以報國者在此，所以報公者亦在此」數語，大位始不致摇動。及義和團變起，端邸謂爲義民，矯詔令天下無得勦捕。時東南將帥徬徨無策，乃電詢李文忠公於粵，文忠覆電云：「此亂民也，不敢奉詔。」公意與合，因電告各省，設法保全東南。於是與外國定約，勿以兵艘來，凡在東南洋商教堂，一切歸地方保護，乃得安堵無恐。

備論

《續碑傳集》卷三一朱孔彰《劉忠誠公坤一别傳》 評曰：劉公曉暢戎機，又長於吏事，故任封疆數十年，軍民悦服。究其生平學力，多資於劉武慎，有本有原而因應咸宜。至晚值時艱，能持大體，容保無疆，古大臣以安社稷爲悦者，其公之謂歟。

翁同龢部

綜述

《碑傳集補》卷一《常昭合志翁同龢傳》 翁同龢字聲甫，號叔平，心存三子。咸豐丙辰一甲一名進士，授修撰。戊午典陝甘試，留學政，時猶未散館也。甫一年，以思親切，引疾歸。丁父憂，服闋，同治四年以右中允，奉命弘德殿授讀，有「勉承先人未竟之志」温諭。穆宗賓天，光緒元年，復奉毓慶宫授讀之命，固辭不獲。蓋趨承講幄，納誨兩朝者，垂三十年。歷官至户部侍郎、左都御史、刑部、工部、户部尚書加太子少保銜，協辦大學士。兩入軍機，兼總理各國事務。遇慶典，賜穿帶膝貂袿，賜雙眼翎、紫韁，恩賚有加。同龢以世受國恩，當時事艱難，遭逢明聖，投艱遺大，朝夕憂勞，冀得圖報於萬一。其在講帷也，於列聖遺訓，古今治亂，反復陳説，曲盡其理。其調和宫廷，以聖孝爲本，其闡明政委，以憂勤爲先。尤能直言極諫，造膝事祕，世莫得聞。章疏又强半焚稿，所可知者，請止臨幸王府、請罷修圓明園、請省宫禁一切工程、免外省傳辦各物，皆蒙嘉納。蓋立朝數十年，矢誠矢敬，有古大臣風。顧以秉性正直，爲小人所忌，遭讒罷廢，朝野惜之。二十四年十月，諭旨：樞臣王文韶與剛毅力争，以朝廷進退大臣以禮，無編管之理。剛毅詭稱出慈聖意，實非慈聖意也。同龢忠孝源清，讀書靡不貫徹，尤邃於性理。屢司文柄，擢經術，淵通之彦。平居延攬人才，虚心下士，一時歎爲莫及。事親竭終身之慕，憂國之心，時見於辭色。削籍後，廬墓七年，閉門思過。每念時艱，輒復流涕。三十年五月卒於里第，年七十五。宣統元年，吴中士大夫追念忠清，合詞請爲湔雪，恩准開復原官，旋予謚文恭。所著詩文，清超古雋，不落恒蹊。書法縱横跌宕，力透紙背，有魯公風骨。晚年學隸，兼迴腕作書，力追静穆，人得片楮，珍若兼金。著有《瓶廬詩稿》八卷刊行，餘事編輯。

《清史列傳》卷六三《翁同龢傳》 翁同龢，江蘇常熟人，大學士心存之子。咸豐六年一甲一名進士，授翰林院修撰。六月，充實録館協修。十二月，實録告成，命俟散館後，遇有陞缺，開列在前。八年，充陝甘鄉試副考官，旋提督陝甘學政。同治元年三月，充會試同考官。六月，陞右春坊右贊善。七月，充山西鄉試正考官。十月，充日講起居注官。尋丁父憂歸。四年二月，服闋回京。三月，補原官。六月，轉左贊善，陞右中允。十一月，命在弘德殿行走。五年，陞翰林院侍講。六年，遷詹事府右春坊右庶子。七年，晉國子監祭酒。九年，陞太僕寺卿。十年，擢内閣學士，兼禮部侍郎銜。因母病，疏請開缺，予假慰留。十二月，丁母許氏憂，賜祭一壇，賞銀二千兩治喪。同龢歷充實録館纂修、總纂、國史館纂修、武英殿纂修，必勤必恪，事皆盡職，屢得優敘。十一年，穆宗毅皇帝大婚禮成，賞頭品頂戴。十三年，服闋，命仍在弘德殿行走，補内閣學士。同龢居講席，每以憂勤惕厲，啟沃聖心。當八年六月武英殿之火也，同龢恭録康熙八年、嘉慶二年遇災修省聖訓進御，復以歷代名臣奏議因火災上言者於講案前，剴切敷陳。因疏言變不虚生，遇災而懼，乃千聖之格言，祖宗之心法，不可不身體而力行。宜停不急之工，惜無名之費，開直臣忠諫之路，杜小人倖進之門，答天誡，修實政者，庶幾在是。上覽奏動容，遂有停工程，罷浮費，求直言之諭。

光緒元年八月，署刑部右侍郎。十二月，欽奉懿旨：「皇帝沖齡踐祚，亟宜乘時典學，日就月將，以裕養正之初，而端出治之本。著欽天監於明年四月内選擇吉期，皇帝在毓慶宫入學讀書，著派署侍郎内閣學士翁同龢、侍郎夏同善授皇帝讀。其朝夕納誨，盡心講貫，用收啟沃之效。」同龢疏辭，又奉懿旨：「皇帝典學之初，端資養正。朝廷以翁同龢曾在弘德殿行走有年，特命與夏同善在毓慶宫授讀。翁同龢、夏同善惟當盡心納誨，用副簡任之意，其各懔遵前旨，毋許固辭。」二年，遷户部右侍郎，充經筵講官。四年，晉都察院左都御史，賜紫禁城騎馬。抽查漕糧御史英震被同官糾劾，同龢以曾將英震保列一等，自請議處。經吏部議，以降一級留任。五年正月，遷刑部尚書。四月，調工部。六年，充典會試副考官。七年正月，管理國子監事務。九月，孝貞顯皇后梓宫奉安，賞太子少保銜。八年，命在軍機大臣上行走。同龢以軍機處總攬機事，現置毓慶宫，若兼任要差，恐滋貽誤，疏請收回成命。上知同龢深，諭以當體念時艱，力圖報稱，不允所請。九年，充教習庶吉士。同龢長於政事文學，自是屢任是差。十年，越南事起，法人稱釁。朝廷念國家元氣未充，時艱日鉅，内外事務叢脞堪虞，而軍機處爲内外用人行政之樞紐，不能辭咎，嚴旨切責，將軍機王大臣等悉予斥退。同龢甫直樞廷，適當多事，亦以無所建白，退出軍機處，仍在毓慶宮行走。十一年八月，充順天鄉試副考官。十一月，調户部尚書。十二年二月，德宗景皇帝恭奉孝欽顯皇后祗謁東陵，派同龢留京辦事。十月，充會典館副總裁。十三年正月，同龢以上年六月曾奉諭旨，令醇親王會同軍機大臣、户部、工部籌議錢法，期復舊制。同龢時掌户部，再三審慎。機器製造，工本過鉅。京局開爐，尤恐市井滋疑。不如令湖北等省搭解制錢運津備用爲善。疏入，懿旨責以不能仰體朝廷裕國便民之意，飾詞延宕，下部嚴議。應奪職，特旨加恩，改革職留任。尋開復處分，任職如故。十四年，充順天鄉試正考官。十五年，德宗景皇帝大婚禮成，賞戴花翎。七月，予假修墓。以同龢日侍講帷，深資啟沃，事竣，命馳驛回京。十一月，賜西苑門内騎馬。十八年三月，充會試正考官。六月，充會典館正總裁。十九年八月，充順天鄉試正考官。十二月，充國史館副總裁。二十年正月，恭逢孝欽顯皇后六旬慶典，賞雙眼花翎、紫韁。是時中日事棘，朝廷意主用兵，命同龢、恭親王等商辦軍務，再授軍機大臣。二十一年，在總理各國事務衙門行走。二十二年，充方略館總裁。二十三年，以户部尚書協辦大學士同龢痛於甲午之役，知非變法不足以圖存，破格求賢，冀匡時變。惜望治過急，薦舉非人。二十四年四月，奉硃諭：「協辦大學士翁同龢近來辦事多不允協，以致衆論不服，屢經有人參奏。且每於召對時，諮詢事件，任意可否，喜怒見於詞色，漸露攬權狂悖情狀，斷難勝樞機之任。本應查明究辦，予以重懲。姑念其在毓慶宮行走有年，不忍遽加嚴譴。翁同和著即開缺回籍，以示保全。」十月又奉硃諭：「翁同龢授讀以來，輔導無方，往往巧藉事端，刺探朕意。至甲午年中東之役，信口侈陳，任意慫慂。辦理諸務，種種乖謬，以致不可收拾。今春力陳變法，濫保匪人，已屬罪無可逭。其餘陳奏重大事件，恫喝要挾，無所不至。事後追維，深堪痛恨。前令其開缺回籍，實不足以蔽辜。翁同龢著革職，永不敍用，交地方官嚴加管束。」同龢罷斥以後，閉門思過，念及時艱，輒復流涕。三十年五月，卒於家，身後蕭然。吴中士民見其忠清，同深嗟惜。宣統元年，郡紳合詞，以同龢前後三十餘年，再爲師傅，兩預機衡，追思講畫之勞，宜在矜全之列。兩江總督端方據情入告，請准開復原官。允之。

雜録

備録

《翁同龢訃告》 不孝，承重曾孫之廉，罪孽深重，不自殞滅，禍延先曾祖考賜進士及第，誥授光禄大夫，經筵講官，太子少保，頭品頂戴，前任軍機大臣、協辦大學士、户部尚書，弘德殿行走，毓慶宫授讀，賞戴花翎，賞戴雙眼花翎，賞用紫韁，賞穿帶膆貂褂，紫禁城内騎馬，西苑門内騎馬。五旬、六旬誕辰，蒙恩賜壽，特賞御書「論經介祉」匾額，「輔德延釐」匾額，「緑圖啓沃資耆碩，絳縣康彊勗弼諧」對聯，白玉三鑲如意、無量壽佛等件。歷蒙特賞御筆松壽、鶴壽、竹苞松茂等字堂幅，御畫山水花卉、團扇、摺扇、堂幅、掛屏，恩賞筵宴，克食，蟒袍，綢緞，如意，銀錁，珍玩。恩賞御筆「誠明納誨」匾額、「含章蘊藻」匾額，龍虎、福壽、平安、如意字幅，頤年殿、養心殿特賞福字。先後頒賞《平定粤捻方略》、《平定陝甘、新疆、雲南回匪方略》、《平定貴州苗匪紀略》、如意蟒袍、陳設珍玩、文綺、荷包等物。歷任刑部尚書、工部尚書、都察院左都御史、户部右侍郎、内閣學士兼禮部侍郎銜、太僕寺卿、國子監祭酒、詹事府右春坊右庶子、翰林院侍講、左右春坊中允、贊善、翰林院修撰、刑部主事、七品小京官。歷署吏部尚書、刑部尚書、兵部右侍郎、刑部右侍郎、翰林院掌院學士。歷充欽派謁陵隨扈大臣、從耕大臣、欽差查辦事件大臣、督辦軍務大臣、留京辦事大臣、總理各國事務大臣、稽察京通十七倉大臣、管理溝渠河道大臣、覆覈朝審大臣、督辦京城巡防大臣、查估承修工程大臣，管理國子監事務、管理同文館事務、管理户部三庫事務、兼管錢法堂事務、管理火藥局事務，國史館副總裁、會典館正副總裁、方略館總裁。光緒癸未、己丑、甲午、乙未科教習庶吉士，庚辰、壬辰科會試正副總裁，乙酉、戊子、癸巳科順天鄉試正副考官，歷科殿試讀卷、朝考、大考翰詹、散館、會試覆試、鄉試覆試、考試試差、御史、廕生、中書、拔貢、優貢、教習、學正、學録、翰林院孔目閱卷大臣，武殿試讀卷大臣，乙亥科順天武鄉試正考官，咸豐戊午科陝西鄉試副考官，同治壬戌科會試同考官，山西鄉試正考官，提督陝甘學政。文淵閣直閣事，文淵閣校理，日講起居注官，實錄館總纂、纂修、協修、總校、詳校，武英殿纂修、協修，分教庶吉士，加十八級，隨帶加十級，紀錄三十次。咸豐丙辰科一甲第一名進士，壬子科舉人，道光己酉科拔貢，優附生。叔平太府君痛於光緒三十年五月二十一日子時壽終本籍正寢，距生於道光十年四月二十七日寅時，享年七十有五歲。不孝承重曾孫之廉隨侍在側，親視含殮。即日遵制成服，擇期安葬。哀此訃聞。

藝文

《四朝詩史》甲集卷四張其淦《挽常熟翁協揆師》 直爲蒼生哭不休，騎箕傳說自千秋。百身可讀歌黃鳥，五載閒居狎白鷗。極目依然星北望，傷心曾見海西流。祇今宋玉招魂處，鄧尉梅花土一邱。夫子罷歸曾居鄧尉。

羊公有鶴愧氄氃，知己平生感不窮。褒鄂精神期報國，杜房相業在和衷。有人朝服歸東市，謂趙舒翹、英年二尚書。羈客棠梨對殯宮。謂剛中堂毅。迴首秦關無限恨，算來福澤尚輸公。

祇有丹心翊旦清，掛冠神武去無情。辨姦幾輩知盧杞，愛士當年薦禰衡。故國風塵驚歲晚，他時月旦聽公評。少陵獨抱安危志，欲著麻鞋淚暗傾。

海上仙禽跨翠鸞，歌聞薤露路漫漫。未須周顗黃金印，日下王喬白玉棺。五鳳樓高詩草麗，九龍山迴墓松寒。牙琴從此徽絃歇，不遇知音不復彈。

王文韶部

綜述

《碑傳集補》卷王先謙《贈太保武英殿大學士王文勤公墓志銘》 公諱文韶，字夔石，耕娛其自號，晚更號退圃。仁和王氏系出宋少保左丞相倫，明正德間裔孫由上虞遷錢塘，卒爲縣人。公曾祖增、祖驥、父又沂以公貴，皆贈光禄大夫，妣皆一品夫人。公父業鹺，游吴，家於畷而生公。童年穎異，識者歎奇之。家中落，公欲棄儒就賈以養，塾師督勉之，曰：「子第力學，事業未可量。毋傷貧。」公聞，益自奮。補縣學生，中式咸豐辛亥舉人，明年成進士，授户部主事，升員外郎、郎中，在部十年，長官倚如左右手。京察記名道府，授湖北安襄鄖荆道，加鹽運使銜。同治三年，莅襄陽。適道員蔣凝學所部軍以不願赴隴道潰，公括餉綏集，嚴防散逸，境内以安。移署漢黄德道。左文襄公宗棠、李文忠公鴻章同時薦公可大用。六年十月，擢按察使。十一月，特命署布政使。八年，奉大府檄，赴湖南，又特命署湖南布政使，旋實授。

時黔中苗亂十稔，湘邊繹騷，援軍四出，號令不一，多喪失。公拜撫湘之命，專任臬司席寶田統師進勦，克城隘數十。而寶田病風痺，公以爲臨敵易將，兵家所忌，令臥護其部將分軍深入，掃穴殲渠，降苗衆十數萬，遂清黔境。公疏陳善後，留軍鎮之，安堵迄今。論者謂苗疆戡定，寶田功最多，決策命將，實公之力，以方文端公鄂爾泰云。增鄉試號舍，益書院膏火，以惠寒畯；剏候審所，以恤刑獄；建卹無告堂、棲流所，以養窮甿，銷盗萌，民大感悦。光緒三年，奉特召。四年入都，署兵部左侍郎，充軍機大臣，補禮部左侍郎，總理各國事務衙門行走。五年，調户部，仍兼署兵部。八年，署户部尚書，尋回任，兼署禮部、吏部。屢乞歸養，奉俞旨回籍，丁母憂。十三年，服闋。明年，授湖南巡撫，未朞，升雲貴總督。時英併緬甸，法踞越南，議定邊界，與出使大臣薛福成往復商榷，援據公法，索還邊地。匪陷富民、禄勸二縣，遣兵討平之。二十年，日朝事起，海防戒嚴。德宗特召入都，詳詢方略，命幫辦北洋，署直隷總督、北洋大臣，旋實授。奏開磁州煤礦，修威海、旅順、大連灣礮臺，墾天津營田，疏永定河淤，鑄北洋銀元，剏京漢鐵路。在任四年，規畫宏遠。再入軍機，補户部尚書。二十五年，協辦大學士。

二十六年，拳匪肇亂，首禍諸臣深中邪説，公疏論其失。七月，尚書徐公用儀等將及難，諸臣並欲陷公。當是時，微聖明，幾不測。兩宫西狩，公攜軍機印鑰追奔三日，及於懷來。上聞公至，立命入對，相向泣，諭曰：「此後國家緊汝是賴。」扈蹕晉秦日，數賜對事，鉅細必疇。咨東南保守之宜，聯軍和約之議，皆密稟乾斷，仰贊宸謨。授體仁閣大學士。李文忠公卒，命公署全權大臣，先回京會辦《東三省中俄條約》及和約未盡事。上回鑾後，鑒公忠悃，倚畀愈隆。二十七年，授文淵閣。明年，授武英殿。先後賞帶膝貂褂、紫韁、黄馬褂、雙眼花翎，紫禁城騎馬，頤和園、宫門、西苑門二人肩輿，拖牀船隻，御製詩文集、聖訓、實録、平匪方略、《圖書集成》、御筆書畫、上方珍物無算。公以憂勞故，病喘重聽，屢乞休，至五次。奉俞旨，三十三年恩命馳驛回里，明年以鄉舉重逢，賞太子太保銜。十月，聞兩宫升遐，一慟幾絶，力疾哭臨，伏地不起，扶歸，疾益劇。十一月二十二日卒。距其生道光庚寅年十月，年七十九。疏聞，上軫悼，優詔褒卹，贈太保，予謚文勤，賞子慶甲道員，孫鈺孫軍機處存記道員。

公仁明忠恕，生平無疾言遽色，待僚寀恩若家人。有知府某請曰：「吾以公正御屬吏，有不率則揭上，可乎？」公曰：「屬吏有失，匡正爲亟。然當觀其所由，苟非情無可恕，先勸導之，次教誡之，必不聽則如言。人材有優絀，或非其知所及，用法太急，將無材可用，亦失國家裁成之道。」聞者歎服。莅湘久，德意隆洽，治獄尤明慎。或控某氏妾因姦謀弑家長，定讞矣。會訊日，公見妾上堂跪，以下裳掩足，不類淫兇。詳鞫知誣，諭前問官易詳以上，冤遂雪。去任時，條奏湘事所宜，禁多築隄垸，與湖水争。已而官民競利，罔顧其後，今果頻歲大水，人民流亡，乃歎公精誠遠識，不可及，羣請建祠以祀，上允之。妻錢氏，一品夫人，妾劉氏，誥封夫人。子五，慶鈞，縣學生，四品頂戴，工部郎中；慶銘，殤；國楨，太學生，鴻臚寺卿，兼太常寺卿，錢出；慶甲，太學生，農工商部郎中，特用道；慶同，正一品廕生，劉出。女三，適鍾，適任，其一殤。孫男八，鈺孫，花翎二品頂戴，特旨存記江南即補道；銓孫、彬孫、鍔孫、慕孫、晉孫、頤孫、念孫。孫女十一，曾孫男六，曾孫女四。以宣統元年月日葬錢塘西谿留下小和山麓之上步嶺，錢夫人同穴。鈺孫泣請銘，謹爲銘。

《清史列傳》卷六四《王文韶傳》 王文韶，浙江仁和人。咸豐二年進士，以主事用，籤製戶部。五年，以海運全完，奏保儘先補用。七年，以捐銅局辦理捐輸認真，奏保俟補缺後，以本部員外郎遇缺即補，先換頂戴。是年學習期滿，奏留。八年，丁父憂。十年，服滿。十一年三月，補福建司主事。六月，陞四川司員外郎。同治二年，補陝西司郎中。三年二月，京察一等，記名以道府用。又以在工出力，奏保專以道員用。六月，授湖北安襄鄖荊道。七月，戶部奏，遴保出力司員，加鹽運使銜。

時髮捻各匪始由楚竄豫，會蔣凝學軍道出襄陽，潰散八營，大局震動。文韶籌餉數十萬，收集潰亡，兼籌防堵，境賴以安。踰年，調署漢黄德道。又值捻匪南竄，武漢戒嚴，文韶先事預防，得無患。六年二月，左宗棠督剿回逆，檄辦西征後路糧臺。疏薦於朝，有「才長心細，器識閎偉，素爲中外信用」之語。同時湖廣總督李鴻章亦薦文韶才大心細，爲中外難得之員。十月，擢湖北按察使。十一月，署布政使。八年二月，調署湖南布政使，尋即補授。十年十月，署湖南巡撫。十一月，奏陳湘省地方軍務大概情形。略謂：湖南近日情形惟援黔、防境兩大端最爲當務之急。自軍興以來，應募之卒，湘勇居多。厥後遣撤歸鄉，既不安於耕農，又素習於戰鬭，遊手徵逐，浸生事端。以故年來會匪充斥，伏莽徧地，宵小竊發，幾於無歲無之。上年湘潭、道州，本年益陽、龍陽之事，其尤甚者也。臣於藩司本任內，隨同前撫臣劉崐極力設法補救，通飭所屬地方官清釐保甲，整飭團練，以冀隱戢亂萌。各屬士紳又多以久歷戎行，忠義激發，兼以利害切身之故，同心協力，各衛其鄉。半年以來，漸著成效。雖區區小補，不敢謂此後遂可無虞。而第能思患預防，即偶有蠢動，當不致成燎原之勢，從容消弭，事在平時。此地方防務情形，尚可仰紓聖慮。至援黔之師，數年以來罄全湘之所有以濟軍需，積欠餉銀已有二百餘萬兩。目前各營之餉每月僅能發二十日，藩、糧兩庫除例支各項外，其可撥濟軍需之款本自無多，釐金鹽稅亦止有此數。以出較入，遠不相當。雖屢蒙朝廷垂念，酌撥各省協餉，亦以支應爲難，未能一律照解。是故爲湘省計，則積困之力誠不能支，惟有自全以弭患。而爲援黔計，則久累之功自難遽棄，要在竭力以圖成。事有兩妨，勢宜兼顧。本年奉有減援增防諭旨，亟思酌量變通，總以欠餉過多，一時尚難措置，臣雖暫時攝篆，斷不敢玩愒苟安，亦不敢操切債事。俟會商督臣通盤籌畫，總期黔事有益，而湘力可支，竭盡愚忱，而未敢遽以自必也。蓋其時剿捻軍務緊急，黔苗乘隙滋事，桂東郡縣悉遭陷歿，湘黔驛道梗塞，兇鋒所指，擾及楚邊。沅、靖、晃三府州廳，時被蹂躪，迭經前撫臣李瀚章、劉崐籌議大舉，援防戮力六七年之久，雖迭克桂東城邑，湘邊仍復騷然，軍威迄不能振。自文韶署任以後，乃專任臬司席寶田統兵進剿，苦戰猛攻，始將貴州之施秉、施洞、台拱、九股河、凱里、麻哈、黄平、雷公山、黄茅、轎頂山各城隘次第收復，湘境得以無警，黔境驛道亦漸疏暢。時桂東苗亂尚未平定也，文韶益極力籌餉，屢促諸軍破賊。於是丹江、南猛、報德諸寨先後削平，悍苗俘斬幾半。十一年，軍務方甚得手，席寶田患病不能督戰。文韶以臨敵易將，非兵家所宜，遂令席寶田所部各將蘇元春、龔繼昌、唐本友、謝蘭階、戈鑑分領其衆，仍以席寶田調護之。將帥和衷，軍心益固。苗疆有烏鴉坡者，岡巒縣亘二十里，最爲險要。逆苗張秀眉知勢已衰，糾其黨楊大六等屬集其處，連砦數十，全黔叛苗盡萃其中。文韶遥策羣苗，鋌走絶地，勢將窮蹙。飛檄諸將，奮力會戰，羣酋見長圍已合，率黨死戰。我軍頗有傷亡，而士氣彌厲，襲破其卡，燒苗棚以千計，苗亦自焚其棚，退踞牙塘。尋奪其險，苗釋械乞撫六萬餘人。又破張秀眉、楊大六所踞各砦，殘苗聚保烏堡、冷水溝，計將北走，黔軍遏之，湘軍馳至，截賊爲兩陣，斬數千人，降萬人，並殲首要九大白，揭首於竿。苗匪乞降者二萬餘人，鏖戰十七日，烏鴉坡二十里苗砦悉平。搜斬嚴大五於雷公坪，擒江老拉。詗知首逆張秀眉猶伏烏東山，復往搜之，與楊大六均各就擒，並獲全大五於白水洞檻，送長沙誅之。其他苗教各酋或俘或斬，無一脱者，黔境肅清。湘境四脚牛寨苗蠢動亦經芟定，飛章奏報，並陳苗疆善後事宜，奉旨嘉納，留勇三十餘營，駐紮黔湘接壤，以資鎮攝。至今桂東迄無苗患，而湘之沅、靖、晃三府州廳與黔犬牙相錯之區居者得安耕鑿，西路各縣無賫送之勞，實賴文韶決策援黔之功。貴州巡撫曾璧光疏報全黔勘定，極稱文韶派師援剿，尤能殫心竭慮，不遺餘力。

十一年五月，補授湖南巡撫。是年以前巡撫駱秉章、張亮基、潘鐸功德在民，奏准在省城建立三臣合祠。又奏請大閱，奉旨即著王文韶逐一查閱。十二年，奏遵照部議，酌定收標世職應支全俸、半俸額數，自本年起以四百人暫爲定額，照章給發，報部核銷，庶於撙節餉項之中，寓體恤忠裔之意。又奏遵查殉難故員，毋庸予謚，並詳議與謚不宜太濫，以重名器。又奏請變通外官回避章程，祖孫父子一條，不論官階大小，概令其子孫回避祖父，以重倫紀，均從之。十三年，奏湘漕試辦採買，請留漕項銀兩以資轉運，下部議行。光緒元年七月，寶慶府新化縣屬匪徒滋事，文韶檄總兵謝晉鈞會同地方官前往剿辦，匪首李澍暨鄒序仁等先後擒獲，訊明正法，解散脅從。其衡永等屬匪首李炳榮等亦均剿斬，地方一律安謐。二年，奏請開復前湖南巡撫劉崐降一級處分。略謂該前撫在湘五年，正當撫鄰防境諸務棘手之時，即如援黔之役告成於同治十一年二月，該前撫去任不及半年，臣任事未久，非急切所能就理，諸凡規畫，皆該前撫歷年心力積累而成。又奏保記名提督龔繼昌、王永章、韓殿甲，遇缺題奏，總兵廖長明、陳海鵬五員堪勝專閫之任。三年十月，命來京陛見。文韶自署布政使到湘，至是凡九年，軍事旁午，內治亦復縝密。如增廣貢院號舍以庇多士，籌加書院膏獎以勵寒畯，親選各校高才以課實學，創設候審所、恤無告堂、棲流所以矜罪犯，字窮民，銷盜萌，湘人至今頌之。

四年二月，署理兵部侍郎，在軍機大臣上學習行走。時各省災荒，天久旱，兩宮御素膳，宮中日夜祈禱，上明諭引咎自責，並飭大小臣工恐懼修省。翰林院侍講張佩綸、編修何金壽先後上疏，指陳闕失，請訓責樞臣。兩宮以咎在宮廷，不欲歸過於下。文韶乃隨恭親王等，以奉職無狀，罪有應得，力請懲處。奉旨交該衙門嚴議，尋議革職，加恩改爲革職留任。四月，補禮部左侍郎，乞假兩月，迎母就養。七月，命在總理各國事務衙門行走。十月，賞紫禁城騎馬。五年正月，命在軍機大臣上行走。旋以京察開復革職留任處分。是月，調補户部左侍郎，兼管三庫事務，仍兼署兵部左侍郎。六年正月，總理各國事務衙門奏詳議籌邊之策，分邊防、籌餉、儲才三大端，列爲八條，曰西路邊防，曰北路邊防，曰東路邊防，曰北洋海防，曰南洋海防，曰綜核餉需，曰節流籌餉，曰廣儲人才。户部奏籌備餉需事宜十條，曰嚴催各省墾荒，曰捐收兩淮票本，曰通核關税銀兩，曰整頓各項釐金，曰嚴查州縣交代，曰嚴核各項奏銷，曰專提減成養廉銀兩，曰催提減平銀兩，曰停止不急工程，曰核實頒發兩庫折價。皆文韶籌議定稿，次第奉旨施行。七月，以辦事遲延，交該衙門議處，部議以降一級留任。公罪例准抵銷，奉旨准其抵銷。七年三月，孝貞顯皇后升遐，賞穿孝百日。八年正月，署理户部尚書。六月，仍以户部左侍郎兼署禮部右侍郎。八月，兼署吏部右侍郎。七月，彗星復見。御史洪良品上疏，言樞臣舞弊，請旨罷斥，以弭天變。略謂：「雲南報銷，户部索賄十三萬，嗣以八萬了事。景廉、王文韶均受鉅萬。」奉旨：「覽奏殊深詫異。事爲朝廷體制，重臣名節所關，諒洪良品不敢以無據之詞率行入奏。著派惇親王、翁同龢飭傳該御史詳加詢問，務得確實憑據，即行覆奏。」惇親王等奏，據該御史稱，此等詭秘之事，豈有令御史聞知之理？士大夫商賈萬口一詞，不能指定何人。得旨：「仍著麟書、潘祖蔭將此案澈底根究，務期水落石出，以成信讞。」給事中鄧承修奏，略謂：「樞臣被劾無據，事實有因。被參之王文韶未解樞柄，應請先行罷斥，使朋比者失其護符，訊辦者無所顧忌。」尋麟書等奏查明大員接受外官私信，請敕呈錄，並將疏縱案犯之司員請旨先行交部議處，仍令沿途嚴催要證，迅即赴案。奉上諭：「麟書、潘祖蔭奏，雲南報銷一案，現經訊據户部書吏張瀛供稱，潘英章來京找伊辦理報銷，並許給銀兩。伊等各得受筆墨費多寡不等。崔尊彝、潘英章來京辦理報銷是否係該督撫所委，該員等所齎銀兩究係支用何款，是否庫款，抑係軍餉盈餘，請飭查明等語。著劉長佑、岑毓英、杜瑞聯將以上各節迅速據實覆奏，不得稍涉諱飾。」十月，文韶奏請開缺養親。奉諭：「王文韶之母雖年逾八旬，精神尚健，且迎養在京，亦可就近侍奉，無庸開缺。」旋又奏請開缺養親。奉諭：「覽其所奏各情，本應俯如所請。惟見在軍機處暨總理各國事務衙門辦事需人，王文韶尚稱熟悉，著仍遵前旨，於假滿後照常入直，毋得再行瀆請。」十一月，復請開缺養親，允之。九年六月，以失察户部司員書吏收受雲南報銷案內津貼銀兩，並濫保劣員，交部議處，尋准部議，降二級調用，不准抵銷。

旋丁母憂。服滿，十四年二月，在籍授湖南巡撫，湘人驩呼謂將重來福我也。七月抵任，即整理文武鄉試諸務。十五年六月，擢雲貴總督。八月，以恭逢崇上皇太后徽號，恩詔遵保獲咎人員已革前廣東布政使姚覲元、降調前浙江按察使陳寶箴、已革前山西按察使陳湜、降調前湖南候補知府徐淦，先後奉旨擢用。十月，奏交卸湖南巡撫印篆，並片陳南洲水患。略謂洞庭湖爲湖南北兩省水利之樞紐，自荊江南岸藕池潰口，江水橫決，挾泥沙而南，淤積西湖一帶，漸以成洲。見合龍陽、華容、安鄉三縣轄境計之，廣袤幾二百里，名曰南洲。貧窮私墾，豪强争占，五方雜處，訟獄日滋，此皆近年情形，臣初次撫湘時，尚不至此。然此猶患之顯著者。惟洲地愈積愈寬，則湖面愈占愈狹，容水之區日偪，必致橫溢四出。湖北則荊江大隄受其害，湖南則濱湖州縣被其災。蓋湖中之水既漸變而爲田，則湖外之田將胥變而爲水，此必然之勢也。臣上年到任後，察悉情形，以爲湖南之大患無有過於此者。明知已成之洲，萬不能再事剗除，俾復全湖之舊，然救弊補偏，亦正岌岌不可終日。滿擬今年秋後水落，遴選講求水利，實心任事之員，周歷重湖，詳加查勘。或培隄以禦汛漲，或開支渠以導衆流，或將荒洲裁灣取直以引溜而刷沙，總期於辰、沅、資、澧諸江水入湖之口不致壅遏不通，激成泛濫之勢。並申明定例，嚴禁私築隄垸，私墾官荒。凡有淤洲，苟無礙於水，亦祇准官爲招佃，不准民間指請升科。即有昔爲湖業，今成陸地之處，亦祇准豁除漁課，不得藉水占地。仍於南洲地方添設水師一營，常川駐紮巡防，無令寇盜因以爲資，致蹈宋楊么、明陳友諒故轍。此皆臣私憂，竊計爲亟思設法補救者。惜匆匆受代，未及見諸施行。惟念臣兩任湘撫，湘人安臣之教令有過尋常。臣既無德於湘人，而並此地方利害所關，亦未及早措置，冀弭巨患於方來，此尤夙夜疚心而不能自已者也。擬將詳情告知新任撫臣，隨時奏辦，謹以附陳。

十六年正月，抵雲貴任。二月，疏陳地方情形。略謂滇省地處極邊，實爲西南一大都會。咸豐丙辰以後，漢回構釁，亂民乘勢蜂起，通省蹂躪殆徧，兵連禍結者二十餘年。仰仗天威，疆臣效命，用能殲除羣寇，次第蕩平。論勘定之功，前督臣岑毓英實居其首。迨軍務漸定，地方政事諸待修舉，則劉長佑之老成坐鎮，其功自不可沒。而見任撫臣譚鈞培懃懇堅凝，實事求是，二三年來改觀尤速。臣未入境以前，采聽風聞，默揣時局，謂地方肅清未久，一切政務恐未能以承平行省相繩。及至身入局中，綜觀大略，舉凡兵事吏事，防務鹽務，俱有範圍，有非臣始願所及者。惟迤西界連緬甸，迤南壤接越南，大局變遷，勢成逼處，交涉之事日益糾紛，地方文武尚未能諳悉洋情，少見多怪，深恐措置失宜，此固圖弭釁之方所亟宜講求者也。滇民生計向來視銅廠爲盛衰。軍興以後，銅政廢弛，民生日困。見經前撫臣唐炯督辦礦務，創設公司，招集商股，整理舊廠，開闢新場。上年冬間，雲南之巧家，貴州之威寧兩廠已報成堂。成堂者，廠中諺語，謂礦務已成局面也。開成堂之礦足供數十百年采取，可以用之不盡。此後起運京銅，必可較前順手，裨國計而益民生，此事自關運會。臣忝任地方，遇有應行會商之處，亦不敢以督辦有人，稍涉推諉。此雲南之大概情形也。黔省素稱瘠壤，物產不豐，省城以西曰上游，省城以東曰下游。臣自湘入黔，先經下游各屬，竊見城市蕭條，閭閻困苦，兵火餘燼，如在目前。驅車所至，惻然傷之。及抵上游，則城鄉氣象漸入佳境，雞犬桑麻，自安耕鑿，較之下遊，迥不相同。惟通省地方州縣大半以賠累爲苦，以竭蹶補苴之況，任刑名錢穀之煩，遇事因循，在所不免。過省時撫臣潘霨與臣議論及之，謂數年來著意整頓者，亦即在此。蓋官民交困，爲黔省第一通病也。潘霨創辦鐵礦一事，意在因自然之利，開不竭之源。購置機器，水陸運載，建局設廠，大費經營。議者或以時絀舉贏，力小任重爲嫌，而臣竊服其任事之勇。見在工程將竣，三四月間即可開爐鑄鐵。但期礦產豐旺，銷路暢行，姑無論公中之利益何如，而自開采以及傭工轉運，窮民之食力於此者，殆不可以數計，下游一帶必有起色。此貴州之大概情形也。總之滇黔兩省被兵已久，受害過深，民間彫敝情形，非一時所能驟復。臣意主休養生息，實冀爲邊徼遺黎重謀生聚，非敢好持迂論，以鎮静掩其衰庸也。

時法越之事初定，越南遊勇侵擾內地，沿邊夷匪土司與附近省會之教匪句結營弁，一時並起，連陷富民、祿勸兩城，衆心驚惶。文韶剿撫兼施，獲斬叛將，旬日而定。四月，雲南鎮康州土族刀老五句結外匪，殺斃土知州刀閎錦，圖盤踞土城。文韶飭永昌府知府鄒馨蘭督同官紳，調集團勇，馳往剿辦。擒獲賊首，陣斬匪黨多名，土城克復。五月，猛喇游匪滋擾，竄至金子河那窩寨，踞險抗拒。即檄總兵何秀林督師進攻，克復那窩寨，乘勝擊破金子河賊巢，民賴以安。十七年六月，貴州獨山州屬峯洞、墨寨等處匪首陸老鑽、莫金保等聚衆行劫，分遣黔黨混入州城，約期內應，拏獲訊明正法。復陣斬陸老鑽，生擒匪黨吳隴幅等，地方得以無事。十八年，雲南鎮邊地方新附猓夷聚衆滋事，拒捕戕官，檄飭署理迤南道劉春霖督同文武員弁分路進兵。將夷生、富角、閂官等佛房及夷生等各家口營逆巢次第攻克，生擒夷酋、漢奸、悍賊多名，殲斃無算，招降二千餘衆，拔出被脅難民五百餘家，戕官首惡均經擒獲正法，邊境遂安。二十年正月，恭遇孝欽顯皇后六旬萬壽慶典，賞戴花翎，並交部優敘。七月，里山里夷頭目丁洪潰等句結匪徒，妖言惑衆，附近夷寨多被脅從。文韶調軍剿捕，夷目就誅，掃蕩匪巢，一律平靖。先是，雲南防務自英、法兼并緬、越後，西南兩面慎密爲難。文韶撫恤諸路土司，令自爲守。英、法勘界議起，與出使英、法、日、比四國大臣薛福成往復咨商，援據輿圖，索還界地，弭患尤在無形。

是年，日本與朝鮮有事，我軍援朝鮮者陸軍屢卻，海軍繼潰，沿海各省戒嚴。而天津爲京畿門戶，尤關重要。九月，特召來京陛見。十一月，派充幫辦北洋事務大臣。二十一年正月，署理直隸總督、北洋大臣。文韶料簡軍儲，嚴定賞罰，督飭各營將士，講求戰守機宜，巨細兼籌，昕夕罔懈。洎和議既定，舉辦善後事宜，而遣散各軍，尤爲繁重。時山海關內外防軍共四五百營，酌留湘、淮、豫軍各三十營，督飭營務處分別水陸兩途，悉數遣撤，拊循周至，軍無怨言。七月，調補直隸總督、北洋大臣。二十二年正月，疏陳統籌北洋海防。略謂：「北洋海防以天津爲諸軍根本之地，以大沽北塘爲內戶，金、旅、威海爲外戶，而山海關、營口等處分扼水陸要衝，相爲犄角，環海三千餘里，在在均關緊要。上年和議甫定，遼南未歸，大局未能遽定。見當金、旅接收，調募各軍陸續遣撤移防，諸有頭緒，亟宜及時整頓布置，以重防務。查北洋沿海防軍前由督辦軍務處奏准，除原有守口各軍外，議留湘、淮、豫三軍共九十營，分地屯守。見聶士成所統淮軍三十營分紮蘆灣一帶，吳宏洛等軍分紮北塘、大沽一帶，新城盛軍舊壘則有袁世凱新建一軍填紮，湘軍陳湜所統馬步二十營與淮軍賈起勝等軍分紮山海關一帶。宋慶所統毅軍三十營自金旅接收後，分部移屯，兵力尚單，布置粗爲縝密。但使操防認真，一兵有一兵之用，緩急庶爲可恃。天津機器製造各局爲軍火所自出，機器局鑄鋼一廠見擬試造快礮，大沽船塢亦擬造單管快礮，製造局擬添新式擡槍。此外器械之應添購修理者，均經臣督飭各局隨時籌辦。此則簡勵戎行，蒐討軍實，最爲目前切要之圖也。旅順各局廠臺庫規模以船塢爲最鉅，而各礮臺次之。該船塢專爲修理鐵艦而設，見塢局廠庫各房屋毀損尚不甚多，惟各廠機器合計僅存十之一二，非購配安設，不能工作。應照原定章程大加收束，量設工役，派員經理，以便南北洋各兵船在此操巡，得以隨時赴旅修整。其原設之械局醫院及濬澳船隻指泊員役等項，勢所必需，亦應酌量舉辦，俾無廢事。至旅順大連灣，本北洋外户。威海見駐俄兵，南北對峙，形勢最關重要，設防未可稍疏。今查旅順東西兩岸礮臺十一座，大連灣礮臺六座，各臺身被毀甚多，其藥庫兵房均遭拆毀。各臺原設大小鋼礮七十餘尊，全數毀失，估修約需銀二十萬兩，爲數無多。惟添置各項礮位，總非銀二百萬兩不辦。款項過鉅，擬先擇要興修，變通舊式，分年籌辦。以各臺之形勢定礮位之大小多寡，至省亦在百萬以外。前經臣奏准，將漠河金廠報效銀十萬兩，存備旅順善後之用，不敷尚鉅，仍不能不仰給於部撥。見任東海關道李興鋭於北洋防務素所究心，擬即派委兼辦旅順大連灣善後事。宜飭令渡海，將旅大局廠臺庫應修應緩各節，詳細覆勘，擬具章程。約估用款，即行專案奏辦。此則旅順大連灣等處塢工宜緩，修防宜亟，所應分別辦理者也。至海防之利鈍，總視水師之强弱。水師任戰，陸軍任守，奇正互用，應變不窮。各國海軍每一枝必鐵艦二三艘，快船六七艘，雷艇十餘艘，佐以練運探報各船，力大勢盛，始可角逐爭鋒。北洋經營二十餘年，甫獲成軍，經此挫失，見僅康濟一練船，飛霆、飛鷹兩獵艇，新增建靖練船修改尚未告成。欲復前規，一鐵艦需款二三百萬，一快船需款百餘萬，加以各項船艇粗具規模，亦非二三千萬不可。取諸庫帑，則羅掘已窮；多借洋款，則負累愈重。且練兵簡器，取精用宏，事同草創，非一時所可能遽就。計惟有整頓水師武備各學堂，簡選訓習，以儲將才。嚴飭各練船認真操巡，以嫻兵備。俟財力稍裕，漸次擴充。此則北洋海軍雖宜亟辦，而限於物力所應爲之以漸者也。」疏入，下所司知之。

六月，坐代奏布政使王廉請託事，降三級調用，加恩改爲降三級留任。十一月，疏陳籌修旅順大連灣礮臺。略謂：「旅順爲北洋外户，左顧遼瀋，右衛津沽，大連灣扼其吭，金州撫其背。大連灣之防不固則旅順不能守，金州之防不固則大連灣不能守，旅順、金州不守則北洋全局震動。往歲之役，其前車也。旅順原有礮臺，密於防前而疏於防後。敵從大連灣入，旅順遂成孤注。大連灣原有礮臺亦專顧防海，而未及防陸。故敵從金州登岸，大連灣遂不能支。前督臣李鴻章經營布置垂二十年，徒以經費支絀，擇要先修，未能處處嚴密。一旦挫衄，盡棄前功。至今日而重整海防，不修復各處礮臺，則不能固北洋之防。僅修復舊有礮臺，而不彌其罅隙，則復蹈從前覆轍，仍不足以固北洋之防。本年正月間臣於統籌北洋海防摺内略陳大概。嗣有德國克虜伯礮廠委員克馳、馬格魯森礮廠總辦年彌持，出使大臣許景澄信函先後來津，願往各海口察看形勢。經臣商令前往旅順等處詳細查勘，各陳所見。詳略雖異，而主於水陸兼顧之義則同。年彌並繪具圖説，於舊有各礮臺分別去留酌定修改，又於從前布置未密之處，添建陸路礮臺，以防後路。計旅順海口東西兩岸擬修礮臺十八座，東北、西北、西南三面添修礮臺二十座，四圍環繞，聯絡一氣，無論水陸皆可守禦。大連灣金州之交，擬修礮臺十三座。其黄山、和尚島、徐家山等處礮臺九座，專禦水師上下；南關嶺等處礮臺四座，兼防陸路。其防海而擊敵船也，則由二十八生、二十四生等項快裝大礮；其防陸路及護濠墻也，則用十二生、十生半暨五十七密里各項快放小礮。均皆量敵遠近，因地制宜。合計旅、大兩處各臺共需安設大小礮位二百三四十尊，連電光燈、鋼甲、礮架等項，共約估需價銀三百五十萬兩上下。此乃因鉅款難籌，極力從省計算。如財力稍充，尚需添建大鐵甲旋轉礮臺及鐵甲望臺數處，方可益臻鞏固。見聞總理各國事務衙門，先後定購穹甲魚雷等船，一二年内即可陸續來華，船臺相輔而行。水師既已逐漸經營，礮臺亦應及早布置。惟是建造礮臺，要義不外擊敵與防敵擊兩端。擊敵則期命中及遠，防敵擊則宜堅築深藏。擇地而施，非深明測算之學者，不能得其窽竅。旅、大各臺雖經年彌等擇定基址，查明大概情形，其地勢之高下廣狹，地質之土石鬆堅，以及礮臺如何建置，仍須逐細測量，始能興工，建臺購礮須同時並籌。建臺需費約數十萬金，俟定議後核估請撥。其購礮一項，業經年彌等一再考核，無可再省。擬請敕部，於籌備購船經費之外，先行酌撥銀三百萬兩，由臣與各礮廠核實訂購，務節虛縻而歸實用。」下部妥議。二十三年正月，京察，開復降三級留任處分。

直隸防務交涉，胥關重要，一切新政尤爲全國命脈所繫。文韶繼前總督李鴻章之後，凡李鴻章舉辦未成之事，皆次第成之。如奏勘吉林三姓金礦，謂妥議開辦章程，即爲實邊裕餉通商之計。奏開磁州煤礦，謂該處爲盧漢鐵路必經之地，鐵路告成，即資其煤以爲用，而該處煤鐵各礦亦可逐漸擴充。又奏墾天津新農鎮一帶營田五萬餘畝，以興民利；減免望都縣糧賦，玉田縣差徭以恤民艱。它如永定河淤塞，治潮白河故道，築溫榆河各壩，並設水利總局，以除患興利。免南商米稅以濟民食，鑄北洋銀圓以維圜法。皆奉旨施行。京漢鐵路爲南北第一幹綫，運兵濟餉，關係民生國計甚巨。時議紛紜，遷延日久。特派文韶議辦，會商湖廣總督張之洞，往反討論，決定借款興築，遂以成功。又奏設北洋大學、鐵路學堂、育才館、俄文館、西學水師各學堂，上海南洋公學，以造就各種應用之才。二十四年五月，再奉命在軍機大臣上行走，兼總理各國事務衙門行走，補授户部尚書。九月，賞西苑門内乘坐肩輿。二十五年十一月，以文韶七十生辰，賞御書扁額、對聯、珍玩、文綺。旋以户部尚書協辦大學士，十二月充經筵講官。二十六年二月，恭遇德宗景皇帝三旬萬壽慶典，以年逾七旬，賞加太子少保銜。五月，充國史館副總裁。

是年夏，拳匪肇釁，首禍諸臣惑於邪説，文韶力持正論，再三上陳，深中其忌。七月事亟，聞尚書徐用儀、立山將罹於禍，亟擬申救，已不及。事後始知首禍者并欲陷文韶，幸上聖明，置不問。時内外交訌，軍機入直僅文韶一人，而宫禁森嚴，聲息隔絶。猝聞兩宫西狩，遂攜軍機印鑰，徒步追隨，崎嶇三日，抵懷來縣。兩宫駐驛聞文韶至，立命人對，相持而泣。諭曰：「此後國家惟汝是賴。」隨扈由晉入秦，召對日數起，事無鉅細，罔不疇咨。凡東南保守之約，聯軍議和之款，皆參贊宸謨，密承乾斷，統籌全局，轉危爲安。十月，授體仁閣大學士，管理户部事務。二十七年五月，充國史館正總裁。六月，改各國事務衙門爲外務部，授外務部會辦大臣。八月，以迴鑾在即，賞穿黄馬褂，旋賞用紫韁。九月，命署理全權大臣，先行回京，會辦東三省中俄條約，及和約未盡事宜。十月，以大局漸定，回京有期，文韶協力同心，不避艱險，賞戴雙眼花翎。十二月，命稽察欽奉上諭事件處，又派督辦路礦總局，轉文淵閣大學士。二十九年二月，署翰林院掌院學士。五月，晉武英殿大學士。閏五月，加恩免帶領引見。九月，開去外務部會辦大臣，管理户部事務，充文淵閣領閣事。三十一年五月，有旨：「王文韶當差多年，勤勞卓著。見在年逾七旬，每日召對起跪，未免艱難，自應量予體恤。著開去軍機大臣差使，以節勞勩。」三十二年二月，京察，命交部議敘。三月，因病奏請開缺，奉旨賞假兩月，安心調理，無庸開缺。如是凡五請，皆蒙賞假。至三十三年五月，復陳請開缺。奉上諭：「大學士王文韶久贊綸扉，朝廷深資倚任。前因患病迭次陳請開缺，未經允准。兹復瀝陳病狀，懇准開缺回籍。情詞迫切，不得不勉如所請。王文韶著准其開缺，回籍調理，並加恩賞給馳驛。」

文韶歷中外，撫湖南者先後七年，督雲貴者五年，督直隸者四年，直軍機者先後十五年。持大體，達情事，籌餉治軍，處分適當，察吏撫民，洞悉其隱。用人不拘一格，凡所薦劾，多有聲績。名臣忠義，婦女節烈，多所表彰。其寵眷爲同直樞臣所無，賞賚稠厚，至不勝紀。三十一年，退出軍機之後，二月停罷科舉之詔下，知文韶在直之持異議也，然歲時頒賞，仍與在直時同。其爲兩宫優眷蓋如此。三十四年正月，以鄉舉重逢，賞加太子太保銜。十一月，卒。奉上諭：「致仕大學士王文韶器識深穩，才具優長。由部屬簡授外任，受先朝特達之知，洊擢兼圻，勤勞夙著。由直隸總督宣召來京，參預機務，晉贊綸扉。服官五十餘年，精敏勤慎，克稱厥職。上年因病奏請開缺，陳懇肫切，准其致仕，馳驛回里。本年因鄉舉重逢，賞給太子太保銜。方冀長承恩眷，克享遐齡。兹聞溘逝，悼惜良深。著加恩追贈太保，照大學士例賜卹，任内一切處分悉予開復，應得卹典，該衙門査例具奏。伊子農工商部郎中王慶甲著以道員用，伊孫江蘇補用道王鈺孫著交軍機處存記用，示篤念耆臣至意。」尋賜祭葬，予謚文勤。宣統三年二月，湖南巡撫楊文鼎以文韶功德在民，奏請於湖南省城建立專祠，春秋官爲致祭。從之。有《宣南奏議》、《湘撫奏議》、《滇督奏議》、《直督奏議》各若干卷。

雜録

備録

《先祖考太保文勤公夔石太府君手訂履歷》 大學士管理户部事務王文〔韶〕，浙江人，由附生中式咸豐元年辛亥恩科舉人。二年壬子，恩科進士，引見奉旨以部屬用，簽掣户部。五月二十五日，到部。十月二十七日，告假出京措資。五年五月二十四日到部銷假。十二月二十四日，内閣奉上諭：何桂清奏海運全完，酌保出力各員，懇恩鼓勵，開單呈覽一摺。户部主事王文〔韶〕著儘先補用，欽此。七年五月十八日，内閣奉上諭：户部奏保捐銅局司員辦理捐輸，認真經理，尚無貽誤。主事王文〔韶〕著俟補缺，後以本部員外郎遇缺即補，先換頂戴等因，欽此。十一月二十一日，三年期滿。二十六日，奏留。八年二月，丁父憂。十年五月，服滿，到部當差。十一年三月十四日，補福建司主事。六月初九日，升四川司員外郎。十月，充定陵工程處監督。同治二年六月初二日，奉旨補授陝西司郎中。三年，京察一等。二月十二日，内閣奉上諭：王文〔韶〕著交軍機處記名，以道府用等因，欽此。二十二日，内閣奉上諭：恭親王等奏遵保定陵工程處出力人員，懇請獎勵一摺，道府用户部郎中王文〔韶〕著專以道員用，欽此。六月初十日，内閣奉上諭：湖北安襄鄖荆道員缺著王文〔韶〕補授，欽此。七月十四，内閣奉上諭，户部奏，遵保籌餉出力司員開單請獎一摺，前任郎中，新授湖北安襄鄖荆道王文〔韶〕著賞加鹽運使銜等因，欽此。十一月，到任。四年十二月，調署湖北漢黄德道兼監督江漢關稅務。六年十月初八日，内閣奉上諭：湖北按察使著王文〔韶〕補授，欽此。十一月初六日，任事。二十一日，欽奉特旨，署理湖北布政使。八年正月十九日，交卸署篆。三十日，内閣奉上諭：湖南布政使著王文〔韶〕署理，欽此。三月初一日，到任。五月初三日，内閣奉上諭：湖南布政使著王文〔韶〕補授，欽此。十年五月，兼署湖南按察使。十月初八日，内閣奉上諭：湖南巡撫著王文〔韶〕署理，欽此。十月二十七日，到任。十一年五月二十三日，内閣奉上諭：湖南巡撫著王文〔韶〕補授，欽此。旋因貴州苗疆平定，援局告成，蒙恩交部從優議敘。兩次奉命查閲湖南全省營伍，歷充同治癸酉、光緒乙亥、丙子等科湖南文闈鄉試監臨官、武闈鄉試監臨主考官。

光緒元年，恭逢皇上登極，恩詔加一級，並給予正二品廕生。三年十月十九日，内閣奉上諭：王文〔韶〕著來京陛見，欽此。十二月初十日，交卸湘撫篆務，由湘起程。四年二月初三日到京，蒙皇太后、皇上召見三次。初五日，内閣奉上諭：王文〔韶〕著署理兵部左侍郎，欽此。同日奉上諭：王文韶著在軍機大臣上學習行走，欽此。因新疆南八城一律肅清，奉旨交部議敘，復因晉豫旱災贊襄寡效，奉旨交該衙門嚴加議處，經吏部議以革職。三月初五日，具奏，本日奉旨著加恩改爲革職留任，欽此。四月十四日，内閣奉上諭：王文〔韶〕著補授禮部左侍郎，仍兼署兵部左侍郎，欽此。二十五日，内閣奉上諭：王文〔韶〕奏懇恩賞假迎母來京一摺，王文〔韶〕著賞假兩個月，迎養伊母，欽此。六月二十四日，回京銷假。七月二十三日，内閣奉上諭：禮部左侍郎王文〔韶〕著在總理各國事務衙門行走，欽此。十月十七日，内閣奉上諭：禮部左侍郎王文〔韶〕著加恩，在紫禁城内騎馬，欽此。五年正月初一日，内閣奉上諭：禮部左侍郎王文〔韶〕著在軍機大臣上行走，欽此。二十三日，内閣奉上諭：朕欽奉慈安端裕康慶昭和莊敬皇太后、慈禧端佑康頤昭豫莊誠皇太后懿旨，三載考績爲國家激揚大典，中外滿漢諸臣有能恪供職守勞勩最著者，固宜特加甄敘，其年力衰邁者亦難曲予優容。兹當京察届期，吏部開單題請詳加批閲。禮部左侍郎王文〔韶〕同心翊贊，共矢公忠。前經得有革職留任處分，著加恩准其開復等因，欽此。二十七日，内閣奉上諭：户部左侍郎兼管三庫事務著王文〔韶〕調補，仍兼署兵部左侍郎，欽此。七月十一日，内閣奉上諭：兵部左侍郎著許應騤補授，未到任以前，仍著王文〔韶〕兼署，欽此。六年四月，充庚辰科殿試讀卷大臣。七月十四日，内閣奉上諭：前因時事艱難，迭經諭令軍機大臣隨時匡弼，力戒因循。乃近來該大臣等辦事遲延，實難辭咎，著交各該衙門議處，欽此。經吏部議，以降二級留任，係公罪，例准抵銷。八月初一日，具奏，本日奉旨：著准其抵銷，欽此。八年壬午，京察蒙恩，交部議敘。正月二十四日，内閣奉上諭：閻敬銘著補授户部尚書，即行來京供職。未到任以前，著王文〔韶〕署理。欽此。以大學士直隸總督李鴻章再請終制，奉命馳往天津宣諭慰勉。四月，充考試試差閲卷大臣。五月，卸署户部尚書，回左侍郎任。六月二十四日，内閣奉上諭：許庚身現出試差，禮部右侍郎著王文〔韶〕兼署，欽此。八月初三日，内閣奉上諭：祁世長現出學差，吏部右侍郎著王文〔韶〕兼署，欽此。充考試孝廉方正閲卷大臣。九月，充順天鄉試覆試閲卷大臣。十月二十二日，内閣奉上諭：王文〔韶〕奏懇請開缺養親一摺，王文〔韶〕之母雖年逾八旬，精神尚健，且迎養在京，該侍郎亦可就近侍奉。王文〔韶〕著毋庸開缺，假滿後仍遵前旨照常入直。欽此。十月二十四日，内閣奉上諭：前據王文〔韶〕奏懇請開缺養親，當諭令毋庸開缺，照常入直。兹復具奏，瀝陳下悃一摺。覽其所奏各情，本應俯如所請。惟現在軍機處暨總理各國事務衙門辦事需人，王文〔韶〕尚稱熟悉。著仍遵前旨，於假滿後照常入直，毋得再行瀆請。欽此。十一月初五日，内閣奉上諭：前據王文〔韶〕兩次奏請開缺養親，未允所請。本日召見軍機大臣，復據王文〔韶〕再三陳請，情詞懇摯，出於至誠。王文〔韶〕著准其開缺，回籍養親，俾遂孝思，欽此。

九年六月，到籍。二十二日，内閣奉上諭：前因雲南報銷一案司員書吏收受津貼銀兩，情節較重，降旨將戶部堂官及工部堂司各官，雲南督撫交部分別議處。茲據吏部等衙門奏，遵議處分一摺，該堂官等或濫保劣員，或失於覺察，均有應得之咎。前戶部左侍郎王文韶將已革員外郎福趾京察保列一等，著照議降二級調用，不准抵銷等因，欽此。十年十月，在籍丁母憂。十二年正月，服闋，因病未能赴京，奏請在籍醫調。欽奉硃批：王文韶著俟病痊後即行來京，聽候簡用。欽此。十四年二月二十五日，內閣奉上諭：王文韶著補授湖南巡撫，欽此。五月到京，蒙皇太后、皇上召見三次。六月，陛辭出京，七月到任，充戊子科湖南文闈鄉試監臨官、武闈鄉試監臨，主考官。十五年正月，恭逢慈禧端佑康頤昭豫莊誠壽恭欽獻皇太后歸政禮成，以曾任軍機大臣，欽奉懿旨，交部議敘。六月初三日，內閣奉上諭：王文韶著補授雲貴總督，欽此。充己丑恩科湖南文闈鄉試監臨官。十月，交卸起程。准吏部咨，前在湖南巡撫任內籌解甘肅協餉，奉旨交部，從優議敘。十六年正月十七日，到雲貴總督任。是年，奉命補閱雲南迤東迤南營伍。十七年十月，充辛卯科雲南武闈鄉試監臨官。十八年，奉命查閱雲南全省營伍。十九年九月初三日，因病兩次奏請開缺。十月初三日，內閣奉上諭：王文韶奏假期屆滿，病體未痊，懇請開缺一摺。雲貴總督王文韶著再賞假兩箇月，毋庸開缺，欽此。十月，充癸巳恩科雲南武闈鄉試監臨官。十二月初一日，假期屆滿，專摺銷假。二十年正月初一日，內閣奉上諭：朕欽奉慈禧端佑康頤昭豫莊誠壽恭欽獻皇太后懿旨，本年予六旬慶辰，在廷臣工業經降旨加恩。因念各省文武大臣有久膺重寄，卓著勞勩者，尤宜同膺懋賞。雲貴總督王文韶著賞戴花翎，並交部從優議敘等因。欽此。八月十五日，恭逢慈禧端佑康頤昭豫莊誠壽恭欽獻崇熙皇太后六旬萬壽，崇上徽號，恩詔加一級，並給予從一品廕生。九月初五日，欽奉電旨：本日降旨令王文韶來京陛見，著迅速起程。行抵武昌，先行電奏。欽此。初六日，欽奉電旨：昨降旨，命王文韶來京陛見，雲貴總督令譚均培暫行兼護，並電調王文韶迅速起程，並將起程日期先行電聞。欽此。十一日，交卸滇督篆務，電奏。十八日，由滇起程。十一月十五日，行抵武昌，遵旨先行電奏。十六日，欽奉電旨：王文韶電悉，著即取道清江，兼程來京等因。欽此。十二月二十八日到京，蒙皇太后、皇上召見一次。是日內閣奉上諭：雲貴總督王文韶著派充幫辦北洋事務大臣，欽此。

二十一年正月十三日，陛辭出京。十七日馳抵天津，開用關防，會同大學士北洋大臣李鴻章辦理北洋海防事務。十九日奉旨：直隸總督北洋大臣著王文韶署理等因，欽此。二十五日，接印視事。七月初九日，內閣奉上諭：王文韶著調補直隸總督兼充辦理通商事務北洋大臣，欽此。因二十一年分京餉全數解清，經戶部專摺奏請，交部議敘。二十二年三月十七日，奉旨依議，欽此。六月，因代布政使王廉呈遞摺件，欽奉上諭：王文韶率行據情轉奏，亦屬不合，著交部察議。欽此。經吏部議，以降一級調用，係私罪，毋庸查級議抵。初七日，具奏，本日內閣奉上諭：直隸總督王文韶著加恩，改爲降一級留任，不准抵銷，欽此。又因永定河北中汛漫口，自請議處。七月初四日，內閣奉上諭，王文韶著交部議處等因，欽此。經吏部議，以降一級留任。二十一日，具奏，本日奉旨：著准其抵銷，欽此。二十三年正月二十六日，內閣奉上諭：茲當京察屆期，吏部開單題請朕詳加批閱。直隸總督王文韶宣勤畿輔，籌畫精詳，著開復降二級留任處分等因。欽此。二十四年四月二十七日，內閣奉上諭：王文韶著迅速來京陛見，直隸總督著榮祿暫行署理。欽此。五月初一日，交卸北洋大臣、直隸總督篆務。初四日到京，蒙皇太后、皇上召見二次。初五日，內閣奉上諭：王文韶著在軍機大臣上行走，欽此。同日，奉上諭：王文韶著在總理各國事務衙門行走，欽此。同日，奉上諭：王文韶著補授戶部尚書，欽此。六月十五日，奉旨，派充總理鐵路礦務大臣。七月，充丁酉科拔貢朝考閱卷大臣。九月二十五日，內閣奉上諭：軍機大臣王文韶加恩，著在西苑門內乘坐二人肩輿，欽此。二十五年十一月二十一日，七十生辰，蒙皇太后、皇上頒賞壽物。二十五日，內閣奉上諭：王文韶著以戶部尚書協辦大學士。欽此。十二月二十六日，奉旨派充經筵講官。二十六年正月初一日，內閣奉上諭：本年朕三旬壽辰，內廷行走王大臣勤勞素著，允宜特沛恩施。軍機大臣協辦大學士王文韶著賞加一級，並賞給御書匾額一面等因，欽此。庚子，京察蒙恩，交部從優議敘。二月十二日，內閣奉上諭：本年朕三旬壽辰，中外一品大員有年逾七旬，精神強固者，洵屬熙朝人瑞，允宜特沛恩綸。協辦大學士王文韶著賞加太子少保銜等因。欽此。五月初三日，奉旨派充國史館副總裁。七月二十一日，聖駕西巡，奉旨隨扈。九月初四日，扈蹕行抵西安。十月十五日，內閣奉上諭：王文韶著授爲大學士，管理戶部事務。欽此。二十五日，吏部開單，奏請派充殿閣次序，奉硃筆圈出體仁閣。欽此。二十七年三月初三日，奉旨派充督辦政務處大臣。五月十五日，奉旨派充國史館總裁。六月初九日，奉旨授爲會辦外務部大臣。八月初九日，蒙恩賞穿黃馬褂。二十日，蒙恩賞用紫韁。二十四日，聖駕由西安啟鑾，扈蹕隨行。九月二十七日，行抵河南河南府滎陽縣城行在。内閣奉上諭：王文〔韶〕著署理全權大臣，欽此。並面奉懿旨，著俟行抵開封後先行回京等因。欽此。十月初二日，扈蹕至汴。十三日，陛辭起程。二十八日，到京，接署全權大臣篆務。會同慶親王奕劻辦理東三省中俄條約並和約未盡事宜。是日，行在内閣欽奉慈禧端佑康頤昭豫莊誠壽恭欽獻崇熙皇太后懿旨：現在大局漸定，回京有期，大學士王文〔韶〕協力同心，不避艱險，著賞戴雙眼花翎等因。欽此。十一月二十八日，聖駕回京，照常入直。十二月初一日，内閣奉上諭：大學士王文〔韶〕著稽察欽奉上諭事件處，欽此。二十三日，内閣奉上諭：王文〔韶〕著授爲文淵閣大學士。欽此。二十八年正月十六日，内閣奉上諭：路礦事宜仍著王文〔韶〕督同辦理等因。欽此。二十九年，癸卯京察，蒙恩交部議敘。二月初二日，内閣奉上諭：孫家鼐現在出差，翰林院掌院學士著王文〔韶〕署理。欽此。五月初四日，内閣奉上諭：王文〔韶〕著補授武英殿大學士。欽此。閏五月初三日，充補行辛丑壬寅恩正併科朝考閱卷大臣。閏五月初十日，内閣奉上諭：大學士王文〔韶〕著加恩免其帶領引見，欽此。九月十六日，内閣奉上諭：大學士王文〔韶〕著管理户部事務，開去會辦外務部大臣。欽此。十二月二十六日，奉旨派充文淵閣領閣事。三十年正月初十日，内閣奏派捧詔大臣，奉硃筆圈出王文〔韶〕。欽此。十五日，恭逢慈禧端佑康頤昭豫莊誠壽恭欽獻崇熙皇太后七旬萬壽，恩詔加一級，並給予正一品廕生。五月二十日，充甲辰恩科殿試讀卷大臣。三十一年五月二十八日，内閣奉上諭：大學士王文〔韶〕當差多年，勤勞卓著。現在年逾七旬，每日召對，起跪未免艱難，自應量予體恤。著開去軍機大臣差使，以節勞勩。欽此。三十二年，京察。正月二十四日，内閣奉上諭：大學士王文〔韶〕敭歷中外，夙著勤勞，著交部議敘等因。欽此。三月初十日，因病奏請開缺。内閣奉上諭：大學士王文〔韶〕著賞假兩箇月，安心調理，毋庸開缺。欽此。閏四月初十日，内閣奉上諭：王文〔韶〕奏假期屆滿，病仍未痊，懇請開缺一摺。王文〔韶〕宣力有年，諳鍊老成，朝廷正資倚畀。著再賞假一箇月，安心調理。一俟假滿，即行銷假。欽此。三十三年正月十一日，内閣奉上諭：大學士王文〔韶〕奏假期又滿，懇請開缺回籍就醫一摺。王文〔韶〕著賞假兩箇月，安心調理，毋庸開缺。欽此。三月十一日，内閣奉上諭：王文〔韶〕奏假期又滿，病難復元，懇請開缺回籍一摺。大學士王文〔韶〕著再賞假兩箇月，安心調理，毋庸開缺。欽此。五月十一日，内閣奉上諭：王文〔韶〕奏假期又滿，病仍未痊，懇准開缺回籍調理一摺。大學士王文〔韶〕久贊綸扉，朝廷深資倚任。前因患病，疊次陳請開缺，未經允准。兹復瀝陳病狀，懇准開缺回籍。情詞迫切，不得不勉如所請。王文〔韶〕著准其回籍調理，並加恩賞給馳驛。欽此。

六月初七日到籍。三十四年，戊申鄉舉重逢。正月初八日，内閣奉上諭：開缺大學士王文〔韶〕早年登第，敭歷中外，晉贊綸扉。前因年老，准其開缺回籍。該大學士鄉舉之年，適周花甲，洵屬藝林盛事。加恩著賞給太子太保銜，以惠耆臣。欽此。任内加十四級，紀録五十七次，食俸四十六年。戊申年，年七十九歲。

先文勤公手訂履歷，鈺孫敬謹收藏，録副付刊。并恭摹遺像於上，以誌哀慕。謹先祖考文勤公字耕娱，又字賡虞，號夔石，又號球石，晚年號退圃老人，又號三松老人。行一，生於道光十年庚寅十月二十一日卯時，卒於光緒三十四年戊申十一月二十二日未。時是年十一月二十二日，閣奉上諭：致仕大學士王文〔韶〕器識深穩，才具優長，由部屬簡授外任，受先朝特達之知，洊擢兼圻，勤勞夙著。嗣由直隸總督宣召來京，參預機務，晉贊綸扉。服官五十餘年，精敏勤慎，克稱厥職。上年因病奏請開缺，陳懇肫切，准其致仕，馳驛回里。本年因鄉舉重逢，賞給太子太保銜。方冀長承恩眷，克享遐齡。兹聞溘逝，悼惜良深。着加恩追贈太保，照大學士例賜卹。任内一切處分，悉予開復。應得卹典，該衙門查例具奏。伊子農工商部郎中王慶甲着以道員用。伊孫江蘇補用道王鈺孫着交軍機處存記，用示篤念耆臣至意。欽此。卜兆於錢塘西谿留下小和山麓之上埠嶺祖塋。西南立，亥山巳向，兼壬丙三分。宣統元年正月，承重孫鈺孫泣誌。

備論

《碑傳集補》卷　王先謙《贈太保武英殿大學士王文勤公墓志銘》　天水末造，新昌作相。勁氣清修，屯而益壯。公實繼起，異代齊榮。夷險一節，爲我邦英。練事農曹，熟精國故。醖釀遠猶，以清皇路。歷試於鄂，再澤我湘，黔苗來格，滇邊迺疆。兩筦中樞，克勤畿輔，遂正綸扉，允惟砥柱。姦燎於原，帝蒙其塵，摯吸召寇，脱死西奔。被命氿瀾，流離恩厚。國步重康，惟公左右。昔公去湘，序詩贈行，今公歸神，載播其馨。匪我敢私，湘食公德。刻文埋幽，千載不泐。

清文宗部

綜述

《文宗實錄》卷一 文宗協天翊運執中垂謨懋德振武聖孝淵恭端仁寬敏顯皇帝諱□，宣宗效天符運立中體正至文聖武智勇仁慈儉勤孝敏寬定成皇帝第四子也。母孝全慈敬寬仁端慤安惠符天篤聖成皇后鈕祜祿氏，原任乾清門二等侍衛世襲二等男追封承恩公頤齡之女。淑慎安貞，仁慈恭儉，事宣宗成皇帝恪襄內治，懋著坤儀，毓聖延釐，以道光十一年辛卯六月初九日丑時，誕上於御園之湛靜齋，後更爲基福堂者是也。上生有聖德，神智內充，發音鏗洪，舉步嶽重。甲午三月，宣宗成皇帝恭謁昌陵，隨侍行禮。御製詩曰「初攜幼子祈慈佑」，並識語云：「祥呈姬瓞，福衍孫枝，慈佑無疆，欣感曷其有極。」蓋恩勤鞠育，隱然祖武克繩，默祈詒翼，天章流播，已可知聖心之所屬焉。六齡就傅，受書於洗馬杜受田，聰明天亶，學問日新，經史淹通，聖藻炳蔚。十餘年間，與杜受田昕夕講求，履信書屋詩文積有卷帙，雖宸脩念典，不尚詞章，而春苑行蒐則歌賡吉日，靈壇展祀則句詠同雲。援筆成吟，胥垂典則，陳經偶暇，練藝習勞。嘗製槍法二十八勢，曰「棣華協力」，刀法十八勢，曰「寶鍔宣威」，皆宣宗所賜名。而上在潛邸時，與恭親王奕訢所講肄者，博慈顏之愉悅，勖同氣以匡襄，惟孝惟友，乃武乃文，非甚盛德，其孰能與於斯。庚子正月，當孝全成皇后大事，悲深罔極，擗踴哀傷。宣宗俯鑒肫誠，每值忌辰周年，必命躬親行禮，用展孝思。上孺慕銜悲，屢形章什，二十餘年如一日焉。丙午六月十六日，宣宗遵密建家法，親書上名，緘置祕函，豫立儲貳，元良慎簡，胥寓深心。越戊申，祈穀大祀，特命恭代行禮，蓋默示以神器攸歸，豫祈昊貺，精禋對越，景福靈承。由是北郊禮神，則代陳琮幣；東陵敷土，則代謁橋山；以至太廟薦新，奉先展拜，寅承主鬯，聖眷日加隆矣。是年二月辛未，賜成大婚禮，是爲孝德顯皇后。三月，宣宗恭謁西陵，至龍泉峪大殿，召上至御座旁，命讀硃諭，藏諸柬櫃，蓋聖意深遠，默定陵名，而亦以付託得人，俾無忘先志。上恪遵遺訓，恭鐫諸慕陵石牌坊南，善繼善述，不益見聖人之大孝乎？十月癸卯，宣宗幸上所進膳，上捧觴鞠跽，怡色趨承，問視婉愉，歡心允愜。己酉十二月己亥，孝德顯皇后升遐，適值孝和睿皇后大事，維時宣宗聖壽臻古稀矣，萬幾勞乘耄之躬，七秩抱靡依之痛，銜哀積慕，聖體違和。至庚戌正月，疾大漸，特召上至寢宮，並召宗人府宗令、御前大臣、軍機大臣、內務府大臣繼入，手宣硃諭，立上爲皇太子，命諸臣同心輔政，總以國計民生爲重，無恤其他，並親賜御用冠服朝珠，爲上加諸頂項。上辭遜再三，而聖意彌堅，即宣遺詔，命即皇帝位以嗣大統，緬維高宗、仁宗，授受一堂，稟承三載，論者謂。開闢未有之隆。

道光三十年庚戌春正月甲午朔丁未，宣宗成皇帝賓天。時宣宗居圓明園慎德堂孝和睿皇后苫次，卯刻，召宗人府宗令載銓，御前大臣載垣、端華、僧格林沁，軍機大臣穆彰阿、賽尚阿、何汝霖、陳孚恩、季芝昌，內務府大臣文慶，宣示硃諭，立皇四子□爲皇太子。午刻，宣宗疾大漸，上哭詣慎德堂。少頃宣宗升遐，上稽顙哀慟呼號，擗踴無算。扈從近臣等遵奉硃筆遺旨，請上即正尊位。上恭視小殮畢，奉大行皇帝靈駕進城。戌刻，奉安乾清宮西次間，上翦髮成服，親王以下，有頂帶官員以上，宗室覺羅及三旗內務府官員俱成服，齊集舉哀。亥刻，上敬視大殮畢，奉安梓宮於乾清宮正中，行殷奠禮。上呼號哭泣，哀傷篤至，竟日水漿不入口。羣臣伏地環跪，懇上節哀。上悲慟不能自已，左右皆弗忍仰視。上以上書房爲倚廬，席地寢苫，每日詣几筵前供奠三次。自是日至初祭以前，有常禮，哭必盡哀。諭內閣：【略】至喪服之制，欽奉皇考遺詔，令依舊制，二十七日而除，朕心實所不忍，仍當恪遵古制，敬行三年之喪，庶幾稍盡孺慕之誠。命禮親王全齡、定郡王載銓、吏部尚書文慶、工部尚書特登額，恭理喪儀。諭內閣：載銓、文慶現已改派恭理大行皇帝喪儀，前經派令前往昌西陵備料興工之處，著改派魏元烺、吉倫泰會同靈桂、彭蘊章前往敬慎將事。

《文宗實錄》卷二 道光三十年正月己未，上即皇帝位於太和殿，分遣官祇告天下。

《文宗實錄》卷三 道光三十年二月乙丑，恭移大行皇帝梓宮安奉正大光明殿，上先於几筵前奠酒，慟哭盡哀。屆時靈駕啟行，上前導由景運門出。

《文宗實錄》卷七 四月乙丑，諭軍機大臣等：前據薩迎阿、奕山奏，查明伊犁、塔爾巴哈台、喀什噶爾三處貿易情形一摺，當交理藩院妥議具奏。茲據奏稱，俄羅斯於伊犁、塔爾巴哈台二處通商，既據該將軍等查明，尚無窒礙，應由該將軍妥議章程，以期日久無弊。其喀什噶爾一處，查明窒礙難行，應如所奏，毋庸再議。

甲戌，上素服，詣太和門，恭閲大行皇帝尊謚、廟號册寶。行禮畢，還圓明園，更縞素，詣正大光明殿，恭候册寶至。上詣大行皇帝几筵前行禮。【略】謹奉册寶，恭上尊謚，曰：效天符運立中體正至文聖武智勇仁慈儉勤孝敏成皇帝。廟號曰宣宗。

《文宗實録》卷八　庚辰，諭軍機大臣等：據陸建瀛先後馳奏，暎酋求遞公文，循案咨送，並該酋不肯守候，欲赴天津各一摺。暎夷以進城一事，復來嘵瀆，且動稱欲赴天津，虚聲恫喝，乃其故智，原可置之不理，惟該酋擅遞穆彰阿、耆英咨文，意在以後瀆請之件，竟不向廣東等省督撫投遞，若非剴切曉諭，於妄念初萌之際，示以限制，勢必以無厭之詞，向在京各衙門紛紛呈投，成何事體？中外大臣，非派令兼辦夷務，本無外交之義。除飭穆彰阿、耆英將不能咨覆該夷之處，咨明陸建瀛轉告該酋外，仍著陸建瀛查照穆彰阿等咨文内各種情節，逐層詳加開導，俾該酋恍然於前説之不容堅執，文件之毋得妄投，倘首無詞，挂帆南駛，方爲妥善。諒該督必能仰體朕意，動以利害，曉以情理，使之廢然而返也。勉之！慎之！

《文宗實録》卷一五　八月丁卯，諭軍機大臣等，寄諭兩廣總督徐廣縉：據鄭祖琛等奏盜匪擁入修仁縣城，並竄至荔浦，偪近城垣一摺。又另片奏，請飭督臣迅赴粵西會剿，並酌派廣東官兵前往等語。修仁、荔浦兩縣城，距桂林省垣甚近，且係四通八達之區，深恐賊匪裹脅愈多，稍事遷延，即難撲滅。且粵西各州郡匪徒竊發，到處須防勾結，其界連廣東各地方，尤恐蔓延，亟應及早兜拴，免致勞師糜餉。該督前經奉旨校閲營伍，應即前赴廣西，著於接奉此旨後，迅赴廣西，會同鄭祖琛、閔正鳳督飭文武員弁，不分畛域，合力剿辦，並先酌調廣東各標官兵一二千名，派員管帶，分起兼程前往會剿。所有應用軍需，著該督即行籌畫撥解，以資調用。至廣東剿捕盜匪，亦關緊要，該督務當通籌兩省情形，合力會剿，不可顧此失彼，是爲至要。

《文宗實録》卷一七　九月辛丑，諭内閣：廣西各屬盜匪充斥，前經竄擾修仁、荔浦兩縣，其另股匪徒復又闌入遷江縣城，各地方被其蹂躪，民不聊生，朕甚憫焉。業經降旨，令徐廣縉帶兵馳赴廣西，並起張必禄於四川，調向榮爲廣西提督，會同該撫鄭祖琛迅籌剿辦。並諭知湖廣、貴州各督撫揀派精兵協剿。惟廣東亦有游匪滋擾，現經提督臬司前往剿辦。儻令該督久駐粵西，恐有顧此失彼之虞。朕睠懷南服，民生一日不安，朕心一日不釋。前任雲貴總督林則徐先經疊次宣召，尚未來京，著即作爲欽差大臣，頒給關防，馳驛迅赴廣西，會同鄭祖琛、向榮、張必禄，督率藩司勞崇光，悉心剿撫。徐廣縉俟林則徐到後，會籌周妥，再回廣東，專辦該省游匪。其未到以前，仍著徐廣縉等認真堵剿，協力籌辦，不得以特派有人，稍存推卸之見。林則徐受皇考簡任重恩，前在雲南辦理漢回軍務，迅速蕆事，朕所夙知，著即星馳就道，蕩平羣醜，綏靖巖疆，毋違朕命。

《文宗實録》卷二一　十一月庚子。諭軍機大臣等：林則徐行至廣東普甯縣途次病逝。其欽差大臣關防，並歷次所奉寄信諭旨各件，著徐廣縉派委妥員，迅速齎送廣西，交李星沅祗領，毋稍遲誤遺漏。至廉州、南韶等處剿捕事務，亦關緊要，徐廣縉著仍遵前旨，籌辦廣東軍務，以專責成。

《文宗實録》卷二五　咸豐元年辛亥春正月戊子朔，御太和殿受朝，中和樂設而不作，不讀賀表。

《文宗實録》卷二九　三月丙申，命大學士賽尚阿馳往湖南，辦理防堵事宜。

《文宗實録》卷四二　閏八月壬寅欽差大臣大學士賽尚阿奏報，永安賊匪擊敗被圍。得旨：逆匪被困，正可聚而殲旃，勿令一名免脱。至洪秀泉等欲由水路潛逃，尤應嚴密防範。若首逆未能拴獲，只殺餘匪以塞責，朕惟知將賽尚阿重懲不貸，凜之！以廣西永安州城被賊竄陷，欽差大臣大學士賽尚阿下部議處。

《文宗實録》卷四四　九月庚午，諭内閣：賽尚阿奏，出省督剿逆匪，並特參因病諉卸之提督，遇敵怯退之署鎮，及進兵遲延之都統一摺。【略】向榮著即革職，仍責令隨營效力。廣西提督朕不遽行簡放，著劉長清暫行署理。向榮果能知感知懼，奮勉出力，尚不難再承恩眷，若竟意存諉卸，甘棄前功，自速後禍，朕亦不能曲加寬宥也。至巴清德以都統大員，督帶重兵，亦復屢次託病，任意遷延，與向榮厥罪維均，著一併革職，留營自效。

《文宗實録》卷四九　十一月己卯，以剿辦廣東英德等處賊匪，地方肅清，加巡撫葉名琛太子少保。

《文宗實録》卷六三　咸豐二年六月丙戌，諭内閣：賽尚阿奏，馳赴湖南永州督辦軍務一摺。現在粵匪竄踞道州，湖南軍務最關緊要，著賽尚阿即帶欽差大臣關防，扼要駐劄，會同程矞采籌辦防剿事宜，相機調度。現在勞崇光已回廣西，徐廣縉亦經馳抵梧州。所有廣西軍務，即著徐廣縉會同勞崇光接辦，以專委任。

丁亥，諭內閣：朕惟《易》著咸恒，首重人倫之本；《詩》歌雝肅，用端風化之原。綏萬福以咸宜，統六宮而作則。式稽令典，爰舉隆儀。貞貴妃鈕祜祿氏，質秉柔嘉，行符律度。自天作合，聿徵文定之祥；應地無疆，斯協順承之吉。惟克懋修夫內治，允宜正位乎中宮。其立爲皇后，以宣壼教。所有應行典禮，該部察例具奏。

《文宗實錄》卷七六 十一月丁巳，湖北巡撫常大淳等奏報，賊陷岳州府城，提督博勒恭武受傷兵潰。得旨：博勒恭武受傷，是否虛捏？朕未深信，覽奏曷勝憤悶！

《文宗實錄》卷七七 癸酉，本日據徐廣縉馳奏，十一月十八日，行至湘陰途次，探明漢陽府城失守，並查明岳州文武先期逃散情形一摺。覽奏曷勝憤懣！

《文宗實錄》卷七八 十二月丁丑，諭內閣：本日據陸應穀馳奏，湖北賊匪情形一摺。逆賊於十一月十三日攻陷漢陽府城，旋即占踞江面，直撲武昌。現在向榮已趕至離江夏六十里地方追勦，大獲勝仗，殺賊一千餘人。福興、王山、蘇布通阿等統帶大兵，計已次第趕到。著徐廣縉即督率諸將，迅掃賊氛。向榮經朕破格任用，並假以事權，提鎮以下悉聽節制，自當愈知感奮，趁此聲威，痛加勦洗，速解省城之圍，並杜賊紛竄之路。陸建瀛、琦善南北兩路，已令進兵合擊。至各省紳士，朕先後降旨，命羅繞典、陳孚恩、曾國藩等於本籍湖南、江西幫辦防勦事宜。其餘各省在籍紳士，值此賊匪肆擾之時，諒必志切同仇，爲民捍患，著該督撫傳旨，令該紳士等各就該地方情形，幫同團練，保衛鄉閭，或用堅壁清野之法，使賊不能擄掠倡脅。一切布置經費，應由公正紳士籌辦，不得官爲仰勒，致滋流弊。該督撫等惟當遴選賢能之員，與各紳民同心協力，嚴緝土匪，密拏奸細，以杜句串。被賊裹脅窮民，皆吾赤子，尤當分別良莠，予以自新，有能殺賊立功，自拔來歸，或殲捦賊首者，立即奏明，優加恩賞。朕宵旰焦思，誓必殄此羣兇，綏我黎庶。封疆文武大吏，其各仰體朕心，毋負委任。

《文宗實錄》卷七九 癸巳，諭內閣：本日據徐廣縉馳奏，逆匪攻陷武昌，省城失守一摺。覽奏憤恨莫可言喻！【略】徐廣縉著革去兩廣總督，拔去雙眼花翎，仍以欽差大臣，暫署湖廣總督。向榮著革職，仍幫辦軍務，戴罪勦賊，以觀後效。

《文宗實錄》卷八二 咸豐三年正月甲子，諭軍機大臣等：本日疊據陸建瀛奏，賊匪東竄，九江危險，現擬折回江甯兩摺。又據蔣文慶奏，安徽望援不至，情勢緊急一摺。披覽十分憤恨！已明降諭旨，將陸建瀛革職，仍責令辦理地方事務，以觀後效矣。將琦善革去都統銜，以示薄懲。本日復諭令陳金綬，自行選帶官兵，星馳前往安徽應援。琦善仍著遵旨，兼程前進，爲陳金綬接應。今賊勢已全股東下，豫省情形，與前不同，豈可以有用之兵，置之無用之地？儻以兵未到齊爲詞，不即赴援，或稍有掣肘，俾陳金綬不能趕緊啟行，致安徽復有疏失，朕必將琦善在軍前正法，斷不饒恕。如能出奇制勝，力挫賊鋒，保全下游大局，朕仍望琦善努力成功，爲朕分憂也。

《文宗實錄》卷八三 甲戌，諭內閣：周天爵馳奏，探聞安徽省城失守一摺。覽奏曷勝憤懣！

《文宗實錄》卷八五 二月壬辰，楊文定奏，探報江甯省城失守等語。覽奏不勝憤恨！

《文宗實錄》卷八七 三月乙巳，諭內閣：楊殿邦馳奏，揚州失守，自請治罪一摺。覽奏憤恨之極！

《文宗實錄》卷九二 四月己亥，上御太和殿傳臚，賜一甲孫如僅、吳鳳藻、呂朝瑞三人進士及第，二甲黃鈺等一百七人進士出身，三甲武驤珠等一百十二人同進士出身。

《文宗實錄》卷九四 五月壬戌，命御前大臣僧格林沁、步軍統領花沙納、右翼總兵達洪阿、內閣學士穆蔭督辦京城巡防事宜。

《文宗實錄》卷一〇四 八月癸巳，諭：訥爾經額奏，馳回正定，嚴防賊匪北竄。又據勝保奏，平陽府城現已收復，賊匪全股竄入洪洞，復由洪洞全股竄出東奔各等語。【略】已命勝保爲欽差大臣，接辦勦匪事宜。

《文宗實錄》卷一〇七 咸豐三年九月辛未，又諭：正在寄諭間，據文謙等奏，逆匪竄擾天津，接仗獲勝一摺。並據稱，勝保之兵追賊，即日可到。現諭惠親王等，添派京營官兵前往應援，著僧格林沁迅催奕紀等所帶兵一千名星速推勦，並著該大臣趕催多爾濟那木凱、達洪阿所帶官兵，馳往夾擊。天津距京師甚近，該處勇多兵少，必須厚集兵力，與勝保併力勦殺，方足以殲除羣醜。諒該大臣必能權衡緩急，不至貽誤事機也。

《文宗實錄》卷一〇八 十月甲戌，又諭：前因江西賊匪，竄擾湖北，偪近武昌省垣，當經諭令駱秉章、曾國藩派撥兵勇船礮，駛赴下游會勦，諒已遵照籌辦矣。現在台湧所帶官兵及咨調江西官兵未知何日趕到？武昌兵單，實恐不敷勦捕。曾國藩團練鄉勇，甚爲得力，勦平土匪，業經著有成效，著即酌帶練勇，馳赴湖北，合力圍攻，以助兵力之不足。所需軍餉等項，著駱秉章籌撥供支。兩湖脣齒相依，漢、黄一帶，尤爲豫省門户，該撫等自應不分畛域，一體統籌。

戊寅，命恭親王奕訢在軍機大臣上行走。

《文宗實録》卷一一九　咸豐四年正月丁卯，又諭：據崇綸、青麐奏，探聞黄州兵勇潰散，營盤被賊焚燒一摺。賊船既有上竄陽邏之信，省城重地，關繫緊要，著崇綸、青麐督同文武，激勵兵民，合力固守，毋得藉口人心不齊，稍疏防備。所有魁玉現帶之官兵一千名，即著留於省城，勿庸隨同台湧前進。漢口一鎮，爲自江入漢要路，設賊匪逞其故智，揚帆直上，荆、襄、德安等處，均屬可慮。漢陽近在對江，該撫務當設法撥兵防守，勿令賊船闖越，儻有疏失，朕惟該撫等是問。唐樹義所帶礮船，雖不甚多，惟現在湖南礮船尚未抵鄂，江面攻勦，尚賴有此利器，已諭知台湧於進攻時，酌量調帶，以便水陸夾擊，力遏兇鋒。至各處土匪乘閒肆搶，必須及早嚴拏，方免句結。該撫身任封疆，該學政亦係特派防堵大員，豈能坐視無策，僅以人情險惡一奏塞責。總之嚴守省垣，力扼漢陽、漢口，皆係該撫等之責。其黄州一帶賊匪，仍與台湧會商勦辦，不得專待援兵，致成株守。

《文宗實録》卷一二五　三月丁卯，前據駱秉章奏，賊匪復由岳州上竄，曾國藩退保省城，並塔齊布一軍懸駐崇陽、通城一帶，聲勢隔絶。已諭令駱秉章力保省垣，曾國藩仍分兵進勦，並飭鮑起豹不得安坐省城，致成株守。本日據曾國藩奏，岳州陸軍敗潰、水路小勝，並船隻遇風沈損各情形，已將曾國藩交部嚴議矣。曾國藩所統各勇，爲數過多，既須勦辦粤逆，又須搇捕土匪，即如所奏，有撥赴平江、通城者，有撥赴臨湘、蒲圻者，又有不能依限前進者，散布各處，照料既不能周，勦辦自難得力，一有敗衄，人無固志，似此何能力圖進取？此時肅清江面專恃此軍，曾國藩一人誠恐不能處處照顧，著即與駱秉章妥爲商搉，不論文武大員，在籍紳士，有可協同帶勇之人，即著一面具奏，一面飭令來營管帶，以資攻勦。

《文宗實録》卷一二八　四月辛卯，降調前任禮部侍郎曾國藩奏，靖江水師潰散，請交部從重治罪。

《文宗實録》卷一三〇　五月癸丑，諭内閣：京師入夏以來，雨澤稀少，屢經降旨，設壇祈禱，未獲渥沛甘霖。昨復降旨清理庶獄，冀可感召和甘。現在節逾芒種，膏澤尚未覃敷，朕念切民依，益深憂惕，允宜再行敬謹祈禱，以期甘澍優霑。朕於本月十九日，親詣天神壇，虔申叩禱。

《文宗實録》卷一三三　六月癸未，諭内閣：台湧奏武昌省城失守一摺。【略】覽奏曷勝憤懣！台湧職任兼圻，毫無布置，前次暫予革職，尚望其自贖愆尤，乃一味因循，貽誤大局，實堪痛恨！台湧著即革職，交楊霈差遣委用。並著楊霈馳驛速赴新任，統帶各路官兵，迅籌勦辦，務將省城趕緊克復，以次埽除各屬賊匪，毋令該逆日久占踞，用副委任。所有武昌城内文武各員下落，即著迅速查明具奏。

《文宗實録》卷一三七　七月庚申，前任禮部侍郎曾國藩奏，親督後起水師啟程。得旨：覽奏稍慰朕懷。汝能迅速東下，藉此聲威，或可埽除武、漢之賊。朕日夜焦盼，憂思彌增，護船陸勇，終恐未可深靠。

《文宗實録》卷一四三　八月癸亥，諭：據文謙等馳奏，暎、咪兩國船隻，於駛抵大沽海口後，經都司陳克明等登船詢悉情形，詎暎酋麥華陀忽又乘坐小船，駛入口内，行過礮臺半里有餘，嗣經雙鋭、錢炘和等與之反覆理論，該酋始將艇船退出礮臺停泊等語。該夷等在上海、崑山屢次要求不遂，輒以廣東不肯代爲查辦爲詞，同時北駛而來，究竟意欲何爲，總未明言。況自上年逆賊入江之後，該夷等曾先後駛往金陵、鎮江，與賊交接，其心懷叵測，已屬顯然。現在文謙先令雙鋭、錢炘和前往接見，俟夷船退出，方與該酋見面，自係爲慎重體制起見，但不知接晤時，該夷能否帖耳而服？文謙能否獨任其事？該酋所稱天津官長再有輾轉，即赴通州之語，原不可遽信爲真，要亦不能不倍加防範。桂良於保定防守事宜，甚關緊要務，即遵奉前旨，隨時簡派妥員，前往協辦。仍飛飭文謙率領該鎮道正言阻止，勿致別滋事端爲要。

《文宗實録》卷一四四　九月辛未，湖南提督塔齊布、前任禮部侍郎曹國藩奏報，官軍克復武昌、漢陽兩城。得旨：覽奏，感慰實深！獲此大勝，殊非意料所及，朕惟兢業自持，叩天速赦民劫也。

《文宗實録》卷一五六　咸豐五年正月戊寅，兩江總督怡良、江蘇巡撫吉爾杭阿奏，克復上海縣城。得旨：吉爾杭阿督師上海，雖遷延於前，尚能奮迅於後，鼓勇先登，資爾將士之力，全股殲除，俾勿蔓延，實吉爾杭阿之偉績也！

命江蘇巡撫吉爾杭阿馳往欽差大臣向榮軍營，幫辦軍務。賞巡撫吉爾杭阿頭品頂帶，巴圖魯名號。

《文宗實錄》卷一五七　乙酉，本日據僧格林沁、西淩阿奏，克復連鎮，生擒逆首，全股賊匪埽數殲除一摺。覽奏欣慰。【略】科爾沁郡王僧格林沁，經朕授爲參贊大臣，督兵剿賊，疊著勳勞。此次攻克連鎮，生擒首逆，調度有方，深堪嘉尚，著加恩封爲博多勒噶台親王。伊子乾清門二等侍衛布彥訥謨祜，著在御前行走。察哈爾都統西淩阿襄贊軍務，克奏膚功，著賞給伊精阿巴圖魯名號，並賞輕車都尉世職。現在畿輔地方，一律肅清，著僧格林沁等即移得勝之師，前往高唐，督辦軍務，迅速克復州城，盡殲醜類，以副朕望。

《文宗實錄》卷一六五　四月庚戌，諭內閣：僧格林沁、德勒克色楞、西淩阿奏，馮官屯軍務告蕆，首逆就擒，餘匪盡殲一摺。覽奏欣慰。【略】科爾沁博多勒噶台親王僧格林沁自授爲參贊大臣後，督師剿賊，均合機宜，忠勇之誠，深堪嘉尚。前次殲滅連鎮賊匪，即迅速移兵圍剿高唐，迨逆匪竄踞馮官屯，堅匿不出，復多方設法將逆黨首要各犯，悉數殲擒，北路一律肅清，厥功甚偉！前經賞給親王，著加恩世襲罔替。

《文宗實錄》卷一六七　五月辛未，上御乾清宮，奉命大將軍惠親王、參贊大臣、科爾沁博多勒噶台親王僧格林沁等從征侍衛官員，恭繳大將軍印，參贊大臣關防，作樂行禮如儀。

《文宗實錄》卷一七三　七月壬午，頒硃諭：恭親王奕訢於一切禮儀，多有疏略之處，著勿庸在軍機大臣上行走，宗人府宗令，正黃旗滿洲都統，均著開缺，並勿庸恭理喪儀事務，管理三庫事務，仍在內廷行走，上書房讀書，管理中正殿等處事務。俾自知敬慎，勿再蹈愆尤，以副朕成全之至意。

《文宗實錄》卷一七四　八月庚子，大學士、九卿等遵旨謹擬恭上大行皇太后尊謚曰孝靜康慈弼天撫聖皇后。

《文宗實錄》卷一八二　十一月甲子，胡林翼奏，羊樓洞官軍勦賊大勝一摺。羅澤南分勦崇陽餘匪，乘勝進駐羊樓洞。十月初三日，逆首韋俊、石達開合悍賊二萬餘人，自蒲圻分途來撲。羅澤南派令李續賓等分投迎擊，各路兵勇，無不爭先用命，奮力截殺，共斃賊二千餘人，賊衆大敗，官兵追殺十餘里，復生擒百餘名。現在胡林翼已統軍與羅澤南會合。著即併力進攻，盡殲醜類。所有殺賊出力員弁兵勇，著胡林翼彙案請奬，候朕施恩。

諭軍機大臣等：胡林翼奏，請飭購運洋礮等語。據稱現在外江水師船多礮少，取給湖南礮局，暫可供用，而模範較小，不如粵東所購之洋礮。上年曾經曾國藩奏請，因道梗未經運竣，請飭購運以資利用。著葉名琛、柏貴趕即購運五百斤以上、千斤以下洋礮六百尊，派委兵弁妥爲護送，由湖南舟運解赴湖北胡林翼軍營，俾資應用，無誤要需。

《文宗實錄》卷一八八　咸豐六年丙辰春正月己未朔，諭內閣：奕譞著加恩賞還惇郡王。

以學習御前大臣景壽、奕山爲御前大臣。

命貝勒載治在御前行走。

《文宗實錄》卷一九一　二月丙午，諭軍機大臣等：怡良、吉爾杭阿奏，咪、唊二夷欲求更改條約章程等語。【略】著葉名琛體察情形，妥爲駕馭，如該夷所欲更改之事，實止細故，不妨酌量奏聞，稍事變通，如仍似前年之妄事要求，即行正言拒絕。務宜恩威並用，絕其北駛之念，勿峻拒不見，轉致該夷有所藉口。並著怡良、吉爾杭阿飭令藍蔚雯轉諭各該夷領事，告以五口通商事宜，悉歸廣東查辦，他省均不得越俎，該夷若不肯向廣東關說，別省無可代爲商辦。此次照會各情，業已入奏，亦止能請交廣東欽差大臣查辦。至於更議之處，該督撫不能與聞。婉言開導，令其駛往廣東，不至別生枝節，是爲至要。

《文宗實錄》卷一九六　四月辛亥，上御太和殿傳臚，賜一甲翁同龢、孫毓汶、洪昌燕三人進士及第，二甲鍾寶華等一百人進士出身，三甲孫彥等一百十三人同進士出身。

《文宗實錄》卷二〇〇　六月丙戌朔，諭軍機大臣等：本日據向榮等奏，逆衆撲陷營盤，官軍退守丹陽一摺。覽奏實深憤懣！

以江南金陵軍營失利，退守丹陽，欽差大臣湖北提督向榮，幫辦軍務西安將軍福興均革職拔去花翎，仍留任。

《文宗實錄》卷二〇二　丁未，諭軍機大臣等：葉名琛奏，唊、咪、嘆各國請重訂條約，現已設法開導阻止一摺。據稱，咪夷伯駕照會內稱，條約章程第三十四條載十二年後兩國派員酌辦，本年六月期滿，請代奏。唊夷咆吟、嘆夷顧思亦先後照會等語。【略】天朝懷柔遠人之意，不可謂不厚，若再藉詞曉瀆，斷難允准。葉名琛惟當據理開導，絕其覬覦之心。如其堅執十二年查辦之語，該督等亦只可擇其事近情理、無傷大體者，允其變通一二條，奏明候旨，以示羈縻。若該夷酋等竟至上海等口，有妄求代奏之件，著怡良等諭以兩廣總督爲辦理夷務之欽差大臣，無論何事總須回粵呈請，兩江總督不能代奏。設有欲至天津之語，並著葉名琛等諭以天津本非通商口岸，爾等前往，顯背條約。上次天津所派大臣已與爾等言明，爾若再至天津，斷不能再派大員與爾等會晤。如此剴切曉諭，庶可杜其妄念。至伯駕在粵，既居心叵測，此時若到上海，怡良等務須暗中防範，毋令句通粵逆，別生事端。

《文宗實録》卷二一二　十一月辛未，葉名琛奏，暎夷藉端起釁，我軍兩戰獲勝一摺。九月間，廣東水師兵勇因查拏划艇盜匪，暎國夷酋吧嗄哩欲藉此爲詞，復作進城之想，竟敢放礮攻擊城垣，焚燒鋪户。十月初一、初九等日，我兵接戰，兩獲勝仗，夷匪傷亡四百餘名，並將該夷水師大兵頭殲斃。粵省紳團同伸義憤，夷膽已寒，所調水陸兵勇業有二萬餘名。該夷縱極狡横，經此挫敗，諒不敢再肆披猖。且咪唎㗸、咈𠸄哂及西洋各國均知此事起釁，曲在暎夷，未肯相助，其勢亦孤，當可悔禍罷兵。本日已諭葉名琛：如果暎夷自爲轉圜，不必疾之已甚，儻仍頑梗如故，勢難遷就議和，復啟要求之漸，葉名琛久任粵疆，夷情素所諳熟，諒必能酌度辦理。因思江蘇、浙江、福建沿海地方，向爲該夷火輪船熟習之路，儻該夷不得逞志於粵東，復向各海口滋擾，亦當豫爲之防，著怡良、趙德轍、王懿德、保桂清密飭所屬地方官吏，如遇夷船駛至，不動聲色，妥爲防範，或來訴粵東構釁情事，亦著據理折服，俾知無隙可乘，廢然思返，仍不可稍涉張皇，以致民心惶惑。

《文宗實録》卷二一五　十二月甲午，諭内閣：胡林翼奏，歷陳湖北兵政吏治一摺。湖北省自賊匪竄擾以來，兵政廢弛，吏治闒茸，已非一日。現在武昌、漢陽均已克復，善後事宜，亟應次第籌辦。該撫所陳裁汰募勇，添設重兵，嚴查保甲，簡選賢員各事宜，剴切詳明，實爲今日要務。

《文宗實録》卷二一八　咸豐七年一月己卯，諭軍機大臣等：本日據葉名琛奏，防勦暎夷，水陸獲勝，現在夷情窮蹙一摺。【略】現在各國既知其無理，自有公論，日後暎國傳聞，或不致有所藉口。如果該酋自知理屈，悔罪求和，並罷議進城，祇可俯如所請，以息兵端。但不可意存遷就，致該夷故智復萌，肆行要挾。該督久任粵疆，熟悉夷情，必能設法駕馭，操縱得宜，勿貽後患，朕亦不爲遥制。

《文宗實録》卷二二一　三月癸丑，曾國藩奏，丁憂回籍，請派員督辦軍務一摺。曾國藩現丁父憂，業經降旨，賞假三月，回籍治喪。所帶湖南兵勇，暫交其弟曾國華管帶。惟曾國華職分較卑，仍須有大員統領，方能得力。所有曾國藩前帶水師兵勇，著派提督銜湖北鄖陽鎮、總兵楊載福就近統帶，廣東惠潮嘉道彭玉麟協同調度。該侍郎假滿後，著仍遵前旨，即赴江西督辦軍務，以資統率。

《文宗實録》卷二二三　四月甲申，諭軍機大臣等：據德勒克多爾濟等奏，俄囉斯欲遣使來京，商辦密事一摺。俄囉斯狡猾性成，所稱暎夷糾約各國欲往天津，伊欲來京密商等語，無非藉端恐嚇，欲於黑龍江外，占踞地方，並索賠塔爾巴哈台夷圈貨物起見。兹復據理藩院奏，俄囉斯達喇嘛巴拉第具呈，亦稱該國上司諭文，欲差大臣進京等語。著該大臣等明白曉諭，告以中國與爾國交好多年，從無差大臣前來商辦要件之事，本國但知遵守舊章，永遠和好。今爾國達喇嘛巴拉第在京呈稱，爾國因暎夷等有窺伺占踞之心，欲差大臣來商機密事件，已由理藩院具奏。大皇帝念爾國道路遥遠，向無差大臣進京之事，已諭理藩院行知該國，照例但送學生進京，毋庸特派大臣前來。從前暎夷滋事，中國自行禦侮，不借外國幫助之力。至外國互相爭鬭，中國亦從不與聞，並無機密要事應與爾國相商。至爾國既誠心交好，從前只有恰克圖一處通商，今大皇帝又准在伊犂、塔爾巴哈台兩處通商，相待可謂優厚，爾國當知感激。現惟塔爾巴哈台焚燒夷圈一事，應行查辦。爾國既敦和好之情，即當派員，會同該大臣等秉公辦理，速行了結，以便照舊通商，無傷和好，此外並無應議事件，毋庸特派大臣前來。如此明白曉諭，不至墮其詭計。儻該夷不遵曉諭，仍欲前來，該大臣即當據理攔阻，告以已奉諭旨，不敢專擅，勸其回國，不可又無主見，再請理藩院指示，致爲外夷看輕。惟該夷尚無開釁之端，但當密加防範，不可調兵防備，故事張皇，轉使該夷疑貳。

《文宗實録》卷二二七　閏五月乙酉，曾國藩奏，瀝情懇請終制一摺。【略】俟假滿時，再赴江西督辦軍務，以示體恤。

《文宗實録》卷二三一　七月癸巳，寄諭吉林將軍景淳等：昨據直隸藩司錢炘和等奏，俄夷使臣普提雅廷駛至天津海口，堅欲投文，不得已而接收，代遞理藩院。據該衙門譯出，該使臣咨文内，有接壤地方尚有未定界址，欲會商定議一節。中國與俄囉斯地界，自康熙年間議定，以格爾畢齊河興安嶺爲界，成約具在，原無可議。咸豐三年，該夷欲會查界碑。五年秋間，吉林、黑龍江、庫倫三處委員，與該夷木哩斐岳幅會查，因該夷不遵舊制，未能辦結。據奕格等奏稱，惟烏特河一處從前爲兩國公中之地，未曾分界。此時普提雅廷來津投文，仍以分界爲詞，已令理藩院行文咨覆，特派大臣會同將烏特河一處勘辦，分定界址。該夷接到咨文，自必駛赴黑龍江邊界，著派奕山親往與該夷會晤，告以從前委員會議，因該國派員議論未能公允，是以日久未定，今伊既係該國大臣，正可秉公查辦，以清界限。如該夷別有要求，並著正言拒絶。至該使臣到天津時，業經錢炘和等告以天津非邊界之地，不應來此投文議事，是以接待之禮，未曾豫備。今該夷使既至黑龍江邊界議事，應如何接待之處，必有成例可循，奕山務須不亢不卑，以符體制。理藩院給該使臣咨文，並著鈔給景淳、奕山閲看。儻該夷另有辦論，即照咨文之意答之，不致兩歧。

《文宗實録》卷二四一　十二月庚申，穆克德訥、柏貴等聯銜馳奏，夷人竄入省城一摺。葉名琛以欽差大臣辦理夷務，如果該夷非理妄求，不能允准，自當設法開導，一面會同將軍、巡撫等妥籌撫馭之方。乃該夷兩次投遞將軍、督撫、副都統等照會，該督並不會商辦理，即照會中情節，亦秘不宣示，遷延日久，以致夷人忿激，突入省城，實屬剛愎自用，辦理乖謬，大負委任！葉名琛著即革職。廣州將軍穆克德訥、廣東巡撫柏貴、副都統雙禧、雙齡、粤海關監督恒祺、布政使江國霖、按察使周起濱，雖均有疏防之咎，惟該督未與會商，尚有可原，所請嚴加治罪之處，均著加恩改爲交部議處。

《文宗實録》卷二四六　咸豐八年二月庚午，諭内閣：和春奏，官軍疊獲勝仗，克復秣陵關一摺。【略】秣陵關爲金陵南面屏蔽，逆賊失此險要，不難一鼓殲除。該大臣等通籌全局，布置悉合機宜，仍著督飭將士，迅圖克復金陵，同膺懋賞。

《文宗實録》卷二五〇　四月乙卯，昨據譚廷襄等馳奏，逆夷船隻，暎、咈二夷，在粤東犯順，復敢駛至天津，要求無厭。俄、咪二夷，托説合爲名，以濟其要求之念，業經譚廷襄等委曲理諭，並有酌量加恩之處。而暎、咈二夷，未遂其欲，突肆猖獗，情殊可惡。該夷既敢在天津猖獗，所有奉天、山東、江蘇、閩、浙各省海口，難保不肆意侵犯。著各該將軍、督撫等隨時偵探，於水陸各要隘，不動聲色，嚴密設防，總須於夷船未到之先，有備無患，是爲至要。

《文宗實録》卷二五二　四月乙丑，早間譚廷襄等奏，夷船退至三岔河，静候欽差會議，旋復據呈遞四國來文，以欽差大臣必須有全權便宜行事銜名，如從前耆英者，方可會議，否則仍欲進京，竟由陸路行走，儻有人攔阻，即行抵禦等語。其狂悖無理，深堪髮指！

又諭：前因各國有懇求事件，譚廷襄等辦理不善，特派桂良、花沙納馳往天津，妥籌商辦。惟據各該國照會，尚以桂良等不能作主爲疑，著桂良、花沙納剴切開導。如果事在情理，真心戢兵，但於中國無傷者，定可允准，不必更生疑慮。桂良等經朕特簡，務須慎持國體，默察人情，除非禮相干各款外，有應行便宜行事之處，即著從權辦理。勉之。

《文宗實録》卷二五四　五月癸巳，硃諭：前據惠親王等奏，請將耆英照軍法從事，因命解京嚴訊，嗣訊具供詞，復令恭親王奕訢等秉公定擬。【略】朕數日詳酌，欲貸其一死，實不可得，即照奕訢等所擬，朝審時必予句決，尤覺不忍棄之於市，不得已思盡情法兩全之道，著派左宗正仁壽、左宗人綿勳、刑部尚書麟魁迅即前往宗人府空室，令耆英看朕硃諭，傳旨令伊自盡，以示朕飭紀加恩之至意。

《文宗實録》卷二五五　丁酉，諭軍機大臣等：前因桂良等呈遞俄、咪兩國條約，未將暎、咈兩國條約呈遞，疊經諭令速奏，本日始據桂良等鈔録呈覽。各國條約，經桂良等面議，蓋用關防，豈尚有不准之理。兹據桂良等奏稱，各國欲以奉到硃批爲信。所有該大臣等前奏，俄、咪二國條約，並本日所奏暎、咈二國條約，朕均批「依議」二字，發交桂良、花沙納閲看。著即將此旨宣示各國，照此辦理，從此長敦和好，永息兵端，共體朕柔懷遠人之至意。

《文宗實録》卷二六七　十月丁巳，諭内閣：僧格林沁自通州前往天津，辦理海口雙港礮臺，並續建礮臺營墻等項工程，現已一律完竣。念其數月以來勤勞聿著，著賞給御用巡幸袍一件，巡幸褂一件，即交伊子布彦訥謨祜齎往天津，交僧格林沁祇領，以示嘉奬。其所帶兵丁，並著酌加更調，俾資休息。

《文宗實録》卷二七三　咸豐九年正月壬午，諭軍機大臣等：前據桂良等奏，請先行進呈兩次條約，當經降旨允准，並令俟挽回四事，另立專條，進呈後，再行一併用寶發回。本月初九日，據桂良等專弁送到和約，税則各件，業經軍機處代爲呈覽矣。惟挽回專條，俟暎酋回滬後，總須及早定議，迅速進呈，方能與現遞條約一併用寶發交各國，免致日久耽延。桂良等不得因條約業已進呈，含糊了事，有負委任。此時利害轉圜，全恃專條爲補救，著桂良等悉心籌畫，盡力挽回，即行馳奏。

《文宗實録》卷二七六　二月甲寅，上御勤政殿，召見惠親王、怡親王載垣、鄭親王端華、軍機大臣彭藴章、穆蔭、匡源、文祥、内務府大臣瑞麟、麟魁、文彩、存佑、文豐、尚書肅順、全慶、陳孚恩、趙光、許乃普，諭曰：本日據載垣等奏，會審科場案内已革大員，並已革職員定擬罪名先行擬結一摺。朕詳加披覽，反覆審定。【略】柏葰著照王大臣所擬，即行處斬。派肅順、趙光前赴市曹，監視行刑。已革編修浦安、已革舉人羅鴻繹、已革主事李鶴齡，均著照例斬決，以昭炯戒。

《文宗實録》卷二七八　三月己卯，諭軍機大臣等：本日據桂良等奏，探聞夷情仍堅欲進京，並鈔録夷文各件，業經諭知。桂良等再加開導，設法挽回矣。惟披覽照會各件，情詞桀驁，並據桂良等奏，探聞有唊夷帶兵二千名、船十餘隻，直赴天津。【略】現當夷氛甚惡，急宜厚集兵力，以資捍衛。此項官兵調出後，深恐海防不敷調遣，即著該大臣酌量各路豫備官兵內，應行調補若干，迅速具奏，以便早爲催調。

《文宗實録》卷二八一　四月丙辰，以京畿雨澤愆期，上詣天神壇，拈香祈禱。詣關帝廟，拈香。

乙丑，上御太和殿傳臚，賜一甲孫家鼐、孫念祖、李文田三人進士及第，二甲朱學篤等八十六人進士出身，三甲陳祖襄等九十一人同進士出身。

《文宗實録》卷二八四　五月丙午，諭內閣：僧格林沁等奏，查明接仗各情形一摺。唊夷船隻不遵理諭，闖入內河，於本月二十五日先行開礮，官軍亦開礮回擊，該夷船隻受傷，仍未肯退出，並以步隊搦戰，經官軍擊斃數百名，生擒二名，餘俱逃竄回船。夷船入內河者，共十三隻，惟一船逃出攔江沙外，餘悉被礮擊傷，不能駕駛。該夷兵頭赫姓，亦被礮傷骽不能轉動。唊夷狂悖無理，經此次痛加懲創，自應知中國兵威，未容干犯。該將弁等協力同心，大獲勝仗，實屬異常奮勇。所有在事出力將弁兵勇，著僧格林沁即行查明保奏，候朕施恩。並准其先於捐輸項下，提銀五千兩，分別獎賞。

《文宗實録》卷二八六　六月壬戌，前因夷船陸續回滬，當諭何桂清令華商開導夷商，於夷酋處設法轉圜，並諭和春嚴防鎮江等處。本日據何桂清奏，唊、咈二酋已回上海，密陳續探各情，並録新聞紙呈閱。【略】著和春仍遵前旨，密飭沿江水陸各軍，加意防範，勿令闖入。其蘇松一帶海口，仍著何桂清不動聲色，妥爲布置，以後夷情，並著確切偵探，隨時馳奏。至咪酋華若翰已於二十一日由北塘進口，來京換約，並可宣諭夷商等聞之。

《文宗實録》卷二九九　咸豐九年十月辛未，何桂清奏，探聞唊、咈夷兵已到香港，並鈔録新聞紙探報呈覽一摺。唊、咈稱兵報復，事在意中，天津防堵，未可稍弛。現已諭令僧格林沁仍駐大沽，暫緩進京，海口防兵亦令緩撤。仍著何桂清隨時偵探夷情，續行馳奏，再行斟酌辦理。

《文宗實録》卷三〇七　咸豐十年二月辛丑，何桂清奏，探聞夷船四隻北駛，現仍設法轉圜，並録夷商所擬條款呈覽一摺。【略】現在該夷商擬列八條，意在弭兵息事。今有需銀一百萬兩之條，又有天津所定和約，不能更改一字之語，豈非多添百萬？況咈夷尚有兵費二百萬兩，亦未聞如何辦法，不可墮其奸計。至先給照會一層，斷無中國先給之理。若令華夷兩商投遞呈詞，尚屬可行。前諭何桂清在上海與該夷互換和約，今該夷仍欲進京，又有帶兵至大沽口外駐劄及帶兵一二千至天津府城候旨，並請撤大沽之防各條，顯係藉此要挾，乘間滋擾，豈可爲其所愚！【略】著僧格林沁俟山海關應辦事宜辦有眉目，即交增慶、格綳額、成保等接辦，以資守禦。僧格林沁即行馳赴大沽海口，嚴防礮臺後路，勿令該夷抄截，以豫杜其窺伺之心。

《文宗實録》卷三一六　四月癸未，賞前任侍郎曾國藩兵部尚書銜，署兩江總督。

命江蘇布政使薛焕署欽差大臣，辦五口通商事。

《文宗實録》卷三一七　四月壬辰，上御正大光明殿傳臚，賜一甲鍾駿聲等三人進士及第，二甲黎培敬等八十二人進士出身，三甲崇謙等九十八人同進士出身。

《文宗實録》卷三二二　六月壬午，諭軍機大臣等：前據僧格林沁等奏，夷匪由北塘結隊出村，意圖撲犯，經我軍擊退，當諭令恒福分別照會唊、咈兩酋，令其照咪夷之例，進京換約，以冀夷情就範。兹據僧格林沁等奏，夷人勢大志驕，暫難議和，瀝情直陳一摺。所奏情形，尚爲透徹。此次夷人連檣而至，原屬意存叵測，不可不嚴爲之防。僧格林沁恐一意主撫，以致懈我軍心，所慮尚是。惟恒福身任地方，撫事責無旁貸，且十七日之戰既已擊斃夷匪五十餘名，以後該夷並無動静，未必非候我給與照會，藉此轉圜，此機斷不可再失，總當遵奉疊次諭旨，照會該夷，不可任令委員藉口風浪不順，畏葸不前。儻再貽誤事機，致令大局決裂，惟恒福是問。該督專辦撫局，務當平心和氣，妥速辦理。此時先行給與照會，並非求和，因去歲該夷既受懲創，令番先行照會，不但不爲示之以弱，尤見中國寬大，並可看其如何舉動，是以屢降諭旨，令恒福遵辦。若一經開仗，則荼毒生靈，滋擾海口。儻仍不受撫，結怨愈深，後患終無了期，亦非萬全之策。該督總當仰體朕心，曲爲開導，以顧大局，若坐失機宜，該督不能當此重咎也！

《文宗實録》卷三二四　七月辛丑，本日據文俊等奏，嘆、咈兵衆，已入津城占劄，請派大員來津，並文俊前赴楊村暫駐各摺片。夷人既踞津城，往來文報，恐有攔截之事。文俊等毋庸回京，即在楊村駐劄，俾往來密寄事件，藉免疏虞。

《文宗實録》卷三二七　八月癸亥，怡親王載垣、兵部尚書穆蔭奏，夷酋抵通畫押。得旨：帶兵進城一節，令其仍照與桂良商定。嘆、咈兩國，每國不得過四百人。現銀一節，換約後，在津郡於兩月限内繳清。

戊辰，諭内閣：載垣、穆蔭辦理和局不善，著撤去欽差大臣。恭親王奕訢著授爲欽差，便宜行事全權大臣，督辦和局。

己巳，以秋獮木蘭，自圓明園啟鑾，皇長子隨駕。

大學士瑞麟、光禄寺卿勝保奏，在八里橋與夷人接仗，勝保受傷。得旨：勝保著賞假調理，瑞麟著毋庸來園，即在城外督率伊勒東阿接應，隨同僧格林沁截擊。

《文宗實録》卷三二八　丁丑，上至熱河，詣綏成殿行禮。

諭内閣：朕現在駐蹕避暑山莊，天氣漸寒，所有隨扈侍衛官員章京等，每員著賞給銀五兩，兵丁每名著賞給銀三兩，以示體恤。至每日應給口分若干，著總理行營王大臣妥速具奏。

《文宗實録》卷三二九　八月癸未，淀園火。

《文宗實録》卷三三〇　九月壬辰，諭軍機大臣等：本日據勝保奏，齊集援兵静以觀變一摺。足徵該大臣忠勇性成，赤心報國，著即授爲欽差大臣。

甲午，諭軍機大臣等：據恭親王奕訢等奏，請簡派大員總統軍務，及籌辦撫議情形各一摺。已批示恭親王等蓋印畫押，定在城外。進城不過換約之一事，原因撫局未定，不可冒險進城。本日復據義道等聯銜具奏，夷人入城，現尚安静，專待辦撫王大臣親來換約等語。義道等不候恭親王等函商，輒即暫開一門，許其入城，雖爲保護城池起見，實屬冒昧。然事已至此，若再與決裂，勢必闔城生靈被其荼毒，此時若在城外畫押，該夷必不肯從，著恭親王等迅即入城，與該夷將本年所議續約畫押蓋印，並將八年天津和約互換，令其退出京城，再商定駐京章程，方爲妥善。

乙巳，諭内閣：恭親王奕訢奏，嘆、咈兩國互換和約一摺。嘆、咈兩國，業經朕派恭親王奕訢於本月十一十二等日與換和約，從此永息干戈，共敦和好。所有和約内應行各事宜，即著通行各省督撫大吏一體按照辦理。

《文宗實録》卷三三二　十月辛酉朔，諭内閣：本年天氣漸屆嚴寒，朕擬暫緩回鑾，俟明歲再降諭旨。

《文宗實録》卷三三七　十二月己巳，諭内閣：惠親王等奏，會議恭親王奕訢等奏，辦理通商善後章程一摺。據稱恭親王奕訢等籌議各條，均係實在情形，請照原議辦理等語。京師設立總理各國通商事務衙門，著即派恭親王奕訢、大學士桂良、户部左侍郎文祥管理，並著禮部頒給欽命總理各國通商事務關防，應設司員，即於内閣、部院、軍機處各司員章京内，滿、漢各挑取八員，即作爲定額，毋庸再兼軍機處行走，輪班辦事。侍郎銜候補京堂崇厚，著作爲辦理三口通商大臣，駐劄天津，管理牛莊、天津、登州三口通商事務，會同各該將軍、督撫、府尹辦理，並頒給辦理三口通商大臣關防，毋庸加「欽差」字樣。其廣州、福州、廈門、甯波、上海及内江三口、潮州、瓊州、臺灣、淡水各口通商事務，著署理欽差大臣、江蘇巡撫薛焕辦理。新立口岸，除牛莊一口仍歸山海關監督經管外，其餘登州各口，著各該督撫，會同崇厚、薛焕派員管理。所有各國照會及一切通商事宜，隨時奏報，並將原照會一併呈覽，一面咨行禮部轉咨總理各國通商事務衙門，並著各該將軍、督撫互相知照，遇有交卸專案，移交後任。其吉林、黑龍江中外邊界事件，並著該將軍等據實奏報，一面知照禮部，轉咨總理衙門，不准稍有隱飾。

《文宗實録》卷三四〇　咸豐十一年辛酉春正月壬辰，諭内閣：朕於三月初二日啟蹕，恭謁東陵，禮成後，駐蹕避暑山莊。所有應行事宜，著各該衙門敬謹豫備。

癸巳，諭内閣：朕於二月二十五日臨御經筵，所有應行典禮，著各該衙門敬謹豫備。

《文宗實録》卷三四一　咸豐十一年正月丁未，諭軍機大臣等：本日據僧格林沁等奏，官軍截勦東境捻匪失利一摺。【略】僧格林沁等督帶重兵北地，倚爲屏蔽，朕惟恐該大臣鋭意輕進，疊經有旨諭知，自應倍加慎重，一聞該匪入境，即當前後布置，謀定後戰，乃奔馳數日，率飢疲之卒，當方張之寇，後路既無援兵，左右亦少策應，以致爲賊所乘，勇往雖有餘，惜尚未能持重也。【略】俟袁甲三移軍徐州以後，再與商定機宜，會同勦辦，方有把握。此時總不宜輕進，再蹈覆轍也。

《文宗實録》卷三四四　二月庚辰，諭内閣：朕於正月間降旨，於二月十三日回鑾,鑾因偶抱微痾,改於二十五日啟蹕。旬日以來,氣體雖稍可支持,仍須靜心調攝。本日王大臣等以朕躬尚未大安,奏請暫停回鑾,情詞懇切,不得已勉從所請,暫緩回鑾,俟秋間再降諭旨。

《文宗實録》卷三四九 四月甲戌,本日田在田奏,軍餉萬難支持,請飭催山東等省協餉等語。據稱,自督辦軍務後,僅正月間,陝西解到銀一萬兩,東省從無批解;豫省經委員坐提數月,始以銀六千兩塞責;山西於年内外先後起解兩批,各銀一萬兩,日内始陸續提到。現在陝西報解一批,即能輾轉繞到,亦屬杯水輿薪。此外三省杳無消息,請飭山東等省,趕緊籌解等語。徐宿軍營前因協餉不至,田在田議及裁兵。乃既經裁減之後,欠發餉項,仍復纍纍。現在防勦萬分喫緊,若令餉匱兵譁,深恐有誤大局。著譚廷襄、常績、嚴樹森、瑛棨無論動撥何款,各趕緊先籌銀二三萬兩,迅速解赴田在田軍營,毋許延誤。至各該省從前奏定協餉數目,均不能如數如期報解,未免有名無實,此後各該省每月能實解徐宿軍餉銀若干兩,並著該撫等酌定數目,據實具奏,以杜臨時推諉。

《文宗實録》卷三五四 六月辛酉,諭軍機大臣等,恭親王奕訢等奏,遵議俄國在庫倫通商事宜一摺。俄國欲在庫倫常川貿易。據奕訢等奏稱,續定條約所載零星貨物亦准行銷,雖未明言常川通商,然既准其設官蓋房,即與伊犂、塔爾巴哈台事同一律,自係准其設立行棧常川貿易之意。若執售銷零星貨物一語,即謂與條約不符,恐該國未肯心服,著奕訢等即行知色克通額等准其常川通商,但須按照條約,祇准在庫倫酌帶數人,蓋房一所,不得另生枝節,方爲妥善。至該國使臣赴恰克圖及進京,查照向章,係派員更换照看,未便遽行更改,並著行知色克通額等令其照舊章派員照看,以符定制。

《文宗實録》卷三五六 七月辛丑,上不豫,皇長子朝夕侍側,上仍治事如常。壬寅子刻,上疾大漸,召宗人府宗令、右宗正、御前大臣、軍機大臣承寫硃諭,立皇長子爲皇太子。

癸卯寅刻,上崩於避暑山莊行殿寢宫。

十月戊午,奉移梓宫至京,奉安乾清宫。

是歲十二月庚申,恭上尊謚曰:協天翊運執中垂謨懋德振武聖孝淵恭端仁寬敏顯皇帝。廟號文宗。

四年九月甲申辰時,葬定陵。

雜録

備録

《庸閑齋筆記》卷九《文宗之愛民》 咸豐四年,粵賊據揚州,諸將帥圍攻之,賊守堅,不能下,乃奏請決湖水以灌之。文宗皇帝赫然批答曰:「慭不得揚州,無并傷吾百姓也。」聖祖愛民之深,真與天地同廣大矣。不十年,而奏廓清之功,有以哉。

陳康祺《郎潛紀聞初筆》卷一《文宗納言》 本朝列聖初元,靡不下詔求言,虚己容納。道光三十年文宗即阼,曾文正、吕文節賢基方爲侍郎,倭文端、張文毅芾方爲大理卿,尤能言國家大體,特蒙褒答。同治之初,時事日艱,凡廷臣抗疏論兵,兩宫皇太后輒下諸大帥,備行間采用。即疏逖如貴州諸生黎庶昌、江蘇監生周同穀,條陳時事,諭旨亦稱其不爲無見,令疆臣酌籌辦理。庶昌並蒙恩以知縣用,發曾營差遣。狂言聖擇,葑菲無遺,寶籙中興,實資羣策。

陳康祺《郎潛紀聞初筆》卷二《臨雍講學》 咸豐三年二月上丁,上親詣太學,行釋菜禮。越六日癸未,臨雍講學。玉音朗朗,講《中庸》「致中和」一節、《尚書》「皇天無親」四句。自王公大臣以及有司百執事,自先聖先賢之裔以至太學諸生,環集橋門璧水之間者以萬計。是日,特命惇郡王致祭於贈太師大學士杜文正之靈,蓋重淵源、懷耆舊也。

陳康祺《郎潛紀聞初筆》卷二《勦夷諭》 咸豐十年八月初六日,内閣奉上諭:「近畿各州縣地方士民,或率領鄉勇,齊心助戰,或整飭團練,阻截路途。無論員弁兵民人等,如有能斬黑夷首一級者,賞銀五十兩;有斬白夷首一級者,賞銀一百兩;有能擒著名夷首一人者,賞銀五百兩;有能焚搶夷船一隻者,賞銀五千兩,所得資財,全行充賞。欽此。」時撫議未成,夷酋日驕,聖心震怒,原望中外臣庶,敵愾同仇,除邊患而壯國威,在此舉也。當國諸臣,設能仰稟睿謨,堅持初議,數千醜類,一鼓可殲。即鼓棹重來,亦必弭首乞憐,斷不如今日之再三要挾,蓋夷性然也。貽誤至斯,感憤何極!

備論

《文宗實錄》首卷四《進實錄表》　伏以重熙開景運，顯函垂億禩之華；久照炳元樞，軒册闡中天之業。紹三祖五宗之極軌，作者聖而述者明；矢萬幾一日之精心，思其艱以圖其易。道貫乎上古中古，牒遂紀而流徽；事徵諸見知聞知，帀方區而騰誦。本親親仁民以愛物，疇弗欽詁冒於先皇；法經經緯史以陳編，罔克罄贊揚於郅德。三薰捧牘，萬拜摛辭。

欽惟文宗協天翊運執中垂謨懋德振武聖孝淵恭端仁寬敏顯皇帝，性洽生安，化參亭育。天無私覆，地無私載，日月無私照，兢兢乎嚴命親聆；上有立德，次有立功，其次有立言，蕩蕩乎盛名不朽。溯降祥於基福，奇徵鍾儀蓋之春；逮謁祖而祈慈，吉什定神人之券。初膺昊貺，崇壇則代展精禋；早契宸歡，中所則親承壽醴。太廟奉先之爻侑，列聖馨聞；西陵東阜之瞻依，百神祇護。召從玉座，紹聞尊丹綍之藏；緘秘金繩，豫立定青宮之器。冠加頂而珠垂項，合先聖、後聖以傳心；面授璽而手宣綸，仰高宗、仁宗而纘美。緬濬德以來之曩事，已括孝慈仁敬之原；洎升華以後之成謨，尤臻美大聖神之備。綜十一年下蟠上際，以闡全量，曰悠久博厚高明；等千百王洪庥景鑠，以論治功，惟堯、舜、禹、湯、文、武。敬揚萬熾，約舉六端：

有如誕荷穹慈，凝承帝眷。圜丘、方澤，典重親行；右社、先農，禮隆分秩。暘曰暘而雨曰雨，中禱將虔；扈云扈而鳩云鳩，辛祈錫闓。敷報天恩之明詔，捧緘而澤洽桐生；詠畏天命之奎題，下筆而神符荃宰。常懍監觀在上，齋心請命，層見乎篇章；凡有功德於民，頒額崇封，弗踰乎晷刻。璧合珠聯之勿侈，皇所寶者甘澍祥霙；風霁日昃之偶愆，詔最急者昌言庶獄。用是嘉禾瑞繭，駢川嶽以效珍；玉粒精鏐，普京垓而藏富。枕祓直彌於宙合，欽明上契乎穆清。此至誠昭假之實，寔乎一堯之則天也。

志纘紹庭，心虔纘服。道法奉八朝之録，惟天子能讀父書；典、謨皆一家之言，故全集多依祖訓。橋山奠斝告嘉栗以居歆；寢廟升薌答慈簫以合漠。酌萬年永遵之制，位配郊丘；定百世不祧之經，祀躋宗祏。懍遺戒於鐫碑陳器，宏文闡虛己之誠；捲前徽於侍宴擎杯，聖慕冠宸章之首。廿餘歲劬勞誌感，歷春秋霜露以銜悲；十五年尊養酬恩，合壽考康强而進祝。推之誼敦敬長，廷不拜而奏不名；愛篤展親，主錫奠而藩錫爵。超古昔桐葉分封之盛，見自序棣華協力諸篇。殊恩獨首於宗支，一念無忘乎先志。此大孝繩承之實，淵乎一舜之格祖也。

四方多事，五夜求衣。治懷乎無怠無荒，心存乎不敢不忍。朝待章而秉燭，智本如神；夕接對以籌軍，容常無倦。誦第一憂勞之句，知聖人情見乎辭；校九重綸綍之多，與考訓數幾相埒。下褒直諫，誅欺罔，戒因循，防怙嬉之手論，一而再，再而三；定改鹽法，行海漕，権酤稅，更錢幣之新章，變則通，通則久。敘官方兼清吏蠹，乾之斷胥本離之明；停例進並緩歲工，益以興更思節以制。縱省覽猶勤聽政，詎聞靈囿之經營；謂鹵簿奚事增華，無取漢儀之烜赫。匪侈譽於卑宮菲食，惟軫懷於尺日分陰。此聖治勵精之實，一大禹之克勤克儉也。

式古訓獨重民依，籲天眷速消民劫。憫吾民塗炭，親裁罪己詔書；惜吾民脂膏，凱示在廷臣宰。免十八省田額丁逋之入，仰大君錫極斟元；發數百萬疏河導海之貲，爲兆姓禦災捍患。徵兵合諸道，一言敝曰安人；轉餉逾十年，兩字不聞加賦。賑罩鴻野，特資調鼎之重臣；赦昔雞竿，奮起登壇之名將。歲沐春祺錫羨，九垓盡擊壤歌衢；時當冬令加恩，三輔悉含餔挾纊。水毀木饑之甫告，蠲施即沛於崇朝；窮鄉僻壤之難周，實惠嚴防夫中飽。他若紺韉日麗，舉耕田勸相之上儀；翠蓋星臨，寬蹕路經行之兩稅。偶值松楸迎館之際，仍念茅檐忍凍之人。雲雷弗笠夫屯膏，雨露同歌於解網。此帝澤涵濡之實，一成湯之克寬克仁也。

宥密殫心，緝熙念典。萶五千年往牒，借舊學以精研；積十四載聖功，進新知於罔懈。欽履信〔而〕上承養正，懍賜名而身範彌嚴。惟修辭皆本立誠，逮御極而天章益富。上下卷文符苞易，昈昈皇皇；三百篇詩儷葩經，麟麟炳炳。宣克敬惟親之奧旨，辟水修儀；探自强不息之大原，講筵著論。正心正筆，命詞臣繕《朱子全書》；鑑古鑑人，資往訓覽《貞觀政要》。而且發揮心畫，璀璨神毫。鳳翥鸞翔，頒福壽平安之吉字；龍文虎脊，繪騰驤磊落之雄姿。允哉君子多能，共仰至人遊藝。由是宏敷雅化，嘉惠儒林。端士習增《性理》一篇，重國書刊《孝經》合璧。兩開恩榜，磐鴻偕庭鷺齊升；四舉制科，東箭與南金畢獻。懲場屋關通之弊，嚴朱墨對勘之條。表章並及於前賢，選舉普增乎舊額。此文德誕敷之實，軼美於文謨之丕顯也。

濯征紹祖烈；十二甲騎射垂型；鍊藝博親娛，册六勢刀槍製譜。當玉扆臨扆之日，正金田肆虐之年。疆臣貽患於養癰，逆孽難圖於滋蔓。霆威一振，露羽交馳。攜廟略以總師干，簡宗藩而爲上帥。廣羅英俊，楚材杞梓之兼收；親畫儲胥，費誓芻茭之罔竭。煜煜乎批朱萬牘，懸六幕之明光；肫肫然保赤一心，握百全之勝筭。團丁編甲，保障交資，勑罰褒忠，癉彰並用。拔堅城而扼要，江南鴟焰潛消；御廣殿以酬勳，河北狼烽盡熄。蓋綏靖燕齊腹壤，則穎淮之窟穴，可以平吞；而廓清武漢上游，則吳越之樓船，何難飛渡。所以蝟鋒蜷斧，逢絶地而悉摧；井鉞參旗，迅膚功之疊奏。閩粵滇黔之鬼蜮，不血刃而胥殲；夔巫雍絳之鼠狐，倏揚戈而盡殪。猶且誡邊吏勿開邊釁，擴遠圖以服遠人。惟稱兵犯順之難寬，特彰聲討；逮奉約輸忱之恐後，終荷生成。安民和衆豐財，總七德而惠孚干羽；服教畏神享利，合九譯而統一車書。此武功者定之實，抗隆於武烈之維揚也。

如上所系，備肅乂哲謀聖九疇五事之休徵；由前以觀，協唐虞夏商周二帝三王之茂矩。惟嘉樂顯顯德，八瀛普荷乎陶甄；用永保丕丕基，百祀常遵夫法守。方冀紫圜就日，長戴皇穹臨御之暉；何期蒼狩勤民，遽符睿祖鼎成之誥。建極保極歸有極，沐賢親樂利於無窮；大書特書不一書，摹懿鑠珍禕而難盡。駿業之昭回靡既，鴻圖之佑啟方新。

藝文

《四朝詩史》甲集卷二李聯琇《文宗顯皇帝挽詞次唐李商隱昭肅皇帝挽詞三首韻》 傷心多難日，帝座動天文。九世神靈統，卅齡堯舜君。自驚西楚炬，遽走北芒雲。況復簫笳咽，秋風罷濟汾。

即阼征遺孽，東南日警烽。頻求林下馬，罔畏水中龍。宸幄籌千里，宵衣應五鐘。雲天餘恨在，廟矢不須封。

歌殘黄竹調，不返倍傷神。詐馬跳贏地，號弓泣劍人。叢塗何日啟，薤露入秋新。退臣懷恩禮，天涯苦望塵。

俞樾《春在堂詩集·文宗顯皇帝挽詞》 寶籙初凝命，垓埏望治平。纊旒天沕穆，衮鉞聖聰明。史載求言詔，朝縣進善旌。共傳新政好，歌舞偏寰瀛。

軒帝垂衣日，蚩尤作亂年。徒聞舞干戚，未見洗戈鋋。德被鴞難化，威行鱷未遷。中興諸將帥，何以對皇天。

去歲蒼梧狩，鑾輿遂不回。秋風吹塞草，落日照宮槐。七廟歸元子，經綸仗衆材。流言無管蔡，何必待風雷。

下士一蟣蝨，曾充侍從臣。端門蒙首選，宣室荷垂詢。未有涓埃報，徒餘老大身。鼎湖龍去後，望斷屬車塵。

陳寶箴部

綜述

《續碑傳集》卷三〇范當世《湖南巡撫義甯陳公墓志銘》 光緒二十六年六月丙申，故湖南巡撫義甯陳公卒於南昌府城之西四十里曰崝廬者。其孫衡恪，吾甥也，抵書通州曰：「父毁疾甚，不能親告哀。惟泣言吾祖身後之文辭，非外舅莫屬。庶幾不遠千里而臨恤焉。」於時西人方以聯軍破京師，兩宮出走，州縣皇皇，日有警不能遽行。至閏八月戊申，乃得走詣公殯哭盡哀。已又持伯嚴曰：「兹已略狀先君行實矣。卜以十月辛卯葬於此，必吾子銘。」嗚呼！公之所爲，雖吾友若吳冀州猶不盡知之，則吾固不可以無述。

先是二十一年，中東和議成，公以直隸布政使督湘軍糧臺，見馬關和約而泣曰「不國矣」。因大望相國李公。至其使還留天津，亦不往見。吳冀州方主蓮池書院，頗爲公言李公，公益憤其辭。而吾弟鐘會試歸，過公，有言，公並誚之曰：「若兄弟皆主李者邪！」然吾後得其平心之言，則公尤望李公，極知不堪戰，不以死生去就回上意，而猥隨俗塞謗，取禍敗，空國至於斯也。其年八月，上擢公湖南巡撫，公益若茹痛而之官。以湖南號天下勝兵處，而民智尤塞遏，絶西法，至不通電竿。於是舉李公及湖廣總督張公所已嘗爲，及爲之而實不至，或并不得爲者，窮昕夕討論，次第而畢行之。行之兩年，而湖南風氣盛開，吏治亦稱最。至二十四年，上感於主事康有爲之所稱奏，益決意變法，而屢詔嘉公忠。公以上將大有爲，則無往而不須才，遂罄舉平生所知京外官之能者，與所屬吏士之可用者三十餘人，備上之采擇。於時京官在京者獨楊鋭、劉光第，而外官在京者獨候補道惲祖祁。上遂擢祖祁爲廈門道，而用楊鋭、劉光第與譚嗣同、林旭者並爲新政章京。公疏言：「四章京雖有英才，然臣恐其資望輕而視事易。願得大臣領之。」復力薦張公之洞。疏上，而皇太后訓政，四章京誅，公坐濫保匪人，廢斥不用，然固不罪公所爲也，而人遂洶洶目公以康黨。康亦當世之所嘗識也，嘗以其報罷時過當世天津，當世獨許其才，不喜其學。已聞上召對康有爲時，公疏言其長短所在，推其疵弊，請燬其所著書曰《孔子改制考》者。心獨喜其與吾意同也。湖南既設時務學堂，其官紳並緣《時務報》推梁啟超爲主講，而公從之。及《湘報》與學堂所論有疵，公則爲之遏其漸，剖析而更張之，吾未見其爲誰氏黨也。自吾束髮讀書，慕思曾文正公之爲人，而願當時之親炙者，若張濂亭先生、若吳冀州，既師友之矣。若公，若奉新許公，皆以其在位，不往而通。然猶頗記光緒九年，得公與學士張君佩綸互訐之稿，壹皆不識而心袒公也。其後公獨尚吾之文學，而託以孫。而許公撫廣東，亦介吳冀州，必余往。許公不言新政者，方裁缺欲歸，公詒書督勸甚摯。許公曰：「豈須我邪？」余曰：「不然。此公義相取，陳公何必舊，公又何必新邪？」及公既斥，三巡撫缺罷裁，而許公亦用讒廢弗録，死而無人惜之。然則公雖不如往日之所爲，又豈得全於兹世哉？

公諱寶箴，字右銘。按狀，公曾祖諱騰遠者，始由閩上杭遷義甯竹堨里。祖諱克繩，用孝義化服鄉里，學者稱爲韶亭先生。父諱偉琳，母氏李，並有懿德高行，在郭侍郎嵩燾所著文中。公生而顧視落落然。七歲始宿外塾，則謂其師曰：「昨有不能寐者三人，我父、我母及我是也。」年二十一舉於鄉，從父治鄉團，抵粵寇。父勞卒，哀昏得狂疾。已仍戰寇，保其鄉。咸豐十年，入都會試，留交其儁乂。文宗狩熱河，頗有所建白於樞府。已而走湖南，就易公佩紳、羅公亨奎所謂果健營者，與俱拒寇來鳳龍山間。石達開以十萬衆來犯，糧且盡，公乃風雪中著單絮衣，走永順，募糧矢，與營士凍饑，感動郡守，輸銀米濟軍，而守益堅，寇不逞，引去。駱文忠公督四川，遮果健營與俱，而公歸省母，出就曾文正公安慶，文正公絶重之。李公鴻裔典幕職，且挾公代己。公樂親戰事，則之席公寶田江西軍。言於沈文肅公，使席公大重，頗爲席公設奇策，殲羣寇。禽洪福瑱，江西平，敘公官知府。再就曾文正公江甯。文正公改督直隸，公乃以養母就官湖南，始終調護席公平苗之軍，俾不爲讒構，而功以成。擢道員，經理苗疆善後事，懲治甯遠豪族歐陽氏之械鬥，皆有績可述。署辰沅永靖道也，其治曰鎮筸，故苗疆。務和民苗，安其習。憂其僻萬山，無以養，教之以植茶種竹樹，招人製鉋薯爲糧，名之曰薯絲。及爲巡撫，閱兵至鎮筸，則倚薯絲佐糧者多矣。丁母憂，服闋，授河北道。三年，河不爲災，而盜斂跡。創致用精舍，遴三州之秀，延師教之。擢浙江按察使，數月，以前河南臨刑呼冤獄免官，則與張君互訐時也。彭剛直公防廣東，旨交差遣，不赴。張公之洞方督兩廣，奏調公，公一行，而河大決鄭州，詔襄李文正公鴻藻治河。文正公不即用公，言河不時塞，公歸。十五年秋，今相國王公撫湖南，奏公愛惜羽毛，宜特用，遂召入都。十六年，授湖北按察使，署布政使，加頭品頂戴。其治大放胡文忠公，務飭吏清訟原，而聯以情，手書勸勉。人傳其與總督張公廷諍至不懌，而卒從之。十九年，再署布政使。

二十年冬，中東戰事亟，擢直隸布政使。入對，公見上憂勞顔悴甚，請日讀聖祖御纂《周易》，庶得變而不失其常之道。他所陳奏語，尤多懇懇流涕，上以是知公忠也。督糧臺，命專摺奏事。明年，遂擢湖南。蓋公一生行事之大者在湖南，尤習於湖南，樂用其人，人亦樂之。思以一隅致富彊爲天下倡，而務分官權與民，故湘之人興起者太半，其頑者一二，中立審勢者裁二三而已。甯鄉已革道員周漢者積以張揭帖，攻西教，煽亂，爲總督所治，而時人多奬謂忠義。及是，復刊帖布鄉縣。公聞，傳燬其帖。漢復毆傳吏，公怒下之獄。而湘士之頑者乃造作蜚語，謗公政變，而向之中立者，亦人人擠公，必盡反其所爲而後已。故公所施於湖南者，獨礦務局已獲優利，得不廢，而保衛局民愛之，私沿其法，亦非其初矣。嗚呼！事之對待也無終，由周漢事觀之，則今日北方之團匪，又豈得謂之非義民者邪？而公瀕死，戀戀於兩宮，亦孰料顛沛至於此邪！公爲我言，咸豐十年在京師酒樓，見圓明園火，搥案大號，遂欲輟文學，討時事，奮其愚陋，庶幾乎一日之彊，而今不堪令公見矣。故余既哭公，又不能無幸於公之前歿，爲尤痛者也。

公爲人大口修頤，意量超然，無窮達於其心。吾獨送女湖北，時從公語不及旬，公遂去之直隸。公於文詩果不多爲，爲則精粹有法。自吾女言之，公絶貧，在官不能請貸於婚友，則時時典其衣裘。今所謂崝廬者，即其配黄夫人葬處，營生礦，而廬其旁，此外無一壠也。黄夫人，義甯老儒諱彩意女，有兄錫禧，官訓導。年十八歸公，孝事李太夫人數十年，公自以爲不及。而公廉，實夫人助之。終身布衣襦。吾女言其嫁時衣，夫人有不識者，故絶不敢服。以光緒二十三年十二月某日卒公巡撫任所，享年六十有六。公享年七十。子男二人，長三立，即伯嚴，吏部主事，政變并革職。次三畏，出後叔父，前歿。女二人，長適席公寶田之子，襲騎都尉候選道席曜衡；次殤。孫六人，曾孫二人。

雜録

備論

《續碑傳集》卷三〇范當世《湖南巡撫義寧陳公墓志銘》　清有聖帝聖自躬，非彼眇末能加聰。有臣一人爲臣宗，吾見舊誼填心匈。萬世之遇一世逢，運則不至征罹凶。浩浩民劫方未終，臣不待矣年命窮。瀕危但祝安兩宮，後人有惟公是崇。或由困辱思公忠，遂憑吾文求其蹤，青山之原西山東。

藝文

《四朝詩史》乙集卷五李瀚昌《哭故湖南巡撫陳公寶箴》　盧阜層雲擁節旄，風吹珠玉落湘濤。幾時梔附蘇沈痼，一片椒蘭入楚騷。自愧禰衡孤北海，只今荀淑剩西豪。籧鐘斜抱悲無極，壯士頭顱已二毛。

《四朝詩史》乙集卷五陳鋭《呈陳右銘巡撫丈》　吴駱流風歇，湖湘王氣蒸。地形資坐鎮，天意決中興。晚歲仍愁旱，防秋早抗棱。王猷宣八表，臣職不須矜。

淤地俄成邑，防江本隔湖。安危孤注倚，朝莫衆情狙。詎待夷窺我，翻愁墨詰儒。邦人多感激，此意足匡扶。

往歲求賢館，羣公偶好名。即今開横議，祇是諱承平。故國荒喬蔭，扁舟恥逸氓。往來沅水上，唯頌使臣清。

南國行春早，東風灑潤來。橘垂賈傅井，花發定王臺。旌節新開府，山川昔舉桮。趨庭誦佳句，官鼓漫相催。

華蘅芳部

綜述

《碑傳集補》卷四三錢基博《華蘅芳傳》 華蘅芳，字若汀，南延鄉蕩口人也。父翼綸，號篴秋，道光二十三年中順天鄉試副榜，次年恩科中正榜舉人，選江西永新縣知縣。精察吏事，宿獄一掃刮絶。永新西南境有巨猾王姓者，虎狼行，人呼之曰石角牛，羣吏莫敢何問。其部至湖南茶陵州大掠，多殺人，踞峽自守，官兵捕之，不得入。翼綸聞，單騎馳往峽口呼：「牛出！」牛故慴翼綸名，即出。謁甚謹，翼綸直斥數其罪。牛曰：「我非殺人者，而能捕殺人之人。」詰其期，曰：「明日。」姑縱之，至期，牛果擒殺人者八人至，訊之，咸服。已而太平天國翼王以兵徇下江西列城五十餘，永新亦陷。翼綸坐落職歸而倡團練，抗太平天國。敘功開復原官，旋保以同知分發補用，加知府銜，賞戴花翎。自以老不出，然爲人伉直敢任事，里鄰有事無鉅細輒以白，而翼綸爲處分，人人各得其意去。性劬學，爲文及詩書，皆磊落有奇氣。刊有《荔雨軒文集》。子二，長即蘅芳也。

年十四得程大位《算法統宗》殘帙，讀而好之，中列飛歸等題，皆世俗所謂難能者，不數日而通其術。父翼綸喜其早慧，因購求《數理精藴》及《九章算術》等書相授。由是所學益進，嗣從同縣歲貢生鄒安鬯游，得讀秦九韶、李冶、朱世傑諸家之書，豁然通天元四元之術，校補數書《九章》凡數百字，皆宋景昌校勘記所未詳者。咸豐初，西人開墨海書館於上海，代數、幾何、微積、重學、博物之書，次第譯出。是時西學初入中國，士大夫故見自封，率鄙不措意，獨蘅芳與徐壽能以是相砥厲，目驗手營，然無所得。器械實試，偶有疑難，兩人斷斷日夜不休，必求涣然冰釋而後已。知三稜玻璃之分光七色也，求之不可得，乃用水晶印章磨成三角以驗之。知槍彈之行拋物綫，而徐壽疑仰攻與俯擊之矛盾也，乃設立遠近多鵠射擊以測視之，蓋好學深思有如此者。既徐壽以同治元年應兩江總督曾國藩辟召，蘅芳則偕往。而壽之造黄鵠輪船也，一切繪圖測算，推求動力，蓋蘅芳之力居多，曾國藩遂以奇才異能奏保焉。已而國藩奏設江南機器製造局於上海，遂委蘅芳佐徐壽經始其事。及國藩用徐壽議，於製造局附設繙譯館繙譯西書，而蘅芳乃與徐壽分門認任。徐壽任化學、汽機，而蘅芳則任算學、地質，其後遂各以專門名家。而蘅芳譯本文辭明暢，論者謂足兼信達雅三者之長。西士傅蘭雅嘗著譯書事略，備詳其事。

居上海幾四十年，覃心譯述，成書十二種，百六十卷。嘗以其間兩至天津，一至湖北。其在天津東局也，駐德使署購歸新出試彈速率電機一具，見者莫知其用。蘅芳以微分之理解之，理明而用亦明。其在天津武備學堂也，德教習購得法越戰時所用行軍瞭望輕氣毬一具，主者欲新之以授學生演放，而教習居奇，久之而功不就。蘅芳乃督工別製徑五尺小毬，用强水發輕氣以實其中，演放飛升，觀者贊歎，德教習内慚，廑乃竣事。其教授上海格致書院，湖北自强學堂、兩湖書院及無錫竣實學堂也，一時承學之士聞風興起，而蘅芳誘掖獎勸，口講指畫，務以淺顯易明之語，達精奥之思。教授幼生有時演算黑板，故錯舛，幼生或笑曰：「先生誤矣！」則從容詢「誤在何處」，或以對，笑謂曰：「我今老矣！算學竟不及汝曹諸生。」忻然彌鼓舞向學矣。惟蘅芳嘗謂講學之功不如著書之功爲尤大，蓋講學之啟發者僅在一時一堂，而著書則可以垂之後世，傳之海内而無窮。其著作之尤精者，如《開方別術》併諸商爲一商，海寧李善蘭推爲空前絶後之作。《積較術》三卷，與後來日本推差新法軌轍相同，而《積較》之成書遠在推差法十數年前。則其於算學爲先知先覺可知也。與世接務崇謙抑，而每出一語，輒詼諧傾座人。同縣楊模稱其爲人斂退似老，詭奇似莊；而論物理尚實驗，似英之培根；講算術，發明新理新例似英之奈端；至著書，惟恐人不解，則又似宣城之梅文鼎，與世之作者好爲艱深以嶄名高者，用心殊焉。弟世芳，字若溪，拔貢生。得乃兄家學，著有《恒河沙館算草》。宣統元年十年學部奏曰：「自樸學就衰，士方致力帖括，多以爲詬病，華蘅芳、世芳及徐壽等獨能於舉世不爲之日，昌明絶學，餉遺後賢，厥功甚大。懇將三人事實宣付國史館列傳。」奉旨依議。

慈禧部

綜述

《清列朝后妃傳稿》傳下　文宗孝欽顯皇后，葉赫納喇氏，滿洲鑲黃旗人。父惠徵，安徽徽寧池太廣兵備道。后幼入宫，封蘭貴人。咸豐四年，進懿嬪。六年三月，誕穆宗於儲秀宫。進懿妃。十一年，文宗狩灤陽，七月壬寅，病大漸，召御前大臣載垣、端華、景壽、肅順，軍機大臣穆蔭、匡源、杜翰、焦祐瀛，承旨立穆宗爲皇太子。翌日，帝崩。皇太子踐阼，尊爲聖母皇太后，號慈禧。載垣等同以贊襄政務王大臣輔政，浸以專擅。始文宗臨崩，以印章二賜，孝貞曰御賞，帝曰同道堂，諭旨則鈐起訖，以防弊萌。后既不便載垣等所爲，御史董元醇遽疏請兩宫太后權理朝政，廷議擬嚴旨，后大怒。俄勝保疏繼至，九月，自灤陽還，遂下詔暴載垣、端華、肅順罪，誅之，諸附從者皆黜。以恭親王奕訢爲議政王領軍機。命廷臣議垂簾儀注。后於是與孝貞同聽政，下書曰：垂簾之舉，本非意所樂爲，徒以時事孔艱，王大臣不能無所稟承，俟皇帝典學有成，即當歸政，用符舊制。是時，大政雖裁自宫闈，而絲綸出納仍以帝命行之，詔書曰朕。直省軍營封奏，兩宫必親覽，然後議政王、軍機大臣擬旨頒焉。遇見臣工則與帝同御養心殿。改金八件用黃銅鍍金，輿轎什件鐵鍍銀，繖扇旗纛金頂以黃銅爲之。命南書房、上書房、翰林輯前史帝王政治及垂簾事跡可法戒者，以資觀省。故同治初政，登進老成，削平內亂，天下以爲中興。

十二年，穆宗始親政。明年十一月，帝不豫，徇上請代省章奏。未幾，穆宗崩，后與孝貞坐養心殿西煖閣，召惇親王奕誴、恭親王奕訢、御前大臣伯彥訥謨祜等，定策禁中，迎醇親王奕譞之子入繼文宗，立之。是爲德宗，時甫四齡。於是兩后復臨朝。遂下書曰：郅治之隆，詢事考言，嘉乃丕績，我朝列聖御極俱頒詔旨，褒答直臣，廣開言路。方今皇帝寅紹大統，尚在沖年，百度艱虞，不得已而有垂簾之舉。萬幾綜理，宵旰不遑，因思人之聰明智慮有所未周，必兼聽並觀，以通上下情志，況民生多蹙，水潢頻仍，宜采讜言，用資治理。大小臣工，竭誠抒悃，各陳所見，無得徒託空言。至乃敦尚節儉，力祛浮華，朝廷已屢加訓飭。去泰崇實，端始宫中，此後紛奢靡麗之品，及耳目玩好之娛，一概不得呈進，服用之具，俱以樸素爲先，中外臣庶咸體此意。又飭疆臣，清訟獄，勤緝捕，修營伍，整吏治。后性剛果，既與孝貞稱制，遣戍七太監，黜內府大臣尤無狀者貴寶、文錫，一時大事多決於后。光緒六年，后病，帝爲諭各省保醫士。八年，疾愈，道員薛福辰等皆進官。時孝貞已崩，后獨當國，以恭親王奕訢在軍機久，爲言者所論，罷之，命醇親王奕譞參機務。左庶子盛昱等諫，親王不宜干政，后不從，然亦不假以權。所任謁者李連英，尤倖。奕譞巡北海，連英從，御史朱一新言其僭，后怒責，降主事。十二年，后將以歲正，歸政於帝。羣臣固請再訓政，允之。十五年，帝大婚，后始撤簾。帝度清漪園舊址，營建頤和園，爲太后頤養祝釐所，又增葺西苑。園苑者，穆宗親政所經始，至是復營之，內藏不足，假外貸，密諷各省海關効進，於昆明湖置捧日、翔雲、恒春小輪船。樂壽堂、瀛秀園設電鐙。又於西苑創綺華館，飭蘇杭織造訪能紡織人及蠶婦雜致其中。二十年，后六十，將於頤和園受賀，羣臣爭助進，自園達西華門，蹕路皆綴綵，會與日本構釁，而罷。二十四年，帝用康有爲言，銳意變法，朝政多更置。八月，后倉卒自頤和園還宫，越日，下詔復訓政，以有爲密謀刦制，誅其黨，凡帝所釐革，皆復之。命榮祿轄武毅新建諸軍，衛近畿，又移董福祥所部甘軍駐南苑。帝病，久不愈，后隱有變置意。初穆宗崩，無子，后降旨，嗣皇帝生子，即以繼穆宗，於是主事吳可讀有預定大統之歸疏語，具可讀傳。明年，后遂詔立端郡王載漪之子溥儁爲穆宗嗣，號大阿哥，中外駭然。二十六年，拳民以仇教起畿輔，載漪等主之攻使館，迫帝下渝盟詔。七月，各國師至，京師不守，后與帝扶掖出西華門，遂西幸蹕長安。予大學士李鴻章以全權議和，明年，約成，載漪等皆誅貶，溥儁亦黜大阿哥位號，乃還京。三十年，后年七十，帝在頤和園排雲殿宣表慶祝。后自蒙變，毅然思與民更始，下詔以母子一心示中外，又以懿旨誡婦女纏足，弛滿漢通婚之禁。三十四年十月，德宗崩，后夜出書，以醇親王載灃之子嗣穆宗，兼祧大行皇帝，授載灃攝政王。是夕，病劇，明日癸酉，崩。遺誥曰：予以薄德，祗承文宗册命，備位宫庭，穆宗幼沖，與孝貞顯皇后同心撫視，夙夜憂勤，仰荷天庥，削平大難。穆宗即世，大行入嗣，時艱孔殷，不得不再允訓政，前年宣布預備立憲詔書，今年頒示立憲年限，萬幾叢脞，心力俱殫。夏秋以後，時有不適，復遭大行皇帝之喪，悲從中來，不能自克，遂至彌留。追念五十年來，憂患迭經，兢業之心無時或釋，攝政王及内外諸臣，其協心翊贊，固我邦基，嗣皇帝尤宜以國事爲重，喪服二十七日而除。

雜録

備録

《清皇室四譜》卷二《后妃・慈禧》 孝欽慈禧端佑康頤昭豫莊誠壽恭欽獻崇熙配天興聖顯皇后，葉赫納喇氏，帶印脱逃革職安徽徽甯池太廣道贈三等承恩公惠徵之女。道光十五年乙未，十月初十日生。咸豐元年，被選入宫，初賜號爲懿貴人。四年十一月，册封懿嬪。六年三月，生皇長子，是爲穆宗。旋詔晉懿妃。十二月，行册封禮。七年十二月，晉懿貴妃。十年八月，隨侍車駕，出狩熱河。十一年七月，穆宗嗣位，尊爲皇太后。九月，還宫。十一月初一日，隨孝貞顯皇后御養心殿，垂簾訓政，時年二十七，世人稱爲西太后。同治元年四月，上徽號曰慈禧皇太后。十一年十月，穆宗大婚禮成，加上端佑二字。十二年二月，穆宗親政，加上康頤二字。十三年十一月初十日，穆宗病痘，復訓政。十二月初五日，德宗入承大統，訓政如故。光緒二年七月，加上徽號昭豫莊誠四字。七年三月，孝貞崩，自是后獨訓政。十三年正月，德宗親政，后仍訓政。十四年二月，築頤和園成。十五年二月初三日，始歸政。旋德宗以大婚禮成，加上徽號壽恭二字。三月，再因親政，加上欽獻二字。十七年四月，幸頤和園，駐蹕，自是歲以爲常。二十年八月，因十月中六旬慈慶，加上徽號崇熙二字。至是爲慈禧端佑康順昭豫莊誠壽恭欽獻崇熙皇太后。二十四年八月初八日，復訓政，世謂之戊戌政變。二十五年十一月，隱謀廢立，尋怵於人，言不果。二十六年五月，義和拳入京師，七月，八國聯軍陷京師，后奔太原，旋奔西安。十二月，命將是年五月二十四日後七月二十四日前諭旨毁除。二十七年十一月，德宗奉之還京師。三十四年戊申十月二十一日，宣統帝入承大統，尊爲太皇太后，翼日未刻，崩，壽七十有四。宣統元年正月，上尊謚如上。九月，葬定陵東之普陀峪，曰定東陵。十月，升祔太廟。

備論

《清列朝后妃傳稿》傳下 后臨制凡四十七年，百僚仰成，外戚無假恩澤者。明達善知人，委左宗棠以西事，任李鴻章北洋，各盡其用，庶吉士嚴辰散館，進卷有女中堯舜語，后以其開迎阿之漸，嚴飭之。既歸政，御史屠仁守請太后仍覽封事，后曰：若是，天下後世視予何如人耶？罷仁守官。

藝文

《四朝詩史》甲集卷四胡聘之《孝欽顯皇后挽詞二首》 深宫聖德普遐陬，宋室宣仁未許儔。鸞輅忽隨龍馭返，天崩盡切杞人憂。

記曾述職趨鸞殿，特許乘船到液池。今日觚稜重回首，慈雲望斷不勝悲。

《四朝詩史》甲集卷四陳寶琛《恭挽孝欽顯皇后戊申十二月》 手定中興四紀周，女中堯舜古無儔。沖齡忍見三朝嬗，末命猶廑萬禩謀。危事易言臣自失，狂夫一得聖常收。遭逢元祐無微效，晚絶攀號涕泗流。

劉銘傳部

綜述

《續碑傳集》卷三一 馬其昶《贈太子太保兵部尚書銜福建臺灣巡撫一等另爵劉壯肅公神道碑銘》 公姓劉氏，諱銘傳，字省三，合肥人。曾祖某，祖廷忠，考惠，世業農，後皆以公貴，贈如公官爵。公生而英特，有偉抱，嘗登所居大潛山，歎曰：「生不爵，死不謚，非夫也！」會天下亂，淮淝居民爭築堡寨自衛，各相長雄。一日有大豪呼公考至馬前，責供給不時，至訶罵而去。公憤甚，躡豪行數里，奪其佩刀殺之，乘馬徐歸，於時年十有八矣。

同治元年，合肥李公以曾文正公奏薦巡撫江蘇，募淮勇東征，公以千總從，所將卒號銘軍。連擊破川沙、奉賢、福山，解常、昭圍。合水師奪楊舍汛要隘，苦戰六日，乘勝下江陰，取無錫，進攻常州。奇兵出奔牛鎮，降其酋，推鋒直前。寇復犯奔牛，還軍卻之，再攻圍常州，先登，生獲寇酋陳坤書，常州平，積功至提督，賞黄馬褂。而程忠烈已前定蘇州，遂越境應浙軍，攻嘉興，克之，至是公平常州，亦出屯句容以應江甯圍軍。於是湘軍拔江甯，殄洪寇，積苦久，遂皆散遣。羣捻復縱横齊、豫、吴、楚之郊，曾公受命督師，湘軍將既已罷歸，乃益募淮勇，設四鎮重兵，公屯軍周家口。戰捷於瓦店，於南頓，於扶溝，詔授直隸提督。仍率師援鄂，克黄陂，追賊至潁州，大破之。公以中原平曠地，賊四走疲我，乃建議築隄扼沙河爲守。賊潰突汴梁隄，追創之於鉅野。捻首張總愚竄陝西，任柱、賴汶洸竄山東，自是有東捻、西捻之目。李公代曾公督師，公率所部自鄆城至京山，東西數十戰，賊皆披靡望風遁。由是東至黄陂，西至安陸、襄、棗，北至南陽、鄧，銘軍常爲選鋒。復議防運河，扼膠萊，築長墻，北起夏店，南抵柳林口，遏賊騎西。六年，引兵南救沭陽，追北至諸城、日照，還殪任柱於贛榆。賴汶洸圖竄青、濟，間道馳濰西北，擊破之，蹙之海濱，殲其衆，河流盡赤。汶洸自投揚州防軍以死，東捻平。論功最，給三等輕車都尉，乞假歸。七年，西捻張總愚由陝竄河朔，畿輔大震，詔責諸將率。公卧疾在家，坐逗留奪官。李公假朝命强起之，會師進擊鹽山、滄州、德平。李公仍議築墻臨邑屬之馬頰河，墻成，值大雨，徒駭河盛漲，賊不得渡，張總愚赴水死，西捻平。晉一等男爵，詔駐師張秋資鎮守，旋命督軍陝西，勦北山回匪。引疾歸。論者謂李公江蘇之功推程忠烈，平捻功公爲大。忠烈攻嘉興遽戰死，而公初起將五百人，稍增至七千，討捻益騎兵合萬二千，西防陝增多至二萬。逮後臺灣之役，以異數改巡撫，位望乃益崇矣。

自程忠烈始議外國械器利，其戰江蘇，悉改用新械，淮軍竟以此勝。而公尤以鐵道實自滬要圖，其關於兵事利害爲重。光緒六年，與俄羅斯争伊犂約，應詔至都，即上言鐵道便利數大端。李公因奏公主辦，議格不行。十年，法蘭西擾海疆，再起公以巡撫銜督臺灣軍務。至七日，基隆礮臺燬。公以臺灣無兵艦不利海戰，移軍基隆山後避礮彈，且誘敵登陸，尋擊斃法酋二，兵百餘，奪二纛，他兵械數十，有詔褒美。法兵以偏師絓基隆軍，别遣五艦犯滬尾。滬尾者，基隆後路也，距臺北府三十里，軍資餽械皆聚臺北。公夜退師駐淡水，犄角滬尾。謗譏流聞，取斷於中不眩。時議敵益增艦來攻，是時馬江已挫，上海用三輪船濟師，皆遏不達，諸將冒風雨跣足督戰，堅守八閲月。詔授福建巡撫。明年媾成，朝議臺灣阻海峙南洋門户，當設立行省自治，乃改公臺灣巡撫。奏增一府一廳三縣。生番窟宅臺南北七百餘里，奔狂叫呶，風氣湮閼，擣虚斧頑，耋其馴稚，一皆化熟，不以異類自疑。念兵制久敝，不饒給財用，無能革新，於是清丈田畝，賦收倍經額。而諸所創土田、茶、鹽、金、煤、林木、樟腦之税，亦充羡府庫。始至歲入金七十萬，其後至三百萬。因益築礮臺，購火器，設軍械局、水雷局、水雷學堂，要以興造鐵道爲綱紐，輔之以電綫、郵政，功費大萬百餘。公思以一島基國富彊，迹所已效，威名樹立，如其初志。累加太子少保、兵部尚書銜，又特命襄辦海軍事務。嘗登滬尾礮臺，東望日本，欷歔感發，曰：「即今不圖，我爲彼虜矣。」已而户部奏請天下十年内毋增置艦礮，復喟曰：「人方甚我，我顧欲樽俎折之乎？」遂三疏求去。臺灣之立行省自公始。公治臺灣凡七年而歸，歸四年而朝鮮難作，屢召不出，遂以疾終於家，春秋六十。是年臺灣割隸日本，遺疏入，天子軫悼，贈太子太保，謚壯肅，建專祠，史館立傳。

長子盛芬，直隸候補道，前卒，官其長孫朝仰、三子盛芾皆員外郎。朝仰承襲男爵，次子盛芸賜舉人，襲三等輕車都尉。四子盛芥，舉人，候選知府。女四人，皆適望族。配程氏夫人。側室有出者曰項氏、陳氏，絶粒以殉；得旌者曰二李氏。公以某年月日葬某鄉某原。其諸孫朝望舉人刑部郎中，致公所爲《大潛山房詩》二卷並致狀曰：「先公墓碑未刻，敢請銘。」乃銘。公所著別有奏議二十四卷，藏於家。辭曰：

公專閫寄，方壯其齒。金節琱戈，譙浪書史。蟄居在壑，公轡無止。皇怵外訌，詔速公起。公來氓驩，彼驕亦駭。韜智銜勇，創古未有。漲天大澤，納於一沚。公胡遽歸，公歸不竣。疆埸成壞，彼此一時。悲膺雄志，雖死而視。焯功鑱詞，萬古是記。

《清史列傳》卷五九《劉銘傳傳》 劉銘傳，安徽合肥人。咸豐四年，粵匪踞皖，陷廬州，銘傳倡團鄉里，屢退賊氛。九年，率鄉勇從官軍收復六安。十年，援壽州，由千總獎都司銜。同治元年，江蘇巡撫李鴻章募淮勇東下，銘傳以營帶從至上海，連戰皆捷，乃立銘軍。招撫南匯，降賊吳建瀛、劉玉林，以其衆屬銘軍。賊將吉慶元自川沙來寇，擊卻之。擢都司，加遊擊銜。旋攻復奉賢縣、金山衛，以參將補用，並賞給驃勇巴圖魯名號。又敗賊野雞墩暨四江口，擢副將。二年，會攻福山，克之。常、昭圍解，擢總兵。

時楊舍汛爲沿江要隘，悍賊堅守。四月，銘傳隨水師提督黃翼升推鋒直前，猛攻六日，而江陰至無錫數十里賊營之來撲楊舍者，屢受創遁。逆酋李秀成乃率水陸數十萬分路回援，銘傳會各軍迎擊。七月，乘勢進攻江陰，擒斬二萬餘，遂克其城。詔以提督記名簡放，旋復無錫，賞頭品頂戴。十一月，進剿常州，銘傳由羊頭橋間入奔牛鎮，降其賊目邵小雙，即令扼丹陽援賊，而身自督軍攻城，破賊壘十餘，降賊萬餘人。十二月，賊復犯奔牛，冀解城圍，挾小輪舟以渡。銘傳回援，擒斬數千，剗賊壘三十餘座，並燬其舟，賊不得逞。三年，官軍再攻府城，四面圍合，銘傳破門入，生擒護逆陳坤書等於陣。常州平，賞穿黃馬褂。是時，金陵老巢新破，洪逆幅瑱竄據廣德，銘傳擊走之，復其城。

四年，忠親王僧格林沁殞於曹州，捻匪大熾。欽差大臣曾國藩奉命督師山東，調銘傳赴濟寧，奏設四鎮重兵，以周家口屬銘傳。旋破賊於瓦店，於南頓，於扶溝。嗣又改銘軍爲遊擊之師，詔授銘傳爲直隸提督，仍率以援鄂，克黃陂，躡賊至潁州，大敗之。銘傳以捻逆各股回竄豫、皖中原平曠之地，飄忽靡常，官軍疲於奔走，未有以制賊死命。乃建議扼守沙河，督軍士築長隄，蜿蜒七百里，以達於運防，屹然若長城，驅賊沙河以南以殲之。築甫竣，而汴梁隄防爲賊所破。銘傳分軍追剿，創之於鉅野。會曾國藩請疾，銘傳軍仍屬李鴻章，逐捻東至鄆城，西至京山，大小數十戰，皆捷。六年正月，捻走尹隆河，銘傳與鮑超約期會戰，銘傳雖先期失利，卒能轉敗爲功。四月，破賊於黃安東，又追至南陽，由棗陽與賊馳逐，東自應山、黃陂，西出安陸、襄、棗，又由南陽至鄭州，日踔百里，莫敢與爭鋒，遂蹙賊至山東。又創防守運河，進扼膠、萊之議，與諸軍共築長牆，北起夏店，南至柳林口，以遏賊西趨。八月，解沭陽城圍，追逐至諸城、日照，復殲逆酋任柱於贛榆，又由間道馳濰東北，夜銜枚急擊，大破之。賊西走新城，復截擊，東走壽光，蹙之海濱洋河、彌河之交，任、賴匪黨殲焉。東捻平。李鴻章奏稱扼守運河，併軍兜剿，大獲奇捷，胥自銘傳。曾國藩亦疏稱巨憝肅清，餘氛盡埽，論功以銘傳爲最。詔賞三等輕車都尉世職。旋以積勞致疾，乞假歸。七年，西捻張總愚竄河朔，銘傳奉詔馳抵東昌，會各軍進剿於鹽山、滄州、德平，賊趨博平、清平一帶，圖撲運河。適馬頰河黃水漫入，河西北岸長牆築甫就，銘傳會諸軍縱橫合擊，賊衆盡殪。張逆挾數十騎走，追之茌平南鎮，赴水死，降賊四千。西捻平，晉一等男爵。詔紮張秋，以資彈壓。

九月，奉命督辦陝西軍務，分調提督唐定奎，副將滕學義、遊擊黃桂蘭諸軍駐防邊境。旋搜剿北山回匪，因病假歸。光緒六年，奉詔力疾至京，條陳開造鐵路，言：「鐵路之利於漕賑、商礦，以及釐捐、行旅者，不可殫述，而於用兵一道，尤爲急不可緩之圖。鐵路造成，呼吸靈通，聲勢聯絡，裁兵節餉，併成勁旅。轉運槍礮軍火，朝發夕至，十八省合爲一氣，一兵可抵數兵之用。將來兵權餉權，盡在朝廷，不爲疆臣所牽制。」言尤摯切。十年，法人擾海疆，銘傳奉旨賞給巡撫銜，督辦臺灣軍務。因條陳整頓海防，講求武備十條：一、各海口設防，宜分輕重緩急，以期握要；一、各海口礮臺，亟宜改建，以重防守；一、洋面水師兵船，宜次第籌辦，以固海疆；一、長江、太湖水師，亟宜改制，以收實用；一、福建船政局、上海機器局，宜加意整頓；一、請籌購大批槍礮，以節經費而免欺朦；一、稽查軍械，整頓礦務，宜特設軍器局，切實講理以專責成；一、新募勇隊，宜加裁併，參用練軍，以節餉需；一、嚴定賞罰，以求將才；一、請設局譯刻泰西各書，引掖後進，以造人材。凡數千言，切中時事，多見施行。五月，行抵臺北。六月，法人來犯，燬礮臺。銘傳以無兵艦，不能爭鋒海上，誘之登陸，與戰於基隆，斬法酋二人，兵百餘，奪纛二，軍械數十件。奉旨嘉獎，並奉慈禧端佑康頤昭豫莊誠皇太后懿旨，發內帑銀三千兩賞給戰士。銘傳以滬尾距臺北僅三十里，形勢尤要於基隆，後路有失，則基隆亦不能守，乃令提督孫開華守之，而退軍後山。其後法人三犯滬尾，皆不能得志。銘傳既回淡水，策應滬尾愈靈，然礮臺已燬，全恃我軍內薄相當。時馬江已挫，上海用三輪舟以濟師，皆不克達，銘傳獨力搘持八閱月，尋奉特旨補授福建巡撫。十一月，法人犯月眉山，我軍力薄，將士忍飢冒雪，誓死拒守，營官至跣足督戰，僅乃克濟。十一年，和議成。上以臺灣爲南洋門户，議改設行省，授銘傳爲福建臺灣巡撫。乃奏增設一府、一廳、三縣。又綜籌全臺形勢，生番横亘南北七百餘里，與民地交錯，年戕民命至千餘。匪盜則藉番地以出没，聚衆搶劫；土豪則藉防番以斂費，養勇抗官，號令不行，賦税不清。值時多故，内患不除，無以禦外侮。乃奏辦撫番事宜，檄將領分路勦撫，或親督大隊入山，威德兼施，於是南、中、北三路及前後山生番多薙髮歸化，皆安置而教養之。辦理清賦，較舊額溢出三十六萬三千三百兩有奇；又興造鐵路以通南北，臺防益固。是年正月，奉懿旨，賞加太子少保銜。十六年正月，恭逢皇上二旬萬壽慶典，得旨，賞加兵部尚書銜。三月，奉慈禧端佑康頤昭豫莊誠壽恭欽獻皇太后懿旨，幫辦海軍事務。旋乞病歸。

二十六年，卒。遺疏入，諭曰：「劉銘傳秉性忠勇，卓著戰功。咸豐年間，粤、捻各匪竄踞安徽，倡辦團練，爲曾國藩所識拔。同治初年，隨同李鴻章募兵東下，連拔郡縣，會合諸軍苦戰，克復常州。積功補授直隸提督，勦捻山東、河南等省，與悍賊縱横追逐，大小數百戰。旋授三等輕車都尉世職。復與各軍窮追首逆張總愚，斬首無算。捻匪一律蕩平，晉封一等男爵。朕御極後，特授巡撫，疊加太子少保、兵部尚書銜，於一切應辦事宜，克稱厥職。嗣因患病，准其開缺，回籍調理。方冀寵眷克承，長資倚畀，兹聞溘逝，軫惜殊深！劉銘傳著晉贈太子太保銜，照巡撫例賜卹。加恩予謚，准其立功處所建立專祠。生平戰績事實，宣付國史館立傳。任内一切處分，悉予開復。應得卹典，該衙門察例具奏。伊長孫劉朝仰，著賞給員外郎；伊子拔貢生劉盛芸，著賞給舉人，准其一體會試；附貢生劉盛芾，著以員外郎用；用副篤念藎臣至意。」尋賜祭葬，予謚壯肅。子盛芸，舉人，候選道；盛芾，員外郎；盛芥，舉人。孫朝仰，員外郎，承襲男爵；朝望，舉人，刑部郎中。

雜録

備録

《舊聞隨筆》卷三《劉壯肅公》 合肥劉壯肅公銘傳，勦捻時馬首已爲礮擊去而不及身。巡撫臺灣，法蘭西礮子至前竟不裂。公聞之大怒，别選精鋭百人，語之曰：「若等往守之，如退敵艘，都司保副將，兵保千總，否則死之，若父母妻子吾爲汝養之。」時有副將言兵少力單，公叱之，奮勇督百人以登，法蘭西兵乃退，查守者惟斃七人耳。公哭而瘞之，且贍其家，而奏保諸人如所言。公雖武人，喜吟詠，著有《大潛山房詩集》，中有句云：「名士何妨茅屋小，英雄總是布衣多。」

《咸豐以來功臣别傳》卷二四上《劉壯肅公别傳》 劉公銘傳，字省三，安徽合肥人也。年少無賴，聚黨鬻私鹽，拒捕傷人，母驚病殁。公痛自責，遂投軍，奮不顧身，時帥重之，屢立奇功于廬州。咸豐九年，隨官軍克六安，保千總。十年，援壽州，得都司銜。同治元年，李公鴻章募淮勇赴上海，聞公名，屬爲管帶官，乃刱立銘軍，屢戰捷。守周浦，卻南匯賊衆，降賊酋吴建瀛、劉玉林，收南匯縣城，建瀛所部三千人，玉林所部千人皆屬公。破賊川沙，收其城，擢都司，加遊擊銜。克奉賢、金山衛，擢參將。七月，自浦東回援，敗賊野雞墩，又大破賊于四江口，擢副將。

二年正月，與潘公鼎新、張公樹珊乘輪船攻福山，潘、張營蘆浦港，壘未就而賊至，公擊卻之。賊欲登同觀山抄我後，又敗之。二月，奪福山石城，解常熟圍，擢總兵。四月，與水師提督黄公翼升合攻楊舍汛，汛爲沿江著名險要，悍賊堅守，猛攻六日，克之。時江陰至無錫數十里，賊營密布，屢撲楊舍，皆受大創而去。僞忠王李秀成復渡江回援，合僞章王、護王、普王、潮王、侍王五逆水陸數十萬衆，分路内犯，公與滕總兵嗣武、郭總兵松林各軍迎擊，斬級數萬。七月，克江陰，詔以提督記名。進攻無錫、金匱，大破賊于萬壽橋，克其城。賞頭品頂戴。十一月，進勦常州。由羊頭橋間道深入奔牛鎮，賊目邵小雙乞降，公納之，令駐鎮以扼丹陽援賊，身督軍攻常州西北門，連破賊十餘營，降賊萬五六千人。再攻小北門口大石營。公方用千里鏡測望礮路，忽頂額中鎗丸，暈絶，逾時而蘇。裹創復戰，破小北門外大土城。僞章王等復犯奔牛，冀解常州之圍。公先遣弁齎火藥四萬筒，令部將唐殿魁、黄桂蘭與降將堅守五日，身率偏師往援，與十僞逆之衆大戰一日，擒斬七千人。殿魁等衝出夾擊，忠逆以飛而復來小輪船渡賊來争，並擊燬之，追奔十餘里，破賊三十餘營，奔牛圍遂解。三年春，復攻毁常州城外賊壘數十座，四面合圍。四月六日，破北門入，會擒僞護王陳昆書，遂克常州。

得旨,賞穿黄馬褂。六月,曾公國荃克復江寧,殘賊挾僞幼主竄至廣德。廣德本有踞賊,公由建平往剿,賊敗走,收其城,追逐于山谷中,連戰皆捷。

四年春,忠親王僧格林沁殞于曹州,捻匪大熾,曾文正公奉命督師赴山東剿賊,夙知公將略,調公先赴濟寧,奏設四鎮重兵,以周家口重任付公。大破賊于瓦店,又破之南頓,解扶溝圍。以公兵精,改爲遊擊之師。冬十二月,率師援鄂,克黄陂。時公已補直隸提督,上諭交部從優議敘。公念捻匪已成流寇,張、牛、任、賴四酋忽分忽合,有馬數萬匹,匪徒數十萬人,馳騁中原平曠之地,飄忽數千里,雖往來遊擊,賊鋒少衰,然未能聚而殲旃,乃言于曾公曰:「軍士不苦戰而苦奔走。」于是刱扼守沙河之議,驅賊于沙河以南,以蹙其勢。朱仙鎮以下河防四百里,與潘公鼎新、張公樹珊任其難,分汛築長墻甫竣,而汴梁隄墻爲賊所破,公分軍追剿,破之鉅野北。九月,捻酋牛老洪死,張總愚西竄陝西,任柱、賴汶光東竄山東。曾公請疾,李公接統軍務,公於是復屬李公。督師逐東捻,東至鄆城,西至京山,大小數十戰皆勝。六年正月,破賊于宜城西。賊竄安陸,與鮑公超軍夾擊,先挫後勝。四月,破賊黄安東,又追至宛郡,在信陽整軍,由棗陽與賊馳逐,東自應山、黄陂,西出安陸、襄、棗,又由南陽至鄭州,日踔百里,逐賊山東,于是刱防守運河,進扼膠萊之議。六月,與潘公鼎新會勘膠萊河道形勢,合銘、鼎、奇、鳳四軍與東軍共築長墻,北起夏店,南至柳林口。秋,破賊沭陽南,解沭陽城圍,追逐至諸城、日照,斬僞魯王任柱。詔賞上方珍物。復由安邱間道馳濰東北,夜銜枚擊,大破之。賊西走新城,復截擊,東走壽光,追至洋河、彌河之交,任、賴黨匪盡殄,東捻平。李公鴻章奏公首倡扼守運河并軍兜剿之議,卒能大獲奇捷,勞苦功高;又云壽光、彌河之役,斬獲幾三萬人,賊之精銳器械、贏馬、輜重拋棄殆盡,蓋軍興以來罕有之事。諸將勦捻,論功以公爲第一。詔賞三等輕車都尉世職。

公自四年五月奉命勦捻,轉戰數省,馳逐三年,幾無一日休息,積勞成疾,乃乞假還南。七年,西捻張總愚由陝出竄河朔,詔公速赴北路勦賊。公與李公偶有違言,曾公手書戒之曰:「少帥之于閣下,實人間罕逢之知己,雖罕虎之于子産、仲謀之于公瑾不是過也。閣下縱有抑鬱未伸之抱,未可怨及少帥,《詩》所謂『不宜有怒』者也。貴部若不渡黄北征,終恐少帥勛名減損,且銘軍久駐灘上,終非了義,尚睎内斷于心,及早轉圜,無任感盼。」公覽書,投袂而起,馳抵東昌,調齊舊部,會同各軍追勦張逆于鹽山、滄州、德平,疊次大捷。賊向博平、清平一帶,圖撲運河,適馬頰河黄水漫入,河西北岸長墻築就,公會郭提督松林軍圈賊徒駭、黄、運間,縱横合擊,賊衆盡殪,張逆挾數十騎走。騎兵追至茌平南鎮,張逆棄馬遁入高粱叢中,赴水死。生擒其姪張政江,降賊四千,西捻平。晉一等男爵,詔暫駐張秋,以資彈壓。九年,奉命督辦陝甘軍務,以部將唐定奎一軍駐寶雞,左軍滕學義駐隴州,右軍黄桂蘭駐鳳縣。嗣因二麥登場,宜防擾掠,調隊駐防邊境,搜剿北山回匪。因久病未痊,乞假回籍調理。

光緒六年,奉詔力疾至京。條陳開造鐵路,言:「時局日艱,中國非速開鐵路萬不能自强。蓋鐵路之利于漕務、賑務、商務、礦務以及釐捐、行旅者不可殫述,而于用兵一道尤爲急不可緩之圖。鐵路造成,呼吸靈通,聲勢聯絡,裁兵節餉,併成勁旅,轉運槍礮軍火,朝發夕至,十八省合爲一氣,一兵可抵數兵之用,將來兵權、餉權盡在朝廷,不爲疆臣所牽制。」十年,法人擾海疆,公奉旨督辦臺灣軍務。閏五月丁卯,抵基隆。越七日,法人來犯,毀我礮臺,公以臺灣無兵艦,海面不可與爭鋒,專誘之陸戰,令其登岸而後迎擊。六月,公率四提督曹志忠、章高元、蘇得勝、鄧長安與法人戰于基隆,斬法酋三人,法兵百餘人,奪纛旗二,洋槍數十桿、帳房十餘架,法兵大敗,追至海濱而還。奏入,有詔嘉獎,並奉皇太后懿旨,發内帑銀三千兩賞給戰士。公又以滬尾離臺北府僅三十里,離基隆八十里,臺脆兵單,恐後路稍有疏虞,則基隆之兵不戰而潰。于是朝戰勝而夕退軍入山後,使法人聚于基隆,則沿海各邊不致處處窺伺,其形似弱而其策萬全。不知者反議公,公曰:「是惡知我之深謀也!」其後,法人果三犯滬尾,受創而去。滬尾守將孫開華亦善戰,公既退回淡水,則策應滬尾愈靈。然礮臺既毀,全恃兵卒肉薄相當,雖槍林礮雨中,將士得公一言,莫不視死如歸,竟能斬將搴旗,遏其狂逞,相持八閱月,而孤島獨全。其時馬江已挫,匯利、萬利、華安三輪船皆不克濟師支持危局,使華彝之民帖然,非公將略之優,曷克臻此?十一月,法人增兵犯月眉山,拒戰五日,敵兵皆著雨衣,更番迭進;我軍力薄,無可更換,將士忍饑冒雨,目不交睫,曹君志忠、林君朝棟與各營官皆跣足督戰,月眉山賴以保全。

明年春,和議成,罷兵,公拜巡撫臺灣之命,奏辦撫番事宜。臺灣生番横亘南北七百餘里,與民地交錯,每年戕殺生命至千餘人。匪盜藉番地以出沒,聚衆搶劫;土豪藉防番以斂費,養勇抗官。號令不能行,賦稅不能清。從前官斯土者相率苟安,生番殺人坐視不問,致南北四路聲氣不通。公謂如人身血脈不貫注即百病叢生，方今時事孔棘，海上多故，内患不除，何以禦外侮？且改設行省，正欲闢土以分治，緝暴以安良，洵非撫番不可。遂于十一年冬疏請開辦。或檄將領分路勦撫，或親督大隊入山，先示以威，後懷以德，于是南中北三路及前後山各路之生番均于十五年春薙髮歸化，送來番童，于臺北府城中安置教養。又辦清賦事，于冬十二月地畝丈竣，舊額年共徵銀一十八萬三千三百兩有奇，後正額溢出三十六萬三千三百兩有奇。又興造鐵路以通南北，臺防益固。是年正月，奉皇太后懿旨賞加太子少保銜。十六年，皇上二旬慶典，加兵部尚書銜。旋乞病歸。二十一年冬，終于家。遺疏入，朝廷軫惜，追贈太子太保銜。予謚壯肅，准建專祠，生平戰績宣付史館。長孫朝仰，賞員外郎。子副貢生盛芸，賞舉人；附貢生盛芾，以員外郎用；盛芥，辛卯舉人。

公性强力，多謀能斷。部下將士精鋭善戰，紀律嚴明，允爲淮軍之冠。捻寇平，曾文正公疏陳戰狀有云：巨憝肅清，餘氛盡掃。定謀以李公爲主，論功以公爲先，蓋倒守運河諸策皆公所建也。而又深識時務，條陳海防十事：一各海口礮臺亟宜改建以重防守；一洋面水師兵船宜次第籌辯，以固海疆；一長江、太湖水師亟宜改制，以收實用；一福建船政局、上海機器局宜加意整頓；一請籌購大批槍礮，以節經費而免欺朦；一稽查軍械、整頓礦務，宜特設軍器局，切實講理，以專責成；一新募勇隊宜加裁併，參用練軍以節餉需；一嚴定賞罰，以求將才；一請設局譯刻泰西各書，引掖後進，以造人材。洋洋數千言，切中時事。凡奏疏，每自屬草，用故事處空其格，令幕僚填寫之。氣盛，故言之短長均宜。軍事之暇，好圍棊。揚州有周小松者，稱通國善弈，嘗客公所，初讓一子，後苦思無以過；精妙入神，如公之用兵。又愛吟詠，有《大潛山房詩稿》，曾文正公弁言謂極有性靈。喜與文士唱和，頗能周卹寒素。公以爲千金市駿馬之骨，況吾遇生者乎？廄中有良駟，公愛惜甚。基隆之役，法人開炸礮，所騎馬忽屈伏于地，彈丸從頂上過，得無傷，回至滬漬，馬傷一足，公以五百金療治云。

備論

《咸豐以來功臣別傳》卷二四上《劉壯肅公別傳》 論曰：劉公勇鷙有謀，幾于漢中興吴子顔矣。體赳桓之質，躋保傅之班。美哉，以功名終焉！若夫經營臺疆，深識遠慮，隱然敵國，乃無何而淪于異域，豈公所及料邪！

藝文

《四朝詩史》乙集卷六張雲錦《蘇澳從軍詩》 己丑冬，再渡臺灣，入中丞劉公幕。明年，劉公自將征番，駐軍蘇澳，屬錦從。正月二十六日啟行，閏月初六日班師，凡四十日，得律詩七首。言雖不文，事皆紀實，著征番之難也。

海濱尋廢壘，幕府駐征轅。徵將趨風至，分營偃月屯。冑披生蟣蝨，笳動嘯狙猿。此地猶愁絶，前驅那可言。

無路荒山峻，參天古木高。修蛇臨澗躍，怪鳥繞營號。瘴毒蒸豐草，炊煙爇溼蒿。不須言戰事，士氣已蕭騷。

死邊爲烈士，搏兔乃戕獅。末將能相殉，忠魂可并祠。偏將軍傅公德柯獨當前敵，飛鏢中目，暈絶。部將某躍而進，且戰且負傅公歸。後無策應，遂并殲焉。捐軀難瞑目，裹革尚存屍。劉君朝帶昔戕於番，忠骸無著。後勁多觀望，陰風撼大旗。

古無人跡到，艱苦趣軍行。深入多疑伏，前驅半死生。雨淫天助虐，日久帥休兵。慎選防關將，何勞戰鼓聲。

樓船窮海泊，喚渡易輕舟。浪湧如奔馬，波廻似没鷗。雨風交灑落，性命聽沈浮。已濟看來處，驚人浩浩流。

榮祿部

綜述

《碑傳集補》卷一孫葆田《文華殿大學士贈太傅晉封一等男爵瓜爾佳氏文忠公神道碑》 公諱榮祿，字仲華，瓜爾佳氏。其先本蘇完部長，有諱費英東者，佐太祖皇帝締造鴻業，有大勳勞。崇德中，加封直義公。順治初，定爲功臣第一。雍正中，加封號，以宗子承襲，世德流衍，公其苗裔也。祖莊毅公，諱塔斯哈，以幫辦大臣殁於喀什噶爾之役。父勤勇公諱長壽，涼州鎮總兵，咸豐初，與兄天津鎮總兵武壯公諱長瑞同日戰殁於廣西。文宗顯皇帝下詔褒卹，稱其忠貞世篤。

公以門蔭起家，觀政工部。顯皇帝識公名，特擢銀庫員外郎。嘗詔至軍機處，詢問祖父死事狀，帝爲動容者久之。而是時執國柄者欲公出門下，公辭不得，幾致傾危。未幾而天津兵事亟，聖駕狩木蘭。恭忠親王奉旨設巡防處，檄公總其事。和議成，同治改元，醇賢親王調公充神機營翼長。是時公已薦擢京堂。三年，率健鋭營追奉天馬賊，至鐵門關，敘勞加副都統銜。七年，與平捻匪張總愚於畿輔，賞加頭品頂戴，擢左翼總兵，授內務府大臣。

十三年冬，穆宗毅皇帝升遐。公以內務府大臣與御前大臣、軍機大臣同被顧命。公奉兩宮懿旨，迎今上於醇邸，入承大統。公獨籲請嗣皇帝生有聖子，即承繼大行皇帝爲嗣。於時兩宮爲之感痛，允如所請。光緒四年，由步軍統領拜工部尚書，且駸駸大用矣。而公遽引疾求退，杜門卻埽，折節讀書。著有《世篤忠貞録》諸書。屏居十餘年，再起爲都統，簡任西安將軍。以旗民駐防西土者生計甚艱，乃於名糧外，月給孤寡錢干，其少壯者令練習洋槍，以壯軍威。二十年，皇太后萬壽，公入都祝嘏。適東瀛戰事起，即留授步軍統領，會辦軍務。明年，和議成後，授總理各國事務大臣。公因疏請變通舊制，改習槍礮；又請設武備學堂。二十一年，以兵部尚書協辦大學士，奉命察閲蘆臺武毅軍，小站新建陸軍。二十三年，會同刑部審辦大凌河馬廠案，都人士咸稱其公允。二十四年戊戌夏四月，授直隸總督兼北洋大臣，節制各軍。會有欲得公兵權者，小人謀亂國政。是年秋八月，皇太后再臨朝聽政，公遂奉命入爲軍機大臣，贊助綸扉。天子以聖躬不豫，軍國事一倚公爲襄理。旋晉文淵閣大學士，管理兵部事務。始公先後與文文忠、寶文靖、左文襄、李文正諸公遊，各以忠誠相砥礪。至是諸公皆徂謝，獨合肥李公與公爲國家柱石臣。而李公歷任疆圻，公在政府不立崖岸，於中外利弊獨洞見本原，力持大體，不爲衆説所淆。二十五年冬，朝廷議建儲貳，公因擬詔旨以進，其事祕而世莫得而聞也。或謂公嘗力爭不得云。二十六年，拳匪起畿南。公屢請勦亂黨，保護各國使館，而各國聯軍已入畿甸。及鑾輿西幸，公亦集隊南下至保定，獨有力圖恢復之意。而是時大學士兩廣總督李公已奉旨爲全權大臣，同贊議和。乃亟詔公至西安，默定大計。公乃力陳宗社安危所繫，凡敵人目爲戎首者，皆得罪，由是大局危而復安。明年冬，扈從迴鑾。至開封，摹意留蹕。是時李文忠以疾薨於京邸。冬十一月六飛入都，萬姓悦服，中外和睦，公之謨也。公前掌兵部時，建議仿設學堂以植人才。至是，乃建大學堂於京師，而各行省所建設者爲高等學堂。又爲科舉遞減法，以冀羣材興起。二十九年，公以疾告薨。繼公爲政者遂率意紛更，而科舉亦廢矣。

公薨於癸卯春三月庚子。是時天子奉皇太后展謁西陵，禮成閲武於保定。得公遺疏，乃遣員奠醊，賜謚文忠，贈太傅，晉封一等男爵。懿旨有曰「盡心竭力，調和中外」，又曰「獻納周詳，有爲中外所不及知者」。則公之生平盡勞可想矣。國朝勳臣得謚文忠者，在康熙朝惟輔政大臣索公，乾隆一等忠勇公傅公。道光以來，林文忠、周文忠、沈文忠三公則以危身奉上，先後並得美謚。而中興名臣尤稱三文忠，曰花縣駱公、益陽胡公、鐵嶺文公。所謂秉誠翊贊者，實能同心同德。至公與合肥李公身後易名之典，又俱出特賜，蓋尤爲不愧云。

陳夔龍《贈太傅晉封一等男爵文華殿大學士瓜爾佳文忠公行狀》 公諱榮禄，字仲華，略園其別號也。瓜爾佳氏，滿洲正白旗人。其先世直義信勇公諱費英東，懋著勛勤，實佐太祖高皇帝締造鴻業，至順治朝，定加封號，所謂四字公也。其爵另支承襲，元勳貴戚，明德流衍，綿綿延延，以迄於今，代有聞人，勿替厥緒。祖莊毅公諱塔斯哈，以幫辦大臣殉於喀什噶爾之役。道光十年，奉旨照都統例賜卹。父勤勇公諱長壽，仕至涼州鎮總兵。咸豐二年，與兄天津鎮總兵武壯公諱長瑞同日戰殉於廣西，事聞，文宗顯皇帝賜諭，有忠貞世篤之褒，均贈提督，卹如例。而季弟諱長泰，復以遊擊隨科爾沁忠親王轉戰畿輔，殉於陣。一門忠藎，無忝世臣矣。

公生有至性。少孤，事繼母太夫人孝養備至，兄弟之間尤形友愛。及壯，美姿容，長身玉立，儀制峻挺。有文武才，書畫劍槊，俱臻妙詣，識者莫不欽爲公輔之器。以門蔭起家，觀政工部，擢員外郎。故事，銀、緞匹、顏料三庫郎中、員外郎，缺出由各部堂官取合例司員保送，候録用。至是，部臣以公應選，文宗顯皇帝始識公名，即簡銀庫員外郎，蓋異數也。每當朝儤直，顯皇帝於班中遥見之，必顧問樞臣，曰：「某是榮禄否？」一日，命彭文勤公傳至軍機處，問祖、父死事情狀。公詳晰敷對，聲淚俱下。文勤具以聞，顯皇帝爲動容久之。當是時，執國柄者權勢熏赫，欲羅致之門下，而公不爲浼。因是觸怒，將藉事以相傾，公遂改以道員候選。既而京師戒嚴，顯皇帝狩於木蘭，而齮齕公者旋伏厥辜，時人咸服其識之卓也。恭忠親王設立巡防處，檄公總辦事宜。軍書旁午，日無暇晷。公精心贊助，措置裕如。同治元年，醇賢親王調公充神機營翼長，而公是時亦薦擢京堂矣。二年，奉天馬賊不靖，逼東陵。公躬率健鋭營馬隊，追躡兩晝夜，至鐵門關，賊遁。旋加副都統銜，管理健鋭營事務。七年，捻逆張總愚北犯，復設巡防處於神機營，特簡恭忠親王、醇賢親王節制天下軍馬。於時金陵髮逆尚未肅清，而蠢兹孽賊，復肆跳踉，諸務部署，艱難無異於曩時。公旰夕倥傯，彌益奮厲。張逆平，敘功，加頭品頂戴，擢左翼總兵。數年之內，踐陟顯要，歷任總管內務府大臣，工部、户部侍郎，副都統。所至激濁揚清，庶務畢理。

十三年，穆宗毅皇帝之升遐也，公以內務府大臣與御前軍機王大臣同被顧命。公獨籲請今上生有皇子，即承嗣穆宗，兩宫爲之揮涕允行。不數月，廷臣果有統緒大宗、小宗之議，幸公言先入，而人心始定。是夜，公奉懿旨，迎今上皇帝於潛邸。定策宿衛，公功爲多。四年，擢步軍統領、工部尚書。五年，引疾歸，第彈琴讀書，泊如也。屏居十餘年，始再起，授都統，旋簡任西安將軍。旗兵之駐防斯土者，生計甚艱。公知之，凡孤寡無告者，於名糧外，月籌款各增千錢。復刱練洋槍隊，軍氣爲之一振。又請增科場舉額一名，得旨允行。二十年，慈禧皇太后六旬萬壽，公祝嘏入京。適海疆事起，授步軍統領，會辦軍務處事宜。二十一年，和議既定，授總理各國事務衙門大臣、兵部尚書。公深鑒武科積弊，因疏請變通舊制，一律改習槍礮，又請設武備特科。疏中條列五利，俱剴切詳盡，足抉時弊。二十二年，晉協辦大學士。五月，赴天津查辦事件，兼閲蘆台武毅軍、小站新建陸軍，軍爲故直隸提督聶公士成、今直隸總督袁公世凱之所統也。二十三年，會同刑部審辦大凌河馬廠一案，又訊結蒙古郡王烏昭達盟長互揭一案。爰書所定，都人士咸服其公允。二十四年四月，授公直隸總督、北洋大臣。析津爲京師門户，非碩德宿望不能筦鑰其間。公到任，首先釐剔浮費，簡蒐軍實，餉不增而自裕，令不嚴而自肅。軍諮之暇，尤汲汲以人才爲心，疏薦中外賢傑，通達治體者十餘人，迄今日而悉蔚爲時棟矣。朝廷不欲公之久勞於外也，八月，特授爲軍機大臣，入贊樞務。於斯時也，外侮內訌，隱憂方亟。廷旨非屯重兵於近畿，不足以資鎮攝。於是，始設武衛五軍，而以公總中軍兼節制各軍，晉文淵閣大學士，管理兵部事務。適諸臣遽有預建儲貳之議，公力争之，不得。嗚呼！陽九百六之厄運，其中蓋有天焉，非一介臣之所能爲也。二十六年，致召義和拳匪之釁。拳匪者萌於齊，蔓於燕，浸至燎原不可收拾，於是各國使館之駐京者咸有戒心。公屢陳於朝，力主剿亂黨，保使館。而一時强宗悍將，横行恣睢，無復容公置喙，亦幾瀕於危矣。及鑾輿西狩，公集隊南行。至涿州，遇京餉十萬兩，因截留，另檄由易州間道達行在所。八月，慶親王與李文忠公充全權大臣入京議約。九月，公至西安。時各國索戎首亟，人心岌岌。公力陳安危所繫，請早定大計，以安宗社而免生民之塗炭。又與兩全權大臣函電往還。慶親王、李文忠公堅持於外，公密贊於內，和議始藉以就緒。闕中朝儀粗刱，公乃贊廷議，設立政務處，力行新政。凡一應因革損益之事，督同提調總辦各員實心規畫，綱舉目張，犁然悉當。即今庶政逐漸推行，實皆當日力破積習，有以立定初基也。是年，轉文華殿大學士，管理户部事務。二十七年，隨扈迴鑾。至汴梁，衆議遵午而起，僉請留蹕。公毅然争之，始得六飛千邁，重入都門，復舊配天，中外晏然者，皆公之功也。然公之心力實盡瘁於是矣。公嘗患人才消乏，而科場之積習難以驟挽，非設學堂不足以救空疏之弊，而拔實業之士。前掌兵部時，曾建此議，以疑謗交乘，固執一孔之見者不免熵惑動聽。至是，主持重整京師大學堂，開拓學務。上爲特頒誥諭，期以必行。現各省辦法雖尚未畫一，而近科所取士留心時務者爲多。公歿未逾年，奉諭遞減科舉，專注實學，群焉嚮風，而當時之遠謨亦可表襮矣。

二十九年三月，今上方奉皇太后展謁西陵禮成，閲武於保定府。是月，公以疾薨於京第。十五日，遺疏聞，兩宫爲之震悼。奉懿旨，賞陀羅經被，派員奠醊，賜祭一壇，謚文忠，贈太傅，晉封一等男爵，入祀賢良祠，給銀治喪。翼日，又奉懿旨，加恩賜祭一壇。生平事蹟宣付國史館立傳。而公之嗣子良揆且以四品京堂候補。飾終典禮，可謂優渥矣。蓋公與文文忠、寶文靖、李文正、左文襄、李文忠爲同輩，平昔各以忠愛相砥勵，同爲中興名臣。其在政府不立崖岸，於外省利病洞見本原。與各疆吏文牘往來，但責成效，不爲遥制，俾人人得以盡言盡力。迴鑾以後，舉行諸政，尤得要領，故人樂其寬易，而不能不服其嚴明。生平作用在苦心以調和諸將，大力以維持善類，愛才常若不及，舉善惟恐或遺。少年時性好任俠，見義勇爲。遭逢明聖，年未四十，已躋一品。中年閉門却軌，折節讀書，人服其進德之猛。著有《忠貞世篤録》、《紀恩齒録》諸書，藏於家。晚歲相業遭時多難，扶危定傾，兩宫委任愈專，四海觀聽愈肅，而公欿然不自矜伐。所不可及者，嫉惡最嚴，尤具知人之鑒。凡離經畔道之輩，意存僥倖，一見必斥。當時或有議其過當者，不逾時而其人之底藴畢露，衆鑒難逃，始服其見幾之早而斷事之決。而上亦知公深，故遇事得以言人所不能言。既殁，而兩奉懿旨，一則曰盡心竭力，調和中外；一則曰獻納周詳，有爲中外所不及知。天語煌煌，公爲不朽矣。當疾革時，問公以家事，不答。然喃喃卧囈如與人語者，辨之，皆國事也。公之睠懷君國，終始不渝如此。

公生於道光丙申年二月十九日，殁於光緒癸卯年三月十四日，春秋六十八歲。元配薩克達氏，早殁，繼配係宗室大學士諱靈桂之女。夙夜宣勤，頗資内助。庚子歲，公櫛沐焦勞，尤多匡贊。旋以烽火驚心，間關道路，從公而西，以疾殁於河南彰德府。側室劉佳氏，奉懿旨，封一品夫人，命爲正室。子一，綸厚，年十四。性孝友，當舉室西行，獨携先世之遺像，佩刀中路，始聞於公，人咸嗟異之。後至西安，亦因跋涉積瘁而殁，乃以姪嗣，即今京卿也。女二，一適禮親王世子，一爲今醇親王之福晉。公以閥閲世家，連姻潢胄，禮固宜也。夔龍親炙公有年，於公行事犖犖大者，恂窺崖略。甲辰之春月，公子良揆來請撰述。因覼縷如上，稍加論次，以備史館之採擇。謹狀。

俞樾《贈太傅晉封一等男爵文華殿大學士瓜爾佳文忠公墓志銘》 光緒二十九年三月庚子，文華殿大學士榮公薨於位。是時天子方奉皇太后展謁西陵，還駐保定。遺疏聞，兩宫震悼，贈太傅，封一等男，予謚文忠，賜祭一壇，入祀賢良祠。越日，又賜祭一壇，命以生平事蹟宣付史館。疊奉詔書，一則曰「盡心竭力，調和中外」，再則曰「獻納周詳，爲中外所不及知」。天語褒揚，舉朝讚歎。嗚呼！公不死矣。日月有時，將舉大葬。公子良揆介今河南巡撫陳君乞余銘其幽宫。余名微位卑，不稱盛德，辭焉。辭不獲命，乃譜其世系，敘其出處，綜其行誼，紀其生卒，及其所生而後舉其卓卓大者，著於篇，繫以銘。

其世系曰：公諱榮禄，字仲華，别字略園，瓜爾佳氏，滿洲正白旗人。其先世有諱費英東者，實佐太祖高皇帝締造丕基，順治初，封直義信勇公，所謂四字公也。元勳懿戚，代有聞人。祖莊毅公諱塔斯哈，以幫辦大臣殁於喀什噶爾之役，詔視都統例賜卹。父勤勇公諱長壽，凉州鎮總兵。咸豐初與兄天津鎮總兵武壯公諱長瑞者同日戰殁於廣西，詔有「忠貞世篤」之褒，均贈提督，卹如例。而其季弟諱長泰者，又以遊擊隨科爾沁忠親王轉戰畿輔，殁於陣。公官工部員外郎時，曾被命至軍機處，問祖父死事狀。公具以對，文宗顯皇帝動容久之。公後著有《忠貞世篤録》，紀此事也。

其出處曰：公以門蔭起家，觀政工部，擢員外郎，筦銀庫事。俄請以道員候選。及顯廟狩木蘭，恭忠親王設立巡防處，檄公總其事。同治元年，醇賢親王又調公充神機營翼長。奉天馬賊逼近東陵，公統健鋭營追賊鐵門關，賊遁，加副都統銜。七年，復設巡防處，公亦與焉。捻平，論功加頭品頂戴，擢左翼總兵，授總管内務府大臣、工部、户部侍郎。光緒四年，授步軍統領、工部尚書。未幾，謝病歸。病起，授都統，簡放西安將軍。二十年，海疆事起，復授步軍統領，會辦軍務。和議定，授總理各國事務大臣。二十二年，以兵部尚書、協辦大學士。二十四年四月，授直隸總督。八月，特授軍機大臣。是年，始授武衛五軍，以公總中軍，兼節制各軍，晉文淵閣大學士。二十六年，轉文華殿大學士以終。

其行誼曰：公生有至性，少孤，孝於繼母，友於昆弟。及壯，長身玉立，儀狀偉然。官部曹時，每當朝儤直，顯廟於班中遥望之，輒指問樞臣曰：「此榮禄邪？」是時當國者權勢熏炙，欲羅致門下，公不爲屈。其請改道員緣此也。今上登極，敘定策功，以執金吾，拜大司空，浸大用矣，而引疾乞身，優遊家衖者十餘年，海内高之。公爲西安將軍，以駐防軍生計奇絀，孤寡者名糧之外月給錢千，一軍歡忭。乃使練習洋槍，以佐騎射，軍容爲之一振。及任兵部尚書，遂疏請武科改試槍礮，又請設武備學堂以畜將材。其時朝廷方病八股取士，不足得實學。公乃建言，非設學堂不可，於是京師設立大學堂，又推其法行於各直省，皆由公始也。兩宫之西狩也，各國索戎首甚亟。公力陳安危所繫，請早定大計，以安宗社。罪人既得，外論始平。公與兩全權大臣往復函商，以定私議。人知慶邸與李文忠之榰柱於外，不知由公之斡旋於内也。公在行在，即議立政務處，凡因革損益之事取裁於此，至今循之，規模遠矣。少負文武才，書畫劍槊皆極其妙。及敭歷中外，與文文忠、寶文靖、李文正、左文襄、李文忠諸公互相砥礪，不立崖岸，而外省情弊無不周知。與各疆臣推誠告誡，人人樂其寬易，而又畏其嚴明，誠一代名臣也。

其生卒曰：公生於道光二十三年某月某日，薨年六十有八。當疾革時，問以家事，不答。喃喃囈語，皆國大事也。睠懷君國，始終不渝。謚之曰「忠」，允矣。公一生，起家郎署，跻登揆席，持危扶顛，功在宗社。恭譯聖諭，有云「獻納周詳，中外不及知」。然則可得而言者，固已僅矣，況余之跧伏草莽於外，事罕見聞，又烏乎測之哉？然而其卓卓大者，則亦可得而言，謹列其數事曰：方穆宗毅皇帝之升遐也，公以内務府大臣與御前軍機王大臣同被顧命。公獨籲請，俟今上生有皇子即承嗣。穆宗感動，兩宮爲之揮涕。未幾而果有吴可讀之疏。疏入嘉許，蓋公言已先之矣。此一大事也。南海有不逞之徒，挾其邪説，煽惑人心，朝野上下聳然動聽。公獨不爲之惑，擯斥奸回，和調宫府，不動聲色，措天下於泰山之安。又一大事也。本朝鑒於前朝，不立儲貳，歷聖相傳，從無異論。往者諸臣創議建嗣，名爲固本，實則行私。公力争之，雖不能得，然所立不久而廢，廢後不復更立，從公言也。又一大事也。山左亂民恃其拳勇闌入京師，啟釁外邦，焚殺平民，攻圍使館。公屢言於朝，請勦亂黨，勿替邦交。而一時强宗悍將横行恣睢，幾使公無從置喙，公亦數瀕於危。卒賴公言，稍全大局。又一大事也。和約既定，大駕東回。行至汴梁，暫休徒御，而羣情與與猶猶，僉謀留蹕。公毅然請行，百端譬解，於是乘輿遂發，復入都門，萬衆瞻仰，歡聲如雷，遂以成萬億年無疆之休。又一大事也。嗚呼！昔郭沖於武侯，記其五事，公亦當代之諸葛也，存此數端，以見崖略。若夫次第其事，始終本末，巨細畢登，則有國史在。

《清史列傳》卷五七《榮禄傳》 榮禄，瓜爾佳氏，滿洲正白旗人。祖塔斯哈，喀什噶爾幫辦大臣。父長壽，甘肅涼州鎮總兵。榮禄於咸豐二年十一月由廕生以主事用。十二月，承襲騎都尉，兼一雲騎尉。三年，分工部。七年，孝静康慈皇太后梓宫永遠奉安禮成，得旨俟補主事，後以本部員外郎儘先陞用。八年三月，補主事。八月，陞員外郎。九年，調户部銀庫員外郎。十一年八月，捐輸軍餉，獎候選道。十月，充神機營文案處翼長。同治三年四月，充全營翼長。六月，西安將軍都興阿奏調赴陝甘襄治軍事，命仍留神機營當差。九月，特詔，以五品京堂用。四年七月，統帶神機營兵赴薊東，剿捕馬賊，並往喜峰口鐵門關察看邊口情形。九月，賞副都統銜，管理健鋭營事務。是月，回京。十月，以督練營兵功，賞戴花翎，並充神機營、健鋭營馬隊專操大臣。十一月，充神機營威遠隊專操大臣。五年四月，署正藍旗蒙古副都統。五月，充本旗專操大臣。六月，授正藍旗蒙古副都統。十二月，調鑲白旗滿洲副都統。七年正月，捻逆竄直隸，隨恭親王襄辦巡防事。六月，授左翼總兵。八月，捻逆平，上嘉其隨同籌畫，防剿悉臻妥協，賞頭品頂戴。是時大學士文祥疏薦榮禄，稱其忠節之後，愛惜聲名，若畀以文職，亦可勝任。八年三月，補鑲黄旗滿洲副都統。十二月，命管理神機營事務。十年，署工部左侍郎，旋補工部右侍郎，兼管錢法堂事務。十一年，充管理值年旗事務大臣。十二年，調補户部左侍郎，兼管三庫事務。十三年三月，兼署吏部左侍郎。五月，授正藍旗護軍統領。七月，充左翼監督。八月，授總管内務府大臣。十月，自請開内務府差使，上不許。十一月，慈安端裕康慶皇太后、慈禧端佑康頤皇太后懿旨，皇帝天花之喜，榮禄著賞加太子少保銜，並賞戴雙眼花翎。十二月，穆宗毅皇帝龍馭上賓，榮禄自請撤銷翎銜，允之。

光緒元年三月，兼署步軍統領。三年正月，補步軍統領。十月，賜紫禁城内騎馬。四年四月，充紫禁城值年大臣。五月，遷都察院左都御史，旋擢工部尚書。八月，因病乞假。上以其差務較繁，解工部尚書任，開總管内務府大臣差使。五年六月，參修普祥峪萬年吉地。普陀峪萬年吉地全工告成，懿旨賞大卷巴絲緞二疋，並下部優敘。十一月，以病固請開缺，允之。六年，因已革知縣馬河圖夤緣開復未能拒絶，部議降二級調用，不准抵銷。十一年，以報效槍支，奉懿旨開復降二級調用處分。十三年，病痊，授鑲藍旗蒙古都統。十四年三月，充領侍衛内大臣。九月，署鑲藍旗漢軍都統。十五年，皇上大婚，充扈從鳳輿大臣。二月，充專操大臣。十七年十一月，授西安將軍。十二月，賞加尚書銜。抵將軍任，即請添練洋槍步隊五百，爲西安威遠隊，從之。二十年十月，慈禧端佑康頤昭豫莊誠壽恭欽獻崇熙皇太后六旬萬壽，入京祝嘏，授步軍統領。

時日本構釁，榆關内外防軍失利，京師震動。榮禄疏陳急固根本之策，略言：「馭夷不外和戰二策，然必先以戰爲根本，而後能以和蕆事。光緒十年法越之役，諒山一勝始能講解，未有不受懲創而能成和者也。用兵不外戰守二事，然必先以守爲根本，而後能以戰施功。咸豐、同治年間，粵捻之役，畿輔先固，賊勢漸衰，未有不固畿輔而能言戰者也。」因請依咸豐三年、同治七年故事，特設巡防局，領以親王，專決軍務。簡大臣督理五城團防，以安輦轂。用宿將前任湖北提督程文炳、甘肅新疆提督董福祥、涼州鎮總兵閃殿魁募重兵駐京畿，以備緩急。上皆報可。旋命會同商辦軍務。十一月，命在總理各國事務大臣上行走。二十一年六月，遷兵部尚書。請變通武科舉，疏云：「武科之設，原期得折衝禦侮之才。自火器盛行，弓矢已失其利。習非所用，與八比試帖之弊略同。積弱之端，未始不由於此。查應試武童各州縣少則百人，多或數百至千人。約計縣以二百人爲率，合之各省，數可二四十萬，皆年富力强，里籍可稽。若每省延聘精通洋操之教習數十人，就地教練，一歲之後，可成精兵。定以學習三年，作爲武生。選材武聰穎者，挑入武備學堂，習格致、輿地諸學，分礮隊、槍隊、馬隊、工程隊諸科。三年由督撫考試，列優等者，作爲武舉人，其名數不得逾本省舊額十分之五。此爲武備特科。其三年一試之武科暫准照舊舉行，但須酌減舊額一半，以期相濟爲用。俟新章試行有效，再將舊制停罷。並將此次特科武舉人咨送京師大學堂，限以三年，由兵部奏請欽派王大臣考試。列優等者，作爲武進士，其名數與常年會試中額各得其半，仍恭候廷試，各就本科驗其技藝，詢以方略，以侍衛、守備分用。各路軍營自哨長以上，均用此項武舉人、武進士充補，以備干城之選。似此參酌中外兵制，造就將才，於國事實有裨益。」詔下所司議，未及行。然其後罷武科舉及各省設立武備學堂，卒如榮祿議。二十二年四月，以兵部尚書協辦大學士。十月，充玉牒館副總裁。

二十三年，充經筵講官。請廣練兵團以維大局，疏言：「當今世局合五洲之地，已成一大戰國，武備之事日新月異。英、法、德、俄養兵之費每歲恒逾萬萬，外交之進退，視其兵之多寡强弱以爲衡。强則公法所不能拘，弱則盟約皆不可恃。國家自舊歲失馭東洋，示弱天下，環瀛列國，窺我虛實，不循約章，不守公法，乘間抵隙，肆意要求。拒之不能，争之不聽。本年德人藉口山東教案，徑據膠灣，所索各條多已委曲遷就，仍不肯退出膠澳，爲天下萬國之所未有。現在各處教堂林立，設有匪徒剽掠，彼將悉援德人之例，索地以償。即幸而無事相安，或執利益均沾，以一島一埠爲請，何以處之？時事艱難，於斯已極。曩者日本議款，於遼東九城，要我割讓。俄人約德、法二國仗義執言，有迫日還遼之舉。議者遂謂俄人暱我，多欲引爲奧援。國家降心相從，許其築路於東三省，行船於松花江，報俄者不可謂不厚。原欲假其勢力，藉弭各邦之侵侮。乃德事方興，始稱調撥兵船相助鎮攝，繼則援助之義寂然無聞。西報多謂德、法二主今歲咸赴俄都，聯盟合從，以圖我而兼拒英、日。九月，彼得堡俄報亦謂三國當堅持己見，以相索請，未幾即有青島之役。是三國協以謀我之情形已可概見。竊以爲目前之策，莫如求自强；自强之策，莫如多練兵。自甲乙兩年日人構釁，李湘淮之宿將，徵各路之精兵，遠戰遼西，未能取勝。固由統兵將帥調度失宜，亦緣倉猝成軍，教練未能應手。故有兵不練與無兵同，練不如法與不練同。前經督辦軍務王大臣奏請，飭臬司袁世凱創練新建陸軍。聞其兵皆軀幹彪悍，步伐整齊，爲各軍冠。雖未經與泰西軍隊較量軒輊，而比之湘淮舊伍，已覺煥然改觀。但人數不多，難當大敵。擬請添募若干營，成一大軍，與提督聶士成之軍扼守北洋門户。又提督董福祥老成宿將，智勇兼全。前於光緒二十年保舉將才，奏請飭募萬人，駐防近畿。厥後剿撫甘回，卒著成效。今董福祥又添募四營，增足二十營，駐紮山陝一帶，認真督練，藉資鎮撫。仍應再募十營以厚兵力，兼爲策應之師。其神機營練兵處馬步礮隊不下兩萬餘人，應由該管王大臣挑選年力强壯、技藝嫻熟者，别爲先鋒營隊，專備行軍折衝之用。庶可與現練營勇各軍互爲聯絡，以期有濟。至簡練民團，雖不無流弊。然咸、同之際，大學士曾國藩實賴其力，戡定東南。擬請敕令沿海沿江各督撫，先行舉辦，責成紳士悉心經理，仍杜苛擾以靖閭閻。以上各事，雖非旦夕之效，然認真辦理，一二年内，通國上下，衆志成城，不戰而屈人之兵，此之謂也。當嘉慶十二年，德主弗勒得力威廉第三爲拿破侖所敗，割其國土之半，獻銀九萬億，以與法和。於是發憤自雄，更改兵制，使全國丁男悉就兵役。越七年，而合英、俄、奧諸國大敗拿破侖，恢復疆宇，國勢以强。至今各國陸兵德爲稱最。俄羅斯兵制與德略同，教練稍異，但其民數既多，故兵數亦廣，雖商務與製造不逮英、法，而各國憚之。然則治國之道，惟在兵强。無不可復之仇，無不可雪之恥，斷斷然已。雖明知財賦日絀，籌餉維艱，但積弱之餘，不加振作，侵陵日甚，婪索無厭，議和議償，將無虛歲。與其拮据於日後，何如布置於事前也？」疏入，命下所司議行。

二十四年四月，授大學士，管理户部事務，旋署直隸總督。五月，授文淵閣大學士，補授直隸總督，兼充辦理通商事務北洋大臣。疏請整頓保甲，聯絡漁團。其立法有四，一曰損益舊章，二曰釐剔積弊，三曰明定賞罰，四曰嚴司稽查。八月，命入爲軍機大臣，仍節制北洋各軍，管理兵部事務。九月，賜西苑門内騎馬。十一月，賞穿帶膆貂褂。是時北洋自淮練各軍外，有聶士成、董福祥、宋慶、袁世凱所部毅、甘、武毅、新建四軍。榮祿因之立武衛軍，奏請以聶士成駐蘆臺，防大沽北塘，扼北洋門户，爲前軍；董福祥駐薊州，兼顧通州一路，爲後軍；宋慶駐山海關内外，專防東路，爲左軍；袁世凱駐小站，阨津郡西南要道，爲右軍；而自募親兵萬人，爲中軍，於南苑内擇地安營，督率訓練。又以籌餉爲軍事要義，新募中軍歲需餉銀百二十餘萬，請以部撥添練新建陸軍餉銀四十萬，改撥備放。其不敷銀兩，於部庫存儲各省撥解福建船廠經費項下動撥。毅、甘、武毅、新建四軍原有豫餉，淮餉及部撥各省關之餉，近每解不及額。請敕下户部嚴催各省，迅即撥解。儻不如額協濟，即查照陝甘總督左宗棠西征成案，指名嚴參。如能埽數解清，每届三年奏請獎敘。從之。

二十五年正月，充文淵閣領閣事。二月，授正藍旗滿洲都統。七月，充崇文門監督。二十六年，皇上三旬萬壽，賜御書扁額。二月，授内大臣。七月，賜紫禁城内及西苑門内乘坐二人肩輿。是月，各國以拳匪爲亂，聯軍入京師。皇上奉慈輿西幸，榮禄充留京辦事大臣，旋赴西安行在。二十七年六月，管理户部事務。八月，奉上諭，以回鑾在即，賞穿黄馬褂。十月，奉懿旨：「現在時局漸定，回京有期。榮禄保護使館，力主剿匪，復能隨時贊襄，匡扶大局，著賞戴雙眼花翎，並加太子太保銜。」十二月，授文華殿大學士。疏陳老病，請開去各項重要差使，以散員供職。奉懿旨：「榮禄公忠體國，謹慎小心，久爲朝廷所信任。上年拳匪之變，衆口紛呶，該大學士獨能堅持定見，匡扶大局，厥功甚偉。今雖時事粗定，而元氣大傷，除弊更新，百端待理。正當同心戮力，共濟艱難。宫廷振厲不遑，孜孜求治。該大學士受恩深重，更何忍置身事外，獨使宵旰憂勞，揆諸鞠躬盡瘁之義，於心安乎？所請著不准行。」二十八年二月，河南泌陽縣教案起，榮禄疏陳民教相安之策，略言：「鬧教之案，層見叠出。總由中國人心日漓，多藉入教爲名，横行鄉里，細故微嫌，倚勢搆訟。地方官又於案情曲折，不能詳切辨明，致使教士執先入之言，聽斷成偏重之勢。平民被抑，衆怨難犯。加以教堂賠款，無非攤派地方，疆吏責諸有司，有司斂諸百姓。鬧教之罰愈重，仇教之怨愈深。故一案未結，一案又起。星星之火，可以燎原，所關匪淺。亟當懲前毖後，正本清源。擬請敕下外務部，與駐京總教士樊國樑婉切籌商，妥訂規條，通行各教士一體照辦。並行知各省督撫，通飭各屬，遇有民教交涉之案，持平審斷，不得偏倚。庶幾民教相安，邦本自固矣。」詔許之。

二十九年三月，以病久未痊，請暫解樞務。上諭：「覽奏實深廑系。該大學士翊贊樞機，公忠懋著。現在振興庶政，倚畀方殷。著安心調理，毋庸開去軍機大臣差使，並不必拘定假期。一俟病痊，即行入直。」旋卒，遺疏入，諭曰：「朕欽奉慈禧端佑康頤昭豫莊誠壽恭欽獻崇熙皇太后懿旨，文華殿大學士、軍機大臣榮禄，公忠亮達，才識閎深。由廕生起家，洊陟正卿，歷任總管内務府大臣、將軍、總督，恪恭匪懈。擢登揆席，翊贊綸扉，竭力盡心，調和中外，老成持重，匡濟時艱。近因患病請假，並請開去要差。朝廷倚畀正殷，諭令安心調理。方冀病痊入直，克享遐齡，長資輔弼。忽聞溘逝，震悼良深。榮禄著先行加恩，照大學士例賜卹，賞給陀羅經被，派恭親王溥偉帶領侍衛十員前往奠醊。賜祭一壇，予謚文忠，追贈太傅，晉封一等男爵，入祀賢良祠。賞銀三千兩治喪，由廣儲司給發。其餘飾終典禮，再行降旨。」又奉上諭：「朕欽奉懿旨，已故大學士榮禄翊贊綸扉，適在時事艱難之日，盡心經畫，獻納周詳，有爲中外所不及知者。朝廷倚畀之殷，相須綦切。本年正月間，因病給假。疊經降旨慰問，方冀調理就痊，長資輔弼。乃以醫藥罔效，遽致不起。披覽遺章，拳拳於國計民生、用人行政，追念前勞，曷勝愴慟。昨已加恩，賜卹賜祭，派員奠醊，予謚文忠，追贈太傅，晉封一等男爵，入祀賢良祠，賞銀治喪。著再加恩，於靈柩發引前一日賜祭一壇，生平事蹟宣付國史館立傳，任内一切處分悉予開復。伊嗣子員外郎良揆著加恩以四五品京堂候補，用示篤念藎臣有加無已之至意。」尋賜祭葬。子良揆，太常寺少卿。

雜録

備論

俞樾《贈太傅晉封一等男爵文華殿大學士瓜爾佳文忠公墓志銘》 三台上相，一代偉人。雲漢黼黻，雷雨經綸。道臻其盛，運當其屯。沐日浴月，旋乾轉坤。忠愛結主，樂易宜民。三軍慕義，四裔歸仁。愛善如渴，燭姦若神。大憝斯拔，片長必甄。力扶地柱，默運天輪。聲色不動，光被無垠。有始有卒，不淄不磷。帝懷柱石，士感陶鈞。我作銘詞，刻此貞珉。何以銘之，曰社稷臣。

張之洞部

綜述

《碑傳集補》卷二陳寶琛《清誥授光禄大夫體仁閣大學士贈太保張文襄公墓志銘》 景廟西狩回蹕之六年，庶政整新，顧朝臣無足與圖深規遠者，乃詔召體仁閣大學士、湖廣總督南皮張公入贊樞機，兼管學部，尋充經筵講官。逾年，上疾大漸，孝欽皇太后仍棄羣臣，醇親王監國攝政，公以顧命重臣鎮綏內外，海內望新治而公積憂勞成疾，十閲月遽薨於位。朝野震駭，如傾梁棟。蓋公抱體國之忠、救時之略，膺畺寄垂三十年，英流碩彦，羣冀公持鈞軸，奠區夏者殆十年、二十年，而需迫歸遲，重奪之速，天之不弔，何如也！

公諱之洞，字孝達，一字香濤。舉咸豐壬子順天鄉試第一。同治癸亥廷對，用直言時政，擢一甲三名進士，授編修。歷官國子監司業，詹事府左中允，司經局洗馬，翰林院侍講，侍讀，詹事府右庶子、左庶子，翰林院侍講學士。擢内閣學士，出爲山西巡撫。擢兩廣總督，移湖廣，再權兩江。平日論學言政，以法聖崇王爲體，以進夷予霸、致國富强爲用。官翰詹時，使俄大臣崇厚定俄約不詳，失伊犂地數百里，疏争數十，卒改前約，還伊犂。他所指陳，皆關至計。山西舊有土鐵出洋之禁，民間歲輸官鐵、潞紬，又苦充驛，公至一蠲除之。經略邊外七廳蒙地，爲興屯練兵計，繼者踵其法，事遂辦。法越之役，朝議和戰不決，法乘隙擾臺灣及閩，公至粤，則建攻越救臺之議，大舉洋債，以强半助滇、桂、越、臺諸軍，而特遣馮子材、王孝祺兩軍援桂，遂克諒山，法以就款。初，鐵路議興，言者或疑其非便，李文忠公小試之於京津，公謂宜大興盧漢，以經南北之脊，則粤漢、川漢、寧滬、蘇杭次第可舉。在粤奏上之，於是朝廷移公督楚。公之督粤也，注邊海之防。越事定後，汲汲奏移廣西提督駐龍州。建欽、廉、鎮南關炮臺，設守瓊州，經營榆林港，於粤、閩廠造兵船十數，設水陸師學堂以練將，清關稅、鹽課，鑄銀幣，榷煙膏以裕餉，嚴治盜以清奸。及移楚，則一以路政、工業爲務。大冶產鐵，江西萍鄉產煤，公設練鐵廠漢陽，既奏開之，資路用，兼造炮械。以荆襄宜桑棉麻枲而饒皮革也，因設織布、紡紗、繅絲、製麻、製革諸局，佐之以隄工，通之以幣政，用盡地利，抵洋貨。

而中東事起，上下議變法，新學科武備。始，公典試，提學浙江、湖北、四川，迄任畺帥，所至創立書院，以通經學古，提倡士風，謂求才必由學。於鄂、於蜀有經心、尊經，於晉有令德堂，於粤有廣雅。比督楚，復創兩湖書院。其權江督也，巡閲江防炮臺，察南北營政，於陳臺窳炮、驕將惰兵悉與更易，募德弁練江南自强軍，至是乃首采東西規制，廣立文武、農工商、鐵路、方言、軍醫諸學堂，遣遊學，設將校講習所，籌款造船。又以邪説誣民，著《勸學篇》闢之，雖叢忌毁，不顧也。

洎夫拳亂召戎，大局危岌，而公益紓忠，益明心，乃益苦矣。於時中外沸騰，公疊請勦匪護使館，不報。則急電各國外部，及來華水師將領暨各領事，立約保護東南。測聯軍必入京，督撫中有聯名阻乘輿西幸者，公聞大驚，急電撤銜疏論之。俄乘拳亂占東三省，脅將軍增祺定新約，關東權利盡失，聯軍和約成，迫全權畫押有日矣，公力争得寢。即日俄争東權搆兵，或邀公出勸止，拒之。兩國定約兵解，東三省以全。其振大綱，斷大計類此。

公爲政經畫恢宏，而綜理微密，千條萬端，一心默識。用財繁浩，大率取之中飽私規，不竭民膏，不侵庫款。其對外如拒赫德之議設沿海巡航，加農賦，免稅釐；英提督貝思福之代練華兵；美員精琦之圖攬幣政；聯軍各國之請濬吳淞口；日、德商船之逾越漢口馬頭；收回美、比合興公司之承辦粤漢鐵路，皆據理抗争，務以保全國權爲主。抗懷千載，所在祠其名賢先哲，若晉杜成侯、陶桓公，唐裴、李，宋韓、范、司馬，無日不流連心口間。爲學兼師漢宋，去短取長，惡説經襲《公羊》、文字撫六朝，謂爲權詭亂俗。癸卯入覲，怵然於中學式微，道法將墜，手訂學堂章程，於經、文兩科尤注意焉。比還朝，益亟亟於普建存古學堂、圖書館。嗚呼！公之忠規密謨，關係斯文之興壞，匪獨天下安危而已。

薨於宣統元年八月丁酉，春秋七十有三。公以諒山之捷，賞戴花翎。論保全東南疆土功，賞加太子少保。今上御極，晉太子太保，賜紫韁。遺疏聞，贈太保，謚文襄。

曾祖諱怡熊，浙江山陰知縣。祖諱廷琛，福建古田知縣。考諱鍈，署貴州貴東道，贈太僕寺卿，皆追贈如公官。曾祖妣氏傅，祖妣氏王、氏蘇，妣氏劉、氏蔣、氏朱，皆一品太夫人。配石夫人，繼配唐夫人、王夫人，前公卒。子六：權，戊戌進士，禮部郎中，賞四品京堂；珽，附生，前卒；仁侃，郵傳部員外郎，賞郎中；仁淑，一品廕生；仁實，主事；仁蠡。女一，長適卞緒昌。孫五：厚琨，早卒；厚璟，拔貢，賞主事；厚琬、厚珹、厚瑜。孫女一。曾孫二：遵騤、遵騄、遵騏。

初，寶琛與公接膝京師，謬引同志。里居，一訪公廣州，前後契闊幾三十年。前歲入都，見公道孤志厲，氣鬱慮煎，私用慨歎，孰圖會遭而訣遽哉！公子權等將以宣統二年十二月乙酉，葬公縣西南原新阡，乞文納壙。思公誰嗣，乃最其政蹟，志事如右，而繫以銘。

《碑傳集補》卷二陳衍《張相國傳》　張之洞，字孝達，一字香濤，直隸南皮人，晚自號抱冰。督兩廣時創廣雅書院、廣雅書局，故又稱廣雅。父官貴州觀察使，生之洞。軀幹短小，不類北人，廣顙偉鼻，目三棱有光，修髯及腹，行坐揖讓，儀觀秩然。未冠，舉順天壬子鄉試第一。癸亥，始成進士。時粵匪方熾，詔廷對勿拘舊格式，之洞縱陳時事，然終以第三人及第。旋督學湖北，取士提倡樸學，才華次之，建經心書院，選高才生肄業，校士錄出，天下傳誦。丁卯、庚午，典浙江、四川試，皆遍搜經策遺卷，名下士無一失者。遂督川學，著《輶軒語》、《書目答問》教士。道、咸以來，士溺於陳腐時藝，愈益不學，自是後進乃略識讀書門徑。有詆謀《書目》不盡翔實，稿非己出，然不害其勵學愛士懇懇意也。

同治間，大亂初定，朝廷尚競業開言路，言者競進，頗黨伐同異，久而孝欽太后厭之。獨之洞多上書陳政事，不以參劾爲能。光緒初，由內閣學士簡授山西巡撫，京曹久不放疆吏，備畀之重，自茲始矣。

未幾法越事起，擢兩廣總督。沿海驛騷，方修炮臺，樓船水戰具。之洞注意陸戰，專力籌軍餉，重顧廣西邊防，兼濟雲南，餘力及福建之臺灣，皆百十萬。以湘、淮軍已暮氣，王德榜、潘鼎新輩連戰不利，乃起宿將粵人馮子材，畀以重任。諒山告大捷，爲自來中西構兵所未曾有。雲南宣、光亦捷，法人勢大屈，浼英人議和，急請停戰。政府怵且閧，遂之。之洞力爭，且密飭馮軍速戰，朝旨終連責，不得已乃退師。

粵俗多盜多海賈，以博爲生，闈姓尤非法，士紳分肥。闈姓者遇童子試、鄉會試，限稍僻之姓射其中否，以百十萬爲博注，姓僻者，則有代之作文通關節，使之必中而後已，害亦甚矣。然禁之不易，籌餉無所出，則且因勢而重征之，歲入恒百十萬。中國幣制銅錢，外向用生銀，互市口岸則用外國所鑄銀圓，漸及內地，乃創鑄龍文銀圓、小銀圓，造兵輪船、商輪船，設水師學堂，諸要務繁然興矣。

時鐵路風氣未開，惟臺灣巡撫劉銘傳言之最早，疑阻者衆。之洞以爲鐵路國之脈絡，無鐵路是人身無脈絡也，無幹路是無督脈也，乃建議首辦蘆漢幹路，而後西達秦、晉，南通湘、粵，中朝因調督湖廣。湖廣治武昌，督撫同城，自胡林翼以湘軍戡定武漢，開辦釐金，籌餉，察吏事權，一歸巡撫，總督拱手而已。之洞至，興鐵廠、槍炮廠，紡紗、織布、繅絲、製麻、製革各廠，創設官錢局、造幣局，行用鈔票，鑄銀圓，以固根本，劑盈虛。攬鑄東三省、雲、貴、四川各省小銀圓，收其餘利，歲百十萬。用從事陳衍言，仿造外國暗字銀紙，創鑄當十銅圓、當二銅錢，行用南北各省，至數千萬，餘利至千百萬。繼而鄰省競利，分畫行用畺界，而閉塞滯銷矣。又繼而京師集權，禁限各省鑄造，而銅幣業已充斥，值亦貶矣。議者咎銅圓之漁利病民，直不足當十，然一文錢既極敝而乏絕，無銅圓即無以交易，失在銅價既貴，當用金銀主幣，不當用銅。有主幣，補助幣，乃有限制。銅圓特一時濟急，先鑄者暫獲其利耳。

湖北爲數省要衝，若鹽斤加稅，土藥加稅，罷釐金，行統捐，開富籤票，歲入增數百萬，益以沿江沙田堤工堅實，漢口後湖漲灘，大冶、崇通鐵煤礦，會城內外築馬路、闢商場，生活窮民無算。用以添造槍炮及淺水兵輪，首開速成師範、兩湖完全師範，方言文普通中小各學堂，選派學生留學東西國，甲於各省，先於各省。其講武，則武備、將弁各學堂，練軍全鎮炮隊、輜重各營，罔不具備。湖北列在小省，擁京餉、攤賠款，至方駕江南焉。庚子之亂，革王載漪矯旨命各畺吏攻擊居留外人，之洞不奉詔，與兩江總督劉坤一、兩廣總督李鴻章倡互保之策，北方鼎沸，東南晏然。前後坐鎮武昌二十年，中權兩江總督者二年。丁未，乃以大學士入爲軍機大臣，兼管學部。

未幾，景帝、孝欽太后相繼崩殂，少帝立，醇王載灃攝政監國，專用親貴，至十部大臣惟司法、學部屬漢人，以母弟載洵、載濤典水陸軍。載洵招權作威福，日營宮室，天下側目。載澤長度支，無所知，惟與之洞爭幣制，袒庇瑞澂，以亡其國。之洞力爭親藩典兵，至於椎心嘔血，病旬月以薨，遺疏有「守祖宗永不加賦之規，懔古人不戢自焚之戒」各語，天下誦之。生平獨立無奧援，惟高陽相國李鴻藻稍左右之。李卒，政府皆不以所爲爲然，剛毅、翁同龢尤惡之。戊戌，景帝召將內用，翁以留辦教案阻之，中途折回。之洞天資稍遲鈍，而精力過人，文章、經濟之學，弗得弗措，思深憂長，眼光因之及遠，長慮卻顧，亦間坐此。宏獎知名士，無不羅致，然不與謀政事，所用多雜流，奔走承意旨之人，亦無薦剡爲公卿大臣者。

《大清畿輔先哲傳》卷七《張之洞》 張之洞，字孝達，號香濤，南皮人。洽聞强記，淹貫羣書，尤究心經世之務，以天下爲己任。咸豐二年，年十六，舉鄉試第一，一時才名噪都下，乃益自淬勵，精研歷代諸儒之學，而以實用爲歸。同治二年，登進士，殿試對策，直陳時政得失，不拘守行墨常式。閲卷大臣皆不悦，議置末甲。大學士寶鋆獨激賞之，以爲奇才，置二甲第一，進呈御覽。兩宮皇太后特置一甲三名，授編修。之洞受知於朝自此始。

六年，典浙江鄉試，得知名之士五十餘人，後多以勳名學問顯者。尋授湖北學政，捐俸創立經心書院。十二年，典四川鄉試，旋授學政。蜀士多聰敏有才智，而習尚浮譁，專以時文帖括苟取科名爲事，凡經、史、子、集四部之書，多束而不觀。間有向學者，亦苦無師資，茫然不得其途徑。之洞奏設尊經書院，選高材生肄業其中。復建尊經閣，廣置書籍。開印書局，刊行小學、經、史諸書。又撰《輶軒語》、《書目答問》二書，發明宗旨，示以讀書之法。成都士子，向有攻訐、冒籍、槍替諸弊，往往糾黨持械相鬭殺。之洞皆親爲訊斷，士論翕然。松潘有回人武生蘭某，勇健多黨，恣志横行，設策禽之，繫於獄。於是，成都武試亦懔懔守法，無敢多事者。因疏陳整頓試場積弊八策。

光緒五年，晉國子監司業。吏部主事吴可讀奏請預定大統之歸，太后敕廷臣妥議。之洞疏曰：「穆宗毅皇帝立嗣，繼嗣即是繼統，此出於兩宮皇太后之意，合乎天下臣民之心，而爲皇上所深願。乃可讀於所不必慮者而過慮，於所當慮者而未及深慮。穆宗繼嗣之語，屢奉懿旨，人君子孫凡言繼嗣者，即指纘承大統而言。繼統、繼嗣本無區别，其分爲兩事，乃明代張璁、桂萼謬説。高宗欽定《儀禮義疏》，已辭而辟之，矧今懿旨申命再三。設有迷妄小人，舞文翻案，廷臣皆得執簡而争，不必慮者一也。所舉宋太宗背太祖，明景帝背英宗，然德昭非太宗子，見深非景帝子也。若皇上以皇子嗣穆宗，名爲先朝之繼體，實則今日之麟振，有何嫌疑？有何吝惜？以皇上之仁孝，受兩宮皇太后之殊恩，起自宗支，付之神器，必不忍負皇太后，必不忍負穆宗，不必慮者二也。趙普、黄竑之輩，誠難保其必無，然明世宗紊大統而懸私親，以興獻已没也，使其尚在，必能以禮自處，少加裁制。今醇親王天性最厚，忠直恪恭，他日如有妄進異言者，必能出一語以爲之救正，不必慮者三也。至請明降懿旨，將來大統仍歸穆宗嗣子，意則無以易矣，辭則未盡善也。緣前奉懿旨，皇帝生有皇子，即承繼穆宗爲嗣。參以該主事之説，是一生而已定爲後之義，即一生而已定大寶之歸，將類建儲，有違家法，所謂未及慮者一也。前代譏構奪嫡，流弊已多，今被以紹統之高名，重以承繼之形迹，較之尋常主器，猶易生嫌，所謂未及慮者二也。天位授受，簡在帝心。帝堯多男，非止一索，聖意所屬，知在何人，此時早定，豈不太驟？所謂未及慮者三也。伏讀此次懿旨『即是此意』四字，言簡意賅，至堅至確，天下萬世，誰敢不遵？顧聖意宜遵家法，亦宜守今日之事，約有二説：淺之爲穆宗計者，則但知諸臣之議，并請一渾涵懿旨，略謂屢次懿旨俱已賅括，皇上孝友性成，必能處置盡善，似無所妨矣。然『生即承繼，即是此意』一語，字字當遵。托諸文辭，可避建儲之名；見諸事實，儼成一建儲之局。他日誕皇子，命承繼，廷臣中或援祖訓以争，則承繼之事且中止。是此日以恐類建儲而承統之説不能定，異日又以恐類建儲而承繼之旨不能宣，是令皇上轉多難處矣。然則深之爲穆宗計，而即爲宗社計，惟有因承統者以爲承嗣一法，不能遽定何人承繼，將來纘承大統者即承繼穆宗爲嗣。此則本乎聖意，合乎家法，皇上處此，亦不至礙難，伏請兩宮聖裁，即以此意明降懿旨。皇上親政之初，循覽慈訓，感恻天懷，自必仰體聖意，再頒諭旨，祗告郊廟，宣示萬方，則固已昭於天壤，堅於金石矣。如此，約有五利：定彝訓，一也；待宸斷，二也；無嫌疑，三也；無更變，四也；精擇賢，五也。至於精擇賢而其利宏矣，在兩宮慈愛之念，惟期於繼嗣繼統久遠遵行，豈必亟亟焉指定一承繼之人而後慰？即穆宗在天之靈，當亦願後嗣聖德永綏洪祚，又豈必斤斤焉早標一嗣子之目而後安？此固爲我國家億萬年之至計，即使專爲穆宗嗣子策之，似亦無善於此者矣。或謂禮制精深，動關名義，由此以承統爲承嗣之説，安保日後無泥古聚訟者？則臣請得條舉其説而豫辨之。一曰禮爲人後者爲之子。三代人君，凡繼先君之統者，即爲先君之後，雖無父子之名，而用父子之禮。皇上承穆宗之統矣，何以又别立後，不知父子之説，漢、唐來久已不行。且皇上承繼文宗顯皇帝爲子，已有明文。文宗有子，則穆宗無子矣，豈有御宇十三年，功德溥四海之先帝，而不爲立後者？其不足辨一也。一曰禮嫡子不得後大宗。不知此爲臣庶言之，非爲天家言之也。古來擇取親屬入承大統，則本宗不敢私其嫡子，尊尊也。若嗣君爲先君立嗣，則嗣君亦不得私其嫡子。蓋嗣君與先君當日固有君臣之分者也，亦尊尊也。然人承大統者，既承累朝之大宗，則本支應自爲繼别之宗，並不得以小宗論，於禮於法當别立嗣者也。嗣君既爲大宗，則雖以子爲先君後，於禮於法不能别立嗣者也。然則就今日事勢論之，將來皇子雖爲穆宗之嗣子，仍無妨爲皇上之嫡子，尊尊亦親親也。皇朝律令對承繼之文，則曰：本生父母。他日稱謂區別，聖心自有權衡。兩宮以聖而行權，皇上以聖而製禮，一舉而忠、孝、慈、友之人倫備焉。尊尊、親親之禮意賅焉，義協而禮起，何爲不可？其不足辨一也。一曰《春秋傳》云：『君子大居正。』故兄弟叔侄展轉授受，每難貼然；不知從父從子，乃生釁隙。若皇子承繼先朝，但存名義，豈判親疏？其不足辨二也。凡此皆羣經之精言，而實不切於今日之情事，設有迂儒引之以撓大國是，佞夫藉之以文其莠言，大智聰明，豈能惑哉？今者，往事已矣，惠陵永閟，帝后同歸，既無委裘遺腹之男，復鮮慰情勝無之女，傷心千古，夫復何言。承嗣承統之説，不過於禮制典册之中存此數字空文，俾穆宗在天之靈爽雖遠而不遠，幾忘而不忘，庶可稍慰兩宮鬻閔之思，且伸皇上友于之愛。夫吴可讀區區一貶謫小臣耳，尚且昌言以發其端，致命以期其許，何況子道弟道兼盡之聖主哉？昔漢景帝欲悦竇太后之意，至有千秋萬歲後傳梁王之語。梁王非有應嗣之分者也。宋高宗以太宗之後，乃閔太祖子孫零落，而以太祖七世孫孝宗爲嗣。孝宗非有承統之約者也。皇上聖明，遠在二君之上。竊謂今日者，惟在責成毓慶宮侍學諸臣，盡心輔導，培養天性，開陳至道，皇上孝悌之心油然而自生，尊尊親親之等秩然而不紊，任賢去佞，内修外攘，則所以仰體兩宫，上慰穆宗者，固不僅在繼嗣承統一端而已也。即以此一端而論，其沃心正本之方，亦在彼而不在此。伏惟皇太后與皇上名分已定，恩誼日篤。皇太后視皇上所生皇子，無論承繼穆宗與否，同爲己孫。皇上視所生皇子，無論承繼穆宗與否，同爲己子。君臣一德，共濟艱難，此宗社之福，而臣民之願也。臣恭繹懿旨中『即是此意，妥議具奏』二語文義，是者，是其將來大統宜歸嗣子之意；議者，議夫繼嗣繼統並行不悖之方。臣工應命陳言，豈敢以依違兩可之游詞，貽廟堂他日之籌慮乎。」五月，以四川東鄉重案，疏請誅知縣孫定揚，以恤民生。七月，以星變地震，疏請修省以弭災變。八月，升詹事府左春坊左中允。

九月，晉司經局洗馬。十二月，俄人議歸我伊犁，使俄大臣崇厚擅訂新約十八條，衆論大嘩。上命廷臣集議，之洞疏曰：「新約十八條，其最謬妄者，如陸路通商由嘉峪關、西安、漢中直達漢口，秦、隴要害，荆、楚上游，盡爲所據。馬頭所在，支蔓日盛，消息皆通，邊圉雖防，堂奥已失。不可許者一。東三省國家根本，伯都訥吉林精華，若許其乘船至此，即與東三省全境任其遊行無異。陪京密邇，肩背單寒，是於綏芬河之西，無故自蹙地二千里。且内河行舟，乃各國積年所力求而不得者，一許俄人，效尤踵至。不可許者二。朝廷不争税課，當恤商民，若回、準兩部、蒙古各盟，一任俄人貿易，概免納税，華商日困猶未也，以積弱苦貧之蒙古，徒供俄人盤剥，以新疆巨萬之軍餉，徒爲俄人委輸。且張家口等處，内地開設行棧，以後逐漸推廣，設啓戎心，萬里之内首尾銜接。不可許者三。中國藩屏，全在内外蒙古，沙漠萬里，天所以限。俄人即欲犯邊，迤北一面總費周折。若蒙古臺站供其役使，彼更將捐重利以啗蒙人。一旦有事，音信易通，糧運無阻，勢必煽我藩屬，爲彼先導。不可許者四。條約所載，俄人准過卡倫三十有六，延袤太廣。無事而商往，則譏不勝譏；有事而兵來，則禦不勝禦。不可許者五。各國商賈，從無明言許帶軍器之例，今無故聲明人帶一槍，其意何居？假如千百爲羣，闖然徑入，是兵是商，誰能辨之？不可許者六。俄人商税，種種取巧，如各國希冀均沾，洋關税課必至歲絀數百萬。不可許者七。同治三年，新疆已經議定之界，又欲内侵，斷我南通八城之路。新疆形勢，北路荒凉，南城富庶，争磽瘠，棄膏腴，務虚名，受實禍。不可許者八。伊犁、塔爾巴哈臺、科布多、烏里雅蘇臺、喀什喀爾、烏魯木齊、古城、吐魯番、哈密、嘉峪關等處，准設領事官，是西域全疆盡歸控制。有洋官則有洋商，有洋商則有洋兵。初則奪我事權，既則反客爲主，馴至彼有官而我無官，彼有兵而我無兵。且各國通例，惟沿邊沿海准設外邦領事，若烏里雅蘇臺、科布多、烏魯木齊、古城、哈密、吐魯番、嘉峪關，乃我境内，今自俄人作俑，設各國援例，將十八省腹地遍布洋官。不可許者九。名還伊犁，而三面山嶺内，卡倫以外，盤踞如故，據高臨下，險要失矣。割霍爾果斯河以西，格得滿島以北，屯墾無區，畜牧無所，地利盡矣。金頂寺久爲俄人市廛，既與約定俄人産業不更交還，是伊犁一綫東來之道，必穿俄巢，出路絶矣。寥寥遺黎，彼又盡遷以往，人民空矣。擲二百八十萬有用之財，索一無險要、無地利、無出路、無人民之伊犁，將安用之？不可許者十。俄人索之，可謂至貪、至横，崇厚允之，可謂至謬、至愚。皇太后、皇上赫然震怒，譴使臣，下廷議，可謂至明、至斷。上自樞臣、總署、王大臣以至百司庶官，人人知其不可，所以不敢公言改議者，誠懼一經變約，或召釁端；然臣以爲不足懼也。必改此議，不能無事；不改此議，不可爲國。請言改議之道，其要有四：一曰計決，二曰氣盛，三曰理長，四曰謀定。何謂計決？無理之約，使臣許之，朝廷未嘗許之。崇厚誤國媚敵，擅許擅歸，國人皆曰可殺者也。伏望拿交刑部，明正典刑，治使臣之罪，即可杜俄人之口。按之萬國公法，既有不准違訓、越權之例，復有臣執全權，可否仍在朝廷之條：正與崇厚不遵密函，不請諭旨之罪相合。着英之獄，成憲昭然，故立誅崇厚則計決。何謂氣盛？俄人欺我使臣孤懦，逼脅畫押，施一償百，意猶未饜，不料俄羅斯靦然大國乃至出此，不特中國憤怒，即環海萬國亦必皆不直其所爲。至俄使不待定議，聲言歸國，外洋亦無此例。況凱陽德係署辦公使，豈能擅歸？其爲恫喝無實情狀顯然，盡可聽其去留，不必過問。莫若明降諭旨，將俄人不公不平，臣民公議不願之故，布告中外，行文各國，評其曲直。并屬各國會堂，將我國家情理兼盡之處，刊入新聞報紙。明諭邊臣，整備以待，據衆怒難犯之情，執國弊不從之志。俄國雖大，自與土耳其苦戰以來，師老財殫，臣離民怨，近歲其國主屢有防人行刺之舉，若更渝盟犯順，圖遠勞民，必且有蕭墻之禍，行將自斃，焉能及人？故明示中外，則氣盛。何謂理長？種種要約，皆由伊犁而起，若盡如新約，所得者伊犁二字之空名，所失者新疆二萬里之實際。而每年尚需耗四、五百萬餉需，以供邊帥防軍建城開屯之用，是有新疆尚不如無新疆也。索伊犁而盡拂其請，則曲在我；置伊犁而仍肆責言，則曲在俄。況使臣畫押，未奉御批，未鈐御寶，一如載書未歃，豈足爲憑？俄人理屈詞窮，焉能生釁？故緩索伊犁，則理長。何謂謀定？俄人而講信義，兵端可以不開。若俄人必欲背公法，棄和好，設防之處大約三路：一新疆，一吉林，一天津。左宗棠席累勝之威，兵力素強。金順、劉錦堂、錫綸、張曜亦皆健將。以靜待動，俄人必敗。聯絡喇嘛棍噶札拉參遏其歸路，彼將蹈輪不返。若出吉林，邊地遼敻，林谷叢雜，其地去俄都二萬餘里，懸軍深入，饋餉艱難，不能用衆。如特簡兼資文武之將帥，授以重權，資以的餉，分南、北洋海防經費之半，爲經略東三省之資。命左宗棠、金順選撥籍隸東三省之知兵將官數人，東來聽用。招集索倫、赫津打牲人衆，教練成軍，其人素性雄勇，習與俄鬥，定能制勝。即小有挫衄，堅守數月，必解而去。天津一路，逼近神京，然俄國兵船扼於英、法公例，向不能出地中海。即強以商船載兵而來，亦非西洋有鐵甲等船者比。李鴻章高勛重寄，歲縻數百萬金錢，以製機器而養淮軍，正爲今日。若並不加一戰，安用重臣？伏請嚴飭李鴻章，諭以計無中變，責無旁貸，及早選將練兵，仿照德國新式增建炮臺。戰而勝，則酬以公侯之賞；不勝，則加以不測之罰。設即以贖伊犁之二百八十萬金，雇募西洋勁卒，亦必能爲我用。俄人饞食回疆，吞併浩罕，意在拊印度之背，不特我之患，亦英之憂也。李鴻章若以此開悟英使，輔車唇齒，當可同仇。近年立功宿將如彭玉麟、楊岳斌、鮑超、劉銘傳、善慶、岑毓英、郭松林、宋慶、喜昌、彭楚漢、郭寶昌、曹克忠、李雲麟、陳國瑞等，或見任，或退閑，或處廢籍，如酌量宣召來京，令其詳議籌策，分駐京、通、津、沽及東三省，以備不虞。山有猛虎，自可建威消萌。故急修武備，則謀定。臣非敢迂論高談，以大局爲孤注，惟深觀事變，日益艱難，西洋挾我權政，東洋思啓封疆，今俄人又故挑釁端，若更忍之、讓之，從此各國相逼而來，至於忍無可忍，止無可讓，又將奈何！無論我之禦俄本有勝理，即或疆埸之役，利鈍無常，臣料俄人雖五戰不能越嘉峪關，雖三勝不能薄寧古塔，終不至掣動全局。曠日持久，頓兵乏食，其勢自窮，何畏之有？然則及今一決，乃中國強弱之機，尤人才消長之會。此時猛將謀臣，足可一戰。若再閱數年，左宗棠雖在而已衰，李鴻章未衰而將老，精鋭漸盡，欲戰不能。俄人則已城於東，屯於西，行棧於北，縱橫窟穴於口內外，通衛藏，脅朝鮮。不以今日捍之於藩籬，而待他日鬥之於庭戶，悔何及乎？要之武備者，改議宜修，不改議亦宜修。伊犁者，改議宜緩，不改議亦宜緩。崇厚者，改議宜誅，不改議亦宜誅。此中外羣臣之公言，非臣一人之私言也。輔謀在疆臣，作氣在百寮，據理力辯在總理衙門，而決計獨斷，始終堅持則在我皇太后、皇上。事關宗社大計，坐視不能，緘默不敢，仰懇將臣此疏一并發交廷臣會議，不勝憂憤迫切之至。」於是，上褫崇厚職，交部治罪，以侍郎曾紀澤爲使俄大臣。

之洞疏言，馭俄之策，宜先備後講。備之法三：曰練兵，曰籌餉，曰用人。講之法三：曰責以義，折以約，怵以勢。總而論之，備爲主，講爲輔，操縱爲變化。我苟無備，則俄人知我虛實，肆其恫喝，雖有辯士，將不得言，言亦不信也。因疏陳海防十一事，請急修戰備，籌地籌人，以爲保全和局之策。六年，授翰林院侍講，轉侍讀，晉右春坊右庶子，充日講起居注官。八月，轉左。上以俄使布策將來，飭廷臣統籌全局。之洞疏陳前此七失，及講法、備法之要。

九月，曾紀澤要布策回俄訂議。之洞恐議約不慎，全局受虧，乃上疏曰：「俄使爲我追回，若不開誠決計，速爲定局，令其挾忿重來，是怒敵國也。既無分別輕重、簡約易行之策，又無不畏決裂、準備一戰之語，徒令使臣吐茹不得，剛柔皆非，是窘使臣也。然使臣多執成見，但論界務，不爭商務，若不予限制，不授機宜，必致遲臆牽定，一翻不能再翻，是誤國事也。今曾紀澤再議，必承該使臣五條上文而言。查原議五條本有難解，內只索還伊犁全境一條爲要務，爲實爭，其餘已屬次等，措詞又甚浮游。如領事暫緩一條，即言暫字，終歸必設，是名爭而實不爭也。如天山兩路不全免稅一條，將來新疆各城，但納稅一兩處，即爲如約，是爭其所不必爭也。如塔喀邊界派員議定一條，空言議定，並未言分界限以何處，是竟以不爭强稱爲爭也。如哈、巴、古三城一處留貨一條，尤爲屑瑣，本非十八條之一，是雖爭尚不如不爭也。試思伯都訥、西安、漢中既許通商，張家口既許設棧，內地近畿暢行無阻，而於關外沙漠計較留貨之區，亦顛倒之甚矣。大抵曾紀澤之意，既苦俄人强横，又復偏執己見，於最要者止爭伊犁全境一條，而以四條或不關緊要，或並非實爭者，搪塞充數，名爲五條，實止一耳。雖俄人概允，我已大失便宜；況布策追回，譬如買人出門，我後招之使返，必須增價無疑，可知曾紀澤此次必至降格相就。據彼外部來文，伊犁割地，俄志甚堅，即使布策十分通融，極之准改其四，亦必不允其一，然則伊犁全境終不可得矣。夫曾紀澤即有五條不權輕重之上文，失言於前日，又有總署八月八日漫無限制之電寄，横亘於胸中，將來轉圜結局，不過新疆俄商稍有一二處納税而已。夫以中外大局擾攘近一年，徵調半天下，九重怨，羣臣爭，再遣行人，六下廷議，而究竟止歸於爭得邊外區區一兩處税銀而止。以言實，則大傷；以言名，則不正。天下萬世，將謂之何？臣謂彼既有不强概允一言，正可就此與之力爭要著。此時必宜速敕曾紀澤掃除前文，從新另議。注意重務，專力籌商。除其他各條應由使臣相機辯駁外，竊謂西漢通商一節，尤爲大利大害之所關。臣上年十二月第一疏已經備陳，而大學士左宗棠覆奏疏中，病國、病官、病商、病民諸説，尤爲詳盡。至於目前維持，臣已兩疏陳有減税、招商，中、俄兩利之策。此時與俄人辯論，但當以華商生計爲言。蓋新疆買販本皆西商，今准俄貿易，准俄免税，則山西、甘肅數省之商民，於關外已無所獲，何忍並此而奪之。查張家口、恰克圖一路，舊有茶商二十八家，利息豐盛，自咸豐季年俄商盛行，存者止三家耳。西漢若引入俄商，吾民生計尚堪設想哉？捐關外之利予俄商，留關內之利予華民，可謂極寬、極讓、極和、極平，俄人於他條所得，已多於此條，亦復有利，何至決裂？就令敵國不顧情理，使臣何忍不一啟口乎？嘗讀同治六年九月故大學士曾國藩覆奏豫籌條約疏，有云『總就小民生計，與之切實理論，自有顛撲不破之道。如果洋人爭辯不休，盡可告以即使京師勉强應允，臣等在外亦必以全力爭回。即使臣工應允，而中國億萬小民窮極思變，與彼爲仇，亦斷非中國官員所能禁止。中國之王大臣爲中國之百姓請命，不患無辭置辯。甚至因此決裂，而我以救民生而動兵，並非爭虛儀而開釁，上可以對天地列聖，下可以對薄海蒼生，中無所懼，後無所悔』等語。又云『害我百姓生計，則當竭力相爭，不設抵制之詞，不用嚴峻之語，但以誠意動之，始終不可移易。彼知理直不可奪，衆怒不可犯，或者至誠所感，易就範圍』等語。縱樞臣以臣爲書生之見，獨不思左宗棠固嘗連篇累牘而上陳乎？縱使臣以臣爲不曉洋務，獨不思其父曾國藩固嘗痛心切齒而力爭乎？伏請敕取左宗棠、曾國藩兩疏上呈御覽，令諸臣等一再思之。至如松花江行船一條，曾紀澤本是提開緩議之説，即不能爭，亦當姑置勿議，免致説斷，無可轉移。如伊犁全境一條，即不能爭，亦當與俄人婉商，酌分南境爲中國留一南通八城之路，免致棄伊犁孤城爲絶地。如領事一條，則烏里雅蘇臺、科布多兩處尤要，我之防兵稀少，一設洋官，數千里蒙古盡爲彼用。即不能全爭，亦當擇此切迫者實力阻止，免致以一暫字自伏禍胎。即或智窮勢迫，此三端必不能爭，而西漢一節斷不可讓。聞曾紀澤之意，目前著重專在伊犁全境。然臣謂萬一彼此相持，和議難成，中國可爲商民生計而興兵，亦不值爲伊犁屬地而決裂。輕重之權，此亦易曉者也。竊謂事勢至此，補救將窮，限期一展不能再展，敵使一追不能再追。樞臣因惶惑而全無定衡，使臣執己見而不度利害。使臣既以當爭者爲不必爭，樞臣又不肯籌一審敵情、箝敵口之法，以指授使臣，則雖爭亦如不爭。若再不乘此數日未定之轉圜，力爭此一綫實在之利害，臣不知樞臣、使臣諄諄瀆請頒國書，釋崇厚，結五案，展限期，卑遜包荒，無微不至，所爲者果何事也。臣誠迂陋，亦知相時勢，諒使臣，獨以區區愚誠，有見不敢不爭，有言不敢不盡，惟聖明垂察焉。」乃又附陳西防、東防、津防、選將籌兵之事；且言即使俄人與我無釁，而以後朝鮮之防勢不能已，尤冀廟謨廣運，於東防將士，早爲籌畫周密，以固陪京。目前立急之計，止可征調南軍；若計久長，則關外征防總以選練北將、北兵爲上，南兵斷不相宜。識者尤服其老成先見云。之洞前後疏凡七、八上，卒改前約，還伊犁。

七年，升侍講學士。疏陳禦倭、禦俄事宜。六月，擢內閣學士，兼禮部侍郎銜。以星變奏陳修政之要，曰用人，曰言路，曰武備，曰禁衛四端。又以封疆重寄，未可虛懸，請定疆臣，以安邊圉。十一月，授山西巡撫。山西當大祲後，民物凋敝，度支益艱。之洞至，考究一切利病源委，首劾護理巡撫藩司葆亨、代理布政使冀寧道王定安虐民糜費，誅求屬吏諸款，糾治吞振之官十數員，舉廉明者五人。疏言：「國之元氣在戶口蕃息，田野墾闢，政事有綱紀，經賦無侵盜，而聚斂吝嗇不與焉。民之元氣在官吏無苛擾，四民無遊惰，而末富好利不與焉。官之元氣在官項無虧累，上司無殊求，賢否不顛倒，功過有黑白，而濫恩由法不與焉。

晉省歷年以來，公私困窮，幾乎無以自立。物力空匱，人才艱難。上官政出多門，屬吏懸不畏法。民習頹惰，以屢其生。士氣衰微，而廢其學。軍律日即蕩弛，吏胥敢於爲姦。譬如尫羸之軀，而復爲百病諸創之所攻削，固非表裏兼治不可。晉省要務，約有二十事：責墾荒，清善後，省差徭，除累糧，儲倉穀，禁罌粟，務本以養民也；減公費，裁攤捐，養廉以課吏也；結交代，核庫款，杜吏姦，理釐金，救鹽法，去蠹以理財也；開地利，惠工商，輔農以興利也；培學校，重士以善俗也；紓餉力，練主兵，遏盜萌，修邊政，固圉以圖强也。凡此皆儒術經常之規，絶不敢爲功利操切之計。其前八事，謹於此次分别陳請辦理，其餘容詳加規畫，陸續奏陳。」

時議者多持罌粟不宜禁之説，復上疏力陳其害，仿天津立戒煙局，延醫購藥，官生、將卒勒限自新，以明賞罰。澤、潞、平、孟等處，舊有土鐵出洋之禁，爲奏開之，並除民間歲輸官鐵、潞紬之累，設局清釐。道光至光緒數十年，庫款積弊一清。之洞嘗欲開墾邊外七廳蒙地，爲興屯練兵之計，適擢粵督，未竟其事，繼者踵其法，大舉興辦，實之洞首倡之也。初户部函咨各省，議增京官津貼。之洞以其數太少，請增之，並請籌政府言官公費，且云山西雖褊小，願視大省。户部既不肯加，而又以此項津貼改充京餉。之洞力阻之，謂此事關係人才吏道，斷不可廢，朝令夕更，亦非政體。如必提充京餉，請願照數别籌爲京官津貼，權其輕重，所得爲多。疏入，執政愧之，不果行。

八年，法、越事起，之洞疏請籌兵遣使，以先發爲豫防，因條上十六事，略謂：「法人狡謀已遂，情形已彰，徒遣密使偵探無益，徒在法京辯論亦無益，惟有遣使帶兵赴援保護，上可令退出越京，次可代定條約。敵之注意，滇急而粵緩。我之下手，滇緩而粵急。非從兩粵進兵批亢擣虚，則滇防徒爲糜費。粵西陸師出龍州、鎮南關，粵東水師出廉州海，皆會於越東京。至於籌餉，粵可取給於閩、粵兩海關四成洋税。滇餉可取給四川、廣西庫儲，可支半年，餘由廣東接濟。我師入越，詰問法使兵官，責以公法，示以戰意，乃爲居間調處，則法、越立約必有限制。宜並與法、越定議，中國常以一軍駐越港口，護越護商。廣東爲洋船來華第一門户，越事既須經營，則粵防愈要。當年曾國藩建議，南洋大臣本擬駐粵，擬請增設而以兩廣總督兼之，不惟經略南交，兼可先得各國要領，免以增兵置帥，致起各國猜疑。」並薦黎兆棠爲使越大臣，總兵方曜、貝錦泉，巡撫唐炯，布政使徐延旭，可備水陸將才之選。

十年，入覲。四月，命署兩廣總督。時法、越兵事日亟，朝議和戰不决，法乘隙擾臺灣及福建。之洞至粵，建攻越南以救臺灣，爲圍魏救趙之計。招回黑旗劉永福與唐景崧攻宣光，岑毓英率滇軍攻臨洮府，粵軍攻文淵州、諒山一路。餉銀軍械，大舉洋債，以强半助滇、桂、粵、臺諸軍。法攻越邊急，桂軍敗，兩廣大震，廣西官將皆棄龍州。之洞奏遣馮子材、王孝祺兩軍援桂，扼鎮南關險要，苦戰兩晝夜，大破敵，遂克諒山。法人懼，且急電求和，之洞力争，電奏七次皆不得，卒由總署北洋與之劃界定議。之洞意謂，泰西各國現皆講求管、墨、蘇、張之術，練兵製器，競争富强，中國若不仿行，恐受制於敵。疏請粵省設立水陸師學堂，首儲人材，考察戰法，選取秀士及行伍中材力勇健者，以充學生。延聘外洋教習，翻譯西國兵書，測繪地圖諸學，製造火藥、電綫諸技藝，分門講習，以備將材之用。次製器，外國争勝恃鐵艦，水陸攻守恃快槍、巨炮，設守海口恃水雷。皆機算精微，未便率爾。先創槍炮廠，仿左宗棠閩船廠規模，造槍彈、火藥、魚雷艇，兵船各件附焉。次開地，中國煤、鐵富甲四洲，福建穆源、古田、安溪皆産善鐵，兼饒煤至。廣東惠州、清遠等處所産亦佳。擬於省城設立礦務局，招商試辦。

六月，以諒山功，賞花翎。七月，實授兩廣總督。十月，籌議海防，大治水師。因分條陳奏曰：「中國洋面，北起吉林，南訖欽州，治海軍宜分四大枝：北洋爲一枝，旅順、煙臺、琿春屬焉；南洋爲一枝，浙江屬焉；閩洋爲一枝，臺灣屬焉；粵洋爲一枝，瓊州屬焉。每枝設統領一員，左右翼分統各一員，轄於統領，聽洋面督撫調遣節制，而皆隸於京師，以總理衙門爲之總領。粵洋海軍一枝，擬配水帶鐵甲三艘、鐵甲魚雷船六艘。每一鐵甲巨艦配兩鐵甲魚雷爲一隊，統領左右翼各領一隊，合爲一軍。至南北閩洋，應由各疆臣自行酌辦。計費，鐵甲雷船一軍，以四百萬兩爲率，四營共需一千六百萬兩，其款擬於洋藥税釐提出五年收數之半，爲造船專款。洋例，貨價議妥，定銀先付三分或五分之一。此項定銀擬由户部墊撥八十萬兩，飭出使大臣於其國銀行暫借，餘由四川、湖南、湖北、江西、安徽限數勸捐，以足其額。自定議造船二年後，各船陸續來華，擬將提半藥釐仍四分之，以充將卒、師匠之修船等費。巨艦兩年必須一修，故製船必先製澳。粵省黄埔澳淺窄，當徐圖擴充。各省有無可作大船澳之所，請飭疆臣豫籌備用。練將之法，擬選派員弁生徒出洋練習。一途隸出使大臣，分發各國學堂、水陸營務、炮臺船廠，分科練習。一途駕坐練船，周歷華洋各海口，先中後外，藉以周知諸邦口岸形勢、戰船規制，練習風濤駕駛，練船即爲學堂，兼可講習諸藝。閩省船廠規模已備，滬廠亦略有憑藉。粵省本無船廠，春間試造淺水兵輪，造成察看利病，藝熟工精，再當定議大舉。至於炮臺，粵東省防虎門内外新造各臺，缺略未備，惟有隨時增改，其五門要隘，現已另籌辦法。瓊、廉海口，爲南洋第一重門户，急須堅臺巨炮。各省海口，應由疆臣自行酌理。槍械一事，粵省現正籌設槍雷各局，其城内機器局，擬并歸城西，增步軍火局，以就水運。」

十二年，兼署廣東巡撫。疏陳邊防事宜，略謂：「廣西邊隘，以鎮南關爲最要，關之中、後、左、右均須設防，分爲三路，以防軍十二營屯中路，四營屯東路，六營屯西路。並將廣西提督由柳州移駐龍州，原屬新太協之龍憑營都司，改爲龍州城守營遊擊，並添設中軍守備。新太協副將及所轄左營都司、馗纛營都司均改屬提督，裁右營守備。柳州添設柳慶總兵，改提標左右兩營遊擊爲鎮標左右兩營，撤去柳州城守營都司一營，其寧遠、義寧兩協副將、融懷營參將諸營，俱統轄於柳慶鎮。龍州開關通商，重兵所萃，設太平歸順兵備道，總轄全邊，駐扎龍州。以左江道所屬太平府全境，暨東邊南寧府屬之上思州、西邊鎮安府屬之小鎮安通判、歸順州隸之沿邊統屬一道。上思州撥歸太平府屬。升歸順州爲直隸州。小鎮安改爲鎮邊縣，加通判銜，屬於歸順州。設道庫大使，總管關税瑣務。鬱林州遠在東南，改撥直隸州屬左江道，以協形勢。又以北海通商，廉州爲水陸第一門户，高州鎮總兵駐防北海，不能兼顧，奏請廉州特設總兵，名北海鎮水陸總兵。陽江鎮事務較簡，併入高州，亦改爲水陸總兵。澳門者，粵東肘腋患也。自總署改舊約，澳勢漸張。奏請澳門同知移駐關閘，扼其入内要隘，嚴定界限，衛之以兵，以防侵軼。」

十五年，巡視欽州至越南境，迂道廉、瓊。以瓊州孤懸大海，逼近越南，關鍵中外，築炮臺七於海口城西五里秀英山，築炮臺三於十里西場山，築炮臺五於城後大英山。濱海築長堤，西起西場，東止牛始。開炮路，備炮車，扼沿灘入口敵船，遠攻近擊，交相爲濟。廉州北海一口，近接九頭山，爲海盜窟宅，擇要居高築炮臺五座，其平沙則練炮車數隊，以備往來攻擊之用。榆林港者，中國第三船澳也。之洞籌款經營，購巨炮臺數十。繼其後者謂爲無用，移之北洋，論者惜之。時法人建議開越南鐵路，之洞慮其狡謀，增建平而關、鎮南關炮臺十餘處，以嚴防禦。并著《廣東沿海險要圖説》上之。

之洞在粵六年，孜孜求治，凡所興革，皆關大體。其裁瓊州黎匪，開瓊島中心十字路，通四方聲息，以絶黎患。奏定械鬥專條，復松筠治盜章程，重誘華人出洋之法，禁赫德征税巡船，封外人之在内地設棧者。又以國用支絀，潔己奉公，裁粵海關陋規、鹽商私費數十萬兩。改訂肇慶府黄江税廠，除廣西梧州經費，提惠潮嘉道關税餘銀以濟公需。整頓潮鹽，復舊課十三萬兩。創鑄銀幣，歲盈三十餘萬。権膏賭捐罰之款，歲凡五六百萬。於是，足軍實，造兵船，立廣雅書院，武備文事次第舉行。時議者以之洞用費浩繁，虧巨帑無算。及是年調補兩湖，李瀚章繼至，詳核之洞初至粵時，庫儲不及五十萬，至是卸任，儲銀正雜款二百五十餘萬。瀚章愕然大驚服，遽起立長揖謝之。

先是，海軍署奏請接修鐵路，御史余聯沅等先後疏陳，請停辦。之洞議曰：「泰西創行鐵路將近百年，實爲馴致富强之一大端。其初，各國開建幹路以通孔道，迨後物力日裕，闢路日多，支派貫注，都邑相屬。百貨由是而灌輸，軍屯由是而聯絡，上下公私，交受其益。初費巨資，後享大利，其功效次第實在於此。今中國方汲汲講求安攘之略，自不得不采彼長技，以爲自强之助。臣竊以爲，今日鐵路之用，尤以開通土貨爲急。就中外通商時局論之，中國民生之豐歉，商務之息耗，專視乎土貨出産之多少，與夫土貨出口較洋貨進口之多少以爲之斷。近數年來，洋藥、洋貨進口價值，每歲多於出口價值者約二千萬兩。來源既難杜遏，惟有設法多銷土貨以救之。此乃王道養民立國之本源，並非西商爭利會計之小數。中國物産之盛，甲於五洲，然腹地奥區，工艱運貴，其生不蕃，其流不廣。且土貨質粗價廉，非多無利，非速不多，非用機器、化學，不能變粗賤爲精良，化無用爲有用。苟有鐵路，則機器可入，笨貨可出，本輕費省，土貨旺銷，則可大減出口税釐，以鼓舞之。於是，山鄉邊郡之産，悉可致諸江岸海壖，而流行於九州四瀛之外。銷路暢則利商，製造繁則利工。山農澤農之種植，牧竪女紅之所成，皆可行遠。得價則利農，内開未盡之地寶，外收已虧之利權。是鐵路之利，首在利民，民之利既見，而國之利因之。利國之大端，則征兵轉餉是矣。方今强鄰環伺，外患方殷，内而沿海沿江，外而遼東、秦、隴，回環萬里，防不勝防，費不勝費。若無輪車鐵路，應援赴敵，以静待動，安所得無數良將、精兵、利炮、巨餉而守之。夫守國即所以衛民，故利國之與利民，實相表裏。今宜先擇四達之衢，首建幹路，以爲經營全局之計。至津通一路，其緩急輕重之宜，尚有宜加審慎者。而御史余聯沅等原奏，或恐洋教之煽張，或借捐金以資敵，或以狡謀利啖爲懼，或以人心風俗爲憂，不知鐵路不過行程迅速，至洋人、洋教之多少，與此無涉。造路之鐵，可用華產，修路之工，仍用民人。洋匠薪水，亦屬有限。洋廠勸造，不過市儈圖攬貿易之故智，並非別藏禍心。輪車與輪船、電綫確有利用之實，不得謂之淫巧。至所呈引敵、失業兩事，業經王大臣剖晰，詳盡言之。惟津、通密邇輦轂，非尋常散地可比，今大沽鐵路已至天津，若再開至通州，不爲置兵築壘以扼要隘，但恃臨時收軍撤軌之圖，則備豫仍覺未周。苟於中途多設堅臺巨炮以爲之備，則所費實屬不貲。其當審者一也。又奎潤疏稱，津、通之民，以車商、行店、負販爲生者約六萬人，以一家五口計之，已有三十萬人仰食於此。津、通二百餘里，地段不長，中站停頓不過數處。據西人鐵路述略稱，英地四萬里鐵路，執事等衆需十六萬五千人。以此爲准，津、通二百餘里，僅需八百餘人，加以各項販運夫役，不能過三千人。閑民苦其太多，而地段苦其太短，其難於消納，實與他處不同。其當審者二也。或謂非常之舉，難與圖始，鐵路爲利便所在，不宜鰓鰓過計，致失事機。顧所以籌辦津通者，但爲養路計耳。夫欲籌養路之需，而度支轉益屯防之費，恤公司之困，而郊甸乃有無告之民，利害相兼，宜籌兩全之策。其當審者三也。又西國鐵路，每爲距遠水口、陸行艱滯而設，有無輪車，利鈍懸絕，故雖重費勞擾而不嫌。今則潞河深通，帆檣如織，車騾馳驟，經宿可至，商旅驛遞，爲益無多，權以西例，此路尚非所亟。其當審者四也。至於征兵一節，津沽爲京師門户，常屯重鎮。大沽有事，後路援師早應厚集津門，若待至天津郡城告急，勢難再分都門之禁旅，遠出赴援，亦無從抽大沽、山海之防軍回師宿衛。苟無此路，亦無甚妨。其當審者五也。夫利不顯而不興，害雖隱而必慎。既非萬不得已之計，即宜防意外枝節之端。設此路創造之時，稍有紛擾，則習常蹈故者益將執爲口實，視爲畏途。以後他處續造，集股之官商必裹足，疑沮之愚氓必有辭，則鐵路之功終無由成，而鐵路之效終無由見。記曰：先其易，後其節目，及其久也，相説以解。言興事宜有次第也。今津通一路，關係既重，不便尤多，此亦鐵路中之節目也。竊計翁同龢等請試行鐵路於遠地，以便運兵。徐會澧等請改設於德州、濟寧，就黄河故道墊路以便運漕。均擬緩辦津通，爲另闢一路之計。但邊地偏遠，無裨全局。若於僻隅發端，其效難見；且非商旅輻輳之所，則鐵路費無所出，不足以自存。德濟一路，黄河岸闊沙松，勉强堆築，工費太巨。河流遷徙無定，其鐵橋等事，尤難時時改作。臣愚以爲，宜自京城外之蘆溝橋起，經行河南，達於湖北之漢口鎮。此則幹路之樞紐，枝路之始基，而中國大利之所萃也。蓋豫、鄂居天下之腹，中原綰轂，胥出其塗。鐵路取道宜自保定、正定、磁州，歷彰、衛、懷等府。北岸在清化鎮以南一帶，南岸在滎澤口以上，擇黄河上游灘窄岸堅、經流不改之處，作橋以渡河。則三晉之轍下於井陘，關、隴之驂交於洛口，西北聲息，刻期可通。自河以南，則由鄭、許、信陽驛路以抵漢口，東引淮、吴，南通湘、蜀，萬里奔湊，如川赴壑。語其利便，約有數事。内處腹地，不近海口，無引敵之慮，利一。南北二千餘里，原野廣漠，編户散處，不如近郊之稠密，一屋一墳，易於勘避，利二。幹路袤遠，廠盛站多，經路生利既繁，緯路支流必旺，執鞭之徒，列肆之賈，生計甚寬，舍舊謀新，決無失所，利三。以一路控八九省之衝，人貨輻輳，貿易必旺，將來汴、洛、荆、襄、濟東、淮、泗經緯縱横，各省旁通，四達不悖，豈惟充養路之資費，實可裕無窮之餉源，利四。近畿有事，三楚舊部，兩淮精兵，電檄一傳，不崇朝而雲集都下，或内地偶有土寇竊發，發兵征討，旬日立可蕩平，征兵之道，莫此爲便，利五。中國礦利，惟煤鐵最有把握，太行以北，煤鐵最旺而最精，然質最重，路最難。既有鐵路，則輦機器以開采，用西法以煎熔，礦産日多，大開三晉之利源，永塞中華之漏卮，利六。海上用兵，首慮梗漕，南漕米百餘萬石，由鎮江輪船溯江而上，三日而抵漢口，又三日而達阜城，由蘆溝橋運赴京倉，道里與通州相等，足以備河海之不虞。闢飛挽之坦道而又省挑河剥運之浮糜，較之東道王家營一路、礙於黄河下流者，辦理最有把握，利七。此路既成，但有利便，並無紛擾，民受其益，人習其事，商睹其利，將來集資推廣續造，不至爲難，兵民食貨，無往而不宜。公私行役，轉運盜竊，損失雨潦，稽延虧耗蠹蝕之患，不禁而自止。關東隴右以次推行，惟力是視。二十年以後，中國武備屹然改觀矣。難者曰：幹路之利誠如此矣，其於巨費難成何？則請以分段之法爲之，擬分自京至正定爲首段，次至黄河北岸，又次至信陽州爲二、三段，次至漢口爲末段。中原地勢平衍，工力可省，若令承辦員匠核實撙節，估計大約每里不過五、六千金，一段不過四百萬内外。合計四段之工，八年造成，則款亦八年分籌。中國之大，每年籌二百萬之款，似尚不至無策。開辦之始，先從首段估造，候本段工竣，餘段以次推廣。其籌款之法，由鐵路公司照常招股，酌撥各省口岸較盛、鹽課較旺之地，分别由藩、運兩司關道，轉發印票股單，設法勸集。至購買鐵料，取之海外，則漏卮太多，實爲非計。其山西之鐵，産自平定、盂縣者，可運至於獲鹿縣；産自澤、潞者，可運至於清化鎮。鐵軌非同船炮，取材不在至精，土煉之産雖遜洋鐵，亦足濟用。即使價值略貴幾微，其財仍散在中國，不宜斤斤計較，庶幾施工有序，而藏富在民。總之，津、通之視豫、鄂，度地考工，相去懸絶。臣之爲是議者，非敢有鶩廣侈大之心，實以置路於不可開之區，雖一節有所必惜，展路於有利無害之域，即艱重亦所當爲。」

又言：「籌辦鐵路，其最要以不外耗爲本，計利便爲末，積款采鐵、煉鐵教工爲先，勘路開工爲後。何謂外耗？借洋款，用洋鐵，必致坐受盤剥。何以積款？擬酌減新海防捐例，每年約得二百萬金，洋藥稅釐年撥一百萬金，由户部提存備用。急求采鐵、煉鐵之方，鐵則取之晉、鄂、粵三省，派曾經出洋學生二三十人，赴鐵路各國專習此藝。兩年學成回國，指授工匠，展轉傳習，則可無需洋匠多人。如此，定期開工修路，兩端並舉，一氣呵成。海署所擬南北並舉之法，最爲扼要。北路直隸總督任之，南路湖廣總督任之，並令河南巡撫會同辦理。」得旨報行，故有移楚之命。

十一月，履任。一以路政工業爲務，大冶産鐵，江西萍鄉産煤，設煉鐵廠於漢陽大别山下。既奏開之資路用，兼設槍炮鋼藥專廠。以荆、襄宜桑、棉、麻枲而饒皮革，因設織布、紡紗、繅絲、製麻、製革諸局。佐之以堤工，通之以幣政，用盡地利抵洋貨，實業之興，皆自之洞發之。十九年，兼署巡撫。

二十一年，中東事棘，兩江總督劉坤一督師出關，命之洞權兩江。巡閲寶山、江陰、鎮江炮臺，易其雜劣窳敗者，購泰西新式炮五十餘尊，建炮臺二十餘座，是爲江南有後膛臺炮及西式炮臺之始。炮臺專設臺官、兵，屬臺不屬營，又設總臺官，不許隨時更調，是爲江南炮臺設專兵專將之始。江南諸路防營，素爲各統將把持，有如世業。乃察南北營政廢弛者，更撤壽春、蘇松、狼山、徐州各鎮統領，收諸路兵權，歸之督府。奏調馮子材率粵軍防海州，朱洪章防金山，沿海屹然，恃以無恐。募德弁，練江南自强軍。采東西規制，廣立武備、農工商、鐵路、方言、軍醫諸學堂。遣生徒遊學。設將校講習所。籌款造船。創修江寧馬路。又采上海道黄祖絡議，接築南市馬路。設巡警，斷外人侵入華界，以保政權。初，各國於租界外往往廣闢馬路，爲擴充之計。之洞奏請於其馬路盡處，接修一條，以扼其鋒。總署懵然，竟寢其議。自此，滬上租界愈闢愈廣矣。

二十三年，回湖北。明年，朝議變法，謀富强，下中外大臣集議。之洞疏曰：「救時必自求人材始，求才必自變科舉始。《四書》、《五經》，道大義精，炳如日月，講明五倫，範圍萬世，聖教之所以爲聖，中華之所以爲中，實在於此。初，北宋創爲經義取士，明成化時始定爲八股之式，行之已五百年。文徇俗而愈卑，法積久而愈敝，今改用策論，誠足以破拘攣陳腐之習矣。然文章之體不正，命題之例不嚴，則國家重教之旨不顯。取士之格不一，則多士之趨向不定。廢時文者，惡其苛瑣浮濫，不能闡發聖賢之義理也，非廢《四書》、《五經》也。若不嚴爲定式，恐策論發題或雜采解經字句，或兼采經史他書，界限過寬，則爲文者漫無遵守，徒騁詞華。行之日久，必至不讀《四書》、《五經》原文，背道忘本。此則聖教興廢，中華安危之本，非細故也。今日當詳議者，約有數端：一曰正名。正其名曰《四書》義、《五經》義，以示復古。二曰定題。《四書》義書《四書》原文，《五經》義書《五經》原文，不得删改增減，亦不得用其意而改其詞。三曰正體。以樸實説理，明白曉暢爲貴，不得涂澤浮艷，作駢儷體，亦不得鈎章棘句，作怪澀體。四曰徵實。准其引徵史事，博考羣書，凡時文所禁忌者悉與蠲除。五曰辟邪。若周、秦諸子之謬論，釋、老二氏之妄談，異域之方言，報館之瑣語，凡一切離經叛道之言，嚴加屏黜，則八股之格式雖變，而衡文之宗旨仍與真正之聖訓相符。顧猶有慮者，若仍以頭場爲重，則二、三場雖有博通之士，仍然見遺。若趨重二、三場，其詭誕浮薄，務趨風氣者，或又將邪詖異説解釋《四書》、《五經》，本義全失。聖道既微，世運愈否，其始則爲惑世誣民之論，其終必有犯上作亂之事，流弊尤多，爲禍尤烈。今宜籌一體一貫之法，合科舉、經濟、學堂爲一事，求才不厭多門，而學術仍歸一定，方爲中正無弊。昔朱子當南宋國勢微弱之際，憤神州之多難，懼救世之無才，屢欲改變科舉，嘗考語録中力詆時文之弊者，不一而足；而究其救科舉之法，則曰更須兼他科目取人。歐陽修知諫院時，惡當時舉人剽盗割裂、全不曉事之弊，亦疏請改爲三場考試，每場皆有去留，頭場策論合格者試二場，二場合格者試三場。其大要曰鄙惡乖謬，以漸先去，少而易考，其説頗切於今日之情事。朱子之擬兼他科目，猶今之特科經濟諸門也。歐陽修之欲以策論救詩賦，猶今之欲以中西經濟救時文也。竊謂宜遠師朱、歐二説，隨場去取，將三場先後之序互易之，而又層遞取之。第一場試中國史事、國朝政法論五道。二場試時務策五道，專問五洲各國之政、專門之藝。三場試《四書》義二篇、《五經》義一篇。首場按中額十倍録取，二場三倍，取者始准試次場。每場發榜一次，三場完畢，如額取中。磨勘之日，於三場尤須從嚴。如有理詞謬妄，離經叛道者，士子、考官均須黜革。大抵首場求博學，二場於博學中求通才，三場於通才中求正士。先博後約，先粗後精，既無迂暗庸陋之才，亦無偏駁狂悖之弊。始以中西經濟補益之，終以《四書》義、《五經》義範圍之。較之偏重時文、策論者，所得多矣。其歲科兩考生童，以此例推之，先試經古，專以史論時務策命題。

正場試《四書》、《五經》義各一篇。抑臣更有請者，試場兼重詩賦、小楷。京官之用小楷者尤多，士人多逾中年始成進士，甫脱八股之厄，又受小楷之困，以至通籍廿年之侍從，年逾六旬之京堂，各種考試，仍然不免。夫八股猶可覘理解之淺深，詩賦亦可見文詞之雅俗，小楷則有藝而無文。其損志氣，耗日力，廢學問，較之八股、詩賦殆有甚焉。舉天下登科入仕之人才，歸於疏陋軟熟，以至今日，遂無以紓國家之急。今既罷去時文，則京官考試，詩賦、小楷亦祈停免，惟殿試典禮至重，自不可廢。然臨軒發策，登進賢良，自宜求得正誼明道如董仲舒、直言極諫如劉蕡者而用之，斷不宜以小楷爲去取。一經殿試，即可據爲授職之等差。朝考一場，盡可從省。通籍以後，無論翰苑、部堂一應職官，皆以講求實學、實政爲主。至於詞章、書法潤色鴻業，若朝廷需用此項人員，特頒諭旨，偶一行之，不爲常例，略如考試南書房，考試中書故事。嚴則止及翰、詹，寬則部屬小京官皆可與考，視其原有階品，分别授官，與三年會、殿試取士之通例各不相涉，庶幾文學、政事兩不妨矣。」

又疏陳武科取士之法，略曰：「今日用兵，專恃火器，外洋各國槍炮之製日出而益精，武學教練之法日推而益密。然則武科取士，斷宜專習火器，别定新規，然後無所習非所用之弊。臣詳稽舊制，參考新章，謹擬一營伍、學堂、武科三司合一之法。查武場條例，武科人才取諸旗、緑各營弁兵，本係國家舊制。今武旗、緑弁兵而外，又有防營弁勇，比之緑營，材力較强，操練火器尤爲嫻熟。今若令應科改試槍炮，莫若即令營弁兵勇應試，最爲無患於地方，而有益於軍旅。若令應武試者，皆於武備學堂肄業，則廣設學堂一時既苦難籌，而教習之員亦斷不敷學堂之用。外洋定章，凡入武備學堂三年者，必須隨營操練一二年，以增閲歷，斷無學生而在營伍之外者。兵勇應試，名籍易考，鈐束易施，所用槍炮，發之本營，自然一律。將來風氣漸開，華弁能充教習者漸多，各府、州、縣籌設武備學堂，稟官辦理，立約束稽察章程，雖有槍炮，可無伏戎藉寇之虞。學成之後，分營效用，則營伍學生合爲一貫，是整飭科舉即所以整飭營伍矣。總之，營伍應試，其利有三。外洋火器價值甚昂，平日練習，需用藥彈爲數尤巨。若生童惜費不購，則操練無具。若各省紛紛購買，則所費不貲，空增一絶大漏卮，亦爲非計。今應試取之兵勇，則操練械藥，本各營應有之需，間有願附入防營學習者，槍炮由官借用，藥彈由生繳價，是曰塞漏。其利一也。我朝將材輩出，大率出於行伍。自咸豐軍興以來，其由武舉、武進士呈功著稱者，實屬寥寥。此輩恃符武斷，如虎而冠，魚肉鄉民，窩庇匪盜，各省官商士民，無不以爲巨患，萬口一辭。徒以舊例相沿，幾如附骨之疽，去之無術。究其所長者，不過粗豪膂力，幸中箭枝。不識字者十人而九，臨敵之火器既未嘗習，制勝之韜鈐更未嘗解。即使安分守法，豈能與於干城腹心之選乎？且武生、武童舊習騎射，硬弓、刀、石，亦只臨場肄習，無論中否，過考即棄，於國家儲材禦侮之意，毫不相涉。今若專令營弁兵勇就試，即入武學登武科以後，仍有本營長官鈐束，無從爲非，其技藝亦不至荒廢。從此，爲地方暗滅此一種違法擾害之游民，尤潛移默化之微權矣，是曰戢暴。其利二也。疇昔征討髮捻之時，各路軍營有以步卒、水手不數年而保至提鎮者，海内忠勇之士翕然向風。近年軍務敉平，保案少則防軍之拔擢難，文法繁則緑營之升遷尤難。雖有偉材壯志無所得官，糧餉聊以糊口，操練視爲具文，雖經按期簡閲，收效終微。蓋兵勇自視，不過如擔夫，匠役食力營生，其謹願者，僅不爲會匪、地痞而已。人既卑視兵勇，兵勇因而自卑，若望其深明敵愾同仇之大義，講求破敵致勝之韜鈐，實亦難矣。今若懸此一途，以爲營弁兵勇進身之階，功名所在，則肄習自精，不待朝廷督責，將師勸勉，而各省各營皆爲勁旅，是曰勵軍。其利三也。抑臣尤有進者，親上死長者，强國之本原。明恥教戰者，操兵之要術。當此羣强憑凌，正所謂天下危注意將之時。近年東西洋各國，精研兵事，最重武職。其國君服提督之服，鄰國之君互相贈送以將官之銜，故人人以當兵爲榮，以從軍爲樂，以敗奔爲恥。王子之尊，下儕戍卒，一隊之長，榮若登仙。凡挂名軍籍者，居鄉則里黨貴之，過市則路人敬之，以致弁兵之自愛聲名、修飭行檢，過於儒士。中國乃有好鐵不打釘，好人不當兵之諺，稍有身家，咸所鄙棄。貴賤之分，强弱之源也。夫中國所貴者士，士之徒步而致仕公卿者多矣，人之貴之，蓋有由也。中國所賤者兵，兵之荷戈而流爲傭丐者衆矣，人之賤之，固其所也。即使不終於困餓，而三、四十歲以外，猶爲廝養之賤卒，五十歲以外，始爲循資之裨將，既已純乎暮氣，豈能建立奇功？今欲重武厲兵，而積習已深，不能驟改，惟有勵行伍以科舉之一法，使其非由行伍，不得科舉，非由科舉，不得將官。爵禄所在，則豪傑争趨。流品既殊，則廉恥自立。將領不肯侮辱，旁人不敢輕重。從此，凡爲兵勇者，儼然又列士流，欣然請得大獎，夫然後世族文儒皆肯入伍，感慨漸發，人人有執干戈衛社稷之心，奮士氣，修軍實，轉移微權實在於是。總考各國軍政，有武學而無武科，其各等學堂以次考拔，發營録用，即是中武科武試。從無不由學堂出身之官校，亦無不充軍營校伍之學生，其法實將武營、武科二事合而爲一。

今日欲采擇西法，莫如先自練兵始。欲學西人之練兵，莫如自開兵勇之升階，合學堂、營伍始矣。若其學習老成之法，非僅改用槍炮遂能收效；歷考外洋諸國，從無不讀書、不明算、不能繪圖之將弁，亦無不識字之兵丁。誠以今日戰事日精，戰具日巧，即一哨弁之微，亦斷非粗材下品所能勝任。若只考槍炮準頭，從容施放，中靶者多，殊難去取。且憑此即授以侍衛、參、游、都、守之官，似亦太易。擬請仿馬步、箭弓刀石、武經三場之制，頭場試槍炮準頭，兼令演試裝拆運動之法。二場試各式體操，及馬上放槍、步下擊刺之技。三場試測繪、工程、臺壘、鐵路、地雷、水雷與他戰法等學。鄉、會試格式宜較嚴，童試格式宜較寬。三場合較，智勇兼優，方爲合格。其初入營，及未弁入學堂者，酌定年限，多不得過二十五歲，蓋以年力少壯，則體操及測算各事始能按程學習，穎悟易通也。」疏入，上皆俞允。

於是，天下言新政者囂然而起，少年新進之士變本加厲，肆行無忌，中外執政之臣相與側目。之洞亦怒然憂之，乃著《勸學篇》，會通中西，權衡新舊，以相救正。八月，黨禍起，幾釀大變，至是，其言果驗。二十六年二月，兼署提督。五月，拳匪亂作，殺教士、教民，毁教堂，圍使館。各國聯軍兵艦麇集大沽，中外鼎沸。之洞疊請剿亂民，護使館，不報，則急電各國外部及來華水師將領，立保護東南約，勿擾京師，驚乘輿，并聯合各疆臣與外國領事立約，不得犯長江。及兩宮西幸，又堅明約束，勿擾襄、樊，以通東南貢賦之道。七月，聯軍入京師，朝廷命李鴻章爲全權大臣，與諸國議和。之洞電告鴻章，款局當速議，遲恐生變，並陳四要義，駁正要挾諸款。時唐才常等保皇黨餘孽，乘京師不守，謀糾合湘、皖、江南會匪起事於漢口，刊布富有票，分設糧臺，立官職，造僞印，名爲東南新造自立之國。安徽大通、湖南臨湘已舉事，分投武、漢、新堤。之洞檄將士詗捕渠魁數十人，置之法，散其黨衆，事乃大定。俄乘拳亂占東三省，脅將軍增祺定新約，迫鴻章畫押已有日矣。之洞力争，電奏凡二十餘上，遂得寢。

明年，講定，兩宮回鑾，論功加太子少保。之洞以兵事粗定，乃與劉坤一上變法三疏。其一謂：「中國不貧於財，而貧於人才；不弱於兵，而弱於志氣。人才之貧，由於見聞不廣，學業不實。志氣之弱，由於苟安者無履危救亡之遠謀，自足者無發憤好學之果力。保邦致治，非人無由。今就育才興學之大端，參考古今，會通文武，酌擬四事，曰設文武學堂，改文科，停武試，獎游學。此四者爲求才治國之首務，蓋非育才不能圖存，非興學不能育才，非變文武兩科不能興學，非游學不能助興學之所不足。」

其一謂：「治國如治疾，然陰陽之能爲患者，内有所不足也。七情不節，六氣感之。此因内政不修而致外患之説也。療創傷者，必先調其服食，安其臟府，行其氣血，去其腐敗，然後施以藥物針石而有功。此欲行新法必先除舊弊之説也。蓋立國之大要有三：一曰治，二曰富，三曰强。國既治，則貧弱者可以力求富强；國不治，則富强者亦必將轉爲貧弱。整頓中法者，所以爲治之具也。采用西法者，所以爲富强之謀也。今就中法之必應整頓變通者，籌十二事：曰崇節儉，曰破常格，曰停捐納，曰課官重禄，曰去書吏，曰考差役，曰恤刑獄，曰改選法，曰籌畫八旗生計，曰裁屯衛，曰汰緑營，曰簡文法。此十二者，皆中國積弱不振之故。今日外患日深，其樂因循、務敷飾，動以民心固結爲言，不知近日民情已非三十年前之舊。羨外國之富，而鄙中土之貧；見外兵之强，而疾官軍之懦；樂海關之平允，而怨釐局之刁難；夸租界之整肅，而苦吏胥之騷擾。於是，民從洋教，商挂洋旗，士入洋籍。始由否隔，寖成涣散，亂民漸起，邪説乘之，邦基所關，不勝憂懼。必先將以上諸弊一律剗除，方足以固民心，禦外侮。」

其一謂：「環球各國，日新月盛，究其政體學術，大率皆累數百年之研究，經數千人之修改，成效既彰，轉相仿效。美洲則采之歐洲，東洋復采之西洋。如藥有經驗之方劑，路有熟游之途徑，正可相我病證，以爲服藥之重輕，度我筋力，以爲行程之遲速，蓋無有便於此者。今采西法以補中法之不足，就其切要易行者，臚舉十一事：曰廣派遊歷，曰練外國操，曰厚軍實，曰修農政，曰勸工藝，曰定礦律、路律、商律、交涉刑律，曰用銀元，曰行印花税，曰推行郵政，曰官收洋藥，曰多譯東西各國諸書。此十一者，皆舉其切要而又不可不行者，布告天下，則不至於駭俗，施之實政，則不至於病民，而大旨尤在考西人富强之本源，繹西人立法之深意。再臣所陳諸事，需費不貲，論者必以度支困絀爲詞，不知節用與自强宜並行，不宜偏廢。今若不圖自强，但竭海内之財，歲供賠款，以求無事，則外國必將視我爲苟安無志之人，而彼之輕我侮我者，更將得步進步，不待賠款還清，而中國已不能自立矣。」疏入，上多從之。

初，中東事定，湖北創立武備、自强諸學堂，兩湖經心書院，更定課程，以學堂之法教之。至是，詔立學堂，乃臚陳辦法十五條：首師範，次小學，次文普通中學，次武普通中學，次文高等，次武高等，次方言，次農學，次工學，次勸成學堂，次仕學院，次經費，次省外中小學，次蒙學，次設學務處以資董理。籌要旨八條：一、小學爲至要，二、日課專加讀經、温經時刻，三、教科書宜慎，四、學堂規制，五、文武相資，六、教員不遷就，七、求實效，八、防流弊。復在武昌設勸業、善技、益智三場，以教工商，設圖書館以惠士子。籌重費，選通才遊學日本，以肄習陸軍、製造、實業諸事。又鑒於新學之徒有背道蔑倫之患，乃創立存古學堂，以維國本，正人心。之洞自丙申以後，專以西法練兵，特設陸軍小學堂以教新兵，設將校講習所以教舊將。復購日本兵輪六艘、魚雷艇四艘，於是湖北始有戰艦。東西人士來觀者，皆以鄂軍甲諸省，嘆服而去。

二十八年，充督辦商務大臣。九月，再署兩江。道員謝某，請許商人開海州礦，以二十萬金爲賂，之洞劾罷之。親臨儀棧考鹽法利弊，設兵輪，造帆船，舉緝私之令。以道員蒯光典爲儀棧緝私，以方碩輔爲正陽關督銷，以趙有倫爲下關掣驗。重之事權，鹽課大旺。一年增課五十萬，二年一百餘萬。以上海製造局居商埠之中，遇海警多危險，奏請移置江西之萍鄉，以就煤鐵，凡節存舊廠款年七十萬。

二十九年，入覲。命充經濟特科閱卷大臣，編纂大學堂章程，竭八閱月力，書成，奏上之。並言立學宗旨，均以忠孝爲本，以中國經史之學爲基，俾學生心術一歸於純正，而後以西學瀹其智識，練其藝能，務期他日成材，各適實用。至條規禁令，及設教立法之要義，悉備詳於管理通則、學務綱要兩册之中。其維持聖道，慎防流弊之意，胥於是乎見之。

是年，回任，陛辭面奏數百言，力請兩宮化去滿、漢畛域，以彰聖德，遏亂端。如將軍、都統等官，可兼用漢人。駐防旗人犯罪，用法與漢人同，不加區别。上嘉納之。三十年，裁巡撫，以之洞兼之。三十三年，授協辦大學士，未幾，晉大學士，仍留總督任。尋内召，擢體仁閣，授軍機，兼管學部，充經筵講官。三十四年，督辦粵漢鐵路。前後賜紫禁城騎馬，西苑門乘肩輿，賞帶膝貂褂，用紫韁，寵眷優隆，朝臣莫與比。會德宗及孝欽皇太后相繼崩，醇親王載灃監國攝政。之洞以顧命重臣，晉太子太保，鎮綏内外，朝野望新治，而積勞成疾，八月，卒於位，年七十三。遺疏入，天子震悼，賜陀羅經被，治喪銀三千兩，派貝勒載濤奠醊，晉贈太保，謚文襄，入祀賢良祠。

之洞學兼漢、宋。漢學師其翔實，而遺其細碎；宋學師其篤謹，而戒其空疏。初受經學於吕賢基，受史學、經濟於韓超，受小學於劉書年，受古文學於朱琦。平生講學，最惡《公羊》，謂爲亂臣賊子之資。至光緒中年，果有演《公羊》之說以倡亂者。最惡六朝文字，謂纖仄拗澀，强湊無根柢，道喪文敝，莫甚於此；書法不諳筆勢，假託包派，隸楷雜糅，習爲詭異險怪，欺世亂俗，天下無寧字矣。其識微見遠，類如此。

之洞歷官中外垂四十年，持國治民，根於學術，而經畫宏遠，綜理微密，千端萬緒，默運一心。其所籌策，皆中外利害輕重至計，堅持定力，不爲動摇。辛丑，聯軍立約，各國浚吳淞口，利商船。之洞抗詞力争，歸中國自行疏浚，卒阻其議。壬寅，與英國議商約，定征銷場税，收回治外法權。外務部奏阻開礦一事，之洞疏言：中國礦産不能不開，外人入股，斷不能禁。二十年來，勾串奸民私行開采者衆矣，既無法律，又無限制，徒失權利，流弊滋大。不如乘此議一定章，使舊開者得補救，新開者有範圍。上大稱善。乃采東西各國事例，擇善而從，以保主權，惠民生，輕税項，成書兩卷，奏上之。在鄂時，德商欲攬收全國洋藥、土藥税，餌以重賄。之洞嚴斥之，奏陳其害。大學士榮禄大悟，事遂不行。日本謀借漢口泊船，德人效之，挾兵輪來要。之洞與德使穆默議，卒罷設船之舉。總税司赫德建議加田賦，免商賈税釐，政府不敢抗。之洞獨疏斥之，得罷。美人精琪圖攬中國銀幣大權，政府已允之矣，之洞與之詰難，上疏陳其謬，事遂中止。美、比合資開粵漢鐵路，之洞首發其弊，抗議收回，兩國皆不欲出全力拒之，卒絀於之洞威信，舉而歸我。

之洞用財繁浩而精核計，籌國用，恤民生，往往謗在當時，而功在後世。丁酉，户部續借洋款，誤以江南鹽釐二十五萬兩撥歸鄂省。之洞據部文萬户沱辨斷更正，以脱巨累。庚子賠款，鄂捐一百二十萬，之洞以鄂民貧困，設法别籌，以應賠款。創築紅關、青山、白沙洲、金口江堤八十餘里，鮎魚套上新沙石岸十餘里，漢口攔湖長堤四十里，以捍水災。裁鄂省釐捐局卡，改爲統捐，以恤商民。平日專持以工代賑之論，以爲散錢、施粥，非善政也，所至多興工作，造鐵路，開礦山，修堤閘，浚河渠，建炮臺，築馬路，間民食力者日常數萬人。其視天下之事皆如己事，向無彼疆此界之見。鄰省有急，籌助餉械，不遺餘力。在粵、在江、在楚，先後協助雲南、廣西、廣東、奉天、陝西、甘肅、山東、河南、湖南、江蘇軍火以巨萬計。其救災助賑，或中或外，尤不吝巨貲。其用人，一秉至公，擇賢任能，不苛以文法。澄清吏治，以養廉爲首。裁除大小官吏一切陋規，濟以公費。深惡酷吏，遇州、縣審擬重辟，必詳慎推求，多有平反者。深痛中國監獄狹暗穢濕，往往瘐斃。其在粵，改修南海、番禺監獄。在鄂，改修江夏監獄，依西國法式造之以爲模範。平生以登進賢才，護持善類爲己任。尤好表章古人，所在祠其先賢、先哲，而自奉儉約，未嘗造一屋，置一田。癸卯入對，太后賜銀五千兩，乃建慈恩學堂，並捐置莊田，以惠士子。又仿范仲淹故事，奏置義莊贍宗族，其同高祖以下，則別置孝義堂義莊一區。没後，家無一錢，惟圖書數萬卷而已。

之洞嘗與人言，平生有三不争：一不與俗人争利，二不與文士争名，三不與無謂人争閒氣。因取張曲江「無心與物競」詩意，自號爲無競居士。之洞善爲國家用財，不爲一己私財。廷臣泥常蹈故，縮朒喜敷衍，多駭其所爲。樞臣孫毓汶、户部尚書翁同龢，遇事輒猜沮，醇親王奕譞爲不平，奏請特旨允行，且函告毓汶曰：「勿藉樞廷勢恐張某。」且謂同龢曰：「張某爲國開生迹，宏遠謀，如有缺，當彌縫之。」實則其所用財，大率取之中飽、私規，不竭民膏，不侵庫款。之洞嘗曰：「吾所辦之事，皆非政府意中之事；吾所用之錢，皆非本省固有之錢。」日在艱苦中守《中庸》「勉强而行」一語，然亦竟睹成功者，真僥倖也。

之洞性疏曠，不欲爲外吏，既膺疆寄，屢上疏乞休，嘗欲讀書十年，再出任事，曰：「司馬温公已官中丞，而居洛著書十八年；湯潛庵、耿逸庵已官監司，而解組講學。皆可師也。」之洞電眸、河口，美髯鬚，善談論，能連夜不寢，以文章道德主盟壇坫者數十年。五洲之士，皆仰之爲中華山斗。光、宣之間，主持變法，藩籬既決，人心益囂。之洞鑒於末流之弊，怵然不寧；而風會所趨，挽回無術，棟梁既摧，國體斯革。論者追論禍首，資爲口實，此之洞所不及料者也。烏乎！豈非天哉！豈非天哉！

雜録

備録

張之洞《抱冰堂弟子記》 殿試時，對策不襲故套，指陳時政，直言無隱，爲二百年來創格。閲卷大臣皆不悦，議置三甲末，獨寶文靖公賞之，置二甲第一。進呈時，兩宫皇太后拔置一甲第三。自應小考、鄉會試至殿廷諸試，從不帶片紙隻字。所刊鄉會硃卷、殿試朝考卷，不改易一字。

任洗馬時，諫阻俄約，收回伊犁，奉旨隨時到總理衙門諮商，前後疏二十餘上，卒將崇厚所訂十八條全廢。時舉朝士大夫無一知外國交涉情形者，自此以後京朝官始講求洋務矣。崇厚赴俄議約時，曾代人上疏，請敕崇厚先赴新疆一行，晤左宗棠，考究新疆形勢，豫籌因應之法，免至懵昧貽誤。政府不聽，遂有崇厚擅定「十八條」之禍。

官翰詹時，有日本學人竹添光鴻來京求見，拒之，乃懇總署介紹，奏明請旨，詔令與見，執禮甚恭。其人博學能詩，治《春秋左傳》，有著述，其來意在覘國，今爲老宿，不問世事矣。

庚辰、辛巳間官庶子時，有中官率小奄兩人，奉命挑食物八盒賜醇邸。出午門東左門，與護軍統領及門兵口角，遂毁棄食盒，回宫以毆搶告。上震怒，命褫護軍統領職，門兵交刑部，將置重典。樞臣莫能解，刑部不敢訊，乃與陳伯潛學士上疏切論之，護軍統領及門兵遂得免罪。時前數日内有兩御史言事瑣屑，不合政體，如争遷安縣落花生秤規事之類。被責議處。恭邸手張、陳兩疏示同列曰：「彼等摺真笑柄，若此真可謂奏疏矣。」

方略館編纂《平定粤匪方略》《捻匪方略》告成，欲撰表上進，以其文相屬。其書汗牛充棟，存館内，不得見也。兩表成，各二千餘言，歷敘髮捻始末、兵勢利鈍、廟堂及諸大將方略如指諸掌，樞府驚歎，竟不能改易一字。今其文刊《方略》編首。

歷官主考、提學，最勤於搜遺。鄉試卷全閲，小試卷十閲其七，得人甚多。提學時屏絶搜檢，然槍倩、懷挾、剿襲，專於文字中求之，罕能欺者。所録專看根柢、性情、才識，不拘拘於文字格式，其不合場規文律而取録者極多。惟義理悖謬者，雖一兩語必黜。人服其公明，亦不訾議也。

同治丁卯典浙江鄉試，得人最盛，知名者五十餘人，經學、史學、詞章、經濟、忠義之士咸備，前後數科皆莫及也。

同治癸酉典四川鄉試，旋督四川學政，所拔皆學行超卓之士，專以經學提倡士林，於是蜀人皆知以通經學古爲尚，風氣一變。

任四川提學時，撰《輶軒語》一卷、《書目答問》一卷以教士，宗旨純備，於學術源流門徑開示詳明，令學者讀書即可得師。

任四川提學時，成都惡習：凡攻訐、冒籍、槍替身家不清諸弊，提調官多置不理，民怨不伸，輒有痞徒糾衆持械，伺於學使轅門外，待其人覆試時擒去，索重賄，名曰「拉搕」。本生亦僱倩數十健兒爲保護，鬭於學轅，動有殺傷。乃懸牌示：「攻訐者當親訊，拉擋者飭提調密兵拏辦。」每於覆試日放牌後訊之，剖斷公明，或扣除，或坐誣，或勸解，士論翕服，其訟立平，其爭立解，自是學轅無械鬭者。松潘有回人武生藺某，勇健多黨，橫行川省，曾在省城内與駐防旗兵鬭，旗兵大敗，官亦不能捕治。試成都時，藺逞故智，拘松潘書吏、廩生，閉其家，納重賄者方許應試。乃設策誘之來面訊，遂以兵擒之，繫之獄，成都武試遂靜。

在四川裁革頂充書吏承差陋規兩萬金，以故風清弊絶。

任湖北學政時，捐廉創立「經心書院」；任四川學政時，與督部吴勤忠公商籌立「尊經書院」。皆選調高材生肄業其中，親定課程，成就人才不可勝計。任晉撫時，創立令德堂，皆課通經學古之學，不習時文。

在山西刻治吞賑之官十數員，設局清查道光以至光緒數十年庫款，兩年乃畢，積弊一清，永杜冒領濫支之弊。

在山西奏除當驛站各州縣民間差徭之累，釐定章程。又奏除民間歲辦官鐵、潞紬之累。

在山西奏開澤、潞、平、盂等處鐵貨出洋之禁。時洋鐵充斥各省，而土鐵尚沿舊例不准出海，故奏開之。

在山西日，户部函咨各省商京官津貼，以其數大少請增之，並請籌政府言官公費，其數應增籌若干，聽户部派，並有云：「山西雖小，願比大省。」户部見小而泥，不肯加增。在粤日，忽接部咨，將此項京官津貼不給京官，改爲加復俸餉，統解京充餉，又疏力阻之，謂：「此事關係人才吏道，斷不可廢。朝令夕更，亦非政體。此款如必須提充京餉，情願照數另籌一分，仍解京充各官津貼。權其輕重，所得爲多。」疏入，執政既愧且怒，駁斥之，不行。

在山西，永除州縣饋送上司節壽禮之累，另籌公款以代之，定名曰「公費」，刊有奏案章程。

在山西，修四大天門路。

在山西日，欲經理邊外七廳之蒙地，開墾升科，屯田練兵。奏派前山西藩司奎樂山、都統斌問歷蒙地，察勘情形，確可舉辦。自歸化城東至豐鎮廳，西至和林格爾廳，規畫已有大略，適擢粤督去，未竟其事。後任踵而行之，今遂大舉興辦，實當日發其端也。

初到粤時，前任已借洋款二百萬兩，到任後爲本省海防借銀二百萬兩，爲協助滇、桂、越南劉、唐兩軍及臺灣，共借五百萬兩，合前任、本任，共借洋款九百萬兩。先經奏明，分各省認還。嗣户部派廣東籌還，乃獨力認籌，分十五年還清，專取給於本任内新增洋藥、釐金中餉一款。

初到粤時，藩庫存款不及五十萬，善後局欠債無算。臨去粤時，存現款銀正項銀二百萬兩，書院書局雜款銀五十餘萬兩，皆存匯豐，藩庫所儲在外，面交李筱泉督部。時中外譁言在粤「濫用巨虧」，李至是愕然大驚服，肅然起立，長揖以謝。

在粤因法船踞臺北乃倡議奏請攻越南，以救臺灣，爲圍魏救趙之計，招回黑旗劉永福爲我用。得旨俞允，乃議分三路攻之，岑襄勤滇軍攻臨洮府，劉、唐攻宣光，粤軍攻文淵州、諒山一路。助滇、桂及劉永福、唐景崧之餉銀軍械，並助臺灣餉，滇二百萬，桂二百萬，劉、唐四十萬，臺灣四十萬。

法攻越，邊急，桂軍數路皆敗潰。法兵入桂境，兩廣大震，廣西官吏將卒皆棄龍州。特奏派馮子材軍門、總兵王孝祺兩軍綴(援)桂。馮、王兩軍扼鎮南關内之關前隘，苦戰兩晝夜，卒大破敵，繼克諒山。自中國與西洋交涉，數百年以來未有如此大勝者，各國皆詣總署致賀。法人大懼，日發急電求和，法總統茹兒斐禮即日黜退。七次電奏力争，請少緩之，不得，竟由總署、北洋與之劃界定議。

在粤創立「廣雅書院」，規模宏整，教廣東、西兩省人士以興實學。又修葺「三大忠祠」，於其地設「廣雅書院」，以刊經史有用之書。

平日持論，謂某廠學生過文弱，藝雖優而無益軍用。於黄埔設水陸師學堂，募西國將弁教之，專取行伍中材力勇健者充學生，名曰「營學生」，此爲南北各省創立營學生之始。其中人才傑出，今日爲京外任用者極多。

瓊州熟黎句串土匪爲患，時出殺掠，瓊人苦之，屯兵設戍數十年於兹矣。在粤時，奏派馮萃亭軍門剿辦瓊州黎匪，擒誅奸匪，安撫良黎。於瓊島之中心開爲十字路，以通南北東西各路聲氣，自是瓊無黎患。

親巡欽州海面至越南境，又親到廉州、瓊州相度地勢，創建炮臺十餘處。瓊州屬崖州，有榆林港最深，可泊大兵輪，爲中國第三船澳。乃擬於瓊州府城外設守，并經營榆林港，分投營造，已籌有定款，購有甚巨炮臺數十尊。後任某君到，言此臺此炮爲無用，盡舉以贈北洋。又籌款在鎮南關設炮臺十餘座，置新式炮，奏令廣西提督移住龍州之幕府。又著有《廣東沿海險要圖説》一卷，曾奏進，有刊本。

在粤，因水災乃籌款修圍堤數十處。粤省從來不辦災、不辦賑，辦災自此始。又於省城外創修天字馬頭，并於馬頭左右修築堤岸，開市廛，以利商民，至今官民皆享其利。

在粵裁粵海關陋規銀二十四萬兩，悉以發善後局充餉。

粵省鹽商承充埠商，數年一次。承充時督署、鹽運司署皆有費，多者數萬，少者數千。與運司英鑄村煦約：勿取此款，留以備公用。凡在粵所辦書局、書院、祠廟等類風雅事，大率取給於此及粵海關家丁清書罰款。

廣西梧州關稅，往年於正額外多收加倍，名曰「經費」，歲收約十四五萬。適有旨查辦，乃據實上聞，劾去欺隱之梧州府知府，刪除經費名目，商民以蘇。

廣東肇慶府所管黃江稅廠，每年除解正額一萬餘金外，餘皆入己。廷旨令查辦，乃奏改收稅章程，知府歲籌給公費一萬二千兩，不令與聞稅事，專派道府大員管稅務。議定除正額外，長收過十萬者優獎升階，此項專充省城築臺購炮之用。又惠潮嘉道關稅，盈餘亦過多，亦奉旨查辦，乃歲提銀三萬兩，解省充餉。

廣東鹽課歷年止銷九十餘萬兩，到粵後，裁革督署規費，慎選六門緝私文武委員，弊端遂少。又歲辦倉鹽一次，每年遂銷至一百三十餘萬兩。

廣東潮州鹽運司運同自爲報銷，不歸省城運司調度，運同皆由部選，逸樂廢弛，私販公行，額銷不及七成，積虧日甚。乃奏明改章，不令運同管事，優給公費，專派知府周福昌總辦潮橋鹽務，定章優獎。行之一年，已加課三萬；次年，舊課正雜十三萬之額盡復。

在粵因海防籌餉緊急，舊有闈姓捐一項，因内地禁開驅歸澳門，徒供漏巵，實未嘗禁也。因與彭剛直公奏開其禁，歲收巨餉。自到任以至去粵，計此項捐款并罰款，共收銀約五百萬兩。此事素爲各衙門利藪，名曰「黑錢」，議及此者，必遭謗毀。以廉正素爲官民所信，自督署及承辦大小委員不取規費一文，故事舉而民無怨。

在粵創煙膏店，領牌捐；在鄂創就土徵膏。兩湖、贛、皖四省統捐之法作，鄂省賠款抵民間歲納巨金。户部謂鄂省款太多，提歸部自辦。在鄂省歲減百餘萬金，而在部中驟增巨餉。

在粵創鑄銀元，歲獲盈餘三十餘萬，是爲中國鑄銀幣之始。昔林文忠建議欲鑄銀元，爲宵人造言阻止。

澳門爲粵省肘腋患，自洋藥加税後，總署冀澳助我，由意餌之，改舊約數條，澳勢漸張，思擴界，屢請，皆駁之。乃使澳門同知駐自澳人内之要害名關閘者，嚴定界限，資以兵衛，杜其侵軼。

在粵時，適新行洋藥稅釐并徵之法，赫德欲沿海設巡船多艘，皆歸赫調度。各兵船兼有海防名目，意欲全攬海防之權，用心難測。乃覆奏力駁之而止。

在粵時，外人有擅在羅定州開桂皮行棧者，立封禁之，總署代爲調停，卒不許。在鄂時，外人有强佔竹山縣銅鑛者，前任已允，卒沮之。一切工商事，力保主權，如此類者甚多。

在粵時屢有官紳請開白鴿票，餌以重賄，以此票爲害最鉅，不許。戊子年，京師創設海軍衙門，籌經費，合肥李相議開廣東白鴿票，可得規銀一百萬兩，函致粵省，專遣臬司某述貴人意，使照辦。復書力陳其害，乃另籌巨款一百萬應海軍派款，卒堅持不開白鴿票。

廣東素爲盜藪，官幕拘泥刑名例章，且畏解勘之費，率多諱飾不辦，盜風日熾，民不安枕。自丙戌海防竣事後，乃明法以治盜，奏復松文清廣東盜犯正法章程，與巡撫苦争三月，議乃行。復專設五路緝捕營，盜始稍戢。又奏請重誘拐人口出洋之法與刼盜同，經刑部議准，遂著爲令。

在粵知兵船最爲急需，而部款極絀，因於武營賭規四成、報效鹽務陋規兩項，歲籌巨款，先在粵造兵船「廣元」、「廣亨」、「廣利」、「廣貞」、「廣金」、「廣玉」六艘，又在閩造兵船十艘，止成「廣甲」、「廣乙」、「廣庚」三艘，旋爲後任停止，款亦不向閩索。

在粵時，創議請造盧漢鐵路，及乙酉年，復建議請造粵漢鐵路。今日路綫，皆當日原奏一疏中所定也。又創議請造寧滬鐵路。又乙未在江南時，知俄人西畢利亞鐵路已成，窺伺東三省甚亟，乃奏請自修奉天至邊界鐵路，經畫詳密，坐言起行。政府懵然，置之不理，遂有俄國東方之禍。

在湖北創設槍炮廠、鍊罐鋼（鋼）廠、造無烟藥廠。從前江南上海製造局皆製造他物，間或兼造軍械，北洋製造局止造槍炮彈，福建船政局專造船，鄂廠爲中國設槍炮、鋼藥專局之始。

中國初設鐵廠時，言者多請開徐州利國鑛，以徐州運道不便，且鐵路南北皆自漢口發端，鐵廠必近於武漢方合，乃主開大冶之鐵鑛以供用，設煉鐵廠於漢陽。又以鄂境煤質疏薄，不宜燒焦炭、煉生鐵，訪得江西萍鄉縣煤鑛，其地與湖南醴陵縣鄰，地居上游，乃決計開之，今已大效。萍煤、冶鐵，相資爲用，是爲東半球設鐵廠之始，日本製煉所尚在其後。

今日洋布洋紗，歲耗中國四千餘萬，故在湖北設織布、紡紗、繅絲、製麻四局，注重者尤在麻局，以麻爲中國土産，甚多而賤，南北各省皆宜，此爲富民塞漏上策，乃創設之。織成綢緞，與絲織者無異；織成布，與棉花織成者無異。是爲中國設製麻廠之始。

在鄂設銀幣、銅幣局。湖北所造，較他省所造爲優，料足工精，故江、浙等省暢行，其價高於他省所造。

以外國收買中國牛皮以去，製鍊後轉售人華，漏卮無算，故創設製皮局自製，現已告成出貨。

光緒甲午權兩江篆時，周歷江防寶山、江陰、鎮江諸處，以舊日炮臺皆舊式雜劣窳敗不堪之物，乃購泰西新式炮五十餘尊，改修炮臺。又於城北獅子山、幕府山創修新式炮臺二十餘座，是爲江南有外洋製造後膛臺炮及西式炮臺之始。又擬於吳淞、崇明大修炮臺，以爲江防經久之計，爲某司農所駁而止。

甲午署兩江日，時諸路防營皆爲各統領把持，有如世業，兵怨械朽，不能一戰。乃先將總辦兩江營務處總統兵輪之壽春鎮郭某撤去，其餘如統江陰炮臺各營之蘇松鎮張某病故，某相舉其部下爲代，不許；統吳淞炮臺各營之狼山鎮曹某、統徐州馬步隊之徐州鎮陳鳳樓，皆分別撤換、劾罷；又淮陽鎮吳安康素劣，亦諷令乞病去。自此，江南南北各路之兵柄始歸督府矣。時海防北路以海州爲急，南路以金山、乍浦爲急，乃奏調馮萃亭宫保率粵軍防海州，任宿將朱洪章防金山，沿海賴以無恐。

在江南日，募德國將弁，練自强軍二千六百八十人，此爲江南兵有新操之始。

在江南日，各炮臺設立臺官，兵屬其臺，不屬營。又設總臺官，不許隨時更調，是爲江南炮臺設專將，專兵之始。

在江寧，以城内外聲氣阻隔，乃創修馬路以通南北，甚爲當時俗吏刁民所訕，至今中外頌之。在湖北，先於省城内外創修馬路，交會通達，民生日阜；繼又在漢口堡垣故址創修馬路，均已告成。

采上海道黄祖絡議，於上海南市接修馬路，設巡警，截斷外人侵入華界之路，以保政權、利權。借出使經費興辦，分年籌還，經總署議行。又因各國每於租界外廣闢馬路，設巡警，路之所至，即隱然劃爲租界，奏請於租界外各國所修馬路盡處，各接修馬路一段，以扼其鋒。總署懵然，竟寢其議，自此滬上租界愈闢愈廣矣。

光緒二十二年，户部籌借英、德洋款還日本，以五省鹽釐作抵，部文渾言撥湖北宜昌鹽釐一百萬兩抵還洋款，歸税務司徵收，隨時解滬。部文嚴急，已照解兩年矣。冬夜細譯部文，内有「萬户沱」字樣，按萬户沱之局，歲收約二十五萬兩，乃加抽川鹽局所抽，係江南款，非鄂款，殆户部誤撥也。急電詢之户部，户部不省；詰之江南，江南不承。乃電詢總署，查當日與洋行所訂合同原文，確係指江南在萬户沱所設加抽局之款，辯論明澈，户部無詞，乃更正，將此二十五萬撥歸江南，鄂省每年始得脱此無名之鉅累焉。

戊戌九月，英議院長、前提督貝思福自京來，總署已經奏准，令該提督代湖北練華兵二千，練旗兵一千，以已奉旨爲詞，迫脅膠擾多日，卒嚴拒之。總署來電助之，亦不顧。

自乙未後，外患日亟，而士大夫頑固益深。戊戌春，僉壬伺隙，邪説遂張，乃著《勸學篇》上下卷以闢之，大抵會通中西，權衡新舊。有人以此書進呈，奉旨頒行天下。秋間，果有巨變。

戊戌、己亥間，剛毅爲政，責天下辦團練，乃覆奏力陳其害，謂：「團練若成，則天下教堂皆毁，大亂作矣。」竟止不辦。次年，直隸、山東遂有義和團之禍。

庚子拳匪初起，甫自涿水擾定興，五月初四日即電總署請嚴禁剿捕。嗣復於五月内疊次電奏，斥爲邪教亂民，請保護使館，力剿各匪，勿召回出使大臣。單銜徑電各國外部及各國來華水師提督，與約保護東南，勿擾京城，勿驚乘輿；并聯合各省督撫十餘人，電各國外部；與劉忠誠會同，與滬上各外國領事立約，不得犯長江。聖駕西幸，與各國堅明約束，勿擾襄樊，以通東南貢賦之道。

庚子七月中旬，京師危急，聞兩宫意將西幸，合肥李相糾合各督撫力阻聖駕，並未先商，已電山東請發摺，然後電知。乃急電項城，謂此議大謬，萬不可行，鄂斷不會銜。如已發，當單銜另奏。乃撤去鄂銜。幸此摺到京之日，畿郊已大亂，疏未達而乘輿已行，不然，大局不堪問矣。合肥又有聯銜疏請駕留山西勿赴陝，亦駁之。

庚子七月，票匪唐才常等乘京師不守，人心惶亂，乃謀糾合湘、皖、江南數省會匪起事，於漢口刊佈富有票，沿江五省皆通消息相策應，分設糧臺，名爲東南新造自立之國，有名號、官職、僞印，部署已定，安徽大通、湖南臨湘已舉事，分向武漢新堤。湖南捕獲逆首悍黨多人，供認不諱，乃誅渠魁數十人，附合之會匪分別剿撫解散，事乃定。

庚子拳匪亂作，黑龍江首和拳匪，於是俄人乘機占東三省，將軍增祺、委員周冕爲俄所脅，强立新約，大意以關東權利盡畀俄人。全權大臣李相已允之，乃與劉忠誠合詞力阻，勸朝廷勿許，摺奏、電奏凡二十餘上。俄人限以三月初七日畫押，過此則決裂，恫喝萬端。堅持力諫，遂得不畫，東三省以全。

庚子西幸以後，和局將定，朝廷斟酌回鑾之舉，外人來言：「諸禍首雖已治罪，然某要事未辦，名位如故，到京後各國必力要之，得請乃已。」乃密電樞廷，勸其面奏，趁兩宫未回京之先，出自慈斷發之，以全國體，此議遂定。時乘輿尚在汴也。

辛丑年兵事粗定，乃與劉忠誠上變法三疏。第一疏言人才爲先，請設文武學堂，改文科，罷武科，奬遊學四條。二疏言整頓中法十二條。三疏言采用西法十一條。綱目精詳，今刊播海内。

中東事定以後，丙申、丁酉之間，湖北即創立武備、自强諸學堂，於兩湖、經心兩大書院更定課程，即以學堂之法教之。故自辛丑變法詔令各省立學堂以來，獨鄂省所立學堂爲最多，最早，最完善，文武各學堂之外，有農、工、商、實業、鐵路、方言、軍醫、女子、幼稚諸學堂。

時尚新學，從風而靡，少年輕躁之士，時有背本蔑倫之憂，乃在鄂省創立「存古學堂」，注重經史子集諸古學、中國文章，以存國粹。仍以學堂課程之法行之。

在武昌設勸業、善技、益智三場，以惠工商；設學堂應用圖書館，減價售與各學，以惠士林。

湖北自丙申以後，即盡屏舊習，以西法練兵，故今日湖北陸軍，東西人來觀者，皆言甲於各省。

湖北所募新兵，皆識字通文理者，特創設「陸軍小學堂」，一日在營應操，一日入學講習，意在於教兵之中即寓教將校之用，平日即可節餉，有事時一年之内可得精兵百萬。又以原用營官、哨官諸武弁無學問而有閱歷，不能盡從廢棄，乃設「將校講習所」以教之，寬課程而講大義。

在武昌於額支餉需之外，另籌巨款在日本訂造「楚泰」、「楚同」、「楚有」、「楚豫」、「楚觀」、「楚恒」兵輪六艘，「湖鵬」、「湖鶚」、「湖隼」、「湖燕」魚雷艇四艘，是爲湖北有兵輪、雷艇之始。又以武漢渡江多覆溺之患，乃招商設輪渡數艘，活人無算。

先請諸總署，擬派學生赴日本遊學，肄習陸軍、製造、實業諸事。總署止許數人，乃設爲一策，約南、北洋合請，言每省已派二十人，總署亦無如何。自此，始有中國官費生學陸軍之事。

湖北派赴日本遊學陸軍及實業畢業生，傑出者不下三四十人，多爲練兵處、户部、學部、貴胄學堂、北洋大臣强調以去。此外，本省學堂畢業者，往往應他省之所求，尤難數計。

辛丑，聯軍和約各國，以濬吴淞口，利商船爲詞，全權大臣已許之，强中國派員會同開工，劉忠誠延宕不派。壬寅冬到署任後，屢有旨催派員，其勢已迫，乃抗論力争，卒不派。並約他國領事爲助，遂倡中國自行籌款疏濬之議，勿庸他國捐款，亦勿庸他國干預，其事竟用此議阻止。

壬寅夏間，奉旨會同吕尚書、盛侍郎、劉忠誠與英國議商約，匡正挽回者極多。最要者彼力求免釐金及常關税，乃與議定徵銷場税。内有一條尤要，係收回治外法權，實爲通商五十年來無人道及者。

壬寅夏，會三大臣與英使議商約，時英原列條目内有開鑛一條，外務部奏阻之，有旨戒勿與議，乃單銜電奏，謂「中國鑛産斷不能不開，外人入股開鑛斷不能禁，二十年來外人蒙混准開者已不少，若不明許，必然句串奸民私行開采，既無法律，亦無限制，徒失權利，流弊甚大。不如乘此議一定章，使舊開者得補救，新開者有範圍爲善」。上大嘉賞，令與劉忠誠會同議章程。劉既没，乃獨力纂成之，兼采東、西各國事例禁令，擇善而從。大指以保主權、惠民生、輕税項爲主，爲書兩卷，正章七十四條，附章七十二條，奏上之。

第二次署兩江篆時，道員謝某以二十萬金爲賂，請許商人開海州鑛，詞意閃爍多蒙混，乃劾罷其人，而行知海州立案，以杜將來後患。

癸卯再署兩江時，整頓鹽法，親到儀棧考求利弊，設兵輪，造帆船，大舉緝私，精擇賢能，任以三要事，重其事權。一用蒯觀察光典爲儀棧緝私，一用方觀察碩輔爲正陽關督銷，一用趙觀察有倫爲下關掣驗。三要既得，鹽課大旺，第一年課釐多收五十萬，第二年課釐多收一百餘萬。

在江南裁停無用陳舊兵輪，在日本訂造「江元」、「江亨」、「江利」、「江貞」兵輪四艘，不另籌款。

上海製造局居商埠之中，危險不便，每有海警，外人輒生覬覦。乃奏請移設江西萍鄉縣堂奥之地，兼便煤鐵，人皆韙其議。移廠之款已籌足，節存舊廠款每年七十萬，自設銅幣局每年盈餘五十萬，五年可成。因其款爲户部提用，故暫未舉行，然有急時當念之耳。

癸卯入覲，奉旨編纂《學堂章程》二十卷，竭八閲月之力而成書，奏上之。今頒行天下者是也。

癸卯冬，述職在京，日俄將開釁，政府囑往勸日本勿與俄戰，拒之，並述西國公使之言曰：「日俄開戰，此乃於中國有益之事，何爲阻之？」因請政府據以上聞，以後遂不復有勸阻日俄用兵之説矣。又甲辰春，前南洋大臣魏某倡議，合數省督撫致書北洋，欲合詞上疏勸阻日戰。適過津，項城以爲問，力阻之。是年冬間，日俄戰久，俄雖屢敗，未肯退出東三省境。新任南洋大臣某欲邀合北洋及鄂省出作調人，勸日俄議和勿苦戰，復書痛駁之而止。

德商瑞記欲攬我全國洋藥税、土藥税，洋藥於入口時由德商全數收買，發賣土藥由德人派人各省産地巡查收買。初辦第一年無税可收，願代我納賠款一年。經理人景維行爲之營謀，並向京師關説，已有成議。來鄂謁見，餌以重賄，懇爲助力，當即以「萬不可行」嚴斥之。景某旋入都，事寖成矣，兩次電奏，痛陳其害，榮相悟，乃駁斥不行。

日本因租界商務未興，暫借漢口沿江馬頭泊大阪公司輪船，德商美最時遂亦效尤，欲於漢口龍王廟泊躉船，將挾兵船來設之。鄂民皆恐懼永爲華民渡船之害。及二十九年冬，入都後遣員與德使穆默議，卒允停罷不設，而議令日本大阪馬頭依議定限期移至日界。穆使先已告外務部：「明年正月初一日，將有一要事告貴部。」外務部憂惶無策，及接此間咨文，乃大欣慰。

總税司赫德建議重加農田之賦，盡免商貨關税、釐金，政府心不然之而不能阻，交各省議，各省亦不敢明駁，獨上疏力斥之，得罷。

美員精琪圖攬中國銀幣大政，中朝諸大臣不能駁，意已允矣。精琪來鄂，面加詰難，無詞以對，乃上疏力駁其謬，指陳其害，其事幸而獲止。

辦交涉之案甚多，遇有應抵償之犯，必以保全民命爲主，往往同一教案，他省誅戮甚多而湖北較少者；亦有他省誅戮者數人，而湖北不殺一人者；又有前任已擬重辟而爲之平反者。外人服其公平，亦無閒言。

粵漢鐵路爲美國人轉售與比國合興公司，首發其弊，布告天下，毅然獨任抗議，收回自辦。美、比兩國皆不欲，合全力拒我。美國執政素敬公威信，竟以此路還我。

與川督錫清帥合謀，倡議自辦川漢鐵路。

湖北部派庚子賠款，捐一百二十萬兩。以鄂民貧困，乃另設法，歲籌鉅款一百二十萬以供賠款，而以原派之一百二十萬改爲學堂經費。

釐金向歸巡撫主政，他人不能參預。自裁兼撫缺後，以鄂省釐捐局卡太多，商民困累，乃創議改辦百貨統捐，裁撤各州縣釐卡三十一處。官吏百端阻撓，怵以餉必大虧，竟不爲動，謂：「即使短收至五十萬，亦必爲之。」試辦之初疏節濶目，現届試辦一年，期滿核計，收數比較上年轉增多十萬緡，商民大悦。

在鄂於省城之北，創築自紅關至青山江堤三十里。於省城之南，創築自白沙洲至金口江堤五十二里。於省城鲇魚套起至上新河止，修築礄岸十餘里。從前巨浸數十里，皆爲田疇村落。

漢口後湖每年汪汪千頃，渺無涯涘。去年至今，特修築攔湖長堤四十里，涸出田地十餘萬畝，商民歡呼：「以後澤國皆將化爲市廛矣。」以上三堤創修時，皆爲羣議阻撓，官吏非笑，工徒驚駭，以爲必不可成，不意其竟成也。

平日專持以工代賑之論，用范文正、蘇文忠遺法，以爲散錢、施粥非善政也。所到皆多興工作，如造鐵路、開鑛山、修堤閘、開河渠、築炮臺、修馬路之類，每日閒民食力者常有數萬人，武漢士夫、小工，向來每日錢六十文，近年貴至一百五十文，猶不肯應，雇募往往無人。議者以爲，此地方蕃盛之明徵也。

各省監獄率多狹暗穢濕，苦毒難言，往往瘐斃。在粵發巨款修南、番兩縣監獄，到鄂後屢飭各屬清理監羈。以江夏縣監獄爲通省犯總匯，乃籌巨款依外國法式造之，開朗整潔，嚴密堅固，分内監、外監、女監，屏禁監、暗室，有工廠，有病室，有教誨廳。復限以定額，人多則分別省釋罰作苦工，以免闐塞。於典史之外另派州縣爲典獄官，其規模章程，實爲各省之冠。

在鄂禁止官場賭博、演劇，宴會奢侈。每宴客，不得過五簋。

變法疏内，力主裁書吏之説。癸卯入對，面陳尤力，并與各部院痛陳其弊，此議遂行。湖北自督撫兩院始，已全行裁汰矣。

變法三疏内，籌八旗生計一條，已有旗民並無區别，京城乃駐防旗人，聽便僑寓之請。癸卯臘月陛辭時，面奏數百言，力請兩宫化去滿漢畛域，以彰聖德而遏亂萌，如將軍、都統等官，可兼用漢人駐防，旗人犯罪用法與漢人同，不加區别，皆其大端也。慈聖霽顔納之，且諭曰：「朝廷本無畛域之見，乃無知者妄加揣測耳。」次年，遂定陸軍官制，用都統、參領等名目，及定旗民一律用刑新章，仰見覆載無私，一視同仁。近日新政變通，破除常格之事日多，當日前席敷奏，洵足上契天心矣。

在粵、在鄂、在江所籌餉數甚巨，既不恃原有之庫款，亦不責民間之所本無，大率取於中飽私規。昔曾文正論胡文忠理財之法曰：「利民利國，獨不利於中飽之蠹。」正謂此也。

所到各省，於協助鄰省軍餉、軍械不遺餘力，除法事協濟滇、桂外，在江、在楚先後協助奉天、陝西、山東、河南、湖南、廣西、江蘇、廣東之軍火，皆以鉅萬計。於救災助賑，或中或外，尤不吝巨款。

在各省用人，一秉至公。重任要差，非賢能不得與。親故有周恤而無偏袒。又從不以文法小過及愛憎私情彈劾屬員。

吏治先以爲屬吏養廉爲首，故在粵裁除通省道府節壽、學院陋規，另籌公款津貼，奏明立案。在鄂爲鄖、宜、施南三府及襄陽道最爲清苦，乃於土藥緝私項下爲施鶴道、安襄鄖道，鄖、宜、施三府及所屬州縣暨鄖陽、宜昌兩鎮、竹山協歲籌津貼，公費供支雜項，不令屬員費用一文。

用刑素以寬厚爲主，州縣審擬重辟，批答時必詳慎推求，常有平反者。深惡酷吏，變法三疏内有「恤刑獄」一條，痛言其弊。近日法律大臣奏頒刑律新章，其省刑恤獄數條，實由鄂疏發之也。

奉旨查辦各省重案五次，皆虛公詳慎，不爲刻核，惟稔惡者必除去之，其餘多不株連，衆論翕服。有劾與舉並行者，從來查案所無，量能觀過，可謂愛惜人才矣。

薦舉人才往往多設方略，護持保全，皆不告其人知。有始終竟不知者，如李鑑堂督部秉衡、于次棠撫部蔭霖、張勤果中丞曜、王朗青方伯德榜諸公，皆是也。

所到之處必以表章先賢爲亟。在粵創建「三君祠」以祀虞仲翔、韓文公、蘇文忠三賢；建「濂溪祠」以祀濂溪周子，並於陽春縣求得周子磨崖題名一段懸之祠内；又建「七公祠」以祀宋文貞、王文成、韓襄毅、吴興祚、松文清、阮文達、林文忠諸賢；又於海珠炮臺建關、張「二公祠」，關忠壯天培，張忠武國樑也；又於粵秀山「阮太傅祠」内附祀盧敏肅坤、錢星梧儀吉兩先生；又建「嶺學祠」於廣雅書院内，以祀古來粵人及官粵、遊粵諸人之學行可爲師法者。在鄂作「楚學祠」於兩湖書院内，以祀楚産及官楚、遊楚之學行可爲師法者；在鄂建羅忠節公專祠及彭剛直、楊勇慤二公專祠，乃奉敕已久而失修建者；又省城舊有「敕建賢良祠」，祀楊清端公宗仁及胡文忠公二人，甚敝陋，乃重修之；又祀諸葛武侯、杜成侯預、劉元公宏、陶桓公侃、柳元公公綽、張文獻九齡、岳武穆飛、孟忠襄珙、盧忠肅象昇、胡文忠於撫署内，爲「十賢祠」。

在京與同鄉創建「畿輔先哲祠」，祀歷朝鄉賢，專收藏鄉賢書畫手蹟。

自居外任，所到各省從不用門丁，不收門包，不收餽遺禮物。性嗜精本舊槧書。在山西日，有選人以宋本經史五種爲贈，不索值，但乞在山西聽鼓當差而已，乃峻卻之。在廣東日，時值端溪硯石自嘉慶後停采已久，商人何昆玉以辦貢乏材，請開大西洞老坑，官許之，商大獲利。時去粵已兩年，商人謂督部在粵未嘗求硯也，乃寄十方至鄂，予以時價，每方二十金；似尚不悖於古人「不攜一硯」之義也。

服官四十餘年，鄉里未造房舍、置田産，兄弟除本房外共五房，皆代置有莊田，無私財焉。

仿范文正故事，奏明捐置義莊一區，以贍宗族。凡無告廢疾及極貧之喪葬、入學各費，皆取資焉。其同高祖以下，别置孝義堂、義莊一所，以贍近支。

癸卯入對，慈聖賜銀五千兩，乃以此款益以平日廉俸所餘，於原籍南皮縣建「慈恩學堂」一所，令本族及同縣學徒肄業其中，並捐置莊田，爲常年經費。

調直隸天津府屬各州縣學生二百人來鄂，附入學堂肄業，又派畿輔學生三十餘人赴日本遊學，皆代籌學費。

平生性情好施予，而不喜奢侈，朝珠、帶鉤、雜佩所值無過十金者，裘服無華美者，至今燕居皆服布衣，帷幔、坐具、裏衣皆用布。

經學受於吕文節公賢基，史學、經濟之學受於韓果靖公超，小學受於劉僊石觀察書年，古文學受於從舅朱伯韓觀察琦。學術兼宗漢宋，於兩漢經師、國朝經學諸大師及宋、明諸大儒，皆所宗仰信從。漢學師其翔實而遺其細碎，宋學師其篤謹而戒其驕妄空疏，故教士無偏倚之弊。

平生學術最惡《公羊》之學，每與學人言，必力詆之，四十年前已然，謂「爲亂臣賊子之資」。至光緒中年，果有奸人演《公羊》之説以煽亂，至今爲梗。

最惡六朝文字，謂南北朝乃兵戈分裂、道喪文敝之世，效之何爲？凡文章本無根柢，詞華而號稱六朝駢體，以纖仄拗澀字句强湊成篇者，必黜之；書法不諳筆勢結字而隸楷雜糅、假託包派者亦然。謂：「此輩詭異險怪，欺世亂俗，習爲愁慘之象，舉世無寧宇矣。」果不數年而大亂迭起，士大夫始悟此論之識微見遠也。

性喜山水林木，登臨嘯詠，輿來獨往。在杭州，久病不愈，輿疾遍遊諸山。於各省程途所經，遇有名勝，雖冒雨雪，必往遊覽。甲午、乙未權江篆時，因海防有事，在江一年餘未登一山，未入一寺，惟數登覽炮臺而已。甲辰春，奉使金陵，公事多暇，乃遍遊諸名勝。

官京朝日，嘗與親故言平生有三不争：「一不與俗人争利，二不與文士争名，三不與無謂争閒氣。」官粵以後，取張曲江「無心與物競，鷹隼莫相猜」詩意，自號爲「無競居士」。

己丑、庚寅間，大樞某、大司農某立意爲難，事事詰責，不問事理，大抵粵省政事無不翻駁者，奏咨字句無不吹求者。醇賢親王大爲不平，乃於曩所議奏各事，一一皆奏請特旨准行，且事事皆極口稱奬。有：粵省報銷用款不爲多，一也；於沙路、河道立阻敵船鐵樁，二也；修瓊、廉炮臺，三也；修鎮南關炮臺，四也；購槍炮廠機器，五也；購織布機器，六也；清查沙田給照繳費，七也。並作手書與樞廷諸公曰：「公等幸勿藉樞廷勢恐喝張某。」又與大司農言曰：「如張某在粵有虧空，可設法爲之彌補，不必駁斥。」其實粵省報銷款乃合曾、張前兩任及本任五年用款彙報，名第五案報銷，五年共一千餘萬，並不爲多，與前任第四案海防並無戰事之報銷數相等，數且較少。户部有案，固無所謂「虧」也。然賢王之意則可感矣。

嘗語僚屬曰：「自官疆吏以來已二十五年，惟在晉兩年公事較簡，此外無日不在荆天棘地之中。大抵所辦之事，皆非政府意中欲辦之事；所用之錢，皆非本省固有之錢；所用之人，皆非心悦誠服之人。有某大吏病篤，語家人曰：「我平日於張公所辦之事，事事皆不以爲然，今日事事皆佩服矣。」又有某中丞素與齟齬，及罷官歸，語人曰：「爲我致謝張公，吾父子惟有感激而已。」蓋力勸其勿附康黨，言之四次也。又有某中丞自負而偏執，論事多不愜，及去官里居，始悟在鄂之多誤。總之，不外《中庸》『勉强而行』四字。然所辦各事，亦頗有竟覩成功者，真徼幸也。」嘗戲撰一聯曰：「不合時宜蘇玉局，事多天幸霍嫖姚。」令幼子書爲楹帖，懸之燕坐。又嘗語親故曰：「吾生性疏曠，雅不稱爲外吏，自願常爲京朝官，讀書著述，以終其身。」不意以閣學遂膺撫晉之命，旋擢督嶺南，請樞臣代奏力辭，慈聖不悦，嚴詞責之。及抵粵而海疆急，遂不能辭。海防既定，乃具疏引病乞罷，光緒十一年十二月十八日，又光緒十三年四月，又光緒十三年八月，凡三次上疏請開缺，皆不許。擬相機再上陳：閒居讀書十年，始可再出任事。如司馬温公，已官中丞而居洛著書十八年，湯潛菴、耿逸菴，已官監司而解組講學，皆可師也。適奉調任湖廣之命，事由議奏盧漢鐵路而起，不能辭，擬俟鐵廠告成，即申前請。遲至丙申始有商承辦，而煤鑛未定，商意不堅，牽絓無已。至庚子而聯軍之變作矣，大局紛紜，至今未已，竭蹶支拄，遂至於今。魂夢憂勞，無非苦境。惟待目前重大數端略有畔岸，即當仰懇聖恩，速乞骸骨。即不能修老莊養生之道，尚可從容嘯詠，追縱白、陸，或能重理舊業，著書數卷，尤至幸至樂之事矣。

《碑傳集補》卷二陳衍《書張廣雅相國逸事》 公日凌晨興，披閱文書，有事則遲明。余初見公，約遲明往堂上，燃燭以待。尋常辰巳見客，午而罷，然後食。有事未而罷，或留客食，食必以酒。酒黄白具，肴蔬果並，食一飯一粥。微醺，進内解衣寢。入夜復興，閱文書，見客，子而罷。有事丑而罷，然後食，悉如日中，不解衣寢，或不進内。冬寒，坐籐椅睡，夾以火爐。蓋分一日若兩日也。奏議告教，不假手他人，月脱稿數萬言。其要者往往閉門謝客，終夜不寢，數易稿而後成。書劄有發行數百里，追還易數字者。

權督兩江時，一日輿至早西門，呼材官詢其處，命駐輿，與談謝安西州門故事，辯證良久，乃行。

公嘗因置酒，問坐客燒酒始於何時，余曰：「今燒酒殆元人所謂汗酒。」公曰：「不然，晉已有之。《陶淵明傳》云：『五十畝種秫，五十畝種稻，稻以造黄酒，秫以造燒酒也。』」余曰：「若然，則『秫稻必齊』，《月令》早言之矣。」公急稱「秫稻必齊」者再，且曰：「吾奈何忘之？」又嘗閲余《貨幣論説》，有言金幣中參銅者，疑之，急召詢余曰：「公創鑄中國銀幣者，銀質略剛，造幣且須參銅，況金質之柔乎？」因言金幣重二錢餘，約參銅十之一，公稱善。其虚心類若此。

實鎮《國朝書畫家筆録》卷四《張之洞工書》 張之洞字香濤，直隸南皮人。同治二年癸亥探花，官至兵部尚書、兩湖總督。工書法，筆意清挺開展。

備論

《碑傳集補》卷二陳寶琛《清誥授光禄大夫體仁閣大學士贈太保張文襄公墓志銘》 宋庸欒喜，鄭國寢兵。陶桓淹廣，晉業不宏。相才俾鎮，如棟作楹。老毗匪晚，顧大寧盈。昔居禁中，傑傑公望。卅載封圻，忠勤無上。忠實勤止，遇特艱哉。淺迂公訛，儉侈公猜。帝曰相予，及公未耄。公髮已皤，公精未耗。國有大恤，賴公而綏。移山逐日，朞月曷爲？公存鬱紆，公沒誰繼？獨其宏心，天蟠地際。埋辭幽宮，永貞百世。

《碑傳集補》卷二陳衍《張相國傳》 論曰：《傳》云：「長國家而務財用者必自小人。」此大一統之世之言也，今不能與列强閉關絶約，人富强，己貧弱，猶爲此言，非騃則狂易耳。中國士夫諱言財用，見之洞用財如糞土，從而百端詬病之，然其家固不名一錢也。三十年經營財用，與外國理財家較挈短長，去之尚遠，而中國居高位者，遂未有其人。闈姓籤捐之類，固不軌於正，鐵廠、紗布絲麻各廠亦折閱相繼，然一易商辦，則贏利巨萬。一擊不中，謗者引爲大戒，豈不誤乎！獨銅圓、鈔票暢行時，衍請以中國所自有金鑄造金幣，以數百萬建織呢大廠，可支三十年，國朝遲回審顧，未之能從，滋可惜耳。爲專制之說者，至謂開學堂、遣派遊學、練兵造械爲亂階，彼驪山囚徒，又何嘗負笈之學子耶。

袁昶《廣雅碎金書後》 甲午仲冬客鍾山下，一夕孝達督部師出詩三巨册杜示，諷肄久之，乃稍稍窺見要領。公詩簡嚴得之《穀梁春秋》，深婉得之范書諸傳贊，隸詞引喻得之《呂覽》、《韓非》及荀之《成相》佹篇，其文或繁或簡，皆有法度，而誼亦有微有顯。王半山解詩從寺，古官廨，政治所出，謂之寺。寺者，有法度之地；詩者，有法度之言。横空而來，盡意而止，縱横峻逸，不主故常。近體句律用義山爲近，而去溫二十六之纖穠，無宋初西崑諸公之板滯，二者之病，皆無從犯其筆端。昶對公言：「此安石碎金，故當流傳世間。」公笑曰：「那得便爾，殆不過陶公木屑耳。」公於詼諧中出壯語，箭鋒相直。今日回思，情事宛然。杜預解《春秋》云：「聖人包周身之防，言高則指遠，辭約故誼微。」吾師《演連珠》爲古詩體，作三十二首，汰繁富爲簡煉，言有宗主，喻有指歸，詩境從《春秋》義指出，故文簡而意趣甚深。夫拯溺由乎道情，戒暴資乎神理，引誼博喻，比物屬詞，此即道情神理之所寓。又集中論歷代建都得失一首，凡此義類，乃古今極有關係文字，足以扶樹世教，振醒聾瞶。其體裁明密，言成粟帛，以視《古微堂集》中《嚏古吟》、《仿秦中吟》諸篇，爲一世騷雅推重者，猶且度越，足以俯視之，況於並世餘子瑣瑣，又何足云。詳其品格，豈第碎金然乎哉！公奏議、書牘，多經國遠猷，他日及門編次，當爲正集，其他箴銘、頌贊、賦序、碑記、論議、簡札，大率未編定。且公方翊贊軍國之重，訏謨長算，亹亹日出，囊饒忠智，炙輠不窮，精神淵著，未有艾也。今先以詩初集四卷校寫定本，付梓刻成，名以《廣雅碎金》，第記疇昔語云爾。

光緒丁酉長夏門下士桐廬袁昶謹書後。

藝文

張之洞《廣雅堂詩集》卷首汪榮寶《題廣雅堂詩集》 玉帳牙旗二十春，江湖不問犢車塵。可憐白首朝天日，驚歎中興有聖神。

早年意氣盛龍驤，閣下重來朔吹涼。治術不言言學術，誰知戎首是公羊。

表微自喜多新意，讀史偏難恕古人。好把嘉州一杯酒，譏訶屈宋到卿雲。

白頭苦費調停策，血淚淒吟諷諭詩。門户化除非易事，君臣遇合信難期。

嚴辰《感舊懷人集・張香濤制府之洞》 天縱奇才景運開，豈徒爲我一門來。卻憑旋轉乾坤手，挽得孤寒劫數回。

公爲直隸南皮人，同治癸亥探花，授職編修。父春潭公，宦黔，故公生於黔。幼有神童之目，刊有《十二齡吟草》。十六歲，中咸豐壬子解元。奇才應運，博學多聞。乙丑以館元留館，疊司文柄，敭歷清班。遇事敢言，受兩宮特達之知，由閣學簡授山西巡撫，遷兩廣總督，今調兩湖。任兩粵時，正值法夷構釁，閩海喪師，幸得公調度馮、蘇、王諸軍，血戰越南，乃得法夷受創就款，真不世之勳也。余識公於黔陽，後同寓京師，文字之交頗深。互盼成名，關懷綦切。余忝先人詞垣，而實不副名，旋遭謫墮。公則望實相符，扶搖直上。余歸里後，於丁卯見公於杭垣，方爲典試。甲申，見公於滬瀆，則已秉粵節矣。兒子開元，猶子開第皆受公覆庇，捧檄海南。今又以猶子文洞相託。去歲兒子暴亡，公謀所以恤其孤寡者，無微不至。惠周萬姓，不遺匹夫，真有古大臣風度。

《張文襄公榮哀錄》卷三《挽詩・俞廉軒侍郎廉三五首》 嶽嶽台星坼，哀哀楚些吟。悲風噫蔥木，秋氣慘蕭森。白髮憂時淚，丹霄捧日心。典型人未遠，音絶廣陵琴。

昨歲邦多難，髯攀痛墜弓。嘉謨參大計，淵量和羣公。負扆星環拱，揮戈日再中。坤維奠鼇足，送喜萬方同。

手筆雄燕國，腹書侈茂先。多能天所縱，餘藝世爭傳。夏廈萬千庇，師尊六一賢。如何梁木壞，噩夢識雞年。

往禨勞元聖，心悲一鑑亡。大名褒華袞，洪伐表旗常。恩禮人臣極，安危後起當。彌留目未瞑，郅治望垂裳。

斯人天下慟，我更哭其私。舞鶴平生感，雲龍卅載隨。秋容堅晚節，泉路盡交期。强竭衰年淚，招魂奠一巵。

《張文襄公榮哀録》卷三《挽詩·寶瑞臣侍郎熙四首》 虞淵日初薄，甲馬忽聞聲。老宿人終仰，幽憂疾早成。立朝峻風骨，開府盛勛名。遺疏猶親授，公真間氣生。

燕國文章伯，安陽社稷臣。中興有鴻筆，大計定垂紳。學挽狂瀾勢，心涵太古春。聲香耀寰宇，繼軌更何人。

江楚千言疏，東南一代功。兵銷光舊物，枚卜契深宫。布憲嚴天秩，陳謨杜内訌。凄涼論政地，賓館只秋風。去年在湖上新設接待外賓處，會議籌備憲政，蓋間二三日即一晤也。

記翫南樓月，頻過北學堂。深情寄詩卷，遺範慟琴牀。天遠寒箕尾，時危失棟梁。併將憂國淚，一灑向穹蒼。

《張文襄公榮哀録》卷三《挽詩·陳伯潛閣學寶琛一首送歸櫬作》 風吹塵沙如黑煙，城郭慘澹飛紙錢。彌天心事一棺了，丹旐此去無時還。爲臣獨難古所慨，謝安裴度甯非賢。移山逐日老不給，矧更百慮鑱其天。漫漫脩夜大星失，覘者於國猶哀憐。寸丹灰盡料未死，儻籲宗祖通靈乾。太行蜿蜒送公處，卅載豈意重隨肩。對談往往但微歎，此景追味滋涕漣。九原何者算無負，躑躅四顧傷殘年。

《張文襄公榮哀録》卷三《挽詩·曾剛甫參議習經三首》 國恤方淹歲，凋零及老成。艱危看世事，枯瘦見平生。後山西司馬温公入相枯瘦自如。東閣遂虚位，西州空復情。士夫同一慟，天地正商聲。

文字三千牘，聲名五十年。訏謨從定命，憂樂過前賢。人物今衰渺，膏蘭久灼煎。蔡公真委篤，短氣獲麟編。

大息吾焉放，風流不憖遺。他時曾侍坐，此道欲安歸。直接研經室，應崇嶺學祠。向來芻一束，甯止爲恩私。

《張文襄公榮哀録》卷三《挽詩·王書衡推丞式通三首》 紀阮儒流傑，林胡天下才。个臣一身具，風氣百年開。夜半宫荼賜，春來社飯哀。蕭蕭霜鬢冷，王室夢千回。

無競臨機定，沈思置弈遲。捄時躬早瘁，憂國病難爲。力竭調停術，心傷諷諭詩。長沙勳似舊，遺愛匹陶祠。

駑馬辭芻秣，重勞過冀知。迹疏酬顧惜，意厚感心脾。墜淚登堂日，聞名就傅時。卅年開府始，功紀晉陽碑。

《張文襄公榮哀録》卷三《挽詩·陳仁先郎中曾壽二首》 正笏回天手，清流實地人。朝年恢大略，末命瘁孤臣。時至堂堂去，憂來種種新。老成遺脈斷，甯止淚沾巾。

事大謀能定，機沈見若遲。濟時新貫舊，沃主孝兼慈。宇泰陰凝日，心寒痛定時。彌留天下計，繼座孰愆期。

《張文襄公榮哀録》卷三《挽詩·張彦雲學部祖廉三首》 楨幹摧周輔，龍蛇識鄭鄉。禁中悼任昉，天下慟歐陽。嗣響穿經室，遺篇廣雅堂。卅年留懋績，治術詎能量。

昨歲天維折，璇樞手奠功。傾河雙淚竭，謀國百憂叢。雅道搘危局，羣流息異訌。即論文字業，驛騎八方通。

曾識雕龍卷，歸安錢使君恂、同郡沈布政曾植兩次以祖廉文進，公欲見招告，不果往。難從駟馬車。癸卯恩科出公門下，復命祖廉赴鄂，仍不果往。甯知窮益甚，翻悔計全疏。官柳懷江路，甲辰謁公江甯舟次。秋花憶故廬。前年將遊日本，最後侍公於海淀別業。平生青眼在，感舊自欷歔。

《張文襄公榮哀録》卷三《挽詩·周虚白學部傳榑四首集杜》 皇天照嗟歎，告訴棟摧摧。精魄凜如在，風塵暗不開。蒼生未蘇息，聖慮窅徘徊。竟掩宣尼袂，頻傷八月來。

先帝昔晏駕，殷憂捧御筵。識歸龍鳳質，淚入犬羊天。禁掖朋從改，台階翊戴全。深誠補王室，新數中興年。

今王德政簡，象闕憲章新。霖雨思賢佐，中原仗老臣。時危話顛躓，志屈掩經綸。天意高難問，長歌欲損神。

相國生南紀，名與日月懸。向來披述作，會是正陶甄。小子何時見，長吟不世賢。千秋一拭淚，飛旐泛堂前。

《張文襄公榮哀録》卷三《挽詩·李麓石學部維藩一首集廣雅堂詩句》 讀書先從校勘始，侯王徒隸峥嶸起。嶄然頭角不尋常，早聞天驥行千里。曾記龍門第一遊，今宵對酒傍瓊樓。滿朝公論推文藻，正本安邊有大猷。問答自書千載遇，漢德未丁陽九數。相公開閫帶中樞，一旦英雄歸駕馭。發揮忠愛在江湖，帝輔王師有大儒。江漢同瞻周雅盛，問字壺觴德未孤。偶吟鸚鵡臨春水，四封無警草木喜。萬機織錦翻朝霞，應識木蘭家法美。教澤在炎方，南皮不可忘。人紀未淪文未喪，好爲公相致堯湯。拈出維新一公案，筆開墨閣生陰陽。中原蕩蕩不自立，湘沸江騰虎出柙。服公勝算在從容，交徧公卿無詭合。南郡獨保障，大亂有已時。謝傅功再造，乾籙啟昌期。誰騰敗局據勝勢，公以寬大蘇創痍。神州多事光陰少，楓葉未紅欺客老。能爲君王策萬全，眼前荆棘一日掃。文字編排秘殿深，白日當天事主心。一朝立國有根本，公有勳名照古今。無忝大丞相，百世爲儒宗。夢争王室頻驚醒，樞軸安危第一功。方今天子守四海，韓公輸貢丹心在。百年名士等星辰，説與朝賢休氣餒。鈐閣傳聞一泫然，秋梧故府剩荒煙。尚有典型在圖畫，何況士口争喧傳。神靈今有中興主，朝野歡娱奏鐘鼓。長松巨栢今凋殘，八百孤寒淚如雨。

《張文襄公榮哀録》卷三《挽詩·丁衡甫方伯寶銓四首》 晨風吹詔下彤廷，一夜嚴霜落大星。海内文章傳疏表，人間容貌寫丹青。雞蒿徧地哀司馬，丰度他年憶九齡。篤念藎臣自天意，故頒温敕慰忠靈。

兩宫倉卒賓天日，四海風雲滿地時。自是老臣持大計，故應上相有專祠。羣倫毁譽無公道，國事憂危獨主知。日墮虞淵終古恨，幾回涕淚讀遺詩。

竟夕霜風徧九州，百年心事冷弓裘。從兹江漢流殘淚，争説東南仗老謀。八海學潮韓砥柱，一生路政孔春秋。是非論定千年案，清亮終應繼武侯。

往年東閣謁公孫，一座春風笑語温。忽訝靈光傾魯殿，不禁嗚咽望燕門。九閶已慮晨星少，五嶽先頹泰岱尊。天奪我公爲國惜，空將淚酒薦清樽。

《張文襄公榮哀録》卷三《挽詩·宋芸子觀察育仁十首》 憂國丹心久，還朝白髮新。班頭上柱國，第一外臺臣。炳日千秋鑑，回天四海春。不嫌遲作相，今用讀書人。

文經兼武緯，後樂每先憂。劍佩鈞三奏，雲霄羽一籌。夷吾出江左，陶侃在荆州。早計成功退，功成晚鄴侯。

九軌達通塗，官山冶一爐。駕黿鞭入海，蹠掌縮成圖。建議先天下，隆規拓上都。非常難慮始，當日足音無。

山海望風歸，輶軒待訪誰。伐交謀不用，鑿空語成欺。横海驚胡馬，連江照楚旗。當時淮泗滿，獨仗論安危。

南鎮望東征，枕戈天待明。飛書前出塞，籌餉下江兵。襲鄭羣疑沮，謌梁國難成。獨憐門下士，感激請長纓。

風塵驚澒洞，日月復重光。霜鬢援桴鼓，星旄落劍鋩。秦廷還趙璧，燕壘去汶篁。始信權宜正，羞稱問晉陽。

青史信難期，風雲自可疑。恥聞鳴越甲，喜見犒秦師。返日迴三舍，揚塵彼一時。回黄滄海變，抗疏有誰知。

西狩聽鑾迴，南音向北來。月明温室樹，火入故宫槐。江楚聯章入，天閶四扇開。恭聞陳變法，論薦有遺才。

分明官禮在，誰道誤蒼生。持此將安往，驚人未一鳴。無正天又雨，不照月孤明。海水羣飛日，觀瀾待一清。

昔感虞卿事，還山預著書。躬逢堯舜日，江海意何如。紹述觀前史，隆平羨二疏。鴻飛歎公衮，遵渚更踟躕。

《張文襄公榮哀録》卷三《挽詩·鄭幼惺觀察業斆一首》 越裳我屬國，屏蔽西南偏。島夷肆憑陵，肇畔窺龍編。中朝赫斯怒，雄師出臨邊。典兵嗟匪才，韜鈐未精研。疆埸頻失利，重關弛扃鍵。坐令千里内，輮轢無人烟。詭詞飛入告，諉罪偏裨焉。失律有常刑，嚴旨降自天。桓桓馮與王，束髮事戎旃。百戰著勛績，卓爲當世賢。胡來三字獄，陷法難生全。公時洎本兵，激昂意不平。抗論發覆盆，敷奏如湧泉。主將實恇怯，措施多倒顛。敗衂乃自致，部曲洵無愆。巧飾口如簧，其言豈其然。天高能聽卑，德音幸復宣。重譴坐專閫，此外毋株連。一時士氣伸，踴躍聲殷闐。銀矛礪乃刃，凌厲勢無前。諒山遂奇捷，威棱讋垓埏。彼醜大奔北，蔽野拋戈鋋。匍匐泥淖中，但乞殘喘延。神武貴不殺，納款許自湔。此日推馮王，論功莫與先。景風行慶賞，圭卣頒聯翩。嗚呼微兩公，讜直回坤乾。將使百粤地，禍至不踵旋。蒼黔困征繕，井邑淪腥羶。迺知不世人，濟變能達權。所規在遠大，民物歸陶甄。兹事誠絶偉，宜付青史傳。即今溯前塵，一瞥垂卅年。彭公既往矣，公復班飛仙。邊防且日轉，籌筆誰仔肩。徒令梁園客，臨風歎逝川。

《張文襄公榮哀録》卷三《挽詩·左笏卿觀察紹佐三首》 食昴恨長庚，天乎奠兩楹。老成猶納獻，公望是忠清。磊落山河氣，飛騰宇宙名。飾終崇盛典，禮數極哀榮。

小毖逢多難，殷憂啟聖人。從容支半壁，密勿定三辰。孝孺讀書種，淮陽社稷臣。白頭功未竟，嘔血事酸辛。

麒麟圖像在，夫子更文章。曾是傳道邑，多應寫禮堂。古人都寂寞，世事儘蒼涼。被髮翩然下，還來瞰八荒。

《張文襄公榮哀録》卷三《挽詩・陳巽卿觀察重慶十首》 滿空煙霧大星沈，腸斷長安萬戶砧。天不慭遺嗟世運，死而後已識臣心。白鬢憂國秋容悴，赤手回瀾海氣深。蹇蹇匪躬精力盡，但師甯武薄周任。

木天簪筆奏明光，疏稿流傳字字香。鳴鳳文章輝賈董，雕蟲詞賦陋班揚。批鱗諫草留中禁，戟手邪蒿請尚方。從此聲名滿寰宇，便辭臺閣領封疆。

老人同住大羅天，此日聯吟門百篇。何遜詩心參人畫，謝安碁局愛棲禪。摳衣隅坐忘卑幼，秉鉞專城接後先。豈料死生成契闊，河梁分手各淒然。

保障東南第一功，中宵魏絳泣和戎。干戈兒戲拼孤注，檠敦宗盟慰兩宫。鯨海風飇翻浪黑，燕臺烽火徹天紅。江山半壁支撑力，九廟神靈鑒此衷。

文臣美謚錫文襄，追念前勳邁等常。經略龍興横九塞，謂洪文襄。通侯燕領定三湘。謂左文襄。西鄰突騎馳胡服，南詔孱王護越裳。不是聖慈容罷戰，直教弧矢射天狼。

自從節使入中樞，前席紆籌協廟謨。每許仙瀛浮采鷁，特開天厩賜神駒。歡呼元祐相司馬，涕泣宣仁識大蘇。恩冠羣僚時孔棘，强扶衰病伏青蒲。

從容定策不言勳，萬歲嵩呼國有君。冲主委裘資翌贊，重臣補衮息紛紜。攀龍淚盡瞻天遠，晝象神傷顧命殷。豈料身騎箕尾去，空將房杜説河汾。

黄鶴樓頭酒一卮，駑駘十駕效馳驅。忘形幸託年家子，侍教親依帝者師。剡牘揄揚推轂日，謗書紛沓鑠金時。西華葛帔今誰問，辜負殷勤國士知。

一字當時荷品題，御屏記注路雲梯。三年不舞羊公鶴，百怪誰然牛渚犀。迷路阮生甘命蹇，渡河宗澤歎聲嘶。嚴君天上如相見，莫説籌邊悔噬臍。

申甫精靈降嶽生，摧頹天柱忽心驚。遺言將死羞封禪，孤立當朝感聖明。丞相車茵縈舊夢，武昌隄柳罥哀情。斯人憂樂關天下，不爲恩私哭失聲。

《張文襄公榮哀録》卷三《挽詩・胡□□觀察念修四首》 秋盡長安道，宗臣肅典型。壽當莫楹歲，神在傅巖星。特進三公秩，元勳四代銘。山頹溟海竭，敷衽問蒼扃。

昔有穿經室，今爲廣雅堂。文翁千載業，隨武九京光。江漢聯揚馬，河汾啟杜房。三吴曾再到，遺澤最難忘。

定策危疑日，功高漢富平。首山悲鑄鼎，洹水痛懷瓊。竟見元豐制，空傳正始聲。斯文豈將喪，天柱一時傾。

秋闈逢丁卯，諸兄拜座師。憐予三語椽，許誦六朝辭。家緯文康誄，羊曇太傅思。懸河知已淚，莫謂虎頭癡。

《張文襄公榮哀録》卷三《挽詩・曾俊師太守廣敷一首》 世運有隆替，轉移在王風。蕩蕩道已微，渺渺鼎無蹤。忠良相寢没，天步艱難中。迺有南皮相，曾是奏勳庸。處此存亡秋，蹇蹇輔聖躬。異德揚海外，遺音萬世宗。廉讓過介山，應有文公封。哀此陵夷際，匡飭在我公。我公今已矣，曷以慰宸衷。國均既堪慟，既慟復繫春。小子雖不敏，舉首泣蒼穹。蒼穹胡不佑，延仁若先從。俚詩誌哀悼，俛仰天地空。

薛福成部

綜述

《碑傳集補》卷一三夏寅官《薛福成傳》　薛先生福成，字叔耘，號庸庵，江蘇無錫縣人。性孝友，喜觀儒先性理書。稍長，縱覽經史，好爲經世之學。中式同治六年副貢。曾文正勦捻寇北上，張榜郡縣，招賢才。先生於寶應舟中上萬言書，文正大奇之，延入幕，軍謀機要，多所贊畫。

光緒元年，以直隸州知州復入大學士李文忠幕，掌箋奏，文忠知其可屬大事。朝鮮内亂，上書直督張公樹聲，請迅調兵輪渡海。日本艦至，我軍已定變，尋盟而退。當時郭侍郎筠仙、丁文誠、張文襄皆以賢才密薦。七年，署宣化府。十年，授浙江寧紹台道。值法越構兵，馬江敗，浙防戒嚴，購器築壘，布置井井。法兵犯鎮海，奮力抵禦，相持四五十日，卒不得逞。論者謂與鎮南關之捷相匹云。十四年，授湖南按察使。十五年，以三品京堂候補，出使英、法、義、比四國大臣。轉光禄寺卿、太常寺卿、大理寺卿、都察院左副都御史，皆未蒞任。

至英，疏請添設南洋各島領事，又請保護華僑，豁除舊禁，飭關役無得擾累，閩粵人尸祝之。滇緬畫界、通商事宜，與英外部爭持逾兩年，始允讓地立約。每當交涉迫切，親至外部，斷斷爭駁，不少假借，雖外人亦服其堅韌。二十年四月，卸事内渡。六月十九以微疾殁於上海行台。生於道光十八年三月十八日，年五十有七。事聞，賜卹賜祭葬，恩禮優渥。

先生初私淑姚江王氏，以收斂身心爲主。自師事曾文正，學識日大。凡歷史掌故、山川險要，以至兵機、天文、陰陽奇遁之書，靡不鉤稽講貫，洞然於心。故遇事立應，略無窒礙。近世士大夫謂本理學而談洋務者，先生一人而已。自壯至老，讀書從公，日有常課，辰而治事，夜分始寢。數十年來，逐日行事，悉載日記。勤以率下，儉以奉身，待人接物，一主以誠。故雖軍國大事，日不暇給，而端坐凝然，百務就理，蓋得力於文正者深矣。

治古文不拘宗派，原本忠孝，而以閎雅真摯之文行之，所造於柏梘山房、求闕齋爲近。其書已刻者有《庸庵文編》四卷、《續編》二卷、《外編》四卷、《海外文編》四卷、《籌洋芻議》一卷、《浙東籌防録》四卷、《出使日記》十六卷、《出使奏疏》二卷、《出使公牘》四卷、《庸庵隨筆》十卷。尚有《幕府古文書牘》、《東西洋地誌》稿數十卷，藏於家。

夏寅官曰：「余與先生長子翼運戊子同歲生，景仰懿行，未獲親炙。讀集中紀事諸篇，翔實不誣，足徵信史。尤長外交，深識遠慮，燭照暨數十百年以後。今日時局阽危，老成凋謝，緬維先生籌洋諸篇，益令人感喟噓唏而不能已也！」

《碑傳集補》卷一三錢基博《薛福成傳》　薛福成，字叔耘，一字庸庵，城人。少負經世之志。中同治六年江南鄉試副榜。先是，四年夏，兩江總督曾國藩奉詔勦捻，張榜郡縣，招賢才。福成上書言事，略謂：「節下勳名軒天地，天子倚之，天下信之，必將策富强，定經制，消反側，防外侮，正風俗，則舉世視爲轉移。而值變亂之後，百事興革，民心望治，則尤更張不見其迹，設施易蒙其澤。」所以相規勉者，殊於人人，而不爲頌諛之言。國藩歎賞，謂劍州李榕曰：「吾此行得一學人。」延入幕府，由是聲譽隆起，以一書生負天下望。

會太監安得海干政，八年秋，奉孝欽顯皇后懿旨，採辦廣東。福成先以事如保定，道出山東，巡撫丁寶楨邀與語天下事，頗引爲言。福成即力贊寶楨執殺之境上，而以其罪奏聞。祇曰：「布置欲豫，審幾欲密，欲斷。否則，不惟買禍，亦恐轉益其燄，而貽天下患。」寶楨計決。至是斬安得海而籍其貲。曾國藩聞之，語福成曰：「吾病目久，聞是事積翳爲之開矣。」

光緒元年，下詔求言。福成上《治平六策》、《海防十議》，一時傳誦，以爲馬周、陳亮復出。自是始定遣使駐外國之制，有停止捐例之令，有津貼京員之議，有稽覈州縣交代之新章。而四川之裁撤夫馬局，各省免米商釐税，及裁汰緑營，添設練軍，吉林、黑龍江相繼遣大臣練兵。十年之間，其大興革，皆以福成此疏發之。已而，直隸總督李鴻章延爲上佐，於時局多所斡旋。二年夏四月，英使威妥瑪以旅滇英人被戕，多所要索，與總署王大臣議不洽，遂怒出京。詔李鴻章，俟其到津，挽留與互商。而威使則告絶，逕去至煙臺，國人恟懼。福成則以爲，英自俄、德交合，方惴惴顧慮，必不輕用兵中國，設威使因此相持，致兵連禍結，彼將内爲國主尤，外見怨商人，非所深願。彼之本計，不過見可進而知難退。我之應之，不妨以拒爲迎。一面備戰；一面將滇案本末，布告各國使臣，宜將威使自辦滇案以來，始則多方禁阻，不許詳告各國，繼則百端要挾，不使及時議結兩層，反覆詳述，咨明各國駐使，請其評論。仍密飭海關稅務司，設法刊佈外國新聞紙，彼都人士非無公論，久必有據理以譏威使者。已而，威使果遷延煙臺，不即南下，示轉圜意。六月，詔鴻章就與議，而攜福成偕行焉。既德、俄、美、法各國公使咸會，均不直威所爲。威爲氣沮，而事遂定。

五年，總署王大臣將以總稅務司赫德總司南、北洋海防，下鴻章議。鴻章復書，頗瞻徇。福成則以爲：「公自任天下之重，天下安危所繫，何得不言？夫赫德爲人陰鷙，雖食厚祿，受高職，其意仍內西人而外中國。彼既總司各關稅務，利柄在其掌握，已有尾大不掉之勢。若復授爲總海防司，則中國兵權、餉權，皆入赫德一人之手。若總署已與定議，不能中止，宜告赫德以兵事非可遙制，須親赴海濱，專司練兵；其總稅務司一職，則別舉人代。赫德貪戀利權，必不以彼易此也。」鴻章聞之聳然，即據以告總署。總署遂以「專司練兵，開去總稅務司一缺」之語告赫德。赫德果不欲行，遂罷此議。

八年夏六月，朝鮮內亂，燬日本使館，日使花房義質奔還。朝鮮故我屬藩。李鴻章新丁憂，而張樹聲代督，聞之，與幕僚議，函請總署奏發兵。福成則以爲發兵是也，然輾轉籌商，往返之間，若日兵先至，彼且虜其王，而據其都，事機得失，間不容髮，請即遣超勇、揚威、威遠三兵輪東駛，扼朝鮮之仁川海口。然後函商總署，發陸軍東渡，直指朝鮮都城。其餘泰安、湄雲、登瀛州、澄慶等船，陸續進發。一則迅赴事機，取疾雷不及掩耳之勢；一則使日本、朝鮮見我軍絡繹不絕，莫測多寡之數。兵法所謂「虛者實之，實者虛之」也。我宜乘日兵之未至，爲朝鮮速定內變。內變定，而日無能爲矣。樹聲用其計，我兵先一日至，馳入王京平亂，而日無所逞其志。是時，福成所建白甚衆，無與國家大計，故不著。累保至道員。

十年，授浙江寧紹台道。會中法失和，海疆戒嚴。福成至，而巡撫劉秉璋檄令總理營務，籌辦海防事宜。福成曰：「從前洋人構釁，中國籌防無法。堅瑕虛實，一望了然。彼以千里鏡注視吾兵民所居，軍實所萃，以開花礮攻之，一彈所炸，鮮不糜爛。故當者無完壘，攖者無堅城。今不可不變計。」遂沿海築長墻，亘二三十里，其要口埋地雷。而於山崗高敞地，則立疑營，壁壘森羅，旗幟高竪。凡礮臺皆換石爲沙土，換明爲暗，務使虛實相間。既而，法水師大將孤拔，帥兵船燬我福建馬尾礮臺、船廠，乘勝追敗南洋援臺兵輪至此，但見長墻緜亘，卒不知礮臺所在。姑向高敞地疑營開礮擊，厪有一二中礮臺者，尤以沙土性柔，彈入不炸，徒耗彈藥而已。孤拔則無所爲計，既見防軍無還礮，遂駛入口門。防軍伺敵艦近，即發礮連擊，壞其兩舟。自是不敢駛近口門，退泊十餘里外。夜用舢板，渡陸軍撲岸，屢被擊沈。相持四十餘日，福成又以定海懸絕海外，恐爲孤拔乘，則聳英領事聲明道光二十一年不得割讓舊約，以杜窺伺。是役也，孤拔乘中國無海軍，以鐵甲舟十餘，齮我海疆。直、蘇、閩、粵、臺灣督防，皆特派大臣，會辦絡繹，宿將棊置，撥部帑巨萬萬，然要皆倖無事，而臺灣告急，福州喪師，我武未揚。惟浙防無督辦之大臣，亦未請撥帑項，僅福成以一分巡道拄撑。位望既輕，而兵不過數千，兵輪祇元凱、超武兩艘。然屹不爲敵軍乘，而防守之固，稱一時最，論者以爲難焉。

十五年，擢湖南按察使，旋授三品京堂，充出使英、法、義、比四國大臣。故事，中國禁通海，凡出洋久留者，行文外國，解回正法。至是僑民致富者，多以官吏訛索不敢回；而僑屬國又以中國不保護僑民，因事陵削，告訴無門。福成以爲保富之法，肇於《周官》；懷遠之謨，陳於《管子》。中國有人滿之患，遂不得不導傭工以擴生計，開商路以阜財用，順民志以聯聲氣。且中國貿易，每歲與各國出入相準，虧短甚鉅。然尚有可周轉者，以華民出洋所獲之利，足資補苴也。倘此禁不開，此源再塞，則內地財匱民窮，事變叢生，不可不蚤計，不可不熟慮。自是，議添設南洋各島領事，以保護僑民之在外者；奏除通海舊禁，以安僑民之返國者。僑民便之。

先是，十一年，英人滅我藩屬緬甸，湘鄉曾紀澤方使英，争立君存祀。英人不可，願以滇普洱邊外之南掌、撣人諸土司地屬中國，而大金沙江爲公用之江，於八莫允中國立埠設關。未及定議，而紀澤歸，僅與英外部互書節略存卷。十二年，英使歐格訥與中國總署頂緬約，置前議不理。至是，福成檢前卷，向英外相葛雷申議。葛雷不可，曰：「萬國公法，議在立約後，不可不遵；而議在立約以前，無效。既以有約爲憑，而不敍入，必作罷論也。」福成則以野人山地雖爲英據，然不在緬甸轄境，照公法當與中國均分，遂照會葛雷，請以大金沙江爲界，江東屬中國。或尼之曰：「英人勞師糜餉，豈易讓我？」福成曰：「不然。天下事不進則退。彼所與而我不欲有者，不妨明指之，以爲另索之符。我所欲而彼萬難允者，不妨故求之，以爲交换之地。明知英不與我野人山地，然必借此一著，方可力争上流。」已而，葛雷果堅拒不應。兩次停商，而福成不顧，再三翻議，而福成力持。葛雷謂：「此議非出總署，厪使臣意。」福成即電請總署，向英使歐格發兵往援。福成建議，以爲往反籌商，已五六日，若倭兵先到朝鮮，擄其王而踞其都，又如琉球故事。請發超勇、揚威、威遠三兵輪即日東駛，仍續發陸軍前往。樹聲從其議，兵船先倭船半日抵朝鮮之仁川口，陸軍繼進，直入朝鮮都城，宵攻亂黨，盡殲其渠。日兵奪氣，尋盟而退。尋由李鴻章、張樹聲上其功，奉旨免補知府，以道員留於直隸歸候補班前先補用。九年，以胞兄薛福辰官通永道，循例迴避，改擊河南。十年，奉上諭，補授浙江寧紹台道。時法人侵越南，與滇、桂防軍接仗。福成既受事，海氛益甚，寧波爲浙海要區，防軍大集。巡撫劉秉璋檄福成綜理營務，盡護諸軍。十一年正月，法兵輪數艘迭至，官軍開礮縱擊，傷其兵輪，相持四十五日，卒不得逞。十四年，擢湖南按察使。十五年，入覲，簡派出使英法義比四國大臣。旋奉旨開缺，以三品京堂候補，並賞給一品頂戴。十六年，補光祿寺卿。十七年六月，調太常寺卿。八月，轉大理寺卿。十八年正月，英人侵坎巨提回部，總理衙門電致福成詰英外部。福成疏言：「西洋諸國，日肆東封。俄闢琿春，英守香港。彼族知我中國疆土廣遠，向不計較尺寸，尤不力爭藩屬，於是日本滅琉球，法人取越南，英人翦緬甸，相率效尤，竟無底止。英人經營坎巨提，殆非一日。此次乘釁而動，彼謂蕞爾部落，中國必度外置之。臣斷斷與爭，稍出英人意料之外。彼既以立酋爲轉圜，我即可藉保小爲退步，俾各國知兩屬小部，中國尚不肯舍棄，已稍變琉球、越、緬之前規，於大局不無裨益。」上從之。八月，授都察院左副都御史。

先是，英人既據緬甸，與雲南接壤，分界久未畫清。福成抵英後，密疏請商辦滇緬界線商務。十九年七月，勘界既定，福成疏言：「臣查光緒十一年英兵進據緬甸之初，前使臣曾紀澤先與英外部會商立君存祀，既不可得；英人自以驟闢緬甸全境，喜出望外，是以有允曾紀澤三端之說：界務一端，則稍讓中國展拓邊界，蓋指普洱邊外南掌、撣人諸土司，聽中國收爲屬地也。商務一端，則以大金沙江爲公用之江，在八募近處勘明一地，允中國立埠設關，八募即中國所謂新街也。當時曾紀澤未深悉滇地情形，持論稍覺游移，又因中外往返商酌之際，未能毅然斷而行之，僅與外部互書節略存卷，旋即交卸回華。次年，英署使歐格訥與總理衙門議立緬約五條，又以三端尚非定局，遂未列入約中。臣自去年奉命與英外部議界，蓋在歐使立約之後已六七年。查閱使署檔案卷內，有曾紀澤議存節略，參贊馬格里又係原議之人。臣屢遣馬格里赴外部重申前說，外部堅不承認。以西洋公法，議在立約之後，不可不遵；議在立約以前，不能共守爲解。訥力伸畫江爲界之議。惟英人終重視野人山地，不願分割。於是有就滇境東南，讓展邊界之說。卒爭回漢龍、天馬、鐵壁、虎踞四關，分得野人山內之昔馬，及潞江以東之科干地方。於滇西南邊外，亦有展拓，收回車里、孟連兩土司管理，隱杜英、法窺伺滇邊之萌。其有裨邊防，視曾紀澤原議，得南掌、撣人諸土司地者尤大。蓋南掌諸部，時已盡歸暹羅，撣人各種，惟康東土司最大，然離我邊境遠，控轄不易，固不若福成之所展皆在近邊也。」

旋晉大理寺卿，都察院左副都御史。二十年夏四月，歸國。抵上海，感疾而卒。李鴻章聞之痛惜，以爲未盡其用。奏稱：「曾紀澤、洪鈞、劉瑞芬，並經出使外洋，著有勤勞，惟薛福成奉使績效，亞於曾紀澤，過於洪鈞、劉瑞芬。」論者以其言爲允。數十年來，稱使才者並推薛、曾云。

《清史列傳》卷五八《薛福成傳》 薛福成，江蘇無錫人。同治六年副貢生，佐兩江總督曾國藩幕府，以勞績歷保選用同知。嗣因剿平西捻，敘功，以直隸州知州留直隸補用，並賞加知府銜。光緒元年赴部引見，道出山東，恭讀慈安端裕康慶皇太后、慈禧端佑康頤皇太后懿旨，諭令內外大小臣工竭誠抒悃，共濟時艱。福成應詔陳言，呈請巡撫丁寶楨代奏治平六策萬餘言：一肅吏治，二恤民隱，三籌漕運，四練軍實，五裕財用，六養賢才。又陳海防密議十條：一擇交宜審，二儲才宜預，三製器宜精，四造船宜講，五商情宜恤，六茶政宜理，七開礦宜籌，八水師宜練，九鐵甲船宜購，十條約諸書宜頒發。疏入，得旨留中，旋下所司議行。二年，以隨辦洋務出力，總督李鴻章奏請以知府仍留原省補用。三年，丁母憂。四年，出使德國大臣劉錫鴻奏調福成充三等參贊官，以憂辭。

五年，總理衙門議以總稅務司赫德總辦南北洋海防。福成上書李鴻章，謂：「赫德總司江、海各關稅務，利柄在其掌握。若復授爲總海防司，則中國兵權、餉權皆入赫德一人之手。且以南北洋大臣之尊，尚且畫分疆界，而赫德獨綜其全；南北洋所派監司大員，僅獲列銜會辦，而赫德獨操其政。彼將朝建一議，暮陳一策，既藉總理衙門之權牽制南北洋，復藉南北洋海防之權牽制總理衙門。數年之後，恐赫德不復如今日之可馭矣。若謂總理衙門已與定議不能中止，宜告赫德以兵事非可遥制，須令親赴海濱專司練兵，其總稅務司一職，別舉人代之。赫德貪戀利權，必不肯舍此就彼，其議不罷而罷矣。」鴻章以其書達總理衙門，事遂寢。五年，起復。

八年六月，朝鮮內變，燬日本使館，署直隸總督張樹聲聞日兵將出，欲請旨臣思英人併緬之始，深慮緬民不服，及緬屬諸土司起與相抗，萬一中國隱爲掣肘，彼則勞費無窮，故不敢不稍分餘利以示聯絡。彼之所以驟允三端者，時爲之也。既而英人積年經理，萃其兵力、餉力，戡定土寇，復於緬境外之野人山地，稍用兵威脅服，收其全土，磐石之形已成，藩籬之衛亦固。彼之所以忽靳三端者，亦時爲之也。前議三端，既不可恃，則展拓邊界之舉，毫無把握。且查滇邊諸土司，雖或久隸中國，然乾隆以後，往往有私貢緬甸，以圖免擾而固圉者。英人執此爲辭，或指爲兩屬，或分我邊地，殆事勢之所必至。若中國既棄藩屬於前，又蹙邊境於後，非特爲鄰邦所竊笑，亦恐啟遠人之覬覦。臣再四思維，深懼措置不善，有辜皇上倚畀之恩。適值前歲秋冬以後，英兵游弋滇邊，常有數百人以查界爲名，闌入界內，去來倏忽，野番土目驚聳異常。英兵常駐之地，則有神護關之昔董，暨鐵壁關之漢董，英人用印度武員之謀，窺伺近界，以致沿邊騷動，風警頻仍。雲貴督臣王文韶慮生釁端，疊經電達總理衙門。臣承總理衙門急電，照會外部，斥其違理，責令退兵；又屢赴外部苦口爭論，英兵稍自撤退，滇邊至今靜謐。臣又查野人山地綿亘數千里，不在緬甸轄境之內。若照萬國公法，應由中、英二國均分其地。曾紀澤嘗有此意，而未申其說。臣復照會外部，請以大金沙江爲界，江東之境均歸滇屬，明知英人占此形勝，不肯輕棄，然必借此一著，方可力爭上游，振起全局。外部果堅拒不應，兩次停商，而臣不顧；數次翻議，而臣不顧。外部所稍依允者，印度部復出而撓之；印度部所稍鬆勁者，印度總督復出而梗之。印督至進兵盞達邊外之昔馬，攻擊野人，以示不願分地之意。臣相機理論，剛柔互用。外部謂此議非出自總理衙門與雲貴總督，盡係使臣之私意。臣電請總理衙門向英使歐格訥辯論，力申畫江爲界之議，以昭畫一。外部知我中外同心合謀，堅持不讓，甫稍就我範圍，然猶屢易其說。彼既重視野人山地，不願分割，於是有就滇境東南讓我稍展邊界之說。據稱已與印度商定，於孟定橄欖坡西南邊外，讓我一地曰科干，在南丁河與潞江中間，蓋即孟艮土司舊壤，計七百五十英方里。又自孟卯土司邊外，包括漢龍關在內，作一直綫，東抵潞江麻栗壩之對岸止，悉劃歸中國，約計英方八百里。又有車里、孟連土司轄境甚廣，向隸雲南版圖，近有新設鎮邊一廳，係從孟連屬境分出，英人以兩土司昔嘗入貢於緬，併此一廳，爭爲兩屬，今亦願以全權讓我，訂定約章，永不過問。至滇西老界，與野人山地毗連之處，亦允我酌量展出，其駐兵之昔董大寨，雖未肯讓歸中國，願以穆雷江北見駐英兵之昔馬歸我，南起坪隴峰，北抵薩伯坪峰，西逾南崥而至新陌，計三百英方里。又自穆雷江以南、既陽江以東，有一地約計七八十英方里，是彼於野人山地亦稍讓矣。其餘均依滇省原圖界綫劃分。刻下界務已竣，商務本不似界務之繁重，商訂條款，計可剋期蕆事矣。」福成又以强敵環伺，世變方殷，疏陳勵人材，整武備，濬利源，重使職四事，奉旨留中。又因各省火藥局屢次失愼，奏請於城外空曠之區建築，以昭愼重，從之。

二十年四月，差竣。六月，抵上海，卒。諭曰：「都察院左副都御史薛福成，由湖南臬司洊擢京卿，派充出使大臣，辦理交涉事件，悉臻妥恰。茲屆差旋，忽聞溘逝，軫惜殊深！加恩著照副都御史例賜卹。任内一切處分，悉予開復。應得卹典，該衙門查例具奏。伊子直隸候補知縣薛翼運，著俟服闋後，以知州補用，以示篤念藎臣至意。」尋賜祭葬。子翼運，知州。

曾紀澤部

綜述

《續碑傳集》卷一五俞樾《曾惠敏公墓志銘》 昔在咸豐、同治閒，盜賊磐牙，有震且業。天乃篤生惇龐耆艾表裏文武之臣，以剗祓荒茶，經緯區宇。而吾師曾文正公，實爲中興元功冠。文正公薨，惠敏公嗣，又繼之以雄才偉略，爲國家宣佈德意，奮揚威棱，談笑樽俎之閒，折衝萬里之外，將天之鍾美於曾氏乎，乃天之篤祐我聖清也。

光緒十有六年閏二月癸巳，惠敏公薨於位，越二日乙未，詔以公才猷練達，任事勤能，賞太子少保銜，照侍郎例賜卹。三月癸巳，又從大學士、直隸總督李公鴻章請，以其事實宣付史館，加恩予謚。明年某月某甲子，其孤奉公之喪歸葬於長沙曹家坳之原，而乞文以銘其幽宫。余惟公以元功侯籍，弱冠登朝，智深勇沈，中外翕服，固不待余言以爲重。然公仗節出疆，慷慨辨論，有中外大局所關，不可不垂示後世者，則又安敢以不文辭。

公諱紀澤，字劼剛，文正公長子。世牒炳然，可無述也。自幼究心經史，喜讀《莊子》、《離騷》，所爲詩古文辭，卓然成家。兼通小學，旁涉篆刻、丹青、音律、騎射，靡不通曉。從文正公在軍中十餘年，戰守機宜、山川形勢，咸得其要領。同治以來，與泰西互市，中外之事益繁，公遂精習西國語言文字，講論天算之學，訪求制器之法，海外諸大洲地形國俗，鱗羅布列，如指諸掌。先以正二品蔭生用户部員外郎，及文正公與歐陽夫人相繼薨逝，公連遭大故，哀毁幾不勝喪，然堊廬之中，仍潛心有用之學。服闋入都，襲一等毅勇侯，朝廷知公才，命以四五品京堂候補。

同治四年，充出使英國、法國欽差大臣，賜花翎以寵其行。是年，補授太常寺少卿，明年遷大理寺少卿。公在海外，遇事侃侃，英人法人，多爲折服。朝廷益知公可大用，明年遂有出使俄國之命。先是中原多事，俄人竊據伊犂，至是議索還之。而侍郎崇厚實以全權大臣往，乃爲俄人恫喝，諸事多從其請。又以全權大臣例得專行，竟與定約而歸。上震怒，奪其官治罪，改命公往毁約更議。當是時俄人要挾萬端，且自我毁約，使彼有辭，沿海震動，以爲兵事將起。公受命於艱危之際，力任其難，與其國外部書格爾斯及駐華公使布策諸人，筆舌辨難，往復十數萬言，卒毁已成之約，更立新議。其大端有七：一曰交還伊犂。原約以伊犂西南兩境分歸俄國，而南境之帖克斯川，實爲南北要區，尤重於西，若南境屬俄，則俄有歸地之名，我無得地之實，力言於俄俾南境悉歸於我。二曰定喀什噶爾之界。原約所載地名，按圖懸擬，未足爲憑。俄必欲如原約者，乃争蘇約克山口也。公與辨論再三，始定議兩國各派大員勘定，不以原約爲準。三曰定塔爾巴哈臺之界。前將軍明誼、奎昌等已分有定界，及崇厚至俄，以分清哈薩克爲言，於是爲俄所占者，又三百餘里。公力争於俄，乃於明誼、崇厚所定兩界閒，酌中勘定，更立新界。四曰嘉峪關通商。原約許俄商由西安、漢中行走，直達漢口。而向來通商，從無指定何處許西商減税、行走之例。公與定議嘉峪關通商如天津例，而西安、漢中兩路及漢口字均删去，不入載書。五曰松花江水道。松花江直抵吉林愛琿城，從前誤指混同江爲松花江，致俄船駛入無禁。崇厚許至伯都納，俄猶未饜也。公與力争，竟廢此條，不特於新約奪其利，并爲舊約辨其誣矣。六曰烏魯木齊領事。公初意盡廢各城領事官。俄謂各領事廢，則烏魯木齊必須增設一員。公又與争，乃改爲吐魯番增設一員，而烏魯木齊不增，餘領事並罷。七曰天山南北路税務。新疆兵燹之後，凋敝殊甚，轉運維艱，是以原約有均不納税之説。公改爲暫不納税，俟商務興仍開徵，以充國課。凡所定界務三端、商務四端，皆毁舊約，更立新章。而又有償款一端，改兵費之名爲代守伊犂之費，減盧布五百萬圓爲盧布四百萬圓。

自光緒六年至七年凡十閲月，而議始定。前使者以頭等全權大臣，僅得伊犂之半，而諸要隘盡棄以畀俄。公以二等使臣，又無全權之名，乃能取已成之約而更之，烏宗島山、帖克斯川諸要隘仍爲我有，伊犂、拱辰諸城足以自守，而又得與喀什噶爾之阿克蘇諸城形勢聯絡，其有功於新疆甚大。旋補授宗人府府丞，遷都察院左副都御史。

至九年，而法越事起。公任滿將代，詔留公任。公與法人辨甚切，法人憚之。又陳《衛禦日南之策》六條。悉中肯綮。十年補授兵部右侍郎。是年奉命與美國議定洋藥税釐并徵條約，增歲入銀二百餘萬兩。十一年始有詔，以江西布政使劉瑞芬代公，公在外蓋九年矣。歷使俄、英、法三大國，適值多故，憂勞備至，鬚鬢皆白。至十二年冬，受代還朝，未至即命幫辦海軍事務。既至，又命在總理各國事務衙門行走。醇賢親王知公諳達洋務，每事必諮焉。調户部左侍郎，命筦同文館之事，又嘗攝刑部、吏部侍郎。公自以受恩厚，鞠躬盡瘁，不敢自暇逸，而在俄時積受陰寒，得中消之疾。至十六年春，方與諸王大臣會議朝鮮事，咸欲取決於公，而公旋病，病且不起矣，年五十有二。醇賢親王親臨哭奠，謂年甫及艾，何遽至此，有其才而不竟其用，惜哉！旬日之閒，電傳中外，無不同聲太息，爲朝廷惜此柱石之臣。嗚呼，如公者，真我國家之藎臣，而我師文正公之肖子矣。

公娶賀氏，雲貴總督賀公長齡女，繼娶劉氏，陝西巡撫劉公蓉女。初無子，以弟子廣銓嗣，後生子廣鑾。公卒，廣銓賞員外郎，廣鑾俟及歲引見。女子子二：長適合肥李經馥，次適歸安吳永。所著奏疏及詩古文若干卷，又著《地輿輯要》未成。其早年所撰則有《佩文韻來古編》、《説文重文本部考》、《羣經臆説》諸書，均藏其家。公合中學西學而成一家之學，宜其所樹立者大也。

《清史列傳》卷五八《曾紀澤傳》 曾紀澤，湖南湘鄉人。父國藩，武英殿大學士，以平粤匪功封一等毅勇侯，自有傳。紀澤由二品廕生，於同治九年引見，奉旨以員外郎用，籤分户部。十三年，丁父憂，光緒三年，服滿，襲侯爵。尋奉旨以四五品京堂候補。四年七月，賞戴花翎，充出使英、法大臣。十月，補太常寺少卿。五年，遷大理寺少卿。

六年正月，以使俄大臣崇厚議收伊犂，遽許其成以歸，言者交章論劾。上治崇厚以違訓越權之罪，命紀澤兼充使俄大臣，重與訂約。時俄人藉詞要挾，且沿海備兵增械，肆其恫喝。紀澤致書總理衙門曰：「紀澤承崇厚之後，欲障川流而輓既逝之波，探虎口而索已投之食，事之難成，已可逆覩。凡民間交易，立一合同，寫一券據，其受益者，須待受損者先行畫押允許，乃可成事。況兩大國立一條約，明係中國喫虧，崇厚乃不先行請旨，而遽請俄君畫押，未免過於冒昧。然俄君亦大國之君主也，臨朝簽字，批准條約，本國臣民，遠近鄰友，莫不周知。一旦將已押未行之約廢而不用，從新商議，辱孰甚焉？此難處之一端也。英俄兩大相競，猜疑日滋。中俄交涉，事稍不順，俄人則曰此英國所唆聳也。紀澤適以駐英使者前赴俄都，凡有商議，舉國皆疑爲有先入之言。此較他人尤難處之一端也。紀澤擬於英紳閒談之際，實探英俄消息，采聽既多，或可觸機策畫。此中求利避損之處，自當格外謹慎。又論俄之占踞伊犂，當時蓋有輕藐吾華之心。不料西北平回之師，遂能如此得手，是以慨然有交還之語。及至我師大功告成，索踐前諾，則藉此以爲要挾地步。卒之還我者不過一隅，而巖險襟帶之區，仍據爲己有。於通商章程，占我無窮利益，又多留罅隙，以作後圖，其計亦巧矣。俄羅斯爲西洋著名雄霸之國，與戰國嬴秦無異，狡獪多端，上下一致。當時即使他人處此，亦未必遽能勝任。但無崇厚已定之約，則使者於商務、界務、償款三事，原可徐徐争論，可者許之，其不可者磨牙掉舌，安排拖宕之局，務求辯勝方休。取舍之權，未嘗不操之在我。今乃欲悉舉前約而更張之，俄人必仍藉兵費以立言曰：『五百萬盧布未足以盡償兵費，故於伊犂境内割留某處，以土地準折貲財也。』又於通商政務，推廣某事，以商販之利準折貲財也。大約界務稍有更改，則兵費不能不加。商務係俄人所最重，事必不能全行駁改，紀澤雖尚未赴彼都，然不能毫無主見，以自伸其氣而暢其説。或仍索伊犂全境，而可以酌加兵費；或暫不索兵費，而以伊犂更换東境舊乞某地以難之。皆是立言之法。要之使者已至，既言舊約之不公不妥，則約章必須如何乃爲公妥之處，勢必連類談及，斷無含糊中立之理。至於俄人接待情形，誠難逆料，儻竟失和，雖百端將就，終歸無益。戰守之備，在廷者自有嘉謨，紀澤何敢妄議。然竊揣西陲一帶，左宗棠手握重兵，取伊犂猶可得手；海疆各口，南北洋大臣亦當能先事綢繆，彼或有所顧忌而不敢遽逞。惟迆北萬餘里，處處毗連，尤以東三省爲重。俄國鐵路未出歐洲，轉運東方，殊非易易，未必能兩道入寇；而紀澤則甚恐其盡赦犯法亡命之徒，使擾我邊境，擄掠即以充賞，則人自爲戰，而無轉餉之勞，其鋒固未易當也。竊以爲宜即滿洲之士卒，參以近年各軍之營制，得其人而練之，俾成勁旅以備不虞。似不僅一時邊徼之利，或且爲萬世根本之計。又左宗棠、金順於西陲各處，務宜專用恩德，綏懷反側，使其心悦誠服。無論和戰，總以收拾西塞漢回民心爲主也。至兼駐英法，刻下未敢遽卸仔肩者，誠以公使離境，所關極重。若俄人待客疏慢，可藉英法公事，時去時來，則雖駐彼都而不受欺侮，雖離境而不著痕迹。在紀澤不過多幾番跋涉之費，苟利於國，遑恤其他。」又論伊犂地圖云：「按西域地名，譯言各别，即不難指鹿爲馬。惟憑精本輿圖，畫以界線，尚覺稍有把握。查左宗棠函稱伊犂大城，與阿克蘇南北相望。俄圖則伊犂稍偏於西，紀澤偏查俄、英、德、奥各本輿圖，伊犂皆較阿克蘇偏東一度左右；中國輿圖則陽湖李氏及鄂刻兩本，均偏東三度有奇，並無伊犂偏西，及或與阿克蘇南北相望之説。喀什噶爾則各圖皆在烏什西南，並無混列於西之説。未審左宗棠據何圖而云然也。又謂俄圖不若中國之確，緣其不能仿照中法，以南北極出地爲準，而又不明地學準望之法，所以方位時有誤會云云。紀澤意西人繪中國輿圖，略其所詳而詳其所略，誠所不免。至於方位遠近，山之枝幹，水之曲折，則西人之精詳，實非華圖所及。蓋測北極出地之高下，所以定緯度之南北，而經度不與焉。經度所以分東西，則非晝測日午、夜測中星，而細推其差度，不可得而定也。至其循人行路徑，測其曲折，概以三角法推之，千里萬里，無或差忒。蓋大小總成三角形，同一比例，即所準望之法也。中國測望之法，所憑者僅一指南鍼，不知電極之南北，並非天元之真南北，又不講求里差之理。竊以爲輿地之學，西精於中，不啻倍蓰，奈何執成見以論之？至劉錦棠所繪之圖，其遠近以馬行幾日程估而計之，其方位之不準可想而知。然藉以譯音，亦可與西圖互相參考。」又論：「俄人以崇厚被譴，引爲大辱。或因此次未遽釋放，疑爲暫緩論決，更不滿意，則使者於此事尤須委曲措詞。蓋崇厚之被譴，本因違訓越權，中國治違訓越權之臣，並非有意辱俄，俄人不應過問。今因俄君抱歉而減免其罪，彼此喻於不言之表，冀暗中可獲微益。若諄諄然取赦崇厚之事，明以示德於俄，是自認前此之重治崇厚爲有意辱俄也，似不可也。英、法使言赦崇厚之益，亦有不可盡信者。中國援議貴之典赦崇厚以自保威重則可，因事之棘手乃赦崇厚以悅俄則似不可。俄人因我之譴崇厚而出怨懟之詞，散議謗之語則有之，因赦崇厚而遽肯就我範圍，則未必也。」七月，至俄，日與外部尚書吉爾斯、前駐華公使布策等筆舌辯論，凡十數萬言，十閱月而議始定。

尋疏陳：「改訂約章七端：第一端，交還伊犂。查原約中，伊犂西南兩境，分歸俄屬，南境之帖克斯川，地當南北通衢，尤爲險要，若任其割據，則俄有歸地之名，我無得地之實。臣必以界務爲重者，一則以伊犂、喀什噶爾兩境相爲聯絡，伊犂失利，喀什噶爾之勢孤。此時不索，更待何時再索？一則以伊犂東、南、北三界，均與我兵相接，緩索後不與議界，恐致滋事。若竟議界，既嫌迹近棄地，又慮其得步進步。伊犂雖已緩索，而他事之爭執如故也。嗣與布策專爭南境，彼猶欲於西南隅割分三處村落，其地長約百里、寬約四十餘里，距莫薩山口最近，勢難相讓。疊次厲色爭辯，方將南境一帶地方全數來歸。其西南隅允照前將軍明誼所定之界。第二端，喀什噶爾界務。從前該處與俄接壤者，僅正北一面，故明誼定界，祇言行至葱嶺，靠浩罕界爲界，亦未將葱嶺在俄國語係何山名，照音譯出，寫入界約。今則迆西安集延故地，盡爲俄踞，分界誠未可緩。崇厚原約所載地名，按圖懸揣，未足爲憑。臣愚以爲非簡派大員親往履勘不可，吉爾斯必欲照崇厚原議者，蓋所爭在蘇約克山口也。臣答以已定之界宜仍舊，未定之界可另勘。布策稱原議所分之地即兩國見管之地，臣應之曰：『如此，何妨於約中改爲照兩國見管之地勘定乎？』最後吉爾斯乃允寫各派大臣勘定，不言根據崇厚所定之界矣。第三端，塔爾巴哈臺界務。查該界經明誼、奎昌等分定有年，迨崇厚來俄，外部以分清哈薩克爲言，於是議改，考之輿圖，已占去三百餘里矣。臣每提及此事，必抱舊界之論。吉爾斯知臣必不肯照崇厚之議，始允於崇厚、明誼所定兩界之間，酌中勘定，專以分清哈薩克爲主。所稱直線自奎峒山至薩烏爾嶺者，即指崇厚所定之界而言也。日後勘界大臣辦理得法，或不至多所侵占。以上界務三端，臣與俄外部先後商改之實在情形也。第四端，嘉峪關通商。允許俄商由西安、漢中行走，直達漢口。總理衙門駁議，以此條爲最重。疊議商務者，亦持此條爲最堅。蓋以我內地向無指定何處准西商減稅行走明文。此端一開，效尤踵至，後患不可勝言。外部窺臣著重在此，許爲商改。又云：『須各大端商定，再行議及。』臣以事關全局，儻不見允，則餘事盡屬空談。詞意激切，彼於是允將嘉峪關通商仿照天津辦理，西安、漢中兩路及漢口字樣，均允刪去。第五端，松花江行船至伯都訥。查松花江面直抵吉林、愛琿城，定約時誤指混同江爲松花江，又無畫押之漢文可據，致俄人歷年藉爲口實。崇厚許以行船至伯都訥，在俄人猶以爲未能滿志也。見將專條徑廢，非特於崇厚新約奪其利，直欲爲愛琿辨其誣。臣初慮布策據情理以相爭，無詞可對，故擇語氣之和平者立爲三：第一徑廢專條；二稍展行船之路，於三姓以下，酌定一處爲之限制；三仍允至伯都訥。但入境百里，即須納稅，且不許輪船前往。布策均以爲不然，適奉電旨責臣鬆勁，於是抱定第一策立言。吉爾斯恐以細故傷大局，遂允將專條廢去，聲明愛琿城舊約如何辦法，再行商定。第六端，添設領事。查領事之在西洋各國者，專管商業，其權遠在駐紮中國領事官之下，故他國願設者，主國概不禁阻。此次欲將各城領事刪去，外部均以爲怪；隨將中國不便之處與之說明，吉爾斯猶欲於烏魯木齊添設一員。嗣總理衙門電鈔編修許景澄摺內，稱科布多、烏里雅蘇臺、烏魯木齊三處毋設領事，其次爭烏里雅蘇臺、烏魯木齊兩處等語。臣復懇其商改，始將烏魯木齊改爲土魯番，餘俟商務興旺時再議添設。第七端，天山南北路貿易納稅。查新疆地方遼闊，兵燹之後，凋敝益甚。道遠則轉運維艱，費重則行銷益滯。招商伊始，限以行走之路、納稅之事，商販實多未便。閱總理衙門來電，曾言收稅爲輕。臣因將原約内均不納稅字樣改爲暫不納稅，俟商務興旺再訂稅章。查西例納稅之事，本國可以自主。日後商情果有起色，即伊犂等處亦不妨逐漸開徵，以充國課。以上商務四端，臣與外部先後商改之實在情形也。此外又有償款一事，凡商改之事，益於我則損於彼。臣既卻以地易地之請，彼遂以備邊耗費盧布一千二百萬圓索償，且言如謂未嘗交綏，則俄正欲一戰，以補糜費等語。臣以勝負難知，中國獲勝則俄國亦須償我兵費折之。嗣總理衙門覆電，囑臣斟酌如無別項糾纏，統計約五百萬償款，即可商定云云。臣見吉爾斯、熱梅尼等，始則爭易兵費之名，繼則爭減代守伊犂償款之數，熱梅尼謂遲一年收回伊犂，又加還帖克斯川代守費，至少亦須加盧布四百萬圓。臣察其意甚決，乃以添償盧布四百萬圓定數。查上年崇厚所議兵費償款，盧布五百萬圓，合銀二百八十餘萬兩。此次俄國認出自華至英匯費，則金磅之價較賤，合前後盧布九百萬圓而統算之，約計銀五百萬兩以内。臣綜觀界務、商務、償款三大端，悉心計較，與總理衙門囑辦之意，大略相同。即摘錄節略，電請代奏。俟奉旨後，再行畫押。至崇厚原訂約章，字句亦略有增減，如條約第三條，删去『伊犂已入俄籍之民，入華貿易遊歷，許照俄民利益』一段；第四條，俄民在伊犂置有田地，照舊管業，聲明伊犂遷出之民，不得援以爲例；且聲明俄民管業既在貿易圈外，應照中國人民一體完納稅餉。並於第七條伊境安置遷民之處，聲明係安置因入俄籍而棄田地之民，以防遷民雖入俄籍而仍有占踞伊犂田地之弊；第六條寫明所有前此各案，以防別項需索；第十條，吐魯番非通商口岸而設領事；第十三條，張家口無領事而設行棧；均聲明他處不得援以爲例。第十五條，修約期限，改五年爲十年。章程第二條貨色包件下，添註『牲畜』字樣，其無執照商民照例懲辦，改爲從嚴罰辦。第八條，車脚運夫繞越捷徑以避關卡查驗，貨主不知情，分别罰辦之下，聲明海口通商及内地不得援以爲例。凡此增減之文，皆係微臣與布策商草法文約稿之時，反復力爭而得之者。較之廷臣奏定准駁之議，輓回之端，似已十得七八。此臣於節略七端之外，又爭得防弊數端之實在情形也。」得旨：「該大臣握要力爭，顧全大體，深爲不負委任，即著照此定約。」崇厚之索地也，僅得伊犂之半，而巖險襟帶，屬俄如故。紀澤力爭，乃收回烏宗島山、帖克斯川要隘，然後伊犂拱宸諸城足以自守，且得與喀什噶爾之阿克蘇諸城，通行無阻矣。

七年五月，陞宗人府府丞。七月，遷都察院左副都御史。先是逆酋白彥虎竄匿俄境，督辦新疆軍務大臣劉錦棠請索還懲辦，紀澤以西洋公例於尋常命盜各犯，立有條約者，莫不互相交還，獨於稱兵之逆首，則以公罪目之，謂稱亂者衆，爲之首者非一人之私，故各國從無交還之事。既而與俄約定，永遠禁錮奏結。八年八月，疏覆：「索倫營右翼四旗官兵，分設霍爾果斯河西之策集、齊齊罕、薩瑪爾、圖爾根等處，其地畫歸俄境，該官兵等既慮無處棲止，又恐所葬墳墓被漢回、纏回平毀，誠爲可憫。惟中俄約章，經臣隨同總理衙門王大臣仰稟宸謨，竭力屢爭，久而後定。縱使其中有未盡愜心貴當之處，亦事勢所無可如何。刻下既已互換頒行，即宜彼此堅守，不生異議。至商議畫還該四旗之地，無論由總理衙門商之駐京公使，或由臣商之俄外部，均屬迹近改約，俄人勢必不允，徒使大體有礙。若由邊界大臣於分界之時，就近婉商俄官，能以他處幅員無多之隙地，或以他項之補償換回四旗之地，則自以收地爲佳；如地界必不可收，猶可商及將該四旗官兵遷歸伊犂境内，另行安插，而與俄官約定章程，設法保全兵民墳墓。如此由分界官立言，即使俄人不受商量，尚不致牽涉已換之約章，致俄人之譏議也。」

十二月，差滿，得旨再留三年。時法越構釁，紀澤與法人辯爭，始終不撓。又疏籌備禦六策。十年閏五月，閩浙總督左宗棠以紀澤才堪肆應保薦，命交軍機處存記。十月，擢兵部右侍郎。旋與英人議定洋藥稅釐併徵條約，歲增入款二百餘萬兩。十一年六月，命回京供職。九月，奉慈禧端佑康頤昭豫莊誠皇太后懿旨，創設海軍衙門，命紀澤幫同辦理。十二月，轉兵部左侍郎。十二年十一月，命在總理各國事務衙門行走。十三年正月，調户部右侍郎兼管錢法堂事務。十四年六月，管理户部三庫事務。九月，兼署刑部右侍郎。十五年二月，管理同文館事務。八月，兼署吏部左侍郎。

十六年，卒。遺疏入，諭曰：「户部右侍郎曾紀澤，才猷練達，任事勤能。由廕生部屬，承襲一等侯。同治年間，奉特旨以四五品京堂用。朕御極後，疊加遷擢，洊陟卿貳。簡任出使大臣，聯絡邦交，熟悉一切情形，辦理悉臻妥協。嗣在總理各國事務衙門行走，並幫辦海軍事務，均能盡心職守。日前偶感微疴，賞假調理，方謂即可就痊，長資倚畀。忽聞溘逝，軫惜殊深！加恩賞給太子少保銜，照侍郎例賜卹。任内一切處分，悉予開復。應得卹典，該衙門察例具奏。伊子廕生曾廣鑾，著俟服闋後，由該部帶領引見；兵部主事曾廣銓，著以員外郎補用，以示篤念藎臣至意。」尋大學士直隸總督李鴻章疏言：「紀澤自光緒六年兼使俄國改換約章，正承崇厚失詞獲咎之後，俄人藉爲要挾之端，約自我廢，勢難轉圜。其時沿海震動，以爲兵事將起。該侍郎受任於危疑之際，力爲其難，竟能廢已定之成約，折無厭之要求，易危爲平，卒歸於好。不惟界務商務保全實多，而弭兵息民，大局所關，尤非淺鮮。約成之始，優旨褒獎。中外論者，咸謂此舉殆中國辦洋務以來所無，即泰西交涉亦未嘗有也。九年，法越事棘，差滿將代，奉旨留任，以與法人辯爭。該侍郎力持正論，法人畏避其鋒，至不敢復與議事。一時海内傳誦，翕然以爲正論之歸。十年冬間，在英議定洋藥税釐併徵條約，此中國歷年議辦而未行，英人久宕而不願者，該侍郎悉心商辦，克底於成。至今歲增入款二百餘萬兩，且使洋藥釐重價昂，吸食漸少，暗消隱患。其事蹟皆卓卓可傳。而俄、法兩役，當時和戰之局，臣始終與聞，其中曲折爲難情形，局外多未深知，惟臣知之最悉。其奏疏函牘，一一具存，艱苦之情，歷歷在目。每一念及，未嘗不失聲歎息，以爲有古名臣之風。該侍郎係二品大員，國史例得有傳，惟事關洋務記述，應請敕下總理各國事務衙門，將當時案牘，擇要咨送史館，編入傳中，庶足垂諸不朽。該侍郎爲故大學士曾國藩長子，少承家訓，劬志勵學，羣經俱有論述，於小學、樂律尤爲顓家。其餘力兼通泰西文字語言，更屬當代士大夫所罕有。方創設海軍衙門時，該侍郎猶未回京，特奉懿旨幫辦事務。草創之初，一切規制，多所贊畫。閏二月，臣在都會議朝鮮事宜，該侍郎力疾趨公，猶復長慮卻顧，情溢於言。其忠愛之誠，臨危不改，實爲國之藎臣。可否特旨予謚，出自恩施。」疏入，諭曰：「李鴻章奏已故大員勤勞卓著，請將事蹟宣付史館立傳一摺。原任户部右侍郎曾紀澤，奉使各國，克勤厥職。嗣在總理衙門行走，辦理中外交涉事宜，諸臻妥協。辦理海軍事務，一切規制，贊畫頗多。著將生平事蹟，宣付史館立傳。並加恩予謚，用示篤念藎臣至意。」尋賜祭葬，予謚惠敏。子廣鑾，都察院左副都御史；廣銓，兵部員外郎。

雜録

備論

《續碑傳集》卷一五俞樾《曾惠敏公墓志銘》 天生文正，光輔聖清。掃除羣盜，東南砥平。內亂既平，外患未已。天成公志，畀以賢子。賢子維何，曰惠敏公。中學西學，一以貫通。始以小侯，洊登卿列。帝知其才，授以使節。俄恃其强，據我新疆。誰與定議，自毀隄防。公踵其後，十易八九。折衝樽俎，奪肉虎口。不辱君命，不激不隨。公此一舉，傾動四夷。方今隱憂，實惟平壤。俄所覬覦，我之屏障。安得如公，高議雲臺。雄圖未展，隆棟先摧。我作銘詞，刻其墓石。赫赫令名，千載無斁。

藝文

《曾惠敏公哀挽録・歐陽定楫七律二章》 當代賢侯倏令終，迢迢京洛起悲風。遐方專對無雙士，漢使和戎第一功。東海纔歸蘇屬國，北門又借寇萊公。華夷正有待施事，誰識枯楊厄閏窮。

歸來海外共晨昏，久別篤於童穉親。甯爲天心憂盛世，那堪吾輩失斯人。頻居廊廟辛勤職，莫乞田園自在身。欲更相從何可得，淞濱回首獨傷神。

《曾惠敏公哀挽録・美國使署參贊運使銜江蘇候補知府楊墓璿薤露歌七章》 薤露晞何易，花風慘不春。泰西飛電泣，直北大星淪。入耳猶疑信，關心幾夕晨。故人書乍到，未讀已沾巾。

絶域重溟阻，訛言隔歲猜。豈知今日淚，先動遠人哀。小極何緣死，遊仙竟不回。惟聞欲摧折，中國棟梁材。

天闕縱横局，梯航九譯通。張騫新奉使，魏絳舊和戎。天命終無辱，夷情在布公。鋒車今寂寞，駕馭緬英雄。

待漏朝天闕，張威動海軍。司農清秩峻，憂國赤心勤。東道疑烽火，南湘黯日曛。招魂應未返，猶自戀松雲。

禕褑悲還葬，絲綸寵飾終。承家賢相業，薦士大臣風。哀詠齊潘岳，恩私泣戴崇。歸來墓門樹，凄斷已成叢。

百鍊經戈馬，飄零旅食餘。馮唐甘老鈍，孔緒極吹噓。飼米饑療鶴，遺書遠損魚。平生知己感，追憶定何如。

大賢苦不壽，吾欲問蒼天。注海從傾淚，瞻星謬益年。幽宮悶寒日，窮島繫昏煙。愴惻啣環意，凄涼拂席緣。

張百熙部

綜述

《清史列傳》卷六一《張百熙傳》 張百熙，湖南長沙人。同治十三年進士，改翰林院庶吉士。光緒二年，散館授編修。五年，充山東鄉試副考官。七年，命提督山東學政。九年，丁父憂。十四年，充四川鄉試正考官。十五年，命直南書房。二十年，恭逢孝欽顯皇后六旬萬壽，正月賞加五品銜，並賞戴花翎。二月，京察覆帶，奉旨交軍機處記名以道府用。四月，大考翰詹，列二等，得旨以侍講陞用。(二十一年)五月，授侍講。十二月，轉侍讀，旋充文淵閣校理。

是年，朝鮮東學黨之亂，日本藉端與我開釁。百熙以備員禁近，親見宵旰焦勞，屢陳兵事，集師接濟之法，固本扞衛之方，捐助軍輸之策，拘治奸細之律，疏先後十餘上，多蒙采納。及海陸軍連挫於日，百熙復上奏謂：「北洋大臣李鴻章壹意以戰事爲非，並不督飭諸軍實力進剿，致使倭人逐日布置，逐段增兵，而我後路絶無準備，軍械不足，糧餉不繼。即勇敢善戰如左寶貴、聶士成等，亦頓兵韓境，進退失據。近聞海軍兵輪俱爲敵人擊敗，我軍退保安州之後，如再有挫衄，則東三省岌岌可危。應請飭得力重兵，嚴陣以守。且必將領得人而後兵可得力。」因薦宿將前福建水師提督彭楚漢等。又片劾軍機大臣禮親王世鐸以宗支筦樞務，數年以來納賄招權，無所顧忌，亦無所補救。倭人肇釁之初，了無措置。及我皇上命伸天討，禮親王等又一切諉之北洋大臣，若無與己事，貽誤兵機，大取挫衄。伏願皇上察以日月之聰明，斷以雷霆之奮迅，天下幸甚。時點景工作猶未停，百熙因奏言：「臣恭讀八月上諭，欽奉懿旨，本年十月慶辰典禮，著仍在宮中舉行，其頤和園受賀事宜即行停辦。仰見皇太后俯恤外藩，預防內患，高深之德，至仁極明。乃承辦諸臣不仰體聖懷，仍復於西直門內外張皇其事。推諸臣之心，不過謂敵人擾及邊陲，輦轂近地目前無事耳。豈知犬羊之族，詭計百出。外省及天津等處拏獲薙髮改裝，身藏軍火之奸細亦已不少。況景物繁盛之會，中外四大洲二十三省士民夾道縱觀。所有點景設壇，大率蓆棚木架，地段較廣，防範難周。脱有不虞，變生呼吸。一夫竊發，奸宄乘之。倉猝之際，何堪設想！皇太后聖明在上，必將以紅旗報捷爲樂，不以點綴景物爲娱。即我皇上尊親聖孝，亦必以宗社安全爲大。請飭點景諸臣懍遵懿旨停辦，以成皇太后仁明之盛徽，俾息謡傳而靖地方。」疏入，稱旨。

百熙以外患日亟，請修復聖武，大興邊屯，生自然之利，輔鐵路兵械所不足。又偕翰林院侍講學士陸寶忠等聯名劾樞臣孫毓汶等朋比誤國十大罪。二十一年，威海失守，旅順戒嚴。百熙奏山東防務喫緊，宜迅速擇要布置。四月，日本與我議和。百熙奏和議條約傳聞駭聽，請飭下王公、貝勒、大學士、六部、九卿、翰詹、科道公同會議。又以日本要挾過甚，宜維後患，急籌戰備，以輓危局。迨和議已定，百熙復請急圖自强，以收後效，臚陳管見十四條。又言：「通商條約弊混滋多，中國利權宜防損失。請飭通商全權大臣將日本臣民入口以後商務，及中國自有之商務劃斷明晰，詳慎訂議。」所言皆切中時弊。旋與侍郎李文田等合詞請旨，起用恭親王俾管樞務，以爲倭人開釁據我外藩，內而軍機大臣，外而北洋大臣辦理乖方，以致牙山、平壤之役無所策應。固由李鴻章意不欲戰，貽誤事機，亦軍機大臣等無有宏識遠略，如當日恭親王之綜理樞務者也。臣維恭親王懿親重望，執政有年，平定髮捻、苗、回諸匪，才猷恢豁，度越禮親王世鐸等遠甚。昔宋哲宗朝，宣仁皇后起用司馬光爲相，遼夏之主至敕其邊吏毋生事開釁。今恭親王之賢不知於司馬光何如，而親貴則過之。我皇太后之聖明尤非宣仁所及。恭親王艱鉅重膺，益當感激奮興，力圖報稱。薄海人心，邊疆士氣，必因此立加振刷。不獨朝廷綱紀足資整飭，即軍務當有起色，外患可冀敉平矣。」未幾遂命恭親王復入軍機。二十二年，充日講起居注官，旋擢國子監祭酒。二十三年六月，充江西鄉試正考官。八月，命提督廣東學政。十月，遷內閣學士兼禮部侍郎銜。十一月，奉諭，張百熙仍留學政任。旋特派稽察中書科事務，蓋異數也。百熙在粤倡設時敏學堂，嚴杜闈姓之弊，士論翕服。二十四年三月，重修《會典全書》過半，百熙以曾充總纂，奉旨從優議敘。六月，遵議改變武科章程。百熙奏上十二條，曰編團籍、別軍省、開製造、頒定式、設學堂、延教習、籌經費、嚴限制、考輿地、習測繪、勤操練、定考試。九月，以濫保康有爲等，部議革職，加恩改爲革職留任。十二月，開復處分。

二十六年七月，補禮部右侍郎。九月，擢都察院左都御史，命回京供職。十二月，派充頭等專使大臣。百熙馳赴行在。二十七年二月覆命，得旨，仍在南書房行走。時亂事初定，兩宮下詔求言，首抗疏陳大計五大端，曰增改官制，曰整理財政，曰變通科舉，曰廣建學堂，曰創立報館。略謂：「我朝設官，大半沿前明數百年舊制。及通商以後，事多創辦，而官位不增，惟設一總理衙門以綜理之，遂使商務、學務及一切新法悉隸外部，各國無此例也。任官之法莫善於一事分任諸人，莫不善於一人普任各事。如京員尚侍諸職，今日習禮者明日使之知兵，外吏藩臬等員，此處掌刑者他處責以治賦，弊不可勝言也。其實中國庶官久任，與夫專門分治諸法，本極精詳。徒以展轉變通，致防弊之意太多，任人之意轉少。今欲因時制宜，特加釐定。應請以總理各國事務衙門正名外部，不分滿漢，設尚書、侍郎各一人，專辦外交各事。至内外一切商務，宜專設商部以總其成。更須參考西書，酌體中國商情，定爲商律。又宜由商部詳立名目，分門頒發格式簿，令關卡及州縣地方各官隨時填報，年終由部彙齊，編爲商部歲計總册，用資考覈。各省舊有之商務局，應改爲商務衙門，設實任官，使上隸於本部。其無商務局者，亦照此辦理。一切商務利弊、申訴等事，悉令赴本衙門呈控。至學校一門，尤關緊要。今日禮部所司，僅稽覈成案，例行文書而已。若議京師暨各省廣設學堂，則於詳定章程、籌經費暨編輯教科新書等事，均非設立專部，不足以事創舉而得真才。應請增設學部，如商部例。所有商部、學部設官位數，亦擬照外部例，設尚書、侍郎各一人。至農政切於民生，亦爲當務之急。擬請推廣各省農政局，歸户部總理，無庸並設農部，以免同時並舉之煩。財政則議加進口稅，整頓圜法，推廣銀行，講求礦務，通行鈔票，由部鼓鑄銀圓。變通科舉則請用張之洞分場考試之法。廣建學堂則議創設小學、中學、大學，及資遣遊學生出洋習專門之業。創立報館則議開辦官報，編定報律，分設譯書等局。」且謂今日國勢如斯，欲濟時艱，振全局，又不僅在條目，而在本原。區畫既定，諸事待行。其本尤在上下一心，内外一心，滿漢一心。庶幾無事則一德以圖自强，有事則同力以禦外侮。又奏修改商約，慮失利權，宜籌抵制補救之法。曰洋關進口稅宜示區別，曰無益民生貨物宜議重徵，曰進口食物無稅宜限制，曰鐵路礦産宜准令中外合辦，曰養遊民宜廣興工藝，曰機器製造貨物廠宜定詳章，曰通商稅我宜有自主之權，曰内地商埠宜由我管轄，曰我國商貨出洋宜一體優待。又以富强之基，不外理財、教士、用人、練兵四大綱。而積習相仍，弊端叢出，擬請嚴刑峻法以治之；吏治隳壞，内患方深，擬嚴旨責成疆吏以振之。恭引祖宗故事，請將輔佐不職，遺誤大局之樞臣；泄沓偷安，罔上行私之疆吏；喪師失地之將領，病民蠹國之監司牧令，明申憲典，肆諸市朝，以慰天下之望。是年四月，迴鑾有期。特派百熙與桂春、景灃、陳夔龍修理蹕路。六月，遷工部尚書兼署都察院左都御史。七月，調補刑部尚書。

百熙回京後，奏裁向來工程節省陋規，計省帑金近百萬。又以臺綱久弛，分別舉劾。奉上諭：「張百熙奏稱陞任御史陳璧才識優長，明達治體。前管理京師街道，時論翕然。去秋巡視中城，嚴緝盜賊，地方安堵，請嘉獎錄用等語。陳璧辦事認真，不辭勞怨，朝廷業經不次擢用。仍著傳旨嘉獎。巡視東城掌湖廣道監察御史閻錫齡習於貪緣，有虧名節；巡視南城掌江西道監察御史鄭炳麟交接非人，頗滋物議。該尚書所請撤差查看，不足蔽辜，均著即行革職。另片奏，翰林院編修馮恩崐身列詞林，不知自愛，並有肆意妄爲，魚肉平民情事。著即革職。馮恩崐見充雲南副考官，無論行抵何處，即行撤回。該尚書此奏洵能破除情面，舉劾一秉大公，深堪嘉尚。嗣後各衙門堂官皆當隨時考察，激濁揚清，以肅官常而昭懲勸。該衙門知道。」九月，遵議變通翰林院規制，奏言：「一省之士，多者萬餘，拔其尤者爲舉人；會試之士，一省數百，拔其尤者數十人，數人爲貢士；貢士之中，拔其尤者爲翰林，擇之可謂精矣。而舉世以不達時務輕之。沿江沿海之人，日與外人相習，其所學乃能爲國家之用。夫取之而不用，是取非其道也；用之非所取，是不得已而用之也。欲救其弊，莫如使取與用出於一。欲取與用出於一，莫如使今日已取之士盡習有用之學。經世之學不過二端，曰政，曰藝。擬請旨將翰林院官制酌量變通，改掌院學士爲尚書，以領其事。廢詹事府，以詹事、少詹事爲侍郎。陞講讀學士爲三品，庶子以下併爲侍讀、侍講等官。令學士以下，各視性之所近，分研實學，以備時用。人才之興，必有超出學堂之上者。」是月，有作育人才，端在修明學術之諭。百熙請將京師大學堂改隸國子監，正名大學，以一學術而育真才。推論前年於國學之外，又設大學，意見多歧，人才不出之弊，請旨將國子監定名大學，簡放管學大臣，由政務處王大臣會同管學大臣，並集京外通人，酌采中西有用之學，妥定劃一章程，俾生徒得以時肄習。又請改總理衙門附設之同文館隸於大學，派員辦理提調事宜。十月，調吏部尚書。十一月，派充管學大臣、經筵講官，命妥訂學堂章程，隨時具奏。二十八年正月，奏陳籌辦大學堂，大概豫定通國辦法宗旨，先開豫備、速成兩科。豫科爲入大學正科之豫備，速成科則分仕學、師範兩館。仕學館造就已登仕版者，以應目前創辦新政之需；師範館則爲中學堂教習之用。兼添設講舍，附設編譯書局，廣購書籍、圖器，籌撥的款。言之甚備。又奏設醫學實業館、譯書館、宗室覺羅學堂。吏部書吏歷世盤亘，舞文巧法，爲吏道之蠹。百熙奏整頓吏部事務凡六事，首裁書吏，責成司員用士人繕寫稿件。除苛例之不便者數十條，皆奉旨如所請行。三月，隨扈謁東陵，賞穿黃馬褂。七月，奏進所擬各級學堂章程，參酌古今中外之制，分級分科，限年畢業，大旨務歸於實用。明詔獎其周備，頒行各省，令各督撫實力奉行。百熙又以教習乏材資，遣高等生四十餘人分赴東西洋肄習專門，以爲各省倡。各省之派官費留學生自此始。十月，賜紫禁城騎馬。

二十九年正月，上命刑部尚書榮慶會同百熙管理大學堂事宜。二月，上謁西陵，命與慶親王奕劻等分日輪班，在內值宿。五月，以殿試刊刻題紙錯誤，交部照例議處。七月，兼署禮部尚書。九月，充政務處大臣，旋改管學大臣，爲學務大臣，奏設教習進士館。三十年二月，充會試副考官。八月，奏遣新進士出洋遊學。三十一年四月，改授户部尚書。十一月，奏請先設法政科、文學科、格致科、工科，以備大學豫科學生及各省高等學生畢業後之陞入。並勘廣安門外瓦窯及德勝門外官地各一區，均合建造大學堂之用。奉旨議行。是月，詔立學部，百熙乃銷學務差。十二月，兼管順天府府尹事務。三十二年四月，百熙年六十，孝欽顯皇后賜御書「匡時耆德」扁額，德宗景皇帝賜御書「平均錫福」扁額及諸珍物。五月，舉劾順天州縣，請旨嘉獎降革有差。百熙歷充考試漢廕生、考試試差、考試各省優生、各省駐防繙譯舉人、覆試新貢士、朝考閱卷大臣、新貢士殿試讀卷大臣。先是朝命鎮國公載澤等五大臣出洋考查政治，鋭意變法，至是先後歸。百熙以變法宜先統籌全局，若支節而爲之，則先後均於寡效。因上疏論官制及地方自治兩事，謂非速定官制，則提綱挈領無以集政權於中央；非速興地方，則至纖極微無以被精神於通國。蓋官制者，政治之機關；而地方者，國家之分體。誠使內外官制定，而地方制度興，則諸事易行，而萬端可理也。因考歷代成法之精密，及外國成績之顯效，以備採擇。七月，命與載澤等充編纂官制大臣。九月，改定官制之詔下。特設郵傳部，綜轄鐵路、航業、郵政、電報四項，百熙調補郵傳部尚書。十月，賜西苑門内騎馬。郵傳創辦伊始，經緯萬端，百熙及侍郎唐紹怡意見不合，十一月均奉旨嚴行申飭。十二月，因病請假。三十三年正月，病篤。懿旨派內務府大臣增崇看視，傳取方案，頒賞肉桂、於朮諸藥品。二月，卒。遺疏入，諭曰：「郵傳部尚書張百熙公忠清亮，學問閎通。由翰林入直南書房，疊司文柄，洊擢正卿，均能恪盡厥職。辦理學務尤著勤勞。上年調任郵傳部尚書，創辦伊始，正資擘畫，旋因患病賞假。方冀調理就痊，長承倚畀。茲聞溘逝，悼惜殊深。著賞給陀羅經被，派貝勒載洵帶領侍衛十名即日前往奠醱。加恩追贈太子少保銜，賞銀二千兩治喪，由廣儲司發給，照尚書例賜卹。任內一切處分悉予開復，應得卹典該衙門察例具奏。伊子江蘇試用道張振鏞著以道員即補，張振鋆、張振鍠均著俟及歲時帶領引見。其靈柩回籍時，著沿途地方官妥爲照料，用示篤念藎臣至意。」尋賜祭葬，予謚文達。

藝文

《四朝詩史》甲集卷五陳昭常《挽張文達師百熙三首》

諸公衮衮一邱貉，來日茫茫赴壑蛇。廣廈萬間今已矣，名流百輩重吁嗟。禁中定議無留草，立憲詔下，公力最多。海內新機遽折芽。大雅淪亡誰領袖，不堪遺策續長沙。

官職聲名孰與齊，褒榮華衮典堪稽。盛時紀阮相輝映，並世毛張互品題。萬古雲霄空悵望，中興豪傑失攀躋。開通公獨超先輩，星宿探源到海西。

當年史館曾相識，遠道音書久未通。說士似聞甘勝肉，得官何事臭如銅。九京可作期無負，兩月相依愧不終。便忤孫劉何所恨，此生無夢作三公。

孫詒讓部

綜述

《碑傳集補》卷四一朱孔彰《孫徵君詒讓事略》 孫徵君詒讓，字中容，溫州府瑞安人也。父太僕公衣言，以翰林起家，詩古文雄一時。咸豐初，入南書房，教授皇子諸王。又四夷屬國遣人來學京師，衣言官國子監，並教之。先有琉球弟子阮宣詔、東國興等，後有再傳弟子林世功，學成歸國，故詩文流播海外。同治間出爲安徽道員，升按察使，糾六安知州某贓罪，政理法嚴，羣吏皆憚之。遷湖北、江寧布政使，擢太僕寺卿。乞病歸。年八十餘，終於家。有《懸學齋集》行於世。

詒讓承家學，博通經傳，少有神童之目。同治丁卯，弱冠舉浙江鄉試，爲副考官張公之洞所取士。五赴禮闈未第，遂壹意古學，研精三十年。箸《周禮正義》，其自序曰：「粤昔周公纘文武之志，光輔成王，宅中作雒，爰述官政，以垂成憲。有周一代之典，炳然大備。然非徒周一代之典也，蓋自黄帝顓頊以來，紀於民事以命官，更歷八代，斟酌損益，因襲積絫，以集於文武。其經世大法，咸粹於斯。故雖古籍淪佚，百不存一，而其政典沿革，猶約略可考。如《虞書》羲和四子爲六官之權輿，《甘誓》六卿爲夏法，《曲禮》六大五官爲殷制，咸與此經多相符合。是職名之本於古也。其宏章縟典，并苞遠古，則如五禮六樂三兆三易之屬，咸肇端於五帝，而放於三王，以逮職方州服，兼綜四朝，太史歲年，通晐三統，若斯之類，不可殫舉。蓋鴻荒以降，文明日啓，集其善而革其弊，此尤精强之至者。故其治躋於純太平之域，作者之聖，述者之明，蟠際天地，經緯萬端，究其條緒，咸有原本。是豈皆周公所肊定而手創之哉？其書不越政、教二科。政則自典法、刑禮諸大端外，凡王后、世子、燕遊、羞服之細，嬪御、閹閽之昵，咸肇於治官。宫府一體，天子不以自私也。若國危、國遷、立君等非常大故，無不曲爲之制，豫爲之防。三詢之朝，自卿大夫以逮萬民，咸造在王庭，與決大議。又有匡人、撢人、大小行人、掌交之屬巡行邦國，通上下之志。而小行人獻五物之書，王以周知天下之故。大司寇、大僕樹肺石，建路鼓，以達窮遽。誦訓土訓，夾王車，道圖志，以詔觀事辨物，所以宣上德而通下情者，無所不至。其爲教，則國有大學、小學，自王世子、公卿大夫、士之子臮夫邦國所貢，鄉遂所進，賢能之士咸造焉。旁及宿衛士、庶子、六軍之士，亦皆輩作輩學，以德行道藝相切劘。鄉遂則有鄉學六，州學三十，黨學百有五十，遂之屬，別如鄉。蓋郊甸之內，距王城不過二百里，其爲序校三百七十有奇，而郊里及甸、公邑之學尚不與此數。推之鄙縣，畺之公邑、采邑，遠極於畿外邦國，其學蓋十百倍蓰於斯。意九州之內，當有學數萬，信乎教典之詳，殆莫能尚矣。其政教之備如是。故以四海之大，無不受職之民，無不造學之士，不學而無職者，則有罷民之刑。賢秀挾其才能，愚賤貢其忱悃，咸得以自通於上，以致純太平之治，豈偶然哉！此經在西周盛時，蓋百官府咸分秉其官法以爲司存，而太宰執其總會，司會天府，太史藏其副貳。成康既没，昭夷失德，陵遲至於幽厲，平王東遷，而周公之大經良法蕩焉澌滅。然其典册散在官府者，世或猶尊守勿替。雖更七雄去籍之後，而齊威王將司馬穰苴尚推明司馬法，爲兵家職志。魏文侯樂人竇公猶襃大司樂一經於兵火喪亂之餘。他如朝事之儀，大行之贊述，於大小《戴記》職方之篇，列於周書，皆其枝流未淹也。其全書經秦火幾亡。漢興，景武之閒，五篇之經復出於河閒，旋入於祕府，西京禮家大師多未之見。至劉歆、杜子春始通其章句，箸之竹帛。三鄭、賈、馬諸儒賡續詮釋，其學大興。然儒者以其古文晚出，猶疑信參半。今文經師何休臨碩之倫，相與擯庌之。唐趙匡、陸淳以逮宋元諸儒，呰議之者尤衆。或謂戰國瀆亂不經之書，或謂莽歆所增傅。其論大都肊斷，學者率知其謬，而其抵巇索痏，至今未已者，則以巧詞衺説附託者之爲經累也。蓋秦漢以後，聖哲之緒曠絶不續，此經雖存，莫能通之於治。劉歆、蘇綽託之，以佐王氏、宇文氏之篡，而卒以踣其祚；李林甫託之以修六典，而唐亂；王安石託之以行新法，而宋亦亂。彼以詭譎之心，刻覈之政，偷效於旦夕，梭利於黍秒，謬託古經以自文，上以誣其君，下以敷天下之口。僥幸一試，不旋踵而潰敗不可振，不亦宜哉！而懲之者，遂以爲此經詬病，即一二閎攬之士亦疑古之政教不可施於今，是皆膠柱鍥舟之見也。夫古今者，積世積年而成之也。日月與行星相攝相繞，天地之運猶是也。圓顱而方趾，横目而直幹，人之性猶是也。所異者，其治之迹與禮俗之習已耳。故畫井而居，乘車而戰，裂壤而封建，計夫而授田，今之勢必不能行也，而古人行之。祭則坐孫而拜獻之，以爲王父尸，昏則以姪娣媵而從姑姊，坐則席地，行則立乘，今之情必不能安也，而古人安之。凡此皆迹也，習也。沿襲之久而無害，則相與遵循之；久而有所不安，則相與變革之，無弗可也。且古人之迹與習，亦有至今不變者。日月與地行同度則相掩蝕，地氣之烝蕩則爲風雨，人之所稔知也。而薄蝕則拜跪而救之，涝旱則號呼而祈之，古人以爲文，至今無改也。柷敔拊搏，無當於鏗鏘之均；血腥全烝，無當於飲食之道。而今之大祀，猶沿而不廢。然則古人之迹與習，不必皆協於事理之實，而於人無所厭惡，則亦相與守其故常，年遠無變。究夫政教之宏綱微指，實能貫百王而不敝，豈有古今之異哉？今泰西之强國，其爲治非嘗稽覈於周公、成王之典法也。而其所爲政教者，務博議而廣學，以杲通道路、嚴追胥、化土物卝之屬，咸與此冥符而遥契。蓋政教修明，則以致富强若操左契，固寰宇之通理，放之四海而皆準者。此又古政教必可行於今之明效大驗也。」則揭當今切實可行者，爲《周禮政要》。

又以墨子實篤於政教，箸《墨子閒詁》。其序曰：「《漢志》《墨子書》七十一篇，今存者五十三篇。《魯問》篇，墨子語魏越云：『國家昏亂，則語之尚同；國家貧，則語之節用節葬；國家憙音湛湎，則語之非樂、非命；國家淫僻無禮，則語之尊天事鬼；國家務奪侵凌，則語之兼愛非攻。』今書雖殘缺，然自《尚賢》至《非命》三十篇，所論略備，足以盡其恉要矣。《經說》上下篇與莊周書所述惠施之論及公孫龍書相出入，似原出於墨子，而諸鉅子以其說綴益之。《備城門》以下十餘篇，則又禽滑釐所受兵家之遺法，於墨學爲別傳。惟《修身》、《親士》諸篇誼正而文靡，校之它篇，殊不類。《當染篇》又頗涉晚周之事，非墨子所得聞，疑皆後人以儒言緣飾之，非其本書也。墨子之生，蓋稍後於七十子，不得見孔子，然亦甚老壽。故前得與魯陽文子、公輸般相荅問，而晚及見田齊太公和，又逮聞齊康公興樂及楚吴起之亂。身丁戰國之初，感悕於獷暴淫侈之政，故其言諄復深切，務陳古以剴今。亦喜稱道詩書，及孔子所不修百國春秋。惟於禮則右夏左周，欲變文而反之質，樂則竟屏絶之。此其與儒家四術六藝必不合者耳。至其接事務爲和同，而自處絶艱苦，持之太過，或流於偏激，而非儒尤爲乖盭。然周季道術分裂，諸子舛馳，荀卿爲齊魯大師，而其書《非十二子篇》，於游夏、孟子諸大賢皆深相排笮。洙泗齗齗，儒家已然，墨儒異方，跬武千里，其相非寧足異乎？綜覽厥書，釋其紕駮，甄其純實，可取者蓋十六七。其用心篤厚，勇於振世救敝，殆非韓、呂諸子之倫比也。

詒讓見中夏貧弱，謂果得賢者采《周禮》治國家，用墨翟書務節用，講戰守，何患不富强？抱經世之略，淡於仕進，箸書終老。惜哉！爲文精遒雅正，以經學深掩其辭章名。綜生平，治經似高郵王氏，攷史似嘉定錢氏，說字則服膺先博士及安邱王氏，能淹有諸家之長。所箸《周禮正義》、《墨子閒詁》盛行於世。治他經又有《周書斠補》、《尚書駢枝》、《大戴禮斠補》、《經迻》、《札迻》。考鼎彝則有《古籀拾遺》、《名原古籀餘論》、《契文舉例》，治史之餘則有《廣韵姓氏栞誤》，述方志則爲《永嘉郡記》。詒讓與人氣和，任恤婣睦，以古學勸後進，講論不勌，無越越多業。先主温州師範學堂，後爲浙江教育學長。光緒間朝廷徵主禮學館，未赴。三十四年五月，病中風，卒，春秋六十有一。

《碑傳集補》卷四一章炳麟《孫詒讓傳》 孫詒讓，字仲容，浙江瑞安人也。父衣言，清太僕卿。性骨鯁，治永嘉之學。而詒讓好六藝古文，父諷之曰：「孺子徒自苦，經師如戴聖、馬融，不阻羣盗爲姦劫，則賊善人。寧治史志，足以經世致遠。」詒讓曰：「以人廢言不可。且先漢諸黎獻夙義嚼然，經訓之以徒舉一二人僻邪者。史官如沈約、許敬宗可盡師耶？」父乃授《周官經》，其後爲《正義》自此始。年二十，中式丁卯科鄉試，援例得主事。從父官于江寧。是時德清戴望、海寧唐仁壽、儀徵劉壽曾皆治樸學，詒讓與游，學益進。以爲典莫備于六官，故疏《周禮》；行莫賢於墨翟，故次《墨子閒詁》；文莫正于宗彝，故作《古籀拾遺》。其他有略材者，欲以金石疑識補苴。程瑶田、阮元、錢坫往往考奇字，徵闕文，不審形聲，無以下筆。龔自珍治金文益繆，體滋多於是矣。詒讓初辨彝器情僞，擯北宋人所假名者，即部居形聲不可知輒置之，即可知，審其刻畫，不跌豪氂，後傳之六書，所定文字皆隱栝就繩墨，古文由是大明。其名原未顯於世，札迻者方物。王念孫《讀書雜志》每下一義，妥帖寧極，淖入湊理。書少于《諸子平議》，校讎之勤倍《諸子平議》。詒讓學術蓋龍有金榜、錢大昕、段玉裁、王念孫四家，其明大義，鉤深窮高過之。晚年嘗主温州師範學校，充浙江教育會長。清廷徵主禮學館，不起。年六十一，清光緒三十四年五月病中風，卒。

雜録

備録

《碑傳集補》卷四一章炳麟《瑞安孫先生傷辭》 炳麟始交平陽宋恕平子。平子者，與瑞安孫先生爲姻，因是通於先生。當是時吴越閒學者有先師德清俞君及定海黄以周元同與先生三，皆治樸學，承休寧戴氏之術，爲白衣宗。先生名最隱，言故訓審慎過二師。著《周禮正義》、《墨子閒詁》、《古籀拾遺》、《經迻》、《札迻》如目録。而平子疏通知遠，學兼内外，治釋典，憙《寶積經》。炳麟少治經，交平子，始知佛藏。平子麻衣垢面，五六月著緜鞋，疾趣世之士如仇讎，外恭謹恂恂如鄙人。今者多舉平子爲笑，平子無愠色。及與人言學術，剛棱四注，談者皆披靡。炳麟以先生學術問平子，平子勿深憙，然不能非閒也。會南海康有爲作《新學僞經考》，詆古文爲劉歆僞書。炳麟素治左氏《春秋》，聞先生治《周官》，皆劉氏學，駁《僞經考》數十事，未就，請於先生。先生曰：「是當諱世三數年。荀卿有言狂生者，不胥時而落，安用辯難其以自熏勞也。」頃之康有爲敗，其學亦絶。然輕婧者多摭三統三世爲名高，往往喜讖緯，誣典籍，成事外與進化之説相應。不自知回遹始疑六藝，卒班固、范曄所録亦以爲罔。先生節族愈陵，不與世推移。炳麟著《訄書》，未就，以其草稿問於先生，方自擬仲長統，先生曰：「《淮南鴻烈》之嗣也，何有於仲長氏？」然炳麟始終未嘗見先生顔色。欲道海抵温州，履先生門下，時文網密，不可。平子以白先生，先生笑且曰：「吾雖無長德中正之官，取決於膽，猶勝諸薦紳怯愞畏事者，自有館舍可止宿也。」其後傾側擾攘，埍陛之中，播遷江海閒，久不得先生音問。平子亦荒忽不可得蹤迹。問浙中諸少年，曰先生亦幾及禍，然懷保善類自若，學者介以爲重。平子雖周謹，顧内摯深，與人言輒云皇帝聖明，今且用滿洲文署其詩。炳麟素知平子性奇傀而畏禍，以此自蓋，非有媚胡及用世意。談言微中，亦咢咢見鋒刃。世無知平子者，遂令朱張陽狂示親昵于裔夷，冀脱禍難，雖少戇，要之世人負平子深矣。其言内典，始治《寶積經》，最後乃壹意治瑜伽。炳麟自被繫，專修無著世親之説。比出獄，世無應者，聞平子治瑜伽，竊自喜，以爲梵方之學知微者莫如平子，視天台、華嚴諸家深遠，稽古立事，世無逾先生。《墨經》廢千載，本隱之顯，足以自名其家。推迹古籀，眇合六書，不爲穿鑿，莊述祖、龔自珍不足當牧圉。然文士多病先生破碎，抑求是者固無章采，文理密察，足以有别，宜與文士不相容受。世雖得王闓運等百輩，徒華辭破道，于樸學無補益。定海黄君既前卒，屬先師又不幸，姬漢典柯，不絶如線，賴先生任持之函雅，故通古今冠帶之民，千四百州縣獨有一介，而新學又不與。先生次比獨倡無與，古先民之遺文其將墜地，令先生得上壽，庶有達者繼其遺緒，令民志無攜貳，中夏猶可興也。昨歲炳麟次《新方言》三百七十事上之，先生以爲樂操土風，民不忘本，質之子雲，雅讓而不惑，百世以俟知言之選而無鉏吾，庶幾國學可興，種姓可復。先生視《新方言》以爲精審，賜之《周禮正義》，且具疏古文奇字以告。八月發書，比今歲五月始達江户。將以旬月抽讀《正義》，且以書報先生，願輔存微學，擁護民德，遠不負德清師，近不負先生。嗚呼！不浹辰乎，先生遂捐館舍焉。知向日所以詔炳麟者，今遂爲末命也。乃者先生不以炳麟寡昧，有所譽敕，自兹其絶。先生被炳麟書，自言作《名原》七篇，今亦不可得受讀。國亡典刑，炳麟喪其師資，且聞平子亦蟄處不與世耦，生死未可知，内之頡籀儒墨之文，外之玄奘義净之術，湊于一身，世道交喪，求良友且不得一二，學術既亡，華實蕘剥，而中國亦將殄絶矣。嗚呼哀哉！

備論

《碑傳集補》卷四一朱孔彰《孫徵君詒讓事略》 贊曰：叔世士大夫狃于外學，財得魄莫，視樸學若土梗。詒讓治六藝，旁理墨氏，其精專足以摩掝姬漢，三百年絶等雙矣。遭時不淑，用晦而明，若日將莫，則五色柳穀愈章，而學不能傳弟子，勉爲鄉里起横舍，顧以裂餘見稱于世。悲夫！

藝文

《四朝詩史》甲集卷六冒廣生《贈孫仲容刑部詒讓》 許鄭無文章，任沈寡經

術。千古滕薛爭，一言齊魯失。眈眈孫仲子，淵博罕有匹。往籍多淪亡，後生誤
呫嗶。窮年仰屋梁，一一爲梳櫛。著有《周禮正義》、《墨子閒詁》。餘事工文詞，藻采
復秀出。左升儀鄭堂，右入平津室。始知根柢宏，枝葉自茂密。如水有本源，其
流日汩汩。咄哉一孔儒，睎名不睎實。

我聞永嘉學，所重在事功。止齋與水心，議論尤閎崇。方今苦風塵，豈復堪
宋聾。猛虎伺我西，毒龍瞰我東。豈伊陽九厄，將毋百六窮。君獨爲其難，宣鬯
儒宗風。發言既偏宕，舉世誰余從。時議爲興儒會。茫茫神聖業，役役衣冠中。
仰視白雲浮，青天何夢夢。

清穆宗部

綜述

《東華續錄・同治卷一》 穆宗毅皇帝，文宗長子也。聖母慈禧端佑康頤昭裕莊誠壽恭欽獻皇太后那拉氏，前任安徽徽寧池太廣道追封承恩公惠徵之女。稟粹通門，延釐天室，事文宗顯皇帝，柔嘉維則，淑慎其儀，化佐坤元，祥符震索，以咸豐六年丙辰三月二十三日未時誕上於御園之儲秀宫，時孝貞顯皇后方切祈禖之禱，適符主器之占，聖懷慰悅，撫育恩勤，同一致焉。【略】咸豐十一年辛酉，秋七月丁亥朔，越癸卯，文宗顯皇帝賓天。先是聖躬不豫，上侍疾煙波致爽殿，籲天虔禱，問視維謹。壬寅，文宗疾大漸，召御前大臣載垣、端華、景壽、肅順，軍機大臣穆蔭、匡源、杜翰、焦祐瀛承寫硃諭，立皇長子爲皇太子。越翌日寅刻，文宗升遐，上稽顙大慟，擗踴無算，扈從諸臣遵奉遺旨，請上即正尊位。辰刻，上恭視小殮畢，奉安大行皇帝靈駕於煙波致爽殿東間。諭内閣，朕受皇考大行皇帝鞠育顧復深恩，昊天罔極。聖壽甫逾三旬，朕宫庭侍奉，正幸愛日方長，期頤可卜。上年夏間，偶患痰嗽，旋即調攝就痊。秋間，巡幸灤陽，聖體康彊猶昔，乃因各省寇氛未靖，宵旰焦勞，至本年春間，風寒感發舊疾。六月間，復患暑瀉，以致元氣漸虧。本月十六日子刻，力疾召見載垣、端華、景壽、肅順、穆蔭、匡源、杜翰、焦祐瀛，特命承寫硃諭，立朕爲皇太子。朕痛哭受命，哀迫戰兢，方冀慈躬轉危爲安，常承恩誨，詎意親奉顧命後，病勢增劇，遂至大漸。十七日寅刻，龍馭上賓，搶地呼天，攀號莫及。

《東華續錄・同治卷二》 冬十月丙辰朔，諭内閣，前因肅順跋扈不臣，招權納賄，種種悖謬，當經降旨，將肅順革職，派令睿親王仁壽、醇郡王奕譞即將該革員拏交宗人府議罪。乃該革員於接奉諭旨之後，咆哮狂肆，目無君上，悖逆情形，實堪髮指。且該員恭送梓宫由熱河回京，輒敢私帶眷屬行走，尤爲法紀所不容。所有肅順家産，除熱河私寓令春佑嚴密查鈔外，其在京家産，著即派西拉布前往查鈔，毋令稍有隱匿。

辛酉，諭内閣：「宗人府會同大學士、九卿、翰詹、科道等定擬載垣等罪名，請將載垣、端華、肅順照大逆律凌遲處死等因一摺。載垣、端華、肅順朋比爲奸，專擅跋扈種種情形，均經明降諭旨，宣示中外，至載垣、端華、肅順於七月十七日皇考升遐即以贊襄政務王大臣自居，實則我皇考彌留之際，但面諭載垣等立朕爲皇太子，並無令其贊襄政務之諭，載垣等乃造作贊襄名目，諸事並不請旨，擅自主持，即兩宫皇太后面諭之事，亦敢違阻不行。御史董元醇條奏皇太后垂簾等事宜，載垣等非獨擅改諭旨，並於召對時有伊等係贊襄，朕躬不能聽命於皇太后，伊等請皇太后看摺亦係多餘之語，當面咆哮，目無君上，情形不一而足。且每言親王等不可召見，意存離間，此載垣、端華、肅順之罪狀也。肅順擅坐御位，於進内廷當差時，出入自由，目無法紀，擅用行宫内御用器物，於傳取應用物件，抗違不遵，並自請分見兩宫皇太后，於召對時，詞氣之間互有抑揚，意在構釁，此又肅順之罪狀也。一切罪狀均經母后皇太后、聖母皇太后面諭議政王軍機大臣，逐款開列，傳知會議王大臣等知悉。兹據該王大臣等按律擬罪，請將載垣、端華、肅順凌遲處死，當即召見議政王奕訢，軍機大臣户部左侍郎文祥，右侍郎寶鋆，鴻臚寺少卿曹毓瑛，惠親王，惇親王奕誴，醇郡王奕譞，鍾郡王奕詥，孚郡王奕譓，睿親王仁壽，大學士賈楨、周祖培，刑部尚書綿森，面詢以載垣等罪名，有無一綫可原。據該王大臣等僉稱，載垣、端華、肅順跋扈不臣，均屬罪大惡極，於國法無可寬宥，並無異辭。朕念載垣等均屬宗人，遽以身罹重罪，悉應棄市，能無泪下，惟載垣等前後一切專擅跋扈情形，實屬謀危社稷，是皆列祖列宗之罪人，非獨欺凌朕躬爲有罪也。在載垣等未嘗不自恃爲顧命大臣，縱使作惡多端，定邀寬宥，豈知贊襄政務，皇考並無此諭，若不重治其罪，何以仰副皇考付託之重，亦何以飭法紀而示萬世。即照該王大臣等所擬，均即凌遲處死，實屬情真罪當，惟國家本有議親議貴之條，尚可量從未減，姑於萬無可貸之中，免其肆市。載垣、端華均著加恩賜令自盡，即派肅親王華豐、刑部尚書綿森迅即前往宗人府傳旨，令其自盡，此爲國體起見，非朕之有私於載垣、端華也。至肅順之悖逆狂謬較載垣等尤甚，亟應凌遲處死，以申國法而快人心。惟朕心究有所未忍，肅順著加恩改爲斬立决，即派睿親王仁壽、刑部右侍郎載齡前往監視行刑，以爲大逆不道者戒。」甲子，頒同治元年時憲書。諭内閣：「朕奉母后皇太后、聖母皇太后懿旨，見在一切政務均蒙兩宫皇太后躬親裁决，諭令議政王軍機大臣遵行，惟繕擬諭旨，仍應作爲朕意，宣示中外。自宜欽遵慈訓，嗣後議政王軍機大臣繕擬諭旨，著仍書朕字，將此通諭中外知之。」

《東華續錄・同治卷三》 諭：總理各國事務衙門奏，習教人衆，請分别良莠，飭令地方官妥爲辦理等語，據稱，法國條約內載天主教，原以勸人行善爲本，揆其勸善之意，與釋道同，是以康熙年間曾經准行。惟近來各省習教之人與不習教者往往彼此齟齬，若不持平辦理，殊不足以昭公允。著照所請，嗣後各該地方官，凡交涉習教事件，務須查明根由，持平辦理，如習教者各係安分守己，謹飭自愛，則同係中國赤子，自應與不習教者一體撫字，不必因習教而有所刻求。儻或倚恃教民，不守本分，干預別項公私事務，或至作奸犯科，霸地抗租，欺侮良民，則不獨爲中國之莠民，亦即係伊教中之敗類，必應照例治罪，決不能因習教而少從寬假，各該地方官務當事事公平，分別辦理，以示撫綏善良之至意。

《穆宗實錄》卷三五　戊申。諭內閣：朕寅紹丕基，誕膺景祚，仰承兩宮皇太后聖慈，垂簾聽政，治理勤求，在廷王大臣等夾輔翼爲，當茲時勢維艱，惟有上下一心，兢兢寅畏，於用人行政，黽勉圖維，冀以奠民生而篤天眷。乃於七月十五日夜間，忽見衆星流向西南甚多，二十五六日夜，復有彗星見於西北，上蒼垂象，變不虛生，且自上月以來京師疫氣盛生，至今未已。朕雖年在沖齡，實深恐懼，茲奉兩宮皇太后懿旨：天人交儆必政令有闕所致，惟當上下同心兢惕，益自修省，皇帝御極之初，屢經詔求直言，中外臣工，凡有獻納無不優加採擇，立見施行，第恐庶事之繁，四海之大，猶有遺闕幽隱朝廷所不及聞，即諸臣陳奏事件，亦有忌諱不敢盡言，與指陳利弊未能切實之處，用特再行申諭中外大小臣工，務各齋心研慮，於朝廷政治得失之大且要者，悉矢忠赤，讜言無隱。亦毋徒以毛舉細故，摭襲陳言，爲虛承故事。應天以實不以文，值此四方多故，念切恫瘝，君若臣其勤思職業，用戒戲豫，以邀天鑒。

《穆宗實錄》卷六八　己巳。諭內閣：節據曾國藩、李鴻章等奏報克復松江府及太倉州地方，陳及該處百姓被賊殘虐，爲數百年來所未有，各廳州縣，田畝拋荒，著名市鎮悉成焦土，雖窮鄉僻壤，亦復人煙寥落，連阡累陌，一片荆榛，居民間有孑遺，顛連窮困之狀，有不能殫述者。覽奏情形，曷勝憫惻。因思蘇松太三屬地方，爲東南財賦之區，繁庶甲於天下，而賦額亦爲天下最重，比諸他省，有多至一二十倍者，良由沿襲前代官田租額，且自宋明兩代，籍没諸田，皆據租籍收糧所致。嘉靖中又令各州縣盡括境內官田民田，分攤定額，蘇松等屬田賦至比官田通額亦皆大有增加。我朝順治年間，即經明奉聖諭，以故明仇怨地方，加糧甚重，我朝何可踵行，飭由地方詳察具奏，嗣於雍正乾隆年間，疊奉恩旨，以蘇松浮糧，施恩議減，將蘇州府額徵銀蠲免三十萬兩，松江府十五萬兩，又江省糧額浮多之處，加恩免徵銀二十萬兩。仰見我祖宗軫念民艱，至深且厚。國家承平百餘年來，海內殷富。江蘇自乾隆年間，辦理全漕者數十年，因由民力之充，亦屬民心之厚。及道光年間，兩次大水以後，各州縣每歲荒歉，加恩蠲減，遂成年例。嗣是每年徵收之數，內除官墊民欠，率得正額之七八成或四五六成不等，民力殆已難堪。及至粵逆竄陷該省，焚燒殺掠，民盡倒懸。幸自上年官軍克復松江，本年克復太倉，現方飭令統兵大臣等進取蘇州，救吾民於水火。而各地方經賊荼毒，彫瘵至極，若不將各該府州屬數百年來浮糧積弊，仰體列聖深仁厚澤，大爲覈減，無論民力斷有不堪，即使勉强減成輸納，何以慰如傷之隱，而施浩蕩之仁？且令官紳胥吏徒飽中飽，尤爲弊之甚者，亟宜因此時會，痛加埽除，所有蘇州松江太倉三府州屬糧額，著兩江總督曾國藩、江蘇巡撫李鴻章督飭司道，設局分別查明各州縣情形，折衷議減，總期與舊額本輕毋庸議減之常州、鎮江二府，通融覈計，著爲定額，先自松太創行，即以此後開徵之年爲始，永遠遵行，不准再有墊完民欠名目。蘇州所屬，俟肅清後一體辦理。嗣後非大水旱成災實在荒歉者，並不准捏災請緩請蠲。至蘇松漕弊，尤莫如大小户等名目，紳户把持，州縣浮收，種種弊竇，皆出其中，著即永遠禁革，所有一切辦理章程，及應行裁革之浮收、陋規、包户等積弊，均著該督撫悉心妥籌，詳細具奏，務期上紓國用，下恤民生，變通盡利，經久可行，用副朝廷恫瘝在抱，嘉惠斯民至意。

《穆宗實錄》卷一一四　己亥朔。上詣綏履殿問慈安皇太后安，平安室問慈禧皇太后安。至丁卯皆如之。

《穆宗實錄》卷一四三　庚寅。諭內閣：本年入夏以來，雨澤愆期，頗形亢旱，疊經降旨設壇祈禱，雖閭澤頻霑，農田仍未深透，現在節近大暑，待澤尤殷，睹茲風燥日炎，實深憂懼，因思致旱之由，必有所自。朝廷綜理庶政，終日乾乾，固無事不以敬天勤民爲念。今乃恒暘示儆，未能速沛和甘，意者恐懼修省之忱有未摯歟？抑用人行政之間，不無闕失歟？昨覽御史張觀鈞所奏，勿徒修祈禱之文，仍宜盡省躬之實等語，與朝廷之意正相脗合。朕奉兩宮皇太后深宮戒懼，惟當益加修省，冀格天心。在廷臣工，亦應交相惕厲，黽勉從公，毋負期望。並著有言責諸臣，攄誠獻替，凡有裨於國計民生者，直言毋隱，以備朝廷採擇，見諸施行。至京外問刑衙門現辦各案，並著提緊清釐，不得稍有積壓拖累，以消沴戾而迓休和。

《穆宗實錄》卷二三八　辛卯。諭內閣：毛昶熙奏，軍務漸平，宜益思寅畏一摺。所請勤聖學，崇節儉，飭吏治，固根本諸條，皆能剴切敷陳，有裨治道，朕以沖齡踐阼，又值時事艱難，何敢稍涉戲豫，自忘敬戒？惟有恪遵皇太后訓諭，親師講學，仰慰慈懷。至於服御，允宜崇樸黜華，力求節儉。內廷一切用度，具有常經，前已疊諭總管內務府大臣循照舊章，大加撙節。該大臣等務當嚴飭司員，力除浮冒，不得稍事虛度，以慎度支。釐金一項，屢經諭令各該督撫酌量減裁。

《穆宗實錄》卷二八五　壬戌。諭軍機大臣等：總理各國事務衙門奏，天津滋事一案，現辦情形一摺。據稱羅淑亞致曾國藩照會內稱，必須將天津府縣同陳國瑞先行在津正法，否則飭該國水師提督便宜行事。經總理各國事務衙門王大臣與威妥瑪面商，促其設法排解，該使答以止可由曾國藩照覆羅使，詰以此案必求立決，果係何罪，必須詳詢確情，不能僅憑傳聞之詞，遽行正法。一面由該使函勸羅使各情，業由總理各國事務衙門函致曾國藩並屬趕緊防範等語。前據曾國藩奏請將張光藻、劉傑革職，交刑部治罪，辦理已屬過當，此次羅使欲將天津府縣同陳國瑞在津正法，斷無如此辦法，萬難允准。著曾國藩、崇厚懍遵前旨，力持正論，據理駁斥，以維大局。羅淑亞動以兵船恫喝，若不豫籌備禦，不但變生倉卒，致爲該夷所乘，且恐該夷知我虛實，得步進步，要挾更不可言。雖現在設法轉圜，期保和局，亦不可不調撥官軍，爲未雨綢繆之計。所有張秋銘軍，即當調赴直境，現應分駐何處，著曾國藩妥籌布置，並著該督檄催劉銘傳兼程赴直，統帶銘軍，以備緩急。李鴻章所部，應否移緩就急，調赴畿疆，著曾國藩悉心籌畫，趕緊奏聞。前諭神機營王大臣飭陳國瑞赴津，聽候曾國藩查問，此時羅淑亞既欲置之死地，未便即令赴津。本日並據醇郡王奏，面詢陳國瑞，據云抵津時適值民夷搆釁，該員在廟寓未出，旋有多人排門請謁求爲畫策，即答以係行路之人未便越俎。繼聞崇厚被戕，當赴通商衙門探視，因係訛言，遂與崇厚晤談而散。至民戮夷人，實未在場，此外亦再無他事等語。已諭令神機營王大臣暫緩派員伴送赴津矣。總理各國事務衙門摺，著鈔給曾國藩等閱看將此由六百里各密諭知之。

《東華續錄·同治卷一〇〇》同治十三年十二月　甲戌。上疾大漸，酉刻，崩於養心殿東暖閣。慈安端裕康慶皇太后、慈禧端佑康頤皇太后御養心殿西暖閣，召惇親王奕誴，恭親王奕訢，醇親王奕譞，孚郡王奕譓，惠郡王奕詳，貝勒載治、載澂，公奕謨，御前大臣伯彥訥謨祜、奕劻、景壽，軍機大臣寶鋆、沈桂芬、李鴻藻，總管內務府大臣英桂、崇綸、魁齡、榮祿、明善、貴寶、文錫，弘德殿行走徐桐、翁同龢、王慶祺，南書房行走黃鈺、潘祖蔭、孫詒經、徐郙、張家驤入，欽奉懿旨，醇親王奕譞之子載湉著承繼文宗顯皇帝爲子，入承大統，爲嗣皇帝。

雜録

備録

《清皇室四譜》卷一《列帝·穆宗》　穆宗繼天開運受中居正保大定功聖智誠孝信敏恭寬明肅毅皇帝，諱載淳，文宗長子。咸豐六年丙辰，三月二十三日未時，生於圓明園之儲秀宮。母懿嬪葉赫納喇氏，即孝欽顯皇后。十年八月，隨侍熱河行宮。明年辛酉，七月十六日，文宗不豫，立帝爲皇太子，嗣大統，時年六歲。怡親王載垣，鄭親王端華，協辦大學士輔國將軍肅順，御前大臣固倫額駙景壽，及軍機大臣穆蔭等八人自稱受遺詔贊襄政務。九月二十九日，車駕還京師。十月初九日，即皇帝位於太和殿，詔明年改元同治，初擬改元祺祥，至是不用。十一月，兩宮皇太后鈕祜祿氏、葉赫納喇氏，垂簾訓政。同治元年壬戌，雲南叛回起陷城邑。三年五月，俄羅斯奪我藩部霍罕。六月，克復江寧。髮賊尋滅，東南諸省亂定。五年正月，新疆叛回陷伊犂。七年六月，捻賊肅清，畿輔及河南北諸省定。八年九月，暹羅請改貢道，不許，自是貢亦不至。十年五月，俄人據我伊犂。十二年正月二十六日，帝親政。五月，滇黔回亂肅清，域內平。十三年甲戌，十一月初十日，病痘，復由兩宮皇太后訓政。十二月初五日酉刻，崩於養心殿，壽十有九。或曰被生母皇太后葉赫納喇氏暴虐，致痘陷而崩。或又曰，帝病非痘，實微行致蕴毒使然，然皆不能明也。光緒元年二月，上尊謚曰繼天開運受中居正保大定功聖智誠孝信敏恭寬毅皇帝，廟號如上。五年三月，葬惠陵，在裕陵東南雙山峪。閏三月，升祔太廟。

陳康祺《郎潛紀聞初筆》卷一《穆宗登遐》　康祺於同治六年鄉舉後，以貲爲刑部員外郎。十年成進士，四月二十一日恭奉大對。越月，由翰林院帶領引見。穆宗皇帝方御養心殿，延納多士，時聖壽十有六歲，仰覩龍顏河目，如日方昇，恭默中有嚴毅之色。私幸中興令主，儀表端凝，他日景福洪祺，當與聖祖、高宗接武。越癸酉、甲戌，臣康祺兩次奉派陪祀郊壇，凡聖躬拜獻登降，均由甬道步行，咫尺天顏，瞻仰尤爲親切。竊見堯腊禹胼，丰采消鑠，幾疑下士，謬抱杞憂。明年冬，鼎湖弓劍，竟棄臣民，八音遏密矣。良由大政親裁，日乾夕惕，庫藏有罄竭之慮，修攘鮮倚毗之人，幾務過勞，沴哉偶會，無疆之祚，中道登遐。彼保傅令僕，備位尸素，不克分君父之憂，固當引爲己咎。若方技小臣，走奔軼御，豈足責哉？時言官中有請罪御醫李德立及嚴懲近侍者，故附紀及之。

備論

《穆宗實録》卷首《進實録表》 伏以鴻圖開六甲，丹爻舒蒼昊之文；鳳紀紬三辰，青纂衍黄神之籙。縣寶祚而繩繩繼繼，至誠可格於神明；登明堂而穆穆煌煌，一代式昭其憲典。在昔天中開泰運，疇弗欽偉業於文謨；迄今柱下誦徽言，應備列大猷於信史。苞符肇啟，演維書五十六字而探微；巍蕩難名，釋帝典二萬餘言而非贅。齊明莊讀，鞠跽陳辭。欽惟穆宗繼天開運受中居正保大定功聖智誠孝信敏恭寬毅皇帝，鞋纘垂型，珠囊集瑞。以德爲車，以樂爲御，顯庸創制，文明繼照乎重離；如月之恒，如日之升，厚澤深仁，謳祝長騰乎千禩。溯自靈鍾儲秀，奇徵萃輿蓋之祥；洎乎禮際嘗雩，吉什協神人之券。胄筵乍啟，喜溢璇題；周晬初臨，慶延宸翰。舞綵而堂前助笑，修雞鳴鶴駕之儀；奉觴而殿下遥瞻，識虎步龍行之度。而且髫齔至性，極孺慕於椒廷；翼翼小心，奉訓辭於蘭掖。初膺景命，適際時艱。在文宗顯皇帝以未竟之神功，期諸嗣服；在兩宫皇太后以未成之君德，責在師臣。而乃重奠坤維，誕登道岸。功高函夏，上酬宗廟之靈；德爲聖人，是謂帝王之孝。斂五福惟皇作極，念庶徵用八政，遂甄晛而鍾釐；率百官若帝之初，揚大烈，覲耿光，乃通寰而浹宙。敬揚庸行，約舉六端。

有如道契穹儀，誠通霄堮。體陽元而凝命，稽乾式以臨宸。圜丘方澤之升薌，典隆六器；右社先農之禋祀，儀重三祠。彩澈儀璘，望祭並嚴於朝夕；秩尊嶽瀆，懷柔徧及於垓埏。監觀則昭假彌嚴，對越而感孚尤捷。齋宫肅祄，瑞雪晨飛；祕殿誠祈，甘霖夕霈。陽侯助順，且鼓浪以排豕突之鋒；屏翳揚威，亦回飆以殄鴟張之寇。崇封頒額，報功備極乎優隆；合漠通微，靈貺胥昭乎蠁曶。即值木饑水毀，弭災而弗事虚文；用能璧合珠聯，曠古而獨呈瑞應。蓋自少海降祥而後，契乾凝之撰，事父孝故事天明；而溯萬幾親總以還，安坤順之貞，事母孝故事地察。此聖孝之徵諸敬天者也。

誼篤本原，志勤繼述。合祭薦馨於玉瓚，受祭致恪於珠邱。展原廟之衣冠，惓懷先烈；撫橋陵之弓劍，慨想遺徽。故能大業中興，上媲孝陵之開創；沖齡典學，遠追聖祖之欽明。嚴八柄以馭臣工，英略同符乎世廟；總十全以歌盛美，奇勳輝映乎高宗。本累朝家法以娱親，鳴玉稱觥，八千歲之長春同祝；崇六行坤儀而正位，嬪京迎渭，二百年之曠典重逢。迨昇平已際昌期，而艱難猶思王業。蓋體詒謀以繩祖武，乃克副文考啟佑之忱；而承懿訓以迪前光，愈足彰文母思齊之範。此聖孝之徵諸法祖者也。

治先無逸，政貴有恒。廑旰食與宵衣，執春規與夏矩。風傳鈴索，親授機宜；雲集封章，獨勤批答。挈太阿之魁柄，法行親貴而非苛；寄大政於賢藩，賞懋宗支而非濫。勤引對以周知利弊，擢賢才以共輔隆平。威振韜鈐，戮債轅之將帥；治嚴宫府，誅煬竈之貂璫。措施經觀鉅而彌光，神智以憂勤而益淬。當六幕塵清之日，雖靈臺偃伯，尚殷睿慮於持盈；值八方職貢之時，雖寰海無波，更廑廟謨於綏遠。機輪置局，廣育英奇；船政設官，隱資控制。周地球億萬里，合窮荒共入鈞陶；臨海宇十三年，無一日敢忘兢業。蓋宏綱鉅目，悉得諸問安侍膳之餘；故累洽重熙，適成其衣德紹聞之美。此則聖孝之見於勤政者也。

惠孚萌動，愛洽芸生。湏深嶽峻儷其功，露湛雲需普其澤。龍飛穹宇，詔免常租；兕獻慈庭，慶除逋賦。元辰錫羡，扇淑氣於條風；冬令推恩，煦祁寒於杪歲。設廠而洋糜賡哺，蒸爲采甸之春；截漕而稟粟頻頒，炊徧窮檐之玉。祲消六沴，掩骼施仁；府閉三錢，革心向化。戡亂則脅從悉宥，雖崐岡火烈，而玉石終分；慮囚則疑罪惟輕，雖名法霜嚴，而鈷鑕必絶。而且築城堡以安編户，濬河湖以利農田。拯中外之災黎，厚培國脈；減東南之額賦，重繫人心。蓋盛朝之遺澤方長，故聖繼聖而海隅不冒；亦大姒之徽音克嗣，故親其親而天下胥平。此則聖孝之驗於愛民者也。

至於斧藻羣言，筐篚六藝。極淵衷之宥密，蔚郅治之光華。唐帝承基，猶師尹壽；殷宗訓志，亦學甘盤。生知擅天縱之奇，盛德集日新之益。勤求治理，繹帝鑑之圖經；祗礪宸修，進儒臣之講義。偶揮鳳藻，即擷經畬；乍拂鸞章，便成史論。箴大寶而圖無逸，訂謨悉矢以賡歌；軫東作而肅南郊，敬畏疊形諸篇詠。他如廣藻芹於泮水，啟秀披華；新櫨栱於尼山，崇儒重道。興廉舉孝，寓長民輔世之權；旌節褒忠，發潛德幽光之彩。搜遺經於兵燹，縹緗特許其刊行；覈實學於賓興，朱墨必嚴夫契勘。凡此彰施之迹，舉昭炟赫之庥。蓋憑玉几以傳薪，紹虞陛之危微，漸被遂成爲文教；而御常朝以訓政，垂洛京之官禮，庥嘉實肇於雎麟。此又聖孝之懋爲文治者也。

若夫至人之勇，不怒而威；王者之師，有征無戰。南收江表，北靖中原。取滇黔搤巴蜀之亢，捲秦隴斷河湟之臂。殲妖鳥而廓清嶺嶠，殪封狼而綏定甌閩。軍中秉成算而行，授策弗踰乎寸晷；天下以從軍爲樂，捷書俄集於崇朝。快等焚巢，功成破竹。雷霆一怒，埽市地之烽煙；日月雙懸，銷普天之兵氣。遂令九邊風雨，齊和鐃歌；欣看兩戒山河。仍歸繡甸。振旅而櫻盤薦熟，慰先皇望捷之心；策勳而蘭醑騰歡，增慈聖祝釐之豫。蓋戮蚩尤於中冀，非天開智勇，不足騐斗樞繞電之奇；而殲有扈於甘郊，非世濟神靈，曷由紓石紐征苗之憾。此又聖孝之彰爲武功者也。

合觀主極，若舉往聖見知聞知之統緒，推闡而達於經綸；直揭心源，實綜《孝經》左契右契之珍符，渾括而涵諸天性。上日星，下河嶽，罔非孝治之流行；明禮樂，幽鬼神，胥見孝思之淪洽。一人有慶，協地義與天經；萬國懽心，致風移而俗易。方冀星明紫極，常凝泰壹之辰居；何圖雲黯蒼梧，遽促虞淵之夕馭。追維懿鑠，普賢親樂利於無窮；欲贊高深，極擬議言思而莫罄。恭惟皇帝陛下，惟寅貞度，恭己斟元。眷世德以作求，鞏皇圖而戩福。承和衆豐財之後，成功纘以文章；識前言往行之遺，大訓珍逾球璧。誠則形，形則著，堯舜道接於羹墻；美斯愛，愛斯傳，文武政存於方策。其義則律衡禮幹，包治道之全模；其文則玉檢金泥，炳皇王之大紀。將剬緝備一朝之典，宜表章垂萬世之經。

藝文

《四朝詩史》甲集卷三高心夔《中興篇》 沖皇受賀朝明堂，國有元老平南彊。鍾山九隧迅雷捷，掃穴萬馬真龍驤。五年荆襄畫地勢，一旦揚越通天光。遂連長圍舉京觀，轉策飛將窮飄颻。假息周星不更貸，長鯨短狐從滅亡。景風協律開慶典，亞相金印題紫囊。介弟虯服最輝映，次列圭璧銘鍾帨。采薇采薇詠未已，汰遣部曲耕資湘。別留艨艟置十鎮，率然首尾江防峻。侍郎威略湖海知，霆車轉戰兵無頓。七閩督師匡復才，西征夙將宏農儁。尋常躡履牙帳間，開府連圻對昌運。肥淮壯士起中原，一族平吴竹當刃。文致太平武定亂，王民執虜同虎奮。北塘要盟我所銜，八城白帽猶犯順。桯杌應歸黃髮翁，艱難念自先朝進。文宗詒謀深且奇，默禱申甫當傾危。翰林潘卿諫台趙，薦疏但入皆頷頤。侍臣故有造膝請，首贊大計承疇咨。口銜兩江授楚帥，所爲社稷它何知。烏虖受遺左軍桀，倏忽謀逆丞相斯。君親無將與衆棄，不濟則死忠成欺。國家除惡方務盡，功輕罪重誰敢疑。謬哉區區擲要領，不睹告廟分封時。況論成敗雖人力，亦喜神明扶正直。當時曲突豈與賓，此日登壇動高職。垂殤將士勛業雄，嘗膽君臣憂辱極。范燮陳詞戎馬前，葛亮抗表禽蠻役。吾皇洽統茂康宣，紫光劍佩新顏色。臺輔宜宏退讓風，法官日養恭儉德。鳳鳴河清莫虛致，普天率土還耕織。人生有命佐中興，明悊兼垂後賢則。

《四朝詩史》甲集卷二李聯琇《搶攘羈栖不閱邸抄兩載矣近聞新天子回鑾登極以恭邸爲議政王固叔父之親賢也而怡藩載垣鄭藩端華協揆肅順以謀危社稷伏誅額駙景壽及樞臣穆蔭匡源杜翰焦右瀛以附同載垣等矯詔爲贊襄大臣各加褫遣敬賦四詩以頌朝廷清明而伸中外望治之意》 沖齡定鼎古來無，重振家風六尺孤。七政輝聯占象緯，三監事白感狼胡。治方總己官僚肅，鳴便驚人億兆孚。聖聖相承非異揆，堯憂驩鯀舜加誅。

雲氣蒼梧暗野廬，璇闈含淚返金輿。宣仁治化開元祐，明德慈徽詔建初。精意雎麟萬事本，譖人豺虎一朝除。紛紛枉阻垂簾制，臺諫憂時早上書。董元醇曾奏，請皇太后垂簾。

爲痛宗盟賜自裁，難逃齊斧有渠魁。旨令載垣、端華自盡，肅順斬決。由中嘗矯斜封敕，歇後虛充亞相才。李傕脅持三乘去，章惇離間兩宮來。大清臣子從無此，貽誤蒙塵轍共哀。

返闕方將巨猾收，免教行在變苗劉。朋從一例懲樞府，旅進何能貸粉侯。病去尚期元氣復，時危彌切乏才憂。江湖正爾心王室，夢想天邊傳説舟。

端方部

綜述

《碑傳集補》卷三四《端總督傳》 公諱端方，字午橋，號匋齋，姓託和洛氏，滿洲正白旗人。廕生，用主事，遷工部員外郎。中光緒八年舉人。丁父憂，逾年復遭母喪，哀毀柴立。山東巡撫張勤果公聞其才，特疏薦，命發山東，辭不赴。服除補官，充張家口監督，擢本部郎中。二十四年，記名御史，簡直隸霸昌道。京師創設農工商局，賞三品卿銜。開缺回京，筦局務，未幾，簡陝西按察使。二十五年，護理陝西巡撫，補陝西布政使，署巡撫如故。調河南布政使，未之任。拳匪亂作，晉豫繹騷，公察幾先，多爲文告，反復曉譬，俾士民毋惑，境内晏然。所作《勸善歌》上徹天聽。兩宮西巡，駐蹕幾一年，而匕鬯不驚者，公之力也。二十七年，授湖北巡撫。明年，兼署湖廣總督。三十年，調江蘇巡撫，尋署兩江總督，移撫湖南。鋭意新政，所至以興學爲急，在湘遣出洋遊學生尤衆。賓禮耆碩，調和新舊，湘人士多頌之。三十一年，詔赴東西洋各國攷察政治，時所稱五大臣者也。擢閩浙總督，未之官，與諸大臣分道浮海，周歷各國，八閱月而歸。成書奏進之，是爲中國議改立憲政體之始。宣統初元，調直隸總督，以事爲言者劾罷。三年，命以候補侍郎督辦川漢、粵漢鐵路事宜。時郵傳部議以鐵路歸國有，而收路章條蜀與湘異。蜀人大譁，莠民乘之以作亂。公至漢口，詔率師入川查辦，尋罷蜀督，命公署理。八月至重慶，而鄂變作。九月，進次資州，經郡縣，輒召父老宣朝廷德意，解散資境匪徒數萬人，蜀人頗感動。而所部鄂軍陰懷反側。十月初七日晡時，兵官劉怡鳳率軍隊持械入室，語不遜，公嚴詞訶之，遂迫公至旁小屋拘係之。公終不屈，遂被戕，弟端錦同及於難。□軍函公首送武昌，而州紳廖承瓖斂公與公弟忠骸，渴葬州城外獅子洞。明年，鄂軍感公忠義，迎公之喪至漢口，歸元而改斂焉。先是，蜀督以公死事狀聞，上震悼，加恩予謚，贈太子太保，賞給二等輕車都尉世職，照總督陣亡例從優賜卹。子外務部參事繼先，以四品京堂候補；陶磐，以主事用。尋予謚忠敏。

雜録

備録

《匋齋先生履歷》 端方，正白旗廕生，由指選六部員外郎，報捐分發行走。光緒五年八月初五日，掣得工部，令其在滿洲員外郎上行走。八年十一月二十七日，學習期滿。二十一日，奏留十年。壬午科中式八十七名舉人。十一年五月初一日，丁父憂。十二年四月初十日，接丁母憂。十二年十月二十七日，奉上諭：張曜奏調員差遣等語。工部候補員外郎端方著前往山東交張曜差遣委用，欽此。十一月十九日，奉上諭：工部奏奉調差委司員未經服滿，據情代奏一摺。工部候補員外郎端方著毋庸發往山東差委。欽此。十三年八月初一日，丁父憂服滿。十四年七月初十日，丁母憂服滿。十五年三月十九日，補員外郎。二十一日，到部。十五年二月十三日，因大婚出力保奏，請以本部員外郎無論題選咨留，遇缺即補，並加四品銜。十六年九月二十日，報捐花翎。十七年，二月二十八日放張家口監督差。三月二十四日，到任。十一月初二日接管張家口監督差。十八年三月二十四日，交卸起程回京。五月二十一日，題請實授。五月初五日，奏留。十九年十月十七日，補郎中。十九日，到任。二十二年二月十九日，菩陀峪萬年吉地工程，奏派監修。二十四年二月二十六日，引見記名，以御史用。二十三年十一月初一日，保加三品銜。二十四年三月二十二日，會典館保奏，請俟升道員，後賞加二品銜。二十四年閏三月初六日，奉上諭，補授直隸霸昌道。因京師設立農工商局，二十四年七月初五日，奉上諭：直隸霸昌道端方著開去霸昌道缺，賞給三品卿銜，一切事件准其隨時具奏等因。欽此。九月十九日，奉上諭，補授陝西按察使。十二月初三日，到任。二十五年九月初一日，奉旨：陝西巡撫著端方暫行護理。九月初二日，到任。二十五年九月十五日，奉上諭，補授陝西布政使。二十六年十月十四日，到任。十二月十四日，奉上諭，調補河南布政使。二十七年三月十五日，奉上諭，補授湖北巡撫。六月初九日，任事。本年三月十九日，軍機大臣面奉諭旨，端方著賞給頭品頂戴，欽此。

三月二十七日，具奏，奉旨：湖北巡撫端方著兼兵部尚書銜，欽此。二十八年九月初六日，奉上諭：湖廣總督著端方暫行兼署，欽此。三十年四月十一日，奉上諭：趙爾巽著來京陛見，湖南巡撫著陸元鼎署理，江蘇巡撫著端方署理，湖北巡撫著張之洞兼署。欽此。三十一年六月十五日，閣抄十四日奉上諭：茲特簡載澤、戴鴻慈、徐世昌、端方等隨帶人員分赴東西洋各國考求政治，以期擇善而從。嗣後再行選派，分班前往。所有各員經費如何撥給，著外務部、户部議奏，欽此。七月，端方著加恩在紫禁城内騎馬，欽此。本年六月十六日，奉上諭，出洋考求政治。是年十二月，奉上諭：閩浙總督著端方補授，未到任以前，仍著崇善兼署，欽此。三十二年七月十四日，奉上諭：端方著調補兩江總督兼南洋大臣。兩江地方緊要，著即迅赴新任，欽此。九月十二日，到任。三十四年十一月二十六日，奉上諭：朕入承大統，登極禮成，已敬謹恭上皇太后徽號。鉅典昭垂，允宜覃敷恩澤。端方著賞穿帶膝貂褂，藍筆諭旨繳進等因，欽此。宣統元年五月十一日，奉上諭：直隸總督兼北洋大臣著端方調補，迅速來京陛見。未到任以前，著那桐署理。欽此。六月二十四日，到任兩江總督端方於五月二十四日卸事。元年六月十六日，奉上諭：直隸總督兼北洋大臣著賞給一等第三寶星，欽此。元年十月十一日，奉上諭：吏部奏遵議大員處分一摺。直隸總督端方著照部議即行革職，欽此。該督又違犯沿途派人照相及風水墻内，借行樹爲電桿，係屬不應得爲而爲之事理。重者係降二級調用，應議以降二級調用。應請將直隸總督端方即行革職，其又應得之降二級調用處分，業經革職，應行註册等語。三年四月二十日，内閣奉上諭：端方以侍郎候補充督辦粵漢川漢鐵路大臣，迅速前往，會同湖廣總督、兩廣、四川各總督、湖南巡撫恪遵前旨，妥籌辦理，欽此。宣統三年九月二十八日，四科點。九月十六日，奉上諭：四川總督岑春煊未到任以前，四川總督著端方暫行署理，趙爾豐毋庸署理，欽此。光緒三十三年二月初二日，奉上諭：三載考績，爲國家激揚大典，内外滿漢諸臣有能共濟時艱，勞勛最著者，尤宜特加甄敘。其平庸衰病者，亦難曲予優容。茲當京察屆期，吏部開單奏請，朕詳加披閲。兩江總督端方規模宏遠，應變有方，著交部議敘准其加一級，奉旨依議。欽此。

兩淮候補□大使包榮誥、丁憂江蘇候補縣丞李希庚、候補都司王蘭芬謹呈，爲疆臣在四川資州地方兄弟殉難，並隨員死事情形據實縷陳，乞分别請卹，以昭核實而慰幽潛，呈請代奏事。

竊職等前隨署四川總督督辦粵漢、川漢鐵路大臣予謚忠敏端方入川，嗣於十月初七日親見端故督兄弟被難。於十一月二十六日回京，伏讀諭旨「署四川總督端方才猷敏練，學識宏通，由部屬外任監司，洊膺疆寄。庚子之變在陝西護撫任内，保衛維持，厥功甚偉。嗣充出使各國考察政治大臣、南北洋大臣，後因案革職，旋以候補侍郎充督辦粵漢川漢鐵路大臣。川中亂起，派令馳往查辦，並署理四川總督，宣力有年，勤勞素著。茲因帶隊入川中途遇害，死事情形慘不忍聞，殊堪憫惻。著加恩予謚，追贈太子太保，並賞給一等輕車都尉世職，照總督陣亡例從優賜卹。任内一切處分悉予開復，應得卹典，該衙門查例具奏。靈柩回旗時，沿途地方官妥爲照料，准其入城治喪。伊子外務部參事繼先著以四品京堂候補，監生陶磐著以主事補用。伊弟二品銜河南候補知府端錦隨行入川，因救兄同時被害，尤屬忠義可風。著照二品官員陣亡例從優賜卹，以慰忠魂等因。欽此」。仰見朝廷褒録忠義，扶植綱常之至意。惟當日死事情形，端故督家屬僅據逃歸僕役傳報，未能詳悉無遺。職等身在端故督左右計凡四月有餘，於此次入蜀行路之艱苦，開諭匪黨之勤劬，蜀中人士之愛戴，以及兵變遇難之慘傷，知之最稔，謹當一一爲人分断陳之。

端故督此次由鄂入川，有胞弟二品銜河南候補知府端錦同行。蓋因端故守連歲出洋留學，並考察東西洋路政，著有成書，閲歷深練。此行，端故督上體朝廷德意，下念民生困苦，雖帶有鄂軍兩標護行，實不主剿辦宗旨，沿途皆由端故守竭誠演説，日行百餘里，道路崎嶇，宿於牛欄豕圈之間，寢食俱廢。然遇村屯鄉鎮，人烟稠密，匪徒嘯集之區，猶復舌敝唇焦，口講指畫，務使川民皆感朝廷恩惠，解散脅從，匪徒因此感悟者甚多。是以每到一邑、或一州、一鎮，人民皆備極歡迎，結綵輿前，有如山積。各居户至換黏桃符，互燃爆竹，以表欣賀之忱。到資州後，因該處羅泉井有匪數萬，署資州朱牧懇端故督駐州鎮撫，即經委派郭遊擊等設法招降。當據匪首羅星五到轅投誠，立將餘匪盡數解散，賞給功牌銀兩，該州遂無匪患。成都聞端故督不日抵省，雖經宣佈獨立，仍復預備歡迎。端故督與端故守感人之深，於此可見。此入蜀後，推誠愛民，衆心感戴之實在情形也。所帶鄂軍兩標標統曾廣大、鄧承拔本係端故督門人，感情甚好。道路艱難，兵丁困苦，歷由端故督親身慰勞，並於宿食之項由端故守殷殷慰問，分甘共苦，皆無怨言。在資州時，本擬俟招撫匪目事竣，即行赴省。適聞外間謡傳京師不守，兩宫出巡。端故督北向憂憤，與鄂軍商取道陝西勤王之策。孰知少數兵士憚於遠行，兵官中有一二革黨因倡爲排滿之説，於初七日清晨撤去崗位，顯示叛意。曾鄧兩標統力難約束，唯勸端故督速行。至是日午間，幕府諸人均已逃亡，僅端故督兄弟坐守行館，猶不欲以微服出走。叛兵官劉怡鳳驟帶多兵入輳，立將端故督兄弟拘赴左近之天上宫。端故守諭以相待不薄，何竟出此？叛兵厲聲答云：「待我不薄，係屬私情；今日排滿，乃是公誼。」遂於是夜兄弟同被戕害，叛兵並將兩首攜赴鄂軍報功。端故督、端故守忠骸僅由該州紳士廖姓備棺掩埋於州屬之獅子洞。職等目覩情事，恨無援救之方，但有悲泣而已。此端故督兄弟同時慘被匪害之實在情形也。又查同行員弁中，遊擊赫成額一員，亦被叛兵追拿，不屈投水而死。其餘四散流離，生死莫卜。職等伏念端故督身爲大臣，没邀顯謚，褒已榮於一字，名自播於千秋。至端故守矢報國之愚誠，明救兄之大義，臨難不避，視死如歸，允爲名教完人，實賦天地正氣。在朝廷褒忠卹死推恩已越尋常，而史官請謚，易名立德，斯爲不朽。應懇大人據情入告，再乞恩施。棣萼相輝，近或媲曾湘鄉之光寵；脊令急難，遠冀追鹿壯節之哀榮。其赫成額一員，應如何一併請卹之處，伏候鑒察施行。謹呈。

備論

《碑傳集補》卷三四　舊史氏曰：公性豪邁，不拘小節。篤嗜金石書畫，海内孤本精拓，宋元明以來名蹟，聞風淤萃，悉歸儲藏。豐碑斷碣，輦致京邸，庋廊廡幾滿。尤好客，建節江鄂，開閣延賓，文酒之會無虚日。遭時承平，亦阮太傅、畢尚書之流風也。晚丁杌隉，兵威不揚，肘腋之閒，皆爲寇仇。忼慨捐軀，有弟同殉，赫赫雙忠，遂與顔平原兄弟千古争烈矣。

譚嗣同部

綜述

《碑傳集補》卷一二梁啓超《譚嗣同傳》 譚君字復生，又號壯飛，湖南瀏陽縣人。少倜儻有大志，淹通羣籍，能文章，好任俠，善劍術。父繼洵，官湖北巡撫。幼喪母，爲父妾所虐，備極孤孽苦。故操心危，慮患深，而德慧、術智日增長焉。弱冠，從軍新疆，遊巡撫劉公錦棠幕府。劉大奇其才，將薦之于朝。會劉以養親去官，不果。自是十年，來往于直隸、新疆、甘肅、陝西、河南、湖南、湖北、江蘇、安徽、浙江、臺灣各省，察視風土，物色豪傑，然終以巡撫君拘謹，不許遠遊，未能盡其四方之志也。自甲午戰事後，益發憤提倡新學。首在瀏陽設一學會，集同志講求磨礪，實爲湖南全省新學之起點焉。時南海先生方倡强學會於北京及上海，天下志士走集應和之。君乃自湖南溯江下上海，遊京師，將以謁先生，而先生適歸廣東，不獲見。余方在京師强學會任記纂之役，始與君相見。語以南海講學之宗旨，經世之條理，則感動大喜躍，自稱私淑弟子。自是學識更日益進。時和議初定，人人懷國恥，士氣稍振起。君則激昂慷慨，大聲疾呼，海內有志之士覩其丰采，聞其言論，知其爲非常人矣。以父命，就官爲候補知府，需次金陵者一年。閉户養心讀書，冥探孔佛之精奥，會通羣哲之心法，衍繹南海之宗旨，成《仁學》一書。又時時至上海，與同志商量學術，討論天下事，未嘗與俗吏一相接。君常自謂作吏一年，無異入山。

時陳公寶箴爲湖南巡撫，其子三立輔之，慨然以湖南開化爲己任。丁酉六月，黄君遵憲適拜湖南按察使之命。八月，徐君仁鑄又來督湘學。湖南紳士等蹈厲奮發，提倡桑梓，志士漸集于湘楚。陳公父子與前任學政江君標乃謀大集豪傑于湘南，并力經營，爲諸省之倡。於是聘余及□□□□□□等爲學堂教習，召歸練兵，而君亦爲陳公所敦促，即棄官歸，安置眷屬於其瀏陽之鄉，而獨留長沙，與羣志士辦新政。於是湖南倡辦之事，若内河小輪船也，商辦礦務也，湘粵鐵路也，時務學堂也，武備學堂也，保衛局也，南學會也，皆君所倡論擘畫者，而以南學會最爲盛業。設會之意，將合南部諸省志士，聯爲一氣，相與講愛國之理，求救亡之法，而先從湖南一省辦起，蓋實兼學會與地方議會之規模焉。地方有事，公議而行，此議會之意也。每七日大集衆而講學演説萬國大勢，及政學原理，此學會之意也。於時君實爲學長，任演説之事。每會集者千數百人，君慷慨論天下事，聞者無不感動。故湖南全省風氣大開，君之功居多。

今年四月，定國是之詔既下，君以學士徐公致靖薦，被徵，適大病，不能行。至七月，乃扶病入覲，奏對稱旨，皇上超擢四品卿銜軍機章京，與楊鋭、林旭、劉光第同參預新政，時號爲軍機四卿。參預新政者，猶唐宋之參知政事，實宰相之職也。皇上欲大用康先生，而上畏西后，不敢行其志。數月以來，皇上有所詢問，則令總理衙門傳旨，先生有所陳奏，則著之於所進呈書之中而已。自四卿入軍機，然後皇上與康先生之意始能少通，鋭意欲行大改革矣。而西后及賊臣忌益甚，未及十日，而變已起。初君之始入京也，與言皇上無權，西后阻撓之事，君不之信。及七月二十七日，皇上欲開懋勤殿，設顧問官，命君擬旨，先遣内侍持歷朝聖訓授君，傳上言，謂康熙、乾隆、咸豐三朝有開懋勤殿故事，令查出引入。上諭中，蓋將以二十八日親往頤和園請命西后云。君退朝，乃告同人曰：「今而知皇上之真無權矣。」至二十八日，京朝人人咸知懋勤殿之事，以爲今日諭旨將下，而卒不下，於是益知西后與帝之不相容矣。二十九日，皇上召見楊鋭，遂賜衣帶詔，有朕位幾不保，命康與四卿及同志速設法籌救之詔。君與康先生捧詔慟哭，而皇上手無寸柄，無所爲計。時諸將之中惟袁世凱久使朝鮮，講中外之故，力主變法。君密奏請皇上，結以恩遇，冀緩急或可救助，詞極激切。八月初一日，上召見袁世凱，特賞侍郎。初二日，復召見。初三日夕，君徑造袁所寓之法華寺，直詰袁曰：「君謂皇上何如人也？」袁曰：「曠代之聖主也。」君曰：「天津閲兵之陰謀，君知之乎？」袁曰：「然。固有所聞。」君乃直出密詔，示之曰：「今日可以救我聖主者，惟在足下。足下欲救則救之。」又以手自撫其頸曰：「苟不欲救，請至頤和園首僕，而殺僕可以得富貴也。」袁正色厲聲曰：「君以袁某爲何如人哉？聖主乃吾輩所共事之主。僕與足下同受非常之遇，救護之責，非獨足下。若有所教，僕固願聞也。」君曰：「榮禄密謀，全在天津閲兵之舉。足下及董、聶三軍，皆受榮所節制，將挾兵力以行大事。雖然，董、聶不足道也。天下健者，惟有足下。若變起，足下以一軍敵彼二軍，保護聖主，復大權，清君側，肅宫廷，指揮若定，不世之業也。」袁曰：「若皇上于閲兵時疾馳入僕營，傳號令以誅奸賊，則僕必能從諸君子之後，竭死力以補救。」君曰：「榮禄遇足下素厚，足下何以待之？」袁笑而不言。袁幕府某曰：「榮賊並非推心待慰帥者。昔某公欲增慰帥兵，榮曰漢人未可假大兵權。蓋向來不過籠絡耳。即如前年胡景桂參劾慰帥一事，胡乃榮之私人，榮遣其劾帥而已。查辦昭雪之以市恩。既而胡即放寧夏知府，旋陞寧夏道，此乃榮賊心計險極巧極之處，慰帥豈不知之？」君乃曰：「榮禄固操莽之才，絶世之雄，待之恐不易易。」袁怒目視曰：「若皇上在僕營，則誅榮禄如殺一狗耳。」因相與言救上之條理甚詳。袁曰：「今營中槍彈火藥皆在榮賊之手，而營哨各官亦多屬舊人。事急矣，既定策，則僕須急歸營，更選將官而設法備貯彈藥，則可也。」乃丁寧而去，時八月初三，夜漏三下矣。至初五日，袁復召見，聞亦奉有密詔云。至初六日，變遂發。

時余方訪君寓，於坐榻上，有所擘畫，而抄捕南海館（康先生所居也）之報忽至，旋聞垂簾之諭。君從容語余曰：「昔欲救皇上，既無可救；今欲救先生，亦無可救。吾已無事可辦，惟待死期耳。雖然，天下事知其不可而爲之。足下試入日本使館，謁伊藤氏，請致電上海領事而救先生焉。」余是夕宿于日本使館，君竟日不出門以待捕者。捕者既不至，則於其明日入日本使館，與余相見，勸東遊，且攜所著書及詩文辭稿本數册，家書一篋託焉。曰：「不有行者，無以圖將來；不有死者，無以酬聖主。今南海之生死未可卜，程嬰、杵臼，月照、西鄉，吾與足下分任之。」遂相與一抱而别。初七、八、九三日，君復與俠士謀救皇上，事卒不成。初十日，遂被逮。被逮之前一日，日本志士數輩苦勸君東遊，君不聽，再四强之。君曰：「各國變法無不從流血而成，今中國未聞有因變法而流血者，此國之所以不昌也。有之，請自嗣同始。」卒不去，故及於難。君既繫獄，題一詩于獄壁。曰：「望門投宿思張儉，忍死須臾待杜根。我自横刀向天笑，去留肝膽兩崑崙。」蓋念南海也。以八月十三日斬于市，春秋三十有三。爾昌案：《復生三十自紀》同治四年生，當年三十四。就義之日，觀者萬人，君慷慨神氣不少變。時軍機大臣剛毅監斬，君呼剛前，曰：「吾有一言。」剛去不聽。乃從容就戮。嗚呼烈矣！

君資性絶特，於學無所不窺，而以日新爲宗旨，故無所沾滯。善能舍己從人，故其學日進。每十日不相見，則議論學識必有增長。少年曾爲考據、箋注、金石、刻鏤、詩古文辭之學，亦好談中國古兵法。三十歲以後悉棄去，究心泰西天文、算術、格致、政治、歷史之學，皆有心得，又究心教宗。當君之與余初相見也，極推崇耶氏兼愛之教，而不知有佛，不知有孔子。既而聞南海先生所發明《易》《春秋》之義，窮大同太平之條理，體乾元統天之精意，則大服。又聞華嚴性海之説，而悟世界無量，現身無量，無人無我，無去無住，無垢無净，舍救人外，更無他事之理。聞相宗識浪之説，而悟衆生根器無量，故説法無量，種種差别，與圓性無礙之理，則益大服。自是豁然貫通，能匯萬法爲一，能衍一法爲萬，無所罣礙。而任事之勇猛，亦益加作。官金陵之一年，日夜冥搜孔佛之書。金陵有居士楊文會者，博覽教乘，熟于佛故，以流通經典爲己任。君時時與之游，因得徧窺三藏，所得日益精深。其學術宗旨大端見于《仁學》一書，又散見于與友人論學書中。所著書，《仁學》之外，尚有《寥天一閣文》二卷，《莽蒼蒼齋詩》二卷，《遠遺堂集外文》一卷，《劄記》一卷，《興算學議》一卷。已刻《思緯吉凶臺短書》一卷、《壯飛樓治事》十篇、《秋雨年華館叢脞書》四卷、《劍經衍葛》一卷、《印録》一卷，並《仁學》皆藏于余處。又政論數十篇，見于湘報者，及與師友論學論事書數十篇，余將與君之石交等共搜輯之，爲《譚瀏陽遺集》若干卷。其《仁學》一書先擇其稍平易者，附印《清議報》中，公諸世焉。君平生一無嗜好，持躬嚴整，面稜稜有秋肅之氣。無子女，妻李閏，爲中國女學會倡辦董事。

《碑傳集補》卷一四蕭汝霖《譚嗣同傳》 譚嗣同字復生，號壯飛，瀏陽人也。博學能文章，善劍術。父繼洵。嗣同母早喪，失愛於父。嗣同起敬起孝，冀格親心。少與唐才常皆爲歐陽中鵠弟子。中鵠，瀏之宿學，才常倜儻有大志，相得甚歡。弱冠遊新疆巡撫劉錦棠幕，錦棠去官，乃西窮河源，道渭洛，登終南、嵩華，北涉漳滏，遊京師，南浮江淮，東逾海，至臺灣，其風俗、政治、土地之宜，皆潛心考究。所過諸名山川，及古英傑之遺跡，一託諸吟詠，時或感慨欷歔，其間奇人碩士，無不樂與往來。甲午之役，東挫於日，乃倡新學，圖變法以救亡。與諸同志立强學會於北京、上海，士氣大振。無何，以父命就官知府，候補金陵，則閉户讀書，未一接俗吏。金陵有楊文會者，邃於佛學，與往來甚密，因博覽教乘，探其蘊奥，證以孔氏大同太平之旨。恍然曰：「東西聖人豈相遠哉？」遂成《仁學》一書。會陳寶箴巡撫湖南，丁酉六月黄遵憲爲湖南按察使，八月徐仁鑄督學來湘，與前任學使江標謀大集志士於湘，先各省舉新政，速嗣同。嗣同棄官歸，與唐才常、梁啓超等設《湘學報》、時務學堂、南學會。南學會者，將以合南方各省學子，共求經世之學也。省有政，援諸學會議，可而後施。每七日，集邦人之秀者而會之。嗣同爲會長，曉之以國家政治原理，及萬國之强弱交際，其學術政治所趨向。每會集者恒千人，座不能容。嗣同出，觀者塞衢巷。當此之時，湖南文化甲於南北，南北豪傑之士奮然興起者，皆以不一見嗣同爲根也。

戊戌四月，清德宗親政，徐致靖薦嗣同可大用，特旨徵之。嗣同遲久不行。既而曰：「與其奔走呼號，而莫之或應，何如假政治以牖進我民也。」遂以七月應徵，除四品卿銜軍機章京，與楊鋭、林旭、劉光第同預新政。德宗倚重嗣同，將與有爲，西后惡之，剛毅等害其能，且得君，與西后謀盡戮其黨，德宗不能制。八月十三日，嗣同與鋭等皆被害。臨刑監斬者，令嗣同北嚮謝恩，嗣同睁目叱曰：「其奚恩之足謝也？」乃慷慨就戮，年三十有三。先是，嗣同聞變，即閉户謝客。有俠士大刀王五者，與嗣同善，謂之曰：「君行，五從保無他。君死，五收君骨，君請自擇。」嗣同曰：「死耳。何行爲？」又有日本志士數輩勸東游，嗣同不可。强之，曰：「各國變法無不以流血成。吾國數千年未是有也，而國以不昌。有之，請自嗣同始。」卒不去，故及於難。

嗣同持身嚴，與人厚，其行能一死生忘人我。所學掇孔佛之精微，而陳義甚高。其自敍《仁學》，有曰：「初衝決利禄之網羅；次衝決俗學，若攷據，若詞章之網羅；次衝決全球羣學之網羅；次衝決君主之網羅；次衝決倫常之網羅；次衝決天之網羅；次衝決全球羣教之網羅；終將衝決佛法之網羅。然其能衝決，亦自無網羅。真無網羅，乃可言衝決。故衝決網羅者，即是未嘗衝決網羅，循環無端，道通爲一云云。」所箸書《仁學》之外，有《寥天一閣文》二卷、《莽蒼蒼齋詩》二卷、《遠遺堂集外文》一卷、《劄記》一卷、《興算學議》一卷、《思緯吉凶臺短書》一卷、《壯飛樓治事》十篇、《秋雨年華館叢脞書》四卷、《劍經衍葛》一卷、《印録》一卷。嗣同死，多所散佚。其夫人姓李氏，無所出，以其兄之子某爲之嗣。

雜録

備論

《碑傳集補》卷一四梁啓超《譚嗣同傳》 論曰：復生之行誼磊落，轟天撼地，人人共知。是以不論，論其所學。自唐宋以後，呫畢小儒，徇其一孔之論，以謗佛毁法，固不足道。而震旦末法流行，百數年來，宗門之人耽樂小乘，墮斷常見，龍象之才，罕有聞者。以爲佛法者，清净而已，寂滅而已。豈知大乘之法，悲智雙修，與孔子必仁且智之義，如兩爪之相印。惟智也故知，即世間，即出世間，無所謂净土，即人即我，無所謂衆生。世界之外，無净土；衆生之外，無我，故惟有舍身以救衆生。佛説「我不入地獄，誰入地獄」；孔子曰：「吾非斯人之徒與，而誰與？天下有道，丘不與易。」故即智即仁焉。既思救衆生矣，則必有救之之條理。故孔子治《春秋》，爲大同小康之制，千條萬緒，皆爲世界也，爲衆生也。舍此一大事，無他事也。華嚴之菩薩行也，所謂誓不成佛也。《春秋》三世之義，救過去之衆生，與救現在之衆生，救現在之衆生，與救將來之衆生，其法異而不異。救此土之衆生，與救彼土之衆生，其法異而不異。救全世界之衆生，與救一國之衆生，救一人之衆生，其法異而不異。此相宗之唯識也。因衆生根器，各各不同，故説法不同，而實法無不同也。既無净土矣，既無我矣，則無所希戀，無所罣礙，無所恐怖。夫净土與我且不愛矣，復何有利害毁譽，稱譏苦樂之可以動其心乎？故孔子言：「不憂，不惑，不懼。」佛言：「大無畏。」蓋即仁，即智，即勇焉。通乎此者，則遊行自在，可以出生，可以入死，可以仁，可以救衆生。

清德宗部

綜述

《德宗實錄》卷三 光緒元年乙亥春正月己亥朔，命吏部尚書英桂、兵部尚書沈桂芬協辦大學士。現月檔 庚子，賞朝鮮正副使臣李會正等澣緞蟒緞有差。隨手檔

《德宗實錄》卷四 二月己巳朔，命户部右侍郎温葆深充經筵講官。現月檔 庚午，内閣奏請開館恭修穆宗毅皇帝實錄。起居注

《德宗實錄》卷九 辛亥，諭内閣：工部步軍統領衙門奏門神庫失火情形各一摺。本月十四日午刻，東安門内工部門神庫，不戒於火，延燒庫房三間，耳房二間，旋即撲滅。雖據工部查訊，是日作工匠役頭目李祥，實無别情，究難憑信，著交步軍統領衙門嚴行訊辦。該庫直班庫使德陞，未能先事豫防，著交部議處。司庫昆度斐什克及兼管門神庫事務郎中松椿，均著交部分别議處，工部堂官並著一併議處。

《德宗實錄》卷一〇 七月戊戌，諭軍機大臣等：朕恭奉慈安端裕康慶皇太后、慈禧端佑康頤皇太后，躬送穆宗毅皇帝、孝哲毅皇后梓宫，於九月十八日啟鑾。是日，駐蹕燕郊，十九日駐蹕白澗，二十日駐蹕桃花寺，二十一日駐蹕隆福寺，二十二日祗謁東陵。是日，恭詣普祥峪、菩陀峪，著豫備中伙，並恭詣惠陵，並著豫備中伙，駐蹕隆福寺。二十三日仍駐蹕隆福寺，二十四日駐蹕桃花寺，二十五日駐蹕白澗，二十六日駐蹕燕郊，二十七日還宫。

《德宗實錄》卷二五 光緒二年丙子春正月癸巳朔，上詣奉先殿堂子行禮，遣官祭太廟後殿。率王以下文武大臣詣慈寧門，慶賀慈安端裕康慶皇太后、慈禧端佑康頤皇太后禮成，御太和殿受朝賀。

戊戌，諭内閣：御史吴鴻恩請飭舉行宣講一摺。宣講聖諭廣訓，鉅典昭垂，自應認真舉辦。乃近來各地方官，往往視爲具文，實屬不成事體。著順天府五城實力奉行，並著各直省督撫學政督飭地方暨教職各官，隨時宣講，毋得有名無實。

《德宗實錄》卷五〇 光緒三年四月庚戌，上御太和殿傳臚，授一甲三人王仁堪爲翰林院修撰，余聯沅、朱賡颺爲編修，賜進士及第；二甲孫宗錫等一百三十二人，賜進士出身；三甲陳馨等一百九十四人，賜同進士出身。

《德宗實錄》卷五二 六月戊子，駐藏辦事大臣松溎奏請將訪獲靈異幼童，可否免其掣餅，即作爲達賴喇嘛之呼畢勒罕一摺。得旨，工噶仁青之子羅布藏塔布克甲木錯，即作爲達賴喇嘛之呼畢勒罕，毋庸掣餅。

《德宗實錄》卷五三 七月己未，欽奉慈安端裕康慶昭和莊敬皇太后、慈禧端佑康頤昭豫莊誠皇太后懿旨，前據禮親王世鐸等奏，遵議穆宗毅皇帝、孝哲毅皇后神牌升祔供奉位次，醇親王奕譞奏請定久遠至計。詹事府少詹事文治、鴻臚寺卿徐樹銘、内閣侍讀學士鍾佩賢、鴻臚寺少卿文碩、國子監司業寶廷敬陳管見各摺片。當派惇親王奕誴等再行妥議，並諭令李鴻章議奏。昨據李鴻章奏，因時立制，以增修龕座爲宜。本日據惇親王奕誴等奏，請仍照前議辦理等語。列聖廟享，中殿龕位，已與九楹之數相符。該親王等奏請敬將東西各四楹，倣照道光元年增修奉先殿後殿龕座成案，修理改飾，即著照所議行。所有應行事宜，著該衙門敬謹辦理。至醇親王奕譞前奏，廟楹規制有限，國家統緒無窮，請定久遠至計，自今以往，不援百世不祧之例各等語。著將原摺片二件存軍機處並將此次諭旨、該親王摺片另録一分，存毓慶宫。

《德宗實錄》卷一二八 光緒七年三月壬申，慈安端裕康慶昭和莊敬皇太后疾大漸，上詣鍾粹宫，侍奉湯藥，戌刻，慈馭升遐。

《德宗實錄》卷一三六 九月癸卯，以九孝貞顯皇后梓宫永遠奉安普祥峪定東陵，前期遣官告祭奉先殿後殿。

《德宗實錄》卷二二九 光緒十二年六月壬申，欽奉慈禧端佑康頤昭豫莊誠皇太后懿旨，前因皇帝沖齡踐阼，一切用人行政，王大臣等不能無所禀承，允准廷臣之請，垂簾聽政，並諭俟皇帝典學有成，即行親政。十餘年來，皇帝孜孜念典，德業日新。近來披閲章奏、論斷古今，亦能剖決是非，權衡允當。本日召見醇親王奕譞，暨軍機大臣禮親王世鐸等，諭以自本年冬至大祀圜丘爲始，皇帝親詣行禮，並著欽天監選擇吉期，於明年舉行親政典禮。

丙子，又奉懿旨，皇帝親政吉期，本日已降旨定於明年正月十五日。著照欽天監所擬即於是日卯時舉行。

《德宗實録》卷二三八　光緒十三年正月辛卯，諭内閣：朕於三月初七日，恭奉慈禧端佑康頤昭豫莊誠皇太后啟鑾，十一月祇謁西陵，十二日節届清明，恭詣慕陵行敷土禮。並詣隆恩殿行大饗禮，禮成後，於十六日還宫。所有應行典禮，並一切事宜，著各該衙門照例敬謹豫備。

癸卯，上親政。詣大高殿拈香，壽皇殿行禮。詣慈寧門外，率王公大臣蒙古王公等，行慶賀禮。御太和殿，受王公大臣文武百官朝賀。禮成，頒詔天下。

《德宗實録》卷二五六　光緒十四年六月丙申，諭内閣：本年五月初八日，欽奉慈禧端佑康頤昭豫莊誠皇太后懿旨，大婚典禮著於明年正月舉行，欽此。本日據禮部尚書奎潤等奏，大婚禮成，謹請加上皇太后徽號一摺。

《德宗實録》卷二六〇　十月癸未，欽奉慈禧端佑康頤昭豫莊誠皇太后懿旨，皇帝寅紹丕基，春秋日富，允宜擇賢作配，佐理宫闈，以協坤儀而輔君德。兹選得副都統桂祥之女葉赫那拉氏，端莊賢淑，著立爲皇后。又奉懿旨，原任侍郎長敘之十五歲女他他喇氏著封爲瑾嬪；原任侍郎長敘之十三歲女他他喇氏著封爲珍嬪。

《德宗實録》卷二九一　光緒十六年十一月丁亥，諭内閣：朕欽奉慈禧端佑康頤昭豫莊誠壽恭欽獻皇太后懿旨，皇帝本生父醇親王奕譞，秉性忠純，宅心仁厚，才猷遠大，勳業崇閎。【略】近日以來闕王病篤，深宫默唸，日夕焦愁，不料病勢已深，醫藥罔效，遽於二十一日丑刻薨逝。深宫震悼實深，著賞給陀羅經被。即日親臨賜奠，皇帝詣邸成服行禮。派總管内務府大臣福錕、禮部尚書崑岡、工部尚書熙敬、禮部左侍郎錢應溥辦理喪事。所有一切事宜，俱由官爲經理。鎮國公載灃，即日承襲王爵，用示篤念親賢至意。

《德宗實録》卷三一〇　光緒十八年四月戊申，上詣園寓恭送醇賢親王金棺。起居注己酉，上親撰醇賢親王碑文。

《德宗實録》卷三一九　十二月己巳，上詣儀鸞殿問慈禧端佑康頤照豫莊誠壽恭欽獻皇太后安。諭内閣：朕欽奉皇太后懿旨，甲午年爲予六旬壽辰，皇帝率天下臣民臚歡祝嘏，特派王大臣等舉行慶典，具見誠敬之忱。予自歸政以來，仰荷昊蒼眷佑，列聖垂庥，用能膺受蕃釐，康彊逢吉。兹以花甲初周，皇帝攄愛日之誠，洽敷天之慶，歡欣稱祝。予若卻而不受，轉似近於矯情。惟念海宇雖已乂安，民氣亟宜培養。每於皇帝侍膳問安之際，以去奢崇儉，愛育黎元，諄諄訓誡。皇帝當仰體此意，以國計民生爲念，孜孜求治。俾四海咸臻樂利，物阜民康，養志承歡，孰大於是，正不在備物將忱也。此次辦理慶典，王大臣等於應行典禮，查照舊章請旨遵行外，其餘一切用款，務當力求撙節，毋得稍滋糜費，以副予慎懷節儉，體念閭閻之意。中外諸臣，其各勤職守，共濟時艱。内而王公一二品文武大臣，外而將軍、督撫、都統、副都統、提督、總兵，照例應進貢物緞疋，均著毋庸進獻，以示體恤。本年特頒内帑，賑濟順天直隸貧民。嗣後著每年發銀二萬兩，交順天府府尹、直隸總督普給窮黎。甲午年，每省各賞銀二萬兩，交奉天、吉林、黑龍江各將軍，兩江、陝甘、四川、閩、浙、湖廣、兩廣、雲貴各總督，江蘇、安徽、山東、山西、河南、陝西、甘肅、新疆、浙江、福建、臺灣、江西、湖北、湖南、廣東、廣西、雲南、貴州各巡撫，覈實散放，均由節省内帑項下給發，用示行慶施惠，有加無已至意。欽此。朕欽奉懿訓，祇切遵承，將此通諭知之。

《德宗實録》卷三二〇　光緒十九年癸巳春正月乙酉朔，諭内閣：明歲恭逢慈禧端佑康頤昭豫莊誠壽恭欽獻皇太后六旬萬壽，仰維懿德普被寰區，慶洽敷天，歡臚率土，允宜殊恩特沛，加惠藝林。著於本年舉行癸巳恩科鄉試，二十年舉行甲午恩科會試，俾兹多士，忭舞觀光，用副朕錫類延釐，壽世作人至意。

《德宗實録》卷三三二　光緒二十年甲午春正月己卯朔，諭内閣：朕欽奉慈禧端佑康頤昭豫莊誠壽恭欽獻皇太后懿旨，本年予六旬慶辰，内廷妃嬪，平日侍奉謹慎，允宜特晉榮封。敦宜皇貴妃著封爲敦宜榮慶皇貴妃，瑜妃著晉封瑜貴妃，珣妃著晉封珣貴妃，瑨嬪著晉封瑨妃，瑾嬪著晉封瑾妃，珍嬪著晉封珍妃。

《德宗實録》卷三四四　七月乙亥，諭内閣：朝鮮爲我大清藩屬二百餘年，歲修職貢，爲中外所共知。近十數年來，該國時多内亂，朝廷字小爲懷，疊次派兵前往戡定，並派員駐紮該國都城，隨時保護。本年四月間，朝鮮又有土匪變亂，該國請兵援勦，情詞迫切，當即諭令李鴻章撥兵赴援。甫抵牙山，匪徒星散，乃倭人無故派兵，突入漢城。嗣又增兵萬餘，迫令朝鮮更改國政，種種要挾，難以理喻。我朝撫綏藩服，其國内政事，向令自理。日本與朝鮮立約，係屬與國，更無以重兵欺壓，强令革政之理。各國公論，皆以日本師出無名，不合情理，勸令撤兵，和平商辦。乃竟悍然不顧，迄無成説，反更陸續添兵，朝鮮百姓，及中國商民，日加驚擾，是以添兵前往保護。詎行至中途，突有倭船多隻乘我不備，在牙山口外海面，開礮轟擊，傷我運船。變詐情形，殊非意料所及。該國不遵條約，不守公法，任意鴟張，專行詭計，釁開自彼，公論昭然，用特布告天下，俾曉然於朝廷辦理此事，實已仁至義盡。而倭人渝盟肇釁，無理已極，勢難再予姑容。

著李鴻章嚴飭派出各軍，迅速進勦，厚集雄師，陸續進發，以拯韓民於塗炭。並著沿江沿海各將軍督撫，及統兵大臣，整飭戎行。遇有倭人輪船駛入各口，即行迎頭痛擊，悉數殲除，毋得稍有退縮，致干罪戾。將此通諭知之。洋務

《德宗實録》卷三六四 光緒二十一年三月己亥，欽差大臣大學士李鴻章奏，中日會議，和約已成，照鈔畫押條約進呈，請早批准，派員互换，以便停戰撤兵。得旨：聞俄、德、法三國，現與日本商改中日新約，將來如有與此約情形不同之處，仍須隨時修改。

《德宗實録》卷三九〇 光緒二十二年五月癸卯，上奉慈禧端佑康頤昭豫莊誠壽恭欽獻崇熙皇太后幸醇賢親王府，奠祭醇賢親王福晉。上素服摘纓並親視入殮，奠祭舉哀行禮。

《德宗實録》卷四一六 光緒二十四年三月丁未，諭内閣：朕欽奉慈禧端佑康頤昭豫莊誠壽恭欽獻崇熙皇太后懿旨，著於閏三月二十日起，分作三日在外火器營校場，閲看火器營、健鋭營、神機營及武勝新隊操演。朕恭侍慈輿，恪遵成憲，整軍經武，式振戎行，所有應行事宜，著慶親王奕劻詳查舊案，敬謹豫備。

《德宗實録》卷四一八 四月癸巳，奉慈禧端佑康頤昭豫莊誠壽恭欽獻崇熙皇太后臨恭親王第賜奠。諭内閣：朕欽奉慈禧端佑康頤昭豫莊誠壽恭欽獻崇熙皇太后懿旨，恭親王奕訢，誼篤親賢，久襄密勿。溯當同治初元，予與孝貞顯皇后垂簾聽政，其時東南未靖，國事多艱，恭親王翊贊謨猷，削平大難，論功行賞，特命以親王世襲罔替。三十餘年，恪恭奉職，殫竭忠忱，其閒養疾家居，旋復起膺機要，朝夕從事，力任其難。二月之杪，舊疾舉發，予率皇帝疊次親臨看視。方冀安心調理，可即就痊。不意本月初十日，遽爾長逝。時事方殷，失此良弼，予懷震悼，曷可勝言。本日臨邸奠醊，追維疇昔，眷念成勞。恭親王著賜謚曰忠，入祀賢良祠。守衛園寢，添設丁户，四時祭祀，官爲經理。伊孫溥偉著即日承襲親王，用示篤念宗親愴懷賢輔至意。

庚子，總理各國事務衙門奏，與英使議定展拓廣東香港九龍城租界專條，以九十九年爲期限。自開辦後，遇有兩國交犯之事，仍照中英原約香港章程辦理。租地内大鵬灣、深圳灣水面，中國兵船無論在局内局外，仍可享用，請派員畫押。允之。摺包 御史李盛鐸奏，請開館專譯東西洋書籍，下所司議。

己亥，授協辦大學士兵部尚書榮禄爲大學士，管理户部事務；調刑部尚書剛毅爲兵部尚書，協辦大學士；以鑲白旗蒙古都統崇禮爲刑部尚書。現月乙巳，上還宮。起居諭内閣：數年以來，中外臣工講求時務，多主變法自强，邇者詔書數下，如開特科、裁冗兵、改武科制度、立大小學堂，皆經再三審定，籌之至熟，甫議施行。惟是風氣尚未大開，論説莫衷一是。或託於老成憂國，以爲舊章必應墨守，新法必當擯除，衆喙嘵嘵，空言無補。試問今日時局如此，國勢如此，若仍以不練之兵，有限之餉，士無實學，工無良師，强弱相形，貧富懸絶，豈真能制梃以撻堅甲利兵乎？朕惟國是不定，則號令不行，極其流弊，必至門户紛爭，互相水火，徒蹈宋明積習，於時政毫無裨益。即以中國大經大法而論，五帝三王，不相沿襲，譬之冬裘夏葛，勢不兩存。用特明白宣示，嗣後中外大小諸臣，自王公以及士庶，各宜努力向上，發憤爲雄。以聖賢義理之學，植其根本，又須博採西學之切於時務者，實力講求，以救空疏迂謬之弊。專心致志，精益求精，毋徒襲其皮毛，毋競騰其口説，總期化無用爲有用，以成通經濟變之才。京師大學堂爲各行省之倡，尤應首先舉辦。著軍機大臣、總理各國事務王大臣，會同妥速議奏。所有翰林院編檢、各部院司員、大門侍衛、候補候選道府州縣以下官、大員子弟、八旗世職、各省武職後裔，其願入學堂者，均准入學肄業。以期人材輩出，共濟時艱，不得敷衍因循，徇私援引，致負朝廷諄諄告誡之至意。將此通諭知之。

丙午，諭内閣：總理各國事務衙門奏，遵議侍郎榮惠奏請特設商務大臣及選派宗支遊歷各國一摺。商務爲富强要圖，自應及時舉辦。前經該衙門議請，於各省會設立商務局，公舉殷實紳商派充局董，詳定章程。但能實力遵行，自必日有起色。即著各省督撫督率員紳認真講求，妥速籌辦，總期連絡商情，上下一氣，毋得虚應故事，並將辦理情形，迅速具奏。至選派宗室王公遊歷各國，亦係開通風氣，因時制宜之舉。著宗人府察看該王公貝勒等，如有留心時事，志趣向上者，切實保薦，聽候簡派。

丁未，諭内閣：翰林院侍讀學士徐致靖奏保通達時務人材一摺。工部主事康有爲、刑部主事張元濟均著於本月二十八日豫備召見。湖南鹽法長寶道黄遵憲、江蘇候補知府譚嗣同，著該督撫送部引見。廣東舉人梁啟超著總理各國事務衙門察看具奏。

己酉，諭内閣：協辦大學士户部尚書翁同龢，近來辦事，多未允協，以致衆論不服，屢經有人參奏。且每於召對時，諮詢事件，任意可否，喜怒見於詞色，漸露攬權狂悖情狀，斷難勝樞機之任。本應查明究辦，予以重懲。姑念其在毓慶

宫行走有年，不忍遽加嚴譴，翁同龢著即開缺回籍，以示保全。

庚戌，上還宫。召見工部主事康有爲、刑部主事張元濟。得旨，康有爲著在總理各國事務衙門章京上行走。

《德宗實録》卷四一九　五月癸丑，諭軍機大臣等：户部、兵部會奏遵議御史曾宗彦奏請精練陸軍，改爲洋操，並將各省兵數餉數，開單呈覽一摺。今日時勢，練兵爲第一大政，練洋操尤爲操兵第一要著。惟須選教習以勤訓課，覈餉力以籌軍實。現在天津新建陸軍、江南自强軍，均係學習洋操。北洋勇隊著由新建陸軍酌撥營哨之學成者分往教練，南省則由自强軍酌撥，營規口號均須一律。各直省將軍督撫，統限六箇月内，將併餉練隊及分紮處所，妥議覆奏。至軍械槍礮應飭各省機器局，酌定快槍快礮格式及槍子礮彈分量造法互相討論，折衷一是，如式製造，精益求精，以期利用，並著一體妥速籌辦，毋得宕延。原摺均著鈔給閲看。將此由四百里各諭令知之。

丁巳，諭内閣：我朝沿宋明舊制，以四書文取士。康熙年間，曾經停止八股改試策論，未久旋復舊制。一時文運昌明，儒生稽古窮經，類能推究本原，闡明義理，制科所得實不乏通經致用之才。乃近來風尚日漓，文體日敝，試場獻藝，大都循題敷衍，於經義罕有發明，而譾陋空疏者，每獲濫竽充選。若不因時通變，何以勵實學而拔真才。著自下科爲始，鄉會試及生童歲科各試，向用四書文者，一律改試策論。其如何分場命題考試，一切詳細章程，該部即妥議具奏。此次特降諭旨，實因時文積弊太深，不得不改絃更張，以破拘墟之習。至士子爲學自當以四子六經爲根柢，策論與制義殊流同源，仍不外通經史以達時務，總期體用兼備，人皆勉爲通儒，毋得競逞博辯，復蹈空言，致負朝廷破格求才至意。

甲子，諭内閣：御史宋伯魯奏，請將經濟歲舉歸併正科，並各省生童歲科試，迅即改試策論一摺。前因八股詩文，積弊太深，特諭令改試策論，用覘實學。惟是掄才大典究以鄉會兩試爲綱，鄉會試既改試策論，經濟歲舉，亦不外此，自應併爲一科考試，以免紛歧。至生童歲科試，著各省學政，奉到此次諭旨即行一律改爲策論，毋庸候至下届更改。將此通諭知之。

丁卯，諭内閣：軍機大臣會同總理各國事務衙門王大臣奏，遵旨籌辦京師大學堂並擬詳細章程繕單呈覽一摺。京師大學堂爲各行省之倡，必須規模閎遠，始足以隆觀聽而育人材。現據該王大臣詳擬章程，參用泰西學規，綱舉目張，尚屬周備。即著照所議辦理。派孫家鼐管理大學堂事務，辦事各員由該大臣慎選奏派。至總教習綜司功課，尤須選擇學賅中外之士，奏請簡派。其分教習各員，亦一體精選，中西並用。所需興辦經費及常年用款，著户部分别籌撥。所有原設官書局及新設之譯書局，均著併入大學堂，由管學大臣督率辦理。此次設立大學堂，爲廣育人才，講求時務起見。該大臣務當督飭教習等按照奏定課程，認真訓迪，日起有功，用副朝廷振興實學至意。現月諭賞舉人梁啟超六品銜辦理譯書局事務。

《德宗實録》卷四二六　八月丁亥，諭内閣：現在國事艱難，庶務待理，朕勤勞宵旰，日綜萬幾，兢業之餘，時虞叢脞。恭溯同治年閒以來，慈禧端佑康頤昭豫莊誠壽恭欽獻崇熙皇太后兩次垂簾聽政，辦理朝政，宏濟時艱，無不盡美盡善。因念宗社爲重，再三籲懇慈恩訓政，仰蒙俯如所請，此乃天下臣民之福。由今日始，在便殿辦事。本月初八日，朕率王大臣在勤政殿行禮，一切應行禮節著各該衙門敬謹豫備。外記注又諭諭軍機大臣等：工部候補主事康有爲，結黨營私，莠言亂政，屢經被人參奏，著革職，並其弟康廣仁，均著步軍統領衙門拏交刑部按律治罪。

戊子，又諭：電寄榮禄，工部候補主事康有爲，現經降旨革職拏辦。兹據步軍統領衙門奏稱，該革員業已出京，難免不由天津航海脱逃。著榮禄於火車到處，及塘沽一帶嚴密查拏。並著李希杰、蔡鈞、明保於輪船到時立即捕獲，毋任避匿租界爲要。

庚寅，諭軍機大臣等：張蔭桓、徐致靖、楊深秀、楊鋭、林旭、譚嗣同、劉光第均著先行革職，交步軍統領衙門拏解刑部治罪。

辛卯，又諭：電寄榮禄，著即刻來京，有面詢事件。直隸總督及北洋大臣事務，著袁世凱暫行護理。電寄又諭：電寄劉坤一等，孫文一犯，行蹤詭祕，久經飭拏，迄無消息，著劉坤一、邊寶泉、譚鍾麟、黄槐森趕緊設法購綫密拏，務期必獲，毋任漏網，致滋隱患。

《德宗實録》卷四二七　甲午，諭軍機大臣等：康廣仁、楊深秀、楊鋭、林旭、譚嗣同、劉光第等大逆不道，著即處斬，派剛毅監視步軍統領衙門派兵彈壓。

乙未，硃筆諭：近因時事多艱，朝廷孜孜圖治，力求變法自强，凡所施行，無非爲宗社生民之計。朕憂勤宵旰，每切兢兢。乃不意主事康有爲首倡邪説，惑世誣民，而宵小之徒，羣相附和，乘變法之際隱行其亂法之謀，包藏禍心，潛圖不軌。前日竟有糾約亂黨，謀圍頤和園，劫制皇太后，陷害朕躬之事。幸經覺察，立破奸謀。又聞該亂黨私立保國會，言保中國不保大清，其悖逆情形，實堪髮指。朕恭奉慈闈，力崇孝治，此中外臣民之所共知。康有爲學術乖僻，其平日著作，無非離經畔道非聖無法之言。前因其素講時務，令在總理各國事務衙門章京上行走，旋令赴上海辦官報局，乃竟逗遛輦下，構煽陰謀。若非仰賴祖宗默佑，洞燭幾先，其事何堪設想。康有爲實爲叛逆之首，現已在逃，著各直省督撫一體嚴密查拏，極刑懲治。舉人梁啟超與康有爲狼狽爲奸，所著文字，語多狂謬，著一併嚴拏懲辦。康有爲之弟康廣仁及御史楊深秀，軍機章京譚嗣同、林旭、楊鋭、劉光第等實係與康有爲結黨，隱圖煽惑。楊鋭等每於召見時，欺蒙狂悖，密保匪人，實屬同惡相濟，罪大惡極。前經將各該犯革職，拏交刑部訊究。旋有人奏稽延日久，恐有中變，朕熟思審處，該犯等情節較重，難逃法網。儻語多牽涉，恐致株連，是以未俟覆奏，於昨日諭令將該犯等即行正法。此事爲非常之變，附和奸黨均已明正典刑。康有爲首創逆謀，惡貫滿盈，諒亦難逃顯戮。現在罪案已定，允宜宣示天下，俾衆咸知。我朝以禮教立國，如康有爲之大逆不道，人神所共憤，即爲覆載所不容。鷹鸇之逐，人有同心。至被其誘惑甘心附從者，黨類尚繁，朝廷亦皆查悉。朕心存寬大，業經明降諭旨，概不深究株連。嗣後大小臣工，務當以康有爲爲炯戒，力扶名教，共濟時艱。所有一切自強新政，胥關國計民生，不特已行者即應實力奉行，即尚未興辦者，亦當次第推廣，於以挽回積習，漸臻上理，朕實有厚望焉。將此通諭知之。

丁酉，諭内閣：已革工部主事康有爲，學術乖謬，大悖聖教。其所著作無非惑世誣民、離經畔道之言。著將該革員所有書籍板片由地方官嚴查銷毀。

《德宗實録》卷四二八　庚戌，諭内閣：欽奉慈禧端佑康頤昭豫莊誠壽恭欽獻崇熙皇太后懿旨，國家振興庶務，凡有益於國、有利於民者，均應即時興辦，以立富强之基。前因商務爲當今要圖，特諭劉坤一、張之洞就沿江沿海一帶，先行試辦。兹據張之洞奏，稱應於上海、漢口分設兩局。其上海一局由兩江總督委員開辦，現於漢口設商務局，以聯絡川陝、河南、雲貴、湘粵等處工商，講求工廠製作、商貨銷路等事，並酌擬辦法等語。商務爲利源所繫，創辦之始不在恢拓規模，而在考求實際。現在財力未裕，所需經費，無論官籌商借，皆當以覈實爲主，毋稍虛糜。該督所擬辦法八條，均尚扼要。江漢上游爲商務大宗，張之洞責無旁貸，即著督率在事各員，加意講求，認真經辦，隨時會商劉坤一與上海局，聯絡一氣，務期中外流通，確有成效。不得徒飾空言，致負朝廷力圖振興至意。

《德宗實録》卷四五七　光緒二十五年十二月丁酉，硃諭：朕以沖齡入纘大統，仰承皇太后垂簾聽政，殷勤教誨，鉅細無遺。迨親政後，復際時艱，亟宜振奮圖治，敬報慈恩，即以仰副穆宗毅皇帝付託之重。乃自上年以來，氣體違和，庶政殷繁，時虞叢脞。惟念宗社至重，是以籲懇皇太后訓政一年有餘，朕躬總未康復，郊壇宗社諸大祀，弗克親行。值兹時事艱難，仰見深宮宵旰憂勞，不遑暇逸，撫躬循省，寢饋難安。敬念祖宗締造之艱，深恐弗克負荷。且追維入纘之初，恭奉皇太后懿旨，俟朕生有皇子，即承繼穆宗毅皇帝爲嗣，此天下臣民所共知者也。乃朕痼疾在躬，艱於誕育，以致穆宗毅皇帝嗣續無人，統系所關，至爲重大，憂思及此，無地自容。諸病何能望愈，用是叩懇聖慈於近支宗室中，慎簡元良爲穆宗毅皇帝立嗣，以爲將來大統之歸。再四懇求，始蒙俯允，以多羅端郡王載漪之子溥儁，承繼爲穆宗毅皇帝之子。欽承懿旨，感幸莫名。謹當仰遵慈訓，封載漪之子溥儁爲皇子，以綿統緒。將此通諭知之。

《德宗實録》卷四六七　光緒二十六年七月己未，是日，各國聯軍入京師。庚申辰刻，上奉慈禧端佑康頤昭豫莊誠壽恭欽獻崇熙皇太后啟鑾，出德勝門，巡幸太原。

《德宗實録》卷四八八　光緒二十七年十月壬子，諭内閣：朕欽奉慈禧端佑康頤昭豫莊誠壽恭欽獻崇熙皇太后懿旨，已革端郡王載漪之子溥儁，前經降旨，立爲大阿哥，承繼穆宗毅皇帝爲嗣，宣諭中外。概自上年拳匪之變，肇釁列邦，以致廟社震驚，乘輿播越，推究變端，載漪實爲禍首，得罪列祖列宗，既經嚴譴，其子豈宜膺儲位之重。溥儁亦自知惕息惴恐，籲懇廢黜，自應更正前命。溥儁著撤去大阿哥名號，並即出宫，加恩賞給入八分公銜俸，毋庸當差。至承嗣穆宗毅皇帝一節，關繫甚重，應俟選擇元良，再降懿旨，以延統緒，用昭慎重。將此通諭知之。

《德宗實録》卷四九〇　十一月庚寅，上奉慈禧端佑康頤昭豫莊誠壽恭欽獻崇熙皇太后自保定府御火車啟鑾，未刻至京師，詣正陽門關帝廟、菩薩殿拈香，還宫。詣乾清宫，跪迎皇太后至列聖御容前，隨同行禮。

辛卯，諭内閣：欽奉皇太后懿旨，上年京師之變，倉猝之中，珍妃扈從不及，即於宫内殉難，洵屬節烈可嘉，加恩著追贈貴妃位號，以示褒卹。

《德宗實録》卷五一一 光緒二十九年癸卯春正月丁巳朔，諭内閣：明歲恭逢慈禧端佑康頤昭豫莊誠壽恭欽獻崇熙皇太后七旬萬壽，仰維懿德，普被寰區，慶洽敷天，歡臚率土。允宜殊恩特沛，加惠藝林。著於本年舉行癸卯恩科鄉試，明年舉行甲辰恩科會試；其癸卯甲辰正科鄉會試，即歸併丙午丁未科舉行。俾兹多士，忭舞觀光，用副朕錫類延釐壽世作人至意。

《德宗實録》卷五二三 十一月丙午，諭内閣：方今時事多艱，興學育才，實爲當務之急。前經令張之洞會同管學大臣將學堂章程，悉心釐訂，妥議具奏。兹據會奏臚陳各摺片，條分縷晰，立法尚屬周備。著即次第推行，其有應行斟酌損益之處，仍著該管學大臣會同張之洞隨時詳覈議奏。至所稱遞減科舉，及將來畢業學生，由督撫學政並簡放考官考試一節，使學堂、科舉，合爲一途，係爲士皆實學，學皆實用起見，著自丙午科爲始，將鄉會試中額及各省學額按照所陳，逐科遞減，俟各省學堂一律辦齊，確著成效，再將科舉學額分别停止，以後均歸學堂考取，届時候旨遵行。即著各該督撫趕緊督飭各府廳州縣建設學堂，並善爲勸導地方，逐漸推廣。

《德宗實録》卷五四六 光緒三十一年六月丙辰，諭内閣：方今時局艱難，百端待理，朝廷屢下明詔，力圖變法，鋭意振興。數年以來，規模雖具，而實效未彰。總由承辦人員向無講求，未能洞達原委，似此因循敷衍，何由起衰弱而救顛危。兹特簡載澤、戴鴻慈、徐世昌、端方等隨帶人員，分赴東西洋各國，考求一切政治，以期擇善而從。嗣後再行選派，分班前往。其各隨事諏詢，悉心體察，用備甄採，毋負委任。所有各員經費，如何撥給，著外務部、户部議奏。

《德宗實録》卷五七七 光緒三十三年八月辛酉，軍機處以聖躬違和，電寄各省督撫保薦精通醫理人員，迅飭來京。

《德宗實録》卷五九一 光緒三十四年五月壬辰，軍機處以聖躬違和，電寄各督撫，精選名醫，迅送來京。

《德宗實録》卷五九七 十月壬申，上不豫。諭内閣：朕欽奉慈禧端佑康頤昭豫莊誠壽恭欽獻崇熙皇太后懿旨，醇親王載灃之子溥儀，著在宫内教養，並在上書房讀書。現月又諭：朕欽奉皇太后懿旨，醇親王載灃授爲攝政王。

癸酉，上疾增劇。諭内閣：自去年入秋以來，朕躬不豫，當經諭令各省將軍督撫，保薦良醫。旋據直隸，兩江、湖廣、江蘇、浙江各督撫，先後保送陳秉鈞、曹元恒、吕用賓、周景濤、杜鍾駿、施焕、張鵬年等來京診視。惟所服方藥，迄未見效。近復陰陽兩虧，標本兼病，胸滿胃逆，腰髎酸痛，飲食減少。轉動則氣壅欬喘，益以麻冷發熱等證。夜不能寐，精神困憊，實難支持。朕心殊深焦急，著各省將軍督撫遴選精通醫學之人，無論有無官職，迅速保送來京，聽候傳診。如能奏效，當予以不次之賞，其原保之將軍督撫並一體加恩。將此通諭知之。現月諭軍機大臣等：朝會大典，常朝班次，攝政王著在諸王之前。上疾大漸，酉刻崩於瀛臺之涵元殿。欽奉慈禧端佑康熙昭豫莊誠壽恭欽獻崇熙皇太后懿旨，攝政王載灃之子溥儀，著入承大統爲嗣皇帝。

雜録

備録

繆荃孫《藝風堂雜鈔》卷一 光緒戊申七月十六日，由内務府大臣帶領請脈。先到宫門，帶謁六位軍機大臣，在朝房小坐；八鐘時，陳君蓮舫名秉鈞先入請脈，次召予入。予隨内務府大臣繼大臣至仁壽殿外，有太監一人先立，須臾揭簾，陳出，繼大臣向予招手，入簾。皇太后西向坐，皇上南向坐。先向皇太后一跪三叩首，復向皇上一跪三叩首。御案大如半桌，皇上以兩手置案端，予即以兩手按之。惟時予以疾行趨入，復叩頭行禮，氣息促疾欲喘，屏息不語。片時，皇上不耐，卒然問曰：「你瞧我脈怎樣？」予曰：「皇上之脈：左尺脈弱，右關脈弦。左尺脈弱，先天腎水不足；右關脈弦，後天脾土失調。」兩宫意見素深，皇太后惡人説皇上肝鬱，皇上惡人説自己腎虧，予故避之。皇上又問曰：「予病兩三年不愈，何故？」予曰：「皇上之病非一朝一夕之故，其所虚者由來漸矣。臣於外間治病，虚弱類此者，非二百劑藥不能收功。所服之藥有效，非十劑八劑不輕更方。」蓋有鑑於日更一醫，六日一轉而發也。皇上笑曰：「汝言極是。應用何藥療我？」予曰：「先天不足，宜二至丸；後天不足，宜歸芍六君湯。」皇上曰：「歸芍我喫得不少，無效。」予曰：「皇上之言誠是。以臣愚見，《本草》中常服之藥不過二三百味，貴在君臣配合得宜耳。」皇上笑曰：「汝言極是，即照此開方，不必更動。」予唯唯。復向皇太后跪安而退。皇太后亦曰：

「即照此開方。」行未數武，皇上又命内監叮囑：「勿改動。」是時軍機已下值，即在軍機處疏方。甫坐定，内監又來云：「萬歲爺説，你在上面説怎樣，即怎樣開方，切勿改動。」指陳蓮舫而言曰：「勿與彼串起來，切切！」叮囑而去。予即書草稿，有筆帖式、司官多人執筆伺候謄真。予方寫案兩三行，即來問曰：「改動否？」予曰：「不改。」彼即黄紙謄寫真楷，校對畢，裝入黄匣内，計二份：一呈皇太后，一呈皇上。時皇太后正午睡，賜飯一桌，由内務府大臣作陪。飯畢，奉諭：「汝係初來插班，二十一日係汝正班。」當即退下。至晚，有内使來傳云：「皇上已服你藥，明早須伺候請脈。」【略】即奉旨曰：「外省所保醫官六人，着分三班，兩人一班，兩月一换，在京伺候請脈。張彭年、施焕著爲頭班；陳秉鈞、周景燾著爲二班；吕用賓、杜鍾駿著爲三班，每人每月給飯食銀三百五十兩。欽此。」是日，皇上交下太醫院方二百餘紙，並交下病略一紙，云：「予病初起，不過頭暈，服藥無效；既而胸滿矣，繼而腹脹矣；無何，又見便溏，遺精，腰痠腳弱。其間所服之藥，以大黄爲最不對症；力鈞請喫葡萄酒、牛肉汁、雞汁，尤爲不對。爾等細細考究，究爲何藥所誤，盡言無隱。著汝六人共擬一可以常服之方，今日勿開，以五日爲限。」退後，六人聚議，羣推陳君秉鈞主稿，以彼齒高望重也。陳君直抉太醫前後方案矛盾之誤，衆不贊成；予亦暗擬一稿以示吕君用賓，吕慫恿予宣於衆，予不願，乃謂衆同事曰：「諸君自度能愈皇上之病，則摘他人之短，無不可也；如其不能，徒使太醫獲咎，貽將來報復之禍，吾所不取。」陳君曰：「予意欲南歸，無所顧忌。」予曰：「陳君所處與我輩不同，我輩皆由本省長官保薦而來，不能不取穩慎。我有折衷辦法，未悉諸君意下如何？」案稿決用陳君，前後不動，中間一段擬略爲變通，前醫矛盾背謬，宜暗點而不明言。【略】

一日，皇上自檢藥味，見枸杞上有蛀蟲，大怒，呼内務府大臣奎峻曰：「怪道我的病不得好，你瞧！枸杞上生蛀蟲，如此壞藥與我喫，焉能愈病！著汝到同仁堂去配藥！」奎唯唯，照辦。次日，繼禄奉曰：「頤和園距同仁堂甚遠，來回非數點鐘不可，配藥回來，趕不上喫，不如令同仁堂分一鋪子來，最爲便當。」允之。

【略】

十月初十日，赴海子祝嘏。【略】至十六日，猶召見臣工。次夜，内務府忽派人來，急遽而言曰：「皇上病重，堂官叫來請你上去請脈！」予未及洗臉，匆匆上車，行至前門，一騎飛來云：「速去！速去！」行未久，又來一騎，皆内務府三堂官派來催促者也。及至内務公所，周君景燾已經請脈下來，云：「皇上病重。」坐未久，内務府大臣增崇引予至瀛臺，皇上坐匟右，前放半桌，以一手托腮，一手仰放桌上。予即按脈，良久，皇上氣促口臭，帶哭聲而言曰：「頭班之藥服了無效，問他又無決斷之語，你有何法救我？」予曰：「臣兩月未請脈，皇上大便如何？」皇上曰：「九日不解，痰多，心空氣急。」予曰：「皇上之病實實虚虚，心空氣怯，當用人參；便結，當用枳實。然而皆難著手，容臣下去細細斟酌。」請脈、看舌畢，因問曰：「皇上還有别話吩咐否？」諭曰：「無别話。」遂退出房門外。皇上招手復令前，諭未盡病狀。復退出，至軍機處擬方。【略】次日上午，復請脈。皇上卧於左首之房臨窗匟上，仍喘息不定。其脈益疾勁而細，毫無轉機。有年約三十許太監，穿藍寧綢半臂，侍側，傳述病情。至十九夜，與同事諸君均被促起，但聞宫内電話傳出「預備賓天儀式」，疑爲已經駕崩。宫門之外，文武自軍機以次守衛森嚴。次早六鐘，宫門開，仍在軍機處伺候，寂無消息，但見内監紛紜，而未悉確實信息。至日午，繼大臣來言曰：「諸位老爺久候，予爲到奏事處一探信何時請脈。」良久來，漫言曰：「奏事處云：『皇上今日没有言語。你們大人們做主。』我何做主？你們諸位老爺們且坐坐罷。」未久，兩内監來，傳「請脈」，於是予與周景燾、施焕、吕用賓四人同入。予在前先入。皇上卧御床上，其床如民間之床，無外罩，有搭板，鋪氈於上。皇上瞑目，予方以手按脈，瞿然驚寤，口鼻目忽然俱動，蓋肝風爲之也。予甚恐，慮其一厥而絶，即退出。周、施、吕次第脈畢，同回至軍機處。予對内務三公曰：「今晚必不能過，可無須開方。」内務三公曰：「總須開方，無論如何寫法均可。」於是書：「危在眉睫，擬生脈散。」藥未進，至申刻而龍馭上賓矣。先一時許，有太監匆匆而來曰：「老佛爺請脈！」拉吕、施二同事去。脈畢而出，兩人互爭意見，施欲用烏梅丸，吕不謂然。施曰：「如服我藥，尚有一綫生機。」蓋皇太后自八月患痢，已延兩月之久矣。内務諸公不明丸内何藥，不敢專主，請示軍機；索閲烏梅丸方藥，見大辛大苦，不敢進服，遂置之。

備論

《德宗實録》首卷四《進實録表》　伏以龍飛啟祚，實應赤文録字之祥；鴻業凝庥，聿增玉檢金泥之色。繼志述事，守列聖之心傳；創制顯庸，成一朝之憲典。在昔天中開泰運，聿欽綸綍於彤廷；迄今柱下誦德音，應紀謨猷於青史。齊明莊讚，恪肅陳辭。欽惟德宗同天崇運大中至正經文緯武仁孝睿智端儉寬勤景皇帝，道秉貞恒，政成悠久。勵精圖治，文明繼照夫重離；厚澤深仁，謳祝遠騰夫萬禩。溯自靈鍾潛邸，已具雍雍穆穆之容；寵錫深宮，備隆貴貴親親之典。嘗以祝釐殿下，躬舞蹈而聿識龍顔；及夫留讀禁中，承付託而遂膺鴻寶。在穆宗毅皇帝以坤維重奠，艱難締構，期沖人以光大前謨；在兩宫皇太后以蒙養方殷，權變垂簾，勖嗣主以日新聖學。遂乃法天行健，纘緒延釐；經緯萬區，協和八表。聲教訖東西南朔，威稜震侯綏要荒。大彰慈訓之明，是謂聖人之孝。而況確然示易，隤然示簡，以窮變通久而成能；巍乎有功，焕乎有文，極擬議言思而莫罄。敬揚庸行，約舉六端。

有如道契穹靈，誠通昊眷。懔對越於圜丘方澤，恪薦馨香；展明禋於右社先農，虔將玉帛。朝日夕月則序秩常嚴，禱雨祈暘則感孚尤捷。舉嶽瀆山川之祀，畢迓嘉祥；祭風雲雷雨之師，悉遵古義。常頒宸翰，或錫崇封。咸稱量而弗事虚文，用效順而同呈瑞應。蓋由宅衷純篤，體性温仁，久已如月恒而如日升，故能事天明而事地察。此聖孝之徵諸敬天者也。

重華繼統，夏啟承基。纘維哲后之綏猷，實監先王之成憲。武惟善述，懍勝怠勝欲於丹書；成不敢康，諭肯構肯堂於大誥。用能誕承芝璽，上同世祖之開基；光紹蘿圖，遠媲景陵之嗣業。式如金，式如玉，典章輝映乎憲皇；作之君，作之師，文教繼繩乎純廟。洊非常變故，與仁宗英武同符；柔絶域遠人，與宣宗寬宏合揆。淵衷默運，允副文考啟佑之忱；慈訓丕承，益彰聖母安貞之德。揚皇王之大烈，竟十三年未竟之功；闡治道之全模，成千萬世化成之俗。此聖孝之徵諸法祖者也。

撫辰凝績，恭己垂型。孜孜每惜夫陰分，翼翼祇承夫天咫。勤披章奏，聽玉漏於深宵；引對臣工，闢金門於侵曉。揚清激濁，飭百爾以懔官常；博古通今，勖諸儒以崇實學。修刑律而毫芒必察，訂禮制而損益咸宜。固河防而水患胥平，籌海運而倉儲盡實。且創警政則風清藪澤，設郵傳則雲集梯航。訂商約則琛賮偕來，振工藝則鎛函利用。遣重使以締交鄰國，修睦於珠槃玉敦之間；命大臣以宣慰僑民，諭意於黑齒雕題之域。而乃聖不自聖，新而又新。期憲政以九年，樹宏規於百世。蓋或因或革，悉得諸問安視膳之餘；而成始成終，適彰其衣德紹聞之美。此聖孝之見於勤政者也。

仁風覃布，愷澤溥敷。仰維軫念民依，實以厚培國脈。膺圖珍殿，温綸曾免夫常租；祝嘏慈闈，錫羨特除夫逋賦。元辰布恵，貢蠲沃壤之金；冬令施仁，炊徧窮簷之玉。畿疆苦潦，憫哀暾而賑粟頻頒；秦晉告饑，念艱食而飛芻迭沛。戡亂則脅從罔治，予愚氓悔過之機；慮囚則疑罪惟輕，體上帝好生之德。他如育嬰有所，掩骼以時；防疫專司，施醫設局。恩常下逮，史不勝書。蓋景運方隆，故聖紹聖而萬年有道；亦徽音克嗣，故親其親而天下胥平。此聖孝之驗諸愛民者也。

至於道協神樞，理符心矩。生知固由於天縱，聖敬更仰其日躋。夏訓殷盤，闡精言於策府；周情孔思，探奧義於韋編。皇極敷言，陋柳雅韓碑之筆；帝琴播詠，叶生民清廟之音。頒《圖書集成》，示淵源於學海；升孔林大祀，志景仰於高山。闢書院以造就通才，藝林擷秀；廣學額以栽培士類，芹藻揚芬。命儒臣輯通考之書，政同貞觀；鑒時勢變制科之舊，績邁元豐。他如舉孝興廉，褒忠旌節。凡此彰施之迹，燄燄炎炎；愈徵郅治之隆，元元本本。此又聖孝之懋爲文治者也。

若夫天生神武，親總戎機。惟聖人不怒而威，故天下無思不服。發虎符而動衆，摧强寇於關中；馳羽檄以徵兵，掃妖氛於隴右。然殲跳梁之小醜，三面網開；馴梗化之生番，七旬咸舞。蓋遏逆燄而雷霆震曜，必伸仗鉞之威；銷兵氣而日月揚輝，實寓止戈之意。迨夫既開海禁，應重邊防。汰營勇以振戎行，鞭七貫三而非虐；設學堂以儲將校，拔十得五而已多。記自乘輿西狩以還，常廑偵諜東窺之慮。期卅六鎮悉成勁旅，使億萬里咸鞏皇圖。抗剛胚柔，乃顯天開之智勇；安内攘外，益彰世濟之神靈。此又聖孝之著爲武功者也。

況乃篤本生而思致孝，議禮遠軼宋明；得内助以佐承歡，思齊允符任姒。一人有慶，揆諸天經地義而弗違；萬國歡心，馴致道一風同而成化。方冀星明帝座，祝鶴算之無疆；何圖雲黯鼎湖，攀龍髯而莫及。追維懿鑠，歷三十四載而常新；欲贊高深，累百千萬言而非贅。

藝文

《四朝詩史》甲集卷四胡聘之《德宗景皇帝挽詞四首》　聰明仁孝本由天，懿訓欽承卄四年。恨未躬親行憲政，承先猶賴嗣皇賢。

巍巍盛治炳中興，寢殿先嘗痛未能。直至鼎湖龍去後，始看抔土起橋陵。

橋陵本唐諸陵之一，因王漁洋鼎湖原詩有「多事橋陵一抔土」句，故沿用之。

封疆叢謗勢孤危，帝鑒丹忱總不疑。自愧才庸終廢棄，欲酬高厚永無期。

歸田十載荷恩全，遺詔驚聞涕泗漣。本是玉皇香案吏，几筵一慟竟無緣。

《四朝詩史》甲集卷四陳寶琛《恭挽德宗景皇帝》 及時麟見世猶疑，卒爲神洲植福基。四裔具瞻知有聖，衆生同病孰能醫。聲消坐見堯肌臘，淚盡如聞蜀魄悲。十載孤臣悤赴召，却留殘息哭淪曦。

秋瑾部

綜述

《碑傳集補》卷五七徐自華《鑑湖女俠秋君墓表》 君諱瑾，字璿卿，又字競雄，姓秋氏，自號鑑湖女俠，越之山陰人也。家世仕宦，少長閩中，復隨父湖湘，適湘鄉王氏。生平伉爽明決，意氣自雄。讀書敏悟，爲文章奇警雄健如其人。尤好《劍俠傳》，慕朱家、郭解爲人。丰貌英美，嫻於辭令，高譚雄辯，驚其座人。自以與時多迕，居常輒逃於酒。然沈酣以往，不覺悲歌擊節，拂劍起舞，氣復壯甚。所天故紈袴子，至是竟不相能。值庚子變亂，時事益亟。君居京師，見之獨慨然太息曰：「人生處世，當匡濟艱危，以吐抱負。寧能米鹽瑣屑，終其身乎？」洎甲辰夏，乃東渡海，赴日本肄業。稍暇，與其同志重興共愛會，而己爲之長，譽日鵲起，東國留學慕君者衆。每際大會，輒以君一得臨莅爲榮。而君亦負奇磊落，往會則摳衣登壇，多所陳說。其詞悲感激切，蕩人心魂。人之聞者，未嘗不泣數行下，而襟袖爲之漬也。又好節己費以助人學，從之游者莫不歎服。居東二歲，而取締事起，學子騷然。君以外權之橫，不忍獨留，亦導同志拂衣歸。歸益引女學爲己任，提倡不遺餘力。主講潯溪學校，教育彌至。有吳生者艱於資，將中輟，君深慨之，挈往海上，俾成業焉。因留辦中國女報，冀以少警聾瞽。而閨閤荏弱，助勸不聞，經費坐支絀。君經營罔倦，編纂益力。並日冒風雪，走求援助，栖栖不以爲苦。烏虖！洵可謂熱心公益而厲世摩鈍者矣。以母喪，乃暫還越。後仍往來吳越間。至丁未五月，皖中事起，而君方自滬歸，居大通學校。大通者，徐錫麟所興刱，而君素贊成之者。故浙大吏謂君同黨，遽殺之。時六月六日也，年僅三十有三。烏虖！慘已。迹其行事，不拘小節，放縱自豪，喜酒善劍，若不可繩以理法。然其本衷殊甚端謹，在稠人廣座，論議鋒發，志節矯然，人輒畏重之，無有敢一毫犯其詞色者。雖愛自由，而範圍道德，固始終未嘗或踰者也。徒以鋒稜未斂，畏忌者半。烏虖！此君之所以死歟。嘗生子女各一，今在湘中。後七閱月，石門徐自華哀其獄之冤，痛其遇之酷，悼其年之不永，憾其志之不終，爲約桐城吳女士芝瑛，卜地西泠橋畔葬焉。用表其墓，以告後世，俾知莫須有事，固非徒南宋爲然。而尚想其烈，或將俯仰徘徊，至流涕不忍去，例於岳王墳同不朽云。謹表。

《鑑湖女俠・秋女士傳》 秋女士瑾字璿卿，浙江山陰縣人。女士幼承家學，甫笄，涉通經史，喜爲歌詩，然多感世之辭。年十九，嫁某縣某京宦某君，生一子一女。女士隨某君居京師有年，痛憤庚子之變，以提倡女學爲己任。凡新書新報，靡不披覽，以此深明中外之故，而受外潮之激刺亦漸深。一日脫簪珥爲學貲，別其夫，送其子若女受鞠於外家，子身走東瀛留學。時京師諸姊妹與相識者，置酒於城南陶然亭，餞之以壯其行。此光緒三十年某月日事也。女士既泛東，見留學界種種腐敗狀，欲拂衣徑歸。嘗於所著《中國女報序》發之，曰：「當學堂未立，科舉盛行時代，其有毅然舍高頭講章，稍稍習外國語言文字者，詎不曰新少年、新少年，然而大道不明，真理未出，求學者類皆無宗旨，無意識，其效果乃以多數聰穎子弟造成買辦繙譯之材。近十年來，此風稍變。然吾又見多數學生以東瀛爲終南捷徑，以學堂爲改良之科舉矣。今且考試留學生某科舉人，某科進士之名稱，又喧騰於吾耳矣。嗚呼！此等現象進步歟？吾不敢知。要之，我女界前途，必不經此一階級，是吾所敢決者。」又曰：「世間有最淒慘、最危險之二字，曰黑氣。黑闇則無是非無見聞，無一切人世間應有之行爲、思想。彼宅身其間者，亦思所以自救以救人歟！夫含生負氣，孰不樂生而惡死，趨吉而避凶，而所以陷危險而不顧者，非不顧也，不之知也。苟醒其沈醉，使驚心萬狀之危險，則人自爲計，寧不勝於我爲人計耶！」又曰：「吾欲結二萬萬大團體於一致，通全國女界聲息於朝夕，使我女子生機活潑，精神奮迅，以速進於大光明世界，爲醒獅之前驅，爲文明之先導。」其與人上下議論，多類此。女士性伉爽，遇有不達時務者，往往面折廷爭，不稍假借，以此人多銜之，甚或舉俄之蘇菲亞、法之羅蘭夫人以相儗，女士亦漫應之，自號曰「鑑湖女俠」云。三十二年秋，女士自東歸過滬，聞母喪，倉皇歸里。旋應明道女學之聘，爲教師。明道女學者，女士同鄉人徐錫麟所創辦也。三十三年五月二十六日，徐錫麟之獄起於皖，浙中大吏指女士爲同黨，殺之，年三十有一。

雜録

備録

吳芝瑛《紀秋女士遺事》 秋女士自號鑑湖女俠，平生豪縱尚氣，有口辯。每稠坐，論議風發，不可一世。其在京師時，攝有舞劍小影。又喜作《寶刀歌》、《劍歌》等篇，一時和者甚衆。女士原作絶佳，有上下千古慷慨悲歌之致。惜隨手散佚，不可得見矣。女士平時持論，謂女子當有學問，求自立，不當仰給男子。今新少年動曰革命、革命，吾謂革命當自家庭始，所謂男女平權是也。某時時戒之，謂妹言駭人聽聞，宜慎之。女士曰：「姊勿怪。吾所恃宗旨如此。異日女學大興，必能達吾目的。其在數十年後乎！然不有倡之，誰與賡續也？」女士東游時，值甯河某君以戊戌事自首，繫刑部獄。女士方脱簪珥謀學費，窘迫萬狀，不得遲行。聞甯河事，乃出其所得金，送入獄以濟其急，并屬送金者勿告姓名。迨甯河遇赦出獄，始知之，時女已東去。甯河寓書謝之，事後與人語輒爲涕零。然女士與甯河初不相識也。某女士贈詩有曰：「隱娘俠氣原仙客，良玉英風豈女兒。」二語能髣髴其平生云。女士自東歸過滬上，述其留學艱苦狀。既出其新得倭刀相示曰：「吾以弱女子，隻身走萬里，求學往返且數回。買日本船票，必取三等艙，與苦力雜處。長途觸暑，一病幾不起。既之東，慮學費之不給，事事刻苦。至節縮衣食，所賴以自衛者，惟此刀耳。故與吾形影不相離。」某曰：「當此黑闇時代，留學風潮且大起，一發不可遏。倘遇關吏詰問，得毋疑妹爲女革命黨乎？」女士笑曰：「革命與革命不同。姊固知我非新少年所談之革命者。」既而行酒，酒罷拔刀起舞，唱日本歌數章，命吾女以風琴和之，歌聲悲壯動人。旋別去，不復見。曾幾何時，而昔日戲言不知其遂成讖語也。悲夫！今女士死矣，呼天天不聞，呼地地不應，吾又何必再訟其冤。然罪人不孥，古有明訓。吾與女士有一日之雅，又能知其平生，願以身家性命，保秋氏家族。望當道負立憲之責任者，開一面之網，飭屬保全，勿再羅織以成莫須有之獄，誣以種種之罪狀，使死者魂魄尚爲之不安。此某既爲之傳，而又紀其遺事之微意也。

《聯合稟請揭示秋瑾罪案》 秋瑾女士被拘正法，始而衆皆以爲因徐錫麟案牽涉，兹奉出示，因爲通同匪類，並搜出槍械馬匹等多件云云，越人始知其原因。惟秋瑾並無供詞，謹於臨刑時，繕西文一篇，此文至今外間無一能知其何語。及「秋雨秋風愁煞人」七字，而即行正法。且大通校生輒見兵至，年輕無知，紛紛奔逃，遽欲開鎗。豈文武員弁及三百名之持械新軍，猶不能獲此手無寸鐵之十數學生？復於事後，加以拒捕之名？并又有續到之陳道接到匿名信，立即圍抄同仁學堂，竟欲實行犧牲學生，以爲邀功之計。不圖於預備立憲時，有此闇無天日之舉動。除由紳學商界聯名具稟撫憲外，兹又有人發起聯合鄉里，具稟撫憲，及中央政府，求請揭示秋瑾正法，及大通校生鎗斃之罪案實在證據，以告天下，以昭大公，免致模糊影響，留此一重疑案也。

備論

《鑑湖女俠・慕秋投書》 芝瑛夫人英鑒：讀夫人所譔《秋女士遺事》，義心俠骨，震耀寰宇。素謂女界沉沉中，尚有夫人其人也。自秋女士慘遭鯨鯢後，無論識與不識，咸深冤之。此可爲吾女界第一最悲慘之紀念也。是宜開會追悼，以慰死者之心，以振來者之氣。特發起無人，乃爾闃寂。側聞夫人與秋女士有素，且以如此華宗淑望，今日發起此會，非夫人其誰與歸。謹布區區，惟希垂鑒。

《鑑湖女俠・泣天女士哀秋女士稟》 嗚呼！悲哉。彼秋瑾者，果何爲而至此耶？斷頭之臺，枉死之城，安能瞑目哉。吾國女界數千年間然無色矣。吾姊具蕭灑出塵之想，負笈東瀛，女界得而若者，豈非鳳毛麟角哉？嗚呼！孰料其罹不測之禍，蒙無辜之冤，慘目傷心須如是哉！

嗚呼！秋瑾信有罪耶，果何罪也？娟娟弱女，原無與於革命而見諸實事者也，在法律上觀之，非首非從，而竟殺之耶？一何闇於天理，拂於人情之甚也。有不鬼神怒目，黄霧四塞，上蔽三光之明者乎？殺人者死，特帝王愛惜民命之請，曾見有罪人及孥干天和如今日者。此三代上之天下，所以長治久安也。即自周末以來，亦未有虐待女子若斯之慘劇者。剜徐之心，拘徐之屬，監徐之父，查封徐之産業，株連徐之戚友，捕學生，拿教員，吾不暇哀之。吾獨爲吾秋瑾哀，吾更爲吾女界哀。古之人殺一不辜而得天下者不爲也。秋瑾無當死之罪，而處以必死之刑，則凡類於秋瑾者皆可殺也。

嗚呼！吾女界亦不幸而冒一革命之名哉！彼熱中於利禄者，日將窺伺巾幗，眈眈然，欲以吾輩碧血而染其高冠頂子矣。嗚呼！吾女界其有生氣哉！

古今革命，豈倚女子革而後成厥功哉！果女界有眞革命者出，天下事尚可問哉！今日戮殺波及於女界，是亦爲女界陽樹一革命幟耳。在執法者豈不曰嘉定屠城、揚州十日，殺人若刈草菅，又何有於一女士？

嗚呼！自殺秋瑾一案起，吾輩魂飛魄蕩，恨無兩翼，乘歐風而去，以脱此跼蹐於專制野蠻政府之下。嗚呼！秋瑾死矣。政府之立憲與否，官吏之良心有無，不必問矣。蒼蒼者天，胡爲此醉！吾不獨哀吾秋瑾，吾亦不獨哀吾女界，且將爲替人殺、人殺人、人殺之無已時者哀也。

藝文

吳芝瑛《挽秋女士聯語并跋》 一身不自保，千載有雄名。有是哉！秋士殃戮已旬日矣，既爲之傳，又紀其遺事。回顧壁間小影，一痛欲絶。忽憶蕭選得二語，乃濡淚墨之尺素，他日當大鎸其墓門。嗚呼！秋士其長此當寃耶！丁未六月大暑日，桐城吳芝瑛扶病書於南園草屋。

昨日讀佩宰致浙省紳界書，今日閲留東全浙學生致江督浙撫電，腦筋中又受一番刺激。而官吏之暴横，紳界之庸懦，眞令人太息痛恨。憤激之餘，再賦二十八字，弔秋瑾乎？弔浙江也。

當道豺狼都嗜殺，那防月旦有公評。錢塘江上秋風冷，賸有夜潮鳴不平。

引用書目

書名	作者	時代	版本
清實録		清	中華書局二〇〇八年影印本
清史列傳		清	王鍾翰校點本，中華書局一九八七年版
貳臣傳	清國史館	清	清代傳記叢刊本，臺北明文書局一九八五年版
漢名臣傳	清國史館	清	清代傳記叢刊本，臺北明文書局一九八五年版
南雷詩曆	黄宗羲	清	《續修四庫全書》集部一三九七册，上海古籍出版社一九九五年版
鈍齋詩選	方孝標	清	《續修四庫全書》集部一四〇五册，上海古籍出版社一九九五年版
拜鵑堂詩集	潘問奇	清	《四庫未收書輯刊》第八輯二四册，北京出版社一九九八年版
西陂類稿	宋犖	清	景印文淵閣《四庫全書》一三二三册，臺北商務印書館一九八六年版
皇清文穎		清	景印文淵閣《四庫全書》一四四九—一四五〇册，臺北商務印書館一九八六年版
顔氏家藏尺牘姓氏考	顔光敏	清	清代傳記叢刊本，臺北明文書局一九八五年版
池北偶談	王士禛	清	清代史料筆記叢刊本，中華書局一九九七年版
分甘餘話	王士禛	清	清代史料筆記叢刊本，中華書局一九八九年版
思舊録	靳治荆	清	清代傳記叢刊本，臺北明文書局一九八五年版
在園雜誌	劉廷璣	清	清代史料筆記叢刊本，中華書局二〇〇五年版
不下帶編	金埴	清	清代史料筆記叢刊本，中華書局一九九七年版
穆堂初稿	李紱	清	《續修四庫全書》集部一四二一—一四二二册，上海古籍出版社一九九五年版
柳南隨筆	王應奎	清	清代史料筆記叢刊本，中華書局一九九七年版

清朝名家詩鈔小傳	鄭方坤	清	清代傳記叢刊本，臺北明文書局一九八五年版
巢林筆談	龔煒	清	清代史料筆記叢刊本，中華書局一九九七年版
湖海詩人小傳	王昶	清	清代傳記叢刊本，臺北明文書局一九八五年版
亦有生齋集	趙懷玉	清	《續修四庫全書》集部一四六九册，上海古籍出版社一九九五年版
存素堂文集	法式善	清	《續修四庫全書》集部一四七六册，上海古籍出版社一九九五年版
履園叢話	錢泳	清	清代史料筆記叢刊本，中華書局一九九七年版
蠡勺編	淩揚藻	清	《續修四庫全書》子部一一五五册，上海古籍出版社一九九五年版
榆巢雜識	趙慎畛	清	清代史料筆記叢刊本，中華書局一九九七年版
漢學師承記	江藩	清	清代傳記叢刊本，臺北明文書局一九八五年版
文獻徵存録	錢林	清	清代傳記叢刊本，臺北明文書局一九八五年版
昭代名人尺牘小傳	吳修	清	清代傳記叢刊本，臺北明文書局一九八五年版
嘯亭雜録	昭槤	清	清代史料筆記叢刊本，中華書局一九九七年版
政學録初稿	陸言	清	清代傳記叢刊本，臺北明文書局一九八五年版
國朝臣工言行記	梁章鉅	清	清代傳記叢刊本，臺北明文書局一九八五年版
樞垣紀略	梁章鉅	清	清代史料筆記叢刊本，中華書局一九八四年版
國朝學案小識	唐鑑	清	清代傳記叢刊本，臺北明文書局一九八五年版
國朝詩人徵略	張維屏	清	清代傳記叢刊本，臺北明文書局一九八五年版
碑傳集	錢儀吉	清	清代傳記叢刊本，臺北明文書局一九八五年版
增默庵詩集	郭尚先	清	《續修四庫全書》集部一五一〇册，上海古籍出版社一九九五年版
龔自珍全集	龔自珍	清	王佩諍校點本，上海古籍出版社一九九七年版
魏源集	魏源	清	中華書局一九七六年標點本
攀轅紀略	佚名	清	《中華歷史人物別傳集》第三八册，線裝書局二〇〇三年版
海秋詩集	湯鵬	清	《續修四庫全書》集部一五二九册，上海古籍出版社一九九五年版

冷廬雜識	陸以湉	清	清代史料筆記叢刊本，中華書局一九九七年版
通甫類稿	魯一同	清	近代中國史料叢刊本，臺北文海出版社一九七五年版
康閑齋筆記	陳其元	清	清代史料筆記叢刊本，中華書局一九九七年版
經德堂文集	龍啟瑞	清	《續修四庫全書》集部一五四一册，上海古籍出版社一九九五年版
水窗春囈	歐陽兆熊、金安清	清	清代史料筆記叢刊本，中華書局一九八四年版
彭剛直公榮哀録	佚名	清	《中華歷史人物别傳集》第五二册，綫裝書局二〇〇三年版
文文忠公事略	文祥等	清	《中華歷史人物别傳集》第六〇册，綫裝書局二〇〇三年版
静海徐相國傳	佚名	清	《中華歷史人物别傳集》第五三册，綫裝書局二〇〇三年版
國朝先正事略	李元度	清	清代傳記叢刊本，臺北明文書局一九八五年版
天岳山館文鈔	李元度	清	《續修四庫全書》集部一五四九册，上海古籍出版社一九九五年版
春在堂詩集	俞樾	清	《續修四庫全書》集部一五五一册，上海古籍出版社一九九五年版
國朝名臣言行録	王炳燮	清	清代傳記叢刊本，臺北明文書局一九八五年版
忠義紀聞録	陳繼聰	清	清代傳記叢刊本，臺北明文書局一九八五年版
墨花吟館感舊懷人集	嚴辰	清	清代傳記叢刊本，臺北明文書局一九八五年版
李文忠公遺集	李鴻章	清	《清人詩文集彙編》第六九四册，上海古籍出版社二〇一〇年版
國朝耆獻類徵初編	李桓	清	清代傳記叢刊本，臺北明文書局一九八五年版
善思齋文集	徐宗亮	清	《清人詩文集彙編》第七二八册，上海古籍出版社二〇一〇年版
蕉軒隨録	方濬師	清	清代史料筆記叢刊本，中華書局一九九七年版
甌鉢羅書畫過目考	李玉棻	清	清代傳記叢刊本，臺北明文書局一九八五年版
白樺絳柎閣詩集	李慈銘	清	《清人詩文集彙編》第七一三册，上海古籍出版社二〇一〇年版
先祖考太保文勤公夔石太府君手訂履歷	王文韶	清	《中華歷史人物别傳集》第五八册，綫裝書局二〇〇三年版
湘綺樓詩集	王闓運	清	《續修四庫全書》集部一五六八册，上海古籍出版社一九九五年版
廣雅堂詩集	張之洞	清	龐堅校點中國近代文學叢書《張之洞詩文集》本，上海古籍出版社二〇〇八年版

書名	作者	朝代	版本
抱冰堂弟子記	張之洞	清	龐堅校點中國近代文學叢書《張之洞詩文集》本，上海古籍出版社二〇〇八年版
張文襄公榮哀録	佚名	清	《中華歷史人物别傳集》第五八册，線裝書局二〇〇三年版
可園文存	陳作霖	清	《續修四庫全書》集部一五六九册，上海古籍出版社一九九五年版
庸庵筆記	薛福成	清	《續修四庫全書》子部一一八二册，上海古籍出版社一九九五年版
庸庵文續編	薛福成	清	《續修四庫全書》集部一五六二册，上海古籍出版社一九九五年版
石蓮闇詩集	吴重熹	清	《續修四庫全書》集部一五七〇册，上海古籍出版社一九九五年版
郎潛紀聞、郎潛紀聞二筆、郎潛紀聞三筆、郎潛紀聞四筆	陳康祺	清	清代史料筆記叢刊本，中華書局一九九七年版
桐城吴先生文集	吴汝綸	清	《續修四庫全書》集部一五六三册，上海古籍出版社一九九五年版
粟香隨筆	金武祥	清	《續修四庫全書》子部一一八四册，上海古籍出版社一九九五年版
虚受堂詩存	王先謙	清	《清人詩文集彙編》第七四九册，上海古籍出版社二〇一〇年版
咸豐以來功臣别傳	朱孔彰	清	清代傳記叢刊本，臺北明文書局一九八五年版
續碑傳集	繆荃孫	清	清代傳記叢刊本，臺北明文書局一九八五年版
藝風堂雜鈔	繆荃孫	清	清代史料筆記叢刊本，中華書局二〇一〇年版
樊山集	樊增祥	清	《續修四庫全書》集部一五六三册，上海古籍出版社一九九五年版
國朝書畫家筆録	竇鎮	清	清代傳記叢刊本，臺北明文書局一九八五年版
曾惠敏公榮哀録	聶緝槼	清	《中華歷史人物别傳集》第六二册，線裝書局二〇〇三年版
晚晴簃詩匯	徐世昌	清	《續修四庫全書》集部一六二九—一六三三册，上海古籍出版社一九九五年版
書人輯略	震钧	清	清代傳記叢刊本，臺北明文書局一九八五年版
瓜爾佳文忠公行狀	陳夔龍	清	《中華歷史人物别傳集》第五八册，線裝書局二〇〇三年版
松壽堂詩鈔	陳夔龍	清	《續修四庫全書》集部一五七七册，上海古籍出版社一九九五年版

匋齋先生殉難資料并時人書劄	端方	清	《中華歷史人物別傳集》第五八册，線裝書局二〇〇三年版
道咸同光四朝詩史	孫雄	清	《續修四庫全書》集部一六二八册，上海古籍出版社一九九五年版
詞林輯略	朱汝珍	清	清代傳記叢刊本，臺北明文書局一九八五年版
碑傳集補	閔爾昌	清	清代傳記叢刊本，臺北明文書局一九八五年版
鑑湖女俠	徐自華等	清	《中華歷史人物別傳集》第八三册，線裝書局二〇〇三年版
翁同龢訃告	翁之廉等	清	《中華歷史人物別傳集》第五八册，線裝書局二〇〇三年版
皇清書史	李放	清	清代傳記叢刊本，臺北明文書局一九八五年版

《中華大典》辦公室

主　　任：于永湛

副 主 任：伍　傑

　　　　　姜學中

編　　審：趙含坤

　　　　　崔望雲

　　　　　馮寶志

　　　　　宋志英

　　　　　谷笑鵬

裝幀設計：章耀達

上海市《中華大典·歷史典》工作小組

組　　長：王興康

組　　員：呂　健

　　　　　郭子建

　　　　　占旭東

　　　　　張旭東

《中華大典·歷史典》編輯部

負 責 人：呂　健

工作人員：占旭東

　　　　　呂瑞鋒

　　　　　徐樂帥

　　　　　王　珺

　　　　　陳麗娟

　　　　　張旭東

《人物分典》責任編輯

李夢生　占旭東　何立民

張　敏　馬　顥

圖書在版編目(CIP)數據

中華大典·歷史典·人物分典/《中華大典》工作委員會,《中華大典》編纂委員會編. —上海：上海古籍出版社，2016.12
ISBN 978-7-5325-6838-3

Ⅰ.①中… Ⅱ.①中… ②中… Ⅲ.①百科全書—中國②歷史人物—生平事迹—中國 Ⅳ.①Z227②K820

中國版本圖書館 CIP 數據核字(2013)第 106362 號

中華大典·歷史典·人物分典(全十一册)

編纂：《中華大典》工作委員會
《中華大典》編纂委員會
出版：上海世紀出版股份有限公司
上海古籍出版社
(上海瑞金二路二七二號　郵政編碼　二〇〇〇二〇)
(1)網址：www.guji.com.cn
(2)E-mail：guji1@guji.com.cn
(3)易文網網址：www.ewen.co
印刷：中華商務聯合印刷有限公司
發行：上海世紀出版股份有限公司發行中心
上海古籍出版社
開本：七八七×一〇九二毫米　十六開
印張：四六一·七五　字數：一五四二〇千字
二〇一六年十二月第一版　二〇一六年十二月第一次印刷
ISBN 978-7-5325-6838-3/K·1726
定價：三六八〇圓